D1665452

BECK'SCHE TEXTAUSGABEN
Rechtsvorschriften im Notariat

Rechtsvorschriften im Notariat

Bundeseinheitliche Vorschriften, Gesetze, Verordnungen,
Erlasse, Merkblätter

herausgegeben von der
Notarkasse A. d. ö. R. München

2010/11

Verlag C. H. Beck München 2010

Verlag C. H. Beck im Internet:
beck.de

ISBN 978 3 406 60560 4

Wilhelmstraße 9, 80801 München
Satz, Druck und Bindung: Druckerei C. H. Beck, Nördlingen
(Adresse wie Verlag)

Gedruckt auf säurefreiem, alterungsbeständigem Papier
(hergestellt aus chlorfrei gebleichtem Zellstoff)

Vorwort

Die Notarkasse gibt in nunmehr 14. Auflage für zu ihrem Tätigkeitsbereich gehörende Notare, Notarassessoren und fachkundige Mitarbeiter ein „Handbuch für das Notariat" mit Rechtsvorschriften heraus. Hieraus entstand das vorliegende Werk „Rechtsvorschriften im Notariat". Es ist uns gelungen, den Verlag C.H. Beck zu gewinnen.

Neben berufs- und beurkundungsrechtlichen Vorschriften findet sich eine Fülle von Normen, die in der täglichen Praxis für Notare, Notarvertreter, Notarassessoren und Mitarbeiter gleichermaßen nützlich sind. Großer Wert wird auf den Praxisbezug gelegt. Neben dem Abdruck von Rechtsvorschriften enthält die Textausgabe einige nützliche Hinweise, Checklisten und Merkblätter. In diesem Zusammenhang weise ich insbesondere auf die unter Randnummer 227 abgedruckte Checkliste für Fälle mit Auslandsberührung sowie das unter Randnummer 317 zu findende Bauträger-Merkblatt der Landesnotarkammer Bayern hin.

Die Gliederung orientiert sich an den praktischen Arbeitsbereichen im Notariat:

- Die Randnummern 1–199 enthalten notarrechtliche Vorschriften.
- In den Randnummern 200–299 findet sich das Beurkundungsverfahren.
- Das Beurkundungsrecht enthalten die Randnummern 300–399.
- Die Randnummern 400–499 sind dem Bodenrecht vorbehalten.
- Das Steuerrecht, Kostenrecht sowie tabellarische Übersichten finden sich in den Randnummern 500–599.
- Eine Zusammenstellung von für Notarassessoren relevanten dienstrechtlichen Vorschriften kann den Randnummern 600–699 entnommen werden.
- Arbeitnehmer- und ausbildungsrelevante Normen sind in den Randnummern 700–799 abgedruckt.
- Schließlich enthalten die Randnummern 800–899 arbeitsrechtliche Bestimmungen.

Sämtliche Rechtsvorschriften befinden sich auf dem Stand vom Februar 2010.
Die Notarkasse steht Anregungen stets offen gegenüber. Am besten erfolgen diese per E-Mail: Rechtsvorschriften@Notarkasse.de.
Dank schulde ich Notar Dr. Hansjörg Heller, München, sowie Verwaltungsoberamtsrat Fritz Kunz, die die Aufgabe übernommen haben, die Textausgabe zusammenzustellen und stets auf dem aktuellen Stand zu halten.

München, im April 2010

Prof. Dr. Manfred Bengel
Präsident der Notarkasse A. d. ö. R.

Schnellübersicht

Inhaltsverzeichnis

(Systematisch geordnet)

1-199 Notarrecht

200–299 Beurkundungsverfahren

Inhaltsverzeichnis

300–399 Beurkundungsrecht

Inhaltsverzeichnis

1. Bundesnotarordnung (BNotO)[1) 2) 3)]

In der Fassung der Bekanntmachung vom 24. Februar 1961[4)]

(BGBl. I S. 97)

BGBl. III/FNA 303-1

geänd. durch § 100 Deutsches RichterG v. 8. 9. 1961 (BGBl. I S. 1665), Art. II G zur Neuordnung des Bundesdisziplinarrechts v. 20. 7. 1967 (BGBl. I S. 725), Art. III G zur Änd. der BundesrechtsanwaltsO und der PatentanwaltsO v. 13. 1. 1969 (BGBl. I S. 25), § 57 BeurkundungsG v. 28. 8. 1969 (BGBl. I S. 1513), Art. XII G zur Änd. der Bezeichnungen der Richter u. ehrenamtl. Richter u. der Präsidialverfassung der Gerichte v. 26. 5. 1972 (BGBl. I S. 841), Art. 95 EGStGB v. 2. 3. 1974 (BGBl. I S. 469), Art. 11 G zur Ergänzung des Ersten G zur Reform des Strafrechts v. 20. 12. 1974 (BGBl. I S. 3686), Art. 3 G zur Änd. der BundesrechtsanwaltsO und and. Vorschr. v. 20. 5. 1975 (BGBl. I S. 1117), Art. 3 G zur Änd. der WirtschaftsprüferO und and. Gesetze v. 20. 8. 1975 (BGBl. I S. 2258), Art. 4 G über die Prozeßkostenhilfe v. 13. 6. 1980 (BGBl. I S. 677), § 26 StaatshaftungsG v. 26. 6. 1981 (BGBl. I S. 553), Art. 1 Erstes ÄndG v. 7. 8. 1981 (BGBl. I S. 803), Entscheidung des Bundesverfassungsgerichts v. 29. 10. 1982 (BGBl. I S. 1493), Art. 7 BetreuungsG v. 12. 9. 1990 (BGBl. I S. 2002), Art. 1 G zur Änd. des Berufsrechts der Notare und der Rechtsanwälte v. 29. 1. 1991 (BGBl. I S. 150), Art. 8 KostenrechtsÄndG 1994 v. 24. 6. 1994 (BGBl. I S. 1325), Art. 9 Drittes DurchführungsG/EWG zum VAG v. 21. 7. 1994 (BGBl. I S. 1630), Art. 6 G zur Neuordnung des Berufsrechts der Rechtsanwälte und der Patentanwälte v. 2. 9. 1994 (BGBl. I S. 2278), Art. 8 G zu dem Übereinkommen vom 15. April 1994 zur Errichtung der Welthandelsorganisation und zur Änd. anderer Gesetze v. 30. 8. 1994 (BGBl. II S. 1438), Art. 2 SachenrechtsÄndG v. 21. 9. 1994 (BGBl. I S. 2457), Art. 16 EGInsO v. 5. 10. 1994 (BGBl. I S. 2911), Art. 1 Drittes G zur Änd. der BundesnotarO und and. Gesetze v. 31. 8. 1998 (BGBl. I S. 2585 ber. 1999 S. 194), Art. 2 a G zur Änd. der BundesrechtsanwaltsO, der PatentanwaltsO und and. Gesetze v. 31. 8. 1998 (BGBl. I S. 2600), Art. 1 G zur Änd. des EinführungsG zur InsolvenzO und and. Gesetze v. 19. 12. 1998 (BGBl. I S. 3836), Art. 22 G zur Änderung des Begriffs „Erziehungsurlaub" v. 30. 11. 2000 (BGBl. I S. 1638), Art. 12 Bundesdisziplinarrechts-NeuordnungsG v. 9. 7. 2001 (BGBl. I S. 1510), Art. 2 Rechtspflege-, Straf- und Owi-Gesetze-EuroeinführungsG v. 13. 12. 2001 (BGBl. I S. 3574), Art. 30 Behindertengleichstellungs-EinführungsG v. 27. 4. 2002 (BGBl. I S. 1467), Art. 2 b Vaterschafts-AnfechtungsÄndG v. 23. 4. 2004 (BGBl. I S. 598), BVerfGE – 1 BvR 1298/94, 1 BvR 1299/94, 1 BvR 1332/95, 1 BvR 613/97 – v. 13. 7. 2004 (BGBl. I S. 2931), Art. 3 G zur Vereinfachung und Vereinheitlichung der Verfahrensvorschriften zur Wahl und Berufung ehrenamtlicher Richter v. 21. 12. 2004 (BGBl. I S. 3599), Art. 15 JustizkommunikationsG v. 22. 3. 2005 (BGBl. I S. 837), Beschl. des BVerfG – 1 BvR 2561/03 – v. 8. 3. 2005 (BGBl. I S. 1413), Viertes ÄndG v. 22. 7. 2005 (BGBl. I S. 2188), Fünftes ÄndG v. 22. 12. 2005 (BGBl. I S. 3679), Art. 39 Erstes G über die Bereinigung von BundesR im Zuständigkeitsbereich des BMJ v. 19. 4. 2006 (BGBl. I S. 866), Sechstes ÄndG v. 15. 7. 2006 (BGBl. I S. 1531), Art. 6 2. JustizmodernisierungsG v. 22. 12. 2006 (BGBl. I S. 3416), Art. 3 G zur Stärkung der Selbstverwaltung der Rechtsanwaltschaft v. 26. 3. 2007 (BGBl. I S. 358), Art. 9 Abs. 2 Versicherungsvertrags-ReformG v. 23. 11. 2007 (BGBl. I S. 2631), Art. 3 G zur Neuregelung des Rechtsberatungsrechts v. 12. 12. 2007 (BGBl. I S. 2840), Art. 24 FGG-ReformG v. 17. 12. 2008 (BGBl. I S. 2586), ÄndG (Neuregelung des Zugangs zum Anwaltsnotariat) v. 2. 4. 2009 (BGBl. I S. 696), G zur Neuregelung des not. DisziplinarR v. 17. 6. 2009 (BGBl. I S. 1282), Art. 9 G zur Änd. des Zugewinnausgleichs- und Vormundschaftsrechts v. 6. 7. 2009 (BGBl. I S. 1696), Art. 1, 2 G zur Änd. der BNotO und and. G v. 15. 7. 2009 (BGBl. I S. 1798), Art. 4 Abs. 2 G zur Reform der Sachaufklärung in der Zwangsvollstreckung v. 29. 7. 2009 (BGBl. I S. 2258) und Art. 3 G zur Modernisierung von Verfahren im anwaltl. und notariellen Berufsrecht, zur Errichtung einer Schlichtungsstelle der Rechtsanwaltschaft sowie zur Änd. sonstiger Vorschr. v. 30. 7. 2009 (BGBl. I S. 2449)

Inhaltsübersicht[5)]

[1)] Die Änderungen durch G v. 2. 4. 2009 (BGBl. I S. 696) treten teilweise erst **mWv 1. 5. 2011** in Kraft und sind insoweit im Text noch nicht berücksichtigt.

[2)] Die Änderungen durch G v. 15. 7. 2009 (BGBl. I S. 1798) treten teilweise erst **mWv 1. 1. 2018** in Kraft und sind insoweit im Text noch nicht berücksichtigt.

[3)] Die Änderungen durch G v. 29. 7. 2009 (BGBl. I S. 2258) treten erst **mWv 1. 1. 2013** in Kraft und sind im Text noch nicht berücksichtigt.

[4)] Neubekanntmachung der ReichsnotarO v. 13. 2. 1937 (RGBl. I S. 191) aufgrund des Art. 2 G über Maßnahmen auf dem Gebiete des Notarrechts.

[5)] Die Inhaltsübersicht wurde nichtamtlich an die nachträglichen Änderungen mWv 9. 4. 2009 durch G v. 2. 4. 2009 (BGBl. I S. 696) und mWv 1. 9. 2009 durch G v. 30. 7. 2009 (BGBl. I S. 2449) angepasst.

1

Erster Teil. Das Amt des Notars

1. Abschnitt. Bestellung zum Notar

§ 1 [Wesen und Aufgaben des Notars] Als unabhängige Träger eines öffentlichen Amtes werden für die Beurkundung von Rechtsvorgängen und andere Aufgaben auf dem Gebiete der vorsorgenden Rechtspflege in den Ländern Notare bestellt.

§ 2[1] [Beruf des Notars] [1] Die Notare unterstehen, soweit nichts anderes bestimmt ist, ausschließlich den Vorschriften dieses Gesetzes. [2] Sie führen ein Amtssiegel und tragen die Amtsbezeichnung Notarin oder Notar. [3] Ihr Beruf ist kein Gewerbe.

§ 3[2] [Hauptberufliche Notare; Anwaltsnotare] (1) Die Notare werden zur hauptberuflichen Amtsausübung auf Lebenszeit bestellt.

(2) In den Gerichtsbezirken, in denen am 1. April 1961 das Amt des Notars nur im Nebenberuf ausgeübt worden ist, werden weiterhin ausschließlich Rechsanwälte für die Dauer ihrer Mitgliedschaft bei der für den Gerichtsbezirk zuständigen Rechtsanwaltskammer als Notare zu gleichzeitiger Amtsausübung neben dem Beruf des Rechtsanwalts bestellt (Anwaltsnotare).

§ 4[3] [Bedürfnis für die Bestellung eines Notars] [1] Es werden so viele Notare bestellt, wie es den Erfordernissen einer geordneten Rechtspflege entspricht. [2] Dabei ist insbesondere das Bedürfnis nach einer angemessenen Versorgung der Rechtsuchenden mit notariellen Leistungen und die Wahrung einer geordneten Altersstruktur des Notarberufs zu berücksichtigen.

§ 5[4] [Befähigung zum Richteramt] Zum Notar darf nur ein deutscher Staatsangehöriger bestellt werden, der die Befähigung zum Richteramt nach dem Deutschen Richtergesetz erlangt hat.

§ 6[5] [Eignung für das Amt eines Notars] (1) [1] Nur solche Bewerber sind zu Notaren zu bestellen, die nach ihrer Persönlichkeit und ihren Leistungen für das Amt des Notars geeignet sind. [2] Bewerber können nicht erstmals zu Notaren bestellt werden, wenn sie bei Ablauf der Bewerbungsfrist das sechzigste Lebensjahr vollendet haben.

(2) In den Fällen des § 3 Abs. 2 soll in der Regel als Notar nur bestellt werden, wer bei Ablauf der Bewerbungsfrist

1. mindestens fünf Jahre zur Rechtsanwaltschaft zugelassen war und
2. seit mindestens drei Jahren ohne Unterbrechung in dem in Aussicht genommenen Amtsbereich hauptberuflich als Rechtsanwalt tätig ist.

(3) [1] Die Reihenfolge bei der Auswahl unter mehreren geeigneten Bewerbern richtet sich nach der persönlichen und fachlichen Eignung unter Berücksichtigung der die juristische Ausbildung abschließenden Staatsprüfung und der bei der Vorbereitung auf den Notarberuf gezeigten Leistungen. [2] In den Fällen des § 3 Abs. 2 können insbesondere in den Notarberuf einführende Tätigkeiten und die erfolgreiche Teilnahme an freiwilligen Vorbereitungskursen, die von den beruflichen Organisationen veranstaltet werden, in die Bewertung einbezogen werden. [3] Die Dauer des Anwärterdienstes ist in den Fällen des § 3 Abs. 1, die Dauer der Zeit, in der der Bewerber hauptberuflich als Rechtsanwalt tätig war, ist in den Fällen des § 3 Abs. 2 angemessen zu berücksichtigen. [4] Die Landesregierungen oder die von ihnen bestimmten Stellen werden ermächtigt, durch Rechtsverordnung Bestimmungen über die Anrechnung von Wehr- und Ersatzdienstzeiten, Zeiten eines Beschäftigungsverbotes nach Mutterschutzvorschriften, Zeiten der Beurlaubung wegen Inanspruchnahme von Elternzeit und Zeiten eines vorübergehenden Verzichts auf die Zulassung zur Rechtsanwaltschaft wegen Schwangerschaft oder Betreuung eines Kindes auf die Zeiten nach Satz 3 sowie bei einer erneuten Bestellung über die Zeiten einer vorübergehenden Amtsniederlegung nach § 48 b auf die bisherige Amtstätigkeit zu treffen.

---

[1] § 2 Satz 2 geänd. durch G v. 31. 8. 1998 (BGBl. I S. 2585).

[2] § 3 Abs. 3 aufgeh. durch G v. 31. 8. 1998 (BGBl. I S. 2585); Abs. 2 geänd. mWv 1. 6. 2007 durch G v. 26. 3. 2007 (BGBl. I S. 358).

[3] § 4 neu gef. durch G v. 29. 1. 1991 (BGBl. I S. 150).

[4] § 5 neu gef. durch G v. 8. 9. 1961 (BGBl. I S. 1665).

[5] § 6 neu gef. durch G v. 29. 1. 1991 (BGBl. I S. 150); Abs. 1 Satz 2 und Abs. 3 Satz 4 geänd.; Abs. 2 neu gef. durch G v. 31. 8. 1998 (BGBl. I S. 2585); Abs. 3 Satz 4 geänd. mWv 2. 1. 2001 durch G v. 30. 11. 2000 (BGBl. I S. 1638).

§ 6 a[1] **[Versagung der Bestellung]** Die Bestellung muß versagt werden, wenn der Bewerber weder nachweist, daß eine Berufshaftpflichtversicherung (§ 19 a) besteht, noch eine vorläufige Deckungszusage vorliegt.

§ 6 b[2] **[Ermittlung]** (1) Die Bewerber sind durch Ausschreibung zu ermitteln; dies gilt nicht bei einer erneuten Bestellung nach einer vorübergehenden Amtsniederlegung gemäß § 48 c.

(2) Die Bewerbung ist innerhalb der in der Ausschreibung gesetzten oder von der Landesjustizverwaltung allgemein bekanntgegebenen Frist einzureichen.

(3) [1] War ein Bewerber ohne sein Verschulden verhindert, die Frist einzuhalten, so ist ihm auf Antrag Wiedereinsetzung in den vorigen Stand zu gewähren. [2] Der Antrag ist innerhalb von zwei Wochen nach Wegfall des Hindernisses zu stellen. [3] Die Tatsachen zur Begründung des Antrags sind glaubhaft zu machen. [4] Die Bewerbung ist innerhalb der Antragsfrist nachzuholen.

(4) [1] Bei der Auswahl unter mehreren Bewerbern nach § 6 Abs. 3 sind nur solche Umstände zu berücksichtigen, die bei Ablauf der Bewerbungsfrist vorlagen. [2] Die Landesjustizverwaltung kann für den Fall des § 7 Abs. 1 einen hiervon abweichenden Zeitpunkt bestimmen.

§ 7[3] **[Anwärterdienst]** (1) Zur hauptberuflichen Amtsausübung als Notar (§ 3 Abs. 1) soll in der Regel nur bestellt werden, wer einen dreijährigen Anwärterdienst als Notarassessor geleistet hat und sich im Anwärterdienst des Landes befindet, in dem er sich um die Bestellung bewirbt.

(2) [1] Die Auswahl unter mehreren geeigneten Bewerbern um die Aufnahme in den Anwärterdienst ist nach der persönlichen und fachlichen Eignung unter besonderer Berücksichtigung der Leistungen in der die juristische Ausbildung abschließenden Staatsprüfung vorzunehmen. [2] Bewerber sind durch Ausschreibung zu ermitteln; § 6 b Abs. 2 bis 4 gilt entsprechend. [3] Sie können auch dadurch ermittelt werden, daß ihnen die Landesjustizverwaltung die Eintragung in eine ständig geführte Liste der Bewerber für eine bestimmte Dauer ermöglicht. [4] Die Führung einer solchen Liste ist allgemein bekanntzugeben.

(3) [1] Der Notarassessor wird von der Landesjustizverwaltung nach Anhörung der Notarkammer ernannt. [2] Der Präsident der Notarkammer überweist den Notarassessor einem Notar. [3] Er verpflichtet den Notarassessor durch Handschlag auf gewissenhafte Pflichterfüllung.

(4) [1] Der Notarassessor steht während des Anwärterdienstes in einem öffentlich-rechtlichen Dienstverhältnis zum Staat. [2] Er hat mit Ausnahme des § 19 a dieselben allgemeinen Amtspflichten und sonstige Pflichten wie der Notar. [3] Er erhält vom Zeitpunkt der Zuweisung ab für die Dauer des Anwärterdienstes von der Notarkammer Bezüge, die denen eines Richters auf Probe anzugleichen sind. [4] Die Notarkammer erläßt hierzu Richtlinien und bestimmt allgemein oder im Einzelfall, ob und in welcher Höhe der Notar, dem der Notarassessor überwiesen ist, ihr zur Erstattung der Bezüge verpflichtet ist.

(5) [1] Der Notarassessor ist von dem Notar in einer dem Zweck des Anwärterdienstes entsprechenden Weise zu beschäftigen. [2] Die näheren Bestimmungen über die Ausbildung des Notarassessors trifft die Landesregierung oder die von ihr bestimmte Stelle durch Rechtsverordnung.[4]

(6) Der Anwärterdienst endet

1. mit der Bestellung zum Notar,
2. mit der Entlassung aus dem Dienst.

(7) [1] Der Notarassessor ist aus dem Dienst zu entlassen, wenn er seine Entlassung beantragt. [2] Er kann entlassen werden, wenn er

1. sich zur Bestellung zum Notar als ungeeignet erweist,
2. ohne hinreichenden Grund binnen einer von der Landesjustizverwaltung zu bestimmenden Frist, die zwei Monate nicht übersteigen soll, den Anwärterdienst nicht antritt,

---

[1] § 6 a eingef. durch G v. 7. 8. 1981 (BGBl. I S. 803).

[2] § 6 b eingef. durch G v. 29. 1. 1991 (BGBl. I S. 150); bish. Wortlaut wird Abs. 1 und geänd., Abs. 2–4 angef. durch G v. 31. 8. 1998 (BGBl. I S. 2585).

[3] § 7 Abs. 3 Satz 2 geänd. durch G v. 7. 8. 1981 (BGBl. I S. 803); Abs. 1 neu gef., Abs. 2 eingef., bish. Abs. 2–6 werden Abs. 3–7, neuer Abs. 4 Satz 3 geänd. und neuer Abs. 7 Nr. 3 neu gef. durch G v. 29. 1. 1991 (BGBl. I S. 150); Abs. 2 Satz 2, Abs. 4 Satz 2 und Abs. 7 Nr. 3 geänd. durch G v. 31. 8. 1998 (BGBl. I S. 2585).

[4]
- **Bayern:** VO (Nr. **5**)
- **Brandenburg:** VO v. 17. 2. 1999 (GVBl. II S. 122)
- **Hamburg:** AusbildungsO v. 30. 3. 2004 (HmbGVBl. S. 194), aufgeh. durch VO v. 8. 10. 2009 (HmbGVBl. S. 355)
- **Mecklenburg-Vorpommern:** AusbildungsO v. 1. 1. 1999 (GVOBl. M-V 1998 S. 917)
- **Nordrhein-Westfalen:** VO v. 18. 10. 1999 (GV. NRW. S. 577), zuletzt geänd. durch VO v. 8. 12. 2009 (GV. NRW. S. 837)
- **Rheinland-Pfalz:** AusbildungsO (Nr. **17**)
- **Thüringen:** VO v. 16. 8. 1999 (GVBl. S. 519)

3. nach Ableistung des dreijährigen Anwärterdienstes sich ohne hinreichenden Grund um eine ihm von der Landesjustizverwaltung angebotene Notarstelle nicht bewirbt, die zuvor ausgeschrieben worden ist und die mangels geeigneter Bewerber nicht besetzt werden konnte.

§ 7 a[1] **[Notarielle Fachprüfung]** (1) Zur notariellen Fachprüfung wird auf Antrag zugelassen, wer seit drei Jahren zur Rechtsanwaltschaft zugelassen ist und die Voraussetzungen für die Bestellung zum Notar gemäß § 5 erfüllt.

(2) [1] Die notarielle Fachprüfung dient dem Nachweis, dass und in welchem Grad ein Rechtsanwalt für die Ausübung des Notaramtes als Anwaltsnotar fachlich geeignet ist. [2] Sie gliedert sich in einen schriftlichen und einen mündlichen Teil.

(3) [1] Die notarielle Fachprüfung dient der Bestenauslese. [2] Die Einheitlichkeit der Prüfungsanforderungen und der Leistungsbewertung ist zu gewährleisten. [3] Die Prüfung kann an verschiedenen Orten durchgeführt werden.

(4) [1] Der Prüfungsstoff der schriftlichen und der mündlichen Prüfung umfasst den gesamten Bereich der notariellen Amtstätigkeit. [2] Die Prüfungsgebiete regelt das Bundesministerium der Justiz durch Rechtsverordnung, die der Zustimmung des Bundesrates bedarf.

(5) Für die von den einzelnen Prüfern vorzunehmenden Bewertungen und die Bildung der Prüfungsgesamtnote gelten die §§ 1 und 2 der Verordnung über eine Noten- und Punkteskala für die erste und zweite juristische Staatsprüfung vom 3. Dezember 1981 (BGBl. I S. 1243) entsprechend.

(6) [1] Die schriftliche Prüfung ist mit einem Anteil von 75 vom Hundert, die mündliche Prüfung ist mit einem Anteil von 25 vom Hundert bei dem Ergebnis der notariellen Fachprüfung zu berücksichtigen. [2] Die notarielle Fachprüfung ist bestanden, wenn der Prüfling mindestens die Gesamtpunktzahl 4,00 erreicht hat.

(7) [1] Ist die Prüfung nicht bestanden oder für nicht bestanden erklärt worden, kann sie einmal wiederholt werden. [2] Eine bestandene Prüfung kann frühestens nach drei Jahren ab Bekanntgabe des Bescheides über das Ergebnis der notariellen Fachprüfung mit dem Ziel der Notenverbesserung einmal wiederholt werden.

§ 7 b[2] **[Schriftliche Prüfung]** (1) [1] Die schriftliche Prüfung umfasst vier fünfstündige Aufsichtsarbeiten. [2] Sie dient der Feststellung, ob der Prüfling die für die notarielle Tätigkeit notwendigen Fachkenntnisse erworben hat und ob er fähig ist, in begrenzter Zeit mit vorgegebenen Hilfsmitteln eine rechtlich einwandfreie und zweckmäßige Lösung für Aufgabenstellungen der notariellen Praxis zu erarbeiten.

(2) [1] Jede Aufsichtsarbeit wird von zwei Prüfern nacheinander bewertet. [2] Die Namen der Prüflinge dürfen den Prüfern vor Abschluss der Begutachtung der Aufsichtsarbeiten nicht bekannt werden. [3] An der Korrektur der Bearbeitungen jeder einzelnen Aufgabe soll mindestens ein Anwaltsnotar mitwirken. [4] Weichen die Bewertungen einer Aufsichtsarbeit um nicht mehr als drei Punkte voneinander ab, so gilt der Mittelwert. [5] Können sich die Prüfer bei größeren Abweichungen nicht einigen oder bis auf drei Punkte annähern, so entscheidet ein weiterer Prüfer; er kann sich für die Bewertung eines Prüfers entscheiden oder eine zwischen den Bewertungen liegende Punktzahl festsetzen.

(3) [1] Die Bewertungen der Aufsichtsarbeiten werden dem Prüfling mit der Ladung zur mündlichen Prüfung bekannt gegeben. [2] Wird mehr als eine Aufsichtsarbeit mit weniger als 4,00 Punkten bewertet oder liegt der Gesamtdurchschnitt aller Aufsichtsarbeiten unter 3,50 Punkten, so ist der Prüfling von der mündlichen Prüfung ausgeschlossen und hat die notarielle Fachprüfung nicht bestanden.

§ 7 c[3] **[Mündliche Prüfung]** (1) [1] Die mündliche Prüfung umfasst einen Vortrag zu einer notariellen Aufgabenstellung und ein Gruppenprüfungsgespräch, das unterschiedliche Prüfungsgebiete zum Gegenstand haben soll. [2] Das Prüfungsgespräch soll je Prüfling etwa eine Stunde dauern. [3] In der Regel sollen nicht mehr als fünf Prüflinge gleichzeitig geprüft werden. [4] In der mündlichen Prüfung soll der Prüfling neben seinen Kenntnissen insbesondere auch unter Beweis stellen, dass er die einem Notar obliegenden Prüfungs- und Belehrungspflichten sach- und situationsgerecht auszuüben versteht.

(2) [1] Die mündliche Prüfung wird durch einen Prüfungsausschuss abgenommen, der aus drei Prüfern besteht. [2] Sie müssen während der gesamten Prüfung anwesend sein. [3] Den Vorsitz führt

[1] § 7 a eingef. mWv 9. 4. 2009 durch G v. 2. 4. 2009 (BGBl. I S. 696).

[2] § 7 b eingef. mWv 9. 4. 2009 durch G v. 2. 4. 2009 (BGBl. I S. 696).

[3] § 7 c eingef. mWv 9. 4. 2009 durch G v. 2. 4. 2009 (BGBl. I S. 696); Abs. 3 Satz 1 geänd., Satz 2 eingef., bish. Satz 2 wird Satz 3, Abs. 4 Satz 1 geänd. mWv 1. 9. 2009 durch G v. 30. 7. 2009 (BGBl. I S. 2449).

ein auf Vorschlag der Landesjustizverwaltungen, in deren Bereich Anwaltsnotare bestellt werden, bestellter Prüfer. [4] Ein Prüfer soll Anwaltsnotar sein.

(3) [1] Bei der mündlichen Prüfung können Vertreter der Notarkammern, der Bundesnotarkammer, des Prüfungsamtes, des Bundesministeriums der Justiz und der Landesjustizverwaltungen anwesend sein. [2] Das Prüfungsamt kann Personen, die zur notariellen Fachprüfung zugelassen worden sind, als Zuhörer zulassen. [3] An den Beratungen nehmen nur die Mitglieder des Prüfungsausschusses teil.

(4) [1] Im Anschluss an die mündliche Prüfung bewerten die Prüfer den Vortrag und das Prüfungsgespräch gemäß § 7 a Abs. 5. [2] Weichen die Bewertungen voneinander ab, so gilt der Mittelwert. [3] Sodann gibt der Prüfungsausschuss dem Prüfling die Bewertungen bekannt. [4] Eine nähere Erläuterung der Bewertungen kann nur sofort verlangt werden und erfolgt nur mündlich.

§ 7 d[1)] [Bescheid, Zeugnis, Rechtsmittel] (1) [1] Der Bescheid über das Ergebnis der notariellen Fachprüfung ist dem Prüfling zuzustellen. [2] Über die bestandene notarielle Fachprüfung wird ein Zeugnis erteilt, aus dem die Prüfungsgesamtnote mit Notenbezeichnung und Punktwert ersichtlich ist. [3] Bei Wiederholung der notariellen Fachprüfung wird ein Zeugnis nur im Fall der Notenverbesserung erteilt.

(2) Über einen Widerspruch entscheidet der Leiter des Prüfungsamtes.

§ 7 e[2)] [Rücktritt, Versäumnis] (1) Die Prüfung gilt als nicht bestanden, wenn der Prüfling ohne genügende Entschuldigung nach der Zulassung zur Prüfung zurücktritt, eine Aufsichtsarbeit nicht oder nicht rechtzeitig abgibt oder zum Termin für die mündliche Prüfung nicht oder nicht rechtzeitig erscheint.

(2) [1] Wer nachweist, dass er aus einem von ihm nicht zu vertretenden Grund verhindert war, eine oder mehrere Aufsichtsarbeiten anzufertigen oder rechtzeitig abzugeben, kann die fehlenden Aufsichtsarbeiten erneut anfertigen; die bereits erbrachten Prüfungsleistungen bleiben unberührt. [2] Wer nachweist, dass er aus einem von ihm nicht zu vertretenden Grund die mündliche Prüfung ganz oder teilweise versäumt hat, kann diese nachholen.

§ 7 f[3)] [Täuschungsversuche, Ordnungsverstöße] (1) [1] Versucht ein Prüfling, das Ergebnis der notariellen Fachprüfung durch Benutzung nicht zugelassener Hilfsmittel, unzulässige Hilfe Dritter oder sonstige Täuschung zu beeinflussen, so ist die betroffene Prüfungsleistung mit null Punkten zu bewerten. [2] Im Fall eines schweren oder wiederholten Täuschungsversuchs ist die gesamte notarielle Fachprüfung für nicht bestanden zu erklären.

(2) Wird ein schwerer Täuschungsversuch nach der Verkündung der Prüfungsgesamtnote bekannt, kann die betroffene notarielle Fachprüfung für nicht bestanden erklärt werden.

(3) [1] Ein Prüfling, der erheblich gegen die Ordnung verstößt, kann von der Fortsetzung der Anfertigung der Aufsichtsarbeit oder der mündlichen Prüfung ausgeschlossen werden. [2] Wird der Prüfling von der Fortsetzung der Anfertigung einer Aufsichtsarbeit ausgeschlossen, so gilt diese als mit null Punkten bewertet. [3] Im Fall eines wiederholten Ausschlusses von der Anfertigung einer Aufsichtsarbeit oder des Ausschlusses von der mündlichen Prüfung gilt die notarielle Fachprüfung als nicht bestanden.

§ 7 g[4)] [Prüfungsamt] (1) Die Durchführung der Prüfung obliegt dem bei der Bundesnotarkammer errichteten „Prüfungsamt für die notarielle Fachprüfung bei der Bundesnotarkammer" (Prüfungsamt).

(2) [1] Das Prüfungsamt entscheidet über die Zulassung zur Prüfung, bestimmt die Prüfer einschließlich des weiteren Prüfers (§ 7 b Abs. 2 Satz 5) sowie die Prüfungsausschüsse, setzt die Prüfungstermine fest, lädt die Prüflinge, stellt das Prüfungsergebnis fest, erteilt das Prüfungszeugnis, entscheidet über die Folgen eines Prüfungsverstoßes und über Widersprüche nach § 7 d Abs. 2 Satz 1. [2] Die näheren Einzelheiten regelt das Bundesministerium der Justiz durch Rechtsverordnung, die der Zustimmung des Bundesrates bedarf.

(3) [1] Der Leiter des Prüfungsamtes vertritt das Amt im Zusammenhang mit der notariellen Fachprüfung im Verwaltungsverfahren und im gerichtlichen Verfahren. [2] Der Leiter und sein ständiger Vertreter müssen die Befähigung zum Richteramt haben. [3] Sie werden im Einvernehmen mit den Landesjustizverwaltungen, in deren Bereich Anwaltsnotare bestellt werden, nach

---

[1)] § 7 d eingef. mWv 9. 4. 2009 durch G v. 2. 4. 2009 (BGBl. I S. 696); Abs. 1 Satz 1 und Abs. 2 neu gef., Abs. 3 aufgeh. mWv 1. 9. 2009 durch G v. 30. 7. 2009 (BGBl. I S. 2449).
[2)] § 7 e eingef. mWv 9. 4. 2009 durch G v. 2. 4. 2009 (BGBl. I S. 696).
[3)] § 7 f eingef. mWv 9. 4. 2009 durch G v. 2. 4. 2009 (BGBl. I S. 696).
[4)] § 7 g eingef. mWv 9. 4. 2009 durch G v. 2. 4. 2009 (BGBl. I S. 696).

Anhörung der Bundesnotarkammer durch das Bundesministerium der Justiz für die Dauer von fünf Jahren bestellt. [4] Eine erneute Bestellung ist möglich.

(4) [1] Bei dem Prüfungsamt wird eine Aufgabenkommission eingerichtet. [2] Sie bestimmt die Aufgaben für die schriftliche Prüfung, entscheidet über die zugelassenen Hilfsmittel und erarbeitet Vorschläge für die mündlichen Prüfungen. [3] Die Mitglieder der Aufgabenkommission müssen über eine der in Absatz 6 Satz 1 aufgeführten Qualifikationen verfügen. [4] Sie werden von dem Leiter des Prüfungsamtes im Einvernehmen mit dem Verwaltungsrat für die Dauer von fünf Jahren bestellt. [5] Eine erneute Bestellung ist möglich. [6] Die Mitglieder der Aufgabenkommission erhalten für ihre Tätigkeit eine angemessene Vergütung.

(5) [1] Bei dem Prüfungsamt wird ein Verwaltungsrat eingerichtet. [2] Er übt die Fachaufsicht über den Leiter des Prüfungsamtes und die Aufgabenkommission aus. [3] Der Verwaltungsrat besteht aus einem vom Bundesministerium der Justiz, einem von der Bundesnotarkammer und drei einvernehmlich von den Landesjustizverwaltungen, in deren Bereich Anwaltsnotare bestellt werden, benannten Mitgliedern.

(6) [1] Zu Prüfern werden vom Prüfungsamt für die Dauer von fünf Jahren bestellt:

1. Richter und Beamte mit der Befähigung zum Richteramt, auch nach Eintritt in den Ruhestand, auf Vorschlag des Bundesministeriums der Justiz und der Landesjustizverwaltungen, in deren Bereich Anwaltsnotare bestellt werden,
2. Notare und Notare außer Dienst auf Vorschlag der Notarkammern und
3. sonstige Personen, die eine den in den Nummern 1 und 2 genannten Personen gleichwertige Befähigung haben, im Einvernehmen mit dem Bundesministerium der Justiz und den Landesjustizverwaltungen, in deren Bereich Anwaltsnotare bestellt werden.

[2] Eine erneute Bestellung ist möglich. [3] Die Bestellung kann aus wichtigem Grund widerrufen werden. [4] Mit Vollendung des 70. Lebensjahres scheiden die Prüfer aus; unberührt hiervon bleibt die Mitwirkung in einem Widerspruchsverfahren.

(7) [1] Die Prüfer sind bei Prüfungsentscheidungen sachlich unabhängig und an Weisungen nicht gebunden. [2] Im Übrigen unterstehen sie in ihrer Eigenschaft als Prüfer der Aufsicht des Prüfungsamtes. [3] Für ihre Tätigkeit erhalten sie eine angemessene Vergütung.

§ 7 h[1)] [Gebühren] (1) [1] Für die Prüfung und für das erfolglose Widerspruchsverfahren sind Gebühren an die Bundesnotarkammer zu zahlen. [2] Die Zulassung zur Prüfung erfolgt erst, wenn die Prüfungsgebühren bei der Bundesnotarkammer eingegangen sind. [3] Tritt der Bewerber vor Antritt der Prüfung zurück, wird die Gebühr für die Prüfung zu drei Vierteln erstattet. [4] Tritt der Bewerber bis zum Ende der Bearbeitungszeit für die letzte Aufsichtsarbeit zurück, ist die Gebühr zur Hälfte zu erstatten. [5] Eine Erstattung von Gebühren im Fall des § 7 f ist ausgeschlossen.

(2) Die Bundesnotarkammer bestimmt die Höhe der Gebühren nach Absatz 1, die Einzelheiten der Gebührenerhebung sowie die Vergütung des Leiters und der Bediensteten des Prüfungsamtes, der Mitglieder der Aufgabenkommission und der Prüfer durch Satzung, die der Genehmigung des Bundesministeriums der Justiz bedarf.

§ 7 i[2)] [Ermächtigung zum Erlass von Rechtsverordnungen] Das Bundesministerium der Justiz regelt durch Rechtsverordnung mit Zustimmung des Bundesrates nähere Einzelheiten der Organisation und des Geschäftsablaufs des Prüfungsamtes, der Auswahl und der Berufung der Prüfer, des Prüfungsverfahrens sowie des Verfahrens zur Beschlussfassung im Verwaltungsrat.

§ 8[3)] [Nebentätigkeit] (1) [1] Der Notar darf nicht zugleich Inhaber eines besoldeten Amtes sein. [2] Die Landesjustizverwaltung kann im Einzelfall nach Anhörung der Notarkammer jederzeit widerrufliche Ausnahmen zulassen; der Notar darf in diesem Fall sein Amt nicht persönlich ausüben.

(2) [1] Der Notar darf keinen weiteren Beruf ausüben; § 3 Abs. 2 bleibt unberührt. [2] Der Anwaltsnotar darf zugleich den Beruf des Patentanwalts, Steuerberaters, Wirtschaftsprüfers und vereidigten Buchprüfers ausüben.

(3) [1] Der Notar bedarf der Genehmigung der Aufsichtsbehörde

1. zur Übernahme einer Nebenbeschäftigung gegen Vergütung, insbesondere zu einer gewerblichen Tätigkeit,

---

[1)] § 7 h eingef. mWv 9. 4. 2009 durch G v. 2. 4. 2009 (BGBl. I S. 696).

[2)] § 7 i eingef. mWv 9. 4. 2009 durch G v. 2. 4. 2009 (BGBl. I S. 696).

[3)] § 8 Abs. 3 geänd. durch G v. 5. 10. 1994 (BGBl. I S. 2911); Abs. 3 und 4 geänd., Abs. 2 eingef., bish. Abs. 2 und 3 werden Abs. 3 und 4 durch G v. 31. 8. 1998 (BGBl. I S. 2585); Abs. 4 geänd. durch G v. 19. 12. 1998 (BGBl. I S. 3836).

2. zum Eintritt in den Vorstand, Aufsichtsrat, Verwaltungsrat oder in ein sonstiges Organ einer auf Erwerb gerichteten Gesellschaft, Genossenschaft oder eines in einer anderen Rechtsform betriebenen wirtschaftlichen Unternehmens.

[2] Die Genehmigung ist zu versagen, wenn die Tätigkeit nach Satz 1 mit dem öffentlichen Amt des Notars nicht vereinbar ist oder das Vertrauen in seine Unabhängigkeit oder Unparteilichkeit gefährden kann. [3] Vor der Entscheidung über die Genehmigung ist die Notarkammer anzuhören. [4] Die Genehmigung kann mit Auflagen verbunden oder befristet werden.

(4) Nicht genehmigungspflichtig ist die Übernahme des Amtes als Testamentsvollstrecker, Insolvenzverwalter, Schiedsrichter oder Vormund oder einer ähnlichen auf behördlicher Anordnung beruhenden Stellung sowie eine wissenschaftliche, künstlerische oder Vortragstätigkeit.

§ 9[1)] [Verbindung zur gemeinsamen Berufsausübung] (1) [1] Zur hauptberuflichen Amtsausübung bestellte Notare dürfen sich nur mit am selben Amtsitz bestellten Notaren zur gemeinsamen Berufsausübung verbinden oder mit ihnen gemeinsame Geschäftsräume haben. [2] Die Landesregierungen oder die von ihnen bestimmten Stellen werden ermächtigt, um den Erfordernissen einer geordneten Rechtspflege insbesondere im Hinblick auf die örtlichen Bedürfnisse und Gewohnheiten Rechnung zu tragen, durch Rechtsverordnung zu bestimmen,

1. daß eine Verbindung zur gemeinsamen Berufsausübung oder eine gemeinsame Nutzung der Geschäftsräume nach Satz 1 nur mit Genehmigung der Aufsichtsbehörde, die mit Auflagen verbunden oder befristet werden kann, und nach Anhörung der Notarkammer zulässig ist;
2. die Voraussetzungen der gemeinsamen Berufsausübung oder die gemeinsame Nutzung der Geschäftsräume, insbesondere zur Höchstzahl der beteiligten Berufsangehörigen sowie die Anforderungen an die Begründung, Führung, Fortführung und Beendigung der Verbindung zur gemeinsamen Berufsausübung oder Nutzung gemeinsamer Geschäftsräume.

(2) Anwaltsnotare dürfen sich nur miteinander, mit anderen Mitgliedern einer Rechtsanwaltskammer, Patentanwälten, Steuerberatern, Steuerbevollmächtigten, Wirtschaftsprüfern und vereidigten Buchprüfern zur gemeinsamen Berufsausübung verbinden oder mit ihnen gemeinsame Geschäftsräume haben.

(3) Die Verbindung zur gemeinsamen Berufsausübung oder die gemeinsame Nutzung der Geschäftsräume ist nur zulässig, soweit hierdurch die persönliche und eigenverantwortliche Amtsführung, Unabhängigkeit und Unparteilichkeit des Notars nicht beeinträchtigt wird.

§ 10[2)] [Amtssitz] (1) [1] Dem Notar wird ein bestimmter Ort als Amtssitz zugewiesen. [2] In Städten von mehr als hunderttausend Einwohnern kann dem Notar ein bestimmter Stadtteil oder Amtsgerichtsbezirk als Amtssitz zugewiesen werden. [3] Der Amtssitz darf unter Beachtung der Belange einer geordneten Rechtspflege nach Anhörung der Notarkammer mit Zustimmung des Notars verlegt werden. [4] Für die Zuweisung eines anderen Amtssitzes auf Grund disziplinargerichtlichen Urteils bedarf es der Zustimmung des Notars nicht.

(2) [1] Der Notar hat an dem Amtssitz seine Geschäftsstelle zu halten. [2] Er hat seine Wohnung so zu nehmen, daß er in der ordnungsgemäßen Wahrnehmung seiner Amtsgeschäfte nicht beeinträchtigt wird; die Aufsichtsbehörde kann ihn anweisen, seine Wohnung am Amtssitz zu nehmen, wenn dies im Interesse der Rechtspflege geboten ist. [3] Beim Anwaltsnotar müssen die Geschäftsstelle und die Kanzlei nach § 27 Abs. 1 der Bundesrechtsanwaltsordnung örtlich übereinstimmen.

(3) Der Notar soll seine Geschäftsstelle während der üblichen Geschäftsstunden offen halten.

(4) [1] Dem Notar kann zur Pflicht gemacht werden, mehrere Geschäftsstellen zu unterhalten; ohne Genehmigung der Aufsichtsbehörde ist er hierzu nicht befugt. [2] Das gleiche gilt für die Abhaltung auswärtiger Sprechtage. [3] Die Genehmigung kann mit Auflagen verbunden und mit dem Vorbehalt des Widerrufs erteilt sowie befristet werden. [4] Vor der Erteilung oder der Aufhebung der Genehmigung ist die Notarkammer zu hören.

§ 10 a[3)] [Amtsbereich] (1) [1] Der Amtsbereich des Notars ist der Bezirk des Amtsgerichts, in dem er seinen Amtssitz hat. [2] Die Landesjustizverwaltung kann nach den Erfordernissen einer geordneten Rechtspflege die Grenzen des Amtsbereichs allgemein oder im Einzelfall mit der Zuweisung des Amtssitzes abweichend festlegen und solche Festlegungen, insbesondere zur Anpassung an eine Änderung von Gerichtsbezirken, ändern.

---

1) § 9 neu gef. durch G v. 31. 8. 1998 (BGBl. I S. 2585).

2) § 10 Abs. 1, Abs. 2 Satz 2, Abs. 3 und 4 neu gef. durch G v. 31. 8. 1998 (BGBl. I S. 2585); Abs. 2 Satz 3 angef. mWv 1. 6. 2007 durch G v. 26. 3. 2007 (BGBl. I S. 358); Abs. 4 Sätze 3 und 4 angef. mWv 1. 9. 2009 durch G v. 30. 7. 2009 (BGBl. I S. 2449).

3) § 10 a eingef. durch G v. 29. 1. 1991 (BGBl. I S. 150); Abs. 2 geänd., Abs. 3 neu gef. durch G v. 31. 8. 1998 (BGBl. I S. 2585).

(2) Der Notar soll seine Urkundstätigkeit (§§ 20 bis 22) nur innerhalb seines Amtsbereichs ausüben, sofern nicht besondere berechtigte Interessen der Rechtsuchenden ein Tätigwerden außerhalb des Amtsbereichs gebieten.

(3) Urkundstätigkeiten außerhalb des Amtsbereichs hat der Notar der Aufsichtsbehörde oder nach deren Bestimmungen der Notarkammer, der er angehört, unverzüglich und unter Angabe der Gründe mitzuteilen

§ 11[1)] [Amtsbezirk] (1) Der Amtsbezirk des Notars ist der Oberlandesgerichtsbezirk, in dem er seinen Amtssitz hat.

(2) Der Notar darf Urkundstätigkeiten außerhalb seines Amtsbezirks nur vornehmen, wenn Gefahr im Verzuge ist oder die Aufsichtsbehörde es genehmigt hat.

(3) Ein Verstoß berührt die Gültigkeit der Urkundstätigkeit nicht, auch wenn der Notar die Urkundstätigkeit außerhalb des Landes vornimmt, in dem er zum Notar bestellt ist.

§ 11 a[2)] [Unterstützung eines im Ausland bestellten Notars] [1] Der Notar ist befugt, einen im Ausland bestellten Notar auf dessen Ersuchen bei seinen Amtsgeschäften zu unterstützen und sich zu diesem Zweck ins Ausland zu begeben, soweit nicht die Vorschriften des betreffenden Staates entgegenstehen. [2] Er hat hierbei die ihm nach deutschem Recht obliegenden Pflichten zu beachten. [3] Ein im Ausland bestellter Notar darf nur auf Ersuchen eines inländischen Notars im Geltungsbereich diese Gesetzes kollegiale Hilfe leisten; Satz 1 gilt entsprechend. [4] Er hat hierbei die für einen deutschen Notar geltenden Pflichten zu beachten.

§ 12 [Bestallungsurkunde] [1] Die Notare werden von der Landesjustizverwaltung nach Anhörung der Notarkammer durch Aushändigung einer Bestallungsurkunde bestellt. [2] Die Urkunde soll den Amtsbezirk und den Amtssitz des Notars bezeichnen und die Dauer der Bestellung (§ 3 Abs. 1 und 2) angeben.

§ 13[3)] [Vereidigung] (1) [1] Nach Aushändigung der Bestallungsurkunde hat der Notar folgenden Eid zu leisten:
„Ich schwöre bei Gott, dem Allmächtigen und Allwissenden, die verfassungsmäßige Ordnung zu wahren und die Pflichten eines Notars gewissenhaft und unparteiisch zu erfüllen, so wahr mir Gott helfe!"
[2] Wird der Eid von einer Notarin geleistet, so treten an die Stelle der Wörter „eines Notars" die Wörter „einer Notarin" .

(2) [1] Gestattet ein Gesetz den Mitgliedern einer Religionsgesellschaft, an Stelle der Worte „Ich schwöre" andere Beteuerungsformeln zu gebrauchen, so kann der Notar, der Mitglied einer solchen Religionsgesellschaft ist, diese Beteuerungsformel sprechen. [2] Der Eid kann auch ohne religiöse Beteuerung geleistet werden.

(3) [1] Der Notar leistet den Eid vor dem Präsidenten des Landgerichts, in dessen Bezirk er seinen Amtssitz hat. [2] Vor der Eidesleistung soll er keine Amtshandlung vornehmen.

2. Abschnitt. Ausübung des Amtes

§ 14[4)] [Allgemeine Berufspflicht] (1) [1] Der Notar hat sein Amt getreu seinem Eide zu verwalten. [2] Er ist nicht Vertreter einer Partei, sondern unabhängiger und unparteiischer Betreuer der Beteiligten.

(2) Er hat seine Amtstätigkeit zu versagen, wenn sie mit seinen Amtspflichten nicht vereinbar wäre, insbesondere wenn seine Mitwirkung bei Handlungen verlangt wird, mit denen erkennbar unerlaubte oder unredliche Zwecke verfolgt werden.

(3) [1] Der Notar hat sich durch sein Verhalten innerhalb und außerhalb seines Amtes der Achtung und des Vertrauens, die dem Notaramt entgegengebracht werden, würdig zu zeigen. [2] Er hat jedes Verhalten zu vermeiden, das den Anschein eines Verstoßes gegen die ihm gesetzlich auferlegten Pflichten erzeugt, insbesondere den Anschein der Abhängigkeit oder Parteilichkeit.

(4) [1] Dem Notar ist es abgesehen von den ihm durch Gesetz zugewiesenen Vermittlungstätigkeiten verboten, Darlehen sowie Grundstücksgeschäfte zu vermitteln, sich an jeder Art der Vermittlung von Urkundsgeschäften zu beteiligen oder im Zusammenhang mit einer Amts-

---

[1)] § 11 Abs. 2 und 3 geänd. durch G v. 29. 1. 1991 (BGBl. I S. 150); Abs. 2 geänd. durch G v. 31. 8. 1998 (BGBl. I S. 2585).
[2)] § 11 a eingef. durch G v. 31. 8. 1998 (BGBl. I S. 2585).
[3)] § 13 Abs. 1 Satz 2 angef. durch G v. 31. 8. 1998 (BGBl. I S. 2585).
[4)] § 14 Abs. 1 geänd., Abs. 3 und 4 neu gef., Abs. 5 und 6 angef. durch G v. 31. 8. 1998 (BGBl. I S. 2585).

handlung eine Bürgschaft oder eine sonstige Gewährleistung zu übernehmen. [2] Er hat dafür zu sorgen, daß sich auch die bei ihm beschäftigten Personen nicht mit derartigen Geschäften befassen.

(5) [1] Der Notar darf keine mit seinem Amt unvereinbare Gesellschaftsbeteiligung eingehen. [2] Es ist ihm insbesondere verboten, sich an einer Gesellschaft, die eine Tätigkeit im Sinne des § 34c Abs. 1 der Gewerbeordnung ausübt, sowie an einer Steuerberatungs- oder Wirtschaftsprüfungsgesellschaft zu beteiligen, wenn er alleine oder zusammen mit den Personen, mit denen er sich nach § 9 verbunden oder mit denen er gemeinsame Geschäftsräume hat, mittelbar oder unmittelbar einen beherrschenden Einfluß ausübt.

(6) Der Notar hat sich in dem für seine Amtstätigkeit erforderlichen Umfang fortzubilden.

§ 15[1)] [Amtsverweigerung] (1) [1] Der Notar darf seine Urkundstätigkeit nicht ohne ausreichenden Grund verweigern. [2] Zu einer Beurkundung in einer anderen als der deutschen Sprache ist er nicht verpflichtet.

(2) [1] Gegen die Verweigerung der Urkunds- oder sonstigen Tätigkeit des Notars findet die Beschwerde statt. [2] Beschwerdegericht ist eine Zivilkammer des Landgerichts, in dessen Bezirk der Notar seinen Amtssitz hat. [3] Für das Verfahren gelten die Vorschriften des Gesetzes über das Verfahren in Familiensachen und in den Angelegenheiten der freiwilligen Gerichtsbarkeit.

(3) [1] In Abweichung von Absatz 1 und 2 darf der Notar seine Amtstätigkeit in den Fällen der §§ 39a, 42 Abs. 4 des Beurkundungsgesetzes[2)] verweigern, soweit er nicht über die notwendigen technischen Einrichtungen verfügt. [2] Der Notar muss jedoch spätestens ab dem 1. April 2006 über zumindest eine Einrichtung verfügen, die Verfahren nach Satz 1 ermöglicht.

§ 16[3)] [Ausschließung von der Amtsausübung] (1) Soweit es sich bei Amtstätigkeiten des Notars nicht um Beurkundungen nach dem Beurkundungsgesetz[2)] handelt, gilt § 3 des Beurkundungsgesetzes entsprechend.

(2) Der Notar kann sich der Ausübung des Amtes wegen Befangenheit enthalten.

§ 17[4)] [Gebühren] (1) [1] Der Notar ist verpflichtet, für seine Tätigkeit die gesetzlich vorgeschriebenen Gebühren zu erheben. [2] Soweit nicht gesetzliche Vorschriften die Gebührenbefreiung oder -ermäßigung oder die Nichterhebung von Kosten wegen unrichtiger Sachbehandlung vorsehen, sind Gebührenerlaß und Gebührenermäßigung nur zulässig, wenn sie durch eine sittliche Pflicht oder durch eine auf den Anstand zu nehmende Rücksicht geboten sind und die Notarkammer allgemein oder im Einzelfall zugestimmt hat. [3] In den Tätigkeitsbereichen der Notarkasse und der Ländernotarkasse treten diese an die Stelle der Notarkammern. [4] Das Versprechen und Gewähren von Vorteilen im Zusammenhang mit einem Amtsgeschäft sowie jede Beteiligung Dritter an den Gebühren ist unzulässig.

(2) Einem Beteiligten, dem nach den Vorschriften der Zivilprozeßordnung die Prozeßkostenhilfe zu bewilligen wäre, hat der Notar seine Urkundstätigkeit in sinngemäßer Anwendung der Vorschriften der Zivilprozeßordnung vorläufig gebührenfrei oder gegen Zahlung der Gebühren in Monatsraten zu gewähren.

§ 18[5)] [Pflicht zur Verschwiegenheit] (1) [1] Der Notar ist zur Verschwiegenheit verpflichtet. [2] Diese Pflicht bezieht sich auf alles, was ihm bei Ausübung seines Amtes bekannt geworden ist. [3] Dies gilt nicht für Tatsachen, die offenkundig sind oder ihrer Bedeutung nach keiner Geheimhaltung bedürfen.

(2) Die Pflicht zur Verschwiegenheit entfällt, wenn die Beteiligten Befreiung hiervon erteilen; ist ein Beteiligter verstorben oder eine Äußerung von ihm nicht oder nur mit unverhältnismäßigen Schwierigkeiten zu erlangen, so kann an seiner Stelle die Aufsichtsbehörde die Befreiung erteilen.

(3) [1] Bestehen im Einzelfall Zweifel über die Pflicht zur Verschwiegenheit, so kann der Notar die Entscheidung der Aufsichtsbehörde nachsuchen. [2] Soweit diese die Pflicht verneint, können daraus, daß sich der Notar geäußert hat, Ansprüche gegen ihn nicht hergeleitet werden.

(4) Die Pflicht zur Verschwiegenheit bleibt auch nach dem Erlöschen des Amtes bestehen.

---

1) § 15 neu gef. durch G v. 31. 8. 1998 (BGBl. I S. 2585); Abs. 3 angef. mWv 1. 4. 2005 durch G v. 22. 3. 2005 (BGBl. I S. 837); Abs. 2 neu gef. mWv 1. 9. 2009 durch G v. 17. 12. 2008 (BGBl. I S. 2586).

2) Nr. **200**.

3) § 16 Abs. 1 neu gef., Abs. 2, 4 und 5 aufgeh., bish. Abs. 3 wird Abs. 2 durch G v. 28. 8. 1969 (BGBl. I S. 1513); Abs. 1 geänd. durch G v. 31. 8. 1998 (BGBl. I S. 2585).

4) § 17 Abs. 2 neu gef. durch G v. 13. 6. 1980 (BGBl. I S. 677) und geänd. durch G v. 29. 1. 1991 (BGBl. I S. 150); Abs. 1 neu gef. durch G v. 31. 8. 1998 (BGBl. I S. 2585).

5) § 18 Abs. 1 neu gef., Abs. 2 eingef., bish. Abs. 2 und 3 werden Abs. 3 und 4 durch G v. 31. 8. 1998 (BGBl. I S. 2585).

1

§ 19 [Amtspflichtverletzung] (1) [1] Verletzt der Notar vorsätzlich oder fahrlässig die ihm einem anderen gegenüber obliegende Amtspflicht, so hat er diesem den daraus entstehenden Schaden zu ersetzen. [2] Fällt dem Notar nur Fahrlässigkeit zur Last, so kann er nur dann in Anspruch genommen werden, wenn der Verletzte nicht auf andere Weise Ersatz zu erlangen vermag; das gilt jedoch nicht bei Amtsgeschäften der in §§ 23, 24 bezeichneten Art im Verhältnis zwischen dem Notar und dem Auftraggeber. [3] Im übrigen sind die Vorschriften des Bürgerlichen Gesetzbuchs über die Schadensersatzpflicht im Fall einer von einem Beamten begangenen Amtspflichtverletzung entsprechend anwendbar. [4] Eine Haftung des Staates an Stelle des Notars besteht nicht.

(2) [1] Hat ein Notarassessor bei selbständiger Erledigung eines Geschäfts der in §§ 23, 24 bezeichneten Art eine Pflichtverletzung begangen, so haftet er in entsprechender Anwendung des Absatzes 1. [2] Hatte ihm der Notar das Geschäft zur selbständigen Erledigung überlassen, so haftet er neben dem Assessor als Gesamtschuldner; im Verhältnis zwischen dem Notar und dem Assessor ist der Assessor allein verpflichtet. [3] Durch das Dienstverhältnis des Assessors zum Staat (§ 7 Abs. 3) wird eine Haftung des Staates nicht begründet. [4] Ist der Assessor als Vertreter des Notars tätig gewesen, so bestimmt sich die Haftung nach § 46.

(3) Für Schadensersatzansprüche nach Absatz 1 und 2 sind die Landgerichte ohne Rücksicht auf den Wert des Streitgegenstandes ausschließlich zuständig.

§ 19 a[1)] [Berufshaftpflichtversicherung] (1) [1] Der Notar ist verpflichtet, eine Berufshaftpflichtversicherung zu unterhalten zur Deckung der Haftpflichtgefahren für Vermögensschäden, die sich aus seiner Berufstätigkeit und der Tätigkeit von Personen ergeben, für die er haftet. [2] Die Versicherung muß bei einem im Inland zum Geschäftsbetrieb befugten Versicherungsunternehmen zu den nach Maßgabe des Versicherungsaufsichtsgesetzes eingereichten allgemeinen Versicherungsbedingungen genommen werden. [3] Die Versicherung muß für alle nach Satz 1 zu versichernden Haftpflichtgefahren bestehen und für jede einzelne Pflichtverletzung gelten, die Haftpflichtansprüche gegen den Notar zur Folge haben könnte.

(2) [1] Vom Versicherungsschutz können ausgeschlossen werden

1. Ersatzansprüche wegen wissentlicher Pflichtverletzung,
2. Ersatzansprüche aus der Tätigkeit im Zusammenhang mit der Beratung über außereuropäisches Recht, es sei denn, daß die Amtspflichtverletzung darin besteht, daß die Möglichkeit der Anwendbarkeit dieses Rechts nicht erkannt wurde,
3. Ersatzansprüche wegen Veruntreuung durch Personal des Notars, soweit nicht der Notar wegen fahrlässiger Verletzung seiner Amtspflicht zur Überwachung des Personals in Anspruch genommen wird.

[2] Ist bei Vorliegen einer Amtspflichtverletzung nur streitig, ob der Ausschlußgrund gemäß Nummer 1 vorliegt, und lehnt der Berufshaftpflichtversicherer deshalb die Regulierung ab, hat er gleichwohl bis zur Höhe der für den Versicherer, der Schäden aus vorsätzlicher Handlung deckt, geltenden Mindestversicherungssumme zu leisten. [3] Soweit der Berufshaftpflichtversicherer den Ersatzberechtigten befriedigt, geht der Anspruch des Ersatzberechtigten gegen den Notar, die Notarkammer, den Versicherer gemäß § 67 Abs. 3 Nr. 3 oder einen sonstigen Ersatzberechtigten auf ihn über. [4] Der Berufshaftpflichtversicherer kann von den Personen, für deren Verpflichtungen er gemäß Satz 2 einzustehen hat, wie ein Beauftragter Ersatz seiner Aufwendungen verlangen.

(3) [1] Die Mindestversicherungssumme beträgt 500 000 Euro für jeden Versicherungsfall. [2] Die Leistungen des Versicherers für alle innerhalb eines Versicherungsjahres verursachten Schäden dürfen auf den doppelten Betrag der Mindestversicherungssumme begrenzt werden. [3] Der Versicherungsvertrag muß dem Versicherer die Verpflichtung auferlegen, der Landesjustizverwaltung und der Notarkammer den Beginn und die Beendigung oder Kündigung des Versicherungsvertrages sowie jede Änderung des Versicherungsvertrages, die den vorgeschriebenen Versicherungsschutz beeinträchtigt, unverzüglich mitzuteilen. [4] Im Versicherungsvertrag kann vereinbart werden, daß sämtliche Pflichtverletzungen bei der Erledigung eines einheitlichen Amtsgeschäftes, mögen diese auf dem Verhalten des Notars oder einer von ihm herangezogenen Hilfsperson beruhen, als ein Versicherungsfall gelten.

(4) Die Vereinbarung eines Selbstbehaltes bis zu 1 vom Hundert der Mindestversicherungssumme ist zulässig.

---

1) § 19 a eingef. durch G v. 7. 8. 1981 (BGBl. I S. 803); Abs. 1, Abs. 2 neu gef., bish. Abs. 1 Sätze 3–6 werden Abs. 3, bish. Abs. 2–4 werden Abs. 4–6 durch G v. 30. 8. 1994 (BGBl. II S. 1438); Abs. 3 Satz 1, Abs. 6 geänd., Abs. 2 Sätze 2–4 angef. durch G v. 31. 8. 1998 (BGBl. I S. 2585); Abs. 3 Satz 1 geänd. mWv 1. 1. 2002 durch G v. 13. 12. 2001 (BGBl. I S. 3574); Abs. 5 geänd. mWv 1. 1. 2008 durch G v. 23. 11. 2007 (BGBl. I S. 2631); Abs. 6 eingef., bish. Abs. 6 wird Abs. 7 mWv 1. 9. 2009 durch G v. 30. 7. 2009 (BGBl. I S. 2449).

(5) Zuständige Stelle im Sinne des § 117 Abs. 2 des Versicherungsvertragsgesetzes ist die Landesjustizverwaltung.

(6) Die Landesjustizverwaltung oder die Notarkammer, der der Notar angehört, erteilt Dritten zur Geltendmachung von Schadensersatzansprüchen auf Antrag Auskunft über den Namen und die Adresse der Berufshaftpflichtversicherung des Notars sowie die Versicherungsnummer, soweit der Notar kein überwiegendes schutzwürdiges Interesse an der Nichterteilung der Auskunft hat; dies gilt auch, wenn das Notaramt erloschen ist.

(7) Das Bundesministerium der Justiz wird ermächtigt, durch Rechtsverordnung mit Zustimmung des Bundesrates die Mindestversicherungssumme für die Pflichtversicherungen nach Absatz 1 anders festzusetzen, wenn dies erforderlich ist, um bei einer Änderung der wirtschaftlichen Verhältnisse einen hinreichenden Schutz der Geschädigten sicherzustellen.

3. Abschnitt. Die Amtstätigkeit

§ 20[1)] [Beurkundungen und Beglaubigungen] (1) [1] Die Notare sind zuständig, Beurkundungen jeder Art vorzunehmen sowie Unterschriften, Handzeichen und Abschriften zu beglaubigen. [2] Zu ihren Aufgaben gehören insbesondere auch die Beurkundung von Versammlungsbeschlüssen, die Vornahme von Verlosungen und Auslosungen, die Aufnahme von Vermögensverzeichnissen, die Anlegung und Abnahme von Siegeln, die Aufnahme von Protesten, die Zustellung von Erklärungen sowie die Beurkundung amtlich von ihnen wahrgenommener Tatsachen.

(2) Die Notare sind auch zuständig, Auflassungen entgegenzunehmen sowie Teilhypotheken- und Teilgrundschuldbriefe auszustellen.

(3) [1] Die Notare sind ferner zuständig, freiwillige Versteigerungen durchzuführen. [2] Eine Versteigerung beweglicher Sachen sollen sie nur vornehmen, wenn diese durch die Versteigerung unbeweglicher Sachen oder durch eine von dem Notar beurkundete oder vermittelte Vermögensauseinandersetzung veranlaßt ist.

(4) Die Notare sind auch zur Vermittlung nach den Bestimmungen des Sachenrechtsbereinigungsgesetzes zuständig.

(5) Inwieweit die Notare zur Vermittlung von Nachlaß- und Gesamtgutauseinandersetzungen – einschließlich der Erteilung von Zeugnissen nach §§ 36 und 37 der Grundbuchordnung –, zur Aufnahme von Nachlaßverzeichnissen und Nachlaßinventaren sowie zur Anlegung und Abnahme von Siegeln im Rahmen eines Nachlaßsicherungsverfahrens zuständig sind, bestimmt sich nach den landesrechtlichen Vorschriften.

§ 21[2)] [Sonstige Bescheinigungen] (1) [1] Die Notare sind zuständig,

1. Bescheinigungen über eine Vertretungsberechtigung sowie
2. Bescheinigungen über das Bestehen oder den Sitz einer juristischen Person oder Handelsgesellschaft, die Firmenänderung, eine Umwandlung oder sonstige rechtserhebliche Umstände auszustellen,

wenn sich diese Umstände aus einer Eintragung im Handelsregister oder in einem ähnlichen Register ergeben. [2] Die Bescheinigung hat die gleiche Beweiskraft wie ein Zeugnis des Registergerichts.

(2) [1] Der Notar darf die Bescheinigung nur ausstellen, wenn er sich zuvor über die Eintragung Gewißheit verschafft hat, die auf Einsichtnahme in das Register oder in eine beglaubigte Abschrift hiervon beruhen muß. [2] Er hat den Tag der Einsichtnahme in das Register oder den Tag der Ausstellung der Abschrift in der Bescheinigung anzugeben.

§ 22[3)] [Abnahme von Eiden; Aufnahme eidesstattlicher Versicherungen] (1) Zur Abnahme von Eiden sowie zu eidlichen Vernehmungen sind die Notare nur zuständig, wenn der Eid oder die eidliche Vernehmung nach dem Recht eines ausländischen Staates oder nach den Bestimmungen einer ausländischen Behörde oder sonst zur Wahrnehmung von Rechten im Ausland erforderlich ist.

(2) Die Aufnahme eidesstattlicher Versicherungen steht den Notaren in allen Fällen zu, in denen einer Behörde oder sonstigen Dienststelle eine tatsächliche Behauptung oder Aussage glaubhaft gemacht werden soll.

[1)] § 20 Abs. 4 eingef., bish. Abs. 4 wird Abs. 5 durch G v. 21. 9. 1994 (BGBl. II S. 2457); Abs. 1 Satz 2 geänd. durch G v. 31. 8. 1998 (BGBl. I S. 2585).

[2)] § 21 neu gef. durch G v. 31. 8. 1998 (BGBl. I S. 2585).

[3)] § 22 Abs. 1 Satz 1 neu gef., Abs. 3 aufgeh. durch G v. 28. 8. 1969 (BGBl. I S. 1513).

§ 22 a[1] *(aufgehoben)*

§ 23[2] **[Aufbewahrung und Ablieferung von Wertgegenständen]** Die Notare sind auch zuständig, Geld, Wertpapiere und Kostbarkeiten, die ihnen von den Beteiligten übergeben sind, zur Aufbewahrung oder zur Ablieferung an Dritte zu übernehmen; §§ 54 a bis 54 d des Beurkundungsgesetzes[3] bleiben unberührt.

§ 24[4] **[Betreuung und Vertretung der Beteiligten]** (1) [1] Zu dem Amt des Notars gehört auch die sonstige Betreuung der Beteiligten auf dem Gebiete vorsorgender Rechtspflege, insbesondere die Anfertigung von Urkundenentwürfen und die Beratung der Beteiligten. [2] Der Notar ist auch, soweit sich nicht aus anderen Vorschriften Beschränkungen ergeben, in diesem Umfange befugt, die Beteiligten vor Gerichten und Verwaltungsbehörden zu vertreten.

(2) [1] Nimmt ein Notar, der zugleich Rechtsanwalt ist, Handlungen der in Absatz 1 bezeichneten Art vor, so ist anzunehmen, daß er als Notar tätig geworden ist, wenn die Handlung bestimmt ist, Amtsgeschäfte der in den §§ 20 bis 23 bezeichneten Art vorzubereiten oder auszuführen. [2] Im übrigen ist im Zweifel anzunehmen, daß er als Rechtsanwalt tätig geworden ist.

(3) [1] Soweit der Notar kraft Gesetzes ermächtigt ist, im Namen der Beteiligten bei dem Grundbuchamt oder bei den Registerbehörden Anträge zu stellen (insbesondere § 15 Abs. 2 der Grundbuchordnung, § 25 der Schiffsregisterordnung[5], § 378 des Gesetzes über das Verfahren in Familiensachen und in den Angelegenheiten der freiwilligen Gerichtsbarkeit), ist er auch ermächtigt, die von ihm gestellten Anträge zurückzunehmen. [2] Die Rücknahmeerklärung ist wirksam, wenn sie mit der Unterschrift und dem Amtssiegel des Notars versehen ist; eine Beglaubigung der Unterschrift ist nicht erforderlich.

4. Abschnitt.[6] Sonstige Pflichten des Notars

§ 25[7] **[Beschäftigung von Mitarbeitern]** (1) Der Notar darf Mitarbeiter mit Befähigung zum Richteramt, Laufbahnprüfung für das Amt des Bezirksnotars oder Abschluß als Diplom-Jurist nur beschäftigen, soweit seine persönliche Amtsausübung nicht gefährdet wird.

(2) [1] Die Landesregierungen oder die von ihnen bestimmten Stellen werden ermächtigt, zur Wahrung der Belange einer geordneten Rechtspflege durch Rechtsverordnung zu bestimmen, daß der Notar Mitarbeiter mit Befähigung zum Richteramt, Laufbahnprüfung für das Amt des Bezirksnotars oder Abschluß als Diplom-Jurist nur beschäftigen darf, wenn die Aufsichtsbehörde dies nach Anhörung der Notarkammer genehmigt hat. [2] Die Genehmigung kann mit Auflagen verbunden und mit dem Vorbehalt des Widerrufs erteilt sowie befristet werden.

§ 26[8] **[Pflicht zur Verpflichtung]** [1] Der Notar hat die bei ihm beschäftigten Personen mit Ausnahme der Notarassessoren und der ihm zur Ausbildung zugewiesenen Referendare bei der Einstellung nach § 1 des Verpflichtungsgesetzes förmlich zu verpflichten. [2] Hierbei ist auf die Bestimmungen in § 14 Abs. 4 und § 18 besonders hinzuweisen. [3] Besteht ein einheitliches Beschäftigungsverhältnis zu mehreren Notaren, so genügt es, wenn einer von ihnen die Verpflichtung vornimmt.

§ 27[9] **[Anzeigepflicht bei Verbindung zur gemeinsamen Berufsausübung]** (1) [1] Der Notar hat eine Verbindung zur gemeinsamen Berufsausübung oder zur gemeinsamen Nutzung der Geschäftsräume unverzüglich der Aufsichtsbehörde und der Notarkammer anzuzeigen. [2] Diese Anzeigepflicht gilt auch für berufliche Verbindungen im Sinne von § 3 Abs. 1 Satz 1 Nr. 7 des Beurkundungsgesetzes[3]. [3] Anzuzeigen sind Name, Beruf, weiter berufliche Tätigkeiten und Tätigkeitsort der Beteiligten. [4] § 9 bleibt unberührt.

---

[1] § 22 a eingef. durch G v. 28. 8. 1969 (BGBl. I S. 1513); aufgeh. durch G v. 31. 8. 1998 (BGBl. I S. 2585).

[2] § 23 geänd. durch G v. 31. 8. 1998 (BGBl. I S. 2585).

[3] Nr. **200**.

[4] § 24 Abs. 3 Satz 1 geänd. mWv 25. 4. 2006 durch G v. 19. 4. 2006 (BGBl. I S. 866); Abs. 3 Satz 1 geänd. mWv 1. 9. 2009 durch G v. 17. 12. 2008 (BGBl. I S. 2586); Abs. 3 Satz 1 geänd. mWv 1. 9. 2009 durch G v. 30. 7. 2009 (BGBl. I S. 2449).

[5] Nr. **385**.

[6] Erster Teil 4. Abschn. Überschr. geänd. und neuer 4. Abschn. (§§ 25–32) eingef. durch G v. 31. 8. 1998 (BGBl. I S. 2585).

[7] Bish. § 25 aufgeh. und neuer § 25 eingef. durch G v. 31. 8. 1998 (BGBl. I S. 2585); Abs. 2 Satz 2 neu gef. mWv 1. 9. 2009 durch G v. 30. 7. 2009 (BGBl. I S. 2449).

[8] § 26 aufgeh. durch G v. 28. 8. 1969 (BGBl. I S. 1513); neu eingef. durch G v. 31. 8. 1998 (BGBl. I S. 2585).

[9] § 27 aufgeh. durch G v. 28. 8. 1969 (BGBl. I S. 1513); neu eingef. durch G v. 31. 8. 1998 (BGBl. I S. 2585); Abs. 1 Satz 2 eingef., bish. Sätze 2 und 3 werden Sätze 3 und 4, neuer Satz 3 geänd. mWv 18. 12. 2007 durch G v. 12. 12. 2007 (BGBl. I S. 2840).

(2) Auf Anforderung hat der Notar der Aufsichtsbehörde und der Notarkammer die Vereinbarung über die gemeinsame Berufsausübung oder die gemeinsame Nutzung der Geschäftsräume vorzulegen.

§ 28[1] **[Pflicht zur Unabhängigkeit und Unparteilichkeit]** Der Notar hat durch geeignete Vorkehrungen die Wahrung der Unabhängigkeit und Unparteilichkeit seiner Amtsführung, insbesondere die Einhaltung der Mitwirkungsverbote und weiterer Pflichten nach den Bestimmungen dieses Gesetzes, des Beurkundungsgesetzes[2] und der Kostenordnung[3] sicherzustellen.

§ 29[4] **[Werbeverbot]** (1) Der Notar hat jedes gewerbliche Verhalten, insbesondere eine dem öffentlichen Amt widersprechende Werbung zu unterlassen.

(2) Eine dem Notar in Ausübung seiner Tätigkeiten nach § 8 erlaubte Werbung darf sich nicht auf seine Tätigkeit als Notar erstrecken.

(3) [1] Ein Anwaltsnotar, der sich nach § 9 Abs. 3 mit nicht an seinem Amtssitz tätigen Personen verbunden oder mit ihnen gemeinsame Geschäftsräume hat, darf seine Amtsbezeichnung als Notar auf Drucksachen und anderen Geschäftspapieren nur angeben, wenn sie von seiner Geschäftsstelle aus versandt werden und auch nur auf demjenigen Amts- oder Namensschild führen, das an seinem Amtssitz auf seine Geschäftsstelle hinweist.[5] [2] In überörtlich verwendeten Verzeichnissen ist der Angabe der Amtsbezeichung ein Hinweis auf den Amtssitz hinzuzufügen.

§ 30[6] **[Ausbildungspflicht]** (1) Der Notar hat bei der Ausbildung des beruflichen Nachwuchses und von Referendaren nach besten Kräften mitzuwirken.

(2) Der Notar hat den von ihm beschäftigten Auszubildenden eine sorgfältige Fachausbildung zu vermitteln.

§ 31[7] **[Verhalten des Notars]** Der Notar hat sich gegenüber Kollegen, Gerichten, Behörden, Rechtsanwälten und anderen Beratern seiner Auftraggeber in der seinem Amt entsprechenden Weise zu verhalten.

§ 32[8] **[Bezug von Gesetz- und Amtsblättern]** [1] Der Notar hat das Bundesgesetzblatt Teil I, das Gesetzblatt des Landes, das Bekanntmachungsblatt der Landesjustizverwaltung und das Verkündungsblatt der Bundesnotarkammer zu halten. [2] Sind mehrere Notare zu gemeinsamer Berufsausübung verbunden, so genügt der gemeinschaftliche Bezug je eines Stücks.

§§ 33–37[9] *(aufgehoben)*

5. Abschnitt. Abwesenheit und Verhinderung des Notars. Notarvertreter

§ 38 [Anzeige von Abwesenheit oder Verhinderung] [1] Will sich der Notar länger als eine Woche von seinem Amtssitz entfernen oder ist er aus tatsächlichen Gründen länger als eine Woche an der Ausübung seines Amtes verhindert, so hat er dies der Aufsichtsbehörde unverzüglich anzuzeigen. [2] Er bedarf der Genehmigung der Aufsichtsbehörde, wenn die Abwesenheit von dem Amtssitz länger als einen Monat dauern soll.

§ 39[10] **[Bestellung eines Vertreters]** (1) [1] Die Aufsichtsbehörde kann dem Notar auf seinen Antrag für die Zeit seiner Abwesenheit oder Verhinderung einen Vertreter bestellen; die Bestellung kann auch von vornherein für die während eines Kalenderjahres eintretenden Behinderungsfälle ausgesprochen werden (ständiger Vertreter). [2] Die Bestellung soll in der Regel die Dauer von einem Jahr nicht überschreiten.

---

[1] § 28 aufgeh. durch G v. 28. 8. 1969 (BGBl. I S. 1513); neu eingef. durch G v. 31. 8. 1998 (BGBl. I S. 2585).
[2] Nr. **200**.
[3] Nr. **570**.
[4] § 29 aufgeh. durch G v. 28. 8. 1969 (BGBl. I S. 1513); neu eingef. durch G v. 31. 8. 1998 (BGBl. I S. 2585).
[5] Gem. Beschl. des BVerfG v. 8. 3. 2005 – 1 BvR 2561/03 – (BGBl. I S. 1413) ist § 29 Abs. 3 Satz 1 mit Art. 12 Abs. 1 GG v. 23. 5. 1949 (BGBl. I S. 1), zuletzt geänd. durch G v. 29. 7. 2009 (BGBl. I S. 2248) unvereinbar und nichtig, soweit er bestimmt, dass ein Anwaltsnotar, der sich nach § 9 Abs. 2 der Bundesnotarordnung (Nr. **1**) mit nicht an seinem Amtssitz tätigen Personen verbunden oder mit ihnen gemeinsame Geschäftsräume hat, seine Amtsbezeichnung als Notar auf Drucksachen und anderen Geschäftspapieren nur angeben darf, wenn sie von seiner Geschäftsstelle aus versandt werden.
[6] § 30 aufgeh. durch G v. 28. 8. 1969 (BGBl. I S. 1513); neu eingef. durch G v. 31. 8. 1998 (BGBl. I S. 2585).
[7] § 31 aufgeh. durch G v. 28. 8. 1969 (BGBl. I S. 1513); neu eingef. durch G v. 31. 8. 1998 (BGBl. I S. 2585).
[8] § 32 aufgeh. durch G v. 28. 8. 1969 (BGBl. I S. 1513); neu eingef. durch G v. 31. 8. 1998 (BGBl. I S. 2585).
[9] §§ 33–37 aufgeh. durch G v. 28. 8. 1969 (BGBl. I S. 1513).
[10] § 39 Abs. 4 geänd. durch G v. 7. 8. 1981 (BGBl. I S. 803); Abs. 3 Satz 4 geänd. durch G v. 12. 9. 1990 (BGBl. I S. 2002); Abs. 2 Satz 2 neu gef. durch G v. 29. 1. 1991 (BGBl. I S. 150); Abs. 1 Satz 2 angef. durch G v. 31. 8. 1998 (BGBl. I S. 2585); Abs. 2 Satz 2 geänd. mWv 1. 5. 2002 durch G v. 27. 4. 2002 (BGBl. I S. 1467).

(2) [1] Im Fall der vorläufigen Amtsenthebung kann ein Vertreter auch ohne Antrag bestellt werden. [2] Dies gilt auch, wenn ein Notar es unterläßt, die Bestellung eines Vertreters zu beantragen, obwohl er aus gesundheitlichen Gründen zur ordnungsgemäßen Ausübung seines Amtes vorübergehend unfähig ist.

(3) [1] Zum Vertreter darf nur bestellt werden, wer fähig ist, das Amt eines Notars zu bekleiden. [2] Die ständige Vertretung soll nur einem Notar, Notarassessor oder Notar außer Dienst übertragen werden; als ständiger Vertreter eines Anwaltsnotars kann nach Anhörung der Notarkammer auch ein Rechtsanwalt bestellt werden. [3] Es soll – abgesehen von den Fällen des Absatzes 2 – nur bestellt werden, wer von dem Notar vorgeschlagen und zur Übernahme des Amtes bereit ist. [4] Für den Notar kann auch ein nach § 1896 des Bürgerlichen Gesetzbuchs bestellter Betreuer oder ein nach § 1911 des Bürgerlichen Gesetzbuchs bestellter Pfleger den Antrag stellen und den Vertreter vorschlagen.

(4) Auf den Vertreter sind die für den Notar geltenden Vorschriften mit Ausnahme des § 19 a entsprechend anzuwenden, soweit nicht nachstehend etwas anderes bestimmt ist.

§ 40 [Bestellung durch schriftliche Verfügung] (1) [1] Der Vertreter wird durch schriftliche Verfügung bestellt. [2] Er hat, sofern er nicht schon als Notar vereidigt ist, vor dem Beginn der Vertretung vor dem Präsidenten des Landgerichts den Amtseid (§ 13) zu leisten. [3] Ist er schon einmal als Vertreter eines Notars nach § 13 vereidigt worden, so genügt es, wenn er auf den früher geleisteten Eid hingewiesen wird.

(2) Die Bestellung des Vertreters kann jederzeit widerrufen werden.

§ 41[1)] [Kosten und Befugnisse des Vertreters] (1) [1] Der Vertreter versieht das Amt auf Kosten des Notars. [2] Er hat seiner Unterschrift einen ihn als Vertreter kennzeichnenden Zusatz beizufügen und Siegel und Stempel des Notars zu gebrauchen.

(2) Er soll sich der Ausübung des Amtes auch insoweit enthalten, als dem von ihm vertretenen Notar die Amtsausübung untersagt wäre.

§ 42[2)] [Zuständigkeit für Streitigkeiten zwischen Notar und Notarvertreter] Für vermögensrechtliche Streitigkeiten zwischen dem Notar und dem Notarvertreter, welche die Vergütung oder die Haftung für Amtspflichtverletzungen betreffen, sind die Landgerichte ohne Rücksicht auf den Wert des Streitgegenstandes ausschließlich zuständig.

§ 43 [Vergütung für von Amts wegen bestellten Vertreter] Der Notar hat dem ihm von Amts wegen bestellten Vertreter (§ 39 Abs. 2) eine angemessene Vergütung zu zahlen.

§ 44 [Dauer der Amtsbefugnis des Vertreters] (1) [1] Die Amtsbefugnis des Vertreters beginnt mit der Übernahme des Amtes und endigt, wenn die Bestellung nicht vorher widerrufen wird, mit der Übergabe des Amtes an den Notar. [2] Während dieser Zeit soll sich der Notar der Ausübung seines Amtes enthalten.

(2) Die Amtshandlungen des Vertreters sind nicht deshalb ungültig, weil die für seine Bestellung nach § 39 erforderlichen Voraussetzungen nicht vorhanden waren oder später weggefallen sind.

§ 45 [Aktenverwahrung bei Abwesenheit oder Verhinderung] (1) [1] Für die Dauer der Abwesenheit oder Verhinderung kann der Notar, wenn ihm ein Vertreter nicht bestellt ist, seine Akten einschließlich der Verzeichnisse und Bücher einem anderen Notar im Bezirk desselben oder eines benachbarten Amtsgerichts oder dem Amtsgericht, in dessen Bezirk er seinen Amtssitz hat, in Verwahrung geben. [2] Die Verwahrung durch einen anderen Notar ist dem Amtsgericht mitzuteilen.

(2) Der Notar oder das Amtsgericht, dem die Akten in Verwahrung gegeben sind, hat an Stelle des abwesenden oder verhinderten Notars Ausfertigungen und Abschriften zu erteilen und Einsicht der Akten zu gestatten.

(3) Hat der Notar für die Dauer seiner Abwesenheit oder Verhinderung seine Akten nicht nach Absatz 1 in Verwahrung gegeben und wird die Erteilung einer Ausfertigung oder Abschrift aus den Akten oder die Einsicht der Akten verlangt, so hat das Amtsgericht, in dessen Bezirk der Notar seinen Amtssitz hat, die Akten in Verwahrung zu nehmen und die beantragte Amtshandlung vorzunehmen.

[1)] § 41 Abs. 2 neu gef. durch G v. 28. 8. 1969 (BGBl. I S. 1513).
[2)] § 42 Satz 2 aufgeh. durch G v. 29. 1. 1991 (BGBl. I S. 150).

(4) [1] Der Notar, der die Akten in Verwahrung hat, erteilt die Ausfertigungen und beglaubigten Abschriften mit seiner Unterschrift und unter seinem Siegel oder Stempel. [2] Für die Erteilung der Ausfertigungen oder Abschriften durch das Amtsgericht gelten die Vorschriften über die Erteilung von Ausfertigungen oder Abschriften gerichtlicher Urkunden. [3] In dem Ausfertigungsvermerk soll auf die Abwesenheit oder Verhinderung des Notars hingewiesen werden.

(5) Die Kosten für die Erteilung von Ausfertigungen oder Abschriften stehen, wenn die Akten durch einen Notar verwahrt werden, diesem und, wenn die Akten durch das Amtsgericht verwahrt werden, der Staatskasse zu.

§ 46 [Amtspflichtverletzung des Vertreters] [1] Für eine Amtspflichtverletzung des Vertreters haftet der Notar dem Geschädigten neben dem Vertreter als Gesamtschuldner. [2] Im Verhältnis zwischen dem Notar und dem Vertreter ist der Vertreter allein verpflichtet.

6. Abschnitt.[1] Erlöschen des Amtes. Vorläufige Amtsenthebung. Notariatsverwalter

§ 47[2] [Erlöschen des Amtes] Das Amt des Notars erlischt durch

1. Erreichen der Altersgrenze (§ 48 a)[3] oder Tod,
2. Entlassung (§ 48),
3. bestandskräftigen Wegfall der Mitgliedschaft bei der für den Gerichtsbezirk zuständigen Rechtsanwaltskammer im Fall des § 3 Abs. 2,
4. Amtsverlust infolge strafgerichtlicher Verurteilung (§ 49),
5. Amtsenthebung (§ 50),
6. Entfernung aus dem Amt durch disziplinargerichtliches Urteil (§ 97),
7. vorübergehende Amtsniederlegung (§§ 48 b, 48 c).

§ 48 [Entlassung] [1] Der Notar kann jederzeit seine Entlassung aus dem Amt verlangen. [2] Das Verlangen muß der Landesjustizverwaltung schriftlich erklärt werden. [3] Die Entlassung ist von der Landesjustizverwaltung für den beantragten Zeitpunkt auszusprechen.

§ 48 a[4] [Altersgrenze] Die Notare erreichen mit dem Ende des Monats, in dem sie das siebzigste Lebensjahr vollenden, die Altersgrenze.

§ 48 b[5] [Vorübergehende Amtsniederlegung] (1) Wer als Notarin oder als Notar

1. mindestens ein Kind unter achtzehn Jahren oder
2. einen nach amtsärztlichem Gutachten pflegebedürftigen sonstigen Angehörigen

tatsächlich betreut oder pflegt, kann das Amt mit Genehmigung der Aufsichtsbehörde vorübergehend niederlegen.

(2) Die Dauer der Amtsniederlegung nach Absatz 1 darf auch in Verbindung mit der Amtsniederlegung nach § 48 c zwölf Jahre nicht überschreiten.

§ 48 c[6] [Bestellung nach Amtsniederlegung] (1) [1] Erklärt der Notar mit dem Antrag auf Genehmigung der vorübergehenden Amtsniederlegung nach § 48 b, sein Amt innerhalb von höchstens einem Jahr am bisherigen Amtssitz wieder antreten zu wollen, wird er innerhalb dieser Frist dort erneut bestellt. [2] § 97 Abs. 3 Satz 2 gilt entsprechend.

(2) [1] Nach erneuter Bestellung am bisherigen Amtssitz ist eine nochmalige Amtsniederlegung nach Absatz 1 innerhalb der nächsten beiden Jahre ausgeschlossen; § 48 b bleibt unberührt. [2] Die Dauer mehrfacher Amtsniederlegungen nach Absatz 1 darf drei Jahre nicht überschreiten.

---

[1] Erster Teil 6. Abschn. Überschr. geänd. mWv 1. 9. 2009 durch G v. 30. 7. 2009 (BGBl. I S. 2449).

[2] § 47 Nr. 3 neu gef. durch G v. 20. 5. 1975 (BGBl. I S. 1117); Nr. 1 neu gef. durch G v. 29. 1. 1991 (BGBl. I S. 150); Nr. 3 geänd., Nr. 4 aufgeh., bish. Nr. 5–7 werden Nr. 4–6, Nr. 7 angef. durch G v. 31. 8. 1998 (BGBl. I S. 2585); Nr. 3 neu gef. mWv 1. 6. 2007 durch G v. 26. 3. 2007 (BGBl. I S. 358).

[3] Nach Art. 3 Satz 1 G vom 29. 1. 1991 (BGBl. I S. 150) können Notare, die am 3. 2. 1991 das achtundfünfzigste Lebensjahr vollendet haben, abweichend von § 47 Nr. 1 für weitere zwölf Jahre im Amt bleiben.

[4] § 48 a eingef. durch G v. 29. 1. 1991 (BGBl. I S. 150).

[5] § 48 b eingef. durch G v. 31. 8. 1998 (BGBl. I S. 2585).

[6] § 48 c eingef. durch G v. 31. 8. 1998 (BGBl. I S. 2585).

§ 49 [Strafgerichtliche Verurteilung] Eine strafgerichtliche Verurteilung hat für den Notar den Amtsverlust in gleicher Weise zur Folge wie für einen Landesjustizbeamten.

§ 50[1] [Amtsenthebung] (1) Der Notar ist seines Amtes zu entheben,

1. wenn die Voraussetzungen des § 5 wegfallen oder sich nach der Bestellung herausstellt, daß diese Voraussetzungen zu Unrecht als vorhanden angenommen wurden;
2. wenn eine der Voraussetzungen vorliegt, unter denen die Ernennung eines Landesjustizbeamten nichtig ist, für nichtig erklärt oder zurückgenommen werden muß;
3. wenn er sich weigert, den in § 13 vorgeschriebenen Amtseid zu leisten;
4. wenn er ein besoldetes Amt übernimmt oder eine nach § 8 Abs. 3 genehmigungspflichtige Tätigkeit ausübt und die Zulassung nach § 8 Abs. 1 Satz 2 oder die nach § 8 Abs. 3 erforderliche Genehmigung im Zeitpunkt der Entschließung der Landesjustizverwaltung über die Amtsenthebung nicht vorliegen;
5. wenn er entgegen § 8 Abs. 2 eine weitere berufliche Tätigkeit ausübt oder sich entgegen den Bestimmungen von § 9 Abs. 1 oder Abs. 2 mit anderen Personen zur gemeinsamen Berufsausübung verbunden oder mit ihnen gemeinsame Geschäftsräume hat;
6. wenn er in Vermögensverfall geraten ist; ein Vermögensverfall wird vermutet, wenn ein Insolvenzverfahren über das Vermögen des Notars eröffnet oder der Notar in das vom Insolvenzgericht oder vom Vollstreckungsgericht zu führende Verzeichnis (§ 26 Abs. 2 der Insolvenzordnung, § 915 der Zivilprozeßordnung) eingetragen ist;
7. wenn er aus gesundheitlichen Gründen nicht nur vorübergehend unfähig ist, sein Amt ordnungsgemäß auszuüben;
8. wenn seine wirtschaftlichen Verhältnisse, die Art seiner Wirtschaftsführung oder der Durchführung von Verwahrungsgeschäften die Interessen der Rechtsuchenden gefährden;
9. wenn er wiederholt grob gegen Mitwirkungsverbote gemäß § 3 Abs. 1 des Beurkundungsgesetzes[2] verstößt;
10. wenn er nicht die vorgeschriebene Haftpflichtversicherung (§ 19 a) unterhält.

(2) Liegt eine der Voraussetzungen vor, unter denen die Ernennung eines Landesjustizbeamten für nichtig erklärt oder zurückgenommen werden kann, so kann auch der Notar seines Amtes enthoben werden.

(3) [1] Für die Amtsenthebung ist die Landesjustizverwaltung zuständig. [2] Sie entscheidet nach Anhörung der Notarkammer.

(4) [1] In den auf die Amtsenthebung nach Absatz 1 Nr. 7 gerichteten Verfahren sind für die Bestellung eines Vertreters des Notars für das Verwaltungsverfahren, der zur Wahrnehmung seiner Rechte in dem Verfahren nicht in der Lage ist, für die Pflicht des Notars, sich ärztlich untersuchen zu lassen, und für die Folgen einer Verweigerung seiner Mitwirkung die Vorschriften entsprechend anzuwenden, die für Landesjustizbeamte gelten. [2] Zum Vertreter soll ein Rechtsanwalt oder Notar bestellt werden. [3] Die in diesen Vorschriften dem Dienstvorgesetzten zugewiesenen Aufgaben nimmt die Landesjustizverwaltung wahr.

§ 51[3] [Aktenverwahrung] (1) [1] Ist das Amt eines Notars erloschen oder wird sein Amtssitz in einen anderen Amtsgerichtsbezirk verlegt, so sind die Akten und Bücher des Notars sowie die ihm amtlich übergebenen Urkunden dem Amtsgericht in Verwahrung zu geben. [2] Die Landesjustizverwaltung kann die Verwahrung einem anderen Amtsgericht oder einem Notar übertragen. [3] Die Vorschriften des § 45 Abs. 2, 4 und 5 gelten entsprechend.

(2) Die Siegel und Stempel des Notars hat das in Absatz 1 Satz 1 bezeichnete Amtsgericht zu vernichten.

(3) Wird ein Notar nach dem Erlöschen seines Amtes oder der Verlegung seines Amtssitzes erneut in dem Amtsgerichtsbezirk, in dem er seinen früheren Amtssitz hatte, zum Notar bestellt, so können ihm die nach Absatz 1 in Verwahrung genommenen Bücher und Akten wieder ausgehändigt werden.

---

[1] § 50 Abs. 1 Nr. 8 angef. durch G v. 7. 8. 1981 (BGBl. I S. 803); Abs. 1 Nr. 6 neu gef. und Abs. 4 angef. durch G v. 29. 1. 1991 (BGBl. I S. 150); Abs. 3 Satz 3 geänd., Abs. 1 Nr. 5 neu gef. durch G v. 5. 10. 1994 (BGBl. I S. 2911); Abs. 3 Satz 3, Abs. 4 Satz 1 geänd., Abs. 1 Nr. 4, neue Nr. 8 neu gef., Nr. 5, 9 eingef., bish. Nr. 5–7 werden Nr. 6–8, bish. Nr. 8 wird Nr. 10 durch G v. 31. 8. 1998 (BGBl. I S. 2585); Abs. 1 und Abs. 3 Satz 3 geänd. durch G v. 19. 12. 1998 (BGBl. I S. 3836); Abs. 1 Nr. 7 neu gef. mWv 1. 5. 2002 durch G v. 27. 4. 2002 (BGBl. I S. 1467); Abs. 3 neu gef., Abs. 4 Sätze 1 und 2 geänd. mWv 1. 9. 2009 durch G v. 30. 7. 2009 (BGBl. I S. 2449).

[2] Nr. **200**.

[3] § 51 Abs. 1 Satz 2 geänd. durch G v. 29. 1. 1991 (BGBl. I S. 150); Abs. 1 Satz 1 neu gef. durch G v. 31. 8. 1998 (BGBl. I S. 2585).

(4) [1] Wird der Amtssitz eines Notars in einen anderen Amtsgerichtsbezirk innerhalb derselben Stadtgemeinde verlegt, so bleiben die Akten und Bücher in seiner Verwahrung. [2] Die Siegel und Stempel sind nicht abzuliefern.

(5) [1] Die Abgabe von Notariatsakten an ein Staatsarchiv und die Vernichtung von Notariatsakten regelt die Landesjustizverwaltung. [2] Sind Notariatsakten an ein Staatsarchiv abgegeben worden, so werden Ausfertigungen, vollstreckbare Ausfertigungen und Abschriften, wenn es sich um Urkunden eines noch in seinem Amt befindlichen Notars oder um Urkunden handelt, die auf Grund des Absatzes 1 Satz 2 einem anderen Notar zur Verwahrung übergeben waren, vom Notar, sonst von dem Amtsgericht erteilt, in dessen Bezirk der Notar seinen Sitz hatte. [3] Die Vorschriften des § 45 Abs. 4 und 5 dieses Gesetzes sowie des § 797 Abs. 3 der Zivilprozeßordnung gelten entsprechend.

§ 52[1)] [Weiterführung der Amtsbezeichnung] (1) [1] Mit dem Erlöschen des Amtes erlischt die Befugnis, die Bezeichnung „Notar" oder „Notarin" zu führen. [2] Die Bezeichnung darf auch nicht mit einem auf das Erlöschen des Amtes hinweisenden Zusatz geführt werden.

(2) [1] Ist das Amt eines zur hauptberuflichen Amtsausübung bestellten Notars durch Entlassung (§ 48), wegen Erreichens der Altersgrenze (§ 48 a) oder durch Amtsenthebung aus den in § 50 Abs. 1 Nr. 7 bezeichneten Gründen erloschen, so kann die Landesjustizverwaltung dem früheren Notar die Erlaubnis erteilen, seine Amtsbezeichung mit dem Zusatz „außer Dienst (a.D.)" weiterzuführen. [2] Das gleiche gilt für einen Anwaltsnotar, wenn sein Amt durch Entlassung (§ 48) oder wegen Erreichens der Altersgrenze (§ 48 a) erloschen ist oder ihm nach Verzicht auf die Rechte aus der Zulassung zur Rechtsanwaltschaft die Erlaubnis erteilt worden ist, sich weiterhin Rechtsanwalt zu nennen.

(3) [1] Die Landesjustizverwaltung kann die Erlaubnis zur Führung der Bezeichnung „Notar außer Dienst" oder „Notarin außer Dienst" zurücknehmen oder widerrufen, wenn nachträglich Umstände bekannt werden oder eintreten, die bei einem Notar das Erlöschen des Amtes aus den in § 47 Nr. 4 und 6 oder in § 50 Abs. 1 Nr. 1 bis 6, 8 und 9 bezeichneten Gründen nach sich ziehen würden. [2] Ist der frühere Notar zur Rechtsanwaltschaft zugelassen, so erlischt die Befugnis nach Absatz 2 Satz 1, wenn er sich nach dem Wegfall seiner Zulassung nicht weiterhin Rechtsanwalt nennen darf.

§ 53[2)] [Übernahme von Räumen oder Angestellten des ausgeschiedenen Notars]

(1) [1] Ist das Amt eines zur hauptberuflichen Amtsausübung bestellten Notars erloschen oder ist sein Amtssitz verlegt worden, so bedarf ein anderer an dem Amtssitz bereits ansässiger Notar der Genehmigung der Landesjustizverwaltung, wenn er seine Geschäftsstelle in Räume des ausgeschiedenen Notars verlegen oder einen in einem besonderen Vertrauensverhältnis stehenden Angestellten in seine Geschäftsstelle übernehmen will. [2] Die Genehmigung darf nur versagt werden, wenn dies im Interesse der Rechtspflege geboten ist.

(2) Die Gültigkeit der aus Anlaß der Übernahme oder Anstellung abgeschlossenen Rechtsgeschäfte wird durch einen Verstoß gegen die Vorschrift des Absatzes 1 nicht berührt.

§ 54[3)] [Vorläufige Amtsenthebung] (1) [1] Der Notar kann von der Aufsichtsbehörde vorläufig seines Amtes enthoben werden,

1. wenn das Betreuungsgericht der Aufsichtsbehörde eine Mitteilung nach § 308 des Gesetzes über das Verfahren in Familiensachen und in den Angelegenheiten der freiwilligen Gerichtsbarkeit gemacht hat;
2. wenn sie die Voraussetzungen des § 50 für gegeben hält;
3. wenn er sich länger als zwei Monate ohne Zustimmung der Aufsichtsbehörde außerhalb seines Amtssitzes aufhält.

[2] Widerspruch und Anfechtungsklage gegen die vorläufige Amtsenthebung haben keine aufschiebende Wirkung.

(2) [1] Ein Notar, der zugleich Rechtsanwalt ist, kann auch ohne Einleitung eines Disziplinarverfahrens durch das Disziplinargericht vorläufig seines Amtes enthoben werden, wenn gegen

---

[1)] § 52 Abs. 2 Satz 2, Abs. 3 Satz 3 neu gef. durch G v. 7. 8. 1981 (BGBl. I S. 803); Abs. 2 geänd. durch G v. 29. 1. 1991 (BGBl. I S. 150); Abs. 2 und 3 geänd. durch G v. 31. 8. 1998 (BGBl. I S. 2585); Abs. 1 Satz 1 neu gef., Abs. 2 Satz 1 geänd., Abs. 3 Satz 1 neu gef., Satz 2 aufgeh., bish. Satz 3 wird Satz 2 und geänd. mWv 1. 9. 2009 durch G v. 30. 7. 2009 (BGBl. I S. 2449).

[2)] § 53 Abs. 1 Satz 2 angef. durch G v. 31. 8. 1998 (BGBl. I S. 2585).

[3)] § 54 Abs. 1 Nr. 1 neu gef. durch G v. 12. 9. 1990 (BGBl. I S. 2002); Abs. 3 geänd. durch G v. 29. 1. 1991 (BGBl. I S. 150); Abs. 2 Satz 1 geänd. durch G v. 2. 9. 1994 (BGBl. I S. 2278); Abs. 4 Nr. 1 und 2 geänd., Nr. 3 angef. durch G v. 31. 8. 1998 (BGBl. I S. 2585); Abs. 1 Nr. 1 geänd. mWv 1. 9. 2009 durch G v. 17. 12. 2008 (BGBl. I S. 2586); Abs. 2 neu gef. mWv 1. 1. 2010 durch G v. 17. 6. 2009 (BGBl. I S. 1282); Abs. 1 Satz 2 und Abs. 2 Satz 3 angef., Abs. 4 Nr. 3 geänd. mWv 1. 9. 2009 durch G v. 30. 7. 2009 (BGBl. I S. 2449).

ihn ein anwaltsgerichtliches Verfahren nach der Bundesrechtsanwaltsordnung eingeleitet worden ist. [2] Die Vorschriften über die vorläufige Amtsenthebung nach Einleitung eines Disziplinarverfahrens gelten entsprechend.

(3) Wird ein Notar, der zugleich Rechtsanwalt ist, nach Einleitung eines Disziplinarverfahrens vorläufig seines Amtes als Notar enthoben, so kann das Disziplinargericht gegen ihn ein Berufs- oder Vertretungsverbot (§ 150 der Bundesrechtsanwaltsordnung) verhängen, wenn zu erwarten ist, daß im Disziplinarverfahren gegen ihn auf Entfernung aus dem Amt (§ 97 Abs. 1) erkannt werden wird.

(4) Die Wirkungen der vorläufigen Amtsenthebung treten kraft Gesetzes ein,

1. wenn gegen einen Notar im Strafverfahren die Untersuchungshaft angeordnet ist, für deren Dauer;
2. wenn gegen einen Notar, der zugleich Rechtsanwalt ist, ein Berufs- oder Vertretungsverbot nach § 150 oder ein Vertretungsverbot für das Gebiet des Zivilrechts nach § 114 Abs. 1 Nr. 4 der Bundesrechtsanwaltsordnung verhängt ist, für dessen Dauer;
3. wenn gegen einen Notar, der zugleich Rechtsanwalt ist, die Rücknahme oder der Widerruf der Zulassung zur Rechtsanwaltschaft nach § 14 der Bundesrechtsanwaltsordnung mit sofortiger Vollziehung verfügt ist, vom Zeitpunkt der Zustellung der Verfügung an für die Dauer ihrer Wirksamkeit.

(5) Die Vorschriften über die vorläufige Amtsenthebung eines Notars nach Einleitung eines Disziplinarverfahrens bleiben unberührt.

§ 55[1] [Aktenverwahrung und Amtshandlungen bei vorläufiger Amtsenthebung]

(1) [1] Im Fall der vorläufigen Amtsenthebung hat das Amtsgericht, wenn dem Notar kein Vertreter bestellt ist, seine Akten und Bücher sowie Siegel, Stempel und Amtsschild für die Dauer der vorläufigen Amtsenthebung in Verwahrung zu nehmen. [2] § 45 Abs. 2, 4 und 5 gilt entsprechend.

(2) [1] Der Notar hat sich während der Dauer der vorläufigen Amtsenthebung jeder Amtshandlung zu enthalten. [2] Ein Verstoß berührt jedoch die Gültigkeit der Amtshandlung nicht. [3] Amtsgeschäfte nach § 23 kann der Notar nicht mehr vornehmen.

§ 56[2] [Notariatsverwalter] (1) Ist das Amt eines zur hauptberuflichen Amtsausübung bestellten Notars erloschen oder ist sein Amtssitz verlegt worden oder übt im Fall des § 8 Abs. 1 Satz 2 ein zur hauptberuflichen Amtsausübung bestellter Notar sein Amt nicht persönlich aus, so soll in der Regel an seiner Stelle ein Notarassessor oder eine sonstige zum Amt eines Notars befähigte Person damit betraut werden, das Amt des Notars vorübergehend wahrzunehmen (Notariatsverwalter).

(2) [1] Ist ein Anwaltsnotar durch Erlöschen des Amtes ausgeschieden, so kann an seiner Stelle zur Abwicklung der Notariatsgeschäfte bis zur Dauer eines Jahres ein Notariatsverwalter bestellt werden, wenn hierfür ein Bedürfnis besteht. [2] In begründeten Ausnahmefällen kann diese Frist über ein Jahr hinaus verlängert werden. [3] Innerhalb der ersten drei Monate ist der Notariatsverwalter berechtigt, auch neue Notariatsgeschäfte vorzunehmen. [4] Wird zur Abwicklung der Anwaltskanzlei ein Abwickler bestellt, so kann dieser auch mit der Abwicklung der Notariatsgeschäfte als Notariatsverwalter betraut werden.

(3) Hat ein Notar sein Amt nach § 48c vorübergehend niedergelegt, wird ein Verwalter für die Dauer der Amtsniederlegung, längstens für ein Jahr, bestellt.

(4) Ist ein Notar vorläufig seines Amtes enthoben, so kann ein Notariatsverwalter bestellt werden, wenn die Bestellung eines Notarvertreters (§ 39 Abs. 2 Satz 1) nicht zweckmäßig erscheint.

(5) Notarassessoren sind verpflichtet, das Amt eines Notariatsverwalters zu übernehmen.

§ 57[3] [Pflichten des Notariatsverwalters; Bestallungsurkunde] (1) Der Notariatsverwalter untersteht, soweit nichts anderes bestimmt ist, den für die Notare geltenden Vorschriften.

(2) [1] Der Notariatsverwalter wird von der Landesjustizverwaltung nach Anhörung der Notarkammer durch Aushändigung einer Bestallungsurkunde bestellt. [2] Er hat, sofern er nicht schon als Notar vereidigt ist, vor der Übernahme seines Amtes vor dem Präsidenten des Landgerichts den Amtseid (§ 13) zu leisten. [3] § 40 Abs. 1 Satz 3 gilt entsprechend.

---

[1] § 55 Abs. 2 Satz 3 angef. durch G v. 7. 8. 1981 (BGBl. I S. 803).

[2] § 56 bish. Abs. 1 Satz 2 wird Abs. 3, bish. Abs. 3 wird Abs. 4 durch G v. 7. 8. 1981 (BGBl. I S. 803); Abs. 1–5 geänd., Abs. 2 Satz 2 und Abs. 3 eingef., Abs. 2 bish. Sätze 2 und 3 werden Sätze 3 und 4, bish. Abs. 3 und 4 werden Abs. 4 und 5 durch G v. 31. 8. 1998 (BGBl. I S. 2585).

[3] § 57 Abs. 1 und 2, Abs. 2 Satz 1 geänd. durch G v. 31. 8. 1998 (BGBl. I S. 2585).

§ 58[1] **[Fortführung der Amtsgeschäfte; Kostenforderungen]** (1) Der Notariatsverwalter übernimmt die Akten und Bücher des Notars, an dessen Stelle er bestellt ist, sowie die dem Notar amtlich übergebenen Urkunden und Wertgegenstände; sind bei der Bestellung des Notariatsverwalters die Akten und Bücher bereits von dem Amtsgericht in Verwahrung genommen (§ 51 Abs. 1 Satz 1), so sind sie in der Regel zurückzugeben.

(2) [1] Der Notariatsverwalter führt die von dem Notar begonnenen Amtsgeschäfte fort. [2] Die Kostenforderungen stehen dem Notariatsverwalter zu, soweit sie nach Übernahme der Geschäfte durch ihn fällig werden. [3] Er muß sich jedoch im Verhältnis zum Kostenschuldner die vor der Übernahme der Geschäfte an den Notar gezahlten Vorschüsse anrechnen lassen.

(3) [1] Soweit die Kostenforderungen dem ausgeschiedenen Notar oder dessen Rechtsnachfolger zustehen, erteilt der Notariatsverwalter die vollstreckbare Ausfertigung der Kostenberechnung (§ 155 der Kostenordnung[2]); lehnt er die Erteilung ab, so kann der Notar oder dessen Rechtsnachfolger die Entscheidung des Landgerichts nach § 156 der Kostenordnung beantragen. [2] Ist dem Notar ein anderer Amtssitz zugewiesen, so bleibt er neben dem Notariatsverwalter zur Erteilung der vollstreckbaren Ausfertigung befugt. [3] Der Notariatsverwalter hat ihm Einsicht in die Bücher und Akten zu gewähren; die dadurch entstehenden Kosten trägt der Notar.

§ 59[3] **[Vergütung; Abrechnung mit Notarkammer]** (1) [1] Der Notariatsverwalter führt sein Amt auf Rechnung der Notarkammer gegen eine von dieser festzusetzende angemessene Vergütung. [2] Er hat mit der Notarkammer, soweit nicht eine andere Abrede getroffen wird, monatlich abzurechnen. [3] Führt er die der Notarkammer zukommenden Beträge nicht ab, so können diese wie rückständige Beiträge beigetrieben werden.

(2) Die Notarkammer kann ein Aufrechnungs- oder Zurückbehaltungsrecht an den Bezügen des Notariatsverwalters nur insoweit geltend machen, als diese pfändbar sind oder als sie einen Anspruch auf Schadensersatz wegen vorsätzlicher unerlaubter Handlung hat.

(3) [1] Die Notarkammer kann allgemein oder im Einzelfall eine von Absatz 1 Satz 1 und 2 abweichende Regelung treffen. [2] Absatz 2 ist in diesem Fall nicht anwendbar.

§ 60[4] **[Überschüsse aus Notariatsverwaltungen]** (1) Die Überschüsse aus den auf Rechnung der Notarkammer durchgeführten Notariatsverwaltungen müssen vorrangig zugunsten der Fürsorge für die Berufsangehörigen und ihre Hinterbliebenen verwendet werden.

(2) [1] Verbleibende Überschüsse sind, soweit Versorgungseinrichtungen nach § 67 Abs. 4 Nr. 2 eingerichtet sind, diesen zuzuwenden. [2] Bestehen Versorgungseinrichtungen nicht, fließen verbleibende Überschüsse der Notarkammer zu.

§ 61[5] **[Amtspflichtverletzung des Notariatsverwalters]** (1) [1] Für eine Amtspflichtverletzung des Notariatsverwalters haftet die Notarkammer dem Geschädigten neben dem Notariatsverwalter als Gesamtschuldner; im Verhältnis zwischen der Notarkammer und dem Notariatsverwalter ist dieser allein verpflichtet. [2] Das gleiche gilt, soweit der Notariatsverwalter nach § 46 oder § 19 Abs. 2 für Amtspflichtverletzungen eines Vertreters oder eines Notarassessors haftet. [3] § 19 Abs. 1 Satz 2 und 3 ist entsprechend anwendbar. [4] Die Haftung der Notarkammer ist auf den Betrag der Mindestversicherungssummen von nach Absatz 2 abzuschließenden Versicherungen beschränkt.

(2) [1] Die Notarkammer hat sich und den Notariatsverwalter gegen Verluste aus der Haftung nach Absatz 1 durch Abschluß von Versicherungen zu sichern, die den in §§ 19 a und 67 Abs. 3 Nr. 3 gestellten Anforderungen genügen müssen. [2] Die Ansprüche aus der Haftpflichtversicherung soll auch der Notariatsverwalter im eigenen Namen geltend machen können.

(3) Eine Haftung des Staates für Amtspflichtverletzungen des Notariatsverwalters besteht nicht.

§ 62[6] **[Zuständigkeit für Streitigkeiten zwischen Notarkammer und Notariatsverwalter]** Für vermögensrechtliche Streitigkeiten zwischen der Notarkammer und dem Notariatsverwalter, welche die Vergütung, die Abrechnung (§ 59) oder die Haftung für Amtspflichtverletzungen betreffen, sind die Landgerichte ohne Rücksicht auf den Wert des Streitgegenstandes ausschließlich zuständig.

---

[1] § 58 Abs. 1–3 geänd. durch G v. 31. 8. 1998 (BGBl. I S. 2585); Abs. 3 Satz 1 geänd. mWv 1. 9. 2009 durch G v. 17. 12. 2008 (BGBl. I S. 2586).

[2] Nr. **570**.

[3] § 59 Abs. 1, 2 und 3 geänd. durch G v. 31. 8. 1998 (BGBl. I S. 2585).

[4] § 60 neu gef. durch G v. 31. 8. 1998 (BGBl. I S. 2585).

[5] § 61 Abs. 2 neu gef. durch G v. 7. 8. 1981 (BGBl. I S. 803); Abs. 1–3 geänd., Abs. 1 Sätze 3 und 4 angef. durch G v. 31. 8. 1998 (BGBl. I S. 2585).

[6] § 62 Satz 2 aufgeh. durch G v. 29. 1. 1991 (BGBl. I S. 150); geänd. durch G v. 31. 8. 1998 (BGBl. I S. 2585).

§ 63[1] **[Akteneinsicht der Notarkammer]** (1) Der Notariatsverwalter ist verpflichtet, einem Beauftragten der Notarkammer Akten und Bücher sowie die in seiner Verwahrung befindlichen Urkunden zur Einsicht vorzulegen.

(2) Die Prüfungsbefugnisse der Aufsichtsbehörde bleiben unberührt.

§ 64[2] **[Dauer der Amtsbefugnis des Notariatsverwalters]** (1) [1] Das Amt eines nach § 56 Abs. 1 bestellten Notariatsverwalters endigt, wenn ein neuer Notar bestellt wird oder der vorläufig seines Amtes enthobene oder gemäß § 8 Abs. 1 Satz 2 an der persönlichen Amtsausübung verhinderte Notar sein Amt wieder übernimmt. [2] Die Amtsbefugnis des Notariatsverwalters dauert fort, bis ihm die Beendigung des Amtes von der Landesjustizverwaltung mitgeteilt ist. [3] Die Landesjustizverwaltung kann die Bestellung aus wichtigem Grunde vorzeitig widerrufen.

(2) [1] Das Amt eines nach § 56 Abs. 2 bestellten Notariatsverwalters endigt mit Ablauf des Zeitraums, für den er bestellt ist. [2] Absatz 1 Satz 3 gilt entsprechend.

(3) [1] Übernimmt nach der Beendigung des Amtes des Notariatsverwalters der frühere Notar das Amt wieder oder wird dem neu bestellten Notar gemäß § 51 Abs. 1 Satz 2 die Verwahrung der Akten und Bücher übertragen, so führt der Notar die von dem Notariatsverwalter begonnenen Amtsgeschäfte fort. [2] Die nach Übernahme des Amtes durch den Notar fällig werdenden Kostenforderungen stehen diesem zu. [3] Er muß sich jedoch im Verhältnis zum Kostenschuldner die vor der Übernahme des Amtes an den Notariatsverwalter gezahlten Vorschüsse anrechnen lassen.

(4) [1] Die dem Notariatsverwalter zustehenden Kostenforderungen werden nach der Beendigung seines Amtes von der Notarkammer im eigenen Namen eingezogen. [2] §§ 154 bis 157 der Kostenordnung[3] gelten entsprechend. [3] Die Notarkammer kann den neu bestellten oder wieder in sein Amt eingesetzten Notar damit beauftragen, die ausstehenden Forderungen auf ihre Kosten einzuziehen.

7. Abschnitt.[4] Allgemeine Vorschriften für das Verwaltungsverfahren

§ 64 a[5] **[Ermittlung des Sachverhalts; personenbezogene Informationen]** (1) Für Verwaltungsverfahren nach diesem Gesetz oder nach einer auf Grund dieses Gesetzes erlassenen Rechtsverordnung gilt, soweit nichts anderes bestimmt ist, das Verwaltungsverfahrensgesetz.

(2) [1] Gerichte und Behörden übermitteln personenbezogene Informationen, die für die Bestellung zum Notar, zum Vertreter oder Notariatsverwalter, für die Ernennung zum Notarassessor, für die Amtsenthebung eines Notars oder Entlassung eines Notarassessors aus dem Dienst, für die Rücknahme oder den Widerruf einer Erlaubnis, Genehmigung oder Befreiung sowie zur Einleitung eines Verfahrens wegen ordnungswidrigen Verhaltens oder Verletzung von Amtspflichten aus der Sicht der übermittelnden Stelle erforderlich sind, der für die Entscheidung zuständigen Stelle, soweit hierdurch schutzwürdige Interessen des Betroffenen nicht beeinträchtigt werden oder das öffentliche Interesse das Geheimhaltungsinteresse des Betroffenen überwiegt. [2] Die Übermittlung unterbleibt, wenn besondere gesetzliche Verwendungsregelungen entgegenstehen. [3] Informationen über die Höhe rückständiger Steuerschulden können entgegen § 30 der Abgabenordnung zum Zweck der Vorbereitung der Amtsenthebung gemäß § 50 Abs. 1 Nr. 6 oder Nr. 8 übermittelt werden; die zuständige Stelle darf die ihr übermittelten Steuerdaten nur für den Zweck verwenden, für den ihr diese übermittelt worden sind.

Zweiter Teil. Notarkammern und Bundesnotarkammer

1. Abschnitt. Notarkammern

§ 65 [Bildung; Sitz] (1) [1] Die Notare, die in einem Oberlandesgerichtsbezirk bestellt sind, bilden eine Notarkammer. [2] Die Landesregierung oder die von ihr bestimmte Stelle kann jedoch durch Rechtsverordnung bestimmen, daß mehrere Oberlandesgerichtsbezirke oder Teile von Oberlandesgerichtsbezirken oder ein Oberlandesgerichtsbezirk mit Teilen eines anderen Oberlandesgerichtsbezirks den Bezirk einer Notarkammer bilden.

---

[1] § 63 geänd. durch G v. 31. 8. 1998 (BGBl. I S. 2585).

[2] § 64 Abs. 1–4 geänd. durch G v. 31. 8. 1998 (BGBl. I S. 2585).

[3] Nr. **570**.

[4] Erster Teil 7. Abschn. (§ 64 a) eingef. durch G v. 29. 1. 1991 (BGBl. I S. 150).

[5] § 64 a eingef. durch G v. 29. 1. 1991 (BGBl. I S. 150); Abs. 3 Satz 1 neu gef. durch G v. 31. 8. 1998 (BGBl. I S. 2600); Abs. 3 Satz 3 angef. mWv 1. 6. 2007 durch G v. 26. 3. 2007 (BGBl. I S. 358); Abs. 1 neu gef., Abs. 2 aufgeh., bish. Abs. 3 wird Abs. 2 und Satz 3 Halbs. 2 neu gef. mWv 1. 9. 2009 durch G v. 30. 7. 2009 (BGBl. I S. 2449).

(2) [1] Die Notarkammer hat ihren Sitz am Ort des Oberlandesgerichts. [2] Im Fall des Absatzes 1 Satz 2 bestimmt die Landesregierung oder die von ihr bestimmte Stelle den Sitz der Notarkammer.

§ 66[1)] [Satzung; Aufsicht; Tätigkeitsbericht] (1) [1] Die Notarkammer ist eine Körperschaft des öffentlichen Rechts. [2] Die Satzung der Notarkammer und ihre Änderungen werden von der Versammlung der Kammer beschlossen; sie bedürfen der Genehmigung der Landesjustizverwaltung und sind in einem von ihr bezeichneten Blatt zu veröffentlichen.

(2) [1] Die Landesjustizverwaltung führt die Staatsaufsicht über die Notarkammer. [2] Die Aufsicht beschränkt sich darauf, daß Gesetz und Satzung beachtet, insbesondere die der Notarkammer übertragenen Aufgaben erfüllt werden.

(3) Am Schlusse des Geschäftsjahrs legt die Notarkammer der Landesjustizverwaltung einen Bericht über ihre Tätigkeit im abgelaufenen Jahr und über die Lage der im Bereich der Kammer tätigen Notare und Notarassessoren vor.

§ 67[2)] [Aufgaben] (1) [1] Die Notarkammer vertritt die Gesamtheit der in ihr zusammengeschlossenen Notare. [2] Sie hat über Ehre und Ansehen ihrer Mitglieder zu wachen, die Aufsichtsbehörden bei ihrer Tätigkeit zu unterstützen, die Pflege des Notariatsrechts zu fördern und für eine gewissenhafte und lautere Berufsausübung der Notare und Notarassessoren zu sorgen.

(2) [1] Der Notarkammer obliegt es, in Richtlinien die Amtspflichten und sonstigen Pflichten ihrer Mitglieder im Rahmen der gesetzlichen Vorschriften und auf deren Grundlage erlassenen Verordnungen durch Satzung näher zu bestimmen. [2] § 66 Abs. 1 Satz 2 gilt entsprechend. [3] Die Richtlinien können nähere Regelungen enthalten:

1. zur Wahrung der Unabhängigkeit und Unparteilichkeit des Notars,
2. für das nach § 14 Abs. 3 zu beachtende Verhalten,
3. zur Wahrung fremder Vermögensinteressen,
4. zur Beachtung der Pflicht zur persönlichen Amtsausübung,
5. über die Begründung, Führung, Fortführung und Beendigung der Verbindung zur gemeinsamen Berufsausübung oder sonstiger zulässiger beruflicher Zusammenarbeit sowie zur Nutzung gemeinsamer Geschäftsräume,
6. über die Art der nach § 28 zu treffenden Vorkehrungen,
7. für das nach § 29 zu beachtende Verhalten, insbesondere über Bekanntgaben einer Amtsstelle, Amts- und Namensschilder im Rahmen landesrechtlicher Bestimmungen sowie Bürodrucksachen, Führung weiterer Berufsbezeichnungen, Führung von Titeln, Auftreten des Notars in der Öffentlichkeit und Führung seines Namens in Verzeichnissen,
8. für die Beschäftigung und Ausbildung der Mitarbeiter,
9. über die bei der Vornahme von Beurkundungen außerhalb des Amtsbereichs und der Geschäftsstelle zu beachtenden Grundsätze,
10. über den erforderlichen Umfang der Fortbildung,
11. über die besonderen Berufspflichten im Verhältnis zu anderen Notaren, zu Gerichten, Behörden, Rechtsanwälten und anderen Beratern seiner Auftraggeber.

(3) Außer den der Notarkammer durch Gesetz zugewiesenen Aufgaben obliegt ihr,

1. Mittel für die berufliche Fortbildung der Notare, ihrer Hilfskräfte und der Notarassessoren sowie für sonstige gemeinsame Lasten des Berufsstandes bereitzustellen;
2. die Ausbildung und Prüfung der Hilfskräfte der Notare zu regeln;
3. Versicherungsverträge zur Ergänzung der Haftpflichtversicherung nach § 19 a abzuschließen, um auch Gefahren aus solchen Pflichtverletzungen zu versichern, die nicht durch Versicherungsverträge nach § 19 a gedeckt sind, weil die durch sie verursachten Vermögensschäden die Deckungssumme übersteigen oder weil sie als vorsätzliche Handlungen durch die allgemeinen Versicherungsbedingungen vom Versicherungsschutz ausgenommen sind. Für diese Versicherungsverträge gilt, daß die Versicherungssumme für jeden versicherten Notar und für jeden Versicherungsfall mindestens 250 000 Euro für Schäden aus wissentlichen Pflichtverlet-

---

1) § 66 Abs. 1 Satz 2 geänd. durch G v. 31. 8. 1998 (BGBl. I S. 2585).

2) § 67 Abs. 2 Nr. 3 eingef. durch G v. 7. 8. 1981 (BGBl. I S. 803); Abs. 3 Nr. 3 eingef. durch G v. 29. 1. 1991 (BGBl. I S. 150); Abs. 3 Nr. 3 Satz 2 Halbsatz 1 und Satz 3, Abs. 4 geänd., Abs. 2 eingef., Abs. 6 angef., bish. Abs. 2–4 werden Abs. 3–5, durch G v. 31. 8. 1998 (BGBl. I S. 2585); Abs. 3 Nr. 3 Satz 2 Halbsatz 1 geänd. mWv 1. 1. 2002 durch G v. 13. 12. 2001 (BGBl. I S. 3574); Abs. 5 eingef., bish. Abs. 5 und 6 werden Abs. 6 und 7 mWv 31. 12. 2006 durch G v. 22. 12. 2006 (BGBl. I S. 3416); Abs. 3 Nr. 3 Satz 3 geänd., Abs. 4 neu gef., Abs. 7 aufgeh. mWv 1. 9. 2009 durch G v. 30. 7. 2009 (BGBl. I S. 2449).

zungen und mindestens 500 000 Euro für Schäden aus sonstigen Pflichtverletzungen betragen muß; die Leistungen des Vesicherers für alle innerhalb eines Versicherungsjahres von einem Notar verursachten Schäden dürfen jedoch auf den vierfachen Betrag der Mindestversicherungssumme begrenzt werden. § 19 a Abs. 7 ist entsprechend anzuwenden. Die Landesregierungen oder die von ihnen durch Rechtsverordnung bestimmten Stellen werden ermächtigt, durch Rechtsverordnung unter Berücksichtigung der möglichen Schäden Beträge zu bestimmen, bis zu denen die Gesamtleistung des Versicherers für alle während eines Verischerungsjahres von allen versicherten Notaren verursachten Schäden in den Versicherungsverträgen begrenzt werden darf.

(4) [1] Die Notarkammer kann weitere, dem Zweck ihrer Errichtung entsprechende Aufgaben wahrnehmen. [2] Sie kann insbesondere

1. Fürsorgeeinrichtungen unterhalten,
2. nach näherer Regelung durch die Landesgesetzgebung Vorsorgeeinrichtungen unterhalten,
3. allein oder gemeinsam mit anderen Notarkammern Einrichtungen unterhalten, deren Zweck darin besteht, als Versicherer die in Absatz 3 Nr. 3 aufgeführten Versicherungsverträge abzuschließen, die Gefahren aus Pflichtverletzungen abdecken, die durch vorsätzliche Handlungen von Notaren verursacht worden sind,
4. allein oder gemeinsam mit anderen Notarkammern Einrichtungen unterhalten, die ohne rechtliche Verpflichtung Leistungen bei nicht durch Versicherungsverträge nach Absatz 3 Nr. 3 gedeckten Schäden durch vorsätzliche Handlungen von Notaren ermöglichen.

(5) [1] Die Notarkammer kann die Stellung als Notar oder als Notariatsverwalter sowie sonstige berufsbezogene Angaben bei der Vergabe von qualifizierten Zertifikaten nach dem Signaturgesetz bestätigen. [2] Die Notarkammer kann die Sperrung eines entsprechenden qualifizierten Zertifikats verlangen.

(6) Die Notarkammer hat ferner Gutachten zu erstatten, die die Landesjustizverwaltung, ein Gericht oder eine Verwaltungsbehörde des Landes in Angelegenheiten der Notare anfordert.

§ 68 [Organe] Die Organe der Notarkammer sind der Vorstand und die Versammlung der Kammer.

§ 69 [Vorstand] (1) [1] Der Vorstand nimmt, unbeschadet der Vorschrift des § 70, die Befugnisse der Notarkammer wahr. [2] In dringenden Fällen beschließt er an Stelle der Versammlung der Kammer, deren Genehmigung nachzuholen ist.

(2) [1] Der Vorstand besteht aus dem Präsidenten, seinem Stellvertreter und weiteren Mitgliedern. [2] Die Mitglieder des Vorstands werden von der Versammlung der Kammer auf vier Jahre gewählt.

(3) Sind in dem Bezirk einer Notarkammer zur hauptberuflichen Amtsausübung bestellte Notare und Anwaltsnotare bestellt, so müssen der Präsident und mindestens die Hälfte der übrigen Mitglieder des Vorstands zur hauptberuflichen Amtsausübung bestellte Notare sein.

§ 69 a[1)] [Verschwiegenheitspflicht; Aussagegenehmigung] (1) [1] Die Mitglieder des Vorstands haben – auch nach ihrem Ausscheiden aus dem Vorstand – über die Angelegenheiten, die ihnen bei ihrer Tätigkeit im Vorstand über Notare, Notarassessoren, Bewerber um das Amt des Notars und andere Personen bekannt werden, Verschwiegenheit gegenüber jedermann zu wahren. [2] Das gleiche gilt für Angestellte der Notarkammern und der Einrichtungen nach § 67 Abs. 4 sowie für Notare und Notarassessoren, die zur Mitarbeit in der Kammer oder in den Einrichtungen herangezogen werden.

(2) In gerichtlichen Verfahren dürfen die in Absatz 1 bezeichneten Personen über solche Angelegenheiten, die ihnen bei ihrer Tätigkeit im Vorstand über Notare, Notarassessoren, Bewerber um das Amt des Notars und andere Personen bekanntgeworden sind, ohne Genehmigung nicht aussagen.

(3) [1] Die Genehmigung erteilt der Vorstand der Notarkammer. [2] Die Genehmigung soll nur versagt werden, wenn Rücksichten auf die Stellung oder die Aufgaben der Notarkammer oder berechtigte Belange der Personen, über welche die Tatsachen bekannt geworden sind, es unabwendbar erfordern. [3] § 28 Abs. 2 des Gesetzes über das Bundesverfassungsgericht bleibt unberührt.

[1)] § 69 a eingef. durch G v. 29. 1. 1991 (BGBl. I S. 150), Abs. 1 geänd. durch G v. 31. 8. 1998 (BGBl. I S. 2585).

§ 69 b[1] **[Abteilungen]** (1) [1] Der Vorstand kann mehrere Abteilungen bilden, wenn die Geschäftsordnung der Kammer es zuläßt. [2] Er überträgt den Abteilungen die Geschäfte, die sie selbständig führen.

(2) [1] Jede Abteilung muß aus mindestens drei Mitgliedern des Vorstandes bestehen. [2] Die Mitglieder der Abteilung wählen aus ihren Reihen einen Abteilungsvorsitzenden und seinen Stellvertreter.

(3) [1] Vor Beginn des Kalenderjahres setzt der Vorstand die Zahl der Abteilungen und ihrer Mitglieder fest, überträgt den Abteilungen die Geschäfte und bestimmt die Mitglieder der einzelnen Abteilungen. [2] Jedes Mitglied des Vorstandes kann mehreren Abteilungen angehören. [3] Die Anordnungen können im Laufe des Jahres nur geändert werden, wenn dies wegen Überlastung der Abteilung oder infolge Wechsels oder dauernder Verhinderung einzelner Mitglieder der Abteilung erforderlich wird.

(4) Der Vorstand kann die Abteilungen ermächtigen, ihre Sitzungen außerhalb des Sitzes der Kammer abzuhalten.

(5) Die Abteilungen besitzen innerhalb ihrer Zuständigkeit die Rechte und Pflichten des Vorstandes.

(6) Anstelle der Abteilung entscheidet der Vorstand, wenn er es für angemessen hält oder wenn die Abteilung oder ihr Vorsitzender es beantragt.

§ 70 [Präsident] (1) Der Präsident vertritt die Kammer gerichtlich und außergerichtlich.

(2) Der Präsident vermittelt den geschäftlichen Verkehr der Kammer und des Vorstands.

(3) Der Präsident führt in den Sitzungen des Vorstands und in der Versammlung der Kammer den Vorsitz.

(4) Durch die Satzung können dem Präsidenten weitere Aufgaben übertragen werden.

§ 71[2] **[Versammlung]** (1) Die Versammlung der Kammer wird durch den Präsidenten einberufen.

(2) [1] Der Präsident muß die Versammlung der Kammer alljährlich einmal einberufen. [2] Er muß sie ferner einberufen, wenn ein Zehntel der Mitglieder es schriftlich beantragt und hierbei den Gegenstand angibt, der in der Versammlung behandelt werden soll.

(3) [1] Die Versammlung ist mindestens zwei Wochen vor dem Tage, an dem sie stattfinden soll, schriftlich oder durch öffentliche Einladung in den Blättern, die durch die Satzung bestimmt sind, unter Angabe der Tagesordnung einzuberufen. [2] Der Tag, an dem die Einberufung abgesandt ist, und der Tag der Versammlung sind hierbei nicht mitzurechnen. [3] In dringenden Fällen kann der Präsident die Versammlung mit kürzerer Frist einberufen.

(4) Der Versammlung obliegt insbesondere,

1. die Satzung der Kammer nach § 66 Abs. 1 Satz 2 zu beschließen;
2. die Richtlinien nach § 67 Abs. 2 zu beschließen;
3. die Höhe und die Fälligkeit der Beiträge zu bestimmen;
4. die Mittel zu bewilligen, die erforderlich sind, um den Aufwand für die gemeinschaftlichen Angelegenheiten zu bestreiten;
5. die Abrechnung des Vorstands über die Einnahmen und Ausgaben der Kammer sowie über die Verwaltung des Vermögens zu prüfen und über die Entlastung zu beschließen.

§ 72 [Regelung durch Satzung] Die näheren Bestimmungen über die Organe der Notarkammer und ihre Zuständigkeiten trifft die Satzung.

§ 73 [Beitragspflicht] (1) Die Notarkammer erhebt von den Notaren Beiträge, soweit dies zur Erfüllung ihrer Aufgaben erforderlich ist.

(2) Rückständige Beiträge können auf Grund einer von dem Präsidenten der Notarkammer ausgestellten, mit der Bescheinigung der Vollstreckbarkeit und dem Siegel der Kammer versehenen Zahlungsaufforderung nach den Vorschriften über die Vollstreckung der Urteile in bürgerlichen Rechtsstreitigkeiten eingezogen werden.

§ 74[3] **[Auskunfts- und Vorlagerecht]** (1) [1] Die Notarkammer kann in Ausübung ihrer Befugnisse von den Notaren und Notarassessoren Auskünfte, die Vorlage von Büchern und Akten

---

[1] § 69 b eingef. durch G v. 31. 8. 1998 (BGBl. I S. 2585).

[2] § 71 Abs. 4 Nr. 1 und 2 eingef., bish. Nr. 1–3 werden Nr. 3–5 durch G v. 31. 8. 1998 (BGBl. I S. 2585).

[3] § 74 neu gef. durch G v. 29. 1. 1991 (BGBl. I S. 150); Abs. 1 geänd. durch G v. 31. 8. 1998 (BGBl. I S. 2585); Abs. 2 Satz 2 geänd. mWv 1. 1. 2002 durch G v. 13. 12. 2001 (BGBl. I S. 3574).

sowie das persönliche Erscheinen vor den zuständigen Organen der Kammer verlangen. [2] Die Notarkammer ist befugt, hierdurch erlangte Kenntnisse an die Einrichtungen nach § 67 Abs. 4 weiterzugeben, soweit diese von den Einrichtungen für die Erfüllung ihrer Aufgaben benötigt werden.

(2) [1] Die Notarkammer kann zur Erzwingung der den Notaren oder Notarassessoren nach Absatz 1 obliegenden Pflichten nach vorheriger schriftlicher Androhung, auch zu wiederholten Malen, Zwangsgeld festsetzen. [2] Das einzelne Zwangsgeld darf eintausend Euro nicht übersteigen. [3] Das Zwangsgeld fließt der Notarkammer zu; es wird wie ein rückständiger Beitrag beigetrieben.

§ 75[1)] [Ermahnung] (1) Die Notarkammer ist befugt, Notaren und Notarassessoren bei ordnungswidrigem Verhalten leichterer Art eine Ermahnung auszusprechen.

(2) [1] Bevor die Ermahnung ausgesprochen wird, ist der Notar oder Notarassessor zu hören. [2] Eine Ermahnung darf nicht mehr ausgesprochen werden, wenn seit dem ordnungswidrigen Verhalten mehr als fünf Jahre verstrichen sind.

(3) [1] Die Ermahnung ist zu begründen. [2] Sie ist dem Notar oder Notarassessor zuzustellen. [3] Eine Abschrift des Bescheides ist der Aufsichtsbehörde mitzuteilen.

(4) [1] Gegen den Bescheid kann der Notar oder Notarassessor innerhalb eines Monats nach der Zustellung schriftlich bei dem Vorstand der Notarkammer Einspruch einlegen. [2] Über den Einspruch entscheidet der Vorstand; Absatz 3 gilt entsprechend.

(5) [1] Wird der Einspruch gegen die Ermahnung durch den Vorstand der Notarkammer zurückgewiesen, kann der Notar oder Notarassessor die Entscheidung des Oberlandesgerichts als Disziplinargericht für Notare beantragen. [2] Der Antrag ist innerhalb eines Monats nach Zustellung der Entscheidung über den Einspruch schriftlich einzureichen und zu begründen. [3] Das Oberlandesgericht entscheidet endgültig durch Beschluß. [4] Auf das Verfahren des Gerichts sind im Übrigen die Vorschriften des Bundesdisziplinargesetzes über das Disziplinarverfahren vor dem Verwaltungsgericht entsprechend anzuwenden. [5] Soweit nach diesen Vorschriften die Kosten des Verfahrens dem Dienstherrn zur Last fallen, tritt an dessen Stelle die Notarkammer.

(6) [1] Die Ermahnung durch die Notarkammer läßt das Recht der Aufsichtsbehörde zu Maßnahmen nach § 94 oder im Disziplinarwege unberührt. [2] Macht die Aufsichtsbehörde von diesem Recht Gebrauch, erlischt die Befugnis der Notarkammer; eine bereits ausgesprochene Ermahnung wird unwirksam. [3] Hat jedoch das Oberlandesgericht die Ermahnung aufgehoben, weil es ein ordnungswidriges Verhalten nicht festgestellt hat, ist die Ausübung der Aufsichts- und Disziplinarbefugnis wegen desselben Verhaltens nur auf Grund solcher Tatsachen oder Beweismittel zulässig, die dem Gericht bei seiner Entscheidung nicht bekannt waren.

2. Abschnitt. Bundesnotarkammer

§ 76 [Bildung; Sitz] (1) Die Notarkammern werden zu einer Bundesnotarkammer zusammengeschlossen.

(2) Der Sitz der Bundesnotarkammer wird durch ihre Satzung bestimmt.

§ 77[2)] [Rechtsstatus; Aufsicht; Genehmigung der Satzung] (1) Die Bundesnotarkammer ist eine Körperschaft des öffentlichen Rechts.

(2) [1] Das Bundesministerium der Justiz führt die Staatsaufsicht über die Bundesnotarkammer. [2] Die Aufsicht beschränkt sich darauf, daß Gesetz und Satzung beachtet, insbesondere die der Bundesnotarkammer übertragenen Aufgaben erfüllt werden.

(3) Die Satzung der Bundesnotarkammer und ihre Änderungen, die von der Vertreterversammlung beschlossen werden, bedürfen der Genehmigung des Bundesministeriums der Justiz.

§ 78[3)] [Aufgaben] (1) [1] Die Bundesnotarkammer hat die ihr durch Gesetz zugewiesenen Aufgaben zu erfüllen. [2] Sie hat insbesondere

1. in Fragen, welche die Gesamtheit der Notarkammern angehen, die Auffassung der einzelnen Notarkammern zu ermitteln und im Wege gemeinschaftlicher Aussprache die Auffassung der Mehrheit festzustellen;

[1)] § 75 neu gef. durch G v. 29. 1. 1991 (BGBl. I S. 150); Abs. 5 Satz 4 neu gef. mWv 1. 1. 2010 durch G v. 17. 6. 2009 (BGBl. I S. 1282).

[2)] § 77 Abs. 2 Satz 1 und Abs. 3 geänd. durch G v. 31. 8. 1998 (BGBl. I S. 2585).

[3)] § 78 Abs. 1 Nr. 5 geänd., Abs. 2 angef. durch G v. 31. 8. 1998 (BGBl. I S. 2585).

2. in allen die Gesamtheit der Notarkammern berührenden Angelegenheiten die Auffassung der Bundesnotarlkammer den zuständigen Gerichten und Behörden gegenüber zur Geltung zu bringen;
3. die Gesamtheit der Notarkammern gegenüber Behörden und Organisationen zu vertreten;
4. Gutachten zu erstatten, die eine an der Gesetzgebung beteiligte Behörde oder Körperschaft des Bundes oder ein Bundesgericht in Angelegenheiten der Notare anfordert;
5. durch Beschluß der Vertreterversammlung Empfehlungen für die von den Notarkammern nach § 67 Abs. 2 zu erlassenden Richtlinien auszusprechen;
6. Richtlinien für die Ausbildung der Hilfskräfte der Notare aufzustellen.

(2) [1] Die Bundesnotarkammer kann weitere dem Zweck ihrer Errichtung entsprechende Aufgaben wahrnehmen. [2] Sie kann insbesondere Maßnahmen ergreifen, die der wissenschaftlichen Beratung der Notarkammern und ihrer Mitglieder, der Fortbildung von Notaren, der Aus- und Fortbildung des beruflichen Nachwuchses und der Hilfskräfte der Notare dienen.

§ 78 a[1)] **[Zentrales Vorsorgeregister]** (1) [1] Die Bundesnotarkammer führt ein automatisiertes Register über Vorsorgevollmachten und Betreuungsverfügungen (Zentrales Vorsorgeregister). [2] In dieses Register dürfen Angaben über Vollmachtgeber, Bevollmächtigte, die Vollmacht, deren Inhalt sowie über Vorschläge zur Auswahl eines Betreuers, Wünsche zur Wahrnehmung der Betreuung und den Vorschlagenden aufgenommen werden. [3] Das Bundesministerium der Justiz führt die Rechtsaufsicht über die Registerbehörde.

(2) [1] Dem Gericht wird auf Ersuchen Auskunft aus dem Register erteilt. [2] Die Auskunft kann im Wege der Datenfernübertragung erteilt werden. [3] Dabei sind dem jeweiligen Stand der Technik entsprechende Maßnahmen zur Sicherstellung von Datenschutz und Datensicherheit zu treffen, die insbesondere die Vertraulichkeit, Unversehrtheit und Zurechenbarkeit der Daten gewährleisten; im Falle der Nutzung allgemein zugänglicher Netze sind dem jeweiligen Stand der Technik entsprechende Verschlüsselungsverfahren anzuwenden.

(3) Das Bundesministerium der Justiz hat durch Rechtsverordnung mit Zustimmung des Bundesrates die näheren Bestimmungen über die Einrichtung und Führung des Registers, die Auskunft aus dem Register und über Anmeldung, Änderung, Eintragung, Widerruf und Löschung von Eintragungen zu treffen.

§ 78 b[2)] **[Aufnahmegebühren]** (1) [1] Die Bundesnotarkammer kann für die Aufnahme von Erklärungen in das Register nach § 78 a Gebühren erheben. [2] Die Höhe der Gebühren richtet sich nach den mit der Einrichtung und dauerhaften Führung des Registers sowie den mit der Nutzung des Registers durchschnittlich verbundenen Personal- und Sachkosten. [3] Hierbei kann insbesondere der für die Anmeldung einer Eintragung gewählte Kommunikationsweg angemessen berücksichtigt werden.

(2) [1] Die Bundesnotarkammer bestimmt die Gebühren durch Satzung. [2] Die Satzung bedarf der Genehmigung durch das Bundesministerium der Justiz.

§ 78 c[3)] **[Beschwerde]** [1] Gegen Entscheidungen der Bundesnotarkammer nach den §§ 78 a und 78 b findet die Beschwerde statt. [2] Sie ist bei der Bundesnotarkammer einzulegen. [3] Diese kann der Beschwerde abhelfen. [4] Hilft sie nicht ab, legt sie die Beschwerde dem Landgericht am Sitz der Bundesnotarkammer vor. [5] Im Übrigen gelten für das Verfahren die Vorschriften des Gesetzes über das Verfahren in Familiensachen und in den Angelegenheiten der freiwilligen Gerichtsbarkeit.

§ 79 [Organe] Die Organe der Bundesnotarkammer sind das Präsidium und die Vertreterversammlung.

§ 80[4)] **[Präsidium]** [1] Das Präsidium besteht aus dem Präsidenten, zwei Stellvertretern und vier weiteren Mitgliedern. [2] Vier Mitglieder des Präsidiums müssen zur hauptberuflichen Amtsausübung bestellte Notare sein, drei Mitglieder müssen Anwaltsnotare sein. [3] Ein Stellvertreter muß ein zur hauptberuflichen Amtsausübung bestellter Notar, ein Stellvertreter Anwaltsnotar sein.

---

1) § 78 a eingef. mWv 31. 7. 2004 durch G v. 23. 4. 2004 (BGBl. I S. 598); Abs. 2 Satz 1 geänd. mWv 31. 12. 2006 durch G v. 22. 12. 2006 (BGBl. I S. 3416); Abs. 2 Satz 1 geänd. mWv 1. 9. 2009 durch G v. 17. 12. 2008 (BGBl. I S. 2586); Abs. 1 neu gef. mWv 1. 9. 2009 durch G v. 6. 7. 2009 (BGBl. I S. 1696).

2) § 78 b eingef. mWv 31. 7. 2004 durch G v. 23. 4. 2004 (BGBl. I S. 598).

3) § 78 c eingef. mWv 31. 7. 2004 durch G v. 23. 4. 2004 (BGBl. I S. 598); neu gef. mWv 1. 9. 2009 durch G v. 17. 12. 2008 (BGBl. I S. 2586).

4) § 80 Satz 2 neu gef., Satz 3 angef. durch G v. 31. 8. 1998 (BGBl. I S. 2585).

§ 81 [Wahl des Präsidiums] (1) [1] Das Präsidium wird von der Vertreterversammlung gewählt. [2] Wählbar ist jedes Mitglied der Vertreterversammlung.

(2) [1] Die Mitglieder des Präsidiums werden auf vier Jahre gewählt. [2] Scheidet ein Mitglied vorzeitig aus, so ist in der auf sein Ausscheiden folgenden Vertreterversammlung für den Rest seiner Wahlzeit ein neues Mitglied zu wählen.

§ 81 a[1] [Verschwiegenheitspflicht] Für die Pflicht der Mitglieder des Präsidiums der Bundesnotarkammer der von ihr zur Mitarbeit herangezogenen Notare und Notarassessoren sowie der Angestellten der Bundesnotarkammer zur Verschwiegenheit gilt § 69 a entsprechend.

§ 82 [Aufgaben des Präsidiums] (1) Der Präsident vertritt die Bundesnotarkammer gerichtlich und außergerichtlich.

(2) In den Sitzungen des Präsidiums führt der Präsident den Vorsitz.

(3) [1] Das Präsidium erstattet dem Bundesminister der Justiz jährlich einen schriftlichen Bericht über die Tätigkeit der Bundesnotarkammer und des Präsidiums. [2] Es zeigt ihm ferner das Ergebnis der Wahlen zum Präsidium an.

§ 83[2] [Beschlussfassungen; Gutachten] (1) Die Bundesnotarkammer faßt ihre Beschlüsse regelmäßig auf Vertreterversammlungen.

(2) [1] Die der Bundesnotarkammer in § 78 Abs. 1 Nr. 4 zugewiesenen Aufgaben erledigt das Präsidium nach Anhörung der Vertreterversammlung. [2] In dringenden Fällen kann die Anhörung unterbleiben; die Mitglieder sind jedoch unverzüglich von den getroffenen Maßnahmen zu unterrichten.

§ 84 [Vertretung in Vertreterversammlung] Die Notarkammern werden in der Vertreterversammlung durch ihre Präsidenten oder durch ein anderes Mitglied vertreten.

§ 85[3] [Einberufung der Vertreterversammlung] (1) [1] Die Vertreterversammlung wird durch den Präsidenten einberufen. [2] Er führt den Vorsitz in der Versammlung. [3] Der Präsident muß sie einberufen, wenn das Präsidium oder mindestens drei Notarkammern es beantragen. [4] Der Antrag der Notarkammern soll schriftlich gestellt werden und den Gegenstand angeben, der in der Vertreterversammlung behandelt werden soll.

(2) [1] In dringenden Fällen kann der Präsident die Vertreterversammlung mit einer kürzeren als der in der Satzung für die Einberufung vorgesehenen Frist einberufen. [2] Der Gegenstand, über den Beschluß gefaßt werden soll, braucht in diesen Fall nicht angegeben zu werden.

(3) Beschlüsse der Vertreterversammlung können auch in Textform gefaßt werden, wenn nicht mehr als drei Notarkammern widersprechen.

§ 86 [Zusammensetzung und Beschlussfassung der Vertreterversammlung] (1) [1] In der Vertreterversammlung hat jede Notarkammer eine Stimme. [2] Im Fall des § 65 Abs. 1 Satz 2 hat die Notarkammer so viele Stimmen, als sie Oberlandesgerichtsbezirke oder Teile von Oberlandesgerichtsbezirken umfaßt; jedoch bleibt hierbei ein Teil eines Oberlandesgerichtsbezirks außer Betracht, wenn die Zahl der in ihm zugelassenen Notare geringer ist als die Zahl der Notare, die in einem nicht zu derselben Notarkammer gehörigen Teil des Oberlandesgerichtsbezirks zugelassen sind.

(2) [1] Zu den Versammlungen können von jeder Notarkammer so viele Notare entsandt werden, wie die Notarkammer Stimmen hat. [2] Zu den Versammlungen können darüber hinaus auch Notare zur gutachtlichen Äußerung zu einzelnen Fragen zugelassen werden.

(3) [1] Die Vertreterversammlung faßt ihre Beschlüsse, soweit in diesem Gesetz oder in der Satzung nichts anderes bestimmt ist, mit der einfachen Mehrheit der abgegebenen Stimmen. [2] Bei Stimmengleichheit gibt die Stimme des Vorsitzenden den Ausschlag; bei Wahlen entscheidet das Los.

(4) Die Ausführung von Beschlüssen unterbleibt, wenn ihr eine Mehrheit von mindestens drei Vierteln der Vertreter, die hauptberufliche Notare sind, oder von mindestens drei Vierteln der Vertreter, die Anwaltsnotare sind, widerspricht.

§ 87 [Bericht des Präsidiums] Das Präsidium hat der Vertreterversammlung über alle wichtigen Angelegenheiten zu berichten.

---

[1] § 81 a eingef. durch G v. 29. 1. 1991 (BGBl. I S. 150).
[2] § 83 Abs. 2 geänd. durch G v. 31. 8. 1998 (BGBl. I S. 2585).
[3] § 85 Abs. 3 geänd. mWv 1. 9. 2009 durch G v. 30. 7. 2009 (BGBl. I S. 2449).

§ 88 [Status der Mitglieder] Die Mitglieder des Präsidiums und der Vertreterversammlung sind ehrenamtlich tätig.

§ 89 [Regelung durch Satzung] Die näheren Bestimmungen über die Organe der Bundesnotarkammer und ihre Befugnisse trifft die Satzung.

§ 90 [Auskunftsrecht] Die Bundesnotarkammer ist befugt, zur Erfüllung der ihr durch Gesetz oder Satzung zugewiesenen Aufgaben von den Notarkammern Berichte und Gutachten einzufordern.

§ 91 [Beitragspflicht] (1) Die Bundesnotarkammer erhebt von den Notarkammern Beiträge, die zur Deckung des persönlichen und sachlichen Bedarfs bestimmt sind.

(2) Die Höhe der Beiträge wird von der Vertreterversammlung festgesetzt.

Dritter Teil. Aufsicht. Disziplinarverfahren

1. Abschnitt. Aufsicht

§ 92 [Aufsichtsbehörden] Das Recht der Aufsicht steht zu

1. dem Präsidenten des Landgerichts über die Notare und Notarassessoren des Landgerichtsbezirks;
2. dem Präsidenten des Oberlandesgerichts über die Notare und Notarassessoren des Oberlandesgerichtsbezirks;
3. der Landesjustizverwaltung über sämtliche Notare und Notarassessoren des Landes.

§ 93[1)] [Befugnisse der Aufsichtsbehörden] (1) Den Aufsichtsbehörden obliegt die regelmäßige Prüfung und Überwachung der Amtsführung der Notare und des Dienstes der Notarassessoren. [2] Zusätzliche Zwischenprüfungen und Stichproben sind ohne besonderen Anlaß zulässig. [3] Bei einem neubestellten Notar wird die erste Prüfung innerhalb der ersten zwei Jahre seiner Tätigkeit vorgenommen.

(2) [1] Gegenstand der Prüfung ist die ordnungsmäßige Erledigung der Amtsgeschäfte des Notars. [2] Die Prüfung erstreckt sich auch auf die Einrichtung der Geschäftsstelle auf die Führung und Aufbewahrung der Bücher, Verzeichnisse und Akten, auf die ordnungsgemäße automatisierte Verarbeitung personenbezogener Daten, auf die vorschriftsmäßige Verwahrung von Wertgegenständen, auf die rechtzeitige Anzeige von Vertretungen sowie auf das Bestehen der Haftpflichtversicherung. [3] In jedem Fall ist eine größere Anzahl von Urkunden und Nebenakten durchzusehen und dabei auch die Kostenberechnung zu prüfen.

(3) [1] Die Zuständigkeit zur Durchführung der Prüfung richtet sich nach den hierzu erlassenen Bestimmungen der Landesjustizverwaltung. [2] Die Aufsichtsbehörde kann nach Anhörung der Notarkammer Notare zu Prüfungen hinzuziehen. [3] Zur Durchsicht und Prüfung der Verzeichnisse und Bücher und zur Prüfung der Kostenberechnungen und Abrechnungen über Gebührenabgaben einschließlich deren Einzugs sowie der Verwahrungsgeschäfte und dergleichen dürfen auch Beamte der Justizverwaltung herangezogen werden; eine Aufsichtsbefugnis steht diesen Beamten nicht zu. [4] Soweit bei dem Notar die Kostenberechnung und der Kosteneinzug bereits von einem Beauftragten der Notarkasse geprüft wird, ist eine Prüfung nicht erforderlich.

(4) [1] Der Notar ist verpflichtet, den Aufsichtsbehörden oder den von diesen mit der Prüfung Beauftragten Akten, Verzeichnisse und Bücher sowie die in seiner Verwahrung befindlichen Urkunden zur Einsicht vorzulegen und auszuhändigen, Zugang zu den Anlagen zu gewähren, mit denen personenbezogene Daten automatisiert verarbeitet werden, sowie die notwendigen Aufschlüsse zu geben. [2] Personen, mit denen sich der Notar zur gemeinsamen Berufsausübung verbunden oder mit denen er gemeinsame Geschäftsräume hat oder hatte, sind verpflichtet, den Aufsichtsbehörden Auskünfte zu erteilen und Akten vorzulegen, soweit dies für die Prüfung der Einhaltung der Mitwirkungsverbote erforderlich ist. [3] Dies gilt auch für Dritte, mit denen eine berufliche Verbindung im Sinne von § 27 Abs. 1 Satz 2 besteht oder bestanden hat.

§ 94[2)] [Missbilligungen] (1) [1] Die Aufsichtsbehörden sind befugt, Notaren und Notarassessoren bei ordnungswidrigem Verhalten und Pflichtverletzungen leichterer Art eine Mißbilligung auszusprechen. [2] § 75 Abs. 2, Abs. 3 Satz 1 und 2 gilt entsprechend.

[1)] § 93 neu gef. durch G v. 31. 8. 1998 (BGBl. I S. 2585); Abs. 4 Satz 3 angef. mWv 18. 12. 2007 durch G v. 12. 12. 2007 (BGBl. I S. 2840); Abs. 3 Satz 4 geänd. mWv 1. 9. 2009 durch G v. 30. 7. 2009 (BGBl. I S. 2449).

[2)] § 94 neu gef. durch G v. 29. 1. 1991 (BGBl. I S. 150).

(2) [1] Gegen die Mißbilligung kann der Notar oder Notarassessor innerhalb eines Monats nach der Zustellung schriftlich bei der Aufsichtsbehörde, die die Mißbilligung ausgesprochen hat, Beschwerde einlegen. [2] Die Aufsichtsbehörde kann der Beschwerde abhelfen. [3] Hilft sie ihr nicht ab, entscheidet über die Beschwerde die nächsthöhere Aufsichtsbehörde. [4] Die Entscheidung ist zu begründen und dem Notar oder Notarassessor zuzustellen. [5] Wird die Beschwerde gegen die Mißbilligung zurückgewiesen, kann der Notar oder Notarassessor die Entscheidung des Oberlandesgerichts als Disziplinargericht für Notare beantragen. [6] § 75 Abs. 5 Satz 2 bis 4 gilt entsprechend.

(3) [1] Die Mißbilligung läßt das Recht der Aufsichtsbehörden zu Maßnahmen im Disziplinarwege unberührt. [2] Macht die Aufsichtsbehörde von diesem Recht Gebrauch, wird die Mißbilligung unwirksam. [3] Hat jedoch das Oberlandesgericht die Mißbilligung aufgehoben, weil es ein ordnungswidriges Verhalten nicht festgestellt hat, ist eine Ausübung der Disziplinarbefugnis wegen desselben Sachverhalts nur auf Grund solcher Tatsachen oder Beweismittel zulässig, die dem Gericht bei seiner Entscheidung nicht bekannt waren.

2. Abschnitt. Disziplinarverfahren

§ 95 [Dienstvergehen] Notare und Notarassessoren, die schuldhaft die ihnen obliegenden Amtspflichten verletzen, begehen ein Dienstvergehen.

§ 95 a[1)] [Verjährungsfrist] (1) [1] Sind seit einem Dienstvergehen, das nicht eine zeitlich befristete oder dauernde Entfernung aus dem Amt oder eine Entfernung vom bisherigen Amtssitz rechtfertigt, mehr als fünf Jahre verstrichen, ist eine Verfolgung nicht mehr zulässig. [2] Diese Frist wird durch die Einleitung des Disziplinarverfahrens, die Erhebung der Disziplinarklage oder die Erhebung der Nachtragsdisziplinarklage unterbrochen. [3] Sie ist für die Dauer des Widerspruchsverfahrens, des gerichtlichen Disziplinarverfahrens oder für die Dauer einer Aussetzung des Disziplinarverfahrens entsprechend § 22 des Bundesdisziplinargesetzes gehemmt.

(2) Ist vor Ablauf der Frist wegen desselben Sachverhalts ein Strafverfahren eingeleitet worden, so ist die Frist für die Dauer des Strafverfahrens gehemmt.

§ 96[2)] [Anwendung der Vorschriften des Bundesdisziplinargesetzes]

(1) [1] Soweit in diesem Gesetz nichts Abweichendes bestimmt ist, sind die Vorschriften des Bundesdisziplinargesetzes entsprechend anzuwenden. [2] Die in diesen Vorschriften den Dienstvorgesetzten zugewiesenen Aufgaben und Befugnisse nehmen die Aufsichtsbehörden, die Aufgaben und Befugnisse der obersten Dienstbehörde nimmt die Landesjustizverwaltung wahr.

(2) [1] Mit der Durchführung der Ermittlungen ist eine Person zu beauftragen, die die Befähigung zum Richteramt hat. [2] Zur Durchführung einer gerichtlichen Vernehmung gemäß § 25 Absatz 2 des Bundesdisziplinargesetzes kann das Gericht das Amtsgericht um Rechtshilfe ersuchen.

(3) [1] Die über § 3 des Bundesdisziplinargesetzes anzuwendenden Vorschriften der Verwaltungsgerichtsordnung über die Mitwirkung ehrenamtlicher Richter finden keine Anwendung. [2] Die Fristen des § 3 des Bundesdisziplinargesetzes in Verbindung mit § 116 Absatz 2 und § 117 Absatz 4 der Verwaltungsgerichtsordnung betragen jeweils fünf Wochen.

(4) [1] Von der Anwendbarkeit des § 41 Absatz 1 Satz 1 des Bundesdisziplinargesetzes kann durch Landesgesetz abgesehen werden. [2] Die Landesregierungen werden ermächtigt, die in Absatz 1 Satz 2 genannten Aufgaben und Befugnisse durch Rechtsverordnung auf den Landesjustizverwaltungen nachgeordnete Behörden zu übertragen. [3] Die Landesregierungen können diese Ermächtigung durch Rechtsverordnung auf die Landesjustizverwaltungen übertragen.

§ 97[3)] [Disziplinarmaßnahmen] (1) [1] Im Disziplinarverfahren können folgende Maßnahmen verhängt werden:

Verweis,

Geldbuße,

Entfernung aus dem Amt.

[2] Die Disziplinarmaßnahmen des Verweises und der Geldbuße können nebeneinander verhängt werden.

[1)] § 95 a eingef. durch G v. 7. 8. 1981 (BGBl. I S. 803); Abs. 1 Sätze 2 und 3 neu gef. mWv 1. 1. 2010 durch G v. 17. 6. 2009 (BGBl. I S. 1282).

[2)] § 96 neu gef. mWv 1. 1. 2010 durch G v. 17. 6. 2009 (BGBl. I S. 1282).

[3)] § 97 Abs. 4 neu gef. durch G v. 29. 1. 1991 (BGBl. I S. 150); Abs. 4 Satz 1 geänd. durch G v. 31. 8. 1998 (BGBl. I S. 2585); Abs. 4 Satz 1 geänd. mWv 1. 1. 2002 durch G v. 9. 7. 2001 (BGBl. I S. 1510).

(2) [1] Gegen einen zur hauptberuflichen Amtsausübung bestellten Notar kann als Disziplinarmaßnahme auch auf Entfernung vom bisherigen Amtssitz erkannt werden [2] In diesem Fall hat die Landesjustizverwaltung dem Notar nach Rechtskraft der Entscheidung, nachdem die Notarkammer gehört worden ist, unverzüglich einen anderen Amtssitz zuzuweisen. [3] Neben der Entfernung vom bisherigen Amtssitz kann auch eine Geldbuße verhängt werden.

(3) [1] Gegen einen Anwaltsnotar kann als Disziplinarmaßnahme auch auf Entfernung aus dem Amt auf bestimmte Zeit erkannt werden. [2] In diesem Fall darf die erneute Bestellung zum Notar nur versagt werden, wenn sich der Notar in der Zwischenzeit eines Verhaltens schuldig gemacht hat, das ihn unwürdig erscheinen läßt, das Amt eines Notars wieder auszuüben.

(4) [1] Geldbuße kann gegen Notare bis zu fünfzigtausend Euro, gegen Notarassessoren bis zu fünftausend Euro verhängt werden. [2] Beruht die Handlung, wegen der eine Geldbuße verhängt wird, auf Gewinnsucht, so kann auf Geldbuße bis zum Doppelten des erzielten Vorteils erkannt werden.

(5) Die Entfernung aus dem Amt (Absatz 1) hat bei einem Notar, der zugleich Rechtsanwalt ist, zugleich die Ausschließung aus der Rechtsanwaltschaft zur Folge.

§ 98[1)] [Verhängung der Maßnahmen] (1) [1] Verweis und Geldbuße können durch Disziplinarverfügung der Aufsichtsbehörden verhängt werden. [2] Soll gegen den Notar auf Entfernung aus dem Amt, Entfernung vom bisherigen Amtssitz oder Entfernung aus dem Amt auf bestimmte Zeit erkannt werden, ist gegen ihn Disziplinarklage zu erheben. [3] § 14 Absatz 1 Nummer 2 des Bundesdisziplinargesetzes findet auf die Entfernung vom bisherigen Amtssitz und die Entfernung aus dem Amt auf bestimmte Zeit entsprechende Anwendung.

(2) Der Präsident des Landgerichts kann Geldbußen gegen Notare nur bis zu zehntausend Euro, gegen Notarassessoren nur bis zu eintausend Euro verhängen.

§ 99 [Disziplinargericht] Als Disziplinargerichte für Notare sind im ersten Rechtszug das Oberlandesgericht und im zweiten Rechtszug der Bundesgerichtshof zuständig.

§ 100 [Übertragung von Aufgaben des Disziplinargerichts durch Rechtsverordnung] Sind in einem Land mehrere Oberlandesgerichte errichtet, so kann die Landesregierung durch Rechtsverordnung die Aufgaben, die in diesem Gesetz dem Oberlandesgericht als Disziplinargericht zugewiesen sind, für die Bezirke aller oder mehrerer Oberlandesgerichte einem oder einigen der Oberlandesgerichte oder dem obersten Landesgericht übertragen, wenn dies der Sicherung einer einheitlichen Rechtsprechung dienlich ist.

§ 101 [Besetzung des OLG] Das Oberlandesgericht entscheidet in Disziplinarsachen gegen Notare in der Besetzung mit dem Vorsitzenden, einem Beisitzer, der planmäßig angestellter Richter ist, und einem Beisitzer, der Notar ist.

§ 102[2)] [Bestellung der richterlichen Mitglieder] [1] Der Vorsitzende, der mindestens Vorsitzender Richter am Oberlandesgericht sein muss, seine Stellvertreter sowie die richterlichen Beisitzer und ihre Stellvertreter werden von dem Präsidium des Oberlandesgerichts aus der Zahl der ständigen Mitglieder des Oberlandesgerichts auf die Dauer von fünf Jahren bestellt. [2] Im übrigen gelten die Vorschriften des Zweiten Titels des Gerichtsverfassungsgesetzes und § 6 des Einführungsgesetzes zum Gerichtsverfassungsgesetz entsprechend.

§ 103[3)] [Bestellung der notariellen Beisitzer] (1) [1] Die Beisitzer aus den Reihen der Notare werden von der Landesjustizverwaltung ernannt. [2] Sie müssen im Zuständigkeitsbereich des Disziplinargerichts als Notare bestellt sein. [3] Sie werden einer Vorschlagsliste entnommen, die der Vorstand der Notarkammer der Landesjustizverwaltung einreicht. [4] Die Landesjustizverwaltung bestimmt, welche Zahl von Beisitzern erforderlich ist; sie hat vorher den Vorstand der Notarkammer zu hören. [5] Die Vorschlagsliste des Vorstandes der Notarkammer muß mindestens die Hälfte mehr als die erforderliche Zahl von Notaren enthalten. [6] Umfaßt ein Oberlandesgericht mehrere Bezirke von Notarkammern oder Teile von solchen Bezirken, so verteilt die Landesjustizverwaltung die Zahl der Beisitzer auf die Bezirke der einzelnen Notarkammern.

(2) Die Beisitzer dürfen nicht gleichzeitig

[1)] § 98 Abs. 2 geänd. durch G v. 31. 8. 1998 (BGBl. I S. 2585); Abs. 2 geänd. mWv 1. 1. 2002 durch G v. 9. 7. 2001 (BGBl. I S. 1510); Abs. 1 Sätze 2 und 3 angef. mWv 1. 1. 2010 durch G v. 17. 6. 2009 (BGBl. I S. 1282).

[2)] § 102 Sätze 1 und 2 geänd. mWv 1. 1. 2005 durch G v. 21. 12. 2004 (BGBl. I S. 3599); Satz 1 neu gef. mWv 1. 9. 2009 durch G v. 30. 7. 2009 (BGBl. I S. 2449).

[3)] § 103 Abs. 4 Nr. 4 neu gef., Nr. 5 angef. durch G v. 29. 1. 1991 (BGBl. I S. 150); Abs. 5 Satz 1 geänd. mWv 1. 1. 2005 durch G v. 21. 12. 2004 (BGBl. I S. 3599); Abs. 1 Satz 2 eingef., bish. Sätze 2–5 werden Sätze 3–6, Abs. 2 neu gef. mWv 1. 9. 2009 durch G v. 30. 7. 2009 (BGBl. I S. 2449).

1. Präsident der Kasse (§ 113 Abs. 3) sein oder dem Vorstand der Notarkammer, dem Verwaltungsrat der Kasse oder dem Präsidium der Bundesnotarkammer angehören;
2. bei der Notarkammer, der Kasse oder der Bundesnotarkammer im Haupt- oder Nebenberuf tätig sein;
3. einem anderen Disziplinargericht (§ 99) angehören.

(3) Zum Beisitzer kann nur ein Notar ernannt werden, der das fünfunddreißigste Lebensjahr vollendet hat und seit mindestens fünf Jahren ohne Unterbrechung als Notar tätig ist.

(4) Zum Beisitzer kann nicht ernannt werden ein Notar,
1. bei dem die Voraussetzungen für eine vorläufige Amtsenthebung gegeben sind,
2. gegen den ein Disziplinarverfahren oder, sofern der Notar zugleich als Rechtsanwalt zugelassen ist, ein anwaltsgerichtliches Verfahren eingeleitet ist,
3. gegen den die öffentliche Klage wegen einer Straftat, welche die Unfähigkeit zur Bekleidung öffentlicher Ämter zur Folge haben kann, erhoben ist,
4. gegen den in einem Disziplinarverfahren in den letzten fünf Jahren auf einen Verweis oder eine Geldbuße oder in den letzten zehn Jahren auf Entfernung vom bisherigen Amtssitz oder auf Entfernung aus dem Amt auf bestimmte Zeit erkannt worden ist,
5. gegen den in einem anwaltsgerichtlichen Verfahren in den letzten fünf Jahren ein Verweis oder eine Geldbuße oder in den letzten zehn Jahren ein Vertretungsverbot (§ 114 Abs. 1 Nr. 4 der Bundesrechtsanwaltsordnung) verhängt worden ist.

(5) [1] Die Beisitzer werden für die Dauer von fünf Jahren ernannt; sie können nach Ablauf ihrer Amtszeit wieder berufen werden. [2] Scheidet ein Beisitzer vorzeitig aus, so wird für den Rest der Amtszeit ein Nachfolger ernannt.

§ 104[1)] [Rechte und Pflichten der notariellen Beisitzer; Entschädigung; Amtsenthebung] (1) [1] Die Beisitzer aus den Reihen der Notare haben als solche während der Dauer ihres Amtes alle Rechte und Pflichten eines Berufsrichters. [2] Ihr Amt ist ein Ehrenamt. [3] Sie erhalten aus der Staatskasse für den mit ihrer Tätigkeit verbundenen Aufwand eine Entschädigung die sich auf das Eineinhalbfache des in § 153 Abs. 2 Satz 1 Nr. 2 erster Halbsatz der Kostenordnung[2)] genannten höchsten Betrages beläuft. [4] Außerdem haben sie Anspruch auf Ersatz ihrer Fahrt- und Übernachtungskosten nach Maßgabe des § 153 Abs. 2 Satz 1 Nr. 1 und 3 sowie Abs. 4 der Kostenordnung.

(1 a) [1] Das Amt eines Beisitzers endet, sobald das Amt des Notars erlischt oder nachträglich ein Umstand eintritt, der nach § 103 Abs. 2 der Ernennung entgegensteht, und der Beisitzer jeweils zustimmt. [2] Der Beisitzer, die Kasse und die Notarkammer haben Umstände nach Satz 1 unverzüglich der Landesjustizverwaltung und dem Oberlandesgericht mitzuteilen. [3] Über die Beendigung des Amtes nach Satz 1 entscheidet auf Antrag der Landesjustizverwaltung der Erste Zivilsenat des Oberlandesgerichts, das als Disziplinargericht zuständig ist, wenn das betroffene Mitglied der Beendigung nicht zugestimmt hat; Absatz 2 Satz 3 bis 5 gilt entsprechend.

(2) [1] Ein Beisitzer ist auf Antrag der Landesjustizverwaltung seines Amtes zu entheben,
1. wenn nachträglich bekannt wird, dass er nicht hätte ernannt werden dürfen;
2. wenn nachträglich ein Umstand eintritt, der der Ernennung entgegensteht;
3. wenn er eine Amtspflicht grob verletzt.

[2] Über den Antrag entscheidet der Erste Zivilsenat des Oberlandesgerichts oder des obersten Landesgerichts, das als Disziplinargericht zuständig ist. [3] Bei der Entscheidung dürfen die Mitglieder des Disziplinargerichts (§ 102) nicht mitwirken. [4] Vor der Entscheidung sind der Notar und der Vorstand der Notarkammer zu hören. [5] Die Entscheidung ist endgültig.

(3) Die Landesjustizverwaltung kann einen Beisitzer auf seinen Antrag aus dem Amt entlassen, wenn er aus gesundheitlichen Gründen auf nicht absehbare Zeit gehindert oder es ihm aus gewichtigen persönlichen Gründen nicht zuzumuten ist, sein Amt weiter auszuüben.

§ 105[3)] [Anfechtung von Entscheidungen des OLG] Für die Anfechtung von Entscheidungen des Oberlandesgerichts gelten die Vorschriften des Bundesdisziplinargesetzes über die Anfechtung von Entscheidungen des Verwaltungsgerichts entsprechend.

[1)] § 104 Abs. 1 Satz 3 geänd., Satz 4 neu gef., Sätze 5 und 6 aufgeh. mWv 1. 7. 1994 durch G v. 24. 6. 1994 (BGBl. I S. 1325); Abs. 3 angef. mWv 1. 1. 2005 durch G v. 21. 12. 2004 (BGBl. I S. 3599); Abs. 1 a eingef., Abs. 2 Satz 1 und Abs. 3 neu gef. mWv 1. 9. 2009 durch G v. 30. 7. 2009 (BGBl. I S. 2449).

[2)] Nr. **570**.

[3)] § 105 neu gef. mWv 1. 1. 2010 durch G v. 17. 6. 2009 (BGBl. I S. 1282).

§ 106 [Besetzung des BGH] Der Bundesgerichtshof entscheidet in Disziplinarsachen gegen Notare in der Besetzung mit dem Vorsitzenden, zwei Richtern und zwei Notaren als Beisitzern.

§ 107[1)] [Bestellung der richterlichen Mitglieder] [1] Der Vorsitzende, der mindestens Vorsitzender Richter am Bundesgerichtshof sein muss, seine Stellvertreter sowie die richterlichen Beisitzer und ihre Stellvertreter werden von dem Präsidium des Bundesgerichtshofes aus der Zahl der ständigen Mitglieder des Bundesgerichtshofes auf die Dauer von fünf Jahren bestellt. [2] Im übrigen gelten die Vorschriften des Zweiten Titels des Gerichtsverfassungsgesetzes und § 6 des Einführungsgesetzes zum Gerichtsverfassungsgesetz entsprechend.

§ 108[2)] [Bestellung der notariellen Beisitzer] (1) [1] Die Beisitzer aus den Reihen der Notare werden von dem Bundesministerium der Justiz berufen. [2] Sie werden einer Vorschlagsliste entnommen, die das Präsidium der Bundesnotarkammer auf Grund von Vorschlägen der Notarkammern dem Bundesministerium der Justiz einreicht. [3] Das Bundesministerium der Justiz bestimmt, welche Zahl von Beisitzern erforderlich ist; er hat vorher das Präsidium der Bundesnotarkammer zu hören. [4] Die Vorschlagsliste muß mindestens die doppelte Zahl von Notaren enthalten und sich je zur Hälfte aus hauptberuflichen Notaren und Anwaltsnotaren zusammensetzen.

(2) § 103 Abs. 2 bis 5 und § 104 Abs. 1 Satz 2 bis 6, Abs. 1 a bis 3 gelten entsprechend mit der Maßgabe, dass das Bundesministerium der Justiz an die Stelle der Landesjustizverwaltung tritt und vor der Entscheidung über die Amtsenthebung eines Beisitzers auch das Präsidium der Bundesnotarkammer zu hören ist.

(3) [1] Die Notare sind ehrenamtliche Richter. [2] Sie haben in der Sitzung, zu der sie als Beisitzer herangezogen werden, die Stellung eines Berufsrichters.

(4) [1] Die Notare haben über Angelegenheiten, die ihnen bei ihrer Tätigkeit als Beisitzer bekannt werden, Verschwiegenheit zu bewahren. [2] § 69 a ist entsprechend anzuwenden. [3] Die Genehmigung zur Aussage erteilt der Präsident des Bundesgerichtshofes.

(5) Die zu Beisitzern berufenen Notare sind zu den einzelnen Sitzungen in der Reihenfolge einer Liste heranzuziehen, die der Vorsitzende des Senats nach Anhörung der beiden ältesten der zu Beisitzern berufenen Notare vor Beginn des Geschäftsjahres aufstellt.

§ 109[3)] [Anzuwendende Verfahrensvorschriften] Auf das Verfahren des Bundesgerichtshofs in Disziplinarsachen gegen Notare sind die Vorschriften des Bundesdisziplinargesetzes über das Disziplinarverfahren vor dem Oberverwaltungsgericht entsprechend anzuwenden.

§ 110 [Maßgebliches Verfahren] (1) [1] Ob über eine Verfehlung eines Notars, der zugleich Rechtsanwalt ist, im Disziplinarverfahren oder im anwaltsgerichtlichen Verfahren für Rechtsanwälte zu entscheiden ist, bestimmt sich danach, ob die Verfehlung vorwiegend mit dem Amt als Notar oder der Tätigkeit als Rechtsanwalt im Zusammenhang steht. [2] Ist dies Zweifelhaft oder besteht ein solcher Zusammenhang nicht, so ist, wenn es sich um einen Anwaltsnotar handelt, im anwaltsgerichtlichen Verfahren für Rechtsanwälte, andernfalls im Disziplinarverfahren zu entscheiden.

(2) Hat ein Anwaltsgericht oder ein Disziplinargericht sich zuvor rechtskräftig für zuständig oder unzuständig erklärt, so ist das andere Gericht an diese Entscheidung gebunden.

§ 110 a[4)] [Tilgungsfrist für Disziplinareintragungen] (1) [1] Eintragungen in den über den Notar geführten Akten über einen Verweis oder eine Geldbuße sind nach zehn Jahren zu tilgen, auch wenn sie nebeneinander verhängt wurden. [2] Die über diese Disziplinarmaßnahmen entstandenen Vorgänge sind aus den über den Notar geführten Akten zu entfernen und zu vernichten. [3] Nach Ablauf der Frist dürfen diese Maßnahmen bei weiteren Disziplinarmaßnahmen nicht mehr berücksichtigt werden.

(2) Die Frist beginnt mit dem Tage, an dem die Disziplinarmaßnahme unanfechtbar geworden ist.

(3) Die Frist endet nicht, solange gegen den Notar ein Strafverfahren, ein Disziplinarverfahren, ein anwaltsgerichtliches oder ein berufsgerichtliches Verfahren schwebt, eine andere

---

1) § 107 Sätze 1 und 2 geänd. mWv 1. 1. 2005 durch G v. 21. 12. 2004 (BGBl. I S. 3599); Satz 1 neu gef. mWv 1. 9. 2009 durch G v. 30. 7. 2009 (BGBl. I S. 2449).

2) § 108 Abs. 1 Sätze 1–3 geänd. durch G v. 31. 8. 1998 (BGBl. I S. 2585); Abs. 2 neu gef., Abs. 3–5 angef. mWv 1. 9. 2009 durch G v. 30. 7. 2009 (BGBl. I S. 2449).

3) § 109 neu gef. mWv 1. 1. 2010 durch G v. 17. 6. 2009 (BGBl. I S. 1282).

4) § 110 a eingef. durch G v. 7. 8. 1981 (BGBl. I S. 803); Abs. 6 angef. durch G v. 29. 1. 1991 (BGBl. I S. 150); Abs. 1 und 3 geänd. durch G v. 31. 8. 1998 (BGBl. I S. 2585).

Disziplinarmaßnahme oder eine anwaltsgerichtliche Maßnahme berücksichtigt werden darf oder ein auf Geldbuße lautendes Urteil noch nicht vollstreckt ist.

(4) Nach Ablauf der Frist gilt der Notar als von Disziplinarmaßnahmen nicht betroffen.

(5) [1] Die Absätze 1 bis 4 gelten für Ermahnungen durch die Notarkammer und für Mißbilligungen durch die Aufsichtsbehörde entsprechend. [2] Die Frist beträgt fünf Jahre.

(6) [1] Eintragungen über strafgerichtliche Verurteilungen oder über andere Entscheidungen in Verfahren wegen Straftaten, Ordnungswidrigkeiten oder der Verletzung von Berufs- oder Amtspflichten, die nicht zu einer Disziplinarmaßnahme, einer Ermahnung oder Mißbilligung geführt haben, sind auf Antrag des Notars nach fünf Jahren zu tilgen. [2] Absatz 1 Satz 2, Absatz 2 und 3 gelten entsprechend.

Vierter Teil. Übergangs- und Schlußbestimmungen

§ 111[1)] **[Sachliche Zuständigkeit]** (1) Das Oberlandesgericht entscheidet im ersten Rechtszug über öffentlich-rechtliche Streitigkeiten nach diesem Gesetz, einer auf Grund dieses Gesetzes erlassenen Rechtsverordnung oder einer Satzung einer der nach diesem Gesetz errichteten Notarkammern, einschließlich der Bundesnotarkammer, soweit nicht die Streitigkeiten disziplinargerichtlicher Art oder einem anderen Gericht ausdrücklich zugewiesen sind (verwaltungsrechtliche Notarsachen).

(2) Der Bundesgerichtshof entscheidet über das Rechtsmittel

1. der Berufung gegen Urteile des Oberlandesgerichts,
2. der Beschwerde nach § 17 a Abs. 4 Satz 4 des Gerichtsverfassungsgesetzes.

(3) Der Bundesgerichtshof entscheidet in erster und letzter Instanz

1. über Klagen, die Entscheidungen betreffen, die das Bundesministerium der Justiz oder die Bundesnotarkammer getroffen hat oder für die das Bundesministerium der Justiz oder die Bundesnotarkammer zuständig ist,
2. über die Nichtigkeit von Wahlen und Beschlüssen der Bundesnotarkammer.

(4) Das Oberlandesgericht und der Bundesgerichtshof entscheiden in der für Disziplinarsachen gegen Notare vorgeschriebenen Besetzung.

§ 111 a[2)] **[Örtliche Zuständigkeit]** [1] Örtlich zuständig ist das Oberlandesgericht, in dessen Bezirk der Verwaltungsakt erlassen wurde oder zu erlassen wäre; für hoheitliche Maßnahmen, die berufsrechtliche Rechte und Pflichten der Beteiligten beeinträchtigen oder verwirklichen, gilt dies sinngemäß. [2] In allen anderen Angelegenheiten ist das Oberlandesgericht zuständig, in dessen Bezirk der Beklagte seine Geschäftsstelle oder ansonsten seinen Wohnsitz hat. [3] § 100 gilt entsprechend.

§ 111 b[3)] **[Verfahrensvorschriften]** (1) [1] Soweit dieses Gesetz keine abweichenden Bestimmungen über das gerichtliche Verfahren enthält, gelten die Vorschriften der Verwaltungsgerichtsordnung entsprechend. [2] Das Oberlandesgericht steht einem Oberverwaltungsgericht gleich; § 111 d bleibt unberührt.

(2) [1] Die Vorschriften der Verwaltungsgerichtsordnung über die Mitwirkung ehrenamtlicher Richter sowie die §§ 35, 36 und 47 der Verwaltungsgerichtsordnung sind nicht anzuwenden. [2] Die Fristen des § 116 Abs. 2 und des § 117 Abs. 4 der Verwaltungsgerichtsordnung betragen jeweils fünf Wochen.

(3) Notare und Notarassessoren können sich selbst vertreten.

(4) Die aufschiebende Wirkung der Anfechtungsklage endet abweichend von § 80 b der Verwaltungsgerichtsordnung mit der Unanfechtbarkeit des Verwaltungsaktes.

§ 111 c[4)] **[Beklagter]** (1) [1] Die Klage ist gegen die Notarkammer oder Behörde zu richten,

1. die den Verwaltungsakt erlassen hat oder zu erlassen hätte; für hoheitliche Maßnahmen, die berufsrechtliche Rechte und Pflichten der Beteiligten beeinträchtigen oder verwirklichen, gilt dies sinngemäß;
2. deren Entschließung Gegenstand des Verfahrens ist.

[1)] § 111 neu gef. mWv 1. 9. 2009 durch G v. 30. 7. 2009 (BGBl. I S. 2449).
[2)] § 111 a eingef. mWv 1. 9. 2009 durch G v. 30. 7. 2009 (BGBl. I S. 2449).
[3)] § 111 b eingef. mWv 1. 9. 2009 durch G v. 30. 7. 2009 (BGBl. I S. 2449).
[4)] § 111 c eingef. mWv 1. 9. 2009 durch G v. 30. 7. 2009 (BGBl. I S. 2449).

[2] Klagen gegen Prüfungsentscheidungen und sonstige Maßnahmen des Prüfungsamtes sind gegen den Leiter des Prüfungsamtes zu richten.

(2) In Verfahren zwischen einem Mitglied des Präsidiums oder Vorstandes und der Notarkammer wird die Notarkammer durch eines ihrer Mitglieder vertreten, das der Präsident des zuständigen Gerichts besonders bestellt.

§ 111 d[1)] **[Berufung]** [1] Gegen Endurteile einschließlich der Teilurteile, Grundurteile und Zwischenurteile über die Zulässigkeit steht den Beteiligten die Berufung zu, wenn sie vom Oberlandesgericht oder vom Bundesgerichtshof zugelassen wird. [2] Für das Berufungsverfahren gilt der Zwölfte Abschnitt der Verwaltungsgerichtsordnung mit der Maßgabe, dass das Oberlandesgericht an die Stelle des Verwaltungsgerichts und der Bundesgerichtshof an die Stelle des Oberverwaltungsgerichts tritt.

§ 111 e[2)] **[Wahlen und Beschlüsse]** (1) Wahlen und Beschlüsse der Organe der Notarkammern, der Bundesnotarkammer und der Kassen mit Ausnahme der Richtlinienbeschlüsse nach § 71 Abs. 4 Nr. 2 können für ungültig oder nichtig erklärt werden, wenn sie unter Verletzung des Gesetzes oder der Satzung zustande gekommen oder wenn sie ihrem Inhalt nach mit dem Gesetz oder der Satzung nicht vereinbar sind.

(2) [1] Die Klage kann durch die Behörde, die die Staatsaufsicht führt, oder ein Mitglied der Notarkammer erhoben werden. [2] Die Klage eines Mitglieds der Notarkammer gegen einen Beschluss ist nur zulässig, wenn es geltend macht, durch den Beschluss in seinen Rechten verletzt zu sein.

(3) Ein Mitglied der Kammer kann den Antrag nur innerhalb eines Monats nach der Wahl oder Beschlussfassung stellen.

§ 111 f[3)] **[Gebühren]** [1] In verwaltungsrechtlichen Notarsachen werden Gebühren nach dem Gebührenverzeichnis der Anlage zu diesem Gesetz erhoben. [2] Im Übrigen sind die für Kosten in Verfahren vor den Gerichten der Verwaltungsgerichtsbarkeit geltenden Vorschriften des Gerichtskostengesetzes entsprechend anzuwenden, soweit in diesem Gesetz nichts anderes bestimmt ist.

§ 111 g[4)] **[Streitwertfestsetzung]** (1) [1] Der Streitwert bestimmt sich nach § 52 des Gerichtskostengesetzes. [2] Er wird von Amts wegen festgesetzt.

(2) [1] In Verfahren, die Klagen auf Bestellung zum Notar oder die Ernennung zum Notarassessor, die Amtsenthebung, die Entfernung aus dem Amt oder vom bisherigen Amtssitz oder die Entlassung aus dem Anwärterdienst betreffen, ist ein Streitwert von 50 000 Euro anzunehmen. [2] Unter Berücksichtigung der Umstände des Einzelfalls, insbesondere des Umfangs und der Bedeutung der Sache sowie der Vermögens- und Einkommensverhältnisse des Klägers, kann das Gericht einen höheren oder einen niedrigeren Wert festsetzen.

(3) Die Festsetzung ist unanfechtbar; § 63 Abs. 3 des Gerichtskostengesetzes bleibt unberührt.

§ 112[5)] **[Übertragung von Befugnissen der Landesjustizverwaltung]** [1] Die Landesregierungen werden ermächtigt, die Aufgaben und Befugnisse, die den Landesjustizverwaltungen nach diesem Gesetz zustehen, durch Rechtsverordnung auf diesen nachgeordnete Behörden zu übertragen. [2] Die Landesregierungen können diese Ermächtigung durch Rechtsverordnung auf die Landesjustizverwaltungen übertragen.

§ 113[6)] **[Notarkasse]** (1) [1] Die Notarkasse ist eine rechtsfähige Anstalt des öffentlichen Rechts des Freistaates Bayern. [2] Sie hat ihren Sitz in München. [3] Ihr Tätigkeitsbereich umfasst den Freistaat Bayern und den Bezirk des Pfälzischen Oberlandesgerichts Zweibrücken. [4] Sie führt ein Dienstsiegel. [5] Sie untersteht der Rechtsaufsicht des Bayerischen Staatsministeriums der Justiz. [6] Dieses übt die Aufsicht nach näherer Vereinbarung der beteiligten Justizverwaltungen aus. [7] Die Haushalts- und Wirtschaftsführung der Notarkasse wird vom Bayerischen Obersten Rechnungshof nach Maßgabe der Vorschriften der Bayerischen Haushaltsordnung geprüft.

[1)] § 111 d eingef. mWv 1. 9. 2009 durch G v. 30. 7. 2009 (BGBl. I S. 2449).
[2)] § 111 e eingef. mWv 1. 9. 2009 durch G v. 30. 7. 2009 (BGBl. I S. 2449).
[3)] § 111 f eingef. mWv 1. 9. 2009 durch G v. 30. 7. 2009 (BGBl. I S. 2449).
[4)] § 111 g eingef. mWv 1. 9. 2009 durch G v. 30. 7. 2009 (BGBl. I S. 2449).
[5)] § 112 neu gef. mWv 1. 9. 2009 durch G v. 30. 7. 2009 (BGBl. I S. 2449).
[6)] § 113 neu gef. mWv 20. 7. 2006 durch G v. 15. 7. 2006 (BGBl. I S. 1531), die Regierung des Freistaates Bayern hat die nach Art. 138 des Grundgesetzes erforderliche Zustimmung erteilt; Abs. 4 Satz 2 Nr. 2 eingef., bish. Nr. 2 und 3 werden Nr. 3 und 4 mWv 1. 9. 2009 durch G v. 30. 7. 2009 (BGBl. I S. 2449).

(2) [1] Die Ländernotarkasse ist eine rechtsfähige Anstalt des öffentlichen Rechts des Freistaates Sachsen. [2] Sie hat ihren Sitz in Leipzig. [3] Ihr Tätigkeitsbereich umfasst die Bezirke der Notarkammern Brandenburg, Mecklenburg-Vorpommern, Sachsen, Sachsen-Anhalt und Thüringen. [4] Sie führt ein Dienstsiegel. [5] Sie untersteht der Rechtsaufsicht des Sächsischen Staatsministeriums der Justiz. [6] Dieses übt die Aufsicht nach näherer Vereinbarung der beteiligten Justizverwaltungen aus. [7] Die Haushalts- und Wirtschaftsführung der Ländernotarkasse wird vom Sächsischen Rechnungshof nach Maßgabe der Sächsischen Haushaltsordnung geprüft.

(3) Die Notarkasse und die Ländernotarkasse (Kassen) haben folgende Aufgaben zu erfüllen:

1. Ergänzung des Berufseinkommens der Notare, soweit dies zur Aufrechterhaltung einer geordneten vorsorgenden Rechtspflege erforderlich ist;
2. Versorgung der ausgeschiedenen Notare im Alter und bei Amtsunfähigkeit, der Notarassessoren bei Dienstunfähigkeit sowie Versorgung ihrer Hinterbliebenen, wobei sich die Höhe der Versorgung unabhängig von der Höhe der geleisteten Abgaben nach der ruhegehaltfähigen Dienstzeit einschließlich An- und Zurechnungszeiten bemisst;
3. einheitliche Durchführung der Versicherung der Notare nach § 19 a und der Notarkammern nach § 61 Abs. 2 und § 67 Abs. 3 Nr. 3;
4. Förderung der wissenschaftlichen und praktischen Fortbildung der Notare und Notarassessoren sowie der fachlichen Ausbildung des Personals der Notare einschließlich der Durchführung von Prüfungen;
5. Bereitstellung der erforderlichen Haushaltsmittel der im Gebiet der Kasse gebildeten Notarkammern;
6. Zahlung der Bezüge der Notarassessoren an Stelle der Notarkammern;
7. wirtschaftliche Verwaltung der von einem Notariatsverwalter wahrgenommenen Notarstellen an Stelle der Notarkammern;
8. Erstattung notarkostenrechtlicher Gutachten, die eine Landesjustizverwaltung, ein Gericht oder eine Verwaltungsbehörde im Tätigkeitsbereich der Kasse anfordert.

(4) [1] Die Kassen können weitere, dem Zweck ihrer Errichtung entsprechende Aufgaben wahrnehmen. [2] Sie können insbesondere

1. fachkundige Mitarbeiter beschäftigen, die den Notaren im Tätigkeitsbereich der Kasse zur Dienstleistung zugewiesen werden,
2. allein oder gemeinsam mit der anderen Kasse oder Notarkammern Einrichtungen im Sinne von § 67 Abs. 4 Nr. 3 zu unterhalten,
3. über Absatz 3 Nr. 3 hinausgehende Anschlussversicherungen abschließen,
4. die zentrale Erledigung von Verwaltungsaufgaben der einzelnen Notarstellen bei freiwilliger Teilnahme unter Ausschluss der Gewinnerzielung gegen Kostenerstattung übernehmen.

(5) Aufgaben der Notarkammern können mit deren Zustimmung und der Zustimmung der Kasse durch die Landesjustizverwaltungen der Kasse übertragen werden.

(6) Die Notare sind verpflichtet, die ihnen zur Dienstleistung zugewiesenen, in einem Dienstverhältnis zur Kasse stehenden Mitarbeiter zu beschäftigen.

(7) Auf die nach Absatz 3 Nr. 2 und 6 gegen die Kasse begründeten Versorgungs- und Besoldungsansprüche sind die für Beamtenbezüge geltenden verfahrensrechtlichen Vorschriften entsprechend anzuwenden.

(8) Die Organe der Kasse sind der Präsident und der Verwaltungsrat.

(9) [1] Der Präsident vertritt die Kasse gerichtlich und außergerichtlich. [2] Er leitet ihre Geschäfte und ist für die Erledigung derjenigen Angelegenheiten zuständig, die nicht dem Verwaltungsrat obliegen. [3] Der Präsident führt den Vorsitz in den Sitzungen des Verwaltungsrates und vollzieht dessen Beschlüsse.

(10) [1] Der Präsident der Notarkasse wird von den Notaren im Tätigkeitsbereich der Notarkasse für die Dauer von vier Jahren gewählt. [2] Der Präsident der Ländernotarkasse wird von dem Verwaltungsrat der Ländernotarkasse für die Dauer von vier Jahren gewählt. [3] Der Präsident muss Notar im Tätigkeitsbereich der Kasse und darf nicht zugleich Mitglied des Verwaltungsrates sein.

(11) [1] Der Verwaltungsrat beschließt insbesondere über

1. Satzungen und Verwaltungsvorschriften,
2. den Haushaltsplan sowie die Anpassung der Abgaben an den Haushaltsbedarf,
3. die Höhe der Bezüge der Notarassessoren,
4. die Grundsätze für die Ausbildung, Prüfung und Einstellung von fachkundigen Mitarbeitern,

5. die Festlegung der Gesamtzahl und der Grundsätze für die Zuteilung von fachkundigen Mitarbeitern an die Notare,
6. die Grundsätze für die Vermögensanlage der Kasse.

[2] Der Verwaltungsrat fasst seine Beschlüsse mit der einfachen Mehrheit der abgegebenen Stimmen, soweit durch Satzung nichts anderes bestimmt ist.

(12) [1] Die Mitglieder des Verwaltungsrates der Notarkasse werden für die Dauer von vier Jahren durch die Notare in den jeweiligen Oberlandesgerichtsbezirken im Tätigkeitsbereich der Notarkasse gewählt. [2] Die Notare eines Oberlandesgerichtsbezirks wählen jeweils zwei Mitglieder in den Verwaltungsrat. [3] Übersteigt die Zahl der Einwohner in einem Oberlandesgerichtsbezirk zwei Millionen, so erhöht sich die Zahl der Verwaltungsratsmitglieder aus diesem Oberlandesgerichtsbezirk für je weitere angefangene zwei Millionen um ein Mitglied. [4] Die Mitglieder des Verwaltungsrates müssen Notar mit Amtssitz im Bezirk des jeweiligen Oberlandesgerichts sein.

(13) [1] Die Mitglieder des Verwaltungsrates der Ländernotarkasse werden für die Dauer von vier Jahren durch die Notare in den jeweiligen Notarkammern im Tätigkeitsbereich der Ländernotarkasse gewählt. [2] Die Notare einer Notarkammer wählen jeweils zwei Mitglieder in den Verwaltungsrat; bei mehr als drei Millionen Einwohnern in dem Bezirk einer Notarkammer sind drei Mitglieder zu wählen. [3] Die Mitglieder des Verwaltungsrates müssen Notar mit Amtssitz im Bezirk der jeweiligen Notarkammer sein.

(14) [1] Für die Organe und Mitarbeiter der Kasse gilt § 69 a entsprechend. [2] Der Verwaltungsrat kann von der Verpflichtung zur Verschwiegenheit befreien. [3] Er erteilt in gerichtlichen Verfahren die Aussagegenehmigung.

(15) Vor der Ausschreibung und Einziehung von Notarstellen und der Ernennung von Notarassessoren im Tätigkeitsbereich der Kasse ist diese anzuhören.

(16) [1] Vor dem Beschluss ihres Haushaltsplans hören die Notarkammern im Tätigkeitsbereich der Kasse diese an. [2] Bei der Kasse wird zur Beratung in Angelegenheiten des Absatzes 3 Nr. 5 ein Beirat gebildet, in den jede Notarkammer im Tätigkeitsbereich der Kasse ein Mitglied und der Verwaltungsrat ebenso viele Mitglieder entsenden. [3] Den Vorsitz in den Beiratssitzungen führt der Präsident der Kasse. [4] Die Kasse ist an das Votum des Beirats nicht gebunden.

(17) [1] Die Kasse erhebt von den Notaren Abgaben auf der Grundlage einer Abgabensatzung, soweit dies zur Erfüllung ihrer Aufgaben erforderlich ist. [2] Zur Sicherstellung der Verpflichtungen, die sich aus den Aufgaben der Kasse ergeben, kann Vermögen gebildet werden. [3] Die Höhe der Abgaben richtet sich nach der Leistungsfähigkeit des Notars. [4] Die Abgaben können auch gestaffelt nach der Summe der durch den Notar zu erhebenden Gebühren festgesetzt werden. [5] Die Abgabensatzung kann Freibeträge und von der Abgabepflicht ausgenommene Gebühren festlegen. [6] Sie regelt ferner

1. die Bemessungsgrundlagen für die Abgaben,
2. die Höhe, die Festsetzung und die Fälligkeit der Abgaben,
3. das Erhebungsverfahren,
4. die abgaberechtlichen Nebenpflichten des Notars,
5. die Stundung und Verzinsung der Abgabeschuld sowie die Geltendmachung von Säumniszuschlägen und Sicherheitsleistungen,
6. ob und in welcher Höhe die Bezüge von Notarassessoren (§ 7 Abs. 4 Satz 4) oder fachkundigen Mitarbeitern, die einem Notar zugewiesen sind, zu erstatten sind.

[7] Fehlt eine Abgabensatzung, kann die Aufsichtsbehörde die Abgaben vorläufig festsetzen. [8] Rückständige Abgaben können auf Grund einer vom Präsidenten ausgestellten, mit der Bescheinigung der Vollstreckbarkeit versehenen Zahlungsaufforderung nach den Vorschriften über die Vollstreckbarkeit gerichtlicher Entscheidungen in Zivilsachen eingezogen werden. [9] Die Kasse kann die Erfüllung der Abgabepflicht einschließlich der zu Grunde liegenden Kostenberechnungen und des Kosteneinzugs durch den Notar nachprüfen. [10] Der Notar hat den mit der Prüfung Beauftragten Einsicht in seine Akten, Urkunden, Konten, Verzeichnisse und Bücher zu gestatten, diese auszuhändigen und die erforderlichen Auskünfte zu erteilen.

(18) [1] Die Kasse kann in Ausübung ihrer Befugnisse von den Notaren und Notarassessoren Auskünfte, die Vorlage von Büchern und Akten sowie das persönliche Erscheinen vor dem Präsidenten oder dem Verwaltungsrat verlangen. [2] Der Präsident kann zur Erzwingung dieser Pflichten nach vorheriger schriftlicher Androhung, auch wiederholt, Zwangsgeld festsetzen. [3] Das einzelne Zwangsgeld darf eintausend Euro nicht übersteigen. [4] Das Zwangsgeld fließt der Kasse zu; es wird wie eine rückständige Abgabe beigetrieben.

(19) [1] Im Übrigen bestimmen sich die Aufgaben und Rechtsverhältnisse der Kassen, ihrer Organe und deren Zuständigkeiten nach einer Satzung. [2] Erlass und Änderungen der Satzung und der Abgabensatzung bedürfen zu ihrer Wirksamkeit der Genehmigung durch die Aufsichtsbehörde und der Bekanntmachung. [3] Für die Notarkasse erfolgt die Bekanntmachung im

„Amtlichen Mitteilungsblatt der Landesnotarkammer Bayern und der Notarkasse". [4] Für die Ländernotarkasse erfolgt die Bekanntmachung im „Amtlichen Mitteilungsblatt der Ländernotarkasse".

§ 113 a[1] *(aufgehoben)*

§ 113 b[2] **[Notarkammern außerhalb der Tätigkeitsbereiche der Notarkasse und Ländernotarkasse]** Notarkammern außerhalb der Tätigkeitsbereiche der Notarkasse und Ländernotarkasse, in deren Bereich Notare zur hauptberuflichen Amtsausübung bestellt sind, können:

1. Maßnahmen zur erforderlichen Unterstützung von Amtsinhabern neu besetzter Notarstellen treffen;
2. Beiträge nach § 73 Abs. 1 mit Rücksicht auf die Leistungsfähigkeit der Notare gestaffelt erheben; Bemessungsgrundlage können insbesondere einzeln oder gemeinsam die Geschäftszahlen und die Summe der durch den Notar erhobenen Kosten sein;
3. außerordentliche Beiträge von einem Notar erheben, der eine Verbindung zur gemeinsamen Berufsausübung mit dem Amtsnachfolger nicht fortsetzt.

§ 114[3] **[Sondervorschriften für das Land Baden-Württemberg]** Für das Land Baden-Württemberg gelten folgende besondere Vorschriften:

(1) Neben Notaren nach § 3 Abs. 1 können Notare im Landesdienst bestellt werden.

(2) [1] Notare im Landesdienst, die sich um eine Bestellung zum Notar nach § 3 Abs. 1 bewerben, stehen Bewerbern gleich, die einen dreijährigen Anwärterdienst als Notarassessor geleistet haben und sich im Anwärterdienst des Landes Baden-Württemberg befinden. [2] Das Gleiche gilt für Personen, welche die Voraussetzungen für die Ernennung zum Bezirksnotar erfüllen. [3] § 5 zweiter Halbsatz gilt insoweit nicht. [4] § 6 Abs. 3 gilt mit der Maßgabe, dass auch der berufliche Werdegang der Bewerber zu berücksichtigen ist, vor allem die im Justizdienst des Landes erbrachten Leistungen.

(3) [1] Dieses Gesetz gilt für die Notare im Landesdienst nicht. [2] Die Vorschriften über ihre Dienstverhältnisse, ihre Zuständigkeit und das von ihnen bei ihrer Amtstätigkeit zu beachtende Verfahren einschließlich des Rechtsmittelzugs bleiben unberührt.

(4) [1] Die Notare im Landesdienst sind berechtigt, einer in Baden-Württemberg gebildeten Notarkammer als Mitglieder ohne Stimmrecht beizutreten. [2] Dem Vorstand einer Notarkammer, der Notare im Landesdienst angehören, gehört für das badische und für das württembergische Rechtsgebiet je ein Notar im Landesdienst an, der nicht stimmberechtigt ist. [3] Er nimmt auch an den Vertreterversammlungen der Bundesnotarkammer ohne Stimmrecht teil. [4] Der Notar im Landesdienst und sein Vertreter werden von den Notaren im Landesdienst nach Rechtsgebieten aus dem Kreis derjenigen Notare im Landesdienst gewählt, die der Notarkammer beigetreten sind.

(5) [1] Zugang zum Anwärterdienst im Sinne des § 7 hat auch, wer die Befähigung für die Laufbahn des Bezirksnotars besitzt. [2] Die Landesjustizverwaltung kann davon absehen, Personen mit Befähigung zum Richteramt nach dem Deutschen Richtergesetz in den Anwärterdienst zu übernehmen, wenn geeignete Bewerber mit Befähigung für die Laufbahn des Bezirksnotars nach Satz 1 zur Verfügung stehen; die Auswahl unter solchen Bewerbern ist nach der persönlichen und fachlichen Eignung unter besonderer Berücksichtigung des Ergebnisses der Laufbahnprüfung vorzunehmen. [3] Wer einen dreijährigen Anwärterdienst geleistet hat und sich im Anwärterdienst des Landes Baden-Württemberg befindet, gilt als befähigt im Sinne des § 5.

(6) Für Stellenbesetzungsverfahren im badischen Rechtsgebiet, für die die in der Ausschreibung gesetzte Frist vor dem 21. Juli 2009 abgelaufen ist, gilt § 6 b Abs. 3 nicht für Bezirksnotare und für Personen, die die Voraussetzungen für die Ernennung zum Bezirksnotar erfüllen.

§ 115[4] *(aufgehoben)*

§ 116[5] **[Sondervorschriften für die Länder Baden-Württemberg, Hamburg, Rheinland-Pfalz und Niedersachsen]** (1) [1] In den Gerichtsbezirken der früher württembergischen und hohenzollerischen Teile des Landes Baden-Württemberg, in denen am 1. April 1961 Rechtsanwälte zur nebenberuflichen Amtsausübung als Notare bestellt werden konnten, kön-

[1] § 113 a aufgeh. mWv 20. 7. 2006 durch G v. 15. 7. 2006 (BGBl. I S. 1531).
[2] § 113 b eingef. durch G v. 31. 8. 1998 (BGBl. I S. 2585).
[3] § 114 neu gef. mWv 21. 7. 2009 durch G v. 15. 7. 2009 (BGBl. I S. 1798).
[4] § 115 aufgeh. mWv 21. 7. 2009 durch G v. 15. 7. 2009 (BGBl. I S. 1798).
[5] § 116 Abs. 3 angef. durch G v. 31. 8. 1998 (BGBl. I S. 2585).

nen auch weiterhin Anwaltsnotare bestellt werden. [2] § 7 ist insoweit nicht anzuwenden. [3] § 4 gilt entsprechend.

(2) [1] In den Ländern Hamburg und Rheinland-Pfalz gilt § 3 Abs. 2 nicht. [2] Soweit am 1. April 1961 dort Rechtsanwälte das Amt des Notars im Nebenberuf ausgeübt haben, behält es dabei sein Bewenden.

(3) In den in Artikel 1 Abs. 1 des Staatsvertrages zwischen den Ländern Mecklenburg-Vorpommern und Niedersachsen über die Umgliederung der Gemeinden im ehemaligen Amt Neuhaus und anderer Gebiete nach Niedersachsen genannten Gebiet werden ausschließlich Anwaltsnotare bestellt.

§ 117 [Gemeinschaftliches Oberlandesgericht für mehrere Länder] Besteht für mehrere Länder ein gemeinschaftliches Oberlandesgericht, so gilt folgendes:

1. Die Landesjustizverwaltung des Landes, in dem das Oberlandesgericht seinen Sitz nicht hat, kann die nach diesem Gesetz dem Oberlandesgerichtspräsidenten zustehenden Befugnisse auf einen anderen Richter übertragen.
2. [1] Die Notare eines jeden Landes bilden eine Notarkammer. [2] § 86 Abs. 1 Satz 2 ist nicht anzuwenden.

§ 117 a[1] [Notarkammern im OLG-Bezirk Frankfurt am Main und in den neuen Bundesländern] (1) Im Bereich des Oberlandesgerichtsbezirks Frankfurt am Main können abweichend von § 65 Abs. 1 Satz 1 zwei Notarkammern bestehen.

(2) Die am 8. September 1998 in den Ländern Brandenburg, Mecklenburg-Vorpommern, Sachsen, Sachsen-Anhalt und Thüringen bestehenden Notarkammern, deren Sitz sich abweichend von § 65 Abs. 2 nicht am Sitz des Oberlandesgerichts befindet, bleiben bestehen.

§ 117 b[2] [Bestellung zum Notar bei Studium in der DDR; Erlöschen des Amtes in den neuen Bundesländern] (1) [1] Abweichend von § 5 kann auch ein deutscher Staatsangehöriger zum Notar bestellt werden, der ein rechtswissenschaftliches Studium an einer Universität oder Hochschule der Deutschen Demokratischen Republik mit dem Staatsexamen abgeschlossen und einen zweijährigen Vorbereitungsdienst mit einer Staatsprüfung absolviert hat. [2] Auf den Vorbereitungsdienst mit der Staatsprüfung wird verzichtet, wenn der Bewerber als Notar in einem Staatlichen Notariat tätig war oder zehn Jahre als Jurist gearbeitet hat und notarspezifische Kenntnisse nachweist.

(2) Abweichend von § 47 Nr. 1 können in den Ländern Brandenburg, Mecklenburg-Vorpommern, Sachsen, Sachsen-Anhalt und Thüringen bestellte Notare, die am 8. September 1998 das 58. Lebensjahr vollendet haben, bis zum Ablauf des 7. September 2010 im Amt bleiben.

§ 118[3] [Übergangsvorschrift zum Modernisierungsgesetz von Verfahren im anwaltlichen und notariellen Berufsrecht] (1) [1] Die vor dem 1. September 2009 eingeleiteten Verwaltungsverfahren in Notarsachen werden in der Lage, in der sie sich an diesem Tag befinden, nach diesem Gesetz in der ab diesem Tag geltenden Fassung fortgeführt, soweit nichts anderes bestimmt ist. [2] Maßnahmen, die auf Grund des bis zum 31. August 2009 geltenden Rechts getroffen worden sind, bleiben rechtswirksam. [3] Auf vor dem 1. September 2009 eingeleitete Verwaltungsverfahren in Notarsachen sind die bis zu diesem Tag geltenden kostenrechtlichen Regelungen weiter anzuwenden.

(2) Die Zulässigkeit von Rechtsbehelfen gegen Entscheidungen, die vor dem 1. September 2009 ergangen sind, bestimmt sich ebenso wie das weitere Verfahren nach dem bis zu diesem Tag geltenden Recht.

(3) Die vor dem 1. September 2009 anhängigen gerichtlichen Verfahren in verwaltungsrechtlichen Notarsachen werden nach den bis zu diesem Tag geltenden Bestimmungen einschließlich der kostenrechtlichen Regelungen fortgeführt.

§ 119[4] *(aufgehoben)*

§ 120[5] [Übergangsvorschrift zur Neuregelung des Zugangs zum Anwaltsnotariat]

(1) Für Besetzungsverfahren, die bei Inkrafttreten des Artikels 1 Nr. 1 des Gesetzes zur Änderung der Bundesnotarordnung (Neuregelung des Zugangs zum Anwaltsnotariat) vom

[1] § 117 a eingef. durch G v. 31. 8. 1998 (BGBl. I S. 2585).
[2] § 117 b eingef. mWv 25. 4. 2006 durch G v. 19. 4. 2006 (BGBl. I S. 866).
[3] § 118 neu gef. mWv 1. 9. 2009 durch G v. 30. 7. 2009 (BGBl. I S. 2449).
[4] § 119 aufgeh. mWv 1. 9. 2009 durch G v. 30. 7. 2009 (BGBl. I S. 2449).
[5] § 120 angef. mWv 9. 4. 2009 durch G v. 2. 4. 2009 (BGBl. I S. 696).

2. April 2009 (BGBl. I S. 696) nicht abgeschlossen sind, gilt § 6 der Bundesnotarordnung in der bis zu diesem Zeitpunkt geltenden Fassung.

(2) Eine Zulassung zur notariellen Fachprüfung ist erst vom 1. Februar 2010 an möglich.

§ 121[1)] [Übergangsvorschrift zur Neuregelung des notariellen Disziplinarrechts]

(1) [1] Die vor dem 1. Januar 2010 eingeleiteten Disziplinarverfahren werden in der Lage, in der sie sich an diesem Tag befinden, nach diesem Gesetz in der ab diesem Tag geltenden Fassung fortgeführt, soweit nichts anderes bestimmt ist. [2] Maßnahmen, die aufgrund des bis zum 31. Dezember 2009 geltenden Rechts getroffen worden sind, bleiben rechtswirksam. [3] Die Fortführung eines Disziplinarverfahrens nach Satz 1 steht der Einleitung eines Disziplinarverfahrens im Sinne des § 95 a Absatz 1 Satz 2 gleich.

(2) [1] Die vor dem 1. Januar 2010 eingeleiteten förmlichen Disziplinarverfahren werden nach dem bis zum 31. Dezember 2009 geltenden Recht fortgeführt. [2] In diesen Verfahren ist für die Einleitung und Durchführung des gerichtlichen Verfahrens ebenfalls das bis zum 31. Dezember 2009 geltende Recht anzuwenden.

(3) Die vor dem 1. Januar 2010 anhängigen gerichtlichen Disziplinarverfahren oder gerichtlichen Verfahren gemäß § 75 Absatz 5 werden nach dem bis zum 31. Dezember 2009 geltenden Recht fortgeführt.

(4) [1] Die Zulässigkeit von Rechtsbehelfen gegen Entscheidungen in Disziplinarverfahren, die vor dem 1. Januar 2010 ergangen sind, bestimmt sich nach dem bis zum 31. Dezember 2009 geltenden Recht. [2] Im weiteren Verfahren gelten ebenfalls die Bestimmungen des bis zu diesem Tag geltenden Rechts.

(5) Die bis zum 31. Dezember 2009 in einem Disziplinarverfahren ergangenen Entscheidungen sind nach dem bis zu diesem Tag geltenden Recht zu vollstrecken, wenn sie unanfechtbar geworden sind.

Anlage[2)]
(zu § 111 f Satz 1)

Gebührenverzeichnis

Gliederung

Abschnitt 1. Erster Rechtszug
Unterabschnitt 1. Oberlandesgericht
Unterabschnitt 2. Bundesgerichtshof
Abschnitt 2. Zulassung und Durchführung der Berufung
Abschnitt 3. Vorläufiger Rechtsschutz
Unterabschnitt 1. Oberlandesgericht
Unterabschnitt 2. Bundesgerichtshof als Rechtsmittelgericht in der Hauptsache
Unterabschnitt 3. Bundesgerichtshof
Abschnitt 4. Rüge wegen Verletzung des Anspruchs auf rechtliches Gehör

Nr.	Gebührentatbestand	Gebührenbetrag oder Satz der Gebühr nach § 34 GKG
	Abschnitt 1. Erster Rechtszug	
	Unterabschnitt 1. Oberlandesgericht	
110	Verfahren im Allgemeinen	4,0
111	Beendigung des gesamten Verfahrens durch 1. Zurücknahme der Klage a) vor dem Schluss der mündlichen Verhandlung, b) wenn eine solche nicht stattfindet, vor Ablauf des Tages, an dem das Urteil, der Gerichtsbescheid oder der Beschluss in der Hauptsache der Geschäftsstelle übermittelt wird, c) im Fall des § 111 b Abs. 1 Satz 1 der Bundesnotarordnung i.V.m. § 93 a Abs. 2 VwGO vor Ablauf der Erklärungsfrist nach § 93 a Abs. 2 Satz 1 VwGO,	

1) § 121 angef. mWv 1. 1. 2010 durch G v. 17. 6. 2009 (BGBl. I S. 1282).
2) Anl. angef. mWv 1. 9. 2009 durch G v. 30. 7. 2009 (BGBl. I S. 2449).

Nr.	Gebührentatbestand	Gebührenbetrag oder Satz der Gebühr nach § 34 GKG
	2. Anerkenntnis- oder Verzichtsurteil, 3. gerichtlichen Vergleich oder 4. Erledigungserklärungen nach § 111 b Abs. 1 Satz 1 der Bundesnotarordnung i.V.m. § 161 Abs. 2 VwGO, wenn keine Entscheidung über die Kosten ergeht oder die Entscheidung einer zuvor mitgeteilten Einigung der Beteiligten über die Kostentragung oder der Kostenübernahmeerklärung eines Beteiligten folgt, es sei denn, dass bereits ein anderes als eines der in Nummer 2 genannten Urteile, ein Gerichtsbescheid oder Beschluss in der Hauptsache vorausgegangen ist:	
	Die Gebühr 110 ermäßigt sich auf	2,0
	Die Gebühr 110 ermäßigt sich auf	2,0
	Die Gebühr ermäßigt sich auch, wenn mehrere Ermäßigungstatbestände erfüllt sind.	
	Unterabschnitt 2. Bundesgerichtshof	
120	Verfahren im Allgemeinen	5,0
121	Beendigung des gesamten Verfahrens durch 1. Zurücknahme der Klage a) vor dem Schluss der mündlichen Verhandlung, b) wenn eine solche nicht stattfindet, vor Ablauf des Tages, an dem das Urteil oder der Gerichtsbescheid der Geschäftsstelle übermittelt wird, c) im Fall des § 111 b Abs. 1 Satz 1 der Bundesnotarordnung i.V.m. § 93 a Abs. 2 VwGO vor Ablauf der Erklärungsfrist nach § 93 a Abs. 2 Satz 1 VwGO, 2. Anerkenntnis- oder Verzichtsurteil, 3. gerichtlichen Vergleich oder 4. Erledigungserklärungen nach § 111 b Abs. 1 Satz 1 der Bundesnotarordnung i.V.m. § 161 Abs. 2 VwGO, wenn keine Entscheidung über die Kosten ergeht oder die Entscheidung einer zuvor mitgeteilten Einigung der Beteiligten über die Kostentragung oder der Kostenübernahmeerklärung eines Beteiligten folgt, es sei denn, dass bereits ein anderes als eines der in Nummer 2 genannten Urteile, ein Gerichtsbescheid oder Beschluss in der Hauptsache vorausgegangen ist:	
	Die Gebühr 120 ermäßigt sich auf	3,0
	Die Gebühr ermäßigt sich auch, wenn mehrere Ermäßigungstatbestände erfüllt sind.	
	Abschnitt 2. Zulassung und Durchführung der Berufung	
200	Verfahren über die Zulassung der Berufung: Soweit der Antrag abgelehnt wird	1,0
201	Verfahren über die Zulassung der Berufung: Soweit der Antrag zurückgenommen oder das Verfahren durch anderweitige Erledigung beendet wird	0,5
	Die Gebühr entsteht nicht, soweit die Berufung zugelassen wird.	
202	Verfahren im Allgemeinen	5,0
203	Beendigung des gesamten Verfahrens durch Zurücknahme der Berufung oder der Klage, bevor die Schrift zur Begründung der Berufung bei Gericht eingegangen ist: Die Gebühr 202 ermäßigt sich auf	1,0
	Erledigungserklärungen nach § 111 b Abs. 1 Satz 1 der Bundesnotarordnung i.V. m. § 161 Abs. 2 VwGO stehen der Zurücknahme gleich, wenn keine Entscheidung über die Kosten ergeht oder die Entscheidung einer zuvor mitgeteilten Einigung der Beteiligten über die Kostentragung oder der Kostenübernahmeerklärung eines Beteiligten folgt.	

Nr.	Gebührentatbestand	Gebührenbetrag oder Satz der Gebühr nach § 34 GKG
204	Beendigung des gesamten Verfahrens, wenn nicht Nummer 203 erfüllt ist, durch 1. Zurücknahme der Berufung oder der Klage a) vor dem Schluss der mündlichen Verhandlung, b) wenn eine solche nicht stattfindet, vor Ablauf des Tages, an dem das Urteil oder der Beschluss in der Hauptsache der Geschäftsstelle übermittelt wird, oder c) im Fall des § 111 b Abs. 1 Satz 1 der Bundesnotarordnung i.V.m. § 93 a Abs. 2 VwGO vor Ablauf der Erklärungsfrist nach § 93 a Abs. 2 Satz 1 VwGO, 2. Anerkenntnis- oder Verzichtsurteil, 3. gerichtlichen Vergleich oder 4. Erledigungserklärungen nach § 111 b Abs. 1 Satz 1 der Bundesnotarordnung i.V.m. § 161 Abs. 2 VwGO, wenn keine Entscheidung über die Kosten ergeht oder die Entscheidung einer zuvor mitgeteilten Einigung der Beteiligten über die Kostentragung oder der Kostenübernahmeerklärung eines Beteiligten folgt, es sei denn, dass bereits ein anderes als eines der in Nummer 2 genannten Urteile oder ein Beschluss in der Hauptsache vorausgegangen ist: Die Gebühr 202 ermäßigt sich auf .... Die Gebühr ermäßigt sich auch, wenn mehrere Ermäßigungstatbestände erfüllt sind.	3,0

Abschnitt 3. Vorläufiger Rechtsschutz

Vorbemerkung 3:

(1) Die Vorschriften dieses Abschnitts gelten für einstweilige Anordnungen und für Verfahren nach § 111 b Abs. 1 Satz 1 der Bundesnotarordnung i.V.m. § 80 Abs. 5 und § 80 a Abs. 3 VwGO.

(2) Im Verfahren über den Antrag auf Erlass und im Verfahren über den Antrag auf Aufhebung einer einstweiligen Anordnung werden die Gebühren jeweils gesondert erhoben. Mehrere Verfahren nach § 111 b Abs. 1 Satz 1 der Bundesnotarordnung i.V.m. § 80 Abs. 5 und 7 und § 80 a Abs. 3 VwGO gelten innerhalb eines Rechtszugs als ein Verfahren.

Unterabschnitt 1. Oberlandesgericht

Nr.	Gebührentatbestand	Gebührenbetrag oder Satz der Gebühr nach § 34 GKG
310	Verfahren im Allgemeinen	2,0
311	Beendigung des gesamten Verfahrens durch 1. Zurücknahme des Antrags a) vor dem Schluss der mündlichen Verhandlung oder, b) wenn eine solche nicht stattfindet, vor Ablauf des Tages, an dem der Beschluss der Geschäftsstelle übermittelt wird, 2. gerichtlichen Vergleich oder 3. Erledigungserklärungen nach § 111 b Abs. 1 Satz 1 der Bundesnotarordnung i.V.m. § 161 Abs. 2 VwGO, wenn keine Entscheidung über die Kosten ergeht oder die Entscheidung einer zuvor mitgeteilten Einigung der Beteiligten über die Kostentragung oder der Kostenübernahmeerklärung eines Beteiligten folgt, es sei denn, dass bereits ein Beschluss über den Antrag vorausgegangen ist: Die Gebühr 310 ermäßigt sich auf .... Die Gebühr ermäßigt sich auch, wenn mehrere Ermäßigungstatbestände erfüllt sind.	0,75

Unterabschnitt 2. Bundesgerichtshof als Rechtsmittelgericht in der Hauptsache

Nr.	Gebührentatbestand	Gebührenbetrag oder Satz der Gebühr nach § 34 GKG
320	Verfahren im Allgemeinen	1,5
321	Beendigung des gesamten Verfahrens durch 1. Zurücknahme des Antrags a) vor dem Schluss der mündlichen Verhandlung oder,	

Nr.	Gebührentatbestand	Gebührenbetrag oder Satz der Gebühr nach § 34 GKG
	b) wenn eine solche nicht stattfindet, vor Ablauf des Tages, an dem der Beschluss der Geschäftsstelle übermittelt wird, 2. gerichtlichen Vergleich oder 3. Erledigungserklärungen nach § 111 b Abs. 1 Satz 1 der Bundesnotarordnung i.V.m. § 161 Abs. 2 VwGO, wenn keine Entscheidung über die Kosten ergeht oder die Entscheidung einer zuvor mitgeteilten Einigung der Beteiligten über die Kostentragung oder der Kostenübernahmeerklärung eines Beteiligten folgt, es sei denn, dass bereits ein ein Beschluss über den Antrag vorausgegangen ist: Die Gebühr 320 ermäßigt sich auf .... Die Gebühr ermäßigt sich auch, wenn mehrere Ermäßigungstatbestände erfüllt sind.	0,5
	Unterabschnitt 3. Bundesgerichtshof	
	Vorbemerkung 3.3: Die Vorschriften dieses Unterabschnitts gelten, wenn der Bundesgerichtshof auch in der Hauptsache erstinstanzlich zuständig ist.	
330	Verfahren im Allgemeinen	2,5
331	Beendigung des gesamten Verfahrens durch 1. Zurücknahme des Antrags a) vor dem Schluss der mündlichen Verhandlung oder, b) wenn eine solche nicht stattfindet, vor Ablauf des Tages, an dem der Beschluss der Geschäftsstelle übermittelt wird, 2. gerichtlichen Vergleich oder 3. Erledigungserklärungen nach § 111 b Abs. 1 Satz 1 der Bundesnotarordnung i.V.m. § 161 Abs. 2 VwGO, wenn keine Entscheidung über die Kosten ergeht oder die Entscheidung einer zuvor mitgeteilten Einigung der Beteiligten über die Kostentragung oder der Kostenübernahmeerklärung eines Beteiligten folgt, es sei denn, dass bereits ein Beschluss über den Antrag vorausgegangen ist: Die Gebühr 330 ermäßigt sich auf .... Die Gebühr ermäßigt sich auch, wenn mehrere Ermäßigungstatbestände erfüllt sind.	1,0
	Abschnitt 4. Rüge wegen Verletzung des Anspruchs auf rechtliches Gehör	
400	Verfahren über die Rüge wegen Verletzung des Anspruchs auf rechtliches Gehör: Die Rüge wird in vollem Umfang verworfen oder zurückgewiesen	50,00 EUR

3

3. Verordnung zur Ausführung der Bundesnotarordnung

Vom 27. Juli 1999
(GVBl S. 339)

BayRS 303-1-2-J

geänd. durch § 15 ÄndG dienstrechtlicher und erziehungsgeldrechtlicher Vorschriften v. 25. 6. 2003 (GVBl S. 374) und § 1 VO zur Änd. der VO zur Ausführung der BundesnotarO und der DelegationsVO v. 9. 11. 2009 (GVBl S. 556)

Auf Grund von § 6 Abs. 3 Satz 4, § 7 Abs. 5 Satz 2, § 9 Abs. 1 Satz 2, § 25 Abs. 2 Satz 1, § 65 Abs. 1 Satz 2 und Abs. 2 Satz 2, § 67 Abs. 3 Nr. 3 Satz 4 sowie §§ 100 und 111 Abs. 3 Satz 3 der Bundesnotarordnung (BNotO) – BGBl III 303–1 –, zuletzt geändert durch Art. 1 Nr. 1 des Gesetzes vom 19. Dezember 1998 (BGBl I S. 3836), sowie § 54 b Abs. 3 Satz 3 des Beurkundungsgesetzes in der Fassung der Bekanntmachung vom 28. August 1969 (BGBl I S. 1513), zuletzt geändert durch Art. 2 des Gesetzes vom 31. August 1998 (BGBl I S. 2585), erlässt die Bayerische Staatsregierung folgende Verordnung:

§ 1 Landesnotarkammer. (1) Die Bezirke der Oberlandesgerichte München, Nürnberg und Bamberg bilden den Bezirk einer Notarkammer.

(2) [1] Die Notarkammer führt die Bezeichnung „Landesnotarkammer Bayern". [2] Sie hat ihren Sitz in München.

§ 2[1)] Gerichtsbarkeit für Notare. [1] Für die Bezirke der Oberlandesgerichte München, Nürnberg und Bamberg werden die Aufgaben, die in der Bundesnotarordnung[2)] dem Oberlandesgericht als Disziplinargericht zugewiesen sind, dem Oberlandesgericht München übertragen. [2] Das Gleiche gilt für die Entscheidung über verwaltungsrechtliche Notarsachen im Sinn von § 111 Abs. 1 BNotO.

§ 3[3)] Ermächtigung des Staatsministeriums der Justiz. Das Staatsministerium der Justiz und für Verbraucherschutz wird ermächtigt, durch Rechtsverordnung

1. zu bestimmen,
   a) dass eine Verbindung zur gemeinsamen Berufsausübung oder eine gemeinsame Nutzung der Geschäftsräume der zur hauptberuflichen Amtsausübung bestellten Notare nur mit Genehmigung der Aufsichtsbehörde und nach Anhörung der Notarkammer zulässig ist;
   b) die Voraussetzungen der gemeinsamen Berufsausübung oder der gemeinsamen Nutzung der Geschäftsräume, insbesondere zur Höchstzahl der beteiligten Berufsangehörigen, sowie die Anforderungen an die Begründung, Führung, Fortführung und Beendigung der Verbindung zur gemeinsamen Berufsausübung oder Nutzung gemeinsamer Geschäftsräume;
2. zu bestimmen, dass Notare Mitarbeiter mit Befähigung zum Richteramt, Laufbahnprüfung für das Amt des Bezirksnotars oder Abschluss als Diplom-Jurist nur beschäftigen dürfen, wenn die Aufsichtsbehörde dies nach Anhörung der Notarkammer und der Notarkasse genehmigt hat;
3. nähere Bestimmungen über die Ausbildung der Notarassessoren zu treffen;
4. Bestimmungen über die Anrechnung von Wehr- und Ersatzdienstzeiten, Zeiten eines Beschäftigungsverbots nach den Mutterschutzvorschriften und Zeiten der Beurlaubung wegen Inanspruchnahme von Elternzeit oder familienpolitischem Urlaub auf die Dauer des Anwärterdienstes sowie Bestimmungen über die Anrechnung von Zeiten einer vorübergehenden Amtsniederlegung nach § 48 b BNotO[2)] auf die bisherige Amtstätigkeit nach § 6 Abs. 3 Satz 4 BNotO zu treffen;
5. zu bestimmen, bis zu welchem Betrag bei der Gruppenanschlussversicherung nach § 67 Abs. 3 Nr. 3 4 BNotO die Gesamtleistung des Versicherers in den Versicherungsverträgen begrenzt werden darf;
6. zu bestimmen, dass Verfügungen über Notaranderkonten auch durch einen entsprechend bevollmächtigten anderen Notar erfolgen dürfen (§ 54 b Abs. 3 Satz 3 Beurkundungsgesetz[4)]);

[1)] § 2 Satz 2 neu gef. mWv 20. 11. 2009 durch VO v. 9. 11. 2009 (GVBl S. 556).

[2)] Nr. **1**.

[3)] § 3 Nr. 4 geänd. mWv 1. 7. 2003 durch G v. 25. 6. 2003 (GVBl S. 374); einleit. Satzteil und Nr. 6 geänd., Nr. 8 angef. mWv 20. 11. 2009, Nr. 7 angef. mWv 1. 1. 2010 durch VO v. 9. 11. 2009 (GVBl S. 556).

[4)] Nr. **200**.

7. zu bestimmen, dass die in § 96 Abs. 1 Satz 2 BNotO genannten Aufgaben und Befugnisse auf die der Landesjustizverwaltung nachgeordneten Behörden übertragen werden;
8. zu bestimmen, dass die der Landesjustizverwaltung nach der Bundesnotarordnung stehenden Aufgaben und Befugnisse auf die der Landesjustizverwaltung nachgeordneten Behörden übertragen werden.

§ 4 In-Kraft-Treten, Außer-Kraft-Treten. (1) Diese Verordnung tritt am 15. August 1999 in Kraft.

(2) Mit Ablauf des 14. August 1999 tritt die Verordnung zur Ausführung der Bundesnotarordnung vom 5. Oktober 1982 (BayRS 303-1-2-J), geändert durch Verordnung vom 23. Juli 1991 (GVBl S. 246), außer Kraft.

5

5. Verordnung zur Regelung von Angelegenheiten auf dem Gebiet des Notarwesens[1] (Notarverordnung – NotV)

Vom 10. Februar 2000

(GVBl S. 60)

BayRS 303–1–3–J

geänd. durch § 1 VO zur Änderung der VO zur Regelung von Angelegenheiten auf dem Gebiet des Notarwesens v. 4. 12. 2001 (GVBl S. 1044), § 16 ÄndG dienstrechtlicher und erziehungsgeldrechtlicher Vorschriften v. 25. 6. 2003 (GVBl S. 374), § 1 VO zur Änderung der VO zur Regelung von Angelegenheiten auf dem Gebiet des Notarwesens v. 8. 12. 2004 (GVBl S. 571) und § 1 ÄndVO v. 8. 1. 2010 (GVBl S. 46)

Nichtamtliche Inhaltsübersicht

Auf Grund von § 6 Abs. 3 Satz 4, § 7 Abs. 5 Satz 2, § 9 Abs. 1 Satz 2, § 25 Abs. 2 Satz 1, § 67 Abs. 3 Nr. 3 Satz 4, §§ 112, 113 Abs. 4 der Bundesnotarordnung – BNotO[2] – (BGBl III 303–1), zuletzt geändert durch Art. 1 Nr. 1 des Gesetzes vom 19. Dezember 1998 (BGBl I S. 3836), sowie § 54 b Abs. 3 Satz 3 des Beurkundungsgesetzes[3] vom 28. August 1969 (BGBl I S. 1513), zuletzt geändert durch Art. 2 des Gesetzes vom 31. August 1998 (BGBl I S. 2585), in Verbindung mit § 3 Nrn. 1 bis 6 der Verordnung zur Ausführung der Bundesnotarordnung[4] vom 27. Juli 1999 (GVBl S. 339 BayRS 303–1–2–J), erlässt das Bayerische Staatsministerium der Justiz folgende Verordnung:

Erster Teil. Ausführung der Bundesnotarordnung

§ 1 Gemeinsame Berufsausübung durch Notare. (1) [1]Verbinden sich Notare zur gemeinsamen Berufsausübung oder unterhalten sie gemeinsame Geschäftsräume, so haben sie ihre Rechte und Pflichten vertraglich zu regeln. [2]Die Vereinbarung sowie jede Änderung bedürfen zu ihrer Wirksamkeit der Genehmigung durch die Aufsichtsbehörde.

(2) [1]Zuständig für die Genehmigung ist der Präsident des Oberlandesgerichts, in dessen Bezirk die beteiligten Notare ihren Amtssitz haben. [2]Vor der Entscheidung ist die Landesnotarkammer Bayern (Landesnotarkammer) anzuhören.

(3) Die Genehmigung ist zu versagen, wenn

1. ein Notar sich mit mehr als einem Notar zur gemeinsamen Berufsausübung verbinden oder mit mehr als einem Notar gemeinsame Geschäftsräume unterhalten will,

---

[1] Kurztitel und Abkürzung angef. mWv 1. 1. 2005 durch VO v. 8. 12. 2004 (GVBl S. 571).
[2] Nr. **1**.
[3] Nr. **200**.
[4] Nr. **3**.

2. der Inhalt der zwischen den Notaren getroffenen Vereinbarung mit den Richtlinien der Landesnotarkammer nach § 67 Abs. 2 Satz 3 Nr. 5 BNotO[1] nicht vereinbar ist oder
3. der Genehmigung in anderer Weise Erfordernisse einer geordneten Rechtspflege entgegenstehen; dies sind insbesondere
   a) die Entscheidung der Landesjustizverwaltung über die Bestellung von Notaren und deren Amtssitzverlegung nach pflichtgemäßem Ermessen (§§ 12, 10 Abs. 1 Satz 3 BNotO),
   b) die Grundsätze der persönlichen und eigenverantwortlichen Amtsführung sowie die Unabhängigkeit und Unparteilichkeit des Notars (§ 9 Abs. 3 BNotO) sowie
   c) die angemessene Versorgung der Rechtsuchenden mit notariellen Leistungen (§ 4 BNotO).

(4) [1] Die Genehmigung kann mit Auflagen verbunden oder befristet werden. [2] Sie ist zu widerrufen, wenn Tatsachen bekannt werden, die die Versagung der Genehmigung rechtfertigen würden. [3] Im Übrigen bleiben die gesetzlichen Regelungen über den Widerruf unberührt.

§ 2[2] Anrechnung von Zeiten auf die Dauer des Notardienstes. (1) [1] Die Dauer einer Amtsniederlegung nach § 48 b Abs. 1 Nr. 1 BNotO[1] wird im Umfang von 12 Monaten bis zur Vollendung des achten Lebensjahres des Kindes auf die bisherige Amtstätigkeit als Notar angerechnet. [2] Bei mehrfacher Inanspruchnahme werden höchstens zwei Jahre angerechnet.

(2) Die nach Absatz 1 anrechenbaren Zeiten sind um all diejenigen zu vermindern, die bereits nach § 15 Abs. 3 auf die Dauer des Anwärterdienstes des Notars angerechnet wurden.

(3) Die Landesnotarkammer Bayern vollzieht die Anrechnung nach den Absätzen 1 und 2.

§ 3[3] Übertragung von Befugnissen der Landesjustizverwaltung. Von den Befugnissen, die der Landesjustizverwaltung nach der Bundesnotarordnung zustehen, werden übertragen:
1. auf die Präsidenten der Oberlandesgerichte
   a) die Erteilung der Auskunft über den Namen und die Adresse der Berufshaftpflichtversicherung des Notars sowie die Versicherungsnummer (§ 19 a Abs. 6 BNotO),
   b) die Entlassung eines Notars aus dem Amt (§ 48 BNotO[1]),
   c) die Erteilung der Erlaubnis, die Amtsbezeichnung „Notar" mit dem Zusatz „außer Dienst (a. D.)" weiterzuführen, sowie die Rücknahme oder der Widerruf der Erlaubnis zur Führung dieser Bezeichnung (§ 52 Abs. 2 und 3 BNotO),
2. auf den Generalstaatsanwalt in München die Befugnis zur Erhebung der Disziplinarklage; nach Übernahme eines gegen den Notar eingeleiteten Disziplinarverfahrens ist der Generalstaatsanwalt ferner befugt, selbständig Ermittlungen anzustellen und das Verfahren auch durch Einstellungs- bzw. Disziplinarverfügung zu erledigen.
3. auf den Präsidenten des Oberlandesgerichts München die Ernennung der Beisitzer nach Maßgabe des § 4 (§ 103 Abs. 1 Satz 1 BNotO), der Antrag auf Entscheidung über die Beendigung des Amtes eines Beisitzers (§ 104 Abs. 1 a Satz 3 BNotO), der Antrag auf Amtsenthebung eines Beisitzers (§ 104 Abs. 2 Satz 1 BNotO) sowie die Entlassung eines Beisitzers auf Antrag (§ 104 Abs. 3 BNotO).
4. auf die Präsidenten der Landgerichte
   a) die Übertragung der Verwahrung der Akten und Bücher eines Notars sowie der ihm amtlich übergebenen Urkunden nach dem Erlöschen seines Amts oder der Verlegung seines Amtssitzes (§ 51 Abs. 1 Satz 2 BNotO),
   b) die Erteilung der Genehmigung in den Fällen, in denen ein Notar, der bereits am Amtssitz eines ausgeschiedenen Notars ansässig ist, seine Geschäftsstelle in Räume dieses Notars verlegen oder einen in einem besonderen Vertrauensverhältnis stehenden Angestellten in seine Geschäftsstelle übernehmen will (§ 53 Abs. 1 Satz 1 BNotO),
   c) die Bestellung eines Notariatsverwalters und der Widerruf dieser Bestellung (§ 57 Abs. 2 Satz 1 und § 64 Abs. 1 Satz 3 BNotO),
   d) die Mitteilung der Beendigung des Amts eines Notariatsverwalters (§ 64 Abs. 1 Satz 2 BNotO).

§ 4 Beisitzer beim Oberlandesgericht. [1] Bei der Ernennung von Notaren zum Beisitzer beim Oberlandesgericht (§ 103 Abs. 1 Satz 1 BNotO[1]) ist auf eine angemessene Berücksichti-

[1] Nr. 1.
[2] § 2 Abs. 1 neu gef. mWv 1. 1. 2005 durch VO v. 8. 12. 2004 (GVBl S. 571).
[3] § 3 Nr. 1 Buchst. a eingef., bish. Buchst. a, b werden Buchst. b, c, neuer Buchst. c geänd., Nr. 2 und 3 neu gef. mWv 1. 1. 2010 durch VO v. 8. 1. 2010 (GVBl S. 46).

gung der Notare in den drei Oberlandesgerichtsbezirken zu achten. 2 Die Ernennung erfolgt im Einvernehmen mit dem Präsidenten des Oberlandesgerichts, in dessen Bezirk der Notar seinen Amtssitz hat, es sei denn, der Notar hat seinen Amtssitz im Bezirk des Oberlandesgerichts München.

§ 5[1] Höchstbetrag der Gruppenanschlussversicherung. Bei der Gruppenanschlussversicherung nach § 67 Abs. 3 Nr. 3 BNotO[2] darf die Gesamtleistung des Versicherers für alle während eines Versicherungsjahres von allen versicherten Notaren verursachten Schäden in den Versicherungsverträgen auf 42 Millionen Euro begrenzt werden.

Zweiter Teil. Beschäftigung juristischer Mitarbeiter

§ 6 Genehmigungsvorbehalt. (1) 1 Ein Notar darf Mitarbeiter mit der Befähigung zum Richteramt, Laufbahnprüfung für das Amt des Bezirksnotars oder Abschluss als Diplom-Jurist (juristischer Mitarbeiter) nur beschäftigen, wenn dies der Präsident des Oberlandesgerichts genehmigt hat. 2 Gleiches gilt für die Änderung der Bedingungen, unter denen ein juristischer Mitarbeiter beschäftigt werden soll.

(2) Vor einer Entscheidung sind die Landesnotarkammer und die Notarkasse – Anstalt des öffentlichen Rechts – in München (Notarkasse) zu hören.

§ 7[3] Genehmigung. (1) 1 Die Genehmigung ist zu erteilen, wenn die Beschäftigung des juristischen Mitarbeiters die persönliche Amtsausübung des Notars nicht gefährdet und ihr auch sonstige Belange einer geordneten Rechtspflege nicht entgegenstehen. 2 Die persönliche Amtsausübung ist in der Regel gefährdet, wenn der Notar mehr als einen juristischen Mitarbeiter beschäftigt. 3 Sonstige Belange einer geordneten Rechtspflege sind insbesondere

1. die Ausbildung und Beschäftigung der im Anwärterdienst Bayerns befindlichen Notarassessoren und ihre Bestellung zum Notar,
2. die Ausbildung und Beschäftigung der im Dienste der Notarkasse zur Verwendung an den einzelnen Notarstellen befindlichen Angestellten einschließlich der Anwärter,
3. die Vermeidung des Anscheins einer gemeinschaftlichen Berufsausübung entgegen der Beschränkung des § 9 Abs. 1 BNotO[2],
4. die ausreichende Versorgung der rechtsuchenden Bevölkerung mit Notaren (§ 4 BNotO).

(2) Die Genehmigung soll versagt werden, wenn

1. der juristische Mitarbeiter neben der Beschäftigung beim Notar den Beruf des Rechtsanwalts, Patentanwalts, Steuerberaters, Wirtschaftsprüfers oder vereidigten Buchprüfers ausübt oder hierfür eine berufsrechtliche Zulassung besitzt oder
2. durch die Beschäftigung des juristischen Mitarbeiters die Ausbildung der im Anwärterdienst des Landes befindlichen Notarassessoren oder deren Bestellung zum Notar beeinträchtigt werden oder
3. durch die Beschäftigung des juristischen Mitarbeiters die Ausbildung oder Beschäftigung der im Dienste der Notarkasse zur Verwendung an den einzelnen Notarstellen befindlichen Angestellten oder Anwärter beeinträchtigt werden oder
4. die ausreichende Versorgung der rechtsuchenden Bevölkerung mit Notaren gefährdet wird oder
5. in der Person des juristischen Mitarbeiters Umstände vorliegen, die mit der Beschäftigung beim Notar unvereinbar sind.

(3) Die Genehmigung beinhaltet das Verbot einer Vertretung des Notars sowie anderer Notare durch den juristischen Mitarbeiter, soweit nicht die Belange einer geordneten Rechtspflege im Einzelfall die Bestellung zum Vertreter gebieten.

(4) 1 Die Genehmigung kann mit Auflagen verbunden und mit dem Vorbehalt des Widerrufs erteilt sowie befristet werden. 2 Sie ist zu widerrufen, wenn Tatsachen eintreten, die die Versagung der Genehmigung rechtfertigen würden. 3 Die gesetzlichen Regelungen über die Rücknahme oder den Widerruf bleiben im Übrigen unberührt.

---

[1] § 5 geänd. mW v. 1. 1. 2002 durch VO v. 4. 12. 2001 (GVBl S. 1044).

[2] Nr. **1**.

[3] § 7 Abs. 1 Satz 2 eingef., bish. Satz 2 wird Satz 3, Abs. 2 Nr. 1 aufgeh., bish. Nr. 2–6 werden Nr. 1–5 mWv 1. 1. 2002 durch VO v. 4. 12. 2001 (GVBl S. 1044); Abs. 4 Satz 1 neu gef. mWv 1. 1. 2010 durch VO v. 8. 1. 2010 (GVBl S. 46).

Dritter Teil. Ausbildung der Notarassessoren

§ 8 Ziel des Anwärterdienstes. Ziel des Anwärterdienstes ist es, den Notarassessor auf die Aufgaben des Notars als unabhängiger Träger eines öffentlichen Amts auf dem Gebiet der vorsorgenden Rechtspflege vorzubereiten.

§ 9 Inhalt der Ausbildung. (1) [1] Der Notarassessor soll in alle Arten notarieller Tätigkeit eingewiesen werden, wobei auf die dem Notar obliegenden Belehrungs-, Beratungs- und Betreuungspflichten besonderes Gewicht zu legen ist. [2] Der Notarassessor ist bei der Vorbereitung und Abwicklung von Urkundsgeschäften zu beteiligen, beim Verkehr mit den Parteien zuzuziehen sowie in der Zusammenarbeit mit Gerichten, Grundbuchämtern und sonstigen Dienststellen zu üben. [3] Er soll auch im Steuer- und Kostenwesen sowie in der Führung der Urkundenrolle und der sonstigen Bücher und Akten des Notars unterwiesen und mit der Leitung und Organisation einer Notarstelle vertraut gemacht werden.

(2) [1] Der Notarassessor ist über das Standesrecht und die Pflichten eines Notars gegenüber der Landesnotarkammer und der Notarkasse zu unterrichten. [2] Die Landesnotarkammer kann den Notarassessor verpflichten, Gutachten zu erstatten und Vorträge in Kammerversammlungen zu halten.

(3) Zur selbständigen Erledigung können dem Notarassessor Verwahrungsgeschäfte, die Anfertigung von Urkundsentwürfen, die selbständige Beratung von Rechtsuchenden, die Vertretung der Beteiligten vor Gerichten und Verwaltungsbehörden, soweit kein Anwaltszwang besteht, sowie Schlichtungstätigkeiten übertragen werden, soweit es sich bei diesen Tätigkeiten um Amtstätigkeiten nach den §§ 23, 24 BNotO[1)] handelt.

(4) Mit fortschreitender Ausbildungszeit soll der Notarassessor in vermehrtem Umfang zur Tätigkeit als Notarvertreter oder Notariatsverwalter herangezogen werden.

§ 10 Durchführung der Ausbildung. (1) [1] In den ersten zwei Jahren des Anwärterdienstes soll der Notarassessor wenigstens zwei Notaren zur Ausbildung zugewiesen werden, deren Amtssitz sich nicht am gleichen Ort befindet und deren Ämter möglichst eine verschiedene Struktur aufweisen sollen. [2] Die Beschäftigung an der ersten Notarstelle soll in der Regel mindestens neun Monate dauern. [3] Der Notarassessor hat von den Standesorganisationen veranstaltete oder benannte Ausbildungskurse zu besuchen.

(2) Für die Überweisung eines Notarassessors an einen Notar soll grundsätzlich maßgebend sein, ob die Notarstelle und deren Inhaber zur Ausbildung von Notarassessoren geeignet sind.

§ 11[2)] Beurteilung. (1) Der Notarassessor ist zu beurteilen

1. nach dem Ende der dreijährigen Mindestanwärterzeit zu den Stichtagen 1. März oder 1. September,
2. auf Anforderung des Staatsministeriums der Justiz.

(2) [1] Die Beurteilung des Notarassessors erstellt der im Zeitpunkt der Beurteilung aufsichtführende Präsident des Landgerichts. [2] Bei einer Abordnung erstellt der Präsident des Landgerichts die Beurteilung, in dessen Bezirk die Notarstelle oder Dienststelle liegt, welcher der Notarassessor zugewiesen ist. [3] Jeder Notar, bei dem ein Notarassessor länger als drei Monate beschäftigt war, erstellt bei Ablauf der Zuweisung oder Abordnung einen schriftlichen Beurteilungsbeitrag. [4] Eine Abschrift des Beurteilungsbeitrags ist der Landesnotarkammer zu übersenden. [5] War der Notarassessor bei der Landesnotarkammer oder bei der Notarkasse länger als drei Monate tätig, so erstellt die Landesnotarkammer oder die Notarkasse einen schriftlichen Beurteilungsbeitrag. [6] Die Landesnotarkammer fasst sämtliche Beurteilungsbeiträge zu einem einheitlichen Beurteilungsbeitrag zusammen.

(3) Beurteilungsbeiträge und Beurteilungen sollen die Leistung des Notarassessors im Vergleich zu der anderer Notarassessoren objektiv darstellen und von seiner Eignung, Befähigung und Leistung ein zutreffendes Bild geben.

(4) Beurteilungsbeiträge und Beurteilungen schließen mit einer Feststellung darüber, ob sich der Notarassessor bewährt hat und er für die Bestellung zum Notar geeignet, noch nicht geeignet oder nicht geeignet ist.

(5) [1] Die durch den Präsidenten des Landgerichts erstellte Beurteilung wird von den vorgesetzten Dienstbehörden überprüft. [2] Eine Abschrift der überprüften Beurteilung wird der

---

[1)] Nr. 1.

[2)] § 11 Abs. 1 Nr. 1 neu gef., Abs. 5 Satz 3 geänd. mWv 1. 1. 2002 durch VO v. 4. 12. 2001 (GVBl S. 1044).

Landesnotarkammer zu deren Personalakten übersandt. [3] Vor der Überprüfung eröffnet der Präsident des Landgerichts dem Notarassessor die Beurteilung durch Aushändigung eines Abdrucks. [4] § 54 Abs. 1 Sätze 4 und 5, Abs. 2 der Laufbahnverordnung gelten entsprechend.

§ 12 Dienstunfähigkeit wegen Krankheit. (1) [1] Wird ein Notarassessor wegen Krankheit dienstunfähig, so hat er dies dem Notar, bei dem er beschäftigt ist, unverzüglich anzuzeigen. [2] Ist er als Notarvertreter oder als Notariatsverwalter tätig, so unterrichtet er, unbeschadet des § 38 Satz 1 BNotO[1)], die Landesnotarkammer über Beginn und Ende der Krankheit. [3] Der in den Standesorganisationen oder in der Verwaltung der Notarkasse beschäftigte Notarassessor unterrichtet die betreffende Dienststelle.

(2) [1] Im Fall des Absatzes 1 Satz 1 berichtet der Notar bei mehr als dreitägiger Dauer der Krankheit der Landesnotarkammer; er zeigt ihr auch die Wiederaufnahme des Dienstes an. [2] Die Landesnotarkammer berichtet dem Staatsministerium der Justiz bei der Bewerbung des Notarassessors um eine freie Notarstelle, wenn sich aus der Dauer oder Art der Krankheiten des Notarassessors Bedenken gegen seine körperliche Tauglichkeit oder die Erfüllung der Mindestanwärterdienstzeit des § 7 Abs. 1 BNotO ergeben.

(3) Der Notar, bei dem der Notarassessor beschäftigt ist, die Landesnotarkammer und die Notarkasse können zum Nachweis einer Krankheit von dem Notarassessor die Vorlage einer ärztlichen oder, falls es erforderlich erscheint, einer amtsärztlichen Bescheinigung Verlangen.

§ 13[2)] Urlaub und Arbeitszeit. (1) [1] Der Notarassessor erhält unter Anrechnung auf den Anwärterdienst Erholungsurlaub von gleicher Dauer wie ein Richter auf Probe. [2] Den Erholungsurlaub erteilt der ausbildende Notar auf Antrag des Notarassessors; wenn er einem Antrag nicht entsprechen will, hat er ihn der Landesnotarkammer zur Entscheidung vorzulegen.

(2) [1] Elternzeit und familienpolitische Beurlaubung (Art. 89 Abs. 1 Nr. 1 des Bayerischen Beamtengesetzes) werden entsprechend den für Beamte geltenden Bestimmungen gewährt. [2] Das Urlaubsgesuch ist über den ausbildenden Notar an die Landesnotarkammer zu richten, die hierüber zu entscheiden hat.

(3) [1] Urlaub aus wichtigem Grund kann entsprechend den für Beamte geltenden Bestimmungen gewährt werden, soweit dem nicht die Besonderheiten des Anwärterdienstes und die Ausbildung der Notarassessoren entgegenstehen und keine abweichenden Regelungen bestehen. [2] Absatz 2 Satz 2 findet entsprechende Anwendung.

(4) [1] Eine Dienstbefreiung kann nach den beamtenrechtlichen Grundsätzen bewilligt werden. [2] Absatz 1 Satz 2 findet entsprechende Anwendung.

(5) Hinsichtlich der Arbeitszeit des Notarassessors gelten die Bestimmungen der Arbeitszeitverordnung[3)] vom 25. Juli 1995 (GVBl S. 409, BayRS 2030-2-20-F) in der jeweils geltenden Fassung entsprechend.

§ 14 Teilzeitbeschäftigung. (1) Einem Notarassessor ist auf Antrag, wenn zwingende dienstliche Belange nicht entgegenstehen, die Arbeitszeit bis auf die Hälfte der regelmäßigen Arbeitszeit zu ermäßigen, wenn er

1. mindestens ein Kind unter 18 Jahren oder
2. einen nach ärztlichem Gutachten pflegebedürftigen sonstigen Angehörigen tatsächlich betreut oder pflegt.

(2) [1] Über den Antrag entscheidet die Landesnotarkammer. [2] Der Antrag auf Teilzeitbeschäftigung sowie der Antrag auf Verlängerung sollen spätestens sechs Monate vor Antritt beziehungsweise vor Ablauf der Genehmigung der Teilzeitbeschäftigung gestellt werden.

(3) [1] Die Landesnotarkammer kann auch nachträglich die Dauer der Teilzeitbeschäftigung beschränken oder den Umfang der zu leistenden Arbeitszeit erhöhen, soweit zwingende dienstliche Belange, insbesondere die Sicherstellung der Vertretung der Notare sowie der Verwaltung freier Notarstellen dies erfordern. [2] Sie soll eine Änderung des Umfangs der Teilzeitbeschäftigung oder den Übergang zur Vollzeitbeschäftigung zulassen, wenn dem Notarassessor die Teilzeitbeschäftigung im bisherigen Umfang nicht zugemutet werden kann und dienstliche Belange nicht entgegenstehen.

[1)] Nr. **1**.

[2)] § 13 Überschrift neu gef., Abs. 5 angef. mWv 1. 1. 2002 durch VO v. 4. 12. 2001 (GVBl S. 1044); Abs. 2 Satz 1 geänd. mWv 1. 7. 2003 durch G v. 25. 6. 2003 (GVBl S. 374); Abs. 2 Satz 1 geänd. mWv 1. 1. 2010 durch VO v. 8. 1. 2010 (GVBl S. 46).

[3)] Nr. **650**.

§ 15[1] **Anrechnung von Zeiten auf die Dauer des Anwärterdienstes.** (1) [1] Zeiten, in denen der Notarassessor in den Standesorganisationen einschließlich der Verwaltung der Notarkasse tätig war, werden auf die Dauer des Anwärterdienstes angerechnet. [2] Gleiches gilt für Zeiten, in denen der Notarassessor bei einem Gericht, einer Behörde oder einer vergleichbaren Einrichtung tätig war, wenn er dort Aufgaben wahrgenommen hat, die einen engen Bezug zum Beruf des Notars haben, und die Tätigkeit dem Ziel des Anwärterdienstes (§ 8) dient. [3] Der Notarassessor soll jedoch mindestens eineinhalb Jahre des Anwärterdienstes bei Notaren ableisten.

(2) [1] Die Zeiten, in denen ein Notarassessor Wehr- oder Ersatzdienst geleistet hat, können bei seiner Bestellung zum Notar entsprechend den für Beamte des Freistaates Bayern geltenden Regelungen bis zur für den Notarassessor bei Ableistung dieses Dienstes maßgeblichen gesetzlichen Dauer berücksichtigt werden. [2] Notarassessoren mit anrechenbaren Wehr- oder Ersatzdienstzeiten werden auf Antrag behandelt wie Notarassessoren des Einstellungstermins, dem sie angehören würden, wenn sie diese Wehr- oder Ersatzdienstzeiten nicht abgeleistet hätten, sofern das in der Zweiten Juristischen Staatsprüfung erzielte Ergebnis auch in diesem Termin zur Einstellung ausgereicht hätte; andernfalls erfolgt die Vorstufung nur bis zu dem nachfolgend frühesten Einstellungstermin, in dem diese Voraussetzung vorgelegen hätte. [3] Der Antrag ist schriftlich oder in elektronischer Form bei der Landesnotarkammer innerhalb eines Jahres nach der Ernennung zum Notarassessor einzureichen. [4] Der Antrag ist unwiderruflich.

(3) Wird während des Anwärterdienstes Elternzeit oder eine familienpolitische Beurlaubung in Anspruch genommen, so wird die Zeit der Beurlaubung im Umfang von 12 Monaten bis zur Vollendung des achten Lebensjahres des Kindes auf die Dauer des Anwärterdienstes angerechnet.

(4) Sonstiger Urlaub, der nicht Erholungsurlaub ist und auch dienstlichen Interessen dient (§ 18 Abs. 3 Satz 2 der Urlaubsverordnung), kann ganz oder teilweise angerechnet werden.

(5) [1] Während des Anwärterdienstes eintretende Zeiten eines Beschäftigungsverbots werden nach den für Beamtinnen des Freistaates Bayern geltenden Mutterschutzvorschriften auf die Dauer des Anwärterdienstes angerechnet. [2] Dienstunterbrechungen infolge Dienstunfähigkeit wegen Krankheit werden bis zu 30 Tagen jährlich auf die Dauer des Anwärterdienstes angerechnet; dies gilt nicht, wenn der Notarassessor den nach § 12 Abs. 3 geforderten Nachweis nicht erbracht hat. [3] Über eine weitergehende Anrechnung ist nach den Umständen des Einzelfalls zu entscheiden.

(6) Die in § 7 Abs. 1 BNotO[2] vorgeschriebene Mindestanwärterzeit von drei Jahren soll durch Anrechnungen nach den Absätzen 2 bis 5 nicht verkürzt werden.

(7) Die Landesnotarkammer vollzieht die Anrechnungen nach den Absätzen 1 bis 6.

(8) [1] Eine Teilzeitbeschäftigung nach § 14 wird im Umfang der verminderten regelmäßig geleisteten Arbeitszeit als Dienstzeit angerechnet, soweit nicht der Notarassessor einen dreijährigen Anwärterdienst, sei es in Vollzeit oder in der entsprechend der verminderten Arbeitszeit angerechneten Teilzeit, abgeleistet hat. [2] Im Übrigen wird sie in gleicher Weise wie eine Vollzeitbeschäftigung auf die Dauer des Anwärterdienstes angerechnet.

(9) Liegen nach den Absätzen 1 bis 8 nicht oder beschränkt anrechnungsfähige Beschäftigungszeiten oder nicht anrechnungsfähiger Urlaub vor, so kann die Landesnotarkammer verfügen, dass der Notarassessor bei der Bewerbung um eine Notarstelle hinsichtlich des Einstellungstermins den Notarassessoren gleichzustellen ist, die unter Berücksichtigung der nicht angerechneten Zeiten eine vergleichbare Dauer des Anwärterdienstes auf weisen.

Dritter Teil[3] Schlussvorschriften

§ 16 In-Kraft-Treten, Außer-Kraft-Treten, Übergangsvorschriften. (1) Diese Verordnung tritt am 1. März 2000 in Kraft.

(2) [1] Mit Ablauf des 29. Februar 2000 tritt die Verordnung zur Regelung von Angelegenheiten auf dem Gebiet des Notarwesens vom 11. November 1982 (BayRS 303–1–3–J), zuletzt geändert durch Verordnung vom 12. August 1991 (GVBl S. 316), mit Ausnahme von § 9 Abs. 2, außer Kraft. [2] § 9 Abs. 2 tritt mit Ablauf des 28. Februar 2002 außer Kraft. [3] Bei Notarassessoren, die vor dem In-Kraft-Treten dieser Verordnung ihren Dienst angetreten haben und eine Anrechnung der Wehr- oder Ersatzdienstzeiten beantragen, ist eine Entscheidung über die Anrechnung dieser Zeiten nach Maßgabe des § 9 Abs. 2 der Verordnung in der Fassung vom 12. August 1991 (GVBl S. 316) zu treffen.

---

[1] § 15 Abs. 2 Satz 3 geänd. mWv 1. 1. 2002 durch VO v. 4. 12. 2001 (GVBl S. 1044); Abs. 3 geänd. mWv 1. 7. 2003 durch G v. 25. 6. 2003 (GVBl S. 374); Abs. 1 Satz 2 eingef., bish. Satz 2 wird Satz 3, Abs. 3 geänd. mWv 1. 1. 2005 durch VO v. 8. 12. 2004 (GVBl S. 571).

[2] Nr. **1**.

[3] Richtig wohl: „Vierter Teil".

11. Landesverordnung zur Übertragung von Ermächtigungen nach der Bundesnotarordnung und dem Beurkundungsgesetz [RhPf]

Vom 9. Februar 1999
(GVBl. S. 30)
BS Rh-Pf 33-11

Aufgrund des § 6 Abs. 3 Satz 4, des § 7 Abs. 5 Satz 2, des § 9 Abs. 1 Satz 2, des § 25 Abs. 2 Satz 1, des § 65 Abs. 1 Satz 2 und des § 67 Abs. 3 Nr. 3 Satz 4 der Bundesnotarordnung (BNotO)[1] in der Fassung vom 24. Februar 1961 (BGBl. I S. 97), zuletzt geändert durch Artikel 2 a des Gesetzes vom 31. August 1998 (BGBl. I S. 2600),
des § 54 b Abs. 3 Satz 3 des Beurkundungsgesetzes[2] vom 28. August 1969 (BGBl. I S. 1513), zuletzt geändert durch Artikel 2 des Gesetzes vom 31. August 1998 (BGBl. I S. 2585), und
des § 7 Abs. 2 Satz 1 des Verkündungsgesetzes vom 3. Dezember 1973 (GVBl. S. 375), geändert durch Artikel 23 des Gesetzes vom 7. Februar 1983 (GVBl. S. 17), BS 114-1,
verordnet die Landesregierung:

– Auszug –

§ 1 [Übertragung von Ermächtigungen] Die Ermächtigungen zum Erlass von Rechtsverordnungen aufgrund des § 6 Abs. 3 Satz 4, des § 7 Abs. 5 Satz 2, des § 9 Abs. 1 Satz 2, des § 25 Abs. 2 Satz 1, des § 65 Abs. 1 Satz 2 und des § 67 Abs. 3 Nr. 3 Satz 4 BNotO[1] sowie des § 54 b Abs. 3 Satz 3 des Beurkundungsgesetzes[2] werden auf das für die Angelegenheiten der Notare zuständige Ministerium übertragen.

§ 2 [In-Kraft-Treten] (1) Diese Verordnung tritt am Tage nach der Verkündung[3] in Kraft.

(2) Gleichzeitig tritt die Landesverordnung zur Übertragung von Ermächtigungen nach der Bundesnotarordnung vom 12. Januar 1983 (GVBl. S. 13), geändert durch Verordnung vom 1. Juli 1991 (GVBl. S. 298), BS 33-11, außer Kraft.

[1] Nr. **1**.
[2] Nr. **200**.
[3] Verkündet am 26. 2. 1999.

12. Landesverordnung zur Ausführung der Bundesnotarordnung (Bundesnotarordnung-Ausführungsverordnung – BNotOAVO)

Vom 14. Juli 1999
(GVBl. S. 189)
BS Rh-Pf 33-12

geänd. durch Art. 56 Euro-AnpassungsVO Rheinland-Pfalz v. 28. 8. 2001 (GVBl S. 210)

Aufgrund des § 6 Abs. 3 Satz 4, des § 9 Abs. 1 Satz 2, des § 25 Abs. 2 Satz 1 und des § 67 Abs. 3 Nr. 3 Satz 4 der Bundesnotarordnung (BNotO)[1] in der Fassung vom 24. Februar 1961 (BGBl. I S. 97), zuletzt geändert durch Artikel 2 a des Gesetzes vom 31. August 1998 (BGBl. I S. 2600), in Verbindung mit § 1 der Landesverordnung zur Übertragung von Ermächtigungen nach der Bundesnotarordnung und dem Beurkundungsgesetz vom 9. Februar 1999 (GVBl. S. 30, BS 33-11) wird verordnet:

§ 1 [Anrechnungszeiten auf die Dauer des Anwärterdienstes] (1) Auf die Dauer des nach § 6 Abs. 3 Satz 3 BNotO[1] zu berücksichtigenden Anwärterdienstes von Notarassessorinnen und Notarassessoren, die sich auf eine ausgeschriebene Notarstelle bewerben, werden angerechnet:

1. geleistete Wehr- oder Zivildienstzeiten oder Zeiten eines Entwicklungsdienstes nach § 13 b des Wehrpflichtgesetzes in der Fassung vom 15. Dezember 1995 (BGBl. I S. 1756; 1996 I S. 103) in der jeweils geltenden Fassung bis zur für den Bewerber bei Antritt dieses Dienstes maßgeblichen gesetzlichen Dauer des Grundwehrdienstes (§ 5 des Wehrpflichtgesetzes),
2. Zeiten eines Beschäftigungsverbotes nach Mutterschutzvorschriften während des Anwärterdienstes,
3. Zeiten einer Beurlaubung vom Anwärterdienst wegen der Inanspruchnahme von Erziehungsurlaub.

(2) Zeiten nach Absatz 1 werden nur angerechnet, wenn die Bewerberin oder der Bewerber im nach Absatz 4 maßgeblichen Zeitpunkt mindestens drei Jahre Anwärterdienst geleistet hat.

(3) Zeiten nach Absatz 1 werden zusammen nur bis zu einer Dauer von 18 Monaten angerechnet.

(4) [1] Maßgeblicher Zeitpunkt für die Berechnung der geleisteten Anwärterdienstzeit ist der Ablauf der Bewerbungsfrist für die ausgeschriebene Notarstelle. [2] Ist die Notarstelle zu diesem Zeitpunkt noch nicht besetzbar, so ist der Zeitpunkt der Besetzbarkeit maßgebend.

§ 2 [Anrechnungszeiten bei erneuter Bestellung] (1) Auf die Dauer der Amtszeit von Notarinnen und Notaren, die sich auf eine ausgeschriebene Notarstelle bewerben, werden bei einer erneuten Bestellung Zeiten einer vorübergehenden Amtsniederlegung nach § 48 b BNotO[1] bis zu einer Dauer von insgesamt drei Jahren angerechnet.

(2) [1] Maßgeblicher Zeitpunkt für die Berechnung der geleisteten Amtszeit ist der Ablauf der Bewerbungsfrist für die ausgeschriebene Notarstelle. [2] Ist die Notarstelle zu diesem Zeitpunkt noch nicht besetzbar, so ist der Zeitpunkt der Besetzbarkeit maßgebend.

§ 3 [Vertragliche Bestimmungen bei gemeinsamer Berufsausübung]

(1) [1] Die Verbindung zur gemeinsamen Berufsausübung oder die gemeinsame Nutzung der Geschäftsräume nach § 9 Abs. 1 Satz 1 BNotO[1] bedarf der Genehmigung des fachlich zuständigen Ministeriums. [2] Diese kann mit Auflagen verbunden oder befristet werden. Vor einer Entscheidung ist die Notarkammer anzuhören.

(2) [1] Eine Notarin oder ein Notar darf sich jeweils nur mit einer anderen Notarin oder einem anderen Notar zur gemeinsamen Berufsausübung verbinden. [2] Satz 1 gilt entsprechend für die gemeinsame Nutzung der Geschäftsräume.

(3) [1] Die Genehmigung kann nur erteilt werden, wenn Erfordernisse einer geordneten Rechtspflege nicht entgegenstehen. [2] Die Genehmigung einer Verbindung zur gemeinsamen Berufsausübung setzt insbesondere voraus, dass in dem Vertrag über die gemeinsame Berufsausübung folgende Regelungen getroffen sind:

---

[1] Nr. 1.

1. die Vertragsbeteiligten haben grundsätzlich gleichen Anteil an Gewinn und Verlust;
2. über alle Streitigkeiten, die sich aus dem Vertrag oder über seine Gültigkeit, insbesondere auch bei der Beendigung der gemeinsamen Berufsausübung, ergeben sollten, entscheidet ein Schiedsgericht, bestehend aus zur hauptberuflichen Amtsausübung bestellten Notarinnen und Notaren des Bezirks der zuständigen Notarkammer; für den Fall, dass sich die Vertragsbeteiligten nicht innerhalb bestimmter Frist auf ein Schiedsgericht einigen, gilt der Vorstand der Notarkammer als Schiedsgericht und die Präsidentin oder der Präsident der Notarkammer als dessen vorsitzendes Mitglied;
3. kann der Vertrag über die gemeinsame Berufsausübung gekündigt werden, ohne dass ein wichtiger Grund vorliegt (ordentliche Kündigung), muss eine Kündigungsfrist von sechs Monaten für den Schluss eines Kalenderjahres eingehalten werden; die Kündigung ist erst zwei Jahre nach Abschluss des Vertrages zulässig und bedarf zu ihrer Wirksamkeit der Einwilligung des fachlich zuständigen Ministeriums; die oder der nicht aus wichtigem Grund kündigende Vertragsbeteiligte muss die gemeinsam genutzten Geschäftsräume verlassen; die Kündigung ist ausgeschlossen, wenn eine oder einer der Vertragsbeteiligten das 60. Lebensjahr vollendet hat;
4. erfolgt die Kündigung aus wichtigem Grund und erkennt die oder der andere Vertragsbeteiligte das Vorliegen eines wichtigen Grundes nicht an, entscheidet das Schiedsgericht über die Wirksamkeit der Kündigung;
5. die Aufhebung des Vertrages über die gemeinsame Berufsausübung bedarf zu ihrer Wirksamkeit der Einwilligung des fachlich zuständigen Ministeriums; sie ist ausgeschlossen, wenn eine oder einer der Vertragsbeteiligten das 60. Lebensjahr vollendet hat.

[3] Der Vertrag über die gemeinsame Berufsausübung und etwaige Änderungen sind von den Vertragsbeteiligten dem fachlich zuständigen Ministerium zur Erteilung der Genehmigung vorzulegen. [4] Jede Kündigung und die Aufhebung des Vertrages über die gemeinsame Berufsausübung sind dem fachlich zuständigen Ministerium und der Notarkammer anzuzeigen. [5] Satz 2 Nr. 2 und Nr. 4 sowie die Sätze 3 und 4 gelten entsprechend für den Vertrag über die gemeinsame Nutzung der Geschäftsräume.

§ 4 [Beschäftigung von juristischen Mitarbeiterinnen und Mitarbeitern] (1) Eine Notarin oder ein Notar darf Mitarbeiterinnen und Mitarbeiter mit

1. der Befähigung zum Richteramt,
2. der Laufbahnprüfung für das Amt der Bezirksnotarin oder des Bezirksnotars oder
3. dem Abschluss als Diplom-Juristin oder Diplom-Jurist

(juristische Mitarbeiterinnen und juristische Mitarbeiter) nur beschäftigen, wenn das fachlich zuständige Ministerium dies nach Anhörung der Notarkammer genehmigt hat.

(2) Die Genehmigung ist zu erteilen, wenn die Beschäftigung der juristischen Mitarbeiterin oder des juristischen Mitarbeiters die persönliche Amtsausübung der Notarin oder des Notars nicht gefährdet und ihr auch sonstige Belange einer geordneten Rechtspflege nicht entgegenstehen.

(3) [1] Die Genehmigung ist mit der Auflage zu verbinden, dass die juristische Mitarbeiterin oder der juristische Mitarbeiter nicht die Vertretung einer Notarin oder eines Notars übernehmen darf. [2] Sie kann mit weiteren Auflagen verbunden oder befristet werden.

§ 5[1)] [Begrenzte Gesamtleistung des Versicherers im Schadensfall] In den Gruppenanschlussversicherungen nach § 67 Abs. 3 Nr. 3 BNotO[2)] für die Bereiche der Notarkammern Koblenz und Pfalz darf die Gesamtleistung des Versicherers für alle während eines Versicherungsjahres von allen versicherten Notarinnen und Notaren verursachten Schäden auf jeweils 25 Mio. EUR begrenzt werden.

§ 6 [In-Kraft-Treten] (1) Diese Verordnung tritt am Tage nach der Verkündung[3)] in Kraft.

(2) Gleichzeitig tritt die Landesverordnung zur Ausführung der Bundesnotarordnung vom 15. Juli 1991 (GVBl. S. 304, BS 33-12) außer Kraft.

[1)] § 5 geänd. mWv. 1. 1. 2002 durch G. v. 28. 8. 2001 (GVBl. S. 210).
[2)] Nr. **1**.
[3)] Verkündet am 18. 8. 1999.

13

13. Landesverordnung über Zuständigkeiten nach der Bundesnotarordnung

Vom 2. März 1999
(GVBl. S. 87)
BS Rh-Pf 33-14

Aufgrund des § 112 der Bundesnotarordnung (BNotO)[1] in der Fassung vom 24. Februar 1961 (BGBl. I S. 97), zuletzt geändert durch Artikel 2 a des Gesetzes vom 31. August 1998 (BGBl. I S. 2600), und des § 7 Abs. 2 Satz 1 des Verkündungsgesetzes vom 3. Dezember 1973 (GVBl. S. 375), geändert durch Artikel 23 des Gesetzes vom 7. Februar 1983 (GVBl. S. 17), BS 114-1, wird verordnet:

§ 1 [Allgemeine Zuständigkeiten] (1) Zuständig für die Erteilung und den Widerruf der Genehmigung

1. zur Übernahme einer Nebenbeschäftigung gegen Vergütung (§ 8 Abs. 3 Satz 1 Nr. 1 BNotO[1]),
2. zum Eintritt in den Vorstand, Aufsichtsrat, Verwaltungsrat oder in ein sonstiges Organ eines wirtschaftlichen Unternehmens (§ 8 Abs. 3 Satz 1 Nr. 2 BNotO),
3. zur Unterhaltung mehrerer Geschäftsstellen oder zur Abhaltung auswärtiger Sprechtage (§ 10 Abs. 4 BNotO),
4. zur Vornahme von Urkundstätigkeiten außerhalb des Amtsbezirks (§ 11 Abs. 2 BNotO),
5. zur vorübergehenden Amtsniederlegung (§ 48 b Abs. 1 BNotO) und
6. zur Verlegung der Geschäftsstelle in Räume einer ausgeschiedenen Notarin oder eines ausgeschiedenen Notars oder zur Übernahme von in einem besonderen Vertrauensverhältnis stehenden Angestellten einer ausgeschiedenen Notarin oder eines ausgeschiedenen Notars (§ 53 Abs. 1 BNotO)

ist die Aufsichtsbehörde nach § 92 Nr. 2 BNotO.

(2) [1] Zuständig für die Genehmigung der Abwesenheit der Notarin oder des Notars vom Amtssitz (§ 38 Satz 2 BNotO) ist die Aufsichtsbehörde nach § 92 Nr. 2 BNotO. [2] Soll die Abwesenheit drei Monate nicht übersteigen oder ist zugleich über die Bestellung einer Vertreterin oder eines Vertreters zu entscheiden (§ 39 Abs. 1 Satz 1 BNotO), so ist die Aufsichtsbehörde nach § 92 Nr. 1 zuständig.

(3) Zuständig für die Entscheidung

1. über die Anweisung, die Wohnung am Amtssitz zu nehmen (§ 10 Abs. 2 Satz 2 BNotO),
2. über die Verpflichtung zur Unterhaltung mehrerer Geschäftsstellen oder zur Abhaltung auswärtiger Sprechtage (§ 10 Abs. 4 BNotO),
3. über die Verwahrung der Akten und Bücher sowie der amtlich übergebenen Urkunden nach Erlöschen des Amts einer Notarin oder eines Notars oder der Verlegung des Amtssitzes in einen anderen Amtsgerichtsbezirk (§ 51 Abs. 1 Satz 2 BNotO),
4. über die vorläufige Amtsenthebung (§ 54 Abs. 1 BNotO) und
5. über die Bestellung einer Notariatsverwalterin oder eines Notariatsverwalters (§ 56 Abs. 1, 3 und 4 BNotO) sowie über den vorzeitigen Widerruf dieser Bestellung (§ 64 Abs. 1 Satz 3 BNotO)

ist die Aufsichtsbehörde nach § 92 Nr. 2 BNotO.

(4) Zuständig für die Entscheidung

1. über die Befreiung von der Pflicht zur Verschwiegenheit (§ 18 Abs. 2 BNotO),
2. bei Zweifeln über die Pflicht zur Verschwiegenheit (§ 18 Abs. 3 BNotO) und
3. über die Bestellung einer Vertreterin oder eines Vertreters (§ 39 Abs. 1 Satz 1, Abs. 2 BNotO) sowie über den vorzeitigen Widerruf der Bestellung

ist die Aufsichtsbehörde nach § 92 Nr. 1 BNotO; im Falle der Nummer 3 diejenige, die die Aufsicht über die zu vertretende Notarin oder den zu vertretenden Notar führt.

---

[1] Nr. 1.

§ 2 [Zuständigkeiten in gerichtlichen Verfahren] In gerichtlichen Verfahren nach § 111 BNotO[1] wird die Landesjustizverwaltung durch die Behörde vertreten, die den Verwaltungsakt erlassen oder den beantragten Verwaltungsakt unterlassen hat.

§ 3 [Inkrafttreten] (1) Diese Verordnung tritt am Tage nach der Verkündung[2] in Kraft.

(2) Gleichzeitig tritt die Landesverordnung über Zuständigkeiten nach der Bundesnotarordnung vom 16. Dezember 1981 (GVBl. 1982 S. 13), geändert durch Artikel 1 der Verordnung vom 15. Juli 1991 (GVBl. S. 303), BS 33-14, außer Kraft.

---

[1] Nr. **1**.

[2] Verkündet am 25. 3. 1999.

17. Ausbildungsordnung für Notarassessoren[1)]

Vom 5. März 1963
(GVBl. S. 101)
BS Rh-Pf 33-13

geänd. durch Art. 2 ÄndVO v. 15. 7. 1991 (GVBl. S. 303) und Art. 1 ÄndVO v. 31. 3. 1999 (GVBl. S. 98)

17

Auf Grund des § 7 Abs. 4 Satz 2 der Bundesnotarordnung[2)] vom 24. Februar 1961 (BGBl. I S. 97) in Verbindung mit § 1 der Landesverordnung zur Übertragung von Ermächtigungen zum Erlass von Rechtsverordnungen auf Grund der Bundesnotarordnung vom 21. Dezember 1961 (GVBl. S. 268) wird verordnet:

§ 1 Ziel des Anwärterdienstes. Der Anwärterdienst soll den Notarassessor mit den Besonderheiten der notariellen Tätigkeit, insbesondere mit den Formerfordernissen der Beurkundung, vertraut machen und ihm Gelegenheit geben, Erfahrungen im notariellen Rechtsverkehr zu sammeln und die notwendigen Kenntnisse des Berufsrechts zu erwerben.

§ 2 Durchführung und Inhalt der Ausbildung. (1) Während des Anwärterdienstes soll der Notarassessor nach Möglichkeit mindestens zwei Notaren überwiesen werden.

(2) [1]Der Notarassessor ist mit allen bei der Amtstätigkeit eines Notars vorkommenden Geschäften zu befassen. [2]Er ist insbesondere bei der Vorbereitung und Abwicklung von Beurkundungen zu beteiligen und mit der Fertigung von Urkundsentwürfen zu beauftragen. [3]Er soll auch im Steuer- und Kostenwesen sowie in der Führung der Bücher, Verzeichnisse und Akten des Notars unterwiesen werden. [4]Die in den §§ 23 und 24 BNotO[2)] bezeichneten Geschäfte können dem Notarassessor zur selbständigen Erledigung übertragen werden.

(3) Der Notarassessor hat die ihm übertragenen Dienstgeschäfte nach Weisung des ausbildenden Notars gewissenhaft auszuführen.

§ 3 Beurteilungen. (1) Der Notarassessor ist durch den ausbildenden Notar zu beurteilen

a) einen Monat vor dem Ende des ersten Anwärterdienstjahres

b) bei Beendigung eines Ausbildungsabschnitts (§ 2 Abs. 1),

c) auf Anfordern der Aufsichtsbehörden und der Notarkammer.

(2) [1]Die Beurteilung soll die Eignung des Notarassessors für das Amt des Notars erkennen lassen und sich erstrecken auf

a) körperliche Verfassung und Gesundheitszustand,

b) geistige Anlagen und Fähigkeiten,

c) charakterliche Anlagen,

d) Fach- und Allgemeinwissen,

e) Bildungsstreben,

f) Leistungen,

g) besondere Fähigkeiten und Kenntnisse,

h) dienstliches und außerdienstliches Verhalten, insbesondere Verhalten im Umgang mit dem Publikum.

[2]Eignung und Leistung des Notarassessors werden in einer Gesamtbeurteilung zusammenfassend gewürdigt. [3]Die Gesamtbeurteilung schließt mit einer der folgenden Bewertungen:
„gut geeignet",
„geeignet",
„noch nicht geeignet" oder
„nicht geeignet".

(3) Der ausbildende Notar übersendet die Beurteilung in dreifacher Ausfertigung der Notarkammer, die je eine Ausfertigung an den Präsidenten des Oberlandesgerichts und den Präsidenten des Landgerichts weiterleitet.

---

1) Änderungen vor dem 1. 1. 2000 sind nicht in Fußnoten nachgewiesen.
2) Nr. **1**.

(4) Der Notarassessor ist von dem Präsidenten der Notarkammer zu hören, wenn seine Leistungen mit der Bewertung „noch nicht geeignet“ oder „nicht geeignet“ bewertet worden sind.

§ 4 Eignungsbericht. [1] Nach Ablauf des ersten Anwärterdienstjahres berichtet der Präsident des Oberlandesgerichts dem Ministerium der Justiz nach Anhörung der Notarkammer über die Eignung des Notarassessors für das Amt des Notars. [2] Dem Bericht sind die Beurteilung durch den ausbildenden Notar und die Stellungnahme der Notarkammer beizufügen.

§ 5 Anrechnung von Tätigkeiten auf den Anwärterdienst. Zeiten, in denen der Notarassessor zum Vertreter eines Notars oder zum Notariatsverwalter bestellt oder in der Geschäftsführung der Standesorganisationen beschäftigt war, werden auf den Anwärterdienst angerechnet.

§ 6 Dienstunfähigkeit. (1) [1] Der Notarassessor hat den Eintritt der Dienstunfähigkeit dem ausbildenden Notar unverzüglich anzuzeigen. Ist der Notarassessor keinem Notar zur Ausbildung überwiesen (§ 5), so unterrichtet er die Notarkammer über Beginn und Ende der Dienstunfähigkeit. [2]

(2) [1] Bei Dienstunfähigkeit von mehr als dreitägiger Dauer berichtet der ausbildende Notar der Notarkammer. [2] Er zeigt ihr auch die Wiederaufnahme des Anwärterdienstes durch den Notarassessor an.

(3) Die Notarkammer kann von dem Notarassessor die Vorlage eines ärztlichen oder, wenn dies erforderlich erscheint, eines amtsärztlichen Zeugnisses verlangen.

(4) [1] Dienstunterbrechungen infolge Dienstunfähigkeit werden bis zu dreißig Tagen auf jedes Jahr des Anwärterdienstes angerechnet. [2] Über eine weitergehende Anrechnung entscheidet der Präsident des Oberlandesgerichts nach Anhörung der Notarkammer.

§ 7 Urlaub. (1) [1] Der Notarassessor erhält Erholungsurlaub wie ein Richter auf Probe. [2] Der Erholungsurlaub wird auf den Anwärterdienst angerechnet. [3] Urlaubsgesuche sind über den ausbildenden Notar an den Präsidenten der Notarkammer zu richten.

(2) Für Notarassessorinnen gilt die Mutterschutzverordnung vom 16. Februar 1967 (GVBl. S. 55, BS 2030-1-23) in der jeweils geltenden Fassung entsprechend.

(3) [1] Der Notarassessor hat Anspruch auf Erziehungsurlaub wie ein Richter auf Probe nach Maßgabe der §§ 19 a bis 19 d der Urlaubsverordnung in der Fassung vom 17. März 1971 (GVBl. S. 125, BS 2030-1-2) in der jeweils geltenden Fassung. [2] Der Antrag ist über den ausbildenden Notar an den Präsidenten der Notarkammer zu richten, der im Einvernehmen mit dem Präsidenten des Oberlandesgerichts entscheidet.

(4) [1] Der Präsident der Notarkammer kann dem Notarassessor auch aus anderem Anlass Urlaub gewähren. [2] Dieser Urlaub wird bis zu zwei Wochen auf jedes Jahr des Anwärterdienstes angerechnet. [3] Über eine weitergehende Anrechnung entscheidet der Präsident des Oberlandesgerichts nach Anhörung der Notarkammer. [4] Absatz 1 Satz 3 gilt entsprechend.

§ 8 Inkrafttreten. Diese Verordnung tritt am 1. April 1963 in Kraft.

21. Angelegenheiten der Notarinnen und Notare (VVNot)

Verwaltungsvorschrift des Ministeriums der Justiz vom 6. April 2001 (3830-1-8)
Zuletzt geändert durch Verwaltungsvorschrift des rheinland-pfälzischen Ministeriums der Justiz vom 1. Juli 2005 (JMBl. S. 169)

1. Anwärterdienst

1.1 Prüfung des Einstellungsbedarfs

In den Anwärterdienst für das Notaramt werden nur so viele Bewerberinnen und Bewerber eingestellt, wie später voraussichtlich zu Notarinnen und Notaren bestellt werden können. Die Notarkammer unterrichtet das Ministerium der Justiz über das Oberlandesgericht jeweils zum 1. Juni und zum 1. Dezember eines Jahres über voraussichtliche Einstellungsmöglichkeiten im folgenden Kalenderhalbjahr.

1.2 Einstellungsantrag

1.2.1 Der Antrag ist an das Ministerium der Justiz zu richten und in drei Stücken bei dem Oberlandesgericht einzureichen, in dessen Bezirk die Bewerberin oder der Bewerber den Anwärterdienst ableisten will. Der Antrag muss folgende persönliche Angaben enthalten:

1.2.1.1 Name, Wohnanschrift und Personenstand,

1.2.1.2 eine Erklärung über den Besitz der deutschen Staatsangehörigkeit,

1.2.1.3 die Angabe, auf welche Weise die Befähigung zum Richteramt erworben wurde,

1.2.1.4 eine Erklärung darüber, ob gegen die Bewerberin oder den Bewerber Strafen, Disziplinar- oder Dienstordnungsmaßnahmen oder ehrengerichtliche Maßnahmen verhängt worden sind; ob schriftliche Missbilligungen oder Rügen erteilt worden sind; ob schriftliche Maßnahmen nach § 26 Abs. 2 des Deutschen Richtergesetzes ergangen sind oder ob ein Strafverfahren (einschließlich Ermittlungsverfahren), ein Disziplinarverfahren (einschließlich Ermittlungsverfahren) oder ein ehrengerichtliches Verfahren schwebt; die Strafen, Missbilligungen, Rügen oder Maßnahmen der Dienstaufsicht sowie die schwebenden Verfahren sind anzugeben,

1.2.1.5 eine Erklärung darüber, ob die Bewerberin oder der Bewerber infolge gerichtlicher Anordnung in der Verfügung über sein Vermögen beschränkt ist,

1.2.1.6 eine Erklärung darüber, welche Tätigkeit seit Erwerb der Befähigung zum Richteramt ausgeübt wurde,

1.2.1.7 eine Erklärung darüber, ob und welche Verwandt- oder Schwägerschaften im Sinne von § 383 Abs. 1 Nr. 3 ZPO zu Angehörigen folgender Berufsgruppen im Land Rheinland-Pfalz bestehen oder bestanden:

a) Richterinnen und Richter

b) Staatsanwältinnen und Staatsanwälte,

c) Beamtinnen und Beamte des gehobenen Justizdienstes;

d) Notarinnen und Notare,

e) Rechtsanwältinnen und Rechtsanwälte.

1.2.2 Wer sich um Einstellung in den Anwärterdienst bewirbt, hat sich mit der Einsichtnahme in Personal- oder Verfahrensakten, die für die Entscheidung erheblich sind, einverstanden zu erklären. Fehlt das Einverständnis, wird durch das Oberlandesgericht gemäß § 64 a Abs. 2 Satz 3 BNotO[1] auf die mögliche Rechtsfolge hingewiesen.

1.2.3 Wer zur Rechtsanwaltschaft zugelassen ist, hat in dem Antrag ferner zu erklären, dass für den Fall der Einstellung in den Anwärterdienst auf die Rechte aus der Zulassung verzichtet wird.

1.2.4 Einstellungsanträge können in beiden Oberlandesgerichtsbezirken gleichzeitig gestellt werden. Hierbei ist auf die Bewerbung im jeweils anderen Bezirk hinzuweisen und nach Möglichkeit anzugeben, welcher Bezirk im Falle der Einstellung bevorzugt wird.

---

[1] Nr. 1.

1.2.5 Dem Antrag sind in drei Stücken beizufügen:

1.2.5.1 ein mit eigenhändiger Unterschrift und Angabe des Aufnahmejahres versehenes Lichtbild im Passbildformat,

1.2.5.2 ein Lebenslauf.

1.2.6 Weitere Anlagen zum Einstellungsantrag sind ebenfalls dreifach einzureichen.

1.3 **Behandlung des Einstellungsantrags.**

1.3.1 Das Oberlandesgericht prüft den Antrag und die dazu vorgelegten Unterlagen, zieht die Personalakten und die sonstigen für die Entscheidung bedeutsamen Vorgänge bei und leitet den Antrag mit den Vorgängen der Notarkammer zu.

1.3.2 Die Notarkammer reicht die Einstellungsanträge dem Oberlandesgericht (ggf. gesammelt) mit einer eingehenden Stellungnahme, insbesondere zur persönlichen und fachlichen Eignung der Bewerberinnen und Bewerber, zurück. Wer das 35. Lebensjahr vollendet hat, ist in der Regel nicht mehr als geeignet anzusehen. Wenn Einstellungen in den Anwärterdienst erfolgen können, ist zugleich zur Reihenfolge der zur Ernennung Vorgeschlagenen unter Einbeziehung der in der betreffenden Abteilung der Bewerberliste bereits verzeichneten Bewerberinnen und Bewerber (Nummer 1.3.4) Stellung zu nehmen.

1.3.3 Das Oberlandesgericht legt die Anträge mit den Vorgängen binnen eines Monats nach Eingang der Stellungnahme der Notarkammer dem Ministerium der Justiz vor. Unter Berücksichtigung der Stellungnahme der Notarkammer ist in einem Sammelbericht, dem ein Bewerberverzeichnis beizufügen ist, auf die Eignung der einzelnen Bewerberinnen und Bewerber einzugehen. Können Einstellungen erfolgen, so ist für alle zur Einstellung Vorgeschlagenen ein amtsärztliches Gesundheitszeugnis vorzulegen, dessen Kosten die oder der Vorgeschlagene trägt.

1.3.4 Wer trotz Eignung nicht alsbald in den Anwärterdienst übernommen werden kann, wird in die bei dem Ministerium der Justiz gemäß § 7 Abs. 2 Satz 3 BNotO[1] für beide Oberlandesgerichtsbezirke getrennt geführte Bewerberliste eingetragen. Wer sich für beide Bezirke beworben hat, wird in beiden Abteilungen der Liste geführt. Die Eintragung erfolgt für die Dauer von 2 Jahren. Eine vorzeitige Streichung erfolgt, wenn sich die Bewerbung durch Rücknahme, Einstellung in den Anwärterdienst oder in anderer Weise erledigt hat. Bei Bewerberinnen und Bewerbern, die in beiden Abteilungen der Liste geführt werden, hat die Einstellung in den Anwärterdienst auch die Streichung in der jeweils anderen Abteilung zur Folge, es sei denn, es wird ausdrücklich die Weiterführung für die restliche Eintragungsdauer beantragt. In diesem Fall erfolgt die Streichung, wenn ein Angebot der Zuweisung in den anderen Oberlandesgerichtsbezirk ausgeschlagen wird. Jede Veränderung der Eintragungen wird dem Oberlandesgericht mitgeteilt, das die Notarkammer unterrichtet.

1.3.5 Das Oberlandesgericht teilt der Bewerberin oder dem Bewerber sowie der Notarkammer die Entscheidung des Ministeriums der Justiz mit. Im Fall der Eintragung in die Bewerberliste sind die Betroffenen darüber zu belehren, dass dadurch ein Anspruch auf spätere Einstellung in den Anwärterdienst nicht begründet wird. Bei Ablehnung oder Streichung aus der Bewerberliste sind sie darauf hinzuweisen, dass eine Beschäftigung als juristische Mitarbeiterin oder juristischer Mitarbeiter (§ 25 BNotO[1]) oder die Übernahme von Notarvertretungen keinen Grund geben werde, die getroffene Entscheidung zu ändern.

1.4 **Einstellung in den Anwärterdienst**

1.4.1 Die Ernennung zur Notarassessorin oder zum Notarassessor erfolgt durch Aushändigung einer Ernennungsurkunde, aus der sich der zugewiesene Oberlandesgerichtsbezirk ergibt. Die Ernennungsurkunde wird beim Oberlandesgericht ausgehändigt, welches die Notarkammer hiervon unter Übersendung einer Abschrift der Ernennungsurkunde unterrichtet.

1.4.2 Die Notarkammer benachrichtigt die Aufsichtsbehörden und die Notarkasse in München, soweit es sich um eine Ernennung in ihrem Tätigkeitsbereich handelt, von der Überweisung zur Ausbildung nach § 7 Abs. 3 Satz 2 BNotO[1]. Bei der Überweisung ist auf die Regelungen über Aufsicht und Disziplinarverfahren (§§ 92 bis 110 a BNotO[1]) hinzuweisen.

1.4.3 Bei der Überweisung soll nach Möglichkeit auf die Wünsche der Notarassessorin oder des Notarassessors Rücksicht genommen werden. Einer Notarin oder einem Notar soll

[1] Nr. 1.

nur eine im Anwärterdienst für das Notaramt befindliche Person zur Ausbildung überwiesen werden.

1.5 **Beginn des Anwärterdienstes**

Der Anwärterdienst beginnt mit dem Dienstantritt. Den Tag des Dienstantritts zeigt die Notarin oder der Notar den Aufsichtsbehörden und der Notarkammer an.

1.6 **Amtsärztliche Untersuchung**

Die Landesjustizverwaltung kann aus begründetem Anlass auf Vorschlag oder im Benehmen mit der Notarkammer verlangen, dass die Notarassessorin oder der Notarassessor sich einer amtsärztlichen Untersuchung unterzieht. Die hierdurch entstehenden Kosten trägt die Notarkammer.

1.7 **Entlassung aus dem Dienst**

1.7.1 Tatsachen, die zur Entlassung aus dem Dienst aus einem der in § 7 Abs. 7 Satz 2 BNotO[1] genannten Gründe führen können, sind dem Oberlandesgericht zur Kenntnis zu bringen. Dieses veranlasst die Anhörung der Notarassessorin oder des Notarassessors, holt eine Stellungnahme der Notarkammer ein und berichtet dem Ministerium der Justiz unter Beifügung der Vorgänge. Der Bericht soll einen Entscheidungsvorschlag enthalten.

1.7.2 Wer aus dem Anwärterdienst entlassen ist, ist zur Führung der Bezeichnung „Notarassessor" auch mit einem auf das Ausscheiden aus dem Dienst hinweisenden Zusatz nicht befugt.

2. Besetzung von Notarstellen

2.1 **Ausschreibung**

Frei werdende Notarstellen sind dem Ministerium der Justiz durch das Oberlandesgericht unverzüglich anzuzeigen. Das Ministerium der Justiz veranlasst die Ausschreibung der Stellen im Justizblatt Rheinland-Pfalz.

2.2 **Bewerbung**

2.2.1 Bewerbungen um eine ausgeschriebene Notarstelle sind an das Ministerium der Justiz zu richten. Sie sind innerhalb eines Monats seit der Ausschreibung (Ausgabedatum des Justizblatts) in drei Stücken bei dem Oberlandesgericht einzureichen, in dessen Bezirk sich die Stelle befindet. Wer im Anwärterdienst für das Notaramt steht, hat eine weitere Abschrift der Bewerbung bei dem Landgericht, dessen Präsidentin oder Präsident die Aufsicht führt, einzureichen. Dort wird nach den Bestimmungen der Ausbildungsordnung für Notarassessoren vom 5. März 1963 (GVBl. S. 101, BS 33 – 13) in der jeweils geltenden Fassung unverzüglich eine Beurteilung der Bewerberin oder des Bewerbers angefordert. Bei Weiterleitung der Beurteilung an das Oberlandesgericht gibt die Notarkammer eine Stellungnahme zur Eignung für die angestrebte Notarstelle ab.

2.2.2 Die Bewerbung muss die ausgeschriebene Stelle bezeichnen. Wer sich um mehrere Notarstellen bewirbt, hat für jede Stelle eine vollständige Bewerbung einzureichen und anzugeben, in welcher Reihenfolge die Bewerbungen berücksichtigt werden sollen.

2.2.3 Die Bewerbung einer Notarin, eines Notars, einer Notarassessorin oder eines Notarassessoren des Landes Rheinland-Pfalz muss folgende persönliche Angaben enthalten:

2.2.3.1 Name, Wohnanschrift und Personenstand,

2.2.3.2 eine Erklärung darüber, ob und welche Verwandt- oder Schwägerschaften im Sinne von § 383 Abs. 1 Nr. 3 ZPO zu Angehörigen folgender Berufsgruppen im Land Rheinland-Pfalz bestehen oder bestanden:

a) Richterinnen und Richter,

b) Staatsanwältinnen und Staatsanwälte,

c) Beamtinnen und Beamte des gehobenen Justizdienstes,

d) Notarinnen und Notare, soweit sie im gleichen Amtsgerichtsbezirk amtieren,

e) Rechtsanwältinnen und Rechtsanwälte, soweit sie bei dem Amts- oder Landgericht, in dessen Bezirk sich die ausgeschriebene Stelle befindet, zugelassen sind.

2.2.4 Wer sich um eine Notarstelle im Oberlandesgerichtsbezirk Koblenz bewirbt, hat der Bewerbung den Nachweis über das Bestehen einer Berufshaftpflichtversicherung (§ 19 a BNotO[1]) oder die vorläufige Deckungszusage innerhalb eines Monats nach Ablauf der Bewerbungsfrist (Nummer 2.2.1 Satz 2) nachzureichen. Bei der Bewerbung

[1] Nr. 1.

um mehrere Notarstellen (Nummer 2.2.2) genügt der einfache Nachweis. Ist ein entsprechender Nachweis bereits zu den Akten gereicht worden, kann hierauf Bezug genommen werden.

2.2.5 Wer sich bewirbt und am bisherigen Amtssitz das Notaramt weniger als fünf Jahre ausgeübt hat, hat die besonderen Gründe für eine vorzeitige Amtssitzverlegung darzulegen. Für die Berechnung der Amtsdauer gilt § 2 Abs. 2 der Landesverordnung zur Ausführung der Bundesnotarordnung[1] vom 14. Juli 1999 (GVBl. S. 189, BS 33 – 12) in der jeweils geltenden Fassung sinngemäß.

2.2.6 Bewerbungsgesuche anderer Bewerberinnen und Bewerber haben den Nummern 2.2.3 und 2.2.4 zu entsprechen. Sie müssen ferner die in den Nummern 1.2.1.2 bis 1.2.1.6 geforderten Angaben und gegebenenfalls eine Erklärung nach Nummer 1.2.2 Satz 1 sowie die in Nummer 1.2.5 geforderten Anlagen enthalten. Wer zur Rechtsanwaltschaft zugelassen ist, hat ferner zu erklären, dass für den Fall der Übertragung der angestrebten Notarstelle auf die Rechte aus der Zulassung verzichtet wird.

2.3 Besetzungsbericht

2.3.1 Das Oberlandesgericht gibt der Notarkammer Gelegenheit zur Stellungnahme und legt den Besetzungsbericht unter Einbeziehung der Stellungnahme der Notarkammer spätestens zwei Monate nach Ablauf der Bewerbungsfrist (Nummer 2.2.1 Satz 2) dem Ministerium der Justiz vor. In dem Besetzungsbericht ist auch auf die Berücksichtigung besonderer Gründe für eine vorzeitige Amtssitzverlegung (Nummer 2.2.5) einzugehen. Im Falle einer nachgeholten Bewerbung (§ 6b Abs. 3 BNotO[2]) ist zu den Voraussetzungen der Wiedereinsetzung in den vorigen Stand Stellung zu nehmen.

2.3.2 Im Übrigen soll der Besetzungsbericht nach Inhalt und Gestaltung den bei der Besetzung von Planstellen zu erstellenden Besetzungsberichten entsprechen.

2.4. Ernennung und Vereidigung

2.4.1 Das Oberlandesgericht teilt die Besetzung einer Notarstelle der Notarkammer unter Übersendung einer Abschrift der Bestallungsurkunde mit.

2.4.2 Die Bestallungsurkunde wird beim Landgericht ausgehändigt. Über die Aushändigung und die anschließende Vereidigung (§ 13 BNotO[2]) ist eine Niederschrift aufzunehmen. Je eine Abschrift der Niederschrift ist den übergeordneten Aufsichtsbehörden und der Notarkammer zu übersenden.

2.4.3 Das Landgericht weist die Notarin oder den Notar darauf hin, dass die Unterschrift sowie Abdrucke der Amtssiegel gemäß §§ 1 und 2 der bundeseinheitlichen Dienstordnung für Notare (DONot) einzureichen sind. Ferner ist auf die Bestimmungen über Beschaffung und Aufbewahrung der Kleinen Landessiegel zur Beachtung hinzuweisen. Die Anzeige der Erstbeschaffung nach diesen Bestimmungen kann mit der Anzeige nach Satz 1 verbunden werden. Zuständige Stelle für die Entgegennahme von Beschaffungs- und Verlustanzeigen sowie für die Überwachung der Einhaltung der für die Kleinen Landessiegel erlassenen Bestimmungen ist das Landgericht.

3. Tätigkeit der Aufsichtsbehörden

3.1 Abwesenheit und Verhinderung an der Amtsausübung

Die nach § 38 BNotO[2] unverzüglich vorzunehmende Anzeige von Abwesenheit oder Verhinderung an der Ausübung des Notaramts ist beim Landgericht einzureichen. Dort ist alsbald auch die Wiederaufnahme der Amtstätigkeit anzuzeigen. Dauert die tatsächliche Verhinderung länger als drei Monate, so unterrichtet das Landgericht die übergeordneten Aufsichtsbehörden über Beginn und Beendigung der Verhinderung.

3.2 Vertreterbestellung

3.2.1 Die Bestellung einer Notarvertreterin oder eines Notarvertreters setzt voraus, dass eine Verhinderung an der Ausübung des Amtes im Ganzen und nicht nur bei Wahrnehmung einzelner Amtsgeschäfte vorliegt.

3.2.2 Eine Vertreterbestellung erfolgt auf Antrag der Notarin oder des Notars und in den Fällen des § 39 Abs. 2 BNotO[2] von Amts wegen. Im Antrag auf Vertreterbestellung ist zu erklären, dass bezüglich der Person der oder des für die Übernahme der Vertretung Vorgeschlagenen kein Bestellungshindernis im Sinne von Nummer 3.2.4 Satz 3 vorliegt.

3.2.3 Vor der Vertreterbestellung ist in den Fällen der Nummer 3.2.4 Satz 2 die Notarkammer zu hören; im Übrigen soll sie in geeigneten Fällen gehört werden. Bei einer

[1] Nr. **12**.
[2] Nr. **1**.

Bestellung nach § 39 Abs. 2 Satz 2 BNotO[1] ist in Zweifelsfällen ein amtsärztliches Gesundheitszeugnis einzuholen. Ein Abdruck des Schreibens über die Vertreterbestellung oder über den Widerruf der Bestellung ist der Notarkammer zu übersenden. Die Bestellung einer Notarin oder eines Notars mit Amtssitz in einem anderen Landgerichtsbezirk ist dem Landgericht dieses Bezirks mitzuteilen.

3.2.4 Eine Notarvertretung soll möglichst nur Personen aus dem in § 39 Abs. 3 Satz 2 Halbsatz 1 BNotO[1] aufgeführten Personenkreis übertragen werden. Andere Personen sollen nur bestellt werden, wenn die Notarkammer erklärt, dass keine zur Vertretung geeigneten Personen aus dem genannten Personenkreis zur Verfügung stehen. Personen, die bei einer Notarin oder einem Notar als juristische Mitarbeiterin oder juristischer Mitarbeiter (§ 25 BNotO[1]) beschäftigt sind, darf eine Notarvertretung nicht übertragen werden.

3.2.5 Die Notarvertretung darf nur ausgeübt werden, wenn die oder der Vertretene zeitweise an der Ausübung des Amtes im Ganzen verhindert ist. In jedem Fall darf die Vertretung nur ausgeübt werden, wenn die oder der Vertretene das Amt nicht ausübt. Das gilt auch für die ständige Vertretung (§ 39 Abs. 1 Satz 1 Halbsatz 2 BNotO[1]).

3.2.6 Bei einer Vertreterbestellung im Rahmen einer Notariatsverwaltung gelten die Nummern 3.2.1 bis 3.2.5 entsprechend.

3.3 Ständige Vertretung

3.3.1 Eine ständige Vertretung soll nur übertragen werden, wenn die Notarin oder der Notar aus beachtlichen Gründen an der Ausübung des Amtes häufig im Ganzen und nicht nur stundenweise verhindert sein wird. Sie soll unterbleiben, wenn nur in Einzelfällen aus tatsächlichen oder rechtlichen Gründen eine Verhinderung an der Ausübung des Notaramtes vorliegt. Die Bestellung darf nicht dazu führen, daß der Grundsatz der persönlichen Amtsausübung beeinträchtigt oder die Arbeitskraft der Notarin oder des Notars verdoppelt wird. Der Antrag auf Bestellung einer ständigen Vertretung ist zu begründen. Dabei ist anzugeben, aus welchen Gründen im Bestellungszeitraum häufig eine Verhinderung an der persönlichen Amtausübung eintreten wird. In der Regel kann eine häufige Verhinderung angenommen werden, wenn die antragstellende Person dem Parlament einer öffentlich-rechtlichen Gebietskörperschaft angehört oder an hervorragender Stelle im öffentlichen Leben oder in der Standesorganisation tätig ist.

3.3.2 Eine Notarin oder ein Notar darf nicht mehrere ständige Vertreterinnen oder Vertreter gleichzeitig haben.

3.3.3 Nummer 3.2.3 ist anzuwenden.

3.3.4 Das Landgericht bringt die nach § 33 Abs. 5 Satz 1 DONot erstatteten Anzeigen über Anlaß, Beginn und Beendigung der einzelnen Vertretung der Notarkammer zur Kenntnis.

3.4 Vereidigung der Notarvertreterin oder des Notarvertreters

3.4.1 Über die Vereidigung (§ 40 Abs. 1 Satz 2 BNotO[1]) ist eine Niederschrift aufzunehmen. Das Landgericht veranlasst die Notarvertreterin oder den Notarvertreter, die bei Amtshandlungen angewendete Unterschrift einzureichen (§§ 1 und 33 Abs. 1 DONot).

3.4.2 Der Hinweis auf einen früher geleisteten Eid (§ 40 Abs. 1 Satz 3 BNotO[1]) kann schriftlich erfolgen.

3.5 Notariatsverwaltung

3.5.1 Das Landgericht berichtet dem Oberlandesgericht, sobald Anlass zur Bestellung einer Notariatsverwalterin oder eines Notariatsverwalters (§ 56 Abs. 1 BNotO[1]) oder zum vorzeitigen Widerruf der Bestellung (§ 64 Abs. 1 Satz 3 BNotO[1]) besteht. Das Oberlandesgericht unterrichtet die Notarkammer unter Übersendung einer Abschrift der Bestallungsurkunde von der Bestellung.

3.5.2 Die Nummern 2.4.2, 2.4.3 und 3.4.2 gelten entsprechend.

3.6 Beendigung der Notariatsverwaltung

3.6.1 Die Beendigung der Notariatsverwaltung und den Widerruf der Bestellung teilt das Oberlandesgericht den übrigen Aufsichtsbehörden und der Notarkammer mit.

3.6.2 Die Notariatsverwalterin oder der Notariatsverwalter liefert nach Beendigung des Amtes die Amtssiegel an das Landgericht ab und benachrichtigt die Notarkammer hiervon. Die Amtssiegel können wieder verwendet werden.

---

[1] Nr. **1**.

3.7 Prüfung der Geschäftsübersichten

3.7.1 Die gemäß den §§ 24 und 25 DONot eingereichten Übersichten werden beim Landgericht geprüft. Die Geschäftsübersichten nach § 24 DONot werden dort nach Vordruck JV 39, 40 zusammengestellt; die Angaben in den einzelnen Spalten sind amtsgerichtsbezirksweise und sodann landgerichtsbezirksweise zusammenzuzählen.

3.7.2 Zwei Ausfertigungen der Zusammenstellung nach Nummer 3.7.1 Satz 2 sind bis zum 15. März eines jeden Jahres dem Oberlandesgericht zu übersenden. Eine Übersicht über den Oberlandesgerichtsbezirk, in die lediglich die Summe der Angaben für die Landgerichtsbezirke aufzunehmen ist, ist mit je einer Ausfertigung der Zusammenstellungen nach Nummer 3.7.1 Satz 2 dem Ministerium der Justiz vorzulegen.

3.7.3 Das Landgericht übersendet der Notarkammer eine weitere Ausfertigung der Zusammenstellung nach Nummer 3.7.1 Satz 2 zusammen mit je einer Zweitschrift der dort gemäß § 24 DONot eingereichten Geschäftsübersichten.

3.8 Prüfung der Amtsführung

Das Landgericht berichtet dem Oberlandesgericht über das Ergebnis der Prüfung der Amtsführung (§ 93 BNotO[1]; § 32 DONot) sowie über die Behebung von Beanstandungen. Soweit es im Einzelfall geboten erscheint oder auf besonderes Ersuchen übersendet das Oberlandesgericht der Notarkammer eine Abschrift des Berichts.

3.9 Unterhaltung mehrerer Geschäftsstellen und auswärtige Sprechtage

3.9.1 Die Genehmigung oder die Verpflichtung zur Unterhaltung mehrerer Geschäftsstellen oder zur Abhaltung auswärtiger Sprechtage (§ 10 Abs. 4 BNotO[1]) soll nur ausgesprochen werden, wenn hierfür ein dringendes Bedürfnis der Rechtspflege besteht. Diese Entscheidungen kommen nicht in Betracht, wenn der für die Unterhaltung einer weiteren Geschäftsstelle oder die Abhaltung eines auswärtigen Sprechtags in Aussicht genommene Ort Amtssitz einer anderen Notarin oder eines anderen Notars ist oder in einem anderen Amtsbereich liegt.

3.9.2 Die Genehmigung ist unter Widerrufsvorbehalt zu erteilen. Sie kann ferner mit einer Befristung, Bedingung oder Auflage verbunden werden. Vor der Entscheidung ist die Stellungnahme der Notarkammer einzuholen. Die Entscheidung ist dem Landgericht und der Notarkammer mitzuteilen. Außerdem ist das Ministerium der Justiz von der Entscheidung zu unterrichten.

3.10 Amtsbezirk und Amtsbereich

3.10.1 Die Genehmigung zur Vornahme von Urkundstätigkeiten außerhalb des Amtsbezirks (§ 11 Abs. 2 BNotO[1]) soll nur in besonderen Ausnahmefällen erteilt werden. Vor der Entscheidung soll das Benehmen mit dem Oberlandesgericht, in dessen Bezirk die Urkundstätigkeit vorgenommen werden soll, herbeigeführt werden.

3.10.2 Nummer 3.9.2 Satz 3 und 4 gilt entsprechend.

3.10.3 Die Notarin oder der Notar hat Urkundstätigkeiten außerhalb des Amtsbereichs unter Darlegung der besonderen berechtigten Interessen der Rechtsuchenden am Tätigwerden unverzüglich der Notarkammer mitzuteilen (§ 10 a Abs. 2 und 3 BNotO[1]). Amtsbereiche im Sinne des § 10 a BNotO[1] sind die den Notarinnen und Notaren bei In-Kraft-Treten des Artikels 1 des Gesetzes vom 29. Januar 1991 (BGBl. 1 S. 150) zugewiesenen engeren räumlichen Amtsbereiche, soweit sie nicht im Einzelfall zwischenzeitlich anders festgelegt wurden; weitere Änderungen bleiben vorbehalten.

3.11 Nebenbeschäftigung

3.11.1 Als genehmigungspflichtige Nebenbeschäftigung gegen Vergütung (§ 8 Abs. 3 Satz 1 Nr. 1 BNotO[1]) ist jede Tätigkeit anzusehen, bei der durch Dienst- oder Arbeitsleistung irgendwelcher Art eine Vergütung erzielt wird. Als Vergütung sind Leistungsentgelte, Aufwandsentschädigungen, Sitzungsgelder und sonstige Bezüge in Geld oder Geldeswert und, soweit sie die Sätze des Auslagenersatzes nach Bestimmungen für Landesbeamte in den Eingangsämtern des höheren Dienstes übersteigen, auch Fahrtkostenerstattungen, Tage- und Übernachtungsgelder anzusehen.

3.11.2 Die Genehmigung wird hierdurch allgemein für einzelne Nebenbeschäftigungen geringeren Umfangs erteilt, für die Vergütungen im Werte von bis zu 200 Euro monatlich oder 2.400 Euro jährlich gewährt werden, soweit es sich nicht um Nebenbeschäftigungen nach § 8 Abs. 3 Satz 1 Nr. 2 BNotO[1] handelt. Die Genehmigung ist im Einzelfall aufzuheben, wenn ein Versagungsgrund nach § 8 Abs. 3 Satz 2 BNotO[1] vorliegt.

[1] Nr. 1.

3.11.3 Wer eine nicht genehmigungspflichtige Nebenbeschäftigung übernimmt, bleibt für die Vereinbarkeit der Ausübung mit den Anforderungen des Notaramts verantwortlich. Die Aufsichtsbehörden haben die Befugnis und die Pflicht, Missbräuchen entgegenzuwirken.

3.11.4 Die vorstehenden Bestimmungen finden auf Personen, die im Anwärterdienst für das Notaramt stehen oder die Notariatsverwaltungen führen, sinngemäß Anwendung.

3.11.5 Auf § 8 Abs. 3 Satz 2 bis 4 BNotO[1] wird hingewiesen. Im Übrigen gilt Nummer 3.9.2 Satz 4 entsprechend.

3.12 Pflicht zur Verschwiegenheit

Vor der Entscheidung über die Befreiung von der Pflicht zur Verschwiegenheit (§ 18 Abs. 2 Halbsatz 2 BNotO[1]) oder über im Einzelfall unterbreitete Zweifel über die Pflicht zur Verschwiegenheit (§ 18 Abs. 3 BNotO[1]) soll der Notarkammer in geeigneten Fällen Gelegenheit zur Stellungnahme gegeben werden.

3.13 Vorläufige Amtsenthebung

3.13.1 Vor der vorläufigen Amtsenthebung einer Notarin oder eines Notars (§ 54 BNotO[1]) soll der Notarkammer Gelegenheit zur Stellungnahme gegeben werden. Nummer 3.9.2 Satz 4 und 5 gilt entsprechend. Das Landgericht unterrichtet das Amtsgericht unter Hinweis auf § 55 BNotO[1].

3.13.2 Erhält eine Aufsichtsbehörde oder eine sonstige Justizbehörde Kenntnis von Tatsachen, die Anlass zur vorläufigen Amtsenthebung aus den in § 54 Abs. 1 BNotO[1] angeführten Gründen sein können, so sind das Ministerium der Justiz und das Oberlandesgericht unverzüglich zu unterrichten.

3.14 Aufsichtsmaßnahmen

Beabsichtigt eine Aufsichtsbehörde, gegen eine Notarin, einen Notar, eine Notarassessorin oder einen Notarassessor Maßnahmen im Aufsichts- oder Disziplinarweg zu ergreifen, so gibt sie der Notarkammer Gelegenheit zur Stellungnahme innerhalb einer zu bestimmenden Frist.

4. Mitteilungspflichten

4.1 Disziplinarverfahren

Die nach § 96 Satz 1 und 2 BNotO[1] i.V.m. § 43 Abs. 1 LDG den übergeordneten Aufsichtsbehörden bekannt zu gebenden Entscheidungen sind auch der Notarkammer mitzuteilen.

4.2 Missbilligungen

Missbilligungen (§ 94 Abs. 1 BNotO[1]) sowie gegen diese Maßnahmen eingelegte Beschwerden und die darüber ergehenden Entscheidungen (§ 94 Abs. 2 BNotO[1]) sind den weiteren Aufsichtsbehörden und der Notarkammer mitzuteilen.

4.3 Anfechtung von Verwaltungsakten

In Verfahren auf gerichtliche Entscheidung nach § 111 BNotO[1] benachrichtigt die zur Vertretung des Landes zuständige Behörde die übergeordneten Aufsichtsbehörden und die Notarkammer über die Einleitung des Verfahrens, über jede die Instanz abschließende Entscheidung, über eingelegte Rechtsmittel und über den Ausgang des Verfahrens. Soweit es im Einzelfall geboten erscheint oder auf besonderes Ersuchen sind Abschriften der Schriftsätze und Entscheidungen zu übersenden.

4.4 Mitteilungspflichten nach anderen Vorschriften bleiben unberührt.

5. Erlöschen des Amts und Aktenverwahrung

5.1 Erlöschen des Amts

5.1.1 Der Antrag auf Entlassung aus dem Amt (§ 48 BNotO[1]) ist dem Ministerium der Justiz auf dem Dienstweg zuzuleiten. Die weiterleitenden Aufsichtsbehörden nehmen Stellung dazu, ob Anlass besteht, Dank und Anerkennung für die Amtsführung auszusprechen.

5.1.2 Der Antrag auf Genehmigung einer vorübergehenden Amtsniederlegung ist dem Oberlandesgericht auf dem Dienstweg zuzuleiten. Der Antrag soll eine Angabe über den Beginn und die Dauer der Amtsniederlegung enthalten. Die tatsächliche Betreuung oder Pflege einer in § 48 b Abs. 1 BNotO[1] aufgeführten Person ist glaubhaft zu machen. Im Falle des § 48 b Abs. 1 Nr. 2 BNotO[1] veranlasst die weiterleitende Auf-

[1] Nr. **1**.

sichtsbehörde die Erstellung eines amtsärztlichen Gutachtens über die Betreuungsbedürftigkeit, dessen Kosten die Antragstellerin oder der Antragsteller trägt und das nach abgeschlossener Bearbeitung vernichtet wird, sofern es nicht der untersuchten Person auf deren Antrag zu überlassen ist. Einem zugleich auf § 48 c Abs. 1 Satz 1 BNotO[1] gestützten Antrag ist die erforderliche Erklärung beizufügen. Ist bei einem nur auf § 48 b BNotO[1] gestützten Antrag die Dauer der Amtsniederlegung nicht angegeben, so soll die Genehmigung auf zunächst drei Jahre befristet werden. Die Genehmigung soll unter dem Vorbehalt des Widerrufs für den Fall des Wegfalls der Genehmigungsvoraussetzungen erteilt werden. Ein Antrag auf Verlängerung oder die Erklärung, eine erneute Bestellung anzustreben, soll spätestens sechs Monate vor Ablauf des Genehmigungszeitraums eingereicht werden.

5.1.3 Erhält eine Aufsichtsbehörde Kenntnis vom Erlöschen des Notaramts aus einem der in § 47 BNotO[1] aufgeführten Gründe, unterrichtet sie die übrigen Aufsichtsbehörden und die Notarkammer hiervon.

5.2 Aktenverwahrung

5.2.1 Ist das Amt einer Notarin oder eines Notars erloschen oder wurde der Amtssitz in einen anderen Amtsgerichtsbezirk verlegt, so sind die Bücher, Verzeichnisse und Akten ganz oder zu einem Teil, der nur die neueren Unterlagen umfasst, in der Regel der Amtsperson in Verwahrung zu geben, die als Amtsnachfolgerin oder Amtsnachfolger anzusehen ist (§ 51 Abs. 1 Satz 2 BNotO[1]). Im Übrigen gehen die bezeichneten Unterlagen in die Verwahrung des Amtsgerichts über.

5.2.2 Die für die Entscheidung über die Verwahrung zuständige Aufsichtsbehörde kann der Notarin oder dem Notar, die oder der Bücher, Verzeichnisse und Akten in Verwahrung nimmt, aufgeben, die übernommenen Bücher, Verzeichnisse und Urkunden der letzten drei Jahre auf vollständiges Vorhandensein zu prüfen und eine Aufstellung etwa fehlender Bücher, Verzeichnisse und Urkunden vorzulegen.

5.2.3 Die von einer Notarin oder einem Notar gemäß § 51 Abs. 1 Satz 2 BNotO[1] (Nummer 5.2.1 Satz 1) verwahrten Unterlagen einer anderen Amtsperson sind, soweit nach § 5 Abs. 4 Satz 1 und 2 DONot ihre dauernde Aufbewahrung angeordnet ist, nach einer Aufbewahrungszeit von 50 Jahren dem zuständigen Landesarchiv zur Übernahme anzubieten, es sei denn, dass sich in der betreffenden Sammlung (§ 18 Abs. 1 oder Abs. 4 DONot) noch uneröffnete Erbverträge befinden. Die Frist beginnt mit dem Erlöschen des Amtes oder der Verlegung des Amtssitzes der anderen Amtsperson (§ 51 Abs. 1 Satz 1 BNotO[1]). Ist an deren Stelle eine Notariatsverwaltung bestellt worden, beginnt die Frist mit dem Ende der Notariatsverwaltung.

5.2.4 Wegen befristet aufzubewahrender Unterlagen und der Behandlung nach Ablauf der Aufbewahrungszeit wird auf § 5 Abs. 4 Satz 1, 3 und 4 DONot verwiesen.

5.2.5 Wegen der Aufbewahrung, Aussonderung, Ablieferung und Vernichtung der einem Amtsgericht gemäß § 51 Abs. 1 BNotO[1] in Verwahrung gegebenen Unterlagen wird auf die einschlägigen Bestimmungen über die Behandlung des Schriftguts der ordentlichen Gerichtsbarkeit verwiesen.

6. Tilgung von Eintragungen in Notarakten

6.1 Vor der Tilgung von Eintragungen in den über eine Notarin oder einen Notar geführten Akten ist eine Auskunft der Notarkammer und der Generalstaatsanwaltschaft einzuholen (vgl. § 110 a Abs. 3 BNotO[1]).

6.2 Soweit eine Tilgung nur auf Antrag erfolgt (vgl. § 110 a Abs. 6 BNotO[1]), ist, wenn die Tilgung nicht beantragt wird, an der betreffenden Stelle der Akten zu vermerken, dass die Eintragung nicht mehr berücksichtigt werden darf.

6.3 Die Tilgungsfristen nach § 110 a BNotO[1] werden beim Landgericht überwacht, das auch die vor der Tilgung erforderlichen Maßnahmen nach den Nummern 6.1 und 6.2 veranlasst. Über die Tilgung oder den Eintritt der Tilgungsreife bei unterbliebenem Tilgungsantrag ist dem Ministerium der Justiz auf dem Dienstweg zu berichten. Auf Grund des Berichts erfolgt die Bereinigung etwa vorhandener Eintragungen bei dem Oberlandesgericht oder bei dem Ministerium der Justiz.

7. In-Kraft-Treten

Diese Verwaltungsvorschrift tritt mit Ausnahme der Nummer 3.11.2 Satz 1 am 1. August 2001 in Kraft. Nummer 3.11.2 Satz 1 tritt am 1. Januar 2002 in Kraft.

[1] Nr. 1.

23. Amtsbereich gemäß § 10 a der Bundesnotarordnung (BNotO) [RhPf]

Verwaltungsvorschrift des Ministeriums der Justiz
vom 8. März 1991 (JBl. S. 54)

1. Die den Notaren bisher zugewiesenen engeren räumlichen Amtsbereiche bestehen als Amtsbereiche im Sinne des § 10 a BNotO[1] in der Fassung vom 24. Februar 1961 (BGBl. I S. 97), zuletzt geändert durch Artikel 1 des Gesetzes vom 29. Januar 1991 (BGBl. I S. 150), unverändert fort. Spätere abweichende Festlegungen oder Änderungen nach Maßgabe des § 10 a Abs. 1 Satz 2 BNotO[1] bleiben vorbehalten.
2. Der Notar hat jede Urkundstätigkeit außerhalb seines Amtsbereichs unverzüglich der zuständigen Notarkammer anzuzeigen.
3. Diese Verwaltungsvorschrift tritt mit Wirkung vom 3. Februar 1991 in Kraft.

[1] Nr. 1.

25. Anforderungsprofil für Notarinnen und Notare, Notarassessorinnen und Notarassessoren in Bayern

MittBayNot 2004, Seite 1 ff.

1. Vorbemerkung

Notare[1] sind unabhängige Träger eines öffentlichen Amtes. Sie werden für die Beurkundung von Rechtsvorgängen und andere Aufgaben auf dem Gebiet der vorsorgenden Rechtspflege bestellt. Notare unterhalten an den ihnen zugewiesenen Amtssitzen Geschäftsstellen mit eigenen Mitarbeitern. Sie erheben für ihre Amtstätigkeit Gebühren nach der Kostenordnung und tragen das wirtschaftliche Risiko ihrer Amtsführung selbst. Notare sind aber keine freien Unternehmer. Sie üben kein Gewerbe aus. Notare nehmen vielmehr selbstständig originäre hoheitliche Befugnisse wahr, sind zur Amtsausübung verpflichtet und streben nicht nach Gewinn im Wettbewerb mit anderen. Notare sind zur Verschwiegenheit verpflichtet und genießen aufgrund ihrer unabhängigen Stellung und ihrer hohen fachlichen und sozialen Kompetenz besonderes Vertrauen. Das Notaramt ist ein öffentliches Amt mit ergänzenden freiberuflichen Elementen.

Die Bestellung zum hauptberuflichen Notar setzt in der Regel die Leistung eines dreijährigen Anwärterdienstes als Notarassessor im Landesdienst voraus. Notarassessoren stehen in einem öffentlich-rechtlichen Dienstverhältnis und erhalten Bezüge entsprechend den Grundsätzen des beamtenrechtlichen Alimentationsprinzips.

Aufgrund ihrer besonderen Stellung sind an die fachliche, persönliche und gesundheitliche Eignung der Notare besonders hohe Anforderungen zu stellen (Art. 33 Abs. 2 GG). Notarassessoren müssen die erforderlichen Anlagen besitzen, um nach Ableistung des Anwärterdienstes die Voraussetzungen für die Bestellung zum Notar auf Lebenszeit erfüllen zu können.

Das nachstehende Anforderungsprofil enthält – ohne erschöpfend sein zu können –Kriterien, deren Erfüllung von Notaren in ihrem von hoher Verantwortung geprägten Amt allgemein erwartet wird. Gleiches gilt auch für Notarassessoren mit der Einschränkung, dass diese sich die besonderen erforderlichen Kenntnisse und Fertigkeiten während des Anwärterdienstes aneignen sollen.

2. Tätigkeitsfeld des Notars

Das klassische Tätigkeitsfeld des Notars wird wesentlich durch das materielle Recht und das Verfahrensrecht bestimmt. Bundes- und landesrechtliche Vorschriften sehen vor allem auf den Gebieten des Immobilien-, Handels-, Gesellschafts-, Familien- und Erbrechts Beurkundungszuständigkeiten des Notars vor. Die Zivilprozessordnung misst der notariellen Urkunde einen besonderen Beweiswert zu und ermöglicht es, einen vollstreckbaren Titel zur Urkunde des Notars zu schaffen. Deshalb kommt die notarielle Beurkundung auch für rechtsgeschäftliche Erklärungen in Betracht, die nicht formbedürftig sind. In zunehmendem Umfang gewinnen Querbezüge zum öffentlichen Recht, Steuerrecht, Internationalen Privatrecht sowie zum Europarecht für die notarielle Praxis an Bedeutung.

Die Funktion der Form ist nicht auf die Beweiskraft und den Schutz vor Übereilung beschränkt. Hinzu treten Warnfunktion sowie die Streitvermeidung durch rechtssichere Vertragsgestaltung und Information. Deshalb erschöpft sich die Aufgabe des Notars nicht darin, den Willen der Vertragsparteien zu protokollieren. Vielmehr hat er die Parteien als neutraler Betreuer beider Seiten rechtlich zu belehren und gestaltend zu beraten. Im Idealfall des Beurkundungsverfahrens schlägt er einen von ihm entworfenen, ausgewogenen Vertrag vor. Der Notar hat auf die Einhaltung des zwingenden Rechts, insbesondere der verbraucherschützenden Vorschriften, zu achten und auf Zweifel an der Wirksamkeit von Vertragsklauseln hinzuweisen. Die Verfahrensgestaltung bei Verbraucherverträgen soll einem strukturellen Ungleichgewicht der Vertragsparteien entgegenwirken. Der Notar ist jedoch nicht der „Vormund" des Bürgers. Das Beurkundungsverfahren dient dazu, bei bedeutsamen Rechtsgeschäften die Bedingungen zu schaffen, unter denen der Bürger von seiner Vertragsfreiheit eigenverantwortlich und bewusst Gebrauch machen kann.

Neben der Vorbereitung von Verträgen und deren Beurkundung nimmt der nachfolgende Vollzug einen nicht unwesentlichen Anteil der notariellen Tätigkeit ein. Der Notar übernimmt hier häufig umfassende Treuhandaufgaben. Seine „Filterfunktion" vor den Gerichten der freiwilligen Gerichtsbarkeit trägt zur beschleunigten Abwicklung von Rechtsgeschäften bei.

---

[1] **Amtl. Anm.:** Zur besseren Lesbarkeit wird die männliche Form verwendet. Die Ausführungen gelten in gleicher Weise auch für Notarinnen und Notarassessorinnen.

3. Fachliche Eignung

Die fachliche Eignung als Voraussetzung der Übernahme in den Anwärterdienst wird in erster Linie durch die Leistungen in der die juristische Ausbildung abschließenden Staatsprüfung nachgewiesen. In Ausnahmefällen können weitere fachliche Gesichtspunkte wie das Ergebnis der Ersten Juristischen Staatsprüfung herangezogen werden. Bei der Bestellung zum Notar werden zudem die Dauer des Anwärterdienstes – ggf. unter Anrechnung von Wehrdienst-, Zivildienst- und Erziehungszeiten – und die in der Vorbereitungszeit gezeigten Leistungen berücksichtigt.

Der Notar hat Beurkundungszuständigkeiten in ganz unterschiedlichen Rechtsgebieten, in denen von ihm ein hohes Maß an Spezialkenntnissen verlangt wird. Der Notar bedarf deshalb eines breiten und zugleich spezialisierten Fachwissens, das durch Fortbildung ständig auf dem neuesten Stand gehalten wird.

Zuweilen benötigt der Notar aufgrund der zunehmenden Internationalisierung auch Kenntnisse fremder Sprachen und Rechtsordnungen.

Der Notar muss in der Lage sein, komplexe Lebenssachverhalte auf ihre rechtlichen und wirtschaftlichen Zusammenhänge zu analysieren, ohne dabei die Belange und Ziele der Beteiligten aus dem Auge zu verlieren. Kenntnisse in der Betriebswirtschaftslehre und im Steuerrecht sind für die notarielle Praxis von Vorteil.

Der Notar gerät in der Beurkundungsverhandlung nicht selten in die Situation, dass die Beteiligten zu unvorhergesehenen Problemen ad hoc die Formulierung von Lösungsvorschlägen erwarten. Der Notar hat mitunter parallel eine größere Zahl an komplexen Beurkundungen vorzubereiten und abzuwickeln. Daher muss er in der Lage sein, aufgrund seines präsenten juristischen Wissens und seines ausgeprägten Problembewusstseins auch unter hohem Zeitdruck eine Vielzahl juristischer Fragestellungen zu bearbeiten und sich auf unterschiedlichste Lebenssachverhalte einzustellen.

Die Zweite Juristische Staatsprüfung fordert vom Teilnehmer Ähnliches und ist daher in hohem Maße geeignet, die erforderliche fachliche Eignung nachzuweisen. Das Prüfungsergebnis ist einerseits von grundsätzlichem Wert, da es den Nachweis des juristischen Leistungspotenzials des Bewerbers führt. Andererseits kann es angesichts der fortschreitenden Rechtsentwicklung und dem daraus folgenden Erfordernis ständiger Fortbildungsanstrengungen nicht das alleinige Auswahlkriterium für die spätere Bestellung zum Notar sein. Die Fähigkeit der vorausschauenden Vertragsgestaltung ist eine Schlüsselqualifikation des Notars und bedingt umfangreiche praktische Erfahrung, die in der Anwärterzeit und der späteren Berufsausübung gesammelt und stetig erweitert wird.

Die fachlichen Anforderungen lassen sich wie folgt zusammenfassen:

– breites und spezialisiertes präsentes Fachwissen, nachgewiesen durch ein deutlich überdurchschnittliches Ergebnis in der Zweiten Juristischen Staatsprüfung
– Fähigkeit zur vorausschauenden Vertragsgestaltung, auch ad hoc
– Fähigkeit zur Analyse eines Sachverhalts auf seine rechtlichen und wirtschaftlichen Zusammenhänge
– Fähigkeit, auch unter hohem Zeitdruck eine Vielzahl schwieriger juristischer Aufgabenstellungen zu bearbeiten
– Fähigkeit, sich in fremde Rechtsgebiete und Rechtsordnungen einzuarbeiten
– Streben nach Fortbildung.

4. Persönliche Eignung

Der Notar ist unabhängiger, unparteilicher und selbstständiger Träger eines öffentlichen Amtes auf dem Gebiet der vorsorgenden Rechtspflege. Diese Beschreibung gibt die Kriterien der persönlichen Eignung für den Beruf des Notars vor. Die persönliche Eignung zum Notarberuf erwirbt bzw. vervollständigt der Notarassessor in der Regel erst während der Leistung des Anwärterdienstes. Die charakterlichen Anlagen und die Bereitschaft zum Erwerb der erforderlichen Fertigkeiten müssen jedoch bei der Übernahme in den Anwärterdienst vorhanden sein und sind Gegenstand der Einstellungsgespräche.

a) Selbstständigkeit

Das Beurkundungsverfahren dient der Sicherung der Vertragsfreiheit; soweit die Beurkundungsform vorgeschrieben ist, wirkt es aber partiell auch als Beschränkung derselben. Das Notariat als Gesamtheit muss daher qualitativ wie quantitativ sehr leistungsfähig sein, um die mit der Form verfolgten Zwecke zu erreichen, ohne bei dringlichen Rechtsgeschäften oder kurzfristig überdurchschnittlicher Nachfrage nach Beurkundungsleistungen als Hindernis für den Rechtsverkehr wahrgenommen zu werden.

Das bedingt einen hohen (Dienst-)Leistungswillen des Notars. Er muss auch bereit sein, private Belange während der Zeiten besonderer beruflicher Anspannung zurückzustellen. Die Selbstständigkeit gibt ihm hierfür die Leistungsanreize.

Die Selbstständigkeit bedingt auch, dass der Notar seine Kanzlei organisieren muss bzw. darf. Hierfür sind ein ausgeprägter Ordnungssinn und ein hohes Maß an Organisationsgeschick und -freude erforderlich. Die organisatorischen Aufgaben reichen von der Büroausstattung über die Führung der Bücher bis hin zur Ausbildung und Führung der Mitarbeiter. Bei der Büroausstattung ist moderne Informations- und Kommunikationstechnologie nicht mehr wegzudenken. Der Notar muss dieser Technologie und ihren Fortentwicklungen aufgeschlossen gegenüberstehen. Da der Urkundenvollzug trotz des Einsatzes der EDV personalaufwendig ist, beschäftigt der Notar in der Regel deutlich mehr Mitarbeiter als zum Beispiel der Rechtsanwalt. Mit der eigenen Kanzlei ist natürlich auch ein wirtschaftliches Risiko verbunden, das betriebswirtschaftlich kalkuliert werden muss.

Für viele Mitarbeiter ist der Arbeitsplatz im Notariat eine Lebensstellung. Das gilt vor allem auch für die besonders qualifizierten Angestellten der Notarkasse A. d. ö. R., die an den Notarstellen tätig sind. Der Notar muss bereit und fähig sein, für diese Menschen Verantwortung zu übernehmen.

b) Beschränkungen aufgrund des öffentlichen Amtes

Der Notar ist Träger eines öffentlichen Amtes. Er muss sich deshalb zur freiheitlich demokratischen Grundordnung bekennen und sich mit dem Auftrag des Notars in der vorsorgenden Rechtspflege identifizieren.

Die hoheitlichen Befugnisse des Notars erfordern eine viel stärkere Kontrolle durch die Aufsichtsbehörden, als dies bei freien Berufen der Fall ist. Die Berufsfreiheit unterliegt also mitunter erheblichen Beschränkungen. Werbung ist nur eingeschränkt zulässig. Das Gebührenrecht des Notars lässt Gebührenvereinbarungen nicht zu.

Bereits der Notarassessor spürt diese Beschränkungen. Vergleichbar einem Staatsanwalt oder Richter auf Probe erhält er einen Dienstort zugewiesen. Er muss auch kurzfristig Notarvertretungen bzw. Notariatsverwaltungen in Bayern übernehmen. Die Aufnahme in den Anwärterdienst als Notarassessor setzt deshalb örtliche und zeitliche Flexibilität sowie die Bereitschaft voraus, grundsätzlich für die Übernahme einer Notarstelle in ganz Bayern zur Verfügung zu stehen. Die Notarstellen werden im Ausschreibungsverfahren besetzt.

Der Notar erhält einen Amtssitz zugewiesen. Nach Ablauf einer Mindestverweildauer ist ein Ortswechsel möglich. Da die Zahl der Notarstellen nach dem Bedarf bemessen wird und oftmals nur eine Notarstelle vor Ort besteht darf der Notar seine Amtstätigkeit nicht ohne ausreichenden Grund verweigern. Der Notar ist für alle Bürger da und kann sich seine Klientel nicht aussuchen. Das System der Wertgebühr und die am Bedarf orientierte Errichtung der Notarstellen setzen den Notar auch wirtschaftlich in die Lage, Urkundsgeschäfte mit geringem Geschäftswert auf fachlich hohem Niveau zu betreuen.

c) Unabhängigkeit

Die Unabhängigkeit des Notars ist der des Richters vergleichbar. Sie bezieht sich auf die Rechtsanwendung. Bei der Gestaltung seiner Urkunden unterliegt der Notar keinen Weisungen der Aufsichtsbehörden, sondern ist ausschließlich Recht und Gesetz unterworfen. Auch die Notarkammer kann zu einzelnen Rechtsfragen nur Empfehlungen aussprechen. Ohne die Unabhängigkeit des Notars wäre die Vertragsfreiheit beim Abschluss formbedürftiger Rechtsgeschäfte gefährdet. Sie ist Voraussetzung der kreativen Vertragsgestaltung, die juristische Lösungen für sich wandelnde wirtschaftliche Problemstellungen und gesellschaftliche Wertvorstellungen anbietet und das Recht fortbildet. Korrelat der Unabhängigkeit ist die Verschwiegenheitspflicht des Notars, die ihn zu einer Vertrauensperson kraft Amtes macht.

Die fachliche Unabhängigkeit garantiert dem Notar Freiräume in der Berufsausübung. Sie fordert von ihm aber auch eigenverantwortliche Entscheidungen. Aus der Perspektive des Vertragsgestalters sind sehr häufig einzelne Rechtsfragen gesetzlich oder höchstrichterlich im Zeitpunkt der Gestaltung noch nicht abschließend geklärt. Deshalb muss der Notar nicht nur umsichtig und sehr sorgfältig Gestaltungen entwerfen können, sondern auch entscheidungsfähig und entscheidungsfreudig in seinen Empfehlungen sein.

d) Unparteilichkeit

Das bekannteste „Markenzeichen“ des Notars ist die Neutralität. Die einseitige Interessenwahrnehmung muss dem Notar selbst dann fremd sein, wenn er – zunächst – nur von einer Partei mit der Erstellung eines Vertragsentwurfs beauftragt ist. Unparteilichkeit meint also auch Unabhängigkeit von der Person des Auftraggebers. In diesem Punkt unterscheidet sich die Beratungstätigkeit des Notars ganz erheblich von der des Rechtsanwalts. Öffentliches Amt und einseitige Interessenwahrnehmung sind nicht miteinander zu vereinbaren. Der Vertragsschluss unter der Verhandlungsleitung des unparteilichen Notars folgt dem Idealbild des Gesetzes zweier gleich starker Vertragspartner. Ist dies nicht der Fall, hat der Notar unerfahrene und ungewandte Personen besonders zu schützen, um strukturelle Ungleichgewichte auszugleichen. Neutralität heißt aber auch, dass sich der Notar, soweit von Beteiligten nicht erkennbar unerlaubte oder unredliche Zwecke verfolgt werden, einer wirtschaftlichen Bewertung der Relation von Leistung und Gegenleistung grundsätzlich strikt zu enthalten hat.

Die am Bedarf orientierte Notarstellenzahl, das System der Wertgebühr im Kostenrecht sowie ggf. die Einkommensergänzung der Notarkasse gewährleisten, dass sich der Notar die Unparteilichkeit in jedem Fall auch wirtschaftlich „leisten" kann.

Die Unparteilichkeit stellt hohe Anforderungen an die Persönlichkeit des Notars. Es genügt nicht, dass sich der Notar ein hohes Berufsethos zu eigen macht, er muss es auch sichtbar verkörpern. Er muss aufgeschlossen sein für alle Schichten der Bevölkerung, die seine Dienstleistungen nachfragen. Persönliche Antipathien darf er nicht zur Schau stellen, da sie seine neutrale Stellung in der Außenwahrnehmung gefährden. Dasselbe gilt für Sympathien, die aus der Sicht der Beteiligten nicht als persönliche Vereinnahmung missinterpretiert werden dürfen. Trotz seiner Vertrauensstellung hält der Notar eine gesunde Distanz zum Rechtsuchenden aufrecht.

e) Vorsorgende Rechtspflege

Tätigkeitsgebiet des Notars ist die vorsorgende Rechtspflege als Teil der freiwilligen Gerichtsbarkeit. Planende und die Interessen der Parteien ausgleichende Gestaltung sowie die treuhänderische Abwicklung von Rechtsgeschäften dienen der Rechtssicherheit und der Streitvermeidung. Dies ist die volkswirtschaftlich bedeutsame Seite notarieller Tätigkeit. Eine leistungsfähige freiwillige Gerichtsbarkeit führt zur Entlastung der streitigen Gerichtsbarkeit und spart den Beteiligten Rechtsverfolgungskosten. Sie ist ein Standortvorteil. Wegen der streitvermeidenden Funktion des Beurkundungsverfahrens liegt es nahe, Notare verstärkt in die Streitschlichtung und Mediation einzubeziehen. Die Fähigkeit zur Verhandlung und zum Ausgleich ist deshalb eine Kernkompetenz des Notars.

Rechtssicherheit durch vorausschauende Vertragsgestaltung setzt außer der fachlich richtigen Regelung der Lebenssachverhalte die vollständige Sachverhaltsermittlung voraus. Da der Notar in der Regel die Rechtsuchenden ohne die Beteiligung von Rechtsanwälten berät, muss er neben der Freude am Umgang mit Menschen auch die Fähigkeit zur Kommunikation mit rechtlichen Laien besitzen und sich auf deren intellektuellen Hintergrund einstellen können. Schwierige juristische Sachverhalte muss der Notar in einfacher und verständlicher Form darlegen können. Er muss auch ein Gespür dafür haben, welche Regelungstiefe und -komplexität er den Beteiligten zumuten kann. Er sollte mitunter auch den Mut aufbringen, den Beteiligten zwar rechtlich zulässige, aber aufgrund seiner Berufserfahrung als unsinnig einzuschätzende Gestaltungsvorstellungen auszureden.

Der Notar benötigt deshalb auch ein hohes Maß an sozialer Kompetenz, die ihn in den Stand setzt, bürgernah und angemessen mit den Rechtsuchenden umzugehen und künftige gesellschaftliche Entwicklungen im Rahmen der vorausschauenden Vertragsgestaltung zu berücksichtigen.

Die persönlichen Anforderungen lassen sich wie folgt zusammenfassen:

- Rechtstreue und Bekenntnis zur freiheitlich demokratischen Grundordnung
- Identifizierung mit dem Auftrag des Notars in der vorsorgenden Rechtspflege
- Unparteilichkeit, Unabhängigkeit, Integrität und Verschwiegenheit
- sichtbare Verkörperung eines hohen Berufsethos
- Bereitschaft zur Mäßigung und Zurückhaltung innerhalb und außerhalb des Amtes
- hohe Leistungsbereitschaft
- Entscheidungsfreude und Ausübung der Entscheidungskompetenz mit hoher Verantwortung und Durchsetzungsvermögen
- Fähigkeit zur Verhandlung und zum Ausgleich, Sensibilität für die Belange und Ziele der Klienten
- Fähigkeit, einen komplexen und komplizierten Vorgang auch für juristische Laien verständlich darzustellen
- Freude am Umgang mit Menschen
- Gespür für gesellschaftliche Entwicklungen bei der vorausschauenden Gestaltung von Verträgen
- Bereitschaft zur Übernahme von Verantwortung für die Mitarbeiter und Führungskompetenz
- Organisationsgeschick, Talent für die selbstständige Führung eines eigenen Notariats

– Gewissenhaftigkeit und Ordnungssinn
– Flexibilität und Mobilität
– Aufgeschlossenheit für Informations- und Kommunikationstechnologie.

5. Gesundheitliche Eignung

Der Notar muss den hohen physischen und psychischen Anforderungen, die sein Amt an ihn stellt, gewachsen sein. Bei der Einstellung von Notarassessoren muss die dauernde Dienstfähigkeit durch ein amtsärztliches Zeugnis nachgewiesen werden.

Zusammenfassend:
– amtsärztlich bescheinigte Dienstfähigkeit
– physische und psychische Belastbarkeit.

30. Dienstordnung für Notarinnen und Notare (DONot)[1)]

Vom 25. Januar 2001
(JMBl S. 32)

geänd. durch ÄndBek v. 6. 5. 2005 (JMBl S. 50), ÄndBek v. 24. 8. 2007 (JMBl S. 115), ÄndBek v. 19. 12. 2008 (JMBl 2009 S. 13) und ÄndVwV v. 22. 12. 2009 (JMBl 2010 S. 2)

Inhaltsübersicht

1. Abschnitt. Amtsführung im Allgemeinen

§ 1 Amtliche Unterschrift. [1] Notarinnen und Notare haben die Unterschrift, die sie bei Amtshandlungen anwenden, der Präsidentin oder dem Präsidenten des Landgerichts einzurei-

[1)] Änderungen vor dem 1. 1. 2009 sind nicht in Fußnoten nachgewiesen.
Hinweis: Abweichungen bzw. Ergänzungen in den einzelnen Ländern können unter www.bnotk.de/Notar/Berufsrecht/index.php abgerufen werden.

chen. [2] Der Vorname braucht in der Regel nicht beigefügt zu werden. [3] Bei der Unterschrift soll die Amtsbezeichnung angegeben werden.

§ 2 Amtssiegel. (1) [1] Notarinnen und Notare führen Amtssiegel (als Farbdrucksiegel und als Prägesiegel in Form der Siegelpresse und des Petschafts für Lacksiegel) nach den jeweiligen landesrechtlichen Vorschriften. [2] Die Umschrift enthält den Namen der Notarin oder des Notars nebst den Worten „Notarin in... (Ort)" oder „Notar in... (Ort)".

(2) Ein Abdruck eines jeden Siegels ist der Präsidentin oder dem Präsidenten des Landgerichts einzureichen.

(3) [1] Die Notarinnen und Notare haben dafür zu sorgen, dass die Amtssiegel nicht missbraucht werden können. [2] Verlust oder Umlauf einer Fälschung sind der Präsidentin oder dem Präsidenten des Landgerichts unverzüglich anzuzeigen.

§ 2a Qualifizierte elektronische Signatur. (1) [1] Errichten Notarinnen und Notare Urkunden in elektronischer Form, haben sie hierfür eine Signaturkarte eines akkreditierten Zertifizierungsdiensteanbieters zu verwenden. [2] Sie haben sich im Zertifizierungsverfahren durch eine öffentliche Beglaubigung ihrer Unterschrift unter den Antrag zu identifizieren. [3] Die Signaturen müssen mindestens dem technischen Standard ISIS-MTT entsprechen.

(2) Das Notarattribut muss neben der Notareigenschaft auch den Amtssitz und das Land, in dem das Notaramt ausgeübt wird, sowie die zuständige Notarkammer enthalten.

(3) [1] Bei Verlust der Signaturkarte haben die Notarinnen und Notare eine sofortige Sperrung des qualifizierten Zertifikats beim Zertifizierungsdiensteanbieter zu veranlassen. [2] Der Verlust der Signaturkarte ist unverzüglich der Präsidentin oder dem Präsidenten des Landgerichts und der Notarkammer anzuzeigen. [3] Mit der Anzeige ist ein Nachweis über die Sperrung des qualifizierten Zertifikats vorzulegen.

§ 3 Amtsschild, Namensschild. (1) [1] Notarinnen und Notare sind berechtigt, am Eingang zu der Geschäftsstelle und an dem Gebäude, in dem sich die Geschäftsstelle befindet, ein Amtsschild anzubringen. [2] Das Amtsschild enthält das Landeswappen und die Aufschrift „Notarin" oder „Notar" oder beide Amtsbezeichnungen.

(2) [1] Notarinnen und Notare können auch Namensschilder anbringen. [2] Ist kein Amtsschild angebracht, so muss durch ein Namensschild auf die Geschäftsstelle hingewiesen werden. [3] Auf dem Namensschild kann das Landeswappen geführt werden, wenn der Bezug zu dem Notaramt und zu der dieses Amt ausübenden Person auch bei mehreren Berufsangaben deutlich wird.

§ 4 Verpflichtung der bei der Notarin oder dem Notar beschäftigten Personen.

(1) Notarinnen und Notare haben die Niederschrift über die Verpflichtung der bei ihnen beschäftigen Personen (§ 26 BNotO[1]) i.V.m. § 1 des Verpflichtungsgesetzes) bei den Generalakten aufzubewahren.

(2) Die Verpflichtung nach § 26 BNotO hat auch zu erfolgen, wenn zwischen denselben Personen bereits früher ein Beschäftigungsverhältnis bestanden hat oder Beschäftigte einer anderen Notarin oder eines anderen Notars übernommen worden sind.

§ 5[2]) Führung der Unterlagen, Dauer der Aufbewahrung. (1) [1] Notarinnen und Notare führen die folgenden Bücher und Verzeichnisse:

1. die Urkundenrolle,
2. das Verwahrungsbuch,
3. das Massenbuch,
4. das Erbvertragsverzeichnis,
5. die Anderkontenliste,
6. die Namensverzeichnisse zur Urkundenrolle und zum Massenbuch,
7. Dokumentationen zur Einhaltung von Mitwirkungsverboten,
8. im Bereich der Notarkasse in München und der Ländernotarkasse in Leipzig das Kostenregister.

[2] Sie führen folgende Akten:

1. die Urkundensammlung,
2. Sammelbände für Wechsel- und Scheckproteste,

---

[1]) Nr. 1.

[2]) § 5 Abs. 4 Satz 1 dritter Spiegelstr. geänd. mWv 23. 1. 2009 durch Bek. v. 19. 12. 2008 (JMBl 2009 S. 13).

3. die Nebenakten,
4. die Generalakten.

(2) Notarinnen und Notare erstellen jährliche Geschäftsübersichten und Übersichten über die Verwahrungsgeschäfte.

(3) [1] Die Unterlagen sind in der Geschäftsstelle zu führen. [2] Zur Führung der Unterlagen dürfen nur Personen herangezogen werden, die bei der Notarin oder dem Notar beschäftigt sind; die Beauftragung dritter Personen oder Stellen ist unzulässig.

(4) [1] Für die Dauer der Aufbewahrung der Unterlagen gilt Folgendes:
- Urkundenrolle, Erbvertragsverzeichnis, Namensverzeichnis zur Urkundenrolle und Urkundensammlung einschließlich der gesondert aufbewahrten Erbverträge (§ 18 Abs. 4): 100 Jahre,
- Verwahrungsbuch, Massenbuch, Namensverzeichnis zum Massenbuch, Anderkontenliste, Generalakten: 30 Jahre,
- Nebenakten: 7 Jahre; die Notarin oder der Notar kann spätestens bei der letzten inhaltlichen Bearbeitung schriftlich eine längere Aufbewahrungsfrist bestimmen, z.B. bei Verfügungen von Todes wegen oder im Falle der Regressgefahr; die Bestimmung kann auch generell für einzelne Arten von Rechtsgeschäften wie z.B. Verfügungen von Todes wegen getroffen werden,
- Sammelbände für Wechsel- und Scheckproteste: 5 Jahre.

[2] Abschriften der Verfügungen von Todes wegen, die gemäß § 16 Abs. 1 Satz 5 der Dienstordnung für Notare[1)] in der ab 1. 1. 1985 geltenden Fassung zu den Nebenakten genommen worden sind, sind abweichend von Satz 1 100 Jahre aufzubewahren. [3] Die vor dem 1. 1. 1950 entstandenen Unterlagen sind abweichend von den in Satz 1 Spiegelstrich 1 und in Satz 2 genannten Fristen bis auf weiteres dauernd aufzubewahren; eine Pflicht zur Konservierung besteht nicht. [4] Die Aufbewahrungsfrist beginnt mit dem ersten Tage des auf die letzte inhaltliche Bearbeitung folgenden Kalenderjahres. [5] Nach Ablauf der Aufbewahrungsfrist sind die Unterlagen zu vernichten, sofern nicht im Einzelfall ihre weitere Aufbewahrung erforderlich ist.

2. Abschnitt. Bücher und Verzeichnisse

§ 6 Allgemeines. (1) Die Führung der Bücher und Verzeichnisse erfolgt auf dauerhaftem Papier; andere Datenträger sind lediglich Hilfsmittel.

(2) Bücher und Verzeichnisse können in gebundener Form oder in Loseblattform geführt werden.

(3) [1] Muster, welche durch die Dienstordnung vorgeschrieben sind, dürfen im Format (z.B. Hoch- oder Querformat, Breite der Spalten) geändert werden. [2] Abweichungen von der Gestaltung bedürfen der Genehmigung der Aufsichtsbehörde.

§ 7 Bücher. (1) [1] Bücher in gebundener Form sind in festem Einband herzustellen, mit einem Titelblatt zu versehen und von Seite zu Seite fortlaufend zu nummerieren. [2] Auf dem Titelblatt sind der Name der Notarin oder des Notars und der Amtssitz anzugeben. [3] Bevor Urkundenrolle und Verwahrungsbuch in Gebrauch genommen werden, hat die Notarin oder der Notar auf dem Titelblatt unter Beifügung von Datum, Unterschrift und Farbdrucksiegel die Seitenzahl des Buches festzustellen (Muster 1).

(2) Zusätze und sonstige Änderungen dürfen in den Büchern nur so vorgenommen werden, dass die ursprüngliche Eintragung lesbar bleibt; sie sind durch einen von der Notarin oder dem Notar zu datierenden und zu unterschreibenden Vermerk auf der Seite, auf der die Änderung eingetragen ist, zu bestätigen.

§ 8 Urkundenrolle. (1) In die Urkundenrolle sind einzutragen:
1. Niederschriften gemäß § 8 BeurkG[2)];
2. Niederschriften gemäß § 36 BeurkG, auch, soweit hierfür Sonderregelungen zu beachten sind; ausgenommen sind Wechsel- und Scheckproteste;
3. Niederschriften gemäß § 38 BeurkG;
4. Vermerke gemäß § 39 BeurkG, welche enthalten:
   - die Beglaubigung einer Unterschrift oder eines Handzeichens,
   - die Beglaubigung der Zeichnung einer Namensunterschrift;

[1)] Nr. **30**.
[2)] Nr. **200**.

4 a. Elektronische Vermerke gemäß § 39 a BeurkG, welche die Beglaubigung einer elektronischen Signatur enthalten;
5. Vermerke gemäß § 39 BeurkG, welche enthalten:
   – die Feststellung des Zeitpunktes, zu dem eine Privaturkunde vorgelegt worden ist,
   – sonstige einfache Zeugnisse;
   ausgenommen sind solche Vermerke gemäß Nr. 5, die im Zusammenhang mit einer anderen Beurkundung erteilt und auf die betreffende Urschrift oder eine Ausfertigung oder ein damit zu verbindendes Blatt gesetzt werden;
5 a. Elektronische Vermerke gemäß § 39 a BeurkG, welche enthalten:
   – die Feststellung des Zeitpunkts, zu dem eine Privaturkunde oder ein privates elektronisches Zeugnis vorgelegt worden ist,
   – sonstige einfache Zeugnisse im Sinne des § 39 BeurkG.
6. Vollstreckbarerklärungen gemäß § 796 c Abs. 1, § 1053 Abs. 4 ZPO;
7. die Einigung, das Abschlussprotokoll, die Vertragsbeurkundung und die Vertragsbestätigung gemäß § 98 Abs. 2 Satz 1, § 99 Satz 1, § 96 Abs. 3 Satz 1 und § 96 Abs. 5 Satz 2 SachenRBerG.

(2) Die Urkundenrolle ist nach dem Muster 2 zu führen.

(3) Die Eintragungen in die Urkundenrolle sind zeitnah, spätestens 14 Tage nach der Beurkundung in ununterbrochener Reihenfolge vorzunehmen und für jedes Kalenderjahr mit fortlaufenden Nummern zu versehen (Spalte 1).

(4) [1] In Spalte 3 sind aufzuführen
– bei notariellen Niederschriften nach §§ 8 und 38 BeurkG die Erschienenen, deren Erklärungen beurkundet worden sind,
– bei Beglaubigungen (§§ 39, 39 a, 40, 41 BeurkG) diejenigen, welche die Unterschrift, die elektronische Signatur, das Handzeichen oder die Zeichnung vollzogen oder anerkannt haben,
– bei Vollstreckbarerklärungen (§ 796 c Abs. 1, § 1053 Abs. 4 ZPO) die Parteien,
– bei Amtshandlungen nach dem Sachenrechtsbereinigungsgesetz (§ 98 Abs. 2 Satz 1, § 99 Satz 1, § 96 Abs. 3 Satz 1, § 96 Abs. 5 Satz 2 SachenRBerG) die Beteiligten i.S. dieses Gesetzes,
– bei allen übrigen Beurkundungen (§§ 36, 39, 39 a, 43 BeurkG) diejenigen, welche die Beurkundung veranlasst haben.

[2] Anzugeben sind der Familienname, bei Abweichungen vom Familiennamen auch der Geburtsname, der Wohnort oder der Sitz und bei häufig vorkommenden Familiennamen weitere der Unterscheidung dienende Angaben. [3] Sind gemäß Satz 1 mehr als zehn Personen aufzuführen, genügt eine zusammenfassende Bezeichnung. [4] In Vertretungsfällen sind die Vertreterinnen und Vertreter sowie die Vertretenen aufzuführen; bei Beurkundungen in gesellschaftsrechtlichen Angelegenheiten ist auch die Gesellschaft aufzuführen.

(5) [1] In Spalte 4 ist der Gegenstand des Geschäfts in Stichworten so genau zu bezeichnen, dass dieses deutlich unterscheidbar beschrieben wird. [2] Bei Beglaubigungen ist anzugeben, ob die Notarin oder der Notar den Entwurf der Urkunde gefertigt hat oder nicht; bei Beglaubigungen mit Entwurf ist der Gegenstand der entworfenen Urkunde aufzuführen, bei Beglaubigungen ohne Entwurf kann der Gegenstand der Urkunde aufgeführt werden. [3] Gebräuchliche Abkürzungen können verwendet werden.

(6) [1] Urkunden, in denen der Inhalt einer in der Urkundenrolle eingetragenen Urkunde berichtigt, geändert, ergänzt oder aufgehoben wird, erhalten eine neue Nummer; in Spalte 5 ist jeweils wechselseitig auf die Nummer der anderen Urkunde zu verweisen, z.B. mit den Worten „Vgl. Nr. …". [2] Wird eine Urkunde bei einer anderen verwahrt (§ 18 Abs. 2), so ist in Spalte 5 bei der späteren Urkunde auf die frühere zu verweisen, z.B. mit den Worten „Verwahrt bei Nr. …".

§ 9[1] **Erbvertragsverzeichnis.** (1) [1] Notarinnen und Notare haben über die Erbverträge, die sie gemäß § 34 Abs. 3 BeurkG[2] in Verwahrung nehmen (§ 18 Abs. 1, Abs. 4, § 20 Abs. 2 bis 4), ein Verzeichnis zu führen. [2] Die Eintragungen sind zeitnah, spätestens 14 Tage nach der Beurkundung in ununterbrochener Reihenfolge vorzunehmen und jahrgangsweise mit laufenden Nummern zu versehen. [3] In das Verzeichnis sind einzutragen:

---

[1] § 9 Abs. 1 Satz 1 geänd. mWv 1. 9. 2009 durch Bek. v. 22. 12. 2009 (JMBl 2010 S. 2).
[2] Nr. **200**.

1. die Namen der Erblasserinnen und Erblasser,
2. ihr Geburtsdatum,
3. der Tag der Beurkundung,
4. die Nummer der Urkundenrolle.

(2) Anstelle des Verzeichnisses können Abschriften der Benachrichtigungsschreiben (§ 20 Abs. 2) in einer Kartei in zeitlicher Reihenfolge geordnet und mit laufenden Nummern versehen aufbewahrt werden; § 20 Abs. 2 Satz 2 bleibt unberührt.

(3) Wird der Erbvertrag später in besondere amtliche Verwahrung gebracht oder an das Amtsgericht abgeliefert (§ 20 Abs. 3), sind im Verzeichnis oder auf der Abschrift des Benachrichtigungsschreibens das Gericht und der Tag der Abgabe einzutragen.

§ 10 Gemeinsame Vorschriften für das Verwahrungsbuch und das Massenbuch.

(1) [1] Verwahrungsmassen, welche Notarinnen und Notare gemäß § 23 BNotO[1)], §§ 54 a, 54 e BeurkG[2)] entgegennehmen, sind in das Verwahrungsbuch und in das Massenbuch einzutragen. [2] Nicht eingetragen werden müssen

- Geldbeträge, die Notarinnen und Notare als Protestbeamtinnen oder Protestbeamte empfangen haben, wenn sie unverzüglich an die Berechtigten herausgegeben werden,
- Hypotheken-, Grundschuld- und Rentenschuldbriefe,
- Wechsel und Schecks, welche Notarinnen und Notare zwecks Erhebung des Protestes erhalten haben.

(2) Jede Einnahme und jede Ausgabe sind sowohl im Verwahrungsbuch als auch im Massenbuch noch am Tage der Einnahme oder der Ausgabe unter diesem Datum einzutragen; Umbuchungen zwischen einem Giroanderkonto und einem Festgeldanderkonto, die für dieselbe Verwahrungsmasse eingerichtet worden sind, sind weder als Einnahme noch als Ausgabe einzutragen; es kann jedoch durch einen Vermerk im Massenbuch auf sie hingewiesen werden.

(3) [1] Bei bargeldlosem Zahlungsverkehr sind die Eintragungen unter dem Datum des Eingangs der Kontoauszüge oder der Mitteilung über Zinsgutschriften oder Spesenabrechnungen noch an dem Tag vorzunehmen, an dem diese bei der Notarin oder dem Notar eingehen. [2] Kontoauszüge oder Mitteilungen sind mit dem Eingangsdatum zu versehen.

(4) Schecks sind an dem Tage, an dem die Notarin oder der Notar den Scheck entgegengenommen hat, unter diesem Datum einzutragen; stellt sich ein Scheck, der als Zahlungsmittel zur Einlösung übergeben wurde, als ungedeckt heraus, ist er als Ausgabe aufzuführen.

§ 11 Eintragungen im Verwahrungsbuch. (1) Das Verwahrungsbuch ist nach dem Muster 3 zu führen.

(2) Die Eintragungen sind unter einer durch das Kalenderjahr fortlaufenden Nummer vorzunehmen (Spalte 1).

(3) [1] Geldbeträge sind in Ziffern einzutragen (Spalte 4) und aufzurechnen, sobald die Seite vollbeschrieben ist; das Ergebnis einer Seite ist sogleich auf die folgende Seite zu übertragen. [2] Bei Sparbüchern und Schecks, die als Zahlungsmittel übergeben werden, sind die Nennbeträge in Spalte 4 aufzuführen; in Spalte 5 sind die Bezeichnung der Sparbücher und deren Nummer oder die Nummer der Schecks und die Bezeichnung des Kreditinstituts anzugeben. [3] Wertpapiere werden gemäß § 12 Abs. 3 Satz 3 eingetragen oder nur nach der Gattung und dem Gesamtbetrag bezeichnet, Zins-, Renten- und Gewinnanteilscheine oder Erneuerungsscheine sind kurz zu vermerken (Spalte 5).

(4) Bei jeder Eintragung in das Verwahrungsbuch ist auf die entsprechende Eintragung im Massenbuch zu verweisen (Spalte 6).

(5) [1] Das Verwahrungsbuch ist am Schluss des Kalenderjahres abzuschließen und der Abschluss ist von der Notarin oder dem Notar unter Angabe von Ort, Tag und Amtsbezeichnung zu unterschreiben. [2] Der Überschuss der Einnahmen über die Ausgaben ist in das nächste Jahr zu übertragen.

§ 12 Eintragungen im Massenbuch; Anderkontenliste. (1) Das Massenbuch ist nach dem Muster 5 zu führen.

(2) [1] In das Massenbuch ist jede Verwahrungsmasse mit den zugehörigen Einnahmen und Ausgaben gesondert unter jährlich laufender Nummer einzutragen; Name und Anderkontennummer sowie ggf. Festgeldanderkontennummer des beauftragten Kreditinstituts sind zu ver-

---

1) Nr. **1**.
2) Nr. **200**.

merken. [2] Den Eintragungen, welche dieselbe Verwahrungsmasse betreffen, sind die Bezeichnung der Masse, die laufende Nummer und die Nummer der Urkundenrolle voranzustellen.

(3) [1] Geldbeträge sind für die einzelnen Massen gesondert aufzurechnen (Spalte 4). [2] Schecks und Sparbücher sind entsprechend § 11 Abs. 3 Satz 2 zu behandeln. [3] Wertpapiere werden nach der Gattung, dem Nennbetrag, der Stückzahl, den Serien und den Nummern eingetragen, Zins-, Renten- und Gewinnanteilscheine oder Erneuerungsscheine sind durch Angabe der Fälligkeitstermine oder Nummern näher zu bezeichnen (Spalte 5).

(4) Am Schluss des Kalenderjahres ist für jede nicht erledigte Masse der Saldo von Einnahmen und Ausgaben zu bilden; die Summe der Salden ist dem Abschluss im Verwahrungsbuch gegenüberzustellen und entsprechend § 11 Abs. 5 Satz 1 zu unterschreiben.

(5) [1] Notarinnen und Notare haben ein Verzeichnis der Kreditinstitute zu führen, bei denen Anderkonten oder Anderdepots (§ 54 b BeurkG[1)]) eingerichtet sind (Anderkontenliste). [2] Bei Anlegung der Masse sind in das Verzeichnis einzutragen:

1. die Anschrift des Kreditinstituts,
2. die Nummer des Anderkontos bzw. Anderdepots,
3. die Nummer der Masse,
4. der Zeitpunkt des Beginns des Verwahrungsgeschäfts.

[3] Einzutragen sind ferner die Nummer eines Festgeldanderkontos und der Zeitpunkt der Beendigung des Verwahrungsgeschäfts.

(6) Ist eine Masse abgewickelt, so sind die zu ihr gehörenden Eintragungen in Massenbuch und Anderkontenliste zu röten oder auf andere eindeutige Weise zu kennzeichnen.

§ 13 Namensverzeichnisse. (1) [1] Notarinnen und Notare haben zu Urkundenrolle und Massenbuch alphabetische Namensverzeichnisse zu führen, die das Auffinden der Eintragungen ermöglichen. [2] Die Namensverzeichnisse können auch fortlaufend, für mehrere Bände gemeinsam oder für Urkundenrolle und Massenbuch gemeinsam geführt werden.

(2) Die Eintragungen im Namensverzeichnis sind zeitnah, spätestens zum Vierteljahresschluss vorzunehmen.

(3) Für die Eintragungen im Namensverzeichnis zur Urkundenrolle gilt § 8 Abs. 4 entsprechend.

(4) In das Namensverzeichnis zum Massenbuch sind die Auftraggeber, bei Vollzug eines der Verwahrung zugrunde liegenden Geschäfts nur die an diesem Geschäft Beteiligten einzutragen.

§ 14 Führung der Bücher in Loseblattform. (1) [1] Urkundenrolle und Verwahrungsbuch können auch als Buch mit herausnehmbaren Einlageblättern geführt werden. [2] In diesem Fall ist das Verwahrungsbuch nach dem Muster 4 zu führen. [3] Die Einlageblätter müssen fortlaufend nummeriert sein. [4] Vollbeschriebene Einlageblätter sind in Schnellheftern oder Aktenordnern abzulegen. [5] Nach Ablauf des Kalenderjahres sind die Einlageblätter unverzüglich gemäß § 30 zu heften und zu siegeln; die Notarin oder der Notar hat dabei die in § 7 Abs. 1 Satz 3 vorgeschriebenen Feststellungen zu treffen.

(2) [1] Das Massenbuch kann auch als Kartei geführt werden. [2] In diesem Fall ist das Massenbuch nach dem Muster 6 zu führen. [3] Zusätzlich zu der Nummer der Masse (§ 12 Abs. 2 Satz 1 Halbsatz 1) sind die Karteiblätter mit Seitenzahlen zu versehen. [4] Die Karteiblätter sind in der Folge der Massenummern sortiert und getrennt nach erledigten und nicht erledigten Massen aufzubewahren.

§ 15 Dokumentationen zur Einhaltung von Mitwirkungsverboten.

(1) [1] Die Vorkehrungen zur Einhaltung der Mitwirkungsverbote nach § 3 Abs. 1 Nr. 7 und Nr. 8 erste Alternative, Abs. 2 BeurkG[1)] genügen § 28 BNotO[2)] und den Richtliniensatzungen nach § 67 Abs. 2 Satz 3 Nr. 6 BNotO, wenn sie zumindest die Identität der Personen, für welche die Notarin oder der Notar oder eine Person i.S.v. § 3 Abs. 1 Nr. 4 BeurkG außerhalb ihrer Amtstätigkeit bereits tätig war oder ist oder welche die Notarin oder der Notar oder eine Person i.S.v. § 3 Abs. 1 Nr. 4 BeurkG bevollmächtigt haben, zweifelsfrei erkennen lassen und den Gegenstand der Tätigkeit in ausreichend kennzeichnender Weise angeben. [2] Die Angaben müssen einen Abgleich mit der Urkundenrolle und den Namensverzeichnissen im Hinblick auf die Einhaltung der Mitwirkungsverbote ermöglichen. [3] Soweit die Notarin oder der Notar Vorkehrungen, die diese Voraussetzungen erfüllen, zur Einhaltung anderer gesetzlicher Regelungen trifft, sind zusätzliche Vorkehrungen nicht erforderlich.

(2) § 6 findet keine Anwendung.

[1)] Nr. **200**.
[2)] Nr. **1**.

§ 16 Kostenregister. Notarinnen und Notare im Bereich der Notarkasse in München und der Ländernotarkasse in Leipzig führen ein Kostenregister.

§ 17 Automationsgestützte Führung der Bücher und Verzeichnisse.

(1) [1] Werden Bücher und Verzeichnisse automationsgestützt geführt, dürfen die jeweils eingesetzten notarspezifischen Fachanwendungen und ihre Fortschreibungen keine Verfahren zur nachträglichen Veränderung der mit dem Ausdruck abschlossenen Eintragungen enthalten. [2] Die Notarin oder der Notar hat eine Bescheinigung des Erstellers darüber einzuholen, dass die jeweils eingesetzte Anwendung solche Veränderungen nicht ermöglicht. [3] Jeweils an dem Tage, an dem bei herkömmlicher Führung die Eintragung vorzunehmen wäre (§ 8 Abs. 3, § 10 Abs. 2 Halbsatz 1, Abs. 3 Satz 1, Abs. 4 Halbsatz 1, § 12 Abs. 6), müssen die Daten abgespeichert und ausgedruckt werden; wenn dabei Wiederholungen früherer Ausdrucke zuvor nicht abgeschlossener Seiten entstehen, sind diese zu vernichten, im Übrigen die wiederholenden Ausdrucke bereits abgeschlossener Seiten. [4] Die voll beschriebenen Seiten bilden das Buch; für sie gilt § 14.

(2) [1] Werden Namensverzeichnisse, Anderkontenliste oder Erbvertragsverzeichnis automationsgestützt geführt, müssen die Daten jeweils an dem Tage abgespeichert werden, an dem bei herkömmlicher Führung die Eintragung vorzunehmen wäre (§ 9 Abs. 1 Satz 2, § 12 Abs. 5 Satz 2 und 3, Abs. 6, § 13 Abs. 2). [2] Anderkontenliste und Erbvertragsverzeichnis sind nach der Speicherung, Namensverzeichnisse zum Jahresschluss auszudrucken. [3] Frühere Ausdrucke sind zu vernichten.

(3) Änderungen in den Büchern sind gemäß § 7 Abs. 2 vorzunehmen, der Vermerk braucht jedoch erst bei Ausdruck der voll beschriebenen oder abgeschlossenen Seite datiert und unterschrieben werden.

3. Abschnitt. Führung der Akten

§ 18[1)] Aufbewahrung von Urkunden (Urkundensammlung). (1) [1] Die von der Notarin oder dem Notar verwahrten Urschriften (§ 45 Abs. 1, Abs. 3 BeurkG[2)]; § 34 Abs. 3 BeurkG; § 796 c Abs. 1, § 1053 Abs. 4 ZPO, § 98 Abs. 2 Satz 1, § 99 Satz 1, § 96 Abs. 3 Satz 1, § 96 Abs. 5 Satz 2 SachenRBerG), Ausfertigungen (§ 45 Abs. 2 Satz 2 und 3 BeurkG) und Abschriften (§§ 19, 20 Abs. 1 Satz 3 und 4, Abs. 3 Satz 1) sowie die Vermerkblätter über herausgegebene Urkunden (§ 20 Abs. 1 Satz 1 und 2) sind nach der Nummernfolge der Urkundenrolle geordnet in einer Urkundensammlung aufzubewahren. [2] Die Urschrift des für vollstreckbar erklärten Anwaltsvergleichs sowie eine beglaubigte Abschrift des Schiedsspruchs mit vereinbartem Wortlaut sind bei der Vollstreckbarerklärung aufzubewahren.

(2) [1] Urkunden oder andere Unterlagen können einer anderen Urkunde angeklebt oder angeheftet (§ 30) und bei der Haupturkunde aufbewahrt werden,

- wenn sie ihrem Inhalt nach mit der in der Sammlung befindlichen Haupturkunde derart zusammenhängen, dass sie ohne diese von den Beteiligten in zweckdienlicher Weise nicht verwendet werden können (z.B. Vertragsannahme-, Auflassungs- oder Genehmigungserklärungen),
- wenn sie für die Rechtswirksamkeit oder die Durchführung des in der Haupturkunde beurkundeten Rechtsvorgangs bedeutsam sind (z.B. Genehmigungen, behördliche Beschlüsse und Bescheinigungen, Erbscheine, Eintragungsmitteilungen),
- wenn in ihnen der Inhalt der in der Sammlung befindlichen Haupturkunde berichtigt, geändert, ergänzt oder aufgehoben wird (vgl. § 8 Abs. 6); werden sie nicht mit der Haupturkunde verbunden, so ist bei der Haupturkunde durch einen Vermerk auf sie zu verweisen; der Vermerk ist in die späteren Ausfertigungen und Abschriften zu übernehmen.

[2] Nachweise über die Vertretungsberechtigung, die gemäß § 12 BeurkG einer Niederschrift beigefügt werden, sind dieser anzukleben oder anzuheften (§ 30) sowie mit ihr aufzubewahren. [3] In die Urkundensammlung ist an der Stelle der bei der Haupturkunde verwahrten Urkunde ein Hinweisblatt oder eine Abschrift, auf der ein Hinweis auf die Haupturkunde anzubringen ist, aufzunehmen.

(3) Die verbundenen Urkunden können in die Ausfertigungen und Abschriften der Haupturkunde aufgenommen werden.

(4) [1] Erbverträge, die in der Verwahrung der Notarin oder des Notars bleiben (§ 34 Abs. 3 Satz 1 BeurkG), können abweichend von Absatz 1 gesondert aufbewahrt werden. [2] Für die

[1)] § 18 Abs. 1 Satz 1, Abs. 4 Satz 1 geänd. mWv 1. 9. 2009 durch Bek. v. 22. 12. 2009 (JMBl 2010 S. 2).
[2)] Nr. **200**.

Urkundensammlung ist ein Vermerkblatt entsprechend § 20 Abs. 1 oder eine beglaubigte Abschrift zu fertigen; beglaubigte Abschriften sind in verschlossenem Umschlag zur Urkundensammlung zu nehmen, es sei denn, dass die Beteiligten sich mit der offenen Aufbewahrung schriftlich einverstanden erklären.

§ 19 Urkunden, deren Urschriften nicht notariell verwahrt werden.

(1) Haben Notarinnen oder Notare eine Urkunde entworfen und Unterschriften oder Handzeichen darunter beglaubigt, so haben sie eine Abschrift der Urkunde einschließlich der Kostenberechnung (§ 154 Abs. 3 Satz 3 KostO[1]) für ihre Urkundensammlung zurückzubehalten; soweit Mitteilungspflichten gegenüber den Finanzämtern bestehen, ist ein Vermerk über die Absendung der Anzeige auf die Abschrift zu setzen.

(2) [1] Bei Urkunden, die gemäß § 8 Abs. 1 in die Urkundenrolle eingetragen werden, die aber weder in Urschrift noch in Abschrift bei der Notarin oder dem Notar zurückbleiben, z.B. bei Unterschriftsbeglaubigungen und sonstigen einfachen Zeugnissen (§ 45 Abs. 3 BeurkG[2]), ist eine Abschrift der Urkunde einschließlich der Kostenberechnung (§ 154 Abs. 3 KostO) oder ein Vermerkblatt zu der Urkundensammlung zu bringen. [2] Das Vermerkblatt muss die Nummer der Urkundenrolle, die Angaben nach § 8 Abs. 4 und 5 und die Abschrift der Kostenberechnung enthalten und ist von der Notarin oder dem Notar zu unterschreiben.

(3) Die Abschriften müssen nur beglaubigt werden, wenn dies nach anderen Vorschriften erforderlich ist.

(4) Für elektronische Vermerke über die Beglaubigung von elektronischen Signaturen gelten die Absätze 1 bis 3, für sonstige elektronische Vermerke die Absätze 2 und 3 entsprechend, wobei an die Stelle der Abschrift ein Ausdruck des elektronischen Dokuments tritt.

§ 20[3] Verfügungen von Todes wegen. (1) [1] Über jede Verfügung von Todes wegen, welche Notarinnen oder Notare dem Amtsgericht abliefern (§§ 34, 34 a Abs. 2 Satz 1 BeurkG[2]; § 344 Abs. 1, Abs. 3 FamFG), haben sie für ihre Urkundensammlung ein Vermerkblatt anzufertigen und zu unterschreiben, der Namen, Geburtsdatum, Geburtsort mit Postleitzahl und Wohnort der Erblasserin oder des Erblassers bzw. der Vertragschließenden – gegebenenfalls auch der zweiten Notarin oder des zweiten Notars oder der Urkundenzeugen – enthält sowie Angaben darüber, in welcher Form (§§ 2232, 2276 BGB) die Verfügung von Todes wegen errichtet worden ist und wann und an welches Amtsgericht sie abgeliefert wurde. [2] Auf das Vermerkblatt sind die Nummern der Urkundenrolle und die nach § 154 Abs. 3 Satz 1 KostO[1] zurückzubehaltende Abschrift der Kostenberechnung zu setzen. [3] Auf Wunsch der Erblasserin oder des Erblassers oder der Vertragschließenden soll eine beglaubigte Abschrift der Verfügung von Todes wegen zurückbehalten werden. [4] Sie ist in einem verschlossenen Umschlag zu der Urkundensammlung zu nehmen, es sei denn, dass die Beteiligten sich mit der offenen Aufbewahrung schriftlich einverstanden erklären. [5] Die beglaubigte Abschrift ist auf Wunsch den Beteiligten auszuhändigen.

(2) [1] Bleibt ein Erbvertrag in der Verwahrung der Notarin oder des Notars (§ 34 Abs. 2, 3 BeurkG; §§ 9, 18 Abs. 1, Abs. 4) oder enthält eine andere Urkunde Erklärungen, nach deren Inhalt die Erbfolge geändert wird (z.B. Aufhebungsverträge, Rücktritts- und Anfechtungserklärungen, Erbverzichtsverträge, Ehe- und Lebenspartnerschaftsverträge mit erbrechtlichen Auswirkungen), so benachrichtigen sie das Standesamt oder die das Amtsgericht Schöneberg in Berlin nach den Vorschriften über die Benachrichtigung in Nachlasssachen (insbesondere § 347 Abs. 1, 3 bis 6 FamFG; § 34 a Abs. 1 BeurkG). [2] Eine Abschrift des Benachrichtigungsschreibens ist bei der Urkunde aufzubewahren.

(3) [1] Bei der Rückgabe eines Erbvertrages aus der notariellen Verwahrung hat die Notarin oder der Notar die Erfüllung der ihr oder ihm obliegenden Pflichten gemäß § 2300 Abs. 2, § 2256 Abs. 1 Satz 2 BGB auf dem nach § 18 Abs. 4 Satz 2 in der Urkundensammlung verwahrten Vermerkblatt oder der beglaubigten Abschrift aktenkundig zu machen. [2] Wurde der Erbvertrag bislang nicht gesondert aufbewahrt, gilt bei der Rückgabe § 18 Abs. 4 Satz 2 entsprechend. [3] Die Anfertigung eines Vermerkblattes ist entbehrlich, wenn über die Rückgabe des Erbvertrages eine Urkunde in der gesetzlich vorgesehenen Form errichtet wird. [4] Die gemäß Satz 1 zu fertigende Aktennotiz ist von der Notarin oder dem Notar unter Angabe des Datums zu unterzeichnen; sie muss die Personen, an die der Erbvertrag zurückgegeben wird, gemäß § 26 Abs. 2 bezeichnen. [5] Die Rücknahme und der Tag der Rückgabe sind in das Erbvertragsverzeichnis einzutragen.

---

[1] Nr. **570**.

[2] Nr. **200**.

[3] § 20 Abs. 1 Satz 1, Abs. 2 Satz 1, Abs. 4 Sätze 1, 2, Abs. 5 Sätze 1, 3 geänd., Abs. 3 neu gef., mWv 1. 9. 2009 durch Bek. v. 22. 12. 2009 (JMBl 2010 S. 2).

(4) [1] Bei Ablieferung eines Erbvertrages nach Eintritt des Erbfalls (§ 34 a Abs. 2 Satz 1 BeurkG) nimmt die Notarin oder der Notar eine beglaubigte Abschrift der Urkunde und der Kostenberechnung zu der Urkundensammlung. [2] Enthält eine Urkunde Erklärungen, nach deren Inhalt die Erbfolge geändert wird, so teilt die Notarin oder der Notar diese Erklärungen nach dem Eintritt des Erbfalls dem Nachlassgericht in beglaubigter Abschrift mit (§ 34 a Abs. 2 Satz 2 BeurkG).

(5) [1] Befindet sich ein Erbvertrag seit mehr als 30 Jahren in notarieller Verwahrung, so verfahren Notarinnen und Notare nach § 351 FamFG und liefern den Erbvertrag gegebenenfalls an das Nachlassgericht zur Eröffnung ab. [2] Sie haben das Erbvertragsverzeichnis oder die Benachrichtigungskartei am Jahresende auf diese Erbverträge hin durchzusehen und die Durchsicht und deren Ergebnis durch einen von ihnen unterzeichneten Vermerk zu bestätigen. [3] Für Erbverträge, bei denen eine Ablieferung noch nicht veranlasst war, ist das Verfahren nach § 351 FamFG spätestens alle 5 Jahre zu wiederholen.

§ 21 Wechsel- und Scheckproteste. [1] Die bei der Aufnahme von Wechsel- und Scheckprotesten zurückbehaltenen beglaubigten Abschriften der Protesturkunden und die über den Inhalt des Wechsels, Wechselabschrift oder des Schecks aufgenommenen Vermerke (Art. 85 Abs. 2 des Wechselgesetzes, Art. 55 Abs. 3 des Scheckgesetzes) sind mit den zugehörigen Kostenberechnungen (§ 154 Abs. 3 Satz 1 KostO[1)]) nach der zeitlichen Reihenfolge geordnet in Sammelbänden zu vereinigen. [2] Die Protestabschriften sind innerhalb eines jeden Bandes mit fortlaufenden Nummern zu versehen. [3] Die Protestabschriften und die Vermerke sind möglichst auf dasselbe Blatt zu setzen.

§ 22 Nebenakten (Blattsammlungen und Sammelakten). (1) Die nicht zur Urkundensammlung zu nehmenden Schriftstücke, z.B. Schriftwechsel mit den Beteiligten sowie mit den Gerichten und Behörden, werden, auch soweit sie Urkundsgeschäfte betreffen, in Blattsammlungen für jede einzelne Angelegenheit oder in Sammelakten aufbewahrt.

(2) [1] Zu den Verwahrungsgeschäften und, soweit dies zur Vorbereitung und Abwicklung des Geschäfts geboten ist, zu den Beurkundungen haben Notarinnen und Notare jeweils Blattsammlungen zu führen. [2] Für jede Verwahrungsmasse ist eine gesonderte Blattsammlung zu führen, zu der zu nehmen sind:

1. sämtliche Verwahrungsanträge und -anweisungen (§ 54 a Abs. 2 bis 4 BeurkG[2)]) im Original oder in Abschrift,
2. die Treuhandaufträge und Verwahrungsanweisungen im Original oder in Abschrift, die der Notarin oder dem Notar im Zusammenhang mit dem Vollzug des der Verwahrung zugrunde liegenden Geschäfts erteilt worden sind (§ 54 a Abs. 6 BeurkG),
3. Änderungen oder Ergänzungen der Verwahrungsanweisungen und Treuhandaufträge im Original oder in Abschrift,
4. die Annahmeerklärungen (§ 54 a Abs. 2 Nr. 3, Abs. 5 BeurkG),
5. die mit der Nummer der Masse versehenen Belege über die Einnahmen und Ausgaben (§ 27 Abs. 3 Satz 5),
6. die mit der Nummer der Masse versehenen Kontoauszüge (§ 27 Abs. 3 Satz 5),
7. eine Durchschrift der Abrechnung (§ 27 Abs. 4),
8. eine Durchschrift der an die Kostenschuldnerin oder den Kostenschuldner übersandten Kostenrechnung (vgl. § 154 Abs. 1 KostO[1)]), wenn die Kosten der Masse entnommen worden sind.

§ 23[3)] Generalakten. (1) [1] Für Vorgänge, die die Amtsführung im Allgemeinen betreffen, sind Generalakten zu führen. [2] Sie enthalten insbesondere

- Schriftverkehr mit den Aufsichtsbehörden, z.B. zu Nebentätigkeiten, Verhinderungsfällen, Vertreterbestellungen,
- die Berichte über die Prüfung der Amtsführung und den dazugehörenden Schriftwechsel,
- Schriftverkehr mit der Notarkammer und der Notarkasse oder der Ländernotarkasse,
- Schriftverkehr mit dem Datenschutzbeauftragten und sonstige Unterlagen zum Datenschutz,
- Originale oder Ablichtungen der Unterlagen über die Berufshaftpflichtversicherung einschließlich des Versicherungsscheins und der Belege über die Prämienzahlung,

---

[1)] Nr. **570**.
[2)] Nr. **200**.
[3)] § 23 Abs. 1 Satz 2 9. Spiegelstr. geänd., 10. Spiegelstr. angef. mWv 23. 1. 2009 durch Bek. v. 19. 12. 2008 (JMBl 2009 S. 13).

– Niederschriften über die Verpflichtungen gemäß § 26 BNotO[1], § 1 des Verpflichtungsgesetzes (vgl. § 4 Abs. 1),
– die Anzeigen gemäß § 27 BNotO,
– Prüfzeugnisse, Bescheinigungen und vergleichbare Erklärungen,
– mit der Zertifizierung verbundene Schriftstücke,
– generelle Bestimmungen gemäß § 5 Abs. 4 Satz 1 dritter Spiegelstrich.

(2) Die Generalakten sind entweder nach Sachgebieten geordnet zu gliedern oder mit fortlaufenden Blattzahlen und einem Inhaltverzeichnis zu versehen.

4. Abschnitt. Erstellung von Übersichten

§ 24 Übersichten über die Urkundsgeschäfte. (1) [1]Notarinnen und Notare haben nach Abschluss eines jeden Kalenderjahres eine Übersicht über die Urkundsgeschäfte nach dem Muster 7 aufzustellen und in zwei Stücken bis zum 15. Februar bei der Präsidentin oder dem Präsidenten des Landgerichts einzureichen. [2]Diese lassen den Notarinnen und Notaren die erforderlichen Vordrucke zugehen.

(2) Bei der Aufstellung der Übersicht ist zu beachten:

1. Es sind alle in die Urkundenrolle eingetragenen Beurkundungen und Beschlüsse sowie die Wechsel- und Scheckproteste aufzunehmen; jede Urkunde ist nur einmal zu zählen.
2. Urkundenentwürfe sind in die Übersicht (1 a) nur dann aufzunehmen, wenn die Notarin oder der Notar Unterschriften oder Handzeichen darunter beglaubigt hat.
3. Unter 1 c sind alle vom Gericht überwiesenen Vermittlungen von Auseinandersetzungen (förmliche Vermittlungsverfahren) und die in die Urkundenrolle eingetragenen Beurkundungen und Beschlüsse nach dem Sachenrechtsbereinigungsgesetz (§ 8 Abs. 1 Nr. 7) aufzunehmen; die Beurkundung eines Auseinandersetzungsvertrages, dem ein förmliches Verfahren nicht vorausgegangen ist, ist unter 1 d zu zählen.

(3) [1]Ist eine Notarin oder ein Notar im Laufe des Jahres ausgeschieden oder ist der Amtssitz verlegt worden, so ist die Übersicht der Geschäfte von der Stelle (Notariatsverwalterin oder -verwalter, Amtsgericht, Notarin oder Notar) aufzustellen, welche die Bücher und Akten in Verwahrung genommen hat. [2]Für Notariatsverwalterinnen und -verwalter ist die Übersicht besonders aufzustellen; Satz 1 gilt entsprechend.

§ 25 Übersichten über die Verwahrungsgeschäfte. (1) [1]Notarinnen und Notare haben nach Abschluss eines jeden Kalenderjahres der Präsidentin oder dem Präsidenten des Landgerichts eine Übersicht über den Stand ihrer Verwahrungsgeschäfte nach dem Muster 8 bis zum 15. Februar einzureichen. [2]Die Präsidentin oder der Präsident des Landgerichts lässt den Notarinnen und Notaren die erforderlichen Vordrucke zugehen.

(2) [1]In der Übersicht ist anzugeben:

1. unter I 1 der Bestand der ausweislich der Kontoauszüge am Jahresschluss verwahrten Geldbeträge;
2. unter I 2 der Überschuss der Einnahmen über die Ausgaben (§ 11 Abs. 5 Satz 2);
3. unter I 3 der Bestand der verwahrten Geldbeträge, nach den einzelnen Massen gegliedert;
4. unter II der Bestand der verwahrten Wertpapiere und Kostbarkeiten, nach Massen gegliedert; die Wertpapiere sind nur nach Gattung und Gesamtbetrag zu bezeichnen, Zinsscheine und dgl. sind kurz zu vermerken.

[2]Bei I 3 und II ist in der Spalte „Bemerkungen" die Art der Verwahrung genau anzugeben (Bezeichnung des Kreditinstituts, Nummer des Anderkontos, Datum des letzten den Buchungen in Verwahrungs- und Massenbuch zugrunde liegenden Kontoauszuges).

(3) Notarinnen und Notare haben auf der Übersicht zu versichern, dass sie vollständig und richtig ist und dass die unter I 3 aufgeführten Geldbeträge mit den in den Rechnungsauszügen der Kreditinstitute und gegebenenfalls in den Sparbüchern angegebenen Guthaben übereinstimmen; sie haben die Übersicht zu unterschreiben.

(4) Sind am Schluss des Jahres keine Wertgegenstände in Verwahrung, so erstattet die Notarin oder der Notar Fehlanzeige.

(5) Die in Absatz 1 bezeichnete Übersicht hat die Notarin oder der Notar auch einzureichen, wenn das Amt wegen Erreichens der Altergrenze (§ 47 Nr. 1 BNotO[1]) oder gemäß § 47 Nrn. 2 bis 7 BNotO erlischt.

---

[1] Nr. 1.

5. Abschnitt. Ergänzende Regelungen zur Abwicklung der Urkundsgeschäfte und der Verwahrungsgeschäfte

§ 26 Feststellung und Bezeichnung der Beteiligten bei der Beurkundung. (1) Notarinnen und Notare haben bei der Beurkundung von Erklärungen und bei der Beglaubigung von Unterschriften oder Handzeichen sowie der Zeichnung einer Namensunterschrift die Person der Beteiligten mit besonderer Sorgfalt festzustellen.

(2) [1] Bei der Bezeichnung natürlicher Personen sind der Name, das Geburtsdatum, der Wohnort und die Wohnung anzugeben; weicht der zur Zeit der Beurkundung geführte Familienname von dem Geburtsnamen ab, ist auch der Geburtsname anzugeben. [2] Von der Angabe der Wohnung ist abzusehen, wenn dies in besonders gelagerten Ausnahmefällen zum Schutz gefährdeter Beteiligter oder ihrer Haushaltsangehörigen erforderlich ist. [3] In Vertretungsfällen kann anstelle des Wohnortes und der Wohnung angegeben werden:

a) bei Vertreterinnen und Vertretern von juristischen Personen des öffentlichen und des Privatrechts die Dienst- oder Geschäftsanschrift der vertretenen Person,

b) bei Mitarbeiterinnen oder Mitarbeitern der Notarin oder des Notars die Anschrift der Geschäftsstelle der Notarin oder des Notars.

§ 27 Verwahrungsgeschäfte. (1) Werden Wertpapiere und Kostbarkeiten verwahrt (§ 54 e BeurkG[1)]), so ist die laufende Nummer des Verwahrungsbuches auf dem Verwahrungsgut oder auf Hüllen u. Ä. anzugeben.

(2) [1] Notaranderkonten (§ 54 b Abs. 1 Satz 1, Abs. 2 BeurkG) müssen entsprechend den von der Vertreterversammlung der Bundesnotarkammer beschlossenen Bedingungen eingerichtet und geführt werden. [2] Die Führung eines Notaranderkontos mittels Datenfernübertragung ist nicht zulässig.

(3) [1] Die Ausgaben müssen durch Belege nachgewiesen werden. [2] Eigenbelege der Notarin oder des Notars einschließlich nicht bestätigter Durchschriften des Überweisungsträgers sind auch in Verbindung mit sonstigen Nachweisen nicht ausreichend. [3] Bei Ausgaben durch Überweisung von einem Notaranderkonto ist die schriftliche Bestätigung des beauftragten Kreditinstituts erforderlich, dass es den Überweisungsauftrag jedenfalls in seinem Geschäftsbereich ausgeführt hat (Ausführungsbestätigung); die Ausführungsbestätigung muss allein oder bei Verbindung mit anderen Belegen den Inhalt des Überweisungsauftrages vollständig erkennen lassen. [4] Hinsichtlich der Belege bei Auszahlungen in bar oder mittels Bar- oder Verrechnungsscheck wird auf § 54 b Abs. 3 Satz 7 BeurkG hingewiesen. [5] Die Belege über Einnahmen und Ausgaben und die Kontoauszüge werden mit der Nummer der Masse bezeichnet und zur Blattsammlung genommen (vgl. § 22 Abs. 2 Satz 2 Nrn. 5 und 6).

(4) [1] Ist eine Masse abgewickelt (vgl. § 12 Abs. 6), so ist den Auftraggebern eine Abrechnung über die Abwicklung des jeweils erteilten Auftrages zu erteilen. [2] Beim Vollzug von Grundstückskaufverträgen und vergleichbaren Rechtsgeschäften muss den beteiligten Kreditinstituten nur auf Verlangen eine Abrechnung erteilt werden.

6. Abschnitt. Herstellung der notariellen Urkunden

§ 28 Allgemeines. (1) [1] Im Schriftbild einer Urkunde darf nichts ausgeschabt oder sonst unleserlich gemacht werden. [2] Wichtige Zahlen sind in Ziffern und Buchstaben zu schreiben.

(2) Auf der Urschrift jeder Urkunde sowie auf jeder Ausfertigung oder Abschrift hat die Notarin oder der Notar die Nummer der Urkundenrolle und die Jahreszahl anzugeben.

§ 29 Herstellung der Urschriften, Ausfertigungen und beglaubigten Abschriften.

(1) Urschriften, Ausfertigungen und beglaubigte Abschriften notarieller Urkunden sind so herzustellen, dass sie gut lesbar, dauerhaft und fälschungssicher sind.

(2) [1] Es ist festes holzfreies weißes oder gelbliches Papier in DIN-Format zu verwenden. [2] Es dürfen ferner nur verwendet werden:

– blaue oder schwarze Tinte und Farbbänder, sofern sie handelsüblich als urkunden- oder dokumentenecht bezeichnet sind, z.B. auch unter Einsatz von Typenradschreibmaschinen oder Matrixdruckern (Nadeldruckern),

---

[1)] Nr. **200**.

– blaue oder schwarze Pastentinten (Kugelschreiber), sofern Minen benutzt werden, die eine Herkunftsbezeichnung und eine Aufschrift tragen, die auf die DIN 16 554 oder auf die ISO 12757-2 hinweist,
– in klassischen Verfahren und in schwarzer oder dunkelblauer Druckfarbe hergestellte Drucke des Buch- und Offsetdruckverfahrens,
– in anderen Verfahren (z.B. elektrografische/elektrofotografische Herstellungsverfahren) hergestellte Drucke oder Kopien, sofern die zur Herstellung benutzte Anlage (z.B. Kopiergeräte, Laserdrucker, Tintenstrahldrucker) nach einem Prüfzeugnis der Papiertechnischen Stiftung (PTS) in Heidenau (früher der Bundesanstalt für Materialforschung und -prüfung in Berlin) zur Herstellung von Urschriften von Urkunden geeignet ist,
– Formblätter, die in den genannten Druck- oder Kopierverfahren hergestellt worden sind.

(3) Bei Unterschriftsbeglaubigungen, für Abschlussvermerke in Niederschriften, für Vermerke über die Beglaubigung von Abschriften sowie für Ausfertigungsvermerke ist der Gebrauch von Stempeln unter Verwendung von haltbarer schwarzer oder dunkelblauer Stempelfarbe zulässig.

(4) [1] Vordrucke, die der Notarin oder dem Notar von einem Urkundsbeteiligten zur Verfügung gestellt werden, müssen den Anforderungen dieser Dienstordnung an die Herstellung von Urschriften genügen; insbesondere dürfen sie keine auf den Urheber des Vordrucks hinweisenden individuellen Gestaltungsmerkmale (Namensschriftzug, Firmenlogo, Signet, Fußzeile mit Firmendaten u. Ä.) aufweisen; der Urheber soll am Rand des Vordruckes angegeben werden. [2] Dies gilt nicht bei Beglaubigungen ohne Entwurf.

§ 30 Heften von Urkunden. (1) [1] Jede Urschrift, Ausfertigung oder beglaubigte Abschrift, die mehr als einen Bogen oder ein Blatt umfasst, ist zu heften; der Heftfaden ist anzusiegeln (vgl. § 44 BeurkG[1)]). [2] Es sollen Heftfäden in den Landesfarben verwendet werden.

(2) In gleicher Weise sind Schriftstücke, die nach § 9 Abs. 1 Satz 2 und 3 BeurkG, §§ 14, 37 Abs. 1 Satz 2 und 3 BeurkG der Niederschrift beigefügt worden sind, mit dieser zu verbinden.

§ 31 Siegeln von Urkunden. [1] Die Siegel müssen dauerhaft mit dem Papier oder mit dem Papier und der Schnur verbunden sein und den Abdruck oder die Prägung deutlich erkennen lassen. [2] Eine Entfernung des Siegels ohne sichtbare Spuren der Zerstörung darf nicht möglich sein. [3] Bei herkömmlichen Siegeln (Farbdrucksiegel, Prägesiegel in Lack oder unter Verwendung einer Mehloblate) ist davon auszugehen, dass die Anforderungen nach Satz 1 und 2 erfüllt sind; neue Siegelungstechniken dürfen verwendet werden, sofern sie nach einem Prüfzeugnis der Papiertechnischen Stiftung (PTS) in Heidenau die Anforderungen erfüllen.

7. Abschnitt. Prüfung der Amtsführung

§ 32 [Prüfung der Amtsführung] (1) Die regelmäßige Prüfung der Amtsführung der Notarinnen und Notare (§ 93 Abs. 1 Satz 1 BNotO[2)]) erfolgt in der Regel in Abständen von 4 Jahren.

(2) [1] Die Prüfung wird von der Präsidentin oder dem Präsidenten des Landgerichts (§ 92 Nr. 1 BNotO) oder Richterinnen und Richtern auf Lebenszeit, welche sie mit der Prüfung beauftragt haben, – ggf. unter Heranziehung von Beamtinnen und Beamten der Justizverwaltung (§ 93 Abs. 3 Satz 3 BNotO) – durchgeführt. [2] Die Präsidentin oder der Präsident des Oberlandesgerichts kann eine oder mehrere Richterinnen und Richter auf Lebenszeit bestellen, die im Auftrag der Präsidentinnen und Präsidenten der Landgerichte die Notarinnen und Notare im gesamten Oberlandesgerichtsbezirk prüfen.

(3) [1] Prüfungsbeauftragte, Justizbeamtinnen und -beamte sowie hinzugezogene Notarinnen und Notare (§ 93 Abs. 3 Satz 2 BNotO) berichten der Präsidentin oder dem Präsidenten des Landgerichts über das Ergebnis der Prüfung. [2] Soweit der Bericht Beanstandungen enthält, trifft die Präsidentin oder der Präsident des Landgerichts die erforderlichen Anordnungen.

[1)] Nr. **200**.
[2)] Nr. **1**.

8. Abschnitt. Notariatsverwaltung und Notarvertretung

§ 33 [Notariatsverwaltung und Notarvertretung] (1) Die Bestimmungen der Dienstordnung gelten auch für Notariatsverwalterinnen und Notariatsverwalter, Notarvertreterinnen und Notarvertreter.

(2) [1] Die Notariatsverwalterin und der Notariatsverwalter führen das Amtssiegel (§ 2) mit der Umschrift „... Notariatsverwalterin in ... (Ort)" oder „Notariatsverwalter in ... (Ort)". [2] Die Notariatsverwalterinnen und Notariatsverwalter sollen ihrer Unterschrift einen sie kennzeichnenden Zusatz beifügen. [3] Das Notariatsverwalterattribut muss bei der Erstellung elektronischer Urkunden neben der Notariatsverwaltereigenschaft auch den Amtssitz, das Land, in dem das Verwalteramt ausgeübt wird, und die zuständige Notarkammer enthalten. [4] Der Nachweis kann auch durch eine mit qualifizierter elektronischer Signatur der zuständigen Bestellungsbehörde versehene Abschrift der Verwalterbestellungsurkunde oder eine elektronische beglaubigte Abschrift der Verwalterbestellungsurkunde geführt werden.

(3) Die Notarvertreterin führt den sie als Vertreterin kennzeichnenden Zusatz (§ 41 Abs. 1 Satz 2 BNotO[1]) in der weiblichen Form.

(4) [1] Der Nachweis der Stellung als Notarvertreterin oder Notarvertreter muss bei der Erstellung elektronischer Urkunden den Namen der vertretenen Notarin oder des vertretenen Notars, den Amtssitz und das Land, in dem das Notaramt ausgeübt wird, enthalten. [2] Der Nachweis kann durch eine mit qualifizierter elektronischer Signatur der zuständigen Aufsichtsbehörde versehene Abschrift der Vertreterbestellungsurkunde oder eine elektronische beglaubigte Abschrift der Vertreterbestellungsurkunde geführt werden und ist mit dem zu signierenden Dokument zu verbinden.

(5) [1] Beginn und Beendigung der Notariatsverwaltung und der Vertretung sind in der Urkundenrolle zu vermerken; der Zeitpunkt des Beginns und der Beendigung sind anzugeben. [2] Dies gilt auch dann, wenn während der Notariatsverwaltung oder Vertretung keine Beurkundungen vorgenommen worden sind.

(6) [1] Notarinnen und Notare, für die eine ständige Vertreterin oder ein ständiger Vertreter bestellt ist, haben der Präsidentin oder dem Präsidenten des Landgerichts in vierteljährlichen Zusammenstellungen in zwei Stücken Anlass, Beginn und Beendigung der einzelnen Vertretungen anzuzeigen. [2] In sonstigen Vertretungsfällen ist die vorzeitige Beendigung der Vertretung unverzüglich anzuzeigen.

9. Abschnitt. In-Kraft-Treten

§ 34 [Inkrafttreten] [1] Diese Dienstordnung tritt am ersten Tage des sechsten auf ihre Verkündung[2] folgenden Kalendermonats in Kraft. [2] Laufende Bücher und Verzeichnisse sind erst ab dem Beginn des auf das In-Kraft-Treten folgenden Kalenderjahres nach den Vorschriften dieser Dienstordnung zu führen. [3] Für alle Massen, die vor diesem Zeitpunkt angelegt worden sind, kann das Massenbuch nach den bis dahin geltenden Vorschriften fortgeführt werden. [4] Verwahrungsbuch, Massenbuch und die Übersicht über die Verwahrungsgeschäfte dürfen bis zum 31. Dezember 2001 in DM geführt werden; die Umstellung auf Euro erfolgt nach den von den Landesjustizverwaltungen hierzu erlassenen Bestimmungen. [5] Anderkonten und Anderdepots sind bis zum Vorliegen entsprechender Beschlüsse der Vertreterversammlung der Bundesnotarkammer nach den Empfehlungen der Spitzenverbände der Deutschen Kreditwirtschaft zu den Bedingungen für Anderkonten und Anderdepots einzurichten und zu führen.

---

[1] Nr. **1**.
[2] Verkündet am 20. 3. 2001.

Anlage

Muster 1

Urkundenrolle*)

der/des

Notarin/Notars ______________________ in ______________________

Band ______

Dieser Band umfasst ohne das Titelblatt ____________ Seiten.

______________________, den ______________________

______________________, Notar
(Unterschrift)

*) Auf dem Titelblatt des Verwahrungsbuchs tritt an die Stelle des Wortes „Urkundenrolle" das Wort „Verwahrungsbuch".

Muster 2

Jahr 2000 Urkundenrolle der/des Notarin/Notars ____________ in ____________*) Seite 1

Lfd. Nr.	Tag der Ausstellung der Urkunde	Name, Wohnort oder Sitz der nach § 8 Abs. 4 DONot aufzuführenden Personen	Gegenstand des Geschäfts	Bemerkungen
1	2	3	4	5
1	3. Januar	Jürgen K. in B.; Hans H. in B.	Grundstückskaufvertrag	vgl. Nr. 7
2	3. Januar	Erich E. in D., Peter E. in A., Berta A. geb. Z. in D., letztere vertreten durch Peter E. in A. in Erbengemeinschaft nach Friedrich E. in A.	Erbauseinandersetzungs-vertrag	vgl. Nr. 6
3	3. Januar	AL Aktiengesellschaft in B.	Hauptversammlung	
4	3. Januar	AL Aktiengesellschaft in B.; Axel P. in K., Karl M. in B., Susanne M. in B., Peter M. in K., Richard B. in K.	Anmeldung zum Handelsregister und Unterschr.-Begl. mit Entwurf	
5	4. Januar	Anton A. in B., Renate B. geb. A. in A.	(Grundschuldbestellung und) Unterschriftsbeglaubigung ohne Entwurf	
6	7. Januar	Berta A. geb. Z. in D.	Genehmigung der Erbauseinandersetzung Nr. 2	verwahrt bei Nr. 2
7.	7. Januar	Jürgen K. in B., Hans H. in B.	Nachtrag zum Kaufvertrag Nr. 1	verwahrt bei Nr. 1

*) Wird die Urkundenrolle in Buchform geführt, so kann die Überschrift entfallen.
Zu Abweichungen in der Gestaltung der Urkundenrolle vgl. § 6 Abs. 3 DONot

Muster 3

Seite

Verwahrungsbuch

Seite

Einnahme

Lfd. Nr.	Datum		Bezeichnung des Auftraggebers	Es sind verwahrt: Geld		Es sind verwahrt: Wertpapiere und Kostbarkeiten		Seite des Massenbuchs oder Massen-Nr. der Massenkartei	
	Monat	Tag		EUR	Cent	Bezeichnung	Nenn- oder Schätzungswert EUR	Seite	Nr.
1	2		3	4		5		6	
	2000								
1	Jan.	3.	Peter H. in B.	5000	-	-	-	1	1
2	Jan.	5.	C. Bank in B. für Peter H. daselbst	-	-	7 v. H. Bundesanleihe mit Erneuerungsscheinen	10000	1	1
3	Jan.	7.	Jürgen N. in Z.	1500	-	-	-	2	2
4	Jan.	10.	Franz F. in N.	2000	-	-	-	2	3
5	Jan.	17.	Derselbe	-	-	8 v. H. Pfandbriefe der Dtsch.Hypo-Bank Bremen mit Erneuerungsscheinen	15000	2	3
6	Jan.	20.	Lothar F. in K.	2500	-	-	-	3	4
7	Jan.	25	Petra P. in K.	900	-	Sparbuch Nr. 45675, Sparkasse in K.	-	3	4
			Übertrag:						

Ausgabe

Lfd. Nr.	Datum		Bezeichnung des Empfängers	Es sind ausgegeben: Geld		Es sind ausgegeben: Wertpapiere und Kostbarkeiten		Seite des Massenbuchs oder Massen-Nr. der Massenkartei		Bemerkungen
	Monat	Tag		EUR	Cent	Bezeichnung	Nenn- oder Schätzungswert EUR	Seite	Nr.	
1	2		3	4		5		6		7
	2000									
1	Jan.	7.	H., Rechtsanwalt in K.	1500	-	-	-	2	2	
2	Jan.	11.	Amtsgericht in P.	1800	-	-	-	2	3	
3	Jan.	17.	Finanzamt in B.	200	-	-	-	2	3	
4	Jan.	17.	Peter K. in B.	3000	-	-	-	1	1	
5	Jan.	17.	Peter K. in B.			7 v. H. Bundesanleihe mit Erneuerungsscheinen	10.000	1	1	
6	Jan.	17.	Peter H. in B.	1500	-	-	-	1	1	
7	Jan	17	Verrechnung auf Notargebühren	500	-	-	-	1	1	
			Übertrag:							

Zu Abweichungen in der Gestaltung des Verwahrungsbuchs vgl. § 6 Abs. 3 DONot

Verwahrungsbuch (Loseblattform)

Muster 4
Seite 1

Lfd. Nr.	Datum		Bezeichnung des Auftraggebers oder Empfängers	Geld				Wertpapiere und Kostbarkeiten			Nr. der Masse	Bemerkungen
				Einnahme		Ausgabe		Nenn- oder Schätzungswert	Einnahme	Ausgabe		
	Monat	Tag		EUR	Cent	EUR	Cent	EUR				
1	2		3	4				5			6	7
	2000											
1	Jan.	3.	Peter H. in B.	5000	-	-	-	-	-	-	1	
2	Jan.	5.	C. Bank in B. für Peter H. daselbst	-	-	-	-	10000	7 v.H. Bundesanleihe mit Erneuerungsscheinen	-	1	
3	Jan.	7.	Jürgen N. in Z.	1500	-	-	-	-	-	-	2	
4	Jan.	7.	H., Rechtsanwalt in K.	-	-	1500	-	-	-	-	2	
5	Jan.	10.	Franz F. in N.	2000	-	-	-	-	-	-	3	
6	Jan.	11.	Amtsgericht in P.	-	-	1800	-	-	-	-	3	
7	Jan.	17.	Franz F. in N.	-	-	-	-	15000	8 v.H. Pfandbriefe der Dtsch. Hypothekenbank Bremen mit Erneuerungsscheinen	-	3	
8	Jan.	17.	Finanzamt in B.	-	-	200	-	-	-	-	3	
9	Jan.	17.	Peter K. in B.	-	-	3000	-	-	-	-	1	
10	Jan.	17.	Peter K. in B.	-	-	-	-	10000	-	7 v.H. Bundesanleihe mit Erneuerungsscheinen	1	
11	Jan.	17.	Peter H. in B.	-	-	1500	-	-	-	-	1	
12	Jan.	17.	Verrechnung auf Notargeb.	-	-	500	-	-	-	-	1	
13	Jan.	20.	Lothar F. in K.	2500	-	-	-	-	-	-	4	
14	Jan.	25.	Petra P. in K.	900	-	-	-	-	Sparbuch Nr. 45675, Sparkasse in K.	-	4	
			Übertrag:									

Zu Abweichungen in der Gestaltung des Verwahrungsbuchs vgl. § 6 Abs. 3 DONot

Muster 5

Massenbuch

Seite | Seite

Einnahme								Ausgabe								
				Es sind verwahrt								Es sind ausgegeben				
Nr. des Verwahrungsbuchs	Datum		Bezeichnung des Auftraggebers	Geld		Wertpapiere und Kostbarkeiten		Nr. des Verwahrungsbuchs	Datum		Bezeichnung des Empfängers	Geld		Wertpapiere und Kostbarkeiten		Bemerkungen
	Monat	Tag		EUR	Cent	Bezeichnung	Nenn- oder Schätzungswert EUR		Monat	Tag		EUR	Cent	Bezeichnung	Nenn- oder Schätzungswert EUR	
1	2		3	4		5		1	2		3	4		5		6
			(Seite 1)								(Seite 1)					
1. Peter H. in B., Beleihungsmasse, URNr. 1293/99, Kreissparkasse in B., Konto-Nr. 174 130																
	2000								2000							
1	Jan.	3.	Peter H. in B.	5000	-	-	-	4	Jan.	17.	Peter K. in B.	3000	-	-	-	
2	Jan.	5.	C. Bank in B. für Peter H. daselbst	-	-	7 v.H. Bundesanleihe Serie A Nr. 4760, 4761, 4762, 4763,4764, 4765, 4766, 4767, 4768, 4769 zu je 1000 DM mit Erneuerungsscheinen zu diesen Nummern	10000	5	Jan.	17.	Peter K. in B.			7 v.H. Bundesanleihe Serie A Nr. 4760, 4761, 4762, 4763, 4764, 4765, 4766, 4767, 4768, 4769 zu je 1000 DM mit Erneuerungsscheinen zu diesen Nummern	10000	
								6	Jan.	17.	Peter H. in B.	1500	-	-	-	
			Einnahmen:	5000	-											
			Ausgaben:	5000	-			7	Jan.	17.	Verr. auf Notargeb.	500	-	-	-	
											Ausgaben	5000	-			
			(Seite 2)								(Seite 2)					
2. Jürgen N. in Z., Vergleich vom 3.12.1999, URNr. 1210/99, B. Bank in K., Konto-Nr. 932410																
	2000								2000							
3	Jan.	7.	Jürgen N. in Z.	1500	-	-	-	1	Jan.	7.	H., Rechtsanwalt in K.	1500	-	-	-	
3. Max M. in H., Nachlassmasse, URNr. 45/2000, Volksbank R., Konto-Nr. 34215																
	2000								2000							
4	Jan.	10.	Franz F. in N.	2000	-	-	-	2	Jan.	11.	AmtsG. in P.	1800	-	-	-	
5	Jan.	17.	Derselbe	-	-	8 v.H. Pfandbriefe der Dtsch.Hypo-Bank Bremen Serie V Nr. 201, 207, 211 zu je 5000 DM mit Erneuerungsscheinen zu diesen Nummern	15000	3	Jan.	17.	FinAmt in B.	200	-	-	-	
			(Seite 3)								(Seite 3)					
4. Lothar F. in K., Kaufgeldermasse, URNr. 86/2000, Stadtsparkasse in H., Konto-Nr. 260582, Festgeldanderkonto Nr. 4711																
	2000								2000							
6	Jan.	20.	Lothar F. in K.	2500	-	-	-									
7	Jan.	25.	Petra P. in K.	900	-	Sparbuch Nr. 45675, Sparkasse in K.	-									

Zu Abweichungen in der Gestaltung des Massenbuchs vgl. § 6 Abs. 3 DONot.

Muster 6

Massen-Nr. 1

Seite ..1....

Massenbuch (Karteiform)

URNr. 1293/99

Peter H. in B., Beleihungsmasse

Anderkonto: Kreissparkasse in B., Konto-Nr. 174130

Lfd. Nr.	Datum		Bezeichnung des Auftraggebers oder Empfängers	Geld				Wertpapiere und Kostbarkeiten			Lfd. Nr. des Verw. Buchs
				Einnahme		Ausgabe		Nenn- oder Schätzungswert EUR	Einnahme	Ausgabe	
	Monat	Tag		EUR	Cent	EUR	Cent				
1	2		3	4				5			6
	2000										
1	Jan.	3.	Peter H. in B.	5000	-	-	-	-	-	-	1
2	Jan.	5.	C. Bank in B. für Peter H. daselbst	-	-	-	-	10000	7 v.H. Bundesanleihe Serie A Nr. 4760, 4761, 4762, 4763, 4764, 4765, 4766, 4767, 4768, 4769 zu je 1000 DM mit Erneuerungsscheinen zu diesen Nummern	--	2
3	Jan.	17.	Peter K. in B.	-	-	3000	-	-	-	-	9
4	Jan.	17.	Peter K. in B.	-	-	-	-	10000	-	7 v.H. Bundesanleihe Serie A Nr. 4760, 4761, 4762, 4763, 4764, 4765, 4766, 4767, 4768, 4769 mit Erneuerungsscheinen zu diesen Nummern	10
5	Jan.	17.	Peter H. in B.	-	-	500	-	-	-	-	11
6	Jan.	17.	Verrechnung auf Notargebühren	-	-	500	-	-	-	-	12
			Übertrag:	5000	-	5000	-				

Zu Abweichungen in der Gestaltung des Massenbuchs vgl. § 6 Abs. 3 DONot

Muster 7

An die/den

Frau Präsidentin/Herrn Präsidenten des Landgerichts

in ______________________

Übersicht

über

Urkundsgeschäfte der Notarin/des Notars ____________

Amtsgerichtsbezirk ____________

Amtssitz ____________

im Kalenderjahr ______

– in der Zeit vom ____________ bis ____________*)

Die Richtigkeit bescheinigt

____________, den ____________

____

Notarin/Notar

	Zahl
1. Summe aller Beurkundungen und Beschlüsse nach der Urkundenrolle	
Davon:	
a) Beglaubigungen von Unterschriften oder Handzeichen:	
aa) mit Anfertigung eines Urkundenentwurfs	
bb) ohne Anfertigung eines Urkundenentwurfs	
b) Verfügungen von Todes wegen	
c) Vermittlungen von Auseinandersetzungen**)	
d) Sonstige Beurkundungen und Beschlüsse***)	
2. Wechsel- und Scheckproteste	
3. Zusammen	

*) Nur ausfüllen, falls die Notarin/der Notar nicht während des ganzen Kalenderjahres im Amte war.

**) einschließlich der in die Urkundenrolle eingetragenen Beurkundungen und Beschlüsse nach dem Sachenrechtsbereinigungsgesetz (§ 8 Abs. 1 Nr. 7, § 24 Abs. 2 Nr. 3 DONot).

***) einschließlich der Vollstreckbarerklärungen nach § 796c Abs. 1, § 1053 Abs. 4 ZPO.

Muster 7a

An die/den

Frau Präsidentin/Herrn Präsidenten des Landgerichts

in ______________________________

Übersicht

über

Urkundsgeschäfte der Notarin/des Notars ______________________________

Amtsgerichtsbezirk ______________________________

Amtssitz ______________________________

im Kalenderjahr ____________

– in der Zeit vom ____________ bis ______________________[*]

Die Richtigkeit bescheinigt

______________________, den ______________________

____

Notarin/Notar

	Zahl	
1. Summe aller Beurkundungen und Beschlüsse nach der Urkundenrolle		
Davon:		
a) Beglaubigungen von Unterschriften oder Handzeichen:		
aa) mit Anfertigung eines Urkundenentwurfs....................................		
bb) ohne Anfertigung eines Urkundenentwurfs..................................		
b) Verfügungen von Todes wegen...		
c) Vermittlung von Auseinandersetzungen[**]...		
d) Sonstige Beurkundungen und Beschlüsse[***]......................................		
davon Bescheinigungen des Notars................................ [ ]		
2. Wechsel- und Scheckproteste..		
3. Zusammen..		

[*] Nur ausfüllen, falls die Notarin/der Notar nicht während des gesamten Kalenderjahres im Amte war.

[**] einschließlich der in die Urkundenrolle eingetragenen Beurkundungen und Beschlüsse nach dem Sachenrechtsbereinigungsgesetz (§ 8 Abs. 1 Nr. 7, § 24 Abs. 2 Nr. 3 DONot).

[***] einschließlich der Vollstreckbarerklärungen nach § 796c Abs. 1, § 1053 Abs. 4 ZPO.

An die/den
Frau Präsidentin/Herrn Präsidenten des Landgerichts
in ______________________________________

Muster 8

(Seite 1)

Übersicht

über die Verwahrungsgeschäfte der Notarin/des Notars

________________________ in ________________________

nach dem Stand vom 31. Dezember 1999

	Betrag EUR	Cent	Bemerkungen
I. Geld			
1. Der sich aus den Kontoauszügen ergebende Bestand der am Jahresschluss verwahrten Geldbeträge Gesamtbetrag	42 500	–	
2. Überschuß der Einnahmen über die Ausgaben nach Spalte 4 des Verwahrungsbuchs	42 500	–	
3. Bestand, nach den einzelnen Massen gegliedert Massenbuch Nr. 11/99 a)	900	–	Sparkasse in Seefeld Sparkto.-Nr. 106 402 v. 18. 12. 1999 (Sparbuch in der Kanzlei)
b)	10 500	–	I-Kreditanstalt in Seefeld Anderkto.-Nr. 3042 001 v. 16. 12. 1999
Massenbuch Nr. 12/99 (URNr. 440/99)	12 000	–	desgl. Anderkonto-Nr. 3042 005 v. 30. 12. 1999
Massenbuch Nr. 15/99 (URNr. 446/99)	19 100	–	desgl. Anderkonto-Nr. 3042 018 v. 29. 12. 1999
Summe	42 500	–	

(Seite 2)

	Betrag EUR	Cent	Bemerkungen
II. Wertpapiere und Kostbarkeiten			
Bestand, nach den einzelnen Massen gegliedert Massenbuch Nr. 11/99 (URNr. 433/99) 4 v.H. Pfandbriefe der Bayer. Vereinsbank München mit Zins- und Erneuerungsscheinen	5000	–	bei der N-Kreditanstalt in Seefeld

Ich versichere hiermit, dass die vorstehende Übersicht vollständig und richtig ist und dass die unter I 3 aufgeführten Geldbeträge mit den in den Kontoauszügen der Kreditinstitute und gegebenenfalls in den Sparbüchern angegebenen Guthaben übereinstimmen.

____________________, den ____________________ ____________________

Notarin/Notar

Muster 9 a (zu § 15)

Kostenregister

Lfd. Nr.	Tag des Anfalls	Name, Wohnort der Beteiligten	Gegenstand des Geschäfts	Bemerkungen	Wert	Gebühren und Auslagen des Notars nach der KostO										durch-laufende Posten		Summe	
						Gebühren				Schreib-auslagen		Auslagen, Reisekosten		**Umsatz-steuer**					
						abgabe-pflichtig		abgabefrei											
					EUR	EUR	Cent	EUR	Cent	EUR	Cent	EUR	Cent	EUR	Cent	EUR	Cent	EUR	Cent
I	II	III	IV	V	VI	VIIa		VII b		VIII		IX		X		XI		XII	
					Übertrag:														
					Übertrag:														

Muster 9 b (zu § 16)

Urkundenrolle und Kostenregister

Lfd. Nr.		Tag der Ausstellung der Urkunde/Tag des Anfalls	Name, Wohnort der Beteiligten	Gegenstand des Geschäfts	Bemerkungen (zur Urkundenrolle)	Wert	Gebühren und Auslagen des Notars nach der KostO					durchlaufende Posten	Summe	Bemerkungen (zum Kostenregister)
Urkundenrolle	Kostenregister						Gebühren		Schreibauslagen	Auslagen, Reisekosten	**Umsatzsteuer**			
							abgabepflichtig	abgabefrei						
						EUR	EUR Cent	EUR Cent	EUR Cent	EUR Cent	EUR Cent	EUR Cent	EUR Cent	
I a	I b	II	III	IV	V	VI	VII a	VII b	VIII	IX	X	XI	XII	XIII
						Übertrag:								
						Übertrag:								

31. Empfehlungen für EDV-Programme zur Unterstützung einer dienstordnungsgerechten Führung der Bücher im Notariat

(Stand: August 1998)

Übersicht

Vorbemerkung

Die Bundesnotarkammer hat sich seit 1984 intensiv mit den Problemen befaßt, die aufgrund von Geschäftsprüfungsberichten oder Anfragen zum Einsatz von EDV-Anlagen im Notariat erkennbar wurden (vgl. auch die von der Bundesnotarkammer herausgegebene Schrift „EDV im Notariat"). Dabei ist in Übereinstimmung mit den Landesjustizverwaltungen festzuhalten, daß nach der derzeitigen Fassung der DONot eine EDV-unterstützte Führung der Bücher, Register und Listen des Notars zulässig ist, aber nur der Ausdruck dieser Unterlagen auf dem Medium Papier den Anforderungen des notariellen Dienstrechts genügt. Gegenstand der Überprüfung der notariellen Amtsführung und ihrer Vereinbarkeit mit der Dienstordnung für Notare ist daher nicht die Software des Notars, die bloßes Hilfsmittel ist, sondern sind allein die mit Hilfe der EDV erzeugten, auf dem Medium Papier verkörperten Schriftdokumente. Die Eingabe in den Rechner und die elektronische Speicherung der Daten erfüllt nicht das Erfordernis der Eintragung in die Bücher, Register und Listen des Notars. Hinzukommen muß der Ausdruck auf Papier entsprechend den vorgeschriebenen Mustern. Nur diese in Papierform niedergelegten Arbeitsergebnisse haben rechtliche Bedeutung und unterliegen der aufsichtsrechtlichen Prüfung.

Die nachfolgenden Empfehlungen wollen und können nichts anderes sein als

- eine Checkliste für den Notar, der sich für ein auf dem Markt befindliches Programm interessiert, um zu prüfen, ob dieses Programm ihn bei einer dienstordnungsgerechten Bücherführung unterstützen kann,
- eine Checkliste im Sinne eines Pflichtenheftes für den Softwarehersteller – ggf. auch für den Notar, der selbst ein Programm erstellen will – mit Hinweisen, welche Punkte im Hinblick auf die DONot bei der Erstellung eines Programmes relevant sind,
- ein Hinweis für den Notarprüfer, soweit auch Aussagen zu den Ausdrucken der Bücher getroffen werden.

Die Empfehlungen geben daher Hinweise für die Erstellung und Auswahl von Notarprogrammen, mit denen eine dienstordnungsgerechte Bücherführung unterstützt werden kann. EDV-Programme können aber nur Hilfsmittel der praktischen Tätigkeit sein und ersetzen keinesfalls die vollständige Verantwortlichkeit des Notars für die Einhaltung der Bestimmungen der DONot. Erfüllt ein Programm nicht alle nachstehend aufgeführten Positionen, so ist sein Einsatz im Notariat nicht unzulässig. Der Notar muß für die Erfüllung der Bestimmungen der DONot auf andere Weise Sorge tragen.

I. Zur Urkundenrolle

1. Änderungsverbot

1.1. Eine ausgedruckte Urkundenrolle darf nicht ohne Kenntlichmachung verändert werden. Der bisherige Inhalt muß dabei ersichtlich bleiben (§ 9 Abs. 4 DONot). Dies gilt auch für nochmalige Ausdrucke der Urkundenrolle. Dies kann dadurch unterstützt werden, daß nach Eingabe und Bestätigung der Eingabe das System eine Änderung nicht mehr zuläßt.
Weiter ist denkbar, programmunterstützt eine Änderung drucktechnisch hervorzuheben und einen Berichtigungsvermerk in der Spalte 5 zu veranlassen. Ein Richtigstellungsvermerk ist anders als beim Verwahrungsbuch (§ 13 Abs. 6 DONot) zwar nicht vorgesehen. Es empfiehlt sich jedoch, einen solchen Vermerk zu erstellen, da damit dem Notar die Kontrolle erleichtert und er gleichzeitig über Büroversehen informiert wird.

1.2. Fehlerbehandlung bei der Nummernvergabe

Besondere Fehlerquellen können in der Vergabe von Urkundennummern liegen (zur Vermeidung dieser Fehlerquellen vgl. im folgenden Pkt. 2.und 3.). Berichtigungen müssen auch hier nach § 9 Abs. 4 DONot so erfolgen, daß der ursprüngliche Text erkennbar bleibt.
Im einzelnen sind dabei folgende Punkte zu beachten:

- Nicht belegte Urkundennummern (Versehentlich übersprungene Nummern) bleiben offen, sobald eine Urkunde des nachfolgenden Tages registriert wurde. Sie können und dürfen nicht mit einer späteren Urkunde eines anderen Tages belegt werden.
- Doppelt belegte Urkundennummern werden manuell mit einer Unternummer (Zusatzbuchstaben) gekennzeichnet.
- Ist eine Urkunde versehentlich nicht am Beurkundungstag eingetragen (übersehene Urkunde) und schon eine weitere Urkunde eines nachfolgenden Beurkundungstages registriert worden, so erfolgt bei Feststellung dieses Fehlers die Registrierung dieser Urkunde unter der nächsten freien Urkundennummer. In der Spalte 2 „Tag der Ausstellung der Urkunde" ist das korrekte Beurkundungsdatum einzutragen. Die Vergabe einer Unternummer vom Tag der Beurkundung ist in diesem Fall nicht zulässig.

Eine solche richtige Behandlung von Fehlern kann durch das System unterstützt werden, indem es keine Programme zur Berichtigung anbietet, so daß die Berichtigung nur manuell vorgenommen werden kann.

2. Zwingende Nummernfolge

2.1. Zur Vermeidung von Fehlerquellen bei der Nummernvergabe (vgl. 1.2.) wird empfohlen, daß programmgesteuert die Vergabe der Urkundennummern in der zeitlichen Reihenfolge unterstützt (§ 9 Abs. 1 DONot) und das Überspringen von Urkundennummern ausgeschlossen wird.

2.2. Zusatzbuchstaben, die in dem Ausnahmefall der versehentlichen Doppelvergabe von Urkundennummern erforderlich werden können (vgl. 1.2.), sollte das Programm nicht vergeben. In diesem nur vereinzelt auftretenden Sonderfall ist vielmehr die Urkundenrollennummer manuell aufzunehmen.

3. Eintragungszwang für alle Spalten 1 bis 4 der Urkundenrolle

3.1. Das Programm sollte einen Eintragungszwang für alle Spalten der Urkundenrolle mit Ausnahme der Spalte 5 vorsehen.

3.2. Zur Vermeidung von Fehlerquellen sollte das Programm die Eingabe eines späteren Datums als des Systemdatums (Tagesdatum) nicht akzeptieren (Plausibilitätskontrolle). Die nachträgliche Berichtigung des Datums im Falle einer übersehenen Urkunde muß jedoch möglich bleiben.

4. Ausdruck

4.1. Im Hinblick auf eine möglicherweise nicht ausreichende Datensicherung empfiehlt es sich, regelmäßig, spätestens am Jahresende, einen Ausdruck der Urkundenrolle zu veranlassen. Dabei könnte das Programm bei der Vergabe der ersten Urkundennummer einen Ausdruckszwang oder -hinweis für das zurückliegende Jahr vorgeben.

4.2. In diesem Zusammenhang ist auch auf das Hardware-Erfordernis der Urkunds- bzw. Dokumentenechtheit der Drucker gem. § 26 Absätze 1 und 3 DONot hinzuweisen, die durch das Materialprüfungszeugnis der Papiertechnischen Stiftung in München (früher der Bundesanstalt für Materialforschung und -prüfung in Berlin) oder einer anderen hierfür zuständigen Stelle nachgewiesen wird (vgl. als Orientierungshilfe hierzu auch die regelmäßig in NJW-CoR abgedruckte Marktübersicht zu Tintenstrahl- und Laserdruckern, zuletzt NJW-CoR 1996, Seite 292 f.).

5. Vertretervermerke

Das Programm sollte die Eintragung von Vertretervermerken gem. § 34 DONot sowie den Ausdruck der Vertretervermerke programmtechnisch unterstützen.

6. Blattzahlen

Eine fortlaufende Nummerierung der Einlageblätter nach § 14 Abs. 1 Satz 3 DONot sollte in dem Programm vorgesehen werden.

7. Namensverzeichnis

Das Programm sollte die Erstellung und auch den Ausdruck eines alphabetisch geordneten Namensverzeichnisses unterstützen. Dabei empfiehlt sich ein jährliches Namensverzeichnis, damit dieses der jeweiligen Urkundenrolle beigefügt werden kann.

II. Erbvertragsverzeichnis

Die Aussagen zur Urkundenrolle gelten entsprechend für das Erbvertragsverzeichnis. Das Programm sollte hierbei die Daten für das Erbvertragsverzeichnis aus den Angaben der Urkundenrolle ableiten.

III. Massen- und Verwahrungsbuch

Vorbemerkung

Das Verwahrungsbuch dokumentiert, welche Werte der Notar insgesamt vereinnahmt und verausgabt hat und welcher Stand augenblicklich vorhanden ist, das Massenbuch gibt Auskunft über den Verbleib und die Abwicklung jeder einzelnen Verwahrungsmasse. Beiden Büchern kommt damit Urkundscharakter zu. Aufgrund dieses besonderen Charakters verlangt die Dienstordnung im Unterschied zur Urkundenrolle, daß Eintragungen in das Massen- und Verwahrungsbuch noch am Tage des Eingangs oder der Ausgabe vorzunehmen sind (§ 13 Abs. 1 Satz 1 DONot). Aus diesem Grundsatz der taggenauen Buchung folgt für das Massen- und Verwahrungsbuch somit bereits unmittelbar aus der DONot auch der Grundsatz des buchungstaggerechten Ausdruckes. Die Eingabe in den Rechner und das Vorhandensein der physikalischen Buchungsdaten auf dem Speichermedium erfüllt nicht das Erfordernis der Eintragung. Hinzukommen muß stets der Ausdruck in der Gestaltung der vorgeschriebenen Muster. Diese Grundsätze liegen den folgenden Empfehlungen, insbesondere zum Ausdruckszwang, zugrunde.

1. Prinzip der Gegenbuchung

Es wird dringend empfohlen, das Prinzip der Gegenbuchung im Massen- und Verwahrungsbuch fest im Programm zu verankern. Ein Verzicht auf eine automatische Gegenbuchung würde zu Fehlerquellen führen, die ohne weiteres vermeidbar sind.

2. Änderungsverbot

2.1. Bereits ausgedruckte Buchungen dürfen gem. § 13 Abs. 6 DONot nicht geändert werden. Dies kann dadurch unterstützt werden, daß nach Eingabe und Bestätigung der Eingabe oder erfolgtem Ausdruck das System eine Änderung nicht mehr zuläßt.

2.2. Das Programm sollte Änderungen nur zulassen, wenn der ursprüngliche Inhalt erhalten bleibt und die Änderungen zeitlich und optisch nachgeordnet werden und als solche auch gekennzeichnet sind. Diese Empfehlung wird im Hinblick darauf gegeben, daß eine fehlende Änderungsmöglichkeit technisch von einer zusätzlichen Eingabe zu unterscheiden ist. Der Fall der nicht taggerechten Buchung (übersehener Kontoauszug) wird vergleichbar der übersehenen Urkunde (I 1.2) behandelt. In der Spalte 2 ist anstelle des Tages der Buchung das Datum des Eingangs des Kontoauszuges und in Spalte 5 des Verwahrungsbuches eine Bemerkung einzutragen.

3. Berichtigungsvermerk

Im Unterschied zur Urkundenrolle ist beim Massen- und Verwahrungsbuch gem. § 13 Abs. 6, 2. Halbsatz DONot der Berichtigungsvermerk ausdrücklich geregelt. Demnach sind Irrtümer durch einen von dem Notar zu unterschreibenden Nachtragsvermerk in der entsprechenden Spalte oder in der Bemerkungsspalte unter Angabe des Datums richtigzustellen. Im übrigen müssen auch hier Berichtigungen so vorgenommen werden, daß gem. § 9 Abs. 4 DONot der ursprüngliche Text erkennbar bleibt.

Das Programm sollte einen Berichtigungsvermerk i.S.d. § 13 Abs. 6 DONot unterstützen. Es sollte den Text eines Berichtigungsvermerks anbieten, der in der Spalte „Bemerkung" des Verwahrungsbuches sowie auf dem entsprechenden Massenkarteiblatt nachrichtlich in der Spalte bei der Korrektur erscheint. Desweiteren sollte das Programm die Unterzeichnung durch den Notar beim Ausdruck durch Angabe des Datums und einer punktierten Unterschriftslinie vorbereiten.

4. **Ausdruckszwang**

Entsprechend dem besonderen Charakter des Massen- und Verwahrungsbuches und dem Grundsatz der taggenauen Buchung folgt im Unterschied zur Urkundenrolle bereits unmittelbar aus der DONot der Zwang zum buchungstaggerechten Ausdruck (vgl. Vorbemerkung zu III). Das Programm kann die Einhaltung dieser Amtspflicht unterstützen, indem es zum buchungstaggerechten Ausdruck entsprechend § 13 Abs. 1 Satz 2 DONot zwingt.

5. **Zwingende Nummernfolge**

Das Programm sollte die Vergabe der Massennummern in der zeitlichen Reihenfolge entsprechend § 13 Abs. 3 Satz 1 DONot unterstützen und ein Freihalten von Massennummern verhindern. Dies kann durch eine zwingende Nummernfolge bei der Vergabe der Massennummer erfolgen. Um aber den Programmstart bei Erstinstallation auch während des laufenden Jahres zu ermöglichen, sollte in diesem Fall die Massennummer frei gewählt werden können.

6. **Saldovortrag**

Im Massen- und Verwahrungsbuch ist gem. § 13 Abs. 2 Satz 3, 2. Halbsatz DONot der Überschuß der Einnahmen über die Ausgaben auf die Folgeseite zu übertragen. Das Programm sollte die Ermittlung des Saldos vornehmen und die Ausweisung und den Ausdruck des Saldovortrages unterstützen.

7. **Massenkarteiblatt**

Die Kopfzeile muß dem amtlichen Muster 5 zur DONot entsprechen und eine kurze Bezeichnung der Masse enthalten. Das Programm sollte diese Eingabe ermöglichen und unterstützen.

8. **Abschluß der Masse**

8.1. Das Programm kann die Kontrolle des Abschlusses einer Masse dadurch fördern, daß es die Masse nicht abschließt, bevor der Saldo nicht ausgeglichen ist. Daher sollte auch ein Beendigungseintrag in die Anderkontenliste erst zulässig sein, wenn der Saldo auf Null steht.

8.2 Für den Fall, daß nach erfolgtem Abschluß der Masse noch Kontoauszüge, etwa Zinslast- oder Zinsgutschriften, die dann noch abzuwickeln sind, eingehen, sollte das Programm nachträgliche Buchungen ermöglichen, wobei programmunterstützt ein entsprechender Vermerk vorgesehen werden kann.

8.3 Gem. § 13 Abs. 5 Satz 3 DONot sind sämtliche zu einer Masse gehörigen Eintragungen im Massenbuch mit Rotstift durchzustreichen. Das Programm könnte einen entsprechenden online-Hinweis auf diese Notwendigkeit der manuellen Rötung, die durch einen gedruckten Abschluß nicht ersetzt werden kann, anbieten.

9. **Jahresabschluß, -vortrag**

Es wird empfohlen, daß das Programm den Jahresabschluß nach § 13 Abs. 2 Satz 4 DONot im Verwahrungsbuch vorbereitet oder bei Beginn des neuen Jahres zumindest darauf hinweist. Das Programm könnte bei Beginn eines neuen Jahres zum buchungstechnischen Abschluß des Verwahrungsbuches zwingen, etwa indem vor Abschluß des Verwahrungsbuches für das vorangegangene Jahr keine Buchung im neuen Jahr möglich ist. Das Programm sollte den Jahresabschluß des weiteren dadurch unterstützen, daß nach Abschluß des Verwahrungsbuches ein vom Notar zu unterzeichnender Abschlußvermerk gemäß § 13 Abs. 2 Satz 4 DONot vorbereitet und ausgedruckt wird. Zusätzlich könnte das Programm noch hinweisen auf die Pflicht zur Einbindung der Einlageblätter gem. § 14 Abs. 1 Satz 5 DONot und auf die Jahresübersicht nach § 24 DONot. Das Programm sollte des weiteren im Verwahrungsbuch des neuen Jahres automatisch den Überschuß aus dem vorangegangenen Jahr nach § 13 Abs. 2 Satz 4 DONot vortragen.

10. **Blattzahlen**

10.1. Eine fortlaufende Nummerierung der Einlageblätter des Verwahrungsbuches nach § 14 Abs. 1 Satz 3 DONot sollte das Programm vorsehen.

10.2. Auch die fortlaufende Nummerierung der Seiten einer Masse sollte durch das Programm vorgesehen werden.

11. Weitere Unterstützungen

11.1. Um zu vermeiden, daß mehrere Massen über ein Konto geführt werden, sollte das Programm unterstützend prüfen, ob entgegen § 12 Abs. 2 Satz 4 DONot mehrere Massen über ein Anderkonto abgewickelt werden und hierauf ggf. hinweisen.

11.2. Bei Buchungen sollte das Programm automatisch auf einen entstehenden Negativsaldo hinweisen.

12. Namensverzeichnis

Das Programm sollte die Erstellung und auch den Ausdruck eines alphabetisch geordneten Namensverzeichnisses, das die DONot auch für das Massenbuch gem. § 7 Abs. 3 Satz 1 DONot verlangt, unterstützen. Auch beim Massen- und Verwahrungsbuch empfiehlt sich die Erstellung eines Jahresnamensverzeichnisses.

13. Anderkontenliste

Zur Arbeitserleichterung sollte das Programm auch die Anderkontenliste mit den Angaben gem. § 11 Abs. 5 DONot erstellen können bzw. bei der Neuanlage und dem Abschluß einer Masse automatisch die entsprechende Eintragung und den Ausdruck vornehmen.

IV. Geschäftsübersichten, Übersichten über die Verwahrungsgeschäfte

Die Geschäftsübersichten (§ 23 DONot) bezüglich der Urkundsgeschäfte sowie die Übersicht über die Verwahrungsgeschäfte (§ 24 DONot) zählen nicht zu den Büchern des Notars. Der Inhalt dieser Übersichten läßt sich aber leicht aus den Informationen ableiten, die bei der Aufnahme der Urkundenrolle bzw. der Verwahrungs- und Massebücher in ein EDV-Programm eingegeben wurden. Insoweit sollte ein EDV-Programm das Ausfüllen dieser Übersichten unterstützen und soweit als möglich die notwendigen Informationen aus den bei der Führung der Bücher gewonnenen Daten ableiten.
Zu beachten ist dabei, daß bei einer manuellen Eingabe zur Beseitigung von Fehlern von Urkundennummern (vgl. 1.2., 2.2.) eine evtl. im EDV-Programm vorgesehene Zählung der Urkunden nach den verschiedenen Statistikgruppen in der Summe nicht mit der letzten Urkundennummer des Jahres übereinstimmt. Dieses muß durch manuelle Änderung der Geschäftsübersicht berücksichtigt werden.
Bei den Übersichten zu den Verwahrungsgeschäften muß das Kontoauszugsdatum des zuletzt gebuchten Kontoauszuges angegeben werden (§ 24 Abs. 2 Satz 2 DONot) und nicht das Datum des Eingangs des Kontoauszuges. Dies erfordert eine manuelle Eingabe der im Laufe des Jahres bei der Buchführung nicht benötigten Daten der Kontoauszüge in die Übersicht und läßt eine automatische Übernahme der letzten Buchungsdaten (Datum des Kontoauszugeingangs) nicht zu.

V. Datenübertragbarkeit

Im Hinblick auf die Möglichkeit des Programmwechsels sollten systemerfaßte Personendaten (Dateien) sowie die Buchungsdaten zum Verwahrungs- und Massenbuch problemlos exportierbar sein.

32. Hinweise für die Hersteller und Anwender von EDV-Programmen im Notariat

(Stand: Dezember 2000)

(Ausschuß der Bundesnotarkammer für Angelegenheiten der EDV, Ausschußvorsitzender: Notar Jörg Bettendorf, Krefeld)

Übersicht

Vorbemerkung

Die auf Grund der Änderung des Beurkundungsgesetzes[1] und der Bundesnotarordnung[2] erforderlich werdende Neufassung der Dienstordnung[3] ist abgeschlossen. Die vorliegende Fassung wird von dem niedersächsischen Justizministerium in Kraft gesetzt werden. Die Justizminister der anderen Bundesländer werden über die Dienstordnung[3] als bundeseinheitliche Verwaltungsvorschrift der Länder selbstständig entscheiden, so daß einzelne Abweichungen möglich sind.

Die im Notariat eingesetzten EDV-Programme müssen nunmehr an die neuen Vorgaben angepasst werden, um eine automationsgestützte dienstordnungsrechtlich zulässige Führung der Bücher und Akten zu ermöglichen. Im Hinblick auf eventuelle Abweichungen in den einzelnen Bundesländern muß der Hersteller eines Notarprogramms gegebenenfalls mehrere Versionen für verschiedene Bundesländer erstellen.

Die nachfolgenden Hinweise ergänzen die bestehenden „Empfehlungen für EDV-Programme zur Unterstützung einer dienstordnungsgerechten Führung der Bücher im Notariat" der Bundesnotarkammer von August 1998. Sie befassen sich daher lediglich mit den Fragen, die durch die Veränderung der Dienstordnung[3] aufgeworfen werden, und setzen die Kenntnis der zur Zeit geltenden Dienstordnung[3] und der genannten Empfehlungen voraus. Da in einer von dem niedersächsischen Justizministerium einberufenen Arbeitsgruppe noch spezielle Fragen zur automationsgestützten Führung des Notariatsbüros erörtert werden, sind spätere Ergänzungen der Dienstordnung[3] möglich, die weitere Hinweise erforderlich machen werden. Diese und die hier vorliegenden Hinweise sowie die genannten Empfehlungen und weitere Rundschreiben der Bundesnotarkammer sollen dann in einer einheitlichen Schrift zusammengefasst werden.

---

[1] Nr. **200**.
[2] Nr. **1**.
[3] Nr. **30**.

Da eine Vielzahl von Notariatsprogrammen existiert, die in unterschiedlicher Art, Weise und Umfang die Tätigkeit des Notars unterstützen, enthalten die Hinweise ausdrücklich keine Einzelfalllösungen, sondern zeigen lediglich die dienstordnungsrechtliche Notwendigkeit von Maßnahmen und die bei der Programmentwicklung zu beachtenden Grenzen auf. Die Hinweise erfolgen zu den einzelnen Paragraphen der Dienstordnung[1], soweit nicht eine Gesamtschau nach Sachfragen sinnvoller erschien.

zu §§ 1 bis 3. Amtseigenschaft

Während in der bisherigen Dienstordnung[1] auch die weibliche Amtsinhaberin als Amtsbezeichnung „Notar" führte, ist durch die Neufassung der Bundesnotarordnung[2] und der Dienstordnung[1] jetzt zwingend angeordnet, daß männliche Personen die Amtsbezeichnung „Notar" und weibliche Personen die Amtsbezeichnung „Notarin" führen. Entsprechendes gilt für den Notarvertreter und die Notarvertreterin, den Notariatsverwalter und die Notariatsverwalterin. Diese Tatsache kann in Notariatsprogrammen bei einer programmierten Textverarbeitung dadurch Berücksichtigung finden, daß über ein Amtsdatenblatt der jeweiligen handelnden Person die Angaben im Urkundseingang, im Urkundenabschlußvermerk, bei der Angabe der Amtsbezeichnung als Zusatz zur Unterschrift im Briefverkehr und in den amtlichen Mustern, die der Dienstordnung[1] beigefügt sind, etc. gesteuert werden. Entsprechendes gilt für die Bezeichnungen Notarvertreter, Notarvertreterin, Notariatsverwalter, Notariatsverwalterin. Neben den Programmen ist auch der Inhalt der Textbausteine zu kontrollieren.

zu § 5. Führung der Unterlagen, Dauer der Aufbewahrung

In § 5 sind die Bücher, Verzeichnisse und Akten der Notare gesammelt aufgeführt. Dieser Paragraph kann als Orientierung bei der Erstellung eines Programmes für die anzulegenden Dateien dienen. Neu ist in der dort erfolgten Auflistung in § 5 I Satz 1 unter Ziffer 7 die „Dokumentation zur Einhaltung von Mitwirkungsverboten". Diese wird nachstehend zu § 15 erörtert. Besondere Bedeutung gewinnt Absatz 3 für die Organisation, insbesondere für Computernetzwerke überörtlicher Sozietäten. Danach sind die Unterlagen in der Geschäftsstelle und nur von Personen zu führen, die bei dem Notar beschäftigt sind. Damit ist eine Drittbeauftragung und somit eine Fernbuchung (externe Datenverarbeitung) unzulässig. In § 27 II Satz 1 wird ausdrücklich die Anderkontenführung durch Datenfernübertragung, also auch das Online-Banking untersagt. Für überörtliche Sozietäten ist zu beachten, daß die Führung der Unterlagen am Ort der jeweiligen Geschäftsstelle des Notars zu erfolgen hat und nicht für alle Notare einer überörtlichen Sozietät an einem Ort gemeinschaftlich erfolgen kann.

zu § 6. Allgemeines zu den Büchern und Verzeichnissen

Durch § 6 und § 17 wird bestätigt, daß die Verwendung von EDV-Anlagen zur Führung der Bücher des Notars zulässig ist, sofern die Bestimmungen der Dienstordnung[1] eingehalten und die Technik lediglich als Hilfsmittel zur Erstellung der in Papierform geführten Bücher eingesetzt wird. Um eine derartige unterstützende Führung der Bücher zu ermöglichen, dürfen die der Dienstordnung[1] beigefügten Muster im Format (z.B. Hoch- oder Querformat, Breite der Spalten) geändert werden. Weitere Abweichungen von der Gestaltung bedürfen jedoch der Genehmigung der Aufsichtsbehörde. Diese Regelung war früher schon bei den Mustern in einer Fußnote enthalten, so daß dies für die Entwickler von Notariatsprogrammen keine Neuerung darstellt.

zu § 7. Änderungsverbot und zu §§ 14, 17 Ausdrucksgebot

In 7 II ist das allgemein zu beachtende Gebot enthalten, daß Zusätze und sonstige Änderungen in den Büchern nur so vorgenommen werden dürfen, daß die ursprüngliche Eintragung lesbar bleibt. Eine programmgestützte Berichtigung kann daher lediglich mittels Zusätze oder Einfügungen erfolgen, die als solche erkennbar sind. Eine durch die EDV ermöglichte spurlose Fehlerbeseitigung ist dabei unzulässig. Das Programm darf daher auch keine rückwirkende Manipulation unterstützen.

Gemäß § 14 sind vollbeschriebene Einlageblätter der in Loseblattform geführten Bücher abzulegen. Zu der Loseblattform gehören auch die mittels automationsgestützter Bücherführung erstellten Ausdrucke von Urkundenrolle, Verwahrungsbuch und Massenkartei. Der vorbeschriebene Vermerk über eine Berichtigung gemäß 7 II wird erst nach Ausdruck der vollständigen Seite datiert und unterschrieben (§ 17 II). Dabei sind frühere Ausdrucke der letzten nicht gefüllten Seite zu vernichten (§ 17 I). Aus der Zusammenschau dieser Vorschriften ergibt

[1] Nr. **30**.
[2] Nr. **1**.

sich, daß eine vollbeschriebene, ausgedruckte und somit abzulegende Seite eines der Bücher nicht mehr durch einen neuen Ausdruck ersetzt werden kann. Ein wiederholender Ausdruck mit einer Ergänzung nach § 7 II auf einer vollbeschriebenen Seite, bei der schon eine frühere unterzeichnete Berichtigung erfolgt ist, würde entweder im Widerspruch zu § 17 I verschiedene Daten der Unterzeichnung enthalten oder eine einheitliche Datierung, die für den ersten Berichtigungsvermerk nicht gültig und damit unzulässig ist. Im übrigyen dienen die abgelegten Seiten der Dokumentation, so daß auch aus diesem Gesichtspunkt ein Austausch unabhängig davon unzulässig ist, ob auf dieser Seite sich ein unterschriebener Vermerk befand oder nicht. Berichtigungen und die dazugehörigen Vermerke sind daher von Hand zu vollziehen, wenn eine vollbeschriebene, ausgedruckte und somit abzulegende Seite davon betroffen wird.

Zur konkreten Fehlerbehandlung bei der Führung der Urkundenrolle und des Verwahrungs- und Massenbuches wird auf Bettendorf in Beck'sches Notarhandbuch, 3. Aufl., Abschnitt L „Dienstordnung[1] und Büro", Rdnr. 16 (Urkundenrolle) und Rdnr. 35 (Verwahrungsbuch) sowie auf die eingangs erwähnte Empfehlung unter I Ziffer 1.2 (Urkundenrolle) verwiesen. Die Anbringung des Berichtigungsvermerkes wird nachstehend unter „§ 8 Urkundenrolle – Hinweise in Spalte 5 –" beispielhaft erörtert.

Zeitpunkt der Führung und Ausdruck, § 8 III Urkundenrolle, § 9 Erbvertragsverzeichnis, § 10 II Verwahrungs- und Massenbuch, § 12 V Anderkontenliste, § 13 II Namensverzeichnis i.V.m. § 17

Zur Führung der Bücher und Verzeichnisse – betreffend die Buchung/Eingabe – sind folgende Zeitpunkte festgelegt:

§ 8 III – Urkundenrolle –, § 9 – Erbvertragsverzeichnis – Die Eintragungen in die Urkundenrolle und das Erbvertragsverzeichnis sind zeitnah, spätestens vierzehn Tage nach der Beurkundung vorzunehmen.

§ 10 III – Verwahrungs- und Massenbuch – Die Buchungen im Verwahrungs- und Massenbuch sind taggerecht vorzunehmen. Im bargeldlosen Zahlungsverkehr ist dies der Tag des Eingangs des Kontoauszugs oder der Mitteilung über Zinsgutschriften und Spesenabrechnungen.

§ 12 V – Anderkontenliste – Die Anderkontenliste ist mit dem Zeitpunkt des Beginns des Verwahrungsgeschäftes, also mit der Anlegung der Masse bei der ersten Kontobewegung, zu erstellen und am Tag des Abschlusses der Masse zu beenden.

§ 13 II – Namensverzeichnis – Die Eintragungen im Namensverzeichnis sind spätestens zum Vierteljahresschluß vorzunehmen.

§ 17 bestimmt für die automationsgestützte Führung der Bücher und Verzeichnisse – betreffend den Ausdruck –, daß die Bücher und Verzeichnisse jeweils an dem Tag auszudrucken sind, an dem bei papiergebundener Führung der Bücher und Verzeichnisse die Eintragung in diese vorzunehmen wäre.

Unter Berücksichtigung der vorstehend genannten Bestimmungen ergibt sich für den Zeitpunkt des Ausdrucks der Bücher und Verzeichnisse daher folgendes:

- Eintragungen in der Urkundenrolle sind spätestens vierzehn Tage nach dem Beurkundungstermin auszudrucken.
- Der Ausdruck für das Verwahrungs- und Massenbuch erfolgt am Tage der Buchung, der mit dem Tag des Eingangs des Kontoauszuges übereinstimmen muß.
- Das Namensverzeichnis ist zum Vierteljahresabschluß auszudrucken. Dabei sind alle Namenseinträge zu den in die Urkundenrolle eingetragenen Geschäftsvorfällen somit mindestens alle Namenseinträge zu den Beurkundungen und Beschlüssen, die vierzehn Tage vor dem Vierteljahresabschluß erfolgt sind, in das Verzeichnis aufzunehmen.
- Ausdrucke vor den genannten Zeitpunkten sind selbstverständlich zulässig und wünschenswert. Die genannten Fristen sind dienstrechtlich Endfristen. Auszudrucken sind stets lediglich die Seiten mit Ergänzungen, also die noch nicht vollgeschriebenen Schlußseiten. Abgeschlossene Seiten müssen nicht nochmals ausgedruckt werden. Dies gilt nicht für das Namensverzeichnis, da dieses alphabetisch geführt und keine Schlußseite in dem vorbeschriebenen Sinne hat.
- Nach dem Ausdruck sind die durch den Ausdruck wiederholten früheren Ausdrucke zu vernichten.
- Unabhängig von den vorbezeichneten Fristen kann die Dienstaufsicht, insbesondere bei der laufende Geschäftsprüfung, auf Grund des Aufsichtsrechtes aktuelle Ausdrucke der bis dahin in den Computer zur Vorbereitung des Ausdrucks aufgenommenen Daten verlangen.

---

[1] Nr. **30**.

zu § 8. Einzelheiten zur Urkundenrolle

Auszuführende Personen

In der Spalte 3 der Urkundenrolle sind in Abweichung von der bisherigen Dienstordnung[1] zusätzlich bzw. in Klarstellung zu bisher nicht genau geregelten Sachverhalten folgende Angaben zu den Beteiligten aufzunehmen:

- Bei Beglaubigungen sind stets diejenigen Personen aufzuführen, welche die Unterschrift, das Handzeichen oder die Zeichnung vollzogen oder anerkannt haben,
- In Vertretungsfällen nicht nur wie bisher die Vertretenen, sondern auch die Vertreter und Vertreterinnen aufzuführen.
- Bei Beurkundungen in gesellschaftsrechtlichen Angelegenheiten ist auch die Gesellschaft aufzuführen.

Bei Beglaubigungen von Unterschriften, Handzeichen oder Zeichnungen unter Beteiligungen einer juristischen Person bedeutet dies, daß nicht nur die juristische Person sondern auch deren handelnde Vertreter aufzuführen sind, z.B. bei der Handelsregisteranmeldung einer Aktiengesellschaft die Firma und die unterzeichnenden Vorstandsmitglieder/Aufsichtsratsmitglieder oder bei den von Kreditinstituten erteilten Löschungsbewilligungen sowohl das Institut als auch dessen Vertretungsberechtigte.

Die vertretenden Personen können in Spalte 3 besonders kenntlich gemacht oder die Art der Vertretung hinzugefügt werden. Das Muster 2 (Urkundenrolle) enthält unter der lfd. Nr. 2 einen exemplarischen Hinweis. Dies könnte auch durch räumliche Zuordnung von Vertreter zum Vertretenen erfolgen. Eine Pflicht, eine derartige Angabe zu machen, besteht nach dem Wortlaut der Dienstordnung[1] nicht.

In den Notariatsprogrammen, die aus einer programmgestützen Vorbereitung des Urkundseingangs die Angaben der Beteiligten in die Urkundenrolle übernehmen, ist daher dafür Sorge zu tragen, daß auch die Angaben zu den Vertretern für die Erstellung der Urkundenrolle bereitgestellt werden.

Sammelbezeichnungen

Sollten mehr als zehn Personen zu einer Urkundennummer aufzuführen sein, genügt eine zusammenfassende Bezeichnung. Ob es sinnvoll ist, von dieser Vereinfachung in einem EDV-Programm Gebrauch zu machen, ist zweifelhaft. Bei programmgestützter Erstellung des Urkundeneingangs in dem alle Beteiligten ohne Einschränkung genannt werden müssen, bzw. bei einer Unterschriftsbeglaubigung, bei der alle unterzeichnenden Personen aufzuführen sind, kann nämlich die Übernahme aller Beteiligten in die Urkundenrolle ohne weitere manuelle Tätigkeiten erfolgen. Eine echte Erleichterung besteht durch eine Sammelbezeichnung regelmäßig nicht. Die vorstehende Erleichterung gilt für das Namensverzeichnis entsprechend (§ 13 III).

Die Personenangaben im Einzelnen

Nachdem sich früher der Umfang der zu einem Beteiligten einzutragenden Angaben lediglich aus dem Muster zur Dienstordnung[1] ergab, ist nunmehr in § 8 IV Satz 2 angeordnet, daß der Familienname, bei Abweichungen von Familiennamen auch der Geburtsname, der Wohnort oder der Sitz und bei häufig vorkommenden Familiennamen weitere der Unterscheidung dienende Angaben aufzunehmen sind. Hier bietet sich bei natürlichen Personen an, den Vornamen und weiter das Geburtsdatum zu verwenden. Das Geburtsdatum ist nunmehr bei allen Beurkundungen bei allen beteiligten natürlichen Personen aufzuführen (§ 26 II).

Angaben zum Gegenstand

Bei der Angabe des Gegenstandes des Geschäftes in Spalte 4 muß wie bisher bei einer Beglaubigung mit Entwurf der Gegenstand der entworfenen Urkunde aufgeführt werden. Bei der Beglaubigung ohne Entwurf, die bisher nur als Beglaubigung einzutragen war, kann fakultativ nunmehr der Gegenstand aufgeführt werden. Bei beiden muß daher zur ausreichenden Unterscheidung zusätzlich angegeben werden, ob es sich um eine Beglaubigung mit oder ohne Entwurf handelt (§ 8 V Satz 2). Dies ist bei einem Unterschriftsbeglaubigungsprogramm zu berücksichtigen. Bestehende Programme sind mindestens um die Texteingabe „ohne Entwurf" oder der zulässigen Abkürzung „o. E." zu ergänzen. Gebräuchliche Abkürzungen können generell verwendet werden.

Hinweise in Spalte 5

Hinweise auf berichtigte, geänderte, ergänzte oder aufgehobene Urkunden sind in Spalte 5 wechselseitig vorzunehmen. Im Hinblick auf das vorbeschriebene Änderungsverbot und das

[1] Nr. **30**.

Verbot, vollständig ausgedruckte Seiten erneut auszudrucken (vorstehend zu § 7), kann in der Regel nur der Neueintrag bei der aktuellen Urkundennummer systemunterstützt erfolgen. Ein Eintrag bei der „Alturkunde“ ist systemunterstützt nur möglich, wenn dieser Eintrag sich auf den letzten noch nicht ausgedruckten Seiten (Vierzehntagesfrist) bzw. der letzten noch nicht vollständig beschriebenen Seite befindet. Der Vermerk bei der „Alturkunde“ ist daher in der Regel von Hand vorzunehmen. Auf diese Büromaßnahme kann dem Mitarbeiter programmgestützt ein Hinweis gegeben werden.

Wegen der Fehlerbehandlung bei der Urkundennummervergabe wird auf den vorstehenden Hinweis zu § 7 verwiesen. Im übrigen gilt für einen eventuell anzubringenden Berichtigungsvermerk der vorstehende Absatz entsprechend. Für einen Berichtigungsvermerk wird die Spalte nicht mehr vorgeschrieben. Er muß sich lediglich auf der Seite befinden, auf der die Berichtigung erfolgt ist.

Notarvertretung

Der Vermerk über die Notarvertretung, der ebenfalls automationsunterstützt erfolgen kann, muß nicht mehr unterzeichnet und datiert werden (§ 33 IV). Er ist nicht mehr unverzüglich sondern zeitgleich mit der Registrierung der Urkunden, also spätestens innerhalb der Vierzehntagesfrist einzutragen. Die Eintragung erfolgt zwischen den Urkundennummern, bei denen der Amtswechsel stattgefunden hat. Der programmgesteuerte Eintrag könnte lauten „Beginn einer Notarvertretung“ bzw. „Ende der Notarvertretung“. Letztere kann mit einem weiteren Zusatz ergänzt werden, je nach dem, ob der Notar sein Amt wieder übernimmt oder ein anderer Vertreter die Amtsgeschäfte fortführt: „Übernahme der Amtsgeschäfte durch den Notar“ bzw. „Beginn einer Notarvertretung“. Hat der Vertreter keine Beurkundung vorgenommen, sind dennoch die Eintragungen vorzunehmen. Da der Vermerk über die Vertretung nicht mehr unterzeichnet werden muß, ist eine Wiederholung des Ausdruckes der letzten noch nicht vollgeschriebenen Seite unproblematisch, während gerade der zu unterzeichnende Vertretungsvermerk bei der automationsgestützten Bücherführung nach der alten Dienstordnung[1] rechtliche Fragen im Hinblick auf die Zulässigkeit der erforderlichen Wiederholung der Unterschrift im Falle eines wiederholten Ausdruckes aufwarf.

zu § 9. Erbvertragsverzeichnis

Das Erbvertragsverzeichnis ist, wie die Urkundenrolle, spätestens vierzehn Tage nach der Beurkundung zu führen und auszudrucken. Der Vermerk über die Ablieferung eines bei dem Notar verwahrten Erbvertrages in besondere amtliche Verwahrung kann nicht automationsunterstützt eingetragen werden, da damit die abgeschlossenen Seiten betroffen wären (Änderungsverbot). Der Eintrag ist von Hand vorzunehmen.

zu § 10. Verwahrungsbuch und Massenbuch

In Absatz 2 wird die bisherige Rechtslage wiederholt, daß die Buchung noch am Tage der Einnahme und der Ausgabe zu erfolgen hat. In Absatz 3 wird für den bargeldlosen Zahlungsverkehr klargestellt, daß die Eintragungen am Tage und unter dem Datum des Eingangs des Kontoauszuges oder der Mitteilung über Zinsgutschriften oder Spesenabrechnungen vorzunehmen sind. Dies gilt auch dann, wenn der Eingang der Zinsgutschriften oder Spesenabrechnungen erst nach einem Jahreswechsel erfolgt.

In Absatz 4 ist geregelt, daß der zwingend unter dem Tag seiner Entgegennahme einzubuchende Scheck als Ausgabe auszubuchen ist, sofern dieser ungedeckt ist. Dieser Sachverhalt wird somit im Unterschied zur Berichtigungsbuchung durch eine kaufmännische Gegenbuchung dokumentiert.

Berichtigungsbuchungen erfolgen dadurch, daß eine Stornobuchung mit negativen Vorzeichen in der jeweiligen Spalte (Einnahme oder Ausgabe), in der die fehlerhafte Buchung erfolgte, vorzunehmen ist. Eine kaufmännische Gegenbuchung ist bei der Berichtigungsbuchung unzulässig, da der Berichtigung weder eine Einnahme noch eine Ausgabe zugrundeliegt. Dies gilt auch für Stornobuchungen (Berichtigungsbuchungen) der kontoführenden Bank. Im Hinblick auf die Fehlerberichtigung sollte das Notariatsprogramm eine derartige Gegenbuchung mit negativen Vorzeichen ermöglichen.

Bei einer Berichtigungsbuchung, durch die ein von dem Notar (seinem Büro) verursachter Fehler beseitigt wird, ist ein Richtigstellungsvermerk vorzunehmen, der von dem Notar zu unterschreiben ist. Dieser könnte durch das Programm vorbereitet und in das Verwahrungs- bzw. Massenbuch eingetragen werden.

---

[1] Nr. **30**.

Umbuchungen zwischen einem Giroanderkonto und einem Festgeldanderkonto sind weder als Einnahme noch als Ausgabe einzutragen (Absatz 2). Um den Vorgang für den Notar und die Beteiligten transparent zu machen, ist aber ein nachrichtlicher Vermerk zulässig. Neu ist auch die Eintragung der Nummer des Festgeldanderkontos in der Anderkontenliste und im Massenbuch. Für diese Eintragungen und da die Verteilung der Gelder auf zwei Konten computertechnisch nachvollzogen werden muss, z.B. durch Vergleich der Salden mit den jeweiligen Kontoauszügen, muss die Eingabe einer Umbuchung in das Notarprogramm ermöglicht werden. Dieser Vorgang darf jedoch keinen Einfluss auf das Rechenwerk des Verwahrungs- und Massenbuches nehmen, kann aber den klarstellenden Vermerk in das Massenkarteiblatt bewirken, in dem auch die Festgeldanderkontennummer genannt wird.

zu § 11. Saldoübertragung

In Absatz 3 wird ebenfalls die Pflicht bestätigt, daß das Ergebnis der Aufrechnung einer Seite auf die Folgeseite zu übertragen ist. Nach Feststellung von Geschäftsprüfern wurde dies in einigen Notariatsprogrammen bisher nicht berücksichtigt.

Jahresabschluß zu § 11 V – Verwahrungsbuch – und zu § 12 IV – Massenbuch –

Gemäß § 11 V ist das Verwahrungsbuch am Schluß des Kalenderjahres abzuschließen und der Überschuß (Saldo) in das nächste Jahr zu übertragen. Nach Feststellung von Geschäftsprüfern wurde dies in einigen Notariatsprogrammen bisher nicht berücksichtigt.

Gemäß § 12 IV ist auch in dem Massenbuch bei jeder laufenden Masse zum Jahresabschluß ein Saldo der Einnahmen und Ausgaben zu bilden. Die Summe der Salden ist in das Verwahrungsbuch zu übernehmen und dem Abschluß im Verwahrungsbuch gegenüberzustellen. Eine entsprechende Maßnahme war in Nordrhein-Westfalen seit Längerem vorgeschrieben und soll zwar mit geändertem Wortlaut, jedoch ohne Inhaltsänderung in allen Bundesländern übernommen werden. Aus der nordrhein-westfälischen Vorschrift ergab sich, daß die einzelnen Massensalden in das abzuschließende Verwahrungsbuch zu übertragen, dort die Summe der Salden zu bilden und dann die Gegenüberstellung vorzunehmen waren. Die für Nordrhein-Westfalen entwickelten Programmteile können insoweit übernommen werden. Im übrigen wäre entsprechend neu zu programmieren.

zu § 12. Massenbuch

In Absatz 2 ist hinsichtlich der Massenummer nur noch geregelt, daß eine neue Masse unter jährlich laufender neuer Nummer einzutragen ist. Die bisher vorgesehene, über die gesamte Amtszeit des Notars fortlaufende Numerierung der Massen wurde aufgegeben. Das Muster ist entsprechend geändert und muß in den Programmen angepaßt werden, sofern die über den Jahreswechsel fortlaufende Numerierung überhaupt berücksichtigt worden ist.

Das automationsgestützte Massenbuch wird in Karteiform geführt. Gemäß § 14 II Satz 3 sind die Karteiblätter mit Seitenzahlen zu versehen, also auch die erste Seite mit der Seitenzahl 1, wie dies in Muster 6 dargestellt ist. Dies war im bisherigen amtlichen Muster nicht vorgesehen.

zu § 12. Rötung nach Abschluß

Gemäß Absatz 6 ist eine abgewickelte Masse einschließlich der dazugehörenden Daten in der Anderkontenliste zu röten. Der Abschluß kann anstelle der Rötung nunmehr auch auf andere eindeutige Weise gekennzeichnet werden. Hierzu ist z.B. ausreichend, daß ein ausgeglichener Saldo aus den Einnahmen und Ausgaben gebildet wird, der zusätzlich mit dem Wort „Abschlußsaldo“ bezeichnet wird. Ebenso reicht in der Anderkontenliste ein verbaler Zusatz über die Tatsache des Abschlusses aus, der sich im übrigen per definitionem schon aus dem Eintrag des Abschlußdatums ergibt. Beide Zusätze können programmgestützt beim Abschluß einer Masse erzeugt werden.

zu § 13. Namensverzeichnis

Hinsichtlich des Ausdrucks des Namensverzeichnisses wird auf die Anmerkungen vorstehend zu „Zeitpunkt der Führung und Ausdruck“ verwiesen. Bei der Entscheidung, ob anstelle der Führung des Namensverzeichnisses als Jahresverzeichnis die zulässige Führung eines gemeinsamen Namensverzeichnisses über mehrere Jahre hin gewählt wird, ist für den Softwareentwickler zu beachten, daß der Ausdruck nunmehr quartalsweise bzw. bei einer Geschäftsprüfung auch innerhalb des laufenden Jahres vorliegen muß. Dies würde bei einem mehrjährigen Namensverzeichnis bedeuten, daß die Namenseinträge aller Jahrgänge zu diesem Zeitpunkt auszudrucken sind, da die Veränderungen alphabetisch in das gemeinsame Namensverzeichnis eingeordnet werden müssen. Das Unterlassen des Ausdruckes des Namensverzeichnisses zur Vermeidung der Papierflut ist unzulässig. Es empfiehlt sich daher, in einem Notariatsprogramm regelmäßig ein Jahresnamensverzeichnis vorzusehen.

Die erforderlichen Angaben für die Eintragungen im Namensverzeichnis sind durch die Verweisung mit der Urkundenrolle harmonisiert. Es sind die in „§ 8 Einzelheiten zur Urkundenrolle – aufzuführende Personen –" näher beschriebenen Personen auch in das Namensverzeichnis der Urkundenrolle einzutragen.

In das Namensverzeichnis zum Massenbuch sind die Auftraggeber einzutragen. Für Namen, die in Vollzug eines Geschäftes, also z.B. eines Kaufvertrages, eingerichtet werden, sind nur die an diesem Geschäft Beteiligten einzutragen. Dies sind also lediglich die Urkundsbeteiligten, nicht deren Vertreter und auch nicht die hinterlegenden Kreditinstitute. Die in das Namensverzeichnis einzutragenden Auftraggeber können daher aus der programmgestützten Erstellung des Urkundseingangs in das Namensverzeichnis des Massenbuches und in den dazu elektronisch anzulegenden Vorgang zur Erstellung weiterer Anschreiben z.B. des Abrechnungsschreibens übernommen werden.

zu § 15. Dokumentation zur Einhaltung von Mitwirkungsverboten

Es ist gegebenenfalls ein neues Verzeichnis zu verfassen und zu führen, das eine Kontrolle der Einhaltung von Mitwirkungsverboten nach § 3 I Nr. 7 und Nr. 8 erste Alternative, Absatz II BeurkG ermöglichen soll. Demnach muß der Notar eine Dokumentation führen, die die Identität der Personen zweifelsfrei erkennen läßt, für die der Notar bzw. sein Sozius außerhalb seiner Amtstätigkeit bereits tätig war oder ist bzw. die den Notar oder seinen Sozius bevollmächtigt haben. Dabei ist auch der Gegenstand der Tätigkeit in ausreichend kennzeichnender Weise anzugeben. Die Angaben müssen einen Abgleich mit der Urkundenrolle und dem Namensverzeichnis ermöglichen. Die Vorkehrungen sind nicht erforderlich, wenn der Notar sie bereits zur Einhaltung anderer gesetzlicher Regelungen trifft, etwa zur Überprüfung anwaltlicher Tätigkeitsverbote. Dies kann ein Mandantenverzeichnis in einer Anwaltssoftware sein, sofern dieses die vorgenannten Anforderungen erfüllt.

zu § 17. Automationsgestützte Führung der Bücher und Verzeichnisse

Hinsichtlich der Führung und des Ausdruckes der Bücher und Verzeichnisse wird auf die vorstehenden Anmerkungen unter dem Punkt „Zeitpunkt der Führung, der Bücher und Ausdruck" und im Hinblick auf das Verbot des wiederholten Ausdruckes vollgeschriebener Seiten auf die Ausführung zu „§ 7 Änderungsverbot" verwiesen. Es wird empfohlen, Berichtigungen bei vollständig ausgedruckten Seiten von Hand vorzunehmen. Programmgesteuert könnte ein Hinweis für den Sachbearbeiter erstellt werden, der die durchzuführende rückwirkende Berichtigung in Erinnerung ruft.

zu §§ 18, 19. Urkundensammlung

Gemäß § 19 II ist es bei Unterschriftsbeglaubigungen ohne Entwurf zulässig, entweder ein Vermerkblatt oder eine Abschrift der Urkunde nebst Beglaubigungsvermerk zur Urkundensammlung zu nehmen. Ein Vermerkblatt ist für das Notariat dann von Vorteil, wenn die Abschrift dieser Urkunde sehr umfangreich ist. Sofern ein Notariatsprogramm ein Unterschriftsbeglaubigungsprogramm enthält, das die Führung der Urkundenrolle und das Schreiben des Beglaubigungstextes unterstützt, könnte Teil dieses Programmes auch die Erstellung eines Vermerkblattes sein. Sofern ein derartiges Programm existiert, ist dies dahingehend zu erweitern, daß in dem Vermerkblatt auch der Urkundsgegenstand anzugeben ist. Dies war in der bisherigen Dienstordnung[1)] nicht vorgesehen, ist aber gemäß § 19 II Satz 2 i.V.m. § 8 V nunmehr verpflichtend.

zu § 20. Verfügungen von Todes wegen

Die sogenannten Standesamtsmitteilungen, die nach der Allgemeinverfügung zur Benachrichtigung in Nachlaßsachen erfolgen, sollen demnächst um das Feld Postleitzahl des Geburtsortes" erweitert werden. In Vorgriff hierauf wird es zur Pflicht gemacht, das Vermerkblatt für letztwillige Verfügungen um ein entsprechendes Feld zu ergänzen. Gleiches gilt für die Angabe, wann und an welches Amtsgericht die letztwillige Verfügung abgeliefert wurde. Diese Angaben sind in vielen Notariatsprogrammen auch schon bisher enthalten gewesen. Notariatsprogramme, die die Erstellung des Vermerkblattes unterstützen, müssen dementsprechend überprüft und erweitert werden.

[1)] Nr. **30**.

zu § 23 II. Generalakten

Die Generalakten sind nach Sachgebieten zu ordnen oder seitenmäßig fortlaufend zu nummerieren und mit einem Inhaltsverzeichnis zu versehen. Ein derartiges Inhaltsverzeichnis kann über die Textverarbeitung kontinuierlich von Hand geführt werden, worauf hingewiesen wird.

zu § 25. Übersichten über die Verwahrungsgeschäfte

Nach dem Grundsatz der taggerechten Buchung sind Bescheinigungen über Zinsgutschriften oder Kontoführungsgebühren auch dann erst bei ihrem Eingang im Büro zu buchen, wenn der Eingang erst nach einem Jahreswechsel erfolgt. Die Buchungen finden dann in dem Verwahrungsbuch des neuen Jahres statt.

Der Jahressaldo gibt daher nicht den tatsächlichen Bestand, sondern nur den Wissensstand des Notars über den Stand des Kontos zum Jahresabschluß auf Grund der bis dahin zugegangenen Kontoauszüge wieder. Letzterer wird in der dem Landgerichtspräsidenten einzureichenden Übersicht über die Verwahrungsgeschäfte eingetragen. Deshalb ist bei der Angabe des Bestandes einer Einzelmasse auch nur das Datum des letzten der Buchung zugrunde liegenden Kontoauszuges anzugeben (§ 25 II S. 2).

zu § 26. Bezeichnung der Beteiligten bei der Beurkundung

Gemäß Absatz 2 ist bei der Bezeichnung natürlicher Personen in einer Urkunde stets das Geburtsdatum anzugeben. Weicht der zum Zeitpunkt der Beurkundung geführte Familienname von dem Geburtsnamen ab, ist auch der Geburtsname anzugeben. Die elektronischen Karteikarten müssen daher diese Informationen enthalten, um eine programmgestützte Erstellung des Urkundeneingangs zu ermöglichen.

zu § 27 IV. Abrechnungspflicht

Gemäß § 27 IV ist dem Auftraggeber nach Abwicklung der Masse eine Abrechnung nur hinsichtlich des von ihm erteilten Auftrages zu erteilen. Gegenüber Kreditinstituten wird die Abrechnungspflicht dahingehend eingeschränkt, daß beim Vollzug von Grundstückskaufverträgen und vergleichbaren Rechtsgeschäften eine Abrechnung nur noch auf Verlangen erteilt werden muß. Da in der Regel die Verwahrung in Vollzug eines beurkundeten Rechtsgeschäftes erfolgt, sind die an diesem Urkundsgeschäft beteiligten Personen zu informieren, die gemäß § 13 Abs. 4 DONot n.F. auch als Auftraggeber in das Namensverzeichnis des Massenbuches aufzunehmen sind (vergl. „zu § 13 Namensverzeichnis“ letzter Absatz). Dieser Personenkreis kann daher aus dem elektronisch angelegten Vorgang zur Masse programmgesteuert angeschrieben werden.

zu den Mustern

Allgemeines

In allen Mustern ist die Alternative Notar/Notarin vorgesehen.

Muster des Verwahrungs- und des Massenbuches

In den Mustern ist anstelle von „DM“ spätestens ab 01. 01. 2002 „EUR“ und anstelle von „Pf“ „Cent“ zu schreiben. Weitere Angaben zur EURO-Umstellung erfolgen nachstehend.

Muster 6

In der oberen Ecke rechts ist die Bezeichnung „Blatt“ entfallen.

Muster Geschäfts- und Verwahrungsbuchübersichten

Sofern diese Schreiben programmunterstützt beim Jahresabschluß erstellt werden, sind textliche Änderungen vorzunehmen. Insoweit wird ein Vergleich der neuen Muster mit dem bisherigen Text empfohlen.

zur EURO-Umstellung

Umstellungsverfahren

Die Umstellung auf „EURO“ erfolgt nach den bisher von den Landesjustizverwaltungen erlassenen Bestimmungen. Diese regeln folgendes:

Verwahrungsbuch und Massenkartei dürfen bis einschließlich 31. Dezember 2001 in „DM“ geführt werden. Eine Umstellung von „DM“ auf „EURO“ darf nur zu einem Jahreswechsel erfolgen.

Es empfiehlt sich daher, die EURO-Umstellung sowie die Umstellung der automationsgestützten Bücherführung auf die neuen Vorschriften gemeinsam zum Jahreswechsel 31. 12. 2001/01. 01. 2002 vorzunehmen.

Im Verwahrungsbuch des Jahres 2001 ist der Jahresabschlußsaldo in „EURO" umzurechnen. Dieser ist bei dem Jahresabschluß neben dem „DM-Betrag" zu vermerken. In das Verwahrungsbuch 2002 ist der Übertrag des „EURO-Betrages" vorzunehmen. Die Spalten 4 und 5 sind mit „EUR" und „Cent" zu beschriften.

Zum 31. 12. 2001 ist für jede laufende Masse ein Zwischensaldo zu erstellen (wie dies zukünftig stets zu einem Jahresabschluß zu erfolgen hat), der anschließend in EURO umgerechnet und in Spalte 3 des jeweiligen Massenkarteiblattes vermerkt wird. Anschließend sind die Buchungen im Jahre 2002 in den Spalten 4 und 5 unter der Spaltenbezeichnung „EUR" und „Cent" vorzunehmen. Diese Bezeichnungen könnten programmgestützt in der nächsten freien Zeile vor der ersten Buchung des neuen Jahres in den Spalten 4 und 5 eingetragen werden. Es ist aber auch möglich, die laufende Seite des Massenkarteiblattes mit einem Füllstrich zu schließen und die Masse auf einer neuen Seite des Massenkarteiblattes mit der nächsten Seitennummer fortzuführen. In der ersten Buchungsspalte kann nachrichtlich die Tatsache der Übernahme auf die neue Seite der Masse und der „EURO" umgerechnete Saldo vermerkt werden.

Da zu einer Masse die Mitteilung über Zinsabschlüsse bzw. Spesenabrechnungen auch nach dem Jahreswechsel erst in 2002 eingehen können, sind diese im Jahre 2002 in „EURO" zu buchen. Auf Grund der erwähnten Verfügung der Landesjustizverwaltungen sind die im Kontoauszug ausgewiesenen DM-Beträge in der Spalte 3 zu vermerken. Sollte diese Vorgehensweise nicht programmgestützt vorgenommen werden können, so sind die entsprechenden Eintragungen in Spalte 3 des Massenkarteiblattes von Hand vorzunehmen. Soweit die Umrechnung des DM-Betrages in „EURO" von dem kontoführenden Institut auf dem Kontoauszug nicht ausgewiesen wurde, hat der Notar unverzüglich seine Umrechnung auf den Kontoauszug mit einem entsprechenden Umrechnungsvermerk nebst Datum und Unterschrift anzubringen.

Rundungsdifferenzen

Da bei der Umstellung der Massensalden von DM auf EURO Rundungen vorgenommen werden, kann die Summe der auf EURO umgestellten Massen von dem auf EURO umgestellten Saldo des Verwahrungsbuches abweichen. Hier tritt eine vergleichbare Problematik auf, wie sie in den erwähnten Bestimmungen zur EURO-Umstellung für den Fall geregelt wurde, daß ein Anderkonto in einer anderen Währungseinheit als das Massenbuch geführt wird. Für die hier aufgezeigte Rundungsdifferenz ist eine Regelung bisher nicht erfolgt. Um eine korrekte Führung der Bücher nach der Umstellung zu ermöglichen, ist analog zu den bisherigen Bestimmungen im Verwahrungsbuch des Jahres 2002 nach dem Übertrag in EURO eine gesonderte Buchung unter der Bezeichnung „Sonderposten aus Rechnungsdifferenz durch die Währungsumstellung auf den EURO" bei positiver Differenz in der Einnahmenspalte und bei negativer Differenz in der Ausgabenspalte auszuweisen.

Weiter ist zu beachten, daß nach der Umstellung der Kontoauszüge mit Buchungen in DM aus Dezember 2001 noch Anfang 2002 im Notariat eingehen. Diese sind nach dem Grundsatz der taggerechten Buchung in den umgestellten Büchern für das Jahr 2002 zu verbuchen. Der Buchungsvorgang erfolgt nach Maßgabe der genannten landesrechtlichen Bestimmungen. Da die Bank das Konto zum Ablauf des 31. 12. 2001 auf EURO umstellt, kann zwischen diesem Saldo und einem dann zu bildenden Massensaldo ebenfalls eine Rundungsdifferenz auftreten.

Die Rundungsdifferenz zum Massensaldo wäre entsprechend den erwähnten Bestimmungen nachrichtlich im Verwahrungsbuch zu dokumentieren. Eine Buchung erst zum Zeitpunkt des Abschlusses der Masse, wie in Absatz 4 vorgesehen, ist in diesem Fall nicht möglich, da zum Zeitpunkt der Umstellung des Kontos auf EURO die Rundungsdifferenz zu Tage tritt und ohne sofortige Dokumentation ein zuverlässiger Abgleich der Masse mit dem jeweiligen Kontostand nicht möglich wäre.

zu § 34. Übergangsregelung

Für laufende Bücher und Verzeichnisse und die Übersicht über Verwahrungsgeschäfte sind Übergangsregelungen vorgesehen. Bücher und Verzeichnisse sind erst ab 01. 01. des Folgejahres nach In-Kraft-Treten der neuen Dienstordnung[1] in der vorgestellten Fassung zu führen. Da im Jahre 2000 keine Allgemeinverfügung zur Dienstordnung[1] in Kraft treten wird, werden die Änderungen zu den Büchern und Verzeichnissen erst ab 01. 01. 2002 zu beachten sein.

[1] Nr. **30**.

35. Aufbewahrung, Abgabe und Vernichtung von Notariatsakten (ArchivNotBek)[1]

Vom 29. November 2002
(JMBl 2003 S. 20)

Auf Grund des § 51 Abs. 5 Satz 1 BNotO[2] wird über die Aufbewahrung, Abgabe und Vernichtung von Notariatsakten Folgendes bestimmt:

1. Aktenverwahrung

[1] Der Notar ist verpflichtet, seine Akten, Bücher, Verzeichnisse und Urkunden (Unterlagen) sorgfältig zu verwahren (§ 34 Abs. 3 Satz 1, § 45 des BeurkG[3], § 18 DONot[4]). [2] Ist das Amt eines Notars erloschen oder wird sein Amtssitz in einen anderen Amtsgerichtsbezirk verlegt, so ist die Verwahrung der Akten, Bücher und Verzeichnisse des Notars sowie der ihm amtlich übergebenen Urkunden in der Regel gemäß § 51 Abs. 1 Satz 2 BNotO[2] einem Notar, nach Möglichkeit dem Amtsnachfolger des ausgeschiedenen Notars, zu übertragen.

2. Aufbewahrungsfristen

2.1 [1] Für folgende Unterlagen der Notare gelten die nachstehenden Aufbewahrungsfristen:
- 5 Jahre für Sammelbände für Wechsel- und Scheckproteste (§ 5 Abs. 4 Satz 1 Spiegelstrich 4, § 21 DONot[4]);
- 7 Jahre für Sammelakten und Blattsammlungen (Nebenakten) von den nicht zur Urkundensammlung zu nehmenden Schriftstücken sowie Blattsammlungen, die im Zusammenhang mit Verwahrungsgeschäften angelegt wurden (§ 22 DONot[4]); der Notar kann spätestens bei der letzten inhaltlichen Bearbeitung schriftlich eine längere Aufbewahrungsfrist bestimmen (§ 5 Abs. 4 Satz 1 Spiegelstrich 3 DONot[4]);
- 30 Jahre für Kostenregister (§ 16 DONot[4]), Verwahrungsbücher, Massenbücher, Namensverzeichnisse zu Massenbüchern, Anderkontenlisten und Generalakten (§ 5 Abs. 4 Satz 1 Spiegelstrich 2, §§ 10 ff., § 23 DONot[4]).

[2] Die Aufbewahrungsfrist beginnt mit dem ersten Tage des auf die letzte inhaltliche Bearbeitung folgenden Kalenderjahres (§ 5 Abs. 4 Satz 3 DONot[4]).

2.2 [1] Dauernd aufzubewahren sind Urkundenrolle, Erbvertragsverzeichnis, Namensverzeichnis zur Urkundenrolle und Urkundensammlung einschließlich der gesondert aufbewahrten Erbverträge (§ 5 Abs. 4 Satz 1 Spiegelstrich 1, §§ 8, 9, 13, § 18 Abs. 1, Abs. 4 DONot[4]). [2] Abschriften der Verfügungen von Todes wegen, die gemäß § 16 Abs. 1 Satz 5 DONot[4] in der ab 1. 1. 1985 geltenden Fassung zu den Nebenakten genommen worden sind, sind abweichend von Nummer 2.1 dauernd aufzubewahren (§ 5 Abs. 4 Satz 2 DONot[4]).

3. Aussonderung und Vernichtung von nicht dauernd aufzubewahrenden Unterlagen

3.1 Die nicht dauernd aufzubewahrenden Unterlagen nach Nummer 2.1 sind nach Ablauf der Aufbewahrungsfrist durch den Notar auszusondern und zu vernichten, sofern nicht im Einzelfall ihre weitere Aufbewahrung erforderlich ist (§ 5 Abs. 4 Satz 4 DONot[4]).

3.2 [1] Es ist sicherzustellen, dass Unbefugte keinen Einblick in die Unterlagen erhalten und Papier der Rohstoffverwertung zugeführt wird. [2] Soweit die Vernichtung einem Privatunternehmen übertragen wird, muss die unverzügliche und datenschutzgerechte Vernichtung vertraglich nach dem Muster der Anlage 3 der Aussonderungsbekanntmachung Justiz vom 27. April 1994 (JMBl S. 71) in der jeweils geltenden Fassung gesichert werden. [3] Insbesondere ist dafür Sorge zu tragen, dass die mit der Vernichtung beschäftigten Personen nach dem Verpflichtungsgesetz vom 2. März 1974 (BGBl. I S. 547) in der jeweils geltenden Fassung auf die gewissenhafte Erfüllung ihrer Obliegenheiten und zur Verschwiegenheit verpflichtet sind. [4] Die Vernichtung der Unterlagen soll unter Heranziehung der Deutschen Industrie Norm (DIN) 32757 erfolgen; der Sensibilität der zu vernichtenden Unterlagen ist Rechnung zu tragen.

---

[1] Gemeinsame Bekanntmachung des Bayerischen Staatsministeriums der Justiz und des Bayerischen Staatsministeriums für Wissenschaft, Forschung und Kunst, Az.: 1452-IV-8040/02.
[2] Nr. **1**.
[3] Nr. **200**.
[4] Nr. **30**.

4. Aussonderung und Abgabe von dauernd aufzubewahrenden Unterlagen an ein Staatsarchiv

4.1 [1] Die dauernd aufzubewahrenden Unterlagen nach Nummer 2.2 können nach Ablauf einer Aufbewahrungszeit von 60 Jahren an die Staatsarchive abgegeben werden. [2] Davon ausgenommen sind Erbverträge, bei denen nach §§ 2300 a, 2263 a BGB zu verfahren ist (§ 20 Abs. 4 Satz 1 DONot[1])).

4.2 Bei den Urkundensammlungen ist besonders darauf zu achten, dass sie nur jahrgangsweise abgegeben werden, weil die Abgabe einzelner Urkunden wegen der damit verbundenen Verlustgefahr nicht zweckmäßig ist.

4.3 [1] Werden Urkundensammlung und Urkundenrolle an die Staatsarchive abgegeben, so hat der Notar für Erbverträge, die nach Nummer 4.1 Satz 2 von der Abgabe an die Staatsarchive ausgenommen sind, ein Verzeichnis anzulegen, das die Angaben gemäß § 9 Abs. 1 Satz 3 DONot[1]) enthält. [2] Die Anlage eines Verzeichnisses ist nicht erforderlich, soweit bei dem Notar ein Verzeichnis oder eine Kartei gemäß § 9 Abs. 2 DONot[1]) oder gemäß § 54 der Geschäftsordnung für die Notariate in Bayern vom 30. Oktober 1913 (JMBI S. 231) vorhanden ist.

4.4 [1] Die Notare übersenden dem zuständigen Staatsarchiv (Nummer 4.5) nach vorheriger Abstimmung über den Zeitpunkt die Unterlagen, die abgegeben werden sollen, unter Beilage eines Aussonderungsverzeichnisses entsprechend Anlage 2 der Aussonderungsbekanntmachung Justiz vom 27. April 1994 (JMBl S. 71) in der jeweils geltenden Fassung, soweit die Unterlagen nicht in der Urkundenrolle verzeichnet sind. [2] Die Notare ordnen die zur Abgabe bestimmten Unterlagen in der Reihenfolge des Aussonderungsverzeichnisses. [3] Die Unterlagen sind nach Möglichkeit in metallfreie Behälter umzulegen und von allen Metallteilen, z.B. Büro- oder Heftklammern, zu befreien. [4] An den Unterlagen dürfen keine Veränderungen vorgenommen sowie Siegel, Wertmarken, Originalumschläge oder Originaldeckblätter usw. nicht entfernt werden.

4.5 [1] Die Zuständigkeit des Staatsarchivs bestimmt sich nach dem Amtssitz des Notars. [2] Zuständig ist für die Notare mit dem Amtssitz

- im Oberlandesgerichtsbezirk München das Staatsarchiv München (80501 München, Postfach 22 11 52)
- im Oberlandesgerichtsbezirk Nürnberg das Staatsarchiv Nürnberg (90408 Nürnberg, Archivstr. 17)
- im Oberlandesgerichtsbezirk Bamberg das Staatsarchiv Würzburg (97070 Würzburg, Residenz).

4.6 [1] Die Kosten der Anbietung und Übergabe tragen die Notare. [2] Die dem Archiv dabei entstehenden Aufwendungen sind jedoch nicht zu erstatten.

5. Bei den Amtsgerichten verwahrte Unterlagen

[1] Die Bestimmungen der Nummern 2 bis 4 gelten auch für die bei den Amtsgerichten nach § 51 Abs. 1 BNotO[2]) verwahrten Unterlagen der Notare mit folgenden Maßgaben: [2] Die Aussonderung der Unterlagen nach Nummern 3 und 4 und die Vernichtung nach Nummer 3 erfolgt durch die Amtsgerichte. [3] Die in Nummer 4 genannten Unterlagen sind stets an die Staatsarchive abzugeben.

6. Verwahrung der Unterlagen bei den Staatsarchiven

6.1 [1] Die abgegebenen Unterlagen der Notare werden bei den Staatsarchiven nach den für die Staatsarchive geltenden Bestimmungen verwahrt und verwaltet. [2] Die Justizbehörden, die abgebenden Notare sowie die Notare, denen die Verwahrung der Unterlagen gemäß § 51 Abs. 1 Satz 2 BNotO[2]) übertragen wurde, sind berechtigt, die den Staatsarchiven übergebenen Unterlagen zu entleihen.

6.2 Für die Erteilung von Ausfertigungen, vollstreckbaren Ausfertigungen und Abschriften aus den Notariatsakten gilt § 51 Abs. 5 Satz 2 BNotO[2]).

7. Schlussvorschriften

[1] Diese Bekanntmachung tritt mit Wirkung vom 1. Februar 2003 in Kraft. [2] Gleichzeitig tritt die Gemeinsame Bekanntmachung über die Aufbewahrung, Abgabe und Vernichtung von Notariatsakten vom 16. Mai 1972 (JMBl S. 83) außer Kraft.

---

[1]) Nr. **30**.
[2]) Nr. **1**.

Anlage 2

Aussonderungsverzeichnis[*1)]

des/der ______________________________
(Bezeichnung der anbietenden Stelle)

Archivsignatur[*2)]	lfd. Nr. [*3)]	Aktenzeichen[*4)]	Inhalt, Betreff der Unterlagen[*5)]	Anzahl der Einheiten[*6)]	Laufzeit von/bis[*7)]	Entscheidung des Archivs[*8)]

[*1)] **Amtl. Anm.:** Das Verzeichnis ist zweifach auf haltbarem Papier nur einseitig beschriftet auszufüllen.
[*2)] **Amtl. Anm.:** Wird vom Archiv nach der Übernahme ausgefüllt.
[*3)] **Amtl. Anm.:** Jedes Aussonderungsverzeichnis ist mit Nr. 1 beginnend durchzunumerieren.
[*4)] **Amtl. Anm.:** Die Unterlagen sind in der Reihenfolge der Aktenzeichen aufzulisten; anzugeben ist auch A- bzw. B-Akt, Mitwirkungsakt usw.
[*5)] **Amtl. Anm.:** Aufzuführen ist jeder einzelne Vorgang (kleinste, nicht mehr teilbare Einheit), nicht nur die Betreffsbezeichnung des Aktenplans. Unter einem Aktenzeichen können deshalb mehrere Betreffe anfallen.
[*6)] **Amtl. Anm.:** Nur auszufüllen, wenn ein Vorgang mehrere Bände bzw. Ordner umfaßt. Wenn die Bände durchnumeriert sind, ist die niedrigste und höchste Nummer anzugeben.
[*7)] **Amtl. Anm.:** Anzugeben sind das Anfangs- und Endjahr des Vorgangs.
[*8)] **Amtl. Anm.:** Die vom Archiv mit A bezeichneten Unterlagen sind zu übergeben.

Anlage 2 a

Aussonderungsverzeichnis[*1)]

des/der ______________________________
(Bezeichnung der anbietenden Stelle)

Archivsignatur[*2)]	lfd. Nr. [*3)]	Aktenzeichen[*4)]	Inhalt, Betreff der Unterlagen[*5)]	Anzahl der Einheiten[*6)]	Laufzeit von/bis[*7)]	Entscheidung des Archivs[*8)]
	1	C 100/46	NN gegen NN wegen Fahrtrecht an Fl. Nr. 1046 der Gemarkung A	1	1946–1948	
	2	..623/33	NN, Maurersehefrau in B. wegen Erpressung und Hehlerei	1	1933–1934	
	3	–	Grundbücher der Gemarkung M., Bde. 1 bis 3 mit 1 Sach- und 1 Personenregister	5	1905–1941	
	4	–	Nachlaßverzeichnis . . .	1	1915–1923	
	5	VR 10/1920	Katholischer Kirchenbauverein	1	1920–1952	

[*1)] **Amtl. Anm.:** Das Verzeichnis ist zweifach auf haltbarem Papier nur einseitig beschriftet auszufüllen.
[*2)] **Amtl. Anm.:** Wird vom Archiv nach der Übernahme ausgefüllt.
[*3)] **Amtl. Anm.:** Jedes Aussonderungsverzeichnis ist mit Nr. 1 beginnend durchzunumerieren.
[*4)] **Amtl. Anm.:** Die Unterlagen sind in der Reihenfolge der Aktenzeichen aufzulisten; anzugeben ist auch A- bzw. B-Akt, Mitwirkungsakt usw.
[*5)] **Amtl. Anm.:** Aufzuführen ist jeder einzelne Vorgang (kleinste, nicht mehr teilbare Einheit), nicht nur die Betreffsbezeichnung des Aktenplans. Unter einem Aktenzeichen können deshalb mehrere Betreffe anfallen.
[*6)] **Amtl. Anm.:** Nur auszufüllen, wenn ein Vorgang mehrere Bände bzw. Ordner umfaßt. Wenn die Bände durchnumeriert sind, ist die niedrigste und höchste Nummer anzugeben.
[*7)] **Amtl. Anm.:** Anzugeben sind das Anfangs- und Endjahr des Vorgangs.
[*8)] **Amtl. Anm.:** Die vom Archiv mit A bezeichneten Unterlagen sind zu übergeben.

Anlage 3

Vertrag

Zwischen
– kurz Auftraggeber genannt –
und der
– kurz Auftragnehmer genannt –
wird folgender Vertrag über die Vernichtung von Unterlagen geschlossen:

§ 1 (1) [1]Der Auftragnehmer ist verpflichtet, sämtliche Daten, Unterlagen und Erkenntnisse, die ihm im Zusammenhang mit dem Vertrag bekannt werden, streng vertraulich zu behandeln und in keiner Weise Dritten zugänglich zu machen. [2]Diese Verpflichtung besteht auch nach Beendigung des Vertragsverhältnisses fort. [3]Insbesondere verpflichtet sich der Auftragnehmer:
– die Unterlagen unverzüglich zu vernichten,
– Maßnahmen zur Wahrung von Geheimnissen zu treffen und
– die Anforderungen des Datenschutzrechts entsprechend zu beachten.

(2) Der Auftragnehmer wird seine Erfüllungs- und Verrichtungsgehilfen entsprechend verpflichten.

(3) Weisungen des Auftraggebers sind schriftlich festzuhalten.

§ 2 (1) [1]Der Auftragnehmer ist verpflichtet, zur Vernichtung der Unterlagen ausschließlich Personen einzusetzen, die nach § 1 des Verpflichtungsgesetzes vom 2. März 1974 (BGBl. I S. 547) in der jeweils geltenden Fassung verpflichtet sind. [2]Der Auftragnehmer wird jede Person von der erstmaligen Aufnahme einer Tätigkeit im Rahmen dieses Vertrags nach dem beiliegenden Muster (Anhang 1) unterrichten und die Erklärung unterschreiben lassen. [3]Durch Gegenzeichnung nimmt dann der Auftraggeber die Verpflichtung vor.

(2) [1]Der Auftragnehmer erklärt, technische und organisatorische Maßnahmen zum Schutz der Unterlagen getroffen zu haben:
– **Zugangskontrolle**
  Es sind Maßnahmen getroffen, die unbefugten Personen den Zugang zu den Unterlagen und zu den Vernichtungsanlagen verwehren.
– **Abgangskontrolle**
  Es sind Maßnahmen getroffen, die Personen, die bei der Vernichtung tätig sind, daran hindern, daß sie Unterlagen unbefugt entfernen.
– **Speicherkontrolle/Transportkontrolle**
  Es sind Maßnahmen getroffen, um die unbefugte Kenntnisnahme der Unterlagen – auch beim Transport – zu verhindern.
– **Auftragskontrolle**
  Es sind Maßnahmen getroffen, die gewährleisten, daß die angenommenen Unterlagen unverzüglich vernichtet werden.
– **Organisationskontrolle**
  Die innerbetriebliche Organisation ist so gestaltet, daß sie den besonderen Anforderungen des Datenschutzes gerecht wird.

[2]Dem Auftragnehmer ist bekannt, daß er die in diesem Zusammenhang ggf. notwendigen öffentlich-rechtlichen Erlaubnisse und behördlichen Auflagen auf seine Kosten zeitgerecht beantragen bzw. erfüllen muß.

(3) [1]Der Auftragnehmer ist verpflichtet, zusätzliche Sicherungsmaßnahmen, die vom Auftraggeber hinsichtlich des Datenschutzes gefordert werden, zu erfüllen. [2]Diese zusätzlichen Sicherungsmaßnahmen müssen vom Auftraggeber schriftlich angeordnet werden.

§ 3 [1]Der Auftragnehmer verpflichtet sich, den Auftrag grundsätzlich nur in seinen eigenen Betriebsräumen auszuführen und sich hierfür nur eigenen Personals, nach Möglichkeit des Stammpersonals, zu bedienen. [2]Müssen ausnahmsweise Sub-Auftragnehmer vom Auftragnehmer eingeschaltet werden, so sind die vertraglichen Leistungen des Sub-Auftragnehmers so zu gestalten, daß sie den Schutzbestimmungen im Vertragsverhältnis zwischen Auftraggeber und Auftragnehmer entsprechen. [3]Die Beauftragung eines Sub-Auftragnehmers ist nur mit vorheriger schriftlicher Zustimmung des Auftraggebers zulässig.

§ 4 Der Verbleib der zu vernichtenden Unterlagen ist vom Zeitpunkt der Übernahme bis zur endgültigen Vernichtung lückenlos und nachprüfbar zu dokumentieren.

§ 5 (1) [1]Im Rahmen dieses Vertrages sind vom Auftraggeber die anweisungs-, empfangs- und kontrollberechtigten Personen dem Auftragnehmer schriftlich zu bezeichnen. [2]In Anhang 2 zu diesem Vertrag sind die Namen der z.Zt. berechtigten Personen aufgeführt.

(2) Der Auftragnehmer wird auf Anfrage den Beauftragten des Auftraggebers Auskunft darüber erteilen, inwieweit gesetzlich geforderte und/oder vertraglich vereinbarte Maßnahmen zum Datenschutz getroffen sind.

(3) [1]Der Transport und die Vernichtung von Unterlagen kann vom Auftraggeber überprüft werden. [2]Der Auftragnehmer verpflichtet sich, dazu die Anwesenheit eines Beauftragten bei allen mit dem Transport und der Vernichtung zusammenhängenden Dienstleistungen und allen dabei benutzten Räumen, Fahrzeugen und Betriebseinrichtungen zu dulden.

§ 6 (1) Der Auftragnehmer hat den Auftraggeber bei Verdacht auf Verletzung eines Geheimnisses oder des Datenschutzes bei der Vernichtung der Unterlagen unverzüglich zu informieren.

(2) Der Auftraggeber hat den Auftragnehmer unverzüglich zu informieren, wenn er seinerseits Fehler oder Unregelmäßigkeiten feststellt.

§ 7 (1) [1] Bei Verletzung von Bestimmungen dieses Vertrages mit Schadensfolge hat der Auftragnehmer an den Auftraggeber eine Vertragsstrafe in doppelter Höhe des vertraglich vereinbarten Entgelts zu entrichten; bei laufenden Vertragsbeziehungen ist als Entgelt die im Jahr der oder vor der Vertragsverletzung geschuldete Vergütung anzusehen, sofern diese höher ist. [2] Hat der Auftragnehmer aus der Vertragsverletzung Vorteil erlangt, so beträgt die Vertragsstrafe mindestens das Zweifache des dem Auftragnehmer zugeflossenen wirtschaftlichen Vorteils.

(2) Bei Nichtbeachtung der in diesem Vertrag vom Auftragnehmer übernommenen Pflichten, insbesondere hinsichtlich der Geheimhaltung des Inhalts der Unterlagen, bei Erschwerung der Überwachung oder bei nicht rechtzeitiger Vernichtung übernommener Unterlagen ist der Auftraggeber berechtigt, fristlos und ohne Entschädigung den Vertrag zu kündigen.

________________ , den ________________ ________________ , den ________________

____

37. Bekanntmachung des Bayerischen Staatsministeriums der Justiz

Vom 29. Juli 1999
(JMBl S. 110)
Zuletzt geändert durch Bekanntmachung des Bayerischen Staatsministeriums der Justiz vom 3. Juli 2007 Az.: 1432 – I – 4498/2006

– Auszug –

XXIII. Mitteilungen betreffend Angehörige rechtsberatender Berufe

1. Betroffener Personenkreis

Angehörige rechtsberatender Berufe sind

a) Rechtsanwälte einschließlich der niedergelassenen europäischen Rechtsanwälte i.S.v. § 2 EuRAG und Rechtsanwaltsgesellschaften mbH, auch soweit sie sich in Gründung befinden,

b) Mitglieder der Rechtsanwaltskammern nach §§ 207 und 209 BRAO,

c) Notare, Notarassessoren,

d) Patentanwälte, Patentanwaltsgesellschaften mbH, auch soweit sie sich in Gründung befinden, und Mitglieder der Patentanwaltskammer nach § 154 bPatAnwO,

e) Rechtsbeistände, die nicht Mitglied einer Rechtsanwaltskammer sind, und Inhaber einer Erlaubnis nach Artikel 1 § 1 Abs. 1 Satz 2 Nrn. 1–6 RBerG,

f) Inhaber von Erlaubnisscheinen nach §§ 177 ff. der Patentanwaltsordnung.

2. Mitteilungen betreffend Angehörige rechtsberatender Berufe

(1) Für die Prüfung und Ergreifung von Maßnahmen im Zusammenhang mit der Rücknahme oder dem Widerruf einer Zulassung bzw. Erlaubnis oder der Einleitung eines Rüge- oder berufsgerichtlichen Verfahrens sind folgende gegen die in 1 genannten Berufsgruppen gerichteten Vorgänge mitzuteilen (§ 36 a Abs. 3 BRAO, § 36 a Abs. 3 i.V.m. § 59 m Abs. 2 BRAO, § 36 a Abs. 3 BRAO i.V.m. § 4 Abs. 1 EurAG, § 36 a Abs. 3 i.V.m. § 207 Abs. 2 Satz 1 BRAO, § 36 a Abs. 3 i.V.m. § 209 Abs. 1 Satz 3 BRAO, § 64 a Abs. 3 BNotO[1]), § 32 a Abs. 3 PatAnwO, § 32 a Abs. 3 i.V.m. § 52 m Abs. 2 PatAnwO, § 32 a Abs. 3 i.V.m. § 154 b Abs. 2 PatAnwO, Art. 1 § 1 Abs. 5 RBerG, § 32 a Abs. 3 i.V.m. § 181 Abs. 5 PatAnwO):

a) Forderungsklagen und die hierzu ergangenen Entscheidungen oder geschlossenen Vergleiche;

b) Feststellungsklagen wegen Amtspflichtverletzung und die hierzu ergangenen Entscheidungen oder geschlossenen Vergleiche;
von der Beifügung von Anlagen zu einer Klageschrift zu a) oder b) ist in der Regel abzusehen;

c) Räumungsklagen und die hierzu ergangenen Entscheidungen oder geschlossenen Vergleiche;

d) Vollstreckungsbescheide;

e) Arrestgesuche und die hierzu ergangenen Entscheidungen;

f) folgende Anträge, Aufträge und Entscheidungen im Rahmen der Zwangsvollstreckung und des Insolvenzverfahrens:

   aa) Anträge auf Anordnung der Zwangsversteigerung, der Zwangsverwaltung oder auf Eintragung einer Sicherungshypothek und die hierzu ergangenen Entscheidungen;

   bb) Entscheidungen in Insolvenzverfahren sowie Entscheidungen in noch anhängigen Konkurs-, Vergleichs- und Gesamtvollstreckungsverfahren;

   cc) Anträge und Aufträge wegen Pfändungsmaßnahmen, z.B.
   – Vollstreckungsaufträge von Geldforderungen und anderen Vermögensrechten nach §§ 829 ff., 857 ZPO,
   – Anträge auf Räumungszwangsvollstreckung nach § 885 ZPO und deren Ergebnisse (Pfändungs- und Pfandabstandsprotokolle, Mitteilungen nach § 63 GVGA);

   dd) Aufträge zur Bestimmung eines Termins zur Abgabe der eidesstattlichen Versicherung nach § 807 ZPO und Anträge auf Haftanordnung nach § 901 ZPO sowie die hierzu ergangenen Entscheidungen;

   ee) Eintragungen in das Schuldnerverzeichnis nach § 915 ZPO;

---

[1]) Nr. **1**.

ff) Verhaftungsaufträge nach § 909 ZPO und deren Erledigung;

gg) Anträge nach §§ 888, 890 ZPO und deren Erledigung;

g) die Zustellung vollstreckbarer Urkunden und deren Gegenstand;

h) Anträge auf Bestellung eines Betreuers nach § 1896 BGB und die hierzu ergangenen Entscheidungen;

i) Anträge und jede richterliche Entscheidung auf Anordnung oder Fortdauer einer Freiheitsentziehung nach dem Gesetz über das gerichtliche Verfahren bei Freiheitsentziehung (FEVG) und den Unterbringungsgesetzen der Länder.

(2) Die Mitteilungen sind entsprechend der jeweiligen Verfahrenszuständigkeit von der Richterin oder dem Richter, der Rechtspflegerin oder dem Rechtspfleger, der Urkundsbeamtin oder dem Urkundsbeamten der Geschäftsstelle bzw. der Gerichtsvollzieherin oder dem Gerichtsvollzieher zu veranlassen.

3. Einschränkung vorgesehener Mitteilungspflichten

(1) Eine Mitteilung unterbleibt,

– soweit hierdurch schutzwürdige Interessen des Betroffenen beeinträchtigt werden oder das öffentliche Interesse das Geheimhaltungsinteresse des Betroffenen nicht überwiegt (§ 36 a Abs. 3 Satz 1 BRAO, § 64 a Abs. 3 Satz 1 BNotO[1], § 32 a Abs. 3 Satz 1 PatAnwO, Art. 1 § 1 Abs. 5 Satz 1 RBerG),

– wenn besondere gesetzliche Verwendungsregelungen entgegenstehen (§ 36 a Abs. 3 Satz 2 BRAO, § 64 a Abs. 3 Satz 2 BNotO[1], § 32 a Abs. 3 Satz 2 PatAnwO, Art. 1 § 1 Abs. 5 Satz 2 RBerG).

(2) Eine Mitteilung ist zu berichtigen, wenn sich herausstellt, dass sie unrichtig war oder unrichtig geworden ist.

(3) Die Entscheidung trifft entsprechend der jeweiligen Verfahrenszuständigket die Richterin oder der Richter, die Rechtspflegerin oder der Rechtspfleger, die Urkundsbeamtin oder der Urkundsbeamte der Geschäftsstelle bzw. Gerichtsvollzieherin oder der Gerichtsvollzieher.

4. Mitteilungspflichtige Stellen, Inhalt und Form der Mitteilungen

(1) Neben den Allgemeinen Vorschriften gilt ergänzend:

a) Bei Aufträgen, die unmittelbar bei den Gerichtsvollziehern eingehen, werden die Mitteilungen von den Gerichtsvollziehern erstellt und dem Empfänger übersandt;

b) Anträge und Aufträge im Rahmen der Zwangsvollstreckung sowie deren Erledigung und gerichtliche Entscheidungen sind unverzüglich mitzuteilen. Bei gerichtlichen Entscheidungen ist zugleich anzugeben, ob und seit wann diese rechtskräftig oder angefochten sind;

c) gerichtliche Entscheidungen sind abweichend von Allg/5 Abs. 2 Nr. 1 durch Übersendung einer vollständigen Ausfertigung mitzuteilen; diese ist mit Rechtsvorschriftenvermerk zu versehen, wenn gegen die Entscheidung ein befristetes Rechtsmittel statthaft war.

(2) Aus der Mitteilung sollen sich, soweit dies nicht bereits aus dem mitzuteilenden Schriftstück ersichtlich ist, ergeben

a) die absendende Stelle und das Aktenzeichen;

b) Name und Anschrift des Klägers (Antragstellers, Auftraggebers, Gläubigers) und des Beklagten (Antragsgegners, Schuldners);

c) der Klage- oder Antragsgrund – bei Geldforderungen auch die Höhe des Betrages –, bei Maßnahmen der Zwangsvollstreckung die Bezeichnung des Vollstreckungstitels unter Angabe des Aktenzeichens und des Gerichts oder der Stelle, die den Vollstreckungstitel erlassen hat;

d) bei Aufträgen an den Gerichtsvollzieher der Name und die Anschrift des Gerichtsvollziehers sowie die Dienstregisternummer.

(3) Die Mitteilungen sind zu richten

1. bei Rechtsanwälten, Rechtsanwaltsgesellschaften mbH – auch in Gründung – und Mitgliedern der Rechtsanwaltskammern nach §§ 207 und 209 BRAO an
   a) die nach § 224 BRAO zuständige Justizverwaltungsbehörde und an die zuständige Rechtsanwaltskammer oder
   b) an die nach § 224 a BRAO zuständige Rechtsanwaltskammer;
2. bei Notaren und Notarassessoren an die zuständige Notarkammer und an den Präsidenten des zuständigen Landgerichts;

---

[1] Nr. **1**.

3. bei Patentanwälten, Patentanwaltsgesellschaften mbH – auch in Gründung – und Mitgliedern der Patentanwaltskammer nach § 154 b PatAnwO an
   Der Präsident
   des Deutschen Patent- und Markenamts
   80297 München
   und
   Patentanwaltskammer
   Postfach 26 01 08 80058
   München
4. bei Rechtsbeiständen, die nicht Mitglieder einer Rechsanwaltskammer sind, und bei Inhabern einer Erlaubnis nach Artikel 1 § 1 Abs. 1 Satz 2 Nrn. 1–6 RBerG an den Präsidenten des Landgerichts (Amtsgerichts), der die Aufsicht führt;
5. bei Inhabern von Erlaubnisscheinen nach §§ 177 ff. der Patentanwaltsordnung an
   Der Präsident
   des Deutschen Patent- und Markenamts
   80297 München.

38. Anordnung über Mitteilungen in Strafsachen (MiStra)

In der Fassung der Bekanntmachung vom 19. Mai 2008[1]
(BAnz. Nr. 126 a)

– Auszug –

Zweiter Teil. Die einzelnen Mitteilungspflichten

2. Abschnitt. Mitteilungen über Personen, die einer Dienst-, Staats-, Standesaufsicht oder berufsrechtlichen Aufsicht unterliegen

15. Strafsachen gegen Personen in einem Beamten- oder Richterverhältnis
§ 125 c BRRG, § 46 Abs. 1, § 71 Abs. 3 DRiG

(1) In Strafsachen gegen Personen, die in einem Beamten- oder Richterverhältnis stehen, sind mitzuteilen

1. der Erlass und der Vollzug eines Haft- oder Unterbringungsbefehls,
2. die Anklageschrift oder eine an ihre Stelle tretende Antragsschrift,
3. der Antrag auf Erlass eines Strafbefehls und
4. die einen Rechtszug abschließende Entscheidung mit Begründung sowie ggf. mit dem Hinweis, dass ein Rechtsmittel eingelegt worden ist.

(2) [1] Absatz 1 gilt in Verfahren wegen Privatklagedelikten nur, wenn die Staatsanwaltschaft das öffentliche Interesse an der Strafverfolgung bejaht hat; Nummer 29 bleibt unberührt. [2] In Verfahren wegen fahrlässig begangener Straftaten sind Mitteilungen nach Absatz 1 Ziff. 2 bis 4 nur zu machen, wenn

1. es sich um schwere Verstöße, namentlich Vergehen der Trunkenheit im Straßenverkehr oder der fahrlässigen Tötung, handelt oder
2. in sonstigen Fällen die Kenntnis der Daten auf Grund der Umstände des Einzelfalles erforderlich ist, um zu prüfen, ob dienstrechtliche Maßnahmen zu ergreifen sind.

(3) [1] Entscheidungen über Verfahrenseinstellungen, die nicht bereits nach Absatz 1 oder 2 zu übermitteln sind, sollen übermittelt werden, wenn die in Absatz 2 Ziff. 2 genannten Voraussetzungen erfüllt sind. [2] Dabei ist zu berücksichtigen, wie gesichert die zu übermittelnden Erkenntnisse sind. [3] Übermittelt werden sollen insbesondere Einstellungsentscheidungen gem. § 170 Abs. 2 StPO, die Feststellungen zu einer Schuldunfähigkeit nach § 20 StGB enthalten. [4] Die Mitteilung ordnen Richterinnen oder Richter, Staatsanwältinnen oder Staatsanwälte an.

(4) Übermittlungen nach den Absätzen 1 bis 3 sind auch zulässig, soweit sie Daten betreffen, die dem Steuergeheimnis (§ 30 AO) unterliegen.

(5) Die Mitteilungen sind an die zuständigen Dienstvorgesetzten oder deren Vertretung im Amt zu richten und als „Vertrauliche Personalsache" zu kennzeichnen.

16. Strafsachen gegen Personen in einem Arbeitnehmer- oder sonstigen Beschäftigungsverhältnis im öffentlichen Dienst
§ 13 Abs. 2, § 14 Abs. 1 Nr. 5, Abs. 2 EGGVG

(1) In Strafsachen gegen Personen, die in einem privatrechtlichen Arbeitnehmer- oder Ausbildungsverhältnis zum Bund, einem Land, einer Gemeinde, einem Gemeindeverband oder einer anderen Körperschaft, Anstalt oder Stiftung des öffentlichen Rechts stehen, sind, soweit es um den Vorwurf eines Verbrechens geht, mitzuteilen

1. der Erlass und der Vollzug eines Haft- oder Unterbringungsbefehls,
2. die Erhebung der öffentlichen Klage,
3. die Urteile,
4. der Ausgang des Verfahrens, wenn eine Mitteilung nach den Ziffern 1 bis 3 zu machen war.

(2) Entsprechend ist in Strafsachen wegen eines Vergehens zu verfahren, wenn der Tatvorwurf auf eine Verletzung von Pflichten schließen lässt, die bei der Ausübung des Dienstes bzw. des Berufes zu beachten sind, oder er in anderer Weise geeignet ist, Zweifel an der Eignung, Zuverlässigkeit oder Befähigung hervorzurufen.

(3) [1] In Privatklageverfahren, in Verfahren wegen fahrlässig begangener Straftaten und in sonstigen Verfahren bei Verurteilung zu einer anderen Maßnahme als einer Strafe oder einer Maßnahme im Sinne des § 11 Abs. 1 Nr. 8 StGB unterbleibt die Mitteilung, wenn nicht

---

[1] Neufassung der MiStra v. 29. 4. 1998 (BAnz. Nr. 99 a, ber. Nr. 128 S. 9729) in der ab 1. 6. 2008 geltenden Fassung.

besondere Umstände des Einzelfalles sie erfordern. [2] Sie ist insbesondere erforderlich, wenn die Tat bereits ihrer Art nach geeignet ist, Zweifel an der Zuverlässigkeit oder Eignung für die gerade ausgeübte berufliche Tätigkeit hervorzurufen. [3] Die Mitteilung ordnen Richterinnen oder Richter, Staatsanwältinnen oder Staatsanwälte an. [4] Die Sätze 1 bis 3 gelten nicht bei Straftaten, durch die der Tod eines Menschen verursacht worden ist, und bei gefährlicher Körperverletzung.

(4) [1] In Strafsachen gegen Personen, die in einem öffentlich-rechtlichen Beschäftigungsverhältnis stehen, das nicht unter Nummer 15 fällt, ist diese Bestimmung dann anzuwenden, wenn für das Rechtsverhältnis im Gesetz auf die Regelungen des Beamtenrechts verwiesen wird. [2] Ist dies nicht der Fall, ist nach den Absätzen 1 bis 3 zu verfahren.

(5) Die Mitteilungen sind an die Leitung der Behörde oder Beschäftigungsstelle oder die Vertretung im Amt zu richten und als „Vertrauliche Personalsache" zu kennzeichnen.

17. Strafsachen gegen ehrenamtliche Richterinnen und Richter
§ 13 Abs. 2, § 14 Abs. 1 Nr. 5, Abs. 2 EGGVG

(1) In Strafsachen gegen ehrenamtliche Richterinnen und Richter aller Zweige der Gerichtsbarkeit sind rechtskräftige Entscheidungen mitzuteilen, die den Verlust der Fähigkeit, öffentliche Ämter zu bekleiden, zur Folge haben oder in denen wegen einer vorsätzlichen Tat eine Freiheitsstrafe von mehr als sechs Monaten festgesetzt worden ist.

(2) Darüber hinaus sind in Strafsachen wegen einer Tat, die den Verlust der Fähigkeit zur Bekleidung öffentlicher Ämter zur Folge haben kann, mitzuteilen:

1. bei Schöffinnen und Schöffen, Jugendschöffinnen und Jugendschöffen sowie ehrenamtlichen Richterinnen und Richtern in Handels- und Landwirtschaftssachen die Einleitung des Ermittlungsverfahrens und der Ausgang des Verfahrens,
2. bei den übrigen ehrenamtlichen Richterinnen und Richtern die Erhebung der öffentlichen Klage und der Ausgang des Verfahrens.

(3) Bei ehrenamtlichen Richterinnen und Richtern der Finanzgerichtsbarkeit sind ferner alle rechtskräftigen Verurteilungen wegen einer Steuer- oder Monopolstraftat mitzuteilen.

(4) [1] Die Mitteilungen sind an die Präsidentin oder den Präsidenten oder an die Direktorin oder den Direktor des Gerichts, bei dem die ehrenamtliche Richterin oder der ehrenamtliche Richter tätig ist oder tätig werden soll, zu richten. [2] Bei ehrenamtlichen Richterinnen und Richtern an einem Arbeitsgericht oder Landesarbeitsgericht sind die Mitteilungen an die oberste Arbeitsbehörde des Landes[1)], bei ehrenamtlichen Richterinnen und Richtern am Bundesarbeitsgericht an das Bundesministerium für Arbeit und Soziales zu richten. [3] Sie sind als „Vertrauliche Personalsache" zu kennzeichnen.

18. Strafsachen gegen Versorgungsberechtigte
§ 13 Abs. 1 Nr. 5, Abs. 2, § 14 Abs. 1 Nr. 6, Abs. 2 EGGVG

(1) [1] In Strafsachen gegen Personen, denen aufgrund früherer Dienstverhältnisse als Richterinnen oder Richter, Beamtinnen oder Beamte, Soldatinnen oder Soldaten Ansprüche auf Versorgungsbezüge zustehen oder Versorgungsleistungen gewährt werden, sind mitzuteilen

1. der für die Festsetzung der Versorgungsbezüge zuständigen Behörde das rechtskräftige Urteil, wenn
   a) wegen einer vor Beendigung des Amts- oder Dienstverhältnisses begangenen vorsätzlichen Tat
      aa) eine Freiheitsstrafe von mindestens einem Jahr verhängt,
      bb) eine Freiheitsstrafe von mindestens sechs Monaten – bei Soldatinnen und Soldaten eine Freiheitsstrafe in beliebiger Höhe – nach den Vorschriften über Friedensverrat, Hochverrat, Gefährdung des demokratischen Rechtsstaates oder Landesverrat und Gefährdung der äußeren Sicherheit verhängt,
      cc) die Fähigkeit zur Bekleidung öffentlicher Ämter aberkannt oder
      dd) nur bei Soldatinnen und Soldaten – eine Maßregel der Besserung und Sicherung nach §§ 64, 66 StGB angeordnet

   worden ist oder
   b) wegen einer nach Beendigung des Amts- oder Dienstverhältnisses begangenen vorsätzlichen Tat
      aa) eine Freiheitsstrafe von mindestens zwei Jahren oder

1) **Amtl. Anm.:** Anmerkung: In Baden-Württemberg, Mecklenburg-Vorpommern, Rheinland-Pfalz, Sachsen, Sachsen-Anhalt und Thüringen sind die Mitteilungen an die oberste Justizbehörde zu richten.

bb) eine Freiheitsstrafe von mindestens sechs Monaten nach den Vorschriften über Friedensverrat, Hochverrat, Gefährdung des demokratischen Rechtsstaates oder Landesverrat und Gefährdung der äußeren Sicherheit

verhängt worden ist,

2. der nach § 35 BDO oder den entsprechenden landesrechtlichen Vorschriften oder der nach der WDO zuständigen Einleitungsbehörde, wenn die Tat vor Beendigung des Amts- oder Dienstverhältnisses begangen wurde oder wenn bei einer nach diesem Zeitpunkt begangenen Tat die besonderen Voraussetzungen gem. § 2 Abs. 1 Nr. 2 Buchstabe b BDO i.V.m. § 77 Abs. 2 BBG oder den entsprechenden landesrechtlichen Vorschriften oder gem. § 1 Abs. 2 Satz 2 WDO i.V.m. § 23 Abs. 2 SG vorliegen:

   a) die Erhebung der öffentlichen Klage,

   b) die Urteile,

   c) der Ausgang des Verfahrens, wenn eine Mitteilung nach Buchstabe a oder b zu machen war.

[2] Nummer 15 Abs. 2 gilt in diesen Fällen entsprechend.

(2) [1] In Strafsachen gegen Personen, denen aufgrund einer früheren Tätigkeit in einem privatrechtlichen Arbeitnehmerverhältnis im öffentlichen Dienst oder als Hinterbliebene einer solchen Person gegen eine Zusatzversorgungseinrichtung des öffentlichen Dienstes Ansprüche auf Betriebsrenten aufgrund einer Pflichtversicherung oder Besitzstandsrenten zustehen, sind der für die Festsetzung der Leistungen zuständigen Stelle rechtskräftige Urteile mitzuteilen, wenn:

1. wegen einer vorsätzlichen Tat eine Freiheitsstrafe von mindestens zwei Jahren oder
2. wegen einer vorsätzlichen Tat, die nach den Vorschriften über Friedensverrat, Hochverrat, Gefährdung des demokratischen Rechtsstaates oder Landesverrat und Gefährdung der äußeren Sicherheit strafbar ist, eine Freiheitsstrafe von mindestens sechs Monaten

verhängt worden ist.

(3) In Strafsachen gegen sonstige Personen, denen gegen eine öffentliche Kasse Ansprüche auf Leistungen mit Versorgungscharakter zustehen oder denen solche Leistungen gewährt werden, sind der für die Festsetzung der Leistungen zuständigen Stelle rechtskräftige Urteile mitzuteilen, in denen wegen einer vorsätzlichen Tat, die

1. vor Beendigung des Amts- oder Dienstverhältnisses begangen wurde, eine Freiheitsstrafe von mindestens einem Jahr verhängt oder die Fähigkeit zur Bekleidung öffentlicher Ämter aberkannt worden ist,
2. nach Beendigung des Amts- oder Dienstverhältnisses begangen wurde, eine Freiheitsstrafe von mindestens zwei Jahren verhängt worden ist oder
3. nach den Vorschriften über Friedensverrat, Hochverrat, Gefährdung des demokratischen Rechtsstaates oder Landesverrat und Gefährdung der äußeren Sicherheit strafbar ist, eine Freiheitsstrafe von mindestens sechs Monaten verhängt worden ist.

(4) In Strafsachen gegen Hinterbliebene von Personen im Sinne der Absätze 1 und 3, die Anspruch auf Versorgungsbezüge haben oder Versorgungsleistungen erhalten, sind der für die Festsetzung der Versorgungsbezüge zuständigen Stelle rechtskräftige Urteile mitzuteilen, wenn:

1. wegen eines Verbrechens eine Freiheitsstrafe von mindestens zwei Jahren oder
2. wegen einer vorsätzlichen Tat, die nach den Vorschriften über Friedensverrat, Hochverrat, Gefährdung des demokratischen Rechtsstaates oder Landesverrat und Gefährdung der äußeren Sicherheit strafbar ist, eine Freiheitsstrafe von mindestens sechs Monaten

verhängt worden ist.

23. Strafsachen gegen Notarinnen, Notare und Angehörige der rechtsberatenden Berufe
§ 13 Abs. 1 Nr. 1, Abs. 2, § 14 Abs. 1 Nr. 4, Abs. 2 EGGVG, § 64 a Abs. 3 BNotO[1], § 24 a Abs. 3 NotPrTV, § 36 a Abs. 3 BRAO auch i.V.m. § 207 Abs. 2 Satz 1, § 209 Abs. 1 Satz 3, § 59 m Abs. 2 BRAO, § 4 Abs. 1 EuRAG, § 32 a Abs. 3 auch i.V.m. § 154 b Abs. 2, § 52 m Abs. 2 PatAnwO, Artikel 1 § 1 Abs. 5 RBerG

(1) In Strafsachen gegen

- Notarinnen, Notare, Notarassessorinnen und Notarassessoren,
- Rechtsanwältinnen und Rechtsanwälte, einschließlich der niedergelassenen europäischen Rechtsanwältinnen und Rechtsanwälte i.S.v. § 2 EuRAG, der dienstleistenden europäischen Rechtsanwältinnen und Rechtsanwälte i.S.v. § 25 EuRAG und der niedergelassenen ausländischen Anwältinnen und Anwälte i.S.v. § 206 BRAO,

[1] Nr. 1.

– Patentanwältinnen und Patentanwälte, einschließlich der ausländischen Mitglieder der Patentanwaltskammer i.S.v. § 154 a PatAnwO,
– Geschäftsführerinnen und Geschäftsführer einer Rechtsanwaltsgesellschaft oder Patentanwaltsgesellschaft mit beschränkter Haftung,
– Rechtsberaterinnen und Rechtsberater (Artikel 1 § 1 RBerG), Rechtsbeistände, Prozessagentinnen und Prozessagenten

sind mitzuteilen

1. der Erlass und der Vollzug eines Haft- oder Unterbringungsbefehls,
2. Entscheidungen, durch die ein vorläufiges Berufsverbot angeordnet oder ein solches aufgehoben worden ist,
3. die Erhebung der öffentlichen Klage,
4. die Urteile,
5. der Ausgang des Verfahrens, wenn eine Mitteilung nach den Ziffern 1 bis 4 zu machen war.

(2) In besonderen Fällen, namentlich in Verfahren, die die pflichtwidrige Verwendung von Mandantengeldern oder einen sonstigen Vorwurf, der zu einem Berufs- oder Vertretungsverbot oder einer Amtsenthebung führen kann, zum Gegenstand haben, oder wenn im Verfahren Feststellungen zu einer Schuldunfähigkeit nach § 20 StGB getroffen werden, sind auch die Einleitung sowie der Ausgang des Ermittlungsverfahrens mitzuteilen.

(3) [1] In Privatklageverfahren und in Verfahren wegen fahrlässig begangener Straftaten unterbleibt die Mitteilung, wenn nicht besondere Umstände des Einzelfalles sie erfordern. [2] Sie ist insbesondere erforderlich, wenn die Tat bereits ihrer Art nach geeignet ist, Zweifel an der Zuverlässigkeit oder Eignung für die gerade ausgeübte berufliche Tätigkeit hervorzurufen. [3] Die Mitteilung ordnen Richterinnen oder Richter, Staatsanwältinnen oder Staatsanwälte an. [4] Die Sätze 1 bis 3 gelten nicht bei Straftaten, durch die der Tod eines Menschen verursacht worden ist, und bei gefährlicher Körperverletzung.

(4) [1] Die Mitteilungen sind zu richten

1. bei Notarinnen, Notaren, Notarassessorinnen und Notarassessoren: an die Landesjustizverwaltung, die Präsidentin oder den Präsidenten des Oberlandesgerichts, des Landgerichts und der Notarkammer;
2. bei Rechtsanwältinnen und Rechtsanwälten beim Bundesgerichtshof:
   an das Bundesministerium der Justiz, die Generalbundesanwältin oder den Generalbundesanwalt beim Bundesgerichtshof und die Rechtsanwaltskammer beim Bundesgerichtshof;
3. bei den übrigen Rechtsanwältinnen und Rechtsanwälten gemäß Absatz 1 sowie bei Rechtsbeiständen, die Mitglieder einer Rechtsanwaltskammer sind:
   an die Generalstaatsanwaltschaft und die Rechtsanwaltskammer;
4. bei nichtanwaltlichen und nichtpatentanwaltlichen Geschäftsführerinnen und Geschäftsführern einer Rechtsanwaltsgesellschaft mit beschränkter Haftung an die gemäß §§ 120, 119 Abs. 2, § 60 Abs. 1 Satz 2 BRAO zuständige Generalstaatsanwaltschaft und die gemäß § 60 Abs. 1 Satz 2 BRAO zuständige Rechtsanwaltskammer (§§ 74, 113, 115 c und 120 BRAO);
   bei nichtanwaltlichen und nichtpatentanwaltlichen Geschäftsführerinnen und Geschäftsführern einer Patentanwaltsgesellschaft mit beschränkter Haftung an die Generalstaatsanwaltschaft München (§§ 86, 104, 105 PatAnwO) und die Patentanwaltskammer (§§ 53, 58, 70, 95, 97 a PatAnwO);
5. bei Patentanwältinnen und Patentanwälten – auch als Geschäftsführerinnen oder Geschäftsführer einer Patentanwaltsgesellschaft mit beschränkter Haftung – an die Präsidentin oder den Präsidenten des Deutschen Patent- und Markenamtes, die Generalstaatsanwaltschaft München und die Patentanwaltskammer (§§ 53, 58, 70, 86, 95, 97 a, 104, 105 PatAnwO);
   Geschäftsführer einer Rechtsanwaltsgesellschaft mit beschränkter Haftung zusätzlich an die gemäß §§ 120, 119 Abs. 2, § 60 Abs. 1 Satz 2 BRAO zuständige Generalstaatsanwaltschaft und die gemäß § 60 Abs. 1 Satz 2 BRAO zuständige Rechtsanwaltskammer (§§ 74, 113, 115 c, 120 BRAO);
6. bei den in Ziffern 3 und 5 genannten Angehörigen rechtsberatender Berufe, die Gesellschafterinnen oder Gesellschafter, Geschäftsführerinnen oder Geschäftsführer, Prokuristinnen oder Prokuristen oder Handlungsbevollmächtigte zum gesamten Geschäftsbetrieb einer Rechtsanwaltsgesellschaft mit beschränkter Haftung sind, zusätzlich an die für die Rechtsanwaltsgesellschaft zuständige Rechtsanwaltskammer, wenn die Mitteilung ein Berufsverbot betrifft; ist der Mitteilungsempfänger mit den nach Ziffer 3 zu unterrichtenden Stellen identisch, ist eine zusätzliche Mitteilung nicht erforderlich;
7. bei den in Ziffern 3 und 5 genannten Angehörigen rechtsberatender Berufe, die Gesellschafterinnen oder Gesellschafter, Geschäftsführerinnen oder Geschäftsführer, Prokuristinnen oder

Prokuristen oder Handlungsbevollmächtigte zum gesamten Geschäftsbetrieb einer Patentanwaltsgesellschaft mit beschränkter Haftung sind, zusätzlich an die Präsidentin oder den Präsidenten des Deutschen Patent- und Markenamtes (§ 52 g Abs. 1, § 52 h Abs. 3 PatAnwO) und die Patentanwaltskammer (§ 53 Abs. 1, § 97 a PatAnwO), wenn die Mitteilung ein Berufsverbot betrifft; sind die Mitteilungsempfänger mit den nach Ziffer 5 zu unterrichtenden Stellen identisch, ist eine zusätzliche Mitteilung nicht erforderlich;

8. bei Rechtsberaterinnen, Rechtsberatern, Rechtsbeiständen, die nicht Mitglieder einer Rechtsanwaltskammer sind, Prozessagentinnen und Prozessagenten:
an die Präsidentin oder den Präsidenten des Landgerichts (des Amtsgerichts).

[2] Die Mitteilungen sind als „Vertrauliche Personalsache" zu kennzeichnen.

29. Sonstige Mitteilungen über Personen, die einer Dienst-, Staats-, Standesaufsicht oder berufsrechtlichen Aufsicht unterliegen
§ 17 Nr. 3 und 4 EGGVG, § 125 c Abs. 4, 5 und 6 BRRG, §§ 46, 71 Abs. 3 DRiG, § 89 Abs. 1 SG, § 45 a Abs. 1 ZDG, § 64 a Abs. 3 BNotO[1], § 24 a Abs. 3 NotPrTV, § 36 a Abs. 3 auch i.V.m. § 207 Abs. 2 Satz 1, § 209 Abs. 1 Satz 3, § 59 m Abs. 2 BRAO, § 4 Abs. 1 EuRAG, § 32 a Abs. 3 auch i.V.m. § 154 b Abs. 2, § 52 m Abs. 2 PatAnwO, Artikel 1 § 1 Abs. 5 RBerG, § 40 a Abs. 2 WpHG, §§ 36 a Abs. 3 Nr. 2, 84 a Abs. 2, 130 Abs. 1 WPO, § 10 Abs. 2 StBerG, § 60 a Abs. 2 KWG, § 145 b Abs. 2 VAG

(1) [1] Sonstige Tatsachen, die in einem Strafverfahren – gleichgültig, gegen wen es sich richtet – bekannt werden, sind mitzuteilen, wenn ihre Kenntnis aufgrund besonderer Umstände des Einzelfalls für dienst-, disziplinar-, standes- oder berufsrechtliche Maßnahmen gegen eine der nachfolgend genannten Personen oder für aufsichtsrechtliche Maßnahmen gegen deren Geschäftsbetrieb erforderlich ist:

1. Beamtinnen und Beamte, Richterinnen und Richter (Nummer 15)
2. Soldatinnen und Soldaten der Bundeswehr (Nummer 19)
3. Zivildienstleistende (Nummer 21)
4. Notarinnen und Notare sowie Angehörige der rechtsberatenden Berufe (Nummer 23)
5. Wirtschaftsprüferinnen und Wirtschaftsprüfer, vereidigte Buchprüferinnen und vereidigte Buchprüfer, Steuerberaterinnen und Steuerberater sowie Steuerbevollmächtigte (Nummer 24)
6. Inhaberinnen und Inhaber sowie Geschäftsleiterinnen und Geschäftsleiter von Kredit- und Finanzdienstleistungsinstituten (Nummer 25)
7. Inhaberinnen und Inhaber sowie Geschäftsleiterinnen und Geschäftsleiter von Wertpapierdienstleistungsunternehmen (Nummer 25 a)
8. Geschäftsleiterinnen und Geschäftsleiter von Versicherungsunternehmen oder deren gesetzliche Vertreterinnen und Vertreter oder persönlich haftende Gesellschafterinnen und Gesellschafter (Nummer 25 b)
9. Angehörige der Heilberufe (Nummer 26)
10. Betreiberinnen und Betreiber von sowie Beschäftigte in Alten-, Behinderten- und Pflegeheimen und ambulanten Pflegediensten (Nummer 28).

[2] Erforderlich ist die Kenntnis der Daten auch, wenn diese Anlass zur Prüfung bietet, ob Maßnahmen der genannten Art zu ergreifen sind.

(2) [1] Mitteilungen unterbleiben, soweit für die übermittelnde Stelle erkennbar ist, dass schutzwürdige Interessen der betroffenen Person an dem Ausschluss der Übermittlung das öffentliche Interesse überwiegen. [2] Dabei ist zu berücksichtigen, wie gesichert die zu übermittelnden Erkenntnisse sind.

(3) Die Mitteilung ordnen Richterinnen oder Richter, Staatsanwältinnen oder Staatsanwälte an.

(4) Die Mitteilungen sind an die Stellen zu richten, die in den in Absatz 1 genannten Bestimmungen aufgeführt sind, und als „Vertrauliche Personalsache" zu kennzeichnen.

---

[1] Nr. 1.

200. Beurkundungsgesetz[1)]

Vom 28. August 1969

(BGBl. I S. 1513)

FNA 303-13

geänd. durch Art. 3 G zur Änd. des RechtspflegerG, des BeurkundungsG und zur Umwandlung des Offenbarungseides in eine eidesstattliche Versicherung v. 27. 6. 1970 (BGBl. I S. 911), Art. 2 G über die Ermächtigung des Landes Baden-Württemberg zur Rechtsbereinigung v. 17. 12. 1974 (BGBl. I S. 3602), Art. 7 AdoptionsG v. 2. 7. 1976 (BGBl. I S. 1749), § 3 G zur Änd. und Ergänzung beurkungsrechtl. Vorschriften v. 20. 2. 1980 (BGBl. I S. 157), Art. 7 Rechtspflege-VereinfachungsG v. 17. 2. 1990 (BGBl. I S. 2847), Art. 14 § 5 KindschaftsrechtsreformG v. 16. 12. 1997 (BGBl. I S. 2942), Art. 4 KindesunterhaltsG v. 6. 4. 1998 (BGBl. I S. 666), Art. 17 HandelsrechtsreformG v. 22. 6. 1998 (BGBl. I S. 1474), Art. 2 Drittes G zur Änd. der BundesnotarO und anderer Gesetze v. 31. 8. 1998 (BGBl. I S. 2585), Art. 3 § 15 G zur Beendigung der Diskriminierung gleichgeschlechtlicher Gemeinschaften: Lebenspartnerschaften v. 16. 2. 2001 (BGBl. I S. 266), Art. 2 Abs. 6 ZustellungsreformG v. 25. 6. 2001 (BGBl. I S. 1206), Art. 5 G zur Einführung des Euro in Rechtspflegegesetzen u.a. v. 13. 12. 2001 (BGBl. I S. 3574), Art. 25 Abs. 4 OLG-VertretungsänderungsG v. 23. 7. 2002 (BGBl. I S. 2850), Art. 2 c Vaterschafts-Anfechtungs-ÄndG v. 23. 4. 2004 (BGBl. I S. 598), Art. 5 Abs. 20 G zur Überarbeitung des Lebenspartnerschaftsrechts v. 15. 12. 2004 (BGBl. I S. 3396), Art. 8 JustizkommunikationsG v. 22. 3. 2005 (BGBl. I S. 837), Art. 2 Abs. 10 PersonenstandsrechtsreformG v. 19. 2. 2007 (BGBl. I S. 122), Art. 5 G zur Neuregelung des Rechtsberatungsrechts v. 12. 12. 2007 (BGBl. I S. 2840), Art. 26 FGG-ReformG v. 17. 12. 2008 (BGBl. I S. 2586) und Art. 7 G zur Änd. der BNotO und and. G v. 15. 7. 2009 (BGBl. I S. 1798)

Nichtamtliche Inhaltsübersicht

Erster Abschnitt. Allgemeine Vorschriften

§ 1[2)] Geltungsbereich. (1) Dieses Gesetz gilt für öffentliche Beurkundungen und Verwahrungen durch den Notar.

(2) Soweit für öffentliche Beurkundungen neben dem Notar auch andere Urkundspersonen oder sonstige Stellen zuständig sind, gelten die Vorschriften dieses Gesetzes, ausgenommen § 5 Abs. 2, entsprechend.[3)]

§ 2 Überschreiten des Amtsbezirks. Eine Beurkundung ist nicht deshalb unwirksam, weil der Notar sie außerhalb seines Amtsbezirks oder außerhalb des Landes vorgenommen hat, in dem er zum Notar bestellt ist.

[1)] Die Änderungen durch G v. 15. 7. 2009 (BGBl. I S. 1798) treten erst **mWv 1. 1. 2018** in Kraft und sind im Text noch nicht berücksichtigt.

[2)] § 1 Abs. 1 neu gef. durch G v. 31. 8. 1998 (BGBl. I S. 2585).

[3)] Beachte hierzu auch §§ 10 ff. KonsularG v. 11. 9. 1974 (BGBl. I S. 2317), zuletzt geänd. durch G v. 17. 12. 2008 (BGBl. I S. 2586).

§ 3[1] Verbot der Mitwirkung als Notar. (1) [1] Ein Notar soll an einer Beurkundung nicht mitwirken, wenn es sich handelt um

1. eigene Angelegenheiten, auch wenn der Notar nur mitberechtigt oder mitverpflichtet ist,
2. Angelegenheiten seines Ehegatten, früheren Ehegatten oder seines Verlobten,

2a. Angelegenheiten seines Lebenspartners, früheren Lebenspartners oder Verlobten im Sinne des Lebenspartnerschaftsgesetzes[2],

3. Angelegenheiten einer Person, die mit dem Notar in gerader Linie verwandt oder verschwägert oder in der Seitenlinie bis zum dritten Grade verwandt oder bis zum zweiten Grade verschwägert ist oder war,
4. Angelegenheiten einer Person, mit der sich der Notar zur gemeinsamen Berufsausübung verbunden oder mit der er gemeinsame Geschäftsräume hat,
5. Angelegenheiten einer Person, deren gesetzlicher Vertreter der Notar oder eine Person im Sinne der Nummer 4 ist,
6. Angelegenheiten einer Person, deren vertretungsberechtigtem Organ der Notar oder eine Person im Sinne der Nummer 4 angehört,
7. Angelegenheiten einer Person, für die der Notar, eine Person im Sinn der Nummer 4 oder eine mit dieser im Sinn der Nummer 4 oder in einem verbundenen Unternehmen (§ 15 des Aktiengesetzes) verbundene Person außerhalb einer Amtstätigkeit in derselben Angelegenheit bereits tätig war oder ist, es sei denn, diese Tätigkeit wurde im Auftrag aller Personen ausgeübt, die an der Beurkundung beteiligt sein sollen,
8. Angelegenheiten einer Person, die den Notar in derselben Angelegenheit bevollmächtigt hat oder zu der der Notar oder eine Person im Sinne der Nummer 4 in einem ständigen Dienst- oder ähnlichen ständigen Geschäftsverhältnis steht, oder
9. Angelegenheiten einer Gesellschaft, an der der Notar mit mehr als fünf vom Hundert der Stimmrechte oder mit einem anteiligen Betrag des Haftkapitals von mehr als 2500 Euro beteiligt ist.

[2] Der Notar hat vor der Beurkundung nach einer Vorbefassung im Sinne der Nummer 7 zu fragen und in der Urkunde die Antwort zu vermerken.

(2) [1] Handelt es sich um eine Angelegenheit mehrerer Personen und ist der Notar früher in dieser Angelegenheit als gesetzlicher Vertreter oder Bevollmächtigter tätig gewesen oder ist er für eine dieser Personen in anderer Sache als Bevollmächtigter tätig, so soll er vor der Beurkundung darauf hinweisen und fragen, ob er die Beurkundung gleichwohl vornehmen soll. [2] In der Urkunde soll er vermerken, daß dies geschehen ist.

(3) [1] Absatz 2 gilt entsprechend, wenn es sich handelt um

1. Angelegenheiten einer Person, deren nicht zur Vertretung berechtigtem Organ der Notar angehört,
2. Angelegenheiten einer Gemeinde oder eines Kreises, deren Organ der Notar angehört,
3. Angelegenheiten einer als Körperschaft des öffentlichen Rechts anerkannten Religions- oder Weltanschauungsgemeinschaft oder einer als Körperschaft des öffentlichen Rechts anerkannten Teilorganisation einer solchen Gemeinschaft, deren Organ der Notar angehört.

[2] In den Fällen der Nummern 2 und 3 ist Absatz 1 Nr. 6 nicht anwendbar.

§ 4 Ablehnung der Beurkundung. Der Notar soll die Beurkundung ablehnen, wenn sie mit seinen Amtspflichten nicht vereinbar wäre, insbesondere wenn seine Mitwirkung bei Handlungen verlangt wird, mit denen erkennbar unerlaubte oder unredliche Zwecke verfolgt werden.

§ 5 Urkundensprache. (1) Urkunden werden in deutscher Sprache errichtet.

(2) [1] Der Notar kann auf Verlangen Urkunden auch in einer anderen Sprache errichten. [2] Er soll dem Verlangen nur entsprechen, wenn er der fremden Sprache hinreichend kundig ist.

---

[1] § 3 Abs. 1 Nr. 3 geänd. durch G v. 2. 7. 1976 (BGBl. I S. 1749); Abs. 1 Nr. 4 und 5 neu gef., Nr. 6–9 und Satz 2 angef., Abs. 3 Satz 1 Nr. 2 und 3 sowie Satz 2 neu gef. durch G v. 31. 8. 1998 (BGBl. I S. 2585); Abs. 1 Satz 1 Nr. 2a eingef. mWv 1. 8. 2001 durch G v. 16. 2. 2001 (BGBl. I S. 266); Abs. 1 Satz 1 Nr. 9 geänd. mWv 1. 1. 2002 durch G v. 13. 12. 2001 (BGBl. I S. 3574); Abs. 1 Satz 1 Nr. 2a neu gef. mWv 1. 1. 2005 durch G v. 15. 12. 2004 (BGBl. I S. 3396); Abs. 1 Satz 1 Nr. 7 neu gef. mWv 18. 12. 2007 durch G v. 12. 12. 2007 (BGBl. I S. 2840).

[2] Nr. **360**.

Zweiter Abschnitt. Beurkundung von Willenserklärungen

1. Ausschließung des Notars

§ 6[1] **Ausschließungsgründe.** (1) Die Beurkundung von Willenserklärungen ist unwirksam, wenn

1. der Notar selbst,
2. sein Ehegatte,

2 a. sein Lebenspartner,

3. eine Person, die mit ihm in gerader Linie verwandt ist oder war, oder
4. ein Vertreter, der für eine der in den Nummern 1 bis 3 bezeichneten Personen handelt,

an der Beurkundung beteiligt ist.

(2) An der Beurkundung beteiligt sind die Erschienenen, deren im eigenen oder fremden Namen abgegebene Erklärungen beurkundet werden sollen.

§ 7[2] **Beurkundungen zugunsten des Notars oder seiner Angehörigen.** Die Beurkundung von Willenserklärungen ist insoweit unwirksam, als diese darauf gerichtet sind,

1. dem Notar,
2. seinem Ehegatten oder früheren Ehegatten,

2 a. seinem Lebenspartner oder früheren Lebenspartner oder

3. einer Person, die mit ihm in gerader Linie verwandt oder verschwägert oder in der Seitenlinie bis zum dritten Grade verwandt oder bis zum zweiten Grade verschwägert ist oder war,

einen rechtlichen Vorteil zu verschaffen.

2. Niederschrift

§ 8 Grundsatz. Bei der Beurkundung von Willenserklärungen muß eine Niederschrift über die Verhandlung aufgenommen werden.

§ 9[3] [4] **Inhalt der Niederschrift.** (1) [1] Die Niederschrift muß enthalten

1. die Bezeichnung des Notars und der Beteiligten

sowie

2. die Erklärungen der Beteiligten.

[2] Erklärungen in einem Schriftstück, auf das in der Niederschrift verwiesen und das dieser beigefügt wird, gelten als in der Niederschrift selbst enthalten. [3] Satz 2 gilt entsprechend, wenn die Beteiligten unter Verwendung von Karten, Zeichnungen oder Abbildungen Erklärungen abgeben.

(2) Die Niederschrift soll Ort und Tag der Verhandlung enthalten.

§ 10 Feststellung der Beteiligten. (1) In der Niederschrift soll die Person der Beteiligten so genau bezeichnet werden, daß Zweifel und Verwechslungen ausgeschlossen sind.

(2) [1] Aus der Niederschrift soll sich ergeben, ob der Notar die Beteiligten kennt oder wie er sich Gewißheit über ihre Person verschafft hat. [2] Kann sich der Notar diese Gewißheit nicht verschaffen, wird aber gleichwohl die Aufnahme der Niederschrift verlangt, so soll der Notar dies in der Niederschrift unter Anführung des Sachverhalts angeben.

§ 11 Feststellungen über die Geschäftsfähigkeit. (1) [1] Fehlt einem Beteiligten nach der Überzeugung des Notars die erforderliche Geschäftsfähigkeit, so soll die Beurkundung abgelehnt werden. [2] Zweifel an der erforderlichen Geschäftsfähigkeit eines Beteiligten soll der Notar in der Niederschrift feststellen.

---

[1] § 6 Abs. 1 Nr. 3 neu gef. durch G v. 2. 7. 1976 (BGBl. I S. 1749); Abs. 1 Nr. 2 a eingef. mWv 1. 8. 2001 durch G v. 16. 2. 2001 (BGBl. I S. 266).

[2] § 7 Nr. 3 geänd. durch G v. 2. 7. 1976 (BGBl. I S. 1749); Nr. 2 neu gef., Nr. 2 a eingef. mWv 1. 8. 2001 durch G v. 16. 2. 2001 (BGBl. I S. 266).

[3] § 9 Abs. 1 Satz 3 angef. durch G v. 20. 2. 1980 (BGBl. I S. 157).

[4] Für Rechtsgeschäfte, die vor dem 27. 2. 1980 notariell beurkundet worden sind, beachte zu § 9 Abs. 1 Satz 2 und § 13 BeurkG auch §§ 1 und 2 G zur Änderung und Ergänzung beurkundungsrechtlicher Vorschriften v. Erldat (BGBl. 1980 I S. 157), aufgeh. durch G v. 19. 4. 2006 (BGBl. I S. 866).

(2) Ist ein Beteiligter schwer krank, so soll dies in der Niederschrift vermerkt und angegeben werden, welche Feststellungen der Notar über die Geschäftsfähigkeit getroffen hat.

§ 12 Nachweise für die Vertretungsberechtigung. [1] Vorgelegte Vollmachten und Ausweise über die Berechtigung eines gesetzlichen Vertreters sollen der Niederschrift in Urschrift oder in beglaubigter Abschrift beigefügt werden. [2] Ergibt sich die Vertretungsberechtigung aus einer Eintragung im Handelsregister oder in einem ähnlichen Register, so genügt die Bescheinigung eines Notars nach § 21 der Bundesnotarordnung[1)].

§ 13[2)] Vorlesen, Genehmigen, Unterschreiben. (1) [1] Die Niederschrift muß in Gegenwart des Notars den Beteiligten vorgelesen, von ihnen genehmigt und eigenhändig unterschrieben werden; soweit die Niederschrift auf Karten, Zeichnungen oder Abbildungen verweist, müssen diese den Beteiligten anstelle des Vorlesens zur Durchsicht vorgelegt werden. [2] In der Niederschrift soll festgestellt werden, daß dies geschehen ist. [3] Haben die Beteiligten die Niederschrift eigenhändig unterschrieben, so wird vermutet, daß sie in Gegenwart des Notars vorgelesen oder, soweit nach Satz 1 erforderlich, zur Durchsicht vorgelegt und von den Beteiligten genehmigt ist. [4] Die Niederschrift soll den Beteiligten auf Verlangen vor der Genehmigung auch zur Durchsicht vorgelegt werden.

(2) [1] Werden mehrere Niederschriften aufgenommen, die ganz oder teilweise übereinstimmen, so genügt es, wenn der übereinstimmende Inhalt den Beteiligten einmal nach Absatz 1 Satz 1 vorgelesen oder anstelle des Vorlesens zur Durchsicht vorgelegt wird. [2] § 18 der Bundesnotarordnung[1)] bleibt unberührt.

(3) [1] Die Niederschrift muß von dem Notar eigenhändig unterschrieben werden. [2] Der Notar soll der Unterschrift seine Amtsbezeichnung beifügen.

§ 13 a[3)] Eingeschränkte Beifügungs- und Vorlesungspflicht. (1) [1] Wird in der Niederschrift auf eine andere notarielle Niederschrift verwiesen, die nach den Vorschriften über die Beurkundung von Willenserklärungen errichtet worden ist, so braucht diese nicht vorgelesen zu werden, wenn die Beteiligten erklären, daß ihnen der Inhalt der anderen Niederschrift bekannt ist, und sie auf das Vorlesen verzichten. [2] Dies soll in der Niederschrift festgestellt werden. [3] Der Notar soll nur beurkunden, wenn den Beteiligten die andere Niederschrift zumindest in beglaubigter Abschrift bei der Beurkundung vorliegt. [4] Für die Vorlage zur Durchsicht anstelle des Vorlesens von Karten, Zeichnungen oder Abbildungen gelten die Sätze 1 bis 3 entsprechend.

(2) [1] Die andere Niederschrift braucht der Niederschrift nicht beigefügt zu werden, wenn die Beteiligten darauf verzichten. [2] In der Niederschrift soll festgestellt werden, daß die Beteiligten auf das Beifügen verzichtet haben.

(3) [1] Kann die andere Niederschrift bei dem Notar oder einer anderen Stelle rechtzeitig vor der Beurkundung eingesehen werden, so soll der Notar dies den Beteiligten vor der Verhandlung mitteilen; befindet sich die andere Niederschrift bei dem Notar, so soll er diese dem Beteiligten auf Verlangen übermitteln. [2] Unbeschadet des § 17 soll der Notar die Beteiligten auch über die Bedeutung des Verweisens auf die andere Niederschrift belehren.

(4) Wird in der Niederschrift auf Karten oder Zeichnungen verwiesen, die von einer öffentlichen Behörde innerhalb der Grenzen ihrer Amtsbefugnisse oder von einer mit öffentlichem Glauben versehenen Person innerhalb des ihr zugewiesenen Geschäftskreises mit Unterschrift und Siegel oder Stempel versehen worden sind, so gelten die Absätze 1 bis 3 entsprechend.

§ 14[4)] Eingeschränkte Vorlesungspflicht. (1) [1] Werden Bilanzen, Inventare, Nachlaßverzeichnisse oder sonstige Bestandsverzeichnisse über Sachen, Rechte und Rechtsverhältnisse in ein Schriftstück aufgenommen, auf das in der Niederschrift verwiesen und das dieser beigefügt wird, so braucht es nicht vorgelesen zu werden, wenn die Beteiligten auf das Vorlesen verzichten. [2] Das gleiche gilt für Erklärungen, die bei der Bestellung einer Hypothek, Grundschuld, Rentenschuld, Schiffshypothek oder eines Registerpfandrechts an Luftfahrzeugen aufgenommen werden und nicht im Grundbuch, Schiffsregister, Schiffsbauregister oder im Register für Pfandrechte an Luftfahrzeugen selbst angegeben zu werden brauchen. [3] Eine Erklärung, sich der sofortigen Zwangsvollstreckung zu unterwerfen, muß in die Niederschrift selbst aufgenommen werden.

---

1) Nr. **1**.
2) § 13 Abs. 1 Satz 1 geänd., Satz 3 und Abs. 2 Satz 1 neu gef. durch G v. 20. 2. 1980 (BGBl. I S. 157).
3) § 13 a eingef. durch G v. 20. 2. 1980 (BGBl. I S. 157).
4) § 14 Abs. 1 neu gef., Abs. 2 Satz 1 geänd. durch G v. 31. 8. 1998 (BGBl. I S. 2585).

(2) [1] Wird nach Absatz 1 das beigefügte Schriftstück nicht vorgelesen, so soll es den Beteiligten zur Kenntnisnahme vorgelegt und von ihnen unterschrieben werden; besteht das Schriftstück aus mehreren Seiten, soll jede Seite von ihnen unterzeichnet werden. [2] § 17 bleibt unberührt.

(3) In der Niederschrift muß festgestellt werden, daß die Beteiligten auf das Vorlesen verzichtet haben; es soll festgestellt werden, daß ihnen das beigefügte Schriftstück zur Kenntnisnahme vorgelegt worden ist.

§ 15 Versteigerungen. [1] Bei der Beurkundung von Versteigerungen gelten nur solche Bieter als beteiligt, die an ihr Gebot gebunden bleiben. [2] Entfernt sich ein solcher Bieter vor dem Schluß der Verhandlung, so gilt § 13 Abs. 1 insoweit nicht; in der Niederschrift muß festgestellt werden, daß sich der Bieter vor dem Schluß der Verhandlung entfernt hat.

§ 16 Übersetzung der Niederschrift. (1) Ist ein Beteiligter nach seinen Angaben oder nach der Überzeugung des Notars der deutschen Sprache oder, wenn die Niederschrift in einer anderen als der deutschen Sprache aufgenommen wird, dieser Sprache nicht hinreichend kundig, so soll dies in der Niederschrift festgestellt werden.

(2) [1] Eine Niederschrift, die eine derartige Feststellung enthält, muß dem Beteiligten anstelle des Vorlesens übersetzt werden. [2] Wenn der Beteiligte es verlangt, soll die Übersetzung außerdem schriftlich angefertigt und ihm zur Durchsicht vorgelegt werden; die Übersetzung soll der Niederschrift beigefügt werden. [3] Der Notar soll den Beteiligten darauf hinweisen, daß dieser eine schriftliche Übersetzung verlangen kann. [4] Diese Tatsachen sollen in der Niederschrift festgestellt werden.

(3) [1] Für die Übersetzung muß, falls der Notar nicht selbst übersetzt, ein Dolmetscher zugezogen werden. [2] Für den Dolmetscher gelten die §§ 6, 7 entsprechend. [3] Ist der Dolmetscher nicht allgemein vereidigt, so soll ihn der Notar vereidigen, es sei denn, daß alle Beteiligten darauf verzichten. [4] Diese Tatsachen sollen in der Niederschrift festgestellt werden. [5] Die Niederschrift soll auch von dem Dolmetscher unterschrieben werden.

3. Prüfungs- und Belehrungspflichten

§ 17[1)] Grundsatz. (1) [1] Der Notar soll den Willen der Beteiligten erforschen, den Sachverhalt klären, die Beteiligten über die rechtliche Tragweite des Geschäfts belehren und ihre Erklärungen klar und unzweideutig in der Niederschrift wiedergeben. [2] Dabei soll er darauf achten, daß Irrtümer und Zweifel vermieden sowie unerfahrene und ungewandte Beteiligte nicht benachteiligt werden.

(2) [1] Bestehen Zweifel, ob das Geschäft dem Gesetz oder dem wahren Willen der Beteiligten entspricht, so sollen die Bedenken mit den Beteiligten erörtert werden. [2] Zweifelt der Notar an der Wirksamkeit des Geschäfts und bestehen die Beteiligten auf der Beurkundung, so soll er die Belehrung und die dazu abgegebenen Erklärungen der Beteiligten in der Niederschrift vermerken.

(2 a) [1] Der Notar soll das Beurkundungsverfahren so gestalten, daß die Einhaltung der Pflichten nach den Absätzen 1 und 2 gewährleistet ist. [2] Bei Verbraucherverträgen soll der Notar darauf hinwirken, dass

1. die rechtsgeschäftlichen Erklärungen des Verbrauchers von diesem persönlich oder durch eine Vertrauensperson vor dem Notar abgegeben werden und
2. der Verbraucher ausreichend Gelegenheit erhält, sich vorab mit dem Gegenstand der Beurkundung auseinander zu setzen; bei Verbraucherverträgen, die der Beurkundungspflicht nach § 311 b Abs. 1 Satz 1 und Abs. 3 des Bürgerlichen Gesetzbuchs unterliegen, geschieht dies im Regelfall dadurch, dass dem Verbraucher der beabsichtigte Text des Rechtsgeschäfts zwei Wochen vor der Beurkundung zur Verfügung gestellt wird.

[3] Weitere Amtspflichten des Notars bleiben unberührt.

(3) [1] Kommt ausländisches Recht zur Anwendung oder bestehen darüber Zweifel, so soll der Notar die Beteiligten darauf hinweisen und dies in der Niederschrift vermerken. [2] Zur Belehrung über den Inhalt ausländischer Rechtsordnungen ist er nicht verpflichtet.

§ 18 Genehmigungserfordernisse. Auf die erforderlichen gerichtlichen oder behördlichen Genehmigungen oder Bestätigungen oder etwa darüber bestehende Zweifel soll der Notar die Beteiligten hinweisen und dies in der Niederschrift vermerken.

---

1) § 17 Abs. 2 a eingef. durch G v. 31. 8. 1998 (BGBl. I S. 2585); Abs. 2 a Sätze 2 und 3 angef. mWv 1. 8. 2002 durch G v. 23. 7. 2002 (BGBl. I S. 2850).

§ 19[1] Unbedenklichkeitsbescheinigung. Darf nach dem Grunderwerbsteuerrecht eine Eintragung im Grundbuch erst vorgenommen werden, wenn die Unbedenklichkeitsbescheinigung des Finanzamts vorliegt, so soll der Notar die Beteiligten darauf hinweisen und dies in der Niederschrift vermerken.

§ 20 Gesetzliches Vorkaufsrecht. Beurkundet der Notar die Veräußerung eines Grundstücks, so soll er, wenn ein gesetzliches Vorkaufsrecht in Betracht kommen könnte, darauf hinweisen und dies in der Niederschrift vermerken.

§ 20 a[2] Vorsorgevollmacht. Beurkundet der Notar eine Vorsorgevollmacht, so soll er auf die Möglichkeit der Registrierung bei dem Zentralen Vorsorgeregister nach § 78 a Abs. 1 der Bundesnotarordnung[3] hinweisen.

§ 21 Grundbucheinsicht, Briefvorlage. (1) [1] Bei Geschäften, die im Grundbuch eingetragene oder einzutragende Rechte zum Gegenstand haben, soll sich der Notar über den Grundbuchinhalt unterrichten. [2] Sonst soll er nur beurkunden, wenn die Beteiligten trotz Belehrung über die damit verbundenen Gefahren auf einer sofortigen Beurkundung bestehen; dies soll er in der Niederschrift vermerken.

(2) Bei der Abtretung oder Belastung eines Briefpfandrechts soll der Notar in der Niederschrift vermerken, ob der Brief vorgelegen hat.

4. Beteiligung behinderter Personen

§ 22[4] Hörbehinderte, sprachbehinderte und sehbehinderte Beteiligte. (1) [1] Vermag ein Beteiligter nach seinen Angaben oder nach der Überzeugung des Notars nicht hinreichend zu hören, zu sprechen oder zu sehen, so soll zu der Beurkundung ein Zeuge oder ein zweiter Notar zugezogen werden, es sei denn, daß alle Beteiligten darauf verzichten. [2] Auf Verlangen eines hör- oder sprachbehinderten Beteiligten soll der Notar einen Gebärdensprachdolmetscher hinzuziehen. [3] Diese Tatsachen sollen in der Niederschrift festgestellt werden.

(2) Die Niederschrift soll auch von dem Zeugen oder dem zweiten Notar unterschrieben werden.

§ 23[5] Besonderheiten für hörbehinderte Beteiligte. [1] Eine Niederschrift, in der nach § 22 Abs. 1 festgestellt ist, daß ein Beteiligter nicht hinreichend zu hören vermag, muß diesem Beteiligten anstelle des Vorlesens zur Durchsicht vorgelegt werden; in der Niederschrift soll festgestellt werden, daß dies geschehen ist. [2] Hat der Beteiligte die Niederschrift eigenhändig unterschrieben, so wird vermutet, daß sie ihm zur Durchsicht vorgelegt und von ihm genehmigt worden ist.

§ 24[6] Besonderheiten für hör- und sprachbehinderte Beteiligte, mit denen eine schriftliche Verständigung nicht möglich ist. (1) [1] Vermag ein Beteiligter nach seinen Angaben oder nach der Überzeugung des Notars nicht hinreichend zu hören oder zu sprechen und sich auch nicht schriftlich zu verständigen, so soll der Notar dies in der Niederschrift feststellen. [2] Wird in der Niederschrift eine solche Feststellung getroffen, so muss zu der Beurkundung eine Person zugezogen werden, die sich mit dem behinderten Beteiligten zu verständigen vermag und mit deren Zuziehung er nach der Überzeugung des Notars einverstanden ist; in der Niederschrift soll festgestellt werden, dass dies geschehen ist. [3] Zweifelt der Notar an der Möglichkeit der Verständigung zwischen der zugezogenen Person und dem Beteiligten, so soll er dies in der Niederschrift feststellen. [4] Die Niederschrift soll auch von der zugezogenen Person unterschrieben werden.

(2) Die Beurkundung von Willenserklärungen ist insoweit unwirksam, als diese darauf gerichtet sind, der nach Absatz 1 zugezogenen Person einen rechtlichen Vorteil zu verschaffen.

(3) Das Erfordernis, nach § 22 einen Zeugen oder zweiten Notar zuzuziehen, bleibt unberührt.

---

[1] § 19 geänd. mWv 1. 4. 2005 durch G v. 22. 3. 2005 (BGBl. I S. 837).
[2] § 20 a eingef. mWv 31. 7. 2004 durch G v. 23. 4. 2004 (BGBl. I S. 598).
[3] Nr. 1.
[4] § 22 Überschr. neu gef., Abs. 1 Satz 2 eingef., bish. Satz 2 wird Satz 3 mWv 1. 8. 2002 durch G v. 23. 7. 2002 (BGBl. I S. 2850).
[5] § 23 Überschr. neu gef. mWv 1. 8. 2002 durch G v. 23. 7. 2002 (BGBl. I S. 2850).
[6] § 24 Überschr., Abs. 1 neu gef., Abs. 2 geänd. mWv 1. 8. 2002 durch G v. 23. 7. 2002 (BGBl. I S. 2850).

§ 25 Schreibunfähige. [1] Vermag ein Beteiligter nach seinen Angaben oder nach der Überzeugung des Notars seinen Namen nicht zu schreiben, so muß bei dem Vorlesen und der Genehmigung ein Zeuge oder ein zweiter Notar zugezogen werden, wenn nicht bereits nach § 22 ein Zeuge oder ein zweiter Notar zugezogen worden ist. [2] Diese Tatsachen sollen in der Niederschrift festgestellt werden. [3] Die Niederschrift muß von dem Zeugen oder dem zweiten Notar unterschrieben werden.

§ 26[1)] Verbot der Mitwirkung als Zeuge oder zweiter Notar. (1) Als Zeuge oder zweiter Notar soll bei der Beurkundung nicht zugezogen werden, wer

1. selbst beteiligt ist oder durch einen Beteiligten vertreten wird,
2. aus einer zu beurkundenden Willenserklärung einen rechtlichen Vorteil erlangt,
3. mit dem Notar verheiratet ist,

3 a. mit ihm eine Lebenspartnerschaft führt oder

4. mit ihm in gerader Linie verwandt ist oder war.

(2) Als Zeuge soll bei der Beurkundung ferner nicht zugezogen werden, wer

1. zu dem Notar in einem ständigen Dienstverhältnis steht,
2. minderjährig ist,
3. geisteskrank oder geistesschwach ist,
4. nicht hinreichend zu hören, zu sprechen oder zu sehen vermag,
5. nicht schreiben kann oder
6. der deutschen Sprache nicht hinreichend kundig ist; dies gilt nicht im Falle des § 5 Abs. 2, wenn der Zeuge der Sprache der Niederschrift hinreichend kundig ist.

5. Besonderheiten für Verfügungen von Todes wegen

§ 27 Begünstigte Personen. Die §§ 7, 16 Abs. 3 Satz 2, § 24 Abs. 2, § 26 Abs. 1 Nr. 2 gelten entsprechend für Personen, die in einer Verfügung von Todes wegen bedacht oder zum Testamentsvollstrecker ernannt werden.

§ 28 Feststellungen über die Geschäftsfähigkeit. Der Notar soll seine Wahrnehmungen über die erforderliche Geschäftsfähigkeit des Erblassers in der Niederschrift vermerken.

§ 29 Zeugen, zweiter Notar. [1] Auf Verlangen der Beteiligten soll der Notar bei der Beurkundung bis zu zwei Zeugen oder einen zweiten Notar zuziehen und dies in der Niederschrift vermerken. [2] Die Niederschrift soll auch von diesen Personen unterschrieben werden.

§ 30 Übergabe einer Schrift. [1] Wird eine Verfügung von Todes wegen durch Übergabe einer Schrift errichtet, so muß die Niederschrift auch die Feststellung enthalten, daß die Schrift übergeben worden ist. [2] Die Schrift soll derart gekennzeichnet werden, daß eine Verwechslung ausgeschlossen ist. [3] In der Niederschrift soll vermerkt werden, ob die Schrift offen oder verschlossen übergeben worden ist. [4] Von dem Inhalt einer offen übergebenen Schrift soll der Notar Kenntnis nehmen, sofern er der Sprache, in der die Schrift verfaßt ist, hinreichend kundig ist; § 17 ist anzuwenden. [5] Die Schrift soll der Niederschrift beigefügt werden; einer Verlesung der Schrift bedarf es nicht.

§ 31[2)] *(aufgehoben)*

§ 32 Sprachunkundige. [1] Ist ein Erblasser, der dem Notar seinen letzten Willen mündlich erklärt, der Sprache, in der die Niederschrift aufgenommen wird, nicht hinreichend kundig und ist dies in der Niederschrift festgestellt, so muß eine schriftliche Übersetzung angefertigt werden, die der Niederschrift beigefügt werden soll. [2] Der Erblasser kann hierauf verzichten; der Verzicht muß in der Niederschrift festgestellt werden.

§ 33[3)] Besonderheiten beim Erbvertrag. Bei einem Erbvertrag gelten die §§ 30 und 32 entsprechend auch für die Erklärung des anderen Vertragschließenden.

[1)] § 26 Abs. 1 Nr. 4 geänd. durch G v. 2. 7. 1976 (BGBl. I S. 1749); Abs. 1 Nr. 3 neu gef, Nr. 3 a eingef. mWv 1. 8. 2001 durch G v. 16. 2. 2001 (BGBl. I S. 266).

[2)] § 31 aufgeh. mWv 1. 8. 2002 durch G v. 23. 7. 2002 (BGBl. I S. 2850).

[3)] § 33 geänd. mWv 1. 8. 2002 durch G v. 23. 7. 2002 (BGBl. I S. 2850).

§ 34[1] Verschließung, Verwahrung. (1) [1] Die Niederschrift über die Errichtung eines Testaments soll der Notar in einen Umschlag nehmen und diesen mit dem Prägesiegel verschließen. [2] In den Umschlag sollen auch die nach den §§ 30 und 32 beigefügten Schriften genommen werden. [3] Auf dem Umschlag soll der Notar den Erblasser seiner Person nach näher bezeichnen und angeben, wann das Testament errichtet worden ist; diese Aufschrift soll der Notar unterschreiben. [4] Der Notar soll veranlassen, daß das Testament unverzüglich in besondere amtliche Verwahrung gebracht wird.

(2) Beim Abschluß eines Erbvertrages gilt Absatz 1 entsprechend, sofern nicht die Vertragschließenden die besondere amtliche Verwahrung ausschließen; dies ist im Zweifel anzunehmen, wenn der Erbvertrag mit einem anderen Vertrag in derselben Urkunde verbunden wird.

(3) Haben die Beteiligten bei einem Erbvertrag die besondere amtliche Verwahrung ausgeschlossen, so bleibt die Urkunde in der Verwahrung des Notars.

§ 34 a[2] Mitteilungs- und Ablieferungspflichten. (1) Bleibt ein Erbvertrag in der Verwahrung des Notars oder enthält eine Urkunde Erklärungen, nach deren Inhalt die Erbfolge geändert wird, insbesondere Aufhebungsverträge, Rücktritts- und Anfechtungserklärungen, Erbverzichtsverträge, Ehe- und Lebenspartnerschaftsverträge mit erbrechtlichen Auswirkungen, so hat der Notar das zuständige Standesamt oder das Amtsgericht Schöneberg in Berlin schriftlich zu benachrichtigen.

(2) [1] Nach Eintritt des Erbfalls hat der Notar den Erbvertrag an das Nachlassgericht abzuliefern, in dessen Verwahrung er verbleibt. [2] Enthält eine sonstige Urkunde Erklärungen, nach deren Inhalt die Erbfolge geändert wird, so teilt der Notar diese Erklärungen dem Nachlassgericht nach dem Eintritt des Erbfalls in beglaubigter Abschrift mit.

§ 35 Niederschrift ohne Unterschrift des Notars. Hat der Notar die Niederschrift über die Errichtung einer Verfügung von Todes wegen nicht unterschrieben, so ist die Beurkundung aus diesem Grunde nicht unwirksam, wenn er die Aufschrift auf dem verschlossenen Umschlag unterschrieben hat.

Dritter Abschnitt. Sonstige Beurkundungen

1. Niederschriften

§ 36 Grundsatz. Bei der Beurkundung anderer Erklärungen als Willenserklärungen sowie sonstiger Tatsachen oder Vorgänge muß eine Niederschrift aufgenommen werden, soweit in § 39 nichts anderes bestimmt ist.

§ 37[3] Inhalt der Niederschrift. (1) [1] Die Niederschrift muß enthalten

1. die Bezeichnung des Notars sowie
2. den Bericht über seine Wahrnehmungen.

[2] Der Bericht des Notars in einem Schriftstück, auf das in der Niederschrift verwiesen und das dieser beigefügt wird, gilt als in der Niederschrift selbst enthalten. [3] Satz 2 gilt entsprechend, wenn der Notar unter Verwendung von Karten, Zeichnungen oder Abbildungen seinen Bericht erstellt.

(2) In der Niederschrift sollen Ort und Tag der Wahrnehmungen des Notars sowie Ort und Tag der Errichtung der Urkunde angegeben werden.

(3) § 13 Abs. 3 gilt entsprechend.

§ 38 Eide, eidesstattliche Versicherungen. (1) Bei der Abnahme von Eiden und bei der Aufnahme eidesstattlicher Versicherungen gelten die Vorschriften über die Beurkundung von Willenserklärungen entsprechend.

(2) Der Notar soll über die Bedeutung des Eides oder der eidesstattlichen Versicherung belehren und dies in der Niederschrift vermerken.

---

[1] § 34 Abs. 3 angef. durch G v. 31. 8. 1998 (BGBl. I S. 2585); Abs. 1 Satz 2 geänd. mWv 1. 8. 2002 durch G v. 23. 7. 2002 (BGBl. I S. 2850); Abs. 3 Satz 2 aufgeh. mWv 1. 1. 2009 durch G v. 19. 2. 2007 (BGBl. I S. 122).

[2] § 34 a eingef. mWv 1. 1. 2009 durch G v. 19. 2. 2007 (BGBl. I S. 122).

[3] § 37 Abs. 1 Satz 3 angef. durch G v. 20. 2. 1980 (BGBl. I S. 157).

2. Vermerke

§ 39[1] Einfache Zeugnisse. Bei der Beglaubigung einer Unterschrift oder eines Handzeichens oder der Zeichnung einer Namensunterschrift, bei der Feststellung des Zeitpunktes, zu dem eine Privaturkunde vorgelegt worden ist, bei Bescheinigungen über Eintragungen in öffentlichen Registern, bei der Beglaubigung von Abschriften, Abdrucken, Ablichtungen und dergleichen (Abschriften) und bei sonstigen einfachen Zeugnissen genügt anstelle einer Niederschrift eine Urkunde, die das Zeugnis, die Unterschrift und das Präge- oder Farbdrucksiegel (Siegel) des Notars enthalten muß und Ort und Tag der Ausstellung angeben soll (Vermerk).

§ 39 a[2] Einfache elektronische Zeugnisse. [1] Beglaubigungen und sonstige Zeugnisse im Sinne des § 39 können elektronisch errichtet werden. [2] Das hierzu erstellte Dokument muss mit einer qualifizierten elektronischen Signatur nach dem Signaturgesetz versehen werden. [3] Diese soll auf einem Zertifikat beruhen, das auf Dauer prüfbar ist. [4] Mit dem Zeugnis muss eine Bestätigung der Notareigenschaft durch die zuständige Stelle verbunden werden. [5] Das Zeugnis soll Ort und Tag der Ausstellung angeben.

§ 40 Beglaubigung einer Unterschrift. (1) Eine Unterschrift soll nur beglaubigt werden, wenn sie in Gegenwart des Notars vollzogen oder anerkannt wird.

(2) Der Notar braucht die Urkunde nur darauf zu prüfen, ob Gründe bestehen, seine Amtstätigkeit zu versagen.

(3) [1] Der Beglaubigungsvermerk muß auch die Person bezeichnen, welche die Unterschrift vollzogen oder anerkannt hat. [2] In dem Vermerk soll angegeben werden, ob die Unterschrift vor dem Notar vollzogen oder anerkannt worden ist.

(4) § 10 Abs. 1, Abs. 2 Satz 1 gilt entsprechend.

(5) [1] Unterschriften ohne zugehörigen Text soll der Notar nur beglaubigen, wenn dargelegt wird, daß die Beglaubigung vor der Festlegung des Urkundeninhalts benötigt wird. [2] In dem Beglaubigungsvermerk soll angegeben werden, daß bei der Beglaubigung ein durch die Unterschrift gedeckter Text nicht vorhanden war.

(6) Die Absätze 1 bis 5 gelten für die Beglaubigung von Handzeichen entsprechend.

§ 41[3] Beglaubigung der Zeichnung einer Namensunterschrift. [1] Bei der Beglaubigung der Zeichnung einer Namensunterschrift, die zur Aufbewahrung beim Gericht bestimmt ist, muß die Zeichnung in Gegenwart des Notars vollzogen werden; dies soll in dem Beglaubigungsvermerk festgestellt werden. [2] Der Beglaubigungsvermerk muß auch die Person angeben, welche gezeichnet hat. [3] § 10 Abs. 1, Abs. 2 Satz 1 gilt entsprechend.

§ 42[4] Beglaubigung einer Abschrift. (1) Bei der Beglaubigung der Abschrift einer Urkunde soll festgestellt werden, ob die Urkunde eine Urschrift, eine Ausfertigung, eine beglaubigte oder einfache Abschrift ist.

(2) Finden sich in einer dem Notar vorgelegten Urkunde Lücken, Durchstreichungen, Einschaltungen, Änderungen oder unleserliche Worte, zeigen sich Spuren der Beseitigung von Schriftzeichen, insbesondere Radierungen, ist der Zusammenhang einer aus mehreren Blättern bestehenden Urkunde aufgehoben oder sprechen andere Umstände dafür, daß der ursprüngliche Inhalt der Urkunde geändert worden ist, so soll dies in dem Beglaubigungsvermerk festgestellt werden, sofern es sich nicht schon aus der Abschrift ergibt.

(3) Enthält die Abschrift nur den Auszug aus einer Urkunde, so soll in dem Beglaubigungsvermerk der Gegenstand des Auszugs angegeben und bezeugt werden, daß die Urkunde über diesen Gegenstand keine weiteren Bestimmungen enthält.

(4) Bei der Beglaubigung eines Ausdrucks eines elektronischen Dokuments, das mit einer qualifizierten elektronischen Signatur nach dem Signaturgesetz versehen ist, soll das Ergebnis der Signaturprüfung dokumentiert werden.

§ 43 Feststellung des Zeitpunktes der Vorlegung einer privaten Urkunde. Bei der Feststellung des Zeitpunktes, zu dem eine private Urkunde vorgelegt worden ist, gilt § 42 Abs. 2 entsprechend.

---

[1] § 39 geänd. durch G v. 22. 6.1998 (BGBl. I S. 1474).
[2] § 39 a eingef. mWv 1. 4. 2005 durch G v. 22. 3. 2005 (BGBl. I S. 837).
[3] § 41 Satz 1 geänd. durch G v. 22. 6.1998 (BGBl. I S. 1474).
[4] § 42 Abs. 4 angef. mWv 1. 4. 2005 durch G v. 22. 3. 2005 (BGBl. I S. 837).

Vierter Abschnitt. Behandlung der Urkunden

§ 44[1] Verbindung mit Schnur und Prägesiegel. [1] Besteht eine Urkunde aus mehreren Blättern, so sollen diese mit Schnur und Prägesiegel verbunden werden. [2] Das gleiche gilt für Schriftstücke sowie für Karten, Zeichnungen oder Abbildungen, die nach § 9 Abs. 1 Satz 2, 3, §§ 14, 37 Abs. 1 Satz 2, 3 der Niederschrift beigefügt worden sind.

§ 44a[2] Änderungen in den Urkunden. (1) [1] Zusätze und sonstige, nicht nur geringfügige Änderungen sollen am Schluß vor den Unterschriften oder am Rande vermerkt und im letzteren Falle von dem Notar besonders unterzeichnet werden. [2] Ist der Niederschrift ein Schriftstück nach § 9 Abs. 1 Satz 2, den §§ 14, 37 Abs. 1 Satz 2 beigefügt, so brauchen Änderungen in dem beigefügten Schriftstück nicht unterzeichnet zu werden, wenn aus der Niederschrift hervorgeht, daß sie genehmigt worden sind.

(2) [1] Offensichtliche Unrichtigkeiten kann der Notar auch nach Abschluß der Niederschrift durch einen von ihm zu unterschreibenden Nachtragsvermerk richtigstellen. [2] Der Nachtragsvermerk ist am Schluß nach den Unterschriften oder auf einem besonderen, mit der Urkunde zu verbindenden Blatt niederzulegen und mit dem Datum der Richtigstellung zu versehen. [3] Ergibt sich im übrigen nach Abschluß der Niederschrift die Notwendigkeit einer Änderung oder Berichtigung, so hat der Notar hierüber eine besondere Niederschrift aufzunehmen.

§ 45[3] Aushändigung der Urschrift. (1) Die Urschrift der notariellen Urkunde bleibt, wenn sie nicht auszuhändigen ist, in der Verwahrung des Notars.

(2) [1] Die Urschrift einer Niederschrift soll nur ausgehändigt werden, wenn dargelegt wird, daß sie im Ausland verwendet werden soll, und sämtliche Personen zustimmen, die eine Ausfertigung verlangen können. [2] In diesem Fall soll die Urschrift mit dem Siegel versehen werden; ferner soll eine Ausfertigung zurückbehalten und auf ihr vermerkt werden, an wen und weshalb die Urschrift ausgehändigt worden ist. [3] Die Ausfertigung tritt an die Stelle der Urschrift.

(3) Die Urschrift einer Urkunde, die in der Form eines Vermerks verfaßt ist, ist auszuhändigen, wenn nicht die Verwahrung verlangt wird.

§ 46 Ersetzung der Urschrift. (1) [1] Ist die Urschrift einer Niederschrift ganz oder teilweise zerstört worden oder abhanden gekommen und besteht Anlaß, sie zu ersetzen, so kann auf einer noch vorhandenen Ausfertigung oder beglaubigten Abschrift oder einer davon gefertigten beglaubigten Abschrift vermerkt werden, daß sie an die Stelle der Urschrift tritt. [2] Der Vermerk kann mit dem Beglaubigungsvermerk verbunden werden. [3] Er soll Ort und Zeit der Ausstellung angeben und muß unterschrieben werden.

(2) Die Urschrift wird von der Stelle ersetzt, die für die Erteilung einer Ausfertigung zuständig ist.

(3) [1] Vor der Ersetzung der Urschrift soll der Schuldner gehört werden, wenn er sich in der Urkunde der sofortigen Zwangsvollstreckung unterworfen hat. [2] Von der Ersetzung der Urschrift sollen die Personen, die eine Ausfertigung verlangen können, verständigt werden, soweit sie sich ohne erhebliche Schwierigkeiten ermitteln lassen.

§ 47 Ausfertigung. Die Ausfertigung der Niederschrift vertritt die Urschrift im Rechtsverkehr.

§ 48 Zuständigkeit für die Erteilung der Ausfertigung. [1] Die Ausfertigung erteilt, soweit bundes- oder landesrechtlich nichts anderes bestimmt ist, die Stelle, welche die Urschrift verwahrt. [2] Wird die Urschrift bei einem Gericht verwahrt, so erteilt der Urkundsbeamte der Geschäftsstelle die Ausfertigung.

§ 49 Form der Ausfertigung. (1) [1] Die Ausfertigung besteht in einer Abschrift der Urschrift, die mit dem Ausfertigungsvermerk versehen ist. [2] Sie soll in der Überschrift als Ausfertigung bezeichnet sein.

(2) [1] Der Ausfertigungsvermerk soll den Tag und den Ort der Erteilung angeben, die Person bezeichnen, der die Ausfertigung erteilt wird, und die Übereinstimmung der Ausfertigung mit

---

[1] § 44 Satz 2 neu gef. durch G v. 20. 2. 1980 (BGBl. I S. 157).
[2] § 44a eingef. durch G v. 31. 8. 1998 (BGBl. I S. 2585).
[3] § 45 Abs. 1 eingef., bish. Abs. 1 und 2 werden Abs. 2 und 3 durch G v. 31. 8. 1998 (BGBl. I S. 2585).

der Urschrift bestätigen. [2] Er muß unterschrieben und mit dem Siegel der erteilenden Stelle versehen sein.

(3) Werden Abschriften von Urkunden mit der Ausfertigung durch Schnur und Prägesiegel verbunden oder befinden sie sich mit dieser auf demselben Blatt, so genügt für die Beglaubigung dieser Abschriften der Ausfertigungsvermerk; dabei soll entsprechend § 42 Abs. 3 und, wenn die Urkunden, von denen die Abschriften hergestellt sind, nicht zusammen mit der Urschrift der ausgefertigten Urkunde verwahrt werden, auch entsprechend § 42 Abs. 1, 2 verfahren werden.

(4) Auf der Urschrift soll vermerkt werden, wem und an welchem Tage eine Ausfertigung erteilt worden ist.

(5) [1] Die Ausfertigung kann auf Antrag auch auszugsweise erteilt werden. [2] § 42 Abs. 3 ist entsprechend anzuwenden.

§ 50 Übersetzungen. (1) [1] Ein Notar kann die deutsche Übersetzung einer Urkunde mit der Bescheinigung der Richtigkeit und Vollständigkeit versehen, wenn er die Urkunde selbst in fremder Sprache errichtet hat oder für die Erteilung einer Ausfertigung der Niederschrift zuständig ist. [2] Für die Bescheinigung gilt § 39 entsprechend. [3] Der Notar soll die Bescheinigung nur erteilen, wenn er der fremden Sprache hinreichend kundig ist.

(2) [1] Eine Übersetzung, die mit einer Bescheinigung nach Absatz 1 versehen ist, gilt als richtig und vollständig. [2] Der Gegenbeweis ist zulässig.

(3) [1] Von einer derartigen Übersetzung können Ausfertigungen und Abschriften erteilt werden. [2] Die Übersetzung soll in diesem Fall zusammen mit der Urschrift verwahrt werden.

§ 51 Recht auf Ausfertigungen, Abschriften und Einsicht. (1) Ausfertigungen können verlangen

1. bei Niederschriften über Willenserklärungen jeder, der eine Erklärung im eigenen Namen abgegeben hat oder in dessen Namen eine Erklärung abgegeben worden ist,
2. bei anderen Niederschriften jeder, der die Aufnahme der Urkunde beantragt hat,

sowie die Rechtsnachfolger dieser Personen.

(2) Die in Absatz 1 genannten Personen können gemeinsam in der Niederschrift oder durch besondere Erklärung gegenüber der zuständigen Stelle etwas anderes bestimmen.

(3) Wer Ausfertigungen verlangen kann, ist auch berechtigt, einfache oder beglaubigte Abschriften zu verlangen und die Urschrift einzusehen.

(4) Mitteilungspflichten, die auf Grund von Rechtsvorschriften gegenüber Gerichten oder Behörden bestehen, bleiben unberührt.

§ 52 Vollstreckbare Ausfertigungen. Vollstreckbare Ausfertigungen werden nach den dafür bestehenden Vorschriften erteilt.

§ 53 Einreichung beim Grundbuchamt oder Registergericht. Sind Willenserklärungen beurkundet worden, die beim Grundbuchamt oder Registergericht einzureichen sind, so soll der Notar dies veranlassen, sobald die Urkunde eingereicht werden kann, es sei denn, daß alle Beteiligten gemeinsam etwas anderes verlangen; auf die mit einer Verzögerung verbundenen Gefahren soll der Notar hinweisen.

§ 54[1)] Rechtsmittel. (1) Gegen die Ablehnung der Erteilung der Vollstreckungsklausel oder einer Amtshandlung nach den §§ 45, 46, 51 sowie gegen die Ersetzung einer Urschrift ist die Beschwerde gegeben.

(2) [1] Für das Beschwerdeverfahren gelten die Vorschriften des Gesetzes über das Verfahren in Familiensachen und in den Angelegenheiten der freiwilligen Gerichtsbarkeit. [2] Über die Beschwerde entscheidet eine Zivilkammer des Landgerichts, in dessen Bezirk die Stelle, gegen die sich die Beschwerde richtet, ihren Sitz hat.

Fünfter Abschnitt.[2)] Verwahrung

§ 54 a[3)] Antrag auf Verwahrung. (1) Der Notar darf Bargeld zur Aufbewahrung oder zur Ablieferung an Dritte nicht entgegennehmen.

---

1) § 54 Abs. 2 Satz 1 geänd. mWv 1. 9. 2009 durch G v. 17. 12. 2008 (BGBl. I S. 2586).
2) Fünfter Abschn. (§§ 54 a–54 e) eingef. durch G v. 31. 8. 1998 (BGBl. I S. 2585).
3) § 54 a eingef. durch G v. 31. 8. 1998 (BGBl. I S. 2585).

(2) Der Notar darf Geld zur Verwahrung nur entgegennehmen, wenn

1. hierfür ein berechtigtes Sicherungsinteresse der am Verwahrungsgeschäft beteiligten Personen besteht,
2. ihm ein Antrag auf Verwahrung verbunden mit einer Verwahrungsanweisung vorliegt, in der hinsichtlich der Masse und ihrer Erträge der Anweisende, der Empfangsberechtigte sowie die zeitlichen und sachlichen Bedingungen der Verwahrung und die Auszahlungsvoraussetzungen bestimmt sind,
3. er den Verwahrungsantrag und die Verwahrungsanweisung angenommen hat.

(3) Der Notar darf den Verwahrungsantrag nur annehmen, wenn die Verwahrungsanweisung den Bedürfnissen einer ordnungsgemäßen Geschäftsabwicklung und eines ordnungsgemäßen Vollzugs der Verwahrung sowie dem Sicherungsinteresse aller am Verwahrungsgeschäft beteiligten Personen genügt.

(4) Die Verwahrungsanweisung sowie deren Änderung, Ergänzung oder Widerruf bedürfen der Schriftform.

(5) Auf der Verwahrungsanweisung hat der Notar die Annahme mit Datum und Unterschrift zu vermerken, sofern die Verwahrungsanweisung nicht Gegenstand einer Niederschrift (§§ 8, 36) ist, die er selbst oder sein amtlich bestellter Vertreter aufgenommen hat.

(6) Die Absätze 3 bis 5 gelten entsprechend für Treuhandaufträge, die dem Notar im Zusammenhang mit dem Vollzug des der Verwahrung zugrundeliegenden Geschäfts von Personen erteilt werden, die an diesem nicht beteiligt sind.

§ 54 b[1)] Durchführung der Verwahrung. (1) [1] Der Notar hat anvertraute Gelder unverzüglich einem Sonderkonto für fremde Gelder (Notaranderkonto) zuzuführen. [2] Der Notar ist zu einer bestimmten Art der Anlage nur bei einer entsprechenden Anweisung der Beteiligten verpflichtet. [3] Fremdgelder sowie deren Erträge dürfen auch nicht vorübergehend auf einem sonstigen Konto des Notars oder eines Dritten geführt werden.

(2) [1] Das Notaranderkonto muß bei einem im Inland zum Geschäftsbetrieb befugten Kreditinstitut oder der Deutschen Bundesbank eingerichtet sein. [2] Die Anderkonten sollen bei Kreditinstituten in dem Amtsbereich des Notars oder den unmittelbar angrenzenden Amtsgerichtsbezirken desselben Oberlandesgerichtsbezirks eingerichtet werden, sofern in der Anweisung nicht ausdrücklich etwas anderes vorgesehen wird oder eine andere Handhabung sachlich geboten ist. [3] Für jede Verwahrungsmasse muß ein gesondertes Anderkonto geführt werden, Sammelanderkonten sind nicht zulässig.

(3) [1] Über das Notaranderkonto darf nur der Notar persönlich, dessen amtlich bestellter Vertreter oder der Notariatsverwalter verfügen. [2] Satz 1 gilt für den mit der Aktenverwahrung gemäß § 51 Abs. 1 Satz 2 betrauten Notar entsprechend, soweit ihm die Verfügungsbefugnis über Anderkonten übertragen worden ist. [3] Die Landesregierungen oder die von ihnen bestimmten Stellen werden ermächtigt, durch Rechtsverordnung zu bestimmen, daß Verfügungen auch durch einen entsprechend bevollmächtigten anderen Notar erfolgen dürfen. [4] Verfügungen sollen nur erfolgen, um Beträge unverzüglich dem Empfangsberechtigten oder einem von diesem schriftlich benannten Dritten zuzuführen. [5] Sie sind grundsätzlich im bargeldlosen Zahlungsverkehr durchzuführen, sofern nicht besondere berechtigte Interessen der Beteiligten die Auszahlung in bar oder mittels Bar- oder Verrechnungsscheck gebieten. [6] Die Gründe für eine Bar- oder Scheckauszahlung sind von dem Notar zu vermerken. [7] Die Bar- oder Scheckauszahlung ist durch den berechtigten Empfänger oder einen von ihm schriftlich Beauftragten nach Feststellung der Person zu quittieren. [8] Verfügungen zugunsten von Privat- oder Geschäftskonten des Notars sind lediglich zur Bezahlung von Kostenforderungen aus dem zugrundeliegenden Amtsgeschäft unter Angabe des Verwendungszwecks und nur dann zulässig, wenn hierfür eine notarielle Kostenrechnung erteilt und dem Kostenschuldner zugegangen ist und Auszahlungsreife des verwahrten Betrages zugunsten des Kostenschuldners gegeben ist.

(4) Eine Verwahrung soll nur dann über mehrere Anderkonten durchgeführt werden, wenn dies sachlich geboten ist und in der Anweisung ausdrücklich bestimmt ist.

(5) [1] Schecks sollen unverzüglich eingelöst oder verrechnet werden, soweit sich aus den Anweisungen nichts anderes ergibt. [2] Der Gegenwert ist nach den Absätzen 2 und 3 zu behandeln.

§ 54 c[2)] Widerruf. (1) Den schriftlichen Widerruf einer Anweisung hat der Notar zu beachten, soweit er dadurch Dritten gegenüber bestehende Amtspflichten nicht verletzt.

[1)] § 54 b eingef. durch G v. 31. 8. 1998 (BGBl. I S. 2585).
[2)] § 54 c eingef. durch G v. 31. 8. 1998 (BGBl. I S. 2585).

(2) Ist die Verwahrungsanweisung von mehreren Anweisenden erteilt, so ist der Widerruf darüber hinaus nur zu beachten, wenn er durch alle Anweisenden erfolgt.

(3) [1] Erfolgt der Widerruf nach Absatz 2 nicht durch alle Anweisenden und wird er darauf gegründet, daß das mit der Verwahrung durchzuführende Rechtsverhältnis aufgehoben, unwirksam oder rückabzuwickeln sei, soll sich der Notar jeder Verfügung über das Verwahrungsgut enthalten. [2] Der Notar soll alle an dem Verwahrungsgeschäft beteiligten Personen im Sinne des § 54 a hiervon unterrichten. [3] Der Widerruf wird jedoch unbeachtlich, wenn

1. eine spätere übereinstimmende Anweisung vorliegt oder
2. der Widerrufende nicht innerhalb einer von dem Notar festzusetzenden angemessenen Frist dem Notar nachweist, daß ein gerichtliches Verfahren zur Herbeiführung einer übereinstimmenden Anweisung rechtshängig ist, oder
3. dem Notar nachgewiesen wird, daß die Rechtshängigkeit der nach Nummer 2 eingeleiteten Verfahren entfallen ist.

(4) Die Verwahrungsanweisung kann von den Absätzen 2 und 3 abweichende oder ergänzende Regelungen enthalten.

(5) § 15 Abs. 2 der Bundesnotarordnung bleibt unberührt.

§ 54 d[1]) Absehen von Auszahlung. Der Notar hat von der Auszahlung abzusehen und alle an dem Verwahrungsgeschäft beteiligten Personen im Sinne des § 54 a hiervon zu unterrichten, wenn

1. hinreichende Anhaltspunkte dafür vorliegen, daß er bei Befolgung der unwiderruflichen Weisung an der Erreichung unerlaubter oder unredlicher Zwecke mitwirken würde, oder
2. einem Auftraggeber im Sinne des § 54 a durch die Auszahlung des verwahrten Geldes ein unwiederbringlicher Schaden erkennbar droht.

§ 54 e[2]) Verwahrung von Wertpapieren und Kostbarkeiten. (1) Die §§ 54 a, 54 c und 54 d gelten entsprechend für die Verwahrung von Wertpapieren und Kostbarkeiten.

(2) Der Notar ist berechtigt, Wertpapiere und Kostbarkeiten auch einer Bank im Sinne des § 54 b Abs. 2 in Verwahrung zu geben, und ist nicht verpflichtet, von ihm verwahrte Wertpapiere zu verwalten, soweit in der Verwahrungsanweisung nichts anderes bestimmt ist.

Sechster Abschnitt.[3]) Schlußvorschriften

1. Verhältnis zu anderen Gesetzen

a) Bundesrecht

§ 55 Außerkrafttreten von Bundesrecht. *(hier nicht wiedergegeben)*

§ 56[4]) Beseitigung von Doppelzuständigkeiten. (1), (2) *(hier nicht wiedergegebene Änderungsvorschriften)*

(3) [1] In §§ 1410, 1750 des Bürgerlichen Gesetzbuchs werden die Worte „vor Gericht oder vor einem Notar" durch die Worte „zur Niederschrift eines Notars" ersetzt. [2] § 2356 Abs. 2 Satz 1 des Bürgerlichen Gesetzbuchs bleibt unberührt.

(4) Auch wenn andere Vorschriften des bisherigen Bundesrechts die gerichtliche oder notarielle Beurkundung oder Beglaubigung oder die Erklärung vor einem Gericht oder Notar vorsehen, ist nur der Notar zuständig.

§ 57 Sonstige Änderungen von Bundesrecht. *(hier nicht wiedergegeben)*

§ 58[5]) Beurkundungen nach dem Personenstandsgesetz. Dieses Gesetz gilt nicht für Beurkundungen nach dem Personenstandsgesetz.

§ 59 Unberührt bleibendes Bundesrecht. Soweit in diesem Gesetz nichts anderes bestimmt ist, bleiben bundesrechtliche Vorschriften über Beurkundungen unberührt.

---

[1]) § 54 d eingef. durch G v. 31. 8. 1998 (BGBl. I S. 2585).
[2]) § 54 e eingef. durch G v. 31. 8. 1998 (BGBl. I S. 2585).
[3]) Bish. Fünfter Abschn. wird Sechster Abschn. durch G v. 31. 8. 1998 (BGBl. I S. 2585).
[4]) § 56 Abs. 3 Satz 2 angef. durch G v. 27. 6. 1970 (BGBl. I S. 911).
[5]) § 58 geänd. mWv 1. 1. 2009 durch G v. 19. 2. 2007 (BGBl. I S. 122).

b) Landesrecht

§ 60 Außerkrafttreten von Landesrecht. [1] Mit dem Inkrafttreten dieses Gesetzes treten, soweit in diesem Gesetz nichts anderes bestimmt ist, die landesrechtlichen Vorschriften außer Kraft, die den Vorschriften des Ersten bis Vierten Abschnitts dieses Gesetzes entgegenstehen oder neben dem Notar auch anderen Urkundspersonen oder sonstigen Stellen eine Zuständigkeit für öffentliche Beurkundungen übertragen. [2] Insbesondere treten außer Kraft

1.–68. *(hier nicht wiedergegeben).*

§ 61[1] Unberührt bleibendes Landesrecht. (1) Unbeschadet der Zuständigkeit des Notars bleiben folgende landesrechtliche Vorschriften unberührt:

1. Vorschriften über die Beurkundung von freiwilligen Versteigerungen; dies gilt nicht für die freiwillige Versteigerung von Grundstücken und grundstücksgleichen Rechten;
2. Vorschriften über die Zuständigkeit zur Aufnahme von Inventaren, Bestandsverzeichnissen, Nachlaßverzeichnissen und anderen Vermögensverzeichnissen sowie zur Mitwirkung bei der Aufnahme solcher Vermögensverzeichnisse;
3. Vorschriften, nach denen die Gerichtsvollzieher zuständig sind, Wechsel- und Scheckproteste aufzunehmen sowie das tatsächliche Angebot einer Leistung zu beurkunden;
4. Vorschriften, nach denen die Amtsgerichte zuständig sind, außerhalb eines anhängigen Verfahrens die Aussagen von Zeugen und die Gutachten von Sachverständigen, die Vereidigung sowie eidesstattliche Versicherungen dieser Personen zu beurkunden;
5. Vorschriften, nach denen Beurkundungen in Fideikommißsachen, für die ein Kollegialgericht zuständig ist, durch einen beauftragten oder ersuchten Richter erfolgen können;
6. Vorschriften, nach denen die Vorstände der Vermessungsbehörden, die das amtliche Verzeichnis im Sinne des § 2 Abs. 2 der Grundbuchordnung führen, und die von den Vorständen beauftragten Beamten dieser Behörden zuständig sind, Anträge der Eigentümer auf Vereinigung oder Teilung von Grundstücken zu beurkunden oder zu beglaubigen;
7. Vorschriften über die Beurkundung der Errichtung fester Grenzzeichen (Abmarkung);
8. Vorschriften über die Beurkundung von Tatbeständen, die am Grund und Boden durch vermessungstechnische Ermittlungen festgestellt werden, durch Behörden, öffentlich bestellte Vermessungsingenieure oder Markscheider;
9. Vorschriften über Beurkundungen in Gemeinheitsteilungs- und agrarrechtlichen Ablösungsverfahren einschließlich der Rentenübernahme- und Rentengutsverfahren;
10. Vorschriften über Beurkundungen im Rückerstattungsverfahren;
11. Vorschriften über die Beglaubigung amtlicher Unterschriften zum Zwecke der Legalisation;
12. Vorschriften über Beurkundungen in Kirchenaustrittssachen.

(2) Auf Grund dieser Vorbehalte können den Gerichten Beurkundungszuständigkeiten nicht neu übertragen werden.

(3) Auf Grund anderer bundesrechtlicher Vorbehalte kann

1. die Zuständigkeit der Notare für öffentliche Beurkundungen (§ 20 der Bundesnotarordnung[2]) nicht eingeschränkt werden,
2. nicht bestimmt werden, daß für öffentliche Beurkundungen neben dem Notar andere Urkundspersonen oder sonstige Stellen zuständig sind, und
3. keine Regelung getroffen werden, die den Vorschriften des Ersten bis Vierten Abschnitts dieses Gesetzes entgegensteht.

(4) [1] Die Vorschriften über die Beurkundungszuständigkeiten der Ratschreiber und sonstigen Hilfsbeamten der Grundbuchämter in Baden-Württemberg, insbesondere § 6 des badischen Grundbuchausführungsgesetzes in der Fassung der Bekanntmachung vom 13. Oktober 1925 (Badisches Gesetz- und Verordnungsblatt S. 296) sowie Artikel 32 Abs. 1, Artikel 33, 34 des württembergischen Ausführungsgesetzes zum Bürgerlichen Gesetzbuch und zu anderen Reichsjustizgesetzen vom 29. Dezember 1931 (Württembergisches Regierungsblatt S. 545), bleiben unberührt; diese Vorschriften können von den dafür zuständigen Stellen aufgehoben, geändert oder durch Vorschriften entsprechenden Inhalts ersetzt werden, die für das Land Baden-Württemberg einheitlich gelten; dabei dürfen jedoch die Beurkundungszuständigkeiten nicht über den Umfang hinaus erweitert werden, in dem sie wenigstens in einem der Rechtsgebiete des Landes bereits bestehen; § 36 des Rechtspflegergesetzes gilt entsprechend. [2] Unberührt bleiben ferner die Vorschriften, nach denen gegen Entscheidungen der Bezirksnotare, Ratschreiber und

---

[1] § 61 Abs. 1 Nr. 12 angef. durch G v. 27. 6. 1970 (BGBl. I S. 911); Abs. 4 Satz 1 geänd. durch G v. 17. 12. 1974 (BGBl. I S. 3602).

[2] Nr. 1.

sonstigen Hilfsbeamten der Grundbuchämter in den Fällen des § 54 das Amtsgericht angerufen werden kann.

§ 62[1] **Zuständigkeit der Amtsgerichte, Zustellung.** (1) Unbeschadet der Zuständigkeit sonstiger Stellen sind die Amtsgerichte zuständig für die Beurkundung von

1. Erklärungen über die Anerkennung der Vaterschaft,
2. Verpflichtungen zur Erfüllung von Unterhaltsansprüchen eines Kindes,
3. Verpflichtungen zur Erfüllung von Unterhaltsansprüchen nach § 1615l des Bürgerlichen Gesetzbuchs.

(2) Die Zustellung von Urkunden, die eine Verpflichtung nach Absatz 1 Nr. 2 oder 3 zum Gegenstand haben, kann auch dadurch vollzogen werden, daß der Schuldner eine beglaubigte Abschrift der Urkunde ausgehändigt erhält; § 173 Satz 2 und 3 der Zivilprozeßordnung gilt entsprechend.

§ 63 Übertragung auf andere Stellen. Die Länder sind befugt, durch Gesetz die Zuständigkeit für die öffentliche Beglaubigung von Abschriften oder Unterschriften anderen Personen oder Stellen zu übertragen.

§ 64[2] **Notare in Baden-Württemberg.** [1] Notar im Sinne dieses Gesetzes ist auch der nach dem badischen Landesgesetz über die freiwillige Gerichtsbarkeit bestellte Notar und der Bezirksnotar. [2] Für einen solchen Notar gilt § 3 Abs. 1 Nr. 8 in Angelegenheiten des Landes Baden-Württemberg nicht allein deswegen, weil der Notar in einem Dienstverhältnis zu diesem Lande steht.

c) Amtliche Beglaubigungen

§ 65 Amtliche Beglaubigungen. [1] Dieses Gesetz gilt nicht für amtliche Beglaubigungen, mit denen eine Verwaltungsbehörde zum Zwecke der Verwendung in Verwaltungsverfahren oder für sonstige Zwecke, für die eine öffentliche Beglaubigung nicht vorgeschrieben ist, die Echtheit einer Unterschrift oder eines Handzeichens oder die Richtigkeit der Abschrift einer Urkunde bezeugt, die nicht von einer Verwaltungsbehörde ausgestellt ist. [2] Die Beweiskraft dieser amtlichen Beglaubigungen beschränkt sich auf den in dem Beglaubigungsvermerk genannten Verwendungszweck. [3] Die Befugnis der Verwaltungsbehörden, Abschriften ihrer eigenen Urkunden oder von Urkunden anderer Verwaltungsbehörden in der dafür vorgeschriebenen Form mit uneingeschränkter Beweiskraft zu beglaubigen, bleibt unberührt.

d) Eidesstattliche Versicherungen in Verwaltungsverfahren

§ 66 Eidesstattliche Versicherungen in Verwaltungsverfahren. Dieses Gesetz gilt nicht für die Aufnahme eidesstattlicher Versicherungen in Verwaltungsverfahren.

e) Erklärungen juristischer Personen des öffentlichen Rechts

§ 67 Die bundes- oder landesrechtlich vorgeschriebene Beidrückung des Dienstsiegels bei Erklärungen juristischer Personen des öffentlichen Rechts wird durch die öffentliche Beurkundung ersetzt.

f) Bereits errichtete Urkunden

§ 68[3] **Bereits errichtete Urkunden.** (1) [1] §§ 45 bis 49, 51, 52, 54 dieses Gesetzes gelten auch für Urkunden, die vor dem Inkrafttreten dieses Gesetzes errichtet worden sind. [2] Dies gilt auch, wenn die Beurkundungszuständigkeit weggefallen ist.

(2) Eine vor dem Inkrafttreten dieses Gesetzes erteilte Ausfertigung einer Niederschrift ist auch dann als von Anfang an wirksam anzusehen, wenn sie den Vorschriften dieses Gesetzes genügt.

(3) § 2256 Abs. 1, 2 des Bürgerlichen Gesetzbuchs gilt auch für Testamente, die vor dem Inkrafttreten dieses Gesetzes vor einem Richter errichtet worden sind.

---

[1] § 62 Überschr. neu gef., bish. Wortlaut wird Abs. 1, Abs. 2 angef. durch G v. 17. 12. 1990 (BGBl. I S. 2847); Abs. 1 Nr. 2 und 3 geänd. durch G v. 16. 12. 1997 (BGBl. I S. 2942); Abs. 1 Nr. 2 und 3 neu gef. durch G v. 6. 4. 1998 (BGBl. I S. 666); Abs. 2 geänd. mWv 1. 7. 2002 durch G v. 25. 6. 2001 (BGBl. I S. 1206).

[2] § 64 Satz 2 geänd. mWv 1. 4. 2005 durch G v. 22. 3. 2005 (BGBl. I S. 837).

[3] § 68 Abs. 3 angef. durch G v. 27. 6. 1970 (BGBl. I S. 911).

g) Verweisungen

§ 69 Verweisungen. Soweit in Gesetzen oder Verordnungen auf die durch dieses Gesetz aufgehobenen oder abgeänderten Vorschriften verwiesen ist, treten die entsprechenden Vorschriften dieses Gesetzes an ihre Stelle.

2. Geltung in Berlin

§ 70 Geltung in Berlin. *(gegenstandslos)*

3. Inkrafttreten

§ 71 Inkrafttreten. Dieses Gesetz tritt am 1. Januar 1970 in Kraft.

200 a. Anwendungsempfehlungen zur praktischen Umsetzung von § 17 Abs. 2 a Satz 2 BeurkG

Rundschreiben Nr. 20/2003 der Bundesnotarkammer vom 28. 4. 2003

Am 1. 8. 2002 sind weite Teile des Gesetzes zur Änderung des Rechts zur Vertretung durch Rechtsanwälte vor den Oberlandesgerichten (OLG – Vertretungsänderungsgesetz – OLGVertrÄndG vom 23. 7. 2002 – BGBl. I, Seite 2850 ff.) in Kraft getreten. Wie bereits im Rundschreiben der Bundesnotarkammer Nr. 20/2002 vom 28. 6. 2002 angekündigt, ist es in diesem Zusammenhang auch zu einer Ergänzung des § 17 Abs. 2 a BeurkG[1] gekommen, welcher neue Amtspflichten des Notars zur Gestaltung des Beurkundungsverfahrens bei Verbraucherverträgen begründet.

Die Anwendung der neuen Vorschrift hat in der notariellen Praxis in zahlreichen Punkten zu Unsicherheiten geführt. Vor diesem Hintergrund hat sich der Ausschuss für notarielles Berufsrecht der Bundesnotarkammer in seiner Sitzung am 25. November 2002 mit der Erarbeitung von Anwendungsempfehlungen befasst, die anschließend Gegenstand der 174. Präsidiumssitzung am 27. Januar 2003 sowie der 86. Vertreterversammlung am 4. April 2003 waren. Das Präsidium hat die nachstehenden Anwendungsempfehlungen einstimmig, die Vertreterversammlung hat sie bei einer Gegenstimme durch den Vertreter der Notarkammer Stuttgart mehrheitlich bestätigt. Die Notarkammer Stuttgart hat darum gebeten, ihre ablehnende Haltung in diesem Rundschreiben festzuhalten.

A. Anwendungsbereich

§ 17 Abs. 2 a S. 2 BeurkG[1] gilt ausdrücklich nur für Verbraucherverträge im Sinne des § 310 Abs. 3 BGB. Damit werden von der Neuregelung nur Verträge zwischen einem Unternehmer im Sinne des § 14 Abs. 1 BGB und einem Verbraucher im Sinne des § 13 BGB erfasst. Entscheidend für die Anwendung der Neuregelung ist daher stets die Eigenschaft der Vertragsparteien. Dem Zweck der Neuregelung entsprechend sind darunter die „materiell Urkundsbeteiligten" zu verstehen.

Den Amtspflichten aus § 17 Abs. 2 a S. 2 BeurkG[1] ist bei allen Verbraucherverträgen unabhängig davon Rechnung zu tragen, in welcher Rolle oder Funktion der Verbraucher am Vertrag beteiligt ist. Die Norm beansprucht also nicht nur dann Geltung, wenn der Verbraucher als Erwerber auftritt, sondern ebenso bei seiner Beteiligung als Veräußerer. Ohne Bedeutung ist die Art des der Beurkundung zugrunde liegenden Rechtsgeschäfts. So werden nicht nur Kauf- oder Bauträgerverträge, sondern auch Gesellschaftsverträge, Tauschverträge u.a. von der Neuregelung erfasst, soweit es sich hierbei um Verbraucherverträge handelt. Ferner gilt es zu berücksichtigen, dass der Notar den in § 17 Abs. 2 a S. 2 BeurkG[1] konkretisierten Amtspflichten nicht nur bei der Beurkundung von Verträgen, sondern auch bei allen einseitigen, auf den Abschluss eines Verbrauchervertrages gerichteten Rechtsgeschäften (wie z.B. Vertragsangeboten) zu genügen hat. Lediglich für § 17 Abs. 2 a S. 2 Nr. 2 Hs. 2 BeurkG[1] (Zwei-Wochen-Frist) gilt die Einschränkung auf nach § 311 b Abs. 1 S. 1 und Abs. 3 BGB beurkundungspflichtige Geschäfte.

Nachdem der Begriff des Verbrauchervertrages dem europäischen Recht entspringt, das in der Regel keine Unterscheidung zwischen schuldrechtlichen und dinglichen Verträgen trifft, umfasst die Vorschrift grundsätzlich auch alle dinglichen Verträge bzw. Angebote auf deren Abschluss. Dies betrifft nicht zuletzt die Bestellung einer Grundschuld zugunsten eines Kreditinstitutes.

Verträge unter ausschließlicher Beteiligung von Unternehmern unterfallen nicht dem § 17 Abs. 2 a S. 2 BeurkG[1]. Die Neuregelung findet auch keine Geltung für Verträge, an denen ausschließlich Verbraucher beteiligt sind. Dementsprechend findet § 17 Abs. 2 a S. 2 BeurkG[1] auch keine Anwendung für einseitige Erklärungen, sofern sie nicht auf den Abschluss eines Verbrauchervertrages gerichtet sind. Insoweit bleibt es bei der Einschlägigkeit der zu § 14 Abs. 3 BNotO ergangenen Richtlinienbestimmungen der einzelnen Notarkammern (vgl. § 17 Abs. 2 a S. 3 BeurkG[1]).

Im Hinblick auf den Anwendungsbereich von § 17 Abs. 2 a S. 2 BeurkG[1] ist die Frage aufgeworfen worden, inwieweit juristische Personen des öffentlichen Rechts als Unternehmer im Sinne des § 14 Abs. 1 BGB zu behandeln sind. Diese bereits im Zusammenhang mit § 24 a AGBG diskutierte Frage ist nicht abschließend entschieden (vgl. hierzu Rieger, MittBayNot 2002, Seite 325, 327). Sie hängt im Wesentlichen davon ab, ob das Handeln der öffentlichen Hand im konkreten Einzelfall als gewerbliche bzw. rein fiskalische Tätigkeit anzusehen ist. Nicht

---

[1] Nr. **200**.

erfasst sind allerdings in jedem Fall Grundstücksgeschäfte, die unmittelbar einem öffentlichen Zweck dienen (z.B. der Erwerb von Grundstücken für den öffentlichen Straßenbau).

B. „Hinwirkungspflicht" des Notars

Nach § 17 Abs. 2 a S. 2 BeurkG[1] "soll" der Notar bei Verbraucherverträgen darauf hinwirken, dass die rechtsgeschäftlichen Erklärungen des Verbrauchers von diesem persönlich oder durch eine Vertrauensperson abgegeben werden (Nr. 1) und der Verbraucher ausreichend Gelegenheit erhält, sich vorab mit dem Gegenstand der Beurkundung auseinander zu setzen (Nr. 2).

I. „Soll-Vorschrift"

Auch „Soll-Vorschriften" des Beurkundungsgesetzes[1] begründen unbedingte Amtspflichten, von denen der Notar nicht nach seinem Ermessen abweichen darf. Auch die Beteiligten können (wie bei § 17 Abs. 1 BeurkG[1]) den Notar nicht von diesen Amtspflichten durch Verzicht entbinden. Verstöße gegen eine „Soll-Vorschrift" führen jedoch nicht zur materiellen Unwirksamkeit des beurkundeten Rechtsgeschäfts. Hiervon unberührt bleiben die dienst- oder haftungsrechtlichen Folgen für den Notar.

II. Ausgestaltung der „Hinwirkungspflicht"

Die vom Gesetzgeber gewählte Wortwahl, nach welcher der Notar auf die Einhaltung der Verfahrensgrundsätze „hinzuwirken" hat, hat zu Diskussionen hinsichtlich Inhalt und Umfang der dem Notar auferlegten Pflichten geführt. Auch wenn die Hinwirkungspflicht des Notars nicht als Erfolgspflicht ausgestaltet ist, kann sie keineswegs mit einer bloßen Hinweispflicht gleichgesetzt werden. Vielmehr verpflichtet sie den Notar, sich effektiv für eine Einhaltung des vom Gesetz vorgesehenen Verfahrens einzusetzen.

Der Notar hat demnach einerseits das Recht, die Beurkundung abzulehnen, wenn die Beteiligten sich ohne vernünftige Gründe dem vom Gesetzgeber angestrebten Beurkundungsverfahren verweigern. Da der Notar aber hinsichtlich seines Hinwirkens keiner Erfolgspflicht unterliegt, besteht andererseits grds. keine Pflicht, die Beurkundung abzulehnen, wenn die Einhaltung des von § 17 Abs. 2 a S. 2 BeurkG[1] skizzierten Verfahrens trotz entsprechender Initiative durch den Notar nicht möglich ist.

C. Die Neuregelung des § 17 Abs. 2 a S. 2 Nr. 1 BeurkG[1]

Gemäß der Neuregelung in § 17 Abs. 2 a S. 2 Nr. 1 BeurkG[1] soll der Notar bei Verbraucherverträgen darauf hinwirken, dass die rechtsgeschäftlichen Erklärungen des Verbrauchers von diesem persönlich oder durch eine Vertrauensperson abgegeben werden. Ziel der Vorschrift ist es, eine effektive Interessenwahrnehmung des Verbrauchers gegenüber dem Unternehmer zu ermöglichen sowie sicherzustellen, dass die Belehrung des Notars tatsächlich diejenigen Personen erreicht, zu deren Schutz sie gedacht sind.

I. Verhältnis zu den Richtlinienbestimmungen

§ 17 Abs. 2 a S. 2 Nr. 1 BeurkG[1] verschärft damit die bislang schon aufgrund der Richtlinienbestimmungen der Notarkammern beim Auftreten von Vertretern bestehenden Einschränkungen. So ist es hiernach nicht entscheidend, ob ein systematisches Handeln vorliegt. Vielmehr soll der Notar auch die einmalige Vertretung des Verbrauchers durch andere als Vertrauenspersonen vermeiden.

II. Vertrauensperson

Die Beurkundung aufgrund einer Vollmacht ist weiterhin zulässig, sofern eine „Vertrauensperson" bevollmächtigt ist. Hierunter fallen unzweifelhaft der Ehegatte oder Lebenspartner, Kinder oder sonstige Verwandte. Freunde, aber auch geschäftsmäßige Interessenvertreter des Verbrauchers wie ein beauftragter Rechtsanwalt oder Steuerberater sind ebenfalls grds. als Vertrauenspersonen anzuerkennen. Keine Vertrauenspersonen sind hingegen diejenigen, die u. U. konkurrierende Eigeninteressen verfolgen oder dem Unternehmer näher als dem Verbraucher stehen (so z.B. der Bauträger bzw. dessen Angestellte).

Aber auch Personen, die zu beiden Vertragsparteien ein „neutrales" Verhältnis besitzen, insbesondere die Angestellten des Notars, sind entsprechend dem Schutzzweck der Norm keine „Vertrauenspersonen" im Sinne des § 17 Abs. 2 a S. 2 Nr. 1 BeurkG[1], auch wenn die Beteiligten dem Notar und dessen Angestellten im übrigen „Vertrauen" entgegenbringen. Im Falle des Vertreters geht es um eine Person, die die Interessen der vertretenen Partei einseitig zu wahren hat. Das Vertrauen in den Notar und seine Angestellten bezieht sich aber gerade auf die Neutralität gegenüber Einzelinteressen. Der Notarangestellte kann insofern gerade nicht die einseitigen Interessen des Verbrauchers vertreten, da andernfalls gerade das Vertrauen in die Neutralität beeinträchtigt wäre.

---

[1] Nr. **200**.

Die Tatsache, dass der Notarangestellte nicht „Vertrauensperson" im Sinne von § 17 Abs. 2a S. 2 Nr. 1 BeurkG[1] ist, bedeutet hingegen nicht, dass jede Beurkundung mit einem Notarangestellten im Geltungsbereich dieser Vorschrift generell untersagt wäre. Der Notar darf aber nicht von sich aus eine solche Gestaltung vorschlagen, schon gar nicht durch entsprechende Vorgaben in seinen Mustern. Hat der Notar mit der nötigen Ernsthaftigkeit beim Verbraucher darauf hingewirkt, dass dieser zu der Beurkundung selbst erscheint oder eine entsprechende Vertrauensperson schickt, ist der Verbraucher aber aus wichtigen und nachvollziehbaren Gründen an einer persönlichen Teilnahme verhindert und kann er nach eigenem Bekunden auch keine Vertrauensperson schicken, so kann auf Vorschlag des Verbrauchers im Einzelfall auch eine Beurkundung mit einem Notarangestellten erfolgen. Aus der „Hinwirkungspflicht" des Notars folgt aber, dass der Anstoß zu diesem Verfahren nicht vom Notar kommen darf.

III. Einschränkungen bei Erfüllungs- und Vollzugsgeschäften

Aus dem Normzweck ergibt sich, dass das Hinwirkungsgebot bei Erfüllungs- und Vollzugsgeschäften gewissen Einschränkungen unterliegt. So endet der Schutzzweck des § 17 Abs. 2a S. 2 Nr. 1 BeurkG[1] immer dann, wenn der Verbraucher bereits im Rahmen einer vorangegangenen Beurkundung bestimmte Verpflichtungen eingegangen ist bzw. bestimmte Rechtspositionen (z.B. durch Zustimmung) aufgegeben hat. Bei der bloßen Umsetzung des vorangegangenen Rechtsgeschäfts ist der Verbraucher nicht mehr in dem Maße wie zuvor schutzwürdig. Der gleiche Rechtsgedanke zeigt sich bei der einschränkenden Auslegung von § 181 BGB, wonach die dort geregelten Verbote der Doppelvertretung sowie des „Insich-Geschäfts" keine Anwendung finden, wenn ein Rechtsgeschäft ausschließlich in Erfüllung einer Verbindlichkeit besteht.

Vor diesem Hintergrund dürften keine Bedenken gegen eine Bevollmächtigung des Käufers durch den auf Verkäuferseite auftretenden Verbraucher bestehen, in seinem Namen aufgrund einer Belastungsvollmacht Finanzierungsgrundpfandrechte an dem vertragsgegenständlichen Grundbesitz unter den üblichen einschränkenden Voraussetzungen eintragen zu lassen. In der zuvor beurkundeten Belastungsvollmacht erklärt der Verkäufer auch seine Zustimmung zu der späteren Belastung, gibt seine diesbezügliche Rechtsposition damit also schon auf. Gleiches gilt für den Grundstückskaufvertrag ohne Auflassung und deren anschließende isolierte Beurkundung.

Die gleiche Überlegung gilt für reine Vollzugsgeschäfte, die lediglich der Abwicklung und Durchführung des zuvor abgeschlossenen Rechtsgeschäfts dienen und die gegenseitigen Rechte und Pflichten nicht wesentlich ändern oder gar neu gestalten.

Aber auch zur Vornahme nachträglicher Vertragsänderungen kann unter bestimmten Umständen die Erteilung einer Vollmacht an Personen, die keine Vertrauensperson darstellen, zulässig sein. Bedeutsam ist dies insbesondere bei Vollmachten des Verbrauchers an den Unternehmer zur Änderung des Verbrauchervertrages (einschließlich möglicher in Bezug genommener Urkunden, wie z.B. einer Teilungserklärung) oder zur noch erforderlichen näheren Bestimmung der auszutauschenden Leistungen. Voraussetzung dafür ist, dass ihr Gebrauch in erster Linie der Durchführung eines bereits geschlossenen Vertrages dient, bei dessen Beurkundung das der Vollmacht zugrunde liegende Grundverhältnis festgelegt und über die Befugnisse der Bevollmächtigten belehrt wurde. Inhalt und Umfang der Vollmacht werden dem Verbraucher bzw. seiner Vertrauensperson damit bereits in der Beurkundung des ursprünglichen Verbrauchervertrages vom Notar so verdeutlicht, dass unter dem Gesichtspunkt des Erreichens der mit § 17 Abs. 1 und 2 BeurkG[1] bezweckten Belehrung des Verbrauchers kein weitergehendes Bedürfnis nach einer Belehrung bei Ausübung der Vollmacht besteht.

Finanzierungsgrundschulden des Verbrauchers als Käufer stellen allerdings kein Vollzugsgeschäft in diesem Sinne dar. Es handelt sich bei der Grundschuldbestellung um einen neuen und eigenständigen Vertrag zwischen anderen Vertragsparteien, nämlich dem Käufer und dem Kreditinstitut. Die Grundschuldbestellung ermöglicht dem Käufer zwar die Aufbringung der ihm obliegenden Kaufpreiszahlung. Die Schaffung der Voraussetzung für die eigene (finanzielle) Leistungsfähigkeit stellt sich aber genauso wenig als „Vollzug" des Kaufvertrages dar wie etwa die Bestellung von Baumaterialen durch den Bauträger auf Verkäuferseite.

D. Die Neuregelung des § 17 Abs. 2 a S. 2 Nr. 2 BeurkG[1]

I. Zweck

§ 17 Abs. 2a S. 2 Nr. 2 Hs. 1 BeurkG[1] legt dem Notar bei der Beurkundung von Verbraucherverträgen allgemein die Pflicht auf, darauf hinzuwirken, dass der Verbraucher ausreichend Gelegenheit erhält, sich vorab mit dem Gegenstand der Beurkundung auseinander zu setzen. Der Verbraucher soll mithin nicht unvorbereitet in die Beurkundung gehen, sondern seine Entscheidung zu dem von ihm beabsichtigten Rechtsgeschäft so weit wie möglich prüfen

[1] Nr. **200**.

können. Zugleich soll er ausreichend Gelegenheit erhalten, externe Berater (z.B. einen Steuerberater) hinzuzuziehen, um die steuerlichen und sonstigen, nicht im Belehrungsumfang des Notars enthaltenen Konsequenzen des in Erwägung gezogenen Rechtsgeschäftes zu überprüfen.

II. Verhältnis zu den Richtlinienbestimmungen

Insoweit besteht auch keine wesentliche Neuerung gegenüber den Vorgaben der Richtlinienbestimmungen der Notarkammern, deren Wortlaut der Gesetzgeber hier übernommen hat. Zur Verwirklichung dieses Zieles bietet sich, wie schon bisher, in erster Linie die Übersendung eines entsprechenden Vertragsentwurfes an. Letzteres sowie die Bemessung der Frist bis zur Beurkundung hat sich an den konkreten Umständen des zur Beurkundung anstehenden Rechtsgeschäftes zu orientieren.

Demgegenüber verschärft § 17 Abs. 2 a S. 2 Nr. 2 Hs. 2 BeurkG[1] die Amtspflichten des Notars gegenüber den Richtlinien erheblich, allerdings beschränkt auf Verbraucherverträge, die der Beurkundungspflicht nach § 311 b Abs. 1 S. 1 und Abs. 3 des BGB unterliegen. Nach § 17 Abs. 2 a S. 2 Nr. 2 Hs. 2 BeurkG[1] soll bei den vorgenannten Grundstücksverträgen dem Verbraucher der beabsichtigte Text des Rechtsgeschäfts „im Regelfall" zwei Wochen vor Beurkundung zur Verfügung gestellt werden.

III. „Beabsichtigter Text" des Rechtsgeschäfts

Nach dem Gesetzeswortlaut ist die Übersendung eines bezogen auf den konkreten Einzelfall vollständig ausgestalteten Vertragsentwurfes nicht erforderlich. Das Gesetz lässt vielmehr auch die Aushändigung eines Vertragsmusters zu, soweit dieser hinreichend konkretisiert ist und dem Verbraucher erlaubt, sich eingehend mit dem Gegenstand der Beurkundung auseinander zu setzen (einschließlich etwaiger „Grundlagenurkunden"). Die Anforderungen an den Text im Einzelnen sind am Normzweck der Vorschrift auszurichten, dem Verbraucher die Auseinandersetzung mit dem Gegenstand der Beurkundung in jeder, also nicht nur rechtlicher, sondern z.B. auch bautechnischer und wirtschaftlicher Hinsicht zu ermöglichen. Dafür ist nicht die Einsetzung seiner Personalien oder des Kaufpreises erforderlich. Schädlich dürfte dagegen das Fehlen einer Baubeschreibung oder der Teilungserklärung, die gerade in technischer und wirtschaftlicher Hinsicht von grundlegender Bedeutung sind und in der Regel einer eingehenden vorherigen Prüfung durch den Erwerber bedürfen, sein.

IV. Das Zurverfügungstellen

Der beabsichtigte Vertragstext ist dem Verbraucher in der Regel zwei Wochen vor der Beurkundung zur Verfügung zu stellen. Insofern ist es mit dem Wortlaut des Gesetzes ohne weiteres vereinbar, dass nicht der Notar, sondern der den Vertrieb organisierende Unternehmer den beabsichtigten Vertragstext an den Verbraucher übermittelt.

Allerdings zielen die Vorstellungen des Gesetzgebers darauf ab, dass die Unterrichtung nach Inhalt und Zweck der Neuregelung in der Hand des Notars liegen soll, da sich so der angestrebte Zweck einer ausreichenden Information der Verbraucher am besten erreichen lässt. Es dürfte daher ratsam sein, dass der Notar den beabsichtigten Vertragstext des Rechtsgeschäfts dem Verbraucher selbst zur Verfügung stellt. Soweit Letzteres nicht möglich ist, erscheint es empfehlenswert, dass der Notar anderweitig an den Verbraucher herantritt, um diesem ausreichend Gelegenheit zu geben, innerhalb der zweiwöchigen Frist vorbereitende Fragen oder Wünsche an ihn zu richten.

V. Die Zweiwochenfrist

Die Zweiwochenfrist in § 17 Abs. 2 a S. 2 Nr. 2 Hs. 2 BeurkG[1] ist als Regelfall ausgestaltet. Vor diesem Hintergrund sind Ausnahmen zugelassen. Ein Abweichen von der Regelfrist kommt hierbei jedoch nur dann in Betracht, wenn in Einzelfällen nachvollziehbare Gründe auch unter Berücksichtigung der Schutzinteressen des Verbrauchers es rechtfertigen, die dem Verbraucher zugedachte Schutzfrist zu verkürzen.

Unberührt bleibt in jedem Fall die in § 17 Abs. 2 a S. 2 Nr. 2 Hs. 1 BeurkG[1] begründete Pflicht. Soll eine Beurkundung vor Ablauf der Zweiwochenfrist aus nach den vorstehenden Maßstäben begründetem Anlass erfolgen, muss der Notar deshalb in jedem Fall darauf hinwirken, dass der Verbraucher ausreichend Gelegenheit erhält, sich mit dem Gegenstand der Beurkundung – auch in der kürzeren Frist – ausreichend auseinander zu setzen. Die Entscheidung, ob im Einzelfall von den Voraussetzungen des § 17 Abs. 2 a Satz 2 Nr. 2 Hs. 2 BeurkG[1] abgewichen werden kann und wie das Verfahren im Übrigen gestaltet wird, hat allein der Notar in eigener Verantwortung zu treffen. Die Beteiligten können dem Notar insoweit keine verbindlichen Vorgaben machen.

---

[1] Nr. **200**.

Dem verbraucherschützenden Zweck des § 17 Abs. 2a S. 2 BeurkG[1] ist auch damit nicht Genüge getan, dass dem Verbraucher im Vertrag ein einseitiges, 14-tägiges Widerrufs- bzw. Rücktrittsrecht eingeräumt wird, bei dessen Ausübung der Unternehmer die Notarkosten zu tragen hat. Das Gesetz sieht insoweit keine Ausnahme von der Einhaltung der Zweiwochenfrist zur Auseinandersetzung des Verbrauchers mit dem Rechtsgeschäft vor der Beurkundung vor. Überdies ist ein Rücktrittsrecht einer vorgelagerten Überlegungsfrist keineswegs gleichwertig, da der Verbraucher die gewonnenen Erkenntnisse nicht mehr zur Änderung des Vertragstextes nutzen kann. Er hat insoweit nur noch die Möglichkeit zurückzutreten oder aber an dem Vertrag festzuhalten („Alles- oder-Nichts-Prinzip"). Ferner dürfte die psychologische Hemmschwelle, von einem Vertrag zurückzutreten, aufgrund des damit einhergehenden Gesichtsverlustes weitaus höher sein, als einen in Erwägung gezogenen Vertrag nicht abzuschließen.

E. Änderungen des Vertragstextes

Änderungen des beabsichtigten Vertragstextes, welche vom Verbraucher ausgehen, sind bis zum Vertragsabschluss ohne weiteres möglich, ohne dass es einer erneuten Fristeinhaltung bedarf. Werden Änderungen des Vertragstextes vom Unternehmer gewünscht, so dürfte eine neue Zweiwochenfrist allenfalls dann zu laufen beginnen, wenn die Wünsche des Unternehmers den Vertrag in wesentlichen Punkten gegenüber dem ursprünglichen Vertragstext zu Lasten des Verbrauchers verändern. Im Übrigen kann die endgültige Festlegung des Vertragstextes auch erst bei der für das Beurkundungsverfahren zentralen Beurkundungsverhandlung erfolgen.

Dies gilt grds. auch, wenn die Vertragsbeteiligten auf der Verbraucherseite wechseln oder eine weitere Person – wie etwa bei einem gemeinsamen Erwerb von Ehegatten – hinzutritt, wenn zwischen den beteiligten Verbrauchern ein Vertrauensverhältnis besteht. Kann eine Vertrauensperson den Verbraucher in der Beurkundungsverhandlung vertreten, so muss es erst recht zulässig sein, dass sie sich anstelle des Verbrauchers mit dem Vertragstext auseinander setzt. Dies dürfte selbst dann gelten, wenn der Text zunächst an die Vertrauensperson versandt worden ist und nunmehr der Verbraucher selbst bei der Beurkundung anwesend ist.

F. Keine Vermerk- und Dokumentationspflicht

§ 17 Abs. 2a S. 2 Nr. 2 Hs. 2 BeurkG[1] begründet auch bei einer Abweichung von der Zweiwochenfrist weder für die Urkunde noch für die Nebenakte eine Vermerkpflicht. Gleichwohl kann es sich im Hinblick auf die Einhaltung der neuen Amtspflichten im *Einzelfall* empfehlen, einen entsprechenden Vermerk in die Urkunde aufzunehmen oder die Einhaltung der Amtspflichten in sonstiger Weise in der Nebenakte zu dokumentieren. So kann etwa eine Erklärung des Verbrauchers in den beurkundeten Vertrag aufgenommen werden, aus welcher der Zeitpunkt des Empfangs des Vertragstextes hervorgeht.

In der Anlage zu diesem Rundschreiben fügen wir ein Verzeichnis der zur Ergänzung des § 17 Abs. 2a BeurkG bereits veröffentlichten Literatur zu Ihrer Kenntnisnahme bei.

Anlage zu Rundschreiben Nr. 20/2003 der Bundesnotarkammer

Literaturverzeichnis zur Ergänzung des § 17 Abs. 2a BeurkG[1]

Bohrer, Notarsperre für Verbraucherverträge, DNotZ 2002, 579; *Brambring,* Sperrfrist für Beurkundungstermine, ZfIR 2002, 597; ders. in: Amann/Brambring/Hertel, Vertragspraxis nach neuem Schuldrecht, 2. Aufl., 442; *Grziwotz,* Checkliste zur Beurkundung von Grundstücksverbraucherverträgen, ZfIR 2002, 667; *Hertel,* Erste Anmerkungen zur Ergänzung des § 17 Abs. 2a BeurkG[1], ZNotP 2002, 286; *Jost,* Neues zur Beurkundung von Verbraucherverträgen, ZGS (= Zeitschrift für das gesamte Schuldrecht) 2002, 346; *Litzenburger,* Der Notar als Verbraucherschützer – Die Amtspflichten gem. § 17 Abs. 2a S. 2 BeurkG[1], NotBZ 2002, 280; ders. in: Bamberger/Roth, BGB, Band 3, 2002, BeurkG[1] § 17 Rdnrn. 15 ff; *Maaß,* Zur Auslegung von § 17 Abs. 2a S. 2 Nr. 1 BeurkG[1] – Sind Vollmachten in Grundstücksverträgen mit Verbrauchern weiterhin zulässig und können Mitarbeiter des Notars bei deren Vollzug aufgrund solcher Vollmachten weiterhin wirksam handeln?, ZNotP 2002, 455; *Mohnhaupt,* Zur Änderung des Beurkundungsverfahrens durch das OLG-Vertretungsgesetz, NotBZ 2002, 248; Rieger, Neue Regeln für die Beurkundung von Verbraucherverträgen, MittBayNot 2002, 325; *Schmucker,* Die „Entstehungsgeschichte" der Ergänzung von § 17 Abs. 2a BeurkG[1], DNotZ 2002, 510; *Solveen,* Die Ergänzung des § 17 Abs. 2a BeurkG[1] und ihre Folgen für die notarielle Praxis, RNotZ 2002, 318; *Sorge,* Die Ergänzung des § 17 Abs. 2a BeurkG[1], DNotZ 2002, 593. *Strunz,* Eine Entgegnung auf Hertel, „Erste Anmerkungen zur Ergänzung des § 17 Abs. 2a BeurkG[1]", ZNotP 2002, 28 6 ff., ZNotP 2002, 389.

---

[1] Nr. **200**.

203

203. Güteordnung (mit Erläuterungen)

(Empfehlung der Vertreterversammlung der Bundesnotarkammer vom 8. Oktober 1999)

§ 1 Anwendungsbereich. (1) Diese Güteordnung der Notare ist in förmlichen Verfahren anzuwenden, die Notare im Rahmen der Betreuung von Beteiligten auf dem Gebiet der vorsorgenden Rechtspflege (§ 24 Abs. 1 BNotO[1]) auch als anerkannte Gütestelle (§ 794 Abs. 1 Nr. 1 ZPO) durchführen.

(2) Hat die zuständige Landesjustizverwaltung einen Notar als Gütestelle (i.S.d. § 794 Abs. 1 Nr. 1 ZPO) anerkannt, ergibt sich der Umfang der Zuständigkeit aus dem Inhalt der Anerkennung durch die Landesjustizverwaltung.

(3) [1] Das Güteverfahren wird durchgeführt aufgrund

1. des Einverständnisses aller Beteiligten zur Güteordnung der Notare (freiwilliges Verfahren), oder
2. einer gesetzlichen Vorschrift, die bestimmt, daß die Erhebung einer Klage erst zulässig ist, nachdem vor einer durch die Landesjustizverwaltung eingerichteten oder anerkannten Gütestelle der Versuch der einvernehmlichen Streitbeilegung auf Antrag einer Partei versucht worden ist (obligatorisches Verfahren). [2] Die Bestimmungen der Güteordnung der Notare gelten nur, soweit gesetzliche Vorschriften zur Durchführung des Versuchs einer Streitbeilegung nicht entgegenstehen.

Erläuterung:

Abs. 1 stellt zunächst klar, daß das Tätigwerden des Notars als Schlichter in einem förmlichen Verfahren eine Betreuung auf dem Gebiet der vorsorgenden Rechtspflege darstellt. Es handelt sich um ein Verfahren mit streitvermeidender Funktion, das sich jedoch vom Beurkundungsverfahren unterscheidet: Es ist sowohl inhaltlich als auch hinsichtlich des förmlichen Rahmens vorrangig auf die Herstellung desjenigen Grundkonsens ausgerichtet, der im Beurkundungsverfahren regelmäßig schon vor dem Tätigwerden des Notars besteht.

Dabei geht Abs. 1 von den zwei Möglichkeiten aus, daß der Notar nur in dieser Eigenschaft eine Schlichtungstätigkeit durchführt oder aufgrund einer Anerkennung durch die Landesjustizverwaltung als Gütestelle tätig wird (§ 794 Abs. 1 Nr. 1 ZPO). Hinsichtlich der Einordnung als Amtstätigkeit bestehen keine Unterschiede. In beiden Fällen soll diese Güteordnung allen Notaren als Verfahrensordnung dienen. Nur im Fall des § 794 Abs. 1 Nr. 1 ZPO sind zudem die §§ 212 a, 209 Abs. 2 Nr. 1 a BGB einschlägig.

Getrennt von der vorgenannten Frage, in welcher Eigenschaft der Notar tätig wird, ist die Frage zu beantworten, in welchem Verfahren die außergerichtliche Konfliktbeilegung erfolgt, ob in dem in Abs. 3 angesprochenen freiwilligen Verfahren oder im obligatorischen Verfahren.

Für freiwillige Verfahren ist die ausdrückliche Bezugnahme auf das Einverständnis der Beteiligten mit der Geltung der Güteordnung bedeutsam, da sich die Anwendung beschwerender Vorschriften (Kostentragung, Wahrung der Verschwiegenheit des schlichtenden Notars) nur aufgrund von Verpflichtungserklärungen rechtfertigen läßt, die zudem möglicherweise am AGBG zu messen sind.

Das obligatorische Verfahren ist in Anlehnung an den Wortlaut des § 15 a EGZPO-E in der Fassung des Entwurfes eines Gesetzes zur Förderung der außergerichtlichen Streitbeilegung (BT-Drucks. 14/980) definiert. Dort sind obligatorische Verfahren auf Antrag nur einer Partei nur vor Gütestellen i.S.d. § 794 Abs. 1 Nr. 1 ZPO möglich (§ 15 a Abs. 1 EGZPO-E), jedoch kann auch ein einvernehmlicher Einigungsversuch die Voraussetzungen für die Zulässigkeit einer Klageerhebung schaffen (§ 15 a Abs. 3 EGZPO-E). Der Hinweis auf den Vorrang gesetzlicher Vorschriften gegenüber der Güteordnung mag selbstverständlich erscheinen, kann jedoch dem Einwand vorbeugen, die Güteordnung sei mit einem wie auch immer ausgestalteten obligatorischen Güteverfahren nicht kompatibel.

§ 2 Einleitung des Verfahrens. (1) [1] Das Güteverfahren wird auf schriftlichen Antrag hin eingeleitet. [2] Der Antrag soll die Namen, die ladungsfähigen Anschriften der Beteiligten sowie eine kurze Darstellung der Streitsache enthalten. [3] Der Antrag soll das Begehren des Antragstellers erkennen lassen.

(2) Der Notar soll darauf hinwirken, daß der Antragsteller seinen Antrag hinsichtlich der Angabe des Gegenstandes und des Grundes des erhobenen Anspruchs hinreichend bestimmt faßt.

---

[1] Nr. 1.

Erläuterung:

Die Anforderungen an die Bestimmtheit des Antrages auf Einleitung eines Schlichtungsverfahrens in Abs. 1 entsprechen nicht den strengen Vorgaben des § 253 ZPO, damit auch Laien sie problemlos erfüllen können. Zudem muß der verfahrenseinleitende Antrag den Gegenstand eines Güteverfahrens nicht so bestimmt wie in einem Spruchverfahren fassen, da es im Güteverfahren keine Entscheidungsbefugnis eines Dritten über die Ansprüche des Antragstellers gibt, die es durch das ne-ultra-petita-Prinzip einzugrenzen gilt.

Andererseits ist im Hinblick auf die Funktion eines obligatorischen Vorverfahrens als Prozeßvoraussetzung unerläßlich, daß in einem späteren streitigen Gerichtsverfahren der Richter die Identität des Streitgegenstandes i.S.d. § 253 Abs. 2 ZPO mit dem Gegenstand des Güteverfahrens prüfen kann. Um diese Prüfung zu ermöglichen, muß spätestens bei Abschluß des Güteverfahrens sein Gegenstand konkretisiert sein. Darüber hinaus ist die Bestimmtheit des Antrages im freiwilligen wie im obligatorischen Verfahren dort, wo der Notar als Gütestelle i.S.d. § 794 Abs. 1 Nr. 1 ZPO tätig wird, von Bedeutung, da die verjährungsunterbrechende Wirkung der Anbringung eines Antrags zu einer Gütestelle (§ 209 Abs. 2 Nr. 1a BGB) nur auf bestimmte Ansprüche bezogen sein kann. Daher soll der Notar ggf. noch vor Zustellung an den Antragsgegner auf eine hinreichende Konkretisierung hinwirken.

(3) Der Notar veranlaßt unverzüglich die Zustellung des Güteantrags in entsprechender Anwendung der Vorschriften der ZPO an den Antragsgegner.

(4) [1] Im freiwilligen Verfahren ist die Zustellung erst vorzunehmen, nachdem der Antragsteller sein Einverständnis zur Anwendung der Güteordnung der Notare erklärt hat. [2] Soweit der Antragsteller die Einverständniserklärung des Antragsgegners nicht beigebracht hat, fordert der Notar den Antragsgegner mit Zustellung des Güteantrages auf zu erklären, ob er mit der Durchführung des Verfahrens nach der beizufügenden Güteordnung der Notare einverstanden ist.

Erläuterung:

Nach allg. M. setzt die Verjährungsunterbrechung durch Anbringung des Güteantrages beim Notar als Gütestelle i.S.d. § 794 Abs. 1 Nr. 1 ZPO über den Wortlaut des § 209 Abs. 2 Nr. 1a BGB hinaus voraus, daß der Antragsgegner demnächst davon Kenntnis erhält. Deshalb ist eine beweissichere Übermittlung des Antrags an ihn erforderlich. Die hier vorgeschlagene Regelung orientiert sich an der bei bestehenden Gütestellen praktizierten Vorgehensweise.

Im freiwilligen Verfahren kann dabei ein noch nicht vorliegendes Einverständnis des Antragsgegners mit angefragt werden. Für den Fall, daß keine oder eine negative Reaktion erfolgt, muß der Antragsteller die Auslagen und eine Vergütung tragen (vgl. § 9 Abs. 2).

§ 3 Wahrung der Unparteilichkeit. (1) Ist der Notar durch ein Mitwirkungsverbot oder wegen Befangenheit an der Tätigkeit als Gütestelle gehindert (§ 16 BNotO[1]), so soll er dies den Parteien unter Hinweis auf die mit der Beendigung des Verfahrens verbundenen Rechtsfolgen mitteilen.

(2) Der Notar soll sich wegen Befangenheit der Tätigkeit als Gütestelle enthalten, wenn die Streitigkeit die Wirksamkeit, die Auslegung oder den Vollzug einer Erklärung betrifft, die er oder ein Notar beurkundet hat, mit dem er sich zur gemeinsamen Berufsausübung verbunden oder mit dem er gemeinsame Geschäftsräume hat oder hatte.

Erläuterung:

Der Verweis auf § 16 BNotO[1] ist lediglich deklaratorischer Natur. Doch geht Abs. 2 wegen der besonderen Bedeutung der Unparteilichkeit des Schlichters über die ohnehin strengen Anforderungen der BNotO hinaus, indem er auch bei einer Vorbefassung im Rahmen notarieller Beurkundung verlangt, sich der Übernahme der Schlichterrolle zu enthalten. Dies gilt auch hinsichtlich gegenwärtiger und ehemaliger Sozien. Diese Verschärfung ist in der besonderen Situation einer Schlichtung angesichts der nie auszuschließenden Möglichkeit geboten, daß bei einem Streit über die notarielle Urkunde auch die Tätigkeit des beurkundenden Notars in Frage gestellt werden könnte. Auf andere Bereiche der notariellen Amtstätigkeit ist diese besondere Situation nicht übertragbar.

Ist dem Notar nach § 16 BNotO[1] die Durchführung des Verfahrens verboten, wird er auch nicht mehr die Zustellung nach § 2 durchführen können. Insbesondere im Hinblick auf die verjährungsunterbrechende Wirkung der Anbringung des Antrags nach § 209 Abs. 2 Nr. 1a BGB bei einem Notar (der Gütestelle i. S.d. § 794 Abs. 1 Nr. 1 ZPO ist), die von der Kenntnis des Schuldners abhängt (s.o.), sollte der Notar auf die Rechtsfolgen der Beendigung des Verfahrens hinweisen.

---

[1] Nr. **1**.

Der Gesetzgeber hat dort, wo die Streitbeilegung vor einer Gütestelle i.S.d. § 794 Abs. 1 Nr. 1 stattfindet, im Interesse der Förderung der Streitbeilegung in Kauf genommen, daß der Antragsteller die Verjährung durch den Antrag unterbrechen könnte, ohne das Güteverfahren ernsthaft zu betreiben. Diese Möglichkeit ist in §§ 209 Abs. 2 Nr. 1 a, 212 a BGB angelegt und von der Rechtsprechung hingenommen worden (vgl. BGH, NJW-RR 1993, 1495, 1496/1497 unter 2 c): Nach Ansicht des BGH hindert in den Grenzen des § 242 BGB ein ausschließlich zum Zweck der Verjährungsunterbrechung gestellter Güteantrag die Unterbrechung im allgemeinen nicht.

§ 4 Durchführung des Verfahrens. (1) [1] Der Notar lädt die Beteiligten zu einem von ihm bestimmten Termin, in dem das Güteverfahren in nicht öffentlicher, mündlicher Verhandlung durchgeführt wird. [2] Auf gemeinsamen Wunsch der Parteien kann der Notar die Durchführung eines schriftlichen Verfahrens anordnen. [3] Bei der Terminbestimmung und der Anordnung des schriftlichen Verfahrens soll der Notar auf die Folgen einer Säumnis hinweisen.

(2) [1] Der Notar kann mit Zustimmung der Beteiligten auch Gespräche mit einzelnen der Beteiligten führen. [2] Auf Wunsch der Beteiligten schlägt er eine Regelung zur gütlichen Beilegung des Konfliktes vor.

(3) [1] Der Notar kann auf gemeinsamen Wunsch der Beteiligten Zeugen und Sachverständige anhören sowie Einsicht in Urkunden und einen Augenschein einnehmen. [2] Die Kosten der Durchführung dieser Maßnahmen haben die Beteiligten unmittelbar zu tragen.

(4) Im übrigen bestimmt der Notar das Verfahren nach seinem Ermessen.

(5) Das Verfahren endet, wenn

1. der Notar den Beteiligten nach § 3 Abs. 1 mitteilt, daß er an der Durchführung gehindert ist,
2. der Notar das Verfahren mangels Erfolgsaussicht für beendet erklärt,
3. ein Beteiligter das Verfahren nach Durchführung einer mündlichen Verhandlung oder Austausch von Schriftsätzen im schriftlichen Verfahren gegenüber dem Notar für gescheitert erklärt oder
4. die Beteiligten ihren Streit durch eine Vereinbarung beilegen.

Erläuterung:

Die Ausgestaltung des Güteverfahrens soll soweit möglich im Ermessen des Notars stehen, der auch an die Wünsche der Beteiligten nicht gebunden ist, sofern er sie für eine zügige Durchführung des Güteverfahrens nicht für zweckmäßig hält. Abs. 1 enthält keine Bestimmung über den Zeitpunkt der Ladung. Der Notar kann nach eigenem Ermessen entscheiden, ob er eine Ladung bereits mit der Zustellung des Antrags verbindet, was in obligatorischen Verfahren naheliegt, oder beispielsweise in freiwilligen Verfahren zunächst das noch nicht vorliegende Einverständnis des Antragsgegners abwartet.

Auch wenn dies i.d.R. erstrebenswert sein dürfte, ist das Güteverfahren nicht auf die Streitbeilegung innerhalb eines Termins festgelegt. Daher ist es notwendig, die Voraussetzungen für ein Scheitern des Verfahrens festzulegen (Abs. 5). Dabei sollte den Beteiligten aber zumindest die einmalige Teilnahme an einem mündlichen Termin bzw. schriftlichen Verfahren auferlegt werden, wenn sie die Säumnisfolgen des § 6 vermeiden wollen.

Die Güteordnung räumt einem Beteiligten nicht die Befugnis ein, einseitig Beweismittel in das Verfahren einzubringen, um Verzögerungsstrategien vorzubeugen. Soweit alle Beteiligten Einigkeit über die Zweckmäßigkeit einer Beweiserhebung erzielen, muß ihre Übereinstimmung sich auch darauf beziehen, wie (zumindest vorbehaltlich einer endgültigen Regelung in einer Abschlußvereinbarung) die sofort zu erbringenden Kosten zu verteilen sind. Eine Verauslagung durch den Notar kann allenfalls in Ausnahmefällen erfolgen.

§ 5 Beistände und Vertreter der Beteiligten. (1) Jeder Beteiligte kann anwaltlichen oder sonstigen Beistand hinzuziehen.

(2) [1] Der Notar kann das persönliche Erscheinen der Beteiligten zu einem anberaumten Termin anordnen. [2] Die Vertretung eines Beteiligten durch eine Person, die zur Aufklärung des Streitsachverhalts in der Lage und zu einem unbedingten Vergleichsabschluß bevollmächtigt ist, bleibt zulässig.

Erläuterung:

Die Einschränkung der Wirkung der Anordnung persönlichen Erscheinens folgt § 141 Abs. 3 Satz 2 ZPO.

§ 6 Säumnis eines Beteiligten. (1) [1] Das Güteverfahren ist beendet, wenn ein Beteiligter nicht zur mündlichen Verhandlung erscheint. [2] Bei Ausbleiben des Antragstellers gilt der Güteantrag als zurückgenommen. [3] Im obligatorischen Verfahren bestätigt der Notar die Beendigung des Verfahrens nach den gesetzlichen Vorschriften.

(2) [1] Die Säumnisfolgen nach Absatz 1 treten nicht ein, wenn innerhalb von 2 Wochen nach dem Termin der Beteiligte sein Ausbleiben gegenüber dem Notar genügend entschuldigt oder alle Beteiligten die Fortsetzung des Verfahrens wünschen. [2] In diesen Fällen kann der Notar zu einem neuerlichen Termin laden.

(3) Die Absätze 1 und 2 gelten entsprechend, wenn sich ein Beteiligter im schriftlichen Verfahren trotz Fristsetzung durch den Notar nicht äußert.

Erläuterung:

Die Formulierung verdeutlicht, daß innerhalb einer zweiwöchigen Frist eine Entschuldigung des Ausbleibens möglich ist. Eine Prüfung der Gründe für das Ausbleiben erscheint insbesondere im Falle des Ausbleibens des Antragstellers geboten, da die Rücknahmefiktion im Gütestellenverfahren gemäß § 794 Abs. 1 Nr. 1 ZPO mit dem Fortfall der verjährungsunterbrechenden Wirkung des Güteantrags (§ 212 a Satz 3 BGB) gravierende materiell-rechtliche Folgen haben könnte, soweit Gerichte § 212 a Satz 3 BGB auch im Falle einer lediglich fingierten Rücknahme anwenden sollten.

Nicht nur bei Ausbleiben des Antragsgegners sollte die Erteilung einer Bescheinigung über den erfolglosen Schlichtungsversuch (an den Antragsteller) erfolgen, sondern auch im umgekehrten Fall, um dem Antragsgegner z.B. die Erhebung einer negativen Feststellungsklage zu ermöglichen.

§ 7 Vertraulichkeit des Verfahrens. Die Parteien sollen nach Möglichkeit in einem anschließenden Gerichtsverfahren weder den Notar als Zeugen benennen noch andere Vorgänge des Güteverfahrens in ein Gerichtsverfahren einbringen.

Erläuterung:

Vermittlungs- und Schlichtungsverfahren sollten unbeeinträchtigt von der Befürchtung geführt werden können, daß der Gegner Äußerungen aus dem Güteverfahren in einem späteren streitigen Verfahren verwenden wird.

Das Zeugnisverweigerungsrecht des Notars nach § 383 Abs. 1 Nr. 6 ZPO ist nur bedingt geeignet, den erforderlichen Schutz der Beteiligten zu gewährleisten, da es gegen die Einbringung anderer auf das Güteverfahren bezogener Beweismittel nichts bewirkt und die Beteiligten den zur Zeugnisverweigerung Berechtigten gemäß § 385 Abs. 2 ZPO von der Verschwiegenheitspflicht entbinden können. Zwar bedarf es dazu der Aussageermächtigung durch alle Beteiligten, jedoch kann die Unterlassung der Aussageermächtigung im Rahmen der Beweiswürdigung durch das Gericht einer Partei zum Nachteil gereichen (BGH, MDR 1984, 48).

Im freiwilligen Verfahren kann der Verlust der Möglichkeit, Beweismittel in einen Prozeß einzuführen, durch das Einverständnis in die Güteordnung gerechtfertigt werden, die zur Unterlassung einer Beweisführung über Vorgänge aus dem Güteverfahren verpflichtet. Zwar ist auch hier nicht ausgeschlossen, daß die Weigerung einer Partei, diese Verpflichtung aufzuheben, gegen sie im Rahmen des § 286 ZPO verwandt wird. Doch dürfte die ausdrückliche Verpflichtung zur Unterlassung einer derartigen Beweisführung dazu führen, daß in dem Versuch, dennoch entsprechende Beweise in ein streitiges Verfahren einzubringen, bereits ein treuwidriges Verhalten zu sehen ist, das die Weigerung der anderen Partei rechtfertigt. Die h.M. läßt Parteivereinbarungen im Zivilprozeß (mit Ausnahme der Verfahren mit Untersuchungsgrundsatz wie Ehe- und Kindschaftssachen) zu, die beliebige Tatsachen dem Beweis entziehen oder einzelne Beweismittel durch Vereinbarungen ausschließen (Thomas/Putzo, § 284 ZPO Vorbem., Rnr. 41; B/L/Hartmann, Einf. § 284 ZPO, Rnr. 33; StJ/Leipold, § 286 ZPO, Rnr. 133).

Für das obligatorische Verfahren ist jedoch eine klarstellende Regelung durch den Gesetzgeber wünschenswert.

§ 8 Abschluß eines Vergleiches. (1) [1] Schließen die Beteiligten einen Vergleich in einer mündlichen Verhandlung, so werden die Erklärungen der Beteiligten vom Notar beurkundet, zumindest aber in entsprechender Anwendung der Vorschriften der ZPO zur Protokollierung gerichtlicher Vergleiche (§§ 159 ff. ZPO) aufgenommen. [2] Dabei sind die Vorschriften zur Mitwirkung des Urkundsbeamten nicht anzuwenden.

Erläuterung:

Die Beurkundung als Kernelement notarieller Amtstätigkeit soll regelmäßig auch den abschließenden Rechtsakt einer Streitbeilegung vor einem Notar bilden.

Außerhalb eines Gütestellenverfahrens i.S.d. § 794 Abs. 1 Nr. 1 ZPO ist die Beurkundung zudem notwendig, um über § 794 Abs. 1 Nr. 5 ZPO einen vollstreckbaren Titel zu errichten.

In Verfahren, die Notare als Gütestelle i.S.d. § 794 Abs. 1 Nr. 1 ZPO durchführen, kann der Notar zwischen zwei Wegen wählen, um einen vollstreckbaren Titel zu errichten:

Auch hier kann die verfahrensabschließende Vereinbarung in einer vollstreckbaren Urkunde enthalten sein. Daneben kann nach freiem Ermessen auf die Aufnahme eines Vergleiches in eine vollstreckbare Urkunde verzichtet werden und der Vergleich auch ohne Beurkundung als vollstreckbarer Titel i.S.d. § 794 Abs. 1 Nr. 1 ZPO errichtet werden. Dies ist zweckmäßig, wenn z.B. eine vollstreckbare Urkunde über den betroffenen Anspruch nach § 794 Abs. 1 Nr. 5 ZPO nicht errichtet werden darf. Das Gesetz selbst trifft keine Aussage zur Form des vor einer Gütestelle geschlossenen Vergleiches, der in § 794 Abs. 1 Nr. 1 ZPO als Vollstreckungstitel anerkannt ist. In der Literatur findet sich nur die Aussage, daß in jedem Fall eine dem gerichtlichen Vergleichsprotokoll entsprechende Form ausreiche (StJ/Münzberg, 20. A., § 797 a ZPO, Rnr. 2).

Abs. 1 spricht wie § 794 Abs. 1 Nr. 1 ZPO nur vom „Vergleich" und nicht von einer „Vereinbarung zur Konfliktbeilegung" o. ä. Diese Klarstellung erfolgt, da nur ein Vergleich i.S.d. § 779 BGB, der gegenseitiges Nachgeben der Parteien voraussetzt, mit Sicherheit als Vollstreckungstitel i.S.d. § 794 Abs. 1 Nr. 1 ZPO behandelt wird (so die h.M., z.B. Thomas/Putzo, § 794 ZPO, Rnr. 15; a.M. B/L/Hartmann, Anh. § 307 ZPO, Rnr. 3), auch wenn an das Ausmaß des Nachgebens keine hohen Anforderungen gestellt werden. Ein Vollstreckungstitel aufgrund einer Vereinbarung, die als einseitiges Anerkenntnis des geltend gemachten Anspruchs zu werten ist, sollte daher in jedem Fall als vollstreckbare notarielle Urkunde i.S.d. § 794 Abs. 1 Nr. 5 ZPO errichtet werden. Ebenso ist eine Beurkundung nötig, wenn der Vergleich beurkundungspflichtige Vereinbarungen enthält.

(2) Ein Vergleich kann auch dadurch geschlossen werden, daß die Beteiligten einen förmlichen Vergleichsvorschlag des Notars schriftlich gegenüber dem Notar annehmen.

Erläuterung:

Für die Erstellung eines bloßen Gütestellenvergleichs i.S.d. § 794 Abs. 1 Nr. 1 ZPO kann auf die Vorschriften zur gerichtlichen Protokollierung zurückgegriffen werden. Allerdings kennt die ZPO bisher keinen im schriftlichen Verfahren geschlossenen Vergleich (vgl. aber § 106 VwGO sowie § 279 Abs. 3 ZPO-E i.d.F. des Entwurfs eines Gesetzes zur Vereinfachung des zivilgerichtlichen Verfahrens und des Verfahrens der freiwilligen Gerichtsbarkeit; BT-DS 13/6398), so daß hierzu eine besondere Regelung notwendig ist. Die gewählte Formulierung lehnt sich an § 106 VwGO an.

(3) Enthält der Vergleich Vereinbarungen, für die das Gesetz eine andere Form vorsieht, ist diese einzuhalten.

Erläuterung:

Die entsprechende Anwendung der Formvorschriften der ZPO erfaßt z.B. auch die §§ 160 a, 162 Abs. 1 Satz 2 ZPO, die ein Festhalten einer Vereinbarung auf einem Tonband ermöglichen, das nach Abspielen von den Parteien genehmigt wird. Da eine Unterschrift der Beteiligten nicht erforderlich ist, erfüllt ein solcher Vergleich jedoch nicht die Schriftform i.S.d. § 126 BGB. Die Form der notariellen Beurkundung wird durch den Abschluß eines Vergleiches vor der Gütestelle erst recht nicht gewahrt. Eine allgemeine analoge Anwendung des § 127 a BGB auf Gütestellen ist abzulehnen, da in keiner Weise eine Besetzung der Gütestellen durch rechtlich qualifizierte Schlichter bundesrechtlich sichergestellt ist. Eine entsprechende Qualifikation wäre aber Voraussetzung, um die notarielle Beurkundung hinsichtlich ihrer Beratungsfunktion zu ersetzen (gegen eine Analogie: Palandt/Heinrichs § 127 a BGB, Rnr. 2; MüKo/Förschler, § 127 a BGB, Rnr. 4; Zöller/Stöber, § 797 a ZPO, Rnr. 1; dafür: Staudinger/Dilcher, § 127 a BGB, Rnr. 7; B/L/Hartmann, Anh. § 307 ZPO, Rnr. 17).

(4) Der Notar erteilt den Beteiligten auf Antrag Abschriften des Vergleichs und im Rahmen seiner gesetzlichen Zuständigkeit die Vollstreckungsklausel.

Erläuterung:

Bei einem beurkundeten Vergleich mit Erklärungen nach § 794 Abs. 1 Nr. 5 ZPO gelten keine Besonderheiten gegenüber dem Verfahren mit sonstigen notariellen Urkunden.

Liegt lediglich ein nicht beurkundeter Gütestellenvergleich nach § 794 Abs. 1 Nr. 1 ZPO vor, so soll auch hier der Notar die Urschrift verwahren. Die Zuständigkeit zur Erteilung der Vollstreckungsklausel kann die Landesjustizverwaltung dem Notar gemäß § 797 a Abs. 2 ZPO erteilen. Der Umfang der Zuständigkeit bleibt hinter der notariellen Zuständigkeit bei der Klauselerteilung für vollstreckbare Urkunden in jedem Fall zurück, da sie sich nicht auf die Fälle des § 726 Abs. 1 ZPO (aufschiebend bedingte oder befristete Vollstreckbarkeit), § 727 ZPO (Rechtsnachfolge), § 728 ZPO (Nacherbschaft oder Testamentsvollstreckung), § 729 ZPO (Vermögens- oder Firmenübernahme) und § 733 ZPO (weitere vollstreckbare Ausfertigung) bezieht.

(5) [1] Der Vergleich soll eine Einigung der Parteien über die Verfahrenskosten enthalten. [2] Soweit Erstattungsansprüche der Parteien untereinander begründet werden, sollen sie der Höhe nach ausgewiesen werden.

Erläuterung:

Begründet der Vergleich Erstattungsansprüche der Parteien untereinander, sollten diese beziffert werden, um einen vollstreckbaren Titel auch hinsichtlich der Erstattungsansprüche zu schaffen. Es soll jedoch keine Notwendigkeit begründet werden, die Kosten des Schlichtungsverfahrens in jedem Fall zu beziffern.

§ 9 Vergütung und Kostentragung. (1) [1] Ist für eine Vergütung der Tätigkeit des Notars nichts anderes gesetzlich vorgeschrieben, wird empfohlen, §§ 148, 116 KostO[1)] entsprechend anzuwenden. [2] Erklärt sich der Antragsgegner im freiwilligen Verfahren nach Zustellung des Antrags mit der Durchführung des Verfahrens nach der Güteordnung der Notare nicht innerhalb eines Monats einverstanden, so trägt der Antragsteller die entstandenen Auslagen und eine Vergütung für den Notar nach §§ 148, 116 Abs. 1 Satz 2 Nr. 2 KostO. [3] Erfolgt eine Einverständniserklärung noch innerhalb eines Jahres nach Zustellung, so wird die Vergütung nach Satz 2 auf die Vergütung für die Durchführung des Verfahrens angerechnet.

(2) Endet das Verfahren infolge des nicht genügend entschuldigten Ausbleibens einer Partei, so hat diese Partei die Kosten des Verfahrens allein zu tragen.

(3) Vorbehaltlich einer abweichenden Vereinbarung trägt im übrigen jede Partei ihre eigenen Kosten und zu gleichen Teilen die Kosten für die Durchführung des Güteverfahrens vor dem Notar. Die Beteiligten haften dem Notar gesamtschuldnerisch.

Erläuterung:

Da die Durchführung des freiwilligen Güteverfahrens eine auf der Basis der KostO abzurechnende Amtstätigkeit des Notars darstellt, kann die Güteordnung nur eine Meinung hinsichtlich der anzuwendenden Vorschrift ausdrücken. Für das obligatorische Verfahren ist ohnehin davon auszugehen, daß der jeweilige Landesgesetzgeber eine abschließende Regelung zur Vergütung treffen wird.

Für die Vermittlung zwischen den gegensätzlichen Positionen mehrerer Parteien gibt es bisher keinen allgemeinen Tatbestand. Einem Rückgriff auf die Betreuungsgebühr nach § 147 Abs. 2 KostO[1)] steht entgegen, daß diese Vorschrift auf die formlose Betreuung einzelner Beteiligter zugeschnitten ist, die völlig anders geartet ist als die Durchführung eines Güteverfahrens mit streitenden Beteiligten unter Beachtung bestimmter Förmlichkeiten. Dem trägt die KostO schon bisher Rechnung, indem sie für die Vermittlung von Auseinandersetzungen einen Gebührentatbestand in §§ 148, 116 KostO[1)] vorsieht, dessen analoge Anwendung auf Güteverfahren naheliegt. Da im Güteverfahren eine Bestätigung der Vereinbarung (§ 91 FGG[2)], § 116 Abs. 1 Satz 1 KostO[1)]) nicht in Betracht kommt, wird in der Regel der Tatbestand des § 116 Abs. 1 Satz 2 Nr. 1 KostO[1)] vorliegen. Die Kosten für den Entwurf oder der Beurkundung eines Vergleiches fallen daneben gesondert an (§ 116 Abs. 3 KostO[1)]).

Bei Bezugnahme auf § 148 KostO[1)] sind vor dem Einverständnis der Beteiligten im freiwilligen Verfahren wegen der zu fordernden Transparenz der Vergütungshöhe Ergänzungen notwendig, die die Kosten des Verfahrens erkennbar machen.

Nachdem die entsprechende Anwendung des § 148 KostO[1)] nur empfohlen werden kann, ist die Aufnahme eines Tatbestands für schlichtende Tätigkeit in die KostO vorzugswürdig und geboten.

[1)] Nr. **570**.

[2)] Nunmehr § 366 FamFG.

204

204. Statut des Schlichtungs- und Schiedsgerichtshof deutscher Notare (SGH)

I. Teil: Organisation

§ 1 Rechtsnatur. [1] Der Schlichtungs- und Schiedsgerichtshof deutscher Notare (SGH) ist ein institutionelles Schiedsgericht, das in besonderer Weise dem Schlichtungsgedanken verpflichtet ist. [2] Seine Spruchkörper sind Schiedsgerichte im Sinn des zehnten Buchs der deutschen Zivilprozessordnung.

§ 2 Träger. (1) Der SGH ist eine nicht rechtsfähige Einrichtung der DNotV GmbH mit Sitz in Berlin.

(2) Die fachliche Betreuung obliegt dem Deutschen Notarverein Bundesverband der Notare im Hauptberuf mit Sitz in Berlin.

§ 3 Zuständigkeit. (1) [1] Der SGH ist zuständig für alle schiedsfähigen Rechtsstreitigkeiten. [2] Auch gestaltende Entscheidungen und einstweilige Maßnahmen sind zulässig.

(2) Ausgeschlossen sind Ansprüche gegen einen Notar im Zusammenhang mit dessen Amtstätigkeit, ebenso Ansprüche gegen Vertreter oder Bedienstete des Notars.

§ 4 Vertrag. (1) [1] Der Vertrag über die Durchführung eines Schlichtungs- oder Schiedsverfahrens wird ausschließlich zwischen den Parteien einerseits und der DNotV GmbH andererseits abgeschlossen. [2] Zwischen den Parteien und den Personen, die auf Seiten des SGH das Verfahren durchführen oder betreuen, bestehen keine vertraglichen Beziehungen.

(2) Niemand hat gegenüber der DNotV GmbH Anspruch auf Abschluss eines Vertrags für ein Schlichtungs- oder Schiedsverfahren.

(3) [1] Für den Vertrag gelten die Bestimmungen dieses Statuts, wenn die Vertragsteile nicht ausdrücklich und schriftlich etwas anderes vereinbaren. [2] Das Statut ist jedem Antragsteller auszuhändigen.

§ 5 Kuratorium. (1) Der Deutsche Notarverein Bundesverband der Notare im Hauptberuf beruft ein Kuratorium.

(2) [1] Das Kuratorium besteht aus bis zu 10 Persönlichkeiten des öffentlichen und des beruflichen Lebens, die dem Schlichtungs- und Schiedswesen besonders verbunden sind. [2] Ein Mitglied des Kuratoriums kann zum Vorsitzenden, ein weiteres zum stellvertretenden Vorsitzenden ernannt werden. [3] Die Mitglieder des Kuratoriums werden auf unbestimmte Zeit berufen; sie können jederzeit ihr Amt niederlegen oder abberufen werden.

(3) [1] Das Kuratorium berät die Träger und Organe des SGH. [2] Es berät in Sitzungen, die vom Sekretär einberufen werden, oder schriftlich.

(4) Die Mitglieder des Kuratoriums sind ehrenamtlich tätig; Auslagen können ersetzt werden.

§ 6 Sekretariat. (1) Die Verwaltung des SGH obliegt dem Sekretariat.

(2) Das Sekretariat wird von einem Sekretär geleitet, der von der DNotV GmbH im Einvernehmen mit dem Deutschen Notarverein Bundesverband der Notare im Hauptberuf ernannt und abberufen wird.

(3) Der Sekretär hat Vollmacht, die DNotV GmbH in allen Angelegenheiten zu vertreten, die der Betrieb des SGH gewöhnlich mit sich bringt.

(4) Es kann ein stellvertretender Sekretär ernannt werden, der alle Befugnisse des Sekretärs wahrnehmen kann, der aber nur handeln soll, wenn der Sekretär verhindert ist.

II. Teil: Zusammensetzung des Schiedsgerichts

§ 7 Formen von Schiedsgerichten. (1) [1] Wenn im Schiedsvertrag nichts anderes vereinbart ist, wird die Schlichtungs- und Schiedstätigkeit von Spruchkörpern des SGH wahrgenommen. [2] Diese sind in der Regel mit Notaren als Schiedsrichter besetzt, die sich allgemein zur Übernahme des Amts bereit erklärt haben; der Sekretär kann andere Personen mit ihrer Einwilligung zu Mitgliedern eines Spruchkörpers berufen.

(2) [1] Haben die Parteien vereinbart, einzelne oder alle Schiedsrichter unter der Geltung dieses Statuts selbst zu benennen, so kann der SGH auf Antrag einer Partei das Verfahren nach Maßgabe der nachfolgenden Bestimmungen führen, wenn der Vorsitzende Notar ist. [2] Der Sekretär kann Ausnahmen zulassen.

§ 8 Spruchkörper, Ort des Verfahrens. (1) [1] Spruchkörper bestehen aus einem Vorsitzenden und zwei Beisitzern. [2] Sie verhandeln und entscheiden nach Maßgabe der folgenden Bestimmungen entweder in der Besetzung mit dem Vorsitzenden allein oder in voller Besetzung. [3] Die Mitglieder eines Schiedskörpers werden in diesem Statut als „Schiedsrichter" bezeichnet, auch wenn sie nur als Schlichter tätig werden.

(2) [1] Nach Eingang eines jeden Schlichtungs- oder Schiedsantrags bestimmt der Sekretär den Spruchkörper und den Ort des schiedsrichterlichen Verfahrens. [2] Er teilt den Parteien Namen und Dienstort des Vorsitzenden und der Beisitzer sowie den Ort des schiedsrichterlichen Verfahrens schriftlich mit.

(3) [1] In den Fällen des § 3 Abs. 1 BeurkG[1)] soll ein Notar nicht zum Mitglied eines Spruchkörpers bestellt werden, in den Fällen des § 3 Abs. 2 und 3 BeurkG nur mit ausdrücklicher Einwilligung der Parteien. [2] Ein zum Mitglied eines Spruchkörpers bestellter Notar hat dem Sekretär gegebenenfalls unaufgefordert Anzeige zu erstatten.

(4) [1] Jede Partei kann innerhalb einer Woche nach Bekanntgabe der Person einen der vom Sekretär berufenen Schiedsrichter ohne Angabe von Gründen ablehnen. [2] Der Sekretär bestellt dann einen Ersatzmann, der von der betreffenden Partei nicht mehr frei abgelehnt werden kann.

(5) [1] Vereinbaren die Parteien, für einzelne oder alle Positionen andere Schiedsrichter zu bestellen, so kann der Sekretär die Führung des Verfahrens durch den SGH ablehnen. [2] Im übrigen gilt § 9 entsprechend.

(6) [1] Soll ein Schiedsrichter wegen Besorgnis der Befangenheit abgelehnt werden, so ist, soweit hier nichts anderes bestimmt ist, das Ablehnungsgesuch beim Vorsitzenden oder beim Sekretariat innerhalb zweier Wochen anzubringen, nachdem die Partei vom Ablehnungsgrund Kenntnis erlangt hat; der Ablehnungsgrund ist innerhalb der Frist zu bezeichnen und glaubhaft zu machen. [2] Wird ein Schiedsrichter abgelehnt, so bestimmt der Sekretär an seiner Stelle einen Ersatzmann. [3] In dieser Besetzung entscheidet der Spruchkörper über das Ablehnungsgesuch; erklären er oder das Gericht die Ablehnung für begründet, verbleibt es bei der Besetzung mit dem Ersatzmann.

(7) [1] Stellt eine Partei den Antrag, einen Schiedsrichter abzuberufen, weil er rechtlich oder tatsächlich außerstande sei, seine Aufgaben zu erfüllen, so gilt der vorhergehende Absatz entsprechend. [2] Der Sekretär kann einen Ersatzmann von Amts wegen bestellen, wenn ein Schiedsrichter sein Amt niederlegt oder sonst wegfällt.

§ 9 Benennung der Schiedsrichter durch die Parteien. (1) [1] Haben die Parteien vereinbart, die Schiedsrichter selbst zu benennen, so verfahren sie zunächst nach den gesetzlichen Vorschriften. [2] Soweit danach ein Schiedsrichter durch das Gericht zu bestellen ist, tritt der Sekretär an dessen Stelle. [3] Der Sekretär kann es auf Antrag des Schiedsklägers übernehmen, die Schiedsklage der anderen Partei zuzustellen, sie zur Benennung eines Schiedsrichters aufzufordern und die übrigen zur Konstituierung des Spruchkörpers erforderlichen Maßnahmen zu ergreifen.

(2) [1] Der Vorsitzende beantragt die Übernahme des Verfahrens durch den SGH beim Sekretär. [2] Eines Antrags bedarf es nicht, wenn der Vorsitzende vom Sekretär ernannt worden ist.

(3) [1] Der Sekretär fordert die Schiedsrichter auf, binnen einer von ihm bestimmten Frist ihre Bereitschaft zu erklären, das Schiedsrichteramt unter diesem Statut wahrzunehmen. [2] Geht die Erklärung innerhalb der Frist nicht ein, so kann der Sekretär die Beendigung seines Amts anordnen.

(4) Im übrigen gilt das so zusammengesetzte Schiedsgericht als Spruchkörper im Sinne dieses Statuts.

§ 10 Haftpflicht, Versicherung. (1) [1] Verletzt das Mitglied eines Spruchkörpers eine Schiedsrichterpflicht, so sind er und der SGH für den daraus entstehenden Schaden nur insoweit verantwortlich, wie auch der Richter eines staatlichen Gerichts bzw. an dessen Stelle der Staat haften würden. [2] Die Haftung für leichte Fahrlässigkeit ist allgemein ausgeschlossen. [3] Für

---

[1)] Nr. **200**.

Pflichtverletzungen des Mitglieds eines Spruchkörpers, das nicht vom SGH, sondern von den Parteien selbst bestimmt worden ist, haftet der SGH nicht.

(2) [1] Falls die Tätigkeit der Schiedsrichter nicht bereits durch ihre Berufshaftpflichtversicherung als Notare gedeckt ist, nimmt der SGH eine Haftpflichtversicherung in Höhe des Streitwerts zugunsten der Schiedsrichter und der Parteien. [2] Die Pflichtverletzung von Schiedsrichtern, die nicht vom SGH, sondern von den Parteien selbst oder von dritter Seite bestimmt worden sind, versichert der SGH nicht.

III. Teil: Gemeinsame Verfahrensvorschriften

§ 11 Parteidisposition. (1) Soweit hier nichts anderes bestimmt ist, entscheidet der Vorsitzende, während einer mündlichen Verhandlung der Spruchkörper, über das Verfahren nach freiem Ermessen.

(2) [1] Das Verfahren unterliegt der Parteidisposition. [2] Vereinbaren die Parteien ein Verfahren, das den Grundsätzen dieses Statuts widerspricht, so kann der Vorsitzende, während einer mündlichen Verhandlung der Spruchkörper, nach freiem Ermessen die Fortsetzung des Verfahrens ablehnen.

(3) Die Fortsetzung des Verfahrens kann insbesondere dann abgelehnt werden, wenn die Parteien sich der Beschleunigung des Verfahrens widersetzen.

§ 12 Anträge auf Einleitung eines Verfahrens. (1) [1] Der SGH wird nur auf Antrag tätig. [2] Anträge sind ausschließlich an das Sekretariat zu richten.

(2) [1] Anträge sind schriftlich zu stellen. [2] Gehen Anträge über Wege der Telekommunikation ein, so entscheidet das Sekretariat nach seinem Ermessen, ob es schriftliche Bestätigung mit eigenhändiger Unterschrift verlangen will. [3] Hilfe zur Antragstellung leistet das Sekretariat nicht.

(3) [1] Der Antrag auf Einleitung oder Übernahme eines Verfahrens wird vom Sekretariat stets schriftlich angenommen, es sei denn, der Antragsteller verlangt ausdrücklich einen anderen Kommunikationsweg. [2] In keinem Fall erfolgt die Annahme mündlich oder fernmündlich.

(4) Das Sekretariat kann verlangen, dass der Antragsteller das vorliegende Statut schriftlich als Inhalt des Vertrags über die Durchführung eines Schlichtungs- oder Schiedsverfahrens anerkennt.

(5) Das Sekretariat kann die Annahme des Antrags von der Leistung eines Kostenvorschusses abhängig machen.

§ 13 Einleitung des Verfahrens. (1) Sobald der Antrag angenommen und ein etwa geforderter Kostenvorschuss eingegangen ist, veranlasst das Sekretariat die Zustellung an die andere Partei.

(2) [1] Das Sekretariat informiert unverzüglich den Spruchkörper und verfährt alsdann ausschließlich nach den Weisungen des Vorsitzenden. [2] Die Aufgaben des Sekretariats im Falle des Wegfalls oder der Ablehnung eines Schiedsrichters bleiben unberührt.

§ 14 Geschäftsgang. (1) [1] Der Vorsitzende bestimmt den weiteren Geschäftsgang. [2] Er hat in jedem Stadium des Verfahrens auf beschleunigte Erledigung und gütliche Einigung hinzuwirken.

(2) Der Vorsitzende soll darauf achten, dass das Sekretariat über alle Vorgänge dergestalt informiert ist, dass es zu jeder Zeit über einen lückenlosen und aktuellen Satz der Verfahrensakten verfügt.

(3) [1] Das Sekretariat leistet dem Vorsitzenden jede Unterstützung, die dieser anfordert. [2] Es veranlasst insbesondere Ladungen und Zustellungen. [3] Zahlungen erfolgen ausschließlich an und durch das Sekretariat.

§ 15 Zustellungen. (1) Eine jede Zustellung ist wirksam, wenn das zuzustellende Schriftstück auf Veranlassung des Vorsitzenden oder des Sekretariats gleich auf welchem Wege zur Kenntnis des Zustellungsempfängers gelangt.

(2) Zustellungen gelten als bewirkt, wenn sie an die dem Sekretariat zuletzt mitgeteilte Anschrift erfolgen, auch wenn das Schriftstück sich als dort unzustellbar erweist.

(3) [1] Schriftstücke, durch die ein Verfahren erstmals eingeleitet wird, sind nach den gesetzlichen Vorschriften über die Zustellung im Parteibetrieb oder gegen schriftliches Empfangsbekenntnis zuzustellen. [2] Alle anderen Zustellungen können durch einfachen Brief erfolgen. [3] Erfolgt eine Zustellung durch eingeschriebenen Brief oder in vergleichbarer Form, so ist sie

auch dann wirksam, wenn der Empfänger nicht angetroffen wird und das Schriftstück beim Zusteller niedergelegt wird.

(4) Wird durch einfachen Brief im Inland zugestellt, so wird vermutet, daß das Schriftstück am dritten Tage nach der Absendung zugegangen ist, wenn der Zugang nicht ernstlich zweifelhaft ist.

(5) Für die Frage, an wen die Zustellung ersatzweise stattfinden kann, wenn der Empfänger selbst nicht angetroffen wird oder das Schriftstück nicht zur Kenntnis erhält (Ersatzzustellung), gelten die Bestimmungen der deutschen Zivilprozessordnung entsprechend, und zwar auch dann, wenn die Zustellung im Ausland erfolgt.

(6) [1] Schriftstücke können mittels analoger oder digitaler Fernkommunikation zugestellt werden, wenn eine Partei oder ihr Vertreter ihr Einverständnis erkennen lässt. [2] Das Einverständnis wird unterstellt, wenn die Telekommunikationsadresse auf einem Briefkopf oder ähnlich angegeben wird.

(7) [1] Hat eine Partei einen Rechtsanwalt umfassend mit ihrer Vertretung im Verfahren beauftragt, so erfolgen Zustellungen ausschließlich an ihn. [2] Im übrigen obliegt es dem Ermessen des Sekretariats oder des Vorsitzenden, ob an die Partei selbst oder an einen Vertreter zuzustellen ist.

(8) Erscheint ein von der Partei gewünschter Zustellungsweg unsicher oder sind Verzögerungen zu befürchten, so können das Sekretariat oder der Vorsitzende die Benennung eines Zustellungsbevollmächtigten verlangen, an den schnell und sicher zugestellt werden kann.

(9) Gesetzliche Vorschriften, wonach in bestimmten Fällen eine Zustellung als erfolgt gilt, wirken auch unter diesem Statut.

§ 16 Verhandlung. (1) [1] Der Vorsitzende bestimmt Form, Ort und Zeit der Verhandlung. [2] Auf übereinstimmende Wünsche der Parteien soll er tunlichst Rücksicht nehmen.

(2) [1] Verlangt eine Partei mündliche Verhandlung, so soll der Vorsitzende dem stattgeben, es sei denn, dass die andere Partei aus berechtigten Gründen widerspricht. [2] Der Vorsitzende kann einen Antrag auf mündliche Verhandlung auch von Amts wegen ablehnen, wenn seinem freien Ermessen nach unzumutbarer Aufwand oder unzumutbare Verzögerung zu besorgen sind.

(3) Das persönliche Erscheinen der Parteien kann angeordnet werden.

(4) Einstweilige Maßnahmen kann das Schiedsgericht ohne Anhörung der anderen Partei erlassen; rechtliches Gehör ist dann unverzüglich nachzuholen.

(5) Über die Zulassung einer Widerklage entscheidet das Schiedsgericht nach freiem Ermessen.

(6) [1] Verhandlungssprache ist Deutsch. [2] Die Verhandlung kann – ohne Übersetzung ins Deutsche – in einer anderen Sprache geführt werden, wenn alle Parteien damit einverstanden sind und mindestens einer der Schiedsrichter diese Sprache dergestalt beherrscht, dass er die anderen Schiedsrichter vom Inhalt der Verhandlungen unterrichten kann. [3] Das Sekretariat gibt auf Verlangen Auskunft darüber, ob und welche Schiedsrichter zur Verhandlung in einer fremden Sprache zur Verfügung stehen.

(7) Der Vorsitzende kann nach seinem Ermessen Kostenvorschüsse anfordern, und zwar auch vom Antragsgegner.

§ 17 Kosten. (1) [1] Der SGH erhebt Kosten nach Maßgabe einer vom Sekretariat aufzustellenden Kostenordnung, die ebenso zu veröffentlichen ist wie dieses Statut. [2] Auf Verlangen einer Partei ist diejenige Fassung der Kostenordnung anzuwenden, die im Zeitpunkt der Schiedsvereinbarung in Kraft war; das Sekretariat kann dann die Kosten aber einer zwischenzeitlich etwa eingetretenen wesentlichen Veränderung des Geldwerts und sonst maßgeblicher Verhältnisse anpassen.

(2) Alle Parteien, die sich auf das Verfahren eingelassen haben, schulden sämtliche Kosten als Gesamtschuldner auch dann, wenn das Schiedsgericht über sie entschieden hat.

(3) Das Sekretariat kann gegenüber einer bedürftigen Partei auf Kosten oder Kostenvorschüsse ganz oder zum Teil verzichten; soweit die bedürftige Partei verurteilt ist, Kosten zu tragen, entfällt insoweit die Haftung der anderen Partei.

(4) Das Sekretariat kann dem SGH geschuldete Kosten herabsetzen oder erlassen, wenn das der Billigkeit entspricht.

(5) [1] Der Spruchkörper entscheidet nach Ermessen, welche Partei zu welchem Anteil Kosten zu tragen oder zu erstatten hat und welche Kosten neben denen des SGH erstattungsfähig sind. [2] Entscheidet der Spruchkörper hierzu über den Streitwert, so ist die Entscheidung nur zwischen den Parteien wirksam, nicht aber im Verhältnis der Parteien zum SGH.

IV. Teil: Schlichtung

§ 18 Anwendungsbereich. (1) Die Bestimmungen dieses Teils finden Anwendung, wenn der Antragsteller ausdrücklich eine nur schlichtende und vermittelnde Tätigkeit, nicht aber eine verbindliche Entscheidung beantragt.

(2) Die Schlichtung setzt den vorherigen Abschluß eines Schlichtungs- oder Schiedsvertrags nicht voraus.

(3) Das Schlichtungsverfahren kann auch stattfinden, wenn sich die andere Partei nicht einlässt.

(4) Eine von der Bundesnotarkammer anerkannte Schlichtungsordnung ist zu beachten, soweit sie mit diesem Statut nicht in Widerspruch steht.

§ 19 Verfahren. (1) Das Schlichtungsverfahren findet vor dem Vorsitzenden allein statt, wenn nicht die Parteien ausdrücklich die Zuziehung von Beisitzern verlangen.

(2) [1] Sekretariat oder Vorsitzender haben die Parteien darüber zu belehren, dass das Schlichtungsverfahren nach diesem Statut keine notarielle Amtstätigkeit darstellt und dass sie statt des SGH auch einen Notar ihrer Wahl beauftragen könnten. [2] Wird der Antrag aufgrund der Belehrung zurückgenommen, so ist das Verfahren kostenfrei. [3] Die Belehrung unterbleibt, wenn und soweit der SGH als Gütestelle anerkannt ist und die Anrufung einer Gütestelle gesetzliche Voraussetzung eines Verfahrens vor staatlichen Gerichten ist.

(3) [1] Einigen sich die Parteien, so ist der Vorsitzende – oder bei Beteiligung von Beisitzenden ein Beisitzer – nicht gehindert, die Einigung als Notar zu beurkunden. [2] Er hat aber darauf hinzuweisen, dass es sich um getrennte Verfahren handelt, dass die Kosten für jedes dieser Verfahren unabhängig voneinander anfallen und dass die Parteien auch jeden anderen Notar mit der Beurkundung beauftragen können.

(4) Der Spruchkörper bestimmt durch Beschluss den Zeitpunkt, in welchem das Verfahren gescheitert ist und endet.

(5) Über die Kosten kann nach § 17 Abs. 5 dieses Statuts[1)] auch dann entschieden werden, wenn das Verfahren gescheitert ist.

V. Teil: Schiedsverfahren

§ 20 Grundsätze. (1) Das Schiedsverfahren nach diesem Statut ist ein Schiedsverfahren deutschen Rechts nach dem Zehnten Buch der deutschen Zivilprozessordnung, auch wenn in einer fremden Sprache verhandelt wird oder einzelne Verfahrenshandlungen im Ausland stattfinden.

(2) Das Schiedsgericht entscheidet selbst über seine Zuständigkeit und im Zusammenhang hiermit über das Bestehen oder die Gültigkeit der Schiedsvereinbarung.

§ 21 Schlichtungsphase. (1) Das Schiedsverfahren beginnt – außer bei einstweiligen Maßnahmen – stets mit einer Schlichtungsphase vor dem Vorsitzenden.

(2) Die Schlichtung schließt ggf. mit einem Schiedsspruch mit vereinbartem Wortlaut (Schiedsvergleich) ab.

(3) [1] Die Schlichtungsphase geht in das streitige Verfahren über, wenn der Vorsitzende ihr Scheitern feststellt. [2] An die Anträge der Parteien ist er insoweit nicht gebunden.

(4) Lässt sich eine Partei nicht auf das Verfahren ein oder ist sie bei anberaumter mündlicher Verhandlung säumig, so kann der Vorsitzende ohne erneute Ladung in das streitige Verfahren übergehen.

§ 22 Streitiges Verfahren. (1) Nach Feststellung des Scheiterns der Schlichtungsphase kann jede Partei innerhalb zweier Wochen nach Verkündung des Beschlusses den Vorsitzenden ohne Angabe von Gründen für das weitere Verfahren auch dann ablehnen, wenn sie von dem Recht, einen der Schiedsrichter ohne Angabe von Gründen abzulehnen, schon Gebrauch gemacht hatte.

(2) Das streitige Verfahren findet vor dem ganzen Spruchkörper statt, es sei denn, die Parteien verlangen übereinstimmend die Entscheidung nur durch den Vorsitzenden.

(3) [1] Hat sich eine Partei nicht auf das Verfahren eingelassen oder war sie in der Schlichtungsphase bei anberaumter mündlicher Verhandlung säumig, so entfällt für sie das Ablehnungsrecht

---

1) Nr. **204**.

nach Abs. 1. [2] Zur Entscheidung nur durch den Vorsitzenden genügt in diesem Fall das Einverständnis der anderen Partei.

(4) Erst nach Eintritt in das streitige Verfahren prüft das Schiedsgericht die Zulässigkeit der Schiedsklage und der Klageanträge.

(5) Das Schiedsgericht kann Einlassungs- und Antragsfristen sowie Fristen für die Benennung und die Vorlage von Beweismitteln setzen und nach Ablauf der Frist die Partei mit weiterem Vorbringen ausschließen.

§ 23 Schiedsspruch. (1) [1] Das Schiedsgericht entscheidet nach dem Recht, das nach deutschem internationalen Privatrecht auf das streitige Rechtsverhältnis anzuwenden ist. [2] Eine Rechtswahl erkennt es in den Grenzen des ordre public auch dann an, wenn das deutsche internationale Privatrecht oder das sonst anwendbare Recht sie nicht zulassen sollte. [3] In der Vereinbarung, den Streit durch den SGH entscheiden zu lassen, liegt im Zweifel keine Wahl des deutschen Sachrechts.

(2) [1] Dem Schiedsgericht ist vorbehalten, nach Billigkeit zu entscheiden, wenn der Vorsitzende die Möglichkeit dazu den Parteien schriftlich oder in mündlicher Verhandlung angekündigt und sie unter Fristsetzung zum Widerspruch aufgefordert hat. [2] Widerspricht auch nur eine Partei innerhalb der Frist, findet eine Entscheidung nach Billigkeit nicht statt.

(3) Im Falle der Säumnis einer Partei entscheidet das Schiedsgericht nach Aktenlage; ob es Behauptungen der anderen Partei allein aufgrund der Säumnis für zugestanden erachten will, entscheidet es nach freier Überzeugung.

VI. Teil: Auslegungs- und Übergangsvorschriften

§ 24 Auslegung. Ist in einem Schiedsvertrag vereinbart, ein Rechtsstreit solle durch den SGH oder durch Schiedsrichter entschieden werden, die vom Deutschen Notarverein zu bestellen sind, gilt im Zweifel gegenwärtiges Statut.

§ 25 Zeitliche Abgrenzung. (1) Dieses Statut findet Anwendung in der Fassung, die im Zeitpunkt des Eingangs des ersten Antrags im Sekretariat in Kraft ist.

(2) Jede Partei kann innerhalb einer Woche nach Mitteilung der Personen der Schiedsrichter verlangen, dass das Statut in der Fassung anzuwenden ist, die im Zeitpunkt des Abschlusses des Schiedsvertrags gegolten hat.

§ 26 Inkrafttreten, Abänderung und Aufhebung. (1) Dieses Statut wird vom Vorstand des Deutschen Notarvereins Bundesverband der Notare im Hauptberuf und von der Geschäftsführung der DNotV GmbH ausgefertigt und mit Verkündung in der von der DNotV GmbH herausgegebenen Zeitschrift „NOTAR“ wirksam.

(2) Auch die Änderung oder Aufhebung dieses Statuts bedürfen der in Abs. 1 festgelegten Form.

204 a. Kostenordnung des Schlichtungs- und Schiedsgerichtshofs deutscher Notare (SGH)

I. Teil: Allgemeine Bestimmungen

§ 1 Grundsatz. Der SGH erhebt Gebühren, Auslagen und Vorschüsse (Kosten) nach Maßgabe des Statuts und dieser Gebührenordnung.

§ 2 Kostengläubiger. Kostengläubiger ist stets allein der SGH.

§ 3 Fälligkeit. (1) Gebühren sind fällig, sobald der Tatbestand für ihre Entstehung verwirklicht ist.

(2) Auslagen sind fällig, sobald sie entstanden und in Rechnung gestellt worden sind.

(3) Vorschüsse sind fällig, sobald deren Erhebung ordnungsgemäß angeordnet ist.

§ 4 Steuern. Kraft Gesetzes anfallende Umsatzsteuern sind zusätzlich zu zahlen.

§ 5 Zahlung. (4) Zahlungen haben kosten- und spesenfrei ausschließlich auf das vom Sekretär angegebene Konto in europäischer Währung zu erfolgen.

(5) [1] Dem SGH gegenüber kommt der Schuldner in Verzug, sobald ihm eine schriftliche Mahnung zugeht. [2] Der SGH erhebt eine Mahngebühr von € 50,00 und Verzugszinsen in Höhe von 5 Prozentpunkten über dem jeweiligen Basiszinssatz nach dem Diskontsatz-Überleitungsgesetz.

(6) Aufrechnen kann der Schuldner nur mit unstreitigen oder rechtskräftig festgestellten Ansprüchen.

§ 6 Zurückbehaltung. Der SGH kann die Ausfertigung und Zustellung von Entscheidungen und Anordnungen allen Parteien gegenüber zurückbehalten, bis fällige Kosten sowie Mahngebühren und Verzugszinsen beglichen sind.

II. Teil: Gebühren

§ 7 Wertgebühr. (1) Gebühren bestimmen sich nach dem Streitwert.

(2) Einstweilige Anordnungen bilden ein selbständiges Verfahren, falls sie nicht in einem schon anhängigen Verfahren zur Hauptsache beantragt werden.

(3) [1] Die Werte von Klage und Widerklage werden zusammengerechnet. [2] Eventual-Widerklagen rechnen voll, auch wenn der Eventualfall nicht eintreten sollte.

(4) [1] Wird der Spruchkörper nur durch den Vorsitzenden tätig, so beträgt bis zu einem Streitwert von € 5.000,– die Gebühr 15 % des Streitwerts, mindestens jedoch € 500, –. [2] Die Gebühr erhöht sich

a) bis € 50.000,– Streitwert je angefangene weitere € 2.500,– um € 150,–

b) bis € 500.000,– Streitwert je angefangene weitere € 5.000,– um € 100,–

c) bis € 5.000.000,– Streitwert je angefangene weitere € 50.000,– um € 500,–

d) ab € 5.000.000,– Streitwert je angefangene weitere € 500.000,– um € 500,–.

(5) [1] Wird der volle Spruchkörper tätig, so beträgt die Gebühr das Dreifache der vorstehend festgesetzten Sätze. [2] Der Gebührensatz für den vollen Spruchkörper kommt zum Ansatz, wenn dieser in irgendeiner Phase des Verfahrens tätig geworden ist.

(6) Unter „Gebühr" ist im nachfolgenden diejenige zu verstehen, die bei Fällung eines Schiedsspruchs anfallen würde.

(7) Es werden nur die hier ausdrücklich festgesetzten Gebühren erhoben.

§ 8 Einleitung eines Verfahrens. Mit Eingang eines Antrags nach § 12 des Statuts fallen 10 % der Gebühr an.

§ 9 Schlichtung. (1) Für die Schlichtung nach § 18 des Statuts fallen weitere 30 % der Gebühr an; sie werden fällig, sobald das Sekretariat den Antrag annimmt.

(2) Für einen Schiedsspruch mit vereinbartem Wortlaut fallen keine zusätzlichen Gebühren an.

(3) Wird innerhalb eines Monats nach Feststellung des Scheiterns der Schlichtung Antrag auf Durchführung eines Schiedsverfahrens gestellt, fällt dafür eine weitere Gebühr nach § 8 nicht an.

§ 10 Schiedsverfahren. (1) [1] Für die Schlichtungsphase nach § 21 des Statuts fallen weitere 30 % der Gebühr an; sie werden fällig, sobald das Sekretariat den Antrag annimmt. [2] Im Falle des § 9 Abs. 3 entfällt die Gebühr. [3] Ergeht in der Schlichtungsphase nach § 21 des Statuts ein Schiedsspruch mit vereinbartem Wortlaut, so fällt keine zusätzliche Gebühr an.

(2) [1] Für das streitige Schiedsverfahren fallen weitere 40 % der Gebühr an. [2] Hat weder ein Schlichtungsverfahren noch eine Schlichtungsphase stattgefunden, so kommt die Gebühr nach Abs. (1) hinzu. [3] Sie werden fällig, sobald das Scheitern der Schlichtung festgestellt ist, im Falle des § 9 Abs. 3 mit Eingang des Antrags beim Sekretariat.

(3) Für einen Schiedsspruch mit vereinbartem Wortlaut fällt keine zusätzliche Gebühr an.

(4) Für andere Schiedssprüche fallen die restlichen 20 % der Gebühr an.

III. Teil: Auslagen

§ 11 Kommunikationskosten. (1) Es werden alle tatsächlich anfallenden Kommunikationskosten, insbesondere Porti und Telefongebühren, erhoben.

(2) [1] Statt der tatsächlich anfallenden Kommunikationskosten kann eine Pauschale erhoben werden. [2] Bis zu einem Streitwert von € 5.000,– beträgt sie € 250,–. [3] Sie erhöht sich für höhere Streitwerte um 10 % der Gebühr nach § 7 und beträgt höchstens € 6000,–.

(3) [1] Für die Schlichtung nach § 18 fällt ggf. lediglich die Hälfte der Pauschale an. [2] Im Falle des § 9 Abs. 3 fällt ggf. die weitere Hälfte der Pauschale mit dem Antrag auf Durchführung eines Schiedsverfahrens an.

§ 12 Zusätzliche Kommunikationskosten. Zusätzlich zur Pauschale werden erhoben:

(1) Auslagen für eine von den Parteien gewünschte besondere Versendungsart, z.B. durch Kurier;

(2) Auslagen für Telekommunikation mit Orten außerhalb der Europäischen Gemeinschaft;

(3) Auslagen für förmliche Zustellungen.

§ 13 Reisekosten. (1) [1] Reisekosten werden nur erhoben, soweit Schiedsrichter an einen anderen als den Ort des schiedsrichterlichen Verfahrens reisen müssen. [2] Bestimmen die Parteien einen Schiedsrichter, der nicht am Ort des schiedsrichterlichen Verfahrens wohnt und der dort auch keine Geschäftsstelle unterhält, so werden Reisekosten auch für die Reise zum Ort des schiedsrichterlichen Verfahrens erhoben.

(2) [1] Zu erstatten sind Kosten für die Benutzung eines eigenen Kraftfahrzeugs in Höhe von € 1,00 je km, Kosten für die Benutzung anderer Verkehrsmittel in der 1. Klasse.

(3) Zu erstatten sind Übernachtungskosten (einschließlich Frühstück) in Hotels der oberen Kategorie.

(4) Für jeden Schiedsrichter ist je angefangenem Kalendertag der Reise ein Tagegeld von € 100,00 zu erstatten.

§ 14 Raumkosten. Zu erstatten sind Kosten für die Anmietung von Räumen für die mündliche Verhandlung.

§ 15 Dolmetscher, Protokollführer. Zu erstatten sind Kosten für Protokollführer, Dolmetscher und Übersetzer.

§ 16 Beweisaufnahme. (1) Zu erstatten sind alle für eine Beweisaufnahme anfallenden Auslagen.

(2) Zeugen und Sachverständigen werden Reisekosten und Verdienstausfall nach Ermessen des Schiedsgerichts vergütet.

(3) Sachverständigen kann das Schiedsgericht eine angemessene Vergütung bewilligen.

§ 17 Verauslagte Gelder. Zu erstatten sind Gelder, die der SGH für Gerichtsgebühren, sonstige staatliche Gebühren oder auf Wunsch oder mit Zustimmung der Parteien sonst verauslagt.

§ 18 Gerichtliche Verfahren. (1) Wird ein Schiedsrichter oder ein Mitglied des Sekretariats in Zusammenhang mit dem Schiedsverfahren vor ein Gericht geladen, sind Reisekosten nach § 13 zu erstatten.

(2) Zusätzlich ist für jeden angefangenen Tag – auch wenn keine Reisekosten anfallen – eine pauschale Verdienstausfallentschädigung von € 500,00 zu entrichten.

205. Bayerisches Gesetz zur obligatorischen außergerichtlichen Streitschlichtung in Zivilsachen und zur Änderung gerichtsverfassungsrechtlicher Vorschriften (Bayerisches Schlichtungsgesetz – BaySchlG)

Vom 25. April 2000
(GVBl S. 268)

BayRS 300-1-5-J

geänd. durch § 1 ÄndG v. 2. 1. 2002 (GVBl S. 3, ber. S. 39), § 3 GerichtsauflösungsG v. 25. 10. 2004 (GVBl S. 400), § 1 ÄndG v. 24. 12. 2005 (GVBl S. 655), § 1 G zur Änd. des Bayerischen SchlichtungsG v. 24. 5. 2007 (GVBl S. 343) und § 1 ÄndG v. 22. 12. 2008 (GVBl S. 977)

205

Der Landtag des Freistaates Bayern hat das folgende Gesetz beschlossen, das hiermit bekannt gemacht wird:

Abschnitt I. Obligatorische Schlichtung als Prozessvoraussetzung

Art. 1[1)] Sachlicher Umfang der obligatorischen Schlichtung. Vor den Amtsgerichten kann in folgenden bürgerlichrechtlichen Streitigkeiten mit Ausnahme der in § 15 a Abs. 2 EGZPO genannten Streitigkeiten eine Klage erst erhoben werden, wenn die Parteien einen Versuch unternommen haben, die Streitigkeit vor einer in Art. 3 genannten Schlichtungs- oder Gütestelle gütlich beizulegen:

1. *(aufgehoben)*
2. in Streitigkeiten über Ansprüche wegen
   a) der in § 906 BGB geregelten Einwirkungen auf das Nachbargrundstück, sofern es sich nicht um Einwirkungen von einem gewerblichen Betrieb handelt,
   b) Überwuchses nach § 910 BGB,
   c) Hinüberfalls nach § 911 BGB,
   d) eines Grenzbaums nach § 923 BGB,
   e) der in den Art. 43 bis 54 AGBGB geregelten Nachbarrechte, sofern es sich nicht um Einwirkungen von einem gewerblichen Betrieb handelt,
3. in Streitigkeiten über Ansprüche wegen der Verletzung der persönlichen Ehre, die nicht in Presse oder Rundfunk begangen worden ist,
4. in Streitigkeiten über Ansprüche nach Abschnitt 3 des Allgemeinen Gleichbehandlungsgesetzes.

Art. 2 Örtlicher Umfang der obligatorischen Schlichtung. [1] Ein Schlichtungsversuch nach Art. 1 vor Erhebung der Klage ist nur erforderlich, wenn die Parteien ihren Wohnsitz, ihren Sitz oder ihre Niederlassung im selben Landgerichtsbezirk haben. [2] Die Bezirke der Landgerichte München I und München II gelten insoweit als ein Landgerichtsbezirk.

Art. 3 Schlichtungsstellen. (1) [1] Die Parteien können sich für einen Schlichtungsversuch einvernehmlich an jeden Rechtsanwalt, der nicht Parteivertreter ist, an jeden Notar oder an dauerhaft eingerichtete Schlichtungsstellen der Kammern, Innungen, Berufsverbände oder ähnliche Institutionen im Sinn von § 15 a Abs. 3 EGZPO wenden. [2] Das Einvernehmen nach Satz 1 wird unwiderleglich vermutet, wenn der Verbraucher eine branchengebundene Schlichtungsstelle, eine Schlichtungsstelle der Industrie- und Handelskammer, der Handwerkskammer oder der Innung angerufen hat. [3] Fehlt es am Einvernehmen nach den Sätzen 1 und 2, ist der Schlichtungsversuch vor einem örtlich zuständigen Schlichter der Gütestellen nach Art. 5 durchzuführen.

(2) Ein Schlichter ist von der Schlichtung ausgeschlossen, wenn die Voraussetzungen des § 41 ZPO vorliegen.

[1)] Art. 1 Nr. 1 aufgeh. mWv 1. 1. 2006 gem. Art. 21 Abs. 2 Satz 1; geänd. mWv 1. 1. 2002 durch G v. 2. 1. 2002 (GVBl S. 3); Nr. 4 angef. mWv 1. 7. 2007 durch G v. 24. 5. 2007 (GVBl S. 343).

Art. 4 Bescheinigung über erfolglosen Schlichtungsversuch.

(1) [1] Bleibt der Schlichtungsversuch erfolglos, so ist dem Antragsteller darüber ein Zeugnis auszustellen, das dem Gericht bei Klageerhebung vorzulegen ist. [2] Das Zeugnis wird auf Antrag auch erteilt, wenn binnen einer Frist von drei Monaten das beantragte Schlichtungsverfahren nicht durchgeführt worden ist. [3] Die Frist beginnt nicht vor Einzahlung des Vorschusses gemäß Art. 14.

(2) Das Zeugnis ist außerdem auszustellen, wenn der Schlichter den sachlichen Anwendungsbereich nach Art. 1 oder, soweit dies zwischen den Parteien strittig ist, den örtlichen Anwendungsbereich nach Art. 2 für nicht eröffnet oder die Angelegenheit für eine Schlichtung aus rechtlichen oder tatsächlichen Gründen von vorneherein für ungeeignet erachtet.

(3) [1] Das Zeugnis hat auch die Namen und die Anschriften des Antragstellers und des Antragsgegners, eine kurze Darstellung des Streitgegenstands, Angaben zum Streitwert sowie den Zeitpunkt, zu dem das Verfahren beendet ist, zu enthalten. [2] Wird das Zeugnis ausgestellt, weil der Schlichter die Angelegenheit für eine Schlichtung für ungeeignet erachtet, sind die Gründe dafür im Zeugnis anzugeben.

Abschnitt II. Gütestellen nach § 15 a Abs. 1 EGZPO

Art. 5[1)] Einrichtung der Gütestellen. (1) Jeder Notar ist als Träger eines öffentlichen Amtes Gütestelle.

(2) [1] Jeder Rechtsanwalt, der sich gegenüber der Rechtsanwaltskammer dazu verpflichtet hat, Schlichtung als dauerhafte Aufgabe zu betreiben, ist durch die Rechtsanwaltskammer als Gütestelle zuzulassen. [2] Die Zulassung kann widerrufen werden, wenn die Pflichten nach Art. 8 gröblich vernachlässigt werden.

(3) [1] Die Gütestellen nach den Absätzen 1 und 2 sind landesrechtlich anerkannte Gütestellen nach § 15 a Abs. 6 EGZPO. [2] Der Präsident des Oberlandesgerichts München kann weitere Gütestellen nach § 794 Abs. 1 Nr. 1 ZPO unter den Voraussetzungen des Art. 22 AGGVG einrichten und anerkennen.

Art. 6 Auswahl unter den Gütestellen. [1] Unter mehreren Gütestellen des Landgerichtsbezirks hat die antragstellende Partei die Auswahl. [2] Bestehen in dem Amtsgerichtsbezirk, in dem der Antragsgegner seinen Wohnsitz, seinen Sitz oder seine Niederlassung hat, Gütestellen, so kann die antragstellende Partei nur unter diesen auswählen. [3] Die zuerst angerufene Gütestelle ist auch für einen Gegenantrag zuständig.

Art. 7 Aufnahme des Schlichtungsantrags durch die Gütestelle. [1] Die Gütestelle nimmt den schriftlichen Schlichtungsantrag während der üblichen Geschäftszeiten entgegen und registriert ihn. [2] Der Schlichtungsantrag kann auch zu Protokoll der Gütestelle erklärt werden.

Art. 8 Schlichter, Pflichten aus dem Schlichteramt. (1) [1] Schlichter der Gütestellen nach Art. 5 Abs. 1 und 2 sind Personen, die den Beruf des Notars oder des Rechtsanwalts ausüben. [2] Sie beachten bei Ausübung des Schlichteramts ihre allgemeinen Berufspflichten. [3] Sie üben ihr Amt unparteiisch und unabhängig aus. [4] Sie tragen für eine zügige Erledigung der Schlichtungsverfahren Sorge.

(2) [1] Den Schlichtern steht hinsichtlich der Tatsachen, die Gegenstand des Schlichtungsverfahrens sind, ein Zeugnisverweigerungsrecht zu. [2] Wer als Schlichter tätig war, kann in derselben Sache keine der Parteien im gerichtlichen Verfahren vertreten.

(3) [1] Die Aufsicht über die Notare als Schlichter führt die Landesnotarkammer, die Aufsicht über die Rechtsanwälte als Schlichter die jeweils zuständige Rechtsanwaltskammer. [2] Die Aufsichtsbehörde kann die hierfür erforderlichen Verwaltungsanordnungen treffen. [3] Sie hat darauf zu achten, dass die Schlichter den ihnen nach diesem Gesetz obliegenden Verpflichtungen nachkommen. [4] Sie kann jederzeit Auskunft über alle die Geschäftsführung betreffenden Angelegenheiten verlangen.

---

1) Art. 5 Abs. 3 Satz 2 geänd. mWv 1. 1. 2005 durch G v. 25. 10. 2004 (GVBl S. 400).

Abschnitt III. Durchführung des Schlichtungsverfahrens vor dem Schlichter der Gütestelle nach Abschnitt II

Art. 9 Verfahrenseinleitung. [1] Das Schlichtungsverfahren wird auf Antrag eingeleitet. [2] Der Antrag muss Namen und ladungsfähige Anschrift der Parteien, eine kurze Darstellung der Streitsache und den Gegenstand des Begehrens enthalten. [3] Ihm sollen die für die förmliche Mitteilung erforderlichen Abschriften beigefügt werden.

Art. 10 Gang des Schlichtungsverfahrens. (1) [1] Sobald dem Schlichter der Antrag vorliegt und der Vorschuss (Art. 14) eingezahlt worden ist, bestimmt er einen Schlichtungstermin, zu dem er die Parteien persönlich lädt. [2] Er erörtert mit den Parteien mündlich die Streitsache und die Konfliktlösungsvorschläge der Parteien. [3] Zur Aufklärung der Interessenlage kann er mit den Parteien in deren Einvernehmen auch Einzelgespräche führen. [4] Auf der Grundlage der Schlichtungsverhandlung kann er den Parteien einen Vorschlag zur Konfliktbeilegung unterbreiten. [5] In geeigneten Fällen sieht der Schlichter von einem Termin ab und verfährt schriftlich.

(2) Die Schlichtungsverhandlung ist nicht öffentlich.

(3) [1] Der Schlichter lädt keine Zeugen und Sachverständigen. [2] Zeugen und Sachverständige, die von den Parteien auf deren Kosten herbeigeschafft werden, können angehört, und ein Augenschein kann eingenommen werden, wenn dadurch der Abschluss des Schlichtungsverfahrens nicht unverhältnismäßig verzögert wird.

(4) Im Übrigen bestimmt der Schlichter das zur zügigen Erledigung der Streitsache zweckmäßige Verfahren nach seinem Ermessen.

Art. 11 Persönliches Erscheinen der Parteien. (1) Die Parteien haben im Schlichtungstermin persönlich zu erscheinen.

(2) Dies gilt nicht, wenn eine Partei zu dem Termin eine Vertretung entsendet, die zur Aufklärung des Sachverhalts in der Lage und zu einem unbedingten Vergleichsabschluss schriftlich ermächtigt ist, und der Schlichter dem Fernbleiben der Partei zustimmt.

(3) Jede Partei kann sich im Termin eines Beistands oder eines Rechtsanwalts bedienen.

(4) [1] Erscheint der Antragsteller unentschuldigt nicht zum Schlichtungstermin, gilt der Antrag als zurückgenommen; bei hinreichender Entschuldigung binnen 14 Tagen ist vom Schlichter ein neuer Schlichtungstermin zu bestimmen. [2] Der Antrag gilt auch als zurückgenommen, wenn der Vorschuss nach Art. 14 nicht in der vom Schlichter gesetzten Frist einbezahlt wurde. [3] Fehlt die Gegenpartei unentschuldigt, so ist dem Antragsteller frühestens nach 14 Tagen ein Zeugnis nach Art. 4 auszustellen. [4] In der Ladung sind die Parteien auf die Folgen ihres Ausbleibens hinzuweisen.

Art. 12 Protokollierung der Konfliktbeilegung. [1] Wird vor dem Schlichter eine Vereinbarung zur Konfliktbeilegung geschlossen, so ist diese unter Angabe des Tages ihres Zustandekommens schriftlich niederzulegen und von den Parteien zu unterschreiben. [2] Der Schlichter bestätigt den Abschluss der Vereinbarung mit seiner Unterschrift. [3] Die Konfliktregelung muss auch eine Einigung der Parteien über die Kosten des Schlichtungsverfahrens enthalten. [4] Die Kosten des Schlichtungsverfahrens sind der Höhe nach auszuweisen. [5] Die Parteien erhalten vom Schlichter auf Antrag eine Abschrift der Vereinbarung.

Abschnitt IV. Vergütung für das Güteverfahren der Gütestellen nach Abschnitt II und deren Vollstreckung

Art. 13 Vergütung. (1) [1] Die Schlichter nach Art. 5 Abs. 1 und 2 erheben für ihre Tätigkeit eine Vergütung (Gebühren und Auslagen) nur nach diesem Gesetz. [2] Sie erhalten Ersatz der auf die Vergütung entfallenden Umsatzsteuer, sofern diese nicht nach § 19 Abs. 1 des Umsatzsteuergesetzes unerhoben bleibt.

(2) Die Gebühr für das Schlichtungsverfahren beträgt

1. 50 Euro, wenn das Verfahren ohne Schlichtungsgespräch endet,
2. 100 Euro, wenn ein Schlichtungsgespräch durchgeführt wurde.

(3) Werden Schlichter im Rahmen des Vollzugs der Vereinbarung zur Konfliktbewältigung im Auftrag beider Parteien tätig, entsteht eine weitere Gebühr in Höhe von 50 Euro.

(4) [1] Mit der Gebühr werden die allgemeinen Geschäftsunkosten der Schlichter abgegolten. [2] Für Post- und Telekommunikationsdienstleistungen sowie Schreibauslagen können die Schlichter einen Pauschsatz von 20 Euro fordern.

Art. 14 Vorschuss für die Vergütung. (1) Der Schlichter fordert vom Antragsteller vor Durchführung des Schlichtungsverfahrens einen Vorschuss in Höhe der Gebühr nach Art. 13 Abs. 2 Nr. 2 zuzüglich der Auslagen nach Art. 13 Abs. 4.

(2) Nach Abschluss des Schlichtungsverfahrens rechnet der Schlichter gegenüber dem Antragsteller über den Vorschuss ab.

Art. 15 Vergütungsfreiheit. (1) Eine Partei, die die Voraussetzungen für die Gewährung von Beratungshilfe nach den Vorschriften des Beratungshilfegesetzes erfüllt, ist von der Verpflichtung zur Zahlung der Vergütung befreit.

(2) § 4 Abs. 1, Abs. 2 Sätze 1 bis 3, §§ 5 und 6 des Beratungshilfegesetzes finden entsprechende Anwendung.

(3) [1] Ist die Partei nach Absatz 1 von der Verpflichtung zur Zahlung der Vergütung befreit, erstattet die Staatskasse dem Schlichter die ihm zustehende Vergütung. [2] Die Erstattung der Schlichtervergütung durch die Staatskasse ist in der Bescheinigung nach Art. 4 zu vermerken.

Art. 16 Beitreibung der Vergütung durch die Staatskasse. (1) Ist dem Schlichter die Vergütung nach Art. 15 Abs. 3 erstattet worden, so geht der Anspruch auf Kostenerstattung, der sich aus der Verurteilung des Gegners in die Prozesskosten im nachfolgenden Gerichtsverfahren ergibt, insoweit auf die Staatskasse über.

(2) [1] Der Vergütungsanspruch nach Absatz 1 ist von der Staatskasse nach den Vorschriften über die Einziehung der Kosten des gerichtlichen Verfahrens geltend zu machen. [2] Die Ansprüche werden bei dem Amtsgericht angesetzt, bei dem der nachfolgende Rechtsstreit geführt wurde. [3] Für die Entscheidung über eine gegen den Ansatz gerichtete Erinnerung und über die Beschwerde gilt § 5 Gerichtskostengesetz entsprechend.

Art. 17 Aufwendungen der Beteiligten. [1] Jede Partei trägt ihre eigenen Kosten. [2] Kosten werden, vorbehaltlich einer anderen Regelung in der Vereinbarung zur Konfliktbeilegung, nicht erstattet.

Abschnitt V. Vollstreckung aus dem Vergleich der Gütestellen und Klauselerteilung

Art. 18 Vollstreckung aus einem Vergleich. Aus einem vor dem Schlichter der Gütestelle geschlossenen Vergleich findet die Zwangsvollstreckung nach § 794 Abs. 1 Nr. 1 ZPO statt.

Art. 19 Erteilung der Vollstreckungsklausel. (1) Die Vollstreckungsklausel auf einem Vergleich einer Gütestelle nach Art. 5 Abs. 1 erteilt der Notar.

(2) Die Vollstreckungsklausel auf einem Vergleich einer Gütestelle nach Art. 5 Abs. 2 und Abs. 3 Satz 2 erteilt der Rechtspfleger des Amtsgerichts, in dessen Bezirk die Gütestelle eingerichtet ist.

Abschnitt VI. Änderung des AGGVG, In-Kraft-Treten, Außer-Kraft-Treten und Übergangsvorschriften

Art. 20 *(nicht wiedergegebene Änderungsvorschrift)*

Art. 21[1] In-Kraft-Treten, Außer-Kraft-Treten. (1) Dieses Gesetz tritt am 1. Mai 2000 in Kraft.

(2) [1] Art. 1 Nr. 1 tritt mit Ablauf des 31. Dezember 2005 außer Kraft. [2] Art. 1 bis 19 und Art. 20 Nrn. 1 und 9 treten mit Ablauf des 31. Dezember 2011 außer Kraft.

Art. 22[2] Übergangsvorschrift. Dieses Gesetz findet auf alle Klagen Anwendung, die
1. in den Fällen des Art. 1 Nr. 1 vor dem 1. Januar 2006,
2. in den Fällen des Art. 1 Nrn. 2 bis 4 vor dem 1. Januar 2012

bei Gericht eingehen.

---

[1] Art. 21 Abs. 2 neu gef. mWv 31. 12. 2005 durch G v. 24. 12. 2005 (GVBl S. 655); Abs. 2 Satz 2 geänd. mWv 31. 12. 2008 durch G v. 22. 12. 2008 (GVBl S. 977).

[2] Art. 22 neu gef. mWv 31. 12. 2005 durch G v. 24. 12. 2005 (GVBl S. 655); Nr. 2 geänd. mWv 1. 7. 2007 durch G v. 24. 5. 2007 (GVBl S. 343).

206. Bayerische Güteordnung für Notare

Der Vorstand der Landesnotarkammer Bayern hat in seiner 322. Sitzung am 30.6.2000 die nachstehende Bayerische Güteordnung für Notare beschlossen. Sie gibt weitgehend das geltende Recht für Güteverfahren nach dem BaySchlG wieder und stellt zugleich eine Empfehlung an die Notare dar, welche Verfahrensordnung einem freiwilligen Güteverfahren zugrunde gelegt werden soll (vgl. § 2 Abs. 4 der Güteordnung[1]). In einigen Punkten enthält die Güteordnung Empfehlungen auch für obligatorische Verfahren. Inbesondere in § 10 macht die Landesnotarkammer Bayern von ihren aufsichtlichen Befugnissen gem. Art. 8 Abs. 3 Satz 2 BaySchlG[2] Gebrauch. Die Empfehlung orientiert sich so weit wie möglich an der Empfehlung der Bundesnotarkammer vom 8.10.1999 (DNotZ 2000, 1 ff.). Anpassungen waren im Hinblick auf das BaySchlG unerlässlich, damit freiwillige Verfahren und obligatorische Verfahren möglichst einheitlich durchgeführt werden können.[*]

206

§ 1 Anwendungsbereich. (1) Diese Güteordnung der Notare ist in förmlichen Verfahren anzuwenden, die Notare im Rahmen der Betreuung von Beteiligten auf dem Gebiet der vorsorgenden Rechtspflege (§ 24 Abs. 1 BNotO[3]) auch als anerkannte Gütestelle (§ 794 Abs. 1 Nr. 1 ZPO) durchführen.

(2) Soll der Notar das Ergebnis des Güteverfahrens zu notarieller Urkunde niederlegen, gelten insoweit ausschließlich die Vorschriften der Bundesnotarordnung und des Beurkundungsgesetzes.

(3) Das Güteverfahren wird durchgeführt aufgrund

1. des Einverständnisses aller Beteiligten zur Güteordnung der Notare (freiwillige Verfahren), oder
2. Abschnitt II und III des Bayerischen Schlichtungsgesetzes (obligatorische Verfahren).

§ 2 Einleitung des Verfahrens. (1) [1] Das Güteverfahren wird auf schriftlichen Antrag hin eingeleitet. [2] Der Antrag muss die Namen, die ladungsfähigen Anschriften der Beteiligten sowie eine kurze Darstellung der Streitsache enthalten. [3] Der Antrag soll das Begehren des Antragstellers erkennen lassen.

(2) [1] Nimmt der Notar einen Antrag auf Durchführung des Güteverfahrens nicht an, so teilt er dies dem Antragsteller unter Angabe der Gründe mit. [2] Zugleich weist er den Antragsteller darauf hin, dass dieser zur Herbeiführung der verjährungsunterbrechenden Wirkung den Antrag selbst dem Antragsgegner zustellen muss.

(3) Nimmt der Notar einen Antrag auf Durchführung des Güteverfahrens an, so veranlasst er unverzüglich die Zustellung des Güteantrags an den Antragsgegner.

(4) [1] Im freiwilligen Verfahren ist die Zustellung erst vorzunehmen, nachdem der Antragsteller sein Einverständnis zur Anwendung der Güteordnung der Notare erklärt hat. [2] Soweit der Antragsteller die Einverständniserklärung des Antragsgegners nicht beigebracht hat, fordert der Notar den Antragsgegner mit Zustellung des Güteantrages auf zu erklären, ob er mit der Durchführung des Verfahrens nach der beizufügenden Güteordnung der Notare einverstanden ist.

§ 3 Wahrung der Unparteilichkeit. (1) Ist der Notar durch ein Mitwirkungsverbot oder wegen Befangenheit an der Tätigkeit als Gütestelle gehindert (§ 16 BNotO[3], § 41 ZPO i.V.m. Art. 3 Abs. 2 BaySchlG[2]), so soll er dies den Parteien unter Hinweis auf die mit der Beendigung des Verfahrens verbundenen Rechtsfolgen mitteilen.

(2) Der Notar soll sich wegen Befangenheit der Tätigkeit als Gütestelle enthalten, wenn die Streitigkeit die Wirksamkeit, die Auslegung oder den Vollzug einer Erklärung betrifft, die er oder ein Notar beurkundet hat, mit dem er sich zur gemeinsamen Berufsausübung verbunden oder mit der er gemeinsame Geschäftsräume hat oder hatte und seine schlichtende Tätigkeit Zweifel an seiner Unabhängigkeit oder Unparteilichkeit zu wecken geeignet ist.

---

[1] Nr. **206**.
[2] Nr. **205**.
[3] Nr. **1**.
[*] **Amtl. Anm.:** Besonderer Dank gilt dem Vorsitzenden des Schlichtungsausschusses der Landesnotarkammer Bayern, Notar Dr. Friedrich v. Daumiller, Prien, für die Analyse der Abweichungen zwischen BaySchlG und der Güteordnung der Bundesnotarkammer.

§ 4 Durchführung des Verfahrens. (1) [1]Der Notar lädt die Beteiligten zu einem von ihm bestimmten Termin, in dem das Güteverfahren in nicht öffentlicher, mündlicher Verhandlung durchgeführt wird. [2]Auf gemeinsamen Wunsch der Parteien kann der Notar die Durchführung eines schriftlichen Verfahrens anordnen. [3]Bei der Terminbestimmung und der Anordnung des schriftlichen Verfahrens soll der Notar auf die Folgen einer Säumnis hinweisen.

(2) [1]Der Notar kann mit Zustimmung der Beteiligten auch Gespräche mit einzelnen der Beteiligten führen. [2]Auf Wunsch der Beteiligten schlägt er eine Regelung zur gütlichen Beilegung des Konflikts vor.

(3) [1]Der Notar kann auf gemeinsamen Wunsch der Beteiligten Zeugen und Sachverständige anhören sowie Einsicht in Urkunden und einen Augenschein einnehmen. [2]Die Kosten der Durchführung dieser Maßnahmen haben die Beteiligten unmittelbar zu tragen.

(4) Im Übrigen bestimmt der Notar das Verfahren nach seinem Ermessen.

(5) Das Verfahren endet, wenn

1. der Notar den Beteiligten nach § 3 Abs. 1 mitteilt, dass er an der Durchführung gehindert ist,
2. der Notar das Verfahren mangels Erfolgsaussicht für beendet erklärt,
3. ein Beteiligter das Verfahren nach Durchführung einer mündlichen Verhandlung oder Austausch von Schriftsätzen im schriftlichen Verfahren gegenüber dem Notar für gescheitert erklärt,
4. die Beteiligten ihren Streit durch eine Vereinbarung beilegen oder
5. der Antrag als zurückgenommen gilt (vgl. § 6 Abs. 1, § 9 Abs. 2 dieser Güteordnung).

§ 5 Beistände und Vertreter der Beteiligten. (1) [1]Jeder Beteiligte kann anwaltlichen oder sonstigen Beistand hinzuziehen. [2]Ist ein Beteiligter anwaltlich vertreten, so soll er darauf hinwirken, dass sein Beistand an der mündlichen Verhandlung teilnimmt.

(2) [1]Der Notar kann das persönliche Erscheinen der Beteiligten zu einem anberaumten Termin anordnen. [2]Die Vertretung eines Beteiligten durch eine Person, die zur Aufklärung des Streitsachverhalts in der Lage und zu einem unbedingten Vergleichsabschluss bevollmächtigt ist, bleibt zulässig.

§ 6 Säumnis eines Beteiligten. (1) [1]Das Güteverfahren ist beendet, wenn ein Beteiligter nicht zur mündlichen Verhandlung erscheint. [2]Bei Ausbleiben des Antragstellers gilt der Güteantrag als zurückgenommen. [3]Im obligatorischen Verfahren bestätigt der Notar die Beendigung des Verfahrens nach den gesetzlichen Vorschriften.

(2) [1]Die Säumnisfolgen nach Absatz 1 treten nicht ein, wenn innerhalb von zwei Wochen nach dem Termin der Beteiligte sein Ausbleiben gegenüber dem Notar genügend entschuldigt oder alle Beteiligten die Fortsetzung des Verfahrens wünschen. [2]In diesen Fällen kann der Notar zu einem neuerlichen Termin laden.

(3) Die Absätze 1 und 2 gelten entsprechend, wenn sich ein Beteiligter im schriftlichen Verfahren trotz Fristsetzung durch den Notar nicht äußert.

§ 7 Vertraulichkeit des Verfahrens. Die Parteien sollen nach Möglichkeit in einem anschließenden Gerichtsverfahren weder den Notar als Zeugen benennen noch andere Vorgänge des Güteverfahrens in ein Gerichtsverfahren einbringen.

§ 8 Abschluss eines Vergleiches. (1) [1]Schließen die Beteiligten einen Vergleich in einer mündlichen Verhandlung, so werden die Erklärungen der Beteiligten in entsprechender Anwendung der Vorschriften der ZPO zur Protokollierung gerichtlicher Vergleiche (§§ 159 ff. ZPO) aufgenommen. [2]Dabei sind die Vorschriften zur Mitwirkung des Urkundsbeamten nicht anzuwenden.

(2) Ein Vergleich kann auch dadurch geschlossen werden, dass die Beteiligten einen förmlichen Vergleichsvorschlag des Notars schriftlich gegenüber dem Notar annehmen.

(3) Enthält der Vergleich Vereinbarungen, für die das Gesetz eine andere Form vorsieht, ist diese einzuhalten.

(4) Der Notar erteilt den Beteiligten auf Antrag Abschriften des Vergleichs und im Rahmen seiner gesetzlichen Zuständigkeit die Vollstreckungsklausel.

(5) [1]Der Vergleich soll eine Einigung der Parteien über die Verfahrenskosten enthalten. [2]Soweit Erstattungsansprüche der Parteien untereinander begründet werden, sollen sie der Höhe nach ausgewiesen werden.

§ 9 Vergütung und Kostentragung. (1) Ist für eine Vergütung der Tätigkeit des Notars nichts anderes gesetzlich vorgeschrieben, sind §§ 148, 116 KostO entsprechend anzuwenden.

(2) Fordert der Notar vom Antragsteller vor Durchführung des Schlichtungsverfahrens einen Kostenvorschuss, so gilt der Güteantrag als zurückgenommen, wenn der Vorschuss nicht in der vom Notar gesetzten Frist einbezahlt wurde.

(3) [1] Erklärt sich der Antragsgegner im freiwilligen Verfahren nach Zustellung des Antrags mit der Durchführung des Verfahrens nach der Güteordnung der Notare nicht innerhalb eines Monats einverstanden, so trägt der Antragsteller die entstandenen Auslagen und eine Vergütung für den Notar nach §§ 148, 116 Abs. 1 Satz 2 Nr. 2 KostO[1]. [2] Erfolgt eine Einverständniserklärung noch innerhalb eines Jahres nach Zustellung, so wird die Vergütung nach Satz 2 auf die Vergütung für die Durchführung des Verfahrens angerechnet.

(4) Endet das Verfahren infolge des nicht genügend entschuldigten Ausbleibens einer Partei, so hat diese Partei die Kosten des Verfahrens allein zu tragen.

(5) [1] Vorbehaltlich einer abweichenden Vereinbarung trägt im Übrigen jede Partei ihre eigenen Kosten und zu gleichen Teilen die Kosten für die Durchführung des Güteverfahrens vor dem Notar [2] Die Beteiligten haften dem Notar gesamtschuldnerisch.

§ 10 Dokumentations- und Aufbewahrungspflichten. (1) Die Notare teilen der Landesnotarkammer Bayern bis zum 15. Februar eines Jahres mit,

1. wie viele Anträge auf Durchführung eines Güteverfahrens im Vorjahr insgesamt eingegangen sind,
2. in wie vielen Fällen es nicht zu einem Schlichtungsgespräch kam,
3. in wie vielen Fällen Einigungen zur Konfliktbeilegung erzielt wurden.

(2) [1] Die Urschrift des Antrags auf Durchführung eines Güteverfahrens sowie der Einigung zur Konfliktbeilegung bleibt in der Verwahrung des Notars. [2] Anträge und Einigungen sind in einer eigenen Sammlung aufzubewahren.

(3) Nicht zu der Sammlung gem. Abs. 2 zu nehmende Schriftstücke,die ein Güteverfahren betreffen, können nach Ablauf von fünf Jahren vernichtet werden.

[1] Nr. **570**.

211. Landesgesetz über die freiwillige Gerichtsbarkeit (LFGG) [RhPf]

Vom 12. Oktober 1995
(GVBl. S. 421)
BS Rh-Pf 3212-2

geänd. durch Art. 16 LandesG zur Anpassung des Landesrechts an das FGG-ReformG v. 22. 12. 2009 (GVBl. S. 413)

– Auszug –

Zweiter Abschnitt. Nachlaß- und Teilungssachen

§ 11[1] **Mitteilung von Todesanzeigen.** (1) [1]Der Standesbeamte hat dem Amtsgericht, in dessen Bezirk er seinen Amtssitz hat, jeden Todesfall anzuzeigen, der ihm gemäß § 28 des Personenstandsgesetzes angezeigt wird. [2]Ist dieses Amtsgericht nicht Nachlaßgericht, so hat es die Todesanzeige dem Nachlaßgericht zu übersenden.

(2) Das für das Personenstandswesen zuständige Ministerium kann im Benehmen mit dem für die Justiz zuständigen Ministerium allgemeine Verwaltungsvorschriften über die Erstattung der Anzeige erlassen.

(3) Eine Todeserklärung oder eine Feststellung der Todeszeit hat das Amtsgericht dem Nachlaßgericht mitzuteilen.

§ 12 Nachlaßsicherung. Erhalten die örtlichen Ordnungsbehörden oder die Polizeibehörden von einem Todesfall Kenntnis, bei dem gerichtliche Maßregeln zur Sicherung des Nachlasses angezeigt sein können, so sollen sie dem zuständigen Amtsgericht Mitteilung machen.

§ 13 Zuständigkeit der Notare. Den Notaren kann, unbeschadet des § 8 Abs. 2 und 3 des Landesgesetzes zur Ausführung des Gerichtsverfassungsgesetzes vom 6. November 1989 (GVBl. S. 225, BS 311-5) in der jeweils geltenden Fassung, die Aufnahme von Nachlaßverzeichnissen und Nachlaßinventaren sowie die Anlegung und Abnahme von Siegeln im Rahmen eines Nachlaßsicherungsverfahrens auch durch Anordnung des Nachlaßgerichts übertragen werden.

§ 14 Aufnahme eines amtlichen Verzeichnisses. Das Nachlaßgericht kann anordnen, daß ein amtliches Verzeichnis des Nachlasses oder des Gesamtgutes einer ehelichen oder fortgesetzten Gütergemeinschaft aufzunehmen ist, soweit dies zur zweckmäßigen Erledigung des Verfahrens über die Vermittlung der Auseinandersetzung notwendig erscheint.

§ 15 Verfahrenskosten. (1) [1]Im Verfahren über die Vermittlung der Auseinandersetzung eines Nachlasses oder des Gesamtgutes einer ehelichen oder fortgesetzten Gütergemeinschaft fallen die Kosten des Gerichts der Masse zur Last. [2]Die Kosten einer für das Auseinandersetzungsverfahren angeordneten Abwesenheitspflegschaft hat der abwesende Beteiligte, die durch ein Versäumnis verursachten Kosten hat der Säumige zu tragen.

(2) Absatz 1 findet keine Anwendung, soweit in der Auseinandersetzungsurkunde etwas anderes bestimmt ist.

(3) Im Verfahren über die Beschwerde bestimmt sich die Kostentragungspflicht nach der gerichtlichen Entscheidung.

---

[1] § 11 Abs. 1 Satz 1 geänd. mWv. 31. 12. 2009 durch G v. 22. 12. 2009 (GVBl. S. 413).

212. Benachrichtigung in Nachlasssachen

Gemeinsame Bekanntmachung der Bayer. Staatsministerien der Justiz und des Innern vom 2. Januar 2001 Az.: 3804 - I - 15221/2000 und I A 3-2003.5-7
(AllMBl S. 55)

3154-J

geänd. durch ÄndBek v. 23. 11. 2005 (AllMBl 2006 S. 3) und ÄndBek v. 9. 10. 2007 (AllMBl S. 785)

Bayern: Gemeinsame Bekanntmachung der Bayer. Staatsministerien der Justiz und des Innern vom 9. Oktober 2007 (JMBl. 2007 S. 145)

Rheinland-Pfalz: Gemeinsames Rundschreiben des Ministeriums der Justiz und des Ministeriums des Innern und für Sport vom 25. September 2007 (JBl. 2007 S. 363)

Um zu erreichen, dass die Stellen, bei denen sich Testamente und Erbverträge sowie Erklärungen, nach deren Inhalt die Erbfolge geändert wird, in amtlicher Verwahrung befinden, rechtzeitig vom Eintritt des Erbfalls benachrichtigt werden, wird bestimmt:

I. Benachrichtigung des Standesamts von der Verwahrung einer Verfügung von Todes wegen

1.

1.1 Die Notarin oder der Notar, vor der/dem ein Testament errichtet wird, vermerkt auf dem Umschlag, in dem das Testament gemäß § 34 des Beurkundungsgesetzes[1] zu verschließen ist, die folgenden Angaben:

1.1.1[2] den **Geburtsnamen,** die Vornamen und den Familiennamen der Erblasserin oder des Erblassers, die Familien-(Ehe-/Lebenspartnerschafts-)namen aus früheren Ehen oder eingetragenen Lebenspartnerschaften sowie die Namen der Eltern,

1.1.2 Geburtstag und Geburtsort mit Postleitzahl, die Gemeinde und den Kreis; zusätzlich – soweit nach Befragen der Erblasserin oder des Erblassers möglich – das für den Geburtsort zuständige Standesamt und die Geburtenbuch-(Geburtsregister-)nummer,

1.1.3 PLZ, Wohnort und Wohnung,

1.1.4 Tag der Errichtung des Testaments.

1.2[3] Die Angaben zu 1.1.1 bis 1.1.4 vermerkt

- auch die Notarin oder der Notar vor der/dem ein Erbvertrag geschlossen wird (§ 2276 BGB), es sei denn, die Vertragschließenden haben die amtliche Verwahrung ausgeschlossen (§ 34 Abs. 2 des Beurkundungsgesetzes[1]) und sich bei der Verwahrung durch die Notarin oder den Notar mit einer offenen Aufbewahrung schriftlich einverstanden erklärt (§ 34 Abs. 2 des Berukundungsgesetzes[1], § 20 Abs. 1 Satz 4 DONot[4])

sowie

- die Rechtspflegerin oder der Rechtspfleger bzw. ggf. die Urkundsbeamtin oder der Urkundsbeamte der Geschäftsstelle, die/der ein eigenhändiges Testament in besondere amtliche Verwahrung nimmt (§ 2248 BGB).

1.3 Für den Umschlag soll ein Vordruck nach Anlage 1 verwendet werden.

1.4[5] [1] Wird ein Erbvertrag zwischen Personen, die nicht Ehegatten oder Lebenspartner sind, in Verwahrung genommen, sind die auf die Ehegatten- oder die Lebenspartnereigenschaft hinweisenden Textteile des Vordrucks entsprechend zu ändern. [2] Sofern an einer Verfügung von Todes wegen mehr als zwei Personen als Erblasserinnen/Erblasser beteiligt sind, ist für die dritte und jede weitere Person ein besonderer Umschlag zu beschriften. [3] Die Umschläge werden mindestens an drei Stellen des unteren Randes durch Heftung oder in anderer Weise dauerhaft miteinander verbunden. [4] Um zu verhüten, dass die Verfügung von Todes wegen hierbei beschädigt wird, sollen die Umschläge vor dem

---

[1] Nr. **200**.
[2] Abschn. I. Nr. 1.1.1 neu gef. mWv 2. 1. 2006 durch Bek. v. 23. 11. 2005 (AllMBl 2006 S. 2).
[3] Abschn I. Nr. 1.2 neu gef. mWv 2. 1. 2006 durch Bek. v. 23. 11. 2005 (AllMBl 2006 S. 3).
[4] Nr. **30**.
[5] Abschn. I. Nr. 1.4 geänd. mWv 2. 1. 2006 durch Bek. v. 23. 11. 2005 (AllMBl 2006 S. 3).

Einlegen der Verfügung zusammengeheftet werden. 5 Die Verfügung von Todes wegen ist in den obersten Umschlag zu legen; dieser ist zu versiegeln.

1.5 Die Angaben zu Nrn. 1.1.1 bis 1.1.4 vermerkt die Richterin oder der Richter in den Akten, wenn vor Gericht ein Erbvertrag in einem gerichtlichen Vergleich errichtet wird oder sonstige Erklärungen in den gerichtlichen Vergleich aufgenommen werden (§ 127 a BGB), nach deren Inhalt die Erbfolge geändert wird.

2.

2.1 Das Gericht, das ein öffentliches oder privates Testament oder einen Erbvertrag in besondere amtliche Verwahrung nimmt (§ 34 Abs. 1 Satz 4, Abs. 2 des Beurkundungsgesetzes[1], § 2248, § 2249 Abs. 1 Satz 4 BGB), benachrichtigt hiervon durch **verschlossenen** Brief,

2.1.1 wenn die Geburt der Erblasserin oder des Erblassers von einem Standesamt **im Inland** beurkundet worden ist, dieses Standesamt,

2.1.2 in allen anderen Fällen die Hauptkartei für Testamente beim Amtsgericht Schöneberg in Berlin.

2.2[2] Wird ein Erbvertrag nicht in besondere amtliche Verwahrung genommen oder wird eine Erklärung beurkundet, nach deren Inhalt die Erbfolge geändert wird (z.B. Aufhebungsverträge, Rücktritts- und Anfechtungserklärungen, Erbverzichtsverträge, Eheverträge oder Lebenspartnerschaftsverträge mit erbrechtlichen Auswirkungen – etwa durch Änderung des Güterstandes –), so obliegt die Benachrichtigungspflicht nach Nr. 2.1 der Notarin oder dem Notar, vor der/dem der Erbvertrag geschlossen oder von der/dem die Erklärung beurkundet worden ist.

2.3 Wird ein in einem gerichtlichen Vergleich errichteter Erbvertrag nicht in besondere amtliche Verwahrung genommen oder wird eine Erklärung in den gerichtlichen Vergleich aufgenommen, nach deren Inhalt die Erbfolge geändert wird, so obliegt die Benachrichtigungspflicht nach Nr. 2.1 der Richterin oder dem Richter des Prozessgerichts.

2.4[3] Von der Rückgabe einer Verfügung von Todes wegen aus der amtlichen oder der notariellen Verwahrung wird keine Nachricht gegeben.

3. Bei einem gemeinschaftlichen Testament oder einem Erbvertrag sind für sämtliche Erblasserinnen und Erblasser **getrennte** Benachrichtigungen vorzunehmen.

4.[4] Wird ein gemeinschaftliches Testament, das nicht in die besondere amtliche Verwahrung genommen war, nach dem Tode des Erstverstorbenen eröffnet und dann gemäß § 27 Abs. 13 Satz 2 der Aktenordnung offen zu den Nachlassakten genommen, so ist für den Überlebenden eine Benachrichtigung nach Nr. 2.1.1 oder 2.1.2 vorzunehmen, sofern das Testament nicht ausschließlich Anordnungen enthält, die sich auf den mit dem Tod des verstorbenen Ehegatten oder Lebenspartners eingetretenen Erbfall beziehen.

5.[5] In der Verwahrungsnachricht ist die Erblasserin beziehungsweise der Erblasser gemäß Nrn. 1.1.1 bis 1.1.4 näher zu bezeichnen.
1 Für die Benachrichtigung der Standesämter ist ein (nach Möglichkeit mit der Schreibmaschine oder automationsunterstützt auszufüllender) Vordruck in hellgelber Farbe und einer Papierstärke von 130 g/m², mindestens aber 120 g/m² nach der Anlage 2 a/2 b zu verwenden. 2 In der Anschrift ist das Standesamt möglichst genau zu bezeichnen. 3 Der Vordruck sollte aus Gründen der Portoersparnis so gefaltet werden, dass er als Standardbrief verschickt werden kann.
1 Für die Benachrichtigung der Hauptkartei für Testamente bei dem Amtsgericht Berlin-Schöneberg ist ein Vordruck im Format DIN A 4 nach Anlage 2 c als Beleg für eine automationsgestützte Erfassung zu verwenden; hierfür sollte Papier der Papierstärke 90 g/m² verwendet werden. 2 Der Vordruck wird nach der Erfassung der Daten vernichtet.

6.

6.1 1 Der Standesbeamte versieht die ihm gemäß Nrn. 2.1.1, 2.2 und 2.3 oder gemäß Nr. 4 zugehenden Nachrichten in der rechten oberen Ecke mit fortlaufenden Nummern und reiht sie nach dieser Nummernfolge in eine Kartei (Testamentskartei) ein. 2 Sobald die Zahl 100 000 erreicht ist, beginnt eine neue Reihe, die sich von der vorhergehenden durch Beifügung der Buchstaben A usw. unterscheidet.

---

[1] Nr. **200**.
[2] Abschn. I. Nr. 2.2 geänd. mWv 2. 1. 2006 durch Bek. v. 23. 11. 2005 (AllMBl 2006 S. 3).
[3] Abschn. I Nr. 2.4 neu gef. mWv 2. 1. 2006 durch Bek. v. 23. 11. 2005 (AllMBl 2006 S. 3).
[4] Abschn. I. Nr. 4. geänd. mWv 2. 1. 2006 durch Bek. v. 23. 11. 2005 (AllMBl 2006 S. 3).
[5] Abschn. I Nr. 5 geänd. mWv 1. 10. 2007 durch Bek. v. 9. 10. 2007 (AllMBl 2007 S. 785).

6.2 [1] Die Nummer der Verwahrungsnachricht ist am unteren Rand des Eintrags im Geburtenbuch (Geburtsregister), und zwar an der inneren Ecke, zu vermerken (z.B. „T Nr. 12" oder bei einer späteren Reihe „T Nr. A 310"). [2] Der Vermerk wird nicht in das Zweitbuch (Nebenregister) und nicht in Personenstandsurkunden übernommen. [3] Bei Ablichtungen ist der Vermerk abzudecken; dies gilt auch bei Einsichtnahme.

6.3 [1] Erhält der Standesbeamte weitere Verwahrungsnachrichten, die den gleichen Geburtseintrag betreffen, so sind sie mit der ersten Verwahrungsnachricht durch Heftung am unteren Rand fest zu verbinden; die weiteren Nachrichten erhalten keine besondere Nummer. [2] Der Vermerk im Geburtenbuch (Geburtsregister) bleibt unverändert.

6.4 [1] Erhält der Standesbeamte eine Verwahrungsnachricht, die eine Erblasserin oder einen Erblasser betrifft, deren/dessen Geburt er nicht beurkundet hat, so hat er die Verwahrungsnachricht an den zuständigen Standesbeamten weiterzuleiten oder, falls dieser sich nicht aus der Verwahrungsnachricht ergibt, an die absendende Stelle zurückzugeben. [2] Betrifft die Verwahrungsnachricht in seinem Standesamtsbezirk Geborene, deren Geburt er nicht beurkundet hat, so hat der Standesbeamte die Verwahrungsnachricht an das Amtsgericht Schöneberg in Berlin (Hauptkartei für Testamente) weiterzuleiten. [3] Von der Weiterleitung nach Satz 1 und 2 ist die absendende Stelle zu unterrichten. [4] Diese hat die Nachricht an die Verfügung von Todes wegen oder an ein angefertigtes Vermerkblatt zu heften.

7. Das Amtsgericht Schöneberg erfasst die ihm gemäß Nrn. 2.1.2, 2.2 und 2.3 oder gemäß Nr. 4 zugehenden Nachrichten in der nach Geburtsnamen, Vornamen und Geburtsdatum der Erblasser geordneten Hauptkartei für Testamente.

8. [1] Die Testamentskarteien (Nrn. 6 und 7) sind vertraulich zu behandeln. [2] Erst nach dem Tode der Erblasser darf über eine Eintragung oder über das Fehlen einer Eintragung Auskunft erteilt werden. [3] Die Karten sind nach dem Tode der Erblasser noch fünf Jahre aufzubewahren; ist die Erblasserin bzw. der Erblasser für tot erklärt worden oder ist die Todeszeit gerichtlich festgestellt worden, so sind die Karten noch 30 Jahre von dem festgestellten Zeitpunkt des Todes an aufzubewahren. [4] Entsprechendes gilt bei einer automationsgestützten Bearbeitung.

II. Benachrichtigung des Gerichts oder der Notarin bzw. des Notars vom Tode der Erblasserin oder des Erblassers

1.[1] Der Standesbeamte, der einen Sterbefall beurkundet, hat in der Mitteilung an den Geburtsstandesbeamten nach § 43 Abs. 1 Nr. 1 der Verordnung zur Ausführung des Personenstandsgesetzes (PStV) in ihrer jeweils geltenden Fassung den letzten Wohnort der/des Verstorbenen und – soweit bekannt – den Namen und die Anschrift eines nahen Angehörigen (Ehegatten, Lebenspartners, Kindes) anzugeben.

2.

2.1[2] [1] Sobald der Standesbeamte, der das Geburtenbuch (Geburtsregister) führt, von dem Tode, der gerichtlichen Feststellung der Todeszeit oder der Todeserklärung einer Person Kenntnis erlangt, bei deren Geburtseintrag auf die Testamentskartei hingewiesen ist, gibt er durch Brief der Stelle,

- bei der die Verfügung von Todes wegen in Verwahrung gegeben ist (Abschnitt I Nr. 2.1) oder
- vor der der Erbvertrag geschlossen oder von der die Erklärung, nach deren Inhalt die Erbfolge geändert wird, beurkundet worden ist (Abschnitt I Nrn. 2.2 und 2.3, Nr. 4)

[1] Nachricht darüber, wann der Tod eingetreten ist. [2] In der Mitteilung über den Sterbefall (§ 324 Abs. 1 und 5 DA) sollen außerdem angegeben werden

- der letzte Wohnort,
- das Standesamt und die Sterbebuchnummer, ferner – soweit bekannt –
- wie der Name und die Anschrift eines nahen Angehörigen (Ehegatten, Lebenspartners, Kindes) lauten und
- ggf. welche Kinder die bzw. der Verstorbene hatte, mit derem anderen Elternteil sie bzw. er nicht verheiratet war, oder die sie bzw. er als Einzelperson angenommen hatte.

Liegen Verwahrungsnachrichten verschiedener Stellen vor, so ist jede dieser Stellen entsprechend zu benachrichtigen.

2.2 Wäre die Mitteilung über den Sterbefall an ein inzwischen aufgehobenes Gericht oder Staatliches Notariat oder an eine namentlich bezeichnete Notarin bzw. einen namentlich bezeichneten Notar zu senden und ist bekannt, dass diese Dienststelle aufgehoben ist

[1] Abschn. II Nr. 1 geänd. mWv 2. 1. 2006 durch Bek. v. 23. 11. 2005 (AllMBl 2006 S. 2).
[2] Abschn. II Nr. 2.1 geänd. mWv 2. 1. 2006 durch Bek. v. 23. 11. 2005 (AllMBl 2006 S. 2).

oder die Notarin oder der Notar aus dem Amt geschieden ist, oder kommt die an die Dienststelle oder das Notariat gerichtete Sterbefallnachricht als unzustellbar zurück, so ist sie an das Amtsgericht zu richten, in dessen Bezirk der Sitz der aufgehobenen Dienststelle (Gericht, Staatliches Notariat) oder der Amtssitz der Notarin oder des Notars gelegen war.

2.3 Ist die Testamentskartei vernichtet, sind die Geburtenbücher (Geburtenregister) aber erhalten geblieben, ist die Mitteilung über den Sterbefall dem für den letzten Wohnsitz der verstorbenen Person zuständigen Nachlassgericht zu übersenden.

2.4 [1] Für die Benachrichtigung soll grundsätzlich ein Vordruck nach Anlage 3 verwendet werden; die persönlichen Daten können auch durch einen auf derVordruckrückseite abgelichteten Auszug aus dem Sterbeeintrag übermittelt werden. [2] Die Benachrichtigung ist vom Standesbeamten zu unterschreiben und mit dem Dienstsiegel zu versehen. [3] Der Standesbeamte vermerkt auf der Verwahrungsnachricht den Tag des Abgangs der Mitteilung über den Sterbefall; bei erneuter Absendung einer als unzustellbar zurückgekommenen Nachricht ist der Vermerk zu ändern.

[1] Sofern die Möglichkeit besteht, kann die Hauptkartei für Testamente bei dem Amtsgericht Schöneberg die Benachrichtigung im Wege der automatisierten Datenverarbeitung erstellen und per Fernkopie weiterleiten. [2] In diesen Fällen ist die Benachrichtigung mit dem Gerichtssiegel zu versehen; einer Unterschrift bedarf es dann nicht. [3] Die Mitteilung über den Sterbefall wird im Falle der automatisierten Erfassung der Daten vernichtet. [4] Gleiches gilt für die Sterbefallmitteilungen, bei denen sich bei Überprüfung des Datensatzes keine Eintragung ergibt.

3.

3.1[1] Die benachrichtigte Stelle verfährt nach den Vorschriften der §§ 2259 ff., 2300 Abs. 1 BGB.

3.2[2] Geht bei einem Gericht, das nicht Nachlassgericht ist (beispielsweise bei dem Amtsgericht, bei dem sich eine Verfügung von Todes wegen in besonderer amtlicher Verwahrung oder gemäß § 2273 Abs. 2, § 2300 Abs. 1 BGB bei den Nachlassakten eines vorverstorbenen Ehegatten oder Lebenspartners befindet, oder bei dem Gericht, in dessen Akten eine Erklärung enthalten ist, nach deren Inhalt die Erbfolge geändert wird), eine Sterbefallnachricht ein, so benachrichtigt es **unverzüglich** das Nachlassgericht vom Eingang der Mitteilung über den Sterbefall und vom Vorhandensein einer Verfügung von Todes wegen, sofern die Verfügung von Todes wegen dem Nachlassgericht nicht sofort übersandt werden kann.

3.3 Erhält ein Amtsgericht eine Nachricht nach Nr. 2.2 und werden die in Betracht kommenden Akten der aufgehobenen Dienststelle oder der Notarin oder des Notars nicht von diesem Amtsgericht verwahrt, so leitet es die Nachricht an das aktenverwahrende Gericht oder an diejenige Stelle weiter, bei der die Akten verwahrt werden.

4.

4.1[3] Beurkundet der Standesbeamte den Sterbefall einer über 16 Jahre alten Person, deren Geburt **nicht** von einem Standesbeamten im Inland beurkundet worden ist, so gibt er der Hauptkartei für Testamente beim Amtsgericht Schöneberg in Berlin von dem Sterbefall Nachricht.

In der Mitteilung über den Sterbefall (§ 347 DA) sollen außerdem angegeben werden

- Vorname(n) und Familienname (Ehe-/Lebenspartnerschaftsname ggf. Geburtsname),
- Ort und Tag der Geburt,
- Ort und Tag des Todes,
- der letzte Wohnort und – soweit bekannt –
- Name und Anschrift eines nahen Angehörigen (Ehegatte, Lebenspartners, Kindes) ferner
- die Sterbebuchnummer.

4.2[4] [1] Für die Benachrichtigung soll grundsätzlich ein Vordruck nach Anlage 4 verwendet werden. [2] Die für die Benachrichtigung zu benutzenden Vordrucke sollen in den Textfeldern die einheitliche Schriftart Arial in der Schriftgröße 11 aufweisen. [3] Handschriftliche Eintragungen und Zusätze sowie die Verwendung von Textmarkern sind untersagt.

---

[1] Abschn. II Nr. 3.1 geänd. mWv 2. 1. 2006 durch Bek. v. 23. 11. 2005 (AllMBl 2006 S. 3).
[2] Abschn. II Nr. 3.2 geänd. mWv 2. 1. 2006 durch Bek. v. 23. 11. 2005 (AllMBl 2006 S. 2).
[3] Abschn. II Nr. 4.1 geänd. mWv 2. 1. 2006 durch Bek. v. 23. 11. 2005 (AllMBl 2006 S. 3).
[4] Abschn. II Nr. 4.2 geänd. mWv 1. 1. 2008 durch Bek. v. 9. 10. 2007 (AllMBl S. 785).

[1] Die Benachrichtigung ist vom Standesbeamten zu unterschreiben und mit dem Dienstsiegel zu versehen. [2] Die Mitteilung kann auch durch Übersendung einer Durchschrift der Sterbeurkunde an die Hauptkartei für Testamente erfolgen.

5. Bei Verstorbenen, die in dem in Artikel 3 des Einigungsvertrages genannten Gebiet – Beitrittsgebiet – vor dem **1. Januar 1977** geboren sind, ist neben der Benachrichtigung gemäß Abschnitt II Nr. 1 **zusätzlich auch** der Hauptkartei für Testamente beim Amtsgericht Schöneberg in Berlin von dem Sterbefall Nachricht zu geben.

6. Das Amtsgericht Schöneberg prüft, ob die verstorbene Person in der Hauptkartei für Testamente vermerkt ist, und gibt ggf. in entsprechender Anwendung der vorstehenden Nr. 2 der verwahrenden Stelle von dem Sterbefall Nachricht.
Es prüft ebenso, ob Angaben darüber vorliegen, dass die bzw. der Verstorbene Kinder hatte, mit deren Elternteil sie bzw. er nicht verheiratet war, oder die sie bzw. er als Einzelperson angenommen hatte.

III. [Sterbefallnachricht]

[1] Die Notarin oder der Notar, bei der/dem die Sterbefallnachricht eines Standesamts oder der Hauptkartei für Testamente beim Amtsgericht Schöneberg in Berlin eingeht, hat diese **unverzüglich** an das Nachlassgericht weiterzuleiten, ohne Rücksicht darauf, ob eine Verfügung von Todes wegen bereits an das Nachlassgericht abgeliefert oder in die besondere amtliche Verwahrung gebracht worden ist. [2] Ist den Angaben des Standesamts oder der Hauptkartei für Testamente beim Amtsgericht Schöneberg in Berlin nicht zu entnehmen, welches Gericht als Nachlassgericht zuständig ist, so ist die Stelle zu benachrichtigen, bei der die Verfügung von Todes wegen verwahrt wird.

IV. [Vordrucke]

Werden amtliche Vordrucke eingeführt, die eine maschinelle Beleglesung ermöglichen, so sind diese Vordrucke zu verwenden.
[1] Werden Textverarbeitungsgeräte eingesetzt, kann von der Verwendung der amtlichen Vordrucke in den Anlagen 1, 2 c, 3 und 4 abgesehen werden. [2] Der Inhalt der Benachrichtigungen oder des Umschlags muss in jedem Fall dem Inhalt der durch den Einsatz der Textverarbeitung ersetzten Anlagen 1, 2 c, 3 und 4 entsprechen.

V. *(nicht abgedruckt)*

Anlage 1
Umschlag für Verfügungen von Todes wegen
(Format DIN A5, Größe des Aufdrucks 1403195 mm)

Verwahrungsbuch-Nr. ____________

Personalien der Erblasserin/ des Erblassers	a) des Mannes	b) der Frau
Geburtsname		
Familienname .... (Familien(Ehe-)namen aus früheren Ehen)		
Vornamen		
Geburtstag		
Geburtsort, Gemeinde, Kreis		
Standesamt und Nr.		
PLZ		
Wohnort (mit Straße und Hausnummer)		
Vor-, Familien- und ggf. Geburtsname des Vaters)......................		
Vor-, Familien- und ggf. Geburtsname der Mutter		

____________, den ____________

– Amtsgericht – ____________ –, Notarin/Notar –
(Unterschrift)

☐ Gemeinschaftliches	☐ Testament	☐ Erbvertrag	☐ Urkunde vom Urk.-Rolle Nr.
der Notarin/ des Notars	in		
Geschäfts-Nr.	des	gerichts	
Nach Ableben	☐ des Mannes eröffnet am	☐ der Frau und wieder verschlossen.	
Ort, Datum	Amtsgericht	, Rechtspfleger/in	
		(Unterschrift)	

Anlage 2 a
Verwahrungsnachricht gem. I 2 a, 2 b oder 2 c
– Vorderseite –
(Format DIN A5 – quer)

Geschäftsstelle des

gerichts

Ort und Tag

Notarin/Notar
Geschäfts-Nr.

Anschrift und Fernruf

____
(Bitte bei allen Schreiben angeben)

An das
Standesamt

____

Benachrichtigung in Nachlasssachen

Umstehend näher bezeichnete/s/r
☐ Verfügung von Todes wegen
☐ notarielle Urkunde über die Änderung der Erbfolge
☐ Urteil/Vergleich

ist am .... unter

☐ Verwahrungsbuch-Nr. .... in besondere amtliche Verwahrung genommen worden.

☐ Geschäfts-Nr. .... zu den Nachlassakten genommen worden.

☐ Urk.-Rolle-Nr. .... beurkundet worden.

– Auf Anordnung –

....

Anlage 2 b
Verwahrungsnachricht – Rückseite –
(Format DIN A5 – quer; Größe des Aufdrucks 1303195 mm)

T-Nr.: ____________________

Personalien der Erblasserin/ des Erblassers	a) des Mannes	b) der Frau
Geburtsname.............................		
Familienname .... (ggf. Familien(Ehe-)namen aus früheren Ehen)		
Vornamen		
Geburtstag		
Geburtsort, Gemeinde, Kreis		
Standesamt und Nr.		
PLZ		
Wohnort (mit Straße und Hausnummer)		
Vor-, Familien- und ggf. Geburtsname des Vaters).......................		
Vor-, Familien- und ggf. Geburtsname der Mutter		

☐ Gemeinschaftliches ☐ Testament ☐ Erbvertrag ☐ Urkunde vom Urk.-Rolle Nr.

der Notarin/des Notars in

Geschäfts-Nr. des gerichts

(Vom Standesamt auszufüllen)

Nachricht über den Sterbefall abgesandt

am .... an..

Anlage 2 c
Verwahrungsnachricht (Format DIN A4)

Geschäftsstelle des

gerichts

Ort und Tag

Notarin/Notar
Geschäfts-Nr.

Anschrift und Fernruf

____
(Bitte bei allen Schreiben angeben)

An das
Amtsgericht Schöneberg
– (Hauptkartei für Testamente) –

10820 Berlin

Benachrichtigung in
Nachlasssachen

Nachstehend näher bezeichnete/s/r
☐ Verfügung von Todes wegen
☐ notarielle Urkunde über die Änderung der Erbfolge
☐ Urteil/Vergleich

ist am .... unter

☐ Verwahrungsbuch-Nr. .... in besondere amtliche Verwahrung genommen worden.

☐ Geschäfts-Nr. .... zu den Prozess-/Nachlassakten genommen worden.

☐ Urk.-Rolle-Nr. .... beurkundet worden.

– Auf Anordnung –

Personalien der Erblasserin/ des Erblassers	a) des Mannes	b) der Frau
Geburtsname............................		
Familienname		
(ggf. Familien(Ehe-)namen aus früheren Ehen)		
Vornamen		
Geburtstag		
Geburtsort		
Standesamt und Nr.		
PLZ		
Wohnort (mit Straße und Hausnummer)		
Staatsangehörigkeit		
Vor-, Familien- und ggf. Geburtsname des Vaters).......................		
Vor-, Familien- und ggf. Geburtsname der Mutter.......................		

☐ Gemeinschaftliches ☐ Testament ☐ Erbvertrag ☐ Urkunde vom Urk.-Rolle Nr.

der Notarin/des Notars in

Geschäfts-Nr. des gerichts

(Vom Standesamt auszufüllen)

Nachricht über den Sterbefall abgesandt

am .... an..

– Auf Anordnung –

Anlage 3
Mitteilung über den Sterbefall gem. II 2

Standesamt .... Ort, Datum ....

An
– das Amtsgericht –
– Frau Notarin ....
– Herrn Notar ....

Zu der ☐ Verfügung von Todes wegen,
☐ notariellen Urkunde über die Änderung der Erbfolge,
die dort unter ☐ Verwahrungsbuch-Nr. ☐ Geschäfts-Nr. .... verwahrt wird,
☐ Urk.-Rolle-Nr. ☐ Geschäfts-Nr. .... errichtet ist,
wird mitgeteilt:

Geburtsname	
Familienname (ggf. Familien-(Ehe-)namen aus früheren Ehen)	
Vornamen	
Geboren am	in
ist verstorben am	in
Standesamt	Sterbebuch-Nr.
Letzter Wohnort war (Straße, Haus-Nr., PLZ, Ort)	

Über den Namen und die Anschrift eines nahen Angehörigen (Ehegatten, Kindes) ist hier Folgendes bekannt:

Über Kinder, die die/der Verstorbene hatte, mit deren anderem Elternteil sie/er nicht verheiratet war, oder die sie/er als Einzelperson angenommen hatte, ist hier Folgendes bekannnt:

Die Standesbeamtin/Der Standesbeamte (Dienstsiegel)

....

Anlage 4
Mitteilung über den Sterbefall gemäß II 4, II 5 der AV

Standesamt

Amtsgericht Schöneberg
(Hauptkartei für Testamente)

10820 Berlin

Mitteilung über einen Sterbefall
§§ 347 und 210 Abs. 3 DA

Verstorbener		Geburtsname
		Familienname
		Vornamen
		Geburtstag und -ort, Standesamt und Nr.
		letzte Anschrift
Tod		Todestag und -ort
		Standesamt und Nr.
Angehöriger	Über den Namen und die Anschrift eines nahen Angehörigen (z. B. Ehegatten, Lebenspartners, Kindes) ist hier Folgendes bekannt:	
Unterschrift	(Siegel)	

Mitteilung über einen Sterbefall

1 Der Geburtseintrag ist nur angegeben, wenn die Geburt in Deutschland beurkundet ist.

219. Beglaubigung und Legalisation deutscher Urkunden, die zum Gebrauch im Ausland bestimmt sind, Erteilung der Apostille sowie Befreiung von der Legalisation

Vom 18. Dezember 2002

Rundschreiben des Ministeriums der Justiz vom 18. Dezember 2002 (9101-1-16)

1 Allgemeines

1.1 Legalisation ist die Bestätigung der Echtheit einer im Inland ausgestellten öffentlichen Urkunde durch die zuständige Vertretung des ausländischen Staates, in dem die Urkunde verwendet werden soll.

1.2 Gegenstand der Legalisation können nur öffentliche Urkunden (vgl. § 415 Abs. 1 ZPO) sein; dazu gehören auch die Vermerke über die öffentliche oder amtliche Beglaubigung auf Privaturkunden.

1.3 Eine Urkunde muss legalisiert werden,

1.3.1 wenn die Legalisation nach dem nationalen Recht des ausländischen Staates, in dem die Urkunde verwendet werden soll, vorgeschrieben ist (sog. Legalisationszwang) und ein zwischenstaatliches Übereinkommen, das den Legalisationszwang aufhebt oder einschränkt, mit diesem Staat nicht besteht, oder

1.3.2 wenn nach dem erwähnten nationalen Recht ein Legalisationszwang zwar nicht besteht, die Gerichte oder Behörden jenes Staates jedoch im Einzelfall die Legalisation verlangen.

1.4 Mit verschiedenen Staaten bestehen zwei- oder mehrseitige Abkommen, wonach Urkunden, die in diesen Staaten verwendet werden sollen, keiner Legalisation bedürfen (vgl. Anlage 2 Nr. 1.1, 1.2 und 1.3).

1.5 An die Stelle der Legalisation tritt im Verkehr mit den Vertragsstaaten des Haager Übereinkommens vom 5. Oktober 1961 zur Befreiung ausländischer öffentlicher Urkunden von der Legalisation (BGBl. 1965 II S. 875; 1966 II S. 106) eine vereinfachte Form der Echtheitsbestätigung, die sog. Apostille (vgl. Nr. 3 und Anlage 2 Nr. 1.2.1).

2 Legalisation

2.1 Urkunden, die legalisiert werden sollen, bedürfen vorher grundsätzlich einer besonderen innerstaatlichen Beglaubigung.

2.2 Unter Beglaubigung ist die Bescheinigung der zuständigen deutschen Behörde über die Echtheit der Unterschrift und des Dienstsiegels auf einer inländischen öffentlichen Urkunde sowie über die Zuständigkeit der Ausstellerin oder des Ausstellers der Urkunde zur Vornahme der Amtshandlung zu verstehen.

2.3 Zuständig für die Beglaubigung von in Rheinland-Pfalz ausgestellten Urkunden sind

a) für die Urkunden aus dem Bereich der Rechtspflege
- das Ministerium der Justiz für die von ihm erstellten Urkunden,
- die Landgerichte als Justizbehörden für alle übrigen in ihrem jeweiligen Bezirk erstellten Urkunden,

b) für alle anderen öffentlichen Urkunden
- die Aufsichts- und Dienstleistungsdirektion

(Landesverordnung über die Zuständigkeiten für die Ausstellung der Apostille und die Beglaubigung inländischer öffentlicher Urkunden für die Verwendung im Ausland vom 21. Januar 2000, GVBl. S. 31).

2.4 Die meisten Vertretungen ausländischer Staaten in der Bundesrepublik Deutschland begnügen sich bei der Legalisation mit der Beglaubigung durch die Präsidentin oder den Präsidenten des Landgerichts (vgl. Anlage 2 Nr. 2.2). Einzelne ausländische Vertretungen verlangen eine weitergehende Beglaubigung (vgl. Anlage 2 Nr. 2.3).

2.5 Form der Urkunden und des Beglaubigungsvermerks

2.5.1 Bei der Aufnahme von Urkunden, die zum Gebrauch im Ausland bestimmt sind, ist darauf zu achten, dass sie eine ihrer Bedeutung entsprechende äußere Gestalt erhalten.

2.5.2 Die Form des Beglaubigungsvermerks richtet sich in Zivil- und Handelssachen nach § 18 Abs. 2 der Rechtshilfeordnung für Zivilsachen (ZRHO), in strafrechtlichen Angelegenheiten nach Nummer 28 und dem Muster 3 der Richtlinien für den Verkehr mit dem Ausland in strafrechtlichen Angelegenheiten (RiVASt).

2.5.3 Der Raum für die Beglaubigung ist so zu bemessen, dass alle Beglaubigungen möglichst ohne Beifügung eines Anhängebogens auf der Urkunde Platz finden. Ist dies nicht möglich, so ist ein für alle weiteren Vermerke ausreichender Bogen anzuhängen und durch Schnur und Siegel mit der Urkunde zu verbinden.

2.5.4 Der Beglaubigungsvermerk hat sich unmittelbar an die zu beglaubigende Unterschrift anzuschließen. Zwischenräume sind zu vermeiden. Mehrere Beglaubigungsvermerke sollen unmittelbar aufeinander folgen. Die Kette der Beglaubigungen darf auch nicht durch Kostenvermerke unterbrochen werden, da sonst bei ausländischen Stellen Verwirrung entstehen könnte. Der Kostenvermerk (vgl. Nr. 4.2) soll deshalb neben den Beglaubigungsvermerk gesetzt und kurz gefasst werden.

2.5.5 Der Beglaubigungsvermerk muss Ortsangabe und Datum enthalten und ist handschriftlich mit Tinte in der Form der vorgelegten Unterschriftsprobe (vgl. Nr. 2.7) zu unterzeichnen. Der Unterschrift ist der Dienststempel beizudrücken. Name und Amtsbezeichnung sind in Maschinenschrift zu wiederholen.

2.6 Nach der Beglaubigung ist die Urkunde der antragstellenden Person zurückzugeben. Dieser bleibt es überlassen, die Legalisation bzw. die etwa noch erforderlichen weiteren Beglaubigungen einzuholen.

2.7 Das Ministerium der Justiz übermittelt den Vertretungen ausländischer Staaten, die sich bei der Legalisation mit der Beglaubigung durch die Präsidentin oder den Präsidenten des Landgerichts begnügen, mit dem Abdruck des Dienststempels versehene Unterschriftsproben der zeichnungsberechtigten Personen. Beim Wechsel einer zeichnungsberechtigten Person sind dem Ministerium der Justiz unverzüglich 130 Unterschriftsproben nach dem Muster der Anlage 1 vorzulegen. Die Unterschriftsproben können im Vervielfältigungsverfahren hergestellt werden; der Abdruck des Dienststempels ist stets im Original beizufügen.

3 Erteilung der Apostille und der Bestätigung nach Artikel 7 Abs. 2 des Übereinkommens vom 5. Oktober 1961

3.1 Das Übereinkommen sieht vor, dass die Vertragsstaaten im gegenseitigen Urkundenverkehr von einer Legalisation absehen und sich mit einer vereinfachten, nach einheitlichem Muster herzustellenden Echtheitsbescheinigung (Apostille) begnügen, die von einer Behörde des Staates erteilt wird, in dem die Urkunde ausgestellt worden ist.

3.2 Auf Antrag einer oder eines Beteiligten stellt die Behörde, welche die Apostille erteilt hat, fest, ob die Angaben in der Apostille mit den Angaben in dem Register, in das die Ausstellung der Apostille einzutragen ist, übereinstimmen, und erteilt hierüber eine Bestätigung (Artikel 7 Abs. 2 des Übereinkommens).

3.3 Dem Übereinkommen gehen sonstige Verträge vor, nach denen die Verwendung öffentlicher Urkunden in einem anderen Vertragsstaat keiner Legalisation oder Beglaubigung bedarf, oder die sonstige, dem Übereinkommen mindestens gleichkommende Erleichterungen oder Vereinfachungen vorsehen.

3.4 Zuständig für die Erteilung der Apostille und der Bestätigung (Artikel 7 Abs. 2 des Übereinkommens) sind

a) für Urkunden aus dem Bereich der Rechtspflege

- das Ministerium der Justiz für die von ihm erstellten Urkunden,
- die Landgerichte als Justizbehörden für alle übrigen in ihrem jeweiligen Bezirk erstellten Urkunden,

b) für alle anderen öffentlichen Urkunden

- die Aufsichts- und Dienstleistungsdirektion

(Landesverordnung über die Zuständigkeiten für die Ausstellung der Apostille und die Beglaubigung inländischer öffentlicher Urkunden für die Verwendung im Ausland vom 21. Januar 2000, GVBl. S. 31).

3.5 Die zur Ausstellung der Apostille in den Vertragsstaaten zuständigen Stellen werden jeweils im Bundesanzeiger veröffentlicht. In Zweifelsfällen können sie beim Ministerium der Justiz erfragt werden.

3.6 Wegen der geschäftlichen Behandlung der Anträge auf Erteilung der Apostille und der Bestätigung sowie wegen der zu verwendenden Vordrucke wird auf die AV d. JM vom 10. Mai 1967 (1454 – I. 25/67) – JBl. S. 79 –, zuletzt geändert durch AV d. JM vom 22. Mai 1978 (1454 – 1 – 13/78) – JBl. S. 98 –, verwiesen.

4 Kosten

4.1 Für Beglaubigungen durch die Justizbehörden sind Gebühren und Auslagen nach dem Landesjustizverwaltungskostengesetz vom 7. April 1992 (GVBl. S. 99, BS 34-1) in der jeweils geltenden Fassung und der Justizverwaltungskostenordnung (JVKostO) zu erheben.

4.2 Jede Beglaubigung ist mit einem Vermerk über die Höhe der erhobenen Gebühren und Auslagen und, soweit erforderlich – vgl. Nr. 101 des Gebührenverzeichnisses zur JVKostO –, mit einem Vermerk über den Geschäftswert zu versehen (vgl. Nr. 2.5.4).

4.3 Wegen der Kosten für die Erteilung der Apostille und der Bestätigung nach Artikel 7 Abs. 2 des Haager Übereinkommens vom 5. Oktober 1961 wird auf Abschnitt IV der AV d. JM vom 10. Mai 1967 (vgl. Nr. 3.6) verwiesen.

5 In-Kraft-Treten

5.1 Dieses Rundschreiben tritt am 1. 1. 2003 in Kraft.

5.2 Die Verwaltungsvorschrift des Ministeriums der Justiz über die Beglaubigung und Legalisation deutscher Urkunden, die zum Gebrauch im Ausland bestimmt sind, Erteilung der Apostille sowie Befreiung von der Legalisation vom 16. Oktober 1997 (9101 – 3 – 5) – JBl. S. 488 – ist am 31. 12. 2002 außer Kraft getreten.

Anlage 1
(zu Nr. 2.7)

Unterschriftsprobender Präsidentin/des Präsidenten des Landgerichts sowie deren/dessen zeichnungsberechtigte(r) Vertreter/innen

Es zeichnen:

1. Die Präsidentin/der Präsident des Landgerichts

______________________	______________________
(Vor- und Zuname in Maschinenschrift)	(Unterschrift mit Vor- und Zunamen)

2. die erste Vertreterin/der erste Vertreter

______________________	______________________
Vizepräsident/in des Landgerichts (Vor- und Zuname in Maschinenschrift)	(Unterschrift mit Vor- und Zunamen)

3. die zweite Vertreterin/der zweite Vertreter

______________________	______________________
Vorsitzende/r Richter/in des Landgerichts (Vor- und Zuname in Maschinenschrift)	(Unterschrift mit Vor- und Zunamen)

Dienststempel des Landgerichts:

Anlage 2

1 Staatsverträge

1.1 Zweiseitige Verträge, wonach Urkunden von der Legalisation befreit sind, bestehen zur Zeit mit folgenden Staaten:

1.1.1 Belgien

Maßgebend ist das deutsch-belgische Abkommen vom 13. Mai 1975 über die Befreiung öffentlicher Urkunden von der Legalisation (BGBl. 1980 II S. 813; 1981 II S. 142).

Öffentliche Urkunden, die in einem der beiden Staaten errichtet und mit amtlichem Siegel oder Stempel versehen sind, bedürfen zum Gebrauch in dem anderen Staat keiner Legalisation, Apostille oder ähnlichen Förmlichkeit (Artikel 1).

Als öffentliche Urkunden sind für die Anwendung des Abkommens anzusehen:

- Urkunden eines Gerichts,
- Urkunden einer Staatsanwaltschaft,

- Urkunden eines deutschen Vertreters des öffentlichen Interesses,
- Urkunden von Urkundsbeamtinnen und Urkundsbeamten der Geschäftsstelle,
- Urkunden von deutschen Rechtspflegerinnen und Rechtspflegern,
- Urkunden von Gerichtsvollzieherinnen und Gerichtsvollziehern,
- Urkunden einer Verwaltungsbehörde,
- notarielle Urkunden,
- Urkunden, die von einer diplomatischen oder konsularischen Vertretung eines Vertragsstaates errichtet worden sind, ohne Rücksicht darauf, ob die diplomatische oder die konsularische Vertretung ihren Sitz in dem anderen oder in einem dritten Staat hat,
- Scheck und Wechselproteste oder Proteste zu anderen handelsrechtlichen Wertpapieren, auch wenn sie von Postbeamtinnen oder Postbeamten aufgenommen sind.

Sonstige öffentliche Urkunden müssen von einer innerstaatlichen Behörde beglaubigt sein (Artikel 3). In Rheinland-Pfalz ist dafür zuständig die Aufsichts- und Dienstleistungsdirektion (Landesverordnung über die Zuständigkeiten für die Ausstellung der Apostille und die Beglaubigung inländischer öffentlicher Urkunden für die Verwendung im Ausland vom 21. Januar 2000, GVBl. S. 31). In Belgien ist dafür zuständig die Legalisationsstelle des Ministeriums für auswärtige Angelegenheiten (Les Services du Ministère des Affaires Entrangères), Rue du Grand Cerf 1, 1000 Bruxelles (vgl. Bekanntmachung des Bundesministers der Justiz vom 27. April 1981, BGBl. II S. 193).

1.1.2 Dänemark

Maßgebend ist das deutsch-dänische Beglaubigungsabkommen vom 17. Juni 1936 (RGBl. II S. 213), das – mit Ausnahme von Artikel 6 – mit Wirkung vom 1. September 1952 wieder angewendet wird (vgl. Nr. 7 der Bekanntmachung über die Wiederanwendung deutsch-dänischer Vorkriegsverträge vom 30. Juni 1953, BGBl. II S. 186).

Urkunden, die von einer deutschen oder dänischen Gerichtsbehörde oder Staatsanwaltschaft, von einer obersten oder höheren deutschen oder dänischen Verwaltungsbehörde oder von einem obersten deutschen Verwaltungsgericht aufgenommen, ausgestellt oder beglaubigt und mit dem Siegel oder Stempel der Behörde versehen sind, bedürfen zum Gebrauch im Gebiete des anderen Staates keiner weiteren Beglaubigung oder Legalisation. Soweit es sich um Urkunden kollegialer Gerichte handelt, genügt die Beglaubigung durch die Vorsitzende oder den Vorsitzenden (Artikel 1 Abs. 1 und 3). Ferner bedürfen keiner weiteren Beglaubigung oder Legalisation Urkunden, die von deutschen oder dänischen Notarinnen oder Notaren aufgenommen, ausgestellt oder beglaubigt und mit dem Amtssiegel oder Amtsstempel versehen sind (Artikel 1 Abs. 2).

Für andere deutsche Urkunden, die von Gerichtsvollzieherinnen und Gerichtsvollziehern, einem Grundbuchamt oder einer autorisierten Hinterlegungsstelle aufgenommen, ausgestellt oder beglaubigt sind, genügt zum Gebrauch in Dänemark die Beglaubigung durch die zuständige Präsidentin oder den zuständigen Präsidenten des Landgerichts unter Beifügung des Amtssiegels oder Amtsstempels. Das Gleiche gilt für Urkunden, die von gerichtlichen Hilfsbeamtinnen und Hilfsbeamten oder Urkundsbeamtinnen und Urkundsbeamten der Geschäftsstelle eines deutschen Gerichts aufgenommen, ausgestellt oder beglaubigt sind. Gehört die ausfertigende oder beglaubigende Stelle einem Gericht höherer Ordnung an, so ist die Beglaubigung durch die Präsidentin oder den Präsidenten dieses Gerichts erforderlich (Artikel 2 Abs. 1).

Wechsel- und Scheckproteste bedürfen zum Gebrauch in Dänemark auch dann keiner Beglaubigung oder Legalisation, wenn sie von Postbeamtinnen oder Postbeamten oder solchen Personen, denen die Postverwaltung die Aufnahme von Protesten übertragen hat, aufgenommen sind (Artikel 4).

1.1.3 Frankreich

Maßgebend ist das deutsch-französische Abkommen vom 13. September 1971 über die Befreiung öffentlicher Urkunden von der Legalisation (BGBl. 1974 II S. 1074, 1100; 1975 II S. 353).

Öffentliche Urkunden, die in einem der beiden Staaten errichtet und mit amtlichem Siegel oder Stempel versehen sind, bedürfen zum Gebrauch in dem anderen Staat keiner Legalisation, Apostille, Beglaubigung oder ähnlichen Förmlichkeit (Artikel 1).

Als öffentliche Urkunden sind für die Anwendung des Abkommens anzusehen:
- Urkunden eines Gerichts,
- Urkunden einer Staatsanwaltschaft,
- Urkunden eines deutschen Vertreters des öffentlichen Interesses,
- Urkunden von Urkundsbeamtinnen und Urkundsbeamten der Geschäftsstelle,
- Urkunden von deutschen Rechtspflegerinnen und Rechtspflegern,
- Urkunden von Gerichtsvollzieherinnen und Gerichtsvollziehern,
- Urkunden einer Verwaltungsbehörde,
- notarielle Urkunden,
- Scheck- und Wechselproteste, auch wenn sie in der Bundesrepublik Deutschland von Postbediensteten aufgenommen worden sind.

Als öffentliche Urkunden sind für die Anwendung des Abkommens auch Urkunden anzusehen, die in einem der beiden Staaten eine Person, Stelle oder Behörde errichtet hat, die nach dem Recht dieses Staates zur Ausstellung öffentlicher Urkunden in Fällen der Art befugt ist, zu denen die vorgelegte Urkunde gehört (Artikel 3). Diese Bestimmung ist auch dann anzuwenden, wenn derartige Urkunden nicht mit amtlichem Siegel oder Stempel versehen sind.

1.1.4 **Griechenland**

Maßgebend ist Artikel 24 des deutsch-griechischen Abkommens über die gegenseitige Rechtshilfe in Angelegenheiten des bürgerlichen und Handelsrechts vom 11. Mai 1938 (RGBI. 1939 II S. 848; vgl. Nr. 3 der Bekanntmachung über die Wiederanwendung deutsch-griechischer Vorkriegsverträge vom 26. Juni 1952, BGBl. II S. 634).
Urkunden, die von einem deutschen Landgericht oder einem griechischen Gerichtshof erster Instanz oder einem deutschen oder griechischen Gericht höherer Ordnung, von einer deutschen oder griechischen obersten Verwaltungsbehörde oder von einem deutschen oder griechischen obersten Verwaltungsgericht aufgenommen, ausgestellt oder beglaubigt und mit dem Siegel oder Stempel der Behörde versehen sind, bedürfen zum Gebrauch im Gebiete des anderen Staates keiner Beglaubigung oder Legalisation.
Für Urkunden, die von einem anderen deutschen oder griechischen Gericht, einem Grundbuchamt oder einer Hinterlegungsstelle aufgenommen, ausgestellt oder beglaubigt sind, genügt zum Gebrauch im Gebiet des anderen Staates die Beglaubigung durch die zuständige Präsidentin oder den zuständigen Präsidenten des Landgerichts in Deutschland und durch die Präsidentin oder den Präsidenten des Gerichtshofs erster Instanz in Griechenland unter Beifügung des Amtssiegels oder Amtsstempels. Das Gleiche gilt für notarielle Urkunden sowie die von Gerichtsvollzieherinnen und Gerichtsvollziehern oder Urkundsbeamtinnen und Urkundsbeamten der Geschäftsstelle eines deutschen oder griechischen Gerichts aufgenommenen, ausgestellten oder beglaubigten Urkunden. Gehört die ausstellende Stelle einem Gericht höherer Ordnung an, so erfolgt die Beglaubigung durch die Präsidentin oder den Präsidenten dieses Gerichts.

1.1.5 **Israel**

Gemäß Artikel 15 Abs. 2 des deutsch-israelischen Vertrages vom 20. Juli 1977 über die gegenseitige Anerkennung und Vollstreckung gerichtlicher Entscheidungen in Zivil- und Handelssachen (BGBl. 1980 II S. 925, 1531) bedürfen die dem Antrag auf Zulassung zur Zwangsvollstreckung beizufügenden Urkunden keiner Legalisation.

1.1.6 **Italien**

Maßgebend ist der deutsch-italienische Vertrag vom 7. Juni 1969 über den Verzicht auf die Legalisation von Urkunden (BGBl. 1974 II S. 1069; 1975 II S. 660).
Öffentliche Urkunden, die in einem Vertragsstaat errichtet und mit amtlichem Siegel oder Stempel versehen sind, bedürfen zum Gebrauch in dem anderen Vertragsstaat keiner Legalisation, Beglaubigung oder anderen Förmlichkeit, die der Legalisation oder Beglaubigung entspricht (Artikel 1 Abs. 1).
Als öffentliche Urkunden sind für die Anwendung des Vertrages anzusehen:
- Urkunden eines Gerichts,
- Urkunden einer Staatsanwaltschaft,
- Urkunden eines deutschen Vertreters des öffentlichen Interesses,
- Urkunden von Urkundsbeamtinnen und Urkundsbeamten der Geschäftsstelle,

- Urkunden von Rechtspflegerinnen und Rechtspflegern,
- Urkunden von Gerichtsvollzieherinnen und Gerichtsvollziehern,
- Urkunden einer Verwaltungsbehörde,
- Urkunden, die von einer nach innerstaatlichem Recht zur Errichtung öffentlicher Urkunden befugten juristischen Person des öffentlichen Rechts errichtet worden sind,
- notarielle Urkunden,
- Urkunden, die von einer diplomatischen oder konsularischen Vertretung eines Vertragsstaates errichtet worden sind, ohne Rücksicht darauf, ob die diplomatische oder die konsularische Vertretung ihren Sitz in dem anderen oder in einem dritten Staat hat,
- Scheck- und Wechselproteste, auch wenn sie von deutschen Postbeamtinnen oder Postbeamten oder italienischen Gemeindebeamtinnen oder Gemeindebeamten oder von einer anderen Person, die nach innerstaatlichem Recht für die Aufnahme von Protesten zuständig ist, aufgenommen worden sind.

Sonstige öffentliche Urkunden müssen von einer innerstaatlichen Behörde beglaubigt sein (Artikel 2). In Rheinland-Pfalz ist dafür zuständig die Aufsichts- und Dienstleistungsdirektion (Landesverordnung über die Zuständigkeiten für die Ausstellung der Apostille und die Beglaubigung inländischer öffentlicher Urkunden für die Verwendung im Ausland vom 21. Januar 2000, GVBl. S. 31). In Italien ist dafür zuständig der örtlich zuständige Präfekt (Prefetto), im Aosta-Tal der Präsident der Region (Presidente della Regione), in den Provinzen Trient und Bozen der Regierungskommissar (Commissario del Governo) (vgl. Bekanntmachung des Bundesministers der Justiz vom 30. Juni 1975, BGBl. II S. 931).

1.1.7 Norwegen

Gemäß Artikel 14 Abs. 3 des deutsch-norwegischen Vertrages vom 17. Juni 1977 über die gegenseitige Anerkennung und Vollstreckung gerichtlicher Entscheidungen und anderer Schuldtitel in Zivil- und Handelssachen (BGBl. 1981 II S. 341, 901) bedürfen die dem Antrag auf Zulassung zur Zwangsvollstreckung beizufügenden Urkunden keiner Legalisation oder sonstigen Beglaubigung.

1.1.8 Österreich

Maßgebend ist der deutsch-österreichische Beglaubigungsvertrag vom 21. Juni 1923 (RGBl. 1924 II S. 61), der seit 1. Januar 1952 wieder angewendet wird (vgl. Nr. 1 der Bekanntmachung über die Wiederanwendung von ehemals zwischen dem Deutschen Reich und der Republik Österreich abgeschlossenen Verträgen usw. vom 13. März 1952, BGBl. II S. 436).
Urkunden, die von einer Gerichts- oder Verwaltungsbehörde des einen vertragschließenden Staates ausgestellt wurden, bedürfen zum Gebrauch im Gebiet des anderen Staates keiner weiteren Beglaubigung, wenn sie mit dem Siegel oder Stempel der Gerichts- oder Verwaltungsbehörde versehen sind (Artikel 1).
Notariell ausgefertigte und mit dem amtlichen Siegel versehene Urkunden sowie die von den Gerichtskanzleien (Geschäftsstellen) und gerichtlichen Hilfsämtern, Gerichtsvollzieherinnen und Gerichtsvollziehern oder anderen gerichtlichen Hilfsbeamtinnen und Hilfsbeamten ausgefertigten und mit dem Gerichtssiegel versehenen Urkunden bedürfen zum Gebrauch im Gebiete des anderen Staates keiner weiteren Beglaubigung (Artikel 3).

1.1.9 Schweiz

Maßgebend ist der deutsch-schweizerische Vertrag über die Beglaubigung öffentlicher Urkunden vom 14. Februar 1907 (RGBI. S. 411).
Die von den Gerichten des einen Teils aufgenommenen, ausgestellten oder beglaubigten Urkunden bedürfen, wenn sie mit dem Siegel oder Stempel des Gerichts versehen sind, zum Gebrauch in dem Gebiet des anderen Teils keiner Beglaubigung (Legalisation). Zu den bezeichneten Urkunden gehören auch die von Gerichtsschreiberinnen und Gerichtsschreibern beziehungsweise von Urkundsbeamtinnen und Urkundsbeamten der Geschäftsstelle unterschriebenen Urkunden, sofern diese Unterschrift nach den Gesetzen des Teils genügt, dem das Gericht angehört (Artikel 1).
Ferner bedürfen Urkunden, die von einer in dem dem Vertrag beigefügten Verzeichnis aufgeführten obersten und höheren Verwaltungsbehörde des einen der beiden Teile aufgenommen, ausgestellt oder beglaubigt und mit dem Siegel oder Stempel der Behörde versehen sind, zum Gebrauch in dem Gebiet des anderen Teils keiner

Beglaubigung (Legalisation). Das zur Zeit gültige Verzeichnis ist im Bundesgesetzblatt 1998 II S. 71 veröffentlicht.

1.1.10 Spanien

Gemäß Artikel 16 Abs. 2 des deutsch-spanischen Vertrages vom 14. November 1983 über die Anerkennung und Vollstreckung gerichtlicher Entscheidungen und Vergleiche sowie vollstreckbarer öffentlicher Urkunden in Zivil- und Handelssachen (BGBl. 1987 II S. 34; 1988 II S. 207, 375) bedürfen die dem Antrag auf Zulassung zur Zwangsvollstreckung beizufügenden Urkunden keiner Legalisation und keiner sonstigen Förmlichkeit.

1.1.11 Tunesien

Gemäß Artikel 5 Abs. 2 und 3 Halbsatz 2 des deutsch-tunesischen Vertrages vom 19. Juli 1966 über Rechtsschutz und Rechtshilfe, die Anerkennung und Vollstreckung gerichtlicher Entscheidungen in Zivil- und Handelssachen sowie über die Handelsschiedsgerichtsbarkeit (BGBl. 1969 II S. 889,1970 II S. 125) bedarf die von einer diplomatischen oder konsularischen Vertretung des Staates, dem die Antragstellerin oder der Antragsteller angehört, zur Erlangung von Prozesskostenhilfe ausgestellte Bescheinigung über das Unvermögen zur Tragung von Prozesskosten keiner Legalisation. Das gleiche gilt für Zustellungsanträge samt Anlagen (Artikel 11 Abs. 3), für Rechtshilfeersuchen (Artikel 20 Abs. 3) und für die einem Antrag auf Vollstreckbarerklärung eines Titels beizufügenden Urkunden (Artikel 38 Abs. 2, Artikel 42 Abs. 2, Artikel 53).

1.1.12 Vereinigtes Königreich von Großbritannien und Nordirland

Gemäß Artikel Vl Abs. 3 des deutsch-britischen Abkommens vom 14. Juli 1960 über die gegenseitige Anerkennung und Vollstreckung von gerichtlichen Entscheidungen in Zivil- und Handelssachen (BGBl. 1961 II S. 301) bedürfen die dem Antrag auf Registrierung beizufügende beglaubigte Abschrift der Entscheidung und die Vollstreckbarkeitsbescheinigung keiner Legalisation.

1.2 Mehrseitige Staatsverträge, wonach Urkunden von der Legalisation befreit sind, bestehen zur Zeit folgende:

1.2.1 Haager Übereinkommen vom 5. Oktober 1961 zur Befreiung ausländischer öffentlicher Urkunden von der Legalisation (BGBl. 1965 II S. 875; 1966 II S. 106)

Das Übereinkommen ist zur Zeit in der Bundesrepublik Deutschland und in folgenden Staaten in Kraft:

Andorra
Antigua und Barbuda
Argentinien
Armenien
Australien
Bahamas
Barbados
Belarus
Belgien[1]
Belize
Bosnien-Herzegowina
Botsuana
Brunei Darussalam
Bulgarien
Volksrepublik China (nur für Urkunden, die in den Sonderverwaltungsregionen Hongkong und Macau verwendet werden)
Dominica
El Salvador
Estland
Fidschi
Finnland
Frankreich[1]
Grenada
Griechenland[1]
Irland

[1] **Amtl. Anm.:** Soweit Urkunden nach dem mit diesem Staat abgeschlossenen zweiseitigen Beglaubigungsvertrag (vgl. Nr. 1.1) keiner Beglaubigung oder ähnlichen Förmlichkeit bedürfen, kann auch die Apostille nicht verlangt werden.

Israel
Italien[1)]
Japan
Jugoslawien, ehemaliges
Kasachstan
Kolumbien
Kroatien
Lesotho
Lettland
Liechtenstein
Litauen
Luxemburg
Malawi
Malta
Marshallinseln
Mauritius
Mazedonien, ehemalige jugoslawische Republik
Mexiko
Monaco
Niederlande
Niue
Norwegen
Österreich[1)]
Panama
Portugal mit allen Hoheitsgebieten
Rumänien
Russische Föderation
Samoa
San Marino
Schweiz[1)]
Seychellen
Slowakische Republik
Slowenien
Spanien
St. Kitts und Nevis
St. Lucia
St. Vincent und Grenadinen
Südafrika
Suriname
Swasiland
Tonga
Trinidad und Tobago
Tschechische Republik
Türkei
Ungarn
Venezuela
Vereinigtes Königreich von Großbritannien und Nordirland
Vereinigte Staaten von Amerika (USA)
Zypern
sowie für bestimmte Gebiete, deren internationale Beziehungen von Frankreich, den Niederlanden und dem Vereinigten Königreich von Großbritannien und Nordirland wahrgenommen werden.

1.2.2 Europäisches Übereinkommen vom 7. Juni 1968 zur Befreiung der von diplomatischen oder konsularischen Vertretern errichteten Urkunden von der Legalisation (BGBl. 1971 II S. 85)

Aufgrund dieses Übereinkommens sind Urkunden von der Legalisation befreit, die von den diplomatischen oder konsularischen Vertreterinnen oder Vertretern einer Vertragspartei des Übereinkommens in ihrer amtlichen Eigenschaft und in Wahrnehmung ihrer Aufgaben in dem Hoheitsgebiet irgendeines Staates errichtet worden sind und die im Hoheitsgebiet einer anderen Vertragspartei verwendet oder einer

[1)] **Amtl. Anm.:** Soweit Urkunden nach dem mit diesem Staat abgeschlossenen zweiseitigen Beglaubigungsvertrag (vgl. Nr. 1.1) keiner Beglaubigung oder ähnlichen Förmlichkeit bedürfen, kann auch die Apostille nicht verlangt werden.

diplomatischen oder konsularischen Vertretung einer anderen Vertragspartei vorgelegt werden, die ihre Aufgaben im Hoheitsgebiet eines Staates wahrnehmen, der nicht Vertragspartei des Übereinkommens ist.

Das Übereinkommen ist zur Zeit in der Bundesrepublik Deutschland und in folgenden Staaten in Kraft:

Frankreich
Griechenland
Irland
Italien
Liechtenstein
Luxemburg
Niederlande (einschl. Niederländische Antillen)
Norwegen
Österreich
Polen
Portugal
Schweden
Schweiz
Spanien
Tschechische Republik
Türkei
Vereinigtes Königreich von Großbritannien und Nordirland
(einschl. der Inseln Guernsey, Jersey und Man)
Zypern

1.3 **Folgende Bestimmungen mehrseitiger zwischenstaatlicher Übereinkommen und von Rechtsakten nach europäischem Gemeinschaftsrecht aus dem Bereich der Rechtspflege enthalten besondere Vorschriften über die Befreiung von der Legalisation:**

1.3.1 Artikel 9 Abs. 3 des Übereinkommens vom 15. April 1958 über die Anerkennung und Vollstreckung von Entscheidungen auf dem Gebiet der Unterhaltspflicht gegenüber Kindern (BGBl. 1961 II S. 1005) und Artikel 17 Abs. 3 des Übereinkommens vom 2. Oktober 1973 über die Anerkennung und Vollstreckung von Unterhaltsentscheidungen (BGBl. 1986 II S. 825);

1.3.2 Artikel 5 Abs. 2 des Übereinkommens vom 27. September 1956 über die Erteilung gewisser für das Ausland bestimmter Auszüge aus Personenstandsbüchern (BGBl. 1961 II S. 1055);

1.3.3 Artikel 4 des Übereinkommens vom 26. September 1957 über die kostenlose Erteilung von Personenstandsurkunden und den Verzicht auf ihre Legalisation (BGBl. 1961 II S. 1055,1067);

1.3.4 Artikel 5 des Übereinkommens vom 14. September 1961 über die Erweiterung der Zuständigkeit der Behörden, vor denen nichteheliche Kinder anerkannt werden können (BGBl. 1965 II S. 17);

1.3.5 Artikel 49 des Übereinkommens vom 27. September 1968 über die gerichtliche Zuständigkeit und die Vollstreckung gerichtlicher Entscheidungen in Zivil- und Handelssachen (BGBl. 1972 II S. 773);

1.3.6 Artikel 3 Abs. 4 des Haager Übereinkommens vom 18. März 1970 über die Beweisaufnahme im Ausland in Zivil- und Handelssachen (BGBl. 1977 II S. 1452, 1472);

1.3.7 Artikel 4 des Europäischen Übereinkommens vom 24. November 1977 über die Zustellung von Schriftstücken in Verwaltungssachen im Ausland (BGBl. 1981 II S. 533) und Artikel 3 des Europäischen Übereinkommens vom 15. März 1978 über die Erlangung von Auskünften und Beweisen in Verwaltungssachen im Ausland (BGBl. 1981 II S. 533, 550);

1.3.8 Artikel 16 des Europäischen Übereinkommens vom 20. Mai 1980 über die Anerkennung und Vollstreckung von Entscheidungen über das Sorgerecht für Kinder und die Wiederherstellung des Sorgeverhältnisses (BGBl. 1990 II S. 206, 220);

1.3.9 Artikel 23 des Haager Übereinkommens vom 25. Oktober 1980 über die zivilrechtlichen Aspekte internationaler Kindesentführung (BGBl. 1990 II S. 206);

1.3.10 Artikel 49 des Übereinkommens vom 16. September 1988 über die gerichtliche Zuständigkeit und die Vollstreckung gerichtlicher Entscheidungen in Zivil- und Handelssachen (BGBl. 1994 II S. 2658, 3772);

1.3.11 Artikel 26 des Übereinkommens vom 8. November 1990 über Geldwäsche sowie Ermittlung, Beschlagnahme und Einziehung von Erträgen aus Straftaten (BGBl. 1998 II S. 519);

1.3.12 Artikel 20 des Übereinkommens vom 31. Januar 1995 über den unerlaubten Verkehr auf See zur Durchführung des Artikels 17 des Übereinkommens der Vereinten Nationen gegen den unerlaubten Verkehr mit Suchtstoffen und psychotropen Stoffen (BGBl. 1998 II S. 2233);

1.3.13 Artikel 35 der Verordnung (EG) Nr. 1347/2000 des Rates vom 29. Mai 2000 über die Zuständigkeit und die Anerkennung und Vollstreckung von Entscheidungen in Ehesachen und in Verfahren betreffend die elterliche Verantwortung für die gemeinsamen Kinder der Ehegatten (ABl. EG Nr. L 160 S. 19);

1.3.14 Artikel 4 Abs. 4 der Verordnung (EG) Nr. 1348/2000 des Rates vom 29. Mai 2000 über die Zustellung gerichtlicher und außergerichtlicher Schriftstücke in Zivil- und Handelssachen in den Mitgliedstaaten (ABl. EG Nr, L 160 S. 37);

1.3.15 Artikel 56 der Verordnung (EG) Nr. 44/2001 des Rates vom 22. Dezember 2000 über die gerichtliche Zuständigkeit und die Anerkennung und Vollstreckung von Entscheidungen in Zivil- und Handelssachen (ABl. EG 2001 Nr. L 12 S. 1);

1.3.16 Artikel 4 Abs. 2 der Verordnung (EG) Nr. 1206/2001 des Rates vom 28. Mai 2001 über die Zusammenarbeit zwischen den Gerichten der Mitgliedstaaten auf dem Gebiet der Beweisaufnahme in Zivil- oder Handelssachen (ABl. EG Nr. L 174 S. 1).

2 Vertragloser Verkehr

2.1 In folgenden Staaten werden deutsche Urkunden ohne Legalisation anerkannt:

Benin
Urkunden, die in Benin verwendet werden sollen, bedürfen nur der Beglaubigung durch die Präsidentin oder den Präsidenten des Landgerichts.

Jamaika
Urkunden, die in Jamaika verwendet werden sollen, bedürfen nur der Beglaubigung durch die Präsidentin oder den Präsidenten des Landgerichts. Die Übersetzung der Urkunden in die englische Sprache sollte jedoch von einer beeidigten Übersetzerin oder einem beeidigten Übersetzer beglaubigt sein.

2.2 Für die nachstehend aufgeführten Staaten begnügen sich die ausländischen Vertretungen in der Bundesrepublik Deutschland bei der Legalisation mit der Beglaubigung durch die Präsidentin oder den Präsidenten des Landgerichts:

Ägypten
Äthiopien
Algerien
Aserbaidschan
Bangladesch
Bahrain
Bolivien
Brasilien
Burkina Faso
Chile
Costa Rica
Dominikanische Republik
Ecuador
Elfenbeinküste
Estland
Gabun
Georgien
Ghana
Guatemala
Guinea
Haiti
Honduras
Indien
Indonesien
Irak
Iran (nicht für Hochschulzeugnisse)
Island

Jemen
Jordanien
Kamerun
Kanada
Katar
Kenia
Kirgisistan
Kongo, Demokratische Republik
Korea
Korea, Republik
Kuba
Kuwait
Libanon (nicht für Schul- und Ausbildungsnachweise)
Liberia
Libyen
Madagaskar
Malaysia
Mali
Marokko
Moldau
Monaco
Nicaragua
Niger
Nigeria
Oman
Pakistan
Paraguay
Peru
Philippinen
Polen
Senegal
Sierra Leone
Singapur
Sri Lanka
Sudan
Tadschikistan
Tansania
Thailand
Tschad
Tunesien
Uganda
Uruguay
Usbekistan
Vereinigte Arabische Emirate
Vietnam
Zentralafrikanische Republik
Die aktuellen Anschriften der Vertretungen werden jährlich im Bundesanzeiger veröffentlicht.

2.3 Die nachstehend aufgeführten Staaten verlangen bei der Legalisation von Urkunden außer der Beglaubigung durch die Präsidentin oder den Präsidenten des Landgerichts eine Endbeglaubigung (das Auswärtige Amt hat die Vornahme der Endbeglaubigungen im Urkundenverkehr mit dem Ausland auf das Bundesverwaltungsamt, Referat II B 4, Bahnstraße 6, 50996 Köln, übertragen):
China, Volksrepublik
Kambodscha
Iran (nur für Hochschulzeugnisse)
Libanon (nur für Schul- und Ausbildungsnachweise)
Myanmar
Nepal
Ruanda
Saudi-Arabien
Sudan
Syrien
Togo.

3 **Informationen im Internet**

Der nachstehend bezeichneten Internetseite des Auswärtigen Amtes können aktualisierte Informationen betreffend den internationalen Urkundenverkehr entnommen werden:
www.auswaertiges-amt.de/www/de/laenderinfos/konsulat/urkundenverkehr_html

220. Legalisation von Urkunden[1] Bekanntmachung über die Legalisation deutscher Urkunden, über die Erteilung von Apostillen und Bestätigungen sowie die Befreiung von der Legalisation

Vom 5. Dezember 2000

I. Allgemeines

1. Legalisation ist die Bestätigung der Echtheit einer im Inland ausgestellten Urkunde durch die zuständige Vertretung des ausländischen Staates (Konsulat, Konsularabteilung der diplomatischen Vertretung), in dem die Urkunde verwendet werden soll. Gegenstand der Legalisation können nur öffentliche Urkunden (vgl. § 415 Abs. 1 ZPO) sein; auch die Legalisation der öffentlichen Beglaubigung einer Privaturkunde ist möglich.

Eine Legalisation ist erforderlich,

a) wenn die Legalisation nach dem nationalen Recht des Staates, in dem die Urkunde verwendet werden soll, vorgeschrieben ist (sog. Legalisationszwang) und ein zwischenstaatliches Übereinkommen, das den Legalisationszwang aufhebt oder einschränkt, mit diesem Staat nicht besteht oder

b) wenn nach dem erwähnten nationalen Recht ein Legalisationszwang zwar nicht besteht, jedoch die Gerichte oder Behörden jenes Staates im Einzelfall die Legalisation verlangen.

2. An die Stelle der Legalisation tritt im Verkehr mit den Vertragsstaaten des Haager Übereinkommens vom 5. Oktober 1961 zur Befreiung ausländischer öffentlicher Urkunden von der Legalisation (BGBl. 1965 II S. 875, 1966 II S. 106) eine vereinfachte Form der Echtheitsbestätigung, die sog. Apostille. Zu einer erteilten Apostille kann eine Bestätigung gemäß Art. 7 Abs. 2 des Übereinkommens beantragt werden.[2]

3. Mit verschiedenen Staaten sind zwei- oder mehrseitige Verträge in Kraft, wonach Urkunden, die in diesen Staaten allgemein oder für bestimmte Zwecke oder bestimmte Verfahren verwendet werden sollen, keiner Legalisation bedürfen; von den Gerichten und Behörden dieser Staaten kann, wenn sie Vertragsstaaten des Übereinkommens vom 5. Oktober 1961 zur Befreiung ausländischer öffentlicher Urkunden von der Legalisation sind, die Apostille nicht verlangt werden. Ist vorgesehen, dass Urkunden bei Verwendung in einem anderen Staat legalisiert sein müssen oder dass sie einer besonderen Beglaubigung oder Bescheinigung bedürfen, die formstrenger sind als die Apostille, so bedarf es nur der Apostille, wenn der Staat, in dem die Urkunde verwendet werden soll, Vertragsstaat des Übereinkommens vom 5. Oktober 1961 ist.

4. Wird die Beglaubigung einer Urkunde oder die Erteilung der Apostille aufgrund eines entsprechenden Verlangens einer ausländischen Behörde oder Vertretung beantragt, obwohl die Urkunde in einem Staat verwendet werden soll, der dies nach dem einschlägigen zwischenstaatlichen Vertrag nicht verlangen kann, so ist zunächst dem Staatsministerium der Justiz zu berichten.

5. Im Anhang sind aufgeführt

a) diejenigen Staaten,

aa) mit denen zweiseitige Verträge bestehen, wonach Urkunden bei Verwendung in diesen Staaten von der Legalisation befreit sind (Abschnitt I).

bb) die ohne zwischenstaatliche Vereinbarung deutsche Urkunden anerkennen, auch wenn sie nicht legalisiert sind (Abschnitt II).

cc) deren Vertretungen in der Bundesrepublik Deutschland sich bei der Legalisation mit der Beglaubigung durch den Präsidenten des Landgerichts begnügen (Abschnitt III).

dd) die bei der Legalisation außer der Beglaubigung durch den Präsidenten des Landgerichts weitere Beglaubigungen verlangen (Abschnitt IV).

---

[1] **Amtl. Anm.:** S.a. Aufsatz „Das Haager Übereinkommen zur Befreiung ausländischer öffentlicher Urkunden von der Legalisation" (DNotZ 1967, 469).

[2] Die deutschen Auslandsvertretungen in den Vertragsstaaten dürfen Legalisationen nicht vornehmen (siehe RdS der LNK Bayern vom 8. 6. 1988)

ee) die zur Zeit Vertragsstaaten des Haager Übereinkommens vom 5. Oktober 1961 zur Befreiung ausländischer öffentlicher Urkunden von der Legalisation sind (Abschnitt V).

ff) die zur Zeit Vertragsstaaten des Europäischen Übereinkommens vom 7. Juni 1968 zur Befreiung der von diplomatischen oder konsularischen Vertretern errichteten Urkunden von der Legalisation (BGBl. 1971 II S. 85, 1023) sind (Abschnitt VI);

b) mehrseitige zwischenstaatliche Verträge aus dem Bereich der Rechtspflege, die besondere Vorschriften über die Legalisation enthalten (Abschnitt VII).

6. Wegen des Erfordernisses der Legalisation oder entsprechender Förmlichkeiten im Rechtshilfeverkehr in Zivilsachen sowie im Auslieferungsverkehr und im Rechtshilfeverkehr in Strafsachen wird auf die Länderteile der Rechtshilfeordnung für Zivilsachen (ZRHO) und der Richtlinien für den Verkehr mit dem Ausland in strafrechtlichen Angelegenheiten (RiVASt) verwiesen.
7. Hinsichtlich der Konkurrenz des Haager Übereinkommens vom 5. Oktober 1961 zu den in den Abschnitten I und VII des Anhangs aufgeführten Verträgen wird auf Art. 3 Abs. 2, Art. 8 des Übereinkommens vom 5. Oktober 1961 und auf die einschlägigen Bestimmungen der Verträge verwiesen.

II. Legalisation

1. Urkunden, die legalisiert werden sollen, bedürfen vorher in der Regel einer besonderen innerstaatlichen Beglaubigung. Zuständig für die Beglaubigung amtlicher Unterschriften aus dem Bereich der ordentlichen Gerichtsbarkeit einschließlich der Notare ist der Präsident des Landgerichts (Art. 21 AGGVG). Der Präsident des Landgerichts ist auch für die Bescheinigung zuständig, dass der Richter oder Beamte zur Vornahme der Amtshandlung befugt war, und für die Bestätigung der Echtheit des beigedrückten Dienstsiegels (Dienststempel).
   Die Beglaubigung von Unterschriften, die nicht aus dem Bereich der ordentlichen Gerichtsbarkeit einschließlich der Notare herrühren, soll der Präsident des Landgerichts nur vornehmen, wenn die für die Legalisation zuständige ausländische Vertretung ohne Beglaubigung durch den Präsidenten des Landgerichts die Legalisation ablehnen würde. Über solche Fälle ist dem Staatsministerium der Justiz zu berichten.
2. Die meisten Vertretungen ausländischer Staaten in der Bundesrepublik Deutschland begnügen sich bei der Legalisation mit der Beglaubigung durch den Präsidenten des Landgerichts oder seinen Vertreter. Von einigen Vertretungen ausländischer Staaten werden jedoch weitere Beglaubigungen verlangt.
3. Im Interesse eines einheitlichen Sprachgebrauchs wird empfohlen, für die Echtheitsbestätigung der innerdeutschen Stellen ausschließlich den Ausdruck „Beglaubigung" (Vor-, Zwischen-, Weiter-, Über-, Nach- und Endbeglaubigung) zu verwenden. Der Ausdruck „Legalisation" soll der Echtheitsbestätigung durch die ausländischen Vertretungen vorbehalten bleiben.
4. In Zivil- und Handelssachen richtet sich die Form des Beglaubigungsvermerks nach § 18 Abs. 2 ZRHO. Aus besonderen Gründen kann von dieser Form abgewichen werden. Der Vermerk ist mit Ortsangabe, Datum, Dienstsiegel oder Dienststempel zu versehen und zu unterschreiben (Vor- und Familienname). Der Unterschrift ist der Vor- und Familienname sowie die Amtsbezeichnung des Unterzeichners in Maschinenschrift beizufügen.
5. Wegen der Form der Beglaubigung in strafrechtlichen Angelegenheiten wird auf Nr. 28 Abs. 3 und Muster 3 RiVASt verwiesen.
6. Der Beglaubigungsvermerk hat sich unmittelbar an die zu beglaubigende Unterschrift anzuschließen, Zwischenräume sind zu vermeiden. Der Raum für die Beglaubigung ist so zu bemessen, dass alle Beglaubigungen möglichst ohne Beifügung von Anhängebögen auf der Urkunde selbst Platz finden. Ist dies nicht möglich, so ist ein für alle weiteren Vermerke ausreichender Bogen anzuhängen oder anzukleben und durch Schnur und Siegel bzw. Verbindungsstempel mit der Urkunde zu verbinden.
7. In Zivil- und Handelssachen ist jede Beglaubigung mit einem Vermerk über die Höhe der berechneten Gebühr und, soweit sich die Höhe der Gebühr nach den Vorschriften über die Beglaubigung einer Unterschrift richtet, über den für den Ansatz der Gebühr maßgeblichen Geschäftswert zu versehen. Die Kette der Beglaubigungen soll nicht durch Kostenvermerke unterbrochen werden, da sonst bei ausländischen Stellen Missverständnisse entstehen könnten. Der Kostenvermerk soll daher möglichst nicht unter, sondern neben den Beglaubigungsvermerk gesetzt und kurz gefasst werden.

8. Das Staatsministerium der Justiz übermittelt denjenigen Vertretungen ausländischer Staaten, die sich bei der Legalisation mit der Beglaubigung durch den Präsidenten des Landgerichts begnügen, mit dem Abdruck des Dienstsiegels versehene Unterschriftsproben der Präsidenten der bayerischen Landgerichte und ihrer Vertreter. Von den Präsidenten der Landgerichte sind deshalb je 130 mit dem Abdruck des Dienstsiegels (Dienststempel) versehene Proben ihrer Unterschrift und der Unterschrift ihrer ständigen und ihrer weiteren zeichnungsberechtigten Vertreter nach den Mustern Anlage 1 und 2[1] (Format DIN A5) dem Staatsministerium der Justiz unmittelbar vorzulegen. Die Unterschriftsproben sind jeweils mit dem Vornamen und Familiennamen zu zeichnen; sie können im Ablichtungsverfahren hergestellt werden. Der Abdruck des Dienstsiegels (Dienststempel) ist stets im Original beizufügen. Von einer Datumsangabe ist abzusehen. Die Unterschriftsproben der Präsidenten der Landgerichte sind unverzüglich nach der Amtsübernahme, die der Vertreter unverzüglich nach der Bestellung zum Vertreter vorzulegen. Scheidet ein weiterer zeichnungsberechtigter Vertreter eines Präsidenten eines Landgerichts aus, so ist hierüber dem Staatsministerium der Justiz unmittelbar zu berichten.
   Bei der Beglaubigung durch neu ernannte Präsidenten und neu bestellte Vertreter ist zu berücksichtigen, dass die Unterschriftsproben den Auslandsvertretungen grundsätzlich nur jeweils zu Beginn des Kalenderjahres übersandt werden.
9. Für die Beglaubigung werden Gebühren nach Art. 1 JVKostG i.V.m. Nr. 1 Buchst. a Gebührenverzeichnis zur JVKostO erhoben.

III. Erteilung der Apostille und der Bestätigung gemäß Art. 7 Abs. 2 des Übereinkommens vom 5. Oktober 1961

1. Das Haager Übereinkommen vom 5. Oktober 1961 zur Befreiung ausländischer öffentlicher Urkunden von der Legalisation sieht eine Vereinfachung des Urkundenverkehrs zwischen den Vertragsstaaten vor, indem an die Stelle der Legalisation oder einer in einer zwischenstaatlichen Vereinbarung vorgesehenen formstrengeren Beglaubigung oder Bescheinigung eine vereinfachte, nach einheitlichem Muster herzustellende Apostille tritt. Die Apostille wird von einer Behörde des Staates, in dem die Urkunde errichtet wurde, ausgestellt. Auf Antrag eines Beteiligten stellt diese Behörde fest, ob die Angaben in der Apostille mit den Angaben in dem Register, in das die Ausstellung der Apostille einzutragen ist, übereinstimmen und erteilt hierüber eine Bestätigung.
2. Die Zuständigkeit für die Erteilung der Apostille ist in der Verordnung über die Zuständigkeit im allgemeinen Rechtshilfeverkehr mit dem Ausland sowie im Rechtshilfeverkehr mit dem Ausland in Zivil- und Handelssachen (Zuständigkeitsverordnung allgemeine Rechtshilfe und in Zivil- und Handelssachen – ZustVaZHRh) vom 10. September 1996 (BayRS 319-2-J) geregelt. Bei der Erteilung der Apostille oder Bestätigung gemäß Art. 7 Abs. 2 des Übereinkommens werden die Gerichtsvorstände oder Behördenleiter von ihren zur Beglaubigung für den Urkundenverkehr ermächtigten Stellvertretern vertreten.[2]
3. Muster für die Apostille und für die Bestätigung gemäß Art. 7 Abs. 2 des Übereinkommens sowie die Regelung der geschäftlichen Behandlung der Anträge auf Ertei-

[1] Nicht abgedruckt.

[2] VO vom 7. März 1966 (GVBI. S. 106); nach § 1 Abs. 1 Nr. 3 der genannten VO sind in Bayern die Präsidenten der Landgerichte für die Erteilung der Apostille zuständig. Das gleiche gilt für die Pfalz (Abschnitt V Nr. 2 der AV vom 9. Febr. 1966)

Verordnung über die Ausstellung der Apostille nach Artikel 3 des Haager Übereinkommens vom 5. Oktober 1961 zur Befreiung ausländischer öffentlicher Urkunden von der Legalisation

Vom 9. Dezember 19997

(BGBl. I, 1997, Nr. 82, S. 2872)

§ 1 Die Apostille nach Artikel 3 Abs. 1 des Haager Übereinkommens vom 5. Oktober 1961 zur Befreiung ausländischer öffentlicher Urkunden von der Legalisation stellen aus

1. das Bundesverwaltungsamt für alle von einem Gericht oder einer Behörde des Bundes aufgenommenen öffentlichen Urkunden, soweit nicht der Präsident des Deutschen Patentamts zuständig ist,
2. der Präsident des Deutschen Patentamts für die vom Bundespatentgericht oder vom Deutschen Patentamt aufgenommenen öffentlichen Urkunden.

§ 2 Die Gebühr für die Ausstellung der Apostille und für die Prüfung gemäß Artikel 7 Abs. 2 des Übereinkommens beträgt je 13 Euro. Im übrigen gilt für die Kostenerhebung

1. beim Bundesverwaltungsamt das Auslandskostengesetz vom 21. Februar 1978 (BGBl. I S. 301),
2. beim Deutschen Patentamt die Verordnung über die Verwaltungskosten beim Deutschen Patentamt vom 15. Oktober 1991 (BGBl. I S. 2013)

in der jeweils geltenden Fassung.

§ 3 ...

lung der Apostille und auf Feststellung der Übereinstimmung der Angaben in der Apostille mit denen des Registers enthält die Bekanntmachung vom 5. August 1966 (JMBI. S. 103), geändert durch Bekanntmachung vom 3. Januar 2000 (JMBl S. 18).

4. Für die Erteilung der Apostille und für die Feststellung der Übereinstimmung der Angaben in der Apostille mit denen des Registers einschließlich der Bestätigung hierüber werden Gebühren nach Art. 1 JVKostG i.V.m. Nr. 1 Buchst. a Gebührenverzeichnis zur JVKostO erhoben.

IV. Die Bekanntmachung tritt am 1. März 2001 in Kraft. Gleichzeitig tritt die Bekanntmachung über die Legalisation deutscher Urkunden, über die Erteilung von Apostillen und Bestätigungen sowie über die Befreiung von der Legalisation vom 18. Januar 1989 (JMBl S. 13) außer Kraft.

Anhang

I. Zweiseitige Verträge, wonach Urkunden (oder bestimmte Urkunden) von der Legalisation befreit sind, bestehen z.Z. mit folgenden Staaten:

1. Belgien

Maßgebend ist das deutsch-belgische Abkommen vom 13. Mai 1975 über die Befreiung öffentlicher Urkunden von der Legalisation (BGBl. 1980 II S. 813, 1981 II S. 142).

Die Belgische Seite fühlt sich an das Abkommen nicht gebunden. Nach dem Abkommen bedürfen öffentlicher Urkunden, die in der Bundesrepublik Deutschland errichtet wurden und mit amtlichem Siegel oder Stempel versehen sind, zum Gebrauch in Belgien keiner Legalisation, Apostille oder ähnlichen Förmlichkeit. Als öffentliche Urkunden sind anzusehen Urkunden eines Gerichts oder einer Staatsanwaltschaft sowie eines deutschen Vertreters des öffentlichen Interesses, Urkunden eines Urkundsbeamten der Geschäftsstelle, eines deutschen Rechtspflegers, eines Gerichtsvollziehers, einer Verwaltungsbehörde, eines Notars eines Diplomaten oder Konsularbeamten, Scheck- und Wechselproteste oder Proteste zu anderen handelsrechtlichen Wertpapieren, ferner die in Art. 3 und 4 des Abkommens bezeichneten Urkunden und amtlichen Bescheinigungen.

Die belgische Seite hat für die Beglaubigung nach Art. 3 des Abkommens die Legalisationsstelle des Ministeriums der Auswärtigen Angelegenheiten bestimmt (s. Bekanntmachung des Bundesministers der Justiz vom 27. April 1981, BGBl. II S. 193).

2. Dänemark

Maßgebend ist das deutsch-dänische Beglaubigungsabkommen vom 17. Juni 1936 (RGBI II S. 213), das – mit Ausnahme von Art. 6 – mit Wirkung vom 1. September 1952 wieder angewendet wird (vgl. Nr. 7 der Bekanntmachung über die Wiederanwendung deutsch-dänsicher Vorkriegsverträge vom 30. Juni 1953, BGBl. II S. 186).

Urkunden, die von einer deutschen Gerichtsbehörde, einer deutschen Staatsanwaltschaft, einer obersten oder höheren deutschen Verwaltungsbehörde, einem obersten deutschen Verwaltungsgericht oder einem deutschen Notar aufgenommen, ausgestellt oder beglaubigt und mit dem Siegel oder Stempel der Behörde oder des Notars versehen sind, bedürfen zum Gebrauch in Dänemark keiner weiteren Beglaubigung oder Legalisation. Soweit es sich um Urkunden kollegialer Gerichte handelt, genügt die Beglaubigung durch den Vorsitzenden.

Für andere deutsche Urkunden, die von einem Gerichtsvollzieher, einem anderen gerichtlichen Hilfsbeamten, einem Grundbuchamt oder einer autorisierten Hinterlegungsstelle aufgenommen, ausgestellt oder beglaubigt sind, genügt zum Gebrauch in Dänemark die Beglaubigung durch den zuständigen Präsidenten des Land- oder Amtsgerichts. Das gleiche gilt für Urkunden, die von dem Urkundsbeamten der Geschäftsstelle eines deutschen Gerichts aufgenommen, ausgestellt oder beglaubigt sind; gehört die ausfertigende oder beglaubigte Stelle einem Gericht höherer Ordnung an, so ist die Beglaubigung durch den Präsidenten dieses Gerichts erforderlich.

3. Frankreich[1)]

Maßgebend ist das deutsch-französiche Abkommen vom 13. September 1971 über die Befreiung öffentlicher Urkunden von der Legalisation (BGBl. 1974 II S. 1074, 1975 II S. 353).

Öffentliche Urkunden, die in der Bundesrepublik Deutschland errichtet wurden und mit amtlichem Siegel oder Stempel versehen sind, bedürfen zum Gebrauch in Frankreich keiner Legalisation, Apostille, Beglaubigung oder ähnlichen Förmlichkeit. Als öffentliche Urkunden sind anzusehen Urkunden eines Gerichts oder einer Staatsanwaltschaft bei

[1)] **Amtl. Anm.:** Vgl. Arnold, Die Beglaubigungsverträge mit Frankreich und Italien, DNotZ 1975, S. 581 ff.

einem Gericht sowie eines deutschen Vertreters des öffentlichen Interesses, Urkunden eines Urkundsbeamten der Geschäftsstelle, eines deutschen Rechtspflegers, eines Gerichtsvollziehers, einer Verwaltungsbehörde oder eines Notars, Scheck- oder Wechselproteste, ferner Urkunden, die in der Bundesrepublik Deutschland eine Person, Stelle oder Behörde errichtet hat, die nach dem deutschen Recht zur Ausstellung öffentlicher Urkunden der Art befugt ist, zu denen die Urkunde gehört. Als öffentliche Urkunden sind auch amtliche Bescheinigungen anzusehen, die auf Privaturkunden angebracht sind (z.B. Registrier-, Sicht- und Beglaubigungsvermerke).

4. Griechenland

Maßgebend ist Art. 24 des deutsch-griechischen Abkommens vom 11. Mai 1938 über die gegenseitige Rechtshilfe in Angelegenheiten des bürgerlichen und Handels-Rechts (RGBl 1939 II S. 848; vgl. Nr. 3 der Bekanntmachung über die Wiederanwendung deutsch-griechischer Vorkriegsverträge vom 26. Juni 1952, BGBl. II S. 634).
Urkunden, die von einem deutschen Landgericht oder einem deutschen Gericht höherer Ordnung, von einer deutschen obersten Verwaltungsbehörde oder einem deutschen obersten Verwaltungsgericht aufgenommen, ausgestellt oder beglaubigt und mit dem Siegel oder Stempel des Gerichts oder der Behörde versehen sind, bedürfen zum Gebrauch in Griechenland keiner Beglaubigung oder Legalisation. Für Urkunden, die von einem anderen deutschen Gericht, einem Gerichtsvollzieher, einem Grundbuchamt, einer Hinterlegungsstelle oder einem deutschen Notar aufgenommen, ausgestellt oder beglaubigt sind, genügt zum Gebrauch in Griechenland die Beglaubigung durch den zuständigen Präsidenten des Landgerichts. Das gleiche gilt für die von einem Urkundsbeamten der Geschäftsstelle aufgenommenen, ausgestellten oder beglaubigten Urkunden. Gehört der Urkundsbeamte einem Gericht höherer Ordnung an, so bedarf es der Beglaubigung durch den Präsidenten dieses Gerichts.

5. Israel

Gemäß Art. 15 Abs. 2 des deutsch-israelischen Vertrages vom 20. Juli 1977 über die gegenseitige Anerkennung und Vollstreckung gerichtlicher Entscheidungen in Zivil- und Handelssachen (BGBl. 1980 II S. 925, 1531) bedürfen die dem Antrag auf Zulassung zur Zwangsvollstreckung beizufügenden Urkunden keiner Legalisation.

6. Italien[1]

Maßgebend ist der deutsch-italienische Vertrag vom 7. Juni 1969 über den Verzicht auf die Legalisation von Urkunden (BGBl. 1974 II S. 1069, 1975 II S. 660).
Öffentliche Urkunden, die in der Bundesrepublik Deutschland errichtet und mit amtlichem Siegel oder Stempel versehen sind, sowie Beglaubigungsvermerke, die einer privaten Urkunde von einem Gericht, einem Notar oder einer Verwaltungsbehörde beigefügt sind, bedürfen zum Gebrauch in Italien keiner Legalisation, Beglaubigung oder anderen Förmlichkeit, die der Legalisation oder Beglaubigung entspricht. Als öffentliche Urkunden sind anzusehen Urkunden eines Gerichts oder einer Staatsanwaltschaft sowie eines deutschen Vertreters des öffentlichen Interesses einschließlich solcher Urkunden, die von einem Urkundsbeamten der Geschäftsstelle oder einem Rechtspfleger errichtet worden sind, Urkunden einer Verwaltungsbehörde, Urkunden, die von einer nach innerstaatlichem Recht zur Errichtung öffentlicher Urkunden befugten juristischen Person des öffentlichen Rechts errichtet worden sind. Urkunden eines Notars, Urkunden eines Gerichtsvollziehers, Scheck- und Wechselproteste sowie Urkunden, die von einer deutschen diplomatischen oder konsularischen Vertretung errichtet worden sind.
Die italienische Seite hat ihre Beglaubigungs- und Auskunftsbehörden gemäß Artikel 5 Abs. 1 Nrn. 1 und 2 des Vertrags wie folgt notifiziert:

a) für die Beglaubigung nach Artikel 2 der örtlich zuständige Präfekt (Prefetto), im Aosta-Tal der Präsident der Region (Presidente della Regione), in den Provinzen Trient und Bozen der Regierungskommissar (Commissario del Governo);

b) für die Erteilung der Auskunft nach Artikel 4 Abs. 1 über die Echtheit

   aa) der von diplomatischen oder konsularischen Vertretern errichteten Urkunden das Außenministerium, Personalabteilung (Il Ministrero degli Affari Esteri, Direzione Generale del Personale);

   bb) der in Artikel 1 Abs. 2 Nrn. 1, 4 und 5 genannten Urkunden sowie der in Nr. 2 erwähnten Urkunden einer Verwaltungsbehörde, soweit es sich um Personenstandsurkunden handelt, die Staatsanwälte (Procuratori della Republica) bei den Gerichten, in deren Bezirk die Urkunden errichtet worden sind;

---

[1] Vgl. Arnold, Die Beglaubigungsverträge mit Frankreich und Italien, DNotZ 1975, S. 581 ff.

cc) alle anderen im Vertrag genannten Urkunden der örtlich zuständige Präfekt (Prefetto), im Aosta-Tal der Präsident der Region (Presidente della Regione), in den Provinzen Trient und Bozen der Regierungskommissar (Commissario del Governo)

(s. Bekanntmachung des Bundesministers der Justiz vom 30. Juni 1975, BGBl. II S. 931).

7. Norwegen

Gemäß Art. 14 Abs. 3 des deutsch-norwegischen Vertrages vom 17. Juni 1977 über die gegenseitige Anerkennung und Vollstreckung gerichtlicher Entscheidungen und anderer Schuldtitel in Zivil- und Handelssachen (BGBl. 1981 II S. 341, 901) bedürfen die dem Antrag auf Zulassung zur Zwangsvollstreckung beizufügenden Urkunden keiner Legalisation oder sonstigen Beglaubigung.

8. Österreich

Maßgebend ist der deutsch-österreichische Beglaubigungsvertrag[1] vom 21. Juni 1923 (RGBl 1924 II S. 55, 61), der mit Wirkung vom 1. Januar 1952 wieder angewendet wird (vgl. Nr. 1 der Bekanntmachung über die Wiederanwendung von ehemals zwischen dem Deutschen Reich und der Republik Österreich abgeschlossenen Verträge usw. vom 13. März 1952, BGBl. II S. 436).

Urkunden, die von einer deutschen Gerichts- oder Verwaltungsbehörde ausgestellt wurden, bedürfen zum Gebrauch in Österreich keiner weiteren Beglaubigung, wenn sie mit dem Siegel oder Stempel der Gerichts- oder Verwaltungsbehörde versehen sind. Keiner weiteren Beglaubigung zum Gebrauch in Österreich bedürfen ferner die von einem deutschen Notar ausgefertigten und mit seinem amtlichen Siegel versehenen Urkunden sowie Urkunden, die von Geschäftsstellen deutscher Gerichte, von Gerichtsvollziehern oder anderen gerichtlichen Hilfsbeamten ausgefertigt und mit dem Gerichtssiegel versehen sind, und die einer Privaturkunde von einer Gerichts- oder Verwaltungsbehörde oder einem Notar beigefügte Beglaubigung.

9. Spanien

Gemäß Art. 16 Abs. 2 des deutsch-spanischen Vertrages vom 14. November 1983 über die Anerkennung und Vollstreckung von gerichtlichen Entscheidungen und Vergleichen sowie vollstreckbaren öffentlichen Urkunden in Zivil- und Handelssachen (BGBl. 1987 II S. 34, 1988 II S. 207, 375) bedürfen die dem Antrag auf Zulassung zur Zwangsvollstreckung beizufügenden Urkunden keiner Legalisation und keiner sonstigen Förmlichkeit.

10. Schweiz

Maßgebend ist der deutsch-schweizerische Vertrag vom 14. Februar 1907 über die Beglaubigung öffentlicher Urkunden (RGBl S. 411, 415).

Urkunden, die von einem deutschen Gericht aufgenommen, ausgestellt oder beglaubigt wurden und mit dem Siegel oder Stempel des Gerichts versehen sind, bedürfen zum Gebrauch in der Schweiz keiner Beglaubigung oder Legalisation. Zu diesen Urkunden gehören auch die von einem Urkundsbeamten der Geschäftsstelle des Gerichts unterschriebenen Urkunden. Ferner bedürfen keiner Beglaubigung oder Legalisation zum Gebrauch in der Schweiz Urkunden, die von denjenigen deutschen obersten oder höheren Verwaltungsbehörden, welche in dem dem Vertrag beigefügten Verzeichnis aufgeführt sind, aufgenommen, ausgestellt oder beglaubigt und mit dem Siegel oder Stempel der Behörde versehen sind. Das z.Z. gültige Verzeichnis ist im Bundesgesetzblatt 1998 II S. 71 veröffentlicht.

11. Tunesien

Gemäß Art. 5 Abs. 2 und 3 Halbsatz 2 des deutsch-tunesischen Vertrages vom 19. Juli 1966 über Rechtsschutz und Rechtshilfe, die Anerkennung und Vollstreckung gerichtlicher Entscheidungen in Zivil- und Handelssachen sowie über die Handelsschiedsgerichtsbarkeit (BGBl. 1969 II S. 889, 1970 II S. 125) bedarf die von einem diplomatischen oder konsularischen Vertreter des Staates, dem der Antragsteller angehört, zur Erlangung von Prozeßkostenhilfe ausgestellte Bescheinigung des Unvermögens zur Tragung von Prozeßkosten keiner Legalisation. Das gleiche gilt für Zustellungsanträge samt Anlagen (Art. 11 Abs. 3), für Rechtshilfeersuchen (Art. 20 Abs. 3) und für die einem Antrag auf Vollstreckbarerklärung eines Titels beizufügenden Urkunden (Art. 38 Abs. 2, Art. 42 Abs. 2, Art. 53).

---

[1] Nr. **221**.

12. **Vereinigtes Königreich Großbritannien und Nordirland**

Gemäß Art. VI Abs. 3 des deutsch-britischen Abkommens vom 14. Juli 1960 über die gegenseitige Anerkennung und Vollstreckung von gerichtlichen Entscheidungen in Zivil- und Handelssachen (BGBl. 1961 II S. 301, 1025; 1973 II 1306, 1667) bedürfen die dem Antrag auf Registrierung beizufügende beglaubigte Abschrift der Entscheidung und die Vollstreckbarkeitsbescheinigung keiner Legalisation.

II. In folgenden Staaten werden auf vertragsloser Grundlage deutsche Urkunden ohne Legalisation anerkannt.

Benin
Urkunden, die in Benin verwendet werden sollen, bedürfen nur der Beglaubigung durch den Präsidenten des Landgerichts.

Jamaika
Gerichtliche Schriftstücke und notarielle Urkunden, die in Jamaika verwendet werden sollen, bedürfen nur der Beglaubigung durch den Präsidenten des Landgerichts. Den Schriftstücken müssen jedoch von einem beeidigten Übersetzer gefertigte Übersetzungen in die englische Sprache beigefügt sein.

III. Die nachstehend aufgeführten Vertretungen ausländischer Staaten in der Bundesrepublik Deutschland[1] begnügen sich bei der Legalisation mit der Beglaubigung durch den Präsidenten des Landgerichts. Bei den Vertretungen sind Unterschriftsproben der Präsidenten der Landgerichte und ihrer zeichnungsberechtigten Vertreter hinterlegt. Soweit nicht anderes vermerkt ist, umfasst der Amtsbezirk der Vertretung ganz Bayern.

Ägypten
Botschaft der Arabischen Republik Ägypten – Konsularabteilung –, Stauffenbergstraße 6–7, 10785 Berlin
Generalkonsulat der Arabischen Republik Ägypten, Eysseneckstraße 34, 60322 Frankfurt a. Main

Äthiopien
Botschaft der Demokratischen Bundesrepublik Äthiopien – Konsularabteilung –, Boothstraße 20 a, 12205 Berlin

Afghanistan
Botschaft des Islamischen Staates Afghanistan – Konsularabteilung –, Wilhelmstraße 65, 10117 Berlin

Algerien
Botschaft der Demokratischen Volksrepublik Algerien, Görschstraße 45–46, 13178 Berlin

Aserbaidschan
Botschaft der Republik Aserbaidschan, Axel-Springer-Straße 54 a, 10117 Berlin

Bahrain
Botschaft des Staates Bahrain – Konsularabteilung –, Potsdamer Platz 11, 10785 Berlin

Bangladesch
Botschaft der Volksrepublik Bangladesch – Konsularabteilung –, Dovestraße 1, 10587 Berlin

Bolivien
Botschaft der Republik Bolivien, Wichmannstraße 6, 10787 Berlin

Brasilien
Brasilianisches Generalkonsulat, Widenmayerstraße 47, 80538 München

Burkina Faso
Botschaft von Burkina Faso – Konsularabteilung –, Karolingerplatz 10–11, 14052 Berlin

Chile
Generalkonsulat der Republik Chile, Innere Wiener Straße 11 a, 81667 München

Costa Rica
Botschaft der Republik Costa Rica, Dessauer Straße 28/29, 10963 Berlin

Côte d'Ivoire
Botschaft der Republik Côte d'Ivoire – Konsularabteilung –, Königstraße 93, 53115 Bonn

Dominikanische Republik
Generalkonsulat der Dominikanischen Republik, Mainzer Landstraße 82–84, 60372 Frankfurt a.M.

Ecuador
Generalkonsulat der Republik Ecuador, Rothenbaumchaussee 221, 20149 Hamburg

Estland
Botschaft der Republik Estland – Konsularabteilung –, Hildebrandstraße 5, 10785 Berlin

---

[1] **Amtl. Anm.:** Soweit sich Zuständigkeiten und Adressen geändert haben, wurden sie aktualisiert (ohne offizielle Veröffentlichung).

Gabun
Botschaft der Gabunischen Republik – Konsularabteilung –, Kronprinzenstraße 52, 53173 Bonn
Georgien
Botschaft von Georgien – Konsularabteilung –, Heinrich-Mann-Straße 32, 13156 Berlin
Ghana
Botschaft der Republik Ghana – Konsularabteilung –, Rheinallee 58, 53173 Bonn
Guatemala
Botschaft der Republik Guatemala – Konsularabteilung –, Joachim-Karnatz-Allee 45–47, 10557 Berlin
Guinea
Botschaft der Republik Guinea – Konsularabteilung –, Rheinallee 58, 53173 Bonn
Haiti
Botschaft der Republik Haiti – Konsularabteilung –, Meinekestraße 5, 10719 Berlin
Honduras
Generalkonsulat der Republik Honduras, An der Alster 21, 20099 Hamburg
Indien
Botschaft der Republik Indien – Konsularabteilung –, Tiergartenstraße 17, 10785 Berlin
Indonesien
Botschaft der Republik Indonesien – Konsularabteilung –, Lehrter Straße 16–17, 10557 Berlin
Irak
Botschaft der Republik Irak – Konsularabteilung –, Riemeisterstraße 20, 14169 Berlin
Iran, Islamische Republik
Botschaft der Islamischen Republik Iran, Podbielskiallee 65–67, 10495 Berlin
Island
Honorarkonsulat der Republik Island, Mühldorfstraße 15, 81671 München
Jemen
Botschaft der Republik Jemen – Konsularabteilung –, Rheinbabenallee 18, 14199 Berlin
Jordanien
Botschaft des Haschemitischen Königreichs Jordanien – Konsularabteilung –, Heerstraße 201, 13595 Berlin
Kamerun
Botschaft der Republik Kamerun – Konsularabteilung –, Rheinallee 76, 53173 Bonn
Kanada
Botschaft von Kanada – Konsularabteilung –, Friedrichstraße 95, 10117 Berlin Konsulat von Kanada, Tal 29, 80331 München
Katar
Botschaft von Katar – Konsularabteilung –, Brunnenallee 6, 53117 Bonn
Kenia
Botschaft der Republik Kenia – Konsularabteilung –, Markgrafenstraße 63, 10969 Berlin
Kirgisistan
Botschaft der Kirgisischen Republik – Konsularabteilung –, Otto-Suhr-Allee 146, 10585 Berlin
Kongo, Demokratische Republik
Botschaft der Demokratischen Republik Kongo – Konsularabteilung –, Im Meisengarten 13, 53179 Bonn
Korea, Republik
Botschaft der Republik Korea – Konsularabteilung –, Schöneberger Ufer 89–91, 10785 Berlin
Kuba
Botschaft der Republik Kuba – Konsularabteilung –, Stavangerstraße 20, 10439 Berlin
Kuwait
Botschaft des Staates Kuwait – Konsularabteilung –, Griegstraße 5–7, 14193 Berlin
Libanon
Botschaft der Libanesischen Republik – Konsularabteilung –, Berliner Straße 127, 13187 Berlin
Liberia
Botschaft der Republik Liberia – Konsularabteilung –, Mainzer Straße 259, 53179 Bonn
Libysch – Arabische Dschamahirija
Botschaft der Sozialistischen Libysch-Arabischen Volks-Dschamahirija – Konsularabteilung –, Schützenstraße 15–17, 10117 Berlin
Madagaskar
Botschaft der Republik Madagaskar – Konsularabteilung –, Seepromenade 92, 14601 Falkensee

Malaysia
Botschaft von Malaysia – Konsularabteilung –, Klingelhöferstraße 6, 10785 Berlin
Mali
Botschaft der Republik Mali – Konsularabteilung –, Kurfürstendamm 72, 10709 Berlin
Marokko
Botschaft des Königreichs Marokko – Konsularabteilung–, Niederwallstraße 39, 10117 Berlin
Moldau, Republik
Botschaft der Republik Moldau – Konsularabteilung –, Gotlandstraße 16, 10439 Berlin
Monaco
Honorarkonsulat des Fürstentums Monaco, Brienner Straße 28, 80333 München
Nepal
Botschaft des Königreichs Nepal – Konsularabteilung –, Guerickestraße 27/II, 10587 Berlin-Charlottenburg
Nicaragua
Botschaft der Republik Nicaragua – Konsularabteilung –, Joachim-Karnatz-Allee 45, 10557 Berlin
Niger
Botschaft der Republik Niger – Konsularabteilung –, Dürenstraße 9, 53173 Bonn
Nigeria
Botschaft der Bundesrepublik Nigeria – Konsularabteilung –, Platanenstraße 98 a, 13156 Berlin
Oman
Botschaft des Sultanats Oman, Lindenallee 11, 53173 Bonn
Pakistan
Honorargeneralkonsulat der Islamischen Republik Pakistan, Rückertstraße 1, 80336 München
Paraguay
Botschaft der Republik Paraguay, Hardenbergstraße 12, 10623 Berlin
Peru
Botschaft der Republik Peru – Konsularabteilung –, Mohrenstraße 42–44, 10117 Berlin
Generalkonsulat der Republik Peru, Roßmarkt 14, 60311 Frankfurt
Philippinen
Botschaft der Republik der Philippinen, Mohrenstraße 42, 10117 Berlin
Polen
Botschaft der Republik Polen – Konsularabteilung –, Lassenstraße 19–21, 14193 Berlin
Generalkonsulat der Republik Polen, Ismaninger Straße 62 a, 81675 München
Senegal
Botschaft der Republik Senegal – Konsularabteilung –, Argelanderstraße 3, 53115 Bonn
Singapur
Botschaft der Republik Singapur – Konsularabteilung –, Friedrichstraße 200, 10117 Berlin
Slowakische Republik
Generalkonsulat der Slowakischen Republik, Vollmannstraße 25 d, 81925 München
Sri Lanka
Botschaft der Demokratischen Sozialistischen Republik Sri Lanka – Konsularabteilung –, Niklasstraße 19, 14163 Berlin-Zehlendorf
Sudan
Botschaft der Republik Sudan – Konsularabteilung –, Kurfüstendamm 151, 10709 Berlin
Tadschikistan
Botschaft der Republik Tadschikistan, Otto-Suhr-Allee 84, 10585 Berlin
Tansania, Vereinigte Republik
Botschaft der Vereinigten Republik Tansania – Konsularabteilung –, Theaterplatz 26, 53177 Bonn
Thailand[1]
Honorargeneralkonsulat des Königreichs Thailand, Prinzenstraße 13, 80639 München
Tschad
Botschaft der Republik Tschad – Konsularabteilung –, Basteistraße 80, 53173 Bonn
Tunesien
Konsulat der Tunesischen Republik, Seidlstraße 28, 80335 München

---

[1] **Amtl. Anm.:** Das Honorargeneralkonsulat des Königreichs Thailand hat sich gegenüber der Landesnotarkammer Bayern bereit erklärt, bei der Legalisation notarieller Urkunden auf eine Beglaubigung durch den Landgerichtspräsidenten zu verzichten, wenn der betreffende Notar dem Königlich Thailändischen Honorargeneralkonsulat eine Unterschriftsprobe mit Dienstsiegelabdruck zur Verfügung stellt.

Turkmenistan
Botschaft von Turkmenistan – Konsularabteilung –, Langobardenallee 14, 14052 Berlin
Uganda
Honorarkonsulat der Republik Uganda, Franz-Joseph-Straße 38, 80801 München
Ukraine
Generalkonsulat der Ukraine, Oskar-von-Miller-Ring 33, 80333 München
Uruguay
Honorarkonsulat der Republik Östlich des Uruguay, Sendlinger-Tor-Platz 8, 80336 München
Usbekistan
Botschaft der Republik Usbekistan – Konsularabteilung –, Perleberger Straße 62, 10559 Berlin

Vereinigte Arabische Emirate
Botschaft der Vereinigten Arabischen Emirate – Konsularabteilung –, Katharina-Heinroth-Ufer 1, 10787 Berlin
Vietnam
Botschaft der Sozialistischen Republik Vietnam – Konsularabteilung –, Elsenstraße 3, 12435 Berlin-Treptow
Zentralafrikanische Republik
Botschaft der Zentralafrikanischen Republik – Konsularabteilung –, Johanniterstraße 19, 53113 Bonn

IV. Die nachstehend aufgeführten Vertretungen ausländischer Staaten verlangen für die Legalisation außer der Beglaubigung durch den Präsidenten des Landgerichts die Endbeglaubigung durch das Bundesverwaltungsamt (postalische Anschrift: Bundesverwaltungsamt Köln, Referat II B 4, 50728 Köln):
China, Volksrepublik
Botschaft der Volksrepublik China – Konsularabteilung –, Märkisches Ufer 54, 10179 Berlin,
Ruanda
Botschaft von Ruanda, Beethovenallee 72, 53173 Bonn
Saudi-Arabien
Botschaft des Königreichs Saudi-Arabien – Konsularabteilung –, Kurfürstendamm 63, 10707 Berlin
Somalia
Die Botschaft der Demokratischen Republik Somalia ist seit 1. Juni 2000 geschlossen. Eine Legalisation ist daher nicht möglich. In Somalia zu verwendende Urkunden sind jedoch von den deutschen Behörden wie bisher vorzubeglaubigen.
Syrien, Arabische Republik
Botschaft der Arabischen Republik Syrien – Konsularabteilung –, Andreas-Hermes-Straße 5, 53175 Bonn
Togo
Botschaft der Republik Togo – Konsularabteilung –, Beethovenallee 13, 53173 Bonn

V.[1] **Das Haager Übereinkommen vom 5. Oktober 1961 zur Befreiung ausländischer öffentlicher Urkunden von der Legalisation ist zur Zeit außer in der Bundesrepublik Deutschland in folgenden Staaten in Kraft:**
Stand 1. April 2001
Andorra
Antigua und Barbuda
Argentinien
Armenien
Australien
Bahamas
Barbados
Belarus (Weißrussland)
Belgien[2]
Belize

[1] **Amtl. Anm.:** Die Zuständigkeiten für die Ausstellung der Apostille sind in der offiziellen Aufstellung nicht mehr enthalten. Es empfiehlt sich, im konkreten Fall bei den Botschaften oder Generalkonsulaten nachzufragen.
[2] **Amtl. Anm.:** Das deutsch-belgische Abkommen vom 13. Mai 1975 (vgl. Abschnitt I Nr. 1) geht dem Haager Übereinkommen vom 5. Oktober 1961 vor (vgl. Art. 10 Abs. 2 des Abkommens, Art. 3 Abs. 2 des Übereinkommens). Das gleiche gilt gemäß Artikel 3 Abs. 2 des Übereinkommens vom 5. Oktober 1961 für das deutsch-französische Abkommen vom 13. September 1971 (vgl. Art. 11 Abs. 2 des Abkommens), für den deutsch-österreichischen Beglaubigungsvertrag vom 21. Juni 1923 und den deutsch-schweizerischen Beglaubigungsvertrag vom 14. Februar 1907 (vgl. Abschnitt I, Nrn. 3, 8 und 10). Siehe auch Nr. 221, 222.

Bosnien und Herzegowina
Botswana
Bulgarien
Brunei Darussalam
China (siehe Hongkong und Macao)
Dominica
Estonia
El Salvador
Fidschi
Finnland
Frankreich[1)]
Grenada
Griechenland
Hongkong
Irland
Israel
Italien
Japan
Jugoslawien
Kasachstan
Kolumbien
Korea, Republik
Kroatien
Lesotho
Lettland
Liechtenstein
Litauen
Luxemburg
Macao
Malawi
Malta
Marshall-Inseln
Mauritius
Mazedonien
Mexiko
Monaco
Namibia
Neuseeland
Niederlande
Niue
Norwegen
Österreich[1)]
Panama
Portugal (siehe auch Macao)
Rumänien
Russische Föderation
Samoa
San Marino
Schweden
Schweiz[1)]
Seychellen
Slowakei
Slowenien
Spanien
St. Kitts and Nevis
St. Vincent und Grenadinen
Sainte-Lucie
Südafrika

[1)] **Amtl. Anm.:** Das deutsch-belgische Abkommen vom 13. Mai 1975 (vgl. Abschnitt I Nr. 1) geht dem Haager Übereinkommen vom 5. Oktober 1961 vor (vgl. Art. 10 Abs. 2 des Abkommens, Art. 3 Abs. 2 des Übereinkommens). Das gleiche gilt gemäß Artikel 3 Abs. 2 des Übereinkommens vom 5. Oktober 1961 für das deutsch-französische Abkommen vom 13. September 1971 (vgl. Art. 11 Abs. 2 des Abkommens), für den deutsch-österreichischen Beglaubigungsvertrag vom 21. Juni 1923 und den deutsch-schweizerischen Beglaubigungsvertrag vom 14. Februar 1907 (vgl. Abschnitt I, Nrn. 3, 8 und 10). Siehe auch Nr. 221, 222.

Suriname
Swasiland
Tonga
Trinidad und Tobago
Tschechische Republik
Türkei
Ungarn
Venezuela
Vereinigtes Königreich/Nordirland
Vereinigte Staaten von Amerika
Zypern.

Das Übereinkommen vom 5. Oktober 1961 zur Befreiung ausländischer öffentlicher Urkunden von der Legalisation findet auch im Verhältnis zur Sonderverwaltungsregion Hongkong und zur Chinesischen Besonderen Verwaltungsregion Macau Anwendung.

VI. **Aufgrund des Europäischen Übereinkommens vom 7. Juni 1968 zur Befreiung der von diplomatischen oder konsularischen Vertretern errichteten Urkunden von der Legalisation** sind Urkunden von der Legalisation befreit, die von den diplomatischen oder konsularischen Vertretern einer Vertragspartei des Übereinkommens in ihrer amtlichen Eigenschaft in Wahrnehmung ihrer Aufgaben in dem Hoheitsgebiet irgendeines Staates errichtet worden sind und die im Hoheitsgebiet einer anderen Vertragspartei verwendet oder einer diplomatischen oder konsularischen Vertretung einer anderen Vertragspartei vorgelegt werden, die ihre Aufgaben im Hoheitsgebiet eines Staates wahrnehmen, der nicht Vertragspartei des Übereinkommens ist.

Das Europäische Übereinkommen vom 7. Juni 1968 ist zur Zeit außer in der Bundesrepublik Deutschland in folgenden Staaten in Kraft:
Frankreich
Griechenland
Irland
Italien
Liechtenstein
Luxemburg
Niederlande
Norwegen
Österreich
Polen
Portugal
Schweden
Schweiz
Spanien
Tschechische Republik
Türkei
Vereinigtes Königreich
Zypern.

VII. Besondere Vorschriften über die Legalisation enthalten insbesondere folgende Bestimmungen mehrseitiger **zwischenstaatlicher Verträge** aus dem Bereich der Rechtspflege:

1. Befreiung von der Legalisation

a) Art. 9 Abs. 3 des Übereinkommens vom 15. April 1958 über die Anerkennung und Vollstreckung von Entscheidungen auf dem Gebiet der Unterhaltspflicht gegenüber Kindern (BGBl. 1961 II S. 1005, 1962 II S. 15) und Art. 17 Abs. 3 des Übereinkommens vom 2. Oktober 1973 über die Anerkennung und Vollstreckung von Unterhaltsentscheidungen (BGBl. 1986 II S. 825, 1987 II S. 220);

b) Art. 5 Abs. 2 des Übereinkommens vom 27. September 1956 über die Erteilung gewisser für das Ausland bestimmter Auszüge aus Personenstandsbüchern (BGBl. 1961 II S. 1055, 196 II S. 42);

c) Art. 4 des Übereinkommens vom 26. September 1957 über die kostenlose Erteilung von Personenstandsurkunden und den Verzicht auf ihre Legalisation (BGBl. 1961 II S. 1055, 1067, 1962 II S. 43);

d) Art. 5 des Übereinkommens vom 14. September 1961 über die Erweiterung der Zuständigkeit der Behörden, vor denen nichteheliche Kinder anerkannt werden können (BGBl. 1965 II S. 19);

e) Art. 49 des Übereinkommens vom 27. September 1968 über die gerichtliche Zuständigkeit und die Vollstreckung gerichtlicher Entscheidungen in Zivil- und Handelssachen (BGBl. 1972 II S. 773, 1973 II S. 60);

f) Art. 3 Abs. 4 des Haager Übereinkommens vom 18. März 1970 über die Beweisaufnahme im Ausland in Zivil- oder Handelssachen (BGBl. 1977 II S. 1445, 1472, 1979 II S. 780);

g) Art. 4 des Europäischen Übereinkommens vom 24. November 1977 über die Zustellung von Schriftstücken in Verwaltungssachen im Ausland (BGBl. 1981 II S. 533, 1982 II S. 1057) und Art. 3 des Europäischen Übereinkommens vom 15. März 1978 über die Erlangung von Auskünften und Beweisen in Verwaltungssachen im Ausland (BGBl. 1981 II S. 533, 550; 1982 II S. 1052).

h) Art. 49 des Übereinkommens vom 16. September 1988 über die gerichtliche Zuständigkeit und die Vollstreckung gerichtlicher Entscheidungen in Zivil- und Handelssachen (BGBl. 1994 II S. 2658, 3772, 1995 II S. 221).

2. Zwang zur Legalisation

Der Legalisationszwang gilt jedoch nur, soweit er nicht durch zweiseitige oder mehrseitige zwischenstaatliche Verträge aufgehoben oder eingeschränkt oder durch die Erteilung der Apostille ersetzt ist.

a) Art. 19 Abs. 3 des Haager Übereinkommens vom 1. Mai 1954 über den Zivilprozeß (BGBl. 1958 II S. 576, 1959 II S. 1388);

b) Art. IV Abs. 1 des Übereinkommens vom 10. Juni 1958 über die Anerkennung und Vollstreckung ausländischer Schiedssprüche (BGBl. 1961 II S. 121, 1962 II S. 102).

Alphabetische Länderübersicht

Land	Anhang Teil	Land	Anhang Teil
Ägypten	III	Bahamas	V
Äthiopien	III	Bahrain	III
Afghanistan	III	Bangladesch	III
Algerien	III	Barbados	V
Andorra	V	Belgien	I, V
Aserbaidschan und Barbuda	III	Belize	V
Antigua	V	Benin	II
Argentinien	V	Birma	IV
Armenien	V	Bolivien	III
Australien	V	Bosnien und Herzegowina	V
Botsuana	V	Litauen	V
Brasilien	III	Luxemburg	V, VI
Brunei Darussalam	V	Macao	V
Bulgarien	V	Madagaskar	III
Burkina Faso	III	Malawi	V
China Volksrepublik	IV	Malaysia	III
Chile	III	Mali	III
Costa Rica	III	Malta	V
Côte d'Ivoire	III	Marokko	III
Dänemark	I	Marshall-Inseln	V
Dominikanische Republik	III	Mauritius	V
Ecuador	III	Mazedonien	V
El Salvador	V	Mexiko	V
Estland	III	Moldau, Republik	III
Fidschi	V	Monaco	III
Finnland	V	Namibia	V
Frankreich	I, V, VI	Nepal	III
Gabun	III	Neuseeland	V
Georgien	III	Nicaragua	III
Ghana	III	Niederlande	V, VI
Grenada	V	Niger	III
Griechenland	I, V, VI	Nigeria	III
Guatemala	III	Norwegen	I, V, VI
Guinea	III	Österreich	I, V, VI
Haiti	III	Oman	III

Land	Anhang Teil	Land	Anhang Teil
Honduras	III	Pakistan	III
Hongkong	V	Panama	V
Indien	III	Paraguay	III
Indonesien	III	Peru	III
Irak	III	Philippinen	III
Iran, Islamische Republik	III	Polen	III, VI
Irland	V	Portugal	V, VI
Island	III	Rumänien	V
Israel	I, V	Russische Föderation	V
Italien	I, V, VI	Samoa	V
Jamaica	II	San Marino	V
Japan	V	Saudi-Arabien	IV
Jemen	III	Schweden	V, VI
Jordanien	III	Schweiz	I, V, VI
Jugoslawien, Bundesrepublik	V	Senegal	III
Kamerun	III	Seychellen	V
Kanada	III	Singapur	III
Kasachstan	V	Slowakische Republik	III
Katar	III	Slowenien	V
Kenia	III	Somalia	IV
Kirgisistan	III	Spanien	I, V, VI
Kolumbien	V	St. Kitts and Nevis	III
Kongo, Demokratische Republik	III	Sri Lanka	III
Korea, Republik	III	Sudan	III
Kroatien	V	Südafrika	V
Kuba	III	Surinam	V
Kuwait	III	Swasiland	V
Lesotho	V	Tadschikistan	III
Lettland	V	Tansania, Vereinigte Republik	III
Libanon	III	Thailand	III
Liberia	III	Tonga	V
Libysch – Arabische Dschamahirija	III	Togo	IV
Liechtenstein	V, VI	Trinidad und Tobago	V
Tschad	III	Uruguay	III
Tschechische Republik	V, VI	Usbekistan	III
Türkei	V, VI	Vereinigte Arabische Emirate	III
Tunesien	I, III	Vereinigtes Königreich/Nordirland	I, V, VI
Turkmenistan	III	Vereinigte Staaten von Amerika	V
Uganda	III	Vietnam	III
Ukraine	III	Zentralafrikanische Republik	III
Ungarn	V	Zypern	V, VI

221. Deutsch-Österreichischer Beglaubigungsvertrag[1)]

Vom 21. Juni 1923
(BGBl. 1924 II S. 61)
– Auszug –

Art. 1 Urkunden, die von einer Gerichts- oder Verwaltungsbehörde des einen vertragsschließenden Staates ausgestellt wurden, bedürfen zum Gebrauch im Gebiete des anderen Staates keiner weiteren Beglaubigung, wenn sie mit dem Siegel oder Stempel der Gerichts- oder Verwaltungsbehörde versehen sind.

Art. 2 Auszüge aus den Kirchenbüchern über Taufen, Trauungen oder Todesfälle, die im *Deutschen Reich* unter dem Kirchensiegel erteilt werden, sowie Auszüge aus den Geburts-, Trauungs- und Sterberegistern, die in Österreich geführt werden und mit dem Siegel oder Stempel des Matrikelführers versehen sind, bedürfen zum Gebrauch im Gebiete des anderen Staates keiner weiteren Beglaubigung.

Art. 3 Die von Notaren ausgefertigten und mit dem amtlichen Siegel des Notars versehenen Urkunden, die von Standesbeamten des *Deutschen Reiches* ausgefertigten und mit ihrem Siegel oder Stempel versehenen Urkunden, ferner die von den Gerichtskanzleien und gerichtlichen Hilfsämtern, Gerichtsvollziehern oder anderen gerichtlichen Hilfsbeamten ausgefertigten und mit dem Gerichtssiegel versehenen Urkunden bedürfen zum Gebrauch im Gebiete des anderen Staates keiner weiteren Beglaubigung.

Art. 4 Die einer Privaturkunde von einer Gerichts- oder Verwaltungsbehörde oder einem Notar beigefügte Beglaubigung bedarf keiner weiteren Beglaubigung.

[1)] Das für die BRD und andere Staaten bereits geltende Übereinkommen zur Befreiung ausländischer öffentlicher Urkunden von der Legalisation ist gemäß seinem Art. 11 am 13. 1. 1968 für Österreich in Kraft getreten (BGBl. 1968 II S. 76).
Im Verhältnis zwischen der Bundesrepublik Deutschland und Österreich ist jedoch weiter der wieder in Kraft gesetzte deutsch-österreichische Beglaubigungsvertrag vom 21. 6. 1923 (RGBI. 1924 II S. 61; BGBl. 1952 II S. 436) anzuwenden (DNotZ 1968, 130).

222. Deutsch-schweizerischer Vertrag über die Beglaubigung öffentlicher Urkunden (BglÖffUrkVertr)[1]

Vom 14. Februar 1907
(RGBl. S. 411)

(Stand am 2. September 2003)

– Auszug –

Art. 1 [Beidseitige Gültigkeit beglaubigter Urkunden] [1]Die von Gerichten des einen Teiles, mit Einschluss der Konsulargerichte, aufgenommenen, ausgestellten oder beglaubigten Urkunden bedürfen, wenn sie mit dem Siegel oder Stempel des Gerichtes versehen sind, zum Gebrauch in dem Gebiete des anderen Teiles keiner Beglaubigung (Legalisation). [2]Zu den bezeichneten Urkunden gehören auch die von dem Gerichtsschreiber[2] unterschriebenen Urkunden, sofern diese Unterschrift nach den Gesetzen des Teiles genügt, dem das Gericht angehört.

Art. 2 [Änderung des Verzeichnisses im beiderseitigen Einverständnis] [1]Urkunden, die von einer der in dem beigefügten Verzeichnis aufgeführten obersten und höheren Verwaltungsbehörden des einen der beiden Teile aufgenommen, ausgestellt oder beglaubigt und mit dem Siegel oder Stempel der Behörde versehen sind, bedürfen zum Gebrauche in dem Gebiete des andern Teiles keiner Beglaubigung (Legalisation). [2]Das Verzeichnis kann im beiderseitigen Einverständnisse jederzeit auf dem Verwaltungswege durch Bekanntmachung geändert oder ergänzt werden.

...

(Beilage)

Verzeichnis derjenigen Verwaltungsbehörden der Schweiz und Deutschlands, deren Beurkundungen zum Gebrauche im Gebiet des anderen Landes keiner Beglaubigung bedürfen

Die Schweiz

A. Behörde der Eidgenossenschaft:

Die Bundeskanzlei

B. Kantonale Behörden:

Kanton Aargau	Die Staatskanzlei
Kanton Appenzell Ausserrhoden	Die Kantonskanzlei
Kanton Appenzell Innerrhoden	Die Ratskanzlei
Kanton Basel-Landschaft	Die Landeskanzlei
Kanton Basel-Stadt	Die Staatskanzlei
Kanton Bern	Die Staatskanzlei (La Chancellerie d'Etat)
Kanton Freiburg	La Chancellerie d'Etat (Die Staatskanzlei)
Kanton Genf	La Chancellerie d'Etat
Kanton Glarus	Die Regierungskanzlei
Kanton Graubünden	Die Standeskanzlei (La Cancelleria dello Stato)
Kanton Jura	La Chancellerie d'Etat (Die Staatskanzlei)
Kanton Luzern	Die Staatskanzlei
Kanton Neuenburg	La Chancellerie d'Etat

[1] Abgeschlossen am 14. Februar 1907. Von der Bundesversammlung genehmigt am 21. Juni 1907. Ratifikationsurkunden ausgetauscht am 16. Juli 1907. In Kraft getreten am 16. August 1907.

[2] **Amtl. Anm.:** Nach Art. 2 des Reichsgesetzes vom 9. Juli 1927 ist in Gesetzen und Verordnungen des Reiches vom 1. Jan. 1928 an die Bezeichnung «Gerichtsschreiber» durch «Urkundsbeamter der Geschäftsstelle» ersetzt.

Kanton Nidwalden	Die Staatskanzlei
Kanton Obwalden	Die Staatskanzlei
Kanton Schaffhausen	Die Staatskanzlei
Kanton Schwyz	Die Staatskanzlei
Kanton Solothurn	Die Staatskanzlei
Kanton St. Gallen	Die Staatskanzlei
Kanton Tessin	La Cancelleria dello Stato
Kanton Thurgau	Die Staatskanzlei
Kanton Uri	Das Landammanamt
Kanton Waadt	La Chancellerie d'Etat
Kanton Wallis	La Chancellerie d'Etat (Die Staatskanzlei)
Kanton Zug	Die Staatskanzlei
Kanton Zürich	Die Staatskanzlei

Bundesrepublik Deutschland

A. Bundesbehörden:

Alle Bundesministerien
Das Deutsche Patentamt
Das Bundesverwaltungsamt

B. Länderbehörden:

Land Baden Württemberg	Das Innenministerium
	Die Regierungspräsidien
Land Bayern	Das Staatsministerium des Innern
	Die Regierungen
Land Berlin	Der Senator für Inneres
Land Brandenburg	Das Ministerium des Innern
Land Bremen	Der Senator für Inneres
Land Hamburg	Die Senatskanzlei
Land Hessen	Der Minister des Innern
	Die Regierungspräsidenten
	Die Präsidenten der Verwaltungsbezirke
Land Mecklenburg-Vorpommern	Das Innenministerium
Land Niedersachsen	Der Minister des Innern
	Die Regierungspräsidenten
	Die Präsidenten der Verwaltungsbezirke
Land Nordrhein-Westfalen	Der Innenminister
	Die Regierungspräsidenten
Land Rheinland-Pfalz	Das Ministerium des Innern
	Die Bezirksregierungen
Land Saarland	Der Minister des Innern
Land Sachsen	Das Staatsministerium des Innern
	Die Regierungspräsidien
Land Sachsen-Anhalt	Das Ministerium des Innern
	Die Regierungspräsidien
Land Schleswig-Holstein	Der Innenminister
Land Thüringen	Das Landesverwaltungsamt

223. Kurzübersicht Apostille und Legalisation ausländischer öffentlicher Urkunden in Deutschland: Anerkennung deutscher öffentlicher Urkunden im Ausland und Bilaterale Abkommen und Haager Übereinkommen

(Stand: 7. April 2010)

A) Vorbemerkung

Nachfolgend finden Sie eine Liste der Veränderungen seit dem Jahr 2005 (B) sowie eine alphabetische Länderliste (C) mit Erläuterungen (D) zur Prüfung, unter welchen Voraussetzungen eine ausländische öffentliche Urkunde in Deutschland (oder umgekehrt eine deutsche öffentliche Urkunde im Ausland) als echt anerkannt wird:

- Mit mehreren europäischen Staaten bestehen **bilaterale Abkommen**, aufgrund derer jedenfalls bestimmte öffentliche Urkunden von jedem Echtheitsnachweis befreit sind (so notarielle Urkunden im Verhältnis zu **Belgien, Dänemark, Frankreich, Italien und Österreich**) (vgl. Teil D) I.).
- Eine **Apostille** genügt im Verhältnis der Vertragsstaaten des Haager Übereinkommens zur Befreiung ausländischer öffentlicher Urkunden von der Legalisation vom 5. Oktober 1961 (BGBl. 1965 II, S. 876). Dazu gehören insbesondere **alle EU-Staaten.** Die Apostille erteilt der Landgerichtspräsident (vgl. Teil D) II.).
- Im Verhältnis zu den übrigen Staaten genügt jedenfalls eine **Legalisation** (§ 438 Abs. 2 ZPO; § 2 Gesetz betreffend die Beglaubigung öffentlicher Urkunden vom 1. 5. 1878, RGBl. 1878, S. 89 = BGBl. III, S. 318-1).
  - Für **ausländische Urkunden** erfolgt die Legalisation durch die deutsche Botschaft im jeweiligen Staat. In einigen Staaten nehmen die deutschen Auslandsvertretungen allerdings keine Legalisation vor, insbes. wenn es dort zu viele Urkundsfälschungen gibt. Dann ist ggf. für die Anerkennung der ausländischen Urkunde in Deutschland eine **Einzelfallprüfung** durch die deutsche Botschaft auf Bitte des Gerichts, der Behörde oder des Notars aus Deutschland durchzuführen.
  - Für **deutsche Urkunden** erfolgt die Legalisation durch die jeweilige Vertretung des ausländischen Staates nach einer Zwischenbeglaubigung durch den Landgerichtspräsidenten; z.T. ist zusätzlich auch noch eine **Endbeglaubigung** durch das Bundesverwaltungsamt erforderlich (vgl. im Einzelnen Teil D) III.).

B) Veränderungen seit dem Jahr 2004

Jahr 2010

Peru: Beitritt zum Haager Apostillen-Abkommen am 13. 1. 2010 mit Wirkung zum 1. 8. 2010. Die Einspruchsfrist läuft noch bis zum 1. 8. 2010.

Georgien: Deutschland hat den Einspruch gegen den Beitritt Georgiens zum Apostillen-Abkommen mit Erklärung vom 2. 2. 2010 zurückgenommen. Daher ist das Abkommen im Verhältnis zu Georgien mit Wirkung ab dem 3. 2. 2010 in Kraft getreten (noch nicht im BGBl.).

Jahr 2009

Kap Verde: Apostille genügt ab dem 13. 2. 2010. Ein Einspruch wurde von keiner Seite eingelegt (noch nicht im BGBl.).

Mongolei: Beitritt zum Haager Apostillen-Abkommen mit Wirkung zum 31. 12. 2009. Gilt aber nicht im Verhältnis zu Deutschland, da Deutschland fristgerecht einen Einspruch nach Art. 12 Abs. 2 des Abkommens einlegte, ebenso im Verhältnis zu Belgien, Finnland, Griechenland und Österreich (Z.Z. legalisieren deutsche Auslandsvertretungen auch keine Urkunden aus der Mongolei).

Dominikanische Republik: Beitritt zum Haager Apostillen-Abkommen mit Wirkung zum 30. 8. 2009. Gilt aber nicht im Verhältnis zu Deutschland, da Deutschland fristgerecht einen Einspruch nach Art. 12 Abs. 2 des Abkommens einlegte, ebenso im Verhältnis zu Belgien, den Niederlanden und Österreich (Z.Z. legalisieren deutsche Auslandsvertretungen auch keine Urkunden aus der Dominikanischen Republik).

Vanuatu: Apostille genügt seit Unabhängigkeit am 30. 7. 1980 (Notifikation vom 1. 8. 2008; BGBl. 2009 II, S. 596).

Jahr 2008

São Tomé und Príncipe: Apostille genügt ab 13. 9. 2008 (BGBl. 2009 II, S. 596).

Jahr 2007

Korea (Republik = Südkorea): Apostille genügt ab 14. 7. 2007 (BGBl. 2008 II, S. 224).

Republik **Moldau:** Das Haager Apostille-Übereinkommen trat zwar zum 16. 3. 2007 in Kraft, gilt aber nicht im Verhältnis zu Deutschland (da Deutschland fristgerecht einen Einspruch nach Art. 12 Abs. 2 des Abkommens einlegte) (BGBl. 2008 II, S. 224).

Jahr 2006

Dänemark: Haager Apostille-Übereinkommen trat zum 26. 12. 2006 in Kraft (BGBl. 2008 II, S. 224).

I.d.R. ist aber nach Maßgabe des Deutsch-Dänischen Beglaubigungsabkommens vom 17. Juni 1936 (RGBl. 1936 II, S. 213) gar kein Echtheitsnachweis erforderlich.

Georgien: Das Haager Apostille-Übereinkommen trat zwar zum 21. 8. 2006 in Kraft, gilt aber nicht im Verhältnis zu Deutschland (da Deutschland fristgerecht einen Einspruch nach Art. 12 Abs. 2 des Abkommens einlegte) (BGBl. 2008 II, S. 224); zwischenzeitlich ist aber der Einspruch von Deutschland zurückgezogen worden (s. Veränderungen im Jahr 2010).

Montenegro: Nach der Unabhängigkeit (zum 3. 6. 2006) gilt das seinerzeit von Jugoslawien ratifizierte Übereinkommen (vgl. BGBl. 1966 II, S. 106) weiter (Notifikation beim Niederländischen Außenministerium vom 30. 1. 2007) (BGBl. 2008 II, S. 224).

Serbien: Nach der Unabhängigkeit Montenegros (zum 3. 6. 2006) gilt das seinerzeit von Jugoslawien ratifizierte Übereinkommen (vgl. BGBl. 1966 II, S. 106), das zwischenzeitlich ebenso für den Staatenbund Serbien und Montenegro galt, für Serbien weiter (Notifikation beim Niederländischen Außenministerium vom 30.1.2007) (BGBl. 2008 II, S. 224).

Jahr 2005

Polen: Apostille genügt seit 14. 8. 2005 (BGBl. 2006 II, S. 132).

Indien: Das Haager Apostille-Übereinkommen trat zwar zum 14.7.2005 in Kraft, gilt aber nicht im Verhältnis zu Deutschland (da Deutschland fristgerecht einen Einspruch nach Art. 12 Abs. 2 des Abkommens einlegte) (BGBl. 2008 II, S. 224). Z.Z. legalisieren deutsche Auslandsvertretungen auch keine Urkunden aus Indien.

Cookinseln: Apostille genügt seit 30. 4. 2005 (BGBl. 2005 II, S. 752).

Ecuador: Apostille genügt seit 2. 4. 2005 (BGBl. 2005 II, S. 752).

Kolumbien erklärte, eine gegenüber der im Haager Übereinkommen festgelegten etwas abgewandelte Form der Apostille zu verwenden und diese nicht in Form eines Aufklebers, sondern mechanisch mittels Metallklammer zu verbinden (BGBl. 2005 II, S. 752).

Aserbaidschan: Das Haager Apostille-Übereinkommen trat zwar zum 2. 3. 2005 in Kraft, gilt aber nicht im Verhältnis zu Deutschland (da Deutschland fristgerecht einen Einspruch nach Art. 12 Abs. 2 des Abkommens einlegte) (BGBl. 2008 II, S. 224). Z.Z. legalisieren deutsche Auslandsvertretungen auch keine Urkunden aus Aserbaidschan.

Jahr 2004

Island: Apostille genügt seit 27. 11. 2004 (BGBl. 2005 II, S. 64).

Honduras: Apostille genügt seit 30. 9. 2004 (BGBl. 2005 II, S. 64).

C) Alphabetische Länderlisten

Staat	Formerfordernis	Haager Abkommen zur Befreiung vom Erfordernis der Legalisation	
		Inkrafttreten	Fundstelle
A			
Afghanistan	Legalisation – z.Z. legalisieren deutsche Auslandsvertretungen aber keine Urkunden aus Afghanistan.		
Ägypten	Legalisation		
Albanien	Legalisation		*Haager Übereinkommen seit 9. 5. 2004, aber nicht im Verhältnis zu Deutschland*[1)] BGBl. 2008 II, S. 224
Algerien	Legalisation		
Andorra	Apostille	seit 31. 12. 1996	BGBl. 1996 II, S. 2802
Angola	Legalisation		
Antigua und Barbuda	Apostille	seit 1. 11. 1981	BGBl. 1986 II, S. 542
Äquatorialguinea	Legalisation		

[1)] **Amtl. Anm.:** Deutschland, Belgien, Griechenland, Italien und Spanien haben einen Einspruch nach Art. 12 Abs. 2 des Abkommens eingelegt. Im Verhältnis zu Albanien ist damit weiterhin eine Legalisation erforderlich (DNotI-Report 2004, 107).

Staat	Formerfordernis	Haager Abkommen zur Befreiung vom Erfordernis der Legalisation	
		Inkrafttreten	Fundstelle
Argentinien	Apostille	seit 18. 2. 1988	BGBl. 1988 II, S. 235
Armenien	Apostille	seit 14. 8. 1994	BGBl. 1994 II, S. 2532
Aserbaidschan	Legalisation – z.Z. legalisieren deutsche Auslandsvertretungen aber keine Urkunden aus Aserbaidschan.		*Haager Übereinkommen seit 2. 3. 2005, aber nicht im Verhältnis zu Deutschland*[1) BGBl. 2008 II, S. 224
Äthiopien	Legalisation		
Australien	Apostille	seit 16. 3. 1995	BGBl. 1995 II, S. 222
B			
Bahamas	Apostille	seit 10. 7. 1973	BGBl. 1977 II, S. 20
Bahrein	Legalisation – für deutsche Urkunden zuvor Endbeglaubigung.		
Bangladesch	Legalisation – für deutsche Urkunden zuvor Endbeglaubigung; z.Z. legalisieren deutsche Auslandsvertretungen aber keine Urkunden aus Bangladesch.		
Barbados	Apostille	seit 30. 11. 1966	BGBl. 1996 II, S. 934
Belarus sh. Weißrussland			
Belgien	Zur Verwendung deutscher Urkunden in Belgien empfiehlt sich, vorsichtshalber eine **Apostille** einzuholen, da das bilaterale Abkommen offenbar z.T. in Belgien nicht anerkannt wird[2]. Umgekehrt ist für die Verwendung belgischer Urkunden in Deutschland keine Apostille erforderlich.	Vertrag zwischen der Bundesrepublik Deutschland und dem Königreich Belgien über die Befreiung öffentlicher Urkunden von der Legalisation vom 13. Mai 1975 (BGBl. 1980 II, 815) (daneben Haager Abkommen seit 9. 2. 1976, BGBl. 1976 II, S. 199)	
Belize	Apostille	seit 11. 4. 1993	BGBl. 1993 II, S. 1005
Benin	Legalisation – z.Z. legalisieren deutsche Auslandsvertretungen aber keine Urkunden aus Benin.		
Bermuda sh. Großbritannien			
Birma (Burma) sh. Myanmar			
Bolivien	Legalisation		
Bosnien und Herzegowina	Apostille	seit 6. 3. 1992	BGBl. 1994 II, S. 82
Botsuana	Apostille	seit 30. 9. 1966	BGBl. 1970 II, S. 121
Britische Jungferninseln (British Virgin Islands) sh. Großbritannien			
Brasilien	Legalisation		
Brunei Darussalam	Apostille	seit 3. 12. 1987	BGBl. 1988 II, S. 154
Bulgarien	Apostille	seit 29. 4. 2001	BGBl. 2001 II, S. 801
Burkina Faso	Legalisation		
Burundi	Legalisation		
C			
Chile	Legalisation		
China (Volksrepublik)	Legalisation – für deutsche Urkunden zuvor Endbeglaubigung; (Apostille genügt für Hongkong und Macao – sh. dort)		
Cookinseln	Apostille	seit 30. 4. 2005	BGBl. 2005 II, S. 752
Costa Rica	Legalisation		

[1] **Amtl. Anm.:** Deutschland und die Niederlande haben einen Einspruch nach Art. 12 Abs. 2 des Abkommens eingelegt. Im Verhältnis zwischen diesen Staaten und Aserbaidschan genügt daher die Apostille nicht. (Belgien hat einen verspäteten und damit wirkungslosen Einspruch eingelegt.) Ungarn hat einen zunächst eingelegten Einspruch zwischenzeitlich wieder zurückgenommen.

[2] **Amtl. Anm.:** vgl. *Zimmermann*, in: Beck'sches Notar-Handbuch, 5. Aufl. 2009, Teil H Rn. 241.

Staat	Formerfordernis	Haager Abkommen zur Befreiung vom Erfordernis der Legalisation	
		Inkrafttreten	Fundstelle
Côte d'Ivoire sh. Elfenbeinküste			
D			
Dänemark (nicht für Grönland und Faröer)	keinerlei Echtheitsnachweis erforderlich	Deutsch-Dänisches Beglaubigungsabkommen vom 17. Juni 1936 (RGBl. 1936 II, S. 213) (daneben Haager Abkommen seit 26. 12. 2006, BGBl. 2008 II, S. 224)	
Dominikanische Republik	Legalisation – z.Z. legalisieren deutsche Auslandsvertretungen aber keine Urkunden aus der Dom. Republik.		Haager Übereinkommen seit 30. 8. 2009, aber nicht im Verhältnis zu Deutschland[1]
Dominica	Apostille	seit 3. 11. 1978	BGBl. 2003 II, S. 734
Dschibuti	Legalisation – z.Z. legalisieren deutsche Auslandsvertretungen aber keine Urkunden aus Dschibuti.		
E			
Ecuador	Apostille	seit 2. 4. 2005	BGBl. 2005 II, S. 752
El Salvador	Apostille	seit 31. 5. 1996	BGBl. 1996 II, S. 934
Elfenbeinküste (Côte d'Ivoire)	Legalisation – z.Z. legalisieren deutsche Auslandsvertretungen aber keine Urkunden aus der Elfenbeinküste.		
Eritrea	Legalisation		
Estland	Apostille	seit 30. 9. 2001	BGBl. 2002 II, S. 626
F			
Fidschi	Apostille	seit 10. 10. 1970	BGBl. 1971 II, S. 1016
Finnland	Apostille	seit 26. 8. 1985	BGBl. 1985 II, S. 1006
Frankreich	keinerlei Echtheitsnachweis erforderlich	Abkommen zwischen der Bundesrepublik Deutschland und der Französischen Republik über die Befreiung öffentlicher Urkunden von der Legalisation vom 13. September 1971 (BGBl. 1974 II, S. 1100) (daneben auch Haager Übereinkommen seit 13. 2. 1966 BGBl. 1966 II, S. 106)	
G			
Gabun	Legalisation – z.Z. legalisieren deutsche Auslandsvertretungen aber keine Urkunden aus Gabun.		
Gambia	Legalisation – z.Z. legalisieren deutsche Auslandsvertretungen aber keine Urkunden aus Gambia.		
Georgien	Apostille	seit 3. 2. 2010[2]	(noch nicht im BGBl.)
Ghana	Legalisation – z.Z. legalisieren deutsche Auslandsvertretungen aber keine Urkunden aus Ghana.		
Gibraltar sh. Großbritannien			
Grenada	Apostille	seit 7. 2. 1974	BGBl. 1975 II, S. 366
Griechenland	für bestimmte **gerichtliche** Urkunden (Landgericht oder höheres Gericht keinerlei Echtheitsnachweis erforderlich; hingegen für Urkunden von Amtsgerichten, **Notaren,** Grundbuchämtern etc. Überbeglaubigung durch den Präsidenten des jeweiligen Gerichtshofs erster Instanz in Griechenland (bzw. für deutsche Urkunden Überbeglaubigung durch den Landgerichtspräsidenten) erforderlich – in der Praxis durch Apostille ersetzt	Deutsch-griechisches Abkommen über die gegenseitige Rechtshilfe in Angelegenheiten des bürgerlichen und Handelsrechts vom 11. Mai 1938 (RGBl. 1939, S. 848) (daneben auch Haager Übereinkommen seit 18. 5. 1985 BGBl. 1985 II, S. 1108)	

[1] **Amtl. Anm.:** Deutschland hat einen Einspruch nach Art. 12 Abs. 2 des Abkommens eingelegt. Im Verhältnis zwischen Deutschland und der Dominikanischen Republik genügt daher die Apostille nicht; ebenso im Verhältnis zu Belgien, den Niederlanden und Österreich.

[2] **Amtl. Anm.:** Deutschland und Griechenland haben einen Einspruch nach Art. 12 Abs. 2 des Abkommens eingelegt. Deutschland hat diesen Einspruch allerdings mit Schreiben vom 2. 2. 2010 mit Wirkung zum 3. 2. 2010 wieder zurückgenommen.

Staat	Formerfordernis	Haager Abkommen zur Befreiung vom Erfordernis der Legalisation	
		Inkrafttreten	Fundstelle
Großbritannien (Vereinigtes Königreich von Großbritannien und Nordirland)	Apostille (ebenso für folgende britische Kron- bzw. Überseegebiete: Anguilla, Bermuda, Caymaninseln = Kaimaninseln, Falklandinseln, Gibraltar, Guernsey, Isle of Man, Jersey, Britische Jungferninseln = British Virgin Islands, Montserrat, St. Helena, Turks- und Caicosinseln)	seit 13. 2. 1966	BGBl. 1966 II, S. 106
Guatemala	Legalisation		
Guinea	Legalisation – z.Z. legalisieren deutsche Auslandsvertretungen aber keine Urkunden aus Guinea.		
Guinea-Bissau	Legalisation – z.Z. legalisieren deutsche Auslandsvertretungen aber keine Urkunden aus Guinea-Bissau.		
Guyana	Legalisation		
H			
Haiti	Legalisation – z.Z. legalisieren deutsche Auslandsvertretungen aber keine Urkunden aus Haiti.		
Honduras	Apostille	seit 30. 9. 2004	BGBl. 2005 II, S. 64
Hongkong (China)	Apostille	seit 25. 4. 1965	
I			
Indien	Legalisation – z.Z. legalisieren deutsche Auslandsvertretungen aber keine Urkunden aus Indien.		*Haager Übereinkommen seit 14. 7. 2005, aber nicht im Verhältnis zu Deutschland*[1)] BGBl. 2008 II, S. 244
Indonesien	Legalisation		
Irak	Legalisation – für deutsche Urkunden zuvor Endbeglaubigung; z.Z. legalisieren deutsche Auslandsvertretungen aber keine Urkunden aus dem Irak.		
Iran	Legalisation – deutsche Urkunden zuvor Endbeglaubigung (Ausn. Hochschulzeugnisse)		
Irland	Apostille	seit 9. 3. 1999	BGBl. 1999 II, S. 142
Island	Apostille	seit 27. 11. 2004	BGBl. 2005 II, S. 64
Isle of Man sh. Großbritannien			
Israel	Apostille	seit 14. 8. 1978	BGBl. 1978 II, S. 1198
Italien	keinerlei Echtheitsnachweis erforderlich	Vertrag zwischen der Bundesrepublik Deutschland und der Italienischen Republik über den Verzicht auf die Legalisation von Urkunden vom 7. Juni 1969 (BGBl. 1974 II, S. 1069) (daneben Haager Abkommen seit 11. 2. 1978 BGBl. 1978 II, S. 153)	
J			
Jamaika	Legalisation		
Japan	Apostille	seit 27. 7. 1970	BGBl. 1970 II, S. 752
Jemen	Legalisation		
Jordanien	Legalisation – für deutsche Urkunden zuvor Endbeglaubigung.		
K			
Kaimaninseln	Apostille wie Großbritannien (Vereinigtes Königreich)		
Kambodscha	Legalisation – für deutsche Urkunden zuvor Endbeglaubigung; z.Z. legalisieren deutsche Auslandsvertretungen aber keine Urkunden aus Kambodscha.		

[1)] **Amtl. Anm.:** Deutschland hat einen Einspruch nach Art. 12 Abs. 2 des Abkommens eingelegt. Im Verhältnis zwischen Deutschland und Indien genügt daher die Apostille nicht. Die dementsprechenden Einsprüche von Belgien, Finnland, den Niederlanden und Spanien sind zwischenzeitlich wieder zurückgezogen worden.

Staat	Formerfordernis	Haager Abkommen zur Befreiung vom Erfordernis der Legalisation	
		Inkrafttreten	Fundstelle
Kamerun	Legalisation – z.Z. legalisieren deutsche Auslandsvertretungen aber keine Urkunden aus Kamerun.		
Kanada	Legalisation		
Kap Verde	Legalisation	seit 13. 2. 2010	(noch nicht im BGBl.)
Kasachstan	Apostille	seit 30. 1. 2001	BGBl. 2001 II, S. 298
Katar	Legalisation		
Kenia	Legalisation – z.Z. legalisieren deutsche Auslandsvertretungen aber keine Urkunden aus Kenia.		
Kirgisistan	Legalisation		
Kolumbien	Apostille (Kolumbien erklärte Anfang 2005, eine gegenüber der im Haager Übereinkommen festgelegten etwas abgewandelte Form der Apostille zu verwenden und diese nicht in Form eines Aufklebers, sondern mechanisch mittels Metallklammer zu verbinden).	seit 30. 1. 2001	BGBl. 2001 II, S. 289; BGBl. 2005 II, S. 752
Kongo, Republik (Brazzaville)	Legalisation – z.Z. legalisieren deutsche Auslandsvertretungen aber keine Urkunden aus der Republik Kongo.		
Kongo, Demokrat. Republik (Zaire)	Legalisation – z.Z. legalisieren deutsche Auslandsvertretungen aber keine Urkunden aus der Dem. Rep. Kongo.		
Korea (Republik)	Apostille	seit 14. 7. 2007	BGBl. 2008 II, S. 224
Korea, Volksrepublik (Nord)	Legalisation		
Kroatien	Apostille	seit 8. 10. 1991[1]	BGBl. 1994 II, S. 82
Kuba	Legalisation		
Kuwait	Legalisation		
L			
Laos	Legalisation – z.Z. legalisieren deutsche Auslandsvertretungen aber keine Urkunden aus Laos.		
Lesotho	Apostille	seit 4. 10. 1966	BGBl. 1972 II, S. 1466
Lettland	Apostille	seit 30. 1. 1996	BGBl. 1996 II, S. 223
Libanon	Legalisation – für deutsche Schul- und Hochschulzeugnisse zuvor Endbeglaubigung erforderlich.		
Libyen	Legalisation		
Liberia	Legalisation – z.Z. legalisieren deutsche Auslandsvertretungen aber keine Urkunden aus Liberia.		*Haager Übereinkommen seit 8. 2. 1996, aber nicht im Verhältnis zu Deutschland*[2] BGBl. 2008 II, S. 224
Liechtenstein	Apostille	seit 17. 9. 1972	BGBl. 1972 II, S. 1466
Litauen	Apostille	seit 19. 7. 1997	BGBl. 1997 II, S. 1400
Luxemburg	Apostille	seit 3. 6. 1979	BGBl. 1979 II, S. 684
M			
Macao (China)	Apostille	seit 4. 2. 1969	BGBl. 1969 II, S. 120[3]
Madagaskar	Legalisation		
Malawi	Apostille	seit 2. 12. 1967	BGBl. 1968 II, S. 76
Malaysia	Legalisation		
Malediven	Legalisation		

[1] **Amtl. Anm.:** als einer der Nachfolgestaaten der Sozialistischen Föderativen Republik Jugoslawien (Nachfolgeerklärung BGBl. 1993 II, S. 1962).

[2] **Amtl. Anm.:** Deutschland, Belgien und die USA haben einen Einspruch nach Art. 12 Abs. 2 des Abkommens eingelegt. Im Verhältnis zwischen Liberia und diesen Ländern genügt daher die Apostille nicht.

[3] **Amtl. Anm.:** Das Übereinkommen trat mit dem Beitritt Portugals auch für Macao in Kraft. Es gilt auch nach der Übergabe Macaos an die Volksrepublik China fort.

Staat	Formerfordernis	Haager Abkommen zur Befreiung vom Erfordernis der Legalisation	
		Inkrafttreten	**Fundstelle**
Mali	Legalisation – für deutsche Urkunden zuvor Endbeglaubigung; aber keine Urkunden aus Mali.		
Malta	Apostille	seit 2. 3. 1968	BGBl. 1968 II, S. 131
Marokko	Legalisation		
Marschallinseln	Apostille	seit 14. 8. 1992	BGBl. 1992 II, S. 948
Mauretanien	Legalisation		
Mauritius	Apostille	seit 12. 3. 1968	BGBl. 1970 II, S. 121
Mazedonien (FYROM)	Apostille	seit 17. 9. 1991	BGBl. 1994 II, S. 1191
Mexiko	Apostille	seit 14. 8. 1995	BGBl. 1995 II, S. 694
Republik Moldau	Legalisation		*Haager Übereinkommen seit 16. 3. 2007, aber nicht im Verhältnis zu Deutschland*[1] BGBl. 2008 II, S. 224
Monaco	Apostille	seit 31. 12. 2002	BGBl. 2003 II, S. 63
Mongolei	Legalisation – z.Z. legalisieren deutsche Auslandsvertretungen aber keine Urkunden aus der Mongolei.		*Haager Übereinkommen seit 31. 12. 2009, aber nicht im Verhältnis zu Deutschland*[2] (noch nicht im BGBl.)
Montenegro	Apostille	seit der Unabhängigkeit (3. 6. 2006)	Notifikation Den Haag 30. 1. 2007 (für Jugoslawien vgl. BGBl. 1966 II, S. 106) BGBl. 2008 II, S. 224
Mozambik	Legalisation		
Myanmar (Birma)	Legalisation – für deutsche Urkunden zuvor Endbeglaubigung; z.Z. legalisieren deutsche Auslandsvertretungen aber keine Urkunden aus Myanmar.		
N			
Namibia	Apostille	seit 30. 1. 2001	BGBl. 2001 II, S. 298
Nauru	Legalisation		
Nepal	Legalisation – für deutsche Urkunden zuvor Endbeglaubigung; z.Z. legalisieren deutsche Auslandsvertretungen aber keine Urkunden aus Nepal.		
Neuseeland	Apostille	seit 22. 11. 2001	BGBl. 2002 II, S. 626
Nicaragua	Legalisation		
Niederlande	Apostille	seit 13. 2. 1966	BGBl. 1966 II, S. 106
Niger	Legalisation – z.Z. legalisieren deutsche Auslandsvertretungen aber keine Urkunden aus dem Niger.		
Nigeria	Legalisation – z.Z. legalisieren deutsche Auslandsvertretungen aber keine Urkunden aus Nigeria.		
Niue	Apostille	seit 2. 3. 1999	BGBl. 1999 II, S. 142
Norwegen	Apostille	seit 29. 7. 1983	BGBl. 1983 II, S. 478
O			
Obervolta sh. Burkina Faso			
Oman	Legalisation		
Österreich	keinerlei Echtheitsnachweis erforderlich	Deutsch-österreichischer Beglaubigungsvertrag vom 21. Juni 1923 (RGBl. 1924 II, S. 61) (daneben auch Haager Abkommen seit 13. 1. 1968, BGBl. 1968 II, S. 76)	

[1] **Amtl. Anm.:** Deutschland hat einen Einspruch nach Art. 12 Abs. 2 des Abkommens eingelegt. Im Verhältnis zwischen Deutschland und der Republik Moldau ist damit weiterhin eine Legalisation erforderlich.

[2] **Amtl. Anm.:** Deutschland hat einen Einspruch nach Art. 12 Abs. 2 des Abkommens eingelegt. Im Verhältnis zwischen Deutschland und der Mongolei ist damit weiterhin eine Legalisation erforderlich; ebenso im Verhältnis zu Belgien, Finnland, Griechenland und Österreich.

Staat	Formerfordernis	Haager Abkommen zur Befreiung vom Erfordernis der Legalisation	
		Inkrafttreten	Fundstelle
P			
Pakistan	Legalisation – z.Z. legalisieren deutsche Auslandsvertretungen aber keine Urkunden aus Pakistan.		
Panama	Apostille	seit 4. 8. 1991	BGBl. 1991 II, S. 998
Papua Neuguinea	Legalisation		
Paraguay	Legalisation		
Peru	Legalisation	*Beitritt zum Haager Abkommen zum 1. 8. 2010*	*Einspruchsfrist läuft noch bis 1. 8. 2010*
Philippinen	Legalisation – z.Z. legalisieren deutsche Auslandsvertretungen aber keine Urkunden aus den Philippinen.		
Polen	Apostille[1]	seit 14. 8. 2005	BGBl. 2006 II, S. 132
Portugal	Apostille	seit 4. 2. 1969	BGBl. 1969 II, S. 120
Puerto Rico	Apostille	seit 15. 10. 1981	sh. USA, BGBl. 1981 II, S. 903
R			
Ruanda	Legalisation – für deutsche Urkunden zuvor Endbeglaubigung; z.Z. legalisieren deutsche Auslandsvertretungen aber keine Urkunden aus Ruanda.		
Rumänien	Apostille	seit 16. 3. 2001	BGBl. 2001 II, S. 801
Russland	Apostille	seit 31. 5. 1992	BGBl. 1992 II, S. 948
S			
Salomonen	Legalisation		
Samoa	Apostille	seit 13. 9. 1999	BGBl. 1999 II, S. 794
Sambia	Legalisation		
San Marino	Apostille	seit 13. 2. 1995	BGBl. 1995 II, S. 222
São Tomé und Príncipe	Apostille	ab 13. 9. 2008	BGBl. 2009 II, S. 596
Saudi-Arabien	Legalisation – für deutsche Urkunden zuvor Endbeglaubigung.		
Schweden	Apostille	seit 1. 5. 1999	BGBl. 1999 II, S. 420
Schweiz	Apostille[2]	seit 11. 3. 1973	BGBl. 1973 II, S. 176
Senegal	Legalisation		
Serbien	Apostille	seit 24. 1. 1965	BGBl. 1966 II, S. 106; BGBl. 2008 II, S. 224 *(Rechtsnachfolge)*
Seychellen	Apostille	seit 31. 3. 1979	BGBl. 1979 II, S. 417
Sierra Leone	Legalisation – z.Z. legalisieren deutsche Auslandsvertretungen aber keine Urkunden aus Sierra Leone.		
Simbabwe	Legalisation		
Singapur	Legalisation		
Slowakei	Apostille	seit 18. 2. 2002	BGBl. 2002 II, S. 626
Slowenien	Apostille	seit 25. 6. 1991	BGBl. 1993 II, S. 1005
Somalia	Legalisation – für deutsche Urkunden zuvor Endbeglaubigung		
Spanien	Apostille	seit 25. 9. 1978	BGBl. 1978 II, S. 1330

[1] **Amtl. Anm.:** In der Weimarer Zeit schlossen Polen und das Deutsche Reich ein bilaterales Abkommen zur Befreiung vom Legalisationserfordernis ab (RGBl. 1925 II, 139). Das Abkommen wird aber infolge des Zweiten Weltkrieges und der damaligen Besetzung Polens durch Deutschland nicht mehr angewandt.

[2] **Amtl. Anm.:** Der deutsch-schweizerische Vertrag über die Beglaubigung öffentlicher Urkunden vom 14. Februar 1907 (RGBl. 1907, S. 411) gilt nicht für notarielle Urkunden. Für notarielle Urkunden ist daher eine Apostille erforderlich.

Staat	Formerfordernis	Haager Abkommen zur Befreiung vom Erfordernis der Legalisation	
		Inkrafttreten	**Fundstelle**
Sudan	Legalisation – für deutsche Urkunden zuvor Endbeglaubigung.		
Südafrika	Apostille	seit 30. 4. 1995	BGBl. 1995 II, S. 326
Sri Lanka	Legalisation – z.Z. legalisieren deutsche Auslandsvertretungen aber keine Urkunden aus Sri Lanka.		
St. Kitts und Nevis	Apostille	seit 14. 12. 1994	BGBl. 1994 II, S. 3765
St. Lucia	Apostille	seit 31. 7. 2002	BGBl. 2002 II, S. 2503
St. Vincent und die Grenadinen	Apostille	seit 27. 10. 1979	BGBl. 2003 II, S. 698
Suriname	Apostille	seit 25. 11. 1975	BGBl. 1977 II, S. 593
Syrien	Legalisation – für deutsche Urkunden zuvor Endbeglaubigung.		
Swasiland	Apostille	seit 6. 9. 1968	BGBl. 1979 II, S. 417
T			
Tadschikistan	Legalisation – z.Z. legalisieren deutsche Auslandsvertretungen aber keine Urkunden aus Tadschikistan.		
Taiwan (Republik China)	Legalisation		
Tansania	Legalisation		
Thailand	Legalisation – z.Z. legalisieren deutsche Auslandsvertretungen aber keine Urkunden aus einigen Teilen Thailands.		
Togo	Legalisation – für deutsche Urkunden zuvor Endbeglaubigung; z.Z. legalisieren deutsche Auslandsvertretungen aber keine Urkunden aus Togo.		
Tonga	Apostille	seit 4. 6. 1970	BGBl. 1972 II, S. 254
Trinidad und Tobago	Apostille	seit 14. 7. 2000	BGBl. 2000 II, S. 34
Tschad	Legalisation		
Tschechische Republik	Apostille	seit 16. 3. 1999	BGBl. 1999 II, S. 142
Tunesien	Legalisation		
Türkei	Apostille	seit 29. 9. 1985	BGBl. 1985 II, S. 1108
Turkmenistan	Legalisation – z.Z. legalisieren deutsche Auslandsvertretungen aber keine Urkunden aus Turkmenistan.		
U			
Uganda	Legalisation – z.Z. legalisieren deutsche Auslandsvertretungen aber keine Urkunden aus Uganda.		
Ukraine	Legalisation		*Haager Übereinkommen seit 22. 12. 2003, aber nicht im Verhältnis zu Deutschland*[1] BGBl. 2008 II, S. 224
Ungarn	Apostille	seit 18. 1. 1973	BGBl. 1973 II, S. 65
Uruguay	Legalisation		
USA	Apostille	seit 15. 10. 1981	BGBl. 1981 II, S. 903
Usbekistan	Legalisation – z.Z. legalisieren deutsche Auslandsvertretungen aber keine Urkunden aus Usbekistan.		
V			
Vanuatu	Apostille	seit 30. 7.1980	Notifikation vom 1. 8. 2009; BGBl. 2009 II, S. 596
Venezuela	Apostille	seit 16. 3. 1999	BGBl. 1999 II, S. 142

[1] **Amtl. Anm.:** Deutschland und Belgien haben einen Einspruch nach Art. 12 Abs. 2 des Abkommens eingelegt. Im Verhältnis zur Ukraine ist damit weiterhin eine Legalisation erforderlich (vgl. DNotI-Report 2004, 39). Belgien hat den Einspruch zwischenzeitlich zurückgezogen.

Staat	Formerfordernis	Haager Abkommen zur Befreiung vom Erfordernis der Legalisation	
		Inkrafttreten	Fundstelle
Vereinigte Arabische Emirate	Legalisation		
Vereinigtes Königreich sh. Großbritannien			
Vereinigte Staaten sh. USA			
Vietnam	Legalisation – z.Z. legalisieren deutsche Auslandsvertretungen aber keine Urkunden aus Vietnam.		
W			
Weißrussland (Belarus)	Apostille	seit 31. 5. 1992	BGBl. 1993 II, S. 1005
Z			
Zentralafrikanische Republik	Legalisation		
Zypern	Apostille	seit 30. 4. 1973	BGBl. 1973 II, S. 391

D) Erläuterungen

I. Bilaterale Abkommen

Im Verhältnis zu folgenden europäischen Staaten bestehen **bilaterale Abkommen,** aufgrund derer **auch notarielle Urkunden** von jedem Echtheitsnachweis befreit sind:

Belgien

Vertrag zwischen der Bundesrepublik Deutschland und dem Königreich Belgien über die Befreiung öffentlicher Urkunden von der Legalisation vom 13. Mai 1975 (BGBl. 1980 II, S. 815).

Das Abkommen wird jedoch offenbar z.T. **in Belgien nicht anerkannt** (vgl. Zimmermann, in: Beck'sches Notar-Handbuch, 5. Aufl. 2009, Teil H Rn. 241). Es dürfte sich daher empfehlen, bei der Verwendung deutscher Urkunden in Belgien vorsichtshalber eine Apostille einzuholen. Umgekehrt ist hingegen für die Verwendung belgischer Urkunden in Deutschland keine Apostille erforderlich.

Dänemark
Deutsch-Dänisches Beglaubigungsabkommen vom 17. Juni 1936 (RGBl. 1936 II, S. 213).

Frankreich
Abkommen zwischen der Bundesrepublik Deutschland und der Französischen Republik über die Befreiung öffentlicher Urkunden von der Legalisation vom 13. September 1971 (BGBl. 1974 II, S. 1100).

Italien
Vertrag zwischen der Bundesrepublik Deutschland und der Italienischen Republik über den Verzicht auf die Legalisation von Urkunden vom 7. Juni 1969 (BGBl. 1974 II S. 1069).

Österreich
Deutsch-österreichischer Beglaubigungsvertrag vom 21. Juni 1923 (RGBl. 1924 II, S. 61).

Sonderfälle:

Griechenland
Das deutsch-griechische Abkommen über die gegenseitige Rechtshilfe in Angelegenheiten des bürgerlichen und Handels-Rechts vom 11. Mai 1938 (RGBl. 1939, S. 848) stellt bestimmte **gerichtliche** und behördliche Urkunden von jeglichem Echtheitsnachweis frei (Landgericht oder höheres Gericht, oberste Verwaltungsbehörde, oberster Verwaltungsgerichtshof). Für Urkunden anderer Gerichte und Behörden sowie von **Notaren,** Grundbuchämtern etc. ist hingegen eine Überbeglaubigung durch den Präsidenten des jeweiligen Gerichtshofs erster Instanz in Griechenland (bzw. für deutsche Urkunden Überbeglaubigung durch den Langerichtspräsidenten) erforderlich (wobei in der Praxis statt dessen eine Apostille verwendet wird).

Polen
In der Weimarer Zeit schlossen Polen und das Deutsche Reich ein bilaterales Abkommen zur Befreiung vom Legalisationserfordernis ab (RGBl. 1925 II, 139). Das Abkommen wird aber infolge des Zweiten Weltkrieges und der damaligen Besetzung Polens durch Deutschland **nicht mehr angewandt.**

Schweiz

Der deutsch-schweizerische Vertrag über die Beglaubigung öffentlicher Urkunden vom 14. Februar 1907 (RGBl. 1907, S. 411) **gilt nicht für notarielle Urkunden.** Für notarielle Urkunden ist daher eine Apostille erforderlich.

II. Apostille

Haager Übereinkommen zur Befreiung ausländischer öffentlicher Urkunden von der Legalisation vom 5. Oktober 1961 (BGBl. 1965 II, S. 876)

1. Für welche Länder genügt eine Apostille?

Im Verhältnis zu den Vertragsstaaten des Haager Übereinkommens zur Befreiung ausländischer öffentlicher Urkunden von der Legalisation vom 5. Oktober 1961 (BGBl. 1965 II, S. 876) genügt eine **Apostille** sowohl für die Anerkennung ausländischer Urkunden aus dem betreffenden Staat in Deutschland wie umgekehrt für die Anerkennung deutscher Urkunden im betreffenden Staat.

Ausgenommen sind jedoch die Staaten, denen gegenüber Deutschland einen **Einspruch nach Art. 12 Abs. 2 des Abkommens** eingelegt hat. Insoweit ist jedenfalls für die Anerkennung von Urkunden aus dem betreffenden Staat in Deutschland weiterhin eine Legalisation erforderlich (und für den umgekehrten Fall der Verwendung deutscher Urkunden im betreffenden Staat wohl auch erforderlich oder doch zumindest zu empfehlen). Eine laufend aktualisierte Liste aller Beitrittsstaaten (und der erklärten Einsprüche) findet sich auch auf der Homepage der Haager Konferenz für Internationales Privatrecht:

http://www.hcch.net/index_en.php?act=conventions.status&cid=41

2. Erteilung der Apostille durch den Landgerichtspräsidenten

Die Apostille für notarielle deutsche Urkunden ist beim Landgerichtspräsidenten zu beantragen. Sie wird nach einem im Haager Übereinkommen vorgegebenen Muster erteilt.

3. Zuständige Behörde im Ausland

Welche Behörde in einem ausländischen Staat die Apostille erteilt, kann auf der Homepage der Haager Konvention eingesehen werden:

http://www.hcch.net/index_en.php?act=conventions.authorities&cid=41

III. Legalisation

1. Für welche Länder ist eine Legalisation erforderlich?

Für Urkunden aus den **übrigen Ländern** ist grundsätzlich eine Legalisation erforderlich. Die Legalisation erfolgt für Urkunden aus dem betreffenden Staat durch die dortige deutsche Botschaft.

2. Länder, in denen die deutsche Vertretung keine Legalisation vornimmt

Für diverse Länder stellten die deutschen Auslandsvertretungen aber die Legalisation bis auf weiteres ein, da dort die Voraussetzungen für die Legalisation nicht gegeben sind. Die entsprechende Liste findet sich – jeweils aktualisiert – auf der Homepage des Auswärtigen Amtes:

http://www.auswaertiges-amt.de/diplo/de/Infoservice/FAQ/BeglaubigungLegalisation/14-Ablehnung-ausl.html

Die dortigen deutschen Konsularbeamten können jedoch im Rahmen der **Amtshilfe** für deutsche Behörden im Einzelfall überprüfen lassen, ob der bescheinigte Sachverhalt zutrifft und hierdurch die Entscheidung der Inlandsbehörde über den Beweiswert der Urkunden in Deutschland erleichtern.

Deutsche Behörden oder Gerichte, die Urkunden aus einem Land benötigen, für das das Legalisationsverfahren eingestellt wurde, können eine solche Überprüfung verlangen. Dazu muss die betreffende deutsche Inlandsbehörde ein **Amtshilfeersuchen** an die zuständige deutsche Auslandsvertretung richten.

Sie muss die ausländische Urkunde im Original beifügen, konkrete Fragen stellen oder um Globalüberprüfung ersuchen, und im Verhältnis zur Auslandsvertretung die Übernahme der dabei entstehenden Auslagen zusagen (wobei die Inlandsbehörde ihrerseits diese Auslagen dem Antragsteller in Rechnung stellen kann).

Die Auslagen entstehen dadurch, dass die deutschen Auslandsvertretungen die gewünschten Überprüfungen nicht ausschließlich mit eigenem Personal durchführen können, sondern sich regelmäßig auch auf die Erkundigungen von Vertrauensanwälten und sonstigen Vertrauenspersonen stützen müssen. Je nach Zeitaufwand der Prüfung sind Auslagen zu erstatten, die sich **auf mehrere hundert Euro** belaufen können. Die inländischen Behörden können zur Übermittlung ihrer Amtshilfeersuchen an die deutsche Auslandsvertretung den amtlichen Kurierweg des Auswärtigen Amts mitbenutzen. Privatpersonen können diesen Kurierweg hingegen nicht in Anspruch nehmen.

Einzelheiten zum Prüfverfahren können den Merkblättern der zuständigen deutsche Auslandsvertretung entnommen werden.

http://www.auswaertiges-amt.de/diplo/de/Infoservice/FAQ/BeglaubigungLegalisation/15-WasTun-ausl.html

3. Verwendung deutscher Urkunden im Ausland

Die Einstellung der Legalisation durch die betreffende deutsche Auslandsvertretung berührt nicht die Verwendung deutscher Urkunden im betreffenden Staat. Hierfür erfolgt weiterhin eine Legalisation; dies genügt auch als Echtheitsnachweis in den betreffenden Staaten.

4. Durchführung der Legalisation durch Vertretung des jeweiligen Verwendungsstaates

Die Legalisation erfolgt durch die **Auslandsvertretung** des Staates, in dem die Urkunde verwendet werden soll.

- Erforderlich ist zunächst eine **Vorbeglaubigung** durch den jeweiligen **Landgerichtspräsidenten.**
- Folgende Staaten verlangen für die Legalisation deutscher Urkunden zusätzlich zur Vorbeglaubigung auch noch eine sogenannte **Endbeglaubigung** durch das Auswärtige Amt:

  Bahrain, Bangladesh, VR China,

  Irak, Iran (außer für Hochschulzeugnisse), Jordanien,

  Kambodscha, Libanon (nur für Schul- und Ausbildungsnachweise),

  Mali, Myanmar, Nepal, Ruanda,

  Saudi-Arabien, Somalia, Sudan, Syrien, Togo.

Das Auswärtige Amt hat die Aufgabe der Endbeglaubigung deutscher Urkunden auf das **Bundesverwaltungsamt** übertragen:

Bundesverwaltungsamt
Referat II B4
50728 Köln
(Tel.: 018 88 – 358 – 5025/5008)

Verbindliche Auskünfte zu den Voraussetzungen einer Legalisation und den Gebühren erhalten Sie von der für die Legalisation zuständigen ausländischen Vertretung in Deutschland.

http://www.auswaertiges-amt.de/diplo/de/Infoservice/FAQ/BeglaubigungLegalisation/06-Legalisation.html

Der Abdruck erfolgt mit freundlicher Genehmigung des Deutschen Notarinstituts. Eine aktuelle Fassung ist im Internet unter www.dnoti.de (Arbeitshilfen/IPR) abrufbar.

225. Einführungsgesetz zum Bürgerlichen Gesetzbuche[1)]

In der Fassung der Bekanntmachung vom 21. September 1994[2)]
(BGBl. I S. 2494, ber. BGBl. 1997 I S. 1061)

FNA 400-1

geänd. durch Art. 32 EGInsO v. 5. 10. 1994 (BGBl. I S. 2911), Art. 3 VermögensrechtsanpassungsG v. 4. 7. 1995 (BGBl. I S. 895), EigentumsfristenG v. 20. 12. 1996 (BGBl. I S. 2028), Art. 2 WohnraummodernisierungssicherungsG v. 17. 7. 1997 (BGBl. I S. 1823), Art. 3 BeistandschaftsG v. 4. 12. 1997 (BGBl. I S. 2846), Art. 12 KindschaftsrechtsreformG v. 16. 12. 1997 (BGBl. I S. 2942), Art. 2 ErbrechtsgleichstellungsG v. 16. 12. 1997 (BGBl. I S. 2968, ber.) 1998 I S. 524, Art. 4 KindesunterhaltsG v. 6. 4. 1998 (BGBl. I S. 666), Art. 15 EheschließungsrechtsG v. 4. 5. 1998 (BGBl. I S. 833), G zur Beseitigung von Erwerbsbeschränkungen für ausländische Investoren und Staaten v. 23. 7. 1998 (BGBl. I S. 1886), Art. 18 G zur Änd. der Haftungsbeschränkung in der Binnenschiffahrt v. 25. 8. 1998 (BGBl. I S. 2489), Art. 6 VermögensrechtsbereinigungsG v. 20. 10. 1998 (BGBl. I S. 3180), EGInsOÄndG v. 19. 12. 1998 (BGBl. I S. 3836), G zum Internationalen Privatrecht für außervertragliche Schuldverhältnisse und für Sachen v. 22. 5. 1999 (BGBl. I S. 1026), Art. 2 ÜberweisungsG v. 21. 7. 1999 (BGBl. I S. 1642), Zweites EigentumsfristenG v. 20. 12. 1999 (BGBl. I S. 2493), Art. 2 G zur Beschleunigung fälliger Zahlungen v. 30. 3. 2000 (BGBl. I S. 330), Art. 2 G über Fernabsatzverträge und andere Fragen des Verbraucherrechts sowie zur Umstellung von Vorschriften auf Euro v. 27. 6. 2000 (BGBl. I S. 897), Art. 4 GrundstücksrechtsänderungsG v. 2. 11. 2000 (BGBl. I S. 1481), Art. 3 § 25 G zur Beendigung der Diskriminierung gleichgeschlechtlicher Gemeinschaften: Lebenspartnerschaften v. 16. 2. 2001 (BGBl. I S. 266), Art. 8 Abs. 8 KostREuroUG v. 27. 4. 2001 (BGBl. I S. 751), Art. 2 MietrechtsreformG v. 19. 6. 2001 (BGBl. I S. 1149), Art. 2 Zweites G zur Änd. reiserechtlicher Vorschriften v. 23. 7. 2001 (BGBl. I S. 1658), Art. 2 GrundstücksrechtsbereinigungsG v. 26. 10. 2001 (BGBl. I S. 2716), Art. 4 Abs. 4 Adoptionsrechtsfragen-RegelungsG v. 5. 11. 2001 (BGBl. I S. 2950), Art. 2 SchuldrechtsmodernisierungsG v. 26. 11. 2001 (BGBl. I S. 3138), Art. 10 Gewaltschutzgesetz-EinführungsG v. 11. 12. 2001 (BGBl. I S. 3513), Art. 12 Zweites Schadensersatzrechts-ÄndG v. 19. 7. 2002 (BGBl. I S. 2674), Art. 25 Abs. 3 OLG-Vertretungs-ÄndG v. 23. 7. 2002 (BGBl. I S. 2850, ber. S. 4410), Art. 21 Drittes VerwaltungsverfahrensrechtsÄndG v. 21. 8. 2002 (BGBl. I S. 3322), Art. 66 Achte ZuständigkeitsanpassungsVO v. 25. 11. 2003 (BGBl. I S. 2304), Art. 9b EntschädigungsrechtsänderungsG v. 10. 12. 2003 (BGBl. I S. 2471), Art. 1 G zur Umsetzung familienrechtl. Entscheidungen des BVerfG v. 13. 12. 2003 (BGBl. I S. 2547), Art. 1 G zur Aufhebung des Art. 232 § 2 Abs. 2 des EGBGB v. 31. 3. 2004 (BGBl. I S. 478), Art. 2 Nr. 1 Vaterschafts-AnfechtungsÄndG v. 23. 4. 2004 (BGBl. I S. 598), Art. 2 G zur Änd. der Vorschriften über Fernabsatzverträge bei Finanzdienstleistungen v. 2. 12. 2004 (BGBl. I S. 3102), Art. 6 G zur Anp. von Verjährungsvorschriften an das SchuldrechtsmodernisierungsG v. 9. 12. 2004 (BGBl. I S. 3214), Art. 5 Abs. 27 G zur Überarbeitung des LebenspartnerschaftsR v. 15. 12. 2004 (BGBl. I S. 3396), Art. 2 G zur Änd. des Ehe- und LebenspartnerschaftsnamensR v. 6. 2. 2005 (BGBl. I S. 203), Art. 7 Zweites Betreuungsrechts-ÄndG v. 21. 4. 2005 (BGBl. I S. 1073), ÄndG v. 26. 5. 2005 (BGBl. I S. 1425), Art. 4 Abs. 15 G zur Neuorganisation der Bundesfinanzverwaltung und zur Schaffung eines Refinanzierungsregisters v. 22. 9. 2005 (BGBl. I S. 2809), Art. 122 Erstes G über die Bereinigung von BundesR im Zuständigkeitsbereich des BMJ v. 19. 4. 2006 (BGBl. I S. 866), Art. 96 Neunte ZuständigkeitsanpassungsVO v. 31. 10. 2006 (BGBl. I S. 2407), Art. 5 G zur Auflösung der Unabhängigen Kommission zur Überprüfung des Vermögens der Parteien und Massenorganisationen der DDR v. 19. 12. 2006 (BGBl. I S. 3230), Art. 2 Abs. 15 PersonenstandsrechtsreformG v. 19. 2. 2007 (BGBl. I S. 122, geänd. mWv 24. 5. 2007 durch G v. 16. 5. 2007 [BGBl. I S. 748]), Art. 5 Siebtes BundesvertriebenenG-ÄndG v. 16. 5. 2007 (BGBl. I S. 748), Art. 19 Zweites G über die Bereinigung von BundesR im Zuständigkeitsbereich des BMJ v. 23. 11. 2007 (BGBl. I S. 2614), Art. 3 Abs. 6 G zur Änd. d. Unterhaltsrechts v. 21. 12. 2007 (BGBl. I S. 3189), Art. 2 Abs. 5 G zur Ergänzung des Rechts zur Anfechtung der Vaterschaft v. 13. 3. 2008 (BGBl. I S. 313), Art. 5 G zur Klärung der Vaterschaft unabhängig vom Anfechtungsverfahren v. 26. 3. 2008 (BGBl. I S. 441), Art. 7 RisikobegrenzungsG v. 12. 8. 2008 (BGBl. I S. 1666), Art. 2 ForderungssicherungsG v. 23. 10. 2008 (BGBl. I S. 2022, ber. S. 2582), Art. 1 G zur Anp. der Vorschriften des Internationalen Privatrechts an die VO (EG) Nr. 864/2007 v. 10. 12. 2008 (BGBl. I S. 2401), Art. 49 FGG-ReformG v. 17. 12. 2008 (BGBl. I S. 2586), Art. 17 Nr. 2 Drittes MittelstandsentlastungsG v. 17. 3. 2009 (BGBl. I S. 550), Art. 20 G zur Strukturreform des Versorgungsausgleichs v. 3. 4. 2009 (BGBl. I S. 700), Art. 1 G zur Anpassung der Vorschriften des Internationalen Privatrechts an die VO (EG) Nr. 593/2008 v. 25. 6. 2009 (BGBl. I S. 1574), Art. 6 G zur Änd. des Zugewinnausgleichs- und Vormundschaftsrechts v. 6. 7. 2009 (BGBl. I S. 1696), Art. 2 G zur Umsetzung der VerbraucherkreditRL, des zivilrechtl. Teils der ZahlungsdiensteRL sowie zur NeuO der Vorschriften über das Widerrufs- und Rückgaberecht v. 29. 7. 2009 (BGBl. I S. 2355), Art. 13 G zur Neuregelung des Wasserrechts v. 31. 7. 2009 (BGBl. I S. 2585), Art. 4 Abs. 9 G zur Einführung des elektronischen Rechtsverkehrs und der elektronischen Akte im Grundbuchverfahren sowie zur Änd. weiterer grundbuch-, register- und kostenrechtl. Vorschriften v. 11. 8. 2009 (BGBl. I S. 2713), Art. 2 G zur Änd. des Erb- und Verjährungsrechts v. 24. 9. 2009 (BGBl. I S. 3142) und Art. 2 G zur Erleichterung elektronischer Anmeldungen zum Vereinsregister und and. vereinsrechtl. Änd. v. 24. 9. 2009 (BGBl. I S. 3145)

– Auszug –

[1)] Die Änderungen durch das G v. 29. 7. 2009 (BGBl. I S. 2355) treten teilweise erst **mWv 11. 6. 2010** in Kraft und sind insoweit im Text noch nicht berücksichtigt.

[2)] Neubekanntmachung des EGBGB v. 18. 8. 1896 (RGBl. S. 604) in der ab 1. 10. 1994 geltenden Fassung.

Erster Teil. Allgemeine Vorschriften

Zweites Kapitel. Internationales Privatrecht

Erster Abschnitt.[1] Allgemeine Vorschriften

Art. 5 Personalstatut. (1) [1] Wird auf das Recht des Staates verwiesen, dem eine Person angehört, und gehört sie mehreren Staaten an, so ist das Recht desjenigen dieser Staaten anzuwenden, mit dem die Person am engsten verbunden ist, insbesondere durch ihren gewöhnlichen Aufenthalt oder durch den Verlauf ihres Lebens. [2] Ist die Person auch Deutscher, so geht diese Rechtsstellung vor.

(2) Ist eine Person staatenlos oder kann ihre Staatsangehörigkeit nicht festgestellt werden, so ist das Recht des Staates anzuwenden, in dem sie ihren gewöhnlichen Aufenthalt oder, mangels eines solchen, ihren Aufenthalt hat.

(3) Wird auf das Recht des Staates verwiesen, in dem eine Person ihren Aufenthalt oder ihren gewöhnlichen Aufenthalt hat, und ändert eine nicht voll geschäftsfähige Person den Aufenthalt ohne den Willen des gesetzlichen Vertreters, so führt diese Änderung allein nicht zur Anwendung eines anderen Rechts.

Zweiter Abschnitt. Recht der natürlichen Personen und der Rechtsgeschäfte

Art. 11[2] [3] Form von Rechtsgeschäften. (1) Ein Rechtsgeschäft ist formgültig, wenn es die Formerfordernisse des Rechts, das auf das seinen Gegenstand bildende Rechtsverhältnis anzuwenden ist, oder des Rechts des Staates erfüllt, in dem es vorgenommen wird.

(2) Wird ein Vertrag zwischen Personen geschlossen, die sich in verschiedenen Staaten befinden, so ist er formgültig, wenn er die Formerfordernisse des Rechts, das auf das seinen Gegenstand bildende Rechtsverhältnis anzuwenden ist, oder des Rechts eines dieser Staaten erfüllt.

(3) Wird der Vertrag durch einen Vertreter geschlossen, so ist bei Anwendung der Absätze 1 und 2 der Staat maßgebend, in dem sich der Vertreter befindet.

(4) Ein Rechtsgeschäft, durch das ein Recht an einer Sache begründet oder über ein solches Recht verfügt wird, ist nur formgültig, wenn es die Formerfordernisse des Rechts erfüllt, das auf das seinen Gegenstand bildende Rechtsverhältnis anzuwenden ist.

Art. 12 Schutz des anderen Vertragsteils. [1] Wird ein Vertrag zwischen Personen geschlossen, die sich in demselben Staat befinden, so kann sich eine natürliche Person, die nach den Sachvorschriften des Rechts dieses Staates rechts-, geschäfts- und handlungsfähig wäre, nur dann auf ihre aus den Sachvorschriften des Rechts eines anderen Staates abgeleitete Rechts-, Geschäfts- und Handlungsunfähigkeit berufen, wenn der andere Vertragsteil bei Vertragsabschluß diese Rechts-, Geschäfts- und Handlungsunfähigkeit kannte oder kennen mußte. [2] Dies gilt nicht für familienrechtliche und erbrechtliche Rechtsgeschäfte sowie für Verfügungen über ein in einem anderen Staat belegenes Grundstück.

Dritter Abschnitt. Familienrecht

Art. 14 Allgemeine Ehewirkungen. (1) Die allgemeinen Wirkungen der Ehe unterliegen

1. dem Recht des Staates, dem beide Ehegatten angehören oder während der Ehe zuletzt angehörten, wenn einer von ihnen diesem Staat noch angehört, sonst
2. dem Recht des Staates, in dem beide Ehegatten ihren gewöhnlichen Aufenthalt haben oder während der Ehe zuletzt hatten, wenn einer von ihnen dort noch seinen gewöhnlichen Aufenthalt hat, hilfsweise
3. dem Recht des Staates, mit dem die Ehegatten auf andere Weise gemeinsam am engsten verbunden sind.

(2) Gehört ein Ehegatte mehreren Staaten an, so können die Ehegatten ungeachtet des Artikels 5 Abs. 1 das Recht eines dieser Staaten wählen, falls ihm auch der andere Ehegatte angehört.

---

[1] 1. Abschn. Überschr. neu gef. mWv 11. 1. 2009 durch G v. 10. 12. 2008 (BGBl. I S. 2401).

[2] Art. 11 Abs. 4 aufgeh., bish. Abs. 5 wird Abs. 4 mWv 17. 12. 2009 durch G v. 25. 6. 2009 (BGBl. I S. 1574).

[3] Vgl. Übereinkommen v. 19. Juni 1980 über das auf vertragliche Schuldverhältnisse anzuwendende Recht (BGBl. 1986 II S. 810) mit Bek. v. 12. 7. 1991 (BGBl. II S. 871) und G zu dem Übereinkommen v. 25. 7. 1986 (BGBl. II S. 809).

Vgl. auch das Übereinkommen der Vereinten Nationen über Verträge über den internationalen Warenkauf v. 11. 4. 1980 (BGBl. 1989 II S. 586, ber. 1990 II S. 1699) sowie wegen der Übergangsbestimmungen und des Inkrafttretens Art. 5 bis 7 G v. 5. 7. 1989 (BGBl. II S. 586) und Bek. 23. 10. 1990 (BGBl. II S. 1477).

(3) [1] Ehegatten können das Recht des Staates wählen, dem ein Ehegatte angehört, wenn die Voraussetzungen des Absatzes 1 Nr. 1 nicht vorliegen und

1. kein Ehegatte dem Staat angehört, in dem beide Ehegatten ihren gewöhnlichen Aufenthalt haben, oder
2. die Ehegatten ihren gewöhnlichen Aufenthalt nicht in demselben Staat haben.

[2] Die Wirkungen der Rechtswahl enden, wenn die Ehegatten eine gemeinsame Staatsangehörigkeit erlangen.

(4) [1] Die Rechtswahl muß notariell beurkundet werden. [2] Wird sie nicht im Inland vorgenommen, so genügt es, wenn sie den Formerfordernissen für einen Ehevertrag nach dem gewählten Recht oder am Ort der Rechtswahl entspricht.

Art. 15 Güterstand. (1) Die güterrechtlichen Wirkungen der Ehe unterliegen dem bei der Eheschließung für die allgemeinen Wirkungen der Ehe maßgebenden Recht.

(2) Die Ehegatten können für die güterrechtlichen Wirkungen ihrer Ehe wählen

1. das Recht des Staates, dem einer von ihnen angehört,
2. das Recht des Staates, in dem einer von ihnen seinen gewöhnlichen Aufenthalt hat, oder
3. für unbewegliches Vermögen das Recht des Lageorts.

(3) Artikel 14 Abs. 4 gilt entsprechend.

(4) Die Vorschriften des Gesetzes über den ehelichen Güterstand von Vertriebenen und Flüchtlingen[1)] bleiben unberührt.

Art. 17 b[2)] Eingetragene Lebenspartnerschaft. (1) [1] Die Begründung, die allgemeinen und die güterrechtlichen Wirkungen sowie die Auflösung einer eingetragenen Lebenspartnerschaft unterliegen den Sachvorschriften des Register führenden Staates. [2] Auf die unterhaltsrechtlichen und die erbrechtlichen Folgen der Lebenspartnerschaft ist das nach den allgemeinen Vorschriften maßgebende Recht anzuwenden; begründet die Lebenspartnerschaft danach keine gesetzliche Unterhaltsberechtigung oder kein gesetzliches Erbrecht, so findet insoweit Satz 1 entsprechende Anwendung. [3] Der Versorgungsausgleich unterliegt dem nach Satz 1 anzuwendenden Recht; er ist nur durchzuführen, wenn danach deutsches Recht anzuwenden ist und das Recht eines der Staaten, denen die Lebenspartner im Zeitpunkt der Rechtshängigkeit des Antrags auf Aufhebung der Lebenspartnerschaft angehören, einen Versorgungsausgleich zwischen Lebenspartnern kennt. [4] Im Übrigen ist der Versorgungsausgleich auf Antrag eines Lebenspartners nach deutschem Recht durchzuführen, wenn der andere Lebenspartner während der Lebenspartnerschaftszeit eine inländische Versorgungsanwartschaft erworben hat, soweit die Durchführung des Versorgungsausgleichs im Hinblick auf die beiderseitigen wirtschaftlichen Verhältnisse auch während der nicht im Inland verbrachten Zeit der Billigkeit nicht widerspricht.

(2) [1] Artikel 10 Abs. 2 und Artikel 17 a gelten entsprechend. [2] Unterliegen die allgemeinen Wirkungen der Lebenspartnerschaft dem Recht eines anderen Staates, so ist auf im Inland befindliche bewegliche Sachen § 8 Abs. 1 des Lebenspartnerschaftsgesetzes und auf im Inland vorgenommene Rechtsgeschäfte § 8 Abs. 2 des Lebenspartnerschaftsgesetzes in Verbindung mit § 1357 des Bürgerlichen Gesetzbuchs anzuwenden, soweit diese Vorschriften für gutgläubige Dritte günstiger sind als das fremde Recht.

(3) Bestehen zwischen denselben Personen eingetragene Lebenspartnerschaften in verschiedenen Staaten, so ist die zuletzt begründete Lebenspartnerschaft vom Zeitpunkt ihrer Begründung an für die in Absatz 1 umschriebenen Wirkungen und Folgen maßgebend.

(4) Die Wirkungen einer im Ausland eingetragenen Lebenspartnerschaft gehen nicht weiter als nach den Vorschriften des Bürgerlichen Gesetzbuchs und des Lebenspartnerschaftsgesetzes vorgesehen.

Vierter Abschnitt. Erbrecht

Art. 25 Rechtsnachfolge von Todes wegen. (1) Die Rechtsnachfolge von Todes wegen unterliegt dem Recht des Staates, dem der Erblasser im Zeitpunkt seines Todes angehörte.

(2) Der Erblasser kann für im Inland belegenes unbewegliches Vermögen in der Form einer Verfügung von Todes wegen deutsches Recht wählen.

---

1) Nr. **305**.

2) Früherer Art. 17 a eingef. mWv 1. 8. 2001 durch G v. 16. 2. 2001 (BGBl. I S. 266); bish. Art. 17 a wird Art. 17 b, Art. 17 b Abs. 2 Satz 1 neu gef. mWv 1. 1. 2002 durch G v. 11. 12. 2001 (BGBl. I S. 3513); Abs. 1 Sätze 3 und 4 angef. mWv 1. 1. 2005 durch G v. 15. 12. 2004 (BGBl. I S. 3396); Abs. 1 Sätze 3 und 4 geänd. mWv 1. 9. 2009 durch G v. 3. 4. 2009 (BGBl. I S. 700).

Art. 26[1] **Verfügungen von Todes wegen.** (1) [1] Eine letztwillige Verfügung ist, auch wenn sie von mehreren Personen in derselben Urkunde errichtet wird, hinsichtlich ihrer Form gültig, wenn diese den Formerfordernissen entspricht

1. des Rechts eines Staates, dem der Erblasser ungeachtet des Artikels 5 Abs. 1 im Zeitpunkt, in dem er letztwillig verfügt hat, oder im Zeitpunkt seines Todes angehörte,
2. des Rechts des Ortes, an dem der Erblasser letztwillig verfügt hat,
3. des Rechts eines Ortes, an dem der Erblasser im Zeitpunkt, in dem er letztwillig verfügt hat, oder im Zeitpunkt seines Todes seinen Wohnsitz oder gewöhnlichen Aufenthalt hatte,
4. des Rechts des Ortes, an dem sich unbewegliches Vermögen befindet, soweit es sich um dieses handelt, oder
5. des Rechts, das auf die Rechtsnachfolge von Todes wegen anzuwenden ist oder im Zeitpunkt der Verfügung anzuwenden wäre.

[2] Ob der Erblasser an einem bestimmten Ort einen Wohnsitz hatte, regelt das an diesem Ort geltende Recht.

(2) [1] Absatz 1 ist auch auf letztwillige Verfügungen anzuwenden, durch die eine frühere letztwillige Verfügung widerrufen wird. [2] Der Widerruf ist hinsichtlich seiner Form auch dann gültig, wenn diese einer der Rechtsordnungen entspricht, nach denen die widerrufene letztwillige Verfügung gemäß Absatz 1 gültig war.

(3) [1] Die Vorschriften, welche die für letztwillige Verfügungen zugelassenen Formen mit Beziehung auf das Alter, die Staatsangehörigkeit oder andere persönliche Eigenschaften des Erblassers beschränken, werden als zur Form gehörend angesehen. [2] Das gleiche gilt für Eigenschaften, welche die für die Gültigkeit einer letztwilligen Verfügung erforderlichen Zeugen besitzen müssen.

(4) Die Absätze 1 bis 3 gelten für andere Verfügungen von Todes wegen entsprechend.

(5) [1] Im übrigen unterliegen die Gültigkeit der Errichtung einer Verfügung von Todes wegen und die Bindung an sie dem Recht, das im Zeitpunkt der Verfügung auf die Rechtsnachfolge von Todes wegen anzuwenden wäre. [2] Die einmal erlangte Testierfähigkeit wird durch Erwerb oder Verlust der Rechtsstellung als Deutscher nicht beeinträchtigt.

Fünfter Teil. Übergangsvorschriften aus Anlaß jüngerer Änderungen des Bürgerlichen Gesetzbuchs und dieses Einführungsgesetzes

Art. 220 Übergangsvorschrift zum Gesetz vom 25. Juli 1986 zur Neuregelung des Internationalen Privatrechts. (1) Auf vor dem 1. September 1986 abgeschlossene Vorgänge bleibt das bisherige Internationale Privatrecht anwendbar.

(2) Die Wirkungen familienrechtlicher Rechtsverhältnisse unterliegen von dem in Absatz 1 genannten Tag an den Vorschriften des Zweiten Kapitels des Ersten Teils.

(3) [1] Die güterrechtlichen Wirkungen von Ehen, die nach dem 31. März 1953 und vor dem 9. April 1983 geschlossen worden sind, unterliegen bis zum 8. April 1983

1. dem Recht des Staates, dem beide Ehegatten bei der Eheschließung angehörten, sonst
2. dem Recht, dem die Ehegatten sich unterstellt haben oder von dessen Anwendung sie ausgegangen sind, insbesondere nach dem sie einen Ehevertrag geschlossen haben, hilfsweise
3. dem Recht des Staates, dem der Ehemann bei der Eheschließung angehörte.

[2] Für die Zeit nach dem 8. April 1983 ist Artikel 15 anzuwenden. [3] Dabei tritt für Ehen, auf die vorher Satz 1 Nr. 3 anzuwenden war, an die Stelle des Zeitpunkts der Eheschließung der 9. April 1983. [4] Soweit sich allein aus einem Wechsel des anzuwendenden Rechts zum Ablauf des 8. April 1983 Ansprüche wegen der Beendigung des früheren Güterstands ergeben würden, gelten sie bis zu dem in Absatz 1 genannten Tag als gestundet. [5] Auf die güterrechtlichen Wirkungen von Ehen, die nach dem 8. April 1983 geschlossen worden sind, ist Artikel 15 anzuwenden. [6] Die güterrechtlichen Wirkungen von Ehen, die vor dem 1. April 1953 geschlossen worden sind, bleiben unberührt; die Ehegatten können jedoch eine Rechtswahl nach Artikel 15 Abs. 2 und 3 treffen.

(4) (weggefallen)

(5) (weggefallen)

---

[1] Beachte auch G zu dem Übereinkommen vom 5. Oktober 1961 über das auf die Form letztwilliger Verfügungen anzuwendende Recht v. 27. 8. 1965 (BGBl. II S. 1144) mit Bek. über das Inkrafttreten v. 29. 12. 1965 (BGBl. 1966 II S. 11).

227

227. Hinweise für die Fälle mit Auslandsberührung (HW Auslandsberührung)

I. Allgemeines

Immer häufiger wird der Notar mit Sachverhalten konfrontiert, die einen Bezug zum ausländischen Recht aufweisen. Bei Beratungsgesprächen im Ehe- und Erbrecht wird der Auslandsbezug recht schnell deutlich. Aber auch beim Erwerb von Immobilien ist den güterrechtlichen Besonderheiten ausländischer Beteiligter Beachtung zu schenken und auch im Gesellschaftsrecht spielt das ausländische Güterrecht eine Rolle.
Eine Verbindung zum Recht eines ausländischen Staates kann sich insbesondere aus den Ausweispapieren, der Sprache, dem Namen, dem Wohnort oder gewöhnlichen Aufenthalt der Beteiligten ergeben.
Der Notar ist grundsätzlich nicht verpflichtet, nach dem Vorliegen einer Verbindung zum Recht eines ausländischen Staates zu forschen; auch zu Fragen nach oder gar zur Feststellung der Staatsangehörigkeit ist er – ohne erkennbare Auslandsbeziehung – nicht verpflichtet. Im Beratungsgespräch zu einem Ehevertrag oder einer Verfügung von Todes wegen sollte der Notar jedoch die wesentlichen Anknüpfungspunkte für eine Verbindung zum ausländischen Recht erfragen und festhalten. Dies sind insbesondere die Staatsangehörigkeit und der gewöhnliche Aufenthalt sowie die Frage, ob es Vermögen im Ausland gibt. Hierbei kann sich der Notar mit den Erklärungen der Beteiligten zum Vorliegen einer Verbindung zum Recht eines ausländischen Staates und zu den Anknüpfungspunkten, insbesondere zur Staatsangehörigkeit und zum gewöhnlichen Aufenthalt, begnügen und braucht Nachweise hierüber nicht zu verlangen.
Der Notar muss die Regelungen zum deutschen internationalen Privatrecht kennen. Für die Anwendung ausländischen Rechts, auch ausländischen internationalen Privatrechts kann er die Haftung ausschließen.

II. Grundsätze des deutschen internationalen Privatrechts

Bei Sachverhalten mit einem Auslandsbezug bestimmt das internationale Privatrecht, welche Rechtsordnung anzuwenden ist. Dies sind im deutschen Recht die Artikel 3 ff. EGBGB.
Diese Paragraphen verweisen in den meisten Fällen zunächst wiederum auf das internationale Privatrecht des entsprechenden ausländischen Staates, Art. 4 Abs. 1 Satz 1 EGBGB, so dass in einem nächsten Schritt stets zu prüfen ist, wie dieses anknüpft. Hierbei sind mehrere Alternativen denkbar: entweder das ausländische internationale Privatrecht knüpft genauso an wie das deutsche internationale Privatrecht, d.h. es nimmt die Verweisung an, dann steht damit die maßgebliche Rechtsordnung fest, nach der sich der Sachverhalt beurteilt. Oder das ausländische Recht verweist weiter auf das (internationale) Privatrecht einer dritten Rechtsordnung. Denkbar ist auch, dass das ausländische Recht auf das deutsche Recht zurückverweist. Eine Rückverweisung auf das deutsche Recht nimmt dieses an, so dass in der Folge feststeht, dass der Sachverhalt nach deutschem (materiellem) Recht zu beurteilen ist, Art. 4 Abs. 1 Satz 2 EGBGB.
Bei Personen, die mehrere Staatsangehörigkeiten besitzen, geht die deutsche Staatsangehörigkeit grundsätzlich vor (Artikel 5 Abs. 1 Satz 2 EGBGB).
Eine gänzlich andere Frage ist, ob eine ausländische Rechtsordnung die deutsche Anknüpfung, insbesondere eine Rechtswahl, anerkennt. Eine umfassende international-privatrechtliche Begutachtung eines Falles muss daher stets in einem zweiten Schritt den Fall aus der Sicht aller möglicherweise involvierten ausländischen Rechtsordnungen prüfen.

III. Typische Beratungssituationen

1. Ehegüterrecht

Die güterrechtlichen Wirkungen einer Ehe richten sich aus deutscher Sicht nach dem Recht, das bei der Eheschließung für die allgemeinen Ehewirkungen maßgeblich war, Art. 15 Abs. 1 EGBGB. Somit ist bei Art. 14 EGBGB weiter zu lesen. Hiernach gilt grundsätzlich folgende Stufenleiter: Hatten die Ehegatten bei Eheschließung eine gemeinsame Staatsangehörigkeit, so ist dieses Recht maßgeblich. Bei unterschiedlicher Staatsangehörigkeit ist das Recht maßgeblich, in dessen Land die Ehegatten ihren gewöhnlichen Aufenthalt hatten, hilfsweise das Recht, zu dem sie die engste Verbindung haben. Maßgeblich für das Ehegüterrecht sind die Verhältnisse im Zeitpunkt der Eheschließung, auch wenn sich später die Anknüpfungspunkte ändern.
Für die güterrechtlichen Wirkungen ist eine Rechtswahl nach den Vorgaben des Art. 15 Abs. 2 EGBGB zulässig. Artikel 15 EGBGB erlaubt für die güterrechtlichen Wirkungen der Ehe die

Wahl des Rechts des Staates, dessen Staatsangehörigkeit mindestens ein Ehegatte (gemäß Art. 5 Abs. 1 EGBGB!) besitzt, die Wahl des Rechts des Staates, in dem mindestens einer der Partner – auch bei gemeinsamer Staatsangehörigkeit – seinen gewöhnlichen Aufenthalt hat oder für unbewegliches Vermögen das Recht des Lageortes.
Als Kernthesen können aus deutscher Sicht festgehalten werden:

- Haben beide Ehegatten dieselbe Staatsangehörigkeit, ist (vorbehaltlich etwaiger Weiterverweisungen nach Art. 4 Abs. 1 EGBGB) diese Rechtsordnung maßgeblich für das Ehegüterrecht.
- Haben die Ehegatten unterschiedliche Staatsangehörigkeiten, ist (vorbehaltlich etwaiger Weiterverweisungen nach Art. 4 Abs. 1 EGBGB) das Recht maßgeblich, wo die Ehegatten ihren Wohnsitz haben.
- In einem Ehevertrag können Ehegatten, die in Deutschland ihren Wohnsitz haben, unabhängig ob gemeinsame oder unterschiedliche Staatsangehörigkeit, das deutsche Recht wählen.

Üblicherweise berät der Notar Ehegatten, die ihren gewöhnlichen Aufenthalt im Inland haben; hier ist bei ausländischer Staatsangehörigkeit mindestens eines Partners stets eine (vorsorgliche) Rechtswahl zugunsten des deutschen Rechts aufzunehmen. Dann kann im vertrauten Fahrwasser des deutschen Eherechts beurkundet werden. Eine Eintragung im Güterrechtsregister kann zur Anerkennung im Ausland geboten sein.
Deutsche Ehegatten mit Wohnsitz im Ausland unterliegen aus deutscher Sicht immer deutschem Güterrecht.

Formulierungsvorschlag Rechtswahl Ehevertrag:
„Wir wählen für die allgemeinen Ehewirkungen und unabhängig davon auch für unsere güterrechtlichen Verhältnisse, soweit zulässig, das deutsche Recht. Diese Rechtswahl soll nicht nur im Inland gelten; eine mögliche Unwirksamkeit hat jedoch keinen Einfluss auf die nachfolgenden Vereinbarungen in dieser Urkunde. Uns ist bekannt, dass die Rechtswahl hinsichtlich der allgemeinen Ehewirkungen nur eingeschränkt möglich ist.
Dieser Vertrag gilt im Übrigen unabhängig von gegenwärtigen oder künftigen Staatsangehörigkeiten und Aufenthalten. Die getroffenen Vereinbarungen sollen ohne Rücksicht darauf Bestand haben, welches gesetzliche Güterrecht maßgebend wäre und wo sich einzelne Gegenstände befinden oder Einkünfte erzielt werden.
Wir entbinden hiermit den Notar von jeder Haftung aus der Nicht- oder Falschanwendung anderen als deutschen Rechts. Uns ist bekannt, dass dieser Vertrag nur in der Bundesrepublik Deutschland wirksam ist, wenn das betreffende ausländische Recht derartige ehevertragliche Vereinbarungen nicht zulässt."

2. Erbrecht

Gemäß Art. 25 Abs. 1 EGBGB bestimmt sich die Rechtsnachfolge von Todes wegen nach dem Recht, dessen Staatsangehörigkeit der Erblasser hat. Auch hier gilt Art. 4 Abs. 1 Satz 1 EGBGB, so dass in einem nächsten Schritt das internationale Privatrecht des Landes, dessen Staatsangehörigkeit der Erblasser hat, zu befragen ist, nach welchen Regeln dieses das auf die Rechtsnachfolge von Todes wegen anzuwendende Recht ermittelt.
Zu beachten ist allerdings, dass auch bei einem deutschen Staatsangehörigen für im Ausland belegene Immobilien das entsprechende (ausländische) Erbrecht zu beachten sein kann, sofern das ausländische Recht zwingend von der Anwendbarkeit des Rechtes am Lageort ausgeht, vgl. Art. 3 a Abs. 2 EGBGB. Hierzu gehören z.B. Frankreich sowie der gesamte anglo-amerikanische Rechtskreis. In diesen Fällen kommt es zur Nachlassspaltung, d.h. für den wo auch immer auf der Welt belegenen Mobiliarnachlass sowie die Immobilien in Deutschland gilt das deutsche Recht, für Auslandsimmobilien aber das entsprechende ausländische Recht.
Besondere Vorsicht ist geboten bei Erbverträgen und gemeinschaftlichen Testamenten. Diese sind nach vielen ausländischen Rechtsordnungen nicht oder nur eingeschränkt zulässig.
Eine Rechtswahl ist aus deutscher Sicht im Erbrecht nur für im Inland belegenes unbewegliches Vermögen möglich (Artikel 25 Abs. 2 EGBGB).

Formulierungsvorschlag:
„Ich wähle für mein gesamtes im Inland belegenes unbewegliches Vermögen das deutsche Erbrecht.
Die folgenden Verfügungen gelten jedoch auch für den Fall, dass trotz der vorstehenden Rechtswahl ausländisches Erbrecht für meinen Nachlass anwendbar ist."
„Der Notar hat auf Folgendes hingewiesen:

- *Die Erbfolge von im Ausland belegenem Vermögen, insbesondere von Grundbesitz, kann sich nach dem am Belegenheitsort geltenden Erbrecht richten.*
- *Bei sogenannter doppelter Staatsangehörigkeit kann Erbstatut aus Sicht des ausländischen Staates das ausländische Recht sein.*

– *Die Errichtung einer letztwilligen Verfügung in dem betreffenden ausländischen Staat in Wiederholung des heutigen Testaments kann nach Einholung von Rechtsrat über die dort zu beachtenden gesetzlichen Regelungen zu empfehlen sein.*

Der Notar hat über ausländisches Recht nicht belehrt. Ich entbinde hiermit den Notar von jeder Haftung aus der Nicht- oder Falschanwendung anderen als deutschen Rechts."

3. Grundstückskaufvertrag

Der übliche Kaufvertrag über ein in Deutschland belegenes Grundstück, der bei einem deutschen Notar beurkundet wird, unterliegt stets deutschem Recht, vgl. Art. 28 Abs. 3 EGBGB. Vorsicht ist allerdings geboten bei verheirateten Ausländern. Die Frage der Verfügungsbefugnis auf Seiten des Veräußerers bzw. die Frage des Erwerbsverhältnisses auf Käuferseite richtet sich nämlich nach dem entsprechenden Güterrechtsstatut und muss daher bei Beteiligten mit ausländischer Staatsangehörigkeit gesondert ermittelt werden. Ausgangspunkt der Prüfung ist an dieser Stelle Art. 15 EGBGB, siehe oben III.1.

Zur Ermittlung des maßgeblichen Güterrechts anhand der Artt. 15 iVm 14 EGBGB kann man die Beteiligten folgenden Fragenkatalog beantworten lassen:

– Eheschließung wann und wo?
– Gewöhnlicher Aufenthalt im Zeitpunkt der Eheschließung von Mann und Frau?
– Staatsangehörigkeit jetzt und im Zeitpunkt der Eheschließung?
– Bei Mehrrechtsstaaten (z.B. USA, Vereinigtes Königreich, Jugoslawien) Teilrechtsordnung
– Wurde ein Ehevertrag geschlossen?
– Enthält dieser eine Rechtswahl?

Denkbar ist auch, im Kaufvertrag eine Rechtswahl des (ausländischen) Erwerbers mit zu beurkunden, wonach dieser für die Immobilie das deutsche Ehegüterrecht wählt. Möglicherweise führt dies aber zu Unstimmigkeiten bezüglich der sonstigen Vermögensverhältnisse.

4. Gesellschaftsrecht

Zwar richten sich die Gründung einer deutschen GmbH oder AG und der Kaufvertrag über Geschäftsanteile an einer deutschen GmbH nach deutschem Recht als Gesellschaftsstatut, jedoch richtet sich auch hier die Frage der Verfügungsbefugnis/Erwerbsverhältnisse bei Verheirateten nach deren Ehegüterrecht. Hierauf ist bereits bei der Gründung einer deutschen GmbH/AG zu achten, ob die Anteile/Aktien allein erworben werden können. Vorsicht ist auch bei der Veräußerung von Geschäftsanteilen geboten, selbst wenn die Gesellschafterliste nur einen Ehegatten als Alleininhaber ausweist. Denn auch die Möglichkeit des gutgläubigen Erwerbs nach § 16 Abs. 3 GmbHG schützt nicht vor fehlender Verfügungsbefugnis.

„Gefährlich" sind hier all die Länder, deren Rechtsordnungen als gesetzlichen Güterstand eine Art der Errungenschaftsgemeinschaft haben.

IV. Literatur

Zur Vertiefung:

– Würzburger Notarhandbuch, 2. Auflage, Teil 7 Kap 2 und 3 (dort finden sich auch umfangreiche Länderübersichten zum Ehegüter- und Erbrecht)
– Ergiebige Fundquelle ist auch die Gutachtendatenbank des DNotI: www.dnoti-online-plus.de

Dr. Beate Kopp,
Notarin in München

230. Auskünfte über ausländisches Recht

Die Internationale Union des Lateinischen Notariats – Kommission für Europäische Angelegenheiten – hat der Bundesnotarkammer eine Liste der Organisationen und Personen übersandt, die auf kollegialer Basis Auskünfte über das jeweilige nationale Recht erteilen. Die Anfragen müssen sich unbedingt auf rein praktische und einfache Fragen beschränken.

Belgien

(Anfragen in Französisch oder Niederländisch)
Centre de Consultation
p/a Fédération Royale des Notaires de Belgique
Rue de la Montagne, 30/32
1000 Bruxelles

England/Wales

(Anfragen in Deutsch)
The Law Society
113 Chancery Lane
London WC 21 PL

Frankreich

(Anfragen in Französisch)
Cridon de Lyon
59 bis Rue de Créqui
69452 Lyon

Italien

(Anfragen in Italienisch, Französisch, Englisch oder Spanisch)
Consiglio Nazionale del Notariato
00196 Via Flaminia 162, Roma

Japan

(Anfragen in Englisch)
Nippon Koshonin Rengokai
Meiko Building
18–2, Shimbashi 1-chome
Minato-ku, Tokio, Japan 105

Luxemburg

(Anfragen in Deutsch)
Chambre des Notaires du Grand-Duché de Luxembourg
23, Avenue A.-München,
Luxembourg

Niederlande

(Anfragen in Deutsch)
Algemeen Secretariaat der Koninlijke Notariële Broederschap,
't Hoenstraat 5 (Postbus 2827),
's-Gravenhage (= La Haye) – 2078

Österreich

(Anfragen in Deutsch)
Österreichische Notariatskammer
Landesgerichtsstraße 20
1010 Wien

Portugal

(Anfragen in Portugiesisch oder Französisch)
Serviços Técnicos da Direcção Geral dos Registos e do Notariado,
Ministério da Justiça,
Lisboa

Schottland

(Anfragen in Englisch oder Französisch)
The Law Society of Scotland
26 Drumsheugh Gardens PO Box 75
Edinburgh EH 3 7 YR.

Schweiz

(Anfragen in Deutsch)
Chambre des Notaires de Bâle
Bernouillistr. 20
4056 Bâle
Association des Notaires bernois
Effingerstr. 6
3011 Bern

Spanien

(Anfragen in Spanisch oder Französisch)
Secretaris Técnica de la Junta de Decanos de los Colegios
Notariales de España,
Calle Ruiz de Alarcón no. 3
Madrid – 4.

Türkei

(Anfragen in Französisch)
Union des Notaires Turcs
Service des Affaires Internationales
Çankiri Cad. 18,
Ankara Türkei

233. Übereinkommen über das auf die Form letztwilliger Verfügungen anzuwendende Recht

Vom 27. August 1965
(BGBl. II S. 1145)
– Auszug –

Geltungsbereich am 12. Mai 2009[1)]

Vertragsstaaten	Ratifikation Beitritt (B) Nachfolgeerklärung (N)		Inkrafttreten	
Antigua und Barbuda	17. Mai	1985 N	1. November	1981
Armenien*)	1. März	2007 B	30. April	2007
Australien*)	22. September	1986 B	21. November	1986
Australisches Antarktis-Territorium	22. September	1986 B	21. November	1986
Bundesstaaten Australiens und Territorien Australiens auf dem Kontinent	22. September	1986 B	21. November	1986
Korallensee-Territorium	22. September	1986 B	21. November	1986
Territorium der Insel Heard und der Mc Donald-Inseln	22. September	1986 B	21. November	1986
Belgien*)	20. Oktober	1971	19. Dezember	1971
Bosnien und Herzegowina	1. Oktober	1993 N	6. März	1992
Botsuana*)	18. November	1968 B	17. Januar	1969
Brunei	10. Mai	1988 B	9. Juli	1988
China				
Hongkong*a)	16. Juni	1997	1. Juli	1997
Dänemark	21. Juli	1976	19. September	1976
Deutschland	2. November	1965	1. Januar	1966
Estland*)	13. Mai	1998 B	12. Juli	1998
Fidschi*)	19. Juli	1971 N	10. Oktober	1970
Finnland	24. Juni	1976	23. August	1976
Frankreich*)	20. September	1967	19. November	1967
Europäische Departemente, Überseeische Departemente und Gebiete	20. September	1967 B	19. November	1967
Grenada	3. Juni	1985 N	7. Februar	1974
Griechenland	3. Juni	1983	2. August	1983
Irland	3. August	1967 B	2. Oktober	1967
Israel	11. November	1977 B	10. Januar	1978
Japan	3. Juni	1964	2. August	1964
Kroatien	23. April	1993 N	8. Oktober	1991
Lesotho	1. Juni	1977 N	4. Oktober	1966
Luxemburg*)	7. Dezember	1978	5. Februar	1979
Mauritius	24. August	1970 N	12. März	1968
Mazedonien	23. September	1993 N	8. September	1991
Montenegro	1. März	2007 N	3. Juni	2006
Niederlande*)	2. Juni	1982	1. August	1982
Aruba	1. Januar	1986	2. März	1986
Norwegen	2. November	1972	1. Januar	1973
Österreich*)	28. Oktober	1963	5. Januar	1964
Polen*)	3. September	1969 B	2. November	1969
Schweden	9. Juli	1976	7. September	1976
Schweiz*)	18. August	1971	10. Oktober	1971
Serbien	26. April	2001 N	5. Januar	1964
Slowenien	8. Juni	1992 N	25. Juni	1991

[1)] **Amtl. Anm.:** Eine aktualisierte Fassung des Geltungsbereichs findet sich auf der Internetseite des EDA (http://www.eda.admin.ch/vertraege).

Vertragsstaaten	Ratifikation Beitritt (B) Nachfolgeerklärung (N)		Inkrafttreten	
Spanien	11. April	1988	10. Juni	1988
Südafrika*)	5. Oktober	1970 B	4. Dezember	1970
Swasiland*)	23. November	1970 B	22. Januar	1971
Tonga*)	10. August	1978 N	14. Februar	1965
Türkei*)	23. August	1983 B	22. Oktober	1983
Vereinigtes Königreich*)	6. November	1963	5. Januar	1964
Anguilla*)	6. November	1963	5. Januar	1964
Bermudas*)	6. November	1963	5. Januar	1964
Britische Jungferninseln*)	16. Dezember	1964 B	14. Februar	1965
Falklandinseln*)	6. November	1963	5. Januar	1964
Gibraltar*)	6. November	1963	5. Januar	1964
Insel Man*)	6. November	1963	5. Januar	1964
Kaimaninseln*)	6. November	1963	5. Januar	1964
Montserrat*)	6. November	1963	5. Januar	1964
St. Helena und Nebengebiete (Ascension und Tristan da Cunha)*)	6. November	1963	5. Januar	1964
Turks- und Caicosinseln*)	6. November	1963	5. Januar	1964

*) **Amtl. Anm.:** Vorbehalte und Erklärungen.
Die Vorbehalte und Erklärungen werden in der AS nicht veröffentlicht, mit Ausnahme jener der Schweiz. Die französischen und englischen Texte können auf der Internetseite der Haager Konferenz: http://hcch.e-vision.nl/index_fr.php eingesehen oder bei der Direktion für Völkerrecht, Sektion Staatsverträge, 3003 Bern bezogen werden.

*a) **Amtl. Anm.:** Vom 23. August 1968 bis zum 30. Juni 1997 war das Übereinkommen auf Grund einer Ausdehnungserklärung des Vereinigten Königreichs in Hongkong anwendbar. Seit dem 1. Juli 1997 bildet Hongkong eine besondere Verwaltungsregion (SAR) der Volksrepublik China. Auf Grund der chinesischen Erklärung vom 16. Juni 1997 ist das Übereinkommen seit dem 1. Juli 1997 auch in der SAR Hongkong anwendbar.

235. Merkblatt des Bayerischen Staatsministeriums des Innern für Ausländervereine und ausländische Vereine[1)]

(Stand: Dezember 1995)

235

1. Nach § 19 der Verordnung zur Durchführung des Gesetzes zur Regelung des öffentlichen Vereinsrechts (Vereinsgesetz) sind **Ausländervereine** (Vereine, deren Mitglieder oder Leiter sämtlich oder überwiegend Ausländer sind, § 14 Abs. 1 Vereinsgesetz) verpflichtet, sich **innerhalb von zwei Wochen** nach ihrer Gründung bei der für ihren Sitz zuständigen **Kreisverwaltungsbehörde** (vgl. Art. 3 Abs. 2 des Gesetzes zur Ausführung des Vereinsgesetzes – AGVereinsG –) **anzumelden**, wenn ihr Zweck nicht auf einen wirtschaftlichen Geschäftsbetrieb gerichtet ist.

Die gleiche Pflicht trifft gemäß § 21 Abs. 1 der erwähnten Verordnung **ausländische Vereine** (Vereine mit Sitz im Ausland, § 15 Abs. 1 Vereinsgesetz), die in der Bundesrepublik Deutschland organisatorische Einrichtungen gründen oder unterhalten und nichtwirtschaftliche Zwecke verfolgen.

2. Nach den gesetzlichen Bestimmungen muß die **Anmeldung** durch den Vorstand oder, wenn der Verein keinen Vorstand hat, durch die zur Vertretung berechtigten Mitglieder erfolgen. Bei ausländischen Vereinen trifft die Anmeldepflicht auch die Personen, die die organisatorische Einrichtung in der Bundesrepublik Deutschland leiten.

Die in deutscher Sprache abzufassende Anmeldung hat zu enthalten:

a) Die Satzung oder, wenn der Verein keine Satzung hat, Angaben über Name, Sitz und Zweck des Vereins,

b) Namen und Anschriften der Vorstandsmitglieder oder der zur Vertretung berechtigten Personen,

c) Angaben, in welchen Ländern der Verein Teilorganisationen hat.

Auf Verlangen der Kreisverwaltungsbehörde sind zusätzlich die in § 20 der Verordnung zur Durchführung des Gesetzes zur Regelung des öffentlichen Vereinsrechts genannten Angaben über die Tätigkeit sowie bei politischer Betätigung über Namen und Anschrift der Mitglieder und über Herkunft und Verwendung der Mittel zu machen.

3. Die zur Anmeldung verpflichteten Personen haben der zuständigen Kreisverwaltungsbehörde überdies jede **Änderung** der unter 2. a) bis c) erwähnten Angaben sowie die **Auflösung** des Vereins **innerhalb von zwei Wochen mitzuteilen.**

[1)] Die Notare werden gebeten, bei entsprechenden Unterschriftsbeglaubigungen die Beteiligten auf die Anmeldepflicht hinzuweisen (siehe Rundschreiben der Landesnotarkammer Bayern vom 24. April 1996).

240

240. Einführungsgesetz zu dem Gesetz über die Zwangsversteigerung und die Zwangsverwaltung

Vom 20. Mai 1898
(BGBl. S. 369)

RGBl. III/FNA 310-13

geänd. durch § 35 Abs. 1 Nr. 2 Achrw ÄndVO der Durchführungsbestimmungen zum UStG v. 7. 2. 1957 (BGBl. I S. 6), Art. 3 Nr. 1 ÄndG zwangsvollstreckungsrechtlicher Vorschriften v. 1. 2. 1979 (BGBl. I S. 127), Art. 6 § 4 Internationales Privatrechts-NeuregelungsG v. 25. 7. 1986 (BGBl. I S. 1142), Art. 7 Abs. 24 Rechtspflege-VereinfachungsG v. 17. 12. 1990 (BGBl. I S. 2847), Art. 12 Abs. 1 RegisterverfahrenbeschleunigungsG v. 20. 12. 1993 (BGBl. I S. 2182), Art. 1 Abs. 2 Nr. 1 EigentumsfristenG v. 20. 12. 1996 (BGBl. I S. 2028), Art. 1 Abs. 2 Nr. 1 Zweites EigentumsfristenG v. 20. 12. 1999 (BGBl. I S. 2493) und Art. 31 FGG-ReformG v. 17. 12. 2008 (BGBl. I S. 2586)

– Auszug –

§ 9 [Unberührt bleibende Rechte] (1) Soweit ein nach Landesgesetz begründetes Recht an einem Grundstücke, das nicht in einer Hypothek besteht, zur Wirksamkeit gegen Dritte der Eintragung nicht bedarf oder soweit eine Dienstbarkeit oder eine Reallast als Leibgedinge, Leibzucht, Altenteil oder Auszug eingetragen ist, bleibt das Recht nach Maßgabe des Landesgesetzes von der Zwangsversteigerung unberührt, auch wenn es bei der Feststellung des geringsten Gebots nicht berücksichtigt ist.

(2) Das Erlöschen eines solchen Rechtes ist auf Verlangen eines Beteiligten als Versteigerungsbedingung zu bestimmen, wenn durch das Fortbestehen ein dem Rechte vorgehendes oder gleichstehendes Recht des Beteiligten beeinträchtigt werden würde; die Zustimmung eines anderen Beteiligten ist nicht erforderlich.

250. Bedingungen für Anderkonten und Anderdepots von Notaren

Beschlossen von der 88. Vertreterversammlung der Bundesnotarkammer am 2. April 2004, DNotZ 2004, 401

Begriffsbestimmungen

1. Für Notare werden Anderkonten und Anderdepots (beide im Folgenden „Anderkonten" genannt) als Sonderkonten für fremde Gelder und Wertpapiere, die ihnen als Notare anvertraut wurden, eingerichtet. Der Bank gegenüber ist nur der Notar berechtigt und verpflichtet.

Kontoeröffnung

2. Bei jeder Kontoeröffnung ist der Notar verpflichtet, den Namen und die Anschrift desjenigen mitzuteilen, für dessen Rechnung er handelt. Wird das Anderkonto vom Notar für einen anderen als den nach Satz 1 benannten wirtschaftlich Berechtigten wiederverwendet, ist der Notar verpflichtet, unverzüglich Name und Anschrift des neuen wirtschaftlich Berechtigten schriftlich mitzuteilen. Auf Wunsch des Notars kann die Bank weitere Anderkonten auch ohne schriftlichen Kontoeröffnungsantrag einrichten.

3. Ist der Notar auch Rechtsanwalt (Anwaltsnotar), so führt die Bank das Anderkonto als Rechtsanwaltsanderkonto, sofern er nicht beantragt hat, das Anderkonto als Notaranderkonto zu führen.

Kontoführung

4. Der Notar darf Werte, die ihm nicht als Notar anvertraut wurden, nicht einem Anderkonto zuführen oder auf einem Anderkonto belassen.

5. Die Eigenschaft eines Kontos als Anderkonto kann nicht aufgehoben werden. Ist der Notar auch Rechtsanwalt (Anwaltsnotar), so kann er bestimmen, dass ein Anderkonto in Zukunft als Rechtsanwaltsanderkonto zu führen ist.

6. Die Bank nimmt unbeschadet der Regelung in Nr. 2 Satz 1 und 2 keine Kenntnis davon, wer bei einem Anderkonto Rechte gegen den Notar geltend zu machen befugt ist. Rechte Dritter auf Leistung aus einem Anderkonto oder auf Auskunft über ein Anderkonto bestehen der Bank gegenüber nicht; die Bank ist demgemäß nicht berechtigt, einem Dritten Verfügungen über ein Anderkonto zu gestatten oder Auskunft über das Anderkonto zu erteilen, selbst wenn nachgewiesen wird, dass das Konto im Interesse des Dritten errichtet worden ist.

7. Die Bank prüft die Rechtmäßigkeit der Verfügungen des Notars in seinem Verhältnis zu Dritten nicht, auch wenn es sich um Überweisungen von einem Anderkonto auf ein Eigenkonto handelt.

8. Ansprüche gegen die Bank aus Anderkonten sind nicht abtretbar und nicht verpfändbar.

9. Im Falle der Pfändung wird die Bank den pfändenden Gläubiger im Rahmen der Drittschuldnererklärung auf die Eigenschaft als Anderkonto hinweisen.

10. Die Bank wird bei einem Anderkonto weder das Recht der Aufrechnung noch ein Pfand- oder Zurückbehaltungsrecht geltend machen, es sei denn wegen Forderungen, die in Bezug auf das Anderkonto selbst entstanden sind.

Verfügungsbefugnis und Rechtsnachfolge

11. Über das Notaranderkonto darf nur der Notar persönlich, dessen amtlich bestellter Vertreter oder der Notariatsverwalter oder eine sonstige nach § 54 b Abs. 3 BeurkG[1] berechtigte Person verfügen.

Wenn der Notar oder Notariatsverwalter aus rechtlichen Gründen (z.B. Erlöschen des Amtes, Verlegung des Amtssitzes, vorläufige Amtsenthebung) an der Amtsausübung gehindert ist, endet seine Verfügungsbefugnis.

Nach einer vorläufigen Amtsenthebung steht die Verfügungsbefugnis dem von der Landesjustizverwaltung wegen der Amtsenthebung bestellten Vertreter oder Notariatsverwalter zu, vor dessen Bestellung der zuständigen Notarkammer. Bis zur Bestellung eines Vertreters oder Notariatsverwalters bleibt der Notar Kontoinhaber ohne Verfügungsbefugnis (§ 55 Abs. 2

[1] Nr. **200**.

Satz 3 BNotO[1]). Mit der Bestellung wird der Notariatsverwalter Kontoinhaber (§ 58 Abs. 1 BNotO[1]).

In den übrigen Fällen wird die zuständige Notarkammer Kontoinhaber, bis die Landesjustizverwaltung einen Notariatsverwalter bestellt oder einem anderen Notar die Verfügungsbefugnis übertragen hat (§ 54 b Abs. 3 Satz 2 BeurkG[2]).

Einzelverwahrung von fremden Wertpapieren und Kostbarkeiten

12. Für die Einzelverwahrung von fremden Wertpapieren und Kostbarkeiten, die nicht unter Verwendung eines Anderkontos erfolgt, gelten auf Antrag des Notars die vorstehenden Bedingungen mit Ausnahme von Nr. 2 sinngemäß.

[1] Nr. **1**.
[2] Nr. **200**.

260. Gesetz über das Aufspüren von Gewinnen aus schweren Straftaten (Geldwäschegesetz – GwG)[1]

Vom 13. August 2008

(BGBl. I S. 1690, ber. 2009 S. 816)

FNA 7613-2

geänd. durch Art. 5 G über Personalausweise und den elektronischen Identitätsnachweis sowie zur Änd. weiterer Vorschriften v. 18. 6. 2009 (BGBl. I S. 1346), Art. 5 ZahlungsdiensteumsetzungsG v. 25. 6. 2009 (BGBl. I S. 1506) und Art. 4 Abs. 9 G zur Verfolgung der Vorbereitung von schweren staatsgefährdenden Gewalttaten v. 30. 7. 2009 (BGBl. I S. 2437)

260

Abschnitt 1. Begriffsbestimmungen und Verpflichtete

§ 1[2] **Begriffsbestimmungen.** (1) Identifizieren im Sinne dieses Gesetzes besteht aus

1. der Feststellung der Identität durch Erheben von Angaben und
2. der Überprüfung der Identität.

(2) [1] Terrorismusfinanzierung im Sinne dieses Gesetzes ist

1. die Bereitstellung oder Sammlung finanzieller Mittel in Kenntnis dessen, dass sie ganz oder teilweise dazu verwendet werden oder verwendet werden sollen,
   a) eine Tat nach § 129 a, auch in Verbindung mit § 129 b des Strafgesetzbuchs, oder
   b) eine andere der in Artikel 1 bis 3 des Rahmenbeschlusses 2002/475/JI des Rates vom 13. Juni 2002 zur Terrorismusbekämpfung (ABl. EG Nr. L 164 S. 3) umschriebenen Straftaten

   zu begehen oder zu einer solchen Tat anzustiften oder Beihilfe zu leisten sowie
2. die Begehung einer Tat nach § 89 a Abs. 1 in den Fällen des Abs. 2 Nr. 4 des Strafgesetzbuchs oder die Teilnahme an einer solchen Tat.

(3) Geschäftsbeziehung im Sinne dieses Gesetzes ist jede geschäftliche oder berufliche Beziehung, die unmittelbar in Verbindung mit den geschäftlichen oder beruflichen Aktivitäten der Verpflichteten unterhalten wird, und bei der beim Zustandekommen des Kontakts davon ausgegangen wird, dass sie von gewisser Dauer sein wird.

(4) Transaktion im Sinne dieses Gesetzes ist jede Handlung, die eine Geldbewegung oder eine sonstige Vermögensverschiebung bezweckt oder bewirkt.

(5) Dem Bargeld im Sinne dieses Gesetzes gleichgestellt ist elektronisches Geld im Sinne von § 1 Abs. 14 des Kreditwesengesetzes.

(6) [1] Wirtschaftlich Berechtigter im Sinne dieses Gesetzes ist die natürliche Person, in deren Eigentum oder unter deren Kontrolle der Vertragspartner letztlich steht, oder die natürliche Person, auf deren Veranlassung eine Transaktion letztlich durchgeführt oder eine Geschäftsbeziehung letztlich begründet wird. [2] Hierzu zählen insbesondere:

1. bei Gesellschaften, die nicht an einem organisierten Markt im Sinne des § 2 Abs. 5 des Wertpapierhandelsgesetzes notiert sind und keinen dem Gemeinschaftsrecht entsprechenden Transparenzanforderungen im Hinblick auf Stimmrechtsanteile oder gleichwertigen internationalen Standards unterliegen, jede natürliche Person, welche unmittelbar oder mittelbar mehr als 25 Prozent der Kapitalanteile hält oder mehr als 25 Prozent der Stimmrechte kontrolliert,
2. bei rechtsfähigen Stiftungen und Rechtsgestaltungen, mit denen treuhänderisch Vermögen verwaltet oder verteilt oder die Verwaltung oder Verteilung durch Dritte beauftragt wird, oder diesen vergleichbaren Rechtsformen,

---

[1] Verkündet als Art. 2 G v. 13. 8. 2008 (BGBl. I S. 1690); Inkrafttreten gem. Art. 11 dieses G am 21. 8. 2008. Dieses Gesetz dient der Umsetzung nachfolgender Richtlinien:
- Richtlinie 2005/60/EG des Europäischen Parlaments und des Rates vom 26. Oktober 2005 zur Verhinderung der Nutzung des Finanzsystems zum Zwecke der Geldwäsche und der Terrorismusfinanzierung (ABl. EU Nr. L 309 S. 15), die zuletzt durch die Richtlinie 2007/64/EG des Europäischen Parlaments und des Rates vom 13. November 2007 (ABl. EU Nr. L 319 S. 1) geändert worden ist, und
- Richtlinie 2006/70/EG der Kommission vom 1. August 2006 mit Durchführungsbestimmungen für die Richtlinie 2005/60/EG des Europäischen Parlaments und des Rates hinsichtlich der Begriffsbestimmung von „politisch exponierte Personen“ und der Festlegung der technischen Kriterien für vereinfachte Sorgfaltspflichten sowie für die Befreiung in Fällen, in denen nur gelegentlich oder in sehr eingeschränktem Umfang Finanzgeschäfte getätigt werden (ABl. EU Nr. L 214 S. 29).

[2] § 1 Abs. 2 neu gef. mWv 4. 8. 2009 durch G v. 30. 7. 2009 (BGBl. I S. 2437).

a) jede natürliche Person, die 25 Prozent oder mehr des Vermögens kontrolliert,

b) jede natürliche Person, die als Begünstigte von 25 Prozent oder mehr des verwalteten Vermögens bestimmt worden ist,

c) die Gruppe von natürlichen Personen, zu deren Gunsten das Vermögen hauptsächlich verwaltet oder verteilt werden soll, sofern die natürliche Person, die Begünstigte des verwalteten Vermögens werden soll, noch nicht bestimmt ist.

(7) Das Bundesministerium des Innern kann im Einvernehmen mit dem Bundesministerium der Finanzen und dem Bundesministerium für Wirtschaft und Technologie durch Rechtsverordnung ohne Zustimmung des Bundesrates unter Beachtung der von der Kommission der Europäischen Union auf Grundlage des Artikels 40 Abs. 1 Buchstabe a der Richtlinie 2005/60/EG des Europäischen Parlaments und des Rates vom 26. Oktober 2005 zur Verhinderung der Nutzung des Finanzsystems zum Zwecke der Geldwäsche und der Terrorismusfinanzierung (ABl. EU Nr. L 309 S. 15) getroffenen Durchführungsmaßnahmen Konkretisierungen zu den vorstehenden Begriffsbestimmungen festlegen.

§ 2[1] Verpflichtete. (1) [1] Verpflichtete im Sinne dieses Gesetzes sind, soweit sie in Ausübung ihres Geschäfts oder Berufs handeln,

1. Kreditinstitute im Sinne des § 1 Abs. 1 des Kreditwesengesetzes, mit Ausnahme der in § 2 Abs. 1 Nr. 3 bis 8 des Kreditwesengesetzes genannten Unternehmen, und im Inland gelegene Zweigstellen und Zweigniederlassungen von Kreditinstituten mit Sitz im Ausland,
2. Finanzdienstleistungsinstitute im Sinne des § 1 Abs. 1 a des Kreditwesengesetzes, mit Ausnahme der in § 2 Abs. 6 Satz 1 Nr. 3 bis 12 und Abs. 10 des Kreditwesengesetzes genannten Unternehmen, und im Inland gelegene Zweigstellen und Zweigniederlassungen von Finanzdienstleistungsinstituten mit Sitz im Ausland,

2 a. Zahlungsinstitute im Sinne des § 1 Abs. 1 Nr. 5 des Zahlungsdiensteaufsichtsgesetzes und im Inland gelegene Zweigstellen und Zweigniederlassungen von Zahlungsinstituten mit Sitz im Ausland,

3. Finanzunternehmen im Sinne des § 1 Abs. 3 des Kreditwesengesetzes, die nicht unter Nummer 1 oder Nummer 4 fallen und deren Haupttätigkeit einer der in § 1 Abs. 3 Satz 1 des Kreditwesengesetzes genannten Haupttätigkeiten oder einer Haupttätigkeit eines durch Rechtsverordnung nach § 1 Abs. 3 Satz 2 des Kreditwesengesetzes bezeichneten Unternehmens entspricht, und im Inland gelegene Zweigstellen und Zweigniederlassungen solcher Unternehmen mit Sitz im Ausland,
4. Versicherungsunternehmen, soweit sie Geschäfte betreiben, die unter die Richtlinie 2002/83/EG des Europäischen Parlaments und des Rates vom 5. November 2002 über Lebensversicherungen (ABl. EG Nr. L 345 S. 1) fallen, oder soweit sie Unfallversicherungsverträge mit Prämienrückgewähr anbieten, und im Inland gelegene Niederlassungen solcher Unternehmen mit Sitz im Ausland,
5. Versicherungsvermittler im Sinne des § 59 des Versicherungsvertragsgesetzes, soweit sie Lebensversicherungen oder Dienstleistungen mit Anlagezweck vermitteln, mit Ausnahme der gemäß § 34 d Abs. 3 oder Abs. 4 der Gewerbeordnung tätigen Versicherungsvermittler, und im Inland gelegene Niederlassungen entsprechender Versicherungsvermittler mit Sitz im Ausland,
6. Investmentaktiengesellschaften im Sinne des § 2 Abs. 5 des Investmentgesetzes und Kapitalanlagegesellschaften im Sinne des § 2 Abs. 6 des Investmentgesetzes und im Inland gelegene Niederlassungen solcher Gesellschaften mit Sitz im Ausland,
7. Rechtsanwälte, Kammerrechtsbeistände und registrierte Personen im Sinne des § 10 des Rechtsdienstleistungsgesetzes, Patentanwälte sowie Notare, wenn sie für ihren Mandanten an der Planung oder Durchführung von folgenden Geschäften mitwirken:
   a) Kauf und Verkauf von Immobilien oder Gewerbebetrieben,
   b) Verwaltung von Geld, Wertpapieren oder sonstigen Vermögenswerten,
   c) Eröffnung oder Verwaltung von Bank-, Spar- oder Wertpapierkonten,
   d) Beschaffung der zur Gründung, zum Betrieb oder zur Verwaltung von Gesellschaften erforderlichen Mittel,
   e) Gründung, Betrieb oder Verwaltung von Treuhandgesellschaften, Gesellschaften oder ähnlichen Strukturen,

   oder wenn sie im Namen und auf Rechnung des Mandanten Finanz- oder Immobilientransaktionen durchführen,

[1] § 2 Abs. 1 Nr. 2 a eingef. mWv 31. 10. 2009 durch G v. 25. 6. 2009 (BGBl. I S. 1506).

8. Wirtschaftsprüfer, vereidigte Buchprüfer, Steuerberater und Steuerbevollmächtigte,
9. Dienstleister für Gesellschaften und Treuhandvermögen oder Treuhänder, die nicht den unter Nummer 7 oder Nummer 8 genannten Berufen angehören, wenn sie für Dritte eine der folgenden Dienstleistungen erbringen:
   a) Gründung einer juristischen Person oder Personengesellschaft,
   b) Ausübung der Leitungs- oder Geschäftsführungsfunktion einer juristischen Person oder einer Personengesellschaft, der Funktion eines Gesellschafters einer Personengesellschaft oder einer vergleichbaren Funktion,
   c) Bereitstellung eines Sitzes, einer Geschäfts-, Verwaltungs- oder Postadresse und anderer damit zusammenhängender Dienstleistungen für eine juristische Person, eine Personengesellschaft oder eine Rechtsgestaltung im Sinne von § 1 Abs. 6 Satz 2 Nr. 2,
   d) Ausübung der Funktion eines Treuhänders für eine Rechtsgestaltung im Sinne von § 1 Abs. 6 Satz 2 Nr. 2,
   e) Ausübung der Funktion eines nominellen Anteilseigners für eine andere Person, bei der es sich nicht um eine auf einem organisierten Markt notierte Gesellschaft im Sinne des § 2 Abs. 5 des Wertpapierhandelsgesetzes handelt, die dem Gemeinschaftsrecht entsprechenden Transparenzanforderungen im Hinblick auf Stimmrechtsanteile oder gleichwertigen internationalen Standards unterliegt,
   f) Schaffung der Möglichkeit für eine andere Person, die in den Buchstaben b, d und e genannten Funktionen auszuüben,
10. Immobilienmakler,
11. Spielbanken,
12. Personen, die gewerblich mit Gütern handeln.

(2) [1] Die Bundesministerien des Innern, der Finanzen und für Wirtschaft und Technologie können unter Beachtung der von der Kommission der Europäischen Union gemäß Artikel 40 Abs. 1 Buchstabe d der Richtlinie 2005/60/EG getroffenen Durchführungsmaßnahmen durch Rechtsverordnung ohne Zustimmung des Bundesrates im Rahmen ihrer jeweiligen Zuständigkeit für Verpflichtete im Sinne von Absatz 1 Nr. 1 bis 6, die eine Finanztätigkeit nur gelegentlich oder in sehr begrenztem Umfang ausüben und bei denen ein geringes Risiko der Geldwäsche oder der Terrorismusfinanzierung besteht, Ausnahmen von gesetzlichen Pflichten zur Verhinderung der Geldwäsche oder der Terrorismusfinanzierung vorsehen. [2] Das Bundesministerium der Finanzen kann die ihm erteilte Ermächtigung durch Rechtsverordnung ohne Zustimmung des Bundesrates auf die Bundesanstalt für Finanzdienstleistungsaufsicht übertragen.

Abschnitt 2. Sorgfaltspflichten und interne Sicherungsmaßnahmen

§ 3 Allgemeine Sorgfaltspflichten. (1) Verpflichtete im Sinne von § 2 Abs. 1 haben in den in Absatz 2 genannten Fällen die nachfolgenden allgemeinen Sorgfaltspflichten zu erfüllen:
1. die Identifizierung des Vertragspartners nach Maßgabe des § 4 Abs. 3 und 4,
2. die Einholung von Informationen über den Zweck und die angestrebte Art der Geschäftsbeziehung, soweit sich diese im Einzelfall nicht bereits zweifelsfrei aus der Geschäftsbeziehung ergeben,
3. die Abklärung, ob der Vertragspartner für einen wirtschaftlich Berechtigten handelt, und, soweit dies der Fall ist, dessen Identifizierung nach Maßgabe des § 4 Abs. 5; dies schließt in Fällen, in denen der Vertragspartner keine natürliche Person ist, die Pflicht mit ein, die Eigentums- und Kontrollstruktur des Vertragspartners mit angemessenen Mitteln in Erfahrung zu bringen,
4. die kontinuierliche Überwachung der Geschäftsbeziehung, einschließlich der in ihrem Verlauf durchgeführten Transaktionen, um sicherzustellen, dass diese mit den beim Verpflichteten vorhandenen Informationen über den Vertragspartner und gegebenenfalls über den wirtschaftlich Berechtigten, deren Geschäftstätigkeit und Kundenprofil und soweit erforderlich mit den vorhandenen Informationen über die Herkunft ihrer Vermögenswerte übereinstimmen; die Verpflichteten haben im Rahmen der kontinuierlichen Überwachung sicherzustellen, dass die jeweiligen Dokumente, Daten oder Informationen in angemessenem zeitlichen Abstand aktualisiert werden.

(2) [1] Die Sorgfaltspflichten nach Absatz 1 sind zu erfüllen:
1. im Falle der Begründung einer Geschäftsbeziehung,
2. im Falle der Durchführung einer außerhalb einer bestehenden Geschäftsbeziehung anfallenden Transaktion im Wert von 15000 Euro oder mehr; dies gilt auch, wenn mehrere Trans-

aktionen durchgeführt werden, die zusammen einen Betrag im Wert von 15000 Euro oder mehr ausmachen, sofern Anhaltspunkte dafür vorliegen, dass zwischen ihnen eine Verbindung besteht,

3. im Falle der Feststellung von Tatsachen, die darauf schließen lassen, dass eine Transaktion einer Tat nach § 261 des Strafgesetzbuches oder der Terrorismusfinanzierung dient, gedient hat oder im Falle ihrer Durchführung dienen würde, ungeachtet etwaiger in diesem Gesetz genannter Ausnahmeregelungen, Befreiungen und Schwellenbeträge,

4. im Falle von Zweifeln, ob die auf Grund von Bestimmungen dieses Gesetzes erhobenen Angaben zu der Identität des Vertragspartners oder des wirtschaftlich Berechtigten zutreffend sind.

[2] Satz 1 Nr. 1 und 2 gilt nicht für Verpflichtete nach § 2 Abs. 1 Nr. 12. [3] Unbeschadet des Satzes 1 Nr. 3 und 4 haben Verpflichtete nach § 2 Abs. 1 Nr. 12 bei der Annahme von Bargeld im Wert von 15000 Euro oder mehr die Sorgfaltspflichten nach Absatz 1 zu erfüllen; Satz 1 Nr. 2 Halbsatz 2 gilt entsprechend.

(3) [1] Unbeschadet des Absatzes 2 besteht für Verpflichtete im Sinne von § 2 Abs. 1 Nr. 11 die Pflicht zur Identifizierung von Kunden, die Spielmarken im Wert von 2000 Euro oder mehr kaufen oder verkaufen. [2] Der Identifizierungspflicht kann auch dadurch nachgekommen werden, dass die Kunden bereits beim Betreten der Spielbank identifiziert werden.

(4) [1] Bei Erfüllung der Sorgfaltspflichten nach Absatz 1 haben die Verpflichteten den konkreten Umfang ihrer Maßnahmen entsprechend dem Risiko des jeweiligen Vertragspartners, der jeweiligen Geschäftsbeziehung oder der jeweiligen Transaktion zu bestimmen. [2] Verpflichtete müssen gegenüber den nach § 16 Abs. 2 zuständigen Behörden auf Verlangen darlegen können, dass der Umfang der von ihnen getroffenen Maßnahmen im Hinblick auf die Risiken der Geldwäsche und der Terrorismusfinanzierung als angemessen anzusehen ist.

(5) Versicherungsvermittler im Sinne von § 2 Abs. 1 Nr. 5, die für ein Versicherungsunternehmen im Sinne von § 2 Abs. 1 Nr. 4 Prämien einziehen, haben diesem Versicherungsunternehmen mitzuteilen, wenn Prämienzahlungen in bar erfolgen und den Betrag von 15000 Euro innerhalb eines Kalenderjahres übersteigen.

(6) [1] Kann der Verpflichtete die Sorgfaltspflichten nach Absatz 1 Nr. 1 bis 3 nicht erfüllen, darf die Geschäftsbeziehung nicht begründet oder fortgesetzt und keine Transaktion durchgeführt werden. [2] Soweit eine Geschäftsbeziehung bereits besteht, ist diese vom Verpflichteten ungeachtet anderer gesetzlicher oder vertraglicher Bestimmungen durch Kündigung oder auf andere Weise zu beenden. [3] Die Sätze 1 und 2 gelten nicht für Verpflichtete im Sinne von § 2 Abs. 1 Nr. 7 und 8, wenn der Vertragspartner eine Rechtsberatung oder Prozessvertretung erstrebt, es sei denn, der Verpflichtete weiß, dass der Vertragspartner die Rechtsberatung bewusst für den Zweck der Geldwäsche oder der Terrorismusfinanzierung in Anspruch nimmt.

§ 4 Durchführung der Identifizierung. (1) [1] Verpflichtete haben Vertragspartner und soweit vorhanden wirtschaftlich Berechtigte bereits vor Begründung der Geschäftsbeziehung oder Durchführung der Transaktion zu identifizieren. [2] Die Identifizierung kann noch während der Begründung der Geschäftsbeziehung abgeschlossen werden, wenn dies erforderlich ist, um den normalen Geschäftsablauf nicht zu unterbrechen, und ein geringes Risiko der Geldwäsche oder der Terrorismusfinanzierung besteht.

(2) Von einer Identifizierung kann abgesehen werden, wenn der Verpflichtete den zu Identifizierenden bereits bei früherer Gelegenheit identifiziert und die dabei erhobenen Angaben aufgezeichnet hat, es sei denn, der Verpflichtete muss auf Grund der äußeren Umstände Zweifel hegen, dass die bei der früheren Identifizierung erhobenen Angaben weiterhin zutreffend sind.

(3) Zur Feststellung der Identität des Vertragspartners hat der Verpflichtete folgende Angaben zu erheben:

1. bei einer natürlichen Person: Name, Geburtsort, Geburtsdatum, Staatsangehörigkeit und Anschrift,

2. bei einer juristischen Person oder einer Personengesellschaft: Firma, Name oder Bezeichnung, Rechtsform, Registernummer soweit vorhanden, Anschrift des Sitzes oder der Hauptniederlassung und Namen der Mitglieder des Vertretungsorgans oder der gesetzlichen Vertreter; ist ein Mitglied des Vertretungsorgans oder der gesetzliche Vertreter eine juristische Person, so sind deren Firma, Name oder Bezeichnung, Rechtsform, Registernummer soweit vorhanden und Anschrift des Sitzes oder der Hauptniederlassung zu erheben.

(4) [1] Zur Überprüfung der Identität des Vertragspartners hat sich der Verpflichtete anhand der nachfolgenden Dokumente zu vergewissern, dass die nach Absatz 3 erhobenen Angaben zutreffend sind, soweit sie in den Dokumenten enthalten sind:

1. bei natürlichen Personen vorbehaltlich der Regelung in § 6 Abs. 2 Nr. 2 anhand eines gültigen amtlichen Ausweises, der ein Lichtbild des Inhabers enthält und mit dem die Pass- und Ausweispflicht im Inland erfüllt wird, insbesondere anhand eines inländischen oder nach ausländerrechtlichen Bestimmungen anerkannten oder zugelassenen Passes, Personalausweises oder Pass- oder Ausweisersatzes,
2. bei juristischen Personen oder Personengesellschaften anhand eines Auszugs aus dem Handels- oder Genossenschaftsregister oder einem vergleichbaren amtlichen Register oder Verzeichnis, der Gründungsdokumente oder gleichwertiger beweiskräftiger Dokumente oder durch Einsichtnahme in die Register- oder Verzeichnisdaten.

[2] Das Bundesministerium des Innern kann im Einvernehmen mit dem Bundesministerium der Finanzen durch Rechtsverordnung ohne Zustimmung des Bundesrates weitere Dokumente bestimmen, die zur Überprüfung der Identität geeignet sind.

(5) [1] Bei einem wirtschaftlich Berechtigten hat der Verpflichtete zur Feststellung der Identität zumindest dessen Name und, soweit dies in Ansehung des im Einzelfall bestehenden Risikos der Geldwäsche oder der Terrorismusfinanzierung angemessen ist, weitere Identifizierungsmerkmale zu erheben. [2] Zur Überprüfung der Identität des wirtschaftlich Berechtigten hat sich der Verpflichtete durch risikoangemessene Maßnahmen zu vergewissern, dass die nach Satz 1 erhobenen Angaben zutreffend sind.

(6) Der Vertragspartner hat dem Verpflichteten die zur Erfüllung der Pflichten gemäß den vorstehenden Absätzen notwendigen Informationen und Unterlagen zur Verfügung zu stellen und sich im Laufe der Geschäftsbeziehung ergebende Änderungen unverzüglich anzuzeigen.

§ 5 Vereinfachte Sorgfaltspflichten. (1) [1] Soweit die Voraussetzungen des § 6 nicht vorliegen, können Verpflichtete in den Fällen des § 3 Abs. 2 Satz 1 Nr. 1, 2 und 4 von der Erfüllung der Sorgfaltspflichten des § 3 Abs. 1 absehen, wenn das Risiko der Geldwäsche oder der Terrorismusfinanzierung nach Maßgabe von Absatz 2 gering ist. [2] § 3 Abs. 4 Satz 2 findet entsprechende Anwendung.

(2) [1] Ein geringes Risiko besteht vorbehaltlich von § 25 d des Kreditwesengesetzes, auch in Verbindung mit § 6 Abs. 5 des Investmentgesetzes, und § 80 e des Versicherungsaufsichtsgesetzes ausschließlich in folgenden Fällen:

1. bei Transaktionen von oder zugunsten von und bei Begründung von Geschäftsbeziehungen mit Verpflichteten im Sinne von § 2 Abs. 1 Nr. 1 bis 6; dies gilt auch, soweit es sich um ein Kredit- oder Finanzinstitut im Sinne der Richtlinie 2005/60/EG mit Sitz in einem Mitgliedstaat der Europäischen Union oder mit Sitz in einem Drittstaat handelt, das dort gleichwertigen Anforderungen und einer gleichwertigen Aufsicht unterliegt;
2. bei Transaktionen von oder zugunsten von und bei Begründung von Geschäftsbeziehungen mit börsennotierten Gesellschaften, deren Wertpapiere zum Handel auf einem organisierten Markt im Sinne des § 2 Abs. 5 des Wertpapierhandelsgesetzes in einem oder mehreren Mitgliedstaaten der Europäischen Union zugelassen sind, und mit börsennotierten Gesellschaften aus Drittstaaten, die Transparenzanforderungen im Hinblick auf Stimmrechtsanteile unterliegen, die denjenigen des Gemeinschaftsrechts gleichwertig sind;
3. bei der Feststellung der Identität des wirtschaftlich Berechtigten bei Anderkonten von Verpflichteten im Sinne von § 2 Abs. 1 Nr. 7, sofern das kontoführende Institut vom Inhaber des Anderkontos die Angaben über die Identität des wirtschaftlich Berechtigten auf Anfrage erhalten kann; dies gilt auch für Anderkonten von Notaren oder anderen selbständigen Angehörigen von Rechtsberufen, die in Mitgliedstaaten der Europäischen Union ansässig sind, und für Anderkonten von Notaren oder anderen selbständigen Angehörigen von Rechtsberufen mit Sitz in Drittstaaten, sofern diese internationalen Standards entsprechenden Anforderungen bezüglich der Bekämpfung der Geldwäsche oder der Terrorismusfinanzierung und insoweit einer Aufsicht unterliegen;
4. bei Transaktionen von oder zugunsten von inländischen Behörden im Sinne des § 1 Abs. 4 des Verwaltungsverfahrensgesetzes und der entsprechenden Regelungen der Verwaltungsverfahrensgesetze der Länder und bei Begründung von Geschäftsbeziehungen mit diesen; Entsprechendes gilt in Bezug auf ausländische Behörden oder ausländische öffentliche Einrichtungen, die auf der Grundlage des Vertrags über die Europäische Union, der Verträge zur Gründung der Europäischen Gemeinschaften oder des Sekundärrechts der Gemeinschaften mit öffentlichen Aufgaben betraut sind, sofern deren Identität öffentlich nachprüfbar und transparent ist und zweifelsfrei feststeht, ihre Tätigkeiten und Rechnungslegung transparent sind und eine Rechenschaftspflicht gegenüber einem Organ der Gemeinschaft oder gegenüber den Behörden eines Mitgliedstaats der Europäischen Union oder anderweitige Kontroll- und Überwachungsmaßnahmen zur Überprüfung der Tätigkeit bestehen.

[2] Für Verpflichtete im Sinne des § 2 Abs. 1 Nr. 3 gilt § 25 d des Kreditwesengesetzes entsprechend.

(3) Die Absätze 1 und 2 finden keine Anwendung, wenn dem Verpflichteten im Hinblick auf eine konkrete Transaktion oder Geschäftsbeziehung Informationen vorliegen, die darauf schließen lassen, dass das Risiko der Geldwäsche oder der Terrorismusfinanzierung nicht gering ist.

(4) Das Bundesministerium des Innern kann im Einvernehmen mit dem Bundesministerium der Finanzen und dem Bundesministerium für Wirtschaft und Technologie durch Rechtsverordnung ohne Zustimmung des Bundesrates

1. zur Umsetzung der von der Kommission der Europäischen Union gemäß Artikel 40 Abs. 1 Buchstabe b der Richtlinie 2005/60/EG getroffenen Durchführungsmaßnahmen weitere Kriterien bestimmen, bei denen ein geringes Risiko der Geldwäsche oder der Terrorismusfinanzierung besteht,
2. eine Entscheidung der Kommission der Europäischen Union gemäß Artikel 40 Abs. 4 der Richtlinie 2005/60/EG in Bezug auf die in Artikel 12 dieser Richtlinie genannten Fälle umsetzen.

§ 6 Verstärkte Sorgfaltspflichten. (1) [1] Soweit erhöhte Risiken bezüglich der Geldwäsche oder der Terrorismusfinanzierung bestehen können, haben Verpflichtete zusätzliche, dem erhöhten Risiko angemessene verstärkte Sorgfaltspflichten zu erfüllen. [2] § 3 Abs. 4 Satz 2 und Abs. 6 findet entsprechende Anwendung.

(2) Insbesondere in folgenden Fällen ist von einem erhöhten Risiko auszugehen und sind die nachstehend jeweils aufgeführten verstärkten Sorgfaltspflichten zu erfüllen:

1. Ein Verpflichteter hat angemessene, risikoorientierte Verfahren anzuwenden, mit denen bestimmt werden kann, ob es sich bei dem Vertragspartner um eine nicht im Inland ansässige natürliche Person, die ein wichtiges öffentliches Amt ausübt oder ausgeübt hat, ein unmittelbares Familienmitglied dieser Person oder eine ihr bekanntermaßen nahe stehende Person im Sinne des Artikels 2 der Richtlinie 2006/70/EG der Kommission vom 1. August 2006 mit Durchführungsbestimmungen für die Richtlinie 2005/60/EG des Europäischen Parlaments und des Rates hinsichtlich der Begriffsbestimmung von „politisch exponierte Personen" und der Festlegung der technischen Kriterien für vereinfachte Sorgfaltspflichten sowie für die Befreiung in Fällen, in denen nur gelegentlich oder in sehr eingeschränktem Umfang Finanzgeschäfte getätigt werden (ABl. EU Nr. L 214 S. 29), handelt. Hierbei gelten öffentliche Ämter unterhalb der nationalen Ebene in der Regel nur dann als wichtig, wenn deren politische Bedeutung mit der ähnlicher Positionen auf nationaler Ebene vergleichbar ist. Eine Person, die seit mindestens einem Jahr kein wichtiges öffentliches Amt mehr ausübt, ist nicht mehr als politisch exponiert zu betrachten. Soweit ein Verpflichteter abklären muss, ob der Vertragspartner einer Person, die wichtige öffentliche Ämter ausübt, nahe steht, ist er hierzu nur insoweit verpflichtet, als diese Beziehung öffentlich bekannt ist oder der Verpflichtete Grund zur Annahme hat, dass eine derartige Beziehung besteht; er ist jedoch nicht verpflichtet, hierzu Nachforschungen anzustellen. Handelt es sich bei dem Vertragspartner um eine nicht im Inland ansässige politisch exponierte Person in diesem Sinne, so gilt Folgendes:
   a) die Begründung einer Geschäftsbeziehung durch einen für den Verpflichteten Handelnden ist von der Zustimmung des diesem unmittelbar Vorgesetzten oder der ihm unmittelbar übergeordneten Führungsebene abhängig zu machen,
   b) es sind angemessene Maßnahmen zu ergreifen, mit denen die Herkunft der Vermögenswerte bestimmt werden kann, die im Rahmen der Geschäftsbeziehung oder der Transaktion eingesetzt werden, und
   c) die Geschäftsbeziehung ist einer verstärkten kontinuierlichen Überwachung zu unterziehen.

   Der Vertragspartner hat dem Verpflichteten die für die Abklärung notwendigen Informationen zur Verfügung zu stellen und sich im Laufe der Geschäftsbeziehung ergebende Änderungen unverzüglich anzuzeigen.
2. Ist der Vertragspartner eine natürliche Person und zur Feststellung der Identität nicht persönlich anwesend, hat der Verpflichtete die Identität des Vertragspartners anhand eines Dokuments im Sinne des § 4 Abs. 4 Satz 1 Nr. 1, einer beglaubigten Kopie eines solchen Dokuments oder einer qualifizierten elektronischen Signatur im Sinne von § 2 Nr. 3 des Signaturgesetzes zu überprüfen und sicherzustellen, dass die erste Transaktion unmittelbar von einem Konto erfolgt, das auf den Namen des Vertragspartners bei einem unter die Richtlinie 2005/60/EG fallenden Kreditinstitut oder bei einem in einem Drittstaat ansässigen Kreditinstitut, für das Anforderungen gelten, die denen dieses Gesetzes gleichwertig sind, eröffnet worden ist. Im Falle der Überprüfung der Identität des Vertragspartners anhand einer qualifizierten elektronischen Signatur hat der Verpflichtete die Gültigkeit des Zertifikats, die An-

zeige des Zertifizierungsdiensteanbieters gemäß § 4 Abs. 3 des Signaturgesetzes, die Unversehrtheit des Zertifikats und den Bezug des Zertifikats zu den signierten Daten zu prüfen.

(3) Das Bundesministerium des Innern kann im Einvernehmen mit dem Bundesministerium der Finanzen und dem Bundesministerium für Wirtschaft und Technologie ohne Zustimmung des Bundesrates durch Rechtsverordnung

1. in den in Absatz 2 genannten Fällen zusätzliche Maßnahmen bestimmen, die die Verpflichteten zu ergreifen haben, um dem erhöhten Risiko zu begegnen,
2. unter Beachtung der von der Kommission der Europäischen Union gemäß Artikel 40 Abs. 1 Buchstabe c der Richtlinie 2005/60/EG getroffenen Durchführungsbestimmungen und des Artikels 13 Abs. 6 dieser Richtlinie weitere Fälle benennen, in denen ein erhöhtes Risiko der Geldwäsche oder der Terrorismusfinanzierung besteht, und Maßnahmen festlegen, die die Verpflichteten zu ergreifen haben, um dem erhöhten Risiko zu begegnen.

§ 7 Ausführung durch Dritte. (1) [1] Ein Verpflichteter kann zur Erfüllung der Sorgfaltspflichten nach § 3 Abs. 1 Nr. 1 bis 3 auf Dritte zurückgreifen. [2] Die Verantwortung für die Erfüllung der Sorgfaltspflichten verbleibt bei dem Verpflichteten. [3] Als Dritte im Sinne dieser Vorschrift gelten in den Mitgliedstaaten der Europäischen Union ansässige Verpflichtete im Sinne des § 2 Abs. 1 Nr. 1, 4, 5, 7 und 8 sowie des § 2 Abs. 1 Nr. 2, soweit es sich um Finanzdienstleistungsinstitute im Sinne des § 1 Abs. 1 a Satz 2 Nr. 1, 2 bis 5 und 8 des Kreditwesengesetzes handelt. [4] Soweit sie einer gesetzlichen Registrierungs- oder Zulassungspflicht hinsichtlich ihrer Geschäfts- oder Berufstätigkeit unterliegen, der Richtlinie 2005/60/EG entsprechende Regelungen über Sorgfaltspflichten und Aufbewahrung von Dokumenten anwenden und einer entsprechenden Aufsicht unterliegen, gelten als Dritte auch in einem Drittstaat ansässige Kreditinstitute, Rechtsanwälte, Notare, Wirtschaftsprüfer und Steuerberater sowie Versicherungsunternehmen, soweit sie Geschäfte betreiben, die unter die Richtlinie 2002/83/EG fallen, oder soweit sie Unfallversicherungsverträge mit Prämienrückgewähr anbieten. [5] Wenn Sorgfaltspflichten, die denen des § 3 Abs. 1 Nr. 1 bis 3 entsprechen, von einem Dritten in einem anderen Mitgliedstaat der Europäischen Union erfüllt werden, genügt es, die Vorschriften dieses Staates zu den Anforderungen an die erhobenen Angaben und Informationen und überprüften Dokumente zu erfüllen. [6] Dritte übermitteln dem Verpflichteten in den Fällen dieses Absatzes unverzüglich und unmittelbar die bei Durchführung von Maßnahmen, die denen nach § 3 Abs. 1 Nr. 1 bis 3 entsprechen, erlangten Angaben und Informationen sowie auf Anfrage von ihnen aufbewahrte Kopien und Unterlagen zur Identifizierung eines Vertragspartners und eines etwaigen wirtschaftlich Berechtigten.

(2) [1] Ein Verpflichteter kann die Durchführung der zur Erfüllung der Sorgfaltspflichten nach § 3 Abs. 1 Nr. 1 bis 3 erforderlichen Maßnahmen auf Grundlage einer vertraglichen Vereinbarung auf eine andere Person übertragen. [2] Dies darf weder die ordnungsgemäße Erfüllung der dem Verpflichteten nach diesem Gesetz auferlegten Pflichten noch die Steuerungs- oder Kontrollmöglichkeiten seiner Geschäftsleitung oder die Prüfungsrechte und Kontrollmöglichkeiten der nach § 16 Abs. 2 zuständigen Behörde gegenüber dem Verpflichteten beeinträchtigen. [3] Der Verpflichtete hat sich vor Beginn der Zusammenarbeit von der Zuverlässigkeit der anderen Person und während der Zusammenarbeit durch Stichproben über die Angemessenheit und Ordnungsmäßigkeit der von der anderen Person getroffenen Maßnahmen zu überzeugen. [4] Die Maßnahmen der anderen Person werden dem Verpflichteten als eigene zugerechnet. [5] § 25 a Abs. 2 des Kreditwesengesetzes bleibt unberührt.

(3) Das Bundesministerium des Innern kann im Einvernehmen mit dem Bundesministerium der Finanzen und dem Bundesministerium für Wirtschaft und Technologie durch Rechtsverordnung ohne Zustimmung des Bundesrates zur Umsetzung einer Entscheidung der Kommission der Europäischen Union gemäß Artikel 40 Abs. 4 der Richtlinie 2005/60/EG Ausnahmen von den Fällen, in denen Verpflichtete gemäß Absatz 1 zur Erfüllung ihrer Sorgfaltspflichten auf außerhalb der Europäischen Union ansässige Dritte zurückgreifen dürfen, bestimmen.

§ 8 Aufzeichnungs- und Aufbewahrungspflicht. (1) [1] Soweit nach diesem Gesetz Sorgfaltspflichten bestehen, sind die erhobenen Angaben und eingeholten Informationen über Vertragspartner, wirtschaftlich Berechtigte, Geschäftsbeziehungen und Transaktionen aufzuzeichnen. [2] In den Fällen des § 4 Abs. 4 Satz 1 Nr. 1 sind auch die Art, die Nummer und die ausstellende Behörde des zur Überprüfung der Identität vorgelegten Dokuments aufzuzeichnen. [3] Die Anfertigung einer Kopie des zur Überprüfung der Identität vorgelegten Dokuments nach § 4 Abs. 4 Satz 1 Nr. 1 und die Anfertigung einer Kopie der zur Überprüfung der Identität vorgelegten oder herangezogenen Unterlagen nach § 4 Abs. 4 Satz 1 Nr. 2 gelten als Aufzeichnung der darin enthaltenen Angaben; im Falle einer Einsichtnahme auf elektronisch geführte Register- oder Verzeichnisdaten gilt die Anfertigung eines Ausdrucks als Aufzeichnung der darin enthaltenen Angaben. [4] Wird nach § 4 Abs. 2 von einer erneuten Identifizierung abgesehen, so sind der Name des zu Identifizierenden und der Umstand, dass er bei früherer Gelegenheit identifiziert worden ist, aufzuzeichnen. [5] Sofern im Falle des § 6 Abs. 2 Nr. 2 die Identifizierung einer natürlichen Person anhand einer qualifizierten elektronischen Signatur und die entsprechende Prüfung der Signatur durchgeführt wurden, ist auch der Umstand dieser Prüfung aufzuzeichnen.

(2) [1] Die Aufzeichnungen können auch als Wiedergaben auf einem Bildträger oder auf anderen Datenträgern gespeichert werden. [2] Es muss sichergestellt sein, dass die gespeicherten Daten mit den festgestellten Angaben übereinstimmen, während der Dauer der Aufbewahrungsfrist verfügbar sind und jederzeit innerhalb angemessener Frist lesbar gemacht werden können.

(3) [1] Die Aufzeichnungen nach Absatz 1 und sonstige Belege über Geschäftsbeziehungen und Transaktionen sind unbeschadet anderer gesetzlicher Bestimmungen mindestens fünf Jahre aufzubewahren. [2] Die Aufbewahrungsfrist im Falle des § 3 Abs. 2 Satz 1 Nr. 1 beginnt mit dem Schluss des Kalenderjahres, in dem die Geschäftsbeziehung endet. [3] In den übrigen Fällen beginnt sie mit dem Schluss des Kalenderjahres, in dem die jeweilige Angabe festgestellt worden ist.

(4) Soweit aufzubewahrende Unterlagen einer öffentlichen Stelle vorzulegen sind, gilt § 147 Abs. 5 der Abgabenordnung entsprechend.

§ 9[1)] Interne Sicherungsmaßnahmen. (1) [1] Verpflichtete im Sinne von § 2 Abs. 1 müssen angemessene interne Sicherungsmaßnahmen dagegen treffen, dass sie zur Geldwäsche und zur Terrorismusfinanzierung missbraucht werden können. [2] Für Verpflichtete im Sinne von § 2 Abs. 1 Nr. 7 gilt dies nur, soweit sie die dort genannten Geschäfte regelmäßig ausführen.

(2) Interne Sicherungsmaßnahmen im Sinne des Absatzes 1 sind

1. für Verpflichtete im Sinne des § 2 Abs. 1 Nr. 1 bis 2 a und 4 die Bestellung eines der Geschäftsleitung unmittelbar nachgeordneten Geldwäschebeauftragten, der Ansprechpartner für die Strafverfolgungsbehörden, das Bundeskriminalamt – Zentralstelle für Verdachtsanzeigen – und die nach § 16 Abs. 2 zuständigen Behörden ist; für Verpflichtete im Sinne des § 2 Abs. 1 Nr. 1 und 2 gilt dies als übergeordnetes Unternehmen auch hinsichtlich einer Institutsgruppe im Sinne des § 10 a Abs. 1 oder Abs. 2 des Kreditwesengesetzes oder einer Finanzholding-Gruppe im Sinne des § 10 a Abs. 3 des Kreditwesengesetzes oder als Mutterunternehmen auch hinsichtlich eines Finanzkonglomerats im Sinne des § 1 Abs. 20 Satz 1 des Kreditwesengesetzes; für Verpflichtete im Sinne von § 2 Abs. 1 Nr. 4 gilt dies als Mutterunternehmen auch hinsichtlich einer Versicherungs-Holdinggesellschaft im Sinne des § 104 a Abs. 2 Nr. 4 des Versicherungsaufsichtsgesetzes, einer gemischten Versicherungs-Holdinggesellschaft im Sinne des § 104 a Abs. 2 Nr. 5 des Versicherungsaufsichtsgesetzes oder einer gemischten Finanzholding-Gesellschaft im Sinne des § 104 k Nr. 3 des Versicherungsaufsichtsgesetzes oder eines Finanzkonglomerats im Sinne des § 104 k Nr. 4 des Versicherungsaufsichtsgesetzes in Bezug auf ihre Niederlassungen und mehrheitlich in ihrem Eigentum befindliche Unternehmen, soweit diese jeweils Verträge im Sinne des § 80 c des Versicherungsaufsichtsgesetzes anbieten; diese Verpflichteten haben die für eine ordnungsgemäße Durchführung der Aufgaben des Geldwäschebeauftragten notwendigen Mittel und Verfahren vorzuhalten und wirksam einzusetzen,
2. die Entwicklung und Aktualisierung interner Grundsätze, angemessener geschäfts- und kundenbezogener Sicherungssysteme und Kontrollen zur Verhinderung der Geldwäsche und der Terrorismusfinanzierung und
3. die Sicherstellung, dass die mit der Durchführung von Transaktionen und mit der Anbahnung und Begründung von Geschäftsbeziehungen befassten Beschäftigten über die Methoden der Geldwäsche und der Terrorismusfinanzierung und die nach diesem Gesetz bestehenden Pflichten unterrichtet werden.

(3) [1] Falls ein Verpflichteter im Sinne von § 2 Abs. 1 Nr. 7 bis 10 oder Nr. 12 seine berufliche Tätigkeit als Angestellter eines Unternehmens ausübt, obliegt die Verpflichtung nach Absatz 1 diesem Unternehmen. [2] Die nach Absatz 1 Verpflichteten dürfen interne Sicherungsmaßnahmen nach Absatz 2, Aufzeichnungen und Aufbewahrungen nach § 8 sowie, soweit sie Anwendung finden, interne Sicherungsmaßnahmen nach § 25 c Abs. 2 des Kreditwesengesetzes und nach § 80 d Abs. 1 des Versicherungsaufsichtsgesetzes mit vorheriger Zustimmung der nach § 16 Abs. 2 zuständigen Behörde im Rahmen von vertraglichen Vereinbarungen durch einen Dritten durchführen lassen. [3] Die Zustimmung darf nur erteilt werden, wenn der Dritte die Gewähr dafür bietet, dass die Maßnahmen ordnungsgemäß durchgeführt und die Steuerungsmöglichkeiten der Verpflichteten und die Kontrollmöglichkeiten der nach § 16 Abs. 2 zuständigen Behörde nicht beeinträchtigt werden.

[1)] § 9 Abs. 2 Nr. 1 geänd. mWv 31. 10. 2009 durch G v. 25. 6. 2009 (BGBl. I S. 1506).

(4) [1] Die nach § 16 Abs. 2 zuständige Behörde kann im Einzelfall Anordnungen treffen, die geeignet und erforderlich sind, um interne Sicherungsmaßnahmen im Sinne des Absatzes 2 Nr. 2 zu schaffen. [2] Sie kann bestimmen, dass auf einzelne oder auf Gruppen der Verpflichteten im Sinne von § 2 Abs. 1 wegen der Art der von diesen betriebenen Geschäfte und der Größe des Geschäftsbetriebs die Vorschriften der Absätze 1 und 2 risikoangemessen anzuwenden sind. [3] Abweichend von Satz 1 treffen diese Anordnungen die Bundesrechtsanwaltskammer für Rechtsanwälte und Kammerrechtsbeistände, die Bundessteuerberaterkammer für Steuerberater und Steuerbevollmächtigte, die Bundesnotarkammer für Notare, die Mitglied einer Notarkammer sind, und die zuständige oberste Landesbehörde nach § 11 Abs. 4 Satz 4 für Notare, die nicht Mitglied einer Notarkammer sind.

Abschnitt 3. Zentralstelle für Verdachtsanzeigen, Anzeigepflichten und Datenverwendung

§ 10 Zentralstelle für Verdachtsanzeigen. (1) [1] Das Bundeskriminalamt – Zentralstelle für Verdachtsanzeigen – unterstützt als Zentralstelle im Sinne des § 2 Abs. 1 des Bundeskriminalamtgesetzes die Polizeien des Bundes und der Länder bei der Verhütung und Verfolgung der Geldwäsche und der Terrorismusfinanzierung. [2] Das Bundeskriminalamt – Zentralstelle für Verdachtsanzeigen – hat

1. die nach den §§ 11 und 14 übermittelten Verdachtsanzeigen zu sammeln und auszuwerten, insbesondere Abgleiche mit bei anderen Stellen gespeicherten Daten zu veranlassen,
2. die Strafverfolgungsbehörden des Bundes und der Länder unverzüglich über die sie betreffenden Informationen und die in Erfahrung gebrachten Zusammenhänge von Straftaten zu unterrichten,
3. Statistiken zu den in Artikel 33 Abs. 2 der Richtlinie 2005/60/EG genannten Zahlen und Angaben zu führen,
4. einen Jahresbericht zu veröffentlichen und
5. die nach diesem Gesetz Meldepflichtigen regelmäßig über Typologien und Methoden der Geldwäsche und der Terrorismusfinanzierung zu informieren.

(2) [1] Das Bundeskriminalamt – Zentralstelle für Verdachtsanzeigen – arbeitet mit den für die Verhütung und Verfolgung der Geldwäsche und der Terrorismusfinanzierung zuständigen Zentralstellen anderer Staaten zusammen. [2] Es ist zentrale Meldestelle im Sinne des Artikels 2 Abs. 3 des Beschlusses des Rates der Europäischen Union (2000/642/JI) über Vereinbarungen für eine Zusammenarbeit zwischen den zentralen Meldestellen der Mitgliedstaaten beim Austausch von Informationen vom 17. Oktober 2000 (ABl. EG Nr. L 271 S. 4).

(3) [1] Soweit es zur Erfüllung seiner Aufgaben nach den Absätzen 1 und 2 erforderlich ist, kann das Bundeskriminalamt – Zentralstelle für Verdachtsanzeigen – personenbezogene Daten nach Maßgabe der §§ 7 bis 14 und 27 bis 37 des Bundeskriminalamtgesetzes erheben, verarbeiten und nutzen. [2] In § 7 Abs. 2 des Bundeskriminalamtgesetzes treten an die Stelle der Aufgabe als Zentralstelle nach § 2 Abs. 2 Nr. 1 des Bundeskriminalamtgesetzes die Aufgaben nach den Absätzen 1 und 2. [3] § 14 Abs. 1 des Bundeskriminalamtgesetzes findet mit der Maßgabe Anwendung, dass auch eine Übermittlung an Zentralstellen anderer Staaten zulässig ist. [4] Das Bundeskriminalamt – Zentralstelle für Verdachtsanzeigen – kann die Bundesanstalt für Finanzdienstleistungsaufsicht um Auskünfte nach § 24 c Abs. 3 Satz 1 Nr. 2 des Kreditwesengesetzes ersuchen, soweit dies zur Erfüllung seiner Aufgaben nach den Absätzen 1 und 2 erforderlich ist.

(4) [1] Das Bundeskriminalamt – Zentralstelle für Verdachtsanzeigen – darf die von einer Zentralstelle eines anderen Staates übermittelten Daten nur zu den durch die übermittelnde Zentralstelle vorgegebenen Bedingungen verwenden. [2] Es kann seinerseits bei der Übermittlung von Daten an eine Zentralstelle eines anderen Staates Einschränkungen und Auflagen für die Verwendung der übermittelten Daten festlegen.

§ 11 Anzeige von Verdachtsfällen. (1) [1] Ein Verpflichteter hat unabhängig von der Höhe der Transaktion bei Feststellung von Tatsachen, die darauf schließen lassen, dass eine Tat nach § 261 des Strafgesetzbuches oder eine Terrorismusfinanzierung begangen oder versucht wurde oder wird, diese unverzüglich mündlich, telefonisch, fernschriftlich oder durch elektronische Datenübermittlung der zuständigen Strafverfolgungsbehörde und in Kopie dem Bundeskriminalamt – Zentralstelle für Verdachtsanzeigen – anzuzeigen. [2] Eine angetragene Transaktion darf frühestens durchgeführt werden, wenn dem Verpflichteten die Zustimmung der Staatsanwaltschaft übermittelt wurde oder wenn der zweite Werktag nach dem Abgangstag der Anzeige verstrichen ist, ohne dass die Durchführung der Transaktion strafprozessual untersagt worden ist; hierbei gilt der Sonnabend nicht als Werktag. [3] Ist ein Aufschub der Transaktion nicht möglich oder könnte dadurch die Verfolgung der Nutznießer einer mutmaßlichen Geldwäsche oder einer Terrorismusfinanzierung behindert werden, so darf die Transaktion durchgeführt werden; die Anzeige ist unverzüglich nachzuholen.

(2) Eine mündlich oder telefonisch gestellte Anzeige nach Absatz 1 ist schriftlich, fernschriftlich oder durch elektronische Datenübermittlung zu wiederholen.

(3) [1] Abweichend von Absatz 1 Satz 1 sind Verpflichtete im Sinne des § 2 Abs. 1 Nr. 7 und 8 nicht zur Anzeige verpflichtet, wenn dem Verdacht Informationen von dem oder über den Mandanten zugrunde liegen, die sie im Rahmen der Rechtsberatung oder der Prozessvertretung dieses Mandanten erhalten haben. [2] Die Anzeigepflicht bleibt bestehen, wenn die in Satz 1 genannten Verpflichteten wissen, dass der Mandant ihre Rechtsberatung bewusst für den Zweck der Geldwäsche oder der Terrorismusfinanzierung in Anspruch nimmt.

(4) [1] Abweichend von Absatz 1 Satz 1 haben Verpflichtete im Sinne des § 2 Abs. 1 Nr. 7 und 8, die Mitglied einer Berufskammer sind, die Anzeige an die für sie zuständige Bundesberufskammer zu übermitteln. [2] Die Kammer kann zur Anzeige Stellung nehmen. [3] Sie hat die Anzeige mit ihrer Stellungnahme entsprechend Absatz 1 Satz 1 unverzüglich an die dort genannten Stellen weiterzuleiten. [4] Dies gilt entsprechend für Notare, die nicht Mitglied einer Notarkammer sind, mit der Maßgabe, dass an die Stelle der Berufskammer die für die Berufsaufsicht zuständige oberste Landesbehörde tritt.

(5) Die Pflicht zur Anzeige nach den Absätzen 1 und 2 schließt die Freiwilligkeit der Anzeige im Sinne des § 261 Abs. 9 des Strafgesetzbuches nicht aus.

(6) Der Inhalt einer Anzeige nach Absatz 1 darf nur für die in § 15 Abs. 1 und 2 Satz 3 bezeichneten Strafverfahren, für Strafverfahren wegen einer Straftat, die im Höchstmaß mit einer Freiheitsstrafe von mehr als drei Jahren bedroht ist, für Besteuerungsverfahren und für die Aufsichtsaufgaben der zuständigen Behörden nach § 16 Abs. 2 sowie zum Zweck der Gefahrenabwehr verwendet werden.

(7) [1] Das Bundesministerium des Innern und das Bundesministerium der Finanzen können zur Bekämpfung der Geldwäsche oder der Terrorismusfinanzierung durch Rechtsverordnung mit Zustimmung des Bundesrates einzelne typisierte Transaktionen bestimmen, die als verdächtig im Sinne von Absatz 1 Satz 1 gelten und die die Verpflichteten anzuzeigen haben. [2] Die Rechtsverordnung soll befristet werden.

(8) [1] In Strafverfahren, zu denen eine Anzeige nach Absatz 1 oder § 14 erstattet wurde, und in sonstigen Strafverfahren wegen einer Tat nach § 261 des Strafgesetzbuches oder in denen wegen des Verdachts von Handlungen im Sinne des § 1 Abs. 2 ermittelt wurde, teilt die zuständige Staatsanwaltschaft dem Bundeskriminalamt – Zentralstelle für Verdachtsanzeigen – die Erhebung der öffentlichen Klage und den Ausgang des Verfahrens mit. [2] Die Mitteilung erfolgt durch Übersendung einer Abschrift der Anklageschrift, der begründeten Einstellungsentscheidung oder des Urteils. [3] Einem Verpflichteten, der eine Anzeige nach Absatz 1 erstattet hat, können auf Antrag nach § 475 der Strafprozessordnung Auskünfte aus den Akten erteilt werden, soweit dies zur Überprüfung seines Anzeigeverhaltens erforderlich ist; § 477 Abs. 3 der Strafprozessordnung findet insoweit keine Anwendung. [4] Der Verpflichtete darf durch Auskünfte nach Satz 3 erlangte personenbezogene Daten nur zur Überprüfung seines Anzeigeverhaltens nutzen und hat diese zu löschen, wenn sie für diesen Zweck nicht mehr erforderlich sind.

§ 12[1)] Verbot der Informationsweitergabe. (1) [1] Ein Verpflichteter darf den Auftraggeber der Transaktion und sonstige Dritte nicht von einer Anzeige nach § 11 Abs. 1 oder von einem daraufhin eingeleiteten Ermittlungsverfahren in Kenntnis setzen. [2] Dies gilt nicht für eine Informationsweitergabe

1. an staatliche Stellen und an die nach § 16 Abs. 2 zuständigen Behörden,
2. zwischen den derselben Institutsgruppe im Sinne des § 10 a Abs. 1 oder Abs. 2 des Kreditwesengesetzes, derselben Finanzholding-Gruppe im Sinne des § 10 a Abs. 3 des Kreditwesengesetzes, demselben Finanzkonglomerat im Sinne des § 1 Abs. 20 Satz 1 des Kreditwesengesetzes oder zwischen den derselben Versicherungs-Holdinggesellschaft im Sinne des § 104 a Abs. 2 Nr. 4 des Versicherungsaufsichtsgesetzes, derselben gemischten Versicherungs-Holdinggesellschaft im Sinne des § 104 a Abs. 2 Nr. 5 des Versicherungsaufsichtsgesetzes oder derselben gemischten Finanzholding-Gesellschaft im Sinne des § 104 k Nr. 3 des Versicherungsaufsichtsgesetzes oder demselben Finanzkonglomerat im Sinne des § 104 k Nr. 4 des Versicherungsaufsichtsgesetzes angehörenden Instituten und Unternehmen aus Mitgliedstaaten der Europäischen Union oder aus Drittstaaten, in denen der Richtlinie 2005/60/EG gleichwertige Anforderungen gelten und eine gleichwertige Aufsicht in Bezug auf ihre Einhaltung besteht,

---

1) § 12 Abs. 1 Satz 2 Nr. 2 geänd. mWv 31. 10. 2009 durch G v. 25. 6. 2009 (BGBl. I S. 1506).

3. zwischen Verpflichteten im Sinne von § 2 Abs. 1 Nr. 7 und 8 aus Mitgliedstaaten der Europäischen Union oder aus Drittstaaten, in denen der Richtlinie 2005/60/EG gleichwertige Anforderungen gelten, sofern die betreffenden Personen ihre berufliche Tätigkeit selbständig oder angestellt in derselben juristischen Person oder in einer Struktur, die einen gemeinsamen Eigentümer oder eine gemeinsame Leitung hat oder über eine gemeinsame Kontrolle in Bezug auf die Einhaltung der Vorschriften zur Verhinderung der Geldwäsche oder der Terrorismusfinanzierung verfügt, ausüben,
4. zwischen den in § 2 Abs. 1 Nr. 1 bis 8 genannten Verpflichteten in Fällen, die sich auf denselben Vertragspartner und dieselbe Transaktion beziehen und an der zwei oder mehr Verpflichtete beteiligt sind, sofern sie ihren Sitz in einem Mitgliedstaat der Europäischen Union oder in einem Drittstaat haben, in dem der Richtlinie 2005/60/EG gleichwertige Anforderungen gelten, sie derselben Berufskategorie angehören und für sie gleichwertige Verpflichtungen in Bezug auf das Berufsgeheimnis und den Schutz personenbezogener Daten gelten.

[3] Nach Satz 2 weitergegebene Informationen dürfen ausschließlich zum Zweck der Verhinderung der Geldwäsche oder der Terrorismusfinanzierung verwendet werden.

(2) Wenn sich Verpflichtete im Sinne von § 2 Abs. 1 Nr. 7 und 8 bemühen, einen Mandanten davon abzuhalten, eine rechtswidrige Handlung zu begehen, so gilt dies nicht als Informationsweitergabe.

(3) [1] Verpflichtete im Sinne von § 2 Abs. 1 Nr. 1 bis 6 dürfen im Einzelfall einander andere als die in Absatz 1 Satz 1 genannten Informationen im Rahmen der Erfüllung ihrer Sorgfaltspflichten nach den §§ 3, 5 und 6, den §§ 25 d und 25 f des Kreditwesengesetzes und § 80 e des Versicherungsaufsichtsgesetzes übermitteln, wenn es sich um einen in Bezug auf Geldwäsche oder Terrorismusfinanzierung auffälligen oder ungewöhnlichen Sachverhalt handelt und tatsächliche Anhaltspunkte dafür vorliegen, dass der Empfänger die Informationen für die Beurteilung der Frage benötigt, ob der Sachverhalt gemäß § 11 anzuzeigen oder eine Strafanzeige gemäß § 158 der Strafprozessordnung zu erstatten ist. [2] Der Empfänger darf die Informationen ausschließlich zum Zweck der Verhinderung der Geldwäsche oder der Terrorismusfinanzierung und nur unter den durch den übermittelnden Verpflichteten vorgegebenen Bedingungen verwenden.

(4) Das Bundesministerium des Innern kann im Einvernehmen mit dem Bundesministerium der Finanzen und dem Bundesministerium für Wirtschaft und Technologie durch Rechtsverordnung ohne Zustimmung des Bundesrates zur Umsetzung einer Entscheidung der Kommission der Europäischen Union gemäß Artikel 40 Abs. 4 der Richtlinie 2005/60/EG weitere Regelungen treffen, nach denen eine Informationsweitergabe untersagt ist, und bestimmen, in Bezug auf welche Verpflichteten aus Drittstaaten keine Informationen weitergegeben werden dürfen.

§ 13 Freistellung von der Verantwortlichkeit. (1) Wer den Strafverfolgungsbehörden Tatsachen anzeigt, die auf eine Straftat nach § 261 des Strafgesetzbuches oder eine Terrorismusfinanzierung schließen lassen, kann wegen dieser Anzeige nicht verantwortlich gemacht werden, es sei denn, die Anzeige ist vorsätzlich oder grob fahrlässig unwahr erstattet worden.

(2) Gleiches gilt, wenn ein Beschäftigter einen Sachverhalt seinem Vorgesetzten oder einer unternehmensintern für die Erstattung einer Anzeige zuständigen Stelle mitteilt.

§ 14 Anzeige von Verdachtsfällen durch Behörden. (1) Die nach § 16 Abs. 2 zuständigen Behörden haben bei Festellung von Tatsachen, die darauf schließen lassen, dass eine Straftat nach § 261 des Strafgesetzbuches oder eine Terrorismusfinanzierung begangen oder versucht wurde oder wird, diese unverzüglich der zuständigen Strafverfolgungsbehörde und in Kopie dem Bundeskriminalamt – Zentralstelle für Verdachtsanzeigen – anzuzeigen.

(2) Die mit der Kontrolle des grenzüberschreitenden Verkehrs betrauten Behörden und die für die Überwachung der Aktien-, Devisen- und Finanzderivatmärkte zuständigen Behörden haben bei Feststellung von Tatsachen, die darauf schließen lassen, dass eine Tat nach § 261 des Strafgesetzbuches oder eine Terrorismusfinanzierung begangen oder versucht wurde oder wird, diese unverzüglich der zuständigen Strafverfolgungsbehörde und in Kopie dem Bundeskriminalamt – Zentralstelle für Verdachtsanzeigen – anzuzeigen.

§ 15 Heranziehung und Verwendung von Aufzeichnungen. (1) Die nach § 8 Abs. 1 gefertigten Aufzeichnungen dürfen nur zur Verfolgung von Straftaten nach § 261 des Strafgesetzbuches oder der in § 129 a Abs. 2 oder § 261 Abs. 1 des Strafgesetzbuches genannten Straftaten herangezogen oder verwendet werden.

(2) [1] Soweit ein Strafverfahren wegen einer in Absatz 1 bezeichneten Straftat eingeleitet wird, ist dieser Umstand zusammen mit den zugrunde liegenden Tatsachen der Finanzbehörde mit-

zuteilen, sobald eine Transaktion festgestellt wird, die für die Finanzverwaltung für die Einleitung oder Durchführung von Besteuerungs- oder Steuerstrafverfahren Bedeutung haben könnte. [2] Zieht die Strafverfolgungsbehörde im Strafverfahren Aufzeichnungen nach § 8 Abs. 1 heran, dürfen auch diese der Finanzbehörde übermittelt werden. [3] Die Mitteilungen und Aufzeichnungen dürfen für Besteuerungsverfahren und für Strafverfahren wegen Steuerstraftaten verwendet werden.

Abschnitt 4. Aufsicht und Bußgeldvorschriften

§ 16[1] Aufsicht. (1) [1] Die nach Absatz 2 zuständigen Behörden üben die Aufsicht über die Verpflichteten nach § 2 Abs. 1 aus. [2] Die zuständigen Behörden können im Rahmen der ihnen gesetzlich zugewiesenen Aufgaben die geeigneten und erforderlichen Maßnahmen und Anordnungen treffen, um die Einhaltung der in diesem Gesetz festgelegten Anforderungen sicherzustellen. [3] Sie können hierzu auch die ihnen für sonstige Aufsichtsaufgaben eingeräumten Befugnisse ausüben.

(2) Zuständige Behörde für die Durchführung dieses Gesetzes ist

1. für die Kreditanstalt für Wiederaufbau das Bundesministerium der Finanzen,
2. für die übrigen Kreditinstitute, mit Ausnahme der Deutschen Bundesbank, Finanzdienstleistungsinstitute und Zahlungsinstitute, im Inland gelegene Zweigstellen und Zweigniederlassungen von Kreditinstituten und Finanzdienstleistungsinstituten sowie Zahlungsinstituten mit Sitz im Ausland, Investmentaktiengesellschaften im Sinne des § 2 Abs. 5 des Investmentgesetzes und Kapitalanlagegesellschaften im Sinne des § 2 Abs. 6 des Investmentgesetzes die Bundesanstalt für Finanzdienstleistungsaufsicht,
3. für Versicherungsunternehmen und die im Inland gelegenen Niederlassungen solcher Unternehmen die jeweils zuständige Aufsichtsbehörde für das Versicherungswesen,
4. für Rechtsanwälte und Kammerrechtsbeistände die jeweils örtlich zuständige Rechtsanwaltskammer (§§ 60, 61 der Bundesrechtsanwaltsordnung),
5. für Patentanwälte die Patentsanwaltskammer (§ 53 der Patentanwaltsordnung),
6. für Notare der jeweilige Präsident des Landgerichts, in dessen Bezirk der Notar seinen Sitz hat (§ 92 Nr. 1 der Bundesnotarordnung[2]),
7. für Wirtschaftsprüfer und vereidigte Buchprüfer die Wirtschaftsprüferkammer (§ 57 Abs. 2 Nr. 17 der Wirtschaftsprüferordnung),
8. für Steuerberater und Steuerbevollmächtigte die jeweils örtlich zuständige Steuerberaterkammer (§ 76 des Steuerberatungsgesetzes),
9. im Übrigen die jeweils nach Bundes- oder Landesrecht zuständige Stelle.

§ 17 Bußgeldvorschriften. (1) Ordnungswidrig handelt, wer vorsätzlich oder leichtfertig

1. entgegen § 3 Abs. 1 Nr. 1 eine Identifizierung des Vertragspartners nicht vornimmt,
2. entgegen § 8 Abs. 1 erhobene Angaben oder eingeholte Informationen nicht, nicht richtig oder nicht vollständig aufzeichnet,
3. entgegen § 8 Abs. 3 Aufzeichnungen und sonstige Belege über Geschäftsbeziehungen und Transaktionen nicht aufbewahrt oder
4. entgegen § 11 Abs. 1 der Pflicht zur Anzeige eines Verdachtsfalls nicht nachkommt.

(2) Ordnungswidrig handelt, wer

1. entgegen § 3 Abs. 1 Nr. 3 das Vorhandensein eines wirtschaftlich Berechtigten nicht abklärt,
2. entgegen § 4 Abs. 5 Satz 1 den Namen des wirtschaftlich Berechtigten nicht erhebt,
3. entgegen § 6 Abs. 2 Nr. 2 die Identität des Vertragspartners nicht überprüft oder nicht sicherstellt, dass die erste Transaktion von einem auf den Namen des Vertragspartners eröffneten Konto erfolgt, oder
4. entgegen § 12 Abs. 1 den Auftraggeber oder eine andere als die in § 12 Abs. 1 Satz 2 genannten Stellen oder Personen in Kenntnis setzt.

(3) Die Ordnungswidrigkeit kann in den Fällen des Absatzes 1 mit einer Geldbuße bis zu hunderttausend Euro, in den Fällen des Absatzes 2 mit einer Geldbuße bis zu fünfzigtausend Euro geahndet werden.

---

[1] § 16 Abs. 2 Nr. 2 geänd. mWv 31. 10. 2009 durch G v. 25. 6. 2009 (BGBl. I S. 1506).
[2] Nr. 1.

(4) [1] Die jeweils in § 16 Abs. 2 Nr. 2 und 3 bezeichnete Behörde ist auch Verwaltungsbehörde im Sinne des § 36 Abs. 1 Nr. 1 des Gesetzes über Ordnungswidrigkeiten. [2] Für Steuerberater und Steuerbevollmächtigte ist Verwaltungsbehörde im Sinne des § 36 Abs. 1 Nr. 1 des Gesetzes über Ordnungswidrigkeiten das Finanzamt. [3] Soweit nach § 16 Abs. 2 Nr. 9 die jeweils nach Bundes- oder Landesrecht zuständige Stelle zuständig ist, ist sie auch Verwaltungsbehörde im Sinne des § 36 Abs. 1 Nr. 1 des Gesetzes über Ordnungswidrigkeiten.

(5) Soweit nach Absatz 4 Satz 2 das Finanzamt Verwaltungsbehörde ist, gelten § 387 Abs. 2, § 410 Abs. 1 Nr. 1, 2, 6 bis 11, Abs. 2 und § 412 der Abgabenordnung sinngemäß.

265

265. Zusammenfassung des Merkblattes Durchsuchungen und Beschlagnahmen im Notariat

I. Rechtliche Rahmenbedingungen

Gem. § 18 BNotO[1] hat der Notar die Pflicht, über die ihm bei seiner Berufsausübung bekannt gewordenen Angelegenheiten Verschwiegenheit gegenüber jedermann zu bewahren, es sei denn, es wäre etwas anderes bestimmt oder die Beteiligten hätten den Notar von seiner Verschwiegenheitspflicht befreit. Ein Verstoß gegen diese Berufspflicht kann gem. § 203 Abs. 1 Nr. 3 StGB auch strafrechtlich geahndet werden. Bestehen im Einzelfall Zweifel über die Pflicht zur Verschwiegenheit, kann der Notar gem. § 18 Abs. 2 BNotO[1] die Entscheidung der Aufsichtsbehörde nachsuchen. Die berufsrechtliche Verschwiegenheitspflicht findet ihre notwendige Ergänzung in den Regelungen zum Zeugnisverweigerungsrecht gem. § 53 Abs. 1 Nr. 3 StPO, an das wiederum das Beschlagnahmeverbot gem. § 97 StPO im Sinne eines akzessorischen Umgehungsschutzes anknüpft. Im Einzelnen ist der Umfang der beschlagnahmefreien Gegenstände gem. § 97 Abs. 1 StPO jedoch streitig. So sind notarielle Urkunden nach überwiegender Auffassung beschlagnahmefähig, während die Urkundsentwürfe unstreitig beschlagnahmefrei sind. Buchungs- und Anderkontounterlagen sind grundsätzlich ebenfalls beschlagnahmefrei. Nach bislang noch überwiegender, aber bedenklicher Auffassung schützt § 97 Abs. 1 StPO lediglich das Vertrauensverhältnis zwischen Notar und Beschuldigten. Demnach entfiele der Beschlagnahmeschutz für Schriftstücke, die nicht unmittelbar aus dem Vertrauensverhältnis zum Beschuldigten herrühren.

II. Verhaltensempfehlungen

1. Der Notar sollte vor Beginn der Durchsuchung bzw. Beschlagnahme die Beamten bitten, ihm zunächst Gelegenheit zur **telefonischen Kontaktaufnahme mit Beteiligten, Aufsichtsbehörde und Notarkammer** zu geben:

- Kontaktaufnahme mit den Beteiligten zwecks Befreiung von der Verschwiegenheitspflicht,
- Nachsuchen der Entscheidung des Landgerichtspräsidenten über die Pflicht zur Verschwiegenheit gem. § 18 Abs. 2 Satz 1 BNotO[1],
- Einschaltung der Notarkammer in jedem Fall.

2. Vor Beginn der Durchsuchung/Beschlagnahme sollte der Notar sich die **Durchsuchungs- und Beschlagnahmeanordnung vorlegen lassen** und diese im Hinblick auf Grund und Umfang der Anordnung sowie die Verdachtsgründe gegen den Mandanten **überprüfen.** Hält der Notar die Maßnahmen für rechtswidrig oder hat er Zweifel an der Rechtmäßigkeit, sollte er **formlos um Aufschub der Maßnahmen bis zur Beschwerdeentscheidung bitten.**

3. Es kommen folgende **Rechtsmittel** in Betracht

- bei Vorliegen eines richterlichen Durchsuchungs- und Beschlagnahmebeschlusses
  - Antrag auf Aussetzung der Vollziehung gem. § 307 StPO und
  - Beschwerde gem. §§ 304, 306 StPO
- bei Anordnung der Maßnahme durch Staatsanwaltschaft/Hilfsbeamte
  - Widerspruch und Antrag auf gerichtliche Entscheidung und
  - gegen bestätigende richterliche Entscheidung Beschwerde.

4. Bei der **Herausgabe von Unterlagen** sollte der Notar

- der Herausgabe **ausdrücklich widersprechen**, soweit keine ausdrückliche Zustimmung der Beteiligten vorliegt, so dass dann eine formelle Beschlagnahme erfolgt,
- nach Möglichkeit nur **Abschriften/Ablichtungen** aushändigen, im Übrigen Kopien von Originalen zurückbehalten,
- darauf achten, dass ein vollständiges **Beschlagnahmeprotokoll** angefertigt und unterzeichnet wird, Papiere nicht von Polizeibeamten durchgesehen und nach Möglichkeit herausverlangte Unterlagen in einem **versiegelten Umschlag/Karton** aufbewahrt werden.

5. Der Notar hat auch seine **Mitarbeiter** frühzeitig über das berufsgerechte Verhalten zu unterrichten.

---

[1] Nr. **1**.

Köln, Februar 1998

Merkblatt

Durchsuchungen und Beschlagnahmen im Notariat

Bei Durchsuchungen und Beschlagnahmen von Notarakten durch Beamte der Strafverfolgungsbehörden (einschließlich der Steuerfahndung, §§ 385 f. StPO) im Rahmen von Ermittlungsverfahren gegen Klienten des Notars bzw. gegen den Notar selbst werden oft die gesetzlichen Grenzen nicht ausreichend beachtet, die einem solchen Vorgehen durch die besondere Stellung des Notars als Träger eines öffentlichen Amtes und durch das besonders geschützte Vertrauensverhältnis zwischen dem Notar und seinem Klienten gesetzt sind. Der Notar sieht sich dann vor die Frage gestellt, ob er der Aufforderung der Beamten Folge leisten muss, die Durchsuchung zu dulden und ob er die in seinem Gewahrsam befindlichen Unterlagen herauszugeben hat. Diese Frage ist für den Notar von erheblicher Bedeutung, da er gem. § 18 BNotO[1] zur Verschwiegenheit verpflichtet ist und ein Verstoß gegen diese Berufspflicht gem. § 203 Abs. 1 Nr. 3 StGB auch strafrechtlich geahndet werden kann. Die nachstehend dargelegten rechtlichen Gesichtspunkte (I.) und Verhaltensempfehlungen (II.) sollen betroffenen Notaren in einer derartigen Situation eine Orientierungshilfe geben, ohne die rechtliche Problematik erschöpfend behandeln zu können.

265

I. Rechtliche Rahmenbedingungen

1. Verschwiegenheitspflicht des Notars

Gem. § 18 BNotO[1] hat der Notar die Pflicht, über die ihm bei seiner Berufsausübung bekannt gewordenen Angelegenheiten Verschwiegenheit gegenüber jedermann zu bewahren, es sei denn, es wäre etwas anderes bestimmt oder die Beteiligten hätten den Notar von seiner Verschwiegenheitspflicht befreit. Bestehen im Einzelfall Zweifel über die Pflicht zur Verschwiegenheit, kann der Notar gem. § 18 Abs. 2 BNotO[1] die Entscheidung der Aufsichtsbehörde nachsuchen. Die berufsrechtliche Verschwiegenheitspflicht findet ihre notwendige Ergänzung in den Regelungen zum Zeugnisverweigerungsrecht. § 53 Abs. 1 Nr. 3 StPO berechtigt den Notar, das Zeugnis über das zu verweigern, was ihm in seiner Eigenschaft als Berufsträger anvertraut worden oder bekannt geworden ist. § 383 Abs. 1 Nr. 6, Abs. 3 ZPO ergänzt diese Regelung für den Zivilprozess. Diese Zeugnisverweigerungsrechte sichern und schützen das persönliche Vertrauensverhältnis zwischen dem Beteiligten und dem Notar. Gem. § 53 Abs. 2 StPO besteht das Zeugnisverweigerungsrecht nicht, wenn der Notar von der Verpflichtung zur Verschwiegenheit entbunden wird. Verletzt der Notar seine Verschwiegenheitspflicht, so kann er gem. § 203 Abs. 1 Nr. 3 StGB auf Antrag eines Verletzten strafrechtlich verfolgt werden. Zugleich treten disziplinarrechtliche und haftungsrechtliche Folgen ein (vgl. Seybold/Schippel, BNotO[1], 6. Aufl., § 18 Rnrn. 60 f.).

2. Voraussetzungen einer Durchsuchung und Beschlagnahme

Bei dem Vorgehen der Strafverfolgungsbehörde ist die Durchsuchung von der Beschlagnahme rechtlich zu trennen, wobei sich dies praktisch während der Durchführung der Maßnahmen vermischt.

a) Besondere Voraussetzungen

Die Beschlagnahme gem. §§ 94 f. StPO ist die Sicherstellung von Gegenständen, die sich im Gewahrsam einer zur freiwilligen Herausgabe nicht bereiten Person befinden; sie dient der Sicherung von Beweisverlusten im Strafverfahren. Dabei ist die potenzielle Beweisbedeutung des Gegenstandes erforderlich und ausreichend. Demgegenüber dient die Durchsuchung gem. § 103 StPO bei einem Notar als „anderer Person" dazu, das Beweismittel aufzufinden. Hier sind Durchsuchungen nur zur Ergreifung des Beschuldigten oder zur Beschlagnahme bestimmter Gegenstände und nur dann zulässig, wenn Tatsachen vorliegen, aus denen zu schließen ist, daß die gesuchte Person, Spur oder Sache sich in den zu durchsuchenden Räumen befindet. Die Durchsuchungsanordnung muss den gesuchten Gegenstand konkret bezeichnen. Ist der Notar selbst als Täter oder Teilnehmer einer Straftat oder der Begünstigung, Strafvereitelung oder Hehlerei verdächtig, kann eine Durchsuchung nach den erleichterten Voraussetzungen des § 102 StPO vorgenommen werden, wenn zu vermuten ist, dass die Durchsuchung zur Auffindung von Beweismitteln führen werde.

---

[1] Nr. 1.

b) Anordnungsbefugnis

Durchsuchungen sowie Beschlagnahmen dürfen nur durch Richter, bei Gefahr in Verzug auch durch die Staatsanwaltschaft und ihre Hilfsbeamten angeordnet werden (§§ 105 Abs. 1 Satz 1, 98 Abs. 1 Satz 1 StPO).

c) Verhältnismäßigkeit

Bei der Anordnung und Durchführung von Beschlagnahmen und Durchsuchungen ist stets der Grundsatz der Verhältnismäßigkeit zu wahren. Das Interesse der Allgemeinheit an der Strafverfolgung ist gegen das Geheimhaltungsinteresse des Klienten und das Interesse an einer ordnungsgemäßen Aufgabenerfüllung durch den Notar abzuwägen, die ein ungestörtes Vertrauensverhältnis zwischen Notar und Klient voraussetzt. Bei Durchsuchungen ist im Rahmen der vorzunehmenden Interessenabwägung besonders die Gefahr zu berücksichtigen, dass die Angelegenheiten und Geheimnisse auch vieler unbeteiligter Klienten des Notars offenbart werden. Der Grundsatz der Verhältnismäßigkeit dürfte es in der Regel auch gebieten, vor der Durchführung einer Beschlagnahme den Präsidenten des Landgerichts als Aufsichtsbehörde einzuschalten.

3. Das Beschlagnahmeverbot des § 97 StPO

An das Zeugnisverweigerungsrecht des § 53 StPO knüpft das Beschlagnahmeverbot des § 97 StPO im Sinne eines akzessorischen Umgehungsschutzes an.

a) Beschlagnahmefreie Gegenstände nach § 97 Abs. 1 StPO

Gem. § 97 Abs. 1 StPO unterliegen der Beschlagnahme nicht

- schriftliche Mitteilungen zwischen dem Beschuldigten und dem zeugnisverweigerungsberechtigten Notar,
- Aufzeichnungen, welche der Notar über die ihm vom Beschuldigten anvertrauten Mitteilungen oder über andere Umstände gemacht hat, auf die sich das Zeugnisverweigerungsrecht erstreckt, und
- andere Gegenstände, auf die sich das Zeugnisverweigerungsrecht des Notars erstreckt.

Ob auch **notarielle Urkunden** beschlagnahmefreie Gegenstände darstellen, ist umstritten. Nach überwiegender Auffassung handelt es sich bei notariellen Urkunden um beschlagnahmefähige Gegenstände, da diese als öffentliche Urkunden nach ihrer Zweckbestimmung nicht geheimhaltungsbedürftig, sondern für die Kenntnisnahme durch Dritte gerade bestimmt sind und damit der Beschlagnahme zugänglich sind (BGH NJW 1987, 2441 (2442); LG Darmstadt wistra 1987, 232; LG Stuttgart wistra 1988, 245; Kleinknecht/Meyer-Goßner, StPO, 43. Aufl., § 97 Rn. 40). Dagegen spricht jedoch, daß sich aus dem Begriff der öffentlichen Urkunde gem. § 415 ZPO nicht unmittelbar etwas über die Geheimhaltungsbedürftigkeit ergibt. Vielmehr wird auch von einer öffentlichen Urkunde in der Regel nur ein spezifischer Gebrauch gemacht [vgl. zu dieser Kritik Amelung, Grenzen der Beschlagnahme notarieller Urkunden, DNotZ 1984, 195 (204); Reiß, Die Beschlagnahme von notariellen Urkunden durch Strafverfolgungsorgane, MittBay-Not 1994, 518 f.; Knoche, Anm. zu LG Darmstadt, DNotZ 1991, 560 (565)]. Jedenfalls sind der Urkunde vorausgehende Entwürfe, der darauf bezogene Schriftwechsel und Besprechungsnotizen beschlagnahmefrei und unterliegen damit dem Geheimhaltungsschutz, den das Gesetz dem Vertrauensverhältnis zwischen Notar und Mandanten gewährt (LG Köln NJW 1981, 1746 (1747); Nack, in Karlsruher Kommentar, 3. Aufl., § 97 Rn. 10; Kleinknecht/Meyer-Goßner, a.a.O., § 97 Rn. 40). Auch reine Buchungs-/Anderkontounterlagen sind grundsätzlich beschlagnahmefrei (LG Köln, WM 1991, 589; im Ergebnis auch LG Darmstadt, DNotZ 1991, 560 (561) und LG Aachen vom 23. 01. 98 (86 Qs 94/97); a.A. für Buchungsunterlagen, die sich bei der Bank befinden, LG Frankfurt WM 1994, 2279). Nach bislang überwiegender Auffassung in Literatur und Rechtsprechung schützt § 97 Abs. 1 StPO lediglich das Vertrauensverhältnis zwischen Notar und Beschuldigten. Der Schutz des § 97 entfällt, wenn ausschließlich Dritte, d.h. an dem Vertrauensverhältnis nicht beteiligte Personen beschuldigt werden (LG Fulda NJW 1990, 2946; LG Koblenz MDR 1983, 779, Schäfer in: Löwe/Rosenberg, StPO, 24. Aufl., § 97 Rn. 50; Nack, in: Karlsruher Kommentar, a.a.O., § 97 Rn. 1; Kleinknecht/Meyer-Goßner, a.a.O., § 97 Rn. 10). Urkunden, Urkundsentwürfe und andere Schriftstücke, die nicht unmittelbar aus dem Vertrauensverhältnis zum Beschuldigten herrühren, wären demnach beschlagnahmefähig. Eine solche enge Interpretation von § 97 Abs. 1 Nr. 3 StPO findet indessen im Wortlaut des Gesetzes, der keine entsprechende Einschränkung vorsieht, keine Stütze, vielmehr erwähnt § 97 Abs. 1 Nr. 3 StPO im Gegensatz zu Nrn. 1 und 2 den Beschuldigten gerade nicht. Auch die ratio legis spricht gegen eine Eingrenzung der Beschlagnahmefreiheit auf diejenigen Gegenstände, die erst infolge des Vertrauensverhältnisses zwischen dem Notar und dem Beschuldigten entstanden sind. Der Beschlagnahmeschutz wäre dann enger als das Zeugnisverweigerungsrecht, das durch die Beschlagnahmemöglichkeit unterlaufen werden könnte. Gerade eine solche Umgehungsmöglichkeit der Zeugnisverweigerungsrechte soll aber durch das Beschlagnahmeverbot nach § 97 StPO verhindert werden [vgl.

ausführlich Amelung, DNotZ 1984, 195 (207); Starke, Beschlagnahme von Sachverständigengutachten, in: Zur Theorie und Systematik des Strafprozessrechts, Wolter (Hrsg.), 81 (84)]. Um solche Wertungswidersprüche zu vermeiden, wird auch von der Rechtsprechung von einem verfassungsrechtlich begründeten erweiterten Beschlagnahmeverbot ausgegangen (LG Fulda, NJW 1990, 2946).

b) Ausnahmen von der Beschlagnahmefreiheit gem. § 97 Abs. 2 StPO

Gem. § 97 Abs. 2 Satz 3 StPO gelten die Beschränkungen der Beschlagnahme nach § 97 Abs. 1 StPO nicht, wenn der **Notar einer Teilnahme oder einer Begünstigung, Strafvereitelung oder Hehlerei verdächtig** ist. Welche Anforderungen an den Verdacht i.S. des § 97 Abs. 2 Satz 3 StPO zu stellen sind, wird im Einzelnen unterschiedlich beurteilt. Zum Teil werden hier gewichtige Anhaltspunkte für eine strafrechtliche Verstrickung des zeugnisverweigerungsberechtigten Notars gefordert [vgl. Krekeler, Beeinträchtigungen der Rechte des Mandanten durch Strafverfolgungsmaßnahmen gegen den Rechtsanwalt, NJW 1977, 1417 (1419 f. unter Hinweis auf BGH, JR 1974, 115 f.)], zum Teil wird ein Verdacht, der sich auf bestimmte Tatsachen stützt, für ausreichend erachtet (Kleinknecht/Meyer-Goßner, a.a.O., § 97 Rn. 20).

Nach § 97 Abs. 2 Satz 3 StPO gelten die Beschränkungen der Beschlagnahme gem. § 97 Abs. 1 StPO nicht für Gegenstände, die durch eine **Straftat hervorgebracht** oder zur Begehung einer Straftat **gebraucht** oder bestimmt sind oder die aus einer Straftat **herrühren.** Eine notarielle Urkunde kann jedoch Tatwerkzeug nur sein, „wie sie endgültig errichtet worden ist und wie sie dem Täter zur Verwendung im Rechtsverkehr zur Verfügung gestanden hat" [LG Köln, NJW 1981, 1746 (1747)]. Da der Notar die Urschrift in der Regel zurückbehält, kann Tatwerkzeug nur eine Ausfertigung der Urkunde, nicht jedoch die Urschrift sein.

II. Verhaltensempfehlungen

Für das Verhalten des betroffenen Notars ergeben sich folgende Empfehlungen:

1. Kontaktaufnahme mit Beteiligten, Notarkammer und Aufsichtsbehörde

Der Notar sollte vor Beginn der Durchsuchung bzw. der Beschlagnahme die Beamten der Staatsanwaltschaft bitten, ihm zunächst Gelegenheit zu geben, telefonisch Kontakt mit dem Beteiligten, dessen Unterlagen herausverlangt werden, sowie der Notarkammer und der Aufsichtsbehörde aufzunehmen.

a) Kontaktaufnahme mit dem Beteiligten zwecks Befreiung von der Verschwiegenheitspflicht

Der Notar sollte zunächst versuchen, den Beteiligten, dessen Unterlagen herausverlangt werden, telefonisch zu bitten, ihn von der Verschwiegenheitsverpflichtung zu entbinden und ihm zu erlauben, die in der Beschlagnahmeanordnung angegebenen Unterlagen herauszugeben. Das Telefongespräch sollte von Zeugen (Mitarbeitern) mitgehört und eine schriftliche Bestätigung der Beteiligten hierüber erbeten werden. Die Ermittlungsbeamten können Telefongespräche nur untersagen, sofern der Untersuchungszweck gefährdet ist.

b) Nachsuchen der Entscheidung der Aufsichtsbehörde

Wird die Geschäftsstelle des Notars zum Zwecke der Auffindung bestimmter Akten durchsucht, sollte der Notar gem. § 18 Abs. 2 Satz 1 BNotO[1)] die Entscheidung der Aufsichtsbehörde, des Präsidenten des Landgerichts, nachsuchen, ob er zur Herausgabe der Akten berechtigt ist, insoweit also keine Verschwiegenheitspflicht besteht. Durch die Herausgabe der Akten könnte dann nämlich die Durchsuchung und damit die Offenbarung der persönlichen Angelegenheiten vieler unbeteiligter weiterer Mandanten des Notars verhindert werden.

Insbesondere im Vorfeldstadium der Durchsuchung, in dem sich vor allem die Steuerfahndung oftmals telefonisch ankündigt bzw. um Auskünfte bittet, empfiehlt es sich, die Entscheidung der Dienstaufsicht gem. § 18 Abs. 2 BNotO[1)] einzuholen und die Ermittlungsbehörden über die erfolgte Anfrage zu benachrichtigen.

c) Einschaltung der Notarkammer

In jedem Fall sollte der Notar auch sofort Kontakt mit der zuständigen Notarkammer aufnehmen.

2. Überprüfung der Beschlagnahmeanordnung

Vor Beginn der Durchsuchung bzw. der Beschlagnahme sollte der Notar sich die Durchsuchungs- und Beschlagnahmeanordnung vorlegen lassen und diese im Hinblick auf den Grund und Umfang der Anordnung sowie die Verdachtsgründe gegen den Mandanten überprüfen.

[1)] Nr. **1**.

3. Formlose Bitte um Aufschub der Maßnahme bis zur Beschwerdeentscheidung

Hält der Notar die Anordnung oder Durchführung von Durchsuchungen in seiner Geschäftsstelle oder die Beschlagnahme seiner Notarakten für rechtswidrig oder zweifelt er an der Rechtmäßigkeit der Maßnahmen, sollte er die Beamten der Staatsanwaltschaft bitten, von der Durchsuchung bzw. Beschlagnahme so lange Abstand zu nehmen, bis die Rechtslage endgültig geklärt ist, d.h., bis über eine sofort einzulegende Beschwerde des Notars gem. § 304 StPO entschieden ist. Hierbei sollte darauf hingewiesen werden, dass bei dem Notar als Träger eines öffentlichen Amtes keinerlei Gefahr besteht, dass Akten zwischenzeitlich abhanden kommen. Jedenfalls sollte versucht werden, die Beamten der Staatsanwaltschaft dazu zu bewegen, die Entscheidung über den sofort zu stellenden Antrag auf Aussetzung der Vollziehung des richterlichen Durchsuchungs- und Beschlagnahmebeschlusses abzuwarten.

4. Rechtsmittel

Eine standesrechtliche Pflicht, gegen Durchsuchungs- und Beschlagnahmemaßnahmen grundsätzlich alle Rechtsmittel auszuschöpfen, besteht nicht. Hält der Notar jedoch die Maßnahmen für rechtswidrig oder zweifelt er an der Rechtmäßigkeit der Maßnahmen, kommen folgende Rechtsmittel in Betracht.

a) Antrag auf Aussetzung der Vollziehung

Ist die Staatsanwaltschaft nicht bereit, bei **Vorliegen eines richterlichen Durchsuchungs- und Beschlagnahmebeschlusses** vorläufig von der Maßnahme abzusehen, sollte unverzüglich (telefonisch) beim Beschwerdegericht beantragt werden, die Vollziehung des Durchsuchungs- und Beschlagnahmebeschlusses nach § 307 StPO auszusetzen. Hierbei sollte auf die ungeklärte Rechtslage, die Gefahren, die mit einer Verletzung des Vertrauensverhältnisses des Notars zu seinen Klienten verbunden sind, und auf die Tatsache hingewiesen werden, dass beim Notar als Träger eines öffentlichen Amtes gewährleistet ist, dass die bei ihm befindlichen Gegenstände greifbar bleiben.

b) Widerspruch und Antrag auf richterliche Entscheidung

Soll die Durchsuchung bzw. Beschlagnahme lediglich aufgrund einer Anordnung der Staatsanwaltschaft oder ihrer Hilfsbeamten durchgeführt werden, so sollten die Beamten darauf hingewiesen werden, dass das Erfordernis der Gefahr im Verzug bei derartigen Maßnahmen gegen einen Notar wohl nicht gegeben ist und daher die Maßnahme unzulässig ist. Der Maßnahme sollte widersprochen und die richterliche Entscheidung gem. § 98 Abs. 2 Satz 2 StPO beantragt werden. Der Antrag auf richterliche Entscheidung kann auch gegen Durchsuchungsmaßnahmen analog § 98 Abs. 2 StPO gestellt werden, solange die Durchsuchungshandlung noch nicht abgeschlossen ist.

c) Beschwerdeeinlegung

Gegen einen **richterlichen Durchsuchungs- bzw. Beschlagnahmebeschluß** (vgl. a) oder gegen die eine Anordnung der Staatsanwaltschaft bestätigende richterliche Entscheidung (vgl. b) sollte gem. §§ 304, 306 StPO Beschwerde eingelegt werden, ggf. gleichzeitig mit dem Antrag auf Aussetzung der Vollziehung gem. § 307 StPO. Die Beschwerde ist nicht fristgebunden und wird bei dem Gericht erhoben, das den Beschluss erlassen hat (§ 306 Abs. 1 StPO). Hält das Gericht die Beschwerde für begründet, wird der Beschlagnahmebeschluß aufgehoben. Hält es die Beschwerde für unbegründet, ist der Rechtsbehelf binnen drei Tagen beim Beschwerdegericht vorzulegen (§ 306 Abs. 2 StPO). Gegen die Entscheidung des Beschwerdegerichts kann keine weitere Beschwerde erhoben werden (§ 310 Abs. 2 StPO).

5. Verhalten bei der Herausgabe von Unterlagen

a) Keine freiwillige Herausgabe bei fehlender Zustimmung der Beteiligten

Ohne Zustimmung der Beteiligten sollte der Notar der Herausgabe von Unterlagen ausdrücklich widersprechen, so dass eine **formelle Beschlagnahme** erfolgt. Dabei sollte der Notar darauf achten, dass dies in dem Beschlagnahmeprotokoll vermerkt wird.

b) Herausgabe lediglich von Abschriften und Ablichtungen

Es sollte stets die Möglichkeit geprüft werden, ob nicht die Herausgabe von Abschriften bzw. Ablichtungen der Urkunden oder sonstigen Akten den Belangen der Staatsanwaltschaft genügt. Sollten dennoch Originalakten herausgegeben oder beschlagnahmt werden, sollte der Notar von diesen Aktenstücken Kopien anfertigen und zurückbehalten.

c) Durchsicht von Papieren

Der Notar sollte darauf achten, dass Polizeibeamte Papiere nicht durchsehen. Dieses Recht steht ausschließlich der Staatsanwaltschaft zu (§ 110 StPO).

d) Beschlagnahmeprotokoll

Der Notar sollte sich vergewissern, dass ein vollständiges Verzeichnis aller beschlagnahmten Gegenstände angefertigt und unterzeichnet wird.

e) Aufbewahrung in versiegeltem Umschlag

Der Staatsanwaltschaft sollte vorschlagen werden, herausverlangte Unterlagen bis zur gerichtlichen Entscheidung in einem versiegelten Umschlag bzw. Karton aufzubewahren. Durch diese Maßnahme wird sichergestellt, dass vor einer anschließenden richterlichen Entscheidung weder die Ermittlungsbehörden noch Dritte Einblick in die beschlagnahmten Unterlagen erhalten.

6. Unterrichtung der Mitarbeiter

Der Notar hat sicherzustellen, dass seine Mitarbeiter über das berufsgerechte Verhalten anlässlich einer Beschlagnahme frühzeitig unterrichtet sind. Gem. § 203 Abs. 3 StGB können sich auch die Mitarbeiter der „Verletzung von Privatgeheimnissen" strafbar machen, wenn sie unbefugt – auch gegenüber Strafverfolgungsbeamten – Informationen erteilen oder Unterlagen herausgeben. Auch für den Fall der Abwesenheit des Notars muss sichergestellt sein, dass die Verschwiegenheitspflicht eingehalten wird.

Vorstehende Ausführungen können lediglich allgemeine Hinweise geben. Jeder Notar muss im Einzelfall selbst prüfen, ob er zur Herausgabe von Notarakten berechtigt ist und welche Schritte er gegen Durchsuchungs- und Beschlagnahmemaßnahmen, die nach seiner Ansicht nicht rechtmäßig sind, zu unternehmen hat. Bei Fragen vor, während oder nach Durchsuchungs- und Beschlagnahmemaßnahmen wenden Sie sich bitte an Ihre Notarkammer

300. Gesetz zur Ausführung des Bürgerlichen Gesetzbuchs und anderer Gesetze (AGBGB)

Vom 20. September 1982

BayRS 400-1-J

geänd. durch Art. 6 Abs. 2 G zur Ausführung des Verbraucherinsolvenzverfahrens nach der Insolvenzordnung v. 11. 7. 1998 (GVBl S. 414), § 1 ÄndG v. 24. 12. 2002 (GVBl S. 975, ber. 03, 52; 04, 332) und § 1 Nr. 90 Drittes AufhebungsG v. 7. 8. 2003 (GVBl S. 497)

– Auszug –

Erster Teil. Ausführung des Bürgerlichen Gesetzbuchs[1]

Erster Abschnitt. Vereine

Art. 1[2] **Entziehung der Rechtsfähigkeit.** Für die Entziehung der Rechtsfähigkeit eines eingetragenen Vereins nach § 43 Abs. 1 und 2 des Bürgerlichen Gesetzbuchs ist die Kreisverwaltungsbehörde zuständig.

300

Art. 2[3] **Vereine, deren Rechtsfähigkeit auf Verleihung beruht.** (1) Für die Verleihung der Rechtsfähigkeit nach § 22 des Bürgerlichen Gesetzbuchs an einen Verein, dessen Zweck auf einen wirtschaftlichen Geschäftsbetrieb gerichtet ist, ist die Regierung von Schwaben zuständig, soweit nichts anderes bestimmt ist.

(2) [1] Die Genehmigung der Änderung der Satzung nach § 33 Abs. 2 des Bürgerlichen Gesetzbuchs erteilt bei Vereinen nach Absatz 1 die für die Verleihung der Rechtsfähigkeit zuständige Behörde. [2] Bei Schützengesellschaften, der königlich priviligierten Künstlergemeinschaft von 1868, dem Künstlerunterstützungsverein München und dem Heilstättenverein Lenzheim erteilt sie die Regierung von Schwaben. [3] Im Übrigen erteilt sie das für den Tätigkeitsbereich des Vereins zuständige Staatsministerium; es kann die Verwaltungszuständigkeit durch Rechtsverordnung auf die Regierung von Schwaben übertragen.

(3) Für die Entziehung der Rechtsfähigkeit nach § 43 des Bürgerlichen Gesetzbuchs ist die Kreisverwaltungsbehörde zuständig.

Art. 3 Altrechtliche anerkannte Vereine. Vereine, die zur Zeit des Inkrafttretens des Bürgerlichen Gesetzbuchs[1] auf Grund des *Gesetzes vom 29. April 1869, die privatrechtliche Stellung von Vereinen betreffend*[4], bestanden haben, gelten von diesem Zeitpunkt an als eingetragene Vereine.

Art. 4 Sonstige altrechtliche Vereinigungen. (1) Eine privatrechtliche Vereinigung, der vor dem Inkrafttreten des Bürgerlichen Gesetzbuchs[1] Rechtsfähigkeit verliehen worden ist und deren Zweck nicht auf einen wirtschaftlichen Geschäftsbetrieb gerichtet ist, wird auf Antrag in das Vereinsregister eingetragen, wenn sie mindestens drei Mitglieder hat und ihre Satzung den Vorschriften des Bürgerlichen Gesetzbuchs über eingetragene Vereine entspricht.

(2) Eine Eintragung nach Absatz 1 ist auch zulässig, wenn nicht mehr aufgeklärt werden kann, ob und wodurch die Vereinigung vor dem Inkrafttreten des Bürgerlichen Gesetzbuchs die Rechtsfähigkeit erlangt hat, sofern sie seither im Rechtsverkehr als rechtsfähige Vereinigung aufgetreten ist.

(3) [1] Mit der Eintragung wird die Vereinigung ein eingetragener Verein im Sinn des Bürgerlichen Gesetzbuchs. [2] Sie ist berechtigt, ihre frühere Bezeichnung einschließlich eines Hinweises auf eine frühere staatliche Privilegierung mit dem Zusatz "e.V." fortzuführen.

(4) [1] Eine öffentlich-rechtliche Vereinigung, der vor Inkrafttreten des Bürgerlichen Gesetzbuchs Rechtsfähigkeit verliehen worden ist und deren Zweck nicht auf einen wirtschaftlichen Geschäftsbetrieb gerichtet ist, wird auf Antrag als Verein des bürgerlichen Rechts in das Vereinsregister eingetragen. [2] Absätze 1 bis 3 gelten entsprechend. [3] Die Eintragung bedarf der Zustim-

---

[1] **Amtl. Anm.:** BGBl. FN 400-2

[2] Art. 1 neu gef. mWv 1. 1. 2003 durch G v. 24. 12. 2002 (GVBl S. 975).

[3] Art. 2 Abs. 1, Abs. 2 Satz 2 neu gef., Satz 3 angef. mWv 1. 1. 2003 durch G v. 24. 12. 2002 (GVBl S. 975).

[4] **Amtl. Anm.:** Gesetzblatt für das Königreich Bayern Spalte 1197.

mung der Kreisverwaltungsbehörde. [4] Die Zustimmung kann versagt werden, wenn öffentliche Interessen gefährdet würden.

Zweiter Abschnitt. Bierlieferungsvertrag

Art. 5 Vertragsinhalt. (1) [1] Wird zwischen einem Brauer und einem Wirt ein Vertrag über die Lieferung von Bier ohne Bestimmung der Menge des zu liefernden Biers geschlossen, so gilt, soweit nichts anderes vereinbart wird, als Gegenstand des Vertrags der gesamte Bedarf an Bier, der sich in dem Gewerbebetrieb des Wirts während der Dauer des Vertragsverhältnisses ergibt. [2] Der Wirt ist verpflichtet, den Bedarf ausschließlich von dem Brauer zu beziehen, der Brauer hat dem Wirt die jeweils verlangten Mengen zu liefern. [3] Ist die Dauer des Vertragsverhältnisses nicht bestimmt, so kann es von jedem Teil unter Einhaltung einer Frist von drei Monaten zum 30. September jeden Jahres gekündigt werden.

(2) Geht das Geschäft des einen oder des anderen Teils durch Rechtsgeschäft unter Lebenden auf einen Dritten über, so hat der bisherige Inhaber dafür einzustehen, daß der neue Inhaber in den Vertrag eintritt.

Art. 6 Bestellung einer Sicherungshypothek. (1) Ist bei dem Bestehen eines Vertragsverhältnisses der in Art. 5 Abs. 1 bezeichneten Art der Wirt Eigentümer des Grundstücks, auf dem er sein Geschäft betreibt, so kann der Brauer verlangen, daß ihm für den gestundeten oder rückständigen Kaufpreis des gelieferten Biers eine Sicherungshypothek an dem Grundstück bestellt wird.

(2) [1] Hat der Wirt noch andere Grundstücke, die mit dem seinem Geschäftsbetrieb dienenden Grundstück gemeinschaftlich bewirtschaftet werden, so kann der Brauer die Erstreckung der Sicherungshypothek auf diese Grundstücke verlangen, soweit sie erforderlich ist, damit der Betrag des Kaufpreises durch den Wert der Grundstücke doppelt gedeckt wird. [2] Der Wert wird unter Abzug der Belastungen berechnet, die der Sicherungshypothek im Rang vorgehen.

Dritter Abschnitt. Leibgedingsvertrag

Art. 7 Anzuwendende Vorschriften. Steht mit der Überlassung eines Grundstücks ein Leibgedingsvertrag (Leibzuchts-, Altenteils- oder Auszugsvertrag) in Verbindung, so gelten für das sich aus dem Vertrag ergebende Schuldverhältnis, soweit nicht besondere Vereinbarungen getroffen sind, neben den Vorschriften des Bürgerlichen Gesetzbuchs[1)] über die Leibrente die besonderen Vorschriften der Art. 8 bis 23.

Art. 8 Ort der Leistung. [1] Die dem Berechtigten zustehenden Leistungen sind auf dem überlassenen Grundstück zu bewirken. [2] Ist dem Berechtigten auf dem Grundstück eine abgesonderte Wohnung zu gewähren, so ist die Leistung in der Wohnung zu erbringen.

Art. 9 Art der Leistung. Hat der Verpflichtete dem Berechtigten Erzeugnisse der Art zu liefern, wie sie auf dem Grundstück gewonnen werden, so kann der Berechtigte nur Erzeugnisse verlangen, die der mittleren Art und Güte der auf dem Grundstück bei ordnungsmäßiger Bewirtschaftung gewonnenen Erzeugnisse entsprechen.

Art. 10 Zeit der Leistung. Hat der Verpflichtete dem Berechtigten Erzeugnisse der landwirtschaftlichen Bodennutzung als Jahresvorrat zu liefern, so ist zu der Zeit zu liefern, zu der die Erzeugnisse nach den Regeln einer ordnungsmäßigen Wirtschaft gewonnen und, soweit der Lieferung eine Bearbeitung voranzugehen hat, bearbeitet sind.

Art. 11 Grundstückslasten. Darf der Berechtigte einen Teil des Grundstücks, insbesondere ein darauf befindliches Gebäude, benutzen, so hat der Verpflichtete die auf diesen Teil des Grundstücks treffenden Lasten zu tragen.

Art. 12 Wohnungsrecht. (1) Ist dem Berechtigten auf dem Grundstück eine abgesonderte Wohnung zu gewähren, so hat der Verpflichtete die Wohnung dem Berechtigten in einem zu dem vertragsmäßigen Gebrauch geeigneten Zustand zu überlassen und sie während der Dauer seiner Verpflichtung in diesem Zustand zu erhalten.

(2) [1] Wird das Gebäude durch Zufall zerstört, so hat der Verpflichtete die Wohnung wiederherzustellen. [2] Hat der Zufall eine so wesentliche Verschlechterung der Vermögensverhältnisse des Verpflichteten zur Folge, daß ihm die Wiederherstellung nicht zugemutet werden kann, so hat er dem Berechtigten Wohnung zu gewähren, wie es den Umständen nach der Billigkeit

---

1) **Amtl. Anm.:** BGBl. FN 400-2

entspricht. [3] Das gleiche gilt, wenn das Gebäude wiederherzustellen ist, für die zur Wiederherstellung erforderliche Zeit.

(3) Der Verpflichtete hat auf Verlangen des Berechtigten das Gebäude gegen Brandschaden zu versichern.

Art. 13 Aufnahme anderer Personen. (1) Ist dem Berechtigten eine abgesonderte Wohnung zu gewähren, so ist er befugt, seine Familie sowie die zur angemessenen Bedienung und zur Pflege erforderlichen Personen in die Wohnung aufzunehmen.

(2) Hat der Verpflichtete dem Berechtigten die Mitbenutzung seiner Wohnung zu gestatten, so erstreckt sich die Befugnis des Berechtigten zur Aufnahme seiner Familie nicht auf Personen, die durch eine erst nach Abschluß des Leibgedingsvertrags eingegangene Ehe oder durch eine nach diesem Zeitpunkt ausgesprochene Ehelicherklärung oder Annahme als Kind Familienangehörige geworden sind, und nicht auf Kinder, die aus dem Hausstand des Berechtigten ausgeschieden waren.

Art. 14 Verpflegung. Ist die Verpflegung des Berechtigten ohne nähere Bestimmung vereinbart, so hat der Verpflichtete dem Berechtigten den gesamten Lebensbedarf in angemessener und ortsüblicher Weise zu gewähren; die Kosten der ärztlichen Behandlung und der Heilmittel hat der Berechtigte zu tragen.

Art. 15 Beerdigungskosten. Im Fall des Todes des Berechtigten hat der Verpflichtete die Kosten der angemessenen Beerdigung zu tragen, soweit die Bezahlung nicht von dem Erben zu erlangen ist.

Art. 16 Dingliche Sicherung. [1] Der Berechtigte kann die Bestellung einer seinen Rechten aus dem Vertrag entsprechenden persönlichen Dienstbarkeit oder Reallast an dem Grundstück verlangen. [2] Die Rechte sind mit dem Rang unmittelbar hinter den zur Zeit der Überlassung des Grundstücks bestehenden Belastungen zu bestellen.

Art. 17[1]) Leistungsstörungen. Erbringt der Verpflichtete eine fällige Leistung nicht oder nicht vertragsgemäß, verletzt er eine Pflicht nach § 241 Abs. 2 des Bürgerlichen Gesetzbuchs oder braucht er nach § 275 Abs. 1 bis 3 des Bürgerlichen Gesetzbuchs nicht zu leisten, so steht dem Berechtigten nicht das Recht zu, nach §§ 323, 324, 326 Abs. 5 des Bürgerlichen Gesetzbuchs von dem Vertrag zurückzutreten oder nach § 527 des Bürgerlichen Gesetzbuchs die Herausgabe des Grundstücks zu fordern.

Art. 18 Geldrente. [1] Muß der Berechtigte aus besonderen Gründen das Grundstück auf Dauer verlassen, so hat der Verpflichtete ihm für die Befreiung von der Pflicht zur Gewährung der Wohnung und zu Dienstleistungen eine Geldrente zu zahlen, die dem Wert der Befreiung nach billigem Ermessen entspricht. [2] Für andere Leistungen, die für den Berechtigten wegen seiner Abwesenheit von dem Grundstück ohne Interesse sind, hat der Verpflichtete den Wert zu vergüten, den sie für den Berechtigten auf dem Grundstück haben.

Art. 19 Störung der Beziehungen durch den Berechtigten. [1] Veranlaßt der Berechtigte durch sein Verhalten eine solche Störung der persönlichen Beziehungen zu dem Verpflichteten, daß diesem nicht mehr zugemutet werden kann, ihm das Wohnen auf dem Grundstück zu gestatten, so kann der Verpflichtete ihm die Wohnung unter Gewährung einer angemessenen Räumungsfrist kündigen. [2] Macht er von dieser Befugnis Gebrauch, so gilt Art. 18 entsprechend.

Art. 20 Störung der Beziehungen durch den Verpflichteten. [1] Veranlaßt der Verpflichtete durch sein Verhalten eine solche Störung der persönlichen Beziehungen zu dem Berechtigten, daß diesem nicht zugemutet werden kann, die Wohnung auf dem Grundstück zu behalten, so hat er dem Berechtigten, falls dieser die Wohnung auf dem Grundstück aufgibt, den für die Beschaffung einer anderen angemessenen Wohnung erforderlichen Aufwand zu ersetzen. [2] Ferner hat er dem Berechtigten den Schaden zu ersetzen, der daraus entsteht, daß dieser andere ihm zustehende Leistungen nicht auf dem Grundstück in Empfang nehmen kann.

Art. 21 Veräußerung des Grundstücks. (1) [1] Wird das Grundstück veräußert, so stehen dem Berechtigten die in Art. 20 bestimmten Rechte zu. [2] Er verliert diese Rechte, wenn er das Grundstück nicht binnen eines Jahres räumt, nachdem er von dem Übergang des Eigentums

---

1) Art. 17 neu gef. mWv 1. 1. 2003 durch G v. 24. 12. 2002 (GVBl S. 975).

Kenntnis erlangt. [3]Sie stehen ihm nicht zu, wenn das Grundstück mit Rücksicht auf ein künftiges Erbrecht an einen gesetzlichen Erben des Verpflichteten veräußert wird.

(2) Die nach den Art. 19 und 20 sich aus einer Störung der persönlichen Beziehungen zwischen dem Berechtigten und dem Verpflichteten ergebenden Rechte treten im Fall der Veräußerung des Grundstücks ein, wenn die persönlichen Beziehungen zwischen dem Berechtigten und dem Erwerber von dem einen oder dem anderen in der dort angegebenen Weise gestört werden.

Art. 22 Mehrere Berechtigte. (1) Ist ein Leibgeding für Ehegatten vereinbart, so kann, wenn der eine Ehegatte stirbt, der andere Ehegatte das volle Leibgeding mit Ausnahme der Leistungen verlangen, die unmittelbar für den besonderen Bedarf des verstorbenen Ehegatten bestimmt waren.

(2) In anderen Fällen eines für mehrere Berechtigte vereinbarten Leibgedings wird der Verpflichtete durch den Tod eines der Berechtigten zu dem Kopfteil des Verstorbenen von seiner Verpflichtung frei, soweit die geschuldeten Leistungen zum Zweck des Gebrauchs oder Verbrauchs unter den Berechtigten geteilt werden mußten.

Art. 23 Ersatz von Verwendungen. [1]Bei der Beendigung des Rechtsverhältnisses hat der Verpflichtete, wenn er dem Berechtigten die Benutzung eines Teils des Grundstücks zu gewähren hatte, die Kosten, die der Berechtigte auf die noch nicht getrennten, jedoch nach den Regeln einer ordnungsmäßigen Wirtschaft vor dem Ende des Nutzungsjahres zu trennenden Früchte verwendet hat, zu ersetzen, soweit sie einer ordungsmäßigen Wirtschaft entsprechen und den Wert dieser Früchte nicht übersteigen. [2]Hatte der Verpflichtete den Teil des Grundstücks für den Berechtigten zu bestellen, so bleiben die von ihm geleisteten Bestellungsarbeiten außer Ansatz.

Siebter Abschnitt. Nachbarrecht

Art. 43 Fensterrecht. (1) [1]Sind Fenster weniger als 0,60 m von der Grenze eines Nachbargrundstücks entfernt, auf dem Gebäude errichtet sind oder das als Hofraum oder Hausgarten dient, so müssen sie auf Verlangen des Eigentümers dieses Grundstücks so eingerichtet werden, daß bis zur Höhe von 1,80 m über dem hinter ihnen befindlichen Boden weder das Öffnen noch das Durchblicken möglich ist. [2]Die Entfernung wird von dem Fuß der Wand, in der sich das Fenster befindet, unterhalb der zunächst an der Grenze befindlichen Außenkante der Fensteröffnung ab gemessen.

(2) Den Fenstern stehen Lichtöffnungen jeder Art gleich.

Art. 44 Balkone und ähnliche Anlagen. [1]Balkone, Erker, Galerien und ähnliche Anlagen, die weniger als 0,60 m von der Grenze eines Nachbargrundstücks abstehen, auf dem Gebäude errichtet sind oder das als Hofraum oder Hausgarten dient, müssen auf der dem Nachbargrundstück zugekehrten Seite auf Verlangen des Nachbarn mit einem der Vorschrift des Art. 43 entsprechenden Abschluß versehen werden. [2]Der Abstand wird bei vorspringenden Anlagen von dem zunächst an der Grenze befindlichen Vorsprung ab, bei anderen Anlagen nach Art. 43 Abs. 1 Satz 2 gemessen.

Art. 45 Besondere Vorschriften für Fenster, Balkone und ähnliche Anlagen.

(1) [1]Art. 43 und 44 gelten auch zugunsten von Grundstücken, die einer öffentlichen Eisenbahnanlage dienen. [2]Die Fenster und andere Lichtöffnungen sowie der Abschluß der in Art. 44 bezeichneten Anlagen dürfen jedoch so eingerichtet werden, daß sie das Durchblicken gestatten.

(2) Für die zur Zeit des Inkrafttretens dieses Gesetzes bestehenden, begonnenen oder baurechtlich genehmigten Anlagen der in Art. 43 und 44 bezeichneten Art sind die vor diesem Zeitpunkt geltenden Vorschriften weiterhin anzuwenden, soweit sie eine geringere Beschränkung festgelegt haben als die Art. 43 und 44 sowie Absatz 1.

Art. 46 Erhöhung einer Kommunmauer. (1) Werden zwei Grundstücke durch eine Mauer geschieden, zu deren Benutzung die Eigentümer der Grundstücke gemeinschaftlich berechtigt sind, so kann der Eigentümer des einen Grundstücks dem Eigentümer des anderen Grundstücks nicht verbieten, die Mauer ihrer ganzen Dicke nach zu erhöhen, wenn ihm nachgewiesen wird, daß durch die Erhöhung die Mauer nicht gefährdet wird.

(2) [1]Der Eigentümer des Grundstücks, von dem aus die Erhöhung erfolgt ist, kann dem Eigentümer des anderen Grundstücks die Benutzung des Aufbaus verbieten, bis ihm für die Hälfte oder, wenn nur ein Teil des Aufbaus benutzt werden soll, für den entsprechenden Teil der

Baukosten Ersatz geleistet wird. [2] Ist der Bauwert geringer als der Betrag der Baukosten, so bestimmt sich der zu ersetzende Betrag nach dem Bauwert. [3] Die Ersatzleistung kann auch durch Hinterlegung oder durch Aufrechnung erfolgen. [4] Solange die Befugnis nach Satz 1 besteht, hat der Berechtigte den Mehraufwand zu tragen, den die Unterhaltung der Mauer infolge der Erhöhung verursacht.

(3) [1] Wird die Mauer zum Zweck der Erhöhung verstärkt, so ist die Verstärkung auf dem Grundstück anzubringen, dessen Eigentümer die Erhöhung unternimmt. [2] Der nach Absatz 2 von dem Eigentümer des anderen Grundstücks zu ersetzende Betrag erhöht sich um den entsprechenden Teil des Werts der zu der Verstärkung verwendeten Grundfläche. [3] Verlangt der Eigentümer des Grundstücks, auf dem die Verstärkung angebracht worden ist, die Ersatzleistung, so ist er verpflichtet, dem Eigentümer des anderen Grundstücks das Eigentum an der zu der Mauer verwendeten Grundfläche seines Grundstücks soweit zu übertragen, daß die neue Grenzlinie durch die Mitte der verstärkten Mauer geht; die Vorschriften über den Kauf sind anzuwenden.

(4) [1] Die Befugnis nach Absatz 2 Satz 1 erlischt durch Verzicht des Berechtigten. [2] Der Verzicht ist gegenüber dem Eigentümer des Nachbargrundstücks zu erklären. [3] Ist das Grundstück des Berechtigten mit dem Recht eines Dritten belastet, so gilt § 876 des Bürgerlichen Gesetzbuchs[1)] entsprechend. [4] Im Fall der Belastung mit einer Reallast, einer Hypothek, einer Grundschuld oder einer Rentenschuld ist der Verzicht dem Dritten gegenüber wirksam, wenn er erklärt wurde, bevor das Grundstück zugunsten des Dritten in Beschlag genommen worden ist.

Art. 47 Grenzabstand von Pflanzen. (1) Der Eigentümer eines Grundstücks kann verlangen, daß auf einem Nachbargrundstück nicht Bäume, Sträucher oder Hecken, Weinstöcke oder Hopfenstöcke in einer geringeren Entfernung als 0,50 m oder, falls sie über 2 m hoch sind, in einer geringeren Entfernung als 2 m von der Grenze seines Grundstücks gehalten werden.

(2) [1] Zugunsten eines Waldgrundstücks kann nur die Einhaltung eines Abstands von 0,50 m verlangt werden. [2] Das gleiche gilt, wenn Wein oder Hopfen auf einem Grundstück angebaut wird, in dessen Lage dieser Anbau nach den örtlichen Verhältnissen üblich ist.

Art. 48 Grenzabstand bei landwirtschaftlichen Grundstücken. (1) Gegenüber einem landwirtschaftlich genutzten Grundstück, dessen wirtschaftliche Bestimmung durch Schmälerung des Sonnenlichts erheblich beeinträchtigt werden würde, ist mit Bäumen von mehr als 2 m Höhe ein Abstand von 4 m einzuhalten.

(2) Die Einhaltung des in Absatz 1 bestimmten Abstands kann nur verlangt werden, wenn das Grundstück die bezeichnete wirtschaftliche Bestimmung schon zu der Zeit gehabt hat, zu der die Bäume die Höhe von 2 m überschritten haben.

Art. 49 Messung des Grenzabstands. Der Abstand nach Art. 47 und 48 wird von der Mitte des Stammes an der Stelle, an der dieser aus dem Boden hervortritt, bei Sträuchern und Hecken von der Mitte der zunächst an der Grenze befindlichen Triebe, bei Hopfenstöcken von der Hopfenstange oder dem Steigdraht ab gemessen.

Art. 50 Ausnahmen vom Grenzabstand. (1) [1] Art. 47 und 48 sind nicht auf Gewächse anzuwenden, die sich hinter einer Mauer oder einer sonstigen dichten Einfriedung befinden und diese nicht oder nicht erheblich überragen. [2] Sie gelten ferner nicht für Bepflanzungen, die längs einer öffentlichen Straße oder auf einem öffentlichen Platz gehalten werden, sowie für Bepflanzungen, die zum Uferschutz, zum Schutz von Abhängen oder Böschungen oder zum Schutz einer Eisenbahn dienen.

(2) Art. 48 Abs. 1 gilt auch nicht für Stein- und Kernobstbäume sowie Bäume, die sich in einem Hofraum oder einem Hausgarten befinden.

(3) [1] Im Fall einer Aufforstung kann die Einhaltung des in Art. 48 Abs. 1 bestimmten Abstands nicht verlangt werden, wenn die Aufforstung nach der Lage des aufzuforstenden Grundstücks der wirtschaftlichen Zweckmäßigkeit entspricht. [2] Im übrigen bleiben die besonderen Vorschriften über den Grenzabstand bei der Erstaufforstung unberührt.

Art. 51 Ältere Gewächse und Waldungen. (1) Für die bereits zur Zeit des Inkrafttretens des Bürgerlichen Gesetzbuchs[1)] vorhandenen Bäume, Sträucher und Hecken sind die vor diesem Zeitpunkt geltenden Vorschriften weiterhin anzuwenden, soweit sie das Halten der Gewächse in einer geringeren als der nach Art. 47 bis 50 einzuhaltenden Entfernung von der Grenze des Nachbargrundstücks gestatten.

[1)] **Amtl. Anm.:** BGBl. FN 400-2

(2) [1] Bei einem Grundstück, das bereits zur Zeit des Inkrafttretens des Bürgerlichen Gesetzbuchs mit Wald bestanden war, gilt bis zur ersten Verjüngung des Waldes nach Inkrafttreten des Bürgerlichen Gesetzbuchs das gleiche auch für neue Bäume und Sträucher. [2] Auch nach der Verjüngung ist Art. 48 nicht anzuwenden.

(3) Der Eigentümer eines Waldgrundstücks ist verpflichtet, die Wurzeln eines Baums oder Strauchs, die von einem Nachbargrundstück eingedrungen sind, das bereits zur Zeit des Inkrafttretens des Bürgerlichen Gesetzbuchs mit Wald bestanden war, sowie die von einem solchen Grundstück herüberragenden Zweige bis zur ersten Verjüngung des Waldes auf dem Nachbargrundstück nach Inkrafttreten des Bürgerlichen Gesetzbuchs zu dulden.

(4) [1] Dem Eigentümer eines anderen Grundstücks obliegt die Duldungspflicht nach Absatz 3 nur gegenüber den herüberragenden Zweigen, soweit diese mindestens 5 m vom Boden entfernt sind; die Entfernung wird bis zu den unteren Spitzen der Zweige gemessen. [2] Herüberragende Zweige, die weniger als 5 m vom Boden entfernt sind, müssen auf der westlichen, nordwestlichen, südwestlichen und südlichen Seite des mit Wald bestandenen Grundstücks geduldet werden, wenn durch ihre Beseitigung der Fortbestand eines zum Schutz des Waldes erforderlichen Baums oder Strauchs gefährdet oder die Ertragsfähigkeit des Waldbodens infolge des Eindringens von Wind und Sonne beeinträchtigt werden würde.

300

Art. 52[1)] Verjährung der nachbarrechtlichen Ansprüche. (1) [1] Die sich aus Art. 43 bis 45 und 46 Abs. 1 ergebenden Ansprüche unterliegen nicht der Verjährung. [2] Der Anspruch auf Beseitigung eines die Art. 47 bis 50 und 51 Abs. 1 und 2 verletzenden Zustands verjährt in fünf Jahren. [3] Die Verjährung beginnt mit dem Schluss des Jahres, in dem

1. der Anspruch entstanden ist, und
2. der Eigentümer des Grundstücks von den den Anspruch begründenden Umständen Kenntnis erlangt oder ohne grobe Fahrlässigkeit erlangen müsste.

(2) Sind Ansprüche nach Absatz 1 Sätze 2 und 3 verjährt und werden die Gewächse durch neue ersetzt, so kann hinsichtlich der neuen Gewächse die Einhaltung des in Art. 47 bis 50 und 51 Abs. 1 und 2 vorgeschriebenen Abstands verlangt werden.

Art. 53[2)] Erlöschen von Anwenderechten. (1) Eine im Zeitpunkt des Inkrafttretens des Bürgerlichen Gesetzbuchs[3)] nach örtlichem Herkommen bestehende Befugnis, bei der Bestellung landwirtschaftlicher Grundstücke die Grenze eines Nachbargrundstücks zu überschreiten (Anwenderecht), erlischt mit dem Ablauf von zehn Jahren nach der letzten Ausübung oder durch Verzicht.

(2) [1] Die für die Verjährung geltenden Vorschriften der §§ 203, 204 Abs. 1 Nrn. 1, 4, 6 bis 9, 11 bis 14, Abs. 2 und 3, §§ 205 bis 207, 209 bis 213 des Bürgerlichen Gesetzbuchs sind entsprechend anzuwenden. [2] Ein Verzicht muß in öffentlich beglaubigter Form abgegeben werden; im übrigen gelten Art. 46 Abs. 4 Sätze 2 und 3 entsprechend.

Art. 54 Ausschluß von privatrechtlichen Ansprüchen bei Verkehrsunternehmen. § 14 des Bundes-Immissionsschutzgesetzes[4)] gilt für Eisenbahn-, Dampfschiffahrts- und ähnliche Unternehmen, die dem öffentlichen Verkehr dienen, entsprechend.

Achter Abschnitt. Buchungsfreie Grundstücke und altrechtliche Grunddienstbarkeiten

Art. 55 Übertragung des Eigentums an buchungsfreien Grundstücken. (1) Zur Übertragung des Eigentums an einem Grundstück, das im Grundbuch nicht eingetragen ist und nach den Vorschriften der Grundbuchordnung[5)] auch nach der Übertragung nicht eingetragen zu werden braucht, ist die Einigung des Veräußerers und des Erwerbers darüber, daß das Eigentum übergehen soll, und die öffentliche Beurkundung der Erklärungen der beiden Teile erforderlich.

(2) Die Übertragung des Eigentums unter einer Bedingung oder einer Zeitbestimmung ist unwirksam.

Art. 56[6)] Dienstbarkeiten an buchungsfreien Grundstücken. (1) [1] Zur Begründung einer Dienstbarkeit an einem Grundstück, das im Grundbuch nicht eingetragen ist und nach den Vorschriften der Grundbuchordnung[5)] nicht eingetragen zu werden braucht, ist die Einigung

---

[1)] Art. 52 Abs. 1 Satz 3 neu gef. mWv 1. 1. 2003 durch G v. 24. 12. 2002 (GVBl S. 975).
[2)] Art. 53 Abs. 2 Satz 1 neu gef. mWv 1. 1. 2003 durch G v. 24. 12. 2002 (GVBl S. 975).
[3)] **Amtl. Anm.:** BGBl. FN 400-2
[4)] **Amtl. Anm.:** BGBl. FN 2129-8
[5)] **Amtl. Anm.:** BGBl. FN 315-11
[6)] Art. 56 Abs. 3 Satz 3 neu gef. mWv 1. 1. 2003 durch G v. 24. 12. 2002 (GVBl S. 975).

des Bestellers und des Erwerbers darüber, daß das Grundstück mit der Dienstbarkeit belastet werden soll, erforderlich. [2] Die Erklärung des Bestellers muß in öffentlich beglaubigter Form abgegeben werden.

(2) [1] Zur Aufhebung einer Dienstbarkeit an einem Grundstück der in Absatz 1 bezeichneten Art ist die Erklärung des Berechtigten gegenüber dem Eigentümer erforderlich, daß er die Dienstbarkeit aufgebe; die Erklärung muß in öffentlich beglaubigter Form abgegeben werden. [2] § 876 des Bürgerlichen Gesetzbuchs[1)] gilt entsprechend.

(3) [1] Eine Dienstbarkeit an einem Grundstück der in Absatz 1 bezeichneten Art erlischt mit dem Ablauf von zehn Jahren nach der letzten Ausübung. [2] Hat eine Ausübung nicht stattgefunden, so beginnt die zehnjährige Frist mit dem Zeitpunkt, von dem an die Ausübung zulässig war. [3] Die für die Verjährung geltenden Vorschriften der §§ 203, 204 Abs. 1 Nrn. 1, 4, 6 bis 9, 11 bis 14, Abs. 2 und 3, §§ 205 bis 207, 209 bis 213 des Bürgerlichen Gesetzbuchs sind entsprechend anzuwenden. [4] Der Ablauf der Frist wird nicht dadurch gehemmt, daß die Dienstbarkeit nur zeitweise ausgeübt werden kann. [5] Die Frist endet jedoch in diesem Fall nicht, bevor die Zeit, zu der die Ausübung zulässig war, zum zweiten Mal eingetreten und seit dem zweiten Eintritt ein Jahr verstrichen ist.

Art. 57 Aufhebung und Erlöschen altrechtlicher Grunddienstbarkeiten. (1) Für die Aufhebung und das Erlöschen von Grunddienstbarkeiten, die nach den vor Inkrafttreten des Bürgerlichen Gesetzbuchs[1)] geltenden Vorschriften entstanden und nicht im Grundbuch eingetragen sind, gelten Art. 56 Abs. 2 und 3 entsprechend.

(2) Die Grunddienstbarkeit erlischt auch, wenn sie sich mit dem Eigentum an dem belasteten Grundstück vereinigt.

Art. 58 Ausschluß des Berechtigten bei altrechtlichen Grunddienstbarkeiten. (1) Ist der Eigentümer über das Bestehen einer Grunddienstbarkeit im Ungewissen, so kann der Berechtigte mit seinem Recht im Weg des Aufgebotsverfahrens ausgeschlossen werden.

(2) Das Aufgebot erstreckt sich nicht auf Grunddienstbarkeiten, mit denen das Halten einer dauernden Anlage verbunden ist, solange die Anlage besteht.

Art. 59 Aufgebotsverfahren. (1) Für das Aufgebotsverfahren gelten die nachfolgenden besonderen Bestimmungen.

(2) [1] Zuständig ist das Gericht, in dessen Bezirk das belastete Grundstück liegt. [2] Antragsberechtigt ist der Eigentümer des belasteten Grundstücks.

(3) Der Antragsteller hat die ihm bekannten Grunddienstbarkeiten anzugeben und einen beglaubigten Plan seines Grundstücks vorzulegen, aus dem die angrenzenden Grundstücke ersichtlich sind.

(4) [1] Das Aufgebot wird öffentlich bekanntgemacht durch Anheften an die Gerichtstafel, durch einmalige Einrückung in das für die Bekanntmachungen des Gerichts bestimmte Blatt sowie durch Anheften an die für amtliche Bekanntmachungen bestimmte Stelle der Gemeinde, in deren Bezirk das belastete Grundstück liegt. [2] Das Aufgebot soll denjenigen, die im Grundbuch als Eigentümer der angrenzenden Grundstücke eingetragen sind, und den Erben eines eingetragenen Eigentümers, sofern sie dem Gericht bekannt sind, von Amts wegen zugestellt werden. [3] Die Zustellung kann durch Aufgabe zur Post erfolgen.

(5) [1] Die Aufgebotsfrist muß mindestens drei Monate betragen; sie beginnt mit der Einrückung in das in Absatz 4 bezeichnete Blatt. [2] In dem Aufgebot ist den Berechtigten, die sich nicht melden, als Rechtsnachteil anzudrohen, daß ihre Grunddienstbarkeiten erlöschen, sofern diese nicht dem Antragsteller bekannt sind.

(6) Eine öffentliche Bekanntmachung des wesentlichen Inhalts des Ausschlußurteils findet nicht statt.

Art. 60 Erneutes Aufgebotsverfahren. Wird hinsichtlich eines Grundstücks, für das ein Ausschlußurteil ergangen ist, von einem anderen Antragsberechtigten neuerdings das Aufgebot beantragt, so gelten die in dem früheren Verfahren von dem Antragsteller angegebenen oder von dem Berechtigten angemeldeten Grunddienstbarkeiten als dem Antragsteller bekannt.

[1)] **Amtl. Anm.:** BGBl. FN 400-2

Zehnter Abschnitt. Familien- und erbrechtliche Vorschriften, Vollziehung von Auflagen

Art. 68 Festsetzung des Ertragswerts eines Landguts. [1] Soweit in Fällen der Erbfolge oder der Aufhebung einer fortgesetzten Gütergemeinschaft der Ertragswert eines Landguts festzusetzen ist, gilt als solcher, vorbehaltlich der Berücksichtigung besonderer Umstände, der achtzehnfache Betrag des jährlichen Reinertrags. [2] Dieser ist nach betriebswirtschaftlichen Grundsätzen zu ermitteln.

300

301. Landesgesetz zur Ausführung des Bürgerlichen Gesetzbuchs (AGBGB)[1)]

Vom 18. November 1976
(GVBl. S. 259)

BS Rh-Pf 400-1

geänd. durch Art. 5 Achtes RechtsbereinigungsG v. 12. 10. 1995 (GVBl. S. 421), Art. 1 Erstes ÄndG v. 6. 2. 2001 (GVBl. S. 39), Art. 8 Zehntes RechtsbereinigungsG v. 5. 4. 2005 (GVBl. S. 95) und Art. 43 LandesG zur Einbeziehung der Lebenspartnerschaften in Rechtsvorschriften des Landes v. 15. 9. 2009 (GVBl. S. 333)

– Auszug –

Erster Teil. Ausführungsvorschriften zum Recht der Schuldverhältnisse

Zweiter Abschnitt. Altenteilsverträge

§ 2 Geltungsbereich. Die Vorschriften dieses Abschnitts gelten für Schuldverhältnisse aus Verträgen nach Artikel 96 des Einführungsgesetzes zum Bürgerlichen Gesetzbuch, soweit die Beteiligten nichts anderes vereinbart haben.

§ 3 Auslegungsregeln. (1) Der Verpflichtete hat die Leistungen aus dem Vertrag im Zweifel für die Lebensdauer des Berechtigten zu entrichten.

(2) Die für die Leistungen bestimmten Beträge oder Mengen sind im Zweifel die Jahresleistungen.

§ 4 Vorauszahlung. (1) Die Leistungen aus dem Vertrag sind im Voraus zu entrichten.

(2) [1] Geldleistungen sind für einen Monat im Voraus zu zahlen. [2] Bei anderen Leistungen bestimmt sich der Zeitabschnitt, für den sie im Voraus zu entrichten sind, nach ihrer Art und ihrem Zweck.

(3) Hat der Berechtigte den Beginn des Zeitabschnitts erlebt, für den eine Geldleistung im Voraus zu zahlen ist, so gebührt ihm der volle Betrag, der auf diesen Zeitabschnitt entfällt.

§ 5 Ort der Leistung. [1] Die dem Berechtigten zustehenden Leistungen sind auf dem überlassenen Grundstück zu bewirken, soweit sich aus den Umständen, insbesondere aus der Natur der Leistungen, nicht etwas anderes ergibt. [2] Hat sich der Berechtigte auf dem überlassenen Grundstück eine Wohnung vorbehalten, so sind die Leistungen in dieser zu bewirken.

§ 6 Zeit der Leistung. (1) [1] Hat der Verpflichtete dem Berechtigten Erzeugnisse der Land- oder Forstwirtschaft als Jahresvorrat zu liefern, so ist die Lieferung zu der Zeit zu bewirken, zu der die Erzeugnisse nach den Regeln einer ordnungsmäßigen Wirtschaft gewonnen und, soweit der Lieferung eine Bearbeitung vorauszugehen hat, bearbeitet sind. [2] Als Jahresvorrat sind insbesondere solche Erzeugnisse zu liefern, die im Jahr nur einmal gewonnen werden.

(2) Hat der Verpflichtete wirtschaftliche Verrichtungen zu leisten, so sind sie zu der Zeit vorzunehmen, die den Regeln einer ordnungsmäßigen Wirtschaft entspricht.

§ 7 Art der Leistung. Hat der Verpflichtete Erzeugnisse der Art zu leisten, wie sie auf dem überlassenen Grundstück gewonnen werden, so kann der Berechtigte nur Erzeugnisse von der mittleren Art und Güte derjenigen verlangen, die bei ordnungsmäßiger Bewirtschaftung auf dem Grundstück zu gewinnen sind.

§ 8 Überlassung eines Grundstücks oder Grundstücksteils. (1) Ist dem Berechtigten ein Grundstück oder ein Teil eines Grundstücks, insbesondere eine Wohnung, zur Benutzung zu überlassen, so hat der Verpflichtete das Grundstück oder den Teil des Grundstücks dem Berechtigten in einem zum vertragsmäßigen Gebrauch geeigneten Zustand zu übergeben und während der Dauer seiner Verpflichtung in diesem Zustand zu erhalten.

[1)] Änderungen vor dem 1. 1. 2000 sind nicht in Fußnoten wiedergegeben.

(2) [1] Der Verpflichtete hat die auf dem Grundstück ruhenden Lasten zu tragen. [2] Der Berechtigte kann verlangen, dass der Verpflichtete das Gebäude gegen Brandschaden und sonstige Unfälle versichert, wenn die Versicherung einer ordnungsmäßigen Wirtschaft entspricht.

(3) Der Verpflichtete darf Veränderungen an dem zu überlassenden Grundstück oder Grundstücksteil insoweit vornehmen, als sie durch die Umstände geboten sind und dadurch keine unzumutbare Benachteiligung des Berechtigten eintritt.

(4) Im übrigen finden die für den Nießbrauch geltenden Vorschriften der §§ 1031, 1034, 1036, 1037 Abs. 1, der §§ 1042, 1044, 1049, 1050, 1057 und 1062 des Bürgerlichen Gesetzbuchs entsprechende Anwendung.

§ 9 Zerstörung der Wohnung. (1) [1] Wird die dem Berechtigten zu überlassende Wohnung ohne Verschulden eines Beteiligten zerstört, so hat der Verpflichtete die Wohnung so wiederherzustellen, wie es nach den Umständen der Billigkeit entspricht. [2] Bis zur Wiederherstellung hat er dem Berechtigten eine angemessene andere Wohnung zu beschaffen.

(2) Ist die Wiederherstellung der Wohnung unmöglich oder dem Verpflichteten nicht zumutbar, so hat er dem Berechtigten eine andere Wohnung von der Art und dem Umfang zu beschaffen, wie es nach den Umständen der Billigkeit entspricht.

(3) [1] Der Berechtigte kann im Falle des Absatzes 2 anstelle einer anderen Wohnung die Zahlung einer entsprechenden Geldrente verlangen. [2] Der Verpflichtete hat dem Berechtigten auf Verlangen Sicherheit zu leisten. [3] Die Höhe der Sicherheitsleistung bestimmt sich nach den Umständen. [4] Die Sicherheit kann in einer Bankbürgschaft bestehen.

§ 10[1] Umfang des Wohnungsrechts. (1) Ist dem Berechtigten eine Wohnung zu überlassen, so ist er befugt, seine Familie und die Personen in die Wohnung aufzunehmen, die er zu seiner Betreuung und Pflege benötigt.

(2) [1] Hat der Berechtigte das Recht, die Wohnung des Verpflichteten mitzubenutzen, so darf er die Mitbenutzung seiner Familie und den übrigen der in Absatz 1 genannten Personen überlassen. [2] Für Personen, die erst nach dem Abschluss des Vertrages durch Eheschließung, Begründung der Lebenspartnerschaft, Ehelicherklärung oder Annahme als Kind Familienangehörige des Berechtigten geworden sind, und für Kinder, die zur Zeit des Abschlusses des Vertrages aus seinem Hausstand ausgeschieden waren, gilt dies nicht, wenn die Überlassung der Mitbenutzung der Billigkeit widersprechen würde.

(3) [1] Der Berechtigte darf die Wohnung weder vermieten noch sonst dritten Personen überlassen. [2] Personen, die ihn oder seine mit ihm zusammenwohnenden Familienangehörigen besuchen, darf er vorübergehend in die Wohnung aufnehmen.

(4) Stirbt der Berechtigte, so hat der Verpflichtete der Familie des Berechtigten und den Personen, die der Berechtigte zu seiner Betreuung und Pflege benötigte, die Benutzung und Mitbenutzung der Räume im bisherigen Umfang für die Dauer von drei Monaten zu gestatten.

§ 11 Verpflegung. Ist die Verpflegung des Berechtigten ohne nähere Bestimmung vereinbart, so hat der Verpflichtete dem Berechtigten den gesamten Lebensbedarf nach dem Maß der Lebensstellung des Berechtigten zu gewähren.

§ 12 Beerdigungskosten. Im Falle des Todes des Berechtigten hat der Verpflichtete die Kosten der Beerdigung zu tragen, soweit die Bezahlung nicht von dem Erben oder dem Unterhaltspflichtigen zu erlangen ist.

§ 13 Leistungsstörungen. (1) In den Fällen des § 325 Abs. 2 und des § 326 des Bürgerlichen Gesetzbuchs kann der Berechtigte von dem Vertrag nur zurücktreten, wenn die Leistungen, zu denen der Verpflichtete rechtskräftig verurteilt oder mit denen er in Verzug ist, von verhältnismäßiger Erheblichkeit sind und auch für die Zukunft keine Gewähr für die gehörige Erfüllung der Leistungen besteht.

(2) Ist die Überlassung des Grundstücks schenkweise erfolgt, so findet Absatz 1 auf den Herausgabeanspruch aus § 527 des Bürgerlichen Gesetzbuchs entsprechende Anwendung.

§ 14 Umwandlung in Geldrente. (1) [1] Der Berechtigte kann, sofern er die ihm zu überlassende Wohnung aufgibt, neben den vereinbarten Geldleistungen anstelle der Wohnung und der sonstigen ihm gebührenden Leistungen eine Geldrente verlangen. [2] Gibt der Berechtigte die Wohnung nicht auf, so kann er neben den vereinbarten Geldleistungen anstelle der sonstigen

[1] § 10 Abs. 2 Satz 2 geänd. mWv 23. 9. 2009 durch G v. 15. 9. 2009 (GVBl. S. 333).

Leistungen eine Geldrente verlangen, wenn ein wichtiger, von ihm nicht verschuldeter Grund vorliegt.

(2) Die Geldrente ist so zu bemessen, dass sie dem Wert der dem Verpflichteten durch die Befreiung von der Verpflichtung entstehenden Vorteile entspricht.

§ 15 Störung des Zusammenlebens durch den Berechtigten. (1) Ist ein dem Vertragszweck entsprechendes Zusammenleben der Vertragsteile auf demselben Grundstück infolge des Verhaltens des Berechtigten oder einer zu seinem Hausstand gehörigen Person so erschwert, daß dem Verpflichteten nicht mehr zugemutet werden kann, dem Berechtigten das Wohnen auf dem Grundstück zu gestatten, so kann der Verpflichtete die Wohnung unter Einhaltung einer Frist von mindestens drei Monaten kündigen.

(2) Kündigt der Verpflichtete, so hat er dem Berechtigten neben den vereinbarten Geldleistungen eine Geldrente nach § 14 zu zahlen.

§ 16 Störung des Zusammenlebens durch den Verpflichteten. (1) [1] Ist ein dem Vertragszweck entsprechendes Zusammenleben der Vertragsteile auf demselben Grundstück infolge des Verhaltens des Verpflichteten oder einer zu seinem Hausstand gehörigen Person so erschwert, daß dem Berechtigten das Wohnen auf dem Grundstück nicht mehr zugemutet werden kann, so kann der Berechtigte die Wohnung aufgeben. [2] Statt einer Geldrente nach § 14 kann er Ersatz des Schadens verlangen, der ihm infolge der Wohnungsaufgabe entstanden ist. [3] Für die Wohnung und die sonstigen ihm gebührenden Leistungen, die er infolge der Wohnungsaufgabe nicht mehr annehmen kann oder deren Annahme ihm nicht zuzumuten ist, kann er eine laufende Entschädigung in Geld verlangen.

(2) [1] Hat der Berechtigte oder eine zu seinem Hausstand gehörige Person zu der Störung des Zusammenlebens beigetragen, so findet § 254 Abs. 1 des Bürgerlichen Gesetzbuchs entsprechende Anwendung. [2] Soweit der Berechtigte eine Entschädigung für eine der in Absatz 1 Satz 3 genannten Leistungen verlangt, steht ihm mindestens der Betrag zu, den er im Falle des § 14 verlangen könnte.

§ 17[1)] Tod eines Berechtigten. (1) Sind aus dem Vertrag mehrere Personen berechtigt, so wird der Verpflichtete durch den Tod eines der Berechtigten zu dem Kopfteil des Verstorbenen von seiner Verpflichtung frei, soweit die geschuldeten Leistungen zum Zwecke des Gebrauchs oder Verbrauchs unter den Berechtigten geteilt werden mußten.

(2) Sind Ehegatten oder Lebenspartner Berechtigte, so kann nach dem Tode des einen von ihnen der andere die Leistungen mit Ausnahme derjenigen verlangen, die ausschließlich für den besonderen Bedarf des verstorbenen Ehegatten oder Lebenspartners bestimmt waren.

§ 18 Bestellung dinglicher Rechte. (1) Der Verpflichtete hat dem Berechtigten auf dessen schriftliches Verlangen an dem überlassenen Grundstück unverzüglich eine seinen Rechten aus dem Vertrag entsprechende beschränkte persönliche Dienstbarkeit oder eine Reallast oder eine beschränkte persönliche Dienstbarkeit und eine Reallast zu bestellen.

(2) Hat der Berechtigte die Bestellung der Belastung schriftlich verlangt, so ist der Verpflichtete dem Berechtigten gegenüber verpflichtet, das Grundstück nicht mehr mit Rechten zu belasten, die im Range vorgehen würden.

Dritter Abschnitt. Staatshaftung

§ 18 a, b *(nicht abgedruckt)*

Zweiter Teil. Ausführungsvorschriften zum Sachenrecht

§ 19 Beschränkung der Vereinigung von Grundstücken. (1) [1] Die Vereinigung mehrerer Grundstücke oder die Zuschreibung eines Grundstücks zu einem anderen Grundstück (§ 890 des Bürgerlichen Gesetzbuchs) ist nur zulässig, wenn die Grundstücke in demselben Grundbuchbezirk liegen und nicht oder nur mit denselben Rechten belastet sind. [2] Einer Belastung mit denselben Rechten steht es gleich, wenn durch Gesetz oder auf Grund einer Einigung der Beteiligten die Rechte, mit denen ein Grundstück belastet ist, auf die anderen Grundstücke in der Weise erstreckt werden, dass jede Belastung für alle Grundstücke den gleichen Rang erhält.

---

1) § 17 Abs. 2 neu gef. mWv 23. 9. 2009 durch G v. 15. 9. 2009 (GVBl. S. 333).

(2) Eine Dienstbarkeit oder eine Reallast steht einer Vereinigung oder Zuschreibung nicht entgegen, wenn mit ihr ein Grundstücksteil nach § 7 Abs. 2 der Grundbuchordnung ohne vorherige Abschreibung belastet werden könnte.

§ 20 Form der Auflassung bei Versteigerungen. Bei der Auflassung eines Grundstücks bedarf es der gleichzeitigen Anwesenheit beider Teile nicht, wenn das Grundstück durch einen Notar versteigert worden ist und die Auflassung noch in dem Versteigerungstermin stattfindet.

§ 21 Übertragung des Eigentums an buchungsfreien Grundstücken. [1] Zur Übertragung des Eigentums an einem Grundstück, das im Grundbuch nicht eingetragen ist und auch nach der Übertragung nicht eingetragen zu werden braucht, genügt die Einigung des Veräußerers und des Erwerbers über den Übergang des Eigentums. [2] Die Einigung bedarf der notariellen Beurkundung; sie kann nicht unter einer Bedingung oder Zeitbestimmung erfolgen.

§ 22[1)] *(aufgehoben)*

§ 23 Kündigung von Grundpfandrechten. [1] Das Recht des Eigentümers auf Kündigung einer Hypothek oder einer Grundschuld kann nur bis zum Ablauf von dreißig Jahren ab der Eintragung im Grundbuch ausgeschlossen werden. [2] Die Kündigungsfrist beträgt höchstens sechs Monate.

Dritter Teil. Ausführungsvorschriften zum Familien- und Erbrecht

§ 24 Feststellung des Ertragswerts eines Landguts. [1] Als Ertragswert eines Landguts gilt in den Fällen des § 1515 Abs. 2 und 3 und der §§ 2049, 2312 des Bürgerlichen Gesetzbuchs das Fünfundzwanzigfache des jährlichen Reinertrags. [2] Die Landesregierung wird ermächtigt, das Vielfache des jährlichen Reinertrags durch Rechtsverordnung abweichend von Satz 1 festzusetzen, falls und soweit dies zur Anpassung an eine wesentliche Änderung in der Ertragslage der Land- oder Forstwirtschaft oder in den allgemeinen wirtschaftlichen Verhältnissen erforderlich erscheint.

[1)] § 22 aufgeh. mWv 12. 4. 2005 durch G v. 5. 4. 2005 (GVBl. S. 95).

305. Gesetz über den ehelichen Güterstand von Vertriebenen und Flüchtlingen (VFGüterstandsG)

Vom 4. August 1969
(BGBl. I S. 1067)
BGBl. III/FNA 404-17

Der Bundestag hat das folgende Gesetz beschlossen:

§ 1 [Geltung des BGB-Güterrechts] (1) [1] Für Ehegatten, die Vertriebene oder Sowjetzonenflüchtlinge sind (§§ 1, 3 und 4 des Bundesvertriebenengesetzes), beide ihren gewöhnlichen Aufenthalt im Geltungsbereich dieses Gesetzes haben und im gesetzlichen Güterstand eines außerhalb des Geltungsbereichs dieses Gesetzes maßgebenden Rechts leben, gilt vom Inkrafttreten dieses Gesetzes an das eheliche Güterrecht des Bürgerlichen Gesetzbuchs. [2] Das gleiche gilt für Ehegatten, die aus der sowjetischen Besatzungszone Deutschlands oder dem sowjetisch besetzten Sektor von Berlin zugezogen sind, sofern sie im Zeitpunkt des Zuzugs deutsche Staatsangehörige waren oder, ohne die deutsche Staatsangehörigkeit zu besitzen, als Deutsche im Sinne des Artikels 116 Abs. 1 des Grundgesetzes Aufnahme gefunden haben.

(2) Die Vorschriften des Absatzes 1 gelten nicht, wenn im Zeitpunkt des Inkrafttretens der bisherige Güterstand im Güterrechtsregister eines Amtsgerichts im Geltungsbereich dieses Gesetzes eingetragen ist.

(3) [1] Für die Berechnung des Zugewinns gilt, wenn die in Absatz 1 genannten Voraussetzungen für die Überleitung des gesetzlichen Güterstandes in das Güterrecht des Bürgerlichen Gesetzbuchs bereits damals vorlagen, als Anfangsvermögen das Vermögen, das einem Ehegatten am 1. Juli 1958 gehörte. [2] Liegen die Voraussetzungen erst seit einem späteren Zeitpunkt vor, so gilt als Anfangsvermögen das Vermögen, das einem Ehegatten in diesem Zeitpunkt gehörte. [3] Soweit es in den §§ 1374, 1376 des Bürgerlichen Gesetzbuchs auf den Zeitpunkt des Eintritts des Güterstandes ankommt, sind diese Vorschriften sinngemäß anzuwenden.

§ 2 [Erklärung über den Güterstand] (1) [1] Jeder Ehegatte kann, sofern nicht vorher ein Ehevertrag geschlossen worden oder die Ehe aufgelöst ist, bis zum 31. Dezember 1970 dem Amtsgericht gegenüber erklären, daß für die Ehe der bisherige gesetzliche Güterstand fortgelten solle. [2] § 1411 des Bürgerlichen Gesetzbuchs gilt entsprechend.

(2) Wird die Erklärung vor dem für die Überleitung in das Güterrecht des Bürgerlichen Gesetzbuchs vorgesehenen Zeitpunkt abgegeben, so findet die Überleitung nicht statt.

(3) [1] Wird die Erklärung nach dem Zeitpunkt der Überleitung des Güterstandes abgegeben, so gilt die Überleitung als nicht erfolgt. [2] Aus der Wiederherstellung des ursprünglichen Güterstandes können die Ehegatten untereinander und gegenüber einem Dritten Einwendungen gegen ein Rechtsgeschäft, das nach der Überleitung zwischen den Ehegatten oder zwischen einem von ihnen und dem Dritten vorgenommen worden ist, nicht herleiten.

§ 3 [Nach dem 30. 9. 1969 zugezogene Personen] [1] Tritt von den in § 1 Abs. 1 genannten Voraussetzungen für die Überleitung des Güterstandes die Voraussetzung, daß beide Ehegatten ihren gewöhnlichen Aufenthalt im Geltungsbereich dieses Gesetzes haben, erst nach dem Inkrafttreten des Gesetzes ein, so gilt für sie das Güterrecht des Bürgerlichen Gesetzbuchs vom Anfang des nach Eintritt dieser Voraussetzung folgenden vierten Monats an. [2] § 1 Abs. 2, 3 Satz 2, 3 ist entsprechend anzuwenden. [3] Die Vorschriften des § 2 gelten mit der Maßgabe, daß die Erklärung binnen Jahresfrist nach dem Zeitpunkt der Überleitung abgegeben werden kann.

§ 4 [Verfahren bei Erklärung über den Güterstand] (1) [1] Für die Entgegennahme der in den §§ 2, 3 vorgesehenen Erklärung ist jedes Amtsgericht zuständig. [2] Die Erklärung muß notariell beurkundet werden.

(2) [1] Haben die Ehegatten die Erklärung nicht gemeinsam abgegeben, so hat das Amtsgericht sie dem anderen Ehegatten nach den für Zustellungen von Amts wegen geltenden Vorschriften der Zivilprozeßordnung bekanntzumachen. [2] Für die Zustellung werden Auslagen nach § 137 Nr. 2 der Kostenordnung nicht erhoben.

(3) Wird mit der Erklärung ein Antrag auf Eintragung in das Güterrechtsregister verbunden, so hat das Amtsgericht den Antrag mit der Erklärung an das Registergericht weiterzuleiten.

(4) [1] Der auf Grund der Erklärung fortgeltende gesetzliche Güterstand ist, wenn einer der Ehegatten dies beantragt, in das Güterrechtsregister einzutragen. [2] Wird der Antrag nur von einem der Ehegatten gestellt, so soll das Registergericht vor der Eintragung den anderen Ehegatten hören. [3] Besteht nach Lage des Falles begründeter Anlaß zu Zweifeln an der Richtigkeit der Angaben über den bestehenden Güterstand, so hat das Registergericht die erforderlichen Ermittlungen vorzunehmen.

§ 5 [Geschäftswert] Für die Beurkundung der Erklärung nach § 2 Abs. 1, für die Aufnahme der Anmeldung zum Güterrechtsregister und für die Eintragung in das Güterrechtsregister beträgt der Geschäftswert 3000 Deutsche Mark.

§ 6 [Geltung im Land Berlin] Dieses Gesetz gilt nach Maßgabe des § 13 des Dritten Überleitungsgesetzes vom 4. Januar 1952 (Bundesgesetzbl. I S. 1) auch im Land Berlin.[1)]

§ 7 [Inkrafttreten] Dieses Gesetz tritt am 1. Oktober 1969 in Kraft; die §§ 2, 4 und 5 treten jedoch am Tage nach der Verkündung[2)] in Kraft.

[1)] In Berlin übernommen durch Gesetz vom 20. 8. 1969 (GVBl. S. 1397, 1398).
[2)] Verkündet am 5. 8. 1969.

306. Gesetz über die Gleichberechtigung von Mann und Frau auf dem Gebiete des bürgerlichen Rechts (Gleichberechtigungsgesetz – GleichberG)

Vom 18. Juni 1957
(BGBl. I S. 609)

BGBl. III/FNA 400-3

geänd. durch Art. 127 Erstes G über die Bereinigung von BundesR im Zuständigkeitsbereich des BMJ v. 19. 4. 2006 (BGBl. I S. 866)

Artikel 1–7. *(nicht abgedruckte Änderungsvorschriften)*

Artikel 8.[1] Übergangs- und Schlußvorschriften

I. Übergangsvorschriften

1. Die persönlichen Rechtsbeziehungen der Ehegatten zueinander, insbesondere die gegenseitige Unterhaltspflicht, bestimmen sich nach den Vorschriften dieses Gesetzes, auch wenn die Ehe vor seinem Inkrafttreten geschlossen worden ist.
2. Hat die Frau vor Inkrafttreten dieses Gesetzes ihr Vermögen ganz oder teilweise der Verwaltung des Mannes überlassen, so bestimmen sich die Rechtsbeziehungen der Ehegatten, die sich aus der Überlassung ergeben, nach den Vorschriften des Bürgerlichen Gesetzbuchs in der Fassung dieses Gesetzes.
3. Haben die Ehegatten am 31. März 1953 im Güterstand der Verwaltung und Nutznießung des Mannes gelebt, so gelten, soweit die Ehegatten nichts anderes vereinbart haben, vom Inkrafttreten dieses Gesetzes an die Vorschriften über den Güterstand der Zugewinngemeinschaft.
4. Haben die Ehegatten die Ehe zwischen dem 1. April 1953 und dem Inkrafttreten dieses Gesetzes geschlossen, so gelten die Vorschriften der Nummer 3.
5. Leben die Ehegatten zur Zeit des Inkrafttretens dieses Gesetzes im Güterstand der Gütertrennung des Bürgerlichen Gesetzbuchs, so gilt die Gütertrennung dieses Gesetzes. Die Vorschriften der Nummern 3 und 4 bleiben unberührt.
   Die Ehegatten leben im Güterstand der Zugewinngemeinschaft, wenn die Gütertrennung eingetreten ist, weil
   a) eine in der Geschäftsfähigkeit beschränkte Frau die Ehe ohne Einwilligung ihres gesetzlichen Vertreters geschlossen hat,
   b) die Verwaltung und Nutznießung des Mannes geendet hat, weil über sein Vermögen der Konkurs eröffnet worden ist, oder
   c) die Verwaltung und Nutznießung des Mannes geendet hat, weil der Mann für tot erklärt oder der Zeitpunkt seines Todes nach den Vorschriften des Verschollenheitsgesetzes festgestellt worden ist und er zur Zeit des Inkrafttretens dieses Gesetzes noch gelebt hat.
6. Leben die Ehegatten zur Zeit des Inkrafttretens dieses Gesetzes im vertraglichen Güterstand der allgemeinen Gütergemeinschaft des Bürgerlichen Gesetzbuchs, so gelten die Vorschriften dieses Gesetzes über die Gütergemeinschaft; haben die Ehegatten die Fortsetzung der Gütergemeinschaft nicht ausgeschlossen, so gilt diese als vereinbart.
   Haben die Ehegatten die allgemeine Gütergemeinschaft vor dem 1. April 1953 vereinbart, so wird das Gesamtgut weiterhin vom Mann verwaltet; haben sie die Gütergemeinschaft später vereinbart, so bleibt die Vereinbarung der Ehegatten über die Verwaltung des Gesamtgutes maßgebend.
7. Leben die Ehegatten zur Zeit des Inkrafttretens dieses Gesetzes im vertraglichen Güterstand der Errungenschafts- oder Fahrnisgemeinschaft des Bürgerlichen Gesetzbuchs, so bleiben, soweit die Ehegatten nichts anderes vereinbart haben, die Vorschriften maßgebend, die vor dem 1. April 1953 für diese Güterstände gegolten haben.

8.–10. *(aufgehoben)*

11. Die Nummern 3, 4, 6 und 7 gelten im Saarland mit der Maßgabe, daß an die Stelle des 31. März 1953 der 31. Dezember 1956 und an die Stelle des 1. April 1953 der 1. Januar 1957 tritt.

---

[1] Art. 8 I. Nr. 3 Abs. 2, Nr. 4 zweiter Halbs., Nr. 5 Abs. 2 Satz 2, Nr. 8–10 und II. Nr. 5 aufgeh. mWv 25. 4. 2006 durch G v. 19. 4. 2006 (BGBl. I S. 866).

II. Schlußvorschriften

1. § 25 Abs. 2, 3 und die §§ 40, 71, 74 und 75 des Gesetzes Nr. 16 des Kontrollrats (Ehegesetz) vom 20. Februar 1946 (Amtsblatt des Kontrollrats in Deutschland S. 77, 294) verlieren ihre Wirksamkeit.
2. *(nicht abgedruckte Aufhebungsvorschriften)*
3. Wo auf die Vorschriften verwiesen wird, die durch dieses Gesetz aufgehoben oder geändert werden, erhält die Verweisung ihren Inhalt aus den entsprechenden neuen Vorschriften. Einer Verweisung steht es gleich, wenn die Anwendbarkeit der in Absatz 1 bezeichneten Vorschriften stillschweigend vorausgesetzt wird.
4. Dieses Gesetz tritt am 1. Juli 1958 in Kraft; Artikel 8 I. Nr. 3 Abs. 2 sowie Artikel 8 I. Nr. 4 und 5, soweit hierin auf Nr. 3 Abs. 2 verwiesen ist, treten jedoch am Tage nach der Verkündung[1] in Kraft.

[1] Verkündet am 21. 6. 1957.

307. Gesetz über die rechtliche Stellung der nichtehelichen Kinder

Vom 19. August 1969
(BGBl. I S. 1243)

FNA 404-18

geänd. durch Drittes Gesetz zur Änderung und Ergänzung des Personenstandsgesetzes v. 17. 7. 1970 (BGBl. I S. 1099), Gesetz zur Reform des Kindschaftsrechts v. 16. 12. 1997 (BGBl. I S. 2942), Art. 4 Abs. 10 Kindesunterhaltsgesetz – KindUG v. 6. 4. 1998 (BGBl. I S. 666), Art. 141 Erstes G über die Bereinigung von BundesR im Zuständigkeitsbereich des BMJ v. 19. 4. 2006 (BGBl. I S. 866) und Art. 64 FGG-ReformG v. 17. 12. 2008 (BGBl. I S. 2586)

Artikel 1–11. *(nicht abgedruckte Änderungsvorschriften)*

Artikel 12. Übergangs- und Schlußvorschriften

I. Übergangsvorschriften

§ 1 [Rechtliche Stellung der vor dem 1. 7. 1970 geborenen Kinder] Die rechtliche Stellung eines vor dem Inkrafttreten dieses Gesetzes geborenen Kindes und seiner Verwandten bestimmt sich für die Zeit nach dem Inkrafttreten dieses Gesetzes nach dessen Vorschriften, soweit sich nicht aus den §§ 2 bis 23 ein anderes ergibt.

§ 2 [Vaterschaft nach bisher geltendem Recht] Unter welchen Voraussetzungen ein Mann als Vater anzusehen ist, wird auch für Rechtsverhältnisse, die sich nach dem bisher geltenden Recht bestimmen, nach den Vorschriften dieses Gesetzes beurteilt.

§ 3[1] [Bisherige Vaterschaftsanerkenntnisse; Anfechtung der Vaterschaft] (1) [1] Hat ein Mann vor dem Inkrafttreten dieses Gesetzes in einer öffentlichen Urkunde seine Vaterschaft anerkannt oder in einem vollstreckbaren Schuldtitel sich zur Erfüllung eines Anspruchs nach § 1708 des Bürgerlichen Gesetzbuchs verpflichtet, so ist er als Vater im Sinne dieses Gesetzes anzusehen. [2] Das gleiche gilt, wenn ein Mann in einer rechtskräftigen Entscheidung, die vor dem Inkrafttreten dieses Gesetzes erlassen worden ist, zur Erfüllung eines Anspruchs nach § 1708 des Bürgerlichen Gesetzbuchs verurteilt worden ist. [3] Die vorstehenden Vorschriften sind nicht anzuwenden, wenn beim Inkrafttreten dieses Gesetzes sowohl der Mann als auch die Mutter und das Kind verstorben sind.

(2) [1] Die Vaterschaft kann durch Klage oder Antrag auf Feststellung, daß der Mann nicht der Vater des Kindes ist, angefochten werden. [2] Berechtigt anzufechten sind der Mann, die Mutter und das Kind sowie nach dem Tode des Mannes auch seine Eltern, seine überlebende Ehefrau und seine Abkömmlinge, nach dem Tode des Kindes auch sein überlebender Ehegatte und seine Abkömmlinge. [3] Nach dem Tode eines Elternteils steht das Anfechtungsrecht dem überlebenden Elternteil zu. [4] § 1600k Abs. 1 bis 3 und § 1600l des Bürgerlichen Gesetzbuchs sowie die Vorschriften der Zivilprozeßordnung über die Anfechtung der Anerkennung der Vaterschaft sind entsprechend anzuwenden; die Vorschriften über das Anfechtungsrecht der Eltern des Mannes gelten dabei für seine überlebende Ehefrau und seine Abkömmlinge sinngemäß. [5] Es wird vermutet, daß der Mann der Mutter in der Empfängniszeit beigewohnt hat; im übrigen bestimmt sich die Vermutung der Vaterschaft nach § 1600o Abs. 2 des Bürgerlichen Gesetzbuchs.

§ 4[2] *(aufgehoben)*

§ 5 [Geltungsbereich früherer Abfindungsverträge über den Unterhalt] Ein Vertrag zur Abfindung des Unterhaltsanspruchs, der vor dem Inkrafttreten dieses Gesetzes zwischen dem Kinde und dem Vater oder dem Erben des Vaters geschlossen worden ist, erstreckt sich im Zweifel nicht auf die Unterhaltsansprüche des Kindes gegen die Verwandten des Vaters und auf den Unterhalt, der dem Kinde nach Vollendung des achtzehnten Lebensjahres zu gewähren ist.

§§ 6 und 7[3] *(aufgehoben)*

---

[1] Art. 12 § 3 Abs. 2 Satz 6 aufgeh. mWv 1. 9. 2009 durch G v. 17. 12. 2008 (BGBl. I S. 2586).
[2] § 4 aufgeh. mWv 25. 4. 2006 durch G v. 19. 4. 2006 (BGBl. I S. 866).
[3] §§ 6 und 7 aufgeh. mWv 25. 4. 2006 durch G v. 19. 4. 2006 (BGBl. I S. 866).

§ 8[1] **[Rechtskräftige Feststellung der Legitimation nichtehelicher Kinder]** Hat das Vormundschaftsgericht vor dem Inkrafttreten dieses Gesetzes rechtskräftig festgestellt, daß ein nichteheliches Kind durch die Eheschließung seiner Eltern ehelich geworden ist, oder ist ein nichteheliches Kind vor diesem Zeitpunkt für ehelich erklärt worden, so sind die §§ 2, 3 nicht anzuwenden.

§ 9[2] *(aufgehoben)*

§ 10 [Erbrechtliche Verhältnisse] (1) [1] Für die erbrechtlichen Verhältnisse bleiben, wenn der Erblasser vor dem Inkrafttreten dieses Gesetzes gestorben ist, die bisher geltenden Vorschriften maßgebend. [2] Das gleiche gilt für den Anspruch des nichtehelichen Kindes gegen den Erben des Vaters auf Leistung von Unterhalt.

(2) [1] Für die erbrechtlichen Verhältnisse eines vor dem 1. Juli 1949 geborenen nichtehelichen Kindes und seiner Abkömmlinge zu dem Vater und dessen Verwandten bleiben die bisher geltenden Vorschriften auch dann maßgebend, wenn der Erblasser nach dem Inkrafttreten dieses Gesetzes stirbt. [2] Ist der Vater der Erblasser und hatte er zur Zeit des Erbfalls dem Kinde Unterhalt zu gewähren, so ist der Erbe zur Gewährung des Unterhalts verpflichtet; der bisher geltende § 1712 Abs. 2 des Bürgerlichen Gesetzbuchs ist auf den Unterhaltsanspruch des Kindes anzuwenden.

§ 10 a[3] **[Vereinbarung zwischen Vater und Kind]** (1) [1] § 10 Abs. 2 findet keine Anwendung, wenn der Vater und das Kind dies vereinbaren. [2] Die Vereinbarung gilt nur für künftige Erbfälle.

(2) [1] Die Vereinbarung kann nur von dem Vater und dem Kind persönlich geschlossen werden; sie bedarf der notariellen Beurkundung. [2] Bedarf die Vereinbarung nach § 1903 Abs. 1 des Bürgerlichen Gesetzbuchs der Einwilligung eines Betreuers, so ist auch die Genehmigung des Betreuungsgerichts erforderlich.

(3) [1] Ist der Vater oder das Kind verheiratet, so bedarf die Vereinbarung der Einwilligung seines Ehegatten. [2] Absatz 2 Satz 1 zweiter Halbsatz, Satz 2 gilt entsprechend.

§ 11 [Rechtsverhältnisse aus der Zeit vor dem 1. 1. 1900] Soweit nach den Artikeln 208, 209 des Einführungsgesetzes zum Bürgerlichen Gesetzbuch Vorschriften aus der Zeit vor dem Inkrafttreten des Bürgerlichen Gesetzbuchs anzuwenden sind, bleiben diese Vorschriften weiterhin maßgebend; die §§ 2 bis 10 gelten in diesem Falle nicht.

§ 12[4] *(aufgehoben)*

§ 13 [Verhältnis vom Unterhalts- zum Abstammungsurteil] [1] Für das Verhältnis einer vor dem Inkrafttreten dieses Gesetzes erlassenen Entscheidung über Ansprüche nach § 1708 des Bürgerlichen Gesetzbuchs und einer abweichenden Entscheidung über die Vaterschaft ist § 644 der Zivilprozeßordnung in der Fassung des Familienrechtsänderungsgesetzes vom 11. August 1961 (Bundesgesetzbl. I S. 1221) weiterhin anzuwenden. [2] Dies gilt auch in den Fällen des § 3 Abs. 2.

§§ 14–22[5] *(aufgehoben)*

§ 23[6] **[Personenstandsrecht]** (1) [1] In den Fällen des § 3 Abs. 1 wird, soweit dies nach den bisherigen Vorschriften noch nicht geschehen ist, der Vater eines nichtehelichen Kindes am Rande des Geburtseintrags vermerkt, wenn das Kind, der Vater, deren Erben oder die Mutter dies beantragen; der Standesbeamte kann den Randvermerk auch von Amts wegen eintragen. [2] Das gleiche gilt, wenn in einer rechtskräftigen Entscheidung, die vor dem Inkrafttreten dieses Gesetzes erlassen worden ist, im Verfahren nach § 640 der Zivilprozeßordnung festgestellt wurde, daß ein Mann der Vater eines nichtehelichen Kindes ist.

(2) [1] Ist für das Kind ein Familienbuch angelegt, so wird sein Vater in das Familienbuch eingetragen, sobald er nach Absatz 1 am Rande des Geburtseintrags vermerkt wird. [2] Ist der Vater bereits vor dem Inkrafttreten dieses Gesetzes am Rande des Geburtseintrags vermerkt

[1] § 8 Satz 2 aufgeh. mWv 25. 4. 2006 durch G v. 19. 4. 2006 (BGBl. I S. 866).
[2] § 9 aufgeh. mWv 25. 4. 2006 durch G v. 19. 4. 2006 (BGBl. I S. 866).
[3] § 10 a eingef. durch G v. 16. 12. 1997 (BGBl. I S. 2942); Abs. 2 Satz 2 geänd. mWv 1. 9. 2009 durch G v. 17. 12. 2008 (BGBl. I S. 2586).
[4] § 12 aufgeh. mWv 25. 4. 2006 durch G v. 19. 4. 2006 (BGBl. I S. 866).
[5] §§ 14–22 aufgeh. mWv 25. 4. 2006 durch G v. 19. 4. 2006 (BGBl. I S. 866).
[6] § 23 bish. Wortlaut wurde Abs. 1, Abs. 2 angef. durch G v. 17. 7. 1970 (BGBl. I S. 1099).

worden, oder ist die Geburt im Geltungsbereich des Personenstandsgesetzes nicht beurkundet, so wird der Vater im Familienbuch vermerkt, wenn das Kind, der Vater, deren Erben oder die Mutter dies beantragen; der Standesbeamte kann den Vermerk auch von Amts wegen eintragen.

II. Schlußvorschriften

§§ 24–26[1] *(aufgehoben)*

§ 27 [Inkrafttreten] Dieses Gesetz tritt am 1. Juli 1970 in Kraft.

[1] § 24 aufgeh. durch G v. 6. 4. 1998 (BGBl. I S. 666), §§ 25 und 26 aufgeh. mWv 25. 4. 2006 durch G v. 19. 4. 2006 (BGBl. I S. 866).

308. Verschollenheitsgesetz

Vom 15. Januar 1951[1)]
(BGBl. I S. 63)

BGBl. III/FNA 401-6

geänd. durch Art. XI § 4 Abs. 4 Nr. 8 Gesetz zur Änderung und Ergänzung kostenrechtlicher Vorschriften v. 26. 7. 1957 (BGBl. I S. 861), Art. 6 Nr. 3 h Gesetz zur Entlastung der Landgerichte und zur Vereinfachung des gerichtlichen Protokolls v. 20. 12. 1974 (BGBl. I S. 3651), Art. 3 Gesetz zur Neuregelung des Internationalen Privatrechts v. 25. 7. 1986 (BGBl. I S. 1142), Art. 3 Gesetz zur Ausführung von Sorgerechtsübereinkommen und zur Änderung des Gesetzes über die Angelegenheiten der freiwilligen Gerichtsbarkeit sowie anderer Gesetze v. 5. 4. 1990 (BGBl. I S. 701), Art. 1 VerschollenheitsG-ÄndG v. 18. 3. 1994 (BGBl. I S. 559), Art. 14 § 11 KindschaftsrechtsreformG v. 16. 12. 1997 (BGBl. I S. 2942), Art. 7 Abs. 15 Gesetz über Fernabsatzverträge und andere Fragen des Verbraucherrechts sowie zur Umstellung von Vorschriften auf Euro v. 27. 6. 2000 (BGBl. I S. 897), Art. 2 Abs. 19 PersonenstandsrechtsreformG v. 19. 2. 2007 (BGBl. I S. 122) und Art. 55 FGG-ReformG v. 17. 12. 2008 (BGBl. I S. 2586)

Abschnitt I. Voraussetzungen der Todeserklärung. Lebens- und Todesvermutungen

§ 1 [Begriff der Verschollenheit] (1) Verschollen ist, wessen Aufenthalt während längerer Zeit unbekannt ist, ohne daß Nachrichten darüber vorliegen, ob er in dieser Zeit noch gelebt hat oder gestorben ist, sofern nach den Umständen hierdurch ernstliche Zweifel an seinem Fortleben begründet werden.

(2) Verschollen ist nicht, wessen Tod nach den Umständen nicht zweifelhaft ist.

§ 2 [Todeserklärung] Ein Verschollener kann unter den Voraussetzungen der §§ 3 bis 7 im Aufgebotsverfahren für tot erklärt werden.

§ 3 [Allgemeine Verschollenheit] (1) Die Todeserklärung ist zulässig, wenn seit dem Ende des Jahres, in dem der Verschollene nach den vorhandenen Nachrichten noch gelebt hat, zehn Jahre oder, wenn der Verschollene zur Zeit der Todeserklärung das achtzigste Lebensjahr vollendet hätte, fünf Jahre verstrichen sind.

(2) Vor dem Ende des Jahres, in dem der Verschollene das fünfundzwanzigste Lebensjahr vollendet hätte, darf er nach Absatz 1 nicht für tot erklärt werden.

§ 4 [Kriegsverschollenheit] (1) Wer als Angehöriger einer bewaffneten Macht an einem Kriege oder einem kriegsähnlichen Unternehmen teilgenommen hat, während dieser Zeit im Gefahrgebiet vermißt worden und seitdem verschollen ist, kann für tot erklärt werden, wenn seit dem Ende des Jahres, in dem der Friede geschlossen oder der Krieg oder das kriegsähnliche Unternehmen ohne Friedensschluß tatsächlich beendigt ist, ein Jahr verstrichen ist.

(2) Ist der Verschollene unter Umständen vermißt, die eine hohe Wahrscheinlichkeit seines Todes begründen, so wird die im Absatz 1 bestimmte Jahresfrist von dem Zeitpunkt ab berechnet, in dem er vermißt worden ist.

(3) Den Angehörigen einer bewaffneten Macht steht gleich, wer sich bei ihr aufgehalten hat.

§ 5 [Seeverschollenheit] (1) Wer bei einer Fahrt auf See, inbesondere infolge Untergangs des Schiffes, verschollen ist, kann für tot erklärt werden, wenn seit dem Untergang des Schiffes oder dem sonstigen die Verschollenheit begründenden Ereignis sechs Monate verstrichen sind.

(2) Ist der Untergang des Schiffes, der die Verschollenheit begründet haben soll, nicht feststellbar, so beginnt die Frist von sechs Monaten (Absatz 1) erst ein Jahr nach dem letzten Zeitpunkt, zu dem das Schiff nach den vorhandenen Nachrichten noch nicht untergegangen war; das Gericht kann diesen Zeitraum von einem Jahr bis auf drei Monate verkürzen, wenn nach anerkannter seemännischer Erfahrung wegen der Beschaffenheit und Ausrüstung des Schiffes, im Hinblick auf die Gewässer, durch welche die Fahrt führen sollte, oder aus sonstigen Gründen anzunehmen ist, daß das Schiff schon früher untergegangen ist.

§ 6 [Luftverschollenheit] Wer bei einem Fluge, insbesondere infolge Zerstörung des Luftfahrzeugs, verschollen ist, kann für tot erklärt werden, wenn seit der Zerstörung des Luftfahrzeugs oder dem sonstigen die Verschollenheit begründenden Ereignis oder, wenn diese Ereignis-

[1)] Neubek. des G über die Verschollenheit, die Todeserklärung und die Feststellung der Todeszeit v. 4. 7. 1939 (RGBl. I S. 1186) unter der neuen Bezeichnung „Verschollenheitsgesetz".

se nicht feststellbar sind, seit dem letzten Zeitpunkt, zu dem der Verschollene nach den vorhandenen Nachrichten noch gelebt hat, drei Monate verstrichen sind.

§ 7 [Gefahrverschollenheit] Wer unter anderen als den in den §§ 4 bis 6 bezeichneten Umständen in eine Lebensgefahr gekommen und seitdem verschollen ist, kann für tot erklärt werden, wenn seit dem Zeitpunkt, in dem die Lebensgefahr beendigt ist oder ihr Ende nach den Umständen erwartet werden konnte, ein Jahr verstrichen ist.

§ 8 [Zusammentreffen von Kriegs- mit See- oder Luftverschollenheit] Liegen bei einem Verschollenen die Voraussetzungen sowohl des § 4 als auch der §§ 5 oder 6 vor, so ist nur der § 4 anzuwenden.

§ 9[1)] [Wirkung der Todeserklärung; Todesvermutung] (1) [1] Die Todeserklärung begründet die Vermutung, daß der Verschollene in dem im Beschluß festgestellten Zeitpunkt gestorben ist. [2] Dies gilt auch, wenn vor der Todeserklärung ein anderer Zeitpunkt im Sterberegister eingetragen ist.

(2) Als Zeitpunkt des Todes ist der Zeitpunkt festzustellen, der nach dem Ergebnis der Ermittlungen der wahrscheinlichste ist.

(3) Läßt sich ein solcher Zeitpunkt nicht angeben, so ist als Zeitpunkt des Todes festzustellen:

a) in den Fällen des § 3 das Ende des fünften Jahres oder, wenn der Verschollene das achtzigste Lebensjahr vollendet hätte, des dritten Jahres nach dem letzten Jahre, in dem der Verschollene den vorhandenen Nachrichten zufolge noch gelebt hat;

b) in den Fällen des § 4 der Zeitpunkt, in dem der Verschollene vermißt worden ist;

c) in den Fällen der §§ 5 und 6 der Zeitpunkt, in dem das Schiff untergegangen, das Luftfahrzeug zerstört oder das sonstige die Verschollenheit begründende Ereignis eingetreten oder – falls dies nicht feststellbar ist – der Verschollene zuerst vermißt worden ist;

d) in den Fällen des § 7 der Beginn der Lebensgefahr.

(4) Ist die Todeszeit nur dem Tage nach festgestellt, so gilt das Ende des Tages als Zeitpunkt des Todes.

§ 10 [Lebensvermutung] Solange ein Verschollener nicht für tot erklärt ist, wird vermutet, daß er bis zu dem im § 9 Abs. 3, 4 genannten Zeitpunkt weiter lebt oder gelebt hat.

§ 11 [Vermutung gleichzeitigen Todes] Kann nicht bewiesen werden, daß von mehreren gestorbenen oder für tot erklärten Menschen der eine den anderen überlebt hat, so wird vermutet, daß sie gleichzeitig gestorben sind.

Abschnitt II. Zwischenstaatliches Recht

§ 12[2)] [Zwischenstaatliches Recht] (1) Für Todeserklärungen und Verfahren bei Feststellung der Todeszeit sind die deutschen Gerichte zuständig, wenn der Verschollene oder der Verstorbene in dem letzten Zeitpunkt, in dem er nach den vorhandenen Nachrichten noch gelebt hat,

1. Deutscher war oder
2. seinen gewöhnlichen Aufenthalt im Inland hatte.

(2) Die deutschen Gerichte sind auch dann zuständig, wenn ein berechtigtes Interesse an einer Todeserklärung oder Feststellung der Todeszeit durch sie besteht.

(3) Die Zuständigkeit nach den Absätzen 1 und 2 ist nicht ausschließlich.

Abschnitt III. Verfahren bei Todeserklärungen

§ 13 [Aufgebotsverfahren] (1) Das Aufgebotsverfahren nach § 2 ist eine Angelegenheit der freiwilligen Gerichtsbarkeit.

(2) Es gelten dafür die besonderen Vorschriften der §§ 14 bis 38.

[1)] § 9 Abs. 1 Satz 2 geänd. mWv 1. 1. 2009 durch G v. 19. 2. 2007 (BGBl. I S. 122).
[2)] § 12 neu gef. durch G v. 25. 7. 1986 (BGBl. I S. 1142).

§ 14 [Sachliche Zuständigkeit] Für das Aufgebotsverfahren sind die Amtsgerichte sachlich zuständig.

§ 15 [Örtliche Zuständigkeit] (1) Örtlich zuständig ist das Gericht, in dessen Bezirk der Verschollene seinen letzten inländischen Wohnsitz oder in Ermangelung eines inländischen Wohnsitzes seinen letzten gewöhnlichen Aufenthalt im Inlande gehabt hat.

(2) [1] Ist die Verschollenheit durch den Untergang eines in einem deutschen Schiffsregister eingetragenen Schiffes begründet, so ist an Stelle des in Absatz 1 genannten Gerichts das Gericht des Heimathafens oder Heimatortes zuständig. [2] Dieses Gericht kann jedoch die Sache aus wichtigem Grund an ein anderes Gericht abgeben.

§ 15a [Zuständigkeit außer in den Fällen des § 15] (1) Ist ein Gerichtsstand nach § 15 nicht begründet oder wird am Sitze des nach § 15 zuständigen Gerichts eine deutsche Gerichtsbarkeit nicht mehr ausgeübt, so ist das Gericht zuständig, in dessen Bezirk der erste Antragsteller seinen Wohnsitz oder in Ermangelung eines Wohnsitzes im Geltungsbereich dieses Gesetzes seinen gewöhnlichen Aufenthalt hat.

(2) Ein Gericht soll auf Grund des Absatz 1 nur tätig werden, wenn es dem Amtsgericht Berlin-Schöneberg seine Absicht angezeigt hat, ein Verfahren nach diesem Gesetz durchzuführen, und das Amtsgericht Berlin-Schöneberg bestätigt hat, daß eine frühere Anzeige gleichen Inhalts von einem anderen Gericht bei ihm nicht eingegangen ist.

308

§ 15b [Zuständigkeit des AG Berlin-Schöneberg] [1] Ist ein Gerichtsstand nach §§ 15, 15a nicht begründet, so ist das Amtsgericht Berlin-Schöneberg zuständig. [2] Dieses Gericht kann die Sache aus wichtigem Grund an ein anderes Gericht abgeben.

§ 15c [Bindende Wirkung der Abgabeverfügung] Gibt ein Gericht auf Grund der Vorschriften dieses Gesetzes oder ein außerhalb des Geltungsbereichs dieses Gesetzes bestehendes Gericht auf Grund der dort geltenden Vorschriften eine Sache an ein anderes Gericht ab, so ist die Abgabeverfügung für das andere Gericht bindend.

§ 15d [Bestimmung des zuständigen Gerichts] [1] Ist anzunehmen, daß mehrere Personen infolge desselben Ereignisses verschollen sind, so kann der Bundesminister der Justiz das für alle Todeserklärungen zuständige Gericht bestimmen. [2] Ist der Antrag bei einem hiernach nicht zuständigen Gericht gestellt, so ist er an das zuständige Gericht abzugeben.

§ 16[1)] [Antrag] (1) Das Aufgebotsverfahren wird nur auf Antrag eingeleitet.

(2) Den Antrag können stellen:

a) der Staatsanwalt;

b) der gesetzliche Vertreter des Verschollenen;

c) der Ehegatte, der Lebenspartner, die Abkömmlinge und die Eltern des Verschollenen sowie jeder andere, der ein rechtliches Interesse an der Todeserklärung hat.

(3) Der Inhaber der elterlichen Sorge, Vormund oder Pfleger kann den Antrag nur mit Genehmigung des Familiengerichts, der Betreuer nur mit Genehmigung des Betreuungsgerichts stellen.

§ 17 [Eintritt in das Verfahren] [1] Jeder Antragsberechtigte kann neben dem Antragsteller oder an dessen Stelle in das Verfahren eintreten. [2] Durch den Eintritt erlangt er die rechtliche Stellung eines Antragstellers. [3] Der Eintritt ist auch zur Einlegung eines Rechtsmittels zulässig.

§ 18 [Glaubhaftmachung] Vor der Einleitung des Verfahrens hat der Antragsteller die zur Begründung des Antrags erforderlichen Tatsachen glaubhaft zu machen.

§ 19 [Aufgebot] (1) Ist der Antrag zulässig, so hat das Gericht das Aufgebot zu erlassen.

(2) In das Aufgebot ist insbesondere aufzunehmen:

a) die Bezeichnung des Antragstellers;

b) die Aufforderung an den Verschollenen, sich bis zu einem bestimmten Zeitpunkt zu melden, widrigenfalls er für tot erklärt werden könne;

c) die Aufforderung an alle, die Auskunft über den Verschollenen geben können, dem Gericht bis zu dem nach Buchstabe b bestimmten Zeitpunkt Anzeige zu machen.

---

1) § 16 Abs. 4 aufgeh. durch G v. 5. 4. 1990 (BGBl. I S. 701); Abs. 2 Buchst. c geänd. durch G v. 16. 12. 1997 (BGBl. I S. 2942); Abs. 2 Buchst. c geänd., Abs. 3 neu gef. mWv 1. 9. 2009 durch G v. 17. 12. 2008 (BGBl. I S. 2586).

§ 20[1] **[Bekanntmachung des Aufgebots]** (1) [1] Das Aufgebot muß durch eine Tageszeitung öffentlich bekanntgemacht werden. [2] Das Gericht kann abweichend anordnen, daß eine einmalige Einrückung in den Bundesanzeiger erfolgt, wenn dies dem Zweck des Aufgebots dienlich ist.

(2) [1] Das Gericht kann anordnen, daß das Aufgebot daneben in anderer Weise, insbesondere durch Rundfunk, öffentlich bekanntgemacht wird. [2] Das Aufgebot soll an die Gerichtstafel angeheftet werden.

§ 21[2] **[Aufgebotsfrist]** (1) Zwischen dem Tage, an dem das Aufgebot zum ersten Mal durch eine Tageszeitung oder den Bundesanzeiger öffentlich bekanntgemacht ist, und dem nach § 19 Abs. 2 Buchstabe b bestimmten Zeitpunkt muß eine Frist (Aufgebotsfrist) von mindestens sechs Wochen liegen.

(2) Die Aufgebotsfrist soll, wenn nicht besondere Gründe vorliegen, nicht mehr als ein Jahr betragen.

(3) Ist das Aufgebot öffentlich bekanntgemacht, so kann die Aufgebotsfrist nicht mehr abgekürzt werden.

§ 22 [Anhörung des Staatsanwalts und des Antragstellers] Vor der Bekanntmachung des Aufgebots ist in jedem Falle dem Staatsanwalt, vor der Entscheidung dem Antragsteller und dem Staatsanwalt Gelegenheit zur Äußerung zu geben.[3]

§ 22 a[4] **[Keine Beweiskraft der Eintragung im Sterbebuch]** Ist der Tod des Verschollenen bereits im Sterberegister beurkundet worden und wird ein Aufgebotsverfahren zum Zwecke der Todeserklärung durchgeführt, so hat die Eintragung im Sterberegister für das Verfahren keine Beweiskraft.

§ 23 [Todeserklärungsbeschluss] In dem Beschluß, durch den der Verschollene für tot erklärt wird, ist der Zeitpunkt seines Todes nach § 9 Abs. 2, 3 festzustellen.

§ 24[5] **[Bekanntmachung und Zustellung des Todeserklärungsbeschlusses]** (1) [1] Der Beschluß durch den der Verschollene für tot erklärt wird, ist öffentlich bekanntzumachen. [2] § 20 ist entsprechend anzuwenden.

(2) Der Beschluß ist ferner dem Antragsteller und dem Staatsanwalt zuzustellen.

(3) [1] Die erste öffentliche Bekanntmachung gilt als Zustellung, auch soweit dieses Gesetz daneben eine besondere Zustellung vorschreibt. [2] Die Zustellung gilt als am Ende des Tages bewirkt, an dem der Beschluß in der Tageszeitung oder im Bundesanzeiger öffentlich bekanntgemacht ist.

§ 25 [Zustellung des Ablehnungsbeschlusses] Der Beschluß, durch den die Todeserklärung abgelehnt wird, ist dem Antragsteller und dem Staatsanwalt zuzustellen.

§ 26 [Beschwerde] (1) [1] Gegen den Beschluß, durch den der Verschollene für tot erklärt wird, und gegen den Beschluß, durch den die Todeserklärung abgelehnt wird, ist die sofortige Beschwerde zulässig. [2] Die Beschwerdefrist beträgt einen Monat.

(2) Die Beschwerde steht zu

a) gegen den Beschluß, durch den der Verschollene für tot erklärt wird, dem Antragsteller und jedem, der an der Aufhebung der Todeserkärung oder an der Berichtigung des Zeitpunktes des Todes ein rechtliches Interesse hat;

b) gegen den Beschluß, durch den die Todeserklärung abgelehnt wird, dem Antragsteller.

§ 27[6] **[Bekanntmachung des Beschlusses über Beschwerde]** Wird der Beschluß, durch den der Verschollene für tot erklärt wird, auf sofortige Beschwerde oder Rechtsbeschwerde aufgehoben und die Todeserklärung abgelehnt, so kann das Gericht anordnen, daß dieser Beschluß öffentlich bekanntgemacht wird; § 24 ist entsprechend anzuwenden.

---

[1] § 20 Abs. 1 neu gef., Abs. 2 Satz 1 geänd. durch G v. 18. 3. 1994 (BGBl. I S. 559).

[2] § 21 Abs. 1 neu gef. durch G v. 18. 3. 1994 (BGBl. I S. 559).

[3] Wegen der Mitwirkung der Staatsanwaltschaft vgl. AV des früheren RJM v. 11. 7. 1939 (DJ S. 1206), in Bayern aufgeh. und ersetzt durch Bek. v. 21. 5. 1963 (JMBl. S. 24), in Hessen aufgeh. und ersetzt durch RdErl. des JM v. 17. 7. 1970 (JMBl. S. 545), in Nordrhein-Westfalen aufgeh. und ersetzt durch AV des JM v. 24. 1. 1963 (JMBl. S. 38).

[4] § 22 a geänd. mWv 1. 1. 2009 durch G v. 19. 2. 2007 (BGBl. I S. 122).

[5] § 24 Abs. 3 neu gef. durch G v. 18. 3. 1994 (BGBl. I S. 559).

[6] § 27 geänd. durch G v. 18. 3. 1994 (BGBl. I S. 559); Wortlaut geänd. mWv 1. 9. 2009 durch G v. 17. 12. 2008 (BGBl. I S. 2586).

§ 28[1] **[Zustellung von Beschlüssen über sofortige weitere Beschwerde]** (1) Beschlüsse, die auf Rechtsbeschwerde ergehen, sind dem Beschwerdeführer und dem Staatsanwalt zuzustellen, auch wenn sie nicht den in §§ 24 oder 25 bezeichneten Inhalt haben.

(2) Bei Beschlüssen, die auf Rechtsbeschwerde ergehen, kann das Gericht von der Anwendung des § 24 Abs. 1 absehen, wenn die Todeserklärung bereits vom Amtsgericht oder vom Beschwerdegericht öffentlich bekanntgemacht worden war.

§ 29[2] **[Wirksamwerden von Beschlüssen]** (1) Beschlüsse des Amtsgerichts, durch welche die Todeserklärung ausgesprochen wird, werden mit ihrer Rechtskraft wirksam.

(2) *(aufgehoben)*

(3) Beschlüsse, die auf Rechtsbeschwerde ergehen, werden mit der letzten Zustellung wirksam; § 24 Abs. 3 bleibt unberührt.

§ 30 [Antrag auf Aufhebung der Todeserklärung] (1) Hat der Verschollene die Todeserklärung überlebt, so kann er oder der Staatsanwalt ihre Aufhebung beantragen.

(2) Der Antrag ist bei dem Amtsgericht zu stellen, bei dem das Aufgebotsverfahren anhängig gewesen oder an welches die Sache abgegeben worden ist.

§ 31 [Verfahren] (1) Für das Verfahren gelten die §§ 17 und 18.

(2) Vor der Entscheidung ist den Antragsberechtigten und dem, der die Todeserklärung erwirkt hat, Gelegenheit zur Äußerung zu geben.

§ 32 [Aufhebungsbeschluss] (1) [1] Der Beschluß, durch den die Todeserklärung aufgehoben wird, ist in der gleichen Form öffentlich bekanntzumachen, in der die Todeserklärung bekanntgemacht worden ist. [2] § 20 Abs. 2 ist entsprechend anzuwenden.

(2) Der Beschluß, durch den die Aufhebung der Todeserklärung abgelehnt wird, ist dem Antragsteller und dem Staatsanwalt zuzustellen.

§ 33 [Rechtsmittel] (1) Gegen den Beschluß, durch den die Todeserklärung aufgehoben wird, findet kein Rechtsmittel statt.

(2) Gegen den Beschluß, durch den die Aufhebung der Todeserklärung abgelehnt wird, kann der Antragsteller die sofortige Beschwerde erheben.

§ 33 a [Feststellung einer anderen Todeszeit] (1) Ist der Verschollene nicht in dem Zeitpunkt verstorben, der als Zeitpunkt des Todes festgestellt worden ist, so kann jeder, der ein rechtliches Interesse an der Feststellung einer anderen Todeszeit hat, die Änderung der Feststellung beantragen, wenn die Tatsache, aus der sich die Unrichtigkeit der Feststellung ergibt, ihm ohne sein Verschulden erst bekannt geworden ist, als er sie in dem Aufgebotsverfahren nicht mehr geltend machen konnte.

(2) [1] Der Antrag ist vor Ablauf einer Notfrist von einem Monat zu stellen. [2] Die Frist beginnt mit dem Tage, an dem der Antragsberechtigte von der Tatsache Kenntnis erhalten hat, jedoch nicht vor Eintritt der Rechtskraft der Todeserklärung [3] Nach Ablauf von fünf Jahren, von dem Tage der Rechtskraft der Todeserklärung an gerechnet, ist der Antrag unstatthaft.

(3) [1] Für das Änderungsverfahren gelten §§ 17, 18, § 19 Abs. 1, Abs. 2 Buchstabe c, §§ 20, 21, 23 bis 29, § 30 Abs. 2, § 31 Abs. 2 entsprechend. [2] Der Beschluß, durch den die Feststellung des Todes geändert wird, ist auch demjenigen zuzustellen, der die Todeserklärung erwirkt hat. [3] Die Änderung soll auf dem Beschluß, durch den der Verschollene für tot erklärt worden ist, und auf dessen Ausfertigung vermerkt werden.

§ 34 [Kosten] (1) [1] Das Gericht kann in seiner Entscheidung einem am Verfahren Beteiligten oder vom Verfahren Betroffenen die Kosten des Verfahrens, einschließlich der zur zweckentsprechenden Durchführung des Verfahrens notwendigen außergerichtlichen Kosten anderer Beteiligter oder Betroffener, ganz oder teilweise auferlegen, die er durch grob fahrlässig aufgestellte unrichtige Behauptungen oder sonstiges grobes Verschulden veranlaßt hat. [2] Vor dieser Entscheidung soll das Gericht, soweit tunlich, den hören, dem es die Kosten auferlegen will.

(2) [1] Vorbehaltlich des Absatzes 1 hat das Gericht in dem Beschluß, durch den der Verschollene für tot erklärt wird, auszusprechen, daß die Kosten des Verfahrens, einschließlich der

---

[1] § 28 Abs. 1 und 2 geänd. mWv 1. 9. 2009 durch G v. 17. 12. 2008 (BGBl. I S. 2586).

[2] § 29 Abs. 2 geänd. durch G v. 18. 3. 1994 (BGBl. I S. 559); Abs. 2 aufgeh., Abs. 3 geänd. mWv 1. 9. 2009 durch G v. 17. 12. 2008 (BGBl. I S. 2586).

notwendigen außergerichtlichen Kosten des Antragstellers oder Beschwerdeführers, dem Nachlaß zur Last fallen. [2] Dies gilt nicht für die Kosten einer unbegründeten Beschwerde.

(3) Wird die Todeserklärung gemäß den §§ 30 bis 33 aufgehoben, so kann das Gericht nach Absatz 1 auch über die Kosten entscheiden, die nach Absatz 2 dem Nachlaß zur Last gelegt sind.

§ 35[1)] [Verfahren bei Kostenfestsetzung; Erinnerung] (1) Die Kosten über die nach § 34 entschieden ist, werden auf Antrag von dem Urkundsbeamten der Geschäftsstelle des Gerichts erster Instanz festgesetzt.

(2) Zur Berücksichtigung eines Ansatzes genügt es, daß er glaubhaft gemacht wird.

(3) [1] Über Erinnerungen gegen den Festsetzungsbeschluß entscheidet das Gericht erster Instanz. [2] Die Erinnerung ist binnen einer mit der Zustellung beginnenden Frist von zwei Wochen einzulegen. [3] Die §§ 17 bis 19 und 49 bis 57 des Gesetzes über das Verfahren in Familiensachen und in den Angelegenheiten der freiwilligen Gerichtsbarkeit gelten entsprechend.

§ 36[2)] [Sofortige Beschwerde] Die Entscheidungen des Gerichts über die Kosten nach §§ 34 oder 35 Abs. 3 können selbständig mit der sofortigen Beschwerde angefochten werden, sofern der Beschwerdegegenstand den Betrag von 50 Euro übersteigt.

§ 37 [Änderung der Kostenfestsetzung] (1) Ergeht nach der Kostenfestsetzung eine Entscheidung, die den Wert des Gegenstandes des Verfahrens festsetzt, so ist, falls diese Entscheidung von der Wertberechnung abweicht, die der Kostenfestsetzung zugrunde liegt, auf Antrag die Kostenfestsetzung entsprechend abzuändern; die §§ 35 und 36 sind entsprechend anzuwenden.

(2) Wird eine Entscheidung über die Kosten abgeändert, so ist auf Antrag auszusprechen, daß die auf Grund der abgeänderten Entscheidung zuviel gezahlten Kosten zu erstatten sind.

§ 38 [Zwangsvollstreckung aus Kostenbeschlüssen] Aus Kostenfestsetzungsbeschlüssen und aus Entscheidungen gemäß § 37 Abs. 2 findet die Zwangsvollstreckung nach den Vorschriften der Zivilprozeßordnung statt.

Abschnitt IV. Verfahren bei Feststellung der Todeszeit

§ 39[3)] [Voraussetzungen] [1] Ist die Todeserklärung mit Rücksicht auf § 1 Abs. 2 unzulässig, eine Eintragung im Sterberegister aber nicht erfolgt, so kann beantragt werden, den Tod und den Zeitpunkt des Todes durch gerichtliche Entscheidung festzustellen. [2] Wird der Antrag von dem Ehegatten gestellt, so steht eine Eintragung im Sterberegister der Feststellung nicht entgegen.

§ 40 [Verfahren] Auf das Verfahren sind § 13 Abs. 1, §§ 14 bis 17, 22, 22a, 24 bis 38 entsprechend anzuwenden; im übrigen gelten die besonderen Vorschriften der §§ 41 bis 44.

§ 41 [Nachweis des Todes] (1) Vor der Einleitung des Verfahrens hat der Antragsteller nachzuweisen, daß der Tod nach den Umständen nicht zweifelhaft ist, sofern dies nicht offenkundig ist.

(2) Die übrigen zur Begründung des Antrags erforderlichen Tatsachen hat der Antragsteller glaubhaft zu machen.

§ 42 [Öffentliche Aufforderung] (1) Ist der Antrag zulässig, so soll das Gericht eine öffentliche Aufforderung an alle, die über den Zeitpunkt des Todes Angaben machen können, erlassen, dies dem Gericht bis zu einem bestimmten Zeitpunkt anzuzeigen.

(2) Von der öffentlichen Aufforderung kann das Gericht absehen, wenn dadurch nach den Umständen eine weitere Aufklärung des Sachverhalts nicht erwartet werden kann.

§ 43[4)] [Form und Frist der öffentlichen Aufforderung] (1) [1] Die öffentliche Aufforderung muß durch eine Tageszeitung öffentlich bekanntgemacht werden, sofern das Gericht nicht abweichend anordnet, daß eine einmalige Einrückung in den Bundesanzeiger erfolgt. [2] Das

[1)] § 35 Abs. 3 Satz 3 geänd. durch G v. 18. 3. 1994 (BGBl. I S. 559); Abs. 3 Satz 3 geänd. mWv 1. 9. 2009 durch G v. 17. 12. 2008 (BGBl. I S. 2586).

[2)] § 36 geänd. durch G v. 20. 12. 1974 (BGBl. I S. 3651); geänd. durch G v. 27. 6. 2000 (BGBl. I S. 897).

[3)] § 39 Satz 1 und 2 geänd. mWv 1. 1. 2009 durch G v. 19. 2. 2007 (BGBl. I S. 122).

[4)] § 43 Abs. 1 neu gef. durch G v. 18. 3. 1994 (BGBl. I S. 559).

Gericht kann anordnen, daß diese Aufforderung daneben in anderer Weise öffentlich bekanntgemacht wird. [3] Es bestimmt nach freiem Ermessen die Frist, innerhalb deren die Anzeige zu machen ist.

(2) [1] Diese Frist soll nicht weniger als sechs Wochen und, wenn nicht besondere Gründe vorliegen, nicht mehr als sechs Monate betragen. [2] Sie beginnt mit Ablauf des Tages, an dem die Aufforderung zum ersten Male öffentlicht bekanntgemacht ist.

(3) Ist die Aufforderung öffentlich bekanntgemacht, so kann die Frist nicht mehr abgekürzt werden.

§ 44 [Feststellung der Todeszeit; Todesvermutung] (1) Der Zeitpunkt des Todes ist den Grundsätzen des § 9 Abs. 2, 3 entsprechend festzustellen.

(2) [1] Der Beschluß begründet die Vermutung, daß der Tod in dem darin festgestellten Zeitpunkt eingetreten ist. [2] § 9 Abs. 1 Satz 2, Abs. 4 gilt entsprechend.

§ 45 [Feststellung der Todeszeit nach Aufgebotsverfahren] (1) Ergeben die Ermittlungen, die in einem nach § 2 eingeleiteten Aufgebotsverfahren angestellt sind, daß der Tod nach den Umständen nicht zweifelhaft ist, so ist das Verfahren nach den §§ 39 bis 44 fortzusetzen.

(2) [1] Der Antrag auf Todeserklärung gilt in diesem Falle als Antrag auf Feststellung des Zeitpunktes des Todes. [2] § 41 ist nicht anzuwenden.

Abschnitt V. Inkrafttreten, Übergangs- und Schlußvorschriften

§ 46 [Inkrafttreten] (1) Dieses Gesetz tritt am 15. Juli 1939 in Kraft.[1)]

(2)–(3) *(nicht abgedruckte Aufhebungs- und Übergangsvorschriften)*

§ 47 (weggefallen)

§ 48 *(nicht abgedruckte Übergangsvorschrift)*

§ 49 [Übergangsvorschrift] (1) Ist der Eintritt einer Rechtswirkung an den Erlaß des die Todeserklärung aussprechenden Urteils geknüpft, so tritt sie, wenn ein Verschollener nach diesem Gesetz für tot erklärt wird, mit dem Zeitpunkt ein, in dem die Todeserklärung wirksam wird.

(2) Der Aufhebung einer Todeserklärung infolge einer Anfechtungsklage steht deren Aufhebung oder Änderung nach den §§ 30 bis 33 a dieses Gesetzes gleich.

§§ 50, 51 *(gegenstandslos)*

§ 52[2)] *(aufgehoben)*

§§ 53, 54 (weggefallen)

Abschnitt VI

§§ 55 bis 58 (weggefallen)

[1)] **Amtl. Anm.:** Anmerkung: Die Bestimmung betrifft das Inkrafttreten des Gesetzes in der Fassung vom 7. Juli 1939. Die späteren Änderungen des Gesetzes sind zu den für die Änderungsvorschriften maßgebenden Zeitpunkten in Kraft getreten. Die Änderungen auf Grund des Änderungsgesetzes vom 15. Januar 1951 treten am 30. Januar 1951 in Kraft.

[2)] § 52 aufgeh. durch G v. 26. 7. 1957 (BGBl. I S. 861).

309. Verordnung über die Gebiete mit gefährdeter Wohnungsversorgung (Wohnungsgebieteverordnung – WoGeV)

Vom 13. Februar 2007
(GVBl S. 192)
BayRS 400-6-J

Auf Grund des § 577 a Abs. 2 des Bürgerlichen Gesetzbuchs in der Fassung der Bekanntmachung vom 2. Januar 2002 (BGBl I S. 42, 2909; 2003 I S. 738), zuletzt geändert durch Art. 27 des Gesetzes vom 22. Dezember 2006 (BGBl I S. 3416), erlässt die Bayerische Staatsregierung folgende Verordnung:

§ 1 [Gemeinden] [1] Die in der **Anlage** aufgeführten Gemeinden sind Gebiete im Sinn des § 577 a Abs. 2 Satz 1 des Bürgerlichen Gesetzbuchs, in denen die ausreichende Versorgung der Bevölkerung mit Mietwohnungen zu angemessenen Bedingungen besonders gefährdet ist. [2] Die Frist nach § 577 a Abs. 2 Satz 1 in Verbindung mit Abs. 1 des Bürgerlichen Gesetzbuchs beträgt zehn Jahre.

§ 2 [Inkrafttreten] (1) Diese Verordnung tritt am 1. April 2007 in Kraft und mit Ablauf des 31. März 2017 außer Kraft.

(2) Die Verordnung über die Gebiete mit gefährdeter Wohnungsversorgung (Wohnungsgebieteverordnung – WoGeV) vom 24. Juli 2001 (GVBl S. 368, BayRS 400-6-J) tritt mit Ablauf des 31. März 2007 außer Kraft.

Anlage

Regierungsbezirk Oberbayern

Kreisfreie Städte
München
Rosenheim
Landkreis Bad Tölz-Wolfratshausen
Bad Tölz
Bad Heilbrunn
Bichl
Geretsried
Dietramszell
Wackersberg
Wolfratshausen
Landkreis Berchtesgadener Land
Bad Reichenhall
Freilassing
Landkreis Dachau
Bergkirchen
Dachau
Haimhausen
Hilgertshausen-Tandern
Karlsfeld
Markt Indersdorf
Schwabhausen
Sulzemoos
Landkreis Ebersberg
Ebersberg
Glonn
Grafing b. München
Hohenlinden
Kirchseeon
Oberpframmern
Poing
Vaterstetten
Zorneding
Landkreis Erding
Erding
Landkreis Freising
Attenkirchen
Eching
Freising
Gammelsdorf
Haag a.d. Amper
Hallbergmoos
Marzling
Neufahrn b. Freising
Wang
Landkreis Fürstenfeldbruck
Germering
Hattenhofen
Mammendorf
Oberschweinbach
Olching
Puchheim
Landkreis Garmisch-Partenkirchen
Bad Kohlgrub
Eschenlohe
Farchant
Garmisch-Partenkirchen
Grainau
Murnau a. Staffelsee
Ohlstadt
Spatzenhausen
Landkreis Landsberg am Lech
Landsberg am Lech
Schondorf a. Ammersee
Windach
Landkreis Miesbach
Gmund a. Tegernsee
Kreuth
Miesbach
Schliersee
Valley
Warngau
Weyarn
Landkreis München
Aying
Baierbrunn
Brunnthal
Feldkirchen
Garching b. München
Gräfelfing
Grünwald
Haar
Höhenkirchen-Siegertsbrunn
Hohenbrunn
Neubiberg
Oberhaching
Oberschleißheim
Ottobrunn
Planegg
Pullach i. Isartal

[Fortsetzung: Landkreis München]
Putzbrunn
Sauerlach
Schäftlarn
Unterhaching
Unterschleißheim
Landkreis Rosenheim
Bad Aibling
Bad Endorf
Bad Feilnbach
Bernau a. Chiemsee
Bruckmühl
Feldkirchen-Westerham
Großkarolinenfeld
Nußdorf a. Inn
Prien a. Chiemsee
Wasserburg a. Inn
Landkreis Starnberg
Andechs
Berg
Feldafing
Gauting
Gilching
Herrsching a. Ammersee
Inning a. Ammersee
Krailling
Pöcking
Seefeld
Starnberg
Tutzing
Weßling
Wörthsee
Landkreis Weilheim-Schongau
Bernried
Weilheim i. OB

Regierungsbezirk Mittelfranken

Kreisfreie Städte
Erlangen
Fürth
Nürnberg

Regierungsbezirk Schwaben

Kreisfreie Stadt
Kempten (Allgäu)
Landkreis Neu-Ulm
Neu-Ulm
Landkreis Oberallgäu
Fischen i. Allgäu
Oberstaufen

310. Verordnung über die verbrauchsabhängige Abrechnung der Heiz- und Warmwasserkosten (Verordnung über Heizkostenabrechnung – HeizkostenV)[1]

In der Fassung der Bekanntmachung vom 5. Oktober 2009[2]
(BGBl. I S. 3250)

FNA 754-4-4

– Auszug –

§ 1 Anwendungsbereich. (1) Diese Verordnung gilt für die Verteilung der Kosten

1. des Betriebs zentraler Heizungsanlagen und zentraler Warmwasserversorgungsanlagen,
2. der eigenständig gewerblichen Lieferung von Wärme und Warmwasser, auch aus Anlagen nach Nummer 1 (Wärmelieferung, Warmwasserlieferung),

durch den Gebäudeeigentümer auf die Nutzer der mit Wärme oder Warmwasser versorgten Räume.

(2) Dem Gebäudeeigentümer stehen gleich

1. der zur Nutzungsüberlassung in eigenem Namen und für eigene Rechnung Berechtigte,
2. derjenige, dem der Betrieb von Anlagen im Sinne des § 1 Absatz 1 Nummer 1 in der Weise übertragen worden ist, dass er dafür ein Entgelt vom Nutzer zu fordern berechtigt ist,
3. beim Wohnungseigentum die Gemeinschaft der Wohnungseigentümer im Verhältnis zum Wohnungseigentümer, bei Vermietung einer oder mehrerer Eigentumswohnungen der Wohnungseigentümer im Verhältnis zum Mieter.

(3) Diese Verordnung gilt auch für die Verteilung der Kosten der Wärmelieferung und Warmwasserlieferung auf die Nutzer der mit Wärme oder Warmwasser versorgten Räume, soweit der Lieferer unmittelbar mit den Nutzern abrechnet und dabei nicht den für den einzelnen Nutzer gemessenen Verbrauch, sondern die Anteile der Nutzer am Gesamtverbrauch zu Grunde legt; in diesen Fällen gelten die Rechte und Pflichten des Gebäudeeigentümers aus dieser Verordnung für den Lieferer.

(4) Diese Verordnung gilt auch für Mietverhältnisse über preisgebundenen Wohnraum, soweit für diesen nichts anderes bestimmt ist.

§ 2 Vorrang vor rechtsgeschäftlichen Bestimmungen. Außer bei Gebäuden mit nicht mehr als zwei Wohnungen, von denen eine der Vermieter selbst bewohnt, gehen die Vorschriften dieser Verordnung rechtsgeschäftlichen Bestimmungen vor.

§ 3 Anwendung auf das Wohnungseigentum. [1] Die Vorschriften dieser Verordnung sind auf Wohnungseigentum anzuwenden unabhängig davon, ob durch Vereinbarung oder Beschluss der Wohnungseigentümer abweichende Bestimmungen über die Verteilung der Kosten des Versorgung mit Wärme und Warmwasser getroffen worden sind. [2] Auf die Anbringung und Auswahl der Ausstattung nach den §§ 4 und 5 sowie auf die Verteilung der Kosten und die sonstigen Entscheidungen des Gebäudeeigentümers nach den §§ 6 bis 9 b und 11 sind die Regelungen entsprechend anzuwenden, die für die Verwaltung des gemeinschaftlichen Eigentums im Wohnungseigentumsgesetz enthalten oder durch Vereinbarung der Wohnungseigentümer getroffen worden sind. [3] Die Kosten für die Anbringung der Ausstattung sind entsprechend den dort vorgesehenen Regelungen über die Tragung der Verwaltungskosten zu verteilen.

§ 4 Pflicht zur Verbrauchserfassung. (1) Der Gebäudeeigentümer hat den anteiligen Verbrauch der Nutzer an Wärme und Warmwasser zu erfassen.

(2) [1] Er hat dazu die Räume mit Ausstattungen zur Verbrauchserfassung zu versehen; die Nutzer haben dies zu dulden. [2] Will der Gebäudeeigentümer die Ausstattung zur Verbrauchserfassung mieten oder durch eine andere Art der Gebrauchsüberlassung beschaffen, so hat er dies den Nutzern vorher unter Angabe der dadurch entstehenden Kosten mitzuteilen; die Maßnahme ist unzulässig, wenn die Mehrheit der Nutzer innerhalb eines Monats nach Zugang der

---

[1] **Amtl. Anm.:** Diese Verordnung dient der Umsetzung der Richtlinie 2006/32/EG des Europäischen Parlaments und des Rates vom 5. April 2006 über Endenergieeffizienz und Energiedienstleistungen und zur Aufhebung der Richtlinie 93/76/EWG des Rates (ABl. L 114 vom 27.4.1996, S. 64).

[2] Neubekanntmachung der HeizkostenV idF der Bek. v. 20. 1. 1989 (BGBl. I S. 115) in der ab 1. 1. 2009 geltenden Fassung.

Mitteilung widerspricht. [3] Die Wahl der Ausstattung bleibt im Rahmen des § 5 dem Gebäudeeigentümer überlassen.

(3) [1] Gemeinschaftlich genutzte Räume sind von der Pflicht zur Verbrauchserfassung ausgenommen. [2] Dies gilt nicht für Gemeinschaftsräume mit nutzungsbedingt hohem Wärme- oder Warmwasserverbrauch, wie Schwimmbäder oder Saunen.

(4) Der Nutzer ist berechtigt, vom Gebäudeeigentümer die Erfüllung dieser Verpflichtungen zu verlangen.

§ 5 *(nicht abgedruckt)*

§ 6 Pflicht zur verbrauchsabhängigen Kostenverteilung. (1) [1] Der Gebäudeeigentümer hat die Kosten der Versorgung mit Wärme und Warmwasser auf der Grundlage der Verbrauchserfassung nach Maßgabe der §§ 7 bis 9 auf die einzelnen Nutzer zu verteilen. [2] Das Ergebnis der Ablesung soll dem Nutzer in der Regel innerhalb eines Monats mitgeteilt werden. [3] Eine gesonderte Mitteilung ist nicht erforderlich, wenn das Ableseergebnis über einen längeren Zeitraum in den Räumen des Nutzers gespeichert ist und von diesem selbst abgerufen werden kann. [4] Einer gesonderten Mitteilung des Warmwasserverbrauchs bedarf es auch dann nicht, wenn in der Nutzeinheit ein Warmwasserzähler eingebaut ist.

310

(2) [1] In den Fällen des § 5 Absatz 2 sind die Kosten zunächst mindestens zu 50 vom Hundert nach dem Verhältnis der erfassten Anteile am Gesamtverbrauch auf die Nutzergruppen aufzuteilen. [2] Werden die Kosten nicht vollständig nach dem Verhältnis der erfassten Anteile am Gesamtverbrauch aufgeteilt, sind

1. die übrigen Kosten der Versorgung mit Wärme nach der Wohn- oder Nutzfläche oder nach dem umbauten Raum auf die einzelnen Nutzergruppen zu verteilen; es kann auch die Wohn- oder Nutzfläche oder der umbaute Raum der beheizten Räume zu Grunde gelegt werden,
2. die übrigen Kosten der Versorgung mit Warmwasser nach der Wohn- oder Nutzfläche auf die einzelnen Nutzergruppen zu verteilen.

[3] Die Kostenanteile der Nutzergruppen sind dann nach Absatz 1 auf die einzelnen Nutzer zu verteilen.

(3) [1] In den Fällen des § 4 Absatz 3 Satz 2 sind die Kosten nach dem Verhältnis der erfassten Anteile am Gesamtverbrauch auf die Gemeinschaftsräume und die übrigen Räume aufzuteilen. [2] Die Verteilung der auf die Gemeinschaftsräume entfallenden anteiligen Kosten richtet sich nach rechtsgeschäftlichen Bestimmungen.

(4) [1] Die Wahl der Abrechnungsmaßstäbe nach Absatz 2 sowie nach § 7 Absatz 1 Satz 1, §§ 8 und 9 bleibt dem Gebäudeeigentümer überlassen. [2] Er kann diese für künftige Abrechnungszeiträume durch Erklärung gegenüber den Nutzern ändern

1. bei der Einführung einer Vorerfassung nach Nutzergruppen,
2. nach Durchführung von baulichen Maßnahmen, die nachhaltig Einsparungen von Heizenergie bewirken oder
3. aus anderen sachgerechten Gründen nach deren erstmaliger Bestimmung.

[3] Die Festlegung und die Änderung der Abrechnungsmaßstäbe sind nur mit Wirkung zum Beginn eines Abrechnungszeitraumes zulässig.

§ 7 Verteilung der Kosten der Versorgung mit Wärme. (1) [1] Von den Kosten des Betriebs der zentralen Heizungsanlage sind mindestens 50 vom Hundert, höchstens 70 vom Hundert nach dem erfassten Wärmeverbrauch der Nutzer zu verteilen. [2] In Gebäuden, die das Anforderungsniveau der Wärmeschutzverordnung vom 16. August 1994 (BGBl. I S. 2121) nicht erfüllen, die mit einer Öl- oder Gasheizung versorgt werden und in denen die freiliegenden Leitungen der Wärmeverteilung überwiegend gedämmt sind, sind von den Kosten des Betriebs der zentralen Heizungsanlage 70 vom Hundert nach dem erfassten Wärmeverbrauch der Nutzer zu verteilen. [3] In Gebäuden, in denen die freiliegenden Leitungen der Wärmeverteilung überwiegend ungedämmt sind und deswegen ein wesentlicher Anteil des Wärmeverbrauchs nicht erfasst wird, kann der Wärmeverbrauch der Nutzer nach anerkannten Regeln der Technik bestimmt werden. [4] Der so bestimmte Verbrauch der einzelnen Nutzer wird als erfasster Wärmeverbrauch nach Satz 1 berücksichtigt. [5] Die übrigen Kosten sind nach der Wohn- oder Nutzfläche oder nach dem umbauten Raum zu verteilen; es kann auch die Wohn- oder Nutzfläche oder der umbaute Raum der beheizten Räume zu Grunde gelegt werden.

(2) [1] Zu den Kosten des Betriebs der zentralen Heizungsanlage einschließlich der Abgasanlage gehören die Kosten der verbrauchten Brennstoffe und ihrer Lieferung, die Kosten des Betriebsstromes, die Kosten der Bedienung, Überwachung und Pflege der Anlage, der regelmäßigen Prüfung ihrer Betriebsbereitschaft und Betriebssicherheit einschließlich der Einstellung durch

eine Fachkraft, der Reinigung der Anlage und des Betriebsraumes, die Kosten der Messungen nach dem Bundes-Immissionsschutzgesetz, die Kosten der Anmietung oder anderer Arten der Gebrauchsüberlassung einer Ausstattung zur Verbrauchserfassung sowie die Kosten der Verwendung einer Ausstattung zur Verbrauchserfassung einschließlich der Kosten der Eichung sowie der Kosten der Berechnung, Aufteilung und Verbrauchsanalyse. [2] Die Verbrauchsanalyse sollte insbesondere die Entwicklung der Kosten für die Heizwärme- und Warmwasserversorgung der vergangenen drei Jahre wiedergeben.

(3) Für die Verteilung der Kosten der Wärmelieferung gilt Absatz 1 entsprechend.

(4) Zu den Kosten der Wärmelieferung gehören das Entgelt für die Wärmelieferung und die Kosten des Betriebs der zugehörigen Hausanlagen entsprechend Absatz 2.

§ 8 Verteilung der Kosten der Versorgung mit Warmwasser. (1) Von den Kosten des Betriebs der zentralen Warmwasserversorgungsanlage sind mindestens 50 vom Hundert, höchstens 70 vom Hundert nach dem erfassten Warmwasserverbrauch, die übrigen Kosten nach der Wohn- oder Nutzfläche zu verteilen.

(2) [1] Zu den Kosten des Betriebs der zentralen Warmwasserversorgungsanlage gehören die Kosten der Wasserversorgung, soweit sie nicht gesondert abgerechnet werden, und die Kosten der Wassererwärmung entsprechend § 7 Absatz 2. [2] Zu den Kosten der Wasserversorgung gehören die Kosten des Wasserverbrauchs, die Grundgebühren und die Zählermiete, die Kosten der Verwendung von Zwischenzählern, die Kosten des Betriebs einer hauseigenen Wasserversorgungsanlage und einer Wasseraufbereitungsanlage einschließlich der Aufbereitungsstoffe.

(3) Für die Verteilung der Kosten der Warmwasserlieferung gilt Absatz 1 entsprechend.

(4) Zu den Kosten der Warmwasserlieferung gehören das Entgelt für die Lieferung des Warmwassers und die Kosten des Betriebs der zugehörigen Hausanlagen entsprechend § 7 Absatz 2.

§§ 9, 9 a *(nicht abgedruckt)*

§ 9 b Kostenaufteilung bei Nutzerwechsel. (1) Bei Nutzerwechsel innerhalb eines Abrechnungszeitraumes hat der Gebäudeeigentümer eine Ablesung der Ausstattung zur Verbrauchserfassung der vom Wechsel betroffenen Räume (Zwischenablesung) vorzunehmen.

(2) Die nach dem erfassten Verbrauch zu verteilenden Kosten sind auf der Grundlage der Zwischenablesung, die übrigen Kosten des Wärmeverbrauchs auf der Grundlage der sich aus anerkannten Regeln der Technik ergebenden Gradtagszahlen oder zeitanteilig und die übrigen Kosten des Warmwasserverbrauchs zeitanteilig auf Vor- und Nachnutzer aufzuteilen.

(3) Ist eine Zwischenablesung nicht möglich oder lässt sie wegen des Zeitpunktes des Nutzerwechsels aus technischen Gründen keine hinreichend genaue Ermittlung der Verbrauchsanteile zu, sind die gesamten Kosten nach den nach Absatz 2 für die übrigen Kosten geltenden Maßstäben aufzuteilen.

(4) Von den Absätzen 1 bis 3 abweichende rechtsgeschäftliche Bestimmungen bleiben unberührt.

§ 10 Überschreitung der Höchstsätze. Rechtsgeschäftliche Bestimmungen, die höhere als die in § 7 Absatz 1 und § 8 Absatz 1 genannten Höchstsätze von 70 vom Hundert vorsehen, bleiben unberührt.

§ 11 Ausnahmen. (1) Soweit sich die §§ 3 bis 7 auf die Versorgung mit Wärme beziehen, sind sie nicht anzuwenden

1. auf Räume,
   a) in Gebäuden, die einen Heizwärmebedarf von weniger als 15 $kWh/(m^2 \cdot a)$ aufweisen,
   b) bei denen das Anbringen der Ausstattung zur Verbrauchserfassung, die Erfassung des Wärmeverbrauchs oder die Verteilung der Kosten des Wärmeverbrauchs nicht oder nur mit unverhältnismäßig hohen Kosten möglich ist; unverhältnismäßig hohe Kosten liegen vor, wenn diese nicht durch die Einsparungen, die in der Regel innerhalb von zehn Jahren erzielt werden können, erwirtschaftet werden können; oder
   c) die vor dem 1. Juli 1981 bezugsfertig geworden sind und in denen der Nutzer den Wärmeverbrauch nicht beeinflussen kann;
2. a) auf Alters- und Pflegeheime, Studenten- und Lehrlingsheime,
   b) auf vergleichbare Gebäude oder Gebäudeteile, deren Nutzung Personengruppen vorbehalten ist, mit denen wegen ihrer besonderen persönlichen Verhältnisse regelmäßig keine üblichen Mietverträge abgeschlossen werden;

310

3. auf Räume in Gebäuden, die überwiegend versorgt werden
   a) mit Wärme aus Anlagen zur Rückgewinnung von Wärme oder aus Wärmepumpen- oder Solaranlagen oder
   b) mit Wärme aus Anlagen der Kraft-Wärme-Kopplung oder aus Anlagen zur Verwertung von Abwärme, sofern der Wärmeverbrauch des Gebäudes nicht erfasst wird;
4. auf die Kosten des Betriebs der zugehörigen Hausanlagen, soweit diese Kosten in den Fällen des § 1 Absatz 3 nicht in den Kosten der Wärmelieferung enthalten sind, sondern vom Gebäudeeigentümer gesondert abgerechnet werden;
5. in sonstigen Einzelfällen, in denen die nach Landesrecht zuständige Stelle wegen besonderer Umstände von den Anforderungen dieser Verordnung befreit hat, um einen unangemessenen Aufwand oder sonstige unbillige Härten zu vermeiden.

(2) Soweit sich die §§ 3 bis 6 und § 8 auf die Versorgung mit Warmwasser beziehen, gilt Absatz 1 entsprechend.

§§ 12–14 *(nicht abgedruckt)*

311. Wohnraumförderungsbestimmungen 2008

Bekanntmachung des Bayerischen Staatsministeriums des Innern vom 4. Dezember 2007
Az.: IIC1-4100-006/07
(AllMBl S. 760)
Datenbank BAYERN-RECHT 2330-I

– Auszug –

Erster Teil. Allgemeine Förderungsgrundsätze

1. Zuwendungen

[1] Der Freistaat Bayern gewährt im Bayerischen Wohnungsbauprogramm im Rahmen der verfügbaren Haushaltsmittel Zuwendungen für die Wohnraumförderung auf der Grundlage des Bayerischen Wohnraumförderungsgesetzes (BayWoFG) vom 10. April 2007 (GVBl S. 260) in der jeweils geltenden Fassung. [2] Für die Förderung gelten die nachstehenden Bestimmungen sowie die allgemeinen haushaltsrechtlichen Bestimmungen, insbesondere die Verwaltungsvorschriften (VV-BayHO) zu Art. 44 der Bayerischen Haushaltsordnung vom 8. Dezember 1971 – BayHO – (BayRS 630-1-F), in der jeweils geltenden Fassung. [3] Auf die Förderung besteht kein Rechtsanspruch (vgl. Art. 13 Satz 4 BayWoFG).

311

2. Gegenstände der Förderung

Gegenstände der Förderung sind

2.1 der Bau von Mietwohnraum im Sinn des Art. 3 Abs. 1 Satz 3 BayWoFG in Mehrfamilienhäusern,

2.2 der Bau und der Erwerb von Eigenwohnraum im Sinn des Art. 3 Abs. 1 Satz 4 BayWoFG in der Form von Einfamilienhäusern, Zweifamilienhäusern (einschließlich darin befindlichen Mietwohnraums) und Eigentumswohnungen sowie

2.3 bauliche Maßnahmen beim Neubau von Eigenwohnraum sowie im Bestand von Mietwohnraum und Eigenwohnraum zur Anpassung an die Belange von Menschen mit Behinderung (vgl. § 2 Abs. 1 des Neunten Buches Sozialgesetzbuch) im Sinn des Art. 3 Abs. 3 BayWoFG.

3. Vorzeitiger Vorhabenbeginn

[1] Bereits begonnene Vorhaben dürfen nicht gefördert werden (Art. 23 und 44 BayHO in Verbindung mit Nr. 1.3 Satz 1 VV zu Art. 44 BayHO). [2] Maßgeblich ist der Zeitpunkt der Entscheidung der Bewilligungsstelle über den Einsatz der Fördermittel. [3] Beim Erwerb von Eigenwohnraum steht ein bereits abgeschlossener notarieller Kaufvertrag einer Förderung dann nicht entgegen, wenn dem Erwerber ein Rücktrittsrecht bis zu der (nachträglichen) Zustimmung zum vorzeitigen Kaufvertragsabschluss oder der Bewilligung der Fördermittel eingeräumt ist. [4] Für den Rücktrittsfall dürfen dem Käufer nur Notar- und eigene Geldbeschaffungskosten sowie Kosten der Ausführung von Sonderwünschen auferlegt sein.

4. Fördervorrang

[1] Zur Verringerung der Inanspruchnahme von Grund und Boden werden Maßnahmen vorrangig gefördert, die vorhandene Bausubstanz nutzen (Änderung oder Erweiterung von Gebäuden, Zweiterwerb), auf brachliegenden, ehemals baulich genutzten Flächen entstehen oder im Rahmen einer angemessenen Verdichtung oder Ergänzung bestehender Siedlungsgebiete durchgeführt werden. [2] Die Bewilligungsstelle kann im begründeten Einzelfall davon abweichen.

5. Fremdmittel

[1] Den staatlichen Darlehen dürfen in der Regel nur unkündbare Tilgungsdarlehen zu den für erststellige Kapitalmarktmittel im Wohnungsbau üblichen Bedingungen im Rang vorgehen. [2] Die laufende Darlehenstilgung darf in der Regel höchstens 2 v.H. jährlich zuzüglich ersparter Zinsen betragen; das gilt nicht für Darlehen von Bausparkassen und der Kreditanstalt für Wiederaufbau. [3] Neben dem staatlichen Darlehen können ergänzende Fördermittel anderer Zuwendungsgeber eingesetzt werden, sofern nicht nach deren Richtlinien ein Kumulierungsausschluss besteht.

6. Allgemeine technische Anforderungen

6.1 [1] Lage, Form, Größe, Beschaffenheit und Erschließung des Grundstücks müssen eine wirtschaftliche Bebauung zulassen. [2] Auf ein kostensparendes und umweltschonendes Bauen und Betreiben ist besonders zu achten. [3] Die Bauausführung und Ausstattung müssen wirtschaftlich sein und durchschnittlichen Wohnbedürfnissen entsprechen. [4] Die Wohnungen müssen hinsichtlich ihrer Zweckbestimmung angemessen groß und abgeschlossen sein. [5] Individualräume dürfen keine Durchgangsräume sein; in ihnen dürfen jeweils nicht mehr als zwei Personen untergebracht werden. [6] Für Kinder unterschiedlichen Geschlechts sind eigene Zimmer vorzusehen.

6.2 [1] Die Berechnung der Wohnfläche erfolgt nach der Verordnung zur Berechnung der Wohnfläche (Wohnflächenverordnung – WoFlV – BGBl. l. S. 2346) in der jeweils geltenden Fassung. [2] In die Bauzeichnungen sind die Gesamtwohnflächen jeder Wohnung und die Wohnfläche der einzelnen Räume einzutragen.

6.3 [1] Das Bauvorhaben ist nach den technischen Antragsunterlagen auszuführen. [2] Während der Dauer der Belegungsbindung der Wohnungen bedürfen bauliche Änderungen der vorherigen Zustimmung der Bewilligungsstelle.

315. Gewerbeordnung[1]

In der Fassung der Bekanntmachung vom 22. Februar 1999[2]
(BGBl. I S. 202)

FNA 7100-1

geänd. durch Art. 2 Zweites Euro-EinführungsG v. 24. 3. 1999 (BGBl. I S. 385), Art. 26 Viertes Euro-EinführungsG v. 21. 12. 2000 (BGBl. I S. 1983), Art. 4 Zweites G zur Änd. reiserechtl. Vorschriften v. 23. 7. 2001 (BGBl. I S. 1658), Art. 131 Siebente ZuständigkeitsanpassungsVO v. 29. 10. 2001 (BGBl. I S. 2785), Art. 8 Neuntes Euro-EinführungsG v. 10. 11. 2001 (BGBl. I S. 2992), Art. 2 GaststättenG-GewerbeO-ÄndG v. 13. 12. 2001 (BGBl. I S. 3584), Art. 3 Viertes G zur Änd. des BundeszentralregisterG v. 23. 4. 2002 (BGBl. I S. 1406), Art. 3 WirtschaftsnummervorbereitungsG v. 22. 5. 2002 (BGBl. I S. 1644), Art. 11 Nr. 17 ZuwanderungsG v. 20. 6. 2002 (BGBl. I S. 1946, nichtig gem. Urt. des BVerfG v. 18. 12. 2002 - 2 BvF 1/02 -), Art. 1 Bewachungsgewerberechts-ÄndG v. 23. 7. 2002 (BGBl. I S. 2724), Art. 11 Schwarzarbeit-Bekämpfungs-ErleichterungsG v. 23. 7. 2002 (BGBl. I S. 2787), Art. 1 Drittes Gewerberechts-ÄndG v. 24. 8. 2002 (BGBl. I S. 3412), Art. 9 Waffenrechts-NeuregelungsG v. 11. 10. 2002 (BGBl. I S. 3970), Art. 108 Achte ZuständigkeitsanpassungsVO v. 25. 11. 2003 (BGBl. I S. 2304), Art. 67 Drittes G für moderne Dienstleistungen am Arbeitsmarkt v. 23. 12. 2003 (BGBl. I S. 2848), Art. 4 Drittes G zur Änd. der Handwerksordnung und and. handwerksrechtlicher Vorschriften v. 24. 12. 2003 (BGBl. I S. 2934), Art. 35 a Viertes G für moderne Dienstleistungen am Arbeitsmarkt v. 24. 12. 2003 (BGBl. I S. 2954), Art. 10 G zur Intensivierung der Bekämpfung der Schwarzarbeit und damit zusammenhängender Steuerhinterziehung v. 23. 7. 2004 (BGBl. I S. 1842), Art. 11 Nr. 18 ZuwanderungsG v. 30. 7. 2004 (BGBl. I S. 1950), Art. 12 Kommunales OptionsG v. 30. 7. 2004 (BGBl. I S. 2014), Art. 9 Bürokratieabbau- und DeregulierungsG v. 21. 6. 2005 (BGBl. I S. 1666), Art. 2 Abs. 2 Siebtes ÄndG v. 7. 7. 2005 (BGBl. I S. 1954), Art. 3 a G zur Änd. des GemeindefinanzreformG und and. Gesetze v. 6. 9. 2005 (BGBl. I S. 2725), Art. 11 Erstes G zum Abbau bürokratischer Hemmnisse insbesondere in der mittelständischen Wirtschaft v. 22. 8. 2006 (BGBl. I S. 1970), Art. 144 Neunte ZuständigkeitsanpassungsVO v. 31. 10. 2006 (BGBl. I S. 2407), Art. 3 G zur Errichtung und zur Regelung der Aufgaben des BfJ v. 17. 12. 2006 (BGBl. I S. 3171), Art. 1 G zur Neuregelung des Versicherungsvermittlerrechts v. 19. 12. 2006 (BGBl. I S. 3232), Art. 3 G zur Ausführung des UNESCO-Übk über Maßnahmen zum Verbot und zur Verhütung der rechtswidrigen Einfuhr, Ausfuhr und Übereignung von Kulturgut v. 18. 5. 2007 (BGBl. I S. 757, ber. S. 2547, iVm Bek. v. 28. 3. 2008, BGBl. II S. 235), Art. 5 Finanzmarktrichtlinie-UmsetzungsG v. 16. 7. 2007 (BGBl. I S. 1330), Art. 9 Zweites BürokratieabbauG v. 7. 9. 2007 (BGBl. I S. 2246), Art. 14 G zur Änd. des SGB IV und and. Gesetze v. 19. 12. 2007 (BGBl. I S. 3024), Art. 9 InvestmentänderungsG v. 21. 12. 2007 (BGBl. 2007 I S. 3089), Art. 9 G zur Vereinfachung und Anpassung statistischer Rechtsvorschriften v. 17. 3. 2008 (BGBl. I S. 399), Art. 11 Abs. 5 UnfallversicherungsmodernisierungsG v. 30. 10. 2008 (BGBl. I S. 2130), Art. 1 G zur Umsetzung der RL 2005/36/EG über die Anerkennung von Berufsqualifikationen in der GewerbeO v. 12. 12. 2008 (BGBl. I S. 2423), Art. 92 FGG-ReformG v. 17. 12. 2008 (BGBl. I S. 2586), Art. 9 Drittes MittelstandsentlastungsG v. 17. 3. 2009 (BGBl. I S. 550), Art. 7 ELENA-VerfahrensG v. 28. 3. 2009 (BGBl. I S. 634), Art. 3 Erstes G zur Änd. des G über die Festsetzung von Mindestarbeitsbedingungen v. 22. 4. 2009 (BGBl. I S. 818), Art. 1 G zur Umsetzung der DienstleistungsRL im Gewerberecht und in weiteren Rechtsvorschriften v. 17. 7. 2009 (BGBl. I S. 2091) und Art. 4 Abs. 14 G zur Reform der Sachaufklärung in der Zwangsvollstreckung v. 29. 7. 2009 (BGBl. I S. 2258)

– Auszug –

§ 34 c[3] [4] [5] Makler, Anlageberater, Bauträger, Baubetreuer. (1) [1] Wer gewerbsmäßig

1. den Abschluss von Verträgen über Grundstücke, grundstücksgleiche Rechte, gewerbliche Räume oder Wohnräume vermitteln oder die Gelegenheit zum Abschluss solcher Verträge nachweisen,

1 a. den Abschluss von Darlehensverträgen vermitteln oder die Gelegenheit zum Abschluss solcher Verträge nachweisen,

2. den Abschluss von Verträgen über den Erwerb von Anteilscheinen einer Kapitalanlagegesellschaft oder Investmentaktiengesellschaft, von ausländischen Investmentanteilen, die im Geltungsbereich des Investmentgesetzes öffentlich vertrieben werden dürfen, von sonstigen öffentlich angebotenen Vermögensanlagen, die für gemeinsame Rechnung der Anleger verwaltet werden, oder von öffentlich angebotenen Anteilen an einer und von verbrieften Forderungen gegen eine Kapitalgesellschaft oder Kommanditgesellschaft vermitteln,

---

[1] Die Änderungen durch das G v. 29. 7. 2009 (BGBl. I S. 2258) treten erst **mWv 1. 1. 2013** in Kraft und sind im Text noch nicht berücksichtigt.

[2] Neubekanntmachung der GewO idF der Bek. v. 1. 1. 1987 (BGBl. I S. 425) in der ab 1. 1. 1999 geltenden Fassung.

[3] § 34 c Abs. 3 Satz 1 geänd. mWv 7. 11. 2001 durch VO v. 29. 10. 2001 (BGBl. I S. 2785); Abs. 3 Satz 1 geänd. mWv 28. 11. 2003 durch VO v. 25. 11. 2003 (BGBl. I S. 2304); Abs. 3 Satz 1 geänd. mWv 8. 11. 2006 durch VO v. 31. 10. 2006 (BGBl. I S. 2407); Abs. 2 Nr. 1 geänd. mWv 22. 5. 2007 durch G v. 19. 12. 2006 (BGBl. I S. 3232); Überschr. geänd., Abs. 1 Satz 1 neu gef., Abs. 5 Nr. 3 geänd. mWv 1. 11. 2007 durch G v. 16. 7. 2007 (BGBl. I S. 1330); Abs. 1 Satz 1 Nr. 2 geänd., Abs. 5 Nr. 2 a eingef. mWv 28. 12. 2007 durch G v. 21. 12. 2007 (BGBl. I S. 3089); Abs. 5 Nr. 6 geänd. mWv 25. 3. 2009 durch G v. 17. 3. 2009 (BGBl. I S. 550); Abs. 1 Satz 1 Nr. 1, Abs. 5 Nr. 2, 3, 3 a und 5 geänd., Abs. 1 Satz 1 Nr. 1 a eingef. mWv 28. 12. 2009 durch G v. 17. 7. 2009 (BGBl. I S. 2091).

[4] Siehe hierzu die Übergangsregelung in § 157.

[5] Siehe MaBV (Nr. 316); siehe ferner auch das Gesetz zur Regelung der Wohnungsvermittlung v. 4. November 1971 (BGBl. I S. 1745).

3. Anlageberatung im Sinne der Bereichsausnahme des § 2 Abs. 6 Satz 1 Nr. 8 des Kreditwesengesetzes betreiben,
4. Bauvorhaben
   a) als Bauherr im eigenen Namen für eigene oder fremde Rechnung vorbereiten oder durchführen und dazu Vermögenswerte von Erwerbern, Mietern, Pächtern oder sonstigen Nutzungsberechtigten oder von Bewerbern um Erwerbs- oder Nutzungsrechte verwenden,
   b) als Baubetreuer im fremden Namen für fremde Rechnung wirtschaftlich vorbereiten oder durchführen

will, bedarf der Erlaubnis der zuständigen Behörde. [2] Die Erlaubnis kann inhaltlich beschränkt und mit Auflagen verbunden werden, soweit dies zum Schutze der Allgemeinheit oder der Auftraggeber erforderlich ist; unter denselben Voraussetzungen ist auch die nachträgliche Aufnahme, Änderung und Ergänzung von Auflagen zulässig.

(2) Die Erlaubnis ist zu versagen, wenn

1. Tatsachen die Annahme rechtfertigen, daß der Antragsteller oder eine der mit der Leitung des Betriebes oder einer Zweigniederlassung beauftragten Personen die für den Gewerbebetrieb erforderliche Zuverlässigkeit nicht besitzt; die erforderliche Zuverlässigkeit besitzt in der Regel nicht, wer in den letzten fünf Jahren vor Stellung des Antrages wegen eines Verbrechens oder wegen Diebstahls, Unterschlagung, Erpressung, Betruges, Untreue, Geldwäsche, Urkundenfälschung, Hehlerei, Wuchers oder einer Insolvenzstraftat rechtskräftig verurteilt worden ist, oder
2. der Antragsteller in ungeordneten Vermögensverhältnissen lebt; dies ist in der Regel der Fall, wenn über das Vermögen des Antragstellers das Insolvenzverfahren eröffnet worden oder er in das vom Insolvenzgericht oder vom Vollstreckungsgericht zu führende Verzeichnis (§ 26 Abs. 2 Insolvenzordnung, § 915 Zivilprozeßordnung) eingetragen ist.

(3) [1] Das Bundesministerium für Wirtschaft und Technologie wird ermächtigt, durch Rechtsverordnung mit Zustimmung des Bundesrates zum Schutze der Allgemeinheit und der Auftraggeber Vorschriften zu erlassen über den Umfang der Verpflichtungen des Gewerbetreibenden bei der Ausübung des Gewerbes, insbesondere über die Verpflichtungen

1. ausreichende Sicherheiten zu leisten oder eine zu diesem Zweck geeignete Versicherung abzuschließen, sofern der Gewerbetreibende Vermögenswerte des Auftraggebers erhält oder verwendet,
2. die erhaltenen Vermögenswerte des Auftraggebers getrennt zu verwalten,
3. nach der Ausführung des Auftrages dem Auftraggeber Rechnung zu legen,
4. der zuständigen Behörde Anzeige beim Wechsel der mit der Leitung des Betriebes oder einer Zweigniederlassung beauftragten Personen zu erstatten und hierbei bestimmte Angaben zu machen,
5. dem Auftraggeber die für die Beurteilung des Auftrages und des zu vermittelnden oder nachzuweisenden Vertrages jeweils notwendigen Informationen schriftlich oder mündlich zu geben,
6. Bücher zu führen einschließlich der Aufzeichnung von Daten über einzelne Geschäftsvorgänge sowie über die Auftraggeber.

[2] In der Rechtsverordnung nach Satz 1 kann ferner die Befugnis des Gewerbetreibenden zur Entgegennahme und zur Verwendung von Vermögenswerten des Auftraggebers beschränkt werden, soweit dies zum Schutze des Auftraggebers erforderlich ist. [3] Außerdem kann in der Rechtsverordnung der Gewerbetreibende verpflichtet werden, die Einhaltung der nach Satz 1 Nr. 1 bis 6 und Satz 2 erlassenen Vorschriften auf seine Kosten regelmäßig sowie aus besonderem Anlaß prüfen zu lassen und den Prüfungsbericht der zuständigen Behörde vorzulegen, soweit es zur wirksamen Überwachung erforderlich ist; hierbei können die Einzelheiten der Prüfung, insbesondere deren Anlaß, Zeitpunkt und Häufigkeit, die Auswahl, Bestellung und Abberufung der Prüfer, deren Rechte, Pflichten und Verantwortlichkeit, der Inhalt des Prüfungsberichts, die Verpflichtungen des Gewerbetreibenden gegenüber dem Prüfer sowie das Verfahren bei Meinungsverschiedenheiten zwischen dem Prüfer und dem Gewerbetreibenden, geregelt werden.

(4) (weggefallen)

(5) Die Absätze 1 bis 3 gelten nicht für

1. Betreuungsunternehmen im Sinne des § 37 Abs. 2 des Zweiten Wohnungsbaugesetzes oder des § 22 c Abs. 2 des Wohnungsbaugesetzes für das Saarland, solange sie diese Eigenschaft behalten,

2. Kreditinstitute, für die eine Erlaubnis nach § 32 Abs. 1 des Kreditwesengesetzes erteilt wurde, und für Zweigstellen von Unternehmen im Sinne des § 53 b Abs. 1 Satz 1 des Kreditwesengesetzes,
2 a. Kapitalanlagegesellschaften, für die eine Erlaubnis nach § 7 Abs. 1 des Investmentgesetzes erteilt wurde, und Zweigniederlassungen von Unternehmen im Sinne des § 13 Abs. 1 Satz 1 des Investmentgesetzes
3. Finanzdienstleistungsinstitute in bezug auf Vermittlungstätigkeiten oder Anlageberatung, für die ihnen eine Erlaubnis nach § 32 Abs. 1 des Kreditwesengesetzes erteilt wurde oder nach § 64 e Abs. 2 des Kreditwesengesetzes als erteilt gilt,
3 a. Gewerbetreibende im Sinne des Absatzes 1 Satz 1 Nr. 1 Buchstabe b in bezug auf Vermittlungstätigkeiten nach Maßgabe des § 2 Abs. 10 Satz 1 des Kreditwesengesetzes,
4. Gewerbetreibende, die lediglich zur Finanzierung der von ihnen abgeschlossenen Warenverkäufe oder zu erbringenden Dienstleistungen den Abschluß von Verträgen über Darlehen vermitteln oder die Gelegenheit zum Abschluß solcher Verträge nachweisen,
5. Zweigstellen von Unternehmen mit Sitz in einem anderen Mitgliedstaat der Europäischen Union, die nach § 53 b Abs. 7 des Kreditwesengesetzes Darlehen zwischen Kreditinstituten vermitteln dürfen, soweit sich ihre Tätigkeit nach Absatz 1 auf die Vermittlung von Darlehen zwischen Kreditinstituten beschränkt,
6. Verträge, soweit Teilzeitnutzung von Wohngebäuden im Sinne des § 481 des Bürgerlichen Gesetzbuchs gemäß Absatz 1 Satz 1 Nr. 1 nachgewiesen oder vermittelt wird.

316. Verordnung über die Pflichten der Makler, Darlehens- und Anlagenvermittler, Anlageberater, Bauträger und Baubetreuer (Makler- und Bauträgerverordnung – MaBV –)[1]

In der Fassung der Bekanntmachung vom 7. November 1990[2]
(BGBl. I S. 2479)

FNA 7104-6

geänd. durch Art. 1 Zweite ÄndVO v. 6. 9. 1995 (BGBl. I S. 1134), Art. 1 Dritte ÄndVO v. 14. 2. 1997 (BGBl. I S. 272), Art. 3 Abs. 4 Zweites G zur Änd. der GewerbeO und sonstiger gewerberechtl. Vorschriften v. 16. 6. 1998 (BGBl. I S. 1291), Art. 8 Abs. 6 MietrechtsreformG v. 19. 6. 2001 (BGBl. I S. 1149), Art. 2 VO zur Neuregelung des Versteigerungsrechts und zur Änd. weiterer gewerberechtl. Verordnungen v. 24. 4. 2003 (BGBl. IS. 547), Art. 10 G zur Umsetzung von Vorschlägen zu Bürokratieabbau und Deregulierung aus den Regionen v. 21. 6. 2005 (BGBl. I S. 1666), Art. 10 InvestmentänderungsG v. 21. 12. 2007 (BGBl. I S. 3089), Art. 4 Nr. 2 ForderungssicherungsG v. 23. 10. 2008 (BGBl. I S. 2022), Art. 11 Drittes MittelstandsentlastungsG v. 17. 3. 2009 (BGBl. I S. 550) und Art. 2 VO zur Anp. gewerberechtl. VO an die DienstleistungsRL v. 9. 3. 2010 (BGBl. I S. 264)

§ 1[3] Anwendungsbereich. [1] Diese Verordnung gilt für Gewerbetreibende, die Tätigkeiten nach § 34 c Absatz 1 der Gewerbeordnung ausüben, unabhängig vom Bestehen einer Erlaubnispflicht. [2] Die Verordnung gilt nicht, soweit § 34 c Absatz 5 der Gewerbeordnung Anwendung findet. [3] Gewerbetreibende, die

1. als Versicherungs- oder Bausparkassenvertreter im Rahmen ihrer Tätigkeit für ein der Aufsicht der Bundesanstalt für Finanzdienstleistungsaufsicht unterliegendes Versicherungs- oder Bausparunternehmen den Abschluß von Verträgen über Darlehen vermitteln oder die Gelegenheit zum Abschluß solcher Verträge nachweisen oder
2. den Abschluß von Verträgen über die Nutzung der von ihnen für Rechnung Dritter verwalteten Grundstücke, grundstücksgleichen Rechte, gewerblichen Räume oder Wohnräume vermitteln oder die Gelegenheit zum Abschluß solcher Verträge nachweisen,

unterliegen hinsichtlich dieser Tätigkeit nicht den Vorschriften dieser Verordnung.

§ 2[4] Sicherheitsleistung, Versicherung. (1) [1] Bevor der Gewerbetreibende zur Ausführung des Auftrages Vermögenswerte des Auftraggebers erhält oder zu deren Verwendung ermächtigt wird, hat er dem Auftraggeber in Höhe dieser Vermögenswerte Sicherheit zu leisten oder eine zu diesem Zweck geeignete Versicherung abzuschließen; dies gilt nicht in den Fällen des § 34 c Abs. 1 Satz 1 Nr. 4 Buchstabe a der Gewerbeordnung, sofern dem Auftraggeber Eigentum an einem Grundstück übertragen oder ein Erbbaurecht bestellt oder übertragen werden soll. [2] Zu sichern sind Schadensersatzansprüche des Auftraggebers wegen etwaiger von dem Gewerbetreibenden und den Personen, die er zur Verwendung der Vermögenswerte ermächtigt hat, vorsätzlich begangener unerlaubter Handlungen, die sich gegen die in Satz 1 bezeichneten Vermögenswerte richten.

(2) [1] Die Sicherheit kann nur durch die Stellung eines Bürgen geleistet werden. [2] Als Bürge können nur Körperschaften des öffentlichen Rechts mit Sitz im Geltungsbereich dieser Verordnung, Kreditinstitute, die im Inland zum Geschäftsbetrieb befugt sind, sowie Versicherungsunternehmen bestellt werden, die zum Betrieb der Bürgschaftsversicherung im Inland befugt sind. [3] Die Bürgschaftserklärung muß den Verzicht auf die Einrede der Vorausklage enthalten. [4] Die Bürgschaft darf nicht vor dem Zeitpunkt ablaufen, der sich aus Absatz 5 ergibt.

(3) Versicherungen sind nur dann im Sinne des Absatzes 1 geeignet, wenn

1. das Versicherungsunternehmen zum Betrieb der Vertrauensschadensversicherung im Inland befugt ist und
2. die allgemeinen Versicherungsbedingungen dem Zweck dieser Verordnung gerecht werden, insbesondere den Auftraggeber aus dem Versicherungsvertrag auch in den Fällen des Insolvenzverfahrens des Gewerbetreibenden unmittelbar berechtigen.

---

[1] Titel geänd. mWv 28. 12. 2007 durch G v. 21. 12. 2007 (BGBl. I S. 3089).

[2] Neubekanntmachung der Makler- und Bauträgerverordnung v. 11. 6. 1975 (BGBl. I S. 1351) in der ab 1. 3. 1991 geltenden Fassung.

[3] § 1 Satz 2 Nr. 1 geänd. mWv 1. 5. 2003 durch VO v. 24. 4. 2003 (BGBl. I S. 547); Satz 1 neu gef., Satz 2 eingef., bish. Satz 2 wird Satz 3 mWv 18. 3. 2010 durch VO v. 9. 3. 2010 (BGBl. I S. 264).

[4] § 2 Abs. 2 Satz 2, Abs. 3 Nr. 1 neu gef. durch VO v. 14. 2. 1997 (BGBl. I S. 272); Abs. 3 Nr. 2 geänd. mWv 1. 5. 2003 durch VO v. 24. 4. 2003 (BGBl. I S. 547); Abs. 1 Satz 1, Abs. 5 Satz 1 Nr. 1–3 geänd. mWv 28. 12. 2007 durch G v. 21. 12. 2007 (BGBl. I S. 3089); Abs. 5 Satz 1 Nr. 1 geänd., Abs. 6 angef. mWv 18. 3. 2010 durch VO v. 9. 3. 2010 (BGBl. I S. 264).

(4) [1] Sicherheiten und Versicherungen können nebeneinander geleistet und abgeschlossen werden. [2] Sie können für jeden einzelnen Auftrag oder für mehrere gemeinsam geleistet oder abgeschlossen werden. [3] Der Gewerbetreibende hat dem Auftraggeber die zur unmittelbaren Inanspruchnahme von Sicherheiten und Versicherungen erforderlichen Urkunden auszuhändigen, bevor er Vermögenswerte des Auftraggebers erhält oder zu deren Verwendung ermächtigt wird.

(5) [1] Die Sicherheiten und Versicherungen sind aufrechtzuerhalten

1. in den Fällen des § 34 c Absatz 1 Satz 1 Nummer 1, 1 a und 2 der Gewerbeordnung, bis der Gewerbetreibende die Vermögenswerte an den in dem Auftrag bestimmten Empfänger übermittelt hat,
2. in den Fällen des § 34 c Abs. 1 Satz 1 Nr. 4 Buchstabe a der Gewerbeordnung, sofern ein Nutzungsverhältnis begründet werden soll, bis zur Einräumung des Besitzes und Begründung des Nutzungsverhältnisses,
3. in den Fällen des § 34 c Abs. 1 Satz 1 Nr. 4 Buchstabe b der Gewerbeordnung bis zur Rechnungslegung; sofern die Rechnungslegungspflicht gemäß § 8 Abs. 2 entfällt, endet die Sicherungspflicht mit der vollständigen Fertigstellung des Bauvorhabens.

[2] Erhält der Gewerbetreibende Vermögenswerte des Auftraggebers in Teilbeträgen, oder wird er ermächtigt, hierüber in Teilbeträgen zu verfügen, endet die Verpflichtung aus Absatz 1 Satz 1 erster Halbsatz in bezug auf die Teilbeträge, sobald er dem Auftraggeber die ordnungsgemäße Verwendung dieser Vermögenswerte nachgewiesen hat; die Sicherheiten und Versicherungen für den letzten Teilbetrag sind bis zu dem in Satz 1 bestimmten Zeitpunkt aufrechtzuerhalten.

(6) [1] Soweit nach den Absätzen 2 und 3 eine Bürgschaft oder Versicherung verlangt wird, ist von Gewerbetreibenden aus einem anderen Mitgliedstaat der Europäischen Union oder einem anderen Vertragsstaat des Abkommens über den Europäischen Wirtschaftsraum als Nachweis eine Bescheinigung über den Abschluss einer Bürgschaft oder Versicherung als hinreichend anzuerkennen, die von einem Kreditinstitut oder einem Versicherungsunternehmen in einem anderen Mitgliedstaat oder Vertragsstaat ausgestellt wurde, sofern die in diesem Staat abgeschlossene Versicherung im Wesentlichen vergleichbar ist zu der, die von in Deutschland niedergelassenen Gewerbetreibenden verlangt wird, und zwar hinsichtlich der Zweckbestimmung, der vorgesehenen Deckung bezüglich des versicherten Risikos, der Versicherungssumme und möglicher Ausnahmen von der Deckung. [2] Bei nur teilweiser Gleichwertigkeit kann eine zusätzliche Sicherheit verlangt werden, die die nicht gedeckten Risiken absichert.

§ 3[1)] Besondere Sicherungspflichten für Bauträger. (1) [1] Der Gewerbetreibende darf in den Fällen des § 34 c Abs. 1 Satz 1 Nr. 4 Buchstabe a der Gewerbeordnung, sofern dem Auftraggeber Eigentum an einem Grundstück übertragen oder ein Erbbaurecht bestellt oder übertragen werden soll, Vermögenswerte des Auftraggebers zur Ausführung des Auftrages erst entgegennehmen oder sich zu deren Verwendung ermächtigen lassen, wenn

1. der Vertrag zwischen dem Gewerbetreibenden und dem Auftraggeber rechtswirksam ist und die für seinen Vollzug erforderlichen Genehmigungen vorliegen, diese Voraussetzungen durch eine schriftliche Mitteilung des Notars bestätigt und dem Gewerbetreibenden keine vertraglichen Rücktrittsrechte eingeräumt sind,
2. zur Sicherung des Anspruchs des Auftraggebers auf Eigentumsübertragung oder Bestellung oder Übertragung eines Erbbaurechts an dem Vertragsobjekt eine Vormerkung an der vereinbarten Rangstelle im Grundbuch eingetragen ist; bezieht sich der Anspruch auf Wohnungs- oder Teileigentum oder ein Wohnungs- oder Teilerbbaurecht, so muß außerdem die Begründung dieses Rechts im Grundbuch vollzogen sein,
3. die Freistellung des Vertragsobjekts von allen Grundpfandrechten, die der Vormerkung im Range vorgehen oder gleichstehen und nicht übernommen werden sollen, gesichert ist, und zwar auch für den Fall, daß das Bauvorhaben nicht vollendet wird,
4. die Baugenehmigung erteilt worden ist oder, wenn eine Baugenehmigung nicht oder nicht zwingend vorgesehen ist,
   a) von der zuständigen Behörde bestätigt worden ist, daß
      aa) die Baugenehmigung als erteilt gilt oder
      bb) nach den baurechtlichen Vorschriften mit dem Vorhaben begonnen werden darf, oder,
   b) wenn eine derartige Bestätigung nicht vorgesehen ist, von dem Gewerbetreibenden bestätigt worden ist, daß

---

1) § 3 Abs. 1 Satz 1 Nr. 4 neu gef. durch VO v. 6. 9. 1995 (BGBl. I S. 1134); Abs. 2 und 3 neu gef. durch VO v. 14. 2. 1997 (BGBl. I S. 272); Abs. 1 Satz 1, Abs. 3 geänd. mWv 28. 12. 2007 durch G v. 21. 12. 2007 (BGBl. I S. 3089).

aa) die Baugenehmigung als erteilt gilt oder

bb) nach den baurechtlichen Vorschriften mit dem Bauvorhaben begonnen werden darf,

und nach Eingang dieser Bestätigung beim Auftraggeber mindestens ein Monat vergangen ist.

[2] Die Freistellung nach Satz 1 Nr. 3 ist gesichert, wenn gewährleistet ist, daß die nicht zu übernehmenden Grundpfandrechte im Grundbuch gelöscht werden, und zwar, wenn das Bauvorhaben vollendet wird, unverzüglich nach Zahlung der geschuldeten Vertragssumme, andernfalls unverzüglich nach Zahlung des dem erreichten Bautenstand entsprechenden Teils der geschuldeten Vertragssumme durch den Auftraggeber. [3] Für den Fall, daß das Bauvorhaben nicht vollendet wird, kann sich der Kreditgeber vorbehalten, an Stelle der Freistellung alle vom Auftraggeber vertragsgemäß im Rahmen des Absatzes 2 bereits geleisteten Zahlungen bis zum anteiligen Wert des Vertragsobjekts zurückzuzahlen. [4] Die zur Sicherung der Freistellung erforderlichen Erklärungen einschließlich etwaiger Erklärungen nach Satz 3 müssen dem Auftraggeber ausgehändigt worden sein. [5] Liegen sie bei Abschluß des notariellen Vertrages bereits vor, muß auf sie in dem Vertrag Bezug genommen sein; andernfalls muß der Vertrag einen ausdrücklichen Hinweis auf die Verpflichtung des Gewerbetreibenden zur Aushändigung der Erklärungen und deren notwendigen Inhalt enthalten.

(2) [1] Der Gewerbetreibende darf in den Fällen des Absatzes 1 die Vermögenswerte ferner in bis zu sieben Teilbeträgen entsprechend dem Bauablauf entgegennehmen oder sich zu deren Verwendung ermächtigen lassen. [2] Die Teilbeträge können aus den nachfolgenden Vomhundertsätzen zusammengesetzt werden:

1. 30 vom Hundert der Vertragssumme in den Fällen, in denen Eigentum an einem Grundstück übertragen werden soll, oder 20 vom Hundert der Vertragssumme in den Fällen, in denen ein Erbbaurecht bestellt oder übertragen werden soll, nach Beginn der Erdarbeiten,
2. von der restlichen Vertragssumme
   - 40 vom Hundert nach Rohbaufertigstellung, einschließlich Zimmererarbeiten,
   - 8 vom Hundert für die Herstellung der Dachflächen und Dachrinnen,
   - 3 vom Hundert für die Rohinstallation der Heizungsanlagen,
   - 3 vom Hundert für die Rohinstallation der Sanitäranlagen,
   - 3 vom Hundert für die Rohinstallation der Elektroanlagen,
   - 10 vom Hundert für den Fenstereinbau, einschließlich der Verglasung,
   - 6 vom Hundert für den Innenputz, ausgenommen Beiputzarbeiten,
   - 3 vom Hundert für den Estrich,
   - 4 vom Hundert für die Fliesenarbeiten im Sanitärbereich,
   - 12 vom Hundert nach Bezugsfertigkeit und Zug um Zug gegen Besitzübergabe,
   - 3 vom Hundert für die Fassadenarbeiten,
   - 5 vom Hundert nach vollständiger Fertigstellung.

[3] Sofern einzelne der in Satz 2 Nr. 2 genannten Leistungen nicht anfallen, wird der jeweilige Vomhundertsatz anteilig auf die übrigen Raten verteilt. [4] Betrifft das Bauvorhaben einen Altbau, so gelten die Sätze 1 und 2 mit der Maßgabe entsprechend, daß der hiernach zu errechnende Teilbetrag für schon erbrachte Leistungen mit Vorliegen der Voraussetzungen des Absatzes 1 entgegengenommen werden kann.

(3) Der Gewerbetreibende darf in den Fällen des § 34 c Abs. 1 Satz 1 Nr. 4 Buchstabe a der Gewerbeordnung, sofern ein Nutzungsverhältnis begründet werden soll, Vermögenswerte des Auftraggebers zur Ausführung des Auftrages in Höhe von 20 vom Hundert der Vertragssumme nach Vertragsabschluß entgegennehmen oder sich zu deren Verwendung ermächtigen lassen; im übrigen gelten Absatz 1 Satz 1 Nr. 1 und 4 und Absatz 2 entsprechend.

§ 4[1)] Verwendung von Vermögenswerten des Auftraggebers. (1) Der Gewerbetreibende darf Vermögenswerte des Auftraggebers, die er erhalten hat oder zu deren Verwendung er ermächtigt worden ist, nur verwenden

1. in den Fällen des § 34 c Absatz 1 Satz 1 Nummer 1, 1 a und 2 der Gewerbeordnung zur Erfüllung des Vertrages, der durch die Vermittlung oder die Nachweistätigkeit des Gewerbetreibenden zustande gekommen ist,
2. in den Fällen des § 34 c Abs. 1 Satz 1 Nr. 4 der Gewerbeordnung zur Vorbereitung und Durchführung des Bauvorhabens, auf das sich der Auftrag bezieht; als Bauvorhaben gilt das einzelne Gebäude, bei Einfamilienreihenhäusern die einzelne Reihe.

---

1) § 4 abs. 1 Nr. 1 und 2, Abs. 2 geänd. mWv 28. 12. 2007 durch G v. 21. 12. 2007 (BGBl. I S. 3089); Abs. 1 Nr. 1 geänd. mWv 18. 3. 2010 durch VO v. 9. 3. 2010 (BGBl. I S. 264).

(2) Der Gewerbetreibende darf in den Fällen des § 34 c Abs. 1 Satz 1 Nr. 4 Buchstabe b der Gewerbeordnung, in denen er das Bauvorhaben für mehrere Auftraggeber vorbereitet und durchführt, die Vermögenswerte der Auftraggeber nur im Verhältnis der Kosten der einzelnen Einheiten zu den Gesamtkosten des Bauvorhabens verwenden.

§ 5 Hilfspersonal. Ermächtigt der Gewerbetreibende andere Personen, Vermögenswerte des Auftraggebers zur Ausführung des Auftrages entgegenzunehmen oder zu verwenden, so hat er sicherzustellen, daß dies nur nach Maßgabe der §§ 3 und 4 geschieht.

§ 6[1] Getrennte Vermögensverwaltung. (1) [1] Erhält der Gewerbetreibende zur Ausführung des Auftrages Vermögenswerte des Auftraggebers, so hat er sie von seinem Vermögen und dem seiner sonstigen Auftraggeber getrennt zu verwalten. [2] Dies gilt nicht für vertragsgemäß im Rahmen des § 3 Abs. 2 oder 3 geleistete Zahlungen.

(2) [1] Der Gewerbetreibende hat Gelder, die er vom Auftraggeber erhält, unverzüglich für Rechnung des Auftraggebers auf ein Sonderkonto bei einem Kreditinstitut im Sinne des § 2 Abs. 2 Satz 2 einzuzahlen und auf diesem Konto bis zur Verwendung im Sinne des § 4 zu belassen. [2] Er hat dem Kreditinstitut offenzulegen, daß die Gelder für fremde Rechnung eingelegt werden und hierbei den Namen, Vornamen und die Anschrift des Auftraggebers anzugeben. [3] Er hat das Kreditinstitut zu verpflichten, den Auftraggeber unverzüglich zu benachrichtigen, wenn die Einlage von dritter Seite gepfändet oder das Insolvenzverfahren über das Vermögen des Gewerbetreibenden eröffnet wird, und dem Auftraggeber jederzeit Auskunft über den Stand des Kontos zu erteilen. [4] Er hat das Kreditinstitut ferner zu verpflichten, bei diesem Konto weder das Recht der Aufrechnung noch ein Pfand- oder Zurückbehaltungsrecht geltend zu machen, es sei denn wegen Forderungen, die in bezug auf das Konto selbst entstanden sind.

(3) [1] Wertpapiere im Sinne des § 1 Abs. 1 des Gesetzes über die Verwahrung und Anschaffung von Wertpapieren, die der Gewerbetreibende vom Auftraggeber erhält, hat er unverzüglich für Rechnung des Auftraggebers einem Kreditinstitut im Sinne des § 2 Abs. 2 Satz 2 zur Verwahrung anzuvertrauen. [2] Absatz 2 Satz 2 bis 4 ist anzuwenden.

§ 7[2] Ausnahmevorschrift. (1) [1] Gewerbetreibende im Sinne des § 34 c Abs. 1 Satz 1 Nr. 4 Buchstabe a der Gewerbeordnung, die dem Auftraggeber Eigentum an einem Grundstück zu übertragen oder ein Erbbaurecht zu bestellen oder zu übertragen haben, sind von den Verpflichtungen des § 3 Abs. 1 und 2, des § 4 Abs. 1 und der §§ 5 und 6, die übrigen Gewerbetreibenden im Sinne des § 34 c Abs. 1 der Gewerbeordnung sind von den Verpflichtungen des § 2, des § 3 Abs. 3 und der §§ 4 bis 6 freigestellt, sofern sie Sicherheit für alle etwaigen Ansprüche des Auftraggebers auf Rückgewähr oder Auszahlung seiner Vermögenswerte im Sinne des § 2 Abs. 1 Satz 1 geleistet haben. [2] § 2 Abs. 2, Abs. 4 Satz 2 und 3 und Abs. 5 Satz 1 gilt entsprechend. [3] In den Fällen des § 34 c Abs. 1 Satz 1 Nr. 4 Buchstabe a der Gewerbeordnung, in denen dem Auftraggeber Eigentum an einem Grundstück übertragen oder ein Erbbaurecht bestellt oder übertragen werden soll, ist die Sicherheit aufrechtzuerhalten, bis die Voraussetzungen des § 3 Abs. 1 erfüllt sind und das Vertragsobjekt vollständig fertiggestellt ist. [4] Ein Austausch der Sicherungen der §§ 2 bis 6 und derjenigen des § 7 ist zulässig.

(2) [1] Der Gewerbetreibende ist von den in Absatz 1 Satz 1 erwähnten Verpflichtungen auch dann freigestellt, wenn es sich bei dem Auftraggeber um

1. eine juristische Person des öffentlichen Rechts oder ein öffentlich-rechtliches Sondervermögen oder
2. einen in das Handelsregister oder das Genossenschaftsregister eingetragenen Kaufmann

handelt und der Auftraggeber in gesonderter Urkunde auf die Anwendung dieser Bestimmungen verzichtet. [2] Im Falle des Satzes 1 Nr. 2 hat sich der Gewerbetreibende vom Auftraggeber dessen Eigenschaft als Kaufmann durch einen Auszug aus dem Handelsregister oder dem Genossenschaftsregister nachweisen zu lassen.

§ 8 Rechnungslegung. (1) [1] Hat der Gewerbetreibende zur Ausführung des Auftrages Vermögenswerte des Auftraggebers erhalten oder verwendet, so hat er dem Auftraggeber nach Beendigung des Auftrages über die Verwendung dieser Vermögenswerte Rechnung zu legen. [2] § 259 des Bürgerlichen Gesetzbuchs ist anzuwenden.

(2) Die Verpflichtung, Rechnung zu legen, entfällt, soweit der Auftraggeber nach Beendigung des Auftrages dem Gewerbetreibenden gegenüber schriftlich darauf verzichtet oder der Gewerbetreibende mit den Vermögenswerten des Auftraggebers eine Leistung zu einem Festpreis zu erbringen hat.

---

[1] § 6 Abs. 1 Satz 2, Abs. 2 Satz 3 geänd. mWv 1. 5. 2003 durch VO v. 24. 4. 2003 (BGBl. I S. 547).
[2] § 7 Abs. 1 Satz 1 und 3 geänd. mWv 28. 12. 2007 durch G v. 21. 12. 2007 (BGBl. I S. 3089).

§ 9 Anzeigepflicht. [1] Der Gewerbetreibende hat der zuständigen Behörde die jeweils mit der Leitung des Betriebes oder einer Zweigniederlassung beauftragten Personen unverzüglich anzuzeigen. [2] Dies gilt bei juristischen Personen auch für die nach Gesetz, Satzung oder Gesellschaftsvertrag jeweils zur Vertretung berufenen Personen. [3] In der Anzeige sind Name, Geburtsname, sofern er vom Namen abweicht, Vornamen, Staatsangehörigkeit, Geburtstag, Geburtsort und Anschrift der betreffenden Personen anzugeben.

§ 10[1] Buchführungspflicht. (1) [1] Der Gewerbetreibende hat von der Annahme des Auftrages an nach Maßgabe der folgenden Vorschriften Aufzeichnungen zu machen sowie Unterlagen und Belege übersichtlich zu sammeln. [2] Die Aufzeichnungen sind unverzüglich und in deutscher Sprache vorzunehmen.

(2) Aus den Aufzeichnungen und Unterlagen sämtlicher Gewerbetreibender müssen ersichtlich sein

1. der Name und Vorname oder die Firma sowie die Anschrift des Auftraggebers,
2. folgende Angaben, soweit sie im Einzelfall in Betracht kommen,
   a) das für die Vermittler- oder Nachweistätigkeit oder für die Tätigkeit als Baubetreuer vom Auftraggeber zu entrichtende Entgelt; Wohnungsvermittler haben das Entgelt in einem Bruchteil oder Vielfachen der Monatsmiete anzugeben;
   b) ob der Gewerbetreibende zur Entgegennahme von Zahlungen oder sonstigen Leistungen ermächtigt ist;
   c) Art und Höhe der Vermögenswerte des Auftraggebers, die der Gewerbetreibende zur Ausführung des Auftrages erhalten oder zu deren Verwendung er ermächtigt werden soll;
   d) daß der Gewerbetreibende den Auftraggeber davon unterrichtet hat, daß er von ihm nur im Rahmen des § 3 Vermögenswerte entgegennehmen oder sich zu deren Verwendung ermächtigen lassen und diese Vermögenswerte nur im Rahmen des § 4 verwenden darf, es sei denn, daß nach § 7 verfahren wird;
   e) Art, Höhe und Umfang der vom Gewerbetreibenden für die Vermögenswerte zu leistenden Sicherheit und abzuschließenden Versicherung, Name oder Firma und Anschrift des Bürgen und der Versicherung;
   f) Vertragsdauer.

(3) Aus den Aufzeichnungen und Unterlagen von Gewerbetreibenden im Sinne des § 34 c Absatz 1 Satz 1 Nummer 1, 2 und 3 der Gewerbeordnung müssen ferner folgende Angaben ersichtlich sein, soweit sie im Einzelfall in Betracht kommen,

1. bei der Vermittlung oder dem Nachweis der Gelegenheit zum Abschluß von Verträgen über den Erwerb von Grundstücken oder grundstücksgleichen Rechten: Lage, Größe und Nutzungsmöglichkeit des Grundstücks, Art, Alter und Zustand des Gebäudes, Ausstattung, Wohn- und Nutzfläche, Zahl der Zimmer, Höhe der Kaufpreisforderung einschließlich zu übernehmender Belastungen, Name, Vorname und Anschrift des Veräußerers;
2. bei der Vermittlung oder dem Nachweis der Gelegenheit zum Abschluß von Verträgen über die Nutzung von Grundstücken oder grundstücksgleichen Rechten: Lage, Größe und Nutzungsmöglichkeit des Grundstücks, Art, Alter und Zustand des Gebäudes, Ausstattung, Wohn- und Nutzfläche, Zahl der Zimmer, Höhe der Mietforderung sowie gegebenenfalls Höhe eines Baukostenzuschusses, einer Kaution, einer Mietvorauszahlung, eines Mieterdarlehens oder einer Abstandssumme, Name, Vorname und Anschrift des Vermieters;
3. bei der Vermittlung oder dem Nachweis der Gelegenheit zum Abschluß von Verträgen über die Nutzung von gewerblichen Räumen oder Wohnräumen: Lage des Grundstücks und der Räume, Ausstattung, Nutz- und Wohnfläche, Zahl der Räume, Höhe der Mietforderung sowie gegebenenfalls Höhe eines Baukostenzuschusses, einer Kaution, einer Mietvorauszahlung, eines Mieterdarlehens oder einer Abstandssumme, Name, Vorname und Anschrift des Vermieters;
4. *(aufgehoben)*
5. bei der Vermittlung von Verträgen über den Erwerb von Anteilen an Investmentvermögen, die von einer inländischen Kapitalanlagegesellschaft oder Investmentaktiengesellschaft im Sinne der §§ 96 bis 111 a des Investmentgesetzes ausgegeben werden, oder von ausländischen Investmentanteilen, die nach dem Investmentgesetz öffentlich vertrieben werden dürfen, oder

---

[1] § 10 Abs. 4 Nrn. 1 und 2 geänd. durch VO v. 6. 9. 1995 (BGBl. I S. 1134); Abs. 3 Nr. 4, Nr. 6 Buchst. c aufgeh., Nr. 5 geänd. durch VO v. 14. 2. 1997 (BGBl. I S. 272); Abs. 3 Nrn. 2 und 3, Abs. 4 Nr. 2 geänd. mWv 1. 9. 2001 durch G v. 19. 6. 2001 (BGBl. I S. 1149); Abs. 3 Nr. 5 geänd. mWv 1. 5. 2003 durch VO v. 24. 4. 2003 (BGBl. I S. 547); Abs. 3 einleit. Satz, Nr. 6 und 7, Abs. 4 einleit. Satz geänd., Abs. 3 Nr. 5 neu gef. mWv 28. 12. 2007 durch G v. 21. 12. 2007 (BGBl. I S. 3089); Abs. 6 geänd. mWv 1. 1. 2009 durch G v. 23. 10. 2008 (BGBl. I S. 2022); Abs. 3 einl. Satzteil geänd. mWv 18. 3. 2010 durch VO v. 9. 3. 2010 (BGBl. I S. 264).

der auf diese bezogenen Anlageberatung: Firma und Sitz der Kapitalanlagegesellschaft, Investmentaktiengesellschaft oder ausländischen Investmentgesellschaft, je ein Stück der Vertragsbedingungen oder der Satzung, des ausführlichen und gegebenenfalls des vereinfachten Verkaufsprospektes sowie der Jahres- und Halbjahresberichte für das Investmentvermögen, jeweils in deutscher Sprache (§ 121 Abs. 1 und 3 sowie § 123 des Investmentgesetzes); bei der Vermittlung von Verträgen über den Erwerb von ausländischen Investmentanteilen, die im Geltungsbereich des Investmentgesetzes öffentlich vertrieben werden dürfen, oder bei der auf diese bezogenen Anlageberatung außerdem Angaben darüber, ob die ausländische Investmentgesellschaft in ihrem Sitzstaat im Hinblick auf das Investmentgeschäft einer staatlichen Aufsicht untersteht, ob und seit wann die ausländische Investmentgesellschaft zum öffentlichen Vertrieb ihrer Investmentanteile berechtigt ist sowie ob und wann die Bundesanstalt für Finanzdienstleistungsaufsicht den öffentlichen Vertrieb untersagt hat oder die Berechtigung zum öffentlichen Vertrieb durch Verzicht erloschen ist;

6. bei der Vermittlung von Verträgen über den Erwerb von sonstigen öffentlich angebotenen Vermögensanlagen, die für gemeinsame Rechnung der Anleger verwaltet werden, sowie über den Erwerb von öffentlich angebotenen Anteilen an einer Kommanditgesellschaft oder der jeweils auf diese bezogenen Anlageberatung:
   a) die Kosten, die insgesamt jeweils von jeder Zahlung des Erwerbers abgezogen werden;
   b) die laufenden Kosten, die darüber hinaus jährlich nach den Vertragsbedingungen einbehalten werden;
   c) *(aufgehoben)*
   d) ob rechtsverbindlich öffentliche Finanzierungshilfen zugesagt worden sind;
   e) ob die eingezahlten Gelder von einem Kreditinstitut treuhänderisch verwaltet werden, sowie Firma und Sitz dieses Kreditinstituts;
   f) ob bei einer Kommanditgesellschaft die Kapitalanteile von Kommanditisten als Treuhänder für die Anleger gehalten werden, sowie Name, Vorname oder Firma und Anschrift oder Sitz dieser Treuhänder;
   g) wie hoch der Anteil der Fremdfinanzierung an der gesamten Finanzierung ist, ob die Kredite fest zugesagt sind und von wem;
   h) ob ein Kontrollorgan für die Geschäftsführung bestellt ist und welche Befugnisse es hat;
   i) ob die Haftung des Erwerbers auf die Einlage beschränkt ist;
   j) ob weitere Zahlungsverpflichtungen für den Erwerber bestehen oder entstehen können;
   k) Firma und Sitz des Unternehmens, das die angebotene Vermögensanlage verwaltet, oder der Gesellschaft, deren Anteile angeboten werden;
7. bei der Vermittlung von Verträgen über den Erwerb von öffentlich angebotenen Anteilen an einer Kapitalgesellschaft oder verbrieften Forderungen gegen eine Kapitalgesellschaft oder Kommanditgesellschaft oder der jeweils auf diese bezogenen Anlageberatung:
   a) Firma, Sitz und Zeitpunkt der Gründung der Gesellschaft;
   b) ob und an welchen Börsen die Anteile oder Forderungen gehandelt werden;
   c) ob ein Emissionsprospekt und ein Börsenprospekt vorliegen;
   d) nach welchem Recht sich die Beziehungen zwischen dem Erwerber und der Gesellschaft richten;
   e) sämtliche mit dem Erwerb verbundenen Kosten;

bei verbrieften Forderungen außerdem Angaben über Zinssatz, Ausgabekurs, Tilgungs- und Rückzahlungsbedingungen und Sicherheiten.

(4) Aus den Aufzeichnungen und Unterlagen von Gewerbetreibenden im Sinne des § 34 c Abs. 1 Satz 1 Nr. 4 der Gewerbeordnung müssen zusätzlich zu den Angaben nach Absatz 2 folgende Angaben ersichtlich sein, soweit sie im Einzelfall in Betracht kommen,

1. bei Bauvorhaben, die ganz oder teilweise zur Veräußerung bestimmt sind: Lage und Größe des Baugrundstücks, das Bauvorhaben mit den von der Bauaufsicht genehmigten Plänen nebst Baubeschreibung, sofern das Bauvorhaben nicht genehmigungspflichtig ist, neben den vorerwähnten Plänen und der Baubeschreibung die Bestätigung der Behörde oder des Gewerbetreibenden gemäß § 3 Abs. 1 Satz 1 Nr. 4 Buchstabe a oder b, der Zeitpunkt der Fertigstellung, die Kaufsache, die Kaufpreisforderung, die Belastungen, die Finanzierung, soweit sie nicht vom Erwerber erbracht werden soll;
2. bei Bauvorhaben, die ganz oder teilweise vermietet, verpachtet oder in anderer Weise zur Nutzung überlassen werden sollen: Lage und Größe des Baugrundstücks, das Bauvorhaben mit den von der Bauaufsicht genehmigten Plänen nebst Baubeschreibung, sofern das Bauvorhaben nicht genehmigungspflichtig ist, neben den vorerwähnten Plänen und der Baubeschrei-

316

bung die Bestätigung der Behörde oder des Gewerbetreibenden gemäß § 3 Abs. 1 Satz 1 Nr. 4 Buchstabe a oder b, der Zeitpunkt der Fertigstellung, der Vertragsgegenstand, die Miet-, Pacht- oder sonstige Forderung, die darüber hinaus zu erbringenden laufenden Leistungen und die etwaigen einmaligen Leistungen, die nicht zur Vorbereitung oder Durchführung des Bauvorhabens verwendet werden sollen;

3. bei Bauvorhaben, die der Gewerbetreibende als Baubetreuer wirtschaftlich vorbereiten oder durchführen soll: Lage und Größe des Baugrundstücks, das Bauvorhaben mit Plänen und Baubeschreibung, der Zeitpunkt der Fertigstellung, die veranschlagten Kosten, die Kostenobergrenze und die von dem Gewerbetreibenden bei Dritten zu beschaffende Finanzierung.

(5) Aus den Aufzeichnungen, Unterlagen und Belegen sämtlicher Gewerbetreibender müssen ferner ersichtlich sein, soweit dies im Einzelfall in Betracht kommt,

1. Art und Höhe der Vermögenswerte des Auftraggebers, die der Gewerbetreibende zur Ausführung des Auftrages erhalten hat oder zu deren Verwendung er ermächtigt wurde,
2. das für die Vermittler- oder Nachweistätigkeit oder für die Tätigkeit als Baubetreuer vom Auftraggeber entrichtete Entgelt,
3. eine Bestätigung des Auftraggebers über die Aushändigung der in § 2 Abs. 4 Satz 3 bezeichneten Unterlagen,
4. Kopie der Bürgschaftsurkunde und des Versicherungsscheins,
5. Verwendungen von Vermögenswerten des Auftraggebers durch den Gewerbetreibenden nach Tag und Höhe, in den Fällen des § 2 Abs. 5 Satz 2 auch eine Bestätigung des Auftraggebers darüber, daß ihm die ordnungsgemäße Verwendung der Teilbeträge nachgewiesen worden ist,
6. Tag und Grund der Auftragsbeendigung,
7. Tag der Beendigung des Bürgschaftsvertrages und der Versicherung,
8. die in § 7 Abs. 2 erwähnten Unterlagen,
9. Nachweis, daß dem Auftraggeber die in § 11 bezeichneten Angaben rechtzeitig und vollständig mitgeteilt worden sind.

(6) Sonstige Vorschriften über Aufzeichnungs- und Buchführungspflichten des Gewerbetreibenden bleiben unberührt.

§ 11[1)] Informationspflicht und Werbung. (1) [1] Der Gewerbetreibende hat dem Auftraggeber schriftlich und in deutscher Sprache folgende Angaben mitzuteilen, soweit sie im Einzelfall in Betracht kommen:

1. in den Fällen des § 34c Abs. 1 Satz 1 Nr. 1 der Gewerbeordnung unmittelbar nach der Annahme des Auftrages die in § 10 Abs. 2 Nr. 2 Buchstabe a und f erwähnten Angaben und spätestens bei Aufnahme der Vertragsverhandlungen über den vermittelten oder nachgewiesenen Vertragsgegenstand die in § 10 Abs. 2 Nr. 2 Buchstabe b bis e und Abs. 3 Nr. 1 bis 3 erwähnten Angaben,
2. in den Fällen des § 34c Abs. 1 Satz 1 Nr. 2 und 3 der Gewerbeordnung vor der Annahme des Auftrages die in § 10 Abs. 2 Nr. 2 und Abs. 3 Nr. 6 und 7 erwähnten Angaben,
3. in den Fällen des § 34c Abs. 1 Satz 1 Nr. 4 der Gewerbeordnung spätestens bis zur Annahme des Auftrages die in § 10 Abs. 2 Nr. 2 und Abs. 4 erwähnten Angaben. Vor diesem Zeitpunkt hat der Gewerbetreibende dem Auftraggeber die Angaben zu machen, die zur Beurteilung des Auftrages nach dem jeweiligen Verhandlungsstand erforderlich sind. Im Falle des § 10 Abs. 4 Nr. 3 entfällt die Verpflichtung, soweit die Angaben vom Auftraggeber stammen.

[2] Ist der Auftraggeber eine natürliche Person, kann er die Übermittlung der Angaben in der Amtssprache eines Mitgliedstaates der Europäischen Union oder eines Vertragsstaates des Abkommens über den Europäischen Wirtschaftsraum verlangen, wenn er in diesem Mitgliedstaat oder Vertragsstaat seinen Wohnsitz hat.

(2) [1] In den Fällen des § 34c Abs. 1 Satz 1 Nr. 2 und 3 der Gewerbeordnung gelten beim Vertrieb von Anteilen an Investmentvermögen im Sinne des Investmentgesetzes § 121 Abs. 1 und 3 sowie § 123 des Investmentgesetzes entsprechend. [2] Für die von dem Gewerbetreibenden nach § 34c Abs. 1 Satz 1 Nr. 2 und 3 der Gewerbeordnung verwandte oder veranlasste Werbung in Textform für den Erwerb von Anteilen eines Investmentvermögens im Sinne des Investmentgesetzes gilt § 124 Abs. 1 und 2 des Investmentgesetzes entsprechend.

§ 12 Unzulässigkeit abweichender Vereinbarungen. Der Gewerbetreibende darf seine Verpflichtungen nach den §§ 2 bis 8 sowie die nach § 2 Abs. 1 zu sichernden Schadensersatz-

[1)] § 11 Satz 1 Nrn. 1 und 2 neu gef. durch VO v. 14. 2. 1997 (BGBl. I S. 272); Überschr. geänd., Abs. 2 angef., bish. Wortlaut wird Abs. 1, Nr. 1 bis 3 geänd. mWv 28. 12. 2007 durch G v. 21. 12. 2007 (BGBl. I S. 3089); Abs. 1 Satz 2 angef., bish. Wortlaut wird Satz 1 und Nr. 1 geänd., mWv 18. 3. 2010 durch VO v. 9. 3. 2010 (BGBl. I S. 264).

ansprüche des Auftraggebers durch vertragliche Vereinbarung weder ausschließen noch beschränken.

§ 13[1] *(aufgehoben)*

§ 14[2] **Aufbewahrung.** (1) [1] Die in den § 10 bezeichneten Geschäftsunterlagen sind 5 Jahre in den Geschäftsräumen aufzubewahren. [2] Die Aufbewahrungsfrist beginnt mit dem Schluss des Kalenderjahres, in dem der letzte aufzeichnungspflichtige Vorgang für den jeweiligen Auftrag angefallen ist. [3] Vorschriften, die eine längere Frist bestimmen, bleiben unberührt.

(2) [1] Die nach Absatz 1 aufzubewahrenden Unterlagen können auch in Form einer verkleinerten Wiedergabe aufbewahrt werden, wenn gesichert ist, daß die Wiedergabe mit der Urschrift übereinstimmt. [2] Der Gewerbetreibende hat auf Verlangen der zuständigen Behörde auf seine Kosten die erforderliche Anzahl ohne Hilfsmittel lesbarer Reproduktionen vorzulegen; bei Ermittlungen oder Prüfungen in den Geschäftsräumen sind für verkleinerte Wiedergaben die erforderlichen Lesegeräte bereitzuhalten.

§ 15[3] *(aufgehoben)*

§ 16[4] **Prüfungen.** (1) [1] Gewerbetreibende im Sinne des § 34 c Abs. 1 Satz 1 Nr. 2 und 4 der Gewerbeordnung haben auf ihre Kosten die Einhaltung der sich aus den §§ 2 bis 14 ergebenden Verpflichtungen für jedes Kalenderjahr durch einen geeigneten Prüfer prüfen zu lassen und der zuständigen Behörde den Prüfungsbericht bis spätestens zum 31. Dezember des darauffolgenden Jahres zu übermitteln. [2] Sofern der Gewerbetreibende im Berichtszeitraum keine nach § 34 c Abs. 1 Satz 1 der Gewerbeordnung erlaubnispflichtige Tätigkeit ausgeübt hat, hat er spätestens bis zu dem in Satz 1 genannten Termin anstelle des Prüfungsberichts eine entsprechende Erklärung zu übermitteln. [3] Der Prüfungsbericht muß einen Vermerk darüber enthalten, ob Verstöße des Gewerbetreibenden festgestellt worden sind. [4] Verstöße sind in dem Vermerk aufzuzeigen. [5] Der Prüfer hat den Vermerk mit Angabe von Ort und Datum zu unterzeichnen.

(2) [1] Die zuständige Behörde ist befugt, Gewerbetreibende im Sinne des § 34 c Abs. 1 der Gewerbeordnung auf deren Kosten aus besonderem Anlaß im Rahmen einer außerordentlichen Prüfung durch einen geeigneten Prüfer überprüfen zu lassen. [2] Der Prüfer wird von der zuständigen Behörde bestimmt. [3] Absatz 1 Satz 3 bis 5 gilt entsprechend.

(3) [1] Geeignete Prüfer sind

1. Wirtschaftsprüfer, vereidigte Buchprüfer, Wirtschaftsprüfungs- und Buchprüfungsgesellschaften,
2. Prüfungsverbände, zu deren gesetzlichem oder satzungsmäßigem Zweck die regelmäßige und außerordentliche Prüfung ihrer Mitglieder gehört, sofern
   a) von ihren gesetzlichen Vertretern mindestens einer Wirtschaftsprüfer ist,
   b) sie die Voraussetzungen des § 63 b Abs. 5 des Gesetzes betreffend die Erwerbs- und Wirtschaftsgenossenschaften erfüllen oder
   c) sie sich für ihre Prüfungstätigkeit selbständiger Wirtschaftsprüfer oder vereidigter Buchprüfer oder einer Wirtschaftsprüfungs- oder Buchprüfungsgesellschaft bedienen.

[2] Bei Gewerbetreibenden im Sinne des § 34 c Abs. 1 Satz 1 Nr. 1 und 1 a der Gewerbeordnung können mit der Prüfung nach Absatz 2 auch andere Personen, die öffentlich bestellt oder zugelassen worden sind und die auf Grund ihrer Vorbildung und Erfahrung in der Lage sind, eine ordnungsgemäße Prüfung in dem jeweiligen Gewerbebetrieb durchzuführen, sowie deren Zusammenschlüsse betraut werden. [3] § 13 a Absatz 1 und 2 Satz 1 und 2, Absatz 5 bis 7 der Gewerbeordnung gilt für die in Satz 2 genannten Personen, die mit der Prüfung betraut werden können, entsprechend. [4] Ungeeignet für eine Prüfung sind Personen, bei denen die Besorgnis der Befangenheit besteht.

§ 17 Rechte und Pflichten der an der Prüfung Beteiligten. (1) [1] Der Gewerbetreibende hat dem Prüfer die Einsicht in die Bücher, Aufzeichnungen und Unterlagen zu gestatten. [2] Er

---

[1] § 13 aufgeh. mWv 25. 3. 2009 durch G v. 17. 3. 2009 (BGBl. I S. 550).

[2] § 14 Abs. 1 Satz 1 geänd, Satz 2 neu gef. mWv 25. 3. 2009 durch G v. 17. 3. 2009 (BGBl. I S. 550).

[3] § 15 aufgeh. durch G v. 16. 6. 1998 (BGBl. I S. 1291).

[4] § 16 Abs. 1 Satz 2 eingef., bish. Sätze 2 bis 4 werden Sätze 3 bis 5 durch VO v. 14. 2. 1997 (BGBl. I S. 272); Abs. 2 Satz 3 geänd. mWv 1. 5. 2003 durch VO v. 24. 4. 2003 (BGBl. I S. 547); Abs. 1 Satz 1 und Abs. 3 Satz 2 geänd. mWv 1. 7. 2005 durch G v. 21. 6. 2005 (BGBl. I S. 1666); Abs. 1 Satz 1, Abs. 3 Satz 2 geänd. mWv 28. 12. 2007 durch G v. 21. 12. 2007 (BGBl. I 2007 S. 3089); Abs. 1 Satz 1 geänd. mWv 25. 3. 2009 durch G v. 17. 3. 2009 (BGBl. I S. 550); Abs. 3 Satz 2 geänd., Satz 3 eingef., bish. Satz 3 wird Satz 4 mWv 18. 3. 2010 durch VO v. 9. 3. 2010 (BGBl. I S. 264).

hat ihm alle Aufklärungen und Nachweise zu geben, die der Prüfer für eine sorgfältige Prüfung benötigt.

(2) [1] Der Prüfer ist zur gewissenhaften und unparteiischen Prüfung und zur Verschwiegenheit verpflichtet. [2] Er darf nicht unbefugt Geschäfts- und Betriebsgeheimnisse verwerten, die er bei seiner Tätigkeit erfahren hat. [3] Ein Prüfer, der vorsätzlich oder fahrlässig seine Pflichten verletzt, ist dem Gewerbetreibenden zum Ersatz des daraus entstehenden Schadens verpflichtet. [4] Mehrere Personen haften als Gesamtschuldner.

§ 18[1)] Ordnungswidrigkeiten. (1) Ordnungswidrig im Sinne des § 144 Abs. 2 Nr. 6 der Gewerbeordnung handelt, wer

1. Vermögenswerte des Auftraggebers annimmt oder sich zu deren Verwendung ermächtigen läßt, bevor er
   a) nach § 2 Abs. 1 Sicherheit geleistet oder eine Versicherung abgeschlossen oder
   b) die in § 2 Abs. 4 Satz 3 bezeichneten Urkunden ausgehändigt hat,
2. entgegen § 2 Abs. 5, auch in Verbindung mit § 7 Abs. 1 Satz 2, oder § 7 Abs. 1 Satz 3 die Sicherheit oder Versicherung nicht aufrechterhält,
3. einer Vorschrift des § 3 über die Entgegennahme oder die Ermächtigung zur Verwendung von Vermögenswerten des Auftraggebers zuwiderhandelt,
4. einer Vorschrift des § 4 über die Verwendung von Vermögenswerten des Auftraggebers zuwiderhandelt,
5. einer Vorschrift des § 6 Abs. 1, Abs. 2 Satz 1 oder 2, Abs. 3 Satz 1 oder Abs. 3 Satz 2 in Verbindung mit Abs. 2 Satz 2 über die getrennte Vermögensverwaltung zuwiderhandelt,
6. entgegen § 9 die Anzeige nicht, nicht richtig, nicht vollständig oder nicht rechtzeitig erstattet,
7. entgegen § 10 Abs. 1 bis 5 erforderliche Aufzeichnungen nicht, nicht richtig, nicht vollständig, nicht ordnungsgemäß oder nicht rechtzeitig macht oder Unterlagen oder Belege nicht oder nicht übersichtlich sammelt,
8. entgegen § 11 Abs. 1 Satz 1 Nr. 1 bis 3 dem Auftraggeber die dort bezeichneten Angaben nicht, nicht richtig, nicht vollständig oder nicht rechtzeitig mitteilt,
9. *(aufgehoben)*
10. entgegen § 14 Abs. 1 Satz 1 Geschäftsunterlagen nicht während der vorgeschriebenen Frist aufbewahrt,
11. *(aufgehoben)*
12. entgegen § 16 Abs. 1 Satz 1 oder 2 einen Prüfungsbericht nicht, nicht richtig, nicht vollständig oder nicht rechtzeitig oder eine dort genannte Erklärung nicht, nicht richtig oder nicht rechtzeitig vorlegt oder
13. den Duldungs- oder Mitwirkungspflichten des § 17 Abs. 1 nicht, nicht ausreichend oder nicht rechtzeitig nachkommt.

(2) Ordnungswidrig im Sinne des § 145 Abs. 2 Nr. 9 der Gewerbeordnung handelt, wer vorsätzlich oder fahrlässig eine in Absatz 1 bezeichnete Handlung in Ausübung eines Reisegewerbes begeht.

(3) Ordnungswidrig im Sinne des § 146 Abs. 2 Nr. 11 a der Gewerbeordnung handelt, wer vorsätzlich oder fahrlässig eine in Absatz 1 bezeichnete Handlung in Ausübung eines Messe-, Ausstellungs- oder Marktgewerbes begeht.

§ 19[2)] Anwendung bei grenzüberschreitender Dienstleistungserbringung. (1) [1] Üben Gewerbetreibende von einer Niederlassung in einem anderen Mitgliedstaat der Europäischen Union oder einem anderen Vertragsstaat des Abkommens über den Europäischen Wirtschaftsraum aus im Geltungsbereich dieser Verordnung vorübergehend selbständig gewerbsmäßig eine Tätigkeit nach § 34 c Absatz 1 Satz 1 Nummer 1 oder Nummer 4 der Gewerbeordnung aus, sind die §§ 8 bis 11, 14 bis 17, 18 Absatz 1 Nummer 6 bis 13, jeweils auch in Verbindung mit § 18 Absatz 2 und 3, insoweit nicht anwendbar. [2] § 4 Absatz 2 der Gewerbeordnung gilt entsprechend.

[1)] § 18 Nr. 12 neu gef. durch VO v. 14. 2. 1997 (BGBl. I S. 272); Nr. 11 aufgeh. durch G v. 16. 6. 1998 (BGBl. I S. 1291); bish. Wortlaut wird Abs. 1, Abs. 2 und 3 angef. mWv 1. 5. 2003 durch VO v. 24. 4. 2003 (BGBl. I S. 547); Abs. 1 einl. Satzteil, Abs. 2 und 3 geänd. mWv 1. 7. 2005 durch G v. 21. 6. 2005 (BGBl. I S. 1666); Abs. 1 Nr. 8 geänd. mWv 28. 12. 2007 durch G v. 21. 12. 2007 (BGBl. I S. 3089); Abs. 1 Nr. 9 aufgeh. mWv 25. 3. 2009 durch G v. 17. 3. 2009 (BGBl. I S. 550).

[2)] § 19 neu gef. mWv 18. 3. 2010 durch VO v. 9. 3. 2010 (BGBl. I S. 264).

(2) In den Fällen des § 34 c Absatz 1 Satz 1 Nummer 1 oder Nummer 4 der Gewerbeordnung sind die §§ 2, 4 bis 8, 10 bis 18 Absatz 1 Nummer 1, 2, 4, 5 und 7 bis 13, jeweils auch in Verbindung mit § 18 Absatz 2 und 3, auch anzuwenden, wenn der im Inland niedergelassene Gewerbetreibende die Dienstleistungsfreiheit in einem anderen Mitgliedstaat der Europäischen Union oder einem anderen Vertragsstaat des Abkommens über den Europäischen Wirtschaftsraum in Anspruch nimmt und dort vorübergehend selbständig gewerbsmäßig tätig wird.

§ 20 Übergangsvorschriften. (1) Gewerbetreibende, die Vermögenswerte des Auftraggebers nach den §§ 3 oder 7 Abs. 1 in der bis zum 28. Februar 1991 geltenden Fassung abzusichern haben, können die Verträge weiterhin nach diesen Vorschriften abwickeln.

(2) Betreuungsunternehmen im Sinne des § 37 Abs. 2 des Zweiten Wohnungsbaugesetzes und des § 22 c Abs. 2 des Wohnungsbaugesetzes für das Saarland, die diese Eigenschaft verlieren, dürfen Vermögenswerte des Auftraggebers von diesem Zeitpunkt an nur noch unter den Voraussetzungen der §§ 2 bis 7 entgegennehmen oder sich zu deren Verwendung ermächtigen lassen.

§ 21 Berlin-Klausel. (gegenstandslos)

§ 22 (Inkrafttreten)

317. Bauträgermerkblatt

Einleitung

I. Inhalt des Merkblatts

1. Dieses Merkblatt informiert über Verträge zum Erwerb neuen Wohnraums von gewerblichen Unternehmern. Es soll typische Risiken derartiger Verträge aufzeigen und Möglichkeiten darstellen, solche Risiken durch ausgewogene Vertragsgestaltung zu vermindern. Es lassen sich jedoch nicht alle Risiken durch Vertragsgestaltung ausschalten; Bonität und Zuverlässigkeit des Vertragspartners sind daneben von entscheidender Bedeutung.
2. Das Merkblatt behandelt
   - den **Bauträger-Vertrag** (Teil A), mit dem ein Haus oder eine Eigentumswohnung verkauft wird, die von einem gewerblichen Verkäufer (= Bauträger) als Bauherr in eigener Regie errichtet wurde oder wird;
   - das **„verdeckte Bauherren-Modell"** (Teil B), das zwar ebenfalls den Erwerb von neuem Wohnraum betrifft, bei dem aber der an sich einheitliche Erwerbsvorgang in einen Grundstückskauf und einen Bauvertrag mit jeweils verschiedenen Vertragspartnern aufgespalten wird.
3. Das Merkblatt befasst sich nicht mit „geschlossenen Immobilienfonds" und ähnlichen Modellen. Erkundigen Sie sich wegen der bei diesen Gestaltungsformen auftretenden Risiken bei Ihrer Notarin oder Ihrem Notar!

317

II. Wichtige Gesetze

Der Gesetzgeber hat die Interessen desjenigen, der vom Bauträger erwirbt, insbesondere durch folgende Vorschriften geschützt, auf die verschiedentlich verwiesen wird:

1. Das **Bürgerliche Gesetzbuch (BGB)**[1] enthält nicht nur Vorschriften zu (Grundstücks-)Kaufvertrag und (Bau-)Werkvertrag (etwa zu Sachmängeln oder zur Kaufpreiszahlung) (§§ 433, 631 ff. BGB), sondern regelt auch, welche Klauseln in **Allgemeinen Geschäftsbedingungen** (AGB) und in Verbraucherverträgen (d.h. beim Erwerb durch einen Privatmann von einem gewerblichen Bauträger) unwirksam sind (§§ 305 ff., 310 BGB).
2. Die **Makler- und Bauträgerverordnung (MaBV)**[2][3] und die darauf verweisende „Verordnung über Abschlagszahlungen bei Bauträgerverträgen"[4] bezwecken, den Erwerber vor dem Verlust seiner dem Bauträger zur Verfügung gestellten Vermögenswerte zu sichern. Kernstück der MaBV[2] sind die §§ 3 und 7, die dem Bauträger untersagen, Voraus- oder Abschlagszahlungen des Erwerbers entgegenzunehmen, bevor bestimmte Sicherungen vorliegen (vgl. Teil A. II. und III.).
3. Die **Beurkundungspflicht** nach § 311 b Abs. 1 BGB dient u.a. dem Zweck, die Einhaltung der soeben genannten und anderer Käuferschutzvorschriften sicherzustellen. Beurkundungspflichtig sind alle Verträge, mit denen sich jemand zum Erwerb oder zur Veräußerung von Grundbesitz verpflichtet sowie alle damit im Zusammenhang stehenden Vereinbarungen (z.B. Mietgarantien). Die Beurkundungspflicht erstreckt sich insbesondere auf Sonderwünsche, die bei Vertragsschluss bereits feststehen. Werden Vertragsteile nicht beurkundet, ist der gesamte Vertrag unwirksam; dann schützt auch die Vormerkung den Erwerber nicht (vgl. Teil A. Abschnitt II. Ziff. 2).

III. Aufgaben des Notars

1. Belehrung und faire Vertragsgestaltung

Aufgabe des Notars bei der Beurkundung ist insbesondere die Klärung des Sachverhalts, die Beratung über Gestaltungsmöglichkeiten und die Belehrung über die rechtliche Tragweite des Geschäftes (§ 17 BeurkG[5])[6]

Der Notar ist verpflichtet, eine faire und ausgewogene Vertragsgestaltung vorzuschlagen. Der Notar kann diese verbraucherschützende Funktion nur erfüllen und auf eine sachgerechte Vertragsgestaltung hinwirken, wenn ihm die Beteiligten den Sachverhalt vollständig

---

[1] **Amtl. Anm.:** Den jeweils aktuellen Text des BGB stellt das Bundesjustizministerium im Internet unter www.gesetze-im-internet.de/bgb zur Verfügung.
[2] Nr. **316**.
[3] **Amtl. Anm.:** www.gesetze-im-internet.de/gewo_34 cd
[4] **Amtl. Anm.:** www.gesetze-im-internet.de/abschlagsv
[5] Nr. **200**.
[6] **Amtl. Anm.:** www.gesetze-im-internet.de/beurkg.

vortragen. Insbesondere müssen die Beteiligten dem Notar mitteilen, falls Sonderwünsche abweichend von der Baubeschreibung vereinbart wurden oder falls der Erwerber (entgegen der MaBV[1]) bereits eine Anzahlung geleistet hat.

2. Eigene Erkundigungen des Erwerbers

Technische, wirtschaftliche und finanzielle Fragen prüft der Notar als rechtlicher Berater nicht, insbesondere nicht, ob das Objekt nach Lage, Art und Ausstattung den Vorstellungen des Erwerbers entspricht und ob der Preis angemessen ist. **Der Erwerber sollte daher Pläne, Baubeschreibung und das Bauwerk – soweit bereits erstellt – genau prüfen!**
Weiterhin sind dem Erwerber folgende Erkundigungen vor Vertragsschluss zu empfehlen:

- Wurde für das Bauvorhaben eine erforderliche Baugenehmigung erteilt (abzuklären bei der Baugenehmigungsbehörde des Landkreises oder der kreisfreien Gemeinde)?
- Bestehen Rückstände an Erschließungsbeiträgen (bei der Gemeinde)?
- Kann der Bauträger einen Energieausweis nach dem Energieeinspargesetz (EnEG)[2] vorlegen?
- Ggf., bestehen schädliche Bodenveränderungen, die im Altlastenverzeichnis eingetragen sind (Landkreis oder kreisfreie Gemeinde)?

3. Entwurf zwei Wochen vor der Beurkundung

Erwirbt ein Verbraucher von einem gewerblichen Bauträger, so muss der Erwerber den beabsichtigten Text (= Entwurf) des Vertrages mindestens zwei Wochen vor der Beurkundung erhalten (§ 17 Abs. 2a BeurkG[3]). Dies gilt grundsätzlich auch für die **Baubeschreibung** und bei Eigentumswohnungen für die Teilungserklärung (mit Gemeinschaftsordnung).
Die Zwei-Wochen-Frist soll dem Erwerber insbesondere ermöglichen, technische Fragen (etwa hinsichtlich der Bauausführung), finanzielle Fragen (Bankfinanzierung) und ggf. steuerliche Fragen vorab zu klären. Auch kann sich der Erwerber überlegen, was er den Notar zum Vertragsinhalt fragen will. Selbstverständlich steht der Notar auch vor der Beurkundung für Fragen zum Entwurf zur Verfügung.

4. Persönliche Anwesenheit des Erwerbers

Ist der Erwerber Verbraucher, darf der Vertrag grundsätzlich nur bei seiner **persönlichen Anwesenheit** beurkundet werden (§ 17 Abs. 2a BeurkG[3]). Nur so kann der Notar ihn belehren und seine Fragen beantworten. Ist der Erwerber ausnahmsweise verhindert, kann er sich durch eine Vertrauensperson (z.B. durch seinen Ehegatten) vertreten lassen.
Der Erwerber sollte darauf bestehen, dass er bei der Beurkundung mit einem **verantwortlichen Vertreter des Bauträgers** zusammentrifft. Denn nur so können beide Teile über den Inhalt des Vertrages und über mögliche Änderungen oder Ergänzungen unter gleichzeitiger Beratung durch den Notar verhandeln. Von einer **Aufspaltung in Angebot und Annahme** ist daher ebenso **abzuraten** wie von einem Vertragsschluss vorbehaltlich Genehmigung. Soweit die Aufspaltung aus sachlichen Gründen gerechtfertigt ist, soll das Angebot vom Verbraucher ausgehen. Dabei darf die Bindungsfrist des Angebotes nicht unangemessen lang sein.

Teil A. Bauträgervertrag

I. Errichtung des Bauwerkes

1. Teilungserklärung und Gemeinschaftsordnung

Bei Wohnungseigentum (Eigentumswohnungen) regelt die **Teilungserklärung,** welcher Miteigentumsanteil am Grundstück und welche Räume als Sondereigentum zum jeweiligen Wohnungseigentum gehören. Die **Gemeinschaftsordnung** regelt das Verhältnis der Wohnungseigentümer untereinander, etwa die Beschlussfassung im Rahmen der Wohnungseigentümerversammlung oder die Einräumung von **Sondernutzungsrechten** für einzelne Wohnungseigentümer (etwa an Gartenflächen oder an Kfz-Stellplätzen).
Deshalb sollte der Erwerber vor dem Kauf auch die Gemeinschaftsordnung genau durchlesen und ggf. den Notar zu ihrem Inhalt befragen!

2. Baubeschreibung

Die vom Bauträger geschuldete Bauleistung wird vor allem durch **Baubeschreibung** und Baupläne festgelegt. Sie bestimmen Größe, Zuschnitt und Ausstattung der verkauf-

---

[1] Nr. **316**.
[2] **Amtl. Anm.:** www.gesetze-im-internet.de/eneg
[3] Nr. **200**.

ten Immobilie. Die Baubeschreibung muss beurkundet werden, auch wenn der Bauträger die nach der Baubeschreibung geschuldete Leistung zum Zeitpunkt des Vertragsabschlusses bereits ausgeführt hat. Dies kann auch durch Verweisung auf eine andere notarielle Urkunde geschehen.

Aus der Teilungserklärung, der Baubeschreibung oder aus dem Vertrag selbst sollten sich auch die **Wohnfläche** und deren Berechnungsgrundlage ergeben.

Abweichungen und Ergänzungen gegenüber der Baubeschreibung sind in den beurkundeten Vertrag aufzunehmen, ebenso Angaben des Bauträgers über Abweichungen zwischen verwendeten Prospekten und Baubeschreibung bzw. Bauausführung.

Der Bauträger darf sich **Änderungen in der Bauausführung** nur insoweit vorbehalten, als hierfür ein triftiger Grund besteht und sie dem Erwerber unter Berücksichtigung der Interessen des Bauträgers zugemutet werden können (§ 308 Nr. 4 BGB). Davon zu unterscheiden ist eine dem Bauträger erteilte Vollmacht zu Änderungen **der Teilungserklärung,** die den Miteigentumsanteil, das Sondereigentum und Sondernutzungsrechte des Erwerbers nicht unmittelbar berühren.

3. Fertigstellung

Bauträgerverträge sollen einen kalendermäßig bestimmten Fertigstellungstermin enthalten, wobei zwischen **bezugsfertiger Herstellung** und vollständiger Fertigstellung differenziert werden kann. Bei Terminüberschreitungen können dem Erwerber Schadensersatzansprüche zustehen. Für die rechtzeitige Herstellung des Werkes hat der Bauträger eine Sicherheit von 5 % des Vergütungsanspruchs zu leisten (vgl. V). Im Vertrag kann auch eine Vertragsstrafe oder eine Entschädigung für den Nutzungsausfall vereinbart werden. Der Vertrag kann allerdings nicht verhindern, dass das Werk, z.B. wegen Insolvenz des Bauträgers, nicht oder nicht rechtzeitig hergestellt wird.

4. Sonderwünsche

Stehen bei der Beurkundung Sonderwünsche des Erwerbers über eine von der Baubeschreibung abweichende Bauausführung schon fest, so müssen die Sonderwünsche **beurkundet** werden. Andernfalls ist möglicherweise der gesamte Bauträgervertrag unwirksam.

II. Fälligkeit des Kaufpreises: Grundvoraussetzungen

1. Grundsatz

Zahlungen des Erwerbers (auch Anzahlungen) dürfen nach § 3 Abs. 1 MaBV[1] frühestens geleistet werden, wenn

a) der Vertrag notariell beurkundet ist,

b) zum Vertrag etwa notwendige Genehmigungen erteilt sind,

c) der Anspruch des Erwerbers auf Übertragung des Eigentums am Vertragsobjekt durch Eintragung einer Auflassungsvormerkung gesichert ist (unten 2.),

d) die Lastenfreistellung von bestehenden dinglichen Belastungen gesichert ist (unten 3.),

e) die Baugenehmigung erteilt ist oder – wenn eine Baugenehmigung nicht erforderlich ist – nach den baurechtlichen Vorschriften mit dem Bauvorhaben begonnen werden darf (unten 4.) und

f) kein Rücktrittsrecht des Bauträgers (mehr) besteht (unten X).

Zur Höhe der einzelnen Abschlagszahlungen (Raten) siehe nachfolgend III.

Nimmt der Bauträger Zahlungen des Erwerbers entgegen, bevor diese Grundvoraussetzungen vorliegen oder die über die zulässigen Raten hinausgehen, so begeht er eine Ordnungswidrigkeit. Außerdem muss er die erhaltenen Zahlungen zurückerstatten.

2. Auflassungsvormerkung

a) Sicheren Schutz für die Eigentumsübertragung bietet nur die Eintragung einer Auflassungsvormerkung. Bei Eigentumswohnungen muss die Teilungserklärung im Grundbuch vollzogen und die Vormerkung am einzelnen Wohnungseigentum eingetragen sein.

b) Ist der Bauträger selbst noch nicht als Eigentümer im Grundbuch eingetragen, so gewähren die Abtretung des Übereignungsanspruchs des Bauträgers und der Vermerk der Abtretung bei der Auflassungsvormerkung des Bauträgers im Grundbuch dem Erwerber keine ausreichende Sicherheit.

---

[1] Nr. **316**.

c) Die Bestätigung des Notars über die Vorlage des Antrags auf Eintragung der Auflassungsvormerkung beim Grundbuchamt kann die Eintragung der Auflassungsvormerkung nicht ersetzen.

3. Sicherung der Lastenfreistellung

Die Vormerkung sichert nur gegen nachrangige (d.h. später eingetragene) Belastungen des Grundstücks. In der Regel ist das Kaufobjekt aber bereits mit einer Grundschuld belastet, die der Bauträger zu seiner Finanzierung benötigt **(„Globalgrundschuld“).** Daher muss auch die Lastenfreistellung von bestehenden Belastungen gesichert sein.

Typischerweise geschieht dies, indem die Bank (Kreditinstitut), die den Bauträger finanziert, dem Erwerber ein **Freigabeversprechen** erteilt, in dem sich die Bank zur Freistellung des Vertragsobjekts von ihrem Grundpfandrecht verpflichtet. Als Bedingung der Freigabe verlangt die Bank meist, dass der Kaufpreis direkt an sie auf ein bestimmtes Konto gezahlt wird; **nur bei Zahlung auf dieses Konto muss die Bank ihre Grundschuld löschen.**

Die MaBV[1] schreibt den Inhalt des Freigabeversprechens genau vor. Insbesondere muss das Freigabeversprechen auch für den Fall gelten, dass das Bauvorhaben nicht vollendet wird; für diesen Fall kann sich die Bank aber auch die Rückzahlung der geleisteten Zahlungen vorbehalten; allerdings muss sie nie mehr als den anteiligen Wert des Vertragsobjektes zurückzahlen.

Trotz des Freigabeversprechens können dem **Erwerber bei Insolvenz des Bauträgers vor Fertigstellung erhebliche Schäden** entstehen. Denn in der Regel reicht der vom Erwerber noch nicht geleistete Restkaufpreis nicht aus, um das Bauvorhaben zu vollenden. Außerdem kann der Erwerber bei einer Rückerstattung seiner Zahlungen verpflichtet sein, seiner eigenen Bank eine Vorfälligkeitsentschädigung für eine vorzeitige Beendigung des Darlehensvertrages zu bezahlen.

4. Bebaubarkeit

Zur Bebauung eines Grundstücks ist häufig eine Baugenehmigung erforderlich. Wenn jedoch eine Baugenehmigung nicht oder nicht zwingend vorgeschrieben ist, genügt das Vorliegen einer Bestätigung der zuständigen Behörde, dass die Baugenehmigung als erteilt gilt oder nach den baurechtlichen Vorschriften mit dem Bauvorhaben begonnen werden darf. Sehen die landesrechtlichen Bestimmungen eine derartige Bestätigung nicht vor, so genügt eine entsprechende Bestätigung des Bauträgers. In diesem Fall sind Zahlungen erst einen Monat nach Eingang der Bestätigung des Bauträgers beim Erwerber zulässig, damit dieser die Richtigkeit der Bestätigung nachprüfen kann.

III. Fälligkeit des Kaufpreises: Baufortschritt

1. Abschlagszahlungen

Stets ist darauf zu achten, dass den Zahlungen jeweils ein entsprechender Grundstücks- und Bauwert gegenübersteht. Bei Zweifeln kann sich der Erwerber bei einem technischen Fachmann informieren. Durch die Zahlung nach Baufortschritt ist das Fertigstellungsrisiko, das der Erwerber jedes erst zu errichtenden Gebäudes trägt, zwar nicht ausgeschlossen, aber doch vermindert.

2. Sieben Raten nach MaBV[1]

Zahlungen dürfen nicht vor Vorliegen der Voraussetzungen gemäß Abschnitt II. fällig werden. Die MaBV[1] sieht dann eine Ratenzahlung entsprechend dem Bauablauf mit bis zu **sieben Raten** (Abschlagszahlungen) vor (§ 3 Abs. 2 MaBV[1]). Die Raten können aus folgenden Teilbeträgen – bezogen auf die volle Vertragssumme unter Einbeziehung von Sonderwünschen – zusammengesetzt werden:

30,0 %	nach Beginn der Erdarbeiten,
28,0 %	nach Rohbaufertigstellung, einschließlich Zimmererarbeiten,
5,6 %	für die Herstellung der Dachflächen und Dachrinnen,
2,1 %	für die Rohinstallation der Heizungsanlagen,
2,1 %	für die Rohinstallation der Sanitäranlagen,
2,1 %	für die Rohinstallation der Elektroanlagen,
7,0 %	für den Fenstereinbau, einschließlich der Verglasung,
4,2 %	für den Innenputz, ausgenommen Beiputzarbeiten,
2,1 %	für den Estrich,
2,8 %	für die Fliesenarbeiten im Sanitärbereich,

[1] Nr. **316**.

8,4 %	nach Bezugsfertigkeit und Zug um Zug gegen Besitzübergabe,
2,1 %	für die Fassadenarbeiten
3,5 %	nach vollständiger Fertigstellung

Die Zusammensetzung dieser Raten sollte vorab im notariellen Vertrag festgelegt werden. Sofern einzelne dieser Leistungen („Gewerke") nicht anfallen (etwa beim Eigenausbau), ist der jeweilige Prozentsatz anteilig auf die übrigen Raten zu verteilen. Eine Unterteilung einzelner Raten ist unzulässig.

IV. Fälligkeit des Kaufpreises: Bürgschaftssicherung

1. Grundvoraussetzungen

Anstelle der Sicherheiten nach vorstehendem Abschnitt II Ziff. 1–4 können Zahlungen des Käufers auch dadurch gesichert werden, dass der Bauträger dem Käufer die selbstschuldnerische Bürgschaft einer Bank, Sparkasse oder Versicherung aushändigt, in welcher der Bürge für alle etwaigen Ansprüche des Erwerbers auf Rückgewähr oder Auszahlung seiner Vermögenswerte einsteht (§ 7 MaBV[1]).

Gesichert werden müssen sämtliche Zahlungen, die der Erwerber geleistet hat. Es reicht daher nicht aus, wenn dem Erwerber nur hinsichtlich eines Teils der von ihm bezahlten Beträge eine Bürgschaft gestellt wird. Daher ist eine **auf die letzte(n) Rate(n) beschränkte Bürgschaft unzureichend.** Unzureichend ist auch eine Bürgschaft, die sich mit dem Baufortschritt reduziert.

2. Zahlung nach Baufortschritt

Zahlungen zu späteren als den in Abschnitt III genannten Zeitpunkten können stets vereinbart werden. Abschlagszahlungen zu früheren Zeitpunkten können jedenfalls dann vereinbart werden, wenn dem Erwerber eine Bürgschaft ausgehändigt wird, die den in vorstehender Ziff. 1. genannten Anforderungen entspricht, und wenn die Zahlungen den Wert der erbrachten Leistungen nicht übersteigen.

V. Fälligkeit des Kaufpreises: Fertigstellungssicherheit

Der Bauträger hat in jedem Fall eine Sicherheit in Höhe von 5 % des gesamten Vergütungsanspruchs für die rechtzeitige Herstellung des Werkes ohne wesentliche Mängel zu leisten. Dabei hat er die Wahl, ob er eine Bürgschaft über diesen Betrag stellt (sog. Vertragserfüllungsbürgschaft) oder die erste Rate entsprechend angepasst wird, der Erwerber also zunächst weniger zahlt. In diesem Fall beträgt die erste Rate nur 25 %, beim Erbbaurecht 15 %.

VI. Finanzierung des Kaufpreises

Bei der Finanzierung des Kaufpreises ist auf Folgendes zu achten:

1. Rechtzeitig Finanzierung abklären!

Bereits vor der Beurkundung des Bauträgervertrages sollte der Erwerber mit seiner Bank die **Finanzierung geklärt** haben. Dann kann die Finanzierungsgrundschuld unmittelbar nach dem Abschluss des Bauträgervertrages beurkundet werden (was auch Grundbuchgebühren sparen kann). In jedem Falle sollte der Erwerber darauf achten, dass die Fälligkeit des Kaufpreises und der Auszahlungszeitpunkt der Darlehensbeträge **aufeinander abgestimmt** sind.

2. Finanzierungsvollmacht

Der Bauträgervertrag wird vom Notar so gestaltet, dass die Finanzierung des Kaufpreises durch Darlehen in banküblicher Weise möglich ist. Dazu gehört die Verpflichtung des Bauträgers, bei der Bestellung von Grundschulden mitzuwirken und im Falle der Bürgschaftssicherung für eine Gestaltung der Bürgschaft zu sorgen, die dem Erwerber eine Finanzierung ermöglicht.

Will der Bauträger – wie in der Regel – bei der Bestellung der Finanzierungsgrundpfandrechte nicht persönlich mitwirken, so kann er den Erwerber zur Abgabe der entsprechenden Erklärungen bevollmächtigen **(Finanzierungsvollmacht).** Der Erwerber als Betroffener muss an der Beurkundung grundsätzlich selbst teilnehmen oder sich von einer Vertrauensperson vertreten lassen (§ 17 Abs. 2 a BeurkG[2]). Die Vertretung des Erwerbers durch den Bauträger oder Angestellte des Notars ist grundsätzlich unzulässig.

3. Erwerb unvermessener Teilflächen

Beim Erwerb von noch nicht vermessenen Teilflächen besteht die Gefahr, dass der Erwerber zur Zahlung von Kaufpreisteilen an den Veräußerer verpflichtet ist, ohne dass

---

[1] Nr. **316**.
[2] Nr. **200**.

deren Finanzierung über Darlehen durch Eintragung entsprechender Grundpfandrechte am Kaufobjekt gesichert werden kann. Hier bieten sich Gestaltungsmöglichkeiten an wie die Bürgschaft (oben IV), eine Fälligkeit des Kaufpreises erst nach Vollzug der Grundstücksteilung oder – nach Abstimmung mit dem Kreditinstitut des Erwerbers – eine Verpfändung des Eigentumsverschaffungsanspruches des Erwerbers.

4. Öffentliche Wohnraumförderung

Soweit der Erwerber öffentliche Mittel für den Erwerb einsetzen will, sind die Bekanntmachungen des jeweiligen Bundeslandes über die Mindestanforderungen an Verträge als Voraussetzung der öffentlichen Förderung des Kaufs von Kaufeigenheimen und Kaufeigentumswohnungen zu beachten. Sind die öffentlichen Mittel zum Zeitpunkt des Vertragsschlusses noch nicht bewilligt, kann es erforderlich sein, in den Vertrag ein **Rücktrittsrecht** für den Erwerber aufzunehmen. Die erforderlichen Bewilligungsbedingungen sollte der Erwerber unbedingt vorab mit der Bewilligungsbehörde abklären. Sonst kann die Förderung versagt werden.

VII. Sachmängel

1. Mangel

Die Rechte des Erwerbers bei Baumängeln neu errichteter Bauwerke richten sich nach dem **Werkvertragsrecht des BGB** (§§ 633 ff. BGB), für Sachmängel des Grundstücks nach Kaufvertragsrecht (§§ 434 ff. BGB). Die Verdingungsordnung für Bauleistungen (VOB/B) kann im Bauträgervertrag nicht vereinbart werden.

Ein **Mangel** des Bauwerks liegt vor, wenn es von der **Baubeschreibung** abweicht oder wenn es nicht den anerkannten Regeln der Baukunst oder dem Stand der Technik entspricht. Üblicher Verschleiß ist kein Mangel.

2. Abnahme

Die **Abnahme** ist die Billigung des Werkes als im Wesentlichen vertragsgemäße Leistung (§ 640 BGB). Sie erfolgt regelmäßig bei einer gemeinsamen Besichtigung des Vertragsobjektes durch den Erwerber und den Bauträger. Beim Erwerb einer Eigentumswohnung muss nicht nur die Wohnung selbst (Sondereigentum), sondern auch das **Gemeinschaftseigentum** (z.B. Treppenhaus, Gemeinschaftsräume, Außenwände, Dach) abgenommen werden; hierfür können zwei getrennte Abnahmen vorgesehen werden.

Bei der Abnahme muss sich der Erwerber seine **Rechte wegen ihm bekannter Mängel vorbehalten;** sonst verliert er die Mängelrechte (mit Ausnahme des Anspruchs auf Schadensersatz).

3. Minderung, Rücktritt, Schadensersatz und Aufwendungsersatz

Sind Grundstück oder Bauwerk mangelhaft, kann der Erwerber zunächst Nacherfüllung (**Nachbesserung,** d.h. Beseitigung des Mangels) verlangen und bei deren Fehlschlagen nach seiner Wahl entweder den Kaufpreis **mindern** oder – wenn der Mangel erheblich ist – vom Vertrag **zurücktreten.** Bei Verschulden des Bauträgers kann er auch **Schadensersatz** fordern. Bei Werkmängeln kann er stattdessen wahlweise den Ersatz der zur Beseitigung erforderlichen **Aufwendungen** verlangen.

Beim Kauf neu hergestellter oder erst noch zu errichtender Immobilienobjekte kann das Recht des Erwerbers auf Minderung (Herabsetzung des Kaufpreises) und Rücktritt nicht vertraglich eingeschränkt werden (§ 309 Nr. 8 b) bb) BGB). Unwirksam ist auch eine Vereinbarung, durch die der Erwerber wegen Sachmängeln auf die Bauhandwerker, Lieferanten, Architekten usw. verwiesen wird und der Bauträger seine eigene Haftung vollständig ausschließt oder von der vorherigen Geltendmachung gegenüber den anderen Baubeteiligten abhängig macht. Der Bauträger muss somit stets selbst die Gewährleistung für Sachmängel übernehmen, auch wenn er im Vertrag zusätzlich seine Ansprüche gegen die Bauhandwerker an den Erwerber abtreten kann – z.B. für den Fall seiner Insolvenz.

Rechte wegen Mängeln des Grundstücks, insbes. sogenannter **Altlasten,** kann der Bauträger nicht ausschließen, soweit sie das Bauwerk oder seine Benutzbarkeit beeinträchtigen.

4. Verjährung

Die gesetzliche Verjährungsfrist für Rechte wegen Mängeln an Bauwerken beträgt **5 Jahre** ab der Abnahme (oben VII. 2.). Sie kann nicht abgekürzt werden (§ 309 Nr. 8 b) ff) BGB).

5. Zurückbehaltungsrecht und Bürgschaft

Werden Mängel erkennbar, bevor der Kaufpreis vollständig bezahlt ist, so hat der Erwerber das Recht, einen angemessenen Teil seiner Zahlungen bis zur Mängelbeseitigung zurückzubehalten (**doppelte Mängelbeseitigungskosten** für bei der Abnahme festgestellte Mängel). Solche Zurückbehaltungsrechte können nach § 309 Nr. 2 b) BGB nicht eingeschränkt werden.

Hat der Bauträger eine **Bürgschaft nach § 7 MaBV**[1] gestellt (s.o. Abschnitt IV.), so sichert die Bürgschaft grundsätzlich auch Zahlungsansprüche wegen Sachmängeln, sofern der Erwerber die Mängel spätestens bei der Abnahme geltend macht.

6. Kein vorschneller Rücktritt!

Vorsicht vor einer vorschnellen Rücktrittserklärung wegen Mängeln: Dadurch verliert der Erwerber seinen Vormerkungsschutz und seinen Freistellungsanspruch gegen die Bank. Ihm verbleibt nur ein Rückzahlungsanspruch gegen den Bauträger; dieser ist nicht gesichert und im Falle einer Insolvenz des Bauträgers wertlos.

VIII. Erschließungskosten

Nach der vertraglichen Regelung trägt der Bauträger im Regelfall alle Kosten der Ersterschließung, für naturschutzrechtliche Ausgleichsmaßnahmen u.ä. Erschließungsbeiträge sind unter anderem die Kosten für öffentliche Straßen, Wasserversorgungs- und Abwasseranlagen. Die Kosten für den Anschluss des Gebäudes an die Ver- und Entsorgungsleitungen gehören hingegen zu den Baukosten und sind ebenfalls grundsätzlich im Kaufpreis enthalten.

Die Erschließungsbeiträge nach dem Baugesetzbuch (BauGB)[2] und die Beiträge nach den Kommunalabgabengesetzen ruhen als öffentliche Last auf dem Grundstück. Das bedeutet, dass der Erwerber der Gemeinde für rückständige Erschließungsbeiträge und Kommunalabgaben für die Immobilie haftet, nachdem er Eigentümer geworden ist, wenn der Bauträger seiner Verpflichtung zur Zahlung dieser Beiträge nicht nachgekommen ist. Der Erwerber sollte daher vor der Beurkundung durch Rückfrage bei der Gemeinde klären, ob sämtliche Erschließungsanlagen bereits abgerechnet und die Erschließungskosten durch den Bauträger gezahlt wurden. Sofern dies nicht der Fall ist und die Übernahme der Kosten für die Ersterschließung zum Leistungsumfang des Bauträgers gehört, hat dieser dafür Sorge zu tragen, dass der Erwerber nicht für diese Kosten in Anspruch genommen wird.

IX. Sonstige Rechte des Bauträgers

1. Vollmacht zur Löschung der Auflassungsvormerkung

Dem Bauträger darf keine Vollmacht gegeben werden, das zentrale Sicherungsmittel des Käufers, die Auflassungsvormerkung, zu löschen, auch nicht für den Fall des Rücktritts vom Vertrag.

2. Abbuchungsermächtigung

Eine dem Bauträger gegebene Vollmacht zur Verfügung über Konten des Käufers ist unzulässig.

3. Zwangsvollstreckungsunterwerfung

Eine Zwangsvollstreckungsunterwerfung des Erwerbers wegen seiner Zahlungsverpflichtung ist nach der Rechtsprechung grundsätzlich unzulässig.

X. Rücktrittsrecht des Bauträgers

Rücktrittsrechte des Bauträgers können nur bei einem sachlich gerechtfertigten Grund vereinbart werden (§ 308 Nr. 3 BGB). Das Rücktrittsrecht muss erloschen sein, bevor Zahlungen des Erwerbers fällig werden (§ 3 Abs. 1 Satz 1 Nr. 1 MaBV[1]).

XI. Auflassung

Die Auflassung ist die Erklärung, dass das Grundstückseigentum vom Verkäufer auf den Erwerber übertragen wird. Das Eigentum geht dann mit der Eintragung der Auflassung im Grundbuch auf den Erwerber über (§§ 873, 925 BGB).

Der Bauträger muss die Auflassung Zug um Zug gegen Zahlung des geschuldeten Kaufpreises erklären.

XII. Altbausanierung

Für die Sanierung von Altbauten gelten grundsätzlich die vorstehenden Hinweise entsprechend. Folgende Besonderheiten sind zu beachten:

1. Ratenplan

Die Fälligkeit der ersten Rate (Grundstücksrate) kann unabhängig vom Baubeginn nach Vorliegen der Fälligkeitsvoraussetzungen (oben 1. bis 4.) vereinbart werden. Dies gilt

---

[1] Nr. **316**.
[2] Nr. **400**.

auch für die Teilbeträge, die auf bereits erbrachte Leistungen (d.h. in der Altbausubstanz unverändert schon vorhandene Gewerke) entfallen.

2. **Sachmängel**

Der Bauträger kann seine Haftung für Mängel der Altbausubstanz nicht ausschließen, wenn er sich zu einer umfassenden Sanierung „bis auf die Grundmauern" verpflichtet hat. Für Mängel der von ihm zu erbringenden Leistungen oder für eine Verletzung von Untersuchungspflichten haftet er auf jeden Fall: Der Vertrag kann nichts Abweichendes vorsehen. Der Vertrag sollte daher eine Vereinbarung über die Abgrenzung enthalten und insbesondere auch regeln, zu welchen Untersuchungen an der Altbausubstanz der Bauträger verpflichtet ist.

XIII. **Erbbaurechte**

Beim Erwerb eines Kaufobjekts im Erbbaurecht gilt nach der MaBV[1] ein abweichender Ratenplan. Die erste Rate (Grundstücksrate) beträgt hier höchstens 20% des Kaufpreises (anstelle von sonst 30%); die übrigen Raten erhöhen sich entsprechend.
Besondere Probleme ergeben sich hier bei der Finanzierung des Kaufpreises. Sie sollte daher vor Vertragsschluss geklärt sein. Weitere Risiken ergeben sich aus der Gestaltung des Erbbaurechtsvertrages. Diesen muss der Erwerber zusammen mit dem Entwurf des Bauträgervertrages zwei Wochen vor Vertragsschluss erhalten.

Teil B. Verdecktes Bauherrenmodell

Vorbemerkung

1. **Keine Trennung bei Personenidentität**

Der Erwerb von Wohnraum kann in zwei Verträge nur aufgespalten werden, wenn **zwei verschiedene Vertragspartner** vorhanden sind. Werden Grundstück und Bauleistung von einer Person angeboten, kann nur ein Bauträgervertrag über die Gesamtleistung abgeschlossen werden. Ist bei Vertragsschluss mit dem Bau bereits begonnen, so gehören die vorhandenen Teile des Bauwerkes kraft Gesetzes dem Grundstückseigentümer.

2. **Beurkundungserfordernis**

Grundstückskauf- und Werkvertrag sind zur Vermeidung ihrer Nichtigkeit beide notariell zu beurkunden, wenn der Grundstückskaufvertrag nicht ohne den Werkvertrag abgeschlossen worden wäre. Das ist regelmäßig der Fall, wenn Grundstück und Gebäude gemeinsam angeboten waren oder der Unternehmer den Käufer des Grundstücks bestimmen kann oder sich auf sonstige Weise zur Verschaffung des Grundstücks verpflichtet, ebenso wenn der Erwerber eine Gesamtleistung zu einem feststehenden Gesamtpreis erwerben will.
Der durch die Pflicht zur notariellen Beurkundung bezweckte Verbraucherschutz wird nur gewährleistet, wenn beide Verträge beurkundet werden, so dass der Notar die Gestaltung der Verträge im Sinn der nachstehenden Empfehlungen prüfen und beeinflussen und die beabsichtigte Bebauung im Grundstückskaufvertrag berücksichtigen kann. Eine Forderung des Unternehmers, nur den Grundstückskaufvertrag zu beurkunden, sollte der Käufer deshalb im eigenen Interesse ablehnen.
Insbesondere trifft es nicht zu, dass dadurch **Grunderwerbsteuer** gespart werden könnte. Umgekehrt fällt hingegen infolge der Trennung auf die Bauleistung **Umsatzsteuer** an.

3. **Schutz des Käufers**

Baut der Käufer beim verdeckten Bauherrenmodell auf seinem **eigenen, neu erworbenen Grundstück,** so ist er selbst Bauherr und hat daher die damit verbundenen Risiken zu tragen, gegen die er sich nur zum Teil versichern kann.
Wird hingegen auf dem **Grundstück eines Dritten** gebaut, so sind für den Käufer die üblichen Sicherungsmittel erforderlich (insbes. Auflassungsvormerkung und Sicherstellung der Lastenfreistellung, vgl. A. II.).

4. **Abhängigkeit der Verträge bei Vertragsstörungen**

Der Käufer genießt grundsätzlich nicht den Schutz der für den Bauträgervertrag geltenden Bestimmungen. Infolge der Vertragstrennung berühren Störungen des einen Vertragsverhältnisses (z.B. Nichterfüllung) nicht ohne weiteres den Bestand und die Verpflichtungen aus dem anderen Vertragsverhältnis. Hierüber sollten ausdrückliche vertragliche Regelungen getroffen werden.
Im Interesse des Käufers sollte die Eigentumsverschaffung nicht von der Erfüllung des Werkvertrages abhängen. Umgekehrt kann ggf. dem Käufer ein Rücktrittsrecht auch vom

[1] Nr. **316**.

Grundstückskaufvertrag für den Fall eingeräumt werden, dass der Werkvertrag rückabgewickelt wird.
Muss der Käufer hingegen bei einer Rückabwicklung des Werkvertrages auch das Grundstück zurückgeben, so sind die Schutzbestimmungen der MaBV[1] anwendbar.

5. **Eigentumswohnungen**
Der Erwerb von Eigentumswohnungen im verdeckten Bauherrenmodell ist **wirtschaftlich sehr risikoreich.** Eine ausreichende vertragliche Vorsorge ist in aller Regel nicht möglich, so dass hiervon meist abgeraten werden muss.

I. Fälligkeit des Grundstückskaufpreises

Voraussetzung für die Fälligkeit des Grundstückskaufpreises sollte zunächst sein, dass der **lastenfreie Eigentumsübergang gesichert ist** (vgl. hierzu Teil A. II. 1. bis 3.). Daneben sollte aber auch die **Baugenehmigung** erteilt oder die Bebaubarkeit auf andere Weise (Teil A. II. 4.) gesichert sein. Sonst trägt der Erwerber das Risiko, trotz Zahlung des Kaufpreises das beabsichtigte Gebäude nicht errichten zu können und das nicht in der geplanten Weise bebaubare Grundstück behalten zu müssen.

II. Fälligkeit des Gebäudepreises

317

Die Gegenleistung für das Gebäude darf nur nachträglich, d.h. für bereits erbrachte Bauleistungen fällig werden (§ 307 Abs. 2 Nr. 1 BGB i.V.m. § 641 BGB). Ratenzahlungen dürfen den Wert der Teilleistungen des Bauträgers nicht übersteigen. Als Anhaltspunkt kann § 3 Abs. 2 Nr. 2 MaBV[1] dienen, der im Bauträgervertrag für den auf die Bauleistung entfallenden Kaufpreisteil die Zahlung in sechs Raten vorsieht (Teil A. III.). Insoweit ist auch eine Fertigstellungssicherheit (Teil A. V.) zu leisten. Die Gegenleistung für das Gebäude sollte auf keinen Fall – auch nicht teilweise – fällig werden, solange nicht der **Grundstückskaufpreis fällig** ist, also der lastenfreie Eigentumsübergang und die Bebaubarkeit gesichert sind (oben Teil A. II.). Andernfalls riskiert der Erwerber, ungesicherte Vorleistungen für einen Bau auf fremdem Grund und Boden zu erbringen.

III. Errichtung des Bauwerks

Bei der Gestaltung des Werkvertrages über die Errichtung des Bauwerkes sind die Hinweise in Teil A. I. zu beachten.

IV. Sachmängel

Während der Grundstücksverkäufer seine Haftung weitgehend ausschließen kann, muss der Unternehmer im Werkvertrag die Gewährleistung für das Gebäude übernehmen. Hierfür gelten die Hinweise in Teil A. VII. entsprechend. Insbesondere kann die VOB/B wegen des vom Unternehmer zu erbringenden Leistungsbündels insoweit grundsätzlich nicht vereinbart werden. Schlechte oder ausbleibende Erfüllung des Werkvertrages haben keinen Einfluss auf den Grundstückskaufvertrag. Der Käufer muss deshalb das Grundstück abnehmen und bezahlen, auch wenn der Unternehmer das Gebäude nicht oder so mangelhaft errichtet, dass der Käufer es eigentlich nicht behalten will. Ein Rücktrittsrecht des Käufers für diesen Fall besteht nur, wenn es mit dem Verkäufer ausdrücklich vereinbart ist.

V. Erschließungskosten

Soweit die entsprechenden Einrichtungen und Anlagen nicht bereits hergestellt und vom Grundstücksverkäufer bezahlt sind, muss der Werkvertrag zur Klarstellung eine Regelung vorsehen, ob Erschließungskosten und Anschlussbeiträge im Preis enthalten sind und ob der Unternehmer den Anschluss des Gebäudes an Ver- und Entsorgungsleitungen vornimmt. Gegenüber der Gemeinde haftet jedoch nicht der Unternehmer, sondern nur der Käufer als Grundstückseigentümer. Im Einzelnen vgl. Teil A. VIII.

VI. Vollmachten

Weitreichende Vollmachten des Käufers für den Unternehmer, die zum Teil in Verträgen des verdeckten Bauherrenmodells vorgesehen sind, bringen Risiken und Missbrauchsgefahren mit sich. Sie sind regelmäßig nicht erforderlich und im sonstigen Grundstücksverkehr nicht üblich (oben Teil A. IX.). Insbesondere darf der Unternehmer keine Vollmachten erhalten, Aufträge an Baubeteiligte im Namen des Käufers zu vergeben.

[1] Nr. **316**.

318. Verordnung über Abschlagszahlungen bei Bauträgerverträgen

Vom 23. Mai 2001
(BGBl. I S. 981)

FNA 402-28-2

geänd. durch Art. 4 Nr. 1 ForderungssicherungsG v. 23. 10. 2008 (BGBl. I S. 2022)

Auf Grund des § 27 a des AGB-Gesetzes in der Fassung der Bekanntmachung vom 29. Juni 2000 (BGBl. I S. 946) verordnet das Bundesministerium der Justiz im Einvernehmen mit dem Bundesministerium für Wirtschaft und Technologie:

§ 1[1] Zulässige Abschlagszahlungsvereinbarungen. [1] In Werkverträgen, die die Errichtung oder den Umbau eines Hauses oder eines vergleichbaren Bauwerks auf einem Grundstück zum Gegenstand haben und zugleich die Verpflichtung des Unternehmers enthalten, dem Besteller das Eigentum an dem Grundstück zu übertragen oder ein Erbbaurecht zu bestellen oder zu übertragen, kann der Besteller zur Leistung von Abschlagszahlungen entsprechend § 3 Abs. 2 der Makler- und Bauträgerverordnung[2] unter den Voraussetzungen ihres § 3 Abs. 1 verpflichtet werden. [2] Unter den Voraussetzungen des § 7 der Makler- und Bauträgerverordnung kann der Besteller auch abweichend von ihrem § 3 Abs. 1 und 2 zur Leistung von Abschlagszahlungen verpflichtet werden. [3] § 632 a Abs. 3 des Bürgerlichen Gesetzbuchs findet Anwendung.

§ 2 Betroffene Verträge. [1] Diese Verordnung ist auch auf zwischen dem 1. Mai 2000 und dem 29. Mai 2001 abgeschlossene Verträge anzuwenden. [2] Dies gilt nicht, soweit zwischen den Vertragsparteien ein rechtskräftiges Urteil ergangen oder ein verbindlich gewordener Vergleich abgeschlossen worden ist.

§ 2 a[3] Übergangsregelung. Die Verordnung ist in ihrer vom 1. Januar 2009 an geltenden Fassung nur auf Schuldverhältnisse anzuwenden, die seit diesem Tag entstanden sind.

§ 3 Inkrafttreten. Diese Verordnung tritt am Tage nach der Verkündung[4] in Kraft.

---

[1] § 1 Satz 1 geänd., Satz 3 neu gef. mWv 1. 1. 2009 durch G v. 23. 10. 2008 (BGBl. I S. 2022).
[2] Nr. **316**.
[3] § 2 a eingef. mWv 1. 1. 2009 durch G v. 23. 10. 2008 (BGBl I S. 2022).
[4] Verkündet am 28. Mai 2001.

320. Gesetz zur Regelung von Ingenieur- und Architektenleistungen[1)]

Vom 4. November 1971

(BGBl. I S. 1749)

FNA 402-24-8

geänd. durch Art. 1 ÄndG v. 12. 11. 1984 (BGBl. I S. 1337) und Anlage I Kap. V Abschn. III EinigungsvertragsG und der Vereinbarung vom 18. September 1990 v. 23. 9. 1990 (BGBl. II S. 885)

– Auszug –

§ 3 Unverbindlichkeit der Kopplung von Grundstückskaufverträgen mit Ingenieur- und Architektenverträgen. [1] Eine Vereinbarung, durch die der Erwerber eines Grundstücks sich im Zusammenhang mit dem Erwerb verpflichtet, bei der Planung oder Ausführung eines Bauwerks auf dem Grundstück die Leistungen eines bestimmten Ingenieurs oder Architekten in Anspruch zu nehmen, ist unwirksam. [2] Die Wirksamkeit des auf den Erwerb des Grundstücks gerichteten Vertrages bleibt unberührt.

320

[1)] Verkündet als Art. 10 des Gesetzes zur Verbesserung des Mietrechts und zur Begrenzung des Mietanstiegs sowie zur Regelung von Ingenieur- und Architektenleistungen v. 4. 11. 1971 (BGBl. I S. 1745); Inkrafttreten gem. Art. 11 § 2 Abs. 1 dieses G am 10. 11. 1971.

330. Gesetz über die Kraftloserklärung von Hypotheken-, Grundschuld- und Rentenschuldbriefen in besonderen Fällen[1)]

Vom 18. April 1950
(BGBl. I S. 88)

BGBl. III/FNA 403-8

geänd. durch § 1 ÄndG v. 20. 12. 1952 (BGBl. I S. 830), § 1 Zweites ÄndG v. 25. 12. 1955 (BGBl. I S. 867), § 1 Drittes ÄndG v. 29. 04. 1960 (BGBl. I S. 297) und Art. 58 FGG-ReformG v. 17. 12. 2008 (BGBl. I S. 2586)

330

§ 1 [Voraussetzung der Kraftloserklärung] (1) Ein Hypothekenbrief über eine Hypothek, mit der ein im Geltungsbereich dieses Gesetzes belegenes Grundstück belastet ist, kann auch dann für kraftlos erklärt werden, wenn er zwar nicht abhanden gekommen oder vernichtet ist, wenn er jedoch von demjenigen, der das Recht aus der Hypothek geltend machen kann, infolge einer im Geltungsbereich dieses Gesetzes nicht rechtswirksamen Maßnahme oder deswegen nicht in Besitz genommen werden kann, weil die Vollstreckung eines rechtskräftigen vollstreckbaren Titels auf Herausgabe des Briefes außerhalb des Geltungsbereiches dieses Gesetzes zu Unrecht verweigert wird.

(2) Dies gilt auch dann, wenn der persönliche Schuldner der durch die Hypothek gesicherten Forderung im Zeitpunkt der Maßnahme seinen Wohnsitz in dem Gebiete hatte, in dem die Maßnahme getroffen worden ist.

§ 2[2)] [Aufgebotsverfahren] Auf das Verfahren der Kraftloserklärung sind die für das Aufgebotsverfahren zum Zwecke der Kraftloserklärung von Hypothekenbriefen geltenden Vorschriften des Gesetzes über das Verfahren in Familiensachen und in den Angelegenheiten der freiwilligen Gerichtsbarkeit anzuwenden, soweit in diesem Gesetz nichts anderes bestimmt ist.

§ 3[3)] [Glaubhaftmachung] (1) An die Stelle der Glaubhaftmachung des Verlustes der Urkunde (§ 468 Nr. 2 des Gesetzes über das Verfahren in Familiensachen und in den Angelegenheiten der freiwilligen Gerichtsbarkeit) tritt die Glaubhaftmachung der in § 1 bezeichneten Tatsachen.

(2) Der Antragsteller soll angeben, was ihm über den Verbleib des Briefes bekannt ist.

§ 4[4)] [Öffentliche Bekanntmachung] (1) [1] Die öffentliche Bekanntmachung des Aufgebots erfolgt durch Anheftung an die Gerichtstafel sowie durch einmalige Einrückung in den Bundesanzeiger. [2] Das Gericht kann anordnen, daß die Einrückung auch in andere Blätter und zu mehreren Malen erfolgt.

(2) Ist der Besitzer des Hypothekenbriefes bekannt, so soll ihm das Aufgebot von Amts wegen durch eingeschriebenen Brief mitgeteilt werden.

(3) Die Aufgebotsfrist muß mindestens drei Monate betragen.

§ 5[5)] [Anmeldung eines Rechtes aus der Hypothek] (1) [1] Wer ein Recht aus der Hypothek anmeldet, hat die Tatsachen glaubhaft zu machen, auf die er das Recht stützt, ferner den Hypothekenbrief vorzulegen oder glaubhaft zu machen, daß er dazu außerstande ist. [2] Solange die Anmeldung diesen Erfordernissen nicht entspricht, ist sie nicht wirksam.

(2) Die Anmeldung ist auch dann nicht wirksam, wenn der Anmeldende das Recht aus einer im Bundesgebiet nicht rechtswirksamen Maßnahme herleitet.

(3) [1] Ist keine wirksame Anmeldung erfolgt, so ist der Ausschließungsbeschluss zu erlassen. [2] Das gleiche gilt, wenn dem Anmeldenden gegenüber rechtskräftig festgestellt ist, daß der Antragsteller zum Besitz des Hypothekenbriefes berechtigt ist, und der Antragsteller glaubhaft macht, daß er dessenungeachtet den Brief nicht erlangen kann.

§ 6 [Ergänzung unwirksamer Anmeldungen] Geht eine Anmeldung ein, die auf Grund des § 5 Abs. 1 nicht wirksam ist, so soll das Gericht den Anmeldenden auf den Inhalt des § 5 Abs. 1 hinweisen und ihm Gelegenheit geben, binnen einer zu bestimmenden Frist die Anmeldung zu ergänzen.

---

1) Änderungen vor dem 1. 1. 2008 sind nicht in Fußnoten nachgewiesen.
2) § 2 geänd. mWv 1. 9. 2009 durch G v. 17. 12. 2008 (BGBl. I S. 2586).
3) § 3 Abs. 1 geänd. mWv 1. 9. 2009 durch G v. 17. 12. 2008 (BGBl. I S. 2586).
4) § 4 Abs. 3 Satz 2 aufgeh. mWv 1. 9. 2009 durch G v. 17. 12. 2008 (BGBl. I S. 2586).
5) § 5 Abs. 3 Satz 1 geänd. mWv 1. 9. 2009 durch G v. 17. 12. 2008 (BGBl. I S. 2586).

§ 7[1] [Keine öffentliche Bekanntmachung des Ausschließungsbeschlusses] Eine öffentliche Bekanntmachung des Ausschließungsbeschlusses und der in § 478 Abs. 3 des Gesetzes über das Verfahren in Familiensachen und in den Angelegenheiten der freiwilligen Gerichtsbarkeit bezeichneten Entscheidung findet nicht statt.

§ 8[2] [Kraftloserklärung durch Ausschließungsbeschluss] (1) Die Kraftloserklärung des Hypothekenbriefes erfolgt ohne Aufgebot durch Ausschließungsbeschluss, wenn der Antragsteller glaubhaft macht, daß der unmittelbare Besitzer des Briefes bereit ist, ihm den Brief herauszugeben, jedoch durch eine außerhalb des Bundesgebietes getroffene außergerichtliche Zwangsmaßnahme hieran gehindert ist.

(2) Das gleiche gilt, wenn der Antragsteller einen gegen den gegenwärtigen unmittelbaren Besitzer gerichteten rechtskräftigen vollstreckbaren Titel auf Herausgabe des Hypothekenbriefes vorlegt.

(3) [1] Der Ausschließungsbeschluss ist dem Antragsteller und dem im Antrag bezeichneten Besitzer durch eingeschriebenen Brief zuzustellen. [2] Ferner ist er durch Aushang an der Gerichtstafel sowie seinem wesentlichen Inhalt nach durch den elektronischen Bundesanzeiger öffentlich bekannt zu machen. [3] § 435 Abs. 1 Satz 2 des Gesetzes über das Verfahren in Familiensachen und in den Angelegenheiten der freiwilligen Gerichtsbarkeit gilt entsprechend.

§ 9 [Wert des Streitgegenstandes] [1] Im Verfahren nach den vorstehenden Vorschriften beträgt der Wert des Streitgegenstandes ein Fünftel des Wertes der dem Antragsteller noch zustehenden Hypothek. [2] Das Gericht kann den Wert aus besonderen Gründen anders festsetzen.

§ 10[3] *(aufgehoben)*

§ 11[4] [Wirkung des Ausschließungsbeschlusses] (1) Ein auf Grund der Vorschriften dieses Gesetzes erwirkter Ausschließungsbeschluss steht im Grundbuchverfahren einem auf Grund des § 1162 des Bürgerlichen Gesetzbuchs erwirkten Ausschließungsbeschluss gleich.

(2) Die Erteilung eines neuen Briefes ist gebührenfrei.

§ 12 [Zuständigkeit des Gerichts] Für einen Rechtsstreit, der die Herausgabe des Briefes oder das Recht aus der Hypothek betrifft, ist das Gericht ausschließlich zuständig, in dessen Bezirk das belastete Grundstück gelegen ist.

§ 13 [Grundschuld- und Rentenschuldbriefe] Die Vorschriften dieses Gesetzes über Hypothekenbriefe gelten sinngemäß für Grundschuldbriefe und Rentenschuldbriefe.

§ 14 [Sinngemäße Anwendung der §§ 5, 6 und 12] (1) Die §§ 5 und 6 sind sinngemäß anzuwenden auf das Aufgebotsverfahren zum Zwecke der Ausschließung eines Hypotheken-, Grundschuld- oder Rentenschuldgläubigers nach § 1170 und § 1171 des Bürgerlichen Gesetzbuches.

(2) Für einen Rechtsstreit, der den Anspruch auf den hinterlegten Betrag betrifft, gilt § 12 sinngemäß.

§ 15 [Inkrafttreten] [1] Dieses Gesetz tritt am Tage nach der Verkündung[5] in Kraft. [2] Gleichzeitig tritt die Verordnung des Präsidenten des Zentraljustizamtes für die Britische Zone über die Kraftloserklärung von Hypotheken-, Grundschuld- und Rentenschuldbriefen in besonderen Fällen vom 2. September 1949 (Verordnungsblatt für die Britische Zone S. 397) außer Kraft.

---

[1] § 7 geänd. mWv 1. 9. 2009 durch G v. 17. 12. 2008 (BGBl. I S. 2586).
[2] § 8 Abs. 1 geänd. und Abs. 3 neu gef. mWv 1. 9. 2009 durch G v. 17. 12. 2008 (BGBl. I S. 2586)
[3] § 10 aufgeh. mWv 1. 9. 2009 durch G v. 17. 12. 2008 (BGBl. I S. 2586).
[4] § 11 Abs. 1 neu gef. mWv 1. 9. 2009 durch G v. 17. 12. 2008 (BGBl. I S. 2586).
[5] Verkündet am 27. 4. 1950.

331. Unschädlichkeitszeugnisgesetz (UnschZG)[1)]

Vom 15. Juni 1898
(GVBl S. 301)

BayRS 403-2-J

geänd. durch ÄndG, das Unschädlichkeitszeugnis betreffend v. 14. 8. 1923 (GVBl S. 280), ÄndG, das Unschädlichkeitszeugnis betreffend und anderer G v. 28. 4. 1953 (GVBl S. 48) und § 1 ÄndG, das Unschädlichkeitszeugnis betreffend v. 7. 8. 2003 (GVBl S. 512)

Art. 1 [Unschädlichkeit] (1) [1] Wird eine Teilfläche eines Grundstücks, das insbesondere mit Hypotheken, Grundschulden, Rentenschulden oder Reallasten belastet ist, veräußert, so wird das Trennstück ohne Einwilligung der Berechtigten von den Belastungen frei, wenn von dem Amtsgericht, bei welchem das Grundbuch für das Grundstück geführt wird, festgestellt ist, daß die Veräußerung für die Berechtigten unschädlich ist. [2] Besteht ein Recht an mehreren Grundstücken (Gesamtbelastung), so gelten diese im Sinn dieses Gesetzes als ein Grundstück.

(2) Abs. 1 ist auf das Wohnungs- und Teileigentum, auf die Einräumung oder Übertragung eines Sondernutzungsrechts sowie auf grundstücksgleiche Rechte entsprechend anzuwenden.

Art. 2 [Ausgleich bei Wertminderung] (1) Die Feststellung der Unschädlichkeit darf nur erfolgen, wenn die durch die Veräußerung des Trennstücks entstehende Minderung des Umfangs und des Werts des Grundstücks im Verhältnis zu dem Umfang und dem Wert des übrigen Teils eine geringe ist; sie kann davon abhängig gemacht werden, dass die Wertminderung durch ein anderes Grundstück ausgeglichen wird.

(2) Wird das Trennstück zu einem öffentlichen Zweck unentgeltlich abgetreten, so wird auf die Wertminderung die Werterhöhung angerechnet, die sich aus der dem öffentlichen Zweck dienenden Anlage ergibt.

Art. 2a [Anwendbarkeit auf Grunddienstbarkeiten, persönliche Dienstbarkeiten] Die Vorschriften in Art. 1 und Art. 2 sind auf Grunddienstbarkeiten und beschränkte persönliche Dienstbarkeiten entsprechend anwendbar, soweit die Unschädlichkeit ohne die Notwendigkeit einer Wertausgleichung mit Sicherheit festgestellt werden kann oder der Nachweis, dass die Voraussetzungen des § 1026 BGB vorliegen, einen unverhältnismäßigen Aufwand erfordern wurde.

Art. 3 [Erstreckung der Rechte der Berechtigten] (1) Bei der Ausgleichung der Wertminderung müssen die Rechte der Berechtigten auf das andere Grundstück erstreckt werden.

(2) Im Fall der unentgeltlichen Abtretung zu einem öffentlichen Zweck muß mit der Ausführung der den Wert des Grundstücks erhöhenden Anlage begonnen sein.

Art. 4 [Antrag auf Feststellung der Unschädlichkeit] (1) Zu dem Antrag auf Feststellung der Unschädlichkeit ist jeder berechtigt, der an der Feststellung der Unschädlichkeit ein rechtliches Interesse hat.

(2) Der Antragsteller hat

1. das Grundstück zu bezeichnen und einen von der katasterführenden Behörde angefertigten Plan, in welchem das Trennstück ersichtlich gemacht ist, sowie den amtlichen Nachweis der Größe des Grundstücks und des Trennstücks vorzulegen;
2. den Betrag der durch die Veräußerung des Trennstücks entstehenden Wertminderung unter Vorlage der vorhandenen Belege anzugeben;
3. soweit erforderlich zu erklären, in welcher Weise die Wertminderung ausgeglichen werden soll, das in Betracht kommende Grundstück zu bezeichnen und dessen Belastung anzugeben;
4. die aktuellen Anschriften der am Grundstück Berechtigten anzugeben und darzulegen, warum die Bewilligung nur unter erheblichen Schwierigkeiten zu erlangen ist; davon kann abgesehen werden, wenn eine wirtschaftliche Beeinträchtigung der Berechtigten im Hinblick auf den geringen Umfang ihrer Rechte oder der Beeinträchtigung oder aus sonstigen Gründen offensichtlich ausgeschlossen ist.

(3) Im Fall des Art. 2 Abs. 2 ist die auf die Wertminderung anzurechnende Werterhöhung unter Vorlage der vorhandenen Belege anzugeben und glaubhaft zu machen, daß mit der Ausführung der Anlage begonnen ist.

[1)] Änderungen vor dem 1. 1. 2004 sind nicht in Fußnoten nachgewiesen.

Art. 4a [Anhörung] [1] Vor der Feststellung der Unschädlichkeit sind die Berechtigten zu hören, wenn die Beeinträchtigung wirtschaftlicher Interessen insbesondere im Hinblick auf den Sicherungszweck nicht von vornherein ausgeschlossen werden kann. [2] Eine Anhörung kann unterbleiben, wenn sie zu einer erheblichen Verzögerung des Verfahrens führen oder einen unverhältnismäßigen Aufwand erfordern würde. [3] Wird von der Anhörung abgesehen, so ist § 12 FGG anzuwenden.

Art. 5 [Feststellung der Unschädlichkeit; Unschädlichkeitszeugnis] (1) Das Amtsgericht hat nach Vornahme der erforderlichen Ermittlungen über den Antrag Beschluß zu fassen.

(2) [1] Der Beschluß, durch welchen die Unschädlichkeit festgestellt wird (Unschädlichkeitszeugnis), hat, soweit die Ausgleichung durch ein Grundstück erfolgen soll, die Bezeichnung des Grundstücks und die Angabe der Belastungen zu enthalten, welche den auf das Grundstück zu erstreckenden Rechten im Rang vorgehen dürfen. [2] Die Angabe von Grunddienstbarkeiten, die nach Art. 187 des Einführungsgesetzes zum Bürgerlichen Gesetzbuch der Eintragung nicht bedürfen, ist nicht erforderlich.

(3) Im Fall des Art. 3 Abs. 2 ist anzugeben, daß mit der Ausführung der Anlage begonnen ist.

331

Art. 6 [Einwände; Berücksichtigung von Erben] (1) Das Unschädlichkeitszeugnis kann auch erteilt werden, wenn die Berechtigten von dem Amtsgericht aufgefordert worden sind, innerhalb einer Frist von einem Monat etwaige Einwände zu erheben, solche bis zum Ablauf der Frist aber nicht vorgetragen werden.

(2) Berechtigte, die nicht im Grundbuch eingetragen sind, werden nur berücksichtigt, wenn sie Erben eines eingetragenen Berechtigten sind oder wenn ihre Rechte angemeldet und auf Verlangen des Amtsgerichts glaubhaft gemacht sind.

Art. 7 [Gerichtliche Aufforderung] (1) Die gerichtliche Aufforderung nach Art. 6 Abs. 1 muss die Mitteilung, dass die Feststellung der Unschädlichkeit bevorsteht, die Angabe der Größe des Trennstücks und des Betrags der Wertminderung enthalten.

(2) [1] Ist die Mitteilung an einen Berechtigten nicht tunlich, so ist die an ihn zu richtende Aufforderung an die Gerichtstafel anzuheften und einmal in das für die Bekanntmachungen des Amtsgerichts bestimmte Blatt einzurücken. [2] Das gleiche gilt, wenn ein Berechtigter gestorben und der Erbe dem Amtsgericht nicht bekannt ist. [3] Die Erklärungsfrist beginnt mit dem Ablauf von zwei Wochen seit der Einrückung.

(3) In dem Unschädlichkeitszeugnis sind die Berechtigten zu bezeichnen, denen gegenüber die Ausgleichung der Wertminderung nicht erforderlich ist.

Art. 8 [Anfechtung der Unschädlichkeit] Die Feststellung der Unschädlichkeit kann nicht im Weg der Beschwerde angefochten werden.

Art. 9 [Wirksamkeit des Unschädlichkeitszeugnisses] (1) Die Wirksamkeit des Unschädlichkeitszeugnisses tritt in den Fällen des Art. 5 Abs. 2 nicht vor der Erstreckung der Rechte auf das andere Grundstück ein.

(2) Im Fall des Art. 6 ist das Unschädlichkeitszeugnis nur wirksam, wenn die Unschädlichkeit ohne Ausgleichung gegenüber allen Berechtigten festgestellt ist, welche zur Zeit der lastenfreien Abschreibung des Trennstücks im Grundbuch eingetragen sind.

Art. 10 [Befreiung von Hypothek oder Schuld] Wird das Trennstück von einer Hypothek, Grundschuld oder Rentenschuld befreit, so ist zur lastenfreien Abschreibung des Trennstücks die Vorlegung des Hypotheken-, Grundschuld- oder Rentenschuldbriefs und bei einer Hypothek für die Forderung aus einer Schuldverschreibung auf den Inhaber, aus einem Wechsel oder einem anderen Papier, das durch Indossament übertragen werden kann, die Vorlegung der Urkunde nicht erforderlich.

Art. 11 *(aufgehoben)*

Art. 12 *(aufgehoben)*

Art. 13 [Belastung durch Vorkaufsrecht] (1) Ist das Grundstück mit einem Vorkaufsrecht belastet, das sich nicht auf den Fall der ersten Veräußerung beschränkt, so finden auf die Befreiung des Trennstücks von dem Vorkaufsrecht die Vorschriften der Art. 1 bis 9 entsprechende Anwendung.

(2) Erfolgt die Veräußerung des Trennstücks im Weg des Verkaufs, so darf die Unschädlichkeit erst festgestellt werden, wenn der Berechtigte von dem ihm für diesen Veräußerungsfall zustehenden Vorkaufsrecht keinen Gebrauch macht.

Art. 14 *(gegenstandslos)*

Art. 15 [Anwendbarkeit] Die Vorschriften der Art. 1 bis 14 finden auf die Aufhebung eines dem jeweiligen Eigentümer des Grundstücks an einem anderen Grundstück zustehenden Rechts entsprechende Anwendung.

Art. 16 *(gegenstandslos)*

Art. 17 [Feststellung der Unschädlichkeit bei Wiederaufbau] (1) Soll zum Ersatz eines abgebrannten Gebäudes auf einem anderen Grundstück ein Gebäude errichtet werden, so wird die Entschädigungssumme von den Rechten der Hypotheken-, Grundschuld- und Rentenschuldgläubiger ohne Einwilligung der Gläubiger frei, wenn von dem Amtsgericht, bei welchem das Grundbuch für das belastete Grundstück geführt wird, festgestellt ist, daß der Wiederaufbau auf dem anderen Grundstück für die Gläubiger unschädlich ist.

(2) [1] Die Feststellung der Unschädlichkeit darf nur erfolgen, wenn die Rechte der Gläubiger in der bestehenden Rangordnung sich auf das andere Grundstück erstrecken oder auf dieses erstreckt werden. [2] Ist das Grundstück mit Rechten belastet, welche den Rechten der Gläubiger im Rang vorgehen, so darf die Feststellung erfolgen, wenn die vorgehenden Belastungen durch den Wert, den das Grundstück als Baustelle hat, offenbar gedeckt werden.

(3) Die Vorschriften der Art. 4 Abs. 1 und 2, Art. 5 Abs. 1 und 2, Art 8 und 9 Abs. 1 finden entsprechende Anwendung.

Art. 18 [Befreiung des Anspruchs auf Entschädigung] (1) Der Anspruch auf die Entschädigung für die im öffentlichen Interesse erfolgende Entziehung, Beschädigung oder Benützung eines Grundstücks, der Teilfläche eines solchen oder eines Zubehörstücks, Beschränkung des Eigentums oder Entziehung oder Beschränkung eines Rechts der in Art. 15 bezeichneten Art wird von den Rechten Dritter frei, wenn von dem in Art. 1 bezeichneten Gericht festgestellt ist, daß die Befreiung für die Berechtigten unschädlich ist.

(2) Die Befreiung des Anspruchs steht der Aufhebung eines Rechts der in Art. 15 bezeichneten Art gleich.

Art. 19 *(gegenstandslos)*

Art. 20 *(gegenstandslos)*

Art. 21 [Gebühren des gerichtlichen Verfahrens] (1) Das Verfahren ist gebührenfrei, wenn die Veräußerung oder die Aufhebung eines Rechts unentgeltlich zu einem öffentlichen Zweck erfolgt.

(2) [1] Für das Verfahren vor dem Amtsgericht wird das Doppelte der vollen Gebühr erhoben, mindestens 100 €. [2] Wird der Antrag zurückgenommen, bevor es zu einer Entscheidung gekommen ist, so wird eine halbe Gebühr erhoben, mindestens 25 €.

(3) Maßgebend ist der Wert der betroffenen Belastungen oder, sofern er geringer ist, der Wert des Trennstücks oder des aufgehobenen Rechts.

(4) Für das Beschwerdeverfahren werden die gleichen Gebühren wie im ersten Rechtszug erhoben.

(5) Im Übrigen ist der Erste Abschnitt des Ersten Teils der Kostenordnung[1] entsprechend anzuwenden.

---

[1] Nr. **570**.

332. Landesgesetz über Unschädlichkeitszeugnisse im Grundstücksverkehr (UZLG)[1]

Vom 26. September 2000
(GVBl. S. 397)
BS Rh-Pf 400-6

geänd. durch Art. 2 G zur Änd. des AGFlurbG und des UZLG v. 16. 10. 2003 (GVBl. S. 293) und Art. 19 LandesG zur Anpassung des Landesrechts an das FGG-ReformG v. 22. 12. 2009 (GVBl. S. 413)

§ 1 [Unschädlichkeitszeugnis] (1) Das Eigentum an einem Teil eines Grundstücks (Trennstück) oder an einem Grundstück, das zusammen mit anderen Grundstücken desselben Eigentümers belastet ist, kann frei von Belastungen veräußert werden, wenn durch ein behördliches Zeugnis festgestellt wird, dass die Rechtsänderung für die Berechtigten unschädlich ist (Unschädlichkeitszeugnis).

(2) Unter den gleichen Voraussetzungen kann ein Recht an einem Grundstück, das dem jeweiligen Eigentümer eines anderen Grundstücks zusteht, ohne die Zustimmung derjenigen aufgehoben werden, zu deren Gunsten das Grundstück belastet ist.

§ 2 [Vorraussetzung Erteilung] (1) Ein Unschädlichkeitszeugnis wird erteilt, wenn für die Berechtigten ein Nachteil nicht zu besorgen ist und

1. im Falle des § 1 Abs. 1 das Trennstück im Verhältnis zum verbleibenden Teil des Grundstücks geringen Wert und Umfang hat; ruht die Belastung, von der das zu veräußernde Trennstück oder Grundstück befreit werden soll, auf mehreren Grundstücken desselben Eigentümers, so kommt es auf das Verhältnis des zu veräußernden Trennstücks oder Grundstücks zur Gesamtheit der belasteten Grundstücke an;
2. im Falle des § 1 Abs. 2 das Recht der Zustimmungsberechtigten nur geringfügig betroffen wird oder das aufzuhebende Recht von geringer Bedeutung ist.

(2) Berechtigte im Sinne dieses Gesetzes sind diejenigen, die ein im Grundbuch eingetragenes oder durch Eintragung gesichertes Recht an dem Grundstück oder an einem das Grundstück belastenden Recht innehaben.

§ 3 [Beschränkung] Das Unschädlichkeitszeugnis kann auf einzelne Belastungen beschränkt werden.

§ 4 [Erteilung] Die Erteilung des Unschädlichkeitszeugnisses kann von Bedingungen oder der Erfüllung von Auflagen abhängig gemacht werden.

§ 5 [Antrag] [1] Unschädlichkeitszeugnisse werden nur auf Antrag erteilt. [2] Den Antrag kann stellen, wer an der Feststellung der Unschädlichkeit ein rechtliches Interesse hat.

§ 6[2] [Zuständige Behörden] (1) [1] Über den Antrag entscheidet das Vermessungs- und Katasteramt, in dessen Amtsbezirk das Grundstück liegt. [2] Im Rahmen eines Flurbereinigungs- oder Siedlungsverfahrens entscheidet die für dieses Verfahren zuständige Flurbereinigungs- oder Siedlungsbehörde.

(2) Liegt das betroffene Grundstück in den Bezirken mehrerer nach Absatz 1 zuständiger Behörden, so ist die Behörde zuständig, in deren Bezirk der größere Teil liegt.

§ 7 [Anhörung] [1] Vor der Erteilung des Unschädlichkeitszeugnisses sind die Berechtigten anzuhören. [2] Von einer Anhörung kann abgesehen werden, wenn sie nach den Umständen des Einzelfalles nicht geboten ist, insbesondere wenn dadurch eine erhebliche Verzögerung eintreten oder ein unverhältnismäßiger Aufwand entstehen würde.

§ 8 [Entscheidungszustellung] [1] Die Entscheidung, durch die ein Unschädlichkeitszeugnis erteilt wird, ist zuzustellen:

1. denjenigen, die den Antrag gestellt haben,
2. dem Eigentümer des Grundstücks und
3. den Berechtigten, deren Rechte davon betroffen werden.

---

[1] Verkündet als Art. 4 G v. 26. 9. 2000 (GVBl. S. 397); Inkrafttreten gem. Art. 8 dieses G am 1. 1. 2001.
[2] § 6 neu gef. mWv 1. 9. 2003 durch G v. 16. 10. 2003 (GVBl. S. 293).

[2] Die den Antrag ablehnende Entscheidung ist den Antragstellenden zuzustellen und den Beteiligten, die gehört worden sind, mitzuteilen.

§ 9[1)] [Gerichtliche Entscheidung] (1) [1] Gegen die Erteilung oder die Ablehnung der Erteilung des Unschädlichkeitszeugnisses können die Beteiligten, denen die Entscheidung gemäß § 8 zuzustellen ist, binnen eines Monats nach der Zustellung die gerichtliche Entscheidung beantragen. [2] Zuständig ist das Amtsgericht, das das Grundbuch für das betroffene Grundstück führt. [3] Der Antrag ist schriftlich oder zu Protokoll der Geschäftsstelle des Amtsgerichts zu stellen.

(2) [1] Auf das gerichtliche Verfahren ist das Gesetz über das Verfahren in Familiensachen und in den Angelegenheiten der freiwilligen Gerichtsbarkeit (FamFG) anzuwenden. [2] Bei unverschuldetem Versäumen der Frist nach Absatz 1 Satz 1 kann das Amtsgericht in entsprechender Anwendung der §§ 17 und 18 FamFG die Wiedereinsetzung in den vorigen Stand gewähren.

(3) Gegen die Entscheidung des Amtsgerichts findet die Beschwerde statt; die Rechtsbeschwerde ist ausgeschlossen.

(4) [1] Die Kosten des gerichtlichen Verfahrens bestimmen sich nach der Kostenordnung. [2] Im Falle der Zurückweisung des Antrags werden jedoch zwei volle Gebühren, im Falle der Zurücknahme des Antrags wird eine volle Gebühr erhoben. [3] Der Geschäftswert bestimmt sich nach dem Wert des zu veräußernden Trennstücks oder Grundstücks; ist der Wert der Belastung, von der befreit werden soll, niedriger, so ist dieser maßgebend.

§ 10 [Unschädlichkeit] (1) [1] Die Feststellung der Unschädlichkeit ersetzt die Bewilligung der Berechtigten. [2] Sie wird erst wirksam, wenn sie unanfechtbar geworden ist.

(2) [1] Auf eine Eintragung, die aufgrund des Unschädlichkeitszeugnisses bei einer Hypothek, einer Grundschuld oder einer Rentenschuld zu bewirken ist, sind die §§ 41 bis 43 der Grundbuchordnung nicht anzuwenden. [2] Wird der Hypotheken-, Grundschuld- oder Rentenschuldbrief nachträglich vorgelegt, so hat das Grundbuchamt die Eintragung auf dem Brief zu vermerken.

§ 11 [Öffentliche Lasten] Auf öffentliche Lasten finden die §§ 1 bis 10 keine Anwendung.

§ 12 [Aufsichtsbehörde] [1] Das Recht der Aufsichtsbehörde, in den Fällen des § 12 Abs. 1 der Gemeindeordnung und des § 8 Abs. 1 der Landkreisordnung Unschädlichkeitszeugnisse zu erteilen, bleibt unberührt. [2] Die Anfechtung dieser Entscheidungen bestimmt sich jedoch nach § 9.

§ 13 [Unschädlichkeitszeugnisse vor In-Kraft-Treten] Vor dem In-Kraft-Treten dieses Gesetzes beantragte Unschädlichkeitszeugnisse sind nach dem bisher geltenden Recht zu erteilen.

§ 14 [In-Kraft-Treten] Dieses Gesetz tritt am 1. Januar 2001 in Kraft.

[1)] § 9 Abs. 2 Sätze 1, 2 geänd., Abs. 3 neu gef. mWv 31. 12. 2009 durch G v. 22. 12. 2009 (GVBl. S. 413).

333. Verfahren nach dem Landesgesetz über Unschädlichkeitszeugnisse

AV d. JM vom 1. Juni 1965 (8215 – II B. 5/65)
(JBl. S. 115, Rhld.-Pf.)

Nachstehenden RdErl. d. MdI betreffend die Erteilung von Unschädlichkeitszeugnissen durch die Kataster-(Vermessungs-)ämter vom 11. Mai 1965 (644 – 15/0) – MinBl. Sp. 451 – gebe ich zur Beachtung bekannt.

„Zur Ausführung des Landesgesetzes über Unschädlichkeitszeugnisse vom 24. März 1965 – GVBl. S. 53 – geben wir im Einvernehmen mit dem Ministerium der Justiz folgende Hinweise und Anordnungen:

1. Von dem Antragsteller ist in aller Regel eine Vertragsabschrift über das Rechtsgeschäft zu verlangen. Ferner soll er nach Möglichkeit die Anschriften der Berechtigten angeben.
   Ein den neuesten Stand aufweisender beglaubigter Auszug aus dem Grundbuch ist zu verlangen, wenn der den Antrag einreichende Notar die Belastungen nicht mitteilt oder wenn dem Kataster-(Vermessungs-)amt die Einsicht in das Grundbuch nicht möglich oder die Einsichtnahme untunlich ist. Letzteres ist regelmäßig der Fall, wenn das Grundbuchamt sich nicht am Orte des Katasteramtes befindet. Über das Ergebnis der Grundbucheinsicht ist ein Vermerk zu den Akten zu nehmen. Der etwa vorgelegte Grundbuchauszug kann nach vollständiger Erledigung des Antrages auf Verlangen zurückgegeben werden.
2. Nach § 6 muß der Antragsteller glaubhaft machen (siehe § 294 ZPO), daß die durch das Unschädlichkeitszeugnis zu ersetzende Bewilligung des Berechtigten nicht oder nur unter unverhältnismäßigen Schwierigkeiten zu erlangen ist. Hierdurch soll vermieden werden, daß der Antragsteller ohne ernsthafte eigene Bemühungen – mehr aus Bequemlichkeit – die Behörde mit unnötigen Anträgen belastet. Solche Anträge können ohne weitere sachliche Prüfung abgelehnt werden, wenn die Glaubhaftmachung nicht innerhalb einer dem Antragsteller gesetzten angemessenen Frist erfolgt.
3.[1] Zur Bearbeitung der Anträge nach § 1 Nr. 1, die die weitaus häufigsten sein werden, werden folgende Vordrucke empfohlen:
   Anlage a: Anhörung der Berechtigten,
   Anlage b: Unschädlichkeitszeugnis,
   Anlage c: Begleitschreiben an das Amtsgericht.
   Sie sind soweit wie möglich im Durchschlagwege auszufüllen. Bei zahlreichen Ausfertigungen können auch Transparente hergestellt und gelichtpaust werden.
4. Bei der Anhörung der Berechtigten sollte die in Anlage a vorgesehene Frist, nach deren fruchtlosem Ablauf das Einverständnis angenommen wird, nicht zu knapp bemessen werden. Zwei Wochen Zeit zur Äußerung wird man in der Regel den Berechtigten zubilligen müssen.
5. Nach § 8 Abs. 1 des Gesetzes sollen die Berechtigten gehört werden, soweit dies ohne erhebliche Verzögerung und unverhältnismäßige Kosten geschehen kann. Von dieser Anhörung soll nur in Ausnahmefällen abgesehen werden. So wird z.B. auf die Anhörung verzichtet werden können, wenn die Anschriften der Berechtigten oder ihrer Rechtsnachfolger unbekannt sind oder wenn es sich um Splittergrundstücke von unbedeutendem Wert handelt (z.B. Wegekehren von wenigen qm Größe), die Belastungen nur sehr gering sind und die Beteiligten sehr weit weg (z.B. in Außereuropa) wohnen. Die Anfragen zur Anhörung brauchen nicht zugestellt werden. Wenn von den Berechtigten Bedenken vorgebracht werden, die sich zweckmäßiger durch eine Besprechung klären lassen, so können die Betreffenden hierzu auf das Kataster-(Vermessungs-)amt gebeten werden. Dabei ist darauf hinzuweisen, daß Auslagen hierfür nicht erstattet werden.
6. Im Falle des § 1 Nr. 1 verlangt das Gesetz nicht, daß das Trennstück unter einer festen Größe oder einem festen Wert bleibt. Es schreibt auch kein Verhältnis Trennstück/Stammgrundstück vor, das eingehalten sein muß. Es ist auch nicht vorgeschrieben, daß der Kaufpreis für werterhöhende Maßnahmen am Stammgrundstück verwendet werden muß. Es ist nur verlangt, daß das Trennstück im Verhältnis zum verbleibenden Grundstück von geringem Wert und Umfang ist. Der Ausdruck „veräußert" umfaßt nicht die Übertragung von Grundstücken von einem Grundbuchblatt auf ein anderes Grundbuchblatt desselben Eigentümers.

[1] Nr. 3: Anlagen a bis c hier nicht abgedruckt.

7. Für die Fälle des § 1 Nr. 2– 4 sind Vordrucke nicht vorgesehen. Ihr Text ist in Anlehnung an den Text der Vordrucke a–c zu wählen. Der Wortlaut der Rechtsmittelbelehrung kann wörtlich übernommen werden.
8. Das Unschädlichkeitszeugnis wird zwar nur auf Antrag, nicht von Amts wegen, erteilt. Das schließt aber nicht aus, daß das Kataster-(Vermessungs-)amt einem Beteiligten die Stellung eines Antrages nahelegt, wenn der beabsichtigte Rechtsvorgang ohne ein Zeugnis nicht zustande kommen kann und ein besonderes öffentliches Interesse darin besteht (z.B. Beseitigung von Splitterflurstücken in Straßenkörpern).
9. Wenn das Unschädlichkeitszeugnis gemäß § 4 auf einzelne Belastungen beschränkt bleibt, kann es sich empfehlen, außer den Belastungen, von denen freigestellt wird, auch die bestehenbleibenden Belastungen im Unschädlichkeitszeugnis ausdrücklich anzuführen, etwa durch den Vermerk: „Von dieser Feststellung werden folgende Belastungen nicht betroffen: ......“.
10. Als Auflage nach § 5 kann beispielsweise in dem Zeugnis verlangt werden, daß das Trennstück dem Hauptgrundstück des Erwerbers als Bestandteil zugeschrieben wird. Auf diese Weise wird die Möglichkeit zur Verschmelzung der betreffenden Flurstücke geschaffen.
11. Die Beurteilung, ob für den Berechtigten ein Nachteil nicht zu besorgen ist, ist nicht von der Einhaltung bestimmter Werte, Größen usw. abhängig, sondern allein in das pflichtgemäße Ermessen des entscheidenden Beamten gestellt.
12. Die Urschrift des Unschädlichkeitszeugnisses verbleibt bei den Akten. Die Beteiligten erhalten Ausfertigungen des Unschädlichkeitszeugnisses. Das Unschädlichkeitszeugnis, eine ablehnende Entscheidung sowie später die Rechtskraftbescheinigung sollen von einem Beamten des höheren Dienstes unter Beidrückung des Dienstsiegels unterschrieben werden.
13. Eine Abschrift des Unschädlichkeitszeugnisses ist dem Amtsgericht unter Verwendung des Vordrucks Anlage c zur Kenntnis zu übersenden, sobald der Tag der Zustellung und damit der Tag des Fristablaufes feststehen. Das Begleitschreiben dient gleichzeitig als Anfrage an das Amtsgericht, ob Anträge auf gerichtliche Entscheidung gestellt worden sind und zur Beantwortung dieser Anfrage durch das Amtsgericht.
14. Eine förmliche Zustellung ist dann notwendig, wenn durch sie eine Frist in Lauf gesetzt wird. Das bedeutet, daß die Ausfertigungen des Unschädlichkeitszeugnisses dem Grundstückseigentümer, dem Antragsteller und jedem betroffenen Berechtigten zuzustellen sind, weil diese gemäß § 9 Abs. 1 Antrag auf gerichtliche Entscheidung stellen können. Bei Ablehnung ist der betreffende Bescheid nur dem Antragsteller förmlich zuzustellen, weil nur dieser Antrag auf gerichtliche Entscheidungen stellen kann. Für die anderen Beteiligten genügt hier eine einfache schriftliche Benachrichtigung; bei Beteiligten, die nicht gehört wurden, entfällt auch diese.
15. Den Berechtigten, die gemäß § 8 Abs. 1 gehört wurden, ist die Ausfertigung des Unschädlichkeitszeugnisses auch dann zuzustellen, wenn sie bei der Anhörung der Erteilung zugestimmt hatten.
16. Ein Vorverfahren ist vor dem gerichtlichen Verfahren nicht vorgesehen. Die Rechtsmittelbelehrung muß folgenden Text enthalten:

    „Gegen diesen Bescheid kann binnen zwei Wochen nach Zustellung Antrag auf gerichtliche Entscheidung beim Amtsgericht in .... Straße Nr .... gestellt werden. Der Antrag ist schriftlich oder zur Niederschrift bei der Geschäftsstelle des Amtsgerichts zu stellen.“
17. Wenn nach Ablauf der Rechtsmittelfrist das Amtsgericht mitteilt, daß ein Antrag auf gerichtliche Entscheidung nicht gestellt wurde, so ist die Rechtskraft des Unschädlichkeitszeugnisses zu bescheinigen. Für die Abgabe der Rechtskraftbescheinigung gibt es verschiedene Möglichkeiten. Der Antragsteller kann das ihm zugestellte Zeugnis vorlegen, und das Kataster-(Vermessungs-)amt setzt die Rechtskraftbescheinigung darauf. Es kann aber auch eine weitere Ausfertigung des Unschädlichkeitszeugnisses mit der Rechtskraftbescheinigung versehen und dem Antragsteller zusenden. Für die Rechtskraftbescheinigung ist folgender Text zu verwenden:

    „Die Feststellung der Unschädlichkeit ist am .... unanfechtbar geworden.“

    Schließlich kann dem Antragsteller auch eine besondere Rechtskraftbescheinigung zugesandt werden, die dieser dem in seinen Händen befindlichen Unschädlichkeitszeugnis beifügt.
18. Wenn das Amtsgericht mitteilt, daß ein Antrag auf gerichtliche Entscheidung gestellt worden ist, so sind sämtliche Akten für den Fall, ggf. mit einer Stellungnahme, an das Amtsgericht abzugeben.

19. Gebühren für die Unschädlichkeitszeugnissse werden vorbehaltlich einer späteren anderweitigen Regelung nicht erhoben.
20. In den Dienststellennachweisen der Kataster-(Vermessungs-)ämter ist in Abschnitt VII Spalte 7 künftig die Zahl der jährlich gestellten Anträge auf Erteilung von Unschädlichkeitszeugnissen nachzuweisen.
21. Die Unschädlichkeitszeugnis-Angelegenheiten sind in dem Aktenplan der Kataster-(Vermessungs-)ämter bei Abschnitt 44 unter der nächsten freien Nummer mit der Aufgliederung
    /0 Allgemeine Vorschriften
    /1 Einzelfälle
    zu führen.
22. Die Bezirksregierung Koblenz wird mit der Herstellung der Vordrucke Anlage a–c beauftragt. Die Vordrucke sind im Rahmen der allgemeinen Vordrucksversorgung an die Kataster-(Vermessungs-)ämter zu liefern.
23.[1] ....

[1] Nr. 23: Für die Justizverwaltung ohne Bedeutung.

340. Grunderwerbsteuer; Erteilung von Unbedenklichkeitsbescheinigungen

Bayer. Staatsministerium der Finanzen,
Schreiben vom 29. 4. 1999, 36–5 4540 – 17/30 – 54 156

Nach § 22 Abs. 1 Satz 1 GrEStG[1] darf der Erwerber eines Grundstücks (§ 2 GrEStG[1]) erst dann als Eigentümer in das Grundbuch eingetragen werden, wenn eine Bescheinigung des für die Besteuerung zuständigen Finanzamts vorgelegt wird, aus der sich ergibt, dass der Eintragung steuerliche Bedenken nicht entgegenstehen. Nach § 22 Abs. 1 Satz 2 GrEStG[1] in der Fassung des Steuerentlastungsgesetzes 1999/2000/2002 (BGBl. 1999 I S. 402) können die obersten Finanzbehörden der Länder im Einvernehmen mit den Landesjustizverwaltungen Ausnahmen hiervon vorsehen.

Das Bayerische Staatsministerium der Finanzen und das Bayerische Staatsministerium der Justiz haben sich vor diesem Hintergrund darauf verständigt, dass Personen als Eigentümer oder als Erbbauberechtigte in das Grundbuch eingetragen werden, ohne dass die Unbedenklichkeitsbescheinigung vorgelegt wird,

a) wenn sie Alleinerbe oder Miterben des eingetragenen Eigentümers oder Erbbauberechtigten sind und die Erbfolge durch einen Erbschein oder eine öffentlich beurkundete Verfügung von Todes wegen zusammen mit der Niederschrift über die Eröffnung dieser Verfügung nachgewiesen wird;

b) wenn sie Alleinerbe oder Miterben eines verstorbenen Alleinerben oder eines verstorbenen Miterben sind, ohne dass die vorhergegangene Erbfolge in das Grundbuch eingetragen wurde, und die Erbfolge durch die in Buchstabe a bezeichneten Urkunden nachgewiesen werden;

c) wenn der Erwerb ein geringwertiges Grundstück oder Erbbaurecht betrifft, die Gegenleistung 5.000 DM nicht übersteigt und sie ausschließlich in Geld oder durch Übernahme bestehender Hypotheken oder Grundschulden entrichtet wird;

d) beim Erwerb durch den Ehegatten des Veräußerers;

e) bei Erwerbsvorgängen zwischen Personen, die in gerader Linie verwandt sind. Den Abkömmlingen stehen die Stiefkinder gleich. Den Verwandten in gerader Linie sowie den Stiefkindern stehen deren Ehegatten gleich;

f) beim nach § 4 Nr. 1 GrEstG[1] steuerfreien Übergang des Eigentums an einem Grundstück von einer Gebietskörperschaft auf eine andere anlässlich der Übertragung der Straßenbaulast nach § 6 Abs. 1 Satz 1 FStrG oder Art. 11 Abs. 4 Satz 1 BayStrWG.

Die Anzeigepflicht der Gerichte, Behörden und Notare nach § 18 GrEStG[1] wird durch die obige Regelung nicht berührt. In allen Zweifelsfällen werden die Finanzämter auf Verlangen der Grundbuchämter Unbedenklichkeitsbescheinigungen erteilen.

In folgenden Fällen ist nur eine Unbedenklichkeitsbescheinigung zu erteilen:

– bei Erbauseinandersetzungen, wenn alle in der Urkunde beurkundeten Erwerbsvorgänge nach § 3 Nr. 3 GrEStG[1] von der Besteuerung ausgenommen sind, für jeweils alle Grundstücke derselben Gemarkung;
– beim Erwerb eines Grundstücks durch Ehegatten nach Bruchteilen oder zur gesamten Hand.

Beim Grundstückserwerb durch die Bundesrepublik Deutschland, durch ein Land oder durch eine Gemeinde ist die Unbedenklichkeitsbescheinigung bereits vor Entrichtung der Steuer und ohne Sicherheitsleistung zu erteilen.

[1] Nr. **500**.

341. Hinweise des Bayerischen Staatsministeriums der Finanzen zum Erfordernis einer Unbedenklichkeitsbescheinigung bei Eintragungen ins Grundbuch (§ 22 GrEStG)

(Stand: 1. Mai 1999)

1. Allgemeines zur Unbedenklichkeitsbescheinigung

Nach § 22 Abs. 1 Satz 1 GrEStG[1] darf der Erwerber eines Grundstücks in das Grundbuch erst dann eingetragen werden, wenn eine Bescheinigung des für die Besteuerung zuständigen Finanzamts vorgelegt wird, dass der Eintragung steuerliche Bedenken nicht entgegenstehen (Unbedenklichkeitsbescheinigung – UB –).

§ 22 Abs. 1 GrEStG[1] umfasst jede Art von grunderwerbsteuerlich relevanten Eintragungen eines Eigentumswechsels an einem Grundstück, also nicht nur solche rechtsbegründender Art, sondern auch nur berichtigende Eintragungen einer Eigentumsänderung. Es ist daher grundsätzlich unerheblich, ob der Erwerber das Eigentum am Grundstück durch Rechtsgeschäft, kraft Gesetzes (z.B. Umwandlungsvorgänge), durch Ausspruch einer Behörde (z.B. im Enteignungsverfahren) oder eines Gerichts (z.B. in der Zwangsversteigerung) erlangt. Auch kommt es nicht darauf an, ob der Erwerbsvorgang von der Grunderwerbsteuer nach den Vorschriften der §§ 3 bis 7 GrEStG[1] befreit ist.

Nach § 22 Abs. 1 Satz 2 GrEStG[1] können die obersten Finanzbehörden der Länder im Einvernehmen mit den Landesjustizverwaltungen Ausnahmen vom UB-Erfordernis vorsehen. Das Bayerische Staatsministerium der Finanzen und das Bayerische Staatsministerium der Justiz haben sich vor diesem Hintergrund darauf verständigt, dass bestimmte Grundstückserwerbe auch in das Grundbuch eingetragen werden können, ohne dass eine UB vorgelegt wird. Auf das FMS vom 29. 04. 1999 – 36 – S 4540 – 17/30 – 54 156 – bzw. das JMS vom 11. 05. 1999 – 3851 – I – 1642/98 – wird soweit hingewiesen.

Die Finanzämter sind angewiesen, in allen Zweifelsfällen auf Verlangen der Grundbuchämter eine UB zu erteilen.

2. Grunderwerbsteuerliche Tatbestände

Wie aus der Aufzählung der Tatbestände in § 1 GrEStG[1] ersichtlich ist, stellt das Grunderwerbsteuerrecht auf den Erwerb eines bisher einem anderen gehörenden Grundstücks ab. Erfasst wird also der auf einen Wechsel eines Grundstücks von einem Rechtsträger auf einen anderen gerichtete Vorgang.

a) Grundstücksbegriff
Für den grunderwerbsteuerlichen Grundstücksbegriff sind grundsätzlich die Vorschriften des bürgerlichen Rechts maßgeblich (§ 2 Abs. 1 Satz 1 GrEStG[1]). Daher zählt auch der ideelle Miteigentumsanteil als Recht des Eigentümers an der Grundfläche zu den Grundstücken im Sinne des Grunderwerbsteuerrechts. Die Begriffsbestimmung des § 3 Abs. 1 GBO ist nur bedingt anwendbar. Nicht gerechnet zu den Grundstücken werden Maschinen und sonstige Vorrichtungen aller Art, die zu einer Betriebsanlage gehören, sowie Mineralgewinnungsrechte und sonstige Gewerbeberechtigungen (§ 2 Abs. 1 Satz 2 GrEStG[1]).
Nach § 2 Abs. 2 GrEStG[1] stehen den Grundstücken

- Erbbaurechte
- Gebäude auf fremdem Grund und Boden
- dinglich gesicherte Sondernutzungsrechte im Sinne des § 15 des Wohnungseigentumsgesetzes und des § 1010 des Bürgerlichen Gesetzbuchs

gleich.
Abweichend von § 2 Abs. 1 GrEStG[1] werden mehrere Grundstücke als ein Grundstück behandelt, wenn sich ein Rechtsvorgang auf diese Grundstücke bezieht und diese zu einer wirtschaftlichen Einheit gehören. Das gleiche gilt, wenn sich ein Rechtsvorgang auf einen oder mehrere Teile eines Grundstücks bezieht (§ 2 Abs. 3 Sätze 1 und 2 GrEStG[1]).

---

[1] Nr. **500**.

b) Rechtsträger im Sinne des GrEStG[1)]
Grunderwerbsteuerliche Rechtsträger können sein:
- natürliche Personen
- juristische Personen des privaten und öffentlichen Rechts
- Gesamthandsgemeinschaften (z.B. Gesellschaft des bürgerlichen Rechts, Handels- und Partnerschaftsgesellschaften, Erbengemeinschaft)

Gesellschaften (gleich ob juristische Personen oder Gesamthandsgemeinschaften) und ihre Gesellschafter sind auch dann verschiedene Rechtsträger, wenn die Beteiligungsverhältnisse identisch sind.

c) Erwerbsvorgänge
Das GrEStG[1)] enthält in § 1 Abs. 1 bis 3 eine abschließende Aufzählung der Steuertatbestände:

aa) Rechtsvorgänge, gerichtet auf den Erwerb des bürgerlich-rechtlichen Eigentums (§ 1 Abs. 1 GrEStG[1)]):
- Verpflichtungsgeschäft, das Anspruch auf Übereignung begründet (§ 1 Abs. 1 Nr. 1) z.B. Kaufvertrag, Tauschvertrag (§ 1 Abs. 5), Schenkungsversprechensvertrag, Übergabevertrag, Einbringungsvertrag, Auseinandersetzungsvertrag, Annahme von Kauf- bzw. Verkaufsangebot, Ausübung von Vor- bzw. Wiederkaufsrecht, Verpflichtung zur Erbbaurechtsbestellung
- Auflassung, wenn kein Verpflichtungsgeschäft vorausging (§ 1 Abs. 1 Nr. 2) z.B. Erfüllung des Herausgabeanspruchs bei Treuhanderwerb
- Eigentumsübergang, wenn weder Verpflichtungsgeschäft noch Auflassung vorausgingen (§ 1 Abs. 1 Nr. 3) z.B. Erbteilsübertragung bei Erbengemeinschaft, Umwandlungen i.S. des UmwG (Ausnahme: nichtsteuerbarer Formwechsel, BFH-Beschluss vom 04. 12. 96, BStBl 1997 II S. 661) oder nach Landesrecht, Anwachsung des Vermögens einer Personengesellschaft beim letzten Gesellschafter, Enteignung, ggf. Erwerbe im Flurbereinigungs- oder Umlegungsverfahren
- Meistgebot im Zwangsversteigerungsverfahren (§ 1 Abs. 1 Nr. 4); der nachfolgende Eigentumsübergang durch den Zuschlag unterliegt gem. § 1 Abs. 1 Nr. 3 S. 2 Buchst. c nicht der GrESt
- Verpflichtungsgeschäft zur Abtretung (§ 1 Abs. 1 Nr. 5–6)
  - der Rechte aus einem Kaufangebot o.ä.
  - eines Übereignungs-(Auflassungs-)Anspruchs
  - der Rechte aus einem Meistgebot
- Abtretung der Rechte i.S. von Nr. 5–6, wenn kein Verpflichtungsgeschäft vorausging (§ 1 Abs. 1 Nr. 7)

bb) Rechtsvorgänge, gerichtet auf den Erwerb des „wirtschaftlichen Eigentums" (Verwertungsbefugnis) (§ 1 Abs. 2 GrEStG[1)]), z.B. Treuhandverhältnis, atypischer Maklervertrag, Übertragung von Gebäuden auf fremdem Boden

cc) Fingierte Rechtsträgerwechsel bei grundstücksbesitzenden Gesellschaften (§ 1 Abs. 2 a und 3 GrEStG[1)]):
- vollständige oder wesentliche (i.d.R. 95 %) Änderung (ab 1. 1. 2000 mittel- oder unmittelbare Änderung zu mind. 95 %) des Gesellschafterbestandes von Personengesellschaften innerhalb von 5 Jahren (§ 1 Abs. 2 a)

oder (soweit nicht § 1 Abs. 2 a in Betracht kommt)
- Verpflichtungsgeschäft zur Übertragung eines oder mehrerer Anteile an Kapital- oder Personengesellschaften, gerichtet auf Anteilsvereinigung (= alle Anteile, 100 %; ab 1. 1. 2000 95 % der Anteile) in einer Hand (mittelbar oder unmittelbar; in der Hand von herrschenden und abhängigen Personen/Unternehmen oder abhängigen Personen/ Unternehmen allein) (§ 1 Abs. 3 Nr. 1 und Abs. 4)
- Anteilsvereinigung i.S. von § 1 Abs. 3 Nr. 1, wenn kein Verpflichtungsgeschäft vorausging (§ 1 Abs. 3 Nr. 2)
- Verpflichtungsgeschäft, das den Anspruch auf Übertragung aller (ab 1. 1. 2000 95 % der) Anteile an einer Gesellschaft begründet (§ 1 Abs. 3 Nr. 3)
- Übergang aller (ab 1. 1. 2000 95 % der) Anteile i.S. von § 1 Abs. 3 Nr. 3, wenn kein Verpflichtungsgeschäft vorausging (§ 1 Abs. 3 Nr. 4)

[1)] Nr. **500**.

3. Einzelfälle in alphabetischer Übersicht		
Einzelfälle/Erwerbsgegenstände	UB erforderlich	Bemerkung
Anwachsung des Vermögens einer Personengesellschaft beim letzten Gesellschafter	ja	steuerbar nach § 1 Abs. 1 Nr. 3 GrEStG[1]
Änderungen im Gesellschafterbestand von Personengesellschaften	ja	Finanzamt hat Besteuerung (§ 1 Abs. 2a, § 1 Abs. 3 GrEStG[1]) zu prüfen.
Dinglich gesicherte Sondernutzungsrechte	ja	steuerbar, da Grundstücken gleichstehend gemäß § 2 Abs. 2 Nr. 3 GrEStG[1]
Erbauseinandersetzung	ja	steuerbar, Finanzamt hat evtl. Befreiung zu prüfen
Erlöschen eines Erbbaurechts durch Zeitablauf und der damit verbundene Eigentumsübergang an dem auf dem Erbbaurecht errichteten Bauwerk auf den Grundstückseigentümer	nein	nicht steuerbar nach § 1 Abs. 1 GrEStG[1] (BFH-Urteil vom 08. 02. 95, BStBl 1995 II S. 334)
Freiwilliger Landtausch nach § 103 a ff. FlurbG[2]	ja	Nur der wertgleiche Grundstückstausch fällt unter § 1 Abs. 1 Nr. 3 Satz 2 Buchst. a GrEStG[1].
Grenzregelungsverfahren (§ 80 ff. BauGB[3])	ja	Erwerbe fallen nicht unter § 1 Abs. 1 Nr. 3 Satz 2 Buchst. b GrEStG[1].
Grundstückserwerbe durch Bund, Land oder Gemeinden	ja	Die UB wird aber bereits vor Entrichtung der GrESt erteilt.
Grundstücksgleiche Rechte mit Ausnahme des Erbbaurechts (z.B. selbständiges Fischereirecht)	nein	Es handelt sich nicht um Grundstücke im Sinne von § 2 GrEStG[1].
Grundstücksübertragungen zwischen Gesellschaft und Gesellschafter	ja	steuerbar nach § 1 Abs. 1 GrEStG[1]
Rückerwerbe	ja	Die Anwendbarkeit von § 16 GrEStG[1] ist vom Finanzamt zu prüfen.
Umlegungsverfahren nach dem BauGB	ja	steuerbar nach § 1 Abs. 1 Nr. 3 GrEStG[1], soweit Mehrzuteilungen
Umwandlungen nach dem UmwG		
a) Verschmelzung, Spaltung, Vermögensübertragung	ja	steuerbar nach § 1 Abs. 1 Nr. 3 GrEStG[1]
b) Formwechsel	nein	nicht steuerbar (BFH-Beschluss vom 4. 12. 96, BStBl 1997 II S. 661)
Unwandlungen nach Art. 89 GO, Art. 77 LKrO, Art. 75 BezO	ja	steuerbar nach § 1 Abs. 1 Nr. 3 GrEStG[1]
Vermessungskäufe	ja	UB wird i.d.R. erst nach Vermessung erteilt.
Vertragsangebote	nein	nicht steuerbar nach § 1 Abs. 1 GrEStG[1]
Einräumung von Vorkaufsrechten	nein	nicht steuerbar nach § 1 Abs. 1 GrEStG[1]

[1] Nr. **500**.
[2] Nr. **415**.
[3] Nr. **400**.

Wechsel der Straßenbaulast nach Art. 11 BayStrWG und § 6 FStrG	nein	UB nicht erforderlich (s. Buchst. f des FMS vom 29. 04. 1999)
Begründung von Wohnungs- und Teileigentum nach § 3 WEG	ja	nach § 1 Abs. 1 Nr. 1 GrEStG[1] steuerbarer Tausch von Miteigentumsanteilen
Begründung von Wohnungs- und Teileigentum nach § 8 WEG	nein	nicht steuerbar nach § 1 Abs. 1 GrEStG[1]

[1] Nr. **500**.

342. Grunderwerbsteuer; Erteilung von Unbedenklichkeitsbescheinigungen

Ministerium der Finanzen des Landes Rheinland-Pfalz,
Schreiben vom 20. August 1999, S. 4540 A-99-002-05-446
Zuletzt geändert durch Rundschreiben des Ministeriums der Justiz vom 26. November 2002
(3850 – 1 – 6)

342

Gemäß § 22 Abs. 1 Satz 2 GrEStG[1] werden im Einvernehmen mit dem Ministerium der Justiz für die nachstehend bezeichneten Erwerbsvorgänge Ausnahmen von der Vorlagepflicht von Unbedenklichkeitsbescheinigungen i.S. des § 22 Abs. 1 Satz 1 GrEStG[1] zugelassen:

a) Erwerb von Todes wegen, sofern die Erbfolge durch Erbschein oder öffentlich beurkundete Verfügung von Todes wegen zusammen mit der Niederschrift über die Eröffnung dieser Verfügung nachgewiesen wird.

b) Erwerb geringwertiger Grundstücke oder Erbbaurechte, sofern die Gegenleistung je Erwerbsvorgang 2500 Euro nicht übersteigt und ausschließlich in Geld oder durch Übernahme bestehender Hypotheken oder Grundschulden entrichtet wird. Übertragen mehrere Miteigentümer ihre Miteigentumsanteile an einem Grundstück jeweils durch gesonderte Rechtsgeschäfte, liegen mehrere selbständig zu beurteilende Erwerbsvorgänge vor. Werden diese Miteigentumsanteile in einem Rechtsgeschäft übertragen, liegen so viele Erwerbsvorgänge vor, wie Erwerber vorhanden sind. Die Freigrenze des § 3 Nr. 1 GrEStG[1] ist dabei für jeden Erwerber nur einmal zu berücksichtigen (Beispiele siehe Anlage).

c) Erwerbsvorgänge zwischen Personen, die miteinander verheiratet sind.

d) Erwerbsvorgänge zwischen Personen, die in gerader Linie verwandt sind. Abkömmlinge stehen Stiefkinder gleich. Verwandten in gerader Linie sowie Stiefkindern stehen deren Ehegatten gleich.

e) Nach § 4 Nr. 1 GrEStG[1] steuerfreie Übergänge des Eigentums an Grundstücken von einer Gebietskörperschaft auf eine andere anlässlich der Übertragung der Straßenbaulast nach § 6 Abs. 1 Satz 1 Bundesfernstraßengesetz (FStrG) oder § 31 Landesstraßengesetz (LStG).

f) Grunderwerb durch die Bundesrepublik Deutschland, durch ein Land oder durch eine Gemeinde (einen Gemeindeverband).

g) Rechtsvorgänge, die nach § 11 Abs. 2 und 3 des Gesetzes über die Gründung der Deutschen Bahn AG steuerbefreit sind.

h) Umwandlungen der Post-Teilsondervermögen in die Post-Aktiengesellschaft (Art. 3 § 1 Postneuordnungsgesetz – PTNeuOG), die nach Art. 3 § 10 PTNeuOG von der Grunderwerbsteuer befreit sind.

i) Erbauseinandersetzungen, sofern ein beurkundeter Erwerbsvorgang nach § 3 Nr. 3 GrEStG[1] von der Besteuerung ausgenommen ist.

Beim Erwerb eines Grundstücks durch Ehegatten nach Bruchteilen oder zur gesamten Hand ist nur eine Unbedenklichkeitsbescheinigung zu erteilen.

Die Anzeigepflicht der Gerichte, Behörden und Notare nach § 18 GrEStG[1] wird durch die obige Regelung nicht berührt. In allen Zweifelsfällen werden die Finanzämter auf Verlangen der Grundbuchämter Unbedenklichkeitsbescheinigungen erteilen.

Anlage

Beispiele:

1. Zwei Miteigentümer A und B verkaufen ein Grundstück gemeinschaftlich im Ganzen zu einem Gesamtpreis von 4.000 EUR an einen Erwerber C zu Alleineigentum. Es liegt nur ein Erwerbsvorgang vor die Freigrenze des § 3 Nr. 1 GrEStG[1] kommt nicht zur Anwendung, weil der Gesamtpreis sie übersteigt.
   Zwei Erwerbsvorgänge liegen dagegen vor, wenn jeder Miteigentümer A und B seinen Miteigentumsanteil auf den Erwerber C überträgt, selbst wenn das in einer notariellen Urkunde festgelegt wird.

---

[1] Nr. **500**.

2. Ein Veräußerer A verkauft sein Grundstück ein einem Rechtsgeschäft zu einem Preis von 5.000 EUR an zwei Erwerber B und C zu hälftigem Miteigentum.
   Es liegen zwei Erwerbsvorträge vor. Die Freigrenze des § 3 Nr. 1 GrEStG[1] kommt zu Anwendung, weil die Gegenleistung mit jeweils 2.500 EUR die Grenze nicht übersteigt.
3. Die Ehegatten A und B sind je zur Hälfte Eigentümer eines Grundstücks. Sie übertragen das Grundstück in einem Rechtsgeschäft zu einem Kaufpreis von insgesamt 10.000 EUR auf die Eheleute C und D, die das Grundstück ebenfalls zu jeweils hälftigem Eigentum erwerben.
   Es liegen nur zwei Erwerbsvorgänge vor. Die Eheleute C und D erhalten nicht je ein Viertel von jedem Veräußerer-Ehegatten A und B, sondern jeder Erwerber-Ehegatte erhält eine ideelle Grundstückshälfte. Es kann nicht bestimmt werden, von welchem Miteigentümer der jeweilige Anteil erworben wird. Die Freigrenze des § 3 Nr. 1 GrEStG[1] wird nicht berücksichtigt, weil sie bei einem Kaufpreis von jeweils 5.000 EUR überschritten ist.
4. Die Geschwister A, B, C sind zu je einem Drittel Miteigentümer eines Grundstücks. In gesonderten Rechtsgeschäften überträgt A ausdrücklich seinen Miteigentumsanteil an D, B seinen Miteigentumsanteil an E und C seinen Miteigentumsanteil an F zu einem Kaufpreis von jeweils 2.500 EUR.
   Es liegen drei Erwerbsvorgänge vor. Für jeden Erwerb kommt die Freigrenze des § 3 Nr. 1 GrEStG[1] zur Anwendung, so dass keine Grunderwerbsteuer festzusetzen ist.

[1] Nr. **500**.

345. Bekanntmachung über die Beurkundung von Vaterschafts- und Mutterschaftsanerkennungen durch die Notare[1)]

Vom 8. August 1972
(JMBl S. 147)

Datenbank BAYERN-RECHT 3153-J

geänd. durch ÄndBek. v. 29. 3. 1979 (JMBl S. 67) und ÄndBek. v. 30. 7. 2003 (JMBl S. 182)

I. [Beurkundung einer Erklärung über die Elternschaft]

[1] Nach § 29 Abs. 2, § 29 b Abs. 2 des Personenstandsgesetzes, § 1597 Abs. 2 des Bürgerlichen Gesetzbuchs ist die Beurkundung einer Erklärung über die Anerkennung der Vaterschaft oder Mutterschaft zu einem Kinde dem Standesbeamten mitzuteilen. [2] Gleiches gilt für den Widerruf der Anerkennung und erforderliche Zustimmungen. [3] Soweit nicht bereits in der Urkunde enthalten, sind die von dem Standesbeamten für die Eintragung in die Personenstandsbücher benötigten Angaben über das Kind und die Person, die die Vaterschaft oder Mutterschaft anerkannt oder der Anerkennung zugestimmt oder die Anerkennung widerrufen hat, mitzuteilen. [4] Über diese Personen sollen folgende Angaben gemacht werden, soweit sie zu erlangen sind:
Familienname (Ehe-/Lebenspartnerschaftsname; bei abweichendem Geburtsname auch dieser),
sämtliche Vornamen,
Staatsangehörigkeit, gegebenenfalls unter Bezeichnung der vorgelegten Unterlagen,
rechtliche Zugehörigkeit oder Nichtzugehörigkeit zu einer Kirche, Religionsgesellschaft oder Weltanschauungsgemeinschaft, soweit die Beteiligten mit der Eintragung in die Personenstandsbücher einverstanden sind,
Familienstand,
Beruf,
Geburtstag und -ort,
Bezeichnung des standesamtlichen Eintrages der Geburt,
Anschrift.
[5] Die Mitteilungen sind an den Standesbeamten zu richten, der die Geburt des Kindes beurkundet hat. [6] Ist die Geburt des Kindes nicht im Geltungsbereich des Personenstandsgesetzes beurkundet, so ist die Mitteilung an den Standesbeamten des Standesamts I in Berlin zu richten (§ 29 Abs. 2, § 29 b Abs. 2 des Personenstandsgesetzes).

Um Rückfragen der Standesämter zu vermeiden, wird es zweckmäßig sein, dem Vater und, soweit notwendig, der Mutter aufzugeben, die erforderlichen Urkunden zum Beurkundungstermin einzureichen oder zum Termin mitzubringen.

II. [Bekanntmachung der Beurkundung]

(nicht abgedruckt)

[1)] Änderungen vor dem 1. 1. 2004 sind nicht in Fußnoten nachgewiesen.

350. Kirchenrecht/Kirchliches Stiftungswesen Kirchenrechtliche und stiftungsaufsichtliche Genehmigung von Rechtsgeschäften kirchlicher Vermögensträger

I. Im Bereich der Evangelisch-Lutherischen Kirche in Bayern (siehe hierzu auch Seeger, MittBayNot 2003, 361)

Bei Rechtsgeschäften von Vermögensträgern der Evangelisch-Lutherischen Kirche in Bayern sind folgende Vertretungsregelungen und Genehmigungserfordernisse zu beachten:

1. Kirchengemeinden

Die Kirchengemeinden besitzen den Status von Körperschaften des öffentlichen Rechts (Art. 140 GG i.V.m. Art. 137 Abs. 5 WRV; § 4 Abs. 2 KGO). Rechtsgrundlage ist die Kirchengemeindeordnung (KGO) in der Neufassung vom 12. Januar 2000 (KABl. S. 64). Die Vertretung erfolgt durch den Kirchenvorstand (§ 18 Abs. 1 KGO) als Kollegialorgan. Im Rechtsverkehr nach außen wird der Kirchenvorstand durch seinen Vorsitzenden vertreten (§ 49 Abs. 1 KGO), der alleine für die Kirchengemeinde auftritt. Vorsitzender des Kirchenvorstandes ist der mit der pfarramtlichen Geschäftsführung Betraute (§ 35 Abs. 1 Satz 1 KGO), in der Regel also der Pfarrer. Der Vorsitzende ist an die Beschlüsse des Kirchenvorstandes gebunden (§ 49 Abs. 1 KGO). Der Nachweis über einen Beschluss des Kirchenvorstandes wird durch den beglaubigten Auszug aus dem Protokollbuch geführt (Nr. 3 ABestKGOKV).

Schriftliche Willenserklärungen des Kirchenvorstandes müssen vom Vorsitzenden unterschrieben und mit dem Amtssiegel versehen sein (§ 49 Abs. 2, 1. Halbsatz KGO). Sie sollen auf den Beschluß des Kirchenvorstandes Bezug nehmen (§ 49 Abs. 2, 2. Halbsatz KGO). Bei beurkundeten Erklärungen wird gem. § 67 BeurkG[1] das Erfordernis der Beidrückung des Dienstsiegels durch die öffentliche Beurkundung ersetzt.

Nach § 104 Abs. 1 KGO bedürfen u.a. folgende notarrelevante Rechtsgeschäfte der Genehmigung der kirchlichen Aufsichtsbehörde:

- Erwerb, Veräußerung oder
- Belastung von Grundstücken, Erbbaurechten und anderen grundstücksgleichen Rechten (§ 104 Abs. 1 Nr. 1 KGO);
- Veräußerung oder wesentliche Veränderung von Sachen, die einen besonderen wirtschaftlichen, archivalischen, wissenschaftlichen, geschichtlichen oder künstlerischen Wert haben (§ 104 Abs. 1 Nr. 2 KGO);
- Aufnahme und Gewährung von Darlehen; Aufnahme von Kassenkrediten nur, wenn die Summe der Kassenkredite ein Sechstel der haushaltsmäßigen Einnahmen übersteigt (§ 104 Abs. 1 Nr. 3 KGO);
- Abschluß von Bürgschaftsverträgen und verwandten Rechtsgeschäften (§ 104 Abs. 1 Nr. 4 KGO);
- Verfügung über Baulastansprüche und Reichnisse, Abschluß oder Änderung von Verträgen über die Auseinandersetzung von Kirchen- und Schulvermögen (§ 104 Abs. 1 Nr. 6 KGO);
- Annahme von Schenkungen, Vermächtnissen und Erbschaften sowie sonstiger Zuwendungen und Zustiftungen, die mit Lasten oder Auflagen verknüpft sind oder die einem erweiterten oder anderen Zweck als das bedachte Vermögen dienen (§ 104 Abs. 1 Nr. 7 KGO);
- Errichtung oder Übemahme von Erwerbsuntemehmungen oder erhebliche Beteiligung an solchen (§ 104 Abs. 1 Nr. 8 KGO);
- Rechtsgeschäfte oder Maßnahmen aller Art zwischen einer ortskirchlichen Stiftung und einer anderen Stiftung, einer Kirchengemeinde oder einem Dekanatsbezirk oder einem Dekanatsbezirksverband (§ 104 Abs. 1 Nr. 9 KGO).

Was gemäß § 104 Abs. 1 KGO für die Veräußerung oder sonstige Verfügung bestimmt ist, gilt auch, wenn eine Verpflichtung zu einer solchen Verfügung eingegangen wird (§ 104 Abs. 2 KGO). Beschlüsse, für die eine kirchenaufsichtliche Genehmigung erforderlich ist, werden erst rechtswirksam, wenn diese erteilt ist (§ 103 KGO). Zuständige Aufsichtsbehörde ist gemäß § 102 Abs. 1 KGO i.V.m. Nr. 3 d LKStV grundsätzlich die Evangelisch-Lutherische Landeskirchenstelle in Ansbach (Postanschrift: Bischof-Meiser-Straße 16, 91522 Ansbach).

[1] Nr. **200**.

Der Landeskirchenrat (Postanschrift: Meiserstr. 13, 80333 München) ist jedoch zuständig für die Erteilung der Genehmigung im Fall des § 104 Abs. 1 Nr. 2 und 9 KGO (Nr. 3 d Nr. 1 LKStV), femer in den übrigen Fällen des § 104 Abs. 1 KGO, wenn der Wert des Gegenstandes, auf den sich die Genehmigung bezieht, mehr als 200.000,– DM beträgt (Nr. 3 d Nr. 3 LKStV) sowie bei Kirchengemeinden, die zu einer Gesamtkirchengemeinde gehören (Nr. 3 a LKStV). Allerdings wird die Aufsicht grundsätzlich durch das Landeskirchenamt (Postanschrift: Meiserstr. 13, 80333 München) im Auftrag des Landeskirchenrates aufgrund des jeweiligen Beschlusses über den Geschäftsverteilungsplan wahrgenommen.

2. Gesamtkirchengemeinden

Bei den Gesamtkirchengemeinden handelt es sich um Körperschaften des öffentlichen Rechts (Art. 140 GG i.V.m. Art. 137 Abs. 5 WRV; § 86 Abs. 5 KGO i.V.m. § 4 Abs. 2 KGO). Für sie gelten grundsätzlich die auf Kirchengemeinden anzuwendenden Vorschriften entsprechend (§ 86 Abs. 5 KGO).

Die Vertretung erfolgt durch die Gesamtkirchenverwaltung als Kollegialorgan (§ 89 Abs. 1 KGO) bzw. durch beschließende Ausschüsse (§ 92 KGO). Im Rechtsverkehr nach außen wird die Gesamtkirchenverwaltung durch den Vorsitzenden vertreten (§ 86 Abs. 5 KGO i.V.m. § 49 Abs. 1 KGO), der für die Gesamtkirchenverwaltung alleine handelt. Vorsitzender ist bei Gesamtkirchengemeinden mit Dekanatssitz der Dekan, andernfalls ein von der Kirchenverwaltung gewählter Pfarrer (§ 90 Abs. 1 KGO).

350

Hinsichtlich der Genehmigungserfordemisse und der Bindung an Beschlüsse der Gesamtkirchenverwaltung gilt gem. § 86 Abs. 5 KGO das zu den Kirchengemeinden Gesagte. Zuständige Aufsichtsbehörde ist allerdings der Landeskirchenrat (Nr. 3 a LKStV) bzw. in dessen Auftrag grundsätzlich das Landeskirchenamt.

Gesamtkirchengemeinden bestehen derzeit in Ansbach, Aschaffenburg, Augsburg, Bamberg, Bayreuth, Coburg, Erlangen, Fürth, Hof, Ingolstadt, Kempten, Kulmbach, Landshut, München, Neu-Ulm, Nürnberg, Regensburg, Schweinfurt und Würzburg.

3. Dekanatsbezirke

Die Dekanatsbezirke sind Körperschaften des öffentlichen Rechts (Art. 140 GG i.V.m. Art. 137 Abs. 5 WRV; § 1 Abs. 2 DBO). Rechtsgrundlage ist die Dekanatsbezirksordnung (DBO) in der Neufassung vom 9. Juni 1976 (KABl. S. 153, zuletzt geändert durch Kirchengesetz vom 3. Dezember 1998, KABl. 1999, S. 3).

Die Vertretung erfolgt durch den Dekanatsausschuss als Kollegialorgan (§ 26 Abs. 1 DBO). Im Rechtsverkehr nach außen wird der Dekanatsbezirk durch den Dekan vertreten (§ 29 Abs. 1 Satz 3 DBO), der für den Dekanatsausschuss alleine handelt. Der Dekan hat darauf zu achten, dass die Beschlüsse der Dekanatssynode und des Dekanatsausschusses ausgeführt werden (§ 26 Abs. 1 Satz 2 DBO).

Nach § 42 Abs. 1 DBO unterliegen u.a. folgende notarrelevante Geschäfte einem Genehmigungserfordernis:

- Erwerb, Veräußerung und dingliche Belastung von Grundstücken und grundstücksgleichen Rechten (§ 42 Abs. 1 Nr. 1 DBO);
- Geschäfte, deren Gesamtkostenaufwand eine durch Verordnung zu bestimmende Summe übersteigt (wobei eine entsprechende Verordnung noch nicht erlassen wurde) oder an denen ein Mitglied des Dekanatsausschusses beteiligt ist (§ 42 Abs. 1 Nr. 2 DBO);
- Aufnahme von Darlehen mit Ausnahme von kurzfristigen Kassenkrediten, wenn diese ein Sechstel des haushaltsmäßigen Einnahmesolls nicht übersteigen, ferner Abschluß von Bürgschaftsverträgen oder ähnlichen Rechtsgeschäften (§ 42 Abs. 1 Nr. 3 DBO);
- Veräußerung oder wesentliche Veränderung von Sachen, die einen besonderen wissenschaftlichen, geschichtlichen oder künstlerischen Wert haben, besonders von Archiven und Registraturen sowie Teilen von solchen (§ 42 Abs. 1 Nr. 4 DBO);
- Errichtung und Übernahme von Erwerbsunternehmen oder erhebliche Beteiligung an solchen (§ 42 Abs. 1 Nr. 5 DBO).

Die Vorschriften für die Veräußerung oder sonstige Verfügung nach § 42 Abs. 1 DBO gelten auch, wenn eine Verpflichtung zu einer solchen Verfügung eingegangen wird (§ 42 Abs. 2 DBO). Beschlüsse nach § 42 Abs. 1 und 2 DBO werden erst mit Erteilung der Genehmigung rechtswirksam und dürfen vorher nicht vollzogen werden (§ 42 Abs. 4 DBO). Für die Erteilung der Genehmigung ist der Landeskirchenrat bzw. in dessen Auftrag grundsätzlich das Landeskirchenamt zuständig (§ 42 Abs. 1 DBO).

4. Kirchliche Stiftungen

a) Ortskirchliche Stiftungen (Kirchenstiftungen, besondere Kultusstiftungen)

Die ortskirchlichen Stiftungen (Kirchenstiftungen, besondere Kultusstiftungen) sind Stiftungen des öffentlichen Rechts (§ 63 Abs. 2 KGO i.V.m. § 4 Abs. 2 KGO).

Die Vertretung des ortskirchlichen Stiftungsvermögens obliegt dem Kirchenvorstand, soweit nicht besondere Stiftungsorgane bestehen (§ 22 Abs. 4 KGO). Es gelten die Bestimmungen über die Verwaltung des Kirchengemeindevermögens entsprechend (§ 63 Abs. 2 KGO). Im Rechtsverkehr nach außen wird die ortskirchliche Stiftung somit alleine durch den mit der pfarramtlichen Geschäftsführung Betrauten als Vorsitzenden des Kirchenvorstandes (i.d.R. Pfarrer) vertreten (§ 63 Abs. 2 KGO i.V.m. § 49 Abs. 1 KGO).

Was die Bindung an Beschlüsse des Kirchenvorstandes, die Genehmigungserfordernisse bei Rechtsgeschäften und die zuständigen Aufsichtbehörden betrifft, kann wegen § 63 Abs. 2 KGO auf die Ausführungen zu den Kirchengemeinden verwiesen werden. Zuständig ist somit grundsätzlich die Landeskirchenstelle. Der Landeskirchenrat bzw. das von ihm grundsätzlich beauftragte Landeskirchenamt ist insb. dann zuständig, wenn die ortskirchliche Stiftung einer zu einer Gesamtkirchengemeinde gehörenden Kirchengemeinde angehört.

b) Pfründestiftungen und sonstige kirchliche Stiftungen

Rechtsgrundlage für die Pfründestiftungen und die sonstigen kirchlichen Stiftungen ist das Kirchengesetz über die kirchlichen Stiftungen (KirchlStG), welches am 1. Januar 2003 in Kraft getreten ist (KABl. S. 16).

Bei den Pfründestiftungen handelt es sich um Stiftungen des öffentlichen Rechts. Sonstige kirchliche Stiftungen können öffentlich-rechtlich oder privatrechtlich organisiert sein (vgl. Art. 29 Abs. 3 BayStG; § 3 Abs. 1 KirchlStG).

Die gerichtliche und außergerichtliche Vertretung der Pfründestiftungen erfolgt weiterhin gem. Art. 4 PfründeStVG durch den Evangelisch-Lutherischen Pfründestiftungsverband, Körperschaft des öffentlichen Rechts (Postanschrift: Meiserstr. 11–13, 80333 München). Im Übrigen werden die unter das KirchlStG fallenden Stiftungen des öffentlichen Rechts durch einen Vorstand vertreten (§ 5 Abs. 2 KirchlStG i.V.m. § 26 BGB). Für kirchliche Stiftungen des bürgerlichen Rechts gilt § 6 BGB (§ 5 Abs. 1 KirchlStG). Die Vertretung erfolgt also durch einen Vorstand, soweit sich aus der Verfassung der Stiftung nichts anderes ergibt.

Nach § 18 Abs. 1 Satz 1 KirchlStG müssen u.a. folgende notarrelevante Geschäfte durch die kirchliche Stiftungsbehörde genehmigt werden:

- Annahme von Zustiftungen die mit einer Last verknüpft sind, welche nachhaltig den Wert der Stiftung übersteigt, oder die einem erweiterten oder anderen Zweck als die Hauptstiftung dienen (§ 18 Abs. 1 Satz 1 Nr. 1 KirchlStG);
- Erwerb, Veräußerung oder Belastung von Eigentum oder beschränkt dinglichen Rechten an Grundstücken oder Verfügungen über ein Reichnis, sofern diese den Wert von 10% des zuletzt ausgewiesenen Vermögens übersteigen (§ 18 Abs. 1 Satz 1 Nr. 3 KirchlStG);
- Veräußerung oder wesentliche Änderung von Sachen, die einen besonderen wissenschaftlichen, geschichtlichen oder künstlerischen Wert haben, besonders Archive und Registraturen sowie Teile von solchen (§ 18 Abs. 1 Satz 1 Nr. 4 KirchlStG);
- Errichtung oder Übernahme von Erwerbsunternehmungen oder erhebliche Beteiligung an solchen (§ 18 Abs. 1 Satz 1 Nr. 5 KirchlStG).

Die Regelungen über Veräußerungen und sonstige Verfügungen gelten auch für die Eingehung einer Verpflichtung zu einer solchen Verfügung (§ 18 Abs. 1 Satz 2 KirchlStG). Für die in § 18 Abs. 1 Satz 1 Nr. 3 und 5 KirchlStG aufgeführten Rechtsgeschäfte kann von der kirchlichen Stiftungsbehörde eine allgemeine Genehmigung erteilt werden (§ 18 Abs. 3 KirchlStG). Für den Evangelisch-Lutherischen Pfründestiftungsverband und die von ihm verwalteten Pfründestiftungen können Ausnahmen und abweichende Regelungen in einer Verordnung getroffen werden (§ 18 Abs. 4 KirchlStG).

Zuständige Genehmigungsbehörde ist die kirchliche Stiftungsaufsichtsbehörde und somit der Landeskirchenrat (§ 9 Abs. 2 Satz 1 KirchlStG) bzw. das von diesem beauftragte Landeskirchenamt. Die Stiftungsaufsicht kann auch an nachgeordnete kirchliche Dienststellen übertragen werden (§ 9 Abs. 2 Satz 2 KirchlStG). Gem. Nr. 3 lit. b der Verordnung über die Evangelisch-Lutherische Landeskirchenstelle in Ansbach vom 15. März 1930 (KABl. S. 19, zuletzt geändert am 8. Mai 1998, KABl. S. 170) ist die Landeskirchenstelle durch Beschluß des Landeskirchenrates vom 12. Mai 1998 mit der Wahrnehmung der Aufgaben als Stiftungsaufsichtsbehörde für die sonstigen kirchlichen Stiftungen beauftragt (Bek. vom 12. Mai 1998, KABl. S. 170, ber. S. 226).

II. Im Bereich der bayerischen (Erz-)Diözesen der Römisch-Katholischen Kirche (siehe hierzu auch Eckert/Heckel, MittBayNot 2006, 471)

Das katholische Kirchenrecht enthält Vorschriften zur Vertretung kirchlicher Vermögensträger und knüpft die Veräußerung (alienatio) bestimmter kirchlicher Vermögensgegenstände oder veräußerungsähnliche Rechtsgeschäfte an Gültigkeits- und Erlaubtheitsvoraussetzungen. Die Vertretungsregelungen und das kanonische Veräußerungsverbot als Begrenzung der Vertretungsmacht der Organe kirchlicher Vermögensträger haben dabei Bedeutung auch im staatlichen Bereich und sind wegen dieser auch zivilrechtlichen Wirkung vom Notar zu beachten. Zur Rechtswirksamkeit bestimmter Rechtsgeschäfte kirchlicher Vermögensträger ist daher in der notariellen Praxis regelmäßig die Genehmigung einer kirchlichen Aufsichtsbehörde erforderlich, auf die der Notar gemäß § 18 BeurkG[1] hinzuweisen hat.

Für die bayerischen (Erz-)Diözesen gilt näherhin folgendes.

1. Kirchliche Vermögensträger

a) Kirchengemeinden

Sie sind Körperschaften des öffentlichen Rechts, soweit ihnen diese Eigenschaft gemäß Art. 13 des Konkordats zwischen dem Heiligen Stuhl und dem deutschen Reich vom 20. Juli 1933 zukommt oder vom Staatsminister für Unterricht und Kultus gemäß Art. 4 Abs. 3 des Kirchensteuergesetzes in der Fassung der Bekanntmachung vom 15. März 1967 (KirchStG) verliehen worden ist. Die Kirchengemeinden können Muttergemeinden (Pfarr-, Pfarrkuratiegemeinden), Tochtergemeinden (Kuratie-, Expositur-, Filialgemeinden) oder Gesamtkirchengemeinden sein (Art. 1 Abs. 2 Satzung für die gemeindlichen Steuerverbände in den bayerischen Diözesen vom 17. November 1970 in der Fassung vom 15. September 1971 [= SgemStV]). Vertretungsorgan der Kirchengemeinde ist die Kirchenverwaltung (Art. 4 Abs. 1 SgemStV). Die Kirchenverwaltung wird im Rechtsverkehr durch ihren Vorstand tätig (Art. 19 Abs. 4 SgemStV). Vorstand der Kirchenverwaltung ist der Pfarrer bzw. der Inhaber der zugeordneten selbständigen Seelsorgestelle bei Gesamtkirchengemeinden ein von der Gesamtkirchenverwaltung gewählter Geistlicher (Art. 5 Abs. 1 u. 2 SgemStV). „Schriftliche Willenserklärungen, durch die eine Verpflichtung der Kirchengemeinde gegenüber Dritten begründet oder auf ein Recht verzichtet werden soll, sowie Ausfertigungen von Vollmachten bedürfen der Unterschrift des Kirchenverwaltungsvorstandes, des Kirchenpflegers und eines weiteren Kirchenverwaltungsmitgliedes sowie des Amtssiegels oder -stempels und müssen auf die zugrundeliegenden Beschlüsse Bezug nehmen. Die von Behörden, Gerichten oder Notariaten aufgenommenen Urkunden werden vom Kirchenverwaltungsvorstand unter Vorlage einer pfarramtlich beglaubigten Ausfertigung des entsprechenden und von allen Kirchenverwaltungsmitgliedern unterzeichneten Kirchenverwaltungsbeschlusses unterschrieben" (Art. 35 Abs. 5 SgemStV).

b) Kirchenstiftungen

Für den häufigsten Fall in der notariellen Grundstückspraxis in Bayern, der Veräußerung eines Grundstückes bzw. der Erbbaurechtsbestellung an einem Grundstück durch eine kirchliche Stiftung, ist hinsichtlich Vertretung und Genehmigung die Ordnung für kirchliche Stiftungen in den bayer. (Erz-)Diözesen i. d. Fassung vom 1. Juli 1988 (KiStiftO) zu beachten und zwischen Kirchenstiftungen und Pfründestiftungen zu unterscheiden. Kirchenstiftungen sind Stiftungen des öffentlichen Rechts (Art. 36, 38, 39 Bayer. Stiftungsgesetz vom 26. November 1954 [= StiftG]) und können Pfarr-, Kuratie-, Expositur- oder Filialkirchenstiftungen sein (Art. 5 Abs. 1 KiStiftO) Gesetzlicher Vertreter der Kirchenstiftung ist die Kirchenverwaltung (Art. 9 Abs. 2 KiStiftO), die im rechtsgeschäftlichen Verkehr in gleicher Weise wie bei der Vertretung der Kirchengemeinde tätig wird. Im Einzelnen bestimmt Art. 20 Abs. 1 und 2 KiStiftO:

„

(1) Willenserklärungen der Kirchenstiftung, durch die eine Verpflichtung gegenüber Dritten begründet oder auf ein Recht verzichtet wird oder Ermächtigungen (Vollmachten) ausgesprochen werden, bedürfen der Schriftform sowie der Unterschrift des Kirchenverwaltungsvorstandes, des Kirchenpflegers und eines weiteren Kirchenverwaltungsmitgliedes sowie der Beidrückung des (Pfarr-)Amtssiegels oder Amtsstempels und der Bezugnahme auf diesem Handeln zugrunde liegende Kirchenverwaltungsbeschlüsse. Die von Behörden, Gerichten oder Notariaten aufgenommenen Urkunden werden vom Kirchenverwaltungsvorstand unter Vorlage einer pfarramtlich beglaubigten Abschrift des entsprechenden und von allen anwesenden Kirchenverwaltungsmitgliedern unterzeichneten Kirchenverwaltungsbeschlusses unterschrieben.

(2) Für Willenserklärungen der Kirchenstiftung, durch die Geschäfte der laufenden Verwaltung (Art. 13 Abs. 2), dringliche Anordnungen und unaufschiebbare Geschäfte (Art. 13 Abs. 3) erledigt werden, genügen im Gegensatz zu den Vorschriften des Abs. 1 regelmäßig die Schrift-

[1] Nr. **200**.

form und die Unterzeichnung durch den Kirchenverwaltungsvorstand unter Angabe seiner Amtsbezeichnung.

(3), (4) ...

"

c) Pfründestiftungen

Sie sind Stiftungen des öffentlichen Rechts (Art. 36, 38, 39 StiftG) und werden in Pfarr-, Kuratie-, Benefiziumspfründestiftungen sowie Kaplaneistiftungen unterschieden (Art. 5 Abs. 1 KiStiftO). Gesetzlicher Vertreter der Pfründestiftung ist ihr Inhaber (Art. 35 Abs. 2 KiStiftO), das heißt der Pfarrer, Kurat, Benefiziat oder Kaplan, dem die Pfründe rechtmäßig verliehen worden ist.

d) Sonstige kirchliche Stiftungen

Die Kirche unterhält Anstalten zur Förderung der leiblichen und geistlichen Wohlfahrt (so genannte Wohlfahrtsanstalten). Sie gehen regelmäßig auf eine Stiftung zurück, sind aber nicht von Haus aus juristische Personen. Die kirchliche Rechtsfähigkeit kann ihnen von dem Ortsoberhirten verliehen werden; für den Erwerb einer auch im außerkirchlichen Raum wirksamen Rechtsfähigkeit stehen ihnen die verschiedenen Möglichkeiten des staatlichen Rechts offen. Ihre Vertretung im rechtsgeschäftlichen Verkehr richtet sich nach der jeweiligen Satzung (Art. 38 Abs. 2 KiStiftO).

e) Ordensgemeinschaften

Bei „Ordensgemeinschaften" ist zwischen Instituten des geweihten Lebens und Gesellschaften Apostolischen Lebens zu differenzieren. Die Institute des geweihten Lebens gliedern sich in Religioseninstitute, worunter insbesondere die Ordensinstitute fallen, und in Säkularinstitute. In der notariellen Praxis wird man meist mit Ordensinstituten konfrontiert werden. Bei Ordensinstituten bestimmt das Eigenrecht, wer zur Vertretung befugt ist. Erste Informationen über Rechtsform und Vertretung der jeweiligen Ordensgemeinschaft erhält man unter www.orden.de.

2. Umfang der Genehmigungspflicht

Das kanonische Veräußerungsverbot gemäß cc. 1291–1295 CIC/1983 – für Ordensinstitute ist zudem c. 638 CIC/1983 zu beachten – differenziert bei der Veräußerungsbeschränkung zunächst zwischen Geschäften, die eine festzulegende Unter- bzw. Obergrenze unter- bzw. überschreiten. Für die notarielle Praxis ist jedoch wichtig, dass die Deutsche Bischofskonferenz festgelegt hat, dass Grundstücksveräußerungen und die Belastung von Grundstücken und grundstückgleichen Rechten unabhängig von der Wertgrenze der Genehmigung bedürfen. Für Ordensgemeinschaften besteht zudem von vornherein keine Untergrenze. Es kann daher davon ausgegangen werden, dass nahezu alle Rechtsgeschäfte, die der notariellen Beurkundung bedürfen, genehmigungspflichtig sind.

Für die kirchlichen Stiftungen in Bayern regelt zudem Art. 44 KiStiftO als partikularrechtliche Ergänzung und Konkretisierung die stiftungsaufsichtliche Genehmigung. Im Einzelnen bestimmt Art. 44 KiStiftO:

„

(1) Rechtsgeschäfte und Maßnahmen der Stiftungsorgane, die für die kirchlichen Stiftungen grundsätzliche Bedeutung haben und erhebliche Verpflichtungen rechtlicher, wirtschaftlicher oder finanzieller Art erwarten lassen, bedürfen der Genehmigung der kirchlichen Stiftungsaufsichtsbehörde. Sie entscheidet erforderlichenfalls über das Vorliegen dieser Voraussetzungen.

(2) Der stiftungsaufsichtlichen Genehmigungen nach Abs. 1 bedürfen insbesondere

1. die Annahme von Zuwendungen oder Zustiftungen unter Lebenden oder von Todes wegen, die mit Lasten oder Auflagen verknüpft sind oder die einem erweiterten oder anderen Zweck als dem der bedachten kirchlichen Stiftungen dienen,
2. Abweichungen von Art. 10 Abs. 2 StG,
3. Erwerb, Veräußerung oder Belastung von Grundstücken oder grundstücksgleichen Rechten, ferner Verfügungen über ein Recht an einem Grundstück oder über das Recht auf ein Reichnis,
4. kirchliche Bauführungen, die Ablösung (ganz oder teilweise) der Baupflicht, Entscheidungen, welche die primäre oder subsidiäre Baupflicht des Staates einschließlich der Baufallschätzung betreffen,
5. Erwerb, Veräußerung, Verpfändung, (un-)entgeltliche Überlassung oder wesentliche Veränderungen von Sachen, vornehmlich von Einrichtungs- oder Ausstattungsgegenständen, von besonderem, vor allem wissenschaftlichem, geschichtlichem oder künstlerischem Wert, insbesondere von Archiven und Registraturen sowie Teilen von solchen,

6. Abschluß, Änderung oder Beendigung von Arbeitsverträgen, Übernahme sonstiger fortdauernder oder wiederkehrender Leistungen, bleibender Verpflichtungen oder Lasten sowie alle Schuldaufnahmen und jegliches Einstehen für fremde Schuld,
7. die Anlage von Stiftungsmitteln abweichend von den geltenden Bestimmungen,
8. die Gewährung von Darlehen und außerordentlichen Vergütungen,
9. die Führung eines Rechtsstreites für das Stiftungsvermögen und seine Fortführung im weiteren Rechtszug,
10. Rechtsgeschäfte und Maßnahmen aller Art zwischen kirchlichen Stiftungen oder zwischen kirchlichen Stiftungen und Kirchengemeinden,
11. Vermietungen, Verpachtungen, die Bewirtschaftung von Stiftungswaldungen,
12. Verzichte, Vergleiche und Anerkenntnisse sowie
13. der Erlaß, die Änderung oder Aufhebung von Satzungen oder satzungsgleichen Ordnungen.

(3) Das in Absatz 1 und 2 Bestimmte gilt auch schon für die Eingehung einer Verpflichtung zu derartigen Verfügungen oder Maßnahmen.

(4) Beschlüsse, Rechtsgeschäfte und sonstige Entscheidungen der Stiftungsorgane im Sinne der Abs. 1 und 3 werden erst wirksam, wenn sie von der kirchlichen Stiftungsaufsichtsbehörde regelmäßig schriftlich genehmigt sind. Ihre vorherige Vollziehung ist unzulässig.

(5) Bei Verträgen ist die stiftungsaufsichtliche Genehmigung für die Wirksamkeit des Vertrages ausdrücklich vorzubehalten.

"

Art. 45 KiStiftO bestimmt ergänzend:

„Alle Fälle, in denen eine Genehmigung nach staatlichem Recht in Angelegenheiten der kirchlichen Stiftungen vorgeschrieben ist, bedürfen gleichzeitig auch immer der Erteilung der stiftungsaufsichtlichen Genehmigung der kirchlichen Stiftungsaufsichtsbehörde.

"

3. Zuständige Genehmigungsbehörde

Zuständig für die kirchenrechtliche Genehmigung einer Veräußerung ist grundsätzlich der Diözesanbischof und somit das (Erz-)Bischöfliche Ordinariat. Bei der Veräußerung von Stammvermögen einer Ordensgemeinschaft bedarf dieser Akt bereits nach c. 638 § 3 CIC/1983 der Erlaubnis des nach dem jeweiligen Eigenrecht zuständigen Oberen, die jedoch nur unter Beachtung der Voraussetzungen der cc. 1291 ff. CIC/1983 erteilt werden kann. Nur wenn die Ordensgemeinschaft bischöflichen Rechts ist, bedarf es daneben noch der Zustimmung des Ortsoberhirten (i.d.R. somit des Diözesanbischofs). Für die kirchlichen Stiftungen tritt die speziellere stiftungsaufsichtliche Genehmigung an die Stelle der allgemeinen kirchenrechtlichen Genehmigung. Zuständig für die Erteilung der kirchenstiftungsaufsichtlichen Genehmigung ist das (Erz-)Bischöfliche Ordinariat der Diözese, in der die Stiftung ihren Sitz hat (Adressen der Ordinariate jeweils unter www.bistuemer.de). Kirchliche Stiftungsaufsichtsbehörde ist dabei die (Erz-)Bischöfliche Finanzkammer, Art 42 Abs. 2 KiStiftO. In einigen Sonderfällen (Überschreiten der so genannten Romgrenze; derzeit 5 Millionen Euro) ist zudem eine Genehmigung des Apostolischen Stuhles notwendig, die aber über das zuständige (Erz-)Bischöfliche Ordinariat einzuholen ist.

4. Kirchliche Rechtsträger in Privatrechtsform

Gründen kirchliche Vermögensträger oder deren Mitglieder eine juristische Person des Privatrechts, z.B. einen Verein oder eine GmbH, und übertragen sie dieser juristischen Person kirchliches Stammvermögen, so liegt in der Regel eine genehmigungsbedürftige Veräußerung vor, weil das Stammvermögen den kirchlichen Bereich verlässt und nicht mehr Kirchengut ist. Denn die neu gegründete juristische Person ist in der Regel keine kirchliche öffentliche juristische Person und unterliegt mit ihrem Vermögen daher nicht mehr den kanonischen Vorschriften zur Vermögensverwaltung. Sie kann daher frei über das auf sie übertragene Vermögen verfügen, ohne dass es einer kirchenrechtlichen Genehmigung mehr bedarf.

355. Gesetz zur Regelung der Pflege-, Betreuungs- und Wohnqualität im Alter und bei Behinderung (Pflege- und Wohnqualitätsgesetz – PfleWoqG)

Vom 8. Juli 2008
(GVBl S. 346)
BayRS 2170-5-A

Der Landtag des Freistaates Bayern hat das folgende Gesetz beschlossen, das hiermit bekannt gemacht wird:

Erster Teil. Allgemeine Vorschriften

Art. 1 Zweck des Gesetzes. (1) Zweck des Gesetzes ist es,

1. die Würde sowie die Interessen und Bedürfnisse pflege- und betreuungsbedürftiger Menschen als Bewohnerinnen und Bewohner stationärer Einrichtungen und sonstiger Wohnformen im Sinn dieses Gesetzes (Bewohnerinnen und Bewohner) vor Beeinträchtigung zu schützen,
2. die Selbstständigkeit, die Selbstbestimmung, die Selbstverantwortung sowie die Lebensqualität der Bewohnerinnen und Bewohner zu wahren und zu fördern,
3. in stationären Einrichtungen und sonstigen Wohnformen im Sinn dieses Gesetzes eine dem allgemein anerkannten Stand der fachlichen Erkenntnisse entsprechende Betreuung und Wohnqualität für die Bewohnerinnen und Bewohner zu sichern,
4. die Mitwirkung der Bewohnerinnen und Bewohner zu gewährleisten,
5. die Beratung in Angelegenheiten der stationären Einrichtungen oder sonstigen Wohnformen im Sinn dieses Gesetzes zu unterstützen,
6. die Einhaltung der dem Träger gegenüber den Bewohnerinnen und Bewohnern obliegenden Pflichten zu sichern.

(2) Die Selbstständigkeit und die unternehmerische Eigenverantwortung der Träger in Zielsetzung und Durchführung ihrer Aufgaben bleiben unberührt.

Art. 2 Anwendungsbereich, Abgrenzungen. (1) [1] Stationäre Einrichtungen im Sinn dieses Gesetzes sind Einrichtungen,

1. die dem Zweck dienen, ältere Menschen, pflegebedürftige Volljährige oder volljährige behinderte oder von Behinderung bedrohte Menschen im Sinn des § 2 Abs. 1 des Neunten Buches Sozialgesetzbuch aufzunehmen, ihnen Wohnraum zu überlassen sowie Betreuungs- oder Pflegeleistungen zur Verfügung zu stellen oder vorzuhalten,
2. die in ihrem Bestand von Wechsel sowie Zahl der Bewohnerinnen und Bewohner unabhängig sind sowie
3. entgeltlich betrieben werden.

[2] Einrichtungen der Tages- und Nachtpflege gelten nicht als stationäre Einrichtungen im Sinn des Satzes 1. [3] Für stationäre Einrichtungen gelten vorbehaltlich der Abs. 2 bis 4 die Bestimmungen des Zweiten Teils.

(2) Dieses Gesetz findet keine Anwendung auf Formen des Betreuten Wohnens, die zugleich die Voraussetzungen des Abs. 1 erfüllen, wenn die Mieterinnen oder Mieter oder Käuferinnen oder Käufer vertraglich lediglich dazu verpflichtet werden, allgemeine Betreuungsleistungen wie Notrufdienste, die Vermittlung von Dienst- und Pflegeleistungen oder Informationen und Beratungsleistungen (Grundleistungen) von bestimmten Anbietern abzunehmen und die über die Grundleistungen hinausgehenden Betreuungs- und Pflegeleistungen (Zusatzleistungen) von den Bewohnerinnen oder Bewohnern frei wählbar sind.

(3) [1] Ambulant betreute Wohngemeinschaften im Sinn dieses Gesetzes sind Wohnformen, die dem Zweck dienen, pflegebedürftigen Menschen das Leben in einem gemeinsamen Haushalt und die Inanspruchnahme externer Pflege- oder Betreuungsleistungen gegen Entgelt zu ermöglichen. [2] Dies gilt unabhängig davon, ob die Wohngemeinschaften durch einen Träger initiiert und begleitet werden sowie in ihrem Bestand von Wechsel und Zahl der Bewohnerinnen und Bewohner unabhängig sind. [3] Für ambulant betreute Wohngemeinschaften gelten nur die Bestimmungen des Dritten Teils sowie Art. 23 und 24, wenn

1. die Selbstbestimmung der Bewohnerinnen und Bewohner gewährleistet ist,
2. die Bewohnerinnen und Bewohner oder deren gesetzliche Betreuungspersonen die Betreuungs- und Pflegedienste sowie Art und Umfang der Betreuungs- und Pflegeleistungen frei wählen können,
3. die Pflege- oder Betreuungsdienste nur einen Gaststatus, insbesondere keine Büroräume in der oder in enger räumlicher Verbindung mit der ambulant betreuten Wohngemeinschaft haben,
4. die ambulant betreute Wohngemeinschaft baulich, organisatorisch und wirtschaftlich selbstständig ist, insbesondere kein Bestandteil einer stationären Einrichtung ist, und sich nicht mehr als zwei ambulant betreute Wohngemeinschaften der gleichen Initiatoren in unmittelbarer räumlicher Nähe und organisatorischem Verbund befinden sowie
5. nicht mehr als zwölf pflege- oder betreuungsbedürftige Personen in der ambulant betreuten Wohngemeinschaft wohnen.

[4] Andernfalls finden auf ambulant betreute Wohngemeinschaften die Bestimmungen des Zweiten Teils Anwendung.

(4) [1] Betreute Wohngruppen im Sinn dieses Gesetzes sind gemeinschaftlich betreute Wohnformen für Menschen mit Behinderung, die für ihre Bewohnerinnen und Bewohner eine individuelle Betreuung gewährleisten. [2] Hauptziele betreuter Wohngruppen sind die Förderung der Selbstständigkeit und Selbstverantwortung der Bewohnerinnen und Bewohner, die Gewährung ihrer Selbstbestimmung sowie die Unterstützung ihrer Eingliederung und Teilhabe am Leben der Gemeinschaft. [3] Für Betreute Wohngruppen gelten nur die Bestimmungen des Dritten Teils sowie Art. 23 und 24, wenn sie

1. räumlich eigene Einheiten mit in der Regel bis zu zwölf Plätzen bilden,
2. nur organisatorisch an eine zentrale Verwaltung angebunden, örtlich aber von ihr getrennt sind,
3. Personen aufnehmen, die nicht in der Lage sind, allein und unabhängig von Betreuung zu wohnen und die nicht der permanenten persönlichen Anwesenheit von Betreuungskräften während des gesamten Tages und während der Nacht bedürfen, sowie
4. Personen aufnehmen, die in der Lage sind, ihre Interessen und Bedürfnisse mitteilen zu können.

[4] Andernfalls finden auf Betreute Wohngruppen die Bestimmungen des Zweiten Teils Anwendung. [5] Für Betreute Wohngruppen für Menschen mit seelischer Behinderung im Sinn der Sätze 1 und 2, die die Voraussetzungen des Satzes 3 erfüllen, findet dieses Gesetz keine Anwendung.

Zweiter Teil. Besondere Vorschriften für stationäre Einrichtungen

Abschnitt 1. Anforderungen an Träger und Leitung

Art. 3 Qualitätsanforderungen an den Betrieb. (1) [1] Eine stationäre Einrichtung muss unter der Verantwortung eines Trägers stehen. [2] Der Träger muss die notwendige Zuverlässigkeit zum Betrieb einer stationären Einrichtung besitzen.

(2) Der Träger und die Leitung einer stationären Einrichtung haben sicherzustellen, dass

1. die Würde sowie die Interessen und Bedürfnisse der Bewohnerinnen und Bewohner vor Beeinträchtigungen geschützt werden,
2. die Selbstständigkeit, die Selbstbestimmung und die Selbstverantwortung der Bewohnerinnen und Bewohner gewahrt und gefördert werden, insbesondere bei Menschen mit Behinderung die sozialpädagogische Betreuung und heilpädagogische Förderung sowie bei Pflegebedürftigen eine humane und aktivierende Pflege unter Achtung der Menschenwürde gewährleistet wird,
3. eine angemessene Qualität der Betreuung, Pflege und Verpflegung der Bewohnerinnen und Bewohner in der stationären Einrichtung selbst oder in angemessener anderer Weise einschließlich der ärztlichen und gesundheitlichen Betreuung gesichert ist, insbesondere auch die interkulturelle Kompetenz der Betreuungs- und Pflegekräfte gefördert wird,
4. die Leistungen nach dem jeweils allgemein anerkannten Stand fachlicher Erkenntnisse erbracht werden,
5. die Eingliederung und möglichst selbstbestimmte Teilhabe von Menschen mit Behinderung am Leben der Gemeinschaft gefördert werden und das Konzept der stationären Einrichtung darauf ausgerichtet ist,

6. den Bewohnerinnen und Bewohnern eine nach Art und Umfang ihrer Betreuungsbedürftigkeit angemessene Lebensgestaltung ermöglicht wird und die erforderlichen Hilfen gewährt werden,
7. die hauswirtschaftliche Versorgung zur Verfügung gestellt oder vorgehalten sowie eine angemessene Qualität des Wohnens gewährleistet wird,
8. für pflegebedürftige Bewohnerinnen und Bewohner Pflegeplanungen aufgestellt und deren Umsetzungen aufgezeichnet werden,
9. in Einrichtungen für Menschen mit Behinderung für die Bewohnerinnen und Bewohner Förder- und Hilfepläne aufgestellt und deren Umsetzungen aufgezeichnet werden,
10. ein ausreichender und dem Konzept der stationären Einrichtung angepasster Schutz der Bewohnerinnen und Bewohner vor Infektionen gewährleistet wird und von den Beschäftigten die für ihren Aufgabenbereich einschlägigen Anforderungen der Hygiene eingehalten werden,
11. die Arzneimittel ordnungsgemäß und bewohnerbezogen aufbewahrt werden und die in der Pflege und Betreuung tätigen Personen einmal im Jahr über den sachgerechten Umgang mit Arzneimitteln beraten werden,
12. eine fachliche Konzeption verfolgt wird, die gewährleistet, dass die Vorgaben der Nrn. 1 bis 11 umgesetzt werden und diese fachliche Konzeption mit der baulichen Umsetzung übereinstimmt.

(3) Der Träger einer stationären Einrichtung hat sicherzustellen, dass

1. Pflege- und Betreuungskräfte in ausreichender Zahl und mit der für die von ihnen zu leistende Tätigkeit erforderlichen persönlichen und fachlichen Eignung vorhanden sind, insbesondere regelmäßige Qualifizierungsangebote für die Beschäftigten gewährleistet sind, für stationäre Einrichtungen der Behindertenhilfe eine entsprechende Leitung und für jede stationäre Einrichtung in der Altenhilfe eine eigene Pflegedienstleitung tätig ist, soweit nicht ein Gesamtversorgungsvertrag im Sinn des § 72 Abs. 2 Satz 1 Halbsatz 2 des Elften Buches Sozialgesetzbuch (SGB XI) besteht,
2. angemessene Entgelte verlangt werden,
3. ein Qualitäts- und Beschwerdemanagement betrieben wird und
4. bei Bedarf Supervision oder vergleichbare Maßnahmen für die Beschäftigten angeboten werden.

Art. 4 Anzeigepflichten. (1) [1] Wer den Betrieb einer stationären Einrichtung aufnehmen will, hat seine Absicht spätestens drei Monate vor der vorgesehenen Inbetriebnahme der zuständigen Behörde anzuzeigen. [2] Die Anzeige muss insbesondere folgende Angaben enthalten:

1. den vorgesehenen Zeitpunkt der Betriebsaufnahme,
2. den Namen und die Anschrift des Trägers und der stationären Einrichtung,
3. die Nutzungsart der stationären Einrichtung und der Räume sowie deren Lage, Zahl und Größe und die vorgesehene Belegung der Wohnräume,
4. den Namen, die berufliche Ausbildung und den Werdegang der Leitung der stationären Einrichtung, bei Pflegeheimen auch der Pflegedienstleitung und bei Einrichtungen der Behindertenhilfe auch der Bereichsleitung, sowie die Namen und die berufliche Ausbildung der Pflege- und Betreuungskräfte, soweit mit diesen Personen bereits vertragliche Bindungen eingegangen wurden,
5. einen Versorgungsvertrag nach § 72 SGB XI, die wesentlichen Leistungs- und Qualitätsmerkmale der Einrichtung nach § 84 Abs. 5 SGB XI, soweit vorhanden den Personalabgleich nach § 84 Abs. 6 SGB XI sowie einen Vertrag zur integrierten Versorgung nach § 92b SGB XI oder die Erklärung, ob ein solcher Versorgungsvertrag oder eine Vereinbarung über die wesentlichen Leistungs- und Qualitätsmerkmale der Einrichtung als Teil der Pflegesatzvereinbarung oder ein Vertrag zur integrierten Versorgung angestrebt werden,
6. die Vereinbarungen nach § 75 Abs. 3 des Zwölften Buches Sozialgesetzbuch (SGB XII) oder die Erklärung, ob solche Vereinbarungen angestrebt werden und
7. die Einzelvereinbarungen auf Grund des § 39a des Fünften Buches Sozialgesetzbuch (SGB V) oder die Erklärung, ob solche Vereinbarungen angestrebt werden.

(2) [1] Die zuständige Behörde kann weitere Angaben verlangen, soweit sie zur zweckgerichteten Aufgabenerfüllung erforderlich sind. [2] Stehen die Leitung, die Pflegedienstleitung oder die Betreuungskräfte zum Zeitpunkt der Anzeige noch nicht fest, ist die Mitteilung vor Aufnahme des Betriebs unverzüglich nachzuholen.

(3) [1] Der zuständigen Behörde sind unverzüglich Änderungen anzuzeigen, die Angaben gemäß Abs. 1 betreffen. [2] Änderungen bezüglich der Angaben gemäß Abs. 1 Nr. 4 müssen,

soweit Pflege- oder Betreuungskräfte betroffen sind, spätestens sechs Monate nach Eintritt der Veränderung angezeigt werden.

(4) Wer beabsichtigt, den Betrieb einer stationären Einrichtung ganz oder teilweise einzustellen oder die Vertragsbedingungen wesentlich zu ändern, hat dies der zuständigen Behörde unverzüglich, im Fall der Betriebseinstellung spätestens sechs Monate vor der tatsächlichen Einstellung, anzuzeigen.

Art. 5 Angemessenheit und Erhöhung der Entgelte, Anpassungspflicht, Nachweispflicht im Fall der Kündigung, Hausverbote.

(1) [1] Dem Träger ist es untersagt, Entgelte und Entgeltbestandteile zu verlangen, die nicht in einem angemessenen Verhältnis zu den Leistungen stehen. [2] Für Zeiten der Abwesenheit der Bewohnerinnen oder Bewohner ist der Träger verpflichtet, soweit drei Kalendertage überschritten werden, Abschläge von mindestens 25 v.H. der Pflegevergütung, der Entgelte für Unterkunft und Verpflegung und der Zuschläge nach § 92 b SGB XI zu erstatten. [3] Die Entgelte und Entgeltbestandteile sind vom Träger nach einheitlichen Grundsätzen zu bemessen, wobei eine Differenzierung insoweit zulässig ist, als eine öffentliche Förderung von betriebsnotwendigen Investitionsaufwendungen nur für einen Teil der stationären Einrichtung erfolgt ist oder Vergütungsvereinbarungen nach dem Zehnten Kapitel SGB XII über Investitionsbeträge oder gesondert berechenbare Investitionsbeträge oder gesondert berechnete Investitionskosten getroffen worden sind.

(2) [1] Im Fall der Erhöhung des Entgelts sowie der Entgeltbestandteile hat der Träger die Bewohnerinnen und Bewohner vier Wochen vor dem Zeitpunkt, zu dem die Erhöhung eintreten soll, von der voraussichtlichen Erhöhung schriftlich unter Angabe der Begründung in Kenntnis zu setzen. [2] Die Bewohnervertretung oder der Bewohnerfürsprecher ist rechtzeitig vor Aufnahme von Verhandlungen über Vergütungsvereinbarungen mit den Pflegekassen anzuhören. [3] Zu diesem Zweck sind der Bewohnervertretung oder dem Bewohnerfürsprecher unter Vorlage nachvollziehbarer Unterlagen die wirtschaftliche Notwendigkeit und Angemessenheit geplanter Entgelterhöhungen zu erläutern.

(3) Die Leistungen sind vom Träger an einen erhöhten oder verringerten Betreuungsbedarf der Bewohnerin oder des Bewohners anzupassen.

(4) Im Fall der Kündigung des Vertrags durch den Träger, die nicht darin begründet ist, dass die Bewohnerin ihre oder der Bewohner seine vertraglichen Pflichten so gröblich verletzt, dass dem Träger die Fortsetzung des Vertrags nicht mehr zugemutet werden kann, muss der Träger der Bewohnerin oder dem Bewohner eine angemessene anderweitige Unterkunft und Betreuung zu zumutbaren Bedingungen nachweisen.

(5) Der Träger oder die Leitung einer stationären Einrichtung dürfen gegen Besucher von Bewohnerinnen und Bewohnern ein Hausverbot nur insoweit aussprechen, als dies unerlässlich ist, um eine unzumutbare Beeinträchtigung des Betriebs der stationären Einrichtung abzuwenden.

Art. 6 Transparenz, Informationspflichten. (1) Der Träger ist verpflichtet,

1. sein Leistungsangebot aufgeschlüsselt nach Art, Menge und Preis in geeigneter Weise für alle Interessierten zugänglich zu machen,
2. den Bewohnerinnen und Bewohnern Einblick in die sie betreffenden Aufzeichnungen der Pflege-, Hilfe- oder Förderplanung und deren Umsetzung im Sinn des Art. 3 Abs. 2 Nrn. 8 und 9 zu gewähren und
3. die Bewohnerinnen und Bewohner über vorhandene Beratungs- und Beschwerdestellen zu informieren.

(2) Ab dem 1. Januar 2011 sind die Berichte der zuständigen Behörde über die in den stationären Einrichtungen durchgeführten Prüfungen nach Art. 11 in geeigneter Form zu veröffentlichen.

Art. 7 Aufzeichnungs- und Aufbewahrungspflichten. Der Träger hat nach den Grundsätzen einer ordnungsgemäßen Buch- und Aktenführung Aufzeichnungen über den Betrieb zu machen und die Qualitätssicherungsmaßnahmen und deren Ergebnisse so zu dokumentieren, dass der ordnungsgemäße Betrieb festgestellt werden kann.

Art. 8 Leistungen an Träger und Beschäftigte. (1) Dem Träger ist es untersagt, sich von oder zugunsten von Bewohnerinnen und Bewohnern oder Bewerberinnen und Bewerbern um einen Platz in der stationären Einrichtung Geld oder geldwerte Leistungen über das vereinbarte Entgelt hinaus versprechen oder gewähren zu lassen.

(2) Dies gilt nicht, wenn

1. andere als die vertraglich aufgeführten Leistungen des Trägers abgegolten werden,
2. geringwertige Aufmerksamkeiten versprochen oder gewährt werden,
3. Leistungen im Hinblick auf die Überlassung eines Platzes in der stationären Einrichtung zum Bau, zum Erwerb, zur Instandsetzung, zur Ausstattung oder zum Betrieb der stationären Einrichtung versprochen oder gewährt werden,
4. Sicherheiten für die Erfüllung der Verpflichtungen aus den Verträgen zwischen dem Träger und den Bewohnerinnen oder Bewohnern geleistet werden und diese Leistungen das Doppelte des auf einen Monat entfallenden Entgelts nicht übersteigen; auf Verlangen der Bewohnerin oder des Bewohners können diese Sicherheiten auch durch Stellung einer selbstschuldnerischen Bürgschaft eines Kreditinstituts oder einer öffentlich-rechtlichen Körperschaft geleistet werden.

(3) [1] Leistungen im Sinn des Abs. 2 Nr. 3 sind zurückzugewähren, soweit sie nicht mit dem Entgelt verrechnet worden sind. [2] Sie sind vom Zeitpunkt ihrer Gewährung an zu einem Zinssatz, der dem für Spareinlagen mit dreimonatiger Kündigungsfrist marktüblichen Zinssatz entspricht, zu verzinsen, soweit der Vorteil der Kapitalnutzung bei der Bemessung des Entgelts nicht berücksichtigt worden ist. [3] Die Verzinsung oder der Vorteil der Kapitalnutzung bei der Bemessung des Entgelts ist der Bewohnerin oder dem Bewohner gegenüber durch jährliche Abrechnungen nachzuweisen. [4] Sätze 1 bis 3 gelten auch für Leistungen, die von oder zugunsten von Bewerberinnen und Bewerbern erbracht worden sind.

(4) [1] Ist nach Abs. 2 Nr. 4 als Sicherheit eine Geldsumme bereitzustellen, so hat der Träger die Geldsumme von seinem Vermögen getrennt für jede Bewohnerin und jeden Bewohner einzeln bei einem Geldinstitut zu dem für Spareinlagen mit dreimonatiger Kündigungsfrist marktüblichen Zinssatz anzulegen. [2] Die Zinsen stehen, auch soweit ein höherer Zinssatz erzielt wird, der Bewohnerin oder dem Bewohner zu und erhöhen die Sicherheit. [3] Abweichende Vereinbarungen zum Nachteil der Bewohnerin oder des Bewohners sind unzulässig. [4] Abs. 2 Nr. 4 gilt nicht für Versicherte der Pflegeversicherung und für Personen, denen Hilfe in Einrichtungen nach dem Zwölften Buch Sozialgesetzbuch gewährt wird.

(5) [1] Der Leitung, den Beschäftigten oder sonstigen Mitarbeiterinnen oder Mitarbeitern der stationären Einrichtung ist es untersagt, sich von oder zugunsten von Bewohnerinnen und Bewohnern neben der vom Träger erbrachten Vergütung Geld oder geldwerte Leistungen für die Erfüllung der Pflichten aus den zwischen dem Träger und den Bewohnerinnen oder Bewohnern geschlossenen Verträgen versprechen oder gewähren zu lassen. [2] Dies gilt nicht, soweit es sich um geringwertige Aufmerksamkeiten handelt.

(6) Die zuständige Behörde kann in Einzelfällen Ausnahmen von den Verboten der Abs. 1 und 5 zulassen, soweit der Schutz der Bewohnerinnen und Bewohner die Aufrechterhaltung der Verbote nicht erfordert und die Leistungen noch nicht versprochen oder gewährt worden sind.

Art. 9 Vertretung der Bewohnerinnen und Bewohner. (1) [1] Die Bewohnervertretung wirkt in Angelegenheiten des Betriebs der stationären Einrichtung mit. [2] Die Bewohnervertretung kann bei der Wahrnehmung ihrer Aufgaben und Rechte fach- und sachkundige Personen ihres Vertrauens hinzuziehen. [3] Diese sind zur Verschwiegenheit verpflichtet.

(2) Die Bewohnervertretung soll mindestens einmal im Jahr die Bewohnerinnen und Bewohner zu einer Versammlung einladen, zu der jede Bewohnerin oder jeder Bewohner eine Vertrauensperson beiziehen kann.

(3) [1] Für die Zeit, in der eine Bewohnervertretung nicht gebildet werden kann, werden deren Aufgaben durch einen Bewohnerfürsprecher wahrgenommen. [2] Seine Tätigkeit ist unentgeltlich und ehrenamtlich.

Art. 10 Kurzzeiteinrichtungen, stationäre Hospize. (1) [1] Auf stationäre Einrichtungen oder Teile von stationären Einrichtungen im Sinn des Art. 2 Abs. 1, die nur der vorübergehenden Aufnahme Volljähriger dienen (Kurzzeiteinrichtungen) finden Art. 5 Abs. 2 und 3, Art. 8 Abs. 2 Nrn. 3 und 4, Abs. 3 und 4 sowie Art. 9 und 16 Abs. 2 keine Anwendung. [2] Auf stationäre Hospize finden Art. 5 Abs. 2 und 3, Art. 6 Abs. 1 Nr. 1, Art. 8 Abs. 2 Nrn. 3 und 4, Abs. 3 und 4 sowie Art. 9 und 16 Abs. 2 keine Anwendung. [3] Nehmen die stationären Einrichtungen nach den Sätzen 1 und 2 in der Regel mindestens sechs Personen auf, findet Art. 9 mit der Maßgabe Anwendung, dass ein Bewohnerfürsprecher zu bestellen ist.

(2) Als vorübergehend im Sinn dieses Gesetzes ist ein Zeitraum von bis zu drei Monaten anzusehen.

Abschnitt 2. Aufgaben und Befugnisse der zuständigen Behörde

Art. 11 Qualitätssicherung. (1) [1] Die zuständigen Behörden überwachen die stationären Einrichtungen durch wiederkehrende oder anlassbezogene Prüfungen. [2] Die Prüfungen werden in der Regel unangemeldet durchgeführt und können jederzeit erfolgen. [3] Prüfungen zur Nachtzeit sind zulässig, wenn und soweit das Überwachungsziel zu anderen Zeiten nicht erreicht werden kann. [4] Die zuständigen Behörden überprüfen die stationären Einrichtungen daraufhin, ob sie die Anforderungen an den Betrieb einer stationären Einrichtung nach diesem Gesetz erfüllen. [5] Der Träger, die Leitung und die Pflegedienstleitung haben der zuständigen Behörde die für die Durchführung dieses Gesetzes und der auf Grund dieses Gesetzes erlassenen Rechtsverordnung erforderlichen mündlichen und schriftlichen Auskünfte auf Verlangen unentgeltlich zu erteilen. [6] Der Träger ist darüber hinaus verpflichtet, den zuständigen Behörden Fotokopien der Geschäftsunterlagen unentgeltlich zur Verfügung zu stellen. [7] Die Aufzeichnungen nach Art. 7 hat der Träger grundsätzlich am Ort der stationären Einrichtung zur Prüfung vorzuhalten.

(2) [1] Die von der zuständigen Behörde mit der Überwachung der stationären Einrichtung beauftragten Personen sind befugt,

1. die für die stationäre Einrichtung genutzten Grundstücke und Räume zu betreten; soweit diese einem Hausrecht der Bewohnerinnen und Bewohner unterliegen, nur mit deren Zustimmung,
2. Prüfungen und Besichtigungen vorzunehmen,
3. Einsicht in die Aufzeichnungen nach Art. 7 der auskunftspflichtigen Person in der jeweiligen stationären Einrichtung zu nehmen,
4. sich mit den Bewohnerinnen und Bewohnern sowie der Bewohnervertretung oder dem Bewohnerfürsprecher in Verbindung zu setzen,
5. bei pflegebedürftigen Bewohnerinnen und Bewohnern mit deren Zustimmung den Pflegezustand zu begutachten,
6. die Beschäftigten zu befragen.

[2] Der Träger und die Leitung haben diese Maßnahmen zu dulden. [3] Es steht der zuständigen Behörde frei, zu ihren Prüfungen weitere fach- und sachkundige Personen hinzuzuziehen. [4] Diese sind zur Verschwiegenheit verpflichtet. [5] Sie dürfen personenbezogene Daten über Bewohnerinnen und Bewohner nicht speichern und an Dritte übermitteln.

(3) [1] Zur Verhütung dringender Gefahren für die öffentliche Sicherheit und Ordnung können Grundstücke und Räume, die einem Hausrecht der Bewohnerinnen und Bewohner unterliegen oder Wohnzwecken der auskunftspflichtigen Person dienen, durch die zuständige Behörde jederzeit betreten werden. [2] Die auskunftspflichtige Person und die Bewohnerinnen und Bewohner haben die Maßnahmen nach Satz 1 zu dulden. [3] Das Grundrecht der Unverletzlichkeit der Wohnung (Art. 13 Abs. 1 des Grundgesetzes) wird insoweit eingeschränkt.

(4) [1] Die zuständige Behörde prüft in jeder stationären Einrichtung grundsätzlich mindestens einmal im Jahr die Einhaltung der Vorgaben dieses Gesetzes. [2] Sie kann die Prüfungen in einem Abstand von höchstens drei Jahren, beginnend mit dem Nachweis nach Nr. 3, durchführen, wenn

1. eine stationäre Einrichtung nach der letzten Prüfung durch die zuständige Behörde bei einem Pflegequalitätstest des Medizinischen Dienstes der Krankenversicherung das Leistungsniveau einer aktivierenden Pflege (Qualitätsstufe 3) erreicht hat oder geeignete und mit dem Pflegequalitätstest des Medizinischen Dienstes der Krankenversicherung vergleichbare Nachweise anderer sachverständiger Dritter über die Wirksamkeit der Pflege- und Betreuungsmaßnahmen vorliegen,
2. geeignete Nachweise von sachverständigen Dritten darüber vorliegen, dass die Anforderungen an den Betrieb einer stationären Einrichtung im Übrigen insbesondere an die Prozess- und Strukturqualität erfüllt sind und
3. der zuständigen Behörde die Erfüllung der Anforderungen gemäß Nrn. 1 und 2 nachgewiesen wurde und bis zum Ablauf von drei Jahren seit dem Nachweis kein Wechsel des Trägers, der Leitung der stationären Einrichtung oder der Pflegedienstleitung in der gemäß Nrn. 1 und 2 geprüften Einrichtung erfolgt.

[3] Bei der Ermessensentscheidung nach Satz 2 ist insbesondere das Ergebnis der Prüfung nach Satz 2 Nr. 1 zu berücksichtigen.

(5) Widerspruch und Anfechtungsklage gegen Maßnahmen nach Abs. 1 bis 4 haben keine aufschiebende Wirkung.

(6) Die Überwachung beginnt mit der Anzeige nach Art. 4 Abs. 1, spätestens jedoch drei Monate vor der vorgesehenen Inbetriebnahme der stationären Einrichtung.

(7) Maßnahmen nach den Abs. 1, 2, 4 und 6 sind auch zur Feststellung zulässig, ob eine Einrichtung eine stationäre Einrichtung im Sinn des Art. 2 Abs. 1 ist.

(8) Die Träger können die Landesverbände der Freien Wohlfahrtspflege, die kommunalen Spitzenverbände und andere Vereinigungen von Trägern, denen sie angehören, in angemessener Weise bei Prüfungen hinzuziehen.

(9) Die auskunftspflichtige Person kann die Auskunft auf solche Fragen verweigern, deren Beantwortung sie selbst oder einen der in § 383 Abs. 1 Nrn. 1 bis 3 der Zivilprozessordnung bezeichneten Angehörigen der Gefahr strafgerichtlicher Verfolgung oder eines Verfahrens nach dem Gesetz über Ordnungswidrigkeiten aussetzen würde.

(10) Alle Organisationseinheiten innerhalb der für die Durchführung dieses Gesetzes zuständigen Behörden, deren Prüfungen sich auf Grund dieses Gesetzes oder anderer Vorschriften auf stationäre Einrichtungen im Sinn des Art. 2 Abs. 1 erstrecken, sind verpflichtet, die Prüftermine zu koordinieren und die jeweiligen Prüfberichte auszutauschen.

Art. 12 Aufklärung und Beratung bei Mängeln. (1) Die zuständige Behörde ist berechtigt und verpflichtet, die notwendigen Maßnahmen zur Aufklärung zu ergreifen, wenn Zweifel daran bestehen, ob die Qualitätsanforderungen an den Betrieb im Sinn des Art. 3 erfüllt sind.

(2) [1] Sind in einer stationären Einrichtung Abweichungen von den Anforderungen dieses Gesetzes festgestellt worden (Mängel), so soll die zuständige Behörde zunächst den Träger über die Möglichkeiten zur Abstellung der Mängel beraten. [2] Das Gleiche gilt, wenn nach einer Anzeige gemäß Art. 4 vor der Aufnahme des Betriebs der stationären Einrichtung Mängel festgestellt werden. [3] Art. 13 Abs. 2 bleibt unberührt.

(3) Ist den Bewohnerinnen und Bewohnern auf Grund der festgestellten Mängel eine Fortsetzung des Vertrags mit dem Träger nicht zuzumuten, soll die zuständige Behörde sie dabei unterstützen, eine angemessene anderweitige Unterkunft und Betreuung zu zumutbaren Bedingungen zu finden.

(4) [1] An einer Beratung nach den Abs. 1 und 2 soll der Träger der Sozialhilfe, mit dem Vereinbarungen nach § 75 Abs. 3 SGB XII bestehen, beteiligt werden. [2] Er ist zu beteiligen, wenn die Abstellung der Mängel Auswirkungen auf Entgelte oder Vergütungen haben kann. [3] Die Sätze 1 und 2 gelten entsprechend für Pflegekassen oder sonstige Sozialversicherungsträger, sofern mit ihnen oder ihren Landesverbänden Vereinbarungen nach den §§ 72, 75 Abs. 1 bis 6 oder § 85 SGB XI oder § 39 a SGB V bestehen. [4] Sätze 1 bis 3 gelten nicht bei einer Gefahr für Leben, Gesundheit oder Freiheit der Bewohnerinnen und Bewohner.

Art. 13 Anordnungen bei Mängeln. (1) [1] Werden festgestellte Mängel nach einer Beratung gemäß Art. 12 Abs. 2 nicht abgestellt, kann die zuständige Behörde gegenüber den Trägern Anordnungen erlassen, die zur Beseitigung einer eingetretenen oder Abwendung einer drohenden Beeinträchtigung oder Gefährdung des Wohls der Bewohnerinnen und Bewohner, zur Sicherung der Einhaltung der dem Träger gegenüber den Bewohnerinnen und Bewohnern obliegenden Pflichten oder zur Vermeidung einer Unangemessenheit zwischen dem Entgelt und der Leistung der stationären Einrichtung erforderlich sind. [2] Das Gleiche gilt, wenn Mängel nach dem in Art. 4 Abs. 1 Satz 1 bezeichneten Zeitpunkt vor Aufnahme des Betriebs der stationären Einrichtung festgestellt werden.

(2) Werden erhebliche Mängel festgestellt, können Anordnungen gemäß Abs. 1 sofort ergehen.

(3) [1] Anordnungen sind so weit wie möglich in Übereinstimmung mit Vereinbarungen nach § 75 Abs. 3 SGB XII auszugestalten. [2] Wenn Anordnungen eine Erhöhung der Vergütung nach § 75 Abs. 3 SGB XII zur Folge haben können, ist über sie Einvernehmen mit dem Träger der Sozialhilfe, mit dem Vereinbarungen nach diesen Vorschriften bestehen, anzustreben. [3] Satz 2 gilt nicht, wenn die Anordnungen der Abwehr einer Gefahr für Leben, Gesundheit oder Freiheit der Bewohnerinnen und Bewohner dienen. [4] Der Träger der Sozialhilfe ist in diesem Fall von der Anordnung schriftlich in Kenntnis zu setzen. [5] Gegen Anordnungen nach Satz 2 kann neben dem Träger auch der Träger der Sozialhilfe Widerspruch einlegen und Anfechtungsklage erheben.

(4) [1] Wenn Anordnungen gegenüber zugelassenen stationären Pflegeeinrichtungen eine Erhöhung der nach dem Elften Buch Sozialgesetzbuch vereinbarten oder festgesetzten Entgelte zur Folge haben können, ist Einvernehmen mit den betroffenen Pflegesatzparteien anzustreben. [2] Für Anordnungen nach Satz 1 gelten für die Pflegesatzparteien Abs. 3 Sätze 3 bis 5 entsprechend.

(5) Widerspruch und Anfechtungsklage gegen Maßnahmen nach Abs. 1 bis 4 haben keine aufschiebende Wirkung.

Art. 14 Beschäftigungsverbot, kommissarische Leitung. (1) Die zuständige Behörde kann dem Träger die weitere Beschäftigung der Leitung, eines oder einer Beschäftigten oder einer sonstigen Mitarbeiterin oder eines sonstigen Mitarbeiters ganz oder für bestimmte Funktionen oder Tätigkeiten untersagen, wenn Tatsachen die Annahme rechtfertigen, dass diese Personen die für ihre Tätigkeit erforderliche Eignung nicht besitzen.

(2) [1] Hat die zuständige Behörde ein Beschäftigungsverbot nach Abs. 1 ausgesprochen und der Träger keine neue geeignete Leitung eingesetzt, so kann die zuständige Behörde, um den Betrieb der stationären Einrichtung aufrechtzuerhalten, auf Kosten des Trägers eine kommissarische Leitung für eine begrenzte Zeit einsetzen. [2] Die kommissarische Leitung übernimmt die Rechte und Pflichten der bisherigen Leitung. [3] Ihre Tätigkeit endet, wenn der Träger mit Zustimmung der zuständigen Behörde eine geeignete Leitung der stationären Einrichtung bestimmt.

(3) Widerspruch und Anfechtungsklage gegen Maßnahmen nach Abs. 1 und 2 Satz 1 haben keine aufschiebende Wirkung.

Art. 15 Untersagung. (1) Die zuständige Behörde hat den Betrieb einer stationären Einrichtung zu untersagen, wenn die Anforderungen des Art. 3 nicht erfüllt sind und Anordnungen nicht ausreichen.

(2) Die zuständige Behörde kann den Betrieb einer stationären Einrichtung untersagen, wenn der Träger der stationären Einrichtung

1. die Anzeige nach Art. 4 unterlassen oder unvollständige Angaben gemacht hat,
2. Anordnungen nach Art. 13 Abs. 1 und 2 nicht innerhalb der gesetzten Frist befolgt,
3. Personen entgegen einem nach Art. 14 ergangenen Verbot beschäftigt,
4. gegen Art. 8 Abs. 1, 3 oder Abs. 4 verstößt.

(3) [1] Vor Aufnahme des Betriebs einer stationären Einrichtung ist eine Untersagung zulässig, wenn neben einem Untersagungsgrund nach Abs. 1 oder 2 die Anzeigepflicht nach Art. 4 Abs. 1 Satz 1 besteht. [2] Kann der Untersagungsgrund beseitigt werden, ist nur eine vorläufige Untersagung der Betriebsaufnahme zulässig.

(4) [1] Widerspruch und Anfechtungsklage gegen eine Untersagung haben keine aufschiebende Wirkung. [2] Die vorläufige Untersagung wird mit der schriftlichen Erklärung der zuständigen Behörde unwirksam, dass die Voraussetzungen für die Untersagung entfallen sind.

Art. 16 Informationspflicht der zuständigen Behörde. (1) Die zuständige Behörde informiert und berät

1. die Bewohnerinnen und Bewohner sowie die Bewohnervertretungen und Bewohnerfürsprecher über ihre Rechte und Pflichten,
2. Personen, die ein berechtigtes Interesse haben, über stationäre Einrichtungen im Sinn des Art. 2 Abs. 1 und über die Rechte und Pflichten der Träger und der Bewohnerinnen und Bewohner solcher stationärer Einrichtungen und
3. auf Antrag Personen und Träger, die die Schaffung von stationären Einrichtungen im Sinn des Art. 2 Abs. 1 anstreben oder derartige stationäre Einrichtungen betreiben, bei der Planung und dem Betrieb der stationären Einrichtungen.

(2) Die zuständigen Behörden fördern die Unterrichtung der Bewohnerinnen und Bewohner und der Mitglieder der Bewohnervertretung über die Wahl und die Befugnisse sowie die Möglichkeiten der Bewohnervertretung, die Interessen der Bewohnerinnen und Bewohner in Angelegenheiten des Betriebs der stationären Einrichtung zur Geltung zu bringen.

Art. 17 Erprobungsregelungen, Ausnahmeregelung. (1) Die zuständige Behörde kann auf Antrag des Trägers diesen von den Vorgaben des Art. 9, wenn die Mitwirkung in anderer Weise gesichert ist oder die Konzeption sie nicht erforderlich macht, oder von den Anforderungen der Rechtsverordnung nach Art. 25 teilweise befreien, wenn dies im Sinn der Erprobung neuer Betreuungs- oder Wohnformen dringend geboten erscheint und hierdurch der Zweck des Gesetzes nach Art. 1 Abs. 1 nicht gefährdet wird.

(2) [1] Die Entscheidung der zuständigen Behörde ergeht durch schriftlichen Bescheid und ist erstmalig auf höchstens fünf Jahre zu befristen. [2] Die Frist kann auf weitere fünf Jahre verlängert werden. [3] Bei Bewährung kann die Befreiung durch die zuständige Behörde auf Dauer erteilt werden.

(3) [1] Die Träger sind verpflichtet, die Erprobungen wissenschaftlich begleiten und auswerten zu lassen. [2] Der von einem sachverständigen Dritten zu erstellende Bericht über die Ergebnisse der Auswertung ist zu veröffentlichen.

(4) Die Bestimmungen der Art. 11, 13, 14 und 15 bleiben durch die Ausnahmegenehmigungen nach den Abs. 1 und 2 unberührt.

Dritter Teil. Besondere Vorschriften für ambulant betreute Wohngemeinschaften und Betreute Wohngruppen

Art. 18 Beratung. Die zuständigen Behörden informieren und beraten auf Anfrage die Bewohnerinnen und Bewohner von ambulant betreuten Wohngemeinschaften und Betreuten Wohngruppen für Menschen mit Behinderung über ihre Rechte und Pflichten.

Art. 19 Qualitätsanforderungen in ambulant betreuten Wohngemeinschaften. [1] Der ambulante Betreuungs- oder Pflegedienst und der Träger haben sicherzustellen, dass ihre Betreuungs- und Pflegeleistungen, insbesondere im Bereich der hauswirtschaftlichen Versorgung, der Körperpflege, der Ernährung und der Mobilisierung dem allgemein anerkannten Stand der fachlichen Erkenntnisse entsprechen (Ergebnisqualität). [2] Art. 6 und 8 gelten entsprechend.

355

Art. 20 Qualitätsanforderungen in Betreuten Wohngruppen. Der Träger von Betreuten Wohngruppen für Menschen mit Behinderung hat zu gewährleisten, dass

1. Art und Umfang der Betreuung dem individuellen und sich verändernden Betreuungsbedarf der Bewohnerinnen und Bewohner angepasst werden,
2. eine Rufbereitschaft außerhalb der Betreuungszeiten sichergestellt ist,
3. eine angemessene fachliche Qualität der Betreuung gewährleistet und bei Pflegebedürftigkeit auch eine fachgerechte Pflege sichergestellt ist, die sich an dem jeweils allgemein anerkannten Stand der sozial- und heilpädagogischen sowie der pflegerischen Erkenntnisse orientiert,
4. individuelle Förder- und Hilfepläne aufgestellt und deren Umsetzung dokumentiert werden,
5. die Teilhabe der Bewohnerinnen und Bewohner am Leben der Gemeinschaft und ihre selbstständige Lebensführung einschließlich der Haushaltsführung, der Ernährung und Körperpflege unterstützt wird,
6. bei zeitlich befristeten Wohnplätzen entsprechende Trainingsprogramme, die zu einer möglichst selbstständigen und selbstbestimmten Lebensführung befähigen sollen, angeboten werden, deren Ergebnis aufgezeichnet und nach Ablauf der Maßnahme der Übergang in eine unbefristete Wohnform sichergestellt wird.

Art. 21 Externe Qualitätssicherung in ambulant betreuten Wohngemeinschaften und Betreuten Wohngruppen. (1) [1] Die Gründung einer Betreuten Wohngruppe im Sinn des Art. 2 Abs. 4 Sätze 1 bis 3 ist der zuständigen Behörde anzuzeigen. [2] Gleiches gilt für die Gründung einer ambulant betreuten Wohngemeinschaft im Sinn des Art. 2 Abs. 3 Sätze 1 bis 3 mit der Maßgabe, dass die Anzeige durch den Träger oder den ambulanten Betreuungs- oder Pflegedienst verbunden mit der Angabe der Pflegestufe der jeweiligen Bewohnerinnen oder Bewohner vorzunehmen ist. [3] Wird die ambulant betreute Wohngemeinschaft nicht durch einen Träger gegründet oder begleitet, haben die Bewohnerinnen oder die Bewohner die Gründung anzuzeigen.

(2) [1] Die Qualität der Betreuung und Pflege in den Wohnformen im Sinn des Art. 2 Abs. 3 soll insbesondere unter Berücksichtigung durchgeführter Qualitätssicherungsmaßnahmen von der zuständigen Behörde grundsätzlich einmal im Jahr angemeldet oder unangemeldet, in Wohnformen im Sinn des Art. 2 Abs. 4 anlassbezogen überprüft werden. [2] Zu diesem Zweck ist die zuständige Behörde oder sind die von ihr beauftragen Personen befugt,

1. die von der ambulant betreuten Wohngemeinschaft oder betreuten Wohngruppe genutzten Grundstücke und Gemeinschaftsräume zu betreten; die anderen privaten und einem Hausrecht der Bewohnerinnen und Bewohner unterliegenden Räume, nur mit deren Zustimmung,
2. sich mit den Bewohnerinnen und Bewohnern oder dem Gremium im Sinn des Art. 22 Satz 1 in Verbindung zu setzen,
3. Bücher oder sonstige Unterlagen einzusehen und hieraus Abschriften, Ablichtungen oder Auszüge anzufertigen.

[3] Zur Verhütung dringender Gefahren für die öffentliche Sicherheit und Ordnung können Grundstücke und Räume, die einem Hausrecht der Bewohnerinnen und Bewohner unterliegen, durch die zuständige Behörde jederzeit betreten werden. [4] Der Träger, der ambulante Betreuungs- oder Pflegedienst und die Bewohnerinnen und Bewohner haben die Maßnahmen

nach den Sätzen 2 und 3 zu dulden. [5] Das Grundrecht der Unverletzlichkeit der Wohnung (Art. 13 Abs. 1 des Grundgesetzes) wird insoweit eingeschränkt.

(3) Zur Durchsetzung der Qualitätsanforderungen der Art. 19 und 20 gelten die Bestimmungen der Art. 12 und 13 mit der Maßgabe entsprechend, dass die notwendigen Maßnahmen zur Aufklärung sowie Anordnungen sowohl gegenüber dem Träger als auch gegenüber den in der ambulant betreuten Wohngemeinschaft oder Betreuten Wohngruppe tätigen Betreuungs- oder Pflegediensten ergehen können.

(4) [1] Ambulanten Betreuungs- oder Pflegediensten, die in der ambulant betreuten Wohngemeinschaft oder in einer Betreuten Wohngruppe tätig sind, kann diese Tätigkeit untersagt werden, wenn die von ihnen erbrachten Leistungen den Qualitätsanforderungen des Art. 19 oder 20 nicht genügen und Anordnungen nicht ausreichen. [2] Dem Träger einer ambulant betreuten Wohngemeinschaft oder einer Betreuten Wohngruppe kann der Betrieb dieser Wohnform untersagt werden, wenn die Qualitätsanforderungen des Art. 19 oder 20 nicht erfüllt sind und Anordnungen nicht ausreichen. [3] Die Bewohnerinnen und Bewohner sind vor der Untersagung zu hören. [4] Widerspruch und Anfechtungsklage gegen eine Untersagung haben keine aufschiebende Wirkung.

Art. 22 Interne Qualitätssicherung in ambulant betreuten Wohngemeinschaften. [1] Um die Selbstbestimmung der Bewohnerinnen und Bewohner im Sinn des Art. 2 Abs. 3 Satz 3 Nr. 1 zu gewährleisten, ist in ambulant betreuten Wohngemeinschaften in der Regel ein Gremium einzurichten, das diese interne Qualitätssicherungsfunktion ausübt und die Angelegenheiten des täglichen Lebens regelt. [2] In diesem Gremium sind alle Bewohnerinnen und Bewohner und für den Fall, dass diese ihre Angelegenheiten nicht mehr selbstständig regeln können, der Betreuer oder ein Angehöriger vertreten. [3] Die Vermieterinnen und Vermieter, der Träger sowie die Pflege- oder Betreuungsdienste haben in diesem Gremium kein Stimmrecht.

Vierter Teil. Ordnungswidrigkeiten, Zuständigkeit, Verordnungsermächtigung

Art. 23 Ordnungswidrigkeiten. (1) Mit Geldbuße bis zu fünfundzwanzigtausend Euro kann belegt werden, wer vorsätzlich oder fahrlässig

1. entgegen Art. 4 Abs. 1 Satz 1 oder Art. 21 Abs. 1 Sätze 1 und 2 eine Anzeige nicht, nicht richtig oder nicht rechtzeitig erstattet,
2. eine stationäre Einrichtung betreibt, obwohl ihm dies durch vollziehbare Verfügung nach Art. 15 Abs. 1 bis 3 untersagt worden ist,
3. entgegen Art. 8 Abs. 1 sich Geld oder geldwerte Leistungen versprechen oder gewähren lässt.

(2) Mit Geldbuße bis zu zehntausend Euro kann belegt werden, wer vorsätzlich oder fahrlässig

1. der Rechtsverordnung nach Art. 25 zuwiderhandelt, soweit sie für einen bestimmten Tatbestand auf diese Bußgeldvorschrift verweist,
2. entgegen Art. 4 Abs. 4 eine Anzeige nicht, nicht richtig oder nicht rechtzeitig erstattet,
3. entgegen Art. 8 Abs. 5 Satz 1 sich Geld oder geldwerte Leistungen versprechen oder gewähren lässt,
4. entgegen Art. 11 Abs. 1 Sätze 5 oder 6 eine Auskunft nicht, nicht richtig, nicht vollständig oder nicht rechtzeitig erteilt oder Geschäftsunterlagen nicht oder nicht rechtzeitig zur Verfügung stellt oder entgegen Art. 11 Abs. 2 Satz 2 oder Abs. 3 Satz 2 eine Maßnahme nicht duldet,
5. einer vollziehbaren Anordnung nach Art. 13 Abs. 1, auch in Verbindung mit Abs. 2 oder nach Art. 14 zuwiderhandelt oder
6. den gesetzlichen Ge- und Verboten nach Art. 5 zuwiderhandelt.

Art. 24 Zuständigkeit. (1) Zuständige Behörde für die Durchführung dieses Gesetzes und der darauf beruhenden Rechtsverordnung ist die Kreisverwaltungsbehörde.

(2) In kreisfreien Gemeinden, in denen die Aufgaben und Befugnisse der Gesundheitsämter von einem Landratsamt gemäß § 1 der Verordnung zur Ausführung des Gesetzes über den öffentlichen Gesundheitsdienst in Verbindung mit Art. 2 und 3 Abs. 1 Nr. 3 des Gesundheitsdienst- und Verbraucherschutzgesetzes wahrgenommen werden, stehen die Befugnisse nach Art. 11 auch den Beauftragten des Landratsamts als staatliche Behörde für Gesundheit zu.

(3) [1] Die Regierungen sind Aufsichtsbehörden. [2] Insoweit sind sie übergeordnete Beschwerdestellen.

Art. 25 Rechtsverordnung. (1) Die Staatsregierung wird ermächtigt, durch Rechtsverordnung zur Durchführung dieses Gesetzes Regelungen zu erlassen

1. für die Räume in stationären Einrichtungen, insbesondere die Wohn- und Aufenthaltsräume sowie Verkehrsflächen, sanitären Anlagen und die technischen Einrichtungen in stationären Einrichtungen,
2. für die Eignung der Leitung der stationären Einrichtung, der Pflegedienstleitung, der Fachkräfte, die Fort- und Weiterbildung der Beschäftigten sowie für den Anteil der Fachkräfte an dem vorhandenen Personal,
3. über die Wahl der Bewohnervertretung und die Bestellung des Bewohnerfürsprechers sowie über Art, Umfang und Form ihrer Mitwirkung sowie die Beteiligung von Angehörigen, Betreuern und sonstigen Vertrauenspersonen der Bewohnerinnen und Bewohner, von der zuständigen Behörde vorgeschlagenen Personen sowie Mitgliedern der örtlichen Seniorenvertretungen und Mitgliedern von örtlichen Behindertenorganisationen bei der Vertretung der Bewohnerinnen und Bewohner,
4. über die Aufbewahrungs- und Aufzeichnungspflichten der Träger, die Zusammenarbeit und die Bildung von Arbeitsgemeinschaften mit den für die Ausführung nach diesem Gesetz zuständigen Behörden, Pflege- und Krankenkassen, deren Landesverbänden, dem Medizinischen Dienst der Krankenversicherung, dem zuständigen Träger der Sozialhilfe, die Veröffentlichung der Berichte nach Art. 6 Abs. 2 sowie zur näheren Bestimmung des Begriffs des sachverständigen Dritten im Sinn von Art. 11 Abs. 4 Satz 2 Nrn. 1 und 2 und Art. 17 Abs. 3,
5. um den Aufbau einer Dialog- und Beteiligungskultur unter Einbeziehung insbesondere der Betroffenen und von ehrenamtlich Tätigen zu unterstützen.

(2) [1] Das Staatsministerium für Arbeit und Sozialordnung, Familie und Frauen wird ermächtigt, durch Rechtsverordnung, im Einvernehmen mit dem Staatsministerium für Wirtschaft, Infrastruktur, Verkehr und Technologie, dem Staatsministerium für Umwelt, Gesundheit und Verbraucherschutz, dem Staatsministerium der Finanzen und dem Staatsministerium für Unterricht und Kultus, Weiterbildungen für Personen, die Leistungen in den Wohnformen des Art. 2 erbringen, zu regeln. [2] Die Rechtsverordnung muss Bestimmungen enthalten über

1. die staatliche Anerkennung von Weiterbildungsstätten sowie die Anerkennung abgeschlossener Weiterbildungen durch das Staatsministerium für Arbeit und Sozialordnung, Familie und Frauen,
2. die Erlaubniserteilung zum Führen einer Weiterbildungsbezeichnung sowie die Ausstellung von Zeugnissen durch die staatlich anerkannte Weiterbildungsstätte,
3. die Voraussetzungen für die Zulassung zu Weiterbildungen sowie die Weiterbildungsbezeichnung,
4. Inhalt, Gliederung, Dauer und Ausgestaltung der Weiterbildungsmodule sowie Art und Umfang der theoretischen und berufspraktischen Anteile der Weiterbildung,
5. die Anrechnung von Unterbrechungen und Vorbildungszeiten,
6. das Prüfungsverfahren, Art, Zahl und Umfang der Prüfungsleistungen und ihre Bewertung,
7. Anforderungen an die Weiterbildungsstätte insbesondere hinsichtlich Zahl, Qualifikation der Lehrkräfte und der erforderlichen Räumlichkeiten sowie der Organisation der Weiterbildungsstätte.

(3) Zur Qualitätssicherung der Weiterbildung in der Altenpflege kann das Staatsministerium für Arbeit und Sozialordnung, Familie und Frauen einen Fachbeirat einsetzen und eine Geschäftsordnung erlassen.

Fünfter Teil. Schlussvorschriften

Art. 26 Inkrafttreten, Außerkrafttreten. (1) Dieses Gesetz tritt am 1. August 2008 in Kraft.

(2) Mit Ablauf des 31. Juli 2008 treten außer Kraft:

1. die Verordnung über Zuständigkeiten nach dem Heimgesetz (ZustVHeimG) in der Fassung der Bekanntmachung vom 4. März 2002 (GVBl S. 89, BayRS 2170-5-2-A),
2. die Landesverordnung über den gewerbsmäßigen Betrieb von Altenheimen, Altenwohnheimen und Pflegeheimen (Heimverordnung – HeimV) vom 23. August 1968 (BayRS 2170-5-1-A), geändert durch § 12 Nr. 2 der Verordnung vom 19. Juli 1993 (BGBl. I S. 1205).

(3) Dieses Gesetz ersetzt das Heimgesetz in der Fassung der Bekanntmachung vom 5. November 2001 (BGBl. I S. 2970), zuletzt geändert durch Art. 78 der Verordnung vom 31. Oktober 2006 (BGBl. I S. 2407).

Art. 27 Übergangsregelung. (1) Für bereits vor Inkrafttreten dieses Gesetzes gegründete ambulant betreute Wohngemeinschaften im Sinn des Art. 2 Abs. 3 Sätze 1 bis 3 und Betreute Wohngruppen im Sinn des Art. 2 Abs. 4 Sätze 1 bis 3 gilt Art. 21 Abs. 1 mit der Maßgabe, dass das Bestehen der ambulant betreuten Wohngemeinschaft oder der Betreuten Wohngruppe der zuständigen Behörde bis zum Ablauf des 31. Juli 2009 anzuzeigen ist.

(2) Bis zum Inkrafttreten der Rechtsverordnung nach Art. 25 Abs. 1 sind die Rechtsverordnungen, die vor Inkrafttreten dieses Gesetzes auf Grund von § 3 Abs. 2 und § 10 Abs. 5 sowie § 14 Abs. 7 des Heimgesetzes in der Fassung der Bekanntmachung vom 5. November 2001 (BGBl. I S. 2970), zuletzt geändert durch Art. 78 der Verordnung vom 31. Oktober 2006 (BGBl. I S. 2407), erlassen worden sind, auf stationäre Einrichtungen im Sinn dieses Gesetzes anzuwenden.

360. Gesetz über die Eingetragene Lebenspartnerschaft (Lebenspartnerschaftsgesetz – LPartG)[1]

Vom 16. Februar 2001
(BGBl. I S. 266)

FNA 400-15

geänd. durch Art. 11 GewaltschutzgesetzEinführungsG v. 11. 12. 2001 (BGBl. I S. 3513), Art. 1 und 7 Abs. 2 G zur Überarbeitung des LebenspartnerschaftsR v. 15. 12. 2004 (BGBl. I S. 3396), Art. 3 G zur Änd. des Ehe- und Lebenspartnerschaftsnamensr v. 6. 2. 2005 (BGBl. I S. 203), Art. 2 Abs. 18 PersonenstandsrechtsreformG v. 19. 2. 2007 (BGBl. I S. 122), Art. 2 G zur Änd. d. Unterhaltsrechts v. 21. 12. 2007 (BGBl. I S. 3189), Art. 52 FGG-ReformG v. 17. 12. 2008 (BGBl. I S. 2586), Art. 12 G zur Strukturreform des Versorgungsausgleichs v. 3. 4. 2009 (BGBl. I S. 700) und Art. 7 G zur Änd. des Zugewinnausgleichs- und Vormundschaftsrechts v. 6. 7. 2009 (BGBl. I S. 1696)

Abschnitt 1. Begründung der Lebenspartnerschaft

§ 1[2] Form und Voraussetzungen. (1) [1] Zwei Personen gleichen Geschlechts, die gegenüber dem Standesbeamten persönlich und bei gleichzeitiger Anwesenheit erklären, miteinander eine Partnerschaft auf Lebenszeit führen zu wollen (Lebenspartnerinnen oder Lebenspartner), begründen eine Lebenspartnerschaft. [2] Die Erklärungen können nicht unter einer Bedingung oder Zeitbestimmung abgegeben werden.

(2) [1] Der Standesbeamte soll die Lebenspartner einzeln befragen, ob sie eine Lebenspartnerschaft begründen wollen. [2] Wenn die Lebenspartner diese Frage bejahen, soll der Standesbeamte erklären, dass die Lebenspartnerschaft nunmehr begründet ist. [3] Die Begründung der Lebenspartnerschaft kann in Gegenwart von bis zu zwei Zeugen erfolgen.

(3) Eine Lebenspartnerschaft kann nicht wirksam begründet werden

1. mit einer Person, die minderjährig oder verheiratet ist oder bereits mit einer anderen Person eine Lebenspartnerschaft führt;
2. zwischen Personen, die in gerader Linie miteinander verwandt sind;
3. zwischen vollbürtigen und halbbürtigen Geschwistern;
4. wenn die Lebenspartner bei der Begründung der Lebenspartnerschaft darüber einig sind, keine Verpflichtungen gemäß § 2 begründen zu wollen.

(4) [1] Aus dem Versprechen, eine Lebenspartnerschaft zu begründen, kann nicht auf Begründung der Lebenspartnerschaft geklagt werden. [2] § 1297 Abs. 2 und die §§ 1298 bis 1302 des Bürgerlichen Gesetzbuchs gelten entsprechend.

Abschnitt 2. Wirkungen der Lebenspartnerschaft

§ 2 Partnerschaftliche Lebensgemeinschaft. [1] Die Lebenspartner sind einander zu Fürsorge und Unterstützung sowie zur gemeinsamen Lebensgestaltung verpflichtet. [2] Sie tragen füreinander Verantwortung.

§ 3[3] Lebenspartnerschaftsname. (1) [1] Die Lebenspartner können einen gemeinsamen Namen (Lebenspartnerschaftsnamen) bestimmen. [2] Zu ihrem Lebenspartnerschaftsnamen können die Lebenspartner durch Erklärung gegenüber dem Standesamt den Geburtsnamen oder den zur Zeit der Erklärung über die Bestimmung des Lebenspartnerschaftsnamens geführten Namen eines der Lebenspartner bestimmen. [3] Die Erklärung über die Bestimmung des Lebenspartnerschaftsnamens soll bei der Begründung der Lebenspartnerschaft erfolgen. [4] Wird die Erklärung später abgegeben, muss sie öffentlich beglaubigt werden.

(2) [1] Ein Lebenspartner, dessen Name nicht Lebenspartnerschaftsname wird, kann durch Erklärung gegenüber dem Standesamt dem Lebenspartnerschaftsnamen seinen Geburtsnamen oder den zur Zeit der Erklärung über die Bestimmung des Lebenspartnerschaftsnamens geführten Namen voranstellen oder anfügen. [2] Dies gilt nicht, wenn der Lebenspartnerschaftsname aus

---

[1] Verkündet als Art. 1 G zur Beendigung der Diskriminierung gleichgeschlechtlicher Gemeinschaften: Lebenspartnerschaften v. 16. 2. 2001 (BGBl. I S. 266); Inkrafttreten gem. Art. 5 dieses G am 1. 8. 2001.

[2] § 1 Abs. 1 Satz 4 aufgeh., Abs. 3 angef. mWv 1. 1. 2005 durch G v. 15. 12. 2004 (BGBl. I S. 3396); Abs. 1 neu gef., Abs. 2 eingef., bish. Abs. 2 und 3 werden Abs. 3 und 4 mWv 1. 1. 2009 durch G v. 19. 2. 2007 (BGBl. I S. 122).

[3] § 3 Abs. 1 Satz 2, Abs. 2 Satz 1, Abs. 3 Satz 2 neu gef. mWv 12. 2. 2005, Abs. 5 angef. mWv 12. 2. 2005 und aufgeh. mWv 12. 2. 2010 durch G v. 6. 2. 2005 (BGBl. I S. 203); Abs. 1 bis 4 neu gef. mWv 1. 1. 2009 durch G v. 19. 2. 2007 (BGBl. I S. 122).

mehreren Namen besteht. [3] Besteht der Name eines Lebenspartners aus mehreren Namen, so kann nur einer dieser Namen hinzugefügt werden. [4] Die Erklärung kann gegenüber dem Standesamt widerrufen werden; in diesem Fall ist eine erneute Erklärung nach Satz 1 nicht zulässig. [5] Die Erklärung und der Widerruf müssen öffentlich beglaubigt werden.

(3) [1] Ein Lebenspartner behält den Lebenspartnerschaftsnamen auch nach der Beendigung der Lebenspartnerschaft. [2] Er kann durch Erklärung gegenüber dem Standesamt seinen Geburtsnamen oder den Namen wieder annehmen, den er bis zur Bestimmung des Lebenspartnerschaftsnamens geführt hat, oder dem Lebenspartnerschaftsnamen seinen Geburtsnamen oder den bis zur Bestimmung des Lebenspartnerschaftsnamens geführten Namen voranstellen oder anfügen. [3] Absatz 2 gilt entsprechend.

(4) Geburtsname ist der Name, der in die Geburtsurkunde eines Lebenspartners zum Zeitpunkt der Erklärung gegenüber dem Standesamt einzutragen ist.

§ 4 Umfang der Sorgfaltspflicht. Die Lebenspartner haben bei der Erfüllung der sich aus dem lebenspartnerschaftlichen Verhältnis ergebenden Verpflichtungen einander nur für diejenige Sorgfalt einzustehen, welche sie in eigenen Angelegenheiten anzuwenden pflegen.

§ 5[1)] Verpflichtung zum Lebenspartnerschaftsunterhalt. [1] Die Lebenspartner sind einander verpflichtet, durch ihre Arbeit und mit ihrem Vermögen die partnerschaftliche Lebensgemeinschaft angemessen zu unterhalten. [2] § 1360 Satz 2, die §§ 1360 a, 1360 b und 1609 des Bürgerlichen Gesetzbuchs gelten entsprechend.

§ 6[2)] Güterstand. [1] Die Lebenspartner leben im Güterstand der Zugewinngemeinschaft, wenn sie nicht durch Lebenspartnerschaftsvertrag (§ 7) etwas anderes vereinbaren. [2] § 1363 Abs. 2 und die §§ 1364 bis 1390 des Bürgerlichen Gesetzbuchs gelten entsprechend.

§ 7[3)] Lebenspartnerschaftsvertrag. [1] Die Lebenspartner können ihre güterrechtlichen Verhältnisse durch Vertrag (Lebenspartnerschaftsvertrag) regeln. [2] Die §§ 1409 bis 1563 des Bürgerlichen Gesetzbuchs gelten entsprechend.

§ 8[4)] Sonstige vermögensrechtliche Wirkungen. (1) [1] Zugunsten der Gläubiger eines der Lebenspartner wird vermutet, dass die im Besitz eines Lebenspartners oder beider Lebenspartner befindlichen beweglichen Sachen dem Schuldner gehören. [2] Im Übrigen gilt § 1362 Abs. 1 Satz 2 und 3 und Abs. 2 des Bürgerlichen Gesetzbuchs entsprechend.

(2) § 1357 des Bürgerlichen Gesetzbuchs gilt entsprechend.

§ 9[5)] Regelungen in Bezug auf Kinder eines Lebenspartners. (1) [1] Führt der allein sorgeberechtigte Elternteil eine Lebenspartnerschaft, hat sein Lebenspartner im Einvernehmen mit dem sorgeberechtigten Elternteil die Befugnis zur Mitentscheidung in Angelegenheiten des täglichen Lebens des Kindes. [2] § 1629 Abs. 2 Satz 1 des Bürgerlichen Gesetzbuchs gilt entsprechend.

(2) Bei Gefahr im Verzug ist der Lebenspartner dazu berechtigt, alle Rechtshandlungen vorzunehmen, die zum Wohl des Kindes notwendig sind; der sorgeberechtigte Elternteil ist unverzüglich zu unterrichten.

(3) Das Familiengericht kann die Befugnisse nach Absatz 1 einschränken oder ausschließen, wenn dies zum Wohl des Kindes erforderlich ist.

(4) Die Befugnisse nach Absatz 1 bestehen nicht, wenn die Lebenspartner nicht nur vorübergehend getrennt leben.

(5) [1] Der Elternteil, dem die elterliche Sorge für ein unverheiratetes Kind allein oder gemeinsam mit dem anderen Elternteil zusteht, und sein Lebenspartner können dem Kind, das sie in ihren gemeinsamen Haushalt aufgenommen haben, durch Erklärung gegenüber dem Standesamt ihren Lebenspartnerschaftsnamen erteilen. [2] § 1618 Satz 2 bis 6 des Bürgerlichen Gesetzbuchs gilt entsprechend.

[1)] § 5 neu gef. mWv 1. 1. 2005 durch G v. 15. 12. 2004 (BGBl. I S. 3396); Satz 2 neu gef. mWv 1. 1. 2008 durch G v. 21. 12. 2007 (BGBl. I S. 3189).

[2)] § 6 neu gef. mWv 1. 1. 2005 durch G v. 15. 12. 2004 (BGBl. I S. 3396).

[3)] § 7 neu gef. mWv 1. 1. 2005 durch G v. 15. 12. 2004 (BGBl. I S. 3396).

[4)] § 8 Abs. 2 neu gef. mWv 1. 1. 2005 durch G v. 15. 12. 2004 (BGBl. I S. 3396).

[5)] § 9 Überschr. neu gef., Abs. 5 bis 7 angef. mWv 1. 1. 2005 durch G v. 15. 12. 2004 (BGBl. I S. 3396); Abs. 5 Satz 1 geänd. mWv 1. 1. 2009 durch G v. 19. 2. 2007 (BGBl. I S. 122).

(6) [1] Nimmt ein Lebenspartner ein Kind allein an, ist hierfür die Einwilligung des anderen Lebenspartners erforderlich. [2] § 1749 Abs. 1 Satz 2 und 3 sowie Abs. 3 des Bürgerlichen Gesetzbuchs gilt entsprechend.

(7) [1] Ein Lebenspartner kann ein Kind seines Lebenspartners allein annehmen. [2] Für diesen Fall gelten § 1743 Satz 1, § 1751 Abs. 2 und 4 Satz 2, § 1754 Abs. 1 und 3, § 1755 Abs. 2, § 1756 Abs. 2, § 1757 Abs. 2 Satz 1 und § 1772 Abs. 1 Satz 1 Buchstabe c des Bürgerlichen Gesetzbuchs entsprechend.

§ 10[1)] Erbrecht. (1) [1] Der überlebende Lebenspartner des Erblassers ist neben Verwandten der ersten Ordnung zu einem Viertel, neben Verwandten der zweiten Ordnung oder neben Großeltern zur Hälfte der Erbschaft gesetzlicher Erbe. [2] Treffen mit Großeltern Abkömmlinge von Großeltern zusammen, so erhält der Lebenspartner auch von der anderen Hälfte den Anteil, der nach § 1926 des Bürgerlichen Gesetzbuchs den Abkömmlingen zufallen würde. [3] Zusätzlich stehen ihm die zum lebenspartnerschaftlichen Haushalt gehörenden Gegenstände, soweit sie nicht Zubehör eines Grundstücks sind, und die Geschenke zur Begründung der Lebenspartnerschaft als Voraus zu. [4] Ist der überlebende Lebenspartner neben Verwandten der ersten Ordnung gesetzlicher Erbe, so steht ihm der Voraus nur zu, soweit er ihn zur Führung eines angemessenen Haushalts benötigt. [5] Auf den Voraus sind die für Vermächtnisse geltenden Vorschriften anzuwenden. [6] Gehört der überlebende Lebenspartner zu den erbberechtigten Verwandten, so erbt er zugleich als Verwandter. [7] Der Erbteil, der ihm aufgrund der Verwandtschaft zufällt, gilt als besonderer Erbteil.

(2) [1] Sind weder Verwandte der ersten noch der zweiten Ordnung noch Großeltern vorhanden, erhält der überlebende Lebenspartner die ganze Erbschaft. [2] Bestand beim Erbfall Gütertrennung und sind als gesetzliche Erben neben dem überlebenden Lebenspartner ein oder zwei Kinder des Erblassers berufen, so erben der überlebende Lebenspartner und jedes Kind zu gleichen Teilen; § 1924 Abs. 3 des Bürgerlichen Gesetzbuchs gilt auch in diesem Fall.

(3) [1] Das Erbrecht des überlebenden Lebenspartners ist ausgeschlossen, wenn zur Zeit des Todes des Erblassers

1. die Voraussetzungen für die Aufhebung der Lebenspartnerschaft nach § 15 Abs. 2 Nr. 1 oder 2 gegeben waren und der Erblasser die Aufhebung beantragt oder ihr zugestimmt hatte oder
2. der Erblasser einen Antrag nach § 15 Abs. 2 Nr. 3 gestellt hatte und dieser Antrag begründet war.

[2] In diesen Fällen gilt § 16 entsprechend.

(4) [1] Lebenspartner können ein gemeinschaftliches Testament errichten. [2] Die §§ 2272 bis 2273 des Bürgerlichen Gesetzbuchs gelten entsprechend.

(5) Auf eine letztwillige Verfügung, durch die der Erblasser seinen Lebenspartner bedacht hat, ist § 2077 des Bürgerlichen Gesetzbuchs entsprechend anzuwenden.

(6) [1] Hat der Erblasser den überlebenden Lebenspartner durch Verfügung von Todes wegen von der Erbfolge ausgeschlossen, kann dieser von den Erben die Hälfte des Wertes des gesetzlichen Erbteils als Pflichtteil verlangen. [2] Die Vorschriften des Bürgerlichen Gesetzbuchs über den Pflichtteil gelten mit der Maßgabe entsprechend, dass der Lebenspartner wie ein Ehegatte zu behandeln ist.

(7) Die Vorschriften des Bürgerlichen Gesetzbuchs über den Erbverzicht gelten entsprechend.

§ 11 Sonstige Wirkungen der Lebenspartnerschaft. (1) Ein Lebenspartner gilt als Familienangehöriger des anderen Lebenspartners, soweit nicht etwas anderes bestimmt ist.

(2) [1] Die Verwandten eines Lebenspartners gelten als mit dem anderen Lebenspartner verschwägert. [2] Die Linie und der Grad der Schwägerschaft bestimmen sich nach der Linie und dem Grad der sie vermittelnden Verwandtschaft. [3] Die Schwägerschaft dauert fort, auch wenn die Lebenspartnerschaft, die sie begründet hat, aufgelöst wurde.

Abschnitt 3. Getrenntleben der Lebenspartner

§ 12[2)] Unterhalt bei Getrenntleben. [1] Leben die Lebenspartner getrennt, so kann ein Lebenspartner von dem anderen den nach den Lebensverhältnissen und den Erwerbs- und Vermögensverhältnissen der Lebenspartner angemessenen Unterhalt verlangen. [2] Die §§ 1361 und 1609 des Bürgerlichen Gesetzbuchs gelten entsprechend.

[1)] § 10 Abs. 1 Satz 2 eingef., bish. Sätze 2 bis 4 werden Sätze 3 bis 5, Sätze 6 und 7 angef., Abs. 2 Satz 2 angef., Abs. 5 geänd. mWv 1. 1. 2005 durch G v. 15. 12. 2004 (BGBl. I S. 3396); Abs. 4 Satz 2 geänd. mWv 1. 9. 2009 durch G v. 17. 12. 2008 (BGBl. I S. 2586).

[2)] § 12 neu gef. mWv 1. 1. 2005 durch G v. 15. 12. 2004 (BGBl. I S. 3396); Satz 2 neu gef. mWv 1. 1. 2008 durch G v. 21. 12. 2007 (BGBl. I S. 3189).

§ 13[1)] Verteilung der Haushaltsgegenstände bei Getrenntleben. (1) [1] Leben die Lebenspartner getrennt, so kann jeder von ihnen die ihm gehörenden Haushaltsgegenstände von dem anderen Lebenspartner herausverlangen. [2] Er ist jedoch verpflichtet, sie dem anderen Lebenspartner zum Gebrauch zu überlassen, soweit dieser sie zur Führung eines abgesonderten Haushalts benötigt und die Überlassung nach den Umständen des Falles der Billigkeit entspricht.

(2) [1] Haushaltsgegenstände, die den Lebenspartnern gemeinsam gehören, werden zwischen ihnen nach den Grundsätzen der Billigkeit verteilt. [2] Das Gericht kann eine angemessene Vergütung für die Benutzung der Haushaltsgegenstände festsetzen.

(3) Die Eigentumsverhältnisse bleiben unberührt, sofern die Lebenspartner nichts anderes vereinbaren.

§ 14[2)] Wohnungszuweisung bei Getrenntleben. (1) [1] Leben die Lebenspartner voneinander getrennt oder will einer von ihnen getrennt leben, so kann ein Lebenspartner verlangen, dass ihm der andere die gemeinsame Wohnung oder einen Teil zur alleinigen Benutzung überlässt, soweit dies auch unter Berücksichtigung der Belange des anderen Lebenspartners notwendig ist, um eine unbillige Härte zu vermeiden. [2] Eine unbillige Härte kann auch dann gegeben sein, wenn das Wohl von im Haushalt lebenden Kindern beeinträchtigt ist. [3] Steht einem Lebenspartner allein oder gemeinsam mit einem Dritten das Eigentum, das Erbbaurecht oder der Nießbrauch an dem Grundstück zu, auf dem sich die gemeinsame Wohnung befindet, so ist dies besonders zu berücksichtigen; Entsprechendes gilt für das Wohnungseigentum, das Dauerwohnrecht und das dingliche Wohnrecht.

(2) [1] Hat der Lebenspartner, gegen den sich der Antrag richtet, den anderen Lebenspartner widerrechtlich und vorsätzlich am Körper, der Gesundheit oder der Freiheit verletzt oder mit einer solchen Verletzung oder der Verletzung des Lebens widerrechtlich gedroht, ist in der Regel die gesamte Wohnung zur alleinigen Benutzung zu überlassen. [2] Der Anspruch auf Wohnungsüberlassung ist nur dann ausgeschlossen, wenn keine weiteren Verletzungen und widerrechtlichen Drohungen zu besorgen sind, es sei denn, dass dem verletzten Lebenspartner das weitere Zusammenleben mit dem anderen wegen der Schwere der Tat nicht zuzumuten ist.

(3) [1] Wurde einem Lebenspartner die gemeinsame Wohnung ganz oder zum Teil überlassen, so hat der andere alles zu unterlassen, was geeignet ist, die Ausübung dieses Nutzungsrechts zu erschweren oder zu vereiteln. [2] Er kann von dem nutzungsberechtigten Lebenspartner eine Vergütung für die Nutzung verlangen, soweit dies der Billigkeit entspricht.

(4) Ist ein Lebenspartner aus der gemeinsamen Wohnung ausgezogen, um getrennt zu leben und hat er binnen sechs Monaten nach seinem Auszug eine ernstliche Rückkehrabsicht dem anderen Lebenspartner gegenüber nicht bekundet, so wird unwiderleglich vermutet, dass er dem in der gemeinsamen Wohnung verbliebenen Lebenspartner das alleinige Nutzungsrecht überlassen hat.

Abschnitt 4. Aufhebung der Lebenspartnerschaft

§ 15[3)] Aufhebung der Lebenspartnerschaft. (1) Die Lebenspartnerschaft wird auf Antrag eines oder beider Lebenspartner durch richterliche Entscheidung aufgehoben.

(2) [1] Das Gericht hebt die Lebenspartnerschaft auf, wenn

1. die Lebenspartner seit einem Jahr getrennt leben und
   a) beide Lebenspartner die Aufhebung beantragen oder der Antragsgegner der Aufhebung zustimmt oder
   b) nicht erwartet werden kann, dass eine partnerschaftliche Lebensgemeinschaft wieder hergestellt werden kann,
2. ein Lebenspartner die Aufhebung beantragt und die Lebenspartner seit drei Jahren getrennt leben,
3. die Fortsetzung der Lebenspartnerschaft für den Antragsteller aus Gründen, die in der Person des anderen Lebenspartners liegen, eine unzumutbare Härte wäre.

[2] Das Gericht hebt die Lebenspartnerschaft ferner auf, wenn bei einem Lebenspartner ein Willensmangel im Sinne des § 1314 Abs. 2 Nr. 1 bis 4 des Bürgerlichen Gesetzbuchs vorlag; § 1316 Abs. 1 Nr. 2 des Bürgerlichen Gesetzbuchs gilt entsprechend.

[1)] § 13 Überschr. neu gef. mWv 1. 9. 2009 durch G v. 6. 7. 2009 (BGBl. I S. 1696).
[2)] § 14 neu gef. mWv 1. 1. 2002 durch G v. 11. 12. 2001 (BGBl. I S. 1513).
[3)] § 15 neu gef. mWv 1. 1. 2005 durch G v. 15. 12. 2004 (BGBl. I S. 3396); Abs. 1 geänd. mWv 1. 9. 2009 durch G v. 17. 12. 2008 (BGBl. I S. 2586).

(3) Die Lebenspartnerschaft soll nach Absatz 2 Satz 1 nicht aufgehoben werden, obwohl die Lebenspartner seit mehr als drei Jahren getrennt leben, wenn und solange die Aufhebung der Lebenspartnerschaft für den Antragsgegner, der sie ablehnt, aufgrund außergewöhnlicher Umstände eine so schwere Härte darstellen würde, dass die Aufrechterhaltung der Lebenspartnerschaft auch unter Berücksichtigung der Belange des Antragstellers ausnahmsweise geboten erscheint.

(4) Die Aufhebung nach Absatz 2 Satz 2 ist bei einer Bestätigung der Lebenspartnerschaft ausgeschlossen; § 1315 Abs. 1 Nr. 3 und 4 und § 1317 des Bürgerlichen Gesetzbuchs gelten entsprechend.

(5) [1] Die Lebenspartner leben getrennt, wenn zwischen ihnen keine häusliche Gemeinschaft besteht und ein Lebenspartner sie erkennbar nicht herstellen will, weil er die lebenspartnerschaftliche Gemeinschaft ablehnt. [2] § 1567 Abs. 1 Satz 2 und Abs. 2 des Bürgerlichen Gesetzbuchs gilt entsprechend.

§ 16[1)] Nachpartnerschaftlicher Unterhalt. [1] Nach der Aufhebung der Lebenspartnerschaft obliegt es jedem Lebenspartner, selbst für seinen Unterhalt zu sorgen. [2] Ist er dazu außerstande, hat er gegen den anderen Lebenspartner einen Anspruch auf Unterhalt nur entsprechend den §§ 1570 bis 1586 b und 1609 des Bürgerlichen Gesetzbuchs.

§ 17[2)] Behandlung der gemeinsamen Wohnung und der Haushaltsgegenstände anlässlich der Aufhebung der Lebenspartnerschaft. Für die Behandlung der gemeinsamen Wohnung und der Haushaltsgegenstände anlässlich der Aufhebung der Lebenspartnerschaft gelten die §§ 1568 a und 1568 b des Bürgerlichen Gesetzbuchs entsprechend.

§§ 18, 19[3)] *(aufgehoben)*

§ 20[4)] Versorgungsausgleich. (1) Wird eine Lebenspartnerschaft aufgehoben, findet in entsprechender Anwendung des Versorgungsausgleichsgesetzes ein Ausgleich von im In- oder Ausland bestehenden Anrechten (§ 2 Abs. 1 des Versorgungsausgleichsgesetzes) statt, soweit sie in der Lebenspartnerschaftszeit begründet oder aufrechterhalten worden sind.

(2) Als Lebenspartnerschaftszeit gilt die Zeit vom Beginn des Monats, in dem die Lebenspartnerschaft begründet worden ist, bis zum Ende des Monats, der dem Eintritt der Rechtshängigkeit des Antrages auf Aufhebung der Lebenspartnerschaft vorausgeht.

(3) Schließen die Lebenspartner in einem Lebenspartnerschaftsvertrag (§ 7) Vereinbarungen über den Versorgungsausgleich, so sind die §§ 6 bis 8 des Versorgungsausgleichsgesetzes entsprechend anzuwenden.

(4) Die Absätze 1 bis 3 sind nicht anzuwenden, wenn die Lebenspartnerschaft vor dem 1. Januar 2005 begründet worden ist und die Lebenspartner eine Erklärung nach § 21 Abs. 4 nicht abgegeben haben.

Abschnitt 5.[5)] Übergangsvorschriften

§ 21[6)] Übergangsvorschrift zum Gesetz zur Überarbeitung des Lebenspartnerschaftsrechts. (1) Haben die Lebenspartner am 1. Januar 2005 im Vermögensstand der Ausgleichsgemeinschaft gelebt, so gelten, soweit die Lebenspartner nichts anderes vereinbart haben, von diesem Tage an die Vorschriften über den Güterstand der Zugewinngemeinschaft.

(2) [1] Ist die Lebenspartnerschaft vor dem 1. Januar 2005 begründet worden, kann jeder Lebenspartner bis zum 31. Dezember 2005 gegenüber dem Amtsgericht erklären, dass für die Lebenspartnerschaft Gütertrennung gelten solle; § 1411 des Bürgerlichen Gesetzbuchs gilt entsprechend. [2] Die Erklärung ist dem Amtsgericht gegenüber abzugeben, in dessen Bezirk die Lebenspartner wohnen. [3] Die Erklärung muss notariell beurkundet werden. [4] Haben die Lebenspartner die Erklärung nicht gemeinsam abgegeben, so hat das Amtsgericht sie dem anderen Lebenspartner nach den für die Zustellung von Amts wegen geltenden Vorschriften der Zivilprozessordnung bekannt zu machen.

[1)] § 16 neu gef. mWv 1. 1. 2008 durch G v. 21. 12. 2007 (BGBl. I S. 3189).
[2)] § 17 neu gef. mWv 1. 9. 2009 durch G v. 6. 7. 2009 (BGBl. I S. 1696).
[3)] §§ 18 und 19 aufgeh. mWv 1. 9. 2009 durch G v. 6. 7. 2009 (BGBl. I S. 1696).
[4)] § 20 angef. mWv 1. 1. 2005 durch G v. 15. 12. 2004 (BGBl. I S. 3396); Abs. 1 und 3 neu gef., Abs. 4 aufgeh., bish. Abs. 5 wird Abs. 4 und geänd. mWv 1. 9. 2009 durch G v. 3. 4. 2009 (BGBl. I S. 700).
[5)] Abschn. 5 angef. mWv 1. 1. 2005 durch G v. 15. 12. 2004 (BGBl. I S. 3396).
[6)] § 21 angef. mWv 1. 1. 2005 und **aufgeh. mWv 31. 12. 2010** durch G v. 15. 12. 2004 (BGBl. I S. 3396).

(3) [1] Ist die Lebenspartnerschaft vor dem 1. Januar 2005 begründet worden, kann jeder Lebenspartner bis zum 31. Dezember 2005 gegenüber dem Amtsgericht erklären, dass die gegenseitige Unterhaltspflicht der Lebenspartner sich weiter nach den §§ 5, 12 und 16 in der bis zum 31. Dezember 2004 geltenden Fassung dieses Gesetzes bestimmen soll. [2] Absatz 2 gilt entsprechend.

(4) [1] Ist die Lebenspartnerschaft vor dem 1. Januar 2005 begründet worden, können die Lebenspartner bis zum 31. Dezember 2005 gegenüber dem Amtsgericht erklären, dass bei einer Aufhebung ihrer Lebenspartnerschaft ein Versorgungsausgleich nach § 20 durchgeführt werden soll. [2] Die notariell zu beurkundende Erklärung ist von beiden Lebenspartnern gegenüber dem Amtsgericht, in dessen Bezirk sie wohnen, abzugeben. [3] § 20 Abs. 3 bleibt unberührt.

(5) [1] Für am 31. Dezember 2004 anhängige gerichtliche Verfahren, die Ansprüche aus diesem Gesetz betreffen, ist dieses Gesetz in der bis dahin geltenden Fassung anzuwenden. [2] Die Absätze 2 und 3 bleiben unberührt.

§ 22[1)] Abgabe von Vorgängen. [1] Die bis zum Inkrafttreten dieses Gesetzes nach Landesrecht für die Begründung der Lebenspartnerschaft zuständigen Stellen haben die bei ihnen entstandenen Vorgänge einer jeden Lebenspartnerschaft an das Standesamt abzugeben, das nach § 17 des Personenstandsgesetzes für die Entgegennahme der Erklärungen der Lebenspartner zuständig gewesen wäre. [2] Sind danach mehrere Standesämter zuständig, so sind die Unterlagen an das Standesamt, in dessen Bezirk beide Lebenspartner ihren Wohnsitz oder ihren gewöhnlichen Aufenthalt haben, abzugeben; haben die Lebenspartner keinen gemeinsamen Wohnsitz oder gewöhnlichen Aufenthalt, so ist das Standesamt zuständig, in dessen Bezirk einer der Lebenspartner seinen Wohnsitz oder seinen gewöhnlichen Aufenthalt hat. [3] Verbleiben auch danach noch mehrere Zuständigkeiten, so ist die abgebende Behörde bei der Wahl unter den zuständigen Standesämtern frei. [4] Der Standesbeamte des danach zuständigen Standesamts hat die in § 17 in Verbindung mit den §§ 15, 16 des Personenstandsgesetzes bezeichneten Angaben unter Hinweis auf die Behörde, vor der die Lebenspartnerschaft begründet worden ist, in ein gesondertes Lebenspartnerschaftsregister einzutragen.

Abschnitt 6.[2)] Länderöffnungsklausel

§ 23[3)] Abweichende landesrechtliche Zuständigkeiten. (1) [1] Landesrechtliche Vorschriften, welche am 1. Januar 2009 bestehen und abweichend von den Vorschriften der §§ 1, 3 und 9 bestimmen, dass die jeweiligen Erklärungen nicht gegenüber dem Standesbeamten, sondern gegenüber einer anderen Urkundsperson oder einer anderen Behörde abzugeben sind, und bestehende Regelungen für die Beurkundung und Dokumentation solcher Erklärungen bleiben unberührt. [2] Das Personenstandsgesetz findet insoweit keine Anwendung. [3] Durch die landesrechtliche Regelung ist sicherzustellen, dass die Beurkundungen fortlaufend dokumentiert werden und Mitteilungspflichten, die das Personenstandsgesetz voraussetzt, erfüllt werden. [4] Die Abgabe von Vorgängen nach Maßgabe von § 22 entfällt.

(2) [1] Die Länder können auch nach dem 31. Dezember 2008 abweichend von den Vorschriften der §§ 1, 3 und 9 bestimmen, dass die jeweiligen Erklärungen nicht gegenüber dem Standesbeamten, sondern gegenüber einer anderen Urkundsperson oder einer anderen Behörde abzugeben sind. [2] Das Personenstandsgesetz findet nach Inkrafttreten der landesrechtlichen Regelung insoweit keine Anwendung mehr. [3] Durch die landesrechtliche Regelung ist jedoch sicherzustellen, dass ein Lebenspartnerschaftsregister eingerichtet wird, das gemäß den §§ 16, 17 des Personenstandsgesetzes fortzuführen ist. [4] Die Länder können auch die Zuständigkeit für die Fortführung von Beurkundungen sowie die Abgabe von Vorgängen regeln, die bis zum Inkrafttreten der landesrechtlichen Regelung angefallen sind.

(3) [1] Die nach den Absätzen 1 und 2 zuständigen Behörden sind berechtigt, personenbezogene Daten von Amts wegen an öffentliche Stellen des Bundes, der Länder und der Kommunen zu übermitteln, wenn die Kenntnis dieser Daten zur Ergänzung und Berichtigung sowie zur Fortführung von Unterlagen dieser Stellen im Rahmen ihrer Aufgaben erforderlich ist. [2] Soweit nach Absatz 2 das Personenstandsgesetz nach Inkrafttreten der landesrechtlichen Regelung insoweit keine Anwendung mehr findet, wird das Bundesministerium des Innern ermächtigt, im Benehmen mit dem Bundesministerium der Justiz und mit Zustimmung des Bundesrates durch Rechtsverordnung das Weitere zu regeln.

---

1) § 22 angef. mWv 1. 1. 2009 durch G v. 19. 2. 2007 (BGBl. I S. 122).
2) Abschnitt 6 (§ 23) angef. mWv 1. 1. 2009 durch G v. 19. 2. 2007 (BGBl. I S. 122).
3) § 23 angef. mWv 1. 1. 2009 durch G v. 19. 2. 2007 (BGBl. I S. 122).

361. Gesetz zur Ausführung des Lebenspartnerschaftsgesetzes (AGLPartG)

Vom 7. Juli 2009
(GVBl S. 261)
BayRS 404-3-J

Art. 1 Zuständige Behörde; Verfahren. (1) [1] Abweichend von § 1 des Lebenspartnerschaftsgesetzes (LPartG)[1)] können die Erklärungen, miteinander eine Partnerschaft auf Lebenszeit führen zu wollen, auch gegenüber einem Notar mit Amtssitz in Bayern abgegeben werden. [2] Der Notar ist auch zuständig für die Entgegennahme der bei der Begründung der Lebenspartnerschaft abgegebenen Erklärungen nach § 3 Abs. 1 und 2 LPartG und nach Art. 17 b Abs. 2 Satz 1 in Verbindung mit Art. 10 Abs. 2 des Einführungsgesetzes zum Bürgerlichen Gesetzbuch.

(2) [1] Das Verfahren richtet sich, soweit in diesem Gesetz nichts anderes bestimmt ist, nach den Bestimmungen des Personenstandsgesetzes (PStG) und der Personenstandsverordnung. [2] Hat keiner der Lebenspartner seinen Wohnsitz oder gewöhnlichen Aufenthalt im Inland, so ist für die Entgegennahme der Anmeldung das Standesamt am Amtssitz des Notars, vor dem die Lebenspartnerschaft begründet werden soll, zuständig. [3] Der Notar wendet bei der Entgegennahme von Erklärungen nach diesen Vorschriften das Beurkundungsgesetz ergänzend an.

Art. 2 Führung der Lebenspartnerschaftsregister; Mitteilungen des Notars. (1) Die Standesämter führen die Lebenspartnerschaftsregister.

(2) Der Notar teilt die Begründung der Lebenspartnerschaft sowie die dabei entgegengenommenen namensrechtlichen Erklärungen dem Standesamt an seinem Amtssitz unter Angabe der nach § 17 Satz 1 in Verbindung mit § 15 PStG erforderlichen Daten mit.

(3) [1] Das nach Abs. 2 zuständige Standesamt beurkundet die Lebenspartnerschaft im Lebenspartnerschaftsregister. [2] Diesem Standesamt obliegen auch die nach Bundes- oder Landesrecht vorgeschriebenen weiteren Mitteilungen.

Art. 3 Gebühren des Notars. [1] Für die Mitwirkung an der Begründung einer Lebenspartnerschaft erhebt der Notar eine Gebühr von 100 Euro. [2] Im Übrigen gelten die Vorschriften der Kostenordnung entsprechend.

Art. 4 Verordnungsermächtigung. Das Staatsministerium der Justiz und für Verbraucherschutz kann durch Rechtsverordnung im Einvernehmen mit dem Staatsministerium des Innern weitere nach Art. 2 Abs. 2 mitzuteilende personenbezogene Daten bestimmen sowie die Übermittlung der Daten zwischen Standesämtern und Notaren in elektronischer Form zulassen oder vorschreiben und die hierfür erforderlichen Bestimmungen treffen.

Art. 5 Inkrafttreten; Außerkrafttreten. [1] Dieses Gesetz tritt am 1. August 2009 in Kraft. [2] Mit Ablauf des 31. Juli 2009 treten das Gesetz zur Ausführung des Lebenspartnerschaftsgesetzes (AGLPartG) vom 26. Oktober 2001 (GVBl S. 677, BayRS 404-3-J), zuletzt geändert durch § 2 des Gesetzes vom 8. Dezember 2006 (GVBl S. 990) sowie die Verordnung zum Vollzug des Gesetzes zur Ausführung des Lebenspartnerschaftsgesetzes (VollzVAGLPartG) vom 6. November 2001 (GVBl S. 726, BayRS 404-4-J) außer Kraft.

Art. 6 Übergangsvorschrift. [1] Sofern die Begründung einer Lebenspartnerschaft vor dem 1. August 2009 bei einem Notar mit dem Amtssitz in Bayern angemeldet wurde, sind für das Verfahren die Vorschriften dieses Gesetzes in der bis zum 31. Juli 2009 geltenden Fassung anzuwenden, wenn die Lebenspartnerschaft innerhalb von sechs Monaten nach ihrer Anmeldung begründet wird. [2] Die Landesnotarkammer Bayern gibt nach dem 1. August 2009 die von ihr geführten Lebenspartnerschaftsbücher an die Standesämter an den Amtssitzen der beurkundenden Notare ab. [3] Die Standesämter haben die übernommenen Lebenspartnerschaftsbücher als Lebenspartnerschaftsregister fortzuführen.

[1)] Nr. **360**.

370. Gesetz über das Verbot der Verwendung von Preisklauseln bei der Bestimmung von Geldschulden (Preisklauselgesetz)

Vom 7. September 2007
(BGBl. I S. 2246)

FNA 720-18

geänd. durch Art. 3 Kraft-Wärme-FörderungsÄndG v. 25. 10. 2008 (BGBl. I S. 2101) und Art. 8 Abs. 8 G zur Umsetzung der VerbraucherkreditRL, des zivilrechtl. Teils der ZahlungsdiensteRL sowie zur NeuO der Vorschriften über das Widerrufs- und Rückgaberecht v. 29. 7. 2009 (BGBl. I S. 2355)

370

§ 1 Preisklauselverbot. (1) Der Betrag von Geldschulden darf nicht unmittelbar und selbsttätig durch den Preis oder Wert von anderen Gütern oder Leistungen bestimmt werden, die mit den vereinbarten Gütern oder Leistungen nicht vergleichbar sind.

(2) Das Verbot nach Absatz 1 gilt nicht für Klauseln,

1. die hinsichtlich des Ausmaßes der Änderung des geschuldeten Betrages einen Ermessensspielraum lassen, der es ermöglicht, die neue Höhe der Geldschuld nach Billigkeitsgrundsätzen zu bestimmen (Leistungsvorbehaltsklauseln),
2. bei denen die in ein Verhältnis zueinander gesetzten Güter oder Leistungen im Wesentlichen gleichartig oder zumindest vergleichbar sind (Spannungsklauseln),
3. nach denen der geschuldete Betrag insoweit von der Entwicklung der Preise oder Werte für Güter oder Leistungen abhängig gemacht wird, als diese die Selbstkosten des Gläubigers bei der Erbringung der Gegenleistung unmittelbar beeinflussen (Kostenelementeklauseln),
4. die lediglich zu einer Ermäßigung der Geldschuld führen können.

(3) Die Vorschriften über die Indexmiete nach § 557 b des Bürgerlichen Gesetzbuches und über die Zulässigkeit von Preisklauseln in Wärmelieferungsverträgen nach der Verordnung über Allgemeine Bedingungen für die Versorgung mit Fernwärme bleiben unberührt.

§ 2[1] Ausnahmen vom Verbot. (1) [1] Von dem Verbot nach § 1 Abs. 1 ausgenommen sind die in den §§ 3 bis 7 genannten zulässigen Preisklauseln. [2] Satz 1 gilt im Fall

1. der in § 3 genannten Preisklauseln,
2. von in Verbraucherkreditverträgen im Sinne der §§ 491 und 506 des Bürgerlichen Gesetzbuches verwendeten Preisklauseln (§ 5)

nur, wenn die Preisklausel im Einzelfall hinreichend bestimmt ist und keine Vertragspartei unangemessen benachteiligt.

(2) Eine Preisklausel ist nicht hinreichend bestimmt, wenn ein geschuldeter Betrag allgemein von der künftigen Preisentwicklung oder von einem anderen Maßstab abhängen soll, der nicht erkennen lässt, welche Preise oder Werte bestimmend sein sollen.

(3) Eine unangemessene Benachteiligung liegt insbesondere vor, wenn

1. einseitig ein Preis- oder Wertanstieg eine Erhöhung, nicht aber umgekehrt ein Preis- oder Wertrückgang eine entsprechende Ermäßigung des Zahlungsanspruchs bewirkt,
2. nur eine Vertragspartei das Recht hat, eine Anpassung zu verlangen, oder
3. der geschuldete Betrag sich gegenüber der Entwicklung der Bezugsgröße unverhältnismäßig ändern kann.

§ 3[2] Langfristige Verträge. (1) Preisklauseln in Verträgen

1. über wiederkehrende Zahlungen, die zu erbringen sind
   a) auf Lebenszeit des Gläubigers, Schuldners oder eines Beteiligten,
   b) bis zum Erreichen der Erwerbsfähigkeit oder eines bestimmten Ausbildungszieles des Empfängers,
   c) bis zum Beginn der Altersversorgung des Empfängers,
   d) für die Dauer von mindestens zehn Jahren, gerechnet vom Vertragsabschluss bis zur Fälligkeit der letzten Zahlung, oder
   e) auf Grund von Verträgen, bei denen der Gläubiger auf die Dauer von mindestens zehn Jahren auf das Recht zur ordentlichen Kündigung verzichtet oder der Schuldner das Recht hat, die Vertragsdauer auf mindestens zehn Jahre zu verlängern,

---

[1] § 2 Abs. 1 Satz 2 Nr. 2 geänd. mWv 11. 6. 2010 durch G v. 29. 7. 2009 (BGBl. I S. 2355).
[2] § 3 Abs. 1 neu gef. mWv 1. 11. 2008 durch G v. 25. 10. 2008 (BGBl. I S. 2101).

2. über Zahlungen, die zu erbringen sind
   a) auf Grund einer Verbindlichkeit aus der Auseinandersetzung zwischen Miterben, Ehegatten, Eltern und Kindern, auf Grund einer Verfügung von Todes wegen oder
   b) von dem Übernehmer eines Betriebes oder eines sonstigen Sachvermögens zur Abfindung eines Dritten,

sind zulässig, wenn der geschuldete Betrag durch die Änderung eines von dem Statistischen Bundesamt oder einem Statistischen Landesamt ermittelten Preisindexes für die Gesamtlebenshaltung oder eines vom Statistischen Amt der Europäischen Gemeinschaft ermittelten Verbraucherpreisindexes bestimmt werden soll und in den Fällen der Nummer 2 zwischen der Begründung der Verbindlichkeit und der Endfälligkeit ein Zeitraum von mindestens zehn Jahren liegt oder die Zahlungen nach dem Tode des Beteiligten zu erfolgen haben.

(2) Preisklauseln in Verträgen über wiederkehrende Zahlungen, die für die Lebenszeit, bis zum Erreichen der Erwerbsfähigkeit oder eines bestimmten Ausbildungszieles oder bis zum Beginn der Altersversorgung des Empfängers zu erbringen sind, sind zulässig, wenn der geschuldete Betrag von der künftigen Einzel- oder Durchschnittsentwicklung von Löhnen, Gehältern, Ruhegehältern oder Renten abhängig sein soll.

(3) Preisklauseln in Verträgen über wiederkehrende Zahlungen, die zu erbringen sind

1. für die Dauer von mindestens zehn Jahren, gerechnet vom Vertragsabschluss bis zur Fälligkeit der letzten Zahlung, oder
2. auf Grund von Verträgen, bei denen der Gläubiger für die Dauer von mindestens zehn Jahren auf das Recht zur ordentlichen Kündigung verzichtet, oder der Schuldner das Recht hat, die Vertragsdauer auf mindestens zehn Jahre zu verlängern,

sind zulässig, wenn der geschuldete Betrag von der künftigen Einzel- oder Durchschnittsentwicklung von Preisen oder Werten für Güter oder Leistungen abhängig gemacht wird, die der Schuldner in seinem Betrieb erzeugt, veräußert oder erbringt, oder wenn der geschuldete Betrag von der künftigen Einzel- oder Durchschnittsentwicklung von Preisen oder Werten von Grundstücken abhängig sein soll und das Schuldverhältnis auf die land- oder forstwirtschaftliche Nutzung beschränkt ist.

§ 4 Erbbaurechtsverträge. [1] Zulässig sind Preisklauseln in Erbbaurechtsbestellungsverträgen und Erbbauzinsreallasten mit einer Laufzeit von mindestens 30 Jahren. [2] § 9 a der Verordnung über das Erbbaurecht, § 46 des Sachenrechtsbereinigungsgesetzes und § 4 des Erholungsnutzungsrechtsgesetzes bleiben unberührt.

§ 5 Geld- und Kapitalverkehr. Zulässig sind Preisklauseln im Geld- und Kapitalverkehr, einschließlich der Finanzinstrumente im Sinne des § 1 Abs. 11 des Kreditwesengesetzes sowie die hierauf bezogenen Pensions- und Darlehensgeschäfte.

§ 6 Verträge mit Gebietsfremden. Zulässig sind Preisklauseln in Verträgen von gebietsansässigen Unternehmern (§ 14 des Bürgerlichen Gesetzbuches) mit Gebietsfremden.

§ 7 Verträge zur Deckung des Bedarfs der Streitkräfte. Zulässig sind Preisklauseln bei Verträgen, die der Deckung des Bedarfs der Streitkräfte dienen, wenn der geschuldete Betrag durch die Änderung eines von dem Statistischen Bundesamt, einem Statistischen Landesamt oder dem Statistischen Amt der Europäischen Gemeinschaften ermittelten Preisindex bestimmt wird.

§ 8 Unwirksamkeit der Preisklausel. [1] Die Unwirksamkeit der Preisklausel tritt zum Zeitpunkt des rechtskräftig festgestellten Verstoßes gegen dieses Gesetz ein, soweit nicht eine frühere Unwirksamkeit vereinbart ist. [2] Die Rechtswirkungen der Preisklausel bleiben bis zum Zeitpunkt der Unwirksamkeit unberührt.

§ 9 Übergangsvorschrift. (1) Nach § 2 des Preisangaben- und Preisklauselgesetzes in der bis zum 13. September 2007 geltenden Fassung erteilte Genehmigungen gelten fort.

(2) Auf Preisklauseln, die bis zum 13. September 2007 vereinbart worden sind und deren Genehmigung bis dahin beim Bundesamt für Wirtschaft und Ausfuhrkontrolle beantragt worden ist, sind die bislang geltenden Vorschriften weiter anzuwenden.

380. Gesetz über Rechte an eingetragenen Schiffen und Schiffsbauwerken[1]

Vom 15. November 1940
(RGBl. I S. 1499)

BGBl. III/FNA 403-4

geänd. durch Art. 1 G zur Änd des SchiffsrechteG, der SchiffsregisterO und des ZwangsversteigerungsG v. 4. 12. 1968 (BGBl. I S. 1295), § 56 BeurkundungsG v. 28. 08. 1969 (BGBl. I S. 1513), Art. 36 Insolvenzordnung-EinführungsG v. 05. 10. 1994 (BGBl. I S. 2911), Art. 5 G zum Internationalen Privatrecht für außervertragliche Schuldverhältnisse und für Sachen v. 21. 05. 1999 (BGBl. I S. 1026), Art. 5 Abs. 12 SchuldrechtsmodernisierungsG v. 26. 11. 2001 (BGBl. I S. 3138) und Art. 56 FGG-ReformG v. 17. 12. 2008 (BGBl. I S. 2586)

Erster Abschnitt. Allgemeine Vorschriften

§ 1 [Geltungsbereich] Dieses Gesetz gilt nur für Schiffe, die im Schiffsregister eines deutschen Gerichts eingetragen sind.

§ 2 [Eigentumsübertragung bei Seeschiffen] (1) Zur Übertragung des Eigentums an einem im Seeschiffsregister eingetragenen Schiff ist erforderlich und genügend, daß der Eigentümer und der Erwerber darüber einig sind, daß das Eigentum auf den Erwerber übergehen soll.

(2) Jeder Teil kann verlangen, daß ihm auf seine Kosten eine öffentlich beglaubigte Urkunde über die Veräußerung erteilt wird.

§ 3 [Eigentumsübertragung bei Binnenschiffen] (1) Zur Übertragung des Eigentums an einem im Binnenschiffsregister eingetragenen Schiff ist die Einigung des Eigentümers und des Erwerbers hierüber und die Eintragung des Eigentumsübergangs in das Binnenschiffsregister erforderlich.

(2) Vor der Eintragung sind die Beteiligten an die Einigung nur gebunden, wenn die Erklärungen notarisch beurkundet oder vor dem Registergericht abgegeben oder bei diesem eingereicht sind oder wenn der Eigentümer dem Erwerber eine den Vorschriften der Schiffsregisterordnung[2] entsprechende Eintragungsbewilligung ausgehändigt hat.

(3) Die Erklärung des Eigentümers wird nicht dadurch unwirksam, daß er in der Verfügung beschränkt wird, nachdem die Erklärung für ihn bindend geworden und der Antrag auf Eintragung beim Registergericht gestellt worden ist.

§ 4 [Zubehör] (1) Sind der Veräußerer und der Erwerber darüber einig, daß sich die Veräußerung auf das Zubehör des Schiffs erstrecken soll, so erlangt der Erwerber mit dem Eigentum an dem Schiff auch das Eigentum an den zur Zeit des Erwerbs vorhandenen Zubehörstücken, soweit sie dem Veräußerer gehören.

(2) Erlangt der Erwerber durch die Veräußerung den Besitz von Zubehörstücken, die dem Veräußerer nicht gehören oder mit Rechten Dritter belastet sind, so sind die Vorschriften der §§ 932 bis 936 des Bürgerlichen Gesetzbuchs anzuwenden; für den guten Glauben des Erwerbers ist der Zeitpunkt maßgebend, in dem der Erwerber den Besitz erlangt.

§ 5 [Ersitzung] [1] Wer als Eigentümer eines Schiffs im Schiffsregister eingetragen ist, ohne daß er das Eigentum erlangt hat, erwirbt das Eigentum, wenn die Eintragung zehn Jahre bestanden und er während dieser Zeit das Schiff im Eigenbesitz gehabt hat. [2] Die zehnjährige Frist wird in derselben Weise berechnet wie die Frist für die Ersitzung einer beweglichen Sache. [3] Der Lauf der Frist ist gehemmt, solange ein Widerspruch gegen die Richtigkeit der Eintragung im Schiffsregister eingetragen ist.

§ 6[3] [Ausschluss des Eigentümers im Aufgebotsverfahren] (1) [1] Der Eigentümer eines Schiffs kann im Wege des Aufgebotsverfahrens mit seinem Recht ausgeschlossen werden, wenn das Schiff seit zehn Jahren im Eigenbesitz eines andern ist. [2] Die Besitzzeit wird in gleicher Weise berechnet wie die Frist für die Ersitzung einer beweglichen Sache. [3] Ist der Eigentümer im Schiffsregister eingetragen, so ist das Aufgebotsverfahren nur zulässig, wenn er gestorben oder

---

[1] Änderungen vor dem 1. 1. 2008 sind nicht in Fußnoten nachgewiesen.

[2] Nr. **385**.

[3] § 6 Abs. 2 u. 3 geänd. mWv 1. 9. 2009 durch G v. 17. 12. 2008 (BGBl. I S. 2586).

verschollen ist und eine Eintragung in das Schiffsregister, die der Zustimmung des Eigentümers bedurfte, seit zehn Jahren nicht erfolgt ist.

(2) Wer den Ausschließungsbeschluss erwirkt hat, erlangt das Eigentum dadurch, daß er sich als Eigentümer in das Schiffsregister eintragen läßt.

(3) Ist vor dem Erlass des Ausschließungsbeschlusses ein Dritter als Eigentümer oder wegen des Eigentums eines Dritten ein Widerspruch gegen die Richtigkeit des Schiffsregisters eingetragen worden, so wirkt der Ausschließungsbeschluss nicht gegen den Dritten.

§ 7 [Eigentumsverzicht] (1) Das Eigentum an einem Schiff kann dadurch aufgegeben werden, daß der Eigentümer den Verzicht dem Registergericht gegenüber erklärt und der Verzicht in das Schiffsregister eingetragen wird.

(2) [1] Das Recht zur Aneignung des herrenlosen Schiffs steht nur dem Reich zu. [2] Das Reich erwirbt das Eigentum dadurch, daß es sich als Eigentümer in das Schiffsregister eintragen läßt.

§ 8 [Schiffshypothek] (1) [1] Ein Schiff kann zur Sicherung einer Forderung in der Weise belastet werden, daß der Gläubiger berechtigt ist, wegen einer bestimmten Geldsumme Befriedigung aus dem Schiff zu suchen (Schiffshypothek). [2] Eine Schiffshypothek kann auch für eine zukünftige oder eine bedingte Forderung bestellt werden. [3] Das Recht des Gläubigers aus der Schiffshypothek bestimmt sich nur nach der Forderung.

(2) Für die Bestellung der Schiffshypothek gilt § 3 sinngemäß.

(3) Der Bruchteil eines Schiffs kann mit einer Schiffshypothek nur belastet werden, wenn er in dem Anteil eines Miteigentümers besteht.

§ 9 [Nießbrauchbestellung] (1) Ein Nießbrauch kann an einem Schiff nur bestellt werden, wenn damit eine Verpflichtung zur Bestellung des Nießbrauchs am ganzen Vermögen des Eigentümers oder an einer Erbschaft oder an einem Bruchteil des Vermögens oder der Erbschaft erfüllt werden soll.

(2) Für die Bestellung des Nießbrauchs gilt § 3 sinngemäß.

§ 10 [Eintragung einer Vormerkung] (1) [1] Zur Sicherung des Anspruchs auf Einräumung oder Aufhebung eines Rechts an einem Schiff oder an einer Schiffshypothek oder auf Änderung des Inhalts oder des Rangs eines solchen Rechts kann eine Vormerkung in das Schiffsregister eingetragen werden. [2] Die Eintragung einer Vormerkung ist auch zur Sicherung eines künftigen oder eines bedingten Anspruchs zulässig.

(2) [1] Eine Verfügung, die nach der Eintragung der Vormerkung über das Schiff oder das Recht getroffen wird, ist insoweit unwirksam, als sie den Anspruch vereiteln oder beeinträchtigen würde. [2] Dies gilt auch, wenn die Verfügung im Wege der Zwangsvollstreckung oder der Arrestvollziehung oder durch den Insolvenzverwalter erfolgt.

(3) Der Rang des Rechts, auf dessen Einräumung der Anspruch gerichtet ist, bestimmt sich nach der Eintragung der Vormerkung.

(4) Soweit der Anspruch durch die Vormerkung gesichert ist, kann sich der Erbe des Verpflichteten nicht auf die Beschränkung seiner Haftung berufen.

§ 11 [Vormerkungseintragung auf Grund einstweiliger Verfügung oder Bewilligung]

(1) [1] Die Vormerkung wird auf Grund einer einstweiligen Verfügung oder auf Grund der Bewilligung dessen eingetragen, dessen Schiff oder dessen Recht von der Vormerkung betroffen wird. [2] Für die einstweilige Verfügung braucht eine Gefährdung des zu sichernden Anspruchs nicht glaubhaft gemacht zu werden.

(2) Bei der Eintragung kann zur näheren Bezeichnung des zu sichernden Anspruchs auf die einstweilige Verfügung oder die Eintragungsbewilligung Bezug genommen werden.

§ 12 [Anspruch auf Beseitigung der Vormerkung] Steht dem, dessen Schiff oder dessen Recht von der Vormerkung betroffen wird, eine Einrede zu, durch welche die Geltendmachung des durch die Vormerkung gesicherten Anspruchs dauernd ausgeschlossen wird, so kann er von dem Gläubiger die Beseitigung der Vormerkung verlangen.

§ 13[1)] [Ausschluss des Gläubigers im Aufgebotsverfahren] [1] Ist der Gläubiger, dessen Anspruch durch die Vormerkung gesichert ist, unbekannt, so kann er im Wege des Aufgebotsverfahrens mit seinem Recht ausgeschlossen werden, wenn die in § 66 für die Ausschließung

---

[1)] § 13 Satz 2 geänd. mWv 1. 9. 2009 durch G v. 17. 12. 2008 (BGBl. I S. 2586).

eines Schiffshypothekengläubigers bestimmten Voraussetzungen vorliegen. [2] Die Wirkung der Vormerkung erlischt, sobald der Ausschließungsbeschluss rechtskräftig ist.

§ 14 [Anspruch auf Löschung der Vormerkung] (1) Soweit der Erwerb des Eigentums, einer Schiffshypothek oder des Rechts an einer solchen oder eines Nießbrauchs dem gegenüber, zu dessen Gunsten die Vormerkung besteht, unwirksam ist, kann dieser von dem Erwerber die Zustimmung zu der Eintragung oder Löschung verlangen, die zur Verwirklichung des durch die Vormerkung gesicherten Anspruchs erforderlich ist.

(2) Das gleiche gilt, wenn der Anspruch durch ein Veräußerungsverbot gesichert ist.

§ 15 [Gesetzliche Vermutung] (1) Es wird vermutet, daß Eigentümer des Schiffs ist, wer als Eigentümer im Schiffsregister eingetragen ist.

(2) Ist im Schiffsregister für jemanden eine Schiffshypothek oder ein Recht an einer solchen oder ein Nießbrauch eingetragen, so wird vermutet, daß ihm das Recht zusteht.

(3) Ist ein eingetragenes Recht (Abs. 1, 2) gelöscht, so wird vermutet, daß es nicht mehr besteht.

§ 16 [Öffentlicher Glaube des Schiffsregisters] (1) [1] Zugunsten dessen, der das Eigentum an einem Schiff, eine Schiffshypothek oder ein Recht an einer solchen oder einen Nießbrauch an einem Schiff durch Rechtsgeschäft erwirbt, gilt der Inhalt des Schiffsregisters, soweit er diese Rechte betrifft, als richtig, es sei denn, daß ein Widerspruch gegen die Richtigkeit eingetragen oder die Unrichtigkeit dem Erwerber bekannt ist. [2] Ist der Berechtigte in der Verfügung über ein im Schiffsregister eingetragenes Recht (Satz 1) zugunsten einer bestimmten Person beschränkt, so ist die Beschränkung dem Erwerber gegenüber nur wirksam, wenn sie aus dem Schiffsregister ersichtlich oder dem Erwerber bekannt wird.

(2) Ist zum Erwerb des Rechts die Eintragung erforderlich, so ist für die Kenntnis des Erwerbers die Zeit der Stellung des Antrags auf Eintragung oder, wenn die Einigung erst später zustande kommt, die Zeit der Einigung maßgebend.

§ 17 [Öffentlicher Glaube bei Leistungsbewirkung an den Eingetragenen] § 16 gilt sinngemäß, wenn an den, für den ein Recht (§ 16 Abs. 1 Satz 1) im Schiffsregister eingetragen ist, auf Grund dieses Rechts eine Leistung bewirkt oder wenn zwischen ihm und einem Dritten ein anderes, nicht unter § 16 fallendes Rechtsgeschäft vorgenommen wird, das eine Verfügung über das Recht enthält.

§ 18 [Anspruch auf Berichtigung des Schiffsregisters] (1) Steht der Inhalt des Schiffsregisters, soweit er das Eigentum, eine Schiffshypothek, ein Recht an einer solchen, einen Nießbrauch oder eine Verfügungsbeschränkung der in § 16 Abs. 1 Satz 2 genannten Art betrifft, mit der wirklichen Rechtslage nicht im Einklang, so kann der, dessen Recht nicht oder nicht richtig eingetragen oder durch die Eintragung einer nicht bestehenden Belastung oder Einschränkung beeinträchtigt ist, die Zustimmung zu der Berichtigung des Schiffsregisters von dem verlangen, dessen Recht durch die Berichtigung betroffen wird.

(2) Kann das Schiffsregister erst berichtigt werden, nachdem das Recht des nach Absatz 1 Verpflichteten eingetragen worden ist, so hat dieser auf Verlangen sein Recht eintragen zu lassen.

§ 19 [Tragung der Berichtigungskosten] Wer die Berichtigung verlangt, hat die Kosten der Berichtigung des Schiffsregisters und der dazu erforderlichen Erklärungen zu tragen, sofern sich nicht aus einem zwischen ihm und dem Verpflichteten bestehenden Rechtsverhältnis etwas anderes ergibt.

§ 20 [Unverjährbarkeit der Berichtigungsansprüche] Die im § 18 bestimmten Ansprüche unterliegen nicht der Verjährung.

§ 21 [Eintragung eines Widerspruchs] (1) In den Fällen des § 18 kann ein Widerspruch gegen die Richtigkeit des Schiffsregisters eingetragen werden.

(2) [1] Der Widerspruch wird auf Grund einer einstweiligen Verfügung oder auf Grund einer Bewilligung des durch die Berichtigung des Schiffsregisters Betroffenen eingetragen. [2] Die einstweilige Verfügung kann erlassen werden, ohne daß eine Gefährdung des Rechts des Widersprechenden glaubhaft gemacht wird.

§ 22 [Wirkung der Aufhebung einer einstweiligen Verfügung] Ist eine Vormerkung oder ein Widerspruch auf Grund einer einstweiligen Verfügung eingetragen, so erlischt die Vormerkung oder der Widerspruch, wenn die einstweilige Verfügung durch eine vollstreckbare Entscheidung aufgehoben wird.

§ 23 [Unverjährbarkeit eingetragener Rechte] (1) [1] Die Ansprüche aus eingetragenen Rechten unterliegen nicht der Verjährung. [2] Dies gilt nicht für Ansprüche, die auf Rückstände wiederkehrender Leistungen oder auf Schadenersatz gerichtet sind.

(2) Ein Recht, wegen dessen ein Widerspruch gegen die Richtigkeit des Schiffsregisters eingetragen ist, steht einem eingetragenen Recht gleich.

Zweiter Abschnitt. Eintragung und Inhalt der Schiffshypothek

§ 24 [Inhalt der Eintragung] (1) [1] Bei der Eintragung einer Schiffshypothek müssen der Gläubiger, der Geldbetrag der Forderung und, wenn die Forderung verzinslich ist, der Zinssatz, wenn andere Nebenleistungen zu entrichten sind, ihr Geldbetrag in das Schiffsregister eingetragen werden. [2] Zur näheren Bezeichnung des Inhalts des Rechts und der Forderung kann auf die Eintragungsbewilligung Bezug genommen werden.

(2) Wird die Schiffshypothek für das Darlehen einer Kreditanstalt eingetragen, deren Satzung von der zuständigen Behörde öffentlich bekanntgemacht worden ist, so genügt zur Bezeichnung der außer den Zinsen satzungsmäßig zu entrichtenden Nebenleistungen die Bezugnahme auf die Satzung.

§ 25 [Rangverhältnis] (1) [1] Ist ein Schiff mit mehreren Schiffshypotheken belastet, so bestimmt sich ihr Rangverhältnis nach der Reihenfolge der Eintragungen. [2] Die Eintragung ist für das Rangverhältnis auch dann maßgebend, wenn die nach § 8 Abs. 2, § 3 zur Bestellung der Schiffshypothek erforderliche Einigung erst nach der Eintragung zustande gekommen ist.

(2) Eine abweichende Bestimmung des Rangverhältnisses muß in das Schiffsregister eingetragen werden.

§ 26 [Änderung des Rangverhältnisses] (1) [1] Das Rangverhältnis kann nachträglich geändert werden. [2] Der nachträglichen Änderung des Rangverhältnisses steht es gleich, wenn der Rang einer bereits eingetragenen Schiffshypothek zugleich mit der Eintragung einer neuen Schiffshypothek zu deren Gunsten geändert wird.

(2) [1] Zu der Rangänderung ist die Einigung des zurücktretenden und des vortretenden Berechtigten, die Zustimmung des Eigentümers sowie die Eintragung in das Schiffsregister erforderlich. [2] Für die Einigung gilt § 3 Abs. 2, 3 sinngemäß. [3] Die Zustimmung ist dem Registergericht oder einem der Beteiligten gegenüber zu erklären; sie ist unwiderruflich.

(3) Ist die zurücktretende Schiffshypothek mit dem Recht eines Dritten belastet, so ist auch seine Zustimmung erforderlich; Abs. 2 Satz 3 gilt sinngemäß.

(4) Der eingeräumte Vorrang geht nicht dadurch verloren, daß die zurücktretende Schiffshypothek durch Rechtsgeschäft aufgehoben wird.

(5) Schiffshypotheken, die den Rang zwischen der zurücktretenden und der vortretenden Schiffshypothek haben, werden durch die Rangänderung nicht berührt.

(6) Im Fall der Teilung einer Schiffshypothek ist zur Änderung des Rangverhältnisses der Teilschiffshypotheken untereinander die Zustimmung des Eigentümers nicht erforderlich.

§ 27 [Rangvorbehalt] (1) Der Eigentümer kann sich bei der Belastung des Schiffs mit einer Schiffshypothek die Befugnis vorbehalten, eine andere dem Umfang nach bestimmte Schiffshypothek mit dem Rang vor jener Schiffshypothek eintragen zu lassen.

(2) Der Vorbehalt muß bei der Schiffshypothek eingetragen werden, die zurücktreten soll.

(3) Wird das Schiff veräußert, so geht die vorbehaltene Befugnis auf den Erwerber über.

(4) Ist das Schiff vor der Eintragung der Schiffshypothek, welcher der Vorrang beigelegt ist, mit einer Schiffshypothek ohne einen entsprechenden Vorbehalt belastet worden, so hat der Vorrang keine Wirkung, soweit die mit dem Vorbehalt eingetragene Schiffshypothek infolge der Zwischenbelastung eine über den Vorbehalt hinausgehende Beeinträchtigung erleiden würde.

§ 28 [Gesamtschiffshypothek] (1) Besteht für die Forderung eine Schiffshypothek an mehreren Schiffen oder an mehreren Anteilen eines Schiffs, so haftet jedes Schiff oder jeder Anteil für die ganze Forderung (Gesamtschiffshypothek).

(2) [1] Der Gläubiger ist berechtigt, den Betrag der Forderung auf die einzelnen Schiffe oder Anteile in der Weise zu verteilen, daß jedes Schiff oder jeder Anteil nur für den zugeteilten Betrag haftet. [2] Zur Verteilung ist die Erklärung des Gläubigers und die Eintragung in das

Schiffsregister erforderlich. [3] Die Erklärung ist dem Registergericht oder dem gegenüber abzugeben, zu dessen Gunsten sie erfolgt; § 3 Abs. 2, 3 gilt sinngemäß. [4] Ist die Gesamtschiffshypothek mit dem Recht eines Dritten belastet, so ist eine Zustimmung erforderlich; die Zustimmung ist dem Registergericht oder dem gegenüber zu erklären, zu dessen Gunsten sie erfolgt; sie ist unwiderruflich.

§ 29 [Haftung für Zinsen und Kosten] Kraft der Schiffshypothek haftet das Schiff auch für die gesetzlichen Zinsen der Forderung sowie für die Kosten der Kündigung und der die Befriedigung aus dem Schiff bezweckenden Rechtsverfolgung.

§ 30 [Erweiterung der Schiffshypothek auf Zinsen bis zu 5 v.H.] (1) Ist die Forderung unverzinslich oder ist der Zinssatz niedriger als fünf vom Hundert, so kann die Schiffshypothek ohne die Zustimmung der im Rang gleich- oder nachstehenden Berechtigten dahin erweitert werden, daß das Schiff für Zinsen bis zu fünf vom Hundert haftet.

(2) Zu einer Änderung der Zahlungszeit und des Zahlungsorts ist die Zustimmung dieser Berechtigten gleichfalls nicht erforderlich.

§ 31 [Erstreckung der Schiffshypothek auf Nebensachen] (1) Die Schiffshypothek erstreckt sich auf das Zubehör des Schiffs mit Ausnahme der Zubehörstücke, die nicht in das Eigentum des Schiffseigentümers gelangt sind.

(2) [1] Zubehörstücke werden von der Haftung frei, wenn ihre Zubehöreigenschaft in den Grenzen einer ordnungsmäßigen Wirtschaft aufgehoben wird oder die Stücke veräußert und von dem Schiff entfernt werden, bevor sie zugunsten des Gläubigers in Beschlag genommen worden sind. [2] § 1121 Abs. 2 des Bürgerlichen Gesetzbuchs gilt sinngemäß.

(3) Abs. 2 gilt für die Bestandteile sinngemäß mit der Maßgabe, daß an Stelle der Aufhebung der Zubehöreigenschaft die Trennung und Entfernung von dem Schiff tritt, sofern nicht die Entfernung nur zu einem vorübergehenden Zweck erfolgt.

§ 32 [Erstreckung der Schiffshypothek auf die Versicherungsforderung] (1) Hat der Eigentümer oder für seine Rechnung ein anderer für das Schiff eine Versicherung genommen, so erstreckt sich die Schiffshypothek auf die Versicherungsforderung.

(2) [1] Die für eine verpfändete Forderung geltenden Vorschriften des bürgerlichen Rechts sind sinngemäß anzuwenden; der Versicherer kann sich nicht darauf berufen, daß er eine aus dem Schiffsregister ersichtliche Schiffshypothek nicht gekannt habe. [2] Der Versicherer kann jedoch die Entschädigungssumme mit Wirkung gegen den Gläubiger an den Versicherungsnehmer zahlen, wenn er oder der Versicherungsnehmer den Eintritt des Schadens dem Gläubiger angezeigt hat und seit dem Empfang der Anzeige eine Frist von zwei Wochen verstrichen ist. [3] Die Anzeige darf unterbleiben, wenn sie untunlich ist; in diesem Fall wird die Frist von dem Zeitpunkt an gerechnet, in dem die Entschädigungssumme fällig ist. [4] Der Gläubiger kann bis zum Ablauf der Frist dem Versicherer gegenüber der Zahlung widersprechen.

§ 33 [Wirksamkeit der Zahlung des Versicherers bei Wiederherstellung] (1) [1] Eine Zahlung des Versicherers auf die Versicherungsforderung ist dem Gläubiger gegenüber wirksam, soweit sie zum Zweck der Wiederherstellung des Schiffs bewirkt wird und die Wiederherstellung des Schiffs gesichert ist. [2] Das gleiche gilt von Zahlungen des Versicherers zum Zweck der Befriedigung von Schiffsgläubigern, deren Ansprüche der Schiffshypothek im Rang vorgehen, soweit die Befriedigung dieser Schiffsgläubiger gesichert ist.

(2) [1] Die Haftung der Forderung gegen den Versicherer erlischt, soweit das Schiff wiederhergestellt oder für Zubehörstücke Ersatz beschafft worden ist. [2] Das gleiche gilt, soweit Verpflichtungen des Eigentümers erfüllt worden sind, die von der Versicherung umfaßt waren und für die ein der Schiffshypothek im Rang vorgehendes Schiffsgläubigerrecht bestand.

§ 34 [Verhältnis zwischen Gläubiger und Versicherer] (1) [1] Hat der Gläubiger seine Schiffshypothek bei dem Versicherer angemeldet, so hat dieser dem Gläubiger unverzüglich mitzuteilen, wenn die Prämie nicht rechtzeitig gezahlt ist und aus diesem Grunde dem Versicherungsnehmer eine Zahlungsfrist bestimmt wird. [2] Das gleiche gilt, wenn das Versicherungsverhältnis nach dem Ablauf der Frist wegen unterbliebener Prämienzahlung gekündigt wird.

(2) [1] Eine Kündigung, ein Rücktritt oder eine sonstige Tatsache, welche die vorzeitige Beendigung des Versicherungsverhältnisses zur Folge hat, wird gegenüber dem Gläubiger, der seine Schiffshypothek dem Versicherer angemeldet hat, erst mit dem Ablauf von zwei Wochen wirksam, nachdem der Versicherer ihm die Beendigung und, wenn diese noch nicht eingetreten war, den Zeitpunkt der Beendigung mitgeteilt oder der Gläubiger dies in anderer Weise erfahren hat. [2] Dies gilt nicht, wenn das Versicherungsverhältnis wegen nicht rechtzeitiger Prämienzah-

lung gekündigt oder durch das Insolvenzverfahren über das Vermögen des Versicherers beendigt wird.

(3) Trifft der Versicherer mit dem Versicherungsnehmer eine Vereinbarung, durch welche die Versicherungssumme oder der Umfang der Gefahr, für die der Versicherer haftet, gemindert wird, so gilt Abs. 2 Satz 1 sinngemäß.

(4) [1] Ist der Versicherungsvertrag unwirksam, weil der Versicherungsnehmer ihn in der Absicht geschlossen hat, sich aus einer Überversicherung oder einer Doppelversicherung einen rechtswidrigen Vermögensvorteil zu verschaffen, so kann der Versicherer gegenüber einem Gläubiger, der ihm seine Schiffshypothek angemeldet hat, die Unwirksamkeit nicht geltend machen. [2] Das Versicherungsverhältnis endigt jedoch dem Gläubiger gegenüber mit dem Ablauf von zwei Wochen, nachdem der Versicherer ihm die Unwirksamkeit mitgeteilt oder der Gläubiger sie in anderer Weise erfahren hat.

§ 35 [Gemeinschaftliche Versicherung bei mehreren Versicherern] (1) [1] Ist das Schiff bei mehreren Versicherern gemeinschaftlich versichert, so genügt die Anmeldung der Schiffshypothek nach § 34 bei dem Versicherer, den der Eigentümer dem Gläubiger als den führenden Versicherer bezeichnet hat. [2] Dieser ist verpflichtet, die Anmeldung den Mitversicherern mitzuteilen.

(2) [1] Für eine Mitteilung nach § 34 genügt, wenn der Gläubiger seine Wohnung geändert, die Änderung aber dem Versicherer nicht angezeigt hat, die Absendung eines eingeschriebenen Briefs nach der letzten, dem Versicherer bekannten Wohnung des Gläubigers. [2] Die Mitteilung wird mit dem Zeitpunkt wirksam, in dem sie ohne die Wohnungsänderung bei regelmäßiger Beförderung dem Gläubiger zugegangen sein würde.

§ 36 [Befreiung des Versicherers von der Leistung] (1) [1] Ist der Versicherer wegen des Verhaltens des Versicherungsnehmers oder des Versicherten von der Verpflichtung zur Leistung frei, so bleibt gleichwohl seine Verpflichtung gegenüber dem Gläubiger bestehen. [2] Das gleiche gilt, wenn der Versicherer nach dem Eintritt des Versicherungsfalls vom Vertrag zurücktritt.

(2) Abs. 1 Satz 1 gilt nicht, wenn der Versicherer von der Verpflichtung zur Leistung deshalb frei ist, weil

1. eine Prämie nicht rechtzeitig gezahlt ist oder
2. das Schiff in nicht fahrtüchtigem (seetüchtigem) Zustand oder nicht gehörig ausgerüstet oder bemannt die Reise angetreten hat oder
3. das Schiff von dem angegebenen oder üblichen Reiseweg abgewichen ist.

§ 37 [Übergang der Schiffshypothek] [1] Soweit der Versicherer auf Grund des § 34 Abs. 2 bis 4, § 36 den Gläubiger befriedigt, geht die Schiffshypothek auf ihn über. [2] Der Übergang kann nicht zum Nachteil des Gläubigers oder eines gleich- oder nachstehenden Schiffshypothekengläubigers, demgegenüber die Verpflichtung des Versicherers zur Leistung bestehen geblieben ist, geltend gemacht werden.

§ 38 [Annahme der Prämien] (1) Der Versicherer muß fällige Prämien oder sonstige ihm auf Grund des Versicherungsvertrags gebührende Zahlungen vom Versicherten und vom Gläubiger auch dann annehmen, wenn er nach den Vorschriften des bürgerlichen Rechts die Zahlung zurückweisen könnte.

(2) Das Schiff haftet kraft der Schiffshypothek für den Anspruch des Gläubigers auf Erstattung der Beträge und ihrer Zinsen, die der Gläubiger zur Entrichtung von Prämien oder sonstigen dem Versicherer auf Grund des Versicherungsvertrags gebührenden Zahlungen verwendet hat.

§ 39 [Gefährdung der Sicherheit der Schiffshypothek] (1) [1] Ist infolge einer Verschlechterung des Schiffs oder seiner Einrichtungen die Sicherheit der Schiffshypothek gefährdet, so kann der Gläubiger dem Eigentümer eine angemessene Frist zur Beseitigung der Gefährdung bestimmen. [2] Nach fruchtlosem Ablauf der Frist ist der Gläubiger berechtigt, sofort Befriedigung aus dem Schiff zu suchen. [3] Ist die Forderung unverzinslich und noch nicht fällig, so gebührt dem Gläubiger nur die Summe, die mit Hinzurechnung der gesetzlichen Zinsen für die Zeit von der Zahlung bis zur Fälligkeit dem Betrag der Forderung gleichkommt.

(2) Wirkt der Eigentümer auf das Schiff in solcher Weise ein, daß eine die Sicherheit der Schiffshypothek gefährdende Verschlechterung des Schiffs oder seiner Einrichtungen zu besorgen ist, oder unterläßt er die erforderlichen Vorkehrungen gegen derartige Einwirkungen Dritter oder gegen andere Beschädigungen, so hat das Gericht auf Antrag des Gläubigers die zur Abwendung der Gefährdung erforderlichen Maßregeln anzuordnen; es kann, wenn andere

Maßnahmen nicht ausreichen, bestimmen, daß der Gläubiger berechtigt ist, sofort Befriedigung aus dem Schiff zu suchen.

(3) Einer Verschlechterung des Schiffs steht es gleich, wenn Zubehörstücke, auf welche die Schiffshypothek sich erstreckt, verschlechtert oder den Regeln einer ordnungsmäßigen Wirtschaft zuwider von dem Schiff entfernt werden.

§ 40 [Unterlassungsklage] Ist infolge der Einwirkung eines Dritten eine die Sicherheit der Schiffshypothek gefährdende Verschlechterung des Schiffs zu besorgen, so kann der Gläubiger gegen ihn nur auf Unterlassung klagen.

§ 41 [Einreden des Eigentümers gegen die Schiffshypothek] (1) [1] Der Eigentümer kann gegen die Schiffshypothek die dem Schuldner gegen die Forderung zustehenden Einreden geltend machen. [2] Er kann die Befriedigung des Gläubigers verweigern, solange dem Schuldner das Recht zusteht, das seiner Verbindlichkeit zugrunde liegende Rechtsgeschäft anzufechten. [3] Die gleiche Befugnis hat der Eigentümer, solange sich der Gläubiger durch Aufrechnung gegen eine fällige Forderung des Schuldners befriedigen kann. [4] Stirbt der Schuldner, so kann sich der Eigentümer nicht darauf berufen, daß der Erbe für die Schuld nur beschränkt haftet.

(2) Ist der Eigentümer nicht der Schuldner, so verliert er eine Einrede nicht dadurch, daß der Schuldner auf sie verzichtet.

380

§ 42 [Wirksamkeit der Kündigung] (1) [1] Hängt die Fälligkeit der Forderung von einer Kündigung ab, so ist die Kündigung für die Schiffshypothek nur wirksam, wenn sie von dem Gläubiger dem Eigentümer oder von dem Eigentümer dem Gläubiger erklärt wird. [2] Zugunsten des Gläubigers gilt als Eigentümer, wer im Schiffsregister als Eigentümer eingetragen ist.

(2) Hat der Eigentümer weder einen Wohnsitz im Inland noch die Bestellung eines inländischen Bevollmächtigten dem Gläubiger angezeigt, so hat das Registergericht ihm auf Antrag des Gläubigers einen Vertreter zu bestellen, dem gegenüber der Gläubiger kündigen kann; das gleiche gilt, wenn sein Aufenthalt unbekannt ist oder der Gläubiger ohne Fahrlässigkeit nicht weiß, wer der Eigentümer ist.

§ 43 [Befriedigung des Gläubigers durch den Eigentümer] (1) Der Eigentümer ist berechtigt, den Gläubiger zu befriedigen, wenn die Forderung ihm gegenüber fällig geworden oder wenn der Schuldner zur Leistung berechtigt ist.

(2) Der Eigentümer kann den Gläubiger auch durch Hinterlegung oder durch Aufrechnung befriedigen.

§ 44 [Übergang der Forderung auf den Eigentümer] (1) [1] Ist der Eigentümer nicht der Schuldner, so geht, soweit er den Gläubiger befriedigt, die Forderung auf ihn über; der Übergang kann nicht zum Nachteil des Gläubigers geltend gemacht werden. [2] Einwendungen des Schuldners aus dem zwischen ihm und dem Eigentümer bestehenden Rechtsverhältnis bleiben unberührt.

(2) Besteht für die Forderung eine Gesamtschiffshypothek, so gelten für diese die Vorschriften des § 69.

§ 45 [Aushändigung der Urkunde an den Eigentümer] Der Eigentümer kann gegen Befriedigung des Gläubigers die Aushändigung der zur Berichtigung des Schiffsregisters oder zur Löschung der Schiffshypothek erforderlichen Urkunden verlangen.

§ 46 [Verzugszinsen] Liegen dem Eigentümer gegenüber die Voraussetzungen vor, unter denen ein Schuldner in Verzug kommt, so gebühren dem Gläubiger Verzugszinsen aus dem Schiff.

Dritter Abschnitt. Die Geltendmachung der Schiffshypothek

§ 47 [Befriedigung des Gläubigers nur durch Zwangsvollstreckung] (1) Der Gläubiger kann seine Befriedigung aus dem Schiff und den Gegenständen, auf die sich die Schiffshypothek erstreckt, nur im Wege der Zwangsvollstreckung suchen.

(2) Bei einer Gesamtschiffshypothek kann der Gläubiger die Befriedigung aus jedem der Schiffe ganz oder zu einem Teil suchen.

§ 48 [Eigentumsvermutung] [1] Bei der Verfolgung des Rechts aus der Schiffshypothek gilt zugunsten des Gläubigers als Eigentümer, wer im Schiffsregister als Eigentümer eingetragen ist.

[2] Das Recht des nicht eingetragenen Eigentümers, die ihm gegen die Schiffshypothek zustehenden Einwendungen geltend zu machen, bleibt unberührt.

§ 49 [Nichtigkeit anderer Abreden] Solange die Forderung dem Eigentümer gegenüber nicht fällig geworden ist, kann dieser dem Gläubiger nicht das Recht einräumen, zum Zweck der Befriedigung die Übertragung des Eigentums an dem Schiff zu verlangen oder das Schiff auf andere Weise als im Wege der Zwangsvollstreckung zu veräußern.

§ 50 [Ablösungsrecht – Forderungsübergang] (1) [1] Verlangt der Gläubiger Befriedigung aus dem Schiff, so ist jeder, der Gefahr läuft, durch die Zwangsvollstreckung ein Recht an dem Schiff oder an den Gegenständen zu verlieren, auf die sich die Schiffshypothek erstreckt, berechtigt, den Gläubiger zu befriedigen, und zwar auch durch Hinterlegung oder Aufrechnung. [2] Das gleiche Recht steht dem Besitzer des Schiffs oder der im § 31 genannten Sachen zu, wenn er Gefahr läuft, durch die Zwangsvollstreckung den Besitz zu verlieren.

(2) [1] Soweit der Dritte den Gläubiger befriedigt, geht die Forderung auf ihn über. [2] Der Übergang kann nicht zum Nachteil des Gläubigers geltend gemacht werden. [3] Einwendungen des Schuldners aus einem zwischen ihm und dem Dritten bestehenden Rechtsverhältnis bleiben unberührt.

(3) § 45 gilt sinngemäß.

Vierter Abschnitt. Übertragung, Änderung und Erlöschen der Schiffshypothek

§ 51 [Übertragung der Forderung] (1) Mit der Übertragung der Forderung geht die Schiffshypothek auf den neuen Gläubiger über.

(2) Die Forderung kann nicht ohne die Schiffshypothek, die Schiffshypothek kann nicht ohne die Forderung übertragen werden.

(3) Zur Abtretung der Forderung ist die Einigung des bisherigen und des neuen Gläubigers hierüber und die Eintragung in das Schiffsregister erforderlich; § 3 Abs. 2, 3 gilt sinngemäß.

§ 52 [Fortbestehen der Einreden – Vorausleistung von Zinsen] (1) [1] Eine Einrede, die dem Eigentümer auf Grund eines zwischen ihm und dem bisherigen Gläubiger bestehenden Rechtsverhältnisses gegen die Schiffshypothek zusteht, kann auch dem neuen Gläubiger entgegengesetzt werden. [2] Die Vorschriften der §§ 16, 18 bis 21 über den öffentlichen Glauben des Schiffsregisters gelten auch für diese Einrede.

(2) Soweit die Forderung auf Zinsen oder andere Nebenleistungen gerichtet ist, die nicht später als in dem Kalendervierteljahr, in dem der Eigentümer von der Übertragung Kenntnis erlangt, oder dem folgenden Vierteljahr fällig werden, kann sich der Gläubiger gegenüber den in Abs. 1 bezeichneten Einreden nicht auf § 16 berufen.

§ 53 [Nebenforderungen] (1) Soweit die Forderung auf Rückstände von Zinsen oder andere Nebenleistungen oder auf Erstattung von Kosten der Kündigung und Rechtsverfolgung (§ 29) oder von den im § 38 Abs. 2 bezeichneten Beträgen gerichtet ist, bestimmt sich die Übertragung sowie das Rechtsverhältnis zwischen dem Eigentümer und dem neuen Gläubiger nach den für die Übertragung von Forderungen geltenden allgemeinen Vorschriften.

(2) Die Vorschriften des § 16 über den öffentlichen Glauben des Schiffsregisters gelten für die im Abs. 1 bezeichneten Ansprüche nicht.

§ 54 [Änderung des Inhalts der Schiffshypothek] (1) Zur Änderung des Inhalts der Schiffshypothek ist die Einigung des Eigentümers und des Gläubigers über den Eintritt der Rechtsänderung und die Eintragung der Rechtsänderung in das Schiffsregister erforderlich; § 3 Abs. 2, 3, § 24 gelten sinngemäß.

(2) [1] Ist die Schiffshypothek mit dem Recht eines Dritten belastet, so ist seine Zustimmung erforderlich. [2] Die Zustimmung ist dem Registergericht oder demgegenüber zu erklären, zu dessen Gunsten sie erfolgt; sie ist unwiderruflich.

§ 55 [Austausch der Forderung] (1) [1] An die Stelle der Forderung, für welche die Schiffshypothek besteht, kann eine andere Forderung gesetzt werden. [2] Zu der Änderung ist die Einigung des Gläubigers und des Eigentümers sowie die Eintragung in das Schiffsregister erforderlich; § 3 Abs. 2, 3, § 54 Abs. 2 gelten sinngemäß.

(2) Steht die Forderung, die an die Stelle der bisherigen Forderung treten soll, nicht dem bisherigen Schiffshypothekengläubiger zu, so ist seine Zustimmung erforderlich; § 54 Abs. 2, § 56 Abs. 2, 3 gelten sinngemäß.

§ 56 [Aufhebung der Schiffshypothek] (1) [1] Zur Aufhebung der Schiffshypothek durch Rechtsgeschäft ist die Erklärung des Gläubigers, daß er die Schiffshypothek aufgebe, die Zustimmung des Eigentümers und die Löschung der Schiffshypothek im Schiffsregister erforderlich. [2] Die Erklärung des Gläubigers ist dem Registergericht oder demgegenüber abzugeben, zu dessen Gunsten sie erfolgt. [3] Die Zustimmung des Eigentümers ist dem Registergericht oder dem Gläubiger gegenüber zu erklären; sie ist unwiderruflich.

(2) Vor der Löschung ist der Gläubiger an seine Erklärung nur gebunden, wenn er sie dem Registergericht gegenüber abgegeben oder dem, zu dessen Gunsten sie erfolgt, eine den Vorschriften der Schiffsregisterordnung entsprechende Löschungsbewilligung ausgehändigt hat.

(3) Die Erklärung des Gläubigers wird nicht dadurch unwirksam, daß er in der Verfügung beschränkt wird, nachdem die Erklärung für ihn bindend geworden und der Antrag auf Eintragung bei dem Registergericht gestellt worden ist.

(4) § 54 Abs. 2 gilt auch hier.

§ 57 [Erlöschen der Schiffshypothek] (1) [1] Die Schiffshypothek erlischt vorbehaltlich der Fälle des § 59 mit der Forderung. [2] Die Schiffshypothek erlischt auch, wenn der Gläubiger aus dem Schiff und soweit er aus den sonstigen Gegenständen, auf die sich die Schiffshypothek erstreckt, im Wege der Zwangsvollstreckung befriedigt wird.

(2) [1] Die Schiffshypothek erlischt ferner, wenn der Gläubiger auf sie verzichtet. [2] Der Verzicht ist dem Registergericht oder dem Eigentümer gegenüber zu erklären und bedarf der Eintragung in das Schiffsregister; § 54 Abs. 2, § 56 Abs. 2, 3 gelten sinngemäß.

(3) [1] Solange die Schiffshypothek nicht gelöscht ist, kann der Eigentümer im Rang und bis zur Höhe der bisherigen Belastung eine neue Schiffshypothek bestellen; dies gilt nicht im Fall des Abs. 1 Satz 2. [2] Die Befugnis steht dem jeweiligen Eigentümer des Schiffs zu; sie ist nicht übertragbar. [3] Nach der Beschlagnahme des Schiffs im Zwangsversteigerungsverfahren kann die Befugnis nur mit Zustimmung des betreibenden Gläubigers ausgeübt werden; sie erlischt mit der Erteilung des Zuschlags; bei der Verteilung des Erlöses ist auf sie keine Rücksicht zu nehmen.

(4) Erlischt die Schiffshypothek nur zum Teil, so hat der dem Gläubiger verbleibende Teil der Schiffshypothek den Vorrang vor einer von dem Eigentümer auf Grund seiner Befugnis bestellten Schiffshypothek.

§ 58 [Vorbemerkung zur Sicherung des Löschungsanspruchs] Verpflichtet sich der Eigentümer einem anderen gegenüber, die Schiffshypothek löschen zu lassen, wenn die Forderung erlischt, so kann zur Sicherung des Anspruchs auf Löschung eine Vormerkung in das Schiffsregister eingetragen werden.

§ 59 [Übergang der Schiffshypothek auf den Schuldner] (1) Befriedigt der Schuldner den Gläubiger, so geht die Schiffshypothek auf ihn über, soweit er von dem Eigentümer oder einem Rechtsvorgänger des Eigentümers Ersatz verlangen kann; kann er nur zum Teil Ersatz verlangen, so hat die auf ihn übergegangene Schiffshypothek den Vorrang vor einer vom Eigentümer auf Grund der Befugnis nach § 57 Abs. 3 bestellten Schiffshypothek.

(2) Befriedigt der Schuldner den Gläubiger nur zum Teil, so hat der dem Gläubiger verbleibende Teil der Schiffshypothek den Vorrang.

(3) Der Befriedigung des Gläubigers steht es gleich, wenn sich Forderung und Schuld in einer Person vereinigen.

§ 60 [Freiwerden des Schuldners] Gibt der Gläubiger die Schiffshypothek auf oder verzichtet er auf sie oder räumt er einer anderen Schiffshypothek den Vorrang ein, so wird der Schuldner frei, soweit er ohne diese Verfügung nach § 59 aus der Schiffshypothek hätte Ersatz erlangen können.

§ 61 [Schadensersatzanspruch des Schuldners bei unterlassener Benachrichtigung] [1] Ist der Schuldner berechtigt, von dem Eigentümer Ersatz zu verlangen, falls er den Gläubiger befriedigt, so kann er, wenn der Gläubiger die Zwangsversteigerung des Schiffs betreibt, ohne ihn unverzüglich zu benachrichtigen, die Befriedigung des Gläubigers wegen eines Ausfalls bei der Zwangsversteigerung verweigern, soweit er infolge der Unterlassung der Benachrichtigung einen Schaden erleidet. [2] Die Benachrichtigung darf unterbleiben, wenn sie untunlich ist.

§ 62 [Anspruch auf Aushändigung der Berichtigungsurkunden] Hat der Schuldner dadurch, daß er den Gläubiger befriedigt hat, die Schiffshypothek erworben oder hat er aus demselben Grund ein sonstiges rechtliches Interesse an der Berichtigung des Schiffsregisters, so kann er verlangen, daß der Gläubiger die zur Berichtigung des Schiffsregisters erforderlichen Urkunden ihm aushändigt.

§ 63 [Dauernde Einrede des Eigentümers] Steht dem Eigentümer eine Einrede zu, durch welche die Geltendmachung der Schiffshypothek dauernd ausgeschlossen wird, so kann er verlangen, daß der Gläubiger auf die Schiffshypothek verzichtet.

§ 64 [Zusammentreffen von Schiffshypothek und Eigentum] (1) Die Schiffshypothek erlischt, wenn sie mit dem Eigentum in derselben Person zusammentrifft; § 57 Abs. 3 gilt sinngemäß.

(2) [1] Die Schiffshypothek erlischt nicht, solange die Forderung besteht oder zugunsten eines Dritten als bestehend gilt. [2] Der Eigentümer kann als Gläubiger nicht die Zwangsvollstreckung in das Schiff betreiben; Zinsen aus dem Schiff gebühren ihm nicht.

§ 65 [Erlöschen der Schiffshypothek bei Anspruchsverjährung] (1) Ist eine Schiffshypothek im Schiffsregister mit Unrecht gelöscht, so erlischt sie, wenn der Anspruch des Gläubigers gegen den Eigentümer verjährt ist.

(2) Das gleiche gilt, wenn eine kraft Gesetzes entstandene Schiffshypothek nicht in das Schiffsregister eingetragen worden ist.

§ 66[1] [Ausschluss des unbekannten Gläubigers] (1) [1] Ist der Gläubiger unbekannt, so kann er im Wege des Aufgebotsverfahrens mit seinem Recht ausgeschlossen werden, wenn seit der letzten sich auf die Schiffshypothek beziehenden Eintragung in das Schiffsregister zehn Jahre verstrichen sind und das Recht des Gläubigers nicht innerhalb dieser Frist von dem Eigentümer in einer nach § 212 Abs. 1 Nr. 1 des Bürgerlichen Gesetzbuchs für den Neubeginn der Verjährung geeigneten Weise anerkannt worden ist. [2] Besteht für die Forderung eine nach dem Kalender bestimmte Zahlungszeit, so beginnt die Frist nicht vor dem Ablauf des Zahlungstags.

(2) [1] Mit der Rechtskraft des Ausschließungsbeschlusses erlischt die Schiffshypothek. [2] § 57 Abs. 3 gilt auch in diesem Falle.

§ 67[2] [Weitere Ausschlussgründe] (1) [1] Der unbekannte Gläubiger kann im Wege des Aufgebotsverfahrens mit seinem Recht auch dann ausgeschlossen werden, wenn der Eigentümer zur Befriedigung des Gläubigers oder zur Kündigung berechtigt ist und den Betrag der Forderung für den Gläubiger unter Verzicht auf das Recht zur Rücknahme hinterlegt. [2] Die Hinterlegung von Zinsen ist nur erforderlich, wenn der Zinssatz im Schiffsregister eingetragen ist; Zinsen für eine frühere Zeit als das vierte Kalenderjahr vor der Rechtskraft des Ausschließungsbeschlusses sind nicht zu hinterlegen.

(2) Mit der Rechtskraft des Ausschließungsbeschlusses gilt der Gläubiger als befriedigt, sofern nicht nach den Vorschriften des Bürgerlichen Gesetzbuchs über die Hinterlegung die Befriedigung schon vorher eingetreten ist.

(3) Das Recht des Gläubigers auf den hinterlegten Betrag erlischt mit dem Ablauf von dreißig Jahren nach der Rechtskraft des Ausschließungsbeschlusses, wenn nicht der Gläubiger sich vorher bei der Hinterlegungsstelle meldet; der Hinterleger ist zur Rücknahme berechtigt, auch wenn er auf das Recht zur Rücknahme verzichtet hat.

§ 68 [Erlöschen einer Gesamtschiffshypothek] (1) [1] Erlischt eine Gesamtschiffshypothek, so steht die Befugnis nach § 57 Abs. 3 jedem Eigentümer an seinem Schiff (Anteil) zu dem Teilbetrag zu, der dem Verhältnis des Wertes seines Schiffs (Anteils) zum Werte der sämtlichen Schiffe (Anteile) entspricht, soweit sich nicht aus dem zwischen den Eigentümern (Miteigentümern) bestehenden Rechtsverhältnis etwas anderes ergibt. [2] Der Wert wird unter Abzug der Belastungen berechnet, die der Gesamtschiffshypothek im Rang vorgehen.

(2) Jeder Eigentümer kann von den übrigen verlangen, daß sie ihm eine den Vorschriften der Schiffsregisterordnung[3] entsprechende Erklärung über die Höhe des ihm zustehenden Teilbetrags aushändigen.

(3) Erlischt die Gesamtschiffshypothek nur zum Teil, so hat der dem Gläubiger verbleibende Teil der Schiffshypothek den Vorrang vor einer von einem der Eigentümer auf Grund seiner Befugnis bestellten Schiffshypothek.

---

[1] § 66 Abs. 2 Satz 1 geänd. mWv 1. 9. 2009 durch G v. 17. 12. 2008 (BGBl. I S. 2586).
[2] § 67 Abs. 1 Satz 2 2. Halbs., Abs. 2 u. 3 2. Halbs. geänd. mWv 1. 9. 2009 durch G v. 17. 12. 2008 (BGBl. I S. 2586).
[3] Nr. **385**.

§ 69 [Befriedigung durch den Eigentümer bei Gesamtschiffshypothek] (1) [1] Befriedigt der Eigentümer eines mit einer Gesamtschiffshypothek belasteten Schiffs den Gläubiger und erlischt hierdurch die Forderung, so steht die Befugnis nach § 57 Abs. 3 nur diesem Eigentümer an seinem Schiff, und zwar in Höhe des Betrages der bisherigen Gesamtschiffshypothek zu. [2] Erwirbt dieser Eigentümer nach § 44 die Forderung, so geht die Schiffshypothek nur an seinem Schiff auf ihn über; an den übrigen Schiffen erlischt sie; den Eigentümern dieser Schiffe steht auch hier die Befugnis nach § 57 Abs. 3 nicht zu.

(2) [1] Kann der Eigentümer, der den Gläubiger befriedigt, von dem Eigentümer eines der anderen Schiffe oder von einem Rechtsvorgänger dieses Eigentümers Ersatz verlangen, so geht in Höhe des Ersatzanspruchs die Schiffshypothek an dem Schiff dieses Eigentümers auf ihn über; sie bleibt mit einer nach Abs. 1 Satz 2 übergegangenen Schiffshypothek Gesamtschiffshypothek. [2] Ist durch die Befriedigung des Gläubigers die Forderung erloschen, so kann der Eigentümer die ihm nach Abs. 1 Satz 1 zustehende Befugnis nur in der Weise ausüben, daß mit der nach Satz 1 übergegangenen Schiffshypothek eine Gesamtschiffshypothek begründet wird.

(3) Wird der Gläubiger nur zum Teil befriedigt, so hat die dem Gläubiger verbleibende Schiffshypothek den Vorrang vor einer von dem Eigentümer auf Grund seiner Befugnis bestellten oder ihm nach Abs. 1 Satz 2, Abs. 2 zufallenden Schiffshypothek.

(4) Der Befriedigung durch den Eigentümer steht es gleich, wenn das Gläubigerrecht auf den Eigentümer übertragen wird oder wenn sich Forderung und Schuld in der Person des Eigentümers vereinigen.

(5) Wird der Gläubiger im Wege der Zwangsvollstreckung aus einem der mit einer Gesamtschiffshypothek belasteten Schiffe befriedigt, so gilt Abs. 2 Satz 1 sinngemäß.

§ 70 [Übergang auf den Schuldner bei Gesamtschiffshypothek] (1) [1] Kann bei einer Gesamtschiffshypothek der Schuldner im Fall des § 59 nur von dem Eigentümer eines der belasteten Schiffe oder von einem Rechtsvorgänger dieses Eigentümers Ersatz verlangen, so geht die Schiffshypothek nur an diesem Schiff auf ihn über. [2] An den übrigen Schiffen erlischt sie; den Eigentümern dieser Schiffe steht die Befugnis nach § 57 Abs. 3 nicht zu.

(2) Ist dem Schuldner nur zum Teil Ersatz zu leisten und geht deshalb die Schiffshypothek nur zu einem Teilbetrag auf ihn über, so gilt, soweit die Gesamtschiffshypothek an sämtlichen Schiffen erlischt, für die den Eigentümern nach § 57 Abs. 3 zustehende Befugnis § 68 mit der Maßgabe, daß der auf den Schuldner übergegangene Teilbetrag der Schiffshypothek den nach § 68 Abs. 1 Satz 2 vorweg in Abzug zu bringenden Belastungen hinzuzurechnen ist.

§ 71 [Teilweiser Verzicht des Gläubigers einer Gesamtschiffshypothek] [1] Verzichtet der Gläubiger einer Gesamtschiffshypothek nur an einem der Schiffe auf die Schiffshypothek, so steht dem Eigentümer dieses Schiffs die Befugnis nach § 57 Abs. 3 nicht zu. [2] Gleiches gilt, wenn der Gläubiger nach § 66 mit seinem Recht an einem der Schiffe ausgeschlossen wird.

Fünfter Abschnitt. Schiffshypothek für Inhaber- und Orderpapiere, Höchstbetragsschiffshypothek

§ 72 [Schiffshypothek für Inhaberschuldverschreibungen] (1) Zur Bestellung einer Schiffshypothek für die Forderung aus einer Schuldverschreibung auf den Inhaber genügt die Erklärung des Eigentümers gegenüber dem Registergericht, daß er die Schiffshypothek bestelle, und die Eintragung in das Schiffsregister; § 3 Abs. 3 gilt sinngemäß.

(2) [1] Die Ausschließung des Gläubigers mit seinem Recht nach § 66 ist nur zulässig, wenn die in § 801 des Bürgerlichen Gesetzbuchs bezeichnete Vorlegungsfrist verstrichen ist. [2] Ist innerhalb der Frist die Schuldverschreibung vorgelegt oder der Anspruch aus der Urkunde gerichtlich geltend gemacht worden, so kann die Ausschließung erst erfolgen, wenn die Verjährung eingetreten ist.

§ 73 [Schiffshypothek für Forderungen aus Inhaber- und Orderpapieren] Ist die Schiffshypothek für eine Forderung aus einer Schuldverschreibung auf den Inhaber, aus einem Wechsel oder aus einem anderen Papier, das durch Indossament übertragen werden kann, bestellt, so bestimmt sich die Abtretung der Forderung nach den für die Abtretung dieser Forderungen geltenden allgemeinen Vorschriften.

§ 74 [Gläubigervertreter] (1) [1] Bei einer Schiffshypothek der in § 73 bezeichneten Art kann für den jeweiligen Gläubiger ein Vertreter mit der Befugnis bestellt werden, mit Wirkung für und gegen jeden späteren Gläubiger bestimmte Verfügungen über die Schiffshypothek zu treffen und den Gläubiger bei der Geltendmachung der Schiffshypothek zu vertreten. [2] Die Bestellung des Vertreters bedarf der Eintragung in das Schiffsregister; wegen seiner Befugnisse kann auf die Eintragungsbewilligung Bezug genommen werden.

(2) Ist der Eigentümer berechtigt, von dem Gläubiger eine Verfügung zu verlangen, zu welcher der Vertreter befugt ist, so kann er die Vornahme der Verfügung von dem Vertreter verlangen.

§ 75 [Höchstbetragschiffshypothek] (1) [1] Eine Schiffshypothek kann in der Weise bestellt werden, daß nur der Höchstbetrag, bis zu dem das Schiff haften soll, bestimmt, im übrigen die Feststellung der Forderung vorbehalten wird. [2] Der Höchstbetrag muß in das Schiffsregister eingetragen werden.

(2) Ist die Forderung verzinslich, so werden die Zinsen in den Höchstbetrag eingerechnet.

(3) [1] Die Forderung kann nach den für die Übertragung von Forderungen geltenden allgemeinen Vorschriften übertragen werden. [2] Wird sie nach diesen Vorschriften übertragen, so ist der Übergang der Schiffshypothek ausgeschlossen.

(4) *Der Reichsminister der Justiz*[1)] wird ermächtigt, ergänzende Vorschriften zu erlassen.

Sechster Abschnitt. Die Schiffshypothek an Schiffsbauwerken und Schwimmdocks

§ 76 [Zulässigkeit der Bestellung] (1) Eine Schiffshypothek kann auch an einem auf einer Schiffswerft im Bau befindlichen Schiff (Schiffsbauwerk) bestellt werden.

(2) [1] Die Bestellung ist zulässig, sobald der Kiel gelegt und das Schiffsbauwerk durch Namen oder Nummern an einer bis zum Stapellauf des Schiffs sichtbar bleibenden Stelle deutlich und dauernd gekennzeichnet ist. [2] Eine Schiffshypothek kann an einem Schiffsbauwerk nicht bestellt werden, wenn es nach der Fertigstellung als Seeschiff nicht mehr als fünfzig Kubikmeter Bruttoraumgehalt haben oder als Binnenschiff zur Eintragung in das Binnenschiffsregister nicht geeignet sein wird.

§ 77 [Eintragung in das Register für Schiffsbauwerke] [1] Zur Bestellung einer Schiffshypothek an einem Schiffsbauwerk ist an Stelle der Eintragung in das Schiffsregister die Eintragung in das Register für Schiffsbauwerke erforderlich. [2] Für die Schiffshypothek gelten die §§ 8, 10 bis 75, soweit sich nicht aus den Vorschriften dieses Abschnitts etwas anderes ergibt.

§ 78 [Eigentumsübertragung] Ist die Schiffshypothek in das Register für Schiffsbauwerke eingetragen, so gelten vom Zeitpunkt der Eintragung die §§ 3 bis 7 auch für das Schiffsbauwerk sinngemäß.

§ 79 [Erstreckung der Schiffshypothek auf Schiffsbauwerke und Bauteile] [1] Die Schiffshypothek erstreckt sich auf das Schiffsbauwerk in seinem jeweiligen Bauzustand. [2] Sie erstreckt sich ferner neben den im § 31 bezeichneten Gegenständen auf die auf der Bauwerft befindlichen, zum Einbau bestimmten und als solche gekennzeichneten Bauteile mit Ausnahme der Bauteile, die nicht in das Eigentum des Eigentümers des Schiffsbauwerks gelangt sind. [3] § 31 Abs. 2 gilt sinngemäß.

§ 80 [Erstreckung auf die Versicherungsforderung] Auf die Versicherungsforderung erstreckt sich die Schiffshypothek nur, wenn der Eigentümer für das Schiffsbauwerk eine besondere Versicherung genommen hat.

§ 81 [Bestehenbleiben der Schiffshypothek nach Fertigstellung des Schiffs] Die an dem Schiffsbauwerk bestellte Schiffshypothek bleibt nach der Fertigstellung des Schiffs mit ihrem bisherigen Rang an dem Schiff bestehen.

§ 81 a[2)] **[Schiffshypotheken – Schwimmdocks]** [1] Eine Schiffshypothek kann auch an einem im Bau befindlichen oder fertiggestellten Schwimmdock bestellt werden. [2] §§ 77, 78, 80

[1)] Jetzt wohl richtig: „Das Bundesministerium der Justiz".

[2)] Soweit sich aus dem Sinn des durch Gesetz zur Änderung des Gesetzes über Rechte an eingetragenen Schiffen und Schiffsbauwerken v. 4. 12. 1968 (BGBl. I S. 1295), der Schiffsregisterordnung (Nr. **385**) und des Gesetzes über die Zwangsversteigerung und die Zwangsverwaltung vom 4. 12. 1968 (BGBl. I S. 1295) eingefügten § 81 a nichts anderes ergibt, gelten gemäß Artikel 3 des genannten Änderungsgesetzes die Vorschriften anderer Gesetze, die Schiffsbauwerke betreffen, entsprechend. Auf vermietete Schwimmdocks sind die Vorschriften, die vermietete eingetragene Schiffe betreffen, entsprechend anzuwenden. Dies gilt auch für Schwimmdocks, die nicht im Schiffsbauregister eingetragen sind.

gelten entsprechend. [3] Bei im Bau befindlichen Schwimmdocks sind auch die Vorschriften des § 76 Abs. 2 Satz 1 und der §§ 79, 81 sinngemäß anzuwenden.

Siebenter Abschnitt. Nießbrauch

§ 82 [Anwendung der Vorschriften des BBG – Rangverhältnis] (1) Auf den Nießbrauch an einem Schiff sind die für den Nießbrauch an Grundstücken geltenden Vorschriften des bürgerlichen Rechts sinngemäß anzuwenden.

(2) [1] Das Rangverhältnis zwischen einem Nießbrauch und den Schiffshypotheken bestimmt sich nach dem Zeitpunkt der Eintragung. [2] Das unter Angabe eines früheren Tages eingetragene Recht hat den Vorrang; Rechte, die unter Angabe desselben Tages eingetragen sind, haben gleichen Rang. [3] § 25 Abs. 2, §§ 26, 27, 65 gelten sinngemäß.

Achter Abschnitt. Schlußvorschriften

380

§ 83 [Durchführungsvorschriften] *Der Reichsminister der Justiz*[1)] wird ermächtigt, die zur Durchführung dieses Gesetzes und zur Angleichung des bisherigen Rechtszustandes an den neuen Rechtszustand erforderlichen Durchführungsvorschriften zu erlassen.

§ 84 [Inkrafttreten] Dieses Gesetz tritt am 1. Januar 1941 in Kraft.

[1)] Jetzt wohl richtig: „Das Bundesministerium der Justiz".

385. Schiffsregisterordnung

In der Fassung der Bekanntmachung vom 26. Mai 1994[1]
(BGBl. I S. 1133)

FNA 315-18

geänd. durch Art. 5 Ausführungsgesetz Seerechtsübereinkommen 1982/1994 v. 6. 5. 1995 (BGBl. I S. 778), Art. 5 b G zur Anpassung der Formvorschriften des Privatrechts und anderer Vorschriften an den modernen Rechtsgeschäftsverkehr v. 13. 7. 2001 (BGBl. I S. 1542), Art. 86 Siebente ZuständigkeitsanpassungsVO v. 29. 10. 2001 (BGBl. I S. 2785), Art. 6 AnhörungsrügenG v. 9. 12. 2004 (BGBl. I S. 3220), Art. 95 Erstes BMJ-Rechts-Bereinigungs-G v. 19. 4. 2006 (BGBl. I S. 866), Art. 92 9. ZuständigkeitsanpassungsVO v. 31. 10. 2006 (BGBl. I S. 2407), Art. 39 FGG-ReformG v. 17. 12. 2008 (BGBl. I S. 2586), Art. 8 Nr. 5 Anwaltl. und notarielles Berufsrecht-ModernisierungsG, Rechtsanwaltschaft-Schlichtungsstelle-ErrichtungsG v. 30. 7. 2009 (BGBl. I S. 2449) und Art. 4 Abs. 5 G zur Einführung des elektronischen Rechtsverkehrs und der elektronischen Akte im Grundbuchverfahren sowie zur Änd. weiterer grundbuch-, register- und kostenrechtl. Vorschriften v. 11. 8. 2009 (BGBl. I S. 2713)

Erster Abschnitt. Allgemeine Vorschriften

§ 1 [Registergericht] (1) Die Schiffsregister werden von den Amtsgerichten geführt.

(2) [1] Abweichend von der in Absatz 1 getroffenen Regelung bestimmen die Landesregierungen durch Rechtsverordnung die Amtsgerichte, bei denen Schiffsregister zu führen sind, und die Registerbezirke, sofern dies für eine sachdienliche und rationelle Erledigung der Verfahren zweckmäßig ist. [2] Die Landesregierungen können die Ermächtigung durch Rechtsverordnung auf die Landesjustizverwaltungen übertragen.

(3) Die Länder können vereinbaren, daß Schiffsregistersachen eines Landes Gerichten eines anderen Landes zugewiesen werden.

§ 2[2] [Zuständigkeit] (1) [1] Für die Entgegennahme eines auf eine Eintragung gerichteten Antrags oder Ersuchens und die Beurkundung des Zeitpunkts, in dem der Antrag oder das Ersuchen bei dem Registergericht eingeht, sind der mit der Führung des Registers für das betroffene Schiff Beauftragte und der vom Leiter des Amtsgerichts für das Schiffsregister oder einzelne Abteilungen bestellte Beamte der Geschäftsstelle zuständig. [2] Bezieht sich der Antrag oder das Ersuchen auf mehrere Schiffe in verschiedenen Geschäftsbereichen desselben Registergerichts, ist jeder zuständig, der nach Satz 1 in Betracht kommt.

(2) [1] Eintragungen in das Schiffsregister sind von dem mit der Führung des Registers Beauftragten und dem Urkundsbeamten der Geschäftsstelle zu unterschreiben. [2] Jedoch kann statt des Urkundsbeamten ein vom Leiter des Amtsgerichts ermächtigter Justizangestellter unterschreiben. [3] Die Schiffsurkunden sowie die Vermerke auf den Schiffsurkunden (§ 61) sind von dem mit der Führung des Registers Beauftragten zu unterschreiben.

(3) [1] Die Landesregierungen können durch Rechtsverordnung bestimmen, daß der Urkundsbeamte der Geschäftsstelle zuständig ist für

1. die Bekanntmachung der Eintragungen,
2. die Gestattung der Einsicht in die Registerakten,
3. die Erteilung von Abschriften aus dem Register oder den Registerakten,
4. die Beglaubigung der Abschriften,
5. die Erteilung von Bescheinigungen und Zeugnissen mit Ausnahme der Schiffsurkunden an dritte Personen oder Stellen in den gesetzlich vorgesehenen Fällen,

soweit dies aus Gründen der Vereinfachung oder Beschleunigung des Geschäftsablaufs oder zur Entlastung des mit der Führung des Registers Beauftragten zweckmäßig ist. [2] Die Landesregierungen können die Ermächtigung durch Rechtsverordnung auf die Landesjustizverwaltungen übertragen.

(4) [1] Die Vorschrift des § 6 des Gesetzes über das Verfahren in Familiensachen und in den Angelegenheiten der freiwilligen Gerichtsbarkeit ist auf den Urkundsbeamten der Geschäftsstelle sinngemäß anzuwenden. [2] Handlungen des Urkundsbeamten der Geschäftsstelle sind nicht aus dem Grund unwirksam, weil sie von einem örtlich unzuständigen oder von der Ausübung seines Amtes kraft Gesetzes ausgeschlossenen Urkundsbeamten vorgenommen worden sind.

---

[1] Neubekanntmachung der Schiffsregisterordnung in der im Bundesgesetzblatt Teil III, Gliederungsnummer 315-18, veröffentlichten bereinigten Fassung v. 26. 5. 1994 (BGBl. I S. 1133) in der ab 25. 12. 1993 geltenden Fassung.

[2] § 2 Abs. 4 neu gef. mWv 1. 9. 2009 durch G v. 17. 12. 2008 (BGBl. I S. 2586).

(5) [1] Wird die Änderung einer Entscheidung des Urkundsbeamten der Geschäftsstelle verlangt, so entscheidet, wenn dieser dem Verlangen nicht entspricht, der Richter. [2] Die Beschwerde findet erst gegen seine Entscheidung statt.

§ 3 [Getrennte Register] (1) Seeschiffsregister und Binnenschiffsregister werden getrennt geführt.

(2) In das Seeschiffsregister werden die Kauffahrteischiffe und andere zur Seefahrt bestimmten Schiffe (Seeschiffe) eingetragen, die nach §§ 1, 2 des Flaggenrechtsgesetzes vom 8. Februar 1951 (Bundesgesetzbl. I S. 79) die Bundesflagge zu führen haben oder führen dürfen.

(3) [1] In das Binnenschiffsregister werden die zur Schiffahrt auf Flüssen und sonstigen Binnengewässern bestimmten Schiffe (Binnenschiffe) eingetragen. [2] Eingetragen werden können

1. Schiffe, die zur Beförderung von Gütern bestimmt sind, wenn ihre größte Tragfähigkeit mindestens 10 Tonnen beträgt,
2. Schiffe, die nicht zur Beförderung von Gütern bestimmt sind, wenn ihre Wasserverdrängung bei größter Eintauchung mindestens 5 Kubikmeter beträgt, sowie
3. Schlepper, Tankschiffe und Schubboote.

§ 4 [Eintragungsort] (1) Das Schiff ist in das Schiffsregister seines Heimathafens oder seines Heimatortes einzutragen.

(2) Soll die Schiffahrt mit einem Seeschiff von einem ausländischen Hafen aus betrieben werden oder fehlt es für ein Seeschiff an einem Heimathafen, so steht dem Eigentümer die Wahl des Schiffsregisters frei.

(3) [1] Hat der Eigentümer weder seinen Wohnsitz noch seine gewerbliche Niederlassung im Geltungsbereich des Grundgesetzes, so ist er verpflichtet, einen im Bezirk des Registergerichts wohnhaften Vertreter zu bestellen, der die nach §§ 9 bis 22, 62 begründeten Rechte und Pflichten gegenüber dem Registergericht wahrzunehmen hat. [2] Dies gilt nicht in den Fällen des § 2 Abs. 2 Buchstabe b des Flaggenrechtsgesetzes.

§ 5 [Wirksamkeit der Eintragung] Ist ein Seeschiff in das Binnenschiffsregister oder ein Binnenschiff in das Seeschiffsregister eingetragen, so ist die Eintragung des Schiffs nicht aus diesem Grund unwirksam.

§ 6 [Rechtsfolgen der Eintragung] (1) Ist ein Schiff im Seeschiffsregister eingetragen, so kann sich der Eigentümer nicht darauf berufen, daß es ein Binnenschiff sei.

(2) Ist ein Schiff im Binnenschiffsregister eingetragen, so kann sich der Eigentümer nicht darauf berufen, daß es ein Seeschiff sei.

§ 7 [Registerblatt] [1] Jedes Schiff erhält bei der Eintragung eine besondere Stelle im Schiffsregister (Registerblatt). [2] Das Registerblatt ist für das Schiff als das Schiffsregister anzusehen.

§ 8 [Öffentlichkeit] (1) [1] Das Schiffsregister ist öffentlich; die Einsicht in das Register ist jedem gestattet. [2] Auf Verlangen ist eine Abschrift der Eintragung zu erteilen; die Abschrift ist auf Verlangen zu beglaubigen.

(2) [1] Die Einsicht in die Registerakten ist nur gestattet, soweit ein berechtigtes Interesse glaubhaft gemacht wird; Absatz 1 Satz 2 gilt sinngemäß. [2] Das gleiche gilt für die Einsicht in Urkunden, auf die im Schiffsregister zur Ergänzung einer Eintragung Bezug genommen ist, sowie in die noch nicht erledigten Eintragungsanträge.

Zweiter Abschnitt. Die Eintragung des Schiffs

§ 9 [Anmeldung durch Eigentümer] [1] Ein Schiff, das nach § 3 Abs. 2, 3 in das Schiffsregister eingetragen werden kann, wird eingetragen, wenn der Eigentümer es ordnungsmäßig (§§ 11 bis 15) zur Eintragung anmeldet. [2] Bei Binnenschiffen genügt die Anmeldung durch einen von mehreren Miteigentümern.

§ 10 [Anmeldungspflicht] (1) [1] Zur Anmeldung eines Seeschiffs ist der Eigentümer verpflichtet, wenn das Schiff nach § 1 des Flaggenrechtsgesetzes die Bundesflagge zu führen hat. [2] Dies gilt nicht für Seeschiffe, deren Rumpflänge, gemessen zwischen den äußersten Punkten des Vorstevens und des Hinterstevens, 15 Meter nicht übersteigt. [3] Von der Anmeldepflicht kann das Bundesministerium für Verkehr, Bau- und Stadtentwicklung durch Verwaltungsanordnung allgemein oder im Einzelfall Ausnahmen zulassen.

(2) Zur Anmeldung eines Binnenschiffs ist der Eigentümer verpflichtet,

1. wenn das Schiff zur Beförderung von Gütern bestimmt ist und seine größte Tragfähigkeit mindestens 20 Tonnen beträgt,
2. wenn das Schiff nicht zur Beförderung von Gütern bestimmt ist und seine Wasserverdrängung bei größter Eintauchung mindestens 10 Kubikmeter beträgt, oder
3. wenn das Schiff ein Schlepper, ein Tankschiff oder ein Schubboot ist.

(3) Schiffe im Eigentum und öffentlichen Dienst des Bundes, eines zum Bund gehörenden Landes oder einer öffentlich-rechtlichen Körperschaft oder Anstalt mit Sitz im Geltungsbereich des Grundgesetzes brauchen nicht zur Eintragung angemeldet zu werden.

§ 11 [Erforderliche Angaben bei der Anmeldung eines Seeschiffs] (1) Bei der Anmeldung eines Seeschiffs sind anzugeben:

1. der Name des Schiffs;
2. die Gattung und der Hauptbaustoff;
3. der Heimathafen;
4. der Bauort, die Schiffswerft, auf der das Schiff erbaut worden ist, und das Jahr des Stapellaufs, es sei denn, daß dies nur mit besonderen Schwierigkeiten zu ermitteln ist;
5. die nach Maßgabe der Resolution A.600 (15) vom 19. November 1987 der Internationalen Seeschiffahrts-Organisation (IMO) vergebene Schiffsidentifikationsnummer (IMO-Nummer), sofern sie sich aus dem Meßbrief oder einer entsprechenden Urkunde (§ 13) ergibt, die Ergebnisse der amtlichen Vermessung sowie die Maschinenleistung;
6. der Eigentümer, bei einer Reederei die Mitreeder und die Größe der Schiffsparten, bei einer offenen Handelsgesellschaft die Gesellschafter, bei einer Kommanditgesellschaft oder einer Kommanditgesellschaft auf Aktien die persönlich haftenden Gesellschafter;
7. der Rechtsgrund für den Erwerb des Eigentums;
8. die das Recht zur Führung der Bundesflagge begründenden Tatsachen;
9. bei einer Reederei der Korrespondentreeder;
10. im Fall des § 4 Abs. 3 der Vertreter.

(2) Ist das Schiff im Inland noch nicht amtlich vermessen, so genügt zu Absatz 1 Nr. 5 die Angabe der Ergebnisse einer im Ausland vorgenommenen Vermessung.

§ 12 [Erforderliche Angaben bei der Anmeldung eines Binnenschiffs] Bei der Anmeldung eines Binnenschiffs sind anzugeben:

1. der Name, die Nummer oder das sonstige Merkzeichen des Schiffs;
2. die Gattung und der Hauptbaustoff;
3. der Heimatort;
4. der Bauort, die Schiffswerft, auf der das Schiff erbaut worden ist, und das Jahr des Stapellaufs, es sei denn, daß dies nur mit besonderen Schwierigkeiten zu ermitteln ist;
5. bei Schiffen, die zur Beförderung von Gütern bestimmt sind, die größte Tragfähigkeit, bei anderen Schiffen die Wasserverdrängung bei größter Eintauchung sowie bei Schiffen mit eigener Triebkraft außerdem die Maschinenleistung;
6. der Eigentümer, bei mehreren Eigentümern die Größe der einzelnen Anteile;
7. der Rechtsgrund für den Erwerb des Eigentums.

§ 13 [Glaubhaftmachung der Angaben] (1) [1] Die in § 11 Abs. 1 Nr. 3, 4, 6, 7, Abs. 2, § 12 Nr. 3, 4, 6, 7 bezeichneten Angaben sowie die Maschinenleistung sind glaubhaft zu machen. [2] Der Meßbrief (§ 11 Abs. 1 Nr. 5), der Eichschein oder eine andere zur Bescheinigung der größten Tragfähigkeit oder der Wasserverdrängung bei größter Eintauchung bestimmte und geeignete amtliche Urkunde (§ 12 Nr. 5) ist vorzulegen; ist das Schiff im Inland noch nicht amtlich vermessen (§ 11 Abs. 2) oder geeicht, genügt zu § 11 Abs. 2, § 12 Nr. 5 die Vorlegung der Vermessungsurkunde oder des Eichscheins der ausländischen Behörde oder einer anderen zur Glaubhaftmachung der Angaben geeigneten Urkunde.

(2) Bei der Anmeldung eines Seeschiffs sind die das Recht zur Führung der Bundesflagge begründenden Tatsachen nachzuweisen.

§ 14 [Eintragungshindernis] (1) [1] Ein Schiff darf nicht in das Schiffsregister eingetragen werden, solange es in einem ausländischen Schiffsregister eingetragen ist. [2] Auf Verlangen des Registergerichts ist glaubhaft zu machen, daß eine solche Eintragung nicht besteht.

(2) Ist ein Schiff, das nach § 10 Abs. 1, 2 zur Eintragung angemeldet werden muß, in einem ausländischen Schiffsregister eingetragen, so hat der Eigentümer die Löschung der Eintragung in diesem Register zu veranlassen.

(3) Ist das Schiff in einem ausländischen Schiffsregister eingetragen gewesen, so ist eine Bescheinigung der ausländischen Registerbehörde über die Löschung der Eintragung des Schiffs einzureichen; die Einreichung kann unterbleiben, wenn sie untunlich ist.

§ 15 [Schiffsbauregisternachweis] [1] Ist das Schiff ganz oder zum Teil im Inland erbaut, so ist bei der Anmeldung eine Bescheinigung des Registergerichts des Bauorts darüber einzureichen, ob das Schiff im Schiffsbauregister eingetragen ist; gegebenenfalls ist eine beglaubigte Abschrift des Registerblatts beizufügen. [2] In der Bescheinigung ist anzugeben, daß sie zum Zwecke der Eintragung des Schiffs in das Schiffsregister erteilt ist.

§ 16 [Bestandteile der Eintragung] (1) Die Eintragung des Schiffs (§ 9) hat die in § 11 Abs. 1 Nr. 1 bis 7, 9, Abs. 2, § 12 bezeichneten Angaben, die Bezeichnung des Meßbriefs, des Eichscheins oder einer anderen nach § 13 Abs. 1 zulässigen Urkunde und den Tag der Eintragung zu enthalten; sie ist von den zuständigen Beamten zu unterschreiben.

(2) Bei der Eintragung eines Seeschiffs ist ferner ein dem Schiff vom Registergericht zugeteiltes Unterscheidungssignal sowie die Feststellung einzutragen, nach welcher Bestimmung des Flaggenrechtsgesetzes das Schiff zur Führung der Bundesflagge berechtigt ist.

(3) Ist das Schiff in das Schiffsbauregister eingetragen, so sind die dort eingetragenen Schiffshypotheken mit ihrem bisherigen Rang von Amts wegen in das Schiffsregister zu übertragen; die Eintragung des Schiffs ist dem Schiffsbauregister mitzuteilen.

(4) Hat vor der Eintragung des Schiffs ein anderer dem Registergericht gegenüber der Eintragung des Anmeldenden als Eigentümer mit der Begründung widersprochen, daß er Eigentümer des Schiffs sei, so kann das Registergericht bei der Eintragung des Schiffs zugunsten des anderen einen Widerspruch gegen die Richtigkeit der Eigentumseintragung eintragen.

§ 17 [Veränderung eingetragener Tatsachen] (1) Veränderungen der im § 11 Abs. 1 Nr. 1 bis 3, 5, 8, 9, Abs. 2, § 12 Nr. 1 bis 3, 5 bezeichneten, nach § 16 Abs. 1, 2 eingetragenen Tatsachen sind unverzüglich zur Eintragung in das Schiffsregister anzumelden.

(2) [1] Wird nach § 7 des Flaggenrechtsgesetzes genehmigt, daß das Schiff an Stelle der Bundesflagge eine andere Flagge führt, so ist zur Eintragung anzumelden, daß und wie lange das Recht zur Führung der Bundesflagge nicht ausgeübt werden darf. [2] Wird die Genehmigung zurückgenommen, so ist zum Schiffsregister anzumelden, daß das Recht zur Führung der Bundesflagge wieder ausgeübt werden darf.

(3) Für die Eintragung gilt § 16 Abs. 1, 2 sinngemäß.

(4) Geht ein Schiff unter und ist es als endgültig verloren anzusehen oder wird es ausbesserungsunfähig oder verliert ein Seeschiff das Recht zur Führung der Bundesflagge, so ist dies unverzüglich zum Schiffsregister anzumelden.

(5) [1] Die angemeldeten Tatsachen sind glaubhaft zu machen. [2] § 13 Abs. 1 Satz 2 gilt sinngemäß.

§ 18 [Anmeldungspflicht] (1) Zur Anmeldung nach § 17 ist der Eigentümer, bei einer Reederei auch der Korrespondentreeder verpflichtet.

(2) Sind mehrere Verpflichtete vorhanden, so genügt die Anmeldung durch einen von ihnen; entsprechendes gilt, wenn der Eigentümer eine juristische Person oder eine Handelsgesellschaft ist, die durch mehrere Personen vertreten wird.

§ 19[1)] [Festsetzung von Zwangsgeld] (1) [1] Wer einer ihm nach §§ 10, 13 bis 15, 17, 18 obliegenden Verpflichtung nicht nachkommt, ist hierzu vom Registergericht durch Festsetzung von Zwangsgeld anzuhalten. [2] Das einzelne Zwangsgeld darf den Betrag von *eintausend Deutsche Mark*[2)] nicht übersteigen.

(2) Für das Verfahren gelten die §§ 388 bis 391 des Gesetzes über das Verfahren in Familiensachen und in den Angelegenheiten der freiwilligen Gerichtsbarkeit sinngemäß.

[1)] § 19 Abs. 2 geänd. mWv 1. 9. 2009 durch G v. 17. 12. 2008 (BGBl. I S. 2586).

[2)] Der Betrag wurde amtlich noch nicht auf Euro umgestellt; 1 Euro = 1,95583 DM.

§ 20 [Löschen der Eintragung] (1) [1] Die Eintragung des Schiffs im Schiffsregister wird gelöscht, wenn eine der im § 17 Abs. 4 bezeichneten Tatsachen angemeldet wird. [2] Wird angemeldet, daß das Schiff ausbesserungsunfähig geworden ist, so hat das Registergericht die eingetragenen Schiffshypothekengläubiger von der beabsichtigten Löschung zu benachrichtigen und ihnen zugleich eine angemessene Frist zur Geltendmachung eines Widerspruchs zu bestimmen. [3] Die Frist darf nicht weniger als 3 Monate betragen. [4] § 21 Abs. 2, 3 und Abs. 4 Satz 1 gilt sinngemäß.

(2) [1] Die Eintragung eines Binnenschiffs wird auch gelöscht, wenn es seinen Heimatort im Ausland erhalten hat. [2] Die Eintragung eines Schiffs, dessen Anmeldung dem Eigentümer freisteht, wird auch gelöscht, wenn der Eigentümer die Löschung beantragt; sind mehrere Miteigentümer vorhanden, so bedarf es der Zustimmung aller Miteigentümer.

(3) [1] Hat ein Seeschiff das Recht zur Führung der Bundesflagge verloren, so darf seine Eintragung nur gelöscht werden, wenn die Schiffshypothekengläubiger und, falls eine Schiffshypothek nach dem Inhalt des Schiffsregisters mit dem Recht eines Dritten belastet ist, auch dieser die Löschung bewilligen; für die Bewilligung gilt § 37 sinngemäß. [2] Das gleiche gilt in den Fällen des Absatzes 2.

(4) [1] Liegen die im Absatz 3 bezeichneten Bewilligungen bei der Anmeldung nicht vor, so ist im Falle des Absatzes 3 Satz 1 alsbald in das Schiffsregister einzutragen, daß das Schiff das Recht zur Führung der Bundesflagge verloren hat, im Falle des Absatzes 2 Satz 1, daß das Schiff seinen Heimatort im Ausland hat. [2] Die Eintragung wirkt, soweit die eingetragenen Schiffshypotheken nicht in Betracht kommen, wie eine Löschung der Eintragung des Schiffs.

(5) Zur Löschung eines am 1. Juli 1990 im Schiffsregister eingetragenen Seeschiffes, für das der Eigentümer nachweist, daß die Rumpflänge, gemessen zwischen den äußersten Punkten des Vorstevens und des Hinterstevens, 15 Meter nicht übersteigt, ist unerheblich, ob der Bruttoraumgehalt 50 Kubikmeter übersteigt.

§ 21 [Verfahren bei Löschung von Amts wegen] (1) [1] Ist das Schiff eingetragen worden, obwohl die Eintragung wegen Fehlens einer wesentlichen Voraussetzung unzulässig war, oder kann eine im § 17 Abs. 4 vorgeschriebene Anmeldung oder die Anmeldung der im § 20 Abs. 2 Satz 1 bezeichneten Tatsache durch die hierzu Verpflichteten nicht auf dem im § 19 bezeichneten Weg herbeigeführt werden, so ist die Eintragung des Schiffs von Amts wegen zu löschen. [2] Das Registergericht hat den eingetragenen Eigentümer und die sonstigen aus dem Schiffsregister ersichtlichen Berechtigten von der beabsichtigten Löschung zu benachrichtigen und ihnen zugleich eine angemessene Frist zur Geltendmachung eines Widerspruchs zu bestimmen. [3] Die Frist darf nicht weniger als drei Monate betragen.

(2) [1] Sind die bezeichneten Personen oder ihr Aufenthalt nicht bekannt, so ist die Benachrichtigung und Fristbestimmung wenigstens einmal in eine geeignete Tageszeitung und in ein Schiffahrtsfachblatt einzurücken. [2] Die Bekanntmachung kann unterbleiben, wenn sie untunlich ist; in diesem Fall ist die Ausfertigung der Benachrichtigung und Fristbestimmung an die Gerichtstafel anzuheften. [3] Die Frist beginnt mit dem Ablauf des Tages, an dem das letzte die Bekanntmachung enthaltende Blatt erschienen ist, bei Anheftung an die Gerichtstafel mit dem Ablauf des Tages, an dem die Anheftung erfolgt ist.

(3) [1] Wird Widerspruch erhoben, so entscheidet über ihn das Registergericht. [2] Die den Widerspruch zurückweisende Verfügung kann mit der sofortigen Beschwerde angefochten werden.

(4) [1] Die Eintragung des Schiffs darf nur gelöscht werden, wenn kein Widerspruch erhoben oder wenn die den Widerspruch zurückweisende Verfügung rechtskräftig geworden ist. [2] Widerspricht ein Schiffshypothekengläubiger der Löschung der Eintragung eines Seeschiffs, welches das Recht zur Führung der Bundesflagge verloren hat, mit der Begründung, daß die Schiffshypothek noch bestehe, so ist in das Schiffsregister nur einzutragen, daß das Schiff das Recht zur Führung der Bundesflagge verloren hat; widerspricht ein Schiffshypothekengläubiger der Löschung der Eintragung eines Binnenschiffs, das seinen Heimatort im Ausland hat, mit dieser Begründung, so ist in das Schiffsregister nur einzutragen, daß das Schiff seinen Heimatort im Ausland hat. [3] § 20 Abs. 4 Satz 2 gilt entsprechend.

§ 22 [Löschen nach Anhörung der Schiffahrtsbehörde] Ist seit 30 Jahren keine Eintragung im Schiffsregister erfolgt und ist nach Anhörung der zuständigen Schiffahrtsbehörde, bei Seeschiffen auch der Seeberufsgenossenschaft, anzunehmen, daß das Schiff nicht mehr vorhanden oder nicht mehr zu Schiffahrtszwecken verwendbar ist, so hat das Registergericht, wenn weder eine Schiffshypothek noch ein Nießbrauch an dem Schiff eingetragen ist, die Eintragung des Schiffs von Amts wegen zu löschen, ohne daß es des Verfahrens nach § 21 bedarf.

Dritter Abschnitt. Die Eintragung von Rechtsverhältnissen

§ 23 [Eintragungsantrag] (1) [1] Im Schiffsregister soll eine Eintragung nur auf Antrag erfolgen, soweit nicht etwas anderes vorgeschrieben ist. [2] Der Zeitpunkt, in dem der Antrag beim Registergericht eingeht, soll auf dem Antrag genau vermerkt werden. [3] Der Antrag ist beim Registergericht eingegangen, wenn er einem zur Entgegennahme zuständigen Beamten vorgelegt ist. [4] Wird er zur Niederschrift eines solchen Beamten gestellt, so ist er mit Abschluß der Niederschrift eingegangen.

(2) Antragsberechtigt ist jeder, dessen Recht von der Eintragung betroffen wird oder zu dessen Gunsten die Eintragung erfolgen soll.

§ 24 [Berichtigungsantrag] Die Berichtigung des Schiffsregisters durch Eintragung eines Berechtigten darf auch der beantragen, der auf Grund eines gegen den Berechtigten vollstreckbaren Titels eine Eintragung in das Schiffsregister verlangen kann, sofern die Zulässigkeit dieser Eintragung davon abhängt, daß das Schiffsregister zuvor berichtigt wird.

§ 25 [Antrag durch Notar] Ist die zu einer Eintragung erforderliche Erklärung von einem Notar beurkundet oder beglaubigt, so gilt dieser als ermächtigt, im Namen eines Antragsberechtigten die Eintragung zu beantragen.

§ 26 [Kein Vorbehalt] (1) Einen Eintragungsantrag, dessen Erledigung an einen Vorbehalt geknüpft wird, soll nicht stattgegeben werden.

(2) Werden mehrere Eintragungen beantragt, so kann von dem Antragsteller bestimmt werden, daß die eine Eintragung nicht ohne die andere erfolgen soll.

§ 27 [Reihenfolge der Eintragungen] Werden mehrere Eintragungen beantragt, durch die dasselbe Recht betroffen wird, so darf die später beantragte Eintragung nicht vor der Erledigung des früher gestellten Antrags erfolgen.

§ 28 [Hindernis/Schutzvermerk] (1) [1] Steht einer beantragten Eintragung ein Hindernis entgegen, so hat das Registergericht dem Antragsteller eine angemessene Frist zur Behebung des Hindernisses zu bestimmen oder den Antrag unter Angabe der Gründe zurückzuweisen. [2] Im ersten Fall ist der Antrag nach dem Ablauf der Frist zurückzuweisen, wenn nicht das Hindernis inzwischen behoben und dies dem Registergericht nachgewiesen ist.

(2) [1] Wird vor der Erledigung des Antrags eine andere Eintragung beantragt, durch die dasselbe Recht betroffen wird, so ist zugunsten des früher gestellten Antrags von Amts wegen ein Schutzvermerk einzutragen; die Eintragung des Schutzvermerks gilt im Sinne des § 27 als Erledigung dieses Antrags. [2] Der Schutzvermerk wird von Amts wegen gelöscht, wenn der früher gestellte Antrag zurückgenommen oder zurückgewiesen wird.

§ 29 [Bewilligung] Eine Eintragung erfolgt, wenn der sie bewilligt, dessen Recht von ihr betroffen wird.

§ 30 [Rechtsgeschäftliche Übertragung] Im Falle der rechtsgeschäftlichen Übertragung des Eigentums an einem Binnenschiff darf die Eintragung nur erfolgen, wenn die Einigung des Veräußerers und des Erwerbers erklärt ist.

§ 31 [Nachweis der Unrichtigkeit] (1) [1] Zur Berichtigung des Schiffsregisters bedarf es der Bewilligung nach § 29 nicht, wenn die Unrichtigkeit nachgewiesen wird. [2] Dies gilt insbesondere für die Eintragung oder Löschung einer Verfügungsbeschränkung.

(2) Ein neuer Eigentümer darf im Wege der Berichtigung des Schiffsregisters auf Grund einer Bewilligung nach § 29 nur mit seiner Zustimmung eingetragen werden, sofern nicht der Fall des § 24 vorliegt.

§ 32 [Berechtigungsnachweis] Wird bei einem Seeschiff die Eintragung eines neuen Eigentümers oder des Erwerbers einer Schiffspart beantragt, so ist nachzuweisen, daß das Schiff weiterhin zur Führung der Bundesflagge berechtigt ist.

§ 33 [Ermittlungspflicht] [1] Ergeben sich Zweifel gegen die Richtigkeit der Eintragung des Eigentümers im Schiffsregister, so hat das Registergericht von Amts wegen die erforderlichen Ermittlungen anzustellen. [2] Ergeben die Ermittlungen, daß das Schiffsregister unrichtig ist, so hat das Registergericht die Beteiligten anzuhalten, den Antrag auf Berichtigung des Schiffsregisters zu stellen und die zur Berichtigung erforderlichen Unterlagen zu beschaffen; § 19 gilt sinngemäß.

§ 34 [Abtretungs- oder Belastungserklärung] Soll die Übertragung oder die Belastung einer Forderung, für die ein Pfandrecht an einer Schiffshypothek besteht, eingetragen werden, so genügt es, wenn an Stelle der Eintragungsbewilligung die Abtretungs- oder die Belastungserklärung des bisherigen Gläubigers vorgelegt wird.

§ 35 [Löschung einer Schiffshypothek] [1] Eine Schiffshypothek darf im Wege der Berichtigung nur mit Zustimmung des Eigentümers gelöscht werden. [2] Dies gilt nicht, wenn nachgewiesen wird, daß die Schiffshypothek nicht zur Entstehung gelangt ist.

§ 36 [Eintragung von Geldbeträgen] In Eintragungsbewilligungen und Eintragungsanträgen sind einzutragende Geldbeträge in der im Geltungsbereich des Grundgesetzes geltenden Währung anzugeben, soweit nicht die Eintragung in anderer Währung gesetzlich zugelassen ist.

§ 37 [Nachweis durch öffentliche oder öffentlich beglaubigte Urkunden] (1) [1] Eine Eintragung soll nur vorgenommen werden, wenn die Eintragungsbewilligung oder die sonstigen zu der Eintragung erforderlichen Erklärungen durch öffentliche oder öffentlich beglaubigte Urkunden nachgewiesen werden. [2] Andere Voraussetzungen der Eintragung bedürfen, soweit sie nicht bei dem Registergericht offenkundig sind, des Nachweises durch öffentliche Urkunden; kann der Nachweis in dieser Form nicht oder nur mit unverhältnismäßigen Schwierigkeiten geführt werden, so kann das Registergericht einen anderen Nachweis für ausreichend erachten, wenn durch ihn die Tatsache für das Gericht außer Zweifel gestellt ist.

(2) (aufgehoben)

(3) Erklärungen und Ersuchen einer Behörde, auf Grund deren eine Eintragung vorgenommen werden soll, sind zu unterschreiben und mit Siegel oder Stempel zu versehen.

§ 38 [Erklärungsersatz] Für den Eintragungsantrag sowie für die Vollmacht zur Stellung eines solchen gilt § 37 nur, wenn durch den Antrag zugleich eine zu der Eintragung erforderliche Erklärung ersetzt werden soll.

§ 39 [Form der Erklärung bei Antragsrücknahme] Erklärungen, durch die ein Eintragungsantrag zurückgenommen oder eine zur Stellung des Eintragungsantrags erteilte Vollmacht widerrufen wird, bedürfen der in § 37 Abs. 1 Satz 1 vorgeschriebenen Form.

§ 40 [Gerichtliches Zeugnis über güterrechtliche Verhältnisse] Der Nachweis, daß zwischen Ehegatten Gütertrennung oder ein vertragsmäßiges Güterrecht besteht oder daß ein Gegenstand zum Vorbehaltsgut eines Ehegatten gehört, wird durch ein Zeugnis des Gerichts über die Eintragung der güterrechtlichen Verhältnisse im Güterrechtsregister geführt.

§ 41 [Nachweis der Erbfolge] (1) [1] Der Nachweis der Erbfolge kann nur durch einen Erbschein geführt werden. [2] Beruht jedoch die Erbfolge auf einer Verfügung von Todes wegen, die in einer öffentlichen Urkunde enthalten ist, so genügt es, wenn an Stelle des Erbscheins die Verfügung und die Niederschrift über die Eröffnung der Verfügung vorgelegt werden; erachtet das Registergericht die Erbfolge durch diese Urkunde nicht für nachgewiesen, so kann es die Vorlegung eines Erbscheins verlangen.

(2) Das Bestehen der fortgesetzten Gütergemeinschaft sowie die Befugnis eines Testamentsvollstreckers zur Verfügung über einen Nachlaßgegenstand können nur durch die in §§ 1507, 2368 des Bürgerlichen Gesetzbuchs vorgesehenen Zeugnisse nachgewiesen werden; auf den Nachweis der Befugnis des Testamentsvollstreckers sind jedoch die Vorschriften des Absatzes 1 Satz 2 entsprechend anzuwenden.

§ 42 [Zeugnis des Nachlaßgerichts] (1) Soll bei einem Schiff oder bei einer Schiffshypothek, die zu einem Nachlaß gehören, einer von mehreren Erben als Eigentümer oder neuer Gläubiger eingetragen werden, so genügt zum Nachweis der Erbfolge und der zur Eintragung des Rechtsübergangs erforderlichen Erklärungen der Beteiligten ein Zeugnis des Nachlaßgerichts.

(2) Das Zeugnis darf nur ausgestellt werden, wenn die Voraussetzungen für die Erteilung eines Erbscheins vorliegen und die Erklärungen der Erben vor dem Nachlaßgericht zur Niederschrift des Richters abgegeben oder ihm durch öffentliche oder öffentlich beglaubigte Urkunden nachgewiesen sind.

(3) Die Vorschriften der Absätze 1, 2 gelten sinngemäß, wenn bei einem Schiff oder bei einer Schiffshypothek, die zum Gesamtgut einer ehelichen oder einer fortgesetzten Gütergemeinschaft gehören, einer der Beteiligten als Eigentümer oder Gläubiger eingetragen werden soll.

§ 43 [Nachweis bei Eintragung eines Nießbrauchs] Soll ein Nießbrauch an einem Schiff zum Zweck der Erfüllung einer Verpflichtung zur Bestellung des Nießbrauchs an einer Erbschaft eingetragen werden, so genügt zum Nachweis des Bestehens der Verpflichtung die Vorlegung der Verfügung von Todes wegen und der Niederschrift über die Eröffnung der Verfügung, auch wenn die Verfügung nicht in einer öffentlichen Urkunde enthalten ist.

§ 44[1] [Bezugnahme auf das Register des Amtsgerichts] [1] Kann eine Tatsache durch das Zeugnis des das Schiffsregister führenden Amtsgerichts über den Inhalt anderer Register oder Akten oder durch Urkunden nachgewiesen werden, die von dem Gericht aufgenommen worden sind oder bei ihm verwahrt werden, so genügt statt der Vorlegung des Zeugnisses oder der Urkunde die Bezugnahme auf das Register oder die Akten. [2] Für den Nachweis rechtserheblicher Umstände, die sich aus Eintragungen im Handels-, Genossenschafts-, Partnerschafts- oder Vereinsregister ergeben, gilt § 32 der Grundbuchordnung.

§ 45 [Eintragung auf Grund behördlichen Ersuchens] In den Fällen, in denen nach gesetzlicher Vorschrift eine Behörde befugt ist, das Registergericht um eine Eintragung zu ersuchen, erfolgt die Eintragung auf Grund des Ersuchens der Behörde; § 23 Abs. 1 Satz 2, 3 gilt sinngemäß.

§ 46 [Betroffener Berechtigter] Eine Eintragung soll nur erfolgen, wenn der, dessen Recht durch sie betroffen wird, als der Berechtigte eingetragen ist; dies gilt nicht, wenn der Betroffene Erbe des eingetragenen Betroffenen ist.

§ 47 [Vorlage der Urkunde bei Inhaberpapieren] (1) Bei einer Schiffshypothek, die für die Forderung aus einer Schuldverschreibung auf den Inhaber oder aus einem Wechsel oder einem anderen durch Indossament übertragbaren Papier eingetragen ist, soll eine Eintragung nur erfolgen, wenn die Urkunde vorgelegt wird. Die Eintragung ist auf der Urkunde zu vermerken.

(2) Dies gilt nicht, wenn eine Eintragung auf Grund der Bewilligung eines nach § 74 des Gesetzes über Rechte an Schiffen und Schiffsbauwerken bestellten Vertreters oder auf Grund einer gegen diesen erlassenen gerichtlichen Entscheidung bewirkt werden soll.

§ 48 [Datum der Eintragung] [1] Jede Eintragung soll den Tag angeben, an dem sie erfolgt ist. [2] Sie ist von den zuständigen Beamten zu unterschreiben.

§ 49 [Rangverhältnis mehrerer Eintragungen] (1) Sind in einer Abteilung des Schiffsregisters mehrere Eintragungen zu bewirken, zwischen denen ein Rangverhältnis besteht, so erhalten sie die der Zeitfolge des Eingangs der Anträge entsprechende Reihenfolge; sind die Anträge gleichzeitig eingegangen, so ist im Schiffsregister zu vermerken, daß die Eintragungen gleichen Rang haben.

(2) Werden mehrere Eintragungen, die nicht gleichzeitig beantragt sind und zwischen denen ein Rangverhältnis besteht, in verschiedenen Abteilungen unter Angabe desselben Tages bewirkt, so ist im Schiffsregister zu vermerken, daß die später beantragte Eintragung der früher beantragten im Rang nachsteht.

(3) Absätze 1, 2 gelten nicht, soweit das Rangverhältnis von den Antragstellern abweichend bestimmt ist.

§ 50 [Löschungsvermerk] (1) Ein Recht, eine Vormerkung, ein Widerspruch oder eine Verfügungsbeschränkung wird durch Eintragung eines Löschungsvermerks gelöscht.

(2) Wird bei der Übertragung eines Schiffs auf ein anderes Blatt ein eingetragenes Recht nicht mitübertragen, so gilt es als gelöscht.

§ 51 [Berechtigtenanteile] Wird ein Recht für mehrere gemeinschaftlich eingetragen, so sollen in der Eintragung entweder die Anteile der Berechtigten in Bruchteilen angegeben oder es soll das für die Gemeinschaft maßgebende Rechtsverhältnis bezeichnet werden.

---

[1] § 44 Satz 2 angef. mWv 1. 10. 2009 durch G v. 11. 8. 2009 (BGBl. I S. 2713).

§ 52 [Hypotheks- oder Nießbrauchbelastung mehrerer Schiffe] (1) [1] Werden mehrere Schiffe mit einer Schiffshypothek oder mit einem Nießbrauch belastet, so ist auf dem Blatt jedes Schiffs die Mitbelastung der übrigen von Amts wegen erkennbar zu machen. [2] Das gleiche gilt, wenn nachträglich noch ein anderes Schiff mit einem derartigen an einem Schiff bestehenden Recht belastet wird.

(2) Das Erlöschen einer Mitbelastung ist von Amts wegen zu vermerken.

§ 53 [Eintragung einer Hypothek für Teilschuldverschreibungen] Bei der Eintragung einer Schiffshypothek für Teilschuldverschreibungen, die auf den Inhaber lauten oder durch Indossament übertragen werden können, genügt es, wenn der Gesamtbetrag der Forderungen unter Angabe der Anzahl, des Betrages und der Kennzeichnung der einzelnen Teilschuldverschreibungen eingetragen wird.

§ 54 [Eintragung eines Vorerben] Bei der Eintragung eines Vorerben ist zugleich das Recht des Nacherben und, soweit der Vorerbe von den Beschränkungen seines Verfügungsrechts befreit ist, auch die Befreiung von Amts wegen einzutragen.

§ 55 [Eintragung des Testamentsvollstreckers] Ist ein Testamentsvollstrecker ernannt, so ist dies bei der Eintragung des Erben von Amts wegen miteinzutragen, es sei denn, daß der Nachlaßgegenstand der Verwaltung des Testamentsvollstreckers nicht unterliegt.

§ 56 [Eintragung eines Widerspruchs von Amts wegen] [1] Ergibt sich, daß das Registergericht unter Verletzung gesetzlicher Vorschriften eine Eintragung vorgenommen hat, durch die das Schiffsregister unrichtig geworden ist, so ist von Amts wegen ein Widerspruch einzutragen. [2] Erweist sich eine Eintragung nach ihrem Inhalt als unzulässig, so ist sie von Amts wegen zu löschen.

§ 57 [Bekanntmachung der Eintragung] (1) [1] Jede Eintragung soll dem Antragsteller und dem eingetragenen Eigentümer sowie allen aus dem Schiffsregister ersichtlichen Personen bekanntgemacht werden, zu deren Gunsten die Eintragung erfolgt ist oder deren Recht durch sie betroffen wird, die Eintragung eines Eigentümers auch denen, für die eine Schiffshypothek oder ein Recht an einer solchen im Schiffsregister eingetragen ist. [2] Auf die Bekanntmachung kann verzichtet werden.

(2) Jede Eintragung in die erste und zweite Abteilung des Seeschiffsregisters und des Binnenschiffsregisters ist dem Bundesamt für Seeschiffahrt und Hydrographie zur Erfüllung der Aufgaben nach dem Seeaufgabengesetz, dem Flaggenrechtsgesetz und dem Binnenschiffahrtsaufgabengesetz sowie der örtlich zuständigen Arbeitsschutzbehörde zur Erfüllung ihrer Aufgaben nach dem Seemannsgesetz bekanntzumachen.

§ 58 [Rechtsverhältnisse an einer Schiffspart] Für die Eintragung der Rechtsverhältnisse an einer Schiffspart gelten die §§ 23 bis 57 sinngemäß.

§ 59 [Aufbewahrung von Urkunden] (1) [1] Urkunden, auf die eine Eintragung sich gründet oder Bezug nimmt, hat das Registergericht aufzubewahren. [2] Eine solche Urkunde darf nur herausgegeben werden, wenn statt der Urkunde eine beglaubigte Abschrift bei dem Registergericht bleibt.

(2) Ist eine der im Absatz 1 bezeichneten Urkunden in anderen Akten des das Schiffsregister führenden Amtsgerichts enthalten, so genügt statt einer beglaubigten Abschrift der Urkunde eine Verweisung auf die anderen Akten, wenn diese der Vernichtung nicht unterliegen.

(3) Ist über das einer Eintragungsbewilligung zugrunde liegende Rechtsgeschäft eine Urkunde errichtet, so können die Beteiligten die Urkunde oder eine beglaubigte Abschrift dem Registergericht zur Aufbewahrung übergeben.

Vierter Abschnitt. Die Schiffsurkunden

§ 60 [Schiffszertifikat, Schiffsbrief] (1) [1] Das Registergericht hat über die Eintragung des Schiffs eine Urkunde auszustellen, in die der vollständige Inhalt der Eintragungen aufzunehmen ist. [2] Die Urkunde führt bei Seeschiffen die Bezeichnung Schiffszertifikat, bei Binnenschiffen die Bezeichnung Schiffsbrief.

(2) Im Schiffszertifikat ist ferner zu bezeugen, daß die in ihm enthaltenen Angaben glaubhaft gemacht sind und daß das Schiff das Recht hat, die Bundesflagge der Bundesrepublik Deutschland zu führen.

(3) Dem Eigentümer eines Seeschiffs ist auf Antrag ein beglaubigter Auszug aus dem Schiffszertifikat zu erteilen, in den nur die im § 11 Abs. 1 Nr. 1 bis 5 bezeichneten Tatsachen, das Unterscheidungssignal und das im Absatz 2 bezeichnete Zeugnis aufzunehmen sind.

§ 61 [Vermerk auf dem Schiffszertifikat] [1] Jede Eintragung in das Schiffsregister ist so bald als tunlich auf dem Schiffszertifikat oder dem Schiffsbrief zu vermerken. [2] Dies gilt nicht für Eintragungen, welche die Belastung einer Schiffspart betreffen.

§ 62[1)] **[Einreichungspflicht]** (1) [1] In den Fällen der §§ 17, 20 Abs. 2 Satz 1 sowie beim Übergang des Eigentums an dem Schiff oder beim Erwerb einer Schiffspart sind die im § 18 genannten Personen verpflichtet, das Schiffszertifikat oder den Schiffsbrief beim Registergericht einzureichen. [2] Das gleiche gilt in den Fällen des § 17 von dem Auszug aus dem Schiffszertifikat. [3] Zur Einreichung verpflichtet ist auch der Schiffer, sobald sich das Schiff im Heimathafen (Heimatort) oder in dem Hafen befindet, wo das Registergericht seinen Sitz hat. [4] § 19 gilt entsprechend.

(2) In anderen Fällen kann das Registergericht dem Inhaber der Schiffsurkunde nach § 35 des Gesetzes über das Verfahren in Familiensachen und in den Angelegenheiten der freiwilligen Gerichtsbarkeit zur Einreichung anhalten.

(3) In den Fällen des § 20 Abs. 1, 2, 4 ist das Schiffszertifikat oder der Schiffsbrief unbrauchbar zu machen.

§ 63 [Neuerteilung] (1) [1] Ein neues Schiffszertifikat oder ein neuer Schiffsbrief darf nur erteilt werden, wenn die bisherige Urkunde vorgelegt oder glaubhaft gemacht wird, daß sie vernichtet oder abhanden gekommen ist. [2] Das gleiche gilt, wenn das Registergericht einen Auszug aus dem Schiffszertifikat erteilt hat, von diesem.

(2) Befindet sich ein Seeschiff im Ausland, so hat das Registergericht auf Antrag dem Schiffer die neue Urkunde gegen Rückgabe der bisherigen Urkunde durch Vermittlung einer deutschen Behörde aushändigen zu lassen.

§ 64 (weggefallen)

Fünfter Abschnitt. Register für Schiffsbauwerke (Schiffsbauregister)

§ 65 [Schiffsbauregister] (1) [1] Für das Register für Schiffsbauwerke (Schiffsbauregister) gelten die §§ 1, 2, 7 sinngemäß. [2] § 2 Abs. 3 gilt auch für die Gestattung der Einsicht in das Schiffsbauregister.

(2) [1] Die Einsicht in das Schiffsbauregister ist nur gestattet, soweit ein berechtigtes Interesse dargelegt wird. [2] Unter der gleichen Voraussetzung kann eine Abschrift gefordert werden; die Abschrift ist auf Verlangen zu beglaubigen. [3] Im übrigen gilt § 8 Abs. 2 sinngemäß.

§ 66 [Voraussetzungen der Eintragung in das Schiffsbauregister] Ein Schiffsbauwerk wird in das Schiffsbauregister nur eingetragen, wenn zugleich eine Schiffshypothek an dem Schiffsbauwerk eingetragen wird oder wenn die Zwangsversteigerung des Schiffsbauwerks beantragt ist.

§ 67 [Eintragungsart/Eintragungsstelle] (1) Das Schiffsbauwerk ist in das Register des Bauorts einzutragen.

(2) Das Registergericht bleibt für die Führung des Registers zuständig, auch wenn das Schiffsbauwerk an einen anderen Ort außerhalb des Registerbezirks gebracht wird; es hat dem Registergericht des neuen Bauorts die Eintragung des Schiffsbauwerks anzuzeigen.

§ 68 [Anmeldungsberechtigte] (1) [1] Das Schiffsbauwerk wird in das Schiffsbauregister eingetragen, wenn der Inhaber der Schiffswerft, auf der das Schiff erbaut wird, es ordnungsmäßig zur Eintragung anmeldet. [2] Ist der Inhaber der Schiffswerft nicht Eigentümer des Schiffsbauwerks, so kann auch der Eigentümer es zur Eintragung anmelden.

(2) Das Schiffsbauwerk kann zur Eintragung auch von dem angemeldet werden, der auf Grund eines vollstreckbaren Titels eine Eintragung in das Schiffsbauregister verlangen oder die Zwangsversteigerung des Schiffsbauwerks betreiben kann.

[1)] § 62 Abs. 2 geänd. mWv 1. 9. 2009 durch G v. 17. 12. 2008 (BGBl. I S. 2586).

§ 69 [Anmeldungsangaben] (1) Bei der Anmeldung des Schiffsbauwerks sind anzugeben:

1. der Name oder die Nummer oder sonstige Bezeichnung und die Gattung des im Bau befindlichen Schiffs;
2. der Bauort und die Schiffswerft, auf der das Schiff erbaut wird;
3. der Eigentümer.

(2) Wird ein anderer als der Inhaber der Schiffswerft als Eigentümer bezeichnet, so ist bei der Anmeldung eine öffentlich beglaubigte Erklärung des Inhabers der Schiffswerft einzureichen, in der dargelegt wird, auf welche Weise der als Eigentümer Bezeichnete das Eigentum erworben hat.

(3) Der Nachweis, daß die Voraussetzungen des § 76 Abs. 2 des Gesetzes über Rechte an eingetragenen Schiffen und Schiffsbauwerken[1)] vorliegen, wird durch eine Bescheinigung der zuständigen Schiffsvermessungsbehörde oder Eichbehörde erbracht.

§ 70 [Inhalt der Eintragung] [1] Die Eintragung des Schiffsbauwerks hat die im § 69 Abs. 1 bezeichneten Angaben, die Bezeichnung der im § 69 Abs. 2, 3 genannten Urkunden und den Tag der Eintragung zu enthalten. [2] Sie ist von den zuständigen Beamten zu unterschreiben.

§ 71 [Pflicht zur Anmeldung veränderter Tatsachen] [1] Der Inhaber der Schiffswerft, auf der das Schiff erbaut wird, und der Eigentümer des Schiffsbauwerks haben jede Veränderung in den eingetragenen Tatsachen und die Fertigstellung des Schiffs unverzüglich dem Registergericht anzumelden. [2] Die angemeldeten Veränderungen sind glaubhaft zu machen. [3] § 19 gilt sinngemäß.

§ 72 [Unmögliche Eintragung einer Schiffshypothek] [1] Nach der Anmeldung der Fertigstellung des Schiffs kann eine Schiffshypothek im Schiffsbauregister nicht mehr eingetragen werden. [2] Das gleiche gilt, wenn die Bescheinigung nach § 15 erteilt ist.

§ 73 [Löschung der Eintragung] [1] Die Eintragung des Schiffsbauwerks wird gelöscht,

1. wenn der Inhaber der Schiffswerft anmeldet, daß das Schiff ins Ausland abgeliefert ist;
2. wenn der Eigentümer des Schiffsbauwerks und der Inhaber der Schiffswerft, auf der das Schiff erbaut wird, die Löschung beantragen;
3. wenn das Schiffsbauwerk untergegangen ist.

[2] In den Fällen der Nummern 1, 2 bedarf es, wenn das Schiffsbauwerk mit einer Schiffshypothek belastet ist, der Löschungsbewilligung des Schiffshypothekengläubigers und der sonst aus dem Schiffsbauregister ersichtlichen Berechtigten.

§ 73 a [Geltung für im Bau befindliche Schwimmdocks] [1] Auf im Bau befindliche Schwimmdocks sind die Vorschriften der §§ 66 bis 71, 73 entsprechend anzuwenden. [2] Nach Fertigstellung des eingetragenen Bauwerks ist diese Tatsache sowie der Ort, an dem das Schwimmdock gewöhnlich liegt (Lageort), in das Schiffsbauregister einzutragen.

§ 73 b [Geltung für fertiggestellte Schwimmdocks] [1] Auf fertiggestellte Schwimmdocks, die nicht im Schiffsbauregister des Bauorts eingetragen sind, sind die Vorschriften der §§ 66, 68 Abs. 2 sowie die für Binnenschiffe geltenden Vorschriften in § 9, § 14 Abs. 1, 3, § 15, § 16 Abs. 4, § 17 Abs. 4, Abs. 5 Satz 1, §§ 18 bis 22 entsprechend anzuwenden. [2] Im übrigen gilt folgendes:

1. Das Schwimmdock ist in das Schiffsbauregister des Lageortes einzutragen.
2. Bei der Anmeldung sind anzugeben
   a) der Name oder die Nummer oder sonstige Bezeichnung des Schwimmdocks und die Angabe, daß es sich um ein fertiggestelltes Schwimmdock handelt,
   b) der Lageort,
   c) der Bauort,
   d) der Eigentümer,
   e) der Rechtsgrund für den Erwerb des Eigentums.

   Die unter b) bis e) bezeichneten Angaben sind glaubhaft zu machen.
3. Die Eintragung des Schwimmdocks hat die in Nummer 2 Buchstabe a, b, d, e bezeichneten Angaben und den Tag der Eintragung zu enthalten; sie ist von den zuständigen Beamten zu unterschreiben.

---

1) Nr. **380**.

4. Veränderungen der in Nummer 2 Buchstabe a, b bezeichneten, nach Nummer 3 eingetragenen Tatsachen hat der Eigentümer unverzüglich zur Eintragung in das Schiffsbauregister anzumelden und glaubhaft zu machen; im Falle der Nichterfüllung dieser Verpflichtung ist § 19 entsprechend anzuwenden. Für die Eintragung gilt Nummer 3 sinngemäß.

§ 74 [Sinngemäße Geltung] Die Vorschriften des Dritten Abschnitts dieses Gesetzes gelten für das Schiffsbauregister sinngemäß.

Sechster Abschnitt. Die Beschwerde

§ 75 [Beschwerde] (1) Entscheidungen des Registergerichts können mit dem Rechtsmittel der Beschwerde angefochten werden.

(2) Mit der Beschwerde gegen eine Eintragung kann nur verlangt werden, daß das Registergericht angewiesen wird, nach § 56 einen Widerspruch einzutragen oder eine Eintragung zu löschen.

§ 76[1)] [Örtliche Zuständigkeit] Über die Beschwerde entscheidet das Oberlandesgericht, in dessen Bezirk das Registergericht seinen Sitz hat.

§ 77[2)] [Einlegung] (1) Die Beschwerde kann bei dem Registergericht oder bei dem Beschwerdegericht eingelegt werden.

(2) [1] Die Beschwerde wird durch Einreichung einer Beschwerdeschrift oder durch Erklärung zur Niederschrift der Geschäftsstelle des Registergerichts oder des Beschwerdegerichts eingelegt. [2] Für die Einlegung der Beschwerde durch die Übermittlung eines elektronischen Dokuments, die elektronische Gerichtsakte sowie das gerichtliche elektronische Dokument gilt § 14 Absatz 1 bis 3 und 5 des Gesetzes über das Verfahren in Familiensachen und in den Angelegenheiten der freiwilligen Gerichtsbarkeit.

§ 78 [Aufschiebende Wirkung] Die Einlegung der Beschwerde hat nur dann aufschiebende Wirkung, wenn die Beschwerde gegen eine Verfügung gerichtet ist, durch die ein Zwangsgeld festgesetzt wird.

§ 79 [Neue Tatsachen und Beweise] Die Beschwerde kann auf neue Tatsachen und Beweise gestützt werden.

§ 80 [Abhilfe] Erachtet das Registergericht die Beschwerde für begründet, so hat es ihr abzuhelfen.

§ 81 [Einstweilige Anordnung] (1) Das Beschwerdegericht kann vor der Entscheidung eine einstweilige Anordnung erlassen, insbesondere dem Registergericht aufgeben, einen Schutzvermerk nach § 28 Abs. 2 einzutragen, oder anordnen, daß die Vollziehung der angefochtenen Entscheidung auszusetzen ist.

(2) Der Schutzvermerk wird von Amts wegen gelöscht, wenn die Beschwerde zurückgenommen oder zurückgewiesen wird.

§ 82 [Begründung der Entscheidung] Die Entscheidung des Beschwerdegerichts ist mit Gründen zu versehen und dem Beschwerdeführer mitzuteilen.

§ 83[3)] [Rechtsbeschwerde] (1) Gegen einen Beschluss des Beschwerdegerichts ist die Rechtsbeschwerde statthaft, wenn sie das Beschwerdegericht in dem Beschluss zugelassen hat.

(2) [1] Die Rechtsbeschwerde ist zuzulassen, wenn

1. die Rechtssache grundsätzliche Bedeutung hat oder
2. die Fortbildung des Rechts oder die Sicherung einer einheitlichen Rechtsprechung eine Entscheidung des Rechtsbeschwerdegerichts erfordert.

[2] Das Rechtsbeschwerdegericht ist an die Zulassung gebunden.

[1)] § 76 geänd. mWv 1. 9. 2009 durch G v. 17. 12. 2008 (BGBl. I S. 2586).

[2)] § 77 Abs. 2 Satz 2 geänd. mWv 1. 9. 2009 durch G v. 17. 12. 2008 (BGBl. I S. 2586); Abs. 2 Satz 2 neu gef. mWv 1. 10. 2009 durch G v. 11. 8. 2009 (BGBl. I S. 2713).

[3)] § 83 neu gef. mWv 1. 9. 2009 durch G v. 17. 12. 2008 (BGBl. I S. 2586); Abs. 3 geänd. mWv 1. 10. 2009 durch G v. 11. 8. 2009 (BGBl. I S. 2713).

(3) Auf das weitere Verfahren finden § 77 Absatz 2 Satz 2 dieses Gesetzes sowie die §§ 71 bis 74 a des Gesetzes über das Verfahren in Familiensachen und in den Angelegenheiten der freiwilligen Gerichtsbarkeitentsprechende Anwendung.

§§ 84–88 *(aufgehoben)*

§ 89[1] **[Zuständigkeit der Zivilgerichte]** (1) Über Beschwerden entscheidet bei den Oberlandesgerichten und dem Bundesgerichtshof ein Zivilsenat.

(2) Die Vorschriften der Zivilprozeßordnung über die Ausschließung und Ablehnung von Gerichtspersonen sind entsprechend anzuwenden.

(3) § 44 des Gesetzes über das Verfahren in Familiensachen und in den Angelegenheiten der freiwilligen Gerichtsbarkeit über die Fortführung des Verfahrens bei Verletzung des Anspruchs auf rechtliches Gehör ist entsprechend anzuwenden.

(4) [1] Die Bundesregierung und die Landesregierungen bestimmen für ihren Bereich durch Rechtsverordnung den Zeitpunkt, von dem an elektronische Akten geführt und elektronische Dokumente bei Gericht eingereicht werden können. [2] Die Bundesregierung und die Landesregierungen bestimmen für ihren Bereich durch Rechtsverordnung die organisatorisch- technischen Rahmenbedingungen für die Bildung, Führung und Aufbewahrung der elektronischen Akten und die für die Bearbeitung der Dokumente geeignete Form. [3] Die Rechtsverordnungen der Bundesregierung bedürfen nicht der Zustimmung des Bundesrates. [4] Die Landesregierungen können die Ermächtigungen durch Rechtsverordnung auf die Landesjustizverwaltungen übertragen. [5] Die Zulassung der elektronischen Akte und der elektronischen Form kann auf einzelne Gerichte oder Verfahren beschränkt werden.

§ 90[2] **[Sofortige Beschwerde]** Für die Fälle der sofortigen Beschwerde sind die Vorschriften über die Beschwerde nach dem Gesetz über das Verfahren in Familiensachen und in den Angelegenheiten der freiwilligen Gerichtsbarkeit anzuwenden.

Siebter Abschnitt. Übergangs- und Schlussvorschriften

§ 91 [Verordnungsermächtigung] Das Bundesministerium der Justiz wird ermächtigt, durch Rechtsverordnung mit Zustimmung des Bundesrates die näheren Vorschriften über die Einrichtung und Führung des Schiffsregisters und des Schiffsbauregisters, das Verfahren in Schiffsregister- und Schiffsbauregistersachen und über die Schiffsurkunden zu erlassen.

§ 92 [Landesverordnungen] [1] Die Landesregierungen werden ermächtigt, durch Rechtsverordnung das Verfahren zu bestimmen, nach dem ein Schiffsregister oder Schiffsbauregister, das ganz oder zum Teil zerstört oder abhanden gekommen ist, wiederhergestellt wird, und nach dem vernichtete oder abhanden gekommene Urkunden, auf die eine Eintragung sich gründet oder Bezug nimmt, ersetzt werden. [2] In der Rechtsverordnung kann auch bestimmt werden, in welcher Weise bis zur Wiederherstellung des Schiffsregisters oder Schiffsbauregisters die zu einer Rechtsänderung erforderliche Eintragung ersetzt wird. [3] Die Landesregierungen können die Ermächtigung durch Rechtsverordnung auf die Landesjustizverwaltungen übertragen.

§ 93 [Anwendung der Grundbuchordnung] [1] Die Vorschriften des Siebenten Abschnitts der Grundbuchordnung gelten sinngemäß. [2] Die Genehmigung für die Einrichtung eines automatisierten Abrufverfahrens darf dem Bundesamt für Seeschiffahrt und Hydrographie, der See-Berufsgenossenschaft, Strafverfolgungsbehörden, den Gerichten und anderen durch Rechtsverordnung des Bundesministeriums der Justiz mit Zustimmung des Bundesrats zugelassenen Personen oder Stellen unter den Voraussetzungen des § 133 Abs. 2 Satz 3 Grundbuchordnung erteilt werden.

§ 94 [Löschung einer Eintragung] (1) Ist ein Binnenschiff vor dem Inkrafttreten des Gesetzes zur Änderung der Schiffsregisterordnung vom 4. Juli 1980 (BGBl. I S. 833) am 1. Januar 1981 zur Eintragung in das Schiffsregister angemeldet worden und stünde die Anmeldung nach den §§ 3 und 10 dem Eigentümer frei oder wären die Voraussetzungen für die Eintragung nach § 3 nicht gegeben, so ist die Eintragung des Schiffs auf Antrag des Eigentümers auch dann gemäß § 20 Abs. 2 und 3 zu löschen, wenn der Eigentümer nach den bis zu diesem Zeitpunkt geltenden Vorschriften zur Anmeldung verpflichtet war.

---

[1] § 89 Abs. 1–3 geänd. mWv 1. 9. 2009 durch G v. 17. 12. 2008 (BGBl. I S. 2586); Abs. 4 geänd. mWv 1. 10. 2009 durch G v. 11. 8. 2009 (BGBl. I S. 2713).

[2] § 90 neu gef. mWv 1. 9. 2009 durch G v. 17. 12. 2008 (BGBl. I S. 2586).

(2) Angaben im Sinne der §§ 11 und 12 sind nachzutragen, wenn der Eigentümer es beantragt oder bezüglich der Angaben nach § 11 Abs. 1 Nr. 1 bis 5, 8, § 12 Nr. 1 bis 5 eine Änderung einzutragen ist.

400. Baugesetzbuch (BauGB)[1]

In der Fassung der Bekanntmachung vom 23. September 2004[2]
(BGBl. I S. 2414)

FNA 213-1

geänd. durch Art. 2 G zur Verbesserung des vorbeugenden Hochwasserschutzes v. 3. 5. 2005 (BGBl. I S. 1224), Art. 21 G zur Umbenennung des Bundesgrenzschutzes in Bundespolizei v. 21. 6. 2005 (BGBl. I S. 1818), Art. 3 Föderalismusreform-BegleitG v. 5. 9. 2006 (BGBl. I S. 2098), Art. 19 JahressteuerG 2007 v. 13. 12. 2006 (BGBl. I S. 2878), Art. 1 G zur Erleichterung von Planungsvorhaben für die Innenentwicklung der Städte v. 21. 12. 2006 (BGBl. I S. 3316), Art. 14 FGG-ReformG v. 17. 12. 2008 (BGBl. I S. 2586), Art. 2 G zur Neufassung des Raumordnungsgesetzes und zur Änd. anderer Vorschriften v. 22. 12. 2008 (BGBl. I S. 2986), Art. 4 ErbschaftsteuerreformG v. 24. 12. 2008 (BGBl. I S. 3018), Art. 4 G zur Neuregelung des Rechts des Naturschutzes und der Landschaftspflege v. 29. 7. 2009 (BGBl. I S. 2542) und Art. 4 G zur Neuregelung des Wasserrechts v. 31. 7. 2009 (BGBl. I S. 2585)

– Auszug –

Erstes Kapitel. Allgemeines Städtebaurecht

Erster Teil. Bauleitplanung

Erster Abschnitt. Allgemeine Vorschriften

§ 1 *(nicht abgedruckt)*

§ 1 a Ergänzende Vorschriften zum Umweltschutz. (1) Bei der Aufstellung der Bauleitpläne sind die nachfolgenden Vorschriften zum Umweltschutz anzuwenden.

(2) [1] Mit Grund und Boden soll sparsam und schonend umgegangen werden; dabei sind zur Verringerung der zusätzlichen Inanspruchnahme von Flächen für bauliche Nutzungen die Möglichkeiten der Entwicklung der Gemeinde insbesondere durch Wiedernutzbarmachung von Flächen, Nachverdichtung und andere Maßnahmen zur Innenentwicklung zu nutzen sowie Bodenversiegelungen auf das notwendige Maß zu begrenzen. [2] Landwirtschaftlich, als Wald oder für Wohnzwecke genutzte Flächen sollen nur im notwendigen Umfang umgenutzt werden. [3] Die Grundsätze nach den Sätzen 1 und 2 sind nach § 1 Abs. 7 in der Abwägung zu berücksichtigen.

(3) [1] Die Vermeidung und der Ausgleich voraussichtlich erheblicher Beeinträchtigungen des Landschaftsbildes sowie der Leistungs- und Funktionsfähigkeit des Naturhaushalts in seinen in § 1 Abs. 6 Nr. 7 Buchstabe a bezeichneten Bestandteilen (Eingriffsregelung nach dem Bundesnaturschutzgesetz) sind in der Abwägung nach § 1 Abs. 7 zu berücksichtigen. [2] Der Ausgleich erfolgt durch geeignete Darstellungen und Festsetzungen nach den §§ 5 und 9 als Flächen oder Maßnahmen zum Ausgleich. [3] Soweit dies mit einer nachhaltigen städtebaulichen Entwicklung und den Zielen der Raumordnung sowie des Naturschutzes und der Landschaftspflege vereinbar ist, können die Darstellungen und Festsetzungen auch an anderer Stelle als am Ort des Eingriffs erfolgen. [4] Anstelle von Darstellungen und Festsetzungen können auch vertragliche Vereinbarungen nach § 11 oder sonstige geeignete Maßnahmen zum Ausgleich auf von der Gemeinde bereitgestellten Flächen getroffen werden. [5] Ein Ausgleich ist nicht erforderlich, soweit die Eingriffe bereits vor der planerischen Entscheidung erfolgt sind oder zulässig waren.

(4) Soweit ein Gebiet im Sinne des § 1 Abs. 6 Nr. 7 Buchstabe b in seinen für die Erhaltungsziele oder den Schutzzweck maßgeblichen Bestandteilen erheblich beeinträchtigt werden kann, sind die Vorschriften des Bundesnaturschutzgesetzes über die Zulässigkeit und Durchfüh-

---

[1] **Amtl. Anm.:** Dieses Gesetz dient der Umsetzung folgender Richtlinien:
1. Richtlinie 79/409/EWG des Rates vom 2. April 1979 über die Erhaltung der wild lebenden Vogelarten (ABl. EG Nr. L 103 S. 1), zuletzt geändert durch Verordnung (EG) Nr. 807/2003 des Rates vom 14. April 2003 (ABl. EU Nr. L 122 S. 36);
2. Richtlinie 85/337/EWG des Rates vom 27. Juni 1985 über die Umweltverträglichkeitsprüfung bei bestimmten öffentlichen und privaten Projekten (ABl. EG Nr. L 175 S. 40), zuletzt geändert durch Richtlinie 2003/35/EG des Europäischen Parlaments und des Rates vom 26. Mai 2003 (ABl. EU Nr. L 156 S. 17);
3. Richtlinie 92/43/EWG des Rates vom 21. Mai 1992 zur Erhaltung der natürlichen Lebensräume sowie der wild lebenden Tiere und Pflanzen (ABl. EG Nr. L 206 S. 7), zuletzt geändert durch Verordnung (EG) Nr. 1882/2003 des Europäischen Parlaments und des Rates vom 29. September 2003 (ABl. EU Nr. L 284 S. 1);
4. Richtlinie 2001/42/EG des Europäischen Parlaments und des Rates vom 27. Juni 2001 über die Prüfung der Umweltauswirkungen bestimmter Pläne und Programme (ABl. EG Nr. L 197 S. 30).

[2] Neubekanntmachung des BauGB idF der Bek. v. 27. 8. 1997 (BGBl. I S. 2141) in der ab 20. 7. 2004 geltenden Fassung.

rung von derartigen Eingriffen einschließlich der Einholung der Stellungnahme der Kommission anzuwenden.

§§ 2–4 c *(nicht abgedruckt)*

Zweiter Abschnitt. Vorbereitender Bauleitplan (Flächennutzungsplan)

§§ 5–7 *(nicht abgedruckt)*

Dritter Abschnitt. Verbindlicher Bauleitplan (Bebauungsplan)

§ 8 *(nicht abgedruckt)*

§ 9[1] Inhalt des Bebauungsplans. (1) Im Bebauungsplan können aus städtebaulichen Gründen festgesetzt werden:

1. die Art und das Maß der baulichen Nutzung;
2. die Bauweise, die überbaubaren und die nicht überbaubaren Grundstücksflächen sowie die Stellung der baulichen Anlagen;

2 a. vom Bauordnungsrecht abweichende Maße der Tiefe der Abstandsflächen;

3. für die Größe, Breite und Tiefe der Baugrundstücke Mindestmaße und aus Gründen des sparsamen und schonenden Umgangs mit Grund und Boden für Wohnbaugrundstücke auch Höchstmaße;
4. die Flächen für Nebenanlagen, die auf Grund anderer Vorschriften für die Nutzung von Grundstücken erforderlich sind, wie Spiel-, Freizeit- und Erholungsflächen sowie die Flächen für Stellplätze und Garagen mit ihren Einfahrten;
5. die Flächen für den Gemeinbedarf sowie für Sport- und Spielanlagen;
6. die höchstzulässige Zahl der Wohnungen in Wohngebäuden;
7. die Flächen, auf denen ganz oder teilweise nur Wohngebäude, die mit Mitteln der sozialen Wohnraumförderung gefördert werden könnten, errichtet werden dürfen;
8. einzelne Flächen, auf denen ganz oder teilweise nur Wohngebäude errichtet werden dürfen, die für Personengruppen mit besonderem Wohnbedarf bestimmt sind;
9. der besondere Nutzungszweck von Flächen;
10. die Flächen, die von der Bebauung freizuhalten sind, und ihre Nutzung;
11. die Verkehrsflächen sowie Verkehrsflächen besonderer Zweckbestimmung, wie Fußgängerbereiche, Flächen für das Parken von Fahrzeugen, Flächen für das Abstellen von Fahrrädern sowie den Anschluss anderer Flächen an die Verkehrsflächen; die Flächen können auch als öffentliche oder private Flächen festgesetzt werden;
12. die Versorgungsflächen;
13. die Führung von oberirdischen oder unterirdischen Versorgungsanlagen und -leitungen;
14. die Flächen für die Abfall- und Abwasserbeseitigung, einschließlich der Rückhaltung und Versickerung von Niederschlagswasser, sowie für Ablagerungen;
15. die öffentlichen und privaten Grünflächen, wie Parkanlagen, Dauerkleingärten, Sport-, Spiel-, Zelt- und Badeplätze, Friedhöfe;
16. die Wasserflächen sowie die Flächen für die Wasserwirtschaft, für Hochwasserschutzanlagen und für die Regelung des Wasserabflusses;
17. die Flächen für Aufschüttungen, Abgrabungen oder für die Gewinnung von Steinen, Erden und anderen Bodenschätzen;
18. a) die Flächen für die Landwirtschaft und
    b) Wald;
19. die Flächen für die Errichtung von Anlagen für die Kleintierhaltung wie Ausstellungs- und Zuchtanlagen, Zwinger, Koppeln und dergleichen;
20. die Flächen oder Maßnahmen zum Schutz, zur Pflege und zur Entwicklung von Boden, Natur und Landschaft;
21. die mit Geh-, Fahr- und Leitungsrechten zugunsten der Allgemeinheit, eines Erschließungsträgers oder eines beschränkten Personenkreises zu belastenden Flächen;

---

[1] § 9 Abs. 6 a eingef. mWv 10. 5. 2005 durch G v. 3. 5. 2005 (BGBl. I S. 1224); Abs. 1 Nr. 2 a und Abs. 2 a eingef. mWv 1. 1. 2007 durch G v. 21. 12. 2006 (BGBl. I S. 3316); Abs. 6 a Sätze 1 und 2 geänd. mWv 1. 3. 2010 durch G v. 31. 7. 2009 (BGBl. I S. 2585).

22. die Flächen für Gemeinschaftsanlagen für bestimmte räumliche Bereiche wie Kinderspielplätze, Freizeiteinrichtungen, Stellplätze und Garagen;
23. Gebiete, in denen
    a) zum Schutz vor schädlichen Umwelteinwirkungen im Sinne des Bundes-Immissionsschutzgesetzes bestimmte luftverunreinigende Stoffe nicht oder nur beschränkt verwendet werden dürfen,
    b) bei der Errichtung von Gebäuden bestimmte bauliche Maßnahmen für den Einsatz erneuerbarer Energien wie insbesondere Solarenergie getroffen werden müssen;
24. die von der Bebauung freizuhaltenden Schutzflächen und ihre Nutzung, die Flächen für besondere Anlagen und Vorkehrungen zum Schutz vor schädlichen Umwelteinwirkungen und sonstigen Gefahren im Sinne des Bundes-Immissionsschutzgesetzes sowie die zum Schutz vor solchen Einwirkungen oder zur Vermeidung oder Minderung solcher Einwirkungen zu treffenden baulichen und sonstigen technischen Vorkehrungen;
25. für einzelne Flächen oder für ein Bebauungsplangebiet oder Teile davon sowie für Teile baulicher Anlagen mit Ausnahme der für landwirtschaftliche Nutzungen oder Wald festgesetzten Flächen
    a) das Anpflanzen von Bäumen, Sträuchern und sonstigen Bepflanzungen,
    b) Bindungen für Bepflanzungen und für die Erhaltung von Bäumen, Sträuchern und sonstigen Bepflanzungen sowie von Gewässern;
26. die Flächen für Aufschüttungen, Abgrabungen und Stützmauern, soweit sie zur Herstellung des Straßenkörpers erforderlich sind.

(1 a) [1] Flächen oder Maßnahmen zum Ausgleich im Sinne des § 1 a Abs. 3 können auf den Grundstücken, auf denen Eingriffe in Natur und Landschaft zu erwarten sind, oder an anderer Stelle sowohl im sonstigen Geltungsbereich des Bebauungsplans als auch in einem anderen Bebauungsplan festgesetzt werden. [2] Die Flächen oder Maßnahmen zum Ausgleich an anderer Stelle können den Grundstücken, auf denen Eingriffe zu erwarten sind, ganz oder teilweise zugeordnet werden; dies gilt auch für Maßnahmen auf von der Gemeinde bereitgestellten Flächen.

(2) [1] Im Bebauungsplan kann in besonderen Fällen festgesetzt werden, dass bestimmte der in ihm festgesetzten baulichen und sonstigen Nutzungen und Anlagen nur

1. für einen bestimmten Zeitraum zulässig oder
2. bis zum Eintritt bestimmter Umstände zulässig oder unzulässig

sind. [2] Die Folgenutzung soll festgesetzt werden.

(2 a) [1] Für im Zusammenhang bebaute Ortsteile (§ 34) kann zur Erhaltung oder Entwicklung zentraler Versorgungsbereiche, auch im Interesse einer verbrauchernahen Versorgung der Bevölkerung und der Innenentwicklung der Gemeinden, in einem Bebauungsplan festgesetzt werden, dass nur bestimmte Arten der nach § 34 Abs. 1 und 2 zulässigen baulichen Nutzungen zulässig oder nicht zulässig sind oder nur ausnahmsweise zugelassen werden können; die Festsetzungen können für Teile des räumlichen Geltungsbereichs des Bebauungsplans unterschiedlich getroffen werden. [2] Dabei ist insbesondere ein hierauf bezogenes städtebauliches Entwicklungskonzept im Sinne des § 1 Abs. 6 Nr. 11 zu berücksichtigen, das Aussagen über die zu erhaltenden oder zu entwickelnden zentralen Versorgungsbereiche der Gemeinde oder eines Gemeindeteils enthält. [3] In den zu erhaltenden oder zu entwickelnden zentralen Versorgungsbereichen sollen die planungsrechtlichen Voraussetzungen für Vorhaben, die diesen Versorgungsbereichen dienen, nach § 30 oder § 34 vorhanden oder durch einen Bebauungsplan, dessen Aufstellung förmlich eingeleitet ist, vorgesehen sein.

(3) [1] Bei Festsetzungen nach Absatz 1 kann auch die Höhenlage festgesetzt werden. [2] Festsetzungen nach Absatz 1 für übereinander liegende Geschosse und Ebenen und sonstige Teile baulicher Anlagen können gesondert getroffen werden; dies gilt auch, soweit Geschosse, Ebenen und sonstige Teile baulicher Anlagen unterhalb der Geländeoberfläche vorgesehen sind.

(4) Die Länder können durch Rechtsvorschriften bestimmen, dass auf Landesrecht beruhende Regelungen in den Bebauungsplan als Festsetzungen aufgenommen werden können und inwieweit auf diese Festsetzungen die Vorschriften dieses Gesetzbuchs Anwendung finden.

(5) Im Bebauungsplan sollen gekennzeichnet werden:

1. Flächen, bei deren Bebauung besondere bauliche Vorkehrungen gegen äußere Einwirkungen oder bei denen besondere bauliche Sicherungsmaßnahmen gegen Naturgewalten erforderlich sind;
2. Flächen, unter denen der Bergbau umgeht oder die für den Abbau von Mineralien bestimmt sind;
3. Flächen, deren Böden erheblich mit umweltgefährdenden Stoffen belastet sind.

(6) Nach anderen gesetzlichen Vorschriften getroffene Festsetzungen sowie Denkmäler nach Landesrecht sollen in den Bebauungsplan nachrichtlich übernommen werden, soweit sie zu seinem Verständnis oder für die städtebauliche Beurteilung von Baugesuchen notwendig oder zweckmäßig sind.

(6 a) [1] Festgesetzte Überschwemmungsgebiete im Sinne des § 76 Absatz 2 des Wasserhaushaltsgesetzes sollen nachrichtlich übernommen werden. [2] Noch nicht festgesetzte Überschwemmungsgebiete im Sinne des § 76 Absatz 3 des Wasserhaushaltsgesetzes sowie als Risikogebiete im Sinne des § 73 Absatz 1 Satz 1 des Wasserhaushaltsgesetzes bestimmte Gebiete sollen im Bebauungsplan vermerkt werden.

(7) Der Bebauungsplan setzt die Grenzen seines räumlichen Geltungsbereichs fest.

(8) Dem Bebauungsplan ist eine Begründung mit den Angaben nach § 2 a beizufügen.

§ 9 a[1)] Verordnungsermächtigung. Das Bundesministerium für Verkehr, Bau und Stadtentwicklung wird ermächtigt, mit Zustimmung des Bundesrates durch Rechtsverordnung[2)] Vorschriften zu erlassen über

1. Darstellungen und Festsetzungen in den Bauleitplänen über
   a) die Art der baulichen Nutzung,
   b) das Maß der baulichen Nutzung und seine Berechnung,
   c) die Bauweise sowie die überbaubaren und die nicht überbaubaren Grundstücksflächen;
2. die in den Baugebieten zulässigen baulichen und sonstigen Anlagen;
3. die Zulässigkeit der Festsetzung nach Maßgabe des § 9 Abs. 3 über verschiedenartige Baugebiete oder verschiedenartige in den Baugebieten zulässige bauliche und sonstige Anlagen;
4. die Ausarbeitung der Bauleitpläne einschließlich der dazugehörigen Unterlagen sowie über die Darstellung des Planinhalts, insbesondere über die dabei zu verwendenden Planzeichen und ihre Bedeutung.

§ 10 *(nicht abgedruckt)*

Vierter Abschnitt. Zusammenarbeit mit Privaten; vereinfachtes Verfahren

§ 11 Städtebaulicher Vertrag. (1) [1] Die Gemeinde kann städtebauliche Verträge schließen. [2] Gegenstände eines städtebaulichen Vertrags können insbesondere sein:

1. die Vorbereitung oder Durchführung städtebaulicher Maßnahmen durch den Vertragspartner auf eigene Kosten; dazu gehören auch die Neuordnung der Grundstücksverhältnisse, die Bodensanierung und sonstige vorbereitende Maßnahmen, die Ausarbeitung der städtebaulichen Planungen sowie erforderlichenfalls des Umweltberichts; die Verantwortung der Gemeinde für das gesetzlich vorgesehene Planaufstellungsverfahren bleibt unberührt;
2. die Förderung und Sicherung der mit der Bauleitplanung verfolgten Ziele, insbesondere die Grundstücksnutzung, auch hinsichtlich einer Befristung oder einer Bedingung, die Durchführung des Ausgleichs im Sinne des § 1 a Abs. 3, die Deckung des Wohnbedarfs von Bevölkerungsgruppen mit besonderen Wohnraumversorgungsproblemen sowie des Wohnbedarfs der ortsansässigen Bevölkerung;
3. die Übernahme von Kosten oder sonstigen Aufwendungen, die der Gemeinde für städtebauliche Maßnahmen entstehen oder entstanden sind und die Voraussetzung oder Folge des geplanten Vorhabens sind; dazu gehört auch die Bereitstellung von Grundstücken;
4. entsprechend den mit den städtebaulichen Planungen und Maßnahmen verfolgten Zielen und Zwecken die Nutzung von Netzen und Anlagen der Kraft-Wärme-Kopplung sowie von Solaranlagen für die Wärme-, Kälte- und Elektrizitätsversorgung.

(2) [1] Die vereinbarten Leistungen müssen den gesamten Umständen nach angemessen sein. [2] Die Vereinbarung einer vom Vertragspartner zu erbringenden Leistung ist unzulässig, wenn er auch ohne sie einen Anspruch auf die Gegenleistung hätte.

(3) Ein städtebaulicher Vertrag bedarf der Schriftform, soweit nicht durch Rechtsvorschriften eine andere Form vorgeschrieben ist.

(4) Die Zulässigkeit anderer städtebaulicher Verträge bleibt unberührt.

---

1) § 9 a einl. Satzteil geänd. mWv 1. 1. 2007 durch G v. 21. 12. 2006 (BGBl. I S. 3316).

2) Siehe die BaunutzungsVO idF der Bek. v. 23. 1. 1990 (BGBl. I S. 132), zuletzt geänd. durch G v. 22. 4. 1993 (BGBl. I S. 466) und die PlanzeichenVO 1990 v. 18. 12. 1990 (BGBl. 1991 I S. 58).

§ 12[1] Vorhaben- und Erschließungsplan. (1) [1] Die Gemeinde kann durch einen vorhabenbezogenen Bebauungsplan die Zulässigkeit von Vorhaben bestimmen, wenn der Vorhabenträger auf der Grundlage eines mit der Gemeinde abgestimmten Plans zur Durchführung der Vorhaben und der Erschließungsmaßnahmen (Vorhaben- und Erschließungsplan) bereit und in der Lage ist und sich zur Durchführung innerhalb einer bestimmten Frist und zur Tragung der Planungs- und Erschließungskosten ganz oder teilweise vor dem Beschluss nach § 10 Abs. 1 verpflichtet (Durchführungsvertrag). [2] Die Begründung des Planentwurfs hat die nach § 2 a erforderlichen Angaben zu enthalten. [3] Für die grenzüberschreitende Beteiligung ist eine Übersetzung der Angaben vorzulegen, soweit dies nach den Vorschriften des Gesetzes über die Umweltverträglichkeitsprüfung notwendig ist. [4] Für den vorhabenbezogenen Bebauungsplan nach Satz 1 gelten ergänzend die Absätze 2 bis 6.

(2) [1] Die Gemeinde hat auf Antrag des Vorhabenträgers über die Einleitung des Bebauungsplanverfahrens nach pflichtgemäßem Ermessen zu entscheiden. [2] Auf Antrag des Vorhabenträgers oder sofern die Gemeinde es nach Einleitung des Bebauungsplanverfahrens für erforderlich hält, informiert die Gemeinde diesen über den voraussichtlich erforderlichen Untersuchungsrahmen der Umweltprüfung nach § 2 Abs. 4 unter Beteiligung der Behörden nach § 4 Abs. 1.

(3) [1] Der Vorhaben- und Erschließungsplan wird Bestandteil des vorhabenbezogenen Bebauungsplans. [2] Im Bereich des Vorhaben- und Erschließungsplans ist die Gemeinde bei der Bestimmung der Zulässigkeit der Vorhaben nicht an die Festsetzungen nach § 9 und nach der auf Grund von § 9 a erlassenen Verordnung gebunden; die §§ 14 bis 18, 22 bis 28, 39 bis 79, 127 bis 135 c sind nicht anzuwenden. [3] Soweit der vorhabenbezogene Bebauungsplan auch im Bereich des Vorhaben- und Erschließungsplans Festsetzungen nach § 9 für öffentliche Zwecke trifft, kann gemäß § 85 Abs. 1 Nr. 1 enteignet werden.

(3 a) [1] Wird in einem vorhabenbezogenen Bebauungsplan für den Bereich des Vorhaben- und Erschließungsplans durch Festsetzung eines Baugebiets auf Grund der Baunutzungsverordnung oder auf sonstige Weise eine bauliche oder sonstige Nutzung allgemein festgesetzt, ist unter entsprechender Anwendung des § 9 Abs. 2 festzusetzen, dass im Rahmen der festgesetzten Nutzungen nur solche Vorhaben zulässig sind, zu deren Durchführung sich der Vorhabenträger im Durchführungsvertrag verpflichtet. [2] Änderungen des Durchführungsvertrags oder der Abschluss eines neuen Durchführungsvertrags sind zulässig.

(4) Einzelne Flächen außerhalb des Bereichs des Vorhaben- und Erschließungsplans können in den vorhabenbezogenen Bebauungsplan einbezogen werden.

(5) [1] Ein Wechsel des Vorhabenträgers bedarf der Zustimmung der Gemeinde. [2] Die Zustimmung darf nur dann verweigert werden, wenn Tatsachen die Annahme rechtfertigen, dass die Durchführung des Vorhaben- und Erschließungsplans innerhalb der Frist nach Absatz 1 gefährdet ist.

(6) [1] Wird der Vorhaben- und Erschließungsplan nicht innerhalb der Frist nach Absatz 1 durchgeführt, soll die Gemeinde den Bebauungsplan aufheben. [2] Aus der Aufhebung können Ansprüche des Vorhabenträgers gegen die Gemeinde nicht geltend gemacht werden. [3] Bei der Aufhebung kann das vereinfachte Verfahren nach § 13 angewendet werden.

§§ 13–13 a *(nicht abgedruckt)*

Zweiter Teil. Sicherung der Bauleitplanung

Erster Abschnitt. Veränderungssperre und Zurückstellung von Baugesuchen

§§ 14–18 *(nicht abgedruckt)*

Zweiter Abschnitt. Teilung von Grundstücken; Gebiete mit Fremdenverkehrsfunktionen

§ 19 Teilung von Grundstücken. (1) Die Teilung eines Grundstücks ist die dem Grundbuchamt gegenüber abgegebene oder sonst wie erkennbar gemachte Erklärung des Eigentümers, dass ein Grundstücksteil grundbuchmäßig abgeschrieben und als selbständiges Grundstück oder als ein Grundstück zusammen mit anderen Grundstücken oder mit Teilen anderer Grundstücke eingetragen werden soll.

(2) Durch die Teilung eines Grundstücks im Geltungsbereich eines Bebauungsplans dürfen keine Verhältnisse entstehen, die den Festsetzungen des Bebauungsplans widersprechen.

§§ 20 und 21 (weggefallen)

---

[1] § 12 Abs. 3 a eingef. mWv 1. 1. 2007 durch G v. 21. 12. 2006 (BGBl. I S. 3316).

§ 22 Sicherung von Gebieten mit Fremdenverkehrsfunktionen.

(1) [1] Die Gemeinden, die oder deren Teile überwiegend durch den Fremdenverkehr geprägt sind, können in einem Bebauungsplan oder durch eine sonstige Satzung bestimmen, dass zur Sicherung der Zweckbestimmung von Gebieten mit Fremdenverkehrsfunktionen die Begründung oder Teilung von Wohnungseigentum oder Teileigentum (§ 1 des Wohnungseigentumsgesetzes) der Genehmigung unterliegt. [2] Dies gilt entsprechend für die in den §§ 30 und 31 des Wohnungseigentumsgesetzes bezeichneten Rechte. [3] Voraussetzung für die Bestimmung ist, dass durch die Begründung oder Teilung der Rechte die vorhandene oder vorgesehene Zweckbestimmung des Gebiets für den Fremdenverkehr und dadurch die geordnete städtebauliche Entwicklung beeinträchtigt werden kann. [4] Die Zweckbestimmung eines Gebiets für den Fremdenverkehr ist insbesondere anzunehmen bei Kurgebieten, Gebieten für die Fremdenbeherbergung, Wochenend- und Ferienhausgebieten, die im Bebauungsplan festgesetzt sind, und bei im Zusammenhang bebauten Ortsteilen, deren Eigenart solchen Gebieten entspricht, sowie bei sonstigen Gebieten mit Fremdenverkehrsfunktionen, die durch Beherbergungsbetriebe und Wohngebäude mit Fremdenbeherbergung geprägt sind.

(2) [1] Die Gemeinde hat die Satzung ortsüblich bekannt zu machen. [2] Sie kann die Bekanntmachung auch in entsprechender Anwendung des § 10 Abs. 3 Satz 2 bis 5 vornehmen. [3] Die Gemeinde teilt dem Grundbuchamt den Beschluss über die Satzung, das Datum ihres Inkrafttretens sowie die genaue Bezeichnung der betroffenen Grundstücke vor ihrer Bekanntmachung rechtzeitig mit. [4] Von der genauen Bezeichnung der betroffenen Grundstücke kann abgesehen werden, wenn die gesamte Gemarkung betroffen ist und die Gemeinde dies dem Grundbuchamt mitteilt.

(3) (weggefallen)

(4) [1] Die Genehmigung darf nur versagt werden, wenn durch die Begründung oder Teilung der Rechte die Zweckbestimmung des Gebiets für den Fremdenverkehr und dadurch die städtebauliche Entwicklung und Ordnung beeinträchtigt wird. [2] Die Genehmigung ist zu erteilen, wenn sie erforderlich ist, damit Ansprüche Dritter erfüllt werden können, zu deren Sicherung vor dem Wirksamwerden des Genehmigungsvorbehalts eine Vormerkung im Grundbuch eingetragen oder der Antrag auf Eintragung einer Vormerkung beim Grundbuchamt eingegangen ist; die Genehmigung kann auch von dem Dritten beantragt werden. [3] Die Genehmigung kann erteilt werden, um wirtschaftliche Nachteile zu vermeiden, die für den Eigentümer eine besondere Härte bedeuten.

(5) [1] Über die Genehmigung entscheidet die Baugenehmigungsbehörde im Einvernehmen mit der Gemeinde. [2] Über die Genehmigung ist innerhalb eines Monats nach Eingang des Antrags bei der Baugenehmigungsbehörde zu entscheiden. [3] Kann die Prüfung des Antrags in dieser Zeit nicht abgeschlossen werden, ist die Frist vor ihrem Ablauf in einem dem Antragsteller mitzuteilenden Zwischenbescheid um den Zeitraum zu verlängern, der notwendig ist, um die Prüfung abschließen zu können; höchstens jedoch um drei Monate. [4] Die Genehmigung gilt als erteilt, wenn sie nicht innerhalb der Frist versagt wird. [5] Darüber hat die Baugenehmigungsbehörde auf Antrag eines Beteiligten ein Zeugnis auszustellen. [6] Das Einvernehmen gilt als erteilt, wenn es nicht binnen zwei Monaten nach Eingang des Ersuchens der Genehmigungsbehörde verweigert wird; dem Ersuchen gegenüber der Gemeinde steht die Einreichung des Antrags bei der Gemeinde gleich, wenn sie nach Landesrecht vorgeschrieben ist.

(6) [1] Bei einem Grundstück, das im Geltungsbereich einer Satzung nach Absatz 1 liegt, darf das Grundbuchamt die von Absatz 1 erfassten Eintragungen in das Grundbuch nur vornehmen, wenn der Genehmigungsbescheid oder ein Zeugnis gemäß Absatz 5 Satz 5 vorgelegt wird oder wenn die Freistellungserklärung der Gemeinde gemäß Absatz 8 beim Grundbuchamt eingegangen ist. [2] Ist dennoch eine Eintragung in das Grundbuch vorgenommen worden, kann die Baugenehmigungsbehörde, falls die Genehmigung erforderlich war, das Grundbuchamt um die Eintragung eines Widerspruchs ersuchen; § 53 Abs. 1 der Grundbuchordnung bleibt unberührt. [3] Der Widerspruch ist zu löschen, wenn die Baugenehmigungsbehörde darum ersucht oder die Genehmigung erteilt ist.

(7) [1] Wird die Genehmigung versagt, kann der Eigentümer von der Gemeinde unter den Voraussetzungen des § 40 Abs. 2 die Übernahme des Grundstücks verlangen. [2] § 43 Abs. 1, 4 und 5 sowie § 44 Abs. 3 und 4 sind entsprechend anzuwenden.

(8) [1] Die Gemeinde hat den Genehmigungsvorbehalt aufzuheben oder im Einzelfall einzelne Grundstücke durch Erklärung gegenüber dem Eigentümer vom Genehmigungsvorbehalt freizustellen, wenn die Voraussetzungen für den Genehmigungsvorbehalt entfallen sind. [2] Die Gemeinde teilt dem Grundbuchamt die Aufhebung des Genehmigungsvorbehalts sowie die genaue Bezeichnung der hiervon betroffenen Grundstücke unverzüglich mit. [3] Von der genauen Bezeichnung kann abgesehen werden, wenn die gesamte Gemarkung betroffen ist und die Gemeinde dies dem Grundbuchamt mitteilt. [4] Der Genehmigungsvorbehalt erlischt, wenn die Mitteilung über seine Aufhebung beim Grundbuchamt eingegangen ist.

(9) [1] In der sonstigen Satzung nach Absatz 1 kann neben der Bestimmung des Genehmigungsvorbehalts die höchstzulässige Zahl der Wohnungen in Wohngebäuden nach Maßgabe des § 9 Abs. 1 Nr. 6 festgesetzt werden. [2] Vor der Festsetzung nach Satz 1 ist der betroffenen Öffentlichkeit und den berührten Behörden und sonstigen Trägern öffentlicher Belange Gelegenheit zur Stellungnahme innerhalb angemessener Frist zu geben.

(10) [1] Der sonstigen Satzung nach Absatz 1 ist eine Begründung beizufügen. [2] In der Begründung zum Bebauungsplan (§ 9 Abs. 8) oder zur sonstigen Satzung ist darzulegen, dass die in Absatz 1 Satz 3 bezeichneten Voraussetzungen für die Festlegung des Gebiets vorliegen.

§ 23 (weggefallen)

Dritter Abschnitt. Gesetzliche Vorkaufsrechte der Gemeinde

§ 24[1)] Allgemeines Vorkaufsrecht. (1) [1] Der Gemeinde steht ein Vorkaufsrecht zu beim Kauf von Grundstücken

1. im Geltungsbereich eines Bebauungsplans, soweit es sich um Flächen handelt, für die nach dem Bebauungsplan eine Nutzung für öffentliche Zwecke oder für Flächen oder Maßnahmen zum Ausgleich im Sinne des § 1 a Abs. 3 festgesetzt ist,
2. in einem Umlegungsgebiet,
3. in einem förmlich festgelegten Sanierungsgebiet und städtebaulichen Entwicklungsbereich,
4. im Geltungsbereich einer Satzung zur Sicherung von Durchführungsmaßnahmen des Stadtumbaus und einer Erhaltungssatzung,
5. im Geltungsbereich eines Flächennutzungsplans, soweit es sich um unbebaute Flächen im Außenbereich handelt, für die nach dem Flächennutzungsplan eine Nutzung als Wohnbaufläche oder Wohngebiet dargestellt ist,
6. in Gebieten, die nach § 30, 33 oder 34 Abs. 2 vorwiegend mit Wohngebäuden bebaut werden können, soweit die Grundstücke unbebaut sind, sowie
7. in Gebieten, die zum Zweck des vorbeugenden Hochwasserschutzes von Bebauung freizuhalten sind, insbesondere in Überschwemmungsgebieten.

[2] Im Falle der Nummer 1 kann das Vorkaufsrecht bereits nach Beginn der öffentlichen Auslegung ausgeübt werden, wenn die Gemeinde einen Beschluss gefasst hat, einen Bebauungsplan aufzustellen, zu ändern oder zu ergänzen. [3] Im Falle der Nummer 5 kann das Vorkaufsrecht bereits ausgeübt werden, wenn die Gemeinde einen Beschluss gefasst und ortsüblich bekannt gemacht hat, einen Flächennutzungsplan aufzustellen, zu ändern oder zu ergänzen und wenn nach dem Stand der Planungsarbeiten anzunehmen ist, dass der künftige Flächennutzungsplan eine solche Nutzung darstellen wird.

(2) Das Vorkaufsrecht steht der Gemeinde nicht zu beim Kauf von Rechten nach dem Wohnungseigentumsgesetz und von Erbbaurechten.

(3) [1] Das Vorkaufsrecht darf nur ausgeübt werden, wenn das Wohl der Allgemeinheit dies rechtfertigt. [2] Bei der Ausübung des Vorkaufsrechts hat die Gemeinde den Verwendungszweck des Grundstücks anzugeben.

§ 25 Besonderes Vorkaufsrecht. (1) [1] Die Gemeinde kann

1. im Geltungsbereich eines Bebauungsplans durch Satzung ihr Vorkaufsrecht an unbebauten Grundstücken begründen;
2. in Gebieten, in denen sie städtebauliche Maßnahmen in Betracht zieht, zur Sicherung einer geordneten städtebaulichen Entwicklung durch Satzung Flächen bezeichnen, an denen ihr ein Vorkaufsrecht an den Grundstücken zusteht.

[2] Auf die Satzung ist § 16 Abs. 2 entsprechend anzuwenden.

(2) [1] § 24 Abs. 2 und 3 Satz 1 ist anzuwenden. [2] Der Verwendungszweck des Grundstücks ist anzugeben, soweit das bereits zum Zeitpunkt der Ausübung des Vorkaufsrechts möglich ist.

§ 26[2)] Ausschluss des Vorkaufsrechts. Die Ausübung des Vorkaufsrechts ist ausgeschlossen, wenn

1. der Eigentümer das Grundstück an seinen Ehegatten oder an eine Person verkauft, die mit ihm in gerader Linie verwandt oder verschwägert oder in der Seitenlinie bis zum dritten Grad verwandt ist,

---

[1)] § 24 Abs. 1 Satz 1 Nr. 5 u. 6 geänd., Nr. 7 angef. mWv 10. 5. 2005 durch G v. 3. 5. 2005 (BGBl. I S. 1224).
[2)] § 26 Nr. 2 Buchst. a geänd. mWv 1. 7. 2005 durch G v. 21. 6. 2005 (BGBl. I S. 1818).

2. das Grundstück
   a) von einem öffentlichen Bedarfsträger für Zwecke der Landesverteidigung, der Bundespolizei, der Zollverwaltung, der Polizei oder des Zivilschutzes oder
   b) von Kirchen und Religionsgesellschaften des öffentlichen Rechts für Zwecke des Gottesdienstes oder der Seelsorge

   gekauft wird,
3. auf dem Grundstück Vorhaben errichtet werden sollen, für die ein in § 38 genanntes Verfahren eingeleitet oder durchgeführt worden ist, oder
4. das Grundstück entsprechend den Festsetzungen des Bebauungsplans oder den Zielen und Zwecken der städtebaulichen Maßnahme bebaut ist und genutzt wird und eine auf ihm errichtete bauliche Anlage keine Missstände oder Mängel im Sinne des § 177 Abs. 2 und 3 Satz 1 aufweist.

§ 27 Abwendung des Vorkaufsrechts. (1) [1] Der Käufer kann die Ausübung des Vorkaufsrechts abwenden, wenn die Verwendung des Grundstücks nach den baurechtlichen Vorschriften oder den Zielen und Zwecken der städtebaulichen Maßnahme bestimmt oder mit ausreichender Sicherheit bestimmbar ist, der Käufer in der Lage ist, das Grundstück binnen angemessener Frist dementsprechend zu nutzen, und er sich vor Ablauf der Frist nach § 28 Abs. 2 Satz 1 hierzu verpflichtet. [2] Weist eine auf dem Grundstück befindliche bauliche Anlage Missstände oder Mängel im Sinne des § 177 Abs. 2 und 3 Satz 1 auf, kann der Käufer die Ausübung des Vorkaufsrechts abwenden, wenn er diese Missstände oder Mängel binnen angemessener Frist beseitigen kann und er sich vor Ablauf der Frist nach § 28 Abs. 2 Satz 1 zur Beseitigung verpflichtet. [3] Die Gemeinde hat die Frist nach § 28 Abs. 2 Satz 1 auf Antrag des Käufers um zwei Monate zu verlängern, wenn der Käufer vor Ablauf dieser Frist glaubhaft macht, dass er in der Lage ist, die in Satz 1 oder 2 genannten Voraussetzungen zu erfüllen.

(2) Ein Abwendungsrecht besteht nicht
1. in den Fällen des § 24 Abs. 1 Satz 1 Nr. 1 und
2. in einem Umlegungsgebiet, wenn das Grundstück für Zwecke der Umlegung (§ 45) benötigt wird.

§ 27 a Ausübung des Vorkaufsrechts zugunsten Dritter. (1) [1] Die Gemeinde kann
1. das ihr zustehende Vorkaufsrecht zugunsten eines Dritten ausüben, wenn das im Wege der Ausübung des Vorkaufsrechts zu erwerbende Grundstück für Zwecke der sozialen Wohnraumförderung oder die Wohnbebauung für Personengruppen mit besonderem Wohnbedarf genutzt werden soll und der Dritte in der Lage ist, das Grundstück binnen angemessener Frist dementsprechend zu bebauen, und sich hierzu verpflichtet oder
2. das ihr nach § 24 Abs. 1 Satz 1 Nr. 1 zustehende Vorkaufsrecht zugunsten eines öffentlichen Bedarfs- oder Erschließungsträgers sowie das ihr nach § 24 Abs. 1 Satz 1 Nr. 3 zustehende Vorkaufsrecht zugunsten eines Sanierungs- oder Entwicklungsträgers ausüben, wenn der Träger einverstanden ist.

[2] In den Fällen der Nummer 1 hat die Gemeinde bei der Ausübung des Vorkaufsrechts zugunsten eines Dritten die Frist, in der das Grundstück für den vorgesehenen Zweck zu verwenden ist, zu bezeichnen.

(2) [1] Mit der Ausübung des Vorkaufsrechts kommt der Kaufvertrag zwischen dem Begünstigten und dem Verkäufer zustande. [2] Die Gemeinde haftet für die Verpflichtung aus dem Kaufvertrag neben dem Begünstigten als Gesamtschuldnerin.

(3) [1] Für den von dem Begünstigten zu zahlenden Betrag und das Verfahren gilt § 28 Abs. 2 bis 4 entsprechend. [2] Kommt der Begünstigte seiner Verpflichtung nach Absatz 1 Satz 1 Nr. 1 und Satz 2 nicht nach, soll die Gemeinde in entsprechender Anwendung des § 102 die Übertragung des Grundstücks zu ihren Gunsten oder zugunsten eines Bauwilligen verlangen, der dazu in der Lage ist und sich verpflichtet, die Baumaßnahmen innerhalb angemessener Frist durchzuführen. [3] Für die Entschädigung und das Verfahren gelten die Vorschriften des Fünften Teils über die Rückenteignung entsprechend. [4] Die Haftung der Gemeinde nach § 28 Abs. 3 Satz 7 bleibt unberührt.

§ 28 Verfahren und Entschädigung. (1) [1] Der Verkäufer hat der Gemeinde den Inhalt des Kaufvertrags unverzüglich mitzuteilen; die Mitteilung des Verkäufers wird durch die Mitteilung des Käufers ersetzt. [2] Das Grundbuchamt darf bei Kaufverträgen den Käufer als Eigentümer in das Grundbuch nur eintragen, wenn ihm die Nichtausübung oder das Nichtbestehen des Vorkaufsrechts nachgewiesen ist. [3] Besteht ein Vorkaufsrecht nicht oder wird es nicht ausgeübt, hat die Gemeinde auf Antrag eines Beteiligten darüber unverzüglich ein Zeugnis auszustellen. [4] Das Zeugnis gilt als Verzicht auf die Ausübung des Vorkaufsrechts.

(2) [1] Das Vorkaufsrecht kann nur binnen zwei Monaten nach Mitteilung des Kaufvertrags durch Verwaltungsakt gegenüber dem Verkäufer ausgeübt werden. [2] Die §§ 463, 464 Abs. 2, §§ 465 bis 468 und 471 des Bürgerlichen Gesetzbuchs sind anzuwenden. [3] Nach Mitteilung des Kaufvertrags ist auf Ersuchen der Gemeinde zur Sicherung ihres Anspruchs auf Übereignung des Grundstücks eine Vormerkung in das Grundbuch einzutragen; die Gemeinde trägt die Kosten der Eintragung der Vormerkung und ihrer Löschung. [4] Das Vorkaufsrecht ist nicht übertragbar. [5] Bei einem Eigentumserwerb auf Grund der Ausübung des Vorkaufsrechts erlöschen rechtsgeschäftliche Vorkaufsrechte. [6] Wird die Gemeinde nach Ausübung des Vorkaufsrechts im Grundbuch als Eigentümerin eingetragen, kann sie das Grundbuchamt ersuchen, eine zur Sicherung des Übereignungsanspruchs des Käufers im Grundbuch eingetragene Vormerkung zu löschen; sie darf das Ersuchen nur stellen, wenn die Ausübung des Vorkaufsrechts für den Käufer unanfechtbar ist.

(3) [1] Abweichend von Absatz 2 Satz 2 kann die Gemeinde den zu zahlenden Betrag nach dem Verkehrswert des Grundstücks (§ 194) im Zeitpunkt des Kaufes bestimmen, wenn der vereinbarte Kaufpreis den Verkehrswert in einer dem Rechtsverkehr erkennbaren Weise deutlich überschreitet. [2] In diesem Falle ist der Verkäufer berechtigt, bis zum Ablauf eines Monats nach Unanfechtbarkeit des Verwaltungsakts über die Ausübung des Vorkaufsrechts vom Vertrag zurückzutreten. [3] Auf das Rücktrittsrecht sind die §§ 346 bis 349 und 351 des Bürgerlichen Gesetzbuchs entsprechend anzuwenden. [4] Tritt der Verkäufer vom Vertrag zurück, trägt die Gemeinde die Kosten des Vertrags auf der Grundlage des Verkehrswertes. [5] Tritt der Verkäufer vom Vertrag nicht zurück, erlischt nach Ablauf der Rücktrittsfrist nach Satz 2 die Pflicht des Verkäufers aus dem Kaufvertrag, der Gemeinde das Eigentum an dem Grundstück zu übertragen. [6] In diesem Falle geht das Eigentum an dem Grundstück auf die Gemeinde über, wenn auf Ersuchen der Gemeinde der Übergang des Eigentums in das Grundbuch eingetragen ist. [7] Führt die Gemeinde das Grundstück nicht innerhalb einer angemessenen Frist dem mit der Ausübung des Vorkaufsrechts verfolgten Zweck zu, hat sie dem Verkäufer einen Betrag in Höhe des Unterschieds zwischen dem vereinbarten Kaufpreis und dem Verkehrswert zu zahlen. [8] § 44 Abs. 3 Satz 2 und 3, § 43 Abs. 2 Satz 1 sowie die §§ 121 und 122 sind entsprechend anzuwenden.

(4) [1] In den Fällen des § 24 Abs. 1 Satz 1 Nr. 1 bestimmt die Gemeinde den zu zahlenden Betrag nach den Vorschriften des Zweiten Abschnitts des Fünften Teils, wenn der Erwerb des Grundstücks für die Durchführung des Bebauungsplans erforderlich ist und es nach dem festgesetzten Verwendungszweck enteignet werden könnte. [2] Mit der Unanfechtbarkeit des Bescheids über die Ausübung des Vorkaufsrechts erlischt die Pflicht des Verkäufers aus dem Kaufvertrag, der Gemeinde das Eigentum an dem Grundstück zu übertragen. [3] In diesem Falle geht das Eigentum an dem Grundstück auf die Gemeinde über, wenn auf Ersuchen der Gemeinde der Übergang des Eigentums in das Grundbuch eingetragen ist.

(5) [1] Die Gemeinde kann für das Gemeindegebiet oder für sämtliche Grundstücke einer Gemarkung auf die Ausübung der ihr nach diesem Abschnitt zustehenden Rechte verzichten. [2] Sie kann den Verzicht jederzeit für zukünftig abzuschließende Kaufverträge widerrufen. [3] Der Verzicht und sein Widerruf sind ortsüblich bekannt zu machen. [4] Die Gemeinde teilt dem Grundbuchamt den Wortlaut ihrer Erklärung mit. [5] Hat die Gemeinde auf die Ausübung ihrer Rechte verzichtet, bedarf es eines Zeugnisses nach Absatz 1 Satz 3 nicht, soweit nicht ein Widerruf erklärt ist.

(6) [1] Hat die Gemeinde das Vorkaufsrecht ausgeübt und sind einem Dritten dadurch Vermögensnachteile entstanden, hat sie dafür Entschädigung zu leisten, soweit dem Dritten ein vertragliches Recht zum Erwerb des Grundstücks zustand, bevor ein gesetzliches Vorkaufsrecht der Gemeinde auf Grund dieses Gesetzbuchs oder solcher landesrechtlicher Vorschriften, die durch § 186 des Bundesbaugesetzes aufgehoben worden sind, begründet worden ist. [2] Die Vorschriften über die Entschädigung im Zweiten Abschnitt des Fünften Teils sind entsprechend anzuwenden. [3] Kommt eine Einigung über die Entschädigung nicht zustande, entscheidet die höhere Verwaltungsbehörde.

Dritter Teil. Regelung der baulichen und sonstigen Nutzung; Entschädigung

Erster Abschnitt. Zulässigkeit von Vorhaben

§§ 29–38 *(nicht abgedruckt)*

Zweiter Abschnitt. Entschädigung

§§ 39–44 *(nicht abgedruckt)*

Vierter Teil. Bodenordnung

Erster Abschnitt. Umlegung

§ 45 Zweck und Anwendungsbereich. [1] Zur Erschließung oder Neugestaltung von Gebieten können bebaute und unbebaute Grundstücke durch Umlegung in der Weise neu geordnet werden, dass nach Lage, Form und Größe für die bauliche oder sonstige Nutzung zweckmäßig gestaltete Grundstücke entstehen. [2] Die Umlegung kann

1. im Geltungsbereich eines Bebauungsplans im Sinne des § 30 oder
2. innerhalb eines im Zusammenhang bebauten Ortsteils im Sinne des § 34, wenn sich aus der Eigenart der näheren Umgebung oder einem einfachen Bebauungsplan im Sinne des § 30 Abs. 3 hinreichende Kriterien für die Neuordnung der Grundstücke ergeben,

durchgeführt werden.

§ 46 Zuständigkeit und Voraussetzungen. (1) Die Umlegung ist von der Gemeinde (Umlegungsstelle) in eigener Verantwortung anzuordnen und durchzuführen, wenn und sobald sie zur Verwirklichung eines Bebauungsplans oder aus Gründen einer geordneten städtebaulichen Entwicklung zur Verwirklichung der innerhalb eines im Zusammenhang bebauten Ortsteils zulässigen Nutzung erforderlich ist.

(2) Die Landesregierungen können durch Rechtsverordnung bestimmen,

1. dass von der Gemeinde Umlegungsausschüsse mit selbständigen Entscheidungsbefugnissen für die Durchführung der Umlegung gebildet werden,
2. in welcher Weise die Umlegungsausschüsse zusammenzusetzen und mit welchen Befugnissen sie auszustatten sind,
3. dass der Umlegungsausschuss die Entscheidung über Vorgänge nach § 51 von geringer Bedeutung einer Stelle übertragen kann, die seine Entscheidungen vorbereitet,
4. dass zur Entscheidung über einen Rechtsbehelf im Umlegungsverfahren Obere Umlegungsausschüsse gebildet werden und wie diese Ausschüsse zusammenzusetzen sind,
5. dass die Flurbereinigungsbehörde oder eine andere geeignete Behörde verpflichtet ist, auf Antrag der Gemeinde (Umlegungsstelle) die im Umlegungsverfahren zu treffenden Entscheidungen vorzubereiten.

(3) Auf die Anordnung und Durchführung einer Umlegung besteht kein Anspruch.

(4) [1] Die Gemeinde kann ihre Befugnis zur Durchführung der Umlegung auf die Flurbereinigungsbehörde oder eine andere geeignete Behörde für das Gemeindegebiet oder Teile des Gemeindegebiets übertragen. [2] Die Einzelheiten der Übertragung einschließlich der Mitwirkungsrechte der Gemeinde können in einer Vereinbarung zwischen ihr und der die Umlegung durchführenden Behörde geregelt werden. [3] Die Gemeinde kann die Vorbereitung der im Umlegungsverfahren zu treffenden Entscheidungen sowie die zur Durchführung der Umlegung erforderlichen vermessungs- und katastertechnischen Aufgaben öffentlich bestellten Vermessungsingenieuren übertragen.

(5) [1] Die Gemeinde kann dem Umlegungsausschuss für einzelne Fälle oder bestimmte Gebiete die Befugnis zur Ausübung eines ihr nach § 24 Abs. 1 Satz 1 Nr. 2 zustehenden Vorkaufsrechts übertragen; die Gemeinde kann die Übertragung jederzeit widerrufen. [2] Das Recht der Gemeinde, nach der Übertragung ein Vorkaufsrecht zu anderen als Umlegungszwecken auszuüben, bleibt unberührt. [3] Ansprüche Dritter werden durch die Sätze 1 und 2 nicht begründet.

§ 47 Umlegungsbeschluss. (1) [1] Die Umlegung wird nach Anhörung der Eigentümer durch einen Beschluss der Umlegungsstelle eingeleitet. [2] Im Umlegungsbeschluss ist das Umlegungsgebiet (§ 52) zu bezeichnen. [3] Die im Umlegungsgebiet gelegenen Grundstücke sind einzeln aufzuführen.

(2) [1] Soll die Umlegung für den Geltungsbereich eines Bebauungsplans eingeleitet werden, kann das Umlegungsverfahren auch eingeleitet werden, wenn der Bebauungsplan noch nicht aufgestellt ist. [2] In diesem Falle muss der Bebauungsplan vor dem Beschluss über die Aufstellung des Umlegungsplans (§ 66 Abs. 1) in Kraft getreten sein.

§ 48 Beteiligte. (1) Im Umlegungsverfahren sind Beteiligte

1. die Eigentümer der im Umlegungsgebiet gelegenen Grundstücke,
2. die Inhaber eines im Grundbuch eingetragenen oder durch Eintragung gesicherten Rechts an einem im Umlegungsgebiet gelegenen Grundstück oder an einem das Grundstück belastenden Recht,
3. die Inhaber eines nicht im Grundbuch eingetragenen Rechts an dem Grundstück oder an einem das Grundstück belastenden Recht, eines Anspruchs mit dem Recht auf Befriedigung

aus dem Grundstück oder eines persönlichen Rechts, das zum Erwerb, zum Besitz oder zur Nutzung des Grundstücks berechtigt oder den Verpflichteten in der Benutzung des Grundstücks beschränkt,

4. die Gemeinde,
5. unter den Voraussetzungen des § 55 Abs. 5 die Bedarfsträger und
6. die Erschließungsträger.

(2) [1] Die in Absatz 1 Nr. 3 bezeichneten Personen werden zu dem Zeitpunkt Beteiligte, in dem die Anmeldung ihres Rechts der Umlegungsstelle zugeht. [2] Die Anmeldung kann bis zur Beschlussfassung über den Umlegungsplan (§ 66 Abs. 1) erfolgen.

(3) [1] Bestehen Zweifel an einem angemeldeten Recht, so hat die Umlegungsstelle dem Anmeldenden unverzüglich eine Frist zur Glaubhaftmachung seines Rechts zu setzen. [2] Nach fruchtlosem Ablauf der Frist ist er bis zur Glaubhaftmachung seines Rechts nicht mehr zu beteiligen.

(4) [1] Der im Grundbuch eingetragene Gläubiger einer Hypothek, Grundschuld oder Rentenschuld, für die ein Brief erteilt ist, sowie jeder seiner Rechtsnachfolger hat auf Verlangen der Umlegungsstelle eine Erklärung darüber abzugeben, ob ein anderer die Hypothek, Grundschuld oder Rentenschuld oder ein Recht daran erworben hat; die Person des Erwerbers hat er dabei zu bezeichnen. [2] § 208 Satz 2 bis 4 gilt entsprechend.

§ 49 Rechtsnachfolge. Wechselt die Person eines Beteiligten während eines Umlegungsverfahrens, so tritt sein Rechtsnachfolger in dieses Verfahren in dem Zustand ein, in dem es sich im Zeitpunkt des Übergangs des Rechts befindet.

§ 50 Bekanntmachung des Umlegungsbeschlusses. (1) Der Umlegungsbeschluss ist in der Gemeinde ortsüblich bekannt zu machen.

(2) Die Bekanntmachung des Umlegungsbeschlusses hat die Aufforderung zu enthalten, innerhalb eines Monats Rechte, die aus dem Grundbuch nicht ersichtlich sind, aber zur Beteiligung am Umlegungsverfahren berechtigen, bei der Umlegungsstelle anzumelden.

(3) Werden Rechte erst nach Ablauf der in Absatz 2 bezeichneten Frist angemeldet oder nach Ablauf der in § 48 Abs. 3 gesetzten Frist glaubhaft gemacht, so muss ein Berechtigter die bisherigen Verhandlungen und Festsetzungen gegen sich gelten lassen, wenn die Umlegungsstelle dies bestimmt.

(4) Der Inhaber eines in Absatz 2 bezeichneten Rechts muss die Wirkung eines vor der Anmeldung eingetretenen Fristablaufs ebenso gegen sich gelten lassen wie der Beteiligte, dem gegenüber die Frist durch Bekanntmachung des Verwaltungsakts zuerst in Lauf gesetzt worden ist.

(5) Auf die rechtlichen Wirkungen nach den Absätzen 3 und 4 sowie nach § 51 ist in der Bekanntmachung hinzuweisen.

§ 51 Verfügungs- und Veränderungssperre. (1) [1] Von der Bekanntmachung des Umlegungsbeschlusses bis zur Bekanntmachung nach § 71 dürfen im Umlegungsgebiet nur mit schriftlicher Genehmigung der Umlegungsstelle

1. ein Grundstück geteilt oder Verfügungen über ein Grundstück und über Rechte an einem Grundstück getroffen oder Vereinbarungen abgeschlossen werden, durch die einem anderen ein Recht zum Erwerb, zur Nutzung oder Bebauung eines Grundstücks oder Grundstücksteils eingeräumt wird, oder Baulasten neu begründet, geändert oder aufgehoben werden;
2. erhebliche Veränderungen der Erdoberfläche oder wesentlich wertsteigernde sonstige Veränderungen der Grundstücke vorgenommen werden;
3. nicht genehmigungs-, zustimmungs- oder anzeigepflichtige, aber wertsteigernde bauliche Anlagen errichtet oder wertsteigernde Änderungen solcher Anlagen vorgenommen werden;
4. genehmigungs-, zustimmungs- oder anzeigepflichtige bauliche Anlagen errichtet oder geändert werden.

[2] Einer Genehmigung nach Satz 1 bedarf es im förmlich festgelegten Sanierungsgebiet nur, wenn und soweit eine Genehmigungspflicht nach § 144 nicht besteht.

(2) Vorhaben, die vor dem Inkrafttreten der Veränderungssperre baurechtlich genehmigt worden sind, Vorhaben, von denen die Gemeinde nach Maßgabe des Bauordnungsrechts Kenntnis erlangt hat und mit deren Ausführung vor dem Inkrafttreten der Veränderungssperre hätte begonnen werden dürfen, sowie Unterhaltungsarbeiten und die Fortführung einer bisher ausgeübten Nutzung werden von der Veränderungssperre nicht berührt.

(3) [1] Die Genehmigung darf nur versagt werden, wenn Grund zu der Annahme besteht, dass das Vorhaben die Durchführung der Umlegung unmöglich machen oder wesentlich erschweren würde. [2] § 22 Abs. 5 Satz 2 bis 5 ist entsprechend anzuwenden.

(4) [1] Die Genehmigung kann unter Auflagen und außer bei Verfügungen über Grundstücke und über Rechte an Grundstücken auch unter Bedingungen oder Befristungen erteilt werden. [2] Wird die Genehmigung unter Auflagen, Bedingungen oder Befristungen erteilt, ist die hierdurch betroffene Vertragspartei berechtigt, bis zum Ablauf eines Monats nach Unanfechtbarkeit der Entscheidung vom Vertrag zurückzutreten. [3] Auf das Rücktrittsrecht sind die §§ 346 bis 349 und 351 des Bürgerlichen Gesetzbuchs entsprechend anzuwenden.

(5) [1] Überträgt der Umlegungsausschuss auf Grund einer Verordnung nach § 46 Abs. 2 Nr. 3 der dort bezeichneten Stelle Entscheidungen über Vorgänge nach Absatz 1, unterliegt diese Stelle seinen Weisungen; bei Einlegung von Rechtsbehelfen tritt der Umlegungsausschuss an ihre Stelle. [2] Der Umlegungsausschuss kann die Übertragung jederzeit widerrufen.

§ 52 Umlegungsgebiet. (1) [1] Das Umlegungsgebiet ist so zu begrenzen, dass die Umlegung sich zweckmäßig durchführen lässt. [2] Es kann aus räumlich getrennten Flächen bestehen.

(2) Einzelne Grundstücke, die die Durchführung der Umlegung erschweren, können von der Umlegung ganz oder teilweise ausgenommen werden.

(3) [1] Unwesentliche Änderungen des Umlegungsgebiets können bis zum Beschluss über die Aufstellung des Umlegungsplans (§ 66 Abs. 1) von der Umlegungsstelle nach vorheriger Anhörung der Eigentümer der betroffenen Grundstücke auch ohne ortsübliche Bekanntmachung vorgenommen werden. [2] Die Änderung wird mit ihrer Bekanntgabe an die Eigentümer der betroffenen Grundstücke wirksam.

§ 53 Bestandskarte und Bestandsverzeichnis. (1) [1] Die Umlegungsstelle fertigt eine Karte und ein Verzeichnis der Grundstücke des Umlegungsgebiets an (Bestandskarte und Bestandsverzeichnis). [2] Die Bestandskarte weist mindestens die bisherige Lage und Form der Grundstücke des Umlegungsgebiets und die auf ihnen befindlichen Gebäude aus und bezeichnet die Eigentümer. [3] In dem Bestandsverzeichnis sind für jedes Grundstück mindestens aufzuführen

1. die im Grundbuch eingetragenen Eigentümer,
2. die grundbuch- und katastermäßige Bezeichnung, die Größe und die im Liegenschaftskataster angegebene Nutzungsart der Grundstücke unter Angabe von Straße und Hausnummer sowie
3. die im Grundbuch in Abteilung II eingetragenen Lasten und Beschränkungen.

(2) [1] Die Bestandskarte und die in Absatz 1 Satz 3 Nr. 1 und 2 bezeichneten Teile des Bestandsverzeichnisses sind auf die Dauer eines Monats in der Gemeinde öffentlich auszulegen. [2] Ort und Dauer der Auslegung sind mindestens eine Woche vor der Auslegung ortsüblich bekannt zu machen.

(3) Betrifft die Umlegung nur wenige Grundstücke, so genügt anstelle der ortsüblichen Bekanntmachung die Mitteilung an die Eigentümer und die Inhaber sonstiger Rechte, soweit sie aus dem Grundbuch ersichtlich sind oder ihr Recht bei der Umlegungsstelle angemeldet haben.

(4) In den in Absatz 1 Satz 3 Nr. 3 bezeichneten Teil des Bestandsverzeichnisses ist die Einsicht jedem gestattet, der ein berechtigtes Interesse darlegt.

§ 54 Benachrichtigungen und Umlegungsvermerk. (1) [1] Die Umlegungsstelle teilt dem Grundbuchamt und der für die Führung des Liegenschaftskatasters zuständigen Stelle die Einleitung (§ 47) des Umlegungsverfahrens und die nachträglichen Änderungen des Umlegungsgebiets (§ 52) mit. [2] Das Grundbuchamt hat in die Grundbücher der umzulegenden Grundstücke einzutragen, dass das Umlegungsverfahren eingeleitet ist (Umlegungsvermerk).

(2) [1] Das Grundbuchamt und die für die Führung des Liegenschaftskatasters zuständige Stelle haben die Umlegungsstelle von allen Eintragungen zu benachrichtigen, die nach dem Zeitpunkt der Einleitung des Umlegungsverfahrens im Grundbuch der betroffenen Grundstücke und im Liegenschaftskataster vorgenommen sind oder vorgenommen werden. [2] § 22 Abs. 6 ist entsprechend anzuwenden.

(3) Ist im Grundbuch die Anordnung der Zwangsversteigerung oder Zwangsverwaltung eingetragen, so gibt die Umlegungsstelle dem Vollstreckungsgericht von dem Umlegungsbeschluss Kenntnis, soweit dieser das Grundstück betrifft, das Gegenstand des Vollstreckungsverfahrens ist.

§ 55 Umlegungsmasse und Verteilungsmasse. (1) Die im Umlegungsgebiet gelegenen Grundstücke werden nach ihrer Fläche rechnerisch zu einer Masse vereinigt (Umlegungsmasse).

(2) [1] Aus der Umlegungsmasse sind vorweg die Flächen auszuscheiden und der Gemeinde oder dem sonstigen Erschließungsträger zuzuteilen, die nach dem Bebauungsplan festgesetzt sind oder aus Gründen der geordneten städtebaulichen Entwicklung zur Verwirklichung der nach § 34 zulässigen Nutzung erforderlich sind als

1. örtliche Verkehrsflächen für Straßen, Wege einschließlich Fuß- und Wohnwege und für Plätze sowie für Sammelstraßen,
2. Flächen für Parkplätze, Grünanlagen einschließlich Kinderspielplätze und Anlagen zum Schutz gegen schädliche Umwelteinwirkungen im Sinne des Bundes-Immissionsschutzgesetzes, soweit sie nicht schon Bestandteil der in Nummer 1 genannten Verkehrsanlagen sind, sowie für Regenklär- und Regenüberlaufbecken, wenn die Flächen überwiegend den Bedürfnissen der Bewohner des Umlegungsgebiets dienen sollen.

[2] Zu den vorweg auszuscheidenden Flächen gehören auch die Flächen zum Ausgleich im Sinne des § 1 a Abs. 3 für die in Satz 1 genannten Anlagen. [3] Grünflächen nach Satz 1 Nr. 2 können auch bauflächenbedingte Flächen zum Ausgleich im Sinne des § 1 a Abs. 3 umfassen.

(3) Mit der Zuteilung ist die Gemeinde oder der sonstige Erschließungsträger für von ihnen in die Umlegungsmasse eingeworfene Flächen nach Absatz 2 abgefunden.

(4) Die verbleibende Masse ist die Verteilungsmasse.

(5) [1] Sonstige Flächen, für die nach dem Bebauungsplan eine Nutzung für öffentliche Zwecke festgesetzt ist, können einschließlich der Flächen zum Ausgleich im Sinne des § 1 a Abs. 3 ausgeschieden und dem Bedarfs- oder Erschließungsträger zugeteilt werden, wenn dieser geeignetes Ersatzland, das auch außerhalb des Umlegungsgebiets liegen kann, in die Verteilungsmasse einbringt. [2] Die Umlegungsstelle soll von dieser Befugnis Gebrauch machen, wenn dies zur alsbaldigen Durchführung des Bebauungsplans zweckmäßig ist.

§ 56 Verteilungsmaßstab. *(nicht abgedruckt)*

§ 57 Verteilung nach Werten. *(nicht abgedruckt)*

§ 58 Verteilung nach Flächen. *(nicht abgedruckt)*

§ 59 Zuteilung und Abfindung. *(nicht abgedruckt)*

§ 60 Abfindung und Ausgleich für bauliche Anlagen, Anpflanzungen und sonstige Einrichtungen. *(nicht abgedruckt)*

§ 61 Aufhebung, Änderung und Begründung von Rechten.

(1) [1] Grundstücksgleiche Rechte sowie andere Rechte an einem im Umlegungsgebiet gelegenen Grundstück oder an einem das Grundstück belastenden Recht, ferner Ansprüche mit dem Recht auf Befriedigung aus dem Grundstück oder persönliche Rechte, die zum Erwerb, zum Besitz oder zur Nutzung eines im Umlegungsgebiet gelegenen Grundstücks berechtigen oder den Verpflichteten in der Benutzung des Grundstücks beschränken, können durch den Umlegungsplan aufgehoben, geändert oder neu begründet werden. [2] In Übereinstimmung mit den Zielen des Bebauungsplans oder zur Verwirklichung einer nach § 34 zulässigen Nutzung können zur zweckmäßigen und wirtschaftlichen Ausnutzung der Grundstücke Flächen für Zuwege, gemeinschaftliche Hofräume, Kinderspielplätze, Freizeiteinrichtungen, Stellplätze, Garagen, Flächen zum Ausgleich im Sinne des § 1 a Abs. 3 oder andere Gemeinschaftsanlagen festgelegt und ihre Rechtsverhältnisse geregelt werden. [3] Im Landesrecht vorgesehene öffentlich-rechtliche Verpflichtungen zu einem das Grundstück betreffenden Tun, Dulden oder Unterlassen (Baulast) können im Einvernehmen mit der Baugenehmigungsbehörde aufgehoben, geändert oder neu begründet werden.

(2) [1] Soweit durch die Aufhebung, Änderung oder Begründung von Rechten oder Baulasten Vermögensnachteile oder Vermögensvorteile entstehen, findet eine Ausgleich in Geld statt. [2] Für den Fall, dass Vermögensnachteile entstehen, sind die Vorschriften über die Entschädigung im Zweiten Abschnitt des Fünften Teils und über den Härteausgleich nach § 181 entsprechend anzuwenden.

(3) Die Absätze 1 und 2 gelten auch für die nach § 55 Abs. 5 in die Verteilungsmasse eingebrachten Grundstücke.

§ 62 Gemeinschaftliches Eigentum; besondere rechtliche Verhältnisse. (1) Wenn es dem Zweck der Umlegung dient und die Eigentümer zustimmen, kann gemeinschaftliches Eigentum an Grundstücken geteilt werden.

(2) [1] Wenn einem Eigentümer für mehrere verschiedenen Rechtsverhältnissen unterliegende alte Grundstücke oder Berechtigungen ein neues Grundstück zugeteilt wird, so werden entsprechend den verschiedenen Rechtsverhältnissen Bruchteile der Gesamtabfindung bestimmt, die an die Stelle der einzelnen Grundstücke oder Berechtigungen treten. [2] In diesen Fällen kann für jedes eingeworfene Grundstück oder jede Berechtigung anstelle des Bruchteils ein besonderes Grundstück zugeteilt werden.

(3) Wenn gemeinschaftliches Eigentum geteilt wird (Absatz 1) oder einem Eigentümer für sein Grundstück mehrere neue Grundstücke zugeteilt werden, so kann die Umlegungsstelle Grundpfandrechte und Reallasten, mit denen eingeworfene Grundstücke belastet sind, entsprechend den im Umlegungsverfahren ermittelten Werten auf die zuzuteilenden Grundstücke verteilen.

§ 63 Übergang von Rechtsverhältnissen auf die Abfindung. (1) [1] Die zugeteilten Grundstücke treten hinsichtlich der Rechte an den alten Grundstücken und der diese Grundstücke betreffenden Rechtsverhältnisse, die nicht aufgehoben werden, an die Stelle der alten Grundstücke. [2] Die örtlich gebundenen öffentlichen Lasten, die auf den alten Grundstücken ruhen, gehen auf die in deren örtlicher Lage ausgewiesenen neuen Grundstücke über.

(2) Erhält der Eigentümer, dem ein neues Grundstück zugeteilt wird, für das alte Grundstück zum Ausgleich von Wertunterschieden einen Geldausgleich oder nach § 59, § 60 oder § 61 eine Geldabfindung, so sind dinglich Berechtigte, deren Rechte durch die Umlegung beeinträchtigt werden, insoweit auf den Geldanspruch des Eigentümers angewiesen.

§ 64 Geldleistungen. *(nicht abgedruckt)*

§ 65 Hinterlegung und Verteilungsverfahren. *(nicht abgedruckt)*

§ 66 Aufstellung und Inhalt des Umlegungsplans. (1) [1] Der Umlegungsplan ist von der Umlegungsstelle nach Erörterung mit den Eigentümern durch Beschluss aufzustellen. [2] Er kann auch für Teile des Umlegungsgebiets aufgestellt werden (Teilumlegungsplan).

(2) [1] Aus dem Umlegungsplan muss der in Aussicht genommene Neuzustand mit allen tatsächlichen und rechtlichen Änderungen hervorgehen, die die im Umlegungsgebiet gelegenen Grundstücke erfahren. [2] Der Umlegungsplan muss nach Form und Inhalt zur Übernahme in das Liegenschaftskataster geeignet sein.

(3) Der Umlegungsplan besteht aus der Umlegungskarte und dem Umlegungsverzeichnis.

§ 67 Umlegungskarte. [1] Die Umlegungskarte stellt den künftigen Zustand des Umlegungsgebiets dar. [2] In die Karte sind insbesondere die neuen Grundstücksgrenzen und -bezeichnungen sowie die Flächen im Sinne des § 55 Abs. 2 einzutragen.

§ 68 Umlegungsverzeichnis. (1) Das Umlegungsverzeichnis führt auf

1. die Grundstücke, einschließlich der außerhalb des Umlegungsgebiets zugeteilten, nach Lage, Größe und Nutzungsart unter Gegenüberstellung des alten und neuen Bestands mit Angabe ihrer Eigentümer;
2. die Rechte an einem Grundstück oder einem das Grundstück belastenden Recht, ferner Ansprüche mit dem Recht auf Befriedigung aus dem Grundstück oder persönliche Rechte, die zum Erwerb, zum Besitz oder zur Nutzung eines Grundstücks berechtigen oder den Verpflichteten in der Benutzung des Grundstücks beschränken, soweit sie aufgehoben, geändert oder neu begründet werden;
3. die Grundstückslasten nach Rang und Betrag;
4. die Geldleistungen, deren Fälligkeit und Zahlungsart sowie der Wert der Flächen nach § 55 Abs. 2 bei einer insoweit erschließungsbeitragspflichtigen Zuteilung;
5. diejenigen, zu deren Gunsten oder Lasten Geldleistungen festgesetzt sind;
6. die einzuziehenden und die zu verlegenden Flächen im Sinne des § 55 Abs. 2 und die Wasserläufe;
7. die Gebote nach § 59 Abs. 7 sowie
8. die Baulasten nach § 61 Abs. 1 Satz 3.

(2) Das Umlegungsverzeichnis kann für jedes Grundstück gesondert aufgestellt werden.

§ 69 Bekanntmachung des Umlegungsplans, Einsichtnahme. *(nicht abgedruckt)*

§ 70 Zustellung des Umlegungsplans. *(nicht abgedruckt)*

§ 71 Inkrafttreten des Umlegungsplans. (1) [1] Die Umlegungsstelle hat ortsüblich bekannt zu machen, in welchem Zeitpunkt der Umlegungsplan unanfechtbar geworden ist. [2] Dem Eintritt der Unanfechtbarkeit des Umlegungsplans steht es gleich, wenn der Umlegungsplan lediglich wegen der Höhe einer Geldabfindung anfechtbar ist.

(2) [1] Vor Unanfechtbarkeit des Umlegungsplans kann die Umlegungsstelle räumliche und sachliche Teile des Umlegungsplans durch Bekanntmachung in Kraft setzen, wenn sich die Entscheidung über eingelegte Rechtsbehelfe auf diese Teile des Umlegungsplans nicht auswirken kann. [2] Personen, die Rechtsbehelfe eingelegt haben, sind von der Inkraftsetzung zu unterrichten.

§ 72 Wirkungen der Bekanntmachung. (1) [1] Mit der Bekanntmachung nach § 71 wird der bisherige Rechtszustand durch den in dem Umlegungsplan vorgesehenen neuen Rechtszustand ersetzt. [2] Die Bekanntmachung schließt die Einweisung der neuen Eigentümer in den Besitz der zugeteilten Grundstücke ein.

(2) [1] Die Gemeinde hat den Umlegungsplan zu vollziehen, sobald seine Unanfechtbarkeit nach § 71 bekannt gemacht worden ist. [2] Sie hat den Beteiligten die neuen Besitz- und Nutzungsrechte, erforderlichenfalls mit den Mitteln des Verwaltungszwangs, zu verschaffen.

§ 73 Änderung des Umlegungsplans. Die Umlegungsstelle kann den Umlegungsplan auch nach Eintritt der Unanfechtbarkeit ändern, wenn

1. der Bebauungsplan geändert wird,
2. eine rechtskräftige Entscheidung eines Gerichts die Änderung notwendig macht oder
3. die Beteiligten mit der Änderung einverstanden sind.

§ 74 Berichtigung der öffentlichen Bücher. (1) [1] Die Umlegungsstelle übersendet dem Grundbuchamt und der für die Führung des Liegenschaftskatasters zuständigen Stelle eine beglaubigte Abschrift der Bekanntmachung nach § 71 sowie eine beglaubigte Ausfertigung des Umlegungsplans und ersucht diese, die Rechtsänderungen in das Grundbuch und in das Liegenschaftskataster einzutragen sowie den Umlegungsvermerk im Grundbuch zu löschen. [2] Dies gilt auch für außerhalb des Umlegungsgebiets zugeteilte Grundstücke.

(2) [1] Bis zur Berichtigung des Liegenschaftskatasters dienen die Umlegungskarte und das Umlegungsverzeichnis als amtliches Verzeichnis der Grundstücke im Sinne des § 2 Abs. 2 der Grundbuchordnung, wenn die für die Führung des Liegenschaftskatasters zuständige Stelle auf diesen Urkunden bescheinigt hat, dass sie nach Form und Inhalt zur Übernahme in das Liegenschaftskataster geeignet sind. [2] Diese Bescheinigung ist nicht erforderlich, wenn die Flurbereinigungsbehörde die Umlegungskarte und das Umlegungsverzeichnis gefertigt hat (§ 46 Abs. 2 Nr. 5 und Abs. 4).

§ 75 Einsichtnahme in den Umlegungsplan. Bis zur Berichtigung des Grundbuchs ist die Einsicht in den Umlegungsplan jedem gestattet, der ein berechtigtes Interesse darlegt.

§ 76 Vorwegnahme der Entscheidung. [1] Mit Einverständnis der betroffenen Rechtsinhaber können die Eigentums- und Besitzverhältnisse für einzelne Grundstücke sowie andere Rechte nach den §§ 55 bis 62 geregelt werden, bevor der Umlegungsplan aufgestellt ist. [2] Die §§ 70 bis 75 gelten entsprechend.

§ 77 Vorzeitige Besitzeinweisung. *(nicht abgedruckt)*

§ 78 Verfahrens- und Sachkosten. *(nicht abgedruckt)*

§ 79 Abgaben- und Auslagenbefreiung. *(nicht abgedruckt)*

Zweiter Abschnitt. Vereinfachte Umlegung

§ 80 Zweck, Anwendungsbereich, Zuständigkeiten. (1) [1] Die Gemeinde kann eine Umlegung im Sinne des § 45 als vereinfachte Umlegung durchführen, wenn die in § 46 Abs. 1 bezeichneten Voraussetzungen vorliegen und wenn mit der Umlegung lediglich

1. unmittelbar aneinander grenzende oder in enger Nachbarschaft liegende Grundstücke oder Teile von Grundstücken untereinander getauscht oder
2. Grundstücke, insbesondere Splittergrundstücke oder Teile von Grundstücken, einseitig zugeteilt

werden. [2] Die auszutauschenden oder einseitig zuzuteilenden Grundstücke oder Grundstücksteile dürfen nicht selbständig bebaubar sein. [3] Eine einseitige Zuteilung muss im öffentlichen Interesse geboten sein.

(2) [1] Auf die vereinfachte Umlegung sind die Vorschriften des Ersten Abschnitts nur anzuwenden, soweit die Vorschriften dieses Abschnitts dies bestimmen. [2] Einer Anordnung der vereinfachten Umlegung durch die Gemeinde bedarf es nicht.

(3) [1] Die vereinfachte Umlegung ist so durchzuführen, dass jedem Eigentümer nach dem Verhältnis des Werts seines früheren Grundstücks zum Wert der übrigen Grundstücke möglichst ein Grundstück in gleicher oder gleichwertiger Lage zugeteilt wird. [2] Eine durch die vereinfachte Umlegung für den Grundstückseigentümer bewirkte Wertminderung darf nur unerheblich sein. [3] Mit Zustimmung der Eigentümer können von den Sätzen 1 und 2 abweichende Regelungen getroffen werden.

(4) [1] Im Rahmen des Verfahrens der vereinfachten Umlegung betroffene Dienstbarkeiten und Baulasten nach Maßgabe des § 61 Abs. 1 Satz 3 können neugeordnet und zu diesem Zweck auch neu begründet und aufgehoben werden. [2] Betroffene Grundpfandrechte können neugeordnet werden, wenn die Beteiligten dem vorgesehenen neuen Rechtszustand zustimmen.

(5) [1] Die Landesregierungen können durch Rechtsverordnungen bestimmen, dass die nach Maßgabe des § 46 Abs. 2 Nr. 1 und 2 gebildeten Umlegungsausschüsse auch vereinfachte Umlegungsverfahren selbständig durchführen. [2] Die Vorschriften des § 46 Abs. 4 zur Übertragung der Umlegung auf die Flurbereinigungsbehörde oder eine andere geeignete Behörde sind für vereinfachte Umlegungsverfahren entsprechend anzuwenden.

§ 81 Geldleistungen. (1) [1] Vorteile, die durch die vereinfachte Umlegung bewirkt werden, sind von den Eigentümern in Geld auszugleichen. [2] Die Vorschriften über die Entschädigung im Zweiten Abschnitt des Fünften Teils sind entsprechend anzuwenden.

(2) [1] Gläubigerin und Schuldnerin der Geldleistungen ist die Gemeinde. [2] Die Beteiligten können mit Zustimmung der Gemeinde andere Vereinbarungen treffen. [3] Die Geldleistungen werden mit der Bekanntmachung nach § 83 Abs. 1 fällig. [4] § 64 Abs. 3, 4 und 6 über Beitrag und öffentliche Last ist entsprechend anzuwenden, wenn die Gemeinde Gläubigerin der Geldleistungen ist.

(3) [1] Dinglich Berechtigte, deren Rechte durch die vereinfachte Umlegung beeinträchtigt werden, sind insoweit auf den Geldanspruch des Eigentümers angewiesen. [2] Für die Hinterlegung von Geldleistungen und für das Verteilungsverfahren gelten die Vorschriften der §§ 118 und 119 entsprechend.

§ 82 Beschluss über die vereinfachte Umlegung. (1) [1] Die Gemeinde setzt nach Erörterung mit den Eigentümern durch Beschluss die neuen Grenzen sowie die Geldleistung fest und regelt in ihm, soweit es erforderlich ist, die Neuordnung und zu diesem Zweck auch die Neubegründung und Aufhebung von Dienstbarkeiten, Grundpfandrechten und Baulasten. [2] Beteiligten, deren Rechte ohne Zustimmung durch den Beschluss betroffen werden, ist vorher Gelegenheit zur Stellungnahme zu geben. [3] Der Beschluss muss nach Form und Inhalt zur Übernahme in das Liegenschaftskataster geeignet sein.

(2) [1] Allen Beteiligten ist ein ihre Rechte betreffender Auszug aus dem Beschluss zuzustellen. [2] Dabei ist darauf hinzuweisen, dass der Beschluss bei einer zu benennenden Stelle eingesehen werden kann.

§ 83 Bekanntmachung und Rechtswirkungen der vereinfachten Umlegung. (1) [1] Die Gemeinde hat ortsüblich bekannt zu machen, in welchem Zeitpunkt der Beschluss über die vereinfachte Umlegung unanfechtbar geworden ist. [2] § 71 Abs. 2 über die vorzeitige Inkraftsetzung ist entsprechend anzuwenden.

(2) [1] Mit der Bekanntmachung wird der bisherige Rechtszustand durch den in dem Beschluss über die vereinfachte Umlegung vorgesehenen neuen Rechtszustand ersetzt. [2] Die Bekanntmachung schließt die Einweisung der neuen Eigentümer in den Besitz der zugeteilten Grundstücke oder Grundstücksteile ein. [3] § 72 Abs. 2 über die Vollziehung ist entsprechend anzuwenden.

(3) [1] Das Eigentum an ausgetauschten oder einseitig zugeteilten Grundstücksteilen und Grundstücken geht lastenfrei auf die neuen Eigentümer über; Unschädlichkeitszeugnisse sind nicht erforderlich. [2] Sofern Grundstücksteile oder Grundstücke einem Grundstück zugeteilt werden, werden sie Bestandteil dieses Grundstücks. [3] Die dinglichen Rechte an diesem Grundstück erstrecken sich auf die zugeteilten Grundstücksteile und Grundstücke. [4] Satz 1 Halbsatz 1 und Satz 3 gelten nur, soweit sich nicht aus einer Regelung nach § 80 Abs. 4 etwas anderes ergibt.

§ 84 Berichtigung der öffentlichen Bücher. (1) [1] Die Gemeinde übersendet dem Grundbuchamt und der für die Führung des Liegenschaftskatasters zuständigen Stelle eine beglaubigte Abschrift des Beschlusses über die vereinfachte Umlegung, teilt den Zeitpunkt der Bekanntmachung nach § 83 Abs. 1 mit und ersucht diese, die Rechtsänderungen in das Grundbuch und in das Liegenschaftskataster einzutragen. [2] § 74 Abs. 2 gilt entsprechend.

(2) Für die Kosten der vereinfachten Umlegung gelten die §§ 78 und 79 entsprechend.

Fünfter Teil. Enteignung

Erster Abschnitt. Zulässigkeit der Enteignung

§§ 85–92 *(nicht abgedruckt)*

Zweiter Abschnitt. Entschädigung

§§ 93–103 *(nicht abgedruckt)*

Dritter Abschnitt. Enteignungsverfahren

§§ 104–122 *(nicht abgedruckt)*

Sechster Teil. Erschließung

Erster Abschnitt. Allgemeine Vorschriften

§ 123 Erschließungslast. (1) Die Erschließung ist Aufgabe der Gemeinde, soweit sie nicht nach anderen gesetzlichen Vorschriften oder öffentlich-rechtlichen Verpflichtungen einem anderen obliegt.

(2) Die Erschließungsanlagen sollen entsprechend den Erfordernissen der Bebauung und des Verkehrs kostengünstig hergestellt werden und spätestens bis zur Fertigstellung der anzuschließenden baulichen Anlagen benutzbar sein.

(3) Ein Rechtsanspruch auf Erschließung besteht nicht.

(4) Die Unterhaltung der Erschließungsanlagen richtet sich nach landesrechtlichen Vorschriften.

§ 124 Erschließungsvertrag. (1) Die Gemeinde kann die Erschließung durch Vertrag auf einen Dritten übertragen.

(2) [1] Gegenstand des Erschließungsvertrags können nach Bundes- oder nach Landesrecht beitragsfähige sowie nicht beitragsfähige Erschließungsanlagen in einem bestimmten Erschließungsgebiet in der Gemeinde sein. [2] Der Dritte kann sich gegenüber der Gemeinde verpflichten, die Erschließungskosten ganz oder teilweise zu tragen; dies gilt unabhängig davon, ob die Erschließungsanlagen nach Bundes- oder Landesrecht beitragsfähig sind. [3] § 129 Abs. 1 Satz 3 ist nicht anzuwenden.

(3) [1] Die vertraglich vereinbarten Leistungen müssen den gesamten Umständen nach angemessen sein und in sachlichem Zusammenhang mit der Erschließung stehen. [2] Hat die Gemeinde einen Bebauungsplan im Sinne des § 30 Abs. 1 erlassen und lehnt sie das zumutbare Angebot eines Dritten ab, die im Bebauungsplan vorgesehene Erschließung vorzunehmen, ist sie verpflichtet, die Erschließung selbst durchzuführen.

(4) Der Erschließungsvertrag bedarf der Schriftform, soweit nicht durch Rechtsvorschriften eine andere Form vorgeschrieben ist.

§§ 125–126 *(nicht abgedruckt)*

Zweiter Abschnitt. Erschließungsbeitrag[1)]

§ 127 Erhebung des Erschließungsbeitrags. (1) Die Gemeinden erheben zur Deckung ihres anderweitig nicht gedeckten Aufwands für Erschließungsanlagen einen Erschließungsbeitrag nach Maßgabe der folgenden Vorschriften.

(2) Erschließungsanlagen im Sinne dieses Abschnitts sind

1. die öffentlichen zum Anbau bestimmten Straßen, Wege und Plätze;
2. die öffentlichen aus rechtlichen oder tatsächlichen Gründen mit Kraftfahrzeugen nicht befahrbaren Verkehrsanlagen innerhalb der Baugebiete (z.B. Fußwege, Wohnwege);

[1)] Siehe **in Bayern** auch Art. 5 a KommunalabgabenG v. 4. 4. 1993 (GVBl S. 264, ber. S. 580), zuletzt geänd. durch G v. 25. 2. 2010 (GVBl S. 66).

3. Sammelstraßen innerhalb der Baugebiete; Sammelstraßen sind öffentliche Straßen, Wege und Plätze, die selbst nicht zum Anbau bestimmt, aber zur Erschließung der Baugebiete notwendig sind;
4. Parkflächen und Grünanlagen mit Ausnahme von Kinderspielplätzen, soweit sie Bestandteil der in den Nummern 1 bis 3 genannten Verkehrsanlagen oder nach städtebaulichen Grundsätzen innerhalb der Baugebiete zu deren Erschließung notwendig sind;
5. Anlagen zum Schutz von Baugebieten gegen schädliche Umwelteinwirkungen im Sinne des Bundes-Immissionsschutzgesetzes, auch wenn sie nicht Bestandteil der Erschließungsanlagen sind.

(3) Der Erschließungsbeitrag kann für den Grunderwerb, die Freilegung und für Teile der Erschließungsanlagen selbständig erhoben werden (Kostenspaltung).

(4) [1] Das Recht, Abgaben für Anlagen zu erheben, die nicht Erschließungsanlagen im Sinne dieses Abschnitts sind, bleibt unberührt. [2] Dies gilt insbesondere für Anlagen zur Ableitung von Abwasser sowie zur Versorgung mit Elektrizität, Gas, Wärme und Wasser.

§ 128 Umfang des Erschließungsaufwands. (1) [1] Der Erschließungsaufwand nach § 127 umfasst die Kosten für
1. den Erwerb und die Freilegung der Flächen für die Erschließungsanlagen;
2. ihre erstmalige Herstellung einschließlich der Einrichtungen für ihre Entwässerung und ihre Beleuchtung;
3. die Übernahme von Anlagen als gemeindliche Erschließungsanlagen.

[2] Der Erschließungsaufwand umfasst auch den Wert der von der Gemeinde aus ihrem Vermögen bereitgestellten Flächen im Zeitpunkt der Bereitstellung. [3] Zu den Kosten für den Erwerb der Flächen für Erschließungsanlagen gehört im Falle einer erschließungsbeitragspflichtigen Zuteilung im Sinne des § 57 Satz 4 und des § 58 Abs. 1 Satz 1 auch der Wert nach § 68 Abs. 1 Nr. 4.

(2) [1] Soweit die Gemeinden nach Landesrecht berechtigt sind, Beiträge zu den Kosten für Erweiterungen oder Verbesserungen von Erschließungsanlagen zu erheben, bleibt dieses Recht unberührt. [2] Die Länder können bestimmen, dass die Kosten für die Beleuchtung der Erschließungsanlagen in den Erschließungsaufwand nicht einzubeziehen sind.

(3) Der Erschließungsaufwand umfasst nicht die Kosten für
1. Brücken, Tunnels und Unterführungen mit den dazugehörigen Rampen;
2. die Fahrbahnen der Ortsdurchfahrten von Bundesstraßen sowie von Landstraßen I. und II. Ordnung, soweit die Fahrbahnen dieser Straßen keine größere Breite als ihre anschließenden freien Strecken erfordern.

§ 129 Beitragsfähiger Erschließungsaufwand. (1) [1] Zur Deckung des anderweitig nicht gedeckten Erschließungsaufwands können Beiträge nur insoweit erhoben werden, als die Erschließungsanlagen erforderlich sind, um die Bauflächen und die gewerblich zu nutzenden Flächen entsprechend den baurechtlichen Vorschriften zu nutzen (beitragsfähiger Erschließungsaufwand). [2] Soweit Anlagen nach § 127 Abs. 2 von dem Eigentümer hergestellt sind oder von ihm auf Grund baurechtlicher Vorschriften verlangt werden, dürfen Beiträge nicht erhoben werden. [3] Die Gemeinden tragen mindestens 10 vom Hundert des beitragsfähigen Erschließungsaufwands.

(2) Kosten, die ein Eigentümer oder sein Rechtsvorgänger bereits für Erschließungsmaßnahmen aufgewandt hat, dürfen bei der Übernahme als gemeindliche Erschließungsanlagen nicht erneut erhoben werden.

§ 130 Art der Ermittlung des beitragsfähigen Erschließungsaufwands. (1) [1] Der beitragsfähige Erschließungsaufwand kann nach den tatsächlich entstandenen Kosten oder nach Einheitssätzen ermittelt werden. [2] Die Einheitssätze sind nach den in der Gemeinde üblicherweise durchschnittlich aufzuwendenden Kosten vergleichbarer Erschließungsanlagen festzusetzen.

(2) [1] Der beitragsfähige Erschließungsaufwand kann für die einzelne Erschließungsanlage oder für bestimmte Abschnitte einer Erschließungsanlage ermittelt werden. [2] Abschnitte einer Erschließungsanlage können nach örtlich erkennbaren Merkmalen oder nach rechtlichen Gesichtspunkten (z.B. Grenzen von Bebauungsplangebieten, Umlegungsgebieten, förmlich festgelegten Sanierungsgebieten) gebildet werden. [3] Für mehrere Anlagen, die für die Erschließung der Grundstücke eine Einheit bilden, kann der Erschließungsaufwand insgesamt ermittelt werden.

§ 131 Maßstäbe für die Verteilung des Erschließungsaufwands.

(1) [1] Der ermittelte beitragsfähige Erschließungsaufwand für eine Erschließungsanlage ist auf die durch die Anlage erschlossenen Grundstücke zu verteilen. [2] Mehrfach erschlossene Grundstücke sind bei gemeinsamer Aufwandsermittlung in einer Erschließungseinheit (§ 130 Abs. 2 Satz 3) bei der Verteilung des Erschließungsaufwands nur einmal zu berücksichtigen.

(2) [1] Verteilungsmaßstäbe sind

1. die Art und das Maß der baulichen oder sonstigen Nutzung;
2. die Grundstücksflächen;
3. die Grundstücksbreite an der Erschließungsanlage.

[2] Die Verteilungsmaßstäbe können miteinander verbunden werden.

(3) In Gebieten, die nach dem Inkrafttreten des Bundesbaugesetzes erschlossen werden, sind, wenn eine unterschiedliche bauliche oder sonstige Nutzung zulässig ist, die Maßstäbe nach Absatz 2 in der Weise anzuwenden, dass der Verschiedenheit dieser Nutzung nach Art und Maß entsprochen wird.

§ 132 Regelung durch Satzung. Die Gemeinden regeln durch Satzung

1. die Art und den Umfang der Erschließungsanlagen im Sinne des § 129,
2. die Art der Ermittlung und der Verteilung des Aufwands sowie die Höhe des Einheitssatzes,
3. die Kostenspaltung (§ 127 Abs. 3) und
4. die Merkmale der endgültigen Herstellung einer Erschließungsanlage.

§ 133 Gegenstand und Entstehung der Beitragspflicht. (1) [1] Der Beitragspflicht unterliegen Grundstücke, für die eine bauliche oder gewerbliche Nutzung festgesetzt ist, sobald sie bebaut oder gewerblich genutzt werden dürfen. [2] Erschlossene Grundstücke, für die eine bauliche oder gewerbliche Nutzung nicht festgesetzt ist, unterliegen der Beitragspflicht, wenn sie nach der Verkehrsauffassung Bauland sind und nach der geordneten baulichen Entwicklung der Gemeinde zur Bebauung anstehen. [3] Die Gemeinde gibt bekannt, welche Grundstücke nach Satz 2 der Beitragspflicht unterliegen; die Bekanntmachung hat keine rechtsbegründende Wirkung.

(2) [1] Die Beitragspflicht entsteht mit der endgültigen Herstellung der Erschließungsanlagen, für Teilbeträge, sobald die Maßnahmen, deren Aufwand durch die Teilbeträge gedeckt werden soll, abgeschlossen sind. [2] Im Falle des § 128 Abs. 1 Satz 1 Nr. 3 entsteht die Beitragspflicht mit der Übernahme durch die Gemeinde.

(3) [1] Für ein Grundstück, für das eine Beitragspflicht noch nicht oder nicht in vollem Umfang entstanden ist, können Vorausleistungen auf den Erschließungsbeitrag bis zur Höhe des voraussichtlichen endgültigen Erschließungsbeitrags verlangt werden, wenn ein Bauvorhaben auf dem Grundstück genehmigt wird oder wenn mit der Herstellung der Erschließungsanlagen begonnen worden ist und die endgültige Herstellung der Erschließungsanlagen innerhalb von vier Jahren zu erwarten ist. [2] Die Vorausleistung ist mit der endgültigen Beitragsschuld zu verrechnen, auch wenn der Vorausleistende nicht beitragspflichtig ist. [3] Ist die Beitragspflicht sechs Jahre nach Erlass des Vorausleistungsbescheids noch nicht entstanden, kann die Vorausleistung zurückverlangt werden, wenn die Erschließungsanlage bis zu diesem Zeitpunkt noch nicht benutzbar ist. [4] Der Rückzahlungsanspruch ist ab Erhebung der Vorausleistung mit 2 vom Hundert über dem Diskontsatz der Deutschen Bundesbank jährlich zu verzinsen. [5] Die Gemeinde kann Bestimmungen über die Ablösung des Erschließungsbeitrags im Ganzen vor Entstehung der Beitragspflicht treffen.

§ 134 Beitragspflichtiger. (1) [1] Beitragspflichtig ist derjenige, der im Zeitpunkt der Bekanntgabe des Beitragsbescheids Eigentümer des Grundstücks ist. [2] Ist das Grundstück mit einem Erbbaurecht belastet, so ist der Erbbauberechtigte anstelle des Eigentümers beitragspflichtig. [3] Ist das Grundstück mit einem dinglichen Nutzungsrecht nach Artikel 233 § 4 des Einführungsgesetzes zum Bürgerlichen Gesetzbuche belastet, so ist der Inhaber dieses Rechtes anstelle des Eigentümers beitragspflichtig. [4] Mehrere Beitragspflichtige haften als Gesamtschuldner; bei Wohnungs- und Teileigentum sind die einzelnen Wohnungs- und Teileigentümer nur entsprechend ihrem Miteigentumsanteil beitragspflichtig.

(2) Der Beitrag ruht als öffentliche Last auf dem Grundstück, im Falle des Absatzes 1 Satz 2 auf dem Erbbaurecht, im Falle des Absatzes 1 Satz 3 auf dem dinglichen Nutzungsrecht, im Falle des Absatzes 1 Satz 4 auf dem Wohnungs- oder dem Teileigentum.

§ 135 Fälligkeit und Zahlung des Beitrags. (1) Der Beitrag wird einen Monat nach der Bekanntgabe des Beitragsbescheids fällig.

(2) [1] Die Gemeinde kann zur Vermeidung unbilliger Härten im Einzelfall, insbesondere soweit dies zur Durchführung eines genehmigten Bauvorhabens erforderlich ist, zulassen, dass der Erschließungsbeitrag in Raten oder in Form einer Rente gezahlt wird. [2] Ist die Finanzierung eines Bauvorhabens gesichert, so soll die Zahlungsweise der Auszahlung der Finanzierungsmittel angepasst, jedoch nicht über zwei Jahre hinaus erstreckt werden.

(3) [1] Lässt die Gemeinde nach Absatz 2 eine Verrentung zu, so ist der Erschließungsbeitrag durch Bescheid in eine Schuld umzuwandeln, die in höchstens zehn Jahresleistungen zu entrichten ist. [2] In dem Bescheid sind Höhe und Zeitpunkt der Fälligkeit der Jahresleistungen zu bestimmen. [3] Der jeweilige Restbetrag ist mit höchstens 2 vom Hundert über dem Diskontsatz der Deutschen Bundesbank jährlich zu verzinsen. [4] Die Jahresleistungen stehen wiederkehrenden Leistungen im Sinne des § 10 Abs. 1 Nr. 3 des Zwangsversteigerungsgesetzes gleich.

(4) [1] Werden Grundstücke landwirtschaftlich oder als Wald genutzt, ist der Beitrag so lange zinslos zu stunden, wie das Grundstück zur Erhaltung der Wirtschaftlichkeit des landwirtschaftlichen Betriebs genutzt werden muss. [2] Satz 1 gilt auch für die Fälle der Nutzungsüberlassung und Betriebsübergabe an Familienangehörige im Sinne des § 15 der Abgabenordnung. [3] Der Beitrag ist auch zinslos zu stunden, solange Grundstücke als Kleingärten im Sinne des Bundeskleingartengesetzes genutzt werden.

(5) [1] Im Einzelfall kann die Gemeinde auch von der Erhebung des Erschließungsbeitrags ganz oder teilweise absehen, wenn dies im öffentlichen Interesse oder zur Vermeidung unbilliger Härten geboten ist. [2] Die Freistellung kann auch für den Fall vorgesehen werden, dass die Beitragspflicht noch nicht entstanden ist.

(6) Weitergehende landesrechtliche Billigkeitsregelungen bleiben unberührt.

Siebter Teil. Maßnahmen für den Naturschutz

§ 135 a Pflichten des Vorhabenträgers; Durchführung durch die Gemeinde; Kostenerstattung. (1) Festgesetzte Maßnahmen zum Ausgleich im Sinne des § 1 a Abs. 3 sind vom Vorhabenträger durchzuführen.

(2) [1] Soweit Maßnahmen zum Ausgleich an anderer Stelle den Grundstücken nach § 9 Abs. 1 a zugeordnet sind, soll die Gemeinde diese anstelle und auf Kosten der Vorhabenträger oder der Eigentümer der Grundstücke durchführen und auch die hierfür erforderlichen Flächen bereitstellen, sofern dies nicht auf andere Weise gesichert ist. [2] Die Maßnahmen zum Ausgleich können bereits vor den Baumaßnahmen und der Zuordnung durchgeführt werden.

(3) [1] Die Kosten können geltend gemacht werden, sobald die Grundstücke, auf denen Eingriffe zu erwarten sind, baulich oder gewerblich genutzt werden dürfen. [2] Die Gemeinde erhebt zur Deckung ihres Aufwands für Maßnahmen zum Ausgleich einschließlich der Bereitstellung hierfür erforderlicher Flächen einen Kostenerstattungsbetrag. [3] Die Erstattungspflicht entsteht mit der Herstellung der Maßnahmen zum Ausgleich durch die Gemeinde. [4] Der Betrag ruht als öffentliche Last auf dem Grundstück.

(4) Die landesrechtlichen Vorschriften über kommunale Beiträge einschließlich der Billigkeitsregelungen sind entsprechend anzuwenden.

§§ 135 b–135 c *(nicht abgedruckt)*

Zweites Kapitel. Besonderes Städtebaurecht

Erster Teil. Städtebauliche Sanierungsmaßnahmen

Erster Abschnitt. Allgemeine Vorschriften

§§ 136–139 *(nicht abgedruckt)*

Zweiter Abschnitt. Vorbereitung und Durchführung

§§ 140–143 *(nicht abgedruckt)*

§ 144 Genehmigungspflichtige Vorhaben und Rechtsvorgänge.

(1) Im förmlich festgelegten Sanierungsgebiet bedürfen der schriftlichen Genehmigung der Gemeinde

1. die in § 14 Abs. 1 bezeichneten Vorhaben und sonstigen Maßnahmen;

2. Vereinbarungen, durch die ein schuldrechtliches Vertragsverhältnis über den Gebrauch oder die Nutzung eines Grundstücks, Gebäudes oder Gebäudeteils auf bestimmte Zeit von mehr als einem Jahr eingegangen oder verlängert wird.

(2) Im förmlich festgelegten Sanierungsgebiet bedürfen der schriftlichen Genehmigung der Gemeinde

1. die rechtsgeschäftliche Veräußerung eines Grundstücks und die Bestellung und Veräußerung eines Erbbaurechts;
2. die Bestellung eines das Grundstück belastenden Rechts; dies gilt nicht für die Bestellung eines Rechts, das mit der Durchführung von Baumaßnahmen im Sinne des § 148 Abs. 2 im Zusammenhang steht;
3. ein schuldrechtlicher Vertrag, durch den eine Verpflichtung zu einem der in Nummer 1 oder 2 genannten Rechtsgeschäfte begründet wird; ist der schuldrechtliche Vertrag genehmigt worden, gilt auch das in Ausführung dieses Vertrags vorgenommene dingliche Rechtsgeschäft als genehmigt;
4. die Begründung, Änderung oder Aufhebung einer Baulast;
5. die Teilung eines Grundstücks.

(3) Die Gemeinde kann für bestimmte Fälle die Genehmigung für das förmlich festgelegte Sanierungsgebiet oder Teile desselben allgemein erteilen; sie hat dies ortsüblich bekannt zu machen.

(4) Keiner Genehmigung bedürfen

1. Vorhaben und Rechtsvorgänge, wenn die Gemeinde oder der Sanierungsträger für das Treuhandvermögen als Vertragsteil oder Eigentümer beteiligt ist;
2. Rechtsvorgänge nach Absatz 2 Nr. 1 bis 3 zum Zwecke der Vorwegnahme der gesetzlichen Erbfolge;
3. Vorhaben nach Absatz 1 Nr. 1, die vor der förmlichen Festlegung des Sanierungsgebiets baurechtlich genehmigt worden sind, Vorhaben nach Absatz 1 Nr. 1, von denen die Gemeinde nach Maßgabe des Bauordnungsrechts Kenntnis erlangt hat und mit deren Ausführung vor dem Inkrafttreten der Veränderungssperre hätte begonnen werden dürfen, sowie Unterhaltungsarbeiten und die Fortführung einer bisher ausgeübten Nutzung;
4. Rechtsvorgänge nach Absatz 1 Nr. 2 und Absatz 2, die Zwecken der Landesverteidigung dienen;
5. der rechtsgeschäftliche Erwerb eines in ein Verfahren im Sinne des § 38 einbezogenen Grundstücks durch den Bedarfsträger.

§ 145[1] Genehmigung. (1) [1] Die Genehmigung wird durch die Gemeinde erteilt; § 22 Abs. 5 Satz 2 bis 5 ist entsprechend anzuwenden. [2] Ist eine baurechtliche Genehmigung oder an ihrer Stelle eine baurechtliche Zustimmung erforderlich, wird die Genehmigung durch die Baugenehmigungsbehörde im Einvernehmen mit der Gemeinde erteilt. [3] Im Falle des Satzes 2 ist über die Genehmigung innerhalb von zwei Monaten nach Eingang des Antrags bei der Baugenehmigungsbehörde zu entscheiden; § 22 Abs. 5 Satz 3 bis 6 ist mit der Maßgabe entsprechend anzuwenden, dass die Genehmigungsfrist höchstens um zwei Monate verlängert werden darf.

(2) Die Genehmigung darf nur versagt werden, wenn Grund zur Annahme besteht, dass das Vorhaben, der Rechtsvorgang einschließlich der Teilung eines Grundstücks oder die damit erkennbar bezweckte Nutzung die Durchführung der Sanierung unmöglich machen oder wesentlich erschweren oder den Zielen und Zwecken der Sanierung zuwiderlaufen würde.

(3) Die Genehmigung ist zu erteilen, wenn die wesentliche Erschwerung dadurch beseitigt wird, dass die Beteiligten für den Fall der Durchführung der Sanierung für sich und ihre Rechtsnachfolger

1. in den Fällen des § 144 Abs. 1 Nr. 1 auf Entschädigung für die durch das Vorhaben herbeigeführten Werterhöhungen sowie für werterhöhende Änderungen, die auf Grund der mit dem Vorhaben bezweckten Nutzung vorgenommen werden, verzichten;
2. in den Fällen des § 144 Abs. 1 Nr. 2 oder Abs. 2 Nr. 2 oder 3 auf Entschädigung für die Aufhebung des Rechts sowie für werterhöhende Änderungen verzichten, die auf Grund dieser Rechte vorgenommen werden.

(4) [1] Die Genehmigung kann unter Auflagen, in den Fällen des § 144 Abs. 1 auch befristet oder bedingt erteilt werden. [2] § 51 Abs. 4 Satz 2 und 3 ist entsprechend anzuwenden. [3] Die

---

[1] § 145 Abs. 1 neu gef. mWv 1. 1. 2007 durch G v. 21. 12. 2006 (BGBl. I S. 3316).

Genehmigung kann auch vom Abschluss eines städtebaulichen Vertrags abhängig gemacht werden, wenn dadurch Versagungsgründe im Sinne des Absatzes 2 ausgeräumt werden.

(5) [1] Wird die Genehmigung versagt, kann der Eigentümer von der Gemeinde die Übernahme des Grundstücks verlangen, wenn und soweit es ihm mit Rücksicht auf die Durchführung der Sanierung wirtschaftlich nicht mehr zuzumuten ist, das Grundstück zu behalten oder es in der bisherigen oder einer anderen zulässigen Art zu nutzen. [2] Liegen die Flächen eines land- oder forstwirtschaftlichen Betriebs sowohl innerhalb als auch außerhalb des förmlich festgelegten Sanierungsgebiets, kann der Eigentümer von der Gemeinde die Übernahme sämtlicher Grundstücke des Betriebs verlangen, wenn die Erfüllung des Übernahmeverlangens für die Gemeinde keine unzumutbare Belastung bedeutet; die Gemeinde kann sich auf eine unzumutbare Belastung nicht berufen, soweit die außerhalb des förmlich festgelegten Sanierungsgebiets gelegenen Grundstücke nicht mehr in angemessenem Umfang baulich oder wirtschaftlich genutzt werden können. [3] Kommt eine Einigung über die Übernahme nicht zustande, kann der Eigentümer die Entziehung des Eigentums an dem Grundstück verlangen. [4] Für die Entziehung des Eigentums sind die Vorschriften des Fünften Teils des Ersten Kapitels entsprechend anzuwenden. [5] § 43 Abs. 1, 4 und 5 sowie § 44 Abs. 3 und 4 sind entsprechend anzuwenden.

(6) [1] § 22 Abs. 6 ist entsprechend anzuwenden. [2] Ist eine Genehmigung allgemein erteilt oder nicht erforderlich, hat die Gemeinde darüber auf Antrag eines Beteiligten ein Zeugnis auszustellen.

§§ 146–151 *(nicht abgedruckt)*

Dritter Abschnitt. Besondere sanierungsrechtliche Vorschriften

§ 152 Anwendungsbereich. Die Vorschriften dieses Abschnitts sind im förmlich festgelegten Sanierungsgebiet anzuwenden, sofern die Sanierung nicht im vereinfachten Sanierungsverfahren durchgeführt wird.

§ 153 Bemessung von Ausgleichs- und Entschädigungsleistungen, Kaufpreise, Umlegung. (1) [1] Sind auf Grund von Maßnahmen, die der Vorbereitung oder Durchführung der Sanierung im förmlich festgelegten Sanierungsgebiet dienen, nach den Vorschriften dieses Gesetzbuchs Ausgleichs- oder Entschädigungsleistungen zu gewähren, werden bei deren Bemessung Werterhöhungen, die lediglich durch die Aussicht auf die Sanierung, durch ihre Vorbereitung oder ihre Durchführung eingetreten sind, nur insoweit berücksichtigt, als der Betroffene diese Werterhöhungen durch eigene Aufwendungen zulässigerweise bewirkt hat. [2] Änderungen in den allgemeinen Wertverhältnissen auf dem Grundstücksmarkt sind zu berücksichtigen.

(2) [1] Liegt bei der rechtsgeschäftlichen Veräußerung eines Grundstücks sowie bei der Bestellung oder Veräußerung eines Erbbaurechts der vereinbarte Gegenwert für das Grundstück oder das Recht über dem Wert, der sich in Anwendung des Absatzes 1 ergibt, liegt auch hierin eine wesentliche Erschwerung der Sanierung im Sinne des § 145 Abs. 2. [2] Dies gilt nicht, wenn in den Fällen des § 154 Abs. 3 Satz 2 oder 3 die Verpflichtung zur Entrichtung des Ausgleichsbetrags erloschen ist.

(3) [1] Die Gemeinde oder der Sanierungsträger darf beim Erwerb eines Grundstücks keinen höheren Kaufpreis vereinbaren, als er sich in entsprechender Anwendung des Absatzes 1 ergibt. [2] In den Fällen des § 144 Abs. 4 Nr. 4 und 5 darf der Bedarfsträger keinen höheren Kaufpreis vereinbaren, als er sich in entsprechender Anwendung des Absatzes 1 ergibt.

(4) [1] Bei der Veräußerung nach den §§ 89 und 159 Abs. 3 ist das Grundstück zu dem Verkehrswert zu veräußern, der sich durch die rechtliche und tatsächliche Neuordnung des förmlich festgelegten Sanierungsgebiets ergibt. [2] § 154 Abs. 5 ist dabei auf den Teil des Kaufpreises entsprechend anzuwenden, der der durch die Sanierung bedingten Werterhöhung des Grundstücks entspricht.

(5) Im förmlich festgelegten Sanierungsgebiet sind

1. Absatz 1 auf die Ermittlung von Werten nach § 57 Satz 2 und im Falle der Geldabfindung nach § 59 Abs. 2 und 4 bis 6 sowie den §§ 60 und 61 Abs. 2 entsprechend anzuwenden;
2. Wertänderungen, die durch die rechtliche und tatsächliche Neuordnung des förmlich festgelegten Sanierungsgebiets eintreten, bei der Ermittlung von Werten nach § 57 Satz 3 und 4 und im Falle des Geldausgleichs nach § 59 Abs. 2 sowie den §§ 60 und 61 Abs. 2 zu berücksichtigen;
3. § 58 nicht anzuwenden.

§ 154[1] **Ausgleichsbetrag des Eigentümers.** (1) [1] Der Eigentümer eines im förmlich festgelegten Sanierungsgebiet gelegenen Grundstücks hat zur Finanzierung der Sanierung an die Gemeinde einen Ausgleichsbetrag in Geld zu entrichten, der der durch die Sanierung bedingten Erhöhung des Bodenwerts seines Grundstücks entspricht. [2] Miteigentümer haften als Gesamtschuldner; bei Wohnungs- und Teileigentum sind die einzelnen Wohnungs- und Teileigentümer nur entsprechend ihrem Miteigentumsanteil heranzuziehen. [3] Werden im förmlich festgelegten Sanierungsgebiet Erschließungsanlagen im Sinne des § 127 Abs. 2 hergestellt, erweitert oder verbessert, sind Vorschriften über die Erhebung von Beiträgen für diese Maßnahmen auf Grundstücke im förmlich festgelegten Sanierungsgebiet nicht anzuwenden. [4] Satz 3 gilt entsprechend für die Anwendung der Vorschrift über die Erhebung von Kostenerstattungsbeträgen im Sinne des § 135 a Abs. 3.

(2) Die durch die Sanierung bedingte Erhöhung des Bodenwerts des Grundstücks besteht aus dem Unterschied zwischen dem Bodenwert, der sich für das Grundstück ergeben würde, wenn eine Sanierung weder beabsichtigt noch durchgeführt worden wäre (Anfangswert), und dem Bodenwert, der sich für das Grundstück durch die rechtliche und tatsächliche Neuordnung des förmlich festgelegten Sanierungsgebiets ergibt (Endwert).

(2 a) [1] Die Gemeinde kann durch Satzung bestimmen, dass der Ausgleichsbetrag abweichend von Absatz 1 Satz 1 ausgehend von dem Aufwand (ohne die Kosten seiner Finanzierung) für die Erweiterung oder Verbesserung von Erschließungsanlagen im Sinne des § 127 Abs. 2 Nr. 1 bis 3 (Verkehrsanlagen) in dem Sanierungsgebiet zu berechnen ist; Voraussetzung für den Erlass der Satzung sind Anhaltspunkte dafür, dass die sanierungsbedingte Erhöhung der Bodenwerte der Grundstücke in dem Sanierungsgebiet nicht wesentlich über der Hälfte dieses Aufwands liegt. [2] In der Satzung ist zu bestimmen, bis zu welcher Höhe der Aufwand der Berechnung zu Grunde zu legen ist; sie darf 50 vom Hundert nicht übersteigen. [3] Im Geltungsbereich der Satzung berechnet sich der Ausgleichsbetrag für das jeweilige Grundstück nach dem Verhältnis seiner Fläche zur Gesamtfläche; als Gesamtfläche ist die Fläche des Sanierungsgebiets ohne die Flächen für die Verkehrsanlagen zu Grunde zu legen. [4] § 128 Abs. 1 und 3 ist entsprechend anzuwenden.

(3) [1] Der Ausgleichsbetrag ist nach Abschluss der Sanierung (§§ 162 und 163) zu entrichten. [2] Die Gemeinde kann die Ablösung im Ganzen vor Abschluss der Sanierung zulassen; dabei kann zu Deckung von Kosten der Sanierungsmaßnahme auch ein höherer Betrag als der Ausgleichsbetrag vereinbart werden. [3] Die Gemeinde soll auf Antrag des Ausgleichsbetragspflichtigen den Ausgleichsbetrag vorzeitig festsetzen, wenn der Ausgleichsbetragspflichtige an der Festsetzung vor Abschluss der Sanierung ein berechtigtes Interesse hat und der Ausgleichsbetrag mit hinreichender Sicherheit ermittelt werden kann.

(4) [1] Die Gemeinde fordert den Ausgleichsbetrag durch Bescheid an; der Betrag wird einen Monat nach der Bekanntgabe des Bescheids fällig. [2] Vor der Festsetzung des Ausgleichsbetrags ist dem Ausgleichsbetragspflichtigen Gelegenheit zur Stellungnahme und Erörterung der für die Wertermittlung seines Grundstücks maßgeblichen Verhältnisse sowie der nach § 155 Abs. 1 anrechenbaren Beträge innerhalb angemessener Frist zu geben. [3] Der Ausgleichsbetrag ruht nicht als öffentliche Last auf dem Grundstück.

(5) [1] Die Gemeinde hat den Ausgleichsbetrag auf Antrag des Eigentümers in ein Tilgungsdarlehen umzuwandeln, sofern diesem nicht zugemutet werden kann, die Verpflichtung bei Fälligkeit mit eigenen oder fremden Mitteln zu erfüllen. [2] Die Darlehensschuld ist mit höchstens 6 vom Hundert jährlich zu verzinsen und mit 5 vom Hundert zuzüglich der ersparten Zinsen jährlich zu tilgen. [3] Der Tilgungssatz kann im Einzelfall bis auf 1 vom Hundert herabgesetzt werden und das Darlehen niedrig verzinslich oder zinsfrei gestellt werden, wenn dies im öffentlichen Interesse oder zur Vermeidung unbilliger Härten oder zur Vermeidung einer von dem Ausgleichsbetragspflichtigen nicht zu vertretenden Unwirtschaftlichkeit der Grundstücksnutzung geboten ist. [4] Die Gemeinde soll den zur Finanzierung der Neubebauung, Modernisierung oder Instandsetzung erforderlichen Grundpfandrechten den Vorrang vor einem zur Sicherung ihres Tilgungsdarlehens bestellten Grundpfandrecht einräumen.

(6) Die Gemeinde kann von den Eigentümern auf den nach den Absätzen 1 bis 4 zu entrichtenden Ausgleichsbetrag Vorauszahlungen verlangen, sobald auf dem Grundstück eine den Zielen und Zwecken der Sanierung entsprechende Bebauung oder sonstige Nutzung zulässig ist; die Absätze 1 bis 5 sind sinngemäß anzuwenden.

§ 155 Anrechnung auf den Ausgleichsbetrag, Absehen. (1) Auf den Ausgleichsbetrag sind anzurechnen,

[1] § 154 Abs. 1 Satz 1 geänd., Satz 2 und Abs. 2 a eingef., Abs. 1 bish. Sätze 2 und 3 werden Sätze 3 und 4 und Satz 4 geänd. mWv 1. 1. 2007 durch G v. 21. 12. 2006 (BGBl. I S. 3316).

1. die durch die Sanierung entstandenen Vorteile oder Bodenwerterhöhungen des Grundstücks, die bereits in einem anderen Verfahren, insbesondere in einem Enteignungsverfahren berücksichtigt worden sind; für Umlegungsverfahren bleibt Absatz 2 unberührt,
2. die Bodenwerterhöhungen des Grundstücks, die der Eigentümer zulässigerweise durch eigene Aufwendungen bewirkt hat; soweit der Eigentümer gemäß § 146 Abs. 3 Ordnungsmaßnahmen durchgeführt oder Gemeinbedarfs- und Folgeeinrichtungen im Sinne des § 148 Abs. 2 Satz 1 Nr. 3 errichtet oder geändert hat, sind jedoch die ihm entstandenen Kosten anzurechnen,
3. die Bodenwerterhöhungen des Grundstücks, die der Eigentümer beim Erwerb des Grundstücks als Teil des Kaufpreises in einem den Vorschriften der Nummern 1 und 2 sowie des § 154 entsprechenden Betrag zulässigerweise bereits entrichtet hat.

(2) Ein Ausgleichsbetrag entfällt, wenn eine Umlegung nach Maßgabe des § 153 Abs. 5 durchgeführt worden ist.

(3) [1] Die Gemeinde kann für das förmlich festgelegte Sanierungsgebiet oder für zu bezeichnende Teile des Sanierungsgebiets von der Festsetzung des Ausgleichsbetrags absehen, wenn

1. eine geringfügige Bodenwerterhöhung gutachtlich ermittelt worden ist und
2. der Verwaltungsaufwand für die Erhebung des Ausgleichsbetrags in keinem Verhältnis zu den möglichen Einnahmen steht.

[2] Die Entscheidung nach Satz 1 kann auch getroffen werden, bevor die Sanierung abgeschlossen ist.

(4) [1] Die Gemeinde kann im Einzelfall von der Erhebung des Ausgleichsbetrags ganz oder teilweise absehen, wenn dies im öffentlichen Interesse oder zur Vermeidung unbilliger Härten geboten ist. [2] Die Freistellung kann auch vor Abschluss der Sanierung erfolgen.

(5) Im Übrigen sind die landesrechtlichen Vorschriften über kommunale Beiträge einschließlich der Bestimmungen über die Stundung und den Erlass entsprechend anzuwenden.

(6) Sind dem Eigentümer Kosten der Ordnungsmaßnahmen oder Kosten für die Errichtung oder Änderung von Gemeinbedarfs- und Folgeeinrichtungen im Sinne des § 148 Abs. 2 Satz 1 Nr. 3 entstanden, hat die Gemeinde sie ihm zu erstatten, soweit sie über den nach § 154 und Absatz 1 ermittelten Ausgleichsbetrag hinausgehen und die Erstattung nicht vertraglich ausgeschlossen wurde.

§ 156 Überleitungsvorschriften zur förmlichen Festlegung. (1) [1] Beitragspflichten für Erschließungsanlagen im Sinne des § 127 Abs. 2, die vor der förmlichen Festlegung entstanden sind, bleiben unberührt. [2] Entsprechendes gilt für Kostenerstattungsbeträge im Sinne des § 135 a Abs. 3.

(2) Hat die Umlegungsstelle vor der förmlichen Festlegung des Sanierungsgebiets in einem Umlegungsverfahren, das sich auf Grundstücke im Gebiet bezieht, den Umlegungsplan nach § 66 Abs. 1 aufgestellt oder ist eine Vorwegentscheidung nach § 76 getroffen worden, bleibt es dabei.

(3) Hat die Enteignungsbehörde vor der förmlichen Festlegung des Sanierungsgebiets den Enteignungsbeschluss nach § 113 für ein in dem Gebiet gelegenes Grundstück erlassen oder ist eine Einigung nach § 110 beurkundet worden, sind die Vorschriften des Ersten Kapitels weiter anzuwenden.

§ 156 a Kosten und Finanzierung der Sanierungsmaßnahme.

(1) [1] Ergibt sich nach der Durchführung der städtebaulichen Sanierungsmaßnahme und der Übertragung eines Treuhandvermögens des Sanierungsträgers auf die Gemeinde bei ihr ein Überschuss der bei der Vorbereitung und Durchführung der städtebaulichen Sanierungsmaßnahme erzielten Einnahmen über die hierfür getätigten Ausgaben, so ist dieser Überschuss auf die Eigentümer der im Sanierungsgebiet gelegenen Grundstücke zu verteilen. [2] Maßgebend sind die Eigentumsverhältnisse bei der Bekanntmachung des Beschlusses über die förmliche Festlegung des Sanierungsgebiets. [3] Ist nach diesem Zeitpunkt das Eigentum gegen Entgelt übertragen worden, so steht der auf das Grundstück entfallende Anteil dem früheren Eigentümer und dem Eigentümer, der zu einem Ausgleichsbetrag nach § 154 herangezogen worden ist, je zur Hälfte zu.

(2) Die auf die einzelnen Grundstücke entfallenden Anteile des Überschusses sind nach dem Verhältnis der Anfangswerte der Grundstücke im Sinne des § 154 Abs. 2 zu bestimmen.

(3) [1] Die Gemeinde hat bei der Errechnung des Überschusses Zuschüsse abzuziehen, die ihr oder Eigentümern aus Mitteln eines anderen öffentlichen Haushalts zur Deckung von Kosten der Vorbereitung oder Durchführung der Sanierungsmaßnahme gewährt worden sind. [2] Im

Übrigen bestimmt sich das Verfahren zur Verteilung des Überschusses nach landesrechtlichen Regelungen.

Vierter Abschnitt. Sanierungsträger und andere Beauftragte

§§ 157–161 *(nicht abgedruckt)*

Fünfter Abschnitt. Abschluss der Sanierung

§§ 162–164 *(nicht abgedruckt)*

Sechster Abschnitt. Städtebauförderung

§§ 164 a–164 b *(nicht abgedruckt)*

Zweiter Teil. Städtebauliche Entwicklungsmaßnahmen

§§ 165–171 *(nicht abgedruckt)*

Dritter Teil. Stadtumbau

§§ 171 a–171 d *(nicht abgedruckt)*

Vierter Teil. Soziale Stadt

§ 171 e *(nicht abgedruckt)*

Fünfter Teil.[1] Private Initiativen

§ 171 f *(nicht abgedruckt)*

Sechster Teil.[2] Erhaltungssatzung und städtebauliche Gebote

Erster Abschnitt. Erhaltungssatzung

§ 172 Erhaltung baulicher Anlagen und der Eigenart von Gebieten (Erhaltungssatzung). (1) [1] Die Gemeinde kann in einem Bebauungsplan oder durch eine sonstige Satzung Gebiete bezeichnen, in denen

1. zur Erhaltung der städtebaulichen Eigenart des Gebiets auf Grund seiner städtebaulichen Gestalt (Absatz 3),
2. zur Erhaltung der Zusammensetzung der Wohnbevölkerung (Absatz 4) oder
3. bei städtebaulichen Umstrukturierungen (Absatz 5)

der Rückbau, die Änderung oder die Nutzungsänderung baulicher Anlagen der Genehmigung bedürfen. [2] In den Fällen des Satzes 1 Nr. 1 bedarf auch die Errichtung baulicher Anlagen der Genehmigung. [3] Auf die Satzung ist § 16 Abs. 2 entsprechend anzuwenden. [4] Die Landesregierungen werden ermächtigt, für die Grundstücke in Gebieten einer Satzung nach Satz 1 Nr. 2 durch Rechtsverordnung mit einer Geltungsdauer von höchstens fünf Jahren zu bestimmen, dass die Begründung von Wohnungseigentum oder Teileigentum (§ 1 des Wohnungseigentumsgesetzes) an Gebäuden, die ganz oder teilweise Wohnzwecken zu dienen bestimmt sind, nicht ohne Genehmigung erfolgen darf. [5] Ein solches Verbot gilt als Verbot im Sinne des § 135 des Bürgerlichen Gesetzbuchs. [6] In den Fällen des Satzes 4 ist § 22 Abs. 2 Satz 3 und 4, Abs. 6 und 8 entsprechend anzuwenden.

(2) Ist der Beschluss über die Aufstellung einer Erhaltungssatzung gefasst und ortsüblich bekannt gemacht, ist § 15 Abs. 1 auf die Durchführung eines Vorhabens im Sinne des Absatzes 1 entsprechend anzuwenden.

(3) [1] In den Fällen des Absatzes 1 Satz 1 Nr. 1 darf die Genehmigung nur versagt werden, wenn die bauliche Anlage allein oder im Zusammenhang mit anderen baulichen Anlagen das Ortsbild, die Stadtgestalt oder das Landschaftsbild prägt oder sonst von städtebaulicher, insbesondere geschichtlicher oder künstlerischer Bedeutung ist. [2] Die Genehmigung zur Errichtung der baulichen Anlage darf nur versagt werden, wenn die städtebauliche Gestalt des Gebiets durch die beabsichtigte bauliche Anlage beeinträchtigt wird.

---

[1] Zweites Kap. Fünfter Teil (§ 171 f) eingef. mWv 1. 1. 2007 durch G v. 21. 12. 2006 (BGBl. I S. 3316).
[2] Zweites Kap. bish. Fünfter Teil wird Sechster Teil mWv 1. 1. 2007 durch G v. 21. 12. 2006 (BGBl. I S. 3316).

(4) [1] In den Fällen des Absatzes 1 Satz 1 Nr. 2 und Satz 4 darf die Genehmigung nur versagt werden, wenn die Zusammensetzung der Wohnbevölkerung aus besonderen städtebaulichen Gründen erhalten werden soll. [2] Sie ist zu erteilen, wenn auch unter Berücksichtigung des Allgemeinwohls die Erhaltung der baulichen Anlage oder ein Absehen von der Begründung von Wohnungseigentum oder Teileigentum wirtschaftlich nicht mehr zumutbar ist. [3] Die Genehmigung ist ferner zu erteilen, wenn

1. die Änderung einer baulichen Anlage der Herstellung des zeitgemäßen Ausstattungszustands einer durchschnittlichen Wohnung unter Berücksichtigung der bauordnungsrechtlichen Mindestanforderungen dient,
2. das Grundstück zu einem Nachlass gehört und Wohnungseigentum oder Teileigentum zugunsten von Miterben oder Vermächtnisnehmern begründet werden soll,
3. das Wohnungseigentum oder Teileigentum zur eigenen Nutzung an Familienangehörige des Eigentümers veräußert werden soll,
4. ohne die Genehmigung Ansprüche Dritter auf Übertragung von Wohnungseigentum oder Teileigentum nicht erfüllt werden können, zu deren Sicherung vor dem Wirksamwerden des Genehmigungsvorbehalts eine Vormerkung im Grundbuch eingetragen ist,
5. das Gebäude im Zeitpunkt der Antragstellung zur Begründung von Wohnungseigentum oder Teileigentum nicht zu Wohnzwecken genutzt wird oder
6. sich der Eigentümer verpflichtet, innerhalb von sieben Jahren ab der Begründung von Wohnungseigentum Wohnungen nur an die Mieter zu veräußern; eine Frist nach § 577 a Abs. 2 Satz 1 des Bürgerlichen Gesetzbuchs verkürzt sich um sieben Jahre. Die Frist nach § 577 a Abs. 1 des Bürgerlichen Gesetzbuchs entfällt.

[4] In den Fällen des Satzes 3 Nr. 6 kann in der Genehmigung bestimmt werden, dass auch die Veräußerung von Wohnungseigentum an dem Gebäude während der Dauer der Verpflichtung der Genehmigung der Gemeinde bedarf. [5] Diese Genehmigungspflicht kann auf Ersuchen der Gemeinde in das Wohnungsgrundbuch eingetragen werden; sie erlischt nach Ablauf der Verpflichtung.

(5) [1] In den Fällen des Absatzes 1 Satz 1 Nr. 3 darf die Genehmigung nur versagt werden, um einen den sozialen Belangen Rechnung tragenden Ablauf auf der Grundlage eines Sozialplans (§ 180) zu sichern. [2] Ist ein Sozialplan nicht aufgestellt worden, hat ihn die Gemeinde in entsprechender Anwendung des § 180 aufzustellen. [3] Absatz 4 Satz 2 ist entsprechend anzuwenden.

§§ 173–174 *(nicht abgedruckt)*

Zweiter Abschnitt. Städtebauliche Gebote

§§ 175–179 *(nicht abgedruckt)*

Siebter Teil.[1] Sozialplan und Härteausgleich

§§ 180–181 *(nicht abgedruckt)*

Achter Teil.[2] Miet- und Pachtverhältnisse

§§ 182–186 *(nicht abgedruckt)*

Neunter Teil.[3] Städtebauliche Maßnahmen im Zusammenhang mit Maßnahmen zur Verbesserung der Agrarstruktur

§§ 187–190 *(nicht abgedruckt)*

§ 191 Vorschriften über den Verkehr mit land- und forstwirtschaftlichen Grundstücken. Im räumlichen Geltungsbereich eines Bebauungsplans oder einer Sanierungssatzung sind die Vorschriften über den Verkehr mit land- und forstwirtschaftlichen Grundstücken nicht anzuwenden, es sei denn, dass es sich um die Veräußerung der Wirtschaftsstelle eines land- oder forstwirtschaftlichen Betriebs oder solcher Grundstücke handelt, die im Bebauungsplan als Flächen für die Landwirtschaft oder als Wald ausgewiesen sind.

---

[1] Zweites Kap. bish. Sechster Teil wird Siebter Teil mWv 1. 1. 2007 durch G v. 21. 12. 2006 (BGBl. I S. 3316).
[2] Zweites Kap. bish. Siebter Teil wird Achter Teil mWv 1. 1. 2007 durch G v. 21. 12. 2006 (BGBl. I S. 3316).
[3] Zweites Kap. bish. Achter Teil wird Neunter Teil mWv 1. 1. 2007 durch G v. 21. 12. 2006 (BGBl. I S. 3316).

Drittes Kapitel. Sonstige Vorschriften

Erster Teil. Wertermittlung

§§ 192–194 *(nicht abgedruckt)*

§ 195 Kaufpreissammlung. (1) [1] Zur Führung der Kaufpreissammlung ist jeder Vertrag, durch den sich jemand verpflichtet, Eigentum an einem Grundstück gegen Entgelt, auch im Wege des Tausches, zu übertragen oder ein Erbbaurecht zu begründen, von der beurkundenden Stelle in Abschrift dem Gutachterausschuss zu übersenden. [2] Dies gilt auch für das Angebot und die Annahme eines Vertrags, wenn diese getrennt beurkundet werden, sowie entsprechend für die Einigung vor einer Enteignungsbehörde, den Enteignungsbeschluss, den Beschluss über die Vorwegnahme einer Entscheidung im Umlegungsverfahren, den Beschluss über die Aufstellung eines Umlegungsplans, den Beschluss über eine vereinfachte Umlegung und für den Zuschlag in einem Zwangsversteigerungsverfahren.

(2) [1] Die Kaufpreissammlung darf nur dem zuständigen Finanzamt für Zwecke der Besteuerung übermittelt werden. [2] Vorschriften, nach denen Urkunden oder Akten den Gerichten oder Staatsanwaltschaften vorzulegen sind, bleiben unberührt.

(3) Auskünfte aus der Kaufpreissammlung sind bei berechtigtem Interesse nach Maßgabe landesrechtlicher Vorschriften zu erteilen (§ 199 Abs. 2 Nr. 4).

§ 196[1)] Bodenrichtwerte. (1) [1] Auf Grund der Kaufpreissammlung sind flächendeckend durchschnittliche Lagewerte für den Boden unter Berücksichtigung des unterschiedlichen Entwicklungszustands zu ermitteln (Bodenrichtwerte). [2] In bebauten Gebieten sind Bodenrichtwerte mit dem Wert zu ermitteln, der sich ergeben würde, wenn der Boden unbebaut wäre. [3] Es sind Richtwertzonen zu bilden, die jeweils Gebiete umfassen, die nach Art und Maß der Nutzung weitgehend übereinstimmen. [4] Die wertbeeinflussenden Merkmale des Bodenrichtwertgrundstücks sind darzustellen. [5] Die Bodenrichtwerte sind jeweils zum Ende jedes zweiten Kalenderjahres zu ermitteln, wenn nicht eine häufigere Ermittlung bestimmt ist. [6] Für Zwecke der steuerlichen Bewertung des Grundbesitzes sind Bodenrichtwerte nach ergänzenden Vorgaben der Finanzverwaltung zum jeweiligen Hauptfeststellungszeitpunkt oder sonstigen Feststellungszeitpunkt zu ermitteln. [7] Auf Antrag der für den Vollzug dieses Gesetzbuchs zuständigen Behörden sind Bodenrichtwerte für einzelne Gebiete bezogen auf einen abweichenden Zeitpunkt zu ermitteln.

(2) [1] Hat sich in einem Gebiet die Qualität des Bodens durch einen Bebauungsplan oder andere Maßnahmen geändert, sind bei der nächsten Fortschreibung der Bodenrichtwerte auf der Grundlage der geänderten Qualität auch Bodenrichtwerte bezogen auf die Wertverhältnisse zum Zeitpunkt der letzten Hauptfeststellung oder dem letzten sonstigen Feststellungszeitpunkt für steuerliche Zwecke zu ermitteln. [2] Die Ermittlung kann unterbleiben, wenn das zuständige Finanzamt darauf verzichtet.

(3) [1] Die Bodenrichtwerte sind zu veröffentlichen und dem zuständigen Finanzamt mitzuteilen. [2] Jedermann kann von der Geschäftsstelle Auskunft über die Bodenrichtwerte verlangen.

§§ 197–199 *(nicht abgedruckt)*

Zweiter Teil. Allgemeine Vorschriften; Zuständigkeiten; Verwaltungsverfahren; Planerhaltung

Erster Abschnitt. Allgemeine Vorschriften

§ 200 Grundstücke; Rechte an Grundstücken; Baulandkataster.

(1) Die für Grundstücke geltenden Vorschriften dieses Gesetzbuchs sind entsprechend auch auf Grundstücksteile anzuwenden.

(2) Die für das Eigentum an Grundstücken bestehenden Vorschriften sind, soweit dieses Gesetzbuch nichts anderes vorschreibt, entsprechend auch auf grundstücksgleiche Rechte anzuwenden.

(3) [1] Die Gemeinde kann sofort oder in absehbarer Zeit bebaubare Flächen in Karten oder Listen auf der Grundlage eines Lageplans erfassen, der Flur- und Flurstücksnummern, Straßennamen und Angaben zur Grundstücksgröße enthält (Baulandkataster). [2] Sie kann die Flächen in Karten oder Listen veröffentlichen, soweit der Grundstückseigentümer nicht widersprochen hat.

---

1) § 196 Abs. 1 Satz 4 und Abs. 2 Satz 1 geänd. mWv 1. 1. 2007 durch G v. 13. 12. 2006 (BGBl. I S. 2878); Abs. 1 neu gef., Abs. 2 Satz 1 geänd. mWv 1. 7. 2009 durch G v. 24. 12. 2008 (BGBl. I S. 3018).

[3] Die Gemeinde hat ihre Absicht zur Veröffentlichung einen Monat vorher öffentlich bekannt zu geben und dabei auf das Widerspruchsrecht der Grundstückseigentümer hinzuweisen.

§ 200 a Ersatzmaßnahmen. [1] Darstellungen für Flächen zum Ausgleich und Festsetzungen für Flächen oder Maßnahmen zum Ausgleich im Sinne des § 1 a Abs. 3 umfassen auch Ersatzmaßnahmen. [2] Ein unmittelbarer räumlicher Zusammenhang zwischen Eingriff und Ausgleich ist nicht erforderlich, soweit dies mit einer geordneten städtebaulichen Entwicklung und den Zielen der Raumordnung sowie des Naturschutzes und der Landschaftspflege vereinbar ist.

§§ 201–202 *(nicht abgedruckt)*

Zweiter Abschnitt. Zuständigkeiten

§§ 203–206 *(nicht abgedruckt)*

Dritter Abschnitt. Verwaltungsverfahren

§§ 207–213 *(nicht abgedruckt)*

Vierter Abschnitt. Planerhaltung

§§ 214–216 *(nicht abgedruckt)*

Dritter Teil. Verfahren vor den Kammern (Senaten) für Baulandsachen

§§ 217–232 *(nicht abgedruckt)*

Viertes Kapitel. Überleitungs- und Schlussvorschriften

Erster Teil. Überleitungsvorschriften

§§ 233–245 c *(nicht abgedruckt)*

Zweiter Teil. Schlussvorschriften

§§ 246–247 *(nicht abgedruckt)*

402. Bayerische Bauordnung (BayBO)[1]

In der Fassung der Bekanntmachung vom 14. August 2007[2]
(GVBl S. 588)

BayRS 2132-1-I

geänd. durch § 7 G zur Änd. des Bayerischen BehindertengleichstellungsG und anderer Rechtsvorschriften v. 22. 7. 2008 (GVBl S. 479), § 1 ÄndG v. 28. 5. 2009 (GVBl S. 218), § 1 G zur Änd. der Bayerischen BauO, des BaukammernG und des DenkmalschutzG v. 27. 7. 2009 (GVBl S. 385) und § 5 G zur Änd. des Bayerischen PresseGs und anderer G v. 22. 12. 2009 (GVBl S. 630)

– Auszug –

Zweiter Teil. Das Grundstück und seine Bebauung

Art. 6[3] Abstandsflächen, Abstände. (1) [1]Vor den Außenwänden von Gebäuden sind Abstandsflächen von oberirdischen Gebäuden freizuhalten. [2]Satz 1 gilt entsprechend für andere Anlagen, von denen Wirkungen wie von Gebäuden ausgehen, gegenüber Gebäuden und Grundstücksgrenzen. [3]Eine Abstandsfläche ist nicht erforderlich vor Außenwänden, die an Grundstücksgrenzen errichtet werden, wenn nach planungsrechtlichen Vorschriften an die Grenze gebautwerden muss oder gebaut werden darf.

(2) [1]Abstandsflächen sowie Abstände nach Art. 28 Abs. 2 Nr. 1 und Art. 30 Abs. 2 müssen auf dem Grundstück selbst liegen. [2]Sie dürfen auch auf öffentlichen Verkehrs-, Grün- und Wasserflächen liegen, jedoch nur bis zu deren Mitte. [3]Abstandsflächen sowie Abstände im Sinn des Satzes 1 dürfen sich ganz oder teilweise auf andere Grundstücke erstrecken, wenn rechtlich oder tatsächlich gesichert ist, dass sie nicht überbaut werden, oder wenn der Nachbar gegenüber der Bauaufsichtsbehörde schriftlich, aber nicht in elektronischer Form, zustimmt; die Zustimmung des Nachbarn gilt auch für und gegen seinen Rechtsnachfolger. [4]Abstandsflächen dürfen auf die auf diesen Grundstücken erforderlichen Abstandsflächen nicht angerechnet werden.

(3) Die Abstandsflächen dürfen sich nicht überdecken; das gilt nicht für

1. Außenwände, die in einem Winkel von mehr als 75 Grad zueinander stehen,
2. Außenwände zu einem fremder Sicht entzogenen Gartenhof bei Wohngebäuden der Gebäudeklassen 1 und 2,
3. Gebäude und andere bauliche Anlagen, die in den Abstandsflächen zulässig sind.

(4) [1]Die Tiefe der Abstandsfläche bemisst sich nach der Wandhöhe; sie wird senkrecht zur Wand gemessen. [2]Wandhöhe ist das Maß von der Geländeoberfläche bis zum Schnittpunkt der Wand mit der Dachhaut oder bis zum oberen Abschluss der Wand. [3]Die Höhe von Dächern mit einer Neigung von mehr als 70 Grad wird voll, von Dächern mit einer Neigung von mehr als 45 Grad zu einem Drittel hinzugerechnet. [4]Die Höhe der Giebelflächen im Bereich des Dachs ist bei einer Dachneigung von mehr als 70 Grad voll, im Übrigen nur zu einem Drittel anzurechnen. [5]Die Sätze 1 bis 4 gelten für Dachaufbauten entsprechend. [6]Das sich ergebende Maß ist H.

(5) [1]Die Tiefe der Abstandsflächen beträgt 1 H, mindestens 3 m. [2]In Kerngebieten genügt eine Tiefe von 0,50 H, mindestens 3 m, in Gewerbe- und Industriegebieten eine Tiefe von 0,25 H, mindestens 3 m. [3]Werden von einer städtebaulichen Satzung oder einer Satzung nach Art. 81 Außenwände zugelassen oder vorgeschrieben, vor denen Abstandsflächen größerer oder geringerer Tiefe als nach den Sätzen 1 und 2 liegen müssten, finden die Sätze 1 und 2 keine Anwendung, es sei denn, die Satzung ordnet die Geltung dieser Vorschriften an; die ausreichende Belichtung und Belüftung dürfen nicht beeinträchtigt, die Flächen für notwendige Nebenanlagen nicht eingeschränkt werden. [4]Satz 3 gilt entsprechend, wenn sich einheitlich abweichende Abstandsflächentiefen aus der umgebenden Bebauung im Sinn des § 34 Abs. 1 Satz 1 BauGB[4] ergeben.

(6) [1]Vor zwei Außenwänden von nicht mehr als 16 m Länge genügt als Tiefe der Abstandsflächen die Hälfte der nach Abs. 5 erforderlichen Tiefe, mindestens jedoch 3 m; das gilt nicht in

[1] Überschrift geänd. (Fußnote aufgeh.) mWv 1. 8. 2009 durch G v. 27. 7. 2009 (GVBl S. 385).
[2] Neubekanntmachung der Bayerischen BauO v. 1. 8. 1962 (GVBl S. 179) in der ab 1. 1. 2008 geltenden Fassung.
[3] Art. 6 Abs. 5 Satz 4 angef., Abs. 8 Nr. 2 einl. Satzteil geänd., Buchst. a neu gef., Nr. 3 angef., Abs. 9 Satz 1 Nr. 1 geänd. mWv 1. 8. 2009 durch G v. 27. 7. 2009 (GVBl S. 385).
[4] Nr. **400**.

Kern-, Gewerbe- und Industriegebieten. [2] Wird ein Gebäude mit einer Außenwand an eine Grundstücksgrenze gebaut, gilt Satz 1 nur noch für eine Außenwand; wird ein Gebäude mit zwei Außenwänden an Grundstücksgrenzen gebaut, so ist Satz 1 nicht anzuwenden; Grundstücksgrenzen zu öffentlichen Verkehrsflächen, öffentlichen Grünflächen und öffentlichen Wasserflächen bleiben hierbei unberücksichtigt. [3] Aneinandergebaute Gebäude sind wie ein Gebäude zu behandeln.

(7) Die Gemeinde kann durch Satzung, die auch nach Art. 81 Abs. 2 erlassen werden kann, abweichend von Abs. 4 Sätze 3 und 4, Abs. 5 Sätze 1 und 2 sowie Abs. 6 für ihr Gemeindegebiet oder Teile ihres Gemeindegebiets vorsehen, dass

1. nur die Höhe von Dächern mit einer Neigung von weniger als 70 Grad zu einem Drittel, bei einer größeren Neigung der Wandhöhe voll hinzugerechnet wird und
2. die Tiefe der Abstandsfläche 0,4 H, mindestens 3 m, in Gewerbe- und Industriegebieten 0,2 H, mindestens 3 m, beträgt.

(8) Bei der Bemessung der Abstandsflächen bleiben außer Betracht

1. vor die Außenwand vortretende Bauteile wie Gesimse und Dachüberstände,
2. untergeordnete Vorbauten wie Balkone und eingeschossige Erker, wenn sie
   a) insgesamt nicht mehr als ein Drittel der Breite der Außenwand des jeweiligen Gebäudes, höchstens jedoch insgesamt 5 m, in Anspruch nehmen,
   b) nicht mehr als 1,50 m vor diese Außenwand vortreten und
   c) mindestens 2 m von der gegenüberliegenden Nachbargrenze entfernt bleiben,
3. untergeordnete Dachgauben, wenn
   a) sie insgesamt nicht mehr als ein Drittel der Breite der Außenwand des jeweiligen Gebäudes, höchstens jedoch insgesamt 5 m, in Anspruch nehmen und
   b) ihre Ansichtsfläche jeweils nicht mehr als 4 m² beträgt und eine Höhe von nicht mehr als 2,5 m aufweist.

(9) [1] In den Abstandsflächen eines Gebäudes sowie ohne eigene Abstandsflächen sind, auch wenn sie nicht an die Grundstücksgrenze oder an das Gebäude angebaut werden, zulässig

1. Garagen einschließlich deren Nebenräume, überdachte Tiefgaragenzufahrten, Aufzüge zu Tiefgaragen und Gebäude ohne Aufenthaltsräume und Feuerstätten mit einer mittleren Wandhöhe bis zu 3 m und einer Gesamtlänge je Grundstücksgrenze von 9 m, bei einer Länge der Grundstücksgrenze von mehr als 42 m darüber hinaus freistehende Gebäude ohne Aufenthaltsräume und Feuerstätten mit einer mittleren Wandhöhe bis zu 3 m, nicht mehr als 50 m³ Brutto-Rauminhalt und einer Gesamtlänge je Grundstücksgrenze von 5 m; abweichend von Abs. 4 bleibt bei einer Dachneigung bis zu 70 Grad die Höhe von Dächern und Giebelflächen unberücksichtigt,
2. gebäudeunabhängige Solaranlagen mit einer Höhe bis zu 3 m und einer Gesamtlänge je Grundstücksgrenze von 9 m,
3. Stützmauern und geschlossene Einfriedungen in Gewerbe- und Industriegebieten, außerhalb dieser Baugebiete mit einer Höhe bis zu 2 m.

[2] Die Länge der die Abstandsflächentiefe gegenüber den Grundstücksgrenzen nicht einhaltenden Bebauung nach den Nrn. 1 und 2 darf auf einem Grundstück insgesamt 15 m nicht überschreiten.

403. Landesbauordnung Rheinland-Pfalz (LBauO)

Vom 24. November 1998[1)]

(GVBl. S. 365)

BS Rh–PF 213–1

geänd. durch Art. 95 LandesG zur Reform und Neuorganisation der Landesverwaltung v. 12. 10. 1999 (GVBl. S. 325), Art. 5 Zweites LandesG zur Änderung verwaltungsvollstreckungsrechtlicher Vorschriften v. 9. 11. 1999 (GVBl. S. 407), Art. 27 Euro–Anpassungsgesetz Rheinland-Pfalz v. 6. 2. 2001 (GVBl. S. 29), § 3 G zur Neurorganisation der Straßen- und Verkehsverwaltung Rheinland-Pfalz v. 18. 12. 2001 (GVBl. S. 303), Art. 28 LandesG zur Herstellung gleichwertiger Lebensbedingungen für Menschen mit Behinderung v. 16. 12. 2002 (GVBl. S. 481), Art. 24 LandesG zur Förderung der elektronischen Kommunikation im Verwaltungsverfahren v. 21. 7. 2003 (GVBl. S. 155), Art. 1 ÄndG v. 22. 12. 2003 (GVBl. S. 396), Art. 1 G zur Änd. der LBauO und des RPIngKammG v. 12. 5. 2005 (GVBl. S. 154), § 58 LandesnaturschutzG v. 28. 9. 2005 (GVBl. S. 387), Art. 1 2. LandesbauO-ÄndG v. 4. 7. 2007 (GVBl. S. 105), Art. 2 Zweites G zur Änd. des Denkmalschutz- und -pflegeG v. 26. 11. 2008 (GVBl. S. 301), Art. 3 LandesG zur Anpassung von LandesGn an die Umbenennung des Landesbetriebes Straßen und Verkehr in Landesbetrieb Mobilität v. 22. 12. 2008 (GVBl. S. 317), Art. 3 LandesG zur Vereinfachung und Beschleunigung von Verwaltungsverfahren des Bau- und Wirtschaftsrechts v. 26. 5. 2009 (GVBl. S. 201) und Art. 8 Zweites LandesG zur Umsetzung der RL 2006/123/EG des Europäischen Parlaments und des Rates vom 12. Dezember 2006 über Dienstleistungen im Binnenmarkt v. 27. 10. 2009 (GVBl. S. 358)

– Auszug –

Der Landtag Rheinland-Pfalz hat das folgende Gesetz beschlossen:

Erster Teil – Fünfter Teil. *(nicht abgedruckt)*

403

Sechster Teil. Verfahren

§ 66[2)] Vereinfachtes Genehmigungsverfahren. (1) [1] Bei folgenden Vorhaben wird, soweit sie nicht nach § 62 oder § 67 genehmigungsfrei sind, ein vereinfachtes Genehmigungsverfahren durchgefuhrt:

1. Wohngebäude der Gebäudeklassen 1 bis 3 einschließlich ihrer Nebengebäude und Nebenanlagen,
2. landwirtschaftliche Betriebsgebäude mit nicht mehr als zwei Geschossen über der Geländeoberfläche einschließlich ihrer Nebenanlagen,
3. Gewächshäuser bis zu 5 m Firsthöhe,
4. nicht gewerblich genutzte Gebäude bis zu 300 m³ umbauten Raums,
5. oberirdische Garagen bis zu 100 m² Nutzfläche,
6. Behelfsbauten und untergeordnete Gebäude (§ 49),
7. nicht gewerblich genutzte Lager-, Abstell-, Aufstell- und Ausstellungsplätze,
8. Stellplätze, Sport- und Spielplätze,
9. Werbeanlagen und Warenautomaten.

[2] Spätestens bei Baubeginn müssen der Bauaufsichtsbehörde die Nachweise der Standsicherheit und, soweit erforderlich, des Wärme- und Schallschutzes vorliegen.

(2) [1] *Wird der Standsicherheitsnachweis im Auftrag der Bauherrin oder des Bauherrn von einer Prüfingenieurin oder einem Prüfingenieur für Baustatik geprüft und bescheinigt eine sachverständige Person nach § 65 Abs. 4, dass der Brandschutz gewährleistet ist, wird bei folgenden Vorhaben einschließlich ihrer Nebengebäude und Nebenanlagen ebenfalls ein vereinfachtes Genehmigungsverfahren durchgeführt:*[3)]

[1)] **Amtl. Anm.:** Die Verpflichtungen aus der Richtlinie 98/34/EG des Europäischen Parlaments und des Rates vom 22. Juni 1998 über ein Informationsverfahren auf dem Gebiet der Normen und technischen Vorschriften (ABl. EG Nr. L 204 S. 37) sind beachtet worden.

[2)] § 66 Abs. 1 Satz 1 Nr. 2, Abs. 3 Satz 2 und Abs. 5 Satz 1 geänd. mWv 25. 5. 2005 durch G v. 12. 5. 2005 (GVBl. S. 154); Abs. 5 und 6 neu gef. mWv 28. 12. 2009 durch G v. 27. 10. 2009 (GVBl. S. 358).

[3)] Gem. Art. 3 Satz 2 G v. 12. 5. 2005 (GVBl. S. 154) lautet § 66 Abs. 2 einleitender Satzteil mWv ersten Tag des auf die Verkündung der LandesVO über Prüfsachverständige für Standsicherheit folgenden zweiten Kalendermonats wie folgt: „Werden Bescheinigungen sachverständiger Personen nach § 65 Abs. 4 über die Gewährleistung der Standsicherheit und des Brandschutzes vorgelegt, wird bei folgenden Vorhaben einschließlich ihrer Nebengebäude und Nebenanlagen ebenfalls ein vereinfachtes Genehmigungsverfahren durchgeführt:"

1. Wohngebäude der Gebäudeklasse 4 mit Ausnahme von Hochhäusern,
2. Gebäude der Gebäudeklassen 3 und 4, die ausschließlich oder neben der Wohnnutzung überwiegend freiberuflich im Sinne des § 13 der Baunutzungsverordnung (BauNVO) in der Fassung der Bekanntmachung vom 23. Januar 1990 (BGBl. I S. 132) in der jeweils geltenden Fassung genutzt werden, mit Ausnahme von Hochhäusern,
3. Gebäude der Gebäudeklassen 3 und 4, die einer Büro- oder Verwaltungsnutzung dienen einschließlich der Wohnungen nach § 8 Abs. 3 Nr. 1 BauNVO, mit Ausnahme von Hochhäusern,
4. Gebäude, die ausschließlich als Garage genutzt werden, mit über 100 m² bis 1 000 m² Nutzfläche (Mittelgaragen),
5. Werkstatt- und Lagergebäude der Gebäudeklasse 3 mit nicht mehr als 3 000 m² Nutzfläche und einer mittleren Höhe der Außenwände von nicht mehr als 7 m einschließlich der Wohnungen nach § 8 Abs. 3 Nr. 1 BauNVO.

[2] *Spätestens bei Baubeginn müssen der Bauaufsichtsbehörde der geprüfte Standsicherheitsnachweis sowie die Bescheinigung der sachverständigen Person nach § 65 Abs. 4, dass der Brandschutz gewährleistet ist, und, soweit erforderlich, die Nachweise des Wärme- und Schallschutzes vorliegen.*[1)]

(3) [1] Im vereinfachten Genehmigungsverfahren beschränkt sich die Prüfung auf die Zulässigkeit des Vorhabens nach den Bestimmungen des Baugesetzbuchs[2)] (BauGB) und der sonstigen öffentlich-rechtlichen Vorschriften. [2] Die Prüfung auf Übereinstimmung mit den Bestimmungen der Arbeitsstättenverordnung vom 12. August 2004 (BGBl. I S. 2179) in der jeweils geltenden Fassung ist nur bei Vorhaben nach Absatz 2 Satz 1 Nr. 5 erforderlich. [3] Aus der Stellungnahme der Gemeindeverwaltung nach § 63 Abs. 4 muss hervorgehen, dass die Erschließung (§ 6) und die Erfüllung der Stellplatzverpflichtung (§ 47) gesichert sind.

(4) [1] Die Vollständigkeit des Bauantrags ist unter Angabe des Datums ihrer Feststellung schriftlich zu bestätigen. [2] Bei Vorhaben nach Absatz 1 Satz 1 ist über den Bauantrag innerhalb einer Frist von einem Monat, bei Vorhaben nach Absatz 2 Satz 1 innerhalb einer Frist von drei Monaten nach Feststellung der Vollständigkeit zu entscheiden; ist das Einvernehmen der Gemeinde nach § 14 Abs. 2 Satz 2 oder § 36 Abs. 1 Satz 1 BauGB erforderlich, beginnt diese Frist mit Eingang der Mitteilung über die Entscheidung der Gemeinde oder, sofern das Einvernehmen der Gemeinde durch Fristablauf nach § 36 Abs. 2 Satz 2 BauGB als erteilt gilt, mit dem Zeitpunkt, bis zu dem die Mitteilung über die Verweigerung des Einvernehmens der Gemeinde bei der Bauaufsichtsbehörde hätte eingehen müssen. [3] Die Bauaufsichtsbehörde kann die Frist aus wichtigem Grund um bis zu zwei Monate verlängern. [4] Als wichtiger Grund gelten insbesondere die notwendige Beteiligung anderer Behörden sowie Entscheidungen über Abweichungen. [5] Die Baugenehmigung gilt als erteilt, wenn über den Bauantrag nicht innerhalb der nach den Sätzen 2 und 3 maßgeblichen Frist entschieden worden ist. [6] Auf Verlangen der Bauherrin oder des Bauherrn hat die Bauaufsichtsbehörde die Baugenehmigung nach Satz 5 schriftlich zu bestätigen. [7] Die Sätze 1 bis 6 gelten nicht für Vorhaben im Außenbereich nach § 35 BauGB.

(5) [1] Standsicherheitsnachweise für Vorhaben nach Absatz 1 Satz 1, ausgenommen Wohngebäude der Gebäudeklasse 3, müssen von Personen aufgestellt sein, die in einer von der Ingenieurkammer zu führenden Liste eingetragen sind. [2] In die Liste sind auf Antrag Personen mit einem berufsqualifizierenden Hochschulabschluss eines Studiums der Fachrichtung Architektur oder Bauingenieurwesen einzutragen, die mindestens drei Jahre regelmäßig Standsicherheitsnachweise aufgestellt oder geprüft haben. [3] Die Eintragung in eine vergleichbare Liste eines anderen Landes der Bundesrepublik Deutschland gilt auch in Rheinland-Pfalz. [4] Für Personen, die in einem anderen Mitgliedstaat der Europäischen Union oder einem nach dem Recht der Europäischen Gemeinschaften gleichgestellten Staat niedergelassen und dort zur Aufstellung von Standsicherheitsnachweisen berechtigt sind, gilt § 64 Abs. 3 bis 5 entsprechend.

(6) [1] Standsicherheitsnachweise für Wohngebäude der Gebäudeklasse 3 müssen von Prüfsachverständigen für Standsicherheit im Sinne der Rechtsverordnung nach § 87 Abs. 5 aufgestellt oder geprüft sein. [2] Dies gilt nicht, wenn die Standsicherheitsnachweise von Personen aufgestellt sind, die vor dem 28. Dezember 2009 in der Liste nach Absatz 5 Satz 1 eingetragen sind.

(7) Personen, die vor dem 1. Juli 1987 auf Grund des § 96 Abs. 3 der Landesbauordnung für Rheinland-Pfalz vom 27. Februar 1974 (GVBl. S. 53) einen Bescheid darüber erhalten haben, dass sie ausreichende Sachkunde und Erfahrung für die Aufstellung von Standsicherheitsnach-

---

[1)] Gem. Art. 3 Satz 2 G v. 12. 5. 2005 (GVBl. S. 154) lautet § 66 Abs. 2 Satz 2 mWv ersten Tag des auf die Verkündung der LandesVO über Prüfsachverständige für Standsicherheit folgenden zweiten Kalendermonats wie folgt: „Spätestens bei Baubeginn müssen der Bauaufsichtsbehörde die Bescheinigungen der sachverständigen Personen nach § 65 Abs. 4 über die Gewährleistung der Standsicherheit und des Brandschutzes und, soweit erforderlich, die Nachweise des Wärme- und Schallschutzes vorliegen."

[2)] Nr. **400**.

weisen für statisch einfache Konstruktionen besitzen, können solche Standsicherheitsnachweise für Einfamilienhäuser und deren zugehörige Nebengebäude auch weiterhin aufstellen, ohne dass die Nachweise einer Prüfung bedürfen.

§ 67[1] Freistellungsverfahren. (1) [1] Vorhaben nach § 66 Abs. 1 Satz 1 Nr. 1 im Geltungsbereich eines Bebauungsplans im Sinne des § 12 oder des § 30 Abs. 1 BauGB bedürfen einschließlich ihrer Nebengebäude und Nebenanlagen keiner Baugenehmigung, wenn

1. sie den Festsetzungen des Bebauungsplans entsprechen und
2. die Erschließung gesichert ist.

[2] Dies gilt nicht, wenn die Gemeinde erklärt, dass ein Genehmigungsverfahren durchgerührt werden soll.

(2) [1] Mit dem Vorhaben darf einen Monat nach Vorlage der erforderlichen Bauunterlagen bei der Gemeindeverwaltung begonnen werden; teilt die Gemeinde der Bauherrin oder dem Bauherrn vor Ablauf der Frist schriftlich mit, dass kein Genehmigungsverfahren durchgeführt werden soll, darf die Bauherrin oder der Bauherr bereits vor Ablauf der Monatsfrist mit dem Vorhaben beginnen. [2] Nach Ablauf der Monatsfrist ist die Abgabe der Erklärung nach Absatz 1 Satz 2 ausgeschlossen. [3] Die Gemeindeverwaltung leitet eine Ausfertigung der Bauunterlagen an die Bauaufsichtsbehörde weiter, soweit sie nicht selbst die Aufgaben der Bauaufsicht wahrnimmt.

(3) [1] Die Gemeinde kann die Erklärung nach Absatz 1 Satz 2 abgeben, wenn sie beabsichtigt, eine Veränderungssperre nach § 14 BauGB zu beschließen oder eine Zurückstellung nach § 15 BauGB zu beantragen, oder wenn sie der Auffassung ist, dass dem Vorhaben öffentlich-rechtliche Vorschriften entgegenstehen. [2] Erklärt die Gemeinde, dass ein Genehmigungsverfahren durchgeführt werden soll, hat sie der Bauherrin oder dem Bauherrn die vorgelegten Unterlagen zurückzureichen, es sei denn, die Bauherrin oder der Bauherr hat in der Vorlage zum Ausdruck gebracht, dass diese im Falle der Erklärung der Gemeinde nach Absatz 1 Satz 2 als Bauantrag zu behandeln ist.

(4) § 62 Abs. 3, § 63 Abs. 1 bis 3, § 66 Abs. 1 Satz 2 und Abs. 5 und 6 sowie § 77 Abs. 2 und 3 gelten entsprechend.

(5) [1] Liegen in den Fällen des § 66 Abs. 2 Satz 1 die Voraussetzungen des Absatzes 1 Satz 1 vor, ist auf Verlangen der Bauherrin oder des Bauherrn ein Verfahren nach den Absätzen 1 bis 3 durchzuführen. [2] § 62 Abs. 3, § 63 Abs. 1 bis 3, § 66 Abs. 2 Satz 2 sowie § 77 Abs. 2 und 3 gelten entsprechend. [3] Bei Vorhaben nach § 66 Abs. 2 Satz 1 Nr. 5 ist der Bauaufsichtsbehörde spätestens bei Baubeginn eine Bescheinigung der Struktur- und Genehmigungsdirektion über die Vereinbarkeit des Vorhabens mit den Anforderungen der Arbeitsstättenverordnung und des Immissionsschutzrechts vorzulegen; ist die Überwachung der Einhaltung der Bestimmungen der Arbeitsstättenverordnung auf Grund des § 21 Abs. 4 des Arbeitsschutzgesetzes vom 7. August 1996 (BGBl. I S. 1246) in der jeweils geltenden Fassung auf einen Träger der gesetzlichen Unfallversicherung übertragen, ist insoweit eine Bescheinigung dieses Trägers der gesetzlichen Unfallversicherung vorzulegen.

§ 86[2] Baulasten. (1) [1] Die Person, die das Eigentum an dem Grundstück innehat, kann durch Erklärung gegenüber der Bauaufsichtsbehörde Öffentlich-rechtliche Verpflichtungen zu einem ihr Grundstück betreffenden Tun, Dulden oder Unterlassen übernehmen, die sich nicht schon aus öffentlich-rechtlichen Vorschriften ergeben (Baulast). [2] Baulasten werden unbeschadet der Rechte Dritter mit der Eintragung in das Baulastenverzeichnis wirksam und wirken auch gegenüber den Rechtsnachfolgenden.

(2) [1] Die Erklärung nach Absatz 1 bedarf der Schriftform. [2] Eine Erklärung in elektronischer Form ist ausgeschlossen. [3] Die Unterschrift muss öffentlich beglaubigt oder vor der Bauaufsichtsbehörde geleistet oder vor ihr anerkannt werden.

(3) [1] Das Baulastenverzeichnis wird von der Bauaufsichtsbehörde geführt. [2] In das Baulastenverzeichnis können auch Auflagen, Bedingungen, Befristungen und Widerrufsvorbehalte eingetragen werden. [3] Eintragungen in das Baulastenverzeichnis sind dem zuständigen Katasteramt zum Zweck der Aufnahme eines Hinweises in das Liegenschaftskataster mitzuteilen.

(4) [1] Die Baulast geht durch schriftlichen Verzicht der Bauaufsichtsbehörde unter. [2] Der Verzicht ist zu erklären, wenn ein öffentliches Interesse an der Baulast nicht mehr besteht. [3] Vor dem Verzicht sollen die durch die Baulast verpflichteten und begünstigten Personen gehört

---

[1] § 67 Abs. 5 Satz 3 Halbsatz 1 geänd. durch G v. 12. 10. 1999 (GVBl. S. 325); Abs. 4 geänd. mWv 28. 12. 2009 durch G v. 27. 10. 2009 (GVBl. S. 358).

[2] § 86 Abs. 2 Satz 2 eingef., bish. Satz 2 wird Satz 3 mWv 1. 8. 2003 durch G v. 21. 7. 2003 (GVBl. S. 155).

werden. [4] Der Verzicht wird mit der Eintragung in das Baulastenverzeichnis wirksam; von der Eintragung sollen die verpflichteten und begünstigten Personen benachrichtigt werden.

(5) Wer ein berechtigtes Interesse darlegt, kann in das Baulastenverzeichnis Einsicht nehmen und sich Abschriften erteilen lassen.

Siebter Teil. Ermächtigungen, Ordnungswidrigkeiten, Übergangs- und Schlussbestimmungen

(nicht abgedruckt)

405. Denkmalschutzgesetz (Denkmalschutzgesetz) [RhPf]

Vom 23. März 1978
(GVBl. S. 159)
BS Rh-Pf 224-2

zuletzt geänd. durch Art. 35 LandesG zur Einbeziehung der Lebenspartnerschaften in Rechtsvorschriften des Landes v. 15. 9. 2009 (GVBl. S. 333)

– Auszug –

§ 32[1] Vorkaufsrecht. (1) [1] Wird ein Grundstück, auf dem sich ein unbewegliches Kulturdenkmal (§ 4 Abs. 1) befindet, verkauft, steht der Gemeinde, bei überörtlicher Bedeutung auch dem Lande, ein Vorkaufsrecht zu. [2] Das Vorkaufsrecht des Landes geht dem Vorkaufsrecht der Gemeinde im Range vor. [3] Das für Denkmalpflege zuständige Ministerium übt das Vorkaufsrecht zugunsten des Landes aus. [4] Das Vorkaufsrecht darf nur ausgeübt werden, wenn das Wohl der Allgemeinheit dies rechtfertigt, insbesondere wenn dadurch die Erhaltung eines unbeweglichen Kulturdenkmals ermöglicht werden soll. [5] Das Vorkaufsrecht ist ausgeschlossen, wenn der Eigentümer das Grundstück an seinen Ehegatten oder Lebenspartner oder an eine Person verkauft, die mit ihm in gerader Linie verwandt oder verschwägert oder in der Seitenlinie bis zum dritten Grad verwandt ist.

(2) [1] Die untere Denkmalschutzbehörde leitet eine Anzeige nach § 12 Abs. 2 Satz 1, die ein Grundstück betrifft, auf dem sich ein unbewegliches Kulturdenkmal befindet, unverzüglich an die Gemeinde weiter. [2] Teilt der Eigentümer der Gemeinde nach Abschluß des Kaufvertrages dessen Inhalt schriftlich mit, so kann die Gemeinde nur binnen zwei Monaten das Vorkaufsrecht ausüben. [3]. Unterläßt der Eigentümer diese Mitteilung, so kann die Gemeinde ihn bis zum Ablauf eines Monats nach Eingang der Anzeige nach Satz 1 hierzu auffordern; der Eigentümer ist verpflichtet, dieser Aufforderung unverzüglich Folge zu leisten. [4] Nach Eingang der Mitteilung gilt die gleiche Zweimonatsfrist wie in Satz 2. [5] Unterläßt die Gemeinde die fristgerechte Aufforderung, so erlischt ihr Vorkaufsrecht für diesen Verkaufsfall. [6] Die §§ 463 und 464 Abs. 2, die §§ 465 bis 468, 471 und 1098 Abs. 2 und die §§ 1099 bis 1102 des Bürgerlichen Gesetzbuches sind anzuwenden. [7] Das Vorkaufsrecht ist nicht übertragbar. Die Sätze 1 bis 7 gelten für das Vorkaufsrecht des Landes entsprechend.

[1] § 32 Abs. 1 Sätze 1 u. 4, Abs. 2 Satz 1 geänd., Satz 6 neu gef. mWv 10. 12. 2008 durch G v. 26. 11. 2008 (GVBl. S. 301); Abs. 1 Satz 5 geänd. mWv 23. 9. 2009 durch G. v. 15. 9. 2009 (GVBl. S. 333).

407

407. Gesetz zum Schutz vor schädlichen Bodenveränderungen und zur Sanierung von Altlasten (Bundes-Bodenschutzgesetz – BBodSchG)[1)]

Vom 17. März 1998
(BGBl. I S. 502)

FNA 2129-32

geänd. durch Art. 17 Siebtes Euro-EinführungsG v. 9. 9. 2001 (BGBl. I S. 2331) und Art. 3 G zur Anp. von Verjährungsvorschriften an das SchuldrechtsmodernisierungsG v. 9. 12. 2004 (BGBl. I S. 3214)

– Auszug –

Erster Teil. Allgemeine Vorschriften

§ 1 *(nicht abgedruckt)*

§ 2 Begriffsbestimmungen. (1) Boden im Sinne dieses Gesetzes ist die obere Schicht der Erdkruste, soweit sie Träger der in Absatz 2 genannten Bodenfunktionen ist, einschließlich der flüssigen Bestandteile (Bodenlösung) und der gasförmigen Bestandteile (Bodenluft), ohne Grundwasser und Gewässerbetten.

(2) *(nicht abgedruckt)*

(3) Schädliche Bodenveränderungen im Sinne dieses Gesetzes sind Beeinträchtigungen der Bodenfunktionen, die geeignet sind, Gefahren, erhebliche Nachteile oder erhebliche Belästigungen für den einzelnen oder die Allgemeinheit herbeizuführen.

(4) Verdachtsflächen im Sinne dieses Gesetzes sind Grundstücke, bei denen der Verdacht schädlicher Bodenveränderungen besteht.

(5) Altlasten im Sinne dieses Gesetzes sind

1. stillgelegte Abfallbeseitigungsanlagen sowie sonstige Grundstücke, auf denen Abfälle behandelt, gelagert oder abgelagert worden sind (Altablagerungen), und
2. Grundstücke stillgelegter Anlagen und sonstige Grundstücke, auf denen mit umweltgefährdenden Stoffen umgegangen worden ist, ausgenommen Anlagen, deren Stillegung einer Genehmigung nach dem Atomgesetz bedarf (Altstandorte),

durch die schädliche Bodenveränderungen oder sonstige Gefahren für den einzelnen oder die Allgemeinheit hervorgerufen werden.

(6) Altlastverdächtige Flächen im Sinne dieses Gesetzes sind Altablagerungen und Altstandorte, bei denen der Verdacht schädlicher Bodenveränderungen oder sonstiger Gefahren für den einzelnen oder die Allgemeinheit besteht.

(7) Sanierung im Sinne dieses Gesetzes sind Maßnahmen

1. zur Beseitigung oder Verminderung der Schadstoffe (Dekontaminationsmaßnahmen),
2. die eine Ausbreitung der Schadstoffe langfristig verhindern oder vermindern, ohne die Schadstoffe zu beseitigen (Sicherungsmaßnahmen),
3. zur Beseitigung oder Verminderung schädlicher Veränderungen der physikalischen, chemischen oder biologischen Beschaffenheit des Bodens.

(8) *(nicht abgedruckt)*

Zweiter Teil. Grundsätze und Pflichten

§ 4 Pflichten zur Gefahrenabwehr. (1) – (2) *(nicht abgedruckt)*

(3) [1] Der Verursacher einer schädlichen Bodenveränderung oder Altlast sowie dessen Gesamtrechtsnachfolger, der Grundstückseigentümer und der Inhaber der tatsächlichen Gewalt über ein Grundstück sind verpflichtet, den Boden und Altlasten sowie durch schädliche Bodenveränderungen oder Altlasten verursachte Verunreinigungen von Gewässern so zu sanieren, daß

[1)] Verkündet als Art. 1 BodenschutzG v. 17. 3. 1998 (BGBl. I S. 502); Inkrafttreten gem. Art. 4 Satz 2 dieses G am 1. 3. 1999 mit Ausnahme von § 20, der gem. Art. 4 Satz 1 dieses G am 25. 3. 1998 in Kraft getreten ist.

dauerhaft keine Gefahren, erheblichen Nachteile oder erheblichen Belästigungen für den einzelnen oder die Allgemeinheit entstehen. [2] Hierzu kommen bei Belastungen durch Schadstoffe neben Dekontaminations- auch Sicherungsmaßnahmen in Betracht, die eine Ausbreitung der Schadstoffe langfristig verhindern. [3] Soweit dies nicht möglich oder unzumutbar ist, sind sonstige Schutz- und Beschränkungsmaßnahmen durchzuführen. [4] Zur Sanierung ist auch verpflichtet, wer aus handelsrechtlichem oder gesellschaftsrechtlichem Rechtsgrund für eine juristische Person einzustehen hat, der ein Grundstück, das mit einer schädlichen Bodenveränderung oder einer Altlast belastet ist, gehört, und wer das Eigentum an einem solchen Grundstück aufgibt.

(3) – (5) *(nicht abgedruckt)*

(6) [1] Der frühere Eigentümer eines Grundstücks ist zur Sanierung verpflichtet, wenn er sein Eigentum nach dem 1. März 1999 übertragen hat und die schädliche Bodenveränderung oder Altlast hierbei kannte oder kennen mußte. [2] Dies gilt für denjenigen nicht, der beim Erwerb des Grundstücks darauf vertraut hat, daß schädliche Bodenveränderungen oder Altlasten nicht vorhanden sind, und sein Vertrauen unter Berücksichtigung der Umstände des Einzelfalles schutzwürdig ist.

Fünfter Teil. Schlußvorschriften

§ 24[1)] Kosten. (1) *(nicht abgedruckt)*

(2) [1] Mehrere Verpflichtete haben unabhängig von ihrer Heranziehung untereinander einen Ausgleichsanspruch. [2] Soweit nichts anderes vereinbart wird, hängt die Verpflichtung zum Ausgleich sowie der Umfang des zu leistenden Ausgleichs davon ab, inwieweit die Gefahr oder der Schaden vorwiegend von dem einen oder dem anderen Teil verursacht worden ist; § 426 Abs. 1 Satz 2 des Bürgerlichen Gesetzbuches findet entsprechende Anwendung. [3] Der Ausgleichsanspruch verjährt in drei Jahren; die §§ 438, 548 und 606 des Bürgerlichen Gesetzbuchs sind nicht anzuwenden. [4] Die Verjährung beginnt nach der Beitreibung der Kosten, wenn eine Behörde Maßnahmen selbst ausführt, im übrigen nach der Beendigung der Maßnahmen durch den Verpflichteten zu dem Zeitpunkt, zu dem der Verpflichtete von der Person des Ersatzpflichtigen Kenntnis erlangt. [5] Der Ausgleichsanspruch verjährt ohne Rücksicht auf diese Kenntnis dreißig Jahre nach der Beendigung der Maßnahmen. [6] Für Streitigkeiten steht der Rechtsweg vor den ordentlichen Gerichten offen.

§ 25 Wertausgleich. (1) [1] Soweit durch den Einsatz öffentlicher Mittel bei Maßnahmen zur Erfüllung der Pflichten nach § 4 der Verkehrswert eines Grundstücks nicht nur unwesentlich erhöht wird und der Eigentümer die Kosten hierfür nicht oder nicht vollständig getragen hat, hat er einen von der zuständigen Behörde festzusetzenden Wertausgleich in Höhe der maßnahmenbedingten Wertsteigerung an den öffentlichen Kostenträger zu leisten. [2] Die Höhe des Ausgleichsbetrages wird durch die Höhe der eingesetzten öffentlichen Mittel begrenzt. [3] Die Pflicht zum Wertausgleich entsteht nicht, soweit hinsichtlich der auf einem Grundstück vorhandenen schädlichen Bodenveränderungen oder Altlasten eine Freistellung von der Verantwortung oder der Kostentragungspflicht nach Artikel 1 § 4 Abs. 3 Satz 1 des Umweltrahmengesetzes vom 29. Juni 1990 (*GBl.*[2)] I Nr. 42 S. 649), zuletzt geändert durch Artikel 12 des Gesetzes vom 22. März 1991 (BGBl. I S. 766), in der jeweils geltenden Fassung erfolgt ist. [4] Soweit Maßnahmen im Sinne des Satzes 1 in förmlich festgelegten Sanierungsgebieten oder Entwicklungsbereichen als Ordnungsmaßnahmen von der Gemeinde durchgeführt werden, wird die dadurch bedingte Erhöhung des Verkehrswertes im Rahmen des Ausgleichsbetrags nach § 154 des Baugesetzbuchs[3)] abgegolten.

(2) – (5) *(nicht abgedruckt)*

(6) [1] Der Ausgleichsbetrag ruht als öffentliche Last auf dem Grundstück. [2] Das Bundesministerium der Justiz wird ermächtigt, durch Rechtsverordnung[4)] mit Zustimmung des Bundesrates die Art und Weise, wie im Grundbuch auf das Vorhandensein der öffentlichen Last hinzuweisen ist, zu regeln.

[1)] § 24 Abs. 2 Satz 3 geänd. mWv 15. 12. 2004 durch G v. 9. 12. 2004 (BGBl. I S. 3214).
[2)] Richtig wohl: „BGBl.".
[3)] Nr. **400**.
[4)] Siehe die VO über die Eintragung des Bodenschutzlastvermerks v. 18. 3. 1999 (BGBl. I S. 497).

408. Bayerisches Gesetz zur Ausführung des Bundes-Bodenschutzgesetzes (Bayerisches Bodenschutzgesetz – BayBodSchG)[1)]

Vom 23. Februar 1999
(GVBl S. 36)

BayRS 2129-4-1-U

geänd. durch § 24 Zweites Bayerisches G zur Anpassung des Landesrechts an den Euro v. 24. 4. 2001 (GVBl S. 140), Art. 23 Zweites VerwaltungsmodernisierungsG v. 26. 7. 2005 (GVBl S. 287) und § 1 G zur Änd. des Bayerischen BodenschutzG und des Bayerischen AbfallwirtschaftsG v. 5. 4. 2006 (GVBl S. 178)

– Auszug –

Erster Teil. Erfassung von schädlichen Bodenveränderungen und Altlasten, Überwachung und Gefahrenabwehr

Art. 1 *(nicht abgedruckt)*

Art. 2[2)] Erstbewertung. [1] *(nicht abgedruckt)* [2] Sie unterrichtet das Landesamt für Umwelt und die betroffene Gemeinde über das Ergebnis der Erstbewertung, wenn der Verdacht besteht oder feststeht, dass eine schädliche Bodenveränderung, von der auf Grund von Art, Ausbreitung oder Menge der Schadstoffe in besonderem Maße Gefahren, erhebliche Nachteile oder erhebliche Belästigungen für den Einzelnen oder die Allgemeinheit ausgehen, oder eine Altlast vorliegt.

408

Art. 3[3)] Katastermäßige Erfassung. (1) Das Landesamt für Umwelt führt ein Kataster, in dem die von der zuständigen Behörde nach Art. 2 Satz 2 gemeldeten Flächen erfasst werden.

(2) *(nicht abgedruckt)*

Dritter Teil. Aufgaben und Zuständigkeit, Anordnungen, Pflichten der Behörden und sonstiger öffentlicher Stellen

Art. 10[4)] Aufgaben und Zuständigkeit. (1) *(nicht abgedruckt)*

(2) [1] Zuständige Behörde im Sinn des Bundes-Bodenschutzgesetzes, dieses Gesetzes und der auf Grund dieser Gesetze erlassenen Rechtsverordnungen ist die Kreisverwaltungsbehörde. [2] Sie beteiligt, soweit nichts anderes bestimmt ist, bei Fragen fachlicher Art die wasserwirtschaftliche Fachbehörde; diese kann insoweit von den der zuständigen Behörde nach Art. 1 Satz 2 und Art. 4 zustehenden Rechten und Befugnissen Gebrauch machen.

(3) – (6) *(nicht abgedruckt)*

[1)] Verkündet als § 1 G zur Umsetzung des G zum Schutz des Bodens in Bayern v. 23. 2. 1999 (GVBl S. 36); Inkrafttreten gem. § 4 dieses G am 1. 3. 1999.

[2)] Art. 2 Satz 2 geänd. mWv 1. 8. 2005 durch G v. 26. 7. 2005 (GVBl S. 287).

[3)] Art. 3 Abs. 1 und 2 geänd. mWv 1. 8. 2005 durch G v. 26. 7. 2005 (GVBl S. 287).

[4)] Art. 10 Abs. 1 zweiter Halbs., Abs. 3 Satz 2 und Abs. 5 geänd., Abs. 4 neu gef. mWv 1. 8. 2005 durch G v. 26. 7. 2005 (GVBl S. 287).

409. Landesbodenschutzgesetz (LBodSchG[1])

Vom 25. Juli 2005
(GVBl. S. 302)

BS Rh-Pf 2129-8

geänd. durch Art. 2 LandesG zur Anpassung von Landesgesetzen an die Umbenennung des Landesbetriebs Straßen und Verkehr in Landesbetrieb Mobilität v. 22. 12. 2008 (GVBl. S. 317) und Art. 7. Zweites LandesG zur Umsetzung der RL 2006/123/EG des Europäischen Parlaments und des Rates vom 12. Dezember 2006 über Dienstleistungen im Binnenmarkt v. 27. 10. 2009 (GVBl. S. 358)

– Auszug –

Teil 3. Bodeninformationen, Datenschutz

§ 9 Bodeninformationssystem. (1) [1] Beim Landesamt für Umwelt, Wasserwirtschaft und Gewerbeaufsicht wird zur Erfüllung der Aufgaben nach dem Bundes-Bodenschutzgesetz, diesem Gesetz und der aufgrund dieser Gesetze erlassenen Rechtsverordnungen das Bodeninformationssystem Rheinland-Pfalz (BIS RP) in elektronischer Form eingerichtet und geführt. [2] Das Bodeninformationssystem umfasst oder verweist auf alle bodenschutzrelevanten Daten, die von den Behörden des Landes, den Gemeinden, den Landkreisen und den sonstigen der Aufsicht des Landes unterstehenden Körperschaften, Anstalten und Stiftungen des öffentlichen Rechts sowie Beliehenen erhoben worden sind. [3] Es verwendet als verbindliche Basisgeometrie die Liegenschaftskarte der Vermessungs- und Katasterämter.

(2) Das Bodeninformationssystem enthält insbesondere flurstücksbezogene Daten über

1. Beeinträchtigungen der Bodenfunktionen, Verdachtsflächen, schädliche Bodenveränderungen, altlastverdächtige Flächen und Altlasten,
2. Art und Beschaffenheit der Böden,
3. Stoffeinträge,
4. Auf- und Abträge, Versiegelung sowie sonstige nicht stoffliche Veränderungen der Böden,
5. gegenwärtige, frühere und geplante Nutzungen, insbesondere stillgelegte Anlagen und Einrichtungen, sowie die Nutzungsfähigkeit,
6. Art, Menge und Beschaffenheit von Abfällen und Stoffen, die abgelagert oder verwertet wurden oder mit denen umgegangen worden ist,
7. derzeitige und ehemalige Eigentümerinnen oder Eigentümer und Nutzungsberechtigte sowie Inhaberinnen oder Inhaber von bestehenden und stillgelegten Anlagen,
8. schädliche Umwelteinwirkungen, die von Böden ausgehen oder von dort zu besorgen sind,
9. sonstige für die Ermittlung und Abwehr von Gefahren und die Feststellung der Ordnungspflichtigen bedeutsamen Sachverhalte und Rechtsverhältnisse,
10. die Festsetzung von Bodenbelastungs- und Bodenschutzgebieten nach § 8 und über sonstige Schutz- und Beschränkungsmaßnahmen,
11. Erkenntnisse aus Bodendauerbeobachtungsflächen und anderen von den Behörden des Landes eingerichteten Versuchsflächen.

(3) Das Bodeninformationssystem besteht aus den Fachmodulen

1. Bodenschutzkataster (§ 10),
2. Bodenzustand,
3. Fachinformationssystem Boden (Absatz 4),
4. Bodenbelastungsgebiete (§ 8),
5. Bodenschutzgebiete (§ 8),
6. Bodendauerbeobachtungsflächen und sonstige Versuchsflächen.

Die oberste Bodenschutzbehörde kann das Bodeninformationssystem um weitere Fachmodule ergänzen.

[1] Verkündet als Art. 1 G v. 22. 12. 2008 (GVBl. S. 317); Inkrafttreten gem. Art. 9 dieses G am 25. 12. 2008.

(4) [1] Das Fachinformationssystem Boden wird vom Landesamt für Geologie und Bergbau geführt. [2] Es enthält die bodenkundlichen Grunddaten und deren Auswertungsmethoden für den vorsorgenden Bodenschutz.

(5) Der Inhalt des Bodeninformationssystems wird von der jeweils zuständigen Behörde auf Verlangen anderen Behörden des Landes, den Gemeinden, den Landkreisen und den sonstigen der Aufsicht des Landes unterstehenden Körperschaften, Anstalten und Stiftungen des öffentlichen Rechts sowie Beliehenen zur Wahrnehmung der diesen Stellen auf dem Gebiet der Gefahrenermittlung, Gefahrenabwehr, Überwachung und Planung gesetzlich obliegenden Aufgaben übermittelt.

§ 10 Bodenschutzkataster. (1) [1] Die in § 11 Abs. 1 bis 3 genannten Flächen werden in einem Bodenschutzkataster geführt. [2] In das Kataster sind die Daten, Tatsachen und Erkenntnisse aufzunehmen, die über diese Flächen erfasst und bei deren Untersuchung, Bewertung und Sanierung sowie bei der Durchführung sonstiger Maßnahmen oder der Überwachung ermittelt werden.

(2) [1] Das Bodenschutzkataster ist laufend fortzuschreiben. [2] Es ist zeitlich unbeschränkt aufzubewahren; die oberste Bodenschutzbehörde kann Ausnahmen zulassen.

§ 11 Erfassung und Bewertung von Flächen für das Bodenschutzkataster. (1) [1] Die zuständige Behörde erfasst Flächen, bei denen Anhaltspunkte für die Einstufung als Verdachtsflächen vorliegen. [2] Soweit die Flächen nach Satz 1 großflächig sind, werden sie vom Landesamt für Geologie und Bergbau erfasst. [3] Das Landesamt für Umwelt, Wasserwirtschaft und Gewerbeaufsicht erfasst Altablagerungen und Altstandorte.

(2) Die obere Bodenschutzbehörde führt bei den nach Absatz 1 erfassten Flächen eine Bewertung durch, ob die betroffenen Flächen als Verdachtsflächen oder als altlastverdächtige Flächen einzustufen sind.

(3) Die obere Bodenschutzbehörde führt bei den aufgrund der Bewertung nach Absatz 2 als Verdachtsflächen oder als altlastverdächtige Flächen eingestuften Flächen im Rahmen der Gefährdungsabschätzung nach § 9 Abs. 1 BBodSchG BBodSchG die notwendigen orientierenden Untersuchungen durch, ob diese Flächen als schädliche Bodenveränderungen oder Altlasten eingestuft werden können.

(4) Die Behörden des Landes, die Gemeinden, die Landkreise und die sonstigen der Aufsicht des Landes unterstehenden Körperschaften, Anstalten und Stiftungen des öffentlichen Rechts sowie Beliehene teilen den Behörden, deren Aufgabenbereich berührt wird, die ihnen vorliegenden Erkenntnisse über die in den Absätzen 1 bis 3 genannten Flächen unverzüglich mit.

(5) Die obere Bodenschutzbehörde teilt der Grundstückseigentümerin oder dem Grundstückseigentümer ihre Entscheidung über die Einstufung des Grundstücks als schädliche Bodenveränderung oder als Altlast mit.

(6) [1] Die Entscheidung der oberen Bodenschutzbehörde über die Einstufung als Altlast oder als schädliche Bodenveränderung ist dem zuständigen Vermessungs- und Katasteramt zum Zwecke der Aufnahme eines Hinweises in das Liegenschaftskataster mitzuteilen. [2] Gesicherte Altlasten und gesicherte schädliche Bodenveränderungen verbleiben gekennzeichnet im Liegenschaftskataster.

Teil 4. Zuständigkeiten, Ausgleich, Ordnungswidrigkeiten

§ 13[1)] Zuständigkeiten. (1) [1] Oberste Bodenschutzbehörde ist das für den Bodenschutz zuständige Ministerium. [2] Obere Bodenschutzbehörde ist die Struktur- und Genehmigungsdirektion. [3] Untere Bodenschutzbehörde ist die Kreisverwaltung, in kreisfreien Städten die Stadtverwaltung. [4] Die Landkreise und kreisfreien Städte nehmen die Aufgabe als Auftragsangelegenheit wahr.

(2) Zuständige Behörde im Sinne des Bundes-Bodenschutzgesetzes, dieses Gesetzes und der aufgrund dieser Gesetze erlassenen Rechtsverordnungen ist, soweit nichts anderes bestimmt ist,

1. das Landesamt für Geologie und Bergbau
   für betriebliche Flächen, die der Bergaufsicht unterliegen,
2. der Landesbetrieb Mobilität
   für Flächen, die zur Wahrnehmung der Aufgaben nach § 48 Abs. 1 des Landesstraßengesetzes für die Straßenbaulastträger Bund, Land und Landkreise beansprucht werden,
3. die untere Bodenschutzbehörde

[1)] § 13 Abs. 2 Nr. 2 u. Abs. 3 geänd. mWv 25. 12. 2008 durch G v. 22. 12. 2008 (GVBl. S. 317).

für Flächen mit Anlagen zum Umgang mit wassergefährdenden Stoffen sowie für sonstige Flächen, auf denen mit wassergefährdenden Stoffen umgegangen wird oder sich Unfälle mit wassergefährdenden Stoffen ereignet haben, ausgenommen altlastverdächtige Flächen und Altlasten sowie die in den Nummern 1 und 2 genannten Flächen,

4. die obere Bodenschutzbehörde
für alle übrigen Flächen.

410. Gesetz über Maßnahmen zur Verbesserung der Agrarstruktur und zur Sicherung land- und forstwirtschaftlicher Betriebe (Grundstückverkehrsgesetz – GrdstVG)

Vom 28. Juli 1961

(BGBl. I S. 1091, ber. S. 1652 und 2000)

FNA 7810-1

geänd. durch Art. 199 Einführungsgesetz zum Strafgesetzbuch (EGStGB) v. 2. 3. 1974 (BGBl. I S. 469), Art. 2 Gesetz über das Baugesetzbuch v. 8. 12. 1986 (BGBl. I S. 2191), Art. 1 G zur Änd. des GrundstückverkehrsG und des Landpachtverkehrs G v. 14. 8. 2005 (BGBl. I S. 2409), Art. 14 G zur Bereinigung des BundesR im Zuständigkeitsbereich des BMELV v. 13. 4. 2006 (BGBl. I S. 855) und Art. 108 FGG-ReformG v. 17. 12. 2008 (BGBl. I S. 2586)

– Auszug –

Erster Abschnitt. Rechtsgeschäftliche Veräußerung

§ 1 [Begriffsbestimmungen] (1) Die Vorschriften dieses Abschnitts gelten für landwirtschaftliche und forstwirtschaftliche Grundstücke sowie für Moor- und Ödland, das in landwirtschaftliche oder forstwirtschaftliche Kultur gebracht werden kann.

(2) Landwirtschaft im Sinne dieses Gesetzes ist die Bodenbewirtschaftung und die mit der Bodennutzung verbundene Tierhaltung, um pflanzliche oder tierische Erzeugnisse zu gewinnen, besonders der Ackerbau, die Wiesen- und Weidewirtschaft, der Erwerbsgartenbau, der Erwerbsobstbau und der Weinbau sowie die Fischerei in Binnengewässern.

(3) Grundstück im Sinne dieses Gesetzes ist auch ein Teil eines Grundstücks.

§ 2[1)] [Genehmigungspflichtige Geschäfte] (1) [1] Die rechtsgeschäftliche Veräußerung eines Grundstücks und der schuldrechtliche Vertrag hierüber bedürfen der Genehmigung. [2] Ist ein schuldrechtlicher Vertrag genehmigt worden, so gilt auch die in Ausführung des Vertrages vorgenommene Auflassung als genehmigt. [3] Die Genehmigung kann auch vor der Beurkundung des Rechtsgeschäfts erteilt werden.

(2) Der Veräußerung eines Grundstücks stehen gleich

1. die Einräumung und die Veräußerung eines Miteigentumsanteils an einem Grundstück;
2. die Veräußerung eines Erbanteils an einen anderen als an einen Miterben, wenn der Nachlaß im wesentlichen aus einem land- oder forstwirtschaftlichen Betrieb besteht;
3. die Bestellung des Nießbrauchs an einem Grundstück.

(3) Die Länder können

1. die Vorschriften dieses Abschnitts auf die Veräußerung von grundstücksgleichen Rechten, die die land- oder forstwirtschaftliche Nutzung eines Grundstücks zum Gegenstand haben, sowie von selbständigen Fischereirechten für anwendbar erklären;
2. bestimmen, daß die Veräußerung von Grundstücken bis zu einer bestimmten Größe keiner Genehmigung bedarf.[2)]
3. bestimmen, dass in bestimmten Teilen des Landesgebietes die Genehmigung eines nach Absatz 1 Satz 1 oder Absatz 2 genehmigungsbedürftigen Rechtsgeschäfts über die in § 9

[1)] § 2 Abs. 3 Nr. 3 angef. mWv 18. 8. 2005 durch G v. 14. 8. 2005 (BGBl. I S. 2409).

[2)] Vgl. Anm. zum Gesetzestitel sowie

in **Baden-Württemberg:** VO über die Festsetzung der Freigrenze in bestimmten Landesteilen nach dem Ausführungsgesetz zum Grundstücksverkehrsgesetz v. 13. 2. 1995 (GBl. S. 276), aufgeh. durch G v. 10. 11. 2009 (GBl. S. 645),

in **Berlin:** G über die Genehmigungsfreiheit im Verkehr mit land- und forstwirtschaftlichen Grundstücken v. 5. 10. 1994 (GVBl. S. 392),

in **Bremen:** G über die Freigrenze im land- und forstwirtschaftlichen sowie gärtnerischen Grundstücksverkehr v. 24. 2. 1970 (Brem.GBl. S. 29), zuletzt geänd. durch G v. 24. 11. 2009 (Brem.GBl. S. 517),

in **Hamburg:** G über die Freigrenze im land- und forstwirtschaftlichen Grundstücksverkehr v. 21. 6. 1971 (HmbGVBl. S. 111),

in **Hessen:** G über die Genehmigungsfreiheit im Verkehr mit land- und forstwirtschaftlichen Grundstücken v. 17. 4. 1962 (GVBl. S. 263), geänd. durch G v. 18. 12. 1989 (GVBl. S. 497),

in **Sachsen:** § 54 des Sächsischen Justizgesetzes v. 24. 11. 2000 (SächsGVBl. S. 482, ber. 2001 S. 704), zuletzt geänd. durch G v. 26. 6. 2009 (SächsGVBl. S. 323),

in **Thüringen:** G über die Genehmigungsfreiheit im Verkehr mit land- und forstwirtschaftlichen Grundstücken v. 30. 1. 1997 (GVBl. S. 71).

genannten Gründe hinaus versagt oder mit Nebenbestimmungen nach § 10 oder § 11 versehen werden kann, soweit dies in dem betroffenen Teil des Landesgebietes zur Abwehr einer erheblichen Gefahr für die Agrarstruktur zwingend erforderlich ist.

§ 3 [Genehmigungsbehörde; Antragsberechtigte] (1) Über den Antrag auf Genehmigung entscheidet die nach Landesrecht zuständige Behörde (Genehmigungsbehörde)[1], soweit nicht das Gericht zu entscheiden hat.

(2) [1] Zur Stellung des Antrags auf Genehmigung sind die Vertragsparteien und derjenige, zu dessen Gunsten der Vertrag geschlossen worden ist, berechtigt. [2] Hat ein Notar den Vertrag beurkundet, so gilt dieser als ermächtigt, die Genehmigung zu beantragen.

§ 4[2] [Genehmigungsfreie Geschäfte] Die Genehmigung ist nicht notwendig, wenn

1. der Bund oder ein Land als Vertragsteil an der Veräußerung beteiligt ist;
2. eine mit den Rechten einer Körperschaft des öffentlichen Rechts ausgestattete Religionsgesellschaft ein Grundstück erwirbt, es sei denn, daß es sich um einen land- oder forstwirtschaftlichen Betrieb handelt;
3. die Veräußerung oder die Ausübung des Vorkaufsrechts der Durchführung eines Flurbereinigungsverfahrens, eines Siedlungsverfahrens oder eines Verfahrens nach § 37 des Bundesvertriebenengesetzes dient;
4. Grundstücke veräußert werden, die im räumlichen Geltungsbereich eines Bebauungsplanes im Sinne des § 30 des Baugesetzbuchs[3] liegen, es sei denn, daß es sich um die Wirtschaftsstelle eines land- oder forstwirtschaftlichen Betriebes oder um Grundstücke handelt, die im Bebauungsplan als Grundstücke im Sinne des § 1 ausgewiesen sind;
5. die Veräußerung nach dem bayerischen Almgesetz vom 28. April 1932 (Bereinigte Sammlung des Bayerischen Landesrechts Band IV S. 359), zuletzt geändert durch § 59 des Zweiten Bayerischen Gesetzes zur Anpassung des Landesrechts an den Euro vom 24. April 2001 (GVBl. S. 140), genehmigt ist.

§ 5 [Zeugnis über Genehmigungsfreiheit] [1] Ist zur Veräußerung die Genehmigung nicht notwendig, so hat die Genehmigungsbehörde auf Antrag ein Zeugnis darüber zu erteilen. [2] Das Zeugnis steht der Genehmigung gleich.

§ 6 [Entscheidung über die Genehmigung] (1) [1] Die Entscheidung über die Genehmigung ist binnen einem Monat nach Eingang des Antrags und der Urkunde über das zu genehmigende Rechtsgeschäft bei der örtlich zuständigen Genehmigungsbehörde zu treffen. [2] Kann die Prüfung des Antrags in dieser Zeit nicht abgeschlossen werden oder hat die Genehmigungsbehörde eine Erklärung über die Ausübung des Vorkaufsrechts nach § 12 herbeizuführen, so ist vor Ablauf der Frist dem Veräußerer ein Zwischenbescheid zu erteilen; durch den Zwischenbescheid verlängert sich die Frist des Satzes 1 auf zwei Monate und, falls die bezeichnete Erklärung herbeizuführen ist, auf drei Monate.

(2) Die Genehmigung gilt als erteilt, falls nicht binnen der in Absatz 1 genannten Frist die Genehmigungsbehörde eine Entscheidung nach § 9 oder im Falle des § 7 Satz 2 des Reichssiedlungsgesetzes[4] eine Mitteilung über die Verlängerung der Frist zur Ausübung des Vorkaufsrechts dem Veräußerer zustellt.

---

[1] Genehmigungsbehörden sind in **Baden-Württemberg** das Landwirtschaftsamt (VO v. 16. 6. 1986 (GBl. S. 188), aufgeh. durch G v. 1. 7. 2004 (GBl. S. 469); in **Bayern** die Kreisverwaltungsbehörde (G (Nr. **411**)); in **Bremen** die Landwirtschaftsbehörde (VO v. 9. 1. 1962 (Brem.GBl. S. 6, ber. 1962 S. 10), zuletzt geänd. durch G v. 24. 11. 2009 (Brem. GBl. S. 517)); in **Hamburg** die Umweltbehörde bzw. die Wirtschaftsbehörde (AO v. 13. 11. 1984 (Amtl. Anz. S. 1913 b), zuletzt geänd. durch AO v. 15. 12. 1992 (Amtl. Anz. S. 2801)); in **Hessen** der Kreisausschuss (§ 6 Abs. 1 Nr. 6 der VO v. 2. 6. 1999 (GVBl. I S. 319), zuletzt geänd. durch VO v. 14. 12. 2009 (GVBl. I S. 739)); in **Mecklenburg-Vorpommern** die Ämter für Landwirtschaft (§ 2 BodenrechtsdurchführungsVO v. 28. 11. 1994 (GVOBl. M-V S. 1080), zuletzt geänd durch VO v. 17. 12. 1996 (GVOBl. M-V S. 671)); in **Niedersachsen** die Landkreise und kreisfreien Städte durch den Grundstücksverkehrsausschuß (RdErl. v. 24. 11. 1986 (Nds. MBl. 1987 S. 20)); in **Nordrhein-Westfalen** die Geschäftsführer der Kreisstellen der Landwirtschaftskammern als Landesbeauftragte (VO v. 4. 12. 1963 (GV. NRW. S. 329), aufgeh. durch VO v. 11. 11. 2008 (GV. NRW. S. 732)); im **Saarland** die untere staatliche Verwaltungsbehörde (G v. 11. 7. 1962 (Amtsbl. S. 504), zuletzt geänd. durch G v. 21. 11. 2007 (Amtsbl. S. 2393)); in **Sachsen** das Landratsamt – Amt für Landwirtschaft – in kreisfreien Städten die Stadtverwaltung – Amt für Landwirtschaft – (G v. 24. 11. 2000 (SächsGVBl. S. 482, ber. 2001 S. 704), zuletzt geänd. durch G v. 26. 6. 2009 (SächsGVBl. S. 323)); in **Schleswig-Holstein** die Ämter für Land- und Wasserwirtschaft (G v. 8. 12. 1961 (GVOBl. Schl.-H. 1962 S. 1), zuletzt geänd. durch G v. 21. 2. 1996 (GVBl. S. 231)); in **Thüringen** die Landkreise und kreisfreien Städte (VO v. 7. 6. 1991 (GVBl. S. 132), geänd. durch VO v. 19. 8. 1994 (GVBl. S. 963)).

[2] § 4 Nr. 4 geänd. durch G v. 8. 12. 1986 (BGBl. I S. 2191); Nr. 5 geänd. mWv 25. 4. 2006 durch G v. 13. 4. 2006 (BGBl. I S. 855).

[3] Nr. **400**.

[4] Nr. **430**.

(3) Ist die Entscheidung über die Genehmigung oder die Genehmigung durch Fristablauf unanfechtbar geworden, so hat die Genehmigungsbehörde hierüber auf Antrag ein Zeugnis zu erteilen.

§ 7 [Nachweis beim Grundbuchamt] (1) Auf Grund einer genehmigungsbedürftigen Veräußerung darf eine Rechtsänderung in das Grundbuch erst eingetragen werden, wenn dem Grundbuchamt die Unanfechtbarkeit der Genehmigung nachgewiesen wird.

(2) [1] Ist im Grundbuch auf Grund eines nicht genehmigten Rechtsgeschäfts eine Rechtsänderung eingetragen, so hat das Grundbuchamt auf Ersuchen der Genehmigungsbehörde oder des Vorsitzenden des Gerichts, falls nach ihrem Ermessen eine Genehmigung erforderlich ist, einen Widerspruch im Grundbuch einzutragen. [2] Der Widerspruch ist zu löschen, wenn die Genehmigungsbehörde oder der Vorsitzende des Gerichts darum ersucht oder wenn dem Grundbuchamt die Unanfechtbarkeit der Genehmigung nachgewiesen wird. [3] § 53 Abs. 1 der Grundbuchordnung bleibt unberührt.

(3) Besteht die auf Grund eines nicht genehmigten Rechtsgeschäfts vorgenommene Eintragung einer Rechtsänderung ein Jahr, so gilt das Rechtsgeschäft als genehmigt, es sei denn, daß vor Ablauf dieser Frist ein Widerspruch im Grundbuch eingetragen oder ein Antrag auf Berichtigung des Grundbuchs oder ein Antrag oder ein Ersuchen auf Eintragung eines Widerspruchs gestellt worden ist.

§ 8[1)] [Pflicht zur Erteilung der Genehmigung] Die Genehmigung ist zu erteilen, wenn

1. eine Gemeinde oder ein Gemeindeverband an der Veräußerung beteiligt ist, das veräußerte Grundstück im Gebiet der beteiligten Gemeinde oder des beteiligten Gemeindeverbandes liegt und durch einen Bauleitplan im Sinne des § 1 Abs. 2 des Baugesetzbuchs[2)] nachgewiesen wird, daß das Grundstück für andere als die in § 1 bezeichneten Zwecke vorgesehen ist;
2. ein landwirtschaftlicher oder forstwirtschaftlicher Betrieb geschlossen veräußert oder im Wege der vorweggenommenen Erbfolge übertragen wird oder an einem Grundstück ein Nießbrauch bestellt wird und der Erwerber oder Nießbraucher entweder der Ehegatte des Eigentümers oder mit dem Eigentümer in gerader Linie oder bis zum dritten Grad in der Seitenlinie verwandt oder bis zum zweiten Grad verschwägert ist;
3. ein gemischter Betrieb insgesamt veräußert wird und die land- oder forstwirtschaftliche Fläche nicht die Grundlage für eine selbständige Existenz bietet;
4. die Veräußerung einer Grenzverbesserung dient;
5. Grundstücke zur Verbesserung der Landbewirtschaftung oder aus anderen volkswirtschaftlich gerechtfertigten Gründen getauscht werden und ein etwaiger Geldausgleich nicht mehr als ein Viertel des höheren Grundstückwertes ausmacht;
6. ein Grundstück zur Vermeidung einer Enteignung oder einer bergrechtlichen Grundabtretung an denjenigen veräußert wird, zu dessen Gunsten es enteignet werden könnte oder abgetreten werden müßte, oder ein Grundstück an denjenigen veräußert wird, der das Eigentum auf Grund gesetzlicher Verpflichtung übernehmen muß;
7. Ersatzland erworben wird, soweit
   a) der Erwerber auf das Ersatzland zur Sicherung seiner Existenz oder zur Aufrechterhaltung seines persönlich bewirtschafteten Betriebes angewiesen ist oder
   b) das Ersatzland zur Erfüllung dem Erwerber wesensgemäß obliegender Aufgaben zu dienen bestimmt ist und es sich bei dem Ersatzland nicht um einen land- oder forstwirtschaftlichen Betrieb handelt;
   c) eine Gemeinde oder ein Gemeindeverband das Ersatzland zur alsbaldigen Verpachtung oder Veräußerung an einen bestimmten von ihr oder von ihm verdrängten Landwirt benötigt.

§ 9 [Versagung oder Einschränkung der Genehmigung] (1) Die Genehmigung darf nur versagt oder durch Auflagen (§ 10) oder Bedingungen (§ 11) eingeschränkt werden, wenn Tatsachen vorliegen, aus denen sich ergibt, daß

1. die Veräußerung eine ungesunde Verteilung des Grund und Bodens bedeutet oder
2. durch die Veräußerung das Grundstück oder eine Mehrheit von Grundstücken, die räumlich oder wirtschaftlich zusammenhängen und dem Veräußerer gehören, unwirtschaftlich verkleinert oder aufgeteilt würde oder
3. der Gegenwert in einem groben Mißverhältnis zum Wert des Grundstücks steht.

---

1) § 8 Nr. 1 geänd. durch G v. 8. 12. 1986 (BGBl. I S. 2191).

2) Nr. **400**.

(2) Eine ungesunde Verteilung des Grund und Bodens im Sinne des Absatzes 1 Nr. 1 liegt in der Regel dann vor, wenn die Veräußerung Maßnahmen zur Verbesserung der Agrarstruktur widerspricht.

(3) Eine unwirtschaftliche Verkleinerung oder Aufteilung im Sinne des Absatzes 1 Nr. 2 liegt in der Regel dann vor, wenn durch Erbauseinandersetzung, Übergabevertrag oder eine sonstige rechtsgeschäftliche Veräußerung

1. ein selbständiger landwirtschaftlicher Betrieb seine Lebensfähigkeit verlieren würde;
2. ein landwirtschaftliches Grundstück kleiner als ein Hektar wird;
3. ein forstwirtschaftliches Grundstück kleiner als dreieinhalb Hektar wird, es sei denn, daß seine ordnungsgemäße forstliche Bewirtschaftung gewährleistet erscheint;
4. in einem Flurbereinigungsverfahren zugeteilte oder anläßlich einer mit öffentlichen Mitteln geförderten Aufstockung oder Aussiedlung eines landwirtschaftlichen Betriebes erworbene Grundstücke in der Weise geteilt werden, daß die Teilung diesen Maßnahmen zur Verbesserung der Agrarstruktur widerspricht.

(4) Wird das Grundstück für andere als land- oder forstwirtschaftliche Zwecke veräußert, so darf die Genehmigung aus Absatz 1 Nr. 3 nicht versagt werden.

(5) Liegen die Voraussetzungen vor, unter denen das Vorkaufsrecht nach dem Reichssiedlungsgesetz ausgeübt werden kann, so darf, wenn das Vorkaufsrecht nicht ausgeübt wird, die Genehmigung aus Absatz 1 Nr. 1 nur versagt oder durch Auflagen oder Bedingungen eingeschränkt werden, falls es sich um die Veräußerung eines land- oder forstwirtschaftlichen Betriebes handelt.

(6) Bei der Entscheidung über den Genehmigungsantrag muß auch allgemeinen volkswirtschaftlichen Belangen Rechnung getragen werden, insbesondere wenn Grundstücke zur unmittelbaren Gewinnung von Roh- und Grundstoffen (Bodenbestandteile) veräußert werden.

(7) Die Genehmigung soll, auch wenn ihr Bedenken aus den in Absatz 1 aufgeführten Gründen entgegenstehen, nicht versagt werden, wenn dies eine unzumutbare Härte für den Veräußerer bedeuten würde.

410

§ 10[1)] [Genehmigung unter Auflagen] (1) Dem Erwerber kann die Auflage gemacht werden,

1. das erworbene Grundstück an einen Landwirt zu verpachten;
2. das erworbene Grundstück ganz oder zum Teil zu angemessenen Bedingungen entweder an einen Landwirt oder an ein von der Siedlungsbehörde zu bezeichnendes Siedlungsunternehmen zu veräußern;
3. an anderer Stelle binnen einer bestimmten, angemessenen Frist Land abzugeben, jedoch nicht mehr, als der Größe oder dem Wert des erworbenen Grundstücks entspricht;
4. zur Sicherung einer ordnungsgemäßen Waldbewirtschaftung einen Bewirtschaftungsvertrag mit einem forstlichen Sachverständigen oder einer Forstbehörde abzuschließen oder nach einem genehmigten Wirtschaftsplan zu wirtschaften.

(2) [1] Wird die Genehmigung unter Auflagen erteilt, so ist die hierdurch betroffene Vertragspartei berechtigt, bis zum Ablauf eines Monats nach Eintritt der Unanfechtbarkeit der Entscheidung vom Vertrage zurückzutreten. [2] Auf das Rücktrittsrecht sind die Vorschriften der §§ 346 bis 354 des Bürgerlichen Gesetzbuchs sinngemäß anzuwenden.

§ 11 [Genehmigung unter Bedingungen] (1) Die Genehmigung kann unter der Bedingung erteilt werden, daß binnen einer bestimmten Frist

1. die Vertragsparteien einzelne Vertragsbestimmungen, denen Bedenken aus einem der in § 9 aufgeführten Tatbestände entgegenstehen, in bestimmter Weise ändern,
2. der Erwerber das landwirtschaftliche Grundstück auf eine bestimmte Zeit an einen Landwirt verpachtet,
3. der Erwerber an anderer Stelle Land abgibt, jedoch nicht mehr, als der Größe oder dem Wert des zu erwerbenden Grundstücks entspricht.

(2) Ist die Bedingung eingetreten, so hat die Genehmigungsbehörde hierüber auf Antrag eine Bescheinigung zu erteilen.

§ 12 [Erklärung über die Ausübung des Vorkaufsrechts] Liegen die Voraussetzungen vor, unter denen nach dem Reichssiedlungsgesetz das Vorkaufsrecht ausgeübt werden kann, so hat die Genehmigungsbehörde, bevor sie über den Antrag auf Genehmigung entscheidet, den

[1)] § 10 Abs. 2 Satz 2 geänd. mWv 25. 4. 2006 durch G v. 13. 4. 2006 (BGBl. I S. 855).

Vertrag der Siedlungsbehörde zur Herbeiführung einer Erklärung über die Ausübung des Vorkaufsrechts durch die vorkaufsberechtigte Stelle vorzulegen.

Zweiter Abschnitt. Gerichtliche Zuweisung eines Betriebes

§ 13 [Zuweisung an einen Miterben] (1) [1] Gehört ein landwirtschaftlicher Betrieb einer durch gesetzliche Erbfolge entstandenen Erbengemeinschaft, so kann das Gericht auf Antrag eines Miterben die Gesamtheit der Grundstücke, aus denen der Betrieb besteht, ungeteilt einem Miterben zuweisen; kann der Betrieb in mehrere Betriebe geteilt werden, so kann er geteilt einzelnen der Miterben zugewiesen werden. [2] Grundstücke, für die nach ihrer Lage und Beschaffenheit anzunehmen ist, daß sie in absehbarer Zeit anderen als landwirtschaftlichen Zwecken dienen werden, sollen von einer Zuweisung ausgenommen werden. [3] Das Gericht hat die Zuweisung auf Zubehörstücke, Miteigentums-, Kapital- und Geschäftsanteile, dingliche Nutzungsrechte und ähnliche Rechte zu erstrecken, soweit diese Gegenstände zur ordnungsgemäßen Bewirtschaftung des Betriebes notwendig sind.

(2) Das Eigentum an den zugewiesenen Sachen und die zugewiesenen Rechte gehen mit der Rechtskraft der gerichtlichen Entscheidung oder, falls in ihr ein späterer Zeitpunkt bestimmt ist, zu diesem Zeitpunkt auf den Miterben über, dem der Betrieb zugewiesen wird (Erwerber).

(3) [1] Die Vorschriften der Absätze 1 und 2 gelten nur, soweit die Sachen und Rechte gemeinschaftliches Vermögen der Erben sind. [2] Auf Reichsheimstätten sind sie nicht anzuwenden.

§ 14 [Voraussetzungen der Zuweisung] (1) [1] Die Zuweisung ist nur zulässig, wenn der Betrieb mit einer zur Bewirtschaftung geeigneten Hofstelle versehen ist und seine Erträge ohne Rücksicht auf die privatrechtlichen Belastungen im wesentlichen zum Unterhalt einer bäuerlichen Familie ausreichen. [2] Erträge aus zugepachtetem Land sind insoweit als Erträge des Betriebes anzusehen, als gesichert erscheint, daß das zugepachtete Land oder anderes gleichwertiges Pachtland dem Erwerber zur Bewirtschaftung zur Verfügung stehen wird.

(2) Die Zuweisung ist ferner nur zulässig, wenn sich die Miterben über die Auseinandersetzung nicht einigen oder eine von ihnen vereinbarte Auseinandersetzung nicht vollzogen werden kann.

(3) Die Zuweisung ist unzulässig, solange die Auseinandersetzung ausgeschlossen oder ein zu ihrer Bewirkung berechtigter Testamentsvollstrecker vorhanden ist oder ein Miterbe ihren Aufschub verlangen kann.

§ 15 [Bedachter Miterbe] (1) [1] Der Betrieb ist dem Miterben zuzuweisen, dem er nach dem wirklichen oder mutmaßlichen Willen des Erblassers zugedacht war. [2] Ist der Miterbe nicht ein Abkömmling und nicht der überlebende Ehegatte des Erblassers, so ist die Zuweisung an ihn nur zulässig, wenn er den Betrieb bewohnt und bewirtschaftet oder mitbewirtschaftet. [3] Die Zuweisung ist ausgeschlossen, wenn der Miterbe zur Übernahme des Betriebes nicht bereit oder zu seiner ordnungsgemäßen Bewirtschaftung nicht geeignet ist.

(2) Diese Bestimmungen gelten für die Zuweisung von Teilen des Betriebes sinngemäß.

§ 16 [Abfindung der übrigen Miterben] (1) [1] Wird der Betrieb einem Miterben zugewiesen, so steht insoweit den übrigen Miterben an Stelle ihres Erbteils ein Anspruch auf Zahlung eines Geldbetrages zu, der dem Wert ihres Anteils an dem zugewiesenen Betrieb (§ 13 Abs. 1) entspricht. [2] Der Betrieb ist zum Ertragswert (§ 2049 des Bürgerlichen Gesetzbuchs) anzusetzen. [3] Der Anspruch ist bei der Zuweisung durch das Gericht unter Berücksichtigung der folgenden Vorschriften festzusetzen.

(2) [1] Die Nachlaßverbindlichkeiten, die zur Zeit des Erwerbes (§ 13 Abs. 2) noch bestehen, sind aus dem außer dem Betriebe vorhandenen Vermögen zu berichtigen, soweit es ausreicht. [2] Ist eine Nachlaßverbindlichkeit an einem zum Betriebe gehörenden Grundstück dinglich gesichert, so kann das Gericht auf Antrag mit Zustimmung des Gläubigers festsetzen, daß der Erwerber dem Gläubiger für sie allein haftet. [3] Trifft es eine solche Festsetzung, so ist § 2046 des Bürgerlichen Gesetzbuchs auf diese Verbindlichkeit nicht anzuwenden.

(3) [1] Das Gericht kann die Zahlung der den Miterben nach Absatz 1 zustehenden Beträge auf Antrag stunden, soweit der Erwerber bei sofortiger Zahlung den Betrieb nicht ordnungsgemäß bewirtschaften könnte und dem einzelnen Miterben bei gerechter Abwägung der Lage der Beteiligten eine Stundung zugemutet werden kann. [2] Der Erwerber hat die gestundete Forderung zu verzinsen und für sie Sicherheit zu leisten. [3] Über die Höhe der Verzinsung und über Art und Umfang der Sicherheitsleistung entscheidet das Gericht nach billigem Ermessen. [4] Das Gericht kann die rechtskräftige Entscheidung über die Stundung auf Antrag aufheben oder ändern, wenn sich die Verhältnisse nach der Entscheidung wesentlich geändert haben.

(4) [1] Auf Antrag eines Miterben kann das Gericht bei der Zuweisung festsetzen, daß der Miterbe statt durch Zahlung eines Geldbetrages ganz oder teilweise durch Übereignung eines bei der Zuweisung bestimmten Grundstücks abzufinden ist. [2] Das Grundstück muß zur Deckung eines Landbedarfs des Miterben benötigt werden und von dem Betrieb abgetrennt werden können, ohne daß die Voraussetzungen des § 14 Abs. 1 wegfallen. [3] Die Veräußerung dieses Grundstücks bedarf nicht der Genehmigung nach diesem Gesetz.

(5) [1] Das Gericht kann auf Antrag eines Miterben bei der Zuweisung festsetzen, daß er durch ein beschränktes dingliches Recht an einem zugewiesenen Grundstück abzufinden ist. [2] Die Festsetzung ist unzulässig, wenn der Erwerber dadurch unangemessen beschwert würde.

§ 17 [Anspruch auf Vorteilsausgleich] (1) [1] Zieht der Erwerber binnen fünfzehn Jahren nach dem Erwerb (§ 13 Abs. 2) aus dem Betrieb oder einzelnen zugewiesenen Gegenständen durch Veräußerung oder auf andere Weise, die den Zwecken der Zuweisung fremd ist, erhebliche Gewinne, so hat er, soweit es der Billigkeit entspricht, die Miterben auf Verlangen so zu stellen, wie wenn der in Betracht kommende Gegenstand im Zeitpunkt des Erwerbes verkauft und der Kaufpreis unter den Miterben entsprechend ihren Erbteilen verteilt worden wäre. [2] Ist der Betrieb im Wege der Erbfolge auf einen anderen übergegangen oder hat der Erwerber den Betrieb einem anderen im Wege der vorweggenommenen Erbfolge übereignet, so trifft die entsprechende Verpflichtung den anderen hinsichtlich derartiger Gewinne, die er binnen fünfzehn Jahren nach dem in § 13 Abs. 2 bezeichneten Zeitpunkt aus dem Betriebe zieht.

(2) [1] Die Ansprüche sind vererblich und übertragbar. [2] Sie verjähren in zwei Jahren nach dem Schluß des Jahres, in dem der Berechtigte von dem Eintritt der Voraussetzungen seines Anspruchs Kenntnis erlangt, ohne Rücksicht auf diese Kenntnis in fünf Jahren nach dem Schluß des Jahres, in dem die Voraussetzungen des Anspruchs erfüllt sind.

Dritter Abschnitt. Verfahren

§ 18 [Örtlich zuständige Genehmigungsbehörde] (1) [1] Örtlich zuständig ist die Genehmigungsbehörde, in deren Bezirk die Hofstelle des Betriebes liegt, zu dem das Grundstück gehört. [2] Ist keine Hofstelle vorhanden, so ist die Genehmigungsbehörde zuständig, in deren Bezirk die Grundstücke ganz oder zum größten Teil liegen.

(2) [1] Hält die Genehmigungsbehörde ihre örtliche Zuständigkeit nicht für gegeben, so hat sie die Sache unverzüglich, spätestens vor Ablauf eines Monats nach Eingang des Antrags, an die zuständige Genehmigungsbehörde abzugeben und den Antragsteller von der Abgabe zu benachrichtigen. [2] Wird die Benachrichtigung nicht binnen dieser Frist zugestellt, so gilt die Genehmigung als erteilt. [3] Die Abgabeverfügung ist für die in ihr bezeichnete Genehmigungsbehörde bindend und für die Beteiligten unanfechtbar.

§ 19 [Anhörung der land- und forstwirtschaftlichen Berufsvertretung] [1] Die Genehmigungsbehörde hat vor der Entscheidung über einen Genehmigungsantrag die auf Grund des § 32 Abs. 3 des Gesetzes über das gerichtliche Verfahren in Landwirtschaftssachen bestimmte land- und forstwirtschaftliche Berufsvertretung zu hören. [2] Das Nähere bestimmt die Landesregierung[1)].

§ 20 [Begründung und Zustellung der Entscheidungen; Rechtsbehelfsbelehrung] [1] Entscheidungen, gegen die ein Antrag auf gerichtliche Entscheidung zulässig ist, sind zu begründen und zuzustellen. [2] Bei der Zustellung sind die Beteiligten über die Zulässigkeit des Antrags auf gerichtliche Entscheidung, über die Stelle, bei der er zu stellen ist, sowie über Form und Frist des Antrags zu belehren. [3] Die Antragsfrist beginnt nicht vor der Belehrung, spätestens aber fünf Monate nach der Zustellung der Entscheidung der Genehmigungsbehörde.

§ 21 [Mitteilung über Ausübung des Vorkaufsrechts] [1] Erklärungen des Vorkaufsberechtigten über die Ausübung des Vorkaufsrechts nach dem Reichssiedlungsgesetz hat die Genehmigungsbehörde außer dem Verpflichteten auch dem Käufer und demjenigen mitzuteilen, zu dessen Gunsten der Kaufvertrag geschlossen worden ist; dies gilt nicht, wenn die Ausübung des Vorkaufsrechts nach § 6 Abs. 2 des Reichssiedlungsgesetzes[2)] unwirksam ist. [2] Die Mitteilung ist

---

[1)] Siehe hierzu:
- **Bayern:** VO (Nr. **413**);
- **Hessen:** VO v. 17. 1. 1962 (GVBl. I S. 2);
- **Rheinland-Pfalz:** LandesVO v. 21. 12. 1961 (GVBl. S. 267), zuletzt geänd. durch G v. 12. 10. 1999 (GVBl. 1999 S. 325);
- **Schleswig-Holstein:** DVO v. 20. 12. 1961 (GVOBl. Schl.-H. 1962 S. 80).

[2)] Nr. **430**.

mit einer Begründung darüber zu versehen, warum die Genehmigung der Veräußerung nach § 9 zu versagen wäre, und zuzustellen. [3] § 20 Satz 2 und 3 gilt sinngemäß für die Belehrung über die Zulässigkeit eines Antrags auf gerichtliche Entscheidung nach § 10 des Reichssiedlungsgesetzes.

§ 22[1)] [Antrag auf gerichtliche Entscheidung] (1) Wenn die Genehmigungsbehörde eine Genehmigung versagt oder unter Auflagen oder Bedingungen erteilt, ein Zeugnis nach § 5 oder § 6 Abs. 3 oder eine Bescheinigung nach § 11 Abs. 2 verweigert, können die Beteiligten binnen zwei Wochen nach Zustellung Antrag auf Entscheidung durch das nach dem Gesetz über das gerichtliche Verfahren in Landwirtschaftssachen zuständige Gericht stellen.

(2) [1] Der Antrag kann bei der Genehmigungsbehörde, gegen deren Entscheidung er sich richtet, schriftlich oder bei dem zuständigen Gericht schriftlich oder zur Niederschrift der Geschäftsstelle gestellt werden. [2] Die §§ 17 bis 19 des Gesetzes über das Verfahren in Familiensachen und in den Angelegenheiten der freiwilligen Gerichtsbarkeit gelten entsprechend.

(3) Das Gericht kann die Entscheidungen treffen, die auch die Genehmigungsbehörde treffen kann.

(4) [1] Ist eine Genehmigung unter einer Auflage nach diesem Gesetz oder nach den bisherigen Vorschriften über den Verkehr mit land- und forstwirtschaftlichen Grundstücken erteilt und haben sich die Umstände, die für die Erteilung der Auflage maßgebend waren, wesentlich geändert, so kann der durch die Auflage Beschwerte beantragen, daß das nach dem Gesetz über das gerichtliche Verfahren in Landwirtschaftssachen zuständige Gericht die Auflage ändert oder aufhebt. [2] Absatz 2 Satz 1 gilt entsprechend.

§ 23 [Gebühren- und Auslagenfreiheit] Im Verfahren vor der Genehmigungsbehörde werden Gebühren und Auslagen nicht erhoben.

§ 24[2)] [Festsetzung von Zwangsgeld] (1) [1] Wer

1. einer Aufforderung der Genehmigungsbehörde, den Besitz eines Grundstücks, den er auf Grund einer genehmigungsbedürftigen Veräußerung erworben oder einem anderen überlassen hat, an den Veräußerer zurückzuübertragen oder vom Erwerber zurückzunehmen, nicht Folge leistet, obwohl eine nach diesem Gesetz oder den bisherigen Vorschriften über den Verkehr mit land- und forstwirtschaftlichen Grundstücken erforderliche Genehmigung nicht beantragt oder unanfechtbar versagt worden ist,
2. eine Auflage nicht erfüllt, die bei der Genehmigung eines Rechtsgeschäfts nach diesem Gesetz oder nach den bisherigen Vorschriften über den Verkehr mit land- und forstwirtschaftlichen Grundstücken gemacht worden ist,

kann durch Festsetzung von Zwangsgeld, auch wiederholt, angehalten werden, der Aufforderung oder Auflage nachzukommen. [2] Das Zwangsgeld wird auf Antrag der Genehmigungsbehörde durch das Gericht verhängt. [3] Es muß, bevor es festgesetzt wird, angedroht werden.

(2) Das einzelne Zwangsgeld darf den Betrag von fünfhundert Euro nicht übersteigen.

§§ 25–26 *(nicht wiedergegebene Änderungsvorschriften)*

Vierter Abschnitt. Siedlungsrechtliche Vorschriften

§§ 27–30 *(nicht wiedergegebene Änderungsvorschriften)*

Fünfter Abschnitt. Zusatz-, Übergangs- und Schlußbestimmungen

§ 31[3)] [Höfe i.S.d. Höfeordnungen] *(nicht abgedruckt)*

§ 32[4)] *(aufgehoben)*

[1)] § 22 Abs. 2 Satz 2 neu gef. mWv 1. 9. 2009 durch G v. 17. 12. 2008 (BGBl. I S. 2586).

[2)] § 24 Abs. 1 u. 2 geänd. durch G v. 2. 3. 1974 (BGBl. I S. 469); Abs. 2 geänd. mWv 25. 4. 2006 durch G v. 13. 4. 2006 (BGBl. I S. 855).

[3)] § 31 Abs. 1 geänd., Abs. 2 Satz 2 aufgeh., bish. Satz 1 wird alleiniger Wortlaut und geänd. mWv 25. 4. 2006 durch G v. 13. 4. 2006 (BGBl. I S. 855).

[4)] § 32 aufgeh. mWv 25. 4. 2006 durch G v. 13. 4. 2006 (BGBl. I S. 855).

§ 33[1] **[Übergangsvorschriften für gerichtliche Zuweisung eines Betriebes]** *(nicht abgedruckt)*

§ 34[2] *(aufgehoben)*

§ 35[3] *(aufgehoben)*

§ 36[4] *(aufgehoben)*

§ 37 [Rechtsverordnung über Gebote in der Zwangsversteigerung] *(nicht abgedruckt)*

§ 38[5] *(aufgehoben)*

§ 39 [Inkrafttreten; aufgehobene Vorschriften] *(nicht abgedruckt)*

---

[1] § 33 Abs. 3 Satz 4 neu gef. mWv 1. 9. 2009 durch G v. 17. 12. 2008 (BGBl. I S. 2586).
[2] § 34 aufgeh. mWv 25. 4. 2006 durch G v. 13. 4. 2006 (BGBl. I S. 855).
[3] § 35 aufgeh. mWv 25. 4. 2006 durch G v. 13. 4. 2006 (BGBl. I S. 855).
[4] § 36 aufgeh. mWv 25. 4. 2006 durch G v. 13. 4. 2006 (BGBl. I S. 855).
[5] § 38 aufgeh. mWv 25. 4. 2006 durch G v. 13. 4. 2006 (BGBl. I S. 855).

411. Gesetz zur Ausführung des Bundesgesetzes über Maßnahmen zur Verbesserung der Agrarstruktur und zur Sicherung land- und forstwirtschaftlicher Betriebe sowie des Bundesgesetzes über die Anzeige und Beanstandung von Landpachtverträgen (Gesetz zur Ausführung des Grundstückverkehrsgesetzes und des Landpachtverkehrsgesetzes – AGGrdstLPachtVG)[1] [Bay]

Vom 21. Dezember 1961
(GVBl S. 260)
BayRS 7810-1-E

geänd. durch Zweites Verwaltungsreformgesetz v. 28. 3. 2000 (GVBl S. 136)

Art. 1[2] **[Genehmigungsbehörde]** (1) [1] Genehmigungsbehörde im Sinne des Grundstückverkehrsgesetzes ist die Kreisverwaltungsbehörde. [2] Ist ein Bezirk Vertragsteil, so ist das Staatsministerium für Ernährung, Landwirtschaft und Forsten Genehmigungsbehörde.

(2) Zuständig für den Vollzug des Landpachtverkehrsgesetzes ist die Kreisverwaltungsbehörde.

Art. 2[3] **[Veräußerung von Grundstücken]** (1) Die Veräußerung von Grundstücken bis zu einer Größe von weniger als zwei ha bedarf keiner Genehmigung.

(2) Der Genehmigung bedarf es jedoch dann, wenn

1. aus einem landwirtschaftlichen Betrieb ab einer Größe von zwei ha ein mit Gebäuden der Hofstelle besetztes Grundstück veräußert wird;
2. innerhalb von drei Jahren vor der Veräußerung aus dem gleichen Grundbesitz im Rahmen der Freigrenze land- oder forstwirtschaftliche Grundstücke veräußert worden sind und bei Einrechnung dieser Veräußerung die Fläche von zwei ha erreicht wird; dabei gilt als Veräußerung der Abschluß des schuldrechtlichen Vertrags, falls ohne einen solchen ein Anspruch auf Übereignung besteht, die Auflassung.

Art. 2a[4] **[Landpachtverträge]** Landpachtverträge über landwirtschaftliche Betriebe oder Grundstücke unterliegen nicht der Anzeigepflicht nach § 2 Abs. 1 Landpachtverkehrsgesetz, wenn die Pachtfläche weniger als zwei ha beträgt.

Art. 3 [Inkrafttreten] Dieses Gesetz tritt am 1. Januar 1962 in Kraft.

[1] Überschrift neu gef. mWv 15. 4. 2000 durch G v. 28. 3. 2000 (GVBl S. 136).
[2] Art. 1 neu gef. mWv 15. 4. 2000 durch G v. 28. 3. 2000 (GVBl S. 136).
[3] Art. 2 neu gef. mWv 15. 4. 2000 durch G v. 28. 3. 2000 (GVBl S. 136).
[4] Art. 2 a eingef. mWv 15. 4. 2000 durch G v. 28. 3. 2000 (GVBl S. 136).

412. Verordnung zur Durchführung des Gesetzes über Maßnahmen zur Verbesserung der Agrarstruktur und zur Sicherung land- und forstwirtschaftlicher Betriebe (Verordnung zur Durchführung des Grundstückverkehrsgesetzes – DVGrdstVG) [Bay]

Vom 21. Dezember 1961

BayRS 7810-2-E

geänd. durch § 1 ÄndVO v. 12. 5. 1977 (GVBl S. 163), § 1 Zweite ÄndVO v. 5. 6. 1981 (GVBl S. 132), Art. 11 Zweites VerwaltungsreformG v. 28. 3. 2000 (GVBl S. 136) und § 4 VO zur Umsetzung der Reform der Landwirtschafts- und Forstverwaltung v. 7. 6. 2005 (GVBl S. 187)

Auf Grund des § 19 Satz 2 des Gesetzes über Maßnahmen zur Verbesserung der Agrarstruktur und zur Sicherung land- und forstwirtschaftlicher Betriebe (Grundstückverkehrsgesetz - GrdstVG) vom 28. Juli 1961 (BGBl. I S. 1091), des § 32 Abs. 3 des Gesetzes über das gerichtliche Verfahren in Landwirtschaftssachen vom 21. Juli 1953 (BGBl. I S. 667) in der Fassung des § 25 Nr. 4 GrdstVG sowie des § 1 Abs. 1 Satz 3 und des § 4 Abs. 4 des Reichssiedlungsgesetzes[1] vom 11. August 1919 (RGBl. I S. 1429) in der Fassung des § 27 Nr. 1 und 2 GrdstVG erläßt die Bayerische Staatsregierung folgende Verordnung:

§ 1 [Berufsvertretung] (Zu § 32 Abs. 3 LwVG). Als land- und forstwirtschaftliche Berufsvertretung gilt der Bayerische Bauernverband.

§ 2[2] [Genehmigungsantrag] (Zu § 19 Satz 2 GrdstVG). [1] Vor der Entscheidung über den Genehmigungsantrag hat die Kreisverwaltungsbehörde die Kreisgeschäftsstelle des Bayerischen Bauernverbands zu hören. [2] Das Staatsministerium für Landwirtschaft und Forsten als Genehmigungsbehörde hört das Generalsekretariat des Verbands.

§ 3 [Siedlungsunternehmen] (Zu § 1 Abs. 1 Satz 1 RSG[1]). Als Siedlungsunternehmen werden die Teilnehmergemeinschaften und die Verbände der Teilnehmergemeinschaften nach dem Flurbereinigungsgesetz bezeichnet.

§ 4[3] *(aufgehoben)*

§ 5 [Inkrafttreten] Diese Verordnung tritt am 1. Januar 1962 in Kraft.

412

---

[1] Nr. **430**.
[2] § 2 Sätze 1 und 2 geänd. mWv 1. 7. 2005 durch VO v. 7. 6. 2005 (GVBl S. 187).
[3] § 4 aufgeh. mWv 15. 4. 2000 durch G v. 28. 3. 2000 (GVBl S. 136).

413. Verordnung zur Ausführung des Gesetzes über Maßnahmen zur Verbesserung der Agrarstruktur und zur Sicherung land- und forstwirtschaftlicher Betriebe (Verordnung zur Ausführung des Grundstückverkehrsgesetzes – AVGrdstVG) [Bay]

Vom 21. Dezember 1961
(GVBl S. 260)

BayRS 7810-3-E

geänd. durch Art. 12 Zweites VerwaltungsreformG v. 28. 3. 2000 (GVBl S. 136)

Auf Grund des Art. 77 Abs. 1 Satz 2 der Verfassung des Freitstaates Bayern in Verbindung mit § 1 der Verordnung über die Einrichtung der staatlichen Behörden vom 31. März 1954 (BayBS I S. 37) und auf Grund des § 26 des Reichssiedlungsgesetzes vom 11. August 1919 (RGBl. S. 1429) erläßt das Bayerische Staatsministerium für Ernährung, Landwirtschaft und Forsten folgende Verordnung:

§ 1[1] **[Siedlungsbehörde]** (1) Siedlungsbehörde im Sinne des § 10 Abs. 1 Nr. 2 und des § 12 des Gesetzes über Maßnahmen zur Verbesserung der Agrarstruktur und zur Sicherung land- und forstwirtschaftlicher Betriebe (Grundstückverkehrsgesetz – GrdstVG) vom 28. Juli 1961 (BGBl. I S. 1091), des § 41 Satz 2 des Gesetzes über das gerichtliche Verfahren in Landwirtschaftssachen vom 21. Juli 1953 (BGBl. I S. 667) in der Fassung des § 25 Nr. 13 GrdstVG, des § 4 Abs. 5 und des § 6 Abs. 1 des Reichssiedlungsgesetzes in der Fassung des § 27 Nr. 2 und Nr. 4 GrdstVG sowie des § 7 Abs. 2 Satz 3 bis 5 des Gesetzes zur Ergänzung des Reichssiedlungsgesetzes vom 4. Januar 1935 (RGBl. I S. 1) in der Fassung des § 28 Nr. 3 GrdstVG ist die Kreisverwaltungsbehörde als untere Siedlungsbehörde.

(2) [1] Örtlich zuständig ist die Kreisverwaltungsbehörde, in deren Bereich die Hofstelle des Betriebes liegt, zu dem das Grundstück gehört. [2] Ist keine Hofstelle vorhanden, so ist die Kreisverwaltungsbehörde zuständig, in deren Bereich die Grundstücke ganz oder zum größten Teil liegen.

§ 2 [Inkrafttreten] Diese Verordnung tritt am 1. Januar 1962 in Kraft.

[1] § 1 Abs. 1 und 2 geänd. mWv 15. 4. 2000 durch G v. 28. 3. 2000 (GVBl S. 136).

414. Landesgesetz zur Ausführung des Grundstückverkehrsgesetzes (AGGrdstVG) [RhPf]

Vom 2. Februar 1993
(GVBl. S. 105)
7810-3

Der Landtag Rheinland-Pfalz hat das folgende Gesetz beschlossen:

§ 1 [Veräußerungsgenehmigung] Die Veräußerung eines Grundstücks bedarf keiner Genehmigung nach § 2 des Grundstückverkehrsgesetzes (GrdstVG) vom 28. Juli 1961 (BGBl. I S. 1091, 1652, 2000), zuletzt geändert durch Artikel 2 Nr. 22 des Gesetzes vom 8. Dezember 1986 (BGBl. I S. 2191), wenn das Grundstück nicht größer als 50 Ar ist, es sei denn,

1. das Grundstück wird weinbaulich genutzt und ist größer als 10 Ar oder
2. auf dem Grundstück befindet sich die Wirtschaftsstelle eines land- oder forstwirtschaftlichen Betriebes.

§ 2 [Veräußerungsbestimmung] § 1 und die Bestimmungen des ersten Abschnitts des Grundstückverkehrsgesetzes sind anzuwenden auf die Veräußerung

1. von grundstücksgleichen Rechten, welche die land- oder forstwirtschaftliche Nutzung eines Grundstücks zum Gegenstand haben, und
2. von selbständigen Fischereirechten, die nicht dem Eigentümer eines Gewässers zustehen.

§ 3 [Genehmigung nach § 2 GrdstVG] Eine nach bisher geltendem Recht erteilte und durch noch nicht erfüllte Bedingungen oder Auflagen eingeschränkte Genehmigung nach § 2 GrdstVG gilt mit In-Kraft-Treten dieses Gesetzes als uneingeschränkt erteilt, wenn sie nach diesem Gesetz nicht erforderlich wäre.

§ 4 [Inkrafttreten] (1) Dieses Gesetz tritt am Tage nach der Verkündung[1] in Kraft.

(2) *(nicht wiedergegebene Aufhebungsbestimmung)*

[1] Verkündet am 12. 2. 1993.

415. Flurbereinigungsgesetz (FlurbG)

In der Fassung der Bekanntmachung vom 16. März 1976[1]
(BGBl. I S. 546)

FNA 7815-1

geänd. durch Art. 4 Gesetz zur Berücksichtigung des Denkmalschutzes im Bundesrecht v. 1. 6. 1980 (BGBl. I S. 649), § 24 Grunderwerbsteuergesetz (GrEStG 1983) v. 17. 12. 1982 (BGBl. I S. 1777), Art. 2 Nr. 23 Gesetz über das Baugesetzbuch v. 8. 12. 1986 (BGBl. I S. 2191), § 81 Gesetz über Wasser- und Bodenverbände (Wasserverbandsgesetz - WVG) v. 12. 2. 1991 (BGBl. I S. 405), Art. 1 Gesetz zur Änderung des Flurbereinigungsgesetzes v. 23. 8. 1994 (BGBl. I S. 2187), Art. 4 Sechstes Gesetz zur Änderung der Verwaltungsgerichtsordnung und anderer Gesetze (6. VwGOÄndG) v. 1. 11. 1996 (BGBl. I S. 1626), Art. 27 Justizmitteilungsgesetz und Gesetz zur Änderung kostenrechtlicher Vorschriften und anderer Gesetze (JuMiG) v. 18. 6. 1997 (BGBl. I S. 1430), Art. 7 Abs. 38 Gesetz zur Neugliederung, Vereinfachung und Reform des Mietrechts (Mietrechtsreformgesetz) v. 19. 6. 2001 (BGBl. I S. 1149), Art. 5 Verwaltungsprozess-Rechtsmittelbereinigungsg v. 20. 12. 2001 (BGBl. I S. 3987), Art. 2 Abs. 23 G zur Novellierung des Verwaltungszustellungsrechts v. 12. 8. 2005 (BGBl. I S. 2354), Art. 19 Abs. 7 G Neuregelung des Rechtsberatungsrechts v. 12. 12. 2007 (BGBl. I S. 2840), Art. 22 JahressteuerG 2008 v. 20. 12. 2007 (BGBl. I S. 3150), Art. 109 FGG-ReformG v. 17. 12. 2008 (BGBl. I S. 2586) und Art. 17 JahressteuerG 2009 v. 19. 12. 2008 (BGBl. I S. 2794)

Erster Teil. Grundlagen der Flurbereinigung

§ 1 [Zweck und Begriffsbestimmung der Flurbereinigung] Zur Verbesserung der Produktions- und Arbeitsbedingungen in der Land- und Forstwirtschaft sowie zur Förderung der allgemeinen Landeskultur und der Landentwicklung kann ländlicher Grundbesitz durch Maßnahmen nach diesem Gesetz neugeordnet werden (Flurbereinigung).

415

§ 2 [Durchführung durch Flurbereinigungsbehörden] (1) Die Flurbereinigung wird in einem behördlich geleiteten Verfahren innerhalb eines bestimmten Gebietes (Flurbereinigungsgebiet) unter Mitwirkung der Gesamtheit der beteiligten Grundeigentümer und der Träger öffentlicher Belange sowie der landwirtschaftlichen Berufsvertretung (§ 109) durchgeführt.

(2) [1] Die Durchführung der Flurbereinigung ist von den Ländern als eine besonders vordringliche Maßnahme zu betreiben. [2] Sie bestimmen, welche Fachbehörden Flurbereinigungsbehörden und obere Flurbereinigungsbehörden sind und setzen ihre Dienstbezirke fest.

(3) [1] Die Länder können Befugnisse, die nach diesem Gesetz der für die Flurbereinigung zuständigen obersten Landesbehörde zustehen, der oberen Flurbereinigungsbehörde übertragen. [2] Sie können ferner Befugnisse, die nach diesem Gesetz der oberen Flurbereinigungsbehörde zustehen, der Flurbereinigungsbehörde übertragen; dies gilt nicht für die Befugnisse nach § 41 Abs. 3 und § 58 Abs. 3.

(4) Die Länder können Aufgaben und Befugnisse, die nach diesem Gesetz der Flurbereinigungsbehörde zustehen, auf die obere Flurbereinigungsbehörde übertragen.

§ 3 [Zuständigkeit der Flurbereinigungsbehörden] (1) [1] Für die Flurbereinigung ist die Flurbereinigungsbehörde örtlich zuständig, in deren Bezirk das Flurbereinigungsgebiet liegt. [2] Die obere Flurbereinigungsbehörde kann ausnahmsweise eine andere als die örtlich zuständige Flurbereinigungsbehörde beauftragen; liegt das Flurbereinigungsgebiet in dem Bezirk einer anderen oberen Flurbereinigungsbehörde, so bestimmt die für die Flurbereinigung zuständige oberste Landesbehörde die zuständige Flurbereinigungsbehörde und die zuständige obere Flurbereinigungsbehörde.

(2) Erstreckt sich das Flurbereinigungsgebiet über die Bezirke mehrerer Flurbereinigungsbehörden, so wird die zuständige Flurbereinigungsbehörde durch die obere Flurbereinigungsbehörde bestimmt.

(3) [1] Erstreckt sich das Flurbereinigungsgebiet über die Bezirke mehrerer oberer Flurbereinigungsbehörden, so wird die zuständige obere Flurbereinigungsbehörde durch die für die Flurbereinigung zuständige oberste Landesbehörde bestimmt. [2] Sind die Flurbereinigungsbehörden verschiedener Länder zuständig, so bestimmen die für die Flurbereinigung zuständigen obersten Landesbehörden die zuständige obere Flurbereinigungsbehörde in gegenseitigem Einvernehmen.

§ 4 [Anordnung der Flurbereinigung] Die obere Flurbereinigungsbehörde kann die Flurbereinigung anordnen und das Flurbereinigungsgebiet feststellen, wenn sie eine Flurbereinigung

[1] Neubekanntmachung des FlurbereinigungsG v. 14. 7. 1953 (BGBl. I S. 591) in der ab 1. 4. 1976 geltenden Fassung.

für erforderlich und das Interesse der Beteiligten für gegeben hält (Flurbereinigungsbeschluß); der Beschluß ist zu begründen.

§ 5 [Anhören der Beteiligten und Nebenbeteiligten] (1) Vor der Anordnung der Flurbereinigung sind die voraussichtlich beteiligten Grundstückseigentümer in geeigneter Weise eingehend über das geplante Flurbereinigungsverfahren einschließlich der voraussichtlich entstehenden Kosten aufzuklären.

(2) Die landwirtschaftliche Berufsvertretung, die zuständige Landesplanungsbehörde, die Gemeinde und der Gemeindeverband sowie die übrigen von der für die Landwirtschaft zuständigen obersten Landesbehörde zu bestimmenden Organisationen und Behörden sollen gehört werden.

(3) Die Behörden des Bundes, der Länder, der Gemeinden und Gemeindeverbände sowie andere Körperschaften des öffentlichen Rechts sollen über das geplante Flurbereinigungsverfahren unterrichtet werden; sie haben der Flurbereinigungsbehörde unverzüglich mitzuteilen, ob und welche das voraussichtliche Flurbereinigungsgebiet berührenden Planungen beabsichtigt sind oder bereits feststehen.

§ 6 [Form, Inhalt und Bekanntmachung des Flurbereinigungsbeschlusses] (1) [1] In dem entscheidenden Teil des Flurbereinigungsbeschlusses sind Name und Sitz der Teilnehmergemeinschaft (§ 16) festzusetzen. [2] Die Aufforderung zur Anmeldung unbekannter Rechte (§ 14) und die Bestimmungen über Nutzungsänderungen (§§ 34 und 85 Nr. 5 und 6) können in den entscheidenden Teil des Beschlusses aufgenommen werden.

(2) Der entscheidende Teil des Beschlusses ist öffentlich bekanntzumachen.

(3) Der Beschluß mit Begründung ist in den Gemeinden, in denen beteiligte Grundstücke liegen (Flurbereinigungsgemeinden), und, soweit erforderlich (§ 110), in den angrenzenden Gemeinden zwei Wochen lang nach den Bekanntmachung zur Einsichtnahme für die Beteiligten auszulegen. Hierauf ist in der Bekanntmachung hinzuweisen.

§ 7 [Flurbereinigungsgebiet] (1) [1] Das Flurbereinigungsgebiet kann eine oder mehrere Gemeinden oder Teile von Gemeinden umfassen. [2] Es ist so zu begrenzen, daß der Zweck der Flurbereinigung möglichst vollkommen erreicht wird.

(2) Zum Flurbereinigungsgebiet gehören alle in ihm liegenden Grundstücke, soweit sie nicht ausdrücklich ausgeschlossen werden.

§ 8 [Änderung des Flurbereinigungsgebiets] (1) [1] Geringfügige Änderungen des Flurbereinigungsgebietes kann die Flurbereinigungsbehörde anordnen. § 4 zweiter Halbsatz gilt entsprechend. [2] Die Anordnung braucht nicht bekanntgemacht zu werden. [3] Sie ist den an der Änderung beteiligten Grundstückseigentümern mitzuteilen.

(2) Für erhebliche Änderungen gelten die Vorschriften der §§ 4 bis 6.

(3) [1] Die obere Flurbereinigungsbehörde kann bis zur Ausführungsanordnung das Flurbereinigungsgebiet in mehrere Flurbereinigungsgebiete teilen. [2] § 4 zweiter Halbsatz und § 6 Abs. 2 und 3 gelten entsprechend.

§ 9 [Einstellung des Flurbereinigungsverfahrens] (1) [1] Erscheint die Flurbereinigung infolge nachträglich eingetretener Umstände nicht zweckmäßig, so kann die obere Flurbereinigungsbehörde die Einstellung des Verfahrens anordnen. [2] Die Vorschriften des § 4 zweiter Halbsatz, des § 5 Abs. 1 und 2 und des § 6 Abs. 2 und 3 gelten sinngemäß.

(2) Die Flurbereinigungsbehörde sorgt für die Herstellung eines geordneten Zustandes und für den Ausgleich der entstandenen Kosten, nötigenfalls unter Aufwendung von öffentlichen Mitteln.

Zweiter Teil. Die Beteiligten und ihre Rechte

Erster Abschnitt. Die einzelnen Beteiligten

§ 10 [Beteiligte] Am Flurbereinigungsverfahren sind beteiligt (Beteiligte):

1. als Teilnehmer die Eigentümer der zum Flurbereinigungsgebiet gehörenden Grundstücke sowie die den Eigentümern gleichstehenden Erbbauberechtigten;
2. als Nebenbeteiligte:
   a) Gemeinden und Gemeindeverbände, in deren Bezirk Grundstücke vom Flurbereinigungsverfahren betroffen werden;

b) andere Körperschaften des öffentlichen Rechts, die Land für gemeinschaftliche oder öffentliche Anlagen erhalten (§§ 39 und 40) oder deren Grenzen geändert werden (§ 58 Abs. 2);

c) Wasser- und Bodenverbände, deren Gebiet mit dem Flurbereinigungsgebiet räumlich zusammenhängt und dieses beeinflußt oder von ihm beeinflußt wird;

d) Inhaber von Rechten an den zum Flurbereinigungsgebiet gehörenden Grundstücken oder von Rechten an solchen Rechten oder von persönlichen Rechten, die zum Besitz oder zur Nutzung solcher Grundstücke berechtigen oder die Benutzung solcher Grundstücke beschränken;

e) Empfänger neuer Grundstücke nach den §§ 54 und 55 bis zum Eintritt des neuen Rechtszustandes (§ 61 Satz 2);

f) Eigentümer von nicht zum Flurbereinigungsgebiet gehörenden Grundstücken, denen ein Beitrag zu den Unterhaltungs- oder Ausführungskosten auferlegt wird (§ 42 Abs. 3 und § 106) oder die zur Errichtung fester Grenzzeichen an der Grenze des Flurbereinigungsgebietes mitzuwirken haben (§ 56).

§ 11 [Ermittlung der Beteiligten] Die Flurbereinigungsbehörde hat die Beteiligten nach Maßgabe der §§ 12 bis 14 zu ermitteln.

§ 12[1)] [Nachweis durch Grundbuch und öffentliche Urkunden] (1) [1] Für die Ermittlung der Beteiligten sind die Eintragungen im Grundbuch maßgebend. [2] Die Flurbereinigungsbehörde kann das Eigentum oder andere Rechte an Grundstücken für das Verfahren als nachgewiesen ansehen, wenn derjenige, der sich auf ein solches Recht beruft, es durch eine öffentliche Urkunde glaubhaft macht oder eine Bescheinigung der Gemeinde vorlegt, daß er das Grundstück wie ein Eigentümer besitzt oder das Recht ausübt. [3] Meldet ein anderer entgegenstehende Rechte bei der Flurbereinigungsbehörde an, so gilt § 13.

(2) Die Flurbereinigungsbehörde teilt dem Grundbuchamt und der für die Führung des Liegenschaftskatasters zuständigen Behörde die Anordnung des Flurbereinigungsverfahrens einschließlich der in das Verfahren einbezogenen Grundstücke (§ 4), die Änderungen des Flurbereinigungsgebiets (§ 8), die Einstellung des Flurbereinigungsverfahrens (§ 9), den Zeitpunkt des Eintritts des neuen Rechtszustands (§§ 61 bis 63) und die Schlußfeststellung (§ 149) mit, dem Grundbuchamt zudem die Abgabe der Unterlagen an die für die Führung des Liegenschaftskatasters zuständige Behörde (§ 81 Abs. 2).

(3) Das Grundbuchamt hat die Flurbereinigungsbehörde bis zum Zeitpunkt des Wirksamwerdens der Schlußfeststellung von allen Eintragungen zu benachrichtigen, die nach dem Zeitpunkt der Anordnung des Flurbereinigungsverfahrens im Grundbuch der betroffenen Grundstücke vorgenommen sind oder vorgenommen werden, soweit nicht die Flurbereinigungsbehörde auf die Benachrichtigung verzichtet; es benachrichtigt die Flurbereinigungsbehörde von der Eintragung neuer Eigentümer der an das Flurbereinigungsgebiet angrenzenden Grundstücke, soweit die Flurbereinigungsbehörde dem Grundbuchamt die Bezeichnung solcher Grundstücke zu diesem Zweck mitgeteilt hat.

(4) Die für die Führung des Liegenschaftskatasters zuständige Behörde hat die Flurbereinigungsbehörde bis zum Zeitpunkt des Wirksamwerdens der Schlußfeststellung von allen Fortführungen zu benachrichtigen, die nach dem Zeitpunkt der Anordnung des Flurbereinigungsverfahrens in den Nachweisen der betroffenen Flurstücke im Liegenschaftskatasters ausgeführt worden sind, soweit nicht die Flurbereinigungsbehörde auf die Benachrichtigung verzichtet.

§ 13 [Eigenbesitzer als Beteiligter; Festsetzung des Streitgegenstandes] (1) Ist der Eigentümer aus dem Grundbuch nicht ersichtlich, so gilt der Eigenbesitzer als Beteiligter.

(2) [1] Ist der Eigenbesitz streitig, so kann die Flurbereinigungsbehörde für die Dauer des Streites dem Berechtigten einen Vertreter bestellen. [2] Das gleiche gilt, wenn ein Eigenbesitzer nicht vorhanden ist. [3] § 119 Abs. 2 und 3 gilt entsprechend. [4] Die Flurbereinigungsbehörde kann die für die Durchführung der Flurbereinigung erforderlichen Festsetzungen über den Streitgegenstand treffen. [5] Die Festsetzungen sind den Beteiligten bekanntzumachen und für diese im Flurbereinigungsverfahren bindend. [6] Wird der Flurbereinigungsbehörde eine rechtskräftige gerichtliche Entscheidung bekannt, so ist ihr Rechnung zu tragen. [7] § 64 findet Anwendung.

(3) Die Befugnisse aus Absatz 2 stehen auch der oberen Flurbereinigungsbehörde und dem Flurbereinigungsgericht (§ 138) zu, wenn ein bei ihnen erhobener Widerspruch oder eine Klage von dem Streit berührt wird.

(4) [1] Die Vorschriften der Absätze 1 bis 3 gelten entsprechend für dingliche Rechte, die zum Besitz oder zur Nutzung eines Grundstücks berechtigen oder dessen Benutzung beschränken.

[1)] § 12 bish. Text wird Abs. 1, Abs. 2 bis 4 angef. durch G v. 18. 6. 1997 (BGBl. I S. 1430).

[2]Dies gilt auch dann, wenn diese Rechte zur Erhaltung ihrer Wirksamkeit gegenüber dem öffentlichen Glauben des Grundbuchs der Eintragung nicht bedürfen.

§ 14 [Aufforderung zur Anmeldung nicht ermittelter Teilnehmer; Wirkung verspäteter Anmeldung] (1) [1]Beteiligte, die nicht nach Maßgabe der §§ 12 und 13 ermittelt werden, sind durch öffentliche Bekanntmachung aufzufordern, innerhalb von drei Monaten Rechte, die aus dem Grundbuch nicht ersichtlich sind, aber zur Beteiligung am Flurbereinigungsverfahren berechtigen, bei der Flurbereinigungsbehörde anzumelden. [2]Auf Verlangen der Flurbereinigungsbehörde hat der Anmeldende sein Recht innerhalb einer von der Behörde zu setzenden Frist nachzuweisen. [3]Nach fruchtlosem Ablauf der Frist ist der Anmeldende nicht mehr zu beteiligen.

(2) Werden Rechte erst nach Ablauf der in Absatz 1 bezeichneten Fristen angemeldet oder nachgewiesen, so kann die Flurbereinigungsbehörde die bisherigen Verhandlungen und Festsetzungen gelten lassen.

(3) Der Inhaber eines in Absatz 1 bezeichneten Rechts muß die Wirkung eines vor der Anmeldung eingetretenen Fristablaufs ebenso gegen sich gelten lassen wie der Beteiligte, demgegenüber die Frist durch Bekanntgabe des Verwaltungsaktes zuerst in Lauf gesetzt worden ist.

(4) Auf die rechtlichen Wirkungen nach den Absätzen 2 und 3 ist in der Bekanntmachung hinzuweisen.

§ 15 [Erwerb eines im Flurbereinigungsgebiet liegenden Grundstückes] [1]Wer ein Grundstück erwirbt, das im Flurbereinigungsgebiet liegt, muß das bis zu seiner Eintragung im Grundbuch oder bis zur Anmeldung des Erwerbs durchgeführte Verfahren gegen sich gelten lassen. [2]Das gilt entsprechend für denjenigen, der durch Erwerb eines Rechts Beteiligter wird.

Zweiter Abschnitt. Die Teilnehmergemeinschaft

§ 16 [Teilnehmergemeinschaft der Beteiligten] [1]Die Beteiligten nach § 10 Nr. 1 bilden die Teilnehmergemeinschaft. [2]Sie entsteht mit dem Flurbereinigungsbeschluß und ist eine Körperschaft des öffentlichen Rechts.

§ 17 [Aufsicht der Flurbereinigungsbehörde] (1) [1]Die Teilnehmergemeinschaft steht unter der Aufsicht der Flurbereinigungsbehörde. [2]Durch die Aufsicht ist sicherzustellen, daß die Teilnehmergemeinschaft im Einklang mit dem Zweck dieses Gesetzes handelt.

(2) [1]Zum Abschluß von Verträgen ist die Zustimmung der Flurbereinigungsbehörde erforderlich. [2]Sie kann die Teilnehmergemeinschaft zum Abschluß von Verträgen geringerer Bedeutung allgemein ermächtigen, jedoch nicht zum Aufnehmen von Darlehen. [3]Zahlungen dürfen nur mit Einwilligung der Flurbereinigungsbehörde geleistet werden, soweit diese nichts anderes anordnet.

§ 18 [Pflichten der Teilnehmergemeinschaft; Rechtsbehelfe] (1) [1]Die Teilnehmergemeinschaft nimmt die gemeinschaftlichen Angelegenheiten der Teilnehmer wahr. [2]Sie hat insbesondere die gemeinschaftlichen Anlagen herzustellen und zu unterhalten (§ 42) und die erforderlichen Bodenverbesserungen auszuführen, soweit nicht der Flurbereinigungsplan (§ 58) anderes bestimmt oder die Ausführung und Unterhaltung einzelnen Beteiligten oder einem Wasser- und Bodenverband überlassen werden. [3]Sie hat ferner die im Verfahren festgesetzten Zahlungen zu leisten und zu fordern sowie die übrigen nicht der Flurbereinigungsbehörde obliegenden Aufgaben einschließlich der zur Durchführung der Flurbereinigung erforderlichen Vorarbeiten zu erfüllen. [4]Sie kann mit den Vorarbeiten geeignete Stellen oder sachkundige Personen beauftragen.

(2) Die Länder können weitere Aufgaben und Befugnisse, die nach diesem Gesetz der Flurbereinigungsbehörde zustehen, der Teilnehmergemeinschaft übertragen.

(3) [1]Die Teilnehmergemeinschaft kann ihre Angelegenheiten, insbesondere die Befugnisse der Versammlung der Teilnehmer und das Verfahren bei den Wahlen, durch Satzung regeln. [2]Die Satzung wird von den in der Versammlung anwesenden Teilnehmern mit der Mehrheit der abgegebenen Stimmen beschlossen. [3]Die Satzung bedarf der Genehmigung der Flurbereinigungsbehörde.

§ 19 [Beiträge an die Teilnehmergemeinschaft] (1) [1]Die Teilnehmergemeinschaft kann die Teilnehmer nur zu Beiträgen in Geld (Geldbeiträge) oder in Sachen, Werken, Diensten oder in anderen Leistungen (Sachbeiträge) heranziehen, soweit die Aufwendungen (§ 105) dem Interesse der Teilnehmer dienen. [2]Die Beiträge sind von den Teilnehmern nach dem Verhältnis des Wertes ihrer neuen Grundstücke zu leisten, soweit nicht im Flurbereinigungsplan anderes festgesetzt wird. [3] Solange der Maßstab für die Beitragspflicht noch nicht feststeht, bestimmt die Flurbereinigungsbehörde einen vorläufigen Beitragsmaßstab, nach dem Vorschüsse zu erheben sind.

(2) Für solche Teile des Flurbereinigungsgebietes, bei denen zur Ausführung besonderer Anlagen außergewöhnlich hohe Aufwendungen erforderlich sind, kann die Flurbereinigungsbehörde die Beiträge der Teilnehmer entsprechend den Mehrkosten erhöhen.

(3) Die Flurbereinigungsbehörde kann zur Vermeidung offensichtlicher und unbilliger Härten einzelne Teilnehmer ausnahmsweise von der Aufbringung der Beiträge ganz oder teilweise zu Lasten der übrigen Teilnehmer befreien.

§ 20 [Belastung der Grundstücke mit Beitragspflichten] [1] Die Beitrags- und Vorschußpflicht ruht als öffentliche Last auf den im Flurbereinigungsgebiet liegenden Grundstücken. [2] Die einzelnen Grundstücke haften jedoch nur in der Höhe der auf sie entfallenden Anteile der berechneten Beiträge und Vorschüsse. [3] Das gleiche gilt für die Ausgleichs- und Erstattungspflicht in den Fällen des § 44 Abs. 3 Satz 2, des § 50 Abs. 2 Satz 1 und des § 51 Abs. 2.

§ 21[1)] [Vorstand der Teilnehmergemeinschaft] (1) [1] Die Teilnehmergemeinschaft hat einen aus mehreren Mitgliedern bestehenden Vorstand. [2] Die Flurbereinigungsbehörde bestimmt die Zahl der Mitglieder.

(2) Die Flurbereinigungsbehörde lädt die Teilnehmer zum Wahltermin durch öffentliche Bekanntmachung ein und leitet die Wahl.

(3) [1] Die Mitglieder des Vorstandes werden von den im Wahltermin anwesenden Teilnehmern oder Bevollmächtigten gewählt. [2] Jeder Teilnehmer oder Bevollmächtigte hat eine Stimme; gemeinschaftliche Eigentümer gelten als ein Teilnehmer. [3] Gewählt sind diejenigen, welche die meisten Stimmen erhalten.

(4) Soweit die Wahl im Termin nicht zustande kommt und ein neuer Wahltermin keinen Erfolg verspricht, kann die Flurbereinigungsbehörde Mitglieder des Vorstandes nach Anhörung der landwirtschaftlichen Berufsvertretung bestellen.

(5) Für jedes Mitglied des Vorstandes ist ein Stellvertreter zu wählen oder zu bestellen.

(6) Bei erheblichen Änderungen des Flurbereinigungsgebietes (§ 8 Abs. 2) bestimmt die Flurbereinigungsbehörde, ob und inwieweit Vorstandsmitglieder und Stellvertreter abberufen oder neu gewählt (bestellt) werden sollen.

(7) Die Länder können die Bildung und Zusammensetzung des Vorstandes abweichend regeln und Wahlperioden einführen.

415

§ 22 [Einberufung zu Teilnehmerversammlungen; Auskünfte] (1) [1] Der Vorstand kann die Teilnehmer zu Versammlungen einberufen; er muß dies tun, wenn ein Drittel der Teilnehmer oder die Flurbereinigungsbehörde es verlangt. [2] Die Flurbereinigungsbehörde ist zu den Versammlungen einzuladen.

(2) [1] Die Versammlung der Teilnehmer kann zu den Fragen, zu denen der Vorstand zu hören ist, Stellung nehmen. [2] Die Stellungnahme ist, wenn sich der Vorstand ihr nicht anschließen will, der Flurbereinigungsbehörde mitzuteilen. [3] Der Vorstand hat der Versammlung der Teilnehmer auf Verlangen Auskunft über seine Tätigkeit und über den Stand des Verfahrens zu geben.

§ 23 [Abberufung des Vorstandes] (1) [1] Die Versammlung der Teilnehmer kann Mitglieder des Vorstandes oder Stellvertreter dadurch abberufen, daß sie an deren Stelle mit der Mehrheit der anwesenden Teilnehmer neue Mitglieder oder Stellvertreter wählt. [2] In der Versammlung muß mindestens die Hälfte der Teilnehmer anwesend sein.

(2) Die Länder können bei Anwendung des § 18 Abs. 2 die Abberufung von Mitgliedern des Vorstandes oder deren Stellvertretern von der Zustimmung der Flurbereinigungsbehörde abhängig machen.

(3) [1] Die Flurbereinigungsbehörde kann nach Anhörung der landwirtschaftlichen Berufsvertretung Mitglieder des Vorstandes oder Stellvertreter, die ungeeignet sind oder ihre Pflichten verletzen, ablehnen oder abberufen. [2] In diesem Falle steht auch dem Vorstand der Widerspruch an die obere Flurbereinigungsbehörde zu.

(4) Abgelehnte oder abberufene Mitglieder des Vorstandes und Stellvertreter können nicht wiedergewählt werden.

(5) [1] Ist der Vorstand durch Ausscheiden von Mitgliedern und Stellvertretern nicht mehr beschlußfähig (§ 26 Abs. 2), so kann die Flurbereinigungsbehörde nach Anhörung der landwirt-

[1)] § 21 Abs. 7 geänd. durch G v. 23. 8. 1994 (BGBl. I S. 2187).

schaftlichen Berufsvertretung geeignete Personen beauftragen, die Rechte und Pflichten der ausgeschiedenen Mitglieder des Vorstandes bis zur Wahl neuer Mitglieder wahrzunehmen. [2] Die Wahl ist unverzüglich durchzuführen.

§ 24 [Ehrenamtliche Tätigkeit des Vorstandes; Aufwandsentschädigung] [1] Die Mitglieder des Vorstandes und ihre Stellvertreter wirken ehrenamtlich. [2] Die Flurbereinigungsbehörde bestimmt, ob und in welcher Höhe ihnen eine Entschädigung für Zeitversäumnis und Aufwand gewährt wird; die Entschädigung zahlt die Teilnehmergemeinschaft.

§ 25 [Rechte und Pflichten des Vorstandes] (1) [1] Der Vorstand führt die Geschäfte der Teilnehmergemeinschaft. [2] Ihm obliegt auch die Ausführung der Aufgaben, die der Teilnehmergemeinschaft gemäß der Vorschrift in § 18 Abs. 2 übertragen worden sind.

(2) Der Vorstand ist von der Flurbereinigungsbehörde über den Fortschritt der Flurbereinigungsarbeiten laufend zu unterrichten, zu wichtigen gemeinschaftlichen Angelegenheiten zu hören und zur Mitarbeit heranzuziehen.

§ 26 [Wahl des Vorsitzenden und Beschlußfassung des Vorstandes] (1) Der Vorstand wählt eines seiner Mitglieder zum Vorsitzenden und ein weiteres Mitglied zum Stellvertreter des Vorsitzenden, soweit nicht nach § 21 Abs. 7 eine abweichende Regelung erfolgt ist.

(2) [1] Der Vorstand ist beschlußfähig, wenn er von seinem Vorsitzenden oder der Flurbereinigungsbehörde einberufen und mindestens die Hälfte der Mitglieder oder ihrer Stellvertreter anwesend ist. [2] Er faßt seine Beschlüsse mit der Mehrheit der anwesenden Mitglieder; bei Stimmengleichheit gibt die Stimme des Vorsitzenden den Ausschlag.

(3) Der Vorsitzende führt die Vorstandsbeschlüsse aus und vertritt die Teilnehmergemeinschaft gerichtlich und außergerichtlich.

Dritter Abschnitt. Verband der Teilnehmergemeinschaften

§ 26 a [Verband der Teilnehmergemeinschaften; Satzung] (1) [1] Mehrere Teilnehmergemeinschaften können sich zu einem Verband zusammenschließen, soweit die gemeinsame Durchführung der ihnen nach § 18 obliegenden Aufgaben zweckmäßig ist. [2] Der Verband tritt nach Maßgabe seiner Satzung an die Stelle der einzelnen Teilnehmergemeinschaften. [3] Er entsteht mit der öffentlichen Bekanntmachung der Satzung durch die obere Flurbereinigungsbehörde und ist eine Körperschaft des öffentlichen Rechts.

(2) Die Satzung des Verbandes wird von der Mitgliederversammlung mit der Mehrheit der abgegebenen Stimmen beschlossen.

(3) Der Zusammenschluß und die Satzung bedürfen der Genehmigung der oberen Flurbereinigungsbehörde.

(4) [1] Kommt eine Satzung durch Beschluß nach Absatz 2 nicht zustande, so stellt die obere Flurbereinigungsbehörde eine Satzung auf. [2] Die für die Flurbereinigung zuständige oberste Landesbehörde setzt die Satzung fest.

(5) [1] Eine Teilnehmergemeinschaft kann mit Zustimmung der oberen Flurbereinigungsbehörde einem bestehenden Verband beitreten; die obere Flurbereinigungsbehörde kann den Beitritt anordnen. [2] Das Nähere regelt die Satzung.

§ 26 b [Vorstand; Verbandsbeiträge] (1) [1] Der Verband hat einen Vorstand, der von der Mitgliederversammlung mit der Mehrheit der abgegebenen Stimmen gewählt wird. [2] Die Zahl der Vorstandsmitglieder wird durch die obere Flurbereinigungsbehörde bestimmt. [3] Kommt eine Wahl nicht zustande und verspricht ein neuer Wahltermin keinen Erfolg, so kann die obere Flurbereinigungsbehörde Mitglieder des Vorstandes nach Anhörung der landwirtschaftlichen Berufsvertretung bestellen.

(2) [1] Der Verband kann zur Erfüllung seiner Aufgaben die ihm angehörenden Teilnehmergemeinschaften zu Beiträgen heranziehen; ihm kann durch die Satzung das Recht übertragen werden, die nach § 19 beitragspflichtigen einzelnen Teilnehmer unmittelbar zur Leistung der Beiträge heranzuziehen. [2] In diesem Falle ist dem Verband durch die Satzung die Kassen- und Buchführung mit voller Verantwortung zu übertragen.

(3) § 21 Abs. 7 und die §§ 24 bis 26 gelten entsprechend.

§ 26 c [Vorarbeiten zur Flurbereinigung] (1) Ist für ein bestimmtes Gebiet die Durchführung einer Flurbereinigung zu erwarten, so kann die obere Flurbereinigungsbehörde einen Verband oder, soweit ein solcher nicht besteht, eine andere geeignete Stelle beauftragen, bereits vor der Anordnung der Flurbereinigung Vorarbeiten zu übernehmen sowie für Zwecke der Flurbereinigung Grundstücke zu erwerben oder zu pachten.

(2) [1] Wird das Flurbereinigungsverfahren nicht durchgeführt, so sorgt die Aufsichtsbehörde für eine ordnungsgemäße Abwicklung der vom Verband vorgenommenen Geschäfte. [2] § 9 Abs. 2 gilt entsprechend.

§ 26 d [Aufsicht der Flurbereinigungsbehörden] [1] Der Verband untersteht der Aufsicht der Flurbereinigungsbehörde. [2] Erstrecken sich die den Verband bildenden Teilnehmergemeinschaften über den Bezirk mehrerer Flurbereinigungsbehörden, so bestimmt die obere Flurbereinigungsbehörde die für die Aufsicht zuständige Flurbereinigungsbehörde. [3] Erstrecken sich die den Verband bildenden Teilnehmergemeinschaften über den Bezirk mehrerer oberer Flurbereinigungsbehörden, so bestimmt die für die Flurbereinigung zuständige oberste Landesbehörde die für die Aufsicht zuständige Flurbereinigungsbehörde. [4] Erstrecken sich die den Verband bildenden Teilnehmergemeinschaften über verschiedene Länder, so bestimmen die für die Flurbereinigung zuständigen obersten Landesbehörden die zuständige Flurbereinigungsbehörde in gegenseitigem Einvernehmen. [5] § 17 gilt im übrigen entsprechend.

§ 26 e [Gesamtverband, Rechtsform, Aufsicht der Flurbereinigungsbehörden]

(1) [1] Mehrere Verbände können sich zur Erfüllung der ihnen nach den §§ 26 a bis 26 c obliegenden Aufgaben zu einem Gesamtverband zusammenschließen. [2] Der Gesamtverband tritt nach Maßgabe seiner Satzung an die Stelle der einzelnen Verbände. [3] Er entsteht mit der öffentlichen Bekanntmachung der Satzung durch die für die Flurbereinigung zuständige oberste Landesbehörde und ist eine Körperschaft des öffentlichen Rechts.

(2) Die Satzung des Gesamtverbandes wird von der Mitgliederversammlung mit der Mehrheit der abgegebenen Stimmen beschlossen.

(3) Der Zusammenschluß und die Satzung bedürfen der Genehmigung der für die Flurbereinigung zuständigen obersten Landesbehörde.

(4) Kommt eine Satzung durch Beschluß nach Absatz 2 nicht zustande, so stellt die für die Flurbereinigung zuständige oberste Landesbehörde die Satzung auf und setzt sie fest.

(5) § 26 a Abs. 5 Satz 1 zweiter Halbsatz gilt entsprechend mit der Maßgabe, daß an die Stelle der oberen Flurbereinigungsbehörde die für die Flurbereinigung zuständige oberste Landesbehörde tritt.

(6) [1] Der Gesamtverband hat einen Vorstand, der in der Mitgliederversammlung mit der Mehrheit der abgegebenen Stimmen gewählt wird. [2] Die Zahl der Vorstandsmitglieder wird durch die für die Flurbereinigung zuständige oberste Landesbehörde bestimmt. [3] Kommt eine Wahl nicht zustande und verspricht ein neuer Wahltermin keinen Erfolg, so kann die für die Flurbereinigung zuständige oberste Landesbehörde Mitglieder des Vorstandes nach Anhörung der landwirtschaftlichen Berufsvertretung bestellen.

(7) [1] Der Gesamtverband untersteht der Aufsicht der für die Flurbereinigung zuständigen obersten Landesbehörde. [2] § 17 gilt im übrigen entsprechend.

Vierter Abschnitt. Wertermittlungsverfahren

§ 27 [Wertermittlung] [1] Um die Teilnehmer mit Land von gleichem Wert abfinden zu können, ist der Wert der alten Grundstücke zu ermitteln. [2] Die Wertermittlung hat in der Weise zu erfolgen, daß der Wert der Grundstücke eines Teilnehmers im Verhältnis zu dem Wert aller Grundstücke des Flurbereinigungsgebietes zu bestimmen ist.

§ 28[1)] [Ermittlung des Wertverhältnisses] (1) [1] Für landwirtschaftlich genutzte Grundstücke ist das Wertverhältnis in der Regel nach dem Nutzen zu ermitteln, den sie bei gemeinüblicher ordnungsmäßiger Bewirtschaftung jedem Besitzer ohne Rücksicht auf ihre Entfernung vom Wirtschaftshofe oder von der Ortslage nachhaltig gewähren können. [2] Hierbei sind die Ergebnisse einer Bodenschätzung nach dem Bodenschätzungsgesetz vom 20. Dezember 2007 (BGBl. I S. 3150, 3176) in der jeweils geltenden Fassung zugrunde zu legen; Abweichungen sind zulässig.

(2) Wesentliche Bestandteile eines Grundstücks, die seinen Wert dauernd beeinflussen, sowie Rechte nach § 49 Abs. 3 sind, soweit erforderlich, in ihrem Wert besonders zu ermitteln.

[1)] § 28 Abs. 1 neu gef. mWv 1. 1. 2008 durch G v. 20. 12. 2007 (BGBl. I S. 3150); neu gef. mWv 1. 1. 2008 durch G v. 19. 12. 2008 (BGBl. I S. 2794).

§ 29 [Verkehrswert für Bauflächen und Bauland] (1) Die Wertermittlung für Bauflächen und Bauland sowie für bauliche Anlagen hat auf der Grundlage des Verkehrswertes zu erfolgen.

(2) Der Verkehrswert wird durch den Preis bestimmt, der in dem Zeitpunkt, auf den sich die Ermittlung bezieht, im gewöhnlichen Geschäftsverkehr nach den Eigenschaften, der sonstigen Beschaffenheit und der Lage des Grundstücks ohne Rücksicht auf ungewöhnliche oder persönliche Verhältnisse zu erzielen wäre; Wertänderungen an baulichen Anlagen, die durch die Aussicht auf die Durchführung der Flurbereinigung entstanden sind, bleiben außer Betracht.

(3) Bei bebauten Grundstücken ist der Verkehrswert des Bodenanteils und der Bauteile getrennt zu ermitteln, wenn dies auf Grund von Vergleichspreisen möglich ist; die Verkehrswerte sind gesondert anzugeben.

(4) Die Ermittlung des Verkehrswertes der baulichen Anlagen soll nur dann vorgenommen werden, wenn die baulichen Anlagen einem neuen Eigentümer zugeteilt werden.

§ 30 [Grundstücksgröße] Für die Größe der Grundstücke ist in der Regel die Eintragung im Liegenschaftskataster maßgebend.

§ 31 [Auswahl der Sachverständigen] (1) [1] Die Wertermittlung wird in der Regel durch landwirtschaftliche Sachverständige vorgenommen. [2] Die Flurbereinigungsbehörde bestimmt die Zahl der Sachverständigen, wählt sie nach Anhörung des Vorstandes der Teilnehmergemeinschaft aus der von der oberen Flurbereinigungsbehörde im Einvernehmen mit der landwirtschaftlichen Berufsvertretung aufgestellten Liste der als Sachverständige geeigneten Personen aus und leitet die Wertermittlung. [3] Der Vorstand soll der Wertermittlung beiwohnen.

(2) Sind zu einer Wertermittlung Kenntnisse erforderlich, die über die allgemeine landwirtschaftliche Sachkunde hinausgehen, so sind besondere anerkannte Sachverständige beizuziehen.

§ 32 [Bekanntmachung der Ergebnisse der Wertermittlung; Einwendungen; Feststellung] [1] Die Nachweisungen über die Ergebnisse der Wertermittlung sind zur Einsichtnahme für die Beteiligten auszulegen. [2] Die Ergebnisse sind ihnen in einem Anhörungstermin zu erläutern. [3] Nach Behebung begründeter Einwendungen sind die Ergebnisse der Wertermittlung durch die Flurbereinigungsbehörde festzustellen; die Feststellung ist öffentlich bekanntzumachen.

415

§ 33 [Abweichende Regelung der Länder] Die Länder können die Vornahme der Wertermittlung sowie die Bekanntgabe und Feststellung der Wertermittlungsergebnisse abweichend regeln.

Fünfter Abschnitt. Zeitweilige Einschränkungen des Eigentums

§ 34 [Zustimmungsbedürftige Grundstücks- und Nutzungsänderungen] (1) Von der Bekanntgabe des Flurbereinigungsbeschlusses bis zur Unanfechtbarkeit des Flurbereinigungsplanes gelten folgende Einschränkungen:

1. In der Nutzungsart der Grundstücke dürfen ohne Zustimmung der Flurbereinigungsbehörde nur Änderungen vorgenommen werden, die zum ordnungsmäßigen Wirtschaftsbetrieb gehören.
2. Bauwerke, Brunnen, Gräben, Einfriedungen, Hangterrassen und ähnliche Anlagen dürfen nur mit Zustimmung der Flurbereinigungsbehörde errichtet, hergestellt, wesentlich verändert oder beseitigt werden.
3. Obstbäume, Beerensträucher, Rebstöcke, Hopfenstöcke, einzelne Bäume, Hecken, Feld- und Ufergehölze dürfen nur in Ausnahmefällen, soweit landeskulturelle Belange, insbesondere des Naturschutzes und der Landschaftspflege, nicht beeinträchtigt werden, mit Zustimmung der Flurbereinigungsbehörde beseitigt werden. Andere gesetzliche Vorschriften über die Beseitigung von Rebstöcken und Hopfenstöcken bleiben unberührt.

(2) [1] Sind entgegen den Vorschriften des Absatzes 1 Nr. 1 und 2 Änderungen vorgenommen oder Anlagen hergestellt oder beseitigt worden, so können sie im Flurbereinigungsverfahren unberücksichtigt bleiben. [2] Die Flurbereinigungsbehörde kann den früheren Zustand gemäß § 137 wiederherstellen lassen, wenn dies der Flurbereinigung dienlich ist.

(3) Sind Eingriffe entgegen der Vorschrift des Absatzes 1 Nr. 3 vorgenommen worden, so muß die Flurbereinigungsbehörde Ersatzpflanzungen anordnen.

(4) Das Erfordernis der Zustimmung und die Folgen seiner Nichtbeachtung sind öffentlich bekanntzumachen.

(5) Ist die Bekanntmachung nach Absatz 4 nicht gemäß § 6 Abs. 1 in den entscheidenden Teil des Flurbereinigungsbeschlusses aufgenommen worden, so treten die Rechtswirkungen gemäß den Absätzen 1 bis 3 erst mit der besonderen Bekanntmachung gemäß Absatz 4 ein.

§ 35 [Duldungspflichten zur Flurbereinigungsvorbereitung und -durchführung; Entschädigung] (1) Die Beauftragten der Flurbereinigungsbehörde sind berechtigt, zur Vorbereitung und zur Durchführung der Flurbereinigung Grundstücke zu betreten und die nach ihrem Ermessen erforderlichen Arbeiten auf ihnen vorzunehmen.

(2) [1] Soweit der hierdurch verursachte Schaden den Durchschnitt erheblich übersteigt, hat die Flurbereinigungsbehörde eine angemessene Entschädigung festzusetzen. [2] Die Entschädigung trägt die Teilnehmergemeinschaft; falls die Flurbereinigung nicht angeordnet wird, trägt sie das Land.

§ 36 [Vorläufige Anordnungen] (1) [1] Wird es aus dringenden Gründen erforderlich, vor der Ausführung oder zur Vorbereitung und zur Durchführung von Änderungen des Flurbereinigungsplanes den Besitz oder die Nutzung von Grundstücken oder die Ausübung anderer Rechte zu regeln, so kann die Flurbereinigungsbehörde eine vorläufige Anordnung erlassen und erlassene Anordnungen aufheben oder ändern. [2] Zum Ausgleich von Härten kann sie angemessene Entschädigungen festsetzen. [3] Die Entschädigungen trägt die Teilnehmergemeinschaft.

(2) Soweit der Zustand eines Grundstücks für die Ermittlung des Wertes und für die Bemessung der Entschädigung von Bedeutung ist, hat ihn die Flurbereinigungsbehörde, nötigenfalls unter Zuziehung von Sachverständigen, rechtzeitig festzustellen.

Dritter Teil. Neugestaltung des Flurbereinigungsgebietes

§ 37[1)] [Neugestaltung des Flurbereinigungsgebiets] (1) [1] Das Flurbereinigungsgebiet ist unter Beachtung der jeweiligen Landschaftsstruktur neu zu gestalten, wie es den gegeneinander abzuwägenden Interessen der Beteiligten sowie den Interessen der allgemeinen Landeskultur und der Landentwicklung entspricht und wie es das Wohl der Allgemeinheit erfordert. [2] Die Feldmark ist neu einzuteilen und zersplitterter oder unwirtschaftlich geformter Grundbesitz nach neuzeitlichen betriebswirtschaftlichen Gesichtspunkten zusammenzulegen und nach Lage, Form und Größe zweckmäßig zu gestalten; Wege, Straßen, Gewässer und andere gemeinschaftliche Anlagen sind zu schaffen, bodenschützende sowie -verbessernde und landschaftsgestaltende Maßnahmen vorzunehmen und alle sonstigen Maßnahmen zu treffen, durch welche die Grundlagen der Wirtschaftsbetriebe verbessert, der Arbeitsaufwand vermindert und die Bewirtschaftung erleichtert werden. [3] Maßnahmen der Dorferneuerung können durchgeführt werden; durch Bebauungspläne und ähnliche Planungen wird die Zuziehung der Ortslage zur Flurbereinigung nicht ausgeschlossen. [4] Die rechtlichen Verhältnisse sind zu ordnen.

(2) Die Flurbereinigungsbehörde hat bei der Durchführung der Maßnahmen nach Absatz 1 die öffentlichen Interessen zu wahren, vor allem den Erfordernissen der Raumordnung, der Landesplanung und einer geordneten städtebaulichen Entwicklung, des Umweltschutzes, des Naturschutzes und der Landschaftspflege, des Denkmalschutzes, der Erholung, der Wasserwirtschaft einschließlich Wasserversorgung und Abwasserbeseitigung, der Fischerei, des Jagdwesens, der Energieversorgung, des öffentlichen Verkehrs, der landwirtschaftlichen Siedlung, der Kleinsiedlung, des Kleingartenwesens und der Gestaltung des Orts- und Landschaftsbildes sowie einer möglichen bergbaulichen Nutzung und der Erhaltung und Sicherung mineralischer Rohstoffvorkommen Rechnung zu tragen.

(3) Die Veränderung natürlicher Gewässer darf nur aus wasserwirtschaftlichen und nicht nur aus vermessungstechnischen Gründen unter rechtzeitiger Hinzuziehung von Sachverständigen erfolgen.

§ 38 [Aufstellung allgemeiner Grundsätze] [1] Die Flurbereinigungsbehörde stellt im Benehmen mit der landwirtschaftlichen Berufsvertretung und den beteiligten Behörden und Organisationen, insbesondere den von der zuständigen landwirtschaftlichen Behörde bestellten Fachberatern für Flurbereinigung, allgemeine Grundsätze für die zweckmäßige Neugestaltung des Flurbereinigungsgebietes auf. [2] Dabei sind die Ergebnisse der Vorplanung nach § 1 Abs. 2 des Gesetzes über die Gemeinschaftsaufgabe "Verbesserung der Agrarstruktur und des Küstenschutzes" vom 3. September 1969 (Bundesgesetzbl. I S. 1573), geändert durch das Gesetz zur Änderung der Gesetze über die Gemeinschaftsaufgaben vom 23. Dezember 1971 (Bundesgesetzbl. I S. 2140), und Vorplanungen der landwirtschaftlichen Berufsvertretung oder anderer landwirtschaftlicher Stellen sowie des Naturschutzes und der Landschaftspflege zu erörtern und in dem möglichen Umfange zu berücksichtigen. [3] Die Erfordernisse der Raumordnung, der Landesplanung und des Städtebaues sind zu beachten.

---

1) § 37 Abs. 2 geänd. durch G v. 1. 6. 1980 (BGBl. I S. 649).

Erster Abschnitt. Gemeinschaftliche und öffentliche Anlagen

§ 39 [Schaffung gemeinschaftlicher Anlagen] (1) [1] Im Flurbereinigungsgebiet sind Wege, Straßen, Gewässer und andere zur gemeinschaftlichen Benutzung oder einem gemeinschaftlichen Interesse dienende Anlagen zu schaffen, soweit es der Zweck der Flurbereinigung erfordert. [2] Sie sind gemeinschaftliche Anlagen.

(2) Vorhandene Anlagen können geändert, verlegt oder eingezogen werden.

§ 40 [Bereitstellung von Land für Anlagen im öffentlichen Interesse] [1] Für Anlagen, die dem öffentlichen Verkehr oder einem anderen öffentlichen Interesse dienen, wie öffentliche Wege, Straßen, Einrichtungen von Eisenbahnen, Straßenbahnen und sonstigen Unternehmen des öffentlichen Verkehrs, Wasserversorgungs-, Energieversorgungs-, Abwasserverwertungs-, Abwasserbeseitigungs-, Windschutz-, Klimaschutz- und Feuerschutzanlagen, Anlagen zum Schutze gegen Immissionen oder Emissionen, Spiel- und Sportstätten sowie Anlagen, die dem Naturschutz, der Landschaftspflege oder der Erholung dienen, kann Land in verhältnismäßig geringem Umfange im Flurbereinigungsverfahren bereitgestellt werden. [2] Durch den Flurbereinigungsplan wird bestimmt, wem das Land zu Eigentum zugeteilt wird. [3] Soweit eine Anlage nicht zugleich dem wirtschaftlichen Interesse der Teilnehmer dient, hat der Eigentümer der Anlage für das Land und entstehende Schäden einen angemessenen Kapitalbetrag an die Teilnehmergemeinschaft zu leisten.

§ 41 [Plan über gemeinschaftliche und öffentliche Anlagen] (1) Die Flurbereinigungsbehörde stellt im Benehmen mit dem Vorstand der Teilnehmergemeinschaft einen Plan auf über die gemeinschaftlichen und öffentlichen Anlagen, insbesondere über die Einziehung, Änderung oder Neuausweisung öffentlicher Wege und Straßen sowie über die wasserwirtschaftlichen, bodenverbessernden und landschaftsgestaltenden Anlagen (Wege- und Gewässerplan mit landschaftspflegerischem Begleitplan).

(2) [1] Der Plan ist mit den Trägern öffentlicher Belange einschließlich der landwirtschaftlichen Berufsvertretung in einem Anhörungstermin zu erörtern. Einwendungen gegen den Plan müssen zur Vermeidung des Ausschlusses in dem Anhörungstermin vorgebracht werden; darauf ist in der Ladung und in dem Termin hinzuweisen. [2] Die Ladungsfrist beträgt einen Monat. [3] Der Ladung ist ein Auszug aus dem Plan beizufügen, der die Festsetzungen enthält, durch welche die Träger öffentlicher Belange berührt werden.

(3) Der Plan ist durch die obere Flurbereinigungsbehörde festzustellen.

(4) [1] Der Plan kann ohne vorherige Durchführung eines Planfeststellungsverfahrens von der oberen Flurbereinigungsbehörde genehmigt werden, wenn mit Einwendungen nicht zu rechnen ist oder Einwendungen nicht erhoben oder nachträglich ausgeräumt werden. [2] Die Planfeststellung kann bei Änderungen und Erweiterungen von unwesentlicher Bedeutung unterbleiben. [3] Fälle von unwesentlicher Bedeutung liegen besonders vor, wenn Rechte anderer nicht beeinflußt werden oder wenn mit den Beteiligten entsprechende Vereinbarungen getroffen werden.

(5) [1] Durch die Planfeststellung wird die Zulässigkeit des Vorhabens einschließlich der notwendigen Folgemaßnahmen an anderen Anlagen im Hinblick auf alle von ihm berührten öffentlichen Belange festgestellt; neben der Planfeststellung sind andere behördliche Entscheidungen, insbesondere öffentlich-rechtliche Genehmigungen, Verleihungen, Erlaubnisse, Bewilligungen, Zustimmungen und Planfeststellungen nicht erforderlich. [2] Durch die Planfeststellung werden alle öffentlich-rechtlichen Beziehungen zwischen dem Träger des Vorhabens und den durch den Plan Betroffenen rechtsgestaltend geregelt. [3] Die Rechte der Teilnehmer nach den §§ 44, 58 und 59 bleiben unberührt.

(6) Der Planfeststellungsbeschluß ist dem Träger des Vorhabens und dem Vorstand der Teilnehmergemeinschaft mit Rechtsbehelfsbelehrung zuzustellen.

§ 42 [Herstellung und Unterhaltung der gemeinschaftlichen Anlagen] (1) [1] Die Teilnehmergemeinschaft hat die gemeinschaftlichen Anlagen, soweit nicht ein anderer den Ausbau übernimmt, herzustellen und bis zur Übergabe an die Unterhaltspflichtigen zu unterhalten, soweit nicht gesetzliche Vorschriften anderes bestimmen. [2] Die Anlagen können schon vor der Ausführung des Flurbereinigungsplanes gebaut werden, soweit der Wege- und Gewässerplan mit landschaftspflegerischem Begleitplan für sie festgestellt ist.

(2) [1] Die gemeinschaftlichen Anlagen werden durch den Flurbereinigungsplan der Teilnehmergemeinschaft zu Eigentum zugeteilt und sind von ihr zu unterhalten, soweit nicht der Flurbereinigungsplan oder gesetzliche Vorschriften anderes bestimmen. [2] Sie können der Gemeinde zugeteilt werden, wenn diese zustimmt. [3] Die Länder können eine abweichende Regelung treffen.

(3) [1] Eigentümern von Grundstücken, die nicht zum Flurbereinigungsgebiet gehören, aber durch Anlagen wesentliche Vorteile haben, kann durch den Flurbereinigungsplan ein den Vorteilen entsprechender Anteil an den Kosten der Unterhaltung solcher Anlagen auferlegt werden. [2] Der Kostenanteil ist an den Unterhaltspflichtigen zu zahlen. Er haftet als öffentliche Last auf den Grundstücken, für die er festgesetzt ist.

§ 43[1)] [Gründung von Wasser- und Bodenverbänden] [1] Sollen Anlagen im Sinne des Gesetzes über Wasser- und Bodenverbände (Wasserverbandsgesetz) vom 12. Februar 1991 (BGBl. I S. 405) im Flurbereinigungsverfahren ausgeführt werden, so kann die Flurbereinigungsbehörde zur Ausführung und Unterhaltung dieser Anlagen einen Wasser- und Bodenverband nach den Vorschriften über Wasser- und Bodenverbände gründen. [2] Während des Flurbereinigungsverfahrens sind die Flurbereinigungsbehörde die Aufsichtsbehörde und die obere Flurbereinigungsbehörde die obere Aufsichtsbehörde des Verbandes.

Zweiter Abschnitt. Grundsätze für die Abfindung

§ 44[2)3)] [Landabfindung] (1) [1] Jeder Teilnehmer ist für seine Grundstücke unter Berücksichtigung der nach § 47 vorgenommenen Abzüge mit Land von gleichem Wert abzufinden. Bei der Bemessung der Landabfindung sind die nach den §§ 27 bis 33 ermittelten Werte zugrunde zu legen. [2] Maßgebend ist der Zeitpunkt, in dem der neue Rechtszustand an die Stelle des bisherigen tritt (§ 61 Satz 2). [3] In den Fällen der vorläufigen Besitzeinweisung ist der Zeitpunkt maßgebend, in dem diese wirksam wird.

(2) Bei der Landabfindung sind die betriebswirtschaftlichen Verhältnisse aller Teilnehmer gegeneinander abzuwägen und alle Umstände zu berücksichtigen, die auf den Ertrag, die Benutzung und die Verwertung der Grundstücke wesentlichen Einfluß haben.

(3) [1] Die Landabfindungen müssen in möglichst großen Grundstücken ausgewiesen werden. Unvermeidbare Mehr- oder Minderausweisungen von Land sind in Geld auszugleichen. [2] Die Grundstücke müssen durch Wege zugänglich gemacht werden; die erforderliche Vorflut ist, soweit möglich, zu schaffen.

(4) Die Landabfindung eines Teilnehmers soll in der Nutzungsart, Beschaffenheit, Bodengüte und Entfernung vom Wirtschaftshofe oder von der Ortslage seinen alten Grundstücken entsprechen, soweit es mit einer großzügigen Zusammenlegung des Grundbesitzes nach neuzeitlichen betriebswirtschaftlichen Erkenntnissen vereinbar ist.

(5) [1] Wird durch die Abfindung eine völlige Änderung der bisherigen Struktur eines Betriebes erforderlich, so bedarf sie der Zustimmung des Teilnehmers. [2] Die Kosten der Änderung sind Ausführungskosten (§ 105).

(6) [1] Die Landabfindungen können im Wege des Austausches in einem anderen Flurbereinigungsgebiet ausgewiesen werden, soweit es für die Durchführung der Flurbereinigung zweckmäßig ist und in den betroffenen Flurbereinigungsgebieten der neue Rechtszustand gleichzeitig eintritt. [2] Die Landabfindungen werden in diesen Fällen durch die Flurbereinigungspläne der Flurbereinigungsgebiete festgestellt, in denen sie ausgewiesen werden.

(7) [1] Sind die betroffenen Rechtsinhaber einverstanden, können die Flurbereinigungsbehörde und die Gemeinde (Umlegungsstelle) in gegenseitigem Einvernehmen den Eigentümer eines in einem Flurbereinigungsgebiet gelegenen Grundstücks mit einem Grundstück in einem Gebiet abfinden, in dem eine Umlegung nach Maßgabe des Vierten Teils des Ersten Kapitels des Baugesetzbuchs[4)] durchgeführt wird. [2] Das gleiche gilt, wenn der Eigentümer eines in einem Umlegungsgebiet gelegenen Grundstücks mit einem Grundstück in einem Flurbereinigungsgebiet abgefunden werden soll. [3] Im übrigen ist Absatz 6 entsprechend anzuwenden.

§ 45 [Erlaubte Veränderungen] (1) [1] Wenn der Zweck der Flurbereinigung es erfordert, können verändert werden:

1. Hof- und Gebäudeflächen;
2. Parkanlagen;
3. Naturdenkmale, Naturschutzgebiete sowie geschützte Landschaftsteile und geschützte Landschaftsbestandteile;
4. Seen, Fischteiche und Fischzuchtanstalten;

[1)] § 43 Satz 1 geänd. durch G v. 12. 2. 1991 (BGBl. I S. 405).

[2)] § 44 Abs. 7 Satz 1 geänd. m. W. v. 1. 7. 1987 durch G v. 8. 12. 1986 (BGBl. I S. 2191).

[3)] Gemäß Artikel 3 des G v. 15. 3. 1976 (Bundesgesetzbl. I S. 533) findet § 44 Abs. 1 Satz 4 auf anhängige Verfahren, in denen im Zeitpunkt des Inkrafttretens dieses Gesetzes am 1. April 1976 bereits eine vorläufige Besitzeinweisung erfolgt ist, keine Anwendung.

[4)] Nr. **400**.

5. Gewässer, die einem gewerblichen Betrieb dienen;
6. Sportanlagen;
7. Gärtnereien;
8. Friedhöfe, einzelne Grabstätten und Denkmale;
9. Anlagen, die dem öffentlichen Verkehr, dem Hochwasserschutz, der öffentlichen Wasser- und Energieversorgung sowie der Abwasserverwertung oder -beseitigung dienen;
10. Sol- und Mineralquellen mit den dazugehörenden Grundstücken;
11. Gewerbliche Anlagen zur Gewinnung von Bodenbestandteilen, sofern sie dauernd in Betrieb sind, und Lagerstätten von Bodenschätzen, die der Aufsicht der Bergbehörde unterliegen.

[2] In den Fällen der Nummern 9 bis 11 ist die Zustimmung der Eigentümer erforderlich. [3] Sie ist in den Fällen der Nummer 9 nicht erforderlich, sofern es sich um Anlagen handelt, die einem gemeinschaftlichen Interesse im Sinne des § 39 Abs. 1 dienen.

(2) [1] Wenn der Zweck der Flurbereinigung in anderer Weise nicht erreicht werden kann, können die in Absatz 1 Nr. 1 bis 8 bezeichneten Grundstücke verlegt oder einem anderen gegeben werden. [2] Bei Wohngebäuden und in den Fällen der Nummern 2, 7 und 8 ist jedoch die Zustimmung der Eigentümer, bei Friedhöfen auch die Zustimmung der beteiligten Kirchen erforderlich.

(3) Zu wesentlichen Eingriffen in den Bestand von Naturdenkmalen, Naturschutzgebieten sowie geschützten Landschaftsteilen und geschützten Landschaftsbestandteilen ist auch die vorherige Zustimmung der für den Naturschutz und die Landschaftspflege zuständigen Behörde erforderlich.

§ 46 [Abfindung bei Wertverbesserung von Grundstücken] [1] Sind Teile des Flurbereinigungsgebietes durch besondere Maßnahmen mit erheblichen öffentlichen Mitteln im Flurbereinigungsverfahren verbessert und ist der Wert dieser Grundstücke wesentlich erhöht worden, so kann der Bemessung der Abfindung der Teilnehmer der erhöhte Wert zugrunde gelegt werden. [2] Der erhöhte Wert ist nötigenfalls durch erneute Wertermittlung nach den §§ 28 und 31 bis 33 unter Berücksichtigung der den Teilnehmern verbleibenden Kostenlast festzustellen. [3] Der Erlös des zur Abfindung der Teilnehmer nicht benötigten Landes ist zur Deckung der Kosten der Verbesserung zu verwenden.

§ 47 [Aufbringung von Grund und Boden zu gemeinschaftlichen Anlagen] (1) [1] Den zu den gemeinschaftlichen Anlagen und zu öffentlichen Anlagen nach § 40 erforderlichen Grund und Boden haben alle Teilnehmer nach dem Verhältnis des Wertes ihrer alten Grundstücke zu dem Wert aller Grundstücke des Flurbereinigungsgebietes aufzubringen, soweit er nicht durch vor der Flurbereinigung vorhandene Anlagen gleicher Art oder durch einen bei Neumessung des Flurbereinigungsgebietes sich ergebenden Überschuß an Fläche gedeckt oder von einzelnen Teilnehmern hergegeben wird; in gleicher Weise ist ein bei Neumessung sich ergebender Mangel an Fläche aufzubringen. [2] Der von den Teilnehmern aufzubringende Anteil kann für unvorhergesehene Zwecke, für Mißformen und zum Ausgleich mäßig erhöht werden.

(2) Für solche Teile des Flurbereinigungsgebietes, in denen aus besonderen Gründen ein größerer Bedarf an Grund und Boden für gemeinschaftliche oder öffentliche Anlagen als in anderen Teilen besteht, kann zu Lasten der begünstigten Teilnehmer ein von dem übrigen Flurbereinigungsgebiet abweichender Maßstab festgesetzt werden.

(3) Die Flurbereinigungsbehörde kann zur Vermeidung offensichtlicher und unbilliger Härten einzelne Teilnehmer ausnahmsweise von der Aufbringung ihres Anteils an den gemeinschaftlichen oder öffentlichen Anlagen ganz oder teilweise zu Lasten der übrigen Teilnehmer befreien.

§ 48 [Teilung gemeinschaftlichen Eigentums] (1) Zum Flurbereinigungsgebiet gehörende Grundstücke, die nach altem Herkommen in gemeinschaftlichem Eigentum stehen, können geteilt werden.

(2) Wenn es dem Zweck der Flurbereinigung dient und die Eigentümer zustimmen, kann gemeinschaftliches Eigentum an Grundstücken auch in anderen Fällen geteilt oder in der Form von Miteigentum neu gebildet werden.

§ 49 [Aufhebung alter Grundrechte; Abfindung] (1) [1] Wenn es der Zweck der Flurbereinigung erfordert, können Dienstbarkeiten, Reallasten und Erwerbsrechte an einem Grundstück sowie persönliche Rechte, die zum Besitz oder zur Nutzung eines Grundstücks berechtigen oder die Benutzung eines Grundstücks beschränken, aufgehoben werden. [2] Für Rechte, die durch die Flurbereinigung entbehrlich werden, wird eine Abfindung nicht gewährt. Werden in

Satz 1 genannte Rechte, die nicht entbehrlich werden, aufgehoben, sind die Berechtigten entweder in Land, durch gleichartige Rechte oder mit ihrer Zustimmung in Geld abzufinden. [3] Bei der Abfindung in Land oder durch gleichartige Rechte gilt § 44 Abs. 3 Satz 2, bei der Abfindung in Geld gelten die §§ 52 bis 54 entsprechend. [4] Soweit die Abfindung in Land oder durch gleichartige Rechte unmöglich oder mit dem Zweck der Flurbereinigung nicht vereinbar ist, sind die Berechtigten in Geld abzufinden.

(2) [1] Ein in Absatz 1 Satz 1 bezeichnetes Recht ist auf Antrag des Berechtigten aufzuheben, wenn es bei Übergang auf die Landabfindung an dieser nicht mehr in dem bisherigen Umfange ausgeübt werden könnte. [2] Absatz 1 Satz 3 bis 5 gilt entsprechend.

(3) Die aus dem Bestehen eines aufzuhebenden Rechts folgende Minderung des Wertes des alten Grundstücks ist bei der Abfindung des Teilnehmers nur zu berücksichtigen, wenn sie erheblich ist.

§ 50 [Übernahme oder Entfernung von Holzpflanzen; Abfindung] (1) Obstbäume, Beerensträucher, Rebstöcke, Hopfenstöcke, Bodenaltertümer, Kulturdenkmale sowie Bäume, Feldgehölze und Hecken, deren Erhaltung aus Gründen des Naturschutzes und der Landschaftspflege oder aus anderen Gründen geboten ist, hat der Empfänger der Landabfindung zu übernehmen.

(2) [1] Für die in Absatz 1 genannten Holzpflanzen hat die Teilnehmergemeinschaft den bisherigen Eigentümer in Geld abzufinden; sie kann von dem Empfänger der Landabfindung angemessene Erstattung verlangen. [2] Mit Zustimmung der Flurbereinigungsbehörde können die Teilnehmer anderes vereinbaren. Für unfruchtbare, unveredelte, noch verpflanzbare oder abgängige Obstbäume, für verpflanzbare oder abgängige Beerensträucher, Rebstöcke, Hopfenstöcke und für andere als die in Absatz 1 genannten Bäume wird keine Geldabfindung gegeben; der bisherige Eigentümer kann sie entfernen. [3] Als abgängig gelten auch Rebstöcke und Hopfenstöcke, die nach anderen gesetzlichen Vorschriften zu beseitigen sind; die Vorschriften über die Entschädigung nach diesen Gesetzen bleiben unberührt.

(3) Die Länder bestimmen, daß Obstbäume, Beerensträucher oder Rebstöcke zu entfernen sind, wenn Bodenverbesserungen oder andere ertragsfördernde Maßnahmen, z.B. Rebenneuaufbau, sonst nicht zweckmäßig durchgeführt werden können.

(4) Für andere nicht unter Absatz 1 fallende wesentliche Bestandteile von Grundstücken, insbesondere für Gebäude, ist, soweit erforderlich, der bisherige Eigentümer oder der sonst Berechtigte gesondert abzufinden.

§ 51 [Ausgleichung in Geld] (1) Ein vorübergehender Unterschied zwischen dem Wert der alten Grundstücke und dem Wert der Landabfindung sowie andere vorübergehende Nachteile einzelner Teilnehmer, die das Maß der den übrigen Teilnehmern entstehenden gleichartigen Nachteile erheblich übersteigen, sind durch Geld oder in anderer Art auszugleichen.

(2) Die Teilnehmergemeinschaft kann Erstattung der von ihr geleisteten Ausgleichszahlung von dem, der dadurch Vorteile hat, nach dem Verhältnis seines Vorteiles verlangen.

§ 52 [Ganze oder teilweise Abfindung in Geld; Grundstücksverfügungsverbot] (1) Ein Teilnehmer kann mit seiner Zustimmung statt in Land ganz oder teilweise in Geld abgefunden werden.

(2) [1] Die Zustimmung bedarf zu ihrer Wirksamkeit schriftlicher Form. [2] Sie kann nicht mehr widerrufen werden, wenn sie der Flurbereinigungsbehörde zugegangen oder in eine Verhandlungsniederschrift (§§ 129 bis 131) aufgenommen worden ist.

(3) [1] Ist die Zustimmung unwiderruflich geworden, so darf der Teilnehmer das Grundstück, für das er in Geld abzufinden ist, nicht mehr veräußern oder belasten. [2] Das Verfügungsverbot (§ 135 des Bürgerlichen Gesetzbuchs) ist auf Ersuchen der Flurbereinigungsbehörde für die Teilnehmergemeinschaft oder im Falle der Zustimmung zugunsten eines bestimmten Dritten für diesen in das Grundbuch einzutragen. [3] Solange das Verfügungsverbot nicht eingetragen ist, hat der rechtsgeschäftliche Erwerber des Grundstücks, eines Rechts an dem Grundstück oder eines Rechts an einem solchen Recht die Auszahlung der Geldabfindung nur gegen sich gelten zu lassen, wenn ihm das Verfügungsverbot bei dem Erwerb bekannt war; § 892 des Bürgerlichen Gesetzbuchs gilt entsprechend. [4] Wird ein Teilnehmer nur für einen Grundstücksteil in Geld abgefunden, so ist das Verfügungsverbot nur für diesen Teil einzutragen.

§ 53 [Auszahlung der Abfindung; Anzahlung des Grundstücksberechtigten] (1) [1] Wird ein Teilnehmer ganz oder teilweise in Geld abgefunden und ist er mit der Höhe der Geldabfindung einverstanden, so kann diese schon vor Ausführung des Flurbereinigungsplanes ausgezahlt werden, sobald das Verfügungsverbot (§ 52 Abs. 3) im Grundbuch eingetragen ist. [2] Nach Auszahlung der Geldabfindung kann ihre Änderung nicht mehr verlangt werden.

(2) [1] Ist das Grundstück mit Rechten Dritter belastete, so ist die Abfindung dem Eigentümer nach Abzug des Wertes dieser Rechte auszuzahlen. [2] Eine diesen Rechten zugrunde liegende persönliche Schuld des Eigentümers kann die Teilnehmergemeinschaft oder ein gemeinnütziges Siedlungsunternehmen übernehmen, ohne daß es der Genehmigung des Gläubigers bedarf. [3] Die Übernahme wird mit der Anzeige an den Gläubiger wirksam. [4] Bis zu diesem Zeitpunkt ist die Teilnehmergemeinschaft oder das Siedlungsunternehmen dem Eigentümer gegenüber verpflichtet, den Gläubiger rechtzeitig zu befriedigen.

§ 54 [Berechnung der Kapitalbeträge] (1) [1] Geldabfindungen und Geldausgleiche müssen angemessen sein. Die Kapitalbeträge sind unter Zugrundelegung des Wertes nach § 28, bei Bauflächen und Bauland sowie bei baulichen Anlagen nach § 29 festzusetzen. [2] Sie können gegen Beiträge (§ 19) verrechnet werden.

(2) [1] Das infolge von Geldabfindungen und nach § 46 zur Abfindung der Teilnehmer nicht benötigte Land ist in einer dem Zweck der Flurbereinigung entsprechenden Weise oder für Siedlungszwecke zu verwenden. [2] Durch den Flurbereinigungsplan wird bestimmt, wem das Land zu Eigentum zugeteilt wird. [3] Für die Zuteilung gilt § 55 entsprechend.

§ 55 [Sondervorschriften bei Teilnahme von Siedlungsunternehmen] (1) Ist ein Siedlungsunternehmen Teilnehmer, so kann das ihm zustehende Abfindungsland mit seiner Zustimmung durch den Flurbereinigungsplan einem oder in Teilen mehreren Siedlern zu Eigentum zugeteilt werden.

(2) [1] Die Flurbereinigungsbehörde kann im Flurbereinigungsplan eine Hypothek, mit der die Grundstücke des Siedlungsunternehmens belastet sind, auf die einzelnen Teile des Abfindungslandes, soweit diese verschiedenen Siedlern zugeteilt werden, entsprechend ihrem im Flurbereinigungsverfahren ermittelten Wert verteilen. [2] Der Gläubiger kann der Verteilung nicht widersprechen.

(3) [1] Nach Eintritt des neuen Rechtszustandes haftet der Siedler für die persönliche Forderung, die der verteilten Hypothek zugrunde liegt, insoweit, als sie der Belastung seines Grundstücks mit der Hypothek entspricht. [2] Die Rechte des Gläubigers gegen den bisherigen Schuldner erlöschen.

(4) Die Vorschriften der Absätze 2 und 3 gelten für Grundschulden, Rentenschulden und Reallasten sinngemäß; doch gilt Absatz 2 für Altenteile nur, soweit der Unterhalt des Berechtigten durch die Verteilung nicht gefährdet wird.

Dritter Abschnitt. Flurbereinigungsplan

§ 56 [Grenzzeichen und Grenzanerkennungen] [1] Vor der Aufstellung des Flurbereinigungsplanes hat die Flurbereinigungsbehörde, soweit erforderlich, die Errichtung fester Grenzzeichen an der Grenze des Flurbereinigungsgebietes sicherzustellen. [2] Sie hat erforderliche Grenzanerkennungen durch die Eigentümer der an das Gebiet grenzenden Grundstücke aufzunehmen. [3] Die Grenzanerkennungen können durch Bestimmungen des Flurbereinigungsplanes ersetzt werden, durch die die Grenze des Flurbereinigungsgebietes festgelegt wird.

§ 57 [Anhörungspflicht für Abfindungswünsche] Vor der Aufstellung des Flurbereinigungsplanes sind die Teilnehmer über ihre Wünsche für die Abfindung zu hören.

§ 58 [Flurbereinigungsplan] (1) [1] Die Flurbereinigungsbehörde faßt die Ergebnisse des Verfahrens im Flurbereinigungsplan zusammen. [2] In den Flurbereinigungsplan ist der Wege- und Gewässerplan mit landschaftspflegerischem Begleitplan aufzunehmen, die gemeinschaftlichen und öffentlichen Anlagen sowie die alten Grundstücke und Berechtigungen der Beteiligten und ihre Abfindungen sind nachzuweisen, die sonstigen Rechtsverhältnisse sind zu regeln. [3] Im Flurbereinigungsplan ist der im Grundbuch eingetragene Eigentümer oder andere Berechtigte auch dann zu bezeichnen, wenn an seiner Stelle gemäß § 12 Satz 2 und 3 sowie den §§ 13 und 14 ein anderer als Beteiligter behandelt worden ist.

(2) [1] Gemeindegrenzen können durch den Flurbereinigungsplan geändert werden, soweit es wegen der Flurbereinigung zweckmäßig ist. Die Änderung bezieht sich auch auf die Kreis-, Bezirks- und Landesgrenzen, wenn sie mit den Gemeindegrenzen übereinstimmen. [2] Ist die Änderung von Gemeinde- oder Kreisgrenzen beabsichtigt, so ist die zuständige Kommunalaufsichtsbehörde rechtzeitig zu verständigen; die Änderung bedarf der Zustimmung der beteiligten Gebietskörperschaften. [3] Ist die Änderung von Bezirks- oder Landesgrenzen beabsichtigt, so sind auch die zuständigen obersten Landesbehörden rechtzeitig zu verständigen; die Änderung bedarf der Zustimmung der beteiligten Länder und Gebietskörperschaften.

(3) Der Flurbereinigungsplan bedarf der Genehmigung der oberen Flurbereinigungsbehörde.

(4) [1] Der Flurbereinigungsplan hat für Festsetzungen, die im gemeinschaftlichen Interesse der Beteiligten oder im öffentlichen Interesse getroffen werden, die Wirkung von Gemeindesatzungen. [2] Nach Beendigung des Flurbereinigungsverfahrens können die Festsetzungen mit Zustimmung der Gemeindeaufsichtsbehörde durch Gemeindesatzung geändert oder aufgehoben werden.

§ 59 [Bekanntmachung des Flurbereinigungsplanes; Widersprüche] (1) Der Flurbereinigungsplan ist den Beteiligten bekanntzugeben. Die neue Feldeinteilung ist ihnen auf Wunsch an Ort und Stelle zu erläutern.

(2) [1] Widersprüche gegen den bekanntgegebenen Flurbereinigungsplan müssen die Beteiligten zur Vermeidung des Ausschlusses in einem Anhörungstermin vorbringen; hierauf ist in der Ladung und im Termin hinzuweisen. [2] Die Ladungsfrist beträgt zwei Wochen.

(3) [1] Jedem Teilnehmer ist ein Auszug aus dem Flurbereinigungsplan zuzustellen, der seine neuen Grundstücke nach Fläche und Wert sowie das Verhältnis seiner Gesamtabfindung zu dem von ihm Eingebrachten nachweist. [2] Der Auszug soll der Ladung zum Anhörungstermin beigefügt werden. Wird durch öffentliche Bekanntmachung geladen, so soll der Auszug den Teilnehmern zwei Wochen vor ihrer Anhörung zugehen.

(4) Widerspüche nach Absatz 2 sind in die Verhandlungsniederschrift (§§ 129 bis 131) aufzunehmen.

(5) Die Länder können an Stelle oder neben dem im Termin vorzubringenden Widerspruch schriftlichen Widerspruch innerhalb von zwei Wochen nach dem Terminstage zulassen.

§ 60 [Änderungen durch die Flurbereinigungsbehörde; Vorlage von Widersprüchen der oberen Flurbereinigungsbehörde] (1) [1] Die Flurbereinigungsbehörde hat begründeten Widersprüchen abzuhelfen. [2] Sie kann auch andere Änderungen des Flurbereinigungsplanes vornehmen, die sie für erforderlich hält. [3] Die Bekanntgabe der Änderungen und die Anhörung sind auf die daran Beteiligten zu beschränken. [4] Im übrigen sind die Vorschriften des § 59 anzuwenden.

(2) Die nach Abschluß der Verhandlungen verbleibenden Widersprüche legt die Flurbereinigungsbehörde gemäß der Vorschrift des § 141 Abs. 1 der oberen Flurbereinigungsbehörde vor.

Vierter Abschnitt. Ausführung des Flurbereinigungsplanes

§ 61 [Unanfechtbarkeit des Flurbereinigungsplanes] [1] Ist der Flurbereinigungsplan unanfechtbar geworden, ordnet die Flurbereinigungsbehörde seine Ausführung an (Ausführungsanordnung). [2] Zu dem in der Ausführungsanordnung zu bestimmenden Zeitpunkt tritt der im Flurbereinigungplan vorgesehene neue Rechtszustand an die Stelle des bisherigen.

§ 62 [Ausführungsanordnung; Überleitungsbestimmungen] (1) [1] Die Ausführungsanordnung und der Zeitpunkt des Eintritts des neuen Rechtszustandes (§ 61 Satz 2) sind öffentlich bekanntzumachen. [2] In der Bekanntmachung ist auf die Frist nach § 71 Satz 3 hinzuweisen.

(2) Durch Überleitungsbestimmungen, zu denen der Vorstand der Teilnehmergemeinschaft zu hören ist, regelt die Flurbereinigungsbehörde die tatsächliche Überleitung in den neuen Zustand, namentlich den Übergang des Besitzes und der Nutzung der neuen Grundstücke.

(3) [1] Die Überleitungsbestimmungen sind bei den Gemeindeverwaltungen der Flurbereinigungsgemeinden oder bei dem Vorstand der Teilnehmergemeinschaft zur Einsichtnahme für die Beteiligten auszulegen. [2] Die Auslegung ist öffentlich bekanntzumachen.

§ 63 [Vorzeitige Ausführungsanordnung] (1) Die Ausführung des Flurbereinigungsplanes kann vor seiner Unanfechtbarkeit angeordnet werden, wenn die Flurbereinigungsbehörde verbliebene Widersprüche gemäß § 60 Abs. 2 der oberen Flurbereinigungsbehörde vorgelegt hat und aus einem längeren Aufschub der Ausführung voraussichtlich erhebliche Nachteile erwachsen würden (vorzeitige Ausführungsanordnung).

(2) [1] Wird der vorzeitig ausgeführte Flurbereinigungsplan unanfechtbar geändert, so wirkt diese Änderung in rechtlicher Hinsicht auf den in der Ausführungsanordnung festgesetzten Tag zurück. [2] Die tatsächliche Ausführung der Änderung regelt die Flurbereinigungsbehörde durch Überleitungsbestimmungen. [3] Die Änderung ist den Beteiligten bekanntzugeben.

§ 64 [Änderung und Ergänzung des Flurbereinigungsplanes] [1] Die Flurbereinigungsbehörde kann den Flurbereinigungsplan auch nach der Ausführungsanordnung (§§ 61 und 63) ändern oder ergänzen, wenn öffentliche Interessen oder wichtige, nicht vorherzusehende wirtschaftliche Bedürfnisse der Beteiligten es erfordern oder wenn ihr eine rechtskräftige gerichtliche Entscheidung bekannt wird. [2] Für das Verfahren gelten die §§ 59 bis 63 sinngemäß; § 63 Abs. 2 gilt auch, wenn die Ausführung des Flurbereinigungsplanes gemäß § 61 Satz 1 angeordnet war.

Fünfter Abschnitt. Vorläufige Besitzeinweisung

§ 65 [Vorläufige Besitzeinweisung] (1) [1] Die Beteiligten können in den Besitz der neuen Grundstücke vorläufig eingewiesen werden, wenn deren Grenzen in die Örtlichkeit übertragen worden sind und endgültige Nachweise für Fläche und Wert der neuen Grundstücke vorliegen sowie das Verhältnis der Abfindung zu dem von jedem Beteiligten Eingebrachten feststeht. [2] Die neue Feldeinteilung ist den Beteiligten bekanntzugeben und auf Antrag an Ort und Stelle zu erläutern. [3] Die vorläufige Besitzeinweisung kann auf Teile des Flurbereinigungsgebietes beschränkt werden.

(2) [1] Die Flurbereinigungsbehörde ordnet die vorläufige Besitzeinweisung an. [2] Die Vorschrift des § 18 Abs. 2 ist nicht anzuwenden. [3] Die vorläufige Besitzeinweisung ist öffentlich bekanntzumachen; in den Fällen des Absatzes 1 Satz 3 kann sie auch zugestellt werden. [4] Die Vorschriften des § 62 Abs. 2 und 3 gelten sinngemäß.

§ 66 [Besitz-, Verwaltungs- und Nutzungsübergang] (1) [1] Mit dem in den Überleitungsbestimmungen bestimmten Zeitpunkt gehen der Besitz, die Verwaltung und die Nutzung der neuen Grundstücke auf den in der neuen Feldeinteilung benannten Empfänger über. [2] Soweit an Erzeugnissen oder sonstigen Bestandteilen besondere Rechtsverhältnisse bestehen können, gilt der Empfänger als Eigentümer der neuen Grundstücke. [3] Insbesondere treten die Erzeugnisse der neuen Grundstücke in rechtlicher Beziehung an die Stelle der Erzeugnisse der alten Grundstücke. [4] Die Flurbereinigungsbehörde kann Abweichendes bestimmen.

(2) Die Vorschriften der §§ 69 bis 71 sind sinngemäß anzuwenden.

(3) Die rechtlichen Wirkungen der vorläufigen Besitzeinweisung enden mit der Ausführung des Flurbereinigungsplanes (§§ 61 und 63).

415

§ 67 [Leistung der Ausgleiche und Abfindungen in Geld] (1) Ausgleiche und Abfindungen in Geld sind möglichst anschließend an die Anordnung nach § 65 Abs. 2 zu leisten, soweit nicht Rechte Dritter nach den Vorschriften der §§ 74 bis 78 zu wahren sind.

(2) Beträge, die nach den endgültigen Festsetzungen im Flurbereinigungsplan in anderer Höhe oder von anderen Beteiligten zu zahlen sind, sind nach Ausführung des Flurbereinigungsplanes auszugleichen.

Sechster Abschnitt. Wahrung der Rechte Dritter

§ 68 [Übergang und Bestehenbleiben von Grundstücksrechten] (1) [1] Die Landabfindung tritt hinsichtlich der Rechte an den alten Grundstücken und der diese Grundstücke betreffenden Rechtsverhältnisse, die nicht aufgehoben werden (§ 49), an die Stelle der alten Grundstücke. [2] Die örtlich gebundenen öffentlichen Lasten, die auf den alten Grundstücken ruhen, gehen auf die in deren örtlicher Lage ausgewiesenen neuen Grundstücke über.

(2) Wird eine Landabfindung für mehrere alte Grundstücke oder Berechtigungen gegeben, die durch verschiedene Rechtsverhältnisse betroffen werden, so hat die Flurbereinigungsbehörde zu bestimmen, welche neuen Grundstücke oder Bruchteile von neuen Grundstücken an die Stelle der einzelnen alten Grundstücke oder Berechtigungen treten.

(3) [1] Auf Antrag und, soweit erforderlich, auch von Amts wegen hat die Flurbereinigungsbehörde an Stelle der nach Absatz 2 bestimmten Bruchteile besondere Grundstücke auszuweisen. [2] Das gilt nicht hinsichtlich der Bruchteile von Berechtigungen der in § 49 Abs. 1 Satz 3 bezeichneten Art.

§ 69 [Leistungspflichten des Nießbrauchers] [1] Der Nießbraucher hat einen angemessenen Teil der dem Eigentümer zur Last fallenden Beiträge (§ 19) zu leisten und dem Eigentümer die übrigen Beiträge vom Zahlungstage ab zum angemessenen Zinssatz zu verzinsen. [2] Entsprechend ist eine Ausgleichszahlung zu verzinsen, die der Eigentümer für eine dem Nießbrauch unterliegende Mehrzuteilung von Land zu leisten hat.

§ 70[1] [Ausgleichung und Auflösung von Pachtverhältnissen] (1) Bei Pachtverhältnissen ist ein Wertunterschied zwischen dem alten und dem neuen Pachtbesitz durch Erhöhung oder Minderung der Pacht oder in anderer Weise auszugleichen.

---

[1] § 70 Abs. 1 geänd. mWv 1. 9. 2001 durch G v. 19. 6. 2001 (BGBl. I S. 1149).

(2) Wird der Pachtbesitz durch die Flurbereinigung so erheblich geändert, daß dem Pächter die Bewirtschaftung wesentlich erschwert wird, so ist das Pachtverhältnis zum Ende des bei Erlaß der Ausführungsanordnung laufenden oder des darauffolgenden ersten Pachtjahres aufzulösen.

(3) Die Vorschriften der Absätze 1 und 2 gelten nicht, soweit die Vertragsteile eine abweichende Regelung getroffen haben.

§ 71 [Entscheidung betr. Nießbrauch- und Pachtverhältnisse] [1] Über die Leistungen nach § 69, den Ausgleich nach § 70 Abs. 1 und die Auflösung des Pachtverhältnisses nach § 70 Abs. 2 entscheidet die Flurbereinigungsbehörde. [2] Die Entscheidung ergeht nur auf Antrag; im Falle des § 70 Abs. 2 ist nur der Pächter antragsberechtigt. [3] Die Anträge sind spätestens drei Monate nach Erlaß der Ausführungsanordnung bei der Flurbereinigungsbehörde zu stellen.

§ 72 [Geldabfindung der Grundstücksinhaber] (1) Wird ein Teilnehmer nur in Geld abgefunden, so sind die Inhaber von Hypotheken, Grundschulden, Rentenschulden und Reallasten an den alten Grundstücken sowie die Gläubiger von Rückständen öffentlicher Lasten oder als öffentliche Last auf den alten Grundstücken ruhender Renten auf die Geldabfindung angewiesen.

(2) Wird eine Geldabfindung für mehrere alte Grundstücke oder Berechtigungen gegeben, die verschiedenen Rechtsverhältnissen unterliegen, so hat die Flurbereinigungsbehörde zu bestimmen, welche Teilbeträge der Geldabfindung an die Stelle der alten Grundstücke oder Berechtigungen treten.

§ 73 [Gesonderte Abfindung der Altenteilsberechtigten] [1] Wird ein Teilnehmer nur in Geld abgefunden, so sind Altenteilsberechtigte sowie Inhaber von Erwerbsrechten an den alten Grundstücken oder von dinglichen oder persönlichen Rechten, die zum Besitz oder zur Nutzung dieser Grundstücke berechtigen oder die Benutzung dieser Grundstücke beschränken, gesondert abzufinden. [2] Die Vorschriften des § 49 Abs. 1 und 3 gelten entsprechend.

§ 74 [Wahrung der Grundstücksrechte] Wird ein Teilnehmer nur in Geld abgefunden, so sind die Rechte nach § 72 Abs. 1, soweit sie aus dem Grundbuch ersichtlich oder sonst bekannt sind, nach folgenden Vorschriften zu wahren:

1. Sind die Rechte nicht streitig, Teilnehmer und Berechtigte über die Auszahlung einig und macht kein Dritter dingliche Rechte an der Geldabfindung geltend, so weist die Flurbereinigungsbehörde die Teilnehmergemeinschaft an, das Geld den Berechtigten auszuzahlen.
2. Sind die Rechte streitig oder Teilnehmer und Berechtigte über die Auszahlung nicht einig oder macht ein Dritter dingliche Rechte an der Geldabfindung geltend, so weist die Flurbereinigungsbehörde die Teilnehmergemeinschaft an, das Geld zugunsten des in Geld abgefundenen Teilnehmers, der Berechtigten und des Dritten bei dem nach Nummer 3 für die Verteilung zuständigen Amtsgericht unter Verzicht auf das Recht der Rücknahme zu hinterlegen. Nach der Hinterlegung können Ansprüche wegen der Geldabfindung im Flurbereinigungsverfahren nicht mehr geltend gemacht werden. Das Amtsgericht hat den hinterlegten Betrag nach Maßgabe des § 75 zu verteilen. § 108 ist nicht anzuwenden.
3. Für die Verteilung ist das Amtsgericht zuständig, in dessen Bezirk die mit den Rechten belasteten Grundstücke liegen. Liegen die belasteten Grundstücke in den Bezirken verschiedener Amtsgerichte, so ist das Amtsgericht zuständig, in dessen Bezirk die größere Fläche der belasteten Gundstücke liegt. In Zweifelsfällen gilt § 2 des Gesetzes über die Zwangsversteigerung und die Zwangsverwaltung in der Fassung der Bekanntmachung vom 20. Mai 1898 (Reichsgesetzbl. S. 369, 713), zuletzt geändert durch das Einführungsgesetz zum Strafgesetzbuch vom 2. März 1974 (Bundesgesetzbl. I S. 469), entsprechend.
4. Hypotheken, Grundschulden, Rentenschulden und Reallasten, die aus der Geldabfindung nicht befriedigt werden, erlöschen.

§ 75 [Verteilungsverfahren bei strittiger Berechtigung] (1) Nach Eintritt des neuen Rechtszustandes kann jeder Hinterlegungsbeteiligte sein Recht an der hinterlegten Summe gegen einen Mitbeteiligten, der dieses Recht bestreitet, vor den ordentlichen Gerichten geltend machen oder die Einleitung eines gerichtlichen Verteilungsverfahrens beantragen.

(2) Auf das Verteilungsverfahren sind die Vorschriften über die Verteilung des Erlöses im Falle der Zwangsversteigerung mit folgenden Abweichungen sinngemäß anzuwenden:

1. Das Verteilungsverfahren ist durch Beschluß zu eröffnen.
2. Die Zustellung des Eröffnungsbeschlusses an den Antragsteller gilt als Beschlagnahme im Sinne des § 13 des Zwangsversteigerungsgesetzes. Ist das Grundstück schon in einem

Zwangsversteigerungs- oder Zwangsverwaltungsverfahren beschlagnahmt, so hat es hierbei sein Bewenden.

3. Das Verteilungsgericht hat bei Eröffnung des Verfahrens von Amts wegen das Grundbuchamt um die in § 19 Abs. 2 des Zwangsversteigerungsgesetzes bezeichneten Mitteilungen zu ersuchen; in die beglaubigte Abschrift des Grundbuchblattes sind die im Zeitpunkt des Eintritts des neuen Rechtszustandes vorhandenen Eintragungen über Hypotheken, Grundschulden, Rentenschulden und Reallasten sowie die später eingetragenen Veränderungen und Löschungen aufzunehmen.
4. Ansprüche auf wiederkehrende Nebenleistungen sind nur bis zum Zeitpunkt der Hinterlegung zu berücksichtigen.

§ 76 [Wahrung der Rechte bei teilweiser Geldabfindung] (1) Erhält ein Teilnehmer neben einer Landabfindung eine Geldabfindung und übersteigt diese den Betrag von tausend Deutsche Mark oder den zwanzigsten Teil des Wertes (§§ 28 und 29) der belasteten alten Grundstücke, so hat die Flurbereinigungsbehörde die Abfindung den in § 74 bezeichneten Berechtigten mit dem Hinweis bekanntzugeben, daß ihre Rechte an der Geldabfindung im Flurbereinigungsverfahren nur gewahrt werden, wenn sie dies innerhalb eines Monats beantragen.

(2) [1] Wird rechtzeitig ein Antrag gestellt, so hat die Flurbereinigungsbehörde das Recht des Antragstellers, soweit es unter Berücksichtigung der im Range vorgehenden Rechte durch den Wert der Landabfindung für die belasteten alten Grundstücke nicht gesichert ist, und die im Range nachstehenden Rechte entsprechend den Vorschriften des § 74 zu wahren. [2] Dies gilt nicht, wenn der Teilnehmer innerhalb einer von der Flurbereinigungsbehörde zu bestimmenden Frist die geschmälerte Sicherheit dadurch wiederherstellt, daß er im Range vorgehende Rechte beseitigt, andere Grundstücke den Abfindungsgrundstücken als Bestandteile zuschreiben läßt oder das Abfindungsgrundstück dauerhaft verbessert.

§ 77 [Entsprechende Anwendung bei Rechten an Rechten] Die Vorschriften der §§ 74 bis 76 gelten entsprechend, wenn Rechte Dritter an den Rechten bestehen, die nach § 74 zu wahren sind oder deren Inhaber nach den §§ 49 oder 73 in Geld abgefunden werden.

§ 78 [Bereitstellung der Geldabfindungen] Die Teilnehmergemeinschaft hat Geldabfindungen bis zu ihrer Verwendung für die Empfangsberechtigten auf Sonderkonto bei einem Kreditinstitut bereitzuhalten.

Siebenter Abschnitt. Berichtigung der öffentlichen Bücher

§ 79 [Berichtigung der öffentlichen Bücher] (1) Nach Eintritt des neuen Rechtszustandes sind die öffentlichen Bücher auf Ersuchen der Flurbereinigungsbehörde nach dem Flurbereinigungsplan zu berichtigen.

(2) Für Rechtsänderungen, die von der Entscheidung in einem Rechtsbehelfsverfahren abhängig sind, ist das Ersuchen erst zu stellen, wenn die Entscheidung unanfechtbar geworden ist.

§ 80 [Bescheinigung über Eintritt des neuen Rechtszustandes; Auszug aus dem Flurbereinigungsplan] Dem Ersuchen um Berichtigung des Grundbuches sind eine Bescheinigung über den Eintritt des neuen Rechtszustandes und ein beglaubigter Auszug aus dem Flurbereinigungsplan beizufügen, der nachweisen muß:

1. die Eigentümer der zum Flurbereinigungsgebiet gehörenden Grundstücke;
2. die alten Grundstücke und Berechtigungen sowie die dafür ausgewiesenen Abfindungen;
3. die Landzuteilungen sowie die gemeinschaftlichen und die öffentlichen Anlagen;
4. die zu löschenden, die auf neue Grundstücke zu übertragenden und die neu einzutragenden Rechte.

§ 81 [Flurbereinigungsplan als amtliches Verzeichnis] (1) Bis zur Berichtigung des Liegenschaftskatasters dient der Flurbereinigungsplan als amtliches Verzeichnis der Grundstücke (§ 2 Abs. 2 der Grundbuchordnung).

(2) Hat die Flurbereinigungsbehörde die Unterlagen zur Berichtigung des Liegenschaftskatasters an die für die Führung des Liegenschaftskatasters zuständige Behörde abgegeben, so ist für die Fortführung der Unterlagen auch vor Abschluß der Berichtigung diese Behörde zuständig.

§ 82 [Antrag eines Teilnehmers auf Grundbuchberichtigung] [1] Solange die Flurbereinigungsbehörde die Berichtigung des Grundbuches noch nicht veranlaßt hat, kann ein Teilnehmer, dessen Rechte durch Widersprüche gegen den Flurbereinigungsplan voraussichtlich nicht berührt werden, beantragen, daß die Flurbereinigungsbehörde das Grundbuchamt sogleich ersucht, das Grundbuch durch Eintragung seiner neuen Grundstücke zu berichtigen. [2] Dem Ersuchen sind außer der Bescheinigung über den Eintritt des neuen Rechtszustandes nur die Nachweise über die alten und neuen Grundstücke des Antragstellers beizufügen.

§ 83 [Übernahme nachträglicher Änderungen und Ergänzungen] Nachträgliche Änderungen, Ergänzungen oder Berichtigungen des Flurbereinigungsplanes (§§ 64 und 132) werden nach den §§ 79 bis 82 in das Grundbuch übernommen.

Vierter Teil. Besondere Vorschriften

Erster Abschnitt. Waldgrundstücke

§ 84 [Waldgrundstücke] Ländlicher Grundbesitz im Sinne dieses Gesetzes sind auch Waldgrundstücke.

§ 85 [Sondervorschriften] Für die Einbeziehung von Waldgrundstücken in ein Flurbereinigungsverfahren gelten folgende Sondervorschriften:

1. In den Fällen des § 5 Abs. 2 sowie der § 38 und § 41 Abs. 2 ist die forstwirtschaftliche Berufsvertretung entsprechend zu beteiligen.
2. Zur Einbeziehung einer geschlossenen Waldfläche von mehr als zehn Hektar Größe ist die Zustimmung der Forstaufsichtsbehörde erforderlich.
3. Für größere Waldgrundstücke, die einer Zusammenlegung nicht bedürfen und von der Flurbereinigung keinen wesentlichen Vorteil haben, sind Beiträge (§ 19) nicht zu erheben.
4. Ist der Wert eines Holzbestandes zu ermitteln, sind die Grundsätze der Waldwertrechnung anzuwenden.
5. Von der Bekanntgabe des Flurbereinigungsbeschlusses bis zur Ausführungsanordnung bedürfen Holzeinschläge, die den Rahmen einer ordnungsmäßigen Bewirtschaftung übersteigen, der Zustimmung der Flurbereinigungsbehörde; die Zustimmung darf nur im Einvernehmen mit der Forstaufsichtsbehörde erteilt werden.
6. Sind Holzeinschläge entgegen der Vorschrift der Nummer 5 vorgenommen worden, so kann die Flurbereinigungsbehörde anordnen, daß derjenige, der das Holz gefällt hat, die abgeholzte oder verlichtete Fläche nach den Weisungen der Forstaufsichtsbehörde wieder ordnungsmäßig in Bestand zu bringen hat.
7. Eine geschlossene Waldfläche von mehr als drei Hektar Größe darf nur mit Zustimmung des Eigentümers oder der Forstaufsichtsbehörde wesentlich verändert werden.
8. Wird eine Waldfläche einem anderen zugeteilt, ist für aufstehendes Holz, soweit möglich, Abfindung in Holzwerten zu geben.
9. Die Teilung von Waldgrundstücken, die in gemeinschaftlichem Eigentum stehen (§ 48 Abs. 1), und die Aufhebung von Dienstbarkeiten (§ 49 Abs. 1) bedürfen der Zustimmung der Forstaufsichtsbehörde.
10. § 31 Abs. 2 und § 50 gelten entsprechend.

Zweiter Abschnitt. Vereinfachtes Flurbereinigungsverfahren zur Landentwicklung[1)]

§ 86 [Vereinfachtes Flurbereinigungsverfahren; Sondervorschriften; Kosten] (1) Ein vereinfachtes Flurbereinigungsverfahren kann eingeleitet werden, um

1. Maßnahmen der Landentwicklung, insbesondere Maßnahmen der Agrarstrukturverbesserung, der Siedlung, der Dorferneuerung, städtebauliche Maßnahmen, Maßnahmen des Umweltschutzes, der naturnahen Entwicklung von Gewässern, des Naturschutzes und der Landschaftspflege oder der Gestaltung des Orts- und Landschaftsbildes zu ermöglichen oder auszuführen,
2. Nachteile für die allgemeine Landeskultur zu beseitigen, die durch Herstellung, Änderung oder Beseitigung von Infrastrukturanlagen oder durch ähnliche Maßnahmen entstehen oder entstanden sind,
3. Landnutzungskonflikte aufzulösen oder

[1)] Abschnittsüberschr. u. § 86 neugef. durch G v. 23. 8. 1994 (BGBl. I S. 2187).

4. eine erforderlich gewordene Neuordnung des Grundbesitzes in Weilern, Gemeinden kleineren Umfanges, Gebieten mit Einzelhöfen sowie in bereits flurbereinigten Gemeinden durchzuführen.

(2) Für das Verfahren nach Absatz 1 gelten folgende Sondervorschriften:

1. Abweichend von § 4 erster Halbsatz sowie von § 6 Abs. 2 und 3 ordnet die Flurbereinigungsbehörde die Flurbereinigung durch Beschluß an und stellt das Flurbereinigungsgebiet fest. Der entscheidende Teil des Beschlusses kann den Beteiligten in Abschrift übersandt oder öffentlich bekanntgemacht werden.
2. Das vereinfachte Flurbereinigungsverfahren kann auch eingeleitet werden, wenn ein Träger von Maßnahmen nach Absatz 1 die Flurbereinigung beantragt.
3. Der Träger der Maßnahme nach Absatz 1 ist Nebenbeteiligter (§ 10 Nr. 2).
4. Die Bekanntgabe der Wertermittlungsergebnisse (§ 32) kann mit der Bekanntgabe des Flurbereinigungsplanes (§ 59) verbunden werden.
5. Von der Aufstellung des Wege- und Gewässerplanes mit landschaftspflegerischem Begleitplan (§ 41) kann abgesehen werden. In diesem Fall sind die entsprechenden Maßnahmen in den Flurbereinigungsplan (§ 58) aufzunehmen.
6. Planungen der Träger öffentlicher Belange können unberücksichtigt bleiben, wenn sie bis zum Zeitpunkt des Anhörungstermins nach § 41 Abs. 2 und im Falle der Nummer 5 nach § 59 Abs. 2 nicht umsetzbar vorliegen und dadurch die Durchführung der Flurbereinigung unangemessen verzögert wird.
7. Die Ausführungsanordnung (§ 61) und die Überleitungsbestimmungen (§ 62 Abs. 3) können den Beteiligten in Abschrift übersandt oder öffentlich bekanntgemacht werden.
8. § 95 findet entsprechende Anwendung.

(3) [1] Der Träger von Maßnahmen nach Absatz 1 hat an die Teilnehmergemeinschaft die von ihm verursachten Ausführungskosten (§ 105) zu zahlen; ein entsprechender Beitrag ist ihm durch den Flurbereinigungsplan aufzuerlegen. [2] In den Fällen des Absatzes 1 Nr. 2 sollen dem Träger der Maßnahme die Ausführungskosten entsprechend den durch die Herstellung, Änderung oder Beseitigung der Anlage entstandenen Nachteilen auferlegt werden, soweit die Nachteile in einem Planfeststellungsverfahren nach anderen gesetzlichen Vorschriften nicht berücksichtigt und erst nach der Planfeststellung erkennbar geworden sind. [3] Nach Ablauf von fünf Jahren seit der Herstellung, Änderung oder Beseitigung der Anlage können dem Träger der Maßnahme Kosten nach Satz 2 nicht mehr auferlegt werden.

Dritter Abschnitt. Bereitstellung von Land in großem Umfange für Unternehmen

§ 87 [Flurbereinigungsverfahren bei Enteignungen] (1) [1] Ist aus besonderem Anlaß eine Enteignung zulässig, durch die ländliche Grundstücke in großem Umfange in Anspruch genommen würden, so kann auf Antrag der Enteignungsbehörde ein Flurbereinigungsverfahren eingeleitet werden, wenn der den Betroffenen entstehende Landverlust auf einen größeren Kreis von Eigentümern verteilt oder Nachteile für die allgemeine Landeskultur, die durch das Unternehmen entstehen, vermieden werden sollen. [2] Das Ausmaß der Verteilung des Landverlustes ist im Einvernehmen mit der landwirtschaftlichen Berufsvertretung zu regeln.

(2) [1] Das Flurbereinigungsverfahren kann bereits angeordnet werden, wenn das Planfeststellungsverfahren oder ein entsprechendes Verfahren für das Unternehmen, zu dessen Gunsten die Enteignung durchgeführt werden soll, eingeleitet ist. [2] Die Bekanntgabe des Flurbereinigungsplanes (§ 59) und die vorläufige Einweisung der Beteiligten in den Besitz der neuen Grundstücke (§ 65) dürfen erst vorgenommen werden, nachdem die Planfeststellung für das Unternehmen oder der entsprechende Verwaltungsakt unanfechtbar geworden oder für vollziehbar erklärt worden ist.

(3) [1] Wird das Planfeststellungsverfahren oder das entsprechende Verfahren eingestellt, so soll auch das Flurbereinigungsverfahren eingestellt werden (§ 9). [2] Die obere Flurbereinigungsbehörde kann jedoch anordnen, daß das Flurbereinigungsverfahren als ein Verfahren nach Maßgabe der §§ 1 und 37 oder des § 86 durchzuführen ist, wenn sie die Durchführung eines solchen Verfahrens für erforderlich und das Interesse der Beteiligten für gegeben hält; § 5 Abs. 1 und 2 und § 6 Abs. 2 und 3 sind entsprechend anzuwenden.

(4) Die obere Flurbereinigungsbehörde kann auf Antrag der Enteignungsbehörde anordnen, daß ein Flurbereinigungsverfahren als ein Verfahren unter Anwendung der §§ 87 bis 89 durchgeführt wird, wenn die Voraussetzungen des Absatzes 1 vorliegen; § 5 Abs. 1 und 2 und § 6 Abs. 2 und 3 sind entsprechend anzuwenden.

§ 88 [Sondervorschriften bei Enteignungen] Für das Flurbereinigungsverfahren im Falle des § 87 gelten folgende Sondervorschriften:

1. In dem Flurbereinigungsbeschluß (§ 4) und bei der Aufklärung der Grundstückseigentümer (§ 5 Abs. 1) ist auf den besonderen Zweck des Verfahrens hinzuweisen. Die Voraussetzungen des § 1 brauchen nicht vorzuliegen.
2. Der Träger des Unternehmens ist Nebenbeteiligter (§ 10 Nr. 2).
3. Auf Antrag der für das Unternehmen zuständigen Behörde kann die Flurbereinigungsbehörde eine vorläufige Anordnung gemäß § 36 erlassen. Die Anordnung kann mit Auflagen verbunden oder von Bedingungen, insbesondere von der Leistung einer Sicherheit, abhängig gemacht werden. Der Träger des Unternehmens hat für die den Beteiligten infolge der vorläufigen Anordnung entstandenen Nachteile Entschädigung in Geld zu leisten; dies gilt nicht, soweit die entstandenen Nachteile durch die vorläufige Bereitstellung von Ersatzflächen ausgeglichen werden. Die Entschädigung ist in der von der Flurbereinigungsbehörde festgesetzten Höhe zu Händen der Teilnehmergemeinschaft zu zahlen.
4. Die für das Unternehmen benötigten Flächen sind von den Teilnehmern nach dem Verhältnis des Wertes ihrer alten Grundstücke zu dem Wert aller Grundstücke des Flurbereinigungsgebietes aufzubringen; § 45 findet insoweit keine Anwendung. Zu der Aufbringung sind landwirtschaftliche oder gärtnerische Betriebe nur insoweit heranzuziehen, als ihre wirtschaftliche Fortführung nicht gefährdet wird. Die Flächen werden durch den Flurbereinigungsplan dem Träger des Unternehmens zu Eigentum zugeteilt. Für die von einem Teilnehmer aufgebrachte Fläche hat ihm der Träger des Unternehmens Geldentschädigung zu leisten.
5. Der Träger des Unternehmens hat Nachteile, die Beteiligten durch das Unternehmen entstehen, zu beheben und, soweit dies nicht möglich ist oder nach dem Ermessen der Flurbereinigungsbehörde nicht zweckmäßig erscheint, für sie Geldentschädigung zu leisten.
6. Die vom Träger des Unternehmens zur Behebung von Nachteilen nach Nummer 5 zu erbringenden Leistungen und die Geldentschädigungen nach den Nummern 3 bis 5 richten sich nach dem für das Unternehmen geltenden Gesetz. Sie werden nach Anhörung des Trägers des Unternehmens von der Flurbereinigungsbehörde festgesetzt. Die Geldentschädigungen sind zu Händen der Teilnehmergemeinschaft zu zahlen und können gegen Beiträge (§ 19) verrechnet werden. Eine Verrechnung von Geldentschädigungen nach Nummer 5 findet nur in dem Umfange statt, in dem sie nicht zur Behebung der den Teilnehmern durch das Unternehmen entstandenen Nachteile verwendet worden sind. Der Träger des Unternehmens hat auf die von ihm zu zahlenden Geldentschädigungen in der von der Flurbereinigungsbehörde festgesetzten Höhe zu Händen der Teilnehmergemeinschaft Vorschüsse zu leisten.
7. Wegen der Höhe der Geldentschädigungen steht nur der Rechtsweg vor den ordentlichen Gerichten nach dem für das Unternehmen geltenden Gesetz offen. Der Anspruch auf die Geldentschädigung für die von einem Teilnehmer aufgebrachte Fläche kann gerichtlich erst geltend gemacht werden, wenn die Landabfindungen aller Teilnehmer unanfechtbar feststehen. Die Frist für eine gerichtliche Geltendmachung des in Satz 2 bezeichneten Anspruchs beginnt erst in dem Zeitpunkt, in dem die Flurbereinigungsbehörde dem Entschädigungsberechtigten, dem der Rechtsweg insoweit noch offen steht, mitgeteilt hat, daß die Landabfindungen aller Teilnehmer unanfechtbar sind.
8. Der Träger des Unternehmens hat an die Teilnehmergemeinschaft den Anteil an den Ausführungskosten (§ 105) zu zahlen, der durch Bereitstellung der zugeteilten Flächen und Ausführung der durch das Unternehmen nötig gewordenen gemeinschaftlichen Anlagen verursacht ist. Die obere Flurbereinigungsbehörde setzt den Anteil nach Anhörung des Trägers des Unternehmens fest. Dem Träger des Unternehmens kann auferlegt werden, Vorschüsse an die Teilnehmergemeinschaft zu zahlen. Sie werden von der Flurbereinigungsbehörde nach Anhörung des Trägers des Unternehmens festgesetzt.
9. Der Träger des Unternehmens hat den von ihm verursachten Anteil an den Verfahrenskosten zu zahlen. Der Anteil wird von der oberen Flurbereinigungsbehörde nach Anhörung des Trägers des Unternehmens festgesetzt.
10. Das vereinfachte Flurbereinigungsverfahren (§ 86) und das beschleunigte Zusammenlegungsverfahren (§§ 91 bis 103) sind nicht anzuwenden.

§ 89 [Entschädigungen] (1) [1] Soweit im Falle des § 87 ein Teilnehmer nach dem für das Unternehmen geltenden Gesetz keinen Anspruch auf Entschädigung in Land hat, kann die Enteignungsbehörde entscheiden, daß er im Flurbereinigungsverfahren in Geld zu entschädigen ist. [2] Die Anfechtung der Entscheidung richtet sich nach dem für das Unternehmen geltenden Gesetz.

(2) [1] Über die Höhe der Geldentschädigung entscheidet die Flurbereinigungsbehörde, nachdem die Entscheidung nach Absatz 1 unanfechtbar geworden ist. [2] Abweichend von § 88 Nr. 7 kann die Entscheidung über die Höhe der Geldentschädigung bereits angefochten werden, sobald sie ergangen ist. [3] Die Geldentschädigung kann schon vor der Ausführung des Flurbereinigungsplanes ausgezahlt werden; § 52 Abs. 3 und § 53 Abs. 2 gelten sinngemäß.

§ 90 [Flurbereinigung bei Landabgabe an Bergwerksunternehmen] [1] Wenn für ländliche Grundstücke eine Grundabtretung nach berggesetzlichen Vorschriften in großem Umfange durchgeführt oder zulässig ist und die Grundstückseigentümer den begründeten Anspruch erheben, daß der Bergwerksunternehmer das Eigentum an den Grundstücken erwirbt, kann der den Betroffenen entstehende Landverlust im Wege eines Flurbereinigungsverfahrens auf einen größeren Kreis von Eigentümern verteilt werden. [2] In diesem Falle erwirbt der Bergwerksunternehmer das Eigentum durch den Flurbereinigungsplan. [3] Die Vorschriften des § 88 sind sinngemäß anzuwenden.

Fünfter Teil. Beschleunigtes Zusammenlegungsverfahren

§ 91 [Zusammenlegung] Um die in der Flurbereinigung angestrebte Verbesserung der Produktions- und Arbeitsbedingungen in der Land- und Forstwirtschaft möglichst rasch herbeizuführen oder um notwendige Maßnahmen des Naturschutzes und der Landschaftspflege zu ermöglichen, kann in Gemarkungen, in denen die Anlage eines neuen Wegenetzes und größere wasserwirtschaftliche Maßnahmen zunächst nicht erforderlich sind, eine Zusammenlegung nach Maßgabe der folgenden Vorschriften stattfinden.

§ 92 [Zusammenlegungsverfahren] (1) [1] Die Zusammenlegung ist ein durch die Flurbereinigungsbehörde geleitetes Verfahren, in dem innerhalb eines bestimmten Gebietes (Zusammenlegungsgebiet) ländlicher Grundbesitz unter Mitwirkung der Gesamtheit der beteiligten Grundstückseigentümer wirtschaftlich zusammengelegt, zweckmäßig gestaltet oder neu geordnet wird. [2] Sie kann auf den Grundbesitz oder Teile des Grundbesitzes bestimmter Eigentümer beschränkt werden.

(2) Auf die Zusammenlegung finden die Vorschriften über die Flurbereinigung sinngemäß Anwendung, soweit sich nicht aus dem Zweck der Zusammenlegung und den §§ 93 bis 103 Abweichungen ergeben.

§ 93[1)] [Antrag auf Zusammenlegung; Anordnung] (1) [1] Die Zusammenlegung ist einzuleiten, wenn mehrere Grundstückseigentümer oder die landwirtschaftliche Berufsvertretung sie beantragen. [2] Für Maßnahmen des Naturschutzes und der Landschaftspflege kann sie auch eingeleitet werden, wenn die für Naturschutz und Landschaftspflege zuständige Behörde sie beantragt und die Zusammenlegung zugleich dem Interesse der betroffenen Grundstückseigentümer dient.

(2) [1] Für die Anordnung der Zusammenlegung (Zusammenlegungsbeschluß) gelten § 6 Abs. 1 und § 86 Abs. 2 Nr. 1 entsprechend. [2] Vor der Anordnung sind die voraussichtlich beteiligten Grundstückseigentümer, die landwirtschaftliche Berufsvertretung, die Gemeinde und der Gemeindeverband zu hören.

§ 94 [Änderung des Zusammenlegungsgebietes; Einstellung des Verfahrens]

(1) Nachträgliche Änderungen des Zusammenlegungsgebietes bedürfen der Zustimmung des Vorstandes der Teilnehmergemeinschaft.

(2) [1] Die Einstellung des Verfahrens kann nach Anhörung des Vorstandes der Teilnehmergemeinschaft und der landwirtschaftlichen Berufsvertretung von der Flurbereinigungsbehörde mit Zustimmung der oberen Flurbereinigungsbehörde angeordnet werden, wenn seine Durchführung unzweckmäßig erscheint. [2] § 93 Abs. 2 ist sinngemäß anzuwenden.

§ 95 [Fakultative Vorstandsbildung] [1] Die Bildung eines Vorstandes der Teilnehmergemeinschaft kann unterbleiben. [2] In diesem Falle unterliegen die Aufgaben des Vorstandes der Versammlung der Teilnehmer. [3] Den Vorsitz in dieser führt der von den Teilnehmern gewählte Vorsitzende der Teilnehmergemeinschaft. [4] Die §§ 21 bis 26 gelten sinngemäß.

---

1) § 93 Abs. 2 Satz 1 geänd. durch G v. 23. 8. 1994 (BGBl. I S. 2187).

§ 96 [Grundstücksbewertung] [1] Die Ermittlung des Wertes der Grundstücke ist in einfacher Weise vorzunehmen. [2] Die Bekanntgabe der Ergebnisse kann mit der Bekanntgabe des Zusammenlegungsplanes (§ 100) verbunden werden.

§ 97 [Großzügige Zusammenlegung] [1] Der zersplitterte Grundbesitz ist großzügig zusammenzulegen. [2] Nach Möglichkeit sollen ganze Flurstücke ausgetauscht werden. [3] Die Veränderung und Neuanlage von Wegen und Gewässern sowie Bodenverbesserungen sollen sich auf die nötigsten Maßnahmen beschränken. [4] Ein Wege- und Gewässerplan mit landschaftspflegerischem Begleitplan (§ 41) wird nicht aufgestellt. [5] Wird die Zusammenlegung durchgeführt, um Maßnahmen des Naturschutzes und der Landschaftspflege zu ermöglichen, so sind die entsprechenden Maßnahmen im Zusammenlegungsplan darzustellen.

§ 98 [Abfindung] Für die Abfindung gelten die Grundsätze der §§ 44 bis 55 mit der Einschränkung, daß die in § 45 aufgeführten Grundstücke nur mit Zustimmung ihrer Eigentümer verändert werden dürfen und § 48 Abs. 1 nicht anzuwenden ist.

§ 99 [Abfindung auf Grund Vereinbarung; Beauftragung geeigneter Stellen zur Verhandlungsführung] (1) [1] Die Abfindungen sind nach Möglichkeit durch Vereinbarungen mit den Beteiligten zu bestimmen. [2] Die Vereinbarungen bedürfen der Genehmigung der Flurbereinigungsbehörde. [3] Zu ihrer Wirksamkeit genügt die schriftliche Form (§ 126 des Bürgerlichen Gesetzbuchs).

(2) [1] Die Flurbereinigungsbehörde kann geeignete Stellen, insbesondere die landwirtschaftliche Berufsvertretung oder Dienststellen der landwirtschaftlichen Verwaltung, mit deren Zustimmung oder sachkundige Personen beauftragen, die Verhandlung zur Erzielung einer Vereinbarung mit den Beteiligten zu führen und einen Zusammenlegungsplan vorzulegen. [2] Der Auftrag kann zurückgezogen werden.

415

(3) [1] Ist eine Vereinbarung nicht zu erzielen, so werden die Abfindungen von Amts wegen durch die Flurbereinigungsbehörde bestimmt. [2] Dabei sind die Ergebnisse einer Vorplanung nach § 1 Abs. 2 des Gesetzes über die Gemeinschaftsaufgabe "Verbesserung der Agrarstruktur und des Küstenschutzes" vom 3. September 1969 (Bundesgesetzbl. I S. 1573), geändert durch das Gesetz zur Änderung der Gesetze über die Gemeinschaftsaufgaben vom 23. Dezember 1971 (Bundesgesetzbl. I S. 2140), Vorplanungen der landwirtschaftlichen Berufsvertretung oder anderer landwirtschaftlicher Stellen sowie des Naturschutzes und der Landschaftspflege in dem möglichen Umfange zu berücksichtigen, die Erfordernisse der Raumordnung, der Landesplanung und des Städtebaues sind zu beachten; die übrigen Vorschriften der §§ 38 und 56 sind nicht anzuwenden.

§ 100 [Zusammenlegungsplan] [1] An die Stelle des Flurbereinigungsplanes tritt der Zusammenlegungsplan. [2] Auf diesen sind die Vorschriften der §§ 58 bis 60 sinngemäß anzuwenden. [3] Gemeindegrenzen sollen jedoch nicht geändert werden.

§ 101 [Bekanntmachung der Ausführungsanordnung und der vorläufigen Besitzeinweisung] Die Ausführungsanordnung (§§ 61 und 63), die Anordnung der vorläufigen Besitzeinweisung (§ 65) und die Überleitungsbestimmungen sind den Beteiligten in Abschrift zu übersenden oder öffentlich bekanntzumachen.

§ 102 [Möglichkeit eines späteren Flurbereinigungsverfahrens] Die Durchführung eines Zusammenlegungsverfahrens schließt die spätere Durchführung eines Flurbereinigungsverfahrens nicht aus.

§ 103 [Inkraftbleiben des Bayerischen Arrondierungsgesetzes und der Württemberg-Hohenzollernschen Agrarreformverordnung] Das Bayerische Gesetz über die Zusammenlegung von landwirtschaftlichen Grundstücken (Arrondierungsgesetz) in der Fassung der Bekanntmachung vom 11. August 1954 (Bayerisches Gesetz- und Verordnungsblatt S. 169) und die Zweite Verordnung des Staatsministeriums des Landes Württemberg-Hohenzollern zur Durchführung des Bodenreformgesetzes (Agrarreformverordnung) vom 16. Dezember 1949 (Regierungsblatt für das Land Württemberg-Hohenzollern 1950 S. 7), geändert durch das Landesjustizkostengesetz vom 30. März 1971 (Gesetzblatt für Baden-Württemberg S. 96), bleiben unberührt.

Sechster Teil. Freiwilliger Landtausch

§ 103 a[1] **[Freiwilliger Landtausch]** (1) Um ländliche Grundstücke zur Verbesserung der Agrarstruktur in einem schnellen und einfachen Verfahren neu zu ordnen, kann ein freiwilliger Landtausch durchgeführt werden.

(2) Der freiwillige Landtausch kann auch aus Gründen des Naturschutzes und der Landschaftpflege durchgeführt werden.

§ 103 b [Verfahren; anzuwendende Vorschriften] (1) [1] Der freiwillige Landtausch ist ein durch die Flurbereinigungsbehörde geleitetes Verfahren, in dem im Einverständnis der betroffenen Rechtsinhaber ländliche Grundstücke getauscht werden. [2] Auf den freiwilligen Landtausch finden die Vorschriften über die Flurbereinigung sinngemäß Anwendung, soweit sich nicht aus dem Zweck des freiwilligen Landtausches und den §§ 103 c bis 103 i Abweichungen ergeben.

(2) Die Vorschriften über die Teilnehmergemeinschaft (§§ 16 bis 26), über das Wertermittlungsverfahren (§§ 27 bis 33), über die Grundsätze für die Abfindung (§§ 44 bis 55) und über die vorläufige Besitzeinweisung (§ 65) sowie über die Vertreterbestellung (§ 119) gelten nicht.

§ 103 c[2] **[Beantragung des freiwilligen Landtausches; Zurückweisung]** (1) [1] Die Durchführung des freiwilligen Landtausches setzt voraus, daß die Tauschpartner sie schriftlich oder zur Niederschrift bei der Flurbereinigungsbehörde beantragen. [2] Der Antrag soll zurückgewiesen werden, wenn die Antragsteller nicht glaubhaft dartun, daß die Durchführung des freiwilligen Landtausches sich verwirklichen läßt. [3] Die Zurückweisung des Antrages ist zu begründen; sie ist den Antragstellern bekanntzumachen.

(2) Für die Anordnung des freiwilligen Landtausches gelten § 6 Abs. 1 Satz 2 und § 86 Abs. 2 Nr. 1 entsprechend.

415

§ 103 d[3] **[Einstellung des Verfahrens]** Für die Einstellung des Verfahrens ist die Flurbereinigungsbehörde zuständig; § 9 Abs. 1 und § 86 Abs. 2 Nr. 1 gelten entsprechend.

§ 103 e [Großzügige Zusammenlegung der Tauschgrundstücke] [1] Die Tauschgrundstücke sollen großzügig zusammengelegt werden. [2] Nach Möglichkeit sollen ganze Flurstücke getauscht und wege- und gewässerbauliche sowie bodenverbessernde Maßnahmen vermieden werden. [3] Ein Wege- und Gewässerplan mit landschaftspflegerischem Begleitplan (§ 41) wird nicht aufgestellt.

§ 103 f [Tauschplan; Einigung; Ausführung; Widerruf] (1) [1] An die Stelle des Flurbereinigungsplanes tritt der Tauschplan. [2] Die Flurbereinigungsbehörde hat die Einverständniserklärungen der betroffenen Rechtsinhaber herbeizuführen. [3] Bestehen keine Bedenken gegen die Durchführung des freiwilligen Landtausches, faßt die Flurbereinigungsbehörde die Vereinbarungen über die zu tauschenden Grundstücke und über geldliche Leistungen, sonstige zwischen den Tauschpartnern getroffene Regelungen und alle Rechte, insbesondere die dinglichen Rechte, in einem Tauschplan zusammen.

(2) [1] Der Tauschplan ist mit den beteiligten Tauschpartnern in einem Anhörungstermin zu erörtern. [2] Die Flurbereinigungsbehörde verschafft sich Gewißheit über die Person der Tauschpartner. [3] Der Tauschplan ist den Tauschpartnern abschließend vorzulesen sowie zur Genehmigung und zur Unterschrift vorzulegen. [4] Ist eine Einigung über den Tauschplan nicht zu erzielen, kommt der freiwillige Landtausch nicht zustande und ordnet die Flurbereinigungsbehörde die Einstellung des Verfahrens an; § 103 d ist sinngemäß anzuwenden.

(3) [1] Wird eine Einigung über den Tauschplan erzielt, ist den Tauschpartnern und den sonst betroffenen Rechtsinhabern ein sie betreffender Auszug aus dem Tauschplan zuzustellen. [2] Nach der Unanfechtbarkeit des Tauschplanes ordnet die Flurbereinigungsbehörde seine Ausführung an. [3] Die Ausführungsanordnung ist den betroffenen Rechtsinhabern in Abschrift zuzustellen oder öffentlich bekanntzumachen.

(4) [1] Die Einverständniserklärung eines Tauschpartners oder sonstigen betroffenen Rechtsinhabers kann von demjenigen, der das Grundstück oder das Recht rechtsgeschäftlich oder im Wege der Zwangsvollstreckung erwirbt, bis zu dem Zeitpunkt widerrufen werden, in dem die Ausführungsanordnung ihm gegenüber unanfechtbar wird; dies gilt sinngemäß, wenn für einen

---

[1] § 103 a Abs. 1 geänd. durch G v. 23. 8. 1994 (BGBl. I S. 2187).
[2] § 103 c Abs. 2 neugef. durch G v. 23. 8. 1994 (BGBl. I S. 2187).
[3] § 103 d neugef. durch G v. 23. 8. 1994 (BGBl. I S. 2187).

Dritten ein Recht an dem Grundstück oder an dem Recht begründet wird. [2] Im Falle des Widerrufs ist Absatz 2 Satz 4 sinngemäß anzuwenden.

(5) Erklärungen, die zur Durchführung des freiwilligen Landtausches abgegeben werden, bedürfen der Zustimmung eines Dritten oder der gerichtlichen oder behördlichen Genehmigung, soweit für entsprechende rechtsgeschäftliche Erklärungen eine solche Zustimmung oder Genehmigung erforderlich wäre.

§ 103 g [Aufwendungen] Die zur Ausführung des freiwilligen Landtausches erforderlichen Aufwendungen fallen den Tauschpartnern nach Maßgabe des Tauschplanes zur Last.

§ 103 h [Abschluß des Tauschverfahrens] [1] Die Schlußfeststellung (§ 149) ist nicht erforderlich. [2] Das Verfahren ist beendet, sobald die öffentlichen Bücher berichtigt sind.

§ 103 i [Möglichkeit eines späteren beschleunigten Zusammenlegungs- oder Flurbereinigungsverfahrens] Die Durchführung eines freiwilligen Landtausches schließt die spätere Durchführung eines beschleunigten Zusammenlegungsverfahrens oder eines Flurbereinigungsverfahrens nicht aus.

Siebenter Teil. Verbindung von Flurbereinigungsverfahren, beschleunigtem Zusammenlegungsverfahren und freiwilligem Landtausch

§ 103 j [Verbindung von Flurbereinigungsverfahren, beschleunigtem Zusammenlegungsverfahren und freiwilligem Landtausch] Ein Flurbereinigungsverfahren kann ganz oder in Teilen des Flurbereinigungsgebietes als beschleunigtes Zusammenlegungsverfahren oder als freiwilliger Landtausch fortgeführt werden.

§ 103 k [Verbindung von beschleunigtem Zusammenlegungsverfahren und freiwilligem Landtausch] Ein beschleunigtes Zusammenlegungsverfahren kann ganz oder in Teilen des Zusammenlegungsgebietes als freiwilliger Landtausch fortgeführt werden.

Achter Teil. Kosten

§ 104 [Verfahrenskosten] Die persönlichen und sächlichen Kosten der Behördenorganisation (Verfahrenskosten) trägt das Land.

§ 105 [Ausführungskosten] Die zur Ausführung der Flurbereinigung erforderlichen Aufwendungen fallen der Teilnehmergemeinschaft zur Last (Ausführungskosten).

§ 106 [Beitragspflicht nichtbeteiligter Grundstückseigentümer] [1] Eigentümern von Grundstücken, die nicht zum Flurbereinigungsgebiet gehören, aber von der Flurbereinigung wesentliche Vorteile haben, ist durch den Flurbereinigungsplan ein den Vorteilen entsprechender Beitrag zu den Ausführungskosten aufzuerlegen. [2] Der Beitrag ruht als öffentliche Last auf den Grundstücken, für die er festgesetzt ist.

§ 107 [Kostentragung des Antragstellers; Tragung verschuldeter Kosten] (1) [1] Ist die Erledigung eines Antrages zur Durchführung des Flurbereinigungsverfahrens nicht erforderlich, so trägt der Antragsteller die Kosten. [2] Die Flurbereinigungsbehörde setzt den zu erhebenden Kostenbetrag unter Berücksichtigung der wirklich erwachsenen Kosten fest. [3] Sie kann von dem Kostenpflichtigen einen Vorschuß erheben, der nach der Höhe der voraussichtlich entstehenden Kosten zu bemessen ist; wird der Vorschuß nicht innerhalb der von der Flurbereinigungsbehörde bestimmten Frist bezahlt, so kann der Antrag zurückgewiesen werden.

(2) Kosten, die durch Vereitelung von Terminen oder anderen zur Durchführung des Verfahrens erforderlichen Maßnahmen sowie durch Versäumung (§ 134) verursacht werden, können dem zur Last gelegt werden, der sie verschuldet hat.

§ 108[1)] [Gebühren-, Steuer- und Abgabenbefreiung] (1) Geschäfte und Verhandlungen, die der Durchführung der Flurbereinigung dienen, einschließlich der Berichtigung der öffentlichen Bücher, sind frei von Gebühren, Steuern, Kosten und Abgaben; hiervon unberührt

[1)] § 108 Abs. 3 zweiter Halbsatz aufgeh. durch G v. 17. 12. 1982 (BGBl. I S. 1777).

bleiben Regelungen hinsichtlich der Gebühren, Kosten und Abgaben, die auf landesrechtlichen Vorschriften beruhen.

(2) Die Gebühren-, Steuer-, Kosten- und Abgabefreiheit ist von der zuständigen Behörde ohne Nachprüfung anzuerkennen, wenn die Flurbereinigungsbehörde versichert, daß ein Geschäft oder eine Verhandlung der Durchführung der Flurbereinigung dient.

(3) Die Absätze 1 und 2 gelten nicht für die Grunderwerbsteuer.

Neunter Teil. Allgemeine Verfahrensvorschriften

§ 109 [Landwirtschaftskammer als Berufsvertretung] [1] Die Berufsvertretung der Landwirtschaft, Forstwirtschaft oder Fischerei, soweit sie nach den Vorschriften dieses Gesetzes zu hören oder zu beteiligen ist, ist die Landwirtschaftskammer. [2] In den Ländern, in denen eine Landwirtschaftskammer nicht besteht oder zur Vertretung eines Berufsstandes nicht befugt ist, bestimmt die für die Landwirtschaft zuständige oberste Landesbehörde die Organisation und deren Organ, das im Einzelfall zu beteiligen ist.

§ 110 [Öffentliche Bekanntmachungen] Die in diesem Gesetz vorgeschriebenen öffentlichen Bekanntmachungen erfolgen in den Flurbereinigungsgemeinden und in den angrenzenden Gemeinden, wenn dort Beteiligte, Vertreter, Bevollmächtigte oder Empfangsbevollmächtigte wohnen, nach den für die öffentliche Bekanntmachung von Verfügungen der Gemeinden bestehenden Rechtsvorschriften. Behörden, Körperschaften des öffentlichen Rechts und der Vorsitzende der Teilnehmergemeinschaft sollen Abschriften der Bekanntmachungen erhalten.

§ 111 [Ladungen, Mitteilungen, Bekanntgaben] (1) [1] Ladungen und andere Mitteilungen können, soweit dieses Gesetz nichts anderes bestimmt, in jeder Form bekanntgegeben werden. [2] Sollen Ladungen und andere Mitteilungen in Flurbereinigungs- oder angrenzenden Gemeinden mehreren Beteiligten bekanntgegeben werden, so kann die Bekanntgabe, soweit dieses Gesetz nichts anderes bestimmt, durch öffentliche Bekanntmachung erfolgen.

(2) Die Bekanntgabe ist urkundlich nachzuweisen, wenn die Ladung oder Mitteilung eine Frist in Lauf setzt oder Rechtsfolgen an ihre Nichtbeachtung geknüpft werden sollen.

(3) Bekanntgaben an Körperschaften des öffentlichen Rechts sollen außerdem schriftlich erfolgen.

§ 112[1)] [Zustellungsverfahren] [1] Für das Zustellungsverfahren gelten die Vorschriften des Verwaltungszustellungsgesetzes. [2] Daneben gilt die in § 113 geregelte Sonderart der Zustellung.

§ 113[2)] [Zustellung durch Umlauf] [1] Mehreren Beteiligten in einer Gemeinde kann auch durch Umlauf zugestellt werden. [2] Dabei gilt folgendes:

1. [1] Das zuzustellende Schriftstück ist zur Kenntnisnahme vorzulegen. Eine beglaubigte Abschrift ist bei der Gemeinde des Zustellungsortes oder bei einem der Beteiligten, an die der Umlauf gerichtet ist, niederzulegen. [2] Die Niederlegung ist in dem Schriftstück zu vermerken.
2. [1] In den Fällen des § 5 Abs. 2 des Verwaltungszustellungsgesetzes ist anstelle des Schriftstückes eine schriftliche Mitteilung über die Niederlegung der beglaubigten Abschrift (Nummer 1) zu übergeben oder zurückzulassen. [2] Auf diese Niederlegung ist auch in der Mitteilung nach § 5 Abs. 2 des Verwaltungszustellungsgesetzes in Verbindung mit § 181 Abs. 1 Satz 2 der Zivilprozessordnung hinzuweisen.
3. Widerspruchsbescheide dürfen nicht durch Umlauf zugestellt werden.

§ 114 [Inhalt der Ladung, Ladungsfrist] (1) In den Ladungen muß auf den Gegenstand der Verhandlung und die gesetzlichen Folgen des Ausbleibens hingewiesen werden.

(2) [1] Zwischen der Bekanntgabe der Ladung und dem Terminstage muß, soweit dieses Gesetz nichts anderes bestimmt, eine Frist von einer Woche liegen. [2] Erfolgt eine Ladung durch öffentliche Bekanntmachung, so beträgt die Ladungsfrist zwei Wochen.

(3) [1] Die Beteiligten können auf die Einhaltung der gesetzlichen Ladungsfristen und der anderen Vorschriften für die Ladung verzichten. [2] Als Verzicht gilt es, wenn ein Beteiligter im Termin erscheint und nicht vor der Verhandlung über seine Sache den Mangel rügt.

---

1) § 112 Abs. 2 aufgeh., bish. Abs. 1 wird alleiniger Wortlaut und geänd. mWv 1. 2. 2006 durch G v. 12. 8. 2005 (BGBl. I S. 2354).

2) § 113 Satz 2 Nr. 1 Satz 1 geänd. und Nr. 2 neu gef. mWv 1. 2. 2006 durch G v. 12. 8. 2005 (BGBl. I S. 2354).

§ 115 [Beginn der Berechnung von Fristen] (1) Die gesetzlichen Fristen beginnen mit der Bekanntgabe (Zustellung), wenn öffentliche Bekanntmachung erfolgt, mit dem ersten Tage der Bekanntmachung.

(2) [1] Für die Berechnung der Fristen gelten die Vorschriften des Bürgerlichen Gesetzbuchs. [2] Fällt das Ende einer Frist auf einen Sonntag, einen allgemeinen Feiertag oder einen Sonnabend, so endet die Frist mit Ablauf des nächsten Werktages.

§ 116 [Anordnen des persönlichen Erscheinens und der Urkundenvorlegung; eidliche Vernehmungen] (1) [1] Die Flurbereinigungsbehörde und die obere Flurbereinigungsbehörde können das persönliche Erscheinen der Beteiligten anordnen, Sachverständige und Zeugen vernehmen und den nach ihrem Ermessen erforderlichen Beweis in vollem Umfange erheben. [2] Sie können anordnen, daß Beteiligte die in ihrem Besitz befindlichen zur Aufklärung notwendigen Urkunden, Hypotheken-, Grundschuld- und Rentenschuldgläubiger die in ihrem Besitz befindlichen Hypotheken-, Grundschuld- und Rentenschuldbriefe vorlegen.

(2) [1] Nur das Flurbereinigungsgericht oder das Amtsgericht kann im Wege der Amtshilfe Zeugen und Sachverständige eidlich vernehmen. [2] Die Vorschriften der Zivilprozeßordnung finden sinngemäß Anwendung. [3] § 135 Abs. 1 Satz 1 bleibt unberührt.

§ 117 [Wahrung der Ordnung bei Verhandlungen] (1) Die Ordnung bei den Verhandlungen wahrt der Verhandlungsleiter.

(2) Er kann Personen, die seine Anordnungen zur Wahrung der Ordnung nicht befolgen, vom Verhandlungsort entfernen lassen.

(3) Gegen Personen, die sich einer Ungebühr schuldig machen oder seine Anordnungen zur Wahrung der Ordnung nicht befolgen, kann er vorbehaltlich der strafrechtlichen Verfolgung ein Ordnungsgeld festsetzen.

(4) Die Entfernung von Personen, die Festsetzung eines Ordnungsgeldes und ihr Anlaß sind in die Verhandlungsniederschrift aufzunehmen.

§ 118 [Erklärungen von Körperschaften des öffentlichen Rechts] Körperschaften des öffentlichen Rechts bedürfen für die von ihnen abzugebenden Erklärungen keiner Genehmigung ihrer Aufsichtsbehörde.

§ 119[1)] [Vertreterbestellung] (1) Auf Ersuchen der Flurbereinigungsbehörde oder der oberen Flurbereinigungsbehörde hat das nach Absatz 2 zuständige Gericht, wenn ein Vertreter nicht vorhanden ist, einen geeigneten Vertreter zu bestellen:

1. für einen Beteiligten, dessen Person unbekannt ist;
2. für einen abwesenden Beteiligten, dessen Aufenthalt unbekannt ist oder der an der Besorgung seiner Angelegenheiten verhindert ist;
3. für einen Beteiligten ohne Aufenthalt im Geltungsbereich dieses Gesetzes, wenn er der Aufforderung der Behörde, einen Vertreter zu bestellen, innerhalb der ihm gesetzten Frist nicht nachgekommen ist;
4. bei herrenlosen Grundstücken, auf die sich das Verfahren bezieht, zur Wahrung der sich in bezug auf das Grundstück ergebenden Rechte und Pflichten;
5. für Miteigentümer oder gemeinschaftliche Eigentümer von Grundstücken, sofern sie der Aufforderung der Flurbereinigungsbehörde oder der oberen Flurbereinigungsbehörde, einen gemeinsamen Bevollmächtigten zu bestellen, innerhalb der ihnen gesetzten Frist nicht nachkommen.

(2) Für die Bestellung des Vertreters in den in Absatz 1 genannten Fällen ist das Betreuungsgericht zuständig, in dessen Bezirk die Teilnehmergemeinschaft nach § 16 ihren Sitz hat; ist der Beteiligte minderjährig, tritt an die Stelle des Betreuungsgerichts das Familiengericht.

(3) [1] Der Vertreter hat gegen den Rechtsträger der Behörde, die um seine Bestellung ersucht hat, Anspruch auf eine angemessene Vergütung und auf die Erstattung seiner baren Auslagen. [2] Die Behörde kann von dem Vertretenen Ersatz ihrer Aufwendungen verlangen. [3] Sie bestimmt die Vergütung und stellt die Auslagen und Aufwendungen fest.

(4) Im übrigen gelten für die Bestellung und für das Amt des Vertreters die Vorschriften über die Pflegschaft entsprechend.

§ 120 [Zulassung von Bevollmächtigten und Beiständen] (1) Beteiligte können sich durch Bevollmächtigte vertreten lassen und zu Verhandlungen mit einem Beistand erscheinen.

---

1) § 119 Abs. 1 und 2 geänd. mWv 1. 9. 2009 durch G v. 17. 12. 2008 (BGBl. I S. 2586).

(2) Das von einem Beistand Vorgetragene gilt als von dem Beteiligten vorgebracht, soweit es dieser nicht unverzüglich in der Verhandlung widerruft oder berichtigt.

§ 121 [Zurückweisung von Bevollmächtigten und Beiständen] Bevollmächtigte und Beistände, die nicht unbeschränkt geschäftsfähig sind oder denen die Fähigkeit zum geeigneten Vortrag mangelt, können zurückgewiesen werden.

§ 122 [Rechtsanwälte und Prozeßagenten] Auf Rechtsanwälte und Personen, denen die Besorgung fremder Rechtsangelegenheiten von der zuständigen Behörde gestattet ist, sind § 117 Abs. 2 bis 4 und § 121 nicht anzuwenden.

§ 123 [Vollmachtsurkunden] (1) Der Bevollmächtigte hat sich durch eine schriftliche Vollmacht auszuweisen und sie der Flurbereinigungsbehörde oder der oberen Flurbereinigungsbehörde auf Anordnung zu übergeben.

(2) Auf Verlangen der Flurbereinigungsbehörde oder der oberen Flurbereinigungsbehörde muß die Unterschrift öffentlich oder amtlich beglaubigt werden.

§ 124 [Einstweilige Zulassung nicht nachgewiesener Bevollmächtigter] [1] Handelt jemand für einen Beteiligten als Bevollmächtigter ohne Beibringung einer formgültigen Vollmacht, so kann er zu Erklärungen einstweilen zugelassen werden. [2] Sie werden unwirksam, wenn nicht innerhalb der dafür gesetzten Frist die Vollmacht beigebracht wird oder der Vertretene die für ihn abgegebenen Erklärungen genehmigt.

§ 125 [Umfang der Vollmacht] (1) Die für die Flurbereinigung erteilte Vollmacht ermächtigt zu allen das Verfahren betreffenden Handlungen, zur Bestellung eines Vertreters für einzelne Handlungen, zum Abschluß von Vereinbarungen, zur Übernahme von Verpflichtungen, zum Verzicht auf eine Sache oder ein Recht, sofern sich aus dem Inhalt der Vollmacht nichts anderes ergibt.

(2) Die nach den §§ 13 oder 119 bestellten Vertreter sind zu allen Handlungen nach Absatz 1 ermächtigt.

§ 126 [Erlöschen der Vollmacht] (1) Die Vollmacht erlischt nicht durch den Tod des Vollmachtgebers oder durch eine Veränderung in seiner Geschäftsfähigkeit oder seiner gesetzlichen Vertretung.

(2) Widerruft der zum Widerruf Berechtigte die Vollmacht, so wird das Erlöschen der Vollmacht erst durch Anzeige an die Flurbereinigungsbehörde rechtswirksam.

(3) Der Bevollmächtigte wird durch die von seiner Seite erfolgte Kündigung nicht gehindert, für den Vollmachtgeber so lange zu handeln, bis dieser für Wahrnehmung seiner Rechte in anderer Weise gesorgt hat.

§ 127 [Empfangsbevollmächtigter] (1) [1] Wohnen Beteiligte außerhalb des Gebietes der Flurbereinigungs- oder der angrenzenden Gemeinden und haben sie keinen in diesen Gemeinden wohnenden Bevollmächtigten bestellt, so müssen sie auf Anordnung der Flurbereinigungsbehörde innerhalb angemessener Frist eine im Gebiet der Flurbereinigungs- oder der angrenzenden Gemeinden wohnende Person zum Empfang der für sie bestimmten Ladungen und anderen Mitteilungen bevollmächtigen und der Flurbereinigungsbehörde benennen (Empfangsbevollmächtigter). [2] In der Anordnung ist auf die Folgen der unterbliebenen Benennung (Absatz 2) hinzuweisen.

(2) [1] Solange der Anordnung nicht entsprochen wird, kann die Flurbereinigungsbehörde Ladungen und andere Mitteilungen durch Aufgabe zur Post zustellen. [2] Die Zustellung wird mit Ablauf einer Woche nach der Aufgabe zur Post als bewirkt angesehen, selbst wenn die Sendung als unbestellbar zurückkommt.

§ 128 [Empfangsbevollmächtigte für im Ausland wohnende Beteiligte] [1] Wohnen Beteiligte außerhalb des Geltungsbereichs dieses Gesetzes, so sind sie aufzufordern, innerhalb angemessener Frist einen im Geltungsbereich dieses Gesetzes wohnenden Bevollmächtigten zu bestellen. [2] § 14 Abs. 2 bis 4 gilt entsprechend.

§ 129 [Verhandlungsniederschrift] (1) [1] Über Verhandlungen ist eine Niederschrift aufzunehmen. [2] Sie soll den wesentlichen Hergang der Verhandlungen enthalten.

(2) [1] Der Aufnahme in die Verhandlungsniederschrift steht die Aufnahme in eine Schrift gleich, die ihr als Anlage beigefügt und als solche bezeichnet ist. [2] Auf die Anlage ist in der Niederschrift hinzuweisen.

§ 130 [Verlesung, Genehmigung und Unterschreibung der Verhandlungsniederschrift] (1) [1] Die Niederschrift ist den an der Verhandlung Beteiligten vorzulesen oder vorzulegen. [2] In der Niederschrift ist zu vermerken, daß dies geschehen und ob sie genehmigt ist oder welche Einwendungen gegen sie erhoben sind.

(2) Verweigert ein Beteiligter die Genehmigung der Verhandlungsniederschrift, ohne ihre Vervollständigung oder Berichtigung zu beantragen, so gilt diese Niederschrift als genehmigt; hierauf ist der Beteiligte hinzuweisen.

(3) Die Verhandlungsniederschrift ist von dem Verhandlungsleiter zu unterschreiben.

§ 131 [Ausschließliche Beweiskraft der Verhandlungsniederschrift über Förmlichkeiten] [1] Die Beobachtung der für die Verhandlung vorgeschriebenen Förmlichkeiten kann nur durch die Verhandlungsniederschrift bewiesen werden. [2] Gegen ihren diese Förmlichkeiten betreffenden Inhalt ist nur der Nachweis der Fälschung zulässig.

§ 132 [Berichtigungen von Amts wegen] [1] Schreibfehler, Rechenfehler und ähnliche offenbare Unrichtigkeiten in Verhandlungsniederschriften, im Flurbereinigungsplan, in Anordnungen, Beschlüssen und Bescheiden können von Amtswegen berichtigt werden. [2] Dies gilt auch für solche unerheblichen Fehler im Flurbereinigungsplan, die auf unrichtigen Vermessungsunterlagen beruhen.

§ 133 [Erteilung von Abschriften der Verhandlungsniederschriften, Flurbereinigungsnachweise und Karten] Jedem Beteiligten müssen auf Verlangen gegen Erstattung der Kosten Abschriften aus Verhandlungsniederschriften und Flurbereinigungsnachweisen sowie Abzeichnungen aus Karten, auf Antrag in beglaubigter Form, erteilt werden, soweit er ein berechtigtes Interesse darlegt.

§ 134 [Terminversäumung; Zulassung späterer Erklärungen] (1) Versäumt ein Beteiligter einen Termin oder erklärt er sich nicht bis zum Schluß des Termins über den Verhandlungsgegenstand, so wird angenommen, daß er mit dem Ergebnis der Verhandlung einverstanden ist; hierauf ist der Beteiligte in der Ladung oder im Termin hinzuweisen.

(2) [1] Die Flurbereinigungsbehörde kann nach Lage des einzelnen Falles spätere Erklärungen trotz Versäumung zulassen. [2] Sie muß dies tun, wenn bei unverschuldeter Versäumung Erklärungen unverzüglich nach Behebung des Hindernisses nachgeholt werden.

(3) Die Vorschriften des Absatzes 2 gelten entsprechend, wenn Widersprüche oder Anträge trotz Versäumung einer gesetzlichen Frist vorgebracht werden.

(4) Das Verschulden eines Vertreters oder Bevollmächtigten steht dem eigenen Verschulden des Vertretenen gleich.

§ 135 [Rechts- und Amtshilfe] (1) [1] Die Gerichte und die Behörden des Bundes, der Länder, der Gemeinden und Gemeindeverbände sowie anderer Körperschaften des öffentlichen Rechts gewähren den Flurbereinigungsbehörden die erforderliche Rechts- und Amtshilfe, insbesondere bei der Ermittlung der Beteiligten, bei Bekanntmachungen und Zustellungen, bei der Vollstreckung und bei der Anwendung von Zwang, und erteilen Auskünfte. [2] Die Vermessungsbehörden sind verpflichtet, auf Ersuchen der Flurbereinigungsbehörde Abdrucke oder Lichtpausen von Karten und Zusammendrucke in einheitlichem Maßstab unverzüglich anzufertigen und Bücher, Karten und andere Dokumente vorübergehend zu überlassen.

(2) [1] Die ersuchende Behörde hat der ersuchten Behörde für die Amtshilfe keine Verwaltungsgebühr zu entrichten, es sei denn, daß in landesrechtlichen Vorschriften eine Erstattung vorgesehen ist oder wird. [2] Auslagen hat sie der ersuchten Behörde auf Anforderung zu erstatten, wenn sie im Einzelfall fünfzig Deutsche Mark übersteigen. [3] Leisten Behörden desselben Rechtsträgers einander Amtshilfe, so werden die Auslagen nicht erstattet.

(3) Nimmt die ersuchte Behörde zur Durchführung der Amtshilfe eine kostenpflichtige Amtshandlung vor, so stehen ihr die von einem Dritten hierfür geschuldeten Kosten (Gebühren und Auslagen) zu.

§ 136 [Vollstreckung von Geldforderungen] (1) Für die Vollstreckung von Geldforderungen sind die §§ 1 bis 5 des Verwaltungs-Vollstreckungsgesetzes (VwVG) vom 27. April 1953 (Bundesgesetzblatt I S. 157), zuletzt geändert durch das Einführungsgesetz zum Strafgesetzbuch vom 2. März 1974 (Bundesgesetzblatt I S. 469), sinngemäß anzuwenden. Geldforderungen der Teilnehmergemeinschaft werden im Verwaltungszwangsverfahren wie Gemeindeabgaben vollstreckt.

(2) Vollstreckungsbehörde für Vollstreckungsmaßnahmen nach Absatz 1 ist die Flurbereinigungsbehörde.

§ 137 [Anwendung von Zwangsmitteln] (1) [1]Mit Zwangsmitteln können durchgesetzt werden:

1. Verwaltungsakte der Flurbereinigungsbehörde, der oberen Flurbereinigungsbehörde, der Teilnehmergemeinschaft und des Verbandes (§§ 26 a und 26 e);
2. in eine Verhandlungsniederschrift dieser Behörden, der Teilnehmergemeinschaft oder des Verbandes (§§ 26 a und 26 e) aufgenommene Verpflichtungserklärungen und Vereinbarungen.

[2]Die §§ 6 bis 18 VwVG gelten entsprechend. [3]Vollzugsbehörde im Sinne des § 7 VwVG ist die Flurbereinigungsbehörde.

(2) Kommt die Teilnehmergemeinschaft oder der Verband einer im Rahmen ihrer Befugnisse (§ 17 Abs. 1, §§ 26 d und 26 e Abs. 7) getroffenen Anordnung der Aufsichtsbehörde nicht nach, so können gegen sie die in den §§ 10 und 12 VwVG genannten Zwangsmittel angewendet werden.

Zehnter Teil. Rechtsbehelfsverfahren

§ 138 [Flurbereinigungsgerichte] (1) [1]In jedem Land ist bei dem obersten Verwaltungsgericht ein Senat für Flurbereinigung (Flurbereinigungsgericht) einzurichten. [2]Für die Gerichtsverfassung und das Verfahren gelten die Vorschriften über die Verwaltungsgerichtsbarkeit, soweit in den §§ 139 bis 148 nichts Abweichendes bestimmt ist.

(2) [1]Mehrere Länder können durch Staatsvertrag ein gemeinschaftliches Flurbereinigungsgericht einrichten. [2]In den Ländern Bremen und Hamburg können die Aufgaben des Flurbereinigungsgerichts auf ein anderes Gericht übertragen werden.

§ 139[1)] [Besetzung der Flurbereinigungsgerichte] (1) [1]Das Flurbereinigungsgericht besteht aus den erforderlichen Richtern, ehrenamtlichen Richtern und Stellvertretern. [2]Es verhandelt und entscheidet in der Besetzung von zwei Richtern und drei ehrenamtlichen Richtern; Vorsitzender ist ein Richter.

(2) [1]Die Richter und ihre Stellvertreter müssen die Befähigung zum Richteramt besitzen. [2]Ein ehrenamtlicher Richter und dessen Stellvertreter müssen zum höheren Dienst der Flurbereinigungsbehörden befähigt und sollen mindestens drei Jahre in Flurbereinigungsangelegenheiten tätig gewesen sein; von dem letzteren Erfordernis kann abgesehen werden, wenn geeignete Personen nicht vorhanden sind, die diese Voraussetzungen erfüllen. [3]Der in Satz 2 genannte ehrenamtliche Richter und dessen Stellvertreter werden auf Vorschlag der für die Landwirtschaft zuständigen obersten Landesbehörde für die Dauer von fünf Jahren ernannt.

(3) [1]Die anderen ehrenamtlichen Richter und ihre Stellvertreter müssen Inhaber eines landwirtschaftlichen Betriebes sein. [2]Sie können ausnahmsweise auch dann berufen werden, wenn sie ihren Betrieb bereits an den Hofnachfolger übergeben haben. [3]Sie müssen besondere Erfahrungen in der landwirtschaftlichen Betriebswirtschaft haben. [4]Ihre Berufung richtet sich nach Landesrecht; ist danach eine Wahlkörperschaft zu bilden, so muß sie aus Landwirten und Forstwirten bestehen.

§ 140[2)] [Zuständigkeit der Flurbereinigungsgerichte] [1]Das Flurbereinigungsgericht entscheidet über die Anfechtung von Verwaltungsakten, die im Vollzug dieses Gesetzes ergehen, über die Verurteilung zum Erlaß eines abgelehnten oder unterlassenen Verwaltungsaktes und über alle Streitigkeiten, die durch ein Flurbereinigungsverfahren hervorgerufen werden und vor Eintritt der Unanfechtbarkeit der Schlußfeststellung anhängig geworden sind, soweit hierfür der Verwaltungsrechtsweg gegeben ist. [2]Für das Verfahren sind auch die §§ 118 bis 128 sinngemäß anzuwenden. [3]§ 67 Abs. 4 der Verwaltungsgerichtsordnung findet keine Anwendung.

§ 141[3)] [Anfechtung durch Widerspruch; Widerspruchsfrist] (1) [1]Mit dem Widerspruch können angefochten werden:

1. Verwaltungsakte der oberen Flurbereinigungsbehörde und der Flurbereinigungsbehörde bei der oberen Flurbereinigungsbehörde;
2. Verwaltungsakte der Teilnehmergemeinschaft bei der Flurbereinigungsbehörde;

[1)] § 139 Abs. 2 Sätze 2 und 3 neu gef. mWv 1. 1. 2002 durch G v. 20. 12. 2001 (BGBl. I S. 3987).

[2)] § 140 Satz 3 angef. durch G v. 1. 11. 1997 (BGBl. I S. 1626); Satz 3 geänd. mWv 1. 7. 2008 durch G v. 12. 12. 2007 (BGBl. I S. 2840).

[3)] § 141 Abs. 1 Satz 2 aufgeh. durch G v. 23. 8. 1994 (BGBL. I S. 2187).

3. Verwaltungsakte eines Verbandes der Teilnehmergemeinschaften oder eines Gesamtverbandes bei der nach den §§ 26 d und 26 e für die Aufsicht zuständigen Behörde.

[2] § 59 Abs. 2 bleibt unberührt. [3] § 60 Abs. 1 Satz 3 und 4 gilt entsprechend.

(2) [1] Die Länder können bestimmen, daß zu den Entscheidungen über Widersprüche gegen die Ergebnisse der Wertermittlung oder den Flurbereinigungsplan zwei Landwirte ehrenamtlich zuzuziehen sind, für deren Bestellung § 139 Abs. 3 entsprechend anzuwenden ist. [2] Ist eine solche Bestimmung getroffen, entscheidet die Behörde, die den Widerspruchsbescheid zu erlassen hat, nach ihrer freien, aus den gesamten Verhandlungen und Ermittlungen gewonnenen Überzeugung.

§ 142[1)] [Klageerhebung; Frist; Klagezulassung ohne Vorverfahren] (1) *(aufgehoben)*

(2) [1] Ist über einen Widerspruch oder über einen Antrag auf Vornahme eines Verwaltungsaktes innerhalb einer Frist von sechs Monaten, in den Fällen des § 59 Abs. 2 von einem Jahr, sachlich nicht entschieden worden, so ist die Klage ohne ein Vorverfahren zulässig. [2] Die Erhebung der Klage ist in diesen Fällen nur bis zum Ablauf von weiteren drei Monaten seit Ablauf der Frist nach Satz 1 zulässig.

(3) In den Fällen der §§ 32 und 59 Abs. 2 braucht der Klageantrag nach Art, Umfang und Höhe nicht bestimmt zu sein.

§ 143 [Ermittlungen und Vorbereitungen] [1] Der Vorsitzende des Flurbereinigungsgerichts nimmt die Ermittlungen und Verhandlungen vor, die er zur Vorbereitung der Entscheidung für erforderlich hält. [2] Er kann einem Mitglied des Gerichts als beauftragtem Richter diese Aufgabe übertragen. [3] Der Vorsitzende kann auch eine Flurbereinigungsbehörde sowie mit Zustimmung der zuständigen Dienststelle einen höheren Beamten einer oberen Flurbereinigungsbehörde oder einen höheren staatlichen kulturbautechnischen Beamten mit Erhebungen und Verhandlungen beauftragen und von ihnen gutachtliche Äußerungen fordern, die Vorschläge für Änderungen des Flurbereinigungsplanes enthalten können. [4] Die Behörde, die den angefochtenen Verwaltungsakt erlassen hat, sowie Beamte, die bei diesem Verwaltungsakt oder dem angefochtenen Bescheid tätig waren, können nicht beauftragt werden.

§ 144 [Urteilsmöglichkeiten] [1] Soweit das Flurbereinigungsgericht die Klage für begündet hält, kann es den angefochtenen Verwaltungsakt durch Urteil ändern oder den Widerspruchsbescheid der Flurbereinigungsbehörde oder der oberen Flurbereinigungsbehörde ganz oder teilweise aufheben und die Sache, soweit der Widerspruchsbescheid aufgehoben wird, zur erneuten Verhandlung und Bescheidung an die Flurbereinigungsbehörde oder die obere Flurbereinigungsbehörde zurückverweisen. [2] Diese haben die Beurteilung, die der Aufhebung zugrunde gelegt ist, auch ihrer Entscheidung zugrunde zu legen.

§ 145 [Klageabweisung bei offensichtlicher Unbegründetheit; Antrag auf mündliche Verhandlung] (1) Der Vorsitzende kann namens des Flurbereinigungsgerichts die Anfechtungsklage ohne mündliche Verhandlung durch einen mit Gründen versehenen Bescheid abweisen, wenn das Sach- und Rechtsverhältnis genügend geklärt und die Klage offensichtlich unbegründet ist.

(2) [1] Die Beteiligten können innerhalb von zwei Wochen nach der Zustellung des Bescheides mündliche Verhandlung beantragen; auf dieses Recht ist im Bescheid hinzuweisen. [2] Wird der Antrag rechtzeitig gestellt, so gilt der Bescheid als nicht ergangen; anderenfalls gilt er als rechtskräftiges Urteil.

§ 146 [Sonderbestimmungen bei Sachen betr. Wertermittlung und Flurbereinigungsplan] In den Fällen der §§ 32 und 59 Abs. 2 gelten folgende Sondervorschriften:

1. Das Flurbereinigungsgericht ist an Anträge der Beteiligten nicht gebunden.
2. Das Flurbereinigungsgericht hat auch zu prüfen, ob die Flurbereinigungsbehörde oder die obere Flurbereinigungsbehörde in zweckmäßiger Weise von ihrem Ermessen Gebrauch gemacht hat.

§ 147 [Kosten] (1) Für die abweisende Entscheidung im Verwaltungsgerichtsverfahren wird ein Pauschsatz erhoben, der unter Berücksichtigung der durch das Verfahren entstandenen baren Auslagen zu berechnen ist. Außerdem kann eine Gebühr festgesetzt werden.

(2) Ist die Entscheidung nur zum Teil abweisend, so kann dem anfechtenden Beteiligten ein entsprechender Teil der Kosten nach Absatz 1 auferlegt werden.

[1)] § 142 Abs. 1 aufgeh. durch G v. 23. 8. 1994 (BGBL. I S. 2187).

(3) [1] Wird eine Klage zurückgenommen, so können dem anfechtenden Beteiligten die entstandenen Auslagen auferlegt werden. [2] Ist der Rechtsstreit in der Hauptsache erledigt, dürfen dem anfechtenden Beteiligten nur Auslagen auferlegt werden.

(4) Die Vorschriften der Absätze 1 bis 3 gelten sinngemäß für das Widerspruchsverfahren vor der oberen Flurbereinigungsbehörde.

§ 148 [Vollstreckung] Für die Vollstreckung der Urteile des Flurbereinigungsgerichts gelten die §§ 136 und 137 entsprechend.

Elfter Teil. Abschluß des Flurbereinigungsverfahrens

§ 149 [Schlußfeststellung] (1) [1] Die Flurbereinigungsbehörde schließt das Verfahren durch die Feststellung (Schlußfeststellung) ab, daß die Ausführung nach dem Flurbereinigungsplan bewirkt ist und daß den Beteiligten keine Ansprüche mehr zustehen, die im Flurbereinigungsverfahren hätten berücksichtigt werden müssen; sie stellt fest, ob die Aufgaben der Teilnehmergemeinschaft abgeschlossen sind. [2] Die Schlußfeststellung ist öffentlich bekanntzumachen. [3] Gegen die Schlußfeststellung steht auch dem Vorstand der Teilnehmergemeinschaft der Widerspruch an die obere Flurbereinigungsbehörde zu.

(2) Die Schlußfeststellung ist der Teilnehmergemeinschaft zuzustellen, nachdem sie unanfechtbar geworden ist und nachdem über Anträge auf Wiederaufnahme des Verfahrens, die bis zum Ablauf der Frist für Widersprüche gegen die Schlußfeststellung gestellt worden sind, entschieden ist.

(3) [1] Mit der Zustellung an die Teilnehmergemeinschaft ist das Flurbereinigungsverfahren beendet. [2] Die beteiligten Behörden sollen eine Abschrift der Schlußfeststellung erhalten.

(4) Die Teilnehmergemeinschaft erlischt, wenn ihre Aufgaben in der Schlußfeststellung für abgeschlossen erklärt sind.

§ 150 [Urkundenaufbewahrung] (1) [1] Der Gemeinde oder ihrer Aufsichtsbehörde sind zur Aufbewahrung zu übersenden:

1. eine Ausfertigung der die neue Feldeinteilung nachweisenden Karte;
2. ein Verzeichnis der neuen Grundstücke und der gemeinschaftlichen und öffentlichen Anlagen mit Kartenbezeichnung und Größe;
3. eine Zusammenstellung der Bestimmungen des Flurbereinigungsplanes, die dauernd von allgemeiner Bedeutung und nicht in das Grundbuch oder in andere öffentliche Bücher übernommen sind;
4. eine Abschrift der Schlußfeststellung.

[2] Erstreckt sich das Flurbereinigungsgebiet auf mehrere Gemeinden, so bestimmt die Flurbereinigungsbehörde die Gemeinde.

(2) Jeder Beteiligte und jeder, der ein berechtigtes Interesse darlegt, kann die in Absatz 1 aufgeführten Unterlagen einsehen.

Zwölfter Teil. Die Teilnehmergemeinschaft nach der Beendigung des Flurbereinigungsverfahrens

§ 151 [Bestehenbleiben der Teilnehmergemeinschaft] [1] Die Teilnehmergemeinschaft bleibt als Körperschaft des öffentlichen Rechts bestehen, solange über die Beendigung des Flurbereinigungsverfahrens hinaus Aufgaben der Teilnehmergemeinschaft, insbesondere Verbindlichkeiten aus Darlehensverträgen, zu erfüllen sind. [2] Mit der Unanfechtbarkeit der Schlußfeststellung gemäß § 149 kann die Vertretung der Teilnehmergemeinschaft und die Verwaltung ihrer Angelegenheiten durch die Flurbereinigungsbehörde auf die Gemeindebehörde übertragen werden; die Aufsichtsbefugnisse der Flurbereinigungsbehörde gehen auf die Gemeindeaufsichtsbehörde über.

§ 152 [Verteilung von Einkünften der Teilnehmergemeinschaft] [1] Für die Verteilung von Einkünften der Teilnehmergemeinschaft gilt § 19 Abs. 1 sinngemäß. [2] Sie findet nur insoweit statt, als die Einkünfte nicht zur Deckung von Verbindlichkeiten der Teilnehmergemeinschaft benötigt werden oder die Verteilung nicht wegen unverhältnismäßiger Kosten oder aus anderen Gründen unzweckmäßig erscheint.

§ 153 [Auflösung der Teilnehmergemeinschaft] (1) [1] Die Flurbereinigungsbehörde hat die Teilnehmergemeinschaft aufzulösen, wenn ihre Aufgaben erfüllt sind. [2] Dies gilt sinngemäß für die Gemeindeaufsichtsbehörde, soweit auf sie die Aufsichtsbefugnisse der Flurbereinigungsbehörde übergegangen sind (§ 151 Satz 2 zweiter Halbsatz). Die Auflösung ist öffentlich bekanntzumachen.

(2) Die nach dem Bayerischen Flurbereinigungsgesetz in der Fassung vom 11. Februar 1932 (Gesetz- und Verordnungsblatt für den Freistaat Bayern S. 73), zuletzt geändert durch das Gesetz zur Ausführung des Flurbereinigungsgesetzes vom 11. August 1954 (Bayerisches Gesetz- und Verordnungsblatt S. 165), noch bestehenden Flurbereinigungsgenossenschaften können durch Beschluß des Vorstandes aufgelöst werden, wenn das Unternehmen abgeschlossen ist und ihre Aufgaben erfüllt sind.

Dreizehnter Teil. Schluß- und Übergangsbestimmungen

§ 154 [Ordnungswidrigkeiten] (1) Ordnungswidrig handelt, wer den Vorschriften des § 34 Abs. 1 Nr. 2 und 3 oder des § 85 Nr. 5 zuwiderhandelt.

(2) Die Ordnungswidrigkeit kann mit einer Geldbuße geahndet werden.

(3) Gegenstände, auf die sich die Ordnungswidrigkeit bezieht, können eingezogen werden.

§ 155 [Außerkraftsetzung] (1) Das Umlegungsgesetz vom 26. Juni 1936 (Reichsgesetzbl. I S. 518), die Reichsumlegungsordnung vom 16. Juni 1937 (Reichsgesetzbl. I S. 629), die Erste Verordnung zur Reichsumlegungsordnung vom 27. April 1938 (Reichsgesetzbl. I S. 425), die Zweite Verordnung zur Reichsumlegungsordnung vom 14. Februar 1940 (Reichsgesetzbl. I S. 366), das Bayerische Gesetz Nr. 24 über die Wiedereinführung des bayerischen Flurbereinigungsrechts vom 15. Juni 1946 (Bayerisches Gesetz- und Verordnungsblatt S. 185) und das Gesetz des Landes Rheinland-Pfalz über das Rechtsmittelverfahren in Umlegungs-, Feld- und Flurbereinigungssachen vom 14. März 1951 (Gesetz- und Verordnungsblatt der Landesregierung Rheinland-Pfalz S. 47) treten außer Kraft.

(2) Soweit in Gesetzen und Verordnungen des Bundes und der Länder auf Vorschriften des Umlegungsgesetzes, der Reichsumlegungsordnung sowie der Ersten und Zweiten Verordnung zur Reichsumlegungsordnung sowie sonstiger nach Absatz 1 aufgehobener Vorschriften verwiesen ist, gilt dies als Verweisung auf die entsprechenden Vorschriften dieses Gesetzes.

§ 156 [Behandlung anhängiger Verfahren] [1] Auf anhängige Verfahren, in denen die Bekanntgabe des Flurbereinigungsplanes oder der ihm gleichstehenden Urkunde begonnen hat, ist dieses Gesetz nicht anzuwenden, sofern die Landesgesetzgebung nicht Abweichendes bestimmt. [2] Die nach dem Bayerischen Flurbereinigungsrecht (§ 155 Abs. 1) begonnenen Verfahren können nach dem bisherigen Recht zu Ende geführt werden. [3] Im übrigen ist die Rechtswirksamkeit von Anordnungen, Festsetzungen und Entscheidungen der Behörden und Spruchstellen aus der Zeit vor dem Inkrafttreten dieses Gesetzes nach dem bisherigen Recht zu beurteilen. [4] Anhängige Rechtsbehelfsverfahren gehen auf die nach diesem Gesetz zuständigen Stellen über.

§ 157 [Geltung landesrechtlicher Bestimmungen für einbezogene Grundstücke eines Nachbarlandes] Werden Grundstücke in ein Flurbereinigungs- oder Zusammenlegungsgebiet eines benachbarten Landes einbezogen (§ 3 Abs. 3 Satz 2), so gelten die auf Grund von Ermächtigungen dieses Gesetzes ergangenen Vorschriften des Landes auch für die genannten Grundstücke.

§ 158 *(gegenstandslos)*

§ 159[1)] **[Inkrafttreten]** Dieses Gesetz tritt am ersten Tage des auf die Verkündung folgenden Kalendermonats in Kraft.

[1)] **Amtl. Anm.:** Das Gesetz in der ursprünglichen Fassung ist am 1. Januar 1954 in Kraft getreten.

416. Flurbereinigung und Grundbuchverfahren

Gemeinsame Bekanntmachung der Bayerischen Staatsministerien der Justiz und für Landwirtschaft und Forsten vom 23. Juni 2003 Az.: 3851-I-7499/2001 und E 4-7546-181
(AllMBl S. 255)
Datenbank BAYERN-RECHT 7815-L

Auf Grund des Art. 25 des Gesetzes zur Ausführung des Flurbereinigungsgesetzes (AGFlurbG) in der Fassung der Bekanntmachung vom 8. Februar 1994 (GVBl S. 127), zuletzt geändert durch Gesetz vom 24. Juli 1998 (GVBl S. 468), erlassen die Bayerischen Staatsministerien der Justiz und für Landwirtschaft und Forsten zur Zusammenarbeit der Flurbereinigungsbehörden mit den Amtsgerichten – Grundbuchämtern – und den Notaren in Verfahren nach dem Flurbereinigungsgesetz und bei der Baulandumlegung folgende Bekanntmachung:

1. Mitteilungen der Flurbereinigungsbehörde an das Grundbuchamt und die Notare

Die Flurbereinigungsbehörde teilt dem Amtsgericht – Grundbuchamt –, im Folgenden „Grundbuchamt" genannt, und den Notaren, in deren engerem Amtsbereich Verfahren nach dem Flurbereinigungsgesetz durchgeführt werden, Folgendes mit:

a) die Anordnung eines Verfahrens nach dem Flurbereinigungsgesetz (§§ 1, 86 und 87, 91 ff. und 103 a ff. Flurbereinigungsgesetz[1] – FlurbG–), wobei ein Verzeichnis der in das Verfahren einbezogenen Flurstücke mit ihren Grundbuchstellen übersandt wird
b) Änderungen des Flurbereinigungsgebietes (§ 8 FlurbG[1]) unter Übersendung eines aktuellen Verzeichnisses bei der nachträglichen Einbeziehung oder der Ausschaltung von Flurstücken
c) die Einstellung eines Verfahrens nach dem Flurbereinigungsgesetz (§§ 9, 94 und 103 d FlurbG[1])
d) die Anordnung der vorläufigen Besitzeinweisung (§ 65 FlurbG[1])
e) den Eintritt des neuen Rechtszustandes (§§ 61 bis 63, 103 f Abs. 3 FlurbG[1])
f) die Abgabe der Unterlagen an das Vermessungsamt (§ 81 Abs. 2 FlurbG[1])
g) die Schlussfeststellung (§ 149 FlurbG[1]).

2., 3. *(nicht abgedruckt)*

4. Notarielle Beurkundungen während des Verfahrens nach dem Flurbereinigungsgesetz

[1] Von der vorläufigen Besitzeinweisung bis zum Eintritt des neuen Rechtszustandes können Teilnehmer rechtswirksam nur über die alten Flurstücke, nicht aber über die Abfindungsflurstücke verfügen; beim Erwerb von Flurstücken wird das Eigentum an den alten Flurstücken, der Besitz aber an den Abfindungsflurstücken des Veräußerers erworben. [2] In den Notariatsurkunden sollen sowohl die alten als auch die neuen Flurstücke benannt werden. [3] Beabsichtigen Teilnehmer Rechtsgeschäfte an Abfindungsflurstücken, benennt die Flurbereinigungsbehörde dem Notar auf Anfrage alte Flurstücke, deren Wert im Wesentlichen diesen Abfindungsflurstücken oder den vom Rechtsgeschäft erfassten Teilflächen entspricht. [4] Die benannten alten Flurstücke werden den Rechtsgeschäften zu Grunde gelegt; die Flurbereinigungsbehörde übermittelt zugleich kostenfrei einen Auszug aus dem Flurbereinigungsplan. [5] Haben unerledigte Rechtsbehelfe Bedeutung für die in Betracht kommenden Abfindungsflurstücke, so ist das im Auszug zu vermerken. [6] Im Auszug sind ferner die auf das betreffende Flurstück entfallenden Geldabfindungen, Geldausgleiche oder Erstattungen nach §§ 44, 50, 51, 52 FlurbG[1] anzugeben. [7] Sieht die Flurbereinigungsbehörde Anlass zu Regelungen über die Behandlung von Geldabfindungen, Geldausgleichen, Erstattungen von geleisteten Vorschüssen zu den endgültigen Flurbereinigungsbeiträgen oder von Wertunterschieden zwischen alten und neuen Flurstücken, teilt sie dies dem Notar im Auszug aus dem Flurbereinigungsplan mit.

5.–8. *(nicht abgedruckt)*

---

[1] Nr. **415**.

420. Gesetz zur Aufhebung des Reichsheimstättengesetzes

Vom 17. Juni 1993
(BGBl. I S. 912)

FNA 2332-1-2

geänd. durch Art. 10 Erstes G über die Bereinigung von Bundesrecht im Zuständigkeitsbereich des Bundesministeriums für Verkehr, Bau und Stadtentwicklung v. 19. 9. 2006 (BGBl. I S. 2146)

– Auszug –

Der Bundestag hat mit Zustimmung des Bundesrates das folgende Gesetz beschlossen:

Art. 1 Aufhebung des Reichsheimstättengesetzes. Das Reichsheimstättengesetz in der im Bundesgesetzblatt Teil III, Gliederungsnummer 2332-1, veröffentlichten bereinigten Fassung, das zuletzt durch Artikel 21 § 5 Abs. 3 des Steuerreformgesetzes 1990 vom 25. Juli 1988 (BGBl. I S. 1093) geändert worden ist, das Gesetz zur Änderung des Reichsheimstättengesetzes in der im Bundesgesetzblatt Teil III, Gliederungsnummer 2332-2, veröffentlichten bereinigten Fassung und die Verordnung zur Ausführung des Reichheimstättengesetzes in der im Bundesgesetzblatt Teil III, Gliederungsnummer 2332-1-1, veröffentlichten bereinigten Fassung, die durch Artikel 9 der Zuständigkeitslockerungsverordnung vom 18. April 1975 (BGBl. I S. 967) geändert worden ist, werden aufgehoben.

Art. 2–5 [Änderungen anderer Gesetze] *(nicht abgedruckt)*

420

Art. 6. Übergangsregelungen

§ 1[1)] (1) Auf die zum Zeitpunkt des Inkrafttretens dieses Gesetzes im Grundbuch eingetragenen Hypotheken und Grundschulden findet § 17 Abs. 2 Satz 2 des früheren Reichsheimstättengesetzes[2)] weiterhin Anwendung.

§ 2[3)] (1) [1] Der Reichsheimstättenvermerk im Grundbuch (§§ 4 und 6 des Reichsheimstättengesetzes[4)]) ist unbeschadet des Absatzes 4 nach dem 31. Dezember 1998 von Amts wegen kostenfrei zu löschen; gleichzeitig ist die Bezeichnung als Reichsheimstätte in der Aufschrift des Grundbuchblatts rot zu unterstreichen. [2] Das Grundbuchamt soll jedoch die Löschung grund-

[1)] Art. 6 § 1 Abs. 1 Satz 1 aufgeh., bish. Satz 2 wird alleiniger Wortlaut, Abs. 2 aufgeh. mWv 1. 10. 2006 durch G v. 19. 9. 2006 (BGBl. I S. 2146).

[2)] § 17 Abs. 2 RHeimstG idF der Bek. v. 25. 11. 1937 (RGBl. I S. 1291) lautete:

„**§ 17 Belastung der Heimstätte.** (2) [2] Die Vorschrift des § 1163 des Bürgerlichen Gesetzbuchs idF der Bek. v. 2. 1. 2002 (BGBl. I S. 42, ber. S. 2909 und 2003 S. 738), zuletzt geänd. durch G v. 28. 9. 2009 (BGBl. I S. 3161) findet mit der Maßgabe Anwendung, daß mit den Erlöschen der Forderung auch die Hypothek oder die Grundschuld erlischt.

„**§ 20 Beschränkung von Zwangsvollstreckung.** (1) Die Zwangsvollstreckung in eine Heimstätte erfolgt durch Zwangsverwaltung oder Zwangsversteigerung; sie ist wegen einer dinglich nicht gesicherten Schuld des Heimstätters unzulässig.

(2) [1] Hat die Schuld des Heimstätters bereits bestanden, als er die Heimstätte erwarb, so kann bis zum Ablauf eines Jahres nach dem Erwerb die Zwangsvollstreckung durch Eintragung einer Sicherungshypothek beantragt werden; soweit die Forderung nach Ablauf von fünf Jahren nach der Eintragung der Sicherungshypothek nicht getilgt ist, kann die Zwangsversteigerung beantragt werden. [2] Ist eine Verschuldungsgrenze eingetragen, so gilt sie auch für die Eintragung von Sicherungshypotheken im Wege der Zwangsvollstreckung.

(3) Die Vorschriften über die Betreibung öffentlicher Abgaben bleiben unberührt.

[3)] Art. 6 § 2 Abs. 2 aufgeh. mWv 1. 10. 2006 durch G v. 19. 9. 2006 (BGBl. I S. 2146).

[4)] §§ 4 und 6 RHeimstG idF der Bek. v. 25. 11. 1937 (RGBl. I S. 1291) lauteten:

„**§ 4 Grundbucheintragung.** (1) [1] Die Eigenschaft als Reichsheimstätte und der Ausgeber werden in das Grundbuch eingetragen. [2] Soweit dieses Gesetz nichts anderes bestimmt, gelten die Vorschriften über die Belastung eines Grundstücks mit dem Recht eines Dritten entsprechend. [3] Die Rechte des Ausgebers können auf einen anderen nur übertragen werden, wenn er zur Ausgabe von Reichsheimstätten befugt ist (§ 1).

(2) Die Eigenschaft als Reichsheimstätte kann vor der Errichtung der Wohn- oder Wirtschaftsgebäude eingetragen werden.

(3) [1] Über die zu einer Reichsheimstätte gehörigen Grundstücke ist ein gesondertes Grundbuchblatt zu führen. [2] Nicht zur Reichsheimstätte gehörige Grundstücke sowie solche Grundstücke, bei denen die Reichsheimstätteneigenschaft später aufgehoben wird, sind auf ein anderes Blatt des Grundbuchs zu übertragen.

§ 6 Grunderwerbspreis. [1] In dem Vertrag über die Übertragung der Heimstätte ist festzulegen, welcher Betrag des Entgelts auf den Boden ohne die Baulichkeiten oder sonstigen Verbesserungen entfällt. [2] Der Betrag ist im Grundbuch zu vermerken."

sätzlich nur vornehmen, wenn ein besonderer Anlaß besteht, zum Beispiel die Anregung eines Beteiligten, die Vornahme einer anderen Eintragung auf dem Grundbuchblatt oder eine Umschreibung des Grundbuchblatts. [3] Sind mehrere Grundstücke auf dem Grundbuchblatt gebucht, deren Zusammenschreibung nach § 4 der Grundbuchordnung in der Fassung des Artikels 4 dieses Gesetzes nicht mehr zulässig wäre, so soll insoweit mit der Löschung des Reichsheimstättenvermerks die Zusammenschreibung aufgelöst werden.

(2) *(aufgehoben)*

(3) [1] Ist bei Löschung des Reichsheimstättenvermerks aus der Zeit vor Inkrafttreten dieses Gesetzes eine Hypothek oder Grundschuld im Grundbuch eingetragen, so ist bei dieser von Amts wegen im Grundbuch zu vermerken, daß sie weiterhin den Regeln des § 17 Abs. 2 Satz 2 des früheren Reichsheimstättengesetzes[1)] unterliegt. [2] Für die Bekanntmachung der Eintragung gelten die allgemeinen grundbuchrechtlichen Vorschriften. [3] Die Eintragung des Vermerks ist kostenfrei.

(4) *(nicht abgedruckt)*

§ 3[2)] *(aufgehoben)*

§ 4[3)] *(aufgehoben)*

§ 5 Der Ausgeber hat den Heimstätter vom Wegfall der Heimstätteneigenschaft in Kenntnis zu setzen und ihn darauf hinzuweisen, daß auch die besonderen erbrechtlichen Vorschriften für Reichsheimstätten aufgehoben wurden und daß es sich deshalb empfiehlt, ein etwa bestehendes Testament oder einen Erbvertrag darauf zu überprüfen, ob eine Anpassung erforderlich oder zweckmäßig ist.

Art. 7 Inkrafttreten. Dieses Gesetz tritt am 1. Oktober 1993 in Kraft.

[1)] § 17 Abs. 2 Satz 2 RHeimstG idF der Bek. v. 25. 11. 1937 (RGBl. I S. 1291) lautete:

„**§ 17** (2) [2] Die Vorschrift des § 1163 des Bürgerlichen Gesetzbuchs idF der Bek. v. 2. 1. 2002 (BGBl. I S. 42, ber. S. 2909 und 2003 S. 738), zuletzt geänd. durch G v. 28. 9. 2009 (BGBl. I S. 3161) findet mit der Maßgabe Anwendung, daß mit den Erlöschen der Forderung auch die Hypothek oder die Grundschuld erlischt.

[2)] Art. 6 § 3 aufgeh. mWv 1. 10. 2006 durch G v. 19. 9. 2006 (BGBl. I S. 2146).

[3)] Art. 6 § 4 aufgeh. mWv 1. 10. 2006 durch G v. 19. 9. 2006 (BGBl. I S. 2146).

430. Reichssiedlungsgesetz[1)]

Vom 11. August 1919

(RGBl. S. 1429)

BGBl. FNA2331-1

zuletzt geänd. durch Art. 7 Abs. 14 MietrechtsreformG v. 19. 6. 2001 (BGBl. I S. 1149) und Art. 8 Abs. 2 Verbraucherkredit-, zivilrechtl. Teil der ZahlungsdiensteRL-UmsetzungsG sowie Widerrufs- und RückgabeRNeuO v. 29. 7. 2009 (BGBl. I S. 2355)

Siedlungsunternehmungen

§ 1[2)] [Pflicht zur Schaffung, Aufsicht über Siedlungsunternehmen] (1) [1] Die *Bundesstaaten* sind verpflichtet, wo gemeinnützige Siedlungsunternehmungen nicht vorhanden sind, solche zu begründen zur Schaffung neuer Ansiedlungen sowie zur Hebung bestehender Kleinbetriebe, doch höchstens auf die Größe einer selbständigen Ackernahrung, soweit das dazu erforderliche Land auf Grund der Bestimmungen dieses Gesetzes beschafft werden kann. [2] Der Geschäftsbezirk der Unternehmungen (Ansiedlungsbezirk) wird durch die Landeszentralbehörden bestimmt. [3] Die Landesregierung kann durch Rechtsverordnung auch Behörden, Anstalten des öffentlichen Rechts, Teilnehmergemeinschaften und Verbände der Teilnehmergemeinschaften nach dem Flurbereinigungsgesetz oder juristische Personen, die sich satzungsgemäß mit Aufgaben der Verbesserung der Agrarstruktur befassen, als Siedlungsunternehmen bezeichnen.

(1 a) Ein Siedlungsunternehmen im Sinne des Absatzes 1 kann auch als Beauftragter der Gemeinde bei der Vorbereitung oder Durchführung einer städtebaulichen Sanierungs- oder Entwicklungsmaßnahme, insbesondere als Sanierungs- oder Entwicklungsträger, sowie als Betreuer von Eigentümern bei der Durchführung von Sanierungs- oder Entwicklungsmaßnahmen tätig werden.

(1 b) [1] Zu den Aufgaben des Siedlungsunternehmens im Sinne dieses Gesetzes gehört es auch, für die Gemeinde geeignete Grundstücke zu beschaffen oder zur Verfügung zu stellen, wenn im Zusammenhang mit einer städtebaulichen Maßnahme einem Land- oder Forstwirt Ersatzland gewährt werden soll. [2] Die Siedlungsunternehmen können von der Gemeinde auch mit der Durchführung von Umsiedlungen beauftragt werden.

(2) [1] An der Aufsicht über das Siedlungswesen sind Vertrauensleute der Ansiedler und der alten Besitzer mit beschließender Stimme nach näherer Bestimmung der *Bundesstaaten* zu beteiligen. [2] Dieser Beteiligung an der Aufsicht bedarf es nicht, soweit solche Vertrauensleute in den Aufsichtsrat der einzelnen Siedlungsunternehmungen berufen werden.

Bereitstellung

a) von Staatsdomänen

§ 2 [Ertragswert von Staatsdomänen] [1] Staatsdomänen sind bei Ablauf des Pachtvertrags dem gemeinnützigen Siedlungsunternehmen (§ 1) zu höchstens dem Ertragswert zum Kaufe anzubieten, soweit nicht ihre Erhaltung im Staatsbesitze für Unterrichts-, Versuchs- oder andere Zwecke öffentlicher oder volkswirtschaftlicher Art notwendig ist. [2] Bei der Schätzung des Wertes sollen vorübergehende Wertsteigerungen, die auf außerordentliche Verhältnisse des Krieges zurückzuführen sind, nicht berücksichtigt werden.

b) von Moor- und Ödland

§ 3[3)] [Enteignung von Ödland] (1) Das gemeinnützige Siedlungsunternehmen ist berechtigt, unbewirtschaftetes oder im Wege der dauernden Brennkultur oder zur Torfnutzung verwendetes Moorland oder anderes Ödland für Besiedlungszwecke im Enteignungsweg in Anspruch zu nehmen.

[1)] In Rheinland-Pfalz mit Wirkung vom 1. Januar 1996 aufgehoben durch Art. 1 Abs. 4 des Achten Rechtsbereinigungsgesetzes vom 12. Oktober 1995 (GVBl. S. 421).

[2)] § 1 Abs. 1 Satz 3 neu gef. durch G v. 28. 7. 1961 (BGBl. I S. 1091); geänd. durch G v. 15. 3. 1976 (BGBl. I S. 533); Abs. 1 a u. 1 b eingef. durch G v. 8. 12. 1986 (BGBl. I S. 2191).

[3)] § 3 Abs. 1 Satz 2 aufgeh. durch G v. 19. 5. 1953 (BGBl. I S. 201).

(2) [1] Als Entschädigung ist der kapitalisierte Reinertrag zu gewähren, den das Land im unverbesserten Zustand hat. [2] Die Enteignungsbehörde kann dann eine höhere Entschädigung festsetzen, wenn besondere Verhältnisse dies als angemessen erscheinen lassen. [3] Der Rechtsweg gegen die Festsetzung der Entschädigung ist ausgeschlossen. [4] Im übrigen bleibt die Regelung der Enteignung, einschließlich der Rechtsbehelfe gegen die Festsetzung der Entschädigung, den *Bundesstaaten* vorbehalten.

Vorkaufsrecht des Siedlungsunternehmens

§ 4[1)] [Voraussetzungen des Vorkaufsrechts] (1) Wird ein landwirtschaftliches Grundstück oder Moor- und Ödland, das in landwirtschaftliche Kultur gebracht werden kann, in Größe von zwei Hektar aufwärts durch Kaufvertrag veräußert, so hat das gemeinnützige Siedlungsunternehmen, in dessen Bezirk die Hofstelle des Betriebes liegt, das Vorkaufsrecht, wenn die Veräußerung einer Genehmigung nach dem Grundstückverkehrsgesetz vom 28. Juli 1961 (Bundesgesetzbl. I S. 1091) bedarf und die Genehmigung nach § 9 des Grundstückverkehrsgesetzes nach Auffassung der Genehmigungsbehörde zu versagen wäre; ist keine Hofstelle vorhanden, so steht das Vorkaufsrecht dem Siedlungsunternehmen zu, in dessen Bezirk das Grundstück ganz oder zum größten Teil liegt.

(2) [1] Das Vorkaufsrecht besteht nicht, wenn der Verpflichtete das Grundstück an eine Körperschaft des öffentlichen Rechts, an seinen Ehegatten oder an eine Person verkauft, die mit ihm in gerader Linie oder bis zum dritten Grade in der Seitenlinie verwandt oder bis zum zweiten Grade verschwägert ist. [2] Hat der Eigentümer das Grundstück an eine Körperschaft des öffentlichen Rechts verkauft, kann das Vorkaufsrecht abweichend von Satz 1 zu den in § 1 Abs. 1 b genannten Zwecken ausgeübt werden. [3] Die Körperschaft des öffentlichen Rechts ist vor Ausübung des Vorkaufsrechts zu hören. [4] Das Vorkaufsrecht kann nicht ausgeübt werden, wenn sie das Grundstück für die ihr obliegenden Aufgaben benötigt.

(3) [1] Das Vorkaufsrecht wird nicht dadurch ausgeschlossen, daß in dem Veräußerungsvertrag ein geringeres als das vereinbarte Entgelt beurkundet ist. [2] Dem Siedlungsunternehmen gegenüber gilt das beurkundete Entgelt als vereinbart.

(4) Die Landesregierung kann durch Rechtsverordnung für das Land oder für Teile des Landes die Mindestgröße der Grundstücke, die dem Vorkaufsrecht unterliegen, auf mehr als zwei Hektar festsetzen; für eine beschränkte Zeit kann sie die Mindestgröße auf weniger als zwei Hektar festsetzen, solange dies zur Durchführung von Maßnahmen zur Verbesserung der Agrarstruktur notwendig ist.

(5) Die Siedlungsbehörde kann bestimmen, daß statt des gemeinnützigen Siedlungsunternehmens eine nach § 1 Abs. 1 Satz 3 als Siedlungsunternehmen bezeichnete Stelle das Vorkaufsrecht hat.

§ 5[2)] [Erlöschen rechtsgeschäftlicher Vorkaufsrechte, Entschädigung] [1] Bei einem Eigentumserwerb durch Ausübung des Vorkaufsrechts erlöschen rechtsgeschäftliche Vorkaufsrechte. [2] Für die dadurch entstandenen Vermögensnachteile hat der Vorkaufsberechtigte den Inhaber eines erloschenen Rechts in Geld zu entschädigen; dies gilt jedoch nicht, wenn im Zeitpunkt der Begründung des erloschenen Rechts ein Vorkaufsrecht nach diesem Gesetz bereits bestand. [3] Der Entschädigungsanspruch erlischt, wenn der Entschädigungsberechtigte ihn nicht binnen drei Jahren nach dem Erwerb des Eigentums durch den Vorkaufsberechtigten mit gerichtlicher Klage geltend macht.

§ 6[3)] [Ausübung des Vorkaufsrechts] (1) [1] Das Vorkaufsrecht kann ausgeübt werden, sobald die Siedlungsbehörde den ihr nach § 12 des Grundstückverkehrsgesetzes vorgelegten Kaufvertrag dem Vorkaufsberechtigten mitteilt. [2] Die Erklärung des Vorkaufsberechtigten über die Ausübung des Vorkaufsrechts ist über die Siedlungsbehörde der Genehmigungsbehörde, die ihr den Kaufvertrag vorgelegt hat, zuzuleiten. [3] Das Vorkaufsrecht wird dadurch ausgeübt, daß die Genehmigungsbehörde diese Erklärung dem Verpflichteten mitteilt; damit gilt für das Rechtsverhältnis zwischen dem Verkäufer und dem Vorkaufsberechtigten die Veräußerung als genehmigt.

(2) Die Ausübung des Vorkaufsrechts ist unwirksam, wenn die Genehmigungsbehörde die Mitteilung nicht binnen der Frist des § 6 Abs. 1 des Grundstückverkehrsgesetzes zugestellt hat; dies gilt nicht im Falle des § 7 Satz 2.

---

1) § 4 neu gef. durch G v. 28. 7. 1961 (BGBl. I S. 1091); Abs. 2 Satz 2 bis 4 angef. durch G v. 8. 12. 1986 (BGBl. I S. 2191).

2) § 5 neu gef. durch G v. 28. 7. 1961 (BGBl. I S. 1091).

3) § 6 neu gef. durch G v. 28. 7. 1961 (BGBl. I S. 1091).

(3) Der Ausübung des Vorkaufsrechts steht nicht entgegen, daß über eine nach anderen Gesetzen erforderliche Genehmigung des Kaufvertrags noch nicht entschieden ist.

§ 7[1)] **[Befristetes Besichtigungsrecht]** [1] Der Vorkaufsberechtigte ist befugt, innerhalb der Frist des § 6 Abs. 1 des Grundstückverkehrsgesetzes das Grundstück zu besichtigen. [2] Wird er von dem Eigentümer oder einem Dritten an der Ausübung dieses Rechts gehindert und teilt er dies der Genehmigungsbehörde binnen der Frist mit, so kann das Vorkaufsrecht noch binnen einer Frist von einem Monat von dem Tage ab, an dem das Hindernis wegfällt, ausgeübt werden, sofern die Genehmigungsbehörde die Mitteilung über die Fristverlängerung binnen der Frist des § 6 Abs. 1 des Grundstückverkehrsgesetzes an den Veräußerer zugestellt hat.

§ 8[2)] **[Entsprechende Anwendung des BGB]** (1) Auf das Vorkaufsrecht sind § 464 Abs. 2 und die §§ 465 bis 468 des Bürgerlichen Gesetzbuchs sinngemäß anzuwenden. [2] Das Vorkaufsrecht erstreckt sich auch auf das mitverkaufte Zubehör.

(2) Hat der Käufer eine Nebenleistung übernommen, die nicht in Geld zu schätzen ist, so hat der Eigentümer dem Vorkaufsberechtigten gegenüber keinen Anspruch auf die Erfüllung dieser Nebenleistung und der Vertragsstrafen, die zu ihrer Erfüllung ausbedungen sind.

§ 9[3)] **[Übereignungsanspruch zugunsten Berechtigter erloschener Vorkaufsrechte]**

(1) [1] Verwendet das Siedlungsunternehmen, das das Vorkaufsrecht nach diesem Gesetz ausgeübt hat, das Grundstück nicht binnen sechs Jahren nach Erwerb des Eigentums für Siedlungszwecke, so kann derjenige, dem ein im Grundbuch eingetragenes oder durch Vormerkung gesichertes Recht zustand, das nach § 5 erloschen ist, verlangen, daß ihm das Grundstück zu dem in dem früheren Kaufvertrage vereinbarten Entgelt, jedoch unter Berücksichtigung werterhöhender Aufwendungen, durch das Siedlungsunternehmen übereignet wird. [2] Bestanden mehrere Rechte dieser Art, so steht der Anspruch demjenigen zu, dessen Recht den Vorrang hatte. [3] Ist kein Berechtigter der genannten Art vorhanden, so kann der Käufer, in dessen Rechte das Siedlungsunternehmen in Ausübung seines Vorkaufsrechts eingetreten ist, die Übereignung zu dem in Satz 1 bezeichneten Entgelt verlangen. [4] Die Übereignung kann nicht mehr verlangt werden, wenn sich das Siedlungsunternehmen einem anderen gegenüber zur Übereignung bindend verpflichtet hatte, bevor das Verlangen gestellt wurde.

(2) Das Verlangen ist gegenüber dem Siedlungsunternehmen innerhalb eines Jahres nach Ablauf der in Absatz 1 bezeichneten Frist zu stellen.

(3) Eine nach § 5 geleistete Entschädigung ist dem Siedlungsunternehmen zurückzuerstatten, soweit der Schaden durch die Übereignung des Grundstücks entfällt.

§ 10[4)] **[Einwendungen gegen das Vorkaufsrecht]** [1] Einwendungen gegen das Vorkaufsrecht, die sich darauf gründen, daß die Veräußerung einer Genehmigung nach dem Grundstückverkehrsgesetz nicht bedarf oder die Genehmigung nach § 9 des Grundstückverkehrsgesetzes nicht zu versagen wäre, können außer von dem Verpflichteten auch von dem Käufer und von demjenigen erhoben werden, zu dessen Gunsten der Kaufvertrag geschlossen worden ist. [2] Diese Einwendungen können nur durch Antrag auf Entscheidung durch das nach dem Gesetz über das gerichtliche Verfahren in Landwirtschaftssachen zuständige Gericht geltend gemacht werden. [3] Die Vorschriften über den Antrag auf gerichtliche Entscheidung in § 22 des Grundstückverkehrsgesetzes sind entsprechend anzuwenden.

§ 11[5)] *(aufgehoben)*

§ 11 a[6)] **[Kein Vorkaufsrecht bei Neuerwerb durch Berufslandwirte]** Soweit Berufslandwirte, die enteignet sind, sich innerhalb dreier Jahre nach erfolgter Enteignung anderweitig ankaufen, um die Landwirtschaft hauptberuflich auszuüben, tritt ihnen gegenüber das gesetzliche Vorkaufsrecht des gemeinnützigen Siedlungsunternehmens insofern außer Kraft, als die neuerworbene Fläche die abgegebene an Ausdehnung nicht überschreitet.

---

1) § 7 neu gef. durch G v. 28. 7. 1961 (BGBl. I S. 1091).
2) § 8 Abs. 1 Satz 1 neu gef., Abs. 3 aufgeh. durch G v. 28. 7. 1961 (BGBl. I S. 1091).
3) § 9 neu gef. durch G v. 28. 7. 1961 (BGBl. I S. 1091).
4) § 10 neu gef. durch G v. 28. 7. 1961 (BGBl. I S. 1091).
5) § 11 aufgeh. durch G v. 28. 7. 1961 (BGBl. I S. 1091).
6) § 11 a eingef. durch G v. 7. 6. 1923 (RGBl. I S. 364).

Landlieferungsverbände

§ 12 [Bildung; Rechtsfähigkeit] (1) [1] In den Ansiedlungsbezirken, deren landwirtschaftliche Nutzfläche nach der landwirtschaftlichen Betriebszählung von 1907 zu mehr als 10 vom Hundert auf die Güter von 100 und mehr Hektar landwirtschaftlicher Nutzfläche (große Güter) entfällt, sind die Eigentümer dieser großen Güter zu Landlieferungsverbänden zusammenzuschließen; die Landlieferungsverbände sind rechtsfähig. [2] Die landwirtschaftliche Nutzfläche der Staatsdomänen wird nur für die Ermittlung des Hundertsatzes mitgezählt. [3] Die näheren Bestimmungen erlassen die *Bundesstaaten.*

(2) [1] Die Landeszentralbehörden können die Aufgaben der Landlieferungsverbände auch auf andere Stellen, insbesondere auf bestehende gemeinnützige Siedlungsgesellschaften oder auf landwirtschaftliche Organisationen (Landschaften usw.), übertragen. [2] Das hat namentlich dann, und zwar auf Kosten des Landlieferungsverbandes, zu geschehen, wenn dieser in der Erfüllung seiner Lieferungspflicht säumig ist.

§ 13 [Pflicht zur Landbeschaffung, Kaufpreis] (1) [1] Der Landlieferungsverband hat auf Verlangen des gemeinnützigen Siedlungsunternehmens zu Siedlungszwecken geeignetes Land aus dem Bestande der großen Güter (§ 12) zu einem angemessenen Preise zu beschaffen. [2] Als angemessener Kaufpreis gilt der gemeine Wert, den das Land im Großbetriebe hat, ohne Rücksicht auf Wertsteigerungen, die auf außerordentliche Verhältnisse des Krieges zurückzuführen sind.

(2) Die Verpflichtung des Landlieferungsverbandes ist erfüllt, sobald ein Drittel der durch die landwirtschaftliche Betriebszählung von 1907 festgestellten gesamten landwirtschaftlichen Nutzfläche der großen Güter (mit Einschluß der Domänen) für Siedlungszwecke bereitgestellt ist oder die landwirtschaftliche Nutzfläche dieser Güter nicht mehr als 10 vom Hundert der gesamten landwirtschaftlichen Nutzfläche des Ansiedlungsbezirks beträgt.

(3) Nach Ermessen der Aufsichtsbehörde gilt als zur Siedlung bereitgestellt auch solches Land aus dem Besitzstand der großen Güter, das ohne Mitwirkung des Siedlungsunternehmens an Ansiedler veräußert oder mit dem Rechte des Kaufes zu einem von der Aufsichtsbehörde genehmigten Preise verpachtet ist.

§ 14[1)] [Vorkaufsrecht des Landlieferungsverbandes] (1) [1] Der Landlieferungsverband hat an Stelle des gemeinnützigen Siedlungsunternehmens (§ 1) das Vorkaufsrecht auf alle großen Güter seines Bezirkes. [2] Er muß das Vorkaufsrecht auf Verlangen des gemeinnützigen Siedlungsunternehmens ausüben; die Ausübung des Vorkaufsrechts kann er dem gemeinnützigen Siedlungsunternehmen mit dessen Zustimmung allgemein oder für den einzelnen Fall übertragen.

(2) Für das Vorkaufsrecht gelten die Vorschriften der §§ 5 bis 10 entsprechend.

§ 15[2)] [Enteignung großer Güter, Entschädigung] (1) [1] Wo ein dringendes, auf andere Weise, insbesondere nach den Vorschriften der §§ 2, 3, 4, 13, 14, nicht zweckmäßig zu befriedigendes Bedürfnis nach besiedlungsfähigem Lande besteht, hat der Landlieferungsverband das Recht, geeignetes Siedlungsland aus dem Besitzstand der großen Güter (§ 12) gegen angemessene Entschädigung im Wege der Enteignung in Anspruch zu nehmen. [2] Wertsteigerungen, die auf außerordentliche Verhältnisse des Krieges zurückzuführen sind, dürfen bei Festsetzung der Entschädigung nicht berücksichtigt werden.

(2) Als angemessene Entschädigung gilt auch eine als Reallast einzutragende tilgbare Naturalwertrente oder mit Zustimmung des Enteigneten die Hingabe von Schuldverschreibungen, die durch entsprechende Reallasten gesichert sind.

(3) [1] Über die Enteignung, ihre wirtschaftliche Zweckmäßigkeit und die Höhe der Entschädigung entscheidet ein ständiger Ausschuß, der aus einem von der Landeszentralbehörde zu bestimmenden Vorsitzenden und je zwei Vertretern des Landeslieferungsverbandes und des Siedlungsunternehmens besteht. [2] Vor der Beschlußfassung über die Enteignung ist der Eigentümer und der Betriebsrat des Gutes zu hören.

(4) Im übrigen bleibt die Regelung der Enteignung einschließlich der Rechtsbehelfe gegen die Festsetzung der Entschädigung den *Bundesstaaten* vorbehalten.

§ 16 [Vorzugsweiser Erwerb bestimmter Güter] (1) [1] Von den besiedlungsfähigen großen Gütern sollen die Landlieferungsverbände, namentlich auch mit Hilfe der Enteignung, in erster Linie erwerben: Güter, die während des Krieges von Personen erworben sind, welche die

---

1) § 14 Abs. 2 eingef. durch G v. 7. 6. 1923 (RGBl. I S. 364); geänd. durch G v. 28. 7. 1961 (BGBl. I S. 1091).
2) § 15 Abs. 2 eingef., Abs. 3 geänd. durch G v. 7. 6. 1923 (RGBl. I S. 364).

Landwirtschaft nicht im Hauptberufe betreiben oder betrieben haben; Güter, die im Laufe der letzten zwanzig Jahre, abgesehen von den Fällen des § 6 Abs. 2, durch entgeltliches Rechtsgeschäft mehrfach den Besitzer gewechselt haben; Güter, die besonders schlecht bewirtschaftet werden; Güter, deren Besitzer sich während des größeren Teiles des Jahres nicht auf der Begüterung aufhalten und sie nicht selbst bewirtschaften, sofern nicht berechtigte Gründe für die Abwesenheit des Besitzers oder dafür vorliegen, daß er die Bewirtschaftung nicht selbst ausführt; Güter, die zu Besitzungen von ungewöhnlich großem Umfang gehören. [2] Auch sollen die Landlieferungsverbände vorzugsweise solche Teile der großen Güter, und zwar in sachgemäßer Abgrenzung und mit den dazugehörigen Gebäuden, erwerben, die früher selbständige Bauerngüter oder Landstellen waren und in den letzten dreißig Jahren vor dem Inkrafttreten dieses Gesetzes von Eigentümern der großen Güter aufgekauft worden sind.

(2) Von dem Erwerbe solcher Güter, die in wirtschaftlicher und sozialer Hinsicht vorbildlich wirken oder für die Entwicklung der Landwirtschaft von hervorragender Bedeutung sind, soll möglichst abgesehen werden.

§ 17[1] *(hier nicht wiedergegeben)*

Verhältnis zwischen Landlieferungsverband und Siedlungsunternehmen

§ 18 [Abnahmepflicht des Siedlungsunternehmens] (1) Das Siedlungsunternehmen ist verpflichtet, dem Landlieferungsverbande die Grundstücke abzunehmen und ihm den von ihm zu entrichtenden Erwerbspreis zu zahlen,

1. wenn der Landlieferungsverband das Grundstück auf Verlangen des Siedlungsunternehmens durch Ausübung des Vorkaufsrechts erworben hat;
2. wenn das Siedlungsunternehmen sich sonst mit dem Erwerb und dem Erwerbspreis einverstanden erklärt hat;
3. wenn der Landlieferungsverband das Grundstück durch Enteignung erworben hat und das Enteignungsverfahren mit Zustimmung des Siedlungsunternehmens eingeleitet worden ist.

(2) Der *Reichsarbeitsminister* bestimmt, inwieweit dem Erwerbspreis Kosten zugerechnet werden dürfen.

(3) [1] Aufwendungen des Landlieferungsverbandes, die nicht gemäß Absatz 2 dem von dem Siedlungsunternehmen zu zahlenden Preise zugerechnet werden, sollen durch Umlagen auf die Verbandsmitglieder aufgebracht werden. [2] Den Umlagemaßstab bestimmt der Landlieferungsverband. [3] Sind die Aufgaben des Landlieferungsverbandes einer anderen Stelle übertragen (§ 12 Abs. 2), so bestimmt die Landeszentralbehörde über die Deckung dieser Aufwendungen.

Außerordentliche Vermögensabgabe

§ 19 [Außerordentliche Vermögensabgabe] Sofern Mitglieder des Landlieferungsverbandes (§ 12 Abs. 1) oder einer mit den Aufgaben des Verbandes beauftragten landwirtschaftlichen Organisation außerordentliche Vermögensabgaben in besiedlungsfähigem Lande entrichten, kommt das zur Verfügung gestellte und vom Siedlungsunternehmen übernommene Land auf das vom Verband und an ihn zu liefernde Drittel (§ 13 Abs. 2) in Anrechnung.

Wiederkaufsrecht

§ 20[2] **[Wiederkaufsrecht des Siedlungsunternehmens]** (1) [1] Das gemeinnützige Siedlungsunternehmen hat ein Wiederkaufsrecht für die von ihm begründete Ansiedlerstelle, wenn der Ansiedler sie ganz oder teilweise veräußert oder aufgibt, oder wenn er sie nicht dauernd bewohnt oder bewirtschaftet. [2] Die Vorschriften des § 4 Abs. 2 gelten entsprechend.

(2) [1] Die Dauer des Wiederkaufsrechts, der Preis und die näheren Bedingungen sind in dem Ansiedlungsvertrage festzusetzen. [2] Das Recht ist als Belastung des Grundstücks im Grundbuch einzutragen. [3] Im übrigen bleiben die Vorschriften der Landesgesetzgebung unberührt.

§ 21 [Wiederkaufsrecht des früheren Eigentümers] [1] Dem früheren Eigentümer steht ein Wiederkaufsrecht gegen das Siedlungsunternehmen zu, wenn er das erworbene Grundstück

---

[1] Sachlich überholt.
[2] § 20 Abs. 1 Satz 2 geänd. durch G v. 28. 7. 1961 (BGBl. I S. 1091).

(§§ 3, 15) nicht innerhalb einer Frist von zehn Jahren für Siedlungszwecke verwendet hat. [2] Das Wiederkaufsrecht ist innerhalb eines Jahres auszuüben. [3] Das Recht ist als Belastung des Grundstücks im Grundbuch einzutragen. [4] Die Bestimmungen der §§ 456 ff. des Bürgerlichen Gesetzbuchs finden entsprechende Anwendung.

Beschaffung von Pachtland für landwirtschaftliche Arbeiter

§ 22[1)] Verpflichtung von Landgemeinden oder Gutsbezirken. [1] Landgemeinden oder Gutsbezirke können durch Anordnung der von der Landeszentralbehörde zu bezeichnenden Stelle verpflichtet werden, denjenigen Arbeitern, welche im landwirtschaftlichen Betrieb ihres Bezirks ständig beschäftigt sind, auf ihren Wunsch Gelegenheit zum Abschluss eines Pachtvertrages oder sonstigen Nutzung von Land für den Bedarf des Haushalts zu geben. [2] Die Verpflichtung gilt als erfüllt, wenn Pacht- oder Nutzland im Umfang bis zu 5 vom Hundert der landwirtschaftlich genutzten Gemeinde- oder Gutsfeldmark zur Verfügung gestellt ist.

§ 23[2)] [Gesonderte Pachtverträge] Die Pachtverträge, die auf Grund dieses Gesetzes zwischen Arbeitgebern und den in ihren landwirtschaftlichen Betrieben ständig oder zeitweilig beschäftigten Arbeitern über ein Pachtverhältnis oder sonstige Nutzung von Land und dazu gehörenden Wirtschafts- und Wohngebäuden abgeschlossen werden, sind schriftlich und gesondert von Lohn- und Arbeitsverträgen zu verlautbaren.

§ 24 [Zwangspachtung oder Enteignung] (1) [1] Ist das nötige Pacht- oder Nutzland auf andere Weise nicht zu beschaffen, so kann die Landgemeinde es im Wege der Zwangspachtung oder Enteignung in Anspruch nehmen. [2] Zur Hergabe des Landes ist in erster Linie der Arbeitgeber verpflichtet, bei dem die Arbeiter beschäftigt werden. [3] Die Zulässigkeit der Zwangspachtung oder Enteignung wird durch die von der Landeszentralbehörde zu bezeichnende Stelle ausgesprochen.

(2) Abtretung oder Aufteilung ganzer Wirtschaftseinheiten ist ausgeschlossen.

(3) Für die Entschädigung gelten die Vorschriften des § 15 Abs. 1 entsprechend.

(4) Im übrigen bleibt die Regelung der Zwangspachtung und Enteignung den *Bundesstaaten* vorbehalten.

§ 25 [Zurverfügungstellung von Staatsdomänen] Ist in einzelnen Gegenden die Beschaffung von Land für die Hebung bestehender Kleinbetriebe nicht möglich, so ist die Landeszentralbehörde verpflichtet, bis zehn vom Hundert der landwirtschaftlichen Fläche benachbarter Staatsdomänen auch vor Ablauf der Pachtverträge zur Verfügung zu stellen, soweit nicht ihre Erhaltung im Staatsbesitze für Unterrichts-, Versuchs- oder andere Zwecke öffentlicher oder volkswirtschaftlicher Art notwendig ist.

§ 25 a[3)] [Besiedlung durch ansässige landwirtschaftliche Arbeiter] (1) Bei der Besiedlung von Gütern oder Domänen soll das Siedlungsunternehmen die in dortigen Familienwohnungen wohnenden oder daselbst länger als zwei Jahre beschäftigten landwirtschaftlichen Arbeiter und Angestellten auf Antrag nach Möglichkeit in Eigen- oder Pachtstellen ansiedeln.

(2) Bis zur Dauer eines Jahres nach der Besitznahme durch das Siedlungsunternehmen sind die in den Familienwohnungen vorhandenen Arbeiter und Angestellten, die nicht angesiedelt werden können, in den Wohnungen zu belassen, falls ihnen nicht vorher möglichst gleichwertige Wohnungen nachgewiesen sind.

(3) [1] Werden die Arbeiter und Angestellten infolge der Besiedlung von Gütern oder Domänen vorübergehend oder für längere Zeit arbeitslos, so hat ihnen das Siedlungsunternehmen, sofern sie nicht nach Absatz 1 angesiedelt werden oder sofern ihnen nicht angemessene Arbeit nachgewiesen werden kann, bis zu einem halben Jahre eine Unterstützung zu gewähren, die nicht weniger betragen darf als dreiviertel des entgangenen Arbeitsverdienstes. [2] Wird ein Wohnungswechsel notwendig, so hat das Siedlungsunternehmen den vorgenannten Arbeitern und Angestellten die Kosten des Umzuges zu ersetzen.

(4) Über die Ansprüche nach den Absätzen 2 und 3 entscheidet eine von der obersten Landesbehörde zu bestimmende Stelle.

(5) [1] Das Siedlungsunternehmen hat den Arbeitern und Angestellten bei Besitznahme des Gutes oder der Domäne die Bestimmungen des § 25 a dieses Gesetzes, eine angemessene

[1)] § 22 Satz 1 geänd. durch G v. 19. 6. 2001 (BGBl. I S. 1149).
[2)] § 23 geänd. durch G v. 19. 6. 2001 (BGBl. I S. 1149).
[3)] § 25 a eingef. durch G v. 7. 6. 1923 (RGBl. I S. 364); geänd. durch G v. 8. 7. 1926 (RGBl. I S. 398).

Antragsfrist und die Stelle, wohin die Anträge zu richten sind, schriftlich mitzuteilen oder ortsüblich öffentlich bekanntzumachen. [2] Es hat ferner auf Wunsch auch in Finanzierungsfragen wohlwollend zu beraten.

§ 25 b[1)] [Berücksichtigung des religiösen Bekenntnisses] Bei der Ansetzung soll nachbarlicher Zusammenhang mit einer Bevölkerung gleichartigen religiösen Bekenntnisses gewahrt werden, insbesondere hat auch bei Einzelsiedlungen und bei freiwilligen Siedlungen die Ansetzung tunlichst innerhalb einer Bevölkerung der gleichen Konfession zu erfolgen.

Schlußbestimmungen

§ 26 [Ausführungsvorschriften] [1] Der *Reichsarbeitsminister* ist ermächtigt, soweit nichts anderes bestimmt ist, nähere Vorschriften, insbesondere zur Ausführung dieses Gesetzes, zu erlassen. [2] Soweit er von dieser Befugnis keinen Gebrauch macht, können die Landeszentralbehörden die erforderlichen Vorschriften erlassen.

§ 27 [Weitergehende landesrechtliche Vorschriften] [1] Landesrechtliche Vorschriften zur weitergehenden Förderung des Siedlungswesens einschließlich der Beschaffung von Pachtland für landwirtschaftliche Arbeiter bleiben unberührt. [2] Landwirtschaftlich genutzter Grundbesitz im Eigentume von Personen, deren gesamtes Eigentum dieser Art 100 Hektar nicht erreicht, darf zu Siedlungszwecken jedoch nicht enteignet werden.

§ 28 [Ausreichende Landbeschaffung durch landesrechtliche Regelung] Soweit durch landesrechtliche Regelung die Beschaffung von landwirtschaftlichem Siedlungslande bereits in ausreichender Weise gesichert ist, kann der *Reichsarbeitsminister* Ausnahmen von diesem Gesetze zulassen.

§ 29[2)] [Gebühren- und Steuerfreiheit] (1) [1] Alle Geschäfte und Verhandlungen, die zur Durchführung von Siedlungsverfahren im Sinne dieses Gesetzes dienen, sind, soweit sie nicht im Wege des ordentlichen Rechtstreits vorgenommen werden, von allen Gebühren, *Stempelabgaben* und Steuern des *Reichs,* der *Bundesstaaten* und sonstigen öffentlichen Körperschaften befreit. [2] Die Befreiung erstreckt sich insbesondere auch auf Umsatz-[3)] und *Wertzuwachs*steuern jeder Art, *auf letztere insbesondere auch dann, wenn sie von dem Erwerbe von Land oder Inventar durch das gemeinnützige Siedlungsunternehmen erhoben werden.*

(2) [1] Die Gebühren-, *Stempel-* und Steuerfreiheit ist durch die zuständigen Behörden ohne weitere Nachprüfung zuzugestehen, wenn das gemeinnützige Siedlungsunternehmen (§ 1) versichert, daß ein Siedlungsverfahren im Sinne des Reichssiedlungsgesetzes vorliegt und daß der Antrag oder die Handlung zur Durchführung eines solchen Verfahrens erfolgt. [2] Die Versicherung unterliegt nicht der Nachprüfung durch die Finanzbehörden.

§§ 30, 31 *(gegenstandslos)*

§ 32 [Inkrafttreten] Dieses Gesetz tritt mit dem Tage der Verkündung[4)] in Kraft.

---

1) § 25 b eingef. durch G v. 7. 6. 1923 (RGBl. I S. 364).
2) § 29 geänd. durch G v. 7. 6. 1923 (RGBl. I S. 364).
3) Aufhebung der Umsatzsteuerbefreiung durch G v. 23. 12. 1966 (BGBl. I S. 702).
4) Verkündet am 18. 8. 1919.

432. Landesgesetz zur Ausführung des Reichssiedlungsgesetzes [RhPf]

Vom 2. November 1993
(GVBl. S. 517)
BS Rh-Pf 233-30

geänd. durch Art. 4 Achtes Rechtsbereinigungsgesetz v. 12.10.1995 (GVBl S. 421)

Der Landtag Rheinland-Pfalz hat das folgende Gesetz beschlossen:

§ 1 [Bestimmung gemeinnütziges Siedlungsunternehmen] Als gemeinnütziges Siedlungsunternehmen im Sinne des § 1 Abs. 1 des Reichssiedlungsgesetzes[1] vom 11. August 1919 (RGBl. S. 1429), zuletzt geändert durch Artikel 2 Nr. 24 des Gesetzes vom 8. Dezember 1986 (BGBl. I S. 2191), wird mit Wirkung vom 1. Juli 1990 anstelle der Landsiedlung Rheinland-Pfalz GmbH die Heimstätte Rheinland-Pfalz GmbH bestimmt.

§ 2 [Arten der Aussiedlung] Mit Zustimmung des Eigentümers können

1. die Verlegung der Hofstelle eines landwirtschaftlichen Betriebes aus der geschlossenen Ortslage heraus (Aussiedlung),
2. die Aussiedlung ohne Wohnhaus (Teilaussiedlung),
3. die Ausgliederung eines Betriebszweiges aus einem am bisherigen Standort weiterhin bestehenden landwirtschaftlichen Unternehmen (Betriebszweigaussiedlung) sowie
4. die Sanierung eines landwirtschaftlichen Unternehmens in Form umfassender Neu-, Um- und Ausbauten der Wirtschaftsgebäude (Althofsanierung)

als Siedlungsverfahren im Sinne des Reichssiedlungsgesetzes[1] durchgeführt werden.

§ 3[2] [Gebühren- und Steuerfreiheit] (1) Geschäfte und Verhandlungen, die der Durchführung von Siedlungsverfahren im Sinne des Reichssiedlungsgesetzes[1] dienen, sind von Gebühren und Steuern befreit, die auf Grund landesrechtlicher Vorschriften oder nach dem Gesetz über die Kosten in Angelegenheiten der freiwilligen Gerichtsbarkeit[3] vom Land oder von den öffentlich-rechtlichen Körperschaften des Landes erhoben werden.

(2) Die Gebühren- und Steuerfreiheit nach Absatz 1 gilt auch, wenn ein Grundstück im Wege der Zwangsversteigerung für Siedlungszwecke erworben wird.

(3) Die Gebühren- und Steuerfreiheit ist von den zuständigen Behörden ohne weitere Nachprüfung anzuerkennen, wenn das gemeinnützige Siedlungsunternehmen oder die Siedlungsbehörde bestätigt, dass ein Siedlungsverfahren im Sinne des Reichssiedlungsgesetzes vorliegt und der Antrag oder die Handlung der Durchführung eines solchen Verfahrens dient.

§ 4[4] [In-Kraft-Treten] (1) Dieses Gesetz tritt am 1. Januar 1994 in Kraft.

(2) *(nicht wiedergegebene Aufhebungsbestimmung)*

---

[1] Nr. **430**.
[2] § 3 eingef., bish. § 3 wird § 4 durch G v. 12. 10. 1995 (GVBl. S. 421).
[3] Nr. **570**.
[4] Bish. § 3 wird § 4 durch G v. 12. 10. 1995 (GVBl. 421).

440. Gesetz über den Schutz der Natur, die Pflege der Landschaft und die Erholung in der freien Natur (Bayerisches Naturschutzgesetz – BayNatSchG)

In der Fassung der Bekanntmachung vom 23. Dezember 2005[1]
(GVBl 2006 S. 2)

BayRS 791-1-UG

– Auszug –

VI. Abschnitt. Vorkaufsrecht, Enteignung und Erschwernisausgleich

Art. 34 Vorkaufsrecht. (1) [1] Dem Freistaat Bayern sowie den Bezirken, Landkreisen, Gemeinden und kommunalen Zweckverbänden stehen Vorkaufsrechte zu beim Verkauf von Grundstücken,

1. auf denen sich oberirdische Gewässer einschließlich von Verlandungsflächen, ausgenommen Be- und Entwässerungsgräben, befinden oder die daran angrenzen,
2. die ganz oder teilweise in Naturschutzgebieten, Nationalparken, als solchen einstweilig sichergestellten Gebieten oder in geplanten Naturschutzgebieten ab Eintritt der Veränderungsverbote nach Art. 48 Abs. 3 liegen,
3. auf denen sich Naturdenkmäler, geschützte Landschaftsbestandteile oder als solche einstweilig sichergestellte Schutzgegenstände befinden.

[2] Dies gilt auch bei Vertragsgestaltungen, die in ihrer Gesamtheit einem Kaufvertrag nahezu gleichkommen. [3] Liegen die Merkmale der Nrn. 1 bis 3 nur bei einem Teil des Grundstücks vor, so erstreckt sich das Vorkaufsrecht nur auf diese Teilfläche. [4] Ist die Restfläche für den Eigentümer nicht mehr in angemessenem Umfang baulich oder wirtschaftlich verwertbar, so kann er verlangen, dass der Vorkauf auf das gesamte Grundstück erstreckt wird.

(2) Das Vorkaufsrecht darf nur ausgeübt werden, wenn dies gegenwärtig oder zukünftig die Belange des Naturschutzes oder der Landschaftspflege oder das Bedürfnis der Allgemeinheit nach Naturgenuss und Erholung in der freien Natur rechtfertigen.

(3) [1] Die Ausübung des Vorkaufsrechts erfolgt durch den Freistaat Bayern, vertreten durch die Kreisverwaltungsbehörde. [2] Soweit der Freistaat Bayern das Vorkaufsrecht in den Fällen des Abs. 1 Satz 1 Nr. 1 wegen des Bedürfnisses der Allgemeinheit nach Naturgenuss und Erholung in der freien Natur für sich ausübt, vertritt ihn die Bayerische Verwaltung der staatlichen Schlösser, Gärten und Seen an den von ihr verwalteten oberirdischen Gewässern. [3] Die Mitteilung gemäß § 469 des Bürgerlichen Gesetzbuchs über die in Abs. 1 Sätze 1 und 2 genannten Verträge ist in allen Fällen gegenüber der Kreisverwaltungsbehörde abzugeben. [4] Der Freistaat Bayern hat jedoch das Vorkaufsrecht zugunsten eines anderen Vorkaufsberechtigten nach Abs. 1 auszuüben, wenn dieser es verlangt. [5] Wollen mehrere Vorkaufsberechtigte nach Abs. 1 von ihrem Recht Gebrauch machen, so geht das Vorkaufsrecht des Freistaates Bayern den übrigen Vorkaufsrechten vor. [6] Innerhalb der Gebietskörperschaften einschließlich der kommunalen Zweckverbände bestimmt sich das Vorkaufsrecht nach den geplanten Maßnahmen, wobei überörtliche den örtlichen Vorhaben vorgehen. [7] In Zweifelsfällen entscheidet das Staatsministerium der Finanzen im Einvernehmen mit der obersten Naturschutzbehörde.

(4) [1] Die Vorkaufsrechte gehen – unbeschadet bundesrechtlicher anderweitiger Regelungen – allen anderen Vorkaufsrechten im Rang vor, rechtsgeschäftlichen Vorkaufsrechten jedoch nur, wenn diese nach In-Kraft-Treten dieses Gesetzes bestellt werden. [2] Sie bedürfen nicht der Eintragung in das Grundbuch. [3] Bei einem Eigentumserwerb auf Grund der Ausübung des Vorkaufsrechts erlöschen rechtsgeschäftliche Vorkaufsrechte.

(5) [1] Die Vorkaufsrechte können auch zugunsten eines überörtlichen gemeinnützigen Erholungsflächenvereins oder zugunsten von gemeinnützigen Naturschutz-, Fremdenverkehrs- und Wandervereinen, in den Fällen des Abs. 1 Satz 1 Nrn. 2 und 3 auch zugunsten des Bayerischen Naturschutzfonds ausgeübt werden, wenn diese einverstanden sind. [2] Wird das Vorkaufsrecht zugunsten der in Satz 1 genannten Vereine ausgeübt, ist das Einvernehmen des Landesamts für Finanzen erforderlich. [3] Äußert sich diese nicht innerhalb eines Monats, ist davon auszugehen, dass gegen die Ausübung des Vorkaufsrechts keine Bedenken bestehen.

---

[1] Neubekanntmachung des NaturschutzG v. 27. 7. 1973 (GVBl S. 437, ber. S. 562) in der ab 1. 8. 2005 geltenden Fassung.

(6) [1] In den Fällen der Abs. 3 und 5 kommt der Kauf zwischen dem Begünstigten und dem Verpflichteten zustande. [2] Im Fall des Abs. 5 haftet der ausübende Vorkaufsberechtigte für die Verpflichtungen aus dem Kauf neben dem Begünstigten als Gesamtschuldner.

(7) [1] Das Vorkaufsrecht kann nur innerhalb von zwei Monaten nach der Mitteilung der in Abs. 1 Sätze 1 und 2 genannten Verträge ausgeübt werden. [2] §§ 463 bis 468, 469 Abs. 1, §§ 471, 1098 Abs. 2, §§ 1099 bis 1102 des Bürgerlichen Gesetzbuchs sind anzuwenden.

(8) [1] Abweichend von Abs. 7 Satz 2 kann der Vorkaufsberechtigte den zu zahlenden Betrag nach dem Verkehrswert des Grundstücks im Zeitpunkt des Kaufs bestimmen, wenn der vereinbarte Kaufpreis den Verkehrswert in einer dem Rechtsverkehr erkennbaren Weise deutlich überschreitet. [2] In diesem Fall ist der Verpflichtete berechtigt, bis zum Ablauf eines Monats nach Unanfechtbarkeit des Verwaltungsakts über die Ausübung des Vorkaufsrechts vom Vertrag zurückzutreten. [3] Auf das Rücktrittsrecht sind die §§ 346 bis 349 und 351 des Bürgerlichen Gesetzbuchs entsprechend anzuwenden.

(9) Das Vorkaufsrecht ist ausgeschlossen, wenn der Eigentümer das Grundstück an seinen Ehegatten oder an eine Person veräußert, die mit ihm in gerader Linie verwandt ist.

441. Gesetz über Naturschutz und Landschaftspflege (Bundesnaturschutzgesetz – BNatSchG)[1)]

Vom 29. Juli 2009
(BGBl. I S. 2542)
FNA 791-9

– Auszug –

§ 66 Vorkaufsrecht. (1) [1] Den Ländern steht ein Vorkaufsrecht zu an Grundstücken,

1. die in Nationalparken, Nationalen Naturmonumenten, Naturschutzgebieten oder als solchen einstweilig sichergestellten Gebieten liegen,
2. auf denen sich Naturdenkmäler oder als solche einstweilig sichergestellte Gegenstände befinden,
3. auf denen sich oberirdische Gewässer befinden.

[2] Liegen die Merkmale des Satzes 1 Nummer 1 bis 3 nur bei einem Teil des Grundstücks vor, so erstreckt sich das Vorkaufsrecht nur auf diesen Teil. [3] Der Eigentümer kann verlangen, dass sich der Vorkauf auf das gesamte Grundstück erstreckt, wenn ihm der weitere Verbleib in seinem Eigentum wirtschaftlich nicht zuzumuten ist.

(2) Das Vorkaufsrecht darf nur ausgeübt werden, wenn dies aus Gründen des Naturschutzes und der Landschaftspflege einschließlich der Erholungsvorsorge erforderlich ist.

(3) [1] Das Vorkaufsrecht bedarf nicht der Eintragung in das Grundbuch. [2] Es geht rechtsgeschäftlich und landesrechtlich begründeten Vorkaufsrechten mit Ausnahme solcher auf den Gebieten des Grundstücksverkehrs und des Siedlungswesens im Rang vor. [3] Bei einem Eigentumserwerb auf Grund der Ausübung des Vorkaufsrechts erlöschen durch Rechtsgeschäft begründete Vorkaufsrechte. [4] Die §§ 463 bis 469, 471, 1098 Absatz 2 und die §§ 1099 bis 1102 des Bürgerlichen Gesetzbuches finden Anwendung. [5] Das Vorkaufsrecht erstreckt sich nicht auf einen Verkauf, der an einen Ehegatten, eingetragenen Lebenspartner oder einen Verwandten ersten Grades erfolgt.

(4) Das Vorkaufsrecht kann von den Ländern auf Antrag auch zugunsten von Körperschaften und Stiftungen des öffentlichen Rechts und anerkannten Naturschutzvereinigungen ausgeübt werden.

(5) Abweichende Vorschriften der Länder bleiben unberührt.

[1)] Verkündet als Art. 1 G v. 29. 7. 2009 (BGBl. I S. 2542); Inkrafttreten gem. Art. 27 dieses G am 1. 3. 2010.

445. Bayerisches Fischereigesetz (BayFiG)[1)][2)]

Vom 10. Oktober 2008
(GVBl S. 840, ber. 2009 S. 6)
BayRS 793-1-L
– Auszug –

Abteilung I. Allgemeines

Art. 1 [Umfang des Fischereirechts] (1) [1] Das Fischereirecht gibt die Befugnis, in einem oberirdischen Gewässer Fische, Neunaugen und Krebse sowie Fluß-, Teich- und Perlmuscheln (Fische) zu hegen, zu fangen und sich anzueignen. [2] Das Fischereirecht erstreckt sich auf Fischlaich und sonstige Entwicklungsformen der Fische sowie auf Fischnährtiere.

(2) [1] Mit dem Fischereirecht ist die Pflicht zur Hege verbunden; die Verpflichtung zur Hege gilt nicht für geschlossene Gewässer im Sinn von Art. 2 Nrn. 1 und 2. [2] Ziel der Hege ist die Erhaltung und Förderung eines der Größe, Beschaffenheit und Ertragsfähigkeit des Gewässers angepassten artenreichen und gesunden Fischbestands sowie die Pflege und Sicherung standortgerechter Lebensgemeinschaften. [3] Soweit Besatzmaßnahmen erforderlich sind, insbesondere zum Aufbau und zur Stützung eines Fischbestands, ist ein Besatz aus gesunden, den Verhältnissen im Gewässer möglichst nahestehenden Beständen vorzunehmen.

(3) [1] Jede Fischereiausübung hat, unbeschadet der Abs. 1 und 2, dem Leitbild der Nachhaltigkeit zu entsprechen. [2] Diesem Leitbild entspricht die ausgewogene Berücksichtigung des Schutzes von Natur und Landschaft sowie des gesellschaftlichen Gewichts und der wirtschaftlichen Bedeutung, die der Fischerei in allen Ausübungsformen zukommen. [3] Zur nachhaltigen Fischereiausübung gehört die Einhaltung der Regeln der guten fachlichen Praxis einschließlich der Anforderungen des § 5 Abs. 6 des Bundesnaturschutzgesetzes.

(4) Eine nachhaltige Fischerei liegt im öffentlichen Interesse und ist als ein wesentliches, die bayerische Kulturlandschaft mitprägendes Kulturgut zu erhalten und zu fördern.

Art. 2 [Geschlossene Gewässer] Geschlossene Gewässer im Sinn des Gesetzes sind:

1. alle künstlich angelegten, ablassbaren und während der Bespannung gegen den Wechsel der Fische ständig abgesperrten Fischteiche und Fischbehälter, mögen sie mit einem natürlichen Gewässer in Verbindung stehen oder nicht,
2. die lediglich zum Zweck der Fischzucht oder Fischhaltung künstlich hergestellten und ständig abgesperrten Rinnsale, solange sie ausschließlich diesem Zweck dienen,
3. mit Ausnahme der Altwässer alle anderen Gewässer, denen es an einer für den Wechsel der Fische geeigneten regelmäßigen Verbindung mit einem natürlichen Gewässer fehlt.

Abteilung II. Fischereiberechtigung

Art. 3 [Fischereiberechtigung des Gewässereigentümers] [1] Soweit nicht auf besonderen Rechtsverhältnissen beruhende Rechte dritter Personen bestehen, ist der Eigentümer des Gewässers fischereiberechtigt. [2] Die Fischereiberechtigung des Freistaates Bayern in den bisherigen, nicht in seinem Eigentum stehenden öffentlichen Gewässern bleibt unberührt.

Art. 4 [Abzweigungen fließender Gewässer] (1) [1] In den natürlichen oder künstlich hergestellten Abzweigungen fließender Gewässer (Seitenarme, Kanäle, Bewässerungsgräben usw.) steht das Fischereirecht den im Hauptwasser Berechtigten in der durch die Lage und durch das Längeverhältnis der Hauptwasserstrecke bestimmten räumlichen Ausdehnung zu. [2] Diese Vorschrift findet auf geschlossene Gewässer im Sinn des Art. 2 Nrn. 1 und 2 keine Anwendung.

(2) In zur selbstständigen fischereilichen Bewirtschaftung geeigneten Kanälen, die aus mehreren Flussläufen gespeist werden oder verschiedene Flussgebiete miteinander verbinden, ist der Eigentümer des Kanals fischereiberechtigt.

(3) Besondere Rechtsverhältnisse bleiben unberührt.

[1)] Neubekanntmachung des FischereiG für das Königreich Bayern v. 15. 8. 1908 (GVBl S. 527) in der ab 1. 9. 2008 geltenden Fassung.

[2)] Dieses Gesetz dient auch der Umsetzung der Richtlinie 92/43/EWG v. 21. 5. 1992 (ABl. Nr. L 206 S. 7), zuletzt geänd. durch RL v. 20. 11. 2006 (ABl. Nr. L 363 S. 368) des Rates vom 21. Mai 1992 zur Erhaltung der natürlichen Lebensräume sowie der wild lebenden Tiere und Pflanzen (ABl EG Nr. L 206 S. 7).

Art. 5 [Veränderungen des Gewässerbetts] (1) [1] Verändert ein fließendes Gewässer infolge natürlicher Ereignisse oder durch künstliche Ableitung (Durchstiche, Regulierungen, Uferschutzbauten u. dgl.) sein Bett, so sind die Inhaber der Fischereirechte sowohl in dem neuen Wasserlauf als auch in dem sich etwa bildenden Altwasser und in den durch Längs- und Querbauten abgetrennten Wasserflächen (Buhnen) bis zur vollständigen Verlandung fischereiberechtigt. [2] Die räumliche Ausdehnung der Fischereirechte im neuen Wasserlauf bestimmt sich verhältnismäßig nach der räumlichen Ausdehnung der Fischereirechte im alten Lauf des Gewässers.

(2) [1] Die Unternehmer von Bauten, die eine Veränderung des Betts des Gewässers zur Folge haben, haben dafür zu sorgen, dass die Altwasser und Buhnen in einer den Durchzug der Fische gestattenden Verbindung mit dem Hauptwasser bleiben. [2] Diese Vorschrift findet auch auf die beim Inkrafttreten dieses Gesetzes bestehenden Bauten Anwendung.

Art. 6 [Errichtung eines Wasserspeichers] (1) [1] Dehnt sich ein Gewässer durch die Errichtung eines Wasserspeichers im Sinn des Art. 43 Abs. 2 Nr. 2 des Bayerischen Wassergesetzes oder durch die Errichtung eines sonstigen Wasserspeichers für Erholungszwecke durch eine Körperschaft des öffentlichen Rechts aus, so folgen am ursprünglichen Gewässer bestehende selbstständige Fischereirechte dieser Ausdehnung mit der Maßgabe, dass eine Mitberechtigung des Ausbauunternehmers unabhängig von der jeweiligen Stauhöhe des Gewässers entsteht. [2] Die Anteile der Mitberechtigten bemessen sich verhältnismäßig nach dem Wert der bisherigen Fischereirechte zum fischereilichen Wert des gesamten Gewässers innerhalb der Grenzen des Staubereichs; als Staubereich gilt die Wasserfläche, die sich beim Normalstau einstellt. [3] Das Wertverhältnis ist gegebenenfalls durch ein vom Ausbauunternehmer im Benehmen mit den Mitberechtigten in Auftrag zu gebendes Gutachten eines Fischereisachverständigen zu ermitteln. [4] Die Kosten hierfür trägt der Ausbauunternehmer. [5] Unter Berücksichtigung des Gutachtens stellt die Kreisverwaltungsbehörde das Wertverhältnis fest. [6] Gegen diese Entscheidung steht der ordentliche Rechtsweg offen.

(2) Für Wertminderungen der bisherigen Fischereirechte, die durch das Maß der Mitberechtigung nach Abs. 1 Satz 2 nicht ausgeglichen werden können, hat der Ausbauunternehmer Entschädigung zu leisten.

(3) [1] Die Inhaber der am bisherigen Gewässer bestehenden Fischereirechte sind berechtigt, vom Ausbauunternehmer die Übernahme ihrer Koppelfischereirechte zu verlangen. [2] Die Höhe des Entgelts richtet sich dabei nach dem Wert der Mitberechtigung.

(4) [1] Für die Ausübung der Koppelfischerei gilt Art. 20 Abs. 2 entsprechend. [2] Darüber, in welcher Weise die Fischerei auszuüben ist, haben die Beteiligten mit Mehrheit nach dem Umfang ihrer Anteile zu entscheiden.

Art. 7 [Überflutungen] (1) [1] Tritt ein Fischwasser über seine Ufer aus, so ist der im Fischwasser Fischereiberechtigte befugt, auf dem überfluteten Grundstück zu fischen. [2] Einen durch die Ausübung der Fischerei angerichteten Schaden hat der Fischereiberechtigte zu ersetzen.

(2) Vorkehrungen, die den Zweck haben, die Rückkehr des Wassers und der Fische in das Wasserbett zu hindern, dürfen nicht angebracht werden.

(3) [1] Bleiben nach dem Rücktritt des Wassers auf den Grundstücken in Gräben und anderen Vertiefungen, die nicht in fortdauernder Verbindung mit dem Fischwasser stehen, Fische zurück, so ist der Fischereiberechtigte berechtigt, sie sich längstens innerhalb einer Woche anzueignen; für den hierbei dem Grundbesitzer verursachten Schaden haftet der Fischereiberechtigte. [2] Nach dem Ablauf der Frist darf der Grundeigentümer die Fische sich aneignen.

Art. 8 [Selbstständige Fischereirechte] (1) Für bestehende und neu zu bestellende Fischereirechte, die nicht dem Eigentümer des Gewässers zustehen (selbstständige Fischereirechte), gelten die sich auf Grundstücke beziehenden Vorschriften.

(2) Die für die Ansprüche aus dem Eigentum geltenden Vorschriften finden auf die selbstständigen Fischereirechte entsprechende Anwendung.

(3) Wer ein in das Grundbuch eingetragenes Fischereirecht ausübt, wird nach den für den Besitzschutz geltenden Vorschriften gegen Störungen der Ausübung geschützt.

Art. 9 [Unzulässigkeit einer Beschränkung des Fischereirechts] (1) [1] Die Beschränkung des Fischereirechts auf das Hegen oder die Aneignung bestimmter Wassertiere oder auf die Benützung bestimmter Fangmittel oder ständiger Vorrichtungen (Wehre, Zäune, Selbstfänge, feststehende Netzvorrichtungen, Sperrnetze usw.) ist unzulässig. [2] Die zur Zeit des Inkrafttretens dieses Gesetzes bestehenden beschränkten Fischereirechte dieser Art bleiben aufrecht.

(2) Beschränkte Fischereirechte können durch Rechtsgeschäft unter Lebenden nur ungeteilt und nur an den Inhaber des Eigentümerfischereirechts oder eines nicht beschränkten selbstständigen Fischereirechts an derselben Gewässerstrecke veräußert werden.

Art. 10 [Abmarkung] (1) [1] Die Grenze eines Fischereirechts kann in entsprechender Anwendung des Abmarkungsgesetzes auf Antrag abgemarkt werden, soweit sie einwandfrei feststeht oder die beteiligten Fischereiberechtigten sich auf einen Grenzverlauf einigen und die Fischereirechtsgrenze nicht mit der abgemarkten Grenze eines Ufergrundstücks zusammenfällt. [2] Die zum Vollzug des Abmarkungsgesetzes erlassenen Vorschriften gelten entsprechend.

(2) Die Grenzzeichen zur Abmarkug der Fischereirechtsgrenzen müssen zweifelsfrei als solche erkennbar sein.

(3) Beteiligte an der Abmarkung sind die Fischereiberechtigten, deren Fischereirechte durch die Abmarkung unmittelbar berührt sind, und die Eigentümer der Ufergrundstücke, auf denen die Grenzzeichen gesetzt werden sollen.

(4) Den Antrag auf Abmarkung kann jeder beteiligte Fischereiberechtigte stellen.

Art. 11 [Eintragung in das Grundbuch] (1) Das Fischereirecht, das dem Eigentümer des Gewässers zusteht, wird in das Grundbuch auch dann nicht eingetragen, wenn das Gewässer Bestandteil seines Grundstücks ist.

(2) Die selbstständigen Fischereirechte erhalten ein Grundbuchblatt nur auf Antrag oder wenn das Recht veräußert oder belastet werden soll.

(3) Für ein Fischereirecht, das zugunsten des jeweiligen Eigentümers eines Grundstücks besteht, gilt die Vorschrift des § 9 der Grundbuchordnung.

(4) Die Vorschriften der §§ 20 und 22 Abs. 2 der Grundbuchordnung finden entsprechende Anwendung.

(5) [1] Zur Erhaltung der Wirksamkeit gegenüber dem öffentlichen Glauben des Grundbuchs muss ein Fischereirecht nicht in das Grundbuch eingetragen werden. [2] Die Eintragung des Fischereirechts auf dem Blatt des Gewässers kann nur verlangt werden, wenn für das Gewässer bereits ein Blatt angelegt ist.

(6) Das Staatsministerium der Justiz wird ermächtigt, durch Rechtsverordnung die Voraussetzungen und das Verfahren der Eintragung von Fischereirechten zu regeln.

Art. 12 [Aufhebung oder Beschränkung des Fischereirechts] (1) Beschränkte Fischereirechte können gegen Entschädigung der Berechtigten durch Anordnung der Kreisverwaltungsbehörde aufgehoben oder weitergehend beschränkt werden.

(2) Eine solche Aufhebung oder weitere Beschränkung kann beansprucht werden:
1. vom Staat im öffentlichen Interesse,
2. von Fischereiberechtigten und Fischereigenossenschaften, wenn das beschränkte Fischereirecht nachweislich einer dem Hegeziel und dem Leitbild der Nachhaltigkeit entsprechenden Ausübung der Fischerei entgegensteht.

Abteilung III. Ausübung der Fischereirechte

Abschnitt 1. Räumliche Einschränkung

Art. 13 [Selbstständiger Fischereibetrieb] (1) Zur Ausübung des Fischereirechts ist in der Regel nur derjenige befugt, dessen Recht auf einen solchen räumlichen Umfang des Gewässers sich erstreckt, dass hierdurch eine dem Hegeziel und dem Leitbild der Nachhaltigkeit entsprechende Ausübung der Fischerei ermöglicht ist (selbstständiger Fischereibetrieb).

(2) [1] In fließenden Gewässern wird hierfür regelmäßig eine zusammenhängende, die ganze Breite des Gewässers umfassende Strecke von mindestens 2 km Uferlänge erfordert. [2] Die Verwaltungsbehörde kann einen geringeren Umfang als genügend oder einen größeren als erforderlich erklären.

(3) Bildet ein Fischereirecht einen selbstständigen Fischereibetrieb, kann es durch Rechtsgeschäft unter Lebenden nur dann geteilt veräußert werden, wenn jeder Teil für sich einen selbstständigen Fischereibetrieb bildet.

Art. 14 [Gemeinschaftlicher Fischereibetrieb] (1) Fischereirechte von einem den Voraussetzungen des Art. 18 nicht entsprechenden räumlichen Umfang sollen durch die Verwaltungsbehörde zu einem gemeinschaftlichen Fischereibetrieb vereinigt werden, welcher sich nach

445

Möglichkeit auf die Rechte an sämtlichen im Gebiet einer Gemeinde gelegenen zusammenhängenden Fischwassern, soweit sie nicht selbstständige Fischereibetriebe bilden, zu erstrecken hat.

(2) Sofern dies zweckmäßig erscheint, können auch Fischereirechte in benachbarten Gemeindegebieten in den gemeinschaftlichen Fischereibetrieb einbezogen werden.

Art. 15 [Ausübung des gemeinschaftlichen Fischereibetriebs] (1) Die Fischerei in einem gemeinschaftlichen Fischereibetrieb darf, sofern mehr als zwei Personen beteiligt sind, nur ausgeübt werden:

1. durch besonders aufgestellte Fischer,
2. durch Verpachtung auf gemeinsame Rechnung,
3. auf genossenschaftlichem Weg nach den Art. 31 bis 56.

(2) [1] Darüber, in welcher Weise die Fischerei auszuüben ist, haben die beteiligten Fischereiberechtigten mit absoluter Mehrheit zu beschließen. [2] Sofern die Beteiligten nicht anderes vereinbaren, ist bei der Berechnung der Mehrheit neben der Zahl der Beteiligten der Umfang der Fischereirechte zu berücksichtigen. [3] Die Erträgnisse werden vorbehaltlich einer abweichenden Vereinbarung der Beteiligten nach dem Umfang der Fischereirechte verteilt; im Fall des Abs. 1 Nr. 3 wird die Verteilung durch die Genossenschaftssatzung geregelt.

(3) Die gemäß Abs. 2 getroffene Bestimmung wirkt auch für und gegen die Sondernachfolger der Fischereiberechtigten.

Art. 16 [Genossenschaft] [1] Kommt eine Regelung der Fischereiausübung nach Art. 15 nicht zu Stande, so kann die Kreisverwaltungsbehörde die Beteiligten nach den für die Bildung von Zwangsgenossenschaften geltenden Vorschriften dieses Gesetzes zu einer Genossenschaft vereinigen oder die Ausübung der Fischerei zur Verpachtung für Rechnung der Beteiligten dem Landesfischereiverband Bayern e.V. übertragen; dieser kann vor Verteilung des Reinertrags, die gemäß Art. 15 Abs. 2 Satz 3 Halbsatz 1 erfolgt, zehn v.H. des Reinertrags einbehalten. [2] Die Befugnis der Kreisverwaltungsbehörde nach Art. 73 Abs. 1 Satz 3 bleibt unberührt.

Art. 17 [Angrenzender Fischereibetrieb] Die Ausübung eines Fischereirechts, das weder einen selbstständigen Fischereibetrieb bildet noch einem gemeinschaftlichen Fischereibetrieb oder einer öffentlichen Fischereigenossenschaft angehört, hat der Berechtigte auf Verlangen gegen Entschädigung dem Inhaber eines an derselben Gewässerstrecke bestehenden oder angrenzenden selbstständigen Fischereibetriebs zu überlassen.

Art. 18 [Keine Anwendung auf geschlossene Gewässer] (1) Die Bestimmungen der Art. 13 bis 17 gelten nicht für geschlossene Gewässer im Sinn des Art. 2 Nrn. 1 und 2.

(2) An einem neu zu schaffenden geschlossenen Gewässer im Sinn von Art. 2 Nr. 3 von geringer Größe, das als Ausgleichs-, Ersatz- oder Artenschutzmaßnahme ausschließlich Zwecken des Naturschutzes zu dienen bestimmt wird, kann die Ausübung des Fischereirechts beschränkt oder ausgeschlossen werden, soweit es sich nicht um ein Überschwemmungsgebiet handelt.

Abschnitt 2. Koppelfischerei

Art. 19 [Begriff] (1) Koppelfischerei liegt vor, wenn an derselben Gewässerstrecke mehrere Fischereirechte bestehen oder wenn an derselben Gewässerstrecke mehreren Personen ein Fischereirecht zusteht.

(2) Nicht als Koppelfischerei gilt, wenn ein Fischereirecht zu dem Gesamtgut einer ehelichen oder fortgesetzten Gütergemeinschaft gehört.

Art. 20 [Keine Begründung neuer Rechte] (1) Koppelfischereirechte oder Anteilsrechte an solchen können nicht mehr neu begründet werden.

(2) Geht ein Fischereirecht oder ein Anteil an einem solchen von Todes wegen auf mehrere Personen über oder wird das Grundstück, mit dem ein Fischereirecht verbunden ist, von mehreren Personen erworben, so ist die Fischerei für Rechnung der Anteilsberechtigten entweder durch einen hierfür ständig bestellten Vertreter oder durch Verpachtung oder durch Anschluss an eine Genossenschaft nach den Art. 31 bis 56 auszuüben.

(3) Die Verwaltungsbehörde kann in Ausnahmefällen Abweichungen von den Vorschriften des Abs. 2 gestatten.

Art. 21 [Vorkaufsrecht] (1) Verkauft ein Fischereiberechtigter ein von einem Grundstück unabhängiges Koppelfischereirecht an einen nicht Koppelfischereiberechtigten, so sind zunächst die übrigen Mitfischereiberechtigten und nach diesen die auf der gleichen Wasserstrecke sonst Fischereiberechtigten zum Vorkauf nach Maßgabe der §§ 463 bis 468, des § 469 Abs. 1 und der §§ 470, 471 des Bürgerlichen Gesetzbuchs berechtigt.

(2) Die Frist für die Ausübung des Vorkaufsrechts beträgt zwei Monate, beginnend mit dem Empfang der Mitteilung über die Veräußerung.

(3) [1] Ist das verkaufte Recht auf den Käufer übergegangen, so können die Vorkaufsberechtigten das ihnen nach Abs. 1 zustehende Vorkaufsrecht dem Käufer gegenüber ausüben. [2] Dem Verkäufer gegenüber erlischt das Vorkaufsrecht mit der Übertragung des Fischereirechts.

(4) Der Verkäufer hat die Vorkaufsberechtigten von der Übertragung unverzüglich zu benachrichtigen.

(5) Machen mehrere Gleichberechtigte von dem Vorkaufsrecht Gebrauch, so ist vorbehaltlich einer Vereinbarung über die Person des in den Kauf Eintretenden das Fischereirecht unter den Vorkaufsberechtigten zu versteigern.

Art. 22 [Ausübung des Fischereirechts] (1) Die Koppelfischereiberechtigten können die Fischerei nur entweder in Person oder durch einen ständig hierfür aufgestellten Vertreter oder durch Verpachtung oder durch Anschluss an eine Genossenschaft nach den Art. 31 bis 56 ausüben.

(2) Ist das einer rechtsfähigen Vereinigung von Berufsfischern zustehende Koppelfischereirecht bisher von den Mitgliedern der Vereinigung ausgeübt worden, so bleiben die Mitglieder berechtigt, die Fischerei in Person auszuüben.

Art. 23 [Fischereiordnung] (1) [1] Falls es im Interesse einer dem Hegeziel und dem Leitbild der Nachhaltigket entsprechenden Ausübung der Fischerei in einer Gewässerstrecke erforderlich ist, kann die Ausübung der an ihr bestehenden Koppelfischereirechte durch eine nach Anhörung der Anteilsberechtigten von der Verwaltungsbehörde zu erlassende Fischereiordnung geregelt werden. [2] Auf Antrag von mehr als der Hälfte der beteiligten Berechtigten muss die Fischereiordnung erlassen werden. [3] Bei der Berechnung der Mehrheit ist vorbehaltlich einer abweichenden Vereinbarung der Berechtigten neben deren Zahl der Umfang der Fischereirechte zu berücksichtigen.

(2) Die Fischereiordnung kann insbesondere Vorschriften enthalten:

1. über die Art der Ausübung der Rechte, ob diese durch alle Beteiligten oder nur durch eine beschränkte Anzahl der Beteiligten oder durch Verpachtung oder durch aufgestellte Fischer auf gemeinsame Rechnung erfolgen soll;
2. ggf. über die Zuteilung bestimmter Gewässerstrecken an die Beteiligten;
3. über die zulässigen Arten und Zeiten des Fischfangs;
4. über die zum Fang freigegebenen Fische;
5. über die Beschaffenheit der Fanggeräte;
6. über die Verwaltung der gemeinsamen Gewässerstrecke;
7. über die Verteilung der Einnahmen und Aufbringung der Ausgaben;
8. über die Ordnungsgelder bei Nichtbeachtung der Fischereiordnung.

Art. 24 [Keine Anwendung auf geschlossene Gewässer] Die Vorschriften dieses Abschnitts gelten nicht für geschlossene Gewässer im Sinn des Art. 2 Nrn. 1 und 2.

Abschnitt 3. Pachtverträge, Erlaubnisscheine

Art. 25 [Inhalt des Pachtvertrags] (1) [1] Fischereipachtverträge sind für mindestens zehn Jahre und mit höchstens drei Personen als Pächtern abzuschließen. [2] Die Verpachtung von Koppelfischereien oder von Anteilsrechten an solchen darf keinesfalls an eine Anzahl von Pächtern erfolgen, die die Zahl der Verpächter übersteigt. [3] Bei Verpachtung an eine juristische Person muss vertraglich bestimmt werden, dass die Fischerei auf Grund des Pachtvertrags ohne Erlaubnisschein von höchstens drei Personen ausgeübt werden darf.

(2) [1] Pächter darf nur sein, wer einen gültigen Fischereischein besitzt. [2] Pachtet eine juristische Person, so muss mindestens ein verfassungsmäßig berufener Vertreter Inhaber eines gültigen Fischereischeins sein. [3] Diese Bestimmungen gelten nicht für geschlossene Gewässer im Sinn des Art. 2 Nrn. 1 und 2.

(3) Wird während der Pachtzeit die Erteilung des Fischereischeins zurückgenommen oder widerrufen, so kann, insofern nicht die Mitpächter die Verbindlichkeit des auszuschließenden Mitglieds übernehmen, der Verpächter ohne Einhaltung einer Kündigungsfrist das Pachtverhältnis kündigen.

(4) Die Verpachtung ist nur nach dem ganzen Inhalt des Fischereirechts zulässig.

(5) Die Trennung eines Fischwassers oder Fischereigebiets in Abteilungen zum Zweck der Verpachtung ist unzulässig.

(6) [1] Die vorstehenden Bestimmungen gelten auch für die Änderung oder Verlängerung eines Fischereipachtvertrags; sie finden entsprechend Anwendung auf andere Rechtsgeschäfte zur Überlassung des Fischereiausübungsrechts. [2] Die Kreisverwaltungsbehörde kann Abweichungen von den Bestimmungen der Abs. 1, 4 und 5 gestatten, wenn hieraus Nachteile für das verpachtete Fischwasser und für die mit ihm zusammenhängenden Fischwasser nicht zu befürchten sind.

Art. 26 [Erlöschen des Pachtverhältnisses] [1] Das Pachtverhältnis erlischt, falls das verpachtete Fischwasser einem gemeinschaftlichen Fischereibetrieb nach Art. 14 angeschlossen wird. [2] Das *gleiche*[1)] gilt, wenn das verpachtete Fischwasser in eine Genossenschaft zur gemeinsamen Bewirtschaftung und Nutzung der Fischwasser nach Art. 33 einbezogen wird, sofern nicht der Pächter der Genossenschaft als Mitglied beitritt.

Art. 27 [Schriftform des Pachtvertrags] [1] Der Pachtvertrag bedarf zu seiner Gültigkeit der Schriftform. [2] Eine von dem Pächter und dem Verpächter zu unterzeichnende Ausfertigung ist von dem Verpächter binnen acht Tagen nach dem Abschluss des Vertrags bei der Kreisverwaltungsbehörde zu hinterlegen, in deren Bezirk das Fischwasser gelegen ist. [3] Diese Bestimmungen gelten entsprechend für Rechtsgeschäfte im Sinn des Art. 25 Abs. 6 Satz 1.

Art. 28 [Unterpacht] [1] Unterpacht ist nur mit Genehmigung des Verpächters und für das ganze Fischereirecht sowie für den vollen Rest der Pachtdauer zulässig. [2] Im Übrigen finden auf die Unterpacht die Bestimmungen der Art. 25 bis 27 entsprechende Anwendung.

Art. 29 [Erlaubnisscheine zur Ausübung des Fischfangs] (1) [1] Der Fischereiberechtigte oder mit dessen Einwilligung der Fischereipächter oder der Vorstand einer Fischereigenossenschaft kann, wenn Nachteile für das Fischwasser und für die mit ihm zusammenhängenden Fischwasser nicht zu befürchten sind, mit Genehmigung der Kreisverwaltungsbehörde Erlaubnisscheine zur Ausübung des Fischfangs (Art. 1 Abs. 1) für einzelne, mehrere oder alle Fischwasser gemeinsam (Einzel- oder Sammelerlaubnisscheine) ausstellen, jedoch nicht in elektronsicher Form. [2] Er darf den Fischfang, abgesehen von den Fällen des Abs. 4 Satz 2, nicht ohne Erteilung eines Erlaubnisscheins gestatten. [3] Die Ausstellung von Erlaubnisscheinen für Inhaber von Jugendfischereischeinen bedarf nicht der Genehmigung der Kreisverwaltungsbehörde.

(2) [1] Die Erlaubnisscheine sind auf eine bestimmte Zeit, die den Zeitraum von drei Jahren nicht überschreiten darf, auszustellen. [2] Sie bedürfen, abgesehen von den Fällen nach Abs. 1 Satz 3, der Bestätigung durch die Kreisverwaltungsbehörde, die kostenfrei erfolgt.

(3) Der Genehmigung nach Abs. 1 Satz 1 und der Bestätigung nach Abs. 2 Satz 2 bedürfen nicht Erlaubnisscheine für Personen, die den Fischfang auf andere Weise als mit der Handangel in geschlossenen Gewässern im Sinn des Art. 2 Nrn. 1 und 2 ausüben.

(4) [1] Wer den Fischfang ausübt, ohne selbst der Fischereiberechtigte oder Fischereipächter zu sein, muss einen gültigen Erlaubnisschein bei sich führen und diesen auf Verlangen den Polizeibeamten, den Fischereiaufsehern sowie den Fischereiberechtigten und Fischereipächtern zur Prüfung aushändigen. [2] Einen Erlaubnisschein benötigen nicht

1. Personen, die auf andere Weise als mit der Handangel als Helfer des Fischereiberechtigten oder Fischereipächters oder Inhabers eines gültigen Erlaubnisscheins in dessen Begleitung,
2. höchstens drei Personen, die in Begleitung des Fischereiberechtigten oder des Fischereipächters

den Fischfang ausüben.

Art. 30 [Staat als Fischereiberechtigter] Für Fischwasser, in denen der Freistaat Bayern fischereiberechtigt ist, gelten die Art. 25 bis 29 mit folgenden Maßgaben:

1. Abweichungen von Art. 25 Abs. 1, 4 und 5 können ohne Gestattung der Kreisverwaltungsbehörde vereinbart werden, wenn Nachteile im Sinn des Art. 25 Abs. 6 Satz 2 nicht zu befürchten sind.
2. Vor jeder Verpachtung hört der Verpächter unter Mitteilung der vorgesehenen Pachtbedingungen den Fachberater des Bezirks für das Fischereiwesen an; hat sich dieser gutachtlich geäußert, leitet ihm der Verpächter den abgeschlossenen Pachtvertrag zu. Die Pflicht zur Hinterlegung des Pachtvertrags nach Art. 27 Satz 2 entfällt.

[1)] Richtig wohl: „Gleiche".

3. Erlaubnisscheine können ohne Genehmigung der Kreisverwaltungsbehörde ausgestellt werden, sofern die übrigen Vorschriften des Art. 29 eingehalten sind und die Ausstellung nach Art und Anzahl im Pachtvertrag oder durch staatliche Vergabebedingungen geregelt ist.

Abschnitt 4. Öffentliche Fischereigenossenschaften

Art. 31 [Bildung von öffentlichen Fischereigenossenschaften] Öffentliche Fischereigenossenschaften können aus den Fischereiberechtigten eines Fischwassers oder eines Fischereigebiets gebildet werden:

1. zur geregelten Aufsichtsführung und zu gemeinsamen Maßnahmen zum Schutz und zur Hebung des Fischbestands,
2. zur gemeinsamen Bewirtschaftung und Nutzung der Fischwasser.

Art. 32 [Freiwillige Genossenschaft oder Zwangsgenossenschaft] Die Bildung der Genossenschaften erfolgt:

1. durch freiwillige Vereinbarung der Beteiligten (freiwillige Genossenschaft),
2. durch Verfügung der Kreisverwaltungsbehörde (Zwangsgenossenschaft).

Art. 33 [Voraussetzungen für Zwangsgenossenschaft] (1) [1] Die Bildung einer Zwangsgenossenschaft ist an die Voraussetzung geknüpft, dass die Genossenschaft im Interesse der Erhaltung und Vermehrung des Fischbestands liegt und unzweifelhaft einen wesentlichen wirtschaftlichen Nutzen gewährt. [2] Bei Genossenschaften zur gemeinsamen Bewirtschaftung und Nutzung eines Fischwassers ist die Zustimmung der absoluten Mehrheit der Beteiligten erforderlich.

(2) Fischereiberechtigte, die der Bildung der Genossenschaft widersprechen, können zur Teilnahme nur dann gezwungen werden, wenn die Genossenschaft in wirtschaftlich zweckmäßiger Weise nur unter Heranziehung dieser Fischereiberechtigten durchgeführt werden kann.

Art. 34 [Mindestzahl für Bildung einer Genossenschaft] Zur Bildung einer Genossenschaft sind mindestens drei Personen erforderlich.

Art. 35 [Keine Genehmigung des Beitritts durch gesetzlichen Vertreter] Zum Beitritt zur Genossenschaft bedarf der Vater oder die Mutter als Inhaber der elterlichen Sorge sowie ein Vormund oder ein Pfleger nicht der Genehmigung des Vormundschaftsgerichts, ein Nachlasspfleger nicht der Genehmigung des Nachlassgerichts, der gesetzliche Vertreter einer Körperschaft, Stiftung oder Anstalt des öffentlichen Rechts oder einer unter der Verwaltung einer öffentlichen Behörde stehenden Stiftung nicht der Genehmigung der vorgesetzten Behörde.

Art. 36 [Juristische Person] (1) Die Genossenschaft als solche hat selbstständig ihre Rechte und Pflichten, sie kann Eigentum und andere dingliche Rechte an Grundstücken erwerben, vor Gericht klagen und verklagt werden.

(2) [1] Für die Verbindlichkeiten der Genossenschaft haftet den Gläubigern ausschließlich das Genossenschaftsvermögen. [2] Die Genossen sind nur zu den satzungsmäßigen Beiträgen verpflichtet.

Art. 37 [Sitz] Die Genossenschaft muss ihren Sitz im Freistaat Bayern haben.

Art. 38 [Satzung] (1) Die Rechtsverhältnisse der Genossenschaft und der Genossen werden, soweit nicht dieses Gesetz hierüber Bestimmungen enthält, durch die Genossenschaftssatzung geregelt.

(2) Die Satzung muss insbesondere Bestimmungen enthalten über:

1. den Namen und Sitz der Genossenschaft;
2. den Zweck des Unternehmens;
3. die Rechte und Pflichten der Genossen, vor allem hinsichtlich des Maßstabs der Teilnahme an den Vorteilen und Lasten der Genossenschaft und an der Verwaltung der Genossenschaftsangelegenheiten;
4. die Zusammensetzung, die Wahl und den Wirkungskreis des Vorstands und seines Vorsitzenden, sowie über die Aufstellung der übrigen Genossenschaftsorgane;
5. die Berufung, Zusammensetzung und Zuständigkeit der Genossenschaftsversammlung, die Form, Gültigkeit und Bekanntgabe ihrer Beschlüsse;

6. die Bildung eines Schiedsgerichts in Genossenschaftsangelegenheiten und die Bezeichnung von Streitigkeiten, die seiner Entscheidung unterliegen;
7. das Rechnungswesen der Genossenschaft (Aufstellung der Voranschläge, Rechnungsstellung und Rechnungsprüfung);
8. die Voraussetzungen für Änderung der Satzung;
9. die Form der Bekanntmachungen und die hierfür zu wählenden öffentlichen Blätter.

Art. 39 [Beschluss über die Satzung] (1) Die Satzung wird durch einfachen Mehrheitsbeschluss der Genossen festgestellt.

(2) Die Teilnahme an den Vorteilen und Lasten der Genossenschaft darf in anderer Weise als nach Maßgabe des Umfangs der Fischereirechte der Genossen nur mit Zustimmung des durch die anderweitige Regelung beeinträchtigten Genossen bestimmt werden.

Art. 40 [Genehmigung der Satzung] (1) Die Satzung bedarf der Genehmigung der Kreisverwaltungsbehörde; Änderungen der Satzung sind der Behörde innerhalb von acht Tagen anzuzeigen.

(2) Mit der Genehmigung der Satzung erlangt die Genossenschaft die Rechtsfähigkeit.

Art. 41 [Vorstand] (1) [1] Die Genossenschaft muss einen Vorstand haben. [2] Der Vorstand kann aus mehreren Mitgliedern bestehen. [3] Die Genossenschaft wird in allen Angelegenheiten nach Maßgabe der Satzung durch den Vorstand oder seinen Vorsitzenden vertreten. [4] Der Vorstand oder Vorsitzende hat ein Verzeichnis der in das Genossenschaftsunternehmen einbezogenen Fischwasser (Genossenschaftskataster) herzustellen und richtig zu erhalten.

(2) Der Vorstand hat seine Bestellung und jede Änderung in seiner Zusammensetzung der Aufsichtsbehörde binnen einer Woche anzuzeigen.

(3) Ist eine Willenserklärung der Genossenschaft gegenüber abzugeben, so genügt die Abgabe gegenüber einem Mitglied des Vorstands.

(4) Vorstandsmitglieder können auch Personen sein, die nicht Genossen sind.

Art. 42 [Haftung des Vorstands] (1) [1] Jedes Mitglied des Vorstands haftet der Genossenschaft für den aus einer Pflichtverletzung entstehenden Schaden, wenn ihm ein Verschulden zur Last fällt. [2] Sind für den Schaden mehrere verantwortlich, so haften sie als Gesamtschuldner.

(2) Die Ansprüche auf Grund der vorstehenden Bestimmungen verjähren in fünf Jahren.

Art. 43 [Einberufung der Genossenschaftsversammlung] Der Vorstand hat die Genossenschaftsversammlung einzuberufen, wenn die satzungsmäßige Mindestzahl von Genossen die Einberufung unter Angabe des Zwecks beantragt.

Art. 44 [Austritt aus der Genossenschaft] Die Genossenschaft kann einem Fischereiberechtigten den Austritt nur verweigern, wenn dieser die Erfüllung des Genossenschaftszwecks wesentlich beeinträchtigen würde.

Art. 45 [Auflösung der Genossenschaft] (1) Die Genossenschaftsversammlung kann die Auflösung der Genossenschaft beschließen.

(2) [1] Zur Gültigkeit des Beschlusses ist die ausdrückliche Zustimmung von drei Viertel der Genossen und im Fall der Auflösung einer Zwangsgenossenschaft außerdem die Genehmigung der Aufsichtsbehörde erforderlich. [2] Die Genehmigung gilt als erteilt, wenn sie nicht innerhalb eines Monats nach Eingang des Genehmigungsantrags versagt wird.

(3) Nichtabstimmende werden den Nichtzustimmenden gleichgeachtet.

Art. 46 [Liquidation] (1) [1] Nach Auflösung der Genossenschaft hat die Liquidation stattzufinden. [2] Sie erfolgt durch den Vorstand, wenn sie nicht durch die Satzung oder durch Beschluss der Genossenschaftsversammlung anderen Personen übertragen worden ist.

(2) Der Vorstand hat die Bestellung der Liquidatoren und ihre Namen binnen zwei Wochen der Aufsichtsbehörde anzuzeigen.

Art. 47 [Stellung der Liquidatoren] (1) Die Liquidatoren haben die rechtliche Stellung des Genossenschaftsvorstands.

(2) Sind mehrere Liquidatoren bestellt, so ist für ihre Beschlüsse, soweit nicht bei ihrer Bestellung ein anderes bestimmt worden ist, Einstimmigkeit erforderlich.

(3) Im Übrigen finden auf die Liquidatoren der Genossenschaft die Vorschriften der §§ 49 bis 53 des Bürgerlichen Gesetzbuchs entsprechende Anwendung.

Art. 48 [Pflichten der Liquidatoren] Die Liquidatoren haben sofort nach Beendigung des Liquidationsgeschäfts der Aufsichtsbehörde Anzeige zu erstatten und ihr die Bücher und Schriften der aufgelösten Genossenschaft auszuhändigen.

Art. 49 [Erlöschen der Beitragspflicht] Mit der Beendigung des Liquidationsgeschäfts erlischt die Beitragspflicht zu den Ausgaben der Genossenschaft.

Art. 50 [Berechnung der Mehrheit] Bei der Berechnung der Mehrheit im Sinn des Art. 33 Abs. 1 und der Art. 39 und 45 ist neben der Zahl der Beteiligten der Umfang der Fischereirechte zu berücksichtigen.

Art. 51 [Staatliche Aufsicht; Aufsichtsbehörde] (1) [1] Die Fischereigenossenschaften unterliegen der Aufsicht des Staates. [2] Die Aufsicht erstreckt sich darauf, dass die Angelegenheiten der Genossenschaft in Übereinstimmung mit dem Gesetz und der Satzung verwaltet werden.

(2) Aufsichtsbehörde ist die Kreisverwaltungsbehörde.

Art. 52 [Verhängung von Ordnungsgeldern; sonstige Aufsichtsbefugnisse] Die Aufsichtsbehörde ist in Anwendung ihrer Aufsichtsbefugnisse (Art. 51) berechtigt, bei Ablehnung des Antrags nach Art. 43 und in sonstigen dringlichen Fällen an Stelle des Vorstands die Einberufung einer Genossenschaftsversammlung anzuordnen, soweit und solange die erforderlichen Genossenschaftsorgane fehlen, zur Wahrnehmung der Obliegenheiten der Genossenschaft auf deren Kosten Beauftragte zu bestellen, ferner die erforderlichen Maßnahmen zur Erfüllung des Genossenschaftszwecks an Stelle und auf Kosten der Genossenschaft zu verfügen.

Art. 53 [Aufsicht bei Liquidationsverfahren] Die Genossenschaften bleiben auch während des Liquidationsverfahrens bis zu dessen Beendigung der Staatsaufsicht unterworfen.

Art. 54 [Bildung einer Zwangsgenossenschaft] [1] Die Bildung der Zwangsgenossenschaft erfolgt durch Anordnung der Kreisverwaltungsbehörde; diese hat gleichzeitig die Genossenschaftssatzung zu erlassen. [2] Mit dem Erlass der Satzung erlangt die Genossenschaft die Rechtsfähigkeit. [3] Nach Bildung der Zwangsgenossenschaft finden die Bestimmungen dieses Abschnitts entsprechende Anwendung.

Art. 55 [Beitritt von Pächtern] (1) Ist ein Fischereirecht verpachtet, so ist zum freiwilligen Beitritt des Pächters zu einer Fischereigenossenschaft die Zustimmung des Fischereiberechtigten nur erforderlich, wenn das Fischereirecht auch nach der Beendigung der Pacht in der Genossenschaft verbleiben soll.

(2) Wird ein zu einer Fischereigenossenschaft gehörendes Fischereirecht verpachtet, so tritt der Pächter kraft Gesetzes in die Genossenschaft ein.

(3) Zum Austritt des Pächters aus der Genossenschaft ist die Zustimmung des Fischereiberechtigten erforderlich.

Art. 56 [Freiwillige Fischereigenossenschaft der Pächter] Die Pächter eines Fischwassers oder eines Fischereigebiets können zu den in Art. 31 bezeichneten Zwecken nach den Vorschriften dieses Abschnitts eine freiwillige Fischereigenossenschaft bilden.

Abschnitt 5. Fischereischein und Fischerprüfung

(nicht abgedruckt)

Abschnitt 6. Bezeichnung der zum Fischen ausliegenden Fischerzeuge

Art. 62 [Kennzeichnung der Fischerzeuge] *(nicht abgedruckt)*

Abschnitt 7. Uferbenützungsrecht

Art. 63 [Uferbenützungsrecht] *(nicht abgedruckt)*

Abteilung IV. Schutz, Pflege und Entwicklung der Fischerei

Abschnitt 1. Allgemeine Schutzvorschriften

(nicht abgedruckt)

Abschnitt 2. Schonbezirke

(nicht abgedruckt)

Abteilung V. Aufsicht

(nicht abgedruckt)

Abteilung VI. Zuständigkeit und Verfahren

Art. 73 [Vollzug des Gesetzes; örtliche Zuständigkeit; Erlass von Rechtsverordnungen] (1) [1] Der Vollzug dieses Gesetzes und der auf Grund dieses Gesetzes erlassenen Rechtsverordnungen ist Aufgabe des Staates. [2] Er obliegt, soweit nichts anderes bestimmt ist, den Kreisverwaltungsbehörden. [3] Diese können zur Erfüllung der öffentlich-rechtlichen Verpflichtungen, die nach den in Satz 1 genannten Vorschriften bestehen oder auf ihnen beruhen, sowie zur Wiederherstellung rechtmäßiger Zustände, Anordnungen für den Einzelfall erlassen. [4] Die Aufsicht über den Vollzug obliegt den Landratsämtern, den Regierungen und dem Staatsministerium für Landwirtschaft und Forsten. [5] Die Beurteilung einer Maßnahme der Fischereiausübung als unvereinbar mit dem Leitbild der Nachhaltigkeit und den Regeln der guten fachlichen Praxis bedarf des Benehmens mit dem Fachberater des Bezirks für das Fischereiwesen; Abs. 2 Satz 2 Halbsatz 2 gilt entsprechend.

(2) [1] Für die örtliche Zuständigkeit der Kreisverwaltungsbehörden gilt Art. 3 Abs. 2 Satz 1 Halbsatz 1 des Bayerischen Verwaltungsverfahrensgesetzes auch dann, wenn sich eine gleiche Angelegenheit auf die Bezirke mehrerer Behörden bezieht. [2] Als Sachverständigen hört die zuständige Behörde nur den für ihren Sitz zuständigen Fachberater des Bezirks für das Fischereiwesen; die Aufgaben anderer sachverständiger Stellen, insbesondere der Landesanstalt für Landwirtschaft, bleiben unberührt.

(3) Rechtsverordnungen nach diesem Gesetz werden nach den Vorschriften des Landesstraf- und Verordnungsgesetzes erlassen.

Art. 74 [Schriftliche Entscheidung oder öffentliche Bekanntmachung; Entscheidung über Privatrechte] (1) [1] Entscheidungen nach diesem Gesetz, die nicht nur vorläufigen Inhalt besitzen oder wegen Gefahr in Verzug ergehen, sind schriftlich zu erlassen. [2] Sind mehr als 50 Benachrichtigungen oder Zustellungen vorzunehmen, so können sie durch öffentliche Bekanntmachung ersetzt werden.

(2) Sind Privatrechte streitig, so kann den Beteiligten aufgegeben werden, eine Entscheidung des ordentlichen Gerichts herbeizuführen.

Art. 75 [Festsetzung von Entschädigungen] (1) [1] In den Fällen der Art. 6, 7 Abs. 3 Satz 1 Halbsatz 2, Art. 12 Abs. 1, Art. 17, 63 Abs. 2, (auch in Verbindung mit Abs. 4 Satz 2), Art. 66 Abs. 3 und Art. 70 Abs. 3 stellt auf Antrag eines Beteiligten die Kreisverwaltungsbehörde die Entschädigung im Weg der Schätzung fest. [2] Für die Höhe der Entschädigung gelten die Vorschriften des Bayerischen Gesetzes über die entschädigungspflichtige Enteignung entsprechend.

(2) Die Vorschriften des Bayerischen Gesetzes über die entschädigungspflichtige Enteignung über die Festsetzung der Entschädigung sind entsprechend anzuwenden.

(3) [1] Die Kosten des Verwaltungsverfahrens sowie die Vergütung der den Beteiligten hierdurch verursachten notwendigen Auslagen fallen dem Entschädigungspflichtigen zur Last. [2] Kosten, die durch unbegründete Einwendungen oder Verschulden eines Beteiligten oder durch Verschulden eines Dritten entstanden sind, können diesem auferlegt werden.

Art. 76 [Gebühren und Auslagen] (1) [1] Das Verwaltungsverfahren in erster Instanz und das Verwaltungsverfahren nach Art. 75 sind gebührenfrei. [2] Nicht befreit ist das Verwaltungsverfahren nach Art. 58 bis 60.

(2) Die Kosten, die aus Abordnung von Kommissären zu Ortsbesichtigungen und Tagfahrten im Vollzug der Art. 14 bis 17, 23, 31 bis 56 und 70 erwachsen, werden von der Staatskasse übernommen.

Abteilung VII. Bußgeldvorschriften

Abteilung VIII. Übergangs- und Schlussbestimmungen

Art. 78 [Perlfischereirechte] [1] Perlfischereirechte, die bei Ablauf des 31. August 1986 dem Freistaat Bayern oder Dritten zustanden, bestehen seit dem 1. September 1986 als beschränkte Fischereirechte im Sinn des Art. 9 fort. [2] Personen, die in der Zeit vom 1. September 1976 bis zum 31. August 1986 die Perlfischerei im Inland befugt ausgeübt haben, benötigen dazu weiterhin keinen Fischereischein.

Art. 79 [Verweisungen] (1) Die in diesem Gesetz enthaltenen Verweisungen betreffen die genannten Vorschriften in der jeweils geltenden Fassung.

(2) Die auf Staatsverträgen beruhenden Bestimmungen über die Fischerei in Gewässern, die Bayern und anderen Staaten gemeinsam sind, bleiben unberührt.

Art. 80[1)] [Inkrafttreten] [1] Die Vorschriften des Art. 11 treten mit der Verkündung des Gesetzes in Kraft. [2] Im Übrigen tritt das Gesetz am 1. April 1909 in Kraft.

445

[1)] **Amtl. Anm.:** Betrifft die ursprüngliche Fassung vom 15. August 1908 (GVBl S. 527). Der Zeitpunkt des Inkrafttretens der späteren Änderungen ergibt sich aus den jeweiligen Änderungsgesetzen.

450. Gemeindeordnung für den Freistaat Bayern (Gemeindeordnung – GO)

In der Fassung der Bekanntmachung vom 22. August 1998[1]
(GVBl S. 796)
BayRS 2020-1-1-I

geänd. durch § 1 G zur Änd. der GemeindeO und der LandkreisO v. 26. 3. 1999 (GVBl S. 86), § 2 G zur Änd. des Gemeinde- und LandkreiswahlG und anderer kommunalrechtlicher Vorschriften v. 27. 12. 1999 (GVBl S. 542), Art. 2 Zweites VerwaltungsreformG v. 28. 3. 2000 (GVBl S. 136), § 12 Zweites Bayer. G zur Anpassung des Landesrechts an den Euro v. 24. 4. 2001 (GVBl S. 140), § 4 G zur Stärkung elektronischer Verwaltungstätigkeiten v. 24. 12. 2002 (GVBl S. 962), § 1 Nr. 2 Zweites AufhebungsG v. 9. 7. 2003 (GVBl S. 416, ber. S. 595), § 1 Nr. 9 Drittes AufhebungsG v. 7. 8. 2003 (GVBl S. 497), § 1 ÄndG v. 26. 7. 2004 (GVBl S. 272), § 2 G über Fragen der kommunalen Gliederung des Staatsgebiets, zur Änd. von Vorschriften über kommunale Namen und zur Aufhebung kommunalrechtl. Vorschriften v. 24. 12. 2005 (GVBl S. 659), § 5 Bayerisches DisziplinarG v. 24. 12. 2005 (GVBl S. 665), § 2 G zur Änd. des Gemeinde- und LandkreiswahlG und anderer Vorschriften v. 26. 7. 2006 (GVBl S. 405), § 1 G zur Änd. des kommunalen Haushaltsrechts v. 8. 12. 2006 (GVBl S. 975), § 7 G zur Erweiterung und Erprobung von Handlungsspielräumen der Kommunen v. 10. 4. 2007 (GVBl S. 271), § 5 G zur Änd. des Bayerischen AbgrabungsGs und anderer Rechtsvorschriften v. 20. 12. 2007 (GVBl S. 958) und § 10 G zur Anpassung von LandesGn an das Bayerische BeamtenG v. 27. 7. 2009 (GVBl S. 400)

– Auszug –

Art. 38[2] Verpflichtungsgeschäfte; Vertretung der Gemeinde nach außen. (1) Der erste Bürgermeister vertritt die Gemeinde nach außen.

(2) [1] Erklärungen, durch welche die Gemeinde verpflichtet werden soll, bedürfen der Schriftform oder müssen in elektronischer Form mit einer dauerhaft überprüfbaren qualifizierten elektronischen Signatur versehen sein; das gilt nicht für ständig wiederkehrende Geschäfte des täglichen Lebens, die finanziell von unerheblicher Bedeutung sind. [2] Die Erklärungen sind durch den ersten Bürgermeister oder seinen Stellvertreter unter Angabe der Amtsbezeichnung zu unterzeichnen. [3] Sie können auf Grund einer den vorstehenden Erfordernissen entsprechenden Vollmacht auch von Gemeindebediensteten unterzeichnet werden.

Art. 39 Stellvertretung; Übertragung von Befugnissen. (1) [1] Die weiteren Bürgermeister vertreten den ersten Bürgermeister im Fall seiner Verhinderung in ihrer Reihenfolge. [2] Die weiteren Stellvertreter bestimmt der Gemeinderat aus der Mitte der Gemeinderatsmitglieder, die Deutsche im Sinn des Art. 116 Abs. 1 des Grundgesetzes sind.

(2) Der erste Bürgermeister kann im Rahmen der Geschäftsverteilung (Art. 46) einzelne seiner Befugnisse den weiteren Bürgermeistern, nach deren Anhörung auch einem Gemeinderatsmitglied und in Angelegenheiten der laufenden Verwaltung einem Gemeindebediensteten übertragen; eine darüber hinausgehende Übertragung auf einen Bediensteten bedarf zusätzlich der Zustimmung des Gemeinderats.

Art. 72[3] Kreditähnliche Verpflichtungen; Sicherheiten. (1) Der Abschluß von Rechtsgeschäften, die der Kreditaufnahme wirtschaftlich gleichkommen, bedarf der Genehmigung.

(2) [1] Die Gemeinde darf Bürgschaften, Gewährverträge und Verpflichtungen aus verwandten Rechtsgeschäften, die ein Einstehen für fremde Schuld oder für den Eintritt oder Nichteintritt bestimmter Umstände zum Gegenstand haben, nur zur Erfüllung ihrer Aufgaben übernehmen. [2] Die Rechtsgeschäfte bedürfen der Genehmigung, wenn sie nicht im Rahmen der laufenden Verwaltung abgeschlossen werden.

(3) Die Gemeinde bedarf zur Bestellung von Sicherheiten zugunsten Dritter der Genehmigung.

(4) [1] Für die Genehmigung gelten Art. 71 Abs. 2 Sätze 2 und 3, im Fall der vorläufigen Haushaltsführung Art. 69 Abs. 4 Sätze 2 und 3 entsprechend. [2] Die Genehmigung ist zu versagen, wenn das Rechtsgeschäft nicht eine Investition zum Gegenstand hat, sondern auf die Erzielung wirtschaftlicher Vorteile dadurch gerichtet ist, dass die Gemeinde einem Dritten inländische steuerliche Vorteile verschafft.

(5) Das Staatsministerium des Innern kann im Einvernehmen mit dem Staatsministerium der Finanzen durch Rechtsverordnung Rechtsgeschäfte von der Genehmigung freistellen,

---

[1] Neubekanntmachung der GemeindeO v. 6. 1. 1993 (GVBl S. 65) in der ab 1. 9. 1998 geltenden Fassung.
[2] Art. 38 Abs. 2 Sätze 1 und 2 geänd. mWv 1. 2. 2003 durch G v. 24. 12. 2002 (GVBl S. 962).
[3] Art. 72 Abs. 4 neu gef. mWv 1. 8. 2004 durch G v. 26. 7. 2004 (GVBl S. 272).

1. die die Gemeinden zur Erfüllung bestimmter Aufgaben eingehen oder
2. die für die Gemeinden keine besondere Belastung bedeuten oder
3. die ihrer Natur nach regelmäßig wiederkehren.

Art. 75[1)2)] Veräußerung von Vermögen. (1) [1] Die Gemeinde darf Vermögensgegenstände, die sie zur Erfüllung ihrer Aufgaben nicht braucht, veräußern. [2] Vermögensgegenstände dürfen in der Regel nur zu ihrem vollen Wert veräußert werden.

(2) [1] Für die Überlassung der Nutzung eines Vermögensgegenstands gilt Absatz 1 entsprechend. [2] Ausnahmen sind insbesondere zulässig bei der Vermietung kommunaler Gebäude zur Sicherung preiswerten Wohnens und zur Sicherung der Existenz kleiner und ertragsschwacher Gewerbebetriebe.

(3) [1] Die Verschenkung und die unentgeltliche Überlassung von Gemeindevermögen sind unzulässig (Art. 12 Abs. 2 Satz 2 der Verfassung). [2] Die Veräußerung oder Überlassung von Gemeindevermögen in Erfüllung von Gemeindeaufgaben oder herkömmlicher Anstandspflichten fällt nicht unter dieses Verbot.

(4) Gemeindevermögen darf nur im Rahmen der Aufgabenerfüllung der Gemeinde und nur dann in Stiftungsvermögen eingebracht werden, wenn der mit der Stiftung verfolgte Zweck auf andere Weise nicht erreicht werden kann.

450

[1)] Siehe die Veräußerung kommunaler Vermögensgegenstände, Handbuch Nr. 451.

[2)] Gem. § 4 Gesetz vom 10. August 1990 (GVBl. S. 268) gelten folgende Übergangsregelungen: Sind die rechtsgeschäftlichen Erklärungen der Beteiligten zur Veräußerung eines Vermögensgegenstands oder zur Verfügung über eine Sache vor Inkrafttreten dieses Gesetzes abgegeben worden, so gelten für die Rechtsgeschäfte Art. 75 Abs. 5 und 6 der Gemeindeordnung fort. Abs. 5 und 6 lauten:

(5) [1] Die Gemeinde bedarf der Genehmigung zur
1. Veräußerung von Vermögensgegenständen unter ihrem Wert,
2. Verfügung über Sachen, die einen besonderen wissenschaftlichen, geschichtlichen oder künstlerischen Wert haben, und zur wesentlichen Änderung solcher Sachen; einer Genehmigung nach dieser Vorschrift bedarf es nicht, soweit eine Erlaubnis nach dem Denkmalschutzgesetz oder eine baurechtliche Genehmigung oder Zustimmung erforderlich ist.

[2] In den vorstehenden Fällen unterliegt auch das Verpflichtungsgeschäft der Genehmigungspflicht; ist es genehmigt worden, so gilt auch das Verfügungsgeschäft als genehmigt.

(6) [1] Absatz 5 Satz 1 Nr. 1 gilt nicht, wenn der Gegenstand an eine juristische Person des öffentlichen Rechts veräußert wird. [2] Das Staatsministerium des Innern kann im Einvernehmen mit dem Staatsministerium der Finanzen durch Rechtsverordnung Rechtsgeschäfte von der Genehmigungspflicht nach Absatz 5 freistellen, wenn sie
1. zur Erfüllung bestimmter Aufgaben abgeschlossen werden oder
2. ihrer Natur nach regelmäßig wiederkehren oder
3. bestimmte Wertgrenzen oder Grundstücksgrößen nicht überschreiten.

[3] In der Rechtsverordnung nach Satz 2 können ferner nähere Regelungen über die Bestimmung des Werts nach Absatz 5 Satz 1 Nr. 1 getroffen werden.

451. Veräußerung kommunaler Vermögensgegenstände

Bekanntmachung des Bayerischen Staatsministeriums des Innern vom 15. Mai 1992
Az.: I B 3-3036-29/5
(AllMBl S. 535)
Datenbank BAYERN-RECHT 2023-I

Durch Gesetz vom 10. August 1990 (GVBl S. 268) wurden die Art. 75 Abs. 5 und 6 der Gemeindeordnung (GO), Art. 69 Abs. 5 und 6 der Landkreisordnung (LkrO) und Art. 67 Abs. 5 und 6 der Bezirksordnung (BezO) mit Wirkung zum 1. September 1990 aufgehoben. Nach § 5 Satz 2 des Gesetzes trat gleichzeitig die Verordnung über die Veräußerung kommunaler Vermögensgegenstände (BayRS 2023-10-I) außer Kraft.

Das Staatsministerium des Innern gibt zu den Änderungen im Einvernehmen mit den Staatsministerien der Justiz und für Unterricht, Kultus, Wissenschaft und Kunst die nachstehenden Hinweise. Soweit sie die Gemeinden betreffen, gelten sie entsprechend für die Landkreise und Bezirke sowie für die Verwaltungsgemeinschaften, Zweckverbände und die anderen öffentlich-rechtlichen kommunalen Zusammenschlüsse mit eigener Rechtspersönlichkeit, die das kommunale Wirtschaftsrecht anwenden.

451

1 Veräußerung von Vermögensgegenständen unter ihrem Wert

[1] Mit der Aufhebung der genannten Vorschriften der Kommunalgesetze ist die Genehmigungspflicht für Veräußerungen unter Wert entfallen. [2] An der materiellen Rechtslage hat sich dadurch nichts geändert: Das grundsätzliche gesetzliche Verbot von Veräußerungen unter Wert (Art. 75 Abs. 1 Satz 2 GO, Art. 69 Abs. 1 Satz 2 LkrO, Art. 67 Abs. 1 Satz 2 BezO) besteht unverändert fort. [3] Die Fragen,

- ob eine Veräußerung unter Wert vorliegt und
- ob sie ausnahmsweise zulässig ist,

sind inhaltlich nach den gleichen Kriterien wie bisher zu prüfen.

1.1 Wertermittlung

[1] Der Grundsatz der sparsamen und wirtschaftlichen Haushaltsführung (Art. 61 Abs. 2 GO) verlangt, dass die Gemeinden sich vor der Veräußerung eines Vermögensgegenstandes Klarheit über dessen Wert verschaffen. [2] Außerdem ermöglicht nur eine verlässliche Wertermittlung den Vollzug des Art. 75 GO. [3] Der Wert ist daher vor jeder Veräußerung eines kommunalen Vermögensgegenstandes zu ermitteln, gleichgültig, ob die Kommune zum vollen Wert oder unter Wert veräußern will. [4] Auch wenn sie von vornherein beabsichtigt, unter Wert zu veräußern, muss die Höhe des Preisabschlags festgestellt, also zunächst der volle Wert ermittelt werden.

1.1.1 [1] „Voller Wert" im Sinne von Art. 75 Abs. 1 Satz 2 GO ist der Verkehrswert. [2] Verkehrswert ist der Preis, der in dem Zeitpunkt, auf den sich die Ermittlung bezieht, im gewöhnlichen Geschäftsverkehr nach den Eigenschaften und der sonstigen Beschaffenheit der Sache oder dem Inhalt und der Ausgestaltung des Rechts ohne Rücksicht auf ungewöhnliche oder persönliche Verhältnisse zu erzielen wäre (vgl. Art. 10 Abs. 1 Satz 2 BayEG und § 194 BauGB[1]). [3] Die Wertermittlung muss auf den Zeitpunkt der Veräußerung bezogen sein.

1.1.2 [1] Durch die Aufhebung der Verordnung über die Veräußerung kommunaler Vermögensgegenstände ist den Kommunen ein bestimmtes Wertermittlungsverfahren kommunalrechtlich nicht mehr vorgeschrieben. [2] Das von ihnen im Einzelfall gewählte Verfahren muss jedoch objektiv und nachprüfbar sein. [3] Die Art des Verfahrens und das Ergebnis der Wertermittlung müssen daher schriftlich vermerkt und zu den Akten genommen werden.

Es wird empfohlen, den Wert wie folgt zu ermitteln:

1.1.2.1 bei Grundstücken

- anhand der für Bodenrichtwerte geführten Grundstückskarte oder Liste (§ 16 GutachterausschussV, BayRS 2130-2-I) oder
- durch ein Gutachten des Gutachterausschusses, eines amtlich bestellten Sachverständigen oder einer mit Grundstücksbewertungen allgemein befassten Stelle der Kom-

[1] Nr. **400**.

mune entsprechend den Vorschriften des Baugesetzbuchs[1] und der zu seiner Ausführung erlassenen Vorschriften

1.1.2.2 bei börsengängigen Wertpapieren nach dem letzten notierten Tageskurs

1.1.2.3 bei sonstigen Vermögensgegenständen durch eigene, schriftlich zu begründende Schätzung.

1.2 Bestimmung des Veräußerungspreises

Finanzhilfen (Zuschüsse, zinslose oder zinsgünstige Darlehen, Schulddienstbeihilfen, Stundungen usw.) der Kommunen, die in einem inneren Zusammenhang mit der Veräußerung eines Vermögensgegenstandes stehen, sind bei der Bestimmung des Veräußerungspreises zu berücksichtigen.

1.3 Zulässigkeit von Veräußerungen unter Wert

[1] Veräußerungen unter Wert sind zulässig, wenn sie der Erfüllung kommunaler Aufgaben dienen. [2] Diese Voraussetzung muss sowohl für den Preisnachlass überhaupt als auch für seine Höhe vorliegen. [3] Der Grund des Preisnachlasses muss den Akten entnommen werden können.

1.3.1 Für Veräußerungen unter Wert im kommunalen Wohnungswesen gilt die IMBek vom 15. 11. 1988 (AllMBl S. 895) in der durch diese Bekanntmachung geänderten Fassung.

1.3.2 [1] Veräußerungen unter Wert sind grundsätzlich keine zulässigen Maßnahmen unmittelbarer kommunaler Wirtschaftsförderung. [2] Zu den kommunalen Aufgaben gehört im Allgemeinen nur die indirekte Wirtschaftsförderung; Maßnahmen, die einzelnen Unternehmen geldwerte Vorteile einräumen, sind lediglich ausnahmsweise zulässig (z.B. um eine aus städtebaulichen Gründen notwendige Verlagerung eines Betriebs zu ermöglichen).

1.3.3 Die Kommunen müssen sich um eine ausreichende Sicherung des mit der Veräußerung unter Wert verfolgten Zwecks bemühen (s. Nr. 2.6 IMBek vom 15. November 1988).

1.4 Nachweis der Zulässigkeit

Da das Grundbuchamt vor der Eintragung die Zulässigkeit einer kommunalen Grundstücksveräußerung zu prüfen hat, wird empfohlen, dem Antrag auf Grundbucheintragung eine schriftliche Feststellung des Vertretungsberechtigten beizufügen, dass eine Veräußerung unter Wert nicht vorliegt oder dass eine Veräußerung unter Wert oder eine unentgeltliche Veräußerung wegen der Erfüllung einer näher zu bezeichnenden kommunalen Aufgabe zulässig ist.
Die Feststellung ist zu unterschreiben und mit Siegel oder Stempel zu versehen (§ 29 Abs. 3 GBO).

2 Veräußerungen oder Veränderungen von Sachen mit besonderem wissenschaftlichem, geschichtlichem oder künstlerischem Wert

[1] Die bisher in Art. 75 Abs. 5 Nr. 2 GO geregelte Mitwirkungsbefugnis des Staates bei der Verfügung über Sachen und bei der wesentlichen Änderung von Sachen, die einen besonderen wissenschaftlichen, geschichtlichen oder künstlerischen Wert haben, ist ebenfalls entfallen. [2] Den Kommunen wird unbeschadet sonstiger Vorschriften empfohlen, sich vor der Maßnahme vom Landesamt für Denkmalpflege beraten zu lassen.

3 Allgemeine Hinweise

[1] Für die Veräußerung von Vermögensgegenständen des Staates enthalten die VV Nrn. 1.2 bis 1.5 zu Art. 63 BayHO und VV Nrn. 4.1 bis 4.4 und 4.8 bis 4.10 zu Art. 64 BayHO Regelungen, auf die hingewiesen wird. [2] Besonders gilt das für die Regelung, dass entbehrliche Vermögensgegenstände regelmäßig nur nach öffentlicher Ausschreibung veräußert werden. [3] Den Kommunen wird dringend empfohlen, in gleicher Weise zu verfahren.

4 [Aufhebungen]

(nicht abgedruckt)

---

[1] Nr. **400**.

452. Verordnung über die Genehmigungsfreiheit von Rechtsgeschäften des kommunalen Kreditwesens (Verordnung über kreditähnliche kommunale Rechtsgeschäfte)

Vom 16. August 1995
(GVBl S. 812)
BayRS 2023-9-I

geänd. durch § 3 VO zur Anpassung von Verordnungen an den Euro im Geschäftsbereich des Bayerischen Staatsministeriums des Innern v. 28. 3. 2001 (GVBl S. 174)

Auf Grund von Art. 72 Abs. 5 der Gemeindeordnung für den Freistaat Bayern, Art. 66 Abs. 5 der Landkreisordnung für den Freistaat Bayern und Art. 64 Abs. 5 der Bezirksordnung für den Freistaat Bayern erläßt das Bayerische Staatsministerium des Innern im Einvernehmen mit dem Bayerischen Staatsministerium der Finanzen folgende Verordnung:

§ 1[1)] [Genehmigungsfreiheit bei Stundung] (1) Die Stundung von Zahlungsverpflichtungen der Gemeinden, der Landkreise, der Bezirke und der öffentlich-rechtlichen kommunalen Zusammenschlüsse ist genehmigungsfrei, wenn die Fälligkeit über das laufende Haushaltsjahr nicht hinausgeschoben wird.

(2) [1] Die Stundung von Zahlungsverpflichtungen der in Absatz 1 bezeichneten Körperschaften über das laufende Haushaltsjahr hinaus ist genehmigungsfrei, wenn und soweit der einzelne Stundungsfall folgende Beträge nicht überschreitet:

– bis zu 7 000 Einwohnern	50 000 €
– mit mehr als 7 000 bis zu 20 000 Einwohnern	150 000 €
– mit mehr als 20 000 bis zu 50 000 Einwohnern	500 000 €
– mit mehr als 50 000 bis zu 300 000 Einwohnern	1 000 000 €
– mit mehr als 300 000 Einwohnern	2 500 000 €
– bei der Landeshauptstadt München	5 000 000 €.

[2] Für Verwaltungsgemeinschaften und Zweckverbände gelten die halben Beträge, bezogen auf die Summe der Einwohnerzahlen der Mitgliedsgemeinden, höchstens jedoch 1 v. H. des Haushaltsvolumens.

§ 2 [Genehmigungsfreiheit bei Leasingverträgen] Der Abschluß von Leasingverträgen über bewegliche Gegenstände ist genehmigungsfrei.

§ 3 [Genehmigungsfreiheit bei Bürgschaften und Gewährverträgen] Bürgschaften, Gewährverträge und Verpflichtungen aus verwandten Rechtsgeschäften, die ein Einstehen für fremde Schuld oder für den Eintritt oder Nichteintritt bestimmter Umstände zum Gegenstand haben, sind genehmigungsfrei,

1. wenn der Höchstbetrag der Einstandspflicht in dem jeweiligen Rechtsgeschäft nicht höher ist als der nach § 1 Abs. 2 zutreffende Betrag, solange der Gesamtbestand derartiger Verpflichtungen das Achtfache und die Summe der im laufenden Haushaltsjahr eingegangenen derartigen Verpflichtungen das Doppelte des nach § 1 Abs. 2 zutreffenden Betrags nicht übersteigt; die in Nummern 2 bis 4 genannten Fälle bleiben außer Ansatz,
2. wenn Sicherheiten zugunsten Dritter zur Erfüllung gesetzlicher Verpflichtungen im Vollzug des Städtebauförderungsrechts bestellt werden,
3. zur Absicherung eines Rückzahlungsanspruchs im Zusammenhang mit der Gewährung staatlicher Leistungen an juristische Personen, an denen die absichernde Körperschaft (§ 1 Abs. 1) nach Stimmen mehrheitlich beteiligt ist,
4. wenn beim Erwerb oder der Veräußerung eines Grundstücks Grundpfandrechte im Zusammenhang mit der Kaufpreiszahlung bestellt werden oder wenn ein mit einem Grundpfandrecht belastetes Grundstück erworben wird; dasselbe gilt für die Begründung der persönlichen Schuld zu einem solchen Grundpfandrecht.

---

1) § 1 Abs. 2 geänd. mWv 1. 1. 2002 durch VO v. 28. 3. 2001 (GVBl S. 174).

§ 4 [Schriftliche Feststellung] Wenn ein Rechtsgeschäft nach dieser Verordnung von der rechtsaufsichtlichen Genehmigung freigestellt ist, hat der Vertretungsberechtigte eine schriftliche Feststellung zu den Verhandlungen zu nehmen, daß und auf Grund welcher Vorschriften der Abschluß des Rechtsgeschäfts genehmigungsfrei ist.

§ 5 [Inkrafttreten] [1] Diese Verordnung tritt am 1. Januar 1996 in Kraft. [2] Gleichzeitig tritt die Verordnung über die Freistellung von Rechtsgeschäften im Bereich des Kreditwesens der Gemeinden, der Landkreise, der Bezirke und der öffentlich-rechtlichen kommunalen Zusammenschlüsse von der rechtsaufsichtlichen Genehmigung (Verordnung über kreditähnliche kommunale Rechtsgeschäfte) vom 7. Oktober 1982 (BayRS 2023–9–I) außer Kraft.

455. Gemeindeordnung (GemO)[1]

Vom 31. Januar 1994

(GVBl. S. 153)

BS Rh-Pf 2020-1

geänd. durch Art. 11 E-Kommunikation-FörderungsG v. 21. 7. 2003 (GVBl. S. 155), Art. 1 Fünftes LandesG zur Änd. kommunalrechtl. Vorschriften v. 22. 12. 2003 (GVBl. S. 390), § 14 LandesstiftungsG v. 19. 7. 2004 (GVBl. S. 385), Art. 3 Siebtes ÄndG v. 15. 10. 2004 (GVBl. S. 457), Art. 1 Erstes StandardflexibilisierungsG v. 5. 4. 2005 (GVBl. S. 98), Art. 1 Kommunales Doppik-G v. 2. 3. 2006 (GVBl. S. 57), Art. 9 Landesbesoldungs- und -versorgungsanpassungsG 2007/2008 v. 21. 12. 2007 (GVBl. S. 283), Art. 4 Abs. 1 ÄndG v. 21. 12. 2007 (GVBl. 2008 S. 1), Art. 1 ÄndG v. 21. 12. 2007 (GVBl. 2008 S. 1), Art. 2 15. ÄndG v. 28. 5. 2008 (GVBl. S. 79), Art. 7 LandesG über die Einrichtung von kommunalen Beiräten für Migration und Integration v. 26. 11. 2008 (GVBl. S. 294), Art. 1 LandesG über die Einrichtung von kommunalen Beiräten für Migration und Integration v. 26. 11. 2008 (GVBl. S. 294), Art. 1 GemO u. LFAGÄndG v. 19. 3. 2009 (GVBl. S. 104) und Art. 1 ÄndG v. 7. 4. 2009 (GVBl. S. 162)

– Auszug –

2. Kapitel. Verfassung und Verwaltung der Gemeinden

4. Abschnitt. Bürgermeister und Beigeordnete

§ 47 Stellung und Aufgaben des Bürgermeisters. (1) [1]Der Bürgermeister leitet die Gemeindeverwaltung und vertritt die Gemeinde nach außen. [2]Neben den ihm gesetzlich oder vom Gemeinderat übertragenen Aufgaben obliegen ihm

1. die Vorbereitung der Beschlüsse des Gemeinderats im Benehmen mit den Beigeordneten und der Beschlüsse der Ausschüsse, soweit er selbst den Vorsitz führt;
2. die Ausführung der Beschlüsse des Gemeinderats und der Ausschüsse;
3. die laufende Verwaltung;
4. die Erfüllung der der Gemeinde gemäß § 2 übertragenen staatlichen Aufgaben.

[3]Die dauernde Übertragung der Entscheidung bestimmter Angelegenheiten auf den Bürgermeister ist durch die Hauptsatzung zu regeln.

(2) *(nicht abgedruckt)*

§ 49 Verpflichtungserklärungen. (1) [1]Erklärungen, durch die die Gemeinde verpflichtet werden soll, bedürfen der Schriftform. [2]Sie sind nur rechtsverbindlich, wenn sie vom Bürgermeister oder dem zur allgemeinen Vertretung berufenen Beigeordneten oder einem ständigen Vertreter unter Beifügung der Amtsbezeichnung handschriftlich unterzeichnet sind. [3]Wird eine Verpflichtungserklärung gerichtlich oder notariell beurkundet, so braucht die Amtsbezeichnung nicht beigefügt zu werden.

(2) Verpflichtungserklärungen eines Bevollmächtigten sind nur rechtsverbindlich, wenn sie schriftlich abgegeben werden und die Vollmacht in der Form des Absatzes 1 Satz 2 erteilt worden ist.

(3) Die Absätze 1 und 2 gelten nicht für Erklärungen in Geschäften der laufenden Verwaltung, die für die Gemeinde finanziell unerheblich sind.

§ 50 Stellung und Aufgaben der Beigeordneten. (1) [1]Jede Gemeinde hat einen oder zwei Beigeordnete. [2]Die Hauptsatzung kann bestimmen, daß die Zahl der Beigeordneten in Gemeinden

bis zu	25 000	Einwohnern bis auf drei,
mit mehr als	25 000 bis 40 000	Einwohnern bis auf vier,
mit mehr als	40 000 bis 80 000	Einwohnern bis auf fünf,
mit mehr als	80 000 bis 120 000	Einwohnern bis auf sechs,
mit mehr als	120 000	Einwohnern bis auf sieben

erhöht wird.

(2) [1]Der Erste Beigeordnete ist der allgemeine Vertreter des Bürgermeisters bei dessen Verhinderung (Vertreter im Verhinderungsfall). [2]In kreisfreien und großen kreisangehörigen Städ-

[1] Änderungen sind nicht in Fußnoten nachgewiesen.

ten führt er die Amtsbezeichnung Bürgermeister, in den übrigen Gemeinden die Amtsbezeichnung des ihm übertragenen Amtes. [3] Die weiteren Beigeordneten führen die Amtsbezeichnung Beigeordneter und sind zur allgemeinen Vertretung des Bürgermeisters nur berufen, wenn der Bürgermeister und der Erste Beigeordnete verhindert sind. [4] Die Reihenfolge der allgemeinen Vertretung wird vor der Wahl der Beigeordneten durch den Gemeinderat festgesetzt. [5] Bei der Festsetzung der Reihenfolge der allgemeinen Vertretung gehen die hauptamtlichen Beigeordneten den ehrenamtlichen Beigeordneten vor. [6] Beim Ausscheiden oder bei der Berufung eines weiteren Beigeordneten kann deren Reihenfolge der Vertretung geändert werden. [7] Der Bürgermeister kann bei Bedarf einen ehrenamtlichen Beigeordneten ohne Geschäftsbereich mit der Vertretung der Gemeinde bei Veranstaltungen beauftragen, sofern der nach den Sätzen 1 und 3 berufene allgemeine Vertreter einverstanden ist.

(3)–(8) *(nicht abgedruckt)*

5. Kapitel. Gemeindewirtschaft

1. Abschnitt. Gemeindevermögen

§ 79 Veräußerung von Vermögen. (1) [1] Die Gemeinde darf Vermögensgegenstände, die sie zur Erfüllung ihrer Aufgaben nicht braucht, veräußern. [2] Vermögensgegenstände, die sie zur Erfüllung ihrer Aufgaben braucht, darf die Gemeinde nur veräußern, wenn sie sich deren langfristige Nutzung sichert und sie die Aufgaben so nachweislich wirtschaftlicher erfüllen kann. [3] Vermögensgegenstände dürfen in der Regel nur zum Verkehrswert veräußert werden.

(2) Für die Überlassung der Nutzung eines Vermögensgegenstands gilt Absatz 1 sinngemäß.

3. Abschnitt. Wirtschaftliche Betätigung und privatrechtliche Beteiligung der Gemeinde

§ 85 Grundsätze. (1) Die Gemeinde darf wirtschaftliche Unternehmen nur errichten, übernehmen oder wesentlich erweitern, wenn

1. der öffentliche Zweck das Unternehmen rechtfertigt,
2. das Unternehmen nach Art und Umfang in einem angemessenen Verhältnis zu der Leistungsfähigkeit der Gemeinde und dem voraussichtlichen Bedarf steht und
3. bei einem Tätigwerden außerhalb der Energieversorgung, der Wasserversorgung und des öffentlichen Personennahverkehrs der öffentliche Zweck nicht ebenso gut und wirtschaftlich durch einen privaten Dritten erfüllt wird oder erfüllt werden kann.

(2) Die Betätigung eines wirtschaftlichen Unternehmens der Gemeinde außerhalb des Gemeindegebiets ist zulässig, wenn die Voraussetzungen des Absatzes 1 vorliegen und die berechtigten Interessen aller hiervon unmittelbar betroffenen Gemeinden gewahrt sind.

(3) [1] Wirtschaftliche Unternehmen der Gemeinde sind so zu führen, daß der öffentliche Zweck erfüllt wird; sie sollen einen Überschuß für den Haushalt der Gemeinde abwerfen, soweit dies mit der Erfüllung des öffentlichen Zwecks in Einklang zu bringen ist. [2] Die Erträge jedes Unternehmens sollen mindestens so hoch sein, daß

1. alle Aufwendungen und kalkulatorischen Kosten gedeckt werden,
2. die Zuführungen zum Eigenkapital (Rücklagen) ermöglicht werden, die zur Erhaltung des Vermögens des Unternehmens sowie zu seiner technischen und wirtschaftlichen Fortentwicklung notwendig sind, und
3. eine marktübliche Verzinsung des Eigenkapitals erzielt wird.

[3] Zu den Aufwendungen im Sinne des Satzes 2 Nr. 1 gehören auch die Steuern, die Konzessionsabgaben und die Zinsen für Fremdkapital. [4] Lieferungen und Leistungen von anderen Unternehmen und Verwaltungszweigen der Gemeinde an das Unternehmen sowie Lieferungen und Leistungen des Unternehmens an andere Unternehmen und Verwaltungszweige der Gemeinde sind angemessen zu vergüten.

(4) [1] Wirtschaftliche Unternehmen im Sinne der Absätze 1 bis 3 sind nicht Einrichtungen, die überwiegend folgenden Zwecken zu dienen bestimmt sind:

1. Erziehung, Bildung und Kultur,
2. Sport und Erholung,
3. Sozial- und Jugendhilfe,
4. Gesundheitswesen,
5. Umweltschutz,

6. Wohnungswesen und Stadtentwicklung sowie
7. Deckung des Eigenbedarfs der Gemeinde.

[2] Auch diese Einrichtungen sind, soweit es mit ihrem öffentlichen Zweck vereinbar ist, nach wirtschaftlichen Gesichtspunkten zu verwalten.

(5)–(7) *(aufgehoben)*

§ 86 Eigenbetriebe. (1) Eigenbetriebe werden als Sondervermögen mit Sonderrechnung ohne Rechtsfähigkeit geführt.

(2) [1] Die Gemeinde kann wirtschaftliche Unternehmen sowie Einrichtungen im Sinne des § 85 Abs. 4 Satz 1 als Eigenbetriebe führen oder nach den Bestimmungen der Eigenbetriebsverordnung verwalten, wenn deren Art und Umfang eine selbständige Wirtschaftsführung rechtfertigen. [2] Einrichtungen und Anlagen der Wasserversorgung und Abwasserbeseitigung sind als Eigenbetriebe zu führen oder nach den Bestimmungen der Eigenbetriebsverordnung zu verwalten; die § 86 a und 87 bleiben unberührt. [3] Satz 2 gilt für Einrichtungen und Anlagen der Abfallentsorgung entsprechend, wenn der Träger die Aufgabe unmittelbar erfüllt. [4] Für kommunale Krankenhäuser bleiben das Landeskrankenhausgesetz und die Krankenhausbetriebsverordnung unberührt.

(3)–(5) *(aufgehoben)*

(6) Bei Umwandlung eines Eigenbetriebs in eine Rechtsform des privaten Rechts findet § 87 entsprechende Anwendung.

§ 87 Unternehmen in Privatrechtsform. (1) [1] Die Gemeinde kann wirtschaftliche Unternehmen sowie Einrichtungen im Sinne des § 85 Abs. 4 Satz 1 als Unternehmen in einer Rechtsform des privaten Rechts führen oder sich daran beteiligen, wenn

1. der öffentliche Zweck diese Rechtsform rechtfertigt,
2. durch die Ausgestaltung des Gesellschaftsvertrags oder der Satzung sichergestellt ist, daß das Unternehmen den öffentlichen Zweck erfüllt,
3. die Gemeinde einen ihrer Beteiligung angemessenen Einfluß, insbesondere im Aufsichtsrat oder in einem entsprechenden Überwachungsorgan des Unternehmens, erhält und dieser durch die Ausgestaltung des Gesellschaftsvertrags oder der Satzung oder in anderer Weise gesichert wird,
4. eine Rechtsform gewählt wird, die die Haftung der Gemeinde auf einen bestimmten Betrag begrenzt,
5. die Einzahlungsverpflichtungen (Gründungskapital, laufende Nachschußpflicht) der Gemeinde in einem angemessenen Verhältnis zu ihrer Leistungsfähigkeit stehen,
6. die Gemeinde sich nicht zur Übernahme von Verlusten in unbestimmter oder unangemessener Höhe verpflichtet,
7. bei einer Beteiligung der Gemeinde allein oder zusammen mit anderen Anstalten oder Körperschaften des öffentlichen Rechts mit einer Mehrheit der Anteile am Unternehmen im Gesellschaftsvertrag oder in der Satzung sichergestellt ist, daß
   a) in sinngemäßer Anwendung der für Eigenbetriebe geltenden Vorschriften für jedes Wirtschaftsjahr ein Wirtschaftsplan aufgestellt und der Wirtschaftsführung eine fünfjährige Finanzplanung zugrunde gelegt wird,
   b) der Gemeinde der Wirtschaftsplan und die Finanzplanung des Unternehmens übersandt werden und
   c) das Recht zur überörtlichen Prüfung der Haushalts- und Wirtschaftsführung des Unternehmens nach Maßgabe des § 110 Abs. 5 eingeräumt wird, und
8. im Gesellschaftsvertrag oder in der Satzung die entsprechende Anwendung des § 8 Abs. 1 Satz 6 und Abs. 2 und 3 des Kommunalabgabengesetzessichergestellt ist.

[2] Für die Anwendung des Satzes 1 Nr. 7 gelten als Beteiligung der Gemeinde auch Anteile, die Unternehmen gehören, an denen die Gemeinde im Umfang des Satzes 1 Nr. 7 beteiligt ist. [3] Für kommunale Krankenhäuser bleibt das Landeskrankenhausgesetz unberührt.

(2) Die Gemeinde darf unbeschadet des Absatzes 1 wirtschaftliche Unternehmen sowie Einrichtungen im Sinne des § 85 Abs. 4 Satz 1 in der Rechtsform einer Aktiengesellschaft nur errichten, übernehmen, wesentlich erweitern oder sich daran beteiligen, wenn der öffentliche Zweck nicht ebenso gut in einer anderen Rechtsform erfüllt wird oder erfüllt werden kann.

(3) Die Gemeinde darf unbeschadet des Absatzes 1 wirtschaftliche Unternehmen sowie Einrichtungen im Sinne des § 85 Abs. 4 Satz 1 in der Rechtsform einer Gesellschaft mit beschränkter Haftung nur führen oder sich daran beteiligen, wenn durch die Ausgestaltung des Gesellschaftsvertrags sichergestellt ist, daß

1. die Gesellschafterversammlung auch beschließt über
   a) den Abschluß und die Änderung von Unternehmensverträgen im Sinne der §§ 291 und 292 Abs. 1 des Aktiengesetzes,
   b) die Errichtung, den Erwerb und die Veräußerung von Unternehmen und Beteiligungen,
   c) den Wirtschaftsplan, die Feststellung des Jahresabschlusses und die Verwendung des Ergebnisses,
   d) die Bestellung und die Abberufung der Geschäftsführer, soweit dies nicht der Gemeinde vorbehalten ist, und
   e) die Übernahme neuer Aufgaben von besonderer Bedeutung im Rahmen des Unternehmensgegenstandes und
2. die Gesellschaft den Beschluss über die Feststellung des Jahresabschlusses zusammen mit dem Ergebnis der Prüfung des Jahresabschlusses und des Lageberichts sowie der beschlossenen Verwendung des Jahresüberschusses oder der Behandlung des Jahresfehlbetrags unbeschadet der bestehenden gesetzlichen Offenlegungspflichten öffentlich bekannt macht und gleichzeitig mit der öffentlichen Bekanntmachung den Jahresabschluss und den Lagebericht an sieben Werktagen bei der Gemeindeverwaltung während der allgemeinen Öffnungszeiten öffentlich auslegt; in der öffentlichen Bekanntmachung ist auf die Auslegung hinzuweisen, und
3. der Gemeinderat den von der Gemeinde bestellten oder auf Vorschlag der Gemeinde gewählten Mitgliedern des Aufsichtsrats Weisungen erteilen kann, soweit die Bestellung eines Aufsichtsrats gesetzlich nicht vorgeschrieben ist.

(4) [1] Die Gemeinde hat ein Unternehmen in einer Rechtsform des privaten Rechts, an dem sie mit mehr als 50 v.H. beteiligt ist, so zu steuern und zu überwachen, daß der öffentliche Zweck nachhaltig erfüllt und das Unternehmen wirtschaftlich geführt wird; bei einer geringeren Beteiligung soll die Gemeinde darauf hinwirken. [2] Zuschüsse der Gemeinde zum Ausgleich von Verlusten sind so gering wie möglich zu halten.

455

§ 88 Vertretung der Gemeinde in Unternehmen in Privatrechtsform. (1) [1] Der Bürgermeister vertritt die Gemeinde in der Gesellschafterversammlung oder in dem dieser entsprechenden Organ der Unternehmen in einer Rechtsform des privaten Rechts, an denen die Gemeinde beteiligt ist. [2] Soweit Beigeordnete mit eigenem Geschäftsbereich bestellt sind, vertritt der Beigeordnete die Gemeinde, dessen Geschäftsbereich der öffentliche Zweck des Unternehmens zuzuordnen ist. [3] Ist der öffentliche Zweck des Unternehmens mehreren Geschäftsbereichen zuzuordnen, so entscheidet der Bürgermeister über die Vertretung der Gemeinde. [4] Der für die Vertretung der Gemeinde zuständige Bürgermeister oder Beigeordnete kann Gemeindebedienstete mit seiner Vertretung beauftragen. [5] Soweit der Gemeinde mehrere Sitze zustehen, wählt der Gemeinderat widerruflich die weiteren Vertreter; für die Wahl gilt § 45 sinngemäß. [6] Der Gemeinderat kann dem für die Vertretung der Gemeinde zuständigen Bürgermeister oder Beigeordneten und den weiteren Vertretern Richtlinien oder Weisungen erteilen.

(2) [1] Die Stimmen der Gemeinde können nur einheitlich abgegeben werden. [2] Bedarf es keiner Zustimmung des Gemeinderats oder eines Ausschusses, so entscheidet über die Stimmabgabe, wenn die Zahl der Vertreter mehr als zwei beträgt, die Gesamtheit der Vertreter mit einfacher Mehrheit, anderenfalls der für die Vertretung der Gemeinde zuständige Bürgermeister oder Beigeordnete; bei Stimmengleichheit gibt die Stimme des für die Vertretung der Gemeinde zuständigen Bürgermeisters oder Beigeordneten den Ausschlag.

(3) Die Absätze 1 und 2 gelten sinngemäß für die Vertreter der Gemeinde in der Geschäftsführung, im Aufsichtsrat oder einem entsprechenden Organ eines Unternehmens in einer Rechtsform des privaten Rechts, soweit nicht gesetzliche Bestimmungen des Gesellschaftsrechts entgegenstehen.

(4) Die Vertreter der Gemeinde im Aufsichtsrat oder einem entsprechenden Überwachungsorgan eines Unternehmens haben bei ihrer Tätigkeit auch die besonderen Interessen der Gemeinde zu berücksichtigen.

(5) [1] Die zuständigen Organe der Gemeinde haben insbesondere die Änderung des Gesellschaftsvertrags oder der Satzung, die Maßnahmen der Kapitalbeschaffung und der Kapitalherabsetzung im Sinne der §§ 179 bis 240 des Aktiengesetzes und der §§ 53 bis 59 des Gesetzes betreffend die Gesellschaften mit beschränkter Haftung sowie die in § 87 Abs. 3 Nr. 1 Buchst. a und b genannten Angelegenheiten unabhängig von der Rechtsform des Unternehmens vor der Beschlußfassung des zuständigen Organs des Unternehmens zu beraten und können darüber Beschlüsse fassen. [2] Die Vertreter der Gemeinde sind an die Beschlüsse gebunden, soweit nicht gesetzliche Bestimmungen des Gesellschaftsrechts entgegenstehen.

(6) *(nicht abgedruckt)*

§ 89 Prüfungspflicht. (1) [1] Der Jahresabschluß und der Lagebericht von Eigenbetrieben (§ 86) sind jährlich durch sachverständige Abschlußprüfer im Sinne des § 319 Abs. 1 Satz 1 des Handelsgesetzbuchs zu prüfen. [2] Das gleiche gilt für

1. Einrichtungen, die mit einem Eigenbetrieb verbunden sind oder nach den Bestimmungen der Eigenbetriebsverordnung verwaltet werden,
2. rechtsfähige Anstalten des öffentlichen Rechts,
3. Unternehmen in einer Rechtsform des privaten Rechts, soweit eine Prüfung des Jahresabschlusses und des Lageberichts nach Absatz 6 Satz 1 Nr. 1 oder Absatz 7 Satz 1 Nr. 1 vorgeschrieben ist, und
4. kommunale Krankenhäuser.

(2) [1] Der Abschlußprüfer wird vom Gemeinderat bestellt. [2] Die Kosten der Prüfung trägt das geprüfte Unternehmen.

(3)–(5) *(nicht abgedruckt)*

(6) [1] Gehören einer Gemeinde an einem Unternehmen in einer Rechtsform des privaten Rechts Anteile in dem in § 53 des Haushaltsgrundsätzegesetzes (HGrG) vom 19. August 1969 (BGBl. I S. 1273) in der jeweils geltenden Fassung bezeichneten Umfang, so hat sie

1. zu verlangen, daß im Gesellschaftsvertrag oder in der Satzung vorgeschrieben wird, daß der Jahresabschluß und der Lagebericht in entsprechender Anwendung der für Eigenbetriebe geltenden Vorschriften aufgestellt und geprüft werden, soweit sich nicht die entsprechenden Anforderungen für das Unternehmen bereits aus dem Handelsgesetzbuch ergeben oder weitergehende gesetzliche Vorschriften gelten oder andere gesetzliche Vorschriften entgegenstehen,
2. darauf hinzuwirken, daß ihr, der Aufsichtsbehörde und der für sie zuständigen Behörde für die überörtliche Prüfung die in § 54 Abs. 1 HGrG vorgesehenen Befugnisse eingeräumt werden, und
3. die Befugnisse nach § 53 Abs. 1 HGrG auszuüben.

[2] Die obere Aufsichtsbehörde kann in begründeten Fällen Ausnahmen zulassen.

(7) [1] Gehören einer Gemeinde an einem Unternehmen in einer Rechtsform des privaten Rechts weniger Anteile als in dem in § 53 HGrG bezeichneten Umfang, so soll sie, soweit die Wahrung gemeindlicher Belange dies erfordert, darauf hinwirken, daß im Gesellschaftsvertrag oder in der Satzung vorgeschrieben wird, daß

1. der Jahresabschluß und der Lagebericht in entsprechender Anwendung der für Eigenbetriebe geltenden Vorschriften aufgestellt und geprüft werden, soweit sich nicht die entsprechenden Anforderungen für das Unternehmen bereits aus dem Handelsgesetzbuch ergeben oder weitergehende gesetzliche Vorschriften gelten oder andere gesetzliche Vorschriften entgegenstehen,
2. ihr der Jahresabschluß und der Lagebericht sowie der Prüfungsbericht des Abschlußprüfers übersandt werden,
3. ihr, der Aufsichtsbehörde und der für sie zuständigen Behörde für die überörtliche Prüfung die in § 54 Abs. 1 HGrG vorgesehenen Befugnisse eingeräumt werden und
4. ihr die Befugnisse nach § 53 Abs. 1 HGrG eingeräumt werden.

[2] Bei mittelbaren Beteiligungen gilt dies nur, wenn die Beteiligung den vierten Teil der Anteile übersteigt und einem Unternehmen zusteht, an dem die Gemeinde allein oder zusammen mit anderen kommunalen Gebietskörperschaften in dem in § 53 HGrG bezeichneten Umfang beteiligt ist.

§ 91 Mittelbare Beteiligungen an Unternehmen in Privatrechtsform. (1) [1] Die Gemeinde darf der Beteiligung eines Unternehmens in einer Rechtsform des privaten Rechts, an dem sie allein oder mit anderen Gemeinden mit mehr als 50 v.H. beteiligt ist, an einem anderen Unternehmen in einer Rechtsform des privaten Rechts nur zustimmen, wenn

1. die Voraussetzungen des § 85 Abs. 1 Nr. 1 und des § 87 Abs. 1 Satz 1 Nr. 2 bis 8 vorliegen,
2. die Voraussetzung des § 87 Abs. 2 vorliegt, wenn das andere Unternehmen eine Aktiengesellschaft ist, und
3. die Voraussetzungen des § 87 Abs. 3 vorliegen, wenn das andere Unternehmen eine Gesellschaft mit beschränkter Haftung ist.

[2] Beteiligungen sind auch mittelbare Beteiligungen; § 87 Abs. 1 Satz 2 gilt entsprechend..

(2) § 87 Abs. 4 und, soweit der Gemeinde für das andere Unternehmen Entsendungsrechte eingeräumt sind, § 88 gelten entsprechend.

460. Übersicht: Vom Notar zu beachtende Vorkaufsrechte[1)]

(für Bayern und Rheinland-Pfalz – *kein Anspruch auf Vollständigkeit*)

A. Im Handbuch unter folgenden Nummern bereits abgedruckt:

400 Allgemeines Vorkaufsrecht der Gemeinde nach dem BauGB (§§ 24 ff. BauGB)

405 Vorkaufsrecht der Gemeinde (oder des Landes) bei einem Grundstück, auf dem sich ein geschütztes Kulturdenkmal befindet (§ 32 DSchPflG – Land Rheinland-Pfalz) *kein vergleichbares Vorkaufsrecht in Bayern*

430 Vorkaufsrecht des Siedlungs-Unternehmens nach dem Reichssiedlungsgesetz (§§ 4 ff. RSG) i. V. mit dem Grundstückverkehrsgesetz (§§ 12 und 21 GrdstVG – Handbuch Nr. 410)

440 Vorkaufsrecht des Landes, Bezirkes, Landkreises und der Gemeinden nach dem Bayer. Naturschutzgesetz (Art. 34 BayNatSchG) *kein vergleichbares Vorkaufsrecht in Rheinland-Pfalz*

441 Vorkaufsrecht § 66 Bundesnaturschutzgesetz[2)] des jeweiligen Bundeslands

B. Vorkaufsrechte nach dem Planungsvereinfachungsgesetz[3)] (PlVereinfG)

vom 17. 12. 1993 (BGBl. I S. 2123) – im Bundesgesetzblatt, Teil I, auf den genannten Seiten aufzufinden:

a) *Vorkaufsrecht der Deutschen Bundesbahn nach § 36c Abs. 3 des Bundesbahngesetzes (BGBl. I 1993, Seite 2124)* – außer Kraft seit 1. 1. 1994, siehe Seite 2, Buchstaben C c;

b) Vorkaufsrecht des Trägers der Straßenbaulast nach § 9 a Abs. 6 des Bundesfernstraßengesetzes (BGBl. I S. 854) – abgedruckt: BGBl. I 1993, Seite 2125, und Neufassung des Gesetzes: BGBl. I 1994, Seite 859; zuletzt geändert BGBl. I 2001, Seite 1950;

c) Vorkaufsrecht des Bundes nach § 15 Abs. 3 des Bundeswasserstraßengesetzes (BGBl. I 1998, Seite 3294, zuletzt geändert BGBl. I 2001, Seite 1950;

d) Vorkaufsrecht des Unternehmers nach § 8 a Abs. 3 des Luftverkehrsgesetzes (BGBl. I 1999, Seite 550, zuletzt geändert BGBl. I 2001, Seite 1950;

e) Vorkaufsrecht des Unternehmers nach § 28 a Abs. 3 des Personenbeförderungsgesetzes (BGBl. I 1990, Seite 1960, zuletzt geändert BGBl. I 2001, Seite 1950.

C. Weitere bundesgesetzliche Vorkaufsrechte:

a) Vorkaufsrecht des Mieters bei der Begründung von Wohnungseigentum § 577 BGB;

b) Vorkaufsrecht von Mietern und Nutzern staatlich verwalteter Häuser oder Grundstücke für Erholungszwecke in den neuen Bundesländern nach § 20 und § 20 a des Vermögensgesetzes BGBl. I 1998, Seite 4026, zuletzt geändert BGBl. I 2001, Seite 1149;

c) Vorkaufsrecht des Trägers des Vorhabens nach § 19 Abs. 3 des Allgemeinen Eisenbahngesetzes 1993, Seite 2396, 1994, 2439, letzte Änderung BGBl. I 1998, Seite 2521;

d) Vorkaufsrecht des Nutzers eines Grundstücks im Beitrittsgebiet: Kapitel 6 § 57 des Schuldrechtsänderungsgesetzes vom 21. 09. 1994 (BGBl. I S. 2538, zuletzt geändert BGBl. I 1995, Seite 748);

e) Vorkaufsrecht des Trägers des Vorhabens nach § 4 Abs. 3 des Magnetschwebebahnplanungsgesetzes vom 23. 11. 1994 (BGBl. I S. 3486, zuletzt geändert BGBl. I 1996, Seite 1019).

---

1) **Amtl. Anm.:** Siehe auch „Landesrechtliche Vorkaufsrechte" in MittRhNotK 1993, Nr. 10, Seite 243 und MittRhNotK 1994, Nr. 6, Seite 190.

2) Nr. **441**.

3) **Amtl. Anm.:** Siehe Rundschreiben der Landesnotarkammer Bayern vom 22. 2. 1996.

460 a. Tabellarische Übersicht: Landesrechtliche Vorkaufsrechte an Grundstücken

(Stand 1. 7. 2008)

Bundesland	Denkmalschutzrecht	Naturschutzrecht	Wald-/Forstrecht	Wasser-/Fisch-gesetz	Straßen-/Wege-recht u.ä.	Belegungsbindung (Mietwohnungen)	sonstige
BadenWürttemberg	nein	§ 56 NatSchG	§ 25 WaldG	§ 8 FischereiG	nein	nein	Art. 228 AGBGB (Stock-werkseigentum) Art. 14 AnerbenG Württ. (nur wenn Erblasser vor 1. 1. 1930 geboren wurde)
Bayern	nicht für Grundstücke	Art. 34 BayNatSchG	nein	nein	nein	nein	Art. 3 BayAlmG
Berlin	2005 abgeschafft	2003 abgeschafft	2004 abgeschafft	nein	nein	nein	nein
Brandenburg	nein	§ 69 NatSchG	nein	nein	§ 40 StraßenG	§ 4 BelegBindG	nein
Bremen	nein	§ 36 NatSchG	nein	nein	nein	nein	nein
Hamburg	nein	§ 37 NatSchG	nein	§ 55 b WasserG	§ 15 a WegeG § 13 HafenEG	nein	nein
Hessen	nein	2006 abgeschafft	nein	nein	nein	nein	nein
Mecklenburg-Vor-pommern	§ 22 DenkmalSchG	§ 48 NatSchG	§ 26 WaldG	nein	nein	Art. 1 § 6 BelegBindG	nein
Niedersachsen	nein	§ 48 NatSchG	nein	nein	nein	nein	nein
Nordrhein-Westfalen	1997 abgeschafft	§ 36 a LandschaftsG	nein	nein	§ 40 StraßenG	nein	nein
Rheinland-Pfalz	§ 32 DenkmalSchG	nein	nein	nein	§ 7 StraßenG	nein	nein
Saarland	§ 24 DenkmalSchG	§ 36 NatSchG	nein	nein	nein	nein	nein
Sachsen	§ 17 DenkmalSchG	§ 36 NatSchG	§ 27 WaldG	§ 25 WasserG	nein	§ 15 BelegRG	nein
Sachsen-Anhalt	§ 11 DenkmalSchG	§ 59 NatSchG	nein	nein	nein	2003 abgeschafft	nein
Schleswig-Holstein	nein	2007 abgeschafft	§ 16 WaldG	§ 9 FischG	nein	nein	nein
Thüringen	§ 30 DenkmalSchG	§ 52 NatSchG	§ 17 WaldG (seit 1. 7. 2008 nicht mehr Privatwald-besitzer)	nein	nein	2003 abgeschafft	nein

Alle Angaben ohne Gewähr der Richtigkeit und Vollständigkeit. Sollten Ihnen Fehler auffallen, sind wir für einen kurzen Hinweis dankbar (dnoti@dnoti.de).

Deutsches Notarinstitut · Gerberstraße 19 · 97070 Würzburg · Telefon 09 31/3 55 76-0 · Telefax 09 31/3 55 76-2 25
email: dnoti@dnoti.de · Internet: www.dnoti.de

461. Übersicht: Landesrechtliche Vorkaufsrechte

Stand 1. Oktober 2008

1. Baden-Württemberg

a) Denkmalschutz

Ein denkmalschutzrechtliches Vorkaufsrecht ist im Gesetz zum Schutz der Kulturdenkmale (Denkmalschutzgesetz) i.d.F. vom 06. 12. 1983 (GBl. 1983, S. 797; letzte Änderung: GBl. 2001, S. 189) nicht vorgesehen.

b) Naturschutz, Forstrecht, Fischereigesetz

aa) Mit der Neufassung des Naturschutzgesetzes von Baden-Württemberg durch Gesetz vom 30. 11./13. 12. 2005 (GVBl. 2005, S. 745, in Kraft seit 1. 1. 2006) wurde auch das naturschutzrechtliche Vorkaufsrecht neu geregelt. Es findet sich nunmehr in § 56 NatSchG BW. Verfahrensrechtlich prüft nunmehr die untere Naturschutzbehörde beim Landratsamt bzw. in den Stadtkreisen, ob das Grundstück überhaupt ein naturschutzrechtliches Vorkaufsrecht eingreift, und erstellt ggf. ein Negativzeugnis. Bei Bestehen eines naturschutzrechtlichen Vorkaufsrechtes prüft der „Landesbetrieb Vermögen und Bau Baden-Württemberg", ob das Vorkaufsrecht ausgeübt werden soll (vgl. Müller, BWNotZ 2006, 10).

§ 56 NatSchG BW – Vorkaufsrecht

(1) [1] Dem Land steht ein Vorkaufsrecht zu an Grundstücken,

1. auf denen sich oberirdische private Gewässer befinden,
2. die in Naturschutzgebieten, Kernzonen von Biosphärengebieten oder flächenhaften Naturdenkmalen liegen oder
3. auf denen Naturdenkmale stehen.

[2] Liegen die Merkmale der Nummern 1 bis 3 nur bei einem Teil des Grundstücks vor, so erstreckt sich das Vorkaufsrecht nur auf diese Teilfläche. [3] Der Eigentümer kann die Übernahme der Restfläche verlangen, wenn es ihm wirtschaftlich nicht zuzumuten ist, das Grundstück zu behalten.

(2) [1] Das Vorkaufsrecht darf nur ausgeübt werden, wenn die gegenwärtigen oder zukünftigen Belange des Naturschutzes, der Landschaftspflege oder der Erholungsvorsorge es erfordern. [2] Es darf nicht ausgeübt werden, wenn das Grundstück an Ehegatten, eingetragene Lebenspartner oder Verwandte ersten Grades oder mit einem Land- oder fischereiwirtschaftlichen Betrieb, mit dem es eine Einheit bildet, veräußert wird.

(3) [1] Das Vorkaufsrecht wird durch den Landesbetrieb Vermögen und Bau Baden-Württemberg, Betriebsleitung, ausgeübt, im Einvernehmen mit der höheren Naturschutzbehörde, die die Voraussetzungen nach Absatz 2 zu prüfen hat. [2] Der Inhalt des Kaufvertrags ist gemäß § 469 Abs. 1 des Bürgerlichen Gesetzbuchs unverzüglich der unteren Naturschutzbehörde mitzuteilen. [3] Diese erteilt auf Antrag innerhalb eines Monats ein Negativzeugnis, wenn die Voraussetzungen des Absatzes 1, Satz 1 nicht vorliegen; andernfalls leitet sie die Unterlagen unverzüglich an den Landesbetrieb Vermögen und Bau Baden-Württemberg, Betriebsleitung, und die höhere Naturschutzbehörde weiter und teilt dies dem Verkäufer oder seinem Beauftragten mit.

(4) [1] Das Vorkaufsrecht geht unbeschadet bundesrechtlicher Vorkaufsrechte anderen Vorkaufsrechten im Range vor. [2] Es bedarf nicht der Eintragung in das Grundbuch. [3] Bei einem Eigentumserwerb aufgrund der Ausübung des Vorkaufsrechts erlöschen rechtsgeschäftliche Vorkaufsrechte.

(5) [1] Das Vorkaufsrecht kann vom Land auf Antrag auch zugunsten von Körperschaften des öffentlichen Rechts und von Naturschutzvereinen (§ 66) ausgeübt werden. [2] Liegen mehrere Anträge vor, entscheidet der Landesbetrieb Vermögen und Bau Baden-Württemberg, Betriebsleitung, über die Rangfolge im Einvernehmen mit der höheren Naturschutzbehörde.

(6) [1] Mit der Ausübung des Vorkaufsrechts kommt der Kauf zwischen dem Begünstigten und dem Verpflichteten zustande. [2] Im Falle des Absatzes 5 haftet das Land für die Verpflichtungen aus dem Kaufvertrag neben dem Begünstigten als Gesamtschuldner.

(7) [1] Das Vorkaufsrecht ist nicht übertragbar. [2] Es kann nur innerhalb von drei Monaten nach der Mitteilung des Kaufvertrags ausgeübt werden. [3] §§ 463 bis 468 Abs. 1, § 471, 1098 Abs. 2, §§ 1099 bis 1102 des Bürgerlichen Gesetzbuchs sind anzuwenden.

Der bis zum 31. 12. 2005 geltende § 46 des Gesetzes zum Schutz der Natur, zur Pflege der Landschaft und über die Erholungsvorsorge in der freien Landschaft (Naturschutzgesetz) i.d.F. vom 29. 03. 1995 (GVBl. 1995, S. 386) lautete:

§ 46 NatSchG BW a.F. – Vorkaufsrecht

(1) [1] Dem Land stehen Vorkaufsrechte zu an Grundstücken,

1. auf denen sich oberirdische private Gewässer befinden,
2. die an oberirdische Gewässer angrenzen und sich im Erholungsschutzstreifen (§ 44) befinden,
3. die in Naturschutzgebieten oder in flächenhaften Naturdenkmalen liegen oder
4. auf denen Naturdenkmale stehen.

[2] Liegen die Merkmale der Nummern 1 bis 4 nur bei einem Teil des Grundstücks vor, so erstreckt sich das Vorkaufsrecht nur auf diese Teilfläche. [3] Der Eigentümer kann die Übernahme der Restfläche verlangen, wenn es ihm wirtschaftlich nicht mehr zuzumuten ist, das Grundstück zu behalten.

(2) Das Vorkaufsrecht darf nur ausgeübt werden, wenn die gegenwärtigen oder zukünftigen Belange des Naturschutzes, der Landschaftspflege oder der Erholungsvorsorge es erfordern.

(3) Die Ausübung des Vorkaufsrechts erfolgt durch die Oberfinanzdirektion, der unverzüglich der Inhalt des Kaufvertrags gemäß § 510 Abs. 1 des Bürgerlichen Gesetzbuches mitzuteilen ist; diese handelt im Einvernehmen mit der höheren Naturschutzbehörde.

(4) [1] Die Vorkaufsrechte gehen unbeschadet bundesrechtlicher Vorkaufsrechte anderen Vorkaufrechten im Range vor. [2] Sie bedürfen nicht der Eintragung in das Grundbuch. [3] Bei einem Eigentumserwerb aufgrund der Ausübung des Vorkaufsrechtes erlöschen rechtsgeschäftliche Vorkaufsrechte.

(5) [1] Die Vorkaufsrechte können vom Land auf Antrag auch zugunsten von Körperschaften des öffentlichen Rechts und von Naturschutzverbänden (§ 51) ausgeübt werden. [2] Liegen mehrere Anträge vor, entscheidet die Oberfinanzdirektion über die Rangfolge im Einvernehmen mit der höheren Naturschutzbehörde.

(6) [1] Mit der Ausübung des Vorkaufsrechts kommt der Kauf zwischen dem Begünstigten und dem Verpflichteten zustande. [2] Im Falle des Absatzes 5 haftet das Land für die Verpflichtungen aus dem Kaufvertrag neben dem Begünstigten als Gesamtschuldner.

(7) [1] Die Vorkaufsrechte sind nicht übertragbar. [2] Das Vorkaufsrecht kann nur innerhalb von zwei Monaten nach der Mitteilung des Kaufvertrags ausgeübt werden. [3] Die §§ 504 bis 509 Abs. 1, §§ 512, 1098 Abs. 2, §§ 1099 bis 1102 des Bürgerlichen Gesetzbuches sind anzuwenden.

bb) § 25 des Waldgesetzes für Baden-Württemberg (Landeswaldgesetz) i.d.F. vom 31. 08. 1995 (GVBl. 1995, S. 685)

§ 25 WaldG BW Vorkaufsrecht

(1) [1] Der Gemeinde und dem Land steht ein Vorkaufsrecht an Waldgrundstücken zu. [2] Ist nur ein Teil des Grundstücks Wald im Sinne dieses Gesetzes, so erstreckt sich das Vorkaufsrecht nur auf diesen Teil des Grundstücks. [3] Der Eigentümer kann die Übernahme des Restgrundstücks verlangen, wenn es ihm wirtschaftlich nicht mehr zuzumuten ist, es zu behalten.

(2) [1] Das Vorkaufsrecht darf nur ausgeübt werden, wenn der Kauf der Verbesserung der Waldstruktur oder der Sicherung der Schutz- oder Erholungsfunktionen des Waldes dient. [2] Das Vorkaufsrecht darf nicht ausgeübt werden, wenn das Waldgrundstück

1. an den Inhaber eines land- oder forstwirtschaftlichen Betriebs im Sinne von § 1 des Gesetzes über eine Altershilfe für Landwirte,
2. an Familienangehörige im Sinne von § 8 Nr. 2 des Grundstückverkehrsgesetzes oder
3. zusammen mit einem landwirtschaftlichen Betrieb, mit dem es eine wirtschaftliche Einheit bildet oder
4. zum Zweck der Agrarstrukturverbesserung an den Besitzer eines angrenzenden Waldgrundstücks

verkauft wird.

(3) [1] Das Vorkaufsrecht nach § 46 des Naturschutzgesetzes geht vor. [2] Im übrigen geht das Vorkaufsrecht der Gemeinde dem Vorkaufsrecht des Landes, das Vorkaufsrecht nach Absatz 1 unbeschadet bundesrechtlicher Vorkaufsrechte anderen Vorkaufsrechten vor. [3] Das Vorkaufsrecht bedarf nicht der Eintragung in das Grundbuch.

(4) [1] Das Vorkaufsrecht ist nicht übertragbar. [2] Das Vorkaufsrecht kann nur innerhalb von zwei Monaten nach der Mitteilung des Kaufvertrages ausgeübt werden. [3] Die §§ 504 bis 509, § 510 Abs. 1, § 512, § 1098 Abs. 2 und die §§ 1099 bis 1102 des Bürgerlichen Gesetzbuches sind

anzuwenden. [4] Die Mitteilung gemäß § 510 Abs. 1 des Bürgerlichen Gesetzbuches ist gegenüber der Forstbehörde abzugeben; sie unterrichtet die Gemeinde.

cc) § 8 des Fischereigesetzes für Baden-Württemberg vom 14. 11. 1979 (GBl. 1979, S. 466; ber. GBl. 1980 S. 136)

§ 8 FischereiG BW Übertragung von nicht beschränkten Fischereirechten, Vorkaufsrecht

...

(3) [1] Bei Fischereirechten in Bundeswasserstraßen sowie in Gewässern erster Ordnung steht dem Land, bei Fischereirechten in Gewässern zweiter Ordnung steht der Gemeinde sowie bei Fischereirechten in Wasserbecken im Sinne des § 63 Abs. 4 des Wassergesetzes steht auch den in dieser Bestimmung genannten öffentlich-rechtlichen Körperschaften ein Vorkaufsrecht zu. [2] Das Vorkaufsrecht kann nur binnen eines Monats nach Mitteilung des Kaufvertrags an den Vorkaufsberechtigten ausgeübt werden. [3] §§ 504 bis 509, § 510 Abs. 1 und § 512 des Bürgerlichen Gesetzbuchs sind anzuwenden. [4] Das Vorkaufsrecht ist nicht übertragbar. [5] Der Erwerb von Fischereirechten nach Satz 1 durch die Gemeinde ist auf ihr Gemeindegebiet beschränkt. [6] Das Vorkaufsrecht der in § 63 Abs. 4 des Wassergesetzes genannten öffentlich-rechtlichen Körperschaften geht dem Vorkaufsrecht der Gemeinden vor.

...

c) Sonstiges: Stockwerkseigentum, Anerbengut

aa) Art. 228 als Anlage zu § 36 des Württembergischen Ausführungsgesetzes zum Bürgerlichen Gesetzbuch vom 26. 11. 1974 (GBl. 1974, S. 498) begründet ein Vorkaufsrecht der anderen Stockwerkseigentümer.

Art. 228 AGBGB BW Vorkaufsrecht

(1) [1] Wird ein Stockwerkseigentum an andere Personen als an Ehegatten, Abkömmlinge, angenommene Kinder oder Mitstockwerkseigentümer verkauft, so sind die anderen Stockwerkseigentümer nach dem Verhältnis ihrer Stockwerksrechte zum Vorkauf berechtigt. [2] Handelt es sich um eine Bruchteils- oder sonstige Gemeinschaft an einem Stockwerkseigentum, so steht das Vorkaufsrecht den Teilhabern an der Gemeinschaft zu.

(2) [1] Auf das Vorkaufsrecht finden die Vorschriften der §§ 1096, 1098 bis 1102 BGB entsprechende Anwendung. [2] Die Frist zur Ausübung des Vorkaufsrechts beträgt drei Wochen.

(3) [1] Das Vorkaufsrecht erstreckt sich auch auf einen Verkauf im Weg der Zwangsversteigerung oder durch den Konkursverwalter. [2] Im Falle der Zwangsversteigerung darf der Zuschlag nicht vor Ablauf der für die Ausübung des Vorkaufsrechts geltenden Frist erteilt werden, es sei denn, dass der Vorkaufsberechtigte sein Recht vorher ausgeübt oder dem Vollstreckungsgericht gegenüber erklärt hat, es nicht ausüben zu wollen.

(4) Das Vorkaufsrecht und die daraus sich ergebenden Befugnisse gehen auf den Rechtsnachfolger im Stockwerkseigentum über.

bb) Art 14 Abs. 1 S. 3 des Württembergisches Gesetzes über das Anerbenrecht (WürttAnerbenG) vom 14. 2. 1930 i.d.F. vom 30. 7. 1948 (Württ.-Bad. Reg. Bl. S. 165) begründet ein Vorkaufsrecht der Miterben.Das Gesetz gilt nur für das **württembergische Rechtsgebiet.**

Außerdem gilt das Gesetz nur noch, wenn der **Erblasser vor dem 1. Januar 1930 geboren** ist. Für alle anderen Fälle (also wenn der Erblasser ab dem 1. 1. 1930 geboren ist) wurde das Württembergische Anerbengesetz mit Ablauf des 31. 12. 2000 aufgehoben durch das „Dritte Gesetz zur Bereinigung des Baden-Württembergischen Landesrechts“ vom 18. 12. 1995 (GBl. BW 1996, 29) (Art. 29 S. 2 i.V.m. Anlage 2; Weitergeltung für vor dem 1. 1. 1930 geborene Erblasser in Art. 28 Abs. 1 S. 3).

Art. 14 AnerbenG BW – Rechtsstellung bei Veräußerung des Anerbenguts

(1) [1] Wird das Anerbengut innerhalb eines Zeitraums von fünfzehn Jahren nach dem Übergang des Eigentums auf den Anerben veräußert, so hat der Anerbe diejenigen Beträge den Miterben und Pflichtteilsberechtigten herauszuzahlen, um die sich ihre Ansprüche erhöht hätten, wenn der früheren Auseinandersetzung der bei der Veräußerung erzielte Erlös, sofern er den Übernahmepreis übersteigt, zugrunde gelegt worden wäre und der Anerbe einen Voraus nicht erhalten hätte. [2] Von dem bei der Veräußerung erzielten Erlös sind die vom Anerben zur Verbesserung des Guts gemachten Aufwendungen insoweit abzurechnen, als der Wert des Gutes zur Zeit der Veräußerung erhöht ist. [3] Den Miterben steht in der Reihenfolge ihrer Berufung als Anerben ein gesetzliches Vorkaufsrecht zu.

(2) [1] Werden innerhalb des erwähnten Zeitraums Teile des Anerbenguts auf einmal oder nacheinander gegen ein Entgelt veräußert, das im ganzen höher ist als ein Viertel des Gutswerts, so finden die Vorschriften des Abs. 1 unter Beschränkung auf die veräußerten Teile und den auf sie entfallenden Voraus entsprechende Anwendung. [2] Dies gilt nicht, soweit an Stelle der

veräußerten Grundstücke vor dem Ablauf eines Jahres nach der Veräußerung für das Gut wirtschaftlich gleichwertige Grundstücke dem Anerbengut einverleibt worden sind.

(3) Die Vorschriften der Abs. 1 und 2 finden keinen Anwendung bei einer Veräußerung an eine dem Anerben gegenüber anerbenberechtigten Person; sie finden jedoch auf den Erwerber entsprechende Anwendung, wenn dieser das Gut innerhalb des in Abs. 1 festgesetzten Zeitraums an eine ihm gegenüber nicht anerbenberechtigte Person veräußert.

(4) [1] Diese Ansprüche verjähren in drei Jahren. [2] Sie bestehen auch, wenn der Eintrag in die Höferolle vor der Veräußerung gelöscht worden ist.

Drittes Gesetz zur Bereinigung des Baden-Württembergischen Landesrechts

Art. 28 – Übergangsregelung

(1) [1] Die durch dieses Gesetz aufgehobenen Gesetze und Rechtsverordnungen bleiben auf Rechtsverhältnisse und Tatbestände anwendbar, die während der Geltung der Gesetze und Rechtsverordnungen ganz oder zum Teil bestanden haben oder entstanden sind. [2] Insbesondere bleiben Berechtigungen, die auf Grund der durch dieses Gesetz aufgehobenen Vorschriften erworben worden sind, aufrechterhalten. [3] Die durch Artikel 1 in Verbindung mit Anlage 2 aufgehobenen Rechtsvorschriften über das Anerbenrecht bleiben für spätere Erbfälle anwendbar, wenn der Erblasser vor dem 1. Januar 1930 geboren war.

(2) ...

Art. 29 – Inkrafttreten

[1] Dieses Gesetz tritt am Tage nach seiner Verkündung in Kraft. [2] Die in Anlage 2 zu Artikel 1 genannten Rechtsvorschriften treten mit Ablauf des 31. Dezember 2000 außer Kraft.

Anlage 2 (zu Artikel 1)

- Württ.-bad. Gesetz über das Anerbenrecht in der Fassung vom 30. Juli 1948 (RegBl. S. 165), zuletzt geändert durch Gesetz vom 30. Juni 1970 (GBl. S. 289)
- Württ.-hohenz. Gesetz über die Wiedereinführung des Anerbenrechts und über weitere Maßnahmen auf dem Gebiete des Landwirtschaftsrechts vom 13. Juni 1950 (RegBl. S. 249)
- Württ.-hohenz. Gesetz über das Anerbenrecht in der Fassung vom 8. August 1950 (RegBl. S. 279), zuletzt geändert durch Gesetz vom 25. November 1985 (GBl. S. 385)
- Württ.-bad. Verordnung des Justizministeriums zum Vollzug des Gesetzes über das Anerbenrecht in der Fassung vom 30. Juli 1948 (RegBl. S. 169)
- Württ.-bad. Verordnung des Staatsministeriums über Gebühren auf dem Gebiet des Anerbenrechts in der Fassung vom 30. Juli 1948 (RegBl. S. 169)
- Württ.-hohenz. Verordnung des Justizministeriums zum Vollzug des Gesetzes über das Anerbenrecht in der Fassung vom 8. August 1950 (RegBl. S. 283)
- Württ.-hohenz. Verordnung des Staatsministeriums über Gebühren auf dem Gebiet des Anerbenrechts in der Fassung vom 8. August 1950 (RegBl. S. 283)
- Württ.-bad. Verordnung Nr. 235 des Justizministeriums und des Landwirtschaftsministeriums, betreffend die Durchführung der Verordnung Nr. 166 der Regierung des Landes Württemberg-Baden zur Ausführung des Kontrollratsgesetzes Nr. 45 vom 21. August 1947 (RegBl. S. 108), zuletzt geändert durch Gesetz vom 28. Juli 1961 (BGBl. I S. 1091)
- Württ.-bad. Verordnung Nr. 166 der Regierung des Landes Württemberg-Baden zur Ausführung des Kontrollratsgesetzes Nr. 45 über die Aufhebung der Erbhofgesetze und Einführung neuer Bestimmungen über land- und forstwirtschaftliche Grundstücke in der Fassung vom 13. Januar 1950 (RegBl. S. 3), zuletzt geändert durch Gesetz vom 30. Juni 1970 (GBl. S. 289)
- ...

2. Bayern

a) Denkmalschutz

Ein für unbewegliche Gegenstände relevantes Vorkaufsrecht ist nicht vorgesehen.

Art. 19 des Gesetzes zum Schutz und zur Pflege (Denkmalschutzgesetz) vom 25. 06. 1973 (BayRS 2242- 1-WFK; letzte Änderung: GVBl. 2001, S. 140) gilt nur für bewegliche Gegenstände.

b) Naturschutz, Forstrecht

Art. 34 des Gesetzes über den Schutz der Natur, die Pflege der Landschaft und die Erholung in der freien Natur (Bayerisches Naturschutzgesetz) vom 18. 8. 1998 (GVBl. 1998, S. 593; letzte Änderung: GVBl. 2005, S. 287). Abgedruckt unter 440.

c) Sonstiges: Almgesetz

Art. 3 des Gesetzes über den Schutz der Almen und die Förderung der Almwirtschaft (Almgesetz) vom 28. 04. 1932 (BayRS 7817-2-E; letzte Änderung: GVBl. 2001, S. 140)

Art. 3 BayAlmG (Vorkaufsrecht der übrigen Teilhaber am Almgrundstück oder am Almrecht)

(1) Veräußert ein Teilhaber seinen Anteil an einem gemeinschaftlichen Almgrundstück oder einem gemeinschaftlichen Almrecht ganz oder zum Teil ohne sein landwirtschaftliches Anwesen, so sind die übrigen Teilhaber zum Vorkauf berechtigt, wenn sie durch eine Bestätigung der zuständigen Behörde nachweisen, dass sie den Anteil für ihre eigene Wirtschaft benötigen.

(2) Das Vorkaufsrecht hat Vorrang vor allen durch Rechtsgeschäft bestellten Vorkaufsrechten, es sei denn, dass diese bereits bei In-Kraft-Treten des Gesetzes bestehen; es bedarf nicht der Eintragung in das Grundbuch.

(3) Die Frist zur Ausübung des Vorkaufsrecht beträgt zwei Monate.

(4) Im Übrigen finden auf das Vorkaufrecht die Vorschriften des Bürgerlichen Gesetzbuches entsprechende Anwendung.

3. Berlin

a) Denkmalschutz

kein denkmalschutzrechtliches Vorkaufsrecht mehr.

§ 18 des Gesetzes zum Schutz von Denkmalen in Berlin (Denkmalschutzgesetz) vom 24. 04. 1995 (GVBl. 1995, S. 274) wurde durch das Zweite Gesetz zur Rechtsvereinfachung und Entbürokratisierung vom 14. 12. 2005 (GVBl. 2005, 754, 755) mit Wirkung zum 25. 12. 2005 aufgehoben.

§ 18 DenkmalSchG Berlin a.F. – Vorkaufsrecht

(1) [1] Dem Land Berlin steht beim Kauf von Grundstücken, auf oder in denen sich Baudenkmale, Gartendenkmale oder ortsfeste Bodendenkmale befinden, ein Vorkaufsrecht zu. [2] Es darf im Einvernehmen mit der Denkmalfachbehörde nur ausgeübt werden, wenn dadurch die dauernde Erhaltung des Baudenkmals, Gartendenkmals oder ortsfesten Bodendenkmals gesichert werden kann. [3] Im übrigen finden die Bestimmungen der §§ 24 bis 28 des Baugesetzbuches in der Fassung der Bekanntmachung vom 8. Dezember 1986 (BGBl. I S. 2253), das zuletzt durch Artikel 2 Abs. 2 des Gesetzes vom 23. November 1994 (BGBl. I S. 3486) geändert worden ist, über das gesetzliche Vorkaufsrecht der Gemeinde sinngemäß Anwendung.

(2) [1] Das Land Berlin kann das Vorkaufsrecht auch zugunsten einer anderen juristischen Person des öffentlichen Rechts ausüben. [2] Es kann das Vorkaufsrecht zugunsten einer juristischen Person des Privatrechts nur ausüben, wenn die dauernde Erhaltung der in oder auf einem Grundstück liegenden Baudenkmale, Gartendenkmale oder ortsfesten Bodendenkmale zu den satzungsmäßigen Aufgaben der juristischen Person gehört und bei Berücksichtigung aller Umstände gesichert ist. [3] Absatz 1 Satz 2 gilt entsprechend. [4] Das Land Berlin kann das Vorkaufsrecht zugunsten eines anderen nur ausüben, wenn ihm die Zustimmung des Begünstigten vorliegt.

b) Naturschutz, Forstrecht

Keine Vorkaufsrechte nach Naturschutz oder Forstrecht mehr.

aa) Das naturschutzrechtliche Vorkaufsrecht in § 45 des Berliner NatSchG wurde durch Art. XIV des Gesetzes vom 17. 12. 2003 (GVBl. 2003, S. 617) ersatzlos aufgehoben.

§ 45 des Gesetzes über Naturschutz und Landschaftspflege von Berlin (Berliner Naturschutzgesetz) i.d.F. vom 10. 07. 1999 (GVBl. S. 390) lautete in der bis Ende 2003 geltenden Fassung:

§ 45 NatSchG Bln a.F. – Vorkaufsrecht

(1) [1] Dem Land Berlin steht ein Vorkaufsrecht beim Kauf von Grundstücken zu,

1. die im Geltungsbereich eines Landschaftsplanes liegen,
2. die in Naturschutz- und Landschaftsschutzgebieten liegen oder
3. auf denen sich Naturdenkmale befinden.

[2] Sofern die Merkmale der Nummern 1 bis 3 nur für Teile eines Grundstücks vorliegen, gilt das Vorkaufsrecht nur für diese Teilflächen. [3] Der Eigentümer kann verlangen, dass der Vorkauf auf das Restgrundstück erstreckt wird, wenn ihm wirtschaftlich nicht zuzumuten ist, dieses zu behalten. [4] Das Vorkaufsrecht steht dem Land Berlin nicht zu beim Kauf von Rechten nach dem Wohnungseigentumsgesetz und von Erbbaurechten.

(2) Das Vorkaufsrecht darf nur ausgeübt werden, wenn Belange des Naturschutzes und der Landschaftspflege aus Gründen des Allgemeinwohls dies rechtfertigen; bei der Ausübung des Vorkaufsrechts ist der Verwendungszweck des Grundstücks anzugeben.

(3) [1] Die Vorkaufsrechte gehen unbeschadet der nach Bundesrecht begründeten Vorkaufsrechte anderen Vorkaufsrechten im Range vor. [2] Bei einem Eigentumserwerb auf Grund der Ausübung des Vorkaufsrechts erlöschen rechtsgeschäftliche Vorkaufsrechte.

(4) [1] Das Vorkaufsrecht kann nur binnen zwei Monaten nach Mitteilung des Kaufvertrages durch Verwaltungsakt gegenüber dem Veräußerer ausgeübt werden. [2] Die §§ 504, 505 Abs. 2, 506 bis 509 und 512 des Bürgerlichen Gesetzbuches sind anzuwenden. [3] Nach Mitteilung des Kaufvertrages ist auf Ersuchen des Landes Berlin zur Sicherung seines Anspruchs auf Übereignung des Grundstücks eine Vormerkung in das Grundbuch einzutragen; das Land Berlin trägt die Kosten der Eintragung der Vormerkung und ihrer Löschung. [4] Das Vorkaufsrecht ist nicht übertragbar. [5] Wird das Land Berlin nach Ausübung des Vorkaufsrechts im Grundbuch als Eigentümer eingetragen, so kann es das Grundbuchamt ersuchen, eine zur Sicherung des Übereignungsanspruchs des Käufers im Grundbuch eingetragene Vormerkung zu löschen; es darf das Ersuchen nur stellen, wenn die Ausübung des Vorkaufsrechts für den Käufer unanfechtbar ist.

(5) [1] Der durch das Vorkaufsrecht Verpflichtete hat dem Land Berlin den Inhalt des mit dem Dritten geschlossenen Vertrags unverzüglich mitzuteilen; die Mitteilung des Verpflichteten wird durch die Mitteilung des Dritten ersetzt. [2] Das Grundbuchamt darf bei Veräußerung den Erwerber als Eigentümer in das Grundbuch nur eintragen, wenn ihm die Nichtausübung oder das Nichtbestehen des Vorkaufsrechts nachgewiesen ist. [3] Besteht ein Vorkaufsrecht nicht oder wird es nicht ausgeübt, hat das Land Berlin auf Antrag eines Beteiligten, darüber unverzüglich ein Zeugnis auszustellen. [4] Das Zeugnis gilt als Verzicht auf die Ausübung des Vorkaufsrechts.

(6) [1] Die Vorkaufsrechte können vom Land Berlin auf Antrag zugunsten von Körperschaften des öffentlichen Rechts oder von Naturschutzverbänden ausgeübt werden. [2] Liegen mehrere Anträge vor, so wird über die Ausübung im Einvernehmen mit der obersten Behörde für Naturschutz und Landschaftspflege entschieden. [3] Mit der Ausübung des Vorkaufsrechts kommt der Kauf zwischen dem Begünstigten und dem Verpflichteten zustande. [4] Das Land Berlin haftet für die Verpflichtungen aus dem Kaufvertrag neben dem Begünstigten als Gesamtschuldner.

(7) [1] Nach Ausübung des Vorkaufsrechts hat das Land Berlin denjenigen für dadurch entstandene Vermögensnachteile zu entschädigen, dem ein vertragliches Recht zum Erwerb des Grundstücks zustand, bevor ein gesetzliches Vorkaufsrecht des Landes Berlin auf Grund dieses Gesetzes begründet worden ist. [2] Die Vorschriften über die Entschädigung im Zweiten Abschnitt des Fünften Teils des Ersten Kapitels des Baugesetzbuchs gelten entsprechend. [3] Kommt eine Einigung über die Entschädigung nicht zustande, so entscheidet der Senator für Finanzen. [4] Vor der Entscheidung sind die Beteiligten zu hören. [5] Hat das Land Berlin das Vorkaufsrecht zugunsten eines anderen ausgeübt, so kann es von diesem Erstattung des Entschädigungsbetrages verlangen.

(8) [1] Abweichend von Absatz 4 bestimmt das Land Berlin den zu zahlenden Betrag nach den Vorschriften im Zweiten Abschnitt des Fünften Teils des Ersten Kapitels des Baugesetzbuchs, wenn der Erwerb des Grundstücks für die Durchführung eines Landschaftsplans erforderlich ist und es nach dem festgesetzten Zweck enteignet werden könnte. [2] Mit der Unanfechtbarkeit des Bescheids über die Ausübung des Vorkaufsrechts erlöschen die Pflichten des Verkäufers aus dem Kaufvertrag mit Ausnahme der Pflichten des § 444 des Bürgerlichen Gesetzbuchs. [3] Das Eigentum an dem Grundstück geht auf das Land Berlin über, wenn der Bescheid über die Ausübung des Vorkaufsrechts unanfechtbar geworden und der Übergang des Eigentums in das Grundbuch eingetragen worden ist. [4] Die Eintragung in das Grundbuch erfolgt auf Ersuchen des Landes Berlin.

(9) [1] Die Festsetzung der Entschädigung nach Absatz 7 Satz 3 und die Ausübung des Vorkaufsrechts nach Absatz 8 können nur durch Antrag auf gerichtliche Entscheidung angefochten werden. [2] Über den Antrag entscheidet das Landgericht, Kammer für Baulandsachen. [3] § 217 Abs. 2 bis 4 und die §§ 218 bis 231 des Baugesetzbuchs[1)] finden entsprechende Anwendung.

bb) Das bisherige Vorkaufsrecht nach § 7 LWaldG Berlin a.F. entfiel mit Inkrafttreten des neuen Landeswaldgesetzes (Gesetz zur Erhaltung und Pflege des Waldes –LWaldG) vom 16. 9. 2004, GVBl. Berlin 2004, 391. Das neue Gesetz trat zum 29. 9. 2004 in Kraft. Gleichzeitig trat das LWaldG vom 30. 1. 1979 (GVBl. 1979, S. 177) außer Kraft. Das früher geltende Vorkaufsrecht fand sich in § 7 des Gesetzes zur Erhaltung des Waldes (LWaldG) vom 30. 1. 1979 (GVBl. 1979, 177):

§ 7 LWaldG Berlin a.F. – Vorkaufsrecht

(1) [1] Dem Land Berlin steht ein Vorkaufsrecht beim Kauf von Grundstücken zu, die in das Waldverzeichnis eingetragen sind. [2] Das Vorkaufsrecht steht dem Land Berlin nicht zu beim Kauf von Rechten nach dem Wohnungseigentumsgesetz und von Erbbaurechten. [3] Ist nur ein Teil des Grundstücks im Waldverzeichnis eingetragen, so erfasst das Vorkaufsrecht nur diesen Teil.

[1)] Nr. **400**.

4 Der Eigentümer kann verlangen, dass der Vorkauf auf das Restgrundstück erstreckt wird, wenn ihm wirtschaftlich nicht zuzumuten ist, dieses zu behalten.

(2) Das Vorkaufsrecht darf nur ausgeübt werden, wenn Gründe des Allgemeinwohls dies rechtfertigen; bei der Ausübung des Vorkaufsrechts ist der Verwendungszweck des Grundstücks anzugeben.

(3) 1 Die Vorkaufsrechte gehen unbeschadet der nach Bundesrecht begründeten Vorkaufsrechte anderen Vorkaufsrechten im Range vor. 2 Bei einem Eigentumserwerb auf Grund der Ausübung des Vorkaufsrechts erlöschen rechtsgeschäftliche Vorkaufsrechte.

(4) 1 Das Vorkaufsrecht kann nur binnen zwei Monaten nach Mitteilung des Kaufvertrages durch Verwaltungsakt gegenüber dem Veräußerer ausgeübt werden. 2 Die §§ 504, 505 Abs. 2, 506 bis 509 und 512 des Bürgerlichen Gesetzbuches sind anzuwenden. 3 Nach Mitteilung des Kaufvertrages ist auf Ersuchen des Landes Berlin zur Sicherung seines Anspruchs auf Übereignung des Grundstücks eine Vormerkung in das Grundbuch einzutragen; das Land Berlin trägt die Kosten der Eintragung der Vormerkung und ihrer Löschung. 4 Das Vorkaufsrecht ist nicht übertragbar. 5 Wird das Land Berlin nach Ausübung des Vorkaufsrechts im Grundbuch als Eigentümer eingetragen, so kann es das Grundbuchamt ersuchen, eine zur Sicherung des Übereignungsanspruchs des Käufers im Grundbuch eingetragene Vormerkung zu löschen; es darf das Ersuchen nur stellen, wenn die Ausübung des Vorkaufsrechts für den Käufer unanfechtbar ist.

(5) 1 Der durch das Vorkaufsrecht Verpflichtete hat dem Land Berlin den Inhalt des mit dem Dritten geschlossenen Vertrags unverzüglich mitzuteilen; die Mitteilung des Verpflichteten wird durch die Mitteilung des Dritten ersetzt. 2 Das Grundbuchamt darf bei Veräußerung den Erwerber als Eigentümer in das Grundbuch nur eintragen, wenn Ihm die Nichtausübung oder das Nichtbestehen des Vorkaufsrechts nachgewiesen ist. 3 Besteht ein Vorkaufsrecht nicht oder wird es nicht ausgeübt, hat das Land Berlin auf Antrag eines Beteiligten darüber unverzüglich ein Zeugnis auszustellen. 4 Das Zeugnis gilt als Verzicht auf die Ausübung des Vorkaufsrechts.

(6) 1 Nach Ausübung des Vorkaufsrechts hat das Land Berlin denjenigen für dadurch entstandene Vermögensnachteile zu entschädigen, dem ein vertragliches Recht zum Erwerb des Grundstücks zustand, bevor ein gesetzliches Vorkaufsrecht des Landes Berlin auf Grund dieses Gesetzes begründet worden ist. 2 Die Vorschriften über die Entschädigung im Zweiten Abschnitt des Fünften Teils des Ersten Kapitels des Baugesetzbuchs vom 8. Dezember 1986 (BGBl. I S. 2191/GVBl. 1987 S. 74) gelten entsprechend. 3 Kommt eine Einigung über die Entschädigung nicht zustande, so entscheidet der Senator für Finanzen. 4 Vor der Entscheidung sind die Beteiligten zu hören.

(7) 1 Abweichend von Absatz 4 bestimmt das Land Berlin den zu zahlenden Betrag nach den Vorschriften im Zweiten Abschnitt des Fünften Teils des Ersten Kapitels des Baugesetzbuches, wenn der Erwerb des Grundstücks erforderlich ist und es nach § 8 enteignet werden könnte. 2 Mit der Unanfechtbarkeit des Bescheides über die Ausübung des Vorkaufsrechts erlöschen die Pflichten des Verkäufers aus dem Kaufvertrag mit Ausnahme der Pflichten aus § 444 des Bürgerlichen Gesetzbuches. 3 Das Eigentum an dem Grundstück geht auf das Land Berlin über, wenn der Bescheid über die Ausübung des Vorkaufsrechts unanfechtbar geworden und der Übergang des Eigentums in das Grundbuch eingetragen worden ist. 4 Die Eintragung in das Grundbuch erfolgt auf Ersuchen des Landes Berlin.

(8) 1 Die Festsetzung der Entschädigung nach Absatz 6 Satz 3 und die Ausübung des Vorkaufsrechts nach Absatz 7 können nur durch Antrag auf gerichtliche Entscheidung angefochten werden. 2 Über den Antrag entscheidet das Landgericht, Kammer für Baulandsachen. 3 § 217 Abs. 2 bis 4 und die §§ 218 bis 231 des Baugesetzbuches[1)] finden entsprechende Anwendung.

c) Sonstiges

Sonstige Vorkaufsrechte bestehen in Berlin nicht.

4. Brandenburg

a) Denkmalschutz

Das Gesetz über den Schutz und die Pflege der Denkmale und Bodendenkmale im Land Brandenburg (Brandenburgisches Denkmalschutzgesetz) vom 22. 07. 1991 (GVBl. 1991, S. 311) i.d.F. durch Gesetz vom 24. 5. 2004 (Neufassung GVBl. 2004, 215) sieht kein Vorkaufsrecht vor.

b) Naturschutz, Forstrecht

§ 69 des Gesetzes über den Naturschutz und die Landschaftspflege im Land Brandenburg (Brandenburgisches Naturschutzgesetz) vom 25. 06. 1992 – zuletzt geändert durch Art. 4 des

1) Nr. **400**.

Gesetzes vom 10. Juli 2002 (GVBl. I S. 62, 72) – lautet in der **ab dem 1. 5. 2004** geltenden Fassung:

§ 69 NatSchG Bbg – Vorkaufsrecht

(1) [1]Dem Land steht ein Vorkaufsrecht beim Kauf von Grundstücken zu, die ganz oder teilweise in Nationalparks, Naturschutzgebieten oder Gebieten liegen, die als Naturschutzgebiet einstweilig sichergestellt sind. [2]Satz 1 gilt auch für Grundstücke, die als künftiges Naturschutzgebiet einer Veränderungssperre nach § 28 Abs. 2 Satz 3 in Verbindung mit § 27 Abs. 3 unterliegen. [3]Das Vorkaufsrecht ist ausgeschlossen, wenn der Eigentümer das Grundstück an seinen Ehegatten oder an eine Person veräußert, die mit ihm in gerader Linie verwandt ist. [4]Das Vorkaufsrecht steht dem Land nicht zu bei einem Kauf von Rechten nach dem Wohnungseigentumsgesetz oder von Erbbaurechten.

(2) [1]Das Vorkaufsrecht darf nur ausgeübt werden, wenn das Grundstück für den Naturschutz, die Landschaftspflege oder die naturnahe Erholung verwendet werden soll. [2]Die vorgesehene Verwendung ist bei der Ausführung des Vorkaufsrechts anzugeben.

(2 a) Wird die Ausübung des Vorkaufsrechts nach den Absätzen 1 und 2 auf eine Teilfläche beschränkt, kann der Eigentümer verlangen, dass sich der Vorkauf auf das gesamte Grundstück erstreckt, wenn die Restfläche für den Eigentümer wirtschaftlich nicht mehr in zumutbarer Weise verwertbar ist.

(3) [1]Das Vorkaufsrecht wird durch die Fachbehörde für Naturschutz und Landschaftspflege geltend gemacht, der gegenüber auch die Mitteilung gemäß § 469 des Bürgerlichen Gesetzbuches abzugeben ist. [2]Das Vorkaufsrecht des Landes geht rechtsgeschäftlichen Vorkaufsrechten im Range vor und tritt hinter Vorkaufsrechten auf Grund öffentlichen Bundesrechts zurück; es bedarf nicht der Eintragung in das Grundbuch. [3]Die §§ 463 bis 469, 471, 1098 Abs. 2 und die §§ 1099 bis 1102 des Bürgerlichen Gesetzbuches gelten entsprechend. [4]Die Fachbehörde für Naturschutz und Landschaftspflege kann bereits vor dem Verkauf eines Grundstücks oder eines Teils davon erklären, dass sie das Vorkaufsrecht nicht ausüben wird; eine solche Erklärung gilt nur innerhalb von zwei Jahren nach ihrem Zugang.

(4) [1]Das Vorkaufsrecht kann vom Land auf Antrag zu Gunsten von Körperschaften des öffentlichen Rechts und von anerkannten Naturschutzverbänden ausgeübt werden. [2]Liegen mehrere Anträge vor, so haben Anträge von Gemeinden Vorrang vor den anderen Anträgen. [3]Mit der Ausübung des Vorkaufsrechts kommt der Kauf zwischen dem Begünstigten und dem Verpflichteten zustande. [4]Das Land haftet für die Verpflichtung aus dem Kaufvertrag neben dem Begünstigten als Gesamtschuldner.

(5) [1]Das Vorkaufsrecht kann vom Land auch zu Gunsten von Vereinen oder Stiftungen, die sich nach ihrer Satzung überwiegend dem Naturschutz und der Landschaftspflege im Land oder Teilen des Land Brandenburg widmen und aufgrund ihrer bisherigen Tätigkeit die Gewähr für eine sachgerechte Förderung der Ziele des Naturschutzes und der Landschaftspflege bieten, ausgeübt werden, wenn der Begünstigte dem schriftlich zugestimmt hat. [2]Der Eigentumserwerb muss im Zusammenhang mit einem Naturschutzprojekt des Vereins oder der Stiftung stehen. [3]In diesem Fall sind die Naturschutzziele durch die Eintragung einer beschränkten persönlichen Dienstbarkeit zu Gunsten des Landes Brandenburg im Grundbuch dauerhaft zu sichern. [4]Der Begünstigte ist verpflichtet, der Eintragung einer solchen beschränkt persönlichen Dienstbarkeit zuzustimmen. [5]Die Sätze 2 bis 4 des Absatzes gelten entsprechend.

Die alte, bis zum 30. 4. 2004 geltende Fassung des § 69 des Gesetzes über den Naturschutz und die Landschaftspflege im Land Brandenburg (Brandenburgisches Naturschutzgesetz) vom 25. 06. 1992 (GVBl. 1992 I, S. 208; letzte Änderung: GVBl. 1997 I, S. 124; § 69 Abs. 1 BbgNatSchG neugefasst durch Gesetz vom 17. 12. 1996, GVBl. I S. 364) lautete:

§ 69 NatSchG Bbg a.F. – Vorkaufsrecht

(1) Dem Land steht ein Vorkaufsrecht beim Kauf von Grundstücken zu, die in Nationalparks, Naturschutzgebieten oder Gebieten liegen, die als Nationalpark oder Naturschutzgebiet einstweilig sichergestellt sind.

(2) [1]Das Vorkaufsrecht darf nur ausgeübt werden, wenn das Grundstück für den Naturschutz, die Landschaftspflege oder die naturnahe Erholung verwendet werden soll. [2]Die vorgesehene Verwendung ist bei der Ausführung des Vorkaufsrechts anzugeben.

(3) [1]Das Vorkaufsrecht wird durch die oberste Naturschutzbehörde geltend gemacht, der gegenüber auch die Mitteilung gemäß § 510 des Bürgerlichen Gesetzbuches abzugeben ist. [2]Das Vorkaufsrecht des Landes geht rechtsgeschäftlichen Vorkaufsrechten im Range vor und tritt hinter Vorkaufsrechten auf Grund öffentlichen Bundesrechts zurück; es bedarf nicht der Eintragung in das Grundbuch. [3]Die §§ 504 bis 510, 512, 1098 Abs. 2 und die §§ 1099 bis 1102 des Bürgerlichen Gesetzbuches gelten entsprechend.

(4) [1] Das Vorkaufsrecht kann vom Land auf Antrag zu Gunsten von Körperschaften des öffentlichen Rechts und von anerkannten Naturschutzverbänden ausgeübt werden. [2] Liegen mehrere Anträge vor, so haben Anträge von Gemeinden Vorrang vor den anderen Anträgen. [3] Mit der Ausübung des Vorkaufsrechts kommt der Kauf zwischen dem Begünstigten und dem Verpflichteten zustande. [4] Das Land haftet für die Verpflichtung aus dem Kaufvertrag neben dem Begünstigten als Gesamtschuldner.

c) Straßengesetz

§ 40 des Brandenburgischen Straßengesetzes i.d.F. vom 10. 06. 1999 (GVBl. 1999, S. 211).

§ 40 StraßenG Bbg – Veränderungssperre

(1) Vom Beginn der Auslegung der Pläne im Planfeststellungsverfahren oder von dem Zeitpunkt an, zu dem den Betroffenen Gelegenheit gegeben wird, den Plan einzusehen, dürfen auf den vom Plan betroffenen Flächen bis zu ihrer Übernahme durch den Träger der Straßenbaulast wesentlich wertsteigernde oder den geplanten Straßenbau erheblich erschwerende Veränderungen nicht vorgenommen werden (Veränderungssperre). (...)

(...)

(5) In den Fällen des Absatzes 1 Satz 1 steht dem Träger der Straßenbaulast an den betroffenen Flächen ein Vorkaufsrecht zu.

d) Belegungsbindungsgesetz

Belegungsbindungsgesetz des Landes Brandenburg vom 26. 10. 1995 (GVBl. I S. 256). Gemäß § 7 tritt das Gesetz zum 31. 12. 2013 außer Kraft.

§ 4 Abs. 1

(1) [1] Die §§ 2 bis 2b, 4, 5a bis 7, 12, 18, 19 bis 21, 24, 25 und 27 des Wohnungsbindungsgesetzes finden für die nach diesem Gesetz belegungsgebundenen Wohnungen entsprechend Anwendung; insbesondere kann die zuständige Stelle Wohnungen ganz oder teilweise gemäß § 7 des Wohnungsbindungsgesetzes von den Belegungsbindungen freistellen, sofern nach den örtlichen wohnungswirtschaftlichen Verhältnissen ein öffentliches Interesse an den Bindungen nicht besteht. [2] Die aufgrund des § 5a des Wohnungsbindungsgesetzes erlassene Rechtsverordnung findet in der jeweils geltenden Fassung ebenfalls entsprechende Anwendung.

(2) ...

§ 7 Inkrafttreten, Außerkrafttreten

[1] Dieses Gesetz tritt am 1. Januar 1996 in Kraft. [2] Es tritt am 31. Dezember 2013 außer Kraft.

§ 2b WoBindG – Vorkaufsrecht des Mieters bei der Umwandlung von Mietwohnungen in Eigentumswohnungen

(1) [1] Wird eine öffentlich geförderte Mietwohnung, die in eine Eigentumswohnung umgewandelt werden soll, an einen Dritten verkauft, so steht dem von der Umwandlung betroffenen Mieter das Vorkaufsrecht zu. [2] Er kann das Vorkaufsrecht bis zum Ablauf von sechs Monaten seit Mitteilung des Verfügungsberechtigten über den Inhalt des mit dem Dritten geschlossenen Vertrages ausüben.

(2) [1] Das Vorkaufsrecht ist nicht übertragbar. [2] Stirbt der Mieter, so geht es auf denjenigen über, der nach den §§ 569a, 569b des Bürgerlichen Gesetzbuchs oder als Erbe in das Mietverhältnis eintritt oder es fortsetzt. [3] Im übrigen gelten die Vorschriften der §§ 504 bis 509, 510 Abs. 1, §§ 511 bis 513 des Bürgerlichen Gesetzbuchs.

e) Sonstige

Sonstige gesetzliche Vorkaufsrechte bestehen in Brandenburg nicht.

5. Bremen

a) Denkmalschutz

Ein denkmalschutzrechtliches Vorkaufsrecht ist im Gesetz zur Pflege und zum Schutz der Kulturdenkmäler (Denkmalschutzgesetz) vom 27. 5. 1975 (Brem. GBl. 1975, S. 265) nicht vorgesehen.

b) Naturschutz, Forstrecht

Das naturschutzrechtliche Vorkaufsrecht in § 36 des bremischen NatSchG lautet in der Fassung der Bekanntmachung der Neufassung vom 19. 4. 2006 (Gesetzblatt 2006, S. 211, 229):

§ 36 NatSchG Bremen – Vorkaufsrecht

(1) [1] Den Gemeinden steht ein Vorkaufsrecht beim Kauf von Grundstücken zu,

1. die in Naturschutz- oder Landschaftsschutzgebieten liegen oder in solchen, in denen sich nach § 22 a besonders geschützte Biotope befinden,
2. auf denen sich Naturdenkmale befinden,
3. auf denen sich oberirdische Gewässer befinden, die an oberirdische Gewässergrenzen oder sich in deren unmittelbarer Nähe befinden oder
4. die von einem Verfahren nach § 23 oder § 25 erfasst sind; das Vorkaufsrecht entsteht im Falle des § 23 mit der amtlichen Bekanntmachung nach Absatz 2, im Falle des § 25 mit der Verkündung der Rechtsverordnung oder Bekanntgabe der Einzelanordnung.

[2] Liegen die Merkmale der Nummern 1 bis 3 nur bei einem Teil des Grundstücks vor, so erstreckt sich das Vorkaufsrecht nur auf diese Teilfläche, wenn die Teilung nach dem Bundesbaugesetz zulässig ist. [3] Der Eigentümer kann die Übernahme der Restfläche verlangen, wenn es ihm wirtschaftlich nicht zuzumuten ist, diese zu behalten.

(2) [1] Das Vorkaufsrecht darf nur ausgeübt werden, wenn die gegenwärtigen und zukünftigen Belange des Naturschutzes, der Landschaftspflege und der Erholungsvorsorge für die Allgemeinheit dies rechtfertigen. [2] Die vorgesehene Verwendung des Grundstücks ist bei der Ausübung des Vorkaufsrechts anzugeben.

(3) [1] Der durch das Vorkaufsrecht Verpflichtete hat der Gemeinde, in deren Gebiet das Grundstück gelegen ist, den Inhalt des mit dem Dritten geschlossenen Vertrages unverzüglich mitzuteilen. [2] Die Gemeinde übt das Vorkaufsrecht durch Verwaltungsakt gegenüber dem Veräußerer aus. [3] Mit der Ausübung des Vorkaufsrechts kommt der Kauf zwischen dem Begünstigten und dem Verpflichteten zustande.

(4) [1] Die Vorkaufsrechte gehen unbeschadet der nach Bundesrecht begründeten Vorkaufsrechte anderen Vorkaufsrechten im Range vor. [2] Sie bedürfen nicht der Eintragung in das Grundbuch. [3] Bei einem Eigentumserwerb auf Grund der Ausübung des Vorkaufsrechts erlöschen rechtsgeschäftliche Vorkaufsrechte, die nach In-Kraft-Treten dieses Gesetzes bestellt worden sind.

(5) Die Vorkaufsrechte können von den Gemeinden zugunsten von anerkannten Verbänden nach § 43 auf Antrag ausgeübt werden.

(6) [1] Die Vorkaufsrechte sind nicht übertragbar. [2] Das Vorkaufsrecht kann nur innerhalb von zwei Monaten nach der Mitteilung des Kaufvertrages ausgeübt werden. [3] Die §§ 504 bis 509 Abs. 1, §§ 512 (sic!), 1098 Abs. 2, §§ 1099 bis 1102 des Bürgerlichen Gesetzbuches sind anzuwenden.

§ 36 des Gesetzes über Naturschutz und Landschaftspflege (Bremisches Naturschutzgesetz) lautete in der bis zum 18. 04. 2006 geltenden Fassung:

§ 36 NatSchG Bremen a.F. – Vorkaufsrecht

(1) [1] Den Gemeinden steht ein Vorkaufsrecht beim Kauf von Grundstücken zu,

1. die in Naturschutz- oder Landschaftsschutzgebieten liegen,
2. auf denen sich Naturdenkmale befinden,
3. auf denen sich oberirdische Gewässer befinden, die an oberirdische Gewässer grenzen oder sich in deren unmittelbarer Nähe befinden oder
4. die von einem Verfahren nach § 23 oder § 25 erfasst sind; das Vorkaufsrecht entsteht im Falle des § 23 mit der amtlichen Bekanntmachung nach Absatz 2, im Falle des § 25 mit der Verkündung der Rechtsverordnung oder Bekanntgabe der Einzelanordnung.

[2] Liegen die Merkmale der Nummern 1 bis 3 nur bei einem Teil des Grundstücks vor, so erstreckt sich das Vorkaufsrecht nur auf diese Teilfläche, wenn die Teilung nach dem Bundesbaugesetz zulässig ist. [2] Der Eigentümer kann die Übernahme der Restfläche verlangen, wenn es ihm wirtschaftlich nicht zuzumuten ist, diese zu behalten.

(2) [1] Das Vorkaufsrecht darf nur ausgeübt werden, wenn die gegenwärtigen und zukünftigen Belange des Naturschutzes, der Landschaftspflege und der Erholungsvorsorge für die Allgemeinheit dies rechtfertigen. [2] Die vorgesehene Verwendung des Grundstücks ist bei der Ausübung des Vorkaufsrecht anzugeben.

(3) [1] Der durch das Vorkaufsrecht Verpflichtete hat der Gemeinde, in deren Gebiet das Grundstück gelegen ist, den Inhalt des mit dem Dritten geschlossenen Vertrages unverzüglich mitzuteilen. [2] Die Gemeinde übt das Vorkaufsrecht durch Verwaltungsakt gegenüber dem Veräußerer aus. [3] Mit der Ausübung des Vorkaufsrechts kommt der Kauf zwischen dem Begünstigten und dem Verpflichteten zustande.

(4) [1] Die Vorkaufsrechte gehen unbeschadet der nach Bundesrecht begründeten Vorkaufsrechte anderen Vorkaufsrechten im Range vor. [2] Sie bedürfen nicht der Eintragung in das Grundbuch. [3] Bei einem Eigentumserwerb aufgrund der Ausübung des Vorkaufsrechts erlöschen rechtsgeschäftliche Vorkaufsrechte, die nach Inkrafttreten dieses Gesetzes bestellt worden sind.

(5) Die Vorkaufsrechte können von den Gemeinden zugunsten von anerkannten Verbänden nach § 43 auf Antrag ausgeübt werden.

(6) [1] Die Vorkaufsrechte sind nicht übertragbar. [2] Das Vorkaufsrecht kann nur innerhalb von zwei Monaten nach der Mitteilung des Kaufvertrages ausgeübt werden. [3] Die §§ 504 bis 509 Abs. 1, §§ 512, 1098 Abs. 2, §§ 1099 bis 1102 des Bürgerlichen Gesetzbuches sind anzuwenden.

c) Sonstiges

Sonstige Vorkaufsrechte sind nicht vorgesehen.

6. Hamburg

a) Denkmalschutz

Das Denkmalschutzgesetz vom 03. 12. 1973 (GVBl. 1973, S. 466; letzte Änderung: GVBl. 1999, S. 255) sieht ein Vorkaufsrecht nicht vor.

b) Naturschutz, Forstrecht

§ 37 des Hamburgischen Gesetzes über Naturschutz- und Landschaftspflege (Hamburgisches Naturschutzgesetz) vom 2. 7. 1981 (GVBl. 1981, S. 167) lautet in der Fassung durch das Änderungsgesetz vom 3. 4. 2007 (HmbGVBl. 2007, 130):

§ 37 NatSchG Hbg. – Vorkaufsrecht

(1) [1] Der Freien und Hansestadt Hamburg steht ein Vorkaufsrecht zu beim Verkauf von Grundstücken,

1. die in Naturschutzgebieten oder Nationalparken liegen,
2. auf denen sich Naturdenkmale befinden,
3. auf denen sich besonders geschützte Biotope im Sinne des § 28 Absatz 1 befinden, ausgenommen in den Fällen des § 28 Absatz 1 Satz 1 Nummern 5 und 6 sowie Röhrichte, Rieder und Nasswiesen im Sinne des § 28 Abs. 1 Satz 1 Nr. 2 oder
4. die ganz oder überwiegend mit einem Gewässer überstanden sind (Gewässerparzelle).

[2] Liegen die Merkmale des Satzes 1 nur bei einem Teil des Grundstücks vor, so erstreckt sich das Vorkaufsrecht nur auf diese Teilfläche. [3] Ist die Restfläche für die Eigentümerin bzw. den Eigentümer nicht mehr in angemessenem Umfang baulich oder wirtschaftlich verwertbar, so kann sie bzw. er verlangen, dass der Vorkauf auf das gesamte Grundstück erstreckt wird. [4] Sätze 1 und 2 gelten entsprechend, wenn ein Erbbaurecht übertragen wird.

(2) [1] Das Vorkaufsrecht darf nur ausgeübt werden, wenn die Belange des Naturschutzes, der Landschaftspflege oder des Erholungsbedürfnisses der Allgemeinheit dies rechtfertigen. [2] Die vorgesehene Verwendung des Grundstücks ist bei der Ausübung des Vorkaufsrechtes anzugeben.

(3) [1] Die bzw. der durch das Vorkaufsrecht Verpflichtete hat der zuständigen Behörde den Inhalt des mit dem Dritten geschlossenen Vertrags unverzüglich mitzuteilen; die Mitteilung der bzw. des Verpflichteten wird durch die Mitteilung des Dritten ersetzt. [2] Das Grundbuchamt darf bei Veräußerungen die Erwerberin bzw. den Erwerber als Eigentümerin bzw. Eigentümer in das Grundbuch nur eintragen, wenn ihm die Nichtausübung oder das Nichtbestehen des Vorkaufsrechts nachgewiesen ist. [3] Besteht ein Vorkaufsrecht nicht oder wird es nicht ausgeübt, hat die zuständige Behörde auf Antrag einer bzw. eines Beteiligten darüber unverzüglich ein Zeugnis auszustellen. [4] Das Zeugnis gilt als Verzicht auf die Ausübung des Vorkaufsrechts.

(4) Nach Mitteilung des Kaufvertrages ist auf Ersuchen der zuständigen Behörde zur Sicherung des Anspruchs auf Übereignung des Grundstücks eine Vormerkung in das Grundbuch einzutragen; die Freie und Hansestadt Hamburg trägt die Kosten der Eintragung der Vormerkung und ihrer Löschung.

(5) [1] Das Vorkaufsrecht kann nur binnen zwei Monaten nach Mitteilung des Kaufvertrags durch Verwaltungsakt gegenüber der veräußernden Person ausgeübt werden. [2] Die §§ 504, 505 Absatz 2, 506 bis 509 und 512 des Bürgerlichen Gesetzbuchs sind anzuwenden. [3] Das Vorkaufsrecht ist nicht übertragbar. [4] Bei einem Eigentumserwerb auf Grund der Ausübung des Vorkaufsrechts erlöschen rechtsgeschäftliche Vorkaufsrechte. [5] Wird die Freie und Hansestadt Hamburg nach Ausübung des Vorkaufsrechts im Grundbuch als Eigentümerin eingetragen, so kann sie das Grundbuchamt ersuchen, eine zur Sicherung des Übereignungsanspruchs der Käuferin bzw. des Käufers eingetragene Vormerkung zu löschen; sie darf das Ersuchen nur stellen, wenn die Ausübung des Vorkaufsrechts für die Käuferin bzw. den Käufer unanfechtbar ist.

(6) [1] Abweichend von Absatz 5 Satz 2 kann die Freie und Hansestadt Hamburg den zu zahlenden Betrag nach dem Verkehrswert des Grundstücks im Zeitpunkt des Kaufes bestimmen, wenn der vereinbarte Kaufpreis den Verkehrswert in einer dem Rechtsverkehr erkennbaren Weise deutlich überschreitet. [2] In diesem Fall ist die bzw. der Verpflichtete berechtigt, bis zum Ablauf eines Monats nach Unanfechtbarkeit des Verwaltungsaktes über die Ausübung des Vorkaufsrecht vom Vertrag zurücktreten. [3] Auf das Rücktrittsrecht sind die §§ 346 bis 354 und 356 des Bürgerlichen Gesetzbuchs entsprechend anzuwenden. [4] Tritt die bzw. der Verpflichtete vom Vertrag zurück, trägt die Freie und Hansestadt Hamburg die Kosten des Vertrages auf der Grundlage des Verkehrswertes.

Anmerkungen

- grundbuchsperrend; Vorkaufsrechtsverzichtserklärung oder Negativattest muss dem Grundbuchamt vorgelegt werden.
- Das Vorkaufsrecht besteht auf Grund generellen Verzichts nicht beim Verkauf von Rechten nach dem WEG.

Durch das Änderungsgesetz vom 3. 4. 2007 (HmbGVBl. 2007, 130) wurde das naturschutzrechtliche Vorkaufsrecht für in einem Landschaftsplan bezeichnete Grundstücke abgeschafft (§ 37 Abs. 1 Nr. 4 NatSchG Hbg. a.F.). Eine weitere kleine Änderung erfolgte in § 37 Abs. 1 Nr. 3 NatSchG Hbg. Das Änderungsgesetz enthält keine ausdrückliche Regelung, wann es in Kraft tritt.

Zuvor lautete § 37 Abs. 1 des Hamburgischen Gesetzes über Naturschutz- und Landschaftspflege (Hamburgisches Naturschutzgesetz) vom 2. 7. 1981 (GVBl. 1981, S. 167) in der Fassung durch das Änderungsgesetz vom 2. 5. 2001 (HbgGVBl. 2001, 75, 83):

§ 37 NatSchG Hbg. – Vorkaufsrecht

(1) Der Freien und Hansestadt Hamburg steht ein Vorkaufsrecht zu beim Verkauf von Grundstücken,

1. die in Naturschutzgebieten oder Nationalparken liegen,
2. auf denen sich Naturdenkmale befinden,
3. auf denen sich gesetzlich geschützte Biotope im Sinne des § 28 Absatz 1 befinden, ausgenommen in den Fällen des § 28 Absatz 1 Nummern 1 und 7 sowie Röhrichte, Rieder und Nasswiesen im Sinne der Nummer 3,
4. die in einem Landschaftsplan entsprechend bezeichnet sind oder
5. die ganz oder überwiegend mit einem Gewässer überstanden sind (Gewässerparzelle).

Absätze 2 ff. wie oben (durch Gesetz vom 3. 4. 2007 nicht verändert)

c) Hamburgisches Wassergesetz

Vorkaufsrecht nach § 55 b des Hamburgischen Wassergesetzes i.d.F. der Bekanntmachung vom 29. 3. 2005, (HbgGVBl. 2005, S. 97)

§ 55 a WasserG Hbg – Veränderungssperre bei Maßnahmen des öffentlichen Hochwasserschutzes

(1) [1] Vom Beginn der Auslegung des Plans im Planfeststellungsverfahren für eine öffentliche Hochwasserschutzanlage oder von dem Zeitpunkt an, zu dem den Betroffenen Gelegenheit gegeben wird, den Plan einzusehen (§ 73 Absatz 3 HmbVwVfG), dürfen auf den vom Plan unmittelbar betroffenen Flächen bis zu ihrer Inanspruchnahme wesentlich wertsteigernde oder die geplante Baumaßnahme erheblich erschwerende Veränderungen nicht vorgenommen werden (Veränderungssperre). [2] Veränderungen, die in rechtlich zulässiger Weise vorher begonnen worden sind, Unterhaltungsarbeiten und die Fortführung einer bisher rechtmäßig ausgeübten Nutzung werden hiervon nicht berührt. [3] Unzulässige Veränderungen bleiben bei der Anwendung von § 74 Absatz 2 Sätze 2 und 3 HmbVwVfG und im Entschädigungsverfahren unberücksichtigt.

(2) [1] Dauert die Veränderungssperre länger als drei Jahre, so kann der Eigentümer oder der sonst zur Nutzung Berechtigte für danach entstehende Vermögensnachteile eine angemessene Entschädigung in Geld verlangen. [2] Der Eigentümer kann ferner Entschädigung durch Übernahme der betroffenen Flächen verlangen, wenn es ihm mit Rücksicht auf die Veränderungssperre wirtschaftlich nicht zuzumuten ist, die Fläche in der bisherigen oder einer anderen zulässigen Art zu nutzen. [3] Kommt keine Einigung über die Übernahme zustande, so kann der Eigentümer die Enteignung des Eigentums an der Fläche verlangen.

§ 55 b WasserG Hbg – Vorkaufsrecht für den öffentlichen Hochwasserschutz

[1] Der Freien und Hansestadt Hamburg steht beim Verkauf von Grundstücken ein gesetzliches Vorkaufsrecht zu

1. an den betroffenen Flächen in den Fällen des § 55 a Abs. 1 Satz 1,
2. an den Flächen, die an eine öffentliche Hochwasserschutzanlage angrenzen und für den Zwecke des Hochwasserschutzes gegenwärtig oder zukünftig benötigt werden.

[2] Das Vorkaufsrecht geht unbeschadet bundesrichtlicher Regelungen allen anderen Vorkaufsrechten im Rang vor und bedarf nicht der Eintragung im Grundbuch. [3] § 28 des Baugesetzbuches in der Fassung vom 27. August 1997 (Bundesgesetzblatt 1997 I, Seite 2142, 1998 I Seite 137) findet sinngemäß Anwendung.

d) Hamburgisches Wegegesetz

Hamburg hat eine Veränderungssperre und ein Vorkaufsrecht bei Planfeststellungsverfahren für Straßen und Wege eingeführt. § 15 a des Hamburgischen Wegegesetzes lautet in der Fassung durch das 16. Gesetz zur Änderung des Hamburgischen Wegegesetzes vom 21. 11. 2006 (GVBl. Hamburg 2006, 562, 563):

§ 15 a HmbWegeG – Veränderungssperre, Vorkaufsrecht

(1) [1] Vom Beginn der Auslegung der Pläne im Planfeststellungsverfahren oder von dem Zeitpunkt an, zu dem den Betroffenen Gelegenheit gegeben wird, den Plan nach § 73 Absatz 3 HmbVwVfG einzusehen, dürfen auf den vom Plan betroffenen Flächen bis zu ihrer Inanspruchnahme wesentlich wertsteigernde oder die geplanten Baumaßnahmen erheblich erschwerende Veränderungen nicht vorgenommen werden (Veränderungssperre). [2] Veränderungen, die in rechtlich zulässiger Weise vorher begonnen worden sind, Unterhaltungsarbeiten und die Fortführung einer bisher ausgeübten Nutzung werden davon nicht berührt. [3] Unzulässige Veränderungen bleiben bei der Erteilung von Auflagen im Sinne von § 74 Absatz 2 Satz 2 HmbVwVfG und im Entschädigungsverfahren unberücksichtigt.

(2) [1] Dauert die Veränderungssperre über vier Jahre, können die Eigentümerinnen und Eigentümer für die dadurch entstandenen Vermögensnachteile Entschädigung verlangen. [2] Sie können ferner Entschädigung durch Übernahme der betroffenen Flächen verlangen, wenn es ihnen mit Rücksicht auf die Veränderungssperre wirtschaftlich nicht zuzumuten ist, die Fläche in der bisherigen oder einer anderen zulässigen Art zu nutzen. [3] Kommt keine Einigung über die Übernahme zustande, so können die Eigentümerinnen und Eigentümer die Enteignung des Eigentums an der Fläche verlangen.

(3) [1] In den Fällen von Absatz 1 Satz 1 steht dem Vorhabenträger an den betroffenen Flächen ein Vorkaufsrecht zu. [2] Das Vorkaufsrecht geht unbeschadet bundesrechtlicher Regelungen allen anderen Vorkaufsrechten im Range vor und bedarf nicht der Eintragung im Grundbuch. [3] § 28 BauGB[1)] findet sinngemäß Anwendung.

e) Hafenentwicklungsgesetz

Das Vorkaufsrecht nach § 13 des Hafenentwicklungsgesetzes steht ab 1. 10. 2005 der „Hamburg Port Authority" zu, nur mehr subsidiär der Stadt Hamburg selbst (Gesetz zur Erreichtung der Hamburg Port Authority – Hamburg Port Authority Errichtungsgesetz – vom 29. Juni 2005, HmbGVBl. S. 256, 262).

§ 13 Hmb HafenEG – Vorkaufsrecht

(1) [1] Der Hamburg Port Authority steht an allen Flächen im Hafengebiet ein gesetzliches Vorkaufsrecht zu. [2] Es hat den Rang vor allen anderen Vorkaufsrechten und bedarf nicht der Eintragung in das Grundbuch. [3] § 28 Absätze 1 und 2 BauGB[1)] gilt sinngemäß. [4] Soweit die Hamburg Port Authority ihr Vorkaufsrecht nach Satz 1 nicht ausübt, steht dieses der Freien und Hansestadt Hamburg zu.

(2) [1] Übersteigt der vereinbarte Kaufpreis die im Falle einer Enteignung des Grundstücks zu zahlende Entschädigung, so sind die Vorkaufsberechtigten gemäß Absatz 1 berechtigt, bei der Ausübung des Vorkaufsrechts den von ihnen zu zahlenden Betrag auf den Entschädigungswert herabzusetzen. [2] Die Vertragsparteien sind hierzu vor der Ausübung des Vorkaufsrechts zu hören. [3] Auf Verlangen einer Vertragspartei hat der jeweilige Vorkaufsberechtigte ein Gutachten des Gutachterausschusses für Grundstückswerte einzuholen. [4] Durch das Verlangen wird die Frist für die Ausübung des Vorkaufsrechts bis zum Eingang des Gutachtens unterbrochen; das gilt entsprechend, wenn der jeweilige Vorkaufsberechtigte von sich aus ein Gutachten des Gutachterausschusses einholt und dies den Parteien vor Ablauf der Frist mitteilt.

(3) [1] Der Verkäufer ist berechtigt, bis zum Ablauf eines Monats nach Unanfechtbarkeit des Bescheids über die Herabsetzung des Kaufpreises (Absatz 2) vom Vertrag zurückzutreten. [2] Das Rücktrittsrecht ist ausgeschlossen, soweit

1. das veräußerte Grundstück im Geltungsbereich eines Planes nach § 14 liegt oder
2. die Enteignung des Grundstücks nach den Festsetzungen eines Enteignungsplanes oder eines Planes nach anderen gesetzlichen Vorschriften zulässig wäre.

[3] Besteht das Rücktrittsrecht nur für einen Teil des Grundstücks, so kann in dem Bescheid nach Absatz 2 der Entschädigungswert für den anderen Teil gesondert festgesetzt werden.

[1)] Nr. **400**.

(4) [1] Der Rücktritt (Absatz 3) ist sowohl gegenüber dem Käufer als auch gegenüber der Hamburg Port Authority oder der Freien und Hansestadt Hamburg zu erklären. [2] Im Übrigen gelten die §§ 346 bis 348, 350 bis 354 und 356 des Bürgerlichen Gesetzbuchs entsprechend. [3] Im Falle des Rücktritts trägt derjenige, der das Vorkaufsrecht ausüben wollte, die Kosten des Vertrags auf der Grundlage des festgesetzten Entschädigungswerts.

(5) [1] Das Eigentum an dem Grundstück geht auf die >Hamburg Port Authority oder die Freie und Hansestadt Hamburg über, wenn der Bescheid über die Ausübung des Vorkaufsrechts unanfechtbar geworden ist oder ein Urteil nach § 20 Absatz 1 Satz 2 rechtskräftig festgestellt hat, dass das Vorkaufsrecht ausgeübt werden durfte, und wenn der Übergang des Eigentums in das Grundbuch eingetragen worden ist. [2] Die Eintragung in das Grundbuch erfolgt auf Ersuchen der zuständigen Behörde.

(6) [1] Wer ein vertragliches Recht zum Erwerb des Grundstücks hatte, bevor das Vorkaufsrecht der Hamburg Port Authority oder der Freien und Hansestadt Hamburg nach diesem Gesetz oder anderen gesetzlichen Vorschriften, insbesondere nach dem Hafenerweiterungsgesetz vom 30. Oktober 1961 mit den Änderungen vom 10. Dezember 1963 und 21. Januar 1974 (Hamburgisches Gesetz- und Verordnungsblatt 1961 Seite 339, 1963 Seite 229, 1974 Seite 12), begründet worden ist, kann für die ihm durch die Ausübung des Vorkaufsrechts entstandenen Vermögensnachteile von demjenigen, der das Vorkaufsrecht ausgeübt hat, Entschädigung verlangen. [2] Kommt eine Einigung über die Höhe der Entschädigung nicht zustande, entscheidet die zuständige Behörde.

Zuvor lautete § 13 des Hafenentwicklungsgesetzes (HafenEG) vom 25. 01. 1982 (HbgGVBl. 1982, S. 19):

§ 13 HafenEG Hbg a.F. – Vorkaufsrecht

(1) [1] Der Freien und Hansestadt Hamburg steht an allen Flächen im Hafengebiet ein gesetzliches Vorkaufsrecht zu. [2] Es hat den Rang vor allen anderen Vorkaufsrechten und bedarf nicht der Eintragung in das Grundbuch. [3] § 28 Absätze 1 und 2 BauGB[1)] gilt sinngemäß.

(2) [1] Übersteigt der vereinbarte Kaufpreis die im Falle einer Enteignung des Grundstücks zu zahlende Entschädigung, so ist die Freie und Hansestadt Hamburg berechtigt, bei der Ausübung des Vorkaufsrechts den von ihr zu zahlenden Betrag auf den Entschädigungswert herabzusetzen. [2] Die Vertragsparteien sind hierzu vor der Ausübung des Vorkaufsrechts zu hören. [3] Auf Verlangen einer der Vertragsparteien hat die Freie und Hansestadt Hamburg ein Gutachten des Gutachterausschusses für Grundstückswerte einzuholen. [4] Durch das Verlangen wird die Frist für die Ausübung des Vorkaufsrechts bis zum Eingang des Gutachtens unterbrochen; das gilt entsprechend, wenn die Freie und Hansestadt Hamburg von sich aus ein Gutachten des Gutachterausschusses einholt und dies den Parteien vor Ablauf der Frist mitteilt.

(3) [1] Der Verkäufer ist berechtigt, bis zum Ablauf eines Monats nach Unanfechtbarkeit des Bescheids über die Herabsetzung des Kaufpreises (Absatz 2) vom Vertrag zurückzutreten. [2] Das Rücktrittsrecht ist ausgeschlossen, soweit

1. das veräußerte Grundstück im Geltungsbereich eines Planes nach § 14 liegt oder
2. die Enteignung des Grundstücks nach den Festsetzungen eines Enteignungsplanes oder eines Planes nach anderen gesetzlichen Vorschriften zulässig wäre.

[3] Besteht das Rücktrittsrecht nur für einen Teil des Grundstücks, so kann in dem Bescheid nach Absatz 2 der Entschädigungswert für den anderen Teil gesondert festgesetzt werden.

(4) [1] Der Rücktritt (Absatz 3) ist sowohl gegenüber dem Käufer als auch gegenüber der Freien und Hansestadt Hamburg zu erklären. [2] Im übrigen gelten die §§ 346 bis 348, 350 bis 354 und 356 des Bürgerlichen Gesetzbuchs entsprechend. [3] Im Falle des Rücktritts trägt die Freie und Hansestadt Hamburg die Kosten des Vertrags auf der Grundlage des festgesetzten Entschädigungswerts.

(5) [1] Das Eigentum an dem Grundstück geht auf die Freie und Hansestadt Hamburg über, wenn der Bescheid über die Ausübung des Vorkaufsrechts unanfechtbar geworden ist oder ein Urteil nach § 20 Absatz 1 Satz 2 rechtskräftig festgestellt hat, dass das Vorkaufsrecht ausgeübt werden durfte, und wenn der Übergang des Eigentums in das Grundbuch eingetragen worden ist. [2] Die Eintragung in das Grundbuch erfolgt auf Ersuchen der zuständigen Behörde.

(6) [1] Wer ein vertragliches Recht zum Erwerb des Grundstücks hatte, bevor das Vorkaufsrecht der Freien und Hansestadt Hamburg nach diesem Gesetz oder anderen gesetzlichen Vorschriften, insbesondere nach dem Hafenerweiterungsgesetz vom 30. Oktober 1961 mit den Änderungen vom 10. Dezember 1963 und 21. Januar 1974 (Hamburgisches Gesetz und Verordnungsblatt 1961 Seite 339, 1963 Seite 229, 1974 Seite 12), begründet worden ist, kann für die ihm durch die Ausübung des Vorkaufsrechts entstandenen Vermögensnachteile von der Freien

---

[1)] Nr. **400**.

und Hansestadt Hamburg Entschädigung verlangen. [2] Kommt eine Einigung über die Höhe der Entschädigung nicht zustande, entscheidet die zuständige Behörde.

7. Hessen

a) Denkmalschutz

Das Gesetz zum Schutze der Kulturdenkmäler (Denkmalschutzgesetz) i.d.F. vom 5. 9. 1986 (GVBl. 1986 I S. 270) sieht ein Vorkaufsrecht nicht vor.

b) Naturschutz, Forstrecht

Durch die Neufassung des Hessischen Naturschutzgesetzes wurde das bisherige naturschutzrechtliche Vorkaufsrecht in § 40 HessNatSchG a.F. ab **8. 12. 2006 abgeschafft** (Hessisches Gesetz über Naturschutz und Landschaftspflege – Hessisches Naturschutzgesetz – HENatG – in der Fassung durch das Gesetz zur Reform des Naturschutzrechts, zur Änderung des Hessischen Forstgesetzes und anderer Rechtsvorschriften, GVBl. Hessen 2006 I, 619).

Zuvor lautete § 40 des Hessischen Gesetzes über Naturschutz und Landschaftspflege (Hessisches Naturschutzgesetz) vom 19. 09. 1980 (GVBl. 1980 I, S. 309) i.d.F. vom 16. 04. 1996 (GVBl. 1996 I, S. 145)

§ 40 NatSchG Hessen – Vorkaufsrecht

(1) Wird ein Grundstück verkauft,

1. auf dem sich ein Naturdenkmal (§ 14) oder ein geschützter Landschaftsbestandteil (§ 15) befindet,
2. das ganz oder teilweise in einem einstweilig sichergestellten oder ausgewiesenen Naturschutzgebiet (§ 12) liegt oder
3. das in einem verbindlichen Landschaftsplan für Ausgleichs-, Ersatz- oder Entwicklungsmaßnahmen vorgesehen ist

so steht der Gemeinde, bei Nichteintritt dem Landkreis und danach dem Land ein Vorkaufsrecht zu.

(2) [1] Das Vorkaufsrecht bedarf nicht der Eintragung in das Grundbuch; es geht rechtsgeschäftlich bestellten Vorkaufsrechten im Range vor. [2] Die §§ 504 bis 510, § 512, § 1098 Abs. 2 und die §§ 1099 bis § 1102 des Bürgerlichen Gesetzbuches sind anzuwenden.

c) Sonstiges

Sonstige Vorkaufsrechte sind nicht vorgesehen.

8. Mecklenburg-Vorpommern

a) Denkmalschutz

§ 22 des Gesetzes zum Schutz und zur Pflege der Denkmale im Lande Mecklenburg-Vorpommern (Denkmalschutzgesetz) i.d.F. vom 06. 1. 1998 (GVOBl. 1998, S. 12); ehemals § 24 der ursprünglichen Gesetzesfassung:

§ 22 DenkmalSchG MW – Vorkaufsrecht

(1) [1] Der Gemeinde steht beim Kauf von Grundstücken auf oder in denen sich Denkmale befinden, ein Vorkaufsrecht zu. [2] Es darf nur ausgeübt werden, wenn dadurch die dauernde Erhaltung des Denkmals ermöglicht werden soll. [3] Das Vorkaufsrecht ist ausgeschlossen, wenn der Eigentümer das Grundstück an seinen Ehegatten oder an eine Person veräußert, die mit ihm in gerader Linie verwandt oder verschwägert oder in der Seitenlinie bis zum dritten Grad verwandt ist. [4] Das Vorkaufsrecht steht der Gemeinde nicht zu beim Kauf von Rechten nach dem Wohnungseigentumsgesetz und bei Erbbaurechten.

(2) [1] Das Vorkaufsrecht kann nur binnen zwei Monaten nach Mitteilung des Kaufvertrages durch Verwaltungsakt gegenüber dem Veräußerer ausgeübt werden. [2] Die §§ 504, 505 Abs. 2, §§ 506 bis 509 und 512 des Bürgerlichen Gesetzbuches sind anzuwenden. [3] Nach Mitteilung des Kaufvertrages ist auf Ersuchen der Gemeinde zur Sicherung ihres Anspruchs auf Übereignung des Grundstücks eine Vormerkung in das Grundbuch einzutragen; die Gemeinde trägt die Kosten der Eintragung der Vormerkung und ihrer Löschung. [4] Das Vorkaufsrecht ist nicht übertragbar. [5] Bei einem Eigentumserwerb aufgrund der Ausübung des Vorkaufsrechts erlöschen rechtsgeschäftliche Vorkaufsrechte. [6] Wird die Gemeinde nach Ausübung des Vorkaufsrechts im Grundbuch als Eigentümerin eingetragen; so kann sie das Grundbuchamt ersuchen, eine zur Sicherung des Übereignungsanspruches des Käufers im Grundbuch eingetragene Vormerkung zu löschen; sie darf das Ersuchen nur stellen, wenn die Ausübung des Vorkaufsrechts für den Käufer unanfechtbar ist.

(3) [1] Der durch das Vorkaufsrecht Verpflichtete hat der Gemeinde den Inhalt des mit dem Dritten abgeschlossenen Vertrags unverzüglich mitzuteilen; die Mitteilung des Verpflichteten wird durch die Mitteilung des Dritten ersetzt. [2] Das Grundbuchamt darf bei Veräußerungen den Erwerber als Eigentümer in das Grundbuch eintragen, wenn ihm die Nichtausübung oder das Nichtbestehen des Vorkaufsrechts nachgewiesen ist. [3] Besteht ein Vorkaufsrecht nicht oder wird es nicht ausgeübt, hat die Gemeinde auf Antrag eines Beteiligten darüber unverzüglich ein Zeugnis auszustellen. [4] Das Zeugnis gilt als Verzicht auf die Ausübung des Vorkaufsrechts.

(4) [1] Die Gemeinde kann das Vorkaufsrecht zugunsten einer anderen juristischen Person ausüben; bei juristischen Personen des Privatrechts besteht diese Befugnis nur, sofern die dauernde Erhaltung der in oder auf einem Grundstück liegenden Baudenkmale oder ortsfesten Bodendenkmale zu den satzungsmäßigen Aufgaben der juristischen Person gehört und bei Berücksichtigung aller Umstände gesichert ist. [2] Absatz 1 Satz 2 und 3 gilt entsprechend. [2] Die Gemeinde kann das Vorkaufsrecht zugunsten eines anderen nur ausüben, wenn ihr die Zustimmung des Begünstigten vorliegt.

b) Naturschutz, Forstrecht

aa) § 48 Naturschutzgesetz Mecklenburg-Vorpommern

§ 48 des Gesetzes zum Schutz der Natur und der Landschaft im Lande Mecklenburg-Vorpommern vom 21. 07. 1998 (GVOBl. 1998, S. 647)

§ 48 NatSchG MV – Vorkaufsrecht

(1) Dem Land steht ein Vorkaufsrecht an einem Grundstück, das ganz oder teilweise in einem Nationalpark, in einem Naturschutzgebiet oder in einem Gebiet liegt, das als geplantes Naturschutzgebiet nach § 29 einstweilig sichergestellt ist, zu.

(2) [1] Das Vorkaufsrecht darf nur ausgeübt werden, wenn das Grundstück für Zwecke des Naturschutzes und der Landschaftspflege verwendet werden soll. [2] Das Vorkaufsrecht ist ausgeschlossen, wenn das Grundstück an Familienangehörige im Sinne von § 8 Nr. 2 des Grundstückverkehrsgesetzes vom 28. Juli 1961 (BGBl. I S. 1091, 1652, 2000), zuletzt geändert durch Artikel 2 Nr. 22 des Gesetzes vom 8. Dezember 1986 (BGBl. I S. 2191), oder zusammen mit einem landwirtschaftlichen Betrieb, mit dem es eine Einheit bildet, veräußert wird.

(3) [1] Liegen die Merkmale des Absatzes 1 nur bei einem Teil des Grundstückes vor, so kann die Ausübung des Vorkaufsrechts auf diese Teilfläche beschränkt werden. [2] Ist die Restfläche für den Eigentümer wirtschaftlich nicht mehr in zumutbarer Weise verwertbar, kann er verlangen, dass sich der Vorkauf auf das gesamte Grundstück erstreckt.

(4) [1] Das Vorkaufsrecht des Landes wird durch Verwaltungsakt der obersten Naturschutzbehörde gegenüber dem Veräußerer ausgeübt. [2] Bei der Ausübung des Vorkaufsrechts ist der Verwendungszweck des Grundstücks anzugeben.

(5) [1] Veräußerer und Erwerber haben den Inhalt des geschlossenen Vertrages der obersten Naturschutzbehörde unverzüglich mitzuteilen. [2] Das Vorkaufsrecht kann nur binnen zweier Monate nach Mitteilung des Kaufvertrages ausgeübt werden. [3] Die §§ 504 bis 509, 512, 1098 Abs. 2 sowie die §§ 1099 bis 1102 des Bürgerlichen Gesetzbuches gelten entsprechend.

(6) Das Vorkaufsrecht geht unbeschadet bundesrechtlicher Regelungen allen anderen Vorkaufsrechten im Range vor und bedarf nicht der Eintragung im Grundbuch.

(7) [1] Das Land kann sein Vorkaufsrecht nach Absatz 1 zugunsten der Stiftung Umwelt- und Naturschutz Mecklenburg-Vorpommern, eines Landkreises, einer Gemeinde, einer sonstigen der Aufsicht des Landes unterstehenden Körperschaft, Anstalt oder Stiftung des öffentlichen Rechts ausüben, wenn der Begünstigte zustimmt. [2] In diesem Fall tritt der Begünstigte an die Stelle des Landes. [3] Für die Verpflichtungen aus dem Kaufvertrag haftet das Land neben dem Begünstigten.

bb) § 26 Waldgesetz Mecklenburg-Vorpommern

§ 26 des Waldgesetzes für das Land Mecklenburg-Vorpommern (Landeswaldgesetz) vom 08. 02. 1993 (GVOBl. 1993, S. 90)

§ 26 WaldG MV – Vorkaufsrecht des Landes

(1) Das Land hat ein Vorkaufsrecht an einem Grundstück, das ganz oder teilweise im oder am landeseigenen Wald liegt.

(2) Das Vorkaufsrecht des Landes wird durch Verwaltungsakt der obersten Forstbehörde gegenüber dem Veräußerer ausgeübt.

(3) [1] Das Vorkaufsrecht darf nur ausgeübt werden, wenn der Kauf der Verbesserung der Waldstruktur oder der Sicherung der Schutz- und Erholungsfunktion des Waldes dient. [2] Bei der Ausübung des Vorkaufsrechtes ist der Verwendungszweck gemäß Satz 1 anzugeben. [3] Das Land darf sein Vorkaufsrecht nicht ausüben, wenn das Grundstück an einen Familienangehörigen nach § 8 Nr. 2 Grundstückverkehrsgesetz vom 28. Juli 1961 (BGBl. I S. 1091) verkauft wird.

(4) [1] Das Vorkaufsrecht des Landes bedarf nicht der Eintragung im Grundbuch. [2] Es geht rechtsgeschäftlichen Vorkaufsrechten im Rang vor und tritt hinter öffentlich-rechtlichen Vorkaufsrechten aufgrund Bundesrechts zurück. [3] Die §§ 463 bis 469, 471, 1098 Abs. 2 und die §§ 1099 bis 1102 des Bürgerlichen Gesetzbuches gelten entsprechend.

(5) [1] Das Land kann sein Vorkaufsrecht zugunsten eines Landkreises, einer Gemeinde sowie Personen öffentlichen Rechts ausüben. [2] In diesem Fall tritt die jeweilige Körperschaft bzw. Rechtsperson gemäß Satz 1 an die Stelle des Landes.

c) Belegungsbindungsgesetz

Belegungsbindungsgesetz des Landes Mecklenburg-Vorpommern vom 18. 12. 1995 (GVOBl. 1995, 661). Gemäß Art. 3 tritt das Gesetz zum 31. 12. 2013 außer Kraft.

Art. 1 § 6 Abs. 1

(1) Die §§ 2 bis 2b, 4, 5a bis 7, 12, 18, 19 bis 21, 24, 25 und 27 des Wohnungsbindungsgesetzes finden für die nach diesem Gesetz belegungsgebundenen Wohnungen entsprechend Anwendung.

Art. 3

Dieses Gesetz tritt am 1. Januar 1996 in Kraft. Artikel 1 tritt am 31. Dezember 2013 außer Kraft.

§ 2b WoBindG – Vorkaufsrecht des Mieters bei der Umwandlung von Mietwohnungen in Eigentumswohnungen

(1) [1] Wird eine öffentlich geförderte Mietwohnung, die in eine Eigentumswohnung umgewandelt werden soll, an einen Dritten verkauft, so steht dem von der Umwandlung betroffenen Mieter das Vorkaufsrecht zu. [2] Er kann das Vorkaufsrecht bis zum Ablauf von sechs Monaten seit Mitteilung des Verfügungsberechtigten über den Inhalt des mit dem Dritten geschlossenen Vertrages ausüben.

(2) [1] Das Vorkaufsrecht ist nicht übertragbar. [2] Stirbt der Mieter, so geht es auf denjenigen über, der nach den §§ 569a, 569b des Bürgerlichen Gesetzbuchs oder als Erbe in das Mietverhältnis eintritt oder es fortsetzt. [3] Im übrigen gelten die Vorschriften der §§ 504 bis 509, 510 Abs. 1, §§ 511 bis 513 des Bürgerlichen Gesetzbuchs.

d) Sonstiges

Sonstige Vorkaufsrechte sind nicht vorgesehen.

9. Niedersachsen

a) Denkmalschutz

Das Niedersächsische Denkmalschutzgesetz vom 30. 05. 1978 (Nds. GVBl. 1978, S. 517; letzte Änderung: Nds. GVBl. 1996, S. 242) sieht ein Vorkaufsrecht nicht vor.

b) Naturschutz, Forstrecht

§ 48 des Niedersächsischen Naturschutzgesetzes i.d.F. vom 11. 04. 1994 (Nds. GVBl. 1994 S. 155, berichtigt Nds. GVBl. 1994 S. 267)

§ 48 NatSchG Nds – Vorkaufsrecht

(1) [1] An Grundstücken, die ganz oder teilweise in einem Naturschutzgebiet oder Nationalpark liegen oder auf denen sich ein Naturdenkmal befindet; steht dem Land ein Vorkaufsrecht zu. [2] Darüber hinaus kann die obere Naturschutzbehörde durch Verordnung an den Grundstücken in bestimmten Gebieten, die die Voraussetzungen des § 24 Abs. 1 erfüllen oder sich für die Erholung der Allgemeinheit in Natur und Landschaft besonders eignen, ein Vorkaufsrecht des Landes begründen; § 30 Abs. 5 und § 31 Abs. 1 gelten entsprechend.

(2) [1] Das Vorkaufsrecht des Landes bedarf nicht der Eintragung in das Grundbuch, es ist jedoch ein nachrichtlicher Hinweis im Liegenschaftskataster einzutragen. [2] Das Vorkaufsrecht des Landes geht rechtsgeschäftlichen Vorkaufsrechten im Range vor und tritt hinter Vorkaufsrechten auf Grund öffentlichen Bundesrechts zurück. [3] Die §§ 504 bis 510, 512, 1098 Abs. 2 und die §§ 1099 bis 1102 des Bürgerlichen Gesetzbuches gelten entsprechend.

(3) [1] Die Naturschutzbehörde übt das Vorkaufsrecht durch Verwaltungsakt aus. [2] Sie darf es nur ausüben, wenn das Grundstück für Naturschutz und Landschaftspflege oder die Erholung der Allgemeinheit in Natur und Landschaft verwendet werden soll. [3] Der Verwendungszweck ist bei der Ausübung des Vorkaufsrechts näher anzugeben. [4] Wird das Grundstück nicht in angemessener Zeit für den angegebenen Zweck verwendet, kann der frühere Käufer verlangen, dass ihm das Grundstück gegen Erstattung des Kaufpreises übereignet wird. [5] Dieses Recht erlischt, wenn ihm die Übereignung angeboten wird und er das Angebot nicht binnen drei Monaten annimmt.

(4) [1] Die Naturschutzbehörde kann das Vorkaufsrecht auch für eine andere Körperschaft des öffentlichen Rechts oder einen nach § 29 des Bundesnaturschutzgesetzes anerkannten Verein ausüben, wenn der andere Begünstigte zustimmt. [2] In diesem Fall kommt der Kauf mit dem anderen Begünstigten zustande. [3] Das Land haftet neben ihm für die Verpflichtungen aus dem Kaufvertrag.

(5) [1] Wird durch die Ausübung des Vorkaufsrechts jemandem, dem bereits vor Entstehung des Vorkaufsrechts ein vertraglich begründetes Recht zum Erwerb des Grundstücks zustand, ein Vermögensnachteil zugefügt, so ist er angemessen zu entschädigen. [2] § 51 gilt entsprechend.

c) Sonstiges

Sonstige Vorkaufsrechte sind nicht vorgesehen.

10. Nordrhein-Westfalen

a) Denkmalschutz

§ 32 des Gesetzes zum Schutz und zur Pflege der Denkmäler im Lande Nordrhein-Westfalen (Denkmalschutzgesetz, GV NW 1980 S. 226/SGV NW 224), der ein Vorkaufsrecht vorsah, wurde durch Gesetz vom 25. 11. 1997 (GV NW 1997, S. 430, 438) aufgehoben.

b) Naturschutz, Forstrecht

aa) § 36 a Landschaftsgesetz

Mit der Reform des Landschaftsgesetzes NRW (Gesetz zur Sicherung des Naturhaushalts und zur Entwicklung der Landschaft) durch das Gesetz vom 3. 5. 2005 (GVBl. NRW 2005, 522, 530, in Kraft seit 26. 5. 2005) wurde ein gesetzliches Vorkaufsrecht des Trägers der Landschaftsplanung in § 36 a begründet. Seinerzeit lautete der Gesetzestext wie folgt:

§ 36 a LPlanG NRW – Gesetzliches Vorkaufsrecht des Trägers der Landschaftsplanung

Dem Träger der Landschaftsplanung steht im Geltungsbereich eines Landschaftsplans für die Umsetzung der im Landschaftsplan nach §§ 20, 22, 23 sowie 26 getroffenen Festsetzungen ein Vorkaufsrecht beim Kauf von Grundstücken zu.

[1] Das Vorkaufsrecht wurde durch Art. I Nr. 28 des „Gesetzes zur Änderung des Landschaftsgesetzes sowie sonstiger Vorschriften" vom 19. 6. 2007 (GVBl. NW 2007, 226, 232) neu gefasst (Ergänzung um Sätze 2–7). [2] Die am 5. 7. 2007 in Kraft getretene (Art. VIII) Neufassung lautet:

§ 36 a LG NRW – Gesetzliches Vorkaufsrecht des Trägers der Landschaftsplanung

[1] Dem Träger der Landschaftsplanung steht im Geltungsbereich eines Landschaftsplans für die Umsetzung der im Landschaftsplan nach §§ 20, 22, 23 sowie 26 getroffenen Festsetzungen ein Vorkaufsrecht beim Kauf von Grundstücken zu. [2] Das Vorkaufsrecht kann nur binnen zwei Monaten nach Mitteilung des Kaufvertrages durch Verwaltungsakt gegenüber dem Verkäufer ausgeübt werden. [3] Das Vorkaufsrecht steht dem Träger der Landschaftsplanung nicht zu beim Kauf von Rechten nach dem Wohnungseigentumsgesetz und von Erbbaurechten. [4] Das Vorkaufsrecht darf bei bebauten Grundstücken nur ausgeübt werden, wenn dies im öffentlichen Interesse geboten ist und die Ziele und Grundsätze des Naturschutzes anders nicht zu verwirklichen sind. [5] Das Vorkaufsrecht ist ausgeschlossen, wenn der Eigentümer das Grundstück an seinen Ehegatten oder an eine Person veräußert, die mit ihm in gerader Linie verwandt oder verschwägert oder in der Seitenlinie bis zum dritten Grad verwandt ist sowie bei einer Veräußerung zwischen Lebenspartnern oder Lebenspartnerinnen einer eingetragenen Lebenspartnerschaft. [6] Beabsichtigt der Träger das Vorkaufsrecht im Geltungsbereich eines Landschaftsplanes oder für einen abgegrenzten Landschaftsraum nicht auszuüben, ist dies durch den Träger zu beschließen. [7] Der Beschluss ist ortsüblich bekannt zu machen.

bb) Forstgesetz

Das Forstgesetz für das Land Nordrhein-Westfalen (Landesforstgesetz) i.d.F. vom 24. 04. 1980 (GV NW 1980 S. 546/SGV NW 790; letzte Änderung: GV NRW 1998, S. 666) sieht hingegen kein Vorkaufsrecht vor.

c) Sonstiges: Straßen- und Wegegesetz

§ 40 des Straßen- und Wegegesetzes des Landes Nordrhein-Westfalen i.d.F. vom 23. 09. 1995 (GV NW S. 1028, berichtigt in GV NW 1996, S. 81)

§ 40 StraßenG NRW – Veränderungssperre, Vorkaufsrecht

(1) Vom Beginn der Auslegung der Pläne im Planfeststellungsverfahren oder von dem Zeitpunkt an, in dem den Betroffenen Gelegenheit gegeben wird, den Plan einzusehen (§ 73 Abs. 3 Verwaltungsverfahrensgesetz für das Land Nordrhein-Westfalen), dürfen auf den vom Plan betroffenen Flächen bis zu ihrer Übernahme durch den Träger der Straßenbaulast wesentlich erschwerende Veränderungen nicht vorgenommen werden.

(...)

(4) In den Fällen des Absatzes 1 Satz 1 steht dem Träger der Straßenbaulast an den betroffenen Flächen ein Vorkaufsrecht zu.

11. Rheinland-Pfalz

a) Denkmalschutz

§ 32 des Landesgesetzes zum Schutz und zur Pflege der Kulturdenkmäler (Denkmalschutz- und -pflegegesetz) vom 23. 03. 1978 (GVBl. 1978, S. 159; letzte Änderung: GVBl. 2008, S. 301). Abgedruckt unter 405.

b) Naturschutz, Forstrecht

Das Landespflegegesetz vom 14. 06. 1973 (GVBl. 1973, S. 147) i.d.F. vom 5. 2. 1979 (GVBl. 1979, S. 36; letzte Änderung: GVBl. 1999, S. 325) sieht kein Vorkaufsrecht vor.

Auch das Landeswaldgesetz vom 30. 11. 2000 (GVBl. 2000, S. 504) sieht kein Vorkaufsrecht vor.

c) Sonstiges: Landesstraßengesetz

§ 7 des Landesstraßengesetzes vom 01. 08. 1977 (GVBl. 1977, S. 273)

§ 7 StraßenG RhP – Veränderungssperre, Vorkaufsrecht

(1) Vom Beginn der Auslegung des Planes im Planfeststellungsverfahren oder von dem Zeitpunkt an, zu dem den Betroffenen Gelegenheit gegeben wird, den Plan einzusehen, dürfen auf den vom Plan betroffenen Flächen bis zu ihrer Übernahme durch den Träger der Straßenbaulast wesentlich wertsteigernde oder den geplanten Straßenbau erheblich erschwerende Veränderungen nicht vorgenommen werden.

(...)

(...)

(6) In den Fällen des Absatzes 1 Satz 1 steht dem Träger der Straßenbaulast an den betroffenen Flächen ein Vorkaufsrecht zu.

461

12. Saarland

a) Denkmalschutz

§ 24 des Gesetzes Nr. 1067 zum Schutz und zur Pflege der Kulturdenkmäler im Saarland (Saarländisches Denkmalschutzgesetz) vom 12. 10. 1977 (Amtsblatt 1978, 993)

§ 24 DenkmalSchG Saar – Vorkaufsrecht

(1) [1] Den Gemeinden steht beim Kauf von Grundstücken, auf oder in denen sich Bau- oder Bodendenkmäler befinden, die in die Denkmalliste eingetragen sind, ein Vorkaufsrecht zu. [2] Das Vorkaufsrecht darf nur ausgeübt werden, wenn das Wohl der Allgemeinheit dies rechtfertigt, insbesondere wenn dadurch die dauernde Erhaltung eines Bau- oder Bodendenkmals ermöglicht werden soll. [3] Das Staatliche Konservatoramt ist vorher zu hören. [4] Das Vorkaufsrecht ist ausgeschlossen, wenn der Erwerber bereit und in der Lage ist, das auf dem Grundstück befindliche Bau- oder Bodendenkmal zu erhalten und dies vor Ablauf der Frist nach Absatz 2 erklärt und glaubhaft macht, oder wenn der Eigentümer das Grundstück, Zubehör oder Fahrnis an seinen Ehegatten oder an eine Person veräußert, die mit ihm in gerader Linie verwandt oder verschwägert oder in der Seitenlinie bis zum dritten Grade verwandt ist.

(2) [1] Das Vorkaufsrecht kann nur binnen zweier Monate nach Mitteilung des Kaufvertrages ausgeübt werden. [2] Veräußerer und Erwerber haben der zuständigen Gemeinde den Inhalt des geschlossenen Vertrages unverzüglich mitzuteilen. [3] Die §§ 504 bis 509, 510 Abs. 1, §§ 12, 1098 Abs. 2, §§ 1099 bis 1102 des Bürgerlichen Gesetzbuches sind anzuwenden. [4] Das Vorkaufsrecht kann innerhalb der Frist auch auf das Land oder die Landkreise bzw. den Stadtverband Saarbrücken übertragen werden.

(3) [1] Das Vorkaufsrecht geht unbeschadet der Vorschriften der §§ 4 bis 11 des Reichssiedlungsgesetzes[1] und der §§ 24 bis 28 des Bundesbaugesetzes[2] allen anderen Vorkaufsrechten im Range vor und bedarf nicht der Eintragung im Grundbuch. [2] Bei einem Eigentumserwerb aufgrund der Ausübung des Vorkaufsrechts erlöschen rechtsgeschäftliche Vorkaufsrechte.

(4) [1] Der Vorkaufsberechtigte (Absätze 1 und 2) kann das Vorkaufsrecht zugunsten einer anderen juristischen Person des öffentlichen Rechts ausüben, wenn dies der dauerhaften Erhaltung des betreffenden Kulturdenkmals dient. [2] Die Ausübung des Vorkaufsrechts zugunsten einer

---

[1] Nr. **430**.
[2] Nr. **400**.

juristischen Person des Privatrechts ist zulässig, wenn die dauernde Erhaltung des betreffenden Kulturdenkmals zu den satzungsgemäßen Aufgaben der juristischen Person gehört und bei der Berücksichtigung aller Umstände gesichert erscheint. [3] Der Vorkaufsberechtigte kann das Vorkaufsrecht zugunsten eines anderen nur ausüben, wenn ihm die Zustimmung des Begünstigten vorliegt.

b) Naturschutz, Forstrecht

§ 36 des Gesetzes Nr. 1097 über den Schutz der Natur und die Pflege der Landschaft (Saarländisches Naturschutzgesetz) vom 31. 01. 1997 (Amtsblatt 1979, S. 147) i.d.F. vom 19. 3. 1993 (Amtsblatt 1993, S. 346)

§ 36 NatSchG Saar – Vorkaufsrecht

(1) Den Gemeinden stehen in ihren Gebieten Vorkaufsrechte zu beim Kauf von Grundstücken,

1. auf denen oberirdische Gewässer liegen,
2. die an oberirdische Gewässer angrenzen oder sich in deren unmittelbarer Nähe befinden,
3. die Öd- oder Unland sind,
4. auf denen Naturdenkmäler stehen,
5. die in Naturschutzgebieten liegen,
6. die für den Zugang zu den unter Nummer 1 bis 5 genannten Flächen in Anspruch genommen werden sollen,
7. die im Gebiet eines Landschaftsrahmenplanes liegen und als mit einem Vorkaufsrecht belastete Flächen ausgewiesen sind,
8. auf denen ein nach § 25 geschützter Biotop liegt.

(2) [1] Das Vorkaufsrecht darf nur ausgeübt werden, wenn dies gegenwärtig oder zukünftig die Belange des Naturschutzes und der Landschaftspflege oder das Bedürfnis der Allgemeinheit auf naturbezogene, naturverträgliche Erholung in der freien Landschaft rechtfertigen. [2] Das Vorkaufsrecht ist ausgeschlossen, wenn der Eigentümer das Grundstück an seinen Ehegatten oder an eine Person veräußert, die mit ihr in gerader Linie verwandt oder verschwägert oder in der Seitenlinie bis zum dritten Grade verwandt ist.

(3) [1] Das Vorkaufsrecht kann nur binnen zweier Monate nach Mitteilung des Kaufvertrages ausgeübt werden. [2] Veräußerer und Erwerber haben der zuständigen Gemeinde den Inhalt des geschlossenen Vertrages unverzüglich mitzuteilen. [3] Die §§ 504 bis 509, 510 Abs. 1, §§ 512, 1098 Abs. 2, §§ 1099 bis 1102 des Bürgerlichen Gesetzbuches sind anzuwenden. [4] Das Vorkaufsrecht kann innerhalb der Frist auf das Land, die Landkreise oder den Stadtverband Saarbrücken übertragen werden. [5] Das Vorkaufsrecht kann auch zugunsten einer juristischen Person des Privatrechts, die sich nach ihrer Satzung überwiegend dem Naturschutz und der Landschaftspflege im Saarland widmet und die Gewähr für eine sachgerechte Förderung der Ziele des Naturschutzes und der Landschaftspflege bietet, ausgeübt werden, wenn die Begünstigte zustimmt. [6] In diesem Fall kommt der Kauf mit der Begünstigten zustande. [7] Für die Verpflichtung aus dem Kaufvertrag haftet die Gemeinde neben der Begünstigten als Gesamtschuldnerin.

(4) [1] Das Vorkaufsrecht geht unbeschadet bundesrechtlicher Regelungen allen anderen Vorkaufsrechten im Range vor und bedarf nicht der Eintragung im Grundbuch. [2] Bei einem Eigentumserwerb auf Grund der Ausübung des Vorkaufsrechts erlöschen rechtsgeschäftliche Vorkaufsrechte. [3] § 28 des Baugesetzbuches[1)] findet sinngemäß Anwendung.

c) Sonstiges

Sonstige Vorkaufsrechte bestehen nicht.

13. Sachsen

a) Denkmalschutz (§ 17 SächsDSchG)

Mit Wirkung zum 1. 8. 2008 wurden die Zuständigkeitsvorschriften in § 17 Abs. 1 S. 2–3 SächsDSchG der Verwaltungsneuordnung angepasst (Art. 6 Nr. 13 des Gesetzes zur Neuordnung der Sächsischen Verwaltung – Sächsisches Verwaltungsneuordnungsgesetz – SächsVwNG – vom 29. 1. 2008, GVBl. Sachsen 2008, 138, 147). Wesentliche Zuständigkeitsänderungen oder sonstige inhaltliche Änderungen sind damit nicht verbunden.

Die Vorschrift lautet jetzt wie folgt (wobei die geänderten Teile unterstrichen sind):

---

1) Nr. **400**.

461

§ 17 SächsDSchG – Vorkaufsrecht

(1) [1] Wird ein Grundstück, auf dem sich ein unbewegliches Kulturdenkmal befindet, verkauft, steht der Gemeinde vorbehaltlich der Entscheidung nach Satz 3, bei überörtlicher Bedeutung des Kulturdenkmals auch dem Freistaat Sachsen ein Vorkaufsrecht zu. [2] Der Staatsbetrieb Sächsisches Immobilien- und Baumanagement ist für die Ausübung des Vorkaufsrechts für den Freistaat Sachsen zuständig. [3] Es geht dem Vorkaufsrecht der Gemeinde im Range vor. [4] Besteht im Einzelfall neben dem Vorkaufsrecht nach Satz 1 auch ein Vorkaufsrecht nach dem Sächsischen Naturschutzgesetz ist im Konfliktfall die Entscheidung des Regierungspräsidiums darüber einzuholen, ob und gegebenenfalls unter welchen Voraussetzungen auf die Ausübung des naturschutzrechtlichen Vorkaufsrechts zugunsten des Denkmalschutzes verzichtet wird.

(2) [1] Das Vorkaufsrecht darf nur ausgeübt werden, wenn dadurch die Erhaltung eines Kulturdenkmals ermöglicht werden soll. [2] Das Vorkaufsrecht ist ausgeschlossen, wenn der Eigentümer das Grundstück an seinen Ehegatten oder an eine andere Person verkauft, die mit ihm in gerader Linie verwandt oder verschwägert oder in der Seitenlinie bis zum dritten Grad verwandt ist.

(3) [1] Der durch das Vorkaufsrecht Verpflichtete hat der Gemeinde den Inhalt des mit dem Dritten abgeschlossenen Vertrages unverzüglich mitzuteilen; die Mitteilung des Verpflichteten wird durch die Mitteilung des Dritten ersetzt. [2] Bei Kulturdenkmalen mit überörtlicher Bedeutung leitet die Gemeinde die Mitteilung unverzüglich an die zuständige Behörde des Freistaates weiter; der Verpflichtete kann die Mitteilung an die Landesbehörde selbst vornehmen. [3] Die Frist nach Absatz 4 Satz 1 beginnt in diesem Fall mit dem Zugang der Mitteilung bei der Landesbehörde. [4] Geht der Gemeinde eine Anzeige nach § 16 Abs. 2 zu, so kann sie den Verpflichteten binnen eines Monats zur unverzüglichen Abgabe der Mitteilung nach Absatz 1 auffordern. [5] Unterlässt die Gemeinde die fristgerechte Aufforderung, so erlischt das Vorkaufsrecht für diesen Verkaufsfall.

(4) [1] Das Vorkaufsrecht kann nur binnen zwei Monaten nach Mitteilung des Kaufvertrages ausgeübt werden. [2] Die §§ 504 bis 509, 510 Abs. 1 und § 512 (gemeint jetzt: §§ 463 bis 468, § 469 Abs. 1, § 471) des Bürgerlichen Gesetzbuches sind anzuwenden. [3] Das Vorkaufsrecht ist nicht übertragbar. [4] Bei einem Eigentumserwerb aufgrund der Ausübung des Vorkaufsrechts erlöschen rechtsgeschäftliche Vorkaufsrechte.

Zuvor lautete § 17 des Gesetzes zum Schutz und zur Pflege der Kulturdenkmale im Freistaat Sachsen (Sächsisches Denkmalschutzgesetz) vom 03. 03. 1993 (GVBl. 1993, S. 229):

§ 17 SächsDSchG – Vorkaufsrecht

(1) [1] Wird ein Grundstück, auf dem sich ein unbewegliches Kulturdenkmal befindet, verkauft, steht der Gemeinde vorbehaltlich der Entscheidung nach Satz 3, bei überörtlicher Bedeutung des Kulturdenkmals auch dem Freistaat Sachsen ein Vorkaufsrecht zu. [2] Das Vorkaufsrecht des Freistaates geht dem Vorkaufsrecht der Gemeinde im Range vor. [3] Besteht im Einzelfall neben dem Vorkaufsrecht nach Satz 1 auch ein Vorkaufsrecht nach dem Sächsischen Naturschutzgesetz ist im Konfliktfall die Entscheidung des Regierungspräsidiums darüber einzuholen, ob und gegebenenfalls unter welchen Voraussetzungen auf die Ausübung des naturschutzrechtlichen Vorkaufsrechts zugunsten des Denkmalschutzes verzichtet wird.

(2) [1] Das Vorkaufsrecht darf nur ausgeübt werden, wenn dadurch die Erhaltung eines Kulturdenkmals ermöglicht werden soll. [2] Das Vorkaufsrecht ist ausgeschlossen, wenn der Eigentümer das Grundstück an seinen Ehegatten oder an eine andere Person verkauft, die mit ihm in gerader Linie verwandt oder verschwägert oder in der Seitenlinie bis zum dritten Grad verwandt ist.

(3) [1] Der durch das Vorkaufsrecht Verpflichtete hat der Gemeinde den Inhalt des mit dem Dritten abgeschlossenen Vertrages unverzüglich mitzuteilen; die Mitteilung des Verpflichteten wird durch die Mitteilung des Dritten ersetzt. [2] Bei Kulturdenkmalen mit überörtlicher Bedeutung leitet die Gemeinde die Mitteilung unverzüglich an die zuständige Behörde des Freistaates weiter; der Verpflichtete kann die Mitteilung an die Landesbehörde selbst vornehmen. [3] Die Frist nach Absatz 4 Satz 1 beginnt in diesem Fall mit dem Zugang der Mitteilung bei der Landesbehörde. [4] Geht der Gemeinde eine Anzeige nach § 16 Abs. 2 zu, so kann sie den Verpflichteten binnen eines Monats zur unverzüglichen Abgabe der Mitteilung nach Absatz 1 auffordern. [5] Unterlässt die Gemeinde die fristgerechte Aufforderung, so erlischt das Vorkaufsrecht für diesen Verkaufsfall.

(4) [1] Das Vorkaufsrecht kann nur binnen zwei Monaten nach Mitteilung des Kaufvertrages ausgeübt werden. [2] Die §§ 504 bis 509, 510 Abs. 1 und § 512 des Bürgerlichen Gesetzbuches sind anzuwenden. [3] Das Vorkaufsrecht ist nicht übertragbar. [4] Bei einem Eigentumserwerb aufgrund der Ausübung des Vorkaufsrechts erlöschen rechtsgeschäftliche Vorkaufsrechte.

b) Naturschutz, Forstrecht, Wasserrecht

aa) Naturschutzrechtliches Vorkaufsrecht (§ 36 SächsNatSchG)

Mit Wirkung zum 1. 8. 2008 erfolgte zwei klarstellende Änderungen in § 36 Abs. 3 und 4 SächsNatSchG im Rahmen der Verwaltungsneuordnung (Art. 64 Nr. 17 des Gesetzes zur Neuordnung der Sächsischen Verwaltung – Sächsisches Verwaltungsneuordnungsgesetz – SächsVwNG – vom 29. 1. 2008, GVBl. Sachsen 2008, 138, 182). Die Vorschrift lautet jetzt wie folgt (wobei die geänderten Teile unterstrichen bzw. Streichungen gekennzeichnet sind):

§ 36 SächsNatSchG – Vorkaufsrecht

(1) [1] Dem Freistaat steht das Vorkaufsrecht zu an Grundstücken,

1. auf denen sich oberirdische Gewässer befinden oder die daran angrenzen einschließlich der Grundstücke, die bei Hochwasser überflutet werden können, und in Schutzstreifen nach § 34; ausgenommen sind Be- und Entwässerungsgräben,
2. die sich in Naturschutzgebieten, Nationalparken oder Biosphärenreservaten oder als solchen einstweilig sichergestellten Gebieten befinden,
3. auf denen sich Naturdenkmale, geschützte Landschaftsbestandteile oder als solche einstweilig sichergestellte Schutzgegenstände befinden.

[2] Liegen die Merkmale der Nummern 1 bis 3 nur bei einem Teil des Grundstückes vor, so erstreckt sich das Vorkaufsrecht nur auf diese Teilfläche. [3] Ist die Restfläche für den Eigentümer wirtschaftlich nicht mehr in zumutbarer Weise verwertbar, kann er verlangen, dass sich der Vorkauf auf das gesamte Grundstück erstreckt.

(2) Das Vorkaufsrecht darf nur ausgeübt werden, wenn die gegenwärtigen oder zukünftigen Belange des Naturschutzes, der Landschaftspflege oder der Erholungsvorsorge es erfordern.

(3) [1] Der Staatsbetrieb Sächsisches Immobilien- und Baumanagement (SImmBa) übt das Vorkaufsrecht auf Ersuchen der höheren Naturschutzbehörde oder der Verwaltung des Nationalparks oder Biosphärenreservats durch Verwaltungsakt gegenüber dem Verkäufer aus. [2] Der Verwendungszweck ist bei der Ausübung anzugeben. [3] Das Vorkaufsrecht kann auch zugunsten einer anderen Körperschaft des öffentlichen Rechts oder eines anerkannten Naturschutzverbandes ausgeübt werden, wenn die höhere Naturschutzbehörde es beantragt oder dem zustimmt. [4] In diesem Falle kommt der Kaufvertrag mit dem anderen als Begünstigten zustande.

461

(4) [1] Die Ausübung des Vorkaufsrechts ist nur innerhalb von zwei Monaten nach Mitteilung des Kaufvertrages durch den beurkundenden Notar an die untere Naturschutzbehörde zulässig. [2] Die Frist nach Satz 1 beginnt mit dem Zugang der Mitteilung bei der unteren Naturschutzbehörde. [3] Die §§ 463 bis 468, § 469 Abs. 1, § 471, § 1098 Abs. 2, §§ 1099 bis 1102 des Bürgerlichen Gesetzbuches sind anzuwenden.

(5) [1] Das Vorkaufsrecht geht unbeschadet bundesrechtlicher Vorschriften anderen Vorkaufsrechten im Rang vor. [2] Es bedarf keiner Eintragung im Grundbuch. [3] Bei einem Eigentumserwerb aufgrund der Ausübung des Vorkaufsrechts erlöschen rechtsgeschäftliche Vorkaufsrechte.

Mit Bekanntmachung vom 3. 7. 2007 war das Sächsische Naturschutzgesetz neu verkündet worden (GVBl. Sachsen 2007, 321, 338); an der Fassung von § 36 änderte sich dadurch nichts.

Zuvor war das naturschutzrechtliche Vorkaufsrecht in § 36 des Sächsischen Gesetzes über Naturschutz und Landschaftspflege (Sächsisches Naturschutzgesetz) durch Art. 2 des Gesetzes vom 14. 11. 2002 (GVBl. 2002, S. 307, 309) sowie durch Art. 4 des Gesetzes vom 11. 12. 2002 (GVBl. 2002, S. 312, 313) auf die bei Hochwasser potentiell überfluteten Grundstücke erweitert worden. Zuständig für die Vorkaufsrechtsausübung war seitdem der „Staatsbetrieb Sächsisches Immobilien- und Baumanagement" (SImmBA). Danach lautete die Vorschrift:

§ 36 SächsNatSchG – Vorkaufsrecht

(1) [1] Dem Freistaat steht das Vorkaufsrecht zu an Grundstücken,

1. auf denen sich oberirdische Gewässer befinden oder die daran angrenzen einschließlich der Grundstücke, die bei Hochwasser überflutet werden können, und in Schutzstreifen nach § 34; ausgenommen sind Be- und Entwässerungsgräben,
2. die sich in Naturschutzgebieten, Nationalparken oder Biosphärenreservaten oder als solchen einstweilig sichergestellten Gebieten befinden,
3. auf denen sich Naturdenkmale, geschützte Landschaftsbestandteile oder als solche einstweilig sichergestellte Schutzgegenstände befinden.

[2] Liegen die Merkmale der Nummern 1 bis 3 nur bei einem Teil des Grundstückes vor, so erstreckt sich das Vorkaufsrecht nur auf diese Teilfläche. [3] Ist die Restfläche für den Eigentümer wirtschaftlich nicht mehr in zumutbarer Weise verwertbar, kann er verlangen, dass sich der Vorkauf auf das gesamte Grundstück erstreckt.

(2) Das Vorkaufsrecht darf nur ausgeübt werden, wenn die gegenwärtigen oder zukünftigen Belange des Naturschutzes, der Landschaftspflege oder der Erholungsvorsorge es erfordern.

(3) [1] Der Staatsbetrieb Sächsisches Immobilien- und Baumanagement (SImmBa) übt das Vorkaufsrecht auf Ersuchen der höheren Naturschutzbehörde oder der Verwaltung des Nationalparks oder Biosphärenreservats durch Verwaltungsakt gegenüber dem Verkäufer aus. [2] Der Verwendungszweck ist bei der Ausübung anzugeben. [3] Das Vorkaufsrecht kann auch zugunsten einer anderen Körperschaft des öffentlichen Rechts oder eines anerkannten Naturschutzverbandes ausgeübt werden, wenn die höhere Naturschutzbehörde es beantragt oder dem zustimmt. [4] In diesem Falle kommt der Kaufvertrag mit dem anderen als Begünstigten zustande.

(4) [1] Die Ausübung des Vorkaufsrechts ist nur innerhalb von zwei Monaten nach Mitteilung des Kaufvertrages durch den beurkundenden Notar an die untere Naturschutzbehörde zulässig. [2] Die Frist nach Satz 1 beginnt mit dem Zugang der Mitteilung bei der unteren Naturschutzbehörde. [3] Die §§ 504 bis 509, § 510 Abs. 1, § 512 (sic!), § 1098 Abs. 2, §§ 1099 bis 1102 des Bürgerlichen Gesetzbuches sind anzuwenden.

(5) [1] Das Vorkaufsrecht geht unbeschadet bundesrechtlicher Vorschriften anderen Vorkaufsrechten im Rang vor. [2] Es bedarf keiner Eintragung im Grundbuch. [3] Bei einem Eigentumserwerb aufgrund der Ausübung des Vorkaufsrechts erlöschen rechtsgeschäftliche Vorkaufsrechte.

Zuvor lautete § 36 des Sächsischen Gesetzes über Naturschutz und Landschaftspflege (Sächsisches Naturschutzgesetz):

§ 36 NatSchG Sachsen a.F. – Vorkaufsrecht

(1) [1] Dem Freistaat steht das Vorkaufsrecht zu an Grundstücken,

1. auf denen sich oberirdische Gewässer befinden oder die daran angrenzen und in Schutzstreifen nach § 34; ausgenommen sind Be- und Entwässerungsgräben,
2. die sich in Naturschutzgebieten, Nationalparken oder Biosphärenreservaten oder als solchen einstweilig sichergestellten Gebieten befinden,
3. auf denen sich Naturdenkmale, geschützte Landschaftsbestandteile oder als solche einstweilig sichergestellte Schutzgegenstände befinden.

[2] Liegen die Merkmale der Nummern 1 bis 3 nur bei einem Teil des Grundstückes vor, so erstreckt sich das Vorkaufsrecht nur auf diese Teilfläche. [3] Ist die Restfläche für den Eigentümer wirtschaftlich nicht mehr in zumutbarer Weise verwertbar, kann er verlangen, dass sich der Vorkauf auf das gesamte Grundstück erstreckt.

(2) Das Vorkaufsrecht darf nur ausgeübt werden, wenn die gegenwärtigen oder zukünftigen Belange des Naturschutzes, der Landschaftspflege oder der Erholungsvorsorge es erfordern.

(3) [1] Das zuständige staatliche Liegenschaftsamt übt das Vorkaufsrecht auf Ersuchen der höheren Naturschutzbehörde oder der Verwaltung des Nationalparks oder Biosphärenreservats durch Verwaltungsakt gegenüber dem Verkäufer aus. [2] Der Verwendungszweck ist bei der Ausübung anzugeben. [3] Das Vorkaufsrecht kann auch zugunsten einer anderen Körperschaft des öffentlichen Rechts oder eines anerkannten Naturschutzverbandes ausgeübt werden, wenn die höhere Naturschutzbehörde es beantragt oder dem zustimmt. [4] In diesem Falle kommt der Kaufvertrag mit dem anderen als Begünstigten zustande.

(4) [1] Die Ausübung des Vorkaufsrechts ist nur innerhalb von zwei Monaten nach Mitteilung des Kaufvertrages durch den beurkundenden Notar an die untere Naturschutzbehörde zulässig. [2] Die Frist nach Satz 1 beginnt mit dem Zugang der Mitteilung bei der unteren Naturschutzbehörde. [3] Die §§ 504 bis 509, 510 Abs. 1, 512, 1098 Abs. 2, 1099 bis 1102 des Bürgerlichen Gesetzbuches sind anzuwenden.

(5) [1] Das Vorkaufsrecht geht unbeschadet bundesrechtlicher Vorschriften anderen Vorkaufsrechten im Rang vor. [2] Es bedarf keiner Eintragung im Grundbuch. [3] Bei einem Eigentumserwerb aufgrund der Ausübung des Vorkaufsrechts erlöschen rechtsgeschäftliche Vorkaufsrechte.

bb) Waldrechtliches Vorkaufsrecht (§ 36 SächsNatSchG)

§ 27 des Waldgesetzes für den Freistaat Sachsen vom 10. 4. 1992 (GVBl. 1992, S. 137) begründet ein Vorkaufsrecht mit dinglicher Wirkung (§ 1098 Abs. 2 BGB) zugunsten der Gemeinde und des Landes.

Mit Wirkung zum 1. 8. 2008 wurden die Zuständigkeitsvorschrift in § 27 Abs. 1 S. 4 SächsWaldG der Verwaltungsneuordnung angepasst (Art. 73 Nr. 8 des Gesetzes zur Neuordnung der Sächsischen Verwaltung – Sächsisches Verwaltungsneuordnungsgesetz – SächsVwNG – vom 29. 1. 2008, GVBl. Sachsen 2008, 138, 189). Die Vorschrift lautet jetzt wie folgt (wobei das geänderte Wort unterstrichen ist):

§ 27 SächsWaldG – Vorkaufsrecht

(1) [1] Der Gemeinde und dem Freistaat Sachsen steht ein Vorkaufsrecht an Waldgrundstücken zu. [2] Ist nur ein Teil des Grundstückes Wald im Sinne dieses Gesetzes, so erstreckt sich das

Vorkaufsrecht nur auf diesen Teil des Grundstückes. [3] Der Eigentümer kann die Übernahme des Restgrundstückes verlangen, wenn es ihm wirtschaftlich nicht mehr zuzumuten ist, es zu behalten. [4] Das Vorkaufsrecht des Freistaates Sachsen übt die obere Forstbehörde aus.

(2) [1] Das Vorkaufsrecht darf nur ausgeübt werden, wenn der Kauf der Verbesserung der Waldstruktur oder der Sicherung der Schutz- oder Erholungsfunktion des Waldes dient. [2] Das Vorkaufsrecht darf nicht ausgeübt werden, wenn das Waldgrundstück

1. an den Inhaber eines land- oder forstwirtschaftlichen Betriebes im Sinne von § 1 des Gesetzes über eine Altershilfe für Landwirte vom 27. Juni 1957 (BGBl. I S. 1063), zuletzt geändert durch Gesetz vom 12. Juli 1989 (BGBl. I S. 1435) oder
2. an Familienangehörige im Sinne von § 8 Nr. 2 des Grundstückverkehrsgesetzes (GrdstVG) vom 28. Juli 1961 (BGBl. I S. 1091, ber. S. 1652 und 2000), zuletzt geändert durch Gesetz vom 8. Dezember 1986 (BGBl. S. 2191) oder
3. zusammen mit einem landwirtschaftlichen Betrieb, mit dem es eine wirtschaftliche Einheit bildet, oder
4. an den Eigentümer eines angrenzenden Waldgrundstückes

verkauft wird.

(3) [1] Ein naturschutzrechtliches Vorkaufsrecht geht vor. [2] Im übrigen geht das Vorkaufsrecht der Gemeinde dem Vorkaufsrecht des Freistaates Sachsen, das Vorkaufsrecht nach Absatz 1 unbeschadet bundesrechtlicher Vorkaufsrechte anderen Vorkaufsrechten vor. [2] Das Vorkaufsrecht bedarf nicht der Eintragung in das Grundbuch.

(4) [1] Das Vorkaufsrecht ist nicht übertragbar. [2] Es kann nur innerhalb von zwei Monaten nach der Mitteilung des Kaufvertrages ausgeübt werden. [3] Die §§ 463 bis 468, 469 Abs. 1, § 471, § 1098 Abs. 2 und die §§ 1099 bis 1102 des Bürgerlichen Gesetzbuches (BGB) sind anzuwenden.

Frühere Änderungen:

Mit Wirkung zum 10. 5. 2007 war in Abs. 4 S. 3 die Paragraphen der Verweisung an die Änderung der Nummerierung durch die Schuldrechtsreform angepaßt worden; Abs. 4 S. 4 wurde gestrichen.

Mit Wirkung vom 1. 1. 2006 war die Forstbehörde (anstelle zuvor der höheren Forstbehörde) für die Vorkaufsrechtsausübung zugunsten des Freistaats zuständig (Abs. 1 S. 4).

Vor dem 1. 1. 2006 lautete § 27 SächsWaldG:

§ 27 SächsWaldG – Vorkaufsrecht

(1) [1] Der Gemeinde und dem Freistaat Sachsen steht ein Vorkaufsrecht an Waldgrundstücken zu. [2] Ist nur ein Teil des Grundstückes Wald im Sinne dieses Gesetzes, so erstreckt sich das Vorkaufsrecht nur auf diesen Teil des Grundstückes. [3] Der Eigentümer kann die Übernahme des Restgrundstückes verlangen, wenn es ihm wirtschaftlich nicht mehr zuzumuten ist, es zu behalten. [4] Das Vorkaufsrecht des Freistaates Sachsen übt die höhere Forstbehörde aus.

(2) [1] Das Vorkaufsrecht darf nur ausgeübt werden, wenn der Kauf der Verbesserung der Waldstruktur oder der Sicherung der Schutz- oder Erholungsfunktion des Waldes dient. [2] Das Vorkaufsrecht darf nicht ausgeübt werden, wenn das Waldgrundstück

1. an den Inhaber eines land- oder forstwirtschaftlichen Betriebes im Sinne von § 1 des Gesetzes über eine Altershilfe für Landwirte vom 27. Juni 1957 (BGBl. I S. 1063), zuletzt geändert durch Gesetz vom 12. Juli 1989 (BGBl. I S. 1435) oder
2. an Familienangehörige im Sinne von § 8 Nr. 2 des Grundstückverkehrsgesetzes (GrdstVG) vom 28. Juli 1961 (BGBl. I S. 1091, ber. S. 1652 und 2000), zuletzt geändert durch Gesetz vom 8. Dezember 1986 (BGBl. S. 2191) oder
3. zusammen mit einem landwirtschaftlichen Betrieb, mit dem es eine wirtschaftliche Einheit bildet, oder
4. an den Eigentümer eines angrenzenden Waldgrundstückes

verkauft wird.

(3) [1] Ein naturschutzrechtliches Vorkaufsrecht geht vor. [2] Im übrigen geht das Vorkaufsrecht der Gemeinde dem Vorkaufsrecht des Freistaates Sachsen, das Vorkaufsrecht nach Absatz 1 unbeschadet bundesrechtlicher Vorkaufsrechte anderen Vorkaufsrechten vor. [3] Das Vorkaufsrecht bedarf nicht der Eintragung in das Grundbuch.

(4) [1] Das Vorkaufsrecht ist nicht übertragbar. [2] Es kann nur innerhalb von zwei Monaten nach der Mitteilung des Kaufvertrages ausgeübt werden. [3] Die §§ 504 bis 509, § 510 Abs. 1, § 512, § 1098 Abs. 2 und die §§ 1099 bis 1102 des Bürgerlichen Gesetzbuches (BGB) sind anzuwenden. [4] Die Mitteilung gemäß § 510 Abs. 1 BGB ist gegenüber der Forstbehörde abzugeben; diese unterrichtet die Gemeinde.

cc) Wasserrechtliches Vorkaufsrecht (§ 25 SächsNatSchG)

Mit der zum 1. 1. 2005 in Kraft getretenen Neufassung des Sächsischen Wassergesetzes (GVBl. Sachsen 2004, 482) wurde das landesrechtliche Vorkaufsrecht auch auf Grundstücke in Überschwemmungsgebieten erweitert. § 25 Abs. 2 des Sächsischen Wassergesetzes i.d.F. vom 18. 12. 2004 lautet nun (vgl. Notarkammer Sachsen, Rundschreiben Nr. 5/2005):

§ 25 WasserG Sachsen – Eigentumsverhältnisse

(...)

(2) [1] Der Freistaat Sachsen hat bei Gewässern erster Ordnung ein Vorkaufsrecht für Gewässergrundstücke und für an die Gewässer angrenzende Grundstücke, wenn diese für wasserwirtschaftliche oder gewässerökologische Aufgaben benötigt werden. [2] Satz 1 gilt auch für Grundstücke, die in Überschwemmungsgebieten nach § 100 Abs. 1, 1 a, 3 und 5 an Gewässern erster Ordnung oder an Bundeswasserstraßen oder die in Hochwasserentstehungsgebieten nach § 100 b Abs. 1 liegen. [3] Liegt nur ein Teil des Grundstücks in einem solchem Gebiet, so erstreckt sich das Vorkaufsrecht nur auf diese Teilfläche. [4] Ist die Restfläche für den Eigentümer wirtschaftlich nicht mehr in zumutbarer Weise verwertbar, kann er verlangen, dass sich der Vorkauf auf das gesamte Grundstück erstreckt. [5] Satz 1 und Satz 2 Halbsatz 1 gelten für Gemeinden bei Gewässern zweiter Ordnung. [6] Für die Ausübung des Vorkaufsrechts sind § 26 Nr. 1 bis 3, § 28 Abs. 1, 2 und 6 des Baugesetzbuchs (BauGB)[1)] in der Fassung der Bekanntmachung vom 27. August 1997 (BGBl. I S. 2141, 1998 S. 137), das zuletzt durch Artikel 1 des Gesetzes vom 24. Juni 2004 (BGBl. I S. 1359) geändert worden ist, in der jeweils geltenden Fassung, über gesetzliche Vorkaufsrechte der Gemeinden entsprechend anzuwenden.

Die bis zum 31. 12. 2004 geltende Fassung von § 25 Abs. 2 des Sächsischen Wassergesetzes i.d.F. vom 21. 07. 1998 (GVBl. 1998, S. 393) lautete:

§ 25 WasserG Sachsen a.F. – Eigentumsverhältnisse

(...)

(2) [1] Der Freistaat Sachsen hat bei Gewässern erster Ordnung ein Vorkaufsrecht für Gewässergrundstücke und für an die Gewässer angrenzende Grundstücke, wenn diese für wasserwirtschaftliche oder gewässerökologische Aufgaben benötigt werden. [2] Dasselbe gilt für Gemeinden bei Gewässern zweiter Ordnung. [3] Für die Ausübung des Vorkaufsrechts sind § 26 Nr. 1 bis 3, § 28 Abs. 1, 2 und 6 des Baugesetzbuchs[1)] in der Fassung der Bekanntmachung vom 27. August 1997 (BGBl. I S. 2141) über gesetzliche Vorkaufsrechte der Gemeinden entsprechend anzuwenden.

c) Sonstiges: Belegungsrechtsgesetz

§ 15 des Sächsischen Belegungsrechtsgesetzes vom 14. Dezember 1995 (GVBl. 1995, S. 396) i.V.m. § 2b des Gesetzes zur Sicherung der Zweckbestimmung von Sozialwohnungen i.d.F. vom 19. 08. 1994 (BGBl. 1994 I, S. 2166, ber. S. 2319). Das Gesetz tritt mit Ablauf des 31. 12. 2013 außer Kraft.

§ 15 BelegRG Sachsen – Entsprechende Anwendung des Wohnungsbindungsgesetzes

Die §§ 2 a,, 2 b, 18 und 27 WoBindG finden für die nach diesem Gesetz belegungsgebundenen Wohnungen entsprechende Anwendung.

§ 2 b WoBindG – Vorkaufsrecht des Mieters bei der Umwandlung von Mietwohnungen in Eigentumswohnungen

(1) [1] Wird eine öffentlich geförderte Mietwohnung, die in eine Eigentumswohnung umgewandelt werden soll, an einen Dritten verkauft, so steht dem von der Umwandlung betroffenen Mieter das Vorkaufsrecht zu. [2] Er kann das Vorkaufsrecht bis zum Ablauf von sechs Monaten seit Mitteilung des Verfügungsberechtigten über den Inhalt des mit dem Dritten geschlossenen Vertrages ausüben.

(2) [1] Das Vorkaufsrecht ist nicht übertragbar. [2] Stirbt der Mieter, so geht es auf denjenigen über, der nach den §§ 569 a, 569 b des Bürgerlichen Gesetzbuchs oder als Erbe in das Mietverhältnis eintritt oder es fortsetzt. [3] Im übrigen gelten die Vorschriften der §§ 504 bis 509, 510 Abs. 1, §§ 511 bis 513 (gemeint jetzt: §§ 463 bis 468, § 469 Abs. 1, §§ 470–472) des Bürgerlichen Gesetzbuchs.

14. Sachsen-Anhalt

a) Denkmalschutz

§ 11 des Denkmalschutzgesetzes des Landes Sachsen-Anhalt vom 21. 10. 1991 (GVBl. S. 368, ber. in GVBl. 1992 S. 310)

[1)] Nr. **400**.

§ 11 DenkmalSchG LSA – Vorkaufsrecht

(1) [1] Wird ein Grundstück, auf dem sich ein unbewegliches, geschütztes Kulturdenkmal befindet, verkauft, steht der Gemeinde, bei überörtlicher Bedeutung auch dem Land, ein Vorkaufsrecht zu. [2] Das Vorkaufsrecht des Landes geht dem Vorkaufsrecht der Gemeinde im Range vor. [3] Die obere Denkmalschutzbehörde übt das Vorkaufsrecht zugunsten des Landes aus. [4] Das Vorkaufsrecht darf nur ausgeübt werden, wenn das Wohl der Allgemeinheit dies rechtfertigt, insbesondere wenn dadurch die Erhaltung eines unbeweglichen geschützten Kulturdenkmals ermöglicht werden soll. [5] Das Vorkaufsrecht ist ausgeschlossen, wenn der Eigentümer das Grundstück an seinen Ehegatten oder an eine Person verkauft, die mit ihm in gerader Linie verwandt oder verschwägert oder in der Seitenlinie bis zum dritten Grad verwandt ist.

(2) [1] Die untere Denkmalschutzbehörde leitet eine Anzeige nach § 17, die ein Grundstück betrifft, auf der sich ein unbewegliches geschütztes Kulturdenkmal befindet; unverzüglich an die Gemeinde weiter. [2] Teilt der Eigentümer der Gemeinde nach Abschluss des Kaufvertrages dessen Inhalt schriftlich mit, so kann die Gemeinde nur binnen zwei Monaten das Vorkaufsrecht ausüben. [3] Unterlässt der Eigentümer diese Mitteilung, so kann die Gemeinde ihn bis zum Ablauf eines Monats nach Eingang der Anzeige nach Satz 1 hierzu auffordern. [4] Der Eigentümer ist verpflichtet, dieser Aufforderung unverzüglich Folge zu leisten. [5] Nach Eingang der Mitteilung gilt die gleiche Zweimonatsfrist wie in Satz 2. [6] Unterlässt die Gemeinde die fristgerechte Aufforderung, so erlischt das Vorkaufsrecht für diesen Verkaufsfall. [7] Die §§ 504, 505 Abs. 2, §§ 506 bis 509, 512 (gemeint jetzt: §§ 463, 464 Abs. 2, 465 bis 468, 471), 1098 Abs. 2 und §§ 1099 bis 1102 des Bürgerlichen Gesetzbuches sind anzuwenden. [8] Die Gemeinde kann das Vorkaufsrecht zugunsten einer anderen Person des öffentlichen Rechts ausüben oder zugunsten einer juristischen Person des Privatrechts, wenn die dauernde Erhaltung der in oder auf einem Grundstück liegenden Kulturdenkmale zu den satzungsgemäßen Aufgaben der juristischen Person gehört und bei Berücksichtigung aller Umstände gesichert ist. [9] Die Gemeinde kann das Vorkaufsrecht zugunsten eines anderen nur äußern, wenn ihr die Zustimmung des Begünstigten vorliegt. [10] Die Sätze 1 bis 8 gelten für das Vorkaufsrecht des Landes entsprechend.

b) Naturschutz, Forstrecht

Das Vorkaufsrecht nach dem Naturschutzgesetz des Landes Sachsen-Anhalt vom 23. Juli 2004 (GVBl. LSA S. 454) findet sich nun in § 59 des mit Wirkung zum 20. 1. 2005 geänderten Naturschutzgesetzes (GVBl. LSA 2005, S. 14):

§ 59 NatSchG LSA – Vorkaufsrecht

(1) Wird ein Grundstück verkauft,

1. das ganz oder teilweise in einem Naturschutzgebiet oder als solchem einstweilig gesicherten Gebiet oder in einem Nationalpark liegt oder
2. auf dem sich ein Naturdenkmal, ein geschützter Landschaftsbestandteil oder als solcher einstweilig gesicherter Schutzgegenstand oder ein gesetzlich geschütztes Biotop befindet,

so steht dem Land ein Vorkaufsrecht zu.

(2) [1] Das Vorkaufsrecht des Landes geht unbeschadet bundesrechtlicher Vorschriften rechtsgeschäftlichen Vorkaufsrechten im Range vor. [2] Es bedarf keiner Eintragung im Grundbuch.

(3) [1] Das Vorkaufsrecht wird durch die untere Naturschutzbehörde ausgeübt, der gegenüber auch die Mitteilung des Kaufvertrages zu erfolgen hat. [2] Das Vorkaufsrecht kann nur innerhalb von zwei Monaten nach der Mitteilung des Kaufvertrages ausgeübt werden. [3] Die §§ 463, 464 Abs. 2, §§ 465 bis 469, § 471, § 1098 Abs. 2 und die §§ 1099 bis 1102 des Bürgerlichen Gesetzbuches gelten entsprechend. [4] Das Vorkaufsrecht wird durch Verwaltungsakt gegenüber dem Verkäufer ausgeübt.

(4) [1] Das Land kann das Vorkaufsrecht auch für eine andere Körperschaft des öffentlichen Rechts oder einen nach § 56 anerkannten Verein, mit deren Zustimmung, ausüben. [2] In diesem Fall kommt der Vertrag mit der Körperschaft des öffentlichen Rechts oder dem anerkannten Verein zustande.

(5) Das Vorkaufsrecht ist ausgeschlossen, wenn

1. der Bund, ein Land, ein Landkreis oder eine Gemeinde an dem Rechtsgeschäft beteiligt ist,
2. das Grundstück im Geltungsbereich eines Bebauungsplanes liegt,
3. der Eigentümer das Grundstück an seinen Ehegatten, seinen Eingetragenen Lebenspartner oder an eine Person verkauft, die mit ihm in gerader Linie verwandt oder verschwägert oder in der Seitenlinie bis zum dritten Grad verwandt ist, oder

4. das Grundstück mit einem landwirtschaftlichen Betrieb verkauft wird und mit diesem eine Einheit bildet.

Zwischenzeitlich galt vom 24. 7. 2004 bis zum 14. 1. 2005 folgende Regelung (GVBl. LSA 2004, 454):

§ 59 NatSchG LSA a.F. – Vorkaufsrecht

(1) Wird ein Grundstück verkauft,

1. das ganz oder teilweise in einem Naturschutzgebiet oder als solchem einstweilig gesicherten Gebiet oder Nationalpark liegt oder
2. auf dem sich ein Naturdenkmal, ein geschützter Landschaftsbestandteil oder als solcher einstweilig gesicherter Schutzgegenstand oder ein gesetzlich geschütztes Biotop befindet,

so steht der Gemeinde, bei Nichteintritt dem Landkreis und danach dem Land ein Vorkaufsrecht zu.

(2) [1] Das Vorkaufsrecht geht unbeschadet bundesrechtlicher Vorschriften rechtsgeschäftlichen Vorkaufsrechten im Range vor. [2] Das Vorkaufsrecht kann nur innerhalb von zwei Monaten nach der Mitteilung des wirksamen Kaufvertrages an die Gemeinde ausgeübt werden. [3] Die Bestimmungen des bürgerlichen Gesetzbuches über das Vorkaufsrecht gelten entsprechend.

(3) [1] Der Verkäufer hat der Naturschutzbehörde den Inhalt des Kaufvertrages unverzüglich mitzuteilen; die Mitteilung des Verkäufers wird durch die Mitteilung des Käufers ersetzt. [2] Das Grundbuchamt darf bei Kaufverträgen den Käufer als Eigentümer in das Grundbuch nur eintragen, wenn ihm die Nichtausübung oder das Nichtbestehen des Vorkaufsrechts nachgewiesen wurde. [3] Besteht ein Vorkaufsrecht nicht oder wird es nicht ausgeübt, hat das Land auf Antrag eines Beteiligten darüber unverzüglich ein Zeugnis auszustellen. [4] Das Zeugnis gilt als Verzicht auf die Ausübung des Vorkaufsrechts.

Der bis 23. 7. 2004 geltende § 40 des Naturschutzgesetzes des Landes Sachsen-Anhalt vom 11. 2. 1992 (GVBl. 1992, S. 108) lautete:

§ 40 NatSchG LSA a.F. – Vorkaufsrecht

(1) [1] Dem Land stehen Vorkaufsrechte zu an Grundstücken,

1. die ganz oder teilweise in Naturschutzgebieten oder als solchen einstweilig gesicherten Gebieten oder in Nationalparken liegen oder
2. auf denen sich Naturdenkmäler, geschützte Landschaftsbestandteile oder als solche einstweilig gesicherte Schutzgegenstände oder besonders geschützte Biotope (§ 30) befinden.

[2] Liegen die Merkmale des Satzes 1 Nrn. 1 und 2 nur bei einem Teil des Grundstückes vor, so erstreckt sich das Vorkaufsrecht nur auf diese Teilfläche. [3] Ist die Restfläche für den Eigentümer nicht mehr in angemessenem Umfang baulich oder wirtschaftlich verwertbar, so kann er verlangen, dass sich der Vorkauf auf das gesamte Grundstück erstreckt.

(2) Das Vorkaufsrecht darf nur ausgeübt werden, wenn dies die Belange des Naturschutzes oder der Landschaftspflege oder das Bedürfnis der Allgemeinheit nach Naturgenuss und Erholung in der freien Natur rechtfertigen.

(3) [1] Das Vorkaufsrecht geht unbeschadet bundesrechtlicher und rechtsgeschäftlicher Vorkaufsrechte anderen Vorkaufsrechten im Range vor. [2] Sie bedürfen nicht der Eintragung in das Grundbuch, es ist jedoch ein nachrichtlicher Hinweis im Liegenschaftskataster einzutragen. [3] Bei einem Eigentumserwerb auf Grund der Ausübung des Vorkaufsrechts erlöschen rechtsgeschäftliche Vorkaufsrechte.

(4) [1] Die zuständige Naturschutzbehörde übt das Vorkaufsrecht durch Verwaltungsakt aus. [2] Der Verwendungszweck ist bei der Ausübung anzugeben. [3] Wird das Grundstück nicht in angemessener Zeit für den angegebenen Zweck verwendet, kann der frühere Käufer verlangen, dass ihm das Grundstück gegen Erstattung des Kaufpreises übereignet wird.

(5) [1] Die zuständige Naturschutzbehörde kann das Vorkaufsrecht auch für eine andere Körperschaft des öffentlichen Rechts oder einen nach § 29 des Bundesnaturschutzgesetzes aner-

kannten Verein ausüben, wenn der andere Begünstigte zustimmt. [2] In diesem Falle kommt der Kauf mit dem anderen Begünstigten zustande. [3] Das Land haftet neben ihm für die Verpflichtungen aus dem Kaufvertrag.

(6) [1] Das Vorkaufsrecht kann nur innerhalb von zwei Monaten nach der Mitteilung des Kaufvertrages ausgeübt werden. [2] Die §§ 504 bis 510, 512, 1098 Abs. 2 und §§ 1099 bis 1102 des Bürgerlichen Gesetzbuches gelten entsprechend.

c) Belegungsbindungsgesetz

seit 2003 kein Vorkaufsrecht mehr.

Das Belegungsbindungsgesetz des Landes Sachsen-Anhalt vom 14. 12. 1995 (GVBl. LSA, S. 376) wurde durch das Zweite Investitionserleichterungsgesetz vom 16. 7. 2003 (GVBl. LSA 2003, 158, 163) mit Wirkung zum 1. 9. 2003 aufgehoben.

§ 8 BelegBindG LSA – Vorkaufsrecht

(1) [1] Wird eine belegungsgebundene Wohnung, die in eine Eigentumswohnung umgewandelt worden ist oder werden soll, an Dritte verkauft, so steht der von der Umwandlung betroffenen Mietpartei das Vorkaufsrecht zu. [2] Diese kann das Vorkaufsrecht bis zum Ablauf von sechs Monaten seit Mitteilung des Verfügungsberechtigten über den Inhalt des mit Dritten geschlossenen Vertrages ausüben. [3] Für belegungsgebundene Einfamilienhäuser gilt Entsprechendes.

(2) [1] Das Vorkaufsrecht ist nicht übertragbar. [2] Stirbt der Mieter oder die Mieterin, so geht es auf die Personen über, die nach dem §§ 569 a, 569 b des Bürgerlichen Gesetzbuchs in das Mietverhältnis eintreten oder die es als Erben fortsetzen. [3] Im Übrigen gelten die Vorschriften der §§ 504 bis 509, 510 Abs. 1, §§ 511 bis 513 des Bürgerlichen Gesetzbuches.

d) Sonstiges

Sonstige Vorkaufsrechte sind nicht vorgesehen.

15. Schleswig-Holstein

a) Denkmalschutz

Das Gesetz zum Schutz der Kulturdenkmale i.d.F. vom 21. 11. 1996 (GVOBl. Schl.-H. 1996, S. 677, ber. 1997 S. 360) sieht ein Vorkaufsrecht nicht vor.

b) Naturschutz, Forstrecht, Fischereigesetz

Vorkaufsrechte bestehen nach Waldgesetz (§ 16 WaldG SH) und Fischereirecht (§ 9 FischG SH); seit 2007 aber kein naturschutzrechtliches Vorkaufsrecht mehr.

aa) Abschaffung des naturschutzrechtlichen Vorkaufsrechtes

Das **naturschutzrechtliche Vorkaufsrecht** wurde **abgeschafft** durch das „Gesetz zum Schutz der Natur (Landesnaturschutzgesetz – LNatSchG) und zur Änderung anderer Vorschriften" vom 6. 3. 2007 (GVOBl. SH 2007, S. 136, in Kraft ab 16. 4. 2007).

Der mit Ablauf des 15. 4. 2007 außer Kraft getretene § 40 des Landesnaturschutzgesetzes von Schleswig-Holstein lautete zuletzt in der Fassung durch Gesetz vom 5. 12. 2004 (GVOBl. SH 2004, 460):

(1) Dem Land steht ein Vorkaufsrecht zu an einem Grundstück,

1. auf dem ein oberirdisches Gewässer nach § 1 Abs. 1 Nr. 1 des Wasserhaushaltsgesetzes liegt oder das an ein solches angrenzt,
2. das ganz oder teilweise in einem Nationalpark, in einem Naturschutzgebiet oder in einem Gebiet liegt, das als Naturschutzgebiet einstweilig sichergestellt ist,
3. auf dem sich ein Naturdenkmal oder ein geschützter Landschaftsbestandteil befindet oder ein Naturdenkmal oder ein geschützter Landschaftsbestandteil einstweilig sichergestellt ist,
4. auf dem sich eingetragene, gesetzlich geschützte Biotope im Sinne des § 15 a befinden,
5. das in einem Bereich liegt, für den nach § 25 besondere Schutzvorschriften bestehen,
6. das in einem Gebiet liegt, das in einem festgestellten Landschaftsrahmenplan oder Landschaftsplan als vorrangige Fläche für den Naturschutz ausgewiesen ist.

(2) Das Vorkaufsrecht besteht nicht, wenn

1. der Kauf von Rechten nach dem Wohnungseigentumsgesetz vom 15. März 1951 (BGBl. I S. 175, 209), zuletzt geändert durch Artikel 25 des Gesetzes vom 23. Juli 2002 (BGBl. I S. 2850) und von Erbbaurechten betroffen ist,
2. die obere Naturschutzbehörde gegenüber den Grundbuchämtern erklärt hat, für Grundstücke, für welche im Bestandsverzeichnis des Grundbuchs bestimmte Wirtschaftsarten gemäß § 6 Abs. 3a Nr. 4 der Grundbuchverfügung in der Fassung der Bekanntmachung vom 24. Januar 1995 (BGBl. I S. 114), geändert durch Artikel 1 der Verordnung vom 18. März 1999 (BGBl. I S. 497), eingetragen sind, auf die Ausübung des Vorkaufsrechts zu verzichten (Verzichtserklärung),
3. die Eigentümerin oder der Eigentümer das Grundstück an ihren oder seinen Ehegatten oder an eine Person veräußert, die mit ihr oder ihm in gerader Linie verwandt oder verschwägert oder in der Seitenlinie bis zum 3. Grad verwandt ist,
4. das Grundstück ein geschlossener landwirtschaftlicher Betrieb ist, oder
5. das Grundstück mit einem landwirtschaftlichen Betrieb veräußert wird und nicht an Flächen im Sinne des Absatzes 1 Nr. 2 angrenzt.

(3) [1] Das Vorkaufsrecht wird nicht dadurch ausgeschlossen, dass in dem Veräußerungsvertrag ein geringeres als das vereinbarte Entgelt beurkundet wird. [2] Der zuständigen Landesbehörde gegenüber gilt das beurkundete Entgelt als vereinbart.

(4) [1] Das Vorkaufsrecht wird von der oberen Naturschutzbehörde durch Verwaltungsakt ausgeübt. [2] Die §§ 463 bis 469, 471, 1098 Abs. 2, §§ 1099 bis 1102 des Bürgerlichen Gesetzbuches sind anzuwenden.

(5) [1] Die beurkundende Notarin oder der beurkundende Notar hat den Inhalt des geschlossenen Vertrages der oberen Naturschutzbehörde unverzüglich mitzuteilen. [2] § 28 Abs. 1 Satz 2 bis 4 des Baugesetzbuches sind entsprechend anzuwenden. [3] Die obere Naturschutzbehörde kann die Verzichtserklärung nach Absatz 2 Nr. 2 jederzeit für zukünftig abzuschließende Kaufverträge widerrufen. [4] Die Verzichtserklärung und ihr Widerruf sind im Amtsblatt für Schleswig-Holstein bekannt zu machen. [5] Einer Mitteilung nach Satz 1 sowie eines Zeugnisses über das Nichtbestehen oder die Nichtausübung des Vorkaufsrechtes bedarf es nicht in den Fällen des Absatz 2 Nr. 1 und 2.

(6) Das Vorkaufsrecht geht unbeschadet bundesrechtlicher Regelungen rechtsgeschäftlichen Vorkaufsrechten im Range vor und bedarf nicht der Eintragung im Grundbuch.

(7) [1] Das Land kann sein Vorkaufsrecht zugunsten eines Kreises, einer Gemeinde, einer sonstigen der Aufsicht des Landes unterstehenden Körperschaft, Anstalt oder Stiftung des öffentlichen Rechts, sonstigen Naturschutzstiftungen oder eines Naturschutzvereines ausüben, wenn die oder der Begünstigte zustimmt. [2] In diesem Fall tritt die oder der Begünstigte an die Stelle des Landes. [3] Für die Verpflichtungen aus dem Kaufvertrag haftet das Land neben der oder dem Begünstigten.

Zuvor lautete § 40 des Gesetzes zum Schutz der Natur (Landesnaturschutzgesetz; ehemals: „Landschaftspflegegesetz“) i.d.F. vom 18. 07. 2003 (GVOBl. Schl.-H. 1993, S. 215):

§ 40 NatSchG SH a.F. – Vorkaufsrecht

(1) Dem Land steht ein Vorkaufsrecht zu an einem Grundstück,

1. auf dem ein oberirdisches Gewässer nach § 1 Abs. 1 Nr. 1 des Wasserhaushaltsgesetzes liegt oder das an ein solches angrenzt,
2. das ganz oder teilweise in einem Nationalpark, in einem Naturschutzgebiet oder in einem Gebiet liegt, das als Naturschutzgebiet einstweilig sichergestellt ist,
3. auf dem sich ein Naturdenkmal oder ein geschützter Landschaftsbestandteil befindet oder ein Naturdenkmal oder ein geschützter Landschaftsbestandteil einstweilig sichergestellt ist,
4. auf dem sich eingetragene, gesetzlich geschützte Biotope im Sinne des § 15a befinden,
5. das in einem Bereich liegt, für den nach § 25 besondere Schutzvorschriften bestehen,
6. das in einem Gebiet liegt, das in einem festgestellten Landschaftsrahmenplan oder Landschaftsplan als vorrangige Fläche für den Naturschutz ausgewiesen ist.

(2) [1] Das Vorkaufsrecht darf nur ausgeübt werden, wenn das Grundstück für Zwecke des Naturschutzes benötigt wird. [2] Das Vorkaufsrecht ist ausgeschlossen, wenn der Eigentümer das

Grundstück an seinen Ehegatten oder an eine Person veräußert; die mit ihm in gerader Linie verwandt oder verschwägert oder in der Seitenlinie bis zum 3. Grade verwandt ist. [3] Das Vorkaufsrecht darf auch nicht ausgeübt werden, wenn das Grundstück

1. ein geschlossener landwirtschaftlicher Betrieb ist oder
2. mit einem landwirtschaftlichen Betrieb veräußert wird und das Grundstück nicht angrenzt an Flächen im Sinne des Absatzes 1 Nr. 2.

(3) [1] Das Vorkaufsrecht wird nicht dadurch ausgeschlossen, dass in dem Veräußerungsvertrag ein geringeres als das vereinbarte Entgelt beurkundet wird. [2] Der zuständigen Landesbehörde gegenüber gilt das beurkundete Entgelt als vereinbart.

(4) [1] Das Vorkaufsrecht wird durch die obere Naturschutzbehörde ausgeübt.

(5) [1] Die beurkundende Notarin oder der beurkundende Notar hat den Inhalt des geschlossenen Vertrages der oberen Naturschutzbehörde unverzüglich mitzuteilen. [2] § 28 Abs. 1 Satz 2 des Baugesetzbuchs ist entsprechend anzuwenden. [3] Die §§ 463 bis 469, 471, 1098 Abs. 2, 1099 bis 1102 des Bürgerlichen Gesetzbuches sind anzuwenden.

(6) Das Vorkaufsrecht geht unbeschadet bundesrechtlicher Regelungen rechtsgeschäftlichen Vorkaufsrechten im Range vor und bedarf nicht der Eintragung im Grundbuch.

(7) [1] Das Land kann sein Vorkaufsrecht zugunsten eines Kreises, einer Gemeinde, einer sonstigen der Aufsicht des Landes unterstehenden Körperschaft, Anstalt oder Stiftung des öffentlichen Rechts, sonstigen Naturschutzstiftungen oder eines Naturschutzvereines ausüben, wenn die oder der Begünstigte zustimmt. [2] In diesem Fall tritt die oder der Begünstigte an die Stelle des Landes. [3] Für die Verpflichtungen aus dem Kaufvertrag haftet das Land neben der oder dem Begünstigten.

bb) Landeswaldgesetz Schleswig-Holstein

Das Vorkaufsrecht nach dem **Landeswaldgesetz** (LWaldG Schl-H) findet sich nun in § 16 des mit Wirkung zum 1. 1. 2005 neugefaßten Landeswaldgesetzes (GVOBl. Schl.-H. 2004, S. 461).

§ 16 WaldG SH – Vorkaufsrecht

(1) Dem Land steht ein Vorkaufsrecht an einem Grundstück zu, das ganz oder teilweise in einem Schutz- oder Naturwald liegt.

(2) Das Vorkaufsrecht des Landes wird durch Verwaltungsakt der obersten Forstbehörde gegenüber der veräußernden Person ausgeübt; das Land darf sein Vorkaufsrecht nicht ausüben, wenn das Grundstück an Familienangehörige im Sinne von § 8 Nr. 2 des Grundstückverkehrsgesetzes vom 28. Juli 1961 (BGBl. I S. 1091, 1652, 2000), zuletzt geändert durch Artikel 2 Nr. 22 des Gesetzes vom 8. Dezember 1986 (BGBl. I S. 2191) verkauft wird.

(3) [1] Das Vorkaufsrecht des Landes bedarf nicht der Eintragung im Grundbuch. [2] Es geht rechtsgeschäftlichen Vorkaufsrechten im Rang vor und tritt hinter öffentlich-rechtlichen Vorkaufsrechten auf Grund Bundesrechts zurück. [3] Die §§ 463 bis 469, 471, 1098 Abs. 2 und die §§ 1099 bis 1102 des Bürgerlichen Gesetzbuches gelten entsprechend.

(4) [1] Das Land kann sein Vorkaufsrecht zu Gunsten eines Kreises, einer Gemeinde, einer sonstigen der Aufsicht des Landes unterstehenden Körperschaft, Anstalt oder Stiftung des öffentlichen Rechts, einer sonstigen Naturschutzstiftung oder eines Naturschutzvereins ausüben, wenn die begünstigte Person zustimmt. [2] In diesem Fall tritt die begünstigte Person an die Stelle des Landes. [3] Für die Verpflichtungen aus dem Kaufvertrag haftet das Land neben der oder dem Begünstigten.

Der bis 31. 12. 2004 geltende § 19 des Landeswaldgesetzes i.d.F. vom 11. 08. 1994 (GVOBl. Schl.-H. 1994, S. 438) lautete:

§ 19 WaldG SH a.F. – Vorkaufsrecht

(1) Dem Land steht ein Vorkaufsrecht an einem Grundstück zu, das ganz oder teilweise in einem Erholungs- oder Schutzwald liegt.

(2) Das Vorkaufsrecht des Landes wird durch Verwaltungsakt der obersten Forstbehörde gegenüber der Veräußerin oder dem Veräußerer ausgeübt; das Land darf sein Vorkaufsrecht nicht

ausüben, wenn das Grundstück an Familienangehörige im Sinne von § 8 Nr. 2 des Grundstückverkehrsgesetzes verkauft wird.

(3) [1] Das Vorkaufsrecht des Landes bedarf nicht der Eintragung im Grundbuch. [2] Es geht rechtsgeschäftlichen Vorkaufsrechten im Rang vor und tritt hinter öffentlich-rechtlichen Vorkaufsrechten aufgrund Bundesrechts zurück. [3] Die §§ 504 bis 510, 512, 1098 Abs. 2 und die §§ 1099 bis 1102 des Bürgerlichen Gesetzbuches gelten entsprechend.

(4) [1] Das Land kann sein Vorkaufsrecht zugunsten eines Kreises oder einer Gemeinde ausüben, wenn die oder der Begünstigte es beantragt. [2] In diesem Fall tritt die oder der Begünstigte an die Stelle des Landes. [3] Für die Verpflichtungen aus dem Kaufvertrag haftet das Land neben der oder dem Begünstigten.

cc) § 9 Landesfischereigesetz Schleswig-Hostein

In § 9 des **Landesfischereigesetzes** vom 10. 2. 1996 (GVOBl. Schl.-H. 1996, S. 211) wurde durch Gesetz vom 18. 03. 2003 (GVOBl. 2003, S. 169) die Verweisung in Abs. 1 Satz 5 auf §§ 504–509, 510 Abs. 1 und 512 BGB „ersetzt“ durch die Verweisung auf die neuen Paragraphennummern nach der Schuldrechtsreform (§§ 463–468, 469 Abs. 1 und 571 BGB).

§ 9 FischG SH – Übertragung und Verkauf von Fischereirechten

(1) [1] Ein selbständiges Fischereirecht kann durch Rechtsgeschäft übertragen werden. [2] Das Rechtsgeschäft bedarf der notariellen Beurkundung. [3] Die Eigentümerin oder der Eigentümer des belasteten Gewässergrundstücks hat ein Vorkaufsrecht, das nur innerhalb von drei Monaten nach Mitteilung des Kaufvertrages an die Vorkaufsberechtigten ausgeübt werden kann. [4] Dies gilt nicht, wenn sich ein selbständiges Fischereirecht über mehrere Gewässergrundstücke erstreckt. [5] Die Vorschriften des §§ 463–468, 469 Abs. 1 und § 571 des Bürgerlichen Gesetzbuches finden entsprechende Anwendung.

(2) Ist das selbständige Fischereirecht mit dem Eigentum an einem Grundstück verbunden, das mit einem Recht Dritter belastet ist, so kann dieses Fischereirecht nur übertragen werden, wenn diese in öffentlich beglaubigter Form zustimmen, es sei denn, ihr Recht wird durch die Übertragung nicht berührt.

(3) Sind mit dem selbständigen Fischereirecht Nebenrechte, insbesondere zum Trocknen der Netze oder zur Rohrnutzung verbunden, so gehen auch diese mit dem Erwerb über.

(4) [1] Ist ein Gewässergrundstück mit mehreren selbständigen Fischereirechten belastet, so können diese durch Rechtsgeschäft nur auf eine an dem gleichen Gewässergrundstück fischereiberechtigte Person oder an die Eigentümerin oder den Eigentümer des belasteten Gewässergrundstücks übertragen werden. [2] Treten hierbei Vermögensnachteile auf, findet § 45 Anwendung. [3] Absatz 1 Satz 2 und 3 gelten entsprechend.

(5) [1] Beschränkte selbständige Fischereirechte oder Küchenfischereirechte können nur ungeteilt vererbt oder durch Rechtsgeschäft unter Lebenden nur an die Eigentümerin oder den Eigentümer des belasteten Gewässergrundstücks übertragen werden. [2] Absatz 1 Satz 1 und 3 und Absatz 4 Satz 2 gelten entsprechend.

(6) Ist ein Gewässergrundstück mit mehren beschränkten selbständigen Fischereirechten oder Küchenfischereirechten belastet, so gilt Absatz 5 entsprechend.

(keine Grundbuchsperre)

c) Sonstiges

Sonstige Vorkaufsrechte sind nicht vorgesehen.

16. Thüringen

a) Denkmalschutz

§ 30 des Gesetzes zur Pflege und zum Schutz der Kulturdenkmale im Land Thüringen (Thüringer Denkmalschutzgesetz) vom 07. 1. 1992 (GVBl. 1992, S. 17; berichtigt am 21. 10. 1992, GVBl. 1992, S. 550). Geändert wurden lediglich die Verweisung auf das BGB (zur Anpassung an die Änderung der Nummerierung der Paragraphen zum Vorkaufsrecht durch die Schuldrechtsreform):

§ 30 DenkmalSchG Thür. – Vorkaufsrecht

(1) [1] Der Gemeinde steht beim Kauf von Grundstücken, auf oder in denen sich Kulturdenkmale befinden, die im Denkmalbuch eingetragen sind, ein öffentlich rechtliches Vorkaufsrecht zu. [2] Das Vorkaufsrecht darf ausgeübt werden wenn das Wohl der Allgemeinheit dies rechtfertigt, insbesondere, wenn dadurch die dauernde Erhaltung eines Kulturdenkmals ermöglicht werden soll. [3] Das Vorkaufsrecht ist ausgeschlossen, wenn der Eigentümer das Grundstück an seinen Ehegatten oder an eine Person veräußert, die mit ihm in gerader Linie verwandt oder verschwägert oder in der Seitenlinie bis zum dritten Grad verwandt ist.

(2) [1] Das Vorkaufsrecht kann nur binnen zwei Monaten nach der Mitteilung des Kaufvertrages ausgeübt werden. [2] Die §§ 463 bis 469 Abs. 1 und 471 des Bürgerlichen Gesetzbuches sind anzuwenden. [3] Das Vorkaufsrecht ist nicht übertragbar. [4] Nach Mitteilung des Kaufvertrages ist auf Ersuchen der Gemeinde ihr zur Sicherung des Anspruchs auf Übereignung des Grundstücks eine Vormerkung in das Grundbuch einzutragen; die Gemeinde trägt die Kosten der Eintragung der Vormerkung und ihrer Löschung. [5] Bei einem Eigentumserwerb auf Grund der Ausübung des Vorkaufsrechts erlöschen rechtsgeschäftliche Vorkaufsrechte. [6] Wird die Gemeinde nach Ausübung des Vorkaufsrechts im Grundbuch als Eigentümerin eingetragen, so kann sie das Grundbuchamt ersuchen, eine zur Sicherung des Übereignungsanspruchs des Käufers im Grundbuch eingetragene Vormerkung zu löschen; sie darf das Ersuchen nur stellen, wenn die Ausübung des Vorkaufsrechts für den Käufer unanfechtbar ist.

(3) [1] Der durch das Vorkaufsrecht Verpflichtete hat der Gemeinde den Inhalt des mit dem Dritten abgeschlossenen Vertrags unverzüglich mitzuteilen; die Mitteilung des Verpflichteten wird durch die des Dritten ersetzt. [2] Das Grundbuchamt darf bei Veräußerungen den Erwerber als Eigentümer in das Grundbuch nur eintragen, wenn ihm die Nichtausübung oder das Nichtbestehen des Vorkaufsrechts nachgewiesen ist. [3] Besteht ein Vorkaufsrecht nicht oder wird es nicht ausgeübt, hat die Gemeinde auf Antrag eines Beteiligten darüber unverzüglich ein Zeugnis auszustellen. [4] Das Zeugnis gilt als Verzicht auf die Ausübung des Vorkaufsrechts.

(4) [1] Die Gemeinde kann das Vorkaufsrecht zugunsten einer anderen juristischen Person des öffentlichen Rechts ausüben. [2] Absatz 1 Satz 2 und 3 gelten entsprechend. [3] Die Ausübung des der Gemeinde zustehenden Vorkaufsrechts zugunsten einer juristischen Person des Privatrechts ist zulässig, wenn die dauernde Erhaltung des auf oder in dem Grundstück liegenden Kulturdenkmals zu den satzungsmäßigen Aufgaben der juristischen Person gehört und bei Berücksichtigung aller Belange gesichert erscheint. [4] Die Gemeinde kann das Vorkaufsrecht zugunsten eines anderen nur ausüben, wenn ihr die notariell beglaubigte Zustimmung des Begünstigten vorliegt.

Zuvor lautete § 30 des Thüringischen Denkmalschutzgesetzes vom 7. Januar 1992 (GVBl. S. 17, 550) in der ab 1. 5. 2004 geltenden Fassung (Thür GVBl. 2004, 465) inhaltsgleich (nur ohne Anpassung an die Schuldrechtsreform):

§ 30 DenkmalSchG Thür. a.F. – Vorkaufsrecht

(1) [1] Der Gemeinde steht beim Kauf von Grundstücken, auf oder in denen sich Kulturdenkmale befinden, ein öffentlich rechtliches Vorkaufsrecht zu. [2] Das Vorkaufsrecht darf ausgeübt werden, wenn das Wohl der Allgemeinheit dies rechtfertigt, insbesondere, wenn dadurch die dauernde Erhaltung eines Kulturdenkmals ermöglicht werden soll. [3] Das Vorkaufsrecht ist ausgeschlossen, wenn der Eigentümer das Grundstück an seinen Ehegatten oder an eine Person veräußert, die mit ihm in gerader Linie verwandt oder verschwägert oder in der Seitenlinie bis zum dritten Grad verwandt ist.

(2) [1] Das Vorkaufsrecht kann nur binnen zwei Monaten nach der Mitteilung des Kaufvertrages ausgeübt werden. [2] Die §§ 504 bis 509, 510 Abs. 1, § 512 des Bürgerlichen Gesetzbuches sind anzuwenden. [3] Das Vorkaufsrecht ist nicht übertragbar. [4] Nach Mitteilung des Kaufvertrages ist auf Ersuchen der Gemeinde ihr zur Sicherung des Anspruchs auf Übereignung des Grundstücks eine Vormerkung in das Grundbuch einzutragen; die Gemeinde trägt die Kosten der Eintragung der Vormerkung und ihrer Löschung. [5] Bei einem Eigentumserwerb auf Grund der Ausübung des Vorkaufsrechts erlöschen rechtsgeschäftliche Vorkaufsrechte. [6] Wird die Gemeinde nach Ausübung des Vorkaufsrechts im Grundbuch als Eigentümerin eingetragen, so kann sie das Grundbuchamt ersuchen, eine zur Sicherung des Übereignungsanspruchs des Käufers im

Grundbuch eingetragene Vormerkung zu löschen; sie darf das Ersuchen nur stellen, wenn die Ausübung des Vorkaufsrechts für den Käufer unanfechtbar ist.

(3) [1] Der durch das Vorkaufsrecht Verpflichtete hat der Gemeinde den Inhalt des mit dem Dritten abgeschlossenen Vertrags unverzüglich mitzuteilen; die Mitteilung des Verpflichteten wird durch die des Dritten ersetzt. [2] Das Grundbuchamt darf bei Veräußerungen den Erwerber als Eigentümer in das Grundbuch nur eintragen, wenn ihm die Nichtausübung oder das Nichtbestehen des Vorkaufsrechts nachgewiesen ist. [3] Besteht ein Vorkaufsrecht nicht oder wird es nicht ausgeübt, hat die Gemeinde auf Antrag eines Beteiligten darüber unverzüglich ein Zeugnis auszustellen. [4] Das Zeugnis gilt als Verzicht auf die Ausübung des Vorkaufsrechts.

(4) [1] Die Gemeinde kann das Vorkaufsrecht zugunsten einer anderen juristischen Person des öffentlichen Rechts ausüben. [2] Absatz 1 Satz 2 und 3 gelten entsprechend. [3] Die Ausübung des der Gemeinde zustehenden Vorkaufsrechts zugunsten einer juristischen Person des Privatrechts ist zulässig, wenn die dauernde Erhaltung des auf oder in dem Grundstück liegenden Kulturdenkmals zu den satzungsmäßigen Aufgaben der juristischen Person gehört und bei Berücksichtigung aller Belange gesichert erscheint. [4] Die Gemeinde kann das Vorkaufsrecht zugunsten eines anderen nur ausüben, wenn ihr die notariell beglaubigte Zustimmung des Begünstigten vorliegt.

b) Naturschutz, Forstrecht

aa) § 52 Thüringer Naturschutzgesetz

§ 52 des Thüringer Gesetzes über Naturschutz und Landschaftspflege (Thüringer Naturschutzgesetz) wurde durch Gesetz vom 13. 4. 2006 (GVBl. 2006, S. 161, 175 f., Inkrafttreten zum 28. 4. 2006) wie folgt geändert:

§ 52 NatSchG Thür. – Vorkaufsrecht

(1) [1] Den Kommunen und dem Land steht ein Vorkaufsrecht beim Verkauf von Grundstücken zu,

1. die ganz oder teilweise in Naturschutzgebieten, Nationalparken oder Biosphärenreservaten oder als solchen einstweilig sichergestellten Gebieten sowie in den in § 26 Abs. 2 übergeleiteten Schongebieten oder geschützten Feuchtgebieten liegen,
2. auf denen sich Naturdenkmale, geschützte Landschaftsbestandteile oder als solche einstweilig sichergestellte Schutzgegenstände sowie nach § 26 Abs. 2 übergeleitete Flächennaturdenkmale oder geschützte Parks befinden.

[2] Satz 1 findet auch Anwendung, wenn diese Regelung durch anderweitige Gestaltungen umgangen wird.

(2) [1] Liegen die Merkmale des Absatzes 1 Satz 1 Nr. 1 und 2 nur bei einem Teil des Grundstückes vor, so erstreckt sich das Vorkaufsrecht nur auf diese Teilfläche. [2] Ist die Restfläche für den Eigentümer nicht mehr in angemessenem Umfang verwertbar, so kann er verlangen, dass der Vorkauf auf das gesamte Grundstück erstreckt wird.

(3) Das Vorkaufsrecht darf nur ausgeübt werden, wenn dies gegenwärtig oder zukünftig die Belange des Naturschutzes und der Landschaftspflege oder das Bedürfnis der Allgemeinheit nach Naturgenuss und Erholung in der Natur rechtfertigen.

(4) Das Vorkaufsrecht des Landes wird durch die obere Naturschutzbehörde, der gegenüber auch die Mitteilung nach § 469 des Bürgerlichen Gesetzbuchs (BGB) abzugeben ist, durch Verwaltungsakt ausgeübt.

(5) [1] Das Land kann sein Vorkaufsrecht nach Absatz 1 auch zugunsten der Stiftung Naturschutz Thüringen, eines Trägers eines Naturschutzgroßprojekts oder zugunsten eines anerkannten Vereins ausüben, wenn der Begünstigte einverstanden ist. [2] In diesem Falle tritt der Begünstigte an die Stelle des Landes.

(6) [1] Das Vorkaufsrecht bedarf nicht der Eintragung in das Grundbuch; es geht rechtsgeschäftlich bestellten Vorkaufsrechten im Range vor. [2] Die §§ 463 bis 469, 471, 1098 Abs. 2 und die §§ 1099 bis 1102 BGB sind anzuwenden.

(7) [1] Abweichend von Absatz 6 Satz 2 kann das Land den zu zahlenden Betrag nach dem Verkehrswert des Grundstücks zum Zeitpunkt des Kaufs bestimmen, wenn der vereinbarte Kaufpreis den Verkehrswert in einer dem Rechtsverkehr erkennbaren Weise deutlich überschreitet. [2] In diesen Fällen ist der Verkäufer berechtigt, bis zum Ablauf eines Monats nach Unanfechtbarkeit des Verwaltungsakts nach Absatz 4 vom Vertrag zurückzutreten. [3] Auf das Rücktrittsrecht sind die §§ 346 bis 349 und 351 BGB entsprechend anzuwenden.

Die bis einschließlich 27. 4. 2006 geltende Fassung von § 52 des Thüringer Gesetzes über Naturschutz und Landschaftspflege (Thüringer Naturschutzgesetz) lautete:

§ 52 NatSchG Thür. a.F. – Vorkaufsrecht

(1) [1] Den Gemeinden oder kommunalen Zweckverbänden, bei Nichteintritt dem Kreis und danach dem Land stehen Vorkaufsrechte zu beim Verkauf von Grundstücken,

1. die ganz oder teilweise in Naturschutzgebieten, Nationalparken oder Biosphärenreservaten oder als solchen einstweilig sichergestellten Gebieten sowie in den in § 26 Abs. 2 übergeleiteten Schongebieten oder geschützten Feuchtgebieten liegen,
2. auf denen sich Naturdenkmale, geschützte Landschaftsbestandteile oder als solche einstweilig sichergestellte Schutzgegenstände sowie nach § 26 Abs. 2 übergeleitete Flächennaturdenkmale oder geschützte Parks befinden.

[2] Satz 1 findet auch Anwendung, wenn diese Regelung durch anderweitige Gestaltungen umgangen wird.

(2) [1] Liegen die Merkmale des Absatzes 1 Satz 1 Nr. 1 und 2 nur bei einem Teil des Grundstückes vor, so erstreckt sich das Vorkaufsrecht nur auf diese Teilfläche. [2] Ist die Restfläche für den Eigentümer nicht mehr in angemessenem Umfang verwertbar, so kann er verlangen, dass der Vorkauf auf das gesamte Grundstück erstreckt wird.

(3) Das Vorkaufsrecht darf nur ausgeübt werden, wenn dies gegenwärtig oder zukünftig die Belange des Naturschutzes und der Landschaftspflege oder das Bedürfnis der Allgemeinheit nach Naturgenuss und Erholung in der Natur rechtfertigen.

(4) Die Vorkaufsrechte können auch zugunsten eines überörtlichen gemeinnützigen Erholungsflächenvereins oder zugunsten von gemeinnützigen Naturschutz-, Fremdenverkehrs- und Wandervereinen ausgeübt werden, wenn diese einverstanden sind.

(5) [1] Das Vorkaufsrecht bedarf nicht der Eintragung in das Grundbuch; es geht rechtsgeschäftlich bestellten Vorkaufsrechten im Range vor. [2] Die §§ 504 bis 510, 512, 1098 Abs. 2 und die §§ 1099 bis 1102 des Bürgerlichen Gesetzbuches sind anzuwenden.

bb) § 17 Waldgesetz Thüringen

Nach § 17 des Thüringer Waldgesetzes besteht an Waldgrundstücken ein **Vorkaufsrecht zugunsten der Gemeinde und des Landes** (in dieser Reihenfolge). Es hat weder dingliche Wirkung (kein Verweis auf § 1098 Abs. 2 BGB) noch Grundsperre (kein Verweis auf § 28 Abs. 1 S. 2 BauGB).

Das zuvor ebenfalls in § 17 Abs. 1 ThürWaldG enthaltene **Vorkaufsrecht der angrenzenden Privatwaldeigentümer** nach wurde **mit Wirkung vom 1. 7. 2008 abgeschafft** („Gesetz zur Änderung und Aufhebung von Vorschriften zum Wald, zur Fischerei und zu den Waldgenossenschaften" vom 24. 6. 2008, GVBl. 2008, 125, in Kraft seit 1. 7. 2008; Neubekanntmachung GVBl. 2008, 315).

§ 17 ThürWaldG lautet seit 1. 7. 2008 (wobei die Änderungen nur Absatz 1 betreffen):

§ 17 Abs. 1 ThürWaldG – Vorkaufsrecht

(1) [1] Den Gemeinden und dem Land steht das Vorkaufsrecht an Waldgrundstücken in dieser Reihenfolge zu. [2] Naturschutzrechtliche Bestimmungen bleiben unberührt. [3] Das Vorkaufsrecht kann nur binnen zwei Monaten nach Mitteilung des Kaufvertrages ausgeübt werden. [4] Die untere Forstbehörde wirkt bei der Mitteilung des Kaufvertrages an die Gemeinde unterstützend mit.

(2) [1] Das Vorkaufsrecht darf durch die öffentliche Hand nur ausgeübt werden, wenn der Kauf der Walderhaltung oder einer Verbesserung der Leistungen des Waldes für die Allgemeinheit dient. [2] Zuständige Behörde für die Ausübung des Vorkaufsrechts durch das Land ist die untere Forstbehörde.

(3) Das Vorkaufsrecht darf nicht ausgeübt werden, wenn das Waldgrundstück an Familienangehörige bis zur Verwandtschaft dritten Grades oder zusammen mit einem landwirtschaftlichen Betrieb, mit dem es eine wirtschaftliche Einheit bildet, verkauft wird.

(4) Gleiches gilt für Anteile an Gemeinschaftswald, soweit die Satzung nichts anderes bestimmt.

(5) [1] Das Vorkaufsrecht bedarf nicht der Eintragung in das Grundbuch, es geht rechtsgeschäftlich bestellten Vorkaufsrechten vor. [2] Im Übrigen finden § 464 Abs. 2, §§ 465 bis 469 und 471 des Bürgerlichen Gesetzbuchs entsprechende Anwendung.

Gegenüber der **früheren Fassung** wurden alle sich auf das Vorkaufsrecht der Privateigentümer beziehenden Regelungen gestrichen:

(1) [1] Den angrenzenden Privatwaldeigentümern, den Gemeinden und dem Land steht das Vorkaufsrecht an Waldgrundstücken in dieser Reihenfolge zu. [2] Angrenzende Privatwaldeigentümer müssen zum Zeitpunkt der Ausübung des Vorkaufsrechts seit mindestens einem Jahr im Grundbuch eingetragen sein. [3] Dies gilt nicht bei Eigentumsübergang im Wege der Erfolge. [4] Naturschutzrechtliche Bestimmungen bleiben unberührt. [5] Sind mehrere angrenzende Privatwaldeigentümer vorhanden, steht diesen das Vorkaufsrecht in der Reihenfolge der durch den Grundstücksankauf erreichbaren größeren Bewirtschaftungsverbesserung zu. [6] Die Beurteilungen hierzu erfolgen durch die zuständigen unteren Forstbehörden. [7] Das Vorkaufsrecht kann nur binnen zwei Monaten nach Mitteilung des Kaufvertrages ausgeübt werden. [8] Das angrenzenden Privatwaldeigentümern zustehende Vorkaufsrecht gilt als verfallen, wenn die Mitteilung des Kaufvertrages an die Berechtigten unter der Anschrift gerichtet worden ist, die sich aus dem Grundbuch und aus dem Liegenschaftskataster ergibt und binnen zwei Monaten nach Absendung der Mitteilung nicht ausgeübt wird. [9] Die untere Forstbehörde wirkt bei der Mitteilung des Kaufvertrages an die angrenzenden Privatwaldeigentümer und die Gemeinde unterstützend mit.

Vom 28. 4. 2006 bis einschließlich 30. 6. 2008 galt folgende Fassung von § 17 Thür-WaldG („Gesetz zur Erhaltung, zum Schutz und zur Bewirtschaftung des Waldes und zur Förderung der Forstwirtschaft" in der Fassung durch GVBl. 2006, 178, Inkrafttreten zum 27. 4. 2006):

§ 17 ThürWaldG 2006 – Vorkaufsrecht

(1) [1] Den angrenzenden Privatwaldeigentümern, den Gemeinden und dem Land steht das Vorkaufsrecht an Waldgrundstücken in dieser Reihenfolge zu. [2] Angrenzende Privatwaldeigentümer müssen zum Zeitpunkt der Ausübung des Vorkaufsrechts seit mindestens einem Jahr im Grundbuch eingetragen sein. [3] Dies gilt nicht bei Eigentumsübergang im Wege der Erfolge. [4] Naturschutzrechtliche Bestimmungen bleiben unberührt. [5] Sind mehrere angrenzende Privatwaldeigentümer vorhanden, steht diesen das Vorkaufsrecht in der Reihenfolge der durch den Grundstücksankauf erreichbaren größeren Bewirtschaftungsverbesserung zu. [6] Die Beurteilungen hierzu erfolgen durch die zuständigen unteren Forstbehörden. [7] Das Vorkaufsrecht kann nur binnen zwei Monaten nach Mitteilung des Kaufvertrages ausgeübt werden. [8] Das angrenzenden Privatwaldeigentümern zustehende Vorkaufsrecht gilt als verfallen, wenn die Mitteilung des Kaufvertrages an die Berechtigten unter der Anschrift gerichtet worden ist, die sich aus dem Grundbuch und aus dem Liegenschaftskataster ergibt und binnen zwei Monaten nach Absendung der Mitteilung nicht ausgeübt wird. [9] Die untere Forstbehörde wirkt bei der Mitteilung des Kaufvertrages an die angrenzenden Privatwaldeigentümer und die Gemeinde unterstützend mit.

(2) [1] Das Vorkaufsrecht darf, durch die öffentliche Hand nur ausgeübt werden, wenn der Kauf der Walderhaltung oder einer Verbesserung der Leistungen des Waldes für die Allgemeinheit dient. [2] Zuständige Behörde für die Ausübung des Vorkaufsrechts durch das Land ist die untere Forstbehörde.

(3) Das Vorkaufsrecht darf nicht ausgeübt werden, wenn das Waldgrundstück an Familienangehörige bis zur Verwandtschaft dritten Grades oder zusammen mit einem landwirtschaftlichen Betrieb, mit dem es eine wirtschaftliche Einheit bildet, verkauft wird.

(4) Gleiches gilt für Anteile an Gemeinschaftswald, soweit die Satzung nichts anderes bestimmt.

(5) [1] Das Vorkaufsrecht bedarf nicht der Eintragung in das Grundbuch, es geht rechtsgeschäftlich bestellten Vorkaufsrechten vor. [2] Im Übrigen finden § 464 Abs. 2, §§ 465 bis 469 und 471 des Bürgerlichen Gesetzbuchs entsprechende Anwendung.

Die bis einschließlich 27. 4. 2006 geltende Fassung des § 17 des Gesetzes zur Erhaltung, zum Schutz und zur Bewirtschaftung des Waldes und zur Förderung der Forstwirtschaft (Thüringer Waldgesetz) vom 25. 08. 1999 (i.d.F. der Neubekanntmachung GVBl. 2004, 282; die Neubekanntmachung enthält bereits die Änderungen durch Gesetz vom 10. 2. 2004 mit Wirkung zum 20. 2. 2004, GVBl. 2004, 69, 72) lautete:

§ 17 ThürWaldG 2004 – Vorkaufsrecht

(1) [1] Den angrenzenden Privatwaldeigentümern, den Gemeinden und dem Land steht das Vorkaufsrecht an Waldgrundstücken in dieser Reihenfolge zu. [2] Naturschutzrechtliche Bestimmungen bleiben unberührt. [3] Sind mehrere angrenzende Privatwaldeigentümer vorhanden, steht diesen das Vorkaufsrecht in der Reihenfolge der durch den Grundstücksankauf erreichbaren größeren Bewirtschaftungsverbesserung zu. [4] Die Beurteilungen hierzu erfolgen durch die zuständigen unteren Forstbehörden. [5] Das Vorkaufsrecht kann nur binnen zwei Monaten nach Mitteilung des Kaufvertrages ausgeübt werden. [6] Das angrenzenden Privatwaldeigentümern zustehende Vorkaufsrecht gilt als verfallen, wenn die Mitteilung des Kaufvertrages an die Berechtigten unter der Anschrift gerichtet worden ist, die sich aus dem Grundbuch und aus dem Liegenschaftskataster ergibt und binnen zwei Monaten nach Absendung der Mitteilung nicht ausgeübt wird. [7] Die untere Forstbehörde wirkt bei der Mitteilung des Kaufvertrages an die angrenzenden Privatwaldeigentümer und die Gemeinde unterstützend mit.

(2) [1] Das Vorkaufsrecht darf, durch die öffentliche Hand nur ausgeübt werden, wenn der Kauf der Walderhaltung oder einer Verbesserung der Leistungen des Waldes für die Allgemeinheit dient. [2] Zuständige Behörde für die Ausübung des Vorkaufsrechts durch das Land ist die untere Forstbehörde.

(3) Das Vorkaufsrecht darf nicht ausgeübt werden, wenn das Waldgrundstück an Familienangehörige bis zur Verwandtschaft dritten Grades oder zusammen mit einem landwirtschaftlichen Betrieb, mit dem es eine wirtschaftliche Einheit bildet, verkauft wird.

(4) Gleiches gilt für Anteile an Gemeinschaftswald, soweit die Satzung nichts anderes bestimmt.

(5) [1] Das Vorkaufsrecht bedarf nicht der Eintragung in das Grundbuch, es geht rechtsgeschäftlich bestellten Vorkaufsrechten vor. [2] Im Übrigen finden § 464 Abs. 2, §§ 465 bis 469 und 471 des Bürgerlichen Gesetzbuchs entsprechende Anwendung.

§ 17 des Gesetzes zur Erhaltung, zum Schutz und zur Bewirtschaftung des Waldes und zur Förderung der Forstwirtschaft (Thüringer Waldgesetz) vom 25. 08. 1999 (GVBl. 1999, S. 485) in der früheren Fassung (GVBl. 1999, S. 485, 491), die bis zum 19. 2. 2004 galt (GVBl. Thüringen 2004, 69, 72):

§ 17 ThürWaldG 1999 – Vorkaufsrecht

(1) [1] Den benachbarten Privatwaldeigentümern, den Gemeinden und dem Land steht das Vorkaufsrecht an Waldgrundstücken in dieser Reihenfolge zu. [2] Naturschutzrechtliche Bestimmungen bleiben unberührt. [3] Sind mehrere benachbarte Privatwaldeigentümer vorhanden, steht diesen das Vorkaufsrecht in der Reihenfolge der durch den Grundstücksankauf erreichbaren größeren Bewirtschaftungsverbesserung zu. [4] Die Beurteilungen hierzu erfolgen durch die zuständigen unteren Forstbehörden. [5] Das Vorkaufsrecht kann nur binnen zwei Monaten nach Mitteilung des Kaufvertrages ausgeübt werden. [6] Das benachbarten Privatwaldeigentümern zustehende Vorkaufsrecht gilt als verfallen, wenn die Mitteilung des Kaufvertrages an die Berechtigten unter der Anschrift gerichtet worden ist, die sich aus dem Grundbuch und aus dem Liegenschaftskataster ergibt und binnen zwei Monaten nach Absendung der Mitteilung nicht ausgeübt wird. [7] Im Übrigen finden die Regelungen des Bürgerlichen Gesetzbuchs Anwendung.

(2) [1] Das Vorkaufsrecht darf, durch die öffentliche Hand nur ausgeübt werden, wenn der Kauf der Walderhaltung oder einer Verbesserung der Leistungen des Waldes für die Allgemeinheit dient. [2] Zuständige Behörde für die Ausübung des Vorkaufsrechts durch das Land ist die obere Forstbehörde.

(3) Das Vorkaufsrecht darf nicht ausgeübt werden, wenn das Waldgrundstück an Familienangehörige bis zur Verwandtschaft dritten Grades oder zusammen mit einem landwirtschaftlichen Betrieb, mit dem es eine wirtschaftliche Einheit bildet, verkauft wird.

(4) Gleiches gilt für Anteile an Gemeinschaftswald, soweit die Satzung nichts anderes bestimmt.

(5) Das Vorkaufsrecht bedarf nicht der Eintragung in das Grundbuch, es geht rechtsgeschäftlich bestellten Vorkaufsrechten vor.

c) Belegungsbindung

Seit 2003 besteht kein Vorkaufsrecht aus Belegungsbindung mehr.

d) Sonstiges

Sonstige landesrechtliche Vorkaufsrechte bestehen in Thüringen nicht.

462. Grundstücksteilung

Übersicht über landesrechtliche Genehmigungserfordernisse
(Stand: 1. Januar 2009)

1. Baden-Württemberg

a) Allgemein (Bauordnungsrecht)

Die früher nach § 8 LBO-BW („Teilung von Grundstücken") erforderliche Teilungsgenehmigung ist mit Wirkung vom 1. Februar 2001 entfallen (GBl. BW 2000, 760).

b) Waldgrundstücke

Für Waldgrundstücke ist eine Teilungsgenehmigung nach § 24 LWaldG erforderlich.

§ 24 LWaldG BW – Teilung von Waldgrundstücken

(1) Die Teilung von Waldgrundstücken bedarf der Genehmigung der Forstbehörde.

(2) Die Genehmigung darf nur versagt werden, wenn ein Waldgrundstück kleiner als dreieinhalb Hektar wird, es sei denn, daß seine ordnungsgemäße forstliche Bewirtschaftung gewährleistet erscheint.

(3) Die Teilung bedarf keiner Genehmigung,

1. wenn und soweit für Waldgrundstücke oder Teile davon eine Umwandlungsgenehmigung (§ 9 Abs. 1) vorliegt oder
2. wenn eine Teilung im Flurbereinigungsverfahren durchgeführt wird.

(4) [1] Das Grundbuchamt darf auf Grund eines nach Absätzen 1 bis 3 genehmigungsbedürftigen Rechtsvorganges eine Eintragung in das Grundbuch erst vornehmen, wenn der Genehmigungsbescheid vorgelegt ist. [2] Ist zu einem Rechtsvorgang eine Genehmigung nach Absatz 3 nicht erforderlich, so hat die Genehmigungsbehörde auf Antrag eines Beteiligten darüber ein Zeugnis auszustellen. [3] Das Zeugnis steht der Genehmigung gleich.

(5) [1] Ist auf Grund eines nicht genehmigten Rechtsvorganges eine Eintragung in das Grundbuch vorgenommen worden, so kann die Genehmigungsbehörde, falls die Genehmigung erforderlich war, das Grundbuchamt um die Eintragung eines Widerspruchs ersuchen; § 53 Abs. 1 der Grundbuchordnung bleibt unberührt. [2] Der Widerspruch ist zu löschen, wenn die Genehmigungsbehörde darum ersucht oder wenn die Genehmigung erteilt ist.

(6) Besteht die auf Grund eines nicht genehmigten Rechtsvorganges vorgenommene Eintragung einer Grundstücksteilung ein Jahr, so gilt der Rechtsvorgang als genehmigt, es sei denn, daß vor Ablauf dieser Frist ein Widerspruch im Grundbuch eingetragen oder ein Antrag auf Berichtigung des Grundbuchs oder ein Antrag oder ein Ersuchen auf Eintragung eines Widerspruchs gestellt worden ist.

2. Bayern

Es besteht kein landesrechtliches Teilungsgenehmigungserfordernis

Der diesbezügliche Art. 11 BayBO a.F. wurde mit Wirkung zum 1. 6. 1994 aufgehoben (BayGVBl. 1994, 210, 211; vgl. Grziwotz, MittBayNot 1994, 185, 193 f.).

3. Berlin

Ein Genehmigungserfordernis für Grundstücksteilungen besteht nicht (§ 7 BauO Bln). Durch das Bauvereinfachungsgesetz (BauVG Bln) vom 29. 9. 2005 (GVBl. Berlin 2005, 495) erhielt § 7 BauO Bln folgende Fassung (Inkrafttreten zum 1. 2. 2006).

§ 7 BauO Bln – Teilung von Grundstücken

(1) Durch die Teilung eines Grundstücks, das bebaut oder dessen Bebauung genehmigt ist, dürfen keine Verhältnisse geschaffen werden, die den öffentlich-rechtlichen Vorschriften widersprechen.

(2) Soll bei einer Teilung nach Absatz 1 von den Vorschriften dieses Gesetzes oder den auf Grund dieses Gesetzes erlassenen Vorschriften abgewichen werden, ist § 68 entsprechend anzuwenden.

§ 68 BauO Bln – Abweichungen

(1) [1] Die Bauaufsichtsbehörde kann Abweichungen von Anforderungen dieses Gesetzes und auf Grund dieses Gesetzes erlassener Vorschriften zulassen, wenn sie unter Berücksichtigung des Zwecks der jeweiligen Anforderung und unter Würdigung der öffentlich-rechtlich geschützten nachbarlichen Belange mit den öffentlichen Belangen, insbesondere den Anforderungen des § 3 Abs. 1, vereinbar sind. [2] § 3 Abs. 3 Satz 3 bleibt unberührt.

(2) [1] Die Zulassung von Abweichungen nach Absatz 1, von Ausnahmen und Befreiungen nach § 31 des Baugesetzbuchs, von Ausnahmen nach § 14 Abs. 2 des Baugesetzbuchs, von Abweichungen, die eine Ermessensentscheidung nach der Baunutzungsverordnung verlangen, sowie von Ausnahmen nach anderen Rechtsverordnungen ist gesondert schriftlich zu beantragen; der Antrag ist zu begründen. [2] Für Anlagen, die keiner Genehmigung bedürfen, sowie für Abweichungen von Vorschriften, die im Genehmigungsverfahren nicht geprüft werden, gilt Satz 1 entsprechend.

(3) Ist eine Abweichung, Ausnahme oder Befreiung unter Bedingungen, befristet oder unter dem Vorbehalt des Widerrufs erteilt worden, so ist die Genehmigung entsprechend einzuschränken.

Vor dem 1. 2. 2006 galt folgende Fassung (ebenfalls ohne Genehmigungserfordernis):

§ 7 BauO Bln – Veränderung von Grundstücksgrenzen

[1] Werden durch Veränderungen der Grenzen bebauter Grundstücke Verhältnisse geschaffen, die öffentlich-rechtlichen Vorschriften zuwiderlaufen, so kann die Bauaufsichtsbehörde verlangen, dass ein baurechtmäßiger Zustand hergestellt wird. [2] Die Vorschriften der §§ 70 und 77 Abs. 3 Satz 1 gelten sinngemäß.

4. Brandenburg

a) Allgemein (Bauordnungsrecht)

Es besteht kein landesrechtliches Genehmigungserfordernis für eine Grundstücksteilung

§ 4 BdgBO – Bebauung der Grundstücke mit Gebäuden, Teilung der Grundstücke

(1) Gebäude dürfen nur errichtet werden, wenn

1. das Grundstück nach Lage, Form, Größe und Beschaffenheit für die beabsichtigte Bebauung geeignet ist,
2. das Grundstück in angemessener Breite an einer befahrbaren öffentlichen Verkehrsfläche liegt oder die Nutzung einer befahrbaren Zufahrt zu einer befahrbaren öffentlichen Verkehrsfläche rechtlich gesichert ist; für Wohngebäude geringer Höhe sind nicht befahrbare Wohnwege von nicht mehr als 50 m Länge zulässig,
3. bis zum Beginn der Benutzung des Gebäudes die Zufahrtswege sowie die Wasserversorgungs- und Abwasserbeseitigungsanlagen benutzbar sind.

(2) Die Errichtung eines Gebäudes auf mehreren Grundstücken ist zulässig, wenn rechtlich gesichert ist, dass keine Verhältnisse eintreten können, die den Vorschriften dieses Gesetzes widersprechen.

(3) Durch die Teilung eines Grundstücks, das bebaut oder dessen Bebauung genehmigt ist, dürfen keine Verhältnisse geschaffen werden, die den Vorschriften dieses Gesetzes oder den aufgrund dieses Gesetzes erlassenen Vorschriften, insbesondere den Vorschriften über die Abstandsflächen, den Brandschutz und die Erschließung, zuwiderlaufen.

Anmerkung: § 4 BdgBO trat mit der Neufassung der Brandenburgischen Bauordnung (GVBl. Brandenburg 2003, 210) zum 1. September 2003 in Kraft (§ 84). Aber auch der vorher geltende § 8 BgbBO a.F. sah keine landesrechtliche Teilungsgenehmigung vor.

b) Waldgrundstücke

Die landesrechtliche Teilungsgenehmigung für **Waldgrundstücke** wurde **abgeschafft** durch die Neufassung des Waldgesetzes des Landes Brandenburg (LWaldG) vom 20. 4. 2004 (GVBl. Brandenburg I, Nr. 6/2004. S. 137 vom 21. 4. 2004), in Kraft seit 22. 4. 2004.

Zuvor war eine Teilungsgenehmigung erforderlich nach § 18 LWaldG (Waldgesetz vom 17. 6. 1991, GVBl. Brandenburg 1991 I, 213).

§ 18 LWaldG Bbg a.F. – Teilung von Waldgrundstücken

(1) [1] Die Realteilung eines Waldgrundstückes bedarf der Genehmigung der unteren Forstbehörde. [2] Sie ist zu versagen, wenn durch die Teilung selbständige Waldgrundstücke unter einem Hektar entstehen oder wenn die Waldfläche das für eine ordnungsgemäße Waldbewirtschaftung erforderliche Mindestmaß unterschreitet.

(2) Bei einer Teilung sind die natürlichen Grenzen von Biotopen, Natur- und Landschaftsschutzgebieten zu berücksichtigen.

(3) Der Teilungsgenehmigung steht gleich,

1. wenn und soweit für Waldgrundstücke oder Teile davon eine Umwandlungsgenehmigung vorliegt,

2. wenn eine Teilung im Flurbereinigungsverfahren durchgeführt wird.

5. Bremen

Die Teilungsgenehmigung nach § 11 BremLBO wurde mit Wirkung zum 1. 5. 2003 abgeschafft.

§ 11 BremLO – Teilung von Grundstücken

(1) [1] Durch die Teilung eines Grundstücks, das bebaut ist oder aufgrund einer Baugenehmigung oder einer Genehmigungsfreistellung nach § 66 bebaut werden darf, dürfen keine Verhältnisse geschaffen werden, die den Vorschriften dieses Gesetzes oder den aufgrund dieses Gesetzes erlassenen Vorschriften zuwiderlaufen. [2] § 82 gilt entsprechend.

(2) Soll bei einer Teilung nach Abs. 1 von den Vorschriften dieses Gesetzes oder den aufgrund dieses Gesetzes erlassenen Vorschriften abgewichen werden, ist § 65 Abs. 6 Satz 2 und 3 entsprechend anzuwenden.

Bisherige Fassung des § 11 BremLBO (bis 30. 4. 2003):

§ 11 BremLBO a.F. – Teilung von Grundstücken

(1) Die Teilung eines Grundstücks, das bebaut oder dessen Bebauung genehmigt ist, bedarf zu ihrer Wirksamkeit der Genehmigung der Bauordnungsbehörde.

(2) [1] Die Genehmigung ist zu versagen, wenn durch die Teilung Verhältnisse geschaffen werden, die diesem Gesetz und den Rechtsvorschriften aufgrund dieses Gesetzes zuwiderlaufen. [2] Versagungsgründe können auch durch Vereinigungsbaulasten ausgeräumt werden.

(3) [1] Die Genehmigung gilt drei Jahre. [2] Die Vorschriften des § 19 Abs. 2, 3 Sätze 3 bis 6, Abs. 4 und § 23 des Baugesetzbuches sowie § 68 Abs. 1 und 2, § 71 Abs. 1 und 2 und § 76 Abs. 2 gelten entsprechend.

6. Hamburg

Eine Teilungsgenehmigung nach § 8 BauO Hamburg ist seit dem 1. 4. 2006 nicht mehr erforderlich (Hamburgische Bauordnung vom 14. 12. 2005, GBl. Hamburg 2005, S. 525, in Kraft seit 1. 4. 2006).

§ 8 BauO Hbg – Teilung von Grundstücken

(1) Durch die Teilung eines Grundstücks dürfen keine Verhältnisse geschaffen werden, die diesem Gesetz oder auf Grund dieses Gesetzes erlassenen Vorschriften widersprechen.

(2) Soll bei einer Teilung nach Absatz 1 von diesem Gesetz oder von auf Grund dieses Gesetzes erlassenen Vorschriften abgewichen werden, ist § 69 entsprechend anzuwenden.

Vor dem 1. 4. 2006 galt folgende Fassung:

§ 8 HbgBauO – Teilung von Grundstücken

[1] Die Teilung eines Grundstücks, das bebaut oder dessen Bebauung genehmigt ist, bedarf zu ihrer Wirksamkeit der Genehmigung der Bauaufsichtsbehörde. [2] Die Genehmigung ist zu versagen, wenn sich durch die Teilung Verhältnisse geschaffen würden, die diesem Gesetz oder den auf Grund dieses Gesetzes erlassenen Vorschriften zuwiderlaufen. [3] § 19 Absatz 2, Absatz 3 Sätze 3 bis 6 und Absatz 4 sowie § 23 des Baugesetzbuchs in der Fassung vom 8. Dezember 1986 (Bundesgesetzblatt I Seite 2254) gelten sinngemäß.

7. Hessen

a) Allgemein (Bauordnungrecht)

Keine Teilungsgenehmigung erforderlich.

Durch das „Zweite Gesetz zur Änderung der Hessischen Bauordnung“ vom 28. 9. 2005 (GVBl. Hessen 2005, 662) wurde § 7 Abs. 2 Hessische Bauordnung wie folgt geändert:

§ 7 HessBauO

(1) Soweit nach diesem Gesetz oder nach Vorschriften aufgrund dieses Gesetzes Abstandsflächen und Abstände auf dem Baugrundstück selbst liegen müssen, dürfen sie sich ganz oder teilweise auf andere Grundstücke erstrecken, wenn öffentlich-rechtlich gesichert ist, dass sie nicht überbaut und auf die auf diesen Grundstücken erforderlichen Abstandsflächen und Abstände nicht angerechnet werden.

(2) Durch die Teilung eines Grundstücks, das bebaut oder dessen Bebauung genehmigt ist, dürfen keine Verhältnisse geschaffen werden, die öffentlich-rechtlichen Vorschriften widersprechen.

Das frühere Genehmigungserfordernis nach § 8 HBO a.F. wurde mit Wirkung zum 1. 10. 2002 abgeschafft (GVBl. 2002 I, 273, 209).

§ 8 HBO a.F. – Grundstücksteilungen (galt nur bis 31. 09. 2002).

(1) [1] Die Teilung eines Grundstücks, das bebaut oder dessen Bebauung genehmigt ist, bedarf zu ihrer Wirksamkeit der Genehmigung der Bauaufsichtsbehörde. [2] Das gilt nicht, wenn die Teilung im öffentlich-rechtlichen Verwaltungsverfahren vorgenommen wird oder der Bund, das Land oder eine Gebietskörperschaft, der die Aufgaben der unteren Bauaufsichtsbehörde übertragen sind (§ 60 Abs. 2), an der Teilung beteiligt ist.

(2) [1] Die Genehmigung darf nur versagt werden, wenn durch die Teilung Verhältnisse geschaffen werden, die den Vorschriften dieses Gesetzes oder Vorschriften auf Grund dieses Gesetzes zuwiderlaufen. [2] Die Genehmigung kann mit Auflagen verbunden werden, die die Versagungsgründe ausräumen.

(3) [1] Die Genehmigung ist bei der Bauaufsichtsbehörde unter Vorlage eines Auszug aus dem Liegenschaftskataster, der die beabsichtigte Teilung und die vorhandene Bebauung erkennen lässt, zu beantragen. [2] In den Auszug sind die Abstandsflächen der vorhandenen Bebauung einzutragen. [3] Werden Gebäude von der Teilung erfasst, ist eine Beschreibung, wenn notwendig auch eine zeichnerische Darstellung, beizufügen, die Auskunft über die Abgrenzung innerhalb von Gebäuden gibt.

b) Waldgrundstücke

Eine Teilungsgenehmigung ist für Waldgrundstücke nach § 15 ForstG erforderlich.

§ 15 ForstG Hessen – Teilung des Waldes

(1) Die Teilung eines Waldgrundstücks bedarf der Genehmigung der unteren Forstbehörde.

(2) Bei der Teilung dürfen selbständige Waldgrundstücke unter einem Hektar in der Regel nicht gebildet werden.

(3) [1] Die Genehmigung kann nur versagt werden, wenn durch die Teilung die Erfüllung der Grundpflichten nach § 5 erheblich beeinträchtigt würde. [2] Sie kann unter Auflagen erteilt werden.

(4) Die Genehmigung ist nicht erforderlich, wenn es sich um Grundstücke des Bundes, des Landes Hessen oder eines anderen Bundeslandes handelt.

8. Mecklenburg-Vorpommern

a) Allgemein (Bauordnungsrecht)

Bauordnungsrechtlich ist keine Teilungsgenehmigung erforderlich. § 7 LBO MV lautet in der Fassung durch das „Gesetz zur Neugestaltung der Landesbauordnung und zur Änderung anderer Gesetze" vom 18. 4. 2006 (GVBl. 2006, S. 102, 106):

§ 7 LBO MV – Teilung von Grundstücken

(1) Durch die Teilung eines Grundstücks, das bebaut oder dessen Bebauung genehmigt ist, dürfen keine Verhältnisse geschaffen werden, die Vorschriften dieses Gesetzes oder aufgrund dieses Gesetzes widersprechen.

(2) Soll bei einer Teilung nach Absatz 1 von Vorschriften dieses Gesetzes oder aufgrund dieses Gesetzes abgewichen werden, ist § 67 entsprechend anzuwenden.

b) Waldgrundstücke

Teilungsgenehmigung nach § 27 LWaldG erforderlich

§ 27 LWaldG MV – Teilung von Waldgrundstücken

Eine Teilung von Waldgrundstücken im Sinne von § 19 Abs. 2 des Baugesetzbuches bedarf der Genehmigung der Forstbehörde, wenn ein Teilstück kleiner als 1,0 Hektar wird.

Die Genehmigung kann versagt werden, wenn durch die Teilung das für eine ordnungsgemäße Forstwirtschaft erforderliche Mindestmaß unterschritten wird.

9. Niedersachsen

§ 94 NBauO (und damit das Erfordernis einer Teilungsgenehmigung für die Grundstücksteilung) wurde aufgehoben durch Art. 3 Nr. 3 des Gesetzes zur Änderung des Modellkommunen-Gesetzes und anderer Gesetze vom 10. 12. 2008 (Nds. GVBl. 2008, 381) mit Wirkung zum 13. 12. 2008. Die Aufhebung beruht auf den Erfahrungen in den Modellkommunen.

a) Rechtszustand vor dem 13. 12. 2008:

Zuvor war für Baugrundstücke eine Teilungsgenehmigung nach § 94 NBauO (BauO Nds) erforderlich.

§ 94 NBauO – Grundstücksteilung

(1) [1] Die Teilung eines Grundstücks, das bebaut ist oder dessen Bebauung genehmigt ist, bedarf zu ihrer Wirksamkeit der Genehmigung der Bauaufsichtsbehörde. [2] Die Genehmigung ist zu versagen, wenn durch die Teilung Verhältnisse geschaffen würden, die diesem Gesetz, den Rechtsvorschriften auf Grund dieses Gesetzes oder dem Niedersächsischen Gesetz über Spielplätze zuwiderlaufen. [3] § 19 Abs. 1 sowie § 22 Abs. 5 Sätze 2 bis 4 des Baugesetzbuchs gelten entsprechend. [4] Bedarf die Teilung keiner Genehmigung oder gilt sie als genehmigt, so hat die Baugenehmigungsbehörde auf Antrag von Beteiligten darüber ein Zeugnis auszustellen; das Zeugnis steht einer Genehmigung gleich.

(2) [1] Eine Genehmigung ist nicht erforderlich

1. *wenn der Bund, das Land Niedersachsen oder eine Gebietskörperschaft, die Aufgaben einer unteren Bauaufsichtsbehörde wahrnimmt, als Eigentümer oder Erwerber beteiligt ist,*
2. *wenn die Teilung dem Bau oder der Änderung einer öffentlichen Straße dient.*

[2] Die oberste Bauaufsichtsbehörde kann durch Verordnung nähere Vorschriften über Form und Inhalt des Genehmigungsantrags und der zur Beurteilung erforderlichen Unterlagen erlassen.

*Ausnahme: In bestimmten **„Modellkommunen"** war jedoch ab 1. 1. 2006 keine bauordnungsrechtliche Teilungsgenehmigung erforderlich (bis zum 31. 12. 2008 befristete Regelung durch das „Gesetz zur*

Erprobung erweiterter Handlungsspielräume in Modellkommunen" – Modellkommunengesetz, ModKG vom 8. 12. 2005, GVBl. 2005, S. 387):

§ 2 – Modellkommunen

Modellkommunen sind:
1. die Landkreise Cuxhaven, Emsland und Osnabrück und ihre kreisangehörigen Gemeinden sowie
2. die Städte Lüneburg und Oldenburg (Oldenburg).

§ 4 – Nicht anwendbare Vorschriften

Die folgenden Rechtsvorschriften finden in den Modellkommunen keine Anwendung:
1. . . .
2. § 94 NBauO.

§ 8 – In-Kraft-Treten, Außer-Kraft-Treten, Übergangsvorschriften

(1) Dieses Gesetz tritt am 1. Januar 2006 in Kraft und am 31. Dezember 2008 außer Kraft.
(2) . . .

b) Änderung 2005:
Durch das „Gesetz zur Änderung der Niedersächsischen Bauordnung und anderer Rechtsvorschriften" vom 23. 6. 2005 (GVBl. 2005, 208) wurde § 94 NBauO mit Wirkung zum 1. 7. 2005 wie folgt ergänzt:

a) Absatz 1 wird wie folgt geändert:

aa) In Satz 3 wird die Angabe „§ 19 Abs. 2 und 3 Sätze 2 bis 5 sowie § 20 Abs. 2 bis 4 durch die Angabe „§ 19 Abs. 1 sowie § 22 Abs. 5 Sätze 2 bis 4" ersetzt.

bb) Es wird der folgende Satz 4 angefügt:

„Bedarf die Teilung keiner Genehmigung oder gilt sie als genehmigt, so hat die Baugenehmigungsbehörde auf Antrag von Beteiligten darüber ein Zeugnis auszustellen; das Zeugnis steht einer Genehmigung gleich."

b) Absatz 2 wird wie folgt geändert:

aa) Nummer 1 wird gestrichen.

bb) Die bisherigen Nummern 2 und 3 werden Nummern 1 und 2.

c) Zuvor lautete § 94 NBauO:

§ 94 NBauO – Grundstücksteilungen

(1) [1] Die Teilung eines Grundstücks, das bebaut ist oder dessen Bebauung genehmigt ist, bedarf zu ihrer Wirksamkeit der Genehmigung der Bauaufsichtsbehörde. [2] Die Genehmigung ist zu versagen, wenn durch die Teilung Verhältnisse geschaffen würden, die diesem Gesetz, den Rechtsvorschriften auf Grund dieses Gesetzes oder dem Niedersächsischen Gesetz über Spielplätze zuwiderlaufen. [3] § 19 Abs. 2 und 3 Sätze 3 bis 6 sowie § 23 des Baugesetzbuchs geltend entsprechend.

(2) [1] Eine Genehmigung ist nicht erforderlich
1. in den Fällen des § 19 Abs. 4 Satz 1 Nr. 1 des Baugesetzbuchs,
2. wenn der Bund, das Land Niedersachsen oder eine Gebietskörperschaft, die Aufgaben einer unteren Bauaufsichtsbehörde wahrnimmt, als Eigentümer oder Erwerber beteiligt ist,
3. wenn die Teilung dem Bau oder der Änderung einer öffentlichen Straße dient.

(3) Die oberste Bauaufsichtsbehörde kann durch Verordnung nähere Vorschriften über Form und Inhalt des Genehmigungsantrags und der zur Beurteilung erforderlichen Unterlagen erlassen.

10. Nordrhein-Westfalen

Für bebaute Grundstücke ist Teilungsgenehmigung nach § 8 BauO NRW erforderlich.

§ 8 BauO NRW – Teilung von Grundstücken

(1) [1] Die Teilung eines bebauten Grundstücks bedarf zu ihrer Wirksamkeit der Genehmigung der Bauaufsichtsbehörde. [2] Einer Genehmigung bedarf es nicht, wenn der Bund, das Land, eine Gemeinde oder ein Gemeindeverband als Erwerber, Eigentümer oder Verwalter beteiligt ist.

(2) [1] Die Genehmigung darf nur versagt werden, wenn durch die Teilung Verhältnisse geschaffen würden, die den Vorschriften dieses Gesetzes oder den aufgrund dieses Gesetzes erlassenen Vorschriften zuwiderlaufen. [2] Die Bauaufsichtsbehörde hat innerhalb eines Monats nach Eingang des Antrags über die Teilung zu entscheiden. [3] Ist ihr dies nicht möglich, so kann sie die Frist durch Zwischenbescheid gegenüber der Antragstellerin oder dem Antragsteller um höchstens zwei Monate verlängern. [4] Die Genehmigung gilt als erteilt, wenn nicht innerhalb der Frist über sie entschieden wurde.

(3) [1] Die Teilung darf in das Liegenschaftskataster erst übernommen werden, wenn ein Genehmigungsbescheid vorgelegt ist. [2] Bedarf die Teilung keiner Genehmigung oder gilt sie als genehmigt, so hat die Genehmigungsbehörde auf Antrag der Beteiligten darüber ein Zeugnis auszustellen; das Zeugnis steht einer Genehmigung gleich.

(4) § 69 Abs. 1 und § 72 Abs. 1 Satz 2 gelten entsprechend.

11. Rheinland-Pfalz

Kein landesrechtliches Erfordernis einer Teilungsgenehmigung.

12. Saarland

Teilungsgenehmigung nach § 9 LBO Saar seit 1.4. 2004 nicht mehr erforderlich

Landesbauordnung (LBO) vom 18. Februar 2004 (AmtsBl. Saarland 2004, 822), in Kraft ab 1. April 2004:

§ 9 – Veränderung von Grundstücksgrenzen

(1) [1] Durch die Teilung eines Grundstücks, das bebaut oder dessen Bebauung genehmigt ist, dürfen keine Verhältnisse geschaffen werden, die den Vorschriften dieses Gesetzes oder aufgrund dieses Gesetzes widersprechen. [2] § 57 Abs. 3 und § 82 gelten ensprechend.

(2) Soll bei einer Teilung nach Absatz 1 von Vorschriften dieses Gesetzes oder aufgrund dieses Gesetzes abgewichen werden, ist § 68 entsprechend anzuwenden.

§ 9 LBO Saar in der bis zum 31. 3. 2004 gültigen Fassung:

§ 9 LBO Saar a.F. – Teilung von Grundstücken

(1) [1] Die Teilung eines Grundstücks, das bebaut oder dessen Bebauung genehmigt ist, bedarf der Genehmigung der Bauaufsichtsbehörde. [2] Die Genehmigung darf nur versagt werden, wenn durch die Teilung Verhältnisse geschaffen werden, die den Vorschriften dieses Gesetzes oder den auf Grund dieses Gesetzes erlassenen Vorschriften zuwiderlaufen.

(2) [1] Die Genehmigung ist bei der Bauaufsichtsbehörde unter Vorlage einer Abzeichnung der Flurkarte, die die beabsichtigte Teilung und die vorhandene Bebauung erkennen lässt, zu beantragen. [2] Die Genehmigung gilt als erteilt, wenn sie nicht innerhalb von drei Monaten nach Antragstellung versagt wird. [3] Die Bauaufsichtsbehörde hat darüber eine Bescheinigung auszustellen.

(3) [1] Die Teilung darf in das Grundbuch erst eingetragen werden, wenn die Genehmigung oder die Bescheinigung nach Absatz 2 vorliegt. [2] Das gleiche gilt für die Fortführung des Liegenschaftskatasters zur Vorbereitung einer Grundstücksteilung.

13. Sachsen

Keine Teilungsgenehmigung erforderlich.

Mit Wirkung zum 1. 5. 1999 ist das früher in § 8 SächsBO enthaltene Erfordernis einer bauordnungsrechtlichen Genehmigung von Grundstücksteilung beseitigt (Gesetz zur Vereinfachung des Baurechts im Freistaat Sachsen, SächsGVBl. 1999, 86). Nach § 89 Abs. 1 S. 2 SächsBO sind auch vor Inkrafttreten dieses Gesetzes eingeleitete Teilungsgenehmigungsverfahren vom 1. 5. 1999 an nicht mehr weiterzuführen (vgl. Rundschreiben der Notarkammer Sachsen Nr. 3/1999).

14. Sachsen-Anhalt

Keine Teilungsgenehmigung erforderlich

Nach § 8 Abs. 1 S. 1 BauO LSA in der bis zum 30. 4. 2001 geltenden Fassung bedurfte die Teilung eines „Grundstücks, das bebaut oder dessen Bebauung genehmigt ist (...) zu ihrer Wirksamkeit der Genehmigung der Bauaufsichtsbehörde". Das insoweit bestehende Erfordernis einer bauordnungsrechtlichen Teilungsgenehmigung wurde durch das Gesetz zur Vereinfachung des Baurechts in Sachsen-Anhalt (GVBl. LSA 2001, 50, 54) aufgehoben.

Ab dem 1. 5. 2001 hat § 8 BauO LSA folgenden Wortlaut:

§ 8 BauO LSA – Teilung von Grundstücken

[1] Die Teilung eines Grundstückes, das bebaut oder dessen Bebauung genehmigt ist, bedarf keiner Genehmigung. [2] Durch die Teilung eines Grundstückes dürfen keine Verhältnisse geschaffen werden, die den Vorschriften dieses Gesetzes oder den aufgrund dieses Gesetzes erlassenen Vorschriften zuwiderlaufen. [3] Soll bei einer Teilung von diesen Vorschriften abgewichen werden, ist § 75 Abs. 2 Satz 1 entsprechend anzuwenden.

Die amtliche Gesetzesbegründung (LT-Drucksache 3/3276, S. 107) führt hierzu aus:
„§ 8 wird künftig auf das Erfordernis einer bauordnungsrechtlichen Teilungsgenehmigung verzichtet, nachdem zuvor schon die planungsrechtliche Teilungsgenehmigung nach BauGB entfallen ist. Es wird nicht die Notwendigkeit gesehen, die Teilung von Grundstücken unter bauordnungsrechtlichen Gesichtspunkten zu prüfen."

(vgl. auch Rundschreiben der Notarkammer Sachsen-Anhalt 3/2001).

15. Schleswig-Holstein

a) Allgemein

Keine bauordnungsrechtliche Teilungsgenehmigung erforderlich

§ 8 LBO SH – Herstellung baurechtmäßiger Zustände nach Grundstücksteilung

[1] Werden durch Teilung bebauter Grundstücke Verhältnisse geschaffen, die den Vorschriften dieses Gesetzes oder Vorschriften aufgrund dieses Gesetzes zuwiderlaufen, kann die Bauaufsichtsbehörde verlangen, dass ein baurechtmäßiger Zustand der Gebäude oder Gebäudeteile hergestellt wird. [2] Die §§ 86 und 93 gelten entsprechend.

b) Waldgrundstücke

Teilungsgenehmigung nach § 11 LWaldG SH erforderlich (LWaldG vom 5.12. 2004, GVOBl. SH 2004, S. 461):

§ 11 LWaldG SH

(1) [1] Die Teilung von Waldgrundstücken bedarf der vorherigen Genehmigung der Forstbehörde, wenn eines der dadurch entstehenden Teilgrundstücke kleiner als drei Hektar ist. [2] Die Genehmigung darf nur erteilt werden, wenn gewährleistet ist, dass die geteilten Waldgrundstücke weiterhin gemäß § 5 bewirtschaftet werden können.

(2) Die Genehmigung der Umwandlung eines Waldgrundstückes schließt die Genehmigung seiner Teilung nach Absatz 1 ein.

(3) Das Grundbuchamt darf auf Grund eines nach Absatz 1 genehmigungsbedürftigen Rechtsvorganges eine Eintragung im Grundbuch erst vornehmen, wenn der Genehmigungsbescheid vorgelegt wird.

(4) [1] Ist auf Grund eines nicht genehmigten Rechtsvorganges eine Eintragung im Grundbuch vorgenommen worden, kann die Forstbehörde, falls die Genehmigung erforderlich war, das Grundbuchamt um die Eintragung eines Widerspruchs ersuchen. [2] Der Widerspruch ist zu

löschen, wenn die Forstbehörde darum ersucht oder wenn dem Grundbuchamt die Genehmigung nachgewiesen wird.

(5) Besteht die auf Grund eines nicht genehmigten Rechtsvorganges vorgenommene Eintragung einer Grundstücksteilung ein Jahr, gilt die Teilung als genehmigt, es sei denn, dass vor Ablauf dieser Zeit ein Widerspruch der Forstbehörde im Grundbuch eingetragen oder seine Eintragung beantragt worden ist.

(6) [1] Ist zu einem Rechtsvorgang eine Genehmigung nicht erforderlich, hat die Genehmigungsbehörde auf Antrag einer oder eines Beteiligten darüber ein Zeugnis auszustellen. [2] Das Zeugnis steht der Genehmigung gleich.

Zuvor fand sich eine inhaltsgleiche Regelung in § 18 LWaldG SH a.F.:

§ 18 LWaldG SH a.F. – Teilung von Waldgrundstücken

(1) [1] Die Teilung von Waldgrundstücken bedarf der Genehmigung der Forstbehörde, wenn ein Waldgrundstück kleiner als dreieinhalb Hektar wird. [2] Die Genehmigung darf nur erteilt werden, wenn die ordnungsgemäße forstliche Bewirtschaftung des Waldgrundstückes gewährleistet ist.

(2) Die Genehmigung der Umwandlung eines Waldgrundstückes schließt die Genehmigung seiner Teilung nach Absatz 1 ein.

(3) Das Grundbuchamt darf aufgrund eines nach Absatz 1 genehmigungsbedürftigen Rechtsvorganges eine Eintragung im Grundbuch erst vornehmen, wenn der Genehmigungsbescheid vorgelegt wird.

(4) [1] Ist aufgrund eines nicht genehmigten Rechtsvorganges eine Eintragung im Grundbuch vorgenommen worden, so kann die Forstbehörde, falls die Genehmigung erforderlich war, das Grundbuchamt um die Eintragung eines Widerspruchs ersuchen. [2] Der Widerspruch ist zu löschen, wenn die Forstbehörde darum ersucht oder wenn dem Grundbuchamt die Genehmigung nachgewiesen wird.

(5) Besteht die aufgrund eines nicht genehmigten Rechtsvorganges vorgenommene Eintragung einer Grundstücksteilung ein Jahr, so gilt die Teilung als genehmigt, es sei denn, daß vor Ablauf dieser Zeit ein Widerspruch der Forstbehörde im Grundbuch eingetragen oder seine Eintragung beantragt worden ist.

(6) [1] Ist zu einem Rechtsvorgang eine Genehmigung nicht erforderlich, so hat die Genehmigungsbehörde auf Antrag einer oder eines Beteiligten darüber ein Zeugnis auszustellen. [2] Das Zeugnis steht der Genehmigung gleich.

16. Thüringen

a) Allgemein (Bauordnungsrecht)

Die frühere landesrechtliche Teilungsgenehmigung nach § 8 ThürBO entfiel mit Wirkung zum 1. Mai 2004 (Art. 1 §§ 8 und 85 des Ersten Gesetzes zur Änderung der Thüringer Bauordnung vom 10. 02. 2004 – GVBl. Thüringen 2004, S. 76 ff., 78, 98).

§ 8 ThürBO lautet in der ab dem 1. Mai 2004 geltenden neuen Fassung (GVBl. 2004, S. 76, 78 – Neubekanntmachung ThürBO in GVBl. 2004, 349):

§ 8 ThürBO – Teilung von Grundstücken

(1) Durch die Teilung eines Grundstücks, das bebaut oder dessen Bebauung genehmigt ist, dürfen keine Verhältnisse geschaffen werden, die diesem Gesetz oder den aufgrund dieses Gesetzes erlassenen Vorschriften widersprechen.

(2) Soll bei einer Teilung nach Absatz 1 von diesem Gesetz oder den aufgrund dieses Gesetzes erlassenen Vorschriften abgewichen werden, ist § 63 e entsprechend anzuwenden.

(3) Auf Antrag eines Beteiligten hat die Bauaufsichtsbehörde ein Zeugnis darüber auszustellen, dass die Teilung des Grundstücks den Anforderungen der Absätze 1 und 2 entspricht.

Die bis zum 30. 4. 2004 geltende alte Fassung lautete:

§ 8 ThürBO – Teilung von Grundstücken

[1] (Abs. 1) Die Teilung eines Grundstücks, das bebaut oder dessen Bebauung genehmigt ist, bedarf zu ihrer Wirksamkeit der Genehmigung der Bauaufsichtsbehörde. [2] Die Genehmigung darf nur versagt werden, wenn durch die Teilung Verhältnisse geschaffen würden, die den Bestimmungen dieses Gesetzes oder den aufgrund dieses Gesetzes erlassenen Vorschriften zuwiderlaufen.

(Abs. 2) Die Teilung darf in das Liegenschaftskataster erst übernommen werden, wenn der Genehmigungsbescheid vorgelegt ist.

b) Waldgrundstücke

Für Waldgrundstücke ist eine Teilungsgenehmigung nach § 16 ThürWaldG erforderlich.

§ 16 ThürWaldG – Teilung von Waldgrundstücken

(1) [1] Die Teilung eines Waldgrundstückes bedarf der Genehmigung der unteren Forstbehörde. [2] Bei der Teilung dürfen selbständige Waldgrundstücke unter einem Hektar in der Regel nicht gebildet werden. [3] Die Genehmigung ist zu versagen, wenn durch die Teilung der Funktionen des Waldes und eine ordnungsgemäße forstliche Bewirtschaftung erheblich beeinträchtigt werden.

(2) Bei Teilung von Grundstücken des Bundes, des Landes oder eines anderen Bundeslandes bedarf es der Zustimmung der oberen Forstbehörde.

463. Freigrenzen im Grundstücksverkehrsrecht

(Stand: 16. Januar 2007)

Die nachfolgende Übersicht faßt die Ausführungsgesetze der Bundesländer zum Grundstücksverkehrsgesetz zusammen, geordnet nach Bundesländern.

Alle Angaben erfolgen ohne Gewähr der Richtigkeit und Vollständigkeit. Sollten Ihnen Fehler auffallen, sind wir für einen kurzen Hinweis dankbar (per e-mail: dnoti@dnoti.de).

1. Baden-Württemberg

Mit Wirkung zum 1. 1. 2005 wurden die Freigrenzen für die Veräußerung von Acker- und Wiesengrundstücken auf 1,0 Hektar, sowie für Grundstücke, die dem Weinbau oder Erwerbsgartenbau dienen, auf 0,5 Hektar festgesetzt (GBI. 2004, S. 469, 527; Bekanntmachung der Neufassung des Ausführungsgesetzes zum Grundstückverkehrsgesetz[1]), GBI. 2006, 85).

§ 1 AGGrdStVG BW

463

(1) Keiner Genehmigung nach § 2 des Grundstückverkehrsgesetzes bedarf die Veräußerung eines Grundstücks, das selbst oder zusammen mit anderen Grundstücken des Veräußerers, mit denen es eine zusammenhängende Fläche bildet, folgende Größen unterschreitet:

1. 0,5 Hektar, wenn das Grundstück dem Weinbau oder dem Erwerbsgartenbau dient,
2. ein Hektar bei allen anderen Veräußerungen.

(2) Absatz 1 gilt nicht für die Veräußerung eines Grundstücks, auf dem sich die Hofstelle befindet.

(3) [1] Die Landesregierung wird ermächtigt, zur Vermeidung nachteiliger Auswirkungen auf die Agrarstruktur für bestimmte Landesteile die Freigrenze nach Absatz 1 durch Rechtsverordnung* auf 10 Ar festzusetzen. [2] Satz 1 findet keine Anwendung auf die Veräußerung von Grundstücken innerhalb der Freigrenzen des Absatzes 1

1. an Gemeinden oder Gemeindeverbände, in deren Gebiet das Grundstück liegt,
2. an Träger der öffentlichen Wasserversorgung, wenn das Grundstück in einem Wasserschutzgebiet nach § 19 Abs. 1 des Wasserhaushaltsgesetzes oder einem als Wasserschutzgebiet vorgesehenen Gebiet liegt, in dem vorläufige Anordnungen nach § 24 Abs. 2 des Wassergesetzes getroffen worden sind.

Die bis zum 31. 12. 2004 geltende Fassung des Ausführungsgesetzes zum Grundstücksverkehrsgesetz vom 08. 05. 1989 (GBI. 1989, S. 143; letzte Änderung: GBI. 1994, S. 181) lautete:

§ 1 AGGrdStVG BW a.F. (bis 31. 12. 2004)

(1) Keiner Genehmigung nach § 2 des Grundstückverkehrsgesetzes bedarf die Veräußerung eines Grundstücks, das weder selbst noch zusammen mit anderen Grundstücken des Veräußerers, mit denen es eine zusammenhängende Fläche bildet, folgende Größen übersteigt:

1. bei Veräußerung an Gemeinden oder Gemeindeverbände, in deren Gebiet das Grundsstück liegt, 1 Hektar,
2. bei Veräußerung an Träger der öffentlichen Wasserversorgung, wenn das Grundstück in einem Wasserschutzgebiet nach § 19 Abs. 1 des Wasserhaushaltsgesetzes in der Fassung vom 23. September 2986 (BGBl. I S. 1530) oder einem als Wasserschutzgebiet vorgesehenen Gebiet liegt, in dem vorläufige Anordnungen nach § 24 Abs. 2 des Wassergesetzes für Baden-Württemberg in der Fassung vom 1. Juli 1988 (GBl. S. 2699 getroffen worden sind, 1 Hektar,
3. bei allen anderen Veräußerungen 30 Ar.

---

[1]) **Aufgehoben mWv 1. 7. 2010** durch Art. 6 Nr. 1 G v. 10. 11. 2009 (GBl. S. 645).

(2) Absatz 1 gilt nicht für die Veräußerung eines Grundstücks, auf dem sich die Hofstelle befindet oder das dem Weinbau oder dem Erwerbsgartenbau dient.

(3) Die Landesregierung wird ermächtigt, zur Vermeidung nachteiliger Auswirkungen auf die Agrarstruktur für bestimmte Landesteile die Freigrenze nach Absatz 1 Nr. 3 durch Rechtsverordnung* auf 10 Ar festzusetzen.

2. Bayern

Gesetz zur Ausführung des Grundstückverkehrsgesetzes und des Landpachtverkehrsgesetzes vom 21. 12. 1961 (BayRS 7810-1-E; letzte Änderung: GVBl. 2000, S. 136). Abgedruckt unter 411.

3. Berlin

Gesetz über die Genehmigungsfreiheit im Verkehr mit land- und forstwirtschaftlichen Grundstücken vom 05. 10. 1994 (GVBl. 1994; S. 392)

§ 1 AGGrdStVG Bln – Freigrenze

Die Veräußerung von Grundstücken bis zu einer Größe von einem Hektar bedarf nicht der Genehmigung nach § 2 Abs. 1 des Grundstückverkehrsgesetzes vom 28. Juli 1961 (BGBl. I S. 1091, 1652, 2000/GVBl. S. 1757), zuletzt geändert durch Gesetz vom 8. Dezember 1986 (BGBl. I S. 2191/GVBl. 1987 S. 74).

4. Brandenburg

Mit Wirkung zum 1. 8. 2006 wurde die Freigrenze auf 2,0 Hektar heraufgesetzt (zuvor 1,0 Hektar) (Art. 8 des Ersten Gesetzes zum Abbau von bürokratischen Hemmnissen im Land Brandenburg – 1. BbgBAG, GBl. Bbg 2006, S. 74, 81).

5. Bremen

Gesetz über die Freigrenze im land- und forstwirtschaftlichen sowie gärtnerischen Grundstücksverkehr vom 24. 02. 1970 (Brem.GBl. 1970, S. 29; letzte Änderung: GBl. 2009, S. 518)

§ 1 GenehmFreiG Bremen

Veräußerungen von Grundstücken bedürfen nach § 2 Abs. 1 BrGrdstVGDV keiner Genehmigung, wenn sie nicht größer als 2500 qm sind.

6. Hamburg

Gesetz über die Freigrenze im land- und forstwirtschaftlichen Grundstücksverkehr vom 21. 06. 1971 (GVBl. 1971, S. 111) Die Veräußerung von Grundstücken bis zu einer Größe von 1 ha bedarf nicht der Genehmigung nach § 2 Abs. 1 des Grundstücksverkehrsgesetzes vom 28. Juli 1961 (Bundesgesetzblatt 1 Seite 1091).

7. Hessen

Gesetz über die Genehmigungsfreiheit im Verkehr mit land- und forstwirtschaftlichen Grundstücken vom 17. 04. 1962 (GVBl. 1962, S. 263; letzte Änderung: GVBl. 1989, S. 497)

§ 1 GenehmFrfeiG Hessen

Keiner Genehmigung nach § 2 des Grundstückverkehrsgesetzes vom 28. Juli 1961 (BGBl. I S. 1091, 1652, 2000), zuletzt geändert durch Gesetz vom 8. Dezember 1986 (BGBl. I S. 2191), bedarf die Veräußerung eines Grundstückes, wenn es kleiner als 0,25 ha und nicht bebaut ist.

8. Mecklenburg-Vorpommern

Ausführungsgesetz des Landes Mecklenburg-Vorpommern zum Grundstücksverkehrsgesetz vom 23. 04. 1998 (GVOBI. 1998, S. 448)

§ 1 AGGrdstVG MV

Die Veräußerung eines Grundstücks, dessen Größe weniger als zwei Hektar beträgt, bedarf keiner Genehmigung nach § 2 Abs. 1 des Grundstücksverkehrsgesetzes vom 28. Juli 1961 (BGBl. I S. 1091, 1652, 2000), zuletzt geändert durch Artikel 2 Nr. 22 des Gesetzes vom 8. Dezember 1986 (BGBl. I S. 2191).

9. Niedersachsen

Durch Gesetz vom 5. 11. 2004 (Nds. GVBI. 2004, S. 412, 413) wurde die Freigrenze von bisher 0,25 ha auf 1,0 ha angehoben.

In § 1 des Niedersächsischen Ausführungsgesetzes zum Grundstücksverkehrsgesetz vom 11. 2. 1970 (Nds. GVBI., S. 30) wird die Angabe „0,25" durch die Angabe „1,00" ersetzt.

Zuvor lautete § 1 des Niedersächsischen Ausführungsgesetz zum Grundstücksverkehrsgesetz vom 11. 02. 1970 (Nds. GVBI. 1970, S. 30):

§ 1 Nds. AGGrdstVG a.F.

Die Veräußerung von Grundstücken, die kleiner als 0,25 ha sind, bedarf keiner Genehmigung nach dem Grundstücksverkehrsgesetz vom 28. Juli 1961 (Bundesgesetzbl. I S. 1091).

10. Nordrhein-Westfalen

Ausführungsgesetz zum Grundstückverkehrsgesetz vom 14. 07. 1981 (GVBI. 1981, S. 403; letzte Änderung: GV. NRW. 2005, S. 274)

§ 1 AGGrdstVG NW

Die Veräußerung von Grundstücken bis zu einer Größe von 1,0 Hektar bedarf keiner Genehmigung nach dem Grundstückverkehrsgesetz vom 28. Juli 1961 (BGBl. I S. 1091), geändert durch das Gesetz vom 2. März 1974 (BGBl. I S. 469).

11. Rheinland-Pfalz

Landesgesetz zur Ausführung des Grundstückverkehrsgesetzes vom 02. 02. 1993 (GVBI. 1993, S. 105). Abgedruckt unter 414.

12. Saarland

Verordnung zur Durchführung des Grundstückverkehrsgesetzes und des Reichssiedlungsgesetzes vom 03. 07. 1969 (Abl. 1969, S. 408; letzte Änderung: Abl. 1992, S. 512)

§ 1 VO Saar

(1) Die rechtsgeschäftliche Veräußerung einzelner oder mehrerer zusammenhängender Grundstücke, die eine Wirtschaftseinheit bilden und deren Gesamtfläche 15 Ar nicht übersteigt, bedarf keiner Genehmigung nach dem Grundstücksverkehrsgesetz vom 28. Juli 1961.

(2) Dasselbe gilt für ein Rechtsgeschäft, durch das eine Verpflichtung nach Absatz 1 eingegangen wird.

(...)

13. Sachsen

§ 46 des Gesetzes zur Ausführung verfahrensrechtlicher und zur Vereinfachung grundstücksrechtlicher Vorschriften vom 12. 12. 1997 (GVBI. 1997, S. 638)

§ 46 AGGrdStG Sachsen – Freigrenzen

(1) [1] Keiner Genehmigung nach § 2 Abs. 1 des Gesetzes über Maßnahmen zur Verbesserung der Agrarstruktur und zur Sicherung land- und forstwirtschaftlicher Betriebe (Grundstückverkehrsgesetz – GrdstVG) vom 28. Juli 1961 (BGBl. III 7810-1), zuletzt geändert durch Gesetz vom 8. Dezember 1986 (BGBl. I S. 2191), bedarf die Verpflichtung zur Veräußerung und die Veräußerung eines Grundstücks, das folgende Größe nicht übersteigt:

1. bei Veräußerung an Gemeinden, Verwaltungsverbände oder Landkreise, in deren Gebiet das Grundstück liegt, 1,0 ha,
2. bei allen anderen Veräußerungen 0,5 ha.

[2] Bildet das Grundstück mit anderen Grundstücken des Veräußerers eine zusammenhängende Fläche, so gilt als Grundstück im Sinne von Satz 1 die jeweils einheitlich bewirtschaftete Fläche.

(2) Absatz 1 gilt nicht für ein Rechtsgeschäft über ein Grundstück, auf dem sich eine Hofstelle befindet oder das dem Weinbau, dem Erwerbsgartenbau oder der Teichwirtschaft dient.

14. Sachsen-Anhalt

Ausführungsgesetz des Landes Sachsen-Anhalt zum Grundstücksverkehrsgesetz vom 25. 10. 1995 (GVBI. 1995, S. 302)

§ 1 AGGrdStVG LSA – Ausnahmen von der Genehmigungspflicht

(1) Die Veräußerung von unbebauten Grundstücken, die kleiner als zwei Hektar sind, bedarf keiner Genehmigung nach dem Grundstücksverkehrsgesetz vom 28. Juli 1961 (BGBl. I S. 1091), zuletzt geändert durch Artikel 2 Nr. 22 des Gesetzes über das Baugesetzbuch vom 8. Dezember 1986 (BGBl. I S. 2191).

(2) Die Veräußerung eines mit einem für die land- oder forstwirtschaftliche Nutzung geeigneten Wirtschaftsgebäude bebauten und nach der Bauleitplanung als Fläche für die Land- und Forstwirtschaft dargestellten (§ 5 Abs. 2 Nr. 9 des Baugesetzbuches in der Fassung vom 8. Dezember 1986, BGBl. I S. 2253, zuletzt geändert durch Artikel 2 Abs. 2 des Magnetschwebebahnplanungsgesetzes vom 23. November 1994, BGBl. I S. 3486) oder festgesetzten (§ 9 Abs. 1 Nr. 18 des Baugesetzbuches) Grundstückes bedarf keiner Genehmigung nach dem Grundstücksverkehrsgesetz, wenn das Grundstück kleiner als 0,25 Hektar ist.

15. Schleswig-Holstein

Gesetz zur Durchführung des Grundstücksverkehrsgesetzes vom 08. 12. 1961 (GVOBI. 1962, S. 1; Änderungen: GVOBI. 1976, S. 274 und GVOBI. 1996, S. 231)

§ 1 AGGrdstVG SH

(1) (...)

(2) Die Veräußerung von Grundstücken, die nicht größer als 2 ha sind, bedarf keiner Genehmigung nach dem Grundstücksverkehrsgesetz.

16. Thüringen

Thüringer Gesetz über die Genehmigungsfreiheit im Verkehr mit land- und forstwirtschaftlichen Grundstücken vom 30. 01. 1997 (GVBI. 1997, S. 71)

§ 1 GenehmFreiG Thüringen

Keiner Genehmigung nach § 2 Abs. 1 des Grundstückverkehrsgesetzes vom 28. Juli 1961 (BGBl. S. 1091, 1652, 2000) in der jeweils geltenden Fassung bedarf die Veräußerung eines Grundstücks, das kleiner als 0,25 ha ist.

[1] Zuständig für die Genehmigungserteilung sind die Landwirtschafts- und Flurneuordnungsämter (vgl. Verordnung über die örtliche Zuständigkeit der Landwirtschafts- und Flurneuordnungsämter vom 15. 4. 2002, GVBI. Nr. 4/2002, S. 177 f.)

500. Grunderwerbsteuergesetz (GrEStG)[1]

In der Fassung der Bekanntmachung vom 26. Februar 1997[2]

(BGBl. I S. 418, ber. S. 1804)

BGBl. III/FNA 610–6–10

geänd. durch Art. 15 Steuerentlastungsgesetz 1999/2000/2002 v. 24. 03. 1999 (BGBl. I S. 402), Art. 13 Steuer-Euroglättungsgesetz (StEuglG) v. 19. 12. 2000 (BGBl. I S. 1790), Art. 13 Steueränderungsgesetz 2001 (StÄndG 2001) v. 20. 12. 2001 (BGBl. I S. 3794), Art. 9 Fünftes Gesetz zur Änderung des Steuerbeamten-Ausbildungsgesetzes und zur Änderung von Steuergesetzen v. 23. 7. 2002 (BGBl. I S. 2715), Art. 26 Drittes Gesetz zur Änderung verwaltungsverfahrensrechtlicher Vorschriften v. 21. 8. 2002 (BGBl. I S. 3322), Art. 18 Richtlinien-Umsetzungsgesetz (EURLUmsG) v. 9. 12. 2004 (BGBl. I S. 3310, 3548, 3843), Art. 5 Gesetz zur Beschleunigung der Umsetzung von Öffentlich Privaten Partnerschaften und zur Verbesserung gesetzlicher Rahmenbedingungen für Öffentlich Private Partnerschaften v. 1. 9. 2005 (BGBl. I S. 2676), Art. 10 JahressteuerG 2008 (JStG 2008) v. 20. 12. 2007 (BGBl. I S. 3150), Art. 13 JahressteuerG 2009 (JStG 2009) v. 19. 12. 2008 (BGBl. I S. 2794) und Art. 7 WachstumsbeschleunigungsG v. 22. 12. 2009 (BGBl. I S. 3950)

Erster Abschnitt. Gegenstand der Steuer

§ 1 Erwerbsvorgänge. (1) Der Grunderwerbsteuer unterliegen die folgenden Rechtsvorgänge, soweit sie sich auf inländische Grundstücke beziehen:

1. ein Kaufvertrag oder ein anderes Rechtsgeschäft, das den Anspruch auf Übereignung begründet;
2. die Auflassung, wenn kein Rechtsgeschäft vorausgegangen ist, das den Anspruch auf Übereignung begründet;
3. der Übergang des Eigentums, wenn kein den Anspruch auf Übereignung begründendes Rechtsgeschäft vorausgegangen ist und es auch keiner Auflassung bedarf. [2] Ausgenommen sind
   a) der Übergang des Eigentums durch die Abfindung in Land und die unentgeltliche Zuteilung von Land für gemeinschaftliche Anlagen im Flurbereinigungsverfahren sowie durch die entsprechenden Rechtsvorgänge im beschleunigten Zusammenlegungsverfahren und im Landtauschverfahren nach dem Flurbereinigungsgesetz[3] in seiner jeweils geltenden Fassung,
   b) der Übergang des Eigentums im Umlegungsverfahren nach dem Baugesetzbuch[4] in seiner jeweils geltenden Fassung, wenn der neue Eigentümer in diesem Verfahren als Eigentümer eines im Umlegungsgebiet gelegenen Grundstücks Beteiligter ist,
   c) der Übergang des Eigentums im Zwangsversteigerungsverfahren;
4. das Meistgebot im Zwangsversteigerungsverfahren;
5. ein Rechtsgeschäft, das den Anspruch auf Abtretung eines Übereignungsanspruchs oder der Rechte aus einem Meistgebot begründet;
6. ein Rechtsgeschäft, das den Anspruch auf Abtretung der Rechte aus einem Kaufangebot begründet. [2] Dem Kaufangebot steht ein Angebot zum Abschluß eines anderen Vertrags gleich, kraft dessen die Übereignung verlangt werden kann;
7. die Abtretung eines der in den Nummern 5 und 6 bezeichneten Rechte, wenn kein Rechtsgeschäft vorausgegangen ist, das den Anspruch auf Abtretung der Rechte begründet.

(2) Der Grunderwerbsteuer unterliegen auch Rechtsvorgänge, die es ohne Begründung eines Anspruchs auf Übereignung einem anderen rechtlich oder wirtschaftlich ermöglichen, ein inländisches Grundstück auf eigene Rechnung zu verwerten.

(2 a)[5] [1] Gehört zum Vermögen einer Personengesellschaft ein inländisches Grundstück und ändert sich innerhalb von fünf Jahren der Gesellschafterbestand unmittelbar oder mittelbar dergestalt, daß mindestens 95 vom Hundert der Anteile am Gesellschaftsvermögen auf neue Gesellschafter übergehen, gilt dies als ein auf die Übereignung eines Grundstücks auf eine neue Personengesellschaft gerichtetes Rechtsgeschäft. [2] Bei der Ermittlung des Vomhundertsatzes bleibt der Erwerb von Anteilen von Todes wegen außer Betracht. [3] Hat die Personengesellschaft vor dem Wechsel des Gesellschafterbestandes ein Grundstück von einem Gesellschafter oder

---

[1] Titel neu gef. mWv 8. 9. 2005 durch G v. 1. 9. 2005 (BGBl. I S. 2676).

[2] Neubekanntmachung des GrEStG v. 17. 12. 1982 (BGBl. I S. 1777) auf Grund des Art. 31 Abs. 1 des Jahressteuergesetzes 1997 v. 20. 12. 1996 (BGBl. I S. 2049) in der ab 1. 1. 1997 geltenden Fassung.

[3] Nr. **415**.

[4] Nr. **400**.

[5] § 1 Abs. 2 a neu gef. mWv 1. 1. 2000 (§ 23 Abs. 6 Satz 2) durch G v. 24. 3. 1999 (BGBl. I S. 402); Abs. 2 a Satz 1 geänd. und Satz 3 neu gef. mWv 1. 1. 2002 (§ 23 Abs. 7 Satz 1) durch G v. 20. 12. 2001 (BGBl. I S. 3794).

einer anderen Gesamthand erworben, ist auf die nach § 8 Abs. 2 Satz 1 Nr. 3 ermittelte Bemessungsgrundlage die Bemessungsgrundlage für den Erwerbsvorgang, für den auf Grund des § 5 Abs. 3 oder des § 6 Abs. 3 Satz 2 die Steuervergünstigung zu versagen ist, mit dem entsprechenden Betrag anzurechnen.

(3)[1] Gehört zum Vermögen einer Gesellschaft ein inländisches Grundstück, so unterliegen der Steuer, soweit eine Besteuerung nach Absatz 2a nicht in Betracht kommt, außerdem:

1. ein Rechtsgeschäft, das den Anspruch auf Übertragung eines oder mehrerer Anteile der Gesellschaft begründet, wenn durch die Übertragung unmittelbar oder mittelbar mindestens 95 vom Hundert der Anteile der Gesellschaft in der Hand des Erwerbers oder in der Hand von herrschenden und abhängigen Unternehmen oder abhängigen Personen oder in der Hand von abhängigen Unternehmen oder abhängigen Personen allein vereinigt werden würden;
2. die Vereinigung unmittelbar oder mittelbar von mindestens 95 vom Hundert der Anteile der Gesellschaft, wenn kein schuldrechtliches Geschäft im Sinne der Nummer 1 vorausgegangen ist;
3. ein Rechtsgeschäft, das den Anspruch auf Übertragung unmittelbar oder mittelbar von mindestens 95 vom Hundert der Anteile der Gesellschaft begründet;
4. der Übergang unmittelbar oder mittelbar von mindestens 95 vom Hundert der Anteile der Gesellschaft auf einen anderen, wenn kein schuldrechtliches Geschäft im Sinne der Nummer 3 vorausgegangen ist.

(4) Im Sinne des Absatzes 3 gelten

1. als Gesellschaften auch die bergrechtlichen Gewerkschaften und
2. als abhängig
   a) natürliche Personen, soweit sie einzeln oder zusammengeschlossen einem Unternehmen so eingegliedert sind, daß sie den Weisungen des Unternehmers in bezug auf die Anteile zu folgen verpflichtet sind;
   b) juristische Personen, die nach dem Gesamtbild der tatsächlichen Verhältnisse finanziell, wirtschaftlich und organisatorisch in ein Unternehmen eingegliedert sind.

(5) Bei einem Tauschvertrag, der für beide Vertragsteile den Anspruch auf Übereignung eines Grundstücks begründet, unterliegt der Steuer sowohl die Vereinbarung über die Leistung des einen als auch die Vereinbarung über die Leistung des anderen Vertragsteils.

(6)[2] [1] Ein in den Absätzen 1, 2 oder 3 bezeichneter Rechtsvorgang unterliegt der Steuer auch dann, wenn ihm ein in einem anderen dieser Absätze bezeichneter Rechtsvorgang vorausgegangen ist. [2] Die Steuer wird jedoch nur insoweit erhoben, als die Bemessungsgrundlage für den späteren Rechtsvorgang den Betrag übersteigt, von dem beim vorausgegangenen Rechtsvorgang die Steuer berechnet worden ist.

(7)[3] *(aufgehoben)*

§ 2 Grundstücke. (1)[4] [1] Unter Grundstücken im Sinne dieses Gesetzes sind Grundstücke im Sinne des bürgerlichen Rechts zu verstehen. [2] Jedoch werden nicht zu den Grundstücken gerechnet:

1. Maschinen und sonstige Vorrichtungen aller Art, die zu einer Betriebsanlage gehören,
2. Mineralgewinnungsrechte und sonstige Gewerbeberechtigungen,
3. das Recht des Grundstückseigentümers auf den Erbbauzins.

(2) Den Grundstücken stehen gleich

1. Erbbaurechte,
2. Gebäude auf fremdem Boden,
3. dinglich gesicherte Sondernutzungsrechte im Sinne des § 15 des Wohnungseigentumsgesetzes und des § 1010 des Bürgerlichen Gesetzbuchs.

(3) [1] Bezieht sich ein Rechtsvorgang auf mehrere Grundstücke, die zu einer wirtschaftlichen Einheit gehören, so werden diese Grundstücke als ein Grundstück behandelt. [2] Bezieht sich ein Rechtsvorgang auf einen oder mehrere Teile eines Grundstücks, so werden diese Teile als ein Grundstück behandelt.

---

[1] § 1 Abs. 3 Nr. 1 bis 4 geänd. mWv 1. 1. 2000 (§ 23 Abs. 6 Satz 2) durch G v. 24. 3. 1999 (BGBl. I S. 402).
[2] § 1 Abs. 6 Satz 1 geänd. mWv 1. 4. 1999 (§ 23 Abs. 6 Satz 1) durch G v. 24. 3. 1999 (BGBl. I S. 402).
[3] § 1 Abs. 7 aufgeh. durch G v. 20. 12. 2001 (BGBl. I S. 3794); zur letztmaligen Anwendung siehe § 23 Abs. 7 Satz 2.
[4] § 2 Abs. 1 Satz 2 Nr. 3 angef. mWv 1. 1. 2002 (§ 23 Abs. 7 Satz 1) durch G v. 20. 12. 2001 (BGBl. I S. 3794).

500

Zweiter Abschnitt. Steuervergünstigungen

§ 3 Allgemeine Ausnahmen von der Besteuerung. Von der Besteuerung sind ausgenommen:

1. der Erwerb eines Grundstücks, wenn der für die Berechnung der Steuer maßgebende Wert (§ 8) 2 500 Euro[1] nicht übersteigt;
2. der Grundstückserwerb von Todes wegen und Grundstücksschenkungen unter Lebenden im Sinne des Erbschaftsteuer- und Schenkungsteuergesetzes[2]. [2] Schenkungen unter einer Auflage unterliegen der Besteuerung jedoch hinsichtlich des Werts solcher Auflagen, die bei der Schenkungsteuer abziehbar sind;
3. der Erwerb eines zum Nachlaß gehörigen Grundstücks durch Miterben zur Teilung des Nachlasses. [2] Den Miterben steht der überlebende Ehegatte gleich, wenn er mit den Erben des verstorbenen Ehegatten gütergemeinschaftliches Vermögen zu teilen hat oder wenn ihm in Anrechnung auf eine Ausgleichsforderung am Zugewinn des verstorbenen Ehegatten ein zum Nachlaß gehöriges Grundstück übertragen wird. [3] Den Miterben stehen außerdem ihre Ehegatten gleich;
4. der Grundstückserwerb durch den Ehegatten des Veräußerers;
5. der Grundstückserwerb durch den früheren Ehegatten des Veräußerers im Rahmen der Vermögensauseinandersetzung nach der Scheidung;
6. der Erwerb eines Grundstücks durch Personen, die mit dem Veräußerer in gerader Linie verwandt sind. [2] Den Abkömmlingen stehen die Stiefkinder gleich. [3] Den Verwandten in gerader Linie sowie den Stiefkindern stehen deren Ehegatten gleich;
7. der Erwerb eines zum Gesamtgut gehörigen Grundstücks durch Teilnehmer an einer fortgesetzten Gütergemeinschaft zur Teilung des Gesamtguts. [2] Den Teilnehmern an der fortgesetzten Gütergemeinschaft stehen ihre Ehegatten gleich;
8. der Rückerwerb eines Grundstücks durch den Treugeber bei Auflösung des Treuhandverhältnisses. [2] Voraussetzung ist, daß für den Rechtsvorgang, durch den der Treuhänder den Anspruch auf Übereignung des Grundstücks oder das Eigentum an dem Grundstück erlangt hatte, die Steuer entrichtet worden ist. [3] Die Anwendung der Vorschrift des § 16 Abs. 2 bleibt unberührt.

§ 4 Besondere Ausnahmen von der Besteuerung. Von der Besteuerung sind ausgenommen:

1. der Erwerb eines Grundstücks durch eine juristische Person des öffentlichen Rechts, wenn das Grundstück aus Anlaß des Übergangs von öffentlich-rechtlichen Aufgaben oder aus Anlaß von Grenzänderungen von der einen auf die andere juristische Person übergeht und nicht überwiegend einem Betrieb gewerblicher Art dient;[3]
2. der Erwerb eines Grundstücks durch einen ausländischen Staat, wenn das Grundstück für die Zwecke von Botschaften, Gesandtschaften oder Konsulaten dieses Staates bestimmt ist und Gegenseitigkeit gewährt wird;
3. der Erwerb eines Grundstücks durch einen ausländischen Staat oder eine ausländische kulturelle Einrichtung, wenn das Grundstück für kulturelle Zwecke bestimmt ist und Gegenseitigkeit gewährt wird;
4. der Erwerb eines Grundstücks durch eine Kapitalgesellschaft, wenn das Grundstück vor dem 1. Januar 1999 nach den Vorschriften des Gesetzes über die Spaltung der von der Treuhandanstalt verwalteten Unternehmen vom 5. April 1991 (BGBl. I S. 854) oder im Zusammenhang mit der Umstrukturierung der Treuhandanstalt im Wege der Übertragung von Beteiligungen durch die auf Grund des § 23 a des Treuhandgesetzes erlassenen Rechtsverordnungen oder im Wege der Vermögenszuordnung nach dem Vermögenszuordnungsgesetz auf die Kapitalgesellschaft übergeht. [2] Ausgenommen ist der Übergang eines Grundstücks, das die Treuhandanstalt von Dritten eworben hat. [3] Dritte sind nicht Kapitalgesellschaften, deren Aktien oder Geschäftsanteile sich unmittelbar oder mittelbar mehrheitlich in der Hand der Treuhandanstalt befinden;
5. der Erwerb eines Grundstücks, das nach den Artikeln 21 und 22 des Einigungsvertrages in das Eigentum einer Kommune übergegangen ist, wenn der Erwerb vor dem 1. Januar 1999 durch eine Wohnungsgesellschaft erfolgt, deren Anteile sich ausschließlich in der Hand der übertragenden Kommunen befinden;

---

[1] Betrag geänd. mWv 1. 1. 2002 durch G v. 19. 12. 2000 (BGBl. I S. 1790).
[2] Nr. **520**.
[3] § 4 Nr. 1 geänd. mWv 1. 1. 1998 (§ 23 Abs. 5) durch G v. 24. 3. 1999 (BGBl. I S. 402).

6. der Erwerb eines Grundstücks durch den Bund, ein Land, eine Gemeinde oder einen Gemeindeverband, wenn das Grundstück vor dem 1. Januar 1999 im Rahmen der Zuordnung des Verwaltungs- oder Finanzvermögens nach den Vorschriften der Artikel 21 und 22 des Einigungsvertrages übertragen wird;
7. der Erwerb eines Grundstücks durch eine Wohnungsgenossenschaft, wenn das Grundstück vor dem 1. Januar 1999 im Rahmen der Zuordnung nach § 1 Abs. 1 und 2 und § 2 des Wohnungsgenossenschafts-Vermögensgesetzes durch Zuordnungsbescheid nach § 1 Abs. 6 des Wohnungsgenossenschafts-Vermögensgesetzes übertragen wird;
8. der Erwerb eines in den Ländern Brandenburg, Mecklenburg-Vorpommern, Sachsen, Sachsen-Anhalt, Thüringen oder Berlin belegenen Grundstücks durch Verschmelzung oder Spaltung nach dem Umwandlungsgesetz oder durch einen Vorgang, der einer solchen Verschmelzung oder Spaltung entspricht, soweit an der Verschmelzung oder Spaltung nur Wohnungsgesellschaften oder Wohnungsgenossenschaften beteiligt sind, wenn die Verschmelzung oder Spaltung nach dem 31. Dezember 2003 und vor dem 1. Januar 2007 erfolgt;[1)]
9. der Erwerb eines Grundstücks von einer juristischen Person des öffentlichen Rechts sowie der Rückerwerb des Grundstücks durch die juristische Person des öffentlichen Rechts, wenn das Grundstück im Rahmen einer Öffentlich Privaten Partnerschaft für einen öffentlichen Dienst oder Gebrauch im Sinne des § 3 Abs. 2 des Grundsteuergesetzes benutzt wird und zwischen dem Erwerber und der juristischen Person des öffentlichen Rechts die Rückübertragung des Grundstücks am Ende des Vertragszeitraums vereinbart worden ist. [2] Die Ausnahme von der Besteuerung entfällt mit Wirkung für die Vergangenheit, wenn die juristische Person des öffentlichen Rechts auf die Rückübertragung des Grundstücks verzichtet oder das Grundstück nicht mehr für einen öffentlichen Dienst oder Gebrauch genutzt wird.[2)]

§ 5 Übergang auf eine Gesamthand. (1) Geht ein Grundstück von mehreren Miteigentümern auf eine Gesamthand (Gemeinschaft zur gesamten Hand) über, so wird die Steuer nicht erhoben, soweit der Anteil des einzelnen am Vermögen der Gesamthand Beteiligten seinem Bruchteil am Grundstück entspricht.

(2) Geht ein Grundstück von einem Alleineigentümer auf eine Gesamthand über, so wird die Steuer in Höhe des Anteils nicht erhoben, zu dem der Veräußerer am Vermögen der Gesamthand beteiligt ist.

(3)[3)] Die Absätze 1 und 2 sind insoweit nicht anzuwenden, als sich der Anteil des Veräußerers am Vermögen der Gesamthand innerhalb von fünf Jahren nach dem Übergang des Grundstücks auf die Gesamthand vermindert.

500

§ 6 Übergang von einer Gesamthand. (1) [1] Geht ein Grundstück von einer Gesamthand in das Miteigentum mehrerer an der Gesamthand beteiligter Personen über, so wird die Steuer nicht erhoben, soweit der Bruchteil, den der einzelne Erwerber erhält, dem Anteil entspricht, zu dem er am Vermögen der Gesamthand beteiligt ist. [2] Wird ein Grundstück bei der Auflösung der Gesamthand übertragen, so ist die Auseinandersetzungsquote maßgebend, wenn die Beteiligten für den Fall der Auflösung der Gesamthand eine vom Beteiligungsverhältnis abweichende Auseinandersetzungsquote vereinbart haben.

(2) [1] Geht ein Grundstück von einer Gesamthand in das Alleineigentum einer an der Gesamthand beteiligten Person über, so wird die Steuer in Höhe des Anteils nicht erhoben, zu dem der Erwerber am Vermögen der Gesamthand beteiligt ist. [2] Geht ein Grundstück bei der Auflösung der Gesamthand in das Alleineigentum eines Gesamthänders über, so gilt Absatz 1 Satz 2 entsprechend.

(3)[4)] [1] Die Vorschriften des Absatzes 1 gelten entsprechend beim Übergang eines Grundstücks von einer Gesamthand auf eine andere Gesamthand. [2] Absatz 1 ist insoweit nicht entsprechend anzuwenden, als sich der Anteil des Gesamthänders am Vermögen der erwerbenden Gesamthand innerhalb von fünf Jahren nach dem Übergang des Grundstücks von der einen auf die andere Gesamthand vermindert.

(4) [1] Die Vorschriften der Absätze 1 bis 3 gelten insoweit nicht, als ein Gesamthänder – im Fall der Erbfolge sein Rechtsvorgänger – innerhalb von fünf Jahren vor dem Erwerbsvorgang seinen Anteil an der Gesamthand durch Rechtsgeschäft unter Lebenden erworben hat. [2] Die Vorschriften der Absätze 1 bis 3 gelten außerdem insoweit nicht, als die vom Beteiligungsver-

---

[1)] § 4 Nr. 8 angef. durch G v. 9. 12. 2004 (BGBl. I S. 3310); die Änderung trat mit Genehmigung der EG-Kommission am 1. 12. 2004 in Kraft (BGBl. I S. 3548).

[2)] § 4 Nr. 9 angef. mWv 8. 9. 2005 durch G v. 1. 9. 2005 (BGBl. I S. 2676).

[3)] § 5 Abs. 3 angef. mWv 1. 1. 2000 (§ 23 Abs. 6 Satz 2) durch G v. 24. 3. 1999 (BGBl. I S. 402).

[4)] § 6 Abs. 3 Satz 2 angef. mWv 1. 1. 2002 (§ 23 Abs. 7 Satz 1) durch G v. 20. 12. 2001 (BGBl. I S. 3794).

hältnis abweichende Auseinandersetzungsquote innerhalb der letzten fünf Jahre vor der Auflösung der Gesamthand vereinbart worden ist.

§ 6 a[1] Steuervergünstigung bei Umstrukturierungen im Konzern.
[1] Für einen nach § 1 Absatz 1 Nummer 3, Absatz 2 a oder 3 steuerbaren Rechtsvorgang aufgrund einer Umwandlung im Sinne des § 1 Absatz 1 Nummer 1 bis 3 des Umwandlungsgesetzes wird die Steuer nicht erhoben; für die aufgrund einer Umwandlung übergehende Verwertungsbefugnis wird die Steuer nach § 1 Absatz 2 insoweit nicht erhoben. [2] Satz 1 gilt auch für entsprechende Umwandlungen aufgrund des Rechts eines Mitgliedstaats der Europäischen Union oder eines Staats, auf den das Abkommen über den Europäischen Wirtschaftsraum Anwendung findet. [3] Satz 1 gilt nur, wenn an dem Umwandlungsvorgang ausschließlich ein herrschendes Unternehmen und ein oder mehrere von diesem herrschenden Unternehmen abhängige Gesellschaften oder mehrere von einem herrschenden Unternehmen abhängige Gesellschaften beteiligt sind. [4] Im Sinne von Satz 3 abhängig ist eine Gesellschaft, an deren Kapital das herrschende Unternehmen innerhalb von fünf Jahren vor dem Rechtsvorgang und fünf Jahren nach dem Rechtsvorgang unmittelbar oder mittelbar oder teils unmittelbar, teils mittelbar zu mindestens 95 vom Hundert ununterbrochen beteiligt ist.

§ 7 Umwandlung von gemeinschaftlichem Eigentum in Flächeneigentum. (1) Wird ein Grundstück, das mehreren Miteigentümern gehört, von den Miteigentümern flächenweise geteilt, so wird die Steuer nicht erhoben, soweit der Wert des Teilgrundstücks, das der einzelne Erwerber erhält, dem Bruchteil entspricht, zu dem er am gesamten zu verteilenden Grundstück beteiligt ist.

(2) [1] Wird ein Grundstück, das einer Gesamthand gehört, von den an der Gesamthand beteiligten Personen flächenweise geteilt, so wird die Steuer nicht erhoben, soweit der Wert des Teilgrundstücks, das der einzelne Erwerber erhält, dem Anteil entspricht, zu dem er am Vermögen der Gesamthand beteiligt ist. [2] Wird ein Grundstück bei der Auflösung der Gesamthand flächenweise geteilt, so ist die Auseinandersetzungsquote maßgebend, wenn die Beteiligten für den Fall der Auflösung der Gesamthand eine vom Beteiligungsverhältnis abweichende Auseinandersetzungsquote vereinbart haben.

(3) [1] Die Vorschriften des Absatzes 2 gelten insoweit nicht, als ein Gesamthänder – im Fall der Erbfolge sein Rechtsvorgänger – seinen Anteil an der Gesamthand innerhalb von fünf Jahren vor der Umwandlung durch Rechtsgeschäft unter Lebenden erworben hat. [2] Die Vorschrift des Absatzes 2 Satz 2 gilt außerdem insoweit nicht, als die vom Beteiligungsverhältnis abweichende Auseinandersetzungsquote innerhalb der letzten fünf Jahre vor der Auflösung der Gesamthand vereinbart worden ist.

Dritter Abschnitt. Bemessungsgrundlage

§ 8 Grundsatz. (1) Die Steuer bemißt sich nach dem Wert der Gegenleistung.

(2)[2] [1] Die Steuer wird nach den Werten im Sinne des *[ab 1. 1. 2007:* § 138 Abs. 2 bis 4 des Bewertungsgesetzes*]*[3] bemessen:

1. wenn eine Gegenleistung nicht vorhanden oder nicht zu ermitteln ist;
2. bei Umwandlungen auf Grund eines Bundes- oder Landesgesetzes, bei Einbringungen sowie bei anderen Erwerbsvorgängen auf gesellschaftervertraglicher Grundlage;
3. in den Fällen des § 1 Abs. 2 a und 3.

[2] Erstreckt sich der Erwerbsvorgang auf ein noch zu errichtendes Gebäude oder beruht die Änderung des Gesellschafterbestandes im Sinne des § 1 Abs. 2 a auf einem vorgefaßten Plan zur Bebauung eines Grundstücks, ist der Wert des Grundstücks abweichend von *[ab 1. 1. 2007:* § 138 Abs. 1 Satz 1 des Bewertungsgesetz*]*[4] nach den tatsächlichen Verhältnissen im Zeitpunkt der Fertigstellung des Gebäudes maßgebend.

§ 9 Gegenleistung. (1)[5] Als Gegenleistung gelten

1. bei einem Kauf:
   der Kaufpreis einschließlich der vom Käufer übernommenen sonstigen Leistungen und der dem Verkäufer vorbehaltenen Nutzungen;

---

[1] § 6 a eingef. durch G v. 22. 12. 2009 (BGBl. I S. 3950); zur Anwendung siehe § 23 Abs. 8.
[2] § 8 Abs. 2 Satz 1 geänd., Satz 2 angef. mWv 1. 4. 1999 (§ 23 Abs. 6 Satz 1) durch G v. 24. 3. 1999 (BGBl. I S. 402).
[3] § 8 Abs. 2 Satz 1 Zitat geänd. mWv 1. 1. 2007 durch G v. 20. 12. 2007 (BGBl. I S. 3150).
[4] § 8 Abs. 2 Satz 2 Zitat geänd. mWv 1. 1. 2007 durch G v. 20. 12. 2007 (BGBl. I S. 3150).
[5] Zur Anwendung von § 9 Abs. 1 siehe § 23 Abs. 6 Satz 1.

2. bei einem Tausch:
die Tauschleistung des anderen Vertragsteils einschließlich einer vereinbarten zusätzlichen Leistung;
3. bei einer Leistung an Erfüllungs Statt:
der Wert, zu dem die Leistung an Erfüllungs Statt angenommen wird;
4. beim Meistgebot im Zwangsversteigerungsverfahren:
das Meistgebot einschließlich der Rechte, die nach den Versteigerungsbedingungen bestehen bleiben;
5. bei Abtretung der Rechte aus dem Meistgebot:
die Übernahme der Verpflichtung aus dem Meistgebot. [2] Zusätzliche Leistungen, zu denen sich der Erwerber gegenüber dem Meistbietenden verpflichtet, sind dem Meistgebot hinzuzurechnen. [3] Leistungen, die der Meistbietende dem Erwerber gegenüber übernimmt, sind abzusetzen;
6. bei der Abtretung des Übereignungsanspruchs:
die Übernahme der Verpflichtung aus dem Rechtsgeschäft, das den Übereignungsanspruch begründet hat, einschließlich der besonderen Leistungen, zu denen sich der Übernehmer dem Abtretenden gegenüber verpflichtet. [2] Leistungen, die der Abtretende dem Übernehmer gegenüber übernimmt, sind abzusetzen;
7. bei der Enteignung:
die Entschädigung. [2] Wird ein Grundstück enteignet, das zusammen mit anderen Grundstücken eine wirtschaftliche Einheit bildet, so gehört die besondere Entschädigung für eine Wertminderung der nicht enteigneten Grundstücke nicht zur Gegenleistung; dies gilt auch dann, wenn ein Grundstück zur Vermeidung der Enteignung freiwillig veräußert wird;
8. [1]) *(aufgehoben)*

(2) Zur Gegenleistung gehören auch

1. Leistungen, die der Erwerber des Grundstücks dem Veräußerer neben der beim Erwerbsvorgang vereinbarten Gegenleistung zusätzlich gewährt;
2. die Belastungen, die auf dem Grundstück ruhen, soweit sie auf den Erwerber kraft Gesetzes übergehen. [2] Zur Gegenleistung gehören jedoch nicht die auf dem Grundstück ruhenden dauernden Lasten. [3] Der Erbbauzins gilt nicht als dauernde Last;
3. Leistungen, die der Erwerber des Grundstücks anderen Personen als dem Veräußerer als Gegenleistung dafür gewährt, daß sie auf den Erwerb des Grundstücks verzichten;
4. Leistungen, die ein anderer als der Erwerber des Grundstücks dem Veräußerer als Gegenleistung dafür gewährt, daß der Veräußerer dem Erwerber das Grundstück überläßt.

(3) Die Grunderwerbsteuer, die für den zu besteuernden Erwerbsvorgang zu entrichten ist, wird der Gegenleistung weder hinzugerechnet noch von ihr abgezogen.

§ 10[2]) (weggefallen)

Vierter Abschnitt. Steuerberechnung

§ 11 Steuersatz, Abrundung. (1)[3]) [4]) *Die Steuer beträgt 3,5 vom Hundert.*

(2) Die Steuer ist auf volle Euro[5]) nach unten abzurunden.

§ 12 Pauschbesteuerung. Das Finanzamt kann im Einvernehmen mit dem Steuerpflichtigen von der genauen Ermittlung des Steuerbetrags absehen und die Steuer in einem Pauschbetrag festsetzen, wenn dadurch die Besteuerung vereinfacht und das steuerliche Ergebnis nicht wesentlich geändert wird.

---

[1]) § 9 Abs. 1 Nr. 8 aufgeh. mWv 1. 4. 1999 (§ 23 Abs. 6 Satz 1) durch G v. 24. 3. 1999 (BGBl. I S. 402).
[2]) Zur letztmaligen Anwendung von § 10 siehe § 23 Abs. 4 Satz 2.
[3]) *Zur erstmaligen Anwendung von § 11 Abs. 1 siehe § 23 Abs. 4 Satz 1.*
[4]) Gem. Art. 125 a Abs. 1 des GG wird § 11 Abs. 1 in seinem Geltungsbereich durch das G über die Festsetzung des Steuersatzes bei der Grunderwerbsteuer ersetzt.
[5]) Bezeichnung geänd. mWv 1. 1. 2002 durch G v. 19. 12. 2000 (BGBl. I S. 1790).

Fünfter Abschnitt. Steuerschuld

§ 13[1)] **Steuerschuldner.** Steuerschuldner sind

1. regelmäßig:
   die an einem Erwerbsvorgang als Vertragsteile beteiligten Personen;
2. beim Erwerb kraft Gesetzes:
   der bisherige Eigentümer und der Erwerber;
3. beim Erwerb im Enteignungsverfahren:
   der Erwerber;
4. beim Meistgebot im Zwangsversteigerungsverfahren:
   der Meistbietende;
5. bei der Vereinigung von mindestens 95 vom Hundert der Anteile an einer Gesellschaft in der Hand
   a) des Erwerbers:
      der Erwerber;
   b) mehrerer Unternehmen oder Personen:
      diese Beteiligten;
6. bei Änderung des Gesellschafterbestandes einer Personengesellschaft:
   die Personengesellschaft.

§ 14 Entstehung der Steuer in besonderen Fällen. Die Steuer entsteht,

1. wenn die Wirksamkeit eines Erwerbsvorgangs von dem Eintritt einer Bedingung abhängig ist, mit dem Eintritt der Bedingung;
2. wenn ein Erwerbsvorgang einer Genehmigung bedarf, mit der Genehmigung.

§ 15 Fälligkeit der Steuer. [1] Die Steuer wird einen Monat nach der Bekanntgabe des Steuerbescheids fällig. [2] Das Finanzamt darf eine längere Zahlungsfrist setzen.

Sechster Abschnitt. Nichtfestsetzung der Steuer, Aufhebung oder Änderung der Steuerfestsetzung

§ 16 [Nichtfestsetzung der Steuer, Aufhebung oder Änderung der Steuerfestsetzung]

(1) Wird ein Erwerbsvorgang rückgängig gemacht, bevor das Eigentum am Grundstück auf den Erwerber übergegangen ist, so wird auf Antrag die Steuer nicht festgesetzt oder die Steuerfestsetzung aufgehoben,

1. wenn die Rückgängigmachung durch Vereinbarung, durch Ausübung eines vorbehaltenen Rücktrittsrechts oder eines Wiederkaufsrechts innerhalb von zwei Jahren seit der Entstehung der Steuer stattfindet;
2. wenn die Vertragsbedingungen nicht erfüllt werden und der Erwerbsvorgang deshalb auf Grund eines Rechtsanspruchs rückgängig gemacht wird.

(2) Erwirbt der Veräußerer das Eigentum an dem veräußerten Grundstück zurück, so wird auf Antrag sowohl für den Rückerwerb als auch für den vorausgegangenen Erwerbsvorgang die Steuer nicht festgesetzt oder die Steuerfestsetzung aufgehoben,

1. wenn der Rückerwerb innerhalb von zwei Jahren seit der Entstehung der Steuer für den vorausgegangenen Erwerbsvorgang stattfindet. [2] Ist für den Rückerwerb eine Eintragung in das Grundbuch erforderlich, so muß innerhalb der Frist die Auflassung erklärt und die Eintragung im Grundbuch beantragt werden;
2. wenn das dem Erwerbsvorgang zugrundeliegende Rechtsgeschäft nichtig oder infolge einer Anfechtung als von Anfang an nichtig anzusehen ist;
3. wenn die Vertragsbedingungen des Rechtsgeschäfts, das den Anspruch auf Übereignung begründet hat, nicht erfüllt werden und das Rechtsgeschäft deshalb auf Grund eines Rechtsanspruchs rückgängig gemacht wird.

(3) Wird die Gegenleistung für das Grundstück herabgesetzt, so wird auf Antrag die Steuer entsprechend niedriger festgesetzt oder die Steuerfestsetzung geändert,

---

[1)] § 13 Nrn. 5 und 6 geänd. mWv 1. 1. 2000 (§ 23 Abs. 6 Satz 2) durch G v. 24. 3. 1999 (BGBl. I S. 402); zur Anwendung von Nr. 6 in der bish. Fassung siehe § 23 Abs. 3.

1. wenn die Herabsetzung innerhalb von zwei Jahren seit der Entstehung der Steuer stattfindet;
2. wenn die Herabsetzung (Minderung) auf Grund des § 437 des Bürgerlichen Gesetzbuchs[1] vollzogen wird.

(4)[2] Tritt ein Ereignis ein, das nach den Absätzen 1 bis 3 die Aufhebung oder Änderung einer Steuerfestsetzung begründet, endet die Festsetzungsfrist (§§ 169 bis 171 der Abgabenordnung) insoweit nicht vor Ablauf eines Jahres nach dem Eintritt des Ereignisses.

(5)[3] Die Vorschriften der Absätze 1 bis 4 gelten nicht, wenn einer der in § 1 Abs. 2, 2a und 3 bezeichneten Erwerbsvorgänge rückgängig gemacht wird, der nicht ordnungsmäßig angezeigt (§§ 18, 19) war.

Siebenter Abschnitt. Örtliche Zuständigkeit, Feststellung von Besteuerungsgrundlagen, Anzeigepflichten und Erteilung der Unbedenklichkeitsbescheinigung

§ 17 Örtliche Zuständigkeit, Feststellung von Besteuerungsgrundlagen. (1) [1] Für die Besteuerung ist vorbehaltlich des Satzes 2 das Finanzamt örtlich zuständig, in dessen Bezirk das Grundstück oder der wertvollste Teil des Grundstücks liegt. [2] Liegt das Grundstück in den Bezirken von Finanzämtern verschiedener Länder, so ist jedes dieser Finanzämter für die Besteuerung des Erwerbs insoweit zuständig, als der Grundstücksteil in seinem Bezirk liegt.

(2) In den Fällen des Absatzes 1 Satz 2 sowie in Fällen, in denen sich ein Rechtsvorgang auf mehrere Grundstücke bezieht, die in den Bezirken verschiedener Finanzämter liegen, stellt das Finanzamt, in dessen Bezirk der wertvollste Grundstücksteil oder das wertvollste Grundstück oder der wertvollste Bestand an Grundstücksteilen oder Grundstücken liegt, die Besteuerungsgrundlagen gesondert fest.

(3)[4] [1] Die Besteuerungsgrundlagen werden

1. bei Grundstückserwerben durch Umwandlungen auf Grund eines Bundes- oder Landesgesetzes durch das Finanzamt, in dessen Bezirk sich die Geschäftsleitung des Erwerbers befindet, und
2. in den Fällen des § 1 Abs. 2a und 3 durch das Finanzamt, in dessen Bezirk sich die Geschäftsleitung der Gesellschaft befindet,[3)]

gesondert festgestellt, wenn ein außerhalb des Bezirks dieser Finanzämter liegendes Grundstück oder ein auf das Gebiet eines anderen Landes sich erstreckender Teil eines im Bezirk dieser Finanzämter liegenden Grundstücks betroffen wird. [2] Befindet sich die Geschäftsleitung nicht im Geltungsbereich des Gesetzes und werden in verschiedenen Finanzamtsbezirken liegende Grundstücke oder in verschiedenen Ländern liegende Grundstücksteile betroffen, so stellt das nach Absatz 2 zuständige Finanzamt die Besteuerungsgrundlagen gesondert fest.

(3a)[5] In die gesonderte Feststellung nach Absatz 2 und 3 sind nicht die Werte im Sinne des ***[ab 1. 1. 2007:*** § 138 Abs. 2 bis 4 des Bewertungsgesetzes***]***[6] aufzunehmen, wenn die Steuer nach § 8 Abs. 2 zu bemessen ist.

(4) [1] Von der gesonderten Feststellung kann abgesehen werden, wenn

1. der Erwerb steuerfrei ist oder
2. die anteilige Besteuerungsgrundlage für den Erwerb des in einem anderen Land liegenden Grundstücksteils 2 500 Euro[7] nicht übersteigt.

[2] Wird von der gesonderten Feststellung abgesehen, so ist in den Fällen der Nummer 2 die anteilige Besteuerungsgrundlage denen der anderen für die Besteuerung zuständigen Finanzämter nach dem Verhältnis ihrer Anteile hinzuzurechnen.

§ 18[8] Anzeigepflicht der Gerichte, Behörden und Notare. (1) [1] Gerichte, Behörden und Notare haben dem zuständigen Finanzamt schriftlich Anzeige nach amtlich vorgeschriebenem Vordruck zu erstatten über

---

[1] Verweis geänd. durch G v. 23. 7. 2002 (BGBl. I S. 2715).

[2] § 16 Abs. 4 geänd. mWv 1. 1. 2000 (§ 23 Abs. 6 Satz 2) durch G v. 24. 3. 1999 (BGBl. I S. 402) und mWv 1. 1. 2002 (§ 23 Abs. 7 Satz 1) durch G v. 20. 12. 2001 (BGBl. I S. 3794).

[3] Zur letztmaligen Anwendung siehe § 23 Abs. 3.

[4] § 17 Abs. 3 Satz 1 Nr. 1 geänd. mWv 1. 4. 1999 (§ 23 Abs. 6 Satz 1) durch G v. 24. 3. 1999 (BGBl. I S. 402).

[5] § 17 Abs. 3a eingef. mWv 1. 1. 2002 durch G v. 20. 12. 2001 (BGBl. I S. 3794).

[6] § 17 Abs. 3a geänd. mWv 1. 1. 2007 durch G v. 19. 12. 2008 (BGBl. I S. 2794).

[7] Betrag geänd. mWv 1. 1. 2002 durch G v. 19. 12. 2000 (BGBl. I S. 1790).

[8] § 18 Abs. 1 Satz 1 geänd., Satz 3 angef. mWv 28. 8. 2002 durch G v. 21 8. 2002 (BGBl. I S. 3322).

1. Rechtsvorgänge, die sie beurkundet oder über die sie eine Urkunde entworfen und darauf eine Unterschrift beglaubigt haben, wenn die Rechtsvorgänge ein Grundstück im Geltungsbereich dieses Gesetzes betreffen;
2. Anträge auf Berichtigung des Grundbuchs, die sie beurkundet oder über die sie eine Urkunde entworfen und darauf eine Unterschrift beglaubigt haben, wenn der Antrag darauf gestützt wird, daß der Grundstückseigentümer gewechselt hat;
3. Zuschlagsbeschlüsse im Zwangsversteigerungsverfahren, Enteignungsbeschlüsse und andere Entscheidungen, durch die ein Wechsel im Grundstückseigentum bewirkt wird. [2] Die Anzeigepflicht der Gerichte besteht auch beim Wechsel im Grundstückseigentum auf Grund einer Eintragung im Handels-, Genossenschafts- oder Vereinsregister;
4. nachträgliche Änderungen oder Berichtigungen eines der unter den Nummern 1 bis 3 aufgeführten Vorgänge.

[2] Der Anzeige ist eine Abschrift der Urkunde über den Rechtsvorgang, den Antrag, den Beschluß oder die Entscheidung beizufügen. [3] Eine elektronische Übermittlung der Anzeige ist ausgeschlossen.

(2) [1] Die Anzeigepflicht bezieht sich auch auf Vorgänge, die ein Erbbaurecht oder ein Gebäude auf fremdem Boden betreffen. [2] Sie gilt außerdem für Vorgänge, die die Übertragung von Anteilen an einer Kapitalgesellschaft, einer bergrechtlichen Gewerkschaft, einer Personenhandelsgesellschaft oder einer Gesellschaft des bürgerlichen Rechts betreffen, wenn zum Vermögen der Gesellschaft ein im Geltungsbereich dieses Gesetzes liegendes Grundstück gehört.

(3) [1] Die Anzeigen sind innerhalb von zwei Wochen nach der Beurkundung oder der Unterschriftsbeglaubigung oder der Bekanntgabe der Entscheidung zu erstatten, und zwar auch dann, wenn die Wirksamkeit des Rechtsvorgangs vom Eintritt einer Bedingung, vom Ablauf einer Frist oder von einer Genehmigung abhängig ist. [2] Sie sind auch dann zu erstatten, wenn der Rechtsvorgang von der Besteuerung ausgenommen ist.

(4) Die Absendung der Anzeige ist auf der Urschrift der Urkunde, in den Fällen, in denen eine Urkunde entworfen und darauf eine Unterschrift beglaubigt worden ist, auf der zurückbehaltenen beglaubigten Abschrift zu vermerken.

(5) Die Anzeigen sind an das für die Besteuerung, in den Fällen des § 17 Abs. 2 und 3 an das für die gesonderte Feststellung zuständige Finanzamt zu richten.

§ 19 Anzeigepflicht der Beteiligten. (1)[1)] [1] Steuerschuldner müssen Anzeige erstatten über

1. Rechtsvorgänge, die es ohne Begründung eines Anspruchs auf Übereignung einem anderen rechtlich oder wirtschaftlich ermöglichen, ein Grundstück auf eigene Rechnung zu verwerten;
2. formungültige Verträge über die Übereignung eines Grundstücks, die die Beteiligten unter sich gelten lassen und wirtschaftlich erfüllen;
3. den Erwerb von Gebäuden auf fremdem Boden;

3a. unmittelbare und mittelbare Änderungen des Gesellschafterbestandes einer Personengesellschaft, die innerhalb von fünf Jahren zum Übergang von 95 vom Hundert der Anteile am Gesellschaftsvermögen auf neue Gesellschafter geführt haben, wenn zum Vermögen der Personengesellschaft ein inländisches Grundstück gehört (§ 1 Abs. 2a);

4. schuldrechtliche Geschäfte, die auf die Vereinigung von mindestens 95 vom Hundert der Anteile einer Gesellschaft gerichtet sind, wenn zum Vermögen der Gesellschaft ein Grundstück gehört (§ 1 Abs. 3 Nr. 1);
5. die Vereinigung von mindestens 95 vom Hundert der Anteile einer Gesellschaft, zu deren Vermögen ein Grundstück gehört (§ 1 Abs. 3 Nr. 2);
6. Rechtsgeschäfte, die den Anspruch auf Übertragung von mindestens 95 vom Hundert der Anteile einer Gesellschaft begründen, wenn zum Vermögen der Gesellschaft ein Grundstück gehört (§ 1 Abs. 3 Nr. 3);
7. die Übertragung von mindestens 95 vom Hundert der Anteile einer Gesellschaft auf einen anderen, wenn zum Vermögen der Gesellschaft ein Grundstück gehört (§ 1 Abs. 3 Nr. 4);
8. Entscheidungen im Sinne von § 18 Abs. 1 Satz 1 Nr. 3. [2] Die Anzeigepflicht besteht auch beim Wechsel im Grundstückseigentum auf Grund einer Eintragung im Handels-, Genossenschafts- oder Vereinsregister.

[1)] § 19 Abs. 1 Satz 1 Nr. 3a neu gef., Nrn. 4 bis 7 geänd. mWv 1. 1. 2000 (§ 23 Abs. 6 Satz 2) durch G v. 24. 3. 1999 (BGBl. I S. 402); Abs. 1 Satz 1 Nr. 3a neu gef., Nr. 8 angef., Satz 2 geänd. mWv 1. 1. 2002 (§ 23 Abs. 7 Satz 1) durch G v. 20. 12. 2001 (BGBl. I S. 3794).

[2] Sie haben auch alle Erwerbsvorgänge anzuzeigen, über die ein Gericht, eine Behörde oder ein Notar eine Anzeige nach § 18 nicht zu erstatten hat.

(2) Die in Absatz 1 bezeichneten Personen haben außerdem in allen Fällen Anzeige zu erstatten über

1. jede Erhöhung der Gegenleistung des Erwerbers durch Gewährung von zusätzlichen Leistungen neben der beim Erwerbsvorgang vereinbarten Gegenleistung;
2. Leistungen, die der Erwerber des Grundstücks anderen Personen als dem Veräußerer als Gegenleistung dafür gewährt, daß sie auf den Erwerb des Grundstücks verzichten;
3. Leistungen, die ein anderer als der Erwerber des Grundstücks dem Veräußerer als Gegenleistung dafür gewährt, daß der Veräußerer dem Erwerber das Grundstück überläßt;
4. Änderungen im Gesellschafterbestand einer Gesamthand bei Gewährung der Steuervergünstigung nach § 5 Abs. 1 und 2 oder § 6 Abs. 3 in Verbindung mit § 6 Abs. 1;[1)]

4 a. Änderungen von Beherrschungsverhältnissen im Sinne des § 6 a Satz 4;[2)]

5. Änderungen in der Nutzung oder den Verzicht auf Rückübertragung, wenn der Grundstückserwerb nach § 4 Nr. 9 von der Besteuerung ausgenommen war.[3)]

(3) Die Anzeigepflichtigen haben innerhalb von zwei Wochen, nachdem sie von dem anzeigepflichtigen Vorgang Kenntnis erhalten haben, den Vorgang anzuzeigen, und zwar auch dann, wenn der Vorgang von der Besteuerung ausgenommen ist.

(4) [1] Die Anzeigen sind an das für die Besteuerung, in den Fällen des § 17 Abs. 2 und 3 an das für die gesonderte Feststellung zuständige Finanzamt zu richten. [2] Ist über den anzeigepflichtigen Vorgang eine privatschriftliche Urkunde aufgenommen worden, so ist der Anzeige eine Abschrift der Urkunde beizufügen.

(5)[4)] [1] Die Anzeigen sind Steuererklärungen im Sinne der Abgabenordnung. [2] Sie sind schriftlich abzugeben. [3] Sie können gemäß § 87 a der Abgabenordnung in elektronischer Form übermittelt werden.

§ 20 Inhalt der Anzeigen. (1) Die Anzeigen müssen enthalten:

1. Vorname, Zuname und Anschrift des Veräußerers und des Erwerbers, gegebenenfalls auch, ob und um welche begünstigte Person im Sinne des § 3 Nr. 3 bis 7 es sich bei dem Erwerber handelt;
2. die Bezeichnung des Grundstücks nach Grundbuch, Kataster, Straße und Hausnummer;
3. die Größe des Grundstücks und bei bebauten Grundstücken die Art der Bebauung;
4. die Bezeichnung des anzeigepflichtigen Vorgangs und den Tag der Beurkundung, bei einem Vorgang, der einer Genehmigung bedarf, auch die Bezeichnung desjenigen, dessen Genehmigung erforderlich ist;
5. den Kaufpreis oder die sonstige Gegenleistung (§ 9);
6. den Namen der Urkundsperson.

(2) Die Anzeigen, die sich auf Anteile an einer Gesellschaft beziehen, müssen außerdem enthalten:

1. die Firma und den Ort der Geschäftsleitung der Gesellschaft,
2. die Bezeichnung des oder der Gesellschaftsanteile.

§ 21 Urkundenaushändigung. Die Gerichte, Behörden und Notare dürfen Urkunden, die einen anzeigepflichtigen Vorgang betreffen, den Beteiligten erst aushändigen und Ausfertigungen oder beglaubigte Abschriften den Beteiligten erst erteilen, wenn sie die Anzeigen an das Finanzamt abgesandt haben.

§ 22 Unbedenklichkeitsbescheinigung. (1)[5)] [1] Der Erwerber eines Grundstücks darf in das Grundbuch erst dann eingetragen werden, wenn eine Bescheinigung des für die Besteuerung zuständigen Finanzamts vorgelegt wird (§ 17 Abs. 1 Satz 1) oder Bescheinigungen der für die Besteuerung zuständigen Finanzämter (§ 17 Abs. 1 Satz 2) vorgelegt werden, daß der Eintragung steuerliche Bedenken nicht entgegenstehen. [2] Die obersten Finanzbehörden der Länder können im Einvernehmen mit den Landesjustizverwaltungen Ausnahmen hiervon vorsehen.

[1)] § 19 Abs. 2 Nr. 4 angef. mWv 1. 1. 2000 (§ 23 Abs. 6 Satz 2) durch G v. 24. 3. 1999 (BGBl. I S. 402) und neu gef. mWv 1. 1. 2002 (§ 23 Abs. 7 Satz 1) durch G v. 20. 12. 2001 (BGBl. I S. 3794).

[2)] § 19 Abs. 2 Nr. 4 a eingef. durch G v. 22. 12. 2009 (BGBl. I S. 3950); zur Anwendung siehe § 23 Abs. 8.

[3)] § 19 Abs. 2 Nr. 5 angef. mWv 8. 9. 2005 durch G v. 1. 9. 2005 (BGBl. I S. 2676).

[4)] § 19 Abs. 5 geänd. mWv 28. 8. 2002 durch G v. 21. 8. 2002 (BGBl. I S. 3322).

[5)] § 22 Abs. 1 Satz 2 angef. durch G v. 24. 3. 1999 (BGBl. I S. 402).

(2)[1] [1] Das Finanzamt hat die Bescheinigung zu erteilen, wenn die Grunderwerbsteuer entrichtet, sichergestellt oder gestundet worden ist oder wenn Steuerfreiheit gegeben ist. [2] Es darf die Bescheinigung auch in anderen Fällen erteilen, wenn nach seinem Ermessen die Steuerforderung nicht gefährdet ist. [3] Das Finanzamt hat die Bescheinigung schriftlich zu erteilen. [4] Eine elektronische Übermittlung der Bescheinigung ist ausgeschlossen.

Achter Abschnitt. Übergangs- und Schlußvorschriften

§ 23[2] **Anwendungsbereich.** (1) [1] Dieses Gesetz ist auf Erwerbsvorgänge anzuwenden, die nach dem 31. Dezember 1982 verwirklicht werden. [2] Es ist auf Antrag auch auf Erwerbsvorgänge anzuwenden, die vor dem 1. Januar 1983, jedoch nach dem Tag der Verkündung des Gesetzes, 22. Dezember 1982, verwirklicht werden.

(2) [1] Auf vor dem 1. Januar 1983 verwirklichte Erwerbsvorgänge sind vorbehaltlich des Absatzes 1 Satz 2 die bis zum Inkrafttreten dieses Gesetzes geltenden Vorschriften anzuwenden. [2] Dies gilt insbesondere, wenn für einen vor dem 1. Januar 1983 verwirklichten Erwerbsvorgang Steuerbefreiung in Anspruch genommen und nach dem 31. Dezember 1982 ein Nacherhebungstatbestand verwirklicht wurde.

(3) § 1 Abs. 2a, § 9 Abs. 1 Nr. 8, § 13 Nr. 6, § 16 Abs. 5, § 17 Abs. 3 Nr. 2 und § 19 Abs. 1 Nr. 3a in der Fassung des Gesetzes vom 20. Dezember 1996 (BGBl. I S. 2049) sind erstmals auf Rechtsgeschäfte anzuwenden, die die Voraussetzungen des § 1 Abs. 2a in der Fassung des Gesetzes vom 20. Dezember 1996 (BGBl. I S. 2049) nach dem 31. Dezember 1996 erfüllen.

(4) [1] § 8 Abs. 2 und § 11 Abs. 1 in der Fassung des Gesetzes vom 20. Dezember 1996 (BGBl. I S. 2049) sind erstmals auf Erwerbsvorgänge anzuwenden, die nach dem 31. Dezember 1996 verwirklicht werden. [2] § 10 ist letztmals auf Erwerbsvorgänge anzuwenden, die vor dem 1. Januar 1997 verwirklicht werden.

(5) § 4 Nr. 1 in der Fassung des Gesetzes vom 24. März 1999 (BGBl. I S. 402) ist erstmals auf Erwerbsvorgänge anzuwenden, die nach dem 31. Dezember 1997 verwirklicht werden.

(6) [1] § 1 Abs. 6, § 8 Abs. 2, § 9 Abs. 1 und § 17 Abs. 3 Satz 1 Nr. 1 in der Fassung des Gesetzes vom 24. März 1999 (BGBl. I S. 402) sind erstmals auf Erwerbsvorgänge anzwenden, die nach dem Tage der Verkündung des Gesetzes[3] verwirklicht werden. [2] § 1 Abs. 2a und 3, § 5 Abs. 3, § 13 Nr. 5 und 6, § 16 Abs. 4 und § 19 Abs. 1 Satz 1 Nr. 3a bis 7 und Abs. 2 Nr. 4 in der Fassung des Gesetzes vom 24. März 1999 (BGBl. I S. 402) sind erstmals auf Erwerbsvorgänge anzwenden, die nach dem 31. Dezember 1999 verwirklicht werden.

(7) [1] § 1 Abs. 2a Satz 3, § 2 Abs. 1 Satz 2 Nr. 3, § 6 Abs. 3 Satz 2, § 16 Abs. 4, § 19 Abs. 1 Satz 1 Nr. 8 und § 19 Abs. 2 Nr. 4 in der Fassung des Gesetzes vom 20. Dezember 2001 (BGBl. I S. 3794) sind erstmals auf Erwerbsvorgänge anzuwenden, die nach dem 31. Dezember 2001 verwirklicht werden. [2] § 1 Abs. 7 ist letztmals auf Erwerbsvorgänge anzuwenden, die bis zum 31. Dezember 2001 verwirklicht werden.

(8)[4] [1] Die §§ 6a und 19 Absatz 2 Nummer 4a in der Fassung des Artikels 7 des Gesetzes vom 22. Dezember 2009 (BGBl. I S. 3950) sind erstmals auf Erwerbsvorgänge anzuwenden, die nach dem 31. Dezember 2009 verwirklicht werden. [2] § 6a ist nicht anzuwenden, wenn ein im Zeitraum vom 1. Januar 2008 bis 31. Dezember 2009 verwirklichter Erwerbsvorgang rückgängig gemacht wird und deshalb nach § 16 Absatz 1 oder 2 die Steuer nicht zu erheben oder eine Steuerfestsetzung aufzuheben oder zu ändern ist.

§§ 24–27 (weggefallen)

§ 28 (Inkrafttreten)

---

[1] § 22 Abs. 2 Sätze 3 und 4 angef. mWv 28. 8. 2002 durch G v. 21. 8. 2002 (BGBl. I S. 3322).

[2] § 23 Abs. 3 und 4 geänd., Abs. 5 und 6 angef. durch G v. 24. 3. 1999 (BGBl. I S. 402); Abs. 7 angef. mWv 1. 1. 2002 durch G v. 20. 12. 2001 (BGBl. I S. 3794).

[3] Verkündet am 31. März 1999.

[4] § 23 Abs. 8 angef. durch G v. 22. 12. 2009 (BGBl. I S. 3950).

515. Einkommensteuergesetz (EStG)

In der Fassung der Bekanntmachung vom 8. Oktober 2009[1])
(BGBl. I S. 3366, ber. S. 3862)

FNA 611-1

geänd. durch Art. 1 WachstumsbeschleunigungsG v. 22. 12. 2009 (BGBl. I S. 3950)

– Auszug –

II. Einkommen

3. Gewinn

§ 6b Übertragung stiller Reserven bei der Veräußerung bestimmter Anlagegüter.
(1) [1] Steuerpflichtige, die
Grund und Boden,
Aufwuchs auf Grund und Boden mit dem dazugehörigen Grund und Boden, wenn der Aufwuchs zu einem land- und forstwirtschaftlichen Betriebsvermögen gehört,
Gebäude oder Binnenschiffe
veräußern, können im Wirtschaftsjahr der Veräußerung von den Anschaffungs- oder Herstellungskosten der in Satz 2 bezeichneten Wirtschaftsgüter, die im Wirtschaftsjahr der Veräußerung oder im vorangegangenen Wirtschaftsjahr angeschafft oder hergestellt worden sind, einen Betrag bis zur Höhe des bei der Veräußerung entstandenen Gewinns abziehen.
[2] Der Abzug ist zulässig bei den Anschaffungs- oder Herstellungskosten von

1. Grund und Boden,
   soweit der Gewinn bei der Veräußerung von Grund und Boden entstanden ist,
2. Aufwuchs auf Grund und Boden mit dem dazugehörigen Grund und Boden, wenn der Aufwuchs zu einem land- und forstwirtschaftlichen Betriebsvermögen gehört,
   soweit der Gewinn bei der Veräußerung von Grund und Boden oder der Veräußerung von Aufwuchs auf Grund und Boden mit dem dazugehörigen Grund und Boden entstanden ist,
3. Gebäuden,
   soweit der Gewinn bei der Veräußerung von Grund und Boden, von Aufwuchs auf Grund und Boden mit dem dazugehörigen Grund und Boden oder Gebäuden entstanden ist, oder
4. Binnenschiffen,
   soweit der Gewinn bei der Veräußerung von Binnenschiffen entstanden ist.

[3] Der Anschaffung oder Herstellung von Gebäuden steht ihre Erweiterung, ihr Ausbau oder ihr Umbau gleich. [4] Der Abzug ist in diesem Fall nur von dem Aufwand für die Erweiterung, den Ausbau oder den Umbau der Gebäude zulässig.

(2) [1] Gewinn im Sinne des Absatzes 1 Satz 1 ist der Betrag, um den der Veräußerungspreis nach Abzug der Veräußerungskosten den Buchwert übersteigt, mit dem das veräußerte Wirtschaftsgut im Zeitpunkt der Veräußerung anzusetzen gewesen wäre. [2] Buchwert ist der Wert, mit dem ein Wirtschaftsgut nach § 6 anzusetzen ist.

(3) [1] Soweit Steuerpflichtige den Abzug nach Absatz 1 nicht vorgenommen haben, können sie im Wirtschaftsjahr der Veräußerung eine den steuerlichen Gewinn mindernde Rücklage bilden. [2] Bis zur Höhe dieser Rücklage können sie von den Anschaffungs- oder Herstellungskosten der in Absatz 1 Satz 2 bezeichneten Wirtschaftsgüter, die in den folgenden vier Wirtschaftsjahren angeschafft oder hergestellt worden sind, im Wirtschaftsjahr ihrer Anschaffung oder Herstellung einen Betrag unter Berücksichtigung der Einschränkungen des Absatzes 1 Satz 2 bis 4 abziehen. [3] Die Frist von vier Jahren verlängert sich bei neu hergestellten Gebäuden auf sechs Jahre, wenn mit ihrer Herstellung vor dem Schluss des vierten auf die Bildung der Rücklage folgenden Wirtschaftsjahres begonnen worden ist. [4] Die Rücklage ist in Höhe des abgezogenen Betrags gewinnerhöhend aufzulösen. [5] Ist eine Rücklage am Schluss des vierten auf ihre Bildung folgenden Wirtschaftsjahres noch vorhanden, so ist sie in diesem Zeitpunkt gewinnerhöhend aufzulösen, soweit nicht ein Abzug von den Herstellungskosten von Gebäuden in Betracht kommt, mit deren Herstellung bis zu diesem Zeitpunkt begonnen worden ist; ist die

---

[1]) Neubekanntmachung des EStG v. 19. 10. 2002 (BGBl. I S. 4210; 2003 I S. 179) in der ab 1. 9. 2009 geltenden Fassung.

Rücklage am Schluss des sechsten auf ihre Bildung folgenden Wirtschaftsjahres noch vorhanden, so ist sie in diesem Zeitpunkt gewinnerhöhend aufzulösen.

(4) [1] Voraussetzung für die Anwendung der Absätze 1 und 3 ist, dass

1. der Steuerpflichtige den Gewinn nach § 4 Absatz 1 oder § 5 ermittelt,
2. die veräußerten Wirtschaftsgüter im Zeitpunkt der Veräußerung mindestens sechs Jahre ununterbrochen zum Anlagevermögen einer inländischen Betriebsstätte gehört haben,
3. die angeschafften oder hergestellten Wirtschaftsgüter zum Anlagevermögen einer inländischen Betriebsstätte gehören,
4. der bei der Veräußerung entstandene Gewinn bei der Ermittlung des im Inland steuerpflichtigen Gewinns nicht außer Ansatz bleibt und
5. der Abzug nach Absatz 1 und die Bildung und Auflösung der Rücklage nach Absatz 3 in der Buchführung verfolgt werden können.

[2] Der Abzug nach den Absätzen 1 und 3 ist bei Wirtschaftsgütern, die zu einem land- und forstwirtschaftlichen Betrieb gehören oder der selbständigen Arbeit dienen, nicht zulässig, wenn der Gewinn bei der Veräußerung von Wirtschaftsgütern eines Gewerbebetriebs entstanden ist.

(5) An die Stelle der Anschaffungs- oder Herstellungskosten im Sinne des Absatzes 1 tritt in den Fällen, in denen das Wirtschaftsgut im Wirtschaftsjahr vor der Veräußerung angeschafft oder herstellt worden ist, der Buchwert am Schluss des Wirtschaftsjahres der Anschaffung oder Herstellung.

(6) [1] Ist ein Betrag nach Absatz 1 oder 3 abgezogen worden, so tritt für die Absetzungen für Abnutzung oder Substanzverringerung oder in den Fällen des § 6 Absatz 2 und Absatz 2 a im Wirtschaftsjahr des Abzugs der verbleibende Betrag an die Stelle der Anschaffungs- oder Herstellungskosten. [2] In den Fällen des § 7 Absatz 4 Satz 1 und Absatz 5 sind die um den Abzugsbetrag nach Absatz 1 oder 3 geminderten Anschaffungs- oder Herstellungskosten maßgebend.

(7) Soweit eine nach Absatz 3 Satz 1 gebildete Rücklage gewinnerhöhend aufgelöst wird, ohne dass ein entsprechender Betrag nach Absatz 3 abgezogen wird, ist der Gewinn des Wirtschaftsjahres, in dem die Rücklage aufgelöst wird, für jedes volle Wirtschaftsjahr, in dem die Rücklage bestanden hat, um 6 Prozent des aufgelösten Rücklagenbetrags zu erhöhen.

(8) [1] Werden Wirtschaftsgüter im Sinne des Absatzes 1 zum Zweck der Vorbereitung oder Durchführung von städtebaulichen Sanierungs- oder Entwicklungsmaßnahmen an einen der in Satz 3 bezeichneten Erwerber übertragen, sind die Absätze 1 bis 7 mit der Maßgabe anzuwenden, dass

1. die Fristen des Absatzes 3 Satz 2, 3 und 5 sich jeweils um drei Jahre verlangern und
2. an die Stelle der in Absatz 4 Nummer 2 bezeichneten Frist von sechs Jahren eine Frist von zwei Jahren tritt.

[2] Erwerber im Sinne des Satzes 1 sind Gebietskörperschaften, Gemeindeverbände, Verbände im Sinne des § 166 Absatz 4 des Baugesetzbuchs[1)], Planungsverbände nach § 205 des Baugesetzbuchs, Sanierungsträger nach § 157 des Baugesetzbuchs, Entwicklungsträger nach § 167 des Baugesetzbuchs sowie Erwerber, die städtebauliche Sanierungsmaßnahmen als Eigentümer selbst durchführen (§ 147 Absatz 2 und § 148 Absatz 1 Baugesetzbuch).

(9) Absatz 8 ist nur anzuwenden, wenn die nach Landesrecht zuständige Behörde bescheinigt, dass die Übertragung der Wirtschaftsgüter zum Zweck der Vorbereitung oder Durchführung von städtebaulichen Sanierungs- oder Entwicklungsmaßnahmen an einen der in Absatz 8 Satz 2 bezeichneten Erwerber erfolgt ist.

(10) [1] Steuerpflichtige, die keine Körperschaften, Personenvereinigungen oder Vermögensmassen sind, können Gewinne aus der Veräußerung von Anteilen an Kapitalgesellschaften bis zu einem Betrag von 500 000 Euro auf die im Wirtschaftsjahr der Veräußerung oder in den folgenden zwei Wirtschaftsjahren angeschafften Anteile an Kapitalgesellschaften oder angeschafften oder hergestellten abnutzbaren beweglichen Wirtschaftsgüter oder auf die im Wirtschaftsjahr der Veräußerung oder in den folgenden vier Wirtschaftsjahren angeschafften oder hergestellten Gebäude nach Maßgabe der Sätze 2 bis 10 übertragen. [2] Wird der Gewinn im Jahr der Veräußerung auf Gebäude oder abnutzbare bewegliche Wirtschaftsgüter übertragen, so kann ein Betrag bis zur Höhe des bei der Veräußerung entstandenen und nicht nach § 3 Nummer 40 Satz 1 Buchstabe a und b in Verbindung mit § 3 c Absatz 2 steuerbefreiten Betrags von den Anschaffungs- oder Herstellungskosten für Gebäude oder abnutzbare bewegliche Wirtschaftsgüter abgezogen werden. [3] Wird der Gewinn im Jahr der Veräußerung auf Anteile an Kapitalgesellschaften übertragen, mindern sich die Anschaffungskosten der Anteile an Kapitalgesellschaften in Höhe des Veräußerungsgewinns einschließlich des nach § 3 Nummer 40 Satz 1 Buchstabe a und b in Verbindung mit § 3 c Absatz 2 steuerbefreiten Betrags. [4] Absatz 2, Absatz 4

---

1) Nr. **400**.

Satz 1 Nummer 1, 2, 3, 5 und Satz 2 sowie Absatz 5 sind sinngemäß anzuwenden. [5] Soweit Steuerpflichtige den Abzug nach den Sätzen 1 bis 4 nicht vorgenommen haben, können sie eine Rücklage nach Maßgabe des Satzes 1 einschließlich des nach § 3 Nummer 40 Satz 1 Buchstabe a und b in Verbindung mit § 3c Absatz 2 steuerbefreiten Betrags bilden. [6] Bei der Auflösung der Rücklage gelten die Sätze 2 und 3 sinngemäß. [7] Im Fall des Satzes 2 ist die Rücklage in gleicher Höhe um den nach § 3 Nummer 40 Satz 1 Buchstabe a und b in Verbindung mit § 3c Absatz 2 steuerbefreiten Betrag aufzulösen. [8] Ist eine Rücklage am Schluss des vierten auf ihre Bildung folgenden Wirtschaftsjahres noch vorhanden, so ist sie in diesem Zeitpunkt gewinnerhöhend aufzulösen. [9] Soweit der Abzug nach Satz 6 nicht vorgenommen wurde, ist der Gewinn des Wirtschaftsjahres, in dem die Rücklage aufgelöst wird, für jedes volle Wirtschaftsjahr, in dem die Rücklage bestanden hat, um 6 Prozent des nicht nach § 3 Nummer 40 Satz 1 Buchstabe a und b in Verbindung mit § 3c Absatz 2 steuerbefreiten aufgelösten Rücklagenbetrags zu erhöhen. [10] Für die zum Gesamthandsvermögen von Personengesellschaften oder Gemeinschaften gehörenden Anteile an Kapitalgesellschaften gelten die Sätze 1 bis 9 nur, soweit an den Personengesellschaften und Gemeinschaften keine Körperschaften, Personenvereinigungen oder Vermögensmassen beteiligt sind.

§ 7 Absetzung für Abnutzung oder Substanzverringerung. (1) [1] Bei Wirtschaftsgütern, deren Verwendung oder Nutzung durch den Steuerpflichtigen zur Erzielung von Einkünften sich erfahrungsgemäß auf einen Zeitraum von mehr als einem Jahr erstreckt, ist jeweils für ein Jahr der Teil der Anschaffungs- oder Herstellungskosten abzusetzen, der bei gleichmäßiger Verteilung dieser Kosten auf die Gesamtdauer der Verwendung oder Nutzung auf ein Jahr entfällt (Absetzung für Abnutzung in gleichen Jahresbeträgen). [2] Die Absetzung bemisst sich hierbei nach der betriebsgewöhnlichen Nutzungsdauer des Wirtschaftsguts. [3] Als betriebsgewöhnliche Nutzungsdauer des Geschäfts- oder Firmenwerts eines Gewerbebetriebs oder eines Betriebs der Land- und Forstwirtschaft gilt ein Zeitraum von 15 Jahren. [4] Im Jahr der Anschaffung oder Herstellung des Wirtschaftsguts vermindert sich für dieses Jahr der Absetzungsbetrag nach Satz 1 um jeweils ein Zwölftel für jeden vollen Monat, der dem Monat der Anschaffung oder Herstellung vorangeht. [5] Bei Wirtschaftsgütern, die nach einer Verwendung zur Erzielung von Einkünften im Sinne des § 2 Absatz 1 Nummer 4 bis 7 in ein Betriebsvermögen eingelegt worden sind, mindern sich die Anschaffungs- oder Herstellungskosten um die Absetzungen für Abnutzung oder Substanzverringerung, Sonderabschreibungen oder erhöhte Absetzungen, die bis zum Zeitpunkt der Einlage vorgenommen worden sind. [6] Bei beweglichen Wirtschaftsgütern des Anlagevermögens, bei denen es wirtschaftlich begründet ist, die Absetzung für Abnutzung nach Maßgabe der Leistung des Wirtschaftsguts vorzunehmen, kann der Steuerpflichtige dieses Verfahren statt der Absetzung für Abnutzung in gleichen Jahresbeträgen anwenden, wenn er den auf das einzelne Jahr entfallenden Umfang der Leistung nachweist. [7] Absetzungen für außergewöhnliche technische oder wirtschaftliche Abnutzung sind zulässig; soweit der Grund hierfür in späteren Wirtschaftsjahren entfällt, ist in den Fällen der Gewinnermittlung nach § 4 Absatz 1 oder nach § 5 eine entsprechende Zuschreibung vorzunehmen.

(2) [1] Bei beweglichen Wirtschaftsgütern des Anlagevermögens, die nach dem 31. Dezember 2008 und vor dem 1. Januar 2011 angeschafft oder hergestellt worden sind, kann der Steuerpflichtige statt der Absetzung für Abnutzung in gleichen Jahresbeträgen die Absetzung für Abnutzung in fallenden Jahresbeträgen bemessen. [2] Die Absetzung für Abnutzung in fallenden Jahresbeträgen kann nach einem unveränderlichen Prozentsatz vom jeweiligen Buchwert (Restwert) vorgenommen werden; der dabei anzuwendende Prozentsatz darf höchstens das Zweieinhalbfache des bei der Absetzung für Abnutzung in gleichen Jahresbeträgen in Betracht kommenden Prozentsatzes betragen und 25 Prozent nicht übersteigen. [3] Absatz 1 Satz 4 und § 7a Absatz 8 gelten entsprechend. [4] Bei Wirtschaftsgütern, bei denen die Absetzung für Abnutzung in fallenden Jahresbeträgen bemessen wird, sind Absetzungen für außergewöhnliche technische oder wirtschaftliche Abnutzung nicht zulässig.

(3) [1] Der Übergang von der Absetzung für Abnutzung in fallenden Jahresbeträgen zur Absetzung für Abnutzung in gleichen Jahresbeträgen ist zulässig. [2] In diesem Fall bemisst sich die Absetzung für Abnutzung vom Zeitpunkt des Übergangs an nach dem dann noch vorhandenen Restwert und der Restnutzungsdauer des einzelnen Wirtschaftsguts. [3] Der Übergang von der Absetzung für Abnutzung in gleichen Jahresbeträgen zur Absetzung für Abnutzung in fallenden Jahresbeträgen ist nicht zulässig.

(4) [1] Bei Gebäuden sind abweichend von Absatz 1 als Absetzung für Abnutzung die folgenden Beträge bis zur vollen Absetzung abzuziehen:

1. bei Gebäuden, soweit sie zu einem Betriebsvermögen gehören und nicht Wohnzwecken dienen und für die der Bauantrag nach dem 31. März 1985 gestellt worden ist, jährlich 3 Prozent,
2. bei Gebäuden, soweit sie die Voraussetzungen der Nummer 1 nicht erfüllen und die

a) nach dem 31. Dezember 1924 fertiggestellt worden sind, jährlich 2 Prozent,

b) vor dem 1. Januar 1925 fertiggestellt worden sind, jährlich 2,5 Prozent

der Anschaffungs- oder Herstellungskosten; Absatz 1 Satz 5 gilt entsprechend. [2] Beträgt die tatsächliche Nutzungsdauer eines Gebäudes in den Fällen des Satzes 1 Nummer 1 weniger als 33 Jahre, in den Fällen des Satzes 1 Nummer 2 Buchstabe a weniger als 50 Jahre, in den Fällen des Satzes 1 Nummer 2 Buchstabe b weniger als 40 Jahre, so können anstelle der Absetzungen nach Satz 1 die der tatsächlichen Nutzungsdauer entsprechenden Absetzungen für Abnutzung vorgenommen werden. [3] Absatz 1 letzter Satz bleibt unberührt. [4] Bei Gebäuden im Sinne der Nummer 2 rechtfertigt die für Gebäude im Sinne der Nummer 1 geltende Regelung weder die Anwendung des Absatzes 1 letzter Satz noch den Ansatz des niedrigeren Teilwerts (§ 6 Absatz 1 Nummer 1 Satz 2).

(5) [1] Bei im Inland belegenen Gebäuden, die vom Steuerpflichtigen hergestellt oder bis zum Ende des Jahres der Fertigstellung angeschafft worden sind, können abweichend von Absatz 4 als Absetzung für Abnutzung die folgenden Beträge abgezogen werden:

1. bei Gebäuden im Sinne des Absatzes 4 Satz 1 Nummer 1, die vom Steuerpflichtigen auf Grund eines vor dem 1. Januar 1994 gestellten Bauantrags hergestellt oder auf Grund eines vor diesem Zeitpunkt rechtswirksam abgeschlossenen obligatorischen Vertrags angeschafft worden sind,

   – im Jahr der Fertigstellung und in den folgenden 3 Jahren jeweils 10 Prozent,
   – in den darauf folgenden 3 Jahren jeweils 5 Prozent,
   – in den darauf folgenden 18 Jahren jeweils 2,5 Prozent,

2. bei Gebäuden im Sinne des Absatzes 4 Satz 1 Nummer 2, die vom Steuerpflichtigen auf Grund eines vor dem 1. Januar 1995 gestellten Bauantrags hergestellt oder auf Grund eines vor diesem Zeitpunkt rechtswirksam abgeschlossenen obligatorischen Vertrags angeschafft worden sind,

   – im Jahr der Fertigstellung und in den folgenden 7 Jahren jeweils 5 Prozent,
   – in den darauf folgenden 6 Jahren jeweils 2,5 Prozent,
   – in den darauf folgenden 36 Jahren jeweils 1,25 Prozent,

3. bei Gebäuden im Sinne des Absatzes 4 Satz 1 Nummer 2, soweit sie Wohnzwecken dienen, die vom Steuerpflichtigen

   a) auf Grund eines nach dem 28. Februar 1989 und vor dem 1. Januar 1996 gestellten Bauantrags hergestellt oder nach dem 28. Februar 1989 auf Grund eines nach dem 28. Februar 1989 und vor dem 1. Januar 1996 rechtswirksam abgeschlossenen obligatorischen Vertrags angeschafft worden sind,

      – im Jahr der Fertigstellung und in den folgenden 3 Jahren jeweils 7 Prozent,
      – in den darauf folgenden 6 Jahren jeweils 5 Prozent,
      – in den darauf folgenden 6 Jahren jeweils 2 Prozent,
      – in den darauf folgenden 24 Jahren jeweils 1,25 Prozent,

   b) auf Grund eines nach dem 31. Dezember 1995 und vor dem 1. Januar 2004 gestellten Bauantrags hergestellt oder auf Grund eines nach dem 31. Dezember 1995 und vor dem 1. Januar 2004 rechtswirksam abgeschlossenen obligatorischen Vertrags angeschafft worden sind,

      – im Jahr der Fertigstellung und in den folgenden 7 Jahren jeweils 5 Prozent,
      – in den darauf folgenden 6 Jahren jeweils 2,5 Prozent,
      – in den darauf folgenden 36 Jahren jeweils 1,25 Prozent,

   c) auf Grund eines nach dem 31. Dezember 2003 und vor dem 1. Januar 2006 gestellten Bauantrags hergestellt oder auf Grund eines nach dem 31. Dezember 2003 und vor dem 1. Januar 2006 rechtswirksam abgeschlossenen obligatorischen Vertrags angeschafft worden sind,

      – im Jahr der Fertigstellung und in den folgenden 9 Jahren jeweils 4 Prozent,
      – in den darauf folgenden 8 Jahren jeweils 2,5 Prozent,
      – in den darauf folgenden 32 Jahren jeweils 1,25 Prozent,

der Anschaffungs- oder Herstellungskosten. [2] Im Fall der Anschaffung kann Satz 1 nur angewendet werden, wenn der Hersteller für das veräußerte Gebäude weder Absetzungen für Abnutzung nach Satz 1 vorgenommen noch erhöhte Absetzungen oder Sonderabschreibungen in Anspruch genommen hat. [3] Absatz 1 Satz 4 gilt nicht.

(5a) Die Absätze 4 und 5 sind auf Gebäudeteile, die selbständige unbewegliche Wirtschaftsgüter sind, sowie auf Eigentumswohnungen und auf im Teileigentum stehende Räume entsprechend anzuwenden.

(6) Bei Bergbauunternehmen, Steinbrüchen und anderen Betrieben, die einen Verbrauch der Substanz mit sich bringen, ist Absatz 1 entsprechend anzuwenden; dabei sind Absetzungen nach Maßgabe des Substanzverzehrs zulässig (Absetzung für Substanzverringerung).

§ 7b Erhöhte Absetzungen für Einfamilienhäuser, Zweifamilienhäuser und Eigentumswohnungen. (1) [1] Bei im Inland belegenen Einfamilienhäusern, Zweifamilienhäusern und Eigentumswohnungen, die zu mehr als 66 2/3 Prozent Wohnzwecken dienen und die vor dem 1. Januar 1987 hergestellt oder angeschafft worden sind, kann abweichend von § 7 Absatz 4 und 5 der Bauherr im Jahr der Fertigstellung und in den sieben folgenden Jahren jeweils bis zu 5 Prozent der Herstellungskosten oder ein Erwerber im Jahr der Anschaffung und in den sieben folgenden Jahren jeweils bis zu 5 Prozent der Anschaffungskosten absetzen. [2] Nach Ablauf dieser acht Jahre sind als Absetzung für Abnutzung bis zur vollen Absetzung jährlich 2,5 Prozent des Restwerts abzuziehen; § 7 Absatz 4 Satz 2 gilt entsprechend. [3] Übersteigen die Herstellungskosten oder die Anschaffungskosten bei einem Einfamilienhaus oder einer Eigentumswohnung 200 000 Deutsche Mark, bei einem Zweifamilienhaus 250 000 Deutsche Mark, bei einem Anteil an einem dieser Gebäude oder einer Eigentumswohnung den entsprechenden Teil von 200 000 Deutsche Mark oder von 250 000 Deutsche Mark, so ist auf den übersteigenden Teil der Herstellungskosten oder der Anschaffungskosten § 7 Absatz 4 anzuwenden. [4] Satz 1 ist nicht anzuwenden, wenn der Steuerpflichtige das Einfamilienhaus, Zweifamilienhaus, die Eigentumswohnung oder einen Anteil an einem dieser Gebäude oder an einer Eigentumswohnung

1. von seinem Ehegatten anschafft und bei den Ehegatten die Voraussetzungen des § 26 Absatz 1 vorliegen;
2. anschafft und im zeitlichen Zusammenhang mit der Anschaffung an den Veräußerer ein Einfamilienhaus, Zweifamilienhaus oder eine Eigentumswohnung oder einen Anteil an einem dieser Gebäude oder an einer Eigentumswohnung veräußert; das gilt auch, wenn das veräußerte Gebäude, die veräußerte Eigentumswohnung oder der veräußerte Anteil dem Ehegatten des Steuerpflichtigen zuzurechnen war und bei den Ehegatten im Zeitpunkt der Anschaffung und im Zeitpunkt der Veräußerung die Voraussetzungen des § 26 Absatz 1 vorliegen;
3. nach einer früheren Veräußerung durch ihn wieder anschafft; das gilt auch, wenn das Gebäude, die Eigentumswohnung oder der Anteil im Zeitpunkt der früheren Veräußerung dem Ehegatten des Steuerpflichtigen zuzurechnen war und bei den Ehegatten die Voraussetzungen des § 26 Absatz 1 vorliegen.

(2) [1] Absatz 1 gilt entsprechend für Herstellungskosten, die für Ausbauten und Erweiterungen an einem Einfamilienhaus, Zweifamilienhaus oder an einer Eigentumswohnung aufgewendet worden sind und der Ausbau oder die Erweiterung vor dem 1. Januar 1987 fertig gestellt worden ist, wenn das Einfamilienhaus, Zweifamilienhaus oder die Eigentumswohnung vor dem 1. Januar 1964 fertig gestellt und nicht nach dem 31. Dezember 1976 angeschafft worden ist. [2] Weitere Voraussetzung ist, dass das Gebäude oder die Eigentumswohnung im Inland belegen ist und die ausgebauten oder neu hergestellten Gebäudeteile zu mehr als 80 Prozent Wohnzwecken dienen. [3] Nach Ablauf des Zeitraums, in dem nach Satz 1 erhöhte Absetzungen vorgenommen werden können, ist der Restwert den Anschaffungs- oder Herstellungskosten des Gebäudes oder dem an deren Stelle tretenden Wert hinzuzurechnen; die weiteren Absetzungen für Abnutzung sind einheitlich für das gesamte Gebäude nach dem sich hiernach ergebenden Betrag und dem für das Gebäude maßgebenden Prozentsatz zu bemessen.

(3) [1] Der Bauherr kann erhöhte Absetzungen, die er im Jahr der Fertigstellung und in den zwei folgenden Jahren nicht ausgenutzt hat, bis zum Ende des dritten auf das Jahr der Fertigstellung folgenden Jahres nachholen. [2] Nachträgliche Herstellungskosten, die bis zum Ende des dritten auf das Jahr der Fertigstellung folgenden Jahres entstehen, können abweichend von § 7a Absatz 1 vom Jahr ihrer Entstehung an so behandelt werden, als wären sie bereits im ersten Jahr des Begünstigungszeitraums entstanden. [3] Die Sätze 1 und 2 gelten für den Erwerber eines Einfamilienhauses, eines Zweifamilienhauses oder einer Eigentumswohnung und bei Ausbauten und Erweiterungen im Sinne des Absatzes 2 entsprechend.

(4) [1] Zum Gebäude gehörende Garagen sind ohne Rücksicht auf ihre tatsächliche Nutzung als Wohnzwecken dienend zu behandeln, soweit in ihnen nicht mehr als ein Personenkraftwagen für jede in dem Gebäude befindliche Wohnung untergestellt werden kann. [2] Räume für die Unterstellung weiterer Kraftwagen sind stets als nicht Wohnzwecken dienend zu behandeln.

(5) [1] Erhöhte Absetzungen nach den Absätzen 1 und 2 kann der Steuerpflichtige nur für ein Einfamilienhaus oder für ein Zweifamilienhaus oder für eine Eigentumswohnung oder für den Ausbau oder die Erweiterung eines Einfamilienhauses, eines Zweifamilienhauses oder einer Eigentumswohnung in Anspruch nehmen. [2] Ehegatten, bei denen die Voraussetzungen des § 26 Absatz 1 vorliegen, können erhöhte Absetzungen nach den Absätzen 1 und 2 für insgesamt zwei der in Satz 1 bezeichneten Gebäude, Eigentumswohnungen, Ausbauten oder Erweiterungen in Anspruch nehmen. [3] Den erhöhten Absetzungen nach den Absätzen 1 und 2 stehen die erhöhten Absetzungen nach § 7b in der jeweiligen Fassung ab Inkrafttreten des Gesetzes vom 16. Juni 1964 (BGBl. I S. 353) und nach § 15 Absatz 1 bis 4 des Berlinförderungsgesetzes in der Fassung des Gesetzes vom 11. Juli 1977 (BGBl. I S. 1213) gleich. [4] Ist das Einfamilienhaus, das Zweifamilienhaus oder die Eigentumswohnung (Erstobjekt) dem Steuerpflichtigen nicht bis zum Ablauf des Begünstigungszeitraums zuzurechnen, so kann der Steuerpflichtige abweichend von den Sätzen 1 bis 3 erhöhte Absetzungen bei einem weiteren Einfamilienhaus, Zweifamilienhaus oder einer weiteren Eigentumswohnung im Sinne des Absatzes 1 Satz 1 (Folgeobjekt) in Anspruch nehmen, wenn er das Folgeobjekt innerhalb eines Zeitraums von zwei Jahren vor und drei Jahren nach Ablauf des Veranlagungszeitraums, in dem ihm das Erstobjekt letztmals zugerechnet worden ist, anschafft oder herstellt; Entsprechendes gilt bei einem Ausbau oder einer Erweiterung eines Einfamilienhauses, Zweifamilienhauses oder einer Eigentumswohnung. [5] Im Fall des Satzes 4 ist der Begünstigungszeitraum für das Folgeobjekt um die Anzahl der Veranlagungszeiträume zu kürzen, in denen das Erstobjekt dem Steuerpflichtigen zugerechnet worden ist; hat der Steuerpflichtige das Folgeobjekt in einem Veranlagungszeitraum, in dem ihm das Erstobjekt noch zuzurechnen ist, hergestellt oder angeschafft oder einen Ausbau oder eine Erweiterung vorgenommen, so beginnt der Begünstigungszeitraum für das Folgeobjekt abweichend von Absatz 1 mit Ablauf des Veranlagungszeitraums, in dem das Erstobjekt dem Steuerpflichtigen letztmals zugerechnet worden ist.

(6) [1] Ist ein Einfamilienhaus, ein Zweifamilienhaus oder eine Eigentumswohnung mehreren Steuerpflichtigen zuzurechnen, so ist Absatz 5 mit der Maßgabe anzuwenden, dass der Anteil des Steuerpflichtigen an einem dieser Gebäude oder an einer Eigentumswohnung, einem Einfamilienhaus, einem Zweifamilienhaus oder einer Eigentumswohnung gleichsteht; Entsprechendes gilt bei dem Ausbau oder der Erweiterung von Einfamilienhäusern, Zweifamilienhäusern oder Eigentumswohnungen, die mehreren Steuerpflichtigen zuzurechnen sind. [2] Satz 1 ist nicht anzuwenden, wenn ein Einfamilienhaus, ein Zweifamilienhaus oder eine Eigentumswohnung ausschließlich dem Steuerpflichtigen und seinem Ehegatten zuzurechnen ist und bei den Ehegatten die Voraussetzungen des § 26 Absatz 1 vorliegen.

(7) Der Bauherr von Kaufeigenheimen, Trägerkleinsiedlungen und Kaufeigentumswohnungen kann abweichend von Absatz 5 für alle von ihm vor dem 1. Januar 1987 erstellten Kaufeigenheime, Trägerkleinsiedlungen und Kaufeigentumswohnungen im Jahr der Fertigstellung und im folgenden Jahr erhöhte Absetzungen bis zu jeweils 5 Prozent vornehmen.

(8) Führt eine nach § 7c begünstigte Baumaßnahme dazu, dass das bisher begünstigte Objekt kein Einfamilienhaus, Zweifamilienhaus und keine Eigentumswohnung mehr ist, kann der Steuerpflichtige die erhöhten Absetzungen nach den Absätzen 1 und 2 bei Vorliegen der übrigen Voraussetzungen für den restlichen Begünstigungszeitraum unter Einbeziehung der Herstellungskosten für die Baumaßnahme nach § 7c in Anspruch nehmen, soweit er diese Herstellungskosten nicht in die Bemessungsgrundlage nach § 7c einbezogen hat.

§ 7c Erhöhte Absetzungen für Baumaßnahmen an Gebäuden zur Schaffung neuer Mietwohnungen. (1) Bei Wohnungen im Sinne des Absatzes 2, die durch Baumaßnahmen an Gebäuden im Inland hergestellt worden sind, können abweichend von § 7 Absatz 4 und 5 im Jahr der Fertigstellung und in den folgenden vier Jahren Absetzungen jeweils bis zu 20 Prozent der Bemessungsgrundlage vorgenommen werden.

(2) Begünstigt sind Wohnungen,

1. für die der Bauantrag nach dem 2. Oktober 1989 gestellt worden ist oder, falls ein Bauantrag nicht erforderlich ist, mit deren Herstellung nach diesem Zeitpunkt begonnen worden ist,
2. die vor dem 1. Januar 1996 fertiggestellt worden sind und
3. für die keine Mittel aus öffentlichen Haushalten unmittelbar oder mittelbar gewährt werden.

(3) [1] Bemessungsgrundlage sind die Aufwendungen, die dem Steuerpflichtigen durch die Baumaßnahme entstanden sind, höchstens jedoch 60 000 Deutsche Mark je Wohnung. [2] Sind durch die Baumaßnahmen Gebäudeteile hergestellt worden, die selbständige unbewegliche Wirtschaftsgüter sind, gilt für die Herstellungskosten, für die keine Absetzungen nach Absatz 1 vorgenommen werden, § 7 Absatz 4; § 7b Absatz 8 bleibt unberührt.

(4) Die erhöhten Absetzungen können nur in Anspruch genommen werden, wenn die Wohnung vom Zeitpunkt der Fertigstellung bis zum Ende des Begünstigungszeitraums fremden Wohnzwecken dient.

(5) [1] Nach Ablauf des Begünstigungszeitraums ist ein Restwert den Anschaffungs- oder Herstellungskosten des Gebäudes oder dem an deren Stelle tretenden Wert hinzuzurechnen; die weiteren Absetzungen für Abnutzung sind einheitlich für das gesamte Gebäude nach dem sich hiernach ergebenden Betrag und dem für das Gebäude maßgebenden Prozentsatz zu bemessen. [2] Satz 1 ist auf Gebäudeteile, die selbständige unbewegliche Wirtschaftsgüter sind, und auf Eigentumswohnungen entsprechend anzuwenden.

§ 7h Erhöhte Absetzungen bei Gebäuden in Sanierungsgebieten und städtebaulichen Entwicklungsbereichen. (1) [1] Bei einem im Inland belegenen Gebäude in einem förmlich festgelegten Sanierungsgebiet oder städtebaulichen Entwicklungsbereich kann der Steuerpflichtige abweichend von § 7 Absatz 4 und 5 im Jahr der Herstellung und in den folgenden sieben Jahren jeweils bis zu 9 Prozent und in den folgenden vier Jahren jeweils bis zu 7 Prozent der Herstellungskosten für Modernisierungs- und Instandsetzungsmaßnahmen im Sinne des § 177 des Baugesetzbuchs[1)] absetzen. [2] Satz 1 ist entsprechend anzuwenden auf Herstellungskosten für Maßnahmen, die der Erhaltung, Erneuerung und funktionsgerechten Verwendung eines Gebäudes im Sinne des Satzes 1 dienen, das wegen seiner geschichtlichen, künstlerischen oder städtebaulichen Bedeutung erhalten bleiben soll, und zu deren Durchführung sich der Eigentümer neben bestimmten Modernisierungsmaßnahmen gegenüber der Gemeinde verpflichtet hat. [3] Der Steuerpflichtige kann die erhöhten Absetzungen im Jahr des Abschlusses der Maßnahme und in den folgenden elf Jahren auch für Anschaffungskosten in Anspruch nehmen, die auf Maßnahmen im Sinne der Sätze 1 und 2 entfallen, soweit diese nach dem rechtswirksamen Abschluss eines obligatorischen Erwerbsvertrags oder eines gleichstehenden Rechtsakts durchgeführt worden sind. [4] Die erhöhten Absetzungen können nur in Anspruch genommen werden, soweit die Herstellungs- oder Anschaffungskosten durch Zuschüsse aus Sanierungs- oder Entwicklungsförderungsmitteln nicht gedeckt sind. [5] Nach Ablauf des Begünstigungszeitraums ist ein Restwert den Herstellungs- oder Anschaffungskosten des Gebäudes oder dem an deren Stelle tretenden Wert hinzuzurechnen; die weiteren Absetzungen für Abnutzung sind einheitlich für das gesamte Gebäude nach dem sich hiernach ergebenden Betrag und dem für das Gebäude maßgebenden Prozentsatz zu bemessen.

(2) [1] Der Steuerpflichtige kann die erhöhten Absetzungen nur in Anspruch nehmen, wenn er durch eine Bescheinigung der zuständigen Gemeindebehörde die Voraussetzungen des Absatzes 1 für das Gebäude und die Maßnahmen nachweist. [2] Sind ihm Zuschüsse aus Sanierungs- oder Entwicklungsförderungsmitteln gewährt worden, so hat die Bescheinigung auch deren Höhe zu enthalten; werden ihm solche Zuschüsse nach Ausstellung der Bescheinigung gewährt, so ist diese entsprechend zu ändern.

(3) Die Absätze 1 und 2 sind auf Gebäudeteile, die selbständige unbewegliche Wirtschaftsgüter sind, sowie auf Eigentumswohnungen und auf im Teileigentum stehende Räume entsprechend anzuwenden.

§ 7i Erhöhte Absetzungen bei Baudenkmalen. (1) [1] Bei einem im Inland belegenen Gebäude, das nach den jeweiligen landesrechtlichen Vorschriften ein Baudenkmal ist, kann der Steuerpflichtige abweichend von § 7 Absatz 4 und 5 im Jahr der Herstellung und in den folgenden sieben Jahren jeweils bis zu 9 Prozent und in den folgenden vier Jahren jeweils bis zu 7 Prozent der Herstellungskosten für Baumaßnahmen, die nach Art und Umfang zur Erhaltung des Gebäudes als Baudenkmal oder zu seiner sinnvollen Nutzung erforderlich sind, absetzen. [2] Eine sinnvolle Nutzung ist nur anzunehmen, wenn das Gebäude in der Weise genutzt wird, dass die Erhaltung der schützenswerten Substanz des Gebäudes auf die Dauer gewährleistet ist. [3] Bei einem im Inland belegenen Gebäudeteil, das nach den jeweiligen landesrechtlichen Vorschriften ein Baudenkmal ist, sind die Sätze 1 und 2 entsprechend anzuwenden. [4] Bei einem im Inland belegenen Gebäude oder Gebäudeteil, das für sich allein nicht die Voraussetzungen für ein Baudenkmal erfüllt, aber Teil einer Gebäudegruppe oder Gesamtanlage ist, die nach den jeweiligen landesrechtlichen Vorschriften als Einheit geschützt ist, kann der Steuerpflichtige die erhöhten Absetzungen von den Herstellungskosten für Baumaßnahmen vornehmen, die nach Art und Umfang zur Erhaltung des schützenswerten äußeren Erscheinungsbildes der Gebäudegruppe oder Gesamtanlage erforderlich sind. [5] Der Steuerpflichtige kann die erhöhten Absetzungen im Jahr des Abschlusses der Baumaßnahme und in den folgenden elf Jahren auch für Anschaffungskosten in Anspruch nehmen, die auf Baumaßnahmen im Sinne der Sätze 1 bis 4 entfallen, soweit diese nach dem rechtswirksamen Abschluss eines obligatorischen Erwerbsvertrags oder eines gleichstehenden Rechtsakts durchgeführt worden sind. [6] Die Baumaßnahmen

---

[1)] Nr. **400**.

müssen in Abstimmung mit der in Absatz 2 bezeichneten Stelle durchgeführt worden sein. [7] Die erhöhten Absetzungen können nur in Anspruch genommen werden, soweit die Herstellungs- oder Anschaffungskosten nicht durch Zuschüsse aus öffentlichen Kassen gedeckt sind. [8] § 7h Absatz 1 Satz 5 ist entsprechend anzuwenden.

(2) [1] Der Steuerpflichtige kann die erhöhten Absetzungen nur in Anspruch nehmen, wenn er durch eine Bescheinigung der nach Landesrecht zuständigen oder von der Landesregierung bestimmten Stelle die Voraussetzungen des Absatzes 1 für das Gebäude oder Gebäudeteil und für die Erforderlichkeit der Aufwendungen nachweist. [2] Hat eine der für Denkmalschutz oder Denkmalpflege zuständigen Behörden ihm Zuschüsse gewährt, so hat die Bescheinigung auch deren Höhe zu enthalten; werden ihm solche Zuschüsse nach Ausstellung der Bescheinigung gewährt, so ist diese entsprechend zu ändern.

(3) § 7h Absatz 3 ist entsprechend anzuwenden.

§ 7k Erhöhte Absetzungen für Wohnungen mit Sozialbindung.[1] (1) [1] Bei Wohnungen im Sinne des Absatzes 2 können abweichend von § 7 Absatz 4 und 5 im Jahr der Fertigstellung und in den folgenden vier Jahren jeweils bis zu 10 Prozent und in den folgenden fünf Jahren jeweils bis zu 7 Prozent der Herstellungskosten oder Anschaffungskosten abgesetzt werden. [2] Im Fall der Anschaffung ist Satz 1 nur anzuwenden, wenn der Hersteller für die veräußerte Wohnung weder Absetzungen für Abnutzung nach § 7 Absatz 5 vorgenommen noch erhöhte Absetzungen oder Sonderabschreibungen in Anspruch genommen hat. [3] Nach Ablauf dieser zehn Jahre sind als Absetzungen für Abnutzung bis zur vollen Absetzung jährlich 3$^1/_3$ Prozent des Restwerts abzuziehen; § 7 Absatz 4 Satz 2 gilt entsprechend.

(2) Begünstigt sind Wohnungen im Inland,

1. a) für die der Bauantrag nach dem 28. Februar 1989 gestellt worden ist und die vom Steuerpflichtigen hergestellt worden sind oder
   b) die vom Steuerpflichtigen nach dem 28. Februar 1989 auf Grund eines nach diesem Zeitpunkt rechtswirksam abgeschlossenen obligatorischen Vertrages bis zum Ende des Jahres der Fertigstellung angeschafft worden sind,
2. die vor dem 1. Januar 1996 fertiggestellt worden sind,
3. für die keine Mittel aus öffentlichen Haushalten unmittelbar oder mittelbar gewährt werden,
4. die im Jahr der Anschaffung oder Herstellung und in den folgenden neun Jahren (Verwendungszeitraum) dem Steuerpflichtigen zu fremden Wohnzwecken dienen und
5. für die der Steuerpflichtige für jedes Jahr des Verwendungszeitraums, in dem er die Wohnungen vermietet hat, durch eine Bescheinigung nachweist, dass die Voraussetzungen des Absatzes 3 vorliegen.

(3) [1] Die Bescheinigung nach Absatz 2 Nummer 5 ist von der nach § 3 des Wohnungsbindungsgesetzes zuständigen Stelle, im Saarland von der durch die Landesregierung bestimmten Stelle (zuständigen Stelle), nach Ablauf des jeweiligen Jahres des Begünstigungszeitraums für Wohnungen zu erteilen,

1. a) die der Steuerpflichtige nur an Personen vermietet hat, für die
   aa) eine Bescheinigung über die Wohnberechtigung nach § 5 des Wohnungsbindungsgesetzes, im Saarland eine Mieteranerkennung, dass die Voraussetzungen des § 14 des Wohnungsbaugesetzes für das Saarland erfüllt sind, ausgestellt worden ist, oder
   bb) eine Bescheinigung ausgestellt worden ist, dass sie die Voraussetzungen des § 88a Absatz 1 Buchstabe b des *Zweiten Wohnungsbaugesetzes*[2], im Saarland des § 51b Absatz 1 Buchstabe b des Wohnungsbaugesetzes für das Saarland, erfüllen,

   und wenn die Größe der Wohnung die in dieser Bescheinigung angegebene Größe nicht übersteigt, oder
   b) für die der Steuerpflichtige keinen Mieter im Sinne des Buchstabens a gefunden hat und für die ihm die zuständige Stelle nicht innerhalb von sechs Wochen nach seiner Anforderung einen solchen Mieter nachgewiesen hat,

   und
2. bei denen die Höchstmiete nicht überschritten worden ist. [2] Die Landesregierungen werden ermächtigt, die Höchstmiete in Anlehnung an die Beträge nach § 72 Absatz 3 des *Zweiten Wohnungsbaugesetzes*[2], im Saarland unter Berücksichtigung der Besonderheiten des Wohnungsbaugesetzes für das Saarland durch Rechtsverordnung festzusetzen. [3] In der Rechtsverordnung ist eine Erhöhung der Mieten in Anlehnung an die Erhöhung der Mieten im

---

[1] Siehe auch Bek. des Bayer. Staatsministeriums der Finanzen vom 17. Februar 1992 (FMBl. S. 208).
[2] Aufgeh. mWv 1. 1. 2002 durch G v. 13. 9. 2001 (BGBl. I S. 2376).

öffentlich geförderten sozialen Wohnungsbau zuzulassen. [4] § 4 des Gesetzes zur Regelung der Miethöhe bleibt unberührt.

[2] Bei Wohnungen, für die der Bauantrag nach dem 31. Dezember 1992 gestellt worden ist und die vom Steuerpflichtigen hergestellt worden sind oder die vom Steuerpflichtigen auf Grund eines nach dem 31. Dezember 1992 rechtswirksam abgeschlossenen obligatorischen Vertrages angeschafft worden sind, gilt Satz 1 Nummer 1 Buchstabe a mit der Maßgabe, dass der Steuerpflichtige die Wohnungen nur an Personen vermietet hat, die im Jahr der Fertigstellung zu ihm in einem Dienstverhältnis gestanden haben, und ist Satz 1 Nummer 1 Buchstabe b nicht anzuwenden.

5. Sonderausgaben

§ 10e Steuerbegünstigung der zu eigenen Wohnzwecken genutzten Wohnung im eigenen Haus. (1) [1] Der Steuerpflichtige kann von den Herstellungskosten einer Wohnung in einem im Inland belegenen eigenen Haus oder einer im Inland belegenen eigenen Eigentumswohnung zuzüglich der Hälfte der Anschaffungskosten für den dazugehörenden Grund und Boden (Bemessungsgrundlage) im Jahr der Fertigstellung und in den drei folgenden Jahren jeweils bis zu 6 Prozent, höchstens jeweils 10 124 Euro, und in den vier darauffolgenden Jahren jeweils bis zu 5 Prozent, höchstens jeweils 8 437 Euro, wie Sonderausgaben abziehen. [2] Voraussetzung ist, dass der Steuerpflichtige die Wohnung hergestellt und in dem jeweiligen Jahr des Zeitraums nach Satz 1 (Abzugszeitraum) zu eigenen Wohnzwecken genutzt hat und die Wohnung keine Ferienwohnung oder Wochenendwohnung ist. [3] Eine Nutzung zu eigenen Wohnzwecken liegt auch vor, wenn Teile einer zu eigenen Wohnzwecken genutzten Wohnung unentgeltlich zu Wohnzwecken überlassen werden. [4] Hat der Steuerpflichtige die Wohnung angeschafft, so sind die Sätze 1 bis 3 mit der Maßgabe anzuwenden, dass an die Stelle des Jahres der Fertigstellung das Jahr der Anschaffung und an die Stelle der Herstellungskosten die Anschaffungskosten treten; hat der Steuerpflichtige die Wohnung nicht bis zum Ende des zweiten auf das Jahr der Fertigstellung folgenden Jahres angeschafft, kann er von der Bemessungsgrundlage im Jahr der Anschaffung und in den drei folgenden Jahren höchstens jeweils 4 602 Euro und in den vier darauffolgenden Jahren höchstens jeweils 3 835 Euro abziehen. [5] § 6 b Absatz 6 gilt sinngemäß. [6] Bei einem Anteil an der zu eigenen Wohnzwecken genutzten Wohnung kann der Steuerpflichtige den entsprechenden Teil der Abzugsbeträge nach Satz 1 wie Sonderausgaben abziehen. [7] Werden Teile der Wohnung nicht zu eigenen Wohnzwecken genutzt, ist die Bemessungsgrundlage um den auf den nicht zu eigenen Wohnzwecken entfallenden Teil zu kürzen. [8] Satz 4 ist nicht anzuwenden, wenn der Steuerpflichtige die Wohnung oder einen Anteil daran von seinem Ehegatten anschafft und bei den Ehegatten die Voraussetzungen des § 26 Absatz 1 vorliegen.

(2) Absatz 1 gilt entsprechend für Herstellungskosten zu eigenen Wohnzwecken genutzter Ausbauten und Erweiterungen an einer im Inland belegenen, zu eigenen Wohnzwecken genutzten Wohnung.

(3) [1] Der Steuerpflichtige kann die Abzugsbeträge nach den Absätzen 1 und 2, die er in einem Jahr des Abzugszeitraums nicht ausgenutzt hat, bis zum Ende des Abzugszeitraums abziehen. [2] Nachträgliche Herstellungskosten oder Anschaffungskosten, die bis zum Ende des Abzugszeitraums entstehen, können vom Jahr ihrer Entstehung an für die Veranlagungszeiträume, in denen der Steuerpflichtige Abzugsbeträge nach den Absätzen 1 und 2 hätte abziehen können, so behandelt werden, als wären sie zu Beginn des Abzugszeitraums entstanden.

(4) [1] Die Abzugsbeträge nach den Absätzen 1 und 2 kann der Steuerpflichtige nur für eine Wohnung oder für einen Ausbau oder eine Erweiterung abziehen. [2] Ehegatten, bei denen die Voraussetzungen des § 26 Absatz 1 vorliegen, können die Abzugsbeträge nach den Absätzen 1 und 2 für insgesamt zwei der in Satz 1 bezeichneten Objekte abziehen, jedoch nicht gleichzeitig für zwei in räumlichem Zusammenhang belegene Objekte, wenn bei den Ehegatten im Zeitpunkt der Herstellung oder Anschaffung der Objekte die Voraussetzungen des § 26 Absatz 1 vorliegen. [3] Den Abzugsbeträgen stehen die erhöhten Absetzungen nach § 7 b in der jeweiligen Fassung ab Inkrafttreten des Gesetzes vom 16. Juni 1964 (BGBl. I S. 353) und nach § 15 Absatz 1 bis 4 des Berlinförderungsgesetzes in der jeweiligen Fassung ab Inkrafttreten des Gesetzes vom 11. Juli 1977 (BGBl. I S. 1213) gleich. [4] Nutzt der Steuerpflichtige die Wohnung im eigenen Haus oder die Eigentumswohnung (Erstobjekt) nicht bis zum Ablauf des Abzugszeitraums zu eigenen Wohnzwecken und kann er deshalb die Abzugsbeträge nach den Absätzen 1 und 2 nicht mehr in Anspruch nehmen, so kann er die Abzugsbeträge nach Absatz 1 bei einer weiteren Wohnung im Sinne des Absatzes 1 Satz 1 (Folgeobjekt) in Anspruch nehmen, wenn er das Folgeobjekt innerhalb von zwei Jahren vor und drei Jahren nach Ablauf des Veranlagungszeitraums, in dem er das Erstobjekt letztmals zu eigenen Wohnzwecken genutzt hat, anschafft oder herstellt; Entsprechendes gilt bei einem Ausbau oder einer Erweiterung einer Wohnung. [5] Im Fall des Satzes 4 ist der Abzugszeitraum für das Folgeobjekt um die Anzahl der Veranla-

gungszeiträume zu kürzen, in denen der Steuerpflichtige für das Erstobjekt die Abzugsbeträge nach den Absätzen 1 und 2 hätte abziehen können; hat der Steuerpflichtige das Folgeobjekt in einem Veranlagungszeitraum, in dem er das Erstobjekt noch zu eigenen Wohnzwecken genutzt hat, hergestellt oder angeschafft oder ausgebaut oder erweitert, so beginnt der Abzugszeitraum für das Folgeobjekt mit Ablauf des Veranlagungszeitraums, in dem der Steuerpflichtige das Erstobjekt letztmals zu eigenen Wohnzwecken genutzt hat. [6] Für das Folgeobjekt sind die Prozentsätze der vom Erstobjekt verbliebenen Jahre maßgebend. [7] Dem Erstobjekt im Sinne des Satzes 4 steht ein Erstobjekt im Sinne des § 7 b Absatz 5 Satz 4 sowie des § 15 Absatz 1 und des § 15 b Absatz 1 des Berlinförderungsgesetzes gleich. [8] Ist für den Steuerpflichtigen Objektverbrauch nach den Sätzen 1 bis 3 eingetreten, kann er die Abzugsbeträge nach den Absätzen 1 und 2 für ein weiteres, in dem in Artikel 3 des Einigungsvertrages genannten Gebiet belegenes Objekt abziehen, wenn der Steuerpflichtige oder dessen Ehegatte, bei denen die Voraussetzungen des § 26 Absatz 1 vorliegen, in dem in Artikel 3 des Einigungsvertrages genannten Gebiet zugezogen ist und

1. seinen ausschließlichen Wohnsitz in diesem Gebiet zu Beginn des Veranlagungszeitraums hat oder ihn im Laufe des Veranlagungszeitraums begründet oder
2. bei mehrfachem Wohnsitz einen Wohnsitz in diesem Gebiet hat und sich dort überwiegend aufhält.

[9] Voraussetzung für die Anwendung des Satzes 8 ist, dass die Wohnung im eigenen Haus oder die Eigentumswohnung vor dem 1. Januar 1995 hergestellt oder angeschafft oder der Ausbau oder die Erweiterung vor diesem Zeitpunkt fertig gestellt worden ist. [10] Die Sätze 2 und 4 bis 6 sind für im Satz 8 bezeichnete Objekte sinngemäß anzuwenden.

(5) [1] Sind mehrere Steuerpflichtige Eigentümer einer zu eigenen Wohnzwecken genutzten Wohnung, so ist Absatz 4 mit der Maßgabe anzuwenden, dass der Anteil des Steuerpflichtigen an der Wohnung einer Wohnung gleichsteht; Entsprechendes gilt bei dem Ausbau oder bei der Erweiterung einer zu eigenen Wohnzwecken genutzten Wohnung. [2] Satz 1 ist nicht anzuwenden, wenn Eigentümer der Wohnung der Steuerpflichtige und sein Ehegatte sind und bei den Ehegatten die Voraussetzungen des § 26 Absatz 1 vorliegen. [3] Erwirbt im Fall des Satzes 2 ein Ehegatte infolge Erbfalls einen Miteigentumsanteil an der Wohnung hinzu, so kann er die auf diesen Anteil entfallenden Abzugsbeträge nach den Absätzen 1 und 2 weiter in der bisherigen Höhe abziehen; Entsprechendes gilt, wenn im Fall des Satzes 2 während des Abzugszeitraums die Voraussetzungen des § 26 Absatz 1 wegfallen und ein Ehegatte den Anteil des anderen Ehegatten an der Wohnung erwirbt.

(5 a) [1] Die Abzugsbeträge nach den Absätzen 1 und 2 können nur für die Veranlagungszeiträume in Anspruch genommen werden, in denen der Gesamtbetrag der Einkünfte 61 355 Euro, bei nach § 26 b zusammenveranlagten Ehegatten 122 710 Euro nicht übersteigt. [2] Eine Nachholung von Abzugsbeträgen nach Absatz 3 Satz 1 ist nur für Veranlagungszeiträume möglich, in denen die in Satz 1 genannten Voraussetzungen vorgelegen haben; Entsprechendes gilt für nachträgliche Herstellungskosten oder Anschaffungskosten im Sinne des Absatzes 3 Satz 2.

(6) [1] Aufwendungen des Steuerpflichtigen, die bis zum Beginn der erstmaligen Nutzung einer Wohnung im Sinne des Absatzes 1 zu eigenen Wohnzwecken entstehen, unmittelbar mit der Herstellung oder Anschaffung des Gebäudes oder der Eigentumswohnung oder der Anschaffung des dazugehörenden Grund und Bodens zusammenhängen, nicht zu den Herstellungskosten oder Anschaffungskosten der Wohnung oder zu den Anschaffungskosten des Grund und Bodens gehören und die im Fall der Vermietung oder Verpachtung der Wohnung als Werbungskosten abgezogen werden könnten, können wie Sonderausgaben abgezogen werden. [2] Wird eine Wohnung bis zum Beginn der erstmaligen Nutzung zu eigenen Wohnzwecken vermietet oder zu eigenen beruflichen oder eigenen betrieblichen Zwecken genutzt und sind die Aufwendungen Werbungskosten oder Betriebsausgaben, können sie nicht wie Sonderausgaben abgezogen werden. [3] Aufwendungen nach Satz 1, die Erhaltungsaufwand sind und im Zusammenhang mit der Anschaffung des Gebäudes oder der Eigentumswohnung stehen, können insgesamt nur bis zu 15 Prozent der Anschaffungskosten des Gebäudes oder der Eigentumswohnung, höchstens bis zu 15 Prozent von 76 694 Euro, abgezogen werden. [4] Die Sätze 1 und 2 gelten entsprechend bei Ausbauten und Erweiterungen an einer zu Wohnzwecken genutzten Wohnung.

(6 a) [1] Nimmt der Steuerpflichtige Abzugsbeträge für ein Objekt nach den Absätzen 1 oder 2 in Anspruch oder ist er auf Grund des Absatzes 5 a zur Inanspruchnahme von Abzugsbeträgen für ein solches Objekt nicht berechtigt, so kann er die mit diesem Objekt in wirtschaftlichem Zusammenhang stehenden Schuldzinsen, die für die Zeit der Nutzung zu eigenen Wohnzwecken entstehen, im Jahr der Herstellung oder Anschaffung und in den beiden folgenden Kalenderjahren bis zur Höhe von jeweils 12 000 Deutsche Mark wie Sonderausgaben abziehen, wenn er das Objekt vor dem 1. Januar 1995 fertiggestellt oder vor diesem Zeitpunkt bis zum Ende des Jahres der Fertigstellung angeschafft hat. [2] Soweit der Schuldzinsenabzug nach Satz 1

nicht in vollem Umfang im Jahr der Herstellung oder Anschaffung in Anspruch genommen werden kann, kann er in dem dritten auf das Jahr der Herstellung oder Anschaffung folgenden Kalenderjahr nachgeholt werden. [3] Absatz 1 Satz 6 gilt sinngemäß.

(7) [1] Sind mehrere Steuerpflichtige Eigentümer einer zu eigenen Wohnzwecken genutzten Wohnung, so können die Abzugsbeträge nach den Absätzen 1 und 2 und die Aufwendungen nach den Absätzen 6 und 6 a gesondert und einheitlich festgestellt werden. [2] Die für die gesonderte Feststellung von Einkünften nach § 180 Absatz 1 Nummer 2 Buchstabe a der Abgabenordnung geltenden Vorschriften sind entsprechend anzuwenden.

§ 10 h Steuerbegünstigung der unentgeltlich zu Wohnzwecken überlassenen Wohnung im eigenen Haus. [1] Der Steuerpflichtige kann von den Aufwendungen, die ihm durch Baumaßnahmen zur Herstellung einer Wohnung entstanden sind, im Jahr der Fertigstellung und in den drei folgenden Jahren jeweils bis zu 6 Prozent, höchstens jeweils 10 124 Euro, und in den vier darauffolgenden Jahren jeweils bis zu 5 Prozent, höchstens jeweils 8 437 Euro, wie Sonderausgaben abziehen. [2] Voraussetzung ist, dass

1. der Steuerpflichtige nach dem 30. September 1991 den Bauantrag gestellt oder mit der Herstellung begonnen hat,
2. die Baumaßnahmen an einem Gebäude im Inland durchgeführt worden sind, in dem der Steuerpflichtige im jeweiligen Jahr des Zeitraums nach Satz 1 eine eigene Wohnung zu eigenen Wohnzwecken nutzt,
3. die Wohnung keine Ferienwohnung oder Wochenendwohnung ist,
4. der Steuerpflichtige die Wohnung insgesamt im jeweiligen Jahr des Zeitraums nach Satz 1 voll unentgeltlich an einen Angehörigen im Sinne des § 15 Absatz 1 Nummer 3 und 4 der Abgabenordnung auf Dauer zu Wohnzwecken überlassen hat und
5. der Steuerpflichtige die Aufwendungen nicht in die Bemessungsgrundlage nach den §§ 10 e, 10 f Absatz 1, § 10 g, 52 Absatz 21 Satz 6 oder nach § 7 des Fördergebietsgesetzes einbezogen hat.

[3] § 10 e Absatz 1 Satz 5 und 6, Absatz 3, 5 a, 6 und 7 gilt sinngemäß.

§ 10 i Vorkostenabzug bei einer nach dem Eigenheimzulagengesetz begünstigten Wohnung. (1) [1] Der Steuerpflichtige kann nachstehende Vorkosten wie Sonderausgaben abziehen:

1. eine Pauschale von 1 790 Euro im Jahr der Fertigstellung oder Anschaffung, wenn er für die Wohnung im Jahr der Herstellung oder Anschaffung oder in einem der zwei folgenden Jahre eine Eigenheimzulage nach dem Eigenheimzulagengesetz in Anspruch nimmt, und
2. Erhaltungsaufwendungen bis zu 11 504 Euro, die
   a) bis zum Beginn der erstmaligen Nutzung einer Wohnung zu eigenen Wohnzwecken entstanden sind oder
   b) bis zum Ablauf des auf das Jahr der Anschaffung folgenden Kalenderjahres entstanden sind, wenn der Steuerpflichtige eine von ihm bisher als Mieter genutzte Wohnung anschafft.

[2] Die Erhaltungsaufwendungen nach Satz 1 Nummer 2 müssen unmittelbar mit der Herstellung oder Anschaffung des Gebäudes oder der Eigentumswohnung zusammenhängen, dürfen nicht zu den Herstellungskosten oder Anschaffungskosten der Wohnung oder zu den Anschaffungskosten des Grund und Bodens gehören und müssten im Fall der Vermietung und Verpachtung der Wohnung als Werbungskosten abgezogen werden können. [3] Wird eine Wohnung bis zum Beginn der erstmaligen Nutzung zu eigenen Wohnzwecken vermietet oder zu eigenen beruflichen oder eigenen betrieblichen Zwecken genutzt und sind die Erhaltungsaufwendungen Werbungskosten oder Betriebsausgaben, können sie nicht wie Sonderausgaben abgezogen werden. [4] Bei einem Anteil an der zu eigenen Wohnzwecken genutzten Wohnung kann der Steuerpflichtige den entsprechenden Teil der Abzugsbeträge nach Satz 1 wie Sonderausgaben abziehen. [5] Die vorstehenden Sätze gelten entsprechend bei Ausbauten und Erweiterungen an einer zu eigenen Wohnzwecken genutzten Wohnung.

(2) [1] Sind mehrere Steuerpflichtige Eigentümer einer zu eigenen Wohnzwecken genutzten Wohnung, können die Aufwendungen nach Absatz 1 gesondert und einheitlich festgestellt werden. [2] Die für die gesonderte Feststellung von Einkünften nach § 180 Absatz 1 Nummer 2 Buchstabe a der Abgabenordnung geltenden Vorschriften sind entsprechend anzuwenden.

8. Die einzelnen Einkunftsarten

a) Land- und Forstwirtschaft (§ 2 Absatz 1 Satz 1 Nummer 1)

§ 14 a Vergünstigungen bei der Veräußerung bestimmter land- und forstwirtschaftlicher Betriebe. (1) [1] Veräußert ein Steuerpflichtiger nach dem 30. Juni 1970 und vor dem 1. Januar 2001 seinen land- und forstwirtschaftlichen Betrieb im Ganzen, so wird auf Antrag der Veräußerungsgewinn (§ 16 Absatz 2) nur insoweit zur Einkommensteuer herangezogen, als er den Betrag von 150 000 Deutsche Mark übersteigt, wenn

1. der für den Zeitpunkt der Veräußerung maßgebende Wirtschaftswert (§ 46 des Bewertungsgesetzes) des Betriebs 40 000 Deutsche Mark nicht übersteigt,
2. die Einkünfte des Steuerpflichtigen im Sinne des § 2 Absatz 1 Satz 1 Nummer 2 bis 7 in den dem Veranlagungszeitraum der Veräußerung vorangegangenen beiden Veranlagungszeiträumen jeweils den Betrag von 35 000 Deutsche Mark nicht überstiegen haben. [2] Bei Ehegatten, die nicht dauernd getrennt leben, gilt Satz 1 mit der Maßgabe, dass die Einkünfte beider Ehegatten zusammen jeweils 70 000 Deutsche Mark nicht überstiegen haben.

[2] Ist im Zeitpunkt der Veräußerung ein nach Nummer 1 maßgebender Wirtschaftswert nicht festgestellt oder sind bis zu diesem Zeitpunkt die Voraussetzungen für eine Wertfortschreibung erfüllt, so ist der Wert maßgebend, der sich für den Zeitpunkt der Veräußerung als Wirtschaftswert ergeben würde.

(2) [1] Der Anwendung des Absatzes 1 und des § 34 Absatz 1 steht nicht entgegen, wenn die zum land- und forstwirtschaftlichen Vermögen gehörenden Gebäude mit dem dazugehörigen Grund und Boden nicht mitveräußert werden. [2] In diesem Fall gelten die Gebäude mit dem dazugehörigen Grund und Boden als entnommen. [3] Der Freibetrag kommt auch dann in Betracht, wenn zum Betrieb ein forstwirtschaftlicher Teilbetrieb gehört und dieser nicht mitveräußert, sondern als eigenständiger Betrieb vom Steuerpflichtigen fortgeführt wird. [4] In diesem Fall ermäßigt sich der Freibetrag auf den Teil, der dem Verhältnis des tatsächlich entstandenen Veräußerungsgewinns zu dem bei einer Veräußerung des ganzen land- und forstwirtschaftlichen Betriebs erzielbaren Veräußerungsgewinn entspricht.

(3) [1] Als Veräußerung gilt auch die Aufgabe des Betriebs, wenn

1. die Voraussetzungen des Absatzes 1 erfüllt sind und
2. der Steuerpflichtige seinen land- und forstwirtschaftlichen Betrieb zum Zweck der Strukturverbesserung abgegeben hat und dies durch eine Bescheinigung der nach Landesrecht zuständigen Stelle nachweist.

[2] § 16 Absatz 3 Satz 4 und 5 gilt entsprechend.

(4) [1] Veräußert oder entnimmt ein Steuerpflichtiger nach dem 31. Dezember 1979 und vor dem 1. Januar 2006 Teile des zu einem land- und forstwirtschaftlichen Betrieb gehörenden Grund und Bodens, so wird der bei der Veräußerung oder der Entnahme entstehende Gewinn auf Antrag nur insoweit zur Einkommensteuer herangezogen, als er den Betrag von 61 800 Euro übersteigt. [2] Satz 1 ist nur anzuwenden, wenn

1. der Veräußerungspreis nach Abzug der Veräußerungskosten oder der Grund und Boden innerhalb von zwölf Monaten nach der Veräußerung oder Entnahme in sachlichem Zusammenhang mit der Hoferbfolge oder Hofübernahme zur Abfindung weichender Erben verwendet wird und
2. das Einkommen des Steuerpflichtigen ohne Berücksichtigung des Gewinns aus der Veräußerung oder Entnahme und des Freibetrags in dem dem Veranlagungszeitraum der Veräußerung oder Entnahme vorangegangenen Veranlagungszeitraum den Betrag von 18 000 Euro nicht überstiegen hat; bei Ehegatten, die nach den §§ 26, 26 b zusammen veranlagt werden, erhöht sich der Betrag von 18 000 Euro auf 36 000 Euro.

[3] Übersteigt das Einkommen den Betrag von 18 000 Euro, so vermindert sich der Betrag von 61 800 Euro nach Satz 1 je angefangene 250 Euro des übersteigenden Einkommens um 10 300 Euro; bei Ehegatten, die nach den §§ 26, 26 b zusammen veranlagt werden und deren Einkommen den Betrag von 36 000 Euro übersteigt, vermindert sich der Betrag von 61 800 Euro nach Satz 1 je angefangene 500 Euro des übersteigenden Einkommens um 10 300 Euro. [4] Werden mehrere weichende Erben abgefunden, so kann der Freibetrag mehrmals, jedoch insgesamt nur einmal je weichender Erbe geltend gemacht werden, auch wenn die Abfindung in mehreren Schritten oder durch mehrere Inhaber des Betriebs vorgenommen wird. [5] Weichender Erbe ist, wer gesetzlicher Erbe eines Inhabers eines land- und forstwirtschaftlichen Betriebs ist oder bei gesetzlicher Erbfolge wäre, aber nicht zur Übernahme des Betriebs berufen ist; eine Stellung als Mitunternehmer des Betriebs bis zur Auseinandersetzung steht einer Behandlung als weichender Erbe nicht entgegen, wenn sich die Erben innerhalb von zwei Jahren nach dem Erbfall auseinandersetzen. [6] Ist ein zur Übernahme des Betriebs berufener Miterbe noch minderjährig, beginnt die Frist von zwei Jahren mit Eintritt der Volljährigkeit.

(5) [1] Veräußert ein Steuerpflichtiger nach dem 31. Dezember 1985 und vor dem 1. Januar 2001 Teile des zu einem land- und forstwirtschaftlichen Betrieb gehörenden Grund und Bodens, so wird der bei der Veräußerung entstehende Gewinn auf Antrag nur insoweit zur Einkommensteuer herangezogen, als er den Betrag von 90 000 Deutsche Mark übersteigt, wenn

1. der Steuerpflichtige den Veräußerungspreis nach Abzug der Veräußerungskosten zur Tilgung von Schulden verwendet, die zu dem land- und forstwirtschaftlichen Betrieb gehören und vor dem 1. Juli 1985 bestanden haben, und
2. die Voraussetzungen des Absatzes 4 Satz 2 Nummer 2 erfüllt sind.

[2] Übersteigt das Einkommen den Betrag von 35 000 Deutsche Mark, so vermindert sich der Betrag von 90 000 Deutsche Mark nach Satz 1 für jede angefangenen 500 Deutsche Mark des übersteigenden Einkommens um 15 000 Deutsche Mark; bei Ehegatten, die nach den §§ 26, 26 b zusammen veranlagt werden und bei denen das Einkommen den Betrag von 70 000 Deutsche Mark übersteigt, vermindert sich der Betrag von 90 000 Deutsche Mark nach Satz 1 für jede angefangenen 1 000 Deutsche Mark des übersteigenden Einkommens um 15 000 Deutsche Mark. [3] Der Freibetrag von höchstens 90 000 Deutsche Mark wird für alle Veräußerungen im Sinne des Satzes 1 insgesamt nur einmal gewährt.

(6) Verwendet der Steuerpflichtige den Veräußerungspreis oder entnimmt er den Grund und Boden nur zum Teil zu den in den Absätzen 4 und 5 angegebenen Zwecken, so ist nur der entsprechende Teil des Gewinns aus der Veräußerung oder Entnahme steuerfrei.

(7) Auf die Freibeträge nach Absatz 4 in dieser Fassung sind die Freibeträge, die nach Absatz 4 in den vor dem 1. Januar 1986 geltenden Fassungen gewährt worden sind, anzurechnen.

g) Sonstige Einkünfte (§ 2 Absatz 1 Satz 1 Nummer 7)

§ 23 Private Veräußerungsgeschäfte. (1) [1] Private Veräußerungsgeschäfte (§ 22 Nummer 2) sind

1. Veräußerungsgeschäfte bei Grundstücken und Rechten, die den Vorschriften des bürgerlichen Rechts über Grundstücke unterliegen (z.B. Erbbaurecht, Mineralgewinnungsrecht), bei denen der Zeitraum zwischen Anschaffung und Veräußerung nicht mehr als zehn Jahre beträgt. [2] Gebäude und Außenanlagen sind einzubeziehen, soweit sie innerhalb dieses Zeitraums errichtet, ausgebaut oder erweitert werden; dies gilt entsprechend für Gebäudeteile, die selbständige unbewegliche Wirtschaftsgüter sind, sowie für Eigentumswohnungen und im Teileigentum stehende Räume. [3] Ausgenommen sind Wirtschaftsgüter, die im Zeitraum zwischen Anschaffung oder Fertigstellung und Veräußerung ausschließlich zu eigenen Wohnzwecken oder im Jahr der Veräußerung und in den beiden vorangegangenen Jahren zu eigenen Wohnzwecken genutzt wurden;
2. Veräußerungsgeschäfte bei anderen Wirtschaftsgütern, bei denen der Zeitraum zwischen Anschaffung und Veräußerung nicht mehr als ein Jahr beträgt. [2] Bei Wirtschaftsgütern im Sinne von Nummer 2 Satz 1, aus deren Nutzung als Einkunftsquelle zumindest in einem Kalenderjahr Einkünfte erzielt werden, erhöht sich der Zeitraum auf zehn Jahre.

[2] Als Anschaffung gilt auch die Überführung eines Wirtschaftsguts in das Privatvermögen des Steuerpflichtigen durch Entnahme oder Betriebsaufgabe. [3] Bei unentgeltlichem Erwerb ist dem Einzelrechtsnachfolger für Zwecke dieser Vorschrift die Anschaffung oder die Überführung des Wirtschaftsguts in das Privatvermögen durch den Rechtsvorgänger zuzurechnen. [4] Die Anschaffung oder Veräußerung einer unmittelbaren oder mittelbaren Beteiligung an einer Personengesellschaft gilt als Anschaffung oder Veräußerung der anteiligen Wirtschaftsgüter. [5] Als Veräußerung im Sinne des Satzes 1 Nummer 1 gilt auch

1. die Einlage eines Wirtschaftsguts in das Betriebsvermögen, wenn die Veräußerung aus dem Betriebsvermögen innerhalb eines Zeitraums von zehn Jahren seit Anschaffung des Wirtschaftsguts erfolgt, und
2. die verdeckte Einlage in eine Kapitalgesellschaft.

(2) Einkünfte aus privaten Veräußerungsgeschäften der in Absatz 1 bezeichneten Art sind den Einkünften aus anderen Einkunftsarten zuzurechnen, soweit sie zu diesen gehören.

(3) [1] Gewinn oder Verlust aus Veräußerungsgeschäften nach Absatz 1 ist der Unterschied zwischen Veräußerungspreis einerseits und den Anschaffungs- oder Herstellungskosten und den Werbungskosten andererseits. [2] In den Fällen des Absatzes 1 Satz 5 Nummer 1 tritt an die Stelle des Veräußerungspreises der für den Zeitpunkt der Einlage nach § 6 Absatz 1 Nummer 5 angesetzte Wert, in den Fällen des Absatzes 1 Satz 5 Nummer 2 der gemeine Wert. [3] In den Fällen des Absatzes 1 Satz 2 tritt an die Stelle der Anschaffungs- oder Herstellungskosten der nach § 6 Absatz 1 Nummer 4 oder § 16 Absatz 3 angesetzte Wert. [4] Die Anschaffungs- oder Herstellungskosten mindern sich um Absetzungen für Abnutzung, erhöhte Absetzungen und Sonderabschreibungen, soweit sie bei der Ermittlung der Einkünfte im Sinne des § 2 Absatz 1

Satz 1 Nummer 4 bis 7 abgezogen worden sind. [5] Gewinne bleiben steuerfrei, wenn der aus den privaten Veräußerungsgeschäften erzielte Gesamtgewinn im Kalenderjahr weniger als 600 Euro betragen hat. [6] In den Fällen des Absatzes 1 Satz 5 Nummer 1 sind Gewinne oder Verluste für das Kalenderjahr, in dem der Preis für die Veräußerung aus dem Betriebsvermögen zugeflossen ist, in den Fällen des Absatzes 1 Satz 5 Nummer 2 für das Kalenderjahr der verdeckten Einlage anzusetzen. [7] Verluste dürfen nur bis zur Höhe des Gewinns, den der Steuerpflichtige im gleichen Kalenderjahr aus privaten Veräußerungsgeschäften erzielt hat, ausgeglichen werden; sie dürfen nicht nach § 10 d abgezogen werden. [8] Die Verluste mindern jedoch nach Maßgabe des § 10 d die Einkünfte, die der Steuerpflichtige in dem unmittelbar vorangegangenen Veranlagungszeitraum oder in den folgenden Veranlagungszeiträumen aus privaten Veräußerungsgeschäften nach Absatz 1 erzielt hat oder erzielt; § 10 d Absatz 4 gilt entsprechend. [9] Verluste aus privaten Veräußerungsgeschäften im Sinne des § 23 in der bis zum 31. Dezember 2008 anzuwendenden Fassung können abweichend von Satz 7 auch mit Einkünften aus Kapitalvermögen im Sinne des § 20 Absatz 2 in der Fassung des Artikels 1 des Gesetzes vom 14. August 2007 (BGBl. I S. 1912) ausgeglichen werden. [10] Sie mindern abweichend von Satz 8 nach Maßgabe des § 10 d auch die Einkünfte, die der Steuerpflichtige in den folgenden Veranlagungszeiträumen aus § 20 Absatz 2 in der Fassung des Artikels 1 des Gesetzes vom 14. August 2007 (BGBl. I S. 1912) erzielt.

VII. Steuerabzug bei Bauleistungen

§ 48 Steuerabzug. (1) [1] Erbringt jemand im Inland eine Bauleistung (Leistender) an einen Unternehmer im Sinne des § 2 des Umsatzsteuergesetzes oder an eine juristische Person des öffentlichen Rechts (Leistungsempfänger), ist der Leistungsempfänger verpflichtet, von der Gegenleistung einen Steuerabzug in Höhe von 15 Prozent für Rechnung des Leistenden vorzunehmen. [2] Vermietet der Leistungsempfänger Wohnungen, so ist Satz 1 nicht auf Bauleistungen für diese Wohnungen anzuwenden, wenn er nicht mehr als zwei Wohnungen vermietet. [3] Bauleistungen sind alle Leistungen, die der Herstellung, Instandsetzung, Instandhaltung, Änderung oder Beseitigung von Bauwerken dienen. [4] Als Leistender gilt auch derjenige, der über eine Leistung abrechnet, ohne sie erbracht zu haben.

(2) [1] Der Steuerabzug muss nicht vorgenommen werden, wenn der Leistende dem Leistungsempfänger eine im Zeitpunkt der Gegenleistung gültige Freistellungsbescheinigung nach § 48 b Absatz 1 Satz 1 vorlegt oder die Gegenleistung im laufenden Kalenderjahr den folgenden Betrag voraussichtlich nicht übersteigen wird:

1. 15 000 Euro, wenn der Leistungsempfänger ausschließlich steuerfreie Umsätze nach § 4 Nummer 12 Satz 1 des Umsatzsteuergesetzes ausführt,
2. 5 000 Euro in den übrigen Fällen.

[2] Für die Ermittlung des Betrags sind die für denselben Leistungsempfänger erbrachten und voraussichtlich zu erbringenden Bauleistungen zusammenzurechnen.

(3) Gegenleistung im Sinne des Absatzes 1 ist das Entgelt zuzüglich Umsatzsteuer.

(4) Wenn der Leistungsempfänger den Steuerabzugsbetrag angemeldet und abgeführt hat,

1. ist § 160 Absatz 1 Satz 1 der Abgabenordnung nicht anzuwenden,
2. sind § 42 d Absatz 6 und 8 und § 50 a Absatz 7 nicht anzuwenden.

§ 48 a Verfahren. (1) [1] Der Leistungsempfänger hat bis zum zehnten Tag nach Ablauf des Monats, in dem die Gegenleistung im Sinne des § 48 erbracht wird, eine Anmeldung nach amtlich vorgeschriebenem Vordruck abzugeben, in der er den Steuerabzug für den Anmeldungszeitraum selbst zu berechnen hat. [2] Der Abzugsbetrag ist am zehnten Tag nach Ablauf des Anmeldungszeitraums fällig und an das für den Leistenden zuständige Finanzamt für Rechnung des Leistenden abzuführen. [3] Die Anmeldung des Abzugsbetrags steht einer Steueranmeldung gleich.

(2) Der Leistungsempfänger hat mit dem Leistenden unter Angabe

1. des Namens und der Anschrift des Leistenden,
2. des Rechnungsbetrags, des Rechnungsdatums und des Zahlungstags,
3. der Höhe des Steuerabzugs und
4. des Finanzamts, bei dem der Abzugsbetrag angemeldet worden ist,

über den Steuerabzug abzurechnen.

(3) [1] Der Leistungsempfänger haftet für einen nicht oder zu niedrig abgeführten Abzugsbetrag. [2] Der Leistungsempfänger haftet nicht, wenn ihm im Zeitpunkt der Gegenleistung eine Freistellungsbescheinigung (§ 48 b) vorgelegen hat, auf deren Rechtmäßigkeit er vertrauen

515

konnte. [3] Er darf insbesondere dann nicht auf eine Freistellungsbescheinigung vertrauen, wenn diese durch unlautere Mittel oder durch falsche Angaben erwirkt wurde und ihm dies bekannt oder infolge grober Fahrlässigkeit nicht bekannt war. [4] Den Haftungsbescheid erlässt das für den Leistenden zuständige Finanzamt.

(4) § 50 b gilt entsprechend.

§ 48 b Freistellungsbescheinigung. (1) [1] Auf Antrag des Leistenden hat das für ihn zuständige Finanzamt, wenn der zu sichernde Steueranspruch nicht gefährdet erscheint und ein inländischer Empfangsbevollmächtigter bestellt ist, eine Bescheinigung nach amtlich vorgeschriebenem Vordruck zu erteilen, die den Leistungsempfänger von der Pflicht zum Steuerabzug befreit. [2] Eine Gefährdung kommt insbesondere dann in Betracht, wenn der Leistende

1. Anzeigepflichten nach § 138 der Abgabenordnung nicht erfüllt,
2. seiner Auskunfts- und Mitwirkungspflicht nach § 90 der Abgabenordnung nicht nachkommt,
3. den Nachweis der steuerlichen Ansässigkeit durch Bescheinigung der zuständigen ausländischen Steuerbehörde nicht erbringt.

(2) Eine Bescheinigung soll erteilt werden, wenn der Leistende glaubhaft macht, dass keine zu sichernden Steueransprüche bestehen.

(3) In der Bescheinigung sind anzugeben:

1. Name, Anschrift und Steuernummer des Leistenden,
2. Geltungsdauer der Bescheinigung,
3. Umfang der Freistellung sowie der Leistungsempfänger, wenn sie nur für bestimmte Bauleistungen gilt,
4. das ausstellende Finanzamt.

(4) Wird eine Freistellungsbescheinigung aufgehoben, die nur für bestimmte Bauleistungen gilt, ist dies den betroffenen Leistungsempfängern mitzuteilen.

(5) Wenn eine Freistellungsbescheinigung vorliegt, gilt § 48 Absatz 4 entsprechend.

(6) [1] Das Bundeszentralamt für Steuern erteilt dem Leistungsempfänger im Sinne des § 48 Absatz 1 Satz 1 im Wege einer elektronischen Abfrage Auskunft über die beim Bundeszentralamt für Steuern gespeicherten Freistellungsbescheinigungen. [2] Mit dem Antrag auf die Erteilung einer Freistellungsbescheinigung stimmt der Antragsteller zu, dass seine Daten nach § 48 b Absatz 3 beim Bundeszentralamt für Steuern gespeichert werden und dass über die gespeicherten Daten an die Leistungsempfänger Auskunft gegeben wird.

§ 48 c Anrechnung. (1) [1] Soweit der Abzugsbetrag einbehalten und angemeldet worden ist, wird er auf vom Leistenden zu entrichtende Steuern nacheinander wie folgt angerechnet:

1. die nach § 41 a Absatz 1 einbehaltene und angemeldete Lohnsteuer,
2. die Vorauszahlungen auf die Einkommen- oder Körperschaftsteuer,
3. die Einkommen- oder Körperschaftsteuer des Besteuerungs- oder Veranlagungszeitraums, in dem die Leistung erbracht worden ist, und
4. die vom Leistenden im Sinne der §§ 48, 48 a anzumeldenden und abzuführenden Abzugsbeträge.

[2] Die Anrechnung nach Satz 1 Nummer 2 kann nur für Vorauszahlungszeiträume innerhalb des Besteuerungs- oder Veranlagungszeitraums erfolgen, in dem die Leistung erbracht worden ist. [3] Die Anrechnung nach Satz 1 Nummer 2 darf nicht zu einer Erstattung führen.

(2) [1] Auf Antrag des Leistenden erstattet das nach § 20 a Absatz 1 der Abgabenordnung zuständige Finanzamt den Abzugsbetrag. [2] Die Erstattung setzt voraus, dass der Leistende nicht zur Abgabe von Lohnsteueranmeldungen verpflichtet ist und eine Veranlagung zur Einkommen- oder Körperschaftsteuer nicht in Betracht kommt oder der Leistende glaubhaft macht, dass im Veranlagungszeitraum keine zu sichernden Steueransprüche entstehen werden. [3] Der Antrag ist nach amtlich vorgeschriebenem Muster bis zum Ablauf des zweiten Kalenderjahres zu stellen, das auf das Jahr folgt, in dem der Abzugsbetrag angemeldet worden ist; weitergehende Fristen nach einem Abkommen zur Vermeidung der Doppelbesteuerung bleiben unberührt.

(3) Das Finanzamt kann die Anrechnung ablehnen, soweit der angemeldete Abzugsbetrag nicht abgeführt worden ist und Anlass zu der Annahme besteht, dass ein Missbrauch vorliegt.

IX. Sonstige Vorschriften, Bußgeld-, Ermächtigungs- und Schlussvorschriften

§ 52[1] Anwendungsvorschriften. (1) – (25) *(nicht abgedruckt)*

(26) [1] Für nach dem 31. Dezember 1986 und vor dem 1. Januar 1991 hergestellte oder angeschaffte Wohnungen im eigenen Haus oder Eigentumswohnungen sowie in diesem Zeitraum fertig gestellte Ausbauten oder Erweiterungen ist § 10 e des Einkommensteuergesetzes 1990 in der Fassung der Bekanntmachung vom 7. September 1990 (BGBl. I S. 1898) weiter anzuwenden. [2] Für nach dem 31. Dezember 1990 hergestellte oder angeschaffte Wohnungen im eigenen Haus oder Eigentumswohnungen sowie in diesem Zeitraum fertig gestellte Ausbauten oder Erweiterungen ist § 10 e des Einkommensteuergesetzes in der durch Gesetz vom 24. Juni 1991 (BGBl. I S. 1322) geänderten Fassung weiter anzuwenden. [3] Abweichend von Satz 2 ist § 10 e Absatz 1 bis 5 und 6 bis 7 in der durch Gesetz vom 25. Februar 1992 (BGBl. I S. 297) geänderten Fassung erstmals für den Veranlagungszeitraum 1991 bei Objekten im Sinne des § 10 e Absatz 1 und 2 anzuwenden, wenn im Fall der Herstellung der Steuerpflichtige nach dem 30. September 1991 den Bauantrag gestellt oder mit der Herstellung begonnen hat oder im Fall der Anschaffung der Steuerpflichtige das Objekt nach dem 30. September 1991 auf Grund eines nach diesem Zeitpunkt rechtswirksam abgeschlossenen obligatorischen Vertrags oder gleichstehenden Rechtsakts angeschafft hat oder mit der Herstellung des Objekts nach dem 30. September 1991 begonnen worden ist. [4] § 10 e Absatz 5 a ist erstmals bei in § 10 e Absatz 1 und 2 bezeichneten Objekten anzuwenden, wenn im Fall der Herstellung der Steuerpflichtige den Bauantrag nach dem 31. Dezember 1991 gestellt oder, falls ein solcher nicht erforderlich ist, mit der Herstellung nach diesem Zeitpunkt begonnen hat, oder im Fall der Anschaffung der Steuerpflichtige das Objekt auf Grund eines nach dem 31. Dezember 1991 rechtswirksam abgeschlossenen obligatorischen Vertrags oder gleichstehenden Rechtsakts angeschafft hat. [5] § 10 e Absatz 1 Satz 4 in der Fassung des Gesetzes vom 23. Juni 1993 (BGBl. I S. 944) und Absatz 6 Satz 3 in der Fassung des Gesetzes vom 21. Dezember 1993 (BGBl. I S. 2310) ist erstmals anzuwenden, wenn der Steuerpflichtige das Objekt auf Grund eines nach dem 31. Dezember 1993 rechtswirksam abgeschlossenen obligatorischen Vertrags oder gleichstehenden Rechtsakts angeschafft hat. [6] § 10 e ist letztmals anzuwenden, wenn der Steuerpflichtige im Fall der Herstellung vor dem 1. Januar 1996 mit der Herstellung des Objekts begonnen hat oder im Fall der Anschaffung das Objekt auf Grund eines vor dem 1. Januar 1996 rechtswirksam abgeschlossenen obligatorischen Vertrags oder gleichstehenden Rechtsakts angeschafft hat. [7] Als Beginn der Herstellung gilt bei Objekten, für die eine Baugenehmigung erforderlich ist, der Zeitpunkt, in dem der Bauantrag gestellt wird; bei baugenehmigungsfreien Objekten, für die Bauunterlagen einzureichen sind, der Zeitpunkt, in dem die Bauunterlagen eingereicht werden.

(27) *(nicht abgedruckt)*

(27 a) [1] § 10 g in der Fassung des Artikels 9 des Gesetzes vom 29. Dezember 2003 (BGBl. I S. 3076) ist erstmals auf Aufwendungen anzuwenden, die auf nach dem 31. Dezember 2003 begonnene Herstellungs- und Erhaltungsmaßnahmen entfallen. [2] Als Beginn gilt bei Baumaßnahmen, für die eine Baugenehmigung erforderlich ist, der Zeitpunkt, in dem der Bauantrag gestellt wird, bei baugenehmigungsfreien Bauvorhaben, für die Bauunterlagen einzureichen sind, der Zeitpunkt, in dem die Bauunterlagen eingereicht werden.

(28) [1] § 10 h ist letztmals anzuwenden, wenn der Steuerpflichtige vor dem 1. Januar 1996 mit der Herstellung begonnen hat. [2] Als Beginn der Herstellung gilt bei Baumaßnahmen, für die eine Baugenehmigung erforderlich ist, der Zeitpunkt, in dem der Bauantrag gestellt wird; bei baugenehmigungsfreien Baumaßnahmen, für die Bauunterlagen einzureichen sind, der Zeitpunkt, in dem die Bauunterlagen eingereicht werden.

(29) [1] § 10 i in der Fassung der Bekanntmachung vom 16. April 1997 (BGBl. I S. 821) ist letztmals anzuwenden, wenn der Steuerpflichtige im Fall der Herstellung vor dem 1. Januar 1999 mit der Herstellung des Objekts begonnen hat oder im Fall der Anschaffung das Objekt auf Grund eines vor dem 1. Januar 1999 rechtswirksam abgeschlossenen obligatorischen Vertrags oder gleichstehenden Rechtsakts angeschafft hat. [2] Als Beginn der Herstellung gilt bei Objekten, für die eine Baugenehmigung erforderlich ist, der Zeitpunkt, in dem der Bauantrag gestellt wird; bei baugenehmigungsfreien Objekten, für die Bauunterlagen einzureichen sind, der Zeitpunkt, in dem die Bauunterlagen eingereicht werden.

(30) – (31) *(nicht abgedruckt)*

(32) § 14 a in der Fassung des Gesetzes vom 19. Dezember 2000 (BGBl. I S. 1790) ist erstmals für das Wirtschaftsjahr anzuwenden, das nach dem 31. Dezember 2001 endet.

---

[1] § 52 Abs. 12 d Satz 3 neu gef., Sätze 4 und 5 angef., Abs. 16 Satz 14 und Abs. 23 d Satz 3 neu gef. mWv 31. 12. 2009 durch G v. 22. 12. 2009 (BGBl. I S. 3950).

(32 a) – (38 a) *(nicht abgedruckt)*

(39) – (55) *(nicht abgedruckt)*

(56) § 48 in der Fassung des Gesetzes vom 30. August 2001 (BGBl. I S. 2267) ist erstmals auf Gegenleistungen anzuwenden, die nach dem 31. Dezember 2001 erbracht werden.

(57) – (65) *(nicht abgedruckt)*

516. Einkommensteuer-Durchführungsverordnung 2000 (EStDV 2000)

In der Fassung der Bekanntmachung vom 10. Mai 2000[1]
(BGBl. I S. 717)

FNA 611-1-1

geänd. durch Art. 7 G zur weiteren steuerlichen Förderung von Stiftungen v. 14. 7. 2000 (BGBl. I S. 1034), Art. 2 G zur Senkung der Steuersätze und zur Reform der Unternehmensbesteuerung (StSenkG) v. 23. 10. 2000 (BGBl. I S. 1433), Art. 2 Steuer-EuroglättungsG (StEuglG) v. 19. 12. 2000 (BGBl. I S. 1790), Art. 30 Neuntes Buch Sozialgesetzbuch (SGB IX) – Rehabilitation und Teilhabe berhinderter Menschen v. 19. 6. 2001 (BGBl. I S. 1046), Art. 322 Siebente ZuständigkeitsanpassungsVO v. 29. 10. 2001 (BGBl. I S. 2785), Art. 2 SteueränderungsG 2001 (StÄndG 2001) v. 20. 12. 2001 (BGBl. I S. 3794, ber. 2001 I S. 3794), Art. 2 FlutopfersolidaritätsG v. 19. 9. 2002 (BGBl. I S. 3651), Art. 2 KleinunternehmerförderungsG v. 31. 7. 2003 (BGBl. I S. 1550), Art. 270 Achte ZuständigkeitsanpassungsVO v. 25. 11. 2003 (BGBl. I S. 2304), Art. 2 G zur Umsetzung der Protokollerklärung der Bundesregierung zur Vermittlungsempfehlung zum SteuervergünstigungsabbauG v. 22. 12. 2003 (BGBl. I S. 2840), Art. 49 G zur Einordnung des Sozialhilferechts in das SGB v. 27. 12. 2003 (BGBl. I S. 3022), Art. 10 HaushaltsbegleitG 2004 (HBeglG 2004) v. 29. 12. 2003 (BGBl. I S. 3076), Art. 2 Abs. 18 G zur Reform des Geschmacksmusterrechts (GeschmacksmusterreformG) v. 12. 3. 2004 (BGBl. I S. 390), Art. 2 G zur Neuordnung der einkommensteuerrechtlichen Behandlung von Altersvorsorgeaufwendungen und Altersbezügen (AlterseinkünfteG – AltEinkG) v. 5. 7. 2004 (BGBl. I S. 1427), Art. 2 Richtlinien-UmsetzungsG (EURLUmsG) v. 9. 12. 2004 (BGBl. I S. 3310, ber. S. 3843), Art. 1 Dreiundzwanzigste VO zur Änderung der Einkommensteuer-DurchführungsVO v. 29. 12. 2004 (BGBl. I S. 3884), Art. 372 Neunte ZuständigkeitsanpassungsVO v. 31. 10. 2006 (BGBl. I S. 2407), Art. 2 G über steuerliche Begleitmaßnahmen zur Einführung der Europäischen Gesellschaft und zur Änderung weiterer steuerrechtlicher Vorschriften (SEStEG) v. 7. 12. 2006 (BGBl. I S. 2782), Art. 2 G zur weiteren Stärkung des bürgerschaftlichen Engagements v. 10. 10. 2007 (BGBl. I S. 2332), Art. 1 a JahressteuerG 2008 (JStG 2008) v. 20. 12. 2007 (BGBl. I S. 3150), Art. 2 JahressteuerG 2009 (JStG 2009) v. 19. 12. 2008 (BGBl. I S. 2794), Art. 2 SteuerbürokratieabbauG v. 20. 12. 2008 (BGBl. I S. 2850), Art. 2 G zur Sicherung von Beschäftigung und Stabilität in Deutschland v. 2. 3. 2009 (BGBl. I S. 416) und Art. 9 Zweites Föderalismusreform-BegleitG v. 10. 8. 2009 (BGBl. I S. 2702)

– Auszug –

Zu § 17 des Gesetzes

§ 54 Übersendung von Urkunden durch die Notare. (1)[2] ¹Die Notare übersenden dem in § 20 der Abgabenordnung bezeichneten Finanzamt eine beglaubigte Abschrift aller aufgrund gesetzlicher Vorschrift aufgenommenen oder beglaubigten Urkunden, die die Gründung, Kapitalerhöhung oder -herabsetzung, Umwandlung oder Auflösung von Kapitalgesellschaften oder die Verfügung über Anteile an Kapitalgesellschaften zum Gegenstand haben. ²Gleiches gilt für Dokumente, die im Rahmen einer Anmeldung einer inländischen Zweigniederlassung einer Kapitalgesellschaft mit Sitz im Ausland zur Eintragung in das Handelsregister diesem zu übersenden sind.

(2) ¹Die Abschrift ist binnen zwei Wochen, von der Aufnahme oder Beglaubigung der Urkunde ab gerechnet, einzureichen. ²Sie soll mit der Steuernummer gekennzeichnet sein, mit der die Kapitalgesellschaft bei dem Finanzamt geführt wird. ³Die Absendung der Urkunde ist auf der zurückbehaltenen Urschrift der Urkunde beziehungsweise auf einer zurückbehaltenen Abschrift zu vermerken.

(3) Den Beteiligten dürfen die Urschrift, eine Ausfertigung oder beglaubigte Abschrift der Urkunde erst ausgehändigt werden, wenn die Abschrift der Urkunde an das Finanzamt abgesandt ist.

(4)[3] Im Fall der Verfügung über Anteile an Kapitalgesellschaften durch einen Anteilseigner, der nicht nach § 1 Abs. 1 des Gesetzes unbeschränkt steuerpflichtig ist, ist zusätzlich bei dem Finanzamt Anzeige zu erstatten, das bei Beendigung einer zuvor bestehenden unbeschränkten Steuerpflicht des Anteilseigners oder bei unentgeltlichem Erwerb dessen Rechtsvorgängers nach § 19 der Abgabenordnung für die Besteuerung des Anteilseigners zuständig war.

[1] Neubekanntmachung der Einkommensteuer-Durchführungsverordnung idF der Bek. v. 18. 6. 1997 (BGBl. I S. 1558) auf Grund des § 51 Abs. 4 Nr. 2 des EStG idF der Bek. v. 16. 4. 1997 (BGBl. I S. 821).
Zum Anwendungsbereich vgl. § 84.
Zur Anwendung im **Beitrittsgebiet** siehe §§ 56–58 EStG.

[2] § 54 Abs. 1 Satz 2 angef., bish. Wortlaut wird Satz 1 durch G v. 20. 12. 2007 (BGBl. I S. 3150); zur Anwendung siehe § 84 Abs. 3 b Satz 1.

[3] § 54 Abs. 4 angef. durch G v. 7. 12. 2006 (BGBl. I S. 2782); zur Anwendung siehe § 84 Abs. 3 b.

520. Erbschaftsteuer- und Schenkungsteuergesetz (ErbStG)[1] [2]

In der Fassung der Bekanntmachung vom 27. Februar 1997[3]

(BGBl. I S. 378)

FNA 611-8-2-2

geänd. durch Art. 10 Steuerentlastungsgesetz 1999/2000/2002 v. 24. 3. 1999 (BGBl. I S. 402), Art. 6 Gesetz zur weiteren steuerlichen Förderung von Stiftungen v. 14. 7. 2000 (BGBl. I S. 1034), Art. 19 Steuer-Euroglättungsgesetz (StEuglG) v. 19. 12. 2000 (BGBl. I S. 1790), Art. 16 Steueränderungsgesetz 2001 (StÄndG 2001) v. 20. 12. 2001 (BGBl. I S. 3794), Art. 2 Gesetz zur Modernisierung des Stiftungsrechts v. 15. 7. 2002 (BGBl. I S. 2634), Art. 27 Drittes Gesetz zur Änderung verwaltungsverfahrensrechtlicher Vorschriften v. 21. 8. 2002 (BGBl. I S. 3322), Art. 13 Haushaltsbegleitgesetz 2004 (HBeglG 2004) v. 29. 12. 2003 (BGBl. I S. 3076), Nr. 1 BVerfG-Entscheidung – 1 BvL 10/02 – v. 9. 2. 2007 (BGBl. I S. 194), Art. 8 Bürgerschaftl. Engagement-StärkungsG v. 10. 10. 2007 (BGBl. I S. 2332), § 13 Abs. 1 Nr. 18 BVerfG-Entscheidung – 2 BvL 4/05 – v. 23. 6. 2008 (BGBl. I S. 1100), Art. 1 ErbschaftsteuerreformG v. 24. 12. 2008 (BGBl. I S. 3018) und Art. 6 WachstumsbeschleunigungsG v. 22. 12. 2009 (BGBl. I S. 3950)

Inhaltsübersicht[4]

---

[1] **Zur Anwendung siehe § 37.**

[2] Zur **rückwirkenden Anwendung** des durch das ErbschaftsteuerreformG 2009 geänd. Erbschaftsteuer- und Bewertungsrechts vgl. **Art. 3 des G v. 24. 12. 2008 (BGBl. I S. 3018)**, wiedergegeben als nichtamtlicher Anhang zum ErbStG.

[3] Neubekanntmachung des Erbschaft- und Schenkungsteuergesetzes idF der Bek. v. 19. 2. 1991 (BGBl. I S. 468) auf Grund des § 36 Abs. 2 ErbStG idF der Bek. v. 19. 2. 1991 (BGBl. I S. 468) in der ab 28. 12. 1996 geltenden Fassung.

[4] Inhaltsübersicht eingef. mWv 1. 1. 2009 durch G v. 24. 12. 2008 (BGBl. I S. 3018).

Abschnitt 1. Steuerpflicht

§ 1 Steuerpflichtige Vorgänge. (1) Der Erbschaftsteuer (Schenkungsteuer) unterliegen

1. der Erwerb von Todes wegen;
2. die Schenkungen unter Lebenden;
3. die Zweckzuwendungen;
4. das Vermögen einer Stiftung, sofern sie wesentlich im Interesse einer Familie oder bestimmter Familien errichtet ist, und eines Vereins, dessen Zweck wesentlich im Interesse einer Familie oder bestimmter Familien auf die Bindung von Vermögen gerichtet ist, in Zeitabständen von je 30 Jahren seit dem in § 9 Abs. 1 Nr. 4 bestimmten Zeitpunkt.

(2) Soweit nichts anderes bestimmt ist, gelten die Vorschriften dieses Gesetzes über die Erwerbe von Todes wegen auch für Schenkungen und Zweckzuwendungen, die Vorschriften über Schenkungen auch für Zweckzuwendungen unter Lebenden.

§ 2 Persönliche Steuerpflicht. (1) Die Steuerpflicht tritt ein

1. in den Fällen des § 1 Abs. 1 Nr. 1 bis 3, wenn der Erblasser zur Zeit seines Todes, der Schenker zur Zeit der Ausführung der Schenkung oder der Erwerber zur Zeit der Entstehung der Steuer (§ 9) ein Inländer ist, für den gesamten Vermögensanfall. [2] Als Inländer gelten
   a) natürliche Personen, die im Inland einen Wohnsitz oder ihren gewöhnlichen Aufenthalt haben,
   b) deutsche Staatsangehörige, die sich nicht länger als fünf Jahre dauernd im Ausland aufgehalten haben, ohne im Inland einen Wohnsitz zu haben,
   c) unabhängig von der Fünfjahresfrist nach Buchstabe b deutsche Staatsangehörige, die
      aa) im Inland weder einen Wohnsitz noch ihren gewöhnlichen Aufenthalt haben und
      bb) zu einer inländischen juristischen Person des öffentlichen Rechts in einem Dienstverhältnis stehen und dafür Arbeitslohn aus einer inländischen öffentlichen Kasse beziehen,

   sowie zu ihrem Haushalt gehörende Angehörige, die die deutsche Staatsangehörigkeit besitzen. [2] Dies gilt nur für Personen, deren Nachlaß oder Erwerb in dem Staat, in dem sie ihren Wohnsitz oder ihren gewöhnlichen Aufenthalt haben, lediglich in einem der Steuerpflicht nach Nummer 3 ähnlichen Umfang zu einer Nachlaß- oder Erbanfallsteuer herangezogen wird,
   d) Körperschaften, Personenvereinigungen und Vermögensmassen, die ihre Geschäftsleitung oder ihren Sitz im Inland haben;
2. in den Fällen des § 1 Abs. 1 Nr. 4, wenn die Stiftung oder der Verein die Geschäftsleitung oder den Sitz im Inland hat;
3. in allen anderen Fällen für den Vermögensanfall, der in Inlandsvermögen im Sinne des § 121 des Bewertungsgesetzes besteht. [2] Bei Inlandsvermögen im Sinne des § 121 Nr. 4 des Bewertungsgesetzes ist es ausreichend, wenn der Erblasser zur Zeit seines Todes oder der Schenker zur Zeit der Ausführung der Schenkung entsprechend der Vorschrift am Grund- oder Stammkapital der inländischen Kapitalgesellschaft beteiligt ist. [3] Wird nur ein Teil einer solchen Beteiligung durch Schenkung zugewendet, gelten die weiteren Erwerbe aus der Beteiligung, soweit die Voraussetzungen des § 14 erfüllt sind, auch dann als Erwerb von Inlandsvermögen, wenn im Zeitpunkt ihres Erwerbs die Beteiligung des Erblassers oder Schenkers weniger als ein Zehntel des Grund- oder Stammkapitals der Gesellschaft beträgt.

(2) Zum Inland im Sinne dieses Gesetzes gehört auch der der Bundesrepublik Deutschland zustehende Anteil am Festlandsockel, soweit dort Naturschätze des Meeresgrundes und des Meeresuntergrundes erforscht oder ausgebeutet werden.

§ 3 Erwerb von Todes wegen. (1) Als Erwerb von Todes wegen gilt

1.[1] der Erwerb durch Erbanfall (§ 1922 des Bürgerlichen Gesetzbuchs), durch Vermächtnis (§§ 2147 ff. des Bürgerlichen Gesetzbuchs) oder auf Grund eines geltend gemachten Pflichtteilsanspruchs (§§ 2303 ff. des Bürgerlichen Gesetzbuchs);

---

[1] § 3 Abs. 1 Nr. 1 neu gef. mWv 1. 1. 2009 durch G v. 24. 12. 2008 (BGBl. I S. 3018).

520

2.[1] der Erwerb durch Schenkung auf den Todesfall (§ 2301 des Bürgerlichen Gesetzbuchs). [2] Als Schenkung auf den Todesfall gilt auch der auf dem Ausscheiden eines Gesellschafters beruhende Übergang des Anteils oder des Teils eines Anteils eines Gesellschafters einer Personengesellschaft oder Kapitalgesellschaft bei dessen Tod auf die anderen Gesellschafter oder die Gesellschaft, soweit der Wert, der sich für seinen Anteil zur Zeit seines Todes nach § 12 ergibt, Abfindungsansprüche Dritter übersteigt. [3] Wird auf Grund einer Regelung im Gesellschaftsvertrag einer Gesellschaft mit beschränkter Haftung der Geschäftsanteil eines Gesellschafters bei dessen Tod eingezogen und übersteigt der sich nach § 12 ergebende Wert seines Anteils zur Zeit seines Todes Abfindungsansprüche Dritter, gilt die insoweit bewirkte Werterhöhung der Geschäftsanteile der verbleibenden Gesellschafter als Schenkung auf den Todesfall;
3. die sonstigen Erwerbe, auf die die für Vermächtnisse geltenden Vorschriften des bürgerlichen Rechts Anwendung finden;
4. jeder Vermögensvorteil, der auf Grund eines vom Erblasser geschlossenen Vertrags bei dessen Tode von einem Dritten unmittelbar erworben wird.

(2) Als vom Erblasser zugewendet gilt auch

1. der Übergang von Vermögen auf eine vom Erblasser angeordnete Stiftung. [2] Dem steht gleich die vom Erblasser angeordnete Bildung oder Ausstattung einer Vermögensmasse ausländischen Rechts, deren Zweck auf die Bindung von Vermögen gerichtet ist;[2]
2. was jemand infolge Vollziehung einer vom Erblasser angeordneten Auflage oder infolge Erfüllung einer vom Erblasser gesetzten Bedingung erwirbt, es sei denn, daß eine einheitliche Zweckzuwendung vorliegt;
3. was jemand dadurch erlangt, daß bei Genehmigung einer Zuwendung des Erblassers Leistungen an andere Personen angeordnet oder zur Erlangung der Genehmigung freiwillig übernommen werden;
4. [3] was als Abfindung für einen Verzicht auf den entstandenen Pflichtteilsanspruch oder für die Ausschlagung einer Erbschaft, eines Erbersatzanspruchs oder eines Vermächtnisses oder für die Zurückweisung eines Rechts aus einem Vertrag des Erblassers zugunsten Dritter auf den Todesfall oder anstelle eines anderen in Absatz 1 genannten Erwerbs gewährt wird;
5. was als Abfindung für ein aufschiebend bedingtes, betagtes oder befristetes Vermächtnis, für das die Ausschlagungsfrist abgelaufen ist, vor dem Zeitpunkt des Eintritts der Bedingung oder des Ereignisses gewährt wird;
6. was als Entgelt für die Übertragung der Anwartschaft eines Nacherben gewährt wird;
7. [4] was der Vertragserbe oder der Schlusserbe eines gemeinschaftlichen Testaments oder der Vermächtnisnehmer wegen beeinträchtigender Schenkungen des Erblassers (§§ 2287, 2288 Abs. 2 des Bürgerlichen Gesetzbuchs) von dem Beschenkten nach den Vorschriften über die ungerechtfertigte Bereicherung erlangt.

§ 4 Fortgesetzte Gütergemeinschaft. (1)[5] Wird die Gütergemeinschaft beim Tod eines Ehegatten oder beim Tod eines Lebenspartners fortgesetzt (§§ 1483 ff. des Bürgerlichen Gesetzbuchs), wird dessen Anteil am Gesamtgut so behandelt, als wäre er ausschließlich den anteilsberechtigten Abkömmlingen angefallen.

(2) [1] Beim Tode eines anteilsberechtigten Abkömmlings gehört dessen Anteil am Gesamtgut zu seinem Nachlaß. [2] Als Erwerber des Anteils gelten diejenigen, denen der Anteil nach § 1490 Satz 2 und 3 des Bürgerlichen Gesetzbuchs zufällt.

§ 5 Zugewinngemeinschaft. (1)[6] [1] Wird der Güterstand der Zugewinngemeinschaft (§ 1363 des Bürgerlichen Gesetzbuchs, § 6 des Lebenspartnerschaftsgesetzes[7]) durch den Tod eines Ehegatten oder den Tod eines Lebenspartners beendet und der Zugewinn nicht nach § 1371 Abs. 2 des Bürgerlichen Gesetzbuchs ausgeglichen, gilt beim überlebenden Ehegatten oder beim überlebenden Lebenspartner der Betrag, den er nach Maßgabe des § 1371 Abs. 2 des Bürgerlichen Gesetzbuchs als Ausgleichsforderung geltend machen könnte, nicht als Erwerb im Sinne des § 3. [2] Bei der Berechnung dieses Betrags bleiben von den Vorschriften der §§ 1373 bis 1383 und 1390 des Bürgerlichen Gesetzbuchs abweichende güterrechtliche Vereinbarungen unberücksichtigt. [3] Die Vermutung des § 1377 Abs. 3 des Bürgerlichen Gesetzbuchs findet

[1] § 3 Abs. 1 Nr. 2 Satz 2 geänd., Satz 3 angef. mWv 5. 3. 1999 durch G v. 24. 3. 1999 (BGBl. I S. 402).
[2] § 3 Abs. 2 Nr. 1 Satz 2 geänd. mWv 5. 3. 1999 durch G v. 24. 3. 1999 (BGBl. I S. 402).
[3] § 3 Abs. 2 Nr. 4 neu gef. mWv 1. 1. 2009 durch G v. 24. 12. 2008 (BGBl. I S. 3018).
[4] § 3 Abs. 2 Nr. 7 neu gef. mWv 1. 1. 2009 durch G v. 24. 12. 2008 (BGBl. I S. 3018).
[5] § 4 Abs. 1 neu gef. mWv 1. 1. 2009 durch G v. 24. 12. 2008 (BGBl. I S. 3018).
[6] § 5 Abs. 1 Satz 1 neu gef., Sätze 4 und 5 geänd. mWv 1. 1. 2009 durch G v. 24. 12. 2008 (BGBl. I S. 3018).
[7] Nr. **360**.

keine Anwendung. [4] Wird der Güterstand der Zugewinngemeinschaft durch Ehevertrag oder Lebenspartnerschaftsvertrag vereinbart, gilt als Zeitpunkt des Eintritts des Güterstandes (§ 1374 Abs. 1 des Bürgerlichen Gesetzbuchs) der Tag des Vertragsabschlusses. [5] Soweit das Endvermögen des Erblassers bei der Ermittlung des als Ausgleichsforderung steuerfreien Betrags mit einem höheren Wert als dem nach den steuerlichen Bewertungsgrundsätzen maßgebenden Wert angesetzt worden ist, gilt höchstens der dem Steuerwert des Endvermögens entsprechende Betrag nicht als Erwerb im Sinne des § 3.

(2)[1] Wird der Güterstand der Zugewinngemeinschaft in anderer Weise als durch den Tod eines Ehegatten oder eines Lebenspartners beendet oder wird der Zugewinn nach § 1371 Abs. 2 des Bürgerlichen Gesetzbuchs ausgeglichen, gehört die Ausgleichsforderung (§ 1378 des Bürgerlichen Gesetzbuchs) nicht zum Erwerb im Sinne der §§ 3 und 7.

§ 6 Vor- und Nacherbschaft. (1) Der Vorerbe gilt als Erbe.

(2) [1] Bei Eintritt der Nacherbfolge haben diejenigen, auf die das Vermögen übergeht, den Erwerb als vom Vorerben stammend zu versteuern. [2] Auf Antrag ist der Versteuerung das Verhältnis des Nacherben zum Erblasser zugrunde zu legen. [3] Geht in diesem Fall auch eigenes Vermögen des Vorerben auf den Nacherben über, sind beide Vermögensanfälle hinsichtlich der Steuerklasse getrennt zu behandeln. [4] Für das eigene Vermögen des Vorerben kann ein Freibetrag jedoch nur gewährt werden, soweit der Freibetrag für das der Nacherbfolge unterliegende Vermögen nicht verbraucht ist. [5] Die Steuer ist für jeden Erwerb jeweils nach dem Steuersatz zu erheben, der für den gesamten Erwerb gelten würde.

(3) [1] Tritt die Nacherbfolge nicht durch den Tod des Vorerben ein, gilt die Vorerbfolge als auflösend bedingter, die Nacherbfolge als aufschiebend bedingter Anfall. [2] In diesem Fall ist dem Nacherben die vom Vorerben entrichtete Steuer abzüglich desjenigen Steuerbetrags anzurechnen, welcher der tatsächlichen Bereicherung des Vorerben entspricht.

(4)[2] Nachvermächtnisse und beim Tod des Beschwerten fällige Vermächtnisse oder Auflagen stehen den Nacherbschaften gleich.

§ 7 Schenkungen unter Lebenden. (1) Als Schenkungen unter Lebenden gelten

1. jede freigebige Zuwendung unter Lebenden, soweit der Bedachte durch sie auf Kosten des Zuwendenden bereichert wird;
2. was infolge Vollziehung einer von dem Schenker angeordneten Auflage oder infolge Erfüllung einer einem Rechtsgeschäft unter Lebenden beigefügten Bedingung ohne entsprechende Gegenleistung erlangt wird, es sei denn, daß eine einheitliche Zweckzuwendung vorliegt;
3. was jemand dadurch erlangt, daß bei Genehmigung einer Schenkung Leistungen an andere Personen angeordnet oder zur Erlangung der Genehmigung freiwillig übernommen werden;
4.[3] die Bereicherung, die ein Ehegatte oder ein Lebenspartner bei Vereinbarung der Gütergemeinschaft (§ 1415 des Bürgerlichen Gesetzbuchs) erfährt;
5. was als Abfindung für einen Erbverzicht (§§ 2346 und 2352 des Bürgerlichen Gesetzbuchs) gewährt wird;
6.[4] *(aufgehoben)*
7. was ein Vorerbe dem Nacherben mit Rücksicht auf die angeordnete Nacherbschaft vor ihrem Eintritt herausgibt;
8.[5] der Übergang von Vermögen auf Grund eines Stiftungsgeschäfts unter Lebenden. [2] Dem steht gleich die Bildung oder Ausstattung einer Vermögensmasse ausländischen Rechts, deren Zweck auf die Bindung von Vermögen gerichtet ist;
9.[6] was bei Aufhebung einer Stiftung oder bei Auflösung eines Vereins, dessen Zweck auf die Bindung von Vermögen gerichtet ist, erworben wird. [2] Dem steht gleich der Erwerb bei Auflösung einer Vermögensmasse ausländischen Rechts, deren Zweck auf die Bindung von Vermögen gerichtet ist, sowie der Erwerb durch Zwischenberechtigte während des Bestehens der Vermögensmasse. [3] Wie eine Auflösung wird auch der Formwechsel eines rechts-

[1] § 5 Abs. 2 geänd. mWv 1. 1. 2009 durch G v. 24. 12. 2008 (BGBl. I S. 3018).
[2] § 6 Abs. 4 neu gef. mWv 1. 1. 2009 durch G v. 24. 12. 2008 (BGBl. I S. 3018).
[3] § 7 Abs. 1 Nr. 4 geänd. mWv 1. 1. 2009 durch G v. 24. 12. 2008 (BGBl. I S. 3018).
[4] § 7 Abs. 1 Nr. 6 aufgeh. mWv 1. 1. 2009 durch G v. 24. 12. 2008 (BGBl. I S. 3018).
[5] § 7 Abs. 1 Nr. 8 Satz 2 angef. mWv 5. 3. 1999 durch G v. 24. 3. 1999 (BGBl. I S. 402).
[6] § 7 Abs. 1 Nr. 9 Satz 2 angef. mWv 5. 3. 1999 durch G v. 24. 3. 1999 (BGBl. I S. 402); Nr. 9 Satz 2 geänd., Satz 3 angef. mWv 1. 1. 2009 durch G v. 24. 12. 2008 (BGBl. I S. 3018).

fähigen Vereins, dessen Zweck wesentlich im Interesse einer Familie oder bestimmter Familien auf die Bindung von Vermögen gerichtet ist, in eine Kapitalgesellschaft behandelt;
10. was als Abfindung für aufschiebend bedingt, betagt oder befristet erworbene Ansprüche, soweit es sich nicht um einen Fall des § 3 Abs. 2 Nr. 5 handelt, vor dem Zeitpunkt des Eintritts der Bedingung oder des Ereignisses gewährt wird.

(2) [1] Im Fall des Absatzes 1 Nr. 7 ist der Versteuerung auf Antrag das Verhältnis des Nacherben zum Erblasser zugrunde zu legen. [2] § 6 Abs. 2 Satz 3 bis 5 gilt entsprechend.

(3) Gegenleistungen, die nicht in Geld veranschlagt werden können, werden bei der Feststellung, ob eine Bereicherung vorliegt, nicht berücksichtigt.

(4) Die Steuerpflicht einer Schenkung wird nicht dadurch ausgeschlossen, daß sie zur Belohnung oder unter einer Auflage gemacht oder in die Form eines lästigen Vertrags gekleidet wird.

(5) [1] Ist Gegenstand der Schenkung eine Beteiligung an einer Personengesellschaft, in deren Gesellschaftsvertrag bestimmt ist, daß der neue Gesellschafter bei Auflösung der Gesellschaft oder im Fall eines vorherigen Ausscheidens nur den Buchwert seines Kapitalanteils erhält, werden diese Bestimmungen bei der Feststellung der Bereicherung nicht berücksichtigt. [2] Soweit die Bereicherung den Buchwert des Kapitalanteils übersteigt, gilt sie als auflösend bedingt erworben.

(6) Wird eine Beteiligung an einer Personengesellschaft mit einer Gewinnbeteiligung ausgestattet, die insbesondere der Kapitaleinlage, der Arbeits- oder der sonstigen Leistung des Gesellschafters für die Gesellschaft nicht entspricht oder die einem fremden Dritten üblicherweise nicht eingeräumt würde, gilt das Übermaß an Gewinnbeteiligung als selbständige Schenkung, die mit dem Kapitalwert anzusetzen ist.

(7)[1)] [1] Als Schenkung gilt auch der auf dem Ausscheiden eines Gesellschafters beruhende Übergang des Anteils oder des Teils eines Anteils eines Gesellschafters einer Personengesellschaft oder Kapitalgesellschaft auf die anderen Gesellschafter oder die Gesellschaft, soweit der Wert, der sich für seinen Anteil zur Zeit seines Ausscheidens nach § 12 ergibt, den Abfindungsanspruch übersteigt. [2] Wird auf Grund einer Regelung im Gesellschaftsvertrag einer Gesellschaft mit beschränkter Haftung der Geschäftsanteil eines Gesellschafters bei dessen Ausscheiden eingezogen und übersteigt der sich nach § 12 ergebende Wert seines Anteils zur Zeit seines Ausscheidens den Abfindungsanspruch, gilt die insoweit bewirkte Werterhöhung der Anteile der verbleibenden Gesellschafter als Schenkung des ausgeschiedenen Gesellschafters. [3] Bei Übertragungen im Sinne des § 10 Abs. 10 gelten die Sätze 1 und 2 sinngemäß.

§ 8 Zweckzuwendungen. Zweckzuwendungen sind Zuwendungen von Todes wegen oder freigebige Zuwendungen unter Lebenden, die mit der Auflage verbunden sind, zugunsten eines bestimmten Zwecks verwendet zu werden, oder die von der Verwendung zugunsten eines bestimmten Zwecks abhängig sind, soweit hierdurch die Bereicherung des Erwerbers gemindert wird.

§ 9 Entstehung der Steuer. (1) Die Steuer entsteht
1. [2)] bei Erwerben von Todes wegen mit dem Tode des Erblassers, jedoch
   a) für den Erwerb des unter einer aufschiebenden Bedingung, unter einer Betagung oder Befristung Bedachten sowie für zu einem Erwerb gehörende aufschiebend bedingte, betagte oder befristete Ansprüche mit dem Zeitpunkt des Eintritts der Bedingung oder des Ereignisses,
   b)[3)] für den Erwerb eines geltend gemachten Pflichtteilsanspruchs mit dem Zeitpunkt der Geltendmachung,
   c) im Fall des § 3 Abs. 2 Nr. 1 Satz 1 mit dem Zeitpunkt der Anerkennung der Stiftung als rechtsfähig und im Fall des § 3 Abs. 2 Nr. 1 Satz 2 mit dem Zeitpunkt der Bildung oder Ausstattung der Vermögensmasse,
   d) in den Fällen des § 3 Abs. 2 Nr. 2 mit dem Zeitpunkt der Vollziehung der Auflage oder der Erfüllung der Bedingung,
   e) in den Fällen des § 3 Abs. 2 Nr. 3 mit dem Zeitpunkt der Genehmigung,
   f) in den Fällen des § 3 Abs. 2 Nr. 4 mit dem Zeitpunkt des Verzichts oder der Ausschlagung,
   g) im Fall des § 3 Abs. 2 Nr. 5 mit dem Zeitpunkt der Vereinbarung über die Abfindung,

---

[1)] § 7 Abs. 7 Satz 1 geänd., Satz 2 angef. mWv 5. 3. 1999 durch G v. 24. 3. 1999 (BGBl. I S. 402); Abs. 7 Satz 3 angef. mWv 1. 1. 2009 durch G v. 24. 12. 2008 (BGBl. I S. 3018).

[2)] Zur Anwendung im Beitrittsgebiet siehe § 37 a Abs. 2 Satz 1. § 9 Abs. 1 Nr. 1 Buchst. c geänd. mWv 5. 3. 1999 durch G v. 24. 3. 1999 (BGBl. I S. 402); geänd. durch G v. 15. 7. 2002 (BGBl. I S. 2634).

[3)] § 9 Abs. 1 Nr. 1 Buchst. b neu gef. mWv 1. 1. 2009 durch G v. 24. 12. 2008 (BGBl. I S. 3018).

h) für den Erwerb des Nacherben mit dem Zeitpunkt des Eintritts der Nacherbfolge,
i) im Fall des § 3 Abs. 2 Nr. 6 mit dem Zeitpunkt der Übertragung der Anwartschaft,
j) im Fall des § 3 Abs. 2 Nr. 7 mit dem Zeitpunkt der Geltendmachung des Anspruchs;

2. bei Schenkungen unter Lebenden mit dem Zeitpunkt der Ausführung der Zuwendung;
3. bei Zweckzuwendungen mit dem Zeitpunkt des Eintritts der Verpflichtung des Beschwerten;
4. in den Fällen des § 1 Abs. 1 Nr. 4 in Zeitabständen von je 30 Jahren seit dem Zeitpunkt des ersten Übergangs von Vermögen auf die Stiftung oder auf den Verein. [2] Fällt bei Stiftungen oder Vereinen der Zeitpunkt des ersten Übergangs von Vermögen auf den 1. Januar 1954 oder auf einen früheren Zeitpunkt, entsteht die Steuer erstmals am 1. Januar 1984. [3] Bei Stiftungen und Vereinen, bei denen die Steuer erstmals am 1. Januar 1984 entsteht, richtet sich der Zeitraum von 30 Jahren nach diesem Zeitpunkt.

(2)[1)] In den Fällen der Aussetzung der Versteuerung nach § 25 Abs. 1 Buchstabe a[2)] gilt die Steuer für den Erwerb des belasteten Vermögens als mit dem Zeitpunkt des Erlöschens der Belastung entstanden.

Abschnitt 2. Wertermittlung

§ 10 Steuerpflichtiger Erwerb. (1)[3)] [1] Als steuerpflichtiger Erwerb gilt die Bereicherung des Erwerbers, soweit sie nicht steuerfrei ist (§§ 5, 13, 13 a, 13 c, 16, 17 und 18). [2] In den Fällen des § 3 gilt unbeschadet Absatz 10 als Bereicherung der Betrag, der sich ergibt, wenn von dem nach § 12 zu ermittelnden Wert des gesamten Vermögensanfalls, soweit er der Besteuerung nach diesem Gesetz unterliegt, die nach den Absätzen 3 bis 9 abzugsfähigen Nachlassverbindlichkeiten mit ihrem nach § 12 zu ermittelnden Wert abgezogen werden. [3] Steuererstattungsansprüche des Erblassers sind zu berücksichtigen, wenn sie rechtlich entstanden sind (§ 37 Abs. 2 der Abgabenordnung). [4] Der unmittelbare oder mittelbare Erwerb einer Beteiligung an einer Personengesellschaft oder einer anderen Gesamthandsgemeinschaft, die nicht unter § 97 Abs. 1 Satz 1 Nr. 5 des Bewertungsgesetzes fällt, gilt als Erwerb der anteiligen Wirtschaftsgüter; die dabei übergehenden Schulden und Lasten der Gesellschaft sind bei der Ermittlung der Bereicherung des Erwerbers wie eine Gegenleistung zu behandeln. [5] Bei der Zweckzuwendung tritt an die Stelle des Vermögensanfalls die Verpflichtung des Beschwerten. [6] Der steuerpflichtige Erwerb wird auf volle 100 Euro[4)] nach unten abgerundet. [7] In den Fällen des § 1 Abs. 1 Nr. 4 tritt an die Stelle des Vermögensanfalls das Vermögen der Stiftung oder des Vereins.

(2) Hat der Erblasser die Entrichtung der von dem Erwerber geschuldeten Steuer einem anderen auferlegt oder hat der Schenker die Entrichtung der vom Beschenkten geschuldeten Steuer selbst übernommen oder einem anderen auferlegt, gilt als Erwerb der Betrag, der sich bei einer Zusammenrechnung des Erwerbs nach Absatz 1 mit der aus ihm errechneten Steuer ergibt.

(3) Die infolge des Anfalls durch Vereinigung von Recht und Verbindlichkeit oder von Recht und Belastung erloschenen Rechtsverhältnisse gelten als nicht erloschen.

(4) Die Anwartschaft eines Nacherben gehört nicht zu seinem Nachlaß.

(5) Von dem Erwerb sind, soweit sich nicht aus den Absätzen 6 bis 9 etwas anderes ergibt, als Nachlaßverbindlichkeiten abzugsfähig

1.[5)] die vom Erblasser herrührenden Schulden, soweit sie nicht mit einem zum Erwerb gehörenden Gewerbebetrieb, Anteil an einem Gewerbebetrieb, Betrieb der Land- und Forstwirtschaft oder Anteil an einem Betrieb der Land- und Forstwirtschaft in wirtschaftlichem Zusammenhang stehen und bereits bei der Bewertung der wirtschaftlichen Einheit berücksichtigt worden sind;
2. Verbindlichkeiten aus Vermächtnissen, Auflagen und geltend gemachten Pflichtteilen und Erbersatzansprüchen;
3. die Kosten der Bestattung des Erblassers, die Kosten für ein angemessenes Grabdenkmal, die Kosten für die übliche Grabpflege mit ihrem Kapitalwert für eine unbestimmte Dauer sowie die Kosten, die dem Erwerber unmittelbar im Zusammenhang mit der Abwicklung, Regelung oder Verteilung des Nachlasses oder mit der Erlangung des Erwerbs entstehen. [2] Für

---

[1)] Zur Anwendung im Beitrittsgebiet siehe § 37 a Abs. 2 Satz 2.

[2)] § 25 Abs. 1 Buchst. a idF des G v. 17. 4. 1974 (BGBl. I S. 933) gilt in Steuerfällen, die bis zum 31. 8. 1980 eingetreten waren (§ 37 Abs. 2).

[3)] § 10 Abs. 1 Sätze 1 und 2 neu gef., Satz 3 eingef., bish. Sätze 3 bis 6 werden Sätze 4 bis 7, bish. Satz 3 neu gef. mWv 1. 1. 2009 durch G v. 24. 12. 2008 (BGBl. I S. 3018).

[4)] Betrag geänd. mWv 1. 1. 2002 durch G v. 19. 12. 2000 (BGBl. I S. 1790).

[5)] § 10 Abs. 5 Nr. 1 neu gef. mWv 1. 1. 2009 durch G v. 24. 12. 2008 (BGBl. I S. 3018).

diese Kosten wird insgesamt ein Betrag von 10 300 Euro[1] ohne Nachweis abgezogen. [3] Kosten für die Verwaltung des Nachlasses sind nicht abzugsfähig.

(6)[2] [1] Nicht abzugsfähig sind Schulden und Lasten, soweit sie in wirtschaftlichem Zusammenhang mit Vermögensgegenständen stehen, die nicht der Besteuerung nach diesem Gesetz unterliegen. [2] Beschränkt sich die Besteuerung auf einzelne Vermögensgegenstände (§ 2 Abs. 1 Nr. 3, § 19 Abs. 2), sind nur die damit in wirtschaftlichem Zusammenhang stehenden Schulden und Lasten abzugsfähig. [3] Schulden und Lasten, die mit teilweise befreiten Vermögensgegenständen in wirtschaftlichem Zusammenhang stehen, sind nur mit dem Betrag abzugsfähig, der dem steuerpflichtigen Teil entspricht. [4] Schulden und Lasten, die mit nach § 13 a befreitem Vermögen in wirtschaftlichem Zusammenhang stehen, sind nur mit dem Betrag abzugsfähig, der dem Verhältnis des nach Anwendung des § 13 a anzusetzenden Werts dieses Vermögens zu dem Wert vor Anwendung des § 13 a entspricht. [5] Schulden und Lasten, die mit nach § 13 c befreitem Vermögen in wirtschaftlichem Zusammenhang stehen, sind nur mit dem Betrag abzugsfähig, der dem Verhältnis des nach Anwendung des § 13 c anzusetzenden Werts dieses Vermögens zu dem Wert vor Anwendung des § 13 c entspricht. [6] Haben sich Nutzungsrechte als Grundstücksbelastungen bei der Ermittlung des gemeinen Werts einer wirtschaftlichen Einheit des Grundbesitzes ausgewirkt, ist deren Abzug bei der Erbschaftsteuer ausgeschlossen.

(7) In den Fällen des § 1 Abs. 1 Nr. 4 sind Leistungen an die nach der Stiftungsurkunde oder nach der Vereinssatzung Berechtigten nicht abzugsfähig.

(8) Die von dem Erwerber zu entrichtende eigene Erbschaftsteuer ist nicht abzugsfähig.

(9) Auflagen, die dem Beschwerten selbst zugute kommen, sind nicht abzugsfähig.

(10)[3] [1] Überträgt ein Erbe ein auf ihn von Todes wegen übergangenes Mitgliedschaftsrecht an einer Personengesellschaft unverzüglich nach dessen Erwerb auf Grund einer im Zeitpunkt des Todes des Erblassers bestehenden Regelung im Gesellschaftsvertrag an die Mitgesellschafter und ist der Wert, der sich für seinen Anteil zur Zeit des Todes des Erblassers nach § 12 ergibt, höher als der gesellschaftsvertraglich festgelegte Abfindungsanspruch, so gehört nur der Abfindungsanspruch zum Vermögensanfall im Sinne des Absatzes 1 Satz 2. [2] Überträgt ein Erbe einen auf ihn von Todes wegen übergegangenen Geschäftsanteil an einer Gesellschaft mit beschränkter Haftung unverzüglich nach dessen Erwerb auf Grund einer im Zeitpunkt des Todes des Erblassers bestehenden Regelung im Gesellschaftsvertrag an die Mitgesellschafter oder wird der Geschäftsanteil auf Grund einer im Zeitpunkt des Todes des Erblassers bestehenden Regelung im Gesellschaftsvertrag von der Gesellschaft eingezogen und ist der Wert, der sich für seinen Anteil zur Zeit des Todes des Erblassers nach § 12 ergibt, höher als der gesellschaftsvertraglich festgelegte Abfindungsanspruch, so gehört nur der Abfindungsanspruch zum Vermögensanfall im Sinne des Absatzes 1 Satz 2.

§ 11 Bewertungsstichtag. Für die Wertermittlung ist, soweit in diesem Gesetz nichts anderes bestimmt ist, der Zeitpunkt der Entstehung der Steuer maßgebend.

§ 12[4] Bewertung. (1) Die Bewertung richtet sich, soweit nicht in den Absätzen 2 bis 7 etwas anderes bestimmt ist, nach den Vorschriften des Ersten Teils des Bewertungsgesetzes (Allgemeine Bewertungsvorschriften) in der Fassung der Bekanntmachung vom 1. Februar 1991 (BGBl. I S. 230), zuletzt geändert durch Artikel 2 des Gesetzes vom 24. Dezember 2008 (BGBl. I S. 3018), in der jeweils geltenden Fassung.

(2) Anteile an Kapitalgesellschaften, für die ein Wert nach § 151 Abs. 1 Satz 1 Nr. 3 des Bewertungsgesetzes festzustellen ist, sind mit dem auf den Bewertungsstichtag (§ 11) festgestellten Wert anzusetzen.

(3) Grundbesitz (§ 19 Abs. 1 des Bewertungsgesetzes) ist mit dem nach § 151 Abs. 1 Satz 1 Nr. 1 des Bewertungsgesetzes auf den Bewertungsstichtag (§ 11) festgestellten Wert anzusetzen.

(4) Bodenschätze, die nicht zum Betriebsvermögen gehören, werden angesetzt, wenn für sie Absetzungen für Substanzverringerung bei der Einkunftsermittlung vorzunehmen sind; sie werden mit ihren ertragsteuerlichen Werten angesetzt.

(5) Inländisches Betriebsvermögen, für das ein Wert nach § 151 Abs. 1 Satz 1 Nr. 2 des Bewertungsgesetzes festzustellen ist, ist mit dem auf den Bewertungsstichtag (§ 11) festgestellten Wert anzusetzen.

---

[1] Betrag geänd. mWv 1. 1. 2002 durch G v. 19. 12. 2000 (BGBl. I S. 1790).
[2] § 10 Abs. 6 Sätze 4 und 5 neu gef., Satz 6 angef. mWv 1. 1. 2009 durch G v. 24. 12. 2008 (BGBl. I S. 3018).
[3] § 10 Abs. 10 angef. mWv 1. 1. 2009 durch G v. 24. 12. 2008 (BGBl. I S. 3018).
[4] § 12 neu gef. mWv 1. 1. 2009 durch G v. 24. 12. 2008 (BGBl. I S. 3018).

(6) Gehört zum Erwerb ein Anteil an Wirtschaftsgütern und Schulden, für die ein Wert nach § 151 Abs. 1 Satz 1 Nr. 4 des Bewertungsgesetzes festzustellen ist, ist der darauf entfallende Teilbetrag des auf den Bewertungsstichtag (§ 11) festgestellten Werts anzusetzen.

(7) Ausländischer Grundbesitz und ausländisches Betriebsvermögen werden nach § 31 des Bewertungsgesetzes bewertet.

§ 13 Steuerbefreiungen. (1) Steuerfrei bleiben

1. a) Hausrat einschließlich Wäsche und Kleidungsstücke beim Erwerb durch Personen der Steuerklasse I, soweit der Wert insgesamt 41 000 Euro[1] nicht übersteigt,

   b) andere bewegliche körperliche Gegenstände, die nicht nach Nummer 2 befreit sind, beim Erwerb durch Personen der Steuerklasse I, soweit der Wert insgesamt 12 000 Euro[2] nicht übersteigt,

   c) Hausrat einschließlich Wäsche und Kleidungsstücke und andere bewegliche körperliche Gegenstände, die nicht nach Nummer 2 befreit sind, beim Erwerb durch Personen der Steuerklassen II und III, soweit der Wert insgesamt 12 000 Euro[3] nicht übersteigt.

   [2] Beim Erwerb durch einen Lebenspartner ist anstelle der Befreiung nach Satz 1 Buchstabe c die Befreiung nach Satz 1 Buchstabe a und b anzuwenden.[4] [3] Die Befreiung gilt nicht für Gegenstände, die zum land- und forstwirtschaftlichen Vermögen, zum Grundvermögen oder zum Betriebsvermögen gehören, für Zahlungsmittel, Wertpapiere, Münzen, Edelmetalle, Edelsteine und Perlen;

2. Grundbesitz oder Teile von Grundbesitz, Kunstgegenstände, Kunstsammlungen, wissenschaftliche Sammlungen, Bibliotheken und Archive

   a) [5] mit 60 Prozent ihres Werts, jedoch Grundbesitz und Teile von Grundbesitz mit 85 Prozent ihres Werts, wenn die Erhaltung dieser Gegenstände wegen ihrer Bedeutung für Kunst, Geschichte oder Wissenschaft im öffentlichen Interesse liegt, die jährlichen Kosten in der Regel die erzielten Einnahmen übersteigen und die Gegenstände in einem den Verhältnissen entsprechenden Umfang den Zwecken der Forschung oder der Volksbildung nutzbar gemacht sind oder werden,

   b) in vollem Umfang, wenn die Voraussetzungen des Buchstabens a erfüllt sind und ferner

      aa) der Steuerpflichtige bereit ist, die Gegenstände den geltenden Bestimmungen der Denkmalspflege zu unterstellen,

      bb) [6] die Gegenstände sich seit mindestens 20 Jahren im Besitz der Familie befinden oder in dem Verzeichnis national wertvollen Kulturguts oder national wertvoller Archive nach dem Gesetz zum Schutz deutschen Kulturgutes gegen Abwanderung in der Fassung der Bekanntmachung vom 8. Juli 1999 (BGBl. I S. 1754), zuletzt geändert durch Artikel 2 des Gesetzes vom 18. Mai 2007 (BGBl. I S. 757, 2547), in der jeweils geltenden Fassung eingetragen sind.

   [2] Die Steuerbefreiung fällt mit Wirkung für die Vergangenheit weg, wenn die Gegenstände innerhalb von zehn Jahren nach dem Erwerb veräußert werden oder die Voraussetzungen für die Steuerbefreiung innerhalb dieses Zeitraums entfallen;

3. Grundbesitz oder Teile von Grundbesitz, der für Zwecke der Volkswohlfahrt der Allgemeinheit ohne gesetzliche Verpflichtung zur Benutzung zugänglich gemacht ist und dessen Erhaltung im öffentlichen Interesse liegt, wenn die jährlichen Kosten in der Regel die erzielten Einnahmen übersteigen. [2] Die Steuerbefreiung fällt mit Wirkung für die Vergangenheit weg, wenn der Grundbesitz oder Teile des Grundbesitzes innerhalb von zehn Jahren nach dem Erwerb veräußert werden oder die Voraussetzungen für die Steuerbefreiung innerhalb dieses Zeitraums entfallen;

4. ein Erwerb nach § 1969 des Bürgerlichen Gesetzbuchs;

4 a.[7] Zuwendungen unter Lebenden, mit denen ein Ehegatte dem anderen Ehegatten Eigentum oder Miteigentum an einem im Inland oder in einem Mitgliedstaat der Europäischen Union oder einem Staat des Europäischen Wirtschaftsraums belegenen bebauten Grundstück im Sinne des § 181 Abs. 1 Nr. 1 bis 5 des Bewertungsgesetzes verschafft, soweit darin

---

[1] Betrag geänd. mWv 1. 1. 2002 durch G v. 19. 12. 2000 (BGBl. I S. 1790).

[2] Beträge geänd. mWv 1. 1. 2002 durch G v. 19. 12. 2000 (BGBl. I S. 1790); geänd. mWv 1. 1. 2009 durch G v. 24. 12. 2008 (BGBl. I S. 3018)

[3] Beträge geänd. mWv 1. 1. 2002 durch G v. 19. 12. 2000 (BGBl. I S. 1790); geänd. mWv 1. 1. 2009 durch G v. 24. 12. 2008 (BGBl. I S. 3018).

[4] § 13 Abs. 1 Satz 2 eingef., bish. Satz 2 wird Satz 3 mWv 1. 1. 2009 durch G v. 24. 12. 2008 (BGBl. I S. 3018).

[5] § 13 Abs. 1 Nr. 2 Buchst. a neu gef. mWv 1. 1. 2009 durch G v. 24. 12. 2008 (BGBl. I S. 3018).

[6] § 13 Abs. 1 Nr. 2 Buchst. b Doppelbuchst. bb neu gef. mWv 1. 1. 2009 durch G v. 24. 12. 2008 (BGBl. I S. 3018).

[7] § 13 Abs. 1 Nr. 4 a neu gef. mWv 1. 1. 2009 durch G v. 24. 12. 2008 (BGBl. I S. 3018).

eine Wohnung zu eigenen Wohnzwecken genutzt wird (Familienheim), oder den anderen Ehegatten von eingegangenen Verpflichtungen im Zusammenhang mit der Anschaffung oder der Herstellung des Familienheims freistellt. 2 Entsprechendes gilt, wenn ein Ehegatte nachträglichen Herstellungs- oder Erhaltungsaufwand für ein Familienheim trägt, das im gemeinsamen Eigentum der Ehegatten oder im Eigentum des anderen Ehegatten steht. 3 Die Sätze 1 und 2 gelten für Zuwendungen zwischen Lebenspartnern entsprechend;

4 b.[1] der Erwerb von Todes wegen des Eigentums oder Miteigentums an einem im Inland oder in einem Mitgliedstaat der Europäischen Union oder einem Staat des Europäischen Wirtschaftsraums belegenen bebauten Grundstück im Sinne des § 181 Abs. 1 Nr. 1 bis 5 des Bewertungsgesetzes durch den überlebenden Ehegatten oder den überlebenden Lebenspartner, soweit der Erblasser darin bis zum Erbfall eine Wohnung zu eigenen Wohnzwecken genutzt hat oder bei der er aus zwingenden Gründen an einer Selbstnutzung zu eigenen Wohnzwecken gehindert war und die beim Erwerber unverzüglich zur Selbstnutzung zu eigenen Wohnzwecken bestimmt ist (Familienheim). 2 Ein Erwerber kann die Steuerbefreiung nicht in Anspruch nehmen, soweit er das begünstigte Vermögen auf Grund einer letztwilligen Verfügung des Erblassers oder einer rechtsgeschäftlichen Verfügung des Erblassers auf einen Dritten übertragen muss. 3 Gleiches gilt, wenn ein Erbe im Rahmen der Teilung des Nachlasses begünstigtes Vermögen auf einen Miterben überträgt. 4 Überträgt ein Erbe erworbenes begünstigtes Vermögen im Rahmen der Teilung des Nachlasses auf einen Dritten und gibt der Dritte dabei diesem Erwerber nicht begünstigtes Vermögen hin, das er vom Erblasser erworben hat, erhöht sich insoweit der Wert des begünstigten Vermögens des dritten um den Wert des hingegebenen Vermögens, höchstens jedoch um den Wert des übertragenen Vermögens. 5 Die Steuerbefreiung fällt mit Wirkung für die Vergangenheit weg, wenn der Erwerber das Familienheim innerhalb von zehn Jahren nach dem Erwerb nicht mehr zu Wohnzwecken selbst nutzt, es sei denn, er ist aus zwingenden Gründen an einer Selbstnutzung zu eigenen Wohnzwecken gehindert;

4 c.[2] der Erwerb von Todes wegen des Eigentums oder Miteigentums an einem im Inland oder in einem Mitgliedstaat der Europäischen Union oder einem Staat des Europäischen Wirtschaftsraums belegenen bebauten Grundstück im Sinne des § 181 Abs. 1 Nr. 1 bis 5 des Bewertungsgesetzes durch Kinder im Sinne der Steuerklasse I Nr. 2 und der Kinder verstorbener Kinder im Sinne der Steuerklasse I Nr. 2, soweit der Erblasser darin bis zum Erbfall eine Wohnung zu eigenen Wohnzwecken genutzt hat oder bei der er aus zwingenden Gründen an einer Selbstnutzung zu eigenen Wohnzwecken gehindert war, die beim Erwerber unverzüglich zur Selbstnutzung zu eigenen Wohnzwecken bestimmt ist (Familienheim) und soweit die Wohnfläche der Wohnung 200 Quadratmeter nicht übersteigt. 2 Ein Erwerber kann die Steuerbefreiung nicht in Anspruch nehmen, soweit er das begünstigte Vermögen auf Grund einer letztwilligen Verfügung des Erblassers oder einer rechtsgeschäftlichen Verfügung des Erblassers auf einen Dritten übertragen muss. 3 Gleiches gilt, wenn ein Erbe im Rahmen der Teilung des Nachlasses begünstigtes Vermögen auf einen Miterben überträgt. 4 Überträgt ein Erbe erworbenes begünstigtes Vemögen im Rahmen der Teilung des Nachlasses auf einen Dritten und gibt der Dritte dabei diesem Erwerber nicht begünstigtes Vermögen hin, das er vom Erblasser erworben hat, erhöht sich insoweit der Wert des begünstigten Vermögens des Dritten um den Wert des hingegebenen Vermögens, höchstens jedoch um den Wert des übertragenen Vermögens. 5 Die Steuerbefreiung fällt mit Wirkung für die Vergangenheit weg, wenn der Erwerber das Familienheim innerhalb von zehn Jahren nach dem Erwerb nicht mehr zu Wohnzwecken selbst nutzt, es sei denn, er ist aus zwingenden Gründen an einer Selbstnutzung zu eigenen Wohnzwecken gehindert;

5. die Befreiung von einer Schuld gegenüber dem Erblasser, sofern die Schuld durch Gewährung von Mitteln zum Zweck des angemessenen Unterhalts oder zur Ausbildung des Bedachten begründet worden ist oder der Erblasser die Befreiung mit Rücksicht auf die Notlage des Schuldners angeordnet hat und diese auch durch die Zuwendung nicht beseitigt wird. 2 Die Steuerbefreiung entfällt, soweit die Steuer aus der Hälfte einer neben der erlassenen Schuld dem Bedachten anfallenden Zuwendung gedeckt werden kann;

6. ein Erwerb, der Eltern, Adoptiveltern, Stiefeltern oder Großeltern des Erblassers anfällt, sofern der Erwerb zusammen mit dem übrigen Vermögen des Erwerbers 41 000 Euro[3] nicht übersteigt und der Erwerber infolge körperlicher oder geistiger Gebrechen und unter Berücksichtigung seiner bisherigen Lebensstellung als erwerbsunfähig anzusehen ist oder durch die Führung eines gemeinsamen Hausstands mit erwerbsunfähigen oder in der Ausbildung befindlichen Abkömmlingen an der Ausübung einer Erwerbstätigkeit gehindert ist. 2 Übersteigt der Wert des Erwerbs zusammen mit dem übrigen Vermögen des Erwerbers

[1] § 13 Abs. 1 Nr. 4 b eingef. mWv 1. 1. 2009 durch G v. 24. 12. 2008 (BGBl. I S. 3018).
[2] § 13 Abs. 1 Nr. 4 c eingef. mWv 1. 1. 2009 durch G v. 24. 12. 2008 (BGBl. I S. 3018).
[3] Betrag geänd. mWv 1. 1. 2002 durch G v. 19. 12. 2000 (BGBl. I S. 1790).

den Betrag von 41 000 Euro[1], wird die Steuer nur insoweit erhoben, als sie aus der Hälfte des die Wertgrenze übersteigenden Betrags gedeckt werden kann;

7.[2] Ansprüche nach den folgenden Gesetzen in der jeweils geltenden Fassung:

a) Lastenausgleichsgesetz,

b) Flüchtlingshilfegesetz in der Fassung der Bekanntmachung vom 15. Mai 1971 (BGBl. I S. 681), zuletzt geändert durch Artikel 6 a des Gesetzes vom 21. Juli 2004 (BGBl. I S. 1742),

c) Allgemeines Kriegsfolgengesetz in der im Bundesgesetzblatt Teil III, Gliederungsnummer 653-1, veröffentlichten bereinigten Fassung, zuletzt geändert durch Artikel 127 der Verordnung vom 31. Oktober 2006 (BGBl. I S. 2407),

d) Gesetz zur Regelung der Verbindlichkeiten nationalsozialistischer Einrichtungen und der Rechtsverhältnisse an deren Vermögen vom 17. März 1965 (BGBl. I S. 79), zuletzt geändert durch Artikel 2 Abs. 17 des Gesetzes vom 12. August 2005 (BGBl. I S. 2354),

e) Häftlingshilfegesetz, Strafrechtliches Rehabilitierungsgesetz sowie Bundesvertriebenengesetz,

f) Vertriebenenzuwendungsgesetz vom 27. September 1994 (BGBl. I S. 2624, 2635), zuletzt geändert durch Artikel 4 Abs. 43 des Gesetzes vom 22. September 2005 (BGBl. I S. 2809),

g) Verwaltungsrechtliches Rehabilitierungsgesetz in der Fassung der Bekanntmachung vom 1. Juli 1997 (BGBl. I S. 1620), zuletzt geändert durch Artikel 2 des Gesetzes vom 21. August 2007 (BGBl. I S. 2118), und

h) Berufliches Rehabilitierungsgesetz in der Fassung der Bekanntmachung vom 1. Juli 1997 (BGBl. I S. 1625), zuletzt geändert durch Artikel 3 des Gesetzes vom 21. August 2007 (BGBl. I S. 2118);

8.[3] Ansprüche auf Entschädigungsleistungen nach den folgenden Gesetzen in der jeweils geltenden Fassung:

a) Bundesentschädigungsgesetz in der im Bundesgesetzblatt Teil III, Gliederungsnummer 251-1, veröffentlichten bereinigten Fassung, zuletzt geändert durch Artikel 7 Abs. 4 des Gesetzes vom 26. März 2007 (BGBl. I S. 358), sowie

b) Gesetz über Entschädigungen für Opfer des Nationalsozialismus im Beitrittsgebiet vom 22. April 1992 (BGBl. I S. 906);

9. ein steuerpflichtiger Erwerb bis zu 20 000 Euro[4], der Personen anfällt, die dem Erblasser unentgeltlich oder gegen unzureichendes Entgelt Pflege oder Unterhalt gewährt haben, soweit das Zugewendete als angemessenes Entgelt anzusehen ist;

9 a. Geldzuwendungen unter Lebenden, die eine Pflegeperson für Leistungen zur Grundpflege oder hauswirtschaftlichen Versorgung vom Pflegebedürftigen erhält, bis zur Höhe des nach § 37 des Elften Buches Sozialgesetzbuch gewährten Pflegegeldes oder eines entsprechenden Pflegegeldes aus privaten Versicherungsverträgen nach den Vorgaben des Elften Buches Sozialgesetzbuch (private Pflegepflichtversicherung) oder einer Pauschalbeihilfe nach den Beihilfevorschriften für häusliche Pflege;

10. Vermögensgegenstände, die Eltern oder Voreltern ihren Abkömmlingen durch Schenkung oder Übergabevertrag zugewandt hatten und die an diese Personen von Todes wegen zurückfallen;

11. der Verzicht auf die Geltendmachung des Pflichtteilsanspruchs oder des Erbersatzanspruchs;

12. Zuwendungen unter Lebenden zum Zwecke des angemessenen Unterhalts oder zur Ausbildung des Bedachten;

13. Zuwendungen an Pensions- und Unterstützungskassen im Sinne des § 5 Abs. 1 Nr. 3 des Körperschaftsteuergesetzes, wenn sie die für eine Befreiung von der Körperschaftsteuer erforderlichen Voraussetzungen erfüllen. [2] Ist eine Kasse nach § 6 des Körperschaftsteuergesetzes teilweise steuerpflichtig, ist auch die Zuwendung im gleichen Verhältnis steuerpflichtig. [3] Die Befreiung fällt mit Wirkung für die Vergangenheit weg, wenn die Voraussetzungen des § 5 Abs. 1 Nr. 3 des Körperschaftsteuergesetzes innerhalb von zehn Jahren nach der Zuwendung entfallen;

14. die üblichen Gelegenheitsgeschenke;

---

[1] Betrag geänd. mWv 1. 1. 2002 durch G v. 19. 12. 2000 (BGBl. I S. 1790).

[2] § 13 Abs. 1 Nr. 7 neu gef. mWv 1. 1. 2009 durch G v. 24. 12. 2008 (BGBl. I S. 3018).

[3] § 13 Abs. 1 Nr. 8 neu gef. mWv 1. 1. 2009 durch G v. 24. 12. 2008 (BGBl. I S. 3018).

[4] Betrag geänd. mWv 1. 1. 2002 durch G v. 19. 12. 2000 (BGBl. I S. 1790); geänd. mWv 1. 1. 2009 durch G v. 24. 12. 2008 (BGBl. I S. 3018).

15. Anfälle an den Bund, ein Land oder eine inländische Gemeinde (Gemeindeverband) sowie solche Anfälle, die ausschließlich Zwecken des Bundes, eines Landes oder einer inländischen Gemeinde (Gemeindeverband) dienen;
16. Zuwendungen
    a) an inländische Religionsgesellschaften des öffentlichen Rechts oder an inländische jüdische Kultusgemeinden,
    b) an inländische Körperschaften, Personenvereinigungen und Vermögensmassen, die nach der Satzung, dem Stiftungsgeschäft oder der sonstigen Verfassung und nach ihrer tatsächlichen Geschäftsführung ausschließlich und unmittelbar kirchlichen, gemeinnützigen oder mildtätigen Zwecken dienen. [2] Die Befreiung fällt mit Wirkung für die Vergangenheit weg, wenn die Voraussetzungen für die Anerkennung der Körperschaft, Personenvereinigung oder Vermögensmasse als kirchliche, gemeinnützige oder mildtätige Institution innerhalb von zehn Jahren nach der Zuwendung entfallen und das Vermögen nicht begünstigten Zwecken zugeführt wird,[1]
    c) an ausländische Religionsgesellschaften, Körperschaften, Personenvereinigungen und Vermögensmassen der in den Buchstaben a und b bezeichneten Art unter der Voraussetzung, daß der ausländische Staat für Zuwendungen an deutsche Rechtsträger der in den Buchstaben a und b bezeichneten Art eine entsprechende Steuerbefreiung gewährt und das Bundesministerium der Finanzen dies durch förmlichen Austausch entsprechender Erklärungen mit dem ausländischen Staat feststellt;
17. Zuwendungen, die ausschließlich kirchlichen, gemeinnützigen oder mildtätigen Zwecken gewidmet sind, sofern die Verwendung zu dem bestimmten Zweck gesichert ist;
18.[2] Zuwendungen an
    a) politische Parteien im Sinne des § 2 des Parteiengesetzes,
    b) Vereine ohne Parteicharakter, wenn
        aa) der Zweck des Vereins ausschließlich darauf gerichtet ist, durch Teilnahme mit eigenen Wahlvorschlägen an Wahlen auf Bundes-, Landes- oder Kommunalebene bei der politischen Willensbildung mitzuwirken, und
        bb) der Verein auf Bundes-, Landes- oder Kommunalebene bei der jeweils letzten Wahl wenigstens ein Mandat errungen oder der zuständigen Wahlbehörde oder dem zuständigen Wahlorgan angezeigt hat, dass er mit eigenen Wahlvorschlägen auf Bundes-, Landes- oder Kommunalebene an der jeweils nächsten Wahl teilnehmen will.

    [2] Die Steuerbefreiung fällt mit Wirkung für die Vergangenheit weg, wenn der Verein an der jeweils nächsten Wahl nach der Zuwendung nicht teilnimmt, es sei denn, dass der Verein sich ernsthaft um eine Teilnahme bemüht hat.

(2) [1] Angemessen im Sinne des Absatzes 1 Nr. 5 und 12 ist eine Zuwendung, die den Vermögensverhältnissen und der Lebensstellung des Bedachten entspricht. [2] Eine dieses Maß übersteigende Zuwendung ist in vollem Umfang steuerpflichtig.

(3) [1] Jede Befreiungsvorschrift ist für sich anzuwenden. [2] In den Fällen des Absatzes 1 Nr. 2 und 3 kann der Erwerber der Finanzbehörde bis zur Unanfechtbarkeit der Steuerfestsetzung erklären, daß er auf die Steuerbefreiung verzichtet.

§ 13 a[3] Steuerbefreiung für Betriebsvermögen, Betriebe der Land- und Forstwirtschaft und Anteile an Kapitalgesellschaften.

(1)[4] [1] Der Wert von Betriebsvermögen, land- und forstwirtschaftlichem Vermögen und Anteilen an Kapitalgesellschaften im Sinne des § 13 b Abs. 4 bleibt insgesamt außer Ansatz (Verschonungsabschlag). [2] Voraussetzung ist, dass die Summe der maßgebenden jährlichen Lohnsummen (Absatz 4) des Betriebs, bei Beteiligungen an einer Personengesellschaft oder Anteilen an einer Kapitalgesellschaft des Betriebs der jeweiligen Gesellschaft, innerhalb von fünf Jahren nach dem Erwerb (Lohnsummenfrist) insgesamt 400 Prozent der Ausgangslohnsumme nicht unterschreitet (Mindestlohnsumme). [3] Ausgangslohnsumme ist die durchschnittliche Lohnsumme der letzten fünf vor dem Zeitpunkt der Entstehung der Steuer endenden Wirtschaftsjahre. [4] Satz 2 ist nicht anzuwenden, wenn die Ausgangslohnsumme 0 Euro beträgt oder der Betrieb nicht mehr als 20 Beschäftigte hat. [5] Unterschreitet die Summe der maßgebenden jährlichen Lohnsummen die Mindestlohnsumme, vermindert sich der nach Satz 1 zu gewähren-

[1] Vgl. zu Zuwendungen an die Stiftung „Erinnerung, Verantwortung und Zukunft" § 3 Abs. 4 des G v. 2. 8. 2000 (BGBl. I S. 1263).
[2] § 13 Abs. 1 Nr. 18 neu gef. mWv 1. 1. 2009 durch G v. 24. 12. 2008 (BGBl. I S. 3018).
[3] § 13 a neu gef. mWv 1. 1. 2009 durch G v. 24. 12. 2008 (BGBl. I S. 3018).
[4] § 13 a Abs. 1 Sätze 2 und 4 geänd. mWv 1. 1. 2010 durch G v. 22. 12. 2009 (BGBl. I S. 3950)

de Verschonungsabschlag mit Wirkung für die Vergangenheit in demselben prozentualen Umfang, wie die Mindestlohnsumme unterschritten wird.

(2) [1] Der nicht unter § 13 b Abs. 4 fallende Teil des Vermögens im Sinne des § 13 b Abs. 1 bleibt vorbehaltlich des Satzes 3 außer Ansatz, soweit der Wert dieses Vermögens insgesamt 150 000 Euro nicht übersteigt (Abzugsbetrag). [2] Der Abzugsbetrag von 150 000 Euro verringert sich, wenn der Wert dieses Vermögens insgesamt die Wertgrenze von 150 000 Euro übersteigt, um 50 Prozent des diese Wertgrenze übersteigenden Betrags. [3] Der Abzugsbetrag kann innerhalb von zehn Jahren für von derselben Person anfallende Erwerbe nur einmal berücksichtigt werden.

(3) [1] Ein Erwerber kann den Verschonungsabschlag (Absatz 1) und den Abzugsbetrag (Absatz 2) nicht in Anspruch nehmen, soweit er Vermögen im Sinne des § 13 b Abs. 1 auf Grund einer letztwilligen Verfügung des Erblassers oder einer rechtsgeschäftlichen Verfügung des Erblassers oder Schenkers auf einen Dritten übertragen muss. [2] Gleiches gilt, wenn ein Erbe im Rahmen der Teilung des Nachlasses Vermögen im Sinne des § 13 b Abs. 1 auf einen Miterben überträgt.

(4) [1] Die Lohnsumme umfasst alle Vergütungen (Löhne und Gehälter und andere Bezüge und Vorteile), die im maßgebenden Wirtschaftsjahr an die auf den Lohn- und Gehaltslisten erfassten Beschäftigten gezahlt werden; außer Ansatz bleiben Vergütungen an solche Arbeitnehmer, die nicht ausschließlich oder überwiegend in dem Betrieb tätig sind. [2] Zu den Vergütungen zählen alle Geld- oder Sachleistungen für die von den Beschäftigten erbrachte Arbeit, unabhängig davon, wie diese Leistungen bezeichnet werden und ob es sich um regelmäßige oder unregelmäßige Zahlungen handelt. [3] Zu den Löhnen und Gehältern gehören auch alle von den Beschäftigten zu entrichtenden Sozialbeiträge, Einkommensteuern und Zuschlagsteuern auch dann, wenn sie vom Arbeitgeber einbehalten und von ihm im Namen des Beschäftigten direkt an den Sozialversicherungsträger und die Steuerbehörde abgeführt werden. [4] Zu den Löhnen und Gehältern zählen alle vom Beschäftigten empfangenen Sondervergütungen, Prämien, Gratifikationen, Abfindungen, Zuschüsse zu Lebenshaltungskosten, Familienzulagen, Provisionen, Teilnehmergebühren und vergleichbare Vergütungen. [5] Gehören zum Betriebsvermögen des Betriebs, bei Beteiligungen an einer Personengesellschaft und Anteilen an einer Kapitalgesellschaft des Betriebs der jeweiligen Gesellschaft, unmittelbar oder mittelbar Beteiligungen an Personengesellschaften, die ihren Sitz oder ihre Geschäftsleitung im Inland, einem Mitgliedstaat der Europäischen Union oder in einem Staat des Europäischen Wirtschaftsraums haben, oder Anteile an Kapitalgesellschaften, die ihren Sitz oder ihre Geschäftsleitung im Inland, einem Mitgliedstaat der Europäischen Union oder in einem Staat des Europäischen Wirtschaftsraums haben, wenn die unmittelbare oder mittelbare Beteiligung mehr als 25 Prozent beträgt, sind die Lohnsummen dieser Gesellschaften einzubeziehen zu dem Anteil, zu dem die unmittelbare und mittelbare Beteiligung besteht.

(5)[1)] [1] Der Verschonungsabschlag (Absatz 1) und der Abzugsbetrag (Absatz 2) fallen nach Maßgabe des Satzes 2 mit Wirkung für die Vergangenheit weg, soweit der Erwerber innerhalb von fünf Jahren (Behaltensfrist)

1. einen Gewerbebetrieb oder einen Teilbetrieb, einen Anteil an einer Gesellschaft im Sinne des § 15 Abs. 1 Satz 1 Nr. 2 und Abs. 3 oder § 18 Abs. 4 des Einkommensteuergesetzes, einen Anteil eines persönlich haftenden Gesellschafters einer Kommanditgesellschaft auf Aktien oder einen Anteil daran veräußert; als Veräußerung gilt auch die Aufgabe des Gewerbebetriebs. [2] Gleiches gilt, wenn wesentliche Betriebsgrundlagen eines Gewerbebetriebs veräußert oder in das Privatvermögen überführt oder anderen betriebsfremden Zwecken zugeführt werden oder wenn Anteile an einer Kapitalgesellschaft veräußert werden, die der Veräußerer durch eine Sacheinlage (§ 20 Abs. 1 des Umwandlungssteuergesetzes vom 7. Dezember 2006 (BGBl. I S. 2782, 2791), geändert durch Artikel 5 des Gesetzes vom 14. August 2007 (BGBl. I S. 1912), in der jeweils geltenden Fassung) aus dem Betriebsvermögen im Sinne des § 13 b erworben hat oder ein Anteil an einer Gesellschaft im Sinne des § 15 Abs. 1 Satz 1 Nr. 2 und Abs. 3 oder § 18 Abs. 4 des Einkommensteuergesetzes oder ein Anteil daran veräußert wird, den der Veräußerer durch eine Einbringung des Betriebsvermögens im Sinne des § 13 b in eine Personengesellschaft (§ 24 Abs. 1 des Umwandlungssteuergesetzes) erworben hat;
2. das land- und forstwirtschaftliche Vermögen im Sinne des § 168 Abs. 1 Nr. 1 des Bewertungsgesetzes und selbst bewirtschaftete Grundstücke im Sinne des § 159 des Bewertungsgesetzes veräußert. [2] Gleiches gilt, wenn das land- und forstwirtschaftliche Vermögen dem Betrieb der Land- und Forstwirtschaft nicht mehr dauernd zu dienen bestimmt ist oder wenn der bisherige Betrieb innerhalb der Behaltensfrist als Stückländerei zu qualifizieren wäre oder

[1)] § 13 a Abs. 5 Satz 1 einl. Satzteil und Nr. 3 geänd. mWv 1. 1. 2010 durch G v. 22. 12. 2009 (BGBl. I S. 3950)

Grundstücke im Sinne des § 159 des Bewertungsgesetzes nicht mehr selbst bewirtschaftet werden;

3. als Inhaber eines Gewerbebetriebs, Gesellschafter einer Gesellschaft im Sinne des § 15 Abs. 1 Nr. 2 und Abs. 3 oder § 18 Abs. 4 des Einkommensteuergesetzes oder persönlich haftender Gesellschafter einer Kommanditgesellschaft auf Aktien bis zum Ende des letzten in die Fünfjahresfrist fallenden Wirtschaftsjahres Entnahmen tätigt, die die Summe seiner Einlagen und der ihm zuzurechnenden Gewinne oder Gewinnanteile seit dem Erwerb um mehr als 150 000 Euro übersteigen; Verluste bleiben unberücksichtigt. [2] Gleiches gilt für Inhaber eines begünstigten Betriebs der Land- und Forstwirtschaft oder eines Teilbetriebs oder eines Anteils an einem Betrieb der Land- und Forstwirtschaft. [3] Bei Ausschüttungen an Gesellschafter einer Kapitalgesellschaft ist sinngemäß zu verfahren;
4. Anteile an Kapitalgesellschaften im Sinne des § 13 b ganz oder teilweise veräußert; eine verdeckte Einlage der Anteile in eine Kapitalgesellschaft steht der Veräußerung der Anteile gleich. [2] Gleiches gilt, wenn die Kapitalgesellschaft innerhalb der Frist aufgelöst oder ihr Nennkapital herabgesetzt wird, wenn diese wesentliche Betriebsgrundlagen veräußert und das Vermögen an die Gesellschafter verteilt wird; Satz 1 Nr. 1 Satz 2 gilt entsprechend;
5. im Fall des § 13 b Abs. 1 Nr. 3 Satz 2 die Verfügungsbeschränkung oder die Stimmrechtsbündelung aufgehoben wird.

[2] Der Wegfall des Verschonungsabschlags beschränkt sich in den Fällen des Satzes 1 Nr. 1, 2, 4 und 5 auf den Teil, der dem Verhältnis der im Zeitpunkt der schädlichen Verfügung verbleibenden Behaltensfrist einschließlich des Jahres, in dem die Verfügung erfolgt, zur gesamten Behaltensfrist ergibt. [3] In den Fällen des Satzes 1 Nr. 1, 2 und 4 ist von einer Nachversteuerung abzusehen, wenn der Veräußerungserlös innerhalb der nach § 13 b Abs. 1 begünstigten Vermögensart verbleibt. [4] Hiervon ist auszugehen, wenn der Veräußerungserlös innerhalb von sechs Monaten in entsprechendes Vermögen investiert wird, das nicht zum Verwaltungsvermögen im Sinne des § 13 b Abs. 2 gehört.

(6) [1] Der Erwerber ist verpflichtet, dem für die Erbschaftsteuer zuständigen Finanzamt innerhalb einer Frist von sechs Monaten nach Ablauf der Lohnsummenfrist das Unterschreiten der Lohnsummengrenze im Sinne des Absatzes 1 Satz 2 anzuzeigen. [2] In den Fällen des Absatzes 5 ist der Erwerber verpflichtet, dem für die Erbschaftsteuer zuständigen Finanzamt den entsprechenden Sachverhalt innerhalb einer Frist von einem Monat, nach dem der jeweilige Tatbestand verwirklicht wurde, anzuzeigen. [3] Die Festsetzungsfrist für die Steuer endet nicht vor dem Ablauf des vierten Jahres, nachdem die Finanzbehörde von dem Unterschreiten der Lohnsummengrenze (Absatz 1 Satz 2) oder dem Verstoß gegen die Behaltensregelungen (Absatz 5) Kenntnis erlangt. [4] Die Anzeige ist eine Steuererklärung im Sinne der Abgabenordnung. [5] Sie ist schriftlich abzugeben. [6] Die Anzeige hat auch dann zu erfolgen, wenn der Vorgang zu keiner Besteuerung führt.

(7) Soweit nicht inländisches Vermögen zum begünstigten Vermögen im Sinne des § 13 b gehört, hat der Steuerpflichtige nachzuweisen, dass die Voraussetzungen für die Begünstigung im Zeitpunkt der Entstehung der Steuer und während der gesamten in Absätzen 2 und 5 genannten Zeiträume bestehen.

(8)[1)] Der Erwerber kann unwiderruflich erklären, dass die Steuerbefreiung nach den Absätzen 1 bis 7 in Verbindung mit § 13 b nach folgender Maßgabe gewährt wird:

1. In Absatz 1 Satz 2 tritt an die Stelle der Lohnsummenfrist von fünf Jahren eine Lohnsummenfrist von sieben Jahren und an die Stelle der maßgebenden Lohnsumme von 400 Prozent eine maßgebende Lohnsumme von 700 Prozent;
2. in Absatz 5 tritt an die Stelle der Behaltensfrist von fünf Jahren eine Behaltensfrist von sieben Jahren;
3. in § 13 b Abs. 2 Satz 1 tritt an die an Stelle des Prozentsatzes für das Verwaltungsvermögens von 50 Prozent ein Prozentsatz von 10 Prozent;
4. in § 13 b Abs. 4 tritt an die an Stelle des Prozentsatzes für die Begünstigung von 85 Prozent ein Prozentsatz von 100 Prozent.

(9) Die Absätze 1 bis 8 gelten in den Fällen des § 1 Abs. 1 Nr. 4 entsprechend.

§ 13 b[2)] Begünstigtes Vermögen. (1) Zum begünstigten Vermögen gehören vorbehaltlich Absatz 2

1. der inländische Wirtschaftsteil des land- und forstwirtschaftlichen Vermögens (§ 168 Abs. 1 Nr. 1 des Bewertungsgesetzes) mit Ausnahme der Stückländereien (§ 168 Abs. 2 des Bewer-

[1)] § 13 a Abs. 8 Nr. 1 und 2 neu gef. mWv 1. 1. 2010 durch G v. 22. 12. 2009 (BGBl. I S. 3950)
[2)] § 13 b eingef. mWv 1. 1. 2009 durch G v. 24. 12. 2008 (BGBl. I S. 3018).

tungsgesetzes) und selbst bewirtschaftete Grundstücke im Sinne des § 159 des Bewertungsgesetzes sowie entsprechendes land- und forstwirtschaftliches Vermögen, das einer Betriebsstätte in einem Mitgliedstaat der Europäischen Union oder in einem Staat des Europäischen Wirtschaftsraums dient;

2. inländisches Betriebsvermögen (§§ 95 bis 97 des Bewertungsgesetzes) beim Erwerb eines ganzen Gewerbebetriebs, eines Teilbetriebs, eines Anteils an einer Gesellschaft im Sinne des § 15 Abs. 1 Satz 1 Nr. 2 und Abs. 3 oder § 18 Abs. 4 des Einkommensteuergesetzes, eines Anteils eines persönlich haftenden Gesellschafters einer Kommanditgesellschaft auf Aktien oder eines Anteils daran und entsprechendes Betriebsvermögen, das einer Betriebsstätte in einem Mitgliedsstaat der Europäischen Union oder in einem Staat des Europäischen Wirtschaftsraums dient;

3. Anteile an Kapitalgesellschaften, wenn die Kapitalgesellschaft zur Zeit der Entstehung der Steuer Sitz oder Geschäftsleitung im Inland oder in einem Mitgliedsstaat der Europäischen Union oder in einem Staat des Europäischen Wirtschaftsraums hat und der Erblasser oder Schenker am Nennkapital dieser Gesellschaft zu mehr als 25 Prozent unmittelbar beteiligt war (Mindestbeteiligung). [2] Ob der Erblasser oder Schenker die Mindestbeteiligung erfüllt, ist nach der Summe der dem Erblasser oder Schenker unmittelbar zuzurechnenden Anteile und der Anteile weiterer Gesellschafter zu bestimmen, wenn der Erblasser oder Schenker und die weiteren Gesellschafter untereinander verpflichtet sind, über die Anteile nur einheitlich zu verfügen oder ausschließlich auf andere derselben Verpflichtung unterliegende Anteilseigner zu übertragen und das Stimmrecht gegenüber nichtgebundenen Gesellschaftern einheitlich auszuüben.

(2) [1] Ausgenommen bleibt Vermögen im Sinne des Absatzes 1, wenn das land- und forstwirtschaftliche Vermögen oder das Betriebsvermögen der Betriebe oder der Gesellschaften zu mehr als 50 Prozent aus Verwaltungsvermögen besteht. [2] Zum Verwaltungsvermögen gehören

1. Dritten zur Nutzung überlassene Grundstücke, Grundstücksteile, grundstücksgleiche Rechte und Bauten. [2] Eine Nutzungsüberlassung an Dritte ist nicht anzunehmen, wenn

   a) der Erblasser oder Schenker sowohl im überlassenden Betrieb als auch im nutzenden Betrieb allein oder zusammen mit anderen Gesellschaftern einen einheitlichen geschäftlichen Betätigungswillen durchsetzen konnte oder als Gesellschafter einer Gesellschaft im Sinne des § 15 Abs. 1 Satz 1 Nr. 2 und Abs. 3 oder § 18 Abs. 4 des Einkommensteuergesetzes den Vermögensgegenstand der Gesellschaft zur Nutzung überlassen hatte, und diese Rechtsstellung auf den Erwerber übergegangen ist, soweit keine Nutzungsüberlassung an einen weiteren Dritten erfolgt;

   b) die Nutzungsüberlassung im Rahmen der Verpachtung eines ganzen Betriebs erfolgt, welche beim Verpächter zu Einkünften nach § 2 Abs. 1 Nr. 2 und 3 des Einkommensteuergesetzes führt und

      aa) der Verpächter des Betriebs im Zusammenhang mit einer unbefristeten Verpachtung den Pächter durch eine letztwillige Verfügung oder eine rechtsgeschäftliche Verfügung als Erben eingesetzt hat oder

      bb) die Verpachtung an einen Dritten erfolgt, weil der Beschenkte im Zeitpunkt der Steuerentstehung den Betrieb noch nicht führen kann, und die Verpachtung auf höchstens zehn Jahre befristet ist; hat der Beschenkte das 18. Lebensjahr noch nicht vollendet, beginnt die Frist mit der Vollendung des 18. Lebensjahres.

   [2] Dies gilt nicht für verpachtete Betriebe, die vor ihrer Verpachtung die Voraussetzungen als begünstigtes Vermögen nach Absatz 1 und Satz 1 nicht erfüllt haben und für verpachtete Betriebe, deren Hauptzweck in der Überlassung von Grundstücken, Grundstücksteilen, grundstücksgleichen Rechten und Bauten an Dritte zur Nutzung besteht, die nicht unter Buchstabe d fallen;

   c) sowohl der überlassende Betrieb als auch der nutzende Betrieb zu einem Konzern im Sinne des § 4 h des Einkommensteuergesetzes gehören, soweit keine Nutzungsüberlassung an einen weiteren Dritten erfolgt;

   d) die überlassenden Grundstücke, Grundstücksteile, grundstücksgleiche Rechte und Bauten zum Betriebsvermögen, zum gesamthänderisch gebundenen Betriebsvermögen einer Personengesellschaft oder zum Vermögen einer Kapitalgesellschaft gehören und der Hauptzweck des Betriebs in der Vermietung von Wohnungen im Sinne des § 181 Abs. 9 des Bewertungsgesetzes besteht, dessen Erfüllung einen wirtschaftlichen Geschäftsbetrieb (§ 14 der Abgabenordnung) erfordert;

   e) Grundstücke, Grundstücksteile, grundstücksgleiche Rechte und Bauten an Dritte zur land- und forstwirtschaftlichen Nutzung überlassen werden;

2. Anteile an Kapitalgesellschaften, wenn die unmittelbare Beteiligung am Nennkapital dieser Gesellschaften 25 Prozent oder weniger beträgt und sie nicht dem Hauptzweck des Gewerbebetriebs eines Kreditinstitutes oder eines Finanzdienstleistungsinstitutes im Sinne des § 1 Abs. 1 und 1 a des Kreditwesengesetzes in der Fassung der Bekanntmachung vom 9. September 1998 (BGBl. I S. 2776), das zuletzt durch Artikel 24 des Gesetzes vom 23. Oktober 2008 (BGBl. I S. 2026) geändert worden ist, oder eines Versicherungsunternehmens, das der Aufsicht nach § 1 Abs. 1 Nr. 1 des Versicherungsaufsichtsgesetzes in der Fassung der Bekanntmachung vom 17. Dezember 1992 (BGBl. 1993 I S. 2), das zuletzt durch Artikel 6 Abs. 2 des Gesetzes vom 17. Oktober 2008 (BGBl. I S. 1982) geändert worden ist, unterliegt, zuzurechnen sind. [2] Ob diese Grenze unterschritten wird, ist nach der Summe der dem Betrieb unmittelbar zuzurechnenden Anteile und der Anteile weiterer Gesellschafter zu bestimmen, wenn die Gesellschafter untereinander verpflichtet sind, über die Anteile nur einheitlich zu verfügen oder sie ausschließlich auf andere derselben Verpflichtung unterliegende Anteilseigner zu übertragen und das Stimmrecht gegenüber nichtgebundenen Gesellschaftern nur einheitlich ausüben;
3. Beteiligungen an Gesellschaften im Sinne des § 15 Abs. 1 Satz 1 Nr. 2 und Abs. 3 oder § 18 Abs. 4 des Einkommensteuergesetzes und an entsprechenden Gesellschaften im Ausland sowie Anteile an Kapitalgesellschaften, die nicht unter Nummer 2 fallen, wenn bei diesen Gesellschaften das Verwaltungsvermögen mehr als 50 Prozent beträgt;
4. Wertpapiere sowie vergleichbare Forderungen, wenn sie nicht dem Hauptzweck des Gewerbebetriebs eines Kreditinstitutes oder eines Finanzdienstleistungsinstitutes im Sinne des § 1 Abs. 1 und 1 a des Kreditwesengesetzes in der Fassung der Bekanntmachung vom 9. September 1998 (BGBl. I S. 2776), das zuletzt durch Artikel 24 des Gesetzes vom 23. Oktober 2008 (BGBl. I S. 2026) geändert worden ist, oder eines Versicherungsunternehmens, das der Aufsicht nach § 1 Abs. 1 Nr. 1 des Versicherungsaufsichtsgesetzes in der Fassung der Bekanntmachung vom 17. Dezember 1992 (BGBl. 1993 I S. 2), das zuletzt durch Artikel 6 Abs. 2 des Gesetzes vom 17. Oktober 2008 (BGBl. I S. 1982) geändert worden ist, unterliegt, zuzurechnen sind;
5. Kunstgegenstände, Kunstsammlungen, wissenschaftliche Sammlungen, Bibliotheken und Archive, Münzen, Edelmetalle und Edelsteine, wenn der Handel mit diesen Gegenständen oder deren Verarbeitung nicht der Hauptzweck des Gewerbebetriebs ist.

[3] Kommt Satz 1 nicht zur Anwendung, gehört solches Verwaltungsvermögen im Sinne des Satzes 2 Nr. 1 bis 5 nicht zum begünstigten Vermögen im Sinne des Absatzes 1, welches dem Betrieb im Besteuerungszeitpunkt weniger als zwei Jahre zuzurechnen war. [4] Der Anteil des Verwaltungsvermögens am gemeinen Wert des Betriebs bestimmt sich nach dem Verhältnis der Summe der gemeinen Werte der Einzelwirtschaftsgüter des Verwaltungsvermögens zum gemeinen Wert des Betriebs; für Grundstücksteile des Verwaltungsvermögens ist der ihnen entsprechende Anteil am gemeinen Wert des Grundstücks anzusetzen. [5] Bei Betrieben der Land- und Forstwirtschaft ist als Vergleichsmaßstab der Wert des Wirtschaftsteils (§ 168 Abs. 1 Nr. 1 des Bewertungsgesetzes) anzuwenden.

(3) [1] Überträgt ein Erbe erworbenes begünstigtes Vermögen im Rahmen der Teilung des Nachlasses auf einen Dritten und gibt der Dritte dabei diesem Erwerber nicht begünstigtes Vermögen hin, das er vom Erblasser erworben hat, erhöht sich insoweit der Wert des begünstigten Vermögens des Dritten um den Wert des hingegebenen Vermögens, höchstens jedoch um den Wert des übertragenen Vermögens. [2] Soweit zum Vermögen der Kapitalgesellschaft Vermögensgegenstände gehören, die nach Absatz 2 Satz 1 Nr. 1 Satz 2 und Nr. 2 Satz 2 nicht in das begünstigte Vermögen einzubeziehen sind, ist der Teil des Anteilswerts nicht begünstigt, der dem Verhältnis der Summe der Werte der nicht einzubeziehenden Vermögensgegenstände zum Wert des gesamten Vermögens der Kapitalgesellschaft entspricht.

(4) Begünstigt sind 85 Prozent des in Absatz 1 genannten Vermögens.

§ 13 c[1)] Steuerbefreiung für zu Wohnzwecken vermietete Grundstücke. (1) Grundstücke im Sinne des Absatzes 3 sind mit 90 Prozent ihres Werts anzusetzen.

(2) [1] Ein Erwerber kann den verminderten Wertansatz nicht in Anspruch nehmen, soweit er erworbene Grundstücke auf Grund einer letztwilligen Verfügung des Erblassers oder einer rechtsgeschäftlichen Verfügung des Erblassers oder Schenkers auf einen Dritten übertragen muss. [2] Gleiches gilt, wenn ein Erbe im Rahmen der Teilung des Nachlasses Vermögen im Sinne des Absatzes 3 auf einen Miterben überträgt. [3] Überträgt ein Erbe erworbenes begünstigtes Vermögen im Rahmen der Teilung des Nachlasses auf einen Dritten und gibt der Dritte dabei diesem Erwerber nicht begünstigtes Vermögen hin, das er vom Erblasser erworben hat, erhöht

[1)] § 13 c eingef. mWv 1. 1. 2009 durch G v. 24. 12. 2008 (BGBl. I S. 3018).

sich insoweit der Wert des begünstigten Vermögens des Dritten um den Wert des hingegebenen Vermögens, höchstens jedoch um den Wert des übertragenen Vermögens.

(3) Der verminderte Wertansatz gilt für bebaute Grundstücke oder Grundstücksteile, die

1. zu Wohnzwecken vermietet werden,
2. im Inland, in einem Mitgliedstaat der Europäischen Union oder in einem Staat des Europäischen Wirtschaftsraums belegen sind,
3. nicht zum begünstigten Betriebsvermögen oder begünstigten Vermögen eines Betriebs der Land- und Forstwirtschaft im Sinne des § 13 a gehören.

(4) Die Absätze 1 bis 3 gelten in den Fällen des § 1 Abs. 1 Nr. 4 entsprechend.

Abschnitt 3. Berechnung der Steuer

§ 14[1)] [2)] Berücksichtigung früherer Erwerbe. (1) [1] Mehrere innerhalb von zehn Jahren von derselben Person anfallende Vermögensvorteile werden in der Weise zusammengerechnet, daß dem letzten Erwerb die früheren Erwerbe nach ihrem früheren Wert zugerechnet werden. [2] Von der Steuer für den Gesamtbetrag wird die Steuer abgezogen, die für die früheren Erwerbe nach den persönlichen Verhältnissen des Erwerbers und auf der Grundlage der geltenden Vorschriften zur Zeit des letzten Erwerbs zu erheben gewesen wäre. [3] Anstelle der Steuer nach Satz 2 ist die tatsächlich für die in die Zusammenrechnung einbezogenen früheren Erwerbe zu entrichtende Steuer abzuziehen, wenn diese höher ist. [4] Die Steuer, die sich für den letzten Erwerb ohne Zusammenrechnung mit früheren Erwerben ergibt, darf durch den Abzug der Steuer nach Satz 2 oder Satz 3 nicht unterschritten werden. [5] Erwerbe, für die sich nach den steuerlichen Bewertungsgrundsätzen kein positiver Wert ergeben hat, bleiben unberücksichtigt.

(2)[3)] [1] Führt der Eintritt eines Ereignisses mit Wirkung für die Vergangenheit zu einer Veränderung des Werts eines früheren, in die Zusammenrechnung einzubeziehenden Erwerbs, endet die Festsetzungsfrist für die Änderung des Bescheids über die Steuerfestsetzung für den späteren Erwerb nach § 175 Abs. 1 Satz 1 Nr. 2 der Abgabenordnung nicht vor dem Ende der für eine Änderung des Bescheids für den früheren Erwerb maßgebenden Festsetzungsfrist. [2] Dasselbe gilt für den Eintritt eines Ereignisses mit Wirkung für die Vergangenheit, soweit es lediglich zu einer Änderung der anrechenbaren Steuer führt.

(3)[4)] Die durch jeden weiteren Erwerb veranlaßte Steuer darf nicht mehr betragen als 50 Prozent dieses Erwerbs.

§ 15 Steuerklassen. (1) Nach dem persönlichen Verhältnis des Erwerbers zum Erblasser oder Schenker werden die folgenden drei Steuerklassen unterschieden:

Steuerklasse I:

1. der Ehegatte,
2. die Kinder und Stiefkinder,
3. die Abkömmlinge der in Nummer 2 genannten Kinder und Stiefkinder,
4. die Eltern und Voreltern bei Erwerben von Todes wegen;

Steuerklasse II:

1. die Eltern und Voreltern, soweit sie nicht zur Steuerklasse I gehören,
2. die Geschwister,
3. die Abkömmlinge ersten Grades von Geschwistern,
4. die Stiefeltern,
5. die Schwiegerkinder,
6. die Schwiegereltern,
7. der geschiedene Ehegatte;

Steuerklasse III:

alle übrigen Erwerber und die Zweckzuwendungen.

(1 a) Die Steuerklassen I und II Nr. 1 bis 3 gelten auch dann, wenn die Verwandtschaft durch Annahme als Kind bürgerlich-rechtlich erloschen ist.

---

1) Zur Anwendung im Beitrittsgebiet siehe § 37 a Abs. 4.

2) § 14 Abs. 1 Satz 4 eingef., bish. Satz 4 wird Satz 5 mWv 1. 1. 2009 durch G v. 24. 12. 2008 (BGBl. I S. 3018).

3) § 14 Abs. 2 eingef. mWv 1. 1. 2009 durch G v. 24. 12. 2008 (BGBl. I S. 3018).

4) § 14 bish. Abs. 2 wird Abs. 3 und geänd. mWv 1. 1. 2009 durch G v. 24. 12. 2008 (BGBl. I S. 3018).

(2)[1] [1] In den Fällen des § 3 Abs. 2 Nr. 1 und des § 7 Abs. 1 Nr. 8 ist der Besteuerung das Verwandtschaftsverhältnis des nach der Stiftungsurkunde entferntest Berechtigten zu dem Erblasser oder Schenker zugrunde zu legen, sofern die Stiftung wesentlich im Interesse einer Familie oder bestimmter Familien im Inland errichtet ist. [2] In den Fällen des § 7 Abs. 1 Nr. 9 Satz 1 gilt als Schenker der Stifter oder derjenige, der das Vermögen auf den Verein übertragen hat, und in den Fällen des § 7 Abs. 1 Nr. 9 Satz 2 derjenige, der die Vermögensmasse im Sinne des § 3 Abs. 2 Nr. 1 Satz 2 oder § 7 Abs. 1 Nr. 8 Satz 2 gebildet oder ausgestattet hat. [3] In den Fällen des § 1 Abs. 1 Nr. 4 wird der doppelte Freibetrag nach § 16 Abs. 1 Nr. 2 gewährt; die Steuer ist nach dem Prozentsatz der Steuerklasse I zu berechnen, der für die Hälfte des steuerpflichtigen Vermögens gelten würde.

(3)[2] [1] Im Falle des § 2269 des Bürgerlichen Gesetzbuchs und soweit der überlebende Ehegatte oder der überlebende Lebenspartner an die Verfügung gebunden ist, ist auf Antrag der Versteuerung das Verhältnis des Schlusserben oder Vermächtnisnehmers zum zuerst verstorbenen Ehegatten oder dem zuerst verstorbenen Lebenspartner zugrunde zu legen, soweit sein Vermögen beim Tod des überlebenden Ehegatten oder des überlebenden Lebenspartners noch vorhanden ist. [2] § 6 Abs. 2 Satz 3 bis 5 gilt entsprechend.

§ 16[3] Freibeträge. (1) Steuerfrei bleibt in den Fällen des § 2 Abs. 1 Nr. 1 der Erwerb
1. des Ehegatten in Höhe von 500 000 Euro;
2. der Kinder im Sinne der Steuerklasse I Nr. 2 und der Kinder verstorbener Kinder im Sinne der Steuerklasse I Nr. 2 in Höhe von 400 000 Euro;
3. der Kinder der Kinder im Sinne der Steuerklasse I Nr. 2 in Höhe von 200 000 Euro;
4. der übrigen Personen der Steuerklasse I in Höhe von 100 000 Euro;
5. der Personen der Steuerklasse II in Höhe von 20 000 Euro;
6. des Lebenspartners in Höhe von 500 000 Euro;
7. der übrigen Personen der Steuerklasse III in Höhe von 20 000 Euro.

(2) An die Stelle des Freibetrags nach Absatz 1 tritt in den Fällen des § 2 Abs. 1 Nr. 3 ein Freibetrag von 2 000 Euro.

§ 17 Besonderer Versorgungsfreibetrag. (1)[4] [1] Neben dem Freibetrag nach § 16 Abs. 1 Nr. 1 wird dem überlebenden Ehegatten und neben dem Freibetrag nach § 16 Abs. 1 Nr. 6 dem überlebenden Lebenspartner ein besonderer Versorgungsfreibetrag von 256 000 Euro gewährt. [2] Der Freibetrag wird bei Ehegatten oder bei Lebenspartnern, denen aus Anlass des Todes des Erblassers nicht der Erbschaftsteuer unterliegende Versorgungsbezüge zustehen, um den nach § 14 des Bewertungsgesetzes zu ermittelnden Kapitalwert dieser Versorgungsbezüge gekürzt.

(2) [1] Neben dem Freibetrag nach § 16 Abs. 1 Nr. 2 wird Kindern im Sinne der Steuerklasse I Nr. 2 (§ 15 Abs. 1) für Erwerbe von Todes wegen ein besonderer Versorgungsfreibetrag in folgender Höhe gewährt:
1. bei einem Alter bis zu 5 Jahren in Höhe von 52 000 Euro[5];
2. bei einem Alter von mehr als 5 bis zu 10 Jahren in Höhe von 41 000 Euro[5];
3. bei einem Alter von mehr als 10 bis zu 15 Jahren in Höhe von 30 700 Euro[5];
4. bei einem Alter von mehr als 15 bis zu 20 Jahren in Höhe von 20 500 Euro[5];
5. bei einem Alter von mehr als 20 Jahren bis zur Vollendung des 27. Lebensjahres in Höhe von 10 300 Euro[5].

[2] Stehen dem Kind aus Anlaß des Todes des Erblassers nicht der Erbschaftsteuer unterliegende Versorgungsbezüge zu, wird der Freibetrag um den nach § 13 Abs. 1 des Bewertungsgesetzes zu ermittelnden Kapitalwert dieser Versorgungsbezüge gekürzt. [3] Bei der Berechnung des Kapitalwerts ist von der nach den Verhältnissen am Stichtag (§ 11) voraussichtlichen Dauer der Bezüge auszugehen.

§ 18 Mitgliederbeiträge. [1] Beiträge an Personenvereinigungen, die nicht lediglich die Förderung ihrer Mitglieder zum Zweck haben, sind steuerfrei, soweit die von einem Mitglied im

[1] § 15 Abs. 2 Satz 2 neu gef. mWv 5. 3. 1999 durch G v. 24. 3. 1999 (BGBl. I S. 402); Abs. 2 Satz 3 geänd. mWv 1. 1. 2009 durch G v. 24. 12. 2008 (BGBl. I S. 3018).
[2] § 15 Abs. 3 neu gef. mWv 1. 1. 2009 durch G v. 24. 12. 2008 (BGBl. I S. 3018).
[3] § 16 neu gef. mWv 1. 1. 2009 durch G v. 24. 12. 2008 (BGBl. I S. 3018).
[4] § 17 Abs. 1 neu gef. mWv 1. 1. 2009 durch G v. 24. 12. 2008 (BGBl. I S. 3018).
[5] Betrag geänd. mWv 1. 1. 2002 durch G v. 19. 12. 2000 (BGBl. I S. 1790).

Kalenderjahr der Vereinigung geleisteten Beiträge 300 Euro[1] nicht übersteigen. [2] § 13 Abs. 1 Nr. 16 und 18 bleibt unberührt.

§ 19 Steuersätze. (1)[2] Die Erbschaftsteuer wird nach folgenden Prozentsätzen erhoben:

Wert des steuerpflichtigen Erwerbs (§ 10) bis einschließlich ... Euro	Prozentsatz in der Steuerklasse		
	I	II	III
75 000	7	15	30
300 000	11	20	30
600 000	15	25	30
6 000 000	19	30	30
13 000 000	23	35	50
26 000 000	27	40	50
über 26 000 000	30	43	50

(2) Ist im Fall des § 2 Abs. 1 Nr. 1 ein Teil des Vermögens der inländischen Besteuerung auf Grund eines Abkommens zur Vermeidung der Doppelbesteuerung entzogen, ist die Steuer nach dem Steuersatz zu erheben, der für den ganzen Erwerb gelten würde.

(3)[3] Der Unterschied zwischen der Steuer, die sich bei Anwendung des Absatzes 1 ergibt, und der Steuer, die sich berechnen würde, wenn der Erwerb die letztvorhergehende Wertgrenze nicht überstiegen hätte, wird nur insoweit erhoben, als er

a) bei einem Steuersatz bis zu 30 Prozent aus der Hälfte,

b) bei einem Steuersatz über 30 Prozent aus drei Vierteln,

des die Wertgrenze übersteigenden Betrags gedeckt werden kann.

§ 19 a[4] Tarifbegrenzung beim Erwerb von Betriebsvermögen, von Betrieben der Land- und Forstwirtschaft und von Anteilen an Kapitalgesellschaften. (1) Sind in dem steuerpflichtigen Erwerb einer natürlichen Person der Steuerklasse II oder III Betriebsvermögen, land- und forstwirtschaftliches Vermögen oder Anteile an Kapitalgesellschaften im Sinne des Absatzes 2 enthalten, ist von der tariflichen Erbschaftsteuer ein Entlastungsbetrag nach Absatz 4 abzuziehen.

(2) [1] Der Entlastungsbetrag gilt für den nicht unter § 13b Abs. 4 fallenden Teil des Vermögens im Sinne des § 13b Abs. 1. [2] Ein Erwerber kann den Entlastungsbetrag nicht in Anspruch nehmen, soweit er Vermögen im Sinne des Satzes 1 auf Grund einer letztwilligen Verfügung des Erblassers oder einer rechtsgeschäftlichen Verfügung des Erblassers oder Schenkers auf einen Dritten übertragen muss. [3] Gleiches gilt, wenn ein Erbe im Rahmen der Teilung des Nachlasses Vermögen im Sinne des Satzes 1 auf einen Miterben überträgt.

(3)[5] Der auf das Vermögen im Sinne des Absatzes 2 entfallende Anteil an der tariflichen Erbschaftsteuer bemisst sich nach dem Verhältnis des Werts dieses Vermögens nach Anwendung des § 13a und nach Abzug der mit diesem Vermögen in wirtschaftlichem Zusammenhang stehenden abzugsfähigen Schulden und Lasten (§ 10 Absatz 5 und 6) zum Wert des gesamten Vermögensanfalls im Sinne des § 10 Absatz 1 Satz 1 und 2 nach Abzug der mit diesem Vermögen in wirtschaftlichem Zusammenhang stehenden abzugsfähigen Schulden und Lasten (§ 10 Absatz 5 und 6).

(4) [1] Zur Ermittlung des Entlastungsbetrags ist für den steuerpflichtigen Erwerb zunächst die Steuer nach der tatsächlichen Steuerklasse des Erwerbers zu berechnen und nach Maßgabe des Absatzes 3 aufzuteilen. [2] Für den steuerpflichtigen Erwerb ist dann die Steuer nach Steuerklasse I zu berechnen und nach Maßgabe des Absatzes 3 aufzuteilen. [3] Der Entlastungsbetrag ergibt sich als Unterschiedsbetrag zwischen der auf Vermögen im Sinne des Absatzes 2 entfallenden Steuer nach den Sätzen 1 und 2.

(5)[6] [1] Der Entlastungsbetrag fällt mit Wirkung für die Vergangenheit weg, soweit der Erwerber innerhalb von fünf Jahren gegen die Behaltensregelungen des § 13a verstößt. [2] In den Fällen des § 13a Absatz 8 tritt an die Stelle der Frist nach Satz 1 eine Frist von sieben Jahren. [3] Die Festsetzungsfrist für die Steuer endet nicht vor dem Ablauf des vierten Jahres, nachdem die

[1] Betrag geänd. mWv 1. 1. 2002 durch G v. 19. 12. 2000 (BGBl. I S. 1790).
[2] § 19 Abs. 1 neu gef. mWv 1. 1. 2010 durch G v. 22. 12. 2009 (BGBl. I S. 3950).
[3] § 19 Abs. 3 Buchst. a und b geänd. mWv 1. 1. 2009 durch G v. 24. 12. 2008 (BGBl. I S. 3018).
[4] § 19a neu gef. mWv 1. 1. 2009 durch G v. 24. 12. 2008 (BGBl. I S. 3018).
[5] § 19a Abs. 3 neu gef. mWv 1. 1. 2010 durch G v. 22. 12. 2009 (BGBl. I S. 3950).
[6] § 19a Abs. 5 Sätze 1 und 2 neu gef. mWv 1. 1. 2010 durch G v. 22. 12. 2009 (BGBl. I S. 3950).

Finanzbehörde von dem Verstoß gegen die Behaltensregelungen Kenntnis erlangt. [4] § 13 a Abs. 6 Satz 4 bis 6 gilt entsprechend.

Abschnitt 4. Steuerfestsetzung und Erhebung

§ 20 Steuerschuldner. (1) [1] Steuerschuldner ist der Erwerber, bei einer Schenkung auch der Schenker, bei einer Zweckzuwendung der mit der Ausführung der Zuwendung Beschwerte und in den Fällen des § 1 Abs. 1 Nr. 4 die Stiftung oder der Verein. [2] In den Fällen des § 3 Abs. 2 Nr. 1 Satz 2 und § 7 Abs. 1 Nr. 8 Satz 2 ist die Vermögensmasse Erwerber und Steuerschuldner, in den Fällen des § 7 Abs. 1 Nr. 8 Satz 2 ist Steuerschuldner auch derjenige, der die Vermögensmasse gebildet oder ausgestattet hat.[1)]

(2)[2)] Im Falle des § 4 sind die Abkömmlinge im Verhältnis der auf sie entfallenden Anteile, der überlebende Ehegatte oder der überlebende Lebenspartner für den gesamten Steuerbetrag Steuerschuldner.

(3) Der Nachlaß haftet bis zur Auseinandersetzung (§ 2042 des Bürgerlichen Gesetzbuchs) für die Steuer der am Erbfall Beteiligten.

(4) Der Vorerbe hat die durch die Vorerbschaft veranlaßte Steuer aus den Mitteln der Vorerbschaft zu entrichten.

(5) Hat der Steuerschuldner den Erwerb oder Teile desselben vor Entrichtung der Erbschaftsteuer einem anderen unentgeltlich zugewendet, haftet der andere in Höhe des Werts der Zuwendung persönlich für die Steuer.

(6) [1] Versicherungsunternehmen, die vor Entrichtung oder Sicherstellung der Steuer die von ihnen zu zahlende Versicherungssumme oder Leibrente in ein Gebiet außerhalb des Geltungsbereichs dieses Gesetzes zahlen oder außerhalb des Geltungsbereichs dieses Gesetzes wohnhaften Berechtigten zur Verfügung stellen, haften in Höhe des ausgezahlten Betrags für die Steuer. [2] Das gleiche gilt für Personen, in deren Gewahrsam sich Vermögen des Erblassers befindet, soweit sie das Vermögen vorsätzlich oder fahrlässig vor Entrichtung oder Sicherstellung der Steuer in ein Gebiet außerhalb des Geltungsbereichs dieses Gesetzes bringen oder außerhalb des Geltungsbereichs dieses Gesetzes wohnhaften Berechtigten zur Verfügung stellen.

(7) Die Haftung nach Absatz 6 ist nicht geltend zu machen, wenn der in einem Steuerfall in ein Gebiet außerhalb des Geltungsbereichs dieses Gesetzes gezahlte oder außerhalb des Geltungsbereichs dieses Gesetzes wohnhaften Berechtigten zur Verfügung gestellte Betrag 600 Euro[3)] nicht übersteigt.

§ 21 Anrechnung ausländischer Erbschaftsteuer. (1) [1] Bei Erwerbern, die in einem ausländischen Staat mit ihrem Auslandsvermögen zu einer der deutschen Erbschaftsteuer entsprechenden Steuer – ausländische Steuer – herangezogen werden, ist in den Fällen des § 2 Abs. 1 Nr. 1, sofern nicht die Vorschriften eines Abkommens zur Vermeidung der Doppelbesteuerung anzuwenden sind, auf Antrag die festgesetzte, auf den Erwerber entfallende, gezahlte und keinem Ermäßigungsanspruch unterliegende ausländische Steuer insoweit auf die deutsche Erbschaftsteuer anzurechnen, als das Auslandsvermögen auch der deutschen Erbschaftsteuer unterliegt. [2] Besteht der Erwerb nur zum Teil aus Auslandsvermögen, ist der darauf entfallende Teilbetrag der deutschen Erbschaftsteuer in der Weise zu ermitteln, daß die für das steuerpflichtige Gesamtvermögen einschließlich des steuerpflichtigen Auslandsvermögens sich ergebende Erbschaftsteuer im Verhältnis des steuerpflichtigen Auslandsvermögens zum steuerpflichtigen Gesamtvermögen aufgeteilt wird. [3] Ist das Auslandsvermögen in verschiedenen ausländischen Staaten belegen, ist dieser Teil für jeden einzelnen ausländischen Staat gesondert zu berechnen. [4] Die ausländische Steuer ist nur anrechenbar, wenn die deutsche Erbschaftsteuer für das Auslandsvermögen innerhalb von fünf Jahren seit dem Zeitpunkt der Entstehung der ausländischen Erbschaftsteuer entstanden ist.

(2) Als Auslandsvermögen im Sinne des Absatzes 1 gelten,

1. wenn der Erblasser zur Zeit seines Todes Inländer war: alle Vermögensgegenstände der in § 121 des Bewertungsgesetzes genannten Art, die auf einen ausländischen Staat entfallen, sowie alle Nutzungsrechte an diesen Vermögensgegenständen;
2. wenn der Erblasser zur Zeit seines Todes kein Inländer war: alle Vermögensgegenstände mit Ausnahme des Inlandsvermögens im Sinne des § 121 des Bewertungsgesetzes sowie alle Nutzungsrechte an diesen Vermögensgegenständen.

---

1) § 20 Abs. 1 Satz 2 angef. mWv 5. 3. 1999 durch G v. 24. 3. 1999 (BGBl. I S. 402).
2) § 20 Abs. 2 neu gef. mWv 1. 1. 2009 durch G v. 24. 12. 2008 (BGBl. I S. 3018).
3) Betrag geänd. mWv 1. 1. 2002 durch G v. 19. 12. 2000 (BGBl. I S. 1790).

(3) [1] Der Erwerber hat den Nachweis über die Höhe des Auslandsvermögens und über die Festsetzung und Zahlung der ausländischen Steuer durch Vorlage entsprechender Urkunden zu führen. [2] Sind diese Urkunden in einer fremden Sprache abgefaßt, kann eine beglaubigte Übersetzung in die deutsche Sprache verlangt werden.

(4) Ist nach einem Abkommen zur Vermeidung der Doppelbesteuerung die in einem ausländischen Staat erhobene Steuer auf die Erbschaftsteuer anzurechnen, sind die Absätze 1 bis 3 entsprechend anzuwenden.

§ 22 Kleinbetragsgrenze. Von der Festsetzung der Erbschaftsteuer ist abzusehen, wenn die Steuer, die für den einzelnen Steuerfall festzusetzen ist, den Betrag von 50 Euro[1] nicht übersteigt.

§ 23 Besteuerung von Renten, Nutzungen und Leistungen. (1) [1] Steuern, die von dem Kapitalwert von Renten oder anderen wiederkehrenden Nutzungen oder Leistungen zu entrichten sind, können nach Wahl des Erwerbers statt vom Kapitalwert jährlich im voraus von dem Jahreswert entrichtet werden. [2] Die Steuer wird in diesem Fall nach dem Steuersatz erhoben, der sich nach § 19 für den gesamten Erwerb einschließlich des Kapitalwerts der Renten oder anderen wiederkehrenden Nutzungen oder Leistungen ergibt.

(2) [1] Der Erwerber hat das Recht, die Jahressteuer zum jeweils nächsten Fälligkeitstermin mit ihrem Kapitalwert abzulösen. [2] Für die Ermittlung des Kapitalwerts im Ablösungszeitpunkt sind die Vorschriften der §§ 13 und 14 des Bewertungsgesetzes anzuwenden. [3] Der Antrag auf Ablösung der Jahressteuer ist spätestens bis zum Beginn des Monats zu stellen, der dem Monat vorausgeht, in dem die nächste Jahressteuer fällig wird.

§ 24[2] Verrentung der Steuerschuld in den Fällen des § 1 Abs. 1 Nr. 4. [1] In den Fällen des § 1 Abs. 1 Nr. 4 kann der Steuerpflichtige verlangen, daß die Steuer in 30 gleichen jährlichen Teilbeträgen (Jahresbeträgen) zu entrichten ist. [2] Die Summe der Jahresbeträge umfaßt die Tilgung und die Verzinsung der Steuer; dabei ist von einem Zinssatz von 5,5 Prozent auszugehen.

§ 25[3] *(aufgehoben)*

§ 26[4] Ermäßigung der Steuer bei Aufhebung einer Familienstiftung oder Auflösung eines Vereins. In den Fällen des § 7 Abs. 1 Nr. 9 ist auf die nach § 15 Abs. 2 Satz 2 zu ermittelnde Steuer die nach § 15 Abs. 2 Satz 3 festgesetzte Steuer anteilsmäßig anzurechnen

a) mit 50 Prozent, wenn seit der Entstehung der anrechenbaren Steuer nicht mehr als zwei Jahre,

b) mit 25 Prozent, wenn seit der Entstehung der anrechenbaren Steuer mehr als zwei Jahre, aber nicht mehr als vier Jahre vergangen sind.

§ 27[5][6] Mehrfacher Erwerb desselben Vermögens. (1) Fällt Personen der Steuerklasse I von Todes wegen Vermögen an, das in den letzten zehn Jahren vor dem Erwerb bereits von Personen dieser Steuerklasse erworben worden ist und für das nach diesem Gesetz eine Steuer zu erheben war, ermäßigt sich der auf dieses Vermögen entfallende Steuerbetrag vorbehaltlich des Absatzes 3 wie folgt:

um... Prozent	wenn zwischen den beiden Zeitpunkten der Entstehung der Steuer liegen
50	nicht mehr als 1 Jahr
45	mehr als 1 Jahr, aber nicht mehr als 2 Jahre
40	mehr als 2 Jahre, aber nicht mehr als 3 Jahre
35	mehr als 3 Jahre, aber nicht mehr als 4 Jahre
30	mehr als 4 Jahre, aber nicht mehr als 5 Jahre
25	mehr als 5 Jahre, aber nicht mehr als 6 Jahre
20	mehr als 6 Jahre, aber nicht mehr als 8 Jahre
10	mehr als 8 Jahre, aber nicht mehr als 10 Jahre

[1] Betrag geänd. mWv 1. 1. 2002 durch G v. 19. 12. 2000 (BGBl. I S. 1790).
[2] § 24 Satz 2 geänd. mWv 1. 1. 2009 durch G v. 24. 12. 2008 (BGBl. I S. 3018).
[3] § 25 aufgeh. mWv 1. 1. 2009 durch G v. 24. 12. 2008 (BGBl. I S. 3018).
[4] § 26 Buchst. a und b geänd. mWv 1. 1. 2009 durch G v. 24. 12. 2008 (BGBl. I S. 3018).
[5] Zur Anwendung im Beitrittsgebiet siehe § 37 a Abs. 5.
[6] § 27 Abs. 1 geänd. mWv 1. 1. 2009 durch G v. 24. 12. 2008 (BGBl. I S. 3018).

(2) Zur Ermittlung des Steuerbetrags, der auf das begünstigte Vermögen entfällt, ist die Steuer für den Gesamterwerb in dem Verhältnis aufzuteilen, in dem der Wert des begünstigten Vermögens zu dem Wert des steuerpflichtigen Gesamterwerbs ohne Abzug des dem Erwerber zustehenden Freibetrags steht.

(3)[1] Die Ermäßigung nach Absatz 1 darf den Betrag nicht überschreiten, der sich bei Anwendung der in Absatz 1 genannten Prozentsätze auf die Steuer ergibt, die der Vorerwerber für den Erwerb desselben Vermögens entrichtet hat.

§ 28[2] **Stundung.** (1) [1] Gehört zum Erwerb Betriebsvermögen oder land- und forstwirtschaftliches Vermögen, ist dem Erwerber die darauf entfallende Erbschaftsteuer auf Antrag bis zu zehn Jahren zu stunden, soweit dies zur Erhaltung des Betriebs notwendig ist. [2] Die §§ 234 und 238 der Abgabenordnung sind anzuwenden; bei Erwerben von Todes wegen erfolgt diese Stundung zinslos. [3] § 222 der Abgabenordnung bleibt unberührt.

(2) Absatz 1 findet in den Fällen des § 1 Abs. 1 Nr. 4 entsprechende Anwendung.

(3)[3] [1] Gehört zum Erwerb begünstigtes Vermögen im Sinne des § 13 c Abs. 3, ist dem Erwerber die darauf entfallende Erbschaftsteuer auf Antrag bis zu zehn Jahren zu stunden, soweit er die Steuer nur durch Veräußerung dieses Vermögens aufbringen kann. [2] Satz 1 gilt entsprechend, wenn zum Erwerb ein Ein- oder Zweifamilienhaus oder Wohneigentum gehört, das der Erwerber nach dem Erwerb zu eigenen Wohnzwecken nutzt, längstens für die Dauer der Selbstnutzung. [3] Nach Aufgabe der Selbstnutzung ist die Stundung unter den Voraussetzungen des Satzes 1 weiter zu gewähren. [4] Die Stundung endet in den Fällen der Sätze 1 bis 3, soweit das erworbene Vermögen Gegenstand einer Schenkung im Sinne des § 7 ist. [5] Absatz 1 Satz 2 und 3 gilt entsprechend.

§ 29 Erlöschen der Steuer in besonderen Fällen. (1) Die Steuer erlischt mit Wirkung für die Vergangenheit,

1. soweit ein Geschenk wegen eines Rückforderungsrechts herausgegeben werden mußte;
2. soweit die Herausgabe gemäß § 528 Abs. 1 Satz 2 des Bürgerlichen Gesetzbuchs abgewendet worden ist;
3.[4] soweit in den Fällen des § 5 Abs. 2 unentgeltliche Zuwendungen auf die Ausgleichsforderung angerechnet worden sind (§ 1380 Abs. 1 des Bürgerlichen Gesetzbuchs). [2] Entsprechendes gilt, wenn unentgeltliche Zuwendungen bei der Berechnung des nach § 5 Abs. 1 steuerfreien Betrags berücksichtigt werden;
4.[5] soweit Vermögensgegenstände, die von Todes wegen (§ 3) oder durch Schenkung unter Lebenden (§ 7) erworben worden sind, innerhalb von 24 Monaten nach dem Zeitpunkt der Entstehung der Steuer (§ 9) dem Bund, einem Land, einer inländischen Gemeinde (Gemeindeverband) oder einer inländischen Stiftung zugewendet werden, die nach der Satzung, dem Stiftungsgeschäft oder der sonstigen Verfassung und nach ihrer tatsächlichen Geschäftsführung ausschließlich und unmittelbar als gemeinnützig anzuerkennenden steuerbegünstigten Zwecken im Sinne der §§ 52 bis 54 der Abgabenordnung mit Ausnahme der Zwecke, die nach § 52 Abs. 2 Nr. 23 der Abgabenordnung gemeinnützig sind, dient. [2] Dies gilt nicht, wenn die Stiftung Leistungen im Sinne des § 58 Nr. 5 der Abgabenordnung an den Erwerber oder seine nächsten Angehörigen zu erbringen hat oder soweit für die Zuwendung die Vergünstigung nach § 10 b des Einkommensteuergesetzes, § 9 Abs. 1 Nr. 2 des Körperschaftsteuergesetzes oder § 9 Nr. 5 des Gewerbesteuergesetzes in Anspruch genommen wird. [3] Für das Jahr der Zuwendung ist bei der Einkommensteuer oder Körperschaftsteuer und bei der Gewerbesteuer unwiderruflich zu erklären, in welcher Höhe die Zuwendung als Spende zu berücksichtigen ist. [4] Die Erklärung ist für die Festsetzung der Erbschaftsteuer oder Schenkungsteuer bindend.

(2) Der Erwerber ist für den Zeitraum, für den ihm die Nutzungen des zugewendeten Vermögens zugestanden haben, wie ein Nießbraucher zu behandeln.

§ 30[6] **Anzeige des Erwerbs.** (1) Jeder der Erbschaftsteuer unterliegende Erwerb (§ 1) ist vom Erwerber, bei einer Zweckzuwendung vom Beschwerten binnen einer Frist von drei

---

[1] § 27 Abs. 3 geänd. mWv 1. 1. 2009 durch G v. 24. 12. 2008 (BGBl. I S. 3018).
[2] Zur Anwendung im Beitrittsgebiet siehe § 37 a Abs. 6.
[3] § 28 Abs. 3 angef. mWv 1. 1. 2009 durch G v. 24. 12. 2008 (BGBl. I S. 3018).
[4] § 29 Abs. 1 Nr. 3 Satz 1 geänd., Satz 2 angef. mWv 1. 1. 2009 durch G v. 24. 12. 2008 (BGBl. I S. 3018).
[5] § 29 Abs. 1 Nr. 4 geänd. mWv 1. 1. 2000 durch G v. 14. 7. 2000 (BGBl. I S. 1034); Abs. 1 Nr. 4 geänd. mWv 1. 1. 2007 durch G v. 10. 10. 2007 (BGBl. I S. 2332); Nr. 4 Satz 2 geänd. mWv 1. 1. 2009 durch G v. 24. 12. 2008 (BGBl. I S. 3018).
[6] § 30 Abs. 1 geänd. mWv 28. 8. 2002 durch G v. 21. 8. 2002 (BGBl. I S. 3322).

Monaten nach erlangter Kenntnis von dem Anfall oder von dem Eintritt der Verpflichtung dem für die Verwaltung der Erbschaftsteuer zuständigen Finanzamt schriftlich anzuzeigen.

(2) Erfolgt der steuerpflichtige Erwerb durch ein Rechtsgeschäft unter Lebenden, ist zur Anzeige auch derjenige verpflichtet, aus dessen Vermögen der Erwerb stammt.

(3)[1] 1 Einer Anzeige bedarf es nicht, wenn der Erwerb auf einer von einem deutschen Gericht, einem deutschen Notar oder einem deutschen Konsul eröffneten Verfügung von Todes wegen beruht und sich aus der Verfügung das Verhältnis des Erwerbers zum Erblasser unzweifelhaft ergibt; das gilt nicht, wenn zum Erwerb Grundbesitz, Betriebsvermögen, Anteile an Kapitalgesellschaften, die nicht der Anzeigepflicht nach § 33 unterliegen, oder Auslandsvermögen gehört. 2 Einer Anzeige bedarf es auch nicht, wenn eine Schenkung unter Lebenden oder eine Zweckzuwendung gerichtlich oder notariell beurkundet ist.

(4) Die Anzeige soll folgende Angaben enthalten:

1. Vorname und Familienname, Beruf, Wohnung des Erblassers oder Schenkers und des Erwerbers;
2. Todestag und Sterbeort des Erblassers oder Zeitpunkt der Ausführung der Schenkung;
3. Gegenstand und Wert des Erwerbs;
4. Rechtsgrund des Erwerbs wie gesetzliche Erbfolge, Vermächtnis, Ausstattung;
5. persönliches Verhältnis des Erwerbers zum Erblasser oder zum Schenker wie Verwandtschaft, Schwägerschaft, Dienstverhältnis;
6. frühere Zuwendungen des Erblassers oder Schenkers an den Erwerber nach Art, Wert und Zeitpunkt der einzelnen Zuwendung.

§ 31 Steuererklärung. (1) 1 Das Finanzamt kann von jedem an einem Erbfall, an einer Schenkung oder an einer Zweckzuwendung Beteiligten ohne Rücksicht darauf, ob er selbst steuerpflichtig ist, die Abgabe einer Erklärung innerhalb einer von ihm zu bestimmenden Frist verlangen. 2 Die Frist muß mindestens einen Monat betragen.

(2) Die Erklärung hat ein Verzeichnis der zum Nachlaß gehörenden Gegenstände und die sonstigen für die Feststellung des Gegenstands und des Werts des Erwerbs erforderlichen Angaben zu enthalten.

(3)[2] In den Fällen der fortgesetzten Gütergemeinschaft kann das Finanzamt die Steuererklärung allein von dem überlebenden Ehegatten oder dem überlebenden Lebenspartner verlangen.

(4) 1 Sind mehrere Erben vorhanden, sind sie berechtigt, die Steuererklärung gemeinsam abzugeben. 2 In diesem Fall ist die Steuererklärung von allen Beteiligten zu unterschreiben. 3 Sind an dem Erbfall außer den Erben noch weitere Personen beteiligt, können diese im Einverständnis mit den Erben in die gemeinsame Steuererklärung einbezogen werden.

(5) 1 Ist ein Testamentsvollstrecker oder Nachlaßverwalter vorhanden, ist die Steuererklärung von diesem abzugeben. 2 Das Finanzamt kann verlangen, daß die Steuererklärung auch von einem oder mehreren Erben mitunterschrieben wird.

(6) Ist ein Nachlaßpfleger bestellt, ist dieser zur Abgabe der Steuererklärung verpflichtet.

(7) 1 Das Finanzamt kann verlangen, daß eine Steuererklärung auf einem Vordruck nach amtlich bestimmtem Muster abzugeben ist, in der der Steuerschuldner die Steuer selbst zu berechnen hat. 2 Der Steuerschuldner hat die selbstberechnete Steuer innerhalb eines Monats nach Abgabe der Steuererklärung zu entrichten.

§ 32 Bekanntgabe des Steuerbescheids an Vertreter. (1) 1 In den Fällen des § 31 Abs. 5 ist der Steuerbescheid abweichend von § 122 Abs. 1 Satz 1 der Abgabenordnung dem Testamentsvollstrecker oder Nachlaßverwalter bekanntzugeben. 2 Diese Personen haben für die Bezahlung der Erbschaftsteuer zu sorgen. 3 Auf Verlangen des Finanzamts ist aus dem Nachlaß Sicherheit zu leisten.

(2) 1 In den Fällen des § 31 Abs. 6 ist der Steuerbescheid dem Nachlaßpfleger bekanntzugeben. 2 Absatz 1 Satz 2 und 3 ist entsprechend anzuwenden.

§ 33[3] Anzeigepflicht der Vermögensverwahrer, Vermögensverwalter und Versicherungsunternehmen. (1) 1 Wer sich geschäftsmäßig mit der Verwahrung oder Verwaltung fremden Vermögens befaßt, hat diejenigen in seinem Gewahrsam befindlichen Vermögensgegenstände und diejenigen gegen ihn gerichteten Forderungen, die beim Tod eines Erblassers

---

[1] § 30 Abs. 3 neu gef. mWv 1. 1. 2009 durch G v. 24. 12. 2008 (BGBl. I S. 3018).
[2] § 31 Abs. 3 neu gef. mWv 1. 1. 2009 durch G v. 24. 12. 2008 (BGBl. I S. 3018).
[3] § 33 Abs. 1 Satz 1, Abs. 2 und 3 geänd. mWv 28. 8. 2002 durch G v. 21. 8. 2002 (BGBl. I S. 3322).

zu dessen Vermögen gehörten oder über die dem Erblasser zur Zeit seines Todes die Verfügungsmacht zustand, dem für die Verwaltung der Erbschaftsteuer zuständigen Finanzamt schriftlich anzuzeigen. [2] Die Anzeige ist zu erstatten:

1. in der Regel: innerhalb eines Monats, seitdem der Todesfall dem Verwahrer oder Verwalter bekanntgeworden ist;
2. wenn der Erblasser zur Zeit seines Todes Angehöriger eines ausländischen Staats war und nach einer Vereinbarung mit diesem Staat der Nachlaß einem konsularischen Vertreter auszuhändigen ist: spätestens bei der Aushändigung des Nachlasses.

(2) Wer auf den Namen lautende Aktien oder Schuldverschreibungen ausgegeben hat, hat dem Finanzamt schriftlich von dem Antrag, solche Wertpapiere eines Verstorbenen auf den Namen anderer umzuschreiben, vor der Umschreibung Anzeige zu erstatten.

(3) Versicherungsunternehmen haben, bevor sie Versicherungssummen oder Leibrenten einem anderen als dem Versicherungsnehmer auszahlen oder zur Verfügung stellen, hiervon dem Finanzamt schriftlich Anzeige zu erstatten.

(4) Zuwiderhandlungen gegen diese Pflichten werden als Steuerordnungswidrigkeit mit Geldbuße geahndet.

§ 34[1)] Anzeigepflicht der Gerichte, Behörden, Beamten und Notare.

(1) Die Gerichte, Behörden, Beamten und Notare haben dem für die Verwaltung der Erbschaftsteuer zuständigen Finanzamt schriftlich Anzeige zu erstatten über diejenigen Beurkundungen, Zeugnisse und Anordnungen, die für die Festsetzung einer Erbschaftsteuer von Bedeutung sein können.

(2) Insbesondere haben anzuzeigen:

1. die Standesämter:
   die Sterbefälle;
2. die Gerichte und die Notare:
   die Erteilung von Erbscheinen, Testamentsvollstreckerzeugnissen und Zeugnissen über die Fortsetzung der Gütergemeinschaft, die Beschlüsse über Todeserklärungen sowie die Anordnung von Nachlaßpflegschaften und Nachlaßverwaltungen;
3. die Gerichte, die Notare und die deutschen Konsuln:
   die eröffneten Verfügungen von Todes wegen, die abgewickelten Erbauseinandersetzungen, die beurkundeten Vereinbarungen der Gütergemeinschaft und die beurkundeten Schenkungen und Zweckzuwendungen.

§ 35 Örtliche Zuständigkeit. (1) [1] Örtlich zuständig für die Steuerfestsetzung ist in den Fällen, in denen der Erblasser zur Zeit seines Todes oder der Schenker zur Zeit der Ausführung der Zuwendung ein Inländer war, das Finanzamt, das sich bei sinngemäßer Anwendung des § 19 Abs. 1 und des § 20 der Abgabenordnung ergibt. [2] Im Fall der Steuerpflicht nach § 2 Abs. 1 Nr. 1 Buchstabe b richtet sich die Zuständigkeit nach dem letzten inländischen Wohnsitz oder gewöhnlichen Aufenthalt des Erblassers oder Schenkers.

(2) Die örtliche Zuständigkeit bestimmt sich nach den Verhältnissen des Erwerbers, bei Zweckzuwendungen nach den Verhältnissen des Beschwerten, zur Zeit des Erwerbs, wenn

1. bei einer Schenkung unter Lebenden der Erwerber, bei einer Zweckzuwendung unter Lebenden der Beschwerte, eine Körperschaft, Personenvereinigung oder Vermögensmasse ist oder
2. der Erblasser zur Zeit seines Todes oder der Schenker zur Zeit der Ausführung der Zuwendung kein Inländer war. [2] Sind an einem Erbfall mehrere inländische Erwerber mit Wohnsitz oder gewöhnlichem Aufenthalt in verschiedenen Finanzamtsbezirken beteiligt, ist das Finanzamt örtlich zuständig, das zuerst mit der Sache befaßt wird.

(3)[2)] [1] Bei Schenkungen und Zweckzuwendungen unter Lebenden von einer Erbengemeinschaft ist das Finanzamt zuständig, das für die Bearbeitung des Erbfalls zuständig ist. [2] Satz 1 gilt auch, wenn eine Erbengemeinschaft aus zwei Erben besteht und der eine Miterbe bei der Auseinandersetzung eine Schenkung an den anderen Miterben ausführt.

(4) In den Fällen des § 2 Abs. 1 Nr. 3 ist das Finanzamt örtlich zuständig, das sich bei sinngemäßer Anwendung des § 19 Abs. 2 der Abgabenordnung ergibt.

[1)] § 34 Abs. 1 geänd. mWv 28. 8. 2002 durch G v. 21. 8. 2002 (BGBl. I S. 3322).
[2)] § 35 Abs. 3 neu gef. mWv 1. 1. 2009 durch G v. 24. 12. 2008 (BGBl. I S. 3018).

Abschnitt 5. Ermächtigungs- und Schlußvorschriften

§ 36 Ermächtigungen. (1) Die Bundesregierung wird ermächtigt, mit Zustimmung des Bundesrates

1. zur Durchführung dieses Gesetzes Rechtsverordnungen zu erlassen, soweit dies zur Wahrung der Gleichmäßigkeit bei der Besteuerung, zur Beseitigung von Unbilligkeiten in Härtefällen oder zur Vereinfachung des Besteuerungsverfahrens erforderlich ist, und zwar über
   a) die Abgrenzung der Steuerpflicht,
   b) die Feststellung und die Bewertung des Erwerbs von Todes wegen, der Schenkungen unter Lebenden und der Zweckzuwendungen, auch soweit es sich um den Inhalt von Schließfächern handelt,
   c) die Steuerfestsetzung, die Anwendung der Tarifvorschriften und die Steuerentrichtung,
   d) die Anzeige- und Erklärungspflicht der Steuerpflichtigen,
   e) die Anzeige-, Mitteilungs- und Übersendungspflichten der Gerichte, Behörden, Beamten und Notare, der Versicherungsunternehmen, der Vereine und Berufsverbände, die mit einem Versicherungsunternehmen die Zahlung einer Versicherungssumme für den Fall des Todes ihrer Mitglieder vereinbart haben, der geschäftsmäßigen Verwahrer und Verwalter fremden Vermögens, auch soweit es sich um in ihrem Gewahrsam befindliche Vermögensgegenstände des Erblassers handelt, sowie derjenigen, die auf den Namen lautende Aktien oder Schuldverschreibungen ausgegeben haben;
2. Vorschriften durch Rechtsverordnung zu erlassen über die sich aus der Aufhebung oder Änderung von Vorschriften dieses Gesetzes ergebenden Rechtsfolgen, soweit dies zur Wahrung der Gleichmäßigkeit der Besteuerung oder zur Beseitigung von Unbilligkeiten in Härtefällen erforderlich ist.

(2) Das Bundesministerium der Finanzen wird ermächtigt, den Wortlaut dieses Gesetzes und der zu diesem Gesetz erlassenen Durchführungsverordnung in der jeweils geltenden Fassung satzweise numeriert mit neuem Datum und Paragraphenfolge bekanntzumachen und dabei Unstimmigkeiten des Wortlauts zu beseitigen.

§ 37 Anwendung des Gesetzes. (1)[1] Dieses Gesetz in der Fassung des Artikels 6 des Gesetzes vom 22. Dezember 2009 (BGBl. I S. 3950) findet auf Erwerbe Anwendung, für die die Steuer nach dem 31. Dezember 2009 entsteht.

(2)[2] [1] In Erbfällen, die vor dem 31. August 1980 eingetreten sind, und für Schenkungen, die vor diesem Zeitpunkt ausgeführt worden sind, ist weiterhin § 25 in der Fassung des Gesetzes vom 17. April 1974 (BGBl. I S. 933) anzuwenden, auch wenn die Steuer infolge Aussetzung der Versteuerung nach § 25 Abs. 1 Buchstabe a erst nach dem 30. August 1980 entstanden ist oder entsteht. [2] In Erbfällen, die vor dem 1. Januar 2009 eingetreten sind, und für Schenkungen, die vor diesem Zeitpunkt ausgeführt worden sind, ist weiterhin § 25 Abs. 1 Satz 3 und Abs. 2 in der Fassung der Bekanntmachung vom 27. Februar 1997 (BGBl. I S. 378) anzuwenden.

(3)[3] [1] Die §§ 13 a und 19 a Absatz 5 in der Fassung des Artikels 6 des Gesetzes vom 22. Dezember 2009 (BGBl. I S. 3950) finden auf Erwerbe Anwendung, für die die Steuer nach dem 31. Dezember 2008 entsteht. [2] § 13 a in der Fassung des Artikels 6 des Gesetzes vom 22. Dezember 2009 (BGBl. I S. 3950) ist nicht anzuwenden, wenn das begünstigte Vermögen vor dem 1. Januar 2011 von Todes wegen oder durch Schenkung unter Lebenden erworben wird, bereits Gegenstand einer vor dem 1. Januar 2007 ausgeführten Schenkung desselben Schenkers an dieselbe Person war und wegen eines vertraglichen Rückforderungsrechts nach dem 11. November 2005 herausgegeben werden musste.

(4)[4] *(aufgehoben)*

§ 37 a Sondervorschriften aus Anlaß der Herstellung der Einheit Deutschlands. (1) (weggefallen)

(2) [1] Für den Zeitpunkt der Entstehung der Steuerschuld ist § 9 Abs. 1 Nr. 1 auch dann maßgebend, wenn der Erblasser in dem in Artikel 3 des Einigungsvertrages genannten Gebiet vor dem 1. Januar 1991 verstorben ist, es sei denn, daß die Steuer nach dem Erbschaftsteuergesetz der Deutschen Demokratischen Republik vor dem 1. Januar 1991 entstanden ist. [2] § 9 Abs. 2 gilt entsprechend, wenn die Versteuerung nach § 34 des Erbschaftsteuergesetzes (ErbStG)

---

[1] § 37 Abs. 1 neu gef. mWv 1. 1. 2010 durch G v. 22. 12. 2009 (BGBl. I S. 3950).
[2] § 37 Abs. 2 Satz 2 angef. mWv 1. 1. 2009 durch G v. 24. 12. 2008 (BGBl. I S. 3018).
[3] § 37 Abs. 3 neu gef. mWv 1. 1. 2010 durch G v. 22. 12. 2009 (BGBl. I S. 3950).
[4] § 37 Abs. 4 aufgeh. durch G v. 20. 12. 2001 (BGBl. I S. 3794).

der Deutschen Demokratischen Republik in der Fassung vom 18. September 1970 (Sonderdruck Nr. 678 des Gesetzblattes) ausgesetzt wurde.

(3) (weggefallen)

(4) Als frühere Erwerbe im Sinne des § 14 gelten auch solche, die vor dem 1. Januar 1991 dem Erbschaftsteuerrecht der Deutschen Demokratischen Republik unterlegen haben.

(5) Als frühere Erwerbe desselben Vermögens im Sinne des § 27 gelten auch solche, für die eine Steuer nach dem Erbschaftsteuerrecht der Deutschen Demokratischen Republik erhoben wurde, wenn der Erwerb durch Personen im Sinne des § 15 Abs. 1 Steuerklasse I erfolgte.

(6) § 28 ist auch anzuwenden, wenn eine Steuer nach dem Erbschaftsteuerrecht der Deutschen Demokratischen Republik erhoben wird.

(7) [1] Ist in dem in Artikel 3 des Einigungsvertrages genannten Gebiet eine Steuerfestsetzung nach § 33 des Erbschaftsteuergesetzes der Deutschen Demokratischen Republik in der Weise erfolgt, daß die Steuer jährlich im voraus von dem Jahreswert von Renten, Nutzungen oder Leistungen zu entrichten ist, kann nach Wahl des Erwerbers die Jahressteuer zum jeweils nächsten Fälligkeitstermin mit ihrem Kapitalwert abgelöst werden. [2] § 23 Abs. 2 ist entsprechend anzuwenden.

(8) Wurde in Erbfällen, die vor dem 1. Januar 1991 eingetreten sind, oder für Schenkungen, die vor diesem Zeitpunkt ausgeführt worden sind, die Versteuerung nach § 34 des Erbschaftsteuergesetzes der Deutschen Demokratischen Republik ausgesetzt, ist diese Vorschrift weiterhin anzuwenden, auch wenn die Steuer infolge der Aussetzung der Versteuerung erst nach dem 31. Dezember 1990 entsteht.

§§ 38–39 (weggefallen)

Nichtamtlicher Anhang. ErbschaftsteuerreformG 2009 (Auszug)

Art. 3. Rückwirkende Anwendung des durch dieses Gesetz geänderten Erbschaftsteuer- und Bewertungsrechts

(1) [1] Ein Erwerber kann bis zur Unanfechtbarkeit der Steuerfestsetzung beantragen, dass die durch dieses Gesetz geänderten Vorschriften des Erbschaftsteuer- und Schenkungsteuergesetzes, mit Ausnahme des § 16 des Erbschaftsteuer- und Schenkungsteuergesetzes[1)], und des Bewertungsgesetzes auf Erwerbe von Todes wegen anzuwenden sind, für die die Steuer nach dem 31. Dezember 2006 und vor dem 1. Januar 2009 entstanden ist. [2] In diesem Fall ist § 16 des Erbschaftsteuer- und Schenkungsteuergesetzes in der Fassung der Bekanntmachung vom 27. Februar 1997 (BGBl. I S. 378), der zuletzt durch Artikel 19 Nr. 4 des Gesetzes vom 19. Dezember 2000 (BGBl. I S. 1790) geändert worden ist, anzuwenden.[2)]

(2) Ist die Steuer, die auf einen Erwerb von Todes wegen nach dem 31. Dezember 2006 und vor dem 1. Januar 2009 entstanden ist, vor dem 1. Januar 2009 festgesetzt worden, kann der Antrag innerhalb von sechs Monaten nach Inkrafttreten des Gesetzes gestellt werden; in diesem Fall kann die Steuerfestsetzung entsprechend geändert werden.

(3) Der Erwerber kann den Antrag nicht widerrufen, wenn die Steuerfestsetzung nachträglich deshalb geändert wird, weil er gegen die Verschonungsvoraussetzungen (§§ 13 a, 19 a des Erbschaftsteuer- und Schenkungsteuergesetzes in der Fassung des Artikels 1 des Gesetzes vom 24. Dezember 2008 (BGBl. I S. 3018) verstoßen hat.

[1)] Nr. **520.**

[2)] Beachte hierzu Art. 14 WachstumsbeschleunigungsG v. 22. 12. 2009 (BGBl. I S. 3950):

„**Anwendung des Artikels 3 des Erbschaftsteuerreformgesetzes.** Hat ein Erwerber einen Antrag nach Artikel 3 Absatz 1 des Erbschaftsteuerreformgesetzes vom 24. Dezember 2008 (BGBl. I S. 3018) gestellt, ist Artikel 3 Absatz 1 und 3 des Erbschaftsteuerreformgesetzes mit der Maßgabe anzuwenden, dass an die Stelle der §§ 13 a und 19 a des Erbschaftsteuer- und Schenkungsteuergesetzes in der Fassung des Artikels 1 des Gesetzes vom 24. Dezember 2008 (BGBl. I S. 3018) die §§ 13 a und 19 a des Erbschaftsteuer- und Schenkungsteuergesetzes in der Fassung des Artikels 6 des Gesetzes vom 22. Dezember 2009 (BGBl. I S. 3950) treten."

523. Erbschaftsteuer-Durchführungsverordnung (ErbStDV)[1]

In der Fassung der Bekanntmachung vom 8. September 1998[2]
(BGBl. I S. 2658)

BGBl. III/FNA 611-8-2-2-1

geänd. durch Art. 20 Steuer-Euroglättungsgesetz (StEuglG) v. 19. 12. 2000 (BGBl. I S. 1790), Art. 3 Gesetz zur Modernisierung des Stiftungsrechts v. 15. 7. 2002 (BGBl. I S. 2634), Art. 34 Drittes Gesetz zur Änderung verwaltungsverfahrensrechtlicher Vorschriften v. 21. 8. 2002 (BGBl. I S. 3322), Art. 1 ÄndVO v. 2. 11. 2005 (BGBl. I S. 3126) und Art. 3 Abs. 2 PersonenstandsrechtsreformG v. 19. 2. 2007 (BGBl. I S. 122)

– Auszug –

Zu § 34 ErbStG[3]

§ 7[4] Anzeigepflicht der Gerichte, Notare und sonstigen Urkundspersonen in Erbfällen. (1) [1] Die Gerichte haben dem für die Verwaltung der Erbschaftsteuer zuständigen Finanzamt (§ 35 des Gesetzes) beglaubigte Abschriften folgender Verfügungen und Schriftstücke mit einem Vordruck nach Muster 5[5] zu übersenden:

1. eröffnete Verfügungen von Todes wegen mit einer Mehrausfertigung der Niederschrift über die Eröffnungsverhandlung,
2. Erbscheine,
3. Testamentsvollstreckerzeugnisse,
4. Zeugnisse über die Fortsetzung von Gütergemeinschaften,
5. Beschlüsse über die Einleitung oder Aufhebung einer Nachlaßpflegschaft oder Nachlaßverwaltung,
6. beurkundete Vereinbarungen über die Abwicklung von Erbauseinandersetzungen.

[2] Eine elekronische Übermittlung der Anzeige ist ausgeschlossen. [3] Die Anzeige hat unverzüglich nach dem auslösenden Ereignis zu erfolgen. [4] Auf der Urschrift der Mitteilung oder Anzeige ist zu vermerken, wann und an welches Finanzamt die Abschrift übersandt worden ist.

(2) Jede Mitteilung oder Übersendung soll die folgenden Angaben enthalten:

1. den Namen, den Geburtstag, die letzte Anschrift, den Todestag und den Sterbeort des Erblassers,
2. das Standesamt, bei dem der Sterbefall beurkundet worden ist, und die Nummer des Sterberegisters[6].

(3) Soweit es den Gerichten bekannt ist, haben sie mitzuteilen:

1. den Beruf und den Familienstand des Erblassers,
2. den Güterstand bei verheirateten Erblassern,
3. die Anschriften der Beteiligten und das persönliche Verhältnis (Verwandtschaftsverhältnis) zum Erblasser,
4. die Höhe und die Zusammensetzung des Nachlasses in Form eines Verzeichnisses,
5. später bekanntgewordene Veränderungen in der Person der Erben oder Vermächtnisnehmer, insbesondere durch Fortfall von vorgesehenen Erben oder Vermächtnisnehmern.

(4) Die Übersendung der in Absatz 1 erwähnten Abschriften und die Erstattung der dort vorgesehenen Anzeigen dürfen unterbleiben,

1. wenn die Annahme berechtigt ist, daß außer Hausrat (einschließlich Wäsche und Kleidungsstücken) im Wert von nicht mehr als 5 200 Euro[7] nur noch anderes Vermögen im reinen Wert von nicht mehr als 5 200 Euro[7] vorhanden ist,

---

[1] **Zur Anwendung siehe § 12.**
[2] Neubekanntmachung der ErbStDV idF v. 19. 1. 1962 (BGBl. I S. 22) auf Grund § 36 Abs. 1 Nr. 1 Buchst. e ErbStG idF der Bek. v. 27. 2. 1997 (BGBl. I S. 378).
[3] Nr. **520**.
[4] § 7 Abs. 1 Satz 2 eingef. durch G v. 21. 8. 2002 (BGBl. I S. 3322); zur Anwendung siehe § 12 aF.
[5] Nachstehend wiedergegeben.
[6] Bezeichnung geänd. mWv 1. 1. 2009 durch G v. 19. 2. 2007 (BGBl. I S. 122).
[7] Betrag geänd. mWv 1. 1. 2002 durch G v. 19. 12. 2000 (BGBl. I S. 1790).

2. bei Erbfällen von Kriegsgefangenen und ihnen gleichgestellten Personen sowie bei Erbfällen von Opfern der nationalsozialistischen Verfolgung, wenn der Zeitpunkt des Todes vor dem 1. Januar 1946 liegt,
3. wenn der Erbschein lediglich zur Geltendmachung von Ansprüchen auf Grund des Lastenausgleichsgesetzes beantragt und dem Ausgleichsamt unmittelbar übersandt worden ist,
4. wenn seit dem Zeitpunkt des Todes des Erblassers mehr als zehn Jahre vergangen sind. Das gilt nicht für Anzeigen über die Abwicklung von Erbauseinandersetzungen.

(5) Die vorstehenden Vorschriften gelten entsprechend für Notare (Bezirksnotare) und sonstige Urkundspersonen, soweit ihnen Geschäfte des Nachlaßgerichtes übertragen sind.

§ 8[1] Anzeigepflicht der Gerichte, Notare und sonstigen Urkundspersonen bei Schenkungen und Zweckzuwendungen unter Lebenden. (1) [1] Die Gerichte haben dem für die Verwaltung der Erbschaftsteuer zuständigen Finanzamt (§ 35 des Gesetzes) eine beglaubigte Abschrift der Urkunde über eine Schenkung (§ 7 des Gesetzes) oder eine Zweckzuwendung unter Lebenden (§ 8 des Gesetzes) unter Angabe des der Kostenberechnung zugrunde gelegten Werts mit einem Vordruck nach Muster 6 zu übersenden. [2] Eine elektronische Übermittlung der Anzeige ist ausgeschlossen. [3] Enthält die Urkunde keine Angaben darüber, sind die Beteiligten über
1. das persönliche Verhältnis (Verwandtschaftsverhältnis) des Erwerbers zum Schenker und
2. den Wert der Zuwendung

zu befragen und die Angaben in der Anzeige mitzuteilen. [4] Die Anzeige hat unverzüglich nach der Beurkundung zu erfolgen. [5] Auf der Urschrift der Urkunde ist zu vermerken, wann und an welches Finanzamt die Abschrift übersandt worden ist. [6] Die Gerichte haben bei der Beurkundung von Schenkungen und Zweckzuwendungen unter Lebenden die Beteiligten auf die mögliche Steuerpflicht hinzuweisen.

(2) Die Verpflichtungen nach Absatz 1 erstrecken sich auch auf Urkunden über Rechtsgeschäfte, die zum Teil oder der Form nach entgeltlich sind, bei denen aber Anhaltspunkte dafür vorliegen, daß eine Schenkung oder Zweckzuwendung unter Lebenden vorliegt.

(3) Die Übersendung einer beglaubigten Abschrift von Schenkungs- und Übergabeverträgen und die Mitteilung der in Absatz 1 vorgesehenen Angaben darf unterbleiben, wenn Gegenstand der Schenkung nur Hausrat (einschließlich Wäsche und Kleidungsstücke) im Wert von nicht mehr als 5 200 Euro[2] und anderes Vermögen im reinen Wert von nicht mehr als 5 200 Euro[2] ist.

(4) Die vorstehenden Vorschriften gelten entsprechend für Notare (Bezirksnotare) und sonstige Urkundspersonen.

[1] § 8 Abs. 1 Satz 2 eingef. durch G v. 21. 8. 2002 (BGBl. I S. 3322); zur Anwendung siehe § 12 aF.
[2] Betrag geänd. mWv 1. 1. 2002 durch G v. 19. 12. 2000 (BGBl. I S. 1790).

550. Merkblatt über die steuerlichen Beistandspflichten der Notare

auf den Gebieten
Grunderwerbsteuer
Erbschaftsteuer (Schenkungsteuer)
Ertragsteuern

(Stand: Mai 2006)

Herausgeber: Bayerisches Landesamt für Steuern

Inhaltsübersicht

Teil A: Allgemeines

1. Aus Gründen der Übersichtlichkeit berücksichtigt dieses Merkblatt nur das Wesentliche.

2. Es wird gebeten, Änderungen der Rechtslage in diesem Merkblatt selbst zu vermerken.

Teil B: Grunderwerbsteuer

1. Maßgebende Vorschriften

Die steuerlichen Anzeigepflichten und sonstigen Beistandspflichten der Notare ergeben sich aus folgenden Vorschriften:
§§ 18, 20 und 21 des Grunderwerbsteuergesetzes[1] (GrEStG) in der Fassung der Bekanntmachung vom 26. 2. 1997 (BGBl I S. 418, BStBl 1997 1 S. 313), zuletzt geändert durch das Gesetz zur Umsetzung von EU-Richtlinien in nationales Steuerrecht und zur Änderung weiterer Vorschriften (Richtlinien-Umsetzungsgesetz-EURLUmsG) vom 09. 12. 2004 (BGBl. 2004 I S. 3310) sowie § 102 Abs. 4 der Abgabenordnung (AO)

2. Anzeigepflichtige Vorgänge

Die Anzeigepflicht betrifft alle Rechtsvorgänge, die unmittelbar oder mittelbar das Eigentum an einem inländischen Grundstück (Tz. 2.5) betreffen (Einf. Erl. zu § 18, Anm. 10.1).

2.1 Der Notar hat Anzeige über folgende Rechtsvorgänge zu erstatten, die er beurkundet oder über die er eine Urkunde entworfen und darauf eine Unterschrift beglaubigt hat (§ 18 Abs. 1 S. 1 Nr. 1 und Abs. 2 GrEStG[1]):

---

[1] Nr. **500**.

2.1.1 Kaufverträge und andere Rechtsgeschäfte, die den Anspruch auf Übereignung begründen (z.B. Tauschverträge, Einbringungsverträge, Übergabeverträge, Auseinandersetzungsverträge, Annahme von Kauf- und Verkaufsangeboten, Ausübung von Optionen bzw. Vor- und Wiederkaufsrechten).
Dazu zählen auch die Umwandlungen nach dem Umwandlungsgesetz, sofern dadurch Grundstückseigentum auf einen anderen Rechtsträger übergeht (Schreiben des Bayer. Staatsministeriums der Finanzen an die Landesnotarkammer Bayern vom 6. 8. 1996 Az. 37 – S 4540 – 15/20 –30 912);

2.1.2 Auflassungen, wenn kein Rechtsgeschäft vorausgegangen ist, das den Anspruch auf Übereignung begründet;

2.1.3 Rechtsgeschäfte, die den Anspruch auf Abtretung eines Übereignungsanspruchs oder der Rechte aus einem Meistgebot begründen;

2.1.4 Rechtsgeschäfte, die den Anspruch auf Abtretung der Rechte aus einem Kaufangebot begründen. Einem Kaufangebot steht ein Angebot zum Abschluss eines anderen Vertrags gleich, kraft dessen die Übereignung verlangt werden kann;

2.1.5 Abtretungen der unter Tz. 2.1.3 und 2.1.4 bezeichneten Rechte, wenn kein Rechtsgeschäft vorausgegangen ist, das den Anspruch auf Abtretung der Rechte begründet;

2.1.6 Rechtsvorgänge, die es ohne Begründung eines Anspruchs auf Übereignung einem anderen rechtlich oder wirtschaftlich ermöglichen, ein Grundstück auf eigene Rechnung zu verwerten (z.B. Begründung sowie Auflösung eines Treuhandverhältnisses, Wechsel des Treugebers, Auftrag bzw. Geschäftsbesorgungsvertrag zum Auftragserwerb, Erteilung einer Verkaufsvollmacht);

2.1.7 Rechtsgeschäfte, die den Anspruch auf Übertragung eines, mehrerer oder aller Anteile an einer Kapitalgesellschaft, einer Personenhandelsgesellschaft oder einer Gesellschaft bürgerlichen Rechts begründen, wenn zum Vermögen der Gesellschaft ein Grundstück gehört;

2.1.8 Übergang von unter Tz. 2.1.7 bezeichneten Gesellschaftsanteilen, wenn kein schuldrechtliches Geschäft vorausgegangen ist, das den Anspruch auf Übertragung begründet;

2.1.9 Übertragungen von Anteilen an einem Nachlass (Erbteilsübertragungen), zu dem ein Grundstück oder ein Anteil an einem anderen Nachlass gehört, der ein Grundstück enthält;

2.1.10 Vorverträge, Optionsverträge sowie Kauf- und Verkaufsangebote. Die Einräumung eines Vorkaufsrechts ist nicht anzeigepflichtig.

2.1.11 Bei einheitlichen Vertragswerken erfasst die Anzeigepflicht außer dem Grundstücksveräußerungsvertrag auch diejenigen in derselben Niederschrift oder einer anderen Niederschrift beurkundeten Verträge (z.B. Treuhandvertrag, Baubetreuungsvertrag, Generalunternehmervertrag, Bauvertrag), die mit dem Grundstücksveräußerungsvertrag eine rechtliche Einheit bilden. Anzeigepflichtig sind auch solche Verträge, die in sonstiger Hinsicht mit dem Grundstücksveräußerungsvertrag im Wege einer Verknüpfungsabrede rechtlich verbunden sind, es sei denn, die grunderwerbsteuerliche Relevanz des weiteren Vertrags kann mit Gewissheit ausgeschlossen werden. Der Notar braucht damit solche Verträge dann nicht anzuzeigen, wenn er in der Lage ist, mit Gewissheit auszuschließen, dass diese verknüpften Verträge für die Grunderwerbsteuer von Bedeutung sind (Schreiben des Bundesministers der Finanzen an den Präsidenten der Bundesnotarkammer vom 12. 06. 1992 Az. IV A 4 – S 4540 – 2/92).

2.2 Der Notar hat auch Anzeige zu erstatten über:

2.2.1 Anträge auf Berichtigung des Grundbuchs, die er beurkundet oder über die er eine Urkunde entworfen und darauf eine Unterschrift beglaubigt hat, wenn der Antrag darauf gestützt wird, dass der Grundstückseigentümer gewechselt hat (§ 18 Abs. 1 S. 1 Nr. 2 GrEStG[1]);

2.2.2 nachträgliche Änderungen oder Berichtigungen der in den Tz. 2. 1 bis 2.2.1 aufgeführten Vorgänge (§ 18 Abs. 1 S. 1 Nr. 4 GrEStG[1]).
Änderung in diesem Sinne ist auch die Vertragsaufhebung.

2.3 Die Anzeigen sind auch dann zu erstatten, wenn der Rechtsvorgang von der Besteuerung ausgenommen ist (§ 18 Abs. 3 S. 2 GrEStG[1]) bzw. nach den bestehenden Verwaltungsanweisungen eine Unbedenklichkeitsbescheinigung im Sinne von § 22 GrEStG[1] nicht zu erteilen ist.

---

[1] Nr. **500**.

2.4 In Fällen der Übertragung von Gesellschaftsanteilen (Tz 2.1.7 und 2.1.8) ist die Urkundsperson der Verpflichtung enthoben, im Einzelfall zu ermitteln, ob ein Steuertatbestand erfüllt ist.

2.5 Grundstücke im Sinne des GrEStG sind Grundstücke im Sinne des bürgerlichen Rechts einschließlich noch nicht vermessene Teilflächen, Miteigentumsanteile, Wohnungseigentum und Teileigentum (§ 2 Abs. 1 GrEStG[1]). Den Grundstücken stehen Erbbaurechte, Gebäude auf fremdem Boden sowie dinglich gesicherte Sondernutzungsrechte im Sinne des § 15 des Wohnungseigentumsgesetzes und des § 1010 des Bürgerlichen Gesetzbuchs gleich (§ 2 Abs. 2 GrEStG[1]).
Die Anzeigepflicht bezieht sich deshalb auch auf Vorgänge, die ein Erbbaurecht, ein Gebäude auf fremdem Boden oder ein dinglich gesichertes Sondernutzungsrecht betreffen.

3. Zuständiges Finanzamt

3.1 Die Anzeigen sind an das für die Besteuerung (Tz. 3.2) bzw. in den Fällen des § 17 Abs. 2 und 3 GrEStG[1] an das für die gesonderte Feststellung der Besteuerungsgrundlagen (Tz. 3.3) zuständige Finanzamt zu richten (§ 18 Abs. 5 GrEStG[1]).

3.2 Die Anzeigen sind an das für die Besteuerung zuständige Finanzamt zu richten, d.h. an das Finanzamt, in dessen Bezirk das Grundstück oder der wertvollste Teil des Grundstücks liegt (§ 17 Abs. 1 S. 1 GrEStG[1]),

- wenn sich ein Rechtsvorgang auf ein Grundstück oder mehrere Grundstücke bezieht, die im Bezirk nur eines Finanzamts liegen,
- wenn sich ein Rechtsvorgang auf ein Grundstück bzw. eine wirtschaftliche Einheit von Grundstücken (§ 2 Abs. 3 S. 1 GrEStG[1]) bezieht, das bzw. die in den Bezirken verschiedener Finanzämter eines Landes liegt,
- wenn bei Grundstückserwerben durch Umwandlung nach dem Umwandlungsgesetz oder in den Fällen des § 1 Abs. 2a und 3 GrEStG[1] nicht die Voraussetzungen für eine gesonderte Feststellung der Besteuerungsgrundlagen (Tz. 3.3.2) erfüllt sind.

3.3.1 Die Besteuerungsgrundlagen werden gesondert festgestellt

- in Fällen, in denen sich ein Rechtsvorgang auf mehrere Grundstücke bezieht, die in den Bezirken verschiedener Finanzämter liegen, sowie
- in Fällen, in denen ein Grundstück bzw. eine wirtschaftliche Einheit von Grundstücken (§ 2 Abs. 3 S. 1 GrEStG[1]) in den Bezirken von Finanzämtern verschiedener Länder liegt,

durch das Finanzamt, in dessen Bezirk der wertvollste Grundstücksteil oder das wertvollste Grundstück oder der wertvollste Bestand an Grundstücksteilen oder Grundstücken liegt (§ 17 Abs. 2 GrEStG[1]);

3.3.2 Die Besteuerungsgrundlagen werden ferner gesondert festgestellt

- bei Grundstückserwerben durch Umwandlung nach dem Umwandlungsgesetz durch das Finanzamt, in dessen Bezirk sich die Geschäftsleitung des Erwerbers befindet, sowie
- in den Fällen den § 1 Abs. 2a und 3 GrEStG[1] durch das Finanzamt, in dessen Bezirk sich die Geschäftsleitung der Gesellschaft befindet,

wenn ein außerhalb des Bezirks dieser Finanzämter liegendes Grundstück oder ein auf das Gebiet eines anderen Landes sich erstreckender Teil eines im Bezirk dieser Finanzämter liegenden Grundstücks betroffen wird (§ 17 Abs. 3 S. 1 GrEStG[1]).
Befindet sich die Geschäftsleitung nicht im Geltungsbereich des GrEStG und werden in verschiedenen Finanzamtsbezirken liegende Grundstücke oder in verschiedenen Ländern liegende Grundstücksteile betroffen, so stellt das nach Tz. 3.3.1 zuständige Finanzamt die Besteuerungsgrundlagen gesondert fest (§ 17 Abs. 3 S. 2 GrEStG[1]).

3.4 Ein Tauschvertrag, durch den ein Grundstück gegen ein im Bezirk eines anderen Finanzamts belegenes Grundstück getauscht wird, fällt nicht unter § 17 Abs. 2 GrEStG[1]. Ober den Tauschvertrag ist an beide Finanzämter Anzeige zu erstatten.

3.5 Die Verwaltung der Grunderwerbsteuer ist in Bayern folgenden Finanzämtern übertragen:

---

[1] Nr. **500**.

550

GrESt-Finanzamt:	zuständig für folgende Amtsbezirke:
Ansbach Mozartstr. 25 91522 Ansbach Telefon: 09 81/16-0	Asbach, Dinkeisbühl, Rothenburg o. d. Tauber, Uffenheim, Fürth, Schwabach, Gunzenhausen, Hilpoltstein
Augsburg-Land Sieglindenstr. 19–23 86152 Augsburg Telefon: 08 21/506-02	Augsburg-Land, Augsburg-Stadt
Bad Kissingen Bibrastr. 10 97688 Bad Kissingen Telefon: 09 71/80 21-0	Bad Kissingen, Bad Neustadt a. d. Saale, Lohr a. Main, Karlstadt, Marktheidenfeld, Aschaffenburg, Obernburg a. Main, Amorbach
Bamberg Martin-Luther-Str. 1 96050 Bamberg Telefon: 09 51/84-0	Bamberg, Forchheim, Kulmbach, Bayreuth
Cham ASt Waldmünchen Reberstr. 2 93493 Cham Telefon: 0 99 71/488-0	Waldmünchen, Cham, Kötzting, Schwandorf, Neunburg vorm Wald, Regensburg
Coburg Rodacherstr. 4 96450 Coburg Telefon: 0 95 61/646-0	Coburg, Lichtenfels, Kronach, Hof, Naila, Münchberg, Wunsiedel, Selb
Kelheim Klosterstr. 1 93309 Kelheim Telefon: 0 94 41/201-0	Kelheim, Eichstätt, lngoistadt, Freising, Erding
Memmingen Bodenseestr. 6 87700 Memmingen Telefon: 0 83 31/608-0	Memmingen, Mindelheim, Kaufbeuren, Füssen, Kempten, Immenstadt, Lindau
Mühldorf Katharinenplatz 16, 84453 Mühldorf a. Inn Telefon: 0 86 31/616-0	Mühldorf, München
Neu-Ulm Nelsonallee 5 89231 Neu-Ulm Telefon: 07 31/70 45-0	Neu-Ulm, Günzburg, Dillingen, Nördlingen, Donauwörth
Nürnberg-Zentral Voigtländerstr. 7/9 90489 Nürnberg Telefon: 09 11/53 93-0	Nürnberg, Erlangen, Hersbruck
Passau ASt Vilshofen Innstr. 36 94032 Passau Telefon: 08 51/504-0	Vilshofen, Griesbach, Passau, Grafenau, Deggendorf, Eggenfelden
Schrobenhausen ASt Neuburg Fünfzehner-Str. 7 86633 Neuburg Telefon: 0 82 52/918-0	Neuburg a. d. Donau, Schrobenhausen, Pfaffenhofen, Dachau, Fürstenfeldbruck

GrESt-Finanzamt:	zuständig für folgende Amtsbezirke:
Schweinfurt Schrammstr. 3 97421 Schweinfurt Telefon: 0 97 21/29 11 – 0	Schweinfurt, Würzburg, Ochsenfurt, Kitzingen, Zeil a. Main, Ebern, Hofheim i. UFr.
Traunstein Herzog-Otto-Str. 4–6 83278 Traunstein Telefon: 08 61/701-0	Traunstein, Burghausen, Berchtesgaden, Laufen, Rosenheim, Wasserburg, Ebersberg
Waldsassen Johannisplatz 13 95652 Waldsassen Telefon: 0 96 32/847-0	Waldsassen, Weiden i. d. OPf., Amberg, Neumarkt i. d. OPf.
Weilheim-Schongau Hofstr. 23 82362 Weilheim Telefon: 08 81/184-0	Weilheim, Schongau, Landsberg, Starnberg, Garmisch-Partenkirchen, Wolfratshausen, Bad Tölz, Miesbach
Zwiesel Stadtplatz 16 94227 Zwiesel Telefon: 0 99 22/507-0	Zwiesel, Viechtach, Straubing, Dingolfing, Landshut

Ein bundesweites Verzeichnis der örtlich zuständigen Finanzämter kann auf den Internetseiten des Bundeszentralamts für Steuern (www.bzst.bund.de) abgefragt werden. Hier steht eine Suchfunktion zur Verfügung, mit der neben dem örtlich zuständigen Finanzamt weitere Angaben, wie z.B. abgegebene Aufgaben einzelner Finanzämter und besondere Zuständigkeitsregelungen, ermittelt werden können. Außerdem steht ein bundesweites Finanzamtsverzeichnis unter www.finanzamt.de nach Bundesländern sortiert zur Verfügung.

4. Form und Inhalt der Anzeigen

4.1 Die Anzeigen sind **schriftlich** nach amtlich vorgeschriebenem Vordruck zu erstatten (§ 18 Abs. 1 S. 1 GrEStG[1]). Hierfür ist der bundeseinheitliche Vordrucksatz „Veräußerungsanzeige" zu verwenden, der den Notaren von den Finanzämtern unentgeltlich zur Verfügung gestellt wird.
Nach Genehmigung durch das Landesamt für Steuern kann ein Notar auch maschinell ausfüllbare Veräußerungsanzeigen verwenden.
Eine elektronische Übermittlung der Anzeige ist ausgeschlossen (§ 18 Abs. 1 S. 3 GrEStG[1]).

4.2 Die Anzeigen **müssen enthalten** (§ 20 Abs. 1 GrEStG[1]):

4.2.1 Vorname, Zuname und Anschrift des Veräußerers und des Erwerbers, ggf. auch, ob und um welche begünstigte Person im Sinn des § 3 Nrn. 3 bis 7 GrEStG[1] es sich bei dem Erwerber handelt;

4.2.2 die Bezeichnung des Grundstücks nach Grundbuch, Kataster, Straße und Hausnummer;

4.2.3 die Größe des Grundstücks und bei bebauten Grundstücken die Art der Bebauung;

4.2.4 die Bezeichnung des anzeigepflichtigen Vorgangs und den Tag der Beurkundung, bei einem Vorgang, der einer Genehmigung bedarf, auch die Bezeichnung desjenigen, dessen Genehmigung erforderlich ist;

4.2.5 den Kaufpreis oder die sonstige Gegenleistung (§ 9 GrEStG[1]);

4.2.6 den Namen der Urkundsperson.

4.3 **Anzeigen, die sich auf Anteile an einer Gesellschaft beziehen,** müssen außerdem enthalten (§ 20 Abs. 2 GrEStG[1]):

4.3.1 die Firma und den Ort der Geschäftsleitung der Gesellschaft;

4.3.2 die Bezeichnung des Gesellschaftsanteils oder der Gesellschaftsanteile.

4.3.3 Bei der Veräußerung von Gesellschaftsanteilen besteht für den Notar bezüglich des Vorhandenseins von Grundstücken, die grunderwerbsteuerlich der Gesellschaft zuzu-

[1] Nr. **500**.

rechnen sind, keine besondere Nachforschungspflicht, so dass er sich im Rahmen seiner Mitwirkungspflicht auf die Angaben der Beteiligten beschränken kann. Diesbezüglich besteht für den Notar deshalb nur eine **„Erkundigungspflicht".**

Da der amtliche Vordruck „Veräußerungsanzeige" für solche Fälle nur bedingt geeignet ist, können die Anzeigepflichtigen ihrer **Anzeigepflicht in einem vereinfachten Verfahren** durch die Übersendung der notariellen Urkunde und einer soweit als möglich ausgefüllten Veräußerungsanzeige nachkommen. Die in § 20 Abs. 1 Nr. 2 (Bezeichnung des Grundstücks nach Grundbuch, Kataster, Straße und Hausnummer), Nr. 3 (Größe des Grundstücks und bei bebauten Grundstücken die Art der Bebauung) sowie in § 20 Abs. 2 GrEStG[1] (Firma und Ort der Geschäftsleitung der Gesellschaft sowie die Bezeichnung des oder der Gesellschaftsanteile) geforderten Angaben brauchen im Vordruck „Veräußerungsanzeige" nicht gemacht zu werden. Durch die Verwendung des Vordrucksatzes „Veräußerungsanzeige" – wenn auch nicht vollständig ausgefüllt – ist sichergestellt, dass die übersandten Urkunden im Finanzamt als grunderwerbsteuerliche Anzeigen erkennbar sind (Schreiben des StMF an die Landesnotarkammer Bayern vom 22. 11. 2001 Az.: 36 – S 4540 – 30/7 – 51582).

4.4 Der Anzeige ist eine Abschrift der Urkunde über den Rechtsvorgang oder des Antrags beizufügen (§ 18 Abs. 1 S. 2 GrEStG[1]).
Die Anzeige ist mit o.g. Inhalt zu erstatten. Ein bloßer Verweis auf die beiliegende Urkunde ist nicht ausreichend.

5. Anzeigefrist

Die Anzeigen sind innerhalb von zwei Wochen nach der Beurkundung oder der Unterschriftsbeglaubigung zu erstatten, und zwar auch dann, wenn die Wirksamkeit des Rechtsvorgangs vom Eintritt einer Bedingung, vom Ablauf einer Frist oder von einer Genehmigung abhängig ist § 18 Abs. 3 S. 1 GrEStG[1]).

6. Absendevermerk des Notars

6.1 Die Absendung der Anzeige ist auf der Urschrift der Urkunde, in den Fällen, in denen eine Urkunde entworfen und darauf eine Unterschrift beglaubigt worden ist, auf der zurückbehaltenen beglaubigten Abschrift zu vermerken (§ 18 Abs. 4 GrEStG[1]).

6.2 Eine Empfangsbestätigung des Finanzamts sieht das GrEStG nicht vor (EinfErl. zu § 21, Anm. 12).

7. Bedeutung der Anzeigen

7.1. Notare dürfen Urkunden, die einen anzeigepflichtigen Vorgang betreffen, den Beteiligten erst aushändigen und Ausfertigungen oder beglaubigte Abschriften den Beteiligten erst erteilen, wenn sie die Anzeigen an das Finanzamt abgesandt haben (§ 21 GrEStG[1]).

7.2 Die Anzeigepflicht nach § 18 GrEStG[1] führt zu keiner Anlaufhemmung der Festsetzungsfrist nach § 170 Abs. 2 S. 1 Nr. 1 AO (BFH-Urteil vom 16. 02. 1994, BStBl 1994 II S. 866). Bei Nichterfüllung der Anzeigepflicht kann der Steueranspruch verjähren.

7.3 Die Vorschriften des § 16 Abs. 1 bis 4 GrEStG[1] gelten nicht, wenn einer der in § 1 Abs. 2, 2 a und 3 GrEStG[1] bezeichneten Erwerbsvorgänge rückgängig gemacht wird, der nicht ordnungsgemäß angezeigt war (§ 16 Abs. 5 GrEStG[1]).

7.4 Da ein Blatt des Vordrucksatzes „Veräußerungsanzeige" als Unbedenklichkeitsbescheinigung im Sinne von § 22 GrEStG[1] Verwendung findet, ist ein sorgfältiges Ausfüllen des Vordrucksatzes durch den Anzeigepflichtigen unerlässlich. Bei mangelhaft ausgefüllten Anzeigen kann sich die Erteilung der Unbedenklichkeitsbescheinigung bzw. die Eintragung des Erwerbers in das Grundbuch verzögern.

Teil C: Erbschaftsteuer (Schenkungsteuer)

1. Maßgebende Vorschriften

Die steuerlichen Anzeigepflichten und sonstigen Beistandspflichten der Notare ergeben sich aus folgenden Vorschriften:

- § 34 des Erbschaftsteuer- und Schenkungsteuergesetzes (ErbStG)[2] in der Fassung der Bekanntmachung vom 27. 02. 1997 (BGBl. I S. 378, BStBl I S. 298), zuletzt geändert durch Artikel 13 des Haushaltsbegleitgesetzes 2004 vom 29. 12. 2003 (BGBl. I S. 3076, BStBl I 2004 S. 120)

[1] Nr. **500**.
[2] Nr. **520**.

- §§ 7 und 8 der Erbschaftsteuer-Durchführungsverordnung (ErbStDV) vom 8. 09. 1998 (BGBl. I S. 2658, BStBl I S. 1183), zuletzt geändert durch Artikel 1 der Verordnung zur Änderung der ErbStDV vom 02. 11. 2005 (BGBl. I S. 3126)
- § 102 Abs. 4 AO

2. Anzeigepflichtige Rechtsvorgänge

2.1 Die Notare haben dem für die Verwaltung der Erbschaftsteuer zuständigen Finanzamt diejenigen Beurkundungen, Zeugnisse und Anordnungen anzuzeigen, die für die Festsetzung einer Erbschaftsteuer (Schenkungsteuer) von Bedeutung sein können (§ 34 ErbStG[1]).

2.2 Es sind insbesondere anzuzeigen:

- Erbauseinandersetzungen,
- Schenkungen und Schenkungsversprechen,
- Zweckzuwendungen,
- Rechtsgeschäfte, die zum Teil oder der Form nach entgeltlich sind, bei denen aber Anhaltspunkte dafür vorliegen, dass eine Schenkung oder Zweckzuwendung unter Lebenden vorliegt (§ 8 Abs. 2 ErbStDV).

2.3 Um dem Finanzamt in jedem Fall die Prüfung der Steuerpflicht zu ermöglichen, sind derartige Rechtsgeschäfte stets schon dann anzuzeigen, wenn auch nur eine Vermutung für eine freigebige Zuwendung besteht. Folglich sind insbesondere anzeigepflichtig:

2.3.1 Grundstücksüberlassungsverträge oder die Übertragung sonstiger Vermögensgegenstände zwischen Eheleuten, Eltern und Kindern oder sonstigen Angehörigen (in Frage kommen z.B. Teilschenkungen in der Form von Veräußerungsverträgen, wenn das Entgelt unter dem Verkehrswert des veräußerten Gegenstandes liegt oder als Gegenleistung ein Wohn- oder Verpflegungsrecht usw. eingeräumt wird),

2.3.2 die Vereinbarung der Gütergemeinschaft (§ 1415 BGB) hinsichtlich der Bereicherung, die ein Ehegatte erfährt,

2.3.3 vorgezogene Erbregelungen und Geschäfte, welche die vorzeitige Befriedigung von Pflichtteilsansprüchen oder Anwartschaften auf eine Nacherbfolge sowie Abfindung für die Ausschlagung einer Erbschaft oder eines Vermächtnisses oder für den Verzicht auf einen entstandenen Pflichtteilsanspruch oder für einen Erbverzicht oder schließlich die entgeltliche Übertragung der Anwartschaftsrechte von Nacherben zum Gegenstand haben,

2.3.4 Zuwendungen unter Ehegatten, wenn als Rechtsgrund auf die Ehe Bezug genommen wird (sog. unbenannte oder ehebedingte Zuwendungen),

2.3.5 die Beteiligung naher Angehöriger an einem Unternehmen (Familiengesellschaft – OHG, KG usw.),

2.3.6 die Übertragung von GmbH-Anteilen oder anderen Anteilen an Kapitalgesellschaften, insbesondere unter Angehörigen, wenn Anhaltspunkte dafür bestehen, dass ein etwaiges Entgelt unter dem gemeinen Wert (Verkehrswert) des Geschäftsanteils liegt,

2.3.7 die Bestellung von Hypotheken oder sonstigen Grundpfandrechten und deren Abtretung zugunsten naher Angehöriger, falls der Schuldgrund nicht einwandfrei ersichtlich ist,

2.3.8 Leistungen zwischen Kapitalgesellschaften, insbesondere Familiengesellschaften, und Gesellschaftern (z.B. verdeckte Einlagen, Kapitalerhöhungen gegen zu geringes oder zu hohes Aufgeld).

2.4 Im Einzelnen ergeben sich die anzeigepflichtigen Rechtsvorgänge aus den §§ 1, 3, 4, 7, 8 und 34 ErbStG[1], §§ 7 und 8 ErbStDV. Zu beachten ist, dass nach § 7 Abs. 4 ErbStG[1] die Steuerpflicht einer Schenkung nicht dadurch ausgeschlossen wird, dass sie zur Belohnung oder unter einer Auflage gemacht oder in die Form eines lästigen Vertrages gekleidet worden ist.

2.5 Von Anzeigen kann abgesehen werden, wenn die Annahme berechtigt ist, dass außer Hausrat einschließlich Wäsche und Kleidungsstücken im Wert von nicht mehr als 5.200 € nur noch anderes Vermögen im reinen Wert von nicht mehr als 5.200 € vorhanden oder Gegenstand der Schenkung ist (§ 7 Abs. 4, § 8 Abs. 3 ErbStDV).

3. Zuständiges Finanzamt

Unter das Erbschaftsteuer- und Schenkungsteuergesetz fallende Rechtsvorgänge sind an das für die Verwaltung der Erbschaftsteuer (Schenkungsteuer) zuständige Finanzamt

[1] Nr. **520**.

zu richten, in dessen Bezirk der (letzte) Wohnsitz oder der (letzte) gewöhnliche Aufenthalt des Erblassers oder Schenkers, hilfsweise der des Erwerbers liegt (§ 35 ErbStG[1]). Die Verwaltung der Erbschaft- und Schenkungsteuer ist in Bayern den folgenden Finanzämtern übertragen:

ErbSt-Finanzamt:	zuständig für die Bezirke der Finanzämter:
Amberg Postfach 1452 92204 Amberg Telefon: 0 96 21/360	Amberg, Cham, Hersbruck, Hilpoltstein, Neumarkt i. d. Opf., Nürnberg-Nord, Nürnberg-Süd, Zentralfinanzamt Nürnberg, Regensburg, Schwabach, Schwandorf, Waldsassen, Weiden i.d. Opf.
Eggenfelden Postfach 1160 84301 Eggenfelden Telefon: 0 87 21/9810	Berchtesgaden, Burghausen, Deggendorf, Dingolfing, Ebersberg, Eggenfelden, Grafenau, Kelheim, Landshut, Miesbach, Mühldorf a. Inn, Passau, Rosenheim, Straubing, Traunstein, Zwiesel
Hof Postfach 1368 95012 Hof Telefon: 0 92 81/92 90	Bamberg, Bayreuth, Coburg, Erlangen, Forchheim, Hof, Kronach, Kulmbach, Lichtenfels, Wunsiedel
Kaufbeuren Postfach 1260 87572 Kaufbeuren Telefon: 0 83 41/80 20	Garmisch-Partenkirchen, Kaufbeuren, Kempten (Allgäu), Landsberg a.Lech, Lindau, München für Körperschaften, München I–V, Starnberg, Weilheim i. Obb., Wolfratshausen
Lohr a. Main Postfach 1465 97804 Lohr a. Main Telefon: 0 93 52/85 00	Ansbach, Aschaffenburg, Bad Kissingen, Bad Neustadt a.d. Saale, Fürth, Gunzenhausen, Kitzingen, Lohr a. Main, Obernburg a. Main, Schweinfurt, Uffenheim, Würzburg, Zeil a. Main
Nördlingen Postfach 1521 86715 Nördlingen Telefon: 0 90 81/2150	Augsburg-Land, Augsburg-Stadt, Dachau, Dillingen an der Donau, Eichstätt, Erding, Freising, Fürstenfeldbruck, Günzburg, Ingolstadt, Memmingen, Neu-Ulm, Nördlingen, Pfaffenhofen a.d.Ilm, Schrobenhausen

Ein bundesweites Verzeichnis der örtlich zuständigen Finanzämter kann auf den Internetseiten des Bundeszentralamts für Steuern (www.bzst.bund.de) abgefragt werden. Hier steht eine Suchfunktion zur Verfügung, mit der neben dem örtlich zuständigen Finanzamt weitere Angaben, wie z.B. abgegebene Aufgaben einzelner Finanzämter und besondere Zuständigkeitsregelungen, ermittelt werden können. Außerdem steht ein bundesweites Finanzamtsverzeichnis unter www.finanzamt.de nach Bundesländern sortiert zur Verfügung.

550

4. Form und Inhalt der Anzeigen

4.1 Erbschaft- und Schenkungsteuervorgänge werden mitgeteilt durch Übersendung einer beglaubigten Abschrift der Urkunde, die der Notar aufgenommen oder die er entworfen und auf der er eine Unterschrift beglaubigt hat. Die beglaubigten Abschriften der in § 7 Abs. 1 ErbStDV genannten Verfügungen und Schriftstücke sowie die Urkunden über eine Schenkung oder eine Zweckzuwendung unter Lebenden sind jeweils mit einem Vordruck nach Muster 5 bzw. 6 der ErbStDV zu übersenden (§ 7 Abs. 1 und § 8 Abs. 1 ErbStDV). Die genannten Vordrucke werden nicht von der Finanzverwaltung zur Verfügung gestellt, sondern sind von den Anzeigepflichtigen selbst aufzulegen. Es ist darauf zu achten, dass bei der Übersendung der beglaubigten Abschriften gleichzeitig auch die für die Erbschaftsteuer (Schenkungsteuer) erheblichen Umstände, soweit sie sich nicht schon aus dem Inhalt der Beurkundungen ergeben, mitgeteilt werden, insbesondere

- Name, letzter Wohnsitz, Sterbeort, Geburtstag und Todestag des Erblassers,
- Name und Wohnsitz des Schenkers, der Erwerber und der sonstigen Beteiligten,
- Verwandtschafts- bzw. Schwägerschaftsverhältnis des Erwerbers zum Erblasser oder Schenker,
- Zusammensetzung und Wert des Nachlasses oder der Zuwendung,
- der der Kostenberechnung zugrunde gelegte Wert.

[1] Nr. **520**.

Der Notar ist verpflichtet, die Beteiligten über diese Umstände zu befragen. Näheres über die mitzuteilenden Umstände ergibt sich aus §§ 7 und 8 ErbStDV sowie aus den Mustern 5 (zu § 7 ErbStDV) und 6 (zu § 8 ErbStDV).

4.2 Bei Erbauseinandersetzungen oder Grundstücksüberlassungsverträgen ist insbesondere dafür zu sorgen, dass sich aus der Beurkundung oder Mitteilung ergibt, auf wessen Namen die den Gegenstand der Auseinandersetzung oder Übertragung bildenden Grundstücke im Grundbuch eingetragen sind und welchen Wert sie im einzelnen haben. Bei Bezugnahme auf frühere Erbfälle genügt nicht nur die Angabe des Datums und des Geschäftszeichens des Erbscheines, sondern es sind darüber hinaus in der Urkunde noch anzugeben oder mitzuteilen der Todestag, der letzte Wohnsitz und Sterbeort des Erblassers, die Namen seiner Erben und die auf diese nach dem Erbschein entfallenden Erbteile.

4.3 Eine elektronische Übermittlung der Anzeige ist ausgeschlossen (§§ 7 Abs. 1 S. 2, 8 Abs. 1 S. 2 ErbStDV).

5. Frist für die Anzeigen, steuerfreie Rechtsvorgänge

5.1 Die Anzeigen sind unverzüglich nach der Beurkundung oder der Unterschriftsbeglaubigung zu erstatten, und zwar auch dann, wenn die Wirksamkeit des Erwerbsvorgangs vom Eintritt einer Bedingung, vom Ablauf einer Frist oder von einer Genehmigung abhängt.

5.2 Die Anzeige ist auch dann zu erstatten, wenn der Vorgang von der Besteuerung ausgenommen ist.

6. Absendevermerk des Notars

Bei Absendung der Anzeige ist auf der Urschrift der Mitteilung oder Anzeige zu vermerken:
der Absendetag;
das Finanzamt (die Finanzämter), an welche(s) die Anzeige übermittelt wurde (§§ 7 Abs. 1 und 5, 8 Abs. 1 und 4 ErbStDV).

7. Empfangsbestätigung des Finanzamts

Es ergeht keine Empfangsbestätigung des Finanzamts über den Erhalt der Anzeige.

Teil D: Ertragsteuern

1. Maßgebende Vorschrift

Die steuerlichen Anzeigepflichten und sonstigen Beistandspflichten der Notare ergeben sich aus § 54 EStDV in der jeweils gültigen Fassung.

2. Anzeigepflichtige Rechtsvorgänge

Dem zuständigen Finanzamt (§ 20 AO) ist Anzeige über alle auf Grund gesetzlicher Vorschrift aufgenommenen oder beglaubigten Urkunden zu erstatten, die die Gründung, Kapitalerhöhung oder -herabsetzung, Umwandlung oder Auflösung von Kapitalgesellschaften oder die Verfügung über Anteile an Kapitalgesellschaften zum Gegenstand haben (§ 54 Abs. 1 EStDV; vgl. auch BMF-Schreiben vom 14. 03. 1997 – IV B 2 – S 2244 – 3/97, JURIS-Datenbank, Dok.Nr.: FMNR190000097; DStR 1997, 822; NJW 1997, 2302).

3. Zuständiges Finanzamt

Die unter § 54 EStDV fallenden Urkunden sind dem Finanzamt zu übersenden, in dessen Bezirk sich die Geschäftsleitung oder der Sitz der Kapitalgesellschaft befindet, an der die betreffenden Anteile bestehen.
Die ab dem 01. 01. 2006 in Bayern teilweise neu geregelten Finanzamtszuständigkeiten für die Besteuerung von Kapitalgesellschaften ergeben sich aus der Verordnung über Organisation und Zuständigkeiten in der Bayerischen Steuerverwaltung (ZustVSt) vom 01. 12. 2005, GVBI. 596.
Auf den Internetseiten des Bundeszentralamtes für Steuern steht eine Suchfunktion zur Verfügung, die eine bundesweite Ermittlung der für die Besteuerung von Kapitalgesellschaften zuständigen Finanzämter ermöglicht (www.bzst.bund.de).

4. Form und Inhalt der Anzeigen

Anzeigepflichtige Vorgänge werden mitgeteilt durch Übersendung einer beglaubigten Abschrift der Urkunde, die der Notar aufgenommen oder beglaubigt hat. Die Steuernummer, unter der die Kapitalgesellschaft beim Finanzamt geführt wird, soll auf der Abschrift vermerkt werden (§ 54 Abs. 2 Satz 2 EStDV).

5. Frist für die Anzeigen, steuerfreie Rechtsvorgänge

Die Anzeigen sind binnen zwei Wochen, von der Aufnahme oder Beglaubigung der Urkunde ab gerechnet, zu erstatten (§ 54 Abs. 2 Satz 1 EStDV). Den Beteiligten dürfen die Urschrift, eine Ausfertigung oder beglaubigte Abschrift der Urkunde erst ausgehändigt werden, wenn die Abschrift der Urkunde an das Finanzamt abgesandt ist (§ 54 Abs. 3 EStDV).

Die Anzeige ist auch dann zu erstatten, wenn der Vorgang von der Besteuerung ausgenommen ist.

6. Absendevermerk des Notars

Die Absendung der Anzeige ist auf der zurückbehaltenen Urschrift der Urkunde oder auf einer zurückbehaltenen Abschrift zu vermerken (§ 54 Abs. 2 Satz 3 EStDV).

7. Empfangsbestätigung des Finanzamts

Eine Empfangsbestätigung des Finanzamts über den Erhalt der Urkunde erfolgt nicht.

Teil E: Mehrfache Anzeigepflicht bei mehrfacher Steuerpflicht

1. Derselbe Rechtsvorgang kann für mehrere Steuern Bedeutung haben, z.B.

1.1 Erbauseinandersetzung und Vermögensübergabe über Grundstücke:
⇒ für die Grunderwerbsteuer und die Erbschaftsteuer (Schenkungsteuer);

1.2 Grundstücksschenkung unter einer Auflage und gemischte Grundstücksschenkung:
⇒ für die Grunderwerbsteuer und die Schenkungsteuer;

1.3 Umwandlung einer Kapitalgesellschaft:
⇒ für die Grunderwerbsteuer und die Ertragsteuern;

1.4 Kapitalerhöhung oder -herabsetzung:
⇒ für die Grunderwerbsteuer und die Ertragsteuern;

1.5 Kapitalerhöhung gegen zu hohes oder zu geringes Aufgeld:
⇒ für die Erbschaftsteuer (Schenkungsteuer) und die Ertragsteuern.

2. In diesen Fällen ist der Rechtsvorgang jedem Finanzamt anzuzeigen, das für eine der in Betracht kommenden Steuern zuständig ist. Sind mehrere Stellen desselben Finanzamts zuständig, ist entsprechend zu verfahren.

552. Einkommensteuer-Durchführungsverordnung 1990 (EStDV 1990)

Vom 28. Juli 1992
(BGBl. I S. 1418) mit Änderungen

– Auszug –

§ 54 Übersendung von Urkunden durch die Notare. (1) Die Notare übersenden dem in § 20 der Abgabenordnung bezeichneten Finanzamt[1] eine beglaubigte Abschrift aller aufgrund gesetzlicher Vorschrift aufgenommenen oder beglaubigten Urkunden, die die Gründung, Kapitalerhöhung oder -herabsetzung, Umwandlung oder Auflösung von Kapitalgesellschaften oder die Verfügung über Anteile an Kapitalgesellschaften zum Gegenstand haben.

(2) [1] Die Abschrift ist binnen zwei Wochen, von der Aufnahme oder Beglaubigung der Urkunde ab gerechnet, einzureichen. [2] Sie soll mit der Steuernummer gekennzeichnet sein, mit dem die Kapitalgesellschaft bei dem Finanzamt geführt wird. [3] Die Absendung der Urkunde ist auf der zurückbehaltenen Urschrift der Urkunde bzw. auf einer zurückbehaltenen Abschrift zu vermerken.

(3) Den Beteiligten dürfen die Urschrift, eine Ausfertigung oder beglaubigte Abschrift der Urkunde erst ausgehändigt werden, wenn die Abschrift der Urkunde an das Finanzamt abgesandt ist.

552

[1] **§ 20 der Abgabenordnung Steuern vom Einkommen und Vermögen der Körperschaften, Personenvereinigungen, Vermögensmassen**

(1) Für die Besteuerung von Körperschaften, Personenvereinigungen und Vermögensmassen nach dem Einkommen und Vermögen ist das Finanzamt örtlich zuständig, in dessen Bezirk sich die Geschäftsleitung befindet.

(2) Befindet sich die Geschäftsleitung nicht im Geltungsbereich des Gesetzes oder läßt sich der Ort der Geschäftsleitung nicht feststellen, so ist das Finanzamt örtlich zuständig, in dessen Bezirk die Steuerpflichtige ihren Sitz hat.

(3) Ist weder die Geschäftsleitung noch der Sitz im Geltungsbereich des Gesetzes, so ist das Finanzamt örtlich zuständig, in dessen Bezirk sich Vermögen der Steuerpflichtigen und, wenn dies für mehrere Finanzämter zutrifft, das Finanzamt, in dessen Bezirk sich der wertvollste Teil des Vermögens befindet.

(4) Befindet sich weder die Geschäftsleitung noch der Sitz, noch Vermögen der Steuerpflichtigen im Geltungsbereich des Gesetzes, so ist das Finanzamt örtlich zuständig, in dessen Bezirk die Tätigkeit im Geltungsbereich des Gesetzes vorwiegend ausgeübt oder verwertet wird oder worden ist.

553. Mitteilungspflichten der Notare nach § 54 EStDV

Vom 14. März 1997

BMf IV B 2–2244–3/97

1. Verpflichtungsgeschäfte

Seinem Wortlaut zufolge erfaßt § 54 EStDV nicht nur Verfügungsgeschäfte, sondern auch Verpflichtungsgeschäfte, soweit die Verpflichtung eine Verfügung über Anteile an Kapitalgesellschaften zum Gegenstand hat (vgl. Abs. 1 letzte Alternative der Vorschrift).

2. Aufschiebend bedingte Verfügungen

Auch die aufschiebend bedingte Verfügung über Anteile an Kapitalgesellschaften unterliegt der Mitteilungspflicht nach § 54 EStDV. Denn dadurch wird bei Eintritt der aufschiebenden Bedingung eine Verfügung über einen Geschäftsanteil ohne weitere Mitwirkung eines Notars erreicht, so daß zum Zeitpunkt des Bedingungseintritts keine Meldung mehr an das Finanzamt erfolgen kann.

3. Treuhandverträge über Anteile an Kapitalgesellschaften

Treuhandverträge unterliegen der Meldepflicht nach § 54 EStDV, soweit sie eine Verfügung über Anteile an Kapitalgesellschaften zum Gegenstand haben. Dies ist der Fall, wenn ein Gesellschafter seinen Gesellschaftsanteil treuhänderisch auf einen anderen Gesellschafter überträgt. In diesem Fall scheidet der erste Gesellschafter aus der Gesellschaft aus, und der andere Gesellschafter erlangt die Gesellschafterstellung neu. Auf der gesellschaftsrechtlichen Ebene findet ein Wechsel in der Rechtsinhaberschaft statt. Dies ist eine Verfügung, die nach dem Wortlaut des § 54 EStDV der Mitteilungspflicht unterliegt. Das Treuhandverhältnis hat in diesem Fall lediglich auf der obligatorischen Ebene Bedeutung, denn der neue Gesellschafter hat die Rechte aus seiner Gesellschafterstellung im Interesse des Treugebers (des bisherigen Gesellschafters) nach näherer Maßgabe der Treuhandabrede auszuüben.

553

Grundsätzlich nicht von § 54 EStDV erfaßt sind schuldrechtliche Treuhandvereinbarungen, insbesondere die sog. Vereinbarungstreuhand. Bei einer Vereinbarungstreuhand bleibt der bisherige Vollrechtsinhaber auch künftig zivilrechtlicher Eigentümer, verpflichtet sich jedoch auf der obligatorischen Ebene gegenüber einem Dritten, dem künftigen Treugeber, die Anteilsrechte im Interesse dieses Dritten nach Maßgabe des Inhalts der Treuhandabrede auszuüben. In diesem Fall ist eine Mitteilungspflicht gemäß § 54 EStDV nur gegeben, wenn die getroffene Abrede es dem Treugeber erlaubt, bei Auflösung des Treuhandverhältnisses die dingliche Übertragung der Anteile auf sich zu verlangen (vgl. oben Nummer 1).

4. Verpfändung von Anteilen an Kapitalgesellschaften

Die Verpfändung von Anteilen an Kapitalgesellschaften fällt nicht unter § 54 EStDV. Zwar ist die Verpfändung eine Verfügung im zivilrechtlichen Sinne. Diese Verfügung ist aber nicht auf einen Wechsel in der Rechtsinhaberschaft gerichtet. Der bisherige Rechtsinhaber bleibt trotz der Verpfändung anders als bei Abtretung von Anteilen an Kapitalgesellschaften weiterhin Anteilseigner.

5. Beglaubigung einer Abschrift oder einer Unterschrift

Die Fälle der Beglaubigung einer Abschrift (§ 39 BeurkG[1]) oder der Beglaubigung einer Unterschrift (§ 40 BeurkG[1]) fallen nicht unter § 54 EStDV. Diese Vorgänge haben nur formalen Charakter. Die notarielle Beglaubigung einer Abschrift hat lediglich die Erklärung zum Inhalt, daß Urschrift und Abschrift äußerlich übereinstimmen. Bei der notariellen Beglaubigung einer Unterschrift geht es lediglich um die Erklärung, eine bestimmte Person habe eine Unterschrift vollzogen oder anerkannt. Derartige Vorgänge fallen nicht unter § 54 EStDV, da ihr Gegenstand nicht auf Verfügungen wie eine Gründung oder Kapitalerhöhung, also nicht auf materielle Rechtsvorgänge gerichtet ist.

[1] Nr. **200**.

6. Getrennte Beurkundung von Angebot und Annahme

Die Beurkundung nur eines Angebots auf Übertragung eines Anteils an einer Kapitalgesellschaft fällt nicht unter § 54 EStDV. Denn das Angebot allein enthält noch keine Verfügung über den Anteil.

Dagegen fällt die Annahme eines Angebots auf Übertragung eines Anteils an einer Kapitalgesellschaft zweifelsfrei unter § 54 EStDV, weil durch die Annahme des Angebots das Verpflichtungsgeschäft zustande kommt.

570. Gesetz über die Kosten in Angelegenheiten der freiwilligen Gerichtsbarkeit (Kostenordnung)[1]

In der Fassung der Bekanntmachung vom 26. Juli 1957[2]
(BGBl. I S. 960)

BGBl. III/FNA 361-1

geänd. durch Art. 2 G zur Änd. der BRAGO u. and. Gesetze v. 30. 6. 1965 (BGBl. I S. 577), Art. 4 G zur Anpassung von Kostengesetzen an das UStG v. 20. 12. 1967 (BGBl. I S. 1246), Art. 1 JustizkostenR-ÄndG v. 28. 12. 1968 (BGBl. I S. 1458), Art. 7 G zur Durchführung der Ersten RL des Rates der EG zur Koordinierung des GesellschaftsR v. 15. 8. 1969 (BGBl. I S. 1146), Art. 11 G über die rechtl. Stellung der nichtehelichen Kinder v. 19. 8. 1969 (BGBl. I S. 1243), BeurkundungsG v. 28. 8. 1969 (BGBl. I S. 1513), Art. 2 G zur Änd. des RPflG, des BeurkG u. zur Umwandlung des Offenbarungseides in eine eidesstattl. Versicherung v. 27. 6. 1970 (BGBl. I S. 911), Art. 2 SeeR-ÄndG v. 21. 6. 1972 (BGBl. I S. 966), Art. 3 G zur Änd. der BRAO, der BRAGO u. and. Vorschr. v. 24. 10. 1972 (BGBl. I S. 2013), Art. 4 G zur Änd. des BGB u. and. Gesetze v. 30. 5. 1973 (BGBl. I S. 501), Art. 117 EGStGB v. 2. 3. 1974 (BGBl. I S. 469), Art. 5 G zur Neuregelung des Volljährigkeitsalters v. 31. 7. 1974 (BGBl. I S. 1713), Art. 4 G zur Änd. des GKG, des GvKostG, der BRAGO u. and. Vorschr. v. 20. 8. 1975 (BGBl. I S. 2189), Art. 10 Nr. 2 Erstes EheRG v. 14. 6. 1976 (BGBl. I S. 1421), Art. 8 AdoptionsG v. 2. 7. 1976 (BGBl. I S. 1749), Art. 5 G zur Änd. sachenrechtl., grundbuchrechtl. u. and. Vorschr. v. 22. 6. 1977 (BGBl. I S. 998), Art. 13 Steuer-ÄndG 1977 v. 16. 8. 1977 (BGBl. I S. 1586), Entschdg. des BVerfG v. 1. 3. 1978 (BGBl. I S. 678), Art. 12 Steuer-ÄndG 1979 v. 30. 11. 1978 (BGBl. I S. 1849), Art. 7 G zur Neuregelung des Rechts der elterlichen Sorge v. 18. 7. 1979 (BGBl. I S. 1061), Art. 10 G zur Neufassung des UStG u. zur Änd. and. Gesetze v. 26. 11. 1979 (BGBl. I S. 1953), Art. 2 Nr. 2 G über die Prozeßkostenhilfe v. 13. 6. 1980 (BGBl. I S. 677), Art. 10 G zur Änd. des GmbHG u. and. handelsrechtl. Vorschr. v. 4. 7. 1980 (BGBl. I S. 836), Art. II § 32 SGB v. 18. 8. 1980 (BGBl. I S. 1469), § 14 TranssexuellenG v. 10. 9. 1980 (BGBl. I S. 1654), Art. 14 AdoptionsanpassungsG v. 24. 6. 1985 (BGBl. I S. 1144), Entschdg. des BVerfG v. 14. 5. 1985 (BGBl. I S. 1629), Art. 10 Abs. 5 Bilanzrichtlinien-G v. 19. 12. 1985 (BGBl. I S. 2355), Art. 2 G zur Änd. von Kostengesetzen v. 9. 12. 1986 (BGBl. I S. 2326), Art. 7 Abs. 2 Nr. 2 G zur Änd. des GeschmacksmusterG v. 18. 12. 1986 (BGBl. I S. 2501), § 16 Abs. 2 EWIV-AusführungsG v. 14. 4. 1988 (BGBl. I S. 514), Art. 1 G zur Regelung des Geschäftswertes bei land- oder forstwirtschaftl. Betriebsübergaben u. zur Änd. sonstiger kostenrechtl. Vorschr. v. 15. 6. 1989 (BGBl. I S. 1082), Art. 5 G zur Ausführung von Sorgerechtsübereinkommen u. zur Änd. des FGG sowie and. Gesetze v. 5. 4. 1990 (BGBl. I S. 701), Art. 9 Kinder- und JugendhilfeG v. 26. 6. 1990 (BGBl. I S. 1163), Art. 7 BetreuungsG v. 12. 9. 1990 (BGBl. I S. 2002), Art. 7 Abs. 17 Rechtspflege-VereinfachungsG v. 17. 12. 1990 (BGBl. I S. 2847), Art. 5 G zur Aufh. des ReichsheimstättenG v. 17. 6. 1993 (BGBl. I S. 912), Art. 16 G zur Umsetzung des Föderalen Konsolidierungsprogramms v. 23. 6. 1993 (BGBl. I S. 944), Art. 11 RegisterverfahrenbeschleunigungsG v. 20. 12. 1993 (BGBl. I S. 2182), Art. 6 Abs. 40 EisenbahnneuordnungsG v. 27. 12. 1993 (BGBl. I S. 2378), Art. 2 KostenR-ÄndG 1994 v. 24. 6. 1994 (BGBl. I S. 1325), Art. 4 G zur Schaffung von Partnerschaftsgesellschaften u. zur Änd. and. Gesetze v. 25. 7. 1994 (BGBl. I S. 1744), Art. 12 Abs. 26 G zur Neuordnung des Postwesens u. der Telekommunikation v. 14. 9. 1994 (BGBl. I S. 2325), Art. 30 EGInsO v. 5. 10. 1994 (BGBl. I S. 2911, geänd. durch G v. 6. 8. 1998, BGBl. I S. 2030), Art. 2 Zweites G zur Änd. des RpflAnpG u. and. Gesetze v. 20. 12. 1996 (BGBl. I S. 2090), Art. 33 Abs. 6 JustizmitteilungsG u. G zur Änd. kostenrechtl. Vorschr. u. and. Gesetze v. 18. 6. 1997 (BGBl. I S. 1430), Art. 5 § 3 G zur Abschaffung der gesetzl. Amtspflegschaft u. Neuordnung des Rechts der Beistandschaft v. 4. 12. 1997 (BGBl. I S. 2846, ber. 1998 S. 1660), Art. 10 KindschaftsrechtsreformG v. 16. 12. 1997 (BGBl. I S. 2942), Art. 4 ErbrechtsgleichstellungsG v. 16. 12. 1997 (BGBl. I S. 2968), Art. 2 § 15 Schiedsverfahrens-NeuregelungsG v. 22. 12. 1997 (BGBl. I S. 3224), Art. 4 Abs. 7 KinderunterhaltsG v. 6. 4. 1998 (BGBl. I S. 666), Art. 7 EheschließungsrechtsG v. 4. 5. 1998 (BGBl. I S. 833), Art. 24 HandelsrechtsreformG v. 22. 6. 1998 (BGBl. I S. 1474), Art. 3 Betreuungsrechts-ÄndG v. 25. 6. 1998 (BGBl. I S. 1580), Art. 17 G zur Änd. der Haftungsbeschränkung in der Binnenschiffahrt v. 25. 8. 1998 (BGBl. I S. 2489), Art. 3 Drittes G zur Änd. der BNotO u. and. Gesetze v. 31. 8. 1998 (BGBl. I S. 2585), Art. 7 Kapitalgesellschaften- und Co-Richtlinie-G v. 24. 2. 2000 (BGBl. I S. 154), Art. 3 § 23 G zur Beendigung der Diskriminierung gleichgeschlechtl. Gemeinschaften: Lebenspartnerschaften v. 16. 2. 2001 (BGBl. I S. 266), Art. 2 Abs. 2 G zur Neuordnung des GerichtsvollzieherkostenR v. 19. 4. 2001 (BGBl. I S. 623), Art. 2 G zur Umstellung des KostenR u. der SteuerberatergebührenVO auf Euro v. 27. 4. 2001 (BGBl. I S. 751, geänd. durch G v. 10. 12. 2001, BGBl. I S. 3422), Art. 2 Abs. 21 ZustellungsreformG v. 25. 6. 2001 (BGBl. I S. 1206), Art. 11 G zur Anpassung der Formvorschr. des PrivatR u. and. Vorschr. an den modernen Rechtsgeschäftsverkehr v. 13. 7. 2001 (BGBl. I S. 1542), Art. 33 ZivilprozessreformG v. 27. 7. 2001 (BGBl. I S. 1887), Art. 5 Abs. 7 SchuldrechtsmodernisierungsG v. 26. 11. 2001 (BGBl. I S. 3138), Art. 9 Abs. 2 Elektronische Register/JustizkostenG v. 10. 12. 2001 (BGBl. I S. 3422), Art. 7 GewaltschutzG-EinführungsG v. 11. 12. 2001 (BGBl. I S. 3513), Art. 2 Anerkennungs- u. Vollstreckungsausführungs-ÄndG v. 30. 1. 2002 (BGBl. I S. 564), Art. 1 Abs. 2 Ermäßigungssatz-AufhebungsG Berlin v. 22. 2. 2002 (BGBl. I S. 981), Art. 29 OLG-Vertretungs-ÄndG v. 23. 7. 2002 (BGBl. I S. 2850), Art. 39 G zur Einordnung des SozialhilfeR in das SGB v. 27. 12. 2003 (BGBl. I S. 3022), Art. 2 d Vaterschafts-Anfechtungs-ÄndG v. 23. 4. 2004 (BGBl. I S. 598), Art. 4 Abs. 29 KostenrechtsmodernisierungsG v. 5. 5. 2004 (BGBl. I S. 718), Art. 1 Handelsregistergebühren-NeuordnungsG v. 3. 7. 2004 (BGBl. I S. 1410), Art. 12 AnhörungsrügenG v. 9. 12. 2004 (BGBl. I S. 3220), Art. 6 EG-ProzesskostenhilfeG v. 15. 12. 2004 (BGBl. I S. 3392), Art. 5 Abs. 25 G zur Überarbeitung des LebenspartnerschaftsR v. 15. 12. 2004 (BGBl. I S. 3396), Art. 2 Abs. 9 G zum internationalen FamilienR v. 26. 1. 2005 (BGBl. I S. 162), Art. 14 Abs. 2 JustizkommunikationsG v. 22. 3. 2005 (BGBl. I S. 837), Art. 6 Zweites BetreuungsR-ÄndG v. 21. 4. 2005 (BGBl. I S. 1073), Art. 2 Abs. 4 EG-Vollstreckungstitel-DurchführungsG v. 18. 8. 2005 (BGBl. I S. 2477), Art. 118 Erstes G über die Bereinigung von BundesR im Zuständigkeitsbereich des BMJ v. 19. 4. 2006 (BGBl. I S. 866), Entschdg. des BVerfG v. 23. 5. 2006 (BGBl. I S. 1454), Art. 9 SCE-EinführungsG v. 14. 8. 2006 (BGBl. I S. 1911), Art. 12 Abs. 5 G über elektronische Handelsregister u. Genossenschaftsregister sowie das Unternehmensregister v. 10. 11. 2006 (BGBl. I S. 2553), Art. 17 Zweites JustizmodernisierungsG v. 22. 12. 2006 (BGBl. I S. 3416), Art. 2 Abs. 14 PersonenstandsrechtsreformG v. 19. 2. 2007 (BGBl. I S. 122), Art. 18 Abs. 2 G zur Neuregelung des RechtsberatungsR v. 12. 12. 2007 (BGBl. I S. 2840), Art. 3 Abs. 5 G zur Änd. des UnterhaltsR v. 21. 12. 2007 (BGBl. I S. 3189), Art. 4 G zur Klärung der Vaterschaft unabhängig vom Anfechtungsverfahren v. 26. 3. 2008 (BGBl. I S. 441), Art. 1 G zur Verbesserung der Durchsetzung von Rechten des geistigen Eigentums v. 7. 7. 2008 (BGBl. I S. 1191), Art. 15 G zur Modernisierung des GmbH-Rechts u. zur Bekämpfung

---

[1] Verkündet als Anl. 2 des KostÄndG v. 26. 7. 1957 (BGBl. I S. 861).

[2] Neubekanntmachung der KostO v. 25. 11. 1935 (RGBl. I S. 1371) in der ab 1. 10. 1957 geltenden Fassung.

von Missbräuchen v. 23. 10. 2008 (BGBl. I S. 2026), Art. 47 Abs. 2 FGG-ReformG v. 17. 12. 2008 (BGBl. I S. 2586, geänd. durch G v. 30. 7. 2009, BGBl. I S. 2449), Art. 16 G zur Strukturreform des Versorgungsausgleichs v. 3. 4. 2009 (BGBl. I S. 700), Art. 7 Abs. 2 G zur Modernisierung von Verfahren im anwaltl. und notariellen Berufsrecht, zur Errichtung einer Schlichtungsstelle der Rechtsanwaltschaft sowie zur Änd. sonstiger Vorschr. v. 30. 7. 2009 (BGBl. I S. 2449), Art. 4 Abs. 8 G zur Einführung des elektronischen Rechtsverkehrs u. der elektronischen Akte im Grundbuchverfahren sowie zur Änd. weiterer grundbuch-, register- und kostenrechtl. Vorschr. v. 11. 8. 2009 (BGBl. I S. 2713) und Art. 4 G zur Erleichterung elektronischer Anmeldungen zum Vereinsregister und and. vereinsrechtl. Änd. v. 24. 9. 2009 (BGBl. I S. 3145)

Erster Teil. Gerichtskosten

Erster Abschnitt. Allgemeine Vorschriften

1.[1] Geltungsbereich, elektronisches Dokument

§ 1[2] Geltungsbereich. (1) [1] In den Angelegenheiten der freiwilligen Gerichtsbarkeit werden, soweit bundesrechtlich nichts anderes bestimmt ist, Kosten (Gebühren und Auslagen) nur nach diesem Gesetz erhoben. [2] Dies gilt auch für Verfahren über eine Beschwerde, die mit diesen Angelegenheiten im Zusammenhang steht.

(2) Dieses Gesetz gilt nicht in Verfahren, in denen Kosten nach dem Gesetz über Gerichtskosten in Familiensachen zu erheben sind.

§ 1 a[3] Elektronisches Dokument. (1) [1] Soweit für Anträge und Erklärungen in der Angelegenheit, in der die Kosten anfallen, die Aufzeichnung als elektronisches Dokument genügt, genügt diese Form auch für Anträge und Erklärungen nach diesem Gesetz. [2] Die verantwortende Person soll das Dokument mit einer qualifizierten elektronischen Signatur nach dem Signaturgesetz versehen. [3] Ist ein übermitteltes elektronisches Dokument für das Gericht zur Bearbeitung nicht geeignet, ist dies dem Absender unter Angabe der geltenden technischen Rahmenbedingungen unverzüglich mitzuteilen.

(2) Ein elektronisches Dokument ist eingereicht, sobald die für den Empfang bestimmte Einrichtung des Gerichts es aufgezeichnet hat.

2. Kostenschuldner

§ 2[4] Allgemeiner Grundsatz. Zur Zahlung der Kosten ist verpflichtet

1. bei Geschäften, die nur auf Antrag vorzunehmen sind mit Ausnahme der Verfahren zur Festsetzung eines Zwangs- oder Ordnungsgeldes, jeder, der die Tätigkeit des Gerichts veranlaßt, bei der Beurkundung von Rechtsgeschäften insbesondere jeder Teil, dessen Erklärung beurkundet ist;

1 a. im Verfahren auf Bewilligung von Verfahrenskostenhilfe der Antragsteller, wenn der Antrag zurückgenommen oder abgelehnt wird;

2. bei einer Betreuung, einer Dauerpflegschaft oder einer Pflegschaft nach § 364 des Gesetzes über das Verfahren in Familiensachen und in den Angelegenheiten der freiwilligen Gerichtsbarkeit der von der Maßnahme Betroffene; dies gilt nicht für Kosten, die das Gericht einem Anderen auferlegt hat;
3. in Unterbringungssachen der Betroffene, wenn die Unterbringung angeordnet wird;
4. in Handels-, Genossenschafts-, Partnerschafts- und Vereinsregistersachen bei solchen Geschäften, die von Amts wegen vorgenommen werden, die Gesellschaft oder der Kaufmann, die Genossenschaft, die Partnerschaft oder der Verein;
5. bei sonstigen Geschäften, die von Amts wegen vorgenommen werden, derjenige, dessen Interesse wahrgenommen wird; dies gilt nicht für Kosten, die das Gericht einem Anderen auferlegt hat.

§ 3[5] Weitere Kostenschuldner. Kostenschuldner ist ferner

1. derjenige, dem durch eine gerichtliche Entscheidung die Kosten auferlegt sind;
2. derjenige, der sie durch eine vor Gericht abgegebene oder dem Gericht mitgeteilte Erklärung übernommen hat;

---

[1] Überschr. vor § 1 neu gef. mWv 1. 4. 2005 durch G v. 22. 3. 2005 (BGBl. I S. 837).

[2] § 1 Überschr. eingef. mWv 1. 4. 2005 durch G v. 22. 3. 2005 (BGBl. I S. 837); Satz 2 angef. mWv 31. 12. 2006 durch G v. 22. 12. 2006 (BGBl. I S. 3416); Abs. 2 angef., bish. Wortlaut wird Abs. 1 mWv 1. 9. 2009 durch G v. 17. 12. 2008 (BGBl. I S. 2586).

[3] § 1 a eingef. mWv 1. 4. 2005 durch G v. 22. 3. 2005 (BGBl. I S. 837).

[4] § 2 Nr. 1 geänd. mWv 9. 3. 2000 durch G v. 24. 2. 2000 (BGBl. I S. 154); Nr. 1 a eingef. mWv 21. 12. 2004 durch G v. 15. 12. 2004 (BGBl. I S. 3392); Nr. 1 a geänd., Nr. 2 neu gef., Nr. 3–5 angef. mWv 1. 9. 2009 durch G v. 17. 12. 2008 (BGBl. I S. 2586).

[5] § 3 Nr. 4 neu gef. mWv 1. 9. 2009 durch G v. 17. 12. 2008 (BGBl. I S. 2586).

3. derjenige, der nach den Vorschriften des bürgerlichen Rechts für die Kostenschuld eines anderen kraft Gesetzes haftet;
4. der Verpflichtete für die Kosten der Vollstreckung.

§ 4 Gebührenschuldner in besonderen Fällen. Die Gebühr für die Eintragung des Erstehers als Eigentümer wird nur von diesem erhoben; für die Gebühren, die durch die Eintragung der Sicherungshypothek für Forderungen gegen den Ersteher erwachsen, haftet neben den Gläubigern auch der Ersteher.

§ 5 Mehrere Kostenschuldner. (1) [1] Mehrere Kostenschuldner haften als Gesamtschuldner. [2] Sind an einer Beurkundung mehrere beteiligt und betreffen ihre Erklärungen verschiedene Gegenstände, so beschränkt sich die Haftung des einzelnen auf den Betrag, der entstanden wäre, wenn die übrigen Erklärungen nicht beurkundet worden wären.

(2) Sind durch besondere Anträge eines Beteiligten Mehrkosten entstanden, so fallen diese ihm allein zur Last.

§ 6[1] Haftung der Erben. [1] Für die Kosten, die durch die Eröffnung einer Verfügung von Todes wegen, die Sicherung eines Nachlasses, die Errichtung eines Nachlaßinventars, eine Nachlaßpflegschaft, eine Nachlaßverwaltung, die Ernennungoder Entlassung eines Testamentsvollstreckers oder eine Pflegschaft für einen Nacherben entstehen, haften nur die Erben, und zwar nach den Vorschriften des Bürgerlichen Gesetzbuches[2] über Nachlaßverbindlichkeiten. [2] Das gleiche gilt für die Kosten, die durch die Entgegennahme von Erklärungen über die Annahme, Ablehnung oder Kündigung des Amtes als Testamentsvollstrecker sowie im Verfahren nach § 1964 des Bürgerlichen Gesetzbuchs entstehen.

3. Fälligkeit

§ 7 [Fälligkeit] Gebühren werden mit der Beendigung des gebührenpflichtigen Geschäfts, Auslagen sofort nach ihrer Entstehung fällig.

4. Vorauszahlung und Sicherstellung

§ 8[3] Vorschüsse. (1) [1] Bei Geschäften, die auf Antrag vorzunehmen sind, hat der zur Zahlung der Kosten Verpflichtete einen zur Deckung der Kosten hinreichenden Vorschuß zu zahlen. [2] Bei Verrichtungen von Amts wegen kann ein Vorschuß nur zur Deckung der Auslagen erhoben werden. [3] Auf die Verpflichtung zur Zahlung des Vorschusses finden die allgemeinen Vorschriften über die Zahlungspflicht Anwendung.

(2) [1] Bei Geschäften, die auf Antrag vorzunehmen sind, soll die Vornahme des Geschäfts davon abhängig gemacht werden, daß der Vorschuß gezahlt oder sichergestellt wird, in Grundbuch- und Nachlaßsachen jedoch nur dann, wenn dies zur Sicherung des Eingangs der Kosten angebracht erscheint. [2] Satz 1 gilt nicht, wenn
1. dem Antragsteller Verfahrenskostenhilfe bewilligt ist,
2. dem Antragsteller Gebührenfreiheit zusteht,
3. ein Notar erklärt hat, dass er für die Kostenschuld des Antragstellers die persönliche Haftung übernimmt,
4. glaubhaft gemacht ist, dass eine etwaige Verzögerung einem Beteiligten einen nicht oder nur schwer zu ersetzenden Schaden bringen würde, oder
5. aus einem anderen Grund das Verlangen nach vorheriger Zahlung oder Sicherstellung der Kosten nicht angebracht erscheint, insbesondere wenn die Berichtigung des Grundbuchs oder die Eintragung eines Widerspruchs beantragt wird.

(3) Gegen Anordnungen nach Absatz 2 findet stets, auch wegen der Höhe des Vorschusses, die Beschwerde statt. [2] § 14 Abs. 4 bis 7 ist entsprechend anzuwenden; jedoch findet die Beschwerde in Grundbuchsachen nach den §§ 71 bis 81 der Grundbuchordnung und in Schiffsregistersachen nach den §§ 75 bis 89 der Schiffsregisterordnung[4] statt. [3] Das Verfahren über die Beschwerde ist gebührenfrei. [4] Kosten werden nicht erstattet.

---

[1] § 6 Sätze 1 und 2 geänd. mWv 31. 12. 2006 durch G v. 22. 12. 2006 (BGBl. I S. 3416).

[2] §§ 1967–2017, 2028 ff. BGB idF der Bek. v. 2. 1. 2002 (BGBl. I S. 42, ber. S. 2909 und 2003 S. 738), zuletzt geänd. durch G v. 28. 9. 2009 (BGBl. I S. 3161).

[3] § 8 Abs. 2 Satz 2 geänd. durch G v. 13. 6. 1980 (BGBl. I S. 677); Abs. 2 Satz 1 geänd. durch G v. 20. 12. 1993 (BGBl. I S. 2182); Abs. 3 neu gef. mWv 1. 7. 2004 durch G v. 5. 5. 2004 (BGBl. I S. 718); Abs. 2 Satz 2 neu gef. mWv 1. 1. 2007 durch G v. 10. 11. 2006 (BGBl. I S. 2553); Abs. 2 Satz 2 Nr. 1 geänd. mWv 1. 9. 2009 durch G v. 17. 12. 2008 (BGBl. I S. 2586).

[4] Nr. **385**.

§ 9 Zurückzahlung von Vorschüssen. Vorschüsse werden nur insoweit zurückgezahlt, als sie den Gesamtbetrag der für das Geschäft bis zu dessen Beendigung entstandenen Kosten übersteigen.

§ 10[1] **Zurückbehaltungsrecht.** (1) Ausfertigungen, Ablichtungen, Ausdrucke sowie zurückzugebende Urkunden, die aus Anlaß des Geschäfts eingereicht sind, können zurückbehalten werden, bis die in der Angelegenheit erwachsenen Kosten bezahlt sind.

(2) Von der Zurückbehaltung ist abzusehen,

1. wenn der Eingang der Kosten mit Sicherheit zu erwarten ist;
2. wenn glaubhaft gemacht wird, daß die Verzögerung der Herausgabe einem Beteiligten einen nicht oder nur schwer zu ersetzenden Schaden bringen würde, und nicht anzunehmen ist, daß die Kosten entzogen werden sollen;
3. wenn das Schriftstück nicht vom Kostenschuldner, sondern von einem Dritten eingereicht ist, dem gegenüber die Zurückbehaltung eine unbillige Härte wäre.

(3) § 14 Abs. 2 bis 10 gilt entsprechend.

5. Kostenbefreiungen

§ 11[2] **Allgemeine Vorschriften.** (1) [1] Von der Zahlung der Kosten sind befreit der Bund und die Länder sowie die nach den Haushaltsplänen des Bundes und der Länder für Rechnung des Bundes oder eines Landes verwalteten öffentlichen Anstalten und Kassen. [2] Bei der Vollstreckung wegen öffentlich-rechtlicher Geldforderungen ist maßgebend, wer ohne Berücksichtigung des § 252 der Abgabenordnung oder entsprechender Vorschriften Gläubiger der Forderung ist.

(2) [1] Sonstige bundesrechtliche Vorschriften, durch die eine sachliche oder persönliche Befreiung von Kosten gewährt ist, bleiben in Kraft. [2] Landesrechtliche Vorschriften, die in weiteren Fällen eine sachliche oder persönliche Befreiung von Kosten gewähren, bleiben unberührt.

§ 12 Einschränkungen. (1) Die persönliche Gebührenfreiheit steht der Inanspruchnahme für die Gebühren nicht entgegen, wenn die Haftung auf der Vorschrift des § 3 Nr. 3 (Haftung nach bürgerlichem Recht) beruht, oder wenn der Kostenschuldner als Erbe nach § 6 oder als Anteilsberechtigter nach § 116 Abs. 6 für die Kosten haftet.

(2) Die Gebührenfreiheit entbindet, soweit nicht ein anderes bestimmt ist, nicht von der Verpflichtung zur Zahlung der Auslagen.

§ 13 Gebührenfreiheit für einzelne Gesamtschuldner. Wenn einzelnen von mehreren Gesamtschuldnern Gebührenfreiheit zusteht, so vermindert sich der Gesamtbetrag der Gebühren um den Betrag, den die befreiten Beteiligten an die Nichtbefreiten auf Grund gesetzlicher Vorschrift zu erstatten hätten.

6. Der Kostenanspruch

§ 14[3] **Kostenansatz, Erinnerung, Beschwerde.** (1) [1] Die Kosten werden bei dem Gericht angesetzt, bei dem die Angelegenheit anhängig ist oder zuletzt anhängig war, auch wenn die Kosten bei einem ersuchten Gericht entstanden sind oder die Angelegenheit bei einem anderen Gericht anhängig war. [2] Die Kosten eines Rechtsmittelverfahrens werden bei dem mit dem Rechtsmittel befassten Gericht angesetzt.

(2) [1] Über Erinnerungen des Kostenschuldners und der Staatskasse gegen den Kostenansatz entscheidet das Gericht, bei dem die Kosten angesetzt sind. [2] War das Verfahren im ersten Rechtszug bei mehreren Gerichten anhängig, ist das Gericht, bei dem es zuletzt anhängig war, auch insoweit zuständig, als Kosten bei den anderen Gerichten angesetzt worden sind.

(3) [1] Gegen die Entscheidung über die Erinnerung können der Kostenschuldner und die Staatskasse Beschwerde einlegen, wenn der Wert des Beschwerdegegenstands 200 Euro übersteigt. [2] Die Beschwerde ist auch zulässig, wenn sie das Gericht, das die angefochtene Entschei-

---

[1] § 10 Abs. 3 geänd. mWv 1. 7. 2004 durch G v. 5. 5. 2004 (BGBl. I S. 718); Abs. 1 geänd. mWv 1. 4. 2005 durch G v. 22. 3. 2005 (BGBl. I S. 837).

[2] § 11 Abs. 3 aufgeh. durch G v. 15. 6. 1989 (BGBl. I S. 1082); Abs. 1 Satz 2 aufgeh. durch G v. 14. 9. 1994 (BGBl. I S. 2325); Abs. 1 Satz 2 angef. mWv 1. 7. 2004 durch G v. 5. 5. 2004 (BGBl. I S. 718).

[3] § 14 neu gef. mWv 1. 7. 2004 durch G v. 5. 5. 2004 (BGBl. I S. 718); Abs. 6 Satz 1 geänd. mWv 1. 4. 2005 durch G v. 22. 3. 2005 (BGBl. I S. 837); Abs. 6 Satz 2 eingef., bish. Sätze 2 und 3 werden Sätze 3 und 4 mWv 1. 7. 2008 durch G v. 12. 12. 2007 (BGBl. I S. 2840); Abs. 4 Satz 2 geänd. mWv 1. 9. 2009 durch G v. 17. 12. 2008 (BGBl. I S. 2586, geänd. durch G v. 30. 7. 2009, BGBl. I S. 2449); Abs. 6 Satz 1 neu gef. mWv 5. 8. 2009 durch G v. 30. 7. 2009 (BGBl. I S. 2449).

dung erlassen hat, wegen der grundsätzlichen Bedeutung der zur Entscheidung stehenden Frage in dem Beschluss zulässt.

(4) [1] Soweit das Gericht die Beschwerde für zulässig und begründet erachtet, hat es ihr abzuhelfen; im Übrigen ist die Beschwerde unverzüglich dem Beschwerdegericht vorzulegen. [2] Beschwerdegericht ist das nächsthöhere Gericht, in Verfahren der in § 119 Abs. 1 Nr. 1 Buchstabe b des Gerichtsverfassungsgesetzes bezeichneten Art jedoch das Oberlandesgericht. [3] Eine Beschwerde an einen obersten Gerichtshof des Bundes findet nicht statt. [4] Das Beschwerdegericht ist an die Zulassung der Beschwerde gebunden; die Nichtzulassung ist unanfechtbar.

(5) [1] Die weitere Beschwerde ist nur zulässig, wenn das Landgericht als Beschwerdegericht entschieden und sie wegen der grundsätzlichen Bedeutung der zur Entscheidung stehenden Frage in dem Beschluss zugelassen hat. [2] Sie kann nur darauf gestützt werden, dass die Entscheidung auf einer Verletzung des Rechts beruht; die §§ 546 und 547 der Zivilprozessordnung gelten entsprechend. [3] Beschwerdegericht ist das Oberlandesgericht. [4] Absatz 4 Satz 1 und 4 gilt entsprechend.

(6) [1] Anträge und Erklärungen können ohne Mitwirkung eines Rechtsanwalts schriftlich eingereicht oder zu Protokoll der Geschäftsstelle abgegeben werden; § 129 a der Zivilprozessordnung gilt entsprechend. [2] Für die Bevollmächtigung gelten die Regelungen der für das zugrunde liegende Verfahren geltenden Verfahrensordnung entsprechend. [3] Die Erinnerung ist bei dem Gericht einzulegen, das für die Entscheidung über die Erinnerung zuständig ist. [4] Die Beschwerde ist bei dem Gericht einzulegen, dessen Entscheidung angefochten wird.

(7) [1] Das Gericht entscheidet über die Erinnerung durch eines seiner Mitglieder als Einzelrichter; dies gilt auch für die Beschwerde, wenn die angefochtene Entscheidung von einem Einzelrichter oder einem Rechtspfleger erlassen wurde. [2] Der Einzelrichter überträgt das Verfahren dem Gericht zur Entscheidung in der im Gerichtsverfassungsgesetz vorgeschriebenen Besetzung, wenn die Sache besondere Schwierigkeiten tatsächlicher oder rechtlicher Art aufweist oder die Rechtssache grundsätzliche Bedeutung hat. [3] Das Gericht entscheidet jedoch immer ohne Mitwirkung ehrenamtlicher Richter. [4] Auf eine erfolgte oder unterlassene Übertragung kann ein Rechtsmittel nicht gestützt werden.

(8) [1] Erinnerung und Beschwerde haben keine aufschiebende Wirkung. [2] Das Gericht oder das Beschwerdegericht kann auf Antrag oder von Amts wegen die aufschiebende Wirkung ganz oder teilweise anordnen; ist nicht der Einzelrichter zur Entscheidung berufen, entscheidet der Vorsitzende des Gerichts.

(9) Die Verfahren sind gebührenfrei. Kosten werden nicht erstattet.

(10) [1] Der Kostenansatz kann im Verwaltungsweg berichtigt werden, solange nicht eine gerichtliche Entscheidung getroffen ist. [2] Ergeht nach der gerichtlichen Entscheidung über den Kostenansatz eine Entscheidung, durch die der Geschäftswert anders festgesetzt wird, kann der Kostenansatz ebenfalls berichtigt werden.

§ 15[1)] Nachforderung. (1) [1] Wegen eines unrichtigen Ansatzes dürfen Kosten nur nachgefordert werden, wenn der berichtigte Ansatz dem Zahlungspflichtigen vor Ablauf des nächsten Kalenderjahres nach Absendung der abschließenden Kostenrechnung nach endgültiger Erledigung des Geschäfts (Schlusskostenrechnung), bei Dauerbetreuungen und Dauerpflegschaften der Jahresrechnung, mitgeteilt worden ist. [2] Dies gilt nicht, wenn die Nachforderung auf vorsätzlich oder grob fahrlässig falschen Angaben des Kostenschuldners beruht oder wenn der ursprüngliche Kostenansatz unter einem bestimmten Vorbehalt erfolgt ist.

(2) Ist innerhalb der Frist des Absatzes 1 ein Rechtsbehelf in der Hauptsache oder wegen der Kosten eingelegt oder dem Zahlungspflichtigen mitgeteilt worden, dass ein Wertermittlungsverfahren eingeleitet ist, ist die Nachforderung bis zum Ablauf des nächsten Kalenderjahres nach Beendigung dieser Verfahren möglich.

(3) Ist der Wert gerichtlich festgesetzt worden, genügt es, wenn der berichtigte Ansatz dem Zahlungspflichtigen drei Monate nach der letzten Wertfestsetzung mitgeteilt worden ist.

§ 16 Nichterhebung von Kosten wegen unrichtiger Sachbehandlung. (1) [1] Kosten, die bei richtiger Behandlung der Sache nicht entstanden wären, werden nicht erhoben. [2] Das gleiche gilt von Auslagen, die durch eine von Amts wegen veranlaßte Verlegung eines Termins oder Vertagung einer Verhandlung entstanden sind.

(2) [1] Die Entscheidung trifft das Gericht. [2] Solange nicht das Gericht entschieden hat, können Anordnungen nach Absatz 1 im Verwaltungsweg erlassen werden. [3] Eine im Verwaltungsweg getroffene Anordnung kann nur im Verwaltungsweg geändert werden.

[1)] § 15 neu gef. mWv 31. 12. 2006 durch G v. 22. 12. 2006 (BGBl. I S. 3416); Abs. 1 Satz 1 und Abs. 2 geänd. mWv 1. 9. 2009 durch G v. 17. 12. 2008 (BGBl. I S. 2586).

§ 17[1] Verjährung, Verzinsung. (1) [1] Ansprüche auf Zahlung von Kosten verjähren in vier Jahren nach Ablauf des Kalenderjahrs, in dem das Verfahren durch rechtskräftige Entscheidung über die Kosten, durch Vergleich oder in sonstiger Weise beendet ist. [2] Bei Dauerbetreuungen und Dauerpflegschaften beginnt die Verjährung mit der Fälligkeit der Kosten.

(2) [1] Ansprüche auf Rückerstattung von Kosten verjähren in vier Jahren nach Ablauf des Kalenderjahres, in dem die Zahlung erfolgt ist. [2] Die Verjährung beginnt jedoch nicht vor dem im Absatz 1 bezeichneten Zeitpunkt. [3] Durch die Einlegung eines Rechtsbehelfs mit dem Ziel der Rückerstattung wird die Verjährung wie durch Klageerhebung gehemmt.

(3) [1] Auf die Verjährung sind die Vorschriften des Bürgerlichen Gesetzbuchs[2] anzuwenden; die Verjährung wird nicht von Amts wegen berücksichtigt. [2] Die Verjährung der Ansprüche auf Zahlung von Kosten beginnt auch durch die Aufforderung zur Zahlung oder durch eine dem Schuldner mitgeteilte Stundung erneut; ist der Aufenthalt des Kostenschuldners unbekannt, so genügt die Zustellung durch Aufgabe zur Post unter seiner letzten bekannten Anschrift. [3] Bei Kostenbeträgen unter 25 Euro beginnt die Verjährung weder erneut noch wird sie oder ihr Ablauf gehemmt.

(4) Ansprüche auf Zahlung und Rückerstattung von Kosten werden nicht verzinst.

7. Geschäftswert

§ 18[3] Grundsatz. (1) [1] Die Gebühren werden nach dem Wert berechnet, den der Gegenstand des Geschäfts zur Zeit der Fälligkeit hat (Geschäftswert). [2] Der Geschäftswert beträgt höchstens 60 Millionen Euro, soweit kein niedrigerer Höchstwert bestimmt ist.

(2) [1] Maßgebend ist der Hauptgegenstand des Geschäfts. [2] Früchte, Nutzungen, Zinsen, Vertragsstrafen und Kosten werden nur berücksichtigt, wenn sie Gegenstand eines besonderen Geschäfts sind.

(3) Verbindlichkeiten, die auf dem Gegenstand lasten, werden bei Ermittlung des Geschäftswerts nicht abgezogen; dies gilt auch dann, wenn Gegenstand des Geschäfts ein Nachlaß oder eine sonstige Vermögensmasse ist.

§ 19[4] Sachen. (1) [1] Der Wert einer Sache ist der gemeine Wert. [2] Er wird durch den Preis bestimmt, der im gewöhnlichen Geschäftsverkehr nach der Beschaffenheit der Sache unter Berücksichtigung aller den Preis beeinflussenden Umstände bei einer Veräußerung zu erzielen wäre; ungewöhnliche oder nur persönliche Verhältnisse bleiben außer Betracht.

(2) [1] Bei der Bewertung von Grundbesitz ist der letzte Einheitswert maßgebend, der zur Zeit der Fälligkeit der Gebühr bereits festgestellt ist, sofern sich nicht aus dem Inhalt des Geschäfts, den Angaben der Beteiligten, Grundstücksbelastungen, amtlich bekannten oder aus den Grundakten ersichtlichen Tatsachen oder Vergleichswerten oder aus sonstigen ausreichenden Anhaltspunkten ein höherer Wert ergibt; jedoch soll von einer Beweisaufnahme zur Feststellung eines höheren Wertes abgesehen werden. [2] Wird der Einheitswert nicht nachgewiesen, so ist das Finanzamt um Auskunft über die Höhe des Einheitswerts zu ersuchen; § 30 der Abgabenordnung steht der Auskunft nicht entgegen. [3] Ist der Einheitswert noch nicht festgestellt, so ist dieser vorläufig zu schätzen; die Schätzung ist nach der ersten Feststellung des Einheitswerts zu berichtigen; die Frist des § 15 Abs. 1 beginnt erst mit der Feststellung des Einheitswerts.

(3) Ist der Einheitswert maßgebend, weicht aber der Gegenstand des gebührenpflichtigen Geschäfts vom Gegenstand der Einheitsbewertung wesentlich ab oder hat sich der Wert infolge bestimmter Umstände, die nach dem Feststellungszeitpunkt des Einheitswerts eingetreten sind, wesentlich verändert, so ist der nach den Grundsätzen der Einheitsbewertung geschätzte Wert maßgebend.

(4) [1] Bei einem Geschäft, das die Überlassung eines land- oder forstwirtschaftlichen Betriebes mit Hofstelle durch Übergabevertrag, Erbvertrag oder Testament, Erb- oder Gesamtgutsauseinandersetzung oder die Fortführung des Betriebes in sonstiger Weise einschließlich der Abfindung weichender Erben betrifft, ist das land- und forstwirtschaftliche Vermögen im Sinne

---

[1] § 17 Abs. 3 Satz 3 geänd. mWv 1. 1. 2002 durch G v. 27. 4. 2001 (BGBl. I S. 751); Abs. 2 Satz 2 angef., bish. Wortlaut wird Satz 1 und geänd., Abs. 3 Sätze 2 und 3 neu gef. mWv 2. 1. 2002 durch G v. 26. 11. 2001 (BGBl. I S. 3138); Überschr. neu gef., Abs. 4 angef. mWv 15. 12. 2001 durch G v. 10. 12. 2001 (BGBl. I S. 3422); Abs. 2 Satz 2 neu gef., Satz 3 angef. mWv 1. 7. 2004 durch G v. 5. 5. 2004 (BGBl. I S. 718); Abs. 1 neu gef. mWv 1. 9. 2009 durch G v. 17. 12. 2008 (BGBl. I S. 2586).

[2] §§ 194 ff. BGB idF der Bek. v. 2. 1. 2002 (BGBl. I S. 42, ber. S. 2909 und 2003 S. 738), zuletzt geänd. durch G v. 28. 9. 2009 (BGBl. I S. 3161).

[3] § 18 Abs. 1 Satz 2 angef. mWv 1. 7. 2004 durch G v. 5. 5. 2004 (BGBl. I S. 718); Abs. 1 Satz 2 geänd. mWv 31. 12. 2006 durch G v. 22. 12. 2006 (BGBl. I S. 3416).

[4] § 19 neu gef. durch G v. 28. 12. 1968 (BGBl. I S. 1458); Abs. 4 und 5 angef. durch G v. 15. 6. 1989 (BGBl. I S. 1082); Abs. 2 Satz 2 und Abs. 3 geänd. durch G v. 24. 6. 1994 (BGBl. I S. 1325); Abs. 4 Satz 2 angef. mWv 25. 4. 2006 durch G v. 19. 4. 2006 (BGBl. I S. 866); Abs. 2 Satz 3 geänd. mWv 31. 12. 2006 durch G v. 22. 12. 2006 (BGBl. I S. 3416).

des Bewertungsgesetzes mit dem Vierfachen des letzten Einheitswertes, der zur Zeit der Fälligkeit der Gebühr bereits festgestellt ist, zu bewerten; Absatz 2 Satz 2 und 3 und Absatz 3 gelten entsprechend. [2] In dem in Artikel 3 des Einigungsvertrages genannten Gebiet gelten für die Bewertung des land- und forstwirtschaftlichen Vermögens die Vorschriften des Dritten Abschnitts im Zweiten Teil des Bewertungsgesetzes mit Ausnahme von § 125 Abs. 3; § 126 Abs. 2 des Bewertungsgesetzes ist sinngemäß anzuwenden.

(5) Ist der nach Absatz 2 bis 4 festgestellte Wert höher als der gemeine Wert, so ist der gemeine Wert maßgebend.

§ 20 Kauf, Vorkaufs- und Wiederkaufsrecht. (1) [1] Beim Kauf von Sachen ist der Kaufpreis maßgebend; der Wert der vorbehaltenen Nutzungen und der vom Käufer übernommenen oder ihm sonst infolge der Veräußerung obliegenden Leistungen wird hinzugerechnet. [2] Ist der Kaufpreis niedriger als der Wert der Sache (§ 19), so ist dieser maßgebend; beim Kauf eines Grundstücks bleibt eine für Rechnung des Erwerbers vorgenommene Bebauung bei der Ermittlung des Werts außer Betracht.

(2) Als Wert eines Vorkaufs- oder Wiederkaufsrechts ist in der Regel der halbe Wert der Sache anzunehmen.

§ 21[1)] Erbbaurecht, Wohnungseigentum, Wohnungserbbaurecht. (1) [1] Bei der Bestellung eines Erbbaurechts beträgt der Wert achtzig vom Hundert des Werts des belasteten Grundstücks (§ 19 Abs. 2). [2] Eine für Rechnung des Erbbauberechtigten erfolgte Bebauung des Grundstücks bleibt bei der Ermittlung des Grundstückswerts außer Betracht. [3] Ist als Entgelt für die Bestellung des Erbbaurechts ein Erbbauzins vereinbart, dessen nach § 24 errechneter Wert den nach Satz 1 und 2 berechneten Wert übersteigt, so ist der Wert des Erbbauzinses maßgebend; entsprechendes gilt, wenn statt des Erbbauzinses ein fester Kapitalbetrag vereinbart ist.

(2) Bei der Begründung von Wohnungseigentum (Teileigentum) sowie bei Geschäften, die die Aufhebung oder das Erlöschen von Sondereigentum betreffen, ist als Geschäftswert die Hälfte des Werts des Grundstücks (§ 19 Abs. 2) anzunehmen.

(3) Bei Wohnungserbbaurechten (Teilerbbaurechten) gilt Absatz 2 entsprechend mit der Maßgabe, daß an die Stelle des Werts des Grundstücks der Einheitswert des Erbbaurechts oder, wenn ein solcher nicht festgestellt ist, der nach Absatz 1 zu bestimmende Wert des Erbbaurechts tritt.

§ 22 Grunddienstbarkeiten. Der Wert einer Grunddienstbarkeit bestimmt sich nach dem Wert, den sie für das herrschende Grundstück hat; ist der Betrag, um den sich der Wert des dienenden Grundstücks durch die Dienstbarkeit mindert, größer, so ist dieser höhere Betrag maßgebend.

§ 23[2)] Pfandrechte und sonstige Sicherheiten, Rangänderungen. (1) Der Wert eines Pfandrechts oder der sonstigen Sicherstellung einer Forderung durch Bürgschaft, Sicherungsübereignung oder dgl. bestimmt sich nach dem Betrag der Forderung und, wenn der als Pfand oder zur Sicherung dienende Gegenstand einen geringeren Wert hat, nach diesem.

(2) Als Wert einer Hypothek, Schiffshypothek oder Grundschuld gilt der Nennbetrag der Schuld, als Wert einer Rentenschuld der Nennbetrag der Ablösungssumme; bei der Einbeziehung in die Mithaft und bei der Entlassung aus der Mithaft ist jedoch der Wert des Grundstücks (Schiffs, Schiffsbauwerks) maßgebend, wenn er geringer ist.

(3) [1] Bei Einräumung des Vorrangs oder des gleichen Rangs ist der Wert des vortretenden Rechts, höchstens jedoch der Wert des zurücktretenden Rechts maßgebend. [2] Die Vormerkung gemäß § 1179 des Bürgerlichen Gesetzbuchs zugunsten eines nach- oder gleichstehenden Berechtigten steht der Vorrangseinräumung gleich. [3] Der Ausschluß des Löschungsanspruchs nach § 1179 a Abs. 5 des Bürgerlichen Gesetzbuchs ist wie ein Rangrücktritt des Rechts zu behandeln, als dessen Inhalt der Ausschluß vereinbart wird.

§ 24[3)] Wiederkehrende Nutzungen oder Leistungen. (1) Der Wert des Rechts auf wiederkehrende oder dauernde Nutzungen oder Leistungen wird unter Zugrundelegung des einjährigen Bezugswerts nach Maßgabe folgender Vorschriften berechnet:

---

1) § 21 Abs. 1 Satz 1 und Abs. 2 geänd. durch G v. 28. 12. 1968 (BGBl. I S. 1458).

2) § 23 Abs. 3 Satz 3 angef. durch G v. 22. 6. 1977 (BGBl. I S. 998).

3) § 24 Abs. 3 geänd. durch G v. 2. 7. 1976 (BGBl. I S. 1749); Abs. 3 geänd. durch G v. 24. 6. 1985 (BGBl. I S. 1144); Abs. 4 Satz 1 neu gef. durch G v. 16. 12. 1997 (BGBl. I S. 2942); Abs. 4 neu gef. durch G v. 6. 4. 1998 (BGBl. I S. 666); Abs. 3 geänd. mWv 1. 8. 2001 durch G v. 16. 2. 2001 (BGBl. I S. 266); Abs. 4 Satz 2 neu gef. mWv 1. 1. 2008 durch G v. 21. 12. 2007 (BGBl. I S. 3189); Abs. 4 aufgeh., bish. Abs. 5 und 6 werden Abs. 4 und 5 mWv 1. 9. 2009 durch G v. 17. 12. 2008 (BGBl. I S. 2586).

a) Der Wert von Nutzungen oder Leistungen, die auf bestimmte Zeit beschränkt sind, ist die Summe der einzelnen Jahreswerte, höchstens jedoch das Fünfundzwanzigfache des Jahreswerts; ist die Dauer des Rechts außerdem durch das Leben einer oder mehrerer Personen bedingt, so darf der nach Absatz 2 zu berechnende Wert nicht überschritten werden;

b) Bezugsrechte von unbeschränkter Dauer sind mit dem Fünfundzwanzigfachen, Nutzungen oder Leistungen von unbestimmter Dauer – vorbehaltlich der Vorschriften des Absatzes 2 – mit dem Zwölfeinhalbfachen des Jahreswerts zu bewerten.

(2) [1] Ist die Nutzung oder Leistung auf die Lebensdauer einer Person beschränkt, so gilt als Geschäftswert bei einem Lebensalter

von 15 Jahren oder weniger	der 22 fache Betrag,
über 15 Jahren bis zu 25 Jahren	der 21 fache Betrag,
über 25 Jahren bis zu 35 Jahren	der 20 fache Betrag,
über 35 Jahren bis zu 45 Jahren	der 18 fache Betrag,
über 45 Jahren bis zu 55 Jahren	der 15 fache Betrag,
über 55 Jahren bis zu 65 Jahren	der 11 fache Betrag,
über 65 Jahren bis zu 75 Jahren	der 7½fache Betrag,
über 75 Jahren bis zu 80 Jahren	der 5 fache Betrag,
über 80 Jahre	der 3 fache Betrag

der einjährigen Nutzung oder Leistung. [2] Hängt die Dauer der Nutzung oder Leistung von der Lebensdauer mehrerer Personen ab, so entscheidet, je nachdem ob das Recht mit dem Tode des zuerst oder des zuletzt Sterbenden erlischt, das Lebensalter des Ältesten oder des Jüngsten.

(3) Der Geschäftswert ist höchstens das Fünffache des einjährigen Bezugs, wenn das Recht dem Ehegatten, einem früheren Ehegatten, dem Lebenspartner oder einem früheren Lebenspartner des Verpflichteten oder einer Person zusteht, die mit dem Verpflichteten in gerader Linie verwandt, verschwägert oder in der Seitenlinie bis zum dritten Grad verwandt oder bis zum zweiten Grad verschwägert ist, auch wenn die die Schwägerschaft begründende Ehe oder die Lebenspartnerschaft, aufgrund derer jemand als verschwägert gilt, nicht mehr besteht.

(4) Der einjährige Wert von Nutzungen wird zu vier vom Hundert des Werts des Gegenstandes, der die Nutzungen gewährt, angenommen, sofern nicht ein anderer Wert festgestellt werden kann.

(5) [1] Für die Berechnung des Geschäftswerts ist der Beginn des Bezugsrechts maßgebend. [2] Bildet das Recht später den Gegenstand eines gebührenpflichtigen Geschäfts, so ist der spätere Zeitpunkt maßgebend. [3] Steht im Zeitpunkt des Geschäfts der Beginn des Bezugsrechts noch nicht fest oder ist das Recht in anderer Weise bedingt, so ist der Geschäftswert nach den Umständen des Falles niedriger anzusetzen.

§ 25 Miet- und Pachtrechte, Dienstverträge. (1) [1] Der Wert eines Miet- oder Pachtrechts bemißt sich nach dem Wert aller Leistungen des Mieters oder Pächters während der ganzen Vertragszeit. [2] Bei Miet- oder Pachtrechten von unbestimmter Vertragsdauer ist der Wert dreier Jahre maßgebend; ist jedoch die Auflösung des Vertrags erst nach einem längeren Zeitraum zulässig, so ist dieser maßgebend. [3] In keinem Fall darf der Wert den fünfundzwanzigfachen Betrag der einjährigen Leistung übersteigen.

(2) Der Wert eines Dienstvertrags bemißt sich nach dem Wert aller Bezüge des zur Dienstleistung Verpflichteten während der ganzen Vertragszeit, höchstens jedoch nach dem dreifachen Jahresbetrag der Bezüge.

§§ 26–27[1)] *(aufgehoben)*

§ 28[2)] **Anmeldungen zum Güterrechtsregister, Eintragungen in das Güterrechtsregister, Eintragungen auf Grund von Eheverträgen.** Bei Anmeldungen zum Güterrechtsregister und Eintragungen in dieses Register bestimmt sich der Wert nach § 30 Abs. 2, bei Eintragungen auf Grund von Eheverträgen nach § 39 Abs. 3.

§ 29[3)] **Sonstige Anmeldungen zu einem Register, Eintragungen in das Vereinsregister, Beurkundung von sonstigen Beschlüssen.** [1] Für sonstige Anmeldungen zu einem Register, für Eintragungen in das Vereinsregister und bei der Beurkundung von Beschlüssen

[1)] §§ 26–27 aufgeh. mWv 1. 12. 2004 durch G v. 3. 7. 2004 (BGBl. I S. 1410).
[2)] § 28 aufgeh., bish. § 29 wird § 28 durch G v. 20. 12. 1996 (BGBl. I S. 2090).
[3)] Neuer § 29 eingef. durch G v. 20. 12. 1996 (BGBl. I S. 2090); neu gef. mWv 1. 12. 2004 durch G v. 3. 7. 2004 (BGBl. I S. 1410).

(§ 47) bestimmt sich der Geschäftswert, wenn der Gegenstand keinen bestimmten Geldwert hat, nach § 30 Abs. 2. [2] Die §§ 41 a und 41 b bleiben unberührt.

§ 30[1)] Angelegenheiten ohne bestimmten Geschäftswert, nichtvermögensrechtliche Angelegenheiten. (1) Soweit in einer vermögensrechtlichen Angelegenheit der Wert sich aus den Vorschriften dieses Gesetzes nicht ergibt und auch sonst nicht feststeht, ist er nach freiem Ermessen zu bestimmen; insbesondere ist bei Änderungen bestehender Rechte, sofern die Änderung nicht einen bestimmten Geldwert hat, sowie bei Verfügungsbeschränkungen der Wert nach freiem Ermessen festzusetzen.

(2) [1] In Ermangelung genügender tatsächlicher Anhaltspunkte für eine Schätzung ist der Wert regelmäßig auf 3 000 Euro anzunehmen. [2] Er kann nach Lage des Falles niedriger oder höher, jedoch nicht über 500 000 Euro angenommen werden.

(3) In nichtvermögensrechtlichen Angelegenheiten ist der Wert nach Absatz 2 zu bestimmen.

§ 31[2)] Festsetzung des Geschäftswerts. (1) [1] Das Gericht setzt den Geschäftswert durch Beschluß gebührenfrei fest, wenn ein Zahlungspflichtiger oder die Staatskasse dies beantragt oder es sonst angemessen erscheint. [2] Die Festsetzung kann von dem Gericht, das sie getroffen hat, und, wenn das Verfahren wegen der Hauptsache oder wegen der Entscheidung über den Geschäftswert, den Kostenansatz oder die Kostenfestsetzung in der Rechtsmittelinstanz schwebt, von dem Rechtsmittelgericht von Amts wegen geändert werden. [3] Die Änderung ist nur innerhalb von sechs Monaten zulässig, nachdem die Entscheidung in der Hauptsache Rechtskraft erlangt oder das Verfahren sich anderweitig erledigt hat.

(2) [1] Das Gericht kann eine Beweisaufnahme, insbesondere die Begutachtung durch Sachverständige auf Antrag oder von Amts wegen anordnen. [2] Die Kosten können ganz oder teilweise einem Beteiligten auferlegt werden, der durch Unterlassung der Wertangabe, durch unrichtige Angabe, unbegründetes Bestreiten oder unbegründete Beschwerde die Abschätzung veranlaßt hat.

(3) [1] Gegen den Beschluss nach Absatz 1 findet die Beschwerde statt, wenn der Wert des Beschwerdegegenstands 200 Euro übersteigt. [2] Die Beschwerde findet auch statt, wenn sie das Gericht, das die angefochtene Entscheidung erlassen hat, wegen der grundsätzlichen Bedeutung der zur Entscheidung stehenden Frage in dem Beschluss zulässt. [3] Die Beschwerde ist nur zulässig, wenn sie innerhalb der in Absatz 1 Satz 3 bestimmten Frist eingelegt wird; ist der Geschäftswert später als einen Monat vor Ablauf dieser Frist festgesetzt worden, kann sie noch innerhalb eines Monats nach Zustellung oder nach Bekanntmachung durch formlose Mitteilung des Festsetzungsbeschlusses eingelegt werden. [4] Im Falle der formlosen Mitteilung gilt der Beschluss mit dem dritten Tage nach der Aufgabe zur Post als bekannt gemacht. [5] § 14 Abs. 4, 5, 6 Satz 1, 2 und 4 sowie Abs. 7 ist entsprechend anzuwenden. [6] Die weitere Beschwerde ist innerhalb eines Monats nach Zustellung der Entscheidung des Beschwerdegerichts einzulegen.

(4) [1] War der Beschwerdeführer ohne sein Verschulden verhindert, die Frist einzuhalten, ist ihm auf Antrag von dem Gericht, das über die Beschwerde zu entscheiden hat, Wiedereinsetzung in den vorigen Stand zu gewähren, wenn er die Beschwerde binnen zwei Wochen nach der Beseitigung des Hindernisses einlegt und die Tatsachen, welche die Wiedereinsetzung begründen, glaubhaft macht. [2] Nach dem Ablauf eines Jahres, von dem Ende der versäumten Frist an gerechnet, kann die Wiedereinsetzung nicht mehr beantragt werden. [3] Gegen die Entscheidung über den Antrag findet die Beschwerde statt. [4] Sie ist nur zulässig, wenn sie innerhalb von zwei Wochen eingelegt wird. [5] Die Frist beginnt mit der Zustellung der Entscheidung. [6] § 14 Abs. 4 Satz 1 bis 3, Abs. 6 Satz 1, 2 und 4 sowie Abs. 7 ist entsprechend anzuwenden.

(5) [1] Die Verfahren sind gebührenfrei. [2] Kosten werden nicht erstattet.

§ 31 a[3)] Auskunftspflicht des Notars. [1] Ein Notar, der in einer Angelegenheit der freiwilligen Gerichtsbarkeit einen Antrag bei Gericht einreicht, hat Umstände und Anhaltspunkte mitzuteilen, die bei seiner Kostenberechnung zu einem Abweichen des Geschäftswerts vom

---

[1)] § 30 Abs. 2 geänd. durch G v. 20. 8. 1975 (BGBl. I S. 2189); Abs. 3 Satz 2 angef. durch G v. 2. 7. 1976 (BGBl. I S. 1749); Abs. 2 Satz 2 geänd. durch G v. 24. 6. 1994 (BGBl. I S. 1325); Abs. 2 Sätze 1 und 2, Abs. 3 Satz 2 geänd. mWv 1. 1. 2002 durch G v. 27. 4. 2001 (BGBl. I S. 751); Abs. 3 Satz 2 aufgeh. mWv 1. 9. 2009 durch G v. 17. 12. 2008 (BGBl. I S. 2586).

[2)] § 31 Abs. 1 Satz 2 neu gef., Satz 3 angef., Abs. 3 Sätze 2 und 3 angef. durch G v. 20. 8. 1975 (BGBl. I S. 2189); Abs. 3 neu gef., Abs. 4 angef. mWv 1. 1. 2002 durch G v. 27. 7. 2001 (BGBl. I S. 1887); Abs. 3 und 4 neu gef., Abs. 5 angef. mWv 1. 7. 2004 durch G v. 5. 5. 2004 (BGBl. I S. 718); Abs. 3 Satz 5 und Abs. 4 Satz 6 geänd. mWv 1. 7. 2008 durch G v. 12. 12. 2007 (BGBl. I S. 2840).

[3)] § 31 a eingef. durch G v. 28. 12. 1968 (BGBl. I S. 1458); Satz 1 geänd. mWv 28. 4. 2001 durch G v. 19. 4. 2001 (BGBl. I S. 623); Satz 1 neu gef. mWv 1. 12. 2004 durch G v. 3. 7. 2004 (BGBl. I S. 1410).

Einheitswert geführt haben und für die von dem Gericht zu erhebenden Gebühren von Bedeutung sind. [2] Die gleichen Auskünfte hat auf Ersuchen der Notar zu erteilen, der Erklärungen beurkundet oder beglaubigt hat, die in Angelegenheiten der freiwilligen Gerichtsbarkeit von anderer Seite beim Gericht eingereicht worden sind.

8. Volle Gebühr, Rahmengebühren, Nebengeschäfte

§ 32[1)] Volle Gebühr. (1) [1] Die volle Gebühr bei einem Geschäftswert bis 1 000 Euro beträgt 10 Euro. [2] Die Gebühr erhöht sich bei einem

Geschäftswert bis ... Euro	für jeden angefangenen Betrag von weiteren ... Euro	um ... Euro
5 000	1 000	8
50 000	3 000	6
5 000 000	10 000	15
25 000 000	25 000	16
50 000 000	50 000	11
über 50 000 000	250 000	7

[3] Eine Gebührentabelle für Geschäftswerte bis 1 000 000 Euro ist diesem Gesetz als Anlage beigefügt.

(2) Gebühren werden auf den nächstliegenden Cent auf- oder abgerundet; 0,5 Cent werden aufgerundet.

§ 33[2)] Mindestbetrag einer Gebühr. Der Mindestbetrag einer Gebühr ist 10 Euro.

§ 34 Rahmengebühren. Ist die Gebühr nur nach einem Mindest- und Höchstbetrag bestimmt, so ist die Gebühr im Einzelfall unter Berücksichtigung aller Umstände, insbesondere des Umfangs und der Bedeutung der Sache, nach billigem Ermessen zu bestimmen.

§ 35 Nebengeschäfte. Die für ein Geschäft bestimmte Gebühr umfaßt die gesamte auf das Geschäft verwendete Tätigkeit des Gerichts, einschließlich der Nebengeschäfte.

Zweiter Abschnitt. Gebühren in Angelegenheiten der freiwilligen Gerichtsbarkeit

1. Beurkundungen und ähnliche Geschäfte

§ 36 Einseitige Erklärungen und Verträge. (1) Für die Beurkundung einseitiger Erklärungen wird die volle Gebühr erhoben; unerheblich ist, ob die Erklärung von einer oder von mehreren Personen abgegeben wird.

(2) Für die Beurkundung von Verträgen wird das Doppelte der vollen Gebühr erhoben.

§ 37 Vertragsangebot. Für die Beurkundung eines Antrags zum Abschluß eines Vertrags wird das Eineinhalbfache der vollen Gebühr erhoben.

§ 38[3)] Besondere Fälle. (1) [1] Die volle Gebühr wird erhoben für die Beurkundung eines Vertrags über die Verpflichtung zur Übertragung des Eigentums an einem Grundstück, wenn sich der eine Teil bereits vorher in einem beurkundeten Vertrag zur Übertragung oder zum Erwerb des Eigentums verpflichtet hatte. [2] Das gleiche gilt für Verträge über Verpflichtungen, auf die nach besonderer gesetzlicher Vorschrift § 311 b Abs. 1 des Bürgerlichen Gesetzbuchs anzuwenden ist.

[1)] § 32 neu gef. durch G v. 9. 12. 1986 (BGBl. I S. 2326); Sätze 1 und 2 geänd. durch G v. 24. 6. 1994 (BGBl. I S. 1325); Sätze 1 und 3 geänd., Satz 2 neu gef. mWv 1. 1. 2002 durch G v. 27. 4. 2001 (BGBl. I S. 751); Abs. 2 angef., bish. Wortlaut wird Abs. 1 mWv 2. 1. 2002 durch G v. 10. 12. 2001 (BGBl. I S. 3422); Abs. 1 Satz 2 neu gef. mWv 1. 7. 2004 durch G v. 5. 5. 2004 (BGBl. I S. 718).

[2)] § 33 Satz 1 geänd. durch G v. 24. 6. 1994 (BGBl. I S. 1325); Satz 2 aufgeh., bish. Satz 1 wird alleiniger Wortlaut und geänd. mWv 1. 1. 2002 durch G v. 27. 4. 2001 (BGBl. I S. 751); Überschr. geänd. mWv 1. 1. 2002 durch G v. 10. 12. 2001 (BGBl. I S. 3422).

[3)] § 38 Abs. 3 neu gef. durch G v. 19. 8. 1969 (BGBl. I S. 1243); Abs. 1 eingef., bish. Abs. 1–3 werden Abs. 2–4 durch G v. 30. 5. 1973 (BGBl. I S. 501); Abs. 4 geänd. durch G v. 2. 7. 1976 (BGBl. I S. 1749); Abs. 3 geänd. durch G v. 24. 6. 1994 (BGBl. I S. 1325); Abs. 4 geänd. durch G v. 16. 12. 1997 (BGBl. I S. 2942); Abs. 2 Nr. 5 Buchst. a und b sowie Nr. 7 geänd. durch G v. 22. 6. 1998 (BGBl. I S. 1474); Abs. 1 Satz 2 geänd. mWv 1. 12. 2004 durch G v. 3. 7. 2004 (BGBl. I S. 1410); Abs. 2 Nr. 7 geänd. mWv 1. 1. 2007 durch G v. 10. 11. 2006 (BGBl. I S. 2553).

(2) Die Hälfte der vollen Gebühr wird erhoben

1. für jede besondere Beurkundung von Zustimmungserklärungen einzelner Teilnehmer zu einer bereits anderweitig beurkundeten Erklärung;
2. für die Beurkundung der Annahme eines anderweitig beurkundeten Vertragsantrags;
3. für die Beurkundung der Wiederaufhebung eines noch von keiner Seite erfüllten Vertrags;
4. für die Beurkundung einer Vollmacht oder des Widerrufs einer Vollmacht;
5. für die Beurkundung
   a) des Antrags auf Eintragung oder Löschung im Grundbuch, im Schiffsregister und im Schiffsbauregister sowie einer Eintragungs- oder Löschungsbewilligung,
   b) der Zustimmung nach § 27 der Grundbuchordnung und nach §§ 35, 74 der Schiffsregisterordnung[1];
6. für die Beurkundung
   a) der Auflassung,
   b) der Einigung über die Einräumung oder Aufhebung von Sondereigentum,
   c) der Einigung über die Bestellung oder Übertragung eines Erbbaurechts,
   d) der Abtretung von Geschäftsanteilen einer Gesellschaft mit beschränkter Haftung,
   wenn das zugrunde liegende Rechtsgeschäft bereits beurkundet ist;
7. für die Beurkundung der Anmeldung zum Handelsregister und ähnlichen Registern.

(3) Ein Viertel der vollen Gebühr wird erhoben für die Beurkundung von Erklärungen, die dem Nachlaßgericht gegenüber abzugeben sind (§ 112 Abs. 1); die Wertvorschrift des § 112 Abs. 2 gilt entsprechend.

(4) Ein Viertel der vollen Gebühr wird ferner erhoben für die Beurkundung von Zustimmungserklärungen zur Anerkennung der Vaterschaft oder zur Annahme als Kind.

§ 39[2] Geschäftswert. (1) [1] Der Geschäftswert bestimmt sich nach dem Wert des Rechtsverhältnisses, auf das sich die beurkundete Erklärung bezieht. [2] Handelt es sich um Veränderungen eines Rechtsverhältnisses, so darf der Wert des von der Veränderung betroffenen Rechtsverhältnisses nicht überschritten werden, und zwar auch dann nicht, wenn es sich um mehrere Veränderungen desselben Rechtsverhältnisses handelt.

(2) Bei Verträgen, die den Austausch von Leistungen zum Gegenstand haben, ist nur der Wert der Leistungen des einen Teils und, wenn der Wert der Leistungen verschieden ist, der höhere maßgebend.

(3) [1] Bei Eheverträgen bestimmt sich der Geschäftswert nach dem zusammengerechneten Wert der gegenwärtigen Vermögen beider Ehegatten und, wenn der Ehevertrag nur das Vermögen eines Ehegatten betrifft, nach diesem. [2] Bei Ermittlung des Vermögens werden die Schulden abgezogen. [3] Betrifft der Ehevertrag nur bestimmte Gegenstände, so ist deren Wert maßgebend. [4] Die Sätze 1 bis 3 gelten entsprechend bei Lebenspartnerschaftsverträgen.

(4) Bei der Beurkundung in Angelegenheiten, die die Annahme eines Minderjährigen betreffen, beträgt der Wert 3 000 Euro.

(5) Bei der Beurkundung von Gesellschaftsverträgen und Satzungen sowie von Plänen und Verträgen nach dem Umwandlungsgesetz ist der Wert mindestens auf 25 000 Euro und höchstens auf 5 000 000 Euro, in den Fällen des § 38 Abs. 2 Nr. 7, auch wenn mehrere Anmeldungen in derselben Verhandlung beurkundet werden, auf höchstens 500 000 Euro anzunehmen.

§ 40[3] Geschäftswert bei zustimmenden Erklärungen. (1) Bei einer Zustimmungserklärung ist der Wert des Geschäfts maßgebend, auf das sich die Zustimmungserklärung bezieht.

(2) [1] Bei Zustimmungserklärungen auf Grund einer gegenwärtigen oder künftigen Mitberechtigung ermäßigt sich der Geschäftswert nach Absatz 1 auf den Bruchteil, der dem Anteil der Mitberechtigung entspricht. [2] Entsprechendes gilt für Zustimmungserklärungen von Anteilsinhabern (§ 2 des Umwandlungsgesetzes). [3] Bei Gesamthandsverhältnissen ist der Anteil entsprechend der Beteiligung an dem Gesamthandvermögen zu bemessen.

---

[1] Nr. **385**.

[2] § 39 Abs. 4 neu gef. durch G v. 18. 6. 1997 (BGBl. I S. 1443); Abs. 3 Satz 4 angef. mWv 1. 8. 2001 durch G v. 16. 2. 2001 (BGBl. I S. 266); Abs. 4 geänd. mWv 1. 1. 2002 durch G v. 27. 4. 2001 (BGBl. I S. 751); Abs. 4 geänd. mWv 18. 8. 2006 durch G v. 14. 8. 2006 (BGBl. I S. 1911); Abs. 4 geänd. mWv 1. 11. 2008 durch G v. 23. 10. 2008 (BGBl. I S. 2026); Abs. 4 eingef., bish. Abs. 4 wird Abs. 5 mWv 1. 9. 2009 durch G v. 17. 12. 2008 (BGBl. I S. 2586).

[3] § 40 neu gef. durch G v. 18. 6. 1997 (BGBl. I S. 1430).

§ 41 [1] **Geschäftswert bei Vollmachten.** (1) Bei Vollmachten zum Abschluß eines bestimmten Rechtsgeschäfts ist der für dieses maßgebende Wert zugrunde zu legen.

(2) Der Wert einer allgemeinen Vollmacht ist nach freiem Ermessen zu bestimmen; dabei ist der Umfang der erteilten Ermächtigung und das Vermögen des Vollmachtgebers angemessen zu berücksichtigen.

(3) § 40 gilt entsprechend.

(4) In allen Fällen ist der Wert mit höchstens 500 000 Euro anzunehmen.

(5) Auf den Widerruf einer Vollmacht finden die vorstehenden Vorschriften entsprechende Anwendung.

§ 41 a [2] **Geschäftswert bei Anmeldungen zum Handelsregister.** (1) Bei den folgenden Anmeldungen zum Handelsregister ist Geschäftswert der in das Handelsregister einzutragende Geldbetrag, bei Änderung bereits eingetragener Geldbeträge der Unterschiedsbetrag:

1. erste Anmeldung einer Kapitalgesellschaft; ein in der Satzung einer Aktiengesellschaft oder einer Kommanditgesellschaft auf Aktien bestimmtes genehmigtes Kapital ist dem Grundkapital hinzuzurechnen; der Wert beträgt mindestens 25 000 Euro;
2. erste Anmeldung eines Versicherungsvereins auf Gegenseitigkeit;
3. Erhöhung oder Herabsetzung des Stammkapitals einer Gesellschaft mit beschränkter Haftung;
4. Beschluss der Hauptversammlung einer Aktiengesellschaft oder einer Kommanditgesellschaft auf Aktien über
   a) Maßnahmen der Kapitalbeschaffung (§§ 182 bis 221 des Aktiengesetzes); dem Beschluss über die genehmigte Kapitalerhöhung steht der Beschluss über die Verlängerung der Frist, innerhalb derer der Vorstand das Kapital erhöhen kann, gleich;
   b) Maßnahmen der Kapitalherabsetzung (§§ 222 bis 240 des Aktiengesetzes);
5. erste Anmeldung einer Kommanditgesellschaft; maßgebend ist die Summe der Kommanditeinlagen; hinzuzurechnen sind 25 000 Euro für den ersten und 12 500 Euro für jeden weiteren persönlich haftenden Gesellschafter;
6. Eintritt eines Kommanditisten in eine bestehende Personenhandelsgesellschaft oder Ausscheiden eines Kommanditisten; ist ein Kommanditist als Nachfolger eines anderen, ein bisher persönlich haftender Gesellschafter als Kommanditist oder ein bisheriger Kommanditist als persönlich haftender Gesellschafter einzutragen, ist die einfache Kommanditeinlage maßgebend;
7. Erhöhung oder Herabsetzung einer Kommanditeinlage.

(2) Bei sonstigen Anmeldungen bestimmt sich der Geschäftswert nach den Absätzen 3 bis 6.

(3) Der Geschäftswert beträgt bei der ersten Anmeldung

1. eines Einzelkaufmanns 25 000 Euro;
2. einer offenen Handelsgesellschaft mit zwei Gesellschaftern 37 500 Euro; hat die Gesellschaft mehr als zwei Gesellschafter, erhöht sich der Wert für den dritten und jeden weiteren Gesellschafter um jeweils 12 500 Euro;
3. einer juristischen Person (§ 33 des Handelsgesetzbuchs) 50 000 Euro.

(4) Bei einer späteren Anmeldung beträgt der Geschäftswert, wenn diese

1. eine Kapitalgesellschaft betrifft, 1 Prozent des eingetragenen Grund- oder Stammkapitals, mindestens 25 000 Euro;
2. einen Versicherungsverein auf Gegenseitigkeit betrifft, 50 000 Euro;
3. eine Personenhandelsgesellschaft betrifft, 25 000 Euro; bei Eintritt oder Ausscheiden von mehr als zwei persönlich haftenden Gesellschaftern sind als Wert 12 500 Euro für jeden eintretenden und ausscheidenden Gesellschafter anzunehmen;
4. einen Einzelkaufmann oder eine juristische Person (§ 33 des Handelsgesetzbuchs) betrifft, 25 000 Euro.

(5) [1] Betrifft die Anmeldung eine Zweigniederlassung, so beträgt der Geschäftswert die Hälfte des nach den Absätzen 1, 3 oder 4 bestimmten Wertes. [2] Hat das Unternehmen mehrere Zweigniederlassungen, so ist der Wert für jede Zweigniederlassung durch Teilung des nach Satz 1 bestimmten Betrages durch die Anzahl der eingetragenen Zweigniederlassungen zu ermitteln;

---

[1] § 41 Abs. 3 neu gef. durch G v. 18. 6. 1997 (BGBl. I S. 1430); Abs. 4 geänd. mWv 1. 1. 2002 durch G v. 27. 4. 2001 (BGBl. I S. 751).

[2] § 41 a eingef. mWv 1. 12. 2004 durch G v. 3. 7. 2004 (BGBl. I S. 1410); Abs. 1 Nr. 1 geänd. mWv 1. 11. 2008 durch G v. 23. 10. 2008 (BGBl. I S. 2026).

bei der Anmeldung der ersten Eintragung von Zweigniederlassungen sind diese mitzurechnen. [3] Der Wert nach den vorstehenden Sätzen beträgt mindestens 12 500 Euro.

(6) Ist eine Anmeldung nur deshalb erforderlich, weil sich der Ortsname geändert hat, oder handelt es sich um eine ähnliche Anmeldung, die für das Unternehmen keine wirtschaftliche Bedeutung hat, so beträgt der Geschäftswert 3 000 Euro.

§ 41 b[1]) Geschäftswert bei Anmeldungen zum Partnerschaftsregister. Für Anmeldungen zum Partnerschaftsregister gilt § 41 a, soweit er auf die offene Handelsgesellschaft Anwendung findet, entsprechend.

§ 41 c[2]) Beschlüsse von Organen bestimmter Gesellschaften. (1) § 41 a Abs. 4 gilt entsprechend für Beschlüsse von Organen von Kapital- oder Personenhandelsgesellschaften, Versicherungsvereinen auf Gegenseitigkeit oder juristischen Personen (§ 33 des Handelsgesetzbuchs), deren Gegenstand keinen bestimmten Geldwert hat.

(2) [1] Beschlüsse nach dem Umwandlungsgesetz sind mit dem Wert des Aktivvermögens des übertragenden oder formwechselnden Rechtsträgers anzusetzen. [2] Bei Abspaltungen oder Ausgliederungen ist der Wert des übergehenden Aktivvermögens maßgebend.

(3) [1] Werden in einer Verhandlung mehrere Beschlüsse beurkundet, so gilt § 44 entsprechend. [2] Dies gilt auch, wenn Beschlüsse, deren Gegenstand keinen bestimmten Geldwert hat, und andere Beschlüsse zusammentreffen. [3] Mehrere Wahlen oder Wahlen zusammen mit Beschlüssen über die Entlastung der Verwaltungsträger gelten als ein Beschluss.

(4) Der Wert von Beschlüssen der in Absatz 1 bezeichneten Art beträgt, auch wenn in einer Verhandlung mehrere Beschlüsse beurkundet werden, in keinem Fall mehr als 500 000 Euro.

§ 41 d[3]) Verwendung von Musterprotokollen. Die in § 39 Abs. 5, § 41 a Abs. 1 Nr. 1 und Abs. 4 Nr. 1, auch in Verbindung mit § 41 c Abs. 1, bestimmten Mindestwerte gelten nicht für die Gründung einer Gesellschaft gemäß § 2 Abs. 1 a des Gesetzes betreffend die Gesellschaften mit beschränkter Haftung und, wenn von dem in der Anlage zu dem Gesetz betreffend die Gesellschaften mit beschränkter Haftung bestimmten Musterprotokoll nicht abgewichen wird, für Änderungen des Gesellschaftsvertrags.

§ 42 Ergänzung und Änderung beurkundeter Erklärungen. Für die Beurkundung von Ergänzungen und Änderungen einer beurkundeten Erklärung wird derselbe Gebührensatz wie für die ursprüngliche Beurkundung erhoben, jedoch nicht mehr als die volle Gebühr.

§ 43[4]) Anerkennung einer schriftlich abgegebenen Erklärung. Für die Anerkennung des Inhalts einer schriftlich abgegebenen Erklärung (§ 9 Abs. 1 Satz 2 des Beurkundungsgesetzes[5])), einschließlich der Beurkundung ergänzender oder ändernder Erklärungen, wird dieselbe Gebühr wie für die Beurkundung der Erklärung erhoben.

§ 44[6]) Mehrere Erklärungen in einer Urkunde. (1) [1] Werden in einer Verhandlung mehrere Erklärungen beurkundet, die denselben Gegenstand haben (z.B. der Kauf und die Auflassung, die Schulderklärung und die zur Hypothekenbestellung erforderlichen Erklärungen), so wird die Gebühr nur einmal von dem Wert dieses Gegenstandes nach dem höchsten in Betracht kommenden Gebührensatz berechnet. [2] Dies gilt auch dann, wenn von mehreren Erklärungen die einen den ganzen Gegenstand, die anderen nur einen Teil davon betreffen (z.B. das Schuldversprechen und die Bürgschaft für einen Teil der Schuld); unterliegen in diesem Fall die Erklärungen verschiedenen Gebührensätzen, so werden die Gebühren gesondert berechnet, wenn dies für den Kostenschuldner günstiger ist.

(2) Haben die in einer Verhandlung beurkundeten Erklärungen einen verschiedenen Gegenstand, so gilt folgendes:

a) Unterliegen alle Erklärungen dem gleichen Gebührensatz, so wird dieser nur einmal nach den zusammengerechneten Werten berechnet.

b) Sind verschiedene Gebührensätze anzuwenden, so wird jede Gebühr für sich berechnet; soweit mehrere Erklärungen dem gleichen Gebührensatz unterliegen, werden die Werte zusammengerechnet; insgesamt darf in diesem Fall nicht mehr erhoben werden, als bei

---

1) § 41 b eingef. mWv 1. 12. 2004 durch G v. 3. 7. 2004 (BGBl. I S. 1410).

2) § 41 c eingef. mWv 1. 12. 2004 durch G v. 3. 7. 2004 (BGBl. I S. 1410).

3) § 41 d eingef. mWv 1. 11. 2008 durch G v. 23. 10. 2008 (BGBl. I S. 2026); geänd. mWv 1. 9. 2009 durch G v. 30. 7. 2009 (BGBl. I S. 2449).

4) § 43 geänd. durch G v. 24. 6. 1994 (BGBl. I S. 1325).

5) Nr. **200**.

6) § 44 Abs. 3 Satz 3 angef. durch G v. 22. 6. 1977 (BGBl. I S. 998).

Zugrundelegung des höchsten der angewendeten Gebührensätze vom Gesamtwert zu erheben sein würde.

(3) [1] Treffen Erklärungen, die sich auf eine Rangänderung beziehen, mit anderen Erklärungen in einer Urkunde zusammen, so gilt als Gegenstand der Rangänderung das vortretende oder das zurücktretende Recht, je nachdem es für den Kostenschuldner nach den vorstehenden Vorschriften günstiger ist. [2] Die Vormerkung gemäß § 1179 des Bürgerlichen Gesetzbuchs zugunsten eines nach- oder gleichstehenden Berechtigten steht der Rangänderung gleich. [3] Das gleiche gilt für den Ausschluß des Löschungsanspruchs nach § 1179 a Abs. 5 des Bürgerlichen Gesetzbuchs.

§ 45[1)] Beglaubigung von Unterschriften. (1) [1] Für die Beglaubigung von Unterschriften oder Handzeichen wird ein Viertel der vollen Gebühr, höchstens jedoch ein Betrag von 130 Euro, erhoben. [2] Der Wert ist ebenso zu bestimmen, wie wenn die Erklärung, unter der die Unterschrift oder das Handzeichen beglaubigt wird, beurkundet würde.

(2) Für die nach den Staatsschuldbuchgesetzen erforderlichen Unterschriftsbeglaubigungen wird nur die Mindestgebühr erhoben.

§ 46[2)] Verfügungen von Todes wegen. (1) Für die Beurkundung eines Testaments wird die volle, für die Beurkundung eines Erbvertrags oder eines gemeinschaftlichen Testaments wird das Doppelte der vollen Gebühr erhoben.

(2) [1] Für die Beurkundung des Widerrufs einer letztwilligen Verfügung, der Aufhebung oder Anfechtung eines Erbvertrags sowie des Rücktritts von einem Erbvertrag wird die Hälfte der vollen Gebühr erhoben; ist die Anfechtung dem Nachlaßgericht gegenüber zu erklären, so gilt § 38 Abs. 3. [2] Wird gleichzeitig eine neue Verfügung von Todes wegen beurkundet, so wird die Gebühr für den Widerruf oder die Aufhebung nur insoweit erhoben, als der Geschäftswert der neu errichteten Verfügung hinter dem der widerrufenen oder aufgehobenen Verfügung zurückbleibt.

(3) Wird ein Erbvertrag gleichzeitig mit einem Ehevertrag oder einem Lebenspartnerschaftsvertrag beurkundet, so wird die Gebühr nur einmal berechnet, und zwar nach dem Vertrag, der den höchsten Geschäftswert hat.

(4) [1] Wird über den ganzen Nachlaß oder einen Bruchteil davon verfügt, so ist der Gebührenberechnung der Wert des nach Abzug der Verbindlichkeiten verbleibenden reinen Vermögens oder der Wert des entsprechenden Bruchteils des reinen Vermögens zugrunde zu legen. [2] Vermächtnisse, Pflichtteilsrechte und Auflagen werden nicht abgezogen.

(5) [1] Der Berechnung der Gebühren sind in der Regel die Angaben des Verfügenden über den Geschäftswert zugrunde zu legen. [2] Eine Nachforderung des deshalb zu wenig angesetzten Betrags wird durch § 15 nicht ausgeschlossen; die Verjährung des Anspruchs (§ 17) beginnt in diesem Fall erst mit dem Ablauf des Jahres, in dem die Verfügung eröffnet oder zurückgegeben ist.

§ 47[3)] Beschlüsse von Gesellschaftsorganen. [1] Für die Beurkundung von Beschlüssen von Hauptversammlungen, Aufsichtsräten und sonstigen Organen von Aktiengesellschaften, anderen Vereinigungen und Stiftungen wird das Doppelte der vollen Gebühr erhoben; als gebührenfreies Nebengeschäft (§ 35) gilt bei Änderungen einer Satzung oder eines Gesellschaftsvertrags auch die für die Anmeldung zum Handelsregister erforderliche Bescheinigung des neuen vollständigen Wortlauts der Satzung oder des Gesellschaftsvertrags. [2] Die Gebühr beträgt in keinem Falle mehr als 5 000 Euro.

§ 48[4)] Verlosung, Auslosung und Vernichtung von Wertpapieren, Wahlversammlungen. (1) Das Doppelte der vollen Gebühr wird erhoben für die Beurkundung des Hergangs bei Verlosungen, bei der Auslosung oder Vernichtung von Wertpapieren sowie bei Wahlversammlungen.

(2) Für das Einzählen von Losen wird neben der im Absatz 1 bestimmten Gebühr eine weitere Gebühr in Höhe der Hälfte der vollen Gebühr erhoben.

(3) Der Geschäftswert bestimmt sich, soweit nicht ein bestimmter Geldbetrag feststeht, nach § 30 Abs. 2; er beträgt in allen Fällen höchstens 500 000 Euro.

---

1) § 45 Abs. 1 Satz 1 geänd. mWv 1. 1. 2002 durch G v. 27. 4. 2001 (BGBl. I S. 751).

2) § 46 Abs. 2 Satz 1 geänd. durch G v. 24. 6. 1994 (BGBl. I S. 1325); Abs. 3 geänd. mWv 1. 8. 2001 durch G v. 16. 2. 2001 (BGBl. I S. 266).

3) § 47 Satz 1 geänd. durch G v. 15. 8. 1969 (BGBl. I S. 1146); Satz 2 geänd. durch G v. 20. 8. 1975 (BGBl. I S. 2189) und mWv 1. 1. 2002 durch G v. 27. 4. 2001 (BGBl. I S. 751).

4) § 48 Abs. 3 geänd. mWv 1. 1. 2002 durch G v. 27. 4. 2001 (BGBl. I S. 751).

(4) Wird die Auslosung und Vernichtung in einer Verhandlung beurkundet, so wird die Gebühr nur einmal erhoben.

§ 49 Eide, eidesstattliche Versicherungen, Vernehmung von Zeugen und Sachverständigen, Augenscheinseinnahmen. (1) Die volle Gebühr wird erhoben für die Abnahme von Eiden und Versicherungen an Eides Statt, für die Vernehmung von Zeugen und Sachverständigen sowie für die Mitwirkung bei Augenscheinseinnahmen, sofern diese Geschäfte nicht Teil eines anderen Verfahrens sind.

(2) [1] Bei einer eidesstattlichen Versicherung zur Erlangung eines Erbscheins oder eines Zeugnisses der in §§ 109 bis 111 bezeichneten Art bestimmt sich der Geschäftswert nach §§ 107, 109 und 111. [2] Treten in Erbscheinsverfahren weitere Erben einer anderweit beurkundeten eidesstattlichen Versicherung bei, so bestimmt sich die Gebühr nach dem Wert ihres Anteils an dem Nachlaß.

(3) Wird mit der eidesstattlichen Versicherung zugleich der Antrag auf Erteilung eines Erbscheins oder eines Zeugnisses der in §§ 109 und 111 bestimmten Art beurkundet, so wird dafür eine besondere Gebühr nicht erhoben.

§ 50[1] Bescheinigungen, Abmarkungen, Verklarungen, Proteste, Schätzungen. (1) Die volle Gebühr wird erhoben

1. für die Erteilung von Bescheinigungen über Tatsachen oder Verhältnisse, die urkundlich nachgewiesen oder offenkundig sind;
2. für die Mitwirkung bei Abmarkungen;
3. für die Aufnahme von Protesten und ähnlichen Urkunden;
4. für die Aufnahme von Schätzungen.

(2) Für die Aufnahme von Verklarungen sowie Beweisaufnahmen nach dem Fünften Buch des Handelsgesetzbuchs[2] und nach dem Binnenschiffahrtsgesetz wird das Doppelte der vollen Gebühr, für die nachträgliche Ergänzung der Verklarung wird eine volle Gebühr erhoben.

§ 51[3] Wechsel- und Scheckproteste. (1) Für die Aufnahme von Wechsel- und Scheckprotesten wird die Hälfte der vollen Gebühr erhoben.

(2) [1] Daneben wird für jeden Weg, der zur Erledigung des Protestes zurückzulegen ist, eine Wegegebühr von 1,50 Euro erhoben. [2] Die dem Protestbeamten zustehenden Reisekosten werden auf die Wegegebühr angerechnet. [3] Die Wegegebühr wird auch dann erhoben, wenn der Auftrag zur Protesterhebung nach Antritt des Weges seine Erledigung gefunden hat.

(3) Die Protestgebühr ist auch dann zu zahlen, wenn ohne Aufnahme des Protestes an den Protestbeamten gezahlt oder die Zahlung ihm nachgewiesen wird.

(4) Enthält der Wechsel Notadressen, so ist für die Aufnahme eines jeden Protestes wegen Verweigerung der Ehrenannahme oder wegen unterbliebener Ehrenzahlung ein Viertel der vollen Gebühr zu erheben.

(5) Für das Zeugnis über die Protesterhebung (Artikel 90 Abs. 2 des Wechselgesetzes und Artikel 59 Abs. 2 des Scheckgesetzes) werden eine Gebühr von 1,50 Euro und die für die Ablichtungen und Ausdrucke entstandene Dokumentenpauschale erhoben.

§ 52[4] Vermögensverzeichnisse, Siegelungen. (1) [1] Für die Aufnahme von Vermögensverzeichnissen sowie für Siegelungen und Entsiegelungen wird nach dem Wert der verzeichneten oder versiegelten Gegenstände die Hälfte der vollen Gebühr erhoben. [2] Das gleiche gilt für die Mitwirkung als Urkundsperson bei der Aufnahme von Vermögensverzeichnissen. [3] Nimmt das Geschäft einen Zeitaufwand von mehr als zwei Stunden in Anspruch, so erhöht sich die Gebühr für jede weitere angefangene Stunde um die Mindestgebühr (§ 33).

(2) Für die Siegelung, einschließlich der Entsiegelung und der Aufnahme eines Vermögensverzeichnisses, wird die Gebühr nur einmal nach dem Gesamtzeitaufwand erhoben.

§ 53 Freiwillige Versteigerung von Grundstücken. (1) Bei freiwilligen Versteigerungen zum Zwecke der Veräußerung oder Verpachtung von Grundstücken und sonstigen Gegen-

---

[1] § 50 Abs. 2 neu gef. durch G v. 9. 12. 1986 (BGBl. I S. 2326); Abs. 2 geänd. durch G v. 25. 8. 1998 (BGBl. I S. 2489).

[2] §§ 476 ff. HGB v. 10. 5. 1897 (RGBl. S. 219, ber. 1999 S. 42), zuletzt geänd. durch G v. 31. 7. 2009 (BGBl. I S. 2512).

[3] § 51 Abs. 5 geänd. durch G v. 20. 8. 1975 (BGBl. I S. 2189); Abs. 2 Satz 1 und Abs. 5 geänd. mWv 1. 1. 2002 durch G v. 27. 4. 2001 (BGBl. I S. 751); Abs. 5 geänd. mWv 15. 12. 2001 durch G v. 10. 12. 2001 (BGBl. I S. 3422); Abs. 5 geänd. mWv 1. 4. 2005 durch G v. 22. 3. 2005 (BGBl. I S. 837).

[4] § 52 Abs. 1 Satz 3 geänd. durch G v. 9. 12. 1986 (BGBl. I S. 2326).

ständen, die der Zwangsvollstreckung in das unbewegliche Vermögen unterliegen, werden erhoben

1. für das Verfahren im allgemeinen die Hälfte der vollen Gebühr;
2. für die Aufnahme einer gerichtlichen Schätzung die Hälfte der vollen Gebühr;
3. für die Abhaltung des Versteigerungstermins die volle Gebühr;
4. für die Beurkundung des Zuschlags die volle Gebühr.

(2) Die in Absatz 1 Nr. 1 bestimmte Gebühr wird mit dem Eingang des Antrags fällig und ist auch dann zu erheben, wenn die Versteigerung einer Ortsbehörde übertragen wird.

(3) Der Versteigerungstermin gilt als abgehalten, wenn zur Abgabe von Geboten aufgefordert ist.

(4) [1] Werden mehrere Grundstücke zum Zwecke der Veräußerung in demselben Verfahren versteigert, so werden die Gebühren von dem zusammengerechneten Wert der mehreren Grundstücke berechnet. [2] Die Gebühr für die Beurkundung des Zuschlags wird jedoch für jeden Ersteher nach dem zusammengerechneten Betrag seiner Gebote erhoben; ist der zusammengerechnete Wert der ihm zugeschlagenen Grundstücke höher, so ist dieser maßgebend.

(5) Werden in dem Verfahren mehrere Versteigerungstermine abgehalten, so werden für jeden Termin die Gebühren besonders erhoben.

(6) [1] Schuldner der Kosten für die Beurkundung des Zuschlags ist, vorbehaltlich der Vorschrift in § 3 Nr. 3, nur der Ersteher. [2] Hinsichtlich der übrigen Kosten gelten die allgemeinen Vorschriften über die Zahlungspflicht.

(7) [1] Tritt der Meistbietende die Rechte aus dem Meistgebot oder der Veräußerer den Anspruch gegen den Ersteher ab, oder erklärt der Meistbietende, für einen Dritten geboten zu haben, oder tritt ein Dritter diesen Erklärungen bei, so bleibt die Beurkundung gebührenfrei, wenn sie in dem Protokoll über die Versteigerung geschieht. [2] Das gleiche gilt, wenn nach Maßgabe der Versteigerungsbedingungen für den Anspruch gegen den Ersteher die Bürgschaft übernommen oder eine sonstige Sicherheit bestellt und dies in dem Protokoll über die Versteigerung beurkundet wird.

§ 54 Versteigerung von beweglichen Sachen und Rechten. (1) Für die Versteigerung von beweglichen Sachen, von Früchten auf dem Halm oder von Holz auf dem Stamm sowie von Forderungen oder sonstigen Rechten wird das Dreifache der vollen Gebühr nach dem zusammengerechneten Wert der Gegenstände erhoben.

(2) Soweit sich das Verfahren erledigt, bevor zur Abgabe von Geboten aufgefordert worden ist, ermäßigt sich die Gebühr auf ein Viertel der vollen Gebühr.

(3) Die Kosten können aus dem Erlös vorweg entnommen werden.

§ 55[1] Beglaubigung von Ablichtungen und Erteilung von amtlichen Ausdrucken.

(1) [1] Für die Beglaubigung von Ablichtungen und die Erteilung von amtlichen Ausdrucken wird, soweit nicht § 132 anzuwenden ist, eine Gebühr von 0,50 Euro für jede angefangene Seite erhoben. [2] Mindestens wird ein Betrag in Höhe der Mindestgebühr (§ 33) erhoben.

(2) Werden die Ablichtungen und Ausdrucke durch das Gericht hergestellt, so kommt die Dokumentenpauschale hinzu.

§ 55 a[2] Gebührenfreiheit in Kindschafts- und Unterhaltssachen. Beurkundungen nach § 62 Abs. 1 des Beurkundungsgesetzes[3] sind gebührenfrei.

§ 56[4] Sicherstellung der Zeit. Für die Sicherstellung der Zeit, zu der eine Privaturkunde ausgestellt ist, einschließlich der über die Vorlegung ausgestellten Bescheinigung, wird eine Gebühr von 13 Euro erhoben.

§ 57[5] Erfolglose Verhandlung. Unterbleibt die beantragte Beurkundung infolge Zurücknahme des Antrags oder aus ähnlichen Gründen, nachdem das Gericht mit den Beteiligten

---

[1] § 55 Abs. 1 neu gef., Abs. 2 geänd. durch G v. 20. 8. 1975 (BGBl. I S. 2189); Abs. 1 Satz 1 geänd., Satz 2 neu gef. durch G v. 9. 12. 1986 (BGBl. I S. 2326); Abs. 1 Satz 1 geänd. mWv 1. 1. 2002 durch G v. 27. 4. 2001 (BGBl. I S. 751); Abs. 2 geänd. mWv 15. 12. 2001 durch G v. 10. 12. 2001 (BGBl. I S. 3422); Überschr., Abs. 1 Satz 1 und Abs. 2 geänd. mWv 1. 4. 2005 durch G v. 22. 3. 2005 (BGBl. I S. 837); Überschr. und Abs. 1 Satz 1 geänd. mWv 1. 10. 2009 durch G v. 11. 8. 2009 (BGBl. I S. 2713).

[2] § 55 a eingef. durch G v. 19. 8. 1969 (BGBl. I S. 1243); geänd. durch G v. 26. 6. 1990 (BGBl. I S. 1163) und durch G v. 6. 4. 1998 (BGBl. I S. 666).

[3] Nr. **200**.

[4] § 56 geänd. durch G v. 24. 6. 1994 (BGBl. I S. 1325) und mWv 1. 1. 2002 durch G v. 27. 4. 2001 (BGBl. I S. 751).

[5] § 57 geänd. mWv 1. 1. 2002 durch G v. 27. 4. 2001 (BGBl. I S. 751).

darüber verhandelt hat, so wird die Hälfte der vollen Gebühr, jedoch nicht mehr als die für die beantragte Beurkundung bestimmte Gebühr erhoben; die Gebühr darf 50 Euro nicht übersteigen.

§ 58[1)] Geschäfte außerhalb der Gerichtsstelle, an Sonn- und Feiertagen und zur Nachtzeit. (1) [1] Wird ein Geschäft auf Verlangen des Antragstellers oder mit Rücksicht auf die Art des Geschäfts außerhalb der Gerichtsstelle vorgenommen, so wird eine Zusatzgebühr in Höhe der Hälfte der vollen Gebühr erhoben, die jedoch den Betrag von 30 Euro und die für das Geschäft selbst zu erhebende Gebühr nicht übersteigen darf. [2] Werden mehrere Erklärungen in einer Verhandlung beurkundet, so wird die Gebühr nur einmal erhoben, und zwar, soweit die beurkundeten Erklärungen verschiedene Gegenstände betreffen, nach deren zusammengerechnetem Wert.

(2) Haben die Gerichtspersonen den Weg zu dem Ort des Geschäfts angetreten, so wird die Zusatzgebühr auch dann erhoben, wenn das Geschäft aus einem in der Person der Beteiligten liegenden Grund nicht ausgeführt wird.

(3) [1] Für Beurkundungen an Sonntagen und allgemeinen Feiertagen sowie an Werktagen außerhalb der Zeit von acht bis achtzehn Uhr, jedoch an Sonnabenden nach dreizehn Uhr, wird eine Gebühr in Höhe der Hälfte der vollen Gebühr erhoben, die jedoch den Betrag von 30 Euro und die für das Geschäft selbst zu erhebende Gebühr nicht übersteigen darf. [2] Treffen mehrere der in Satz 1 genannten Voraussetzungen zu, so wird die Zusatzgebühr nur einmal erhoben.

(4) Die Vorschriften dieses Paragraphen gelten nicht für Geschäfte der in § 50 Nr. 2 und 4 sowie in §§ 51, 52 und 54 bezeichneten Art; im Fall des § 53 wird die Zusatzgebühr nur erhoben, wenn der Versteigerungstermin außerhalb der Gerichtsstelle abgehalten wird.

§ 59[2)] Erklärungen in fremder Sprache. (1) Gibt ein Beteiligter die zu beurkundende Erklärung in einer fremden Sprache ab, so wird für die Beurkundung eine Zusatzgebühr in Höhe der Hälfte der für die Beurkundung erwachsenden Gebühr bis zum Höchstbetrag von 30 Euro erhoben.

(2) Schuldner der Zusatzgebühr sowie der durch die Zuziehung eines Dolmetschers entstandenen Auslagen ist der Beteiligte, der die Verhandlung in der fremden Sprache veranlaßt hat.

2. Grundbuchsachen

§ 60[3)] Eintragung des Eigentümers. (1) Für die Eintragung eines Eigentümers oder von Miteigentümern wird die volle Gebühr erhoben.

(2) Die Gebühr ermäßigt sich auf die Hälfte bei Eintragung des Ehegatten, des Lebenspartners oder von Abkömmlingen des eingetragenen Eigentümers, auch wenn die Genannten infolge der Auseinandersetzung des Gesamtguts einer Gütergemeinschaft oder eines Nachlasses oder wenn sie nachträglich als Miteigentümer von Grundstücken eingetragen werden, die zu einer Gütergemeinschaft gehören; bei der Eintragung infolge einer Erbauseinandersetzung oder der Auseinandersetzung einer Gütergemeinschaft macht es keinen Unterschied, ob inzwischen die Erben oder diejenigen, die die Gütergemeinschaft fortgesetzt haben, im Grundbuch eingetragen worden sind oder nicht.

(3) Werden Gebühren auf Grund der Absätze 1 und 2 nebeneinander erhoben, so wird zunächst die volle Gebühr nach dem Gesamtwert berechnet; die so berechnete Gebühr mindert sich um die Hälfte des Anteils der Personen, deren Eintragung nach Absatz 2 nur die halbe Gebühr erfordert.

(4) Die Gebühren nach den Absätzen 1 bis 3 werden nicht erhoben bei Eintragung von Erben des eingetragenen Eigentümers, wenn der Eintragungsantrag binnen zwei Jahren seit dem Erbfall bei dem Grundbuchamt eingereicht wird.

(5) Werden auf Grund eines gleichzeitig gestellten Antrags derselbe Eigentümer oder dieselben Miteigentümer bei mehreren Grundstücken eingetragen, über die das Grundbuch bei demselben Grundbuchamt geführt wird, so werden die Gebühren nur einmal nach dem zusammengerechneten Wert erhoben.

(6) Wird der Eigentümer auf Grund des § 82 a der Grundbuchordnung von Amts wegen eingetragen, so wird für die Eintragung einschließlich des vorangegangenen Verfahrens vor dem

---

1) § 58 Abs. 1 Satz 1 und Abs. 3 Satz 1 geänd. mWv 1. 1. 2002 durch G v. 27. 4. 2001 (BGBl. I S. 751).

2) § 59 Abs. 1 geänd. mWv 1. 1. 2002 durch G v. 27. 4. 2001 (BGBl. I S. 751).

3) § 60 Abs. 4 eingef., bish. Abs. 4 und 5 werden Abs. 5 und 6 durch G v. 20. 12. 1963 (BGBl. I S. 986); Abs. 2 geänd. durch G v. 2. 7. 1976 (BGBl. I S. 1749) und mWv 1. 8. 2001 durch G v. 16. 2. 2001 (BGBl. I S. 266).

Grundbuchamt oder Nachlaßgericht das Doppelte der in den Absätzen 1 und 2 bestimmten Gebühren erhoben.

§ 61 Eigentumswechsel bei Gemeinschaften zur gesamten Hand. (1) [1] Geht ein Grundstück, das für mehrere zur gesamten Hand eingetragen ist, auf einen oder mehrere der Mitberechtigten oder auf eine aus denselben Personen bestehende andere Gesamthandgemeinschaft über, so wird die Gebühr so berechnet, als ob die Beteiligten nach Bruchteilen berechtigt wären; die Anteile der Erwerber bleiben unberücksichtigt. [2] Geht ein Grundstück von einem oder mehreren eingetragenen Eigentümern, die in einer Gesamthandgemeinschaft stehen, auf diese Gemeinschaft über, so wird die Gebühr so berechnet, als ob es sich um eine Gemeinschaft nach Bruchteilen handele; die Anteile der Veräußerer bleiben unberücksichtigt. [3] Treten sonst Änderungen in der Person der an der gesamten Hand Berechtigten ein, so wird der Anteil des ausscheidenden oder neu eintretenden Mitberechtigten zugrunde gelegt.

(2) [1] Die Anteile sind entsprechend der Beteiligung an dem Gesamthandvermögen zu bemessen. [2] Mindestens sind die Gebühren nach dem kleinsten Anteil zu berechnen.

(3) Die Vorschriften der Absätze 1 und 2 gelten nicht für offene Handelsgesellschaften und Kommanditgesellschaften.

§ 62 Eintragung von Belastungen. (1) Für die Eintragung einer Hypothek, Grundschuld oder Rentenschuld, einer Dienstbarkeit, eines Dauerwohnrechts, eines Dauernutzungsrechts, eines Vorkaufsrechts, einer Reallast, eines Erbbaurechts oder eines ähnlichen Rechts an einem Grundstück wird die volle Gebühr erhoben.

(2) Werden Belastungen auf Grund von Gutsüberlassungsverträgen oder von Erb- oder Gesamtgutsauseinandersetzungen zugleich mit der Eintragung des neuen Eigentümers eingetragen, so wird die im Absatz 1 bestimmte Gebühr nur zur Hälfte erhoben.

(3) [1] Als gebührenfreies Nebengeschäft der Eintragung des Rechts (§ 35) gilt insbesondere die gleichzeitig beantragte Eintragung der Unterwerfung unter die sofortige Zwangsvollstreckung, eines Rangvorbehalts oder des Ausschlusses der Brieferteilung. [2] Wird gleichzeitig mit dem Antrag auf Eintragung des Rechts beantragt, eine Löschungsvormerkung gemäß § 1179 des Bürgerlichen Gesetzbuchs zugunsten des Berechtigten einzutragen, so wird für diese Eintragung eine weitere Gebühr nicht erhoben.

§ 63 Eintragung mehrerer Rechte, Belastung mehrerer Grundstücke. (1) [1] Werden ein oder mehrere Grundstücke mit mehreren Rechten der in § 62 bezeichneten Art belastet, so wird die Gebühr für die Eintragung jedes Rechts besonders erhoben. [2] Wird gemäß § 50 der Grundbuchordnung bei einer Hypothek, Grundschuld oder Rentenschuld, die in Teilbeträgen mehreren Berechtigten zusteht, lediglich der Gesamtbetrag des Rechts eingetragen, so gilt dies als Belastung mit nur einem Recht.

(2) [1] Werden mehrere Grundstücke mit einem und demselben Recht belastet, so wird die Gebühr nur einmal erhoben, wenn die Eintragung auf Grund eines gleichzeitig gestellten Antrags erfolgt und das Grundbuch über die Grundstücke bei demselben Grundbuchamt geführt wird. [2] Als Belastung mit einem und demselben Recht gilt auch die Belastung mehrerer Grundstücke mit einem Nießbrauch, mit einer beschränkten persönlichen Dienstbarkeit, mit einem Altenteil oder mit einem Vorkaufsrecht.

(3) [1] Wird gleichzeitig die Belastung mehrerer Grundstücke mit einem und demselben Recht beantragt und wird das Grundbuch über die Grundstücke bei verschiedenen Grundbuchämtern geführt, so wird für die Eintragung auf dem Grundstück, das den höchsten Wert hat, die in § 62 Abs. 1 oder 2 bestimmte Gebühr in voller Höhe erhoben; für jede weitere Eintragung wird die Hälfte der in § 62 Abs. 1 oder 2 bestimmten Gebühr angesetzt, und zwar nach dem Wert des Grundstücks, wenn er geringer ist als der Wert des Rechts. [2] Dabei wird der Wert mehrerer Grundstücke, über die das Grundbuch bei demselben Grundbuchamt geführt wird, zusammengerechnet. [3] Gleichzeitig sind die Anträge gestellt, wenn sie bei einem Grundbuchamt gemeinsam eingereicht sind, bei gesonderter Antragstellung, wenn sie innerhalb eines Monats bei den beteiligten Grundbuchämtern eingehen.

(4) [1] Soweit der Antrag nicht gleichzeitig gestellt ist, wird für jede Eintragung die Hälfte der in § 62 Abs. 1 oder 2 bestimmten Gebühr erhoben, und zwar nach dem Wert des Grundstücks, wenn er geringer ist als der Wert des Rechts. [2] Dabei wird der Wert mehrerer Grundstücke, über die das Grundbuch bei demselben Grundbuchamt geführt wird, zusammengerechnet.

§ 64 Eintragung von Veränderungen und Löschungsvormerkungen. (1) [1] Für die Eintragung von Veränderungen eines Rechts wird die Hälfte der vollen Gebühr erhoben. [2] Als Veränderung eines Rechts gilt auch die Löschungsvormerkung (§ 1179 des Bürgerlichen Gesetzbuchs), soweit sie nicht gemäß § 62 Abs. 3 Satz 2 gebührenfrei einzutragen ist.

(2) Bezieht sich eine Veränderung auf mehrere Rechte, so wird die in Absatz 1 bestimmte Gebühr für jedes Recht besonders erhoben, auch wenn es nur der Eintragung eines einheitlichen Vermerks bedarf.

(3) Beziehen sich mehrere Veränderungen, deren Eintragung gleichzeitig beantragt ist, auf ein und dasselbe Recht, so wird, gleichviel ob es der Eintragung eines oder mehrerer Vermerke bedarf, die Gebühr nur einmal nach dem zusammengerechneten Wert der Veränderungen erhoben.

(4) [1] Der Wert des veränderten Rechts darf, auch wenn es sich um mehrere Veränderungen desselben Rechts handelt, nicht überschritten werden. [2] Handelt es sich um den Übergang eines Rechts, so finden die Vorschriften des § 61 entsprechende Anwendung.

(5) Änderungen des Ranges eingetragener Rechte sind nur als Veränderungen des zurücktretenden Rechts, Löschungsvormerkungen zugunsten eines nach- oder gleichstehenden Gläubigers (§ 1179 des Bürgerlichen Gesetzbuchs) nur als Veränderungen des Rechts zu behandeln, auf dessen Löschung der vorgemerkte Anspruch gerichtet ist; für die Wertberechnung bleibt die Vorschrift des § 23 Abs. 3 unberührt.

(6) Betreffen die Veränderungen Rechte, mit denen mehrere Grundstücke gemeinsam belastet sind, so gelten die Vorschriften des § 63 Abs. 2 und 3 entsprechend.

§ 65 Eintragung von Verfügungsbeschränkungen. (1) Für die Eintragung von Verfügungsbeschränkungen, insbesondere einer Nacherbfolge, einer Testamentsvollstreckung oder einer Belastung des Anteils gemäß § 1010 des Bürgerlichen Gesetzbuchs, wird, soweit nicht die Eintragung nach § 69 gebührenfrei vorzunehmen ist, die Hälfte der vollen Gebühr erhoben.

(2) [1] Bezieht sich eine Verfügungsbeschränkung auf mehrere Rechte, so wird die im Absatz 1 bestimmte Gebühr für jedes Recht besonders erhoben, auch wenn es nur der Eintragung eines Vermerks bedarf. [2] Betreffen die Eintragungen Rechte, mit denen mehrere Grundstücke gemeinsam belastet sind, so gilt § 63 Abs. 2 und 3 entsprechend; eine Verfügungsbeschränkung, die Eigentum an mehreren Grundstücken betrifft, steht einer Belastung der Grundstücke mit einem und demselben Recht gleich.

(3) Beziehen sich mehrere Verfügungsbeschränkungen, deren Eintragung gleichzeitig beantragt ist, auf ein und dasselbe Recht, so wird die Gebühr, gleichviel ob es eines oder mehrerer Vermerke bedarf, nur einmal nach dem zusammengerechneten Wert erhoben.

(4) Der Wert des betroffenen Rechts darf, auch wenn es sich um mehrere Verfügungsbeschränkungen hinsichtlich desselben Rechts handelt, nicht überschritten werden.

§ 66 Eintragung von Vormerkungen und Widersprüchen. (1) [1] Für die Eintragung einer Vormerkung wird die Hälfte der Gebühr erhoben, die für die endgültige Eintragung zu erheben sein würde, mindestens jedoch ein Viertel der vollen Gebühr. [2] Für die Eintragung einer Vormerkung, durch die der Anspruch auf Eintragung einer Veränderung oder der Aufhebung eines Rechts am Grundstück gesichert werden soll, wird die gleiche Gebühr erhoben, die für die gesicherte Eintragung zu erheben sein würde; die Vorschriften über die Eintragung einer Löschungsvormerkung (§ 64) bleiben unberührt.

(2) Für die Eintragung eines Widerspruchs wird die Hälfte der Gebühr erhoben, die für die Grundbuchberichtigung zu erheben sein würde, zu deren Sicherung der Widerspruch eingetragen wird; mindestens wird jedoch ein Viertel der vollen Gebühr erhoben.

§ 67[1)] Sonstige Eintragungen. (1) [1] Für alle Eintragungen, die unter keine der vorstehenden Vorschriften fallen und auch nicht als Nebengeschäft gebührenfrei sind, wird ein Viertel der vollen Gebühr erhoben. [2] Dies gilt insbesondere

1. für die Eintragung des Verzichts auf das Eigentum am Grundstück;
2. für die Eintragung des Ausschlusses der Erteilung eines Briefs sowie für die Eintragung der Aufhebung dieses Ausschlusses;
3. für den Vermerk von Rechten, die dem jeweiligen Eigentümer zustehen, einschließlich des Vermerks hierüber auf dem Grundbuchblatt des belasteten Grundstücks;
4. für die Eintragung der ohne Eigentumsübergang stattfindenden Teilungen, Vereinigungen und Zuschreibungen von Grundstücken;
5. für die Anlegung eines Grundbuchblatts für ein noch nicht im Grundbuch eingetragenes oder aus dem Grundbuch ausgeschiedenes Grundstück sowie für die nachträgliche Ausscheidung eines Grundstücks aus dem Grundbuch;

1) § 67 Abs. 2 geänd. durch G v. 24. 6. 1994 (BGBl. I S. 1325).

6. für die Eintragung der Unterwerfung unter die sofortige Zwangsvollstreckung bei einer Hypothek, Grundschuld oder Rentenschuld.

(2) § 60 Abs. 5, § 63 Abs. 2, § 64 Abs. 3 gelten entsprechend, jedoch ist mindestens ein Viertel der vollen Gebühr zu erheben.

(3) Der Wert bestimmt sich nach § 30.

§ 68 Löschungen und Entlassung aus der Mithaft. [1] Für jede Löschung wird die Hälfte der für die Eintragung bestimmten Gebühr erhoben; für die Eintragung der Entlassung aus der Mithaft wird die Hälfte der Gebühr erhoben, die für die Eintragung der Einbeziehung in die Mithaft zu erheben sein würde. [2] Mindestens wird ein Viertel der vollen Gebühr erhoben.

§ 69[1)] Gebührenfreie Eintragungen und Löschungen, Zwischenverfügungen. (1) Gebühren werden nicht erhoben

1. für die Umschreibung unübersichtlicher Grundbuchblätter und für die Neufassung einzelner Teile eines Grundbuchblatts;
2. für Eintragungen und Löschungen, die gemäß § 18 Abs. 2 oder § 53 der Grundbuchordnung von Amts wegen erfolgen;
3. für Eintragungen und Löschungen, die vorgenommen werden, um Übereinstimmung zwischen dem Grundbuch und den nach § 2 Abs. 2 der Grundbuchordnung maßgebenden amtlichen Verzeichnissen zu erhalten;
4. für die Eintragung der Vereinigung mehrerer Grundstücke zu einem Grundstück und für die Zuschreibung eines oder mehrerer Grundstücke zu einem anderen Grundstück als dessen Bestandteil, einschließlich hierzu notwendiger Grundstücksteilungen und der Aufnahme des erforderlichen Antrags durch das Grundbuchamt, sofern die das amtliche Verzeichnis (§ 2 Abs. 2 der Grundbuchordnung) führende Behörde bescheinigt, daß die Grundstücke örtlich und wirtschaftlich ein einheitliches Grundstück darstellen;
5. für die Zusammenschreibung mehrerer Grundstücke auf einem Grundbuchblatt (§ 4 der Grundbuchordnung);
6. für die Beseitigung von Doppelbuchungen, einschließlich des vorangegangenen Verfahrens vor dem Grundbuchamt.

(2) [1] Gebührenfrei sind ferner, soweit nicht ein anderes bestimmt ist, Eintragungen und Löschungen, die auf Ersuchen oder Anordnung eines Gerichts, insbesondere des Insolvenz- oder Vollstreckungsgerichts, erfolgen; ausgenommen sind die Eintragung des Erstehers als Eigentümer, die Eintragung der Sicherungshypothek für die Forderung gegen den Ersteher und Eintragungen auf Grund einer einstweiligen Verfügung (§ 941 der Zivilprozeßordnung). [2] Soweit eine Eintragung oder Löschung nach den Vorschriften der Insolvenzordnung statt auf Ersuchen des Insolvenzgerichts auf Antrag des Insolvenzverwalters oder, wenn kein Verwalter bestellt ist, auf Antrag des Schuldners erfolgt, ist sie ebenfalls gebührenfrei.

(3) Für Zwischenverfügungen des Grundbuchamts (§ 18 Abs. 1 der Grundbuchordnung) werden besondere Gebühren nicht erhoben.

§ 70[2)] Löschung gegenstandsloser Rechte und Klarstellung der Rangverhältnisse.

(1) [1] Für die Löschung gegenstandsloser Eintragungen (§ 84 der Grundbuchordnung) sowie für das vorausgegangene Verfahren vor dem Grundbuchamt, einschließlich der Beurkundung der Erklärungen der Beteiligten, werden Gebühren nicht erhoben. [2] Das Grundbuchamt kann die Gebühr für die Löschung einem Beteiligten auferlegen, wenn dies nach den Umständen angemessen erscheint.

(2) Für Eintragungen und Löschungen zur Beseitigung unklarer oder unübersichtlicher Rangverhältnisse (§ 102 Abs. 2, § 111 der Grundbuchordnung) werden Gebühren nicht erhoben; gebührenfrei ist auch das vorangegangene Verfahren vor dem Grundbuchamt, einschließlich der Beurkundung von Erklärungen der Beteiligten.

§ 71 Erteilung von Hypotheken-, Grundschuld- oder Rentenschuldbriefen. (1) [1] Für die Erteilung eines Hypotheken-, Grundschuld- oder Rentenschuldbriefs, eines Teilbriefs oder eines neuen Briefs wird ein Viertel der vollen Gebühr erhoben. [2] Für die Eintragung des Erteilungsvermerks in das Grundbuch wird daneben keine Gebühr erhoben.

(2) [1] Für die Erteilung eines Gesamtbriefs wird die im Absatz 1 bestimmte Gebühr nur einmal erhoben, wenn die mehreren Grundstücke bei demselben Grundbuchamt eingetragen sind.

[1)] § 69 Abs. 2 Satz 2 angef., bish. Wortlaut wird Satz 1 und geänd. durch G v. 5 10. 1994 (BGBl. I S. 2911).
[2)] § 70 Abs. 2 Satz 2 aufgeh. mWv 1. 9. 2009 durch G v. 17. 12. 2008 (BGBl. I S. 2586).

[2] Sind die belasteten Grundstücke bei verschiedenen Grundbuchämtern eingetragen, so werden für die gemäß § 59 Abs. 2 der Grundbuchordnung zu erteilenden besonderen Briefe die Gebühren besonders erhoben, und zwar nach dem Wert, nach dem sich die Gebühren für die Eintragung des Rechts bestimmen; ist das Recht schon eingetragen, so ist der Wert maßgebend, nach dem die Eintragungsgebühr zu erheben wäre, falls das Recht im Zeitpunkt der Brieferteilung eingetragen würde. [3] Wird im Fall des Eintritts in die Mithaft die Mitbelastung lediglich auf dem bisherigen Brief vermerkt (§ 63 der Grundbuchordnung), so wird hierfür neben der Eintragungsgebühr eine besondere Gebühr nicht erhoben.

(3) Bei Erteilung eines gemeinschaftlichen Briefs (§ 66 der Grundbuchordnung) werden die Werte der einzelnen Hypotheken zusammengerechnet.

§ 72[1)] Vermerke auf dem Brief. Für die Ergänzung des Grundbuchauszugs auf dem Brief sowie für sonstige Vermerke auf dem Brief wird, sofern es sich nicht um eine gebührenfreie Nebentätigkeit handelt, eine Gebühr von 13 Euro erhoben.

§ 73[2)] Ablichtungen und Ausdrucke. (1) Für die Erteilung von Ablichtungen aus dem Grundbuch werden erhoben

1. für unbeglaubigte Ablichtungen eine Gebühr von 10 Euro;
2. für beglaubigte Ablichtungen eine Gebühr von 18 Euro.

(2) Für die Erteilung von Ausdrucken aus dem maschinell geführten Grundbuch werden erhoben

1. für Ausdrucke eine Gebühr von 10 Euro;
2. für amtliche Ausdrucke eine Gebühr von 18 Euro.

(3) Für die Ergänzung oder Bestätigung von Ablichtungen nach Absatz 1 und von Ausdrucken nach Absatz 2 wird dieselbe Gebühr wie für die Erteilung erhoben.

(4) In den Fällen der Absätze 1 bis 3 wird die Dokumentenpauschale nicht erhoben.

(5) Für die Erteilung von Ablichtungen, Auskünften und Mitteilungen nach § 19 Abs. 2 und 3 des Gesetzes über die Zwangsversteigerung und die Zwangsverwaltung werden weder Gebühren noch Auslagen erhoben.

(6) Für die Erteilung eines Ausdrucks aus einem maschinell geführten Verzeichnis, das der Auffindung der Grundbuchblätter dient, wird eine Gebühr von 10 Euro erhoben.

§ 74 Grundbucheinsicht. Für die Einsicht des Grundbuchs werden Gebühren nicht erhoben.

§ 75 Eintragungsanträge. [1] Für die Aufnahme von Anträgen auf Eintragungen und Löschungen werden Gebühren nach Maßgabe des Beurkundungsabschnitts besonders erhoben, soweit sie in der Form des § 29 der Grundbuchordnung gestellt werden müssen. [2] Im übrigen ist die Aufnahme und Entgegennahme von Anträgen gebührenfrei.

§ 76 Wohnungs- und Teileigentum. (1) [1] Für die Eintragung der vertraglichen Einräumung von Sondereigentum (§ 7 Abs. 1 des Wohnungseigentumsgesetzes) und für die Anlegung der Wohnungsgrundbücher (Teileigentumsgrundbücher) im Falle des § 8 des Wohnungseigentumsgesetzes wird die Hälfte der vollen Gebühr erhoben. [2] Die Gebühr wird auch dann besonders erhoben, wenn die Eintragung von Miteigentum und die Eintragung des Sondereigentums gleichzeitig beantragt werden.

(2) Für die Eintragung von Änderungen des Inhalts des Sondereigentums gilt § 64 entsprechend.

(3) Für die Eintragung der Aufhebung von Sondereigentum (§ 4 Abs. 1 des Wohnungseigentumsgesetzes) und für die Anlegung des Grundbuchblatts für das Grundstück (§ 9 Abs. 1 Nr. 2 und 3, Abs. 3 des Wohnungseigentumsgesetzes) wird die Hälfte der vollen Gebühr erhoben.

(4) Für das Wohnungserbbaurecht (Teilerbbaurecht) gelten die Absätze 1 bis 3 entsprechend.

[1)] § 72 geänd. durch G v. 24. 6. 1994 (BGBl. I S. 1325) und mWv 1. 1. 2002 durch G v. 27. 4. 2001 (BGBl. I S. 751).

[2)] § 73 neu gef. durch G v. 24. 6. 1994 (BGBl. I S. 1325); Abs. 1 Nr. 1 und 2, Abs. 2 Nr. 1 und 2 sowie Abs. 6 geänd. mWv 1. 1. 2002 durch G v. 27. 4. 2001 (BGBl. I S. 751); Abs. 4 geänd. mWv 15. 12. 2001 durch G v. 10. 12. 2001 (BGBl. I S. 3422); Überschr., Abs. 1, 3 und 5 geänd. mWv 1. 4. 2005 durch G v. 22. 3. 2005 (BGBl. I S. 837).

§ 77[1] Grundstücksgleiche Rechte. (1) Die für Grundstücke geltenden Vorschriften finden auf Erbbaurechte sowie auf das Bergwerkseigentum und sonstige Berechtigungen, die den für Grundstücke geltenden Vorschriften unterliegen, entsprechende Anwendung.

(2) [1] Wird ein Bergwerk mit unbeweglichen Anteilen der Gewerken in Ausführung eines nach den maßgebenden bergrechtlichen Vorschriften gefaßten Beschlusses auf die Gewerkschaft eingetragen, so wird für die Eintragung, einschließlich der vorläufigen Vermerke, der Anlegung des Gewerkenbuchs und der Ausfertigung und Aufbewahrung der Kuxscheine, die volle Gebühr erhoben. [2] Die gleiche Gebühr wird für die Umschreibung eines Kuxes in dem Gewerkenbuch auf einen anderen Berechtigten erhoben. [3] Für die Eintragung von Pfandrechten auf Kuxscheinen und die Eintragung von Veränderungen und Löschungen werden dieselben Gebühren erhoben wie bei entsprechenden Eintragungen und Löschungen im Grundbuch. [4] Für die Erteilung beglaubigter Ablichtungen und Ausdrucke aus dem Gewerkenbuch und dessen Einsicht gelten die Vorschriften der §§ 73, 74 entsprechend.

§ 78 Bahneinheiten. (1) Die für Grundstücke geltenden Vorschriften finden auf Bahneinheiten entsprechende Anwendung.

(2) Die Gebühr für die Anlegung und die Schließung des Bahngrundbuchs bestimmt sich nach § 67; das gleiche gilt für den Vermerk über das Erlöschen der Genehmigung, einschließlich der erforderlichen öffentlichen Bekanntmachung des Vermerks.

(3) Wird infolge Veräußerung der Bahn der Eigentumswechsel auf dem Grundbuchblatt des Bahngrundstücks eingetragen, so werden dafür Gebühren nicht erhoben.

(4) [1] Die Kosten der Anlegung des Bahngrundbuchs sowie der Vermerke über die Zugehörigkeit eines Grundstücks zur Bahneinheit trägt der Bahneigentümer. [2] Die Kosten fallen jedoch, wenn ein Gläubiger durch den Antrag auf Eintragung einer vollstreckbaren Forderung die Anlegung des Bahngrundbuchs veranlaßt hat, diesem Gläubiger, und wenn das Bahngrundbuch aus Anlaß eines Zwangsversteigerungsverfahrens auf Ersuchen des Vollstreckungsgerichts angelegt ist, dem Ersteher zur Last.

3. Registersachen

§ 79[2] Gebühren für Eintragungen in das Handels-, Partnerschafts- oder Genossenschaftsregister. (1) Für Eintragungen in das Handels-, Partnerschafts- oder Genossenschaftsregister, Fälle der Zurücknahme oder Zurückweisung von Anmeldungen zu diesen Registern, die Entgegennahme, Prüfung und Aufbewahrung der zum Handels- oder Genossenschaftsregister einzureichenden Unterlagen, die Bekanntmachung von Verträgen oder Vertragsentwürfen nach dem Umwandlungsgesetz sowie die Übertragung von Schriftstücken in ein elektronisches Dokument nach § 9 Abs. 2 des Handelsgesetzbuchs und Artikel 61 Abs. 3 des Einführungsgesetzes zum Handelsgesetzbuch werden Gebühren nur auf Grund einer Rechtsverordnung nach § 79 a erhoben.

(2) Zur Zahlung der Gebühr für die Entgegennahme, Prüfung und Aufbewahrung der zum Handels- oder Genossenschaftsregister einzureichenden Unterlagen und der Kosten für die Bekanntmachung von Verträgen oder Vertragsentwürfen nach dem Umwandlungsgesetz ist das einreichende Unternehmen verpflichtet.

§ 79 a[3] Verordnungsermächtigung. [1] Das Bundesministerium der Justiz bestimmt durch Rechtsverordnung[4] mit Zustimmung des Bundesrates Gebühren für Eintragungen in das Handels-, Partnerschafts- oder Genossenschaftsregister, für Fälle der Zurücknahme oder Zurückweisung von Anmeldungen zu diesen Registern, für die Entgegennahme, Prüfung und Aufbewahrung der zum Handels- oder Genossenschaftsregister einzureichenden Unterlagen, für die Bekanntmachung von Verträgen oder Vertragsentwürfen nach dem Umwandlungsgesetz sowie für die Übertragung von Schriftstücken in ein elektronisches Dokument nach § 9 Abs. 2 des Handelsgesetzbuchs und Artikel 61 Abs. 3 des Einführungsgesetzes zum Handelsgesetzbuch. [2] Die Höhe der Gebühren richtet sich nach den auf die Amtshandlungen entfallenden durchschnittlichen Personal- und Sachkosten; Gebühren für Fälle der Zurücknahme oder Zurückweisung von Anmeldungen können jedoch durch pauschale Ab- oder Zuschläge auf die für die entsprechenden Eintragungen zu erhebenden Gebühren bestimmt werden. [3] Die auf gebühren-

---

[1] § 77 Abs. 2 Satz 4 geänd. mWv 1. 4. 2005 durch G v. 22. 3. 2005 (BGBl. I S. 837).

[2] § 79 neu gef. mWv 1. 12. 2004 durch G v. 3. 7. 2004 (BGBl. I S. 1410); Abs. 1 neu gef. mWv 1. 1. 2007 durch G v. 10. 11. 2006 (BGBl. I S. 2553).

[3] § 79 a eingef. mWv 8. 7. 2004 durch G v. 3. 7. 2004 (BGBl. I S. 1410); Satz 1 neu gef. mWv 1. 1. 2007 durch G v. 10. 11. 2006 (BGBl. I S. 2553).

[4] Siehe die VO über Gebühren in Handels-, Partnerschafts- und Genossenschaftsregistersachen (Handelsregistergebührenverordnung – HRegGebV) v. 30. 9. 2004 (BGBl. I S. 2562), zuletzt geänd. durch VO v. 28. 12. 2007 (BGBl. I S. 3283).

freie Eintragungen entfallenden Personal- und Sachkosten können bei der Höhe der für andere Eintragungen festzusetzenden Gebühren berücksichtigt werden.

§ 80 Eintragungen in das Vereinsregister. (1) Für Eintragungen in das Vereinsregister werden erhoben

1. für die erste Eintragung des Vereins das Doppelte der vollen Gebühr;
2. für alle späteren Eintragungen die volle Gebühr;
3. für Löschung der Gesamteintragung die Hälfte der vollen Gebühr.

(2) Werden auf Grund derselben Anmeldung mehrere Eintragungen der in Absatz 1 Nr. 2 bezeichneten Art vorgenommen, so wird die Gebühr nur einmal erhoben.

§ 81 Eintragungen in das Güterrechtsregister. Für Eintragungen in das Güterrechtsregister wird die volle Gebühr erhoben.

§§ 82, 83[1] *(aufgehoben)*

§ 84[2] **Eintragungen in das Schiffsregister, Schiffsurkunden.** (1) [1] Für die Eintragung des Schiffs in das Schiffsregister und für die Eintragung von Veränderungen, die das Schiff betreffen, wird ein Viertel der vollen Gebühr erhoben. [2] Der Wert bestimmt sich bei der Eintragung des Schiffs nach dem Wert des Schiffs; bei der Eintragung von Veränderungen gilt § 30 Abs. 2. [3] Bei der Verlegung des Heimathafens (Heimatorts) wird nur eine Gebühr bei dem Gericht des neuen Heimathafens (Heimatorts) erhoben. [4] Die Eintragung von Veränderungen der amtlichen Kennzeichen des Schiffs ist gebührenfrei.

(2) [1] Für die Löschung der Eintragung des Schiffs wird eine Gebühr nur im Fall des § 20 Abs. 2 Satz 2 der Schiffsregisterordnung[3] erhoben; die Gebühr beträgt ein Viertel der vollen Gebühr; der Wert bestimmt sich nach dem Wert des Schiffs. [2] Für die Eintragung, daß das Schiff das Recht zur Führung der Bundesflagge verloren hat oder daß das Schiff seinen Heimatort im Ausland hat, wird eine Gebühr nicht erhoben; das gleiche gilt für Eintragungen in den Fällen des § 17 Abs. 2 der Schiffsregisterordnung.

(3) Für die Eintragung eines neuen Eigentümers, für die Eintragung oder Löschung einer Schiffshypothek, eines Arrestpfandrechts oder eines Nießbrauchs und für die Eintragung von Veränderungen, die sich auf das Eigentum, die Schiffshypothek oder den Nießbrauch beziehen, ferner für die Eintragung oder Löschung von Vormerkungen, Widersprüchen und Verfügungsbeschränkungen gelten die für die entsprechenden Eintragungen im Grundbuch gegebenen Vorschriften sinngemäß mit der Maßgabe, daß in jedem Fall nur ein Viertel der vollen Gebühr erhoben wird.

(4) Bei einer Reederei wird für die Eintragung eines neuen Mitreeders oder der Verpfändung oder Pfändung einer Schiffspart, für die Eintragung einer Verfügungsbeschränkung, die eine Schiffspart betrifft, und für die Eintragung eines Korrespondentreeders eine Gebühr von 10 bis 140 Euro erhoben.

(5) [1] Für die Erteilung des Schiffszertifikats, des Schiffsbriefs oder des Flaggenzeugnisses und für den Vermerk von Veränderungen auf dem Zertifikat oder dem Brief wird eine Gebühr von 13 Euro erhoben. [2] Für den Vermerk von Veränderungen der amtlichen Kennzeichen werden weder Gebühren noch die Dokumentenpauschale erhoben. [3] Für die Erteilung eines Auszugs aus dem Schiffszertifikat wird nur die Dokumentenpauschale erhoben.

§ 85[4] **Eintragungen in das Schiffsbauregister.** [1] Für Eintragungen in das Schiffsbauregister gilt § 84 Abs. 1 bis 4 entsprechend. [2] Für die Eintragung des Schiffsbauwerks wird eine Gebühr nicht erhoben. [3] Die Übertragung der im Schiffsbauregister eingetragenen Hypotheken in das Schiffsregister ist gebührenfrei.

§ 86[5] **Anmeldungen und Anträge.** [1] Für die Aufnahme von Anmeldungen zum Handels-, Vereins-, Güterrechts- und Partnerschaftsregister werden Gebühren nach Maßgabe des Beur-

---

[1] §§ 82 und 83 aufgeh. mWv 1. 12. 2004 durch G v. 3. 7. 2004 (BGBl. I S. 1410).

[2] § 84 Abs. 5 Sätze 2 und 3 geänd. durch G v. 20. 8. 1975 (BGBl. I S. 2189); Abs. 4 und Abs. 5 Satz 1 geänd. durch G v. 24. 6. 1994 (BGBl. I S. 1325); Abs. 4 und Abs. 5 Satz 1 geänd. mWv 1. 1. 2002 durch G v. 27. 4. 2001 (BGBl. I S. 751); Abs. 5 Sätze 2 und 3 geänd. mWv 15. 12. 2001 durch G v. 10. 12. 2001 (BGBl. I S. 3422).

[3] Nr. **385**.

[4] § 85 Überschr., Sätze 1 und 2 geänd. durch G v. 22. 6. 1998 (BGBl. I S. 1474).

[5] § 86 Überschr. geänd., Abs. 2 angef., bish. Wortlaut wird Abs. 1 durch G v. 19. 12. 1985 (BGBl. I S. 2355); Abs. 1 Satz 1 geänd. G v. 25. 7. 1994 (BGBl. I S. 1744); Abs. 1 Satz 2 geänd. mWv 28. 4. 2001 durch G v. 19. 4. 2001 (BGBl. I S. 623); Abs. 2 Satz 2 geänd. mWv 1. 1. 2002 durch G v. 27. 4. 2001 (BGBl. I S. 751); Überschr. neu gef., Abs. 2 aufgeh., bish. Abs. 2 wird alleiniger Wortlaut mWv 1. 12. 2004 durch G v. 3. 7. 2004 (BGBl. I S. 1410).

kundungsabschnitts besonders erhoben. 2 Das gleiche gilt in Schiffsregister- und Schiffsbauregistersachen für die Aufnahme von Anträgen, die in der Form des § 37 der Schiffsregisterordnung[1] gestellt werden müssen. 3 Im übrigen ist die Aufnahme und Entgegennahme von Anträgen und Anmeldungen gebührenfrei.

§ 87[2] **Gebührenfreie Geschäfte des Registergerichts.** Gebühren werden nicht erhoben

1. für die aus Anlaß eines Insolvenzverfahrens von Amts wegen vorzunehmenden Eintragungen sowie für Eintragungen und Löschungen, die auf Ersuchen und Anordnung eines Gerichts, insbesondere des Insolvenz- oder Vollstreckungsgerichts erfolgen; ausgenommen sind die Eintragung des Erstehers als Eigentümer eines Schiffs oder eines Schiffsbauwerks, die Eintragung der Schiffshypothek für die Forderung gegen den Ersteher sowie Eintragungen auf Grund einer einstweiligen Verfügung (§ 941 der Zivilprozeßordnung); ferner für Eintragungen oder Löschungen, die nach den Vorschriften der Insolvenzordnung statt auf Ersuchen des Insolvenzgerichts auf Antrag des Insolvenzverwalters oder, wenn kein Verwalter bestellt ist, auf Antrag des Schuldners erfolgen;
2. von berufsständischen Organen im Rahmen ihrer Beteiligung nach § 380 des Gesetzes über das Verfahren in Familiensachen und in den Angelegenheiten der freiwilligen Gerichtsbarkeit.

§ 88[3] **Löschungsverfahren, Auflösungsverfahren.** (1) Für Löschungen *nach den*[4] § 395 des Gesetzes über das Verfahren in Familiensachen und in den Angelegenheiten der freiwilligen Gerichtsbarkeit werden keine Gebühren erhoben.

(2) 1 Für die Zurückweisung des Widerspruchs gegen eine angedrohte Löschung in den Fällen der §§ 393 bis 398 des Gesetzes über das Verfahren in Familiensachen und in den Angelegenheiten der freiwilligen Gerichtsbarkeit und für die Zurückweisung des Widerspruchs gegen eine Aufforderung nach § 399 des Gesetzes über das Verfahren in Familiensachen und in den Angelegenheiten der freiwilligen Gerichtsbarkeit wird das Doppelte der vollen Gebühr erhoben. 2 Das Gleiche gilt für die Verwerfung oder Zurückweisung der Beschwerde gegen die Zurückweisung des Widerspruchs. 3 Der Geschäftswert bestimmt sich nach § 30 Abs. 2.

§ 89[5] **Ablichtungen und Ausdrucke.** (1) 1 Für die Erteilung von Ablichtungen aus den in diesem Abschnitt genannten Registern und die Erteilung von Ausdrucken aus diesen Registern, die elektronisch geführt werden, gilt § 73 Abs. 1 bis 4 entsprechend. 2 Wird anstelle eines Ausdrucks die elektronische Übermittlung einer Datei beantragt, werden erhoben

1. für eine unbeglaubigte Datei 5 Euro und
2. für eine beglaubigte Datei 10 Euro;

die Dokumentenpauschale wird nicht erhoben.

(2) Für Bescheinigungen aus den genannten Registern wird die Mindestgebühr (§ 33) erhoben.

(3) § 73 Abs. 5 gilt entsprechend.

§ 90 Registereinsicht. Für die Einsicht der in diesem Abschnitt genannten Register werden Gebühren nicht erhoben.

4.[6] Betreuungssachen und betreuungsgerichtliche Zuweisungssachen

§ 91[7] **Gebührenfreie Tätigkeiten.** 1 Für die in den §§ 92 bis 93 a und 97 genannten Tätigkeiten werden nur die in diesen Vorschriften bestimmten Gebühren erhoben; im Übrigen ist die Tätigkeit gebührenfrei. 2 Für einstweilige Anordnungen werden keine Gebühren erhoben.

---

[1] Nr. **385**.

[2] § 87 Nr. 1 geänd. durch G v. 5. 10. 1994 (BGBl. I S. 2911); Nr. 2 neu gef. mWv 1. 9. 2009 durch G v. 17. 12. 2008 (BGBl. I S. 2586).

[3] § 88 neu gef. mWv 1. 12. 2004 durch G v. 3. 7. 2004 (BGBl. I S. 1410); Abs. 2 Satz 1 geänd. mWv 1. 11. 2008 durch G v. 23. 10. 2008 (BGBl. I S. 2026); Abs. 1 geänd., Abs. 2 Satz 1 neu gef. mWv 1. 9. 2009 durch G v. 17. 12. 2008 (BGBl. I S. 2586, geänd. durch G v. 30. 7. 2009, BGBl. I S. 2449).

[4] Richtig wohl: „nach § 395".

[5] § 89 neu gef. durch G v. 24. 6. 1994 (BGBl. I S. 1325); Abs. 3 geänd. mWv 15. 12. 2001 durch G v. 10. 12. 2001 (BGBl. I S. 3422); Überschr. und Abs. 1 geänd. mWv 1. 4. 2005 durch G v. 22. 3. 2005 (BGBl. I S. 837); Abs. 1 Satz 2 angef., bish. Wortlaut wird Satz 1 und geänd. mWv 1. 1. 2007 durch G v. 10. 11. 2006 (BGBl. I S. 2553); Abs. 3 aufgeh., bish. Abs. 4 wird Abs. 3 mWv 30. 9. 2009 durch G v. 24. 9. 2009 (BGBl. I S. 3145).

[6] Überschr. vor § 91 neu gef. mWv 1. 8. 2001 durch G v. 16. 2. 2001 (BGBl. I S. 266); neu gef. mWv 1. 9. 2009 durch G v. 17. 12. 2008 (BGBl. I S. 2586).

[7] § 91 neu gef. mWv 1. 1. 2002 durch G v. 11. 12. 2001 (BGBl. I S. 3513); Satz 1 geänd. mWv 1. 9. 2009 durch G v. 17. 12. 2008 (BGBl. I S. 2586).

§ 92[1] Dauerbetreuung und Dauerpflegschaft. (1) [1] Bei Betreuungen, die nicht auf einzelne Rechtshandlungen beschränkt sind, werden Kosten nur erhoben, wenn das Vermögen des Fürsorgebedürftigen nach Abzug der Verbindlichkeiten mehr als 25 000 Euro beträgt; der in § 90 Abs. 2 Nr. 8 des Zwölften Buches Sozialgesetzbuch genannte Vermögenswert wird nicht mitgerechnet. [2] Für jedes angefangene Kalenderjahr wird eine Gebühr in Höhe von 5 Euro für jede angefangenen 5 000 Euro erhoben, um die das reine Vermögen die in Satz 1 genannten Vermögenswerte übersteigt; die Gebühr beträgt mindestens 50 Euro. [3] Ist Gegenstand der Maßnahme ein Teil des Vermögens, ist höchstens dieser Teil des Vermögens zu berücksichtigen. [4] Ist vom Aufgabenkreis nicht unmittelbar das Vermögen erfasst, beträgt die Gebühr 200 Euro, jedochnicht mehr als die sich nach Satz 2 ergebende Gebühr. [5] Für das bei der Einleitung der Fürsorgemaßnahme laufende und das folgende Kalenderjahr wird nur eine Jahresgebühr erhoben. [6] Die Gebühr wird erstmals bei Anordnung der Fürsorgemaßnahme und später jeweils zu Beginn eines Kalenderjahres fällig.

(2)[2] [1] *Bei Dauerpflegschaften wird für jedes angefangene Kalenderjahr eine Gebühr in Höhe von 5 Euro für jede angefangenen 5 000 Euro des reinen Vermögens erhoben.* [2] *Absatz 1 Satz 3, 5 und 6 ist anzuwenden.*

(3) Erstreckt sich eine Fürsorgemaßnahme nach den Absätzen 1 und 2 auf mehrere Fürsorgebedürftige, so werden die Gebühren für jeden von ihnen besonders erhoben.

(4) Geht eine vorläufige Betreuung in eine endgültige über oder wird eine Betreuung oder Pflegschaft von einem anderen Gericht übernommen, so bildet das Verfahren eine Einheit.

§ 93[3] Betreuung und Pflegschaft für einzelne Rechtshandlungen. [1] Bei Betreuungen oder Pflegschaften für einzelne Rechtshandlungen wird die volle Gebühr nach dem Wert des Gegenstands erhoben, auf den sich die Rechtshandlung bezieht. [2] Ist der Fürsorgebedürftige an dem Gegenstand der Rechtshandlung nur mitberechtigt, so ist der Wert seines Anteils maßgebend; bei Gesamthandverhältnissen ist der Anteil entsprechend der Beteiligung an dem Gesamthandvermögen zu bemessen. [3] Bei einer Pflegschaft für mehrere Fürsorgebedürftige wird die Gebühr nach dem zusammengerechneten Wert einheitlich erhoben. [4] Die Gebühr wird mit der Anordnung fällig. [5] Die Gebühr für eine Betreuung darf eine Gebührnach § 92 Abs. 1 Satz 2, die Gebühr für eine Pflegschaft eine Gebühr nach § 92 Abs. 2 nicht übersteigen. [6] Eine Gebühr wird nicht erhoben, wenn für den Fürsorgebedürftigen eine Dauerbetreuung oder -pflegschaft besteht oder gleichzeitig anzuordnen ist.

§ 93 a[4] Verfahrenspflegschaft. (1) [1] Die Bestellung eines Pflegers für das Verfahren und deren Aufhebung sind Teil des Verfahrens, für das der Pfleger bestellt worden ist. [2] Bestellung und Aufhebung sind gebührenfrei.

(2) Die Auslagen nach § 137 Abs. 1 Nr. 16 können von dem Betroffenen nach Maßgabe des § 1836 c des Bürgerlichen Gesetzbuches erhoben werden.

§§ 94, 95[5] *(aufgehoben)*

§ 96[6] Nichterhebung von Auslagen in besonderen Fällen. Wird

a) die Bestellung eines Betreuers oder ihre Verlängerung,

b) die Erweiterung des Aufgabenkreises des Betreuers,

c) die Anordnung oder Verlängerung eines Einwilligungsvorbehalts,

---

[1] § 92 neu gef. durch G v. 12. 9. 1990 (BGBl. I S. 2002); Überschr. neu gef., Abs. 1 Satz 1 und Abs. 4 geänd. durch G v. 4. 12. 1997 (BGBl. I S. 2846); Abs. 1 Sätze 1 und 2, Abs. 2 Satz 1 geänd. mWv 1. 1. 2002 durch G v. 27. 4. 2001 (BGBl. I S. 751); Abs. 1 Satz 1 geänd. mWv 1. 1. 2005 durch G v. 27. 12. 2003 (BGBl. I S. 3022); Abs. 1 Satz 2 geänd., Sätze 3 und 4 eingef., bish. Sätze 3 und 4 werden Sätze 5 und 6, Abs. 2 Satz 2 neu gef. mWv 31. 12. 2006 durch G v. 22. 12. 2006 (BGBl. I S. 3416); Überschr., Abs. 1 Satz 1, Abs. 2 Satz 1 und Abs. 4 geänd. mWv 1. 9. 2009 durch G v. 17. 12. 2008 (BGBl. I S. 2586).

[2] § 92 Abs. 2 iVm Abs. 1 idF des G zur Reform des Rechts der Vormundschaft und Pflegschaft für Volljährige v. 12. 9. 1990 (BGBl. I S. 2002) und in den folgenden Fassungen ist mit Art. 3 Abs. 1 GG nicht vereinbar, soweit er für die Berechnung der Gebühr auch bei Fürsorgemaßnahmen, die sich auf die Personensorge beschränken, unbegrenzt das reine Vermögen zugrunde legt (Entschdg. des BVerfG v. 23. 5. 2006, BGBl. I S. 1454).

[3] § 93 Abs. 3 angef. durch G v. 19. 8. 1969 (BGBl. I S. 1243); Überschr. neu gef., Abs. 2 und 3 aufgeh., bish. Abs. 1 wird alleiniger Wortlaut, Satz 1 geänd., Satz 5 neu gef., Satz 6 angef. durch G v. 12. 9. 1990 (BGBl. I S. 2002); Überschr. neu gef., Sätze 1, 3 und 6 geänd. durch G v. 4. 12. 1997 (BGBl. I S. 2846); Satz 5 neu gef. mWv 31. 12. 2006 durch G v. 22. 12. 2006 (BGBl. I S. 3416); Satz 6 geänd. mWv 1. 9. 2009 durch G v. 17. 12. 2008 (BGBl. I S. 2586).

[4] § 93 a eingef. durch G v. 25. 6. 1998 (BGBl. I S. 1580); Abs. 2 geänd. mWv 1. 7. 2005 durch G v. 21. 4. 2005 (BGBl. I S. 1073); Abs. 2 geänd. mWv 1. 1. 2008 durch G v. 22. 12. 2006 (BGBl. I S. 3416).

[5] §§ 94 und 95 aufgeh. mWv 1. 9. 2009 durch G v. 17. 12. 2008 (BGBl. I S. 2586).

[6] § 96 neu gef. durch G v. 12. 9. 1990 (BGBl. I S. 2002).

d) die Erweiterung des Kreises der einwilligungsbedürftigen Willenserklärungen oder

e) eine Genehmigung nach den §§ 1904 und 1905 des Bürgerlichen Gesetzbuchs

abgelehnt oder das Verfahren ohne Entscheidung über die Maßnahme beendet oder wird eine dieser Maßnahmen als ungerechtfertigt aufgehoben oder eingeschränkt, so werden Auslagen, die im Zusammenhang mit der Vorbereitung oder dem Erlaß der Entscheidung entstehen, von dem Betroffenen in keinem Fall erhoben.

§ 97[1)] Verfügungen des Betreuungsgerichts. (1) Die volle Gebühr wird erhoben für Verfügungen des Betreuungsgerichts, die sich nicht auf Betreute oder Pfleglinge beziehen.

(2) Der Geschäftswert bestimmt sich nach § 30 Abs. 2.

§§ 97 a–100 a[2)] *(aufgehoben)*

5. Nachlaß- und Teilungssachen

§ 101 Verwahrung von Verfügungen von Todes wegen. Für die amtliche Verwahrung einer Verfügung von Todes wegen wird bei der Annahme ein Viertel der vollen Gebühr erhoben.

§ 102 Eröffnung einer Verfügung von Todes wegen. Für die Eröffnung einer Verfügung von Todes wegen wird die Hälfte der vollen Gebühr erhoben.[3)]

§ 103[4)] Gemeinsame Vorschriften zu den §§ 101, 102. (1) In den Fällen der §§ 101 und 102 finden die Wertvorschriften des § 46 Abs. 4 entsprechende Anwendung.

(2) Werden mehrere Verfügungen von Todes wegen desselben Erblassers bei demselben Gericht gleichzeitig eröffnet, so ist nur eine Gebühr nach dem zusammengerechneten Wert zu erheben; soweit mehrfach über den ganzen Nachlaß oder über denselben Bruchteil verfügt ist, kommt der Wert nur einmal in Betracht.

(3) Die Gebühr nach § 102 wird von dem nach § 343 des Gesetzes über das Verfahren in Familiensachen und in den Angelegenheiten der freiwilligen Gerichtsbarkeit zuständigen Nachlaßgericht erhoben, auch wenn die Eröffnung bei einem anderen Gericht stattgefunden hat.

(4) Für die Nachforderung und die Verjährung der Gebühr des § 101 gelten die Vorschriften des § 46 Abs. 5 entsprechend.

§ 104 Sicherung des Nachlasses. (1) [1] Bei der Sicherung eines Nachlasses durch Siegelung oder auf andere Weise wird für das ganze Verfahren, einschließlich der erforderlichen Anordnungen wegen Aufbewahrung und Auslieferung des Nachlasses, die volle Gebühr erhoben. [2] Die Gebühr wird mit der Anordnung fällig.

(2) Neben der Gebühr werden die Gebühren für die Siegelung, Entsiegelung oder Aufnahme des Vermögensverzeichnisses (§ 52) besonders erhoben.

§ 105 Ermittlung des Erben. Für die Ermittlung von Erben wird auch dann, wenn sie nach landesgesetzlichen Vorschriften von Amts wegen stattfindet, keine Gebühr erhoben.

§ 106[5)] Nachlaßpflegschaften, Gesamtgutsverwaltung. (1) [1] Für eine Nachlaßverwaltung, eine Gesamtgutsverwaltung, eine sonstige Nachlaßpflegschaft oder eine Pflegschaft für einen abwesenden Beteiligten nach § 364 des Gesetzes über das Verfahren in Familiensachen und in den Angelegenheiten der freiwilligen Gerichtsbarkeit wird die volle Gebühr erhoben. [2] Sie wird mit der Anordnung fällig. [3] Maßgebend ist der Wert des von der Verwaltung oder Pflegschaft betroffenen Vermögens.

(2) Auf die Gebühr wird eine nach § 104 entstandene Gebühr angerechnet, wenn die Nachlaßpflegschaft zur Sicherung des Nachlasses eingeleitet wird.

[1)] § 97 Abs. 1 Nr. 1 neu gef. durch G v. 18. 6. 1957 (BGBl. I S. 609); Überschr. und Abs. 1 Nr. 3 neu gef. durch G v. 12. 9. 1990 (BGBl. I S. 2002); Abs. 1 Nr. 1 neu gef. durch G v. 4. 5. 1998 (BGBl. I S. 833); Abs. 1 Nr. 3 geänd., Nr. 4 angef. mWv 1. 8. 2001 durch G v. 16. 2. 2001 (BGBl. I S. 266); Abs. 1 Nr. 4 geänd. mWv 1. 1. 2005 durch G v. 15. 12. 2004 (BGBl. I S. 3396); Überschr. und Abs. 1 neu gef. mWv 1. 9. 2009 durch G v. 17. 12. 2008 (BGBl. I S. 2586).

[2)] §§ 97 a–100 a aufgeh. mWv 1. 9. 2009 durch G v. 17. 12. 2008 (BGBl. I S. 2586).

[3)] Vgl. § 115 iVm §§ 112–114.

[4)] § 103 Abs. 3 geänd. mWv 1. 9. 2009 durch G v. 30. 7. 2009 (BGBl. I S. 2449).

[5)] § 106 Abs. 1 Satz 1 geänd. mWv 1. 9. 2009 durch G v. 17. 12. 2008 (BGBl. I S. 2586).

(3) Wird der Antrag auf Anordnung einer Nachlaß- oder Gesamtgutsverwaltung abgelehnt oder vor Erlaß einer Entscheidung zurückgenommen, so wird ein Viertel der vollen Gebühr von dem Antragsteller erhoben; ist der Antrag von einem Gläubiger gestellt, so bestimmt sich der Geschäftswert nach der Forderung, jedoch nach dem Wert der Masse (Absatz 1 Satz 3), wenn dieser geringer ist.

§ 106 a[1] **Stundung des Pflichtteilsanspruchs.** (1) Für Entscheidungen über die Stundung eines Pflichtteilsanspruchs wird die volle Gebühr erhoben.

(2) Der Geschäftswert ist nach § 30 zu bestimmen.

§ 107[2] **Erbschein.** (1) [1] Für die Erteilung eines Erbscheins, einschließlich des vorangegangenen Verfahrens, wird die volle Gebühr erhoben. [2] Für die Beurkundung der eidesstattlichen Versicherung wird daneben die Gebühr des § 49 besonders erhoben; sie wird beim Nachlaßgericht angesetzt, auch wenn die Erklärung von einem anderen Gericht aufgenommen ist.

(2) [1] Maßgebend ist der Wert des nach Abzug der Nachlaßverbindlichkeiten verbleibenden reinen Nachlasses im Zeitpunkt des Erbfalls; bei einem zum Nachlaß gehörenden land- oder forstwirtschaftlichen Betrieb mit Hofstelle findet § 19 Abs. 4 und 5 Anwendung. [2] Wird der Erbschein nur über das Erbrecht eines Miterben erteilt, so bestimmt sich der Wert nach dessen Erbteil. [3] Erstrecken sich die Wirkungen eines Erbscheins nur auf einen Teil des Nachlasses, bleiben diejenigen Gegenstände, die von der Erbscheinswirkung nicht erfasst werden, bei der Berechnung des Werts außer Betracht.

(3) [1] Wird dem Nachlaßgericht glaubhaft gemacht, daß der Erbschein nur zur Verfügung über Grundstücke oder im Grundbuch eingetragene Rechte oder zum Zwecke der Berichtigung des Grundbuchs gebraucht wird, so werden die in Absatz 1 genannten Gebühren nur nach dem Werte der im Grundbuch des Grundbuchamts eingetragenen Grundstücke und Rechte berechnet, über die auf Grund des Erbscheins verfügt werden kann; bei einem zum Nachlaß gehörenden land- oder forstwirtschaftlichen Betrieb mit Hofstelle findet § 19 Abs. 4 und 5 Anwendung. [2] Wird der Erbschein für mehrere Grundbuchämter benötigt, so ist der Gesamtwert der in den Grundbüchern eingetragenen Grundstücke und Rechte maßgebend. [3] Sind die Grundstücke und Rechte mit dinglichen Rechten belastet, so werden diese bei der Wertberechnung abgezogen.

(4) Die Vorschriften des Absatzes 3 gelten entsprechend, wenn dem Nachlaßgericht glaubhaft gemacht wird, daß der Erbschein nur zur Verfügung über eingetragene Schiffe oder Schiffsbauwerke oder im Schiffsregister oder Schiffsbauregister eingetragene Rechte oder zur Berichtigung dieser Register gebraucht wird.

§ 107 a[3] **Erbscheine für bestimmte Zwecke.** (1) Wird ein Erbschein für einen bestimmten Zweck gebührenfrei oder zu ermäßigten Gebühren erteilt, so werden die in § 107 Abs. 1 genannten Gebühren nacherhoben, wenn von dem Erbschein zu einem anderen Zweck Gebrauch gemacht wird.

(2) [1] Wird der Erbschein für ein gerichtliches oder behördliches Verfahren benötigt, so ist die Ausfertigung des Erbscheins dem Gericht oder der Behörde zur Aufbewahrung bei den Akten zu übersenden. [2] Wird eine Ausfertigung, eine Ablichtung oder ein Ausdruck des Erbscheins auch für andere Zwecke erteilt oder nimmt der Antragsteller bei der Erledigung einer anderen Angelegenheit auf die Akten Bezug, in denen sich der Erbschein befindet, so hat der Antragsteller die in § 107 Abs. 1 genannten Gebühren nach dem in § 107 Abs. 2 bezeichneten Wert nachzuentrichten; die Frist des § 15 Abs. 1 beginnt erst mit der Erteilung der Ausfertigung, der Ablichtung oder des Ausdrucks oder mit der Bezugnahme auf die Akten. [3] In den Fällen des Satzes 2 hat das Nachlaßgericht die Stelle zu benachrichtigen, welche die nach § 2356 des Bürgerlichen Gesetzbuches erforderliche eidesstattliche Versicherung beurkundet hat.

§ 108[4] **Einziehung des Erbscheins.** [1] Für die Einziehung oder Kraftloserklärung eines Erbscheins wird die Hälfte der vollen Gebühr erhoben. [2] § 107 Abs. 2 bis 4 gilt entsprechend. [3] Die Gebühr bleibt außer Ansatz, wenn in demselben Verfahren ein neuer Erbschein erteilt wird.

---

[1] § 106 a eingef. durch G v. 19. 8. 1969 (BGBl. I S. 1243); geänd. durch G v. 16. 12. 1997 (BGBl. I S. 2968); Überschr. geänd. durch G v. 4. 5. 1998 (BGBl. I S. 833).

[2] § 107 Abs. 3 und 4 neu gef. durch G v. 20. 12. 1963 (BGBl. I S. 986); Abs. 2 Satz 1 und Abs. 3 Satz 1 geänd. durch G v. 15. 6. 1989 (BGBl. I S. 1082); Abs. 2 Satz 3 neu gef. mWv 1. 9. 2009 durch G v. 17. 12. 2008 (BGBl. I S. 2586).

[3] § 107 a eingef. durch G v. 20. 12. 1963 (BGBl. I S. 986); Abs. 2 Satz 2 geänd. mWv 1. 4. 2005 durch G v. 22. 3. 2005 (BGBl. I S. 837); Abs. 2 Satz 2 geänd. mWv 31. 12. 2006 durch G v. 22. 12. 2006 (BGBl. I S. 3416).

[4] § 108 Satz 2 neu gef. durch G v. 20. 12. 1963 (BGBl. I S. 986).

§ 109 Andere Zeugnisse. (1) [1] Die Vorschriften über den Erbschein gelten entsprechend

1. für das Zeugnis über die Fortsetzung der Gütergemeinschaft nach § 1507 des Bürgerlichen Gesetzbuchs; an Stelle des Nachlasses tritt der halbe Wert des Gesamtguts der fortgesetzten Gütergemeinschaft;
2. für das erste Zeugnis über die Ernennung eines Testamentsvollstreckers; für jedes weitere Zeugnis wird ein Viertel der vollen Gebühr erhoben. [2] Der Wert bestimmt sich nach § 30 Abs. 2.

(2) Absatz 1 findet auf Zeugnisse für Samtgutsverwalter, auf Besitzbescheinigungen und ähnliche Zeugnisse des Nachlaßgerichts entsprechende Anwendung.

§ 110 Feststellung des Erbrechts des Fiskus. (1) Für das Verfahren zur Feststellung des Erbrechts des Fiskus oder der an seine Stelle tretenden Körperschaft, Stiftung oder Anstalt des öffentlichen Rechts wird dieselbe Gebühr wie für die Erteilung eines Erbscheins erhoben.

(2) Wird auf Grund der Feststellung ein Erbschein erteilt, so wird hierfür eine besondere Gebühr nicht erhoben.

§ 111[1)] Beschränkte Zeugnisse, Bescheinigungen. (1) Die Mindestgebühr (§ 33) wird erhoben

1. für die Zeugnisse nach §§ 36, 37 der Grundbuchordnung und § 42 der Schiffsregisterordnung[2)];
2. für die nach den Staatsschuldbuchgesetzen erforderlichen Bescheinigungen, daß ein Rechtsnachfolger von Todes wegen, ein die Gütergemeinschaft fortsetzender Ehegatte oder ein Testamentsvollstrecker über die Buchforderung verfügen kann.

(2) Für die in dem Verfahren abgegebene eidesstattliche Versicherung wird die Gebühr des § 49 besonders erhoben.

(3) § 107 a gilt entsprechend.

§ 112[3)] Erklärungen gegenüber dem Nachlaßgericht. (1) Ein Viertel der vollen Gebühr wird für die Entgegennahme folgender Erklärungen erhoben:

1. Ablehnung der fortgesetzten Gütergemeinschaft (§ 1484 des Bürgerlichen Gesetzbuchs), Verzicht eines anteilsberechtigten Abkömmlings (§ 1491 des Bürgerlichen Gesetzbuchs) oder Aufhebung der fortgesetzten Gütergemeinschaft (§ 1492 des Bürgerlichen Gesetzbuchs);
2. Ausschlagung der Erbschaft, Anfechtung der Annahme oder Ausschlagung der Erbschaft oder Anfechtung der Versäumung der Ausschlagungsfrist (§§ 1945, 1955, 1956, 2308 Abs. 1 des Bürgerlichen Gesetzbuchs);
3. Anmeldung von Forderungen im Falle des § 2061 des Bürgerlichen Gesetzbuchs;
4. Anfechtung eines Testaments oder Erbvertrags (§§ 2081, 2281 Abs. 2 des Bürgerlichen Gesetzbuchs);
5. Anzeige des Vorerben oder des Nacherben über den Eintritt der Nacherbfolge (§ 2146 des Bürgerlichen Gesetzbuchs);
6. Bestimmung der Person des Testamentsvollstreckers oder Ernennung von Mitvollstreckern (§ 2198 Abs. 1 Satz 2 und § 2199 Abs. 3 des Bürgerlichen Gesetzbuchs); Annahme oder Ablehnung des Amtes des Testamentsvollstreckers (§ 2202 des Bürgerlichen Gesetzbuchs) sowie Kündigung dieses Amtes (§ 2226 des Bürgerlichen Gesetzbuchs);
7. Anzeigen des Verkäufers oder Käufers einer Erbschaft über deren Verkauf nach § 2384 des Bürgerlichen Gesetzbuchs sowie Anzeigen in den Fällen des § 2385 des Bürgerlichen Gesetzbuchs.

(2) [1] Bei der Berechnung der Gebühren wird, wenn eine vermögensrechtliche Angelegenheit vorliegt, der Wert der Vermögensmasse nach Abzug der Schulden zugrunde gelegt; im übrigen ist der Wert nach § 30 Abs. 2 zu bestimmen. [2] Im Fall des Absatzes 1 Nr. 3 wird die Gebühr einheitlich nach dem Gesamtbetrag der angemeldeten Forderungen erhoben; Schuldner der Gebühr ist der Miterbe, der die Aufforderung erlassen hat. [3] Wird im Fall des Absatzes 1 Nr. 2 die Erbschaft von mehreren neben- oder nacheinander berufenen Personen gleichzeitig durch Erklärung vor dem Nachlaßgericht oder durch Einreichung einer Urkunde ausgeschlagen, so wird die Gebühr nur einmal nach dem Wert der ausgeschlagenen Erbschaft erhoben.

---

1) § 111 Abs. 4 neu gef. durch G v. 20. 12. 1963 (BGBl. I S. 986); Abs. 1 geänd., Abs. 2 aufgeh., bish. Abs. 3 und 4 werden Abs. 2 und 3 durch G v. 9. 12. 1986 (BGBl. I S. 2326).

2) Nr. **385**.

3) § 112 Abs. 3 geänd. durch G v. 28. 8. 1969 (BGBl. I S. 1513) und durch G v. 24. 6. 1994 (BGBl. I S. 1325).

(3) Für die Aufnahme der Anmeldungen und Erklärungen werden Gebühren nach § 38 Abs. 3 besonders erhoben, soweit sie in öffentlich beglaubigter Form abzugeben oder notariell zu beurkunden sind; im übrigen ist die Aufnahme der Anmeldungen und Erklärungen gebührenfrei.

§ 113 Testamentsvollstrecker. [1] Die Hälfte der vollen Gebühr wird erhoben für die Ernennung oder Entlassung von Testamentsvollstreckern und für sonstige anläßlich einer Testamentsvollstreckung zu treffenden Anordnungen. [2] Der Wert bestimmt sich nach § 30 Abs. 2.

§ 114 Nachlaßinventar, Fristbestimmungen. Die Hälfte der vollen Gebühr wird erhoben

1. für die Entgegennahme eines Nachlaßinventars, für die Bestimmung einer Inventarfrist oder einer neuen Inventarfrist und für die Verlängerung der Inventarfrist, einschließlich der Anordnung wegen Aufnahme des Inventars durch einen Notar oder einen sonstigen zuständigen Beamten; maßgebend ist der Wert des Nachlasses nach Abzug der Schulden;
2. für die Fristbestimmungen nach §§ 2151, 2153 bis 2155, 2192, 2193 des Bürgerlichen Gesetzbuchs.

§ 115 Gebührenfreie Erledigung in den Fällen der §§ 112 bis 114. Die in §§ 112 bis 114 aufgeführten Verrichtungen bleiben gebührenfrei, wenn sie im Zusammenhang mit einem anderen nach den Vorschriften dieses Unterabschnitts gebührenpflichtigen Verfahren stehen.

§ 116 Gerichtliche Vermittlung der Auseinandersetzung. (1) [1] Für die gerichtliche Vermittlung der Auseinandersetzung eines Nachlasses oder des Gesamtguts einer Gütergemeinschaft, einschließlich des vorangegangenen Verfahrens, wird das Vierfache der vollen Gebühr erhoben. [2] Die Gebühr ermäßigt sich

1. auf das Doppelte der vollen Gebühr, wenn das Verfahren ohne Bestätigung der Auseinandersetzung abgeschlossen wird;
2. auf die Hälfte der vollen Gebühr, wenn sich das Verfahren vor Eintritt in die Verhandlung durch Zurücknahme oder auf andere Weise erledigt.

[3] Die Vorschriften des § 59 gelten entsprechend.

(2) Wird mit einem Dritten vor dem Teilungsgericht zum Zweck der Auseinandersetzung ein Vertrag geschlossen, so wird von dem Dritten die Hälfte der nach dem Beurkundungsabschnitt zu berechnenden Gebühr erhoben.

(3) Für die Beurkundung einer vertragsmäßigen Auseinandersetzung, für die Aufnahme von Vermögensverzeichnissen und Schätzungen sowie für Versteigerungen werden die Gebühren nach Maßgabe des Beurkundungsabschnitts besonders erhoben.

(4) Wird die Vermittlung der Auseinandersetzung einem Notar übertragen, so wird je die Hälfte der vollen Gebühr erhoben

1. für das gerichtliche Verfahren, einschließlich der Anordnung von Beweisaufnahmen,
2. für die Bestätigung der Auseinandersetzung.

(5) [1] Die Gebühr bestimmt sich nach dem Wert der den Gegenstand der Auseinandersetzung bildenden Vermögensmasse. [2] Dabei werden die Werte mehrerer Massen, die in demselben Verfahren auseinandergesetzt werden, zusammengerechnet. [3] Trifft die Auseinandersetzung des Gesamtguts einer Gütergemeinschaft mit der Auseinandersetzung des Nachlasses eines Ehegatten zusammen, so wird die Gebühr einheitlich nach dem zusammengerechneten Wert des Gesamtguts und des übrigen Nachlasses erhoben.

(6) Für die Kosten des Verfahrens (Absätze 1 und 4) haften die Anteilsberechtigten als Gesamtschuldner.

§ 117[1] *(aufgehoben)*

6. Sonstige Angelegenheiten

§ 118 Genehmigung und Beaufsichtigung von Stiftungen. (1) Für die Genehmigung einer Familienstiftung wird die volle Gebühr erhoben.

(2) [1] Für die Aufsicht über Stiftungen oder deren Verwaltung wird für jedes angefangene Kalenderjahr die volle Gebühr erhoben. [2] Die Gebühr wird zu Beginn jedes Zeitabschnitts im voraus fällig. [3] Sie kann in einfach liegenden Fällen nach Ermessen des Gerichts bis auf ein Viertel der vollen Gebühr ermäßigt werden.

---

[1] § 117 aufgeh. durch G v. 17. 6. 1993 (BGBl. I S. 912).

(3) Die Gebühr bestimmt sich nach dem Wert des Stiftungsvermögens nach Abzug der Schulden.

§ 119[1] Festsetzung von Zwangs- und Ordnungsmitteln. (1) [1] In einem Verfahren nach den §§ 389 bis 392 des Gesetzes über das Verfahren in Familiensachen und in den Angelegenheiten der freiwilligen Gerichtsbarkeit wird für jede

1. Festsetzung von Zwangs- oder Ordnungsgeld,
2. Verwerfung des Einspruchs und
3. Verwerfung oder Zurückweisung der Beschwerde oder der Rechtsbeschwerde

jeweils eine Gebühr von 100 Euro erhoben. [2] Die Gebühr darf die Höhe des Zwangs- oder Ordnungsgelds nicht übersteigen.

(2) Für jede Anordnung von Zwangsmaßnahmen durch Beschluss nach § 35 des Gesetzes über das Verfahren in Familiensachen und in den Angelegenheiten der freiwilligen Gerichtsbarkeit wird eine Gebühr von 15 Euro erhoben.

(3) Absatz 2 gilt nicht für die Festsetzung von Zwangs- und Ordnungsmitteln gegen Beteiligte im Falle des § 33 Abs. 3 des Gesetzes über das Verfahren in Familiensachen und in den Angelegenheiten der freiwilligen Gerichtsbarkeit sowie gegen Zeugen und Sachverständige.

§ 120[2] Ernennung von Sachverständigen, Bestellung eines Verwahrers, Verkauf oder Hinterlegung von Pfändern. Die volle Gebühr wird erhoben

1. für die Ernennung und Beeidigung von Sachverständigen zur Feststellung des Zustands oder Werts von Sachen; wird gerichtlich Beweis erhoben, so werden daneben die Gebühren nach § 49 Abs. 1 und § 50 Abs. 1 Nr. 4 erhoben;
2. für die Bestellung eines Verwahrers nach §§ 432, 1217, 1281, 2039 des Bürgerlichen Gesetzbuchs, einschließlich der Festsetzung der von ihm beanspruchten Vergütung und seiner Aufwendungen;
3. für Anordnungen des Gerichts über den Verkauf oder die Hinterlegung von Pfändern und anderen Gegenständen.

§ 121[3] Ernennung und Abberufung von Vorstandsmitgliedern usw. Soweit nicht in diesem Gesetz oder in sonstigen bundesrechtlichen Vorschriften ein anderes bestimmt ist, wird das Doppelte der vollen Gebühr erhoben für die Erledigung der im Bürgerlichen Gesetzbuch in dem Titel „Juristische Personen", im Handelsgesetzbuch, im Aktiengesetz, im Genossenschaftsgesetz oder im Gesetz, betreffend die Gesellschaften mit beschränkter Haftung, den Gerichten zugewiesenen Angelegenheiten (Ernennung und Abberufung von Vorstandsmitgliedern und Liquidatoren, Bestellung und Abberufung von Abschlußprüfern und Prüfern, Ermächtigung zur Berufung einer Hauptversammlung oder Generalversammlung oder zur Einsicht von Büchern) sowie für Entscheidungen und Anordnungen ähnlicher Art.

570

§ 122 Bestellung eines Vertreters des Grundstücks- oder Schiffseigentümers, Zustellung von Willenserklärungen, Kraftloserklärung von Vollmachten. (1) Die Hälfte der vollen Gebühr wird erhoben

1. für die Bestellung eines Vertreters des Grundstückseigentümers oder des Schiffseigentümers nach § 1141 Abs. 2 des Bürgerlichen Gesetzbuchs und § 42 Abs. 2 des Gesetzes über Rechte an eingetragenen Schiffen und Schiffsbauwerken[4] vom 15. November 1940 (Reichsgesetzbl. I S. 1499);
2. für die Bewilligung der öffentlichen Zustellung einer Willenserklärung nach § 132 Abs. 2 des Bürgerlichen Gesetzbuchs;
3. für die Bewilligung der Kraftloserklärung von Vollmachten nach § 176 Abs. 2 des Bürgerlichen Gesetzbuchs.

(2) Der Wert bestimmt sich nach § 30 Abs. 2.

§ 123 Dispache. (1) [1] Für die Bestellung eines Dispacheurs, einschließlich der Bestimmung seiner Vergütung, und für die Entscheidung über seine Verpflichtung zu der von ihm abgelehnten Aufmachung der Dispache wird insgesamt die volle Gebühr erhoben. [2] Maßgebend für die Gebühr ist der Betrag des Havarieschadens und, wenn der Wert des Geretteten an Schiff, Fracht und Ladung geringer ist, dieser geringere Wert.

---

[1] § 119 neu gef. mWv 1. 9. 2009 durch G v. 17. 12. 2008 (BGBl. I S. 2586).
[2] § 120 Nr. 2 geänd. mWv 1. 9. 2009 durch G v. 17. 12. 2008 (BGBl. I S. 2586).
[3] § 121 geänd. durch G v. 19. 12. 1985 (BGBl. I S. 2355).
[4] Nr. **380**.

(2) [1] Für die Verhandlung über die Dispache, einschließlich der Bestätigung, wird ebenfalls die volle Gebühr erhoben. [2] Maßgebend ist die Summe der Anteile, die die an der Verhandlung Beteiligten an dem Schaden zu tragen haben. [3] Wird die Dispache bestätigt, so haften die an dem Verfahren Beteiligten für die Kosten als Gesamtschuldner.

§ 124[1)] Eidesstattliche Versicherung. (1) Für die Verhandlung in dem Termin zur Abnahme einer eidesstattlichen Versicherung nach den §§ 259, 260, 1580 Satz 2, § 1605 Abs. 1 Satz 3, den §§ 2006, 2028 Abs. 2 sowie § 2057 des Bürgerlichen Gesetzbuchs und nach § 4 Abs. 4 des Versorgungsausgleichsgesetzes wird die volle Gebühr erhoben, auch wenn die Abgabe der eidesstattlichen Versicherung unterbleibt.

(2) Erledigt sich das Verfahren vor Eintritt in die Verhandlung infolge Zurücknahme des Antrags oder in anderer Weise, so ermäßigt sich die Gebühr entsprechend den Vorschriften des § 130.

§ 125 Verteilungsverfahren bei Enteignungen und dgl. (1) Soweit bei der Enteignung, bei der Flurbereinigung, bei der Beschädigung von Grundstücken durch Bergbau oder in ähnlichen Fällen ein Verteilungsverfahren vorgesehen ist, wird dafür das Doppelte der vollen Gebühr nach dem zu verteilenden Gesamtbetrag erhoben.

(2) Wird der Antrag auf Eröffnung des Verfahrens zurückgewiesen oder wird der Antrag vor Eröffnung des Verfahrens zurückgenommen, so bemißt sich die nach § 130 zu erhebende Gebühr nach dem zu verteilenden Gesamtbetrag und, wenn ein Berechtigter den Antrag gestellt hat, nach dem von ihm beanspruchten Betrag, falls er geringer ist als der Gesamtbetrag.

§ 126[2)] Kapitalkreditbeschaffung für landwirtschaftliche Pächter. (1) Für die Niederlegung des Verpfändungsvertrags nach dem Pachtkreditgesetz vom 5. August 1951 (Bundesgesetzbl. I S. 494), einschließlich der Erteilung einer Bescheinigung über die erfolgte Niederlegung, wird die Hälfte der vollen Gebühr erhoben.

(2) Ein Viertel der vollen Gebühr wird erhoben

1. für die Entgegennahme der Anzeige über die Abtretung der pfandgesicherten Forderung;
2. für die Herausgabe des Verpfändungsvertrags.

(3) [1] Für die Erteilung einer beglaubigten Ablichtung des Verpfändungsvertrags sowie einer Bescheinigung an den Pächter, daß ein Verpfändungsvertrag bei dem Amtsgericht nicht niedergelegt ist, wird eine Gebühr von 13 Euro erhoben. [2] Für Ablichtungen wird daneben die entstandene Dokumentenpauschale angesetzt.

(4) Für die Niederlegung einer Vereinbarung des Pächters und des Pfandgläubigers, durch welche die Erstreckung des Pfandrechts auf die nach seiner Entstehung vom Pächter erworbenen Inventarstücke ausgeschlossen wird, sowie für die Gestattung der Einsicht in die bei dem Amtsgericht niedergelegten Verpfändungsverträge werden Gebühren nicht erhoben.

§ 127[3)] Personenstandsangelegenheiten. (1) Für die Familienregister sowie für die bei den Gerichten aufbewahrten Standesregister und Kirchenbücher gelten die Kostenvorschriften für die Amtstätigkeit des Standesamts entsprechend.

(2) Im übrigen werden in Personenstandsangelegenheiten für die Zurückweisung von Anträgen auf eine gerichtliche Anordnung sowie für die Verwerfung oder Zurückweisung einer Beschwerde gegen eine gerichtliche Entscheidung die in §§ 130 und 131 bestimmten Gebühren erhoben.

§ 128 Todeserklärung und Feststellung der Todeszeit. (1) Das Doppelte der vollen Gebühr wird erhoben für

a) die Todeserklärung,
b) die Feststellung der Todeszeit,
c) die Aufhebung oder Änderung der Todeserklärung oder der Feststellung der Todeszeit.

[1)] § 124 Überschr. und Abs. 1 geänd. durch G v. 27. 6. 1970 (BGBl. I S. 911); Abs. 1 geänd. durch G v. 14. 6. 1976 (BGBl. I S. 1421); Abs. 1 geänd. mWv 1. 9. 2009 durch G v. 17. 12. 2008 (BGBl. I S. 2586); Abs. 1 neu gef. mWv 1. 9. 2009 durch G v. 3. 4. 2009 (BGBl. I S. 700).

[2)] § 126 Abs. 3 Satz 1 geänd. durch G v. 24. 6. 1994 (BGBl. I S. 1325); Abs. 3 Satz 1 geänd. mWv 1. 1. 2002 durch G v. 27. 4. 2001 (BGBl. I S. 751); Abs. 3 Satz 2 geänd. mWv 15. 12. 2001 durch G v. 10. 12. 2001 (BGBl. I S. 3422); Abs. 3 Sätze 1 und 2 geänd. mWv 1. 4. 2005 durch G v. 22. 3. 2005 (BGBl. I S. 837).

[3)] § 127 Abs. 1 geänd. mWv 1. 1. 2009 durch G v. 19. 2. 2007 (BGBl. I S. 122).

(2) Wird ein Aufgebotsverfahren in ein Verfahren zur Feststellung der Todeszeit übergeleitet, so ist es für die Gebührenberechnung als ein einheitliches Verfahren zu behandeln.

(3) Der Geschäftswert bestimmt sich nach § 30 Abs. 2.

§ 128 a[1] Änderung der Vornamen und Feststellung der Geschlechtszugehörigkeit in besonderen Fällen. (1) In Verfahren nach dem Gesetz über die Änderung der Vornamen und die Feststellung der Geschlechtszugehörigkeit in besonderen Fällen vom 10. September 1980 (BGBl. I S. 1654) wird erhoben

1. das Doppelte der vollen Gebühr
   a) für die Änderung der Vornamen nach § 1 des Gesetzes,
   b) für die Aufhebung der Entscheidung, durch welche die Vornamen geändert worden sind, nach § 6 des Gesetzes,
   c) für die Feststellung, daß der Antragsteller als dem anderen Geschlecht zugehörig anzusehen ist, nach § 8 oder § 9 Abs. 2 des Gesetzes; eine nach Nummer 2 entstandene Gebühr wird angerechnet,
   d) für die Aufhebung der Feststellung, daß der Antragsteller als dem anderen Geschlecht zugehörig anzusehen ist, nach § 9 Abs. 3 in Verbindung mit § 6 des Gesetzes;
2. das Eineinhalbfache der vollen Gebühr

für die Feststellung nach § 9 Abs. 1 des Gesetzes.

(2) Der Geschäftswert bestimmt sich nach § 30 Abs. 2.

§ 128 b[2] Unterbringungssachen. [1] In Unterbringungssachen (§ 312 des Gesetzes über das Verfahren in Familiensachen und in den Angelegenheiten der freiwilligen Gerichtsbarkeit) werden keine Gebühren erhoben. [2] Von dem Betroffenen werden, wenn die Gerichtskosten nicht einem Anderen auferlegt worden sind, Auslagen nur nach § 137 Abs. 1 Nr. 16 erhoben und wenn die Voraussetzungen des § 93 a Abs. 2 gegeben sind. [3] Im Übrigen werden Auslagen nur von demjenigen erhoben, dem sie durch gerichtliche Entscheidung auferlegt worden sind.

§ 128 c[3] Freiheitsentziehungssachen. (1) In Freiheitsentziehungssachen (§ 415 des Gesetzes über das Verfahren in Familiensachen und in den Angelegenheiten der freiwilligen Gerichtsbarkeit) wird für die Entscheidung, die eine Freiheitsentziehung oder ihre Fortdauer anordnet oder einen nicht vom Untergebrachten selbst gestellten Antrag, die Freiheitsentziehung aufzuheben, zurückweist, die volle Gebühr erhoben.

(2) Der Wert ist nach § 30 Abs. 2 zu bestimmen.

(3) [1] Schuldner der Gerichtskosten sind, wenn diese nicht einem Anderen auferlegt worden sind, der Betroffene und im Rahmen ihrer gesetzlichen Unterhaltspflicht die zu seinem Unterhalt Verpflichteten. [2] Von der Verwaltungsbehörde werden Gebühren nicht erhoben.

(4) [1] Kostenvorschüsse werden nicht erhoben. [2] Dies gilt auch im Beschwerdeverfahren.

§ 128 d[4] Aufgebotsverfahren. Für das Aufgebotsverfahren einschließlich eines Verfahrens betreffend Zahlungssperre vor sofortiger Einleitung des Aufgebotsverfahrens wird das Doppelte der vollen Gebühr erhoben.

§ 128 e[5] Anordnungen über die Verwendung von Verkehrsdaten. (1) Eine Gebühr von 200 Euro wird erhoben für die Entscheidung über den Antrag auf Erlass einer Anordnung nach

1. § 140 b Abs. 9 des Patentgesetzes,
2. § 24 b Abs. 9 des Gebrauchsmustergesetzes, auch in Verbindung mit § 9 Abs. 2 des Halbleiterschutzgesetzes,
3. § 19 Abs. 9 des Markengesetzes,
4. § 101 Abs. 9 des Urheberrechtsgesetzes,
5. § 46 Abs. 9 des Geschmacksmustergesetzes,
6. § 37 b Abs. 9 des Sortenschutzgesetzes.

---

[1] § 128 a eingef. durch G v. 10. 9. 1980 (BGBl. I S. 1654).
[2] § 128 b neu gef. mWv 1. 9. 2009 durch G v. 17. 12. 2008 (BGBl. I S. 2586).
[3] § 128 c eingef. mWv 1. 9. 2009 durch G v. 17. 12. 2008 (BGBl. I S. 2586).
[4] § 128 d eingef. mWv 1. 9. 2009 durch G v. 17. 12. 2008 (BGBl. I S. 2586).
[5] § 128 e als § 128 c eingef. mWv 1. 9. 2008 durch G v. 7. 7. 2008 (BGBl. I S. 1191); bish. § 128 c wird § 128 e mWv 1. 9. 2009 durch G v. 17. 12. 2008 (BGBl. I S. 2586).

(2) Wird der Antrag zurückgenommen, bevor über ihn eine Entscheidung ergangen ist, wird eine Gebühr von 50 Euro erhoben.

(3) § 130 Abs. 5 gilt entsprechend.

7. Ergänzende Gebührenvorschriften für Anträge, Beschwerden usw.

§ 129 Gesuche, Anträge. Gesuche und Anträge werden, soweit nichts anderes bestimmt ist, gebührenfrei aufgenommen.

§ 130[1)] Zurückweisung und Zurücknahme von Anträgen. (1) Wird in Fällen, in denen das Gericht nur auf Antrag tätig wird, ein Antrag zurückgewiesen, so wird, soweit nichts anderes bestimmt ist, die Hälfte der vollen Gebühr, höchstens jedoch ein Betrag von 400 Euro erhoben.

(2) Wird ein Antrag zurückgenommen, bevor über ihn eine Entscheidung ergangen ist oder die beantragte Handlung stattgefunden hat, so wird, soweit nichts anderes bestimmt ist, ein Viertel der vollen Gebühr, höchstens jedoch ein Betrag von 250 Euro erhoben.

(3) Der für die beantragte Verhandlung oder Entscheidung bestimmte Gebührensatz darf nicht überschritten werden.

(4) Im Fall einer teilweisen Zurückweisung oder Zurücknahme ist die Gebühr nach dem Wert des zurückgewiesenen oder zurückgenommenen Teils, jedoch nur insoweit zu erheben, als die Gebühr für die Erledigung des ganzen Antrags die Gebühr für die teilweise Erledigung übersteigt.

(5) [1] Bei Zurückweisung oder Zurücknahme eines Antrags kann von der Erhebung von Kosten abgesehen werden, wenn der Antrag auf unverschuldeter Unkenntnis der tatsächlichen oder rechtlichen Verhältnisse beruht. [2] § 16 Abs. 2 gilt entsprechend.

§ 131[2)] Beschwerden, Anrufung des Gerichts gegen Entscheidungen anderer Behörden oder Dienststellen. (1) Für das Verfahren über die Beschwerde wird, soweit nichts anderes bestimmt ist,

1. in den Fällen der Verwerfung oder Zurückweisung die volle Gebühr, höchstens jedoch ein Betrag von 800 Euro,
2. in den Fällen, in denen die Beschwerde zurückgenommen wird, bevor über sie eine Entscheidung ergeht, die Hälfte der vollen Gebühr, höchstens jedoch ein Betrag von 500 Euro

erhoben.

(2) Für das Verfahren über die Rechtsbeschwerde wird, soweit nichts anderes bestimmt ist,

1. in den Fällen der Verwerfung oder Zurückweisung das Eineinhalbfache der vollen Gebühr, höchstens jedoch ein Betrag von 1 200 Euro,
2. in den Fällen, in denen die Rechtsbeschwerde zurückgenommen wird, bevor über sie eine Entscheidung ergeht, drei Viertel der vollen Gebühr, höchstens jedoch ein Betrag von 750 Euro

erhoben.

(3) Im Übrigen ist das Beschwerde- und Rechtsbeschwerdeverfahren gebührenfrei.

(4) Der Wert ist in allen Fällen nach § 30 zu bestimmen.

(5) [1] Richtet sich die Beschwerde gegen eine Entscheidung des Betreuungsgerichts und ist sie von dem Betreuten oder dem Pflegling oder im Interesse dieser Personen eingelegt, so ist das Beschwerdeverfahren in jedem Fall gebührenfrei. [2] Entsprechendes gilt für ein sich anschließendes Rechtsbeschwerdeverfahren.

(6) [1] Werden Angelegenheiten der in diesem Abschnitt bezeichneten Art von anderen Behörden oder Stellen, insbesondere von Notaren, erledigt und ist in diesen Fällen eine Anrufung des Gerichts vorgesehen, so steht diese hinsichtlich der Gebühren einer Beschwerde gleich. [2] Dies gilt nicht bei Anträgen auf Änderung von Entscheidungen des ersuchten oder beauftragten Richters oder des Urkundsbeamten der Geschäftsstelle. [3] Es gilt ferner nicht, wenn nach einem Verwaltungsverfahren der Antrag auf gerichtliche Entscheidung gestellt wird.

(7) Auslagen, die durch eine für begründet befundene Beschwerde entstanden sind, werden nicht erhoben, soweit das Beschwerdeverfahren gemäß Absatz 1 Satz 2 gebührenfrei ist.

[1)] § 130 Abs. 1 und 2 geänd. durch G v. 9. 12. 1986 (BGBl. I S. 2326) und mWv 1. 1. 2002 durch G v. 27. 4. 2001 (BGBl. I S. 751); Abs. 1 und 2 geänd. mWv 1. 9. 2009 durch G v. 17. 12. 2008 (BGBl. I S. 2586).

[2)] § 131 Abs. 1 Satz 1 Nr. 1 und 2 geänd. durch G v. 11. 8. 1961 (BGBl. I S. 1221); Abs. 3 neu gef. durch G v. 12. 9. 1990 (BGBl. I S. 2002); Abs. 1–3 neu gef., Abs. 4 und 5 eingef., bish. Abs. 4 und 5 werden Abs. 6 und 7 mWv 1. 9. 2009 durch G v. 17. 12. 2008 (BGBl. I S. 2586).

§ 131 a[1] **Bestimmte Beschwerden.** [1] In Verfahren über Beschwerden in den in § 128 e Abs. 1 genannten Verfahren wird die gleiche Gebühr wie im ersten Rechtszug erhoben, wenn die Beschwerde verworfen oder zurückgewiesen wird. [2] § 128 e Abs. 2 gilt entsprechend. [3] Im Übrigen ist das Beschwerdeverfahren gebührenfrei. [4] Auslagen, die durch eine für begründet befundene Beschwerde entstanden sind, werden nicht erhoben.

§ 131 b[2] **Beschwerden in Verfahrenskostenhilfesachen.** [1] Für das Verfahren über Beschwerden gegen Entscheidungen in Verfahren über die Verfahrenskostenhilfe wird eine Gebühr von 50 Euro, in Verfahren über die Rechtsbeschwerde von 100 Euro, erhoben, wenn die Beschwerde verworfen oder zurückgewiesen wird. [2] Wird die Beschwerde nur teilweise verworfen oder zurückgewiesen, kann das Gericht die Gebühr nach billigem Ermessen auf die Hälfte ermäßigen oder bestimmen, daß eine Gebühr nicht zu erheben ist. [3] Wird die Beschwerde zurückgenommen, bevor eine Entscheidung über sie ergangen ist, wird keine Gebühr erhoben. [4] § 131 Abs. 5 bleibt unberührt.

§ 131 c[3] **Beschwerden in bestimmten Registersachen.** (1) [1] Für das Verfahren über Beschwerden gegen Entscheidungen, die sich auf solche Tätigkeiten des Registergerichts beziehen, für die Gebühren aufgrund einer Rechtsverordnung nach § 79 a zu erheben sind, wird das Doppelte der Gebühr erhoben, die in der Rechtsverordnung für die Zurückweisung der Anmeldung vorgesehen ist, wenn die Beschwerde verworfen oder zurückgewiesen wird. [2] Wird die Beschwerde nur teilweise verworfen oder zurückgewiesen, wird das Doppelte der Gebühr erhoben, die in der Rechtsverordnung für die Zurückweisung dieses Teils der Anmeldung vorgesehen ist.

(2) [1] Wird die Beschwerde zurückgenommen, bevor eine Entscheidung über sie ergangen ist, wird das Doppelte der Gebühr erhoben, die in einer Rechtsverordnung nach § 79 a für die Zurücknahme der Anmeldung vorgesehen ist. [2] Wird die Beschwerde nur teilweise zurückgenommen, wird das Doppelte der Gebühr erhoben, die in der Rechtsverordnung für die Zurücknahme dieses Teils der Anmeldung vorgesehen ist.

(3) Für das Verfahren über die Rechtsbeschwerde sind die Absätze 1 und 2 mit der Maßgabe anzuwenden, dass das Dreifache der Gebühr erhoben wird.

§ 131 d[4] **Rüge wegen Verletzung des Anspruchs auf rechtliches Gehör.** [1] Für das Verfahren über die Rüge wegen Verletzung des Anspruchs auf rechtliches Gehör (§ 44 des Gesetzes über das Verfahren in Familiensachen und in den Angelegenheiten der freiwilligen Gerichtsbarkeit, auch in Verbindung mit § 81 Abs. 3 der Grundbuchordnung und § 89 Abs. 3 der Schiffsregisterordnung[5]) wird eine Gebühr von 50 Euro erhoben, wenn die Rüge in vollem Umfang verworfen oder zurückgewiesen wird. [2] Wird die Rüge zurückgenommen, bevor eine Entscheidung über sie ergangen ist, wird keine Gebühr erhoben. [3] § 131 Abs. 5 gilt entsprechend.

§ 132[6] **Beglaubigte Ablichtungen oder Ausdrucke.** Soweit nichts anderes bestimmt ist, wird bei der Erteilung beglaubigter Ablichtungen oder Ausdrucke der vom Gericht erlassenen Entscheidungen sowie der von ihm aufgenommenen oder in Urschrift in seiner dauernden Verwahrung befindlichen Urkunden eine Beglaubigungsgebühr nicht erhoben.

§ 133 Vollstreckbare Ausfertigungen. [1] Für die Erteilung vollstreckbarer Ausfertigungen von gerichtlichen oder notariellen Urkunden wird die Hälfte der vollen Gebühr erhoben, wenn der Eintritt einer Tatsache oder einer Rechtsnachfolge zu prüfen ist (§§ 726 bis 729 der Zivilprozeßordnung) oder es sich um die Erteilung einer weiteren vollstreckbaren Ausfertigung handelt. [2] Das gleiche gilt im Fall der Erteilung vollstreckbarer Ausfertigungen einer bestätigten Auseinandersetzung sowie in ähnlichen Fällen.

---

[1] § 131 a neu gef. mWv 1. 9. 2009 durch G v. 17. 12. 2008 (BGBl. I S. 2586).

[2] § 131 b eingef. durch G v. 24. 6. 1994 (BGBl. I S. 1325); Satz 1 geänd. mWv 1. 1. 2002 durch G v. 27. 4. 2001 (BGBl. I S. 751); Überschr., Sätze 1 und 4 geänd. mWv 1. 9. 2009 durch G v. 17. 12. 2008 (BGBl. I S. 2586).

[3] § 131 c eingef. mWv 1. 12. 2004 durch G v. 3. 7. 2004 (BGBl. I S. 1410); Abs. 3 angef. mWv 1. 9. 2009 durch G v. 17. 12. 2008 (BGBl. I S. 2586).

[4] § 131 d eingef. mWv 1. 1. 2005 durch G v. 9. 12. 2004 (BGBl. I S. 3220); Sätze 1 und 3 geänd. mWv 1. 9. 2009 durch G v. 17. 12. 2008 (BGBl. I S. 2586).

[5] Nr. **385**.

[6] § 132 Überschr. und Wortlaut geänd. mWv 1. 4. 2005 durch G v. 22. 3. 2005 (BGBl. I S. 837).

§ 134[1] Vollstreckung. (1) [1] Für die Anordnung

1. der Vornahme einer vertretbaren Handlung durch einen Dritten und
2. von Zwangs- oder Ordnungsmitteln

wird eine Gebühr in Höhe von 15 Euro erhoben. [2] Mehrere Anordnungen nach Nummer 2 gelten als eine Anordnung, wenn sie dieselbe Verpflichtung betreffen. [3] Dies gilt nicht, wenn Gegenstand der Verpflichtung die wiederholte Vornahme einer Handlung oder eine Unterlassung ist.

(2) [1] Für das Verfahren zur Abnahme der eidesstattlichen Versicherung wird eine Gebühr von 30 Euro erhoben. [2] Die Gebühr entsteht mit der Anordnung des Gerichts, dass der Verpflichtete eine eidesstattliche Versicherung abzugeben hat, oder mit dem Eingang des Antrags des Berechtigten.

(3) Für Vollstreckungshandlungen des Vollstreckungsgerichts werden Kosten nach dem Gerichtskostengesetz erhoben.

(4) [1] Für das Verfahren über den Antrag auf Erteilung einer weiteren vollstreckbaren Ausfertigung (§ 733 der Zivilprozessordnung) wird eine Gebühr von 15 Euro erhoben. [2] Die Gebühr fällt für jede weitere vollstreckbare Ausfertigung gesondert an.

§ 135 Rechtskraftzeugnisse, Kostenfestsetzung. Für die Erteilung von Rechtskraftzeugnissen und für die gerichtliche Festsetzung der einem Beteiligten zu erstattenden Kosten werden Gebühren nicht erhoben.

Dritter Abschnitt. Auslagen

§ 136[2] Dokumentenpauschale. (1) [1] Eine Dokumentenpauschale wird erhoben für

1. Ausfertigungen, Ablichtungen oder Ausdrucke, die auf Antrag erteilt, angefertigt oder per Telefax übermittelt werden;
2. Ausfertigungen und Ablichtungen, die angefertigt werden müssen, weil zu den Akten gegebene Urkunden, von denen eine Ablichtung zurückbehalten werden muss, zurückgefordert werden; in diesem Fall wird die bei den Akten zurückbehaltene Ablichtung gebührenfrei beglaubigt.

[2] § 191 a Abs. 1 Satz 2 des Gerichtsverfassungsgesetzes bleibt unberührt.

(2) [1] Die Dokumentenpauschale beträgt unabhängig von der Art der Herstellung in derselben Angelegenheit, in gerichtlichen Verfahren in demselben Rechtszug und bei Dauerbetreuungen und -pflegschaften in jedem Kalenderjahr für die ersten 50 Seiten 0,50 Euro je Seite und für jede weitere Seite 0,15 Euro. [2] Die Höhe der Dokumentenpauschale ist für jeden Kostenschuldner nach § 2 gesondert zu berechnen; Gesamtschuldner gelten als ein Schuldner.

(3) Für die Überlassung von elektronisch gespeicherten Dateien anstelle der in Absatz 1 Nr. 1 genannten Ausfertigungen, Ablichtungen und Ausdrucke beträgt die Dokumentenpauschale je Datei 2,50 Euro.

(4) Frei von der Dokumentenpauschale sind

1. bei Beurkundungen von Verträgen zwei Ausfertigungen, Ablichtungen oder Ausdrucke, bei sonstigen Beurkundungen eine Ausfertigung, eine Ablichtung oder ein Ausdruck;
2. für jeden Beteiligten und seinen bevollmächtigten Vertreter jeweils
   a) eine vollständige Ausfertigung oder Ablichtung oder ein vollständiger Ausdruck jeder gerichtlichen Entscheidung und jedes vor Gericht abgeschlossenen Vergleichs,
   b) eine Ausfertigung ohne Entscheidungsgründe und
   c) eine Ablichtung oder ein Ausdruck jeder Niederschrift über eine Sitzung.

---

[1] § 134 neu gef. mWv 1. 9. 2009 durch G v. 17. 12. 2008 (BGBl. I S. 2586).

[2] § 136 neu gef. mWv 15. 12. 2001 durch G v. 10. 12. 2001 (BGBl. I S. 3422); Abs. 3 geänd. mWv 1. 1. 2002 durch G v. 27. 4. 2001 (BGBl. I S. 751, insoweit geänd. durch G v. 10. 12. 2001, BGBl. I S. 3422); Abs. 1 Satz 2 angef. mWv 1. 8. 2002 durch G v. 23. 7. 2002 (BGBl. I S. 2850); Abs. 1 und 3 geänd., Abs. 4 Nr. 1 geänd., Nr. 2 neu gef., Abs. 5 aufgeh. mWv 1. 7. 2004 durch G v. 5. 5. 2004 (BGBl. I S. 718); Abs. 1 Satz 1 Nr. 1, Abs. 3, Abs. 4 Nr. 1, Nr. 2 Buchst. a und c geänd. mWv 1. 4. 2005 durch G v. 22. 3. 2005 (BGBl. I S. 837); Abs. 2 Satz 1 geänd. mWv 1. 9. 2009 durch G v. 17. 12. 2008 (BGBl. I S. 2586).

§ 137[1] **Sonstige Auslagen.** (1) Als Auslagen werden ferner erhoben

1. Entgelte für Telegramme;
2. für jede Zustellung mit Zustellungsurkunde, Einschreiben gegen Rückschein oder durch Justizbedienstete nach § 168 Abs. 1 der Zivilprozessordnung pauschal ein Betrag von 3,50 Euro;
3. für die Versendung von Akten auf Antrag je Sendung einschließlich der Rücksendung durch Gerichte pauschal ein Betrag von 12 Euro;
4. Auslagen für öffentliche Bekanntmachungen
   a) bei Veröffentlichung in einem elektronischen Informations- und Kommunikationssystem, wenn ein Entgelt nicht zu zahlen ist oder das Entgelt nicht für den Einzelfall berechnet wird, je Veröffentlichung pauschal 1 Euro,
   b) in sonstigen Fällen die zu zahlenden Entgelte;
5. nach dem Justizvergütungs- und -entschädigungsgesetz zu zahlende Beträge mit Ausnahme der an ehrenamtliche Richter (§ 1 Abs. 1 Satz 1 Nr. 2 des Justizvergütungs- und -entschädigungsgesetzes), Gebärdensprachdolmetscher und an Übersetzer, die zur Erfüllung der Rechte blinder oder sehbehinderter Personen herangezogen werden (§ 191 a Abs. 1 des Gerichtsverfassungsgesetzes), zu zahlenden Beträge, und zwar auch dann, wenn aus Gründen der Gegenseitigkeit, der Verwaltungsvereinfachung oder aus vergleichbaren Gründen keine Zahlungen zu leisten sind; ist aufgrund des § 1 Abs. 2 Satz 2 des Justizvergütungs- und -entschädigungsgesetzes keine Vergütung zu zahlen, ist der Betrag zu erheben, der ohne diese Vorschrift zu zahlen wäre;
6. bei Geschäften außerhalb der Gerichtsstelle
   a) die den Gerichtspersonen aufgrund gesetzlicher Vorschriften gewährte Vergütung (Reisekosten, Auslagenersatz),
   b) die Auslagen für die Bereitstellung von Räumen,
   c) für den Einsatz von Dienstkraftfahrzeugen für jeden gefahrenen Kilometer 0,30 Euro;
7. an Rechtsanwälte zu zahlende Beträge mit Ausnahme der nach § 59 des Rechtsanwaltsvergütungsgesetzes auf die Staatskasse übergegangenen Ansprüche;
8. Rechnungsgebühren (§ 139);
9. Auslagen für die Beförderung von Personen;
10. Beträge, die mittellosen Personen für die Reise zum Ort einer Verhandlung, Vernehmung oder Untersuchung und für die Rückreise gezahlt werden, bis zur Höhe der nach dem Justizvergütungs- und -entschädigungsgesetz an Zeugen zu zahlenden Beträge;
11. an Dritte zu zahlende Beträge für
    a) die Beförderung von Tieren und Sachen mit Ausnahme der für Postdienstleistungen zu zahlenden Entgelte, die Verwahrung von Tieren und Sachen sowie die Fütterung von Tieren,
    b) die Durchsuchung oder Untersuchung von Räumen und Sachen einschließlich der die Durchsuchung oder Untersuchung vorbereitenden Maßnahmen;
12. Kosten einer Zwangshaft in Höhe des Haftkostenbeitrags nach § 50 Abs. 2 und 3 des Strafvollzugsgesetzes, Kosten einer sonstigen Haft nur dann, wenn sie nach § 50 Abs. 1 des Strafvollzugsgesetzes zu erheben wären;
13. nach dem Auslandskostengesetz gezahlte Beträge;
14. Beträge, die inländischen Behörden, öffentlichen Einrichtungen oder Bediensteten als Ersatz für Auslagen der in den Nummern 1 bis 13 bezeichneten Art zustehen, und zwar auch dann, wenn aus Gründen der Gegenseitigkeit, der Verwaltungsvereinfachung oder aus vergleichbaren Gründen keine Zahlungen zu leisten sind; diese Beträge sind durch die Höchstsätze für die bezeichneten Auslagen begrenzt;
15. Beträge, die ausländischen Behörden, Einrichtungen oder Personen im Ausland zustehen, sowie Kosten des Rechtshilfeverkehrs mit dem Ausland, und zwar auch dann, wenn aus Gründen der Gegenseitigkeit, der Verwaltungsvereinfachung oder aus vergleichbaren Gründen keine Zahlungen zu leisten sind;
16. an Verfahrenspfleger gezahlte Beträge.

(2) Sind Auslagen durch verschiedene Geschäfte veranlasst, werden sie auf die mehreren Geschäfte angemessen verteilt.

---

[1] § 137 neu gef. mWv 1. 7. 2004 durch G v. 5. 5. 2004 (BGBl. I S. 718); Abs. 1 Nr. 2 neu gef., Nr. 3 aufgeh., bish. Nr. 4–17 werden Nr. 3–16, neue Nr. 3 geänd. mWv 1. 1. 2008 durch G v. 22. 12. 2006 (BGBl. I S. 3416).

§ 138[1] *(aufgehoben)*

§ 139[2] **Rechnungsgebühren.** (1) [1] Für Rechnungsarbeiten, die durch einen dafür besonders bestellten Bediensteten (Rechnungsbeamten) vorgenommen werden, sind als Auslagen Rechnungsgebühren zu erheben, die nach dem für die Arbeit erforderlichen Zeitaufwand bemessen werden. [2] Sie betragen für jede Stunde 10 Euro. [3] Die letzte bereits begonnene Stunde wird voll gerechnet, wenn sie zu mehr als 30 Minuten für die Erbringung der Arbeit erforderlich war; anderenfalls sind 5 Euro zu erheben.

(2) [1] In Betreuungs- und Pflegschaftssachen werden unbeschadet der Vorschrift des § 92 Abs. 1 Satz 1 für die Prüfung eingereichter Rechnungen Rechnungsgebühren nur erhoben, wenn die nachgewiesenen Bruttoeinnahmen mehr als 1 000 Euro für das Jahr betragen. [2] Einnahmen aus dem Verkauf von Vermögensstücken rechnen nicht mit.

(3) [1] Die Rechnungsgebühren setzt das Gericht, das den Rechnungsbeamten beauftragt hat, von Amts wegen fest. [2] Gegen die Festsetzung findet die Beschwerde statt, wenn der Wert des Beschwerdegegenstands 200 Euro übersteigt oder das Gericht, das die angefochtene Entscheidung erlassen hat, die Beschwerde wegen der grundsätzlichen Bedeutung der zur Entscheidung stehenden Frage in dem Beschluss zugelassen hat. [3] § 14 Abs. 4 bis 9 gilt entsprechend. [4] Beschwerdeberechtigt sind die Staatskasse und derjenige, der für die Rechnungsgebühren als Kostenschuldner in Anspruch genommen worden ist.

Zweiter Teil. Kosten der Notare

§ 140 Verbot der Gebührenvereinbarung. [1] Die Kosten der Notare bestimmen sich, soweit bundesrechtlich nichts anderes vorgeschriebenen ist, ausschließlich nach diesem Gesetz. [2] Vereinbarungen über die Höhe der Kosten sind unwirksam.

§ 141 Anwendung des Ersten Teils. Für die Kosten der Notare gelten die Vorschriften des Ersten Teils dieses Gesetzes entsprechend, soweit in den nachstehenden Vorschriften nichts anderes bestimmt ist.

§ 142 Entscheidung durch das Amtsgericht in Baden-Württemberg. Soweit im Lande Baden-Württemberg die Gebühren für die Tätigkeit des Notars der Staatskasse zufließen, entscheidet in den Fällen des § 14 Abs. 2 und des § 31 (Erinnerung gegen den Kostenansatz, Festsetzung des Geschäftswerts) das Amtsgericht, in dessen Bezirk der Notar (Bezirksnotar) seinen Amtssitz hat.

§ 143[3] **Nichtanwendung des Ersten Teils.** (1) Fließen die Gebühren für die Tätigkeit des Notars diesem selbst zu, so finden die folgenden Vorschriften des Ersten Teils keine Anwendung: §§ 11 und 13 (Allgemeine Vorschriften über Kostenbefreiungen, Gebührenfreiheit für einzelne Gesamtschuldner), § 14 (Kostenansatz, Erinnerung, Beschwerde), § 15 (Nachforderung), § 16 Abs. 2 (Entscheidung über die Nichterhebung von Kosten), § 17 Abs. 4 (Verzinsung), § 31 (Festsetzung des Geschäftswerts), *§ 136 Abs. 5 (Dokumentenpauschale bei zur Verfügung gestellten Entwürfen)*[4], § 137 Abs. 1 Nr. 8, § 139 (Rechnungsgebühren).

(2) [1] Bundes- oder landesrechtliche Vorschriften, die Gebühren- oder Auslagenbefreiung gewähren, finden keine Anwendung auf den Notar, dem die Gebühren für seine Tätigkeit selbst zufließen. [2] Außer in den Fällen der Kostenerstattung zwischen den Trägern der Sozialhilfe gilt die in § 64 Abs. 2 Satz 3 Nr. 2 des Zehnten Buches Sozialgesetzbuch bestimmte Gebührenfreiheit auch für den Notar.

---

[1] § 138 aufgeh. durch G v. 20. 8. 1975 (BGBl. I S. 2189).

[2] § 139 Abs. 2 Satz 1 geänd. durch G v. 12. 9. 1990 (BGBl. I S. 2002); Abs. 2 Satz 1 geänd. mWv 1. 1. 2002 durch G v. 27. 4. 2001 (BGBl. I S. 751); Abs. 1 Satz 2 neu gef., Satz 3 angef., Abs. 3 Satz 2 neu gef., Satz 3 eingef., bish. Satz 3 wird Satz 4 mWv 1. 7. 2004 durch G v. 5. 5. 2004 (BGBl. I S. 718); Abs. 1 Satz 1 und Abs. 2 Satz 1 geänd. mWv 1. 9. 2009 durch G v. 17. 12. 2008 (BGBl. I S. 2586).

[3] § 143 geänd. durch G v. 20. 8. 1975 (BGBl. I S. 2189); Abs. 2 angef., bish. Wortlaut wird Abs. 1 und geänd. durch G v. 15. 6. 1989 (BGBl. I S. 1082); Abs. 1 geänd. durch G v. 24. 6. 1994 (BGBl. I S. 1325); Abs. 1 geänd. mWv 2. 1. 2002 durch G v. 26. 11. 2001 (BGBl. I S. 3138); Abs. 1 geänd. mWv 15. 12. 2001 durch G v. 10. 12. 2001 (BGBl. I S. 3422); Abs. 1 geänd. mWv 31. 12. 2006 und mWv 1. 1. 2008 durch G v. 22. 12. 2006 (BGBl. I S. 3416).

[4] § 136 Abs. 5 aufgeh. mWv 1. 7. 2004 durch G v. 5. 5. 2004 (BGBl. I S. 718).

§ 144[1] **Gebührenermäßigung.** (1) [1] Erhebt ein Notar, dem die Gebühren für seine Tätigkeit selbst zufließen, die in den §§ 36 bis 59, 71, 133, 145 und 148 bestimmten Gebühren von

1. dem Bund, einem Land sowie einer nach dem Haushaltsplan des Bundes oder eines Landes für Rechnung des Bundes oder eines Landes verwalteten öffentlichen Körperschaft oder Anstalt,
2. einer Gemeinde, einem Gemeindeverband, einer sonstigen Gebietskörperschaft oder einem Zusammenschluss von Gebietskörperschaften, einem Regionalverband, einem Zweckverband,
3. einer Kirche, sonstigen Religions- oder Weltanschauungsgemeinschaft, jeweils soweit sie die Rechtsstellung einer juristischen Person des öffentlichen Rechts hat,

und betrifft die Angelegenheit nicht deren wirtschaftliche Unternehmen, so ermäßigen sich die Gebühren bei einem Geschäftswert von mehr als 26 000 Euro bis zu einem

Geschäftswert	
von ... Euro	um ... Prozent
100 000	30
260 000	40
1 000 000	50
über 1 000 000	60

[2] Eine ermäßigte Gebühr darf jedoch die bei einem niedrigeren Geschäftswert nach Satz 1 zu erhebende Gebühr nicht unterschreiten. [3] Wenn die Tätigkeit mit dem Erwerb eines Grundstücks oder grundstücksgleichen Rechts zusammenhängt, ermäßigen sich die Gebühren nur, wenn dargelegt wird, daß eine auch nur teilweise Weiterveräußerung an einen nicht begünstigten Dritten nicht beabsichtigt ist. [4] Ändert sich diese Absicht innerhalb von drei Jahren nach Beurkundung der Auflassung, entfällt eine bereits gewährte Ermäßigung. [5] Der Begünstigte ist verpflichtet, den Notar zu unterrichten.

(2) Die Gebührenermäßigung ist auch einer Körperschaft, Vereinigung oder Stiftung zu gewähren, die ausschließlich und unmittelbar mildtätige oder kirchliche Zwecke im Sinne der Abgabenordnung verfolgt, wenn diese Voraussetzung durch einen Freistellungs- oder Körperschaftssteuerbescheid oder durch eine vorläufige Bescheinigung des Finanzamts nachgewiesen und dargelegt wird, daß die Angelegenheit nicht einen steuerpflichtigen wirtschaftlichen Geschäftsbetrieb betrifft.

(3) Die Ermäßigung erstreckt sich auf andere Beteiligte, die mit dem Begünstigten als Gesamtschuldner haften, nur insoweit, als sie von dem Begünstigten auf Grund gesetzlicher Vorschrift Erstattung verlangen können.

§ 144 a[2] **Besondere Gebührenermäßigung.** [1] Bei Geschäften, die in dem in Artikel 3 des Einigungsvertrages genannten Gebiet belegene Grundstücke betreffen und bei denen die in § 144 Abs. 1 Satz 1 Nr. 1 und 2 genannten Kostenschuldner nach § 2 Nr. 1 zur Zahlung der Kosten verpflichtet sind, ermäßigen sich die Gebühren, die dem Notar für seine Tätigkeit selbst zufließen und vor dem 1. Januar 2004 fällig werden, um 20 vom Hundert sowie um weitere Vomhundertsätze entsprechend § 144 Abs. 1 Satz 1. [2] Den in Satz 1 genannten Kostenschuldnern steht die Treuhandanstalt gleich. [3] § 144 Abs. 1 Satz 2 gilt sinngemäß. [4] Die Ermäßigungsbestimmungen des Einigungsvertrages sind nicht anzuwenden.

§ 145[3] **Entwürfe.** (1) [1] Fertigt der Notar auf Erfordern nur den Entwurf einer Urkunde, so wird die für die Beurkundung bestimmte Gebühr erhoben. [2] Überprüft der Notar auf Erfordern einen ihm vorgelegten Entwurf einer Urkunde oder einen Teil des Entwurfs, so wird die Hälfte der für die Beurkundung der gesamten Erklärung bestimmten Gebühr, mindestens jedoch ein Viertel der vollen Gebühr erhoben; dies gilt auch dann, wenn der Notar den Entwurf auf Grund der Überprüfung ändert oder ergänzt. [3] Nimmt der Notar demnächst aufgrund des von ihm gefertigten oder überprüften Entwurfs eine oder mehrere Beurkundungen vor, so wird die

[1] § 144 neu gef. durch G v. 15. 6. 1989 (BGBl. I S. 1082); Abs. 1 Satz 1 neu gef. mWv 1. 1. 2002 durch G v. 27. 4. 2001 (BGBl. I S. 751).

[2] § 144 a eingef. durch G v. 23. 6. 1993 (BGBl. I S. 944).

[3] § 145 Abs. 3 Satz 1 geänd. durch G v. 28. 8. 1969 (BGBl. I S. 1513); Abs. 1 Sätze 2 und 3 neu gef., Satz 4 angef. durch G v. 9. 12. 1986 (BGBl. I S. 2326).

Entwurfsgebühr auf die Beurkundungsgebühren in der Reihenfolge ihrer Entstehung angerechnet. [4] Beglaubigt der Notar demnächst unter einer von ihm entworfenen oder überprüften Urkunde Unterschriften oder Handzeichen, so wird für die erste Beglaubigung keine Gebühr erhoben, für weitere gesonderte Beglaubigungen werden die Gebühren gesondert erhoben.

(2) Fertigt der Notar über ein Rechtsgeschäft, das der behördlichen Nachprüfung unterliegt, im Einverständnis mit den Beteiligten einen Entwurf zur Vorlegung bei einer Behörde, kommt das Rechtsgeschäft jedoch auf Grund der behördlichen Maßnahme nicht zustande, so wird die Hälfte der für die Beurkundung bestimmten Gebühr, mindestens aber eine volle Gebühr, erhoben; jedoch wird die für die Beurkundung bestimmte Gebühr erhoben, wenn sie geringer ist als eine volle Gebühr.

(3) [1] Die im Absatz 2 bestimmte Gebühr wird auch erhoben, wenn der Notar auf Erfordern den Entwurf einer Urkunde für ein Rechtsgeschäft, das der notariellen Beurkundung bedarf, aushändigt, die Beurkundung aber infolge Zurücknahme des Auftrags oder aus ähnlichen Gründen unterbleibt. [2] Daneben werden die im § 57 und im § 130 Abs. 2 bestimmten Gebühren nicht erhoben.

§ 146[1)] Vollzug des Geschäfts. (1) [1] Wird der Notar bei der Veräußerung von Grundstücken und Erbbaurechten sowie bei der Bestellung von Erbbaurechten und bei der Begründung und Veräußerung von Wohnungs- oder Teileigentum auf Verlangen der Beteiligten zum Zwecke des Vollzugs des Geschäfts tätig, so erhält er neben der Entwurfs- oder Beurkundungsgebühr die Hälfte der vollen Gebühr; beschränkt sich seine Tätigkeit auf die Einholung des Zeugnisses nach § 28 Abs. 1 des Baugesetzbuchs[2)], so erhält er nur ein Zehntel der vollen Gebühr. [2] Die dem Notar nach besonderen Vorschriften obliegenden Mitteilungen an Behörden und der Verkehr mit dem Grundbuchamt ist durch die Entwurfs- oder Beurkundungsgebühr abgegolten (§ 35).

(2) Betreibt der Notar, der den Entwurf nicht gefertigt oder überprüft, sondern nur die Unterschrift oder das Handzeichen beglaubigt hat, im Auftrag des Antragstellers den Vollzug eines Antrags auf Eintragung, Veränderung oder Löschung einer Hypothek, Grundschuld oder Rentenschuld oder einer Schiffshypothek, so erhält er ein Viertel der vollen Gebühr.

(3) [1] Für den Vollzug des Geschäfts in anderen Fällen erhält der Notar neben der Beurkundungs- oder Entwurfsgebühr die Hälfte der vollen Gebühr, wenn es erforderlich ist, Anträge oder Beschwerden, die er aufgrund einer von ihm aufgenommenen, entworfenen oder geprüften Urkunde bei Gerichten, Behörden oder anderen Dienststellen einreicht, tatsächlich oder rechtlich näher zu begründen, und der Beteiligte dies verlangt. [2] Die Gebühr ist für jeden Antrag oder jede Beschwerde gesondert zu erheben.

(4) Der Geschäftswert ist in den Fällen der Absätze 1 und 2 wie bei der Beurkundung, im Fall des Absatzes 3 nach § 30 zu bestimmen.

§ 147[3)] Sonstige Geschäfte, Nebentätigkeit, gebührenfreie Geschäfte. (1) [1] Für die Einsicht des Grundbuchs, öffentlicher Register und von Akten und für eine im Auftrage eines Beteiligten erfolgte Mitteilung über den Inhalt des Grundbuchs oder öffentlicher Register erhält der Notar die Mindestgebühr (§ 33). [2] Schließt die Tätigkeit des Notars die Mitteilung über die dem Grundbuchamt bei Einreichung eines Antrags durch den Notar vorliegenden weiteren Anträge einschließlich des sich daraus ergebenden Ranges für das beantragte Recht ein, erhält er ein Viertel der vollen Gebühr nach dem Wert des beantragten Rechts.

(2) Soweit für eine im Auftrag eines Beteiligten ausgeübte Tätigkeit eine Gebühr nicht bestimmt ist, erhält der Notar die Hälfte der vollen Gebühr.

(3) Für die ein Geschäft vorbereitende oder fördernde Tätigkeit (z.B. Raterteilung, Einsicht des Grundbuchs, öffentlicher Register oder von Akten) erhält der Notar die Gebühr des Absatzes 1 oder 2 nur, wenn diese Tätigkeit nicht schon als Nebengeschäft (§ 35) durch eine dem Notar für das Hauptgeschäft oder für erfolglose Verhandlungen (§ 57) zustehende Gebühr abgegolten wird.

(4) Keine Gebühr erhält der Notar für

1. die Übermittlung von Anträgen an das Grundbuchamt oder das Registergericht, wenn der Antrag mit einer anderen gebührenpflichtigen Tätigkeit im Zusammenhang steht,
2. die Stellung von Anträgen im Namen der Beteiligten beim Grundbuchamt oder beim Registergericht aufgrund gesetzlicher Ermächtigung,

---

1) § 146 neu gef. durch G v. 9. 12. 1986 (BGBl. I S. 2326); Abs. 1 Satz 1 geänd. durch G v. 24. 6. 1994 (BGBl. I S. 1325).

2) Nr. **400**.

3) § 147 neu gef. durch G v. 9. 12. 1986 (BGBl. I S. 2326); Abs. 1 Satz 1 geänd. durch G v. 31. 8. 1998 (BGBl. I S. 2585); Abs. 4 Nr. 5 geänd., Nr. 6 angef. mWv 31. 7. 2004 durch G v. 23. 4. 2004 (BGBl. I S. 598).

3. das Aufsuchen von Urkunden, die von dem Notar aufgenommen sind oder von ihm verwahrt werden,
4. die Erwirkung der Legalisation der eigenen Unterschrift,
5. die Erledigung von Beanstandungen, einschließlich des Beschwerdeverfahrens, soweit er die zugrundeliegende Urkunde aufgenommen, entworfen oder geprüft hat,
6. die Übermittlung von Anträgen an das Zentrale Vorsorgeregister nach § 78 a Abs. 1 der Bundesnotarordnung[1)], wenn der Antrag mit einer anderen gebührenpflichtigen Tätigkeit im Zusammenhang steht; Gleiches gilt für die Stellung von Anträgen bei dem Zentralen Vorsorgeregister im Namen der Beteiligten.

§ 148 Auseinandersetzungen. (1) Für die Vermittlung einer Auseinandersetzung durch den Notar gelten nach Maßgabe des Absatzes 2 die Vorschriften des § 116.

(2) [1] Ist die Vermittlung dem Notar von dem Gericht übertragen, so erhält er das Dreieinhalbfache und, wenn die Bestätigung der Auseinandersetzung dem Gericht zusteht, das Dreifache der vollen Gebühr. [2] Die Gebühr ermäßigt sich

1. auf das Doppelte der vollen Gebühr, wenn das Verfahren ohne Bestätigung der Auseinandersetzung abgeschlossen wird;
2. auf die Hälfte der vollen Gebühr, wenn sich das Verfahren vor Eintritt in die Verhandlung durch Zurücknahme oder auf andere Weise erledigt.

§ 148 a[2)] Vollstreckbarerklärungen und Bescheinigungen in besonderen Fällen.

(1) [1] Für das Verfahren über den Antrag auf Vollstreckbarerklärung eines Vergleichs (§§ 796 a bis 796 c der Zivilprozeßordnung) oder eines Schiedsspruchs mit vereinbartem Wortlaut (§ 1053 der Zivilprozeßordnung) erhält der Notar die Hälfte der vollen Gebühr. [2] Für die Erteilung vollstreckbarer Ausfertigungen gilt § 133 entsprechend.

(2) In den Fällen des Absatzes 1 Satz 1 richtet sich der Geschäftswert nach den Ansprüchen, die Gegenstand der Vollstreckbarerklärung sein sollen.

(3) [1] Für Verfahren über einen Antrag auf Vollstreckbarerklärung einer notariellen Urkunde nach § 55 Abs. 3 des Anerkennungs- und Vollstreckungsausführungsgesetzes erhält der Notar eine Gebühr in Höhe von 200 Euro. [2] Für die Ausstellung einer Bescheinigung nach § 56 des Anerkennungs- und Vollstreckungsausführungsgesetzes erhalt der Notar eine Gebühr in Höhe von 10 Euro, für die Ausstellung einer Bestätigung nach § 1079 der Zivilprozessordnung eine Gebühr in Höhe von 15 Euro.

§ 149[3)] Erhebung, Verwahrung und Ablieferung von Geld, Wertpapieren und Kostbarkeiten. (1) [1] Werden an den Notar Zahlungen geleistet, so erhält er für die Auszahlung oder Rückzahlung bei Beträgen

bis zu 2 500 Euro einschließlich	1 vom Hundert,
von dem Mehrbetrag bis zu 10 000 Euro einschließlich	0,5 vom Hundert,
von dem Mehrbetrag über 10 000 Euro	0,25 vom Hundert.

[2] Unbare Zahlungen stehen baren Zahlungen gleich. [3] Der Notar kann die Gebühr bei der Ablieferung an den Auftraggeber entnehmen.

(2) Ist Geld in mehreren Beträgen gesondert ausgezahlt oder zurückgezahlt, so wird die Gebühr von jedem Betrag besonders erhoben.

(3) Die Mindestgebühr beträgt 1 Euro.

(4) Für die Ablieferung oder Rücklieferung von Wertpapieren und Kostbarkeiten erhält der Notar die in den Absätzen 1 bis 3 bestimmte Gebühr nach dem Wert.

(5) Die Gebühr wird im Fall des § 51 Abs. 3 auf die Protestgebühr, nicht jedoch auf die Wegegebühr, angerechnet.

---

1) Nr. 1.

2) § 148 a eingef. durch G v. 17. 12. 1990 (BGBl. I S. 2847); Überschr. neu gef. durch G v. 24. 6. 1994 (BGBl. I S. 1325); Überschr. geänd., Abs. 1 Satz 1 neu gef. durch G v. 22. 12. 1997 (BGBl. I S. 3224); Überschr. neu gef., Abs. 3 angef. mWv 1. 3. 2002 durch G v. 30. 1. 2002 (BGBl. I S. 564); Abs. 3 Satz 1 geänd. mWv 1. 7. 2004 durch G v. 5. 5. 2004 (BGBl. I S. 718); Abs. 3 Satz 2 geänd. mWv 21. 10. 2005 durch G v. 18. 8. 2005 (BGBl. I S. 2477).

3) § 149 Abs. 1 Satz 1 neu gef. durch G v. 20. 8. 1975 (BGBl. I S. 2189); Abs. 1 Satz 1 und Abs. 3 geänd. mWv 1. 1. 2002 durch G v. 27. 4. 2001 (BGBl. I S. 751).

§ 150[1] **Bescheinigung.** Der Notar erhält für die Erteilung einer Bescheinigung nach
1. § 21 Abs. 1 Nr. 1 der Bundesnotarordnung[2] eine Gebühr von 13 Euro und
2. § 21 Abs. 1 Nr. 2 der Bundesnotarordnung eine Gebühr von 25 Euro.

§ 151[3] **Zuziehung eines zweiten Notars.** (1) Der zweite Notar, der auf Verlangen eines Beteiligten zu einer Beurkundung zugezogen wird, erhält die Hälfte der dem beurkundenden Notar zustehenden Gebühr und im Fall des § 58 daneben die dort bestimmte Zusatzgebühr.

(2) [1] Ist der zweite Notar ohne Verlangen eines Beteiligten zugezogen, so darf der mit der Beurkundung beauftragte Notar, dem die Gebühren für seine Tätigkeit selbst zufließen, dafür nicht mehr als 1,30 Euro für jede angefangene Stunde in Rechnung stellen; Auslagen des zweiten Notars werden daneben angesetzt. [2] Fließen die Gebühren dem mit der Beurkundung beauftragten Notar nicht selbst zu, werden keine Kosten erhoben.

§ 151 a[4] **Umsatzsteuer.** Der Notar erhält Ersatz der auf seine Kosten entfallenden Umsatzsteuer, sofern diese nicht nach § 19 Abs. 1 des Umsatzsteuergesetzes unerhoben bleibt.

§ 152[5] **Weitere Auslagen des Notars, dem die Gebühren selbst zufließen.** (1) Der Notar, dem die Gebühren für seine Tätigkeit selbst zufließen, erhält die Dokumentenpauschale auch für die ihm aufgrund besonderer Vorschriften obliegenden Mitteilungen an Behörden.

(2) Er kann außer den im Dritten Abschnitt des Ersten Teils genannten Auslagen erheben
1. Entgelte für Postdienstleistungen
   a) für die Übersendung auf Antrag erteilter Ausfertigungen, Ablichtungen und Ausdrucke,
   b) für die in Absatz 1 genannten Mitteilungen;
2. Entgelte für Telekommunikationsdienstleistungen; dies gilt nicht, wenn dem Notar für die Tätigkeit eine Dokumentenpauschale nach § 136 Abs. 3 zusteht;
3. an Gebärdensprachdolmetscher sowie an Urkundszeugen zu zahlende Vergütungen; sind die Auslagen durch verschiedene Geschäfte veranlasst, werden sie unter Berücksichtigung der auf die einzelnen Geschäfte verwendeten Zeit angemessen verteilt; und
4. die gezahlte Prämie für eine für den Einzelfall abgeschlossene Haftpflichtversicherung gegen Vermögensschäden, soweit die Prämie auf Haftungsbeträge von mehr als 60 Millionen Euro entfällt; soweit sich aus der Rechnung des Versicherers nichts anderes ergibt, ist von der Gesamtprämie der Betrag zu erstatten, der sich aus dem Verhältnis der 60 Millionen Euro übersteigenden Versicherungssumme zu der Gesamtversicherungssumme ergibt.

§ 153[6] **Reisekosten.** (1) [1] Der Notar erhält für Geschäftsreisen, die er im Auftrag eines Beteiligten vornimmt, Reisekosten. [2] Eine Geschäftsreise liegt vor, wenn das Reiseziel außerhalb der Gemeinde liegt, in der sich der Amtssitz oder die Wohnung des Notars befindet.

(2) [1] Der Notar, dem die Gebühren für seine Tätigkeit selbst zufließen, erhält als Reisekosten
1. bei Benutzung eines eigenen Kraftfahrzeugs Fahrtkosten nach Absatz 4; bei Benutzung anderer Verkehrsmittel die tatsächlichen Aufwendungen, soweit sie angemessen sind;
2. als Tage- und Abwesenheitsgeld bei einer Geschäftsreise von nicht mehr als 4 Stunden 20 Euro, von mehr als 4 bis 8 Stunden 35 Euro, von mehr als 8 Stunden 60 Euro; die Hälfte dieses Satzes ist auf die in § 58 Abs. 1 bestimmte Zusatzgebühr anzurechnen;
3. Ersatz der Übernachtungskosten, soweit sie angemessen sind.

[2] Die Regelung über die Verteilung der Reisekosten bei Erledigung mehrerer Geschäfte auf derselben Geschäftsreise des Notars gilt auch, wenn auf derselben Reise Notargeschäfte und Rechtsanwaltsgeschäfte erledigt werden.

---

[1] § 150 neu gef. durch G v. 31. 8. 1998 (BGBl. I S. 2585); Nr. 1 und 2 geänd. mWv 1. 1. 2002 durch G v. 27. 4. 2001 (BGBl. I S. 751).

[2] Nr. **1**.

[3] § 151 Abs. 2 geänd. mWv 1. 1. 2002 durch G v. 27. 4. 2001 (BGBl. I S. 751); Abs. 1 geänd., Abs. 2 neu gef. mWv 1. 8. 2002 durch G v. 23. 7. 2002 (BGBl. I S. 2850).

[4] § 151 a eingef. durch G v. 20. 12. 1967 (BGBl. I S. 1246); neu gef. durch G v. 26. 11. 1979 (BGBl. I S. 1953).

[5] § 152 neu gef. mWv 15. 12. 2001 durch G v. 10. 12. 2001 (BGBl. I S. 3422); Überschr. neu gef., Abs. 2 Nr. 2 geänd., Nr. 3 angef. mWv 1. 8. 2002 durch G v. 23. 7. 2002 (BGBl. I S. 2850); Abs. 2 Nr. 1 Buchst. a und Nr. 2 geänd., Nr. 3 neu gef., Nr. 4 angef. mWv 1. 7. 2004 durch G v. 5. 5. 2004 (BGBl. I S. 718); Abs. 2 Nr. 1 Buchst. a geänd. mWv 1. 4. 2005 durch G v. 22. 3. 2005 (BGBl. I S. 837).

[6] § 153 neu gef. durch G v. 30. 6. 1965 (BGBl. I S. 577); Abs. 2 Satz 1 geänd. durch G v. 20. 8. 1975 (BGBl. I S. 2189); Abs. 1 neu gef., Abs. 2 eingef., bish. Abs. 2 wird Abs. 3 und Satz 2 geänd., Abs. 4 angef. durch G v. 24. 6. 1994 (BGBl. I S. 1325); Abs. 3 Satz 1 geänd. mWv 28. 4. 2001 durch G v. 19. 4. 2001 (BGBl. I S. 623); Abs. 2 Satz 1 Nr. 2 und Abs. 4 geänd. mWv 1. 1. 2002 durch G v. 27. 4. 2001 (BGBl. I S. 751); Abs. 2 Satz 1 Nr. 2 und Abs. 4 geänd. mWv 1. 7. 2004 durch G v. 5. 5. 2004 (BGBl. I S. 718).

(3) [1] Fließen die Gebühren für die Tätigkeit des Notars der Staatskasse zu, so erhält der Notar bei Geschäftsreisen nach Absatz 1 Reisekostenvergütung nach den für Bundesbeamte geltenden Vorschriften. [2] Ist es nach den Umständen, insbesondere nach dem Zweck der Geschäftsreise, erforderlich, ein anderes als ein öffentliches, regelmäßig verkehrendes Beförderungsmittel zu benutzen, so erhält der Notar Ersatz der notwendigen Aufwendungen, bei Benutzung eines eigenen Kraftfahrzeugs Fahrtkosten nach Absatz 4; diese Entschädigung ist stets zu gewähren, wenn der Hin- und Rückweg zusammen nicht mehr als zweihundert Kilometer beträgt oder der Notar Fahrtkosten für nicht mehr als zweihundert Kilometer verlangt.

(4) Als Fahrtkosten bei Benutzung eines eigenen Kraftfahrzeugs sind zur Abgeltung der Anschaffungs-, Unterhaltungs- und Betriebskosten sowie der Abnutzung des Kraftfahrzeugs 0,30 Euro für jeden gefahrenen Kilometer zuzüglich der durch die Benutzung des Kraftfahrzeugs aus Anlaß der Geschäftsreise regelmäßig anfallenden baren Auslagen, insbesondere der Parkgebühren, zu erstatten.

§ 154[1)] Einforderung der Kosten. (1) Fließen die Kosten dem Notar selbst zu, so dürfen sie nur auf Grund einer dem Zahlungspflichtigen mitgeteilten, von dem Notar unterschriebenen Berechnung der Gebühren und Auslagen eingefordert werden.

(2) In der Berechnung sind der Geschäftswert, die Kostenvorschriften, eine kurze Bezeichnung des jeweiligen Gebührentatbestands, die Bezeichnung der Auslagen, die Beträge der angesetzten Gebühren und Auslagen sowie etwa verauslagte Gerichtskosten und empfangene Vorschüsse anzugeben.

(3) [1] Der Notar hat eine Ablichtung oder einen Ausdruck der Berechnung zu seinen Akten zu bringen. [2] Er hat sie ferner unter jeder von ihm erteilten Ausfertigung sowie unter jedem Beglaubigungsvermerk aufzustellen. [3] Hat der Notar eine Urkunde entworfen und demnächst beglaubigt, so sind auch die Kosten des Entwurfs unter der Beglaubigung zu vermerken.

§ 154 a[2)] Verzinsung des Kostenanspruchs. [1] Der Zahlungspflichtige hat die Kosten zu verzinsen, wenn ihm eine vollstreckbare Ausfertigung der Kostenberechnung (§ 154) zugestellt wird, die Angaben über die Höhe der zu verzinsenden Forderung, den Verzinsungsbeginn und den Zinssatz enthält. [2] Die Verzinsung beginnt einen Monat nach der Zustellung. [3] Der Zinssatz beträgt für das Jahr fünf Prozentpunkte über dem Basiszinssatz nach § 247 des Bürgerlichen Gesetzbuchs.

§ 155[3)] Beitreibung der Kosten und Zinsen. [1] Die Kosten und die auf diese entfallenden Zinsen werden auf Grund einer mit der Vollstreckungsklausel des Notars versehenen Ausfertigung der Kostenberechnung (§ 154) nach den Vorschriften der Zivilprozeßordnung beigetrieben; § 798 der Zivilprozeßordnung gilt entsprechend. [2] Die Vollstreckungsklausel, die zum Zwecke der Zwangsvollstreckung gegen einen zur Duldung der Zwangsvollstreckung Verpflichteten erteilt wird, hat den Ausspruch der Duldungspflicht zu enthalten.

§ 156[4)] Einwendungen gegen die Kostenberechnung. (1) [1] Gegen die Kostenberechnung (§ 154), einschließlich der Verzinsungspflicht (§ 154 a), die Zahlungspflicht und gegen die Erteilung der Vollstreckungsklausel kann die Entscheidung des Landgerichts, in dessen Bezirk der Notar den Amtssitz hat, beantragt werden. [2] Das Gericht soll vor der Entscheidung die Beteiligten und die vorgesetzte Dienstbehörde des Notars hören. [3] Beanstandet der Zahlungspflichtige dem Notar gegenüber die Kostenberechnung, so kann der Notar die Entscheidung des Landgerichts beantragen.

(2) [1] Nach Ablauf des Kalenderjahrs, das auf das Jahr folgt, in dem die vollstreckbare Ausfertigung der Kostenberechnung zugestellt ist, können neue Anträge nach Absatz 1 nicht mehr gestellt werden. [2] Soweit die Einwendungen gegen den Kostenanspruch auf Gründen beruhen, die nach der Zustellung der vollstreckbaren Ausfertigung entstanden sind, können sie auch nach Ablauf dieser Frist geltend gemacht werden.

(3) Gegen die Entscheidung des Landgerichts findet ohne Rücksicht auf den Wert des Beschwerdegegenstands die Beschwerde statt.

(4) [1] Gegen die Entscheidung des Oberlandesgerichts findet die Rechtsbeschwerde statt. [2] § 10 Abs. 4 des Gesetzes über das Verfahren in Familiensachen und in den Angelegenheiten der freiwilligen Gerichtsbarkeit findet auf den Notar keine Anwendung.

[1)] § 154 Abs. 2 Satz 2 angef. durch G v. 20. 12. 1967 (BGBl. I S. 1246); Abs. 2 Satz 2 aufgeh. durch G v. 26. 11. 1979 (BGBl. I S. 1953); Abs. 2 geänd. durch G v. 24. 6. 1994 (BGBl. I S. 1325); Abs. 3 Satz 1 geänd. mWv 1. 4. 2005 durch G v. 22. 3. 2005 (BGBl. I S. 837).

[2)] § 154 a eingef. mWv 1. 7. 2004 durch G v. 5. 5. 2004 (BGBl. I S. 718).

[3)] § 155 Überschr. neu gef., Satz 1 geänd. mWv 1. 7. 2004 durch G v. 5. 5. 2004 (BGBl. I S. 718).

[4)] § 156 neu gef. mWv 1. 9. 2009 durch G v. 17. 12. 2008 (BGBl. I S. 2586).

(5) [1] Der Antrag auf Entscheidung des Landgerichts, die Beschwerde und die Rechtsbeschwerde haben keine aufschiebende Wirkung. [2] Der Vorsitzende des für die Entscheidung zuständigen Gerichts kann auf Antrag oder von Amts wegen die aufschiebende Wirkung ganz oder teilweise anordnen. [3] Im Übrigen sind die Vorschriften des Gesetzes über das Verfahren in Familiensachen und in den Angelegenheiten der freiwilligen Gerichtsbarkeit anzuwenden.

(6) [1] Das Verfahren vor dem Landgericht ist gebührenfrei. [2] Die Kosten für die Beschwerde und die Rechtsbeschwerde bestimmen sich nach den §§ 131, 136 bis 139. [3] Die gerichtlichen Auslagen einer für begründet befundenen Beschwerde können ganz oder teilweise dem Gegner des Beschwerdeführers auferlegt werden.

(7) [1] Die dem Notar vorgesetzte Dienstbehörde kann den Notar in jedem Fall anweisen, die Entscheidung des Landgerichts herbeizuführen, Beschwerde oder Rechtsbeschwerde zu erheben. [2] Die hierauf ergehenden gerichtlichen Entscheidungen können auch auf eine Erhöhung der Kostenberechnung lauten. [3] Gebühren und Auslagen werden in diesen Verfahren von dem Notar nicht erhoben. [4] Außergerichtliche Kosten anderer Beteiligter, die der Notar in diesen Verfahren zu tragen hätte, sind der Landeskasse aufzuerlegen.

§ 157[1)] Zurückzahlung, Schadensersatz. (1) [1] Wird die Kostenberechnung abgeändert oder ist der endgültige Kostenbetrag geringer als der erhobene Vorschuß, so hat der Notar die zuviel empfangenen Beträge zu erstatten. [2] Hatte der Kostenschuldner einen Antrag auf Entscheidung des Landgerichts nach § 156 Abs. 1 innerhalb eines Monats seit der Zustellung der vollstreckbaren Ausfertigung gestellt, so hat der Notar darüber hinaus den Schaden zu ersetzen, der dem Kostenschuldner durch die Vollstreckung oder durch eine zur Abwendung der Vollstreckung erbrachte Leistung entstanden ist. [3] Im Fall des Satzes 2 hat der Notar den zu viel empfangenen Betrag vom Tag des Eingangs des Antrags bei dem Landgericht an mit jährlich fünf Prozentpunkten über dem Basiszinssatz nach § 247 des Bürgerlichen Gesetzbuchs zu verzinsen; die Geltendmachung eines weitergehenden Schadens ist nicht ausgeschlossen. [4] Im Übrigen kann der Kostenschuldner eine Verzinsung des zu viel gezahlten Betrags nicht fordern.

(2) [1] Über die Verpflichtungen gemäß Absatz 1 wird auf Antrag des Kostenschuldners in dem Verfahren nach § 156 entschieden. [2] Die Entscheidung ist nach den Vorschriften der Zivilprozeßordnung vollstreckbar.

Dritter Teil.[2)] Schluß- und Übergangsvorschriften

§ 157 a[3)] Abhilfe bei Verletzung des Anspruchs auf rechtliches Gehör. (1) Auf die Rüge eines durch die Entscheidung nach diesem Gesetz beschwerten Beteiligten ist das Verfahren fortzuführen, wenn

1. ein Rechtsmittel oder ein anderer Rechtsbehelf gegen die Entscheidung nicht gegeben ist und
2. das Gericht den Anspruch dieses Beteiligten auf rechtliches Gehör in entscheidungserheblicher Weise verletzt hat.

(2) [1] Die Rüge ist innerhalb von zwei Wochen nach Kenntnis von der Verletzung des rechtlichen Gehörs zu erheben; der Zeitpunkt der Kenntniserlangung ist glaubhaft zu machen. [2] Nach Ablauf eines Jahres seit Bekanntmachung der angegriffenen Entscheidung kann die Rüge nicht mehr erhoben werden. [3] Formlos mitgeteilte Entscheidungen gelten mit dem dritten Tage nach Aufgabe zur Post als bekannt gemacht. [4] Die Rüge ist bei dem Gericht zu erheben, dessen Entscheidung angegriffen wird; § 14 Abs. 6 Satz 1 und 2 gilt entsprechend. [5] Die Rüge muss die angegriffene Entscheidung bezeichnen und das Vorliegen der in Absatz 1 Nr. 2 genannten Voraussetzungen darlegen.

(3) Den übrigen Beteiligten ist, soweit erforderlich, Gelegenheit zur Stellungnahme zu geben.

(4) [1] Das Gericht hat von Amts wegen zu prüfen, ob die Rüge an sich statthaft und ob sie in der gesetzlichen Form und Frist erhoben ist. [2] Mangelt es an einem dieser Erfordernisse, so ist die Rüge als unzulässig zu verwerfen. [3] Ist die Rüge unbegründet, weist das Gericht sie zurück. [4] Die Entscheidung ergeht durch unanfechtbaren Beschluss. [5] Der Beschluss soll kurz begründet werden.

(5) Ist die Rüge begründet, so hilft ihr das Gericht ab, indem es das Verfahren fortführt, soweit dies aufgrund der Rüge geboten ist.

(6) Kosten werden nicht erstattet.

[1)] § 157 Abs. 1 Sätze 3 und 4 angef. mWv 1. 7. 2004 durch G v. 5. 5. 2004 (BGBl. I S. 718); Abs. 1 Sätze 2 und 3 geänd. mWv 1. 9. 2009 durch G v. 17. 12. 2008 (BGBl. I S. 2586).

[2)] Dritter Teil Überschr. neu gef. durch G v. 9. 12. 1986 (BGBl. I S. 2326).

[3)] § 157 a eingef. mWv 1. 1. 2005 durch G v. 9. 12. 2004 (BGBl. I S. 3220); Abs. 2 Satz 4 geänd. mWv 1. 7. 2008 durch G v. 12. 12. 2007 (BGBl. I S. 2840).

§ 158 Landesrechtliche Vorschriften. (1) Unberührt bleiben die landesrechtlichen Kostenvorschriften für

1. Verfahren zwecks anderweitiger Festsetzung von Altenteils- und ähnlichen Bezügen;
2. die in landesrechtlichen Vorschriften vorgesehenen Geschäfte der freiwilligen Gerichtsbarkeit.

(2) Ist für ein in landesrechtlichen Vorschriften vorgesehenes Geschäft der freiwilligen Gerichtsbarkeit wegen der Gebühren nichts bestimmt, so wird die Hälfte der vollen Gebühr erhoben.

§ 159[1)] Andere Behörden und Dienststellen. [1] Soweit andere Stellen als Gerichte, Notare oder Gerichtsvollzieher in bestimmten Angelegenheiten der freiwilligen Gerichtsbarkeit zuständig sind oder als gerichtliche Hilfsbeamte tätig werden, bleiben die landesrechtlichen Kostenvorschriften unberührt. [2] Sind jedoch diesen Stellen die Aufgaben des Grundbuchamts, des Betreuungsgerichts oder des Nachlaßgerichts übertragen, so finden auf ihre Tätigkeit die Vorschriften des Ersten Teils dieses Gesetzes Anwendung; in den Fällen des § 14 Abs. 2 und des § 31 (Erinnerung gegen den Kostenansatz, Festsetzung des Geschäftswerts) entscheidet das Amtsgericht, in dessen Bezirk die Stelle ihren Sitz hat.

§ 160 Gerichtstage, Sprechtage. [1] Die zur Abhaltung eines Gerichtstags (auswärtigen Amtstags) bestimmten Räumlichkeiten gelten als Gerichtsstelle im Sinne dieses Gesetzes. [2] Hält ein Notar außerhalb seiner Geschäftsstelle regelmäßige Sprechtage ab, so gilt dieser Ort als Amtssitz im Sinne dieses Gesetzes.

§ 161[2)] Übergangsvorschrift. [1] Für Kosten, die vor dem Inkrafttreten einer Gesetzesänderung fällig geworden sind, gilt das bisherige Recht. [2] Werden Gebühren für ein Verfahren erhoben, so werden die Kosten für die jeweilige Instanz nach bisherigem Recht erhoben, wenn die Instanz vor dem Inkrafttreten einer Gesetzesänderung eingeleitet worden ist. [3] Die Sätze 1 und 2 gelten auch, wenn Vorschriften geändert werden, auf die dieses Gesetz verweist.

§ 162[3)] Aufhebung des Ermäßigungssatzes. [1] In dem Teil des Landes Berlin, in dem das Grundgesetz vor dem 3. Oktober 1990 nicht galt, sind die Maßgaben in Anlage I Kapitel III Sachgebiet A Abschnitt III Nr. 20 Buchstabe a und in Anlage I Kapitel III Sachgebiet A Abschnitt IV Nr. 3 Buchstabe g des Einigungsvertrages vom 31. August 1990 (BGBl. 1990 II S. 885, 935, 940) ab 1. März 2002 nicht mehr anzuwenden. [2] In dem in Artikel 1 Abs. 1 des Einigungsvertrages genannten Gebiet sind die Maßgaben in Anlage I Kapitel III Sachgebiet A Abschnitt III Nr. 20 Buchstabe a des Einigungsvertrages vom 31. August 1990 (BGBl. II S. 885, 935, 940) ab 1. Juli 2004 nicht mehr anzuwenden.

§ 163[4)] Übergangsvorschrift zum Kostenrechtsmodernisierungsgesetz. Für die Beschwerde und die Erinnerung finden die vor dem 1. Juli 2004 geltenden Vorschriften weiter Anwendung, wenn die Kosten vor dem 1. Juli 2004 angesetzt oder die anzufechtende Entscheidung vor dem 1. Juli 2004 der Geschäftsstelle übermittelt worden ist.

§ 164[5)] Zusätzliche Übergangsvorschriften aus Anlass des Inkrafttretens des Handelsregistergebühren-Neuordnungsgesetzes. (1) [1] Die vor dem Tag des Inkrafttretens einer Rechtsverordnung nach § 79 a fällig gewordenen Gebühren für alle eine Gesellschaft oder Partnerschaft betreffenden Eintragungen in das Handels- und das Partnerschaftsregister sind der Höhe nach durch die in dieser Rechtsverordnung bestimmten Gebührenbeträge begrenzt, soweit diese an ihre Stelle treten. [2] Dabei sind die Maßgaben in Anlage I Kapitel III Sachgebiet A Abschnitt III Nr. 20 Buchstabe a des Einigungsvertrages vom 31. August 1990 (BGBl. 1990 II S. 885, 935, 940) in Verbindung mit der Ermäßigungssatz-Anpassungsverordnung vom 15. April 1996 (BGBl. I S. 604) in dem in Artikel 3 des Einigungsvertrages genannten Gebiet bis zum 28. Februar 2002 und in dem in Artikel 1 Abs. 1 des Einigungsvertrages genannten Gebiet bis zum 30. Juni 2004 entsprechend anzuwenden. [3] Die Sätze 1 und 2 gelten nicht, soweit Ansprüche auf Rückerstattung von Gebühren zum Zeitpunkt des Inkrafttretens dieser Rechtsverordnung bereits verjährt sind.

(2) [1] Rückerstattungsansprüche, die auf der Gebührenbegrenzung nach Absatz 1 beruhen, können nur im Wege der Erinnerung geltend gemacht werden, es sei denn, die dem Rück-

---

[1)] § 159 Satz 2 geänd. mWv 1. 9. 2009 durch G v. 17. 12. 2008 (BGBl. I S. 2586).
[2)] § 161 angef. durch G v. 9. 12. 1986 (BGBl. I S. 2326).
[3)] § 162 angef. mWv 1. 3. 2002 durch G v. 22. 2. 2002 (BGBl. I S. 981); Satz 2 angef. mWv 1. 7. 2004 durch G v. 5. 5. 2004 (BGBl. I S. 718); Überschr. geänd. mWv 1. 12. 2004 durch G v. 3. 7. 2004 (BGBl. I S. 1410).
[4)] § 163 angef. mWv 1. 7. 2004 durch G v. 5. 5. 2004 (BGBl. I S. 718).
[5)] § 164 angef. mWv 1. 12. 2004 durch G v. 3. 7. 2004 (BGBl. I S. 1410).

erstattungsanspruch zugrunde liegende Zahlung erfolgte aufgrund eines vorläufigen Kostenansatzes. [2] Eine gerichtliche Entscheidung über den Kostenansatz steht der Einlegung einer Erinnerung insoweit nicht entgegen, als der Rückerstattungsanspruch auf der Gebührenbegrenzung nach Absatz 1 beruht.

(3) [1] § 17 Abs. 2 findet in der ab 1. Juli 2004 geltenden Fassung auf alle Rückerstattungsansprüche Anwendung, die auf der Gebührenbegrenzung nach Absatz 1 beruhen. [2] Rückerstattungsansprüche nach Absatz 1, die auf Zahlungen beruhen, die aufgrund eines vorläufigen Kostenansatzes geleistet worden sind, verjähren frühestens in vier Jahren nach Ablauf des Kalenderjahrs, in dem der endgültige Kostenansatz dem Kostenschuldner mitgeteilt worden ist.

Anlage[1)]
(zu § 32)

[Gebührentabelle]

Geschäftswert bis ... EUR	Gebühr ... EUR	Geschäftswert bis ... EUR	Gebühr ... EUR	Geschäftswert bis ... EUR	Gebühr ... EUR
1 000	10	250 000	432	640 000	1 017
2 000	18	260 000	447	650 000	1 032
3 000	26	270 000	462	660 000	1 047
4 000	34	280 000	477	670 000	1 062
5 000	42	290 000	492	680 000	1 077
8 000	48	300 000	507	690 000	1 092
11 000	54	310 000	522	700 000	1 107
14 000	60	320 000	537	710 000	1 122
17 000	66	330 000	552	720 000	1 137
20 000	72	340 000	567	730 000	1 152
23 000	78	350 000	582	740 000	1 167
26 000	84	360 000	597	750 000	1 182
29 000	90	370 000	612	760 000	1 197
32 000	96	380 000	627	770 000	1 212
35 000	102	390 000	642	780 000	1 227
38 000	108	400 000	657	790 000	1 242
41 000	114	410 000	672	800 000	1 257
44 000	120	420 000	687	810 000	1 272
47 000	126	430 000	702	820 000	1 287
50 000	132	440 000	717	830 000	1 302
60 000	147	450 000	732	840 000	1 317
70 000	162	460 000	747	850 000	1 332
80 000	177	470 000	762	860 000	1 347
90 000	192	480 000	777	870 000	1 362
100 000	207	490 000	792	880 000	1 377
110 000	222	500 000	807	890 000	1 392
120 000	237	510 000	822	900 000	1 407
130 000	252	520 000	837	910 000	1 422
140 000	267	530 000	852	920 000	1 437
150 000	282	540 000	867	930 000	1 452
160 000	297	550 000	882	940 000	1 467
170 000	312	560 000	897	950 000	1 482
180 000	327	570 000	912	960 000	1 497
190 000	342	580 000	927	970 000	1 512
200 000	357	590 000	942	980 000	1 527
210 000	372	600 000	957	990 000	1 542
220 000	387	610 000	972	1 000 000	1 557
230 000	402	620 000	987		
240 000	417	630 000	1 002		

1) Anl. neu gef. mWv 1. 1. 2002 durch G v. 27. 4. 2001 (BGBl. I S. 751).

571. Auskunfterteilung der Finanzämter über Einheitswerte gem. §§ 19, 26, 141 Kostenordnung

Bekanntmachung des Bayerischen Staatsministeriums der Finanzen vom 13. April 1981 (FMBl. S. 166)

1. Auskunftserteilung an Gerichte der freiwilligen Gerichtsbarkeit

Nach §§ 19, 26 der Kostenordnung[1] (KostO) vom 26. Juli 1957 (BGBl. I S. 861, 960) in der Fassung des Gesetzes zur Änderung von Vorschriften des Justizkostenrechts vom 28. Dezember 1968 (BGBl. I S. 1458) sind die Finanzämter für Zwecke der Kostenberechung unter gewissen Voraussetzungen und in bestimmten Umfang den Gerichten der freiwilligen Gerichtsbarkeit gegenüber zur Auskunftserteilung verpflichtet. Diese gesetzliche Auskunftspflicht geht in dem dort bestimmten Umfang der Pflicht zur Wahrung des Steuergeheimnisses vor.

Im einzelnen haben die Finanzämter den Gerichten Auskunft zu erteilen:

a) Nach § 19 Abs. 2 KostO[1] über die Höhe des Einheitswerts des Grundbesitzes, wenn der Einheitswert dem Gericht nicht nachgewiesen worden ist, und

b) nach § 26 Abs. 6 KostO[1] über die Höhe des Einheitswertes des Betriebsvermögens.

Außerdem können die Gerichte in den Fällen des § 26 Abs. 6 KostO[1] die Finanzämter um Erteilung einer Abschrift des Einheitswertbescheides ersuchen.

Bevor jedoch sich die Gerichte mit Auskunftsersuchen an die Finanzämter wenden, haben sie zunächst die Kostenschuldner zu veranlassen, den Einheitswert durch Vorlage des Einheitswertbescheides selbst nachzuweisen. § 15 der bundeseinheitlichen Kostenverfügung vom 1. März 1976 bestimmt hierzu folgendes:

„(1) Ist der Einheitswert von Grundbesitz oder Betriebsvermögen festzustellen (§ 19 Abs. 2, § 26 Abs. 2 KostO[1]), so genügt als Nachweis die Vorlage des Steuerbescheides (Feststellungsbescheides, Einheitswertbescheides), sofern sich der Einheitswert des Grundbesitzes nicht schon aus der steuerlichen Unbedenklichkeitsbescheinigung ergibt.

(2) Das Finanzamt ist um Auskunft über die Höhe des Einheitswertes oder um Erteilung einer Abschrift des Einheitswertbescheides nur zu ersuchen, wenn der Kostenschuldner den Steuerbescheid nicht vorlegt, ausnahmsweise auch dann, wenn die Wertermittlung besonders schwierig ist. § 24 Abs. 6 AktO[2] ist zu beachten."

Nach § 19 Abs. 2 Satz 3, § 26 Abs. 6 Satz 2 KostO[1] ist der Einheitswert, wenn er noch nicht festgestellt ist, vorläufig zu schätzen. Diese Schätzung ist nicht durch die Finanzämter, sondern durch die Gerichte selbst vorzunehmen. Das gleiche gilt, wenn die Gerichte bei der Ermittlung des für die Kostenberechnung erforderlichen Geschäftswertes nach § 19 Abs. 3 KostO[1] verfahren. Nach dieser Vorschrift haben die Gerichte den Geschäftswert zwar auf der Grundlage des Einheitswertes, aber selbständig nach freiem Ermessen zu ermitteln, wenn der Geschäftsgegenstand vom Gegenstand der Einheitsbewertung wesentlich abweicht oder sich infolge bestimmter Umstände, die nach dem Feststellungszeitpunkt des Einheitswertes eingetreten sind, wesentlich verändert hat. Auch in diesen Fällen (z.B. bei landwirtschaftlichen Einzelflächen) beschränkt sich die Auskunftspflicht der Finanzämter auf die Mitteilung des Einheitswertes; die Finanzämter sind nicht befugt, den Gerichten Schätzungsunterlagen mitzuteilen oder etwaige fiktive Teileinheitswerte für die Gerichte festzustellen.

2. Auskunftserteilung an Notare

Für die Kostenberechnung der Notare gelten gem. § 141 KostO[1] die Vorschriften der §§ 19 und 26 KostO[1] entsprechend. Die vorstehenden Grundsätze sind deshalb auf Auskunftsersuchen der Notare in vollem Umfang sinngemäß anzuwenden.

Bei der bekannten Überlastung der Finanzämter muß erwartet werden, daß sich Auskunftsersuchen der Notare auf die oben angeführten, gesetzlich ausdrücklich nach Art und Umfang genau begrenzten Fälle beschränken. Zweckmäßig und zur Vermeidung von zeitraubenden Rückfragen werden die Notare den Auskunftsersuchen an die Finanzämter eine Durchschrift ihres vorherigen entsprechenden Schreibens an den Kostenschuldner selbst beifügen oder zumindest ausdrücklich erklären, daß sie die Einheitswerte trotz Bitten von ihren Auftraggebern nicht erhalten konnten.

---

[1] Nr. **570**.

[2] Nach § 24 Abs. 6 AktO sind Auskünfte der Steuerbehörden in Sammelakten unter Verschluß zu halten und dürfen Unbefugten nicht zugänglich gemacht werden (Wahrung des Steuergeheimnisses).

3. Auskunftserteilung an andere Stellen

Die Regelungen in Nummer 1 und 2 gelten entsprechend für andere Stellen, welche die Vorschriften der Kostenordnung gem. § 159 dieses Gesetzes anzuwenden haben, insbesondere für die Grundbuchämter, und gem. § 28 Abs. 1 Satz 3 des Gerichtskostengesetzes i.d.F. der Bekanntmachung vom 15. Dezember 1975 (BGBl. I S. 3047) für die Vollstreckungsgerichte. Das den vorstehenden Ausführungen entsprechende BMF-Schreiben vom 17. März 1981 Gz. IV A 7 – S 0130 – 15/81 tritt an die Stelle des BMF-Schreibens vom 25. November 1970 – IV B 1 – S 1115 – 7/70 –(BStBl. I S. 1057). Es wird in die AO-Kartei aufgenommen.

…

572. Bewertung von Gebäuden gem. § 19 KostO. Wertbestimmung anhand des Gebäudebrandversicherungswertes (Anschluss an MittBayNot 2009, 80). Neue Richtzahl ab 1. 10. 2009: 15,0

Prüfungsabteilung der Notarkasse A.d.ö.R., München

Das Bayerische Staatsministerium der Justiz und für Verbraucherschutz hat der Notarkasse mitgeteilt, dass die neue Richtzahl für die Bewertung von Gebäuden gemäß § 19 KostO 15,0 beträgt. Die neue Richtzahl gilt ab 1. 10. 2009.

Eine Neuberechung der Tabelle für die je nach Gebäudealter anzunehmenden Vervielfältiger erfolgt nach Auskunft des Bayerischen Staatsministeriums der Justiz und für Verbraucherschutz erst bei einer Veränderung von mehr als 0,3 gegenüber der alten Richtzahl. Bei geringeren Veränderungen unterbleibt eine Neuberechnung. Die Bewertung erfolgt dann weiterhin auf der Grundlage der zuletzt veröffentlichten Tabelle.

Zur Vermeidung von Bewertungsdifferenzen gegenüber den Gerichten sieht auch die Notarkasse A. d. ö. R. wegen der geringfügigen Veränderung von einer Neuberechnung der Tabelle ab. Die Notarinnen und Notare im Tätigkeitsbereich der Notarkasse A. d. ö. R. werden gebeten, trotz Änderung der Richtzahl von 14,8 auf 15,0 für die Berechnung der Gebäudewerte (§ 19 Abs. 2 KostO) weiterhin die in MittBayNot 2009, 80 veröffentlichten Tabelle mit Stand vom 1. 10. 2008 zu verwenden.

Im Übrigen wird auf die Bewertungshinweise in MittBayNot 2009, 80 hingewiesen.

Nicht auf Euro umgestellt sind wie bisher die Stammversicherungssummen 1914. Bei der Berechnung der Brandversicherungswerte ist daher die Versicherungssumme 1914 weiterhin in DM mit der Baukostenrichtzahl zu vervielfältigen. Das Ergebnis ist bereits der Euro-Betrag, es hat keine Umrechnung auf Euro zu erfolgen (dies ist bereits durch die Umstellung der Richtzahl geschehen). Auf die Bewertungshinweise in MittBayNot 2006, 88; 2007, 80 und 2008, 80 wird zur Vermeidung von fehlerhaften Wertbestimmungen hingewiesen.

Keine neue Richtzahl wurde für Betriebseinrichtungen mitgeteilt. Diese beträgt seit 1. 10. 2003 (ebenfalls nach Euro-Umstellung) unverändert 7,3.

Nach der Rechtsprechung des BayObLG (BayObLGZ 1976, 89 = Rpfleger 1976, 375; Rpfleger 1987, 161; JurBüro 1984, 904; JurBüro 1985, 434; DNotZ 1988, 151; BayObLGZ 1993, 173) stellt insbesondere die Verwendung der Bodenrichtwerte nach § 196 BauGB (für Grund und Boden – regelmäßiger Abschlag darauf 25 %) und der Brandversicherungswerte (für das Gebäude) eine brauchbare und mit dem Gesetz zu vereinbarende Art der Wertermittlung bei bebauten Grundstücken dar.

Im Hinblick auf etwa vorzunehmende Abschläge im Einzelfall wird auf Korintenberg/Lappe/Bengel/Reimann, KostO, 18. Aufl., § 19 Rdnr. 58 a verwiesen. Auch wenn heute Brandversicherungen überwiegend durch Selbstveranlagung (nicht Schätzung durch den Versicherer) erfolgen, wird man im Regelfall von einer sachgerechten Wertermittlung ausgehen können (Korintenberg/Lappe/Bengel/Reimann, KostO, § 19 Rdnr. 58 a a.E.).

Damit eine möglichst einheitliche Bewertung von Grundbesitz durch die Gerichte und Notare erreicht wird, werden die Notare im Tätigkeitsbereich der Notarkasse gebeten, die Berechnung des Gebäudebrandversicherungswertes nach der heir abgedruckten Tabelle vorzunehmen.

Stand: 1. 10. 2008 und 1. 10. 2009

Tabelle zur Berechnung des Verkehrswertes von Gebäuden nach dem Brandversicherungswert

Materialien:

- Beschluss des BayObLG vom 9. 4. 1976, 3 Z 54/74 (BayObLGZ 1976, 89 = Rpfleger 1976, 375 = JurBüro 1976, 1236 = DNotZ 1977, 434 = JMBl 1976, 199)
- Wertermittlungsrichtlinien 2006 (WertR 2006)
- JMS vom 24. 10. 2005, Gz. 5604–VI–4032/04
- Richtzahl der Bayer. Landesbrandversicherung AG ab 1. 10. 2008 für Gebäude 14,8; ab 1. 10. 2009 15,0.

Anleitung

Der nach der Art des Gebäudes und dessen Alter (in vollen Jahren) gefundene Vervielfältiger ist auf die „Versicherungssumme 1914" anzuwenden. Im Vervielfältiger ist die technische (altersbedingte) Wertminderung derjeweiligen Gebäudeart (Anlage 8 a WertR 2006 – nur für Eigentumswohnungen bzw. Anlage 8 b WertR 2006) und der vom BayObLG für erforderlich gehaltene generelle Abschlag von 20% bereits eingearbeitet.

Das Ergebnis ist der Verkehrswert des jeweiligen Gebäudes nach dem Brandversicherungswert. Vgl. im Übrigen JMS vom 24. 10. 2005, Gz. 5604–VI–4032/04.

Der Restwert von 30% darf weder aus technischen noch aus wirtschaftlichen Wertminderungsgesichtspunkten unterschritten werden, wenn für das Gebäude noch eine Nutzung möglich ist.

Gebäudeart	Einfamilienhäuser, Reihenhäuser	Eigentumswohnungen	Gemischt genutzte Wohn- und Geschäftshäuser, Verwaltungs- und Bürogebäude, Mietwohngebäude ab 4 Wohnungen, Fertighäuser, Veranstaltungsgebäude, Schulen, Hotels, Einkaufsmärkte	Industriegebäude, Werkstätten, Lagergebäude, Scheunen ohne Stallteil, Kauf- und Warenhäuser, Garagen in Massivbauweise	Landwirtschaftliche Wirtschaftsgebäude, Reithallen, Ställe, Fertiggaragen
Lebensdauer	**100 Jahre**	**100 Jahre**	**80 Jahre**	**50 Jahre**	**30 Jahre**
Gebäudealter in Jahren					
1	**11,722**	**11,722**	**11,722**	**11,603**	**11,485**
2	**11,603**	**11,722**	**11,485**	**11,366**	**11,011**
3	**11,485**	**11,603**	**11,366**	**11,130**	**10,656**
4	**11,366**	**11,603**	**11,248**	**10,893**	**10,301**
5	**11,248**	**11,485**	**11,130**	**10,656**	**9,827**
6	**11,130**	**11,485**	**10,893**	**10,419**	**9,472**
7	**11,011**	**11,366**	**10,774**	**10,182**	**9,117**
8	**10,893**	**11,366**	**10,656**	**9,946**	**8,643**
9	**10,774**	**11,248**	**10,538**	**9,709**	**8,288**
10	**10,656**	**11,130**	**10,301**	**9,472**	**7,933**
11	**10,538**	**11,130**	**10,182**	**9,235**	**7,459**
12	**10,419**	**11,011**	**10,064**	**8,998**	**7,104**
13	**10,301**	**11,011**	**9,946**	**8,762**	**6,749**
14	**10,182**	**10,893**	**9,709**	**8,525**	**6,275**
15	**10,064**	**10,774**	**9,590**	**8,288**	**5,920**
16	**9,946**	**10,774**	**9,472**	**8,051**	**5,565**
17	**9,827**	**10,656**	**9,354**	**7,814**	**5,091**
18	**9,709**	**10,538**	**9,117**	**7,578**	**4,736**
19	**9,590**	**10,538**	**8,998**	**7,341**	**4,381**
20	**9,472**	**10,419**	**8,880**	**7,104**	**3,907**
21	**9,354**	**10,301**	**8,762**	**6,867**	**3,552**
22	**9,235**	**10,301**	**8,525**	**6,630**	und darüber
23	**9,117**	**10,182**	**8,406**	**6,394**	(Restwert = 30%)
24	**8,998**	**10,064**	**8,288**	**6,157**	
25	**8,880**	**9,946**	**8,170**	**5,920**	
26	**8,762**	**9,946**	**7,933**	**5,683**	
27	**8,643**	**9,827**	**7,814**	**5,446**	

572

Gebäudeart	Einfamilienhäuser, Reihenhäuser	Eigentumswohnungen	Gemischt genutzte Wohn- und Geschäftshäuser, Verwaltungs- und Bürogebäude, Mietwohngebäude ab 4 Wohnungen, Fertighäuser, Veranstaltungsgebäude, Schulen, Hotels, Einkaufsmärkte	Industriegebäude, Werkstätten, Lagergebäude, Scheunen ohne Stallteil, Kauf- und Warenhäuser, Garagen in Massivbauweise	Landwirtschaftliche Wirtschaftsgebäude, Reithallen, Ställe, Fertiggaragen
Lebensdauer	**100 Jahre**	**100 Jahre**	**80 Jahre**	**50 Jahre**	**30 Jahre**
Gebäudealter in Jahren					
28	**8,525**	**9,709**	**7,696**	**5,210**	
29	**8,406**	**9,590**	**7,578**	**4,973**	
30	**8,288**	**9,472**	**7,341**	**4,736**	
31	**8,170**	**9,472**	**7,222**	**4,499**	
32	**8,051**	**9,354**	**7,104**	**4,262**	
33	**7,933**	**9,235**	**6,986**	**4,026**	
34	**7,814**	**9,117**	**6,749**	**3,789**	
35	**7,696**	**8,998**	**6,630**	**3,552**	
36	**7,578**	**8,998**	**6,512**	und darüber	
37	**7,459**	**8,880**	**6,394**	(Restwert = 30 %)	
38	**7,341**	**8,762**	**6,157**		
39	**7,222**	**8,643**	**6,038**		
40	**7,104**	**8,525**	**5,920**		
41	**6,986**	**8,406**	**5,802**		
42	**6,867**	**8,288**	**5,565**		
43	**6,749**	**8,170**	**5,446**		
44	**6,630**	**8,051**	**5,328**		
45	**6,512**	**7,933**	**5,210**		
46	**6,394**	**7,814**	**4,973**		
47	**6,275**	**7,696**	**4,854**		
48	**6,157**	**7,578**	**4,736**		
49	**6,038**	**7,459**	**4,618**		
50	**5,920**	**7,341**	**4,381**		
51	**5,802**	**7,222**	**4,262**		
52	**5,683**	**7,104**	**4,144**		
53	**5,565**	**6,986**	**4,026**		
54	**5,446**	**6,867**	**3,789**		
55	**5,328**	**6,749**	**3,670**		
56	**5,210**	**6,630**	**3,552**		
57	**5,091**	**6,512**	und darüber		
58	**4,973**	**6,394**	(Restwert = 30 %)		
59	**4,854**	**6,275**			
60	**4,736**	**6,157**			
61	**4,618**	**6,038**			
62	**4,499**	**5,920**			
63	**4,381**	5,802			
64	**4,262**	**5,683**			
65	**4,144**	**5,446**			
66	**4,026**	**5,328**			

Gebäudeart	Einfamilienhäuser, Reihenhäuser	Eigentumswohnungen	Gemischt genutzte Wohn- und Geschäftshäuser, Verwaltungs- und Bürogebäude, Mietwohngebäude ab 4 Wohnungen, Fertighäuser, Veranstaltungsgebäude, Schulen, Hotels, Einkaufsmärkte	Industriegebäude, Werkstätten, Lagergebäude, Scheunen ohne Stallteil, Kauf- und Warenhäuser, Garagen in Massivbauweise	Landwirtschaftliche Wirtschaftsgebäude, Reithallen, Ställe, Fertiggaragen
Lebensdauer	**100 Jahre**	**100 Jahre**	**80 Jahre**	**50 Jahre**	**30 Jahre**
Gebäudealter in Jahren					
67	**3,907**	**5,210**			
68	**3,789**	**5,091**			
69	**3,670**	**4,973**			
70	**3,552**	**4,736**			
71	und darüber	**4,618**			
72	(Restwert = 30 %)	**4,499**			
73		**4,381**			
74		**4,262**			
75		**4,026**			
76		**3,907**			
77		**3,789**			
78		**3,670**			
79		und darüber			
80		(Restweit = 30 %)			

573. Gesetz über Gebühren für die Fortführung des Liegenschaftskatasters (KatFortGebG) [Bay]

Vom 12. Dezember 1973
(GVBl S. 649)

BayRS 2013-1-19-F

geänd. durch § 1 Nr. 8 3. AufhebungsG v. 7. 8. 2003 (GVBl S. 497)

Der Landtag des Freistaates Bayern hat das folgende Gesetz beschlossen, das nach Anhörung des Senats hiermit bekanntgemacht wird:

Art. 1 [Katasterfortführungsgebühr] (1) [1] Für die Übernahme von Veränderungen in den Eigentumsverhältnissen in das Liegenschaftskataster wird eine Gebühr (Katasterfortführungsgebühr) erhoben. [2] Im übrigen ist die Fortführung des Liegenschaftskatasters kostenfrei. [3] Die Erhebung von Benutzungsgebühren für die Übernahme von Vermessungsergebnissen in das Liegenschaftskataster bleibt unberührt.

(2) Eine Katasterfortführungsgebühr wird nicht erhoben, wenn die Eintragung des der Fortführung des Liegenschaftskatasters zugrunde liegenden Vorgangs in das Grundbuch gebührenfrei erfolgt.

(3) [1] Die Katasterfortführungsgebühr beträgt 30 v.H. der Gebühr, die für die Eintragung des der Fortführung des Liegenschaftskatasters zugrunde liegenden Vorgangs in das Grundbuch geschuldet wird, jedoch mindestens 2 DM. [2] Pfennigbeträge sind nach Maßgabe der Vorschriften aufzurunden, die für die Gebühren nach der Kostenordnung gelten.

Art. 2 [Schuldner] Schuldner der Katasterfortführungsgebühr ist, wer die Kosten für die Eintragung in das Grundbuch schuldet.

Art. 3 [Fälligkeit] [1] Die Katasterfortführungsgebühr wird mit der Gebühr für die Eintragung in das Grundbuch fällig. [2] Sie wird von den Amtsgerichten zusammen mit der Gebühr für die Eintragung in das Grundbuch erhoben; dies gilt auch, wenn diese Gebühr als Vorschuß erhoben wird.

Art. 4 [Vorschriften der Kostenordnung] Im übrigen gelten die Vorschriften der Kostenordnung einschließlich derjenigen über Rechtsbehelfe auch für die Katasterfortführungsgebühr.

Art. 5 [Justizbeitreibungsordnung] Die Katasterfortführungsgebühren werden nach der Justizbeitreibungsordnung beigetrieben.

Art. 6[1] [Inkrafttreten] (1) Dieses Gesetz tritt am 1. Januar 1974 in Kraft.

(2) *(nicht abgedruckt)*

[1] Art. 6 Abs. 3 aufgeh. mWv 1. 9. 2003 durch G v. 7. 8. 2003 (GVBl S. 497).

580. Flächenmaße

a) 1 Quadratkilometer (qkm) = 100 ha = 10 000 a = 1 000 000 qm,
1 Hektar (ha) 100 a = 0,01 qkm = 10 000 qm,
1 Ar (a) = 0,0001 qkm = 0,01 ha = 100 qm,
1 qm = 10 000 qcm,
1 qcm = 100 qmm;

b)	1 bayer. Tagwerk	=	100 Dezimal, 400 bayer. Quadratruten, 40 000 bayer. Quadratfuß 0,340727 Hektar, 34,0727 a, 3407,27 qm;
	1 Dezimal	=	4 bayer. Quadratruten, 400 bayer. Quadratfuß, 0,3407 a, 34,07 qm;
	1 bayer. Quadratrute	=	100 bayer. Quadratfuß, 0,85 qm;
	1 bayer. Quadratfuß	=	0,085 qm, 1 qm = ca. 11,739 qf.;
c)	1 preuß. Morgen	=	180 preuß. Quadratruten, 2592 preuß. Quadratfuß, 25,53 a, 2553 qm;
	1 preuß. Quadratrute	=	14,4 preuß. Quadratfuß, 0,14185 a, 14,185 qm;
	1 preuß. Quadratfuß	=	0,0985 qm;
d)	1 württ. Morgen	=	31,52 a,
	1 bad. Morgen	=	36,00 a,
	1 hann. Morgen	=	26,21 a,
	1 hess. Morgen	=	25,00 a,
	1 sächs. Acker	=	55,34 a,
	1 geogr. Quadratmeile	=	55,06 qkm,
	1 deutsche Quadratmeile	=	56,25 qkm = 5625 ha;
	1 österr. Joch = 1600 □ Klafter	=	57 a 54,64 qm.
e)	1 engl. Quadratyard	=	0,835 qm,
	1 engl. Acre	=	40,467 a,
	1 amerik. Acre	=	40,47 a,
	1 russ. Quadratwerst	=	1,138 qkm.

581. Umrechnung von Dezimalen in Ar

$100\ m^2 = 1$ Ar   100 Ar = 1 Hektar   1 Tagwerk (100 Dezimalen) = 34,07 Ar

Dezimal	sind Ar	sind m^2	Dezimal	sind Ar	sind m^2	Dezimal	sind Ar	sind m^2	Dezimal	sind Ar	sind m^2
1	–	34	**26**	08	86	**51**	17	38	**76**	25	89
2	–	68	**27**	09	20	**52**	17	72	**77**	26	23
3	01	02	**28**	09	54	**53**	18	06	**78**	26	58
4	01	36	**29**	09	88	**54**	18	40	**79**	26	92
5	01	70	**30**	10	22	**55**	18	74	**80**	27	26
6	02	04	**31**	10	56	**56**	19	08	**81**	27	60
7	02	38	**32**	10	90	**57**	19	42	**82**	27	94
8	02	72	**33**	11	24	**58**	19	76	**83**	28	28
9	03	07	**34**	11	58	**59**	20	10	**84**	28	62
10	03	41	**35**	11	92	**60**	20	44	**85**	28	96
11	03	75	**36**	12	27	**61**	20	78	**86**	29	30
12	04	09	**37**	12	61	**62**	21	12	**87**	29	64
13	04	43	**38**	12	95	**63**	21	46	**88**	29	98
14	04	77	**39**	13	29	**64**	21	81	**89**	30	32
15	05	11	**40**	13	63	**65**	22	15	**90**	30	66
16	05	55	**41**	13	97	**66**	22	49	**91**	31	01
17	05	79	**42**	14	31	**67**	22	83	**92**	31	35
18	06	13	**43**	14	65	**68**	23	17	**93**	31	69
19	06	47	**44**	14	99	**69**	23	51	**94**	32	03
20	06	81	**45**	15	33	**70**	23	85	**95**	32	37
21	07	15	**46**	15	67	**71**	24	19	**96**	32	71
22	07	49	**47**	16	01	**72**	24	53	**97**	33	05
23	07	84	**48**	16	35	**73**	24	87	**98**	33	39
24	08	18	**49**	16	69	**74**	25	21	**99**	33	73
25	08	52	**50**	17	04	**75**	25	55	**100**	34	07

582. Umrechnung von Quadratmeter in bayer. Quadratfuß

Quadratmeter	bayer. Quadratfuß	Quadratmeter	bayer. Quadratfuß
1	11,74	36	422,63
2	23,48	37	434,37
3	35,22	38	446,10
4	46,96	39	457,84
5	58,70	40	469,58
6	70,44	41	481,32
7	82,18	42	493,06
8	93,92	43	504,80
9	105,66	44	516,54
10	117,40	45	528,28
11	129,14	46	540,02
12	140,88	47	551,76
13	152,61	48	563,50
14	164,35	49	575,24
15	176,09	50	586,98
16	187,83	51	598,72
17	199,57	52	610,46
18	211,31	53	622,20
19	223,05	54	633,94
20	234,79	55	645,68
21	246,53	56	657,42
22	258,27	57	669,16
23	270,01	58	680,90
24	281,75	59	692,64
25	293,49	60	704,38
26	305,23	61	716,12
27	316,97	62	727,86
28	328,71	63	739,59
29	340,45	64	751,33
30	352,19	65	763,07
31	363,93	66	774,81
32	375,67	67	786,55
33	387,41	68	798,29
34	399,15	69	810,03
35	410,89	70	821,77

Quadratmeter	bayer. Quadratfuß	Quadratmeter	bayer. Quadratfuß
71	833,51	100	1 173,96
72	845,25	200	2 347,92
73	856,99	300	3 521,88
74	868,73	400	4 695,84
75	880,47	500	5 869,80
76	892,21	600	7 043,76
77	903,95	700	8 217,72
78	915,69	800	9 391,68
79	927,43	900	10 565,64
80	939,17	1 000	11 739,60
81	950,91	1 000	11 739,60
82	962,65	2 000	23 479,20
83	974,39	3 000	35 218,80
84	986,13	4 000	46 958,40
85	997,87	5 000	58 698,00
86	1 009,61	6 000	70 473,61
87	1 021,35	7 000	82 177,21
88	1 033,08	8 000	93 916,81
89	1 044,82	9 000	105 656,41
90	1 056,56	10 000	117 396,01
91	1 068,30	10 000	117 396,01
92	1 080,04	20 000	234 792,02
93	1 091,78	30 000	352 188,03
94	1 103,52	40 000	469 584,03
95	1 115,26	50 000	586 980,04
96	1 127,00	60 000	704 376,05
97	1 138,74	70 000	821 772,06
98	1 150,48	80 000	939 168,07
99	1 162,22	90 000	1 056 564,08
100	1 173,96	100 000	1 173 960,09

583. Zinsdivisorentabelle

Zur Ermittlung der Zinsen bei Berechnung von 1/12 % bis 12 % für das Jahr von 360 Tagen. Man findet das Zinsprodukt, indem man das Kapital mit der Zeit (den Tagen) multipliziert und durch den Divisor des Zinsfußes dividiert.

%	Divisor	%	Divisor
1/12	432 000	5	7 200
1/8	288 000	5 1/4	6 857
1/4	144 000	5 1/2	6 545
1/2	72 000	5 3/4	6 261
3/4	48 000	6	6 000
1	36 000	6 1/4	5 760
1 1/4	28 800	6 1/2	5 538
1 1/2	24 000	6 3/4	5 333
1 3/4	20 571	7	5 143
2	18 000	7 1/4	4 966
2 1/4	16 000	7 1/2	4 800
2 1/2	14 400	7 3/4	4 645
2 3/4	13 091	8	4 500
3	12 000	8 1/2	4 235
3 1/4	11 077	9	4 000
3 1/2	10 286	9 1/2	3 789
3 3/4	9 600	10	3 600
4	9 000	10 1/2	3 429
4 1/4	8 471	11	3 273
4 1/2	8 000	11 1/2	3 130
4 3/4	7 579	12	3 000

Beispiel: Kapital 1 200 Euro. 48 Tage zu 5 1/2 % = 1 200 mal 48 = 57 600 dividiert durch 6 545 = 8,80 Euro Zinsen.

585. Amortisationstabelle

Die Zahlung der Zinsen und der Amortisationsbeträge erfolgt halbjährlich postnumerando

Effekt. Zinssatz	Tilgungssatz pro Jahr in %					
	1/4	1/2	3/4	1	1 1/4	1 1/2
	Tilgungsdauer in Jahr und Monaten					
1/4	277.5	162.3	115.2	89.4	73.0	61.8
1/2	220.0	138.10	102.3	81.2	67.5	57.7
3/4	185.2	122.5	92.7	74.9	62.9	54.2
1	161.4	110.2	84.11	69.6	58.11	51.3
1 1/4	143.9	100.6	78.9	65.1	55.8	48.8
1 1/2	130.3	92.9	73.6	61.4	52.9	46.5
1 3/4	119.4	86.4	69.1	58.1	50.3	44.5
2	110.5	80.10	65.3	55.3	48.0	42.7
2 1/4	102.11	76.2	62.0	52.8	46.0	40.11
2 1/2	96.6	72.1	59.0	50.5	44.3	39.6
2 3/4	91.0	68.6	56.5	48.5	42.7	38.2
3	86.2	65.4	54.1	46.7	41.1	36.11
3 1/4	81.10	62.6	51.11	44.11	39.9	35.9
3 1/2	78.1	59.11	50.0	43.3	38.6	34.8
3 3/4	74.8	57.7	48.3	41.11	37.4	33.9
4	71.6	55.6	46.7	40.8	36.3	32.10
4 1/4	68.9	53.6	45.1	39.5	35.3	32.0
4 1/2	66.2	51.9	43.9	38.4	34.3	31.2
4 3/4	63.10	50.1	42.5	37.3	33.5	30.5
5	61.8	48.7	41.3	36.3	32.7	29.8
5 1/4	59.8	47.2	40.2	35.4	31.10	29.0
5 1/2	57.9	45.10	39.1	34.6	31.1	28.5
5 3/4	56.1	44.7	38.1	33.8	30.5	27.9
6	54.5	43.5	37.2	32.11	29.9	27.3
6 1/4	52.11	42.3	36.3	32.2	29.1	26.8
6 1/2	51.6	41.3	35.6	31.6	28.6	26.2
6 3/4	50.2	40.3	34.8	30.10	28.0	25.8
7	48.11	39.4	33.11	30.3	27.5	25.3
7 1/4	47.9	38.6	33.3	29.8	26.11	24.9
7 1/2	46.8	37.8	32.7	29.1	26.5	24.4
7 3/4	45.7	36.10	31.11	28.6	26.0	23.11
8	44.7	36.1	31.4	28.0	25.6	23.6
8 1/4	43.7	35.5	30.9	27.6	25.1	23.2
8 1/2	42.9	34.9	30.2	27.1	24.8	22.9
8 3/4	41.10	34.1	29.8	26.7	24.3	22.5
9	41.0	33.5	29.2	26.2	23.11	22.1
9 1/4	40.3	32.10	28.8	25.9	23.6	21.9
9 1/2	39.6	32.3	28.2	25.4	23.2	21.6
9 3/4	38.9	31.9	27.9	24.11	22.10	21.2
10	38.1	31.2	27.3	24.7	22.6	20.10

585 AmortTab

Die Zahlung der Zinsen und der Amortisationsbeträge erfolgt halbjährlich postnumerando

Effekt. Zinssatz	Tilgungssatz pro Jahr in %					
	$1\frac{3}{4}$	2	$2\frac{1}{4}$	$2\frac{1}{2}$	$2\frac{3}{4}$	3
	Tilgungsdauer in Jahr und Monaten					
$\frac{1}{4}$	53.5	47.2	42.2	38.2	34.10	32.0
$\frac{1}{2}$	50.4	44.8	40.2	36.6	33.5	30.10
$\frac{3}{4}$	47.8	42.6	38.5	35.1	32.3	29.10
1	45.4	40.8	36.10	33.9	31.1	28.10
$1\frac{1}{4}$	43.3	39.0	35.6	32.6	30.1	27.11
$1\frac{1}{2}$	41.5	37.5	34.2	31.5	29.2	27.2
$1\frac{3}{4}$	39.9	36.1	33.0	30.5	28.3	26.4
2	38.4	34.10	32.0	29.6	27.6	25.8
$2\frac{1}{4}$	36.11	33.8	31.0	28.8	26.9	25.0
$2\frac{1}{2}$	35.9	32.8	30.1	27.11	26.0	24.5
$2\frac{3}{4}$	34.7	31.8	29.3	27.2	25.5	23.10
3	33.6	30.9	28.5	26.6	24.9	23.3
$3\frac{1}{4}$	32.7	29.11	27.9	25.10	24.2	22.9
$3\frac{1}{2}$	31.8	29.2	27.0	25.3	23.8	22.3
$3\frac{3}{4}$	30.10	28.5	26.5	24.8	23.2	21.10
4	30.0	27.9	25.10	24.2	22.8	21.5
$4\frac{1}{4}$	29.4	27.1	25.3	23.7	22.3	21.0
$4\frac{1}{2}$	28.7	26.6	24.8	23.2	21.9	20.7
$4\frac{3}{4}$	27.11	25.11	24.2	22.8	21.4	20.3
5	27.4	25.4	23.8	22.3	21.0	19.10
$5\frac{1}{4}$	26.9	24.10	23.3	21.10	20.7	19.6
$5\frac{1}{2}$	26.2	24.4	22.9	21.5	20.3	19.2
$5\frac{3}{4}$	25.8	23.11	22.4	21.1	19.11	18.11
6	25.2	23.5	22.0	20.8	19.7	18.7
$6\frac{1}{4}$	24.8	23.0	21.7	20.4	19.3	18.4
$6\frac{1}{2}$	24.3	22.7	21.3	20.0	19.0	18.0
$6\frac{3}{4}$	23.10	22.3	20.11	19.9	18.8	17.9
7	23.5	21.10	20.7	19.5	18.5	17.6
$7\frac{1}{4}$	23.0	21.6	20.3	19.1	18.2	17.3
$7\frac{1}{2}$	22.7	21.2	19.11	18.10	17.10	17.0
$7\frac{3}{4}$	22.3	20.10	19.7	18.7	17.7	16.9
8	21.11	20.6	19.4	18.4	17.5	16.7
$8\frac{1}{4}$	21.7	20.3	19.1	18.1	17.2	16.4
$8\frac{1}{2}$	21.3	19.11	18.9	17.10	16.11	16.2
$8\frac{3}{4}$	20.11	19.8	18.6	17.7	16.9	15.11
9	20.7	19.4	18.3	17.4	16.6	15.9
$9\frac{1}{4}$	20.4	19.1	18.0	17.1	16.4	15.7
$9\frac{1}{2}$	20.1	18.10	17.10	16.11	16.1	15.5
$9\frac{3}{4}$	19.9	18.7	17.7	16.8	15.11	15.2
10	19.6	18.4	17.4	16.6	15.9	15.0

Die Zahlung der Zinsen und der Amortisationsbeträge erfolgt halbjährlich postnumerando

Effekt. Zinssatz	Tilgungssatz pro Jahr in %					
	3¼	3½	4	4½	5	5½
	Tilgungsdauer in Jahr und Monaten					
¼	29.8	27.7	24.3	21.8	19.6	17.10
½	28.8	26.9	23.7	21.1	19.1	17.5
¾	27.9	25.11	22.11	20.7	18.8	17.1
1	26.11	25.2	22.4	20.1	18.3	16.9
1¼	26.1	24.6	21.10	19.8	17.11	16.5
1½	25.5	23.10	21.4	19.3	17.7	16.2
1¾	24.9	23.3	20.10	18.10	17.3	15.10
2	24.1	22.9	20.4	18.6	16.11	15.7
2¼	23.6	22.2	19.11	18.1	16.7	15.4
2½	23.0	21.8	19.6	17.9	16.4	15.1
2¾	22.5	21.3	19.2	17.6	16.1	14.10
3	22.0	20.9	18.9	17.2	15.9	14.7
3¼	21.6	20.4	18.5	16.10	15.6	14.5
3½	21.1	20.0	18.1	16.7	15.3	14.2
3¾	20.8	19.7	17.10	16.4	15.1	14.0
4	20.3	19.5	17.6	16.1	14.10	13.10
4¼	19.11	18.11	17.3	15.10	14.7	13.7
4½	19.6	18.7	16.11	15.7	14.5	13.5
4¾	19.2	18.3	16.8	15.4	14.3	13.3
5	18.10	18.0	16.5	15.2	14.0	13.1
5¼	18.7	17.8	16.2	14.11	13.10	12.11
5½	18.3	17.5	15.11	14.9	13.8	12.9
5¾	18.0	17.2	15.9	14.6	13.6	12.8
6	17.8	16.11	15.6	14.4	13.4	12.6
6¼	17.5	16.8	15.3	14.2	13.2	12.4
6½	17.2	16.5	15.1	14.0	13.0	12.2
6¾	16.11	16.2	14.11	13.10	12.10	12.1
7	16.8	16.0	14.8	13.8	12.9	11.11
7¼	16.6	15.9	14.6	13.6	12.7	11.10
7½	16.3	15.7	14.4	13.4	12.5	11.8
7¾	16.0	15.4	14.2	13.2	12.4	11.7
8	15.10	15.2	14.0	13.0	12.2	11.5
8	15.8	15.0	13.10	12.11	12.1	11.4
8½	15.5	14.10	13.8	12.9	11.11	11.3
8¾	15.3	14.8	13.6	12.7	11.10	11.1
9	15.1	14.6	13.5	12.6	11.8	11.0
9¼	14.11	14.4	13.3	12.4	11.9	10.11
9½	14.9	14.2	13.1	12.3	11.6	10.10
9¾	14.7	14.0	13.0	12.1	11.4	10.9
10	14.5	13.10	12.10	12.0	11.3	10.7

585 AmortTab

Die Zahlung der Zinsen und der Amortisationsbeträge erfolgt halbjährlich postnumerando

Effekt. Zinssatz	Tilgungssatz pro Jahr in %				
	6	7	8	9	10
	Tilgungsdauer in Jahr und Monaten				
1/4	16.4	14.1	12.4	11.0	9.11
1/2	16.0	13.10	12.2	10.10	9.9
3/4	15.9	13.7	12.0	10.8	9.8
1	15.5	13.5	11.10	10.7	9.7
1 1/4	15.2	13.2	11.8	10.5	9.5
1 1/2	14.11	13.0	11.6	10.4	9.4
1 3/4	14.8	12.10	11.4	10.2	9.3
2	14.5	12.8	11.3	10.1	9.2
2 1/4	14.3	12.6	11.1	10.0	9.1
2 1/2	14.0	12.3	10.11	9.10	9.0
2 3/4	13.10	12.2	10.10	9.9	8.11
3	13.7	12.0	10.8	9.8	8.10
3 1/4	13.5	11.10	10.7	9.7	8.9
3 1/2	13.3	11.8	10.6	9.6	8.8
3 3/4	13.1	11.7	10.4	9.4	8.7
4	12.11	11.5	10.3	9.3	8.6
4 1/4	12.9	11.3	10.1	9.2	8.5
4 1/2	12.7	11.2	10.0	9.1	8.4
4 3/4	12.5	11.0	9.11	9.0	8.3
5	12.3	10.11	9.10	8.11	8.2
5 1/4	12.2	10.10	9.9	8.10	8.2
5 1/2	12.0	10.8	9.8	8.9	8.1
5 3/4	11.10	10.7	9.7	8.8	8.0
6	11.9	10.6	9.6	8.8	7.11
6 1/4	11.7	10.4	9.5	8.7	7.11
6 1/2	11.6	10.3	9.4	8.6	7.10
6 3/4	11.4	10.2	9.3	8.5	7.9
7	11.3	10.1	9.2	8.4	7.8
7 1/4	11.1	10.0	9.1	8.3	7.8
7 1/2	11.0	9.11	9.0	8.3	7.7
7 3/4	10.11	9.10	8.11	8.2	7.6
8	10.10	9.9	8.10	8.1	7.6
8 1/4	10.8	9.8	8.9	8.1	7.5
8 1/2	10.7	9.7	8.8	8.0	7.5
8 3/4	10.6	9.6	8.7	7.11	7.4
9	10.5	9.5	8.7	7.10	7.3
9 1/4	10.4	9.4	8.6	7.10	7.3
9 1/2	10.3	9.3	8.5	7.9	7.2
9 3/4	10.2	9.2	8.4	7.8	7.2
10	10.1	9.1	8.4	7.8	7.1

586. Sterbetafel

Für die Berechnung des Wertes wiederkehrender Leistungen, die einer Person auf Lebenszeit zustehen, ist deren Lebenserwartung von Bedeutung. Die zuletzt festgestellten Werte ergeben sich aus den Sterbetafeln Deutschland weiblich und männlich 2006/2008 des Statistischen Bundesamts in Wiesbaden[1]. Sie sind nachstehend wiedergegeben.

Durchschnittliche Lebenserwartung im Alter x in Jahren

Alter	Männer	Frauen	Alter	Männer	Frauen
0	77,17	82,40	35	43,23	48,07
1	76,49	81,67	36	42,27	47,10
2	75,51	80,70	37	41,30	46,12
3	74,53	79,71	38	40,35	45,14
4	73,54	78,72	39	39,39	44,17
5	72,55	77,73	40	38,44	43,20
6	71,56	76,74	41	37,49	42,23
7	70,56	75,74	42	36,55	41,27
8	69,57	74,75	43	35,61	40,31
9	68,58	73,75	44	34,68	39,35
10	67,58	72,76	45	33,76	38,40
11	66,59	71,76	46	32,84	37,45
12	65,60	70,77	47	31,93	36,51
13	64,60	69,78	48	31,04	35,57
14	63,61	68,78	49	30,15	34,64
15	62,62	67,79	50	29,27	33,71
16	61,63	66,80	51	28,39	32,79
17	60,65	65,81	52	27,53	31,87
18	59,67	64,82	53	26,68	30,96
19	58,71	63,84	54	25,83	30,05
20	57,74	62,85	55	24,99	29,15
21	56,78	61,86	56	24,17	28,25
22	55,81	60,88	57	23,35	27,36
23	54,84	59,89	58	22,53	26,47
24	53,87	58,91	59	21,73	25,59
25	52,91	57,92	60	20,93	24,71
26	51,94	56,93	61	20,15	23,84
27	50,97	55,94	62	19,38	22,98
28	50,00	54,96	63	18,61	22,12
29	49,03	53,97	64	17,86	21,27
30	48,06	52,99	65	17,11	20,41
31	47,09	52,00	66	16,38	19,57
32	46,13	51,02	67	15,65	18,72
33	45,16	50,04	68	14,93	17,89
34	44,19	49,05	69	14,23	17,06

586

[1] **Amtl. Anm.:** Quelle: Auszug aus: Sterbetafel 2006/2008 für Deutschland, Statistisches Bundesamt, Wiesbaden. Eine Sammlung von Sterbetafeln kann kostenfrei bezogen werden unter http://www.destatis.de/jetspeed/portal/cms/Sites/destatis/Internet/DE/Content/Statistiken/Bevoelkerung/GeburtenSterbefaelle/Tabellen/Content100/SterbetafelDeutschland,property=file.xls.

Alter	Männer	Frauen	Alter	Männer	Frauen
70	13,54	16,25	85	5,46	6,19
71	12,86	15,44	86	5,10	5,72
72	12,20	14,65	87	4,78	5,30
73	11,56	13,88	88	4,46	4,90
74	10,94	13,12	89	4,16	4,53
75	10,34	12,38	90	3,84	4,15
76	9,76	11,66	91	3,56	3,80
77	9,21	10,95	92	3,32	3,51
78	8,67	10,27	93	3,10	3,26
79	8,16	9,61	94	2,90	3,06
80	7,65	8,97	95	2,71	2,88
81	7,17	8,36	96	2,54	2,72
82	6,71	7,78	97	2,38	2,54
83	6,27	7,22	98	2,24	2,38
84	5,86	6,69	99	2,10	2,23
			100	1,98	2,10

630. Beihilfen: Art. 96 BayBG und BhV
Art. 96 BayBG

Vom 29. Juli 2008
(GVBl S. 500)
BayRS 2030-1-1 F

Art. 96 Beihilfe in Krankheits-, Geburts-, Pflege- und sonstigen Fällen. (1) Beamte und Beamtinnen, Ruhestandsbeamte und Ruhestandsbeamtinnen, deren versorgungsberechtigte Hinterbliebene, Dienstanfänger und Dienstanfängerinnen sowie frühere Beamte und Beamtinnen, die wegen Dienstunfähigkeit oder Erreichen der Altersgrenze entlassen sind, erhalten für sich, den Ehegatten, soweit dessen Gesamtbetrag der Einkünfte (§ 2 Abs. 3 des Einkommensteuergesetzes) im zweiten Kalenderjahr vor der Stellung des Beihilfeantrags 18 000 € nicht übersteigt, und die im Familienzuschlag nach dem Bundesbesoldungsgesetz berücksichtigungsfähigen Kinder Beihilfen als Ergänzung der aus den laufenden Bezügen zu bestreitenden Eigenvorsorge, solange ihnen laufende Besoldungs- und Versorgungsbezüge zustehen.

(2) [1] Beihilfeleistungen werden zu den nachgewiesenen medizinisch notwendigen und angemessenen Aufwendungen in Krankheits-, Geburts- und Pflegefällen und zur Gesundheitsvorsorge gewährt. [2] Beihilfen dürfen nur gewährt werden, soweit die Beihilfe und Leistungen Dritter aus demselben Anlass die dem Grunde nach beihilfefähigen Aufwendungen nicht überschreiten. [3] Sind die finanziellen Folgen von Krankheit, Geburt, Pflege und Gesundheitsvorsorge durch Leistungen aus anderen Sicherungssystemen dem Grunde nach abgesichert, erfolgt keine zusätzliche Gewährung von Beihilfeleistungen; Sachleistungen sind vorrangig in Anspruch zu nehmen. [4] Soweit nur Zuschüsse zustehen, sind diese anzurechnen. [5] Der Anspruch auf Beihilfeleistungen ist bei Mitgliedern der gesetzlichen Krankenversicherung beschränkt auf Leistungen für Zahnersatz, für Heilpraktiker und Heilpraktikerinnen und auf Wahlleistungen im Krankenhaus. [6] Aufwendungen für den Besuch schulischer oder vorschulischer Einrichtungen und berufsfördernde Maßnahmen sowie Aufwendungen für einen Schwangerschaftsabbruch, sofern nicht die Voraussetzungen des § 218 a Abs. 2 oder 3 des Strafgesetzbuchs vorliegen, sind von der Beihilfefähigkeit ausgeschlossen. [7] Bei Inanspruchnahme von Wahlleistungen im Krankenhaus sind nach Anwendung der persönlichen Bemessungssätze folgende Eigenbeteiligungen abzuziehen:

1. wahlärztliche Leistungen:
   25 € pro Aufenthaltstag im Krankenhaus,
2. Wahlleistung Zweibett-Zimmer:
   7,50 € pro Aufenthaltstag im Krankenhaus, höchstens für 30 Tage im Kalenderjahr.

(3) [1] Beihilfen werden als Vomhundertsatz der beihilfefähigen Aufwendungen (Bemessungssatz) oder als Pauschalen gewährt. [2] Der Bemessungssatz beträgt bei Beamten und Beamtinnen sowie Richtern und Richterinnen 50 v.H., bei Ehegatten sowie bei Versorgungsempfängern und Versorgungsempfängerinnen 70 v.H., bei Kindern und eigenständig beihilfeberechtigten Waisen 80 v.H. [3] Sind zwei oder mehr Kinder berücksichtigungsfähig, beträgt der Bemessungssatz eines oder einer Beihilfeberechtigten 70 v.H.; bei mehreren Beihilfeberechtigten beträgt der Bemessungssatz nur bei einem von ihnen 70 v.H. [4] In besonderen Ausnahmefällen kann eine Erhöhung der Bemessungssätze vorgesehen werden. [5] Die festgesetzte Beihilfe ist um

1. 6€ je Rechnungsbeleg bei ambulanten ärztlichen, zahnärztlichen, psychotherapeutischen Leistungen sowie bei Leistungen von Heilpraktikern und Heilpraktikerinnen,
2. 3 € je verordnetem Arzneimittel, Verbandmittel und Medizinprodukt,

jedoch nicht mehr als die tatsächlich gewährte Beihilfe zu mindern (Eigenbeteiligung). [6] Die Eigenbeteiligung unterbleibt

1. bei Aufwendungen für Waisen, für Beamte und Beamtinnen auf Widerruf im Vorbereitungsdienst, und für berücksichtigungsfähige Kinder,
2. für Beihilfeberechtigte und berücksichtigungsfähige Angehörige, die Mitglied einer gesetzlichen Krankenversicherung sind,
3. bei Pflegemaßnahmen,
4. bei ärztlich veranlassten Folgeuntersuchungen durch andere Fachärzte und Fachärztinnen, die entsprechend dem jeweiligen Berufsbild selbst keine therapeutischen Leistungen erbringen,
5. bei anerkannten Vorsorgeleistungen und
6. soweit sie für die Beihilfeberechtigten und ihre berücksichtigungsfähigen Ehegatten zusammen die Belastungsgrenze überschreitet.

[7] Die Belastungsgrenze beträgt 2 v.H. der Jahresdienst- bzw. Jahresversorgungsbezüge nach beamtenrechtlichen Vorschriften oder Grundsätzen ohne die kinderbezogenen Anteile im Familienzuschlag sowie der Jahresrenten aus der gesetzlichen Rentenversicherung und einer zusätzlichen Alters- und Hinterbliebenenversorgung. [8] Für chronisch Kranke im Sinn des Fünften Buches Sozialgesetzbuch beträgt die Belastungsgrenze 1 v.H., es sei denn, sie haben die wichtigsten evidenzbasierten Untersuchungen nicht regelmäßig in Anspruch genommen oder beteiligen sich nicht hinreichend an einer adäquaten Therapie.

(4) [1] Die obersten Dienstbehörden setzen die Beihilfen fest und ordnen die Zahlung an. [2] Sie können diese Befugnisse auf andere Dienststellen übertragen. [3] Die Festsetzung und Anordnung der Beihilfe im staatlichen Bereich erfolgt durch das Landesamt für Finanzen; die sonstigen Befugnisse der obersten Dienstbehörden beim Vollzug der Beihilfevorschriften können auf das Staatsministerium der Finanzen übertragen werden. [4] Abweichungen von Satz 3 Halbsatz 1 sind durch Rechtsverordnung der Staatsregierung zu regeln. [5] Die Gemeinden, Gemeindeverbände und die sonstigen der Aufsicht des Staates unterstehenden Körperschaften, Anstalten und Stiftungen des öffentlichen Rechts können zur Erfüllung ihrer Verpflichtungen nach Abs. 1 eine Versicherung abschließen oder sich der Dienstleistungen von Versicherungsunternehmen oder sonstiger geeigneter Stellen bedienen und hierzu die erforderlichen Daten übermitteln; die Zuerkennung der Eignung setzt voraus, dass die mit der Beihilfebearbeitung betrauten Personen nach dem Verpflichtungsgesetz zur Wahrung der Daten verpflichtet werden. [6] Die mit der Beihilfebearbeitung beauftragte Stelle darf die Daten, die ihr im Rahmen der Beihilfebearbeitung bekannt werden, nur für diesen Zweck verarbeiten und nutzen. [7] § 50 Satz 3 BeamtStG, Art. 105 Satz 4, Art. 107 und 110 gelten entsprechend.

(5) [1] Das Nähere hinsichtlich des Kreises der beihilfeberechtigten Personen und der berücksichtigungsfähigen Angehörigen, des Inhalts und Umfangs der Beihilfen sowie des Verfahrens der Beihilfengewährung regelt das Staatsministerium der Finanzen durch Rechtsverordnung. [2] Insbesondere können Bestimmungen getroffen werden

1. hinsichtlich des Kreises der beihilfeberechtigten Personen und der berücksichtigungsfähigen Angehörigen über
   a) Konkurrenzregelungen für den Fall des Zusammentreffens mehrerer inhaltsgleicher Ansprüche auf Beihilfeleistungen in einer Person,
   b) die Gewährung von Beihilfeleistungen für Ehegatten bei wechselnder Einkommenshöhe und bei individuell eingeschränkter Versicherbarkeit des Kostenrisikos,
   c) die Beschränkung oder den Ausschluss der Beihilfen für Ehrenbeamte und Ehrenbeamtinnen sowie Beamte und Beamtinnen, deren Dienstverhältnis auf weniger als ein Jahr befristet ist,
2. hinsichtlich des Inhalts und Umfangs der Beihilfen über
   a) die Einführung von Höchstgrenzen,
   b) die Beschränkung auf bestimmte Indikationen,
   c) die Beschränkung oder den Ausschluss für Untersuchungen und Behandlungen nach wissenschaftlich nicht allgemein anerkannten Methoden,
   d) den Ausschluss für Arznei-, Heil- und Hilfsmittel zur Behandlung der erektilen Dysfunktion, Rauchentwöhnung, Abmagerung und Zügelung des Appetits, Regulierung des Körpergewichts und Verbesserung des Haarwuchses,
   e) die Beschränkung oder den Ausschluss von Beihilfen zu Aufwendungen, die in Ländern außerhalb der Mitgliedstaaten der Europäischen Union erbracht werden,
3. hinsichtlich des Verfahrens der Beihilfengewährung über
   a) die elektronische Erfassung und Speicherung von Anträgen und Belegen,
   b) die Verwendung einer elektronischen Gesundheitskarte entsprechend § 291 a SGB V, wobei der Zugriff der Beihilfestellen auf Daten über die in Anspruch genommenen Leistungen und deren Kosten zu beschränken ist,
   c) die Beteiligung von Gutachtern und Gutachterinnen, Beratungsärzten und Beratungsärztinnen sowie sonstigen geeigneten Stellen zur Überprüfung der Notwendigkeit und Angemessenheit einzelner geltend gemachter Aufwendungen einschließlich der Übermittlung der erforderlichen Daten, wobei personenbezogene Daten nur mit Einwilligung des oder der Beihilfeberechtigten übermittelt werden dürfen; die Zuerkennung der Eignung setzt voraus, dass die mit der Bewertung betrauten Personen nach dem Verpflichtungsgesetz zur Wahrung der Daten verpflichtet werden,
   d) die Durchführung der Regelungen zur Belastungsgrenze (Abs. 3 Sätze 7 und 8).

(6) Die Staatsregierung unterrichtet den Landtag fortlaufend über den Erlass und die geplanten Änderungen der Rechtsverordnung nach Abs. 5 Satz 1.

Verordnung über die Beihilfefähigkeit von Aufwendungen in Krankheits-, Geburts-, Pflege- und sonstigen Fällen (Bayerische Beihilfeverordnung – BayBhV)

Vom 2. Januar 2007
(GVBl S. 15)

BayRS 2030-2-27-F

geänd. durch § 1 VO zur Änd. der Bayerischen BeihilfeVO v. 16. 4. 2009 (GVBl S. 117)

Auf Grund des Art. 86 a Abs. 5 Satz 1 des Bayerischen Beamtengesetzes (BayBG) in der Fassung der Bekanntmachung vom 27. August 1998 (GVBl S. 702, BayRS 2030-1-1-F), zuletzt geändert durch § 1 des Gesetzes vom 8. Dezember 2006 (GVBl S. 987), erlässt das Bayerische Staatsministerium der Finanzen folgende Verordnung:

Inhaltsverzeichnis[1)]

[1)] Inhaltsverz. geänd. mWv 1. 5. 2009 durch VO v. 16. 4. 2009 (GVBl S. 117).

Abschnitt I. Allgemeines

§ 1 Anwendungsbereich, Zweckbestimmung und Rechtsnatur. (1) [1]Diese Verordnung regelt die Gewährung von Beihilfen in Krankheits-, Pflege- und Geburtsfällen, bei Maßnahmen zur Früherkennung von Krankheiten, bei Schutzimpfungen und sonstigen Fällen. [2]Die Beihilfen ergänzen in diesen Fällen die Eigenvorsorge, die aus den laufenden Bezügen zu bestreiten ist.

(2) [1]Auf die Beihilfe besteht ein Rechtsanspruch. [2]Der Anspruch kann nicht abgetreten, verpfändet oder gepfändet werden; er ist nicht vererblich; jedoch ist die Pfändung durch einen Forderungsgläubiger bezüglich des für seine Forderung zustehenden und noch nicht ausgezahlten Betrags einer Beihilfe zulässig.

(3) Beihilfen werden nach Maßgabe dieser Verordnung zu den beihilfefähigen Aufwendungen der beihilfeberechtigten Personen und ihrer berücksichtigungsfähigen Angehörigen als Vomhundertsatz oder als Pauschale gewährt.

Abschnitt II. Personenkreis, Zusammentreffen mehrerer Beihilfeberechtigungen, Konkurrenzregelungen

§ 2 Beihilfeberechtigte Personen. (1) Beihilfeberechtigt sind

1. Beamtinnen, Beamte, Richterinnen und Richter sowie Dienstanfängerinnen und Dienstanfänger,
2. Ruhestandsbeamtinnen, Ruhestandsbeamte, Richterinnen und Richter im Ruhestand sowie frühere Beamtinnen, Beamte, Richterinnen und Richter, die wegen Dienstunfähigkeit oder Erreichens der Altersgrenze entlassen wurden oder wegen Ablaufs der Dienstzeit ausgeschieden sind,
3. Witwen und Witwer sowie die in § 23 des Beamtenversorgungsgesetzes (BeamtVG) genannten Kinder der in Nrn. 1 und 2 bezeichneten Personen.

(2) [1]Beihilfeberechtigung der in Abs. 1 bezeichneten Personen besteht nur, wenn und solange sie Dienstbezüge, Amtsbezüge, Anwärterbezüge, Ruhegehalt, Übergangsgeld auf Grund gesetzlichen Anspruchs, Witwengeld, Witwergeld, Waisengeld nach dem Satz für Vollwaisen oder Unterhaltsbeitrag erhalten. [2]Sie besteht auch, wenn Bezüge wegen Anwendung von Ruhens- oder Anrechnungsvorschriften nicht gezahlt werden.

(3) Als beihilfeberechtigt gelten unter den Voraussetzungen des § 4 Abs. 2 auch andere natürliche sowie juristische Personen.

(4) Beihilfeberechtigt sind nicht

1. Ehrenbeamtinnen und -beamte sowie ehrenamtliche Richterinnen und Richter,
2. Beamtinnen und Beamte sowie Richterinnen und Richter, wenn das Dienstverhältnis auf weniger als ein Jahr befristet ist, es sei denn, dass sie insgesamt mindestens ein Jahr ununterbrochen im öffentlichen Dienst (§ 40 Abs. 6 des Bundesbesoldungsgesetzes) beschäftigt sind,
3. Beamtinnen, Beamte, Richterinnen, Richter und Versorgungsempfänger, denen Leistungen nach § 11 des Europaabgeordnetengesetzes (EuAbgG), § 27 des Abgeordnetengesetzes (AbgG) oder entsprechenden vorrangigen landesrechtlichen Vorschriften zustehen.

§ 3 Berücksichtigungsfähige Angehörige. (1) Berücksichtigungsfähige Angehörige sind
1. der Ehegatte der bzw. des Beihilfeberechtigten,
2. die im Familienzuschlag nach dem Bundesbesoldungsgesetz berücksichtigungsfähigen Kinder von Beihilfeberechtigten.

(2) Als berücksichtigungsfähig gelten auch Kinder,
1. für die der Anspruch auf den kinderbezogenen Anteil im Familienzuschlag nur entfällt, weil das Kindergeld oder der Kinderfreibetrag wegen der Höhe ihrer eigenen Einkünfte (§ 32 Abs. 4 Satz 2 des Einkommensteuergesetzes – EStG) nicht gewährt wird; dies gilt bis zum Ablauf des Monats, für den ohne Beachtung der maßgebenden Einkommensgrenzen der kinderbezogene Anteil im Familienzuschlag gezahlt würde, längstens bis zum Ablauf des Monats, in dem das entsprechende Kind das in § 32 Abs. 4 Satz 1 Nrn. 1 und 2 EStG genannte Lebensalter vollendet hat, ggf. verlängert um Zeiträume nach § 32 Abs. 5 EStG,
2. die im Wintersemester 2006/2007 an einer Hoch- oder Fachhochschule eingeschrieben sind, solange die in § 32 Abs. 4 und 5 EStG in der bis zum 31. Dezember 2006 geltenden Fassung genannten Voraussetzungen gegeben sind; Nr. 1 gilt entsprechend.

(3) Berücksichtigungsfähige Angehörige sind nicht
1. Geschwister von Beihilfeberechtigten oder deren Ehegatten,
2. Ehegatten und Kinder beihilfeberechtigter Waisen.

§ 4 Beihilfen nach dem Tod des Beihilfeberechtigten. (1) [1] Der hinterbliebene Ehegatte, die leiblichen Kinder und Adoptivkinder eines verstorbenen Beihilfeberechtigten erhalten Beihilfen zu den bis zu dessen Tod entstandenen beihilfefähigen Aufwendungen. [2] Die Beihilfe bemisst sich nach den Verhältnissen am Tag vor dem Tod. [3] Die Beihilfe wird der Person gewährt, die die Originalbelege zuerst vorlegt.

(2) [1] Andere als die in Abs. 1 genannten natürlichen Personen sowie juristische Personen erhalten die Beihilfe nach Abs. 1, soweit sie die von dritter Seite in Rechnung gestellten Aufwendungen bezahlt haben und die Originalbelege vorlegen. [2] Sind diese Personen Erben des Beihilfeberechtigten, erhalten sie eine Beihilfe auch zu Aufwendungen des Erblassers, die von diesem bezahlt worden sind.

§ 5 Zusammentreffen mehrerer Beihilfeberechtigungen. (1) Beim Zusammentreffen mehrerer Beihilfeberechtigungen auf Grund beamtenrechtlicher Vorschriften schließt eine Beihilfeberechtigung
1. aus einem Dienstverhältnis die Beihilfeberechtigung aus einem Rechtsverhältnis als Versorgungsempfänger,
2. auf Grund eines neuen Versorgungsbezugs die Beihilfeberechtigung auf Grund früherer Versorgungsbezüge aus.

(2) Die Beihilfeberechtigung nach anderen als beamtenrechtlichen Vorschriften geht der Beihilfeberechtigung aus einem Rechtsverhältnis als Versorgungsempfänger vor.

(3) [1] Die Beihilfeberechtigung auf Grund beamtenrechtlicher Vorschriften schließt die Berücksichtigungsfähigkeit als Angehöriger aus. [2] Die Beihilfeberechtigung nach anderen als beamtenrechtlichen Vorschriften geht der Berücksichtigungsfähigkeit als Angehöriger vor.

(4) Der Beihilfeberechtigung nach beamtenrechtlichen Vorschriften steht der Anspruch auf Fürsorgeleistungen nach § 11 EuAbgG, § 27 AbgG oder entsprechenden vorrangigen landesrechtlichen Vorschriften, nach § 79 des Bundesbeamtengesetzes (BBG) gegen das Bundeseisenbahnvermögen oder entsprechenden kirchenrechtlichen Vorschriften gleich.

(5) [1] Eine Beihilfeberechtigung nach anderen als beamtenrechtlichen Vorschriften ist gegeben, wenn ein Anspruch auf Beihilfen auf Grund privatrechtlicher Rechtsbeziehungen nach einer dieser Verordnung im Wesentlichen vergleichbaren Regelung besteht. [2] Keine im Wesentlichen vergleichbare Regelung stellt der bei teilzeitbeschäftigten Arbeitnehmerinnen und Arbeitnehmern zu quotelnde Beihilfeanspruch dar.

(6) Ist ein Kind bei mehreren Beihilfeberechtigten berücksichtigungsfähig, wird Beihilfe für seine Aufwendungen nur dem Beihilfeberechtigten gewährt, der den entsprechenden Anteil des Familienzuschlags bzw. vergleichbare Vergütungsbestandteile erhält oder den die Beihilfeberechtigten in einer gemeinsamen Erklärung bestimmt haben.

§ 6[1)] Zusammentreffen des Beihilfeanspruchs mit anderen Ansprüchen. (1) [1] Bei vorrangig in Anspruch zu nehmenden bzw. anzurechnenden Leistungen im Sinn des Art. 96 Abs. 2 Sätze 2 bis 5 BayBG handelt es sich um Leistungsansprüche, die auf Rechtsvorschriften oder

---

[1)] § 6 Abs. 1 Sätze 1, 2 und 5 und Abs. 2 Nr. 1 geänd. mWv 1. 4. 2009 durch VO v. 16. 4. 2009 (GVBl S. 117).

630

arbeitsvertraglichen Vereinbarungen beruhen. [2] Gewährte Zuschüsse im Sinn des Art. 96 Abs. 2 Satz 4 BayBG werden in voller Höhe auf die beihilfefähigen Aufwendungen angerechnet. [3] Bei der Versorgung mit Zahnersatz und Zahnkronen nach Maßgabe der §§ 14 bis 17 sind hierbei 65 v.H. als gewährte Leistung anzurechnen; Berechnungsgrundlage ist der Betrag, aus dem sich der Zuschuss der Krankenkasse errechnet. [4] Sätze 1 bis 3 gelten auch, soweit Leistungserbringer in anderen Mitgliedstaaten der Europäischen Union in Anspruch genommen wurden. [5] Art. 96 Abs. 2 Sätze 2 bis 4 BayBG gelten nicht

1. für Leistungen nach dem Zwölften Buch Sozialgesetzbuch (SGB XII), wenn Ansprüche auf den Sozialhilfeträger übergeleitet sind,
2. für berücksichtigungsfähige Kinder eines Beihilfeberechtigten, die von der Versicherung in der gesetzlichen Kranken- oder Rentenversicherung einer anderen Person erfasst werden.

(2) Nicht beihilfefähig sind Aufwendungen

1. insoweit, als Schadenersatz von Dritten erlangt werden kann oder hätte erlangt werden können oder die Ansprüche auf einen anderen übergegangen oder übertragen worden sind; abweichend hiervon sind Aufwendungen beihilfefähig, die auf einem Ereignis beruhen, das nach Art. 14 BayBG zum Übergang des gesetzlichen Schadenersatzanspruchs auf den Dienstherrn führt,
2. von Beamtinnen und Beamten, denen auf Grund von Art. 10 Abs. 3 des Bayerischen Besoldungsgesetzes (BayBesG) Heilfürsorge zusteht.

Abschnitt III. Grundsatz der Beihilfefähigkeit

§ 7[1)] Beihilfefähigkeit der Aufwendungen. (1) [1] Beihilfefähig sind nach den folgenden Vorschriften Aufwendungen, wenn

1. sie dem Grunde nach medizinisch notwendig,
2. sie der Höhe nach angemessen sind und
3. die Beihilfefähigkeit nicht ausdrücklich ausgeschlossen ist.

[2] Die Angemessenheit der Aufwendungen für ärztliche, zahnärztliche und psychotherapeutische Leistungen beurteilt sich ausschließlich nach dem Gebührenrahmen der

1. Gebührenordnung für Ärzte (GOÄ),
2. Gebührenordnung für Zahnärzte (GOZ),
3. Gebührenordnung für Psychologische Psychotherapeuten und Kinder- und Jugendlichenpsychotherapeuten (GOP).

[3] Soweit keine begründeten besonderen Umstände vorliegen, kann nur eine Gebühr, die den Schwellenwert des Gebührenrahmens nicht überschreitet, als angemessen angesehen werden. [4] Leistungen, die auf der Grundlage einer Vereinbarung nach § 2 Abs. 1 GOÄ sowie § 2 Abs. 1 GOZ erbracht werden, sind grundsätzlich nur nach den Vorgaben des Satzes 3 beihilfefähig. [5] Aufwendungen für Heilpraktikerleistungen sind angemessen bis zur Höhe des Mindestsatzes des im April 1985 geltenden Gebührenverzeichnisses für Heilpraktiker. [6] Über die Notwendigkeit und die Angemessenheit entscheidet die Festsetzungsstelle.

(2) [1] Voraussetzung für die Beihilfefähigkeit ist, dass im Zeitpunkt des Entstehens der Aufwendungen Beihilfeberechtigung besteht und bei Aufwendungen für Angehörige diese berücksichtigungsfähig sind. [2] Die Aufwendungen gelten in dem Zeitpunkt als entstanden, in dem die sie begründende Leistung erbracht wird.

(3) [1] Abweichend von Abs. 1 kann die Angemessenheit und Notwendigkeit von Leistungen auch auf der Basis von Verträgen und Vereinbarungen bewertet werden. [2] Die Dienstherren – im staatlichen Bereich das Staatsministerium der Finanzen – können hierzu mit Personen oder Einrichtungen, die Leistungen erbringen oder Rechnungen ausstellen, mit Versicherungen und anderen Kostenträgern sowie deren Zusammenschlüsse Verträge über Beihilfeangelegenheiten abschließen, wenn dies im Interesse einer wirtschaftlicheren Krankenfürsorge liegt. [3] Dabei können auch feste Preise vereinbart werden, die unter den maßgeblichen Gebührensätzen und Höchstbeträgen liegen. [4] Sofern private Krankenversicherungsunternehmen Verträge im Sinn des Satzes 2 mit Leistungserbringern geschlossen haben, können die vereinbarten Leistungsgrundsätze ebenfalls der Beihilfefestsetzung zugrunde gelegt werden.

(4) Nicht beihilfefähig sind

1. Aufwendungen für die persönliche Tätigkeit eines nahen Angehörigen bei einer Heilbehandlung; als nahe Angehörige gelten Ehegatten, Eltern und Kinder der jeweils behandelten

---

[1)] § 7 Abs. 4 Nr. 3 geänd. mWv 1. 4. 2009 durch VO v. 16. 4. 2009 (GVBl S. 117).

Person. Aufwendungen zum Ersatz der dem nahen Angehörigen im Einzelfall entstandenen Sachkosten sind bis zur Höhe des nachgewiesenen Geldwertes im Rahmen dieser Vorschriften beihilfefähig;

2. die in den §§ 8 bis 41, 43 und 44 genannten Aufwendungen, die für den Ehegatten des Beihilfeberechtigten entstanden sind, soweit dessen Gesamtbetrag der Einkünfte (§ 2 Abs. 3 EStG) im zweiten Kalenderjahr vor der Stellung des Beihilfeantrags den Höchstbetrag von 1 8000 € übersteigt, es sei denn, dass dem Ehegatten trotz ausreichender und rechtzeitiger Krankenversicherung wegen angeborener Leiden oder bestimmter Krankheiten auf Grund eines individuellen Ausschlusses keine Versicherungsleistungen gewährt werden oder dass die Leistungen hierfür auf Dauer eingestellt worden sind (Aussteuerung). Wird der Höchstbetrag unterschritten, ist dies auf Verlangen der Beihilfefestsetzungsstelle durch den Einkommensteuerbescheid des Bezugsjahres zu belegen. Hat der berücksichtigungsfähige Ehegatte im laufenden Kalenderjahr keine Einkünfte mehr, die den Höchstbetrag von 1 8000 € übersteigen und erklärt der Beihilfeberechtigte, dass im laufenden Kalenderjahr dieser Höchstbetrag auch nicht überschritten wird, kann unter dem Vorbehalt des Widerrufs eine Beihilfe bereits im laufenden Kalenderjahr gewährt werden; dem Beihilfeberechtigten ist aufzugeben, zu Beginn des folgenden Kalenderjahres zu erklären, ob die Einkünfte des berücksichtigungsfähigen Ehegatten im abgelaufenen Kalenderjahr den Höchstbetrag überschritten haben. Die oberste Dienstbehörde – im staatlichen Bereich das Staatsministerium der Finanzen – kann in anderen besonderen Ausnahmefällen, die nur bei Anlegung des strengsten Maßstabes anzunehmen sind, die Gewährung von Beihilfen zulassen;
3. Aufwendungen nach Art. 96 Abs. 2 Satz 6 BayBG; hierzu zählen auch Werkstätten für Behinderte;
4. Aufwendungen, die auf der Grundlage einer Vereinbarung nach § 2 Abs. 3 GOZ bzw. nach § 1 Abs. 2 Satz 2 GOÄ erbracht werden.

(5) Aufwendungen für Untersuchungen oder Behandlungen nach wissenschaftlich nicht allgemein anerkannten Methoden einschließlich der hierbei verordneten Arznei- und Verbandmittel und Medizinprodukte, die in

1. **Anlage 1** Nr. 1 aufgeführt sind, sind nicht beihilfefähig (Ausschluss),
2. **Anlage 1** Nr. 2 aufgeführt sind, sind nur unter den jeweiligen dort genannten Voraussetzungen beihilfefähig (Teilausschluss).

Abschnitt IV. Beihilfefähige Aufwendungen in Krankheitsfällen

§ 8 Ärztliche, zahnärztliche, psychotherapeutische Leistungen und Heilpraktikerleistungen. [1] Aus Anlass einer Krankheit sind beihilfefähig die Aufwendungen für

1. ärztliche Leistungen und Heilpraktikerleistungen,
2. ambulante psychotherapeutische Leistungen mittels wissenschaftlich anerkannter Verfahren nach den Abschnitten B und G des Gebührenverzeichnisses für ärztliche Leistungen der GOÄ nach Maßgabe der §§ 9 bis 13,
3. zahnärztliche und kieferorthopädische Leistungen nach Maßgabe der §§ 14 bis 17.

[2] Nicht beihilfefähig sind Aufwendungen für Begutachtungen, die weder im Rahmen einer Behandlung noch bei der Durchführung dieser Vorschriften erbracht werden.

§ 9[1)] Allgemeine Abrechnungsgrundlagen für psychotherapeutische Leistungen.

(1) Leistungen der psychosomatischen Grundversorgung (§ 10), tiefenpsychologisch fundierten und analytischen Psychotherapien (§ 11) sowie Verhaltenstherapien (§ 12) sind nur beihilfefähig, wenn sie von einer Ärztin bzw. einem Arzt, einer Psychologischen Psychotherapeutin bzw. einem Psychologischen Psychotherapeuten, einer Kinder- und Jugendlichenpsychotherapeutin oder einem Kinder- und Jugendlichenpsychotherapeuten erbracht werden.

(2) [1] Aufwendungen für ambulante psychotherapeutische Behandlungen, die zu den wissenschaftlich anerkannten Verfahren nach den Abschnitten B und G des Gebührenverzeichnisses für ärztliche Leistungen der GOÄ gehören, sind beihilfefähig, wenn

1. die vorgenommene Tätigkeit der Feststellung, Heilung oder Linderung von Störungen mit Krankheitswert, bei denen Psychotherapie indiziert ist, dient und
2. bei Erkrankten nach Erhebung einer biographischen Analyse oder Verhaltensanalyse und ggf. nach höchstens fünf probatorischen Sitzungen die Voraussetzungen für einen Behandlungserfolg gegeben sind und

---

[1)] § 9 Abs. 2 Satz 4 angef. mWv 1. 5. 2009 durch VO v. 16. 4. 2009 (GVBl S. 117).

3. die Festsetzungsstelle vor Beginn der Behandlung die Beihilfefähigkeit der Aufwendungen auf Grund der Stellungnahme eines vertrauensärztlichen Gutachtens zur Notwendigkeit und zu Art und Umfang der Behandlung anerkannt hat.

[2] Dies gilt auch für die Verlängerung bewilligter Therapien. [3] Die Beihilfefähigkeit von Aufwendungen für psychotherapeutische Behandlungen im Rahmen einer stationären Krankenhaus- oder Rehabilitationsbehandlung wird hierdurch nicht eingeschränkt. [4] Für die Erstellung von Gutachten nach Satz 1 Nr. 3 benennt das Staatsministerium der Finanzen geeignete Gutachterinnen und Gutachter und gibt diese durch Verwaltungsvorschrift bekannt.

(3) [1] Bei der psychosomatischen Grundversorgung sind Abs. 2 Satz 1 Nrn. 2 und 3 nicht anzuwenden. [2] Maßnahmen nach Abs. 2 Satz 1 Nr. 2 sind auch dann beihilfefähig, wenn sich eine psychotherapeutische Behandlung als nicht notwendig erwiesen hat.

(4) Eine Therapie mittels katathymen Bilderlebens ist nur im Rahmen eines übergeordneten tiefenpsychologischen Therapiekonzepts, eine Rational Emotive Therapie nur im Rahmen eines umfassenden verhaltenstherapeutischen Behandlungskonzepts beihilfefähig.

(5) Erfolgt die Behandlung durch eine Psychologische Psychotherapeutin bzw. einen Psychologischen Psychotherapeuten oder eine Kinder- und Jugendlichenpsychotherapeutin bzw. einen Kinder- und Jugendlichenpsychotherapeuten, muss spätestens nach den probatorischen Sitzungen und vor der Einleitung des Begutachtungsverfahrens der ärztliche Nachweis einer somatischen (organischen) Abklärung erbracht werden (Konsiliarbericht).

(6) [1] Nicht beihilfefähig sind

1. Aufwendungen für gleichzeitige Behandlungen nach den §§ 10 bis 12,
2. die in § 13 aufgeführten Behandlungsverfahren.

[2] Zur Psychotherapie gehören keine psychologischen Tätigkeiten, die die Aufarbeitung und Überwindung sozialer Konflikte oder sonstige Zwecke außerhalb der Heilkunde zum Gegenstand haben.

§ 10 Psychosomatische Grundversorgung. (1) Die beihilfefähige psychosomatische Grundversorgung umfasst:

1. verbale Interventionen im Rahmen der Nr. 849 des Gebührenverzeichnisses für ärztliche Leistungen der GOÄ oder
2. übende und suggestive Verfahren nach den Nrn. 845 bis 847 des Gebührenverzeichnisses für ärztliche Leistungen der GOÄ (autogenes Training, Jacobsonsche Relaxationstherapie, Hypnose).

(2) Beihilfefähig sind je Krankheitsfall

1. bei verbaler Intervention als einzige Leistung bis zu 25 Behandlungen,
2. bei autogenem Training und bei der Jacobsonschen Relaxationstherapie als Einzel- oder Gruppenbehandlung bis zu zwölf Behandlungen,
3. bei Hypnose als Einzelbehandlung bis zu zwölf Behandlungen,
4. neben den Aufwendungen für eine verbale Intervention im Rahmen der Nr. 849 des Gebührenverzeichnisses für ärztliche Leistungen der GOÄ Aufwendungen für ärztliche körperbezogene Leistungen.

(3) [1] Eine verbale Intervention kann nicht mit übenden und suggestiven Verfahren in derselben Sitzung durchgeführt werden. [2] Autogenes Training, Jacobsonsche Relaxationstherapie und Hypnose können während eines Krankheitsfalls nicht nebeneinander durchgeführt werden.

(4) Aufwendungen für eine verbale Intervention sind nur beihilfefähig, wenn die Behandlung von einer Fachärztin bzw. einem Facharzt für

1. Allgemeinmedizin,
2. Augenheilkunde,
3. Frauenheilkunde und Geburtshilfe,
4. Haut- und Geschlechtskrankheiten,
5. Innere Medizin,
6. Kinderheilkunde,
7. Kinder- und Jugendpsychiatrie und -psychotherapie,
8. Neurologie,
9. Phoniatrie und Pädaudiologie,
10. Psychiatrie und Psychotherapie,

11. Psychotherapeutische Medizin oder
12. Urologie

durchgeführt wird.

(5) Aufwendungen für übende und suggestive Verfahren (autogenes Training, Jacobsonsche Relaxationstherapie, Hypnose) sind nur dann beihilfefähig, wenn die Behandlung von Ärztinnen bzw. Ärzten, Psychologischen Psychotherapeutinnen bzw. Psychologischen Psychotherapeuten oder Kinder- und Jugendlichenpsychotherapeutinnen bzw. Kinder- und Jugendlichenpsychotherapeuten erbracht werden, soweit diese über entsprechende Kenntnisse und Erfahrungen in der Anwendung übender und suggestiver Verfahren verfügen.

§ 11 Tiefenpsychologisch fundierte und analytische Psychotherapie. (1) Psychotherapeutische Behandlungen der tiefenpsychologisch fundierten und der analytischen Psychotherapie nach den Nrn. 860 bis 865 des Gebührenverzeichnisses für ärztliche Leistungen der GOÄ sind beihilfefähig bei

1. psychoneurotischen Störungen, z.B. Angstneurosen, Phobien, neurotischen Depressionen, Konversionsneurosen,
2. vegetativ-funktionellen und psychosomatischen Störungen mit gesicherter psychischer Ätiologie,
3. Abhängigkeit von Alkohol, Drogen oder Medikamenten nach vorangegangener Entgiftungsbehandlung, d.h. im Stadium der Entwöhnung unter Abstinenz,
4. seelischer Behinderung auf Grund frühkindlicher emotionaler Mangelzustände, in Ausnahmefällen bei seelischen Behinderungen, die im Zusammenhang mit frühkindlichen körperlichen Schädigungen oder Missbildungen stehen,
5. seelischer Behinderung als Folge schwerer chronischer Krankheitsverläufe, sofern sie einen Ansatz für die Anwendung von Psychotherapie bietet, z.B. chronisch verlaufende rheumatische Erkrankungen, spezielle Formen der Psychosen,
6. seelischer Behinderung auf Grund extremer Situationen, die eine schwere Beeinträchtigung der Persönlichkeit zur Folge hatten, z.B. schicksalhafte psychische Traumen,
7. seelischer Behinderung als Folge psychotischer Erkrankungen, die einen Ansatz für spezifische psychotherapeutische Interventionen erkennen lassen.

(2) Behandlungen sind je Krankheitsfall nur in folgendem Umfang beihilfefähig:

1. tiefenpsychologisch fundierte Psychotherapie

	Einzelbehandlung	Gruppenbehandlung
Regelfall	50 Sitzungen	40 Sitzungen
besondere Fälle	weitere 30 Sitzungen	weitere 20 Sitzungen
wird das Behandlungsziel nicht innerhalb der genannten Sitzungen erreicht	höchstens weitere 20 Sitzungen	höchstens weitere 20 Sitzungen

2. analytische Psychotherapie

	Einzelbehandlung	Gruppenbehandlung
Regelfall	80 Sitzungen	40 Sitzungen
bei erneuter eingehender Begründung des Therapeuten	weitere 80 Sitzungen	weitere 40 Sitzungen
in besonderen Ausnahmefällen	nochmals weitere 80 Sitzungen	nochmals weitere 40 Sitzungen
wird das Behandlungsziel nicht innerhalb der genannten Sitzungen erreicht	weitere begrenzte Behandlungsdauer	weitere begrenzte Behandlungsdauer

3. tiefenpsychologisch fundierte oder analytische Psychotherapie von Kindern

	Einzelbehandlung	Gruppenbehandlung
Regelfall	70 Sitzungen	40 Sitzungen
bei erneuter eingehender Begründung des Therapeuten	weitere 50 Sitzungen	weitere 20 Sitzungen
in besonderen Ausnahmefällen	nochmals weitere 30 Sitzungen	nochmals weitere 15 Sitzungen
wird das Behandlungsziel nicht innerhalb der genannten Sitzungen erreicht	weitere begrenzte Behandlungsdauer	weitere begrenzte Behandlungsdauer

4. tiefenpsychologisch fundierte oder analytische Psychotherapie von Jugendlichen

	Einzelbehandlung	Gruppenbehandlung
Regelfall	70 Sitzungen	40 Sitzungen
bei erneuter eingehender Begründung des Therapeuten	weitere 60 Sitzungen	weitere 30 Sitzungen
in besonderen Ausnahmefällen	nochmals weitere 50 Sitzungen	nochmals weitere 20 Sitzungen
wird das Behandlungsziel nicht innerhalb der genannten Sitzungen erreicht	weitere begrenzte Behandlungsdauer	weitere begrenzte Behandlungsdauer

(3) [1] Bei einer tiefenpsychologisch fundierten oder analytischen Psychotherapie von Kindern und Jugendlichen können Bezugspersonen in der Regel im Verhältnis 1 : 4 einbezogen werden. [2] Abweichungen bedürfen der Begründung. [3] Die Höchstzahl der Sitzungen darf dadurch nicht überschritten werden.

(4) [1] Wird die Behandlung durch ärztliche Psychotherapeutinnen bzw. Psychotherapeuten durchgeführt, müssen diese die Fachbezeichnung „Fachärztin" bzw. „Facharzt" für

1. Psychotherapeutische Medizin,
2. Psychiatrie und Psychotherapie,
3. Kinder- und Jugendpsychiatrie und -psychotherapie führen oder

Ärztinnen oder Ärzte mit der Bereichs- oder Zusatzbezeichnung „Psychotherapie" oder „Psychoanalyse" sein.

[2] Eine Fachärztin bzw. ein Facharzt für

1. Psychotherapeutische Medizin oder
2. Psychiatrie und Psychotherapie oder
3. Kinder- und Jugendpsychiatrie und -psychotherapie sowie

eine Ärztin bzw. ein Arzt mit der Bereichsbezeichnung „Psychotherapie" kann nur tiefenpsychologisch fundierte Psychotherapie (Nrn. 860 bis 862 des Gebührenverzeichnisses für ärztliche Leistungen der GOÄ) erbringen. [3] Eine Ärztin bzw. ein Arzt mit der Bereichs- oder Zusatzbezeichnung „Psychoanalyse" oder mit der vor dem 1. April 1984 verliehenen Bereichsbezeichnung „Psychotherapie" kann auch analytische Psychotherapie (Nrn. 863, 864 des Gebührenverzeichnisses für ärztliche Leistungen der GOÄ) erbringen.

(5) Psychologische Psychotherapeutinnen bzw. Psychologische Psychotherapeuten mit Approbation nach § 2 des Gesetzes über die Berufe des Psychologischen Psychotherapeuten und des Kinder- und Jugendlichenpsychotherapeuten (Psychotherapeutengesetz – PsychThG) vom 16. Juni 1998 (BGBl. I S. 1311) in der jeweils geltenden Fassung können Leistungen für diejenige anerkannte Psychotherapieform erbringen, für die sie eine vertiefte Ausbildung erfahren haben (tiefenpsychologisch fundierte und/oder analytische Psychotherapie).

(6) [1] Wird die Behandlung durch Psychologische Psychotherapeutinnen bzw. Psychologische Psychotherapeuten mit einer Approbation nach § 12 PsychThG durchgeführt, müssen sie

1. zur vertragsärztlichen Versorgung der gesetzlichen Krankenkassen zugelassen oder
2. in das Arztregister eingetragen sein oder
3. über eine abgeschlossene Ausbildung in tiefenpsychologisch fundierter und analytischer Psychotherapie an einem bis zum 31. Dezember 1998 von der Kassenärztlichen Bundesvereinigung anerkannten psychotherapeutischen Ausbildungsinstitut verfügen.

[2] Psychologische Psychotherapeutinnen bzw. Psychologische Psychotherapeuten können nur Leistungen für diejenige Psychotherapieform (tiefenpsychologisch fundierte und/oder analytische Psychotherapie) erbringen, für die sie zur vertragsärztlichen Versorgung der gesetzlichen Krankenkassen zugelassen oder in das Arztregister eingetragen sind. [3] Psychologische Psychotherapeutinnen bzw. Psychologische Psychotherapeuten, die über eine abgeschlossene Ausbildung an einem anerkannten psychotherapeutischen Ausbildungsinstitut verfügen, können tiefenpsychologisch fundierte und analytische Psychotherapie erbringen (Nrn. 860, 861 und 863 des Gebührenverzeichnisses für ärztliche Leistungen der GOÄ).

(7) [1] Kinder- und Jugendlichenpsychotherapeutinnen bzw. Kinder- und Jugendlichenpsychotherapeuten mit einer Approbation nach § 2 PsychThG können Leistungen für diejenige Psychotherapieform bei Kindern und Jugendlichen erbringen, für die sie eine vertiefte Ausbildung erfahren haben (tiefenpsychologisch fundierte und/oder analytische Psychotherapie). [2] Für die Behandlung von Kindern und Jugendlichen von Kinder- und Jugendlichenpsychotherapeutinnen bzw. Kinder- und Jugendlichenpsychotherapeuten mit einer Approbation nach § 12 PsychThG gilt Abs. 6 entsprechend. [3] Die fachliche Befähigung für die Behandlung von

Kindern und Jugendlichen ist, sofern die Behandlung nicht durch eine Fachärztin bzw. einen Facharzt für Kinder- und Jugendpsychiatrie und -psychotherapie oder durch eine Kinder- und Jugendlichenpsychotherapeutin bzw. einen Kinder- und Jugendlichenpsychotherapeuten erfolgt, zusätzlich zu der Berechtigung nach den Abs. 4, 5 oder 6 durch eine entsprechende Berechtigung einer Kassenärztlichen Vereinigung nachzuweisen. [4] Die fachliche Befähigung für Gruppenbehandlungen ist, sofern die Behandlung nicht durch eine Fachärztin bzw. einen Facharzt für Psychotherapeutische Medizin erfolgt, zusätzlich zu der Berechtigung nach den Abs. 4, 5 oder 6, durch eine entsprechende Berechtigung einer Kassenärztlichen Vereinigung nachzuweisen. [5] Voraussetzung für die Beihilfefähigkeit der Aufwendungen in besonderen Ausnahmefällen ist, dass vor Beginn der Behandlung eine erneute eingehende Begründung der Therapeutin bzw. des Therapeuten vorgelegt und die Behandlung durch die Beihilfestelle im Vorfeld anerkannt wird. [6] Zeigt sich bei der Therapie, dass das Behandlungsziel innerhalb der Stundenzahl nicht erreicht wird, kann in medizinisch besonders begründeten Einzelfällen eine weitere begrenzte Behandlungsdauer anerkannt werden. [7] Voraussetzung für die Anerkennung ist das Vorliegen einer Indikation nach Abs. 1, die nach ihrer besonderen Symptomatik und Struktur eine besondere tiefenpsychologisch fundierte oder analytische Bearbeitung erfordert und eine hinreichende Prognose über das Erreichen des Behandlungsziels erlaubt. [8] Die Anerkennung, die erst im letzten Behandlungsabschnitt erfolgen darf, erfordert eine Stellungnahme durch ein vertrauensärztliches Gutachten.

§ 12[1] Verhaltenstherapie. (1) Eine Verhaltenstherapie nach den Nrn. 870 und 871 des Gebührenverzeichnisses für ärztliche Leistungen der GOÄ ist beihilfefähig bei

1. psychoneurotischen Störungen, z.B. Angstneurosen, Phobien,
2. vegetativ-funktionellen Störungen mit gesicherter psychischer Ätiologie,
3. Abhängigkeit von Alkohol, Drogen oder Medikamenten nach vorangegangener Entgiftungsbehandlung, d.h. im Stadium der Entwöhnung unter Abstinenz,
4. seelischer Behinderung als Folge schwerer chronischer Krankheitsverlaufe, sofern sie einen Ansatzpunkt für die Anwendung von Verhaltenstherapie bietet,
5. seelischer Behinderung auf Grund extremer Situationen, die eine schwere Beeinträchtigung der Persönlichkeit zur Folge hatten, z.B. schicksalhafte psychische Traumen,
6. seelischer Behinderung auf Grund frühkindlicher emotionaler Mangelzustände, in Ausnahmefällen seelische Behinderungen, die im Zusammenhang mit frühkindlichen körperlichen Schädigungen oder Missbildungen stehen,
7. seelischer Behinderung als Folge psychotischer Erkrankungen, die einen Ansatz für spezifische verhaltenstherapeutische Interventionen – besonders auch im Hinblick auf die Reduktion von Risikofaktoren für den Ausbruch neuer psychotischer Episoden – erkennen lassen.

(2) [1] Von dem Anerkennungsverfahren nach § 9 Abs. 2 Satz 1 Nr. 3 ist abzusehen, wenn der Festsetzungsstelle nach den probatorischen Sitzungen die Feststellung der Therapeutin bzw. des Therapeuten vorgelegt wird, dass die Behandlung bei Einzelbehandlung nicht mehr als zehn Sitzungen sowie bei Gruppenbehandlung nicht mehr als 20 Sitzungen erfordert. [2] Muss in besonders begründeten Ausnahmefällen die Behandlung über die festgestellte Zahl dieser Sitzungen hinaus verlängert werden, ist die Festsetzungsstelle hiervon unverzüglich zu unterrichten. [3] Aufwendungen für weitere Sitzungen sind nur nach vorheriger Anerkennung durch die Festsetzungsstelle auf Grund der Stellungnahme durch ein vertrauensärztliches Gutachten zur Notwendigkeit und zu Art und Umfang der Behandlung beihilfefähig.

(3) Behandlungen sind je Krankheitsfall nur in folgendem Umfang beihilfefähig:

1. bei Erwachsenen

	Einzelbehandlung	Gruppenbehandlung (höchstens 8 Teilnehmer)
Regelfall	40 Sitzungen	40 Sitzungen
wird das Behandlungsziel nicht innerhalb der genannten Stundenzahl erreicht	weitere 20 Sitzungen	weitere 20 Sitzungen
nur in besonders begründeten Ausnahmefällen	weitere 20 Sitzungen	weitere 20 Sitzungen

[1] § 12 Abs. 3 neu gef. mWv 1. 5. 2009 durch VO v. 16. 4. 2009 (GVBl S. 117).

2. bei Kindern und Jugendlichen einschließlich notwendiger begleitender Behandlung von Bezugspersonen

	Einzelbehandlung	Gruppenbehandlung (höchstens 8 Teilnehmer)
Regelfall	50 Sitzungen	40 Sitzungen
wird das Behandlungsziel nicht innerhalb der genannten Stundenzahl erreicht	weitere 20 Sitzungen	weitere 20 Sitzungen
nur in besonders begründeten Ausnahmefällen	weitere 20 Sitzungen	weitere 20 Sitzungen

(4) [1] Wird die Behandlung durch ärztliche Psychotherapeutinnen bzw. ärztliche Psychotherapeuten durchgeführt, müssen diese die Bezeichnung „Fachärztin" bzw. „Facharzt" für
1. Psychotherapeutische Medizin,
2. Psychiatrie und Psychotherapie,
3. Kinder- und Jugendpsychiatrie und -psychotherapie führen oder

Ärztinnen oder Ärzte mit der Bereichs- oder Zusatzbezeichnung „Psychotherapie" sein. [2] Ärztliche Psychotherapeutinnen bzw. ärztliche Psychotherapeuten können die Behandlung durchführen, wenn sie nachweisen, dass sie während ihrer Weiterbildung schwerpunktmäßig Kenntnisse und Erfahrungen in Verhaltenstherapie erworben haben.

(5) Psychologische Psychotherapeutinnen bzw. Psychologische Psychotherapeuten mit einer Approbation nach § 2 PsychThG können Verhaltenstherapie erbringen, wenn sie dafür eine vertiefte Ausbildung erfahren haben.

(6) Wird die Behandlung durch Psychologische Psychotherapeutinnen bzw. Psychologische Psychotherapeuten oder Kinder- und Jugendlichenpsychotherapeutinnen bzw. Kinder- und Jugendlichenpsychotherapeuten mit Approbation nach § 12 PsychThG durchgeführt, müssen sie
1. zur vertragsärztlichen Versorgung der gesetzlichen Krankenkassen zugelassen oder
2. in das Arztregister eingetragen sein oder
3. über eine abgeschlossene Ausbildung in Verhaltenstherapie an einem bis zum 31. Dezember 1998 von der Kassenärztlichen Bundesvereinigung anerkannten verhaltenstherapeutischen Ausbildungsinstitut verfügen.

(7) § 11 Abs. 7 Sätze 3 und 4 gelten entsprechend.

(8) [1] Zeigt sich bei der Therapie, dass das Behandlungsziel innerhalb der Stundenzahl nicht erreicht wird, kann in medizinisch besonders begründeten Fällen eine weitere Behandlungsdauer von höchstens 40 weiteren Sitzungen anerkannt werden. [2] Voraussetzung für die Anerkennung ist das Vorliegen einer Indikation nach Abs. 1, die nach ihrer besonderen Symptomatik und Struktur eine besondere verhaltenstherapeutische Bearbeitung erfordert und eine hinreichend gesicherte Prognose über das Erreichen des Behandlungsziels erlaubt. [3] Die Anerkennung erfordert eine Stellungnahme eines vertrauensärztlichen Gutachters.

§ 13 Nicht beihilfefähige psychotherapeutische Behandlungsverfahren. [1] Nicht beihilfefähig sind Aufwendungen für
1. Familientherapie,
2. Funktionelle Entspannung nach M. Fuchs,
3. Gesprächspsychotherapie (z.B. nach Rogers),
4. Gestalttherapie,
5. Körperbezogene Therapie,
6. Konzentrative Bewegungstherapie,
7. Logotherapie,
8. Musiktherapie,
9. Heileurhythmie,
10. Psychodrama,
11. Respiratorisches Biofeedback,
12. Transaktionsanalyse,
13. Neuropsychologische Behandlung.

[2] Auf Wendungen für Behandlungen, die zur schulischen, beruflichen oder sozialen Anpassung (z.B. zur Berufsförderung oder zur Erziehungsberatung) bestimmt sind, sind nicht beihilfefähig.

§ 14[1] Auslagen, Material- und Laborkosten bei zahnärztlichen Leistungen. Die bei einer zahnärztlichen Behandlung nach Abschnitt C Nrn. 213 bis 232, Abschnitt F und K des Gebührenverzeichnisses für zahnärztliche Leistungen der GOZ entstandenen Aufwendungen für Material- und Laborkosten nach § 9 GOZ (u.a. Edelmetalle und Keramik) sowie die nach § 4 Abs. 3 GOZ gesondert abrechenbaren Praxiskosten sind zu 40 v.H. beihilfefähig.

§ 15 Kieferorthopädische Leistungen. Aufwendungen für kieferorthopädische Leistungen sind nur beihilfefähig, wenn vor Behandlungsbeginn

1. ein Heil- und Kostenplan vorgelegt wird und
2. die behandelte Person das 18. Lebensjahr noch nicht vollendet hat; die Altersbegrenzung gilt nicht bei schweren Kieferanomalien, die eine kombinierte kieferchirurgische und kieferorthopädische Behandlung erfordern.

§ 16 Funktionsanalytische und funktionstherapeutische Leistungen. [1] Aufwendungen für funktionsanalytische und funktionstherapeutische Leistungen sind nur beihilfefähig bei Vorliegen mindestens einer der folgenden Indikationen:

1. Kiefergelenks- und Muskelerkrankungen (Myoarthropathien, craniomandibuläre Dysfunktionen, myofasciales Schmerzsyndrom),
2. im Zusammenhang mit der Behandlung von Zahnfleischerkrankungen (Parodonthopathien),
3. umfangreiche Gebisssanierungen,
4. umfangreiche kieferorthopädisiche Maßnahmen (einschließlich kieferorthopädisch-kieferchirurgischer Operationen),
5. im Zusammenhang mit der Behandlung von Aufbissschienen mit adjustierten Oberflächen nach den Nrn. 701 oder 702 des Gebührenverzeichnisses für zahnärztliche Leistungen der GOZ.

[2] Eine umfangreiche Gebisssanierung liegt nur vor, wenn insgesamt mindestens acht Seitenzähne mit Inlays oder Kronen sanierungsbedürftig sind oder fehlen. [3] Außerdem ist der erhobene Befund mit dem nach Nr. 800 des Gebührenverzeichnisses für zahnärztliche Leistungen der GOZ vorgeschriebenen Formblatt zu belegen.

§ 17[2] Implantologische Leistungen. [1] Aufwendungen für implantologische Leistungen sind nur bei Vorliegen einer der folgenden Indikationen beihilfefähig:

1. nicht angelegte Zähne im jugendlichen Erwachsenengebiss, wenn pro Kiefer weniger als acht Zähne angelegt sind, nach einem einzuholenden Gutachten,
2. bei großen Kieferdefekten in Folge von Kieferbruch oder Kieferresektionen, wenn nach einem einzuholenden Gutachten auf andere Art und Weise die Kaufähigkeit nicht wieder hergestellt werden kann.

[2] Liegen die Indikationen nicht vor, sind die Aufwendungen für mehr als zwei Implantate pro Kieferhälfte, einschließlich vorhandener Implantate, zu deren Aufwendungen Beihilfen oder vergleichbare Leistungen aus öffentlichen Kassen gewährt wurden, von der Beihilfefähigkeit ausgeschlossen. [3] Dabei sind die Gesamtaufwendungen der implantologischen Versorgung entsprechend dem Verhältnis der Zahl der nichtbeihilfefähigen Implantate zur Gesamtzahl der Implantate zu mindern. [4] Unabhängig von den Sätzen 2 und 3 sind die Aufwendungen für Suprakonstruktionen im Rahmen der Gebührenordnung für Zahnärzte beihilfefähig. [5] § 14 gilt entsprechend.

§ 18 Arznei- und Verbandmittel. [1] Aus Anlass einer Krankheit sind bei ärztlichen und zahnärztlichen Leistungen oder Heilpraktikerleistungen nach §§ 8 bis 17 verbrauchten oder nach Art und Umfang schriftlich verordneten Arznei- und Verbandmittel, Medizinprodukte und dergleichen beihilfefähig. [2] Aufwendungen für ärztlich verordnete hormonelle Kontrazeptiva und eingesetzte Intrauterinpessare sind bei Personen bis zur Vollendung des 20. Lebensjahres beihilfefähig. [3] Darüber hinaus sind die Aufwendungen nur beihilfefähig, wenn das Kontrazeptionsmittel zur Behandlung eines Krankheitszustands verordnet wird, also nicht zum Zweck der Schwangerschaftsverhütung. [4] Nicht beihilfefähig sind Aufwendungen für Mittel,

1. die überwiegend zur Behandlung der erektilen Dysfunktion, zur Rauchentwöhnung, zur Abmagerung oder zur Zügelung des Appetits, zur Regulierung des Körpergewichts oder zur Verbesserung des Haarwuchses dienen,
2. die geeignet sind, Güter des täglichen Bedarfs zu ersetzen,
3. Vitaminpräparate, die keine Arzneimittel im Sinn des Arzneimittelgesetzes darstellen.

---

[1] § 14 Satz 2 aufgeh. mWv 1. 5. 2009 durch VO v. 16. 4. 2009 (GVBl S. 117).
[2] § 17 Satz 2 geänd. mWv 1. 5. 2009 durch VO v. 16. 4. 2009 (GVBl S. 117).

§ 19[1] **Heilbehandlungen.** (1) [1] Aus Anlass einer Krankheit sind die ärztlich in Schriftform verordneten Heilbehandlungen und die dabei verbrauchten Stoffe nach Maßgabe der **Anlage 2** beihilfefähig. [2] Zur Heilbehandlung gehören auch ärztlich verordnete Bäder (ausgenommen Saunabäder und Aufenthalte in Mineral- oder Thermalbädern außerhalb von Maßnahmen nach §§ 29, 30), Massagen, Bestrahlungen, Krankengymnastik, Bewegungs-, Beschäftigungs- und Sprachtherapien. [3] Die Heilbehandlung muss von einer Beschäftigungs- und Arbeitstherapeutin bzw. einem Beschäftigungs- und Arbeitstherapeuten, einer Ergotherapeutin bzw. einem Ergotherapeuten, einer Physiotherapeutin bzw. einem Physiotherapeuten, einer Krankengymnastin bzw. einem Krankengymnasten, einer Logopädin bzw. einem Logopäden, einer Masseurin bzw. einem Masseur, einer Masseurin und medizinischen Bademeisterin bzw. einem Masseur und medizinischen Bademeister oder einer Podologin bzw. einem Podologen durchgeführt werden.

(2) Aufwendungen für eine erweiterte ambulante Physiotherapie (EAP) – Anlage 2 Nr. 14 – sind nur auf Grund einer krankenhausärztlichen Verordnung, einer Verordnung von Ärztinnen und Ärzten mit den Gebietsbezeichnungen Orthopädie, Neurologie, Chirurgie und Physikalische und Rehabilitative Medizin oder von Allgemeinärztinnen bzw. -ärzten mit der Zusatzbezeichnung Physikalische und Rehabilitative Medizin und nur bei Vorliegen einer der folgenden Indikationen beihilfefähig:

1. Wirbelsäulensyndrome mit erheblicher Symptomatik bei
   a) frischem, nachgewiesenem Bandscheibenvorfall (auch postoperativ) und/oder Protrusionen mit radikulärer, muskulärer und statischer Symptomatik,
   b) nachgewiesenen Spondylolysen und Spondylolisthesen mit radikulärer, muskulärer und statischer Symptomatik,
   c) instabilen Wirbelsäulenverletzungen im Rahmen der konservativen und/oder postoperativen Behandlung mit muskulärem Defizit und Fehlstatik,
   d) lockerer korrigierbarer thorakaler Scheuermann-Kyphose > 50° nach Copp,
2. Operation am Skelettsystem
   a) posttraumatische Osteosynthesen,
   b) Osteotomien der großen Röhrenknochen,
3. Prothetischer Gelenkersatz bei Bewegungseinschränkungen und/oder muskulärem Defizit
   a) Schulterprothesen,
   b) Knieendoprothesen,
   c) Hüftendoprothesen,
4. Operativ oder konservativ behandelte Gelenkerkrankungen (einschließlich Instabilitäten)
   a) Kniebandrupturen (Ausnahme isoliertes Innenband),
   b) Schultergelenkläsionen, insbesondere nach
      aa) operativ versorgter Bankard-Läsion,
      bb) Rotatorenmanschettenruptur,
      cc) schwerer Schultersteife (frozen shoulder),
      dd) Impingement-Syndrom,
      ee) Schultergelenkluxation,
      ff) tendinosis calcarea,
      gg) periathritis humero-scapularis (PHS),
   c) Achillessehnenrupturen und Achillessehnenabriss,
5. Amputationen.

(3) [1] Aufwendungen für ein ärztlich verordnetes Medizinisches Aufbautraining (MAT) mit Sequenztrainingsgeräten zur Behandlung von Erkrankungen der Wirbelsäule – Anlage 2 Nr. 15 – sind nur bis zu maximal 25 Sitzungen je Krankheitsfall und nur bei Vorliegen der folgenden Voraussetzungen beihilfefähig:

1. Verordnung des medizinischen Aufbautrainings von Krankenhausärztinnen bzw. -ärzten, von Ärztinnen bzw. Ärzten mit den Gebietsbezeichnungen Orthopädie, Neurologie, Chirurgie und Physikalische und Rehabilitative Medizin, von Allgemeinärztinnen bzw. Allgemeinärzten mit der Zusatzbezeichnung Physikalische und Rehabilitative Medizin,
2. Therapieplanung und Ergebniskontrolle von einem Arzt der Therapieeinrichtung und

[1] § 19 Abs. 4 Satz 1 geänd. mWv 1. 5. 2009 durch VO v. 16. 4. 2009 (GVBl S. 117).

3. Durchführung jeder einzelnen therapeutischen Sitzung unter ärztlicher Aufsicht; die Durchführung therapeutischer und diagnostischer Leistungsbestandteile ist teilweise an speziell geschultes medizinisches Personal delegationsfähig.

[2] Fitness- und Kräftigungsmethoden, die nicht den Anforderungen des ärztlich geleiteten Medizinischen Aufbautrainings entsprechen, sind nicht beihilfefähig, auch wenn sie an identischen Trainingsgeräten mit gesundheitsfördernder Zielsetzung durchgeführt werden.

(4) [1] Die Aufwendungen für Heilbehandlungen im Rahmen einer stationären oder teilstationären Behandlung in Einrichtungen, die der Betreuung und der Behandlung von Kranken oder Behinderten dienen, sind nur nach folgenden Maßgaben und unter der Voraussetzung beihilfefähig, dass die Behandlungen durch die in Abs. 1 genannten Personen durchgeführt werden:

1. Art und Umfang der durchgeführten und nachgewiesenen Heilbehandlung sind bis zu den in der Anlage 2 genannten Höchstbeträgen beihilfefähig; ein darüber hinaus in Rechnung gestellter Pflegesatz für Heilbehandlung oder sonstige Betreuung ist nicht beihilfefähig.
2. Wird bei einer teilstationären und stationären Behandlung anstelle einer Einzelabrechnung ein einheitlicher Kostensatz für Heilbehandlung, Verpflegung und sonstige Betreuung berechnet, so sind für Heilbehandlungen je Tag der Anwesenheit in der Einrichtung pauschal 10,50 € beihilfefähig; Platzfreihaltegebühren sind nicht beihilfefähig.

[2] Einrichtungen, die der Betreuung und der Behandlung von Kranken oder Behinderten dienen, sind z.B. Frühfördereinrichtungen, Ganztagsschulen, Behindertenwerkstätten.

§ 19 a[1] Gebärdendolmetscherinnen bzw. Gebärdendolmetscher. Sind auf Grund einer Hörbehinderung bei der Durchführung von ärztlichen Untersuchungen und sonstigen medizinischen Maßnahmen die Leistungen einer Gebärdendolmetscherin bzw. eines Gebärdendolmetschers erforderlich, sind die in entsprechender Anwendung des § 9 Abs. 3 sowie der §§ 5 und 6 Abs. 1 des Justizvergütungs- und -entschädigungsgesetzes sich ergebenden Vergütungen beihilfefähig.

§ 20 Komplexleistungen. [1] Werden Leistungen nach §§ 8 bis 12 und 19 in Form von ambulanten oder voll- oder teilstationären Komplextherapien erbracht und pauschal berechnet, sind abweichend von § 7 Abs. 1 und § 19 die entstandenen Aufwendungen unter den Voraussetzungen und bis zur Höhe der Vergütungen, die von gesetzlichen Krankenkassen oder Rentenversicherungsträgern auf Grund entsprechender Vereinbarungen auf Bundes- oder Landesebene für medizinische Leistungen zu tragen sind, beihilfefähig. [2] Eine Komplextherapie wird von einem berufsgruppenübergreifenden Team von Therapeuten erbracht. [3] Diesem müssen auch Ärztinnen bzw. Ärzte, Psychotherapeutinnen bzw. Psychotherapeuten oder Angehörige von Gesundheits- und Medizinalfachberufen im Sinn von § 19 Abs. 1 Satz 3 angehören.

§ 21 Aufwendungen für Hilfsmittel, Geräte zur Selbstbehandlung und Selbstkontrolle sowie für Körperersatzstücke. (1) [1] Die Aufwendungen für Anschaffung oder Miete der in der **Anlage 3** genannten oder vergleichbarer Geräte zur Selbstbehandlung und zur Selbstkontrolle, Körperersatzstücke sowie die Unterweisung im Gebrauch dieser Gegenstände sind beihilfefähig, wenn sie ärztlich in Schriftform verordnet sind; dies gilt nicht für Gegenstände von geringem oder umstrittenem therapeutischen Nutzen oder geringem Abgabepreis oder Gegenstände, die der allgemeinen Lebenshaltung unterliegen. [2] Mieten für Hilfsmittel und Geräte zur Selbstbehandlung und Selbstkontrolle sind nur beihilfefähig, soweit sie nicht höher als die entsprechenden Anschaffungskosten sind und sich dadurch eine Anschaffung erübrigt.

630

(2) Aufwendungen für den Ersatz eines unbrauchbar gewordenen Hilfsmittels oder Geräts im Sinn des Abs. 1 Satz 1 sind in der bisherigen Ausführung auch ohne erneute ärztliche Verordnung beihilfefähig, wenn die Ersatzbeschaffung innerhalb von sechs Monaten seit dem Kauf erfolgt.

(3) Aufwendungen für Reparaturen der Hilfsmittel und Geräte im Sinn des Abs. 1 Satz 1 sind stets ohne ärztliche Verordnung beihilfefähig.

(4) [1] Die innerhalb eines Kalenderjahres über 100 € hinausgehenden Aufwendungen für Betrieb und Unterhaltung der Hilfsmittel und Geräte im Sinn des Abs. 1 Satz 1 sind beihilfefähig. [2] Nicht beihilfefähig sind Aufwendungen für Batterien für Hörgeräte von Personen, die das 18. Lebensjahr vollendet haben, und für Pflege- und Reinigungsmittel für Kontaktlinsen.

(5) Aufwendungen für Bandagen, Einlagen und Hilfsmittel zur Kompressionstherapie sind beihilfefähig.

(6) [1] Aufwendungen für ärztlich verordnete Perücken sind bis zum Betrag von 512 € beihilfefähig, wenn ein krankhafter entstellender Haarausfall (z.B. Alopecia areata), eine erhebliche

[1] § 19 a eingef. mWv 1. 5. 2009 durch VO v. 16. 4. 2009 (GVBl S. 117).

Verunstaltung (z.B. infolge Schädelverletzung) oder ein totaler oder weitgehender Haarausfall vorliegt. [2] Die Aufwendungen für eine Zweitperücke sind nur beihilfefähig, wenn eine Perücke voraussichtlich länger als ein Jahr getragen werden muss. [3] Die Aufwendungen für die erneute Beschaffung einer Perücke sind nur beihilfefähig, wenn seit der vorangegangenen Beschaffung mindestens vier Jahre vergangen sind, oder wenn sich bei Kindern vor Ablauf dieses Zeitraums die Kopfform geändert hat.

(7) Über die Beihilfefähigkeit der Aufwendungen für Hilfsmittel und Geräte zur Selbstbehandlung und Selbstkontrolle, die weder in der Anlage 3 aufgeführt noch den dort aufgeführten Gegenständen vergleichbar sind und deren Anschaffungswert einen Betrag von 600 € übersteigt, entscheidet die oberste Dienstbehörde, im staatlichen Bereich das Staatsministerium der Finanzen.

§ 22 Aufwendungen für Sehhilfen. (1) [1] Aufwendungen für Sehhilfen sind nach den Abs. 2 bis 6 beihilfefähig

1. bis zur Vollendung des 18. Lebensjahres,
2. nach Vollendung des 18. Lebensjahres nach schriftlicher augenärztlicher Verordnung bei
   a) Blindheit beider Augen (Diagnoseschlüssel H 54.0) oder
   b) Blindheit eines Auges und Sehschwäche des anderen Auges (Diagnoseschlüssel H 54.1) oder
   c) gravierender Sehschwäche beider Augen (Diagnoseschlüssel H 54.2) oder
   d) erheblichen Gesichtsfeldausfällen.

[2] Voraussetzung für die erstmalige Beschaffung einer Sehhilfe ist eine augenärztliche Verordnung in Schriftform. [3] Für die erneute Beschaffung einer Brille oder von Kontaktlinsen genügt die Refraktionsbestimmung einer Augenoptikerin bzw. eines Augenoptikers; die Aufwendungen hierfür sind bis zu 13 € je Sehhilfe beihilfefähig, Abs. 9 bleibt unberührt. [4] Im Fall des Satzes 1 Nr. 2 ist stets eine augenärztliche Verordnung erforderlich.

(2) Aufwendungen für Brillen sind – einschließlich Handwerksleistung, jedoch ohne Brillenfassung – bis zu folgenden Höchstbeträgen beihilfefähig:

1. für vergütete Gläser mit Gläserstärken bis +/-6 Dioptrien (dpt):
   a) Einstärkengläser:
      für das sph. Glas — bis zu 31,00 €,
      für das cyl. Glas — bis zu 41,00 €,
   b) Mehrstärkengläser:
      für das sph. Glas — bis zu 72,00 €,
      für das cyl. Glas — bis zu 92,50 €,
2. bei Gläserstärken über +/-6 Dioptrien (dpt):
   zuzüglich je Glas — 21,00 €,
3. Dreistufen- oder Multifokalgläser:
   zuzüglich je Glas — 21,00 €,
4. Gläser mit prismatischer Wirkung:
   zuzüglich je Glas — 21,00 €.

(3) [1] Neben den Höchstbeträgen nach Abs. 2 sind bei folgenden Indikationen die Mehraufwendungen für Kunststoffgläser, Leichtgläser (hochbrechende mineralische Gläser) zuzüglich je Glas bis zu 21 € beihilfefähig

1. bei Gläserstärken ab +/-6 dpt,
2. bei Anisometropien ab 2 dpt,
3. unabhängig von der Gläserstärke
   a) bei Kindern bis zum 14. Lebensjahr,
   b) bei Erkrankten mit chronischem Druckekzem der Nase, mit Fehlbildungen oder Missbildungen des Gesichts, insbesondere im Nasen- und Ohrenbereich, wenn trotz optimaler Anpassung unter Verwendung von Silikatgläsern ein befriedigender Sitz der Brille nicht gewährleistet ist.

[2] Neben den Höchstbeträgen nach Abs. 2 sind bei folgenden Indikationen die Mehraufwendungen für getönte bzw. phototrope Gläser (Lichtschutzgläser) je Glas bis zu 11 € beihilfefähig bei:

1. umschriebenen Transparenzverlusten (Trübungen) im Bereich der brechenden Medien, die zu Lichtstreuungen führen (z.B. Hornhautnarben, Glaskörpertrübungen, Linsentrübungen),

2. krankhaften, andauernden Pupillenerweiterungen sowie den Blendschutz herabsetzenden Substanzverlusten der Iris (z.B. Iriskolobom, Aniridie, traumatische Mydriasis, Iridodialyse),
3. Fortfall der Pupillenverengung (z.B. absolute und reflektorische Pupillenstarre, Adie-Kerr-Syndrom),
4. chronisch-rezidivierenden Reizzuständen der vorderen und mittleren Augenabschnitte, die medikamentös nicht behebbar sind (z.B. Keratokonjunktivitis, Iritis, Zyklitis),
5. entstellenden Veränderungen im Bereich der Lider und ihrer Umgebung (z.B. Lidkolobom, Lagophthalmus, Narbenzug) und Behinderung des Tränenflusses,
6. Ziliarneuralgie,
7. blendungsbedingenden entzündlichen oder degenerativen Erkrankungen der Netzhaut/ Aderhaut oder der Sehnerven,
8. totaler Farbenblindheit,
9. Albinismus,
10. unerträglichen Blendungserscheinungen bei praktischer Blindheit,
11. intrakraniellen Erkrankungen, bei denen nach ärztlicher Erfahrung eine pathologische Blendungsempfindlichkeit besteht (z.B. Hirnverletzungen, Hirntumoren),
12. Gläsern ab +10 dpt.

[3] Die Mehraufwendungen nach den Sätzen 1 und 2 sind nebeneinander beihilfefähig.

(4) [1] Die Mehraufwendungen für Kontaktlinsen sind nur in medizinisch zwingend erforderlichen Ausnahmefällen nach § 33 Abs. 3 des Fünften Buches Sozialgesetzbuch (SGB V) beihilfefähig. [2] Sofern hierbei Aufwendungen für Kurzzeitlinsen geltend gemacht werden, sind diese bis zu 154 € (sphärisch) und 230 € (torisch) im Kalenderjahr beihilfefähig. [3] Liegen die in Satz 1 genannten Voraussetzungen nicht vor, sind nur die vergleichbaren Kosten nach den Abs. 2 und 3 beihilfefähig. [4] Neben den Aufwendungen für Kontaktlinsen sind folgende Aufwendungen im Rahmen der Abs. 2 und 3 beihilfefähig für

1. eine Reservebrille oder
2. eine Nahbrille (bei eingesetzten Kontaktlinsen) sowie eine Reservebrille zum Ersatz der Kontaktlinsen und eine Reservebrille zum Ausgleich des Sehfehlers im Nahbereich bei Aphakie.

(5) Im Übrigen sind die Aufwendungen für die erneute Beschaffung von Sehhilfen nur beihilfefähig, wenn bei gleichbleibender Sehschärfe seit dem Kauf der bisherigen Sehhilfe drei Jahre – bei weichen Kontaktlinsen zwei Jahre – vergangen sind oder vor Ablauf dieses Zeitraums die erneute Beschaffung der Sehhilfe notwendig ist, weil

1. sich die Refraktion (Brechkraft) geändert hat,
2. die bisherige Sehhilfe verloren gegangen oder unbrauchbar geworden ist oder
3. sich bei Kindern die Kopfform geändert hat.

(6) Müssen Schulkinder während des Schulsports eine Sportbrille tragen, sind notwendige Aufwendungen – einschließlich Handwerksleistung – in folgendem Umfang beihilfefähig:

1. für Gläser im Rahmen der Höchstbeträge nach den Abs. 2 und 3 (die Voraussetzungen des Abs. 3 Satz 1 entfallen),
2. für eine Brillenfassung bis zu 52 €.

(7) Die Aufwendungen für Speziallinsen und Brillengläser, die der Krankenbehandlung bei Augenverletzungen oder Augenerkrankungen dienen (therapeutische Sehhilfen), sind in den nach § 33 Abs. 1 Satz 3 SGB V genannten Fällen beihilfefähig.

(8) Lässt sich durch Verordnung einer Brille oder von Kontaktlinsen das Lesen normaler Zeitungsschrift nicht erreichen, können die Aufwendungen für eine vergrößernde Sehhilfe (Lupe, Leselupe, Leselineale, Fernrohrbrille, Fernrohrlupenbrille, elektronisches Lesegerät, Prismenlupenbrille u. Ä.) als beihilfefähig anerkannt werden.

(9) Die Aufwendungen für Bildschirmbrillen, Brillenversicherungen und Etuis sind nicht beihilfefähig.

§ 23 Aufwendungen für Blindenhilfsmittel sowie die erforderliche Unterweisung im Gebrauch (Mobilitätstraining). (1) Aufwendungen für Blindenhilfsmittel sowie die erforderliche Unterweisung im Gebrauch (Mobilitätstraining) sind im folgenden Umfang beihilfefähig:

1. Anschaffungen zweier Langstöcke sowie ggf. elektronischer Blindenleitgeräte nach ärztlicher Verordnung,
2. Aufwendungen für eine Ausbildung im Gebrauch des Langstocks sowie für eine Schulung in Orientierung und Mobilität bis zu folgenden Höchstbeträgen:

a) je Unterrichtsstunde (60 Minuten), einschließlich 15 Minuten Vor- und Nachbereitung sowie der Erstellung von Unterrichtsmaterial bis zu 100 Stunden 56,43 €,

b) Fahrzeitentschädigung je Zeitstunde, wobei jede angefangene Stunde im Fünf-Minuten-Takt anteilig berechnet wird 44,87 €,

c) Fahrtkostenerstattung für Fahrten einer Trainingskraft je gefahrenem Kilometer oder die niedrigsten Kosten eines regelmäßig verkehrenden Beförderungsmittels 0,30 €,

d) Ersatz der notwendigen Aufwendungen für Unterkunft und Verpflegung einer Trainingskraft, soweit eine tägliche Rückkehr zum Wohnort der Trainingskraft nicht zumutbar ist 26,00 €;

das Mobilitätstraining erfolgt grundsätzlich als Einzeltraining und kann sowohl ambulant als auch in einer Spezialeinrichtung (stationär) durchgeführt werden. Werden an einem Tag mehrere Blinde unterrichtet, können die genannten Aufwendungen der Trainingskraft nur nach entsprechender Teilung berücksichtigt werden;

3. Aufwendungen für ein erforderliches Nachtraining (z.B. bei Wegfall eines noch vorhandenen Sehrestes, Wechsel des Wohnortes) entsprechend Nr. 2;
4. Aufwendungen eines ergänzenden Trainings an Blindenleitgeräten können in der Regel bis zu 30 Stunden, ggf. einschließlich der Kosten für Unterkunft und Verpflegung sowie notwendiger Fahrtkosten der Trainingskraft in entsprechendem Umfang anerkannt werden; die Anerkennung weiterer Stunden ist bei entsprechender Bescheinigung der Notwendigkeit möglich.

(2) [1] Sofern die Trainingskraft nicht gegenüber den gesetzlichen Krankenkassen zur Rechnungsstellung berechtigt ist, sind die entsprechenden Aufwendungen durch eine Rechnung einer Blindenorganisation nachzuweisen. [2] Sofern Umsatzsteuerpflicht besteht (es ist ein Nachweis des Finanzamts vorzulegen), erhöhen sich die beihilfefähigen Aufwendungen um die jeweils gültige Umsatzsteuer.

§ 24[1)] Häusliche Krankenpflege. [1] Die Aufwendungen einer nach ärztlicher Bescheinigung notwendigen vorübergehenden häuslichen Krankenpflege (Grundpflege und hauswirtschaftliche Versorgung) sind beihilfefähig; die Grundpflege muss überwiegen. [2] Daneben sind Aufwendungen für Behandlungspflege beihilfefähig. [3] Bei einer Pflege durch Ehegatten, Kinder, Eltern, Großeltern, Enkelkinder, Schwiegersöhne, Schwiegertöchter, Schwäger, Schwägerinnen, Schwiegereltern und Geschwister des Beihilfeberechtigten oder der berücksichtigungsfähigen Angehörigen sind die folgenden Aufwendungen beihilfefähig:

1. Fahrtkosten,
2. eine für die Pflege gewährte Vergütung bis zur Höhe des Ausfalls an Arbeitseinkommen, wenn wegen der Ausübung der Pflege eine mindestens halbtägige Erwerbstätigkeit aufgegeben wird; eine an Ehegatten und Eltern des Pflegebedürftigen gewährte Vergütung ist nicht beihilfefähig.

[4] Beihilfefähig sind die Aufwendungen einer Krankenpflegekraft bis zur Höhe der Kosten von Leistungen, die von den Krankenkassen in vergleichbaren Fällen auf der Grundlage des § 37 SGB V gewährt werden.

§ 25 Familien- und Haushaltshilfe. [1] Beihilfefähig sind die Aufwendungen einer Familien- und Haushaltshilfe bis zur Höhe der Kosten von Leistungen, die von den Krankenkassen in vergleichbaren Fällen auf der Grundlage des § 38 SGB V gewährt werden. [2] Voraussetzung ist, dass

1. die sonst den Haushalt führende beihilfeberechtigte oder berücksichtigungsfähige Person (§ 3 Abs. 1) wegen ihrer notwendigen außerhäuslichen Unterbringung (§§ 27 bis 30 und 36) oder wegen Todes den Haushalt nicht weiterführen kann,
2. im Haushalt mindestens eine beihilfeberechtigte oder berücksichtigungsfähige Person verbleibt, die pflegebedürftig ist oder das zwölfte Lebensjahr noch nicht vollendet hat,
3. keine andere im Haushalt lebende Person den Haushalt, ggf. auch an einzelnen Tagen, weiterführen kann, und
4. die sonst den Haushalt führende beihilfeberechtigte oder berücksichtigungsfähige Person – ausgenommen Alleinerziehende – nicht oder nur geringfügig erwerbstätig ist.

[1)] § 24 Satz 4 neu gef. mWv 1. 5. 2009 durch VO v. 16. 4. 2009 (GVBl S. 117).

[3] Die Voraussetzungen der Sätze 1 und 2 gelten ferner als erfüllt

1. in den ersten sieben Tagen nach Ende einer außerhäuslichen Unterbringung,
2. wenn nach ärztlicher Bescheinigung ein an sich erforderlicher stationärer Krankenhausaufenthalt durch eine Familien- und Haushaltshilfe vermieden wird oder
3. für alleinstehende Beihilfeberechtigte.

[4] Die Aufwendungen im Todesfall der haushaltsführenden Person (Satz 1 Nr. 1) sind höchstens für sechs Monate, in Ausnahmefällen für zwölf Monate nach dem Todesfall beihilfefähig. [5] § 24 Satz 3 gilt entsprechend. [6] Werden anstelle der Beschäftigung einer Familien- und Haushaltshilfe Kinder unter zwölf Jahren oder pflegebedürftige berücksichtigungsfähige oder selbst beihilfeberechtigte Angehörige in einem Heim oder in einem fremden Haushalt untergebracht, sind die Aufwendungen hierfür bis zu den sonst notwendigen Kosten einer Familien- und Haushaltshilfe beihilfefähig. [7] Die Kosten für eine Unterbringung im Haushalt einer der in § 24 Satz 3 genannten Personen sind – mit Ausnahme notwendiger Fahrtkosten bis zu dem in Satz 1 genannten Höchstbetrag – nicht beihilfefähig.

§ 26[1)] Fahrtkosten. [1] Beihilfefähig sind die Aufwendungen für Fahrten

1. im Zusammenhang mit Leistungen, die stationär erbracht werden; dies gilt bei einer Verlegung in ein anderes Krankenhaus nur, wenn die Verlegung aus zwingenden medizinischen Gründen erforderlich ist oder bei einer mit Einwilligung der Festsetzungsstelle erfolgten Verlegung in ein wohnortnahes Krankenhaus, ausgenommen eine Rückbeförderung wegen Erkrankung während einer Urlaubsreise oder anderen privaten Reise,
2. als Rettungsfahrten zum Krankenhaus auch dann, wenn eine stationäre Behandlung nicht erforderlich ist,
3. als Begleitfahrten von Beihilfeberechtigten und berücksichtigungsfähigen Angehörigen, die während der Fahrt einer fachlichen Betreuung oder der besonderen Einrichtungen eines Krankenkraftwagens bedürfen oder bei denen dies auf Grund ihres Zustands zu erwarten ist (Krankentransport),
4. zu einer ambulanten Krankenbehandlung sowie zu einer vor- oder nachstationären Behandlung, zur Durchführung einer ambulanten Operation im Krankenhaus oder in einer Facharztpraxis, wenn dadurch eine an sich gebotene vollstationäre oder teilstationäre Krankenhausbehandlung vermieden oder verkürzt wird oder diese nicht durchführbar ist, wie zu einer stationären Krankenhausbehandlung bis zu einer Höhe von 200 €,
5. zu ambulanten Behandlungen in besonderen Ausnahmefällen nach vorheriger Genehmigung der Festsetzungsstelle.

[2] Fahrtkosten sind bis zur Höhe der niedrigsten Klasse regelmäßig verkehrender Beförderungsmittel und Kosten einer Gepäckbeförderung beihilfefähig. [3] Höhere Fahrtkosten sind nur beihilfefähig, wenn sie unvermeidbar waren; wurde ein privater Personenkraftwagen benutzt, ist höchstens der in Art. 6 Abs. 6 Satz 1 Nr. 1 des Bayerischen Reisekostengesetzes genannte Betrag beihilfefähig. [4] Bei Fahrten nach Satz 1 den Nrn. 2 und 3 sind die nach jeweiligem Landesrecht berechneten Beträge beihilfefähig.

§ 27 Auswärtige ambulante Behandlungen. [1] Die Aufwendungen für Unterkunft bei notwendigen auswärtigen ambulanten ärztlichen, zahnärztlichen und psychotherapeutischen Leistungen sind bis zum Höchstbetrag von 26 € täglich beihilfefähig. [2] Ist eine Begleitperson erforderlich, so sind deren Kosten für Unterkunft ebenfalls bis zum Höchstbetrag von 26 € täglich beihilfefähig. [3] Die Vorschrift findet bei einer Heilkur oder bei kurähnlichen Maßnahmen keine Anwendung.

§ 28[2)] Krankenhausleistungen. (1) Beihilfefähig sind voll- und teilstationäre Krankenhausleistungen sowie vor- und nachstationäre Behandlungen nach Maßgabe der folgenden Absätze.

(2) [1] Beihilfefähig sind die Aufwendungen für Leistungen in zugelassenen Krankenhäusern (§ 108 SGB V), die nach der Bundespflegesatzverordnung (BPflV) oder dem Krankenhausentgeltgesetz (KHEntgG) vergütet werden, für

1. vor- und nachstationäre Behandlungen nach § 1 Abs. 3 Satz 1 KHEntgG, § 115 a SGB V,
2. allgemeine Krankenhausleistungen nach § 2 Abs. 2 BPflV, § 2 Abs. 2 KHEntgG,
3. andere im Zusammenhang mit Nrn. 1 und 2 berechenbare Leistungen im Rahmen der §§ 8 und 18.

[1)] § 26 Satz 4 geänd. mWv 1. 5. 2009 durch VO v. 16. 4. 2009 (GVBl S. 117).

[2)] § 28 Abs. 2 Satz 2 geänd. mWv 1. 4. 2009 durch VO v. 16. 4. 2009 (GVBl S. 117).

[2]Beihilfefähig sind ferner – unter Berücksichtigung der nach Art. 96 Abs. 2 Satz 7 BayBG vorgesehenen Eigenbeteiligung – die Aufwendungen für

1. gesondert berechnete wahlärztliche Leistungen (§ 22 BPflV, §§ 16 und 17 KHEntgG),
2. berechnete Unterkunft (§ 22 BPflV, §§ 16 und 17 KHEntgG) bis zur Höhe der Kosten eines Zweibettzimmers.

(3) Bei Leistungen von Krankenhäusern, die die Voraussetzungen des § 107 Abs. 1 SGB V erfüllen, aber nicht nach § 108 SGB V zugelassen sind, sind Aufwendungen nach Abs. 2 höchstens bis zur Höhe der Aufwendungen entsprechender Leistungen von Krankenhäusern der Maximalversorgung beihilfefähig.

Abschnitt V. Rehabilitationsleistungen

§ 29[1)] Beihilfe bei Behandlung in Rehabilitationseinrichtungen. (1) Die Aufwendungen für die stationäre Behandlung in

1. Einrichtungen für Anschlussheilbehandlungen,
2. Einrichtungen für Suchtbehandlungen und
3. in sonstigen Einrichtungen der medizinischen Rehabilitation

sind nach Maßgabe der folgenden Absätze beihilfefähig.

(2) [1]Einrichtungen für Anschlussheilbehandlungen sind auf medizinische Rehabilitationsmaßnahmen besonders spezialisierte Einrichtungen, welche die Voraussetzungen für entsprechende stationäre Maßnahmen der Träger der Sozialversicherung erfüllen. [2]Anschlussheilbehandlungen liegen nur vor, wenn sie sich unmittelbar an einen Krankenhausaufenthalt anschließen oder bei einer zeitlichen Unterbrechung zum Krankenhausaufenthalt mit diesem in zeitlichem Zusammenhang stehen.

(3) Einrichtungen für Suchtbehandlungen sind auf Suchtbehandlungen zur Entwöhnung spezialisierte Einrichtungen, welche die Voraussetzungen für entsprechende stationäre Maßnahmen der Träger der Sozialversicherung erfüllen.

(4) Sonstige Einrichtungen der medizinischen Rehabilitation sind nur solche, welche die Voraussetzungen des § 107 Abs. 2 SGB V erfüllen (Rehabilitationseinrichtungen).

(5) [1]Voraussetzung für die Beihilfefähigkeit von Aufwendungen bei stationären Maßnahmen in Einrichtungen nach den Abs. 2 und 3 ist, dass die Maßnahme nach begründeter ärztlicher Bescheinigung nach Art und vorgesehener Dauer notwendig ist und ambulante Maßnahmen nicht ausreichend sind; die Ärztin bzw. der Arzt darf nicht in einer Rechtsbeziehung zur behandelnden Einrichtung stehen. [2]Voraussetzung für die Beihilfefähigkeit von Aufwendungen bei stationären Maßnahmen in Einrichtungen nach Abs. 4 ist, dass es sich nicht um eine Anschlussheilbehandlung (Abs. 2) handelt und nach einem begründetem amts- oder vertrauensärztlichen Gutachten die Art und Schwere der Erkrankung die stationäre Behandlung und die vorgesehene Dauer medizinisch notwendig macht und ambulante Behandlungen oder eine Kur nicht ausreichend sind. [3]Die Beihilfefähigkeit ist ab einer Dauer von 30 Tagen von der vorherigen Anerkennung der Beihilfefähigkeit durch die Beihilfestelle abhängig; die Anerkennung wird erteilt, wenn die lange Dauer ärztlich besonders begründet wird oder durch ein medizinisches Gutachten nachgewiesen ist.

(6) [1]Aus Anlass einer stationären Behandlung in Einrichtungen nach den Abs. 2 bis 4 sind beihilfefähig die Aufwendungen

1. für gesondert erbrachte und berechnete Leistungen nach den §§ 8, 18 und 19,
2. nach § 25,
3. für Pflege, Unterkunft und Verpflegung bis zum niedrigsten Tagessatz zuzüglich Kurtaxe,
4. für den ärztlichen Schlussbericht,
5. für die An- und Abreise in Höhe von 0,20 € je Entfernungskilometer, höchstens bis zu 200 €, unabhängig vom benutzten Beförderungsmittel. Die Entfernungskilometer bestimmen sich regelmäßig nach der kürzesten üblicherweise mit einem Kraftfahrzeug zwischen Wohnung und Einrichtung zurückzulegenden Strecke. Außerdem sind bei Fahrten mit regelmäßig verkehrenden Beförderungsmitteln die nachgewiesenen Kosten für nicht persönlich mitgeführtes Gepäck beihilfefähig.

[2]Satz 1 Nrn. 3 und 5 gelten auch für Begleitpersonen, wenn die Notwendigkeit der Begleitung durch amtlichen Ausweis oder medizinisches Gutachten festgestellt ist und die Einrichtung bestätigt, dass für eine Erfolg versprechende Behandlung eine Begleitperson notwendig ist.

---

1) § 29 Abs. 6 Satz 4 geänd. mWv 1. 5. 2009 durch VO v. 16. 4. 2009 (GVBl S. 117).

[3] Liegt die Bescheinigung nach Abs. 5 Satz 2 bzw. 3 nicht vor, sind nur die Aufwendungen nach Nr. 1 beihilfefähig. [4] Pauschalpreise und Tagessätze von Einrichtungen nach Abs. 2 bis 4, die Leistungen nach Satz 1 Nrn. 1, 3 und 4 betreffen, sind nur insoweit beihilfefähig, als sie einer Preisvereinbarung dieser Einrichtung mit einem Sozialversicherungsträger entsprechen; die Beihilfefähigkeit darüber hinausgehender Aufwendungen nach Satz 1 Nrn. 1 bis 3 ist ausgeschlossen.

§ 30 Beihilfe bei Kuren. (1) Die Aufwendungen für

1. Kuren in Einrichtungen der medizinischen Rehabilitation,
2. Müttergenesungskuren und Mutter- bzw. Vater-Kind-Kuren,
3. ambulante Heilkuren

sind beihilfefähig.

(2) Kuren in Einrichtungen der medizinischen Rehabilitation sind Heilbehandlungen im Sinn des § 19, die mit Unterkunft und Verpflegung kurmäßig in Einrichtungen nach § 29 Abs. 4 durchgeführt werden und für die die Voraussetzungen für eine Beihilfe nach § 29 Abs. 5 Satz 2 nicht erfüllt sind.

(3) Müttergenesungskuren und Mutter- bzw. Vater-Kind-Kuren sind Maßnahmen in Form einer Rehabilitationskur in einer Einrichtung des Müttergenesungswerks oder einer anderen, nach § 41 SGB V als gleichartig anerkannten Einrichtung.

(4) [1] Ambulante Heilkuren sind Maßnahmen für aktive Bedienstete nach § 2 Abs. 1 Nr. 1 zur Wiederherstellung und Erhaltung der Dienstfähigkeit sowie Maßnahmen für die übrigen Beihilfeberechtigten sowie für berücksichtigungsfähige Angehörige bei erheblich beeinträchtigter Gesundheit. [2] Die Kuren müssen mit Heilbehandlungen nach § 19 nach einem ärztlich erstellten Kurplan in einem im Heilkurorteverzeichnis des Staatsministeriums der Finanzen aufgeführten Heilkurort durchgeführt werden. [3] Die Unterkunft muss sich im Heilkurgebiet befinden und ortsgebunden sein; eine Unterkunft im Wohnwagen, auf Campingplätzen und dergleichen ist nicht ausreichend.

(5) [1] Bei Kuren nach den vorstehenden Abs. sind beihilfefähig die Aufwendungen für

1. gesondert erbrachte und berechnete Leistungen nach den §§ 8, 18 und 19,
2. Familien- und Haushaltshilfe nach § 25,
3. Fahrtkosten nach § 29 Abs. 6 Satz 1 Nr. 5,
4. die Kurtaxe,
5. den ärztlichen Schlussbericht,
6. eine behördlich als notwendig anerkannte Begleitperson für Schwerbehinderte,
7. Unterkunft und Verpflegung bis zu 26 € pro Tag und Person, begrenzt auf eine Dauer von höchstens 21 Tagen.

[2] Bei Pauschalpreisen in Einrichtungen nach Abs. 3, für die eine Preisvereinbarung mit einem Sozialleistungsträger besteht, ist die Beihilfefähigkeit auf den Pauschalpreis begrenzt.

(6) [1] Die Aufwendungen nach Abs. 5 sind nur beihilfefähig, wenn

1. erstmalig eine Wartezeit von insgesamt fünf Jahren Beihilfeberechtigung oder Berücksichtungsfähigkeit nach diesen oder entsprechenden Beihilfevorschriften erfüllt ist,
2. im laufenden und den beiden vergangenen Kalenderjahren keine Heilkur nach Abs. 1 bis 4 durchgeführt und beendet wurde,
3. ambulante ärztliche Behandlungen und Heilbehandlungen außerhalb von Kurmaßnahmen wegen erheblich beeinträchtigter Gesundheit nicht ausreichend sind,
4. die medizinische Notwendigkeit vor Beginn der Kur durch eine ärztliche Bescheinigung nachgewiesen ist,
5. die Kur nicht weit überwiegend der Vorsorge dient; Gleiches gilt für Maßnahmen, deren Zweck eine berufliche Rehabilitation ist, wenn medizinisch keine kurmäßigen Maßnahmen mehr erforderlich sind.

[2] Abweichend davon wird Beihilfe zu Heilkuren für aktive Bedienstete (§ 2 Abs. 1 Nr. 1) nur gewährt, wenn die Voraussetzungen des Satzes 1 Nrn. 1 und 2 vorliegen und

1. durch amts- oder vertrauensärztliches Gutachten nachgewiesen ist, dass die Heilkur zur Wiederherstellung oder Erhaltung der Dienstfähigkeit erforderlich ist,
2. die Beihilfestelle die Beihilfefähigkeit vor Beginn der Heilkur anerkannt hat, und
3. die Heilkur innerhalb eines im Anerkennungsbescheid unter Beachtung der dienstlichen Belange zu bestimmenden Zeitraums begonnen wird.

[3] Von der Einhaltung der Fristen nach Satz 1 Nrn. 1 und 2 darf nur abgesehen werden bei schwerem chronischen Leiden, wenn nach dem amts- oder vertrauensärztlichen Gutachten aus zwingenden medizinischen Gründen eine Heilkur in einem kürzeren Zeitabstand notwendig ist.

Abschnitt VI. Aufwendungen in Pflegefällen

§ 31[1] Beihilfefähige Aufwendungen bei dauernder Pflegebedürftigkeit. (1) Bei dauernder Pflegebedürftigkeit sind die Aufwendungen für eine notwendige häusliche, teilstationäre oder stationäre Pflege neben anderen nach §§ 8 bis 30, 41 und 44 beihilfefähigen Aufwendungen beihilfefähig.

(2) [1] Pflegebedürftig sind Personen, die wegen einer körperlichen, geistigen oder seelischen Krankheit oder Behinderung für die gewöhnlichen und regelmäßig wiederkehrenden Verrichtungen im Ablauf des täglichen Lebens auf Dauer, voraussichtlich für mindestens sechs Monate, in erheblichem oder höherem Maß der Hilfe bedürfen. [2] Erforderlich ist mindestens, dass die pflegebedürftige Person bei der Körperpflege, der Ernährung oder der Mobilität für wenigstens zwei Verrichtungen einmal täglich der Hilfe bedarf und zusätzlich mehrfach in der Woche Hilfe bei der hauswirtschaftlichen Versorgung benötigt.

(3) [1] Für Personen, die nach § 28 Abs. 2 des Elften Buches Sozialgesetzbuch (SGB XI) Leistungen zur Hälfte erhalten, wird zu den Pflegekosten in den Fällen der §§ 32 bis 38 in wertmäßig gleicher Höhe eine Beihilfe gewährt; § 6 Abs. 1 Sätze 2 bis 5 und § 46 sind hierbei nicht anzuwenden. [2] Über diesen Gesamtwert hinausgehende Aufwendungen sind im Rahmen des § 32 Abs. 1 beihilfefähig.

(4) Aufwendungen der Pflegeberatung sind nach Maßgabe des § 7a Abs. 4 und 5 SGB XI beihilfefähig.

(5) Die in § 32 Abs. 1 und 2 Satz 2 Nr. 3, § 33 Abs. 1 Satz 1 Nr. 3 § 34 Abs. 1 Satz 1 Nr. 3, § 36 Abs. 1 Satz 2 Nr. 3 genannten beihilfefähigen Höchstbeträge und Pauschalbeihilfen sind entsprechend den von der Bundesregierung auf der Grundlage des § 30 SGB XI vorzunehmenden Veränderungen erstmals 2015 anzupassen.

§ 32[2] Häusliche und teilstationäre Pflege. (1) [1] Bei einer häuslichen Pflege durch geeignete Pflegekräfte oder einer teilstationären Pflege in einer Tages- oder Nachtpflegeeinrichtung sind entsprechend den Pflegestufen des § 15 SGB XI beihilfefähig die Aufwendungen für Pflegebedürftige

		bis höchstens
1.	der Stufe I	671 €,
2.	der Stufe II	1 341 €,
3.	der Stufe III	2 012 €,
4.	bei außergewöhnlich hohem Pflegeaufwand der Stufe III	3 352 €.

der durchschnittlichen monatlichen Kosten einer Krankenpflegekraft (Entgeltgruppe KR 7a des TV-L). [2] Bei einer teilstationären Pflege gelten die jeweiligen Pflegeeinsätze als erbracht, soweit im Einzelfall nicht eine geringere Inanspruchnahme nachgewiesen wird.

(2) [1] Bei einer häuslichen Pflege durch andere geeignete Personen wird eine Pauschalbeihilfe gewährt. [2] Sie richtet sich nach den Pflegestufen des § 15 SGB XI und beträgt monatlich:

1. ab 1. Juli 2008
   a) in der Stufe I 215 €,
   b) in der Stufe II 420 €,
   c) in der Stufe III 675 €,
2. ab 1. Januar 2010
   a) in der Stufe I 225 €,
   b) in der Stufe II 430 €,
   c) in der Stufe III 685 €,
3. ab 1. Januar 2012
   a) in der Stufe I 235 €,
   b) in der Stufe II 440 €,
   c) in der Stufe III 700 €.

[1] § 31 Abs. 4 und 5 angef. mWv 1. 5. 2009 durch VO v. 16. 4. 2009 (GVBl S. 117).

[2] § 32 Abs. 1 neu gef. mWv 1. 5. 2009, Abs. 2 Satz 2 neu gef., neuer Abs. 4 und Abs. 5–7 eingef., bish. Abs. 4 wird Abs. 8 mWv 1. 7. 2008 durch VO v. 16. 4. 2009 (GVBl S. 117).

[3] Ein aus der privaten oder der sozialen Pflegeversicherung zustehendes Pflegegeld und entsprechende Leistungen auf Grund sonstiger Rechtsvorschriften sind anzurechnen. [4] Für Personen, die nicht gegen das Risiko der Pflegebedürftigkeit versichert sind, werden die Leistungen nach Satz 2 zur Hälfte gewährt.

(3) Wird die Pflege teilweise durch Pflegekräfte (Abs. 1) und durch andere geeignete Personen (Abs. 2) erbracht, wird die Beihilfe nach den Abs. 1 und 2 anteilig gewährt.

(4) Wird die teilstationäre Pflege in einer Tages- und Nachtpflegeeinrichtung in Kombination mit häuslicher Pflege durch

1. geeignete Pflegekräfte (Abs. 1),
2. andere geeignete Personen (Abs. 2) oder
3. geeignete Pflegekräfte und andere geeignete Personen (Abs. 3)

erbracht, sind die Aufwendungen in entsprechender Anwendung des § 41 Abs. 4 bis 6 SGB XI sowie der folgenden Absätze beihilfefähig.

(5) In den Fällen des Abs. 4 Nr. 1 sind bis zu 150 v.H. der Beträge nach § 36 Abs. 3 und 4 SGB XI, mindestens jedoch der jeweilige pflegestufenabhängige Betrag nach § 32 Abs. 1 beihilfefähig.

(6) In den Fällen des Abs. 4 Nr. 2 werden die nach § 41 Abs. 4 bis 6 SGB XI für die Gewährung von Leistungen der Pflegekasse bzw. der Pflegeversicherung maßgebenden Anteile für die Berechnung mit den Beträgen nach § 32 Abs. 1 und 2 zugrunde gelegt; beihilfefähig ist der sich danach ergebende Gesamtbetrag, höchstens jedoch ein Betrag nach § 32 Abs. 1.

(7) In den Fällen des Abs. 4 Nr. 3 gilt Abs. 6 sinngemäß.

(8) Neben einer Leistung nach Abs. 2 sind Aufwendungen für Beratungen nach § 37 Abs. 3 SGB XI ohne Anrechnung nach Abs. 3 beihilfefähig.

§ 33[1)] Verhinderungspflege. (1) [1] Ist eine Pflegeperson nach § 32 Abs. 2 wegen Urlaub, Krankheit oder aus anderen Gründen an der häuslichen Pflege gehindert, so sind Aufwendungen für Pflege

1.	ab 1. Juli 2008	bis zu 1 470 €,
2.	ab 1. Januar 2010	bis zu 1 510 €,
3.	ab 1. Januar 2012	bis zu 1 550 €

im Kalenderjahr beihilfefähig. [2] § 31 Abs. 3 gilt entsprechend.

(2) [1] Bei einer Verhinderungspflege durch Pflegepersonen, die mit dem Pflegebedürftigen bis zum zweiten Grad verwandt oder verschwägert sind oder mit ihm in häuslicher Gemeinschaft leben, sind die Aufwendungen nur bis zur Höhe der Pauschalbeihilfe nach § 32 Abs. 2 beihilfefähig. [2] Notwendige Aufwendungen, die der Pflegeperson im Zusammenhang mit der Ersatzpflege entstanden sind, können auf Nachweis bis zum Betrag nach Abs. 1 übernommen werden. [3] Wird die Pflege durch die in Satz 1 genannten Personen erwerbsmäßig ausgeübt, findet Abs. 1 Anwendung.

§ 34[2)] Kurzzeitpflege. (1) [1] Kann die häusliche Pflege nach § 32 Abs. 1 und 2 zeitweise nicht oder nicht in vollem Umfang erbracht werden, so sind die Aufwendungen für vollstationäre Pflege

1.	ab 1. Juli 2008	bis zu 1 470 €,
2.	ab 1. Januar 2010	bis zu 1 510 €,
3.	ab 1. Januar 2012	bis zu 1 550 €

im Kalenderjahr beihilfefähig. [2] Erfolgt die Unterbringung vollstationär, liegen aber die Voraussetzungen des Satzes 1 nicht vor, so sind die für die Pflege anfallenden Kosten bis zum Höchstbetrag nach § 32 Abs. 1 beihilfefähig.

(2) [1] Pflegeaufwendungen für eine Kurzzeitpflege sind in begründeten Einzelfällen bei zu Hausegepflegten Kindern bis zur Vollendung des 18. Lebensjahres in geeigneten Einrichtungen der Hilfe für behinderte Menschen und anderen geeigneten Einrichtungen beihilfefähig, wenn die Pflege in einer von den Pflegekassen zur Kurzzeitpflege zugelassenen Pflegeeinrichtung nicht möglich ist oder nicht zumutbar erscheint. [2] § 37 findet keine Anwendung. [3] Sind in den Aufwendungen für die Einrichtung Kosten für Unterkunft, Verpflegung und Investitionen enthalten, ohne gesondert ausgewiesen zu sein, so sind 60 v.H. der Aufwendungen beihilfefähig.

---

1) § 33 neu gef. mWv 1. 7. 2008 durch VO v. 16. 4. 2009 (GVBl S. 117).
2) § 34 neu gef. mWv 1. 7. 2008 durch VO v. 16. 4. 2009 (GVBl S. 117).

§ 35 Aufwendungen für Pflegehilfsmittel sowie für Maßnahmen zur Verbesserung des individuellen Wohnumfelds. [1] Aufwendungen für Pflegehilfsmittel sowie für Maßnahmen zur Verbesserung des individuellen Wohnumfelds der pflegebedürftigen Person sind beihilfefähig, wenn die private oder soziale Pflegeversicherung hierfür anteilige Zuschüsse gezahlt hat. [2] Bei in der privaten Pflegeversicherung Versicherten ist der Betrag beihilfefähig, aus dem der anteilige Zuschuss berechnet wurde. [3] § 31 Abs. 3 gilt entsprechend.

§ 36[1)] Stationäre Pflege. [1] Bei stationärer Pflege in einer zugelassenen Pflegeeinrichtung im Sinn des § 72 Abs. 1 Satz 1 SGB XI sind die nach dem Grad der Pflegebedürftigkeit entstehenden pflegebedingten Aufwendungen im Sinn des § 84 Abs. 2 Satz 2 SGB XI beihilfefähig. [2] Beihilfefähig sind pflegebedingte Aufwendungen, Aufwendungen der sozialen Betreuung sowie der medizinischen Behandlungspflege bis zu einem Pauschalbetrag von monatlich

1. ab 1. Juli 2008
   a) für Pflegebedürftige in der Pflegestufe I — 1 023 €,
   b) für Pflegebedürftige in der Pflegestufe II — 1 279 €,
   c) für Pflegebedürftige in der Pflegestufe III — 1 470 €,
   d) für Pflegebedürftige die nach § 43 Abs. 3 SGB XI als Härtefall anerkannt sind — 1 750 €,
2. ab 1. Januar 2010
   a) für Pflegebedürftige in der Pflegestufe I — 1 023 €,
   b) für Pflegebedürftige in der Pflegestufe II — 1 279 €,
   c) für Pflegebedürftige in der Pflegestufe III — 1 510 €,
   d) für Pflegebedürftige die nach § 43 Abs. 3 SGB XI als Härtefall anerkannt sind — 1 825 €,
3. ab 1. Januar 2012
   a) für Pflegebedürftige in der Pflegestufe I — 1 023 €,
   b) für Pflegebedürftige in der Pflegestufe II — 1 279 €,
   c) für Pflegebedürftige in der Pflegestufe III — 1 550 €,
   d) für Pflegebedürftige die nach § 43 Abs. 3 SGB XI als Härtefall anerkannt sind — 1 918 €.

[3] Daneben sind Aufwendungen für Vergütungszuschläge für Pflegebedürftige mit erheblichem allgemeinem Betreuungsbedarf nach § 87 b SGB XI beihilfefähig. [4] § 31 Abs. 3 gilt entsprechend.

(2) Der Anerkennungsbetrag, der nach § 87 a Abs. 4 SGB XI an Einrichtungen zu zahlen ist, die stationäre Pflegeleistungen im Sinn des § 43 SGB XI erbringen, ist neben den Leistungen nach Abs. 1 beihilfefähig, wenn der Pflegebedürftige nach Durchführung aktivierender oder rehabilitativer Maßnahmen durch das Personal der Pflegeeinrichtung in eine niedrigere Pflegestufe oder von erheblicher zu nicht erheblicher Pflegebedürftigkeit zurückgestuft wurde.

(3) [1] Zu den Aufwendungen für Unterkunft und Verpflegung einschließlich der Investitionskosten wird keine Beihilfe gewährt, es sei denn, dass sie den Eigenanteil des Einkommens nach Satz 3 übersteigen. [2] Einkommen sind die Dienst- und Versorgungsbezüge (ohne den kinderbezogenen Anteil im Familienzuschlag) nach beamtenrechtlichen Vorschriften oder Grundsätzen sowie die Renten aus der gesetzlichen Rentenversicherung und aus einer zusätzlichen

1) § 36 neu gef. mWv 1. 7. 2008 durch VO v. 16. 4. 2009 (GVBl S. 117).

Alters- und Hinterbliebenenversorgung der beihilfeberechtigten Person und des Ehegatten einschließlich dessen laufenden Erwerbseinkommens. [3] Der Eigenanteil beträgt

1. bei Beihilfeberechtigten mit Einkommen bis zur Höhe des Endgehalts der Besoldungsgruppe A 9 des Bundesbesoldungsgesetzes
   a) mit einem berücksichtigungsfähigen Angehörigen 30 v.H. des Einkommens,
   b) mit mehreren berücksichtigungsfähigen Angehörigen 25 v.H. des Einkommens,
2. bei Beihilfeberechtigten mit höherem Einkommen
   a) mit einem berücksichtigungsfähigen Angehörigen 40 v.H. des Einkommens,
   b) mit mehreren berücksichtigungsfähigen Angehörigen 35 v.H. des Einkommens,
3. bei allein stehenden Beihilfeberechtigten und bei gleichzeitiger stationärer Pflege der beihilfeberechtigten Person und aller berücksichtigungsfähigen Angehörigen 70 v.H. des Einkommens.

[4] Die den Eigenanteil übersteigenden Aufwendungen für Unterkunft und Verpflegung einschließlich der Investitionskosten werden als Beihilfe gezahlt.

§ 37 Vollstationäre Einrichtung der Behindertenhilfe. [1] Aufwendungen für Pflegebedürftige in einer vollstationären Einrichtung der Behindertenhilfe, in der die berufliche und soziale Eingliederung, die schulische Ausbildung oder die Erziehung Behinderter im Vordergrund des Einrichtungszwecks stehen, sind nach Art und Umfang des § 43 a SGB XI beihilfefähig. [2] § 31 Abs. 3 gilt entsprechend.

§ 38 Zusätzliche Betreuungsleistungen. [1] Beihilfen zu Aufwendungen für zusätzliche Betreuungsleistungen können für den in § 45 a SGB XI beschriebenen Personenkreis neben Leistungen nach § 32 gewährt werden. [2] Art und Umfang der anteiligen Beihilfeleistungen bestimmen sich nach § 45 b SGB XI. [3] § 31 Abs. 3 gilt entsprechend.

§ 39 Beihilfefähige Aufwendungen in Hospizen. [1] Beihilfeberechtigte und berücksichtigungsfähige Angehörige, die keiner Krankenhausbehandlung bedürfen, haben Anspruch auf Beihilfe zu den Aufwendungen stationärer oder teilstationärer Versorgung in Hospizen, in denen palliativ-medizinische Behandlung erbracht wird, wenn eine ambulante Versorgung im eigenen Haushalt oder in der Familie nicht erbracht werden kann. [2] Die Aufwendungen sind nach Maßgabe einer ärztlichen Bescheinigung beihilfefähig für die Versorgung (einschließlich Unterkunft und Verpflegung) in Hospizen nach Maßgabe des § 39 a SGB V, jedoch höchstens bis zur Höhe des Zuschusses, den die gesetzliche Krankenversicherung erbringt. [3] Darüber hinaus können Leistungen nach diesem Abschnitt erbracht werden, sofern die zuständige Pflegekasse anteilig Leistungen erbringt. [4] Die Beihilfe ist insoweit zu mindern, als unter Anrechnung der Leistungen anderer Sozialleistungsträger die tatsächlichen kalendertäglichen Kosten überschritten werden.

§ 40 Festsetzungsverfahren bei pflegebedingten Aufwendungen. [1] Die Festsetzungsstelle entscheidet über die Beihilfefähigkeit der Aufwendungen nach Abschnitt VI auf Grund eines ärztlichen Gutachtens, das zu dem Vorliegen der dauernden Pflegebedürftigkeit sowie zu Art und notwendigem Umfang der Pflege Stellung nimmt. [2] Bei Versicherten der privaten oder sozialen Pflegeversicherung ist auf Grund des für die Versicherung erstellten Gutachtens zu entscheiden. [3] In anderen Fällen bedarf es eines amts- oder vertrauensärztlichen Gutachtens. [4] Die Beihilfe wird ab Beginn des Monats der erstmaligen Antragstellung gewährt, frühestens jedoch ab dem Zeitpunkt, von dem an die Anspruchsvoraussetzungen vorliegen.

Abschnitt VII. Aufwendungen in sonstigen Fällen

§ 41[1] Beihilfefähige Aufwendungen bei Vorsorgemaßnahmen. (1) Aus Anlass von Maßnahmen zur Früherkennung von Krankheiten sind nach Maßgabe der hierzu ergangenen Richtlinien des Bundesausschusses der Ärzte und Krankenkassen die folgenden Aufwendungen beihilfefähig:

1. bei Kindern bis zur Vollendung des sechsten Lebensjahres die Kosten für Untersuchungen zur Früherkennung von Krankheiten, die eine körperliche oder geistige Entwicklung des Kindes in nicht geringfügigem Maß gefährden,

---

[1] § 41 Abs. 1 Nr. 3 neu gef., Nr. 4 eingef., bish. Nr. 4 wird Nr. 5 mWv 1. 5. 2009 durch VO v. 16. 4. 2009 (GVBl S. 117).

2. bei Kindern und Jugendlichen die Kosten für eine Jugendgesundheitsuntersuchung zwischen dem vollendeten 13. und dem vollendeten 14. Lebensjahr, wobei die Untersuchung auch bis zu zwölf Monate vor und nach diesem Zeitintervall durchgeführt werden kann (Toleranzgrenze),
3. bei Frauen vom Beginn des 20., bei Männern vom Beginn des 45. Lebensjahres an die Kosten für jährlich eine Untersuchung zur Früherkennung von Krebserkrankungen sowie von der Vollendung des 50. Lebensjahres an die Kosten für Maßnahmen zur Früherkennung des kolorektalen Karzinoms; Aufwendungen für ein Mammographie-Screening zwischen dem vollendeten 50. und 70. Lebensjahr sind jedes zweite Jahr beihilfefähig,
4. bei Personen von der Vollendung des 35. Lebensjahres an die Kosten für Maßnahmen zur Früherkennung von Hautkrebs; diese Aufwendungen sind jedes zweite Jahr beihilfefähig,
5. bei Personen von der Vollendung des 35. Lebensjahres an die Kosten für eine Gesundheitsuntersuchung, insbesondere zur Früherkennung von Herz-, Kreislauf- und Nierenerkrankungen sowie von Zuckerkrankheit. Diese Aufwendungen sind jedes zweite Jahr beihilfefähig.

(2) Beihilfefähig sind Aufwendungen für prophylaktische zahnärztliche Leistungen nach den Nrn. 100 bis 102 und 200 des Gebührenverzeichnisses für zahnärztliche Leistungen der GOZ.

(3) Beihilfefähig sind Aufwendungen für amtlich empfohlene Schutzimpfungen, jedoch nicht anlässlich privater Reisen in Gebiete außerhalb der Europäischen Union.

§ 42 Beihilfefähige Aufwendungen bei Geburt. Aus Anlass einer Geburt sind beihilfefähig die Aufwendungen
1. für die Schwangerschaftsüberwachung,
2. entsprechend §§ 8 bis 19, 25, 26, 28 und 44 Nr. 3,
3. für die Hebamme und den Entbindungspfleger,
4. für eine Haus- und Wochenpflegekraft bei Hausentbindung oder ambulanter Entbindung in einer Krankenanstalt bis zu zwei Wochen nach der Geburt, wenn die Wöchnerin nicht bereits wegen Krankheit von einer Berufs- oder Ersatzpflegekraft nach § 24 gepflegt wird; § 24 Satz 3 gilt entsprechend,
5. entsprechend § 28 für das Kind.

§ 43[1] Künstliche Befruchtung, Sterilisation, Kontrazeption. (1) [1] Aufwendungen für eine künstliche Befruchtung einschließlich der im Zusammenhang damit verordneten Arzneimittel sind nur dann zu 50 v.H. beihilfefähig, wenn auf Grund eines Behandlungsplans
1. die Maßnahmen nach ärztlicher Feststellung erforderlich sind,
2. eine hinreichende Aussicht besteht, dass durch die Maßnahmen eine Schwangerschaft herbeigeführt wird,
3. die Personen, die diese Maßnahmen in Anspruch nehmen wollen, miteinander verheiratet sind und
4. ausschließlich Ei- und Samenzellen der Ehegatten verwendet werden.

[2] Beihilfefähig sind Aufwendungen für Personen, die das 25. Lebensjahr vollendet haben. [3] Nicht beihilfefähig sind Aufwendungen für Frauen, die das 40. Lebensjahr und für Männer, die das 50. Lebensjahr vollendet haben.

(2) [1] Die für Maßnahmen nach Abs. 1 zur Verfügung stehenden Verfahren sind unter folgenden Voraussetzungen beihilfefähig:

Verfahren		Indikationen	max. Anzahl der Versuche
1.	Intrazervikale, intrauterine oder intratubare Insemination im Spontanzyklus, ggf. nach Ovulationstiming ohne Polyovulation (drei oder mehr Follikel)	– somatische Ursachen (z.B. Impotentia coeundi, retrograde Ejakulation, Hypospadie, Zervikalkanastenose, Dyspareunie), – gestörte Spermatozoen-Mukus-Interaktion, – Subfertilität des Mannes, – immunologisch bedingte Sterilität,	acht
2.	Intrazervikale, intrauterine oder intratubare Insemination nach hormoneller Stimulation zur Polyovulation (drei oder mehr Follikel)	– Subfertilität des Mannes, – immunologisch bedingte Sterilität,	drei

[1] § 43 Abs. 2 Satz 1 Tabelle Nr. 3 und 5 geänd. mWv 1. 5. 2009 durch VO v. 16. 4. 2009 (GVBl S. 117).

Verfahren	Indikationen	max. Anzahl der Versuche
3. In-vitro-Fertilisation (IVF) mit Embryo-Transfer (ET), ggf. als Zygoten-Transfer oder als intratubarer Embryo-Transfer (EIFT = Embryo-Intrafallopian-Transfer)	– Zustand nach Tubenamputation, – anders (auch mikrochirurgisch) nicht behandelbarer Tubenverschluss, – anders nicht behandelbarer tubarer Funktionsverlust, auch bei Endometriose, idiopathische (unerklärbare) Sterilität, sofern – einschließlich einer psychologischen Exploration – alle diagnostischen und sonstigen therapeutischen Möglichkeiten der Sterilitätsbehandlung ausgeschöpft sind, – Subfertilität des Mannes, sofern Behandlungsversuche nach Nr. 2 keinen Erfolg versprechen oder erfolglos geblieben sind, – immunologisch bedingte Sterilität, sofern Behandlungsversuche nach Nr. 2 keinen Erfolg versprechen oder erfolglos geblieben sind,	drei (Der dritte Versuch ist nur beihilfefähig, wenn in einem von zwei Behandlungszyklen eine Befruchtung stattgefunden hat.)
4. Intratubarer Gameten-Transfer (GIFT)	– anders nicht behandelbarer tubarer Funktionsverlust, auch bei Endometriose, – idiopathische (unerklärbare) Sterilität, sofern – einschließlich einer psychologischen Exploration – alle diagnostischen und sonstigen therapeutischen Möglichkeiten der Sterilitätsbehandlung ausgeschöpft sind, – Subfertilität des Mannes, sofern Behandlungsversuche nach Nr. 2 keinen Erfolg versprechen oder erfolglos geblieben sind,	zwei
5. Intracytoplasmatische Spermieninjektion (ICSI)	– männliche Fertilitätsstörung, nachgewiesen durch zwei aktuelle Spermiogramme im Abstand von mindestens 12 Wochen, welche unabhängig von der Gewinnung des Spermas die Grenzwerte gemäß Richtlinie des Gemeinsamen Bundesausschusses – nach genau einer Form der Aufbereitung (nativ oder swim-up-Test) – unterschreiten	drei (Der dritte Versuch ist nur beihilfefähig, wenn in einem von zwei Behandlungszyklen eine Befruchtung stattgefunden hat.)

[2] Die Zuordnung der Kosten zu den jeweiligen Ehepartnern erfolgt entsprechend Nr. 3 der im Bereich der gesetzlichen Krankenversicherung maßgebenden Richtlinien über künstliche Befruchtung.

(3) [1] Aufwendungen für eine Sterilisation sind nur beihilfefähig, wenn diese auf Grund einer Krankheit notwendig ist. [2] In diesen Fällen sind die im Einzelfall erforderlichen Leistungen nach näherer Maßgabe der in §§ 8 bis 13, 18 und 26 bis 28 bezeichneten Aufwendungen beihilfefähig.

(4) Beihilfefähig sind die Aufwendungen

1. für die ärztliche Beratung über Fragen der Empfängnisregelung einschließlich hierzu erforderlicher Untersuchungen und die Verordnung von Empfängnis regelnden Mitteln,
2. aus Anlass eines beabsichtigten Schwangerschaftsabbruchs für die ärztliche Beratung über die Erhaltung oder den nicht rechtswidrigen Abbruch der Schwangerschaft,
3. für die ärztliche Untersuchung und Begutachtung zur Feststellung der Voraussetzungen für einen nicht rechtswidrigen Schwangerschaftsabbruch oder eine nicht rechtswidrige Sterilisation.

§ 44 Sonstige Aufwendungen. Aus Anlass einer Krankheit sind beihilfefähig die Aufwendungen für

1. organspendende Personen, wenn die Empfängerperson beihilfeberechtigt oder berücksichtigungsfähiger Angehöriger ist, im Rahmen der §§ 8 bis 13, 18, 19 und 25 bis 28, soweit sie bei den für die Transplantation notwendigen Maßnahmen entstehen; beihilfefähig ist auch der von der organspendenden Person nachgewiesene Ausfall an Arbeitseinkommen. Dies gilt

630

auch für als Organspender vorgesehene Personen, wenn sich herausstellt, dass sie dafür nicht in Betracht kommen;

2. eine behördlich angeordnete Entseuchung und die dabei verbrauchten Stoffe;

3. Erste Hilfe.

§ 45 Außerhalb der Bundesrepublik Deutschland entstandene Aufwendungen.

(1) [1] Außerhalb der Bundesrepublik Deutschland entstandene Aufwendungen sind nur beihilfefähig, wenn es sich um Aufwendungen nach den §§ 8 bis 28, 31 bis 44 handelt und nur insoweit und bis zu der Höhe, wie sie in der Bundesrepublik Deutschland beim Verbleiben am Wohnort entstanden und beihilfefähig gewesen wären (Kostenvergleich). [2] Soweit ein Beleg inhaltlich nicht den im Inland geltenden Anforderungen entspricht oder der Beihilfeberechtigte die für den Kostenvergleich notwendigen Angaben nicht beibringt, kann die Festsetzungsstelle im Rahmen des Satzes 1 nach billigem Ermessen die Angemessenheit der Aufwendungen feststellen, wenn der Beihilfeberechtigte mindestens eine Bescheinigung des Krankheitsbildes und der ungefähr erbrachten Leistungen, auf Anforderung auch eine Übersetzung der Belege, vorlegt. [3] Bei innerhalb der Europäischen Union entstandenen beihilfefähigen Aufwendungen einschließlich stationärer Leistungen in öffentlichen Krankenhäusern wird kein Kostenvergleich durchgeführt. [4] Abweichend von Satz 1 sind Aufwendungen, die anlässlich eines vorübergehenden privaten Aufenthalts außerhalb Europas entstanden sind, nicht beihilfefähig.

(2) [1] Aufwendungen nach Abs. 1 sind ohne Beschränkung auf die Kosten in der Bundesrepublik Deutschland beihilfefähig, wenn

1. sie bei einer Dienstreise eines Beihilfeberechtigten entstanden sind, es sei denn, dass die Behandlung bis zur Rückkehr in die Bundesrepublik Deutschland hätte aufgeschoben werden können;

2. die Beihilfefähigkeit vor Antritt der Reise anerkannt worden ist. Die Anerkennung der Beihilfefähigkeit kommt ausnahmsweise in Betracht, wenn durch ein amts- oder vertrauensärztliches Gutachten nachgewiesen ist, dass die Behandlung außerhalb der Bundesrepublik Deutschland zwingend notwendig ist, weil hierdurch eine wesentlich größere Erfolgsaussicht zu erwarten ist. Die Anerkennung der Beihilfefähigkeit von Aufwendungen, die im Zusammenhang mit einer Kur oder ähnlichen Maßnahmen entstehen, ist nach Maßgabe der Abs. 1 und 3 zulässig;

3. sie für ärztliche und zahnärztliche Leistungen 550 € je Krankheitsfall nicht übersteigen oder bei in der Nähe der deutschen Grenze wohnenden Personen aus akutem Anlass das nächstgelegene Krankenhaus aufgesucht werden muss.

(3) [1] Aus Anlass stationärer oder ambulanter Maßnahmen im Sinn von § 29 Abs. 1 Nr. 3 und § 30 Abs. 1 Nrn. 1 und 3 außerhalb der Bundesrepublik Deutschland entstandene Aufwendungen sind ausnahmsweise beihilfefähig, wenn bei Antritt der Reise

1. bei ambulanten Heilkuren der Kurort im Heilkurorteverzeichnis Ausland aufgeführt ist,

2. die Voraussetzungen des § 30 vorliegen und

3. bei Maßnahmen außerhalb der Europäischen Union durch ein amts- oder vertrauensärztliches Gutachten nachgewiesen ist, dass die Maßnahme wegen der wesentlich größeren Erfolgsaussicht außerhalb der Europäischen Union zwingend notwendig ist.

[2] Die Aufwendungen nach §§ 8 bis 19, 30 Abs. 5 Satz 1 Nrn. 1, 2, 4, 5 und Satz 2 sind ohne Beschränkung auf die Kosten in der Bundesrepublik Deutschland beihilfefähig. [3] Abs. 1 Sätze 2 und 3 gelten entsprechend.

(4) Voraussetzungen und Umfang der Beihilfefähigkeit von Aufwendungen von Beamtinnen und Beamten sowie deren berücksichtigungsfähigen Angehörigen mit dienstlichem Wohnsitz im Ausland bestimmen sich nach der **Anlage 4**.

Abschnitt VIII. Leistungsumfang, Verfahren

§ 46[1)] Bemessung der Beihilfen. (1) [1] Die Beihilfe bemisst sich nach den in Art. 96 Abs. 3 Satz 2 BayBG genannten personenbezogenen Vomhundertsätzen (Bemessungssätze). [2] Der Bemessungssatz für entpflichtete Hochschullehrer beträgt 50 v.H.; abweichend hiervon beträgt der Bemessungssatz dann 70 v.H., wenn dem entpflichteten Hochschullehrer auf Grund einer weiteren Beihilfeberechtigung nach § 2 Abs. 1 Nr. 2, die jedoch gemäß § 5 Abs. 1 Nr. 2 nachrangig ist, ein Bemessungssatz von 70 v.H. zustehen würde.

[1)] § 46 Abs. 1 Satz 1, Abs. 2 Satz 1 und Abs. 3 Sätze 1 und 2 geänd. mWv 1. 4. 2009 durch VO v. 16. 4. 2009 (GVBl S. 117).

(2) [1] Der nach Art. 96 Abs. 3 Satz 3 Halbsatz 2 BayBG bei mehreren Beihilfeberechtigten nur einmal zu gewährende erhöhte Bemessungssatz von 70 v.H. wird dem Beihilfeberechtigten gewährt, der die entsprechenden Kinderanteile des Familienzuschlags erhält. [2] Eine hiervon abweichende Zuordnung ist nur im Fall einer gemeinsamen anderweitigen Bestimmung durch die Beihilfeberechtigten möglich; bereits vor dem 1. Januar 2007 getroffene Vereinbarungen gelten fort. [3] Abweichende Bestimmungen nach Satz 2 sollen nur in Ausnahmefällen geändert werden.

(3) [1] Bei freiwilligen Mitgliedern der gesetzlichen Krankenversicherung wird ein nach Anrechnung von Kassenleistungen im Sinn von Art. 96 Abs. 2 Satz 4 BayBG verbleibender beihilfefähiger Differenzbetrag zu 100 v.H. erstattet (Differenzkostenbeihilfe). [2] Beihilfefähige Aufwendungen, zu denen die gesetzliche Krankenversicherung keine Zuschüsse gewährt, werden zu den jeweils nach Art. 96 Abs. 3 Satz 2 BayBG maßgebenden Bemessungssätzen erstattet.

(4) Für die Anwendung des Abs. 1 gelten die Aufwendungen

1. nach § 25 als Aufwendungen der jüngsten verbleibenden Person,
2. einer Begleitperson als Aufwendungen des Begleiteten,
3. nach § 42 Nrn. 1 bis 4 als Aufwendungen der Mutter,
4. nach § 42 Nr. 5 für das gesunde Neugeborene als Aufwendungen der Mutter.

(5) Für beihilfefähige Aufwendungen, für die trotz ausreichender und rechtzeitiger Versicherung wegen angeborener Leiden oder bestimmter Krankheiten auf Grund eines individuellen Ausschlusses keine Versicherungsleistungen gewährt werden oder für die die Leistungen auf Dauer eingestellt worden sind (Aussteuerung), erhöht sich der Bemessungssatz um 20 v.H., jedoch höchstens auf 90 v.H., wenn das Versicherungsunternehmen die Bedingungen nach § 257 Abs. 2 a Satz 1 Nrn. 1 bis 4 SGB V erfüllt.

(6) [1] Die oberste Dienstbehörde – im staatlichen Bereich das Staatsministerium der Finanzen – kann den Bemessungssatz erhöhen,

1. für Aufwendungen infolge einer Dienstbeschädigung,
2. in besonderen Ausnahmefällen, die nur bei Anlegung des strengsten Maßstabs anzunehmen sind; eine Erhöhung ist ausgeschlossen in Fällen der §§ 31 bis 39.

[2] Die oberste Dienstbehörde bzw. das Staatsministerium der Finanzen kann die Zuständigkeit nach Satz 1 auf eine andere Behörde übertragen.

§ 47[1)] Begrenzung der Beihilfen. (1) [1] Bei Leistungen von Dritten im Sinn von Art. 96 Abs. 2 Satz 2 BayBG handelt es sich um Leistungen aus einer Krankenversicherung, einer Pflegeversicherung, auf Grund von Rechtsvorschriften oder arbeitsvertraglichen Vereinbarungen. [2] Leistungen aus Krankentagegeld-, Krankenhaustagegeld-, Pflegetagegeld-, Pflegerentenzusatz- und Pflegerentenversicherungen – soweit diese nicht der Befreiung von der Versicherungspflicht nach § 22 SGB XI dienen – bleiben unberücksichtigt. [3] Dem Grunde nach beihilfefähig sind die in den §§ 8 bis 45 genannten Aufwendungen in tatsächlicher Höhe, für die im Einzelfall eine Beihilfe gewährt wird.

(2) [1] Die in Abs. 1 bezeichneten Leistungen sind durch Belege nachzuweisen. [2] Soweit Leistungen aus einer Krankenversicherung oder Pflegeversicherung nachweislich nach einem Vomhundertsatz bemessen werden, ist ein Einzelnachweis nicht erforderlich. [3] In diesem Fall wird die Leistung der Krankenversicherung oder Pflegeversicherung nach diesem Vomhundertsatz von den dem Grunde nach beihilfefähigen Aufwendungen errechnet. [4] Der Summe der mit einem Antrag geltend gemachten Aufwendungen ist die Summe der hierauf entfallenden Versicherungsleistungen gegenüberzustellen; Aufwendungen nach den §§ 29 bis 39 werden getrennt abgerechnet.

(3) [1] Die nach Anwendung des Art. 96 Abs. 3 Satz 2 BayBG sowie der nach Abs. 1 und 2 festgesetzten Beihilfe ist pro Beleg um die nach Art. 96 Abs. 3 Satz 5 BayBG vorgesehene Eigenbeteiligung zu mindern; die Abzugsbeträge gelten hierbei mit dem Datum des Entstehens der Aufwendungen als erbracht. [2] Die Minderung nach Satz 1 unterbleibt bei den in Art. 96 Abs. 3 Satz 6 Nrn. 1 und 2 BayBG genannten Personen bei allen Belegen. [3] Nach Art. 96 Abs. 3 Satz 6 Nr. 6 BayBG ist die festgesetzte Beihilfe für den Rest des Kalenderjahres, in dem die Eigenbeteiligungen entstanden sind, nicht mehr nach Satz 1 zu mindern, wenn die Belastungsgrenze nach Art. 96 Abs. 3 Satz 7 BayBG überschritten wird. [4] Hierzu hat die Beihilfestelle die individuelle Höchstgrenze anhand der im Januar eines Kalenderjahres maßgebenden Bezüge und Renten festzustellen. [5] Abweichend hiervon ist bei einem Beginn der Beihilfeberechtigung während des laufenden Kalenderjahres der Tag der Berufung in ein Beamtenver-

1) § 47 Abs. 1 Satz 1, Abs. 3 Sätze 1–3, 7 und 8 geänd. mWv 1. 4. 2009, Abs. 3 Satz 4 und 6 geänd., Satz 6 2. Halbs. angef. mWv 1. 5. 2009 durch VO v. 16. 4. 2009 (GVBl S. 117).

630

hältnis, im Fall von Hinterbliebenen der Todestag des verstorbenen Beihilfeberechtigten maßgebend. [6]Die nach den Sätzen 4 und 5 festgestellte Höchstgrenze vermindert sich bei verheirateten Beihilfeberechtigten um 15 v.H. und für jedes berücksichtigungsfähige Kind um den sich nach § 32 Abs. 6 Sätze 1 und 2 EStG ergebenden Betrag; auf der Basis des ggf. nach Halbsatz 1 geminderten fiktiven Jahresbetrags wird die individuelle Höchstgrenze von zwei v.H. bzw. eins v.H. errechnet. [7]Wurden im Jahr des Todes des verstorbenen Beihilfeberechtigten bereits Eigenbehalte nach Satz 1 berücksichtigt, werden diese bei der Feststellung des Grenzbetrags nach Art. 96 Abs. 3 Sätze 6 und 7 BayBG dem überlebenden Ehegatten zugerechnet. [8]Bei einem Beihilfeanspruch nach Art. 89 Abs. 4 und Art. 99 Abs. 1 Satz 2 BayBG kommt während einer Beurlaubung ohne Dienstbezüge Art. 96 Abs. 3 Satz 5 BayBG nicht zur Anwendung; bezüglich des Beginns und des Endes der Beurlaubung gilt Satz 5 entsprechend.

§ 48[1)] Verfahren. (1) [1]Beihilfen müssen vom Beihilfeberechtigten schriftlich beantragt werden. [2]Im staatlichen Bereich sind die vom Staatsministerium der Finanzen herausgegebenen Formblätter zu verwenden; zulässig sind auch amtliche EDV-Ausdrucke.

(2) [1]Beihilfen werden nur zu den Aufwendungen gewährt, die durch Belege nachgewiesen sind, soweit nichts anderes bestimmt ist. [2]Eine Beihilfe wird nur gewährt, wenn die mit dem Antrag geltend gemachten Aufwendungen insgesamt mehr als 200 € betragen. [3]Erreichen die Aufwendungen aus zehn Monaten diese Summe nicht, kann abweichend von Satz 2 auch hierfür eine Beihilfe gewährt werden, wenn diese Aufwendungen 15 € übersteigen.

(3) [1]Die Beihilfeanträge sind mit Belegen der Festsetzungsstelle vorzulegen; die Vorlage von Zweitschriften bzw. Rechnungskopien ist ausreichend. [2]Mit den übersandten Belegen ist entsprechend Art. 110 Abs. 2 Satz 2 BayBG zu verfahren. [3]Im staatlichen Bereich werden die übersandten Belege unter Berücksichtigung der Bestandskraft der einzelnen Festsetzungen von der jeweiligen Beihilfefestsetzungsstelle vernichtet. [4]Eine Rückgabe der Belege erfolgt nur auf ausdrücklichen Wunsch des Beihilfeberechtigten. [5]Die Sätze 1 und 3 gelten nicht in den Fällen des § 4 Abs. 2. [6]Die bei der Bearbeitung der Beihilfen bekannt gewordenen Angelegenheiten sind geheim zu halten.

(4) Beihilfebescheide können auch in elektronischer Form übermittelt werden, sofern der Beihilfeberechtigte diesem Verfahren zustimmt.

(5) Dem Beihilfeberechtigten können Abschlagszahlungen geleistet werden.

(6) Ist in den Fällen des § 29 Abs. 5 Satz 3, § 30 Abs. 6 Satz 2 Nr. 2, § 45 Abs. 3 Satz 1 Nr. 3 die vorherige Anerkennung der Beihilfefähigkeit unterblieben, wird eine Beihilfe nur gewährt, wenn das Versäumnis entschuldbar ist und die sachlichen Voraussetzungen für eine Anerkennung der Beihilfefähigkeit nachgewiesen sind.

(7) [1]Eine Beihilfe wird nur gewährt, wenn sie innerhalb eines Jahres nach Entstehen der Aufwendungen oder der Ausstellung der Rechnung beantragt wird. [2]Für den Beginn der Frist ist bei Beihilfen nach § 32 Abs. 2 Satz 2 der letzte Tag des Monats, in dem die Pflege erbracht wurde und bei Aufwendungen nach § 30 Abs. 5 Satz 1 Nr. 7 der Tag der Beendigung der Heilkur maßgebend. [3]Hat ein Sozialhilfeträger vorgeleistet, beginnt die Frist mit dem Ersten des Monats, der auf den Monat folgt, in dem der Sozialhilfeträger die Aufwendungen bezahlt.

(8) [1]Zur Überprüfung von Notwendigkeit und Angemessenheit einzelner geltend gemachter Aufwendungen kann die Festsetzungsstelle Gutachterinnen bzw. Gutachter, Beratungsärztinnen bzw. Beratungsärzte und sonstige geeignete Stellen unter Übermittlung der erforderlichen Daten beteiligen, wobei personenbezogene Daten nur mit Einwilligung des Beihilfeberechtigten übermittelt werden dürfen. [2]Die Zuerkennung der Eignung setzt voraus, dass die mit der Bewertung betrauten Personen nach dem Verpflichtungsgesetz zur Wahrung der Daten verpflichtet werden.

Abschnitt IX. Schlussbestimmungen

§ 49 Durchführungsbestimmungen, Ausnahmen. (1) Das Staatsministerium der Finanzen erlässt Durchführungsbestimmungen zur Gewährung von Beihilfen nach Maßgabe dieser Verordnung.

(2) Ist der Tod eines Beihilfeberechtigten während einer Dienstreise oder einer Abordnung oder vor der Ausführung eines dienstlich bedingten Umzugs außerhalb des Familienwohnsitzes der verstorbenen Person eingetreten, sind die Kosten der Überführung der Leiche oder Urne beihilfefähig; der Bemessungssatz für diese Kosten beträgt 100 v.H.

[1)] § 48 Abs. 3 Satz 2 geänd. mWv 1. 4. 2009, Abs. 2 Satz 3 geänd., Abs. 3 Satz 4 geänd., Halbs. 2 aufgeh., Abs. 8 bish. Halbs. 1 wird Satz 1 und geänd., bish. Halbs. 2 wird Satz 2 und geänd. mWv 1. 5. 2009 durch VO v. 16. 4. 2009 (GVBl S. 117).

(3) Die oberste Dienstbehörde – im staatlichen Bereich das Staatsministerium der Finanzen – kann in besonders begründeten Ausnahmefällen, die nur bei Anlegung des strengsten Maßstabs anzunehmen sind, über diese Verordnung hinaus die Gewährung von Beihilfen zulassen.

§ 50 Inkrafttreten. Diese Verordnung tritt mit Wirkung vom 1. Januar 2007 in Kraft.

§ 51[1] Übergangsvorschriften. (1) Auf die im Zeitpunkt des Inkrafttretens dieser Vorschrift vorhandenen Empfänger von Versorgungsbezügen nach § 2 Abs. 1 Nr. 2 und deren berücksichtigungsfähige Ehegatten sowie Witwen und Witwer (§ 2 Abs. 1 Nr. 3) und die in § 61 Abs. 2 Sätze 2 und 3 BeamtVG bezeichneten Waisen findet § 47 Abs. 1 und 2 keine Anwendung, wenn diese Personen am 1. Oktober 1985 in einem Festkostentarif einer privaten Krankenversicherung versichert sind und solange dieser Tarif beibehalten wird.

(2) Für Aufwendungen, die vor dem 1. Januar 2007 entstanden sind, sind die am 18. September 2006 in Bayern geltenden Beihilfebestimmungen maßgebend.

[1] § 51 Abs. 1 geänd. mWv 1. 5. 2009 durch VO v. 16. 4. 2009 (GVBl S. 117).

640. Verordnung über den Mutterschutz für Beamtinnen (Bayerische Mutterschutzverordnung – BayMuttSchV)

In der Fassung der Bekanntmachung vom 7. Oktober 2003[1]
(GVBl S. 785)

BayRS 2030-2-26-F

geänd. durch § 18 Bayerisches DisziplinarG v. 24. 12. 2005 (GVBl S. 665) und § 11 BayBG-AnpassungsVO v. 1. 4. 2009 (GVBl S. 79)

Auf Grund von Art. 88 Abs. 1 Satz 1 Nr. 1 des Bayerischen Beamtengesetzes (BayBG) in der Fassung der Bekanntmachung vom 27. August 1998 (GVBl S. 702), BayRS 2030-1-1-F), zuletzt geändert durch § 3 vom 7. August 2003 (GVBl S. 503), und Art. 52 Nr. 1 des Gesetzes über kommunale Wahlbeamte – KWBG – (BayRS 2022-1-I), zuletzt geändert durch § 1 Nr. 12 des Gesetzes vom 7. August 2003 (GVBl S. 497), erlässt die Bayerische Staatsregierung folgende Verordnung:

§ 1[2] [Geltungsbereich] (1) Die Verordnung gilt für die Beamtinnen des Staates, der Gemeinden, der Gemeindeverbände und der sonstigen unter der Aufsicht des Staates stehenden Körperschaften, Anstalten und Stiftungen des öffentlichen Rechts, einschließlich der kommunalen Wahlbeamtinnen auf Zeit.

(2) Für Richterinnen und Dienstanfängerinnen (Art. 35 BayBG) gilt die Verordnung entsprechend, soweit durch besondere Rechtsvorschriften nichts anderes bestimmt ist.

§ 2 [Beschäftigungsverbot] (1) Eine Beamtin darf während ihrer Schwangerschaft nicht beschäftigt werden, soweit nach ärztlichem Zeugnis Leben oder Gesundheit von Mutter oder Kind bei Fortdauer der Dienstleistung gefährdet ist.

(2) In den letzten sechs Wochen vor der Entbindung darf die Beamtin nicht beschäftigt werden, es sei denn, dass sie sich zur Dienstleistung ausdrücklich bereit erklärt; die Erklärung kann jederzeit widerrufen werden.

§ 3 [Einzelfälle] (1) Während ihrer Schwangerschaft darf eine Beamtin nicht mit schweren körperlichen Arbeiten und nicht mit Arbeiten beschäftigt werden, bei denen sie schädlichen Einwirkungen von gesundheitsgefährdenden Stoffen oder Strahlen, von Staub, Gasen oder Dämpfen, von Hitze, Kälte oder Nässe, von Erschütterungen oder Lärm ausgesetzt ist.

(2) Dies gilt besonders

1. für Arbeiten, bei denen regelmäßig Lasten von mehr als 5 kg Gewicht oder gelegentlich Lasten von mehr als 10 kg Gewicht ohne mechanische Hilfsmittel von Hand gehoben, bewegt oder befördert werden; sollen größere Lasten mit mechanischen Hilfsmitteln von Hand gehoben, bewegt oder befördert werden, so darf die körperliche Beanspruchung der werdenden Mutter nicht größer sein als für Arbeiten nach Halbsatz 1;
2. für Arbeiten, bei denen die Beamtin ständig stehen muss, soweit diese Beschäftigung nach Ablauf des fünften Monats der Schwangerschaft täglich vier Stunden überschreitet;
3. für Arbeiten, bei denen die Beamtin sich häufig erheblich strecken oder beugen oder bei denen sie dauernd hocken oder sich gebückt halten muss;
4. für die Bedienung von Geräten und Maschinen aller Art mit hoher Fußbeanspruchung, insbesondere von solchen mit Fußantrieb;
5. für Arbeiten, bei denen die Beamtin infolge ihrer Schwangerschaft in besonderem Maße der Gefahr, an einer Berufskrankheit zu erkranken, ausgesetzt ist oder bei denen durch das Risiko der Entstehung einer Berufskrankheit eine erhöhte Gefährdung für die werdende Mutter oder eine Gefahr für die Leibesfrucht besteht;
6. für die Tätigkeit auf Beförderungsmitteln nach Ablauf des dritten Monats der Schwangerschaft;
7. für Fließarbeit mit vorgeschriebenem Arbeitstempo, es sei denn, dass die Art der Arbeit und das Arbeitstempo nach Feststellung der obersten Dienstbehörde eine Beeinträchtigung der Gesundheit der Beamtin oder des Kindes nicht befürchten lassen;

[1] Neubekanntmachung der MutterschutzVO v. 7. 10. 2003 (GVBl S. 785) in der ab 1. 9. 2003 geltenden Fassung.
[2] § 1 Abs. 2 geänd. mWv 1. 4. 2009 durch VO v. 1. 4. 2009 (GVBl S. 79).

8. für Arbeiten, bei denen die Beamtin erhöhten Unfallgefahren, insbesondere der Gefahr auszugleiten oder zu fallen, ausgesetzt ist.

§ 3 a [Anzuwendende Schutzvorschrift] Die §§ 1 bis 5 der Verordnung zum Schutze der Mütter am Arbeitsplatz vom 15. April 1997 (BGBl I S. 782) sind in der jeweils geltenden Fassung entsprechend anzuwenden.

§ 4 [Befreiung] (1) [1] In den ersten acht Wochen nach der Entbindung darf eine Beamtin nicht zur Dienstleistung herangezogen werden; diese Frist verlängert sich bei Früh- oder Mehrlingsgeburten auf zwölf Wochen, bei Frühgeburten oder sonstigen vorzeitigen Entbindungen zusätzlich um den Zeitraum, der nach § 2 Abs. 2 nicht in Anspruch genommen werden konnte. [2] Beim Tod ihres Kindes kann die Mutter auf ihr ausdrückliches Verlangen schon vor Ablauf dieser Fristen, aber noch nicht in den ersten zwei Wochen nach der Entbindung, wieder beschäftigt werden, wenn nach ärztlichem Zeugnis nichts dagegen spricht. [3] Sie kann ihre Erklärung jederzeit widerrufen.

(2) Eine Beamtin, die in den ersten Monaten nach der Entbindung nach ärztlichem Zeugnis nicht voll dienstfähig ist, darf nicht zu einem ihre Leistungsfähigkeit übersteigenden Dienst herangezogen werden.

(3) Solange eine Beamtin stillt, darf sie nicht zu den in § 3 Abs. 1 und Abs. 2 Nr. 1, 3, 4, 5, 7 und 8 genannten Arbeiten herangezogen werden.

§ 5[1)] [Besoldung] [1] Durch die Beschäftigungsverbote der §§ 2, 3 und 4 sowie des § 9 hinsichtlich des Dienstes zu ungünstigen Zeiten und des Wechselschicht- oder Schichtdienstes wird die Zahlung der Dienstbezüge und Anwärterbezüge nicht berührt. [2] Das Gleiche gilt für das Dienstversäumnis während der Stillzeit (§ 8). [3] Bemessungsgrundlage für die Zahlung der Zulagen für Dienst zu ungünstigen Zeiten und für Wechselschicht- oder Schichtdienst (§§ 3, 4 und 20 der Erschwerniszulagenverordnung in der am 1. September 2006 geltenden Fassung) sowie für die Vergütung nach der Vollstreckungsvergütungsverordnung ist der Durchschnitt der Zulagen und der Vergütungen der letzten drei Monate vor Beginn des Monats, in dem die Schwangerschaft eingetreten ist.

§ 5 a [Zuschuss] [1] Soweit die in § 2 Abs. 2 und in § 4 Abs. 1 genannten Zeiten sowie der Entbindungstag in eine Elternzeit fallen, erhält die Beamtin einen Zuschuss von 13 € je Kalendertag, wenn sie während der Elternzeit nicht teilzeitbeschäftigt ist. [2] Bei einer Beamtin, deren Dienstbezüge oder Anwärterbezüge (ohne die mit Rücksicht auf den Familienstand gewährten Zuschläge und ohne Aufwandsentschädigung sowie ohne Auslandsdienstbezüge nach § 52 Abs. 1 Satz 3 des Bundesbesoldungsgesetzes) vor Beginn der Elternzeit die Versicherungspflichtgrenze in der gesetzlichen Krankenversicherung überschreiten, ist der Zuschuss auf 205 € begrenzt.

§ 6 [Ruhemöglichkeiten] Wird eine Beamtin während ihrer Schwangerschaft oder solange sie stillt mit Arbeiten beschäftigt, bei denen sie ständig stehen oder gehen muss, ist für sie eine Sitzgelegenheit zum kurzen Ausruhen bereitzustellen; wird sie mit Arbeiten beschäftigt, bei denen sie ständig sitzen muss, ist ihr Gelegenheit zu kurzen Unterbrechungen ihres Dienstes zu geben.

§ 7 [Mitteilungspflicht] (1) [1] Sobald einer schwangeren Beamtin ihr Zustand bekannt ist, soll sie ihn dem Dienstvorgesetzten mitteilen und dabei den mutmaßlichen Tag der Entbindung angeben. [2] Auf Verlangen des Dienstvorgesetzten soll sie das Zeugnis eines Arztes oder einer Hebamme vorlegen.

(2) [1] Für die Berechnung der in § 2 Abs. 2 und § 3 Abs. 2 Nr. 2 und 6 bezeichneten Zeiträume vor der Entbindung ist das Zeugnis eines Arztes oder einer Hebamme maßgebend; das Zeugnis soll den mutmaßlichen Tag der Entbindung angeben. [2] Irrt sich der Arzt oder die Hebamme über den Zeitpunkt der Entbindung, so verkürzt oder verlängert sich die Frist entsprechend.

(3) Die Kosten für die Zeugnisse nach den Abs. 1 und 2 trägt der Dienstherr.

§ 8 [Stillpausen] (1) [1] Die zum Stillen erforderliche Zeit, mindestens aber zweimal täglich eine halbe Stunde oder einmal täglich eine Stunde, ist einer Beamtin auf ihr Verlangen freizugeben. [2] Bei einer zusammenhängenden Arbeitszeit von mehr als acht Stunden soll auf Verlangen zweimal eine Stillzeit von mindestens 45 Minuten oder, wenn in der Nähe der Arbeitsstätte keine Stillgelegenheit vorhanden ist, einmal eine Stillzeit von mindestens 90

[1)] § 5 Satz 3 geänd. mWv 1. 4. 2009 durch VO v. 1. 4. 2009 (GVBl S. 79).

Minuten gewährt werden. [3] Die Arbeitszeit gilt als zusammenhängend, soweit sie nicht durch eine Ruhepause von mindestens zwei Stunden unterbrochen wird.

(2) Die Stillzeit darf nicht vor- oder nachgearbeitet und nicht auf die in Rechts- oder Verwaltungsvorschriften festgesetzten Ruhepausen angerechnet werden.

§ 9 [Mehrarbeitsverbot] (1) Während ihrer Schwangerschaft oder solange sie stillt, darf eine Beamtin nicht zur Mehrarbeit und nicht zwischen 20 Uhr und 6 Uhr sowie nicht an Sonn- und Feiertagen zur Dienstleistung herangezogen werden.

(2) Mehrarbeit im Sinn des Abs. 1 ist jede Dienstleistung, die

1. von Beamtinnen unter 18 Jahren (jugendliche Beamtinnen) über acht Stunden täglich oder über 80 Stunden in der Doppelwoche,
2. von sonstigen Beamtinnen über achteinhalb Stunden täglich oder über 90 Stunden in der Doppelwoche

hinaus geleistet wird.

(3) Im Verkehrswesen und in Krankenpflegeanstalten dürfen Beamtinnen während ihrer Schwangerschaft oder solange sie stillen, abweichend von Abs. 1, an Sonn- und Feiertagen beschäftigt werden, wenn ihnen in jeder Woche einmal eine ununterbrochene Ruhezeit von mindestens 24 Stunden im Anschluss an eine Nachtruhe gewährt wird.

(4) [1] Die oberste Dienstbehörde kann in begründeten Fällen Ausnahmen von den vorstehenden Vorschriften zulassen. [2] Dies gilt nicht, soweit es sich um jugendliche Beamtinnen handelt.

§ 10 [Ausfallzeiten] [1] Für den Anspruch auf Erholungsurlaub und dessen Dauer gelten die Ausfallzeiten wegen mutterschutzrechtlicher Beschäftigungsverbote als Beschäftigungszeiten. [2] Hat die Beamtin ihren Urlaub vor Beginn der Beschäftigungsverbote nicht oder nicht vollständig erhalten, so kann sie nach Ablauf der Fristen den Resturlaub im laufenden oder nächste Urlaubsjahr beanspruchen.

§ 11[1)] [Kündigungsverbot] (1) [1] Während der Schwangerschaft und innerhalb von vier Monaten nach der Entbindung darf die Entlassung einer Beamtin auf Probe oder auf Widerruf gegen ihren Willen nicht ausgesprochen werden, wenn dem Dienstvorgesetzten die Schwangerschaft oder die Entbindung bekannt war. [2] Eine ohne diese Kenntnis ergangene Entlassungsverfügung ist zurückzunehmen, wenn dem Dienstvorgesetzten die Schwangerschaft oder die Entbindung innerhalb zweier Wochen nach der Zustellung mitgeteilt wird; das Überschreiten dieser Frist ist unbeachtlich, wenn es auf einem von der Beamtin nicht zu vertretenden Grund beruht und die Mitteilung unverzüglich nachgeholt wird.

(2) Auch bei Vorliegen der Voraussetzungen des Abs. 1 kann eine Entlassung ausgesprochen werden, wenn ein Sachverhalt gegeben ist, bei dem eine Beamtin auf Lebenszeit im Wege des gerichtlichen Disziplinarverfahrens aus dem Dienst zu entfernen wäre.

(3) §§ 22 und 23 BeamtStG und Art. 55 Satz 1 BayBG sowie Art. 16 bis 18 KWBG bleiben unberührt.

§ 12 [Aushang] In jeder Dienststelle, bei der regelmäßig mehr als drei Beamtinnen tätig sind, ist ein Abdruck dieser Verordnung an geeigneter Stelle zur Einsicht auszulegen.

§ 12a [Dienstherr] Für kommunale Wahlbeamtinnen auf Zeit, die keinen Dienstvorgesetzten haben, tritt an die Stelle des Dienstvorgesetzten und der obersten Dienstbehörde der Dienstherr.

§ 13 [Inkrafttreten] (1) [1] Diese Verordnung tritt mit Ausnahme von § 10 am 1. Oktober 1966 in Kraft. [2] § 10 tritt am 1. Januar 1968 in Kraft[2)].

(2) [1] Mit dem In-Kraft-Treten dieser Verordnung tritt die Bekanntmachung des Staatsministeriums der Finanzen über den Mutterschutz für Beamtinnen vom 28. November 1955 (BayBSVFin I S. 185) mit Ausnahme von § 8 außer Kraft. [2] Diese Bestimmung, die durch die Bekanntmachung des Staatsministeriums der Finanzen vom 7. August 1958 (StAnz Nr. 33, FMBl S. 1014) geändert wurde, ist rückwirkend vom 1. September 1965 bis zum In-Kraft-Treten des § 10 weiter mit der Maßgabe anzuwenden, dass die Worte „660 Deutsche Mark" durch die Worte „900 Deutsche Mark" ersetzt werden.

[1)] § 11 Abs. 2 geänd. mWv 1. 1. 2006 durch G v. 24. 12. 2005 (GVBl S. 665); Abs. 3 geänd. mWv 1. 4. 2009 durch VO v. 1. 4. 2009 (GVBl S. 79).

[2)] **Amtl. Anm.:** Diese Vorschrift betrifft das In-Kraft-Treten der Verordnung in der Ursprünglichen Fassung vom 13. September 1966 (GVBl S. 315). Der Zeitpunkt des In-Kraft-Tretens der späteren Änderungen ergibt sich aus den jeweiligen Änderungsverordnungen.

650. Verordnung über die Arbeitszeit für den bayerischen öffentlichen Dienst (Arbeitszeitverordnung – AzV)[1)]

Vom 25. Juli 1995
(GVBl S. 409)

BayRS 2030-2-20-F

geänd. durch § 1 ÄndVO der ArbeitszeitVO v. 17. 12. 1996 (GVBl S. 548), § 3 VO zur Änd. urlaubs-, nebentätigkeits- und arbeitsrechtlicher Vorschriften für Beamte v. 27. 7. 1999 (GVBlS. 336), Art. 14 Haushaltsgesetz–HG–2003/2004 v. 24. 12. 2002 (GVBlS. 937), § ÄndG dienstrechtlicher und erziehungsgeldrechtlicher Vorschriften v. 25. 6. 2003 (GVBlS. 374), § 1 ÄndV der ArbeitszeitVO v. 27. 7. 2004 (GVBl S. 347), § 1 VO zur Änd. der ArbeitszeitVO v. 3. 7. 2007 (GVBl S. 451), § 6 VO zur Anpassung von RechtsVOen an das Bayerische BeamtenG v. 1. 4. 2009 (GVBl S. 79) und § 1 VO zur Änd. der ArbeitszeitVO und der UrlaubsVO v. 15. 12. 2009 (GVBl S. 643)

Auf Grund von Art. 80 Abs. 1 und Art. 88a Abs. 2 Satz 3 des Bayerischen Beamtengesetzes und § 19 des Arbeitszeitgesetzes vom 6. Juni 1994 (BGBl. I S. 1170) erläßt die Bayerische Staatsregierung folgende Verordnung:

§ 1 Geltungsbereich. Diese Verordnung gilt für die Beamten und Dienstanfänger des Staates, der Gemeinden, der Gemeindeverbände und der sonstigen unter der Aufsicht des Staates stehenden Körperschaften, Anstalten und Stiftungen des öffentlichen Rechts.

§ 2[2)] Regelmäßige Arbeitszeit. (1) [1] Die regelmäßige Arbeitszeit beträgt im Durchschnitt

bis zur Vollendung des 50. Lebensjahres	42 Stunden,
ab Beginn des 51. Lebensjahres bis zur Vollendung des 60. Lebensjahres	41 Stunden,
ab Beginn des 61. Lebensjahres	40 Stunden

in der Woche.
[2] Stichtag für die Bemessung der Arbeitszeit ist der Erste des Monats, in dem das nach Satz 1 maßgebliche Lebensjahr erreicht wird. [3] Bei Lehrkräften an öffentlichen Schulen und Förderlehrern, die in der Zeit vom 1. August bis 31. Januar das nach Satz 1 maßgebliche Lebensjahr vollenden, gilt als Stichtag der Beginn des Schuljahres; im Übrigen gilt als Stichtag der Beginn des folgenden Schuljahres. [4] Die regelmäßige Arbeitszeit vermindert sich für gesetzliche Feiertage sowie für sonstige ganz oder teilweise dienstfreie Tage (§ 5 Abs. 2 und 3), soweit sie auf die Tage von Montag bis Freitag fallen, um die Arbeitszeit, die an diesen Tagen nach § 7 Abs. 2 Sätze 2 und 3 oder § 8 Abs. 1 Satz 2 zu leisten wäre.

(2) [1] Die durchschnittliche wöchentliche Arbeitszeit ermäßigt sich entsprechend dem Umfang einer bewilligten Teilzeitbeschäftigung. [2] Sie ist innerhalb einer Woche zu erbringen. [3] Wenn die dienstlichen Verhältnisse es zulassen, kann die Arbeitszeit abweichend von Satz 2 aufgeteilt werden; dabei muß innerhalb eines Zeitraums von höchstens zwölf Monaten die auf diesen Zeitraum entfallende ermäßigte Arbeitszeit erbracht werden. [4] § 7 und § 9 Abs. 2 bleiben unberührt.

(3) [1] Oberste Dienstbehörden und von ihnen ermächtigte Behörden können für einzelne Verwaltungszweige, Betriebe oder bestimmte Beamtengruppen die Arbeitszeit verlängern oder verkürzen, wenn die dienstlichen Verhältnisse es erfordern. [2] Eine abweichende Einteilung der Arbeitszeit nach Satz 1 ist innerhalb von zwölf Monaten auszugleichen.

(4) [1] Die wöchentliche Arbeitszeit einschließlich Mehrarbeit darf im Durchschnitt 48 Stunden nicht überschreiten. [2] Die tägliche Arbeitszeit soll 10 Stunden nicht übersteigen, sofern nicht Mehrarbeit angeordnet oder genehmigt ist. [3] Vorbehaltlich der Regelungen in Art. 88 Abs. 4 und Art. 91 Abs. 2 Satz 1 Nr. 2 BayBG ist für die Berechnung des Durchschnitts der Arbeitszeit ein Zeitraum von zwölf Monaten zugrunde zu legen. [4] Zeiten des Erholungsurlaubs sowie einer Dienstunfähigkeit bleiben bei der Berechnung unberücksichtigt.

(5) Pausen werden in die Arbeitszeit nicht eingerechnet.

650

[1)] Die Änderungen durch die VO v. 15. 12. 2009 (GVBl S. 643) treten erst **mWv 1. 8. 2012** und **mWv 1. 8. 2013** in Kraft und sind im Text noch nicht berücksichtigt.
[2)] § 2 Abs. 1 Satz 1 neu gef., Sätze 2 und 3 eingef., bish. Satz 2 wird Satz 4 und geänd., Abs. 2 Satz 3 geänd. mWv 1. 9. 2004 durch VO v. 27. 7. 2004 (GVBl S. 347); Abs. 3 Satz 2 und Abs. 4 neu gef. mWv 1. 9. 2007 durch VO v. 3. 7. 2007 (GVBl S. 451); Abs. 4 Satz 3 geänd. mWv 1. 4. 2009 durch VO v. 1. 4. 2009 (GVBl S. 79).

§ 3[1] Ruhezeit. (1) [1] Pro 24-Stunden-Zeitraum ist eine zusammenhängende Ruhezeit von mindestens 11 Stunden und innerhalb eines Siebentageszeitraums eine zusätzliche zusammenhängende Mindestruhezeit von 24 Stunden zu gewähren. [2] Für die Mindestruhezeit von 24 Stunden gilt ein Bezugszeitraum von 14 Tagen.

(2) [1] Von Abs. 1 können oberste Dienstbehörden oder von ihnen ermächtigte Behörden Ausnahmen zulassen, wenn zwingende dienstliche Belange im Sinn des Art. 17 Abs. 3 und 4 der Richtlinie 2003/88/EG des Europäischen Parlaments und des Rates vom 4. November 2003 über bestimmte Aspekte der Arbeitszeitgestaltung (ABl EU Nr. L 299 S. 9) es erfordern und gleichwertige Ausgleichsruhezeiten gewährt werden. [2] Soweit Ausgleichsruhezeiten nach Satz 1 aus objektiven Gründen nicht möglich sind, ist ein angemessener Schutz der Gesundheit durch geeignete Maßnahmen zu gewährleisten.

§ 4[2] Dienst in Bereitschaft. (1) [1] Wenn der Dienst Bereitschaftsdienst einschließt, können oberste Dienstbehörden und von ihnen ermächtigte Behörden die Arbeitszeit entsprechend den dienstlichen Bedürfnissen in angemessenem Verhältnis verlängern. [2] Hierbei darf in einem Bezugszeitraum von zwölf Monaten die durchschnittliche wöchentliche Arbeitszeit 48 Stunden nicht überschreiten. [3] Der Anteil des Bereitschaftsdienstes beträgt bei Beamten in Laufbahnen des feuerwehrtechnischen Dienstes im Regelfall nicht mehr als 18 Stunden in der Woche.

(2) [1] Unter Beachtung der allgemeinen Grundsätze der Sicherheit und des Gesundheitsschutzes der Beamten kann die Arbeitszeit auf bis zu 56 Stunden in der Woche verlängert werden, wenn

1. Beamte sich hierzu schriftlich bereit erklären,
2. Beamten, die eine Erklärung nach Nr. 1 nicht abgeben, hieraus keine Nachteile entstehen,
3. die Beschäftigungsbehörde aktuelle Listen über alle Beamten führt, die eine Erklärung nach Nr. 1 abgegeben haben; die Listen sind auf Verlangen den für den Arbeitsschutz zuständigen Behörden zur Verfügung zu stellen.

[2] Bei Beamten in Laufbahnen des feuerwehrtechnischen Dienstes soll bei einer Wochenarbeitszeit im Sinn des Satzes 1 von 56 Stunden der Anteil des Bereitschaftsdienstes in der Regel 31 Stunden betragen; dieses Verhältnis gilt entsprechend, wenn die Wochenarbeitszeit auf weniger als 56 Stunden verlängert wird.

(3) [1] Bei den in klinischen Einrichtungen tätigen Beamten, die außerhalb der regelmäßigen wöchentlichen Arbeitszeit Bereitschaftsdienst leisten, gilt Abs. 2 mit der Maßgabe, dass die Arbeitszeit

1. bei einer Arbeitsleistung innerhalb des Bereitschaftsdienstes von mehr als 25 v. H. bis zu 49 v. H. auf bis zu 54 Stunden,
2. bei einer Arbeitsleistung innerhalb des Bereitschaftsdienstes von bis zu 25 v. H. auf bis zu 58 Stunden und
3. in sonstigen begründeten Einzelfällen auf bis zu 66 Stunden

in der Woche verlängert werden kann. [2] Abs. 2 Satz 2 findet keine Anwendung.

(4) [1] Die Erklärung nach Abs. 2 Satz 1 Nr. 1 kann zum Ablauf eines Kalenderhalbjahres mit einer Frist von sechs Monaten schriftlich widerrufen werden. [2] Beamte sind auf die Widerrufsmöglichkeit hinzuweisen.

§ 5 Arbeitstage. (1) [1] Arbeitstage sind die Werktage. [2] Der Samstag ist grundsätzlich dienstfrei. [3] Satz 2 gilt nicht für den Bereich der öffentlichen Schulen.

(2) Allgemein dienstfrei ist der 24. und 31. Dezember.

(3) [1] Die Staatsregierung kann bei besonderen Anlässen anordnen, daß an einzelnen Arbeitstagen der Dienst ganz oder teilweise entfällt; in örtlich bedingten Ausnahmefällen können oberste Dienstbehörden eine solche Anordnung treffen. [2] Hierbei kann auch angeordnet werden, daß die ausfallende Arbeitszeit innerhalb einer bestimmten Frist einzuarbeiten ist; die tägliche Arbeitszeit soll jedoch grundsätzlich nicht mehr als 10 Stunden betragen.

§ 6 Dienst an Sonn- und Feiertagen oder zu dienstfreien Zeiten. (1) [1] Wenn es die dienstlichen Verhältnisse erfordern, können oberste Dienstbehörden und von ihnen ermächtigte Behörden Dienst an Sonn- und Feiertagen oder zu dienstfreien Zeiten (§ 5) anordnen. [2] In diesem Fall soll eine entsprechende, möglichst zeitnahe zusammenhängende Freizeit an anderen

---

[1] § 3 eingef. mWv 1. 9. 2007 durch VO v. 3. 7. 2007 (GVBl S. 451).
[2] § 4 neu gef. mWv 1. 9. 2007 durch VO v. 3. 7. 2007 (GVBl S. 451).

Tagen gewährt werden. [3] Beamte sollen grundsätzlich an nicht mehr als der Hälfte der Sonntage zum Dienst eingeteilt werden, wenn die dienstlichen Verhältnisse es zulassen.

(2) Bei Nachtdienst ist die besondere Beanspruchung der Arbeitskraft in der Dienstgestaltung zu berücksichtigen.

§ 7[1)] Gleitende Arbeitszeit. (1) [1] Beamte haben die tägliche Arbeitszeit im Rahmen der gleitenden Arbeitszeit abzuleisten. [2] Die können hierbei Beginn und Ende der täglichen Arbeitszeit nach Maßgabe der Absätze 2 bis 7 selbst bestimmen. [3] Die Arbeitszeit ist durch elektronische Zeiterfassungsgeräte zu erfassen. [4] In begründeten Fällen kann die Dienststellenleitung Ausnahmen von Satz 3 zulassen.

(2) [1] Im Rahmen der gleitenden Arbeitszeit dürfen täglich grundsätzlich nicht mehr als 10 Stunden auf die Sollzeit angerechnet werden; wenn es die dienstlichen Verhältnisse erfordern, können hiervon Ausnahmen zugelassen werden. [2] Die Sollzeit ist der auf den einzelnen Arbeitstag entfallende Anteil der regelmäßigen Arbeitszeit im Sinn des § 2 Abs. 1 Satz 1. [3] Die Dienststellenleitung legt die tägliche Sollzeit unter Berücksichtigung der dienstlichen und örtlichen Verhältnisse fest; sie beträgt in den staatlichen Verwaltungen mindestens 6 und höchstens 10 Stunden. [4] Die Sollzeit ermäßigt sich entsprechend dem Umfang einer bewilligten Teilzeitbeschäftigung; § 2 Abs. 2 Satz 3 gilt entsprechend.

(3) Die Arbeit ist spätestens nach sechs Stunden durch eine Pause von mindestens 30 Minuten zu unterbrechen.

(4) [1] In den staatlichen Verwaltungen muss die tägliche Mindestanwesenheitszeit (Präsenzzeit) ausschließlich der Pausen mindestens 4 Stunden betragen. [2] Die Rahmenzeit darf täglich 14 Stunden nicht überschreiten. [3] Wenn die dienstlichen Verhältnisse es erfordern, können oberste Dienstbehörden oder die von ihnen ermächtigten Behörden Beginn und Ende der Präsenzzeit festlegen und hierzu weitere Regelungen treffen sowie Ausnahmen von Satz 1 und Satz 2 zulassen.

(5) [1] Unterschreitungen oder Überschreitungen der täglichen Sollzeit sollen innerhalb des Abrechnungszeitraums ausgeglichen werden; der Abrechnungszeitraum darf nicht mehr als zwölf Monate umfassen. [2] Arbeitszeitrückstände dürfen 40 Stunden nicht überschreiten. [3] Die Übertragung von Arbeitszeitguthaben über den Abrechnungszeitraum hinaus ist durch die obersten Dienstbehörden oder die von ihnen ermächtigten Behörden zu begrenzen.

(6) [1] Gegen Einarbeitung der ausfallenden Arbeitszeit können bis zu 24 Tage im Kalenderjahr freigegeben werden. [2] Im Übrigen ist ein Arbeitszeitausgleich während der Präsenzzeit nur für dienstlich angeordnete oder genehmigte Mehrarbeit zulässig.

(7) [1] Die zur näheren Ausgestaltung der gleitenden Arbeitszeit im staatlichen Bereich erforderlichen Rahmenbestimmungen erläßt das Staatsministerium der Finanzen im Benehmen mit den anderen obersten Dienstbehörden. [2] Die obersten Dienstbehörden können mit Zustimmung des Staatsministeriums der Finanzen von den Rahmenbestimmungen abweichende Regelungen treffen, soweit besondere Verhältnisse dies erfordern.

(8) Die Absätze 1 bis 7 gelten nicht für Lehrer an öffentlichen Schulen sowie für das wissenschaftliche, künstlerische und technische Personal an den Hochschulen; hiervon abweichend kann an Hochschulen die gleitende Arbeitszeit durch Dienstvereinbarung nach Maßgabe der Abs. 1 bis 7 festgelegt werden.

§ 8[2)] Feste Arbeitszeit. (1) [1] Abweichend von § 7 kann die feste Arbeitszeit angeordnet werden; in staatlichen Verwaltungen jedoch nur dann, wenn zwingende dienstliche Verhältnisse es erfordern. [2] Der Dienststellenleiter legt die tägliche Arbeitszeit unter Berücksichtigung der dienstlichen und örtlichen Verhältnisse fest. [3] Die tägliche Arbeitszeit soll grundsätzlich 9 Stunden nicht überschreiten. [4] In den staatlichen Verwaltungen muß der Dienst spätestens um 8.30 Uhr beginnen und darf von Montag bis Donnerstag nicht vor 16.00 Uhr, am Freitag nicht vor 14.00 Uhr enden. [5] Oberste Dienstbehörden und von ihnen ermächtigte Behörden können bei dringenden dienstlichen Bedürfnissen Abweichungen von den Sätzen 3 und 4 zulassen.

(2) [1] Die Pause beträgt mindestens 30 Minuten. [2] Bei einer Arbeitszeit von mehr als 9 Stunden beträgt die Pause mindestens 45 Minuten; die Pause kann in zwei Zeitabschnitte aufgeteilt werden. [3] Die Arbeit ist spätestens nach sechs Stunden durch eine Pause von mindestens 30 Minuten zu unterbrechen.

[1)] § 7 Abs. 1 Sätze 2 und 3 geänd., Satz 4, Abs. 2, 3 und 4 neu gef., neue Abs. 5 und 6 eingef., bish. Abs. 5 und 6 werden Abs. 7 und 8 und geänd. mWv 1. 9. 2004 durch VO v. 27. 7. 2004 (GVBl S. 347).

[2)] § 8 Abs. 1 Sätze 3 und 4 geänd., Abs. 2 neu gef. mWv 1. 9. 2004 durch VO v. 27. 7. 2004 (GVBl S. 347).

§ 8a[1] *(aufgehoben)*

§ 8b[2] **Regelungen für die ungleichmäßige Verteilung der Arbeitszeit.** (1) [1] Bei einer ungleichmäßigen Verteilung der Arbeitszeit nach Art. 87 Abs. 3 und 4 oder Art. 88 Abs. 4 kann eine ausgleichspflichtige Arbeitszeit nicht angespart werden während der Dauer

1. einer Elternzeit ohne Teilzeitbeschäftigung im Beamtenverhältnis oder einer sonstigen Beurlaubung von mehr als einem Monat, ausgenommen Erholungsurlaub,
2. einer Herabsetzung der Arbeitszeit wegen begrenzter Dienstfähigkeit nach § 27 Abs. 2 BeamtStG,
3. des sechs Monate überschreitenden Zeitraums einer Dienstunfähigkeit,
4. eines vorübergehenden Wechsels in Bereiche, in denen die jeweilige besondere Form der Arbeitszeitverteilung nicht fortgeführt werden kann,
5. eines Verbots der Führung der Dienstgeschäfte oder einer vorläufigen Dienstenthebung.

[2] Die Ansparphase verlängert sich entsprechend, soweit sie nicht aus zwingenden dienstlichen Gründen oder auf Antrag der Beamten vorzeitig beendet wird.

(2) Tritt einer der in Absatz 1 Satz 1 Nrn. 1 bis 4 genannten Fälle während der Ausgleichsphase ein, so wird diese um den entsprechenden Zeitraum verlängert.

(3) Absatz 1 gilt bei einer ungleichmäßigen Verteilung der Arbeitszeit nach Art. 91 Abs. 2 Satz 1 Nr. 2 BayBG entsprechend mit der Maßgabe, dass sich die Ansparphase um die Hälfte dieser Zeiten verlängert.

§ 9[3] **Schichtdienst und wechselnder Dienst.** (1) [1] Abweichend von §§ 7 und 8 ist Schichtdienst oder planmäßig sonstig wechselnder Dienst nach Bedarf anzuordnen, wenn die Aufgaben es zwingend erfordern. [2] Der Dienststellenleiter legt die Schichtdienstzeiten oder die tägliche Arbeitszeit unter Berücksichtigung der dienstlichen und örtlichen Verhältnisse fest. [3] Die tägliche Arbeitszeit soll grundsätzlich 9 Stunden nicht überschreiten. [4] Oberste Dienstbehörden oder von ihnen ermächtigte Behörden können Abweichungen von Satz 3 zulassen.

(2) Zum Schichtdienst oder zum planmäßig sonstig wechselnden Dienst nach Bedarf sind die Beamten so einzuteilen, daß die regelmäßige Arbeitszeit (§ 2 Abs. 1 und 2) in einem Zeitraum von drei Monaten nicht überschritten wird.

(3) [1] Die verminderte Arbeitszeit nach § 2 Abs. 1 Satz 4 gilt für Beamte im Schichtdienst ohne Rücksicht darauf, ob die davon betroffenen Beamten an den für die Beamten mit einer Arbeitszeitregelung nach § 7 oder § 8 ganz oder teilweise dienstfreien Tagen Dienst leisten müssen oder dienstfrei haben. [2] Beamte, die nach einem Schichtplan eingesetzt sind, der für den Regelfall Schichten von 24 Stunden Dauer vorsieht, wird ein pauschaler Freizeitausgleich von drei Dienstschichten im Kalenderjahr gewährt.

§ 10[4] **Einheitliche Arbeitszeit.** [1] Wenn an einer Dienststelle Beamte des Staates und Beamte eines anderen dieser Verordnung unterliegenden Dienstherrn beschäftigt werden, richtet sich die Arbeitszeit an der Dienststelle nach der für die Beamten des Staates bestehenden Regelung. [2] Bei den Landratsämtern kann jedoch der Landrat auch mit Wirkung für die Staatsbeamten, die feste Arbeitszeit anordnen, die Arbeitszeit abweichend von § 7 Abs. 2 Satz 3 und Abs. 4 und § 8 einteilen und Anordnungen nach § 6 Abs. 1 treffen.

§ 11[5] **Arbeitszeit für jugendliche Beamte und Dienstanfänger.** (1) [1] Die Arbeitszeit für Beamte unter 18 Jahren (jugendliche Beamte) darf täglich 8½ Stunden und wöchentlich 40 Stunden nicht überschreiten. [2] Die Arbeitszeit nach Satz 1 gilt bis zum Ablauf des Monats, in dem das 18. Lebensjahr vollendet wird.

(2) Die Dienststellenleitung legt die Sollzeit nach § 7 Abs. 2 oder die tägliche Arbeitszeit nach § 8 Abs. 1 so fest, dass die nach Abs. 1 zulässige Arbeitszeit eingebracht wird.

---

[1] § 8 a aufgeh. mWv 1. 9. 2004 durch VO v. 27. 7. 2004 (GVBl S. 347).

[2] § 8 b eingef. durch VO v. 27. 7. 1999 (GVBl S. 336); Abs. 1 Satz 1 Nr. 1 geänd. mWv 1. 7. 2003 durch G v. 25. 6. 2003 (GVBl S. 374); Abs. 1 Satz 1 einleit. Satzteil, Nr. 2 und Abs. 3 geänd. mWv 1. 4. 2009 durch VO v. 1. 4. 2009 (GVBl S. 79).

[3] § 9 Abs 4 aufgeh. mWv 1. 7. 2003 durch G v. 25 6. 2003 (GVBl S. 374); Abs. 1 Satz 3 und Abs. 3 Satz 1 geänd. mWv 1. 9. 2004 durch VO v. 27. 7. 2004 (GVBl S. 347); Abs. 3 Satz 1 geänd. mWv 1. 9. 2007 durch VO v. 3. 7. 2007 (GVBl S. 451).

[4] § 10 Satz 2 geänd. durch VO v. 27. 7. 1999 (GVBl S. 336); Satz 2 geänd. mWv 1. 9. 2004 durch VO v. 27. 7. 2004 (GVBl S. 347).

[5] § 11 Abs. 1 bish. Wortlaut wird Satz 1, Satz 2 angef., Abs. 2 neu gef. mWv 1. 9. 2004 durch VO v. 27. 7. 2004 (GVBl S. 347).

(3) [1]Jugendliche Beamte dürfen nur an fünf Tagen in der Woche und nur in der Zeit zwischen 6.00 Uhr und 20.00 Uhr beschäftigt werden. [2]An Samstagen, Sonntagen und an gesetzlichen Feiertagen dürfen sie nicht beschäftigt werden.

(4) [1]Die Pausen müssen bei einer Arbeitszeit von mehr als 6 Stunden insgesamt 60 Minuten betragen. [2]Jede Ruhepause ist auf mindestens 15 Minuten festzusetzen. [3]Länger als 4¹/2Stunden dürfen jugendliche Beamte nicht ohne Pause beschäftigt werden.

(5) Die Schichtzeit (Arbeitszeit und Ruhepausen) darf täglich 10 Stunden nicht überschreiten.

(6) Nach Beendigung der täglichen Arbeitszeit ist jugendlichen Beamten eine ununterbrochene Freizeit von mindestens 12 Stunden zu gewähren.

(7) [1]Die Absätze 1 bis 6 finden keine Anwendung auf die Beschäftigung jugendlicher Beamter mit vorübergehenden und unaufschiebbaren Arbeiten in Notfällen, soweit erwachsene Beschäftigte nicht zur Verfügung stehen. [2]Im übrigen können oberste Dienstbehörden und von ihnen ermächtigte Behörden Ausnahmen von diesen Bestimmungen zulassen, wenn dringende dienstliche Gründe es erfordern; dies gilt auch im Rahmen der Ausbildung von jugendlichen Beamten an Bildungsstätten für die Beamtenausbildung. [3]Die Ausnahmen sind zu befristen.

(8) Ausnahmeregelungen für jugendliche Polizeivollzugsbeamte bleiben unberührt.

(9) Die Absätze 1 bis 8 gelten für Dienstanfänger unter 18 Jahren entsprechend.

§ 12[1)] Arbeitszeit für schwer behinderte Beamte. (1) [1]Die regelmäßige Arbeitszeit für schwer behinderte Beamte im Sinn des § 2 Abs. 2 Neuntes Buch Sozialgesetzbuch beträgt im Durchschnitt 40 Stunden in der Woche. [2]Satz 1 gilt ab dem Ersten des Monats, der dem Monat folgt, in welchem der Dienststellenleitung die Feststellung der Behinderung vorgelegt wird, bis zum Ablauf des Monats, in dem die Schwerbehinderteneigenschaft endet. [3]Bei Lehrkräften an öffentlichen Schulen und Förderlehrern gilt Satz 2 mit der Maßgabe, dass an die Stelle des Monats jeweils das Schuljahr tritt.

(2) Die Dienststellenleitung legt die Sollzeit nach § 7 Abs. 2 oder die tägliche Arbeitszeit nach § 8 Abs. 1 so fest, dass die nach Abs. 1 zulässige Arbeitszeit eingebracht wird.

(3) Schwerbehinderte sind auf ihr Verlangen von Mehrarbeit (§ 2 Abs. 3, § 5 Abs. 3 Satz 2 und § 6 Abs. 1) freizustellen.

§ 13[2)] Arbeitszeit für Arbeitnehmer. [1]Die vorstehend getroffenen Regelungen für die bayerischen Beamten werden auf die Arbeitnehmer und Auszubildenden des Freistaates Bayern übertragen, soweit sie in Dienststellen tätig sind, die hoheitliche Aufgaben wahrnehmen, und soweit tarifvertragliche Vereinbarungen nicht entgegenstehen. [2]Soweit für Arbeitnehmer tarifvertraglich eine von § 2 Abs. 1 Satz 1 abweichende regelmäßige Arbeitszeit gilt, ist die Sollzeit nach § 7 Abs. 2 entsprechend anzupassen.

§ 14[3)] Übergangsregelung zur Anhebung der regelmäßigen Arbeitszeit bei Teilzeitbeschäftigung und zur Erprobung neuer Arbeitszeitmodelle. (1) [1]Bei einer Teilzeitbeschäftigung nach Art. 80 a, 80 b oder 80 d BayBG in der am 1. September 2004 geltenden Fassung, bei der die ermäßigte Arbeitszeit in Stunden und Minuten festgesetzt worden ist, erhöht sich die ermäßigte Arbeitszeit auf den Umfang, der dem Verhältnis der bewilligten Teilzeitbeschäftigung zur regelmäßigen Arbeitszeit im Zeitpunkt der Bewilligung entspricht. [2]Sofern dienstliche Belange nicht entgegenstehen, soll die Teilzeitbeschäftigung auf Antrag des Beamten auf den Umfang angepasst werden, der der individuellen Arbeitszeit im Zeitpunkt der Bewilligung entspricht.

(2) [1]Bei Beamten in Elternzeit ist die Erhöhung der ermäßigten Arbeitszeit nach Abs. 1 auf einen Umfang von 30 Stunden wöchentlich begrenzt. [2]Ist Beamten in Elternzeit eine Teilzeitbeschäftigung mit einem Bruchteil der regelmäßigen Arbeitszeit bewilligt worden, ermäßigt sich dieser auf den Umfang, der dem Verhältnis von 30 Stunden zur regelmäßigen Arbeitszeit entspricht. [3]Auf Antrag des Beamten finden die Sätze 1 und 2 keine Anwendung.

(3) [1]Für Freistellungen nach Art. 80 a Abs. 4 und Art. 80 d Abs. 2 Satz 1 Nr. 2 BayBG in der am 1. September 2004 geltenden Fassung sowie für Ermäßigungen nach Art. 80 a Abs. 4 BayBG in der am 1. September 2004 geltenden Fassung gelten Ansparleistungen, die auf den Zeitraum vor dem 1. September 2004 entfallen, als voll erbracht. [2]Satz 1 gilt entsprechend für Ansparleistungen nach § 2 Abs. 2 Satz 3.

---

1) § 12 neu gef. mWv 1. 9. 2004 durch VO v. 27. 7. 2004 (GVBl S. 347).

2) § 13 Satz 1 geänd. mWv 1. 7. 2003 durch G v. 25. 6. 2003 (GVBl S. 374); Satz 2 neu gef. mWv 1. 9. 2004 durch VO v. 27. 7. 2004 (GVBl S. 347).

3) § 14 neu gef. mWv 1. 9. 2004 durch VO v. 27. 7. 2004 (GVBl S. 347); Abs. 1 Satz 1, Abs. 3 Satz 1 und Abs. 4 geänd. mWv 1. 4. 2009 durch VO v. 1. 4. 2009 (GVBl S. 79).

(4) Bei den nach Art. 80 a und Art. 80 b BayBG in der am 1. September 2004 geltenden Fassung teilzeitbeschäftigten Lehrkräften an öffentlichen Schulen und bei Förderlehrern kann die Bewilligung der Teilzeitbeschäftigung widerrufen werden, um den sich nach Abs. 1 ergebenden Umfang der ermäßigten Arbeitszeit auf volle Stunden anzupassen.

(5) Neue Arbeitzeitmodelle nach § 8 a in der bis 31. August 2004 geltenden Fassung können bis zum Ablauf ihrer Befristung weitererprobt werden; die Ableistung der nach § 2 Abs. 1 maßgeblichen Arbeitszeit bleibt hiervon unberührt.

§ 15 Inkrafttreten, Außerkrafttreten. *(nicht abgedruckt)*

655. Urlaub der Notarassessoren

1. § 13 Abs. 1 Satz 1 Verordnung zur Regelung von Angelegenheiten auf dem Gebiet des Notarwesens (Nr. 5)

§ 13 Urlaub und Arbeitszeit. (1) [1] Der Notarassessor erhält unter Anrechnung auf den Anwärterdienst Erholungsurlaub von gleicher Dauer wie ein Richter auf Probe.

2. Art. 93 Bayerisches Beamtengesetz
vom 29. 7. 2008 (BayGVBl. S. 500)

Art. 93 Erholungs- und Sonderurlaub. (1) Die Staatsregierung regelt die Erteilung und Dauer des Erholungsurlaubs durch Rechtsverordnung.

(2) Die Staatsregierung regelt ferner die Bewilligung von Urlaub aus anderen Anlässen und bestimmt, ob und inwieweit die Leistungen des Dienstherrn während dieser Zeit zu belassen sind.

(3) Hinsichtlich der Wahl des Urlaubsorts (Abs. 1 und 2) können Beschränkungen auferlegt werden, wenn es die öffentliche Sicherheit zwingend erfordert.

(4) [1] Der zu einer Tätigkeit als Mitglied einer kommunalen Vertretung notwendige Urlaub ist zu gewähren, soweit es sich um die Teilnahme an Sitzungen handelt, in denen der Beamte oder die Beamtin Sitz und Stimme hat. [2] Die Leistungen des Dienstherrn werden während des Urlaubs belassen.

(5) Die Gewährung von Wahlvorbereitungsurlaub für Beamte und Beamtinnen, die sich um einen Sitz im Deutschen Bundestag, im Bayerischen Landtag oder in der gesetzgebenden Körperschaft eines anderen Landes bewerben, richtet sich nach Art. 28 des Bayerischen Abgeordnetengesetzes.

Verordnung über den Urlaub der bayerischen Beamten und Richter (Urlaubsverordnung – UrlV)[1)]

Vom 24. Juni 1997
(GVBl S. 173)

BayRS 2030-2-25-F

geänd. durch VO zur Änd. urlaubs-, nebentätigkeits- und arbeitszeitrechtlicher Vorschriften für Beamte v. 27. 7. 1999 (GVBl S. 336), § 7 JubiläumszuwendungsVO v. 21. 12. 1999 (GVBl S. 568), § 1 ÄndV der UrlaubsVO v. 4. 7. 2000 (GVBl S. 400), § 1 ÄndVO der UrlaubsVO v. 19. 12. 2000 (GVBl S. 943), § 1 ÄndVO der UrlaubsVO v. 11. 3. 2003 (GVBl S. 165), § 1 ÄndG dienstrechtlicher und erziehungsgeldrechtlicher Vorschriften v. 25. 6. 2003 (GVBl S. 374), § 1 ÄndV der UrlaubsVO v. 15. 6. 2004 (GVBl S. 246), § 17 Bayerisches DisziplinarG v. 24. 12. 2005 (GVBl S. 665), Art. 17 HaushaltsG v. 22. 12. 2006 (GVBl S. 1056), § 1 VO zur Änd. der UrlaubsVO v. 20. 3. 2007 (GVBl S. 240), § 10 VO zur Anpassung von RechtsVOen an das Bayerische BeamtenG v. 1. 4. 2009 (GVBl S. 79), § 1 VO zur Änd. der UrlaubsVO v. 9. 11. 2009 (GVBl S. 555) und § 2 VO zur Änd. der ArbeitszeitVO und der UrlaubsVO v. 15. 12. 2009 (GVBl S. 643)

Auf Grund von Art. 88 Nrn. 2 und 3 Art. 88 a Abs. 2 Satz 3 und Art. 99 des Bayerischen Beamtengesetzes sowie Art. 52 Nrn. 2 und 3 des Gesetzes über kommunale Wahlbeamte erläßt die Bayerische Staatsregierung folgende Verordnung:

– Auszug –

Abschnitt I. Allgemeines

§ 1 Geltungsbereich. [1]Diese Verordnung gilt für die Beamten des Staates, der Gemeinden, der Gemeindeverbände und der sonstigen unter der Aufsicht des Staates stehenden Körperschaften, Anstalten und Stiftungen des öffentlichen Rechts. [2]Auf die Dienstanfänger sind, soweit nichts Besonderes bestimmt ist, die für die Beamten geltenden Vorschriften anzuwenden.

Abschnitt II. Erholungsurlaub

§ 2 Urlaubsanspruch. (1) Die Beamten haben in jedem Kalenderjahr (Urlaubsjahr) Anspruch auf Erholungsurlaub unter Fortgewährung der Leistungen des Dienstherrn.

(2) [1]Erholungsurlaub steht einem Beamten erst sechs Monate nach der Einstellung zu (Wartezeit). [2]Die Zeit einer früheren Beschäftigung im öffentlichen Dienst, die weniger als 60 Tage vor der Einstellung endete, wird angerechnet. [3]Bei Beamten, die zu Beginn des Urlaubsjahres noch nicht 18 Jahre alt sind (jugendliche Beamte), verkürzt sich die Wartezeit auf drei Monate.

(3) Erholungsurlaub kann vor Ablauf der Wartezeit gewährt werden, wenn besondere Gründe dies erfordern.

655

§ 3[2)] Urlaubsdauer. (1) [1]Der Erholungsurlaub beträgt für Beamte, deren regelmäßige wöchentliche Arbeitszeit auf fünf Tage in der Kalenderwoche verteilt ist, jährlich

vor dem vollendeten 30. Lebensjahr	26 Arbeitstage,
nach dem vollendeten 30. Lebensjahr	29 Arbeitstage,
nach dem vollendeten 40. Lebensjahr	30 Arbeitstage.

[2]Maßgebend für die Urlaubsdauer ist das im Lauf des Urlaubsjahres vollendete Lebensjahr.

(2) [1]Beginnt oder endet das Beamtenverhältnis im Lauf des Urlaubsjahres, so steht für jeden vollen Dienstmonat ein Zwölftel des Jahresurlaubs zu. [2]§ 4 Abs. 2 Satz 4 findet Anwendung. [3]Jugendlichen Beamten steht von sechs vollen Dienstmonaten an der volle Jahresurlaub zu. [4]Beamte, die mit oder nach Erreichen der gesetzlichen Altersgrenze in den Ruhestand treten, erhalten den halben Jahresurlaub, wenn das Beamtenverhältnis in der ersten Hälfte, den vollen Jahresurlaub, wenn es in der zweiten Hälfte des Urlaubsjahres endet.

[1)] Die Änderungen durch die VO v. 15. 12. 2009 (GVBl S. 643) treten erst **mWv 1. 1. 2014** in Kraft und sind im Text noch nicht berücksichtigt.

[2)] § 3 Abs. 6 angef. mWv 1. 1. 2001 durch G v. 19. 12. 2000 (GVBl S. 943); Abs. 5 Sätze 1 und 2 geänd. mWv 1. 4. 2009 durch VO v. 1. 4. 2009 (GVBl S. 79); Abs. 2 Satz 4 geänd. mWv 24. 1. 2009 durch VO v. 9. 11. 2009 (GVBl S. 555).

(3) Erholungsurlaub, der Beamten bei einer anderen Dienststelle oder während eines anderen Beschäftigungsverhältnisses für einen Zeitraum gewährt worden ist, für den nach dieser Verordnung Erholungsurlaub zusteht, ist anzurechnen.

(4) [1] Bei den Lehrern an öffentlichen Schulen ist der Erholungsurlaub einschließlich eines Zusatzurlaubs durch die Schulferien abgegolten. [2] Bleiben infolge dienstlicher Inanspruchnahme in den Schulferien die dienstfreien Ferientage hinter der Zahl der zustehenden Urlaubstage zurück, so ist insoweit Erholungsurlaub außerhalb der Schulferien zu gewähren. [3] Satz 2 gilt nach Maßgabe des § 9 bei einer Erkrankung während der Schulferien entsprechend.

(5) [1] Der Erholungsurlaub der Professoren im Sinn des Bayerischen Hochschulpersonalgesetzes ist durch die unterrichtsfreie Zeit abgegolten. [2] Soweit der Erholungsurlaub nach Absatz 1 aus zwingenden dienstlichen Gründen nicht während der unterrichtsfreien Zeit eingebracht werden kann, ist vom Staatsministerium für Wissenschaft, Forschung und Kunst insoweit Erholungsurlaub außerhalb der unterrichtsfreien Zeit zu gewähren. [3] Satz 2 gilt nach Maßgabe des § 9 bei einer Erkrankung während der unterrichtsfreien Zeit entsprechend.

(6) [1] Der Dienstvorgesetzte kann den Erholungsurlaub einschließlich eines etwaigen Zusatzurlaubs nach Stunden berechnen. [2] Bei der Urlaubsberechnung nach Stunden ist jeder dem Beamten nach Absatz 1 zustehende Urlaubstag mit einem Fünftel seiner regelmäßigen Arbeitszeit anzusetzen. [3] § 4 Abs. 2 findet keine Anwendung. [4] Bei einer Änderung der regelmäßigen Arbeitszeit während des Urlaubsjahres ergibt sich der Urlaubsanspruch aus der Summe der für die Zeiträume unterschiedlicher Arbeitszeiten gesondert nach Satz 2 ermittelten Stunden. [5] Der Erholungsurlaub des Folgejahres ist im Fall eines vor einer Änderung der Arbeitszeit zu viel erhaltenen Erholungsurlaubs entsprechend zu kürzen.

§ 4 Urlaubsdauer bei Abweichungen von der Fünf-Tage-Woche. (1) [1] Arbeitstage sind alle Kalendertage, an denen Beamte zu arbeiten haben. [2] Endet eine Dienstschicht nicht an dem Kalendertag, an dem sie begonnen hat, gilt als Arbeitstag im Sinn des Satzes 1 nur der Kalendertag, an dem sie begonnen hat.

(2) [1] Ist die Arbeitszeit so eingeteilt, daß sich im Durchschnitt des Urlaubsjahres mehr als fünf Arbeitstage in der Kalenderwoche ergeben, so erhöht sich die Urlaubsdauer nach § 3 Abs. 1 im Verhältnis der durchschnittlichen Wochenarbeitstage zur Fünf-Tage-Woche zuzüglich eines etwaigen Zusatzurlaubs. [2] Ist die Arbeitszeit so eingeteilt, daß sich im Durchschnitt des Urlaubsjahres weniger als fünf Arbeitstage in der Kalenderwoche ergeben, so vermindert sich die Urlaubsdauer nach § 3 Abs. 1 im Verhältnis der durchschnittlichen Wochenarbeitstage zur Fünf-Tage-Woche zuzüglich eines etwaigen Zusatzurlaubs. [3] Ändert sich die Verteilung der Arbeitszeit im Sinn der Sätze 1 und 2 während des Urlaubsjahres vorübergehend oder auf Dauer, sind bei der Urlaubsberechnung die Wochenarbeitstage zugrundezulegen, die sich ergeben würden, wenn die für die Zeit des Erholungsurlaubs maßgebende Verteilung der Arbeitszeit für das ganze Urlaubsjahr gelten würde. [4] Nach der Berechnung verbleibende Bruchteile von weniger als einem halben Tag werden abgerundet, sonst aufgerundet.

§§ 5–8 *(nicht abgedruckt)*

§ 9 Erkrankung während des Erholungsurlaubs. (1) [1] Werden Beamte während des Erholungsurlaubs durch Krankheit dienstunfähig und zeigen sie dies unverzüglich an, so wird die Zeit der Dienstunfähigkeit nicht auf den Erholungsurlaub angerechnet. [2] Die Dienstunfähigkeit ist durch ein ärztliches Zeugnis nachzuweisen. [3] Auf Anordnung des Dienstvorgesetzten ist ein amtsärztliches Zeugnis beizubringen.

(2) Zur Verlängerung des Erholungsurlaubs bedarf es einer neuen Genehmigung.

§ 10[1)] Einbringung des Erholungsurlaubs. (1) [1] Der Erholungsurlaub soll möglichst im laufenden Kalenderjahr voll eingebracht werden. [2] Urlaub, der nicht bis zum 30. April des folgenden Jahres angetreten ist und nicht nach § 11 übertragen werden kann, verfällt. [3] Diese Frist kann angemessen verlängert werden, wenn die dienstlichen Belange es zulassen. [4] Haben Beamte den zustehenden Erholungsurlaub vor dem Beginn der Elternzeit (§ 12) nicht oder nicht vollständig erhalten, ist der Resturlaub nach der Elternzeit im laufenden oder im nächsten Urlaubsjahr zu gewähren. [5] Satz 4 gilt entsprechend für Beamte, denen Sonderurlaub nach § 18 gewährt wurde, der dienstlichen Interessen oder öffentlichen Belangen dient.

(2) [1] Haben Beamte vor dem Beginn der Elternzeit mehr Erholungsurlaub erhalten als nach § 3 in Verbindung mit § 18 Abs. 4 zusteht, so ist der Erholungsurlaub, der nach dem Ende des

[1)] § 10 Abs. 2 bish. Wortlaut wird Satz 1, Satz 2 angef. durch VO v. 27. 7. 1999 (GVBl S. 336), Abs. 1 Satz 5 angef. mWv 1. 1. 2001 durch G v. 19. 12. 2000 (GVBl S. 943); Abs. 1 Satz 3 neu gef. mWv 1. 4. 2003 durch VO v. 11. 3. 2003 (GVBl S. 165); Abs. 1 Satz 4 und Abs. 2 Satz 1 geänd. mWv 1. 7. 2003 durch G v. 1. 7. 2003 (GVBl S. 374).

Erziehungsurlaubs zusteht, um die zuviel gewährten Urlaubstage zu kürzen. [2] Satz 1 gilt entsprechend für Beamte, die aus anderen Gründen beurlaubt waren.

(3) [1] Jugendlichen Beamten soll der Erholungsurlaub zusammenhängend, Berufsschülern in der Zeit der Berufsschulferien, gewährt werden. [2] Soweit der Urlaub nicht in den Berufsschulferien gegeben wird, ist für jeden Berufsschultag, an dem die Berufsschule während des Urlaubs besucht wird, ein weiterer Urlaubstag zu gewähren.

§ 11[1)] Ansparung des Erholungsurlaubs. [1] Nicht eingebrachter nach § 3 zustehender Erholungsurlaub kann auf Antrag angespart werden, wenn die dienstlichen Belange es zulassen. [2] Die Ansparung ist nur zulässig für den 15 Tage übersteigenden Teil des Erholungsurlaubs eines Kalenderjahres. [3] Ein nach Satz 1 angesparter Erholungsurlaub ist spätestens bis zum Ablauf des dritten Jahres, das auf das Urlaubsjahr folgt, einzubringen. [4] § 4 Abs. 2 ist entsprechend anzuwenden.

Abschnitt III. Elternzeit[2)]

§ 12[3)] Anspruch auf Elternzeit, Teilzeitbeschäftigung. (1) [1] Beamte haben Anspruch auf Elternzeit ohne Dienst- oder Anwärterbezüge, wenn sie

1.

a) mit ihrem Kind,

b) mit einem Kind, für das sie die Anspruchsvoraussetzungen nach § 1 Abs. 3 oder 4 des Bundeselterngeld- und Elternzeitgesetzes (BEEG)[4)] erfüllen, oder

c) mit einem Kind, das sie in Vollzeitpflege (§ 33 des Achten Buches Sozialgesetzbuch) aufgenommen haben,

in einem Haushalt leben und

2. dieses Kind selbst betreuen und erziehen.

[2] Nicht sorgeberechtigte Elternteile und Personen, die nach Satz 1 Nr. 1 Buchst. b und c Elternzeit nehmen können, bedürfen der Zustimmung des sorgeberechtigten Elternteils.

(2) [1] Beamte haben auch Anspruch auf Elternzeit ohne Dienst- oder Anwärterbezüge, wenn sie mit ihrem Enkelkind in einem Haushalt leben und dieses Kind selbst betreuen und erziehen und

1. ein Elternteil des Kindes minderjährig ist oder

2. ein Elternteil des Kindes sich im letzten oder vorletzten Jahr einer Ausbildung befindet, die vor Vollendung des 18. Lebensjahres begonnen wurde und die Arbeitskraft des Elternteils im Allgemeinen voll in Anspruch nimmt.

[2] Der Anspruch besteht nur für Zeiten, in denen keiner der Elternteile des Kindes selbst Elternzeit beansprucht.

(3) [1] Der Anspruch auf Elternzeit besteht bis zur Vollendung des dritten Lebensjahres des Kindes. [2] Die Zeit der Mutterschutzfrist nach § 4 Abs. 1 der Verordnung über den Mutterschutz für Beamtinnen[5)] ist auf die Elternzeit anzurechnen. [3] Bei mehreren Kindern besteht der Anspruch auf Elternzeit für jedes Kind, auch wenn sich die Zeiträume im Sinn von Satz 1 überschneiden. [4] Ein Anteil der Elternzeit von bis zu 12 Monaten ist auf die Zeit bis zur Vollendung des achten Lebensjahres übertragbar, wenn zwingende dienstliche Belange nicht entgegenstehen; dies gilt auch, wenn sich die Zeiträume im Sinn von Satz 1 bei mehreren Kindern überschneiden. [5] Bei einem angenommenen Kind oder bei einem Kind in Vollzeit- oder Adoptionspflege besteht ein Anspruch auf Elternzeit bis zu drei Jahren ab der Aufnahme bei der berechtigten Person, längstens bis zur Vollendung des achten Lebensjahres des Kindes; Sätze 3 und 4 gelten entsprechend.

(4) [1] Die Elternzeit steht beiden Eltern zu; sie können sie, auch anteilig, jeweils allein oder gemeinsam nehmen. [2] Satz 1 gilt in den Fällen des Abs. 1 Satz 1 Nr. 1 Buchst. b und c entsprechend.

[1)] § 11 neu eingef. mWv 1. 1. 2003 durch VO v. 11. 3. 2003 (GVBl S. 165).

[2)] Abschn. III Überschrift neu gef. mWv 1. 7. 2003 durch G v. 1. 7. 2003 (GVBl S. 374).

[3)] § 12 neu gef. mWv 1. 1. 2001 durch G v. 19. 12. 2000 (GVBl S. 943); Abs. 3 Satz 4 angef. mWv 1. 4. 2003 durch VO v. 11. 3. 2003 (GVBl S. 165); Überschrift, Abs. 1, 2, 3 Sätze 1, 3, 4 und Abs. 4 geänd. mWv 1. 7. 2003 durch G v. 25. 6. 2003 (GVBl S. 374); Abs. 1 Satz 1 Nr. 1 Buchst. c, Abs. 2 und Abs. 3 Satz 2 neu gef., Sätze 3 und 4 werden aufgeh. mWv 1. 1. 2004 durch VO v. 15. 6. 2004 (GVBl S. 246); Abs. 1 und Abs. 3 Satz 2 neu gef. mWv 1. 1. 2007 durch VO v. 20. 3. 2007 (GVBl S. 240); Abs. 2 eingef., bish. Abs. 2–4 werden Abs. 3–5, Abs. 6 angef. mWv 24. 1. 2009 durch VO v. 9. 11. 2009 (GVBl S. 555).

[4)] Nr. **871**.

[5)] Nr. **640**.

(5) [1] Während der Elternzeit ist den Beamten auf Antrag eine Teilzeitbeschäftigung im Beamtenverhältnis beim selben Dienstherrn im Umfang von bis zu 30 Stunden wöchentlich zu bewilligen, wenn zwingende dienstliche Gründe nicht entgegenstehen. [2] Eine Teilzeitbeschäftigung als Arbeitnehmer oder Selbständiger bis zu dem in Satz 1 genannten Umfang darf mit Genehmigung des Dienstvorgesetzten ausgeübt werden.

(6) Für kommunale Wahlbeamte auf Zeit findet Abs. 5 keine Anwendung.

§ 13[1)] Inanspruchnahme der Elternzeit. (1) [1] Die Elternzeit soll spätestens sieben Wochen vor Beginn schriftlich beantragt werden; wenn zwingende dienstliche Gründe es erfordern, kann diese Frist angemessen um bis zu acht Wochen verlängert werden. [2] Dabei soll angegeben werden, für welche Zeiträume innerhalb von zwei Jahren sie beantragt wird. [3] Die Elternteilzeit kann auf zwei Zeitabschnitte verteilt werden; eine Verteilung auf weitere Zeitabschnitte ist nur mit der Zustimmung des Dienstvorgesetzten möglich.

(2) [1] Bei Beamten im Schul- und Hochschuldienst sind Unterbrechungen des Erziehungsurlaubs, die überwiegend auf die Schulferien oder die unterrichtsfreie Zeit entfallen, nicht zulässig. [2] Bei der Wahl von Beginn und Ende der Elternzeit dürfen Schulferien oder die unterrichtsfreie Zeit nicht ausgespart werden. [3] Satz 2 gilt nicht, soweit hierdurch der Urlaubsanspruch nach § 3 Abs. 1 und § 18 Abs. 4 unterschritten wird.

(3) Können Beamte aus einem von ihnen nicht zu vertretenden Grund eine sich unmittelbar an das Beschäftigungsverbot des § 4 Abs. 1 der Bayerischen Mutterschutzverordnung anschließende Elternzeit nicht rechtzeitig beantragen, so können sie dies innerhalb einer Woche nach Wegfall des Grundes nachholen.

(4) [1] Die Elternzeit kann vorzeitig beendet oder im Rahmen des § 12 Abs. 3 verlängert werden, wenn der Dienstvorgesetzte zustimmt. [2] Die vorzeitige Beendigung wegen der Geburt eines weiteren Kindes oder wegen eines besonderen Härtefalls (§ 7 Abs. 2 Satz 3 BEEG[2)]) kann nur innerhalb von vier Wochen aus dringenden dienstlichen Gründen abgelehnt werden. [3] Eine vorzeitige Beendigung des Erziehungsurlaubs zum Zweck der Inanspruchnahme der Beschäftigungsverbote nach § 2 Abs. 2 und § 4 Abs. 1 der Bayerischen Mutterschutzverordnung ist nicht zulässig. [4] Eine Verländerung kann verlangt werden, wenn ein vorgesehener Wechsel in der Inanspruchnahme der Elternzeit aus einem wichtigen Grund nicht erfolgen kann.

(5) Stirbt das Kind während der Elternzeit, endet dieser spätestens drei Wochen nach dem Tod des Kindes.

(6) Eine Änderung der Anspruchsberechtigung haben Beamte dem Dienstvorgesetzten unverzüglich mitzuteilen.

§ 14[3)] Entlassungsschutz während der Elternzeit. (1) Während der Elternzeit darf die Entlassung von Beamten auf Probe oder auf Widerruf gegen ihren Willen nicht ausgesprochen werden.

(2) Mit Zustimmung der obersten Dienstbehörde kann abweichend von Absatz 1 die Entlassung von Beamten auf Probe oder auf Widerruf ausgesprochen werden, wenn ein Sachverhalt vorliegt, bei dem Beamte auf Lebenszeit im Weg des gerichtlichen Disziplinarverfahrens aus dem Dienst zu entfernen wären.

(3) §§ 22 und 23 des Beamtenstatusgesetzes sowie Art. 55 Satz 1 des Bayerischen Beamtengesetzes bleiben unberührt.

§ 15[4)] Krankheitsfürsorge während der Elternzeit. (1) Während der Elternzeit haben Beamte Anspruch auf Beihilfe nach Maßgabe des Art. 99 Abs. 1 BayBG.

[1)] § 13 Abs. 2 bish. Wortlaut wird Satz 1, Sätze 2 und 3 angef. durch VO v. 27. 7. 1999 (GVBl S. 336), Abs. 1 neu gef., Abs. 4 neuer Satz 2 eingef., Satz 3 angef., bish. Satz 2 wird Satz 4 und geänd. mWv 1. 1. 2001 durch G v. 19. 12. 2000 (GVBl S. 943); Abs. 4 Satz 1 geänd. mWv 1. 4. 2003 durch VO v. 11. 3. 2003 (GVBl S. 165); Überschrift, Abs. 1 Sätze 1 bis 3 geänd., Abs. 3 neu gef., Abs. 4 und 5 geänd. mWv 1. 7. 2003 durch G v. 25. 6. 2003 (GVBl S. 374); Abs. 1 Satz 3 neu gef. mWv 1. 1. 2004 durch VO v. 15. 6. 2004 (GVBl S. 246); Abs. 1 Satz 1 neu gef., Abs. 4 Satz 2 geänd. mWv 1. 1. 2007 durch VO v. 20. 3. 2007 (GVBl S. 240); Abs. 4 Sätze 1 und 2 geänd. mWv 24. 1. 2009 durch VO v. 9. 11. 2009 (GVBl S. 555).

[2)] Nr. **871**.

[3)] § 14 geänd. mWv 1. 7. 2003 durch G v. 25. 6. 2003 (GVBl S. 374); Abs. 2 geänd. mWv 1. 1. 2006 durch G v. 24. 12. 2005 (GVBl S. 665); Abs. 3 geänd. mWv 1. 4. 2009 durch VO v. 1. 4. 2009 (GVBl S. 79).

[4)] § 15 Abs. 1 geänd. durch VO v. 27. 7. 1999 (GVBl S. 336), Abs. 2 neu gef. mWv 1. 1. 2001 durch G v. 4. 7. 2000 (GVBl S. 400), Abs. 2 Satz 2 neu gef., Satz 6 angef. mWv 1. 1. 2001 durch G v. 19. 12. 2000 (GVBl S. 943); Überschrift, Abs. 1, Abs. 2 Sätze 1, 4, 6 und Abs. 3 geänd. mWv 1. 7. 2003 durch G v. 25. 6. 2003 (GVBl S. 374); Abs. 2 Sätze 2 bis 4 neu gef. mWv 1. 1. 2007 durch VO v. 20. 3. 2007 (GVBl S. 240); Abs. 1 und Abs. 2 Satz 5 geänd. mWv 1. 4. 2009 durch VO v. 1. 4. 2009 (GVBl S. 79).

(2)[1] [1]Den Beamten werden für die Dauer der Elternzeit die Beiträge für ihre Kranken- und Pflegeversicherung bis zu monatlich 30,– Euro erstattet, wenn ihre Dienst- oder Anwärterbezüge (ohne die mit Rücksicht auf den Familienstand gewährten Zuschläge und ohne Aufwandsentschädigung) vor Beginn der Elternzeit die Versicherungspflichtgrenze in der gesetzlichen Krankenversicherung nicht überschritten haben oder hätten. [2]Bei Beamten bis einschließlich der Besoldungsgruppe A 11 erhöht sich der Betrag nach Satz 1 auf 80 Euro. [3]Die verbleibenden Beiträge einer beihilfekonformen Kranken- und Pflegeversicherung, einschließlich etwaiger darin enthaltener Altersrückstellungen, werden Beamten bis einschließlich der Besoldungsgruppe A 8 auf Antrag erstattet, wenn keine oder eine höchstens im Umfang bis zur Hälfte der regelmäßigen Arbeitszeit bewilligte Teilzeitbeschäftigung ausgeübt wird. [4]Für Beamte auf Widerruf im Vorbereitungsdienst ist die Eingangsbesoldungsgruppe ihrer Laufbahn maßgebend. [5]§ 3 Abs. 4 des Bundesbesoldungsgesetzes in der am 1. September 2006 geltenden Fassung gilt entsprechend. [6]Bei einer gemeinsamen Elternzeit der Eltern steht der Anspruch nach den Sätzen 1 und 2 dem Elternteil zu, bei dem das Kind im Familienzuschlag berücksichtigt wird oder berücksichtigt werden soll.

(3) Den in Art. 10 Abs. 3 Satz 1 des Bayerischen Besoldungsgesetzes genannten Beamten der Bayerischen Bereitschaftspolizei wird während der Elternzeit freie Heilfürsorge weitergewährt.

Abschnitt IV. Dienstbefreiung

§ 16[2] Dienstbefreiung. (1) [1]Der Dienstvorgesetzte kann Dienstbefreiung unter Fortgewährung der Leistungen des Dienstherrn bewilligen

1. zur Erfüllung allgemeiner staatsbürgerlicher Pflichten nach deutschem Recht, soweit die Arbeitsbefreiung gesetzlich vorgeschrieben ist, für die Dauer der notwendigen Abwesenheit vom Dienst,	
2. aus Anlaß ärztlicher Untersuchungen und Behandlungen, die während der Arbeitszeit durchgeführt werden müssen, im erforderlichen und nachgewiesenen Umfang,	
3. bei folgenden Anlässen a) beim Umzug an einen anderen Ort aus dienstlichem Anlaß	1 Arbeitstag
b) für einen Verbesserungsvorschlag auf Vorschlag der Innovationszentrale Moderne Verwaltung oder eines Innovationszirkels	bis zu 3 Arbeitstage
c) bei der Niederkunft der Ehefrau	1 Arbeitstag
d) beim Tode des Ehegatten, eines Kindes oder Elternteils	2 Arbeitstage
e) bei schwerer Erkrankung	
aa) eines Angehörigen, soweit er in demselben Haushalt lebt,	1 Arbeitstag im Kalenderjahr
bb) eines Kindes, das das zwölfte Lebensjahr noch nicht vollendet hat oder behindert und auf Hilfe angewiesen ist, wenn im laufenden Kalenderjahr die Voraussetzung für eine Dienstbefreiung nach Absatz 3 nicht vorliegt oder vorgelegen hat,	bis zu 4 Arbeitstage im Kalenderjahr
cc) einer Betreuungsperson, wenn Beamte deshalb die Betreuung ihres Kindes, das das achte Lebensjahr noch nicht vollendet hat oder wegen körperlicher, geistiger oder seelischer Behinderung dauernd	bis zu 4 Arbeitstage im Kalenderjahr

[1] § 15 Abs. 2 ist bis zum Ablauf des 31. 12. 2001 mit der Maßgabe anzuwenden, dass an die Stelle des Betrages von 30,- Euro der Betrag von 60,- DM tritt.

[2] § 16 Abs. 1 Nr. 3 Buchst. c eingef., bish. Buchst. c, d, e und f werden Buchst. d, e, f und g, Abs. 2 und 3 geänd. durch VO v. 27. 7. 1999 (GVBl S. 336); Abs. 1 Nr. 3 Buchst. b aufgeh, bish. Buchst. c, d, e, f und g werden Buchst. b, c, d, e und f, Abs. 2 und 3 geänd. durch VO v. 21. 12. 1999 (GVBl S. 568); Abs. 1 Satz 3 und Abs. 5 Satz 5 geänd. mWv 1. 4. 2009 durch VO v. 1. 4. 2009 (GVBl S. 79); Abs. 1 Satz 1 Nr. 3 Buchst. e Doppelbuchst. bb geänd. mWv 24. 1. 2009 durch VO v. 9. 11. 2009 (GVBl S. 555).

pflegebedürftig ist, selbst übernehmen müssen,	
f) in sonstigen begründeten Fällen	bis zu 3 Arbeitstage im Kalenderjahr
4. für Zwecke der Landesverteidigung, für die Teilnahme an Ausbildungs- und Fortbildungsveranstaltungen der Hilfs- und Rettungsorganisationen sowie im Fall des Einsatzes durch eine dieser Organisationen,	bis zu 5 Arbeitstage im Kalenderjahr
5. für die Teilnahme an wissenschaftlichen Tagungen und beruflichen Fortbildungsveranstaltungen sowie für staatspolitische Zwecke,	bis zu 5 Arbeitstage im Kalenderjahr
6. für die aktive Teilnahme an Olympischen Spielen, sportlichen Welt- und Europameisterschaften, Europapokal-Wettbewerben, internationalen sportlichen Länderwettkämpfen und den dazugehörigen Vorbereitungskämpfen auf Bundesebene,	bis zu 10 Arbeitstage im Kalenderjahr
7. für die Teilnahme an Sitzungen eines überörtlichen Gewerkschafts- oder Berufsverbandsvorstandes, dem Beamte angehören, und an Tagungen von Gewerkschaften oder Berufsverbänden auf internationaler, Bundes- oder Landesebene, an denen sie als Mitglied eines Gewerkschafts- oder Berufsverbandsvorstandes oder als Delegierter teilnehmen,	bis zu 10 Arbeitstage im Kalenderjahr
8. für die Teilnahme an Sitzungen der Verfassungsorgane oder überörtlicher Verwaltungsgremien der Kirchen oder sonstigen öffentlich-rechtlichen Religionsgesellschaften, wenn Beamte dem Verfassungsorgan oder Gremium angehören.	bis zu 10 Arbeitstage im Kalenderjahr

[2] Soweit eine Dienstbefreiung nach Satz 1 nicht gewährt werden kann, können Beamte in begründeten Fällen im erforderlichen Umfang vom Dienst freigestellt werden. [3] Die durch eine Freistellung nach Satz 2 versäumte Arbeitszeit soll grundsätzlich nachgeholt oder auf ein Arbeitszeitguthaben oder auf einen Anspruch auf Dienstbefreiung im Sinn des Art. 87 Abs. 2 BayBG (Freizeitausgleich) angerechnet werden. [4] Ausnahmen von Satz 3 kann der Dienstvorgesetzte in besonders begründeten Fällen zulassen.

(2) [1] In den Fällen des Absatzes 1 Satz 1 Nr. 3 Buchst. e kann Dienstbefreiung nur gewährt werden, soweit eine andere Person zur Pflege oder Betreuung nicht sofort zur Verfügung steht und in den Fällen der Doppelbuchstaben aa und bb der Arzt bescheinigt, daß die Anwesenheit der Beamten zur vorläufigen Pflege notwendig ist. [2] Die Dienstbefreiung darf insgesamt fünf Arbeitstage im Kalenderjahr nicht überschreiten.

(3) In den Fällen des Absatzes 1 Satz 1 Nr. 3 Buchst. e Doppelbuchst. bb kann Beamten, deren Dienst- oder Anwärterbezüge (ohne die mit Rücksicht auf den Familienstand gewährten Zuschläge und ohne Aufwandsentschädigung) die Versicherungspflichtgrenze in der gesetzlichen Krankenversicherung nicht überschreiten, Dienstbefreiung unter Anrechnung der in diesem Kalenderjahr nach Maßgabe des Absatzes 1 Satz 1 Nr. 3 Buchst. e Doppelbuchst. bb bereits in Anspruch genommenen Arbeitstage in dem Maße gewährt werden, wie Arbeitnehmer Anspruch auf Freistellung von der Arbeit nach § 45 SGB V geltend machen können.

(4) [1] Eine Dienstbefreiung nach Absatz 1 Satz 1 Nrn. 4 bis 8 darf nur bewilligt werden, wenn dienstliche Gründe nicht entgegenstehen. [2] Beim Zusammentreffen mehrerer Anlässe, für die nach Maßgabe des Absatzes 1 Satz 1 Nrn. 4 bis 8 Dienstbefreiung genehmigt werden kann, darf der Gesamtumfang der Dienstbefreiungen 15 Arbeitstage im Kalenderjahr nicht übersteigen.

(5) [1] Abgesehen von den Fällen des Satzes 2 wird eine Dienstbefreiung nicht auf den Erholungsurlaub angerechnet. [2] Soweit Dienstbefreiung nach Absatz 1 Satz 1 Nrn. 5 und 6 gewährt wird, sind zwei Fünftel der in Anspruch genommenen Dienstbefreiung auf den zustehenden Erholungsurlaub des laufenden oder nächsten Urlaubsjahres oder auf den Anspruch auf Freizeit-

ausgleich anzurechnen. [3] Durch die Anrechnung des Urlaubs nach Satz 2 darf die Zahl der Urlaubstage nach § 3 Abs. 1 des Bundesurlaubsgesetzes und § 19 des Jugendarbeitsschutzgesetzes nicht unterschritten werden. [4] Scheidet eine Anrechnung aus, weil ein anrechenbarer Anspruch auf Erholungsurlaub oder Freizeitausgleich nicht zur Verfügung steht, ist der Umfang der Dienstbefreiung in entsprechender Anwendung des Satzes 2 zu kürzen. [5] Auf Antrag ist in entsprechendem Umfang Sonderurlaub nach § 18 unter Wegfall der Besoldung und einer etwaigen ergänzenden Fürsorgeleistung gemäß Art. 97 BayBG zu gewähren. [6] § 4 Abs. 2 Satz 4 ist jeweils anzuwenden.

§ 17[1)] Kommunale Mandatsträger, Ausübung anderer ehrenamtlicher Tätigkeiten im öffentlichen Leben. (1) [1] Beamten ist der zu einer Tätigkeit als Mitglied einer kommunalen Vertretung notwendige Urlaub unter Fortgewährung der Leistungen des Dienstherrn zu gewähren, soweit es sich um die Teilnahme an Sitzungen handelt, in denen sie Sitz und Stimme haben. [2] Daneben kann für Tätigkeiten, die mit dem kommunalen Mandat in einem unmittelbaren Zusammenhang stehen, sowie für die Teilnahme an Fortbildungsmaßnahmen für kommunale Mandatsträger, die von Bildungseinrichtungen mit kommunaler Beteiligung veranstaltet werden, Urlaub nach Maßgabe des Absatzes 2 gewährt werden.

(2) [1] Zur Ausübung anderer ehrenamtlicher Tätigkeiten im öffentlichen Leben kann Beamten, soweit sie dafür keine Vergütung erhalten und die Angelegenheiten nicht außerhalb der Arbeitszeit, gegebenenfalls nach deren Verlegung, erledigt werden können, der erforderliche Urlaub unter Fortgewährung der Leistungen des Dienstherrn gewährt werden. [2] In jedem Fall muß die ordnungsmäßige Erledigung der Dienstgeschäfte gewährleistet sein. [3] Wenn Beamte wegen der ehrenamtlichen Betätigung regelmäßig mehr als fünf Stunden wöchentlich dem Dienst fernbleiben müssen, kann, abgesehen von Absatz 3, Urlaub nur gemäß § 18 gewährt werden.

(3) [1] Werden Beamte zu ehrenamtlichen kommunalen Wahlbeamten gewählt, so kann der zur Ausübung des Ehrenamts erforderliche Urlaub auch in der Weise gewährt werden, daß sie über den nach Absatz 1 zustehenden Urlaub hinaus bis zu einem Drittel der regelmäßigen Arbeitszeit dem Dienst fernbleiben dürfen. [2] In diesem Fall werden die Besoldung und eine etwaige ergänzende Fürsorgeleistung nach Art. 97 BayBG um den Teil gekürzt, der dem Verhältnis der Urlaubsdauer zu der regelmäßigen Arbeitszeit entspricht; § 18 Abs. 3 Sätze 2 und 3 gelten entsprechend.

Abschnitt V. Urlaub in anderen Fällen

§ 18[2)] Sonderurlaub. (1) [1] Wenn ein wichtiger Grund vorliegt und dienstliche Gründe nicht entgegenstehen, kann Urlaub bis zur Dauer von sechs Monaten bewilligt werden (Sonderurlaub). [2] In besonders begründeten Fällen können die obersten Dienstbehörden für ihren Geschäftsbereich, die Regierungen im Rahmen ihrer Personalbewirtschaftungszuständigkeit sowie die übrigen von den obersten Dienstbehörden bestimmten Behörden im Rahmen der übertragenen Zuständigkeit Sonderurlaub auch für längere Dauer gewähren. [3] Soweit ein Sonderurlaub dienstlichen Interessen oder öffentlichen Belangen dient, kann er in einem geringeren als dem vollen Umfang gewährt werden (Teilbeurlaubung). [4] § 17 Abs. 3 Satz 2 gilt bei einer Teilbeurlaubung entsprechend.

(2) [1] Der Erholungsurlaub wird für jeden vollen in das Urlaubsjahr fallenden Kalendermonat des Sonderurlaubs um ein Zwölftel gekürzt. [2] Dies gilt nicht, wenn Wahlvorbereitungsurlaub nach Art. 28 des Bayerischen Abgeordnetengesetzes in Anspruch genommen wird oder die zuständige Dienstbehörde spätestens bei Beendigung des Sonderurlaubs schriftlich anerkannt hat, daß dieser dienstlichen Interessen oder öffentlichen Belangen dient.

(3) [1] Sonderurlaub wird unter Fortfall des Anspruchs auf Leistungen des Dienstherrn gewährt; der Anspruch auf Beihilfe nach Art. 11 Abs. 1 BayBesG oder auf Heilfürsorge nach Art. 10 Abs. 3 BayBesG bleibt unberührt, wenn die Dauer des Sonderurlaubs einen Monat nicht überschreitet. [2] Bei einem Urlaub, der auch dienstlichen Interessen dient, kann die oberste Dienstbehörde Beamten die Leistungen des Dienstherrn ganz oder teilweise belassen. [3] Die Fortzahlung von Leistungen des Dienstherrn über die Dauer von drei Monaten hinaus bedarf bei Beamten des Staates der Zustimmung des Staatsministeriums der Finanzen, bei Beamten der Gemeinden, der Gemeindeverbände und der sonstigen unter der Aufsicht des Staates stehenden Körperschaften, Anstalten oder Stiftungen des öffentlichen Rechts der Zustimmung der obersten Aufsichtsbehörde oder der von ihr bestimmten Behörde. [4] Sie kann mit der Auflage

---

[1)] § 17 Abs. 3 Satz 2 geänd. mWv 1. 4. 2009 durch VO v. 1. 4. 2009 (GVBl S. 79).

[2)] § 18 Abs. 4 geänd. durch VO v. 27. 7. 1999 (GVBl S. 336), Abs. 1 Satz 3 und 4 angef. mWv 1. 1. 2001 durch G v. 19. 12. 2000 (GVBl S. 943); Abs. 4 Satz 1 Nr. 1 geänd. mWv 1. 7. 2003 durch G v. 25. 6. 2003 (GVBl S. 374); Abs. 4 Nr. 2 und 3 geänd. mWv 1. 4. 2009 durch VO v. 1. 4. 2009 (GVBl S. 79).

verbunden werden, daß die Leistungen ganz oder teilweise zurückzuerstatten sind, wenn das Dienstverhältnis vor Ablauf von fünf Jahren nach dem Ende der Beurlaubung auf eigenen Antrag beendet wird.

(4) Absatz 2 Satz 1 ist entsprechend anzuwenden, wenn Beamte

1. Elternzeit in Anspruch nehmen, soweit während der Elternzeit keine Teilzeitbeschäftigung im Beamtenverhältnis ausgeübt wird,
2. gemäß Art. 89 oder Art. 90 BayBG beurlaubt sind,
3. infolge einer ungleichmäßigen Verteilung der regelmäßigen oder verminderten Arbeitszeit gemäß Art. 87 Abs. 3 und 4, Art. 88 Abs. 4 oder Art. 91 Abs. 2 Satz 1 Nr. 2 BayBG voll vom Dienst freigestellt sind.

§ 19[1] Urlaub zur Durchführung einer Kur. (1) [1] Für eine Kurmaßnahme, deren Notwendigkeit durch ein amts- oder vertrauensärztliches Zeugnis nachgewiesen ist, wird Urlaub unter Fortgewährung der Leistungen des Dienstherrn gewährt. [2] Dauer und Häufigkeit bestimmen sich nach den Beihilfevorschriften. [3] Satz 1 gilt entsprechend für die Durchführung einer auf Grund des § 11 Abs. 2 des Bundesversorgungsgesetzes versorgungsärztlich verordneten Badekur sowie für dienstunfallbedingte Kurmaßnahmen auf Grund der Heilverfahrensverordnung vom 25. April 1979 (BGBl I S. 502).

(2) Soweit für eine Kurmaßnahme Urlaub nach Absatz 1 Satz 1 nicht im beantragten Umfang gewährt werden kann, ist auf Antrag Erholungsurlaub oder Sonderurlaub nach § 18 unter Wegfall der Besoldung und einer etwaigen ergänzenden Fürsorgeleistung nach Art. 97 BayBG zu gewähren.

§ 20[2] Fernbleiben vom Dienst an geschützten Feiertagen. Bei einem Fernbleiben vom Dienst an staatlich geschützten Feiertagen (Art. 4, 6 des Gesetzes über den Schutz der Sonn- und Feiertage[3]) entfällt der Anspruch auf Dienst- oder Anwärterbezüge und auf eine etwaige ergänzende Fürsorgeleistung nach Art. 97 BayBG.

Abschnitt VI. Gemeinsame und Schlußvorschriften

§ 21 Nachweis vorübergehender Dienstunfähigkeit. (1) [1] Eines Urlaubs bedarf es nicht bei Dienstunfähigkeit wegen Krankheit. [2] Die Erkrankung und deren voraussichtliche Dauer sind dem Dienstvorgesetzten spätestens am folgenden Arbeitstag anzuzeigen. [3] In gleicher Weise ist die Beendigung der Krankheit anzuzeigen.

(2) [1] Dauert die Dienstunfähigkeit länger als drei Kalendertage, so ist spätestens am vierten Kalendertag, auf Verlangen des Dienstvorgesetzten auch früher, ein ärztliches Zeugnis vorzulegen. [2] Auf Anordnung des Dienstvorgesetzten ist ein amtsärztliches Zeugnis beizubringen.

(3) Während einer Krankheit darf der Wohnort nur verlassen werden, wenn dies vorher dem Dienstvorgesetzten unter Angabe des Aufenthaltsorts angezeigt wurde.

§ 22[4] Antrag und Genehmigung des Urlaubs. (1) [1] Der Urlaub und eine Dienstbefreiung sind rechtzeitig zu beantragen. [2] Ein nach § 11 angesparter Erholungsurlaub muß spätestens vier Wochen vor Antritt beantragt werden.

(2) [1] Für die Erteilung des Urlaubs ist der unmittelbare Dienstvorgesetzte zuständig. [2] Die oberste Dienstbehörde kann den Vollzug der Vorschriften in Abschnitt III (Elternzeit) dem höheren Dienstvorgesetzten übertragen. [3] Behördenleitern wird der Urlaub von der vorgesetzten Dienststelle erteilt. [4] Die oberste Dienstbehörde bestimmt, ob und für welche Zeit der Leiter einer Behörde sich selbst beurlauben kann.

(3) Auf Anordnung des Dienstvorgesetzten haben Beamte dafür zu sorgen, daß ihnen während des Urlaubs Mitteilungen ihrer Dienstbehörde jederzeit zugeleitet werden können.

§ 23 Widerruf der Genehmigung eines Urlaubs. (1) [1] Die Genehmigung des Urlaubs sowie einer Dienstbefreiung kann ausnahmsweise widerrufen werden, wenn bei Abwesenheit des Beamten die ordnungsgemäße Erledigung der Dienstgeschäfte nicht mehr gewährleistet wäre. [2] Unvermeidbare Mehraufwendungen, die Beamten durch den Widerruf entstehen, werden ersetzt.

---

[1] § 19 Abs. 1 geänd., Abs. 2 aufgeh., bish. Abs. 3 wird Abs. 2 durch VO v. 27. 7. 1999 (GVBl S. 336); Abs. 2 geänd. mWv 1. 4. 2009 durch VO v. 1. 4. 2009 (GVBl S. 79).

[2] § 20 geänd. mWv 1. 4. 2009 durch VO v. 1. 4. 2009 (GVBl S. 79).

[3] Nr. **875**.

[4] § 22 Abs. 2 Satz 2 geänd. mWv 1. 7. 2003 durch G v. 25. 6. 2003 (GVBl S. 374).

(2) [1] Die Genehmigung eines Sonderurlaubs sowie einer Dienstbefreiung ist zu widerrufen, wenn der Urlaub bzw. die Dienstbefreiung zu einem anderen als dem bewilligten Zweck verwendet wird oder, wenn andere Gründe, die von den Beamten zu vertreten sind, den Widerruf erfordern. [2] In diesem Fall ist der Urlaub auf den Erholungsurlaub des gleichen Jahres und, soweit dieser Urlaub bereits genommen ist, auf den Erholungsurlaub des folgenden Jahres anzurechnen. [3] Absatz 1 Satz 2 ist nicht anzuwenden.

(3) Wünschen Beamte aus wichtigen Gründen den Urlaub hinauszuschieben oder abzubrechen, so kann dem Wunsch entsprochen werden, wenn dies mit den Erfordernissen des Dienstes vereinbar ist.

§ 24 Weitergeltung sonstiger Rechtsvorschriften. Sonstige Rechtsvorschriften, nach denen Beamte Urlaub aus anderen Anlässen zu gewähren ist, bleiben unberührt.

§ 25 Erlaß von Verwaltungsvorschriften. [1] Die zur Durchführung dieser Verordnung im staatlichen Bereich erforderlichen allgemeinen Verwaltungsvorschriften erläßt das Staatsministerium der Finanzen im Benehmen mit den jeweils beteiligten Staatsministerien. [2] Verwaltungsvorschriften, die nur den Geschäftsbereich eines Staatsministeriums betreffen, erläßt dieses Staatsministerium im Benehmen mit dem Staatsministerium der Finanzen.

§ 26[1] Inkrafttreten, Außerkrafttreten, Übergangsregelung. (1) Diese Verordnung tritt am 1. Juli 1997 in Kraft.

(2) Gleichzeitig tritt die Verordnung über den Urlaub der bayerischen Beamten und Richter (Urlaubsverordnung – UrlV) in der Fassung der Bekanntmachung vom 10. August 1990 (GVBl S. 366, BayRS 2030–2–25–F), zuletzt geändert durch Verordnung vom 20. Juni 1995 (GVBl S. 302) außer Kraft.

(3) Im Kalenderjahr 2007 gilt § 7 mit folgenden Maßgaben:

1. Der Zusatzurlaub für Schichtdienst nach den Abs. 2 bis 4 vermindert sich jeweils um einen Arbeitstag.
2. Der Zusatzurlaub nach Abs. 5 beträgt bei einer Dienstleistung im Kalenderjahr 2006 von mindestens

110 Nachtdienststunden	1 Arbeitstag
220 Nachtdienststunden	2 Arbeitstage
320 Nachtdienststunden	3 Arbeitstage
410 Nachtdienststunden	4 Arbeitstage
500 Nachtdienststunden	5 Arbeitstage

im Urlaubsjahr.

(4) [1] Auf die vor dem 1. Januar 2007 geborenen Kinder oder für die vor diesem Zeitpunkt mit dem Ziel der Adoption aufgenommenen Kinder ist § 15 Abs. 2 in der bis zum 31. Dezember 2006 geltenden Fassung anzuwenden. [2] In diesem Fall ist § 12 mit der Maßgabe anzuwenden, dass es bei der Prüfung des Abs. 1 Satz 1 Nr. 1 Buchst. b auf den Zeitpunkt der Geburt oder der Aufnahme des Kindes nicht ankommt. [3] Ein vor dem 1. Januar 2007 zustehender Anspruch auf Elternzeit kann bis zum 31. Dezember 2008 geltend gemacht werden.

[1] § 26 Abs. 3 aufgeh. mWv 1. 1. 2003 durch VO v. 11. 3. 2003 (GVBl S. 165); Überschrift geänd., Abs. 3 angef. mWv 1. 1. 2007 durch G v. 22. 12. 2006 (GVBl S. 1056); Abs. 4 angef. mWv 1. 1. 2007 durch VO v. 20. 3. 2007 (GVBl S. 240).

660. Bayerisches Gesetz über die Umzugskostenvergütung der Beamten und Richter (Bayerisches Umzugskostengesetz – BayUKG)

Vom 24. Juni 2005
(GVBl S. 192)

BayRS 2032-5-1-F

geänd. durch § 18 G zur Anpassung von LandesG an das Bayerische BeamtenG v. 27. 7. 2009 (GVBl S. 400)

Art. 1 Geltungsbereich. Dieses Gesetz regelt die Erstattung von Auslagen aus Anlass der in Art. 4 und 11 Abs. 1 bezeichneten Umzüge.

Art. 2 Persönlicher Anwendungsbereich. (1) Berechtigte sind:

1. Beamtinnen und Beamte des Freistaates Bayern, der Gemeinden, der Gemeindeverbände und der sonstigen unter der Aufsicht des Staates stehenden Körperschaften, Anstalten und Stiftungen des öffentlichen Rechts sowie die zu diesen Dienstherrn abgeordneten Beamtinnen und Beamten mit Ausnahme der Ehrenbeamtinnen und Ehrenbeamten,
2. Richterinnen und Richter des Freistaates Bayern sowie in den Landesdienst abgeordnete Richterinnen und Richter mit Ausnahme der ehrenamtlichen Richterinnen und Richter,
3. im Ruhestand befindliche Beamtinnen und Beamte sowie Richterinnen und Richter im Sinn der Nrn. 1 und 2,
4. frühere Beamtinnen und Beamte sowie Richterinnen und Richter im Sinn der Nrn. 1 und 2, die wegen Dienstunfähigkeit oder Erreichens der Altersgrenze entlassen worden sind,
5. Hinterbliebene der in den Nrn. 1 bis 4 bezeichnetenPersonen,
6. Personen, die vor der Begründung eines Beamten- oder Richterverhältnisses aus Anlass der Einstellung umziehen.

(2) Hinterbliebene sind der Ehegatte, Verwandte bis zum zweiten Grad, Pflegekinder und Pflegeeltern, wenn diese Personen zur Zeit des Todes zur häuslichen Gemeinschaft des Verstorbenen gehört haben.

(3) Eine häusliche Gemeinschaft im Sinn dieses Gesetzes setzt ein Zusammenleben in gemeinsamer Wohnung oder in enger Betreuungsgemeinschaft in dem selben Haus voraus.

Art. 3 Anspruch auf Umzugskostenvergütung oder auf Umzugskostenbeihilfe.

(1) [1] Voraussetzung für den Anspruch auf Umzugskostenvergütung oder auf Umzugskostenbeihilfe ist eine schriftliche oder elektronische Zusage. [2] Die Zusage ist in den Fällen des Art. 4 Abs. 2 nur wirksam, wenn sie vor Beginn des Umzugs erteilt wird. [3] Die Zusage der Umzugskostenvergütung soll gleichzeitig mit der den Umzug veranlassenden Maßnahme oder Weisung erteilt werden.

(2) [1] Umzugskostenvergütung und Umzugskostenbeihilfe werden nach Beendigungdes Umzugs gewährt. [2] Sie sind innerhalb einer Ausschlussfrist von einem halben Jahr bei der für personalrechtliche Maßnahmen der Berechtigten zuständigen Behörde, von den Hinterbliebenen (Art. 2 Abs. 1 Nr. 5) bei der letzten für die verstorbene Person zuständigen Behörde, schriftlich oder elektronisch zu beantragen. [3] Die Frist beginnt mit dem Tag nach Beendigung des Umzugs, in den Fällen des Abs. 4 mit der Bekanntgabe des Widerrufs. [4] Art. 9 Abs. 4 bleibt unberührt.

(3) Zuwendungen, die für denselben Umzug von einer anderen Dienst oder Beschäftigungsstelle gewährt werden, sind auf die Leistungen nach diesem Gesetz anzurechnen.

(4) [1] Wird die Zusage der Umzugskostenvergütung oder Umzugskostenbeihilfe aus von der berechtigten Person nicht zu vertretenden Gründen widerrufen, so werden die durch die Vorbereitung des Umzugs entstandenen notwendigen, nach diesem Gesetz erstattungsfähigen Auslagen erstattet. [2] Muss in diesem Fall ein anderer Umzug durchgeführt werden, so ist dafür Umzugskostenvergütung oder Umzugskostenbeihilfe zuzusagen; Satz 1 bleibt unberührt.

(5) [1] Umzugskostenvergütung wird nicht gewährt, wenn nicht innerhalb von fünf Jahren nach Wirksamwerden der Zusage der Umzugskostenvergütung umgezogen wird. [2] Entsprechendes gilt für die Gewährung der Umzugskostenbeihilfe.

Art. 4[1] **Gewährung der Umzugskostenvergütung.** (1) Die Umzugskostenvergütung ist zuzusagen für Umzüge aus Anlass
1. der Versetzung aus dienstlichen Gründen, sofern nicht mit einer baldigen weiteren Versetzung an einen anderen Dienstort zu rechnen ist,
2. der Aufhebung einer Versetzung nach einem Umzug mit Zusage der Umzugskostenvergütung,
3. der nicht nur vorübergehenden Zuteilung aus dienstlichen Gründen zu einer anderen Dienststelle der Beschäftigungsbehörde,
4. der Übertragung eines anderen oder eines neuen Richteramts (§ 32 Abs. 1 und 2 des Deutschen Richtergesetzes),
5. der Änderung des Dienstorts in Folge einer Maßnahme nach Art. 12 Abs. 1,
6. der Anweisung der oder des Dienstvorgesetzten nach Art. 74 Abs. 2 des Bayerischen Beamtengesetzes,
7. der Räumung einer Dienstwohnung aus dienstlichen Gründen.

(2) Die Umzugskostenvergütung kann zugesagt werden für Umzüge aus Anlass
1. der Einstellung, wenn nach vorheriger Feststellung an der Einstellung ein besonderes dienstliches Interesse bestanden hat,
2. der Abordnung,
3. der Zuweisung nach § 123 a des Beamtenrechtsrahmengesetzes oder entsprechender kommunalrechtlicher Vorschriften,
4. der vorübergehenden Zuteilung aus dienstlichen Gründen zu einer anderen Dienststelle der Beschäftigungsbehörde,
5. einer vorübergehenden dienstlichen Tätigkeit bei einer anderen Stelle als einer Dienststelle,
6. der Aufhebung oder Beendigung einer Maßnahme nach den Nrn. 2 bis 5 nach einem Umzug mit Zusage der Umzugskostenvergütung,
7. der Übertragung eines weiteren Richteramts (§ 27 Abs. 2 des Deutschen Richtergesetzes, Art. 9 des Bayerischen Richtergesetzes).

(3) [1] Die Umzugskostenvergütung darf in den Fällen des Abs. 1 Nrn. 1 bis 5 und des Abs. 2 nur zugesagt werden, wenn der neue Dienstort ein anderer als der bisherige Dienstort ist und die Wohnung der Berechtigten nicht am neuen Dienstort oder in dessen Einzugsgebiet liegt. [2] Einzugsgebiet ist das inländische Gebiet, das auf einer üblicherweise befahrenen Strecke nicht mehr als 30 Kilometer von der Dienststelle entfernt ist.

Art. 5 Umzugskostenvergütung. (1) Die Umzugskostenvergütung umfasst
1. Beförderungsauslagen (Art. 6),
2. Reisekosten (Art. 7),
3. Mietentschädigung und Wohnungsvermittlungsgebühren (Art. 8),
4. Pauschvergütung für sonstige Umzugsauslagen (Art. 9).

(2) [1] Die auf Grund einer Zusage nach Art. 4 Abs. 2 Nr. 1 gewährte Umzugskostenvergütung ist zurückzuzahlen, wenn das Dienstverhältnis der Beamtin oder des Beamten vor Ablauf von zwei Jahren nach Beendigung des Umzugs aus einem von ihr oder ihm zu vertretenden Grund endet. [2] Die oberste Dienstbehörde kann hiervon Ausnahmen zulassen, wenn die Beamtin oder der Beamte unmittelbar in ein Dienst- oder Beschäftigungsverhältnis zu einer Körperschaft, Anstalt oder Stiftung des öffentlichen Rechts oder einer öffentlichen Interessen dienenden Einrichtung übertritt.

Art. 6 Beförderungsauslagen. (1) [1] Die Auslagen für das Befördern des Umzugsguts von der bisherigen zur neuen Wohnung werden durch eine Pauschvergütung in Höhe von 400 € oder durch Erstattung der notwendigen Auslagen ersetzt. [2] Liegt die neue Wohnung im Ausland, so werden in den Fällen des Art. 4 Abs. 1 Nr. 7 die notwendigen Beförderungsauslagen bis zum inländischen Grenzort erstattet.

(2) Auslagen für das Befördern von Umzugsgut, das sich außerhalb der bisherigen Wohnung befindet, werden höchstens insoweit erstattet als sie beim Befördern mit des übrigen Umzugsgut erstattungsfähig wären.

(3) [1] Umzugsgut sind die Wohnungseinrichtung und in angemessenem Umfang andere bewegliche Gegenstände und Haustiere, die sich am Tag vor dem Einladen des Umzugsguts im Eigentum oder Gebrauch der berechtigten Person oder anderer Personen, die zu ihrer häusli-

---
[1] Art. 4 Abs. 1 Nr. 6 geänd. mWv 1. 4. 2009 durch G v. 27. 7. 2009 (GVBl S. 400).

chen Gemeinschaft gehören, befinden. [2] Andere Personen im Sinn des Satzes 1 sind der Ehegatte sowie die ledigen Kinder, Stief- und Pflegekinder. [3] Es gehören ferner dazu die nicht ledigen in Satz 2 genannten Kinder, Verwandte bis zum zweiten Grad und Pflegeeltern, wenn die berechtigte Person diesen Personen aus gesetzlicher oder sittlicher Verpflichtung nicht nur vorübergehend Unterkunft und Unterhalt gewährt, sowie Hausangestellte und solche Personen, deren Hilfe der Umziehende aus beruflichen oder gesundheitlichen Gründen nicht nur vorübergehend bedarf.

Art. 7 Reisekosten. (1) [1] Für die Reise der Berechtigten und der zur häuslichen Gemeinschaft gehörenden Personen (Art. 6 Abs. 3 Sätze 2 und 3) von der bisherigen zur neuen Wohnung wird Fahrtkostenerstattung, bei Benutzung eines Kraftfahrzeugs Wegstrecken- und Mitnahmeentschädigung wie bei Dienstreisen gewährt [2] Entsprechendes gilt für eine weitere Reise einer der in Satz 1 genannten Personen vom bisherigen zum neuen Wohnort und zurück. [3] Für jede Reise einer berechtigten Person dürfen nicht mehr als 200 € erstattet werden.

(2) Art. 6 Abs. 1 Satz 2 gilt entsprechend.

Art. 8 Mietentschädigung und Wohnungsvermittlungsgebühren. (1) [1] Miete für die bisherige Wohnung und Garage wird für volle Kalendermonate bis zu dem Zeitpunkt, zu dem das Mietverhältnis frühestens gelöst werden konnte, längstens jedoch für sechs Monate erstattet, wenn für dieselbe Zeit Miete für die neue Wohnung gezahlt werden musste. [2] Die bisherige Wohnung im eigenen Haus oder die Eigentumswohnung steht der Mietwohnung gleich; in diesen Fällen ist der ortsübliche Mietwert der Wohnung erstattungsfähig.

(2) Miete für die neue Wohnung und Garage, die nach Lage des Wohnungsmarkts für volle Kalendermonate gezahlt werden musste, während der die Wohnung noch nicht benutzt werden konnte, wird längstens für drei Monate erstattet, wenn für dieselbe Zeit Miete für die bisherige Wohnung gezahlt werden musste.

(3) Miete nach den Abs. 1 und 2 wird nicht für eine Zeit erstattet, in der die Wohnung oder die Garage ganz oder teilweise anderweitig vermietet oder benutzt worden ist.

(4) [1] Die notwendigen ortsüblichen Wohnungsvermittlungsgebühren zum Erlangen einer angemessenen Wohnung werden erstattet. [2] Erwerben Berechtigte ein eigenes Haus oder eine Eigentumswohnung, so kann eine Vermittlungsgebühr hierfür bis zu dem Betrag erstattet werden, der für die Vermittlung einer angemessenen Mietwohnung angefallen wäre.

Art. 9 Pauschvergütung für sonstige Umzugsauslagen. (1) [1] Berechtigte, die am Tag vor dem Einladen des Umzugsguts eine eigene Wohnung hattenund nach dem Umzug wieder eingerichtet haben, erhalten zur Abgeltung der sonstigen Umzugsauslagen eine Pauschvergütung in Höhe von 600 €. [2] Die Pauschvergütung erhöht sich für jede in Art. 6 Abs. 3 Sätze 2 und 3 genannte Person um 150 €, wenn sie auch nach dem Umzug mit der berechtigten Person in häuslicher Gemeinschaft lebt. [3] Für den selben Umzug steht nur einer berechtigten Person die Pauschvergütung für sonstige Umzugsauslagenzu.

(2) Berechtigte, bei denen die Voraussetzungen des Abs. 1 Satz 1 nicht gegeben sind, erhalten eine Pauschvergütung in Höhe von 20 v.H. des Betrags nach Abs. 1.

(3) [1] Eine Wohnung im Sinn des Abs. 1 ist eine abgeschlossene Mehrheit von Räumen, welche die Führung eines Haushalts ermöglicht, darunter stets ein Raum mit Küche oder Kochgelegenheit. [2] Zu einer Wohnung gehören außerdem Wasserversorgung, -entsorgung und Toilette.

(4) Die Auslagen für den durch den Umzug bedingten zusätzlichen Unterricht der Kinder der Berechtigten (Art. 6 Abs. 3 Sätze 2 und 3) werden zu 75 v.H., höchstens jedoch bis zu einem Betrag von 400 € pro Kind erstattet, sofern sie innerhalb eines Jahres nach Beendigung des Umzugs angefallen und innerhalb weiterer sechs Monate geltend gemacht worden sind.

Art. 10 Umzugsvergütung bei Auslandsumzügen. Bei Auslandsumzügen (§ 13 des Gesetzes über die Umzugskostenvergütung für die Bundesbeamten, Richter im Bundesgebiet und Soldaten) bestimmt sich der Anspruch auf Umzugskostenvergütung nach Maßgabe der Verordnung über die Umzugskostenvergütung bei Auslandsumzügen (Auslandsumzugskostenverordnung – AUV) in der Fassung der Bekanntmachung vom 25. November 2003 (BGBl I S. 2360), zuletzt geändert durch Art. 14 des Gesetzes vom 26. Mai 2005 (BGBl I S. 1418), soweit nichts Abweichendes bestimmt ist.

Art. 11 Gewährung einer Umzugskostenbeihilfe. (1) Die Gewährung einer Umzugskostenbeihilfew kann auf antrag zugesagt werden für Umzüge aus Anlass

1. eines Wohnungswechsels, der notwendig ist, weil die Wohnung wegen der Zahl der zur häuslichen Gemeinschaft gehörenden Kinder unzureichend wird,

2. der Räumung einer dienstherrneigenen oder im Besetzungsrecht des Dienstherrn stehenden Mietwohnung, wenn die Wohnung im dienstlichen Interesse geräumt werden soll,
3. eines Wohnungswechsels wegen des Gesundheitszustands der berechtigten Person oder des mit ihr in häuslicher Gemeinschaft lebenden Ehegatten oder Kindes (Art. 6 Abs. 3 Sätze 2 und 3), wenn die Notwendigkeit desUmzugs durch ein amtsärztliches Zeugnis nachgewiesen wird.

(2) [1] Die Umzugskostenbeihilfe beträgt 600 €. [2] Für jede auch nach demUmzug zur häuslichen Gemeinschaft der berechtigten Person gehörende Person im Sinn des Art. 6 Abs. 3 Sätze 2 und 3 erhöht sich dieser Betrag um 250 €.

(3) [1] Die auf Grund einer Zusage nach Abs. 1 Nr. 1 oder Nr. 3 gewährte Umzugskostenbeihilfe ist zurückzuzahlen, wenn das Dienstverhältnis der Berechtigten vor Ablauf von zwei Jahren nach Beendigung des Umzugs aus einem von ihnen zu vertretenden Grund endet. [2] Art. 5 Abs. 2 Satz 2 gilt entsprechend.

Art. 12 Gewährung eines Auslagenersatzes. (1) Ändert sich der Dienstort von Berechtigten in Folge
1. der Verlegung oder Auflösung der bisherigen Dienststelle,
2. einer auf Landesgesetz oder -verordnung beruhenden wesentlichen Änderung des Aufbaus einer Dienststelle,
3. der Verschmelzung einer Behörde mit einer anderen Behörde,
4. des Anschlusses einer Behörde oder einer Organisationseinheit einer Behörde an eine andere Behörde oder
5. des Aufgabenübergangs von einer Dienststelle auf eine andere Stelle,
6. des Wegfalls von Aufgaben von Behörden,
7. der Übertragung von Aufgaben von Behörden auf Personen des Privatrechts (Beliehene),

ist auf Antrag von der Zusage der Umzugskostenvergütung abzusehen, wenn Berechtigte zum Zeitpunkt des Dienstortwechsels das 50. Lebensjahr vollendet haben oder der Umzug aus anderen berechtigten persönlichen Gründen nicht durchgeführt wird und zwingende dienstliche Gründe nicht entgegenstehen.

(2) [1] Wurde auf die Zusage der Umzugskostenvergütung verzichtet, erhalten Berechtigte für die durchgeführten Fahrten von ihrer Wohnung zur neuen Dienststelle Fahrtkostenerstattung nach Maßgabe des Art. 5 Abs. 1 BayRKG,soweit die Wegstrecke zur bisherigen Dienststelle überschritten wird, höchstens jedoch für eine Wegstrecke von 100 Kilometern. [2] Fahren Berechtigte mit ihrem privaten Kraftfahrzeug, wird für die nach Satz 1 berücksichtigungsfähige Wegstrecke Fahrtkostenerstattung in Höhe von 0,20 € pro Kilometer, bei Vorliegen triftiger Gründe in Höhe von 0,30 € pro Kilometer gewährt. [3] Bei auswärtigem Verbleib erhalten Berechtigte neben Fahrtkostenerstattung nach Maßgabe der Sätze 1 und 2 für eine wöchentliche Heimfahrt einen Mietzuschuss in Höhe von bis zu 250 € pro Monat. [4] Die Fahrtkostenerstattung und der Mietzuschuss werden längstens für die Dauer von zehn Jahren abdem Zeitpunkt des Dienstortwechsels gewährt. [5] In den Fällen des Art. 4 Abs. 3 ist bei Vorliegen der übrigen Voraussetzungen ein Antrag der Berechtigten für die Gewährung der Fahrtkostenerstattung ausreichend.

(3) Neben den Leistungen nach den Abs. 1 und 2 sind Leistungen nach der Bayerischen Trennungsgeldverordnung[1)] ausgeschlossen.

(4) Beamtinnen und Beamte der Gemeinden, Gemeindeverbände und der sonstigen unter der Aufsicht des Staates stehenden Körperschaften, Anstalten und Stiftungen des öffentlichen Rechts sowie zu diesen Dienstherrn abgeordneteBeamtinnen und Beamte erhalten den Auslagenersatz nur, wenn die Abs. 1 bis 3 durch Satzung für anwendbar erklärt wurden.

Art. 13 Trennungsgeld. (1) [1] Bei Maßnahmen im Sinn von
1. Art. 4 Abs. 1 Nrn. 1 bis 5,
2. Art. 4 Abs. 2 Nrn. 2 bis 7,
3. Art. 4 Abs. 2 Nr. 1 mit Zusage der Umzugskostenvergütung

wird aus Anlass einer getrennten Haushaltsführung oder eines Beibehaltens der Wohnung oder Unterkunft am bisherigen Wohnort Trennungsgeld nach Maßgabe einer Rechtsverordnung gewährt. [2] Trennungsgeld darf nur gewährt werden, wenn sich die Wohnung der berechtigten Person nicht am neuen Dienstort oder in dessen Einzugsgebiet befindet.

---

1) Nr. **670**.

(2) [1] Ist Berechtigten die Umzugskostenvergütung zugesagt worden, so darf Trennungsgeld nur gewährt werden, wenn sie uneingeschränkt umzugswillig sind und nachweislich wegen Wohnungsmangels am neuen Dienstort einschließlich seines Einzugsgebiets (Art. 4 Abs. 3 Satz 2) nicht umziehen können. [2] Diese Voraussetzungen müssen seit dem Tag der Zusage der Umzugskostenvergütung oder, falls für Berechtigte günstiger, seit dem Wirksamwerden der Maßnahme erfüllt sein.

Art. 14 Ermächtigung, Rechts- und Verwaltungsvorschriften. (1) Das Staaatsministerium der Finanzen wird ermächtigt, durch Rechtsordnung

1. die in Art. 7 Abs. 1, Art. 9 Abs. 1 und Abs. 4 und in Art. 11 Abs. 2 genannten Beträge veränderten wirtschaftlichen Verhältnissen anzupassen,
2. abweichende Vorschriften über die Umzugskostenvergütung und das Trennungsgeld bei Auslandsumzügen zu erlassen,
3. nähere Vorschriften über die Gewährung von Trennungsgeld zu erlassen.

(2) [1] Die zur Durchführung dieses Gesetzes erforderlichen allgemeinen Verwaltungsvorschriften erlässt das Staatsministerium der Finanzen. [2] Verwaltungsvorschriften, die nur den Geschäftsbereich eines Staatsministeriums betreffen, erlässt dieses Staatsministerium im Einvernehmen mit dem Staatsministerium der Finanzen.

Art. 15 Zuständigkeiten. [1] Der Vollzug des Gesetzes obliegt, soweit nichts anderes bestimmt ist, der für personalrechtliche Maßnahmen der Berechtigten zuständigen Behörde. [2] Die obersten Dienstbehörden können ihre Befugnisse nach Art. 5 Abs. 2 Satz 2 und Art. 11 Abs. 3 Satz 2 sowie die Zuständigkeit der nach Satz 1 für den Vollzug zuständigen Behörden auf andere Dienststellen übertragen, im staatlichen Bereich durch Rechtsverordnung. [3] Eine Konzentration auf eine oder einzelne Behörden ist zulässig. [4] Die Staatsregierung kann für den staatlichen Bereich durch Rechtsverordnung die Abrechnung der Umzugskostenvergütung und Umzugskostenbeihilfe bei einer oder mehreren Behörden konzentrieren.

Art. 16 In-Kraft-Treten, Außer-Kraft-Treten, Übergangsregelung. (1) Dieses Gesetz tritt am 1. Juli 2005 in Kraft.

(2) Mit Ablauf des 30. Juni 2005 treten außer Kraft:

1. das Bayerische Gesetz über die Umzugskostenvergütung der Beamten und Richter (Bayerisches Umzugskostengesetz – BayUKG) in der Fassung der Bekanntmachung vom 28. Februar 1974 (BayRS 2032-5-1-F), zuletzt geändert durch § 20 des Gesetzes vom 24. April 2001 (GVBI S. 140),
2. die Verordnung über die Erstattung der nachgewiesenen sonstigen Umzugsauslagen(Bayerische Umzugsauslagenverordnung – BayUAV) vom 30. April 1975 (BayRS 2032-5-2-F), zuletzt geändert durch § 7 der Verordnung vom 12. Januar 2001 (GVBl S. 169).

(3) [1] Ist die Umzugskostenvergütung bis zum 30. Juni 2005 zugesagt worden, erfolgt die Abrechnung nach dem bis zu diesem Zeitpunkt geltenden Recht, es sei denn, Berechtigte beantragen die Anwendung dieses Gesetzes. [2] Art. 3 Abs. 5 findet mit der Maßgabe Anwendung, dass die Frist für die bis zum 30. Juni 2005 erteilten Zusagen mit dem 1. Juli 2005 beginnt.

(4) Umzugskostenzusagen auf Grund von Maßnahmen im Sinn des Art. 12 Abs. 1 Nrn. 1 bis 7, die eine Änderung des Dienstortes nach dem 31. Dezember 2003 zur Folge hatten, können auf Antrag der Berechtigten mit Wirkung für die Zukunft widerrufen werden, wenn der Umzug noch nicht erfolgt ist.

(5) [1] Das bis zum 30. Juni 2005 auf Grund des Art. 2 Abs. 8 des Bayerischen Gesetzes über die Umzugskostenvergütung der Beamten und Richter (Bayerisches Umzugskostengesetz – BayUKG) in der Fassung der Bekanntmachung vom 28. Februar 1974 (BayRS 2032-5-1-F), zuletzt geändert durch § 20 des Gesetzes vom 24. April 2001 (GVBI S. 140), bewilligte Trennungsgeld wird weitergewährt. [2] Trennungsgeldbewilligungen nach Art. 2 Abs. 8 des Bayerischen Umzugskostengesetzes in der Fassung der Bekanntmachung vom 28. Februar 1974, die auf Grund von Änderungen des Dienstortes nach dem 31. Dezember 2004 erteilt wurden, können ab dem 1. Juli 2005 mit Wirkung für die Zukunft widerrufen und statt dessen Fahrtkostenerstattung nach Art. 12 gewährt werden. [3] Der Zeitraum der Trennungsgeldgewährung nach Art. 2 Abs. 8 des Bayerischen Umzugskostengesetzes in der Fassung der Bekanntmachung vom 28. Februar 1974 wird auf den Zeitraum im Sinn des Art. 12 Abs. 2 Satz 4 angerechnet. [4] Die Rücknahme und der Widerruf der Trennungsgeldbewilligung nach den allgemeinen Vorschriften bleibt von dieser Regelung unberührt.

665. Bayerisches Gesetz über die Reisekostenvergütung der Beamten und Richter (Bayerisches Reisekostengesetz – BayRKG)

In der Fassung der Bekanntmachung vom 24. April 2001[1]
(GVBl S. 133)
BayRS 2032–4–1–F

geänd. durch ÄndVO v. 8. 12. 2002 (GVBl S. 991), ÄndG v. 25. 6. 2003 (GVBl S. 374), ÄndG v. 7. 8. 2003 (GVBl S. 497), § 3 Abs. 2 G zur Errichtung des Unternehmens "Bayerische Staatsforsten" und zur Änd. des Bayerischen PersonalvertretungsG, des Bayerischen ReisekostenG und des Bayerischen JagdG v. 9. 5. 2005 (GVBl S. 138) und Art. 11 Zweites VerwaltungsmodernisierungsG v. 26. 7. 2005 (GVBl S. 287)

– Auszug –

Abschnitt I. Allgemeines

Art. 1 Geltungsbereich. (1) Dieses Gesetz regelt die Erstattung von Auslagen für Dienstreisen und Dienstgänge (Reisekostenvergütung) der Beamten und Richter des Freistaates Bayern, der Gemeinden, Gemeindeverbände und sonstigen unter der Aufsicht des Staates stehenden Körperschaften, Anstalten und Stiftungen des öffentlichen Rechts und der zu diesen Dienstherren abgeordneten Beamten.

(2) Das Gesetz regelt ferner die Erstattung von

1. Auslagen aus Anlass der Abordnung (Trennungsgeld, Art. 23),
2. Auslagen für Reisen aus Anlass der Einstellung, einer Versetzung, Abordnung oder Aufhebung einer Abordnung (Art. 14 Abs. 1 und 2),
3. Auslagen für Aus- und Fortbildungsreisen (Art. 24 Abs. 1 bis 3) und
4. Fahrkosten für Fahrten zwischen Wohnung und Dienststätte aus besonderem dienstlichen Anlass (Art. 24 Abs. 4).

Abschnitt II. Reisekostenvergütung

Art. 2[2] Begriffsbestimmungen. (1) Dienstreisende im Sinn dieses Gesetzes sind die in Art. 1 Abs. 1 genannten Personen, die eine Dienstreise oder einen Dienstgang ausführen.

(2) [1]Dienstreisen im Sinn dieses Gesetzes sind Reisen zur Erledigung von Dienstgeschäften außerhalb des Dienstorts, die schriftlich oder elektronisch angeordnet oder genehmigt worden sind. [2]Dienstreisen sind auch Reisen aus Anlass der Einstellung, einer Versetzung, Abordnung oder Aufhebung einer Abordnung sowie Reisen von einem dem vorübergehenden Aufenthalt dienenden Ort zum Dienstort, wenn im Übrigen die Voraussetzungen des Satzes 1 erfüllt sind.

(3) [1]Auslandsdienstreisen sind Dienstreisen zwischen Inland und Ausland sowie im Ausland. [2]Als Auslandsdienstreisen gelten nicht Dienstreisen der im Grenzverkehr tätigen Dienstreisenden im Bereich ausländischer Lokalgrenzbehörden, zwischen solchen Bereichen und zwischen diesen und dem Inland; dies gilt entsprechend für die in den Saalforsten beschäftigten Dienstreisenden.

(4) [1]Dienstgänge im Sinn dieses Gesetzes sind Gänge oder Fahrten am Dienst- oder Wohnort zur Erledigung von Dienstgeschäften außerhalb der Dienststätte, die angeordnet oder genehmigt worden sind. [2]Dem Wohnort steht ein dem vorübergehenden Aufenthalt dienender Ort gleich.

(5) [1]Der Anordnung oder Genehmigung einer Dienstreise oder eines Dienstgangs im Inland bedarf es nicht, wenn dies nach dem Amt des Dienstreisenden oder nach dem Wesen des Dienstgeschäfts nicht in Betracht kommt. [2]Entsprechendes gilt, wenn angeordnete dienstliche Aufträge oder festgelegte Einsatzpläne eine Dienstreise oder einen Dienstgang erforderlich machen.

Art. 3[3] Anspruch auf Reisekostenvergütung. (1) [1]Dienstreisende haben Anspruch auf Reisekostenvergütung zur Abgeltung der dienstlich veranlassten Mehraufwendungen. [2]Art und Umfang bestimmt ausschließlich dieses Gesetz. [3]Der Nachweis der Mehraufwendungen kann

---

[1] Neubekanntmachung des BayRKG in der ab 1. 4. 2001 geltenden Fassung.

[2] Art. 2 Abs. 3 Satz 2 zweiter Halbs. geänd. mWv 1. 7. 2005 durch G v. 9. 5. 2005 (GVBl S. 138); Abs. 2 Satz 1 geänd. mWv 1. 8. 2005 durch G v. 26. 7. 2005 (GVBl S. 287).

[3] Art. 3 Abs. 1 Sätze 3 und 4 angef., Abs. 5 Satz 1 geänd. mWv 1. 8. 2005 durch G v. 26. 7. 2005 (GVBl S. 287).

bis zum Ablauf eines halben Jahres nach Antragstellung von der für die Abrechnung zuständigen Stelle (Art. 26) verlangt werden. [4] Werden Nachweise auf Anforderung nicht innerhalb von drei Monaten vorgelegt, kann der Antrag insoweit abgelehnt werden.

(2) Reisekostenvergütung wird nur insoweit gewährt, als die Aufwendungen und die Dauer der Dienstreise oder des Dienstgangs zur Erledigung des Dienstgeschäfts notwendig waren.

(3) [1] Auf die Reisekostenvergütung sind Zuwendungen Dritter, die Dienstreisenden ihres Amts wegen für dieselbe Dienstreise oder denselben Dienstgang gewährt wurden, anzurechnen. [2] Art. 11 bleibt unberührt.

(4) Bei Dienstreisen und Dienstgängen für eine auf Vorschlag oder Verlangen der zuständigen Behörden wahrgenommene Nebentätigkeit haben Dienstreisende nur insoweit Anspruch auf Reisekostenvergütung, als die Stelle, bei der die Nebentätigkeit ausgeübt wird, Auslagenerstattung für dieselbe Dienstreise oder denselben Dienstgang nicht zu gewähren hat; dies gilt auch dann, wenn Dienstreisende auf ihren Anspruch gegen die Stelle verzichtet haben.

(5) [1] Die Reisekostenvergütung ist innerhalb einer Ausschlussfrist von einem halben Jahr bei der Beschäftigungsbehörde schriftlich oder elektronisch zu beantragen. [2] Die Frist beginnt mit dem Tag nach Beendigung der Dienstreise oder des Dienstgangs, in den Fällen des Art. 20 mit Ablauf des Tages, an dem den Dienstreisenden bekannt wird, dass die Dienstreise oder der Dienstgang nicht ausgeführt wird.

(6) Auf Reisekostenvergütung und Kostenerstattung nach Art. 1 Abs. 2 kann ganz oder teilweise verzichtet werden.

Art. 4 Art der Reisekostenvergütung. Die Reisekostenvergütung umfasst

1. Fahrkostenerstattung (Art. 5),
2. Wegstrecken- und Mitnahmeentschädigung (Art. 6),
3. Tagegeld (Art. 8),
4. Übernachtungsgeld (Art. 9),
5. Erstattung der Auslagen bei längerem Aufenthalt am Geschäftsort (Art. 10),
6. Erstattung der Nebenkosten (Art. 12),
7. Erstattung der Auslagen bei Dienstreisen bis zu sechs Stunden Dauer und bei Dienstgängen (Art. 13),
8. Aufwandsvergütung (Art. 18),
9. Pauschvergütung (Art. 19),
10. Erstattung der Auslagen für Reisevorbereitungen und bei vorzeitiger Beendigung des Dienstgeschäfts (Art. 20).

Art. 5 Fahrkostenerstattung. (1) [1] Für Strecken, die mit regelmäßig verkehrenden Beförderungsmitteln zurückgelegt worden sind, werden die entstandenen notwendigen Fahrkosten erstattet, und zwar beim Benutzen von

	Land- oder Wasserfahrzeugen	Flugzeugen	Schlafwagen
den Angehörigen der Besoldungsgruppen	bis zu den Kosten der		
A 1 bis A 7	zweiten Klasse	Touristen- oder Economyklasse	Touristenklasse
den übrigen Besoldungsgruppen	ersten Klasse	Touristen- oder Economyklasse	Doppel- oder Einbettklasse

[2] Fahrpeisermäßigungen sind zu berücksichtigen. [3] Fahrkosten werden nicht erstattet, wenn das regelmäßig verkehrende Beförderungsmittel oder ein anderes Beförderungsmittel unentgeltlich benutzt werden kann.

(2) [1] Ist der Dienstreisende noch nicht Angehöriger einer Besoldungsgruppe, so ist die Besoldungsgruppe seines Eingangsamts maßgebend. [2] Die Rückwirkung der Einweisung in eine Planstelle und die Rückwirkung der Zuteilung eines Amts zu einer anderen Besoldungsgruppe bleiben unberücksichtigt. [3] Ehrenbeamte werden den Beamten der übrigen Besoldungsgruppen im Sinn des Absatzes 1 Satz 1 gleichgestellt.

(3) Die Kosten einer höheren Klasse werden erstattet, wenn Dienstreisende sie aus dienstlichen Gründen benutzen mussten.

(4) [1] Dienstreisende, denen nach Absatz 1 die Fahrkosten der niedrigsten Klasse zu erstatten wären, werden bei einem Grad der Behinderung von wenigstens 50 die Auslagen für die

nächsthöhere Klasse erstattet. [2] Dieselbe Vergünstigung kann anderen Dienstreisenden gewährt werden, wenn ihr körperlicher oder gesundheitlicher Zustand das Benutzen der höheren Klasse rechtfertigt.

(5) [1] Für Strecken, die aus triftigen Gründen mit anderen als den in Art. 6 genannten nicht regelmäßig verkehrenden Beförderungsmitteln zurückgelegt worden sind, werden die entstandenen notwendigen Fahrkosten erstattet. [2] Liegen keine triftigen Gründe vor, so darf keine höhere Reisekostenvergütung gewährt werden als beim Benutzen eines regelmäßig verkehrenden Beförderungsmittels.

Art. 6[1] Wegstrecken- und Mitnahmeentschädigung. (1) [1] [2]Für Strecken, die Dienstreisende aus triftigen Gründen mit einem ihnen gehörenden Fahrzeug zurücklegen, wird als Auslagenersatz eine Wegstreckenentschädigung gewährt, und zwar je Kilometer bei Benutzung eines

1. Kraftwagens 0,30 €,
2. Motorrads oder Motorrollers 0,13 €,
3. Mopeds oder Mofas 0,08 €,
4. Fahrrads 0,05 €.

[2] Dem Fahrzeug im Sinn des Satzes 1 steht das unentgeltlich zur Verfügung gestellte Fahrzeug des Ehegatten oder eines mit dem Dienstreisenden in häuslicher Gemeinschaft lebenden Verwandten oder Verschwägerten gleich. [3] Mit der Wegstreckenentschädigung nach Satz 1 sind die Aufwendungen für die Mitnahme von Gepäck abgegolten.

(2) Dienstreisende, die in ihrem Fahrzeug Personen mitgenommen haben, die Anspruch auf Wegstreckenentschädigung gegen denselben Dienstherrn haben, erhalten Mitnahmeentschädigung je Person und Kilometer in Höhe von 0,02 € bei Benutzung eines Kraftwagens und in Höhe von 0,01 € bei Benutzung eines Motorrads oder Motorrollers.

(3) Sind Dienstreisende von einer im öffentlichen Dienst stehenden Person mitgenommen worden, die Anspruch auf Fahrkostenerstattung gegen einen anderen Dienstherrn hat, so erhalten sie Mitnahmeentschädigung nach Absatz 2, soweit ihnen Auslagen für die Mitnahme entstanden sind.

(4) Zur Abgeltung der Mehraufwendungen, die durch regelmäßig in größerem Umfang erforderliche Fahrten mit privateigenen Kraftwagen auf unbefestigten Forststrecken verursacht werden, erhalten im Forstdienst tätige Dienstreisende nach näherer Bestimmung der obersten Dienstbehörde zur Wegstreckenentschädigung nach Absatz 1 Satz 1 Nr. 1 einen Zuschlag von 0,03 € je Kilometer.

(5) Wegstrecken- und Mitnahmeentschädigung werden nicht gewährt, wenn ein Dienstfahrzeug unentgeltlich benutzt werden kann.

(6) [1] Für Strecken, die Dienstreisende ohne Vorliegen triftiger Gründe mit einem ihnen gehörenden Fahrzeug zurücklegen, wird eine Wegstreckenentschädigung gewährt, und zwar je Kilometer bei Benutzung eines

1. Kraftwagens 0,20 €,
2. Motorrads oder Motorrollers 0,10 €,
3. Mopeds oder Mofas 0,06 €,
4. Fahrrads 0,03 €.

[2] Art. 5 Abs. 1 Satz 3 gilt sinngemäß.

---

[1] Art. 6 Abs. 1 Satz 1 Nr. 4 geänd. mWv 1. 1. 2002 durch VO v. 8. 12. 2002 (GVBl S. 991); Abs. 2 neu gef. mWv 1. 7. 2003 durch G v. 25. 6. 2003 (GVBl S. 374); Abs. 4 geänd. mWv 1. 7. 2005 durch G v. 9. 5. 2005 (GVBl S. 138).

[2] Vgl. jetzt § 1 der WegstreckenentschädigungsVO v. 15. 7. 2008 (GVBl S. 493):

§ 1 [Wegstreckenentschädigung] (1) Die Wegstreckenentschädigung nach Art. 6 Abs. 1 Satz 1 BayRKG wird angepasst und beträgt je Kilometer bei Benutzung eines

1. Kraftwagens 0,35 €,
2. Motorrads oder Motorrollers 0,15 €,
3. Mopeds oder Mofas 0,09 €,
4. Fahrrads 0,06 €.

(2) Die Wegstreckenentschädigung nach Art. 6 Abs. 6 Satz 1 BayRKG wird angepasst und beträgt je Kilometer bei Benutzung eines

1. Kraftwagens 0,25 €,
2. Motorrads oder Motorrollers 0,12 €,
3. Mopeds oder Mofas 0,07 €,
4. Fahrrads 0,04 €.

Art. 7 Dauer der Dienstreise. [1] Die Dauer der Dienstreise richtet sich nach der Abreise und der Ankunft an der Wohnung. [2] Wird die Dienstreise an der Dienststelle angetreten oder beendet, so tritt diese an die Stelle der Wohnung.

Art. 8[1)] Tagegeld. (1) Bei einer Dienstreise, die nicht mehr als einen vollen Kalendertag beansprucht, beträgt das Tagegeld bei einer Dauer

von mehr als sechs bis acht Stunden	4,50 €,
von mehr als acht bis zwölf Stunden	7,50 €,
von mehr als zwölf Stunden	15,00 €.

(2) [1] Bei einer mehrtägigen Dienstreise beträgt das Tagegeld für den vollen Kalendertag 21,50 €. [2] Für den Tag des Antritts und für den Tag der Beendigung einer mehrtägigen Dienstreise beträgt das Tagegeld bei einer Dauer

von mehr als sechs bis acht Stunden	6,50 €,
von mehr als acht bis zwölf Stunden	11,00 €,
von mehr als zwölf Stunden	21,50 €.

(3) Bei mehreren Dienstreisen an einem Kalendertag wird jede Reise für sich berechnet; es wird jedoch zusammen nicht mehr als ein volles Tagegeld gewährt.

(4) Erstreckt sich eine Dienstreise auf zwei Kalendertage und steht Dienstreisenden ein Übernachtungsgeld nicht zu, so ist, wenn dies für sie günstiger ist, das Tagegeld so zu berechnen, als ob die Dienstreise an einem Kalendertag ausgeführt worden wäre.

(5) Die oberste Dienstbehörde kann in begründeten Ausnahmefällen unter Berücksichtigung der häuslichen Ersparnis die Erstattung entstandener notwendiger Auslagen für Verpflegung, die über den Pauschbeträgen der Absätze 1 bis 4 liegen, zulassen.

Art. 9[2)] Übernachtungsgeld. (1) [1] Übernachtungsgeld wird bei einer mindestens achtstündigen Dienstreise gewährt, wenn diese sich über mehrere Kalendertage erstreckt oder bis drei Uhr angetreten worden ist. [2] Übernachtungsgeld wird nicht für eine Nacht gewährt, in der die Dienstreise nach drei Uhr angetreten oder vor zwei Uhr beendet worden ist.

(2) Das Übernachtungsgeld für eine Nacht ohne belegmäßigen Nachweis beträgt 18,50 €.

(3) [1] Die entstandenen notwendigen Übernachtungskosten werden erstattet. [2] Übernachtungskosten, die die Kosten des Frühstücks einschließen, sind vorab um 20 v.H. des Tagegeldes nach Art. 8 Abs. 2 Satz 1 zu kürzen.

(4) [1] Abweichend von Absatz 1 wird ein Übernachtungsgeld nicht gewährt, wenn wegen der Benutzung von Beförderungsmitteln keine Übernachtungskosten anfallen. [2] Für dieselbe Nacht wird ein Übernachtungsgeld nur gewährt, wenn wegen der frühen Ankunft oder späten Abfahrt des Beförderungsmittels eine Unterkunft in Anspruch genommen oder beibehalten werden musste.

Art. 10 Erstattung der Auslagen bei längerem Aufenthalt am Geschäftsort. (1) [1] Dauert der Aufenthalt an demselben auswärtigen Geschäftsort länger als 14 Tage, so werden als Vergütung vom 15. Tag an 50 v.H. des Tage- und Übernachtungsgeldes (Art. 8 Abs. 2 Satz 1, Art. 9 Abs. 2) und vom 43. Tag an Trennungstagegeld und Reisebeihilfen wie bei einer Abordnung (Art. 23) gewährt; Art. 9 Abs. 3 wird insoweit nicht angewandt. [2] Zu den Aufenthaltstagen rechnen alle Tage zwischen dem Hinreisetag und dem Rückreisetag.

(2) Die oberste Dienstbehörde kann abweichend von Absatz 1 das volle Tage- und Übernachtungsgeld (Art. 8 Abs. 2 Satz 1, Art. 9 Abs. 2 und 3) in besonderen Fällen über die 14-Tagesfrist hinaus, längstens jedoch bis zu drei Monaten bewilligen.

Art. 11 Kürzung des Tage- und Übernachtungsgeldes und der Vergütung nach Art. 10 Abs. 1. (1) [1] Erhalten Dienstreisende ihres Amts wegen unentgeltlich Verpflegung, ist

1. vom Tagegeld (Art. 8) für das Frühstück um 20 v.H., für das Mittag- und Abendessen um je 40 v.H. des vollen Satzes,
2. von der Vergütung nach Art. 10 für das Frühstück um 15 v.H., für das Mittag- und Abendessen um je 25 v.H.

höchstens jedoch ein Betrag bis zur Höhe des jeweiligen Tagegeldes einzubehalten. [2] Das Tagegeld und die Vergütung nach Art. 10 Abs. 1 werden nach Satz 1 auch gekürzt, wenn von

---

1) Art. 8 Abs. 5 geänd. mWv 1. 8. 2005 durch G v. 26. 7. 2005 (GVBl S. 287).
2) Art. 9 Abs. 3 Satz 1 geänd. mWv 1. 8. 2005 durch G v. 26. 7. 2005 (GVBl S. 287).

dritter Seite Verpflegung bereitgestellt wird und das Entgelt für sie in den erstattbaren Fahr- oder Nebenkosten enthalten ist.

(2) [1] Erhalten Dienstreisende ihres Amts wegen unentgeltlich Unterkunft oder werden die Auslagen für das Benutzen von Schlaf-, Liegewagen oder Schiffskabinen erstattet, wird Übernachtungsgeld (Art. 9) nicht gewährt, die Vergütung nach Art. 10 Abs. 1 wird um 35 v.H. gekürzt. [2] Das gleiche gilt, wenn von dritter Seite Unterkunft bereitgestellt wird und das Entgelt für sie in den erstattbaren Nebenkosten enthalten ist.

(3) Die Absätze 1 und 2 sind auch dann anzuwenden, wenn Dienstreisende ihres Amts wegen unentgeltlich bereitgestellte Verpflegung oder Unterkunft ohne triftigen Grund nicht in Anspruch nehmen.

(4) Die oberste Dienstbehörde kann in besonderen Fällen niedrigere Kürzungssätze zulassen.

Art. 12[1)] Erstattung der Nebenkosten. Zur Erledigung des Dienstgeschäfts entstandene notwendige Auslagen, die nicht nach Art. 5 bis 11 zu erstatten sind, werden als Nebenkosten erstattet.

Art. 13[2)] Erstattung der Auslagen bei Dienstreisen bis zu sechs Stunden Dauer und bei Dienstgängen. [1] Bei Dienstreisen bis zu sechs Stunden Dauer und bei Dienstgängen stehen Dienstreisenden Fahrkostenerstattung (Art. 5), Wegstrecken- und Mitnahmeentschädigung (Art. 6) und Nebenkostenerstattung (Art. 12) zu. [2] Daneben werden die entstandenen notwendigen Auslagen für Verpflegung bis zur Höhe von 4,50 € sowie für Unterkunft erstattet; Art. 8 Abs. 5 gilt entsprechend.

Art. 14 Bemessung der Reisekostenvergütung in besonderen Fällen. (1) [1] Bei Dienstreisen aus Anlass der Einstellung, einer Versetzung, Abordnung oder Aufhebung einer Abordnung wird das Tagegeld für die Zeit bis zur Ankunft am neuen Dienstort gewährt; im Übrigen gilt Art. 7. [2] Das Tagegeld wird für die Zeit bis zum Ablauf des Ankunftstages gewährt, wenn Dienstreisende vom nächsten Tag an Trennungsreise- oder Trennungstagegeld erhalten; daneben wird Übernachtungsgeld gewährt. [3] Bei Dienstreisen aus Anlass einer Versetzung, Abordnung oder Aufhebung einer Abordnung wird das Tagegeld von dem Beginn des Abfahrtstages an gewährt, wenn für den vorhergehenden Tag Trennungsreise- oder Trennungstagegeld gewährt wird. [4] Art. 11 bleibt unberührt.

(2) Bei einer Dienstreise aus Anlass der Einstellung wird höchstens die Reisekostenvergütung gewährt, die bei einer Dienstreise vom Wohnort zum Dienstort zustünde.

(3) Bei einer Dienstreise nach dem Wohnort wird für die Dauer des Aufenthalts an diesem Ort kein Tage- und Übernachtungsgeld gewährt; notwendige Auslagen werden wie bei einem Dienstgang (Art. 13) erstattet.

(4) [1] Übernachten Dienstreisende in ihrer außerhalb des Geschäftsorts gelegenen Wohnung, so wird kein Übernachtungsgeld gewährt, die Vergütung nach Art. 10 Abs. 1 wird um 35 v.H. gekürzt. [2] Für volle Kalendertage des Aufenthalts am Wohnort wird kein Tagegeld und keine Vergütung nach Art. 10 Abs. 1 gewährt. [3] Die notwendigen Auslagen für die Fahrten zwischen dem Geschäftsort und dem Wohnort (Art. 5 und 6) werden bis zur Höhe der nach den Sätzen 1 und 2 eingesparten Beträge erstattet.

(5) Wer eine Dienstreise als Beisitzer eines Disziplinargerichts oder Dienstgerichts ausführt, wird für die Fahrkostenerstattung Beamten der übrigen Besoldungsgruppen im Sinn des Art. 5 Abs. 1 Satz 1 gleichgestellt.

Art. 15 Verbindung von Dienstreisen mit privaten Reisen. (1) [1] Wird eine Dienstreise mit einer privaten Reise verbunden, ist die Reisekostenvergütung so zu bemessen, als wäre nur die Dienstreise durchgeführt worden. [2] Die Reisekostenvergütung darf die nach dem tatsächlichen Reiseverlauf entstandenen Kosten nicht übersteigen.

(2) [1] Ist der Antritt einer Dienstreise vom Urlaubsort aus angeordnet oder genehmigt worden, gilt der Urlaubsort als Ausgangsort der Dienstreise. [2] Absatz 1 Satz 2 gilt entsprechend. [3] Ist die Dienstreise erst nach dem Ende des Urlaubs anzutreten, wird Reisekostenvergütung vom Urlaubsort zum Geschäftsort und vom Geschäftsort zum Dienstort oder zur Wohnung (Art. 7) gewährt. [4] Auf den sich nach Satz 3 ergebenden Fahrkostenersatz werden Fahrkosten für die kürzeste Reisestrecke vom letzten Urlaubsort zum Dienstort oder zur Wohnung angerechnet.

(3) [1] Wird aus dienstlichen Gründen die vorzeitige Beendigung eines Urlaubs angeordnet, wird für die Rückreise vom letzten Urlaubsort zum Dienstort oder zur Wohnung (Art. 7

---

1) Art. 12 geänd. mWv 1. 8. 2005 durch G v. 26. 7. 2005 (GVBl S. 287).
2) Art. 13 Satz 2 geänd. mWv 1. 8. 2005 durch G v. 26. 7. 2005 (GVBl S. 287).

Reisekostenvergütung gewährt. [2] Sonstige Aufwendungen der Dienstreisenden und der sie begleitenden Personen, die durch die vorzeitige Beendigung eines Urlaubs verursacht worden sind, werden in angemessenem Umfang erstattet. [3] Für die Urlaubsreise angefallene Fahrkosten des Dienstreisenden und der sie begleitenden Personen können im Verhältnis des auf Grund der vorzeitigen Urlaubsbeendigung nicht ausgenutzten Teil des Urlaubs erstattet werden.

Art. 16 Zwischendienstreisen. [1] Zwischendienstreisen sind Reisen zur Erledigung von Dienstgeschäften außerhalb des Dienstreisegeschäftsortes, die von diesem Ort aus angetreten werden und an ihm wieder beendet werden. [2] Durch Zwischendienstreisen werden weder die Dienstreise noch der Aufenthalt an demselben auswärtigen Geschäftsort im Sinn des Art. 10 unterbrochen. [3] Ist eine Übernachtung außerhalb des Dienstreisegeschäftsorts oder des Wohnorts notwendig, werden neben dem Übernachtungsgeld die notwendigen Auslagen für das Beibehalten der Unterkunft am bisherigen Geschäftsort nach Maßgabe der Art. 9 und 10 erstattet.

Art. 17 Erkrankung während einer Dienstreise. [1] Ist bei einer Erkrankung eine Rückkehr in die Wohnung nicht möglich, wird die Reisekostenvergütung weitergewährt. [2] Bei Aufnahme in ein Krankenhaus wird für jeden vollen Kalendertag des Krankenhausaufenthaltes nur Ersatz der notwendigen Auslagen für das Beibehalten der Unterkunft am Geschäftsort nach Maßgabe der Art. 9 und 10 gewährt. [3] Für eine Besuchsreise eines Angehörigen aus Anlass einer durch ärztliche Bescheinigung nachgewiesenen schweren Erkrankung der Berechtigten kann eine Reisebeihilfe in sinngemäßer Anwendung der trennungsgeldrechtlichen Vorschriften (Art. 23) gewährt werden.

Art. 18 Aufwandsvergütung. [1] Dienstreisende, denen erfahrungsgemäß geringere Aufwendungen für Verpflegung oder Unterkunft als allgemein entstehen, erhalten nach näherer Bestimmung der obersten Dienstbehörde an Stelle der Reisekostenvergütung im Sinn des Art. 4 Nrn. 3 bis 5 und 7 entsprechend den notwendigen Mehrauslagen eine Aufwandsvergütung. [2] Die Aufwandsvergütung kann auch nach Stundensätzen gewährt werden.

Art. 19 Pauschvergütung. Die oberste Dienstbehörde kann bei regelmäßigen oder gleichartigen Dienstreisen oder Dienstgängen an Stelle der Reisekostenvergütung im Sinn des Art. 4 Nrn. 1 bis 8 oder Teilen davon eine Pauschvergütung gewähren, die nach dem Durchschnitt der in einem bestimmten Zeitraum sonst anfallenden Einzelvergütungen zu bemessen ist.

Art. 20 Erstattung der Auslagen für Reisevorbereitungen und bei vorzeitiger Beendigung des Dienstgeschäfts. Wird eine Dienstreise oder ein Dienstgang aus Gründen, die der Dienstreisende nicht zu vertreten hat, nicht ausgeführt oder vorzeitig beendet, so werden die durch die Vorbereitung oder die vorzeitige Beendigung entstandenen notwendigen Auslagen erstattet.

Art. 21 Gerichtsvollzieher. Die Einzelheiten der Reisekostenerstattung der Gerichtsvollzieher bei Dienstreisen und Dienstgängen in Vollstreckungsangelegenheiten regelt das Staatsministerium der Justiz durch Rechtsverordnung.

Art. 22 Richter. (1) Für Dienstreisen und Dienstgänge von Richtern

1. zur Wahrnehmung eines richterlichen Amtsgeschäfts, das ihnen nach richterlicher Anordnung, nach der Geschäftsverteilung oder nach einer ihr gleichstehenden Anordnung obliegt,
2. zur Wahrnehmung eines weiteren Richteramts, das ihnen übertragen ist,
3. zur Teilnahme an einer Sitzung des Präsidiums, dem sie angehören,

bedarf es keiner Anordnung oder Genehmigung.

(2) Bei der Festsetzung der Reisekostenvergütung ist als Dauer des Dienstgeschäfts die tatsächliche Dauer des richterlichen Amtsgeschäfts, der Wahrnehmung des weiteren Richteramts oder der Teilnahme an der Sitzung des Präsidiums zugrunde zu legen.

Abschnitt III. Trennungsgeld und Erstattung von Auslagen bei Reisen aus besonderem Anlass

Art. 23 Trennungsgeld. (1) [1] Beamte und Richter, die an einen Ort außerhalb des Dienst- oder Wohnorts ohne Zusage der Umzugskostenvergütung abgeordnet werden, erhalten für die ihnen dadurch entstehenden notwendigen Auslagen unter Berücksichtigung der häuslichen Ersparnis ein Trennungsgeld nach Maßgabe der Rechtsverordnung, die das Staatsministerium der Finanzen erlässt.[1] [2] Das Staatsministerium der Finanzen wird ferner ermächtigt, für Abordnungen vom Inland in das Ausland und vom Ausland in das Inland durch Rechtsverordnung nähere Vorschriften über das Trennungsgeld zu erlassen, soweit die besonderen Bedürfnisse des Auslandsdienstes und die besonderen Verhältnisse im Ausland es erfordern. [3] Der Abordnung steht eine vorübergehende dienstliche Tätigkeit bei einer anderen Stelle als einer Dienststelle und die Zuweisung nach § 123 a Beamtenrechtsrahmengesetz (BRRG) gleich.

(2) [1] Den Beamten, die zum Zweck ihrer Ausbildung einer Ausbildungsstelle an einem anderen Ort als dem bisherigen Ausbildungs- oder Wohnort zugewiesen werden, können die ihnen dadurch entstehenden notwendigen Mehrauslagen ganz oder teilweise erstattet werden. [2] Die Höhe der erstattbaren Mehrauslagen wird durch Rechtsverordnung bestimmt, die das Staatsministerium der Finanzen erlässt.

Art. 24[2] Erstattung von Auslagen bei Reisen aus besonderem Anlass. (1) [1] Bei Reisen zum Zweck der Aus- oder Fortbildung können erstattet werden:

1. 75 v.H. des Tagegeldes nach Art. 8,
2. die entstandenen notwendigen Übernachtungskosten nach Art. 9,
3. Fahrkosten nach Art. 5 Abs. 1 bis zu dem Betrag, der Dienstreisenden der Besoldungsgruppe A 7 zu erstatten wäre,
4. 75 v.H. der Wegstrecken- und Mitnahmeentschädigung nach Art. 6 und
5. die entstandenen notwendigen Nebenkosten nach Art. 12.

[2] Findet die Veranstaltung am Dienst- oder Wohnort statt, werden nur die notwendigen Fahrkosten und Nebenkosten erstattet. [3] Im Übrigen gilt Abschnitt II dieses Gesetzes entsprechend.

(2) Mit Zustimmung der obersten Dienstbehörde kann in besonderen Fällen Auslagenerstattung wie bei Dienstreisen gewährt werden.

(3) Absatz 1 gilt entsprechend bei Reisen zum Ablegen von vorgeschriebenen Laufbahnprüfungen.

(4) Für Fahrten zwischen Wohnung und regelmäßiger Dienststätte aus besonderem dienstlichen Anlass können die entstandenen notwendigen Fahrkosten erstattet werden.

Art. 25–28 *(nicht abgedruckt)*

Abschnitt IV. Schlussvorschriften

Art. 29[3] *(aufgehoben)*

[1] Siehe Verordnung über das Trennungsgeld der Beamten und Richter (Bayerische Trennungsgeldverordnung – BayTGV) (Nr. **670**) vom 9. 12. 1985 (GVBl S. 803, BayRS 2032-5-3-F).
[2] Art. 24 Abs. 1 Satz 1 Nrn. 2 und 5 geänd. mWv 1. 8. 2005 durch G v. 26. 7. 2005 (GVBl S. 287).
[3] Art. 29 aufgeh. mWv 1. 9. 2003 durch G v. 7. 8. 2003 (GVBl S. 497).

670. Verordnung über das Trennungsgeld der Beamten und Richter (Bayerische Trennungsgeldverordnung – BayTGV)

Vom 15. Juli 2002
(GVBl S. 346)

BayRS 2032-5-3-F

geänd. durch § 2 VO zur Änd. des Bayerischen ReisekostenG und zur Änd. der Bayerischen TrennungsgeldVO v. 8. 12. 2002 (GVBl S. 991), § 1 ÄndVO v. 17. 12. 2005 (GVBl S. 706) und § 2 WegstreckenentschädigungsVO v. 15. 7. 2008 (GVBl S. 493)

Auf Grund von Art. 15 Abs. 1 Satz 1 und Abs. 2 Satz 2 in Verbindung mit Art. 19 Abs. 1 Satz 1 des Bayerischen Gesetzes über die Umzugskostenvergütung der Beamten und Richter – Bayerisches Umzugskostengesetz – BayUKG[1] – (BayRS 2032–5–1–F), zuletzt geändert durch § 20 des Gesetzes vom 24. April 2001 (GVBl S. 140), und Art. 23 Abs. 1 Satz 1 und Abs. 2 Satz 2 des Bayerischen Gesetzes über die Reisekostenvergütung der Beamten und Richter (Bayerisches Reisekostengesetz – BayRKG) vom 24. April 2001 (GVBl S. 133, BayRS 2032–4–1–F) erlässt das Bayerische Staatsministerium der Finanzen folgende Verordnung:

§ 1[2] Geltungs- und Anwendungsbereich. (1) Berechtigte nach dieser Verordnung sind Beamte und Richter des Freistaates Bayern, Beamte der Gemeinden, der Gemeindeverbände und der sonstigen unter der Aufsicht des Staates stehenden Körperschaften, Anstalten und Stiftungen des öffentlichen Rechts und der zu den genannten Dienstherren abgeordneten Beamten und Richter.

(2) Trennungsgeld wird gewährt aus Anlass der

1. Versetzung aus dienstlichen Gründen,
2. Aufhebung einer Versetzung nach einem Umzug mit Zusage der Umzugskostenvergütung,
3. Verlegung der Dienststelle,
4. nicht nur vorübergehenden Zuteilung aus dienstlichen Gründen zu einer anderen Dienststelle der Beschäftigungsbehörde,
5. Übertragung eines anderen, eines neuen oder eines weiteren Richteramts (§ 27 Abs. 2, § 32 Abs. 1 und 2 Deutsches Richtergesetz, Art. 9 Bayerisches Richtergesetz),
6. Abordnung,
7. Zuweisung nach § 123 a des Beamtenrechtsrahmengesetzes,
8. vorübergehenden Zuteilung aus dienstlichen Gründen zu einer anderen Dienststelle der Beschäftigungsbehörde,
9. vorübergehenden dienstlichen Tätigkeit bei einer anderen Stelle als einer Dienststelle,
10. Aufhebung oder Beendigung einer Maßnahme nach den Nummern 6 bis 9 nach einem Umzug mit Zusage der Umzugskostenvergütung,
11. Einstellung mit Zusage der Umzugskostenvergütung längstens bis zu einem Jahr.

(3) [1] Trennungsgeld wird nur gewährt, wenn der neue Dienstort ein anderer als der bisherige Dienstort ist und sich die Wohnung der berechtigten Person nicht am neuen Dienstort oder in dessen Einzugsgebiet (Art. 4 Abs. 3 Satz 2 BayUKG[1]) befindet. [2] Bei Maßnahmen nach Abs. 2 Nrn. 6 bis 9 ohne Zusage der Umzugskostenvergütung findet die Einzugsgebietsregelung keine Anwendung.

§ 2[3] Trennungsgeld nach Zusage der Umzugskostenvergütung.

(1) [1] Ist Umzugskostenvergütung zugesagt, steht Trennungsgeld zu,

1. wenn Berechtigte seit dem Tag des Wirksamwerdens der Zusage oder, falls für sie günstiger, der Maßnahme nach § 1 Abs. 2 uneingeschränkt umzugswillig sind und
2. solange sie wegen Wohnungsmangels am neuen Dienstort einschließlich seines Einzugsgebiets (Art. 4 Abs. 3 Satz 2 BayUKG[1]) nicht umziehen können.

---

[1] Nr. **660**.

[2] § 1 Abs. 2 Nrn. 11, 12 und 14 aufgeh., bish. Nr. 13 wird Nr. 11 und geänd., Abs. 3 neu gef. mWv 1. 1. 2006 durch VO v. 17. 12. 2005 (GVBl S. 706).

[3] § 2 Abs. 1 Satz 1 Nr. 2, Satz 4, Abs. 2 Satz 1 Nrn. 1 bis 5 und 7 geänd. mWv 1. 1. 2006 durch VO v. 17. 12. 2005 (GVBl S. 706).

[2] Uneingeschränkt umzugswillig ist, wer sich unter Ausschöpfung aller Möglichkeiten nachweislich und fortwährend um ein angemessene Wohnung bemüht. [3] Angemessen ist eine Wohnung, die der Dienststellung und den familiären Bedürfnissen der Berechtigten entspricht. [4] Bei unverheirateten Berechtigten ohne eigene Wohnung (Art. 9 Abs. 3 BayUKG) gilt als angemessene Wohung auch ein möbliertes Zimmer oder eine bereitgestellte Gemeinschaftsunterkunft.

(2) [1] Nach Wegfall des Wohnungsmangels darf Trennungsgeld nur weitergewährt werden, wenn und solange dem Umzug der umzugwilligen Berechtigten im Zeitpunkt des Wegfalls des Wohnungsmangels einer der folgenden Hinderungsgründe entgegensteht:

1. vorübergehende schwere Erkrankung der Berechtigten oder ihrer Familienangehörigen (Art. 6 Abs. 3 Sätze 2 und 3 BayUKG) bis zur Dauer von einem Jahr;
2. Beschäftigungsverbote für die Berechtigte oder eine Familienangehörige (Art. 6 Abs. 3 Sätze 2 und 3 BayUKG) nach § 2 Abs. 2, § 4 Abs. 1 BayMuSchV;
3. Schul- oder Berufsausbildung eines Kindes (Art. 6 Abs. 3 Sätze 2 und 3 BayUKG) bis zum Ende des Schul- oder Augbildungsjahres[1]. Befindet sich das Kind in der Jahrgangsstufe 12 einer Schule oder im vorletzten Ausbildungsjahr eines Berufsausbildungsverhältnisses, so verlängert sich der Zeitraum bis zum Ende des folgenden Schul- oder Ausbildungsjahres;
4. Schul- oder Berufsausbildung eines schwerbehinderten Kindes (Art. 6 Abs. 3 Sätze 2 und 3 BayUKG) bis zur Beendigung der Ausbildung, solange diese am neuen Dienst- oder Wohnort oder in erreichbarer Entfernung davon wegen der Behinderung nicht fortgesetzt werden kann,
5. akute lebensbedrohende Erkrankung eines Elternteils der Berechtigen oder ihrer Ehegatten, wenn dieser in hohem Maße Hilfe des Ehegatten oder Familienangehörigen des Berechtigten (Art. 6 Abs. 3 Sätze 2 und 3 BayUKG) erhält,
6. Schul- oder erste Berufsausbildung des Ehegatten in entsprechender Anwendung der Nummer 3;
7. Errichtung oder Kauf eine Eigenheims oder einer Eigentumswohnung am neuen Dienstort einschließlich seines Einzugsgebiets (Art. 4 Abs. 3 Satz 2 BayUKG), wenn die damit zusammenhängenden Vorbereitungen oder Vertragsverhandlungen schon so weit fortgeschritten sind, dass dem Beamten ein Rücktritt von dem Bauvorhaben oder dem Kaufvertrag billigerweise nicht mehr zugemutet werden kann.

[2] Trennungsgeld darf auch gewährt werden, wenn zum Zeitpunkt des Wirksamwerdens der dienstlichen Maßnahme kein Wohnungsmangel, aber einer oder mehrere der in Satz 1 genannten Hinderungsgründe vorliegen. [3] Liegt bei Wegfall des Hinderungsgrundes ein neuer Hinderungsgrund im Sinn des Satzes 1 vor, ist mit Zustimmung der obersten Diensbehörde vom Vorliegen der Voraussetzungen des Absatzes 1 längstens bis zu einem weiteren Jahr abzusehen. [4] Nach Wegfall des Hinderungsgrundes darf Trennungsgeld auch bei erneutem Wohnungsmangel nicht gewährt werden.

(3) Ist ein Umzug, für den Umzugskostenvergütung zugesagt ist, aus Anlass einer Maßnahme nach § 1 Abs. 2 vor deren Wirksamwerden durchgeführt, kann Trennungsgeld in sinngemäßer Anwendung dieser Verordnung bis zum Tag vor der Dienstantrittsreise längstens für drei Monate gewährt werden.

(4) [1] Wird die Zusage der Umzugskostenvergütung außerhalb eines Rechtsbehelfsverfahrens aufgehoben, wird dadurch ein Trennungsgeldanspruch nicht begründet; ein erloschener Trennungsgeldanspruch lebt nicht wieder auf. [2] Dies gilt nicht für den Fall der Rücknahme der Zusage der Umzugskostenvergütung, wenn im Zeitpunkt der Zusage Gründe für die Nichtzusage vorlagen, die der zuständigen Behörde jedoch erst später bekannt wurden.

§ 3[2] Trennungsgeld beim auswärtigen Verbleiben. (1) [1] Berechtigte, die nicht täglich zum Wohnort zurückkehren und denen die tägliche Rückkehr zum Wohnort nicht zuzumuten oder aus dienstlichen Gründen nicht gestattet ist, erhalten für die ersten sieben Tage nach dem Tag der Beendigung der Dienstantrittsreise Trennungsreisegeld in Höhe des Tage- und Übernachtungsgeldes wie bei Dienstreisen. [2] Die tägliche Rückkehr zum Wohnort ist in der Regel nicht zuzumuten, wenn die einfache Entfernung zur Wohnung auf der kürzesten verkehrsüblichen Straßenverbindung mehr als 60 km beträgt. [3] Die Siebentagefrist verlängert sich nicht um die Tage, an denen Berechtigte vom Dienstort abwesend sind oder Urlaub haben. [4] Die oberste

---

[1] Richtig wohl: „Ausbildungsjahres".

[2] § 3 Abs. 1 Satz 4 aufgeh., bish. Satz 5 wird Satz 4, Abs. 2 Satz 1 Nr. 1 und Satz 2 neu gef., Satz 1 Nr. 2 geänd. mWv 1. 1. 2006 durch VO v. 17. 12. 2005 (GVBl S. 706); Abs. 2 Satz 1 geänd. mWv 1. 8. 2008 durch VO v. 15. 7. 2008 (GVBl S. 493).

Dienstbehörde kann das Trennungsreisegeld in besonderen Fällen über die Siebentagefrist hinaus bewilligen.

(2) [1] Nach Ablauf der Frist des Absatzes 1 wird als Trennungsgeld Trennungstagegeld wie folgt gewährt:

1. Berechtige, die in häuslicher Gemeinschaft (Art. 2 Abs. 3 BayUKG[1)]) mit
   a) ihrem Ehegatten leben oder
   b) einem Verwandten bis zum zweiten Grad, einem Pflegekind oder Pflegeeltern leben und ihnen aus gesetzlicher oder sittlicher Verpflichtung nicht nur vorübergehend Unterkunft und Unterhalt ganz oder überwiegend gewähren oder
   c) einer Person leben, deren Hilfe sie aus beruflichen oder nach ärztlichem Zeugnis aus gesundheitlichen Gründen nicht nur vorübergehend bedürfen,

   ihre Wohnung Art. 9 Abs. 3 BayUKG beibehalten und einen getrennten Haushalt führen, erhalten 13,60 €.
2. Berechtigte, die die in Nummer 1 bezeichneten Voraussetzungen nicht erfüllen, aber ihre Wohnung (Art. 9 Abs. 3 BayUKG) beibehalten haben, erhalten 9,20 €.
3. Berechtigte, die die in Nummern 1 und 2 bezeichneten Voraussetzungen nicht erfüllen, aber ihre Unterkunft beibehalten, erhalten 6,30 €.

[2] Eine Wohnung im Sinn des Satzes 1 ist eine abgeschlossene Mehrheit von Räumen, welche die Führung eines Haushalts ermöglicht, darunter stets ein Raum mit Küche oder Kochgelegenheit. [3] Zu einer Wohnung gehören außerdem Wasserversorgung, -entsorgung und Toilette.

(3) Art. 11 BayRKG gilt entsprechend.

§ 4 Sonderbestimmungen bei auswärtigem Verbleiben. (1) Für volle Kalendertage

1. der Abwesenheit vom neuen Dienstort und dem Ort der auf Grund einer dienstlichen Maßnahme nach § 1 Abs. 2 bezogenen Unterkunft,
2. eines Aufenthalts in einem Krankenhaus, einer Sanatoriumsbehandlung oder einer Heilkur,
3. der Beschäftigungsverbote nach den mutterschutzrechtlichen Bestimmungen (§ 2 Abs. 2 Nr. 2)

erhalten Berechtigte an Stelle des Trennungsreisegeldes Ersatz der notwendigen Auslagen für die Unterkunft am Dienstort, an Stelle des Trennungstagegeldes 35 v.H. des Satzes nach § 3 Abs. 2; bei Aufgabe der Unterkunft oder Bereitstellung unentgeltlicher Unterkunft des Amts wegen wird kein Trennungsgeld gewährt.

(2) Auf das Tagegeld des Trennungsreisegeldes ist die für eine Dienstreise oder oder einen Dienstgang von weniger als 24 Stunden zustehende Reisekostenvergütung für Verpflegungsmehraufwand anzurechnen.

(3) Wird bei einer Änderung des Dienstortes auf Grund einer Maßnahme nach § 1 Abs. 2 oder nach einem Umzug mit Zusage der Umzugskostenvergütung kein Trennungsgeld für die bisherige Unterkunft mehr gewährt, werden die notwendigen Auslagen für diese Unterkunft bis zu dem Zeitpunkt erstattet, zu dem das Mietverhältnis frühestens gelöst werden kann.

(4) [1] Ändert sich der neue Dienstort auf Grund einer Maßnahme nach § 1 Abs. 2 für längstens drei Monate, werden nachgewiesene notwendige Kosten für das Beibehalten der Unterkunft am bisherigen Dienstort erstattet. [2] Bei tatsächlicher oder zumutbarer täglicher Rückkehr wird neben dem Trennungsgeld nach § 3 eine Entschädigung nach § 6 Abs. 1 und 3 gewährt.

(5) [1] Wird der Dienstort in den Fällen des Absatzes 1 Nr. 3 oder auf Grund einer Erkrankung verlassen, werden die Fahrauslagen für die Fahrt zum Wohnort und zurück wie bei einer Dienstreise erstattet. [2] Nach Rückkehr steht Berechtigten kein Trennungsreisegeld zu, wenn die Unterkunft wieder in Anspruch genommen werden kann, für die das Trennungsgeld bis zur Rückkehr gewährt wird.

(6) Erhält der Ehegatte des Berechtigten Trennungsgeld nach § 3 oder eine entsprechende Entschädigung nach den Vorschriften eines anderen Dienstherrn, erhalten Berechtigte an Stelle des Trennungstagegeldes nach § 3 Abs. 2 Satz 1 Nr. 1 Trennungstagegeld nach § 3 Abs. 2 Satz 1 Nr. 2, wenn sie am Dienstort des Ehegatten wohnen oder der Ehegatte an ihrem Dienstort beschäftigt ist.

(7) Erhalten Berechtigte in den Fällen des § 1 Abs. 2 Nrn. 7 und 9 von der Beschäftigungsstelle eine dem Trennungsgeld entsprechende Entschädigung, ist diese auf das Trennungsgeld anzurechnen.

[1)] Nr. **660**.

(8) Berechtigte, denen erfahrungsgemäß geringere Aufwendungen für Verpflegung oder Unterkunft als allgemein entstehen, erhalten nach näherer Bestimmung der obersten Dienstbehörde entsprechend den notwendigen Mehrauslagen ein ermäßigtes Trennungsgeld.

§ 5[1)] Reisebeihilfe für Heimfahrten. (1) [1] Berechtigte nach § 3 erhalten eine Reisebeihilfe für jeden halben Monat, wenn sie die Voraussetzungen des § 3 Abs. 2 Satz 1 Nr. 1 Buchst. a oder b erfüllen oder das 18. Lebensjahr noch nicht vollendet haben, im Übrigen für jeden Monat. [2] Ändern sich die Voraussetzungen des Satzes 1, so beginnt der neue Anspruchszeitraum erst nach Ablauf des bisherigen, sofern dies für die Berechtigten günstiger ist. [3] Der Anspruchszeitraum wird aus Anlass einer neuen Maßnahme nach § 1 Abs. 2 durch Samstage, Sonn- und Feiertage und Tage der Dienstantrittsreise nicht unterbrochen. [4] Eine Reisebeihilfe wird nur gewährt, wenn die Reise im maßgebenden Anspruchszeitraum beginnt.

(2) An Stelle einer Reise der Berechtigten kann auch eine Reise des Ehegatten, eines Kindes oder einer Person nach § 3 Abs. 2 Satz 1 Nr. 1 Buchst. b berücksichtigt werden.

(3) [1] Als Reisebeihilfe werden die entstandenen notwendigen Fahrauslagen bis zur Höhe der Kosten der für die Berechtigten billigsten Fahrkarte der allgemein niedrigsten Klasse einschließlich Zuschläge eines regelmäßig verkehrenden Beförderungsmittels vom Dienstort zum bisherigen Wohnort und zurück erstattet. [2] Bei Benutzung anderer als regelmäßig verkehrender Beförderungsmittel beträgt die Reisebeihilfe 65 v.H. der Sätze nach Art. 6 Abs. 6 Satz 1 BayRKG für jeden vollen Kilometer der kürzesten verkehrsüblichen Straßenverbindung zwischen Dienstort und bisheriger Wohnung und zurück, bei Mitnahme in einem Kraftfahrzeug eines Dritten, der im öffentlichen Dienst beschäftigt ist und Anspruch auf Wegstreckenentschädigung hat, begrenzt auf die Sätze nach Art. 6 Abs. 2 BayRKG. [3] Je Heimfahrt werden höchstens 240 € erstattet.; Art. 5 Abs. 1 Satz 3 BayRKG gilt sinngemäß. [4] In besonderen Fällen können die tatsächlich entstandenen Flugkosten erstattet werden. [5] An die Stelle des bisherigen Wohnorts kann fallweise auch ein anderer Aufenthaltsort von Angehörigen (§ 3 Abs. 2 Satz 1 Nr. 1 Buchst. a und b) treten, sofern dadurch die Reisebeihilfe nach Satz 1 oder 2 nicht überschritten wird.

(4) In besonderen Einzelfällen kann die oberste Dienstbehörde auch eine über Absatz 3 hinausgehende Reisebeihilfe gewähren.

§ 6 Trennungsgeld bei täglicher Rückkehr zum Wohnort. (1) Berechtigte, die täglich an den Wohnort zurückkehren oder denen die tägliche Rückkehr zuzumuten ist (§ 3 Abs. 1 Satz 2), erhalten als Trennungsgeld Fahrkostenerstattung, Wegstrecken- und Mitnahmeentschädigung wie bei Dienstreisen (Art. 5 und 6 BayRKG).

(2) [1] Zusätzlich wird ein Verpflegungszuschuss von 2 € je Arbeitstag gewährt, wenn die notwendige Abwesenheit von der Wohnung mehr als elf Stunden beträgt, es sei denn, dass Anspruch auf Reisekostenvergütung für Verpflegungsmehraufwand besteht oder des Amts wegen unentgeltlich Verpflegung gewährt wird. [2] Mehrarbeitsstunden werden berücksichtigt, wenn sie angeordnet sind. [3] Bei Dienstschichten, die sich über zwei Kalendertage erstrecken, wird die Abwesenheitsdauer für jede Schicht berechnet.

(3) Muss aus dienstlichen Gründen am Dienstort übernachtet werden, werden die dadurch entstandenen notwendigen Mehraufwendungen erstattet.

(4) [1] Das Trennungsgeld nach Absatz 1 darf das in einem Kalendermonat zustehende Trennungsgeld nach den §§ 3 und 4 sowie das Tage- und Übernachtungsgeld für die Hin- und Rückreise (Art. 14 Abs. 1 BayRKG) nicht übersteigen. [2] Als Übernachtungsgeld des Trennungsreisegeldes wird höchstens der Betrag gemäß Art. 9 Abs. 2 BayRKG berücksichtigt.

§ 7 Sonderfälle. (1) Anspruch auf Trennungsgeld besteht weiter, wenn sich aus Anlass einer neuen Maßnahme nach § 1 Abs. 2 der neue Dienstort nicht ändert.

(2) Nach einem Umzug, für den Umzugskostenvergütung nicht zu gewähren ist, darf das Trennungsgeld nicht höher sein als das bisherige.

(3) [1] Trennungsgeld kann ganz oder teilweise versagt werden, wenn die Führung der Dienstgeschäfte verboten ist oder infolge einer vorläufigen Dienstenthebung oder einer gesetzmäßig angeordneten Freiheitsentziehung der Dienst nicht ausgeübt werden kann. [2] Das gilt nicht, wenn Berechtigte auf Grund einer dienstlichen Weisung am Dienstort bleiben.

(4) Trennungsgeld steht nur zu, solange Anspruch auf Besoldung besteht.

§ 8[2)] Sondervorschriften für Berechtigte in Ausbildung. (1) [1] Berechtigte, die zum Zweck ihrer Ausbildung einer Ausbildungsstelle an einem anderen Ort als dem bisherigen Ausbildungs-

[1)] § 5 Abs. 3 Satz 2 geänd. mWv 1. 1. 2003 durch VO v. 8. 12. 2002 (GVBl S. 991).

[2)] § 8 Abs. 3 Satz 4 geänd. mWv 1. 1. 2003 durch VO v. 8. 12. 2002 (GVBl S. 991); Abs. 1 Satz 2 und Abs. 4 Satz 1 geänd. mWv 1. 1. 2006 durch VO v. 17. 12. 2005 (GVBl S. 706).

oder Wohnort zugewiesen werden (Art. 23 Abs. 2 BayRKG), können Trennungsgeld nach Maßgabe der Absätze 2 bis 4 erhalten. [2] Zum neuen Ausbildungsort im Sinn des Satzes 1 gehört auch sein Einzugsgebiet (Art. 4 Abs. 3 Satz 2 BayUKG[1]); dies gilt nicht bei der Teilnahme an einem Ausbildungslehrgang mit geschlossener Unterbringung der Lehrgangsteilnehmer.

(2) [1] Berechtigten, die nicht täglich zum Wohnort zurückkehren und denen die tägliche Rückkehr nicht zugemutet werden kann (§ 3 Abs. 1 Satz 2), können bis zu 75 v.H. der Leistungen nach § 3 Abs. 1 und 2 gewährt werden. [2] Für Kalendertage, an denen Berechtigte des Amts wegen nur Verpflegung und Unterkunft unentgeltlich erhalten, können bis zu 75 v.H. der Leistungen nach § 3 Abs. 2 und 3 gewährt werden. [3] Für volle Kalendertage, an denen Berechtigte des Amts wegen unentgeltlich Verpflegung und Unterkunft erhalten, entfallen die Leistungen nach Satz 1. [4] Die Gewährung von Reisebeihilfen für Familienheimfahrten wird hierdurch nicht berührt.

(3) [1] Kehren Berechtigte täglich zum Wohnort zurück oder ist ihnen die tägliche Rückkehr zuzumuten (§ 3 Abs. 1 Satz 2), können die entstandenen Fahrkosten wie bei Dienstreisen für Angehörige der Besoldungsgruppe A 1 bis A 7 (Art. 5 Abs. 1 BayRKG) erstattet werden; Art. 5 Abs. 4 und 5 BayRKG bleiben unberührt. [2] Bei Benutzung eines eigenen Fahrzeugs (Art. 6 Abs. 1 BayRKG) erhalten sie als Trennungsgeld Wegstreckenentschädigung in Höhe von 65 v. H. der Sätze nach Art. 6 Abs. 6 BayRKG für jeden vollen Kilometer der kürzesten verkehrsüblichen Straßenverbindung zwischen Ausbildungsort und bisheriger Wohnung, bei Mitnahme in einem Kraftfahrzeug eines Dritten, der im öffentlichen Dienst beschäftigt ist und Anspruch auf Wegstreckenentschädigung hat, Mitnahmeentschädigung nach Art. 6 Abs. 2 BayRKG. [3] Art. 5 Abs. 1 Satz 3 BayRKG[2] gilt sinngemäß. [4] Die Fahrkostenerstattung und Wegstreckenentschädigung darf das in einem Kalendermonat nach § 8 Abs. 2 zustehende Trennungsreise- und Trennungstagegeld nicht übersteigen. [5] Ferner können bis zu 50 v.H. des Verpflegungszuschusses nach § 6 Abs. 2 gewährt werden.

(4) [1] Dauert die Zuweisung zur auswärtigen Ausbildung an denselben Ausbildungsort länger als zwei Monate, so darf Berechtigten ohne eigene Wohnung (§ 3 Abs. 2 Satz 1 Nr. 3) Trennungsgeld nur so lange gezahlt werden, als sie nachweislich am neuen Ausbildungsort keine Dauerunterkunft erhalten können; nach Ablauf von 14 Tagen, vom Tag nach der Beendigung der Antrittsreise an gerechnet, darf Trennungsgeld nicht mehr gezahlt werden. [2] Satz 1 gilt nicht bei der Teilnahme an einem Ausbildungslehrgang mit geschlossener Unterbringung der Lehrgangsteilnehmer.

§ 9[3] Ende des Trennungsgeldanspruchs. (1) Das Trennungsgeld wird bis zum Tag des Wegfalls der maßgebenden Voraussetzungen gewährt.

(2) Bei einem Umzug mit Zusage der Umzugskostenvergütung wird Trennungsgeld längstens gewährt bis vor den Tag, für den Berechtigte für ihre Person Reisekostenerstattung nach Art. 7 Abs. 1 Satz 1 BayUKG[1] erhalten, im Übrigen bis zum Tag des Ausladens des Umzugsguts.

(3) Bei einer neuen dienstlichen Maßnahme nach § 1 Abs. 2 wird Trennungsgeld bis zu dem Tag gewährt, an dem der Dienstort verlassen wird, bei Gewährung von Reisekostenvergütung für diesen Tag bis zum vorausgehenden Tag.

§ 10[4] Verfahrensvorschriften. (1) [1] Das Trennungsgeld ist innerhalb einer Ausschlussfrist von einem halben Jahr nach Beginn der Maßnahme nach § 1 Abs. 2 oder § 8 Abs. 1 Satz 1 schriftlich bei der Bewilligungsstelle (§ 11 Satz 1) zu beantragen. [2] Die Bewilligung ist schriftlich zu erteilen.

(2) [1] Trennungsgeld wird monatlich nachträglich auf Grund von Forderungsnachweisen gezahlt, die Berechtigte innerhalb einer Ausschlussfrist von einem halben Jahr nach Ablauf des maßgebenden Kalendermonats schriftlich abzugeben haben. [2] Satz 1 gilt entsprechend für Anträge auf Reisebeihilfe nach Ablauf des maßgebenden Anspruchszeitraums. [3] Berechtigte haben nachzuweisen, dass die Voraussetzungen für die Trennungsgeldgewährung vorliegen, insbesondere haben sie das fortwährende Bemühen um eine Wohnung (§ 2 Abs. 1) zu belegen.

(3) Berechtigte sind verpflichtet, alle Änderungen, die für die Gewährung des Trennungsgeldes von Bedeutung sein können, unverzüglich ihrer Abrechnungsstelle schriftlich anzuzeigen.

§ 11[5] Zuständigkeit. [1] Für den Vollzug der Verordnung ist, soweit nichts anderes bestimmt ist, die Beschäftigungsbehörde zuständig; sie ist Bewilligungs- und Abrechnungsstelle. [2] Die obersten Dienstbehörden können ihre Befugnisse nach § 2 Abs. 2 Satz 3, § 3 Abs. 1 Satz 4 und

670

[1] Nr. **660**.
[2] Nr. **670**.
[3] § 9 Abs. 2 geänd. mWv 1. 1. 2006 durch VO v. 17. 12. 2005 (GVBl S. 706).
[4] § 10 Abs. 1 Satz 1 geänd. mWv 1. 1. 2006 durch VO v. 17. 12. 2005 (GVBl S. 706).
[5] § 11 Satz 2 geänd. mWv 1. 1. 2003 durch VO v. 8. 12. 2002 (GVBl S. 991); Satz 2 geänd. mWv 1. 1. 2006 durch VO v. 17. 12. 2005 (GVBl S. 706).

§ 4 Abs. 8 sowie die Zuständigkeit der Beschäftigungsbehörden auf andere Dienststellen übertragen, im staatlichen Bereich durch Rechtsverordnung. [3] Eine Konzentration der Bewilligungs- oder Abrechnungsstellen auf eine oder einzelne Behörden ist zulässig.

§ 12 In-Kraft-Treten, Außer-Kraft-Treten, Übergangsregelung. (1) Diese Verordnung tritt am 1. August 2002 in Kraft.

(2) Mit Ablauf des 31. Juli 2002 treten außer Kraft

1. Verordnung über das Trennungsgeld der Beamten und Richter (Bayerische Trennungsgeldverordnung – BayTGV) vom 9. Dezember 1985 (GVBl S. 803, BayRS 2032–5–3–F), zuletzt geändert durch § 8 der Verordnung vom 12. Januar 2001 (GVBl S. 169),
2. Allgemeine Verwaltungsvorschriften zur Bayerischen Trennungsgeldverordnung (VwVzBayTGV), Bekanntmachung des Bayerischen Staatsministeriums der Finanzen vom 16. Dezember 1975 (StAnz 1976 Nr. 1, ber. Nr. 4, FMBl 1976 S. 4).

(3) Ist der Anspruch auf Trennungsgeld nach dem bis zum 31. Juli 2002 geltenden Recht entstanden, gilt dieses Recht weiter, es sei denn, Berechtigte beantragen die Anwendung dieser Verordnung.

700. Berufsbildungsgesetz (BBiG)[1)]

Vom 23. März 2005
(BGBl. I S. 931)

FNA 806-22

geänd. durch Art. 2a Nr. 1 BerufsbildungsreformG v. 23. 3. 2005 (BGBl. I S. 931), Art. 232 Neunte Zuständigkeitsanpassungs VO v. 31. 10. 2006 (BGBl. I S. 2407), Art. 9b Zweites BürokratieabbauG v. 7. 9. 2007 (BGBl. I S. 2246), Art. 5 G zur Neuausrichtung der arbeitsmarktpolitischen Instrumente v. 21. 12. 2008 (BGBl. I S. 2917) und Art. 15 Abs. 90 DienstrechtsneuordnungsG v. 5. 2. 2009 (BGBl. I S. 160)

– Auszug –

Nichtamtliche Inhaltsübersicht

Teil 1. Allgemeine Vorschriften

§ 1 Ziele und Begriffe der Berufsbildung. (1) Berufsbildung im Sinne dieses Gesetzes sind die Berufsausbildungsvorbereitung, die Berufsausbildung, die berufliche Fortbildung und die berufliche Umschulung.

(2) Die Berufsausbildungsvorbereitung dient dem Ziel, durch die Vermittlung von Grundlagen für den Erwerb beruflicher Handlungsfähigkeit an eine Berufsausbildung in einem anerkannten Ausbildungsberuf heranzuführen.

(3) [1] Die Berufsausbildung hat die für die Ausübung einer qualifizierten beruflichen Tätigkeit in einer sich wandelnden Arbeitswelt notwendigen beruflichen Fertigkeiten, Kenntnisse und Fähigkeiten (berufliche Handlungsfähigkeit) in einem geordneten Ausbildungsgang zu vermitteln. [2] Sie hat ferner den Erwerb der erforderlichen Berufserfahrungen zu ermöglichen.

(4) Die berufliche Fortbildung soll es ermöglichen, die berufliche Handlungsfähigkeit zu erhalten und anzupassen oder zu erweitern und beruflich aufzusteigen.

(5) Die berufliche Umschulung soll zu einer anderen beruflichen Tätigkeit befähigen.

§ 2 Lernorte der Berufsbildung. (1) Berufsbildung wird durchgeführt

1. in Betrieben der Wirtschaft, in vergleichbaren Einrichtungen außerhalb der Wirtschaft, insbesondere des öffentlichen Dienstes, der Angehörigen freier Berufe und in Haushalten (betriebliche Berufsbildung),
2. in berufsbildenden Schulen (schulische Berufsbildung) und
3. in sonstigen Berufsbildungseinrichtungen außerhalb der schulischen und betrieblichen Berufsbildung (außerbetriebliche Berufsbildung).

(2) Die Lernorte nach Absatz 1 wirken bei der Durchführung der Berufsbildung zusammen (Lernortkooperation).

(3) [1] Teile der Berufsausbildung können im Ausland durchgeführt werden, wenn dies dem Ausbildungsziel dient. [2] Ihre Gesamtdauer soll ein Viertel der in der Ausbildungsordnung festgelegten Ausbildungsdauer nicht überschreiten.

§ 3 Anwendungsbereich. (1) Dieses Gesetz gilt für die Berufsbildung, soweit sie nicht in berufsbildenden Schulen durchgeführt wird, die den Schulgesetzen der Länder unterstehen.

(2) Dieses Gesetz gilt nicht für

[1)] Verkündet als Art. 1 BerufsbildungsreformG v. 23. 3. 2005 (BGBl. I S. 931); Inkrafttreten gem. Art. 8 Abs. 1 dieses G am 1. 4. 2005 mit Ausnahme des § 7 Abs. 2, der gem. Art. 8 Abs. 4 am 1. 8. 2009 in Kraft tritt.

1. die Berufsbildung, die in berufsqualifizierenden oder vergleichbaren Studiengängen an Hochschulen auf der Grundlage des Hochschulrahmengesetzes und der Hochschulgesetze der Länder durchgeführt wird,
2. die Berufsbildung in einem öffentlich-rechtlichen Dienstverhältnis,
3. die Berufsbildung auf Kauffahrteischiffen, die nach dem Flaggenrechtsgesetz die Bundesflagge führen, soweit es sich nicht um Schiffe der kleinen Hochseefischerei oder der Küstenfischerei handelt.

(3) Für die Berufsbildung in Berufen der Handwerksordnung gelten die §§ 4 bis 9, 27 bis 49, 53 bis 70, 76 bis 80 sowie 102 nicht; insoweit gilt die Handwerksordnung.

Teil 2. Berufsbildung

Kapitel 1. Berufsausbildung

Abschnitt 1. Ordnung der Berufsausbildung; Anerkennung von Ausbildungsberufen

§ 4[1)] Anerkennung von Ausbildungsberufen. (1) Als Grundlage für eine geordnete und einheitliche Berufsausbildung kann das Bundesministerium für Wirtschaft und Technologie oder das sonst zuständige Fachministerium im Einvernehmen mit dem Bundesministerium für Bildung und Forschung durch Rechtsverordnung, die nicht der Zustimmung des Bundesrates bedarf, Ausbildungsberufe staatlich anerkennen und hierfür Ausbildungsordnungen nach § 5 erlassen.

(2) Für einen anerkannten Ausbildungsberuf darf nur nach der Ausbildungsordnung ausgebildet werden.

(3) In anderen als anerkannten Ausbildungsberufen dürfen Jugendliche unter 18 Jahren nicht ausgebildet werden, soweit die Berufsausbildung nicht auf den Besuch weiterführender Bildungsgänge vorbereitet.

(4) Wird die Ausbildungsordnung eines Ausbildungsberufes aufgehoben, so gelten für bestehende Berufsausbildungsverhältnisse die bisherigen Vorschriften.

(5) Das zuständige Fachministerium informiert die Länder frühzeitig über Neuordnungskonzepte und bezieht sie in die Abstimmung ein.

§ 5 Ausbildungsordnung. (1) Die Ausbildungsordnung hat festzulegen
1. die Bezeichnung des Ausbildungsberufes, der anerkannt wird,
2. die Ausbildungsdauer; sie soll nicht mehr als drei und nicht weniger als zwei Jahre betragen,
3. die beruflichen Fertigkeiten, Kenntnisse und Fähigkeiten, die mindestens Gegenstand der Berufsausbildung sind (Ausbildungsberufsbild),
4. eine Anleitung zur sachlichen und zeitlichen Gliederung der Vermittlung der beruflichen Fertigkeiten, Kenntnisse und Fähigkeiten (Ausbildungsrahmenplan),
5. die Prüfungsanforderungen.

(2) [1] Die Ausbildungsordnung kann vorsehen,
1. dass die Berufsausbildung in sachlich und zeitlich besonders gegliederten, aufeinander aufbauenden Stufen erfolgt; nach den einzelnen Stufen soll ein Ausbildungsabschluss vorgesehen werden, der sowohl zu einer qualifizierten beruflichen Tätigkeit im Sinne des § 1 Abs. 3 befähigt als auch die Fortsetzung der Berufsausbildung in weiteren Stufen ermöglicht (Stufenausbildung),
2. dass die Abschlussprüfung in zwei zeitlich auseinander fallenden Teilen durchgeführt wird,
3. dass abweichend von § 4 Abs. 4 die Berufsausbildung in diesem Ausbildungsberuf unter Anrechnung der bereits zurückgelegten Ausbildungszeit fortgesetzt werden kann, wenn die Vertragsparteien dies vereinbaren,
4. dass auf die durch die Ausbildungsordnung geregelte Berufsausbildung eine andere, einschlägige Berufsausbildung unter Berücksichtigung der hierbei erworbenen beruflichen Fertigkeiten, Kenntnisse und Fähigkeiten angerechnet werden kann,
5. dass über das in Absatz 1 Nr. 3 beschriebene Ausbildungsberufsbild hinaus zusätzliche berufliche Fertigkeiten, Kenntnisse und Fähigkeiten vermittelt werden können, die die berufliche Handlungsfähigkeit ergänzen oder erweitern,

[1)] § 4 Abs. 1 geänd. mWv 8. 11. 2006 durch VO v. 31. 10. 2006 (BGBl. I S. 2407).

6. dass Teile der Berufsausbildung in geeigneten Einrichtungen außerhalb der Ausbildungsstätte durchgeführt werden, wenn und soweit es die Berufsausbildung erfordert (überbetriebliche Berufsausbildung),
7. dass Auszubildende einen schriftlichen Ausbildungsnachweis zu führen haben.

[2] Im Rahmen der Ordnungsverfahren soll stets geprüft werden, ob Regelungen nach Nummer 1, 2 und 4 sinnvoll und möglich sind.

§§ 6–7 *(nicht abgedruckt)*

§ 8 Abkürzung und Verlängerung der Ausbildungszeit. (1) [1] Auf gemeinsamen Antrag der Auszubildenden und Ausbildenden hat die zuständige Stelle die Ausbildungszeit zu kürzen, wenn zu erwarten ist, dass das Ausbildungsziel in der gekürzten Zeit erreicht wird. [2] Bei berechtigtem Interesse kann sich der Antrag auch auf die Verkürzung der täglichen oder wöchentlichen Ausbildungszeit richten (Teilzeitberufsausbildung).

(2) [1] In Ausnahmefällen kann die zuständige Stelle auf Antrag Auszubildender die Ausbildungszeit verlängern, wenn die Verlängerung erforderlich ist, um das Ausbildungsziel zu erreichen. [2] Vor der Entscheidung nach Satz 1 sind die Ausbildenden zu hören.

(3) Für die Entscheidung über die Verkürzung oder Verlängerung der Ausbildungszeit kann der Hauptausschuss des Bundesinstituts für Berufsbildung Richtlinien erlassen.

§ 9 Regelungsbefugnis. Soweit Vorschriften nicht bestehen, regelt die zuständige Stelle die Durchführung der Berufsausbildung im Rahmen dieses Gesetzes.

Abschnitt 2. Berufsausbildungsverhältnis

Unterabschnitt 1. Begründung des Ausbildungsverhältnisses

§ 10 Vertrag. (1) Wer andere Personen zur Berufsausbildung einstellt (Ausbildende), hat mit den Auszubildenden einen Berufsausbildungsvertrag zu schließen.

(2) Auf den Berufsausbildungsvertrag sind, soweit sich aus seinem Wesen und Zweck und aus diesem Gesetz nichts anderes ergibt, die für den Arbeitsvertrag geltenden Rechtsvorschriften und Rechtsgrundsätze anzuwenden.

(3) Schließen die gesetzlichen Vertreter oder Vertreterinnen mit ihrem Kind einen Berufsausbildungsvertrag, so sind sie von dem Verbot des § 181 des Bürgerlichen Gesetzbuchs befreit.

(4) Ein Mangel in der Berechtigung, Auszubildende einzustellen oder auszubilden, berührt die Wirksamkeit des Berufsausbildungsvertrages nicht.

(5) Zur Erfüllung der vertraglichen Verpflichtungen der Ausbildenden können mehrere natürliche oder juristische Personen in einem Ausbildungsverbund zusammenwirken, soweit die Verantwortlichkeit für die einzelnen Ausbildungsabschnitte sowie für die Ausbildungszeit insgesamt sichergestellt ist (Verbundausbildung).

§ 11 Vertragsniederschrift. (1) [1] Ausbildende haben unverzüglich nach Abschluss des Berufsausbildungsvertrages, spätestens vor Beginn der Berufsausbildung, den wesentlichen Inhalt des Vertrages gemäß Satz 2 schriftlich niederzulegen; die elektronische Form ist ausgeschlossen. [2] In die Niederschrift sind mindestens aufzunehmen

1. Art, sachliche und zeitliche Gliederung sowie Ziel der Berufsausbildung, insbesondere die Berufstätigkeit, für die ausgebildet werden soll,
2. Beginn und Dauer der Berufsausbildung,
3. Ausbildungsmaßnahmen außerhalb der Ausbildungsstätte,
4. Dauer der regelmäßigen täglichen Ausbildungszeit,
5. Dauer der Probezeit,
6. Zahlung und Höhe der Vergütung,
7. Dauer des Urlaubs,
8. Voraussetzungen, unter denen der Berufsausbildungsvertrag gekündigt werden kann,
9. ein in allgemeiner Form gehaltener Hinweis auf die Tarifverträge, Betriebs- oder Dienstvereinbarungen, die auf das Berufsausbildungsverhältnis anzuwenden sind.

(2) Die Niederschrift ist von den Ausbildenden, den Auszubildenden und deren gesetzlichen Vertretern und Vertreterinnen zu unterzeichnen.

(3) Ausbildende haben den Auszubildenden und deren gesetzlichen Vertretern und Vertreterinnen eine Ausfertigung der unterzeichneten Niederschrift unverzüglich auszuhändigen.

(4) Bei Änderungen des Berufsausbildungsvertrages gelten die Absätze 1 bis 3 entsprechend.

§ 12 Nichtige Vereinbarungen. (1) [1] Eine Vereinbarung, die Auszubildende für die Zeit nach Beendigung des Berufsausbildungsverhältnisses in der Ausübung ihrer beruflichen Tätigkeit beschränkt, ist nichtig. [2] Dies gilt nicht, wenn sich Auszubildende innerhalb der letzten sechs Monate des Berufsausbildungsverhältnisses dazu verpflichten, nach dessen Beendigung mit den Ausbildenden ein Arbeitsverhältnis einzugehen.

(2) Nichtig ist eine Vereinbarung über

1. die Verpflichtung Auszubildender, für die Berufsausbildung eine Entschädigung zu zahlen,
2. Vertragsstrafen,
3. den Ausschluss oder die Beschränkung von Schadensersatzansprüchen,
4. die Festsetzung der Höhe eines Schadensersatzes in Pauschbeträgen.

Unterabschnitt 2. Pflichten der Auszubildenden

§ 13 Verhalten während der Berufsausbildung. [1] Auszubildende haben sich zu bemühen, die berufliche Handlungsfähigkeit zu erwerben, die zum Erreichen des Ausbildungsziels erforderlich ist. [2] Sie sind insbesondere verpflichtet,

1. die ihnen im Rahmen ihrer Berufsausbildung aufgetragenen Aufgaben sorgfältig auszuführen,
2. an Ausbildungsmaßnahmen teilzunehmen, für die sie nach § 15 freigestellt werden,
3. den Weisungen zu folgen, die ihnen im Rahmen der Berufsausbildung von Ausbildenden, von Ausbildern oder Ausbilderinnen oder von anderen weisungsberechtigten Personen erteilt werden,
4. die für die Ausbildungsstätte geltende Ordnung zu beachten,
5. Werkzeug, Maschinen und sonstige Einrichtungen pfleglich zu behandeln,
6. über Betriebs- und Geschäftsgeheimnisse Stillschweigen zu wahren.

Unterabschnitt 3. Pflichten der Ausbildenden

§ 14 Berufsausbildung. (1) Ausbildende haben

1. dafür zu sorgen, dass den Auszubildenden die berufliche Handlungsfähigkeit vermittelt wird, die zum Erreichen des Ausbildungsziels erforderlich ist, und die Berufsausbildung in einer durch ihren Zweck gebotenen Form planmäßig, zeitlich und sachlich gegliedert so durchzuführen, dass das Ausbildungsziel in der vorgesehenen Ausbildungszeit erreicht werden kann,
2. selbst auszubilden oder einen Ausbilder oder eine Ausbilderin ausdrücklich damit zu beauftragen,
3. Auszubildenden kostenlos die Ausbildungsmittel, insbesondere Werkzeuge und Werkstoffe zur Verfügung zu stellen, die zur Berufsausbildung und zum Ablegen von Zwischen- und Abschlussprüfungen, auch soweit solche nach Beendigung des Berufsausbildungsverhältnisses stattfinden, erforderlich sind,
4. Auszubildende zum Besuch der Berufsschule sowie zum Führen von schriftlichen Ausbildungsnachweisen anzuhalten, soweit solche im Rahmen der Berufsausbildung verlangt werden, und diese durchzusehen,
5. dafür zu sorgen, dass Auszubildende charakterlich gefördert sowie sittlich und körperlich nicht gefährdet werden.

(2) Auszubildenden dürfen nur Aufgaben übertragen werden, die dem Ausbildungszweck dienen und ihren körperlichen Kräften angemessen sind.

§ 15 Freistellung. [1] Ausbildende haben Auszubildende für die Teilnahme am Berufsschulunterricht und an Prüfungen freizustellen. [2] Das Gleiche gilt, wenn Ausbildungsmaßnahmen außerhalb der Ausbildungsstätte durchzuführen sind.

§ 16 Zeugnis. (1) [1] Ausbildende haben den Auszubildenden bei Beendigung des Berufsausbildungsverhältnisses ein schriftliches Zeugnis auszustellen. [2] Die elektronische Form ist ausgeschlossen. [3] Haben Ausbildende die Berufsausbildung nicht selbst durchgeführt, so soll auch der Ausbilder oder die Ausbilderin das Zeugnis unterschreiben.

(2) [1] Das Zeugnis muss Angaben enthalten über Art, Dauer und Ziel der Berufsausbildung sowie über die erworbenen beruflichen Fertigkeiten, Kenntnisse und Fähigkeiten der Auszubildenden. [2] Auf Verlangen Auszubildender sind auch Angaben über Verhalten und Leistung aufzunehmen.

Unterabschnitt 4. Vergütung

§ 17 Vergütungsanspruch. (1) [1] Ausbildende haben Auszubildenden eine angemessene Vergütung zu gewähren. [2] Sie ist nach dem Lebensalter der Auszubildenden so zu bemessen, dass sie mit fortschreitender Berufsausbildung, mindestens jährlich, ansteigt.

(2) Sachleistungen können in Höhe der nach § 17 Abs. 1 Satz 1 Nr. 4 des Vierten Buches Sozialgesetzbuch festgesetzten Sachbezugswerte angerechnet werden, jedoch nicht über 75 Prozent der Bruttovergütung hinaus.

(3) Eine über die vereinbarte regelmäßige tägliche Ausbildungszeit hinausgehende Beschäftigung ist besonders zu vergüten oder durch entsprechende Freizeit auszugleichen.

§ 18 Bemessung und Fälligkeit der Vergütung. (1) [1] Die Vergütung bemisst sich nach Monaten. [2] Bei Berechnung der Vergütung für einzelne Tage wird der Monat zu 30 Tagen gerechnet.

(2) Die Vergütung für den laufenden Kalendermonat ist spätestens am letzten Arbeitstag des Monats zu zahlen.

§ 19 Fortzahlung der Vergütung. (1) Auszubildenden ist die Vergütung auch zu zahlen

1. für die Zeit der Freistellung (§ 15),
2. bis zur Dauer von sechs Wochen, wenn sie
   a) sich für die Berufsausbildung bereithalten, diese aber ausfällt oder
   b) aus einem sonstigen, in ihrer Person liegenden Grund unverschuldet verhindert sind, ihre Pflichten aus dem Berufsausbildungsverhältnis zu erfüllen.

(2) Können Auszubildende während der Zeit, für welche die Vergütung fortzuzahlen ist, aus berechtigtem Grund Sachleistungen nicht abnehmen, so sind diese nach den Sachbezugswerten (§ 17 Abs. 2) abzugelten.

Unterabschnitt 5. Beginn und Beendigung des Ausbildungsverhältnisses

§ 20 Probezeit. [1] Das Berufsausbildungsverhältnis beginnt mit der Probezeit. [2] Sie muss mindestens einen Monat und darf höchstens vier Monate betragen.

§ 21 Beendigung. (1) [1] Das Berufsausbildungsverhältnis endet mit dem Ablauf der Ausbildungszeit. [2] Im Falle der Stufenausbildung endet es mit Ablauf der letzten Stufe.

(2) Bestehen Auszubildende vor Ablauf der Ausbildungszeit die Abschlussprüfung, so endet das Berufsausbildungsverhältnis mit Bekanntgabe des Ergebnisses durch den Prüfungsausschuss.

(3) Bestehen Auszubildende die Abschlussprüfung nicht, so verlängert sich das Berufsausbildungsverhältnis auf ihr Verlangen bis zur nächstmöglichen Wiederholungsprüfung, höchstens um ein Jahr.

§ 22 Kündigung. (1) Während der Probezeit kann das Berufsausbildungsverhältnis jederzeit ohne Einhalten einer Kündigungsfrist gekündigt werden.

(2) Nach der Probezeit kann das Berufsausbildungsverhältnis nur gekündigt werden

1. aus einem wichtigen Grund ohne Einhalten einer Kündigungsfrist,
2. von Auszubildenden mit einer Kündigungsfrist von vier Wochen, wenn sie die Berufsausbildung aufgeben oder sich für eine andere Berufstätigkeit ausbilden lassen wollen.

(3) Die Kündigung muss schriftlich und in den Fällen des Absatzes 2 unter Angabe der Kündigungsgründe erfolgen.

(4) [1] Eine Kündigung aus einem wichtigen Grund ist unwirksam, wenn die ihr zugrunde liegenden Tatsachen dem zur Kündigung Berechtigten länger als zwei Wochen bekannt sind. [2] Ist ein vorgesehenes Güteverfahren vor einer außergerichtlichen Stelle eingeleitet, so wird bis zu dessen Beendigung der Lauf dieser Frist gehemmt.

§ 23 Schadensersatz bei vorzeitiger Beendigung. (1) [1] Wird das Berufsausbildungsverhältnis nach der Probezeit vorzeitig gelöst, so können Ausbildende oder Auszubildende Ersatz des Schadens verlangen, wenn die andere Person den Grund für die Auflösung zu vertreten hat. [2] Dies gilt nicht im Falle des § 22 Abs. 2 Nr. 2.

(2) Der Anspruch erlischt, wenn er nicht innerhalb von drei Monaten nach Beendigung des Berufsausbildungsverhältnisses geltend gemacht wird.

Unterabschnitt 6. Sonstige Vorschriften

§ 24 Weiterarbeit. Werden Auszubildende im Anschluss an das Berufsausbildungsverhältnis beschäftigt, ohne dass hierüber ausdrücklich etwas vereinbart worden ist, so gilt ein Arbeitsverhältnis auf unbestimmte Zeit als begründet.

§ 25 Unabdingbarkeit. Eine Vereinbarung, die zuungunsten Auszubildender von den Vorschriften dieses Teils des Gesetzes abweicht, ist nichtig.

§ 26 Andere Vertragsverhältnisse. Soweit nicht ein Arbeitsverhältnis vereinbart ist, gelten für Personen, die eingestellt werden, um berufliche Fertigkeiten, Kenntnisse, Fähigkeiten oder berufliche Erfahrungen zu erwerben, ohne dass es sich um eine Berufsausbildung im Sinne dieses Gesetzes handelt, die §§ 10 bis 23 und 25 mit der Maßgabe, dass die gesetzliche Probezeit abgekürzt, auf die Vertragsniederschrift verzichtet und bei vorzeitiger Lösung des Vertragsverhältnisses nach Ablauf der Probezeit abweichend von § 23 Abs. 1 Satz 1 Schadensersatz nicht verlangt werden kann.

Abschnitt 3. Eignung von Ausbildungsstätte und Ausbildungspersonal

§ 27[1)] Eignung der Ausbildungsstätte. (1) Auszubildende dürfen nur eingestellt und ausgebildet werden, wenn

1. die Ausbildungsstätte nach Art und Einrichtung für die Berufsausbildung geeignet ist und
2. die Zahl der Auszubildenden in einem angemessenen Verhältnis zur Zahl der Ausbildungsplätze oder zur Zahl der beschäftigten Fachkräfte steht, es sei denn, dass anderenfalls die Berufsausbildung nicht gefährdet wird.

(2) Eine Ausbildungsstätte, in der die erforderlichen beruflichen Fertigkeiten, Kenntnisse und Fähigkeiten nicht im vollen Umfang vermittelt werden können, gilt als geeignet, wenn diese durch Ausbildungsmaßnahmen außerhalb der Ausbildungsstätte vermittelt werden.

(3) [1] Eine Ausbildungsstätte ist nach Art und Einrichtung für die Berufsausbildung in Berufen der Landwirtschaft, einschließlich der ländlichen Hauswirtschaft, nur geeignet, wenn sie von der nach Landesrecht zuständigen Behörde als Ausbildungsstätte anerkannt ist. [2] Das Bundesministerium für Ernährung, Landwirtschaft und Verbraucherschutz kann im Einvernehmen mit dem Bundesministerium für Bildung und Forschung nach Anhörung des Hauptausschusses des Bundesinstituts für Berufsbildung durch Rechtsverordnung, die nicht der Zustimmung des Bundesrates bedarf, Mindestanforderungen für die Größe, die Einrichtung und den Bewirtschaftungszustand der Ausbildungsstätte festsetzen.

(4) [1] Eine Ausbildungsstätte ist nach Art und Einrichtung für die Berufsausbildung in Berufen der Hauswirtschaft nur geeignet, wenn sie von der nach Landesrecht zuständigen Behörde als Ausbildungsstätte anerkannt ist. [2] Das Bundesministerium für Wirtschaft und Technologie kann im Einvernehmen mit dem Bundesministerium für Bildung und Forschung nach Anhörung des Hauptausschusses des Bundesinstituts für Berufsbildung durch Rechtsverordnung, die nicht der Zustimmung des Bundesrates bedarf, Mindestanforderungen für die Größe, die Einrichtung und den Bewirtschaftungszustand der Ausbildungsstätte festsetzen.

§ 28 Eignung von Ausbildenden und Ausbildern oder Ausbilderinnen. (1) [1] Auszubildende darf nur einstellen, wer persönlich geeignet ist. [2] Auszubildende darf nur ausbilden, wer persönlich und fachlich geeignet ist.

(2) Wer fachlich nicht geeignet ist oder wer nicht selbst ausbildet, darf Auszubildende nur dann einstellen, wenn er persönlich und fachlich geeignete Ausbilder oder Ausbilderinnen bestellt, die die Ausbildungsinhalte in der Ausbildungsstätte unmittelbar, verantwortlich und in wesentlichem Umfang vermitteln.

(3) Unter der Verantwortung des Ausbilders oder der Ausbilderin kann bei der Berufsausbildung mitwirken, wer selbst nicht Ausbilder oder Ausbilderin ist, aber abweichend von den besonderen Voraussetzungen des § 30 die für die Vermittlung von Ausbildungsinhalten erforderlichen beruflichen Fertigkeiten, Kenntnisse und Fähigkeiten besitzt und persönlich geeignet ist.

§ 29 Persönliche Eignung. Persönlich nicht geeignet ist insbesondere, wer

1. Kinder und Jugendliche nicht beschäftigen darf oder
2. wiederholt oder schwer gegen dieses Gesetz oder die auf Grund dieses Gesetzes erlassenen Vorschriften und Bestimmungen verstoßen hat.

---

1) § 27 Abs. 3 Satz 2, Abs. 4 Satz 2 geänd. mWv 8. 11. 2006 durch VO v. 31. 10. 2006 (BGBl. I S. 2407).

§ 30[1] **Fachliche Eignung.** (1) Fachlich geeignet ist, wer die beruflichen sowie die berufs- und arbeitspädagogischen Fertigkeiten, Kenntnisse und Fähigkeiten besitzt, die für die Vermittlung der Ausbildungsinhalte erforderlich sind.

(2) Die erforderlichen beruflichen Fertigkeiten, Kenntnisse und Fähigkeiten besitzt, wer

1. die Abschlussprüfung in einer dem Ausbildungsberuf entsprechenden Fachrichtung bestanden hat,
2. eine anerkannte Prüfung an einer Ausbildungsstätte oder vor einer Prüfungsbehörde oder eine Abschlussprüfung an einer staatlichen oder staatlich anerkannten Schule in einer dem Ausbildungsberuf entsprechenden Fachrichtung bestanden hat oder
3. eine Abschlussprüfung an einer deutschen Hochschule in einer dem Ausbildungsberuf entsprechenden Fachrichtung bestanden hat

und eine angemessene Zeit in seinem Beruf praktisch tätig gewesen ist.

(3) Das Bundesministerium für Wirtschaft und Technologie oder das sonst zuständige Fachministerium kann im Einvernehmen mit dem Bundesministerium für Bildung und Forschung nach Anhörung des Hauptausschusses des Bundesinstituts für Berufsbildung durch Rechtsverordnung, die nicht der Zustimmung des Bundesrates bedarf, in den Fällen des Absatzes 2 Nr. 2 bestimmen, welche Prüfungen für welche Ausbildungsberufe anerkannt werden.

(4) Das Bundesministerium für Wirtschaft und Technologie oder das sonst zuständige Fachministerium kann im Einvernehmen mit dem Bundesministerium für Bildung und Forschung nach Anhörung des Hauptausschusses des Bundesinstituts für Berufsbildung durch Rechtsverordnung, die nicht der Zustimmung des Bundesrates bedarf, für einzelne Ausbildungsberufe bestimmen, dass abweichend von Absatz 2 die für die fachliche Eignung erforderlichen beruflichen Fertigkeiten, Kenntnisse und Fähigkeiten nur besitzt, wer

1. die Voraussetzungen des Absatzes 2 Nr. 2 oder 3 erfüllt und eine angemessene Zeit in seinem Beruf praktisch tätig gewesen ist oder
2. die Voraussetzungen des Absatzes 2 Nr. 3 erfüllt und eine angemessene Zeit in seinem Beruf praktisch tätig gewesen ist oder
3. für die Ausübung eines freien Berufes zugelassen oder in ein öffentliches Amt bestellt ist.

(5) [1] Das Bundesministerium für Bildung und Forschung kann nach Anhörung des Hauptausschusses des Bundesinstituts für Berufsbildung durch Rechtsverordnung, die nicht der Zustimmung des Bundesrates bedarf, bestimmen, dass der Erwerb berufs- und arbeitspädagogischer Fertigkeiten, Kenntnisse und Fähigkeiten gesondert nachzuweisen ist. [2] Dabei können Inhalt, Umfang und Abschluss der Maßnahmen für den Nachweis geregelt werden.

(6) Die nach Landesrecht zuständige Behörde kann Personen, die die Voraussetzungen des Absatzes 2, 4 oder 5 nicht erfüllen, die fachliche Eignung nach Anhörung der zuständigen Stelle widerruflich zuerkennen.

§ 31 *(nicht abgedruckt)*

§ 32 Überwachung der Eignung. (1) Die zuständige Stelle hat darüber zu wachen, dass die Eignung der Ausbildungsstätte sowie die persönliche und fachliche Eignung vorliegen.

(2) [1] Werden Mängel der Eignung festgestellt, so hat die zuständige Stelle, falls der Mangel zu beheben und eine Gefährdung Auszubildender nicht zu erwarten ist, Ausbildende aufzufordern, innerhalb einer von ihr gesetzten Frist den Mangel zu beseitigen. [2] Ist der Mangel der Eignung nicht zu beheben oder ist eine Gefährdung Auszubildender zu erwarten oder wird der Mangel nicht innerhalb der gesetzten Frist beseitigt, so hat die zuständige Stelle dies der nach Landesrecht zuständigen Behörde mitzuteilen.

§ 33 *(nicht abgedruckt)*

Abschnitt 4. Verzeichnis der Berufsausbildungsverhältnisse

§ 34[2] **Einrichten, Führen.** (1) [1] Die zuständige Stelle hat für anerkannte Ausbildungsberufe ein Verzeichnis der Berufsausbildungsverhältnisse einzurichten und zu führen, in das der Berufsausbildungsvertrag einzutragen ist. [2] Die Eintragung ist für Auszubildende gebührenfrei.

[1] § 30 Abs. 3 und 4 geänd. mWv 8. 11. 2006 durch VO v. 31. 10. 2006 (BGBl. I S. 2407).
[2] § 34 neu gef. mWv 1. 4. 2007 durch G v. 23. 3. 2005 (BGBl. I S. 931).

(2) Die Eintragung umfasst für jedes Berufsausbildungsverhältnis
1. Name, Vorname, Geburtsdatum, Anschrift der Auszubildenden;
2. Geschlecht, Staatsangehörigkeit, allgemeinbildender Schulabschluss, vorausgegangene Teilnahme an berufsvorbereitender Qualifizierung oder beruflicher Grundbildung, berufliche Vorbildung;
3. erforderlichenfalls Name, Vorname und Anschrift der gesetzlichen Vertreter oder Vertreterinnen;
4. Ausbildungsberuf einschließlich Fachrichtung;
5. Datum des Abschlusses des Ausbildungsvertrages, Ausbildungsdauer, Dauer der Probezeit;
6. Datum des Beginns der Berufsausbildung;
7. Art der Förderung bei überwiegend öffentlich, insbesondere auf Grund des Dritten Buches Sozialgesetzbuch geförderten Berufsausbildungsverhältnissen;
8. Name und Anschrift der Ausbildenden, Anschrift der Ausbildungsstätte, Wirtschaftszweig, Zugehörigkeit zum öffentlichen Dienst;
9. Name, Vorname, Geschlecht und Art der fachlichen Eignung der Ausbilder und Ausbilderinnen.

§ 35[1] Eintragen, Ändern, Löschen. (1) Ein Berufsausbildungsvertrag und Änderungen seines wesentlichen Inhalts sind in das Verzeichnis einzutragen, wenn
1. der Berufsausbildungsvertrag diesem Gesetz und der Ausbildungsordnung entspricht,
2. die persönliche und fachliche Eignung sowie die Eignung der Ausbildungsstätte für das Einstellen und Ausbilden vorliegen und
3. für Auszubildende unter 18 Jahren die ärztliche Bescheinigung über die Erstuntersuchung nach § 32 Abs. 1 des Jugendarbeitsschutzgesetzes zur Einsicht vorgelegt wird.

(2) [1] Die Eintragung ist abzulehnen oder zu löschen, wenn die Eintragungsvoraussetzungen nicht vorliegen und der Mangel nicht nach § 32 Abs. 2 behoben wird. [2] Die Eintragung ist ferner zu löschen, wenn die ärztliche Bescheinigung über die erste Nachuntersuchung nach § 33 Abs. 1 des Jugendarbeitsschutzgesetzes nicht spätestens am Tage der Anmeldung der Auszubildenden zur Zwischenprüfung oder zum ersten Teil der Abschlussprüfung zur Einsicht vorgelegt und der Mangel nicht nach § 32 Abs. 2 behoben wird.

(3) [1] Die nach § 34 Abs. 2 Nr. 1, 4, 6 und 8 erhobenen Daten dürfen zur Verbesserung der Ausbildungsvermittlung, zur Verbesserung der Zuverlässigkeit und Aktualität der Ausbildungsvermittlungsstatistik sowie zur Verbesserung der Feststellung von Angebot und Nachfrage auf dem Ausbildungsmarkt an die Bundesagentur für Arbeit übermittelt werden. [2] Bei der Datenübermittlung sind dem jeweiligen Stand der Technik entsprechende Maßnahmen zur Sicherstellung von Datenschutz und Datensicherheit zu treffen, die insbesondere die Vertraulichkeit, Unversehrtheit und Zurechenbarkeit der Daten gewährleisten.

§ 36[2] Antrag und Mitteilungspflichten. (1) [1] Ausbildende haben unverzüglich nach Abschluss des Berufsausbildungsvertrages die Eintragung in das Verzeichnis zu beantragen. [2] Eine Ausfertigung der Vertragsniederschrift ist beizufügen. [3] Entsprechendes gilt bei Änderungen des wesentlichen Vertragsinhalts.

(2) Ausbildende und Auszubildende sind verpflichtet, den zuständigen Stellen die zur Eintragung nach § 34 erforderlichen Tatsachen auf Verlangen mitzuteilen.

Abschnitt 5. Prüfungswesen

§ 37 Abschlussprüfung. (1) [1] In den anerkannten Ausbildungsberufen sind Abschlussprüfungen durchzuführen. [2] Die Abschlussprüfung kann im Falle des Nichtbestehens zweimal wiederholt werden. [3] Sofern die Abschlussprüfung in zwei zeitlich auseinander fallenden Teilen durchgeführt wird, ist der erste Teil der Abschlussprüfung nicht eigenständig wiederholbar.

(2) [1] Dem Prüfling ist ein Zeugnis auszustellen. [2] Ausbildenden werden auf deren Verlangen die Ergebnisse der Abschlussprüfung der Auszubildenden übermittelt. [3] Sofern die Abschlussprüfung in zwei zeitlich auseinander fallenden Teilen durchgeführt wird, ist das Ergebnis der Prüfungsleistungen im ersten Teil der Abschlussprüfung dem Prüfling schriftlich mitzuteilen.

(3) [1] Dem Zeugnis ist auf Antrag der Auszubildenden eine englischsprachige und eine französischsprachige Übersetzung beizufügen. [2] Auf Antrag der Auszubildenden kann das Ergebnis berufsschulischer Leistungsfeststellungen auf dem Zeugnis ausgewiesen werden.

(4) Die Abschlussprüfung ist für Auszubildende gebührenfrei.

---

[1] § 35 Abs. 3 geänd. mWv 1. 4. 2007 durch G v. 23. 3. 2005 (BGBl. I S. 931).
[2] § 36 neu gef. mWv 1. 4. 2007 durch G v. 23. 3. 2005 (BGBl. I S. 931).

§ 38 Prüfungsgegenstand. [1] Durch die Abschlussprüfung ist festzustellen, ob der Prüfling die berufliche Handlungsfähigkeit erworben hat. [2] In ihr soll der Prüfling nachweisen, dass er die erforderlichen beruflichen Fertigkeiten beherrscht, die notwendigen beruflichen Kenntnisse und Fähigkeiten besitzt und mit dem im Berufsschulunterricht zu vermittelnden, für die Berufsausbildung wesentlichen Lehrstoff vertraut ist. [3] Die Ausbildungsordnung ist zugrunde zu legen.

§§ 39–42 *(nicht abgedruckt)*

§ 43 Zulassung zur Abschlussprüfung. (1) Zur Abschlussprüfung ist zuzulassen,

1. wer die Ausbildungszeit zurückgelegt hat oder wessen Ausbildungszeit nicht später als zwei Monate nach dem Prüfungstermin endet,
2. wer an vorgeschriebenen Zwischenprüfungen teilgenommen sowie vorgeschriebene schriftliche Ausbildungsnachweise geführt hat und
3. wessen Berufsausbildungsverhältnis in das Verzeichnis der Berufsausbildungsverhältnisse eingetragen oder aus einem Grund nicht eingetragen ist, den weder die Auszubildenden noch deren gesetzliche Vertreter oder Vertreterinnen zu vertreten haben.

(2) [1] Zur Abschlussprüfung ist ferner zuzulassen, wer in einer berufsbildenden Schule oder einer sonstigen Berufsbildungseinrichtung ausgebildet worden ist, wenn dieser Bildungsgang der Berufsausbildung in einem anerkannten Ausbildungsberuf entspricht. [2] Ein Bildungsgang entspricht der Berufsausbildung in einem anerkannten Ausbildungsberuf, wenn er

1. nach Inhalt, Anforderung und zeitlichem Umfang der jeweiligen Ausbildungsordnung gleichwertig ist,
2. systematisch, insbesondere im Rahmen einer sachlichen und zeitlichen Gliederung, durchgeführt wird und
3. durch Lernortkooperation einen angemessenen Anteil an fachpraktischer Ausbildung gewährleistet.

[3] Die Landesregierungen werden ermächtigt, im Benehmen mit dem Landesausschuss für Berufsbildung durch Rechtsverordnung zu bestimmen, welche Bildungsgänge die Voraussetzungen der Sätze 1 und 2 erfüllen.[1)] [4] Die Ermächtigung kann durch Rechtsverordnung auf oberste Landesbehörden weiter übertragen werden.[2)]

§ 44 *(nicht abgedruckt)*

§ 45 Zulassung in besonderen Fällen. (1) Auszubildende können nach Anhörung der Ausbildenden und der Berufsschule vor Ablauf ihrer Ausbildungszeit zur Abschlussprüfung zugelassen werden, wenn ihre Leistungen dies rechtfertigen.

(2) [1] Zur Abschlussprüfung ist auch zuzulassen, wer nachweist, dass er mindestens das Eineinhalbfache der Zeit, die als Ausbildungszeit vorgeschrieben ist, in dem Beruf tätig gewesen ist, in dem die Prüfung abgelegt werden soll. [2] Als Zeiten der Berufstätigkeit gelten auch Ausbildungszeiten in einem anderen, einschlägigen Ausbildungsberuf. [3] Vom Nachweis der Mindestzeit nach Satz 1 kann ganz oder teilweise abgesehen werden, wenn durch Vorlage von Zeugnissen oder auf andere Weise glaubhaft gemacht wird, dass der Bewerber oder die Bewerberin die berufliche Handlungsfähigkeit erworben hat, die die Zulassung zur Prüfung rechtfertigt. [4] Ausländische Bildungsabschlüsse und Zeiten der Berufstätigkeit im Ausland sind dabei zu berücksichtigen.

(3) Soldaten oder Soldatinnen auf Zeit und ehemalige Soldaten oder Soldatinnen sind nach Absatz 2 Satz 3 zur Abschlussprüfung zuzulassen, wenn das Bundesministerium der Verteidigung oder die von ihm bestimmte Stelle bescheinigt, dass der Bewerber oder die Bewerberin berufliche Fertigkeiten, Kenntnisse und Fähigkeiten erworben hat, welche die Zulassung zur Prüfung rechtfertigen.

§ 46 Entscheidung über die Zulassung. (1) [1] Über die Zulassung zur Abschlussprüfung entscheidet die zuständige Stelle. [2] Hält sie die Zulassungsvoraussetzungen nicht für gegeben, so entscheidet der Prüfungsausschuss.

(2) Auszubildenden, die Elternzeit in Anspruch genommen haben, darf bei der Entscheidung über die Zulassung hieraus kein Nachteil erwachsen.

[1)] § 43 Abs. 2 Satz 3 tritt gem. Art. 8 Abs. 2 G v. 23. 3. 2005 (BGBl. I S. 931) am **1. 8. 2011** außer Kraft.
[2)] § 43 Abs. 2 Satz 4 tritt gem. Art. 8 Abs. 2 G v. 23. 3. 2005 (BGBl. I S. 931) am **1. 8. 2011** außer Kraft.

§ 47 Prüfungsordnung. (1) [1] Die zuständige Stelle hat eine Prüfungsordnung für die Abschlussprüfung zu erlassen. [2] Die Prüfungsordnung bedarf der Genehmigung der zuständigen obersten Landesbehörde.

(2) [1] Die Prüfungsordnung muss die Zulassung, die Gliederung der Prüfung, die Bewertungsmaßstäbe, die Erteilung der Prüfungszeugnisse, die Folgen von Verstößen gegen die Prüfungsordnung und die Wiederholungsprüfung regeln. [2] Sie kann vorsehen, dass Prüfungsaufgaben, die überregional oder von einem Aufgabenerstellungsausschuss bei der zuständigen Stelle erstellt oder ausgewählt werden, zu übernehmen sind, sofern diese Aufgaben von Gremien erstellt oder ausgewählt werden, die entsprechend § 40 Abs. 2 zusammengesetzt sind.

(3) Der Hauptausschuss des Bundesinstituts für Berufsbildung erlässt für die Prüfungsordnung Richtlinien.

§ 48 Zwischenprüfungen. (1) [1] Während der Berufsausbildung ist zur Ermittlung des Ausbildungsstandes eine Zwischenprüfung entsprechend der Ausbildungsordnung durchzuführen. [2] Die §§ 37 bis 39 gelten entsprechend.

(2) Sofern die Ausbildungsordnung vorsieht, dass die Abschlussprüfung in zwei zeitlich auseinander fallenden Teilen durchgeführt wird, findet Absatz 1 keine Anwendung.

§§ 49–63 *(nicht abgedruckt)*

Kapitel 4. Berufsbildung für besondere Personengruppen

Abschnitt 1. Berufsbildung behinderter Menschen

§ 64 Berufsausbildung. Behinderte Menschen (§ 2 Abs. 1 Satz 1 des Neunten Buches Sozialgesetzbuch) sollen in anerkannten Ausbildungsberufen ausgebildet werden.

§ 65 Berufsausbildung in anerkannten Ausbildungsberufen. (1) [1] Regelungen nach den §§ 9 und 47 sollen die besonderen Verhältnisse behinderter Menschen berücksichtigen. [2] Dies gilt insbesondere für die zeitliche und sachliche Gliederung der Ausbildung, die Dauer von Prüfungszeiten, die Zulassung von Hilfsmitteln und die Inanspruchnahme von Hilfeleistungen Dritter wie Gebärdensprachdolmetscher für hörbehinderte Menschen.

(2) [1] Der Berufsausbildungsvertrag mit einem behinderten Menschen ist in das Verzeichnis der Berufsausbildungsverhältnisse (§ 34) einzutragen. [2] Der behinderte Mensch ist zur Abschlussprüfung auch zuzulassen, wenn die Voraussetzungen des § 43 Abs. 1 Nr. 2 und 3 nicht vorliegen.

§ 66 Ausbildungsregelungen der zuständigen Stellen. (1) [1] Für behinderte Menschen, für die wegen Art und Schwere ihrer Behinderung eine Ausbildung in einem anerkannten Ausbildungsberuf nicht in Betracht kommt, treffen die zuständigen Stellen auf Antrag der behinderten Menschen oder ihrer gesetzlichen Vertreter oder Vertreterinnen Ausbildungsregelungen entsprechend den Empfehlungen des Hauptausschusses des Bundesinstituts für Berufsbildung. [2] Die Ausbildungsinhalte sollen unter Berücksichtigung von Lage und Entwicklung des allgemeinen Arbeitsmarktes aus den Inhalten anerkannter Ausbildungsberufe entwickelt werden. [3] Im Antrag nach Satz 1 ist eine Ausbildungsmöglichkeit in dem angestrebten Ausbildungsgang nachzuweisen.

(2) § 65 Abs. 2 Satz 1 gilt entsprechend.

§§ 67–70 *(nicht abgedruckt)*

Teil 3. Organisation der Berufsbildung

Kapitel 1. Zuständige Stellen; zuständige Behörden

Abschnitt 1. Bestimmung der zuständigen Stelle

§ 71 Zuständige Stellen. (1) Für die Berufsbildung in Berufen der Handwerksordnung ist die Handwerkskammer zuständige Stelle im Sinne dieses Gesetzes.

(2) Für die Berufsbildung in nichthandwerklichen Gewerbeberufen ist die Industrie- und Handelskammer zuständige Stelle im Sinne dieses Gesetzes.

(3) Für die Berufsbildung in Berufen der Landwirtschaft, einschließlich der ländlichen Hauswirtschaft, ist die Landwirtschaftskammer zuständige Stelle im Sinne dieses Gesetzes.

(4) Für die Berufsbildung der Fachangestellten im Bereich der Rechtspflege sind jeweils für ihren Bereich die Rechtsanwalts-, Patentanwalts- und Notarkammern und für ihren Tätigkeitsbereich die Notarkassen zuständige Stelle im Sinne dieses Gesetzes.

(5) Für die Berufsbildung der Fachangestellten im Bereich der Wirtschaftsprüfung und Steuerberatung sind jeweils für ihren Bereich die Wirtschaftsprüferkammern und die Steuerberaterkammern zuständige Stelle im Sinne dieses Gesetzes.

(6) Für die Berufsbildung der Fachangestellten im Bereich der Gesundheitsdienstberufe sind jeweils für ihren Bereich die Ärzte-, Zahnärzte-, Tierärzte- und Apothekerkammern zuständige Stelle im Sinne dieses Gesetzes.

(7) Soweit die Berufsausbildungsvorbereitung, die Berufsausbildung und die berufliche Umschulung in Betrieben zulassungspflichtiger Handwerke, zulassungsfreier Handwerke und handwerksähnlicher Gewerbe durchgeführt wird, ist abweichend von den Absätzen 2 bis 6 die Handwerkskammer zuständige Stelle im Sinne dieses Gesetzes.

(8) Soweit Kammern für einzelne Berufsbereiche der Absätze 1 bis 6 nicht bestehen, bestimmt das Land die zuständige Stelle.

(9) [1] Mehrere Kammern können vereinbaren, dass die ihnen durch Gesetz zugewiesenen Aufgaben im Bereich der Berufsbildung durch eine von ihnen wahrgenommen wird. [2] Die Vereinbarung bedarf der Genehmigung durch die zuständige oberste Bundes- oder Landesbehörde.

§§ 72–75 *(nicht abgedruckt)*

Abschnitt 2. Überwachung der Berufsbildung

§ 76 Überwachung, Beratung. (1) [1] Die zuständige Stelle überwacht die Durchführung

1. der Berufsausbildungsvorbereitung,
2. der Berufsausbildung und
3. der beruflichen Umschulung

und fördert diese durch Beratung der an der Berufsbildung beteiligten Personen. [2] Sie hat zu diesem Zweck Berater oder Beraterinnen zu bestellen.

(2) Ausbildende, Umschulende und Anbieter von Maßnahmen der Berufsausbildungsvorbereitung sind auf Verlangen verpflichtet, die für die Überwachung notwendigen Auskünfte zu erteilen und Unterlagen vorzulegen sowie die Besichtigung der Ausbildungsstätten zu gestatten.

(3) [1] Die Durchführung von Auslandsaufenthalten nach § 2 Abs. 3 überwacht und fördert die zuständige Stelle in geeigneter Weise. [2] Beträgt die Dauer eines Ausbildungsabschnitts im Ausland mehr als vier Wochen, ist hierfür ein mit der zuständigen Stelle abgestimmter Plan erforderlich.

(4) Auskunftspflichtige können die Auskunft auf solche Fragen verweigern, deren Beantwortung sie selbst oder einen der in § 52 der Strafprozessordnung bezeichneten Angehörigen der Gefahr strafgerichtlicher Verfolgung oder eines Verfahrens nach dem Gesetz über Ordnungswidrigkeiten aussetzen würde.

(5) Die zuständige Stelle teilt der Aufsichtsbehörde nach dem Jugendarbeitsschutzgesetz Wahrnehmungen mit, die für die Durchführung des Jugendarbeitsschutzgesetzes von Bedeutung sein können.

Abschnitt 3. Berufsbildungsausschuss der zuständigen Stelle

§ 77 Errichtung. (1) [1] Die zuständige Stelle errichtet einen Berufsbildungsausschuss. [2] Ihm gehören sechs Beauftragte der Arbeitgeber, sechs Beauftragte der Arbeitnehmer und sechs Lehrkräfte an berufsbildenden Schulen an, die Lehrkräfte mit beratender Stimme.

(2) Die Beauftragten der Arbeitgeber werden auf Vorschlag der zuständigen Stelle, die Beauftragten der Arbeitnehmer auf Vorschlag der im Bezirk der zuständigen Stelle bestehenden Gewerkschaften und selbständigen Vereinigungen von Arbeitnehmern mit sozial- oder berufspolitischer Zwecksetzung, die Lehrkräfte an berufsbildenden Schulen von der nach Landesrecht zuständigen Behörde längstens für vier Jahre als Mitglieder berufen.

(3) [1] Die Tätigkeit im Berufsbildungsausschuss ist ehrenamtlich. [2] Für bare Auslagen und für Zeitversäumnis ist, soweit eine Entschädigung nicht von anderer Seite gewährt wird, eine angemessene Entschädigung zu zahlen, deren Höhe von der zuständigen Stelle mit Genehmigung der obersten Landesbehörde festgesetzt wird.

(4) Die Mitglieder können nach Anhören der an ihrer Berufung Beteiligten aus wichtigem Grund abberufen werden.

(5) [1] Die Mitglieder haben Stellvertreter oder Stellvertreterinnen. [2] Die Absätze 1 bis 4 gelten für die Stellvertreter und Stellvertreterinnen entsprechend.

(6) [1] Der Berufsbildungsausschuss wählt ein Mitglied, das den Vorsitz führt, und ein weiteres Mitglied, das den Vorsitz stellvertretend übernimmt. [2] Der Vorsitz und seine Stellvertretung sollen nicht derselben Mitgliedergruppe angehören.

§ 78 Beschlussfähigkeit, Abstimmung. (1) [1] Der Berufsbildungsausschuss ist beschlussfähig, wenn mehr als die Hälfte seiner stimmberechtigten Mitglieder anwesend ist. [2] Er beschließt mit der Mehrheit der abgegebenen Stimmen.

(2) Zur Wirksamkeit eines Beschlusses ist es erforderlich, dass der Gegenstand bei der Einberufung des Ausschusses bezeichnet ist, es sei denn, dass er mit Zustimmung von zwei Dritteln der stimmberechtigten Mitglieder nachträglich auf die Tagesordnung gesetzt wird.

§ 79 Aufgaben. (1) [1] Der Berufsbildungsausschuss ist in allen wichtigen Angelegenheiten der beruflichen Bildung zu unterrichten und zu hören. [2] Er hat im Rahmen seiner Aufgaben auf eine stetige Entwicklung der Qualität der beruflichen Bildung hinzuwirken.

(2) Wichtige Angelegenheiten, in denen der Berufsbildungsausschuss anzuhören ist, sind insbesondere:

1. Erlass von Verwaltungsgrundsätzen über die Eignung von Ausbildungs- und Umschulungsstätten, für das Führen von schriftlichen Ausbildungsnachweisen, für die Verkürzung der Ausbildungsdauer, für die vorzeitige Zulassung zur Abschlussprüfung, für die Durchführung der Prüfungen, zur Durchführung von über- und außerbetrieblicher Ausbildung sowie Verwaltungsrichtlinien zur beruflichen Bildung,
2. Umsetzung der vom Landesausschuss für Berufsbildung empfohlenen Maßnahmen,
3. wesentliche inhaltliche Änderungen des Ausbildungsvertragsmusters.

(3) Wichtige Angelegenheiten, in denen der Berufsbildungsausschuss zu unterrichten ist, sind insbesondere:

1. Zahl und Art der der zuständigen Stelle angezeigten Maßnahmen der Berufsausbildungsvorbereitung und beruflichen Umschulung sowie der eingetragenen Berufsausbildungsverhältnisse,
2. Zahl und Ergebnisse von durchgeführten Prüfungen sowie hierbei gewonnene Erfahrungen,
3. Tätigkeit der Berater und Beraterinnen nach § 76 Abs. 1 Satz 2,
4. für den räumlichen und fachlichen Zuständigkeitsbereich der zuständigen Stelle neue Formen, Inhalte und Methoden der Berufsbildung,
5. Stellungnahmen oder Vorschläge der zuständigen Stelle gegenüber anderen Stellen und Behörden, soweit sie sich auf die Durchführung dieses Gesetzes oder der auf Grund dieses Gesetzes erlassenen Rechtsvorschriften beziehen,
6. Bau eigener überbetrieblicher Berufsbildungsstätten,
7. Beschlüsse nach Absatz 5 sowie beschlossene Haushaltsansätze zur Durchführung der Berufsbildung mit Ausnahme der Personalkosten,
8. Verfahren zur Beilegung von Streitigkeiten aus Ausbildungsverhältnissen,
9. Arbeitsmarktfragen, soweit sie die Berufsbildung im Zuständigkeitsbereich der zuständigen Stelle berühren.

(4) [1] Der Berufsbildungsausschuss hat die auf Grund dieses Gesetzes von der zuständigen Stelle zu erlassenden Rechtsvorschriften für die Durchführung der Berufsbildung zu beschließen. [2] Gegen Beschlüsse, die gegen Gesetz oder Satzung verstoßen, kann die zur Vertretung der zuständigen Stelle berechtigte Person innerhalb einer Woche Einspruch einlegen. [3] Der Einspruch ist zu begründen und hat aufschiebende Wirkung. [4] Der Berufsbildungsausschuss hat seinen Beschluss zu überprüfen und erneut zu beschließen.

(5) [1] Beschlüsse, zu deren Durchführung die für Berufsbildung im laufenden Haushalt vorgesehenen Mittel nicht ausreichen, bedürfen für ihre Wirksamkeit der Zustimmung der für den Haushaltsplan zuständigen Organe. [2] Das Gleiche gilt für Beschlüsse, zu deren Durchführung in folgenden Haushaltsjahren Mittel bereitgestellt werden müssen, die die Ausgaben für Berufsbildung des laufenden Haushalts nicht unwesentlich übersteigen.

(6) Abweichend von § 77 Abs. 1 haben die Lehrkräfte Stimmrecht bei Beschlüssen zu Angelegenheiten der Berufsausbildungsvorbereitung und Berufsausbildung, soweit sich die Beschlüsse unmittelbar auf die Organisation der schulischen Berufsbildung auswirken.

§ 80 Geschäftsordnung. [1] Der Berufsbildungsausschuss gibt sich eine Geschäftsordnung. [2] Sie kann die Bildung von Unterausschüssen vorsehen und bestimmen, dass ihnen nicht nur Mitglieder des Ausschusses angehören. [3] Für die Unterausschüsse gelten § 77 Abs. 2 bis 6 und § 78 entsprechend.

Abschnitt 4. Zuständige Behörden

§ 81 Zuständige Behörden. (1) Im Bereich des Bundes ist die oberste Bundesbehörde oder die von ihr bestimmte Behörde die zuständige Behörde im Sinne des § 30 Abs. 6, der §§ 32, 33, 40 Abs. 4 und der §§ 47, 77 Abs. 2 und 3.

(2) Ist eine oberste Bundesbehörde oder eine oberste Landesbehörde zuständige Stelle im Sinne dieses Gesetzes, so bedarf es im Falle des § 40 Abs. 4 sowie der §§ 47 und 77 Abs. 3 keiner Genehmigung.

Kapitel 2. Landesausschüsse für Berufsbildung

§§ 82–105 *(nicht abgedruckt)*

701. Verordnung über die Berufsausbildung zum Rechtsanwaltsfachangestellten/zur Rechtsanwaltsfachangestellten, zum Notarfachangestellten/zur Notarfachangestellten, zum Rechtsanwalts- und Notarfachangestellten/zur Rechtsanwalts- und Notarfachangestellten und zum Patentanwaltsfachangestellten/zur Patentanwaltsfachangestellten (ReNoPat-Ausbildungsverordnung – ReNoPatAusbV)[1]

Vom 23. November 1987

(BGBl. I S. 2392)

FNA 806-21-1-147

zuletzt geänd. durch Art. 101 FGG-Reformgesetz v. 17. 12. 2008 (BGBl. I S. 2586)

– Auszug –

§ 1 Staatliche Anerkennung der Ausbildungsberufe. Die Ausbildungsberufe
- Rechtsanwaltsfachangestellter/Rechtsanwaltsfachangestellte,
- Notarfachangestellter/Notarfachangestellte,
- Rechtsanwalts- und Notarfachangestellter/Rechtsanwalts- und Notarfachangestellte und
- Patentanwaltsfachangestellter/Patentanwaltsfachangestellte

werden staatlich anerkannt.

§ 2 Ausbildung in einem anderen Ausbildungsbereich. Wird die Ausbildung zum Rechtsanwalts- und Notarfachangestellten nicht von einem Anwaltsnotar oder Notaranwalt durchgeführt, so findet die Fachbildung in dem jeweils anderen Ausbildungsbereich durch einen Ausbildenden in dessen Ausbildungsstätte statt, der die fachliche Eignung zur Ausbildung in dem anderen Ausbildungsbereich besitzt.

§ 3 Ausbildungsdauer. Die Ausbildung dauert drei Jahre.

§ 4 Gemeinsamer Teil der Ausbildungsberufsbilder. Gegenstand der Berufsausbildung sind mindestens die folgenden Fertigkeiten und Kenntnisse:
1. Stellung des Rechtsanwalts, des Notars und des Patentanwalts,
2. Büropraxis und -organisation,
3. Aufgaben und Aufbau der Rechtspflege.

§ 5 *(nicht abgedruckt)*

§ 6 Besonderer Teil des Ausbildungsberufsbildes für den Notarfachangestellten/die Notarfachangestellte. Gegenstand der Berufsausbildung sind mindestens die folgenden Fertigkeiten und Kenntnisse:

1. fallbezogene Rechtsanwendung im bürgerlichen Recht, Handels- und Gesellschaftsrecht sowie im Arbeits- und Sozialrecht,
2. Mitarbeit im Urkundswesen und Führen der Bücher,
3. Mitarbeit bei der Vorbereitung und Abwicklung von Notariatsgeschäften im Liegenschafts- und Grundbuchrecht,
4. fallbezogene Rechtsanwendung im Verfahren der freiwilligen Gerichtsbarkeit,
5. Mitarbeit in registerrechtlichen Angelegenheiten,
6. Mitarbeit in familien- und erbrechtlichen Angelegenheiten,
7. Erstellen von Kostenrechnungen.

---

[1] Änderungen vor dem 1. 1. 2004 sind nicht in Fußnoten nachgewiesen.

§ 7 Besonderer Teil des Ausbildungsberufsbildes für den Rechtsanwalts- und Notarfachangestellten/die Rechtsanwalts- und Notarfachangestellte. Gegenstand der Berufsausbildung sind mindestens die folgenden Fertigkeiten und Kenntnisse:

1. fallbezogene Rechtsanwendung im bürgerlichen Recht, Handels- und Gesellschaftsrecht, im Registerrecht sowie im Arbeits- und Sozialrecht,
2. Mitarbeit bei der Vorbereitung und Abwicklung von Notariatsgeschäften im Liegenschafts- und Grundbuchrecht,
3. fallbezogene Rechtsanwendung im Zivil-, Straf- und Bußgeldverfahren sowie im Verfahren der freiwilligen Gerichtsbarkeit,
4. Mitarbeit im gerichtlichen Mahnverfahren,
5. Bearbeitung von Zwangsvollstreckungsangelegenheiten,
6. Mitarbeit im Urkundswesen und Führen der Bücher,
7. Erstellen von Vergütungs- und Kostenrechnungen,
8. Grundlagen der besonderen Gerichtszweige.

§ 8 *(nicht abgedruckt)*

§ 9 Ausbildungsrahmenpläne. [1] Die in den §§ 4 bis 8 genannten Fertigkeiten und Kenntnisse sollen nach den in der Anlage[1)] enthaltenen Anleitungen zur sachlichen und zeitlichen Gliederung der Berufsausbildung (Ausbildungsrahmenplan) vermittelt werden. [2] Eine vom Ausbildungsrahmenplan abweichende sachliche und zeitliche Gliederung des Ausbildungsinhaltes ist insbesondere zulässig, soweit eine berufsfeldbezogene Grundbildung vorausgegangen ist oder betriebspraktische Besonderheiten die Abweichung erfordern.

§ 10 Ausbildungsplan. Der Ausbildende hat unter Zugrundelegung des Ausbildungsrahmenplans für den Auszubildenden einen Ausbildungsplan zu erstellen.

§ 11 Berichtsheft. [1] Der Auszubildende hat ein Berichtsheft in Form eines Ausbildungsnachweises zu führen. [2] Ihm ist Gelegenheit zu geben, das Berichtsheft während der Ausbildungszeit zu führen. [3] Der Ausbildende hat das Berichtsheft regelmäßig durchzusehen.

§ 12 Zwischenprüfung. (1) [1] Zur Ermittlung des Ausbildungsstandes ist eine Zwischenprüfung duchzuführen. [2] Sie soll nach Ablauf des ersten Ausbildungsjahres, jedoch nicht später als 18 Monate nach Beginn der Ausbildung stattfinden.

(2) [1] Die Zwischenprüfung erstreckt sich auf die in der Anlage[1)] Abschnitt I für das erste Ausbildungsjahr aufgeführten Fertigkeiten und Kenntnisse sowie auf den im Berufsschulunterricht entsprechend den Rahmenlehrplänen zu vermittelnden Lehrstoff, soweit er für die Berufsausbildung wesentlich ist. [2] Sie ist schriftlich anhand praxisbezogener Fälle und Aufgaben in insgesamt höchstens 180 Minuten in den folgenden Prüfungsgebieten durchzuführen:

1. Recht,
2. Büropraxis und -organisation,
3. Wirtschafts- und Sozialkunde.

(3) Die Prüfungsdauer kann insbesondere unterschritten werden, soweit die Prüfung in programmierter Form durchgeführt wird.

§ 13 Abschlußprüfung. (1) Die Abschlußprüfung erstreckt sich auf die in der Anlage[1)] aufgeführten Fertigkeiten und Kenntnisse sowie auf den im Berufsschulunterricht vermittelten Lehrstoff, soweit er für die Berufsausbildung wesentlich ist.

(2) Die Abschlußprüfung ist schriftlich und mündlich durchzuführen.

§ 14 Schriftliche Prüfung. (1) [1] Die schriftliche Prüfung besteht aus 5 Prüfungsfächern. [2] Der Prüfling soll praxisbezogene Fälle und Aufgaben aus seinem Ausbildungsberuf lösen und dabei zeigen, daß er Regelungen anwenden und rechtliche, wirtschaftliche und gesellschaftliche Zusammmenhänge verstehen und beurteilen kann. [3] Die erforderlichen Fertigkeiten und Kenntnisse in fachbezogener Informationsverarbeitung soll er nachweisen.

[1)] Nicht abgedruckt.

(2) Für alle 4 Ausbildungsberufe sind Prüfungsfächer

1. Recht, Wirtschafts- und Sozialkunde;
   das Prüfungsfach umfaßt insbesondere bürgerliches Recht, Handels- und Gesellschaftsrecht, Arbeits- und Sozialrecht, Grundlagen des Verfassungsrechts, des Wirtschaftens und der Wirtschaftspolitik, Geld und Zahlungsverkehr, Kredit;
2. Rechnungswesen;
   das Prüfungsfach umfaßt insbesondere berufsbezogenes Rechnen und Buchführung;
3. Fachbezogene Informationsverarbeitung;
   das Prüfungsfach Fachbezogene Informationsverarbeitung umfaßt
   a) in Textbearbeitung in 60 Minuten Formulieren und Gestalten eines fachkundlichen Textes nach Vorgaben mit Hilfe automatisierter Textverarbeitung,
   b) in Textverarbeitung in 30 Minuten Erfassen und Gestalten eines fachkundlichen Textes mit Hilfe automatisierter Textverarbeitung.

(3) *(nicht abgedruckt)*

(4) Für den Ausbildungsberuf Notarfachangestellter/Notarfachangestellte sind weitere Prüfungsfächer

1. Freiwillige Gerichtsbarkeit; das Prüfungsfach umfaßt insbesondere Grundbuch-, Register- und Beurkundungsrecht einschließlich des zugehörigen materiellen Rechts;
2. Gebührenrecht; das Prüfungsfach umfaßt insbesondere Erstellen von Kostenrechnungen und Kosteneinziehung.

(5) Für den Ausbildungsberuf Rechtsanwalts- und Notarfachangestellter/Rechtsanwalts- und Notarfachangestellte sind weitere Prüfungsfächer

1. Zivilprozeßrecht und Freiwillige Gerichtsbarkeit;
   das Prüfungsfach umfaßt insbesondere Ablauf des Zivilverfahrens, Mahnverfahren, Zwangsvollstreckung; Grundbuch-, Register- und Beurkundungsrecht einschließlich des zugehörigen materiellen Rechts;
2. Gebühren- und Kostenrecht;
   das Prüfungsfach umfaßt insbesondere Erstellen von Vergütungs- und Kostenrechnungen, das Kostenfestsetzungsverfahren und Kosteneinziehung.

(6) *(nicht abgedruckt)*

(7) Für das Prüfungsfach Rechnungswesen beträgt die Prüfungsdauer 60 Minuten, für die übrigen Prüfungsfächer jeweils 90 Minuten; sie kann insbesondere unterschritten werden, soweit die Prüfung in programmierter Form durchgeführt wird.

§ 15 Mündliche Prüfung. [1] Die mündliche Prüfung ist ein Prüfungsfach. [2] In einem Prüfungsgespräch soll der Prüfling zeigen, daß er mit den für den Ausbildungsberuf wesentlichen Fragen vertraut ist und praktische Fälle lösen kann. [3] Die mündliche Prüfung soll für den einzelnen Prüfling nicht länger als 30 Minuten dauern.

§ 16 Bestehen der Prüfung. (1) Bei der Ermittlung des Gesamtergebnisses hat das Prüfungsfach Mündliche Prüfung gegenüber jedem der übrigen Prüfungsfächer das doppelte Gewicht.

(2) [1] Sind in der schriftlichen Prüfung die Prüfungsleistungen in bis zu zwei Fächern mit „mangelhaft" und in den übrigen Fächern mit mindestens „ausreichend" bewertet worden, so ist auf Antrag des Prüflings oder nach Ermessen des Prüfungsausschusses in einem der mit „mangelhaft" bewerteten Fächer mit Ausnahme des Prüfungsfaches Fachbezogene Informationsverarbeitung die schriftliche Prüfung durch eine mündliche Prüfung von etwa 15 Minuten zu ergänzen, wenn diese für das Bestehen der Prüfung den Ausschlag geben kann. [2] Das Fach ist vom Prüfling zu bestimmen. [3] Bei der Ermittlung des Ergebnisses für dieses Prüfungsfach sind die Ergebnisse der schriftlichen Arbeit und der mündlichen Ergänzungsprüfung im Verhältnis 2:1 zu gewichten.

(3) [1] Zum Bestehen der Abschlußprüfung müssen im Gesamtergebnis und in 5 der Prüfungsfächer mindestens ausreichende Leistungen erbracht werden. [2] Werden die Prüfleistungen in einem Prüfungsfach mit ungenügend bewertet, so ist die Prüfung nicht bestanden.

§ 17[1] *(aufgehoben)*

§ 18[2] **Inkrafttreten, Außerkrafttreten.** [1] Diese Verordnung tritt am 1. August 1988 in Kraft. [2] Gleichzeitig tritt die Verordnung über die Ausbildung zum Rechtsanwaltsgehilfen, zum Notargehilfen und zum Patentanwaltsgehilfen vom 24. August 1971 (BGBl. I S. 1394) außer Kraft.

---

[1] § 17 aufgeh. mWv 1. 9. 2009 durch G v. 17. 12. 2008 (BGBl. I S. 2586).
[2] § 18 Satz 3 aufgeh. mWv 1. 9. 2009 durch G v. 17. 12. 2008 (BGBl. I S. 2586).

702. Prüfungsordnung für den Ausbildungsberuf der Notarfachangestellten/des Notarfachangestellten

Vom 29. Oktober 2007

(Amtliches Mitteilungsblatt der Landesnotarkammer Bayern und der Notarkasse vom 9. Dezember 2007, Nr. 2)

Aufgrund des Beschlusses des Berufsbildungsausschusses vom 5. Oktober 2007 erlässt die Notarkasse als zuständige Stelle nach § 47 Abs. 1 Satz 1, § 71 Abs. 4, § 79 Abs. 4 Berufsbildungsgesetz (BBiG) auf der Grundlage der Verordnung über die Berufsausbildung zum Rechtsanwaltsfachangestellten / zur Rechtsanwaltsfachangestellten, zum Notarfachangestellten / zur Notarfachangestellten, zum Rechtsanwalts- und Notarfachangestellten / zur Rechtsanwalts- und Notarfachangestellten und zum Patentanwaltsfachangestellten / zur Patentanwaltsfachangestellten (ReNoPat-Ausbildungsverordnung) vom 23. November 1987 (BGBl. I S. 2392), zuletzt geändert durch Gesetz vom 19. 06. 2001 (BGBl. I S. 1142, 1175), die folgende Prüfungsordnung für die Durchführung der Abschlussprüfung im Ausbildungsberuf „Notarfachangestellte / Notarfachangestellter".
Sie wird hiermit bekannt gemacht.

1. Abschnitt. Prüfungsausschüsse für die Abschlussprüfung

§ 1 Errichtung und Einteilung. (1) [1] Die Notarkasse errichtet für die Abnahme der Abschlussprüfung im Ausbildungsberuf „Notarfachangestellte/Notarfachangestellter" (Notarfachangestelltenprüfung) Prüfungsausschüsse. [2] Die Prüfungsausschüsse werden in der erforderlichen Zahl berufen.

(2) [1] Die Einteilung der Prüfungsteilnehmer auf die Prüfungsausschüsse wird von der Notarkasse vorgenommen. [2] In der Regel erfolgt die Einteilung nach den Anfangsbuchstaben des Familiennamens der Prüfungsteilnehmer.

§ 2 Zusammensetzung und Berufung. (1) [1] Jeder Prüfungsausschuss besteht aus drei Mitgliedern, und zwar:

1. einem Notar oder einem Notarassessor, der mindestens ein halbes Jahr seiner Ausbildung absolviert hat,
2. einem Angestellten der Notarkasse oder eines Notars im Tätigkeitsbereich der Notarkasse, der die Notargehilfenprüfung, die Notarfachangestelltenprüfung oder eine dieser gleichgestellten Prüfung, abgelegt hat (Angestellte),
3. einer Lehrkraft der berufsbildenden Schule in München, die den Unterricht für die Auszubildenden zum Notarfachangestelltenberuf durchführt (Lehrer).

[2] Für die Mitglieder nach Nr. 1, 2 und 3 werden Stellvertreter mindestens in gleicher Anzahl bestellt. [3] Die Mitglieder und die stellvertretenden Mitglieder können mehreren Prüfungsausschüssen und dem Aufgabenausschuss angehören. [4] Sie müssen für die Prüfungsgebiete sachkundig und für die Mitwirkung im Prüfungswesen geeignet sein.

(2) [1] Die Mitglieder und die stellvertretenden Mitglieder werden von der Notarkasse gemäß § 40 Abs. 3 Satz 2 bis 4 BBiG längstens für fünf Jahre berufen, bei Ersatzberufungen auf die Dauer der laufenden Amtszeit. [2] Das Amt jedes Mitgliedes und jedes stellvertretenden Mitglieds dauert bis zur Wiederberufung oder bis zur Berufung eines Nachfolgers weiter. [3] Das Amt endet jedenfalls

a) bei Notaren mit dem Erlöschen des Amtes oder der vorläufigen Amtsenthebung, bei Notarassessoren mit der Entlassung aus dem Anwärterdienst, wenn sich nicht unmittelbar daran die Ernennung zum Notar anschließt,
b) bei Angestellten mit der Beendigung des Angestelltenverhältnisses bei der Notarkasse oder bei dem Notar,
c) bei Lehrern mit der Beendigung der Lehrtätigkeit an der berufsbildenden Schule gemäß Absatz 1 Satz 1 Nr. 3.

(3) [1] Die Mitglieder der Prüfungsausschüsse und die stellvertretenden Mitglieder können nach Anhörung der an ihrer Berufung beteiligten Stellen aus wichtigem Grund abberufen werden. [2] Sie können ihr Amt jederzeit niederlegen.

(4) [1] Die Tätigkeit im Prüfungsausschuss ist ehrenamtlich. [2] Für bare Auslagen und für Zeitversäumnisse ist, soweit eine Entschädigung nicht von anderer Seite gewährt wird, eine angemessene Entschädigung zu zahlen, deren Höhe von der Notarkasse mit Genehmigung des Bayerischen Staatsministeriums der Justiz festgesetzt wird.

(5) Von der in Absatz 1 bestimmten Zusammensetzung eines Prüfungsausschusses darf nur abgewichen werden, wenn andernfalls die erforderliche Zahl von Mitgliedern des Prüfungsausschusses nicht berufen werden kann.

§ 3 Vorsitz. [1] Jeder Prüfungsausschuss wählt im Wege der Mehrheitswahl aus seiner Mitte einen Vorsitzenden und dessen Stellvertreter. [2] Bei Stimmengleichheit entscheidet das Los.

§ 4 Aufgaben. (1) [1] Die Prüfungsausschüsse sind zuständig für die Abnahme der Abschlussprüfung. [2] Sie beschließen über die Noten zur Bewertung der einzelnen Prüfungsleistungen, der Prüfung insgesamt sowie über das Bestehen und Nichtbestehen der Abschlussprüfung.

(2) Zur Bewertung einzelner, nicht mündlich zu erbringender Prüfungsleistungen kann ein Prüfungsausschuss gutachterliche Stellungnahmen Dritter, insbesondere berufsbildender Schulen, einholen.

(3) [1] Zur Vorbereitung der Beschlussfassung kann der Vorsitzende des Prüfungsausschusses mindestens zwei Mitglieder oder stellvertretende Mitglieder mit der Bewertung einzelner nicht mündlich zu erbringender Prüfungsleistungen beauftragen. [2] Die Beauftragten sollen nicht derselben Mitgliedergruppe angehören. [3] Sofern einer oder mehrere der Beauftragten während der Abnahme der Abschlussprüfung aus dem Prüfungsausschuss ausscheiden, bleiben die vorgenommenen Bewertungen in Kraft und brauchen nicht wiederholt zu werden, sofern bereits ein Drittel der zugeteilten Arbeiten bewertet wurde.

§ 5 Verfahren der Prüfungsausschüsse. (1) [1] Die Prüfungsausschüsse entscheiden in Sitzungen. [2] Es kann auch ohne Sitzung schriftlich, telefonisch oder in Textform abgestimmt werden, wenn kein Mitglied diesem Verfahren widerspricht.

(2) [1] Ein Prüfungsausschuss ist beschlussfähig, wenn alle drei Mitglieder anwesend oder durch stimmberechtigte Stellvertreter vertreten sind. [2] Er beschließt mit der Mehrheit der abgegebenen Stimmen. [3] Bei Stimmengleichheit entscheidet die Stimme des Vorsitzenden.

(3) [1] Ein Stellvertreter hat nur Stimmrecht, wenn er ein Mitglied vertritt. [2] Ein Stellvertreter kann nur ein Mitglied der Gruppe vertreten, für die er bestellt ist. [3] Die Stellvertreter können zu informatorischen Zwecken an den Sitzungen teilnehmen.

(4) [1] Entscheidungen des Prüfungsausschusses gibt der Vorsitzende bekannt. [2] Der Vorsitzende ist befugt, an Stelle des Prüfungsausschusses unaufschiebbare Entscheidungen allein zu treffen. [3] Hiervon hat er dem Prüfungsausschuss bei der nächsten Sitzung Kenntnis zu geben.

(5) Die Notarkasse regelt im Einvernehmen mit den Prüfungsausschüssen deren Geschäftsführung, insbesondere Einladung, Protokollführung und Durchführung der Beschlüsse.

(6) [1] Sitzungsprotokolle sind vom Vorsitzenden zu unterzeichnen. [2] Über schriftlich, telefonisch oder in Textform gefasste Beschlüsse sind Aktenvermerke anzufertigen, die vom Vorsitzenden zu unterzeichnen sind. [3] § 20 bleibt davon unberührt.

2. Abschnitt. Aufgabenausschuss für die Abschlussprüfung

§ 6 Errichtung und Aufgaben des Aufgabenausschusses. (1) Für die Auswahl und Ausarbeitung der schriftlichen Aufgaben der Abschlussprüfung wird von der Notarkasse ein Aufgabenausschuss berufen.

(2) Der Aufgabenausschuss entscheidet ferner

1. über die Zulassung von Hilfsmitteln für den schriftlichen und den mündlichen Teil der Abschlussprüfung;
2. in den in dieser Prüfungsordnung weiter vorgesehenen Fällen.

§ 7 Zusammensetzung, Berufung, Vorsitz und Verfahren. (1) [1] Der Aufgabenausschuss besteht aus fünf Mitgliedern, und zwar:

1. zwei Notaren oder Notarassessoren, die mindestens ein halbes Jahr ihrer Ausbildung absolviert haben
2. zwei Angestellten der Notarkasse oder eines Notars im Tätigkeitsbereich der Notarkasse, die die Notargehilfenprüfung, die Notarfachangestelltenprüfung oder eine dieser gleichgestellten Prüfung, abgelegt haben (Angestellte),

3. einer Lehrkraft der berufsbildenden Schule in München, die den Unterricht für die Auszubildenden zum Notarfachangestelltenberuf durchführt (Lehrer).

[2] Für die Mitglieder nach Nr. 1, 2 und 3 werden Stellvertreter mindestens in gleicher Anzahl bestellt. [3] Die Mitglieder und stellvertretenden Mitglieder des Aufgabenausschusses können auch einem oder mehreren Prüfungsausschüssen angehören. [4] Sie müssen für die Prüfungsgebiete sachkundig und für die Mitwirkung im Prüfungswesen geeignet sein.

(2) [1] § 2 Abs. 2 bis 5, § 3, § 5 Abs. 1, Abs. 2 Satz 2 und 3 sowie Abs. 3 bis Abs. 5 und Abs. 6 Satz 1 und Satz 2 gelten für den Aufgabenausschuss entsprechend. [2] Der Aufgabenausschuss ist beschlussfähig, wenn mindestens drei Mitglieder anwesend oder durch stimmberechtigte Stellvertreter vertreten sind. [3] Der Vorsitzende und sein Stellvertreter sollen nicht derselben Mitgliedergruppe angehören.

3. Abschnitt. Befangenheit und Verschwiegenheit

§ 8 Befangenheit. (1) Bei der Zulassung und Prüfung dürfen Mitglieder der Prüfungsausschüsse oder des Aufgabenausschusses nicht mitwirken, die mit einem Prüfungsbewerber verheiratet oder verheiratet gewesen sind oder mit ihm eine Lebenspartnerschaft führen oder geführt haben oder mit ihm in gerader Linie verwandt oder verschwägert oder in der Seitenlinie bis zum dritten Grade verwandt oder bis zum zweiten Grade verschwägert sind, auch wenn die Ehe oder Lebenspartnerschaft, durch welche die Schwägerschaft begründet ist, nicht mehr besteht.

(2) Mitwirken sollen ebenfalls nicht der Ausbildende und die Ausbilder, soweit nicht besondere Umstände eine Mitwirkung zulassen oder erfordern.

(3) [1] Ausschussmitglieder, die sich befangen fühlen, oder Prüfungsteilnehmer, die die Besorgnis der Befangenheit geltend machen wollen, haben dies unverzüglich der Notarkasse, während der Prüfung jedoch dem Prüfungsausschuss, unter Angabe der maßgeblichen Gründe mitzuteilen. [2] Im Falle der schriftlichen Prüfung hat dies schriftlich zu erfolgen. [3] Wird die Befangenheit nicht unverzüglich nach Bekanntwerden des Ablehnungsgrundes vom Prüfungsteilnehmer geltend gemacht, so ist der Antrag als verspätet zurückzuweisen.

(4) [1] Die Entscheidung über den Ausschluss eines Ausschussmitglieds trifft die Notarkasse, während der Prüfung der Prüfungsausschuss. [2] Das betroffene Ausschussmitglied darf an der Beratung und Abstimmung über die Befangenheit nicht teilnehmen.

(5) [1] Für das infolge Befangenheit ausgeschlossene Mitglied bestellt die Notarkasse ein nicht befangenes Ersatzmitglied. [2] Dies kann auch ein bisher stellvertretendes Mitglied sein.

§ 9 Verschwiegenheit. [1] Die Ausschussmitglieder haben über alle Vorgänge im Zusammenhang mit der Prüfung gegenüber Dritten Verschwiegenheit zu bewahren. [2] Dies gilt nicht im Verhältnis der Ausschüsse und der Ausschussmitglieder untereinander und gegenüber dem Berufsbildungsausschuss. [3] Die Notarkasse kann im Einzelfall von der Verpflichtung zur Verschwiegenheit Befreiung erteilen.

4. Abschnitt. Bestimmung der Prüfungstermine

§ 10 Prüfungstermine. (1) Die Notarkasse bestimmt die für die Durchführung der Prüfung maßgebenden Termine zur Abschlussprüfung unter Berücksichtigung des Ablaufes der Berufsausbildung und des Schuljahres.

(2) Die Notarkasse gibt diese Termine einschließlich der Anmeldefristen allen Notaren im Tätigkeitsbereich der Notarkasse mindestens drei Monate vorher bekannt.

5. Abschnitt. Vorbereitung der Abschlussprüfung

§ 11 Zulassungsvoraussetzungen. [1] Zur Abschlussprüfung ist zuzulassen:

1. wer die Ausbildungszeit zurückgelegt hat oder wessen Ausbildungszeit nicht später als zwei Monate nach dem Prüfungstermin (mündliche Abschlussprüfung) endet,
2. wer an der vorgeschriebenen Zwischenprüfung teilgenommen sowie die vorgeschriebenen Ausbildungsnachweise geführt hat und
3. wessen Berufsausbildungsverhältnis in das Verzeichnis der Berufsausbildungsverhältnisse eingetragen oder aus einem Grund nicht eingetragen ist, den weder der Auszubildende noch dessen gesetzlicher Vertreter zu vertreten hat.

[2] § 65 Abs. 2 Satz 2 BBiG bleibt unberührt.

§ 12 Zulassungsvoraussetzungen in besonderen Fällen. (1) Auszubildende können nach Anhören des ausbildenden Notars und der Berufsschule vor Ablauf ihrer Ausbildungszeit zur Abschlussprüfung zugelassen werden, wenn ihre Leistungen dies rechtfertigen.

(2) [1] Zur Abschlussprüfung ist auch zuzulassen, wer nachweist, dass er mindestens das Eineinhalbfache der Zeit, die als Ausbildungszeit vorgeschrieben ist, in dem Beruf tätig gewesen ist, in dem die Prüfung abgelegt werden soll. [2] Als Zeiten der Berufstätigkeit gelten auch Ausbildungszeiten in einem anderen, einschlägigen Ausbildungsberuf. [3] Vom Nachweis der Mindestzeit nach Satz 1 kann ganz oder teilweise abgesehen werden, wenn durch die Vorlage von Zeugnissen oder auf andere Weise glaubhaft gemacht wird, dass der Bewerber die berufliche Handlungsfähigkeit erworben hat, die die Zulassung zur Prüfung rechtfertigt.

(3) Zur Abschlussprüfung ist ferner zuzulassen, wer in einer berufsbildenden Schule oder einer sonstigen Berufsbildungseinrichtung ausgebildet worden ist, wenn dieser Bildungsgang durch Rechtsverordnung gemäß § 43 Abs. 2 Satz 3 BBiG anerkannt ist oder der Berufsausbildung zum Notarfachangestellten entspricht.

(4) [1] Wer bereits die Abschlussprüfung bestanden hat, ist auf Antrag noch einmal zu einer weiteren Abschlussprüfung zuzulassen. [2] Das Berufsausbildungsverhältnis ist jedoch mit Bestehen der ersten Abschlussprüfung beendet.

§ 13 Anmeldung zur Abschlussprüfung. (1) Der ausbildende Notar hat mit Zustimmung des Auszubildenden diesen innerhalb der festgelegten Anmeldefrist schriftlich unter Verwendung vorgeschriebener Formulare bei der Notarkasse zur Prüfung anzumelden.

(2) [1] In besonderen Fällen kann der Prüfungsbewerber selbst den Antrag auf Zulassung zur Prüfung stellen. [2] Dies gilt insbesondere in den Fällen des § 12 und bei Wiederholungsprüfungen, falls ein Ausbildungsverhältnis nicht mehr besteht.

(3) Der Anmeldung sollen beigefügt werden:

a) in den Fällen des § 11

1. Die Bescheinigung über die Teilnahme an der vorgeschriebenen Zwischenprüfung,
2. die vorgeschriebenen Ausbildungsnachweise,
3. das letzte Zeugnis der zuletzt besuchten Schule,
4. eine eingehende Beurteilung des Notars über die Fähigkeiten, Kenntnisse, Leistungen, die Führung und die charakterliche Haltung des Prüfungsbewerbers,
5. ein eigenhändig geschriebener Lebenslauf (tabellarisch) des Auszubildenden;

b) in den Fällen des § 12

1. Tätigkeitsnachweise oder glaubhafte Darlegung über den Erwerb von Kenntnissen und Fertigkeiten im Sinne des § 12 Abs. 2 oder Ausbildungsnachweise im Sinne des § 12 Abs. 3,
2. das letzte Zeugnis der zuletzt besuchten Schule,
3. etwaige Nachweise über Kenntnisse und Fertigkeiten in den Fächern Rechnungswesen und Fachbezogene Informationsverarbeitung,
4. eine eingehende Beurteilung des Notars über die Fähigkeiten, Kenntnisse, Leistungen, die Führung und die charakterliche Haltung des Prüfungsbewerbers,
5. ein eigenhändig geschriebener Lebenslauf (tabellarisch) des Prüfungsbewerbers.

c) Von der Vorlage des Lebenslaufes kann abgesehen werden, wenn der Notarkasse ein anlässlich des Beginns der Berufsausbildung oder später eingereichter Lebenslauf vorliegt.

§ 14 Entscheidung über die Zulassung. (1) [1] Über die Zulassung zur Abschlussprüfung entscheidet die Notarkasse. [2] Hält sie die Zulassungsvoraussetzungen nicht für gegeben, so entscheidet der Prüfungsausschuss. [3] Sind mehrere Prüfungsausschüsse vorhanden, so entscheidet der Aufgabenausschuss.

(2) Die Entscheidung über die Zulassung ist dem Prüfungsbewerber rechtzeitig unter Angabe des Prüfungstages und -ortes und der erlaubten Arbeits- und Hilfsmittel mitzuteilen.

(3) Die Zulassung kann von der Notarkasse oder in den Fällen des Absatzes 1 Satz 2 und Satz 3 von dem entscheidenden Ausschuss bis zum ersten Prüfungstage zurückgenommen werden, wenn sie aufgrund von gefälschten Unterlagen oder falschen Angaben ausgesprochen wurde.

6. Abschnitt. Durchführung der Abschlussprüfung

§ 15 Zweck und Bedeutung der Abschlussprüfung. [1] Die Abschlussprüfung erstreckt sich auf die in der Anlage zu § 9 der ReNoPatAusbV aufgeführten Fertigkeiten und Kenntnisse sowie auf den im Berufsschulunterricht vermittelten Lehrstoff, soweit er für die Berufsausbildung wesentlich ist. [2] Die Prüfungen sollen den Nachweis erbringen, dass sich der Prüfling genügend Wissen und Können angeeignet hat, um als Notarfachangestellte/Notarfachangestellter tätig zu sein.

§ 16 Form der Abschlussprüfung. Die Prüfung besteht aus einem schriftlichen und aus einem mündlichen Teil (schriftliche und mündliche Prüfung).

§ 17 Schriftliche Prüfung. (1) Die schriftliche Prüfung besteht aus fünf Prüfungsfächern.

(2) Prüfungsfächer sind:

1. Recht, Wirtschafts- und Sozialkunde;
   das Prüfungsfach umfasst insbesondere bürgerliches Recht, Handels- und Gesellschaftsrecht, Arbeits- und Sozialrecht, Grundlagen des Verfassungsrechts, des Wirtschaftens und der Wirtschaftspolitik, Geld und Zahlungsverkehr, Kredit;
2. Rechnungswesen;
   das Prüfungsfach umfasst insbesondere berufsbezogenes Rechnen und Buchführung;
3. Fachbezogene Informationsverarbeitung;
   das Prüfungsfach umfasst
   a) in Textbearbeitung in 60 Minuten fachlich und sprachlich richtiges Formulieren sowie Gestalten eines fachkundlichen Textes nach Vorgaben mit Hilfe automatisierter Textverarbeitung;
   b) in Textverarbeitung in 10 Minuten sicheres, richtiges und schnelles Erfassen eines fachkundlichen Textes sowie normgerechtes Gestalten eines Textes in 20 Minuten mit Hilfe automatisierter Textverarbeitung:
4. Freiwillige Gerichtsbarkeit;
   das Prüfungsfach umfasst insbesondere Grundbuch-, Register- und Beurkundungsrecht einschließlich des dazugehörigen materiellen Rechts;
5. Gebührenrecht;
   das Prüfungsfach umfasst insbesondere Erstellen von Kostenrechnungen und Kosteneinziehung.

§ 18 Aufsichtsarbeiten. (1) In der schriftlichen Prüfung hat der Prüfungsteilnehmer in jedem Prüfungsfach eine schriftliche Arbeit unter Aufsicht anzufertigen.

(2) [1] Für das Prüfungsfach Rechnungswesen beträgt die Prüfungsdauer 60 Minuten, für die übrigen Prüfungsfächer jeweils 90 Minuten. [2] Die Prüfungsdauer kann herabgesetzt werden, wenn die Prüfung in programmierter Form durchgeführt wird oder aus sonstigen Gründen der für die Bearbeitung der Aufgabenstellung benötigte Zeitaufwand durch die Form der Prüfung gegenüber der schriftlichen Bearbeitung geringer ist. [3] Über die Herabsetzung der Prüfungsdauer entscheidet der Aufgabenausschuss.

(3) [1] Die Notarkasse regelt im Einvernehmen mit dem Vorsitzenden des Prüfungsausschusses die Aufsichtsführung in der schriftlichen Prüfung, die sicherstellen soll, dass der Prüfungsteilnehmer die Arbeiten selbständig und nur mit den erlaubten Arbeits- und Hilfsmitteln ausführt. [2] Die Aufsichtsführung kann einem oder mehreren Mitgliedern oder stellvertretenden Mitgliedern eines Prüfungsausschusses oder einem oder mehreren Dritten übertragen werden.

(4) [1] Zugunsten behinderter Prüfungsteilnehmer können, soweit es die Behinderung erfordert, Ausnahmen zugelassen werden, im Prüfungsfach Fachbezogene Informationsverarbeitung auch im Hinblick auf die Anforderungen. [2] Die Entscheidung trifft der Prüfungsausschuss im Einvernehmen mit dem Aufgabenausschuss.

§ 19 Mündliche Prüfung. (1) Die mündliche Prüfung ist ein Prüfungsgespräch, in dem der Prüfling zeigen soll, dass er mit den für den Ausbildungsberuf wesentlichen Fragen vertraut ist und praktische Fälle lösen kann.

(2) [1] Die mündliche Prüfung wird vom Prüfungsausschuss abgenommen. [2] Die dem Prüfungsausschuss angehörenden Prüfer müssen während der mündlichen Prüfung ständig anwesend sein.

(3) [1] Die mündliche Prüfung soll für den einzelnen Prüfling nicht länger als 30 Minuten dauern. [2] Mehr als vier Prüfungsteilnehmer dürfen nicht gemeinsam geprüft werden.

(4) [1] Der Vorsitzende des Prüfungsausschusses leitet die mündliche Prüfung. [2] Er sorgt für die Einhaltung der Prüfungsbestimmungen und für die Aufrechterhaltung der Ordnung.

§ 20 Niederschrift über den Prüfungsverlauf. (1) Über den Verlauf der mündlichen Prüfung sowie der schriftlichen Prüfung ist eine Niederschrift aufzunehmen.

(2) [1] In der Niederschrift zur mündlichen Prüfung sind insbesondere festzuhalten: Ort und Tag der Prüfung, die Zusammensetzung des Prüfungsausschusses, Namen der an- und abwesenden Prüfungsteilnehmer sowie die Bewertung der mündlichen Leistungen. [2] In der Niederschrift ist des Weiteren Beginn und Ende der Prüfung sowie stichpunktartig deren wesentlicher Verlauf festzuhalten.

(3) Absatz 2 gilt für die schriftliche Prüfung entsprechend.

(4) Die Niederschrift ist bei der mündlichen Prüfung von dem Vorsitzenden des Prüfungsausschusses zu unterschreiben, bei der schriftlichen Prüfung von dem Aufsichtsführenden.

§ 21 Nicht-Öffentlichkeit. [1] Die Prüfungen sind nicht öffentlich. [2] Vertreter des Bayerischen Staatsministeriums der Justiz und der Notarkasse sowie die Mitglieder und stellvertretenden Mitglieder des Berufsbildungsausschusses der Notarkasse können anwesend sein. [3] Der Prüfungsausschuss kann im Einvernehmen mit der Notarkasse andere Personen als Gäste zulassen. [4] Bei Beratung über das Prüfungsergebnis dürfen nur die Mitglieder des Prüfungsausschusses anwesend sein, die die Prüfung abgenommen haben.

§ 22 Ausweispflicht und Belehrung. [1] Die Prüfungsteilnehmer haben sich auf Verlangen des Vorsitzenden oder des Aufsichtsführenden über ihre Person auszuweisen. [2] Sie sind vor Beginn der Prüfung über den Prüfungsablauf, die zur Verfügung stehende Zeit, die erlaubten Arbeits- und Hilfsmittel, die Folgen von Unterschleif, Beeinflussungsversuch und Ordnungsverstößen zu belehren. [3] Mit Abschluss der Belehrung beginnt die Prüfung.

§ 23 Ausschluss von der Teilnahme an der Prüfung. (1) Von der Teilnahme an der Prüfung kann ein Prüfungsteilnehmer ganz oder teilweise ausgeschlossen werden, wenn er

1. den ordnungsgemäßen Ablauf der Prüfung zu stören versucht,
2. an einer Krankheit leidet, die die Gesundheit anderer ernstlich gefährden oder einen ordnungsgemäßen Ablauf der Prüfung beeinträchtigen würde.

(2) [1] Die Entscheidung trifft der Prüfungsausschuss. [2] In dringenden Fällen entscheidet der Vorsitzende des Prüfungsausschusses in der mündlichen Prüfung und der örtliche Aufsichtsführende in der schriftlichen Prüfung.

(3) In dem Fall des Absatzes 1 Nr. 1 gilt § 24 Abs. 1, in dem Fall des Absatzes 1 Nr. 2 gilt § 26 entsprechend.

§ 24 Unterschleif und Beeinflussungsversuch. (1) [1] Versucht ein Prüfungsteilnehmer das Ergebnis einer Prüfungsarbeit durch Unterschleif, Täuschung oder Benutzung nicht zugelassener Hilfsmittel zu eigenem oder fremdem Vorteil zu beeinflussen, so ist seine Arbeit mit der Note 6,00 = ungenügend zu bewerten. [2] In schweren Fällen ist der Prüfungsteilnehmer von der Prüfung auszuschließen; er hat die Prüfung mit der Note 6,00 ungenügend nicht bestanden. [3] Auch der Besitz nicht zugelassener Hilfsmittel nach Ausgabe der Prüfungsaufgaben stellt einen Unterschleif mit den Rechtsfolgen der Sätze 1 und 2 dar, sofern der Prüfungsteilnehmer nicht nachweist, dass der Besitz weder auf Vorsatz noch auf Fahrlässigkeit beruht.

(2) Absatz 1 gilt entsprechend für die mündliche Prüfung.

(3) Ein Prüfungsteilnehmer, der einen Prüfer oder eine mit der Feststellung des Prüfungsergebnisses beauftragte Person zu seinem Vorteil zu beeinflussen versucht, hat die Prüfung mit der Note 6,00 ungenügend nicht bestanden.

(4) [1] Ist das Prüfungsergebnis bekanntgegeben worden, so kann innerhalb eines Jahres nach Bekanntgabe des Prüfungsergebnisses, sofern die Voraussetzungen der Absätze 1 bis 3 gegeben sind, die Prüfung nachträglich für nicht bestanden erklärt oder das Prüfungszeugnis entsprechend berichtigt werden. [2] Das Prüfungszeugnis ist dann einzuziehen.

(5) [1] Die Entscheidungen nach Absatz 1 bis 4 trifft der Prüfungsausschuss. [2] Der Prüfungsteilnehmer ist zu hören.

(6) [1] Besteht der Verdacht des Besitzes nicht zugelassener Hilfsmittel, so sind die Aufsichtsführenden in der schriftlichen Prüfung befugt, diese sicherzustellen; der Prüfungsteilnehmer ist verpflichtet, an der Aufklärung mitzuwirken und die Hilfsmittel herauszugeben. [2] Hilfsmittel, die wegen einer Veränderung beanstandet werden, sind dem Prüfungsteilnehmer bis zur Ablieferung der betreffenden Prüfungsarbeit, spätestens bis zum Ende der dafür vorgesehenen Arbeitszeit, zu belassen. [3] Bei Verhinderung einer Sicherstellung, Verweigerung der Mitwirkung an

der Aufklärung oder Herausgabe der Hilfsmittel und den Fällen der Veränderung in den Hilfsmitteln nach Beanstandung wird die Arbeit mit der Note 6,00 = ungenügend bewertet.

§ 25 Mängel im Prüfungsverfahren. (1) Erweist sich, dass das Prüfungsverfahren mit Mängeln behaftet war, die die Chancengleichheit erheblich verletzt haben, so kann der Prüfungsausschuss auf Antrag eines Prüfungsteilnehmers oder von sich aus anordnen, dass von einem bestimmten Prüfungsteilnehmer oder von allen Prüfungsteilnehmern die Prüfung oder einzelne Teile derselben zu wiederholen sind.

(2) [1] Ein Antrag nach Absatz 1 ist unverzüglich schriftlich bei der Notarkasse zu stellen. [2] Er darf keine Bedingungen enthalten und kann nicht zurückgenommen werden. [3] Der Antrag ist ausgeschlossen, wenn seit dem Abschluss des Teils des Prüfungsverfahrens, der mit Mängeln behaftet war, ein Monat verstrichen ist.

(3) Sechs Monate nach Abschluss der Prüfung darf der Prüfungsausschuss von sich aus keine Anordnungen nach Absatz 1 mehr treffen.

§ 26 Rücktritt und Nichtteilnahme. (1) [1] Der Prüfungsteilnehmer kann nach erfolgter Anmeldung rechtzeitig vor Beginn der Prüfung durch schriftliche Erklärung gegenüber der Notarkasse zurücktreten. [2] In diesem Fall gilt die Prüfung als nicht abgelegt.

(2) [1] Tritt der Prüfungsteilnehmer nach Beginn der Prüfung aus Gründen zurück, die er nachweislich nicht zu vertreten hat (Verhinderung), so können bereits erbrachte in sich abgeschlossene Prüfungsleistungen anerkannt werden. [2] In diesem Fall hat der Prüfungsteilnehmer die noch nicht erbrachten Prüfungsleistungen im nächsten Prüfungstermin nachzuholen.

(3) [1] Die Gründe im Sinne von Absatz 2 und deren Dauer sind unverzüglich schriftlich geltend zu machen und nachzuweisen (z.B. im Krankheitsfalle durch Vorlage eines ärztlichen Attestes). [2] Über das Vorliegen eines Grundes im Sinne von Absatz 2 entscheidet der Prüfungsausschuss. [3] Die Geltendmachung einer Verhinderung beim schriftlichen Teil der Prüfung ist auf jeden Fall ausgeschlossen, wenn nach Abschluss des bereits abgelegten Teils der Prüfung ein Monat verstrichen ist. [4] Bei einer Verhinderung in der mündlichen Prüfung ist die Geltendmachung nach Beendigung der mündlichen Prüfung ausgeschlossen. [5] Soweit eine Arbeit nach § 24 Abs. 1 Satz 1 oder § 24 Abs. 2 oder § 24 Abs. 6 S. 3 mit der Note 6,00 (ungenügend) bewertet oder die Prüfung nach § 24 Abs. 1 Satz 2 oder § 24 Abs. 2 oder § 24 Abs. 3 mit der Note 6,00 (ungenügend) nicht bestanden wurde oder die Prüfung nach § 24 Abs. 4 Satz 1 nachträglich für nicht bestanden erklärt oder das Prüfungsergebnis berichtigt wird, ist die Anerkennung einer Verhinderung ausgeschlossen.

(4) Erfolgt der Rücktritt nach Beginn der Prüfung oder nimmt der Prüfungsteilnehmer an der Prüfung nicht teil, ohne dass ein Grund im Sinne von Absatz 2 vorliegt, gilt die Prüfung als nicht bestanden.

(5) [1] Erscheint ein Prüfungsteilnehmer ohne genügende Entschuldigung zur Bearbeitung einer einzelnen schriftlichen Aufgabe nicht oder gibt er ohne genügende Entschuldigung eine schriftliche Arbeit nicht oder nicht rechtzeitig ab, so wird sie mit der Prüfungsnote 6,00 ungenügend bewertet. [2] Das gleiche gilt, wenn der Prüfungsteilnehmer den mündlichen Teil der Prüfung ganz oder teilweise versäumt.

7. Abschnitt. Bewertung und Feststellung des Prüfungsergebnisses

§ 27 Prüfungsnoten. Die einzelnen Prüfungsleistungen sind wie folgt zu benoten:

eine den Anforderungen in besonderem Maße entsprechende Leistung
= 1,00; 1,25; 1,50 = sehr gut,

eine den Anforderungen voll entsprechende Leistung
= 1,75; 2,00; 2,25; 2,50 = gut,

eine den Anforderungen im allgemeinen entsprechende Leistung
= 2,75; 3,00; 3,25; 3,50 = befriedigend,

eine Leistung, die zwar Mängel aufweist, aber im ganzen den Anforderungen noch entspricht
= 3,75; 4,00; 4,25; 4,50 = ausreichend,

eine Leistung, die den Anforderungen nicht entspricht, jedoch erkennen lässt, dass die notwendigen Grundkenntnisse vorhanden sind
= 4,75; 5,00; 5,25; 5,50 = mangelhaft,

eine Leistung, die den Anforderungen nicht entspricht und bei der selbst die Grundkenntnisse lückenhaft sind
= 5,75 6,00 = ungenügend.

§ 28 Bewertung der Prüfungsleistungen. (1) [1]Jede schriftliche Prüfungsarbeit wird vom Prüfungsausschuss nach Maßgabe von § 4 bewertet und erhält eine Note. [2]Im Prüfungsfach „Fachbezogene Informationsverarbeitung“ wird aus den Teilprüfungsfächern Textbearbeitung und Textverarbeitung die Bewertung der Gesamteinzelprüfungsleistung im Verhältnis 1:1 ermittelt; im Teilprüfungsfach Textverarbeitung werden Texterfassung und Textgestaltung gleich gewichtet.

(2) [1]Die Ergebnisse der mündlichen Prüfung bewertet der Prüfungsausschuss für jeden Prüfungsteilnehmer mit einer Gesamtnote. [2]Der Vorsitzende des Prüfungsausschusses gibt die Bewertung der mündlichen Prüfung dem Prüfling innerhalb von acht Tagen schriftlich bekannt.

(3) Bei der Bewertung sollen auch die sprachliche Ausdrucksfähigkeit, die Darstellungsgabe, Orthographie und Interpunktion gewürdigt werden.

§ 29 Prüfungsgesamtnote. (1) [1]Nach Vorliegen der Ergebnisse der schriftlichen und der mündlichen Prüfung stellt der Prüfungsausschuss das Gesamtergebnis (Prüfungsgesamtnote) fest. [2]Die Prüfungsgesamtnote ergibt sich aus der Summe

a) der Einzelnoten der schriftlichen Prüfung,

b) der Gesamtnote der mündlichen Prüfung, die mit zwei zu vervielfältigen ist, Gesamtnote geteilt durch sieben.

[3]Die Prüfungsgesamtnote wird auf zwei Dezimalstellen errechnet; eine sich ergebende dritte Dezimalstelle wird nicht berücksichtigt.

(2) Als Prüfungsgesamtnote erhalten Prüfungsteilnehmer die Note
sehr gut mit einer Prüfungsgesamtnote bis 1,50
gut mit einer Prüfungsgesamtnote von 1,51 bis 2,50
befriedigend mit einer Prüfungsgesamtnote von 2,51 bis 3,50
ausreichend mit einer Prüfungsgesamtnote von 3,51 bis 4,50
mangelhaft mit einer Prüfungsgesamtnote von 4,51 bis 5,50
ungenügend mit einer Prüfungsgesamtnote von 5,51 bis 6,00.

(3) Der Vorsitzende des Prüfungsausschusses stellt die Prüfungsgesamtnote fest und gibt diese und das Prüfungsergebnis dem Prüfling bekannt.

§ 30 Bestehen der Prüfung. [1]Zum Bestehen der Abschlussprüfung müssen im Gesamtergebnis und in fünf der Prüfungsfächer mindestens ausreichende Leistungen erbracht werden. [2]Werden die Prüfungsleistungen in einem Prüfungsfach mit ungenügend bewertet, so ist die Prüfung nicht bestanden.

§ 31 Mündliche Ergänzungsprüfung. (1) [1]Sind die Prüfungsleistungen in der schriftlichen Prüfung in bis zu zwei Fächern mit „mangelhaft“ und in den übrigen Fächern der schriftlichen Prüfung ebenso wie in der mündlichen Prüfung mit mindestens „ausreichend“ bewertet worden, so ist auf Antrag des Prüflings oder nach Ermessen des Prüfungsausschusses in einem der mit „mangelhaft“ bewerteten Fächer mit Ausnahme des Prüfungsfaches Fachbezogene Informationsverarbeitung die schriftliche Prüfung durch eine mündliche Prüfung von etwa 15 Minuten zu ergänzen, wenn diese für das Bestehen der Prüfung den Ausschlag geben kann. [2]Das Prüfungsfach ist vom Prüfling zu bestimmen; dies gilt nicht, wenn die Prüfungsleistungen lediglich in einem Fach oder in einem Fach und dem Prüfungsfach Fachbezogene Informationsverarbeitung mit „mangelhaft“ bewertet worden sind.

(2) [1]Nach Vorliegen der Ergebnisse der schriftlichen Prüfung ist der Prüfling unter den Voraussetzungen des Absatzes 1 auf die Möglichkeit einer mündlichen Ergänzungsprüfung hinzuweisen oder ihm mitzuteilen, dass der Prüfungsausschuss eine Ergänzungsprüfung beschlossen hat. [2]Gleichzeitig ist ihm eine Frist von einer Woche zur Bestimmung des Prüfungsfaches gemäß Absatz 1 Satz 2 und, wenn nicht der Prüfungsausschuss die Ergänzungsprüfung beschlossen hat, zur Stellung des Antrags zur Ergänzungsprüfung zu bestimmen. [3]Stellt der Prüfling den Antrag nicht oder bestimmt er das Prüfungsfach nicht fristgerecht, findet die Ergänzungsprüfung nicht statt.

(3) Bei der Ermittlung des Ergebnisses für das Prüfungsfach, in welchem die mündliche Ergänzungsprüfung stattfindet, sind die Ergebnisse der schriftlichen Arbeit und der mündlichen Ergänzungsprüfung im Verhältnis 2:1 zu gewichten.

§ 32 Prüfungszeugnis. (1) Die Notarkasse erteilt dem Prüfungsteilnehmer, der die Prüfung bestanden hat, ein Prüfungszeugnis.

(2) Das Prüfungszeugnis enthält:

1. die Bezeichnung „Prüfungszeugnis nach dem BBiG“,
2. Name, Vorname und Geburtsdatum des Prüfungsteilnehmers,

3. den Ausbildungsberuf „Notarfachangestellte/Notarfachangestellter“,
4. die Prüfungsgesamtnote und die Ergebnisse der einzelnen Prüfungsleistungen je nach Notenstufe und Zahlenwert gemäß § 29 Abs. 1 Satz 2 und § 27,
5. das Datum der Ablegung der Prüfung, das ist der Tag der letzten Prüfungsleistung,
6. die Unterschriften des Vorsitzenden des Prüfungsausschusses und eines Beauftragten der Notarkasse mit Siegel.

§ 33 Widerspruchsverfahren. Sofern ein Prüfungsteilnehmer Widerspruch einlegt und im Rahmen des Widerspruchsverfahrens konkret und nachvollziehbar Einwendungen gegen die Bewertung der Prüfungsleistungen erhebt, ist der Widerspruch zum Zwecke der Stellungnahme und zur Ermöglichung einer Nachbewertung dem Prüfungsausschuss zu übermitteln, gegen dessen Bewertung Einwendungen erhoben wurden.

§ 34 Nicht bestandene Prüfung. [1] Bei nicht bestandener Prüfung erhalten der Prüfungsteilnehmer, sein gesetzlicher Vertreter und der ausbildende Notar von der Notarkasse einen schriftlichen Bescheid. [2] Darin ist anzugeben, in welchen Prüfungsteilen unzureichende Leistungen erbracht worden sind. [3] Auf die Wiederholungsprüfung gemäß § 35 ist hinzuweisen.

8. Abschnitt. Wiederholungsprüfung

§ 35 Wiederholungsprüfung. (1) [1] Ein Prüfungsteilnehmer, der die Prüfung nicht bestanden hat oder dessen Prüfung als nicht bestanden gilt, kann die Prüfung wiederholen. [2] Ist die erste Wiederholungsprüfung ohne Erfolg geblieben, so kann der Prüfungsteilnehmer die Prüfung ein zweites Mal wiederholen. [3] Die Wiederholungsprüfung ist jeweils zum nächsten unmittelbar folgenden Prüfungstermin abzulegen.

(2) Die Prüfung ist im gesamten Umfang zu wiederholen.

(3) Der Vorsitzende des Prüfungsausschusses muss bei der Wiederholungsprüfung ein anderer sein als im Termin der nicht bestandenen Prüfung.

(4) [1] Die Vorschriften über die Anmeldung und Zulassung (§§ 11 bis 14) gelten entsprechend. [2] Bei der Anmeldung sind außerdem Ort und Datum der vorausgegangenen Prüfung anzugeben.

9. Abschnitt. Zwischenprüfung

§ 36 Zwischenprüfung. Die Zwischenprüfung wird von der Notarkasse gemäß § 48 Abs. 1 BBiG entsprechend § 12 ReNoPatAusbV[1] durchgeführt.

10. Abschnitt. Schlussbestimmungen

§ 37 Rechtsbehelfe. Maßnahmen und Entscheidungen des Aufgabenausschusses, der Prüfungsausschüsse sowie der Notarkasse sind bei ihrer schriftlichen Bekanntgabe an den Prüfungsbewerber bzw. -teilnehmer mit einer Rechtsbehelfsbelehrung zu versehen.

§ 38 Einsichtsrecht. [1] Auf Antrag ist dem Prüfungsteilnehmer Einsicht in seine Prüfungsunterlagen zu gewähren. [2] Die schriftlichen Prüfungsarbeiten sowie die Niederschriften über die mündliche Prüfung sind zwei Jahre, die Anmeldungen und Niederschriften über die schriftliche Prüfung sind zehn Jahre aufzubewahren.

§ 39 Inkrafttreten, Genehmigung. [1] Diese Prüfungsordnung tritt mit ihrer Verkündung im Amtlichen Mitteilungsblatt der Landesnotarkammer Bayern und der Notarkasse in Kraft. [2] Die Prüfungsordnung wurde am 29. Oktober 2007 gemäß § 47 Abs. 1 Satz 2 BBiG vom Bayerischen Staatsministerium der Justiz im Benehmen mit dem Bayerischen Staatsministerium für Arbeit und Sozialordnung, Familie und Frauen, sowie dem Ministerium der Justiz des Landes Rheinland-Pfalz genehmigt (Gz.: 7626 – IV – 4894/06).

702

---

[1] Nr. **701**.

703. Verordnung über die fachliche Eignung für die Berufsausbildung der Fachangestellten in Rechtsanwalt- und Patentanwaltschaft, Notariat und bei Rechtsbeiständen (ReNoPatAusb-FachEigV)

Vom 21. Juli 2005
(BGBl. I S. 2196)
FNA 806-22-7-2

Auf Grund des § 30 Abs. 4 Nr. 3 des Berufsbildungsgesetzes vom 23. März 2005 (BGBl. I S. 931) verordnet das Bundesministerium der Justiz nach Anhörung des Hauptausschusses des Bundesinstituts für Berufsbildung im Einvernehmen mit dem Bundesministerium für Bildung und Forschung:

§ 1 [Berufliche Fertigkeiten] Die für die fachliche Eignung erforderlichen beruflichen Fertigkeiten, Kenntnisse und Fähigkeiten besitzt für den Ausbildungsberuf

1. Rechtsanwaltsfachangestellter/Rechtsanwaltsfachangestellte, wer zur Rechtsanwaltschaft zugelassen ist oder als Rechtsbeistand Mitglied einer Rechtsanwaltskammer ist,
2. Notarfachangestellter/Notarfachangestellte, wer als Notarin oder als Notar bestellt ist,
3. Rechtsanwalts- und Notarfachangestellter/Rechtsanwalts- und Notarfachangestellte, wer zur Rechtsanwaltschaft zugelassen und als Notarin oder als Notar bestellt ist,
4. Patentanwaltsfachangestellter/Patentanwaltsfachangestellte, wer zur Patentanwaltschaft zugelassen ist.

§ 2 [Inkrafttreten] [1] Diese Verordnung tritt mit Wirkung vom 1. April 2005 in Kraft. [2] Gleichzeitig tritt die Verordnung über die Berufsausbildung von Rechtsanwaltsgehilfen bei Rechtsbeiständen vom 8. Juni 1988 (BGBl. I S. 736) außer Kraft.

703

708. Tarifvertrag für Auszubildende der Länder in Ausbildungsberufen nach dem Berufsbildungsgesetz (TVA-L BBiG)

vom 12. Oktober 2006

– Auszug –

§ 1 Geltungsbereich. (1) [1] Dieser Tarifvertrag gilt für Personen, die in Verwaltungen und Betrieben in einem staatlich anerkannten oder als staatlich anerkannt geltenden Ausbildungsberuf nach dem Berufsbildungsgesetz (BBiG) ausgebildet werden (Auszubildende). [2] Voraussetzung ist, dass sie in Verwaltungen und Betrieben ausgebildet werden, die unter den Geltungsbereich des TV-L fallen.

(2) *(nicht abgedruckt)*

(3) Soweit in diesem Tarifvertrag nichts anderes geregelt ist, gelten die jeweils einschlägigen gesetzlichen Vorschriften.

§ 2 Ausbildungsvertrag, Nebenabreden. (1) [1] Vor Beginn des Ausbildungsverhältnisses ist ein schriftlicher Ausbildungsvertrag zu schließen. [2] Dieser enthält neben der Bezeichnung des Ausbildungsberufs mindestens Angaben über

a) die maßgebliche Ausbildungs- und Prüfungsordnung in der jeweils geltenden Fassung sowie Art, sachliche und zeitliche Gliederung der Ausbildung,
b) Beginn und Dauer der Ausbildung,
c) Dauer der regelmäßigen täglichen oder wöchentlichen Ausbildungszeit,
d) Dauer der Probezeit,
e) Zahlung und Höhe des Ausbildungsentgelts,
f) Dauer des Urlaubs,
g) Voraussetzungen, unter denen der Ausbildungsvertrag gekündigt werden kann,
h) *(nicht abgedruckt)*

(2) [1] Nebenabreden sind nur wirksam, wenn sie schriftlich vereinbart werden. [2] Sie können gesondert gekündigt werden, soweit dies einzelvertraglich vereinbart ist.

(3) *(nicht abgedruckt)*

§ 3 Probezeit. (1) *(nicht abgedruckt)*

(2) Während der Probezeit kann das Ausbildungsverhältnis von beiden Seiten jederzeit ohne Einhalten einer Kündigungsfrist gekündigt werden.

§ 4 Ärztliche Untersuchungen. (1) [1] Auszubildende haben auf Verlangen des Ausbildenden vor ihrer Einstellung ihre gesundheitliche Eignung durch das Zeugnis eines Amtsarztes nachzuweisen. [2] Für Auszubildende, die unter das Jugendarbeitsschutzgesetz (JArbSchG) fallen, ist ergänzend § 32 Absatz 1 Jugendarbeitsschutzgesetz zu beachten.

(2), (3) *(nicht abgedruckt)*

§ 5 Schweigepflicht, Nebentätigkeiten. (1) Auszubildende haben in demselben Umfang Verschwiegenheit zu wahren wie die Beschäftigten des Ausbildenden.

(2) [1] Nebentätigkeiten gegen Entgelt haben Auszubildende ihrem Ausbildenden rechtzeitig vorher schriftlich anzuzeigen. [2] Der Ausbildende kann die Nebentätigkeit untersagen oder mit Auflagen versehen, wenn diese geeignet ist, die nach dem Ausbildungsvertrag übernommenen Verpflichtungen der Auszubildenden oder berechtigte Interessen des Ausbildenden zu beeinträchtigen.

§ 6 Personalakten. (1) [1] Die Auszubildenden haben ein Recht auf Einsicht in ihre vollständigen Personalakten. [2] Sie können das Recht auf Einsicht durch einen hierzu schriftlich Bevollmächtigten ausüben lassen. [3] Sie können Auszüge oder Kopien aus ihren Personalakten erhalten. [4] Die Auszubildenden müssen über Beschwerden und Behauptungen tatsächlicher Art, die für sie ungünstig sind oder ihnen nachteilig werden können, vor Aufnahme in die Personalakten gehört werden. [5] Ihre Äußerung ist zu den Personalakten zu nehmen.

(2) [1] Beurteilungen sind den Auszubildenden unverzüglich bekannt zu geben. [2] Die Bekanntgabe ist aktenkundig zu machen.

§ 7 Wöchentliche und tägliche Ausbildungszeit. (1) Die regelmäßige durchschnittliche wöchentliche Ausbildungszeit und die tägliche Ausbildungszeit der Auszubildenden, die nicht unter das Jugendarbeitsschutzgesetz fallen, richten sich nach den Regelungen für die Beschäftigten des Ausbildenden.

(2) Wird das Führen von Berichtsheften (Ausbildungsnachweisen) verlangt, ist den Auszubildenden dazu Gelegenheit während der Ausbildungszeit zu geben.

(3) *(nicht abgedruckt)*

(4) [1] Unterrichtszeiten einschließlich der Pausen gelten als Ausbildungszeit. [2] Dies gilt auch für die notwendige Wegezeit zwischen Unterrichtsort und Ausbildungsstätte, sofern die Ausbildung nach dem Unterricht fortgesetzt wird.

(5), (6) *(nicht abgedruckt)*

§ 8 Ausbildungsentgelt. *(nicht abgedruckt)*

§ 9 Urlaub. (1) [1] Auszubildende erhalten Erholungsurlaub in entsprechender Anwendung der Regelungen, die für die Beschäftigten des Ausbildenden gelten. [2] Während des Erholungsurlaubs wird das Ausbildungsentgelt (§ 8 Absatz 1) fortgezahlt.

(2) Der Erholungsurlaub ist nach Möglichkeit zusammenhängend während der unterrichtsfreien Zeit zu erteilen und in Anspruch zu nehmen.

§ 10 Ausbildungsmaßnahmen außerhalb der Ausbildungsstätte. (1) Bei Dienstreisen und Reisen zur Ablegung der in den Ausbildungsordnungen vorgeschriebenen Prüfungen erhalten Auszubildende eine Entschädigung in entsprechender Anwendung der Reisekostenbestimmungen, die für die Beschäftigten des Ausbildenden jeweils gelten.

(2)–(4) *(nicht abgedruckt)*

§ 11 Familienheimfahrten. *(nicht abgedruckt)*

§ 12 Schutzkleidung, Ausbildungsmittel. (1) *(nicht abgedruckt)*

(2) Der Ausbildende hat den Auszubildenden kostenlos die Ausbildungsmittel zur Verfügung zu stellen, die zur Berufsausbildung und zum Ablegen von Zwischen- und Abschlussprüfungen erforderlich sind.

§ 13 Entgelt im Krankheitsfall. *(nicht abgedruckt)*

§ 14 Entgeltfortzahlung in anderen Fällen. *(nicht abgedruckt)*

§ 15 Vermögenswirksame Leistungen. *(nicht abgedruckt)*

§ 16 Jahressonderzahlung. (1) [1] Auszubildende, die am 1. Dezember in einem Ausbildungsverhältnis stehen, haben Anspruch auf eine Jahressonderzahlung. [2] Diese beträgt bei Auszubildenden, für die die Regelungen des Tarifgebiets West Anwendung finden, 95 v.H. sowie bei Auszubildenden, für die die Regelungen des Tarifgebiets Ost Anwendung finden, 71,5 v.H. des Ausbildungsentgelts (§ 8 Absatz 1), das den Auszubildenden für November zusteht.

(2) [1] Der Anspruch ermäßigt sich um ein Zwölftel für jeden Kalendermonat, in dem Auszubildende keinen Anspruch auf Ausbildungsentgelt (§ 8 Absatz 1), Fortzahlung des Entgelts während des Erholungsurlaubs (§ 9) oder im Krankheitsfall (§ 13) haben. [2] Die Verminderung unterbleibt für Kalendermonate, für die Auszubildende wegen Beschäftigungsverboten nach § 3 Absatz 2 und § 6 Absatz 1 Mutterschutzgesetz[1)] kein Ausbildungsentgelt erhalten haben. [3] Die Verminderung unterbleibt ferner für Kalendermonate der Inanspruchnahme der Elternzeit nach dem Bundeserziehungsgeldgesetz bis zum Ende des Kalenderjahres, in dem das Kind geboren ist. [4] Voraussetzung ist, dass am Tag vor Antritt der Elternzeit Anspruch auf Entgelt oder auf Zuschuss zum Mutterschaftsgeld bestanden hat.

(3) [1] Die Jahressonderzahlung wird mit dem Ausbildungsentgelt für November ausgezahlt. [2] Ein Teilbetrag der Jahressonderzahlung kann zu einem früheren Zeitpunkt ausgezahlt werden.

(4) [1] Auszubildende, die im unmittelbaren Anschluss an die Ausbildung von ihrem Ausbildenden in ein Arbeitsverhältnis übernommen werden und am 1. Dezember noch in diesem Arbeitsverhältnis stehen, erhalten zusammen mit der anteiligen Jahressonderzahlung aus dem Arbeitsverhältnis eine anteilige Jahressonderzahlung aus dem Ausbildungsverhältnis. [2] Ist die Über-

[1)] Nr. **870**.

nahme im Laufe eines Kalendermonats erfolgt, wird dieser Kalendermonat bei der anteiligen Jahressonderzahlung aus dem Arbeitsverhältnis berücksichtigt.

(5) Für die Höhe der Jahressonderzahlung in den Jahren 2006 und 2007 gilt § 21 TVÜ-Länder entsprechend.

§ 17 Betriebliche Altersversorgung. *(nicht abgedruckt)*

§ 18 Beendigung des Ausbildungsverhältnisses. (1) [1] Das Ausbildungsverhältnis endet mit Ablauf der Ausbildungszeit; abweichende gesetzliche Regelungen bleiben unberührt. [2] Im Falle des Nichtbestehens der Abschlussprüfung verlängert sich das Ausbildungsverhältnis auf Verlangen der Auszubildenden bis zur nächstmöglichen Wiederholungsprüfung, höchstens um ein Jahr.

(2) Können Auszubildende ohne eigenes Verschulden die Abschlussprüfung erst nach beendeter Ausbildungszeit ablegen, gilt Absatz 1 Satz 2 entsprechend.

(3) Beabsichtigt der Ausbildende keine Übernahme in ein Arbeitsverhältnis, hat er dies den Auszubildenden drei Monate vor dem voraussichtlichen Ende der Ausbildungszeit schriftlich mitzuteilen.

(4) *(nicht abgedruckt)*

(5) Werden Auszubildende im Anschluss an das Ausbildungsverhältnis beschäftigt, ohne dass hierüber ausdrücklich etwas vereinbart worden ist, so gilt ein Arbeitsverhältnis auf unbestimmte Zeit als begründet.

§ 19 Übernahme von Auszubildenden. *(nicht abgedruckt)*

§ 20 Abschlussprämie. *(nicht abgedruckt)*

§ 21 Zeugnis. [1] Der Ausbildende hat den Auszubildenden bei Beendigung des Berufsausbildungsverhältnisses ein Zeugnis auszustellen. [2] Das Zeugnis muss Angaben über Art, Dauer und Ziel der Berufsausbildung sowie über die erworbenen Fertigkeiten und Kenntnisse der Auszubildenden enthalten. [3] Auf deren Verlangen sind auch Angaben über Führung, Leistung und besondere fachliche Fähigkeiten aufzunehmen.

§ 22 Ausschlussfrist. [1] Ansprüche aus dem Ausbildungsverhältnis verfallen, wenn sie nicht innerhalb einer Ausschlussfrist von sechs Monaten nach Fälligkeit von den Auszubildenden oder vom Ausbildenden schriftlich geltend gemacht werden. [2] Für denselben Sachverhalt reicht die einmalige Geltendmachung des Anspruchs auch für später fällige Leistungen aus.

§ 23 In-Kraft-Treten, Laufzeit. *(nicht abgedruckt)*

720. Prüfungsordnung für das fachkundige Personal der Notarkasse

Vom 7. Juli 1972

(Amtl. Mitteilungsblatt der Landesnotarkammer Bayern und Notarkasse 1972 Nr. 4)

Zuletzt geändert durch Verwaltungsratbeschluss vom 24. Oktober 2008 (Amtliches Mitteilungsblatt der Notarkammer Bayern und der Notarkasse 2008 S. 6)

Vorwort

Gemäß § 113 Abs. 4 Ziff. 1 BNotO[1] kann die Notarkasse fachkundige Mitarbeiter beschäftigen, die den Notaren im Tätigkeitsbereich der Kasse zur Dienstleistung zugewiesen werden. Nach Art. 1 Abs. 2 der Satzung der Notarkasse[2] ab 1. 1. 2007 macht die Notarkasse von dieser Aufgabe Gebrauch. Gemäß § 2 Abs. 1 Ziff. 3 der Anlage zu Art. 4 der Satzung der Notarkasse (Kassenangestelltensatzung) ist Voraussetzung für die Einstellung in den Dienst der Notarkasse die erfolgreiche Ablegung der Inspektorenprüfung. Die nachfolgende Prüfungsordnung regelt die Inspektorenprüfung und, soweit erforderlich, die Vorbereitungsmaßnahmen und die Zulassungsvoraussetzungen.

1. Abschnitt. Inspektorenprüfung

§ 1 Inspektorenprüfung. (1) [1] Die Inspektorenprüfung ist eine Anstellungsprüfung mit Wettbewerbscharakter. [2] Ein Anspruch auf Anstellung gegenüber der Notarkasse wird durch das Bestehen der Prüfung nicht begründet. [3] Die Zahl der für die Übernahme in den Dienst der Notarkasse in Betracht kommenden Angestellten richtet sich nach dem Gesamtpersonalbedarf der Notarkasse.

(2) Die Inspektorenprüfung wird nach Bedarf jährlich oder in größeren Zeitabständen abgehalten.

(3) Die Inspektorenprüfung soll feststellen, ob der Bewerber für die Übernahme in den Dienst der Notarkasse als fachkundiger Mitarbeiter an einer Notarstelle im Tätigkeitsbereich der Notarkasse (Inspektor im Notardienst) geeignet ist.

§ 2 Zulassung zur Prüfung. (1) An der Inspektorenprüfung können nur Bewerber teilnehmen, die in das bei der Notarkasse geführte Verzeichnis der Inspektoranwärter eingetragen sind (Inspektoranwärter).

(2) [1] Der Inspektoranwärter kann sich spätestens der zweiten nach Ablauf der nach § 6 Abs. 1 vorgeschriebenen Vorbereitungszeit stattfindenden Inspektorenprüfung unterziehen. [2] Aus wichtigem Grund kann er auch zu einer späteren Prüfung zugelassen werden.

(3) Der Inspektoranwärter hat sich über den Beschäftigungsnotar innerhalb der festgelegten Anmeldefrist schriftlich unter Verwendung vorgeschriebener Formulare bei der Notarkasse zur Prüfung anzumelden.

(4) Zugelassen werden die Inspektoranwärter, bei denen die nach § 6 Abs. 1 vorgeschriebene Vorbereitungszeit im Dienst eines Notars an einer Notarstelle im Tätigkeitsbereich der Notarkasse spätestens binnen vier Monaten nach dem letzten Prüfungstag vollendet wird.

(5) [1] Über die Zulassung zur Prüfung entscheidet der Hauptprüfungsausschuß. [2] Der Hauptprüfungsausschuß kann einem Inspektoranwärter die Zulassung zur Prüfung versagen, wenn dieser seiner Verpflichtung nach § 7 Abs. 1 Satz 1 nicht nachgekommen ist.

2. Abschnitt. Verzeichnis der Inspektoranwärter

§ 3 Eintragung in das Verzeichnis der Inspektoranwärter. (1) [1] Die Notarkasse trägt in das Verzeichnis der Inspektoranwärter nicht mehr Bewerber ein, als voraussichtlich zur Deckung des Nachwuchsbedarfs für das fachkundige Personal der Notarkasse notwendig sind. [2] Sie kann die Zahl der jährlichen Eintragungen beschränken. [3] Die Bewerber sollen das 27. Lebensjahr noch nicht vollendet haben.

---

[1] Nr. **1**.
[2] Nr. **60**.

(2) [1] In das Verzeichnis der Inspektoranwärter kann auf seinen schriftlichen Antrag nur eingetragen werden, wer das Auswahlverfahren (§ 5) erfolgreich abgeschlossen und im unmittelbaren Anschluß daran mit einem Notar im Tätigkeitsbereich der Notarkasse einen Dienstvertrag mit einer von der Notarkasse genehmigten Inspektoranwärtervereinbarung nach dem als Anlage beigefügten Muster abgeschlossen hat; diese Vereinbarung bedarf der Zustimmung der Notarkasse. [2] Von dem Erfordernis der Unmittelbarkeit kann in Ausnahmefällen abgewichen werden. [3] Die Eintragung in das Verzeichnis der Inspektoranwärter erfolgt frühestens ein Jahr nach Bestehen der Notarfachangestelltenprüfung (*§ 29 Abs. 3 NotFachPO*[1]), § 14 Abs. 2 BBiG).

(3) [1] Die Eintragung in das Verzeichnis der Inspektoranwärter erfolgt grundsätzlich in der Reihenfolge der nach § 5 Abs. 6 erstellten Rangliste des letzten Auswahlverfahrens. [2] Kann der Nachwuchsbedarf der Notarkasse nicht aus den Teilnehmern des letzten Auswahlverfahrens gedeckt werden, so können auch Bewerber aus dem vorangegangenen Auswahlverfahren in das Verzeichnis eingetragen werden, wenn sie binnen einer von der Notarkasse festgesetzten Frist mit einem Notar im Tätigkeitsbereich der Notarkasse einen Dienstvertrag mit einer von der Notarkasse genehmigten Inspektoranwärtervereinbarung nach dem als Anlage beigefügten Muster abgeschlossen haben.

§ 4 Besondere Löschungsgründe. (1) [1] Die Eintragung in dem Verzeichnis der Inspektoranwärter wird gelöscht:

a) wenn die Inspektoranwärtervereinbarung ohne Zustimmung der Notarkasse geändert oder gelöst wird; auch ein Wechsel mit dem Notar zu einer anderen Notarstelle stellt eine Änderung der Vereinbarung dar;

b) wenn der Inspektoranwärter erkennbar den Vorbereitungswillen aufgegeben hat; das ist insbesondere anzunehmen, wenn der Inspektoranwärter wiederholt trotz Aufforderung an den von der Notarkasse vorgeschriebenen Vorbereitungsmaßnahmen ohne ausreichende Entschuldigung nicht teilgenommen hat;

c) wenn der Inspektoranwärter sich für den Beruf eines Inspektors im Dienst der Notarkasse als ungeeignet erweist; das kann auch angenommen werden, wenn seine bei den Vorbereitungsmaßnahmen gezeigten Leistungen offensichtlich unzureichend sind;

d) wenn der Inspektoranwärter sich ohne ausreichende Entschuldigung nicht spätestens der zweiten, nach Ablauf der vorgeschriebenen Vorbereitungszeit stattfindenden Inspektorenprüfung unterzieht.

[2] Die Entscheidung über eine Löschung trifft der Hauptprüfungsausschuß. [3] Vor der Löschung soll der Betroffene gehört werden.

(2) Die Eintragung in dem Verzeichnis der Inspektoranwärter wird ohne Mitwirkung des Hauptprüfungsausschusses gelöscht:

a) wenn der Inspektoranwärter das Arbeitsverhältnis kündigt und kein Fall des Absatzes 1 Satz 1 Buchstabe a vorliegt,

b) wenn der Inspektoranwärter mit der Löschung einverstanden ist,

c) wenn der Inspektoranwärter verstorben ist.

(3) Die Regelung der §§ 21 a und 23 a bleiben unberührt.

§ 5 Auswahlverfahren. (1) [1] Die Notarkasse führt vor der Eintragung der Bewerber in das Verzeichnis der Inspektoranwärter ein zweistufiges Auswahlverfahren durch, die aus einem schriftlichen und einem mündlichen Teil besteht. [2] Für das Auswahverfahren besteht eine Auswahlkommission, deren Mitglieder die Notarkasse ernennt. [3] Die Auswahlkommission wählt die schriftlichen Aufgaben aus und bewertet die Leistungen der Teilnehmer. [4] Für die einzelnen Teile des Auswahlverfahrens gilt § 17 entsprechend.

(2) [1] Zu dem Auswahlverfahren wird auf schriftlichen Antrag zugelassen, wer die letzte vor der Eignungsprüfung von der Notarkasse durchgeführte Notarfachangestelltenprüfung bestanden und die von der Notarkasse festgesetzte Prüfungsgebühr bezahlt hat. [2] In Ausnahmefällen kann zugelassen werden, wer eine frühere oder eine nicht von der Notarkasse durchgeführte Notarfachangestelltenprüfung bestanden hat. [3] Über die Zulassung zum Auswahlverfahren entscheidet die Notarkasse.

(3) [1] Jeder Teilnehmer kann ein weiteres Mal an dem unmittelbar folgenden Auswahlverfahren teilnehmen. [2] Darüber hinaus ist eine weitere oder spätere Teilnahme nicht möglich. [3] Bei Vorliegen eines wichtigen Grundes kann der Bewerber zu einem späteren Auswahlverfahren zugelassen werden. [4] Nimmt ein Bewerber nach erfolgter Anmeldung an dem Auswahlverfahren ganz oder teilweise nicht teil, gilt das Auswahlverfahren als nicht erfolgreich abgeschlossen. [5] Die

[1] Nr. **702**.

Notarkasse kann den Bewerber bei Vorliegen eines wichtigen Grundes für das Versäumen eines Teils des Auswahlverfahrens zu dem unmittelbar folgenden Auswahlverfahren erneut zulassen und bestimmen, dass die Anmeldung dazu als erste Anmeldung gilt. 6 Ein Anspruch auf Nachholung des Verfahrens besteht nicht.

(4) Gegenstand des Auswahlverfahrens sind folgende Gebiete:
1. Allgemeine Büropraxis und besondere Büropraxis des Notariats;
2. Stellung des Notars in der Rechtspflege;
3. Aufbau und Aufgaben der Gerichte;
4. Bürgerliches Recht, Handelsrecht und Gesellschaftsrecht;
5. Verfahrensrecht der freiwilligen Gerichtsbarkeit;
6. Gebühren und Kosten in Angelegenheiten der freiwilligen Gerichtsbarkeit;
7. Einsicht in das Grundbuch und in die Register;
8. Grunderwerb- und Erbschaftsteuerrecht.

(5) 1 Das schriftliche Auswahlverfahren besteht aus zwei Arbeiten, die unter Aufsicht zur fertigen sind. 2 Mindestens eine davon soll eine ein Urkundenentwurf sein. 3 Den Teilnehmern kann aufgegeben werden, eine oder beide Arbeiten mit Hilfe von elektronischen Datenverarbeitungsprogrammen anzufertigen. 4 Die Aufgaben dürfen auch die Verwendung von Textbausteinen verlangen, die den Teilnehmern mindestens zwei Wochen vor Beginn des schriftlichen Auswahlverfahrens zur Kenntnis gebracht worden sind.

(6) 1 Die Auswahlkommission erstellt eine Liste der Teilnehmer in der Reihenfolge der in der schriftlichen Auswahlprüfung erzielten Ergebnisse (Auswahlliste). 2 Diese ergeben sich aus der Addition der in den schriftlichen Arbeiten erzielten Einzelergebnisse geteilt durch zwei. 3 Die Zahl der Teilnehmer am mündlichen Verfahren legt der Verwaltungsrat fest. 4 Er berücksichtigt hierfür die voraussichtliche Zahl der Inspektoranwärter. 5 Die Einladung zum mündlichen Auswahlgespräch erfolgt in der Reihenfolge der Auswahlliste. 6 Das mündliche Auswahlgespräch soll für jeden Bewerber mindestens 30 Minuten dauern. 7 Die Teilnahme am schriftlichen Auswahlverfahren begründet keinen Anspruch auf Einladung am mündlichen Auswahlverfahren.

(7) 1 Nach Abschluss des mündlichen Auswahlverfahrens stellt die Auswahlkommission das Gesamtergebnis derjenigen fest, die an beiden Auswahlverfahren teilgenommen haben. 2 Das Gesamtergebnis ergibt sich aus der Summe
a) der beiden Einzelergebnisse der schriftlichen Arbeiten,
b) des Ergebnisses des mündlichen Auswahlverfahrens, geteilt durch drei.
3 § 20 Abs. 1 Satz 2 und 3 und § 20 Abs. 2 und § 20 Abs. 3 Satz 1 gelten entsprechend.

(8) Die Auswahlkommission erstellt eine Liste der Teilnehmer, die an beiden Teilen des Auswahlverfahrens teilgenommen haben, in der Reihenfolge der erzielten Gesamtergebnisse unter Angabe einer Platzziffer (Rangliste).

(9) 1 Die Notarkasse gibt jedem Teilnehmer am Auswahlverfahren die von ihm erzielten Ergebnisse bekannt, ebenso die in der Auswahlliste und gegebenenfalls die in der Rangliste erreichte Platzziffer. 2 § 20 Abs. 5 gilt entsprechend.

(10) Ein Anspruch auf Eintragung in das Verzeichnis der Inspektoranwärter wird durch das Erzielen einer Platzziffer in der Rangliste nicht begründet.

3. Abschnitt. Vorbereitungsdienst der Inspektoranwärter

§ 6 Dauer und Ziel des Vorbereitungsdienstes. (1) 1 Der Vorbereitungsdienst dauert drei Jahre, beginnend mit der Eintragung im Verzeichnis der Inspektoranwärter. 2 Die Zeit der beruflichen Tätigkeit, die der Inspektoranwärter nach Bestehen der Notarfachangestelltenprüfung bis zu seiner Eintragung im Verzeichnis der Inspektoranwärter bei einem Notar im Tätigkeitsbereich der Notarkasse abgeleistet hat, wird bis zu einem Jahr auf die Vorbereitungszeit angerechnet.

(2) 1 Der Vorbereitungsdienst soll die bisherigen Kenntnisse und Fähigkeiten des Inspektoranwärters auf allen Gebieten der Notariatspraxis erweitern und vertiefen und ihn auf seinen künftigen Beruf als Inspektor im Notardienst hinführen. 2 Dabei sind die historisch gewachsene Ausgestaltung des bayerischpfälzischen Notariats sowie die soziale Funktion des Notarberufs besonders zu berücksichtigen.

(3) 1 Der Inspektoranwärter hat sich während des Vorbereitungsdienstes durch Selbststudium und praktische Tätigkeit auf die Prüfung vorzubereiten. 2 Der Beschäftigungsnotar hat die Vorbereitung zu leiten, zu überwachen und zu fördern.

§ 7 Vorbereitungsmaßnahmen. (1) [1] Der Inspektoranwärter hat die von der Notarkasse zur Vorbereitung auf die Inspektorenprüfung abgehaltenen Lehrgänge zu besuchen. [2] Im Rahmen dieser Lehrgänge sind schriftliche Aufgaben zu bearbeiten.

(2) [1] Die Notarkasse kann anordnen, daß der Inspektoranwärter den Vorbereitungsdienst bis zu vier Monaten bei einem anderen Notar im Tätigkeitsbereich der Notarkasse oder bei einer sonstigen Stelle, die die Notarkasse als zur Vorbereitung für die Inspektorenprüfung geeignet erklärt, ableistet (Volontärzeit). [2] Der Verwaltungsrat der Notarkasse erläßt für die Volontärzeit Richtlinien.

§ 8 Vorbereitungsplan. Die Vorbereitung umfaßt folgende Gebiete:

1. Bürgerliches Gesetzbuch und Nebengesetze;
2. Handelsgesetzbuch und Nebengesetze, GmbH-Gesetz und Aktiengesetz;
3. Grundzüge des Zwangsvollstreckungs- und Konkursrechts;
4. Bundesnotarordnung mit Ausführungsbestimmungen, Dienstordnung für Notare;
5. Beurkundungsrecht,
   Grundbuchrecht sowie Verfahrensrecht der freiwilligen Gerichtsbarkeit, insbesondere in Vormundschafts-, Nachlaß-, Handels- und Vereinssachen;
6. Grunderwerbsteuerrecht,
   Grundzüge des Erbschaftsteuer- und Kapitalverkehrsteuerrechts;
7. Grundzüge des Verwaltungsrechts;
   Baugesetzbuch, Grundstückverkehrsgesetz, Reichssiedlungsgesetz, Flurbereinigungsgesetz, Reichsheimstättengesetz;
8. Vermessungswesen;
9. Kostenordnung;
10. Urkunden- und Verhandlungstechnik;
11. Büroorganisation.

4. Abschnitt. Durchführung der Inspektorenprüfung

§ 9 Hauptprüfungsausschuß. (1) [1] Der Hauptprüfungsausschuß leitet das Prüfungswesen. [2] Er setzt sich zusammen aus einem Notar als Vorsitzenden, einem weiteren Notar und zwei Angestellten der Notarkasse als Beisitzer. [3] Für jedes Mitglied wird ein Stellvertreter bestellt.

(2) [1] Die Mitglieder des Hauptprüfungsausschusses und ihre Stellvertreter werden vom Verwaltungsrat der Notarkasse vorgeschlagen. [2] Sie werden vom Präsidenten der Notarkasse – die Angestellten der Notarkasse nach Anhörung des Personalrats der Notarkasse – auf die Dauer von vier Jahren ernannt, bei Ersatzberufung auf die Dauer der laufenden Amtszeit. [3] Das Amt jedes Mitgliedes und jedes Stellvertreters dauert bis zur Wiederberufung oder bis zur Berufung eines Nachfolgers weiter. [4] Das Amt endet

a) bei Notaren mit dem Erlöschen des Amtes oder der vorläufigen Amtsenthebung

b) bei Angestellten mit der Beendigung des Anstellungsverhältnisses bei der Notarkasse.

§ 10 Verfahren des Hauptprüfungsausschusses. (1) [1] Der Hauptprüfungsausschuß entscheidet in Sitzungen. [2] Hierzu lädt der Vorsitzende ein. [2] An den Sitzungen nehmen neben den Mitgliedern auch die Stellvertreter teil.

(2) [1] Der Hauptprüfungsausschuß ist beschlußfähig, wenn mindestens drei Mitglieder oder deren Stellvertreter anwesend sind. [2] Jeder Stellvertreter kann nur das Mitglied vertreten, für das er bestellt ist. [3] Die Stellvertreter nehmen an der Abstimmung nur teil, soweit die Mitglieder an der Abgabe ihrer Stimme verhindert sind.

(3) Die Beschlüsse des Hauptprüfungsausschusses werden mit einfacher Stimmenmehrheit der anwesenden Stimmberechtigten gefaßt; bei Stimmengleichheit entscheidet die Stimme des Vorsitzenden.

(4) Wenn kein Mitglied widerspricht, kann auch ohne Sitzung schriftlich abgestimmt werden.

§ 11 Zuständigkeit des Hauptprüfungsausschusses. (1) [1] Der Hauptprüfungsausschuß bestimmt im Einvernehmen mit der Notarkasse Ort und Zeit der Prüfungen sowie die Einzelheiten des Prüfungsverfahrens. [2] Er wählt die schriftlichen Prüfungsaufgaben aus und setzt für jede Aufgabe die Arbeitszeit und die für die Bearbeitung zugelassenen Hilfsmittel fest.

(2) [1] Er ernennt aus den Reihen der Notare sowie der Angestellten der Notarkasse jeweils auf die Dauer von vier Jahren oder für kürzere Zeit eine ausreichende Zahl von Prüfern zur Durchführung der mündlichen Prüfungen. [2] Für das Erlöschen des Amtes eines Prüfers gilt § 9 Abs. 2 Satz 3 und 4 entsprechend.

§ 12 Form und Gegenstand der Prüfung. [1] Die Inspektorenprüfung besteht aus einem schriftlichen und aus einem mündlichen Teil (schriftliche und mündliche Prüfung). [2] Sie erstreckt sich auf die in § 8 genannten Gebiete.

§ 13 Schriftliche Prüfung. (1) Im schriftlichen Prüfungsabschnitt soll der Prüfungsteilnehmer

a) in vier Arbeiten Rechtsfragen aus dem Tätigkeitsgebiet des Notars beantworten, wobei auch Formulierungsvorschläge verlangt werden können;
b) in zwei Arbeiten Urkunden schwierigerer Art entwerfen, wobei auch Erläuterungen hierzu und die Beantwortung von Rechtsfragen verlangt werden können.

(2) [1] Den Prüfungsteilnehmern kann aufgegeben werden, einzelne oder alle Arbeiten mit Hilfe von elektronischen Datenverarbeitungsprogrammen anzufertigen. [2] Dabei kann die Verwendung von Textbausteinen verlangt werden. [3] Diese müssen den Prüfungsteilnehmern mindestens zwei Wochen vor Beginn der Prüfung zur Kenntnis gebracht werden.

§ 14 Mündliche Prüfung. (1) Für die mündlichen Prüfungen werden jeweils in der erforderlichen Zahl Prüfungskommissionen gebildet.

(2) [1] Jede Prüfungskommission besteht aus einem Notar als Vorsitzenden, einem Beauftragten der Notarkasse und einem Angestellten der Notarkasse als Beisitzern. [2] Die Beauftragten der Notarkasse werden dem Vorsitzenden des Hauptprüfungsausschusses vor jeder Prüfung benannt. [3] Die Mitglieder der Prüfungskommissionen werden vom Vorsitzenden des Hauptprüfungsausschusses zu den Prüfungen einberufen, und zwar, soweit sie nicht Beauftragte der Notarkasse sind, aus den vom Hauptprüfungsausschuß bestellten Prüfern.

(3) Die Zahl der in einer mündlichen Prüfung zusammengefaßten Prüfungsteilnehmer soll die Zahl der Mitglieder der Prüfungskommission nicht übersteigen.

(4) Die mündliche Prüfung soll für jeden Prüfungsteilnehmer mindestens 30 Minuten dauern.

§ 15 Unterschleif. (1) [1] Versucht ein Prüfungsteilnehmer, das Ergebnis der Prüfung durch Unterschleif, Täuschung oder Benutzung nicht zugelassener Hilfsmittel zu eigenem oder fremdem Vorteil zu beeinflussen, so ist die betreffende Prüfungsleistung mit „ungenügend" zu bewerten. [2] In schweren Fällen ist er von der Prüfung auszuschließen mit der Folge, daß er die Prüfung nicht bestanden hat.

(2) Ein Prüfungsteilnehmer, der einen Prüfer oder eine mit der Feststellung des Prüfungsergebnisses betraute Person zur Verfälschung des Prüfungsergebnisses zu verleiten sucht, hat die Prüfung nicht bestanden.

(3) Diese Vorschriften sind auch anzuwenden, wenn der Tatbestand erst nach Feststellung des Prüfungsergebnisses bekannt wird.

(4) Die Entscheidung trifft in allen Fällen der Hauptprüfungsausschuß.

§ 16 Rücktritt und Nichtteilnahme. (1) Der Prüfling kann nach erfolgter Anmeldung rechtzeitig vor Beginn der Prüfung durch schriftliche Erklärung zurücktreten; rechtzeitig ist der Rücktritt dann, wenn die schriftliche Erklärung vor Beginn der Prüfung der Notarkasse zugegangen ist.

(2) [1] Erfolgt der Rücktritt nach Beginn der Prüfung oder nimmt der Prüfling an der Prüfung nicht teil, ohne daß ein wichtiger Grund vorliegt, so gilt die Prüfung als nicht bestanden. [2] Liegt ein wichtiger Grund vor, so gilt die Prüfung als nicht abgelegt; ist in diesem Fall die schriftliche Prüfung vollständig abgelegt, so kann die mündliche Prüfung nachgeholt werden.

(3) Über das Vorliegen eines wichtigen Grundes entscheidet der Hauptprüfungsausschuß.

5. Abschnitt. Bewertung und Feststellung des Prüfungsergebnisses

§ 17 Benotung. Die einzelnen Prüfungsleistungen sind wie folgt zu benoten:

Eine den Anforderungen in besonderem Maße entsprechende Leistung	= 1,00; 1,25; 1,50	= sehr gut,
eine den Anforderungen voll entsprechende Leistung	= 1,75; 2,00; 2,25; 2,50	= gut,
eine den Anforderungen im allgemeinen entsprechende Leistung	= 2,75; 3,00; 3,25; 3,50	= befriedigend,
eine Leistung, die zwar Mängel aufweist, aber im ganzen den Anforderungen noch entspricht	= 3,75; 4,00; 4,25; 4,50	= ausreichend,
eine Leistung, die den Anforderungen nicht entspricht, jedoch erkennen läßt, daß die notwendigen Grundkenntnisse vorhanden sind	= 4,75; 5,00; 5,25; 5,50	= mangelhaft,
eine Leistung, die den Anforderungen nicht entspricht und bei der selbst die Grundkenntnisse lückenhaft sind	= 5,75; 6,00	= ungenügend.

§ 18 Bewertung der schriftlichen Prüfung. (1) [1] Jede schriftliche Prüfungsarbeit wird von zwei Prüfern selbständig bewertet. [2] Diese werden von der Notarkasse im Einvernehmen mit dem Vorsitzenden des Hauptprüfungsausschusses bestimmt.

(2) Bei der Bewertung sollen auch die sprachliche Ausdrucksfähigkeit und die Darstellungsgabe gewürdigt werden.

(3) [1] Beurteilen die Prüfer die Arbeit abweichend, so sollen sie versuchen, sich über die Note zu einigen. [2] Gelingt das nicht, so entscheidet der Vorsitzende des Hauptprüfungsausschusses; er hat dabei die von den Prüfern vorgeschlagenen Noten zu berücksichtigen.

(4) Den Prüfern, die die schriftlichen Arbeiten bewerten, sollen die Namen der Bearbeiter vor endgültiger Feststellung des schriftlichen Prüfungsergebnisses nicht bekannt werden.

§ 19 Bewertung der mündlichen Prüfung. (1) [1] Die Prüfungskommissionen bewerten die Ergebnisse der mündlichen Prüfung für jeden Prüfungsteilnehmer in einer Gesamtnote. [2] Diese Gesamtnote wird durch Stimmenmehrheit der Prüfer gebildet.

(2) Bei der Bewertung sind der Gesamteindruck, den der Prüfling macht, sein Verständnis und sein Auftreten angemessen zu berücksichtigen.

(3) Der Vorsitzende des Hauptprüfungsausschusses gibt die Bewertung der mündlichen Prüfung dem Prüfling innerhalb von 8 Tagen schriftlich bekannt.

§ 20 Gesamtprüfungsnote. (1) [1] Die Gesamtprüfungsnote jedes Prüfungsteilnehmers ergibt sich aus der Summe der sechs Noten der schriftlichen Arbeiten und der zweifachen Note der mündlichen Prüfung geteilt durch acht. [2] Sie ist auf zwei Dezimalstellen zu berechnen. [3] Eine sich ergebende dritte Dezimalstelle wird nicht berücksichtigt.

(2) Als Gesamtprüfungsnote erhalten Prüfungsteilnehmer die Note

sehr gut	mit einer Gesamtprüfungsnote bis 1,50,
gut	mit einer Gesamtprüfungsnote von 1,51–2,50,
befriedigend	mit einer Gesamtprüfungsnote von 2,51–3,50,
ausreichend	mit einer Gesamtprüfungsnote von 3,51–4,50,
mangelhaft	mit einer Gesamtprüfungsnote von 4,51–5,50,
ungenügend	mit einer Gesamtprüfungsnote über 5,50.

(3) [1] Die Prüfung ist bestanden, wenn die Gesamtprüfungsnote 4,50 nicht übersteigt. [2] Sie ist unabhängig von der Gesamtprüfungsnote nicht bestanden, wenn der Prüfungsteilnehmer bei zwei oder mehr schriftlichen Prüfungsaufgaben die Note ungenügend oder bei drei oder mehr schriftlichen Prüfungsaufgaben die Note mangelhaft oder schlechter erzielt hat.

(4) [1] Der Hauptprüfungsausschuß stellt das Prüfungsergebnis fest. [2] Er erteilt jedem Prüfungsteilnehmer ein Zeugnis, das vom Vorsitzenden zu unterzeichnen ist.

(5) [1] Auf Antrag ist jedem Prüfungsteilnehmer nach Abschluß der Prüfung Einsicht in seine Prüfungsarbeiten zu gewähren. [2] Die schriftlichen Prüfungsarbeiten und die Anmeldungen sind zwei Jahre aufzubewahren.

20 a Widerspruchsverfahren. (1) Gegen die Bewertung der Prüfungsleistungen kann binnen eines Monats nach Bekanntgabe schriftlich oder zur Niederschrift bei der Notarkasse Widerspruch eingelegt werden.

(2) Sofern der Prüfungsteilnehmer im Rahmen des Widerspruchsverfahrens konkret und nachvollziehbar Einwendungen gegen die Bewertung der Prüfungsleistungen erhebt, ist der Widerspruch zum Zwecke der Stellungnahme und zur Ermöglichung einer Nachbewertung der jeweiligen Prüfungskommission zu übermitteln, gegen deren Bewertung Einwendungen erhoben wurden.

§ 21 Platznummer. (1) [1] Für jeden Prüfungsteilnehmer, der die Prüfung bestanden hat, ist auf Grund seiner Gesamtprüfungsnote eine Platznummer festzusetzen. [2] Bei gleicher Gesamtprüfungsnote wird die gleiche Platznummer erteilt; in diesem Falle erhält der nächstfolgende Teilnehmer die Platznummer, die sich ergibt, wenn die mehreren gleichen Platznummern fortlaufend weitergezählt werden.

(2) [1] Bei der Erteilung der Platznummer ist anzugeben, wie viele Prüfungsteilnehmer sich der Prüfung unterzogen haben und wie viele die Prüfung bestanden haben. [2] Wird die gleiche Platznummer an mehrere Teilnehmer erteilt, so ist bei diesen auch deren Zahl anzugeben.

§ 21 a Löschung im Anwärterverzeichnis nach Ablegen der Prüfung. [1] Die Eintragung in das Verzeichnis der Inspektoranwärter wird mit Bekanntgabe der Prüfungsgesamtnote gelöscht. [2] § 23 a bleibt unberührt.

6. Abschnitt. Wiederholung der Prüfung

§ 22 Wiederholung der Prüfung. [1] Ein Inspektoranwärter, der die Prüfung nicht bestanden hat oder der wegen seiner Prüfungsnote nicht in den Dienst der Notarkasse übernommen wurde, kann die Prüfung beim nächsten Prüfungstermin wiederholen. [2] Eine weitere oder spätere Wiederholung ist nicht möglich. [3] § 2 Abs. 2 Satz 2 findet entsprechende Anwendung.

§ 23 Wiederholung der Prüfung zur Notenverbesserung. (1) [1] Ein Prüfungsteilnehmer, der nach der erstmals abgelegten und bestandenen Inspektorenprüfung in den Dienst der Notarkasse übernommen worden ist, kann die Prüfung beim nächsten Prüfungstermin zur Verbesserung der Prüfungsnote wiederholen, [2] Eine weitere oder spätere Wiederholung ist nicht möglich. [3] § 2 Abs. 2 Satz 2 und Abs. 3 finden entsprechende Anwendung.

(2) Der Prüfungsteilnehmer hat in diesem Fall die Wahl, welches Prüfungsergebnis er gelten lassen will.

§ 23 a Ergänzungsanwärterdienst. [1] Ein Inspektoranwärter, der die Prüfung nach § 22 wiederholen möchte, hat diese Absicht binnen einem Monat nach Bekanntgabe des Prüfungsergebnisses schriftlich gegenüber der Notarkasse zu erklären. [2] Seine Eintragung im Anwärterverzeichnis wird dann erst mit Bekanntgabe der Prüfungsnote der wiederholten Prüfung gelöscht. [3] Gibt er die Absichtserklärung gemäß Satz 1 nicht fristgerecht ab oder verzichtet er innerhalb dieser Frist durch schriftliche Erklärung gegenüber der Notarkasse auf die Wiederholungsmöglichkeit, wird seine Eintragung im Anwärterverzeichnis nach Ablauf der in Satz 1 bezeichneten Frist gelöscht.

7. Abschnitt. Schlußbestimmungen

§ 24 Entschädigung der Prüfungsorgane. [1] Die Mitglieder des Hauptprüfungsausschusses, die Mitglieder der Prüfungskommission, die Prüfer zur Bewertung der schriftlichen Arbeiten sowie die Mitarbeiter bei der Ausbildung sind ehrenamtlich tätig. [2] Sie erhalten Tage- und Übernachtungsgelder, Ersatz der Reisekosten und sonstigen Aufwendungen sowie Vergütung für die Lehrtätigkeit und Durchführung der Prüfungen. [3] Die Höhe der Beträge wird vom Verwaltungsrat der Notarkasse festgesetzt.

§ 25 Inkrafttreten. Diese Prüfungsordnung tritt mit ihrer Bekanntmachung in Kraft.

§ 26 Übergsngsbestimmungen. gestrichen

Anlage zu § 3 Abs. 2 der Prüfungsordnung für das fachkundige Personal der Notarkasse vom 7. Juli 1972

Arbeitsvertrag für Inspektoranwärter

zwischen

Notar/en ______________________________

in ______________________________

und

Herrn/Frau ______________________________

wohnhaft in ______________________________

geboren am ______________________________

wird folgender

Arbeitsvertrag

geschlossen.

I.
Vertragsschluss

1. Herr/Frau
   wird mit Wirkung vom ______________ eingestellt.

2. Hat schon bisher ein Arbeitsvertrag zwischen den Vertragsteilen bestanden, so tritt der heutige Vertrag mit Wirkung vom ______________ an dessen Stelle.

II.
Vertragsdauer

1. Das Arbeitsverhältnis wird auf unbestimmte Zeit geschlossen.

   Unbeschadet einer Überleitung auf den Amtsnachfolger endet das Arbeitsverhältnis, wenn der Arbeitgeber das Amt niederlegt, es aus einem sonstigen Grund am bisherigen Amtssitz nicht mehr ausübt, wenn er stirbt oder sein Amtssitz verlegt wird.

2. Das Arbeitsverhältnis kann, unbeschadet des Rechts zu einer außerordentlichen Kündigung, seitens des Arbeitgebers solange nicht gekündigt werden, als der/die Beschäftigte in das Verzeichnis der Inspektoranwärter eingetragen ist. Wird der/die Beschäftigte nicht in das Verzeichnis der Inspektoranwärter eingetragen oder wieder in diesem gelöscht, so kann das Arbeitsverhältnis von jedem Vertragsteil unter Einhaltung der gesetzlichen Kündigungsfristen und -termine gekündigt werden.

3. Das Arbeitsverhältnis endet, wenn der/die Beschäftigte in ein Arbeitsverhältnis mit der Notarkasse übernommen wird.

III.
Inspektoranwärtervereinbarung

1. Der/Die Beschäftigte wird sich im Rahmen des Arbeitsverhältnisses an der Notarstelle auf die von der Notarkasse abgehaltene Inspektorenprüfung vorbereiten. Dem/Der Beschäftigten ist bekannt, dass weder durch diese Vereinbarung noch durch die Eintragung in das Verzeichnis der Inspektoranwärter ein Anspruch gegenüber der Notarkasse A.d.ö.R. in München auf Übernahme als Beschäftigte/r im öffentlichen Dienst der Notarkasse begründet wird.

2. Der/Die Beschäftigte verpflichtet sich:

   a) die ihm nach der Prüfungsordnung für das fachkundige Personal der Notarkasse gegenüber dem Arbeitgeber, der Notarkasse oder gegenüber Dritten obliegenden Pflichten zu erfüllen;

   b) sich nach Maßgabe der geltenden Vorbereitungs- und Prüfungsbestimmungen der Inspektorenprüfung zu unterziehen.

3. Der Arbeitgeber verpflichtet sich:

   a) dem/der Beschäftigten in dem erforderlichen Umfang solche Aufgaben zu übertragen, aus denen der/die Beschäftigte die dem Ziel der Vorbereitung auf die Inspektorenprüfung entsprechenden Kenntnisse und Fertigkeiten erlernen kann;

   b) allgemein dafür zu sorgen, dass der/die Beschäftigte in der für Inspektoranwärter vorgesehenen Vorbereitungszeit planmäßig auf die Inspektorenprüfung vorbereitet wird;

   c) an allen Maßnahmen der Notarkasse zur Vorbereitung des/der Beschäftigten für die Inspektorenprüfung mitzuwirken, insbesondere von der Notarkasse geforderte Unterlagen und Beurteilungen einzureichen und unverzüglich an der Eintragung des/der Beschäftigten in das Verzeichnis der Inspektoranwärter mitzuwirken;

   d) den/die Beschäftigte/n für Vorbereitungsmaßnahmen der Notarkasse auf die Inspektorenprüfung und für die Inspektorenprüfung einschließlich zulässige Wiederholungsprüfungen freizustellen.

4. Der/Die Beschäftigte ist damit einverstanden, dass er/sie vom Arbeitgeber vorübergehend nach Maßgabe der jeweils geltenden Bestimmungen der Prüfungsordnung auch bei einem anderen Arbeitgeber des gleichen Berufsstandes, einer berufsständischen Einrichtung oder bei einer sonstigen Stelle, die die Notarkasse als zur Vorbereitung für die Inspektorenprüfung geeignet erklärt, eingesetzt werden kann, wenn ihm/ihr dadurch keine dienstlichen Nachteile erwachsen, der vereinbarte Charakter des Vorbereitungsdienstes auf die Inspektorenprüfung nicht verändert wird und ihm/ihr die notwendigen Aufwendungen entsprechend dem BayRKG und der BayTGV in der jeweils gültigen Fassung.

5. Wird der/die Beschäftigte nicht in das Verzeichnis der Inspektoranwärter eingetragen oder wieder in diesem gelöscht, so ist der/die Beschäftigte ohne den besonderen Charakter seines/ihres Arbeitsverhältnisses nach Abschnitt III eingestellt.

IV.
Vertragsinhalt

Der Inhalt des Arbeitsverhältnisses richtet sich nach den Anlagen, die einen Bestandteil dieses Vertrages bilden *).

V.
Ausfertigung

Jeder Vertragsteil erhält von diesem Vertrag samt Anlagen eine Ausfertigung.

______________________________ den ________________

____

(als Arbeitgeber) (als Beschäftigte/r)

____

(als gesetzliche/r Vertreter, soweit erforderlich)

Die Notarkasse stimmt hiermit der Inspektoranwärtervereinbarung nach Abschnitt III zu. Der/Die Beschäftigte ist unter Nr. in das bei der Notarkasse geführte Inspektoranwärterverzeichnis eingetragen am

Beginn des Vorbereitungsdienstes:

München, den

Notarkasse
I.A.

*) Anmerkung:
Der weitere Inhalt des Arbeitsverhältnisses kann frei vereinbart werden und bedarf nicht der Zustimmung der Notarkasse. Das als Anlage 1 abgedruckte Muster stellt nur eine unverbindliche Empfehlung der Notarkasse dar.

Anlage 1

Zum Arbeitsvertrag vom
zwischen ____ (als Arbeitgeber)

und ____ (als Beschäftigte/r)

§ 1
Gegenstand des Arbeitsverhältnisses

1. Der/die Beschäftigte ist zur Leistung von Büroarbeiten aller Art nach den Anordnungen des Arbeitgebers unter Einschluss auch einfacher Dienstleistungen im Bürobetrieb, insbesondere aller Verrichtungen, die der Geschäftsablauf an der Notarstelle mit sich bringt, verpflichtet.

2. Der/die Beschäftigte wird an der Notarstelle des Arbeitgebers in ______________ beschäftigt. Er/Sie ist damit einverstanden, dass er/sie vom Arbeitgeber vorübergehend auch bei einem anderen Arbeitgeber des gleichen Berufsstandes oder bei einer berufsständischen Einrichtung eingesetzt werden kann, wenn ihm/ihr dadurch keine dienstlichen Nachteile erwachsen und ihm/ihr alle Aufwendungen ersetzt werden.

§ 2
Ordnung des Dienstablaufs

1. Der/die Beschäftigte ist verpflichtet, die vom Arbeitgeber gestaltete Ordnung an der Notarstelle zu beachten, dem Publikum an der Notarstelle sowie Behörden und anderen Stellen im dienstlichen Verkehr zuvorkommend zu begegnen und mit allen Mitarbeitern an der Notarstelle gedeihlich zusammenzuarbeiten.

2. Soweit nicht besondere Vereinbarungen bestehen, richtet sich der Dienstablauf nach den Weisungen des Arbeitgebers oder der von ihm ermächtigten Personen und eines etwaigen Notariatsverwalters.

3. Soweit nicht die Umstände etwas anderes erfordern, leistet der/die Beschäftigte die Dienste in den Amtsräumen der Notarstelle.

4. Die regelmäßige Arbeitszeit beträgt _____ Stunden wöchentlich. Die Verteilung der Arbeitszeit auf die Wochentage sowie Beginn und Ende der täglichen Arbeitszeit einschließlich der Pausen werden vom Arbeitgeber festgelegt. Dieser hat auch die Möglichkeit, sogenannte Dienstleistungsabende durchzuführen.

5. Der/die Beschäftigte/r ist verpflichtet, vorübergehend – auch außerhalb der ordentlichen Geschäftszeit – zusätzlich Dienst zu leisten, wenn die ordnungsmäßige Erledigung der Aufgaben dies nötig macht. Eine Vergütung oder ein Anspruch auf entsprechende Freistellung zu einer anderen Zeit steht ihm/ihr hierfür regelmäßig nicht zu. Ist es notwendig, dass der/die Beschäftigte/r öfters oder längere Zeit hindurch – innerhalb oder außerhalb der ordentlichen Geschäftszeit – zusätzliche Dienste leistet, gibt ihm/ihr der Arbeitgeber zu anderer Zeit einen entsprechenden Teil der Dienststunden frei oder vergütet die Dienststunden.

§ 3
Allgemeines Verhalten des/der Beschäftigten

1. Der/die Beschäftigte ist verpflichtet, seinen/ihren Dienst so zu erbringen, dass die Amtstätigkeit des Arbeitgebers gefördert wird, und dienstlich und außerdienstlich alles zu unterlassen, was die Amtstätigkeit und das Ansehen des Arbeitgebers beeinträchtigen kann.

Der/die Beschäftigte hat auch für die Amtstätigkeit des Arbeitgebers bestehenden Vorschriften einschließlich derjenigen des Standesrechts in seinem/ihrem dienstlichen und außerdienstlichen Verhalten gewissenhaft zu beachten.

2. Der/die Beschäftigte hat alle Betätigungen zu unterlassen, die ihm/ ihr nach der erteilten Belehrung (Anlage) untersagt sind, sowie über alle dienstlichen Vorgänge und alle Geheimnisse, die ihm/ihr bei der Beschäftigung an der Notarstelle bekannt werden, strenges Stillschweigen gegenüber jedermann zu bewahren. Die Pflicht zum strengen Stillschweigen über alle dienstlichen Vorgänge und Geheimnisse besteht nach Beendigung des Arbeitverhältnisses fort.

Über die Verpflichtung und Belehrung wird in der Anlage zum Arbeitsvertrag eine eigene Niederschrift aufgenommen.

§ 4
Gehalt

1. Der/die Beschäftigte erhält
ein Bruttogehalt von € ______________ monatlich*).

2. Das Gehalt ist jeweils zum Monatsende im nachhinein zu entrichten.

3. Weitere Leistungen des Arbeitgebers: ____

4. Alle nicht in Ziffer 3 genannten sonstigen Zahlungen oder Leistungen erfolgen nach freiem Ermessen des Arbeitgebers und begründen keinen Rechtsanspruch für die Zukunft, auch wenn sie wiederholt und ohne ausdrücklichen Vorbehalt der Freiwilligkeit gewährt werden.

§ 5
Urlaub

Der/die Beschäftigte erhält kalenderjährlich Erholungsurlaub unter entsprechender Anwendung des TV-L von _____ Arbeitstagen. *)

§ 6
Fürsorgepflicht des Arbeitgebers

Der Arbeitgeber ist zu einer den Möglichkeiten der Notarstelle und den Belangen der weiteren Beschäftigten entsprechenden Rücksichtnahme auf die persönlichen Bedürfnisse des/der Beschäftigten verpflichtet.

§ 7
Arbeitsverhinderung

1. Der/die Beschäftigte ist verpflichtet, jede Arbeitsverhinderung und ihre voraussichtliche Dauer unverzüglich dem Arbeitgeber mitzuteilen.

2. Dauert eine auf Krankheit beruhende Arbeitsunfähigkeit länger als drei Kalendertage, ist der/die Beschäftigte verpflichtet, spätestens an dem darauf folgenden Arbeitstag eine ärztliche Bescheinigung über die Arbeitsunfähigkeit und deren voraussichtliche Dauer vorzulegen. Dauert die Arbeitsunfähigkeit länger als in der Bescheinigung angegeben, ist unverzüglich eine Folgebescheinigung einzureichen. Gesetzliche Rechte des Arbeitgebers bleiben unberührt.

*) Nichtzutreffendes ist zu streichen

3. Wird der/die Beschäftigte durch Arbeitsunfähigkeit infolge Krankheit an seiner/ihrer Arbeitsleistung verhindert, ohne dass ihn/sie ein Verschulden trifft, leistet der Arbeitgeber Entgeltfortzahlung nach den gesetzlichen Vorschriften.

4. Der/die Beschäftigte hat keinen Anspruch auf Gehaltsfortzahlung gegen den Arbeitgeber wegen der Betreuung seines/ihres erkrankten Kindes nach § 616 BGB. Sein/ihr Anspruch auf Krankengeld gegen die Krankenkasse und auf Freistellung von der Arbeit bei Vorlage eines entsprechenden ärztlichen Zeugnisses unter den Voraussetzungen des § 45 SGB V bleibt unberührt.

§ 8
Abtretung von Schadensersatzansprüchen

1. Kann der/die Beschäftigte aufgrund gesetzlicher Vorschriften von einem Dritten Schadenersatz wegen des Verdienstausfalls beanspruchen, der ihm/ihr durch die Arbeitsunfähigkeit entstanden ist, so geht dieser Anspruch insoweit auf den Arbeitgeber über, als dieser für diesen Zeitraum Entgeltfortzahlung geleistet hat.

2. Der/die Beschäftigte ist verpflichtet, dem Arbeitgeber die zur Geltendmachung der Ansprüche erforderlichen Auskünfte zu erteilen.

§ 9
Einbeziehung weiterer Personen in das Arbeitsverhältnis

1. Der/die Beschäftigte ist neben dem Arbeitgeber auch dessen Vertreter im Amt (Notarvertreter) und einem Notarassessor, dem der Arbeitgeber die selbständige Erledigung von Amtsgeschäften überlassen hat, zur sorgfältigen Dienstleistung nach deren Weisungen verpflichtet.

2. Für Schäden, die aus einem schuldhaften Verstoß gegen diese Pflicht erwachsen, ist der/die Beschäftigte dem Arbeitgeber, dem Notarvertreter oder Notarassessor haftbar.

§ 10
Überleitung bei Wechsel des Arbeitgebers

1. Dem/der Beschäftigten ist bekannt, dass sein/ihr Arbeitsverhältnis nicht ohne weiteres auf einen Nachfolger im Amt des Arbeitgebers übergeht; der Arbeitgeber verpflichtet sich jedoch, von sich aus nach Kräften darauf hinzuwirken, dass eine Überleitung des Arbeitsverhältnisses auf den Nachfolger zustande kommt.

2. Beide Vertragsteile sind jedenfalls jetzt schon damit einverstanden, dass das Arbeitsverhältnis mit dem jeweiligen künftigen Inhaber der Notarstelle fortgesetzt wird, wenn der Arbeitgeber sein Amt niederlegt oder aus einem sonstigen Grund nicht mehr ausübt, wenn er stirbt oder sein Amtssitz verlegt wird und wenn der Amtsnachfolger in das Arbeitsverhältnis eintritt. Dafür genügt es, dass der Nachfolger das Arbeitsverhältnis mit dem bestehenden Inhalt oder mit einem Inhalt übernimmt, der dem entspricht, was für die ausgefüllte Position üblich ist. Der/die Beschäftigte kann sein/ihr Einverständnis in eine Fortsetzung des Angestelltenverhältnisses innerhalb von einem Monat ab Kenntnis von der Person des Nachfolgers und des Inhalts der Übernahme widerrufen.

3. Kommt eine Überleitung nach Absatz 2 zustande, so bestehen die Rechte und Pflichten aus dem Arbeitsverhältnis für die Zeit bis zum Eintritt des Nachfolgers zwischen den gegenwärtigen Vertragsparteien, für die Zeit danach ausschließlich zwischen dem/der Beschäftigten und dem Nachfolger. Im Fall der Übernahme zu den üblichen Bedingungen entfallen über das Übliche hinausgehende Verpflichtungen nach dem bisher vereinbarten Vertragsinhalt für den Zeitraum ab der Übernahme auch im Verhältnis zum bisherigen Arbeitgeber.

4. Wird das Arbeitsverhältnis vom Arbeitgeber bzw. seinen Erben zu dem Zeitpunkt oder zu einem späteren Zeitpunkt als jenem gekündigt, zu dem er sein Amt niederlegt oder aus einem sonstigen Grund nicht mehr ausübt, zu dem er stirbt oder sein Amtssitz verlegt wird, so beendet die Kündigung das Arbeitsverhältnis gleichwohl dann nicht, wenn eine Überleitung des Arbeitsverhältnisses auf den Amtsnachfolger zustande kommt; in diesem Fall scheiden lediglich der Arbeitgeber bzw. seine Erben zum Kündigungszeitpunkt aus.

5. Amtsnachfolger im Sinne dieser Bestimmung ist auch ein Notariatsverwalter.

§ 11
Wechsel in einer Bürogemeinschaft des Arbeitgebers

1. Besteht das Arbeitsverhältnis mit mehreren Notaren in Bürogemeinschaft und endet die Beteiligung eines von ihnen durch Amtsniederlegung oder sonstige Beendigung der Amtsausübung, durch Amtssitzverlegung oder durch Tod, so scheidet nur dieser Notar mit Wirkung von dem entsprechenden Ereignis an aus dem Arbeitsverhältnis aus; im Übrigen besteht das Arbeitsverhältnis fort. An der Haftung des ausscheidenden Notars bzw. seiner Erben für die bis zu diesem Zeitpunkt entstandenen Pflichten aus dem Arbeitsverhältnis ändert sich dadurch nichts.

2. Für den Fall der Begründung einer Bürogemeinschaft oder des Wechsels eines in Bürogemeinschaft stehenden Notars auf der Arbeitgeberseite erklärt der/die Beschäftigte sein/ihr Einverständnis zum Mit-Eintritt des neuen Notars auch in die Rechte und Pflichten aus dem Arbeitsverhältnis.

   Im Zweifelsfall erfolgt dieser Mit-Eintritt zu dem Zeitpunkt, in dem auch die Bürogemeinschaft beginnt. Für bereits entstandene Verpflichtungen aus dem Arbeitsverhältnis haftet der neu eintretende Notar nicht.

§ 12
Verpflichtung

Die Verpflichtungserklärung wird Bestandteil dieses Arbeitsvertrags und ist ihm beizufügen.

§ 13
Schlussbestimmungen

1. Änderungen und Ergänzungen zu diesem Vertrag bedürfen der Schriftform, ebenso Vereinbarungen zur Aufhebung des Schriftformerfordernisses.

2. Sollte eine Bestimmung dieses Vertrages und/oder seiner Änderungen bzw. Ergänzungen unwirksam sein, so wird dadurch die Wirksamkeit des Vertrags im Übrigen nicht berührt. Die unwirksame Bestimmung des Vertrags wird durch eine wirksame ersetzt, die dem wirtschaftlich Gewollten am nächsten kommt.

______________________________, den ____________________

________________________ ________________________
(als Arbeitgeber) (als Beschäftigte/r)

Anlage 2

Niederschrift
über die Verpflichtung einer beim Notar beschäftigten Person

Der unterzeichnende Notar ______________________

mit Amtssitz in ______________________

hat am ______________________

Herrn/Frau ______________________

gem. § 26 BNotO über dessen/deren Pflichten belehrt und gem. § 1 des Verpflichtungsgesetzes förmlich verpflichtet. Darüber wurde die folgende Niederschrift aufgenommen:

Der/Die Beschäftigte wurde von mir, dem Notar, auf die gewissenhafte Erfüllung seiner/ihrer Obliegenheiten verpflichtet.

Der/Die Beschäftigte wurde besonders auf die Bestimmung des § 14 Abs. 4 BNotO hingewiesen. Ihm/Ihr wurde untersagt, Darlehen sowie Grundstücksgeschäfte zu vermitteln oder im Zusammenhang mit einer Amtshandlung des Notars eine Bürgschaft oder sonstige Gewährleistung für einen Beteiligten zu übernehmen.

Besonders wurde auf die Verpflichtung zur Wahrung des Amtsgeheimnisses nach § 18 BNotO hingewiesen und darauf, daß auch jede bei einem Notar beschäftigte Person über alles zur Verschwiegenheit verpflichtet ist, was ihr im Rahmen der Ausübung der Tätigkeit beim Notar bekannt geworden ist. Auf die strafrechtlichen Folgen der Verletzung der Pflichten wurde hingewiesen.

Dem/Der Beschäftigten wurde sodann der Inhalt der folgenden Strafvorschriften des Strafgesetzbuches bekanntgegeben:

§ 133 Abs. 1, 3 – Verwahrungsbruch
§ 201 – Verletzung der Vertraulichkeit des Wortes
§ 203 – Verletzung von Privatgeheimnissen
§ 204 – Verwertung fremder Geheimnisse
§§ 331 Abs. 1, 332 – Vorteilsannahme und Bestechlichkeit
§ 353 b Abs. 1–3 – Verletzung des Dienstgeheimnisses
§ 355 – Verletzung des Steuergeheimnisses
§ 358 – Nebenfolgen.

Dem/Der Beschäftigten ist bekannt, daß die Strafvorschriften für ihn/sie gelten. Ihm/Ihr ist ferner bekannt, daß die Strafvorschriften, sofern ihre Anwendung eine förmliche Verpflichtung voraussetzt, aufgrund der heutigen Verpflichtung für ihn/sie gelten.

Der/Die Beschäftigte erklärte, von dem Inhalt der vorgenannten Bestimmungen der Bundesnotarordnung und des Strafgesetzbuches Kenntnis erhalten zu haben.

Der Notar hat ihn/sie durch Handschlag zur Wahrung des Amtsgeheimnisses und zur gewissenhaften Erfüllung aller anderen Obliegenheiten verpflichtet.

Für den Fall eines einheitlichen Beschäftigungsverhältnisses zu mehreren Notaren: Der Notar wies den/die Beschäftigte(n) darauf hin, daß es bei einem einheitlichen Beschäftigungsverhältnis zu mehreren Notaren gem. § 26 Satz 3 BNotO genügt, wenn einer von ihnen die Verpflichtung vornimmt.

Er/Sie unterzeichnete dieses Protokoll zum Zeichen der Genehmigung und bestätigte den Empfang einer Abschrift dieser Niederschrift.

____

(Unterschrift des Notars) (Unterschrift des/der Verpflichteten)

800. Tarifvertrag für den öffentlichen Dienst der Länder (TV-L)[1)]

vom 12. Oktober 2006

geänd. durch § 1 Erster ÄndTV v. 13. 3. 2008 und § 2 Zweiter ÄndTV v. 1. 3. 2009

– Auszug –

Inhaltsübersicht

[1)] Änderungen sind nicht in Fußnoten nachgewiesen.

A. Allgemeiner Teil

Abschnitt I. Allgemeine Vorschriften

§ 1 Geltungsbereich. (1) Dieser Tarifvertrag gilt für Arbeitnehmerinnen und Arbeitnehmer (Beschäftigte), die in einem Arbeitsverhältnis zu einem Arbeitgeber stehen, der Mitglied der Tarifgemeinschaft deutscher Länder (TdL) oder eines Mitgliedverbandes der TdL ist.

Protokollerklärungen zu § 1 Absatz 1:

1. Der TV-L findet in Bremen und Bremerhaven keine Anwendung auf Beschäftigte, die unter den Geltungsbereich des Tarifvertrages über die Geltung des VKA-Tarifrechts für die Arbeiter und die arbeiterrentenversicherungspflichtigen Auszubildenden des Landes und der Stadtgemeinde Bremen sowie der Stadt Bremerhaven vom 17. Februar 1995 fallen. Für die Bestimmung des persönlichen Geltungsbereichs findet § 38 Absatz 5 Satz 2 entsprechende Anwendung.
2. Die Tarifvertragsparteien werden bis spätestens zum 31. Dezember 2006 eine abschließende Regelung zum Geltungsbereich des TV-L in Bremen und Bremerhaven entsprechend einer Einigung auf landesbezirklicher Ebene vereinbaren.

(2) Dieser Tarifvertrag gilt nicht für

a) Beschäftigte als leitende Angestellte im Sinne des § 5 Absatz 3 Betriebsverfassungsgesetz, wenn ihre Arbeitsbedingungen einzelvertraglich besonders vereinbart sind, sowie für Chefärztinnen und Chefärzte.

b) Beschäftigte, die ein über das Tabellenentgelt der Entgeltgruppe 15 beziehungsweise Ä 4 hinausgehendes regelmäßiges Entgelt erhalten, die Zulage nach § 16 Absatz 5 bleibt hierbei unberücksichtigt.

c) Angestellte, für die besondere Tarifverträge für das Fleischuntersuchungspersonal innerhalb und außerhalb öffentlicher Schlachthöfe gelten,

d) Beschäftigte, für die die Tarifverträge für Waldarbeiter tarifrechtlich oder einzelarbeitsvertraglich zur Anwendung kommen,

e) Auszubildende, Schülerinnen/Schüler in der Gesundheits- und Krankenpflege, Gesundheits- und Kinderkrankenpflege, Entbindungspflege und Altenpflege, sowie Volontärinnen/Volontäre und Praktikantinnen/Praktikanten,

f) Beschäftigte, für die Eingliederungszuschüsse nach den §§ 217 ff. SGB III gewährt werden,

g) Beschäftigte, die Arbeiten nach den §§ 260 ff. SGB III verrichten,

h) Leiharbeitnehmerinnen/Leiharbeitnehmer von Personal-Service-Agenturen, sofern deren Rechtsverhältnisse durch Tarifvertrag geregelt sind,

i) geringfügig Beschäftigte im Sinne von § 8 Absatz 1 Nr. 2 SGB IV,

j) künstlerisches Theaterpersonal, technisches Theaterpersonal mit überwiegend künstlerischer Tätigkeit und Orchestermusikerinnen/Orchestermusiker,

k) Beschäftigte, die
  aa) in ausschließlich Erwerbszwecken dienenden landwirtschaftlichen Verwaltungen und Betrieben, Weinbaubetrieben, Gartenbau- und Obstanbaubetrieben und deren Nebenbetrieben tätig sind,
  bb) in landwirtschaftlichen Verwaltungen und Betrieben einschließlich der einer Verwaltung oder einem Betrieb nicht landwirtschaftlicher Art angegliederten Betriebe (zum Beispiel Lehr- und Versuchsgüter), Gartenbau-, Weinbau- und Obstanbaubetriebe und deren Nebenbetrieben tätig sind und unter den Geltungsbereich eines landesbezirklichen Tarifvertrages fallen,

l) Beschäftigte in den Bayerischen Spielbanken,

m) bei deutschen Dienststellen im Ausland eingestellte Ortskräfte,

n) Beschäftigte der Bayerischen Verwaltung der staatlichen Schlösser, Gärten und Seen, die bei der Bayerischen Seenschifffahrt GmbH in den Betriebsteilen Ammersee und Starnberger See in einer Beschäftigung tätig sind, die vor dem 1. Januar 2005 der Rentenversicherung der Arbeiter unterlag,

o) Beschäftigte, die mit der Wartung von Wohn-, Geschäfts- und Industriegebäuden in einer vor dem 1. Januar 2005 der Rentenversicherung der Arbeiter unterliegenden Beschäftigung beauftragt sind, wie zum Beispiel Hauswarte, Liegenschaftswarte.

Protokollerklärung zu § 1 Absatz 2 Buchstabe k:

Vom Geltungsbereich dieses Tarifvertrages nicht ausgenommen sind die Beschäftigten

1. in Gärten, Grünanlagen und Parks einschließlich der dazu gehörenden Gärtnereien,
2. des Staatsweingutes Meersburg,

3. der den Justizvollzugsanstalten in Bayern angegliederten landwirtschaftlichen Betriebe,
4. im landwirtschaftlichen Betriebszweig der Schloss- und Gartenverwaltung Herrenchiemsee,
5. der Bayerischen Landesanstalt für Landwirtschaft hinsichtlich der dort beschäftigten Pferdewärter, Gestütswärter und Pferdewirte, des Landesgestütes Celle und des Landgestüts Warendorf,
6. in Rheinland-Pfalz in den Dienstleistungszentren Ländlicher Raum (DLR) Westerwald-Osteifel, Eifel, Rheinpfalz, Mosel, Rheinhessen-Nahe-Hunsrück, Westpfalz.

(3) Dieser Tarifvertrag gilt ferner nicht für

a) Hochschullehrerinnen und Hochschullehrer,
b) wissenschaftliche und künstlerische Hilfskräfte,
c) studentische Hilfskräfte,
d) Lehrbeauftragte an Hochschulen, Akademien und wissenschaftlichen Forschungseinrichtungen sowie künstlerische Lehrkräfte an Kunst- und Musikhochschulen.

Protokollerklärung zu § 1 Absatz 3:
Ausgenommen sind auch wissenschaftliche und künstlerische Assistentinnen/Assistenten, Oberassistentinnen/Oberassistentinnen, Oberingenieurinnen/Oberingenieure und Lektoren beziehungsweise die an ihre Stelle tretenden landesrechtlichen Personalkategorien, deren Arbeitsverhältnis am 31. Oktober 2006 bestanden hat, für die Dauer des ununterbrochen fortbestehenden Arbeitsverhältnisses.

(4) [1] Neben den Regelungen des Allgemeinen Teils (§§ 1 bis 39) gelten Sonderregelungen für nachstehende Beschäftigtengruppen:

a) Beschäftigte an Hochschulen und Forschungseinrichtungen (§ 40),
b) Ärztinnen und Ärzte an Universitätskliniken (§ 41),
c) Ärztinnen und Ärzte außerhalb von Universitätskliniken (§ 42),
d) Nichtärztliche Beschäftigte in Universitätskliniken und Krankenhäusern (§ 43),
e) Beschäftigte als Lehrkräfte (§ 44),
f) Beschäftigte an Theatern und Bühnen (§ 45),
g) Beschäftigte auf Schiffen und schwimmenden Geräten (§ 46),
h) Beschäftigte im Justizvollzugsdienst der Länder und im feuerwehrtechnischen Dienst der Freien und Hansestadt Hamburg (§ 47),
i) Beschäftigte im forstlichen Außendienst (§ 48),
j) Beschäftigte in landwirtschaftlichen Verwaltungen und Betrieben, Weinbau- und Obstanbaubetrieben (§ 49).

[2] Die Sonderregelungen sind Bestandteil des TV-L.

§ 2 Arbeitsvertrag, Nebenabreden, Probezeit. (1) Der Arbeitsvertrag wird schriftlich abgeschlossen.

(2) [1] Mehrere Arbeitsverhältnisse zu demselben Arbeitgeber dürfen nur begründet werden, wenn die jeweils übertragenen Tätigkeiten nicht in einem unmittelbaren Sachzusammenhang stehen. [2] Andernfalls gelten sie als ein Arbeitsverhältnis.

(3) [1] Nebenabreden sind nur wirksam, wenn sie schriftlich vereinbart werden. [2] Sie können gesondert gekündigt werden, soweit dies einzelvertraglich vereinbart ist.

(4) [1] Die ersten sechs Monate der Beschäftigung gelten als Probezeit, soweit nicht eine kürzere Zeit vereinbart ist. [2] Bei Übernahme von Auszubildenden im unmittelbaren Anschluss an das Ausbildungsverhältnis in ein Arbeitsverhältnis entfällt die Probezeit.

§ 3 Allgemeine Arbeitsbedingungen. (1) [1] Die arbeitsvertraglich geschuldete Leistung ist gewissenhaft und ordnungsgemäß auszuführen. [2] Die Beschäftigten müssen sich durch ihr gesamtes Verhalten zur freiheitlich demokratischen Grundordnung im Sinne des Grundgesetzes bekennen.

(2) Die Beschäftigten haben über Angelegenheiten, deren Geheimhaltung durch gesetzliche Vorschriften vorgesehen oder vom Arbeitgeber angeordnet ist, Verschwiegenheit zu wahren; dies gilt auch über die Beendigung des Arbeitsverhältnisses hinaus.

(3) [1] Die Beschäftigten dürfen von Dritten Belohnungen, Geschenke, Provisionen oder sonstige Vergünstigungen mit Bezug auf ihre Tätigkeit nicht annehmen. [2] Ausnahmen sind nur mit Zustimmung des Arbeitgebers möglich. [3] Werden den Beschäftigten derartige Vergünstigungen angeboten, haben sie dies dem Arbeitgeber unverzüglich anzuzeigen.

(4) [1] Nebentätigkeiten gegen Entgelt haben die Beschäftigten ihrem Arbeitgeber rechtzeitig vorher schriftlich anzuzeigen. [2] Der Arbeitgeber kann die Nebentätigkeit untersagen oder mit Auflagen versehen, wenn diese geeignet ist, die Erfüllung der arbeitsvertraglichen Pflichten der Beschäftigten oder berechtigte Interessen des Arbeitgebers zu beeinträchtigen. [3] Für Nebentätigkeiten im öffentlichen Dienst kann eine Ablieferungspflicht nach den Bestimmungen, die beim Arbeitgeber gelten, zur Auflage gemacht werden.

(5) [1] Der Arbeitgeber ist bei begründeter Veranlassung berechtigt, Beschäftigte zu verpflichten, durch ärztliche Bescheinigung nachzuweisen, dass sie zur Leistung der arbeitsvertraglich geschuldeten Tätigkeit in der Lage sind. [2] Bei dem beauftragten Arzt kann es sich um einen Amtsarzt handeln, soweit sich die Betriebsparteien nicht auf einen anderen Arzt geeinigt haben. [3] Die Kosten dieser Untersuchung trägt der Arbeitgeber.

(6) [1] Die Beschäftigten haben ein Recht auf Einsicht in ihre vollständigen Personalakten. [2] Sie können das Recht auf Einsicht auch durch eine/n hierzu schriftlich Bevollmächtigte/n ausüben lassen. [3] Sie können Auszüge oder Kopien aus ihren Personalakten erhalten. [4] Die Beschäftigten müssen über Beschwerden und Behauptungen tatsächlicher Art, die für sie ungünstig sind oder ihnen nachteilig werden können, vor Aufnahme in die Personalakten gehört werden. [5] Ihre Äußerung ist zu den Personalakten zu nehmen.

(7) Für die Schadenshaftung der Beschäftigten finden die Bestimmungen, die für die Beamten des jeweiligen Landes jeweils gelten, entsprechende Anwendung.

§ 4 Versetzung, Abordnung, Zuweisung, Personalgestellung. (1) [1] Beschäftigte können aus dienstlichen oder betrieblichen Gründen versetzt oder abgeordnet werden. [2] Sollen Beschäftigte an eine Dienststelle oder einen Betrieb außerhalb des bisherigen Arbeitsortes versetzt oder voraussichtlich länger als drei Monate abgeordnet werden, so sind sie vorher zu hören.

Protokollerklärungen zu § 4 Absatz 1:

1. Abordnung ist die vom Arbeitgeber veranlasste vorübergehende Beschäftigung bei einer anderen Dienststelle oder einem anderen Betrieb desselben oder eines anderen Arbeitgebers unter Fortsetzung des bestehenden Arbeitsverhältnisses.
2. Versetzung ist die vom Arbeitgeber veranlasste, auf Dauer bestimmte Beschäftigung bei einer anderen Dienststelle oder einem anderen Betrieb desselben Arbeitgebers unter Fortsetzung des bestehenden Arbeitsverhältnisses.

(2) [1] Beschäftigten kann im dienstlichen/betrieblichen oder öffentlichen Interesse mit ihrer Zustimmung vorübergehend eine mindestens gleich vergütete Tätigkeit bei einem Dritten zugewiesen werden. [2] Die Zustimmung kann nur aus wichtigem Grund verweigert werden. [3] Die Rechtsstellung der Beschäftigten bleibt unberührt. [4] Bezüge aus der Verwendung nach Satz 1 werden auf das Entgelt angerechnet.

Protokollerklärung zu § 4 Absatz 2:
Zuweisung ist – unter Fortsetzung des bestehenden Arbeitsverhältnisses – die vorübergehende Beschäftigung bei einem Dritten im In- und Ausland, bei dem der TV-L nicht zur Anwendung kommt.

(3) [1] Werden Aufgaben der Beschäftigten zu einem Dritten verlagert, ist auf Verlangen des Arbeitgebers bei weiter bestehendem Arbeitsverhältnis die arbeitsvertraglich geschuldete Arbeitsleistung bei dem Dritten zu erbringen (Personalgestellung). [2] § 613 a BGB sowie gesetzliche Kündigungsrechte bleiben unberührt.

Protokollerklärung zu § 4 Absatz 3:
[1] Personalgestellung ist – unter Fortsetzung des bestehenden Arbeitsverhältnisses – die auf Dauer angelegte Beschäftigung bei einem Dritten. [2] Die Modalitäten der Personalgestellung werden zwischen dem Arbeitgeber und dem Dritten vertraglich geregelt.

§ 5 Qualifizierung. (1) [1] Ein hohes Qualifikationsniveau und lebenslanges Lernen liegen im gemeinsamen Interesse von Beschäftigten und Arbeitgebern. [2] Qualifizierung dient der Steigerung von Effektivität und Effizienz des öffentlichen Dienstes, der Nachwuchsförderung und der Steigerung von beschäftigungsbezogenen Kompetenzen. [3] Die Tarifvertragsparteien verstehen Qualifizierung auch als Teil der Personalentwicklung.

(2) [1] Vor diesem Hintergrund stellt Qualifizierung nach diesem Tarifvertrag ein Angebot dar. [2] Aus ihm kann für die Beschäftigten kein individueller Anspruch außer nach Absatz 4 abgeleitet werden. [3] Es kann durch freiwillige Betriebsvereinbarung wahrgenommen und näher ausgestaltet werden. [4] Entsprechendes gilt für Dienstvereinbarungen im Rahmen der personalvertretungsrechtlichen Möglichkeiten. [5] Weitergehende Mitbestimmungsrechte werden dadurch nicht berührt.

(3) [1] Qualifizierungsmaßnahmen sind

a) die Fortentwicklung der fachlichen, methodischen und sozialen Kompetenzen für die übertragenen Tätigkeiten (Erhaltungsqualifizierung),

b) der Erwerb zusätzlicher Qualifikationen (Fort- und Weiterbildung),

c) die Qualifizierung zur Arbeitsplatzsicherung (Qualifizierung für eine andere Tätigkeit; Umschulung) und

d) die Einarbeitung bei oder nach längerer Abwesenheit (Wiedereinstiegsqualifizierung).

[2] Die Teilnahme an einer Qualifizierungsmaßnahme wird dokumentiert und den Beschäftigten schriftlich bestätigt.

(4) [1] Beschäftigte haben – auch in den Fällen des Absatzes 3 Satz 1 Buchstabe d – Anspruch auf ein regelmäßiges Gespräch mit der jeweiligen Führungskraft. [2] In diesem wird festgestellt, ob und welcher Qualifizierungsbedarf besteht. [3] Dieses Gespräch kann auch als Gruppengespräch geführt werden. [4] Wird nichts anderes geregelt, ist das Gespräch jährlich zu führen.

(5) Zeiten von vereinbarten Qualifizierungsmaßnahmen gelten als Arbeitszeit.

(6) [1] Die Kosten einer vom Arbeitgeber veranlassten Qualifizierungsmaßnahme – einschließlich Reisekosten – werden grundsätzlich vom Arbeitgeber getragen, soweit sie nicht von Dritten übernommen werden. [2] Ein möglicher Eigenbeitrag wird in einer Qualifizierungsvereinbarung geregelt. [3] Die Betriebsparteien sind gehalten, die Grundsätze einer fairen Kostenverteilung unter Berücksichtigung des betrieblichen und individuellen Nutzens zu regeln. [4] Ein Eigenbeitrag der Beschäftigten kann in Geld und/oder Zeit erfolgen.

(7) [1] Für eine Qualifizierungsmaßnahme nach Absatz 3 Satz 1 Buchstabe b oder c kann eine Rückzahlungspflicht der Kosten der Qualifizierungsmaßnahme in Verbindung mit der Bindung der/des Beschäftigten an den Arbeitgeber vereinbart werden. [2] Dabei kann die/der Beschäftigte verpflichtet werden, dem Arbeitgeber Aufwendungen oder Teile davon für eine Qualifizierungsmaßnahme zu ersetzen, wenn das Arbeitsverhältnis auf Wunsch der/des Beschäftigten endet. [3] Dies gilt nicht, wenn die/der Beschäftigte nicht innerhalb von sechs Monaten entsprechend der erworbenen Qualifikation durch die Qualifizierungsmaßnahme beschäftigt wird, oder wenn die Beschäftigte wegen Schwangerschaft oder Niederkunft gekündigt oder einen Auflösungsvertrag geschlossen hat. [4] Die Höhe des Rückzahlungsbetrages und die Dauer der Bindung an den Arbeitgeber müssen in einem angemessenen Verhältnis stehen.

(8) Gesetzliche Förderungsmöglichkeiten können in die Qualifizierungsplanung einbezogen werden.

(9) Für Beschäftigte mit individuellen Arbeitszeiten sollen Qualifizierungsmaßnahmen so angeboten werden, dass ihnen eine gleichberechtigte Teilnahme ermöglicht wird.

Abschnitt II. Arbeitszeit

§ 6 Regelmäßige Arbeitszeit. (1) [1] Die durchschnittliche regelmäßige wöchentliche Arbeitszeit ausschließlich der Pausen

a) wird für jedes Bundesland im Tarifgebiet West auf der Grundlage der festgestellten tatsächlichen durchschnittlichen wöchentlichen Arbeitszeit im Februar 2006 ohne Überstunden und Mehrarbeit (tariflich und arbeitsvertraglich vereinbarte Arbeitszeit) wegen der gekündigten Arbeitszeitbestimmungen von den Tarifvertragsparteien nach den im Anhang zu § 6 festgelegten Grundsätzen errechnet,[1)]

b) beträgt im Tarifgebiet West 38,5 Stunden für die nachfolgend aufgeführten Beschäftigten:

aa) Beschäftigte, die ständig Wechselschicht- oder Schichtarbeit leisten,

---

[1)] **Hinweise der Tarifvertragsparteien zur regelmäßigen wöchentlichen Arbeitszeit in den Ländern (West).** Um die praktische Umsetzung in den einzelnen Bundesländern zu erleichtern, geben die Tarifvertragsparteien die Ergebnisse der Berechnungen nach § 6 Absatz 1 und dem Anhang zu § 6 TV-L als Hinweis bekannt, der nicht Bestandteil des Tarifvertrages ist:

Baden-Württemberg	39 Stunden, 30 Minuten
Bayern	40 Stunden, 06 Minuten
Bremen	39 Stunden, 12 Minuten
Hamburg	39 Stunden, 00 Minuten
Niedersachsen	39 Stunden, 48 Minuten
Nordrhein-Westfalen	39 Stunden, 50 Minuten
Rheinland-Pfalz	39 Stunden, 00 Minuten
Saarland	39 Stunden, 30 Minuten
Schleswig-Holstein	38 Stunden, 42 Minuten.

bb) Beschäftigte an Universitätskliniken, Landeskrankenhäusern, sonstigen Krankenhäusern und psychiatrischen Einrichtungen, mit Ausnahme der Ärztinnen und Ärzte nach Buchstabe d,

cc) Beschäftigte in Straßenmeistereien, Autobahnmeistereien, Kfz-Werkstätten, Theatern und Bühnen, Hafenbetrieben, Schleusen und im Küstenschutz,

dd) Beschäftigte in Einrichtungen für schwerbehinderte Menschen (Schulen, Heime) und in heilpädagogischen Einrichtungen,

ee) Beschäftigte, für die der TVöD gilt oder auf deren Arbeitsverhältnis vor der Einbeziehung in den TV-L der TVöD angewandt wurde,

ff) Beschäftigte in Kindertagesstätten in Bremen,

gg) Beschäftigte, für die durch landesbezirkliche Vereinbarung eine regelmäßige wöchentliche Arbeitszeit von 38,5 Stunden festgelegt wurde,

c) beträgt im Tarifgebiet Ost 40 Stunden,

d) beträgt für Ärztinnen und Ärzte im Sinne des § 41 (Sonderregelungen für Ärztinnen und Ärzte an Universitätskliniken) im Tarifgebiet West und im Tarifgebiet Ost einheitlich 42 Stunden.

[2] Bei Wechselschichtarbeit werden die gesetzlich vorgeschriebenen Pausen in die Arbeitszeit eingerechnet. [3] Die regelmäßige Arbeitszeit kann auf fünf Tage, aus dringenden betrieblichen/dienstlichen Gründen auch auf sechs Tage verteilt werden. [4] Die unterschiedliche Höhe der durchschnittlichen regelmäßigen wöchentlichen Arbeitszeit nach Satz 1 Buchstaben a und b bleibt ohne Auswirkung auf das Tabellenentgelt und die in Monatsbeträgen festgelegten Entgeltbestandteile.

(2) [1] Für die Berechnung des Durchschnitts der regelmäßigen wöchentlichen Arbeitszeit ist ein Zeitraum von bis zu einem Jahr zugrunde zu legen. [2] Abweichend von Satz 1 kann bei Beschäftigten, die ständig Wechselschicht- oder Schichtarbeit zu leisten haben, sowie für die Durchführung so genannter Sabbatjahrmodelle ein längerer Zeitraum zugrunde gelegt werden.

(3) [1] Soweit es die betrieblichen/dienstlichen Verhältnisse zulassen, wird die/der Beschäftigte am 24. Dezember und am 31. Dezember unter Fortzahlung des Tabellenentgelts und der sonstigen in Monatsbeträgen festgelegten Entgeltbestandteile von der Arbeit freigestellt. [2] Kann die Freistellung nach Satz 1 aus betrieblichen/dienstlichen Gründen nicht erfolgen, ist entsprechender Freizeitausgleich innerhalb von drei Monaten zu gewähren. [3] Die regelmäßige Arbeitszeit vermindert sich für jeden gesetzlichen Feiertag, sowie für den 24. Dezember und 31. Dezember, sofern sie auf einen Werktag fallen, um die dienstplanmäßig ausgefallenen Stunden.

Protokollerklärung zu § 6 Absatz 3 Satz 3:
Die Verminderung der regelmäßigen Arbeitszeit betrifft die Beschäftigten, die wegen des Dienstplans am Feiertag frei haben und deshalb ohne diese Regelung nacharbeiten müssten.

(4) Aus dringenden betrieblichen/dienstlichen Gründen kann auf der Grundlage einer Betriebs-/Dienstvereinbarung im Rahmen des § 7 Absatz 1, 2 und des § 12 Arbeitszeitgesetz von den Vorschriften des Arbeitszeitgesetzes abgewichen werden.

Protokollerklärung zu § 6 Absatz 4:
In vollkontinuierlichen Schichtbetrieben kann an Sonn- und Feiertagen die tägliche Arbeitszeit auf bis zu zwölf Stunden verlängert werden, wenn dadurch zusätzliche freie Schichten an Sonn- und Feiertagen erreicht werden.

(5) Die Beschäftigten sind im Rahmen begründeter betrieblicher/dienstlicher Notwendigkeiten zur Leistung von Sonntags-, Feiertags-, Nacht-, Wechselschicht-, Schichtarbeit sowie – bei Teilzeitbeschäftigung aufgrund arbeitsvertraglicher Regelung oder mit ihrer Zustimmung – zu Bereitschaftsdienst, Rufbereitschaft, Überstunden und Mehrarbeit verpflichtet.

(6) [1] Durch Betriebs-/Dienstvereinbarung kann ein wöchentlicher Arbeitszeitkorridor von bis zu 45 Stunden eingerichtet werden. [2] Die innerhalb eines Arbeitszeitkorridors geleisteten zusätzlichen Arbeitsstunden werden im Rahmen des nach Absatz 2 Satz 1 festgelegten Zeitraums ausgeglichen.

(7) [1] Durch Betriebs-/Dienstvereinbarung kann in der Zeit von 6 bis 20 Uhr eine tägliche Rahmenzeit von bis zu zwölf Stunden eingeführt werden. [2] Die innerhalb der täglichen Rahmenzeit geleisteten zusätzlichen Arbeitsstunden werden im Rahmen des nach Absatz 2 Satz 1 festgelegten Zeitraums ausgeglichen.

(8) Die Absätze 6 und 7 gelten nur alternativ und nicht bei Wechselschicht- und Schichtarbeit.

(9) Für einen Betrieb/eine Verwaltung, in dem/der ein Personalvertretungsgesetz Anwendung findet, kann eine Regelung nach den Absätzen 4, 6 und 7 in einem landesbezirklichen Tarifvertrag getroffen werden, wenn eine Dienstvereinbarung nicht einvernehmlich zustande kommt und der Arbeitgeber ein Letztentscheidungsrecht hat.

(10) [1] In Verwaltungen und Betrieben, in denen auf Grund spezieller Aufgaben (zum Beispiel Ausgrabungen, Expeditionen, Schifffahrt) oder saisonbedingt erheblich verstärkte Tätigkeiten anfallen, kann für diese Tätigkeiten die regelmäßige Arbeitszeit auf bis zu 60 Stunden in einem Zeitraum von bis zu sieben Tagen verlängert werden. [2] In diesem Fall muss durch Verkürzung der regelmäßigen wöchentlichen Arbeitszeit bis zum Ende des Ausgleichszeitraums nach Absatz 2 Satz 1 ein entsprechender Zeitausgleich durchgeführt werden. [3] Die Sätze 1 und 2 gelten nicht für Beschäftigte gemäß §§ 41 bis 43.

(11) [1] Bei Dienstreisen gilt nur die Zeit der dienstlichen Inanspruchnahme am auswärtigen Geschäftsort als Arbeitszeit. [2] Für jeden Tag einschließlich der Reisetage wird jedoch mindestens die auf ihn entfallende regelmäßige, durchschnittliche oder dienstplanmäßige Arbeitszeit berücksichtigt, wenn diese bei Nichtberücksichtigung der Reisezeit nicht erreicht würde. [3] Überschreiten nicht anrechenbare Reisezeiten insgesamt 15 Stunden im Monat, so werden auf Antrag 25 v.H. dieser überschreitenden Zeiten bei fester Arbeitszeit als Freizeitausgleich gewährt und bei gleitender Arbeitszeit im Rahmen der jeweils geltenden Vorschriften auf die Arbeitszeit angerechnet. [4] Der besonderen Situation von Teilzeitbeschäftigten ist Rechnung zu tragen. [5] Soweit Einrichtungen in privater Rechtsform oder andere Arbeitgeber nach eigenen Grundsätzen verfahren, sind diese abweichend von den Sätzen 1 bis 4 maßgebend.

§ 7 Sonderformen der Arbeit. (1) [1] Wechselschichtarbeit ist die Arbeit nach einem Schichtplan, der einen regelmäßigen Wechsel der täglichen Arbeitszeit in Wechselschichten vorsieht, bei denen Beschäftigte durchschnittlich längstens nach Ablauf eines Monats erneut zur Nachtschicht herangezogen werden. [2] Wechselschichten sind wechselnde Arbeitsschichten, in denen ununterbrochen bei Tag und Nacht, werktags, sonntags und feiertags gearbeitet wird. [3] Nachtschichten sind Arbeitsschichten, die mindestens zwei Stunden Nachtarbeit umfassen.

(2) Schichtarbeit ist die Arbeit nach einem Schichtplan, der einen regelmäßigen Wechsel des Beginns der täglichen Arbeitszeit um mindestens zwei Stunden in Zeitabschnitten von längstens einem Monat vorsieht, und die innerhalb einer Zeitspanne von mindestens 13 Stunden geleistet wird.

(3) Bereitschaftsdienst leisten Beschäftigte, die sich auf Anordnung des Arbeitgebers außerhalb der regelmäßigen Arbeitszeit an einer vom Arbeitgeber bestimmten Stelle aufhalten, um im Bedarfsfall die Arbeit aufzunehmen.

(4) [1] Rufbereitschaft leisten Beschäftigte, die sich auf Anordnung des Arbeitgebers außerhalb der regelmäßigen Arbeitszeit an einer dem Arbeitgeber anzuzeigenden Stelle aufhalten, um auf Abruf die Arbeit aufzunehmen. [2] Rufbereitschaft wird nicht dadurch ausgeschlossen, dass Beschäftigte vom Arbeitgeber mit einem Mobiltelefon oder einem vergleichbaren technischen Hilfsmittel ausgestattet sind.

(5) Nachtarbeit ist die Arbeit zwischen 21 Uhr und 6 Uhr.

(6) Mehrarbeit sind die Arbeitsstunden, die Teilzeitbeschäftigte über die vereinbarte regelmäßige Arbeitszeit hinaus bis zur regelmäßigen wöchentlichen Arbeitszeit von Vollbeschäftigten (§ 6 Absatz 1 Satz 1) leisten.

(7) Überstunden sind die auf Anordnung des Arbeitgebers geleisteten Arbeitsstunden, die über die im Rahmen der regelmäßigen Arbeitszeit von Vollbeschäftigten (§ 6 Absatz 1) für die Woche dienstplanmäßig beziehungsweise betriebsüblich festgesetzten Arbeitsstunden hinausgehen und nicht bis zum Ende der folgenden Kalenderwoche ausgeglichen werden.

(8) Abweichend von Absatz 7 sind nur die Arbeitsstunden Überstunden, die

a) im Falle der Festlegung eines Arbeitszeitkorridors nach § 6 Absatz 6 über 45 Stunden oder über die vereinbarte Obergrenze hinaus,

b) im Falle der Einführung einer täglichen Rahmenzeit nach § 6 Absatz 7 außerhalb der Rahmenzeit,

c) im Falle von Wechselschicht- oder Schichtarbeit über die im Schichtplan festgelegten täglichen Arbeitsstunden einschließlich der im Schichtplan vorgesehenen Arbeitsstunden, die bezogen auf die regelmäßige wöchentliche Arbeitszeit im Schichtplanturnus nicht ausgeglichen werden,

angeordnet worden sind.

§ 8 Ausgleich für Sonderformen der Arbeit. (1) [1] Beschäftigte erhalten neben dem Entgelt für die tatsächliche Arbeitsleistung Zeitzuschläge. [2] Die Zeitzuschläge betragen – auch bei Teilzeitbeschäftigten – je Stunde

a) für Überstunden

– in den Entgeltgruppen 1 bis 9	30 v.H.,
– in den Entgeltgruppen 10 bis 15	15 v.H.,

b) für Nachtarbeit 20 v.H.,
c) für Sonntagsarbeit 25 v.H.,
d) bei Feiertagsarbeit
– ohne Freizeitausgleich 135 v.H.,
– mit Freizeitausgleich 35 v.H.,
e) für Arbeit am 24. Dezember und am 31. Dezember jeweils ab 6 Uhr 35 v.H.,
f) für Arbeit an Samstagen von 13 bis 21 Uhr, soweit diese nicht im Rahmen von Wechselschicht- oder Schichtarbeit anfällt, 20 v.H.

des auf eine Stunde entfallenden Anteils des Tabellenentgelts der Stufe 3 der jeweiligen Entgeltgruppe. [3] Beim Zusammentreffen von Zeitzuschlägen nach Satz 2 Buchstabe c bis f wird nur der höchste Zeitzuschlag gezahlt. [4] Auf Wunsch der Beschäftigten können, soweit ein Arbeitszeitkonto (§ 10) eingerichtet ist und die betrieblichen/dienstlichen Verhältnisse es zulassen, die nach Satz 2 zu zahlenden Zeitzuschläge entsprechend dem jeweiligen Vomhundertsatz einer Stunde in Zeit umgewandelt (faktorisiert) und ausgeglichen werden. [5] Dies gilt entsprechend für Überstunden als solche.

Protokollerklärung zu § 8 Absatz 1:
Bei Überstunden richtet sich das Entgelt für die tatsächliche Arbeitsleistung nach der jeweiligen Entgeltgruppe und der individuellen Stufe, höchstens jedoch nach der Stufe 4.

Protokollerklärung zu § 8 Absatz 1 Satz 2 Buchstabe d:
[1]Der Freizeitausgleich muss im Dienstplan besonders ausgewiesen und bezeichnet werden. [2]Falls kein Freizeitausgleich gewährt wird, werden als Entgelt einschließlich des Zeitzuschlags und des auf den Feiertag entfallenden Tabellenentgelts höchstens 235 v.H. gezahlt.

(2) [1] Überstunden sind grundsätzlich durch entsprechende Freizeit auszugleichen; für die Zeit des Freizeitausgleichs werden das Tabellenentgelt sowie die sonstigen, in Monatsbeträgen festgelegten Entgeltbestandteile weitergezahlt. [2] Sofern kein Arbeitszeitkonto nach § 10 eingerichtet ist, oder wenn ein solches besteht, die/der Beschäftigte jedoch keine Faktorisierung nach Absatz 1 geltend macht, erhält die/der Beschäftigte für Überstunden (§ 7 Absatz 7), die nicht bis zum Ende des dritten Kalendermonats – möglichst aber schon bis zum Ende des nächsten Kalendermonats – nach deren Entstehen mit Freizeit ausgeglichen worden sind, je Stunde 100 v.H. des auf die Stunde entfallenden Anteils des Tabellenentgelts der jeweiligen Entgeltgruppe und Stufe, höchstens jedoch nach der Stufe 4. [3] Der Anspruch auf den Zeitzuschlag für Überstunden nach Absatz 1 besteht unabhängig von einem Freizeitausgleich.

(3) [1] Für Beschäftigte der Entgeltgruppen 15 und 15 Ü bei obersten Landesbehörden sind Mehrarbeit und Überstunden durch das Tabellenentgelt abgegolten. [2] Beschäftigte der Entgeltgruppen 13, 13 Ü und 14 bei obersten Landesbehörden erhalten nur dann ein Überstundenentgelt, wenn die Leistung der Mehrarbeit oder der Überstunden für sämtliche Beschäftigte der Behörde angeordnet ist; im Übrigen ist über die regelmäßige Arbeitszeit hinaus geleistete Arbeit dieser Beschäftigten durch das Tabellenentgelt abgegolten. [3] Satz 1 gilt auch für Leiterinnen/Leiter von Dienststellen und deren ständige Vertreterinnen/Vertreter, die in die Entgeltgruppen 14 und 15 und 15 Ü eingruppiert sind. [4] Die Sätze 1 bis 3 gelten nicht für Beschäftigte der Freien Hansestadt Bremen sowie der Freien und Hansestadt Hamburg.

(4) Für Arbeitsstunden, die keine Überstunden sind und die aus betrieblichen/dienstlichen Gründen nicht innerhalb des nach § 6 Absatz 2 Satz 1 oder 2 festgelegten Zeitraums mit Freizeit ausgeglichen werden, erhält die/der Beschäftigte je Stunde 100 v.H. des auf eine Stunde entfallenden Anteils des Tabellenentgelts der jeweiligen Entgeltgruppe und Stufe.

Protokollerklärung zu § 8 Absatz 4:
Mit dem Begriff „Arbeitsstunden" sind nicht die Stunden gemeint, die im Rahmen von Gleitzeitregelungen im Sinne der Protokollerklärung zu Abschnitt II anfallen, es sei denn, sie sind angeordnet worden.

(5) [1] Für die Rufbereitschaft wird eine tägliche Pauschale je Entgeltgruppe gezahlt. [2] Für eine Rufbereitschaft von mindestens zwölf Stunden wird für die Tage Montag bis Freitag das Zweifache, für Samstag, Sonntag sowie für Feiertage das Vierfache des tariflichen Stundenentgelts nach Maßgabe der Entgelttabelle gezahlt. [3] Maßgebend für die Bemessung der Pauschale nach Satz 2 ist der Tag, an dem die Rufbereitschaft beginnt. [4] Für Rufbereitschaften von weniger als zwölf Stunden werden für jede angefangene Stunde 12,5 v.H. des tariflichen Stundenentgelts nach der Entgelttabelle gezahlt. [5] Die Zeit jeder einzelnen Inanspruchnahme innerhalb der Rufbereitschaft mit einem Einsatz außerhalb des Aufenthaltsorts im Sinne des § 7 Absatz 4 einschließlich der hierfür erforderlichen Wegezeiten wird auf eine volle Stunde gerundet und mit dem Entgelt für Überstunden sowie etwaiger Zeitzuschläge nach Absatz 1 bezahlt. [6] Wird die Arbeitsleistung innerhalb der Rufbereitschaft am Aufenthaltsort im Sinne des § 7

Absatz 4 telefonisch (zum Beispiel in Form einer Auskunft) oder mittels technischer Einrichtungen erbracht, wird abweichend von Satz 5 die Summe dieser Arbeitsleistungen am Ende des Rufbereitschaftsdienstes auf die nächsten vollen 30 oder 60 Minuten gerundet und mit dem Entgelt für Überstunden sowie etwaiger Zeitzuschläge nach Absatz 1 bezahlt; dauert der Rufbereitschaftsdienst länger als 24 Stunden (zum Beispiel an Wochenenden), erfolgt die Aufrundung nach jeweils 24 Stunden. [7] Absatz 1 Satz 4 gilt entsprechend, soweit die Buchung auf das Arbeitszeitkonto nach § 10 Absatz 3 Satz 2 zulässig ist. [8] Für die Zeit der Rufbereitschaft werden Zeitzuschläge nicht gezahlt.

Protokollerklärung zu § 8 Absatz 5:
Zur Ermittlung der Tage einer Rufbereitschaft, für die eine Pauschale gezahlt wird, ist auf den Tag des Beginns der Rufbereitschaft abzustellen.

(6) [1] Das Entgelt für Bereitschaftsdienst wird durch besonderen Tarifvertrag geregelt. [2] Bis zum In-Kraft-Treten einer Regelung nach Satz 1 gelten die in dem jeweiligen Betrieb/der jeweiligen Verwaltung/Dienststelle am 31. Oktober 2006 jeweils geltenden Bestimmungen fort. [3] Das Bereitschaftsdienstentgelt kann, soweit ein Arbeitszeitkonto (§ 10) eingerichtet ist und die betrieblichen/dienstlichen Verhältnisse es zulassen (Absatz 1 Satz 4), im Einvernehmen mit der/dem Beschäftigten im Verhältnis 1: 1 in Freizeit (faktorisiert) abgegolten werden. [4] Weitere Faktorisierungsregelungen können in einer einvernehmlichen Dienst- oder Betriebsvereinbarung getroffen werden.

Protokollerklärung zu § 8 Absatz 6:
Unabhängig von den Vorgaben des Absatzes 6 kann der Arbeitgeber einen Freizeitausgleich anordnen, wenn dies zur Einhaltung der Vorschriften des Arbeitszeitgesetzes erforderlich ist.

(7) [1] Beschäftigte, die ständig Wechselschichtarbeit leisten, erhalten eine Wechselschichtzulage von 105 Euro monatlich. [2] Beschäftigte, die nicht ständig Wechselschichtarbeit leisten, erhalten eine Wechselschichtzulage von 0,63 Euro pro Stunde.

(8) [1] Beschäftigte, die ständig Schichtarbeit leisten, erhalten eine Schichtzulage von 40 Euro monatlich. [2] Beschäftigte, die nicht ständig Schichtarbeit leisten, erhalten eine Schichtzulage von 0,24 Euro pro Stunde.

§ 9 Bereitschaftszeiten. (1) [1] Bereitschaftszeiten sind die Zeiten, in denen sich die/der Beschäftigte am Arbeitsplatz oder einer anderen vom Arbeitgeber bestimmten Stelle zur Verfügung halten muss, um im Bedarfsfall die Arbeit selbständig, gegebenenfalls auch auf Anordnung, aufzunehmen; in ihnen überwiegen die Zeiten ohne Arbeitsleistung. [2] Für Beschäftigte, in deren Tätigkeit regelmäßig und in nicht unerheblichem Umfang Bereitschaftszeiten fallen, gelten folgende Regelungen:

a) Bereitschaftszeiten werden zur Hälfte als tarifliche Arbeitszeit gewertet (faktorisiert).
b) Sie werden innerhalb von Beginn und Ende der regelmäßigen täglichen Arbeitszeit nicht gesondert ausgewiesen.
c) Die Summe aus den faktorisierten Bereitschaftszeiten und der Vollarbeitszeit darf die Arbeitszeit nach § 6 Absatz 1 nicht überschreiten.
d) Die Summe aus Vollarbeits- und Bereitschaftszeiten darf durchschnittlich 48 Stunden wöchentlich nicht überschreiten.

[3] Ferner ist Voraussetzung, dass eine nicht nur vorübergehend angelegte Organisationsmaßnahme besteht, bei der regelmäßig und in nicht unerheblichem Umfang Bereitschaftszeiten anfallen.

(2) [1] Die Anwendung des Absatzes 1 bedarf im Geltungsbereich eines Personalvertretungsgesetzes einer einvernehmlichen Dienstvereinbarung. [2] § 6 Absatz 9 gilt entsprechend.

Protokollerklärung zu § 9 Absatz 1 und 2:
Diese Regelung gilt nicht für Wechselschicht- und Schichtarbeit.

(3) [1] Für Hausmeisterinnen/Hausmeister und für Beschäftigte im Rettungsdienst und in Rettungsdienstleitstellen, in deren Tätigkeit regelmäßig und in nicht unerheblichem Umfang Bereitschaftszeiten fallen, gilt Absatz 1 entsprechend; Absatz 2 findet keine Anwendung. [2] Für Beschäftigte im Rettungsdienst und in Rettungsdienstleitstellen beträgt in diesem Fall die zulässige tägliche Höchstarbeitszeit zwölf Stunden zuzüglich der gesetzlichen Pausen.

§ 10 Arbeitszeitkonto. (1) [1] Durch Betriebs-/Dienstvereinbarung kann ein Arbeitszeitkonto eingerichtet werden. [2] Für einen Betrieb/eine Verwaltung, in dem/der ein Personalvertretungsgesetz Anwendung findet, kann eine Regelung nach Satz 1 auch in einem landesbezirklichen Tarifvertrag getroffen werden, wenn eine Dienstvereinbarung nicht einvernehmlich zustande kommt und der Arbeitgeber ein Letztentscheidungsrecht hat. [3] Soweit ein Arbeitszeitkorridor (§ 6 Absatz 6) oder eine Rahmenzeit (§ 6 Absatz 7) vereinbart wird, ist ein Arbeitszeitkonto einzurichten.

(2) [1] In der Betriebs-/Dienstvereinbarung wird festgelegt, ob das Arbeitszeitkonto im ganzen Betrieb/in der ganzen Verwaltung oder Teilen davon eingerichtet wird. [2] Alle Beschäftigten der Betriebs-/Verwaltungsteile, für die ein Arbeitszeitkonto eingerichtet wird, werden von den Regelungen des Arbeitszeitkontos erfasst.

(3) [1] Auf das Arbeitszeitkonto können Zeiten, die bei Anwendung des nach § 6 Absatz 2 festgelegten Zeitraums als Zeitguthaben oder als Zeitschuld bestehen bleiben, nicht durch Freizeit ausgeglichene Zeiten nach § 8 Absatz 1 Satz 5 und Absatz 4 sowie in Zeit umgewandelte Zuschläge nach § 8 Absatz 1 Satz 4 gebucht werden. [2] Weitere Kontingente (zum Beispiel Rufbereitschafts-/Bereitschaftsdienstentgelte) können durch Betriebs-/Dienstvereinbarung zur Buchung freigegeben werden. [3] Die/Der Beschäftigte entscheidet für einen in der Betriebs-/Dienstvereinbarung festgelegten Zeitraum, welche der in Satz 1 beziehungsweise Satz 2 genannten Zeiten auf das Arbeitszeitkonto gebucht werden.

(4) Im Falle einer unverzüglich angezeigten und durch ärztliches Attest nachgewiesenen Arbeitsunfähigkeit während eines Zeitausgleichs vom Arbeitszeitkonto (Zeiten nach Absatz 3 Satz 1 und 2) tritt eine Minderung des Zeitguthabens nicht ein.

(5) In der Betriebs-/Dienstvereinbarung sind insbesondere folgende Regelungen zu treffen:

a) Die höchstmögliche Zeitschuld (bis zu 40 Stunden) und das höchstzulässige Zeitguthaben (bis zu einem Vielfachen von 40 Stunden), die innerhalb eines bestimmten Zeitraums anfallen dürfen;

b) Fristen für das Abbuchen von Zeitguthaben oder für den Abbau von Zeitschulden durch die/den Beschäftigten;

c) die Berechtigung, das Abbuchen von Zeitguthaben zu bestimmten Zeiten (zum Beispiel an so genannten Brückentagen) vorzusehen;

d) die Folgen, wenn der Arbeitgeber einen bereits genehmigten Freizeitausgleich kurzfristig widerruft.

(6) [1] Der Arbeitgeber kann mit der/dem Beschäftigten die Einrichtung eines Langzeitkontos vereinbaren. [2] In diesem Fall ist der Betriebs-/Personalrat zu beteiligen und – bei Insolvenzfähigkeit des Arbeitgebers – eine Regelung zur Insolvenzsicherung zu treffen.

§ 11 Teilzeitbeschäftigung. (1) [1] Mit Beschäftigten soll auf Antrag eine geringere als die vertraglich festgelegte Arbeitszeit vereinbart werden, wenn sie

a) mindestens ein Kind unter 18 Jahren oder

b) einen nach ärztlichem Gutachten pflegebedürftigen sonstigen Angehörigen

tatsächlich betreuen oder pflegen und dringende dienstliche beziehungsweise betriebliche Belange nicht entgegenstehen. [2] Die Teilzeitbeschäftigung nach Satz 1 ist auf Antrag auf bis zu fünf Jahre zu befristen. [3] Sie kann verlängert werden; der Antrag ist spätestens sechs Monate vor Ablauf der vereinbarten Teilzeitbeschäftigung zu stellen. [4] Bei der Gestaltung der Arbeitszeit hat der Arbeitgeber im Rahmen der dienstlichen beziehungsweise betrieblichen Möglichkeiten der besonderen persönlichen Situation der/des Beschäftigten nach Satz 1 Rechnung zu tragen.

(2) Beschäftigte, die in anderen als den in Absatz 1 genannten Fällen eine Teilzeitbeschäftigung vereinbaren wollen, können von ihrem Arbeitgeber verlangen, dass er mit ihnen die Möglichkeit einer Teilzeitbeschäftigung mit dem Ziel erörtert, zu einer entsprechenden Vereinbarung zu gelangen.

(3) Ist mit früher Vollbeschäftigten auf ihren Wunsch eine nicht befristete Teilzeitbeschäftigung vereinbart worden, sollen sie bei späterer Besetzung eines Vollzeitarbeitsplatzes bei gleicher Eignung im Rahmen der dienstlichen beziehungsweise betrieblichen Möglichkeiten bevorzugt berücksichtigt werden.

Protokollerklärung zu Abschnitt II:

[1] Gleitzeitregelungen sind unter Wahrung der jeweils geltenden Mitbestimmungsrechte unabhängig von den Vorgaben zu Arbeitszeitkorridor und Rahmenzeit (§ 6 Absatz 6 und 7) möglich; dies gilt nicht bei Schicht- und Wechselschichtarbeit. [2] In den Gleitzeitregelungen kann auf Vereinbarungen nach § 10 verzichtet werden. [3] Sie dürfen keine Regelungen nach § 6 Absatz 4 enthalten. [4] Bei In-Kraft-Treten dieses Tarifvertrages bestehende Gleitzeitregelungen bleiben unberührt.

Abschnitt III. Eingruppierung, Entgelt und sonstige Leistungen

§ 12 Eingruppierung. [Derzeit nicht belegt, wird im Zusammenhang mit einer Entgeltordnung geregelt.]

§ 13 Eingruppierung in besonderen Fällen. [Derzeit nicht belegt, wird im Zusammenhang mit einer Entgeltordnung geregelt.]

§ 14 Vorübergehende Übertragung einer höherwertigen Tätigkeit. (1) Wird Beschäftigten vorübergehend eine andere Tätigkeit übertragen, die den Tätigkeitsmerkmalen einer höheren Entgeltgruppe entspricht, und wurde diese Tätigkeit mindestens einen Monat ausgeübt, erhalten sie für die Dauer der Ausübung eine persönliche Zulage rückwirkend ab dem ersten Tag der Übertragung der Tätigkeit.

(2) [1] Durch landesbezirklichen Tarifvertrag kann für bestimmte Tätigkeiten festgelegt werden, dass die Voraussetzung für die Zahlung einer persönlichen Zulage bereits erfüllt ist, wenn die vorübergehend übertragene Tätigkeit mindestens drei Arbeitstage angedauert hat. [2] Die Beschäftigten müssen dann ab dem ersten Tag der Vertretung in Anspruch genommen worden sein.

(3) [1] Die persönliche Zulage bemisst sich für Beschäftigte in den Entgeltgruppen 9 bis 15 aus dem Unterschiedsbetrag zu dem Tabellenentgelt, das sich für die/den Beschäftigte/n bei dauerhafter Übertragung nach § 17 Absatz 4 Satz 1 und 2 ergeben hätte. [2] Für Beschäftigte, die in eine der Entgeltgruppen 1 bis 8 eingruppiert sind, beträgt die Zulage 4,5 v.H. des individuellen Tabellenentgelts der/des Beschäftigten; bei vorübergehender Übertragung einer höherwertigen Tätigkeit über mehr als eine Entgeltgruppe gilt Satz 1 entsprechend.

§ 15 Tabellenentgelt. (1) [1] Die/Der Beschäftigte erhält monatlich ein Tabellenentgelt. [2] Die Höhe bestimmt sich nach der Entgeltgruppe, in die sie/er eingruppiert ist, und nach der für sie/ihn geltenden Stufe.

Protokollerklärung zu § 15 Absatz 1:

[1]Für Beschäftigte, bei denen die Regelungen des Tarifgebiets Ost Anwendung finden, beträgt der Bemessungssatz für das Tabellenentgelt und die sonstigen Entgeltbestandteile in diesem Tarifvertrag sowie in den diesen Tarifvertrag ergänzenden Tarifverträgen und Tarifvertragsregelungen 92,5 v.H. der nach den jeweiligen Tarifvorschriften für Beschäftigte im Tarifgebiet West geltenden Beträge. [2]Der Bemessungssatz Ost erhöht sich am 1. Januar 2008 auf 100 v.H. für Beschäftigte, auf die die Regelungen des Tarifgebietes Ost Anwendung finden und die nach dem BAT-O (einschließlich des § 2 Nr. 3 des Änderungstarifvertrages Nr. 1 zum BAT-O vom 8. Mai 1991) in die Vergütungsgruppen X bis Vb, Kr. I bis Kr. VIII eingruppiert oder nach dem MTArb-O in die Lohngruppen 1 bis 9 eingereiht wären. [3]Für die übrigen Vergütungsgruppen erhöht sich der Bemessungssatz nach Satz 1 am 1. Januar 2010 auf 100 v.H.[4]Satz 1 gilt nicht für Ansprüche aus § 23 Absatz 1 und 2.

(2) [1] Die Höhe der Tabellenentgelte ist in den Anlagen A 1 und A 2 festgelegt. [2] Abweichend von Satz 1 ist für Beschäftigte, bei denen die Regelungen des Tarifgebiets Ost Anwendung finden, die Höhe der Tabellenentgelte für die Zeit vom 1. März 2009 bis 31. Dezember 2009 in der Anlage B festgelegt.

(3) [1] Im Rahmen von landesbezirklichen Regelungen können für an- und ungelernte Tätigkeiten in von Outsourcing und/oder Privatisierung bedrohten Bereichen in den Entgeltgruppen 1 bis 4 Abweichungen von der Entgelttabelle bis zu einer dort vereinbarten Untergrenze vorgenommen werden. [2] Die Untergrenze muss im Rahmen der Spannbreite des Entgelts der Entgeltgruppe 1 liegen. [3] Die Umsetzung erfolgt durch Anwendungsvereinbarung.

Niederschriftserklärung zu § 15:

Als Tabellenentgelt gilt auch das Entgelt aus der individuellen Zwischenstufe und der individuellen Endstufe.

§ 16 Stufen der Entgelttabelle. (1) [1] Die Entgeltgruppen 9 bis 15 umfassen fünf Stufen und die Entgeltgruppen 2 bis 8 sechs Stufen. [2] Die Abweichungen von Satz 1 sind im Anhang zu § 16 geregelt.

(2) [1] Bei der Einstellung werden die Beschäftigten der Stufe 1 zugeordnet, sofern keine einschlägige Berufserfahrung vorliegt. [2] Verfügen Beschäftigte über eine einschlägige Berufserfahrung von mindestens einem Jahr aus einem vorherigen befristeten oder unbefristeten Arbeitsverhältnis zum selben Arbeitgeber, erfolgt die Stufenzuordnung unter Anrechnung der Zeiten der einschlägigen Berufserfahrung aus diesem vorherigen Arbeitsverhältnis. [3] Ist die einschlägige Berufserfahrung von mindestens einem Jahr in einem Arbeitsverhältnis zu einem anderen Arbeitgeber erworben worden, erfolgt die Einstellung in die Stufe 2, beziehungsweise – bei Einstellung nach dem 31. Januar 2010 und Vorliegen einer einschlägigen Berufserfahrung von mindestens drei Jahren – in Stufe 3. [4] Unabhängig davon kann der Arbeitgeber bei Neueinstellungen zur Deckung des Personalbedarfs Zeiten einer vorherigen beruflichen Tätigkeit ganz oder teilweise für die Stufenzuordnung berücksichtigen, wenn diese Tätigkeit für die vorgesehene Tätigkeit förderlich ist.

Protokollerklärungen zu § 16 Absatz 2:

1. Einschlägige Berufserfahrung ist eine berufliche Erfahrung in der übertragenen oder einer auf die Aufgabe bezogen entsprechenden Tätigkeit.

2. Ein Berufspraktikum nach dem Tarifvertrag über die vorläufige Weitergeltung der Regelungen für die Praktikantinnen/Praktikanten gilt grundsätzlich als Erwerb einschlägiger Berufserfahrung.
3. Ein vorheriges Arbeitsverhältnis im Sinne des Satzes 2 besteht, wenn zwischen dem Ende des vorherigen und dem Beginn des neuen Arbeitsverhältnisses ein Zeitraum von längstens sechs Monaten liegt; bei Wissenschaftlerinnen/Wissenschaftlern ab der Entgeltgruppe 13 verlängert sich der Zeitraum auf längstens zwölf Monate.

(2 a) Der Arbeitgeber kann bei Einstellung von Beschäftigten im unmittelbaren Anschluss an ein Arbeitsverhältnis im öffentlichen Dienst (§ 34 Absatz 3 Satz 3 und 4) die beim vorherigen Arbeitgeber nach den Regelungen des TV-L, des TVÜ-Länder oder eines vergleichbaren Tarifvertrages erworbene Stufe bei der Stufenzuordnung ganz oder teilweise berücksichtigen; Absatz 2 Satz 4 bleibt unberührt.

(3) [1] Die Beschäftigten erreichen die jeweils nächste Stufe – von Stufe 3 an in Abhängigkeit von ihrer Leistung gemäß § 17 Absatz 2 – nach folgenden Zeiten einer ununterbrochenen Tätigkeit innerhalb derselben Entgeltgruppe bei ihrem Arbeitgeber (Stufenlaufzeit):
- Stufe 2 nach einem Jahr in Stufe 1,
- Stufe 3 nach zwei Jahren in Stufe 2,
- Stufe 4 nach drei Jahren in Stufe 3,
- Stufe 5 nach vier Jahren in Stufe 4 und
- Stufe 6 nach fünf Jahren in Stufe 5 bei den Entgeltgruppen 2 bis 8.

[2] Die Abweichungen von Satz 1 sind im Anhang zu § 16 geregelt.

(4) [1] Die Entgeltgruppe 1 umfasst fünf Stufen. [2] Einstellungen erfolgen zwingend in der Stufe 2 (Eingangsstufe). [3] Die jeweils nächste Stufe wird nach vier Jahren in der vorangegangenen Stufe erreicht; § 17 Absatz 2 bleibt unberührt.

(5) [1] Zur regionalen Differenzierung, zur Deckung des Personalbedarfs, zur Bindung von qualifizierten Fachkräften oder zum Ausgleich höherer Lebenshaltungskosten kann Beschäftigten abweichend von der tarifvertraglichen Einstufung ein bis zu zwei Stufen höheres Entgelt ganz oder teilweise vorweg gewährt werden. [2] Beschäftigte mit einem Entgelt der Endstufe können bis zu 20 v.H. der Stufe 2 zusätzlich erhalten. [3] Die Zulage kann befristet werden. [4] Sie ist auch als befristete Zulage widerruflich.

§ 17 Allgemeine Regelungen zu den Stufen. (1) Die Beschäftigten erhalten das Tabellenentgelt nach der neuen Stufe vom Beginn des Monats an, in dem die nächste Stufe erreicht wird.

(2) [1] Bei Leistungen der Beschäftigten, die erheblich über dem Durchschnitt liegen, kann die erforderliche Zeit für das Erreichen der Stufen 4 bis 6 jeweils verkürzt werden. [2] Bei Leistungen, die erheblich unter dem Durchschnitt liegen, kann die erforderliche Zeit für das Erreichen der Stufen 4 bis 6 jeweils verlängert werden. [3] Bei einer Verlängerung der Stufenlaufzeit hat der Arbeitgeber jährlich zu prüfen, ob die Voraussetzungen für die Verlängerung noch vorliegen. [4] Für die Beratung von schriftlich begründeten Beschwerden von Beschäftigten gegen eine Verlängerung nach Satz 2 beziehungsweise 3 ist eine betriebliche Kommission zuständig. [5] Die Mitglieder der betrieblichen Kommission werden je zur Hälfte vom Arbeitgeber und vom Betriebs-/Personalrat benannt; sie müssen dem Betrieb/der Dienststelle angehören. [6] Der Arbeitgeber entscheidet auf Vorschlag der Kommission darüber, ob und in welchem Umfang der Beschwerde abgeholfen werden soll.

Protokollerklärung zu § 17 Absatz 2:
Die Instrumente des § 17 Absatz 2 unterstützen die Anliegen der Personalentwicklung.

Protokollerklärung zu § 17 Absatz 2 Satz 2:
Bei Leistungsminderungen, die auf einem anerkannten Arbeitsunfall oder einer Berufskrankheit gemäß §§ 8 und 9 SGB VII beruhen, ist diese Ursache in geeigneter Weise zu berücksichtigen.

Protokollerklärung zu § 17 Absatz 2 Satz 6:
Die Mitwirkung der Kommission erfasst nicht die Entscheidung über die leistungsbezogene Stufenzuordnung.

(3) [1] Den Zeiten einer ununterbrochenen Tätigkeit im Sinne des § 16 Absatz 3 Satz 1 stehen gleich:

a) Schutzfristen nach dem Mutterschutzgesetz,
b) Zeiten einer Arbeitsunfähigkeit nach § 22 bis zu 39 Wochen,
c) Zeiten eines bezahlten Urlaubs,
d) Zeiten eines Sonderurlaubs, bei denen der Arbeitgeber vor dem Antritt schriftlich ein dienstliches beziehungsweise betriebliches Interesse anerkannt hat,

e) Zeiten einer sonstigen Unterbrechung von weniger als einem Monat im Kalenderjahr,

f) Zeiten der vorübergehenden Übertragung einer höherwertigen Tätigkeit.

[2] Zeiten der Unterbrechung bis zu einer Dauer von jeweils drei Jahren, die nicht von Satz 1 erfasst werden, und Elternzeit sowie Zeiten einer Unterbrechung bei Beschäftigten, die für eine jahreszeitlich begrenzte regelmäßig wiederkehrende Tätigkeit in einem Beschäftigungsverhältnis stehen (Saisonbeschäftigte), sind unschädlich; sie werden aber nicht auf die Stufenlaufzeit angerechnet. [3] Bei einer Unterbrechung von mehr als drei Jahren erfolgt eine Zuordnung zu der Stufe, die der vor der Unterbrechung erreichten Stufe vorangeht, jedoch nicht niedriger als bei einer Neueinstellung; die Stufenlaufzeit beginnt mit dem Tag der Arbeitsaufnahme. [4] Zeiten, in denen Beschäftigte mit einer kürzeren als der regelmäßigen wöchentlichen Arbeitszeit eines entsprechenden Vollbeschäftigten beschäftigt waren, werden voll angerechnet.

(4) [1] Bei Eingruppierung in eine höhere Entgeltgruppe werden die Beschäftigten derjenigen Stufe zugeordnet, in der sie mindestens ihr bisheriges Tabellenentgelt erhalten, mindestens jedoch der Stufe 2; bei Eingruppierung über mehr als eine Entgeltgruppe wird die Zuordnung zu den Stufen so vorgenommen, als ob faktisch eine Eingruppierung in jede der einzelnen Entgeltgruppen stattgefunden hätte. [2] Beträgt der Unterschiedsbetrag zwischen dem derzeitigen Tabellenentgelt und dem Tabellenentgelt nach Satz 1 weniger als 25 Euro in den Entgeltgruppen 1 bis 8 beziehungsweise weniger als 50 Euro in den Entgeltgruppen 9 bis 15, so erhält die/der Beschäftigte während der betreffenden Stufenlaufzeit anstelle des Unterschiedsbetrags einen Garantiebetrag von monatlich 25 Euro (Entgeltgruppen 1 bis 8) beziehungsweise 50 Euro (Entgeltgruppen 9 bis 15). [3] Die Stufenlaufzeit in der höheren Entgeltgruppe beginnt mit dem Tag der Höhergruppierung. [4] Bei einer Eingruppierung in eine niedrigere Entgeltgruppe ist die/der Beschäftige der in der höheren Entgeltgruppe erreichten Stufe zuzuordnen. [5] Die/Der Beschäftigte erhält vom Beginn des Monats an, in dem die Veränderung wirksam wird, das entsprechende Tabellenentgelt aus der in Satz 1 oder Satz 4 festgelegten Stufe der betreffenden Entgeltgruppe, gegebenenfalls einschließlich des Garantiebetrags.

Protokollerklärung zu § 17 Absatz 4 Satz 1 2. Halbsatz:

[1] Bis zum Inkrafttreten einer neuen Entgeltordnung gilt für Beschäftigte im Sinne von § 38 Absatz 5 Satz 1 die Höhergruppierung von der Entgeltgruppe 3 in die 25 Entgeltgruppe 5, von der Entgeltgruppe 6 in die Entgeltgruppe 8 und – ausschließlich bei Lehrkräften nach Anlage 4 Teil B TVÜ-Länder als „Erfüller" – von der Entgeltgruppe 11 in die Entgeltgruppe 13 nicht als „Eingruppierung über mehr als eine Entgeltgruppe". [2] Satz 1 gilt entsprechend in den Fällen des § 14 Absatz 3 Satz 2 2. Halbsatz.

Protokollerklärung zu § 17 Absatz 4 Satz 2:

[1] Die Garantiebeträge nehmen an allgemeinen Entgeltanpassungen teil. [2] Sie betragen

a) in den Entgeltgruppen 1 bis 8
   - 26,50 Euro ab 1. März 2009
   - 26,82 Euro ab 1. März 2010

b) in den Entgeltgruppen 9 bis 15
   - 52,99 Euro ab 1. März 2009
   - 53,63 Euro ab 1. März 2010.

§ 18 *(aufgehoben)*

§ 19 Erschwerniszuschläge. (1) [1] Erschwerniszuschläge werden für Arbeiten gezahlt, die außergewöhnliche Erschwernisse beinhalten. [2] Dies gilt nicht für Erschwernisse, die mit dem Berufs- oder Tätigkeitsbild verbunden sind, das der Eingruppierung zugrunde liegt.

(2) Außergewöhnliche Erschwernisse im Sinne des Absatzes 1 ergeben sich grundsätzlich nur bei Arbeiten

a) mit besonderer Gefährdung,

b) mit extremer nicht klimabedingter Hitzeeinwirkung,

c) mit besonders starker Schmutz- oder Staubbelastung,

d) mit besonders starker Strahlenexposition oder

e) unter sonstigen vergleichbar erschwerten Umständen.

(3) Zuschläge nach Absatz 1 werden nicht gewährt, soweit der außergewöhnlichen Erschwernis durch geeignete Vorkehrungen, insbesondere zum Arbeitsschutz, ausreichend Rechnung getragen wird.

(4) [1] Die Zuschläge betragen in der Regel 5 bis 15 v.H. – in besonderen Fällen auch abweichend – des auf eine Stunde entfallenden Anteils des monatlichen Tabellenentgelts der Stufe 2 der Entgeltgruppe 2. [2] Teilzeitbeschäftigte erhalten Erschwerniszuschläge, die nach

Stunden bemessen werden, in voller Höhe; so fern sie pauschaliert gezahlt werden, gilt dagegen § 24 Absatz 2.

(5) [1] Die zuschlagspflichtigen Arbeiten und die Höhe der Zuschläge werden tarifvertraglich vereinbart. [2] Bis zum In-Kraft-Treten eines entsprechenden Tarifvertrages gelten die bisherigen tarifvertraglichen Regelungen fort.

§ 20 Jahressonderzahlung. (1) Beschäftigte, die am 1. Dezember im Arbeitsverhältnis stehen, haben Anspruch auf eine Jahressonderzahlung.

(2) [1] Die Jahressonderzahlung beträgt bei Beschäftigten in den Entgeltgruppen

	Tarifgebiet West	Tarifgebiet Ost
E 1 bis E 8	95 v.H.	71,5 v.H.
E 9 bis E 11	80 v.H.	60 v.H.
E 12 bis E 13	50 v.H.	45 v.H.
E 14 bis E 15	35 v.H.	30 v.H.

der Bemessungsgrundlage nach Absatz 3. [2] Für die Anwendung des Satzes 1 werden Beschäftigte der Entgeltgruppe 13 Ü bei einem Bezug des Tabellenentgelts aus den Stufen 2 und 3 der Entgeltgruppe 13, im Übrigen der Entgeltgruppe 14 zugeordnet. [3] Beschäftigte der Entgeltgruppe 13 mit einem Anspruch auf die Zulage nach § 17 Absatz 8 TVÜ-Länder werden der Entgeltgruppe 14 zugeordnet.

(3) [1] Bemessungsgrundlage im Sinne des Absatzes 2 Satz 1 ist das monatliche Entgelt, das den Beschäftigten in den Kalendermonaten Juli, August und September durchschnittlich gezahlt wird; unberücksichtigt bleiben hierbei das zusätzlich für Überstunden und Mehrarbeit gezahlte Entgelt (mit Ausnahme der im Dienstplan vorgesehenen Mehrarbeits- oder Überstunden), Leistungszulagen, Leistungs- und Erfolgsprämien. [2] Der Bemessungssatz bestimmt sich nach der Entgeltgruppe am 1. September. [3] Bei Beschäftigten, deren Arbeitsverhältnis nach dem 31. August begonnen hat, tritt an die Stelle des Bemessungszeitraums der erste volle Kalendermonat des Arbeitsverhältnisses; anstelle des Bemessungssatzes der Entgeltgruppe am 1. September tritt die Entgeltgruppe des Einstellungstages. [4] In den Fällen, in denen im Kalenderjahr der Geburt des Kindes während des Bemessungszeitraums eine elterngeldunschädliche Teilzeitbeschäftigung ausgeübt wird, bemisst sich die Jahressonderzahlung nach dem Beschäftigungsumfang am Tag vor dem Beginn der Elternzeit.

Protokollerklärung zu § 20 Absatz 3:

[1]Bei der Berechnung des durchschnittlich gezahlten monatlichen Entgelts werden die gezahlten Entgelte der drei Monate addiert und durch drei geteilt; dies gilt auch bei einer Änderung des Beschäftigungsumfangs. [2]Ist im Bemessungszeitraum nicht für alle Kalendertage Entgelt gezahlt worden, werden die gezahlten Entgelte der drei Monate addiert, durch die Zahl der Kalendertage mit Entgelt geteilt und sodann mit 30,67 multipliziert. [3]Zeiträume, für die Krankengeldzuschuss gezahlt worden ist, bleiben hierbei unberücksichtigt. [4]Besteht während des Bemessungszeitraums an weniger als 30 Kalendertagen Anspruch auf Entgelt, ist der letzte Kalendermonat, in dem für alle Kalendertage Anspruch auf Entgelt bestand, maßgeblich.

(4) [1] Der Anspruch nach den Absätzen 1 bis 3 vermindert sich um ein Zwölftel für jeden Kalendermonat, in dem Beschäftigte keinen Anspruch auf Entgelt oder Fortzahlung des Entgelts nach § 21 haben. [2] Die Verminderung unterbleibt für Kalendermonate, für die Beschäftigte kein Tabellenentgelt erhalten haben wegen

a) Ableistung von Grundwehrdienst oder Zivildienst, wenn sie diesen vor dem 1. Dezember beendet und die Beschäftigung unverzüglich wieder aufgenommen haben,
b) Beschäftigungsverboten nach § 3 Absatz 2 und § 6 Absatz 1 Mutterschutzgesetz,
c) Inanspruchnahme der Elternzeit nach dem Bundeselterngeld- und Elternzeitgesetz[1)] bis zum Ende des Kalenderjahres, in dem das Kind geboren ist, wenn am Tag vor Antritt der Elternzeit Anspruch auf Entgelt oder auf Zuschuss zum Mutterschaftsgeld bestanden hat.

[3] Die Verminderung unterbleibt ferner für Kalendermonate, in denen Beschäftigten Krankengeldzuschuss gezahlt wurde oder nur wegen der Höhe des zustehenden Krankengelds oder einer entsprechenden gesetzlichen Leistung ein Krankengeldzuschuss nicht gezahlt worden ist.

(5) [1] Die Jahressonderzahlung wird mit dem Tabellenentgelt für November ausgezahlt. [2] Ein Teilbetrag der Jahressonderzahlung kann zu einem früheren Zeitpunkt ausgezahlt werden.

(6) [1] Beschäftigte, die bis zum 20. Mai 2006 Altersteilzeitarbeit vereinbart haben, erhalten die Jahressonderzahlung auch dann, wenn das Arbeitsverhältnis wegen Rentenbezugs vor dem

[1)] Nr. **871**.

1. Dezember endet. [2] In diesem Falle treten an die Stelle des Bemessungszeitraums gemäß Absatz 3 die letzten drei Kalendermonate vor Beendigung des Arbeitsverhältnisses.

Protokollerklärungen zu § 20:

1. [1]Im Jahr 2006 bestimmt sich der Bemessungssatz im Sinne des Absatzes 2 nach der Entgeltgruppe am 1. November 2006. [2]Die Bemessungsgrundlage im Sinne des Absatzes 3 bestimmt sich im Jahr 2006 nach der Urlaubsvergütung beziehungsweise nach dem Urlaubslohn des Monats September, die/der nach den bisherigen Zuwendungs-Tarifverträgen für die Höhe der Zuwendung maßgebend gewesen wäre.
2. Für Beschäftigte, deren Arbeitsverhältnis bis zum 31. Oktober 2006 hinsichtlich der Zuwendung der tariflichen Nachwirkung nicht unterlegen hat, sowie für nach dem 31. Oktober 2006 neu eingestellte Beschäftigte gelten in den Jahren 2006 und 2007 die Regelungen des § 21 TVÜ-Länder.
3. Beschäftigte, deren Arbeitsverhältnis im Laufe des Monats November 2006 wegen Erreichens der Altersgrenze, wegen verminderter Erwerbsfähigkeit oder wegen Erfüllung der Voraussetzungen zum Bezug einer Altersrente geendet hat, erhalten eine anteilige Jahressonderzahlung in entsprechender Anwendung der Absätze 1 bis 5.

§ 21 Bemessungsgrundlage für die Entgeltfortzahlung. [1] In den Fällen der Entgeltfortzahlung nach § 22 Absatz 1, § 26 und § 27 werden das Tabellenentgelt sowie die sonstigen in Monatsbeträgen festgelegten Entgeltbestandteile weitergezahlt. [2] Nicht in Monatsbeträgen festgelegte Entgeltbestandteile werden als Durchschnitt auf Basis der letzten drei vollen Kalendermonate, die dem maßgebenden Ereignis für die Entgeltfortzahlung vorhergehen (Berechnungszeitraum), gezahlt. [3] Ausgenommen hiervon sind das zusätzlich gezahlte Entgelt für Überstunden und Mehrarbeit (mit Ausnahme der im Dienstplan vorgesehenen Mehrarbeits- oder Überstunden sowie etwaiger Überstundenpauschalen), Leistungsentgelte, Jahressonderzahlungen sowie besondere Zahlungen nach § 23.

Protokollerklärungen zu § 21 Satz 2 und 3:

1. [1]Volle Kalendermonate im Sinne der Durchschnittsberechnung nach Satz 2 sind Kalendermonate, in denen an allen Kalendertagen das Arbeitsverhältnis bestanden hat. [2]Hat das Arbeitsverhältnis weniger als drei Kalendermonate bestanden, sind die vollen Kalendermonate, in denen das Arbeitsverhältnis bestanden hat, zugrunde zu legen. [3]Bei Änderungen der individuellen Arbeitszeit werden die nach der Arbeitszeitänderung liegenden vollen Kalendermonate zu Grunde gelegt.
2. [1]Der Tagesdurchschnitt nach Satz 2 beträgt 1/65 aus der Summe der zu berücksichtigenden Entgeltbestandteile, die für den Berechnungszeitraum zugestanden haben, wenn die regelmäßige wöchentliche Arbeitszeit durchschnittlich auf fünf Tage verteilt ist. [2]Maßgebend ist die Verteilung der Arbeitszeit zu Beginn des Berechnungszeitraums. [3]Bei einer abweichenden Verteilung der Arbeitszeit ist der Tagesdurchschnitt entsprechend Satz 1 und 2 zu ermitteln. [4]Sofern während des Berechnungszeitraums bereits Fortzahlungstatbestände vorlagen, bleiben bei der Ermittlung des Durchschnitts nach Satz 2 diejenigen Beträge unberücksichtigt, die während der Fortzahlungstatbestände auf Basis der Tagesdurchschnitte zustanden.
3. Tritt die Fortzahlung des Entgelts nach einer allgemeinen Entgeltanpassung ein, sind die berücksichtigungsfähigen Entgeltbestandteile, die vor der Entgeltanpassung zustanden, um 90 v.H. des Vomhundertsatzes für die allgemeine Entgeltanpassung zu erhöhen.

§ 22 Entgelt im Krankheitsfall. (1) [1] Werden Beschäftigte durch Arbeitsunfähigkeit infolge Krankheit an der Arbeitsleistung verhindert, ohne dass sie ein Verschulden trifft, erhalten sie bis zur Dauer von sechs Wochen das Entgelt nach § 21. [2] Bei erneuter Arbeitsunfähigkeit infolge derselben Krankheit sowie bei Beendigung des Arbeitsverhältnisses gelten die gesetzlichen Bestimmungen. [3] Als unverschuldete Arbeitsunfähigkeit im Sinne der Sätze 1 und 2 gilt auch die Arbeitsverhinderung im Sinne des § 3 Absatz 2 und des § 9 Entgeltfortzahlungsgesetz.

Protokollerklärung zu § 22 Absatz 1 Satz 1:

Ein Verschulden liegt nur dann vor, wenn die Arbeitsunfähigkeit vorsätzlich oder grob fahrlässig herbeigeführt wurde.

(2) [1] Nach Ablauf des Zeitraums gemäß Absatz 1 erhalten die Beschäftigten für die Zeit, für die ihnen Krankengeld oder entsprechende gesetzliche Leistungen gezahlt werden, einen Krankengeldzuschuss in Höhe des Unterschiedsbetrags zwischen den tatsächlichen Barleistungen des Sozialleistungsträgers und dem Nettoentgelt. [2] Nettoentgelt ist das um die gesetzlichen Abzüge verminderte Entgelt im Sinne des § 21; bei freiwillig in der gesetzlichen Krankenversicherung versicherten Beschäftigten ist dabei deren Gesamtkranken- und Pflegeversicherungsbeitrag abzüglich Arbeitgeberzuschuss zu berücksichtigen. [3] Bei Beschäftigten, die in der gesetzlichen Krankenversicherung versicherungsfrei oder die von der Versicherungspflicht in der gesetzlichen Krankenversicherung befreit sind, sind bei der Berechnung des Krankengeldzuschusses diejeni-

gen Leistungen zu Grunde zu legen, die ihnen als Pflichtversicherte in der gesetzlichen Krankenversicherung zustünden.

(3) [1] Der Krankengeldzuschuss wird bei einer Beschäftigungszeit (§ 34 Absatz 3)
a) von mehr als einem Jahr längstens bis zum Ende der 13. Woche und
b) von mehr als drei Jahren längstens bis zum Ende der 39. Woche
seit dem Beginn der Arbeitsunfähigkeit infolge derselben Krankheit gezahlt. [2] Maßgeblich für die Berechnung der Fristen nach Satz 1 ist die Beschäftigungszeit, die im Laufe der krankheitsbedingten Arbeitsunfähigkeit vollendet wird. [3] Innerhalb eines Kalenderjahres kann das Entgelt im Krankheitsfall nach Absatz 1 und 2 insgesamt längstens bis zum Ende der in Absatz 3 Satz 1 genannten Fristen bezogen werden; bei jeder neuen Arbeitsunfähigkeit besteht jedoch mindestens der sich aus Absatz 1 ergebende Anspruch.

(4) [1] Entgelt im Krankheitsfall wird nicht über das Ende des Arbeitsverhältnisses hinaus gezahlt; § 8 Entgeltfortzahlungsgesetz bleibt unberührt. [2] Krankengeldzuschuss wird zudem nicht über den Zeitpunkt hinaus gezahlt, von dem an Beschäftigte eine Rente oder eine vergleichbare Leistung auf Grund eigener Versicherung aus der gesetzlichen Rentenversicherung, aus einer zusätzlichen Alters- und Hinterbliebenenversorgung oder aus einer sonstigen Versorgungseinrichtung erhalten, die nicht allein aus Mitteln der Beschäftigten finanziert ist. [3] Überzahlter Krankengeldzuschuss und sonstige Überzahlungen gelten als Vorschuss auf die in demselben Zeitraum zustehenden Leistungen nach Satz 2; die Ansprüche der Beschäftigten gehen insoweit auf den Arbeitgeber über. [4] Der Arbeitgeber kann von der Rückforderung des Teils des überzahlten Betrags, der nicht durch die für den Zeitraum der Überzahlung zustehenden Bezüge im Sinne des Satzes 2 ausgeglichen worden ist, absehen, es sei denn, die/der Beschäftigte hat dem Arbeitgeber die Zustellung des Rentenbescheids schuldhaft verspätet mitgeteilt.

§ 23 Besondere Zahlungen. (1) [1] Einen Anspruch auf vermögenswirksame Leistungen nach Maßgabe des Vermögensbildungsgesetzes in seiner jeweiligen Fassung haben Beschäftigte, deren Arbeitsverhältnis voraussichtlich mindestens sechs Monate dauert. [2] Für Vollbeschäftigte beträgt die vermögenswirksame Leistung für jeden vollen Kalendermonat 6,65 Euro. [3] Der Anspruch entsteht frühestens für den Kalendermonat, in dem die/der Beschäftigte dem Arbeitgeber die erforderlichen Angaben schriftlich mitteilt, und für die beiden vorangegangenen Monate desselben Kalenderjahres; die Fälligkeit tritt nicht vor acht Wochen nach Zugang der Mitteilung beim Arbeitgeber ein. [4] Die vermögenswirksame Leistung wird nur für Kalendermonate gewährt, für die den Beschäftigten Tabellenentgelt, Entgeltfortzahlung oder Krankengeldzuschuss zusteht. [5] Für Zeiten, für die Krankengeldzuschuss zusteht, ist die vermögenswirksame Leistung Teil des Krankengeldzuschusses. [6] Die vermögenswirksame Leistung ist kein zusatzversorgungspflichtiges Entgelt.

(2) [1] Beschäftigte erhalten ein Jubiläumsgeld bei Vollendung einer Beschäftigungszeit (§ 34 Absatz 3)

a) von 25 Jahren in Höhe von 350 Euro,
b) von 40 Jahren in Höhe von 500 Euro.

[2] Teilzeitbeschäftigte erhalten das Jubiläumsgeld in voller Höhe.

(3) [1] Beim Tod von Beschäftigten, deren Arbeitsverhältnis nicht geruht hat, wird der Ehegattin/dem Ehegatten oder den Kindern ein Sterbegeld gewährt; der Ehegattin/dem Ehegatten steht die Lebenspartnerin/der Lebenspartner im Sinne des Lebenspartnerschaftsgesetzes gleich. [2] Als Sterbegeld wird für die restlichen Tage des Sterbemonats und – in einer Summe – für zwei weitere Monate das Tabellenentgelt der/des Verstorbenen gezahlt. [3] Die Zahlung des Sterbegeldes an einen der Berechtigten bringt den Anspruch der Übrigen gegenüber dem Arbeitgeber zum Erlöschen; die Zahlung auf das Gehaltskonto hat befreiende Wirkung.

(4) Für die Erstattung von Reise- und Umzugskosten sowie Trennungsgeld finden die Bestimmungen, die für die Beamtinnen und Beamten des Arbeitgebers jeweils gelten, entsprechende Anwendung.

§ 24 Berechnung und Auszahlung des Entgelts. (1) [1] Bemessungszeitraum für das Tabellenentgelt und die sonstigen Entgeltbestandteile ist der Kalendermonat, soweit tarifvertraglich nicht ausdrücklich etwas Abweichendes geregelt ist. [2] Die Zahlung erfolgt am letzten Tag des Monats (Zahltag) für den laufenden Kalendermonat auf ein von der/dem Beschäftigten benanntes Konto innerhalb eines Mitgliedstaats der Europäischen Union. [3] Fällt der Zahltag auf einen Samstag oder auf einen Wochenfeiertag, gilt der vorhergehende Werktag, fällt er auf einen Sonntag, gilt der zweite vorhergehende Werktag als Zahltag. [4] Entgeltbestandteile, die nicht in

Monatsbeträgen festgelegt sind, sowie der Tagesdurchschnitt nach § 21 sind am Zahltag des zweiten Kalendermonats, der auf ihre Entstehung folgt, fällig.

Protokollerklärungen zu § 24 Absatz 1:

1. Teilen Beschäftigte ihrem Arbeitgeber die für eine kostenfreie beziehungsweise kostengünstigere Überweisung in einen anderen Mitgliedstaat der Europäischen Union erforderlichen Angaben nicht rechtzeitig mit, so tragen sie die dadurch entstehenden zusätzlichen Überweisungskosten.
2. Soweit Arbeitgeber die Bezüge am 15. eines jeden Monats für den laufenden Monat zahlen, können sie jeweils im Dezember eines Kalenderjahres den Zahltag vom 15. auf den letzten Tag des Monats gemäß Absatz 1 Satz 1 verschieben.

(2) Soweit tarifvertraglich nicht ausdrücklich etwas anderes geregelt ist, erhalten Teilzeitbeschäftigte das Tabellenentgelt (§ 15) und alle sonstigen Entgeltbestandteile in dem Umfang, der dem Anteil ihrer individuell vereinbarten durchschnittlichen Arbeitszeit an der regelmäßigen Arbeitszeit vergleichbarer Vollzeitbeschäftigter entspricht.

(3) [1] Besteht der Anspruch auf das Tabellenentgelt oder die sonstigen Entgeltbestandteile nicht für alle Tage eines Kalendermonats, wird nur der Teil gezahlt, der auf den Anspruchszeitraum entfällt. [2] Besteht nur für einen Teil eines Kalendertags Anspruch auf Entgelt, wird für jede geleistete dienstplanmäßige oder betriebsübliche Arbeitsstunde der auf eine Stunde entfallende Anteil des Tabellenentgelts sowie der sonstigen in Monatsbeträgen festgelegten Entgeltbestandteile gezahlt. [3] Zur Ermittlung des auf eine Stunde entfallenden Anteils sind die in Monatsbeträgen festgelegten Entgeltbestandteile durch das 4,348-fache der regelmäßigen wöchentlichen Arbeitszeit (§ 6 Absatz 1 und entsprechende Sonderregelungen) zu teilen.

(4) [1] Ergibt sich bei der Berechnung von Beträgen ein Bruchteil eines Cents von mindestens 0,5, ist er aufzurunden; ein Bruchteil von weniger als 0,5 ist abzurunden. [2] Zwischenrechnungen werden jeweils auf zwei Dezimalstellen gerundet. [3] Jeder Entgeltbestandteil ist einzeln zu runden.

(5) Entfallen die Voraussetzungen für eine Zulage im Laufe eines Kalendermonats, gilt Absatz 3 entsprechend.

(6) Einzelvertraglich können neben dem Tabellenentgelt zustehende Entgeltbestandteile (zum Beispiel Zeitzuschläge, Erschwerniszuschläge, Überstundenentgelte) pauschaliert werden.

§ 25 Betriebliche Altersversorgung. [1] Die Beschäftigten haben Anspruch auf eine zusätzliche Alters- und Hinterbliebenenversorgung unter Eigenbeteiligung. [2] Einzelheiten bestimmt der Tarifvertrag über die betriebliche Altersversorgung der Beschäftigten des öffentlichen Dienstes (Tarifvertrag Altersversorgung – ATV) in seiner jeweils geltenden Fassung und für Beschäftigte der Freien und Hansestadt Hamburg das Hamburgische Zusatzversorgungsgesetz in seiner jeweils geltenden Fassung.

Abschnitt IV. Urlaub und Arbeitsbefreiung

§ 26 Erholungsurlaub. (1) [1] Beschäftigte haben in jedem Kalenderjahr Anspruch auf Erholungsurlaub unter Fortzahlung des Entgelts (§ 21). [2] Bei Verteilung der wöchentlichen Arbeitszeit auf fünf Tage in der Kalenderwoche beträgt der Urlaubsanspruch in jedem Kalenderjahr

bis zum vollendeten 30. Lebensjahr	26 Arbeitstage,
bis zum vollendeten 40. Lebensjahr	29 Arbeitstage und
nach dem vollendeten 40. Lebensjahr	30 Arbeitstage.

[3] Arbeitstage sind alle Kalendertage, an denen die Beschäftigten dienstplanmäßig oder betriebsüblich zu arbeiten haben oder zu arbeiten hätten, mit Ausnahme der auf Arbeitstage fallenden gesetzlichen Feiertage, für die kein Freizeitausgleich gewährt wird. [4] Maßgebend für die Berechnung der Urlaubsdauer ist das Lebensjahr, das im Laufe des Kalenderjahres vollendet wird. [5] Bei einer anderen Verteilung der wöchentlichen Arbeitszeit als auf fünf Tage in der Woche erhöht oder vermindert sich der Urlaubsanspruch entsprechend. [6] Verbleibt bei der Berechnung des Urlaubs ein Bruchteil, der mindestens einen halben Urlaubstag ergibt, wird er auf einen vollen Urlaubstag aufgerundet; Bruchteile von weniger als einem halben Urlaubstag bleiben unberücksichtigt. [7] Der Erholungsurlaub muss im laufenden Kalenderjahr gewährt werden; er kann auch in Teilen genommen werden.

Protokollerklärung zu § 26 Absatz 1 Satz 7:

Der Urlaub soll grundsätzlich zusammenhängend gewährt werden; dabei soll ein Urlaubsteil von zwei Wochen Dauer angestrebt werden.

(2) Im Übrigen gilt das Bundesurlaubsgesetz mit folgenden Maßgaben:

a) Im Falle der Übertragung muss der Erholungsurlaub in den ersten drei Monaten des folgenden Kalenderjahres angetreten werden. Kann der Erholungsurlaub wegen Arbeitsunfähigkeit oder aus betrieblichen/dienstlichen Gründen nicht bis zum 31. März angetreten werden, ist er bis zum 31. Mai anzutreten.

b) Beginnt oder endet das Arbeitsverhältnis im Laufe eines Jahres, steht als Erholungsurlaub für jeden vollen Monat des Arbeitsverhältnisses ein Zwölftel des Urlaubsanspruchs nach Absatz 1 zu; § 5 Bundesurlaubsgesetz bleibt unberührt.

c) Ruht das Arbeitsverhältnis, so vermindert sich die Dauer des Erholungsurlaubs einschließlich eines etwaigen tariflichen Zusatzurlaubs für jeden vollen Kalendermonat um ein Zwölftel.

d) Das Entgelt nach Absatz 1 Satz 1 wird zu dem in § 24 genannten Zeitpunkt gezahlt.

§ 27 Zusatzurlaub. (1) [1] Für die Gewährung eines Zusatzurlaubs gelten die für die Beamten des jeweiligen Landes jeweils maßgebenden Bestimmungen für Grund und Dauer sinngemäß. [2] Die beamtenrechtlichen Bestimmungen gelten nicht für den Zusatzurlaub für Wechselschichtarbeit, Schichtarbeit und Nachtarbeit.

(2) Beschäftigte, die ständig Wechselschichtarbeit nach § 7 Absatz 1 oder ständig Schichtarbeit nach § 7 Absatz 2 leisten und denen die Zulage nach § 8 Absatz 7 Satz 1 oder Absatz 8 Satz 1 zusteht, erhalten einen Arbeitstag Zusatzurlaub

a) bei Wechselschichtarbeit für je zwei zusammenhängende Monate und

b) bei Schichtarbeit für je vier zusammenhängende Monate.

(3) Im Falle nicht ständiger Wechselschicht- oder Schichtarbeit (zum Beispiel ständige Vertreter) erhalten Beschäftigte, denen die Zulage nach § 8 Absatz 7 Satz 2 oder Absatz 8 Satz 2 zusteht, einen Arbeitstag Zusatzurlaub für

a) je drei Monate im Jahr, in denen sie überwiegend Wechselschichtarbeit geleistet haben, und

b) je fünf Monate im Jahr, in denen sie überwiegend Schichtarbeit geleistet haben.

Protokollerklärung zu § 27 Absatz 2 und 3:

[1]Der Anspruch auf Zusatzurlaub bemisst sich nach der abgeleisteten Schicht- oder Wechselschichtarbeit und entsteht im laufenden Jahr, sobald die Voraussetzungen nach Absatz 2 oder 3 erfüllt sind. [2]Für die Feststellung, ob ständige Wechselschichtarbeit oder ständige Schichtarbeit vorliegt, ist eine Unterbrechung durch Arbeitsbefreiung, Freizeitausgleich, bezahlten Urlaub oder Arbeitsunfähigkeit in den Grenzen des § 22 unschädlich.

(4) [1] Zusatzurlaub nach diesem Tarifvertrag und sonstigen Bestimmungen mit Ausnahme von § 125 SGB IX wird nur bis zu insgesamt sechs Arbeitstagen im Kalenderjahr gewährt. [2] Erholungsurlaub und Zusatzurlaub (Gesamturlaub) dürfen im Kalenderjahr zusammen 35 Arbeitstage nicht überschreiten. [3] Satz 2 ist für Zusatzurlaub nach den Absätzen 2 und 3 hierzu nicht anzuwenden. [4] Bei Beschäftigten, die das 50. Lebensjahr vollendet haben, gilt abweichend von Satz 2 eine Höchstgrenze von 36 Arbeitstagen; § 26 Absatz 1 Satz 4 gilt entsprechend.

(5) Im Übrigen gilt § 26 mit Ausnahme von Absatz 2 Buchstabe b entsprechend.

§ 28 Sonderurlaub. Beschäftigte können bei Vorliegen eines wichtigen Grundes unter Verzicht auf die Fortzahlung des Entgelts Sonderurlaub erhalten.

§ 29 Arbeitsbefreiung. (1) [1] Nur die nachstehend aufgeführten Anlässe gelten als Fälle nach § 616 BGB, in denen Beschäftigte unter Fortzahlung des Entgelts in dem angegebenen Ausmaß von der Arbeit freigestellt werden:

a)	Niederkunft der Ehefrau/der Lebenspartnerin im Sinne des Lebenspartnerschaftsgesetzes	ein Arbeitstag,
b)	Tod der Ehegattin/des Ehegatten, der Lebenspartnerin/des Lebenspartners im Sinne des Lebenspartnerschaftsgesetzes, eines Kindes oder Elternteils	zwei Arbeitstage,
c)	Umzug aus dienstlichem oder betrieblichem Grund an einen anderen Ort	ein Arbeitstag,
d)	25- und 40-jähriges Arbeitsjubiläum	ein Arbeitstag,
e)	schwere Erkrankung	
aa)	einer/eines Angehörigen, soweit sie/er in demselben Haushalt lebt,	ein Arbeitstag im Kalenderjahr,
bb)	eines Kindes, das das 12. Lebensjahr noch nicht vollendet hat, wenn im laufenden Kalenderjahr kein Anspruch nach § 45 SGB V besteht oder bestanden hat,	bis zu vier Arbeitstage im Kalenderjahr,

cc) einer Betreuungsperson, wenn Beschäftigte deshalb die Betreuung ihres Kindes, das das 8. Lebensjahr noch nicht vollendet hat oder wegen körperlicher, geistiger oder seelischer Behinderung dauernd pflegebedürftig ist, übernehmen müssen, — bis zu vier Arbeitstage im Kalenderjahr.

[2] Eine Freistellung nach Buchstabe e erfolgt nur, soweit eine andere Person zur Pflege oder Betreuung nicht sofort zur Verfügung steht und die Ärztin/der Arzt in den Fällen der Doppelbuchstaben aa und bb die Notwendigkeit der Anwesenheit der/des Beschäftigten zur vorläufigen Pflege bescheinigt. [3] Die Freistellung darf insgesamt fünf Arbeitstage im Kalenderjahr nicht überschreiten.

f) Ärztliche Behandlung von Beschäftigten, wenn diese während der Arbeitszeit erfolgen muss, — erforderliche nachgewiesene Abwesenheitszeit einschließlich erforderlicher Wegezeiten.

(2) [1] Bei Erfüllung allgemeiner staatsbürgerlicher Pflichten nach deutschem Recht besteht der Anspruch auf Fortzahlung des Entgelts, wenn die Arbeitsbefreiung gesetzlich vorgeschrieben ist und soweit die Pflichten nicht außerhalb der Arbeitszeit, gegebenenfalls nach ihrer Verlegung, wahrgenommen werden können; soweit die Beschäftigten Anspruch auf Ersatz des Entgelts geltend machen können, besteht kein Anspruch auf Entgeltfortzahlung. [2] Das fortgezahlte Entgelt gilt in Höhe des Ersatzanspruchs als Vorschuss auf die Leistungen der Kostenträger. [3] Die Beschäftigten haben den Ersatzanspruch geltend zu machen und die erhaltenen Beträge an den Arbeitgeber abzuführen.

(3) [1] Der Arbeitgeber kann in sonstigen dringenden Fällen Arbeitsbefreiung unter Fortzahlung des Entgelts bis zu drei Arbeitstagen gewähren. [2] In begründeten Fällen kann bei Verzicht auf das Entgelt kurzfristige Arbeitsbefreiung gewährt werden, wenn die dienstlichen oder betrieblichen Verhältnisse es gestatten.

Protokollerklärung zu § 29 Absatz 3 Satz 2:
Zu den „begründeten Fällen“ können auch solche Anlässe gehören, für die kein Anspruch auf Arbeitsbefreiung besteht (zum Beispiel Umzug aus persönlichen Gründen).

(4) [1] Auf Antrag kann den gewählten Vertreterinnen/Vertretern der Bezirksvorstände, der Landesbezirksvorstände, der Landesfachbereichsvorstände, der Bundesfachbereichsvorstände, der Bundesfachgruppenvorstände sowie des Gewerkschaftsrates beziehungsweise entsprechender Gremien anderer vertragsschließender Gewerkschaften zur Teilnahme an Tagungen Arbeitsbefreiung bis zu acht Werktagen im Jahr unter Fortzahlung des Entgelts erteilt werden; dringende dienstliche oder betriebliche Interessen dürfen der Arbeitsbefreiung nicht entgegenstehen. [2] Zur Teilnahme an Tarifverhandlungen mit der TdL oder ihren Mitgliedern kann auf Anfordern einer der vertragsschließenden Gewerkschaften Arbeitsbefreiung unter Fortzahlung des Entgelts ohne zeitliche Begrenzung erteilt werden.

(5) Zur Teilnahme an Sitzungen von Prüfungs- und von Berufsbildungsausschüssen nach dem Berufsbildungsgesetz sowie für eine Tätigkeit in Organen von Sozialversicherungsträgern kann den Mitgliedern Arbeitsbefreiung unter Fortzahlung des Entgelts gewährt werden, sofern nicht dringende dienstliche oder betriebliche Interessen entgegenstehen.

(6) In den Fällen der Absätze 1 bis 5 werden das Tabellenentgelt sowie die sonstigen Entgeltbestandteile, die in Monatsbeträgen festgelegt sind, weitergezahlt.

Abschnitt V. Befristung und Beendigung des Arbeitsverhältnisses

§ 30 Befristete Arbeitsverträge. (1) [1] Befristete Arbeitsverträge sind zulässig auf Grundlage des Teilzeit- und Befristungsgesetzes sowie anderer gesetzlicher Vorschriften über die Befristung von Arbeitsverträgen. [2] Für Beschäftigte, auf welche die Regelungen des Tarifgebiets West Anwendung finden und deren Tätigkeit vor dem 1. Januar 2005 der Rentenversicherung der Angestellten unterlegen hätte, gelten die Besonderheiten in den Absätzen 2 bis 5; dies gilt nicht für Arbeitsverhältnisse, für welche die §§ 57 a ff. Hochschulrahmengesetz beziehungsweise gesetzliche Nachfolgeregelungen unmittelbar oder entsprechend gelten.

(2) [1] Kalendermäßig befristete Arbeitsverträge mit sachlichem Grund sind nur zulässig, wenn die Dauer des einzelnen Vertrages fünf Jahre nicht übersteigt; weitergehende Regelungen im Sinne von § 23 Teilzeit- und Befristungsgesetz bleiben unberührt. [2] Beschäftigte mit einem Arbeitsvertrag nach Satz 1 sind bei der Besetzung von Dauerarbeitsplätzen bevorzugt zu berücksichtigen, wenn die sachlichen und persönlichen Voraussetzungen erfüllt sind.

(3) [1] Ein befristeter Arbeitsvertrag ohne sachlichen Grund soll in der Regel zwölf Monate nicht unterschreiten; die Vertragsdauer muss mindestens sechs Monate betragen. [2] Vor Ablauf des Arbeitsvertrages hat der Arbeitgeber zu prüfen, ob eine unbefristete oder befristete Weiterbeschäftigung möglich ist.

(4) [1] Bei befristeten Arbeitsverträgen ohne sachlichen Grund gelten die ersten sechs Wochen und bei befristeten Arbeitsverträgen mit sachlichem Grund die ersten sechs Monate als Probezeit. [2] Innerhalb der Probezeit kann der Arbeitsvertrag mit einer Frist von zwei Wochen zum Monatsschluss gekündigt werden.

(5) [1] Eine ordentliche Kündigung nach Ablauf der Probezeit ist nur zulässig, wenn die Vertragsdauer mindestens zwölf Monate beträgt. [2] Nach Ablauf der Probezeit beträgt die Kündigungsfrist in einem oder mehreren aneinander gereihten Arbeitsverhältnissen bei demselben Arbeitgeber

von insgesamt mehr als sechs Monaten	vier Wochen,
von insgesamt mehr als einem Jahr	sechs Wochen
zum Schluss eines Kalendermonats, von insgesamt mehr als zwei Jahren	drei Monate,
von insgesamt mehr als drei Jahren zum Schluss eines Kalendervierteljahres.	vier Monate

[3] Eine Unterbrechung bis zu drei Monaten ist unschädlich, es sei denn, dass das Ausscheiden von der/dem Beschäftigten verschuldet oder veranlasst war. [4] Die Unterbrechungszeit bleibt unberücksichtigt.

Protokollerklärung zu § 30 Absatz 5:
Bei mehreren aneinander gereihten Arbeitsverhältnissen führen weitere vereinbarte Probezeiten nicht zu einer Verkürzung der Kündigungsfrist.

(6) Die §§ 31 und 32 bleiben von den Regelungen der Absätze 3 bis 5 unberührt.

§ 31 Führung auf Probe. (1) [1] Führungspositionen können als befristetes Arbeitsverhältnis bis zur Gesamtdauer von zwei Jahren vereinbart werden. [2] Innerhalb dieser Gesamtdauer ist eine höchstens zweimalige Verlängerung des Arbeitsvertrages zulässig. [3] Die beiderseitigen Kündigungsrechte bleiben unberührt.

(2) Führungspositionen sind die ab Entgeltgruppe 10 auszuübenden Tätigkeiten mit Weisungsbefugnis.

(3) [1] Besteht bereits ein Arbeitsverhältnis mit demselben Arbeitgeber, kann der/dem Beschäftigten vorübergehend eine Führungsposition bis zu der in Absatz 1 genannten Gesamtdauer übertragen werden. [2] Der/Dem Beschäftigten wird für die Dauer der Übertragung eine Zulage in Höhe des Unterschiedsbetrags zwischen den Tabellenentgelten nach der bisherigen Entgeltgruppe und dem sich bei Höhergruppierung nach § 17 Absatz 4 Satz 1 und 2 ergebenden Tabellenentgelt gewährt. [3] Nach Fristablauf endet die Erprobung. [4] Bei Bewährung wird die Führungsfunktion auf Dauer übertragen; ansonsten erhält die/der Beschäftigte eine der bisherigen Eingruppierung entsprechende Tätigkeit.

§ 32 Führung auf Zeit. (1) [1] Führungspositionen können als befristetes Arbeitsverhältnis bis zur Dauer von vier Jahren vereinbart werden. [2] Folgende Verlängerungen des Arbeitsvertrages sind zulässig:

a) in den Entgeltgruppen 10 bis 12 eine höchstens zweimalige Verlängerung bis zu einer Gesamtdauer von acht Jahren,

b) ab Entgeltgruppe 13 eine höchstens dreimalige Verlängerung bis zu einer Gesamtdauer von zwölf Jahren.

[3] Zeiten in einer Führungsposition nach Buchstabe a bei demselben Arbeitgeber können auf die Gesamtdauer nach Buchstabe b zur Hälfte angerechnet werden. [4] Die allgemeinen Vorschriften über die Probezeit (§ 2 Absatz 4) und die beiderseitigen Kündigungsrechte bleiben unberührt.

(2) Führungspositionen sind die ab Entgeltgruppe 10 auszuübenden Tätigkeiten mit Weisungsbefugnis.

(3) [1] Besteht bereits ein Arbeitsverhältnis mit demselben Arbeitgeber, kann der/dem Beschäftigten vorübergehend eine Führungsposition bis zu den in Absatz 1 genannten Fristen übertragen werden. [2] Der/Dem Beschäftigten wird für die Dauer der Übertragung eine Zulage gewährt in Höhe des Unterschiedsbetrags zwischen den Tabellenentgelten nach der bisherigen Entgeltgruppe und dem sich bei Höhergruppierung nach § 17 Absatz 4 Satz 1 und 2 ergebenden Tabellenentgelt, zuzüglich eines Zuschlags von 75 v.H. des Unterschiedsbetrags zwischen den Tabellenentgelten der Entgeltgruppe, die der übertragenen Funktion entspricht, zur nächst-

höheren Entgeltgruppe nach § 17 Absatz 4 Satz 1 und 2. [3] Nach Fristablauf erhält die/der Beschäftigte eine der bisherigen Eingruppierung entsprechende Tätigkeit; der Zuschlag und die Zulage entfallen.

§ 33 Beendigung des Arbeitsverhältnisses ohne Kündigung. (1) Das Arbeitsverhältnis endet ohne Kündigung

a) mit Ablauf des Monats, in dem die/der Beschäftigte das gesetzlich festgelegte Alter zum Erreichen einer abschlagsfreien Regelaltersrente vollendet hat,

b) jederzeit im gegenseitigen Einvernehmen (Auflösungsvertrag).

(2) [1] Das Arbeitsverhältnis endet ferner mit Ablauf des Monats, in dem der Bescheid eines Rentenversicherungsträgers (Rentenbescheid) zugestellt wird, wonach die/der Beschäftigte voll oder teilweise erwerbsgemindert ist. [2] Die/Der Beschäftigte hat den Arbeitgeber von der Zustellung des Rentenbescheids unverzüglich zu unterrichten. [3] Beginnt die Rente erst nach der Zustellung des Rentenbescheids, endet das Arbeitsverhältnis mit Ablauf des dem Rentenbeginn vorangehenden Tages. [4] Liegt im Zeitpunkt der Beendigung des Arbeitsverhältnisses eine nach § 92 SGB IX erforderliche Zustimmung des Integrationsamtes noch nicht vor, endet das Arbeitsverhältnis mit Ablauf des Tages der Zustellung des Zustimmungsbescheids des Integrationsamtes. [5] Das Arbeitsverhältnis endet nicht, wenn nach dem Bescheid des Rentenversicherungsträgers eine Rente auf Zeit gewährt wird. [6] In diesem Fall ruht das Arbeitsverhältnis für den Zeitraum, für den eine Rente auf Zeit gewährt wird; beginnt die Rente rückwirkend, ruht das Arbeitsverhältnis ab dem ersten Tag des Monats, der auf den Monat der Zustellung des Rentenbescheids folgt.

(3) Im Falle teilweiser Erwerbsminderung endet beziehungsweise ruht das Arbeitsverhältnis nicht, wenn die/der Beschäftigte nach ihrem/seinem vom Rentenversicherungsträger festgestellten Leistungsvermögen auf ihrem/seinem bisherigen oder einem anderen geeigneten und freien Arbeitsplatz weiterbeschäftigt werden könnte, soweit dringende dienstliche beziehungsweise betriebliche Gründe nicht entgegenstehen und die/der Beschäftigte innerhalb von zwei Wochen nach Zugang des Rentenbescheids ihre/seine Weiterbeschäftigung schriftlich beantragt.

(4) [1] Verzögert die/der Beschäftigte schuldhaft den Rentenantrag oder bezieht sie/er Altersrente nach § 236 oder § 236 a SGB VI oder ist sie/er nicht in der gesetzlichen Rentenversicherung versichert, so tritt an die Stelle des Rentenbescheids das Gutachten einer Amtsärztin/eines Amtsarztes oder einer/eines nach § 3 Absatz 5 Satz 2 bestimmten Ärztin/Arztes. [2] Das Arbeitsverhältnis endet in diesem Fall mit Ablauf des Monats, in dem der/dem Beschäftigten das Gutachten bekannt gegeben worden ist.

(5) [1] Soll die/der Beschäftigte, deren/dessen Arbeitsverhältnis nach Absatz 1 Buchstabe a geendet hat, weiterbeschäftigt werden, ist ein neuer schriftlicher Arbeitsvertrag abzuschließen. [2] Das Arbeitsverhältnis kann jederzeit mit einer Frist von vier Wochen zum Monatsende gekündigt werden, wenn im Arbeitsvertrag nichts anderes vereinbart ist.

§ 34 Kündigung des Arbeitsverhältnisses. (1) [1] Die Kündigungsfrist beträgt bis zum Ende des sechsten Monats seit Beginn des Arbeitsverhältnisses zwei Wochen zum Monatsschluss. [2] Im Übrigen beträgt die Kündigungsfrist bei einer Beschäftigungszeit (Absatz 3 Satz 1 und 2)

bis zu einem Jahr	ein Monat zum Monatsschluss,
von mehr als einem Jahr	6 Wochen,
von mindestens 5 Jahren	3 Monate,
von mindestens 8 Jahren	4 Monate,
von mindestens 10 Jahren	5 Monate,
von mindestens 12 Jahren	6 Monate

zum Schluss eines Kalendervierteljahres.

(2) [1] Arbeitsverhältnisse von Beschäftigten, die das 40. Lebensjahr vollendet haben und unter die Regelungen des Tarifgebiets West fallen, können nach einer Beschäftigungszeit (Absatz 3 Satz 1 und 2) von mehr als 15 Jahren durch den Arbeitgeber nur aus einem wichtigen Grund gekündigt werden. [2] Soweit Beschäftigte nach den bis zum 31. Oktober 2006 geltenden Tarifregelungen unkündbar waren, bleiben sie unkündbar.

(3) [1] Beschäftigungszeit ist die Zeit, die bei demselben Arbeitgeber im Arbeitsverhältnis zurückgelegt wurde, auch wenn sie unterbrochen ist. [2] Unberücksichtigt bleibt die Zeit eines Sonderurlaubs gemäß § 28, es sei denn, der Arbeitgeber hat vor Antritt des Sonderurlaubs schriftlich ein dienstliches oder betriebliches Interesse anerkannt. [3] Wechseln Beschäftigte zwischen Arbeitgebern, die vom Geltungsbereich dieses Tarifvertrages erfasst werden, werden die

Zeiten bei dem anderen Arbeitgeber als Beschäftigungszeit anerkannt. [4] Satz 3 gilt entsprechend bei einem Wechsel von einem anderen öffentlich-rechtlichen Arbeitgeber.

§ 35 Zeugnis. (1) Bei Beendigung des Arbeitsverhältnisses haben die Beschäftigten Anspruch auf ein schriftliches Zeugnis über Art und Dauer ihrer Tätigkeit; es muss sich auch auf Führung und Leistung erstrecken (Endzeugnis).

(2) Aus triftigen Gründen können Beschäftigte auch während des Arbeitsverhältnisses ein Zeugnis verlangen (Zwischenzeugnis).

(3) Bei bevorstehender Beendigung des Arbeitsverhältnisses können die Beschäftigten ein Zeugnis über Art und Dauer ihrer Tätigkeit verlangen (vorläufiges Zeugnis).

(4) Die Zeugnisse gemäß den Absätzen 1 bis 3 sind unverzüglich auszustellen.

Abschnitt VI. Übergangs- und Schlussvorschriften

§ 36 Anwendung weiterer Tarifverträge. [1] Die in der Anlage 1 TVÜ-Länder Teil C aufgeführten Tarifverträge und Tarifvertragsregelungen gelten fort, soweit im TVÜ-Länder, in seinen Anlagen oder in diesem Tarifvertrag nicht ausdrücklich etwas anderes bestimmt ist. [2] Die Fortgeltung dieser Tarifverträge beschränkt sich auf den bisherigen Geltungsbereich (zum Beispiel Arbeiter/Angestellte; Tarifgebiet Ost/Tarifgebiet West).

§ 37 Ausschlussfrist. (1) [1] Ansprüche aus dem Arbeitsverhältnis verfallen, wenn sie nicht innerhalb einer Ausschlussfrist von sechs Monaten nach Fälligkeit von den Beschäftigten oder vom Arbeitgeber schriftlich geltend gemacht werden. [2] Für denselben Sachverhalt reicht die einmalige Geltendmachung des Anspruchs auch für später fällige Leistungen aus.

(2) Absatz 1 gilt nicht für Ansprüche aus einem Sozialplan.

§ 38 Begriffsbestimmungen. (1) Sofern auf die Tarifgebiete Ost oder West Bezug genommen wird, gilt Folgendes:

a) Die Regelungen für das Tarifgebiet Ost gelten für die Beschäftigten, deren Arbeitsverhältnis in dem in Artikel 3 des Einigungsvertrages genannten Gebiet begründet worden ist und bei denen der Bezug des Arbeitsverhältnisses zu diesem Gebiet fortbesteht.

b) Für die übrigen Beschäftigten gelten die Regelungen für das Tarifgebiet West.

(2) Sofern auf die Begriffe „Betrieb“, „betrieblich“ oder „Betriebspartei“ Bezug genommen wird, gilt die Regelung für Verwaltungen sowie für Parteien nach dem Personalvertretungsrecht entsprechend; es sei denn, es ist etwas anderes bestimmt.

(3) Eine einvernehmliche Dienstvereinbarung liegt nur ohne Entscheidung der Einigungsstelle vor.

(4) Leistungsgeminderte Beschäftigte sind Beschäftigte, die ausweislich einer Bescheinigung des beauftragten Arztes (§ 3 Absatz 5) nicht mehr in der Lage sind, auf Dauer die vertraglich geschuldete Arbeitsleistung in vollem Umfang zu erbringen, ohne deswegen zugleich teilweise oder in vollem Umfang erwerbsgemindert im Sinne des SGB VI zu sein.

(5) [1] Die Regelungen für Angestellte finden Anwendung auf Beschäftigte, deren Tätigkeit vor dem 1. Januar 2005 der Rentenversicherung der Angestellten unterlegen hätte. [2] Die Regelungen für Arbeiterinnen und Arbeiter finden Anwendung auf Beschäftigte, deren Tätigkeit vor dem 1. Januar 2005 der Rentenversicherung der Arbeiter unterlegen hätte.

§ 39 In-Kraft-Treten, Laufzeit. (1) [1] Dieser Tarifvertrag tritt am 1. November 2006 in Kraft. [2] Abweichend von Satz 1 treten § 26 Absatz 1 und Absatz 2 Buchstabe b und c sowie § 27 am 1. Januar 2007 in Kraft.

(2) Dieser Tarifvertrag kann von jeder Tarifvertragspartei mit einer Frist von drei Monaten zum Schluss eines Kalenderhalbjahres schriftlich gekündigt werden, frühestens jedoch zum 31. Dezember 2009.

(3) [1] Abweichend von Absatz 2 kann von jeder Tarifvertragspartei auf landesbezirklicher Ebene schriftlich gekündigt werden

a) § 6 Absatz 1 mit einer Frist von einem Monat zum Schluss eines Kalendermonats, frühestens jedoch zum 31. Dezember 2007. [2] Eine solche Kündigung erfasst zugleich auch abweichende Regelungen der tariflichen regelmäßigen wöchentlichen Arbeitszeit für besondere Beschäftigtengruppen in den Sonderregelungen,

b) § 20 mit einer Frist von drei Monaten zum 31. Dezember eines Kalenderjahres, frühestens jedoch zum 31. Dezember desjenigen Jahres, in dem die volle Angleichung nach § 21 Absatz 2 TVÜ-Länder auf Landesebene erreicht ist,

c) § 23 Absatz 2 mit einer Frist von einem Monat zum Schluss eines Kalendermonats, frühestens jedoch zum 31. Dezember 2007.

(4) Abweichend von Absatz 2 können ferner schriftlich gekündigt werden

a) die Vorschriften des Abschnitts II mit einer Frist von einem Monat zum Schluss eines Kalendermonats, frühestens jedoch zum 31. Dezember 2007,
b) unabhängig von Buchstabe a § 8 Absatz 1 mit einer Frist von drei Monaten zum Schluss eines Kalendervierteljahres, frühestens jedoch zum 31. Dezember 2007,
c) § 23 Absatz 1 mit einer Frist von einem Monat zum Schluss eines Kalendermonats, frühestens jedoch zum 31. Dezember 2007,
d) § 26 Absatz 1 mit einer Frist von drei Monaten zum Schluss eines Kalenderjahres, frühestens jedoch zum 31. Dezember 2007,
e) die Entgelttabellen A 2 und C 2 mit einer Frist von einem Monat zum Schluss eines Kalendermonats, frühestens jedoch zum 31. Dezember 2010; eine Kündigung nach Absatz 2 umfasst nicht die Entgelttabellen.

Protokollerklärung zu § 39 Absatz 4:
Die Tarifvertragsparteien werden im Zusammenhang mit den Verhandlungen zu einer neuen Entgeltordnung gesonderte Kündigungsregelungen zu den §§ 12, 13 und der Anlage [Entgeltordnung] vereinbaren.

B. Sonderregelungen

(nicht abgedruckt)

C. Anlagen

Anlage A 1 zum TV-L

Tabelle TV-L

Tarifgebiet West und Ost

– Gültig im Tarifgebiet West für die Zeit vom 1. März 2009 bis 28. Februar 2010 –
– Gültig im Tarifgebiet Ost für die Zeit vom 1. Januar 2010 bis 28. Februar 2010 –

Entgeltgruppe	Grundentgelt		Entwicklungsstufen			
	Stufe 1	Stufe 2	Stufe 3	Stufe 4	Stufe 5	Stufe 6
15	3.630,75	4.027,30	4.176,65	4.707,10	5.108,80	
14	3.285,70	3.646,20	3.857,35	4.176,65	4.665,90	
13	3.028,20	3.362,95	3.543,20	3.893,40	4.377,50	
12	2.714,05	3.012,75	3.435,05	3.805,85	4.284,80	
11	2.621,35	2.904,60	3.115,75	3.435,05	3.898,55	
10	2.523,50	2.801,60	3.012,75	3.223,90	3.625,60	
9[1]	2.229,95	2.472,00	2.595,60	2.935,50	3.203,30	[2]
8	2.085,75	2.312,35	2.415,35	2.513,20	2.621,35	2.688,30[3]
7	1.951,85[4]	2.163,00	2.302,05	2.405,05	2.487,45	2.559,55
6	1.915,80	2.121,80	2.224,80	2.327,80	2.394,75	2.466,85[5]
5	1.833,40	2.029,10	2.132,10	2.229,95	2.307,20	2.358,70
4	1.740,70[6]	1.931,25	2.060,00	2.132,10	2.204,20	2.250,55
3	1.714,95	1.900,35	1.951,85	2.034,25	2.101,20	2.157,85
2	1.581,05	1.751,00	1.802,50	1.854,00	1.972,45	2.096,05
1	Je 4 Jahre	1.405,95	1.431,70	1.462,60	1.493,50	1.570,75

Für Beschäftigte im Pflegedienst, die unter § 43 fallen:

1) E 9 b	Stufe 3	Stufe 4	Stufe 5	Stufe 6
	2.688,30	2.853,10	3.053,95	3.244,50

2) 3.414,45
3) 2.729,50
4) 2.003,35
5) 2.523,50
6) 1.792,20

Anlage A 2 zum TV-L

Tabelle TV-L

Tarifgebiet West und Ost

– Gültig in den Tarifgebieten West und Ost ab 1. März 2010 –

Entgeltgruppe	Grundentgelt		Entwicklungsstufen			
	Stufe 1	Stufe 2	Stufe 3	Stufe 4	Stufe 5	Stufe 6
15	3.674,32	4.075,63	4.226,77	4.763,59	5.170,11	
14	3.325,13	3.689,95	3.903,64	4.226,77	4.721,89	
13	3.064,54	3.403,31	3.585,72	3.940,12	4.430,03	
12	2.746,62	3.048,90	3.476,27	3.851,52	4.336,22	
11	2.652,81	2.939,46	3.153,14	3.476,27	3.945,33	
10	2.553,78	2.835,22	3.048,90	3.262,59	3.669,11	
9 1)	2.256,71	2.501,66	2.626,75	2.970,73	3.241,74	2)
8	2.110,78	2.340,10	2.444,33	2.543,36	2.652,81	2.720,56 3)
7	1.975,27 4)	2.188,96	2.329,67	2.433,91	2.517,30	2.590,26
6	1.938,79	2.147,26	2.251,50	2.355,73	2.423,49	2.496,45 5)
5	1.855,40	2.053,45	2.157,69	2.256,71	2.334,89	2.387,00
4	1.761,59 6)	1.954,43	2.084,72	2.157,69	2.230,65	2.277,56
3	1.735,53	1.923,15	1.975,27	2.058,66	2.126,41	2.183,74
2	1.600,02	1.772,01	1.824,13	1.876,25	1.996,12	2.121,20
1	Je 4 Jahre	1.422,82	1.448,88	1.480,15	1.511,42	1.589,60

Für Beschäftigte im Pflegedienst, die unter § 43 fallen:

1) E 9 b	Stufe 3	Stufe 4	Stufe 5	Stufe 6
	2.720,56	2.887,34	3.090,60	3.283,43

2) 3.455,42
3) 2.762,25
4) 2.027,39
5) 2.553,78
6) 1.813,71

801. Tarifvertrag zur Überleitung der Beschäftigten der Länder in den TV-L und zur Regelung des Übergangsrechts (TVÜ-Länder)

Vom 12. Oktober 2006

– Auszug –

1. Abschnitt. Allgemeine Vorschriften

§ 1 Geltungsbereich. (1) [1] Dieser Tarifvertrag gilt für Angestellte, Arbeiterinnen und Arbeiter (Beschäftigte),

– deren Arbeitsverhältnis zu einem Arbeitgeber, der Mitglied der Tarifgemeinschaft deutscher Länder (TdL) oder eines Mitgliedverbandes der TdL ist, über den 31. Oktober 2006 hinaus fortbesteht, und

– die am 1. November 2006 unter den Geltungsbereich des Tarifvertrages für den öffentlichen Dienst der Länder (TV-L)[1)] fallen,

für die Dauer des ununterbrochen fortbestehenden Arbeitsverhältnisses. [2] Dieser Tarifvertrag gilt ferner für die unter § 19 Absatz 3 fallenden Beschäftigten der Vergütungsgruppe 1 BAT/BAT-0.

Protokollerklärungen zu § 1 Absatz 1 Satz 1:

1. In der Zeit bis zum 31. Oktober 2008 sind Unterbrechungen von bis zu einem Monat, bei Lehrkräften im Sinne der Vorbemerkung Nr. 5 zu allen Vergütungsgruppen der Anlage 1 a zum BAT/BAT-O darüber hinaus während der Gesamtdauer der Sommerferien, unschädlich.
2. [1] Auf Beschäftigte, die seit mindestens fünf Jahren für eine jahreszeitlich begrenzte regelmäßig wiederkehrende Tätigkeit in einem Arbeitsverhältnis standen oder stehen (Saisonbeschäftigte), werden die §§ 2 bis 8, 11, 14, 17, 18, 19 Absatz 1 auch dann angewandt, wenn das Arbeitsverhältnis am 31. Oktober beziehungsweise 1. November 2006 nicht bestanden hat. [2] Für die Überleitung, insbesondere für die Berechnung des Vergleichsentgelts, finden die Regelungen für Beschäftigte, die im Oktober 2006 beurlaubt waren, sinngemäß Anwendung. [3] Die Anwendung dieses Tarifvertrages endet, wenn der Saisonbeschäftigte in einer neuen Saison nicht wieder eingestellt wird. [4] Dieser Tarifvertrag gilt uneingeschränkt für Saisonarbeitnehmer, deren Arbeitsverhältnis am 31. Oktober 2006 besteht, bis zum Ende dieses Saisonarbeitsverhältnisses. [5] Bestand mit den Saisonbeschäftigten am 31. Oktober beziehungsweise 1. November 2006 ein Arbeitsverhältnis, finden die in Satz 1 angeführten Vorschriften dieses Tarifvertrages auf nachfolgende Saisonbeschäftigungen unter den Voraussetzungen der Sätze 1 und 3 Anwendung.
3. Hat das Arbeitsverhältnis nur wegen des Feiertages am 31. Oktober oder 1. November 2006 nicht bestanden, ist dies für die Anwendung dieses Tarifvertrages unschädlich.

(2) Nur soweit nachfolgend ausdrücklich bestimmt, gelten die Vorschriften dieses Tarifvertrages auch für Beschäftigte, deren Arbeitsverhältnis zu einem Arbeitgeber im Sinne des Absatzes 1 nach dem 31. Oktober 2006 beginnt und die unter den Geltungsbereich des TV-L fallen.

(3) Für geringfügig Beschäftigte im Sinne des § 8 Absatz 1 Nr. 2 SGB IV, die am 31. Oktober 2006 unter den Geltungsbereich des BAT/BAT-O/MTArb/MTArbO fallen, finden die bisher jeweils einschlägigen tarifvertraglichen Regelungen für die Dauer ihres ununterbrochen fortbestehenden Arbeitsverhältnisses weiterhin Anwendung.

(4) Die Bestimmungen des TV-L gelten, soweit dieser Tarifvertrag keine abweichenden Regelungen trifft.

§ 2 Ersetzung bisheriger Tarifverträge durch den TV-L. (1) [1] Der TV-L[1)] ersetzt in Verbindung mit diesem Tarifvertrag für den Bereich der Tarifgemeinschaft deutscher Länder (TdL) die in Anlage 1 TVÜ-Länder Teil A und Teil B aufgeführten Tarifverträge (einschließlich deren Anlagen) beziehungsweise Tarifvertragsregelungen, soweit im TV-L, in diesem Tarifvertrag oder in den Anlagen nicht ausdrücklich etwas anderes bestimmt ist. [2] Die Ersetzung erfolgt mit Wirkung vom 1. November 2006, soweit kein abweichender Termin bestimmt ist.

Protokollerklärungen zu § 2 Absatz 1:

1. [1] Die Anlage 1 TVÜ-Länder Teil B (Liste der ersetzten Tarifverträge beziehungsweise Tarifvertragsregelungen) enthält – über die Anlage 1 TVÜ-Länder Teil A hinaus – die Tarifver-

[1)] Nr. **800**.

träge beziehungsweise die Tarifvertragsregelungen, die am 1. November 2006 ohne Nachwirkung außer Kraft treten. [2] Ist für diese Tarifvorschriften in der Liste ein abweichender Zeitpunkt für das Außerkrafttreten beziehungsweise eine vorübergehende Fortgeltung vereinbart, beschränkt sich die Fortgeltung dieser Tarifverträge auf deren bisherigen Geltungsbereich (Arbeiter/Angestellte; Tarifgebiet Ost/Tarifgebiet West usw.).

2. Von der ersetzenden Wirkung werden ergänzende Tarifverträge, die von der TdL abgeschlossen sind, nicht erfasst, soweit diese anstelle landesbezirklicher Regelungen oder für das Tarifgebiet Ost vereinbart sind.

(2) [1] Tarifverträge, die von einzelnen Mitgliedern der TdL abgeschlossen wurden, sind durch die landesbezirklichen Tarifvertragsparteien hinsichtlich ihrer Weitergeltung zu prüfen und bei Bedarf an den TV-L anzupassen. [2] Das Recht zur Kündigung der in Satz 1 genannten Tarifverträge bleibt unberührt.

Protokollerklärung zu § 2 Absatz 2:
Entsprechendes gilt für Tarifverträge, die von der TdL abgeschlossen sind, soweit diese anstelle landesbezirklicher Regelungen oder für das Tarifgebiet Ost vereinbart sind.

(3) Unabhängig von den Absätzen 1 und 2 gelten Tarifverträge gemäß § 3 des Tarifvertrages zur sozialen Absicherung fort und sind bei Bedarf an den TV-L anzupassen.

(4) Im Übrigen werden solche Tarifvertragsregelungen mit Wirkung vom 1. November 2006 ersetzt, die

- materiell in Widerspruch zu Regelungen des TV-L beziehungsweise dieses Tarifvertrages stehen,
- einen Regelungsinhalt haben, der nach dem Willen der Tarifvertragsparteien durch den TV-L beziehungsweise diesen Tarifvertrag ersetzt oder aufgehoben worden ist, oder
- zusammen mit dem TV-L beziehungsweise diesem Tarifvertrag zu Doppelleistungen führen würden.

(5) [1] Die in der Anlage 1 TVÜ-Länder Teil C aufgeführten Tarifverträge und Tarifvertragsregelungen gelten fort, soweit im TV-L, in diesem Tarifvertrag oder in den Anlagen nicht ausdrücklich etwas anderes bestimmt ist. [2] Die Fortgeltung erfasst auch Beschäftigte im Sinne des § 1 Absatz 2.

Protokollerklärung zu § 2 Absatz 5:
Die Fortgeltung dieser Tarifverträge beschränkt sich auf den bisherigen Geltungsbereich (zum Beispiel Arbeiter/Angestellte; Tarifgebiet Ost/Tarifgebiet West).

(6) Soweit in nicht ersetzten Tarifverträgen und Tarifvertragsregelungen auf Vorschriften verwiesen wird, die aufgehoben oder ersetzt worden sind, gelten an deren Stelle bis zu einer redaktionellen Anpassung die Regelungen des TV-L beziehungsweise dieses Tarifvertrages entsprechend.

2. Abschnitt. Überleitungsregelungen

§ 3 Überleitung in den TV-L. Die von § 1 Absatz 1 erfassten Beschäftigten werden am 1. November 2006 nach den folgenden Regelungen in den TV-L[1)] übergeleitet.

§ 4 Zuordnung der Vergütungs- und Lohngruppen. (1) [1] Für die Überleitung der Beschäftigten wird ihre Vergütungs- beziehungsweise Lohngruppe (§ 22 BAT/BAT-O beziehungsweise entsprechende Regelungen für Arbeiterinnen und Arbeiter beziehungsweise besondere tarifvertragliche Vorschriften für bestimmte Berufsgruppen) nach der Anlage 2 TVÜ-Länder Teil A und B beziehungsweise den Anlagen 5 A und 5 B den Entgeltgruppen des TV-L[1)] zugeordnet. [2] Für Ärztinnen und Ärzte, einschließlich Ärztinnen und Ärzte in ärztlichen Servicebereichen, Zahnärztinnen und Zahnärzte, die an einer Universitätsklinik überwiegend Aufgaben in der Patientenversorgung wahrnehmen, gilt die Entgeltordnung gemäß Anlage 2 TVÜ-Länder Teil C. [3] Satz 2 gilt entsprechend für sonstige Ärztinnen und Ärzte, soweit für sie die Anwendung dieser Entgeltordnung vereinbart ist.

Protokollerklärungen zu § 4 Absatz 1:

1. [1] Bis zum In-Kraft-Treten einer neuen Entgeltordnung verständigen sich die Tarifvertragsparteien zur besseren Übersichtlichkeit für die Zuordnung der Beschäftigten gemäß Anlage 1 b zum BAT/BAT-O auf eine Anwendungstabelle gemäß Anlage 5 A und – für Beschäftigte, für die die Regelungen des Tarifgebiets Ost Anwendung finden – gemäß Anlage 5 B; dies gilt auch für Beschäftigte im Sinne des § 1 Absatz 2. [2] In den Entgeltgruppen KR 11 b und KR 12 a erhöht sich der Tabellenwert nach 5 Jahren in Stufe 5 um 200,– Euro; ist bei

[1)] Nr. **800**.

übergeleiteten Beschäftigten das Vergleichsentgelt höher als das Entgelt der Stufe 5, erhalten sie den erhöhten Tabellenwert ab dem 1. November 2008. [3]Die Tarifvertragsparteien sind sich einig, dass diese Anwendungstabelle – insbesondere die Bezeichnung der Entgeltgruppen – keinen Vorgriff auf die Verhandlungen zu einer neuen Entgeltordnung darstellt. [4]Die Regelungen des TV-L über die Bezahlung im Tarifgebiet Ost gelten entsprechend.

2. Lehrkräfte, die ihre Lehrbefähigung nach dem Recht der DDR erworben haben und deren Ämter in den Landesbesoldungsgesetzen der neuen Bundesländer beziehungsweise deren Tätigkeitsmerkmale in den Richtlinien des Freistaates Sachsen zur Eingruppierung der angestellten Lehrkräfte an öffentlichen Schulen ausgebracht wurden, sind „Erfüller" im Sinne der Überleitung der Lehrkräfte.

3. Zu den ärztlichen Servicebereichen in der Patientenversorgung zählen zum Beispiel Pathologie, Labor, Krankenhaushygiene.

(2) Beschäftigte, die im November 2006 bei Fortgeltung des bisherigen Tarifrechts die Voraussetzungen für eine Höhergruppierung, einen Bewährungs-, Fallgruppen- oder Tätigkeitsaufstieg erfüllt hätten, werden für die Überleitung so behandelt, als wären sie bereits im Oktober 2006 höhergruppiert beziehungsweise höher eingereiht worden.

(3) Beschäftigte, die im November 2006 bei Fortgeltung des bisherigen Tarifrechts in eine niedrigere Vergütungs- beziehungsweise Lohngruppe eingruppiert beziehungsweise eingereiht worden wären, werden für die Überleitung so behandelt, als wären sie bereits im Oktober 2006 herabgruppiert beziehungsweise niedriger eingereiht worden.

§ 5 Vergleichsentgelt. (1) Für die Zuordnung zu den Stufen der Entgelttabelle des TV-L[1)] wird für die Beschäftigten nach § 4 ein Vergleichsentgelt auf der Grundlage der Bezüge, die im Oktober 2006 zustehen, nach den Absätzen 2 bis 6 gebildet.

(2) [1]Bei Beschäftigten aus dem Geltungsbereich des BAT/BAT-O setzt sich das Vergleichsentgelt aus Grundvergütung, allgemeiner Zulage und Ortszuschlag der Stufe 1 oder 2 zusammen. [2]Ist auch eine andere Person im Sinne von § 29 Abschnitt B Absatz 5 BAT/BAT-O ortszuschlagsberechtigt oder nach beamtenrechtlichen Grundsätzen familienzuschlagsberechtigt, wird die Stufe 1 und der jeweilige Anteil des Unterschiedsbetrages der Ortszuschlagsstufe 1 und 2 beziehungsweise des Familienzuschlags der Stufe 1, den die andere Person aufgrund von Teilzeitbeschäftigung nicht mehr erhält, zugrunde gelegt; findet der TV-L am 1. November 2006 auch auf die andere Person Anwendung, geht der jeweils individuell zustehende Teil des Unterschiedsbetrages zwischen den Stufen 1 und 2 des Ortszuschlags in das Vergleichsentgelt ein. [3]Ferner fließen im Oktober 2006 tarifvertraglich zustehende Funktionszulagen insoweit in das Vergleichsentgelt ein, als sie nach dem TV-L nicht mehr vorgesehen sind. [4]Erhalten Beschäftigte eine Gesamtvergütung (§ 30 BAT/BAT-O), bildet diese das Vergleichsentgelt. [5]Bei Lehrkräften im Sinne der Vorbemerkung Nr. 5 zu allen Vergütungsgruppen der Anlage 1 a zum BAT/BAT-O wird die Zulage nach § 2 Absatz 3 des Tarifvertrages über Zulagen an Angestellte in das Vergleichsentgelt eingerechnet. [6]Abweichend von Satz 5 wird bei Lehrkräften, die am 31. Oktober 2006 einen Anspruch auf die Zulage nach Abschnitt A Nr. 2 der Lehrer-Richtlinien der TdL beziehungsweise der Lehrer-Richtlinien-O der TdL haben, die Zulage nach § 2 Absatz 2 Buchstabe c des Tarifvertrages über Zulagen an Angestellte, und bei Lehrkräften, die einen arbeitsvertraglichen Anspruch auf Zahlung einer allgemeinen Zulage wie die unter die Anlage 1 a zum BAT/BAT-O fallenden Angestellten haben, diese Zulage in das Vergleichsentgelt eingerechnet.

Protokollerklärung zu § 5 Absatz 2 Satz 3:

[1]Vorhandene Beschäftigte erhalten bis zum In-Kraft-Treten einer neuen Entgeltordnung ihre Techniker-, Meister- und Programmiererzulagen unter den bisherigen Voraussetzungen als persönliche Besitzstandszulage. [2]Die Protokollerklärung zu § 6 Absatz 1 gilt entsprechend.

(3) [1]Bei Beschäftigten aus dem Geltungsbereich des MTArb/MTArb-O wird der Monatstabellenlohn als Vergleichsentgelt zugrunde gelegt. [2]Absatz 2 Satz 3 gilt entsprechend. [3]Erhalten Beschäftigte den Lohn nach § 23 Absatz 1 MTArb/MTArbO, bildet dieser das Vergleichsentgelt.

(4) [1]Beschäftigte, die im November 2006 bei Fortgeltung des bisherigen Rechts die Grundvergütung beziehungsweise den Monatstabellenlohn der nächsthöheren Lebensalters- beziehungsweise Lohnstufe erhalten hätten, werden für die Bemessung des Vergleichsentgelts so behandelt, als wäre der Stufenaufstieg bereits im Oktober 2006 erfolgt. [2]§ 4 Absatz 2 und 3 gilt bei der Bemessung des Vergleichsentgelts entsprechend.

[1)] Nr. **800**.

(5) [1] Bei Teilzeitbeschäftigten wird das Vergleichsentgelt auf der Grundlage eines entsprechenden Volizeitbeschäftigten bestimmt. [2] Satz 1 gilt für Beschäftigte, deren Arbeitszeit nach § 3 des Tarifvertrages zur sozialen Absicherung vom 6. Juli 1992 herabgesetzt ist, entsprechend.

Protokollerklärung zu § 5 Absatz 5:

[1] Lediglich das Vergleichsentgelt wird auf der Grundlage eines entsprechenden Vollzeitbeschäftigten ermittelt; sodann wird nach der Stufenzuordnung das zustehende Entgelt zeitanteilig berechnet. [2] Die zeitanteilige Kürzung des auf den Ehegattenanteil im Ortszuschlag die nicht für alle Tage im Oktober 2006 oder für keinen Tag dieses Monats Bezüge erhalten, wird das Vergleichsentgelt so bestimmt, als hätten sie für alle Tage dieses Monats Bezüge erhalten; in den Fällen des § 27 Abschnitt A Absatz 7 BAT/BAT-O und § 27 Abschnitt B Absatz 3 Unterabsatz 4 BAT/Unterabsatz 3 BAT-O beziehungsweise der entsprechenden Regelungen für Arbeiterinnen und Arbeiter werden die Beschäftigten für das Vergleichsentgelt so gestellt, als hätten sie am 1. Oktober 2006 die Arbeit wieder aufgenommen.

§ 6 Stufenzuordnung der Angestellten. (1) [1] Beschäftigte aus dem Geltungsbereich des BAT/BAT-O – mit Ausnahme der Ärztinnen und Ärzte im Sinne des § 4 Absatz 1 Satz 2 und 3 – werden einer ihrem Vergleichsentgelt entsprechenden individuellen Zwischenstufe der Entgeltgruppe (§ 4) zugeordnet. [2] Das Entgelt der individuellen Zwischenstufe nach Satz 1 wird zum 1. Januar 2008 im Tarifgebiet West um 2,9 v.H. erhöht und auf volle fünf Euro aufgerundet. [3] Die Erhöhung einschließlich Aufrundung gilt im Tarifgebiet Ost ab 1. Mai 2008. [4] Zum 1. November 2008 steigen diese Beschäftigten in die betragsmäßig nächsthöhere reguläre Stufe ihrer Entgeltgruppe auf. [5] Der weitere Stufenaufstieg richtet sich nach den Regelungen des TV-L[1]. [6] Für die Stufenzuordnung der Lehrkräfte im Sinne der Vorbemerkung Nr. 5 zu allen Vergütungsgruppen der Anlage 1 a zum BAT/BAT-O gilt die Entgelttabelle zum TV-L mit den Maßgaben des § 20.

Protokollerklärung zu § 6 Absatz 1:

Das Entgelt der individuellen Zwischenstufe nach Satz 1 wird für Beschäftigte, auf die die Regelungen des Tarifgebietes Ost Anwendung finden und die nach dem BAT-O (einschließlich des § 2 Nr. 3 des Änderungstarifvertrages Nr. 1 zum BAT-O vom 8. Mai 1991) in die Vergütungsgruppen X bis Vb, Kr. I bis Kr. VIII eingruppiert oder nach dem MTArb-O in die Lohngruppen 1 bis 9 eingereiht wären, am 1. Januar 2008 um den Faktor 1,081081 erhöht.

(2) [1] Werden Beschäftigte vor dem 1. November 2008 höhergruppiert (nach § 8 Absatz 1 und 3, § 9 Absatz 3 Buchstabe a oder aufgrund Übertragung einer mit einer höheren Entgeltgruppe bewerteten Tätigkeit), so erhalten sie in der höheren Entgeltgruppe Tabellenentgelt nach der regulären Stufe, deren Betrag mindestens der individuellen Zwischenstufe entspricht, jedoch nicht weniger als das Tabellenentgelt der Stufe 2; der weitere Stufenaufstieg richtet sich nach den Regelungen des TV-L. [2] In den Fällen des Satzes 1 gilt § 17 Absatz 4 Satz 2 TV-L entsprechend. [3] Werden Beschäftigte vor dem 1. November 2008 herabgruppiert, werden sie in der niedrigeren Entgeltgruppe derjenigen individuellen Zwischenstufe zugeordnet, die sich bei Herabgruppierung im Oktober 2006 ergeben hätte; der weitere Stufenaufstieg richtet sich nach Absatz 1 Satz 4 und 5.

(3) [1] Ist bei Beschäftigten, deren Eingruppierung sich nach der Vergütungsordnung für Angestellte im Pflegedienst (Anlage 1 b zum BAT/BAT-O) richtet, das Vergleichsentgelt niedriger als das Entgelt der Stufe 3, entspricht es aber mindestens dem Mittelwert aus den Beträgen der Stufen 2 und 3 und ist die/der Beschäftigte am Stichtag mindestens drei Jahre in einem Arbeitsverhältnis bei dem selben Arbeitgeber beschäftigt, wird sie/er abweichend von Absatz 1 bereits zum 1. November 2006 in die Stufe 3 übergeleitet. [2] Der weitere Stufenaufstieg richtet sich nach den Regelungen des TV-L.

(4) [1] Liegt das Vergleichsentgelt über der höchsten Stufe der nach § 4 bestimmten Entgeltgruppe, werden die Beschäftigten abweichend von Absatz 1 einer dem Vergleichsentgelt entsprechenden individuellen Endstufe zugeordnet; bei Lehrkräften im Sinne der Vorbemerkung Nr. 5 zu allen Vergütungsgruppen der Anlage 1 a zum BAT/BAT-O gilt dabei die Entgelttabelle zum TV-L mit den Maßgaben des § 20. [2] Absatz 1 Sätze 2 und 3 gelten entsprechend. [3] Werden Beschäftigte aus einer individuellen Endstufe höhergruppiert, so erhalten sie in der höheren Entgeltgruppe mindestens den Betrag, der ihrer bisherigen individuellen Endstufe entspricht. [4] Im Übrigen gilt Absatz 2 entsprechend. [5] Die individuelle Endstufe verändert sich um denselben Vomhundertsatz beziehungsweise in demselben Umfang wie die höchste Stufe der jeweiligen Entgeltgruppe.

Protokollerklärung zu § 6 Absatz 4:

Die Protokollerklärung zu § 6 Absatz 1 gilt entsprechend.

[1] Nr. **800**.

(5) [1] Beschäftigte, deren Vergleichsentgelt niedriger ist als das Tabellenentgelt in der Stufe 2, werden abweichend von Absatz 1 der Stufe 2 zugeordnet. [2] Der weitere Stufenaufstieg richtet sich nach den Regelungen des TV-L. [3] Abweichend von Satz 1 werden Beschäftigte, denen am 31. Oktober 2006 eine in der Allgemeinen Vergütungsordnung (Anlage 1 a zum BAT/BAT-O) durch die Eingruppierung in Vergütungsgruppe Va BAT/BAT-O mit Aufstieg nach IVb und IVa BAT/BAT-O abgebildete Tätigkeit übertragen ist, der Stufe 1 der Entgeltgruppe 10 zugeordnet.

(6) [1] Ärztinnen und Ärzte im Sinne des § 4 Absatz 1 Satz 2 und 3 werden derjenigen Stufe der Entgeltgruppe (§ 4) zugeordnet, die sie erreicht hätten, wenn die Entgelttabelle für Ärztinnen und Ärzte bereits seit Beginn ihrer Zugehörigkeit zu der für sie maßgebenden Entgeltgruppe gegolten hätte. [2] Für die Stufenfindung bei der Überleitung zählen die Zeiten im jetzigen Arbeitsverhältnis zu demselben Arbeitgeber. [3] Für die Berücksichtigung von Vorzeiten ärztlicher Tätigkeit bei der Stufenfindung gilt § 16 Absatz 2 in Verbindung mit § 41 Nr. 11 TV-L. [4] Ist das Vergleichsentgelt höher als das nach den Sätzen 1 bis 3 maßgebende Tabellenentgelt, wird das Vergleichsentgelt so lange gezahlt, bis das Tabellenentgelt das Vergleichsentgelt erreicht; Absatz 1 Sätze 2 und 3 gelten entsprechend.
Protokollerklärungen zu §§ 4 und 6:
Für die Überleitung in die Entgeltgruppe 8 a gemäß Anlagen 5 A und 5 B TVÜ-Länder gilt für übergeleitete Beschäftigte

- der Vergütungsgruppe Kr. V vier Jahre Kr. Va zwei Jahre Kr. VI
- der Vergütungsgruppe Kr. Va drei Jahre Kr. VI
- der Vergütungsgruppe Kr. Va fünf Jahre Kr. VI
- der Vergütungsgruppe Kr. V sechs Jahre Kr. VI

mit Ortszuschlag der Stufe 2:

1. Zunächst erfolgt die Überleitung nach den allgemeinen Grundsätzen.
2. Die Verweildauer in Stufe 3 wird von drei Jahren auf zwei Jahre verkürzt.
3. Der Tabellenwert der Stufe 4 wird nach der Überleitung um 100 Euro erhöht.

§ 7 Stufenzuordnung der Arbeiterinnen und Arbeiter. (1) [1] Beschäftigte aus dem Geltungsbereich des MTArb/MTArb-O werden entsprechend ihrer Beschäftigungszeit nach § 6 MTArb/MTArb-O – mit Ausnahme der übergangsvorschrift Nr. 3 zu § 6 MTArb-O – der Stufe der gemäß § 4 bestimmten Entgeltgruppe zugeordnet, die sie erreicht hätten, wenn die Entgelttabelle des TV-L[1)] bereits seit Beginn ihrer Beschäftigungszeit gegolten hätte; Stufe 1 ist hierbei ausnahmslos mit einem Jahr zu berücksichtigen. [2] Der weitere Stufenaufstieg richtet sich nach den Regelungen des TV-L.

(2) § 6 Absatz 4 und Absatz 5 Satz 1 und 2 gilt für Beschäftigte gemäß Absatz 1 entsprechend.

(3) [1] Ist das Tabellenentgelt nach Absatz 1 Satz 1 niedriger als das Vergleichsentgelt, werden die Beschäftigten einer dem Vergleichsentgelt entsprechenden individuellen Zwischenstufe zugeordnet; § 6 Absatz 1 Satz 2 und 3 gilt entsprechend. [2] Der Aufstieg aus der individuellen Zwischenstufe in die betragsmäßig nächsthöhere reguläre Stufe ihrer Entgeltgruppe findet zu dem Zeitpunkt statt, zu dem sie gemäß Absatz 1 Satz 1 die Voraussetzungen für diesen Stufenaufstieg aufgrund der Beschäftigungszeit erfüllt haben.

(4) [1] Werden Beschäftigte während ihrer Verweildauer in der individuellen Zwischenstufe höhergruppiert, erhalten sie in der höheren Entgeltgruppe Tabellenentgelt nach der regulären Stufe, deren Betrag mindestens der individuellen Zwischenstufe entspricht, jedoch nicht weniger als das Entgelt der Stufe 2; der weitere Stufenaufstieg richtet sich nach den Regelungen des TV-L. [2] § 17 Absatz 4 Satz 2 TV-L gilt entsprechend. [3] Werden Beschäftigte während ihrer Verweildauer in der individuellen Zwischenstufe herabgruppiert, erfolgt die Stufenzuordnung in der niedrigeren Entgeltgruppe, als sei die niedrigere Einreihung bereits im Oktober 2006 erfolgt; der weitere Stufenaufstieg richtet sich bei Zuordnung zu einer individuellen Zwischenstufe nach Absatz 3 Satz 2, ansonsten nach Absatz 1 Satz 2.
Protokollerklärung zu den Absätzen 2 bis 4:
Die Protokollerklärung zu § 6 Absatz 1 gilt entsprechend.

801

[1)] Nr. **800**.

3. Abschnitt. Besitzstandsregelungen

§ 10 Fortführung vorübergehend übertragener höherwertiger Tätigkeit. [1] Beschäftigte, denen am 31. Oktober 2006 eine Zulage nach § 24 BAT/BAT-O zusteht, erhalten nach Überleitung in den TV-L[1)] eine Besitzstandszulage in Höhe ihrer bisherigen Zulage, solange sie die anspruchsbegründende Tätigkeit weiterhin ausüben und die Zulage nach bisherigem Recht zu zahlen wäre. [2] Wird die anspruchsbegründende Tätigkeit über den 31. Oktober 2008 hinaus beibehalten, finden mit Wirkung ab dem 1. November 2008 die Regelungen des TV-L über die vorübergehende Übertragung einer höherwertigen Tätigkeit Anwendung. [3] Für eine vor dem 1. November 2006 vorübergehend übertragene höherwertige Tätigkeit, für die am 31. Oktober 2006 wegen der zeitlichen Voraussetzungen des § 24 Absatz 1 beziehungsweise 2 BAT/BAT-O noch keine Zulage gezahlt wird, gilt Satz 1 und 2 ab dem Zeitpunkt entsprechend, zu dem nach bisherigem Recht die Zulage zu zahlen gewesen wäre. [4] Sätze 1 bis 3 gelten in den Fällen des § 9 MTArb/MTArb-O entsprechend; bei Vertretung einer Arbeiterin/eines Arbeiters bemisst sich die Zulage nach dem Unterschiedsbetrag zwischen dem Lohn nach § 9 Absatz 2 Buchstabe a MTArb/MTArb-O und dem im Oktober 2006 ohne Zulage zustehenden Lohn. [5] Sätze 1 bis 4 gelten bei besonderen tarifvertraglichen Vorschriften über die vorübergehende Übertragung höherwertiger Tätigkeiten entsprechend. [6] Die Zulage nach Satz 1 verändert sich bei allgemeinen Entgeltanpassungen um den von den Tarifvertragsparteien für die jeweilige Entgeltgruppe vereinbarten Vomhundertsatz.

Protokollerklärung zu § 10:
Die Protokollerklärung zu § 6 Absatz 1 gilt entsprechend.

§ 11 Kinderbezogene Entgeltbestandteile. (1) [1] Für im Oktober 2006 zu berücksichtigende Kinder werden die kinderbezogenen Entgeltbestandteile des BAT/BAT-O oder MTArb/MTArb-O in der für Oktober 2006 zustehenden Höhe als Besitzstandszulage fortgezahlt, solange für diese Kinder Kindergeld nach dem Einkommensteuergesetz (EStG) oder nach dem Bundeskindergeldgesetz (BKGG) ununterbrochen gezahlt wird oder ohne Berücksichtigung des § 64 oder § 65 EStG oder des § 3 oder § 4 BKGG gezahlt würde. [2] Die Besitzstandszulage entfällt ab dem Zeitpunkt, zu dem einer anderen Person, die im öffentlichen Dienst steht oder auf Grund einer Tätigkeit im öffentlichen Dienst nach beamtenrechtlichen Grundsätzen oder nach einer Ruhelohnordnung versorgungsberechtigt ist, für ein Kind, für welches die Besitzstandszulage gewährt wird, das Kindergeld gezahlt wird; die Änderung der Kindergeldberechtigung hat die/der Beschäftigte dem Arbeitgeber unverzüglich schriftlich anzuzeigen. [3] Unterbrechungen der Kindergeldzahlung wegen Ableistung von Grundwehrdienst, Zivildienst oder Wehrübungen sowie die Ableistung eines freiwilligen sozialen oder ökologischen Jahres sind unschädlich; soweit die unschädliche Unterbrechung bereits im Monat Oktober 2006 vorliegt, wird die Besitzstandszulage ab dem Zeitpunkt des Wiederauflebens der Kindergeldzahlung gewährt.

Protokollerklärung zu § 11 Absatz 1 Satz 1:
[1] Die Unterbrechung der Entgeltzahlung im Oktober 2006 bei Ruhen des Arbeitsverhältnisses wegen Elternzeit, Rente auf Zeit oder Ablauf der Krankenbezugsfristen ist für das Entstehen des Anspruchs auf die Besitzstandszulage unschädlich. [2] Bei späteren Unterbrechungen der Entgeltzahlung in den Fallen von Satz 1 wird die Besitzstandszulage nach Wiederaufnahme der Beschäftigung weiter gezahlt. [3] Die Höhe der Besitzstandszulage nach Satz 1 richtet sich nach § 5 Absatz 6. [4] Diejenigen Beschäftigten, die im Oktober 2006 nicht kindergeldberechtigt waren und deshalb keinen kinderbezogenen Ortszuschlagsanteil erhalten haben und bis zum 31. Dezember 2006 einen Berechtigtenwechsei beim Kindergeld vornehmen, haben Anspruch auf die Besitzstandszulage nach Satz 1. [5] Die Höhe der Besitzstandszulage ist so zu bemessen, als hätte die/der Beschäftigte bereits im Oktober 2006 Anspruch auf Kindergeld gehabt.

(2) [1] § 24 Absatz 2 TV-L[1)] ist anzuwenden. [2] Die Besitzstandszulage nach Absatz 1 Satz 1 verändert sich bei allgemeinen Entgeltanpassungen um den von den Tarifvertragsparteien für die jeweilige Entgeltgruppe vereinbarten Vomhundertsatz. [3] Ansprüche nach Absatz 1 können für Kinder ab dem vollendeten 16. Lebensjahr durch Vereinbarung mit der/dem Beschäftigten abgefunden werden.

Protokollerklärung zu § 11 Absatz 2:
Die Protokollerklärung zu § 6 Absatz 1 gilt entsprechend.

(3) Die Absätze 1 und 2 gelten entsprechend für

a) zwischen dem 1. November 2006 und dem 31. Dezember 2006 geborene Kinder der übergeleiteten Beschäftigten,

b) die Kinder von bis zum 31. Dezember 2006 in ein Arbeitsverhältnis übernommenen Auszubildenden, Schülerinnen/Schüler in der Gesundheits- und Krankenpflege, Gesundheits-

[1)] Nr. **800**.

und Kinderkrankenpflege und in der Entbindungspflege sowie Praktikantinnen und Praktikanten aus tarifvertraglich geregelten Beschäftigungsverhältnissen, soweit diese Kinder vor dem 1. Januar 2007 geboren sind.

§ 12 Strukturausgleich. (1) [1] Aus dem Geltungsbereich des BAT/BAT-O übergeleitete Beschäftigte erhalten einen nicht dynamischen Strukturausgleich ausschließlich in den in Anlage 3 aufgeführten Fällen zusätzlich zu ihrem monatlichen Entgelt. [2] Maßgeblicher Stichtag für die anspruchsbegründenden Voraussetzungen (Vergütungsgruppe, Lebensalterstufe, Ortszuschlag, Aufstiegszeiten) ist der 1. November 2006, sofern in Anlage 3 nicht ausdrücklich etwas anderes geregelt ist.

(2) Die Zahlung des Strukturausgleichs beginnt im November 2008, sofern in Anlage 3 nicht etwas anderes bestimmt ist.

(3) Für Beschäftigte, für die nach dem TV-L[1)] die Regelungen des Tarifgebiets Ost Anwendung finden, gilt der jeweilige Bemessungssatz.

(4) [1] Bei Teilzeitbeschäftigung steht der Strukturausgleich anteilig zu (§ 24 Absatz 2 TV-L). [2] Satz 1 gilt für Beschäftigte, deren Arbeitszeit nach § 3 des Tarifvertrages zur sozialen Absicherung vom 6. Juli 1992 bzw. vom 12. Oktober 2006 herabgesetzt ist, entsprechend.

Protokollerklärung zu § 12 Absatz 4:

Bei späteren Veränderungen der individuellen regelmäßigen wöchentlichen Arbeitszeit der/des Beschäftigten ändert sich der Strukturausgleich entsprechend.

(5) Bei Höhergruppierungen wird der Unterschiedsbetrag zum bisherigen Entgelt auf den Strukturausgleich angerechnet.

(6) Einzelvertraglich kann der Strukturausgleich abgefunden werden.

(7) Die Absätze 1 bis 6 finden auf Ärztinnen und Ärzte im Sinne des § 4 Absatz 1 Satz 2 und 3 keine Anwendung.

§ 13 Entgeltfortzahlung im Krankheitsfall. (1) [1] Bei Beschäftigten, für die bis zum 31. Oktober 2006 § 71 BAT gegolten hat und die nicht in der privaten Krankenversicherung versichert sind, wird abweichend von § 22 Absatz 2 TV-L[1)] für die Dauer des über den 31. Oktober 2006 hinaus ununterbrochen fortbestehenden Arbeitsverhältnisses der Krankengeldzuschuss in Höhe des Unterschiedsbetrages zwischen dem festgesetzten Nettokrankengeld oder der entsprechenden gesetzlichen Nettoleistung und dem Nettoentgelt (§ 22 Absatz 2 Satz 2 und 3 TV-L) gezahlt. [2] Nettokrankengeld ist das um die Arbeitnehmeranteile zur Sozialversicherung reduzierte Krankengeld. [3] Bei Beschäftigten, die in der gesetzlichen Krankenversicherung versicherungsfrei oder die von der Versicherungspflicht in der gesetzlichen Krankenversicherung befreit sind, werden bei der Berechnung des Krankengeldzuschusses diejenigen Leistungen zu Grunde gelegt, die ihnen als Pflichtversicherte in der gesetzlichen Krankenversicherung zustünden.

(2) [1] Beschäftigte im Sinne des Absatzes 1 erhalten längstens bis zum Ende der 26. Woche seit dem Beginn ihrer über den 31. Oktober 2006 hinaus ununterbrochen fortbestehenden Arbeitsunfähigkeit infolge derselben Krankheit oder Arbeitsverhinderung infolge einer Maßnahme der medizinischen Vorsorge oder Rehabilitation ihr Entgelt nach § 21 TV-L fortgezahlt. [2] Tritt nach dem 1. November 2006 Arbeitsunfähigkeit infolge derselben Krankheit ein, werden die Zeiten der Entgeltfortzahlung nach Satz 1 auf die Fristen gemäß § 22 TV-L angerechnet.

(3) [1] Bei Beschäftigten, für die bis zum 31. Oktober 2006 § 71 BAT gegolten hat und die in der privaten Krankenversicherung versichert sind, wird anstelle des Krankengeldzuschusses nach § 22 Absatz 2 und 3 TV-L für die Dauer des über den 31. Oktober 2006 hinaus ununterbrochen fortbestehenden Arbeitsverhältnisses das Entgelt nach § 21 TV-L bis zur Dauer von 26 Wochen gezahlt. [2] § 22 Absatz 4 TV-L findet auf die Entgeltfortzahlung nach Satz 1 entsprechende Anwendung. [3] Die Sätze 1 und 2 gelten auf Antrag entsprechend für bisher unter § 71 BAT fallende Beschäftigte, die freiwillig in der gesetzlichen Krankenversicherung versichert sind und am 19. Mai 2006 (Stichtag) einen Anspruch auf Krankengeld erst ab der 27. Woche der Arbeitsunfähigkeit hatten; der Antrag ist bis zum 31. Dezember 2006 zu stellen.

Protokollerklärung zu § 13:

[1] Ansprüche aufgrund von Regelungen für die Gewährung von Beihilfen an Arbeitnehmerinnen und Arbeitnehmer im Krankheitsfall bleiben für übergeleitete Beschäftigte, die am 31. Oktober 2006 noch Anspruch auf Beihilfe haben, unberührt. [2] Änderungen von Beihilfevorschriften für Beamte kommen zur Anwendung, soweit auf Landes- beziehungsweise Bundesvorschriften Bezug genommen wird.

1) Nr. **800**.

§ 14 Beschäftigungszeit. (1) Für die Dauer des über den 31. Oktober 2006 hinaus fortbestehenden Arbeitsverhältnisses werden die vor dem 1. November 2006 nach Maßgabe der jeweiligen tarifrechtlichen Vorschriften anerkannten Beschäftigungszeiten – mit Ausnahme der Zeiten im Sinne der Übergangsvorschrift Nr. 3 zu § 19 BAT-O/§ 6 MTArb-O – als Beschäftigungszeit im Sinne des § 34 Absatz 3 TV-L[1] berücksichtigt.

(2) Für die Anwendung des § 23 Absatz 2 TV-L werden die bis zum 31. Oktober 2006 zurückgelegten Zeiten, die nach Maßgabe

– des § 39 BAT anerkannte Dienstzeit,
– des § 39 BAT-O beziehungsweise § 45 MTArb-O anerkannte Beschäftigungszeit,
– des § 45 MTArb anerkannte Jubiläumszeit

sind, als Beschäftigungszeit im Sinne des § 34 Absatz 3 TV-L berücksichtigt.

§ 15 Urlaub. (1) [1] Für die Dauer und die Bewilligung des Erholungsurlaubs beziehungsweise von Zusatzurlaub für das Urlaubsjahr 2006 sowie für dessen Übertragung auf das Urlaubsjahr 2007 gelten die im Oktober 2006 jeweils maßgebenden Vorschriften bis zum 31. Dezember 2006 fort. [2] Die Regelungen des TV-L[1] gelten für die Bemessung des Urlaubsentgelts.

(2) [1] Aus dem Geltungsbereich des BAT/BAT-O übergeleitete Beschäftigte der Vergütungsgruppen I und Ia, die für das Urlaubsjahr 2006 einen Anspruch auf 30 Arbeitstage Erholungsurlaub erworben haben, behalten bei einer Fünftagewoche diesen Anspruch für die Dauer des über den 31. Oktober 2006 hinaus ununterbrochen fortbestehenden Arbeitsverhältnisses. [2] Die Urlaubsregelungen des TV-L bei abweichender Verteilung der Arbeitszeit gelten entsprechend.

(3) [1] § 49 Absatz 1 und 2 MTArb/MTArb-O i.V.m. dem Tarifvertrag über Zusatzurlaub für gesundheitsgefährdende Arbeiten für Arbeiter der Länder gelten bis zum In-Kraft-Treten eines entsprechenden Tarifvertrags der Länder fort; im Übrigen gilt Absatz 1 entsprechend. [2] Aus dem Geltungsbereich des MTArb übergeleiteten Beschäftigten, die am 31. Oktober 2006 Anspruch auf einen Zusatzurlaub nach § 49 Absatz 4 MTArb haben, behalten diesen Anspruch, solange sie die Anspruchsvoraussetzungen in dem über den 31. Oktober 2006 hinaus ununterbrochen fortbestehenden Arbeitsverhältnis weiterhin erfüllen.

(4) [1] In den Fällen des § 48 a BAT/BAT-O oder § 48 a MTArb/MTArb-O wird der nach der Arbeitsleistung im Kalenderjahr 2006 zu bemessende Zusatzurlaub im Kalenderjahr 2007 gewährt. [2] Die nach Satz 1 zustehenden Urlaubstage werden auf den nach den Bestimmungen des TV-L im Kalenderjahr 2007 zustehenden Zusatzurlaub für Wechselschichtarbeit und Schichtarbeit angerechnet. [3] Absatz 1 Satz 2 gilt entsprechend.

§ 16 Abgeltung. [1] Durch Vereinbarung mit der/dem Beschäftigten können Entgeltbestandteile aus Besitzständen, ausgenommen für Vergütungsgruppenzulagen, pauschaliert beziehungsweise abgefunden werden. [2] § 11 Absatz 2 Satz 3 und § 12 Absatz 6 bleiben unberührt.

Protokollerklärung zum 3. Abschnitt:

[1] Einvernehmlich werden die Verhandlungen zur Überleitung der Entgeltsicherung bei Leistungsminderung zurückgestellt. [2] Da damit die fristgerechte Überleitung bei Beschäftigten, die eine Zahlung nach §§ 25, 37 MTArb/MTArb-O beziehungsweise § 56 BAT/BAT-O erhalten, nicht sichergestellt ist, erfolgt am 1. November 2006 eine Fortzahlung der bisherigen Bezüge als zu verrechnender Abschlag auf das Entgelt, das diesen Beschäftigten nach dem noch zu erzielenden künftigen Verhandlungsergebnis zusteht; § 6 Absatz 1 Sätze 2 und 3 sowie die Protokollerklärung zu § 6 Absatz 1 gelten entsprechend. [3] Die in Satz 2 genannten Bestimmungen – einschließlich etwaiger Sonderregelungen – finden in ihrem jeweiligen Geltungsbereich bis zum In-Kraft-Treten einer Neuregelung weiterhin Anwendung, und zwar auch für Beschäftigte im Sinne des § 1 Absatz 2. [4] § 55 Absatz 2 Unterabsatz 2 Satz 2 BAT bleibt in seinem bisherigen Geltungsbereich unberührt. [5] Sollte das künftige Verhandlungsergebnis geringer als bis dahin gewährte Leistungen ausfallen, ist eine Rückforderung ausgeschlossen.

4. Abschnitt. Sonstige vom TV-L[1] abweichende oder ihn ergänzende Bestimmungen

§ 17 Eingruppierung. (1) [1] Die §§ 22, 23 BAT/BAT-O einschließlich der Vergütungsordnung, die §§ 1, 2 Absatz 1 und § 5 des Tarifvertrages über das Lohngruppenverzeichnis der Länder zum MTArb (TV Lohngruppen TdL) einschließlich des Lohngruppenverzeichnisses mit Anlagen 1 und 2 sowie die entsprechenden Regelungen für das Tarifgebiet Ost einschließlich § 2 Nr. 3 des Änderungstarifvertrages Nr. 1 zum BAT-O vom 8. Mai 1991 gelten über den

[1] Nr. **800**.

31. Oktober 2006 hinaus fort. [2]Diese Regelungen finden auf übergeleitete und ab dem 1. November 2006 neu eingestellte Beschäftigte im jeweiligen bisherigen Geltungsbereich nach Maßgabe dieses Tarifvertrages Anwendung. [3]An die Stelle der Begriffe Vergütung und Lohn tritt der Begriff Entgelt.

(2) Abweichend von Absatz 1

- gelten Vergütungsordnung und Lohngruppenverzeichnis nicht für ab dem 1. November 2006 in Entgeltgruppe 1 TV-L[1)] neu eingestellte Beschäftigte,
- gilt die Vergütungsgruppe I der Vergütungsordnung zum BAT/BAT-O ab dem 1. November 2006 nicht fort; die Ausgestaltung entsprechender Arbeitsverhältnisse erfolgt außertariflich,
- gilt für übergeleitete und ab dem 1. November 2006 neu eingestellte Ärztinnen und Ärzte im Sinne des § 4 Absatz 1 Satz 2 und 3 die Entgeltordnung gemäß Anlage 2 TVÜ-Länder Teil C.

(3) [1]Mit Ausnahme der Eingruppierung in die Entgeltgruppe 1 und der Eingruppierung der übergeleiteten und ab dem 1. November 2006 neu eingestellten Ärztinnen und Ärzte im Sinne des § 4 Absatz 1 Satz 2 und 3 sind alle zwischen dem 1. November 2006 und dem In-Kraft-Treten einer neuen Entgeltordnung stattfindenden Eingruppierungsvorgänge (Neueinstellungen und Umgruppierungen) vorläufig und begründen keinen Vertrauensschutz und keinen Besitzstand. [2]Dies gilt nicht für Aufstiege gemäß § 8 Absatz 1 Satz 1 und 2 und Absatz 3.

(4) [1]Anpassungen der Eingruppierung aufgrund des In-Kraft-Tretens einer neuen Entgeltordnung erfolgen mit Wirkung für die Zukunft. [2]Bei Rückgruppierungen, die in diesem Zusammenhang erfolgen, sind finanzielle Nachteile im Wege einer nicht dynamischen Besitzstandszulage auszugleichen, solange die Tätigkeit ausgeübt wird. [3]Die Besitzstandszulage vermindert sich ein Jahr nach dem In-Kraft-Treten einer neuen Entgeltordnung bei jedem Stufenaufstieg um die Hälfte des Unterschiedsbetrages zwischen der bisherigen und der neuen Stufe; bei Neueinstellungen (§ 1 Absatz 2) vermindert sich die Besitzstandszulage jeweils um den vollen Unterschiedsbetrag. [4]Die Grundsätze korrigierender Rückgruppierung bleiben unberührt.

(5) [1]Bewährungs-, Fallgruppen- und Tätigkeitsaufstiege gibt es ab dem 1. November 2006 nicht mehr; §§ 8 und 9 bleiben unberührt. [2]Satz 1 gilt auch für Vergütungsgruppenzulagen, es sei denn, dem Tätigkeitsmerkmal einer Vergütungsgruppe der Allgemeinen Vergütungsordnung (Anlage la zum BAT) ist eine Vergütungsgruppenzulage zugeordnet, die unmittelbar mit Übertragung der Tätigkeit zusteht, bei Übertragung einer entsprechenden Tätigkeit wird diese bis zum In-KraftTreten einer neuen Entgeltordnung unter den Voraussetzungen des bisherigen Tarifrechts als Besitzstandszulage in der bisherigen Höhe gezahlt; § 9 Absatz 4 gilt entsprechend

(6) Eine persönliche Zulage, die sich betragsmäßig nach der entfallenen Techniker-, Meister- und Programmiererzulage bemisst, erhalten diejenigen Beschäftigten, denen ab dem 1. November 2006 bis zum In-Kraft-Treten einer neuen Entgeltordnung eine anspruchsbegründende Tätigkeit übertragen wird, soweit die Anspruchsvoraussetzungen nach bisherigem Tarifrecht erfüllt sind.

Protokollerklärung zu § 17 Absatz 6:

Die Protokollerklärung zu § 6 Absatz 1 gilt entsprechend. [2]

(7) [1]Für Eingruppierungen ab dem 1. November 2006 bis zum In-Kraft-Treten einer neuen Entgeltordnung werden die Vergütungsgruppen der Allgemeinen Vergütungsordnung (Anlage 1a zum BAT) und die Lohngruppen des Lohngruppenverzeichnisses gemäß Anlage 4 den Entgeltgruppen des TV-L, zugeordnet. [2]Absatz 1 Satz 2 bleibt unberührt.

Protokollerklärung zu § 17 Absatz 7:

Die Protokollerklärung Nr. 1 zu § 4 Absatz 1 gilt entsprechend für übergeleitete und ab dem 1. November 2006 neueingestellte Pflegekräfte.

(8) [1]Beschäftigte, die ab dem 1. November 2006 in die Entgeltgruppe 13 eingruppiert sind und die nach der Allgemeinen Vergütungsordnung (Anlage 1a zum BAT/BAT-O) in Vergütungsgruppe Ila BAT/BAT-O mit fünf- beziehungsweise sechsjährigem Aufstieg nach Vergütungsgruppe lb BAT/BAT-O eingruppiert wären, erhalten bis zum In-Kraft-Treten einer neuen Entgeltordnung eine persönliche Zulage in Höhe des Unterschiedsbetrages zwischen dem Entgelt ihrer Stufe nach Entgeltgruppe 13 und der entsprechenden Stufe der Entgeltgruppe 14. [2]Von Satz 1 werden auch Fallgruppen der Vergütungsgruppe lb BAT / BAT-0 erfasst, deren Tätigkeitsmerkmale eine bestimmte Tätigkeitsdauer voraussetzen. [3]Die Sätze 1 und 2 gelten auch für Beschäftigte im Sinne des § 1 Absatz 2. [4]Sie gelten nicht für Ärztinnen und Ärzte im Sinne des § 4 Absatz 1 Satz 2 und 3.

(9) [1]Die bisherigen Regelungen für Vorarbeiterinnen und Vorarbeiter gelten im bisherigen Geltungsbereich fort; dies gilt auch für Beschäftigte im Sinne des § 1 Absatz 2. [2]Ist anlässlich

[1)] Nr. **800**.

der vorübergehenden Übertragung einer höherwertigen Tätigkeit im Sinne des § 14 TV-L zusätzlich eine Tätigkeit auszuüben, für die nach bisherigem Recht ein Anspruch auf Zahlung einer Zulage für Vorarbeiterinnen und Vorarbeiter besteht, erhält die/der Beschäftigte bis zum In-Kraft-Treten einer neuen Entgeltordnung abweichend von Satz 1 sowie von § 14 Absatz 3 TV-L anstelle der Zulage nach § 14 TV-L für die Dauer der Ausübung sowohl der höherwertigen als auch der zulagenberechtigenden Tätigkeit eine persönliche Zulage in Höhe von insgesamt 10 v.H. ihres/seines Tabellenentgelts.

(10) Die Absätze 1 bis 9 gelten für besondere tarifvertragliche Vorschriften über die Eingruppierungen entsprechend.

Protokollerklärung zu § 17:

[1] Die Tarifvertragsparteien sind sich darin einig, dass im Falle einer neuen Entgeltordnung die bisherigen unterschiedlichen materiellen Wertigkeiten aus Fachhochschulabschlüssen (einschließlich Sozialpädagogen/innen und Ingenieuren/innen) auf das Niveau der vereinbarten Entgeltwerte der Entgeltgruppe 9 ohne Mehrkosten (unter Berücksichtigung der Kosten für den Personenkreis, der nach der Übergangsphase nicht mehr in eine höhere beziehungsweise niedrigere Entgeltgruppe eingruppiert ist) zusammengeführt werden; die Abbildung von Heraushebungsmerkmalen oberhalb der Entgeltgruppe 9 bleibt davon unberührt. [2] Sollte hierüber bis zum 31. Dezember 2008 keine einvernehmliche Lösung vereinbart werden, so erfolgt ab dem 1. Januar 2009 bis zum In-Kraft-Treten einer neuen Entgeltordnung die einheitliche Eingruppierung aller ab dem 1. Januar 2009 neu einzugruppierenden Beschäftigten mit Fachhochschulabschluss nach den jeweiligen Regeln der Entgeltgruppe 9 zu „Vb BAT/BAT-O ohne Aufstieg nach lVb (mit und ohne FH-Abschluss)".

§ 18 Vorübergehende Übertragung einer höherwertigen Tätigkeit nach dem 31. Oktober 2006. (1) [1] Wird aus dem Geltungsbereich des BAT/BAT-O übergeleiteten Beschäftigten in der Zeit zwischen dem 1. November 2006 und dem 31. Oktober 2008 erstmalig außerhalb von § 10 eine höherwertige Tätigkeit vorübergehend übertragen, findet der TV-L[1)] Anwendung. [2] Ist die/der Beschäftigte in eine individuelle Zwischenstufe übergeleitet worden, gilt für die Bemessung der persönlichen Zulage § 6 Absatz 2 Satz 1 und 2 entsprechend. [3] Bei Überleitung in eine individuelle Endstufe gilt § 6 Absatz 4 Satz 3 entsprechend. [4] In den Fällen des § 6 Absatz 5 bestimmt sich die Höhe der Zulage nach den Vorschriften des TV-L über die vorübergehende Übertragung einer höherwertigen Tätigkeit.

(2) Wird aus dem Geltungsbereich des MTArb/MTArb-O übergeleiteten Beschäftigten nach dem 31. Oktober 2006 erstmalig außerhalb von § 10 eine höherwertige Tätigkeit vorübergehend übertragen, gelten bis zum In-Kraft-Treten eines Tarifvertrages über eine persönliche Zulage die bisherigen Regelungen des MTArb/MTArb-O mit der Maßgabe entsprechend, dass sich die Höhe der Zulage nach dem TV-L richtet, soweit sich aus § 17 Absatz 9 Satz 2 nichts anderes ergibt.

(3) Bis zum In-Kraft-Treten der Eingruppierungsvorschriften des TV-L gilt – auch für Beschäftigte im Sinne des § 1 Absatz 2 – die Regelung des § 14 TV-L zur vorübergehenden Übertragung einer höherwertigen Tätigkeit mit der Maßgabe, dass sich die Voraussetzungen für die übertragene höherwertige Tätigkeit nach § 22 Absatz 2 BAT/BAT-O beziehungsweise den entsprechenden Regelungen für Arbeiter bestimmen.

§ 21 Jahressonderzahlung in den Jahren 2006 und 2007. (1) Für Beschäftigte, deren Arbeitsverhältnis bereits am 30. Juni 2003 bestanden hat und die bis zum 31. Oktober 2006 für die Zuwendung der tariflichen Nachwirkung unterliegen, richtet sich die Jahressonderzahlung nach § 20 TV-L[1)].

(2) [1] Für die Beschäftigten, mit denen arbeitsvertraglich vor dem 31. Oktober 2006 abweichende Vereinbarungen zur Zuwendung und zum Urlaubsgeld getroffen worden sind, gilt:

a) Im Jahr 2006 richtet sich, der Anspruch auf Zuwendung und Urlaubsgeld nach den am 19. Mai 2006 geltenden Landesregelungen.

b) Im Jahr 2007 wird die nach den jeweiligen arbeitsvertraglichen Vereinbarungen zustehende Summe aus Zuwendung und Urlaubsgeld um 50 v.H. des Differenzbetrages zu der Jahressonderzahlung nach § 20 TV-L erhöht, sofern die Jahressonderzahlung nach § 20 TV-L höher wäre.

c) Ab dem Jahr 2008 gilt § 20 TV-L.

[2] Der Arbeitgeber kann die Angleichungsschritte hinsichtlich des Umfangs und/oder der Zeitfolge schneller vollziehen.

---

1) Nr. **800**.

(3) Nach dem 31. Oktober 2006 neu eingestellte Beschäftigte erhalten die Jahressonderzahlung in den Jahren 2006 und 2007 in Höhe des Betrages, der ihnen nach Absatz 2 zustehen würde, wenn das Arbeitsverhältnis am 31. Oktober 2006 bestanden hätte.

(4) Soweit nach den Absätzen 2 und 3 Urlaubsgeld gezahlt wird, ist dieser Teil der Jahressonderzahlung nicht zusatzversorgungspflichtig.

(5) Die Absätze 1 bis 4 finden auf Ärztinnen und Ärzte im Sinne des § 4 Absatz 1 Satz 2 und 3 keine, Anwendung.

5. Abschnitt. Übergangs- und Schlussvorschrift

§ 30 In-Kraft-Treten, Laufzeit. (1) Dieser Tarifvertrag tritt am 1. November 2006 in Kraft.

(2) Dieser Tarifvertrag kann ohne Einhaltung einer Frist jederzeit schriftlich gekündigt werden, frühestens zum 31. Dezember 2009.

(3) § 21 Absätze 1 bis 4 können auf landesbezirklicher Ebene mit einer Frist von drei Kalendermonaten zum 31. Dezember jeden Kalenderjahres gekündigt werden, frühestens jedoch zum 31. Dezember desjenigen Jahres, in dem die volle Angleichung nach § 21 Absatz 2 erreicht ist.

(4) Die §§ 17 und 18 einschließlich Anlagen können ohne Einhaltung einer Frist, jedoch nur insgesamt, schriftlich gekündigt werden, frühestens zum 31. Dezember 2009; die Nachwirkung dieser Vorschriften wird ausgeschlossen.

(5) [1] Die nach § 25 Absatz 5 fortgeltenden Regelungen können – auch einzeln – von jeder Tarifvertragspartei auf landesbezirklicher Ebene mit einer Frist von einem Monat zum Ende eines Kalendermonats schriftlich gekündigt werden. [2] Die Nachwirkung (§ 4 Absatz 5 Tarifvertragsgesetz) wird nicht ausgeschlossen.

805. Gesetz über den Nachweis der für ein Arbeitsverhältnis geltenden wesentlichen Bedingungen (Nachweisgesetz – NachwG)[1]

Vom 20. Juli 1995
(BGBl. I S. 946)

FNA 800-25

geänd. durch Art. 2 a Gesetz zur Änderung des BGB und des ArbeitsgerichtsG v. 29. 6. 1998 (BGBl. I S. 1694), Art. 7 NeuregelungsG der geringfügigen Beschäftigungsverhältnisse v. 24. 3. 1999 (BGBl. I S. 388) und Art. 32 G zur Anp. der Formvorschriften des Privatrechts und anderer Vorschriften an den modernen Rechtsgeschäftsverkehr v. 13. 7. 2001 (BGBl. I S. 1542)

§ 1[2] **Anwendungsbereich.** Dieses Gesetz gilt für alle Arbeitnehmer, es sei denn, daß sie nur zur vorübergehenden Aushilfe von höchstens einem Monat eingestellt werden.

§ 2[3] **Nachweispflicht.** (1) [1] Der Arbeitgeber hat spätestens einen Monat nach dem vereinbarten Beginn des Arbeitsverhältnisses die wesentlichen Vertragsbedingungen schriftlich niederzulegen, die Niederschrift zu unterzeichnen und dem Arbeitnehmer auszuhändigen. [2] In die Niederschrift sind mindestens aufzunehmen:

1. der Name und die Anschrift der Vertragsparteien,
2. der Zeitpunkt des Beginns des Arbeitsverhältnisses,
3. bei befristeten Arbeitsverhältnissen: die vorhersehbare Dauer des Arbeitsverhältnisses,
4. der Arbeitsort oder, falls der Arbeitnehmer nicht nur an einem bestimmten Arbeitsort tätig sein soll, ein Hinweis darauf, daß der Arbeitnehmer an verschiedenen Orten beschäftigt werden kann,
5. eine kurze Charakterisierung oder Beschreibung der vom Arbeitnehmer zu leistenden Tätigkeit,
6. die Zusammensetzung und die Höhe des Arbeitsentgelts einschließlich der Zuschläge, der Zulagen, Prämien und Sonderzahlungen sowie anderer Bestandteile des Arbeitsentgelts und deren Fälligkeit,
7. die vereinbarte Arbeitszeit,
8. die Dauer des jährlichen Erholungsurlaubs,
9. die Fristen für die Kündigung des Arbeitsverhältnisses,
10. ein in allgemeiner Form gehaltener Hinweis auf die Tarifverträge, Betriebs- oder Dienstvereinbarungen, die auf das Arbeitsverhältnis anzuwenden sind.

[3] Der Nachweis der wesentlichen Vertragsbedingungen in elektronischer Form ist ausgeschlossen. [4] Bei Arbeitnehmern, die eine geringfügige Beschäftigung nach § 8 Abs. 1 Nr. 1 des Vierten Buches Sozialgesetzbuch ausüben, ist außerdem der Hinweis aufzunehmen, daß der Arbeitnehmer in der gesetzlichen Rentenversicherung die Stellung eines versicherungspflichtigen Arbeitnehmers erwerben kann, wenn er nach § 5 Abs. 2 Satz 2 des Sechsten Buches Sozialgesetzbuch auf die Versicherungsfreiheit durch Erklärung gegenüber dem Arbeitgeber verzichtet.

(2) Hat der Arbeitnehmer seine Arbeitsleistung länger als einen Monat außerhalb der Bundesrepublik Deutschland zu erbringen, so muß die Niederschrift dem Arbeitnehmer vor seiner Abreise ausgehändigt werden und folgende zusätzliche Angaben enthalten:

1. die Dauer der im Ausland auszuübenden Tätigkeit,
2. die Währung, in der das Arbeitsentgelt ausgezahlt wird,
3. ein zusätzliches mit dem Auslandsaufenthalt verbundenes Arbeitsentgelt und damit verbundene zusätzliche Sachleistungen,
4. die vereinbarten Bedingungen für die Rückkehr des Arbeitnehmers.

(3) [1] Die Angaben nach Absatz 1 Satz 2 Nr. 6 bis 9 und Absatz 2 Nr. 2 und 3 können ersetzt werden durch einen Hinweis auf die einschlägigen Tarifverträge, Betriebs- oder Dienstvereinbarungen und ähnlichen Regelungen, die für das Arbeitsverhältnis gelten. [2] Ist in den Fällen des

[1] Verkündet als Art. 1 des Gesetzes zur Anpassung arbeitsrechtlicher Bestimmungen an das EG-Recht vom 20. 7. 1995 (BGBl. I S. 946); Inkrafttreten gem. Art. 6 dieses G am 28. 7. 1995.

[2] § 1 neu gef. durch G v. 24. 3. 1999 (BGBl. I S. 388).

[3] § 2 Abs. 1 Satz 2 Nr. 5 geänd. durch G v. 29. 6. 1998 (BGBl. I S. 1694); Abs. 1 Satz 3 angef. durch G v. 24. 3. 1999 (BGBl. I S. 388), Abs. 1 Satz 3 eingef., bish. Satz 3 wird Satz 4 mWv 1. 8. 2001 durch G v. 13. 7. 2001 (BGBl. I S. 1542).

Absatzes 1 Satz 2 Nr. 8 und 9 die jeweilige gesetzliche Regelung maßgebend, so kann hierauf verwiesen werden.

(4) Wenn dem Arbeitnehmer ein schriftlicher Arbeitsvertrag ausgehändigt worden ist, entfällt die Verpflichtung nach den Absätzen 1 und 2, soweit der Vertrag die in den Absätzen 1 bis 3 geforderten Angaben enthält.

§ 3 Änderung der Angaben. [1] Eine Änderung der wesentlichen Vertragsbedingungen ist dem Arbeitnehmer spätestens einen Monat nach der Änderung schriftlich mitzuteilen. [2] Satz 1 gilt nicht bei einer Änderung der gesetzlichen Vorschriften, Tarifverträge, Betriebs- oder Dienstvereinbarungen und ähnlichen Regelungen, die für das Arbeitsverhältnis gelten.

§ 4 Übergangsvorschrift. [1] Hat das Arbeitsverhältnis bereits bei Inkrafttreten dieses Gesetzes bestanden, so ist dem Arbeitnehmer auf sein Verlangen innerhalb von zwei Monaten eine Niederschrift im Sinne des § 2 auszuhändigen. [2] Soweit eine früher ausgestellte Niederschrift oder ein schriftlicher Arbeitsvertrag die nach diesem Gesetz erforderlichen Angaben enthält, entfällt diese Verpflichtung.

§ 5 Unabdingbarkeit. Von den Vorschriften dieses Gesetzes kann nicht zuungunsten des Arbeitnehmers abgewichen werden.

808. Allgemeines Gleichbehandlungsgesetz (AGG)[1][2]

Vom 14. August 2006

(BGBl. I S. 1897)

FNA 402-40

geänd. durch Art. 8 Abs. 1 G zur Änd. des BetriebsrentenG und anderer G v. 2. 12. 2006 (BGBl. I S. 2742), Art. 19 Abs. 10 G Neuregelung des Rechtsberatungsrechts v. 12. 12. 2007 (BGBl. I S. 2840) und Art. 15 Abs. 66 DienstrechtsneuordnungsG v. 5. 2. 2009 (BGBl. I S. 160)

Abschnitt 1. Allgemeiner Teil

§ 1 Ziel des Gesetzes. Ziel des Gesetzes ist, Benachteiligungen aus Gründen der Rasse oder wegen der ethnischen Herkunft, des Geschlechts, der Religion oder Weltanschauung, einer Behinderung, des Alters oder der sexuellen Identität zu verhindern oder zu beseitigen.

§ 2 Anwendungsbereich. (1) Benachteiligungen aus einem in § 1 genannten Grund sind nach Maßgabe dieses Gesetzes unzulässig in Bezug auf:

1. die Bedingungen, einschließlich Auswahlkriterien und Einstellungsbedingungen, für den Zugang zu unselbstständiger und selbstständiger Erwerbstätigkeit, unabhängig von Tätigkeitsfeld und beruflicher Position, sowie für den beruflichen Aufstieg,
2. die Beschäftigungs- und Arbeitsbedingungen einschließlich Arbeitsentgelt und Entlassungsbedingungen, insbesondere in individual- und kollektivrechtlichen Vereinbarungen und Maßnahmen bei der Durchführung und Beendigung eines Beschäftigungsverhältnisses sowie beim beruflichen Aufstieg,
3. den Zugang zu allen Formen und allen Ebenen der Berufsberatung, der Berufsbildung einschließlich der Berufsausbildung, der beruflichen Weiterbildung und der Umschulung sowie der praktischen Berufserfahrung,
4. die Mitgliedschaft und Mitwirkung in einer Beschäftigten- oder Arbeitgebervereinigung oder einer Vereinigung, deren Mitglieder einer bestimmten Berufsgruppe angehören, einschließlich der Inanspruchnahme der Leistungen solcher Vereinigungen,
5. den Sozialschutz, einschließlich der sozialen Sicherheit und der Gesundheitsdienste,
6. die sozialen Vergünstigungen,
7. die Bildung,
8. den Zugang zu und die Versorgung mit Gütern und Dienstleistungen, die der Öffentlichkeit zur Verfügung stehen, einschließlich von Wohnraum.

(2) [1] Für Leistungen nach dem Sozialgesetzbuch gelten § 33 c des Ersten Buches Sozialgesetzbuch und § 19 a des Vierten Buches Sozialgesetzbuch. [2] Für die betriebliche Altersvorsorge gilt das Betriebsrentengesetz.

(3) [1] Die Geltung sonstiger Benachteiligungsverbote oder Gebote der Gleichbehandlung wird durch dieses Gesetz nicht berührt. [2] Dies gilt auch für öffentlich-rechtliche Vorschriften, die dem Schutz bestimmter Personengruppen dienen.

(4) Für Kündigungen gelten ausschließlich die Bestimmungen zum allgemeinen und besonderen Kündigungsschutz.

§ 3 Begriffsbestimmungen. (1) [1] Eine unmittelbare Benachteiligung liegt vor, wenn eine Person wegen eines in § 1 genannten Grundes eine weniger günstige Behandlung erfährt, als

---

[1] **Amtl. Anm.:** Dieses Gesetz dient der Umsetzung der Richtlinien:
- 2000/43/EG des Rates vom 29. Juni 2000 zur Anwendung des Gleichbehandlungsgrundsatzes ohne Unterschied der Rasse oder der ethnischen Herkunft (ABl. EG Nr. L 180 S. 22),
- 2000/78/EG des Rates vom 27. November 2000 zur Festlegung eines allgemeinen Rahmens für die Verwirklichung der Gleichbehandlung in Beschäftigung und Beruf (ABl. EG Nr. L 303 S. 16),
- 2002/73/EG des Europäischen Parlaments und des Rates vom 23. September 2002 zur Änderung der Richtlinie 76/207/EWG des Rates zur Verwirklichung des Grundsatzes der Gleichbehandlung von Männern und Frauen hinsichtlich des Zugangs zur Beschäftigung, zur Berufsbildung und zum beruflichen Aufstieg sowie in Bezug auf die Arbeitsbedingungen (ABl. EG Nr. L 269 S. 15) und
- 2004/113/EG des Rates vom 13. Dezember 2004 zur Verwirklichung des Grundsatzes der Gleichbehandlung von Männern und Frauen beim Zugang zu und bei der Versorgung mit Gütern und Dienstleistungen (ABl. EU Nr. L 373 S. 37).

[2] Verkündet als Art. 1 G zur Umsetzung europ. RLn zur Verwirklichung des Grundsatzes der Gleichbehandlung v. 14. 8. 2006 (BGBl. I S. 1897); Inkrafttreten gem. Art. 4 Satz 1 dieses G am 18. 8. 2006.

eine andere Person in einer vergleichbaren Situation erfährt, erfahren hat oder erfahren würde. [2] Eine unmittelbare Benachteiligung wegen des Geschlechts liegt in Bezug auf § 2 Abs. 1 Nr. 1 bis 4 auch im Falle einer ungünstigeren Behandlung einer Frau wegen Schwangerschaft oder Mutterschaft vor.

(2) Eine mittelbare Benachteiligung liegt vor, wenn dem Anschein nach neutrale Vorschriften, Kriterien oder Verfahren Personen wegen eines in § 1 genannten Grundes gegenüber anderen Personen in besonderer Weise benachteiligen können, es sei denn, die betreffenden Vorschriften, Kriterien oder Verfahren sind durch ein rechtmäßiges Ziel sachlich gerechtfertigt und die Mittel sind zur Erreichung dieses Ziels angemessen und erforderlich.

(3) Eine Belästigung ist eine Benachteiligung, wenn unerwünschte Verhaltensweisen, die mit einem in § 1 genannten Grund in Zusammenhang stehen, bezwecken oder bewirken, dass die Würde der betreffenden Person verletzt und ein von Einschüchterungen, Anfeindungen, Erniedrigungen, Entwürdigungen oder Beleidigungen gekennzeichnetes Umfeld geschaffen wird.

(4) Eine sexuelle Belästigung ist eine Benachteiligung in Bezug auf § 2 Abs. 1 Nr. 1 bis 4, wenn ein unerwünschtes, sexuell bestimmtes Verhalten, wozu auch unerwünschte sexuelle Handlungen und Aufforderungen zu diesen, sexuell bestimmte körperliche Berührungen, Bemerkungen sexuellen Inhalts sowie unerwünschtes Zeigen und sichtbares Anbringen von pornographischen Darstellungen gehören, bezweckt oder bewirkt, dass die Würde der betreffenden Person verletzt wird, insbesondere wenn ein von Einschüchterungen, Anfeindungen, Erniedrigungen, Entwürdigungen oder Beleidigungen gekennzeichnetes Umfeld geschaffen wird.

(5) [1] Die Anweisung zur Benachteiligung einer Person aus einem in § 1 genannten Grund gilt als Benachteiligung. [2] Eine solche Anweisung liegt in Bezug auf § 2 Abs. 1 Nr. 1 bis 4 insbesondere vor, wenn jemand eine Person zu einem Verhalten bestimmt, das einen Beschäftigten oder eine Beschäftigte wegen eines in § 1 genannten Grundes benachteiligt oder benachteiligen kann.

§ 4 Unterschiedliche Behandlung wegen mehrerer Gründe. Erfolgt eine unterschiedliche Behandlung wegen mehrerer der in § 1 genannten Gründe, so kann diese unterschiedliche Behandlung nach den §§ 8 bis 10 und 20 nur gerechtfertigt werden, wenn sich die Rechtfertigung auf alle diese Gründe erstreckt, derentwegen die unterschiedliche Behandlung erfolgt.

§ 5 Positive Maßnahmen. Ungeachtet der in den §§ 8 bis 10 sowie in § 20 benannten Gründe ist eine unterschiedliche Behandlung auch zulässig, wenn durch geeignete und angemessene Maßnahmen bestehende Nachteile wegen eines in § 1 genannten Grundes verhindert oder ausgeglichen werden sollen.

Abschnitt 2. Schutz der Beschäftigten vor Benachteiligung

Unterabschnitt 1. Verbot der Benachteiligung

§ 6 Persönlicher Anwendungsbereich. (1) [1] Beschäftigte im Sinne dieses Gesetzes sind

1. Arbeitnehmerinnen und Arbeitnehmer,
2. die zu ihrer Berufsbildung Beschäftigten,
3. Personen, die wegen ihrer wirtschaftlichen Unselbstständigkeit als arbeitnehmerähnliche Personen anzusehen sind; zu diesen gehören auch die in Heimarbeit Beschäftigten und die ihnen Gleichgestellten.

[2] Als Beschäftigte gelten auch die Bewerberinnen und Bewerber für ein Beschäftigungsverhältnis sowie die Personen, deren Beschäftigungsverhältnis beendet ist.

(2) [1] Arbeitgeber (Arbeitgeber und Arbeitgeberinnen) im Sinne dieses Abschnitts sind natürliche und juristische Personen sowie rechtsfähige Personengesellschaften, die Personen nach Absatz 1 beschäftigen. [2] Werden Beschäftigte einem Dritten zur Arbeitsleistung überlassen, so gilt auch dieser als Arbeitgeber im Sinne dieses Abschnitts. [3] Für die in Heimarbeit Beschäftigten und die ihnen Gleichgestellten tritt an die Stelle des Arbeitgebers der Auftraggeber oder Zwischenmeister.

(3) Soweit es die Bedingungen für den Zugang zur Erwerbstätigkeit sowie den beruflichen Aufstieg betrifft, gelten die Vorschriften dieses Abschnitts für Selbstständige und Organmitglieder, insbesondere Geschäftsführer oder Geschäftsführerinnen und Vorstände, entsprechend.

§ 7 Benachteiligungsverbot. (1) Beschäftigte dürfen nicht wegen eines in § 1 genannten Grundes benachteiligt werden; dies gilt auch, wenn die Person, die die Benachteiligung begeht, das Vorliegen eines in § 1 genannten Grundes bei der Benachteiligung nur annimmt.

(2) Bestimmungen in Vereinbarungen, die gegen das Benachteiligungsverbot des Absatzes 1 verstoßen, sind unwirksam.

(3) Eine Benachteiligung nach Absatz 1 durch Arbeitgeber oder Beschäftigte ist eine Verletzung vertraglicher Pflichten.

§ 8 Zulässige unterschiedliche Behandlung wegen beruflicher Anforderungen. (1) Eine unterschiedliche Behandlung wegen eines in § 1 genannten Grundes ist zulässig, wenn dieser Grund wegen der Art der auszuübenden Tätigkeit oder der Bedingungen ihrer Ausübung eine wesentliche und entscheidende berufliche Anforderung darstellt, sofern der Zweck rechtmäßig und die Anforderung angemessen ist.

(2) Die Vereinbarung einer geringeren Vergütung für gleiche oder gleichwertige Arbeit wegen eines in § 1 genannten Grundes wird nicht dadurch gerechtfertigt, dass wegen eines in § 1 genannten Grundes besondere Schutzvorschriften gelten.

§ 9 Zulässige unterschiedliche Behandlung wegen der Religion oder Weltanschauung. (1) Ungeachtet des § 8 ist eine unterschiedliche Behandlung wegen der Religion oder der Weltanschauung bei der Beschäftigung durch Religionsgemeinschaften, die ihnen zugeordneten Einrichtungen ohne Rücksicht auf ihre Rechtsform oder durch Vereinigungen, die sich die gemeinschaftliche Pflege einer Religion oder Weltanschauung zur Aufgabe machen, auch zulässig, wenn eine bestimmte Religion oder Weltanschauung unter Beachtung des Selbstverständnisses der jeweiligen Religionsgemeinschaft oder Vereinigung im Hinblick auf ihr Selbstbestimmungsrecht oder nach der Art der Tätigkeit eine gerechtfertigte berufliche Anforderung darstellt.

(2) Das Verbot unterschiedlicher Behandlung wegen der Religion oder der Weltanschauung berührt nicht das Recht der in Absatz 1 genannten Religionsgemeinschaften, der ihnen zugeordneten Einrichtungen ohne Rücksicht auf ihre Rechtsform oder der Vereinigungen, die sich die gemeinschaftliche Pflege einer Religion oder Weltanschauung zur Aufgabe machen, von ihren Beschäftigten ein loyales und aufrichtiges Verhalten im Sinne ihres jeweiligen Selbstverständnisses verlangen zu können.

§ 10[1] Zulässige unterschiedliche Behandlung wegen des Alters. [1] Ungeachtet des § 8 ist eine unterschiedliche Behandlung wegen des Alters auch zulässig, wenn sie objektiv und angemessen und durch ein legitimes Ziel gerechtfertigt ist. [2] Die Mittel zur Erreichung dieses Ziels müssen angemessen und erforderlich sein. [3] Derartige unterschiedliche Behandlungen können insbesondere Folgendes einschließen:

1. die Festlegung besonderer Bedingungen für den Zugang zur Beschäftigung und zur beruflichen Bildung sowie besonderer Beschäftigungs- und Arbeitsbedingungen, einschließlich der Bedingungen für Entlohnung und Beendigung des Beschäftigungsverhältnisses, um die berufliche Eingliederung von Jugendlichen, älteren Beschäftigten und Personen mit Fürsorgepflichten zu fördern oder ihren Schutz sicherzustellen,
2. die Festlegung von Mindestanforderungen an das Alter, die Berufserfahrung oder das Dienstalter für den Zugang zur Beschäftigung oder für bestimmte mit der Beschäftigung verbundene Vorteile,
3. die Festsetzung eines Höchstalters für die Einstellung auf Grund der spezifischen Ausbildungsanforderungen eines bestimmten Arbeitsplatzes oder auf Grund der Notwendigkeit einer angemessenen Beschäftigungszeit vor dem Eintritt in den Ruhestand,
4. die Festsetzung von Altersgrenzen bei den betrieblichen Systemen der sozialen Sicherheit als Voraussetzung für die Mitgliedschaft oder den Bezug von Altersrente oder von Leistungen bei Invalidität einschließlich der Festsetzung unterschiedlicher Altersgrenzen im Rahmen dieser Systeme für bestimmte Beschäftigte oder Gruppen von Beschäftigten und die Verwendung von Alterskriterien im Rahmen dieser Systeme für versicherungsmathematische Berechnungen,
5. eine Vereinbarung, die die Beendigung des Beschäftigungsverhältnisses ohne Kündigung zu einem Zeitpunkt vorsieht, zu dem der oder die Beschäftigte eine Rente wegen Alters beantragen kann; § 41 des Sechsten Buches Sozialgesetzbuch bleibt unberührt,
6. Differenzierungen von Leistungen in Sozialplänen im Sinne des Betriebsverfassungsgesetzes, wenn die Parteien eine nach Alter oder Betriebszugehörigkeit gestaffelte Abfindungsregelung

[1] § 10 Satz 3 Nr. 6 und 7 aufgeh., bish. Nr. 8 wird Nr. 6 mWv 12. 12. 2006 durch G v. 2. 12. 2006 (BGBl. I S. 2742).

geschaffen haben, in der die wesentlich vom Alter abhängenden Chancen auf dem Arbeitsmarkt durch eine verhältnismäßig starke Betonung des Lebensalters erkennbar berücksichtigt worden sind, oder Beschäftigte von den Leistungen des Sozialplans ausgeschlossen haben, die wirtschaftlich abgesichert sind, weil sie, gegebenenfalls nach Bezug von Arbeitslosengeld, rentenberechtigt sind.

Unterabschnitt 2. Organisationspflichten des Arbeitgebers

§ 11 Ausschreibung. Ein Arbeitsplatz darf nicht unter Verstoß gegen § 7 Abs. 1 ausgeschrieben werden.

§ 12 Maßnahmen und Pflichten des Arbeitgebers. (1) [1] Der Arbeitgeber ist verpflichtet, die erforderlichen Maßnahmen zum Schutz vor Benachteiligungen wegen eines in § 1 genannten Grundes zu treffen. [2] Dieser Schutz umfasst auch vorbeugende Maßnahmen.

(2) [1] Der Arbeitgeber soll in geeigneter Art und Weise, insbesondere im Rahmen der beruflichen Aus- und Fortbildung, auf die Unzulässigkeit solcher Benachteiligungen hinweisen und darauf hinwirken, dass diese unterbleiben. [2] Hat der Arbeitgeber seine Beschäftigten in geeigneter Weise zum Zwecke der Verhinderung von Benachteiligung geschult, gilt dies als Erfüllung seiner Pflichten nach Absatz 1.

(3) Verstoßen Beschäftigte gegen das Benachteiligungsverbot des § 7 Abs. 1, so hat der Arbeitgeber die im Einzelfall geeigneten, erforderlichen und angemessenen Maßnahmen zur Unterbindung der Benachteiligung wie Abmahnung, Umsetzung, Versetzung oder Kündigung zu ergreifen.

(4) Werden Beschäftigte bei der Ausübung ihrer Tätigkeit durch Dritte nach § 7 Abs. 1 benachteiligt, so hat der Arbeitgeber die im Einzelfall geeigneten, erforderlichen und angemessenen Maßnahmen zum Schutz der Beschäftigten zu ergreifen.

(5) [1] Dieses Gesetz und § 61 b des Arbeitsgerichtsgesetzes sowie Informationen über die für die Behandlung von Beschwerden nach § 13 zuständigen Stellen sind im Betrieb oder in der Dienststelle bekannt zu machen. [2] Die Bekanntmachung kann durch Aushang oder Auslegung an geeigneter Stelle oder den Einsatz der im Betrieb oder der Dienststelle üblichen Informations- und Kommunikationstechnik erfolgen.

Unterabschnitt 3. Rechte der Beschäftigten

§ 13 Beschwerderecht. (1) [1] Die Beschäftigten haben das Recht, sich bei den zuständigen Stellen des Betriebs, des Unternehmens oder der Dienststelle zu beschweren, wenn sie sich im Zusammenhang mit ihrem Beschäftigungsverhältnis vom Arbeitgeber, von Vorgesetzten, anderen Beschäftigten oder Dritten wegen eines in § 1 genannten Grundes benachteiligt fühlen. [2] Die Beschwerde ist zu prüfen und das Ergebnis der oder dem beschwerdeführenden Beschäftigten mitzuteilen.

(2) Die Rechte der Arbeitnehmervertretungen bleiben unberührt.

§ 14 Leistungsverweigerungsrecht. [1] Ergreift der Arbeitgeber keine oder offensichtlich ungeeignete Maßnahmen zur Unterbindung einer Belästigung oder sexuellen Belästigung am Arbeitsplatz, sind die betroffenen Beschäftigten berechtigt, ihre Tätigkeit ohne Verlust des Arbeitsentgelts einzustellen, soweit dies zu ihrem Schutz erforderlich ist. [2] § 273 des Bürgerlichen Gesetzbuchs bleibt unberührt.

§ 15 Entschädigung und Schadensersatz. (1) [1] Bei einem Verstoß gegen das Benachteiligungsverbot ist der Arbeitgeber verpflichtet, den hierdurch entstandenen Schaden zu ersetzen. [2] Dies gilt nicht, wenn der Arbeitgeber die Pflichtverletzung nicht zu vertreten hat.

(2) [1] Wegen eines Schadens, der nicht Vermögensschaden ist, kann der oder die Beschäftigte eine angemessene Entschädigung in Geld verlangen. [2] Die Entschädigung darf bei einer Nichteinstellung drei Monatsgehälter nicht übersteigen, wenn der oder die Beschäftigte auch bei benachteiligungsfreier Auswahl nicht eingestellt worden wäre.

(3) Der Arbeitgeber ist bei der Anwendung kollektivrechtlicher Vereinbarungen nur dann zur Entschädigung verpflichtet, wenn er vorsätzlich oder grob fahrlässig handelt.

(4) [1] Ein Anspruch nach Absatz 1 oder 2 muss innerhalb einer Frist von zwei Monaten schriftlich geltend gemacht werden, es sei denn, die Tarifvertragsparteien haben etwas anderes vereinbart. [2] Die Frist beginnt im Falle einer Bewerbung oder eines beruflichen Aufstiegs mit dem Zugang der Ablehnung und in den sonstigen Fällen einer Benachteiligung zu dem Zeitpunkt, in dem der oder die Beschäftigte von der Benachteiligung Kenntnis erlangt.

(5) Im Übrigen bleiben Ansprüche gegen den Arbeitgeber, die sich aus anderen Rechtsvorschriften ergeben, unberührt.

(6) Ein Verstoß des Arbeitgebers gegen das Benachteiligungsverbot des § 7 Abs. 1 begründet keinen Anspruch auf Begründung eines Beschäftigungsverhältnisses, Berufsausbildungsverhältnisses oder einen beruflichen Aufstieg, es sei denn, ein solcher ergibt sich aus einem anderen Rechtsgrund.

§ 16 Maßregelungsverbot. (1) [1] Der Arbeitgeber darf Beschäftigte nicht wegen der Inanspruchnahme von Rechten nach diesem Abschnitt oder wegen der Weigerung, eine gegen diesen Abschnitt verstoßende Anweisung auszuführen, benachteiligen. [2] Gleiches gilt für Personen, die den Beschäftigten hierbei unterstützen oder als Zeuginnen oder Zeugen aussagen.

(2) [1] Die Zurückweisung oder Duldung benachteiligender Verhaltensweisen durch betroffene Beschäftigte darf nicht als Grundlage für eine Entscheidung herangezogen werden, die diese Beschäftigten berührt. [2] Absatz 1 Satz 2 gilt entsprechend.

(3) § 22 gilt entsprechend.

Unterabschnitt 4. Ergänzende Vorschriften

§ 17 Soziale Verantwortung der Beteiligten. (1) Tarifvertragsparteien, Arbeitgeber, Beschäftigte und deren Vertretungen sind aufgefordert, im Rahmen ihrer Aufgaben und Handlungsmöglichkeiten an der Verwirklichung des in § 1 genannten Ziels mitzuwirken.

(2) [1] In Betrieben, in denen die Voraussetzungen des § 1 Abs. 1 Satz 1 des Betriebsverfassungsgesetzes vorliegen, können bei einem groben Verstoß des Arbeitgebers gegen Vorschriften aus diesem Abschnitt der Betriebsrat oder eine im Betrieb vertretene Gewerkschaft unter der Voraussetzung des § 23 Abs. 3 Satz 1 des Betriebsverfassungsgesetzes die dort genannten Rechte gerichtlich geltend machen; § 23 Abs. 3 Satz 2 bis 5 des Betriebsverfassungsgesetzes gilt entsprechend. [2] Mit dem Antrag dürfen nicht Ansprüche des Benachteiligten geltend gemacht werden.

§ 18 Mitgliedschaft in Vereinigungen. (1) Die Vorschriften dieses Abschnitts gelten entsprechend für die Mitgliedschaft oder die Mitwirkung in einer

1. Tarifvertragspartei,
2. Vereinigung, deren Mitglieder einer bestimmten Berufsgruppe angehören oder die eine überragende Machtstellung im wirtschaftlichen oder sozialen Bereich innehat, wenn ein grundlegendes Interesse am Erwerb der Mitgliedschaft besteht,

sowie deren jeweiligen Zusammenschlüssen.

(2) Wenn die Ablehnung einen Verstoß gegen das Benachteiligungsverbot des § 7 Abs. 1 darstellt, besteht ein Anspruch auf Mitgliedschaft oder Mitwirkung in den in Absatz 1 genannten Vereinigungen.

Abschnitt 3. Schutz vor Benachteiligung im Zivilrechtsverkehr

§ 19 Zivilrechtliches Benachteiligungsverbot. (1) Eine Benachteiligung aus Gründen der Rasse oder wegen der ethnischen Herkunft, wegen des Geschlechts, der Religion, einer Behinderung, des Alters oder der sexuellen Identität bei der Begründung, Durchführung und Beendigung zivilrechtlicher Schuldverhältnisse, die

1. typischerweise ohne Ansehen der Person zu vergleichbaren Bedingungen in einer Vielzahl von Fällen zustande kommen (Massengeschäfte) oder bei denen das Ansehen der Person nach der Art des Schuldverhältnisses eine nachrangige Bedeutung hat und die zu vergleichbaren Bedingungen in einer Vielzahl von Fällen zustande kommen oder
2. eine privatrechtliche Versicherung zum Gegenstand haben,

ist unzulässig.

(2) Eine Benachteiligung aus Gründen der Rasse oder wegen der ethnischen Herkunft ist darüber hinaus auch bei der Begründung, Durchführung und Beendigung sonstiger zivilrechtlicher Schuldverhältnisse im Sinne des § 2 Abs. 1 Nr. 5 bis 8 unzulässig.

(3) Bei der Vermietung von Wohnraum ist eine unterschiedliche Behandlung im Hinblick auf die Schaffung und Erhaltung sozial stabiler Bewohnerstrukturen und ausgewogener Siedlungsstrukturen sowie ausgeglichener wirtschaftlicher, sozialer und kultureller Verhältnisse zulässig.

(4) Die Vorschriften dieses Abschnitts finden keine Anwendung auf familien- und erbrechtliche Schuldverhältnisse.

(5) [1] Die Vorschriften dieses Abschnitts finden keine Anwendung auf zivilrechtliche Schuldverhältnisse, bei denen ein besonderes Nähe- oder Vertrauensverhältnis der Parteien oder ihrer Angehörigen begründet wird. [2] Bei Mietverhältnissen kann dies insbesondere der Fall sein, wenn die Parteien oder ihre Angehörigen Wohnraum auf demselben Grundstück nutzen. [3] Die Vermietung von Wohnraum zum nicht nur vorübergehenden Gebrauch ist in der Regel kein Geschäft im Sinne des Absatzes 1 Nr. 1, wenn der Vermieter insgesamt nicht mehr als 50 Wohnungen vermietet.

§ 20[1)] Zulässige unterschiedliche Behandlung. (1) [1] Eine Verletzung des Benachteiligungsverbots ist nicht gegeben, wenn für eine unterschiedliche Behandlung wegen der Religion, einer Behinderung, des Alters, der sexuellen Identität oder des Geschlechts ein sachlicher Grund vorliegt. [2] Das kann insbesondere der Fall sein, wenn die unterschiedliche Behandlung

1. der Vermeidung von Gefahren, der Verhütung von Schäden oder anderen Zwecken vergleichbarer Art dient,
2. dem Bedürfnis nach Schutz der Intimsphäre oder der persönlichen Sicherheit Rechnung trägt,
3. besondere Vorteile gewährt und ein Interesse an der Durchsetzung der Gleichbehandlung fehlt,
4. an die Religion eines Menschen anknüpft und im Hinblick auf die Ausübung der Religionsfreiheit oder auf das Selbstbestimmungsrecht der Religionsgemeinschaften, der ihnen zugeordneten Einrichtungen ohne Rücksicht auf ihre Rechtsform sowie der Vereinigungen, die sich die gemeinschaftliche Pflege einer Religion zur Aufgabe machen, unter Beachtung des jeweiligen Selbstverständnisses gerechtfertigt ist.

(2) [1] Eine unterschiedliche Behandlung wegen des Geschlechts ist im Falle des § 19 Abs. 1 Nr. 2 bei den Prämien oder Leistungen nur zulässig, wenn dessen Berücksichtigung bei einer auf relevanten und genauen versicherungsmathematischen und statistischen Daten beruhenden Risikobewertung ein bestimmender Faktor ist. [2] Kosten im Zusammenhang mit Schwangerschaft und Mutterschaft dürfen auf keinen Fall zu unterschiedlichen Prämien oder Leistungen führen. [3] Eine unterschiedliche Behandlung wegen der Religion, einer Behinderung, des Alters oder der sexuellen Identität ist im Falle des § 19 Abs. 1 Nr. 2 nur zulässig, wenn diese auf anerkannten Prinzipien risikoadäquater Kalkulation beruht, insbesondere auf einer versicherungsmathematisch ermittelten Risikobewertung unter Heranziehung statistischer Erhebungen.

§ 21 Ansprüche. (1) [1] Der Benachteiligte kann bei einem Verstoß gegen das Benachteiligungsverbot unbeschadet weiterer Ansprüche die Beseitigung der Beeinträchtigung verlangen. [2] Sind weitere Beeinträchtigungen zu besorgen, so kann er auf Unterlassung klagen.

(2) [1] Bei einer Verletzung des Benachteiligungsverbots ist der Benachteiligende verpflichtet, den hierdurch entstandenen Schaden zu ersetzen. [2] Dies gilt nicht, wenn der Benachteiligende die Pflichtverletzung nicht zu vertreten hat. [3] Wegen eines Schadens, der nicht Vermögensschaden ist, kann der Benachteiligte eine angemessene Entschädigung in Geld verlangen.

(3) Ansprüche aus unerlaubter Handlung bleiben unberührt.

(4) Auf eine Vereinbarung, die von dem Benachteiligungsverbot abweicht, kann sich der Benachteiligende nicht berufen.

(5) [1] Ein Anspruch nach den Absätzen 1 und 2 muss innerhalb einer Frist von zwei Monaten geltend gemacht werden. [2] Nach Ablauf der Frist kann der Anspruch nur geltend gemacht werden, wenn der Benachteiligte ohne Verschulden an der Einhaltung der Frist verhindert war.

Abschnitt 4. Rechtsschutz

§ 22 Beweislast. Wenn im Streitfall die eine Partei Indizien beweist, die eine Benachteiligung wegen eines in § 1 genannten Grundes vermuten lassen, trägt die andere Partei die Beweislast dafür, dass kein Verstoß gegen die Bestimmungen zum Schutz vor Benachteiligung vorgelegen hat.

§ 23[2)] Unterstützung durch Antidiskriminierungsverbände. (1) [1] Antidiskriminierungsverbände sind Personenzusammenschlüsse, die nicht gewerbsmäßig und nicht nur vorübergehend entsprechend ihrer Satzung die besonderen Interessen von benachteiligten Personen oder Personengruppen nach Maßgabe von § 1 wahrnehmen. [2] Die Befugnisse nach den Absätzen 2

[1)] § 20 Abs. 1 Satz 1 und Abs. 2 Satz 3 geänd. mWv 12. 12. 2006 durch G v. 2. 12. 2006 (BGBl. I S. 2742).
[2)] § 23 Abs. 2 Satz 2 geänd. mWv 1. 7. 2008 durch G v. 12. 12. 2007 (BGBl. I S. 2840).

bis 4 stehen ihnen zu, wenn sie mindestens 75 Mitglieder haben oder einen Zusammenschluss aus mindestens sieben Verbänden bilden.

(2) [1] Antidiskriminierungsverbände sind befugt, im Rahmen ihres Satzungszwecks in gerichtlichen Verfahren als Beistände Benachteiligter in der Verhandlung aufzutreten. [2] Im Übrigen bleiben die Vorschriften der Verfahrensordnungen, insbesondere diejenigen, nach denen Beiständen weiterer Vortrag untersagt werden kann, unberührt.

(3) Antidiskriminierungsverbänden ist im Rahmen ihres Satzungszwecks die Besorgung von Rechtsangelegenheiten Benachteiligter gestattet.

(4) Besondere Klagerechte und Vertretungsbefugnisse von Verbänden zu Gunsten von behinderten Menschen bleiben unberührt.

Abschnitt 5. Sonderregelungen für öffentlich-rechtliche Dienstverhältnisse

§ 24 Sonderregelung für öffentlich-rechtliche Dienstverhältnisse. Die Vorschriften dieses Gesetzes gelten unter Berücksichtigung ihrer besonderen Rechtsstellung entsprechend für

1. Beamtinnen und Beamte des Bundes, der Länder, der Gemeinden, der Gemeindeverbände sowie der sonstigen der Aufsicht des Bundes oder eines Landes unterstehenden Körperschaften, Anstalten und Stiftungen des öffentlichen Rechts,
2. Richterinnen und Richter des Bundes und der Länder,
3. Zivildienstleistende sowie anerkannte Kriegsdienstverweigerer, soweit ihre Heranziehung zum Zivildienst betroffen ist.

Abschnitt 6. Antidiskriminierungsstelle

§ 25 Antidiskriminierungsstelle des Bundes. (1) Beim Bundesministerium für Familie, Senioren, Frauen und Jugend wird unbeschadet der Zuständigkeit der Beauftragten des Deutschen Bundestages oder der Bundesregierung die Stelle des Bundes zum Schutz vor Benachteiligungen wegen eines in § 1 genannten Grundes (Antidiskriminierungsstelle des Bundes) errichtet.

(2) [1] Der Antidiskriminierungsstelle des Bundes ist die für die Erfüllung ihrer Aufgaben notwendige Personal- und Sachausstattung zur Verfügung zu stellen. [2] Sie ist im Einzelplan des Bundesministeriums für Familie, Senioren, Frauen und Jugend in einem eigenen Kapitel auszuweisen.

§ 26[1)] Rechtsstellung der Leitung der Antidiskriminierungsstelle des Bundes. (1) [1] Die Bundesministerin oder der Bundesminister für Familie, Senioren, Frauen und Jugend ernennt auf Vorschlag der Bundesregierung eine Person zur Leitung der Antidiskriminierungsstelle des Bundes. [2] Sie steht nach Maßgabe dieses Gesetzes in einem öffentlich-rechtlichen Amtsverhältnis zum Bund. [3] Sie ist in Ausübung ihres Amtes unabhängig und nur dem Gesetz unterworfen.

(2) Das Amtsverhältnis beginnt mit der Aushändigung der Urkunde über die Ernennung durch die Bundesministerin oder den Bundesminister für Familie, Senioren, Frauen und Jugend.

(3) [1] Das Amtsverhältnis endet außer durch Tod

1. mit dem Zusammentreten eines neuen Bundestages,
2. durch Ablauf der Amtszeit mit Erreichen der Altersgrenze nach § 51 Abs. 1 und 2 des Bundesbeamtengesetzes,
3. mit der Entlassung.

[2] Die Bundesministerin oder der Bundesminister für Familie, Senioren, Frauen und Jugend entlässt die Leiterin oder den Leiter der Antidiskriminierungsstelle des Bundes auf deren Verlangen oder wenn Gründe vorliegen, die bei einer Richterin oder einem Richter auf Lebenszeit die Entlassung aus dem Dienst rechtfertigen. [3] Im Falle der Beendigung des Amtsverhältnisses erhält die Leiterin oder der Leiter der Antidiskriminierungsstelle des Bundes eine von der Bundesministerin oder dem Bundesminister für Familie, Senioren, Frauen und Jugend vollzogene Urkunde. [4] Die Entlassung wird mit der Aushändigung der Urkunde wirksam.

(4) [1] Das Rechtsverhältnis der Leitung der Antidiskriminierungsstelle des Bundes gegenüber dem Bund wird durch Vertrag mit dem Bundesministerium für Familie, Senioren, Frauen und Jugend geregelt. [2] Der Vertrag bedarf der Zustimmung der Bundesregierung.

[1)] § 26 Abs. 3 Satz 1 Nr. 2 geänd. mWv 12. 2. 2009 durch G v. 5. 2. 2009 (BGBl. I S. 160).

(5) [1] Wird eine Bundesbeamtin oder ein Bundesbeamter zur Leitung der Antidiskriminierungsstelle des Bundes bestellt, scheidet er oder sie mit Beginn des Amtsverhältnisses aus dem bisherigen Amt aus. [2] Für die Dauer des Amtsverhältnisses ruhen die aus dem Beamtenverhältnis begründeten Rechte und Pflichten mit Ausnahme der Pflicht zur Amtsverschwiegenheit und des Verbots der Annahme von Belohnungen oder Geschenken. [3] Bei unfallverletzten Beamtinnen oder Beamten bleiben die gesetzlichen Ansprüche auf das Heilverfahren und einen Unfallausgleich unberührt.

§ 27 Aufgaben. (1) Wer der Ansicht ist, wegen eines in § 1 genannten Grundes benachteiligt worden zu sein, kann sich an die Antidiskriminierungsstelle des Bundes wenden.

(2) [1] Die Antidiskriminierungsstelle des Bundes unterstützt auf unabhängige Weise Personen, die sich nach Absatz 1 an sie wenden, bei der Durchsetzung ihrer Rechte zum Schutz vor Benachteiligungen. [2] Hierbei kann sie insbesondere

1. über Ansprüche und die Möglichkeiten des rechtlichen Vorgehens im Rahmen gesetzlicher Regelungen zum Schutz vor Benachteiligungen informieren,
2. Beratung durch andere Stellen vermitteln,
3. eine gütliche Beilegung zwischen den Beteiligten anstreben.

[3] Soweit Beauftragte des Deutschen Bundestages oder der Bundesregierung zuständig sind, leitet die Antidiskriminierungsstelle des Bundes die Anliegen der in Absatz 1 genannten Personen mit deren Einverständnis unverzüglich an diese weiter.

(3) Die Antidiskriminierungsstelle des Bundes nimmt auf unabhängige Weise folgende Aufgaben wahr, soweit nicht die Zuständigkeit der Beauftragten der Bundesregierung oder des Deutschen Bundestages berührt ist:

1. Öffentlichkeitsarbeit,
2. Maßnahmen zur Verhinderung von Benachteiligungen aus den in § 1 genannten Gründen,
3. Durchführung wissenschaftlicher Untersuchungen zu diesen Benachteiligungen.

(4) [1] Die Antidiskriminierungsstelle des Bundes und die in ihrem Zuständigkeitsbereich betroffenen Beauftragten der Bundesregierung und des Deutschen Bundestages legen gemeinsam dem Deutschen Bundestag alle vier Jahre Berichte über Benachteiligungen aus den in § 1 genannten Gründen vor und geben Empfehlungen zur Beseitigung und Vermeidung dieser Benachteiligungen. [2] Sie können gemeinsam wissenschaftliche Untersuchungen zu Benachteiligungen durchführen

(5) Die Antidiskriminierungsstelle des Bundes und die in ihrem Zuständigkeitsbereich betroffenen Beauftragten der Bundesregierung und des Deutschen Bundestages sollen bei Benachteiligungen aus mehreren der in § 1 genannten Gründe zusammenarbeiten.

§ 28 Befugnisse. (1) Die Antidiskriminierungsstelle des Bundes kann in Fällen des § 27 Abs. 2 Satz 2 Nr. 3 Beteiligte um Stellungnahmen ersuchen, soweit die Person, die sich nach § 27 Abs. 1 an sie gewandt hat, hierzu ihr Einverständnis erklärt.

(2) [1] Alle Bundesbehörden und sonstigen öffentlichen Stellen im Bereich des Bundes sind verpflichtet, die Antidiskriminierungsstelle des Bundes bei der Erfüllung ihrer Aufgaben zu unterstützen, insbesondere die erforderlichen Auskünfte zu erteilen. [2] Die Bestimmungen zum Schutz personenbezogener Daten bleiben unberührt.

§ 29 Zusammenarbeit mit Nichtregierungsorganisationen und anderen Einrichtungen. Die Antidiskriminierungsstelle des Bundes soll bei ihrer Tätigkeit Nichtregierungsorganisationen sowie Einrichtungen, die auf europäischer, Bundes-, Landes- oder regionaler Ebene zum Schutz vor Benachteiligungen wegen eines in § 1 genannten Grundes tätig sind, in geeigneter Form einbeziehen.

§ 30 Beirat. (1) [1] Zur Förderung des Dialogs mit gesellschaftlichen Gruppen und Organisationen, die sich den Schutz vor Benachteiligungen wegen eines in § 1 genannten Grundes zum Ziel gesetzt haben, wird der Antidiskriminierungsstelle des Bundes ein Beirat beigeordnet. [2] Der Beirat berät die Antidiskriminierungsstelle des Bundes bei der Vorlage von Berichten und Empfehlungen an den Deutschen Bundestag nach § 27 Abs. 4 und kann hierzu sowie zu wissenschaftlichen Untersuchungen nach § 27 Abs. 3 Nr. 3 eigene Vorschläge unterbreiten.

(2) [1] Das Bundesministerium für Familie, Senioren, Frauen und Jugend beruft im Einvernehmen mit der Leitung der Antidiskriminierungsstelle des Bundes sowie den entsprechend zuständigen Beauftragten der Bundesregierung oder des Deutschen Bundestages die Mitglieder dieses Beirats und für jedes Mitglied eine Stellvertretung. [2] In den Beirat sollen Vertreterinnen und Vertreter gesellschaftlicher Gruppen und Organisationen sowie Expertinnen und Experten in

Benachteiligungsfragen berufen werden. [3] Die Gesamtzahl der Mitglieder des Beirats soll 16 Personen nicht überschreiten. [4] Der Beirat soll zu gleichen Teilen mit Frauen und Männern besetzt sein.

(3) Der Beirat gibt sich eine Geschäftsordnung, die der Zustimmung des Bundesministeriums für Familie, Senioren, Frauen und Jugend bedarf.

(4) [1] Die Mitglieder des Beirats üben die Tätigkeit nach diesem Gesetz ehrenamtlich aus. [2] Sie haben Anspruch auf Aufwandsentschädigung sowie Reisekostenvergütung, Tagegelder und Übernachtungsgelder. [3] Näheres regelt die Geschäftsordnung.

Abschnitt 7. Schlussvorschriften

§ 31 Unabdingbarkeit. Von den Vorschriften dieses Gesetzes kann nicht zu Ungunsten der geschützten Personen abgewichen werden.

§ 32 Schlussbestimmung. Soweit in diesem Gesetz nicht Abweichendes bestimmt ist, gelten die allgemeinen Bestimmungen.

§ 33 Übergangsbestimmungen. (1) Bei Benachteiligungen nach den §§ 611 a, 611 b und 612 Abs. 3 des Bürgerlichen Gesetzbuchs oder sexuellen Belästigungen nach dem Beschäftigtenschutzgesetz ist das vor dem 18. August 2006 maßgebliche Recht anzuwenden.

(2) [1] Bei Benachteiligungen aus Gründen der Rasse oder wegen der ethnischen Herkunft sind die §§ 19 bis 21 nicht auf Schuldverhältnisse anzuwenden, die vor dem 18. August 2006 begründet worden sind. [2] Satz 1 gilt nicht für spätere Änderungen von Dauerschuldverhältnissen.

(3) [1] Bei Benachteiligungen wegen des Geschlechts, der Religion, einer Behinderung, des Alters oder der sexuellen Identität sind die §§ 19 bis 21 nicht auf Schuldverhältnisse anzuwenden, die vor dem 1. Dezember 2006 begründet worden sind. [2] Satz 1 gilt nicht für spätere Änderungen von Dauerschuldverhältnissen.

(4) [1] Auf Schuldverhältnisse, die eine privatrechtliche Versicherung zum Gegenstand haben, ist § 19 Abs. 1 nicht anzuwenden, wenn diese vor dem 22. Dezember 2007 begründet worden sind. [2] Satz 1 gilt nicht für spätere Änderungen solcher Schuldverhältnisse.

810. Einkommensteuergesetz (EStG)

In der Fassung der Bekanntmachung vom 8. Oktober 2009[1]
(BGBl. I S. 3366, ber. S. 3862)

FNA 611-1

geänd. durch Art. 1 WachstumsbeschleunigungsG v. 22. 12. 2009 (BGBl. I S. 3950)

– Auszug –

IV. Tarif

§ 32[2] Kinder, *(nicht abgedruckt)* (1) Kinder sind

1. im ersten Grad mit dem Steuerpflichtigen verwandte Kinder,
2. Pflegekinder (Personen, mit denen der Steuerpflichtige durch ein familienähnliches, auf längere Dauer berechnetes Band verbunden ist, sofern er sie nicht zu Erwerbszwecken in seinen Haushalt aufgenommen hat und das Obhuts- und Pflegeverhältnis zu den Eltern nicht mehr besteht).

(2) [1] Besteht bei einem angenommenen Kind das Kindschaftsverhältnis zu den leiblichen Eltern weiter, ist es vorrangig als angenommenes Kind zu berücksichtigen. [2] Ist ein im ersten Grad mit dem Steuerpflichtigen verwandtes Kind zugleich ein Pflegekind, ist es vorrangig als Pflegekind zu berücksichtigen.

(3) Ein Kind wird in dem Kalendermonat, in dem es lebend geboren wurde, und in jedem folgenden Kalendermonat, zu dessen Beginn es das 18. Lebensjahr noch nicht vollendet hat, berücksichtigt.

(4) [1] Ein Kind, das das 18. Lebensjahr vollendet hat, wird berücksichtigt, wenn es

1. noch nicht das 21. Lebensjahr vollendet hat, nicht in einem Beschäftigungsverhältnis steht und bei einer Agentur für Arbeit im Inland als Arbeitsuchender gemeldet ist oder
2. noch nicht das 25. Lebensjahr vollendet hat und
   a) für einen Beruf ausgebildet wird oder
   b) sich in einer Übergangszeit von höchstens vier Monaten befindet, die zwischen zwei Ausbildungsabschnitten oder zwischen einem Ausbildungsabschnitt und der Ableistung des gesetzlichen Wehr- oder Zivildienstes, einer vom Wehr- oder Zivildienst befreienden Tätigkeit als Entwicklungshelfer oder als Dienstleistender im Ausland nach § 14b des Zivildienstgesetzes oder der Ableistung eines freiwilligen Dienstes im Sinne des Buchstaben d liegt, oder
   c) eine Berufsausbildung mangels Ausbildungsplatzes nicht beginnen oder fortsetzen kann oder
   d) ein freiwilliges soziales Jahr oder ein freiwilliges ökologisches Jahr im Sinne des Jugendfreiwilligendienstegesetzes oder einen Freiwilligendienst im Sinne des Beschlusses Nr. 1719/2006/EG des Europäischen Parlaments und des Rates vom 15. November 2006 zur Einführung des Programms „Jugend in Aktion" (ABl. EU Nr. L 327 S. 30) oder einen anderen Dienst im Ausland im Sinne von § 14b des Zivildienstgesetzes oder einen entwicklungspolitischen Freiwilligendienst „weltwärts" im Sinne der Richtlinie des Bundesministeriums für wirtschaftliche Zusammenarbeit und Entwicklung vom 1. August 2007 (BAnz. 2008 S. 1297) oder einen Freiwilligendienst aller Generationen im Sinne von § 2 Absatz 1a des Siebten Buches Sozialgesetzbuch leistet oder
3. wegen körperlicher, geistiger oder seelischer Behinderung außerstande ist, sich selbst zu unterhalten; Voraussetzung ist, dass die Behinderung vor Vollendung des 25. Lebensjahres eingetreten ist.

[2] Nach Satz 1 Nummer 1 und 2 wird ein Kind nur berücksichtigt, wenn es Einkünfte und Bezüge, die zur Bestreitung des Unterhalts oder der Berufsausbildung bestimmt oder geeignet sind, von nicht mehr als 8004 Euro im Kalenderjahr hat. [3] Dieser Betrag ist zu kürzen, soweit es nach den Verhältnissen im Wohnsitzstaat des Kindes notwendig und angemessen ist. [4] Zu den

810

[1] Neubekanntmachung des EStG v. 19. 10. 2002 (BGBl. I S. 4210; 2003 I S. 179) in der ab 1. 9. 2009 geltenden Fassung.

[2] § 32 Abs. 6 Satz 1 Beträge geänd. mWv 31. 12. 2009 durch G v. 22. 12. 2009 (BGBl. I S. 3950).

Bezügen gehören auch steuerfreie Gewinne nach den §§ 14, 16 Absatz 4, § 17 Absatz 3 und § 18 Absatz 3, die nach § 19 Absatz 2 steuerfrei bleibenden Einkünfte sowie Sonderabschreibungen und erhöhte Absetzungen, soweit sie die höchstmöglichen Absetzungen für Abnutzung nach § 7 übersteigen. [5] Bezüge, die für besondere Ausbildungszwecke bestimmt sind, bleiben hierbei außer Ansatz; Entsprechendes gilt für Einkünfte, soweit sie für solche Zwecke verwendet werden. [6] Liegen die Voraussetzungen nach Satz 1 Nummer 1 oder 2 nur in einem Teil des Kalendermonats vor, sind Einkünfte und Bezüge nur insoweit anzusetzen, als sie auf diesen Teil entfallen. [7] Für jeden Kalendermonat, in dem die Voraussetzungen nach Satz 1 Nummer 1 oder 2 an keinem Tag vorliegen, ermäßigt sich der Betrag nach Satz 2 oder 3 um ein Zwölftel. [8] Einkünfte und Bezüge des Kindes, die auf diese Kalendermonate entfallen, bleiben außer Ansatz. [9] Ein Verzicht auf Teile der zustehenden Einkünfte und Bezüge steht der Anwendung der Sätze 2, 3 und 7 nicht entgegen. [10] Nicht auf Euro lautende Beträge sind entsprechend dem für Ende September des Jahres vor dem Veranlagungszeitraum von der Europäischen Zentralbank bekannt gegebenen Referenzkurs umzurechnen.

(5) [1] In den Fällen des Absatzes 4 Satz 1 Nummer 1 oder Nummer 2 Buchstabe a und b wird ein Kind, das

1. den gesetzlichen Grundwehrdienst oder Zivildienst geleistet hat, oder
2. sich anstelle des gesetzlichen Grundwehrdienstes freiwillig für die Dauer von nicht mehr als drei Jahren zum Wehrdienst verpflichtet hat, oder
3. eine vom gesetzlichen Grundwehrdienst oder Zivildienst befreiende Tätigkeit als Entwicklungshelfer im Sinne des § 1 Absatz 1 des Entwicklungshelfer-Gesetzes ausgeübt hat,

für einen der Dauer dieser Dienste oder der Tätigkeit entsprechenden Zeitraum, höchstens für die Dauer des inländischen gesetzlichen Grundwehrdienstes oder bei anerkannten Kriegsdienstverweigerern für die Dauer des inländischen gesetzlichen Zivildienstes über das 21. oder 25. Lebensjahr hinaus berücksichtigt. [2] Wird der gesetzliche Grundwehrdienst oder Zivildienst in einem Mitgliedstaat der Europäischen Union oder einem Staat, auf den das Abkommen über den Europäischen Wirtschaftsraum Anwendung findet, geleistet, so ist die Dauer dieses Dienstes maßgebend. [3] Absatz 4 Satz 2 bis 10 gilt entsprechend.

(6) *(nicht abgedruckt)*

X. Kindergeld

§ 62 Anspruchsberechtigte. (1) Für Kinder im Sinne des § 63 hat Anspruch auf Kindergeld nach diesem Gesetz, wer

1. im Inland einen Wohnsitz oder seinen gewöhnlichen Aufenthalt hat oder
2. ohne Wohnsitz oder gewöhnlichen Aufenthalt im Inland
   a) nach § 1 Absatz 2 unbeschränkt einkommensteuerpflichtig ist oder
   b) nach § 1 Absatz 3 als unbeschränkt einkommensteuerpflichtig behandelt wird.

(2) *(nicht abgedruckt)*

§ 63 Kinder. (1) [1] Als Kinder werden berücksichtigt

1. Kinder im Sinne des § 32 Absatz 1,
2. vom Berechtigten in seinen Haushalt aufgenommene Kinder seines Ehegatten,
3. vom Berechtigten in seinen Haushalt aufgenommene Enkel.

[2] § 32 Absatz 3 bis 5 gilt entsprechend. [3] Kinder, die weder einen Wohnsitz noch ihren gewöhnlichen Aufenthalt im Inland, in einem Mitgliedstaat der Europäischen Union oder in einem Staat, auf den das Abkommen über den Europäischen Wirtschaftsraum Anwendung findet, haben, werden nicht berücksichtigt, es sei denn, sie leben im Haushalt eines Berechtigten im Sinne des § 62 Absatz 1 Nummer 2 Buchstabe a. [4] Kinder im Sinne von § 2 Absatz 4 Satz 2 des Bundeskindergeldgesetzes werden nicht berücksichtigt.

(2) *(nicht abgedruckt)*

§ 64 Zusammentreffen mehrerer Ansprüche. (1) Für jedes Kind wird nur einem Berechtigten Kindergeld gezahlt.

(2) [1] Bei mehreren Berechtigten wird das Kindergeld demjenigen gezahlt, der das Kind in seinen Haushalt aufgenommen hat. [2] Ist ein Kind in den gemeinsamen Haushalt von Eltern, einem Elternteil und dessen Ehegatten, Pflegeeltern oder Großeltern aufgenommen worden, so bestimmen diese untereinander den Berechtigten. [3] Wird eine Bestimmung nicht getroffen, so bestimmt das Familiengericht auf Antrag den Berechtigten. [4] Den Antrag kann stellen, wer ein

berechtigtes Interesse an der Zahlung des Kindergeldes hat. [5] Lebt ein Kind im gemeinsamen Haushalt von Eltern und Großeltern, so wird das Kindergeld vorrangig einem Elternteil gezahlt; es wird an einen Großelternteil gezahlt, wenn der Elternteil gegenüber der zuständigen Stelle auf seinen Vorrang schriftlich verzichtet hat.

(3) [1] Ist das Kind nicht in den Haushalt eines Berechtigten aufgenommen, so erhält das Kindergeld derjenige, der dem Kind eine Unterhaltsrente zahlt. [2] Zahlen mehrere Berechtigte dem Kind Unterhaltsrenten, so erhält das Kindergeld derjenige, der dem Kind die höchste Unterhaltsrente zahlt. [3] Werden gleich hohe Unterhaltsrenten gezahlt oder zahlt keiner der Berechtigten dem Kind Unterhalt, so bestimmen die Berechtigten untereinander, wer das Kindergeld erhalten soll. [4] Wird eine Bestimmung nicht getroffen, so gilt Absatz 2 Satz 3 und 4 entsprechend.

§ 65 Andere Leistungen für Kinder. (1) [1] Kindergeld wird nicht für ein Kind gezahlt, für das eine der folgenden Leistungen zu zahlen ist oder bei entsprechender Antragstellung zu zahlen wäre:

1. Kinderzulagen aus der gesetzlichen Unfallversicherung oder Kinderzuschüsse aus den gesetzlichen Rentenversicherungen,
2. Leistungen für Kinder, die im Ausland gewährt werden und dem Kindergeld oder einer der unter Nummer 1 genannten Leistungen vergleichbar sind,
3. Leistungen für Kinder, die von einer zwischen- oder überstaatlichen Einrichtung gewährt werden und dem Kindergeld vergleichbar sind.

[2–3] *(nicht abgedruckt)*

(2) Ist in den Fällen des Absatzes 1 Satz 1 Nummer 1 der Bruttobetrag der anderen Leistung niedriger als das Kindergeld nach § 66, wird Kindergeld in Höhe des Unterschiedsbetrags gezahlt, wenn er mindestens 5 Euro beträgt.

§ 66[1] Höhe des Kindergeldes, Zahlungszeitraum. (1) [1] Das Kindergeld beträgt monatlich für erste und zweite Kinder jeweils 184 Euro, für dritte Kinder 190 Euro und für das vierte und jedes weitere Kind jeweils 215 Euro. [2] Darüber hinaus wird für jedes Kind, für das im Kalenderjahr 2009 mindestens für einen Kalendermonat ein Anspruch auf Kindergeld besteht, für das Kalenderjahr 2009 ein Einmalbetrag in Höhe von 100 Euro gezahlt.

(2) Das Kindergeld wird monatlich vom Beginn des Monats an gezahlt, in dem die Anspruchsvoraussetzungen erfüllt sind, bis zum Ende des Monats, in dem die Anspruchsvoraussetzungen wegfallen.

§ 67 Antrag. [1] Das Kindergeld ist bei der zuständigen Familienkasse schriftlich zu beantragen. [2] Den Antrag kann außer dem Berechtigten auch stellen, wer ein berechtigtes Interesse an der Leistung des Kindergeldes hat.

§ 68 Besondere Mitwirkungspflichten. (1) [1] Wer Kindergeld beantragt oder erhält, hat Änderungen in den Verhältnissen, die für die Leistung erheblich sind oder über die im Zusammenhang mit der Leistung Erklärungen abgegeben worden sind, unverzüglich der zuständigen Familienkasse mitzuteilen. [2] Ein Kind, das das 18. Lebensjahr vollendet hat, ist auf Verlangen der Familienkasse verpflichtet, an der Aufklärung des für die Kindergeldzahlung maßgebenden Sachverhalts mitzuwirken; § 101 der Abgabenordnung findet insoweit keine Anwendung.

(2) (weggefallen)

(3) Auf Antrag des Berechtigten erteilt die das Kindergeld auszahlende Stelle eine Bescheinigung über das für das Kalenderjahr ausgezahlte Kindergeld.

(4) Die Familienkassen dürfen den die Bezüge im öffentlichen Dienst anweisenden Stellen Auskunft über den für die jeweilige Kindergeldzahlung maßgebenden Sachverhalt erteilen.

§ 69 Überprüfung des Fortbestehens von Anspruchsvoraussetzungen durch Meldedaten-Übermittlung. Die Meldebehörden übermitteln in regelmäßigen Abständen den Familienkassen nach Maßgabe einer auf Grund des § 20 Absatz 1 des Melderechtsrahmengesetzes zu erlassenden Rechtsverordnung die in § 18 Absatz 1 des Melderechtsrahmengesetzes genannten Daten aller Einwohner, zu deren Person im Melderegister Daten von minderjährigen Kindern gespeichert sind, und dieser Kinder, soweit die Daten nach ihrer Art für die Prüfung der Rechtmäßigkeit des Bezuges von Kindergeld geeignet sind.

---

[1] § 66 Abs. 1 Satz 1 neu gef. mWv 31. 12. 2009 durch G v. 22. 12. 2009 (BGBl. I S. 3950).

§ 70 Festsetzung und Zahlung des Kindergeldes. (1) Das Kindergeld nach § 62 wird von den Familienkassen durch Bescheid festgesetzt und ausgezahlt.

(2) [1] Soweit in den Verhältnissen, die für den Anspruch auf Kindergeld erheblich sind, Änderungen eintreten, ist die Festsetzung des Kindergeldes mit Wirkung vom Zeitpunkt der Änderung der Verhältnisse aufzuheben oder zu ändern. [2] Ist die Änderung einer Kindergeldfestsetzung nur wegen einer Anhebung der in § 66 Absatz 1 genannten Kindergeldbeträge erforderlich, kann von der Erteilung eines schriftlichen Änderungsbescheides abgesehen werden.

(3) [1] Materielle Fehler der letzten Festsetzung können durch Neufestsetzung oder durch Aufhebung der Festsetzung beseitigt werden. [2] Neu festgesetzt oder aufgehoben wird mit Wirkung ab dem auf die Bekanntgabe der Neufestsetzung oder der Aufhebung der Festsetzung folgenden Monat. [3] Bei der Neufestsetzung oder Aufhebung der Festsetzung nach Satz 1 ist § 176 der Abgabenordnung entsprechend anzuwenden; dies gilt nicht für Monate, die nach der Verkündung der maßgeblichen Entscheidung eines obersten Gerichtshofes des Bundes beginnen.

(4) Eine Kindergeldfestsetzung ist aufzuheben oder zu ändern, wenn nachträglich bekannt wird, dass die Einkünfte und Bezüge des Kindes den Grenzbetrag nach § 32 Absatz 4 über- oder unterschreiten.

§ 71 (weggefallen)

§ 72 Festsetzung und Zahlung des Kindergeldes an Angehörige des öffentlichen Dienstes. (1) [1] Steht Personen, die

1. in einem öffentlich-rechtlichen Dienst-, Amts- oder Ausbildungsverhältnis stehen, mit Ausnahme der Ehrenbeamten, oder
2. Versorgungsbezüge nach beamten- oder soldatenrechtlichen Vorschriften oder Grundsätzen erhalten oder
3. Arbeitnehmer des Bundes, eines Landes, einer Gemeinde, eines Gemeindeverbandes oder einer sonstigen Körperschaft, einer Anstalt oder einer Stiftung des öffentlichen Rechts sind, einschließlich der zu ihrer Berufsausbildung Beschäftigten,

Kindergeld nach Maßgabe dieses Gesetzes zu, wird es von den Körperschaften, Anstalten oder Stiftungen des öffentlichen Rechts festgesetzt und ausgezahlt. [2] Die genannten juristischen Personen sind insoweit Familienkasse.

(2) Der Deutschen Post AG, der Deutschen Postbank AG und der Deutschen Telekom AG obliegt die Durchführung dieses Gesetzes für ihre jeweiligen Beamten und Versorgungsempfänger in Anwendung des Absatzes 1.

(3) Absatz 1 gilt nicht für Personen, die ihre Bezüge oder Arbeitsentgelt

1. von einem Dienstherrn oder Arbeitgeber im Bereich der Religionsgesellschaften des öffentlichen Rechts oder
2. von einem Spitzenverband der Freien Wohlfahrtspflege, einem diesem unmittelbar oder mittelbar angeschlossenen Mitgliedsverband oder einer einem solchen Verband angeschlossenen Einrichtung oder Anstalt

erhalten.

(4) Die Absätze 1 und 2 gelten nicht für Personen, die voraussichtlich nicht länger als sechs Monate in den Kreis der in Absatz 1 Satz 1 Nummer 1 bis 3 und Absatz 2 Bezeichneten eintreten.

(5) Obliegt mehreren Rechtsträgern die Zahlung von Bezügen oder Arbeitsentgelt (Absatz 1 Satz 1) gegenüber einem Berechtigten, so ist für die Durchführung dieses Gesetzes zuständig:

1. bei Zusammentreffen von Versorgungsbezügen mit anderen Bezügen oder Arbeitsentgelt der Rechtsträger, dem die Zahlung der anderen Bezüge oder des Arbeitsentgelts obliegt;
2. bei Zusammentreffen mehrerer Versorgungsbezüge der Rechtsträger, dem die Zahlung der neuen Versorgungsbezüge im Sinne der beamtenrechtlichen Ruhensvorschriften obliegt;
3. bei Zusammentreffen von Arbeitsentgelt (Absatz 1 Satz 1 Nummer 3) mit Bezügen aus einem der in Absatz 1 Satz 1 Nummer 1 bezeichneten Rechtsverhältnisse der Rechtsträger, dem die Zahlung dieser Bezüge obliegt;
4. bei Zusammentreffen mehrerer Arbeitsentgelte (Absatz 1 Satz 1 Nummer 3) der Rechtsträger, dem die Zahlung des höheren Arbeitsentgelts obliegt oder – falls die Arbeitsentgelte gleich hoch sind – der Rechtsträger, zu dem das zuerst begründete Arbeitsverhältnis besteht.

(6) [1] Scheidet ein Berechtigter im Laufe eines Monats aus dem Kreis der in Absatz 1 Satz 1 Nummer 1 bis 3 Bezeichneten aus oder tritt er im Laufe eines Monats in diesen Kreis ein, so wird das Kindergeld für diesen Monat von der Stelle gezahlt, die bis zum Ausscheiden oder

Eintritt des Berechtigten zuständig war. [2] Dies gilt nicht, soweit die Zahlung von Kindergeld für ein Kind in Betracht kommt, das erst nach dem Ausscheiden oder Eintritt bei dem Berechtigten nach § 63 zu berücksichtigen ist. [3] Ist in einem Fall des Satzes 1 das Kindergeld bereits für einen folgenden Monat gezahlt worden, so muss der für diesen Monat Berechtigte die Zahlung gegen sich gelten lassen.

(7) [1] In den Abrechnungen der Bezüge und des Arbeitsentgelts ist das Kindergeld gesondert auszuweisen, wenn es zusammen mit den Bezügen oder dem Arbeitsentgelt ausgezahlt wird. [2] Der Rechtsträger hat die Summe des von ihm für alle Berechtigten ausgezahlten Kindergeldes dem Betrag, den er insgesamt an Lohnsteuer einzubehalten hat, zu entnehmen und bei der nächsten Lohnsteuer-Anmeldung gesondert abzusetzen. [3] Übersteigt das insgesamt ausgezahlte Kindergeld den Betrag, der insgesamt an Lohnsteuer abzuführen ist, so wird der übersteigende Betrag dem Rechtsträger auf Antrag von dem Finanzamt, an das die Lohnsteuer abzuführen ist, aus den Einnahmen der Lohnsteuer ersetzt.

(8) *(nicht abgedruckt)*

810

820. Sozialgesetzbuch (SGB) Neuntes Buch (IX) – Rehabilitation und Teilhabe behinderter Menschen –[1)]

Vom 19. Juni 2001
(BGBl. I S. 1046)

FNA 860-9

geänd. durch Art. 3 § 55 a Gesetz zur Beendigung der Diskriminierung gleichgeschlechtlicher Gemeinschaften: Lebenspartnerschaften v. 16. 2. 2001 (BGBl. I S. 266, geänd. durch G v. 19. 6. 2001, BGBl. I S. 1046), Art. 66 Neuntes Buch Sozialgesetzbuch v. 19. 6. 2001 (BGBl. I S. 1046), Art. 5 Job-AQTIV-Gesetz v. 10. 12. 2001 (BGBl. I S. 3443), Art. 5 Aufsichtsratswahl-VereinfachungsG v. 23. 3. 2002 (BGBl. I S. 1130), Art. 48 BehindertengleichstellungsG v. 27. 4. 2002 (BGBl. I S. 1467), Art. 4 Zweites Eisenbahnrechts-ÄndG v. 21. 6. 2002 (BGBl. I S. 2191), Art. 30 OLG-VertretungsÄndG v. 23. 7. 2002 (BGBl. I S. 2850), Art. 4 Erstes Dienstleistungs-ModernisierungsG v. 23. 12. 2002 (BGBl. I S. 4607), Art. 4 a Zweites Dienstleistungs-ModernisierungsG v. 23. 12. 2002 (BGBl. I S. 4621), Art. 1 G zur Änd. von Fristen und Bezeichnungen im SGB IX und zur Änd and. G v. 3. 4. 2003 (BGBl. I S. 462), Art. 8 Drittes G für moderne Dienstleistungen am Arbeitsmarkt v. 23. 12. 2003 (BGBl. I S. 2848), Art. 9 Viertes G für moderne Dienstleistungen am Arbeitsmarkt v. 24. 12. 2003 (BGBl. I S. 2954, geänd. durch G v. 30. 7. 2004, BGBl. I S. 2014), Art. 8 G zur Einordnung des Sozialhilferechts in das SGB v. 27. 12. 2003 (BGBl. I S. 3022), Art. 8 G zur Einordnung des Sozialhilferechts in das SGB v. 27. 12. 2003 (BGBl. I S. 3022), Art. 8 G zur Einordnung des Sozialhilferechts in das SGB v. 27. 12. 2003 (BGBl. I S. 3022), Art. 1 Nr. 33 Buchst. a Schwerbehinderten-AusbildungsförderungsG v. 23. 4. 2004 (BGBl. I S. 606), Art. 1 Nr. 9 Buchst. b Schwerbehinderten-AusbildungsförderungsG v. 23. 4. 2004 (BGBl. I S. 606), Art. 1 Schwerbehinderten-AusbildungsförderungsG v. 23. 4. 2004 (BGBl. I S. 606), Art. 1 Schwerbehinderten-AusbildungsförderungsG v. 23. 4. 2004 (BGBl. I S. 606), Art. 8 G zur Organisationsreform in der gesetzl. RV v. 9. 12. 2004 (BGBl. I S. 3242), Art. 8 VerwaltungsvereinfachungsG v. 21. 3. 2005 (BGBl. I S. 818), Art. 8 Nr. 5 VerwaltungsvereinfachungsG v. 21. 3. 2005 (BGBl. I S. 818), Art. 4 Abs. 3 Drittes G zur Änd. eisenbahnrechtlicher Vorschriften v. 27. 4. 2005 (BGBl. I S. 1138), Art. 7 G zur Förderung ganzjähriger Beschäftigung v. 24. 4. 2006 (BGBl. I S. 926), Art. 5 G zur Fortentwicklung der Grundsicherung für Arbeitsuchende v. 20. 7. 2006 (BGBl. I S. 1706), Art. 3 Abs. 10 G zur Umsetzung europ. RL zur Verwirklichung des Grundsatzes der Gleichbehandlung v. 14. 8. 2006 (BGBl. I S. 1897), Art. 261 Neunte ZuständigkeitsanpassungsVO v. 31. 10. 2006 (BGBl. I S. 2407), Art. 6 G zur Änd. des BetriebsrentenG und and. G v. 2. 12. 2006 (BGBl. I S. 2742), Art. 7 GKV-WettbewerbsstärkungsG v. 26. 3. 2007 (BGBl. I S. 378), Art. 28 Abs. 1 Zweites G zum Abbau bürokratischer Hemmnisse insbesondere in der mittelständischen Wirtschaft v. 7. 9. 2007 (BGBl. I S. 2246), Art. 11 G zur Änd. d. BundesversorgungsG u. and. Vorschriften d. Sozialen Entschädigungsrechts v. 13. 12. 2007 (BGBl. I S. 2904), Art. 8 Abs. 2 G zur Modernisierung des Rechts der landwirtschaftlichen Sozialversicherung v. 18. 12. 2007 (BGBl. I S. 2984), Art. 6 Nr. 2 G zur Verbesserung der Rahmenbedingungen für die Absicherung flexibler Arbeitszeitregelungen und zur Änd. anderer G v. 21. 12. 2008 (BGBl. I S. 2940), Art. 5 G zur Einführung Unterstützter Beschäftigung v. 22. 12. 2008 (BGBl. I S. 2959) und Art. 2 G zur Regelung des Assistenzpflegebedarfs im Krankenhaus v. 30. 7. 2009 (BGBl. I S. 2495)

– Auszug –

Teil 1. Regelungen für behinderte und von Behinderung bedrohte Menschen

Kapitel 1. Allgemeine Regelungen

§ 1 Selbstbestimmung und Teilhabe am Leben in der Gesellschaft. [1] Behinderte oder von Behinderung bedrohte Menschen erhalten Leistungen nach diesem Buch und den für die Rehabilitationsträger geltenden Leistungsgesetzen, um ihre Selbstbestimmung und gleichberechtigte Teilhabe am Leben in der Gesellschaft zu fördern, Benachteiligungen zu vermeiden oder ihnen entgegenzuwirken. [2] Dabei wird den besonderen Bedürfnissen behinderter und von Behinderung bedrohter Frauen und Kinder Rechnung getragen.

§ 2 Behinderung. (1) [1] Menschen sind behindert, wenn ihre körperliche Funktion, geistige Fähigkeit oder seelische Gesundheit mit hoher Wahrscheinlichkeit länger als sechs Monate von dem für das Lebensalter typischen Zustand abweichen und daher ihre Teilhabe am Leben in der Gesellschaft beeinträchtigt ist. [2] Sie sind von Behinderung bedroht, wenn die Beeinträchtigung zu erwarten ist.

(2) Menschen sind im Sinne des Teils 2 schwerbehindert, wenn bei ihnen ein Grad der Behinderung von wenigstens 50 vorliegt und sie ihren Wohnsitz, ihren gewöhnlichen Aufenthalt oder ihre Beschäftigung auf einem Arbeitsplatz im Sinne des § 73 rechtmäßig im Geltungsbereich dieses Gesetzbuches haben.

(3) Schwerbehinderten Menschen gleichgestellt werden sollen behinderte Menschen mit einem Grad der Behinderung von weniger als 50, aber wenigstens 30, bei denen die übrigen

---

[1)] Verkündet als Art. 1 G v. 19. 1. 2001 (BGBl. I S. 1046); Inkrafttreten gem. Art. 68 Abs. 1 dieses G am 1. 7. 2001, mit Ausnahme von § 56, der gem. Abs. 2 bereits am 1. 7. 2000 und § 50 Abs. 3 und § 144 Abs. 2, die gem. Abs. 4 bereits am 23. 6. 2001 in Kraft getreten sind.

Voraussetzungen des Absatzes 2 vorliegen, wenn sie infolge ihrer Behinderung ohne die Gleichstellung einen geeigneten Arbeitsplatz im Sinne des § 73 nicht erlangen oder nicht behalten können (gleichgestellte behinderte Menschen).

§ 3 Vorrang von Prävention. Die Rehabilitationsträger wirken darauf hin, dass der Eintritt einer Behinderung einschließlich einer chronischen Krankheit vermieden wird.

Teil 2. Besondere Regelungen zur Teilhabe schwerbehinderter Menschen (Schwerbehindertenrecht)

Kapitel 1. Geschützter Personenkreis

§ 68[1] Geltungsbereich. (1) Die Regelungen dieses Teils gelten für schwerbehinderte und diesen gleichgestellte behinderte Menschen.

(2) [1] Die Gleichstellung behinderter Menschen mit schwerbehinderten Menschen (§ 2 Abs. 3) erfolgt auf Grund einer Feststellung nach § 69 auf Antrag des behinderten Menschen durch die Bundesagentur für Arbeit. [2] Die Gleichstellung wird mit dem Tag des Eingangs des Antrags wirksam. [3] Sie kann befristet werden.

(3) Auf gleichgestellte behinderte Menschen werden die besonderen Regelungen für schwerbehinderte Menschen mit Ausnahme des § 125 und des Kapitels 13 angewendet.

(4) [1] Schwerbehinderten Menschen gleichgestellt sind auch behinderte Jugendliche und junge Erwachsene (§ 2 Abs. 1) während der Zeit einer Berufsausbildung in Betrieben und Dienststellen, auch wenn der Grad der Behinderung weniger als 30 beträgt oder ein Grad der Behinderung nicht festgestellt ist. [2] Der Nachweis der Behinderung wird durch eine Stellungnahme der Agentur für Arbeit oder durch einen Bescheid über Leistungen zur Teilhabe am Arbeitsleben erbracht. [3] Die besonderen Regelungen für schwerbehinderte Menschen, mit Ausnahme des § 102 Abs. 3 Nr. 2 Buchstabe c, werden nicht angewendet.

§ 69[2] Feststellung der Behinderung, Ausweise. (1) [1] Auf Antrag des behinderten Menschen stellen die für die Durchführung des Bundesversorgungsgesetzes zuständigen Behörden das Vorliegen einer Behinderung und den Grad der Behinderung fest. [2] Beantragt eine erwerbstätige Person die Feststellung der Eigenschaft als schwerbehinderter Mensch (§ 2 Abs. 2), gelten die in § 14 Abs. 2 Satz 2 und 4 sowie Abs. 5 Satz 2 und 5 genannten Fristen sowie § 60 Abs. 1 des Ersten Buches entsprechend. [3] Das Gesetz über das Verwaltungsverfahren der Kriegsopferversorgung ist entsprechend anzuwenden, soweit nicht das Zehnte Buch Anwendung findet. [4] Die Auswirkungen auf die Teilhabe am Leben in der Gesellschaft werden als Grad der Behinderung nach Zehnergraden abgestuft festgestellt. [5] Die Maßstäbe des § 30 Abs. 1 des Bundesversorgungsgesetzes und der auf Grund des § 30 Abs. 17 des Bundesversorgungsgesetzes erlassenen Rechtsverordnung gelten entsprechend. [6] Eine Feststellung ist nur zu treffen, wenn ein Grad der Behinderung von wenigstens 20 vorliegt. [7] Durch Landesrecht kann die Zuständigkeit abweichend von Satz 1 geregelt werden.

(2) [1] Feststellungen nach Absatz 1 sind nicht zu treffen, wenn eine Feststellung über das Vorliegen einer Behinderung und den Grad einer auf ihr beruhenden Erwerbsminderung schon in einem Rentenbescheid, einer entsprechenden Verwaltungs- oder Gerichtsentscheidung oder einer vorläufigen Bescheinigung der für diese Entscheidungen zuständigen Dienststellen getroffen worden ist, es sei denn, dass der behinderte Mensch ein Interesse an anderweitiger Feststellung nach Absatz 1 glaubhaft macht. [2] Eine Feststellung nach Satz 1 gilt zugleich als Feststellung des Grades der Behinderung.

(3) [1] Liegen mehrere Beeinträchtigungen der Teilhabe am Leben in der Gesellschaft vor, so wird der Grad der Behinderung nach den Auswirkungen der Beeinträchtigungen in ihrer Gesamtheit unter Berücksichtigung ihrer wechselseitigen Beziehungen festgestellt. [2] Für diese Entscheidung gilt Absatz 1, es sei denn, dass in einer Entscheidung nach Absatz 2 eine Gesamtbeurteilung bereits getroffen worden ist.

(4) Sind neben dem Vorliegen der Behinderung weitere gesundheitliche Merkmale Voraussetzung für die Inanspruchnahme von Nachteilsausgleichen, so treffen die zuständigen Behörden die erforderlichen Feststellungen im Verfahren nach Absatz 1.

---

[1] § 68 Abs. 2 Satz 1 geänd. mWv 1. 1. 2004 durch G v. 24. 12. 2003 (BGBl. I S. 2954, geänd. durch G v. 30. 7. 2004, BGBl. I S. 2014); Abs. 4 angef. mWv 1. 5. 2004 durch G v. 23. 4. 2004 (BGBl. I S. 606).

[2] § 69 Abs. 1 Satz 2 eingef., bish. Sätze 2 bis 5 werden Sätze 3 bis 6, Satz 7 angef., Abs. 2 Satz 1, Abs. 4 und Abs. 5 Sätze 1 und 3 geänd. mWv 1. 5. 2004 durch G v. 23. 4. 2004 (BGBl. I S. 606); Abs. 1 Satz 5 neu gef. mWv 21. 12. 2007 durch G v. 13. 12. 2007 (BGBl. I S. 2904).

(5) [1] Auf Antrag des behinderten Menschen stellen die zuständigen Behörden auf Grund einer Feststellung der Behinderung einen Ausweis über die Eigenschaft als schwerbehinderter Mensch, den Grad der Behinderung sowie im Falle des Absatzes 4 über weitere gesundheitliche Merkmale aus. [2] Der Ausweis dient dem Nachweis für die Inanspruchnahme von Leistungen und sonstigen Hilfen, die schwerbehinderten Menschen nach Teil 2 oder nach anderen Vorschriften zustehen. [3] Die Gültigkeitsdauer des Ausweises soll befristet werden. [4] Er wird eingezogen, sobald der gesetzliche Schutz schwerbehinderter Menschen erloschen ist. [5] Der Ausweis wird berichtigt, sobald eine Neufeststellung unanfechtbar geworden ist.

Kapitel 2. Beschäftigungspflicht der Arbeitgeber

§ 71[1)] Pflicht der Arbeitgeber zur Beschäftigung schwerbehinderter Menschen.

(1) [1] Private und öffentliche Arbeitgeber (Arbeitgeber) mit jahresdurchschnittlich monatlich mindestens 20 Arbeitsplätzen im Sinne des § 73 haben auf wenigstens 5 Prozent der Arbeitsplätze schwerbehinderte Menschen zu beschäftigen. [2] Dabei sind schwerbehinderte Frauen besonders zu berücksichtigen. [3] Abweichend von Satz 1 haben Arbeitgeber mit jahresdurchschnittlich monatlich weniger als 40 Arbeitsplätzen jahresdurchschnittlich je Monat einen schwerbehinderten Menschen, Arbeitgeber mit jahresdurchschnittlich monatlich weniger als 60 Arbeitsplätzen jahresdurchschnittlich je Monat zwei schwerbehinderte Menschen zu beschäftigen.

(2) *(aufgehoben)*

(3) Als öffentliche Arbeitgeber im Sinne des Teils 2 gelten

1. jede oberste Bundesbehörde mit ihren nachgeordneten Dienststellen, das Bundespräsidialamt, die Verwaltungen des Deutschen Bundestages und Bundesrates, das Bundesverfassungsgericht, die obersten Gerichtshöfe des Bundes, der Bundesgerichtshof jedoch zusammengefasst mit dem Generalbundesanwalt, sowie das Bundeseisenbahnvermögen,
2. jede oberste Landesbehörde und die Staats- und Präsidialkanzleien mit ihren nachgeordneten Dienststellen, die Verwaltungen der Landtage, die Rechnungshöfe (Rechnungskammern), die Organe der Verfassungsgerichtsbarkeit der Länder und jede sonstige Landesbehörde, zusammengefasst jedoch diejenigen Behörden, die eine gemeinsame Personalverwaltung haben,
3. jede sonstige Gebietskörperschaft und jeder Verband von Gebietskörperschaften,
4. jede sonstige Körperschaft, Anstalt oder Stiftung des öffentlichen Rechts.

§ 72[2)] Beschäftigung besonderer Gruppen schwerbehinderter Menschen. (1) Im Rahmen der Erfüllung der Beschäftigungspflicht sind in angemessenem Umfang zu beschäftigen

1. schwerbehinderte Menschen, die nach Art oder Schwere ihrer Behinderung im Arbeitsleben besonders betroffen sind, insbesondere solche,
   a) die zur Ausübung der Beschäftigung wegen ihrer Behinderung nicht nur vorübergehend einer besonderen Hilfskraft bedürfen oder
   b) deren Beschäftigung infolge ihrer Behinderung nicht nur vorübergehend mit außergewöhnlichen Aufwendungen für den Arbeitgeber verbunden ist oder
   c) die infolge ihrer Behinderung nicht nur vorübergehend offensichtlich nur eine wesentlich verminderte Arbeitsleistung erbringen können oder
   d) bei denen ein Grad der Behinderung von wenigstens 50 allein infolge geistiger oder seelischer Behinderung oder eines Anfallsleidens vorliegt oder
   e) die wegen Art oder Schwere der Behinderung keine abgeschlossene Berufsbildung im Sinne des Berufsbildungsgesetzes haben,
2. schwerbehinderte Menschen, die das 50. Lebensjahr vollendet haben.

(2) [1] Arbeitgeber mit Stellen zur beruflichen Bildung, insbesondere für Auszubildende, haben im Rahmen der Erfüllung der Beschäftigungspflicht einen angemessenen Anteil dieser Stellen mit schwerbehinderten Menschen zu besetzen. [2] Hierüber ist mit der zuständigen Interessenvertretung im Sinne des § 93 und der Schwerbehindertenvertretung zu beraten.

§ 73[3)] Begriff des Arbeitsplatzes. (1) Arbeitsplätze im Sinne des Teils 2 sind alle Stellen, auf denen Arbeitnehmer und Arbeitnehmerinnen, Beamte und Beamtinnen, Richter und Richte-

[1)] § 71 Abs. 1 Satz 1, Abs. 2 Sätze 1 und 3 geänd., Abs. 1 Satz 3 angef. mWv 1. 1. 2003 durch G v. 3. 4. 2003 (BGBl. I S. 462); Abs. 1 Satz 3 geänd. mWv 1. 5. 2004, Abs. 2 aufgeh. mWv 1. 1. 2004 durch G v. 23. 4. 2004 (BGBl. I S. 606).

[2)] § 72 Abs. 2 Satz 2 angef. mWv 1. 5. 2004 durch G v. 23. 4. 2004 (BGBl. I S. 606).

[3)] § 73 Abs. 2 Nr. 4 geänd. mWv 1. 1. 2004 durch G v. 23. 12. 2003 (BGBl. I S. 2848); Abs. 2 Nr. 6 aufgeh. mWv 1. 1. 2005 durch G v. 27. 12. 2003 (BGBl. I S. 3022); Abs. 2 Nr. 7 geänd. mWv 1. 5. 2004 durch G v. 23. 4. 2004 (BGBl. I S. 606).

rinnen sowie Auszubildende und andere zu ihrer beruflichen Bildung Eingestellte beschäftigt werden.

(2) Als Arbeitsplätze gelten nicht die Stellen, auf denen beschäftigt werden

1. behinderte Menschen, die an Leistungen zur Teilhabe am Arbeitsleben nach § 33 Abs. 3 Nr. 3 in Betrieben oder Dienststellen teilnehmen,
2. Personen, deren Beschäftigung nicht in erster Linie ihrem Erwerb dient, sondern vorwiegend durch Beweggründe karitativer oder religiöser Art bestimmt ist, und Geistliche öffentlich-rechtlicher Religionsgemeinschaften,
3. Personen, deren Beschäftigung nicht in erster Linie ihrem Erwerb dient und die vorwiegend zu ihrer Heilung, Wiedereingewöhnung oder Erziehung erfolgt,
4. Personen, die an Arbeitsbeschaffungsmaßnahmen nach dem Dritten Buch teilnehmen,
5. Personen, die nach ständiger Übung in ihre Stellen gewählt werden,
6. *(aufgehoben)*
7. Personen, deren Arbeits-, Dienst- oder sonstiges Beschäftigungsverhältnis wegen Wehr- oder Zivildienst, Elternzeit, unbezahltem Urlaub, wegen Bezuges einer Rente auf Zeit oder bei Altersteilzeitarbeit in der Freistellungsphase (Verblockungsmodell) ruht, solange für sie eine Vertretung eingestellt ist.

(3) Als Arbeitsplätze gelten ferner nicht Stellen, die nach der Natur der Arbeit oder nach den zwischen den Parteien getroffenen Vereinbarungen nur auf die Dauer von höchstens acht Wochen besetzt sind, sowie Stellen, auf denen Beschäftigte weniger als 18 Stunden wöchentlich beschäftigt werden.

§ 74[1)] Berechnung der Mindestzahl von Arbeitsplätzen und der Pflichtarbeitsplatzzahl. (1) [1] Bei der Berechnung der Mindestzahl von Arbeitsplätzen und der Zahl der Arbeitsplätze, auf denen schwerbehinderte Menschen zu beschäftigen sind (§ 71), zählen Stellen, auf denen Auszubildende beschäftigt werden, nicht mit. [2] Das Gleiche gilt für Stellen, auf denen Rechts- oder Studienreferendare und -referendarinnen beschäftigt werden, die einen Rechtsanspruch auf Einstellung haben.

(2) Bei der Berechnung sich ergebende Bruchteile von 0,5 und mehr sind aufzurunden, bei Arbeitgebern mit jahresdurchschnittlich weniger als 60 Arbeitsplätzen abzurunden.

§ 75[2)] Anrechnung Beschäftigter auf die Zahl der Pflichtarbeitsplätze für schwerbehinderte Menschen. (1) Ein schwerbehinderter Mensch, der auf einem Arbeitsplatz im Sinne des § 73 Abs. 1 oder Abs. 2 Nr. 1 oder 4 beschäftigt wird, wird auf einen Pflichtarbeitsplatz für schwerbehinderte Menschen angerechnet.

(2) [1] Ein schwerbehinderter Mensch, der in Teilzeitbeschäftigung kürzer als betriebsüblich, aber nicht weniger als 18 Stunden wöchentlich beschäftigt wird, wird auf einen Pflichtarbeitsplatz für schwerbehinderte Menschen angerechnet. [2] Bei Herabsetzung der wöchentlichen Arbeitszeit auf weniger als 18 Stunden infolge von Altersteilzeit gilt Satz 1 entsprechend. [3] Wird ein schwerbehinderter Mensch weniger als 18 Stunden wöchentlich beschäftigt, lässt die Bundesagentur für Arbeit die Anrechnung auf einen dieser Pflichtarbeitsplätze zu, wenn die Teilzeitbeschäftigung wegen Art oder Schwere der Behinderung notwendig ist.

(2 a) Ein schwerbehinderter Mensch, der im Rahmen einer Maßnahme zur Förderung des Übergangs aus der Werkstatt für behinderte Menschen auf den allgemeinen Arbeitsmarkt (§ 5 Abs. 4 Satz 1 der Werkstättenverordnung) beschäftigt wird, wird auch für diese Zeit auf die Zahl der Pflichtarbeitsplätze angerechnet.

(3) Ein schwerbehinderter Arbeitgeber wird auf einen Pflichtarbeitsplatz für schwerbehinderte Menschen angerechnet.

(4) Der Inhaber eines Bergmannsversorgungsscheins wird, auch wenn er kein schwerbehinderter oder gleichgestellter behinderter Mensch im Sinne des § 2 Abs. 2 oder 3 ist, auf einen Pflichtarbeitsplatz angerechnet.

§ 76[3)] Mehrfachanrechnung. (1) [1] Die Bundesagentur für Arbeit kann die Anrechnung eines schwerbehinderten Menschen, besonders eines schwerbehinderten Menschen im Sinne des § 72

[1)] § 74 Abs. 2 geänd. mWv 1. 5. 2004 durch G v. 23. 4. 2004 (BGBl. I S. 606).

[2)] § 75 Abs. 2 Satz 2 geänd. mWv 1. 1. 2004 durch G v. 24. 12. 2003 (BGBl. I S. 2954, geänd. durch G v. 30. 7. 2004, BGBl. I S. 2014); Abs. 1 geänd. mWv 1. 1. 2005, Abs. 2 Satz 2 eingef., bish. Satz 2 wird Satz 3 und Abs. 2 a eingef. mWv 1. 5. 2004 durch G v. 23. 4. 2004 (BGBl. I S. 606).

[3)] § 76 Abs. 1 Satz 1 und Abs. 2 Satz 2 geänd. mWv 1. 1. 2004 durch G v. 24. 12. 2003 (BGBl. I S. 2954, geänd. durch G v. 30. 7. 2004, BGBl. I S. 2014); Abs. 1 Satz 2 geänd., Abs. 2 Satz 2 eingef., bish. Satz 2 wird Satz 3 und Satz 4 angef. mWv 1. 5. 2004 durch G v. 23. 4. 2004 (BGBl. I S. 606).

Abs. 1 auf mehr als einen Pflichtarbeitsplatz, höchstens drei Pflichtarbeitsplätze für schwerbehinderte Menschen zulassen, wenn dessen Teilhabe am Arbeitsleben auf besondere Schwierigkeiten stößt. [2] Satz 1 gilt auch für schwerbehinderte Menschen im Anschluss an eine Beschäftigung in einer Werkstatt für behinderte Menschen und für teilzeitbeschäftigte schwerbehinderte Menschen im Sinne des § 75 Abs. 2.

(2) [1] Ein schwerbehinderter Mensch, der beruflich ausgebildet wird, wird auf zwei Pflichtarbeitsplätze für schwerbehinderte Menschen angerechnet. [2] Satz 1 gilt auch während der Zeit einer Ausbildung im Sinne des § 35 Abs. 2, die in einem Betrieb oder einer Dienststelle durchgeführt wird. [3] Die Bundesagentur für Arbeit kann die Anrechnung auf drei Pflichtarbeitsplätze für schwerbehinderte Menschen zulassen, wenn die Vermittlung in eine berufliche Ausbildungsstelle wegen Art oder Schwere der Behinderung auf besondere Schwierigkeiten stößt. [4] Bei Übernahme in ein Arbeits- oder Beschäftigungsverhältnis durch den ausbildenden oder einen anderen Arbeitgeber im Anschluss an eine abgeschlossene Ausbildung wird der schwerbehinderte Mensch im ersten Jahr der Beschäftigung auf zwei Pflichtarbeitsplätze angerechnet; Absatz 1 bleibt unberührt.

(3) Bescheide über die Anrechnung eines schwerbehinderten Menschen auf mehr als drei Pflichtarbeitsplätze für schwerbehinderte Menschen, die vor dem 1. August 1986 erlassen worden sind, gelten fort.

§ 77[1)] Ausgleichsabgabe. (1) [1] Solange Arbeitgeber die vorgeschriebene Zahl schwerbehinderter Menschen nicht beschäftigen, entrichten sie für jeden unbesetzten Pflichtarbeitsplatz für schwerbehinderte Menschen eine Ausgleichsabgabe. [2] Die Zahlung der Ausgleichsabgabe hebt die Pflicht zur Beschäftigung schwerbehinderter Menschen nicht auf. [3] Die Ausgleichsabgabe wird auf der Grundlage einer jahresdurchschnittlichen Beschäftigungsquote ermittelt.

(2) [1] Die Ausgleichsabgabe beträgt je unbesetzten Pflichtarbeitsplatz

1. 105 Euro bei einer jahresdurchschnittlichen Beschäftigungsquote von 3 Prozent bis weniger als dem geltenden Pflichtsatz,
2. 180 Euro bei einer jahresdurchschnittlichen Beschäftigungsquote von 2 Prozent bis weniger als 3 Prozent,
3. 260 Euro bei einer jahresdurchschnittlichen Beschäftigungsquote von weniger als 2 Prozent.

[2] Abweichend von Satz 1 beträgt die Ausgleichsabgabe je unbesetzten Pflichtarbeitsplatz für schwerbehinderte Menschen

1. für Arbeitgeber mit jahresdurchschnittlich weniger als 40 zu berücksichtigenden Arbeitsplätzen bei einer jahresdurchschnittlichen Beschäftigung von weniger als einem schwerbehinderten Menschen 105 Euro und
2. für Arbeitgeber mit jahresdurchschnittlich weniger als 60 zu berücksichtigenden Arbeitsplätzen bei einer jahresdurchschnittlichen Beschäftigung von weniger als zwei schwerbehinderten Menschen 105 Euro und bei einer jahresdurchschnittlichen Beschäftigung von weniger als einem schwerbehinderten Menschen 180 Euro.

(3) [1] Die Ausgleichsabgabe erhöht sich entsprechend der Veränderung der Bezugsgröße nach § 18 Abs. 1 des Vierten Buches. [2] Sie erhöht sich zum 1. Januar eines Kalenderjahres, wenn sich die Bezugsgröße seit der letzten Neubestimmung der Beträge der Ausgleichsabgabe um wenigstens 10 Prozent erhöht hat. [3] Die Erhöhung der Ausgleichsabgabe erfolgt, indem der Faktor für die Veränderung der Bezugsgröße mit dem jeweiligen Betrag der Ausgleichsabgabe vervielfältigt wird. [4] Die sich ergebenden Beträge sind auf den nächsten durch fünf teilbaren Betrag abzurunden. [5] Das Bundesministerium für Arbeit und Soziales gibt den Erhöhungsbetrag und die sich nach Satz 3 ergebenden Beträge der Ausgleichsabgabe im Bundesanzeiger bekannt.

(4) [1] Die Ausgleichsabgabe zahlt der Arbeitgeber jährlich zugleich mit der Erstattung der Anzeige nach § 80 Abs. 2 an das für seinen Sitz zuständige Integrationsamt. [2] Ist ein Arbeitgeber mehr als drei Monate im Rückstand, erlässt das Integrationsamt einen Feststellungsbescheid über die rückständigen Beträge und zieht diese ein. [3] Für rückständige Beträge der Ausgleichsabgabe erhebt das Integrationsamt nach dem 31. März Säumniszuschläge nach Maßgabe des § 24 Abs. 1 des Vierten Buches; für ihre Verwendung gilt Absatz 5 entsprechend. [4] Das Integrationsamt kann in begründeten Ausnahmefällen von der Erhebung von Säumniszuschlägen absehen. [5] Widerspruch und Anfechtungsklage gegen den Feststellungsbescheid haben keine aufschiebende Wirkung. [6] Gegenüber privaten Arbeitgebern wird die Zwangsvollstreckung nach den Vor-

[1)] § 77 Abs. 2 Satz 1 Nrn. 1 bis 3, Satz 2 Nrn. 1 und 2 geänd. mWv 1. 1. 2002 durch G v. 19. 6. 2001 (BGBl. I S. 1046); Abs. 1 Sätze 1 und 3, Abs. 2 Sätze 1 und 2, Abs. 3 Satz 5 geänd. mWv 1. 1. 2003 durch G v. 3. 4. 2003 (BGBl. I S. 462); Abs. 4 Satz 8 und Abs. 6 Satz 3 geänd. mWv 1. 1. 2004 durch G v. 24. 12. 2003 (BGBl. I S. 2954, geänd. durch G v. 30. 7. 2004, BGBl. I S. 2014); Abs. 2 Satz 2 Nrn. 1 und 2, Abs. 3 Satz 2 geänd. mWv 1. 5. 2004, Abs. 6 Satz 1 neu gef. mWv 1. 1. 2005 durch G v. 23. 4. 2004 (BGBl. I S. 606); Abs. 3 Satz 5 geänd. mWv 8. 11. 2006 durch VO v. 31. 10. 2006 (BGBl. I S. 2407).

schriften über das Verwaltungszwangsverfahren durchgeführt. [7] Bei öffentlichen Arbeitgebern wendet sich das Integrationsamt an die Aufsichtsbehörde, gegen deren Entscheidung es die Entscheidung der obersten Bundes- oder Landesbehörde anrufen kann. [8] Die Ausgleichsabgabe wird nach Ablauf des Kalenderjahres, das auf den Eingang der Anzeige bei der Bundesagentur für Arbeit folgt, weder nachgefordert noch erstattet.

(5) [1] Die Ausgleichsabgabe darf nur für besondere Leistungen zur Förderung der Teilhabe schwerbehinderter Menschen am Arbeitsleben einschließlich begleitender Hilfe im Arbeitsleben (§ 102 Abs. 1 Nr. 3) verwendet werden, soweit Mittel für denselben Zweck nicht von anderer Seite zu leisten sind oder geleistet werden. [2] Aus dem Aufkommen an Ausgleichsabgabe dürfen persönliche und sächliche Kosten der Verwaltung und Kosten des Verfahrens nicht bestritten werden. [3] Das Integrationsamt gibt dem Beratenden Ausschuss für behinderte Menschen bei dem Integrationsamt (§ 103) auf dessen Verlangen eine Übersicht über die Verwendung der Ausgleichsabgabe.

(6) [1] Die Integrationsämter leiten den in der Rechtsverordnung nach § 79 bestimmten Prozentsatz des Aufkommens an Ausgleichsabgabe an den Ausgleichsfonds (§ 78) weiter. [2] Zwischen den Integrationsämtern wird ein Ausgleich herbeigeführt. [3] Der auf das einzelne Integrationsamt entfallende Anteil am Aufkommen an Ausgleichsabgabe bemisst sich nach dem Mittelwert aus dem Verhältnis der Wohnbevölkerung im Zuständigkeitsbereich des Integrationsamtes zur Wohnbevölkerung im Geltungsbereich dieses Gesetzbuches und dem Verhältnis der Zahl der im Zuständigkeitsbereich des Integrationsamtes in den Betrieben und Dienststellen beschäftigungspflichtiger Arbeitgeber auf Arbeitsplätzen im Sinne des § 73 beschäftigten und der bei den Agenturen für Arbeit arbeitslos gemeldeten schwerbehinderten und diesen gleichgestellten behinderten Menschen zur entsprechenden Zahl der schwerbehinderten und diesen gleichgestellten behinderten Menschen im Geltungsbereich dieses Gesetzbuchs.

(7) [1] Die bei den Integrationsämtern verbleibenden Mittel der Ausgleichsabgabe werden von diesen gesondert verwaltet. [2] Die Rechnungslegung und die formelle Einrichtung der Rechnungen und Belege regeln sich nach den Bestimmungen, die für diese Stellen allgemein maßgebend sind.

(8) Für die Verpflichtung zur Entrichtung einer Ausgleichsabgabe (Absatz 1) gelten hinsichtlich der in § 71 Abs. 3 Nr. 1 genannten Stellen der Bund und hinsichtlich der in § 71 Abs. 3 Nr. 2 genannten Stellen das Land als ein Arbeitgeber.

Kapitel 3. Sonstige Pflichten der Arbeitgeber; Rechte der schwerbehinderten Menschen

§ 80[1)] Zusammenwirken der Arbeitgeber mit der Bundesagentur für Arbeit und den Integrationsämtern. (1) Die Arbeitgeber haben, gesondert für jeden Betrieb und jede Dienststelle, ein Verzeichnis der bei ihnen beschäftigten schwerbehinderten, ihnen gleichgestellten behinderten Menschen und sonstigen anrechnungsfähigen Personen laufend zu führen und dieses den Vertretern oder Vertreterinnen der Bundesagentur für Arbeit und des Integrationsamtes, die für den Sitz des Betriebes oder der Dienststelle zuständig sind, auf Verlangen vorzulegen.

(2) [1] Die Arbeitgeber haben der für ihren Sitz zuständigen Agentur für Arbeit einmal jährlich bis spätestens zum 31. März für das vorangegangene Kalenderjahr, aufgegliedert nach Monaten, die Daten anzuzeigen, die zur Berechnung des Umfangs der Beschäftigungspflicht, zur Überwachung ihrer Erfüllung und der Ausgleichsabgabe notwendig sind. [2] Der Anzeige sind das nach Absatz 1 geführte Verzeichnis sowie eine Kopie der Anzeige und des Verzeichnisses zur Weiterleitung an das für ihren Sitz zuständige Integrationsamt beizufügen. [3] Dem Betriebs-, Personal-, Richter-, Staatsanwalts- und Präsidialrat, der Schwerbehindertenvertretung und dem Beauftragten des Arbeitgebers ist je eine Kopie der Anzeige und des Verzeichnisses zu übermitteln.

(3) Zeigt ein Arbeitgeber die Daten bis zum 30. Juni nicht, nicht richtig oder nicht vollständig an, erlässt die Bundesagentur für Arbeit nach Prüfung in tatsächlicher sowie in rechtlicher Hinsicht einen Feststellungsbescheid über die zur Berechnung der Zahl der Pflichtarbeitsplätze für schwerbehinderte Menschen und der besetzten Arbeitsplätze notwendigen Daten.

(4) Die Arbeitgeber, die Arbeitsplätze für schwerbehinderte Menschen nicht zur Verfügung zu stellen haben, haben die Anzeige nur nach Aufforderung durch die Bundesagentur für Arbeit im Rahmen einer repräsentativen Teilerhebung zu erstatten, die mit dem Ziel der Erfassung der

1) § 80 Überschr., Abs. 1, Abs. 2 Satz 1 und Abs. 3 bis 9 geänd. mWv 1. 1. 2004 durch G v. 24. 12. 2003 (BGBl. I S. 2954, geänd. durch G v. 30. 7. 2004, BGBl. I S. 2014); Abs. 6 Sätze 1 und 2 geänd. mWv 1. 5. 2004 durch G v. 23. 4. 2004 (BGBl. I S. 606); Abs. 9 aufgeh. mWv 30. 12. 2008 durch G v. 22. 12. 2008 (BGBl. I S. 2959).

in Absatz 1 genannten Personengruppen, aufgegliedert nach Bundesländern, alle fünf Jahre durchgeführt wird.

(5) Die Arbeitgeber haben der Bundesagentur für Arbeit und dem Integrationsamt auf Verlangen die Auskünfte zu erteilen, die zur Durchführung der besonderen Regelungen zur Teilhabe schwerbehinderter und ihnen gleichgestellter behinderter Menschen am Arbeitsleben notwendig sind.

(6) [1] Für das Verzeichnis und die Anzeige des Arbeitgebers sind die mit der Bundesarbeitsgemeinschaft der Integrationsämter und Hauptfürsorgestellen, abgestimmten Vordrucke der Bundesagentur für Arbeit zu verwenden. [2] Die Bundesagentur für Arbeit soll zur Durchführung des Anzeigeverfahrens in Abstimmung mit der Bundesarbeitsgemeinschaft ein elektronisches Übermittlungsverfahren zulassen.

(7) Die Arbeitgeber haben den Beauftragten der Bundesagentur für Arbeit und des Integrationsamtes auf Verlangen Einblick in ihren Betrieb oder ihre Dienststelle zu geben, soweit es im Interesse der schwerbehinderten Menschen erforderlich ist und Betriebs- oder Dienstgeheimnisse nicht gefährdet werden.

(8) Die Arbeitgeber haben die Vertrauenspersonen der schwerbehinderten Menschen (§ 94 Abs. 1 Satz 1 bis 3 und § 97 Abs. 1 bis 5) unverzüglich nach der Wahl und ihren Beauftragten für die Angelegenheiten der schwerbehinderten Menschen (§ 98 Satz 1) unverzüglich nach der Bestellung der für den Sitz des Betriebes oder der Dienststelle zuständigen Agentur für Arbeit und dem Integrationsamt zu benennen.

§ 81[1)] Pflichten des Arbeitgebers und Rechte schwerbehinderter Menschen. (1) [1] Die Arbeitgeber sind verpflichtet zu prüfen, ob freie Arbeitsplätze mit schwerbehinderten Menschen, insbesondere mit bei der Agentur für Arbeit arbeitslos oder arbeitssuchend gemeldeten schwerbehinderten Menschen, besetzt werden können. [2] Sie nehmen frühzeitig Verbindung mit der Agentur für Arbeit auf. [3] Die Bundesagentur für Arbeit oder ein Integrationsfachdienst schlägt den Arbeitgebern geeignete schwerbehinderte Menschen vor. [4] Über die Vermittlungsvorschläge und vorliegende Bewerbungen von schwerbehinderten Menschen haben die Arbeitgeber die Schwerbehindertenvertretung und die in § 93 genannten Vertretungen unmittelbar nach Eingang zu unterrichten. [5] Bei Bewerbungen schwerbehinderter Richter und Richterinnen wird der Präsidialrat unterrichtet und gehört, soweit dieser an der Ernennung zu beteiligen ist. [6] Bei der Prüfung nach Satz 1 beteiligen die Arbeitgeber die Schwerbehindertenvertretung nach § 95 Abs. 2 und hören die in § 93 genannten Vertretungen an. [7] Erfüllt der Arbeitgeber seine Beschäftigungspflicht nicht und ist die Schwerbehindertenvertretung oder eine in § 93 genannte Vertretung mit der beabsichtigten Entscheidung des Arbeitgebers nicht einverstanden, ist diese unter Darlegung der Gründe mit ihnen zu erörtern. [8] Dabei wird der betroffene schwerbehinderte Mensch angehört. [9] Alle Beteiligten sind vom Arbeitgeber über die getroffene Entscheidung unter Darlegung der Gründe unverzüglich zu unterrichten. [10] Bei Bewerbungen schwerbehinderter Menschen ist die Schwerbehindertenvertretung nicht zu beteiligen, wenn der schwerbehinderte Mensch die Beteiligung der Schwerbehindertenvertretung ausdrücklich ablehnt.

(2) [1] Arbeitgeber dürfen schwerbehinderte Beschäftigte nicht wegen ihrer Behinderung benachteiligen. [2] Im Einzelnen gelten hierzu die Regelungen des Allgemeinen Gleichbehandlungsgesetzes[2)].

(3) [1] Die Arbeitgeber stellen durch geeignete Maßnahmen sicher, dass in ihren Betrieben und Dienststellen wenigstens die vorgeschriebene Zahl schwerbehinderter Menschen eine möglichst dauerhafte behinderungsgerechte Beschäftigung finden kann. [2] Absatz 4 Satz 2 und 3 gilt entsprechend.

(4) [1] Die schwerbehinderten Menschen haben gegenüber ihren Arbeitgebern Anspruch auf

1. Beschäftigung, bei der sie ihre Fähigkeiten und Kenntnisse möglichst voll verwerten und weiterentwickeln können,
2. bevorzugte Berücksichtigung bei innerbetrieblichen Maßnahmen der beruflichen Bildung zur Förderung ihres beruflichen Fortkommens,
3. Erleichterungen im zumutbaren Umfang zur Teilnahme an außerbetrieblichen Maßnahmen der beruflichen Bildung,
4. behinderungsgerechte Einrichtung und Unterhaltung der Arbeitsstätten einschließlich der Betriebsanlagen, Maschinen und Geräte sowie der Gestaltung der Arbeitsplätze, des Arbeits-

[1)] § 81 Abs. 1 Sätze 1 bis 3 und Abs. 4 Satz 2 geänd. mWv 1. 1. 2004 durch G v. 24. 12. 2003 (BGBl. I S. 2954, geänd. durch G v. 30. 7. 2004, BGBl. I S. 2014); Abs. 1 Satz 3 geänd. mWv 1. 1. 2005 durch G v. 23. 4. 2004 (BGBl. I S. 606); Abs. 2 Satz 2 neu gef. mWv 18. 8. 2006 durch G v. 14. 8. 2006 (BGBl. I S. 1897).

[2)] Nr. **808**.

umfeldes, der Arbeitsorganisation und der Arbeitszeit, unter besonderer Berücksichtigung der Unfallgefahr,

5. Ausstattung ihres Arbeitsplatzes mit den erforderlichen technischen Arbeitshilfen

unter Berücksichtigung der Behinderung und ihrer Auswirkungen auf die Beschäftigung. [2] Bei der Durchführung der Maßnahmen nach den Nummern 1, 4 und 5 unterstützt die Bundesagentur für Arbeit und die Integrationsämter die Arbeitgeber unter Berücksichtigung der für die Beschäftigung wesentlichen Eigenschaften der schwerbehinderten Menschen. [3] Ein Anspruch nach Satz 1 besteht nicht, soweit seine Erfüllung für den Arbeitgeber nicht zumutbar oder mit unverhältnismäßigen Aufwendungen verbunden wäre oder soweit die staatlichen oder berufsgenossenschaftlichen Arbeitsschutzvorschriften oder beamtenrechtliche Vorschriften entgegenstehen.

(5) [1] Die Arbeitgeber fördern die Einrichtung von Teilzeitarbeitsplätzen. [2] Sie werden dabei von den Integrationsämtern unterstützt. [3] Schwerbehinderte Menschen haben einen Anspruch auf Teilzeitbeschäftigung, wenn die kürzere Arbeitszeit wegen Art oder Schwere der Behinderung notwendig ist; Absatz 4 Satz 3 gilt entsprechend.

§ 82[1)] Besondere Pflichten der öffentlichen Arbeitgeber. [1] Die Dienststellen der öffentlichen Arbeitgeber melden den Agenturen für Arbeit frühzeitig frei werdende und neu zu besetzende sowie neue Arbeitsplätze (§ 73). [2] Haben schwerbehinderte Menschen sich um einen solchen Arbeitsplatz beworben oder sind sie von der Bundesagentur für Arbeit oder einem von dieser beauftragten Integrationsfachdienst vorgeschlagen worden, werden sie zu einem Vorstellungsgespräch eingeladen. [3] Eine Einladung ist entbehrlich, wenn die fachliche Eignung offensichtlich fehlt. [4] Einer Integrationsvereinbarung nach § 83 bedarf es nicht, wenn für die Dienststellen dem § 83 entsprechende Regelungen bereits bestehen und durchgeführt werden.

§ 83[2)] Integrationsvereinbarung. (1) [1] Die Arbeitgeber treffen mit der Schwerbehindertenvertretung und den in § 93 genannten Vertretungen in Zusammenarbeit mit dem Beauftragten des Arbeitgebers (§ 98) eine verbindliche Integrationsvereinbarung. [2] Auf Antrag der Schwerbehindertenvertretung wird unter Beteiligung der in § 93 genannten Vertretungen hierüber verhandelt. [3] Ist eine Schwerbehindertenvertretung nicht vorhanden, steht das Antragsrecht den in § 93 genannten Vertretungen zu. [4] Der Arbeitgeber oder die Schwerbehindertenvertretung können das Integrationsamt einladen, sich an den Verhandlungen über die Integrationsvereinbarung zu beteiligen. [5] Der Agentur für Arbeit und dem Integrationsamt, die für den Sitz des Arbeitgebers zuständig sind, wird die Vereinbarung übermittelt.

(2) [1] Die Vereinbarung enthält Regelungen im Zusammenhang mit der Eingliederung schwerbehinderter Menschen, insbesondere zur Personalplanung, Arbeitsplatzgestaltung, Gestaltung des Arbeitsumfelds, Arbeitsorganisation, Arbeitszeit sowie Regelungen über die Durchführung in den Betrieben und Dienststellen. [2] Bei der Personalplanung werden besondere Regelungen zur Beschäftigung eines angemessenen Anteils von schwerbehinderten Frauen vorgesehen.

(2 a) In der Vereinbarung können insbesondere auch Regelungen getroffen werden

1. zur angemessenen Berücksichtigung schwerbehinderter Menschen bei der Besetzung freier, frei werdender oder neuer Stellen,
2. zu einer anzustrebenden Beschäftigungsquote, einschließlich eines angemessenen Anteils schwerbehinderter Frauen,
3. zu Teilzeitarbeit,
4. zur Ausbildung behinderter Jugendlicher,
5. zur Durchführung der betrieblichen Prävention (betriebliches Eingliederungsmanagement) und zur Gesundheitsförderung,
6. über die Hinzuziehung des Werks- oder Betriebsarztes auch für Beratungen über Leistungen zur Teilhabe sowie über besondere Hilfen im Arbeitsleben.

(3) In den Versammlungen schwerbehinderter Menschen berichtet der Arbeitgeber über alle Angelegenheiten im Zusammenhang mit der Eingliederung schwerbehinderter Menschen.

§ 84[3)] Prävention. (1) Der Arbeitgeber schaltet bei Eintreten von personen-, verhaltens- oder betriebsbedingten Schwierigkeiten im Arbeits- oder sonstigen Beschäftigungsverhältnis, die zur

---

[1)] § 82 Sätze 1 und 2 geänd. mWv 1. 1. 2004 durch G v. 24. 12. 2003 (BGBl. I S. 2954, geänd. durch G v. 30. 7. 2004, BGBl. I S. 2014).

[2)] § 83 Abs. 1 Satz 5 geänd. mWv 1. 1. 2004 durch G v. 23. 12. 2003 (BGBl. I S. 2848); Abs. 2 a eingef. mWv 1. 5. 2004 durch G v. 23. 4. 2004 (BGBl. I S. 606).

[3)] § 84 Abs. 2 neu gef. und Abs. 4 angef. mWv 1. 5. 2004 durch G v. 23. 4. 2004 (BGBl. I S. 606); bish. Abs. 4 wird Abs. 3 mWv 30. 3. 2005 durch G v. 21. 3. 2005 (BGBl. I S. 818).

Gefährdung dieses Verhältnisses führen können, möglichst frühzeitig die Schwerbehindertenvertretung und die in § 93 genannten Vertretungen sowie das Integrationsamt ein, um mit ihnen alle Möglichkeiten und alle zur Verfügung stehenden Hilfen zur Beratung und mögliche finanzielle Leistungen zu erörtern, mit denen die Schwierigkeiten beseitigt werden können und das Arbeits- oder sonstige Beschäftigungsverhältnis möglichst dauerhaft fortgesetzt werden kann.

(2) [1] Sind Beschäftigte innerhalb eines Jahres länger als sechs Wochen ununterbrochen oder wiederholt arbeitsunfähig, klärt der Arbeitgeber mit der zuständigen Interessenvertretung im Sinne des § 93, bei schwerbehinderten Menschen außerdem mit der Schwerbehindertenvertretung, mit Zustimmung und Beteiligung der betroffenen Person die Möglichkeiten, wie die Arbeitsunfähigkeit möglichst überwunden werden und mit welchen Leistungen oder Hilfen erneuter Arbeitsunfähigkeit vorgebeugt und der Arbeitsplatz erhalten werden kann (betriebliches Eingliederungsmanagement). [2] Soweit erforderlich wird der Werks- oder Betriebsarzt hinzugezogen. [3] Die betroffene Person oder ihr gesetzlicher Vertreter ist zuvor auf die Ziele des betrieblichen Eingliederungsmanagements sowie auf Art und Umfang der hierfür erhobenen und verwendeten Daten hinzuweisen. [4] Kommen Leistungen zur Teilhabe oder begleitende Hilfen im Arbeitsleben in Betracht, werden vom Arbeitgeber die örtlichen gemeinsamen Servicestellen oder bei schwerbehinderten Beschäftigten das Integrationsamt hinzugezogen. [5] Diese wirken darauf hin, dass die erforderlichen Leistungen oder Hilfen unverzüglich beantragt und innerhalb der Frist des § 14 Abs. 2 Satz 2 erbracht werden. [6] Die zuständige Interessenvertretung im Sinne des § 93, bei schwerbehinderten Menschen außerdem die Schwerbehindertenvertretung, können die Klärung verlangen. [7] Sie wachen darüber, dass der Arbeitgeber die ihm nach dieser Vorschrift obliegenden Verpflichtungen erfüllt.

(3) Die Rehabilitationsträger und die Integrationsämter können Arbeitgeber, die ein betriebliches Eingliederungsmanagement einführen, durch Prämien oder einen Bonus fördern.

Kapitel 4. Kündigungsschutz

§ 85 Erfordernis der Zustimmung. Die Kündigung des Arbeitsverhältnisses eines schwerbehinderten Menschen durch den Arbeitgeber bedarf der vorherigen Zustimmung des Integrationsamtes.

§ 86 Kündigungsfrist. Die Kündigungsfrist beträgt mindestens vier Wochen.

§ 87[1)] Antragsverfahren. (1) [1] Die Zustimmung zur Kündigung beantragt der Arbeitgeber bei dem für den Sitz des Betriebes oder der Dienststelle zuständigen Integrationsamt schriftlich. [2] Der Begriff des Betriebes und der Begriff der Dienststelle im Sinne des Teils 2 bestimmen sich nach dem Betriebsverfassungsgesetz und dem Personalvertretungsrecht.

(2) Das Integrationsamt holt eine Stellungnahme des Betriebsrates oder Personalrates und der Schwerbehindertenvertretung ein und hört den schwerbehinderten Menschen an.

(3) Das Integrationsamt wirkt in jeder Lage des Verfahrens auf eine gütliche Einigung hin.

§ 88[2)] Entscheidung des Integrationsamtes. (1) Das Integrationsamt soll die Entscheidung, falls erforderlich auf Grund mündlicher Verhandlung, innerhalb eines Monats vom Tage des Eingangs des Antrages an treffen.

(2) [1] Die Entscheidung wird dem Arbeitgeber und dem schwerbehinderten Menschen zugestellt. [2] Der Bundesagentur für Arbeit wird eine Abschrift der Entscheidung übersandt.

(3) Erteilt das Integrationsamt die Zustimmung zur Kündigung, kann der Arbeitgeber die Kündigung nur innerhalb eines Monats nach Zustellung erklären.

(4) Widerspruch und Anfechtungsklage gegen die Zustimmung des Integrationsamtes zur Kündigung haben keine aufschiebende Wirkung.

(5) [1] In den Fällen des § 89 Abs. 1 Satz 1 und Abs. 3 gilt Absatz 1 mit der Maßgabe, dass die Entscheidung innerhalb eines Monats vom Tage des Eingangs des Antrages an zu treffen ist. [2] Wird innerhalb dieser Frist eine Entscheidung nicht getroffen, gilt die Zustimmung als erteilt. [3] Die Absätze 3 und 4 gelten entsprechend.

§ 89 Einschränkungen der Ermessensentscheidung. (1) [1] Das Integrationsamt erteilt die Zustimmung bei Kündigungen in Betrieben und Dienststellen, die nicht nur vorübergehend eingestellt oder aufgelöst werden, wenn zwischen dem Tage der Kündigung und dem Tage, bis

[1)] § 87 Abs. 2 geänd. mWv 1. 1. 2004 durch G v. 24. 12. 2003 (BGBl. I S. 2954, geänd. durch G v. 30. 7. 2004, BGBl. I S. 2014); Abs. 2 geänd. mWv 1. 5. 2004 durch G v. 23. 4. 2004 (BGBl. I S. 606).

[2)] § 88 Abs. 2 Satz 2 geänd. mWv 1. 1. 2004 durch G v. 24. 12. 2003 (BGBl. I S. 2954, geänd. durch G v. 30. 7. 2004, BGBl. I S. 2014); Abs. 5 angef. mWv 1. 5. 2004 durch G v. 23. 4. 2004 (BGBl. I S. 606).

zu dem Gehalt oder Lohn gezahlt wird, mindestens drei Monate liegen. [2] Unter der gleichen Voraussetzung soll es die Zustimmung auch bei Kündigungen in Betrieben und Dienststellen erteilen, die nicht nur vorübergehend wesentlich eingeschränkt werden, wenn die Gesamtzahl der weiterhin beschäftigten schwerbehinderten Menschen zur Erfüllung der Beschäftigungspflicht nach § 71 ausreicht. [3] Die Sätze 1 und 2 gelten nicht, wenn eine Weiterbeschäftigung auf einem anderen Arbeitsplatz desselben Betriebes oder derselben Dienststelle oder auf einem freien Arbeitsplatz in einem anderen Betrieb oder einer anderen Dienststelle desselben Arbeitgebers mit Einverständnis des schwerbehinderten Menschen möglich und für den Arbeitgeber zumutbar ist.

(2) Das Integrationsamt soll die Zustimmung erteilen, wenn dem schwerbehinderten Menschen ein anderer angemessener und zumutbarer Arbeitsplatz gesichert ist.

(3) Ist das Insolvenzverfahren über das Vermögen des Arbeitgebers eröffnet, soll das Integrationsamt die Zustimmung erteilen, wenn

1. der schwerbehinderte Mensch in einem Interessenausgleich namentlich als einer der zu entlassenden Arbeitnehmer bezeichnet ist (§ 125 der Insolvenzordnung),
2. die Schwerbehindertenvertretung beim Zustandekommen des Interessenausgleichs gemäß § 95 Abs. 2 beteiligt worden ist,
3. der Anteil der nach dem Interessenausgleich zu entlassenden schwerbehinderten Menschen an der Zahl der beschäftigten schwerbehinderten Menschen nicht größer ist als der Anteil der zu entlassenden übrigen Arbeitnehmer an der Zahl der beschäftigten übrigen Arbeitnehmer und
4. die Gesamtzahl der schwerbehinderten Menschen, die nach dem Interessenausgleich bei dem Arbeitgeber verbleiben sollen, zur Erfüllung der Beschäftigungspflicht nach § 71 ausreicht.

§ 90[1)] Ausnahmen. (1) Die Vorschriften dieses Kapitels gelten nicht für schwerbehinderte Menschen,

1. deren Arbeitsverhältnis zum Zeitpunkt des Zugangs der Kündigungserklärung ohne Unterbrechung noch nicht länger als sechs Monate besteht oder
2. die auf Stellen im Sinne des § 73 Abs. 2 Nr. 2 bis 5 beschäftigt werden oder
3. deren Arbeitsverhältnis durch Kündigung beendet wird, sofern sie
   a) das 58. Lebensjahr vollendet haben und Anspruch auf eine Abfindung, Entschädigung oder ähnliche Leistung auf Grund eines Sozialplanes haben oder
   b) Anspruch auf Knappschaftsausgleichsleistung nach dem Sechsten Buch oder auf Anpassungsgeld für entlassene Arbeitnehmer des Bergbaus haben,

   wenn der Arbeitgeber ihnen die Kündigungsabsicht rechtzeitig mitgeteilt hat und sie der beabsichtigten Kündigung bis zu deren Ausspruch nicht widersprechen.

(2) Die Vorschriften dieses Kapitels finden ferner bei Entlassungen, die aus Witterungsgründen vorgenommen werden, keine Anwendung, sofern die Wiedereinstellung der schwerbehinderten Menschen bei Wiederaufnahme der Arbeit gewährleistet ist.

(2 a) Die Vorschriften dieses Kapitels finden ferner keine Anwendung, wenn zum Zeitpunkt der Kündigung die Eigenschaft als schwerbehinderter Mensch nicht nachgewiesen ist oder das Versorgungsamt nach Ablauf der Frist des § 69 Abs. 1 Satz 2 eine Feststellung wegen fehlender Mitwirkung nicht treffen konnte.

(3) Der Arbeitgeber zeigt Einstellungen auf Probe und die Beendigung von Arbeitsverhältnissen schwerbehinderter Menschen in den Fällen des Absatzes 1 Nr. 1 unabhängig von der Anzeigepflicht nach anderen Gesetzen dem Integrationsamt innerhalb von vier Tagen an.

§ 91 Außerordentliche Kündigung. (1) Die Vorschriften dieses Kapitels gelten mit Ausnahme von § 86 auch bei außerordentlicher Kündigung, soweit sich aus den folgenden Bestimmungen nichts Abweichendes ergibt.

(2) [1] Die Zustimmung zur Kündigung kann nur innerhalb von zwei Wochen beantragt werden; maßgebend ist der Eingang des Antrages bei dem Integrationsamt. [2] Die Frist beginnt mit dem Zeitpunkt, in dem der Arbeitgeber von den für die Kündigung maßgebenden Tatsachen Kenntnis erlangt.

(3) [1] Das Integrationsamt trifft die Entscheidung innerhalb von zwei Wochen vom Tage des Eingangs des Antrages an. [2] Wird innerhalb dieser Frist eine Entscheidung nicht getroffen, gilt die Zustimmung als erteilt.

(4) Das Integrationsamt soll die Zustimmung erteilen, wenn die Kündigung aus einem Grunde erfolgt, der nicht im Zusammenhang mit der Behinderung steht.

[1)] § 90 Abs. 1 Nr. 2 geänd. mWv 1. 1. 2005, Abs. 2 a eingef. mWv 1. 5. 2004 durch G v. 23. 4. 2004 (BGBl. I S. 606).

(5) Die Kündigung kann auch nach Ablauf der Frist des § 626 Abs. 2 Satz 1 des Bürgerlichen Gesetzbuchs erfolgen, wenn sie unverzüglich nach Erteilung der Zustimmung erklärt wird.

(6) Schwerbehinderte Menschen, denen lediglich aus Anlass eines Streiks oder einer Aussperrung fristlos gekündigt worden ist, werden nach Beendigung des Streiks oder der Aussperrung wieder eingestellt.

§ 92 Erweiterter Beendigungsschutz. [1] Die Beendigung des Arbeitsverhältnisses eines schwerbehinderten Menschen bedarf auch dann der vorherigen Zustimmung des Integrationsamtes, wenn sie im Falle des Eintritts einer teilweisen Erwerbsminderung, der Erwerbsminderung auf Zeit, der Berufsunfähigkeit oder der Erwerbsunfähigkeit auf Zeit ohne Kündigung erfolgt. [2] Die Vorschriften dieses Kapitels über die Zustimmung zur ordentlichen Kündigung gelten entsprechend.

Kapitel 10. Sonstige Vorschriften

§ 122 Vorrang der schwerbehinderten Menschen. Verpflichtungen zur bevorzugten Einstellung und Beschäftigung bestimmter Personenkreise nach anderen Gesetzen entbinden den Arbeitgeber nicht von der Verpflichtung zur Beschäftigung schwerbehinderter Menschen nach den besonderen Regelungen für schwerbehinderte Menschen.

§ 123 Arbeitsentgelt und Dienstbezüge. (1) [1] Bei der Bemessung des Arbeitsentgelts und der Dienstbezüge aus einem bestehenden Beschäftigungsverhältnis werden Renten und vergleichbare Leistungen, die wegen der Behinderung bezogen werden, nicht berücksichtigt. [2] Die völlige oder teilweise Anrechnung dieser Leistungen auf das Arbeitsentgelt oder die Dienstbezüge ist unzulässig.

(2) Absatz 1 gilt nicht für Zeiträume, in denen die Beschäftigung tatsächlich nicht ausgeübt wird und die Vorschriften über die Zahlung der Rente oder der vergleichbaren Leistung eine Anrechnung oder ein Ruhen vorsehen, wenn Arbeitsentgelt oder Dienstbezüge gezahlt werden.

§ 124 Mehrarbeit. Schwerbehinderte Menschen werden auf ihr Verlangen von Mehrarbeit freigestellt.

§ 125[1)] Zusatzurlaub. (1) [1] Schwerbehinderte Menschen haben Anspruch auf einen bezahlten zusätzlichen Urlaub von fünf Arbeitstagen im Urlaubsjahr; verteilt sich die regelmäßige Arbeitszeit des schwerbehinderten Menschen auf mehr oder weniger als fünf Arbeitstage in der Kalenderwoche, erhöht oder vermindert sich der Zusatzurlaub entsprechend. [2] Soweit tarifliche, betriebliche oder sonstige Urlaubsregelungen für schwerbehinderte Menschen einen längeren Zusatzurlaub vorsehen, bleiben sie unberührt.

(2) [1] Besteht die Schwerbehinderteneigenschaft nicht während des gesamten Kalenderjahres, so hat der schwerbehinderte Mensch für jeden vollen Monat der im Beschäftigungsverhältnis vorliegenden Schwerbehinderteneigenschaft einen Anspruch auf ein Zwölftel des Zusatzurlaubs nach Absatz 1 Satz 1. [2] Bruchteile von Urlaubstagen, die mindestens einen halben Tag ergeben, sind auf volle Urlaubstage aufzurunden. [3] Der so ermittelte Zusatzurlaub ist dem Erholungsurlaub hinzuzurechnen und kann bei einem nicht im ganzen Kalenderjahr bestehenden Beschäftigungsverhältnis nicht erneut gemindert werden.

(3) Wird die Eigenschaft als schwerbehinderter Mensch nach § 69 Abs. 1 und 2 rückwirkend festgestellt, finden auch für die Übertragbarkeit des Zusatzurlaubs in das nächste Kalenderjahr die dem Beschäftigungsverhältnis zugrunde liegenden urlaubsrechtlichen Regelungen Anwendung.

Kapitel 12. Werkstätten für behinderte Menschen

§ 140 Anrechnung von Aufträgen auf die Ausgleichsabgabe. (1) [1] Arbeitgeber, die durch Aufträge an anerkannte Werkstätten für behinderte Menschen zur Beschäftigung behinderter Menschen beitragen, können 50 vom Hundert des auf die Arbeitsleistung der Werkstatt entfallenden Rechnungsbetrages solcher Aufträge (Gesamtrechnungsbetrag abzüglich Materialkosten) auf die Ausgleichsabgabe anrechnen. [2] Dabei wird die Arbeitsleistung des Fachpersonals zur Arbeits- und Berufsförderung berücksichtigt, nicht hingegen die Arbeitsleistung sonstiger nichtbehinderter Arbeitnehmerinnen und Arbeitnehmer. [3] Bei Weiterveräußerung von Erzeugnissen anderer anerkannter Werkstätten für behinderte Menschen wird die von diesen erbrachte

1) § 125 bish. Wortlaut wird Abs. 1, Abs. 2 und 3 angef. mWv 1. 5. 2004 durch G v. 23. 4. 2004 (BGBl. I S. 606).

Arbeitsleistung berücksichtigt. [4] Die Werkstätten bestätigen das Vorliegen der Anrechnungsvoraussetzungen in der Rechnung.

(2) Voraussetzung für die Anrechnung ist, dass

1. die Aufträge innerhalb des Jahres, in dem die Verpflichtung zur Zahlung der Ausgleichsabgabe entsteht, von der Werkstatt für behinderte Menschen ausgeführt und vom Auftraggeber bis spätestens 31. März des Folgejahres vergütet werden und
2. es sich nicht um Aufträge handelt, die Träger einer Gesamteinrichtung an Werkstätten für behinderte Menschen vergeben, die rechtlich unselbständige Teile dieser Einrichtung sind.

(3) Bei der Vergabe von Aufträgen an Zusammenschlüsse anerkannter Werkstätten für behinderte Menschen gilt Absatz 2 entsprechend.

Kapitel 14. Straf-, Bußgeld- und Schlussvorschriften

§ 155 Strafvorschriften. (1) Wer unbefugt ein fremdes Geheimnis, namentlich ein zum persönlichen Lebensbereich gehörendes Geheimnis oder ein Betriebs- oder Geschäftsgeheimnis, offenbart, das ihm als Vertrauensperson schwerbehinderter Menschen anvertraut worden oder sonst bekannt geworden ist, wird mit Freiheitsstrafe bis zu einem Jahr oder mit Geldstrafe bestraft.

(2) [1] Handelt der Täter gegen Entgelt oder in der Absicht, sich oder einen anderen zu bereichern oder einen anderen zu schädigen, so ist die Strafe Freiheitsstrafe bis zu zwei Jahren oder Geldstrafe. [2] Ebenso wird bestraft, wer unbefugt ein fremdes Geheimnis, namentlich ein Betriebs- oder Geschäftsgeheimnis, zu dessen Geheimhaltung er nach Absatz 1 verpflichtet ist, verwertet.

(3) Die Tat wird nur auf Antrag verfolgt.

§ 156[1)] Bußgeldvorschriften. (1) Ordnungswidrig handelt, wer vorsätzlich oder fahrlässig

1. entgegen § 71 Abs. 1 Satz 1, auch in Verbindung mit einer Rechtsverordnung nach § 79 Nr. 1, oder § 71 Abs. 1 Satz 3 schwerbehinderte Menschen nicht beschäftigt,
2. entgegen § 80 Abs. 1 ein Verzeichnis nicht, nicht richtig, nicht vollständig oder nicht in der vorgeschriebenen Weise führt oder nicht oder nicht rechtzeitig vorlegt,
3. entgegen § 80 Abs. 2 Satz 1 oder Abs. 4 eine Anzeige nicht, nicht richtig, nicht vollständig, nicht in der vorgeschriebenen Weise oder nicht rechtzeitig erstattet,
4. entgegen § 80 Abs. 5 eine Auskunft nicht, nicht richtig, nicht vollständig oder nicht rechtzeitig erteilt,
5. entgegen § 80 Abs. 7 Einblick in den Betrieb oder die Dienststelle nicht oder nicht rechtzeitig gibt,
6. entgegen § 80 Abs. 8 eine dort bezeichnete Person nicht oder nicht rechtzeitig benennt,
7. entgegen § 81 Abs. 1 Satz 4 oder 9 eine dort bezeichnete Vertretung oder einen Beteiligten nicht, nicht richtig, nicht vollständig oder nicht rechtzeitig unterrichtet,
8. entgegen § 81 Abs. 1 Satz 7 eine Entscheidung nicht erörtert, oder
9. entgegen § 95 Abs. 2 Satz 1 die Schwerbehindertenvertretung nicht, nicht richtig, nicht vollständig oder nicht rechtzeitig unterrichtet oder nicht oder nicht rechtzeitig hört.

(2) Die Ordnungswidrigkeit kann mit einer Geldbuße bis zu 10 000 Euro geahndet werden.

(3) Verwaltungsbehörde im Sinne des § 36 Abs. 1 Nr. 1 des Gesetzes über Ordnungswidrigkeiten ist die Bundesagentur für Arbeit.

(4) § 66 des Zehnten Buches gilt entsprechend.

(5) [1] Die Geldbuße ist an das Integrationsamt abzuführen. [2] Für ihre Verwendung gilt § 77 Abs. 5.

[1)] § 156 Abs. 2 geänd. mWv 1. 1. 2002 durch G v. 19. 6. 2001 (BGBl. I S. 1046); Abs. 1 Nr. 1 geänd. mWv 1. 1. 2003 durch G v. 3. 4. 2003 (BGBl. I S. 462); Abs. 3 geänd. mWv 1. 1. 2004 durch G v. 24. 12. 2003 (BGBl. I S. 2954, geänd. durch G v. 30. 7. 2004, BGBl. I S. 2014); Abs. 1 Nr. 1 neu gef., Abs. 2 geänd. mWv 1. 5. 2004 durch G v. 23. 4. 2004 (BGBl. I S. 606).

830. Beurteilung der Beamten und Richter (materielle Beurteilungsrichtlinien) VV-BeamtR

VwV d. StMF v. 13. 7. 2009 – 21-P 1003/1-023-19 952/09
(StAnz S. 1)
(FMBl 2009 S. 190)
Datenbank BAYERN-RECHT 2030-F

– Auszug –

Abschnitt 3. Dienstliche Beurteilung – materielle Beurteilungsrichtlinien

1. Anwendungsbereich

1.1 [1] Die folgenden Verwaltungsvorschriften gelten für die dienstliche Beurteilung von Beamtinnen und Beamten sowie von Richterinnen und Richtern (§ 1 Abs. 1 LbV). [2] Bei der Beurteilung von Richterinnen und Richtern sowie Staatsanwältinnen und Staatsanwälten ist deren besondere rechtliche Stellung zu berücksichtigen. [3] Diesen Erfordernissen trägt eine nach Nr. 11.2 zu erlassende Regelung Rechnung.

1.2 Die Verwaltungsvorschriften finden keine Anwendung

- bei Beamtinnen auf Zeit und Beamten auf Zeit im Sinn des Art. 45 BayBG bezüglich der Feststellung, ob auf Grund der bisherigen Amtsführung zu erwarten ist, dass sie den Anforderungen des Amtes weiterhin in vollem Umfang gerecht werden, sowie
- bei Beamtinnen auf Probe und Beamten auf Probe im Sinn des Art. 46 BayBG bezüglich der Feststellung, ob sie den Anforderungen des höherwertigen Amtes tatsächlich gewachsen sind.

2. Ziel der dienstlichen Beurteilung

2.1 [1] Nach Art. 33 Abs. 2 GG, Art. 94 Abs. 2 BV richtet sich der Zugang zu öffentlichen Ämtern sowie deren Übertragung nach Eignung, Befähigung und fachlicher Leistung. [2] Diese Kriterien müssen beurteilt werden.

2.2 Dienstliche Beurteilungen erfüllen im Wesentlichen folgende Zwecke:

2.2.1 [1] Zum einen sind sie ein unentbehrliches Personalbewirtschaftungsinstrument. [2] Sie ermöglichen dem Dienstherrn, sich regelmäßig einen Überblick über das Leistungspotential seiner Bediensteten zu verschaffen, und werden dadurch zur wesentlichsten Grundlage der Auswahlentscheidungen über die dienstliche Verwendung und das berufliche Fortkommen der Beamtinnen und Beamten unter Verwirklichung des im Grundgesetz und in der Bayerischen Verfassung niedergelegten Leistungsgrundsatzes.

2.2.2 [1] Zum anderen ist Zweck der dienstlichen Beurteilung, die Bediensteten zu einer bestmöglichen Entfaltung ihrer Kräfte im beruflichen Bereich anzuspornen. [2] Dienstliche Beurteilungen dienen somit als Personalführungsinstrument, das der oder dem einzelnen Bediensteten regelmäßig vor Augen führt, welches Leistungs-, Befähigungs- und Eignungsbild die Vorgesetzten innerhalb des Beurteilungszeitraums von ihr oder ihm gewonnen haben.

2.3 [1] Dienstliche Beurteilungen erfüllen ihren Zweck nur dann, wenn sie nach objektiven Gesichtspunkten erstellt werden. [2] Die Würdigung der Leistung, Eignung und Befähigung muss nach den Geboten der Gleichmäßigkeit, Gerechtigkeit und Sachlichkeit erfolgen. [3] Dies erfordert insbesondere Unabhängigkeit von Sympathie oder Antipathie. [4] Die Erstellung dienstlicher Beurteilungen erfordert daher von den Vorgesetzten ein hohes Maß an Verantwortungsbewusstsein, Einfühlungsvermögen, Unvoreingenommenheit und Gewissenhaftigkeit.

[1] Im Interesse einer gleichmäßigen und gerechten Bewertung aller Beamtinnen und Beamten ist von übertrieben großzügigen oder übertrieben strengen Beurteilungen abzusehen. [2] Nicht objektive oder gar unzutreffende Beurteilungen stiften mehrfach Schaden. [3] Sie benachteiligen mittelbar auch die ordnungsgemäß beurteilten Beamtinnen und Beamten. [4] Außerdem untergraben sie das Vertrauen sowohl der Beamtinnen und Beamten als auch der höheren Dienstvorgesetzten in die Urteilsfähigkeit und Qualifikation der oder des Führungsverantwortlichen. [5] Dass den Beamtinnen und Beamten die dienstliche Beurteilung zu eröffnen ist (Art. 44 Satz 2 BayBG, § 64 Abs. 1

Satz 1 LbV), darf die Beurteilenden nicht dazu verleiten, einen milderen Maßstab anzulegen.

2.4 [1] Die Beurteilungen können ihrer Funktion nur gerecht werden, wenn sie ein möglichst zutreffendes, umfassendes und ausgewogenes Bild von den Leistungen und Fähigkeiten der Beamtinnen und Beamten geben. [2] Dementsprechend müssen in den Beurteilungen sowohl Stärken als auch festgestellte Schwächen zum Ausdruck kommen, soweit diese für die dienstliche Verwendbarkeit von Bedeutung sind oder sein können. [3] Dabei ist zu vermeiden, dass den Beamtinnen und Beamten erstmals in der Beurteilung Mängel vorgehalten werden. [4] Besondere Bedeutung hat daher die Verpflichtung der Vorgesetzten, die ihnen nachgeordneten Beamtinnen und Beamten auch zwischen den Beurteilungen auf Mängel in ihren Leistungen oder ihrem Verhalten hinzuweisen und ihnen dadurch Gelegenheit zur Beseitigung der Mängel zu geben.

2.5 [1] Beurteilen heißt Beobachtetes unter bestimmten Gesichtspunkten bewerten. [2] Nur auf Grund mehrfacher Beobachtungen kann ein fundiertes Urteil über eine Mitarbeiterin oder einen Mitarbeiter abgegeben werden. [3] Einzelbeobachtungen können zu Zufallsergebnissen führen. [4] Es gehört daher mit zu den ständigen Aufgaben der Vorgesetzten, die Leistungen ihrer Mitarbeiterinnen und Mitarbeiter zu überprüfen und deren Arbeitsweise und Verhalten gegenüber Vorgesetzten, Kolleginnen und Kollegen, Mitarbeiterinnen und Mitarbeitern sowie dem Publikum und anderen Behörden zu beobachten.

[1] In diesem Zusammenhang gehört es – losgelöst vom Verfahren der dienstlichen Beurteilung – auch zu den ständigen Aufgaben der Vorgesetzten, mit ihren Mitarbeiterinnen und Mitarbeitern Arbeitsziele sowie Probleme der Zusammenarbeit und der Leistung zu erörtern. [2] Dies kann sowohl in regelmäßigen Gesprächen mit den Beamtinnen und Beamten als auch aus konkretem, aktuellem Anlass heraus erfolgen. [3] Ziel dieser Gespräche ist, Leistung, Eignung und Befähigung der Mitarbeiterin oder des Mitarbeiters zu fördern. [4] Dabei soll einerseits auf Stärken, gute Leistungsmerkmale und positives Verhalten hingewiesen werden, um die Mitarbeiterin oder den Mitarbeiter nachhaltig zur Verbesserung oder Beibehaltung guter Leistungen zu motivieren. [5] Andererseits gilt es, sie oder ihn auf verbesserungsbedürftige Punkte aufmerksam zu machen und aufzuzeigen, wie etwa noch vorhandene Mängel behoben und Leistungen verbessert werden können.

3. Beurteilungsmaßstab und Bewertung

3.1 [1] Die dienstliche Beurteilung soll die Leistung der Beamtin oder des Beamten in Bezug auf ihre oder seine Funktion und im Vergleich zu anderen Beamtinnen oder Beamten derselben Besoldungsgruppe ihrer oder seiner Laufbahn objektiv darstellen (§ 61 Abs. 2 LbV). [2] Nach einer Beförderung ist daher Vergleichsmaßstab für die Beurteilung das von einer Beamtin oder einem Beamten der neuen Besoldungsgruppe zu fordernde Leistungsniveau.

3.2 Bewertung

3.2.1 [1] Die Bewertung erfolgt nach einem Punktesystem mit einer Punkteskala von 1 bis 16 Punkten. [2] Es besteht keine Zuordnung der einzelnen Punkte zu bestimmten verbalen Prädikatsstufen. [3] Die 16-stufige Punkteskala bietet eine große Differenzierungsmöglichkeit bei der Beurteilung und den darauf beruhenden Personalentscheidungen. [4] Es ist Aufgabe aller Beurteilenden, dafür Sorge zu tragen, dass der Bewertungsrahmen im Rahmen der gezeigten Leistungen weitestgehend ausgeschöpft wird. [5] Je differenzierter das Leistungsgefüge des Personalkörpers in der dienstlichen Beurteilung zum Ausdruck kommt, umso größere Bedeutung kann der Beurteilung im Rahmen von Beförderungen und anderen Personalentscheidungen zukommen.

3.2.2 [1] Eine Punktebewertung erfolgt beim Gesamturteil sowie bei den einzelnen Leistungs-, Eignungs- und Befähigungsmerkmalen. [2] Die Einzelblöcke „fachliche Leistung" und „Eignung und Befähigung" sind nicht gesondert zu bewerten. [3] Die Vergabe eines Punktewertes ist in den Anlagen durch „( )" angedeutet.

3.2.3 [1] Als Bewertungsmaßstab für die Vergabe der Punktewerte gilt Folgendes:

1 **2**	1 oder 2 Punkte sind zu vergeben, wenn das einzelne Merkmal nur mit erheblichen Mängeln und damit nur unzureichend erfüllt wird.
3 **4** **5** **6**	3 bis 6 Punkte sind zu vergeben, wenn die Anforderungen des einzelnen Mermals teilweise oder im Wesentlichen durchschnittlich erfüllt werden.

7 **8** **9** **10**	7 bis 10 Punkte sind zu vergeben, wenn die Erfüllung des einzelnen Merkmals in jeder Hinsicht den Anforderungen genügt oder diese übersteigt.
11 **12** **13** **14**	11 bis 14 Punkte sind zu vergeben, wenn das einzelne Merkmal erheblich über den Anforderungen liegend oder besonders gut erfüllt wird.
15 **16**	15 oder 16 Punkte sind zu vergeben, wenn das einzelne Merkmal in jeder Hinsicht in besonders herausragender Weise erfüllt wird.

[2] Die verbalen Beschreibungen dieser fünf Punktegruppen gelten als Orientierungshilfe für die Bildung des Gesamturteils entsprechend.

4. Beurteilung von teilzeitbeschäftigten und beurlaubten Beamtinnen und Beamten

[1] Teilzeitbeschäftigung oder Beurlaubung dürfen sich nicht nachteilig auf die Beurteilung auswirken (Art. 14 Abs. 1 Satz 2, Abs. 2 des Bayerischen Gesetzes zur Gleichstellung von Frauen und Männern, Bayerisches Gleichstellungsgesetz – BayGlG, vom 24. Mai 1996, GVBl S. 186, BayRS 2039-1-A, zuletzt geändert durch Gesetz vom 23. Mai 2006, GVBl S. 292). [2] Dies gilt auch für die Tätigkeit als Mitglied des Personalrats oder der Schwerbehindertenvertretung sowie als Gleichstellungsbeauftragte oder Gleichstellungsbeauftrager (im Sinn des Art. 15 Abs. 1 und 2 BayGlG). [3] Insbesondere ist bei einer Teilzeitbeschäftigung oder Freistellung die geleistete Arbeitsmenge im Verhältnis zur anteiligen Arbeitszeit zu bewerten.

5. Beurteilung schwerbehinderter Beamtinnen und Beamter

[1] Bei der Beurteilung der Leistung schwerbehinderter Beamtinnen und Beamter ist eine etwaige Minderung der Arbeitsmenge oder der Verwendungsfähigkeit durch die Behinderung zu berücksichtigen (§ 13 Abs. 2 LbV in Verbindung mit Abschnitt IX Nr. 2 der Bekanntmachung des Bayerischen Staatsministeriums der Finanzen vom 3. Dezember 2005 über die Rehabilitation und Teilhabe behinderter Angehöriger des öffentlichen Dienstes in Bayern – „Fürsorgerichtlinien" 2005 –, StAnz Nr. 50). [2] Schwerbehinderte Beamtinnen und Beamte dürfen auf Grund einer anerkannten Behinderung bei der Beurteilung nicht benachteiligt werden. [3] Hat die Behinderung eine Minderung der Arbeitsmenge oder der Verwendungsfähigkeit zur Folge, so ist in die Beurteilung ein Hinweis aufzunehmen, dass die Minderung der Arbeitsmenge oder der Verwendungsfähigkeit infolge der Behinderung berücksichtigt wurde. [4] Haben sich die Leistungen in einem Beurteilungszeitraum gegenüber einer früheren Beurteilung wesentlich verschlechtert, so ist in der Beurteilung zu vermerken, ob und inwieweit die nachlassende Arbeits- und Verwendungsfähigkeit ggf. auf die Behinderung zurückzuführen ist.

[1] Im Kopf des Beurteilungsbogens ist neben Namen, Dienstbezeichnung etc. und der Tätigkeitsbeschreibung auch eine Aussage zur evtl. Schwerbehinderung (unter Angabe des Grades der Behinderung) zu treffen. [2] Die obersten Dienstbehörden stellen jeweils für ihren Geschäftsbereich nach Abschnitt IX Nr. 5 der „Fürsorgerichtlinien" 2005 den Vollzug des § 95 Abs. 2 des Sozialgesetzbuches – Neuntes Buch (SGB IX) vom 19. Juni 2001 (BGBl I S. 1046), zuletzt geändert durch Art. 5 des Gesetzes vom 22. Dezember 2008 (BGBl I S. 2959) sicher.

6. Inhalt der dienstlichen Beurteilung

[1] Der Inhalt jeder dienstlichen Beurteilung im Sinn des § 57 Abs. 1 LbV (periodische Beurteilung, Anlassbeurteilung, Probezeitbeurteilung und Zwischenbeurteilung) richtet sich nach den Vorschriften des § 61 LbV. [2] Im Einzelnen wird hierzu Folgendes bestimmt:

6.1 Beschreibung des Tätigkeitsgebiets

[1] Grundlage der Beurteilung ist das Tätigkeitsgebiet der zu beurteilenden Beamtinnen und Beamten. [2] Insbesondere die Leistung der Beamtinnen und Beamten kann nur dann richtig eingeschätzt und gewürdigt werden, wenn Art und Schwierigkeit ihres Aufgabengebiets bekannt sind. [3] Daher ist jeder Beurteilung eine kurze, stichwortartige Beschreibung der im Beurteilungszeitraum ausgeübten Tätigkeiten voranzustellen (§ 61 Abs. 1 LbV). [4] Dabei sollen die den Aufgabenbereich im Beurteilungszeitraum prägenden Aufgaben sowie übertragene Sonderaufgaben von besonderem Gewicht aufgeführt werden. [5] Geschäftsverteilungspläne können zugrunde gelegt werden.

6.2 **Periodische Beurteilung der Beamtinnen und Beamten des gehobenen und höheren Dienstes**

[1] Bei den Beamtinnen und Beamten des gehobenen und höheren Dienstes ist eine eingehende periodische Beurteilung zu erstellen. [2] Hierbei können die Formblätter nach dem Muster der Anlage 3 verwendet werden. [3] Folgende Beurteilungsmerkmale sind zu würdigen:

6.2.1 **Beurteilung der fachlichen Leistung:**

6.2.1.1 **Arbeitserfolg**

Für folgende Einzelmerkmale ist jeweils ein Punktewert zu vergeben:

- Arbeitsmenge
- Arbeitsgüte
  (Sorgfalt und Gründlichkeit, Beachten von inhaltlichen und formalen Vorgaben und sonstige, im Geschäftsbereich einer obersten Dienstbehörde allgemein oder für bestimmte Fachbereiche ggf. festgelegte wesentliche Kriterien der Arbeitsgüte)

6.2.1.2 **Arbeitsweise**

Für folgende Einzelmerkmale ist jeweils ein Punktewert zu vergeben:

- Eigeninitiative, Selbständigkeit
  (Handeln ohne Anstoß und Leitung)
- Planungsvermögen
  (zielgerichtetes Ausrichten von Arbeitsabläufen)
- Organisationsfähigkeit
  (Selbstorganisation; Setzen von Prioritäten)
- Arbeitstempo
- Teamverhalten
  (es ist zu messen anhand der Zusammenarbeit mit Vorgesetzten, der Zusammenarbeit mit Kolleginnen und Kollegen, der Art und Fähigkeit der Konfliktbewältigung sowie des Informations- und Kommunikationsverhaltens)
- Verhalten nach außen
  (es ist zu bewerten anhand des Umgangs mit den Bürgerinnen und Bürgern, nachgeordneten Behörden, anderen Dienststellen und Institutionen sowie eines dienstleistungsorientierten Verhaltens)
- wirtschaftliches Verhalten, Kostenbewusstsein
  (es ist zu messen anhand der Inanspruchnahme von Personalkapazitäten und Sachmitteln)
- ggf. weitere Einzelmerkmale nach Festlegung durch die obersten Dienstbehörden allgemein für ihren Geschäftsbereich oder für bestimmte Fachbereiche.

6.2.1.3 **Führungsverhalten**

Für Beamtinnen und Beamte, die bereits Vorgesetzte sind, ist für folgende Einzelmerkmale jeweils ein Punktewert zu vergeben:

- Organisation
- Anleitung und Aufsicht
  (hierbei sind fachliche Anleitung, Führen durch Zielvereinbarungen, kooperativer Führungsstil sowie Delegation zu berücksichtigen)
- Motivation und Förderung der Mitarbeiterinnen und Mitarbeiter
  (dabei sind Förderung der Selbständigkeit und Eigenverantwortung sowie Förderung der beruflichen Fortentwicklung zu berücksichtigen)
- ggf. weitere Einzelmerkmale nach Festlegung durch die obersten Dienstbehörden allgemein für ihren Geschäftsbereich oder für bestimmte Fachbereiche.

6.2.2 **Beurteilung der Eignung und Befähigung**

6.2.2.1 **Eignung**

Für folgende Einzelmerkmale ist jeweils ein Punktewert zu vergeben:

- Auffassungsgabe
- geistige Beweglichkeit
  (Kreativität, Aufgeschlossenheit für neue Aufgaben)
- Urteilsvermögen
- Entschlusskraft, Entscheidungsfreude, Verantwortungsbereitschaft

- Einsatzbereitschaft
  (Bereitschaft zur Übernahme zusätzlicher Aufgaben, Engagement)
- Belastbarkeit
  (physische Belastbarkeit, psychische Belastbarkeit, Gesundheitszustand)
- Führungspotential
- ggf. weitere Einzelmerkmale nach Festlegung durch die obersten Dienstbehörden allgemein für ihren Geschäftsbereich oder für bestimmte Fachbereiche.

6.2.2.2 Befähigung

[1] Für folgende Einzelmerkmale ist jeweils ein Punktewert zu vergeben:
- Fachkenntnisse
- mündliche Ausdrucksfähigkeit
- schriftliche Ausdrucksfähigkeit
- Verhandlungsgeschick
- Fortbildungsstreben
- sonstiges fachliches Können
  (z.B. pädagogische Befähigung, Fremdsprachenkenntnisse, EDV-Kenntnisse, andere Spezialkenntnisse)
- ggf. weitere Einzelmerkmale nach Festlegung durch die obersten Dienstbehörden allgemein für ihren Geschäftsbereich oder für bestimmte Fachbereiche.

[2] Beim Einzelmerkmal „sonstiges fachliches Können" kann auf die Vergabe eines Punktewertes verzichtet werden. [3] Pädagogische Befähigung, Fremdsprachen-, EDV- oder andere Spezialkenntnisse sollen jedoch ausdrücklich vermerkt werden.

6.2.3 [1] Beurteilungsrelevante Einzelmerkmale wie Teamverhalten, Führungsverhalten, Organisationsfähigkeit, Eigeninitiative und Verantwortungsbereitschaft tragen den Anforderungen des Art. 8 Abs. 2 BayGlG Rechnung. [2] Sie stellen sog. Schlüsselkompetenzen dar, die auch außerhalb der dienstlichen Tätigkeit ihre Ausprägung finden. [3] Mit der Aufnahme in die Beurteilungsbögen werden diese Einzelkriterien Teilaspekte bei der Anwendung des Leistungsgrundsatzes und erlangen ausdrückliche Relevanz für die dienstliche Beurteilung. [4] Wenn und soweit diese Eigenschaften, die auch bei Betreuungs- und Pflegetätigkeiten von Kindern, Kranken oder alten Menschen sowie bei der Ausübung eines Ehrenamtes erworben bzw. vertieft werden können, sich erkennbar im dienstlichen Verhalten äußern, finden sie ihren Niederschlag in einer entsprechenden Bewertung der einzelnen Beurteilungskriterien.

6.2.4 [1] Die Aufzählung der Einzelmerkmale innerhalb der beiden Blöcke „fachliche Leistung" und „Eignung und Befähigung" ist nicht abschließend. [2] Sie soll lediglich einen einheitlichen Mindeststandard sicherstellen. [3] Um auch den spezifischen Anforderungen einzelner Laufbahnen und Laufbahngruppen Rechnung zu tragen, können die obersten Dienstbehörden – abhängig von den besonderen Anforderungen spezieller Tätigkeitsbereiche – diese Einzelmerkmale bei gleichem Bedeutungsgehalt sprachlich anders fassen oder um zusätzliche eigene Einzelmerkmale ergänzen.

6.2.5 [1] Bei den Einzelmerkmalen ist Raum gelassen für verbale Hinweise oder Erläuterungen, insbesondere zu signifikanten Stärken und Schwächen in Bezug auf das jeweilige Einzelmerkmal, die für die Vergabe des Punktewerts maßgeblich waren. [2] Nicht jedoch ist damit der Punktewert lediglich verbal zu umschreiben.

[1] Verbale Ergänzungen bzw. Erläuterungen zu den einzelnen Einzelmerkmalen sind für die Beurteilenden grundsätzlich fakultativ. [2] Verbale Erläuterungen sind für die Fälle des § 62 Abs. 1 Satz 4 LbV zwingend vorgeschrieben.

[1] Zu den Einzelmerkmalen, die sich aus mehreren Komponenten zusammensetzen, gehören das Merkmal „Teamverhalten" (vgl. unter Nr. 6.2.1.2) und das Merkmal „Anleitung und Aufsicht" (vgl. unter Nr. 6.2.1.3). [2] Die obersten Dienstbehörden können, allgemein für ihren Geschäftsbereich oder für bestimmte Fachbereiche die verbalen Erläuterungen in diesem Fall durch weitere zu bepunktende Untergliederungen ersetzen, wenn sich dadurch ein ebenso differenziertes Bild ergibt. [3] Ebenso ist das Merkmal „sonstiges fachliches Können" – falls es im Einzelfall bepunktet werden sollte (vgl. Nr. 6.2.2.2) – zu erläutern, da der Punktewert hier aus sich heraus nicht verständlich ist.

[1] Ferner sind verbale Hinweise oder Erläuterungen vorzunehmen, wenn sich die Beurteilung gegenüber der letzten dienstlichen Beurteilung wesentlich verschlechtert hat. [2] Darunter ist nicht die Verschlechterung um einzelne Punktewerte, sondern vielmehr um mindestens eine Punktegruppe zu verstehen. [3] Eine wesentliche Änderung liegt dabei nicht vor, wenn sich die Verschlechterung durch Anlegung eines anderen Bewer-

tungsmaßstabs, etwa nach einer Beförderung, ergibt. [4] Eine Begründung ist auch notwendig, wenn sich die Bewertung auf bestimmte prägende einzelne Vorkommnisse gründet.
Die obersten Dienstbehörden können des Weiteren über diese Bestimmung hinaus weitere verbale Erläuterungen umfassend oder nur für einzelne Einzelmerkmale verbindlich festlegen.
Die Beurteilenden haben in diesen Fällen das jeweilige Merkmal mit eigenen Worten unter Ausschöpfung der im Sprachschatz gebotenen Ausdrucksmöglichkeiten näher zu erläutern, so dass die individuelle Ausprägung der einzelnen Elemente des Merkmals bei der oder dem zu Beurteilenden treffend und differenzierend gekennzeichnet wird.

6.2.6 Ergänzende Bemerkungen

Die ergänzenden Bemerkungen erfahren keine Punktebewertung, sondern erfolgen in rein verbaler Form.
[1] Macht erst die Gewichtung bestimmter Einzelmerkmale die Vergabe eines bestimmten Punktewerts im Gesamturteil plausibel und ist diese nicht schon in anderer Weise transparent gemacht, so ist hier diese Gewichtung darzustellen und zu begründen. [2] Die für die Aufgabenerfüllung besonders wichtigen Leistungsmerkmale sollen gekennzeichnet werden. [3] Soweit für den Arbeitsplatz wichtige Leistungsmerkmale nicht vorgeschrieben sind, können diese hinzugesetzt und bewertet werden. [4] Beruht die Charakterisierung bei einem Beurteilungsmerkmal im Wesentlichen auf einem bestimmten Vorkommnis, so soll dieses Ereignis angegeben werden.
[1] Außerdem kann hier das durch die Bewertung der einzelnen Beurteilungsmerkmale von den Beamtinnen und Beamten gezeichnete Bild durch ergänzende Bemerkungen abgerundet werden, insbesondere zu ihren hervorstechenden Charakterzügen und zur Einschätzung ihrer Persönlichkeit, die in den beiden Blöcken „fachliche Leistung" und „Eignung/Befähigung" noch nicht ausreichenden Niederschlag gefunden haben, aber in die Gesamturteilsbildung einbezogen werden sollen. [2] Hierzu zählt auch der Fall, dass schwerbehinderte Beamtinnen oder schwerbehinderte Beamte trotz der mit ihrer Behinderung verbundenen Erschwernis gute oder gar herausragende Leistungen erbringen.
[1] Soweit es zur Abrundung des Gesamtbildes erforderlich erscheint, können auch – soweit dies der oder dem Beurteilenden bekannt ist – die Teilnahme an Lehrgängen (insbesondere an Fortbildungslehrgängen), der Erwerb von Leistungszeugnissen, die Leitung einer Arbeitsgemeinschaft, eine Dozenten-, Prüfer- oder Ausbildungstätigkeit vermerkt werden. [2] Soweit die oder der zu Beurteilende nicht widerspricht, können auch die Tätigkeit als Mitglied eines Personalrats, einer Schwerbehindertenvertretung oder als soziale Ansprechpartnerin oder sozialer Ansprechpartner angegeben werden.
Disziplinarmaßnahmen (Art. 6 BayDG) oder missbilligende Äußerungen einer oder eines Dienstvorgesetzten (Art. 7 Abs. 1 Satz 2 BayDG) sowie Hinweise auf Strafen oder Geldbußen, die im Strafverfahren oder Bußgeldverfahren verhängt wurden, sind nicht in der Beurteilung zu vermerken.
[1] Soweit Veranlassung besteht, sollte hier auch angegeben werden, ob Umstände vorliegen, welche die Beurteilung erschwert haben und den Wert der Beurteilung einschränken können (z.B. längere Krankheiten, schlechter Gesundheitszustand der oder des zu Beurteilenden, häufige Versetzung oder häufiger Wechsel des Arbeitsplatzes im Beurteilungszeitraum). [2] Große Aufmerksamkeit sollte dem Leistungsverlauf gewidmet werden. [3] Auf einen Abfall oder eine Steigerung der Leistungen in der Berichtszeit und deren Ursachen ist besonders einzugehen. [4] Hat die oder der Beurteilte während der Berichtszeit in unterschiedlichen Funktionen ein nicht gleichwertiges Leistungsniveau gezeigt, so ist dies ggf. zum Ausdruck zu bringen.

6.3 Periodische Beurteilung der Beamtinnen und Beamten des mittleren Dienstes

[1] Beamtinnen und Beamte des mittleren Dienstes sind im Regelfall nicht in derselben ausführlichen Weise zu beurteilen wie die Beamtinnen und Beamten des gehobenen und höheren Dienstes. [2] Vor allem können die einzelnen Beurteilungsmerkmale wie folgt verringert werden:
[1] Für eine Beurteilung der Arbeitsweise genügt es, wenn lediglich die Eigeninitiative und Selbständigkeit, die Organisationsfähigkeit, das Arbeitstempo, das Teamverhalten und das Verhalten nach außen bewertet werden. [2] Die Beurteilung der Eignung braucht sich nur auf die Auffassungsgabe, die geistige Beweglichkeit, die Entschlusskraft, die Entscheidungsfreude, die Verantwortungsbereitschaft, die Einsatzbereitschaft und die Belastbarkeit zu erstrecken. [3] Bei der Beurteilung der Befähigung ist es in der Regel nicht notwendig, auf das Verhandlungsgeschick einzugehen. [4] Soweit es jedoch die Besonderheiten einer Laufbahn oder eines Dienstpostens erfordern, sind auch diese

Merkmale oder das Führungsverhalten (Verhalten als Vorgesetzte oder als Vorgesetzter) anzusprechen.

[1] Im Übrigen ergeben sich gegenüber der periodischen Beurteilung der Beamtinnen und Beamten des gehobenen und höheren Dienstes keine Besonderheiten. [2] Bei der periodischen Beurteilung der Beamtinnen und Beamten des mittleren Dienstes können Formblätter nach dem Muster der Anlage 4 verwendet werden.

6.4 Periodische Beurteilung der Beamtinnen und Beamten des einfachen Dienstes

Bei der Beurteilung von Beamtinnen und Beamten des einfachen Dienstes genügt die Bewertung folgender Einzelmerkmale:

[1] Im Rahmen des Arbeitserfolgs die Arbeitsmenge und Arbeitsgüte, im Rahmen der Arbeitsweise das Arbeitstempo und das Teamverhalten sowie im Rahmen der Beurteilung der Eignung und Befähigung die Einsatzbereitschaft, die Belastbarkeit und die Fachkenntnisse. [2] Besondere, für die betreffende Laufbahn wertvolle weitere fachliche Kenntnisse oder Fertigkeiten sind beim sonstigen fachlichen Können zu erläutern. [3] Bei der periodischen Beurteilung der Beamtinnen und Beamten des einfachen Dienstes können Formblätter nach dem Muster der Anlage 5 verwendet werden.

6.5 Vereinfachte Beurteilungen (§ 61 Abs. 6 Satz 2 LbV)

6.5.1 Wiederholte periodische Beurteilung

[1] Sofern Beamtinnen und Beamte in der gleichen Besoldungsgruppe und auf dem gleichen Dienstposten schon einmal periodisch beurteilt worden sind und die neue Beurteilung ergibt, dass die Bewertung der Einzelmerkmale, das Gesamturteil sowie die Äußerung über die dienstliche Verwendbarkeit gegenüber der letzten periodischen Beurteilung im Wesentlichen gleich geblieben sind, so genügt es für die neue Beurteilung, wenn eine entsprechende Feststellung auf einem gesonderten Blatt niedergelegt wird. [2] Bei der nachfolgenden periodischen Beurteilung ist eine nochmalige vereinfachte Beurteilung nicht zulässig.

6.5.2 Beurteilung von Probebeamtinnen und -beamten

[1] Die dienstliche Beurteilung von Probebeamtinnen und -beamten vor Ablauf der laufbahnrechtlichen Probezeit (§ 58 LbV) kann auf eine verbale, im Rahmen einer Würdigung der Gesamtpersönlichkeit abzugebende Stellungnahme, ob sie sich während der Probezeit bewährt haben und ihre Eignung für eine Übernahme in das Beamtenverhältnis auf Lebenszeit gegeben ist, beschränkt werden (§ 61 Abs. 5 LbV). [2] In diesem Fall ist sie mit einer in Nr. 7.2 vorgesehenen Bewertungsstufe abzuschließen.

[1] Kommen Beamtinnen und Beamte für eine Abkürzung der Probezeit in Frage (vgl. § 37 Abs. 2, § 40 Abs. 2 Satz 1, § 44 Abs. 2 Satz 1, § 49 Abs. 2 Satz 1 LbV), ist außerdem zu würdigen, ob ihre Leistungen – gemessen an denen der übrigen Probebeamtinnen und -beamten ihrer Laufbahn – erheblich über dem Durchschnitt liegen. [2] Eine Präjudizierung für die spätere periodische Beurteilung ist mit dieser Feststellung nicht verbunden, da der Vergleichsmaßstab ein völlig anderer ist (hier: nur Probebeamtinnen und -beamte – dort: alle Beamtinnen und Beamte der gleichen Besoldungsgruppe und Laufbahn).

Im Falle einer Verlängerung der Probezeit ist eine erneute Probezeitbeurteilung zu erstellen.

6.6 Zwischenbeurteilungen

[1] Eine Zwischenbeurteilung im Sinn des § 60 LbV hat keine selbständige Bedeutung. [2] Sie soll nur sicherstellen, dass die während eines nicht unerheblichen Zeitraums gezeigte Leistung, Eignung und Befähigung der Beamtinnen und Beamten in einem förmlichen Beurteilungsbeitrag bei der nächsten periodischen Beurteilung berücksichtigt werden kann. [3] Die obersten Dienstbehörden können festlegen, dass die Zwischenbeurteilung – ggf. auf Antrag der Beamtinnen und Beamten – ein Gesamturteil enthält. [4] Eine Stellungnahme zur Übertragung eines höheren Amtes entfällt.

Wird nach einer periodischen Beurteilung eine Zwischenbeurteilung erstellt, soll auf einem besonderen Blatt ergänzend zu der letzten periodischen Beurteilung vermerkt werden, ob und in welcher Hinsicht sich in der Zwischenzeit die für die Beurteilung maßgeblichen Gesichtspunkte geändert haben.

[1] Bei kurzen Beurlaubungen ist hinsichtlich der Frage der Notwendigkeit einer Zwischenbeurteilung eine restriktive, am Sinn und Zweck der Vorschrift orientierte Auslegung des § 60 LbV geboten. [2] Eine Zwischenbeurteilung bei einer Beurlaubung oder Freistellung vom Dienst (z.B. für eine Tätigkeit als Personalrat) ist daher nur dann zu erstellen, wenn zum Beginn der Beurlaubung oder Freistellung mindestens ein Jahr seit dem Ende des der letzten dienstlichen Beurteilung zugrundeliegenden Zeitraums oder

seit dem Ende der Probezeit vergangen ist (§ 60 LbV) und Beamtinnen oder Beamte bei der (nächsten) periodischen Beurteilung auf Grund der Dauer der Beurlaubung oder Freistellung nicht beurteilt werden oder die (nächste) periodische Beurteilung hinausgeschoben wird.

[1] Bei einem Behördenwechsel, dem eine Abordnung vorangeht, ist eine Zwischenbeurteilung nur dann zu erstellen, wenn die zeitliche Voraussetzung des § 60 LbV bei Beginn der Abordnung erfüllt ist. [2] Der einem Behördenwechsel vorangegangene Abordnungszeitraum ist von der aufnehmenden Behörde in der nächsten periodischen Beurteilung zu berücksichtigen; dieser Zeitraum wird in eine ggf. zu erstellende Zwischenbeurteilung nicht einbezogen.

7. Gesamturteil

7.1 [1] Das Gesamturteil ist in einer Punktebewertung von 1 bis 16 Punkten auszudrücken (§ 62 Abs. 1 Satz 1 LbV). [2] Im Einzelnen gelten die oben unter Nr. 3.2 dargelegten Grundsätze.

7.1.1 [1] Das Gesamturteil besteht nicht in der Durchschnittspunktezahl aus den Punktewerten der Einzelmerkmale. [2] Es wäre beurteilungsfehlerhaft, wenn die Einzelmerkmale lediglich aneinander gereiht und das Gesamturteil mehr oder weniger als rechnerisches Mittel der Einzelbewertungen gebildet würde. [3] Dies würde weder den gezeigten Leistungen der beurteilten Beamtinnen und Beamten gerecht, noch böte es eine hinreichende Grundlage für künftige Personalentscheidungen.

[1] Vielmehr sind die in den Einzelmerkmalen vergebenen Wertungen in einer Gesamtschau zu bewerten und zu gewichten. [2] Hierbei ist zum einen zu beachten, dass in der Regel bei der oder dem zu Beurteilenden nicht alle Merkmale gleich positiv oder negativ ausgeprägt sind. [3] Jeder Mensch hat seine Stärken und Schwächen. [4] Schwächen in einem Punkt können durch Stärken in anderen Eigenschaften kompensiert werden. [5] Zum anderen ist zu berücksichtigen, dass das Gewicht der einzelnen Beurteilungsmerkmale je nach ihrer an den Erfordernissen des Amtes und der Funktion zu messenden Bedeutung sehr unterschiedlich ist. [6] Dieser Bewertungsspielraum ist auch von Bedeutung für die Aussage über die künftige dienstliche Verwendbarkeit. [7] Die für die Bildung des Gesamturteils wesentlichen Gründe sowie die vorgenommenen Gewichtungen (Nr. 6.2.6) sind in den ergänzenden Bemerkungen darzulegen.

7.1.2 [1] Zwischen den Einzelbewertungen, den ergänzenden Bemerkungen und dem Gesamturteil muss Schlüssigkeit bestehen. [2] Die bei den Einzelmerkmalen getroffenen Bewertungen müssen das Gesamturteil tragen.

7.2 Probezeitbeurteilungen

[1] Probezeitbeurteilungen im Sinn des § 58 LbV dienen primär der Feststellung, ob die betreffenden Beamtinnen und Beamten für die Übernahme in das Beamtenverhältnis auf Lebenszeit geeignet sind. [2] Dafür ist es nicht erforderlich, die Beamtinnen und Beamten insoweit schon in die nach § 62 Abs. 1 Satz 1 LbV vorgesehene Punktebewertung einzubeziehen. [3] Daher können sich Probezeitbeurteilungen auf folgende Bewertungen beschränken:

7.2.1 Beamtinnen und Beamte auf Probe, die sich in der Probezeit – gemessen an den Anforderungen ihrer Laufbahn – hinsichtlich ihrer Leistung, Eignung und Befähigung bewährt haben und daher die Voraussetzungen für eine Übernahme in das Beamtenverhältnis auf Lebenszeit erfüllen, erhalten das Gesamturteil „geeignet".

7.2.2 Kann die Bewährung bis zum Ablauf der regelmäßigen Probezeit nicht festgestellt werden und ist deshalb die Probezeit gemäß § 6 Abs. 3 LbV zu verlängern, so ist das Gesamturteil „noch nicht geeignet" zu erteilen.

7.2.3 Beamtinnen und Beamte, die sich während der Probezeit hinsichtlich Eignung, Befähigung oder fachlicher Leistung nicht bewährt haben, sind mit „nicht geeignet" zu beurteilen.

7.2.4 Wird die Probezeitbeurteilung mit einer Punktebewertung nach § 62 Abs. 1 Satz 1 LbV abgeschlossen, so muss diese mit einer evtl. Feststellung, dass die Leistungen der Probebeamtin oder des Probebeamten erheblich über dem Durchschnitt liegen und daher eine Abkürzung der Probezeit in Frage kommen kann (vgl. Nr. 6.5.2), in der Regel übereinstimmen.

8. Verwendungseignung

[1] Nach dem abschließenden Gesamturteil ist eine detaillierte Aussage zur Verwendungseignung zu treffen (§ 61 Abs. 4 Satz 1 LbV). [2] Im Einzelnen handelt es sich hier um Aussagen zur Aufstiegseignung in die nächsthöhere Laufbahn, zur Führungseignung und zur sonstigen Verwendungseignung.

8.1 Aufstiegseignung in die nächsthöhere Laufbahn

[1] Die Aufstiegseignung ist losgelöst vom Gesamturteil zu sehen. [2] Erscheint die oder der Beurteilte für den Aufstieg geeignet, so soll ein entsprechender positiver Vermerk in die Beurteilung aufgenommen werden. [3] Eine derartige positive Aussage ist gerechtfertigt, wenn sich die oder der Beurteilte bisher durch weit überdurchschnittliche Leistungen ausgezeichnet hat, auf Grund ihrer oder seiner Fachkenntnisse und ihres oder seines allgemeinen Bildungsstandes den Anforderungen eines etwaigen Zulassungsverfahrens und den Aufgaben der neuen Laufbahn voraussichtlich gewachsen sein wird und erwarten lässt, dass sie oder er nach erfolgreicher Einführung in die Aufgaben der höheren Laufbahn die Aufstiegsprüfung bestehen wird bzw. die entsprechende Befähigung vom Landespersonalausschuss festgestellt werden wird. [4] Eine negative Äußerung bei fehlender Aufstiegseignung hat zu unterbleiben.
Der Vermerk über die Zuerkennung der Aufstiegseignung ist zeitgerecht vor Abschluss des Beurteilungsverfahrens in die Beurteilung aufzunehmen.

8.2 Führungseignung

[1] Sofern für die Beurteilte oder den Beurteilten eine Verwendung in Führungspositionen in Betracht kommt, ist eine differenzierte Aussage zur Führungsqualifikation zu treffen. [2] Dabei bedarf es insoweit einer Differenzierung, als die Frage der Führungsqualifi kation im Rahmen der Verwendungseignung auch für solche Bedienstete in Frage kommt, die bereits in Führungspositionen eingesetzt sind. [3] So ist die bereits gezeigte Führungsbefähigung im Rahmen der Einzelbewertungen des Führungsverhaltens (Nrn. 6.2.1.3 und 6.2.2.1) zu werten. [4] Im Rahmen der Verwendungseignung soll die – ausführlich zu treffende – Aussage über die Führungsqualifikation darauf beschränkt werden, inwieweit die Qualifikation für die nächste Führungsebene vorhanden ist. [5] Für die Beurteilung der Führungseignung bei schwerbehinderten Beamtinnen und Beamten wird ergänzend auf die „Fürsorgerichtlinien" 2005 verwiesen.

8.3 Sonstige Verwendungseignung

Schließlich ist unter dem Gesichtspunkt der sonstigen Verwendungseignung konkret darzulegen, für welchen Kreis von Aufgaben und Dienstposten und für welches Amt die oder der Beurteilte in Betracht kommt und welche Einschränkungen (z.B. Bewährungsvorbehalte) ggf. bestehen.
Zur Feststellung einer möglichst breiten Verwendungseignung gehören auch Aussagen über die Mobilität und sonstige Flexibilität der oder des Beurteilten.

9. Periodische Beurteilung von Beamtinnen und Beamten, die das 55. Lebensjahr vollendet haben

[1] Beamtinnen und Beamte, die am letzten Tag des der Beurteilung zugrundeliegenden Zeitraums das 55. Lebensjahr vollendet haben, werden grundsätzlich nicht mehr periodisch beurteilt (§ 59 Abs. 3 Satz 1 Nr. 2 LbV). [2] Die oberste Dienstbehörde kann die periodische Beurteilung dieser Gruppe von Beamtinnen und Beamten anordnen (§ 59 Abs. 3 Satz 2 LbV). [3] Auf schriftlichen Antrag einer Beamtin oder eines Beamten ist diese oder dieser in die periodische Beurteilung einzubeziehen (§ 59 Abs. 3 Satz 3 LbV). [4] Der Antrag soll möglichst bis zum Ablauf des der Beurteilung zugrundeliegenden Zeitraums gestellt werden; er ist an die beurteilende Behördenleitung zu richten. [5] In der Beurteilung ist zu vermerken, dass sie auf Antrag erstellt worden ist.

10. Beurteilungsverfahren

10.1 [1] Die Beurteilung muss aus Rechtsgründen grundsätzlich durch die oder den Dienstvorgesetzten erfolgen. [2] Wird die Beurteilung von der Behördenleitung als Dienstvorgesetztem erstellt, so muss diese die unmittelbare Vorgesetzte oder den unmittelbaren Vorgesetzten der zu beurteilenden Beamtinnen und Beamten hören. [3] Die Behördenleitung soll die unmittelbare Vorgesetzte oder den unmittelbaren Vorgesetzten der oder des zu Beurteilenden mit der Erstellung eines Beurteilungsentwurfs beauftragen. [4] Mehrere unmittelbare Vorgesetzte erstellen einen einheitlichen Beurteilungsentwurf in gegenseitigem Einvernehmen.
[1] Hat die oder der zu Beurteilende während des Beurteilungszeitraums den Arbeitsplatz innerhalb der Behörde gewechselt, so soll die Behördenleitung – oder die oder der mit der Erstellung eines Beurteilungsentwurfs beauftragte jetzige unmittelbare Vorgesetzte – nach Möglichkeit die früheren unmittelbaren Vorgesetzten hören, wenn der Einsatz auf dem früheren Arbeitsplatz wenigstens sechs Monate betragen hat. [2] Entsprechendes gilt, wenn die oder der unmittelbare Vorgesetzte innerhalb der Behörde den Arbeitsplatz gewechselt hat.

10.2 [1] Abgeordnete Beamtinnen und Beamte werden von der Stammbehörde im Einvernehmen mit der aufnehmenden Behörde beurteilt, sofern die Abordnung nicht zu einer außerbayerischen oder nichtstaatlichen Dienststelle besteht; in diesem Fall erfolgt die Beurteilung durch die Stammbehörde im Benehmen mit der aufnehmenden Behörde. [2] Ist die oder der zu Beurteilende am Beurteilungsstichtag bereits länger als sechs Monate abgeordnet, hat die beurteilende Dienststelle bei der aufnehmenden Behörde einen Beurteilungsbeitrag einzuholen. [3] Gleiches gilt, wenn die oder der zu Beurteilende während des Beurteilungszeitraums länger als sechs Monate abgeordnet war.

10.3 [1] § 63 Abs. 1 Satz 4 LbV eröffnet die Möglichkeit, für die Erstellung der Beurteilungen oder die Vereinheitlichung des Beurteilungsmaßstabs eine Beurteilungskommission vorzusehen, soweit ein dringendes dienstliches Bedürfnis gegeben ist. [2] Ein solches kann insbesondere dann angenommen werden, wenn dadurch (z.B. bei großen Personalkörpern) die Gleichmäßigkeit der Beurteilungen sichergestellt werden soll.

10.4 [1] Um Verantwortung und Funktion der oder des unmittelbaren Vorgesetzten bei Beurteilungen zu stärken, erhält jede Beurteilung abschließend noch folgenden Hinweis:
„Stellungnahme der oder des unmittelbaren Vorgesetzten:

□ Ohne Einwendungen

Andernfalls bitte Begründung (ggf. auf gesondertem Beiblatt):
. . .“.

[2] Die obersten Dienstbehörden können weiter gehende Beteiligungsrechte und -pflichten der oder des unmittelbaren Vorgesetzten vorsehen, wie z.B. eine Mitzeichnung der Entwurfsverfasserin oder des Entwurfsverfassers.

10.5 [1] Die nach Nrn. 10.1 und 10.4 vorgesehene Beteiligung der oder des unmittelbaren Vorgesetzten entfällt, wenn die oder der unmittelbare Vorgesetzte und die zu beurteilenden Beamtinnen und Beamten derselben Besoldungsgruppe einer Laufbahn angehören. [2] In diesen Fällen ist die oder der nächsthöhere Vorgesetzte zu beteiligen, sofern sie oder er nicht bereits für die Beurteilung der Beamtinnen und Beamten zuständig ist. [3] Gehört die für die Beurteilung zuständige Behördenleitung und die zu beurteilenden Beamtinnen und Beamten derselben Besoldungsgruppe einer Laufbahn an, so ist die Beurteilung von der Leitung der vorgesetzten Dienststelle zu erstellen.

10.6 [1] Die dienstlichen Beurteilungen sind den Beamtinnen und Beamten zu eröffnen (Art. 44 Satz 2 BayBG, § 64 Abs. 1 Satz 1 LbV). [2] Die oder der Dienstvorgesetzte hat bei der Eröffnung die Beurteilung mit den Beamtinnen und Beamten zu besprechen (§ 64 Abs. 1 Satz 2 LbV). [3] Bei diesem Beurteilungsgespräch soll auf den wesentlichen Inhalt der Beurteilung eingegangen werden. [4] Dadurch können Missverständnisse ausgeräumt und der Mitarbeiterin oder dem Mitarbeiter Hilfen gegeben werden, wie sie oder er etwa die aufgetretenen Schwächen beseitigen kann. [5] Die oder der Dienstvorgesetzte kann die Eröffnung und Besprechung der Beurteilung einer oder einem Vorgesetzten der Beamtinnen und Beamten übertragen, die oder der an der Erstellung der Beurteilung wesentlich mitgewirkt hat. [6] Beamtinnen und Beamte haben das Recht, die Beurteilung mit der oder dem Dienstvorgesetzten zu besprechen.
Den Beamtinnen und Beamten ist eine Ausfertigung oder ein Abdruck der Beurteilung auszuhändigen.

10.7 Bezüglich des besonderen Verfahrens bei der Beurteilung von schwerbehinderten Beamtinnen und Beamten wird auf die „Fürsorgerichtlinien“ 2005 verwiesen.

11. Ergänzende Vorschriften

11.1 Die obersten Dienstbehörden können ergänzende, im Einvernehmen mit dem Staatsministerium der Finanzen und nach Anhörung des Landespersonalausschusses auch abweichende Regelungen treffen, soweit dies die besonderen Verhältnisse für einzelne Laufbahnen erfordern; bei nichtstaatlichen obersten Dienstbehörden erteilt die Zustimmung die oberste Aufsichtsbehörde.

11.2 Eine abweichende Regelung für die Beurteilung der Richterinnen und Richter sowie der Staatsanwältinnen und Staatsanwälte treffen die zuständigen Staatsministerien im Einvernehmen mit dem Staatsministerium der Finanzen und nach Anhörung des Landespersonalausschusses.

832. Bekanntmachung über die Gewährung von Schulbeihilfen an Staatsbedienstete und Versorgungsempfänger (Schulbeihilferichtlinien – SchBhR)

Vom 1. September 1971
(StAnz. Nr. 36, FMBl. S. 402)

Nr. 1 Staatsbedienstete (Beamte, Richter, Angestellte und Arbeiter) und Versorgungsempfänger des Staates – Berechtigte – können auf Antrag für ein in ihren Haushalt aufgenommenes Kind, für das sie oder ihr Ehegatte Kindergeld erhalten, nach Maßgabe der folgenden Vorschriften eine Schulbeihilfe erhalten.

Nr. 2 (1) Berechtigte können in folgenden Fällen eine Schulbeihilfe erhalten, wenn sie ihr Kind außerhalb des Elternhauses untergebracht haben, weil der Besuch einer der in Nr. 3 Abs. 1 genannten öffentlichen Schule vom Elternhaus aus nicht zumutbar ist (vgl. Nr. 5):

a) Am Familienwohnsitz ist keine für das Kind geeignete (Nr. 4) Schule vorhanden.

b) Die Familie ist an einen anderen Ort umgezogen, das Kind befindet sich zur Zeit des Wohnungswechsels in der zehnten oder einer höheren Klasse und besucht die bisherige Schule weiter.

c) Das Kind ist innerhalb der letzten drei Jahre schon einmal wegen eines Wohnungswechsels umgeschult worden und verbleibt zur Vermeidung eines weiteren Schulwechsels in der bisherigen Schule.

d) Das Kind wird bereits vor einem Umzug auswärts eingeschult, um einen späteren Schulwechsel zu ungünstiger Zeit zu vermeiden.

(2) Die Schulbeihilfe kann gewährt werden

a) in den Fällen des Abs. 1 Buchst. b) und c) für das laufende und das darauffolgende Schuljahr,

b) in den Fällen des Abs. 1 Buchst. d) vom Ersten des Monats des Schulwechsels an, längstens bis zum Ende des Schuljahres.

Nr. 3 (1) Eine Schulbeihilfe darf nur für den Besuch folgender Schulen gewährt werden:

a) Gymnasien (einschließlich des Musikgymnasiums der Regensburger Domspatzen), Fachoberschulen, Berufsoberschulen, Vorklassen für Berufsoberschulen, Realschulen sowie mehrklassige Handels-, Wirtschafts-, Berufsaufbauschulen und Berufsfachschulen, die mit einer Abschlußprüfung enden und zu einem mittleren Schulabschluß führen.

b) – gestrichen –

c) Einrichtungen des 2. Bildungsweges mit Vollzeitunterricht,

d) Private Schulen mit staatlicher Anerkennung im Sinne des Gesetzes über das Erziehungs- und Unterrichtswesen (EUG) vom 9. 3. 1960 (GVBl. S. 19), zuletzt geändert durch Gesetz vom 27. 7. 1971 (GVBl. S. 252), wenn sie die in Buchst. a) genannten Schulen ersetzen,

e) Anschluß- und Übergangsklassen, in denen Absolventen von Realschulen, drei- und mehrklassige Handelsschulen und Wirtschaftsschulen auf den Übertritt in Gymnasien vorbereitet werden,

f) Gymnasien mit angeschlossenem bischöflichem Knabenseminar, ferner Missionsseminare eines Ordens und das Missions- und Diasporaseminar der Evangelisch-Lutherischen Kirche von Neuendettelsau, wenn sie von Schülern zur frühzeitigen Ausrichtung auf den künftigen Priester- oder Missionsberuf besucht werden.

g) Spätberufenenschulen.

(2) Für den Besuch von Hoch-, Fachhoch-, Fach-, Berufs- und Volksschulen und Berufsfachschulen, die nicht unter Abs. 1 Buchst. a) und b) fallen, wird keine Schulbeihilfe gewährt.

Nr. 4 Bei der ersten Einschulung in eine der in Nr. 3 Abs. 1 genannten Schulen ist die Entscheidung der Eltern über die Wahl der Schulgattung und der Schulart maßgebend. Wird durch einen Umzug ein Schulwechsel notwendig, so wird eine Schule als geeignet anzusehen sein, die der bisherigen nach Schulgattung (z.B. Gymnasium, Realschule) und nach der Schulart (z.B. Altsprachliches Gymnasium, Mathematisch-naturwissenschaftliches Gymnasium, Schule mit gleichen Sprachenfolgen, Realschulen

832

mit gleichen Wahlpflichtfächergruppen) entspricht. Eine Schulbeihilfe kann auch bei einem Wechsel der Schulgattung oder der Schulart gewährt werden, wenn der Grund für den Wechsel in der Person des Kindes liegt oder aus schulischen Gründen bedingt ist.

Nr. 5 (1) Der Besuch der Schule vom Elternhaus aus ist nicht zumutbar (Nr. 2 Abs. 1), wenn an mindestens 3 Schultagen in der Woche

a) die Fahrzeit (Abfahrt am Familienwohnsitz bis Ankunft am Schulort) bei Ausnutzung der günstigsten Verkehrsverbindungen für Hin- und Rückfahrt zusammen regelmäßig mehr als 2 Stunden beträgt oder

b) die Zurücklegung des Schulwegs nach Buchst. a) zuzüglich 15 Minuten je angefangener Kilometer Fußweg mehr als 3 Stunden erfordert oder

c) das Kind unter Ausnutzung der günstigsten Verkehrsverbindungen durch den Besuch der Schule (Pflichtfächer, Wahlfächer usw.) länger als 9 Stunden vom Elternhaus abwesend ist oder

d) das Kind vor 6.30 Uhr das Elternhaus verlassen muß.

(2) Der Besuch der Schule vom Elternhaus aus ist ferner nicht zumutbar, wenn bei fehlenden regelmäßigen Verkehrsverbindungen der für Hin- und Rückweg zurückzulegende Fußweg mehr als 8 Kilometer beträgt.

(3) Für körperlich oder geistig behinderte Kinder können in Härtefällen mit Zustimmung der obersten Dienstbehörde Ausnahmen von Abs. 1 und 2 zugelassen werden.

(4) Zu den Fahrzeiten im Sinne von Absatz 1 Buchst. a gehören auch die Fahrzeiten der Zubringerlinien vom Wohnort zum auswärtigen Bahnhof und zurück, nicht aber Fahrzeiten für Zu- und Abgang am Wohn- oder Schulort. Fußwegstrecken am Wohn- und Schulort zählen nicht zum Zeitaufwand (vgl. Absatz 1 Buchst. b und c), wenn sie auch mit einem öffentlichen, regelmäßig verkehrenden Beförderungsmittel zurückgelegt werden können.

Nr. 6 Als Schulbeihilfe werden zu den regelmäßig entstehenden Kosten für Unterkunft und Verpflegung des Kindes sowie für eine Familienheimfahrt im Monat 50 v.H. der nachgewiesenen Kosten, jedoch höchstens 76,79 € für jeden Monat des Bewilligungszeitraums gewährt. Bewilligungszeitraum ist das Schuljahr (1. August bis 31. Juli – Art. 2 Abs. 1 SchPG vom 15. 4. 1969, GVBl. S. 97 –). Bei Familienheimfahrten sind nur die notwendigen Kosten für die Benutzung regelmäßig verkehrender Verkehrsmittel unter Ausnutzung aller Verbilligungsmöglichkeiten zu berücksichtigen.

Nr. 7 (1) Vorübergehende Änderungen der Stundenpläne oder der Fahrpläne sowie Ferien oder Erkrankungen usw. mit einer Dauer bis zu vier Wochen haben für die Bemessung und Gewährung der Schulbeihilfe keine Bedeutung.

(2) Sind die Aufwendungen für die auswärtige Unterkunft und Verpflegung ohne Rücksicht auf die Ferien usw. fortlaufend weiterzuzahlen, wird die für das laufende Schuljahr bewilligte Schulbeihilfe auch bei länger als 4 Wochen dauernden Unterbrechungen nicht geändert.

Nr. 8 (1) Der Antrag auf Bewilligung einer Schulbeihilfe soll zu Beginn des Schuljahres unter Beifügung der erforderlichen Unterlagen nach Formblatt I (zweifach) schriftlich gestellt werden. Er ist spätestens bis zum 31. Oktober für das abgelaufene Schuljahr bei der Beschäftigungs- bzw. Pensionsfestsetzungsbehörde einzureichen. Anträge, die nach diesem Zeitpunkt eingehen, werden nicht berücksichtigt.

(2) Die Schulbeihilfe ist in monatlichen Teilbeträgen mit den Dienst- und Versorgungsbezügen zu zahlen und zu verbuchen. Zu diesem Zweck sind die jährlichen errechneten Gesamtkosten (Nr. 6) durch die Zahl der Monate des Bewilligungszeitraums zu dividieren und der Teilbetrag auf volle Euro aufzurunden. Soweit Vergütungen der Löhne aus Titelgruppen gezahlt werden, sind die Schulbeihilfen bei diesen Titeln nachzuweisen.

(3) Für die Bewilligung von Schulbeihilfen sind die mit der Anweisung der Bezüge des Staatsbediensteten beauftragten Behörden, für die Versorgungsempfänger des Staates die Pensionsfestsetzungsbehörden, zuständig. Die Bewilligung erfolgt durch einen Bewilligungsbescheid nach Formblatt II. Für die Anweisung der Schulbeihilfen ist das Formblatt III zu verwenden. Für Zahlungsempfänger, deren Bezüge von der Landesbesoldungsstelle München abgerechnet werden, gelten hinsichtlich der Anweisung die dafür maßgebenden Vorschriften. Ein beglaubigter Abdruck des Bewilligungsbescheids und ein Antrag auf Gewährung einer Schulbeihilfe sind der Kassenanweisung beizufügen. Die Belege bleiben bei der Anweisungsstelle.

Nr. 9 Folgende Leistungen sind von einer Schulbeihilfe abzusetzen, soweit sie für die Deckung des gleichen Bedarfs gewährt werden:

a) Ausbildungsbeihilfe nach dem Lastenausgleichsgesetz,
b) Erziehungsbeihilfe nach dem Bundesversorgungsgesetz,
c) der Zuschuß nach Art. 9 und 10 des Sonderschulgesetzes (SoSchG) vom 25. 6. 1965 (GVBl. S. 93), zuletzt geändert durch Gesetz vom 27. 10. 1970 (GVBl. S. 495), in Verb. mit der DVSoSchG vom 28. 4. 1967 (GVBl. S. 344),
d) die Ausbildungsförderung nach dem Bundesausbildungsförderungsgesetz vom 26. 8. 1971 (BGBl. I S. 1409) und dem Bayer. Ausbildungsförderungsgesetz vom 20. 5. 1970 (GVBl. S. 183) in der jeweiligen Fassung.

Nr. 10 Haben für ein Kind mehrere Personen Anspruch auf Schulbeihilfe, so wird die Schulbeihilfe an den Anspruchsberechtigten gezahlt, der das Kindergeld erhält. Wird für ein Kind nur das halbe Kindergeld gezahlt, so wird die Schulbeihilfe nur zur Hälfte gewährt, wenn der andere Kindergeldberechtigte ebenfalls Anspruch auf Schulbeihilfe hat. Vergleichsmitteilungen sind auszutauschen.
Für teilzeitbeschäftigte Beamtinnen ist die Schulbeihilfe in demselben Umfang zu kürzen, wie die Dienstbezüge.

Nr. 11 Die Schulbeihilfen gehören zu den steuerpflichtigen Einkünften. Sie sind mit den Bezügen dem Steuerabzug vom Arbeitslohn zu unterwerfen. Bei der Berechnung der Sozialversicherungsbeiträge sind sie als Entgelt i.S. der RVO zu berücksichtigen. Für Angestellte und Arbeiter gelten die Schulbeihilfen als außertarifliche Leistungen.

Nr. 12 Den Gemeinden, den Gemeindeverbänden und den sonstigen unter der Aufsicht des Staates stehenden Körperschaften, Anstalten und Stiftungen des öffentlichen Rechts wird empfohlen, entsprechend zu verfahren.

Nr. 13 Diese Bekanntmachung tritt mit Wirkung vom 1. August 1971 in Kraft.

833. Verwaltungsvorschriften zum Beamtenrecht (VV-BeamtR, Abschnitt 10)

FMBek vom 13. Juli 2009 (FMBl Nr. 9/2009, S. 190)

Abschnitt 10. Schadenersatz

1. Allgemeines

1.1 Schadenereignis

Der für die Gewährung von Sachschadenersatz gemäß Art. 98 Abs. 2 BayBG maßgebliche Schaden muss in Ausübung oder infolge des Dienstes bei einem plötzlichen, örtlich und zeitlich bestimmbaren Unfallereignis, das von außen auf die Beamtin oder den Beamten eingewirkt hat, eingetreten sein.

1.2 Antragstellung

[1] Anträge sind unter eingehender Schilderung des Sachverhalts, Angabe von Zeugen und sonstiger Beweismittel sowie unter Nachweis des entstandenen Sachschadens innerhalb der Meldefrist von drei Monaten zu stellen. [2] Staatliche Beamtinnen und Beamte verwenden hierfür das im Internet abrufbare Formblatt (www.lff.bayern.de/formularcenter/dienstunfall) und senden es an das Landesamt für Finanzen, Dienststelle Regensburg, Bezügestelle Dienstunfall, Bahnhofstr. 7, 93047 Regensburg. [3] Bei unverschuldeter Fristversäumnis ist Wiedereinsetzung in den vorigen Stand (Art. 32 BayVwVfG) möglich.

1.3 Leistungsausschluss

[1] Hat die Beamtin oder der Beamte den Unfall vorsätzlich oder grob fahrlässig herbeigeführt, wird Sachschadenersatz nicht gewährt. [2] Sachschadenersatz wird auch dann nicht gewährt, wenn mit dem Unfall keine körperliche Gefährdung verbunden war, es sein denn, der Schaden ist an einem Arbeitsmittel entstanden.

1.4 Sachschadenersatz ist nicht zu leisten, wenn der erstattungsfähige Betrag 75 € nicht übersteigt.

1.5 Ersatzfähigkeit

[1] Der Ersatz ist auf die nach allgemeiner Verkehrsanschauung üblicherweise mitgeführten Gegenstände des täglichen Bedarfs beschränkt, die zur Dienstausübung oder während der Dienstzeit benötigt werden. [2] Ersatz wird auch für private Gegenstände gewährt, welche die Beamtin oder der Beamte zur Ausübung des Dienstes benötigt und deren Benutzung die oder der Dienstvorgesetzte veranlasst oder ausdrücklich zugestimmt hat (Arbeitsmittel); hierzu gehört auch ein Kraftfahrzeug, das aus triftigen Gründen zur Durchführung einer Dienstreise oder eines -ganges benutzt wird. [3] Unerheblich ist, wer Eigentümer des beschädigten Gegenstandes ist. [4] Erstattungsfähig sind tatsächlich entstandene und notwendige Reparaturkosten. [5] Ist eine Reparatur nicht möglich oder unwirtschaftlich, so ist bis zur Höhe des Zeitwertes Entschädigung zu leisten. [6] Dies gilt nicht für orthopädische oder andere Hilfsmittel einschließlich Sehhilfen. [7] Gutachterkosten oder Kosten für einen Kostenvoranschlag werden nur erstattet, wenn die Dienststelle diese veranlasst. [8] Bei der Schadensberechnung ist der Wert vergleichbarer Gegenstände mittlerer Art und Güte anzusetzen.

1.6 Erstattung durch Dritte

[1] Ersatz darf nur geleistet werden, soweit die Beamtin oder der Beamte den Schaden nicht auf andere Weise ersetzt erhalten kann (z.B. Kfz-Versicherung, Kranken- oder Hausratversicherung, Leistungen aus Schutzbriefen). [2] Auf den Klageweg ist nicht zu verweisen, wenn die Rechtsverfolgung nicht zuzumuten ist. [3] Der Anspruch auf Sachschadenersatz geht einem etwaigen Beihilfeanspruch nach den Beihilfevorschriften vor.

2. Sachschadenersatz bei Kfz-Schäden

2.1 Ersatzfähige Kraftfahrzeugschäden

Schäden an Kraftfahrzeugen werden nur ersetzt, wenn für die Benutzung des Kraftfahrzeugs

- triftige Gründe zur Durchführung einer Dienstreise oder eines -ganges (vgl. Nr. 2.2) oder

– schwerwiegende Gründe bei der Fahrt von der Familienwohnung zur Dienststelle und zurück (vgl. Nr. 2.3)

vorliegen.

2.2 Ersatz bei triftigen Gründen

Triftige Gründe liegen vor

2.2.1 bei den mit der Dienstreise oder dem -gang veranlassten Fahrten mit einem der Beamtin oder dem Beamten gehörenden Kraftfahrzeug, wenn dies vor Antritt der Dienstreise oder des -ganges entweder im Einzelfall oder allgemein aus triftigen Gründen gestattet worden ist (Art. 6 Abs. 1 BayRKG). Beginn und Ende einer Dienstreise sowie das Vorliegen triftiger Gründe richten sich nach den Angaben in der Dienstreisegenehmigung/-anordnung;

2.2.2 bei Wegeunfällen, wenn das Kraftfahrzeug am Unfalltag nur wegen einer Dienstreise oder eines -ganges benutzt werden sollte oder benutzt wurde und für die Benutzung im Rahmen der Dienstreise triftige Gründe gemäß Art. 6 Abs. 1 BayRKG anerkannt waren.

2.3 Schadensregulierung

[1] Der Freistaat Bayern hat für die Ersatzleistung an staatliche Beamtinnen und Beamte in den in Nr. 2.2 aufgeführten Fällen eine Dienstfahrt-Fahrzeugversicherung abgeschlossen. [2] Ansprüche staatlicher Beamtinnen und Beamter sind unmittelbar bei der Versicherung geltend zu machen.

2.4 Ersatz bei schwerwiegenden Gründen

[1] Schwerwiegende Gründe können sich ergeben

2.4.1 aus der Eigenart des Dienstes oder des Dienstortes (z.B. an mehreren Einsatzorten, Dienstbeginn oder -ende zur Nachtzeit, nicht mit regelmäßig verkehrenden Beförderungsmitteln erreichbare Dienststelle),

2.4.2 aus den örtlichen Verhältnissen am Wohn- oder Dienstort, die eine Kraftfahrzeugbenutzung im Zusammenhang mit der Nutzung regelmäßig verkehrender Beförderungsmittel erforderlich machen (Park-and-ride-System),

2.4.3 wegen der persönlichen Verhältnisse der Beamtin oder des Beamten (z.B. außergewöhnliche Gehbehinderung) oder

2.4.4 aus dienstlichen Gründen, wenn umfangreiches Gepäck (Aktenmaterial, Gegenstände mit großem Gewicht oder sperrige Gegenstände) transportiert werden muss, welches auch bei Anlegen eines strengen Maßstabes die Benutzung eines regelmäßig verkehrenden Beförderungsmittels unzumutbar erscheinen lässt.

[2] Die Nutzung des Kraftfahrzeugs allein aus Gründen der Zeitersparnis ist kein schwerwiegender Grund.

2.5 Begrenzung der Ersatzleistung

Der Ersatz für die Beschädigung oder Zerstörung von Kraftfahrzeugen, die aus schwerwiegenden Gründen benutzt werden, beschränkt sich im Einzelfall auf höchstens 300 €, von Krafträdern und Zweirädern auf 150 € der nicht gedeckten Kosten.

2.6 Ersatzfähiger Schaden

[1] Sachschäden an Kraftfahrzeugen sind nur bis zur Höhe der notwendigen Reparaturkosten, höchstens jedoch bis zur Höhe des Wiederbeschaffungswertes des Fahrzeugs am Tage des Unfalls erstattungsfähig, auch wenn am Kraftfahrzeug ein wirtschaftlicher Totalschaden eingetreten ist. [2] Erstattungsfähig sind auch nachgewiesene Kosten, die mit der Behebung des Kraftfahrzeugschadens unmittelbar zusammenhängen, wie Abschleppkosten und Kosten für Kfz-Kennzeichen. [3] Wiederbeschaffungswert ist der Kaufpreis, der aufgewendet werden muss, um ein gleichwertiges gebrauchtes Kraftfahrzeug oder gleichwertige Teile zu erwerben (einschließlich Mehrwertsteuer, wenn keine Vorsteuerabzugsberechtigung besteht).

2.6.1 [1] Leistungsobergrenze bei Neufahrzeugen ist in allen Fällen der vom Hersteller unverbindlich empfohlene Kaufpreis in der jeweiligen Ausstattung am Tage des Unfalls. [2] Der Restwert des Unfallfahrzeugs oder der beim Verkauf erzielte Erlös wird angerechnet.

2.6.2 Mittelbare Schäden, wie z.B. ein merkantiler Minderwert oder Vermögensschäden, Mietwagenkosten, Nutzungsausfallentschädigung, Rückstufungsfolgen infolge der Inanspruchnahme der Haftpflichtversicherung zur Regulierung des Fremdschadens, sind nicht erstattungsfähig.

3. Ersatz sonstiger Kosten

3.1 Ersatz für Erste-Hilfe-Leistung

[1] Sind durch die Erste-Hilfe-Leistung besondere Kosten entstanden, z.B. für die Herbeiholung einer Ärztin oder eines Arztes, für einen Krankenwagen oder sonstiger Beförderungsmittel, werden diese erstattet, soweit sie notwendig und nachgewiesen sind. [2] Gleiches gilt für etwaige Ersatzansprüche Dritter, die bei der Hilfeleistung einen Schaden erlitten haben und dieser nicht auf andere Weise ersetzt werden kann.

3.2 Ersatz bei erhaltener Pauschale

[1] Für Beschädigung, Zerstörung oder Verlust von Gegenständen, die gegen eine pauschalierte Entschädigung (z.B. Arbeitsgeräte) verwendet werden, wird kein Ersatz geleistet. [2] Pauschalierte Entschädigungen für die Beschaffung von Dienstkleidung ohne Ersatzleistung für beschädigte Gegenstände, schließen Sachschadenersatz nicht aus.

4. Entsprechende Anwendung

4.1 Die Verwaltungsvorschriften zu Art. 98 BayBG gelten gemäß Abschnitt 1 Nr. 1.3 entsprechend für Arbeitnehmerinnen und Arbeitnehmer sowie für Auszubildende und Praktikantinnen und Praktikanten.

4.2 Gleiches gilt für Sachschäden, die Bediensteten im Zusammenhang mit der Wahrnehmung von Rechten oder der Erfüllung von Pflichten nach dem Personalvertretungsrecht, dem Sozialgesetzbuch – Neuntes Buch oder in Ausübung der Tätigkeit als Mitglied des Landespersonalausschusses (Art. 114 Abs. 2 BayBG) entstehen.

835. Bayerische Richtlinien für die Gewährung von Vorschüssen in besonderen Fällen (Bayerische Vorschußrichtlinien – BayVR)

Vom 22. Dezember 1981

Bekanntmachung des Bayer. Staatsministeriums der Finanzen vom 19. Oktober 1994 (FMBl. S. 346, StAnz.Nr. 43)

§ 1 Geltungsbereich. (1) [1] Die Richtlinien regeln die Gewährung unverzinslicher Vorschüsse an Beamte, Angestellte und Arbeiter (Beschäftigte) des Freistaates Bayern, die einen Anspruch auf laufende Bezüge haben. [2] Angestellte und Arbeiter müssen sich in einem ungekündigten Arbeitsverhältnis auf unbestimmte Zeit oder in einem auf mindestens drei Jahre befristeten ungekündigten Arbeitsverhältnis befinden und ihre Probezeit beendet haben.

(2) Die Richtlinien gelten nicht für

1. Empfänger von Versorgungsbezügen;
2. Beamte auf Widerruf, die nur nebenbei oder vorübergehend verwendet werden;
3. Beamte auf Widerruf im Vorbereitungsdienst (Anwärter) sowie alle sonstigen in einem Ausbildungsverhältnis stehenden Personen.

(3) Die Richtlinien gelten entsprechend für Richter.

§ 2 Allgemeines. (1) [1] Vorschüsse dürfen nicht zu einer untragbaren Verschuldung führen. [2] Die Tilgung des Vorschusses muß gesichert erscheinen.

(2) Im Rahmen der zulässigen Höchstbeträge (§ 4) können Vorschüsse aus verschiedenen Anlässen nebeneinander bewilligt werden.

(3) Sind aus demselben Anlaß mehrere Beschäftigte berechtigt, so kann der Vorschuß nur einmal bewilligt werden.

(4) Vorschüsse dürfen nicht bewilligt werden, soweit für denselben Zweck sonstige Leistungen zustehen.

(5) [1] Vorschüsse sollen nicht bewilligt werden, wenn der Antrag mehr als sechs Monate vor oder nach dem Ereignis gestellt wird, das die unabwendbaren Aufwendungen verursacht. [2] Im Falle der Beschaffung oder Erstellung einer Wohnung (§ 3 Abs. 2 Nr. 2) gilt der Tag der Beziehbarkeit der Wohnung als das für die Antragstellung maßgebende Ereignis.

§ 3 Bewilligungsvoraussetzungen. (1) Vorschüsse können bewilligt werden, wenn die Beschäftigten durch besondere Umstände zu unabwendbaren Aufwendungen genötigt sind, die sie aus eigenen Mitteln (Mittel des Beschäftigten und des mit ihm in häuslicher Gemeinschaft lebenden Ehegatten sowie Leistungen, Zuwendungen und unverzinsliche Darlehen von dritter Seite) nicht bestreiten können.

(2) Besondere Umstände im Sinne des Absatzes 1 sind:

1. Wohnungswechsel aus zwingendem Anlaß.
2. Beschaffen oder Erstellen einer angemessenen Wohnung am Dienstort einschließlich seines Einzugsgebiets (Art. 2 Abs. 6 Sätze 1 und 2 BayUKG[1]). Dies gilt nicht für ledige Beschäftigte, die das 23. Lebensjahr noch nicht vollendet haben.
3. Beschaffen von Möbeln und Hausrat aus Anlaß der Eheschließung, der erstmaligen Begründung eines Hausstandes (Art. 7 Abs. 3 BayUKG) oder der Ehescheidung.
4. Erstausstattung eines Säuglings oder Kleinkindes, für das dem Beschäftigten der Kindergeldanteil im Ortszuschlag zusteht, soweit die notwendigen Aufwendungen nicht durch die Beihilfe oder Versicherungsleistungen abgedeckt sind. Ein Vorschuß aus diesem Anlaß darf – außer bei Mehrlingsgeburten – 1022,58 enicht übersteigen.
5. Ungedeckter Verlust von Möbeln, Hausrat und Bekleidung, z.B. durch Brand oder Wasserschaden.
6. Zahnersatz, Krankheit oder Tod, soweit die notwendigen Aufwendungen nicht durch eine Beihilfe, durch Versicherungsleistungen, sonstige Leistungen Dritter oder im Todesfall durch einen Nachlaß des Verstorbenen abgedeckt sind.
7. Krankheit oder Tod, wenn zu den notwendigen Aufwendungen keine Beihilfe gewährt werden kann, weil noch offen ist, ob ein Schadensersatzanspruch gegen einen Dritten oder eine Versicherung zusteht.

---

[1] Nr. **660**.

8. Schwere Erkrankung, Ableben und Bestattung von unterstützungsbedürftigen, beihilferechtlich nicht berücksichtigungsfähigen Familienangehörigen.
9. Beschaffen von Kraftfahrzeugen durch Schwerbehinderte mit einer nicht nur vorübergehenden Behinderung von mindestens 70 v.H. oder von mindestens 50 v.H. bei erheblicher Gehbehinderung, wenn sie ein eigenes Kraftfahrzeug für das Zurücklegen des Weges zwischen Wohnung und Arbeitsstätte benötigen.

(3) [1] Vorschüsse zum Beschaffen von Kraftfahrzeugen werden nur bewilligt, wenn in dem Zeitraum von fünf Jahren vor der Antragstellung kein Vorschuß aus dem gleichen Anlaß gewährt worden ist. [2] Dies gilt nicht, wenn das Kraftfahrzeug nach einem Totalschaden vorzeitig ersetzt werden muß.

(4) [1] Der Vorschuß muß in voller Höhe zweckentsprechend verwendet werden. [2] Nicht nachweislich zweckentsprechend verwendete Beträge sind unverzüglich zurückzuzahlen.

§ 4 Vorschußhöhe. (1) [1] Der Vorschuß kann bis zur Höhe der unabwendbaren nicht durch eigene Mittel abgedeckten Aufwendungen im Sinne des § 3 Abs. 1 gewährt werden. [2] Er darf jedoch 2556,46 €, in den Fällen des § 3 Abs. 2 Nrn. 9 und 10 3.579,04 €, nicht übersteigen.

(2) Abweichend von Absatz 1 Satz 2 darf der Vorschuß in den Fällen des § 3 Abs. 2 Nr. 7 den Betrag einer an sich möglichen Beihilfe, bei im Ausland entstandenen Aufwendungen den Betrag von 5112,92 €, nicht übersteigen.

(3) Werden mehrere Vorschüsse aus verschiedenen Anlässen nebeneinander beantragt oder wird vor der vollständigen Tilgung eines Vorschusses ein weiterer Vorschuß aus anderem Anlaß beantragt, so darf der jeweilige Vorschuß im Rahmen der Höchstbeträge nach den Absätzen 1 und 2 nur insoweit gewährt werden, als die Summe der Vorschüsse, gegebenenfalls unter Berücksichtigung der inzwischen vorgenommenen Tilgung, den für einen der Anlässe nach den Absätzen 1 und 2 höchstmöglichen Vorschuß um nicht mehr als 1278,23 € übersteigt.

§ 5 Tilgung. (1) [1] Der Vorschuß wird durch Abzug der von der Bewilligungsstelle festgesetzten monatlichen Tilgungsrate von den laufenden Bezügen des Beschäftigten getilgt. [2] Die Tilgung beginnt mit dem übernächsten Zahltag der laufenden Bezüge, der auf die Auszahlung des Vorschusses folgt.

(2) [1] Der Vorschuß ist in längstens vierzig Monaten in jeweils gleichen monatlichen Raten zu tilgen. [2] Die monatliche Tilgungsrate soll mindestens 51,13€ betragen. [3] Soweit der Vorschuß zu Leistungen verwendet wird, für die der Beschäftigte in der Folge Ersatz erhält (z.B. Versicherungsleistungen), ist dieser über die laufende Tilgung hinaus zur Abdeckung des Vorschusses zu verwenden. [4] Werden mehrere Vorschüsse nebeneinander bewilligt oder wird vor der vollständigen Tilgung eines Vorschusses ein weiterer Vorschuß aus anderem Anlaß bewilligt, so können die Vorschüsse zusammengelegt und die monatliche Tilgungsrate neu festgesetzt werden.

(3) [1] Der Vorschuß muß spätestens bis zum Ende des Beschäftigungsverhältnisses vollständig getilgt sein. [2] Bei vorzeitigem Ende des Beschäftigungsverhältnisses ist der Rest des Vorschusses in einer Summe zurückzuzahlen. [3] Endet das Beschäftigungsverhältnis vorzeitig aus Gründen, die der Beschäftigte nicht zu vertreten hat, so kann auf Antrag die Rückzahlung des Vorschußrestes im Rahmen der bisherigen Tilgungsraten weiter erfolgen.

(4) [1] Lassen besondere Umstände die laufende Tilgung des Vorschusses vorübergehend als Härte erscheinen, kann auf Antrag die monatliche Tilgungsrate für die Dauer bis zu zwölf Monaten bis auf die Hälfte ermäßigt oder die Tilgung für die Dauer bis zu sechs Monaten ausgesetzt werden. [2] Im Falle eines Erziehungsurlaubs nach dem Bundeserziehungsgeldgesetz oder nach den §§ 13 a ff. der Urlaubsverordnung und bei der Beurlaubung ohne Bezüge zur Ableistung des Grundwehrdienstes oder des Zivildienstes kann auf Antrag die Tilgung des Vorschusses für die gesamte Dauer der Beurlaubung ermäßigt oder ausgesetzt werden. [3] Dabei kann der Gesamttilgungszeitraum nach Absatz 2 Satz 1 entsprechend überschritten werden.

(5) [1] Bei einer Verminderung der laufenden Bezüge des Beschäftigten, bei einer längerfristigen Beurlaubung ohne Bezüge oder eines Überganges in eine Teilzeitbeschäftigung, kann auf Antrag die monatliche Tilgungsrate angemessen ermäßigt werden. [2] Dabei soll nach Möglichkeit der Gesamttilgungszeitraum von vierzig Monaten nicht überschritten werden.

§ 6 Bewilligung. (1) [1] Der Vorschuß wird auf Grund eines schriftlichen Antrags nach dem Muster der Anlage[1)] bewilligt. [2] Bewilligungsstelle ist, soweit die oberste Dienstbehörde nichts anderes bestimmt, die Stelle, der die Befugnis zur Festsetzung und Anordnung der laufenden Bezüge des Beschäftigten übertragen ist. [3] Die Bewilligungsstelle regelt gleichzeitig mit der Bewilligung des Vorschusses das Tilgungsverfahren.

[1)] Auf die Verwendung des Musters wird im Bereich der Notarkasse verzichtet.

(2) In besonderen Fällen kann das Staatsministerium der Finanzen Abweichungen von diesen Richtlinien zulassen.

§ 7 Andere Dienstherren. [1] Den Gemeinden, Gemeindeverbänden und sonstigen unter der Aufsicht des Staates stehenden Körperschaften, Anstalten und Stiftungen des öffentlichen Rechts wird empfohlen, beim Gewähren unverzinslicher Vorschüsse an ihre Beschäftigten diesen Richtlinien entsprechend zu verfahren. [2] Art. 8 BayBesG und Art. 17 BayAnpG – 2. BesVNG sind zu beachten.

§ 8 Inkrafttreten. Diese Richtlinien treten am 1. Juni 1980 in Kraft.

840. Gesetz über Teilzeitarbeit und befristete Arbeitsverträge (Teilzeit- und Befristungsgesetz – TzBfG)[1) 2)]

Vom 21. Dezember 2000

(BGBl. I S. 1966)

FNA 800-26

geänd. durch Art. 7 Erstes Dienstleistungs-ModernisierungsG v. 23. 12. 2002 (BGBl. I S. 4607), Art. 2 G zu Reformen am Arbeitsmarkt v. 24. 12. 2003 (BGBl. I S. 3002) und Art. 1 G zur Verbesserung der Beschäftigungschancen älterer Menschen v. 19. 4. 2007 (BGBl. I S. 538)

Erster Abschnitt. Allgemeine Vorschriften

§ 1 Zielsetzung. Ziel des Gesetzes ist, Teilzeitarbeit zu fördern, die Voraussetzungen für die Zulässigkeit befristeter Arbeitsverträge festzulegen und die Diskriminierung von teilzeitbeschäftigten und befristet beschäftigten Arbeitnehmern zu verhindern.

§ 2 Begriff des teilzeitbeschäftigten Arbeitnehmers. (1) [1] Teilzeitbeschäftigt ist ein Arbeitnehmer, dessen regelmäßige Wochenarbeitszeit kürzer ist als die eines vergleichbaren vollzeitbeschäftigten Arbeitnehmers. [2] Ist eine regelmäßige Wochenarbeitszeit nicht vereinbart, so ist ein Arbeitnehmer teilzeitbeschäftigt, wenn seine regelmäßige Arbeitszeit im Durchschnitt eines bis zu einem Jahr reichenden Beschäftigungszeitraums unter der eines vergleichbaren vollzeitbeschäftigten Arbeitnehmers liegt. [3] Vergleichbar ist ein vollzeitbeschäftigter Arbeitnehmer des Betriebes mit derselben Art des Arbeitsverhältnisses und der gleichen oder einer ähnlichen Tätigkeit. [4] Gibt es im Betrieb keinen vergleichbaren vollzeitbeschäftigten Arbeitnehmer, so ist der vergleichbare vollzeitbeschäftigte Arbeitnehmer auf Grund des anwendbaren Tarifvertrages zu bestimmen; in allen anderen Fällen ist darauf abzustellen, wer im jeweiligen Wirtschaftszweig üblicherweise als vergleichbarer vollzeitbeschäftigter Arbeitnehmer anzusehen ist.

(2) Teilzeitbeschäftigt ist auch ein Arbeitnehmer, der eine geringfügige Beschäftigung nach § 8 Abs. 1 Nr. 1 des Vierten Buches Sozialgesetzbuch ausübt.

§ 3 Begriff des befristet beschäftigten Arbeitnehmers. (1) [1] Befristet beschäftigt ist ein Arbeitnehmer mit einem auf bestimmte Zeit geschlossenen Arbeitsvertrag. [2] Ein auf bestimmte Zeit geschlossener Arbeitsvertrag (befristeter Arbeitsvertrag) liegt vor, wenn seine Dauer kalendermäßig bestimmt ist (kalendermäßig befristeter Arbeitsvertrag) oder sich aus Art, Zweck oder Beschaffenheit der Arbeitsleistung ergibt (zweckbefristeter Arbeitsvertrag).

(2) [1] Vergleichbar ist ein unbefristet beschäftigter Arbeitnehmer des Betriebes mit der gleichen oder einer ähnlichen Tätigkeit. [2] Gibt es im Betrieb keinen vergleichbaren unbefristet beschäftigten Arbeitnehmer, so ist der vergleichbare unbefristet beschäftigte Arbeitnehmer auf Grund des anwendbaren Tarifvertrages zu bestimmen; in allen anderen Fällen ist darauf abzustellen, wer im jeweiligen Wirtschaftszweig üblicherweise als vergleichbarer unbefristet beschäftigter Arbeitnehmer anzusehen ist.

§ 4 Verbot der Diskriminierung. (1) [1] Ein teilzeitbeschäftigter Arbeitnehmer darf wegen der Teilzeitarbeit nicht schlechter behandelt werden als ein vergleichbarer vollzeitbeschäftigter Arbeitnehmer, es sei denn, dass sachliche Gründe eine unterschiedliche Behandlung rechtfertigen. [2] Einem teilzeitbeschäftigten Arbeitnehmer ist Arbeitsentgelt oder einer andere teilbare geldwerte Leistung mindestens in dem Umfang zu gewähren, der dem Anteil seiner Arbeitszeit an der Arbeitszeit eines vergleichbaren vollzeitbeschäftigten Arbeitnehmers entspricht.

(2) [1] Ein befristet beschäftigter Arbeitnehmer darf wegen der Befristung des Arbeitsvertrages nicht schlechter behandelt werden als ein vergleichbarer unbefristet beschäftigter Arbeitnehmer, es sei denn, dass sachliche Gründe eine unterschiedliche Behandlung rechtfertigen. [2] Einem befristet beschäftigten Arbeitnehmer ist Arbeitsentgelt oder eine andere teilbare geldwerte Leis-

---

[1)] **Amtl. Anm.:** Dieses Gesetz dient der Umsetzung
- der Richtlinie 97/81/EG des Rates vom 15. Dezember 1997 zu der von UNICE, CEEP und EGB geschlossenen Rahmenvereinbarung über Teilzeitarbeit (ABl. EG 1998 Nr. L 14 S. 9)

und
- der Richtlinie 1990/70/EG des Rates vom 28. Juni 1999 zu der EGB-UNICE-CEEP-Rahmenvereinbarung über befristete Arbeitsverträge (ABl. EG 1999 Nr. L 175 S. 43).

[2)] Verkündet als Art. 1 G über Teilzeitarbeit und befristete Arbeitsverträge und zur Änd. und Aufhebung arbeitsrechtl. Bestimmungen v. 21. 12. 2000 (BGBl. I S. 1966); Inkrafttreten gem. Art. 4 dieses G am 1. 1. 2001.

tung, die für einen bestimmten Bemessungszeitraum gewährt wird, mindestens in dem Umfang zu gewähren, der dem Anteil seiner Beschäftigungsdauer am Bemessungszeitraum entspricht. [3] Sind bestimmte Beschäftigungsbedingungen von der Dauer des Bestehens des Arbeitsverhältnisses in demselben Betrieb oder Unternehmen abhängig, so sind für befristet beschäftigte Arbeitnehmer dieselben Zeiten zu berücksichtigen wie für unbefristet beschäftigte Arbeitsnehmer, es sei denn, dass eine unterschiedliche Berücksichtigung aus sachlichen Gründen gerechtfertigt ist.

§ 5 Benachteiligungsverbot. Der Arbeitgeber darf einen Arbeitnehmer nicht wegen der Inanspruchnahme von Rechten nach diesem Gesetz benachteiligen.

Zweiter Abschnitt. Teilzeitarbeit

§ 6 Förderung von Teilzeitarbeit. Der Arbeitgeber hat den Arbeitnehmern, auch in leitenden Positionen, Teilzeitarbeit nach Maßgabe dieses Gesetzes zu ermöglichen.

§ 7 Ausschreibung; Information über freie Arbeitsplätze. (1) Der Arbeitgeber hat einen Arbeitsplatz, den er öffentlich oder innerhalb des Betriebes ausschreibt, auch als Teilzeitarbeitsplatz auszuschreiben, wenn sich der Arbeitsplatz hierfür eignet.

(2) Der Arbeitgeber hat einen Arbeitnehmer, der ihm den Wunsch nach einer Veränderung von Dauer und Lage seiner vertraglich vereinbarten Arbeitszeit angezeigt hat, über entsprechende Arbeitsplätze zu informieren, die im Betrieb oder Unternehmen besetzt werden sollen.

(3) [1] Der Arbeitgeber hat die Arbeitnehmervertretung über Teilzeitarbeit im Betrieb und Unternehmen zu informieren, insbesondere über vorhandene oder geplante Teilzeitarbeitsplätze und über die Umwandlung von Teilzeitarbeitsplätzen in Vollzeitarbeitsplätze oder umgekehrt. [2] Der Arbeitnehmervertretung sind auf Verlangen die erforderlichen Unterlagen zur Verfügung zu stellen; § 92 des Betriebsverfassungsgesetzes bleibt unberührt.

§ 8 Verringerung der Arbeitszeit. (1) Ein Arbeitnehmer, dessen Arbeitsverhältnis länger als sechs Monate bestanden hat, kann verlangen, dass seine vertraglich vereinbarte Arbeitszeit verringert wird.

(2) [1] Der Arbeitnehmer muss die Verringerung seiner Arbeitszeit und den Umfang der Verringerung spätestens drei Monate vor deren Beginn geltend machen. [2] Er soll dabei die gewünschte Verteilung der Arbeitszeit angeben.

(3) [1] Der Arbeitgeber hat mit dem Arbeitnehmer die gewünschte Verringerung der Arbeitszeit mit dem Ziel zu erörtern, zu einer Vereinbarung zu gelangen. [2] Er hat mit dem Arbeitnehmer Einvernehmen über die von ihm festzulegende Verteilung der Arbeitszeit zu erzielen.

(4) [1] Der Arbeitgeber hat der Verringerung der Arbeitszeit zuzustimmen und ihre Verteilung entsprechend den Wünschen des Arbeitnehmers festzulegen, soweit betriebliche Gründe nicht entgegenstehen. [2] Ein betrieblicher Grund liegt insbesondere vor, wenn die Verringerung der Arbeitszeit die Organisation, den Arbeitsablauf oder die Sicherheit im Betrieb wesentlich beeinträchtigt oder unverhältnismäßige Kosten verursacht. [3] Die Ablehnungsgründe können durch Tarifvertrag festgelegt werden. [4] Im Geltungsbereich eines solchen Tarifvertrages können nicht tarifgebundene Arbeitgeber und Arbeitnehmer die Anwendung der tariflichen Regelungen über die Ablehnungsgründe vereinbaren.

(5) [1] Die Entscheidung über die Verringerung der Arbeitszeit und ihre Verteilung hat der Arbeitgeber dem Arbeitnehmer spätestens einen Monat vor dem gewünschten Beginn der Verringerung schriftlich mitzuteilen. [2] Haben sich Arbeitgeber und Arbeitnehmer nicht nach Absatz 3 Satz 1 über die Verringerung der Arbeitszeit geeinigt und hat der Arbeitgeber die Arbeitszeitverringerung nicht spätestens einen Monat vor deren gewünschtem Beginn schriftlich abgelehnt, verringert sich die Arbeitszeit in dem vom Arbeitnehmer gewünschten Umfang. [3] Haben Arbeitgeber und Arbeitnehmer über die Verteilung der Arbeitszeit kein Einvernehmen nach Absatz 3 Satz 2 erzielt und hat der Arbeitgeber nicht spätestens einen Monat vor dem gewünschten Beginn der Arbeitszeitverringerung die gewünschte Verteilung der Arbeitszeit schriftlich abgelehnt, gilt die Verteilung der Arbeitszeit entsprechend den Wünschen des Arbeitnehmers als festgelegt. [4] Der Arbeitgeber kann die nach Satz 3 oder Absatz 3 Satz 2 festgelegte Verteilung der Arbeitszeit wieder ändern, wenn das betriebliche Interesse daran das Interesse des Arbeitnehmers an der Beibehaltung erheblich überwiegt und der Arbeitgeber die Änderung spätestens einen Monat vorher angekündigt hat.

(6) Der Arbeitnehmer kann eine erneute Verringerung der Arbeitszeit frühestens nach Ablauf von zwei Jahren verlangen, nachdem der Arbeitgeber einer Verringerung zugestimmt oder sie berechtigt abgelehnt hat.

840

(7) Für den Anspruch auf Verringerung der Arbeitszeit gilt die Voraussetzung, dass der Arbeitgeber, unabhängig von der Anzahl der Personen in Berufsbildung, in der Regel mehr als 15 Arbeitnehmer beschäftigt.

§ 9 Verlängerung der Arbeitszeit. Der Arbeitgeber hat einen teilzeitbeschäftigten Arbeitnehmer, der ihm den Wunsch nach einer Verlängerung seiner vertraglich vereinbarten Arbeitszeit angezeigt hat, bei der Besetzung eines entsprechenden freien Arbeitsplatzes bei gleicher Eignung bevorzugt zu berücksichtigen, es sei denn, dass dringende betriebliche Gründe oder Arbeitszeitwünsche anderer teilzeitbeschäftigter Arbeitnehmer entgegenstehen.

§ 10 Aus- und Weiterbildung. Der Arbeitgeber hat Sorge zu tragen, dass auch teilzeitbeschäftigte Arbeitnehmer an Aus- und Weiterbildungsmaßnahmen zur Förderung der beruflichen Entwicklung und Mobilität teilnehmen können, es sei denn, dass dringende betriebliche Gründe oder Aus- und Weiterbildungswünsche anderer teilzeit- oder vollzeitbeschäftigter Arbeitnehmer entgegenstehen.

§ 11 Kündigungsverbot. [1] Die Kündigung eines Arbeitverhältnisses wegen der Weigerung eines Arbeitnehmers, von einem Vollzeit- in ein Teilzeitarbeitsverhältnis oder umgekehrt zu wechseln, ist unwirksam. [2] Das Recht zur Kündigung des Arbeitsverhältnisses aus anderen Gründen bleibt unberührt.

§ 12 Arbeit auf Abruf. (1) [1] Arbeitgeber und Arbeitnehmer können vereinbaren, dass der Arbeitnehmer seine Arbeitsleistung entsprechend dem Arbeitsanfall zu erbringen hat (Arbeit auf Abruf). [2] Die Vereinbarung muss eine bestimmte Dauer der wöchentlichen und täglichen Arbeitszeit festlegen. [3] Wenn die Dauer der wöchentlichen Arbeitszeit nicht festgelegt ist, gilt eine Arbeitszeit von zehn Stunden als vereinbart. [4] Wenn die Dauer der täglichen Arbeitszeit nicht festgelegt ist, hat der Arbeitgeber die Arbeitsleistung des Arbeitnehmers jeweils für mindestens drei aufeinander folgende Stunden in Anspruch zu nehmen.

(2) Der Arbeitnehmer ist nur zur Arbeitsleistung verpflichtet, wenn der Arbeitgeber ihm die Lage seiner Arbeitszeit jeweils mindestens vier Tage im Voraus mitteilt.

(3) [1] Durch Tarifvertrag kann von den Absätzen 1 und 2 auch zuungunsten des Arbeitnehmers abgewichen werden, wenn der Tarifvertrag Regelungen über die tägliche und wöchentliche Arbeitszeit und die Vorankündigungsfrist vorsieht. [2] Im Geltungsbereich eines solchen Tarifvertrages können nicht tarifgebundene Arbeitgeber und Arbeitnehmer die Anwendung der tariflichen Regelungen über die Arbeit auf Abruf vereinbaren.

§ 13 Arbeitsplatzteilung. (1) [1] Arbeitgeber und Arbeitnehmer können vereinbaren, dass mehrere Arbeitnehmer sich die Arbeitszeit an einem Arbeitsplatz teilen (Arbeitsplatzteilung). [2] Ist einer dieser Arbeitnehmer an der Arbeitsleistung verhindert, sind die anderen Arbeitnehmer zur Vertretung verpflichtet, wenn sie der Vertretung im Einzelfall zugestimmt haben. [3] Eine Pflicht zur Vertretung besteht auch, wenn der Arbeitsvertrag bei Vorliegen dringender betrieblicher Gründe eine Vertretung vorsieht und diese im Einzelfall zumutbar ist.

(2) [1] Scheidet ein Arbeitnehmer aus der Arbeitsplatzteilung aus, so ist die darauf gestützte Kündigung des Arbeitsverhältnisses eines anderen in die Arbeitsplatzteilung einbezogenen Arbeitnehmers durch den Arbeitgeber unwirksam. [2] Das Recht zur Änderungskündigung aus diesem Anlass und zur Kündigung des Arbeitsverhältnisses aus anderen Gründen bleibt unberührt.

(3) Die Absätze 1 und 2 sind entsprechend anzuwenden, wenn sich Gruppen von Arbeitnehmern auf bestimmten Arbeitsplätzen in festgelegten Zeitabschnitten abwechseln, ohne dass eine Arbeitsplatzteilung im Sinne des Absatzes 1 vorliegt.

(4) [1] Durch Tarifvertrag kann von den Absätzen 1 und 3 auch zuungunsten des Arbeitnehmers abgewichen werden, wenn der Tarifvertrag Regelungen über die Vertretung der Arbeitnehmer enthält. [2] Im Geltungsbereich eines solchen Tarifvertrages können nicht tarifgebundene Arbeitgeber und Arbeitnehmer die Anwendung der tariflichen Regelungen über die Arbeitsplatzteilung vereinbaren.

Dritter Abschnitt. Befristete Arbeitsverträge

§ 14[1)] Zulässigkeit der Befristung. (1) [1] Die Befristung eines Arbeitsvertrages ist zulässig, wenn sie durch einen sachlichen Grund gerechtfertigt ist. [2] Ein sachlicher Grund liegt insbesondere vor, wenn

1. der betriebliche Bedarf an der Arbeitsleistung nur vorübergehend besteht,
2. die Befristung im Anschluss an eine Ausbildung oder ein Studium erfolgt, um den Übergang des Arbeitnehmers in eine Anschlussbeschäftigung zu erleichtern,
3. der Arbeitnehmer zur Vertretung eines anderen Arbeitnehmers beschäftigt wird,
4. die Eigenart der Arbeitsleistung die Befristung rechtfertigt,
5. die Befristung zur Erprobung erfolgt,
6. in der Person des Arbeitnehmers liegende Gründe die Befristung rechtfertigen,
7. der Arbeitnehmer aus Haushaltsmitteln vergütet wird, die haushaltsrechtlich für eine befristete Beschäftigung bestimmt sind, und er entsprechend beschäftigt wird oder
8. die Befristung auf einem gerichtlichen Vergleich beruht.

(2) [1] Die kalendermäßige Befristung eines Arbeitsvertrages ohne Vorliegen eines sachlichen Grundes ist bis zur Dauer von zwei Jahren zulässig; bis zu dieser Gesamtdauer von zwei Jahren ist auch die höchstens dreimalige Verlängerung eines kalendermäßig befristeten Arbeitsvertrages zulässig. [2] Eine Befristung nach Satz 1 ist nicht zulässig, wenn mit demselben Arbeitgeber bereits zuvor ein befristetes oder unbefristetes Arbeitsverhältnis bestanden hat. [3] Durch Tarifvertrag kann die Anzahl der Verlängerungen oder die Höchstdauer der Befristung abweichend von Satz 1 festgelegt werden. [4] Im Geltungsbereich eines solchen Tarifvertrages können nicht tarifgebundene Arbeitgeber und Arbeitnehmer die Anwendung der tariflichen Regelungen vereinbaren.

(2 a) [1] In den ersten vier Jahren nach der Gründung eines Unternehmens ist die kalendermäßige Befristung eines Arbeitsvertrages ohne Vorliegen eines sachlichen Grundes bis zur Dauer von vier Jahren zulässig; bis zu dieser Gesamtdauer von vier Jahren ist auch die mehrfache Verlängerung eines kalendermäßig befristeten Arbeitsvertrages zulässig. [2] Dies gilt nicht für Neugründungen im Zusammenhang mit der rechtlichen Umstrukturierung von Unternehmen und Konzernen. [3] Maßgebend für den Zeitpunkt der Gründung des Unternehmens ist die Aufnahme einer Erwerbstätigkeit, die nach § 138 der Abgabenordnung der Gemeinde oder dem Finanzamt mitzuteilen ist. [4] Auf die Befristung eines Arbeitsvertrages nach Satz 1 findet Absatz 2 Satz 2 bis 4 entsprechende Anwendung.

(3) [1] Die kalendermäßige Befristung eines Arbeitsvertrages ohne Vorliegen eines sachlichen Grundes ist bis zu einer Dauer von fünf Jahren zulässig, wenn der Arbeitnehmer bei Beginn des befristeten Arbeitsverhältnisses das 52. Lebensjahr vollendet hat und unmittelbar vor Beginn des befristeten Arbeitsverhältnisses mindestens vier Monate beschäftigungslos im Sinne des § 119 Abs. 1 Nr. 1 des Dritten Buches Sozialgesetzbuch gewesen ist, Transferkurzarbeitergeld bezogen oder an einer öffentlich geförderten Beschäftigungsmaßnahme nach dem Zweiten oder Dritten Buch Sozialgesetzbuch teilgenommen hat. [2] Bis zu der Gesamtdauer von fünf Jahren ist auch die mehrfache Verlängerung des Arbeitsvertrages zulässig.

(4) Die Befristung eines Arbeitsvertrages bedarf zu ihrer Wirksamkeit der Schriftform.

§ 15 Ende des befristeten Arbeitsvertrages. (1) Ein kalendermäßig befristeter Arbeitsvertrag endet mit Ablauf der vereinbarten Zeit.

(2) Ein zweckbefristeter Arbeitsvertrag endet mit Erreichen des Zwecks, frühestens jedoch zwei Wochen nach Zugang der schriftlichen Unterrichtung des Arbeitnehmers durch den Arbeitgeber über den Zeitpunkt der Zweckerreichung.

(3) Ein befristetes Arbeitsverhältnis unterliegt nur dann der ordentlichen Kündigung, wenn dies einzelvertraglich oder im anwendbaren Tarifvertrag vereinbart ist.

(4) [1] Ist das Arbeitsverhältnis für die Lebenszeit einer Person oder für längere Zeit als fünf Jahre eingegangen, so kann es von dem Arbeitnehmer nach Ablauf von fünf Jahren gekündigt werden. [2] Die Kündigungsfrist beträgt sechs Monate.

(5) Wird das Arbeitsverhältnis nach Ablauf der Zeit, für die es eingegangen ist, oder nach Zweckerreichung mit Wissen des Arbeitgebers fortgesetzt, so gilt es als auf unbestimmte Zeit verlängert, wenn der Arbeitgeber nicht unverzüglich widerspricht oder dem Arbeitnehmer die Zweckerreichung nicht unverzüglich mitteilt.

[1)] § 14 Abs. 3 Satz 4 angef. mWv 1. 1. 2003 durch G v. 23. 12. 2002 (BGBl. I S. 4607); Abs. 2 a eingef. mWv 1. 1. 2004 durch G v. 24. 12. 2003 (BGBl. I S 3002) ; Abs. 3 neu gef. mWv 1. 5. 2007 durch G v. 19. 4. 2007 (BGBl. I S. 538).

§ 16 Folgen unwirksamer Befristung. [1] Ist die Befristung rechtsunwirksam, so gilt der befristete Arbeitsvertrag als auf unbestimmte Zeit geschlossen; er kann vom Arbeitgeber frühestens zum vereinbarten Ende ordentlich gekündigt werden, sofern nicht nach § 15 Abs. 3 die ordentliche Kündigung zu einem früheren Zeitpunkt möglich ist. [2] Ist die Befristung nur wegen des Mangels der Schriftform unwirksam, kann der Arbeitsvertrag auch vor dem vereinbarten Ende ordentlich gekündigt werden.

§ 17 Anrufung des Arbeitsgerichts. [1] Will der Arbeitnehmer geltend machen, dass die Befristung eines Arbeitsvertrages rechtsunwirksam ist, so muss er innerhalb von drei Wochen nach dem vereinbarten Ende des befristeten Arbeitsvertrages Klage beim Arbeitsgericht auf Feststellung erheben, dass das Arbeitsverhältnis auf Grund der Befristung nicht beendet ist. [2] Die §§ 5 bis 7 des Kündigungsschutzgesetzes gelten entsprechend. [3] Wird das Arbeitsverhältnis nach dem vereinbarten Ende fortgesetzt, so beginnt die Frist nach Satz 1 mit dem Zugang der schriftlichen Erklärung des Arbeitgebers, dass das Arbeitsverhältnis auf Grund der Befristung beendet sei.

§ 18 Information über unbefristete Arbeitsplätze. [1] Der Arbeitgeber hat die befristet beschäftigten Arbeitnehmer über entsprechende unbefristete Arbeitsplätze zu informieren, die besetzt werden sollen. [2] Die Information kann durch allgemeine Bekanntgabe an geeigneter, den Arbeitnehmern zugänglicher Stelle im Betrieb und Unternehmen erfolgen.

§ 19 Aus- und Weiterbildung. Der Arbeitgeber hat Sorge zu tragen, dass auch befristet beschäftigte Arbeitnehmer an angemessenen Aus- und Weiterbildungsmaßnahmen zur Förderung der beruflichen Entwicklung und Mobilität teilnehmen können, es sei denn, dass dringende betriebliche Gründe oder Aus- und Weiterbildungswünsche anderer Arbeitnehmer entgegenstehen.

§ 20 Information der Arbeitnehmervertretung. Der Arbeitgeber hat die Arbeitnehmervertretung über die Anzahl der befristet beschäftigten Arbeitnehmer und ihren Anteil an der Gesamtbelegschaft des Betriebes und des Unternehmens zu informieren.

§ 21 Auflösend bedingte Arbeitsverträge. Wird der Arbeitsvertrag unter einer auflösenden Bedingung geschlossen, gelten § 4 Abs. 2, § 5, § 14 Abs. 1 und 4, § 15 Abs. 2, 3 und 5 sowie die §§ 16 bis 20 entsprechend.

Vierter Abschnitt. Gemeinsame Vorschriften

§ 22 Abweichende Vereinbarungen. (1) Außer in den Fällen des § 12 Abs. 3, § 13 Abs. 4 und § 14 Abs. 2 Satz 3 und 4 kann von den Vorschriften dieses Gesetzes nicht zuungunsten des Arbeitnehmers abgewichen werden.

(2) Enthält ein Tarifvertrag für den öffentlichen Dienst Bestimmungen im Sinne des § 8 Abs. 4 Satz 3 und 4, § 12 Abs. 3, § 13 Abs. 4, § 14 Abs. 2 Satz 3 und 4 oder § 15 Abs. 3, so gelten diese Bestimmungen auch zwischen nicht tarifgebundenen Arbeitgebern und Arbeitnehmern außerhalb des öffentlichen Dienstes, wenn die Anwendung der für den öffentlichen Dienst geltenden tarifvertraglichen Bestimmungen zwischen ihnen vereinbart ist und die Arbeitgeber die Kosten des Betriebes überwiegend mit Zuwendungen im Sinne des Haushaltsrechts decken.

§ 23 Besondere gesetzliche Regelungen. Besondere Regelungen über Teilzeitarbeit und über die Befristung von Arbeitsverträgen nach anderen gesetzlichen Vorschriften bleiben unberührt.

841. Altersteilzeitgesetz[1) 2)]

Vom 23. Juli 1996

(BGBl. I S. 1078)

FNA 810-36

geänd. durch Arbeitsförderungs-ReformG v. 24. 3. 1997 (BGBl. I S. 594), Erstes SGB III-ÄndG v. 16. 12. 1997 (BGBl. I S. 2970), RentenreformG 1999 v. 16. 12. 1997 (BGBl. I S. 2998), G zur sozialr. Absicherung flexibler Arbeitszeitregelungen v. 6. 4. 1998 (BGBl. I S. 688), Art. 8 G zur Neuregelung der geringfügigen Beschäftigungsverhältnisse v. 24. 3. 1999 (BGBl. I S. 388), Zweites SGB III-Änderungsgesetz v. 21. 7. 1999 (BGBl. I S. 1648), G zur Fortentwicklung der Altersteilzeit v. 20. 12. 1999 (BGBl. I S. 2494), Zweites G zur Fortentwicklung der Altersteilzeit v. 27. 6. 2000 (BGBl. I S. 910), Art. 43 Viertes Euro-Einführungsgesetz v. 21. 12. 2000 (BGBl. I S. 1983), Art. 8 AltersvermögensergänzungsG v. 21. 3. 2001 (BGBl. I S. 403), Art. 43 SGB IX v. 19. 6. 2001 (BGBl. I S. 1046), Art. 6 c Zweites Dienstleistungs-ModernisierungsG v. 23. 12. 2002 (BGBl. I S. 4621), Art. 95 Drittes G für moderne Dienstleistungen am Arbeitsmarkt v. 23. 12. 2003 (BGBl. I S. 2848), Art. 42 Viertes G für moderne Dienstleistungen am Arbeitsmarkt v. 24. 12. 2003 (BGBl. I S. 2954), Art. 2 d EU-ArbeitsmarktzugangsG v. 23. 4. 2004 (BGBl. I S. 602), Art. 14 G zur Intensivierung der Bekämpfung der Schwarzarbeit und damit zusammenhängender Steuerhinterziehung v. 23. 7. 2004 (BGBl. I S. 1842), Art. 12 G zur Förderung ganzjähriger Beschäftigung v. 24. 4. 2006 (BGBl. I S. 926), Art. 234 Neunte ZuständigkeitsanpassungsVO v. 31. 10. 2006 (BGBl. I S. 2407), Art. 14 RV-AltersgrenzenanpassungsG v. 20. 4. 2007 (BGBl. I S. 554), Art. 11 G zur Änd. des SGB IV und and. G v. 19. 12. 2007 (BGBl. I S. 3024), Art. 26 a JahressteuerG 2008 v. 20. 12. 2007 (BGBl. I S. 3150), Art. 2 G zur Verbesserung der Rahmenbedingungen für die Absicherung flexibler Arbeitszeitregelungen und zur Änd. anderer G v. 21. 12. 2008 (BGBl. I S. 2940) und Art. 4 ELENA-VerfahrensG v. 28. 3. 2009 (BGBl. I S. 634)

Nichtamtliche Inhaltsübersicht

§ 1[3)] Grundsatz. (1) Durch Altersteilzeitarbeit soll älteren Arbeitnehmern ein gleitender Übergang vom Erwerbsleben in die Altersrente ermöglicht werden.

(2) Die Bundesagentur für Arbeit (Bundesagentur) fördert durch Leistungen nach diesem Gesetz die Teilzeitarbeit älterer Arbeitnehmer, die ihre Arbeitszeit ab Vollendung des 55. Lebensjahres spätestens ab 31. Dezember 2009 vermindern und damit die Einstellung eines sonst arbeitslosen Arbeitnehmers ermöglichen.

(3) [1] Altersteilzeit im Sinne dieses Gesetzes liegt unabhängig von einer Förderung durch die Bundesagentur auch vor bei einer Teilzeitarbeit älterer Arbeitnehmer, die ihre Arbeitszeit ab Vollendung des 55. Lebensjahres nach dem 31. Dezember 2009 vermindern. [2] Für die Anwendung des § 3 Nr. 28 des Einkommensteuergesetzes kommt es nicht darauf an, dass die Altersteilzeit vor dem 1. Januar 2010 begonnen wurde und durch die Bundesagentur nach § 4 gefördert wird.

---

1) Verkündet als Art. 1 des G zur Förderung eines gleitenden Übergangs in den Ruhestand v. 23. 7. 1996 (BGBl. I S. 1078); Inkrafttreten gem. Art. 10 Satz 1 dieses G am 1. 8. 1996.

2) Die Änderung durch G v. 28. 3. 2009 (BGBl. I S. 634) tritt erst **mWv 1. 1. 2012** in Kraft und ist im Text noch nicht berücksichtigt.

3) § 1 Abs. 2 geänd. durch G v. 6. 4. 1998 (BGBl. I S. 688), Abs. 2 geänd. mWv 1. 7. 2000 durch G v. 27. 6. 2000 (BGBl. I S. 910); Abs. 2 geänd. mWv 1. 7. 2004 durch G v. 23. 12. 2003 (BGBl. I S. 2848); Abs. 3 angef. mWv 29. 12. 2007 durch G v. 20. 12. 2007 (BGBl. I S. 3150).

§ 2[1] Begünstigter Personenkreis. (1) Leistungen werden für Arbeitnehmer gewährt, die

1. das 55. Lebensjahr vollendet haben,
2. nach dem 14. Februar 1996 auf Grund einer Vereinbarung mit ihrem Arbeitgeber, die sich zumindest auf die Zeit erstrecken muß, bis eine Rente wegen Alters beansprucht werden kann, ihre Arbeitszeit auf die Hälfte der bisherigen wöchentlichen Arbeitszeit vermindert haben, und versicherungspflichtig beschäftigt im Sinne des Dritten Buches Sozialgesetzbuch sind (Altersteilzeitarbeit) und
3. innerhalb der letzten fünf Jahre vor Beginn der Altersteilzeitarbeit mindestens 1 080 Kalendertage in einer versicherungspflichtigen Beschäftigung nach dem Dritten Buch Sozialgesetzbuch oder nach den Vorschriften eines Mitgliedstaates, in dem die Verordnung (EWG) Nr. 1408/71 des Rates der Europäischen Union Anwendung findet, gestanden haben. Zeiten mit Anspruch auf Arbeitslosengeld oder Arbeitslosenhilfe, Zeiten des Bezuges von Arbeitslosengeld II sowie Zeiten, in denen Versicherungspflicht nach § 26 Abs. 2 des Dritten Buches Sozialgesetzbuch bestand, stehen der versicherungspflichtigen Beschäftigung gleich. § 427 Abs. 3 des Dritten Buches Sozialgesetzbuch gilt entsprechend.

(2) [1] Sieht die Vereinbarung über die Altersteilzeitarbeit unterschiedliche wöchentliche Arbeitszeiten oder eine unterschiedliche Verteilung der wöchentlichen Arbeitszeit vor, ist die Voraussetzung nach Absatz 1 Nr. 2 auch erfüllt, wenn

1. die wöchentliche Arbeitszeit im Durchschnitt eines Zeitraums von bis zu drei Jahren oder bei Regelung in einem Tarifvertrag, auf Grund eines Tarifvertrages in einer Betriebsvereinbarung oder in einer Regelung der Kirchen und der öffentlich-rechtlichen Religionsgesellschaften im Durchschnitt eines Zeitraums von bis zu sechs Jahren die Hälfte der bisherigen wöchentlichen Arbeitszeit nicht überschreitet und der Arbeitnehmer versicherungspflichtig beschäftigt im Sinne des Dritten Buches Sozialgesetzbuch ist und
2. das Arbeitsentgelt für die Altersteilzeitarbeit sowie der Aufstockungsbetrag nach § 3 Abs. 1 Nr. 1 Buchstabe a fortlaufend gezahlt werden.

[2] Im Geltungsbereich eines Tarifvertrages nach Satz 1 Nr. 1 kann die tarifvertragliche Regelung im Betrieb eines nicht tarifgebundenen Arbeitgebers durch Betriebsvereinbarung oder, wenn ein Betriebsrat nicht besteht, durch schriftliche Vereinbarung zwischen dem Arbeitgeber und dem Arbeitnehmer übernommen werden. [3] Können auf Grund eines solchen Tarifvertrages abweichende Regelungen in einer Betriebsvereinbarung getroffen werden, kann auch in Betrieben eines nicht tarifgebundenen Arbeitgebers davon Gebrauch gemacht werden. [4] Satz 1 Nr. 1, 2. Alternative gilt entsprechend. [5] In einem Bereich, in dem tarifvertragliche Regelungen zur Verteilung der Arbeitszeit nicht getroffen sind oder üblicherweise nicht getroffen werden, kann eine Regelung im Sinne des Satzes 1 Nr. 1, 2. Alternative auch durch Betriebsvereinbarung oder, wenn ein Betriebsrat nicht besteht, durch schriftliche Vereinbarung zwischen Arbeitgeber und Arbeitnehmer getroffen werden.

(3) [1] Sieht die Vereinbarung über die Altersteilzeitarbeit unterschiedliche wöchentliche Arbeitszeiten oder eine unterschiedliche Verteilung der wöchentlichen Arbeitszeit über einen Zeitraum von mehr als sechs Jahren vor, ist die Voraussetzung nach Absatz 1 Nr. 2 auch erfüllt, wenn die wöchentliche Arbeitszeit im Durchschnitt eines Zeitraums von sechs Jahren, der innerhalb des Gesamtzeitraums der vereinbarten Altersteilzeitarbeit liegt, die Hälfte der bisherigen wöchentlichen Arbeitszeit nicht überschreitet, der Arbeitnehmer versicherungspflichtig beschäftigt im Sinne des Dritten Buches Sozialgesetzbuch ist und die weiteren Voraussetzungen des Absatzes 2 vorliegen. [2] Die Leistungen nach § 3 Abs. 1 Nr. 1 sind nur in dem in Satz 1 genannten Zeitraum von sechs Jahren zu erbringen.

§ 3[2] Anspruchsvoraussetzungen. (1) Der Anspruch auf die Leistungen nach § 4 setzt voraus, daß

[1] § 2 Abs. 1 Nr. 3 neu gef. durch G v. 24. 3. 1997 (BGBl. I S. 594), Abs. 1 Nr. 2 und Abs. 2 Nr. 1 zuletzt geänd. durch G v. 16. 12. 1997 (BGBl. I S. 2970), Abs. 2 neu gef., Abs. 3 eingef. durch G v. 6. 4. 1998 (BGBl. I S. 688), Abs. 1 Nr. 2 geänd. durch G v. 21. 7. 1999 (BGBl. I S. 1648), Abs. 1 Nr. 2, Abs. 2 Satz 1 Nr. 1, Abs. 3 Satz 1 geänd., Nr. 3 neu gef. durch G v. 20. 12. 1999 (BGBl. I S. 2494), Abs. 2 Satz 1 Nr. 1 und Abs. 3 geänd. mWv 1. 7. 2000 durch G v. 27. 6. 2000 (BGBl. I S. 910); Abs. 1 Satz 1 Nr. 3 geänd. mWv 1. 7. 2004 durch G v. 23. 12. 2003 (BGBl. I S. 2848); Abs. 1 Nr. 3 Satz 2 geänd. mWv 1. 1. 2005 durch G v. 24. 12. 2003 (BGBl. I S. 2954).

[2] § 3 Abs. 1 Nr. 1 Buchstabe a u. b, Nr. 2 geänd. durch G v. 24. 03. 1997 (BGBl. I S. 594), Abs. 1 Nr. 2 neu gef., Abs. 1 a eingef., Abs. 3 geänd. durch G v. 6. 4. 1998 (BGBl. I S. 688), Abs. 1 Nr. 1 Buchst. a u. b geänd., Abs. 1 a Satz 2 angef., Abs. 1 Nr. 2 neu gef. durch G v. 20. 12. 1999 (BGBl. I S. 2494); Abs. 1 Nr. 1 Buchst. a und b neu gef., Nr. 2 Buchst. a, Abs. 3 geänd., Abs. 1 a Satz 1 aufgeh., bish. Satz 2 wird alleiniger Wortlaut mWv 1. 7. 2004 durch G v. 23. 12. 2003 (BGBl. I S. 2848); Abs. 1 Satz 2 angef. mWv 1. 1. 2005 durch G v. 24. 12. 2003 (BGBl. I S. 2954); Abs. 1 Satz 1 Nr. 2 Buchst. a geänd., Satz 2 aufgeh. mWv 1. 1. 2008 durch G v. 19. 12. 2007 (BGBl. I S. 3024).

1. der Arbeitgeber auf Grund eines Tarifvertrages, einer Regelung der Kirchen und der öffentlich-rechtlichen Religionsgesellschaften, einer Betriebsvereinbarung oder einer Vereinbarung mit dem Arbeitnehmer
   a) das Regelarbeitsentgelt für die Altersteilzeitarbeit um mindestens 20 vom Hundert aufgestockt hat, wobei die Aufstockung auch weitere Entgeltbestandteile umfassen kann, und
   b) für den Arbeitnehmer zusätzlich Beiträge zur gesetzlichen Rentenversicherung mindestens in Höhe des Beitrags entrichtet hat, der auf 80 vom Hundert des Regelarbeitsentgelts für die Altersteilzeitarbeit, begrenzt auf den Unterschiedsbetrag zwischen 90 vom Hundert der monatlichen Beitragsbemessungsgrenze und dem Regelarbeitsentgelt, entfällt, höchstens bis zur Beitragsbemessungsgrenze, sowie
2. der Arbeitgeber aus Anlass des Übergangs des Arbeitnehmers in die Altersteilzeitarbeit
   a) einen bei einer Agentur für Arbeit arbeitslos gemeldeten Arbeitnehmer, einen Bezieher von Arbeitslosengeld II oder einen Arbeitnehmer nach Abschluss der Ausbildung auf dem freigemachten oder auf einem in diesem Zusammenhang durch Umsetzung frei gewordenen Arbeitsplatz versicherungspflichtig im Sinne des Dritten Buches Sozialgesetzbuch beschäftigt; bei Arbeitgebern, die in der Regel nicht mehr als 50 Arbeitnehmer beschäftigen, wird unwiderleglich vermutet, dass der Arbeitnehmer auf dem freigemachten oder auf einem in diesem Zusammenhang durch Umsetzung frei gewordenen Arbeitsplatz beschäftigt wird, oder
   b) einen Auszubildenden versicherungspflichtig im Sinne des Dritten Buches Sozialgesetzbuch beschäftigt, wenn der Arbeitgeber in der Regel nicht mehr als 50 Arbeitnehmer beschäftigt

   und
3. die freie Entscheidung des Arbeitgebers bei einer über fünf vom Hundert der Arbeitnehmer des Betriebes hinausgehenden Inanspruchnahme sichergestellt ist oder eine Ausgleichskasse der Arbeitgeber oder eine gemeinsame Einrichtung der Tarifvertragsparteien besteht, wobei beide Voraussetzungen in Tarifverträgen verbunden werden können.

(1 a) Die Voraussetzungen des Absatzes 1 Nr. 1 Buchstabe a sind auch erfüllt, wenn Bestandteile des Arbeitsentgelts, die für den Zeitraum der vereinbarten Altersteilzeitarbeit nicht vermindert worden sind, bei der Aufstockung außer Betracht bleiben.

(2) Für die Zahlung der Beiträge nach Absatz 1 Nr. 1 Buchstabe b gelten die Bestimmungen des Sechsten Buches Sozialgesetzbuch über die Beitragszahlung aus dem Arbeitsentgelt.

(3) Hat der in Altersteilzeitarbeit beschäftigte Arbeitnehmer die Arbeitsleistung oder Teile der Arbeitsleistung im voraus erbracht, so ist die Voraussetzung nach Absatz 1 Nr. 2 bei Arbeitszeiten nach § 2 Abs. 2 und 3 erfüllt, wenn die Beschäftigung eines bei einer Agentur für Arbeit arbeitslos gemeldeten Arbeitnehmers oder eines Arbeitnehmers nach Abschluß der Ausbildung auf dem freigemachten oder durch Umsetzung freigewordenen Arbeitsplatz erst nach Erbringung der Arbeitsleistung erfolgt.

§ 4[1] Leistungen. (1) Die Bundesagentur erstattet dem Arbeitgeber für längstens sechs Jahre

1. den Aufstockungsbetrag nach § 3 Abs. 1 Nr. 1 Buchstabe a in Höhe von 20 vom Hundert des für die Altersteilzeitarbeit gezahlten Regelarbeitsentgelts und
2. den Betrag, der nach § 3 Abs. 1 Nr. 1 Buchstabe b in Höhe des Beitrags geleistet worden ist, der auf den Betrag entfällt, der sich aus 80 vom Hundert des Regelarbeitsentgelts für die Altersteilzeitarbeit ergibt, jedoch höchstens des auf den Unterschiedsbetrag zwischen 90 vom Hundert der monatlichen Beitragsbemessungsgrenze und dem Regelarbeitsentgelt entfallenden Beitrags.

(2) [1] Bei Arbeitnehmern, die nach § 6 Abs. 1 Satz 1 Nr. 1 oder § 231 Abs. 1 und 2 des Sechsten Buches Sozialgesetzbuch von der Versicherungspflicht befreit sind, werden Leistungen nach Absatz 1 auch erbracht, wenn die Voraussetzung des § 3 Abs. 1 Nr. 1 Buchstabe b nicht erfüllt ist. [2] Dem Betrag nach Absatz 1 Nr. 2 stehen in diesem Fall vergleichbare Aufwendungen des Arbeitgebers bis zur Höhe des Beitrags gleich, den die Bundesagentur nach Absatz 1 Nr. 2 zu tragen hätte, wenn der Arbeitnehmer nicht von der Versicherungspflicht befreit wäre.

§ 5[2] Erlöschen und Ruhen des Anspruchs. (1) Der Anspruch auf die Leistungen nach § 4 erlischt

1. mit Ablauf des Kalendermonats, in dem der Arbeitnehmer die Altersteilzeitarbeit beendet hat,

---

[1] § 4 Abs. 1 Nr. 2 geänd. durch G v. 20. 12. 1999 (BGBl. I S. 2494), Abs. 1 geänd. mWv 1. 7. 2000 durch G v. 27. 6. 2000 (BGBl. I S. 910); Abs. 1 neu gef., Abs. 2 Satz 2 geänd. mWv 1. 7. 2004 durch G v. 23. 12. 2003 (BGBl. I S. 2848).

[2] § 5 Abs. 3 Satz 1 geänd., Satz 2 aufgeh., Abs. 4 Satz 2 neu gef. durch G v. 24. 3. 1999 (BGBl. I S. 388), § 5 Abs. 2 Satz 2 geänd. mWv 1. 7. 2000 durch G v. 27. 6. 2000 (BGBl. I S. 910); Abs. 1 Nrn. 1 und 2 geänd. mWv 1. 1. 2008 durch G v. 20. 4. 2007 (BGBl. I S. 554).

2. mit Ablauf des Kalendermonats vor dem Kalendermonat, für den der Arbeitnehmer eine Rente wegen Alters oder, wenn er von der Versicherungspflicht in der gesetzlichen Rentenversicherung befreit ist, das 65. Lebensjahr vollendet hat oder eine der Rente vergleichbare Leistung einer Versicherungs- oder Versorgungseinrichtung oder eines Versicherungsunternehmens beanspruchen kann; dies gilt nicht für Renten, die vor dem für den Versicherten maßgebenden Rentenalter in Anspruch genommen werden können oder
3. mit Beginn des Kalendermonats, für den der Arbeitnehmer eine Rente wegen Alters, eine Knappschaftsausgleichsleistung, eine ähnliche Leistung öffentlich-rechtlicher Art oder, wenn er von der Versicherungspflicht in der gesetzlichen Rentenversicherung befreit ist, eine vergleichbare Leistung einer Versicherungs- oder Versorgungseinrichtung oder eines Versicherungsunternehmens bezieht.

(2) [1] Der Anspruch auf die Leistungen besteht nicht, solange der Arbeitgeber auf dem freigemachten oder durch Umsetzung freigewordenen Arbeitsplatz keinen Arbeitnehmer mehr beschäftigt, der bei Beginn der Beschäftigung die Voraussetzungen des § 3 Abs. 1 Nr. 2 erfüllt hat. [2] Dies gilt nicht, wenn der Arbeitsplatz mit einem Arbeitnehmer, der diese Voraussetzungen erfüllt, innerhalb von drei Monaten erneut wiederbesetzt wird oder der Arbeitgeber insgesamt für vier Jahre die Leistungen erhalten hat.

(3) [1] Der Anspruch auf die Leistungen ruht während der Zeit, in der der Arbeitnehmer neben seiner Altersteilzeitarbeit Beschäftigungen oder selbständige Tätigkeiten ausübt, die die Geringfügigkeitsgrenze des § 8 des Vierten Buches Sozialgesetzbuch überschreiten oder auf Grund solcher Beschäftigungen eine Entgeltersatzleistung erhält. [2] Der Anspruch auf die Leistungen erlischt, wenn er mindestens 150 Kalendertage geruht hat. [3] Mehrere Ruhenszeiträume sind zusammenzurechnen. [4] Beschäftigungen oder selbständige Tätigkeiten bleiben unberücksichtigt, soweit der altersteilzeitarbeitende Arbeitnehmer sie bereits innerhalb der letzten fünf Jahre vor Beginn der Altersteilzeitarbeit ständig ausgeübt hat.

(4) [1] Der Anspruch auf die Leistungen ruht während der Zeit, in der der Arbeitnehmer über die Altersteilzeitarbeit hinaus Mehrarbeit leistet, die den Umfang der Geringfügigkeitsgrenze des § 8 des Vierten Buches Sozialgesetzbuch überschreitet. [2] Absatz 3 Satz 2 und 3 gilt entsprechend.

(5) § 48 Abs. 1 Nr. 3 des Zehnten Buches Sozialgesetzbuch findet keine Anwendung.

§ 6[1)] Begriffsbestimmungen. (1) [1] Das Regelarbeitsentgelt für die Altersteilzeitarbeit im Sinne dieses Gesetzes ist das auf einen Monat entfallende vom Arbeitgeber regelmäßig zu zahlende sozialversicherungspflichtige Arbeitsentgelt, soweit es die Beitragsbemessungsgrenze des Dritten Buches Sozialgesetzbuch nicht überschreitet. [2] Entgeltbestandteile, die nicht laufend gezahlt werden, sind nicht berücksichtigungsfähig.

(2) [1] Als bisherige wöchentliche Arbeitszeit ist die wöchentliche Arbeitszeit zugrunde zu legen, die mit dem Arbeitnehmer vor dem Übergang in die Altersteilzeitarbeit vereinbart war. [2] Zugrunde zu legen ist höchstens die Arbeitszeit, die im Durchschnitt der letzten 24 Monate vor dem Übergang in die Altersteilzeit vereinbart war. [3] Die ermittelte durchschnittliche Arbeitszeit kann auf die nächste volle Stunde gerundet werden.

§ 7[2)] Berechnungsvorschriften. (1) [1] Ein Arbeitgeber beschäftigt in der Regel nicht mehr als 50 Arbeitnehmer, wenn er in dem Kalenderjahr, das demjenigen, für das die Feststellung zu treffen ist, vorausgegangen ist, für einen Zeitraum von mindestens acht Kalendermonaten nicht mehr als 50 Arbeitnehmer beschäftigt hat. [2] Hat das Unternehmen nicht während des ganzen nach Satz 1 maßgebenden Kalenderjahrs bestanden, so beschäftigt der Arbeitgeber in der Regel nicht mehr als 50 Arbeitnehmer, wenn er während des Zeitraums des Bestehens des Unternehmens in der überwiegenden Zahl der Kalendermonate nicht mehr als 50 Arbeitnehmer beschäftigt hat. [3] Ist das Unternehmen im Laufe des Kalenderjahrs errichtet worden, in dem die Feststellung nach Satz 1 zu treffen ist, so beschäftigt der Arbeitgeber in der Regel nicht mehr als 50 Arbeitnehmer, wenn nach der Art des Unternehmens anzunehmen ist, dass die Zahl der beschäftigten Arbeitnehmer während der überwiegenden Kalendermonate dieses Kalenderjahrs 50 nicht überschreiten wird.

(2) [1] Für die Berechnung der Zahl der Arbeitnehmer nach § 3 Abs. 1 Nr. 3 ist der Durchschnitt der letzten zwölf Kalendermonate vor dem Beginn der Altersteilzeitarbeit des Arbeit-

---

[1)] § 6 Abs. 1 Satz 1 und 2 geänd. durch G v. 24. 03. 1997 (BGBl. I S. 594), Abs. 1 Satz 1 neu gef., Abs. 2 eingef., bish. Abs. 2 wird Abs. 3 durch G v. 20. 12. 1999 (BGBl. I S. 2494), Abs. 2 Satz 2 neu gef. mWv 1. 7. 2000 durch G v. 27. 6. 2000 (BGBl. I S. 910); Abs. 1 neu gef., Abs. 2 Satz 3 und Abs. 3 aufgeh., bish. Abs. 2 Satz 4 wird Satz 3 mWv 1. 7. 2004 durch G v. 23. 12. 2003 (BGBl. I S. 2848).

[2)] § 7 neu gef. durch G v. 20. 12. 1999 (BGBl. I S. 2494), Abs. 3 Satz 1 geänd. mWv 1. 7. 2001 durch G v. 19. 6. 2001 (BGBl. I S. 1046); Abs. 4 angef. mWv 1. 7. 2004 durch G v. 23. 12. 2003 (BGBl. I S. 2848).

nehmers maßgebend. [2] Hat ein Betrieb noch nicht zwölf Monate bestanden, ist der Durchschnitt der Kalendermonate während des Zeitraums des Bestehens des Betriebes maßgebend.

(3) [1] Bei der Feststellung der Zahl der beschäftigten Arbeitnehmer nach Absatz 1 und 2 bleiben schwerbehinderte Menschen und Gleichgestellte im Sinne des Neunten Buches Sozialgesetzbuch sowie Auszubildende außer Ansatz. [2] Teilzeitbeschäftigte Arbeitnehmer mit einer regelmäßigen wöchentlichen Arbeitszeit von nicht mehr als 20 Stunden sind mit 0,5 und mit einer regelmäßigen wöchentlichen Arbeitszeit von nicht mehr als 30 Stunden mit 0,75 zu berücksichtigen.

(4) Bei der Ermittlung der Zahl der in Altersteilzeitarbeit beschäftigten Arbeitnehmer nach § 3 Abs. 1 Nr. 3 sind schwerbehinderte Menschen und Gleichgestellte im Sinne des Neunten Buches Sozialgesetzbuch zu berücksichtigen.

§ 8[1)] Arbeitsrechtliche Regelungen. (1) Die Möglichkeit eines Arbeitnehmers zur Inanspruchnahme von Altersteilzeitarbeit gilt nicht als eine die Kündigung des Arbeitsverhältnisses durch den Arbeitgeber begründende Tatsache im Sinne des § 1 Abs. 2 Satz 1 des Kündigungsschutzgesetzes; sie kann auch nicht bei der sozialen Auswahl nach § 1 Abs. 3 Satz 1 des Kündigungsschutzgesetzes zum Nachteil des Arbeitnehmers berücksichtigt werden.

(2) [1] Die Verpflichtung des Arbeitgebers zur Zahlung von Leistungen nach § 3 Abs. 1 Nr. 1 kann nicht für den Fall ausgeschlossen werden, daß der Anspruch des Arbeitgebers auf die Leistungen nach § 4 nicht besteht, weil die Voraussetzung des § 3 Abs. 1 Nr. 2 nicht vorliegt. [2] Das gleiche gilt für den Fall, daß der Arbeitgeber die Leistungen nur deshalb nicht erhält, weil er den Antrag nach § 12 nicht, nicht richtig, nicht vollständig oder nicht rechtzeitig gestellt hat oder seinen Mitwirkungspflichten nicht nachgekommen ist, ohne daß dafür eine Verletzung der Mitwirkungspflichten des Arbeitnehmers ursächlich war.

(3) Eine Vereinbarung zwischen Arbeitnehmer und Arbeitgeber über die Altersteilzeitarbeit, die die Beendigung des Arbeitsverhältnisses ohne Kündigung zu einem Zeitpunkt vorsieht, in dem der Arbeitnehmer Anspruch auf eine Rente wegen Alters hat, ist zulässig.

§ 8 a[2)] Insolvenzsicherung. (1) [1] Führt eine Vereinbarung über die Altersteilzeitarbeit im Sinne von § 2 Abs. 2 zum Aufbau eines Wertguthabens, das den Betrag des Dreifachen des Regelarbeitsentgelts nach § 6 Abs. 1 einschließlich des darauf entfallenden Arbeitgeberanteils am Gesamtsozialversicherungsbeitrag übersteigt, ist der Arbeitgeber verpflichtet, das Wertguthaben einschließlich des darauf entfallenden Arbeitgeberanteils am Gesamtsozialversicherungsbeitrag mit der ersten Gutschrift in geeigneter Weise gegen das Risiko seiner Zahlungsunfähigkeit abzusichern; § 7 e des Vierten Buches Sozialgesetzbuch findet keine Anwendung. [2] Bilanzielle Rückstellungen sowie zwischen Konzernunternehmen (§ 18 des Aktiengesetzes) begründete Einstandspflichten, insbesondere Bürgschaften, Patronatserklärungen oder Schuldbeitritte, gelten nicht als geeignete Sicherungsmittel im Sinne des Satzes 1.

(2) Bei der Ermittlung der Höhe des zu sichernden Wertguthabens ist eine Anrechnung der Leistungen nach § 3 Abs. 1 Nr. 1 Buchstabe a und b und § 4 Abs. 2 sowie der Zahlungen des Arbeitgebers zur Übernahme der Beiträge im Sinne des § 187 a des Sechsten Buches Sozialgesetzbuch unzulässig.

(3) [1] Der Arbeitgeber hat dem Arbeitnehmer die zur Sicherung des Wertguthabens ergriffenen Maßnahmen mit der ersten Gutschrift und danach alle sechs Monate in Textform nachzuweisen. [2] Die Betriebsparteien können eine andere gleichwertige Art und Form des Nachweises vereinbaren; Absatz 4 bleibt hiervon unberührt.

(4) [1] Kommt der Arbeitgeber seiner Verpflichtung nach Absatz 3 nicht nach oder sind die nachgewiesenen Maßnahmen nicht geeignet und weist er auf schriftliche Aufforderung des Arbeitnehmers nicht innerhalb eines Monats eine geeignete Insolvenzsicherung des bestehenden Wertguthabens in Textform nach, kann der Arbeitnehmer verlangen, dass Sicherheit in Höhe des bestehenden Wertguthabens geleistet wird. [2] Die Sicherheitsleistung kann nur erfolgen durch Stellung eines tauglichen Bürgen oder Hinterlegung von Geld oder solchen Wertpapieren, die nach § 234 Abs. 1 und 3 des Bürgerlichen Gesetzbuchs zur Sicherheitsleistung geeignet sind. [3] Die Vorschriften der §§ 233, 234 Abs. 2, §§ 235 und 239 des Bürgerlichen Gesetzbuchs sind entsprechend anzuwenden.

(5) Vereinbarungen über den Insolvenzschutz, die zum Nachteil des in Altersteilzeitarbeit beschäftigten Arbeitnehmers von den Bestimmungen dieser Vorschrift abweichen, sind unwirksam.

1) § 8 Abs. 1 geänd. durch G v. 6. 4. 1998 (BGBl. I S. 688); Abs. 1 Halbsatz 2 angef. durch G v. 20. 12. 1999 (BGBl. I S. 2494); Abs. 3 geänd. mWv 1. 5. 2007 durch G v. 20. 4. 2007 (BGBl. I S. 554).

2) § 8 a eingef. mWv 1. 7. 2004 durch G v. 23. 12. 2003 (BGBl. I S. 2848); Abs. 1 Satz 1 zweiter Halbs. angef. mWv 1. 1. 2009 durch G v. 21. 12. 2008 (BGBl. I S. 2940).

(6) Die Absätze 1 bis 5 finden keine Anwendung gegenüber dem Bund, den Ländern, den Gemeinden, Körperschaften, Stiftungen und Anstalten des öffentlichen Rechts, über deren Vermögen die Eröffnung eines Insolvenzverfahrens nicht zulässig ist, sowie solchen juristischen Personen des öffentlichen Rechts, bei denen der Bund, ein Land oder eine Gemeinde kraft Gesetzes die Zahlungsfähigkeit sichert.

§ 9[1)] Ausgleichskassen, gemeinsame Einrichtungen. (1) Werden die Leistungen nach § 3 Abs. 1 Nr. 1 auf Grund eines Tarifvertrages von einer Ausgleichskasse der Arbeitgeber erbracht oder dem Arbeitgeber erstattet, gewährt die Bundesagentur auf Antrag der Tarifvertragsparteien die Leistungen nach § 4 der Ausgleichskasse.

(2) Für gemeinsame Einrichtungen der Tarifvertragsparteien gilt Absatz 1 entsprechend.

§ 10[2)] Soziale Sicherung des Arbeitnehmers. (1) [1] Beansprucht ein Arbeitnehmer, der Altersteilzeitarbeit (§ 2) geleistet hat und für den der Arbeitgeber Leistungen nach § 3 Abs. 1 Nr. 1 erbracht hat, Arbeitslosengeld oder Arbeitslosenhilfe, erhöht sich das Bemessungsentgelt, das sich nach den Vorschriften des Dritten Buches Sozialgesetzbuch ergibt, bis zu dem Betrag, der als Bemessungsentgelt zugrunde zu legen wäre, wenn der Arbeitnehmer seine Arbeitszeit nicht im Rahmen der Altersteilzeit vermindert hätte. [2] Kann der Arbeitnehmer eine Rente wegen Alters in Anspruch nehmen, ist von dem Tage an, an dem die Rente erstmals beansprucht werden kann, das Bemessungentgelt maßgebend, das ohne die Erhöhung nach Satz 1 zugrunde zu legen gewesen wäre. [3] Änderungsbescheide werden mit dem Tag wirksam, an dem die Altersrente erstmals beansprucht werden konnte.

(2) [1] Bezieht ein Arbeitnehmer, für den die Bundesagentur Leistungen nach § 4 erbracht hat, Krankengeld, Versorgungskrankengeld, Verletztengeld oder Übergangsgeld und liegt der Bemessung dieser Leistungen ausschließlich die Altersteilzeit zugrunde oder bezieht der Arbeitnehmer Krankentagegeld von einem privaten Krankenversicherungsunternehmen, erbringt die Bundesagentur anstelle des Arbeitgebers die Leistungen nach § 3 Abs. 1 Nr. 1 in Höhe der Erstattungsleistungen nach § 4. [2] Satz 1 gilt soweit und solange nicht, als Leistungen nach § 3 Abs. 1 Nr. 1 vom Arbeitgeber erbracht werden. [3] Durch die Leistungen darf der Höchstförderzeitraum nach § 4 Abs. 1 nicht überschritten werden. [4] § 5 Abs. 1 gilt entsprechend.

(3) Absatz 2 gilt entsprechend für Arbeitnehmer, die nur wegen Inanspruchnahme der Altersteilzeit nach § 2 Abs. 1 Nr. 1 und 2 des Zweiten Gesetzes über die Krankenversicherung der Landwirte versicherungspflichtig in der Krankenversicherung der Landwirte sind, soweit und solange ihnen Krankengeld gezahlt worden wäre, falls sie nicht Mitglied einer landwirtschaftlichen Krankenkasse geworden wären.

(4) Bezieht der Arbeitnehmer Kurzarbeitergeld, gilt für die Berechnung der Leistungen des § 3 Abs. 1 Nr. 1 und des § 4 das Entgelt für die vereinbarte Arbeitszeit als Arbeitsentgelt für die Altersteilzeitarbeit.

(5) [1] Sind für den Arbeitnehmer Aufstockungsleistungen nach § 3 Abs. 1 Nr. 1 Buchstabe a und b gezahlt worden, gilt in den Fällen der nicht zweckentsprechenden Verwendung von Wertguthaben für die Berechnung der Beiträge zur gesetzlichen Rentenversicherung der Unterschiedsbetrag zwischen dem Betrag, den der Arbeitgeber der Berechnung der Beiträge nach § 3 Abs. 1 Nr. 1 Buchstabe b zugrunde gelegt hat, und dem Doppelten des Regelarbeitsentgelts bis zum Zeitpunkt der nicht zweckentsprechenden Verwendung, höchstens bis zur Beitragsbemessungsgrenze, als beitragspflichtige Einnahme aus dem Wertguthaben; für die Beiträge zur Krankenversicherung, Pflegeversicherung oder nach dem Recht der Arbeitsförderung gilt § 23 b Abs. 2 bis 3 des Vierten Buches Sozialgesetzbuch. [2] Im Falle der Zahlungsunfähigkeit des Arbeitgebers gilt Satz 1 entsprechend, soweit Beiträge gezahlt werden.

§ 11[3)] Mitwirkungspflichten des Arbeitnehmers. (1) [1] Der Arbeitnehmer hat Änderungen der ihn betreffenden Verhältnisse, die für die Leistungen nach § 4 erheblich sind, dem Arbeitgeber unverzüglich mitzuteilen. [2] Werden im Fall des § 9 die Leistungen von der Ausgleichskasse der Arbeitgeber oder der gemeinsamen Einrichtung der Tarifvertragsparteien erbracht, hat der Arbeitnehmer Änderungen nach Satz 1 diesen gegenüber unverzüglich mitzuteilen.

[1)] § 9 Abs. 1 geänd. mWv 1. 7. 2004 durch G v. 23. 12. 2003 (BGBl. I S. 2848).

[2)] § 10 Abs. 1 neu gef., Abs. 5 angef. durch G v. 6. 4. 1998 (BGBl. I S. 688), Abs. 2 Satz 1 u. Abs. 5 geänd. durch G v. 20. 12. 1999 (BGBl. I S. 2494), Abs. 5 neu gef. mWv 1. 1. 2001 durch G v. 21. 12. 2000 (BGBl. I S. 1983); Abs. 1 Satz 1 , Abs. 2 Satz 1 geänd., Abs. 2 Satz 2 eingef., bish. Sätze 2 und 3 werden Sätze 3 und 4, Abs. 5 Satz 1 neu gef. mWv 1. 7. 2004 durch G v. 23. 12. 2003 (BGBl. I S. 2848); Abs. 2 Satz 1 geänd. mWv 1. 7. 2004 durch G v. 23. 4. 2004 (BGBl. I S. 602); Abs. 4 geänd. mWv 1. 1. 2007 durch G v. 24. 4. 2006 (BGBl. I S. 926).

[3)] § 11 Abs. 2 Satz 1 geänd. mWv 1. 7. 2004 durch G v. 23. 12. 2003 (BGBl. I S. 2848).

(2) [1] Der Arbeitnehmer hat der Bundesagentur die dem Arbeitgeber zu Unrecht gezahlten Leistungen zu erstatten, wenn der Arbeitnehmer die unrechtmäßige Zahlung dadurch bewirkt hat, daß er vorsätzlich oder grob fahrlässig

1. Angaben gemacht hat, die unrichtig oder unvollständig sind, oder
2. der Mitteilungspflicht nach Absatz 1 nicht nachgekommen ist.

[2] Die zu erstattende Leistung ist durch schriftlichen Verwaltungsakt festzusetzen. [3] Eine Erstattung durch den Arbeitgeber kommt insoweit nicht in Betracht.

§ 12[1)] Verfahren. (1) [1] Die Agentur für Arbeit entscheidet auf schriftlichen Antrag des Arbeitgebers, ob die Voraussetzungen für die Erbringung von Leistungen nach § 4 vorliegen. [2] Der Antrag wirkt vom Zeitpunkt des Vorliegens der Anspruchsvoraussetzungen, wenn er innerhalb von drei Monaten nach deren Vorliegen gestellt wird, andernfalls wirkt er vom Beginn des Monats der Antragstellung. [3] In den Fällen des § 3 Abs. 3 kann die Agentur für Arbeit auch vorab entscheiden, ob die Voraussetzungen des § 2 vorliegen. [4] Mit dem Antrag sind die Namen, Anschriften und Versicherungsnummern der Arbeitnehmer mitzuteilen, für die Leistungen beantragt werden. [5] Zuständig ist die Agentur für Arbeit, in deren Bezirk der Betrieb liegt, in dem der Arbeitnehmer beschäftigt ist. [6] Die Bundesagentur erklärt eine andere Agentur für Arbeit für zuständig, wenn der Arbeitgeber dafür ein berechtigtes Interesse glaubhaft macht.

(2) [1] Die Höhe der Leistungen nach § 4 wird zu Beginn des Erstattungsverfahrens in monatlichen Festbeträgen für die gesamte Förderdauer festgelegt. [2] Die monatlichen Festbeträge werden nur angepasst, wenn sich das berücksichtigungsfähige Regelarbeitsentgelt um mindestens 10 Euro verringert. [3] Leistungen nach § 4 werden auf Antrag erbracht und nachträglich jeweils für den Kalendermonat ausgezahlt, in dem die Anspruchsvoraussetzungen vorgelegen haben. [4] Leistungen nach § 10 Abs. 2 werden auf Antrag des Arbeitnehmers oder, im Falle einer Leistungserbringung des Arbeitgebers an den Arbeitnehmer gemäß § 10 Abs. 2 Satz 2, auf Antrag des Arbeitgebers monatlich nachträglich ausgezahlt.

(3) [1] In den Fällen des § 3 Abs. 3 werden dem Arbeitgeber die Leistungen nach Absatz 1 erst von dem Zeitpunkt an ausgezahlt, in dem der Arbeitgeber auf dem freigemachten oder durch Umsetzung freigewordenen Arbeitsplatz einen Arbeitnehmer beschäftigt, der bei Beginn der Beschäftigung die Voraussetzungen des § 3 Abs. 1 Nr. 2 erfüllt hat. [2] Endet die Altersteilzeitarbeit in den Fällen des § 3 Abs. 3 vorzeitig, erbringt die Agentur für Arbeit dem Arbeitgeber die Leistungen für zurückliegende Zeiträume nach Satz 3, solange die Voraussetzungen des § 3 Abs. 1 Nr. 2 erfüllt sind und soweit dem Arbeitgeber entsprechende Aufwendungen für Aufstockungsleistungen nach § 3 Abs. 1 Nr. 1 und § 4 Abs. 2 verblieben sind. [3] Die Leistungen für zurückliegende Zeiten werden zusammen mit den laufenden Leistungen jeweils in monatlichen Teilbeträgen ausgezahlt. [4] Die Höhe der Leistungen für zurückliegende Zeiten bestimmt sich nach der Höhe der laufenden Leistungen.

(4) [1] Über die Erbringung von Leistungen kann die Agentur für Arbeit vorläufig entscheiden, wenn die Voraussetzungen für den Anspruch mit hinreichender Wahrscheinlichkeit vorliegen und zu ihrer Feststellung voraussichtlich längere Zeit erforderlich ist. [2] Aufgrund der vorläufigen Entscheidung erbrachte Leistungen sind auf die zustehende Leistung anzurechnen. [3] Sie sind zu erstatten, soweit mit der abschließenden Entscheidung ein Anspruch nicht oder nur in geringerer Höhe zuerkannt wird.

§ 13[2)] Auskünfte und Prüfung. [1] Die §§ 315 und 319 des Dritten Buches und das Zweite Kapitel des Zehnten Buches Sozialgesetzbuch gelten entsprechend. [2] § 2 Abs. 1 Nr. 3 des Schwarzarbeitsbekämpfungsgesetzes bleibt unberührt.

§ 14[3)] Bußgeldvorschriften. (1) Ordnungswidrig handelt, wer vorsätzlich oder fahrlässig

1. entgegen § 11 Abs. 1 oder als Arbeitgeber entgegen § 60 Abs. 1 Nr. 2 des Ersten Buches Sozialgesetzbuch eine Mitteilung nicht, nicht richtig, nicht vollständig oder nicht rechtzeitig macht,

---

[1)] § 12 Abs. 4 angef. durch G v. 16. 12. 1997 (BGBl. I S. 2970), Abs. 3 Satz 2 eingef. durch G v. 6. 4. 1998 (BGBl. I S. 688), Abs. 1 Satz 5, Abs. 3 Satz 2 geänd., Abs. 1 Satz 6 eingef. durch G v. 20. 12. 1999 (BGBl. I S. 2494); Abs. 1 Sätze 1, 3, 5 und 6, Abs. 3 Satz 2, Abs. 4 Satz 1 geänd., Abs. 2 Sätze 1 und 2 eingef., bish. Sätze 1 und 2 werden Sätze 3 und 4 und geänd. mWv 1. 7. 2004 durch G v. 23. 12. 2003 (BGBl. I S. 2848); Abs. 1 Satz 5 geänd. mWv 1. 7. 2004 durch G v. 23. 4. 2004 (BGBl. I S. 602).

[2)] § 13 neu gef. mWv 1. 8. 2004 durch G v. 23. 7. 2004 (BGBl. I S. 1842).

[3)] § 14 Abs. 1 Nrn. 2, 3, 4, 5 neu gef., Nr. 6 aufgeh. durch G v. 24. 3. 1997 (BGBl. I S. 594), Abs. 2 geänd. durch G v. 16. 12. 1997 (BGBl. I S. 2970); Abs. 1 Nr. 4, Abs. 3, 4 und 5 geänd. mWv 1. 7. 2004 durch G v. 23. 12. 2003 (BGBl. I S. 2848); Abs. 1 Nrn. 2 bis 4 und Abs. 2 neu gef., Abs. 1 Nr. 5 aufgeh. mWv 1. 8. 2004 durch G v. 23. 7. 2004 (BGBl. I S. 1842).

2. entgegen § 13 Satz 1 in Verbindung mit § 315 Abs. 1, 2 Satz 1, Abs. 3 oder 5 Satz 1 des Dritten Buches Sozialgesetzbuch eine Auskunft nicht, nicht richtig, nicht vollständig oder nicht rechtzeitig erteilt,
3. entgegen § 13 Satz 1 in Verbindung mit § 319 Abs. 1 Satz 1 des Dritten Buches Sozialgesetzbuch Einsicht oder Zutritt nicht gewährt oder
4. entgegen § 13 Satz 1 in Verbindung mit § 319 Abs. 2 Satz 1 des Dritten Buches Sozialgesetzbuch Daten nicht, nicht richtig, nicht vollständig, nicht in der vorgeschriebenen Weise oder nicht rechtzeitig zur Verfügung stellt.

(2) Die Ordnungswidrigkeit kann in den Fällen des Absatzes 1 Nr. 4 mit einer Geldbuße bis zu dreißigtausend Euro, in den übrigen Fällen mit einer Geldbuße bis zu tausend Euro geahndet werden.

(3) Verwaltungsbehörden im Sinne des § 36 Abs. 1 Nr. 1 des Gesetzes über Ordnungswidrigkeiten sind die Agenturen für Arbeit.

(4) [1] Die Geldbußen fließen in die Kasse der Bundesagentur. [2] § 66 des Zehnten Buches Sozialgesetzbuch gilt entsprechend.

(5) Die notwendigen Auslagen trägt abweichend von § 105 Abs. 2 des Gesetzes über Ordnungswidrigkeiten die Bundesagentur; diese ist auch ersatzpflichtig im Sinne des § 110 Abs. 4 des Gesetzes über Ordnungswidrigkeiten.

§ 15[1)] Verordnungsermächtigung. [1] Das Bundesministerium für Arbeit und Soziales kann durch Rechtsverordnung die Mindestnettobeträge nach § 3 Abs. 1 Nr. 1 Buchstabe a in der bis zum 30. Juni 2004 gültigen Fassung bestimmen. [2] Die Vorschriften zum Leistungsentgelt des Dritten Buches Sozialgesetzbuch gelten entsprechend. [3] Das bisherige Arbeitsentgelt im Sinne des § 6 Abs. 1 in der bis zum 30. Juni 2004 gültigen Fassung ist auf den nächsten durch fünf teilbaren Euro-Betrag zu runden. [4] Der Kalendermonat ist mit 30 Tagen anzusetzen.

§ 15 a[2)] Übergangsregelung nach dem Gesetz zur Reform der Arbeitsförderung. Haben die Voraussetzungen für die Erbringung von Leistungen nach § 4 vor dem 1. April 1997 vorgelegen, erbringt die Bundesagentur die Leistungen nach § 4 auch dann, wenn die Voraussetzungen des § 2 Abs. 1 Nr. 2 und Abs. 2 Nr. 1 in der bis zum 31. März 1997 geltenden Fassung vorliegen.

§ 15 b[3)] Übergangsregelung nach dem Gesetz zur Reform der gesetzlichen Rentenversicherung. Abweichend von § 5 Abs. 1 Nr. 2 erlischt der Anspruch auf die Leistungen nach § 4 nicht, wenn mit der Altersteilzeit vor dem 1. Juli 1998 begonnen worden ist und Anspruch auf eine ungeminderte Rente wegen Alters besteht, weil 45 Jahre mit Pflichtbeiträgen für eine versicherte Beschäftigung oder Tätigkeit vorliegen.

§ 15 c[4)] Übergangsregelung nach dem Gesetz zur Fortentwicklung der Altersteilzeit. Ist eine Vereinbarung über Altersteilzeitarbeit vor dem 1. Januar 2000 abgeschlossen worden, erbringt die Bundesagentur die Leistungen nach § 4 auch dann, wenn die Voraussetzungen des § 2 Abs. 1 Nr. 2 und 3 in der bis zum 1. Januar 2000 geltenden Fassung vorliegen.

§ 15 d[5)] Übergangsregelung zum Zweiten Gesetz zur Fortentwicklung der Altersteilzeit. [1] Ist eine Vereinbarung über Altersteilzeitarbeit vor dem 1. Juli 2000 abgeschlossen worden, gelten § 5 Abs. 2 Satz 2 und § 6 Abs. 2 Satz 2 in der bis zum 1. Juli 2000 geltenden Fassung. [2] Sollen bei einer Vereinbarung nach Satz 1 Leistungen nach § 4 für einen Zeitraum von länger als fünf Jahren beansprucht werden, gilt § 5 Abs. 2 Satz 2 in der ab dem 1. Juli 2000 geltenden Fassung.

§ 15 e[6)] Übergangsregelung nach dem Gesetz zur Reform der Renten wegen verminderter Erwerbsfähigkeit. Abweichend von § 5 Abs. 1 Nr. 2 erlischt der Anspruch auf die Leistungen nach § 4 nicht, wenn mit der Altersteilzeit vor dem 17. November 2000 begonnen

[1)] § 15 neu gef. mWv 1. 7. 2004 durch G v. 23. 12. 2003 (BGBl. I S. 2848); Satz 1 geänd. mWv 8. 11. 2006 durch VO v. 31. 10. 2006 (BGBl. I S. 2407).
[2)] § 15 a eingef. durch G v. 24. 3. 1997 (BGBl. I S. 594); geänd. mWv 1. 7. 2004 durch G v. 23. 12. 2003 (BGBl. I S. 2848).
[3)] § 15 b eingef. durch G v. 16. 12. 1997 (BGBl. I S. 2998), geänd. durch G v. 20. 12. 1999 (BGBl. I S. 2494)
[4)] § 15 c eingef. durch G v. 20. 12. 1999 (BGBl. I S. 2494); geänd. mWv 1. 7. 2004 durch G v. 23. 12. 2003 (BGBl. I S. 2848).
[5)] § 15 d eingef. mWv 1. 7. 2000 durch G v. 27. 6. 2000 (BGBl. I S. 910).
[6)] § 15 e eingef. mWv 1. 1. 2001 durch G v. 21. 3. 2001 (BGBl. I S. 403).

worden ist und Anspruch auf eine ungeminderte Rente wegen Alters besteht, weil die Voraussetzungen nach § 236 a Satz 5 Nr. 1 des Sechsten Buches Sozialgesetzbuch vorliegen.

§ 15 f[1] Übergangsregelung nach dem Zweiten Gesetz für moderne Dienstleistungen am Arbeitsmarkt. Wurde mit der Altersteilzeit vor dem 1. April 2003 begonnen, gelten Arbeitnehmer, die bis zu diesem Zeitpunkt in einer versicherungspflichtigen Beschäftigung nach dem Dritten Buch Sozialgesetzbuch gestanden haben, auch nach dem 1. April 2003 als versicherungspflichtig beschäftigt, wenn sie die bis zum 31. März 2003 geltenden Voraussetzungen für das Vorliegen einer versicherungspflichtigen Beschäftigung weiterhin erfüllen.

§ 15 g[2] Übergangsregelung zum Dritten Gesetz für moderne Dienstleistungen am Arbeitsmarkt. [1] Wurde mit der Altersteilzeitarbeit vor dem 1. Juli 2004 begonnen, sind die Vorschriften in der bis zum 30. Juni 2004 geltenden Fassung mit Ausnahme des § 15 weiterhin anzuwenden. [2] Auf Antrag des Arbeitgebers erbringt die Bundesagentur abweichend von Satz 1 Leistungen nach § 4 in der ab dem 1. Juli 2004 geltenden Fassung, wenn die hierfür ab dem 1. Juli 2004 maßgebenden Voraussetzungen erfüllt sind.

§ 16[3] Befristung der Förderungsfähigkeit. Für die Zeit ab dem 1. Januar 2010 sind Leistungen nach § 4 nur noch zu erbringen, wenn die Voraussetzungen des § 2 erstmals vor diesem Zeitpunkt vorgelegen haben.

841

---

[1] § 15 f eingef. mWv 1. 4. 2003 durch G v. 23. 12. 2002 (BGBl. I S. 4621).

[2] § 15 g eingef. mWv 1. 7. 2004 durch G v. 23. 12. 2003 (BGBl. I S. 2848).

[3] § 16 geänd. durch G v. 6. 4. 1998 (BGBl. I S. 688), geänd. mWv 1. 7. 2000 durch G v. 27. 6. 2000 (BGBl. I S. 910); geänd. mWv 1. 7. 2004 durch G v. 23. 12. 2003 (BGBl. I S. 2848).

842. Tarifvertrag zur Regelung der Altersteilzeitarbeit (TV ATZ)

Vom 5. Mai 1998

– Auszug –

Zwischen

der Bundesrepublik Deutschland,
vertreten durch das Bundesministerium des Innern,
der Tarifgemeinschaft deutscher Länder,
vertreten durch den Vorsitzenden des Vorstandes,
der Vereinigung der kommunalen Arbeitgeberverbände,
vertreten durch den Vorstand,

einerseits

und[1)]

andererseits

wird folgendes vereinbart:

Präambel

Die Tarifvertragsparteien wollen mit Hilfe dieses Tarifvertrages älteren Beschäftigten einen gleitenden Übergang vom Erwerbsleben in den Ruhestand ermöglichen und dadurch vorrangig Auszubildenden und Arbeitslosen Beschäftigungsmöglichkeiten eröffnen.

§ 1 Geltungsbereich. Dieser Tarifvertrag gilt für die Arbeitnehmer (Angestellte, Arbeiter und Arbeiterinnen), die unter den Geltungsbereich des

a) Bundes-Angestelltentarifvertrages (BAT),
b) Tarifvertrages zur Anpassung des Tarifrechts – Manteltarifliche Vorschriften – (BAT-O),
c) Tarifvertrages zur Anpassung des Tarifrechts – Manteltarifliche Vorschriften – (BAT-Ostdeutsche Sparkassen),
d) Manteltarifvertrag für Arbeiterinnen und Arbeiter des Bundes und der Länder (MTArb),
e) Bundesmanteltarifvertrages für Arbeiter gemeindlicher Verwaltungen und Betriebe – BMT-G II –,
f) Tarifvertrages zur Anpassung des Tarifrechts für Arbeiter an den MTArb (MTArb-O),
g) Tarifvertrages zur Anpassung des Tarifrechts – Manteltarifliche Vorschriften für Arbeiter gemeindlicher Verwaltungen und Betriebe – (BMT-G-O),
h) Tarifvertrages über die Anwendung von Tarifverträgen auf Arbeiter (TV Arbeiter-Ostdeutsche Sparkassen)

fallen.

§ 2 Voraussetzungen der Altersteilzeitarbeit. (1) Der Arbeitgeber kann mit Arbeitnehmern, die

a) das 55. Lebensjahr vollendet haben,
b) eine Beschäftigungszeit (z.B. § 19 BAT/BAT-O) von fünf Jahren vollendet haben und
c) innerhalb der letzten fünf Jahre vor Beginn der Altersteilzeitarbeit mindestens 1.080 Kalendertage in einer versicherungspflichtigen Beschäftigung nach dem Dritten Buch Sozialgesetzbuch gestanden haben,

die Änderung des Arbeitsverhältnisses in ein Altersteilzeitverhältnis auf der Grundlage des Altersteilzeitgesetzes vereinbaren; das Altersteilzeitarbeitsverhältnis muss ein versicherungspflichtiges Beschäftigungsverhältnis im Sinne des Dritten Buches Sozialgesetzbuch sein.

(2) [1] Arbeitnehmer, die das 60. Lebensjahr vollendet haben und die übrigen Voraussetzungen des Absatzes 1 erfüllen, haben Anspruch auf Vereinbarung eines Altersteilzeitarbeitsverhältnisses. [2] Der Arbeitnehmer hat den Arbeitgeber drei Monate vor dem geplanten Beginn des Altersteil-

---

[1)] **Amtl. Anm.:** Abgeschlossen mit der
– Gewerkschaft Öffentliche Dienste, Transport und Verkehr (ÖTV), diese zugleich handelnd für die Gewerkschaft Erziehung und Wissenschaft (GEW), – der Polizei (GdP), – IG Bauern-Agrar-Umwelt (IG BAU) und der Deutschen Angestellten-Gewerkschaft (DAG), diese zugleich handelnd für den Marburger Bund (MB), sowie
– Gemeinschaft von Gewerkschaften und Verbänden des öffentlichen Dienstes (GGVöD).

zeitarbeitsverhältnisses über die Geltendmachung des Anspruchs zu informieren; von dem Fristerfordernis kann einvernehmlich abgewichen werden.

(3) Der Arbeitgeber kann die Vereinbarung eines Altersteilzeitarbeitsverhältnisses ablehnen, soweit dringende dienstliche bzw. betriebliche Gründe entgegenstehen.

(4) [1] Das Altersteilzeitarbeitsverhältnis soll mindestens für die Dauer von zwei Jahren vereinbart werden. [2] Es muß vor dem 1. Januar 2010 beginnen.

§ 3 Reduzierung und Verteilung der Arbeitszeit. (1) Die durchschnittliche wöchentliche Arbeitszeit während des Altersteilzeitarbeitsverhältnisses beträgt die Hälfte der bisherigen wöchentlichen Arbeitszeit.

[1] Als bisherige wöchentliche Arbeitszeit ist die wöchentliche Arbeitszeit zugrunde zu legen, die mit dem Arbeitnehmer vor dem Übergang in die Altersteilzeitarbeit vereinbart war. [2] Zugrunde zu legen ist höchstens die Arbeitszeit, die im Durchschnitt der letzten 24 Monate vor dem Übergang in die Altersteilzeitarbeit vereinbart war. [3] Bei der Ermittlung der durchschnittlichen Arbeitszeit nach Satz 2 dieses Unterabsatzes bleiben Arbeitszeiten, die die tarifliche regelmäßige wöchentliche Arbeitszeit überschritten haben, außer Betracht. [4] Die ermittelte durchschnittliche Arbeitszeit kann auf die nächste volle Stunde gerundet werden.

(2) Die während der Gesamtdauer des Altersteilzeitarbeitsverhältnisses zu leistende Arbeit kann so verteilt werden, daß sie

a) in der ersten Hälfte des Altersteilzeitarbeitsverhältnisses geleistet und der Arbeitnehmer anschließend von der Arbeit unter Fortzahlung der Bezüge nach Maßgabe der §§ 4 und 5 freigestellt wird (Blockmodell) oder
b) durchgehend geleistet wird (Teilzeitmodell).

(3) Der Arbeitnehmer kann vom Arbeitgeber verlangen, daß sein Wunsch nach einer bestimmten Verteilung der Arbeitszeit mit dem Ziel einer einvernehmlichen Regelung erörtert wird.

Protokollerklärungen zu Absatz 1:

1. Für die unter die Pauschallohn-Tarifverträge des Bundes und der Länder fallenden Kraftfahrer gilt für die Anwendung dieses Tarifvertrages die den Pauschalgruppen zugrunde liegende Arbeitszeit als regelmäßige Arbeitszeit. ...
2. Für Arbeitnehmer mit verlängerter regelmäßiger Arbeitszeit nach Nr. 5 Abs. 5 SR 2e I BAT/BAT-O und Nr. 7 Abs. 3 SR 2a des Abschnitts A der Anlage 2 MTArb/Nr. 8 Abs. 4 SR 2a des Abschnitts A der Anlage 2 MTArb-O und entsprechenden Sonderregelungen gilt für die Anwendung dieses Tarifvertrages die dienstplanmäßig zu leistende Arbeitszeit als regelmäßige Arbeitszeit.

Protokollerklärung zu Absatz 2:

Für Arbeitnehmer mit verlängerter regelmäßiger Arbeitszeit und für Kraftfahrer im Sinne der Pauschallohn-Tarifverträge des Bundes und der Länder ist Altersteilzeitarbeit nur im Blockmodell möglich. ...

§ 4 Höhe der Bezüge. (1) Der Arbeitnehmer erhält als Bezüge die sich für entsprechende Teilzeitkräfte mit der Hälfte der durchschnittlichen regelmäßigen wöchentlichen Arbeitszeit bei Anwendung der tariflichen Vorschriften (z.B. § 34 BAT/BAT-O) ergebenden Beträge mit der Maßgabe, daß die Bezügebestandteile, die üblicherweise in die Berechnung des Aufschlags zur Urlaubsvergütung/Zuschlags zum Urlaubslohn einfließen, sowie Wechselschicht- und Schichtzulagen entsprechend dem Umfang der tatsächlich geleisteten Tätigkeit berücksichtigt werden.

(2) Als Bezüge im Sinne des Absatzes 1 gelten auch Einmalzahlungen (z.B. Zuwendung, Urlaubsgeld, Jubiläumszuwendung) und vermögenswirksame Leistungen.

Protokollerklärung zu Absatz 1:

Die im Blockmodell über die regelmäßige wöchentliche Arbeitszeit hinaus geleisteten Arbeitsstunden gelten bei Vorliegen der übrigen tariflichen Voraussetzungen als Überstunden.

§ 5 Aufstockungsleistungen. (1) [1] Die dem Arbeitnehmer nach § 4 zustehenden Bezüge zuzüglich des darauf entfallenden sozialversicherungspflichtigen Teils der vom Arbeitgeber zu tragenden Umlage zur Zusatzversorgungseinrichtung werden um 20 v.H. dieser Bezüge aufgestockt (Aufstockungsbetrag). [2] Bei der Berechnung des Aufstockungsbetrages bleiben steuerfreie Bezügebestandteile, Entgelte für Mehrarbeits- und Überstunden, Bereitschaftsdienste und Rufbereitschaften sowie für Arbeitsbereitschaften (§ 18 Abs. 1 Unterabs. 2 MTArb/MTArb-O bzw. § 67 Nr. 10 BMT-G/BMT-G-O) unberücksichtigt; diese werden, soweit sie nicht unter Absatz 2 Unterabs. 2 und 3 fallen, neben dem Aufstockungsbetrag gezahlt.

(2) [1] Der Aufstockungsbetrag muß so hoch sein, daß der Arbeitnehmer 83 v.H. des Nettobetrages des bisherigen Arbeitsentgelts erhält (Mindestnettobetrag). [2] Als bisheriges Arbeitsent-

gelt ist anzusetzen das gesamte, dem Grunde nach beitragspflichtige Arbeitsentgelt, das der Arbeitnehmer für eine Arbeitsleistung bei bisheriger wöchentlicher Arbeitszeit (§ 3 Abs. 1 Unterabs. 2) zu beanspruchen hätte; der sozialversicherungspflichtige Teil der vom Arbeitgeber zu tragenden Umlage zur Zusatzversorgungseinrichtung bleibt unberücksichtigt.

[1] Dem bisherigen Arbeitsentgelt nach Unterabsatz 1 Satz 2 zuzurechnen sind Entgelte für Bereitschaftsdienst und Rufbereitschaft – letztere jedoch ohne Entgelte für angefallene Arbeit einschließlich einer etwaigen Wegezeit –, die ohne Reduzierung der Arbeitszeit zugestanden hätten; in diesen Fällen sind die tatsächlich zustehenden Entgelte abweichend von Absatz 1 Satz 2 letzter Halbsatz in die Berechnung des aufzustockenden Nettobetrages einzubeziehen. [2] Die Regelungen zu Bereitschaftsdienst und Rufbereitschaft in Satz 1 dieses Unterabsatzes gelten bei Arbeitern für die Arbeitsbereitschaft nach § 18 Abs. 1 Unterabs. 2 MTArb/MTArb-O bzw. § 67 Nr. 10 BMT-G/BMT-G-O entsprechend.

Haben dem Arbeitnehmer, der die Altersteilzeitarbeit im Blockmodell leistet, seit mindestens zwei Jahren vor Beginn des Altersteilzeitverhältnisses ununterbrochen Pauschalen für Überstunden (z.B. nach § 35 Abs. 4 BAT/BAT-O) zugestanden, werden diese der Bemessungsgrundlage nach Unterabsatz 1 Satz 2 in der Höhe zugerechnet, die ohne die Reduzierung der Arbeitszeit maßgebend gewesen wäre; in diesem Fall sind in der Arbeitsphase die tatsächlich zustehenden Pauschalen abweichend von Absatz 1 Satz 2 letzter Halbsatz in die Berechnung des aufzustockenden Nettobetrages einzubeziehen.

[1] ...

[2] ...

Für Arbeitnehmer mit verlängerter regelmäßiger Arbeitszeit nach Nr. 5 Abs. 5 SR 2e I BAT/BAT-O und Nr. 7 Abs. 3 SR 2a des Abschnitts A der Anlage 2 MTArb/Nr. 8 Abs. 4 SR 2a des Abschnitts A der Anlage 2 MTArb-O und entsprechenden Sonderregelungen ist als bisheriges Arbeitsentgelt im Sinne des Unterabsatzes 1 Satz 2 in der Freistellungsphase die Vergütung bzw. der Lohn aus derjenigen Stundenzahl anzusetzen, die während der Arbeitsphase, längstens während der letzten 48 Kalendermonate, als dienstplanmäßige Arbeitszeit durchschnittlich geleistet wurde.

(3) [1] Für die Berechnung des Mindestnettobetrages nach Absatz 2 ist die Rechtsverordnung nach § 15 Satz 1 Nr. 1 des Altersteilzeitgesetzes zugrunde zu legen. [2] Sofern das bei bisheriger Arbeitszeit zustehende Arbeitsentgelt nach Absatz 2 Unterabs. 1 Satz 2 das höchste in dieser Rechtsverordnung ausgewiesene Arbeitsentgelt übersteigt, sind für die Berechnung des Mindestnettobetrages diejenigen gesetzlichen Abzüge anzusetzen, die bei Arbeitnehmern gewöhnlich anfallen (§ 3 Abs. 1 Nr. 1 Buchst. a des Altersteilzeitgesetzes).

(4) Neben den vom Arbeitgeber zu tragenden Sozialversicherungsbeiträgen für die nach § 4 zustehenden Bezüge entrichtet der Arbeitgeber gemäß § 3 Abs. 1 Nr. 1 Buchst. b des Altersteilzeitgesetzes zusätzliche Beiträge zur gesetzlichen Rentenversicherung für den Unterschiedsbetrag zwischen den nach § 4 zustehenden Bezügen einerseits und 90 v.H. des Arbeitsentgelts im Sinne des Absatzes 2 zuzüglich des sozialversicherungspflichtigen Teils der vom Arbeitgeber zu tragenden Umlage zur Zusatzversorgungseinrichtung, höchstens aber der Beitragsbemessungsgrenze, andererseits.

(5) Ist der Angestellte von der Versicherungspflicht in der gesetzlichen Rentenversicherung befreit, erhöht sich der Zuschuß des Arbeitgebers zu einer anderen Zukunftssicherung um den Betrag, den der Arbeitgeber nach Absatz 4 bei Versicherungspflicht in der gesetzlichen Rentenversicherung zu entrichten hätte.

(6) Die Regelungen der Absätze 1 bis 5 gelten auch in den Fällen, in denen eine aufgrund dieses Tarifvertrages geschlossene Vereinbarung eine Verteilung der Arbeitsleistung (§ 3 Abs. 2) vorsieht, die sich auf einen Zeitraum von mehr als sechs Jahren erstreckt.

(7) [1] Arbeitnehmer, die nach Inanspruchnahme der Altersteilzeit eine Rentenkürzung wegen einer vorzeitigen Inanspruchnahme der Rente zu erwarten haben, erhalten für je 0,3 v.H. Rentenminderung eine Abfindung in Höhe von 5 v.H. der Vergütung (§ 26 BAT/BAT-O/ BAT-Ostdeutsche Sparkassen) und der in Monatsbeträgen festgelegten Zulagen bzw. des Monatsregellohnes (§ 21 Abs. 4 MTArb/MTArb-O) ggf. zuzüglich des Sozialzuschlags bzw. des Monatsgrundlohnes (§ 67 Nr. 26b BMT-G/BMT-G-O) und der ständigen Lohnzuschläge, die bzw. der dem Arbeitnehmer im letzten Monat vor dem Ende des Altersteilzeitarbeitsverhältnisses zugestanden hätte, wenn er mit der bisherigen wöchentlichen Arbeitszeit (§ 3 Abs. 1 Unterabs. 2) beschäftigt gewesen wäre. [2] Die Abfindung wird zum Ende des Altersteilzeitarbeitsverhältnisses gezahlt.

Protokollerklärung zu Absatz 2:
Beim Blockmodell können in der Freistellungsphase die in die Bemessungsgrundlage nach Absatz 2 eingehenden, nicht regelmäßig zustehenden Bezügebestandteile (z.B. Erschwerniszuschläge) mit dem für die Arbeitsphase errechneten Durchschnittsbetrag angesetzt werden;

dabei werden Krankheits- und Urlaubszeiten nicht berücksichtigt. Allgemeine Bezügeerhöhungen sind zu berücksichtigen, soweit die zugrunde liegenden Bezügebestandteile ebenfalls an allgemeinen Bezügeerhöhungen teilnehmen.

§ 6 Nebentätigkeit. [1] Der Arbeitnehmer darf während des Altersteilzeitarbeitsverhältnisses keine Beschäftigungen oder selbständigen Tätigkeiten ausüben, die die Geringfügigkeitsgrenze des § 8 SGB IV überschreiten, es sei denn, diese Beschäftigungen oder selbständigen Tätigkeiten sind bereits innerhalb der letzten fünf Jahre vor Beginn des Altersteilzeitarbeitsverhältnisses ständig ausgeübt worden. [2] Bestehende tarifliche Regelungen über Nebentätigkeiten bleiben unberührt.

§ 7 Urlaub. [1] Für den Arbeitnehmer, der im Rahmen der Altersteilzeit im Blockmodell (§ 3 Abs. 2 Buchst. a) beschäftigt wird, besteht kein Urlaubsanspruch für die Zeit der Freistellung von der Arbeit. [2] Im Kalenderjahr des Übergangs von der Beschäftigung zur Freistellung hat der Arbeitnehmer für jeden vollen Beschäftigungsmonat Anspruch auf ein Zwölftel des Jahresurlaubs.

§ 8 Nichtbestehen bzw. Ruhen der Aufstockungsleistungen. (1) [1] In den Fällen krankheitsbedingter Arbeitsunfähigkeit besteht der Anspruch auf die Aufstockungsleistungen (§ 5) längstens für die Dauer der Entgeltfortzahlung (z.B. § 37 Abs. 2 BAT/BAT-O), der Anspruch auf die Aufstockungsleistungen nach § 5 Abs. 1 und 2 darüber hinaus längstens bis zum Ablauf der Fristen für die Zahlung von Krankenbezügen (Entgeltfortzahlung und Krankengeldzuschuß). [2] Für die Zeit nach Ablauf der Entgeltfortzahlung wird der Aufstockungsbetrag in Höhe des kalendertäglichen Durchschnitts des nach § 5 Abs. 1 und 2 in den letzten drei abgerechneten Kalendermonaten maßgebenden Aufstockungsbetrages gezahlt; Einmalzahlungen bleiben unberücksichtigt.

Im Falle des Bezugs von Krankengeld (§§ 44 ff. SGB V), Versorgungskrankengeld (§§ 16 ff. BVG), Verletztengeld (§§ 45 ff. SGB VII), Übergangsgeld (§§ 49 ff. SGB VII) oder Krankentagegeld von einem privaten Krankenversicherungsunternehmen tritt der Arbeitnehmer für den nach Unterabsatz 1 maßgebenden Zeitraum seine gegen die Bundesanstalt für Arbeit bestehenden Ansprüche auf Altersteilzeitleistungen (§ 10 Abs. 2 des Altersteilzeitgesetzes) an den Arbeitgeber ab.

(2) Ist der Arbeitnehmer, der die Altersteilzeitarbeit im Blockmodell ableistet, während der Arbeitsphase über den Zeitraum der Entgeltfortzahlung (z.B. § 37 Abs. 2 BAT/BAT-O) hinaus arbeitsunfähig erkrankt, verlängert sich die Arbeitsphase um die Hälfte des den Entgeltfortzahlungszeitraum übersteigenden Zeitraums der Arbeitsunfähigkeit; in dem gleichen Umfang verkürzt sich die Freistellungsphase.

(3) [1] Der Anspruch auf die Aufstockungsleistungen ruht während der Zeit, in der der Arbeitnehmer eine unzulässige Beschäftigung oder selbständige Tätigkeit im Sinne des § 6 ausübt oder über die Altersteilzeitarbeit hinaus Mehrarbeit und Überstunden leistet, die den Umfang der Geringfügigkeitsgrenze des § 8 SGB IV überschreiten. [2] Hat der Anspruch auf die Aufstockungsleistungen mindestens 150 Tage geruht, erlischt er; mehrere Ruhenszeiträume werden zusammengerechnet.

Protokollerklärung:
Wenn der Arbeitnehmer infolge Krankheit den Anspruch auf eine Rente nach Altersteilzeitarbeit nicht zum arbeitsvertraglich festgelegten Zeitpunkt erreicht, verhandeln die Arbeitsvertragsparteien über eine interessengerechte Vertragsanpassung.

§ 9 Ende des Arbeitsverhältnisses. (1) Das Arbeitsverhältnis endet zu dem in der Altersteilzeitvereinbarung festgelegten Zeitpunkt.

(2) Das Arbeitsverhältnis endet unbeschadet der sonstigen tariflichen Beendigungstatbestände (z.B. §§ 53 bis 60 BAT/BAT-O)

a) mit Ablauf des Kalendermonats vor dem Kalendermonat, für den der Arbeitnehmer eine Rente wegen Alters oder, wenn er von der Versicherungspflicht in der gesetzlichen Rentenversicherung befreit ist, eine vergleichbare Leistung einer Versicherungs- oder Versorgungseinrichtung oder eines Versicherungsunternehmens beanspruchen kann; dies gilt nicht für Renten, die vor dem für den Versicherten maßgebenden Rentenalter in Anspruch genommen werden können oder

b) mit Beginn des Kalendermonats, für den der Arbeitnehmer eine Rente wegen Alters, eine Knappschaftsausgleichsleistung, eine ähnliche Leistung öffentlich-rechtlicher Art oder, wenn er von der Versicherungspflicht in der gesetzlichen Rentenversicherung befreit ist, eine vergleichbare Leistung einer Versicherungs- oder Versorgungseinrichtung oder eines Versicherungsunternehmens bezieht.

(3) [1] Endet bei einem Arbeitnehmer, der im Rahmen der Altersteilzeit nach dem Blockmodell (§ 3 Abs. 2 Buchst. a) beschäftigt wird, das Arbeitsverhältnis vorzeitig, hat er Anspruch auf eine etwaige Differenz zwischen den nach den §§ 4 und 5 erhaltenen Bezügen und Aufstockungsleistungen und den Bezügen für den Zeitraum seiner tatsächlichen Beschäftigung, die er ohne Eintritt in die Altersteilzeit erzielt hätte. [2] Bei Tod des Arbeitnehmers steht dieser Anspruch seinen Erben zu.

Protokollerklärung zu Absatz 2 Buchst. a:

Das Arbeitsverhältnis einer Arbeitnehmerin endet nicht, solange die Inanspruchnahme einer Leistung im Sinne des Absatzes 2 Buchst. a zum Ruhen der Versorgungsrente nach § 41 Abs. 7 VersTV-G, § 65 Abs. 7 VBL-Satzung führen würde.

§ 10 Mitwirkungspflicht. (1) Der Arbeitnehmer hat Änderungen der ihn betreffenden Verhältnisse, die für den Anspruch auf Aufstockungsleistungen erheblich sind, dem Arbeitgeber unverzüglich mitzuteilen.

(2) Der Arbeitnehmer hat dem Arbeitgeber zu Unrecht gezahlte Leistungen, die die im Altersteilzeitgesetz vorgesehenen Leistungen übersteigen, zu erstatten, wenn er die unrechtmäßige Zahlung dadurch bewirkt hat, daß er Mitwirkungspflichten nach Absatz 1 verletzt hat.

§ 11 Inkrafttreten, Geltungsdauer. [1] Dieser Tarifvertrag tritt mit Wirkung vom 1. Mai 1998 in Kraft. [2] Vor dem 26. Juni 1997 abgeschlossene Vereinbarungen über den Eintritt in ein Altersteilzeitarbeitsverhältnis bleiben unberührt.

850. Bayerisches Beamtengesetz (BayBG)

Vom 29. Juli 2008
(GVBl S. 500)

BayRS 2030-1-1 F

geänd. durch Art. 9 BezügeanpassungsG 2009/2010 v. 27. 7. 2009 (GVBl S. 348) und § 2 G zur Änd. des Bayerischen DisziplinarGs, des Bayerischen BeamtenGs und des Bayerischen PersonalvertretungsGs v. 8. 12. 2009 (GVBl S. 605)

Der Landtag des Freistaates Bayern hat das folgende Gesetz beschlossen, das hiermit bekannt gemacht wird:

– Auszug –

Teil 4. Rechtliche Stellung der Beamten und Beamtinnen

Abschnitt 5. Nebentätigkeiten und Tätigkeiten von Ruhestandsbeamten und Ruhestandsbeamtinnen sowie früheren Beamten und Beamtinnen mit Versorgungsbezügen

Art. 81 Nebentätigkeit auf Verlangen des Dienstherrn, Genehmigungspflicht. (1) Beamte und Beamtinnen sind verpflichtet, auf schriftliches Verlangen ihres Dienstherrn eine Nebentätigkeit (Nebenamt, Nebenbeschäftigung) im öffentlichen Dienst zu übernehmen, sofern diese Tätigkeit ihrer Vorbildung oder Berufsausbildung entspricht und sie nicht über Gebühr in Anspruch nimmt.

(2) [1] Beamte und Beamtinnen bedürfen zur Übernahme jeder anderen Nebentätigkeit der vorherigen Genehmigung, soweit die Nebentätigkeit nicht nach Art. 82 Abs. 1 genehmigungsfrei ist. [2] Als Nebentätigkeit gilt nicht die Wahrnehmung öffentlicher Ehrenämter sowie die unentgeltliche Führung der Vormundschaft, Betreuung oder Pflegschaft für Angehörige; ihre Übernahme ist vor Aufnahme dem oder der unmittelbaren Dienstvorgesetzten schriftlich anzuzeigen.

(3) [1] Die Genehmigung ist zu versagen, wenn zu besorgen ist, dass durch die Nebentätigkeit dienstliche Interessen beeinträchtigt werden. [2] Ein solcher Versagungsgrund liegt insbesondere vor, wenn die Nebentätigkeit

1. nach Art und Umfang die Arbeitskraft des Beamten oder der Beamtin so stark in Anspruch nimmt, dass die ordnungsgemäße Erfüllung der dienstlichen Pflichten behindert werden kann,
2. den Beamten oder die Beamtin in einen Widerstreit mit dienstlichen Pflichten bringen kann,
3. in einer Angelegenheit ausgeübt wird, in der die Behörde, der der Beamte oder die Beamtin angehört, tätig wird oder tätig werden kann,
4. die Unparteilichkeit oder Unbefangenheit des Beamten oder der Beamtin beeinflussen kann,
5. zu einer wesentlichen Einschränkung der künftigen dienstlichen Verwendbarkeit des Beamten oder der Beamtin führen kann,
6. dem Ansehen der öffentlichen Verwaltung abträglich sein kann.

[3] Die Voraussetzung des Satzes 2 Nr. 1 gilt in der Regel als erfüllt, wenn die zeitliche Beanspruchung durch eine oder mehrere Nebentätigkeiten in der Woche acht Stunden überschreitet. [4] Das Vorliegen eines Versagungsgrundes nach Satz 3 ist besonders zu prüfen, wenn abzusehen ist, dass die Entgelte und geldwerten Vorteile aus genehmigungspflichtigen Nebentätigkeiten im Kalenderjahr 30 v.H. der jährlichen Dienstbezüge des Beamten oder der Beamtin bei Vollzeitbeschäftigung überschreiten werden; das Ergebnis der Prüfung ist aktenkundig zu machen. [5] Die Genehmigung ist auf längstens fünf Jahre zu befristen; sie kann mit Auflagen und Bedingungen versehen werden. [6] Beamte und Beamtinnen können verpflichtet werden, nach Ablauf eines jeden Kalenderjahres ihren Dienstvorgesetzten eine Aufstellung über alle im Kalenderjahr ausgeübten genehmigungspflichtigen Nebentätigkeiten und die dafür erhaltenen Entgelte und geldwerten Vorteile vorzulegen. [7] Ergibt sich eine Beeinträchtigung dienstlicher Interessen nach Erteilung der Genehmigung, so ist diese zu widerrufen.

(4) [1] Nebentätigkeiten, die nicht auf Verlangen, Vorschlag oder Veranlassung des Dienstherrn übernommen wurden oder bei denen der oder die Dienstvorgesetzte ein dienstliches Interesse an der Übernahme der Nebentätigkeit nicht anerkannt hat, dürfen nur außerhalb der Arbeitszeit

ausgeübt werden. [2] Ausnahmen dürfen nur in besonders begründeten Fällen, insbesondere im öffentlichen Interesse, zugelassen werden, wenn dienstliche Gründe nicht entgegenstehen und die versäumte Arbeitszeit nachgeleistet wird.

(5) [1] Beamte und Beamtinnen dürfen bei der Ausübung von Nebentätigkeiten Einrichtungen, Personal oder Material des Dienstherrn nur bei Vorliegen eines öffentlichen oder wissenschaftlichen Interesses mit vorheriger Genehmigung und gegen Entrichtung eines angemessenen Entgelts in Anspruch nehmen. [2] Das Entgelt hat sich nach den dem Dienstherrn entstehenden Kosten zu richten und muss den besonderen Vorteil berücksichtigen, der dem Beamten oder der Beamtin durch die Inanspruchnahme entsteht. [3] Der Beamte oder die Beamtin ist verpflichtet, soweit bei der Ausübung von Nebentätigkeiten Einrichtungen, Personal oder Material des Dienstherrn in Anspruch genommen werden, auf Verlangen über Art und Umfang der Nebentätigkeiten, die hierdurch erzielte Vergütung sowie über Art und Umfang der Inanspruchnahme Auskunft zu geben. [4] Die Vergütung sowie Art und Umfang der Inanspruchnahme können geschätzt werden, wenn hierüber keine Auskunft gegeben wird oder über entsprechende Angaben keine ausreichende Aufklärung gegeben werden kann oder Aufzeichnungen nicht vorgelegt werden, die nach beamtenrechtlichen Rechtsvorschriften zu führen sind.

(6) [1] Die Entscheidungen nach den Abs. 1 bis 5 trifft, soweit nichts anderes bestimmt ist, die oberste Dienstbehörde. [2] Sie kann ihre Befugnisse durch Rechtsverordnung auf andere Behörden übertragen.

(7) [1] Anträge auf Erteilung einer Genehmigung (Abs. 2) oder auf Zulassung einer Ausnahme (Abs. 4 Satz 2) und Entscheidungen über diese Anträge bedürfen der Schriftform. [2] Von den Beamten und Beamtinnen sind die für die Entscheidung erforderlichen Nachweise über Art und Umfang der Nebentätigkeit zu führen. [3] Das dienstliche Interesse (Abs. 4 Satz 1) ist aktenkundig zu machen.

Art. 82 Genehmigungsfreie Nebentätigkeit. (1) Nicht genehmigungspflichtig ist

1. eine Nebentätigkeit, die auf Vorschlag oder Veranlassung des Dienstherrn übernommen wird,
2. eine unentgeltliche Nebentätigkeit mit Ausnahme
   a) der Übernahme eines Nebenamtes, einer in Art. 81 Abs. 2 Satz 2 Halbsatz 1 nicht genannten Vormundschaft, Betreuung oder Pflegschaft sowie einer Testamentsvollstreckung,
   b) der Übernahme einer gewerblichen Tätigkeit, der Ausübung eines freien Berufs oder der Mitarbeit bei einer dieser Tätigkeiten,
   c) des Eintritts in ein Organ eines Unternehmens, sofern es sich bei dem Unternehmen nicht um eine Genossenschaft handelt, sowie der Übernahme einer Treuhänderschaft,
3. die Verwaltung eigenen oder der eigenen Nutznießung unterliegenden Vermögens,
4. eine schriftstellerische, wissenschaftliche, künstlerische Tätigkeit oder Vortragstätigkeit,
5. die mit Lehr- oder Forschungsaufgaben zusammenhängende selbstständige Gutachtertätigkeit von Professoren und Professorinnen an staatlichen Hochschulen sowie von Beamten und Beamtinnen an wissenschaftlichen Instituten und Anstalten,
6. die Tätigkeit zur Wahrung von Berufsinteressen in Gewerkschaften oder Berufsverbänden oder in Selbsthilfeeinrichtungen der Beamten und Beamtinnen.

[2] Die Unentgeltlichkeit einer Nebentätigkeit nach Satz 1 Nr. 2 wird durch die Gewährung einer angemessenen Aufwandsentschädigung oder einer Gegenleistung von geringem Wert nicht ausgeschlossen.

(2) [1] Liegen Anhaltspunkte für eine Verletzung von Dienstpflichten vor, können Dienstvorgesetzte verlangen, dass Beamte und Beamtinnen über Art und Umfang nicht genehmigungspflichtiger Nebentätigkeiten und die hieraus erzielten Vergütungen schriftlich Auskunft erteilen und die erforderlichen Nachweise führen. [2] Eine nicht genehmigungspflichtige Nebentätigkeit ist von den Dienstvorgesetzten ganz oder teilweise zu untersagen, wenn bei ihrer Ausübung dienstliche Pflichten verletzt werden.

(3) Art. 81 Abs. 4 und 5 gelten entsprechend.

Art. 83 Rückgriffshaftung des Dienstherrn. [1] Werden Beamte und Beamtinnen aus ihrer Tätigkeit im Vorstand, Aufsichtsrat, Verwaltungsrat oder in einem sonstigen Organ einer Gesellschaft, Genossenschaft oder eines in einer anderen Rechtsform betriebenen Unternehmens, die sie auf schriftliches Verlangen, Vorschlag oder Veranlassung des Dienstherrn übernommen haben, haftbar gemacht, so besteht gegen den Dienstherrn Anspruch auf Ersatz des ihnen entstandenen Schadens. [2] Ist der Schaden vorsätzlich oder grob fahrlässig herbeigeführt worden, so ist der Dienstherr nur dann ersatzpflichtig, wenn der Beamte oder die Beamtin auf schriftliches Verlangen eines oder einer Vorgesetzten gehandelt hat.

Art. 84 Beendigung der Nebentätigkeit im öffentlichen Dienst. Endet das Beamtenverhältnis, so enden, wenn im Einzelfall nichts anderes bestimmt wird, auch die Nebenämter und Nebenbeschäftigungen, die im Zusammenhang mit dem Hauptamt übertragen worden sind oder die auf schriftliches Verlangen, Vorschlag oder Veranlassung des Dienstherrn übernommen worden sind.

Art. 85 Ausführungsverordnung. (1) [1]Die zur Ausführung der Art. 81 bis 84 notwendigen Vorschriften über die Nebentätigkeit erlässt die Staatsregierung durch Rechtsverordnung. [2]In ihr kann auch bestimmt werden,

1. welche Tätigkeiten als öffentlicher Dienst im Sinn dieser Vorschriften anzusehen sind oder ihm gleichstehen,
2. ob und inwieweit für eine im öffentlichen Dienst ausgeübte oder auf Verlangen, Vorschlag oder Veranlassung des Dienstherrn übernommene Nebentätigkeit eine Vergütung gezahlt wird oder eine erhaltene Vergütung abzuführen ist und diese Vergütung geschätzt werden kann, wenn hierüber keine Auskunft gegeben wird oder über entsprechende Angaben keine ausreichende Aufklärung gegeben werden kann oder Aufzeichnungen nicht vorgelegt werden, die nach beamtenrechtlichen Rechtsvorschriften zu führen sind,
3. inwieweit Auskunft über eine Vergütung aus einer genehmigungspflichtigen Nebentätigkeit zu erteilen ist,
4. unter welchen Voraussetzungen bei der Ausübung von Nebentätigkeiten Einrichtungen, Personal oder Material des Dienstherrn in Anspruch genommen werden dürfen und welches Entgelt hierfür zu entrichten ist,
5. das Nähere hinsichtlich der Auskunftspflicht nach Art. 81 Abs. 3 Satz 6 und Abs. 5 Satz 3, Art. 82 Abs. 2 und 3, der Schätzung nach Art. 81 Abs. 5 Satz 4, Art. 82 Abs. 3 sowie der Unentgeltlichkeit nach Art. 82 Abs. 1 Satz 1 Nr. 2 und Satz 2.

(2) [1]Im staatlichen Bereich kann das zuständige Staatsministerium in Ergänzung einer Rechtsverordnung nach Abs. 1 Satz 2 Nr. 2 die Höhe der Vergütung für eine Nebentätigkeit durch Verwaltungsvorschriften regeln. [2]Wird eine Verwaltungsvorschrift nicht erlassen, ist die Höhe der Vergütung vom zuständigen Staatsministerium durch Einzelentscheidung zu bestimmen. [3]Verwaltungsvorschriften und Einzelentscheidungen bedürfen der Zustimmung des Staatsministeriums der Finanzen.

Art. 86 Beschäftigung oder Erwerbstätigkeit von Ruhestandsbeamten und Ruhestandsbeamtinnen sowie früheren Beamten und Beamtinnen mit Versorgungsbezügen. (1) [1]Der Zeitraum, in dem die Pflicht der Anzeige einer Erwerbstätigkeit oder sonstigen Beschäftigung außerhalb des öffentlichen Dienstes im Sinn des § 41 Satz 1 BeamtStG besteht, beträgt fünf Jahre vor Beendigung des Beamtenverhältnisses. [2]Die Tätigkeit gemäß § 41 Satz 1 BeamtStG ist der letzten obersten Dienstbehörde gegenüber anzuzeigen. [3]Die Anzeigepflicht endet nach

1. drei Jahren, wenn das Beamtenverhältnis mit dem Erreichen der in Art. 62 genannten gesetzlichen Altersgrenze, oder zu einem späteren Zeitpunkt beendet worden ist,
2. fünf Jahren, spätestens jedoch bei Vollendung des 68. Lebensjahres, wenn das Beamtenverhältnis zu einem früheren Zeitpunkt beendet worden ist.

(2) [1]Die Untersagung wird durch die letzte oberste Dienstbehörde ausgesprochen. [2]Sie endet mit Ablauf des Zeitraums, für den eine Anzeigepflicht nach Abs. 1 besteht, spätestens mit Ablauf des in § 41 Satz 3 BeamtStG genannten Zeitpunkts. [3]Die oberste Dienstbehörde kann ihre Befugnisse durch Rechtsverordnung auf andere Behörden übertragen.

851. Verordnung über die Nebentätigkeit der Beamten (Bayerische Nebentätigkeitsverordnung – BayNV)

Vom 14. Juni 1988
(GVBl S. 160, ber. S. 210)
BayRS 2030-2-22-F

geänd. durch Verordnung zur Änderung der Bayerischen Nebentätigkeitsverordnung v. 21. 12. 1993 (GVBl S. 1073), Zweite Verordnung zur Änderung der Bayerischen Nebentätigkeitsverordnung v. 20. 12. 1994 (GVBl S. 336), Verordnung zur Änderung urlaubs-, nebentätigkeits- und arbeitsrechtlicher Vorschriften für Beamte v. 27. 7. 1999 (GVBl S. 336), § 1 Verordnung zur Anpassung des Landesrechts an den Euro v. 24. 4. 2001 (GVBl S. 154), VO zur Änderung der Bayerischen Nebentätigkeitsverordnung v. 18. 12. 2001 (GVBl S. 1009), § 8 VO zur Anpassung von RechtsVOen an das Bayerische BeamtenG v. 1. 4. 2009 (GVBl S. 79)

Auf Grund von Art. 77 Abs. 1 des Bayerischen Beamtengesetzes (BayBG) und Art. 43 Abs. 3 des Gesetzes über kommunale Wahlbeamte erläßt die Bayerische Staatsregierung folgende Verordnung:

– Auszug –

Erster Abschnitt. Allgemeines

§ 1 Geltungsbereich. [1] Diese Verordnung gilt für die Beamten und Dienstanfänger des Staates, der Gemeinden, der Gemeindeverbände und der sonstigen unter der Aufsicht des Staates stehenden Körperschaften, Anstalten und Stiftungen des öffentlichen Rechts. [2] Sie gilt auch für Ruhestandsbeamte und frühere Beamte hinsichtlich der Nebentätigkeiten, die sie vor Beendigung des Beamtenverhältnisses ausgeübt haben. [3] Sie gilt nicht für Nebentätigkeiten, auf die die Bayerische Hochschullehrernebentätigkeitsverordnung Anwendung findet.

§ 2[1)] Begriffe. (1) Nebentätigkeit eines Beamten ist die Ausübung eines Nebenamts oder einer Nebenbeschäftigung.

(2) Nebenamt ist ein nicht zu einem Hauptamt gehörender Kreis von Aufgaben, der auf Grund eines öffentlich-rechtlichen Dienst- oder Amtsverhältnisses wahrgenommen wird.

(3) Nebenbeschäftigung ist jede sonstige, nicht zu einem Hauptamt gehörende Tätigkeit innerhalb oder außerhalb des öffentlichen Dienstes.

(4) [1] Vergütung für eine Nebentätigkeit ist jede Gegenleistung in Geld oder geldwerten Vorteilen, auch wenn kein Rechtsanspruch auf sie besteht. [2] Als Vergütung im Sinn des Satzes 1 gelten nicht

1. der Ersatz von Fahrkosten,
2. Tage- und Übernachtungsgelder bis zur Höhe des festen Betrags, den die Reisekostenvorschriften für Beamte für den vollen Kalendertag einschließlich Übernachtung vorsehen, oder bei Nachweis höherer Mehraufwendungen bis zur Höhe dieses Betrags,
3. die vereinnahmte Umsatzsteuer,
4. der Ersatz sonstiger barer Auslagen, wenn keine Pauschalierung vorgenommen wird.

[3] Zu den baren Auslagen rechnen auch nicht pauschalierte Aufwendungen für die Vergabe von Aufträgen an ein Schreibbüro und ähnliche Dienstleistungsunternehmen sowie für vom Beamten privat beschäftigtes, aus den Nebentätigkeitseinnahmen bezahltes Personal. [4] Pauschalierte Aufwandsentschädigungen sind in vollem Umfang als Vergütung anzusehen.

(5) [1] Eine Nebentätigkeit ist unentgeltlich im Sinn des Art. 82 Abs. 1 Satz 1 Nr. 2 BayBG, wenn sie ohne Zahlung einer Vergütung wahrgenommen wird. [2] Als unentgeltlich im Sinn des Art. 82 Abs. 1 Satz 2 BayBG gilt eine Nebentätigkeit, wenn der Beamte ehrenamtliche Tätigkeiten für gemeinnützige (z.B. sportliche, wissenschaftliche oder sonstige kulturelle), mildtätige und kirchliche Einrichtungen und Organisationen ausübt und die hierfür gewährte Vergütung jeweils jährlich 1 848 € nicht übersteigt.

851

[1)] § 2 Abs. 4 Satz 2 Nr. 2 geänd. durch VO v. 27. 7. 1999 (GVBl S. 336), Abs. 5 Satz 2 geänd. mWv 1. 1. 2002 durch VO v. 24. 4. 2001 (GVBl S. 154); Abs. 5 Satz 2 geänd. mWv 1. 1. 2002 durch VO v. 18. 12. 2001 (GVBl S. 1009); Abs. 5 Sätze 1 und 2 geänd. mWv 1. 4. 2009 durch VO v. 1. 4. 2009 (GVBl S. 79).

§ 3[1)] Öffentliche Ehrenämter. (1) [1] Öffentliche Ehrenämter im Sinn des Art. 81 Abs. 2 Satz 2 BayBG sind Tätigkeiten, die überwiegend der Erfüllung öffentlicher Aufgaben dienen, soweit sie

1. in Gesetzen und Rechtsverordnungen als Ehrenämter bezeichnet sind oder
2. auf behördlicher Bestellung oder Wahl beruhen und die hierfür gewährte Vergütung jeweils jährlich 1 848 € nicht übersteigt.

[2] Die Wahrnehmung eines öffentlichen Ehrenamts liegt nur vor, wenn die Tätigkeit zum unmittelbaren Aufgabenkreis des Ehrenamts gehört.

(2) Öffentliches Ehrenamt im Sinn des Absatzes 1 Satz 1 Nr. 1 ist insbesondere die Tätigkeit als

1. Mitglied des Bayerischen Verfassungsgerichtshofs,
2. Mitglied einer kommunalen Vertretung,
3. ehrenamtlicher kommunaler Wahlbeamter,
4. ehrenamtliches Mitglied in Organen der Sozialversicherungsträger und ihrer Verbände, der Bundesanstalt für Arbeit sowie der Berufsvertretungen, die Körperschaften des öffentlichen Rechts sind,
5. ehrenamtliche Richter

sowie die ehrenamtliche Tätigkeit in den kommunalen Spitzenverbänden.

§ 4[2)] Nebentätigkeit im öffentlichen Dienst. (1) [1] Nebentätigkeit im öffentlichen Dienst ist jede für den Freistaat Bayern, den Bund, ein Land, eine Gemeinde, einen Gemeindeverband oder andere Körperschaften, Anstalten oder Stiftungen des öffentlichen Rechts im Bundesgebiet oder für Verbände von juristischen Personen des öffentlichen Rechts ausgeübte Nebentätigkeit; dies gilt auch, wenn die Tätigkeit auf Grund eines Vertragsverhältnisses wahrgenommen wird. [2] Ausgenommen ist eine Nebentätigkeit für öffentlich-rechtliche Religionsgemeinschaften oder deren Verbände.

(2) Einer Nebentätigkeit im öffentlichen Dienst steht gleich eine Nebentätigkeit für

1. Vereinigungen, Einrichtungen oder Unternehmen, deren Kapital (Grund- oder Stammkapital) sich unmittelbar oder mittelbar ganz oder überwiegend in öffentlicher Hand befindet oder die fortlaufend ganz oder überwiegend aus öffentlichen Mitteln unterhalten werden,
2. zwischenstaatliche oder überstaatliche Einrichtungen, an denen eine juristische Person oder ein Verband im Sinn des Absatzes 1 Satz 1 Halbsatz 1 durch Zahlung von Beiträgen oder Zuschüssen oder in anderer Weise beteiligt ist,
3. natürliche oder juristische Personen oder Personenvereinigungen des Privatrechts, die der Wahrung von Belangen einer juristischen Person oder eines Verbands im Sinn von Absatz 1 Satz 1 Halbsatz 1 dient.

§ 5 Nebentätigkeit im bayerischen öffentlichen Dienst. [1] Aufgaben, die für den Freistaat Bayern, für Gemeinden, Gemeindeverbände oder sonstige unter der Aufsicht des Staates stehende Körperschaften, Anstalten oder Stiftungen des öffentlichen Rechts wahrgenommen werden, sind grundsätzlich in ein Hauptamt einzuordnen. [2] Sie sollen nicht zur Erledigung als Nebentätigkeit übertragen werden, wenn sie mit dem Hauptamt in Zusammenhang stehen.

Zweiter Abschnitt. Nebentätigkeitsgenehmigung

§ 6[3)] Erteilung, Widerruf und Rücknahme der Genehmigung. (1) In dem schriftlichen Antrag auf Erteilung einer Nebentätigkeitsgenehmigung (Art. 81 Abs. 7 Satz 1 BayBG) sind Art, Umfang und Dauer der Tätigkeit, der Auftraggeber, die voraussichtliche Höhe der Vergütung und die zeitliche Beanspruchung durch alle von dem Beamten ausgeübten genehmigungspflichtigen Nebentätigkeiten darzulegen.

(2) [1] Die Genehmigung ist für jede einzelne Nebentätigkeit zu erteilen. [2] Sie kann für fortlaufende oder wiederkehrende gleichartige Nebentätigkeiten auch allgemein erteilt werden. [3] Umfang und Zeitdauer sind in der Genehmigung zu begrenzen. [4] Die schriftliche Entscheidung über den Antrag ist zu begründen, soweit ihm die Behörde nicht entspricht. [5] Dies gilt

[1)] § 3 Abs. 1 Satz 1 Nr. 2 geänd. mWv 1. 1. 2002 durch VO v. 24. 4. 2001 (GVBl S. 154); Abs. 1 Satz 1 Nr. 2 geänd. mWv 1. 1. 2002 durch VO v. 18. 12. 2001 (GVBl S. 1009); Abs. 1 Satz 1 geänd. mWv 1. 4. 2009 durch VO v. 1. 4. 2009 (GVBl S. 79).

[2)] § 4 Abs. 1 Satz 1 geänd. durch VO v. 27. 7. 1999 (GVBl S. 336).

[3)] § 6 Abs. 2 Satz 2 neu gef., Satz 3 eingef., bish. Sätze 3 bis 5 werden Sätze 4 bis 6 durch VO v. 27. 7. 1999 (GVBl S. 336); Abs. 1, 4 und 5 geänd. mWv 1. 4. 2009 durch VO v. 1. 4. 2009 (GVBl S. 79).

entsprechend für den Widerruf und die Rücknahme der Genehmigung. [6] Dem Beamten kann aufgegeben werden, die Beendigung der Nebentätigkeit schriftlich anzuzeigen.

(3) Nachträgliche Änderungen der im Genehmigungsantrag enthaltenen Tatsachen sind vom Beamten unverzüglich schriftlich anzuzeigen; die Anzeige entfällt bei nur unwesentlichen Änderungen.

(4) *(nicht abgedruckt)*

(5) Ein Versagungsgrund im Sinn des Art. 81 Abs. 3 Satz 2 Nr. 3 BayBG liegt nicht vor, wenn

1. ein Beamter auf Anforderung eines Gerichts oder einer Behörde ein Gutachten erstattet oder
2. eine juristische Person des öffentlichen Rechts den Beamten zum Preisrichter, Schiedsrichter oder Schlichter bestellt,

es sei denn, daß Tatsachen die Annahme eines Interessenwiderstreits mit der Behörde, der der Beamte angehört, begründen.

(6) [1] Wird eine Genehmigung widerrufen, so soll dem Beamten eine angemessene Frist zur Abwicklung der Nebentätigkeit eingeräumt werden, soweit die dienstlichen Interessen dies zulassen. [2] Wird eine Genehmigung zurückgenommen, so kann dem Beamten eine angemessene Abwicklungsfrist eingeräumt werden.

§ 7[1)] Allgemeine Genehmigung. (1) [1] Die zur Übernahme einer Nebentätigkeit erforderliche Genehmigung gilt als allgemein erteilt, wenn alle von dem Beamten ausgeübten Nebentätigkeiten außerhalb der Arbeitszeit ausgeübt werden, hierbei dienstliche Interessen im Sinn des Art. 81 Abs. 3 BayBG nicht beeinträchtigt werden und die Vergütung hierfür jährlich insgesamt 1 848 € nicht übersteigt. [2] Die Bewirtschaftung eines landwirtschaftlichen Betriebs und die entgeltliche Mitarbeit in einem solchen Betrieb außerhalb der Arbeitszeit gelten darüber hinaus als allgemein genehmigt, wenn davon ausgegangen werden kann, daß nach Art und Größe des Betriebs die zeitliche Beanspruchung im Jahresdurchschnitt das in Art. 81 Abs. 3 Satz 3 BayBG festgelegte Regelmaß nicht wesentlich überschreitet und ein Versagungsgrund im Sinn des Art. 81 Abs. 3 BayBG nicht vorliegt.

(2) [1] Nebentätigkeiten nach Absatz 1 sind der Genehmigungsbehörde schriftlich anzuzeigen, sofern es sich nicht um eine einmalige Nebentätigkeit handelt. [2] In die Anzeige sind die in § 6 Abs. 1 geforderten Angaben aufzunehmen. [3] § 6 Abs. 3 gilt entsprechend.

(3) [1] Die allgemeine Genehmigung nach Absatz 1 Sätze 1 und 2 gilt für die Dauer von fünf Jahren, längstens jedoch bis zur Beendigung der Nebentätigkeit. [2] Soweit Nebentätigkeiten im Sinn des Absatzes 1 nach Ablauf von fünf Jahren weiter ausgeübt werden, gelten diese für jeweils weitere fünf Jahre als allgemein genehmigt, wenn sie vorher der Genehmigungsbehörde erneut schriftlich angezeigt werden. [3] § 6 Abs. 1 und 3 gelten entsprechend.

(4) [1] Eine als allgemein erteilt geltende Genehmigung erlischt, wenn eine der Voraussetzungen nach Absatz 1 Satz 1 oder Satz 2 nicht mehr erfüllt ist. [2] Das Erlöschen ist dem Beamten schriftlich mitzuteilen. [3] Zur Fortführung der Nebentätigkeit bedarf der Beamte der vorherigen schriftlichen Genehmigung nach Art. 81 Abs. 2 Satz 1 BayBG. [4] Kann die Genehmigung zur Fortführung der Nebentätigkeit nicht erteilt werden, soll dem Beamten auf Antrag eine angemessene Frist zur Abwicklung der Nebentätigkeit eingeräumt werden, soweit die dienstlichen Interessen dies zulassen.

(5) In Verwaltungsvorschriften (§ 20) kann bestimmt werden, daß weitere Nebentätigkeiten als allgemein genehmigt gelten.

§ 8[2)] Genehmigungsfreie Gutachtertätigkeit. [1] Eine Gutachtertätigkeit ist nur dann selbständig im Sinn von Art. 82 Abs. 1 Satz 1 Nr. 5 BayBG, wenn nach dem Gutachtenersuchen eine persönliche Leistung des Beamten erbeten wird und der Beamte das Gutachten in wesentlichen Teilen selbst erarbeitet und die Verantwortung für das gesamte Gutachten durch Unterzeichnung übernimmt. [2] Nur wenn der Beamte verhindert ist, selbst zu unterzeichnen, ist eine Unterzeichnung durch einen Vertreter zulässig; die Verhinderungsvertretung ist kenntlich zu machen. [3] Keine selbständige Gutachtertätigkeit liegt. insbesondere vor, wenn sich die Tätigkeit auf die Feststellung von Sachverhalten oder Tatsachen mit technischen Mitteln oder auf Grund von Laboruntersuchungen nach geläufigen Methoden ohne wissenschaftliche Schlußfolgerungen beschränkt. [4] Untersuchungen und Beratungen, die in unmittelbarem Zusammenhang mit der Erstattung eines Gutachtens stehen, gelten als Teil desselben. [5] Als mit Lehr- oder For-

[1)] § 7 Abs. 3 eingef., die bish. Abs. 3 und 4 werden Abs. 4 und 5 durch VO v. 27. 7. 1999 (GVBl S. 336), Abs. 1 Satz 1 geänd. mWv 1. 1. 2002 durch VO v. 24. 4. 2001 (GVBl S. 154); Abs. 7 Satz 1 geänd. mWv 1. 1. 2002 durch VO v. 18. 12. 2001 (GVBl S. 1009); Abs. 1 Sätze 1 und 2, Abs. 4 Satz 3 geänd. mWv 1. 4. 2009 durch VO v. 1. 4. 2009 (GVBl S. 79).

[2)] § 8 Satz 1 geänd. mWv 1. 4. 2009 durch VO v. 1. 4. 2009 (GVBl S. 79).

schungsaufgaben zusammenhängend gilt eine Gutachtertätigkeit nur, wenn das Gutachten über Fragen des Fachgebiets des Beamten erstattet wird.

Dritter Abschnitt. Vergütung

§ 9[1] Vergütung für Nebentätigkeiten im bayerischen öffentlichen Dienst. (1) Für eine Nebentätigkeit im bayerischen öffentlichen Dienst (§ 5) darf grundsätzlich eine Vergütung nur gewährt werden

1. bei Gutachtertätigkeiten,
2. bei Tätigkeiten, für die auf andere Weise eine geeignete Arbeitskraft ohne erheblichen Mehraufwand nicht gewonnen werden kann,
3. bei Tätigkeiten, deren Ausübung – unbeschadet § 10 Abs. 1 Satz 2 – ohne Zahlung einer Vergütung dem Beamten nicht zugemutet werden kann.

(2) Eine Vergütung darf nicht gewährt werden, wenn der Beamte für die Wahrnehmung der Nebentätigkeit im Hauptamt angemessen entlastet wird.

(3) [1] Vergütungen nach Absatz 1 dürfen für die in einem Kalenderjahr ausgeübten Nebentätigkeiten folgende Beträge nicht übersteigen:

Bei Beamten der Besoldungsgruppen	Höchstbetrag
A 1 bis A 8	3.684 €
A 9 bis A 12	4.296 €
A 13 bis A 16, B 1, R 1 und R 2	4.908 €
B 2 bis B 5, R 3 bis R 5	5.520 €
B 6 und höher, R 6 und höher	6.144 €.

[2] Für die Bemessung des Höchstbetrags ist die Besoldungsgruppe maßgebend, der der Beamte am Ende des Kalenderjahres angehört. [3] Innerhalb des Höchstbetrags ist die Vergütung nach Umfang und Bedeutung der Nebentätigkeit abzustufen. [4] Mit Ausnahme von Tage- und Übernachtungsgeldern dürfen Auslagen nicht pauschaliert werden.

§ 10[2] Ablieferungspflicht. (1) [1] Vergütungen für eine oder mehrere Nebentätigkeiten, die im öffentlichen oder in dem ihm gleichstehenden Dienst (§ 4) oder auf Vorschlag oder Veranlassung seines Dienstherrn ausgeübt werden, sind von dem Beamten insoweit an den Dienstherrn im Hauptamt abzuliefern, als sie für die in einem Kalenderjahr ausgeübten Tätigkeiten den Höchstbetrag nach § 9 Abs. 3 Satz 1 übersteigen. [2] Soweit es sich hierbei um Nebentätigkeiten als Aufsichtsrat, Vorstand oder in einem sonstigen Organ oder Gremium eines privatrechtlich oder öffentlich-rechtlich organisierten Unternehmens sowie um Nebentätigkeiten bei Körperschaften, Anstalten und Stiftungen des öffentlichen Rechts handelt, entfällt der Ablieferungsfreibetrag für die Beamten im Sinn des Bayerischen Beamtengesetzes. [3] Die Ablieferung der Vergütungen für Tätigkeiten im Sinn des Satzes 2 unterbleibt, wenn die hierfür zugeflossenen Vergütungen insgesamt den betrag von 100 € im Kalenderjahr nicht überschreiten.

(2) [1] Bei der Festsetzung des abzuliefernden Betrags sind von den Vergütungen Aufwendungen abzusetzen, die im Zusammenhang mit der Nebentätigkeit nachweislich entstanden sind. [2] Voraussetzung für den Abzug ist, daß der Beamte für diese Aufwendungen keinen Auslagenersatz erhalten hat.

(3) Vergütungen für in einem Kalenderjahr ausgeübte Nebentätigkeiten nach Absatz 1 sollen abgeliefert werden, sobald sie insgesamt – abzüglich der Aufwendungen nach Absatz 2 – den ablieferungsfreien Höchstbetrag übersteigen.

§ 11[3] Ausnahmen von §§ 9 und 10. (1) § 9 Abs. 1 und 3 und § 10 sind nicht anzuwenden auf Vergütungen für

1. eine Lehr- oder Unterrichtstätigkeit,
2. eine Mitwirkung bei Prüfungen,
3. eine schriftstellerische, wissenschaftliche oder künstlerische Tätigkeit oder eine Vortragstätigkeit,

[1] § 9 Abs. 3 Satz 1 geänd. mWv 1. 1. 2002 durch VO v. 24. 4. 2001 (GVBl S. 154)

[2] § 10 Abs. 1 Satz 2 neu gef. durch VO v. 27. 7. 1999 (GVBl S. 336); Abs. 1 Satz 3 angef. mWv 1. 1. 2002 durch VO v. 18. 12. 2001 (GVBl S. 1009).

[3] § 11 Abs. 2 Nr. 2 eingef., bish. Nr. 2 wird Nr. 3, Abs. 2 Nr. 3 geänd. durch VO v. 27. 7. 1999 (GVBl S. 336); Abs. 2 Nr. 1 neu gef., Nr. 2 geänd. mWv 1. 1. 2002 durch VO v. 18. 12. 2001 (GVBl S. 1009).

4. Tätigkeiten auf dem Gebiet der wissenschaftlichen Forschung,
5. eine mit Lehr- oder Forschungsaufgaben zusammenhängende selbständige Gutachtertätigkeit von Beamten an öffentlichen Hochschulen, wissenschaftlichen Instituten und Anstalten, die nicht unter § 1 Satz 3 fallen,
6. Tätigkeiten als gerichtlicher oder staatsanwaltschaftlicher Sachverständiger,
7. Gutachtertätigkeiten von Ärzten, Zahnärzten oder Tierärzten für Versicherungsträger oder für andere juristische Personen des öffentlichen Rechts,
8. ärztliche, zahnärztliche oder tierärztliche Verrichtungen der in Nummer 7 genannten Personen, für die nach den Gebührenordnungen Gebühren zu zahlen sind,
9. Arbeitnehmererfindungen,
10. Tätigkeiten, die ausschließlich während eines unter Fortfall der Dienstbezüge gewährten Urlaubs von mehr als drei Monaten oder in besonderen Ausnahmefällen von mehr als einem Monat ausgeübt werden,
11. Tätigkeiten, die zur Aufrechterhaltung des Dienstbetriebs oder im öffentlichen Interesse notwendig sind, soweit die oberste Dienstbehörde eine Ausnahme von der Ablieferungspflicht für erforderlich hält.

(2) § 9 Abs. 1 und 3 und § 10 Abs. 1 Satz 1 sind auf kommunale Wahlbeamte auf Zeit, die Vorsitzende des Verwaltungsrats einer Sparkasse oder Stellvertreter des Vorsitzenden sind, mit folgenden Maßgaben anzuwenden:

1. Der Höchstbetrag nach § 9 Abs. 3 Satz 1 verdreifacht sich für die Vergütung des Vorsitzenden und verdoppelt sich für die Vergütung des Stellvertreters;
2. der Höchstbetrag nach § 9 Abs. 3 Satz 1 verdreifacht sich bis zum 31. Dezember 2007 für die Vergütung der Stellvertreter in einer Fusionssparkasse, wenn sie oder ihre Amtsvorgänger Vorsitzende des Verwaltungsrats einer Sparkasse waren, die nach dem 1. Januar 1999 und bis einschließlich 1. Januar 2005 mit der Fusionssparkasse vereinigt worden ist oder vereinigt wird;
3. Vergütungen sind nach § 10 Abs. 1 Satz 1 insoweit abzuliefern, als sie den Höchstbetrag nach Nummer 1 oder 2 übersteigen.

§ 12[1)] Abrechnung über Nebentätigkeitsvergütungen. (1) [1] Beamte, denen Vergütungen zugeflossen sind, auf die § 10 anzuwenden ist, haben ihrem Dienstvorgesetzten bis spätestens 31. Januar eines jeden Jahres eine Abrechnung über die im abgelaufenen Kalenderjahr zugeflossenen Vergütungen vorzulegen. [2] Von dem Beamten kann verlangt werden, daß er Aufzeichnungen über die zugeflossenen Vergütungen führt.

(2) [1] Die abzuführende Vergütung ist im Weg der Schätzung festzusetzen, wenn der Beamte hierüber keine Auskunft gibt oder über seine Angaben keine ausreichende Aufklärung geben kann oder Aufzeichnungen nicht vorlegt, zu deren Führung er verpflichtet wurde. [2] Dabei sind alle Umstände zu berücksichtigen, die nach Lage des Falls für die Schätzung von Bedeutung sind. [3] Sobald die erforderlichen Angaben vorliegen, ist die Festsetzung zu berichtigen.

(3) [1] Die abzuführende Vergütung wird einen Monat nach der Festsetzung fällig. [2] Durch die Berichtigung nach Absatz 2 Satz 3 wird die Fälligkeit nicht berührt.

(4) [1] Wird der abzuführende Betrag innerhalb eines Monats nach Fälligkeit nicht entrichtet, so ist von dem rückständigen Betrag ab dem Zeitpunkt der Fälligkeit für jeden vollen Monat ein Zuschlag in Höhe von 0,5 v.H. zu erheben. [2] Für die Berechnung des Zuschlags wird der rückständige Betrag auf volle 50 € abgerundet.

Vierter Abschnitt. Inanspruchnahme von Einrichtungen, Personal oder Material des Dienstherrn

§ 13 Einrichtungen. [1] Als Einrichtungen gelten alle sächlichen Mittel, insbesondere die Diensträume und deren Ausstattung sowie die darin vorhandenen Maschinen, Apparate und Instrumente. [2] Bücher und andere wissenschaftliche Werke zählen nicht zur Einrichtung.

§ 14 Genehmigungspflicht. (1) [1] Der Beamte bedarf der vorherigen schriftlichen Genehmigung, wenn er bei der Ausübung einer Nebentätigkeit Einrichtungen, Personal oder Material seines Dienstherrn in Anspruch nehmen will. [2] Die Genehmigung darf nur erteilt werden, wenn ein öffentliches oder wissenschaftliches Interesse an der Ausübung der Nebentätigkeit besteht.

[1)] § 12 Abs. 4 Satz 2 geänd. mWv 1. 1. 2002 durch VO v. 24. 4. 2001 (GVBl S. 154)

[3] Die Genehmigung ist widerruflich; sie kann befristet werden. [4] In dem Genehmigungsbescheid ist der Umfang der zugelassenen Inanspruchnahme anzugeben.

(2) Auf die Inanspruchnahme von Einrichtungen, Personal oder Material des Dienstherrn besteht kein Rechtsanspruch.

(3) [1] Personal des Dienstherrn darf grundsätzlich nur innerhalb seiner Arbeitszeit und nur im Rahmen seiner üblichen Dienstaufgaben in Anspruch genommen werden. [2] Aus Anlaß der Mitwirkung an der Nebentätigkeit darf Mehrarbeit, Bereitschaftsdienst oder Rufbereitschaft nicht angeordnet, genehmigt und vergütet werden. [3] Vereinbarungen über eine private Mitarbeit außerhalb der Arbeitszeit bleiben unberührt. [4] Soweit an Mitarbeiter aus Anlaß der Mitwirkung an einer Nebentätigkeit zusätzliche Vergütungen gezahlt werden, kann die Genehmigungsbehörde von dem Beamten darüber Auskunft verlangen.

(4) [1] Die Genehmigung gilt als allgemein erteilt, wenn die Voraussetzung des Absatzes 1 Satz 2 vorliegt und ein Entgelt nicht zu entrichten ist. [2] Die Inanspruchnahme ist der Genehmigungsbehörde anzuzeigen, sofern es sich nicht um eine geringfügige und vereinzelte Inanspruchnahme handelt.

§ 15[1)] Grundsätze für die Bemessung des Entgelts. (1) [1] Für die Inanspruchnahme von Einrichtungen, Personal oder Material des Dienstherrn hat der Beamte ein angemessenes Entgelt (Kostenerstattung und Vorteilsausgleich) zu entrichten. [2] Ein Entgelt entfällt, wenn die Nebentätigkeit für den eigenen Dienstherrn ohne Zahlung einer Vergütung ausgeübt wird. [3] Auf die Entrichtung eines Entgelts kann verzichtet werden,

1. wenn die Nebentätigkeit auf Verlangen, Vorschlag oder Veranlassung des Dienstherrn ausgeübt wird oder
2. wenn die Vergütung insgesamt 1.230 € im Kalenderjahr nicht übersteigt oder
3. es sich nur um den Verbrauch geringwertigen Materials handelt.

(2) Die Höhe des Entgelts richtet sich nach den Grundsätzen der Kostendeckung und des Vorteilsausgleichs.

(3) Nehmen mehrere Beamte Einrichtungen, Personal oder Material des Dienstherrn gemeinschaftlich in Anspruch, sind sie als Gesamtschuldner zur Entrichtung des Entgelts verpflichtet.

§ 16[2)] Allgemeines Entgelt. (1) [1] Die Kostenerstattung außerhalb des in § 17 geregelten Bereichs wird pauschaliert nach einem Vomhundertsatz der für die Nebentätigkeit bezogenen Vergütung bemessen. [2] Sie beträgt im Regelfall

4 v.H. für die Inanspruchnahme von Einrichtungen,
8 v.H. für die Inanspruchnahme von Personal,
4 v.H. für den Verbrauch von Material.

[3] Das Entgelt für den durch die Inanspruchnahme von Einrichtungen, Personal oder Material erwachsenen wirtschaftlichen Vorteil (Vorteilsausgleich) beträgt 50 v.H. der nach Satz 2 zu erstattenden Kosten. [4] Werden Leistungen in Anspruch genommen, für die tarifmäßige Gebühren bestehen, so sind diese zu entrichten, soweit sie die entstandenen Kosten und den Vorteilsausgleich abdecken. [5] Auf Grund von Erfahrungssätzen können vom zuständigen Staatsministerium im Einvernehmen mit dem Staatsminsterium der Finanzen von Satz 2 abweichende Pauschbeträge oder Pauschsätze festgesetzt werden.

(2) [1] Wird nachgewiesen, daß die nach Absatz 1 Satz 2 oder Satz 5 pauschal berechnete Kostenerstattung um mehr als 25 v.H. von den entstandenen Kosten abweicht, so ist sie von Amts wegen oder auf Antrag des Beamten nach

1. den anteiligen Kosten für die Beschaffung, Unterhaltung und Verwaltung der benutzten Einrichtungen,
2. den anteiligen Kosten für das in Anspruch genommene Personal einschließlich der Personalnebenkosten,
3. den anteiligen Beschaffungs- und Verwaltungskosten für das Material

festzusetzen. [2] Die Berechnung der zu erstattenden Kosten für eine der drei Leistungsgruppen Einrichtungen, Personal oder Material gemäß Satz 1 schließt die Pauschalbemessung für die anderen Leistungsgruppen nicht aus. [3] Für die Bemessung des Entgelts für den wirtschaftlichen Vorteil gilt Absatz 1 Satz 3 entsprechend. [4] Der Vorteilsausgleich darf aber 40 v.H. der um die Kostenerstattung verminderten Vergütung nicht überschreiten. [5] Der Beamte muß den Antrag innerhalb einer Ausschlußfrist von drei Monaten nach Festsetzung des Entgelts stellen. [6] Eine im

[1)] § 15 Abs. 1 Satz 3 Nr. 2 geänd. mWv 1. 1. 2002 durch VO v. 24. 4. 2001 (GVBl S. 154)
[2)] § 16 Abs. 2 Satz 6 geänd. mWv 1. 1. 2002 durch VO v. 24. 4. 2001 (GVBl S. 154).

Vergleich zur Pauschalberechnung höhere Festsetzung nach Satz 1 entfällt, wenn die Vergütung den Betrag von 3.060 € im Kalenderjahr nicht übersteigt.

(3) Wird die Nebentätigkeit ohne Vergütung ausgeübt, entfällt das Entgelt für den wirtschaftlichen Vorteil.

§ 17 Entgelt für ärztliche und zahnärztliche Nebentätigkeit im Krankenhausbereich. *(nicht abgedruckt)*

§ 17 a Sonderregelung für Altfälle. *(nicht abgedruckt)*

§ 18[1] Verfahren. (1) [1] Der Beamte ist verpflichtet, bei fortlaufender Inanspruchnahme von Einrichtungen, Personal oder Material des Dienstherrn bis zum 31. März eines jeden Jahres für das vorangegangene Kalenderjahr, im übrigen bei Ende der Inanspruchnahme, dem Dienstherrn die für die Festsetzung des Entgelts erforderlichen Angaben zu machen. [2] Er hat Beginn, Umfang, Änderung des Umfangs und Ende der Inanspruchnahme mitzuteilen und die für die Festsetzung des Entgelts erforderlichen Aufzeichnungen zu führen. [3] Die Aufzeichnungspflicht entfällt, wenn die Vergütung voraussichtlich den Betrag von 3.060 € im Kalenderjahr nicht überschreitet. [4] Auf Verlangen sind die für die Entgeltberechnung erforderlichen Nachweise vorzulegen. [5] In Verwaltungsvorschriften kann bestimmt werden, daß und zu welchen Zeitpunkten das Entgelt über ein Leistungsbuch abzurechnen ist. [6] Die Unterlagen sind fünf Jahre, gerechnet vom Ende des Kalenderjahres, für das sie bestimmt sind, aufzubewahren.

(2) [1] Das zu zahlende Entgelt wird von der Behörde, die die Leistungen gewährt, nach dem Ende der Inanspruchnahme, mindestens jedoch jährlich festgesetzt. [2] Die oberste Dienstbehörde kann eine andere Zuständigkeit bestimmen. [3] Ist die Höhe des Entgelts bereits im Zeitpunkt der Genehmigung zu übersehen, so soll das Entgelt zugleich mit der Genehmigung festgesetzt werden. [4] Werden die Angaben nach Absatz 1 trotz Mahnung nicht fristgerecht gemacht, ist das Entgelt durch Schätzung festzusetzen. [5] § 12 Abs. 2 Satz 2 findet entsprechend Anwendung. [6] Sobald die erforderlichen Angaben vorliegen, ist die Festsetzung zu berichtigen. [7] Durch die Berichtigung wird die Fälligkeit des Entgelts nicht berührt. [8] Satz 7 gilt entsprechend für einen Antrag nach § 16 Abs. 2 Satz 1, der nach der Festsetzung des Entgelts gestellt wird. [9] Der Beamte hat auf Verlangen angemessene Abschlagszahlungen zu leisten. [10] Die Abschlagszahlungen sind von Amts wegen anzufordern und einzuziehen.

(3) Das Entgelt wird einen Monat nach der Festsetzung fällig.

(4) [1] Wird das Entgelt oder die Abschlagszahlung darauf innerhalb eines Monats nach Fälligkeit nicht entrichtet, so ist von dem rückständigen Betrag ab dem Zeitpunkt der Fälligkeit für jeden vollen Monat ein Zuschlag in Höhe von 0,5 v.H. zu erheben. [2] Für die Berechnung des Zuschlags wird der rückständige Betrag auf volle 50 € abgerundet.

Fünfter Abschnitt. Übergangs- und Schlußbestimmungen

(nicht abgedruckt)

851

[1] § 18 Abs. 1 Satz 3 und Abs. 4 Satz 2 geänd. mWv 1. 1. 2002 durch VO v. 24. 4. 2001 (GVBl S. 154).

860. Gesetz zum Schutze der arbeitenden Jugend (Jugendarbeitsschutzgesetz – JArbSchG)

Vom 12. April 1976
(BGBl. I S. 965)

FNA 8051-10

zuletzt geänd. durch Art. 7 Sechstes Gesetz zur Reform des Strafrechts (6. StrRG) v. 26. 1. 1998 (BGBl. I S. 164), Art. 36 Viertes Euro-Einführungsgesetz v. 21. 12. 2000 (BGBl. I S. 1983), Art. 181 Achte ZuständigkeitsanpassungsVO v. 25. 11. 2003 (BGBl. I S. 2304), Art. 84 Drittes G für moderne Dienstleistungen am Arbeitsplatz v. 23. 12. 2003 (BGBl. I S. 2848), Art. 38a Viertes G für moderne Dienstleistungen am Arbeitsplatz v. 24. 12. 2003 (BGBl. I S. 2954), Art. 7 Abs. 4 G zur Änd. der Vorschriften über die Straftaten gegen die sexuelle Selbstbestimmung und zur Änd. and. Vorschriften v. 27. 12. 2003 (BGBl. I S. 3007), Art. 3 Abs. 2 Siebenunddreißigstes StrafrechtsänderungsG v. 11. 2. 2005 (BGBl. I S. 239), Art. 7d G zur Umsetzung von Vorschlägen zu Bürokratieabbau und Deregulierung aus den Regionen v. 21. 6. 2005 (BGBl. I S. 1666), Art. 230 Neunte ZuständigkeitsanpassungsVO v. 31. 10. 2006 (BGBl. I S. 2407) und Art. 3 Abs. 2 G zur Umsetzung des Rahmenbeschlusses des Rates der Europäischen Union zur Bekämpfung der sexuellen Ausbeutung von Kindern und der Kinderpornographie v. 31. 10. 2008 (BGBl. I S. 2149)

Der Bundestag hat mit Zustimmung des Bundesrates das folgende Gesetz beschlossen:

– Auszug –

§ 1 Geltungsbereich. (1) Dieses Gesetz gilt für die Beschäftigung von Personen, die noch nicht 18 Jahre alt sind,

1. in der Berufsausbildung,
2. als Arbeitnehmer oder Heimarbeiter,
3. mit sonstigen Dienstleistungen, die der Arbeitsleistung von Arbeitnehmern oder Heimarbeitern ähnlich sind,
4. in einem der Berufsausbildung ähnlichen Ausbildungsverhältnis.

(2) Dieses Gesetz gilt nicht

1. für geringfügige Hilfeleistungen, soweit sie gelegentlich
   a) aus Gefälligkeit,
   b) auf Grund familienrechtlicher Vorschriften,
   c) in Einrichtungen der Jugendhilfe,
   d) in Einrichtungen zur Eingliederung Behinderter
   erbracht werden,
2. für die Beschäftigung durch die Personensorgeberechtigten im Familienhaushalt.

§ 2[1] Kind, Jugendlicher. (1) Kind im Sinne dieses Gesetzes ist, wer noch nicht 15 Jahre alt ist.

(2) Jugendlicher im Sinne dieses Gesetzes ist, wer 15, aber noch nicht 18 Jahre alt ist.

(3) Auf Jugendliche, die der Vollzeitschulpflicht unterliegen, finden die für Kinder geltenden Vorschriften Anwendung.

§ 3 Arbeitgeber. Arbeitgeber im Sinne dieses Gesetzes ist, wer ein Kind oder einen Jugendlichen gemäß § 1 beschäftigt.

§ 4 Arbeitszeit. (1) Tägliche Arbeitszeit ist die Zeit vom Beginn bis zum Ende der täglichen Beschäftigung ohne die Ruhepausen (§ 11).

(2) Schichtzeit ist die tägliche Arbeitszeit unter Hinzurechnung der Ruhepausen (§ 11).

(3) [1] Im Bergbau unter Tage gilt die Schichtzeit als Arbeitszeit. [2] Sie wird gerechnet vom Betreten des Förderkorbes bei der Einfahrt bis zum Verlassen des Förderkorbes bei der Ausfahrt oder vom Eintritt des einzelnen Beschäftigten in das Stollenmundloch bis zu seinem Wiederaustritt.

[1] § 2 Abs. 1 und 2 geänd., Abs. 3 neu gef. durch G v. 24. 2. 1997 (BGBl. I S. 311).

(4) [1] Für die Berechnung der wöchentlichen Arbeitszeit ist als Woche die Zeit von Montag bis einschließlich Sonntag zugrunde zu legen. [2] Die Arbeitszeit, die an einem Werktag infolge eines gesetzlichen Feiertags ausfällt, wird auf die wöchentliche Arbeitszeit angerechnet.

(5) Wird ein Kind oder ein Jugendlicher von mehreren Arbeitgebern beschäftigt, so werden die Arbeits- und Schichtzeiten sowie die Arbeitstage zusammengerechnet.

§§ 5–7 *(nicht abgedruckt)*

§ 8[1] **Dauer der Arbeitszeit.** (1) Jugendliche dürfen nicht mehr als acht Stunden täglich und nicht mehr als 40 Stunden wöchentlich beschäftigt werden.

(2) [1] Wenn in Verbindung mit Feiertagen an Werktagen nicht gearbeitet wird, damit die Beschäftigten eine längere zusammenhängende Freizeit haben, so darf die ausfallende Arbeitszeit auf die Werktage von fünf zusammenhängenden, die Ausfalltage einschließenden Wochen nur dergestalt verteilt werden, daß die Wochenarbeitszeit im Durchschnitt dieser fünf Wochen 40 Stunden nicht überschreitet. [2] Die tägliche Arbeitszeit darf hierbei achteinhalb Stunden nicht überschreiten.

(2 a) Wenn an einzelnen Werktagen die Arbeitszeit auf weniger als acht Stunden verkürzt ist, können Jugendliche an den übrigen Werktagen derselben Woche achteinhalb Stunden beschäftigt werden.

(3) In der Landwirtschaft dürfen Jugendliche über 16 Jahre während der Erntezeit nicht mehr als neun Stunden täglich und nicht mehr als 85 Stunden in der Doppelwoche beschäftigt werden.

§§ 9–18 *(nicht abgedruckt)*

§ 19 Urlaub. (1) Der Arbeitgeber hat Jugendlichen für jedes Kalenderjahr einen bezahlten Erholungsurlaub zu gewähren.

(2) [1] Der Urlaub beträgt jährlich

1. mindestens 30 Werktage, wenn der Jugendliche zu Beginn des Kalenderjahres noch nicht 16 Jahre alt ist,
2. mindestens 27 Werktage, wenn der Jugendliche zu Beginn des Kalenderjahres noch nicht 17 Jahre alt ist,
3. mindestens 25 Werktage, wenn der Jugendliche zu Beginn des Kalenderjahres noch nicht 18 Jahre alt ist.

[2] Jugendliche, die im Bergbau unter Tage beschäftigt werden, erhalten in jeder Altersgruppe einen zusätzlichen Urlaub von drei Werktagen.

(3) [1] Der Urlaub soll Berufsschülern in der Zeit der Berufsschulferien gegeben werden. [2] Soweit er nicht in den Berufsschulferien gegeben wird, ist für jeden Berufsschultag, an dem die Berufsschule während des Urlaubs besucht wird, ein weiterer Urlaubstag zu gewähren.

(4) [1] Im übrigen gelten für den Urlaub der Jugendlichen § 3 Abs. 2, §§ 4 bis 12 und § 13 Abs. 3 des Bundesurlaubsgesetzes. [2] Der Auftraggeber oder Zwischenmeister hat jedoch abweichend von § 12 Nr. 1 des Bundesurlaubsgesetzes den jugendlichen Heimarbeitern für jedes Kalenderjahr einen bezahlten Erholungsurlaub entsprechend Absatz 2 zu gewähren; das Urlaubsentgelt der jugendlichen Heimarbeiter beträgt bei einem Urlaub von 30 Werktagen 11,6 vom Hundert, bei einem Urlaub von 27 Werktagen 10,3 vom Hundert und bei einem Urlaub von 25 Werktagen 9,5 vom Hundert.

§§ 20–31 *(nicht abgedruckt)*

§ 32[2] **Erstuntersuchung.** (1) Ein Jugendlicher, der in das Berufsleben eintritt, darf nur beschäftigt werden, wenn

1. er innerhalb der letzten vierzehn Monate von einem Arzt untersucht worden ist (Erstuntersuchung) und
2. dem Arbeitgeber eine von diesem Arzt ausgestellte Bescheinigung vorliegt.

(2) Absatz 1 gilt nicht für eine nur geringfügige oder eine nicht länger als zwei Monate dauernde Beschäftigung mit leichten Arbeiten, von denen keine gesundheitlichen Nachteile für den Jugendlichen zu befürchten sind.

---

[1] § 8 Abs. 2 a eingef. durch G v. 15. 10. 1984 (BGBl. I S. 1277).
[2] § 32 Abs. 1 Nr. 1 geänd. durch G v. 15. 10. 1984 (BGBl. I S. 1277).

§ 33[1)] Erste Nachuntersuchung. (1) [1] Ein Jahr nach Aufnahme der ersten Beschäftigung hat sich der Arbeitgeber die Bescheinigung eines Arztes darüber vorlegen zu lassen, daß der Jugendliche nachuntersucht worden ist (erste Nachuntersuchung). [2] Die Nachuntersuchung darf nicht länger als drei Monate zurückliegen. [3] Der Arbeitgeber soll den Jugendlichen neun Monate nach Aufnahme der ersten Beschäftigung nachdrücklich auf den Zeitpunkt, bis zu dem der Jugendliche ihm die ärztliche Bescheinigung nach Satz 1 vorzulegen hat, hinweisen und ihn auffordern, die Nachuntersuchung bis dahin durchführen zu lassen.

(2) [1] Legt der Jugendliche die Bescheinigung nicht nach Ablauf eines Jahres vor, hat ihn der Arbeitgeber innerhalb eines Monats unter Hinweis auf das Beschäftigungsverbot nach Absatz 3 schriftlich aufzufordern, ihm die Bescheinigung vorzulegen. [2] Je eine Durchschrift des Aufforderungsschreibens hat der Arbeitgeber dem Personensorgeberechtigten und dem Betriebs- oder Personalrat zuzusenden.

(3) Der Jugendliche darf nach Ablauf von 14 Monaten nach Aufnahme der ersten Beschäftigung nicht weiterbeschäftigt werden, solange er die Bescheinigung nicht vorgelegt hat.

§§ 34–72 *(nicht abgedruckt)*

[1)] § 33 Abs. 2 Satz 2 geänd. durch G v. 24. 4. 1986 (BGBl. I S. 560).

870. Gesetz zum Schutze der erwerbstätigen Mutter (Mutterschutzgesetz – MuSchG)

In der Fassung der Bekanntmachung vom 20. Juni 2002[1]
(BGBl. I S. 2318)

FNA 8052-1

geänd. durch Art. 32 GKV-ModernisierungsG v. 14. 11. 2003 (BGBl. I S. 2190), BVerfG-Entscheidung – 1 BvR 302/96 – v. 18. 11. 2003 (BGBl. 2004 I S. 69), Art. 2 Abs. 10 Elterngeld-EinführungsG v. 5. 12. 2006 (BGBl. I S. 2748) und Art. 14 Drittes MittelstandsentlastungsG v. 17. 3. 2009 (BGBl. I S. 550)

Inhaltsübersicht

Erster Abschnitt. Allgemeine Vorschriften

§ 1 Geltungsbereich. Dieses Gesetz gilt

1. für Frauen, die in einem Arbeitsverhältnis stehen,
2. für weibliche in Heimarbeit Beschäftigte und ihnen Gleichgestellte (§ 1 Abs. 1 und 2 des Heimarbeitsgesetzes vom 14. März 1951, BGBl. I S. 191), soweit sie am Stück mitarbeiten.

§ 2 Gestaltung des Arbeitsplatzes. (1) Wer eine werdende oder stillende Mutter beschäftigt, hat bei der Einrichtung und der Unterhaltung des Arbeitsplatzes einschließlich der Maschinen, Werkzeuge und Geräte und bei der Regelung der Beschäftigung die erforderlichen Vorkehrun-

[1] Neubekanntmachung des MuSchG idF der Bek. v. 17. 1. 1997 (BGBl. I S. 22, ber. S. 293) in der ab 20. 6. 2002 geltenden Fassung.

gen und Maßnahmen zum Schutze von Leben und Gesundheit der werdenden oder stillenden Mutter zu treffen.

(2) Wer eine werdende oder stillende Mutter mit Arbeiten beschäftigt, bei denen sie ständig stehen oder gehen muss, hat für sie eine Sitzgelegenheit zum kurzen Ausruhen bereitzustellen.

(3) Wer eine werdende oder stillende Mutter mit Arbeiten beschäftigt, bei denen sie ständig sitzen muss, hat ihr Gelegenheit zu kurzen Unterbrechungen ihrer Arbeit zu geben.

(4) Die Bundesregierung wird ermächtigt, durch Rechtsverordnung mit Zustimmung des Bundesrates

1. den Arbeitgeber zu verpflichten, zur Vermeidung von Gesundheitsgefährdungen der werdenden oder stillenden Mütter oder ihrer Kinder Liegeräume für diese Frauen einzurichten und sonstige Maßnahmen zur Durchführung des in Absatz 1 enthaltenen Grundsatzes zu treffen,
2. nähere Einzelheiten zu regeln wegen der Verpflichtung des Arbeitgebers zur Beurteilung einer Gefährdung für die werdenden oder stillenden Mütter, zur Durchführung der notwendigen Schutzmaßnahmen und zur Unterrichtung der betroffenen Arbeitnehmerinnen nach Maßgabe der insoweit umzusetzenden Artikel 4 bis 6 der Richtlinie 92/85/EWG des Rates vom 19. Oktober 1992 über die Durchführung von Maßnahmen zur Verbesserung der Sicherheit und des Gesundheitsschutzes von schwangeren Arbeitnehmerinnen, Wöchnerinnen und stillenden Arbeitnehmerinnen am Arbeitsplatz (ABl. EG Nr. L 348 S. 1).

(5) Unabhängig von den auf Grund des Absatzes 4 erlassenen Vorschriften kann die Aufsichtsbehörde in Einzelfällen anordnen, welche Vorkehrungen und Maßnahmen zur Durchführung des Absatzes 1 zu treffen sind.

Zweiter Abschnitt. Beschäftigungsverbote

§ 3 Beschäftigungsverbote für werdende Mütter. (1) Werdende Mütter dürfen nicht beschäftigt werden, soweit nach ärztlichem Zeugnis Leben oder Gesundheit von Mutter oder Kind bei Fortdauer der Beschäftigung gefährdet ist.

(2) Werdende Mütter dürfen in den letzten sechs Wochen vor der Entbindung nicht beschäftigt werden, es sei denn, dass sie sich zur Arbeitsleistung ausdrücklich bereit erklären; die Erklärung kann jederzeit widerrufen werden.

§ 4 Weitere Beschäftigungsverbote. (1) Werdende Mütter dürfen nicht mit schweren körperlichen Arbeiten und nicht mit Arbeiten beschäftigt werden, bei denen sie schädlichen Einwirkungen von gesundheitsgefährdenden Stoffen oder Strahlen, von Staub, Gasen oder Dämpfen, von Hitze, Kälte oder Nässe, von Erschütterungen oder Lärm ausgesetzt sind.

(2) Werdende Mütter dürfen insbesondere nicht beschäftigt werden

1. mit Arbeiten, bei denen regelmäßig Lasten von mehr als fünf Kilogramm Gewicht oder gelegentlich Lasten von mehr als zehn Kilogramm Gewicht ohne mechanische Hilfsmittel von Hand gehoben, bewegt oder befördert werden. Sollen größere Lasten mit mechanischen Hilfsmitteln von Hand gehoben, bewegt oder befördert werden, so darf die körperliche Beanspruchung der werdenden Mutter nicht größer sein als bei Arbeiten nach Satz 1,
2. nach Ablauf des fünften Monats der Schwangerschaft mit Arbeiten, bei denen sie ständig stehen müssen, soweit diese Beschäftigung täglich vier Stunden überschreitet,
3. mit Arbeiten, bei denen sie sich häufig erheblich strecken oder beugen oder bei denen sie dauernd hocken oder sich gebückt halten müssen,
4. mit der Bedienung von Geräten und Maschinen aller Art mit hoher Fußbeanspruchung, insbesondere von solchen mit Fußantrieb,
5. mit dem Schälen von Holz,
6. mit Arbeiten, bei denen sie infolge ihrer Schwangerschaft in besonderem Maße der Gefahr, an einer Berufskrankheit zu erkranken, ausgesetzt sind oder bei denen durch das Risiko der Entstehung einer Berufskrankheit eine erhöhte Gefährdung für die werdende Mutter oder eine Gefahr für die Leibesfrucht besteht,
7. nach Ablauf des dritten Monats der Schwangerschaft auf Beförderungsmitteln,
8. mit Arbeiten, bei denen sie erhöhten Unfallgefahren, insbesondere der Gefahr auszugleiten, zu fallen oder abzustürzen, ausgesetzt sind.

(3) [1] Die Beschäftigung von werdenden Müttern mit

1. Akkordarbeit und sonstigen Arbeiten, bei denen durch ein gesteigertes Arbeitstempo ein höheres Entgelt erzielt werden kann,
2. Fließarbeit mit vorgeschriebenem Arbeitstempo

ist verboten. [2] Die Aufsichtsbehörde kann Ausnahmen bewilligen, wenn die Art der Arbeit und das Arbeitstempo eine Beeinträchtigung der Gesundheit von Mutter oder Kind nicht befürchten lassen. [3] Die Aufsichtsbehörde kann die Beschäftigung für alle werdenden Mütter eines Betriebes oder einer Betriebsabteilung bewilligen, wenn die Voraussetzungen des Satzes 2 für alle im Betrieb oder in der Betriebsabteilung beschäftigten Frauen gegeben sind.

(4) Die Bundesregierung wird ermächtigt, zur Vermeidung von Gesundheitsgefährdungen der werdenden oder stillenden Mütter und ihrer Kinder durch Rechtsverordnung mit Zustimmung des Bundesrates

1. Arbeiten zu bestimmen, die unter die Beschäftigungsverbote der Absätze 1 und 2 fallen,
2. weitere Beschäftigungsverbote für werdende und stillende Mütter vor und nach der Entbindung zu erlassen.

(5) [1] Die Aufsichtsbehörde kann in Einzelfällen bestimmen, ob eine Arbeit unter die Beschäftigungsverbote der Absätze 1 bis 3 oder einer von der Bundesregierung gemäß Absatz 4 erlassenen Verordnung fällt. [2] Sie kann in Einzelfällen die Beschäftigung mit bestimmten anderen Arbeiten verbieten.

§ 5 Mitteilungspflicht, ärztliches Zeugnis. (1) [1] Werdende Mütter sollen dem Arbeitgeber ihre Schwangerschaft und den mutmaßlichen Tag der Entbindung mitteilen, sobald ihnen ihr Zustand bekannt ist. [2] Auf Verlangen des Arbeitgebers sollen sie das Zeugnis eines Arztes oder einer Hebamme vorlegen. [3] Der Arbeitgeber hat die Aufsichtsbehörde unverzüglich von der Mitteilung der werdenden Mutter zu benachrichtigen. [4] Er darf die Mitteilung der werdenden Mutter Dritten nicht unbefugt bekannt geben.

(2) [1] Für die Berechnung der in § 3 Abs. 2 bezeichneten Zeiträume vor der Entbindung ist das Zeugnis eines Arztes oder einer Hebamme maßgebend; das Zeugnis soll den mutmaßlichen Tag der Entbindung angeben. [2] Irrt sich der Arzt oder die Hebamme über den Zeitpunkt der Entbindung, so verkürzt oder verlängert sich diese Frist entsprechend.

(3) Die Kosten für die Zeugnisse nach den Absätzen 1 und 2 trägt der Arbeitgeber.

§ 6 Beschäftigungsverbote nach der Entbindung. (1) [1] Mütter dürfen bis zum Ablauf von acht Wochen, bei Früh- und Mehrlingsgeburten bis zum Ablauf von zwölf Wochen nach der Entbindung nicht beschäftigt werden. [2] Bei Frühgeburten und sonstigen vorzeitigen Entbindungen verlängern sich die Fristen nach Satz 1 zusätzlich um den Zeitraum der Schutzfrist nach § 3 Abs. 2, der nicht in Anspruch genommen werden konnte. [3] Beim Tod ihres Kindes kann die Mutter auf ihr ausdrückliches Verlangen ausnahmsweise schon vor Ablauf dieser Fristen, aber noch nicht in den ersten zwei Wochen nach der Entbindung, wieder beschäftigt werden, wenn nach ärztlichem Zeugnis nichts dagegen spricht. [4] Sie kann ihre Erklärung jederzeit widerrufen.[1)]

(2) Frauen, die in den ersten Monaten nach der Entbindung nach ärztlichem Zeugnis nicht voll leistungsfähig sind, dürfen nicht zu einer ihre Leistungsfähigkeit übersteigenden Arbeit herangezogen werden.

(3) [1] Stillende Mütter dürfen mit den in § 4 Abs. 1, 2 Nr. 1, 3, 4, 5, 6 und 8 sowie Abs. 3 Satz 1 genannten Arbeiten nicht beschäftigt werden. [2] Die Vorschriften des § 4 Abs. 3 Satz 2 und 3 sowie Abs. 5 gelten entsprechend.

§ 7 Stillzeit. (1) [1] Stillenden Müttern ist auf ihr Verlangen die zum Stillen erforderliche Zeit, mindestens aber zweimal täglich eine halbe Stunde oder einmal täglich eine Stunde freizugeben. [2] Bei einer zusammenhängenden Arbeitszeit von mehr als acht Stunden soll auf Verlangen zweimal eine Stillzeit von mindestens 45 Minuten oder, wenn in der Nähe der Arbeitsstätte keine Stillgelegenheit vorhanden ist, einmal eine Stillzeit von mindestens 90 Minuten gewährt werden. [3] Die Arbeitszeit gilt als zusammenhängend, soweit sie nicht durch eine Ruhepause von mindestens zwei Stunden unterbrochen wird.

(2) [1] Durch die Gewährung der Stillzeit darf ein Verdienstausfall nicht eintreten. [2] Die Stillzeit darf von stillenden Müttern nicht vor- oder nachgearbeitet und nicht auf die in dem Arbeitszeitgesetz oder in anderen Vorschriften festgesetzten Ruhepausen angerechnet werden.

(3) Die Aufsichtsbehörde kann in Einzelfällen nähere Bestimmungen über Zahl, Lage und Dauer der Stillzeiten treffen; sie kann die Einrichtung von Stillräumen vorschreiben.

[1)] **Amtl. Anm.:** § 6 Abs. 1 dieses Gesetzes dient der Umsetzung des Artikels 8 (Mutterschaftsurlaub) der Richtlinie 92/85/EWG des Rates vom 19. Oktober 1992 über die Durchführung von Maßnahmen zur Verbesserung der Sicherheit und des Gesundheitsschutzes von schwangeren Arbeitnehmerinnen, Wöchnerinnen und stillenden Arbeitnehmerinnen am Arbeitsplatz (Zehnte Einzelrichtlinie im Sinne des Artikels 16 Abs. 1 der Richtlinie 89/391/EWG) – ABl. EG Nr. L 348 S. 1.

(4) [1] Der Auftraggeber oder Zwischenmeister hat den in Heimarbeit Beschäftigten und den ihnen Gleichgestellten für die Stillzeit ein Entgelt von 75 vom Hundert eines durchschnittlichen Stundenverdienstes, mindestens aber 0,38 Euro für jeden Werktag zu zahlen. [2] Ist die Frau für mehrere Auftraggeber oder Zwischenmeister tätig, so haben diese das Entgelt für die Stillzeit zu gleichen Teilen zu gewähren. [3] Auf das Entgelt finden die Vorschriften der §§ 23 bis 25 des Heimarbeitsgesetzes vom 14. März 1951 (BGBl. I S. 191) über den Entgeltschutz Anwendung.

§ 8 Mehrarbeit, Nacht- und Sonntagsarbeit. (1) Werdende und stillende Mütter dürfen nicht mit Mehrarbeit, nicht in der Nacht zwischen 20 und 6 Uhr und nicht an Sonn- und Feiertagen beschäftigt werden.

(2) [1] Mehrarbeit im Sinne des Absatzes 1 ist jede Arbeit, die

1. von Frauen unter 18 Jahren über 8 Stunden täglich oder 80 Stunden in der Doppelwoche,
2. von sonstigen Frauen über 8 1/2 Stunden täglich oder 90 Stunden in der Doppelwoche

hinaus geleistet wird. [2] In die Doppelwoche werden die Sonntage eingerechnet.

(3) Abweichend vom Nachtarbeitsverbot des Absatzes 1 dürfen werdende Mütter in den ersten vier Monaten der Schwangerschaft und stillende Mütter beschäftigt werden

1. in Gast- und Schankwirtschaften und im übrigen Beherbergungswesen bis 22 Uhr,
2. in der Landwirtschaft mit dem Melken von Vieh ab 5 Uhr,
3. als Künstlerinnen bei Musikaufführungen, Theatervorstellungen und ähnlichen Aufführungen bis 23 Uhr.

(4) Im Verkehrswesen, in Gast- und Schankwirtschaften und im übrigen Beherbergungswesen, im Familienhaushalt, in Krankenpflege- und in Badeanstalten, bei Musikaufführungen, Theatervorstellungen, anderen Schaustellungen, Darbietungen oder Lustbarkeiten dürfen werdende oder stillende Mütter, abweichend von Absatz 1, an Sonn- und Feiertagen beschäftigt werden, wenn ihnen in jeder Woche einmal eine ununterbrochene Ruhezeit von mindestens 24 Stunden im Anschluss an eine Nachtruhe gewährt wird.

(5) [1] An in Heimarbeit Beschäftigte und ihnen Gleichgestellte, die werdende oder stillende Mütter sind, darf Heimarbeit nur in solchem Umfang und mit solchen Fertigungsfristen ausgegeben werden, dass sie von der werdenden Mutter voraussichtlich während einer 8-stündigen Tagesarbeitszeit, von der stillenden Mutter voraussichtlich während einer 7 1/4-stündigen Tagesarbeitszeit an Werktagen ausgeführt werden kann. [2] Die Aufsichtsbehörde kann in Einzelfällen nähere Bestimmungen über die Arbeitsmenge treffen; falls ein Heimarbeitsausschuss besteht, hat sie diesen vorher zu hören.

(6) Die Aufsichtsbehörde kann in begründeten Einzelfällen Ausnahmen von den vorstehenden Vorschriften zulassen.

Abschnitt 2 a. Mutterschaftsurlaub

§§ 8 a bis 8 d[1] (weggefallen)

Dritter Abschnitt. Kündigung

§ 9 Kündigungsverbot. (1) [1] Die Kündigung gegenüber einer Frau während der Schwangerschaft und bis zum Ablauf von vier Monaten nach der Entbindung ist unzulässig, wenn dem Arbeitgeber zur Zeit der Kündigung die Schwangerschaft oder Entbindung bekannt war oder innerhalb zweier Wochen nach Zugang der Kündigung mitgeteilt wird; das Überschreiten dieser Frist ist unschädlich, wenn es auf einem von der Frau nicht zu vertretenden Grund beruht und die Mitteilung unverzüglich nachgeholt wird. [2] Die Vorschrift des Satzes 1 gilt für Frauen, die den in Heimarbeit Beschäftigten gleichgestellt sind, nur, wenn sich die Gleichstellung auch auf den Neunten Abschnitt – Kündigung – des Heimarbeitsgesetzes vom 14. März 1951 (BGBl. I S. 191) erstreckt.

(2) Kündigt eine schwangere Frau, gilt § 5 Abs. 1 Satz 3 entsprechend.

(3) [1] Die für den Arbeitsschutz zuständige oberste Landesbehörde oder die von ihr bestimmte Stelle kann in besonderen Fällen, die nicht mit dem Zustand einer Frau während der Schwangerschaft oder ihrer Lage bis zum Ablauf von vier Monaten nach der Entbindung in Zusammenhang stehen, ausnahmsweise die Kündigung für zulässig erklären. [2] Die Kündigung bedarf der schriftlichen Form und sie muss den zulässigen Kündigungsgrund angeben.

[1] Siehe nunmehr §§ 15 ff. BEEG (Nr. **871**).

(4) In Heimarbeit Beschäftigte und ihnen Gleichgestellte dürfen während der Schwangerschaft und bis zum Ablauf von vier Monaten nach der Entbindung nicht gegen ihren Willen bei der Ausgabe von Heimarbeit ausgeschlossen werden; die Vorschriften der §§ 3, 4, 6 und 8 Abs. 5 bleiben unberührt.

§ 9a[1] (weggefallen)

§ 10 Erhaltung von Rechten. (1) Eine Frau kann während der Schwangerschaft und während der Schutzfrist nach der Entbindung (§ 6 Abs. 1) das Arbeitsverhältnis ohne Einhaltung einer Frist zum Ende der Schutzfrist nach der Entbindung kündigen.

(2) [1] Wird das Arbeitsverhältnis nach Absatz 1 aufgelöst und wird die Frau innerhalb eines Jahres nach der Entbindung in ihrem bisherigen Betrieb wieder eingestellt, so gilt, soweit Rechte aus dem Arbeitsverhältnis von der Dauer der Betriebs- oder Berufszugehörigkeit oder von der Dauer der Beschäftigungs- oder Dienstzeit abhängen, das Arbeitsverhältnis als nicht unterbrochen. [2] Dies gilt nicht, wenn die Frau in der Zeit von der Auflösung des Arbeitsverhältnisses bis zur Wiedereinstellung bei einem anderen Arbeitgeber beschäftigt war.

Vierter Abschnitt. Leistungen

§ 11 Arbeitsentgelt bei Beschäftigungsverboten. (1) [1] Den unter den Geltungsbereich des § 1 fallenden Frauen ist, soweit sie nicht Mutterschaftsgeld nach den Vorschriften der Reichsversicherungsordnung beziehen können, vom Arbeitgeber mindestens der Durchschnittsverdienst der letzten 13 Wochen oder der letzten drei Monate vor Beginn des Monats, in dem die Schwangerschaft eingetreten ist, weiter zu gewähren, wenn sie wegen eines Beschäftigungsverbots nach § 3 Abs. 1, §§ 4, 6 Abs. 2 oder 3 oder wegen des Mehr-, Nacht- oder Sonntagsarbeitsverbots nach § 8 Abs. 1, 3 oder 5 teilweise oder völlig mit der Arbeit aussetzen. [2] Dies gilt auch, wenn wegen dieser Verbote die Beschäftigung oder die Entlohnungsart wechselt. [3] Wird das Arbeitsverhältnis erst nach Eintritt der Schwangerschaft begonnen, so ist der Durchschnittsverdienst aus dem Arbeitsentgelt der ersten 13 Wochen oder drei Monate der Beschäftigung zu berechnen. [4] Hat das Arbeitsverhältnis nach Satz 1 oder 3 kürzer gedauert, so ist der kürzere Zeitraum der Berechnung zugrunde zu legen. [5] Zeiten, in denen kein Arbeitsentgelt erzielt wurde, bleiben außer Betracht.

(2) [1] Bei Verdiensterhöhungen nicht nur vorübergehender Natur, die während oder nach Ablauf des Berechnungszeitraums eintreten, ist von dem erhöhten Verdienst auszugehen. [2] Verdienstkürzungen, die im Berechnungszeitraum infolge von Kurzarbeit, Arbeitsausfällen oder unverschuldeter Arbeitsversäumnis eintreten, bleiben für die Berechnung des Durchschnittsverdienstes außer Betracht. [3] Zu berücksichtigen sind dauerhafte Verdienstkürzungen, die während oder nach Ablauf des Berechnungszeitraums eintreten und nicht auf einem mutterschutzrechtlichen Beschäftigungsverbot beruhen.

(3) Die Bundesregierung wird ermächtigt, durch Rechtsverordnung mit Zustimmung des Bundesrates Vorschriften über die Berechnung des Durchschnittsverdienstes im Sinne der Absätze 1 und 2 zu erlassen.

§ 12 (weggefallen)

§ 13 Mutterschaftsgeld. (1) Frauen, die Mitglied einer gesetzlichen Krankenkasse sind, erhalten für die Zeit der Schutzfristen des § 3 Abs. 2 und des § 6 Abs. 1 sowie für den Entbindungstag Mutterschaftsgeld nach den Vorschriften der Reichsversicherungsordnung oder des Gesetzes über die Krankenversicherung der Landwirte über das Mutterschaftsgeld.

(2) [1] Frauen, die nicht Mitglied einer gesetzlichen Krankenkasse sind, erhalten, wenn sie bei Beginn der Schutzfrist nach § 3 Abs. 2 in einem Arbeitsverhältnis stehen oder in Heimarbeit beschäftigt sind, für die Zeit der Schutzfristen des § 3 Abs. 2 und des § 6 Abs. 1 sowie für den Entbindungstag Mutterschaftsgeld zu Lasten des Bundes in entsprechender Anwendung der Vorschriften der Reichsversicherungsordnung über das Mutterschaftsgeld, höchstens jedoch insgesamt 210 Euro. [2] Das Mutterschaftsgeld wird diesen Frauen auf Antrag vom Bundesversicherungsamt gezahlt. [3] Die Sätze 1 und 2 gelten für Frauen entsprechend, deren Arbeitsverhältnis während ihrer Schwangerschaft oder der Schutzfrist des § 6 Abs. 1 nach Maßgabe von § 9 Abs. 3 aufgelöst worden ist.

---

[1] Siehe nunmehr §§ 15 ff. BEEG (Nr. **871**).

(3) Frauen, die während der Schutzfristen des § 3 Abs. 2 oder des § 6 Abs. 1 von einem Beamten- in ein Arbeitsverhältnis wechseln, erhalten von diesem Zeitpunkt an Mutterschaftsgeld entsprechend den Absätzen 1 und 2.

§ 14[1)][2)] Zuschuss zum Mutterschaftsgeld. (1) [1] Frauen, die Anspruch auf Mutterschaftsgeld nach § 200 Abs. 1, 2 Satz 1 bis 4 und Abs. 3 der Reichsversicherungsordnung, § 29 Abs. 1, 2 und 4 des Gesetzes über die Krankenversicherung der Landwirte oder § 13 Abs. 2, 3 haben, erhalten während ihres bestehenden Arbeitsverhältnisses für die Zeit der Schutzfristen des § 3 Abs. 2 und § 6 Abs. 1 sowie für den Entbindungstag von ihrem Arbeitgeber einen Zuschuss in Höhe des Unterschiedsbetrages zwischen 13 Euro und dem um die gesetzlichen Abzüge verminderten durchschnittlichen kalendertäglichen Arbeitsentgelt. [2] Das durchschnittliche kalendertägliche Arbeitsentgelt ist aus den letzten drei abgerechneten Kalendermonaten, bei wöchentlicher Abrechnung aus den letzten 13 abgerechneten Wochen vor Beginn der Schutzfrist nach § 3 Abs. 2 zu berechnen. [3] Nicht nur vorübergehende Erhöhungen des Arbeitsentgeltes, die während der Schutzfristen des § 3 Abs. 2 und § 6 Abs. 1 wirksam werden, sind ab diesem Zeitpunkt in die Berechnung einzubeziehen. [4] Einmalig gezahltes Arbeitsentgelt (§ 23 a des Vierten Buches Sozialgesetzbuch) sowie Tage, an denen infolge von Kurzarbeit, Arbeitsausfällen oder unverschuldeter Arbeitsversäumnis kein oder ein vermindertes Arbeitsentgelt erzielt wurde, bleiben außer Betracht. [5] Zu berücksichtigen sind dauerhafte Verdienstkürzungen, die während oder nach Ablauf des Berechnungszeitraums eintreten und nicht auf einem mutterschutzrechtlichen Beschäftigungsverbot beruhen. [6] Ist danach eine Berechnung nicht möglich, so ist das durchschnittliche kalendertägliche Arbeitsentgelt einer gleichartig Beschäftigten zugrunde zu legen.

(2) Frauen, deren Arbeitsverhältnis während ihrer Schwangerschaft oder während der Schutzfrist des § 6 Abs. 1 nach Maßgabe von § 9 Abs. 3 aufgelöst worden ist, erhalten bis zum Ende dieser Schutzfrist den Zuschuss nach Absatz 1 von der für die Zahlung des Mutterschaftsgeldes zuständigen Stelle.

(3) Absatz 2 gilt entsprechend, wenn der Arbeitgeber wegen eines Insolvenzereignisses im Sinne des § 183 Abs. 1 Satz 1 des Dritten Buches Sozialgesetzbuch seinen Zuschuss nach Absatz 1 nicht zahlen kann.

(4) [1] Der Zuschuss nach den Absätzen 1 bis 3 entfällt für die Zeit, in der Frauen die Elternzeit nach dem Bundeselterngeld- und Elternzeitgesetz[3)] in Anspruch nehmen oder in Anspruch genommen hätten, wenn deren Arbeitsverhältnis nicht während ihrer Schwangerschaft oder während der Schutzfrist des § 6 Abs. 1 vom Arbeitgeber zulässig aufgelöst worden wäre. [2] Dies gilt nicht, soweit sie eine zulässige Teilzeitarbeit leisten.

§ 15[4)] Sonstige Leistungen bei Schwangerschaft und Mutterschaft. Frauen, die in der gesetzlichen Krankenversicherung versichert sind, erhalten auch die folgenden Leistungen bei Schwangerschaft und Mutterschaft nach den Vorschriften der Reichsversicherungsordnung oder des Gesetzes über die Krankenversicherung der Landwirte:

1. ärztliche Betreuung und Hebammenhilfe,
2. Versorgung mit Arznei-, Verband- und Heilmitteln,
3. stationäre Entbindung,
4. häusliche Pflege,
5. Haushaltshilfe.

§ 16 Freistellung für Untersuchungen. [1] Der Arbeitgeber hat die Frau für die Zeit freizustellen, die zur Durchführung der Untersuchungen im Rahmen der Leistungen der gesetzlichen Krankenversicherung bei Schwangerschaft und Mutterschaft erforderlich ist. [2] Entsprechendes gilt zugunsten der Frau, die nicht in der gesetzlichen Krankenversicherung versichert ist. [3] Ein Entgeltausfall darf hierdurch nicht eintreten.

[1)] § 14 Abs. 4 Satz 1 geänd. mWv 1. 1. 2007 durch G v. 5. 12. 2006 (BGBl. I S. 2748); Abs. 2 und 3 geänd. mWv 1. 1. 2009 durch G v. 17. 3. 2009 (BGBl. I S. 550).

[2)] Aus dem Beschluss des BVerfG v. 18. 12. 2003 – 1 BvR 302/96 – wird folgende Entscheidungsformel veröffentlicht:
1. § 14 Abs. 1 Satz 1 des Mutterschutzgesetzes idF der Bekanntmachung v. 18. April 1968 (BGBl. I S. 315) und in der Fassung späterer Bekanntmachungen ist nach Maßgabe der Gründe mit Art. 12 Abs. 1 des Grundgesetzes v. 23. 5. 1949 (BGBl. I S. 1), zuletzt geänd. durch G v. 29. 7. 2009 (BGBl. I S. 2248) unvereinbar.
2. Dem Gesetzgeber wird aufgegeben, bis zum 31. Dezember 2005 eine verfassungsmäßige Regelung zu treffen.
Die vorstehende Entscheidungsformel hat gemäß § 31 Abs. 2 des Bundesverfassungsgerichtsgesetzes idF der Bek. v. 11. 8. 1993 (BGBl. I S. 1473), zuletzt geänd. durch G v. 1. 12. 2009 (BGBl. I S. 3822) Gesetzeskraft.

[3)] Nr. **871**.

[4)] § 15 Nr. 5 geänd., Nr. 6 aufgeh. mWv 1. 1. 2004 durch G v. 14. 11. 2003 (BGBl. I S. 2190).

§ 17 Erholungsurlaub. [1] Für den Anspruch auf bezahlten Erholungsurlaub und dessen Dauer gelten die Ausfallzeiten wegen mutterschutzrechtlicher Beschäftigungsverbote als Beschäftigungszeiten. [2] Hat die Frau ihren Urlaub vor Beginn der Beschäftigungsverbote nicht oder nicht vollständig erhalten, so kann sie nach Ablauf der Fristen den Resturlaub im laufenden oder im nächsten Urlaubsjahr beanspruchen.

Fünfter Abschnitt. Durchführung des Gesetzes

§ 18 Auslage des Gesetzes. (1) In Betrieben und Verwaltungen, in denen regelmäßig mehr als drei Frauen beschäftigt werden, ist ein Abdruck dieses Gesetzes an geeigneter Stelle zur Einsicht auszulegen oder auszuhängen.

(2) Wer Heimarbeit ausgibt oder abnimmt, hat in den Räumen der Ausgabe und Abnahme einen Abdruck dieses Gesetzes an geeigneter Stelle zur Einsicht auszulegen oder auszuhängen.

§ 19 Auskunft. (1) Der Arbeitgeber ist verpflichtet, der Aufsichtsbehörde auf Verlangen

1. die zur Erfüllung der Aufgaben dieser Behörde erforderlichen Angaben wahrheitsgemäß und vollständig zu machen,
2. die Unterlagen, aus denen Namen, Beschäftigungsart und -zeiten der werdenden und stillenden Mütter sowie Lohn- und Gehaltszahlungen ersichtlich sind, und alle sonstigen Unterlagen, die sich auf die zu Nummer 1 zu machenden Angaben beziehen, zur Einsicht vorzulegen oder einzusenden.

(2) Die Unterlagen sind mindestens bis zum Ablauf von zwei Jahren nach der letzten Eintragung aufzubewahren.

§ 20 Aufsichtsbehörden. (1) Die Aufsicht über die Ausführung der Vorschriften dieses Gesetzes und der auf Grund dieses Gesetzes erlassenen Vorschriften obliegt den nach Landesrecht zuständigen Behörden (Aufsichtsbehörden).

(2) [1] Die Aufsichtsbehörden haben dieselben Befugnisse und Obliegenheiten wie nach § 139 b der Gewerbeordnung die dort genannten besonderen Beamten. [2] Das Grundrecht der Unverletzlichkeit der Wohnung (Artikel 13 des Grundgesetzes) wird insoweit eingeschränkt.

Sechster Abschnitt. Straftaten und Ordnungswidrigkeiten

§ 21 Straftaten und Ordnungswidrigkeiten. (1) Ordnungswidrig handelt der Arbeitgeber, der vorsätzlich oder fahrlässig

1. den Vorschriften der §§ 3, 4 Abs. 1 bis 3 Satz 1 oder § 6 Abs. 1 bis 3 Satz 1 über die Beschäftigungsverbote vor und nach der Entbindung,
2. den Vorschriften des § 7 Abs. 1 Satz 1 oder Abs. 2 Satz 2 über die Stillzeit,
3. den Vorschriften des § 8 Abs. 1 oder 3 bis 5 Satz 1 über Mehr-, Nacht- oder Sonntagsarbeit,
4. den auf Grund des § 4 Abs. 4 erlassenen Vorschriften, soweit sie für einen bestimmten Tatbestand auf diese Bußgeldvorschrift verweisen,
5. einer vollziehbaren Verfügung der Aufsichtsbehörde nach § 2 Abs. 5, § 4 Abs. 5, § 6 Abs. 3 Satz 2, § 7 Abs. 3 oder § 8 Abs. 5 Satz 2 Halbsatz 1,
6. den Vorschriften des § 5 Abs. 1 Satz 3 über die Benachrichtigung,
7. der Vorschrift des § 16 Satz 1, auch in Verbindung mit Satz 2, über die Freistellung für Untersuchungen oder
8. den Vorschriften des § 18 über die Auslage des Gesetzes oder des § 19 über die Einsicht, Aufbewahrung und Vorlage der Unterlagen und über die Auskunft

zuwiderhandelt.

(2) Die Ordnungswidrigkeit nach Absatz 1 Nr. 1 bis 5 kann mit einer Geldbuße bis zu fünfzehntausend Euro, die Ordnungswidrigkeit nach Absatz 1 Nr. 6 bis 8 mit einer Geldbuße bis zu zweitausendfünfhundert Euro geahndet werden.

(3) Wer vorsätzlich eine der in Absatz 1 Nr. 1 bis 5 bezeichneten Handlungen begeht und dadurch die Frau in ihrer Arbeitskraft oder Gesundheit gefährdet, wird mit Freiheitsstrafe bis zu einem Jahr oder mit Geldstrafe bestraft.

(4) Wer in den Fällen des Absatzes 3 die Gefahr fahrlässig verursacht, wird mit Freiheitsstrafe bis zu sechs Monaten oder mit Geldstrafe bis zu einhundertachtzig Tagessätzen bestraft.

§§ 22 und 23 (weggefallen)

Siebter Abschnitt. Schlussvorschriften

§ 24 In Heimarbeit Beschäftigte. Für die in Heimarbeit Beschäftigten und die ihnen Gleichgestellten gelten

1. die §§ 3, 4 und 6 mit der Maßgabe, dass an die Stelle der Beschäftigungsverbote das Verbot der Ausgabe von Heimarbeit tritt,
2. § 2 Abs. 4, § 5 Abs. 1 und 3, § 9 Abs. 1, § 11 Abs. 1, § 13 Abs. 2, die §§ 14, 16, 19 Abs. 1 und § 21 Abs. 1 mit der Maßgabe, dass an die Stelle des Arbeitgebers der Auftraggeber oder Zwischenmeister tritt.

§ 25 (weggefallen)

871. Gesetz zum Elterngeld und zur Elternzeit (Bundeselterngeld- und Elternzeitgesetz – BEEG)[1)] [2)]

Vom 5. Dezember 2006
(BGBl. I S. 2748)

FNA 85-5

geänd. durch Art. 6 Abs. 8 G zur Umsetzung aufenthalts- und asylrechtlicher Richtlinien der EU v. 19. 8. 2007 (BGBl. I S. 1970), Art. 1 Erstes ÄndG v. 17. 1. 2009 (BGBl. I S. 61), Art. 15 Abs. 94 DienstrechtsneuordnungsG v. 5. 2. 2009 (BGBl. I S. 160) und Art. 10 ELENA-VerfahrensG v. 28. 3. 2009 (BGBl. I S. 634)

Abschnitt 1. Elterngeld

§ 1[3)] Berechtigte. (1) Anspruch auf Elterngeld hat, wer

1. einen Wohnsitz oder seinen gewöhnlichen Aufenthalt in Deutschland hat,
2. mit seinem Kind in einem Haushalt lebt,
3. dieses Kind selbst betreut und erzieht und
4. keine oder keine volle Erwerbstätigkeit ausübt.

(2) [1] Anspruch auf Elterngeld hat auch, wer, ohne eine der Voraussetzungen des Absatzes 1 Nr. 1 zu erfüllen,

1. nach § 4 des Vierten Buches Sozialgesetzbuch dem deutschen Sozialversicherungsrecht unterliegt oder im Rahmen seines in Deutschland bestehenden öffentlich-rechtlichen Dienst- oder Amtsverhältnisses vorübergehend ins Ausland abgeordnet, versetzt oder kommandiert ist,
2. Entwicklungshelfer oder Entwicklungshelferin im Sinne des § 1 des Entwicklungshelfer-Gesetzes ist oder als Missionar oder Missionarin der Missionswerke und -gesellschaften, die Mitglieder oder Vereinbarungspartner des Evangelischen Missionswerkes Hamburg, der Arbeitsgemeinschaft Evangelikaler Missionen e.V., des Deutschen katholischen Missionsrates oder der Arbeitsgemeinschaft pfingstlich-charismatischer Missionen sind, tätig ist oder
3. die deutsche Staatsangehörigkeit besitzt und nur vorübergehend bei einer zwischen- oder überstaatlichen Einrichtung tätig ist, insbesondere nach den Entsenderichtlinien des Bundes beurlaubte Beamte und Beamtinnen, oder wer vorübergehend eine nach § 123 a des Beamtenrechtsrahmengesetzes oder § 29 des Bundesbeamtengesetzes zugewiesene Tätigkeit im Ausland wahrnimmt.

[2] Dies gilt auch für mit der nach Satz 1 berechtigten Person in einem Haushalt lebende Ehegatten, Ehegattinnen, Lebenspartner oder Lebenspartnerinnen.

(3) [1] Anspruch auf Elterngeld hat abweichend von Absatz 1 Nr. 2 auch, wer

1. mit einem Kind in einem Haushalt lebt, das er mit dem Ziel der Annahme als Kind aufgenommen hat,
2. ein Kind des Ehegatten, der Ehegattin, des Lebenspartners oder der Lebenspartnerin in seinen Haushalt aufgenommen hat oder
3. mit einem Kind in einem Haushalt lebt und die von ihm erklärte Anerkennung der Vaterschaft nach § 1594 Abs. 2 des Bürgerlichen Gesetzbuchs noch nicht wirksam oder über die von ihm beantragte Vaterschaftsfeststellung nach § 1600 d des Bürgerlichen Gesetzbuchs noch nicht entschieden ist.

[2] Für angenommene Kinder und Kinder im Sinne des Satzes 1 Nr. 1 sind die Vorschriften dieses Gesetzes mit der Maßgabe anzuwenden, dass statt des Zeitpunktes der Geburt der Zeitpunkt der Aufnahme des Kindes bei der berechtigten Person maßgeblich ist.

(4) Können die Eltern wegen einer schweren Krankheit, Schwerbehinderung oder Tod der Eltern ihr Kind nicht betreuen, haben Verwandte bis zum dritten Grad und ihre Ehegatten, Ehegattinnen, Lebenspartner oder Lebenspartnerinnen Anspruch auf Elterngeld, wenn sie die übrigen Voraussetzungen nach Absatz 1 erfüllen und von anderen Berechtigten Elterngeld nicht in Anspruch genommen wird.

[1)] Verkündet als Art. 1 G zur Einführung des Elterngeldes v. 5. 12. 2006 (BGBl. I S. 2748); Inkrafttreten gem. Art. 3 Abs. 1 dieses G am 1. 1. 2007. Zur Fortgeltung des Bundeserziehungsgeldgesetzes – BErzGG siehe die Übergangsvorschriften in § 27.

[2)] Die Änderungen durch G v. 28. 3. 2009 (BGBl. I S. 634) treten teilweise erst **mWv 1. 1. 2012** in Kraft und sind insoweit im Text noch nicht berücksichtigt.

[3)] § 1 Abs. 7 Nr. 2 Buchst. c geänd., Buchst. d angef. mWv 28. 8. 2007 durch G v. 19. 8. 2007 (BGBl. I S. 1970); Abs. 2 Nr. 3 geänd. mWv 12. 2. 2009 durch G v. 5. 2. 2009 (BGBl. I S. 160).

(5) Der Anspruch auf Elterngeld bleibt unberührt, wenn die Betreuung und Erziehung des Kindes aus einem wichtigen Grund nicht sofort aufgenommen werden kann oder wenn sie unterbrochen werden muss.

(6) Eine Person ist nicht voll erwerbstätig, wenn ihre wöchentliche Arbeitszeit 30 Wochenstunden im Durchschnitt des Monats nicht übersteigt, sie eine Beschäftigung zur Berufsbildung ausübt oder sie eine geeignete Tagespflegeperson im Sinne des § 23 des Achten Buches Sozialgesetzbuch ist und nicht mehr als fünf Kinder in Tagespflege betreut.

(7) Ein nicht freizügigkeitsberechtigter Ausländer oder eine nicht freizügigkeitsberechtigte Ausländerin ist nur anspruchsberechtigt, wenn diese Person

1. eine Niederlassungserlaubnis besitzt,
2. eine Aufenthaltserlaubnis besitzt, die zur Ausübung einer Erwerbstätigkeit berechtigt oder berechtigt hat, es sei denn, die Aufenthaltserlaubnis wurde
   a) nach § 16 oder § 17 des Aufenthaltsgesetzes erteilt,
   b) nach § 18 Abs. 2 des Aufenthaltsgesetzes erteilt und die Zustimmung der Bundesagentur für Arbeit darf nach der Beschäftigungsverordnung nur für einen bestimmten Höchstzeitraum erteilt werden,
   c) nach § 23 Abs. 1 des Aufenthaltsgesetzes wegen eines Krieges in ihrem Heimatland oder nach den §§ 23 a, 24, 25 Abs. 3 bis 5 des Aufenthaltsgesetzes erteilt,
   d) nach § 104 a des Aufenthaltsgesetzes erteilt oder
3. eine in Nummer 2 Buchstabe c genannte Aufenthaltserlaubnis besitzt und
   a) sich seit mindestens drei Jahren rechtmäßig, gestattet oder geduldet im Bundesgebiet aufhält und
   b) im Bundesgebiet berechtigt erwerbstätig ist, laufende Geldleistungen nach dem Dritten Buch Sozialgesetzbuch bezieht oder Elternzeit in Anspruch nimmt.

§ 2[1] Höhe des Elterngeldes. (1) [1] Elterngeld wird in Höhe von 67 Prozent des in den zwölf Kalendermonaten vor dem Monat der Geburt des Kindes durchschnittlich erzielten monatlichen Einkommens aus Erwerbstätigkeit bis zu einem Höchstbetrag von 1 800 Euro monatlich für volle Monate gezahlt, in denen die berechtigte Person kein Einkommen aus Erwerbstätigkeit erzielt. [2] Als Einkommen aus Erwerbstätigkeit ist die Summe der positiven Einkünfte aus Land- und Forstwirtschaft, Gewerbebetrieb, selbstständiger Arbeit und nichtselbstständiger Arbeit im Sinne von § 2 Abs. 1 Satz 1 Nr. 1 bis 4 des Einkommensteuergesetzes nach Maßgabe der Absätze 7 bis 9 zu berücksichtigen.

(2) In den Fällen, in denen das durchschnittlich erzielte monatliche Einkommen aus Erwerbstätigkeit vor der Geburt geringer als 1 000 Euro war, erhöht sich der Prozentsatz von 67 Prozent um 0,1 Prozentpunkte für je 2 Euro, um die das maßgebliche Einkommen den Betrag von 1 000 Euro unterschreitet, auf bis zu 100 Prozent.

(3) [1] Für Monate nach der Geburt des Kindes, in denen die berechtigte Person ein Einkommen aus Erwerbstätigkeit erzielt, das durchschnittlich geringer ist als das nach Absatz 1 berücksichtigte durchschnittlich erzielte Einkommen aus Erwerbstätigkeit vor der Geburt, wird Elterngeld in Höhe des nach Absatz 1 oder 2 maßgeblichen Prozentsatzes des Unterschiedsbetrages dieser durchschnittlich erzielten monatlichen Einkommen aus Erwerbstätigkeit gezahlt. [2] Als vor der Geburt des Kindes durchschnittlich erzieltes monatliches Einkommen aus Erwerbstätigkeit ist dabei höchstens der Betrag von 2 700 Euro anzusetzen.

(4) [1] Lebt die berechtigte Person mit zwei Kindern, die das dritte Lebensjahr noch nicht vollendet haben, oder mit drei oder mehr Kindern, die das sechste Lebensjahr noch nicht vollendet haben, in einem Haushalt, so wird das nach den Absätzen 1 bis 3 und 5 zustehende Elterngeld um zehn Prozent, mindestens um 75 Euro, erhöht. [2] Zu berücksichtigen sind alle Kinder, für die die berechtigte Person die Voraussetzungen des § 1 Abs. 1 und 3 erfüllt und für die sich das Elterngeld nicht nach Absatz 6 erhöht. [3] Für angenommene Kinder und Kinder im Sinne von § 1 Abs. 3 Satz 1 Nr. 1 gilt als Alter des Kindes der Zeitraum seit der Aufnahme des Kindes bei der berechtigten Person. [4] Die Altersgrenze nach Satz 1 beträgt bei behinderten Kindern im Sinne von § 2 Abs. 1 Satz 1 des Neunten Buches Sozialgesetzbuch jeweils 14 Jahre. [5] Der Anspruch auf den Erhöhungsbetrag endet mit dem Ablauf des Monats, in dem eine der in Satz 1 genannten Anspruchsvoraussetzungen entfallen ist.

[1] § 2 Abs. 7 Satz 6 geänd., Satz 7 angef. mWv 24. 1. 2009 durch G v. 17. 1. 2009 (BGBl. I S. 61); Abs. 7 Satz 4 neu gef. mWv 2. 4. 2009 durch G v. 28. 3. 2009 (BGBl. I S. 634).

(5) [1] Elterngeld wird mindestens in Höhe von 300 Euro gezahlt. [2] Dies gilt auch, wenn in dem nach Absatz 1 Satz 1 maßgeblichen Zeitraum vor der Geburt des Kindes kein Einkommen aus Erwerbstätigkeit erzielt worden ist. [3] Der Betrag nach Satz 1 wird nicht zusätzlich zu dem Elterngeld nach den Absätzen 1 bis 3 gezahlt.

(6) Bei Mehrlingsgeburten erhöht sich das nach den Absätzen 1 bis 5 zustehende Elterngeld um je 300 Euro für das zweite und jedes weitere Kind.

(7) [1] Als Einkommen aus nichtselbstständiger Arbeit ist der um die auf dieses Einkommen entfallenden Steuern und die aufgrund dieser Erwerbstätigkeit geleisteten Pflichtbeiträge zur Sozialversicherung in Höhe des gesetzlichen Anteils der beschäftigten Person einschließlich der Beiträge zur Arbeitsförderung verminderte Überschuss der Einnahmen in Geld oder Geldeswert über die mit einem Zwölftel des Pauschbetrags nach § 9 a Abs. 1 Satz 1 Nr. 1 Buchstabe a des Einkommensteuergesetzes anzusetzenden Werbungskosten zu berücksichtigen. [2] Sonstige Bezüge im Sinne von § 38 a Abs. 1 Satz 3 des Einkommensteuergesetzes werden nicht als Einnahmen berücksichtigt. [3] Als auf die Einnahmen entfallende Steuern gelten die abgeführte Lohnsteuer einschließlich Solidaritätszuschlag und Kirchensteuer, im Falle einer Steuervorauszahlung der auf die Einnahmen entfallende monatliche Anteil. [4] Grundlage der Einkommensermittlung sind die entsprechenden monatlichen Lohn- und Gehaltsbescheinigungen des Arbeitgebers; in Fällen, in denen der Arbeitgeber das Einkommen nach § 97 Abs. 1 des Vierten Buches Sozialgesetzbuch vollständig und fehlerfrei gemeldet hat, treten an die Stelle der monatlichen Lohn- und Gehaltsbescheinigungen des Arbeitgebers die entsprechenden elektronischen Einkommensnachweise nach dem Sechsten Abschnitt des Vierten Buches Sozialgesetzbuch. [5] Kalendermonate, in denen die berechtigte Person vor der Geburt des Kindes ohne Berücksichtigung einer Verlängerung des Auszahlungszeitraums nach § 6 Satz 2 Elterngeld für ein älteres Kind bezogen hat, bleiben bei der Bestimmung der zwölf für die Einkommensermittlung vor der Geburt des Kindes zu Grunde zu legenden Kalendermonate unberücksichtigt. [6] Unberücksichtigt bleiben auch Kalendermonate, in denen die berechtigte Person Mutterschaftsgeld nach der Reichsversicherungsordnung oder dem Gesetz über die Krankenversicherung der Landwirte bezogen hat oder in denen während der Schwangerschaft wegen einer maßgeblich auf die Schwangerschaft zurückzuführenden Erkrankung Einkommen aus Erwerbstätigkeit ganz oder teilweise weggefallen ist. [7] Das Gleiche gilt für Kalendermonate, in denen die berechtigte Person Wehrdienst nach Maßgabe des Wehrpflichtgesetzes oder des Vierten Abschnitts des Soldatengesetzes oder Zivildienst nach Maßgabe des Zivildienstgesetzes geleistet hat, wenn dadurch Erwerbseinkommen ganz oder teilweise weggefallen ist.

(8) [1] Als Einkommen aus Land- und Forstwirtschaft, Gewerbebetrieb und selbstständiger Arbeit ist der um die auf dieses Einkommen entfallenden Steuern und die aufgrund dieser Erwerbstätigkeit geleisteten Pflichtbeiträge zur gesetzlichen Sozialversicherung einschließlich der Beiträge zur Arbeitsförderung verminderte Gewinn zu berücksichtigen. [2] Grundlage der Einkommensermittlung ist der Gewinn, wie er sich aus einer mindestens den Anforderungen des § 4 Abs. 3 des Einkommensteuergesetzes entsprechenden Berechnung ergibt. [3] Kann der Gewinn danach nicht ermittelt werden, ist von den Einnahmen eine Betriebsausgabenpauschale in Höhe von 20 Prozent abzuziehen. [4] Als auf den Gewinn entfallende Steuern gilt im Falle einer Steuervorauszahlung der auf die Einnahmen entfallende monatliche Anteil der Einkommensteuer einschließlich Solidaritätszuschlag und Kirchensteuer. [5] Auf Antrag der berechtigten Person ist Absatz 7 Satz 5 und 6 entsprechend anzuwenden.

(9) [1] Ist die dem zu berücksichtigenden Einkommen aus Land- und Forstwirtschaft, Gewerbebetrieb und selbstständiger Arbeit zu Grunde liegende Erwerbstätigkeit sowohl während des gesamten für die Einkommensermittlung vor der Geburt des Kindes maßgeblichen Zeitraums als auch während des gesamten letzten abgeschlossenen steuerlichen Veranlagungszeitraums ausgeübt worden, gilt abweichend von Absatz 8 als vor der Geburt des Kindes durchschnittlich erzieltes monatliches Einkommen aus dieser Erwerbstätigkeit der durchschnittlich monatlich erzielte Gewinn, wie er sich aus dem für den Veranlagungszeitraum ergangenen Steuerbescheid ergibt. [2] Dies gilt nicht, wenn im Veranlagungszeitraum die Voraussetzungen des Absatzes 7 Satz 5 und 6 vorgelegen haben. [3] Ist in dem für die Einkommensermittlung vor der Geburt des Kindes maßgeblichen Zeitraum zusätzlich Einkommen aus nichtselbstständiger Arbeit erzielt worden, ist Satz 1 nur anzuwenden, wenn die Voraussetzungen der Sätze 1 und 2 auch für die dem Einkommen aus nichtselbstständiger Arbeit zu Grunde liegende Erwerbstätigkeit erfüllt sind; in diesen Fällen gilt als vor der Geburt durchschnittlich erzieltes monatliches Einkommen nach Absatz 7 das in dem dem Veranlagungszeitraum nach Satz 1 zu Grunde liegenden Gewinnermittlungszeitraum durchschnittlich erzielte monatliche Einkommen aus nichtselbstständiger Arbeit. [4] Als auf den Gewinn entfallende Steuern ist bei Anwendung von Satz 1 der auf die Einnahmen entfallende monatliche Anteil der im Steuerbescheid festgesetzten Einkommensteuer einschließlich Solidaritätszuschlag und Kirchensteuer anzusetzen.

§ 3 Anrechnung von anderen Leistungen. (1) [1] Mutterschaftsgeld, das der Mutter nach der Reichsversicherungsordnung oder dem Gesetz über die Krankenversicherung der Landwirte für die Zeit ab dem Tag der Geburt zusteht, wird mit Ausnahme des Mutterschaftsgeldes nach § 13 Abs. 2 des Mutterschutzgesetzes[1)] auf das ihr zustehende Elterngeld nach § 2 angerechnet. [2] Das Gleiche gilt für Mutterschaftsgeld, das der Mutter im Bezugszeitraum des Elterngeldes für die Zeit vor dem Tag der Geburt eines weiteren Kindes zusteht. [3] Die Sätze 1 und 2 gelten auch für den Zuschuss zum Mutterschaftsgeld nach § 14 des Mutterschutzgesetzes sowie für Dienstbezüge, Anwärterbezüge und Zuschüsse, die nach beamten- oder soldatenrechtlichen Vorschriften für die Zeit der Beschäftigungsverbote zustehen. [4] Stehen die Leistungen nach den Sätzen 1 bis 3 nur für einen Teil des Lebensmonats des Kindes zu, sind sie nur auf den entsprechenden Teil des Elterngeldes anzurechnen.

(2) [1] Soweit Berechtigte an Stelle des vor der Geburt des Kindes erzielten Einkommens aus Erwerbstätigkeit nach der Geburt andere Einnahmen erzielen, die nach ihrer Zweckbestimmung dieses Einkommen aus Erwerbstätigkeit ganz oder teilweise ersetzen, werden diese Einnahmen auf das für das ersetzte Einkommen zustehende Elterngeld angerechnet, soweit letzteres den Betrag von 300 Euro übersteigt; dieser Betrag erhöht sich bei Mehrlingsgeburten um je 300 Euro für das zweite und jedes weitere Kind. [2] Absatz 1 Satz 4 ist entsprechend anzuwenden.

(3) [1] Dem Elterngeld vergleichbare Leistungen, auf die eine nach § 1 berechtigte Person außerhalb Deutschlands oder gegenüber einer zwischen- oder überstaatlichen Einrichtung Anspruch hat, werden auf das Elterngeld angerechnet, soweit sie für denselben Zeitraum zustehen und die auf der Grundlage des Vertrages zur Gründung der Europäischen Gemeinschaft erlassenen Verordnungen nicht anzuwenden sind. [2] Solange kein Antrag auf die in Satz 1 genannten vergleichbaren Leistungen gestellt wird, ruht der Anspruch auf Elterngeld bis zur möglichen Höhe der vergleichbaren Leistung.

§ 4[2)] Bezugszeitraum. (1) [1] Elterngeld kann in der Zeit vom Tag der Geburt bis zur Vollendung des 14. Lebensmonats des Kindes bezogen werden. [2] Für angenommene Kinder und Kinder im Sinne des § 1 Abs. 3 Nr. 1 kann Elterngeld ab Aufnahme bei der berechtigten Person für die Dauer von bis zu 14 Monaten, längstens bis zur Vollendung des achten Lebensjahres des Kindes bezogen werden.

(2) [1] Elterngeld wird in Monatsbeträgen für Lebensmonate des Kindes gezahlt. [2] Die Eltern haben insgesamt Anspruch auf zwölf Monatsbeträge. [3] Sie haben Anspruch auf zwei weitere Monatsbeträge, wenn für zwei Monate eine Minderung des Einkommens aus Erwerbstätigkeit erfolgt. [4] Die Eltern können die jeweiligen Monatsbeträge abwechselnd oder gleichzeitig beziehen.

(3) [1] Ein Elternteil kann mindestens für zwei und höchstens für zwölf Monate Elterngeld beziehen. [2] Lebensmonate des Kindes, in denen nach § 3 Abs. 1 oder 3 anzurechnende Leistungen zustehen, gelten als Monate, für die die berechtigte Person Elterngeld bezieht. [3] Ein Elternteil kann abweichend von Satz 1 für 14 Monate Elterngeld beziehen, wenn eine Minderung des Einkommens aus Erwerbstätigkeit erfolgt und mit der Betreuung durch den anderen Elternteil eine Gefährdung des Kindeswohls im Sinne von § 1666 Abs. 1 und 2 des Bürgerlichen Gesetzbuchs verbunden wäre oder die Betreuung durch den anderen Elternteil unmöglich ist, insbesondere weil er wegen einer schweren Krankheit oder Schwerbehinderung sein Kind nicht betreuen kann; für die Feststellung der Unmöglichkeit der Betreuung bleiben wirtschaftliche Gründe und Gründe einer Verhinderung wegen anderweitiger Tätigkeiten außer Betracht. [4] Elterngeld für 14 Monate steht einem Elternteil auch zu, wenn

1. ihm die elterliche Sorge oder zumindest das Aufenthaltsbestimmungsrecht allein zusteht oder er eine einstweilige Anordnung erwirkt hat, mit der ihm die elterliche Sorge oder zumindest das Aufenthaltsbestimmungsrecht für das Kind vorläufig übertragen worden ist,
2. eine Minderung des Einkommens aus Erwerbstätigkeit erfolgt und
3. der andere Elternteil weder mit ihm noch mit dem Kind in einer Wohnung lebt.

(4) Der Anspruch endet mit dem Ablauf des Monats, in dem eine Anspruchsvoraussetzung entfallen ist.

(5) [1] Die Absätze 2 und 3 gelten in den Fällen des § 1 Abs. 3 und 4 entsprechend. [2] Nicht sorgeberechtigte Elternteile und Personen, die nach § 1 Abs. 3 Nr. 2 und 3 Elterngeld beziehen können, bedürfen der Zustimmung des sorgeberechtigten Elternteils.

§ 5[3)] Zusammentreffen von Ansprüchen. (1) Erfüllen beide Elternteile die Anspruchsvoraussetzungen, bestimmen sie, wer von ihnen welche Monatsbeträge in Anspruch nimmt.

[1)] Nr. **870**.
[2)] § 4 Abs. 3 Satz 1 geänd. mWv 24. 1. 2009 durch G v. 17. 1. 2009 (BGBl. I S. 61).
[3)] § 5 Abs. 1 Sätze 2 und 3 aufgeh. mWv 24. 1. 2009 durch G v. 17. 1. 2009 (BGBl. I S. 61).

(2) [1] Beanspruchen beide Elternteile zusammen mehr als die ihnen zustehenden zwölf oder 14 Monatsbeträge Elterngeld, besteht der Anspruch eines Elternteils, der nicht über die Hälfte der Monatsbeträge hinausgeht, ungekürzt; der Anspruch des anderen Elternteils wird gekürzt auf die verbleibenden Monatsbeträge. [2] Beanspruchen beide Elternteile Elterngeld für mehr als die Hälfte der Monate, steht ihnen jeweils die Hälfte der Monatsbeträge zu.

(3) [1] Die Absätze 1 und 2 gelten in den Fällen des § 1 Abs. 3 und 4 entsprechend. [2] Wird eine Einigung mit einem nicht sorgeberechtigten Elternteil oder einer Person, die nach § 1 Abs. 3 Nr. 2 und 3 Elterngeld beziehen kann, nicht erzielt, kommt es abweichend von Absatz 2 allein auf die Entscheidung des sorgeberechtigten Elternteils an.

§ 6 Auszahlung und Verlängerungsmöglichkeit. [1] Das Elterngeld wird im Laufe des Monats gezahlt, für den es bestimmt ist. [2] Die einer Person zustehenden Monatsbeträge werden auf Antrag in jeweils zwei halben Monatsbeträgen ausgezahlt, so dass sich der Auszahlungszeitraum verdoppelt. [3] Die zweite Hälfte der jeweiligen Monatsbeträge wird beginnend mit dem Monat gezahlt, der auf den letzten Monat folgt, für den der berechtigten Person ein Monatsbetrag der ersten Hälfte gezahlt wurde.

§ 7[1)] Antragstellung. (1) [1] Das Elterngeld ist schriftlich zu beantragen. [2] Es wird rückwirkend nur für die letzten drei Monate vor Beginn des Monats geleistet, in dem der Antrag auf Elterngeld eingegangen ist.

(2) [1] In dem Antrag ist anzugeben, für welche Monate Elterngeld beantragt wird. [2] Die im Antrag getroffene Entscheidung kann bis zum Ende des Bezugszeitraums ohne Angabe von Gründen einmal geändert werden. [3] In Fällen besonderer Härte, insbesondere bei Eintritt einer schweren Krankheit, Schwerbehinderung oder Tod eines Elternteils oder eines Kindes oder bei erheblich gefährdeter wirtschaftlicher Existenz der Eltern nach Antragstellung ist bis zum Ende des Bezugszeitraums einmal eine weitere Änderung zulässig. [4] Eine Änderung kann rückwirkend nur für die letzten drei Monate vor Beginn des Monats verlangt werden, in dem der Änderungsantrag eingegangen ist. [5] Sie ist außer in den Fällen besonderer Härte unzulässig, soweit Monatsbeträge bereits ausgezahlt sind. [6] Im Übrigen finden die für die Antragstellung geltenden Vorschriften auch auf den Änderungsantrag Anwendung.

(3) [1] Der Antrag ist außer in den Fällen des § 4 Abs. 3 Satz 3 und 4 und der Antragstellung durch eine allein sorgeberechtigte Person von der Person, die ihn stellt, und zur Bestätigung der Kenntnisnahme auch von der anderen berechtigten Person zu unterschreiben. [2] Die andere berechtigte Person kann gleichzeitig einen Antrag auf das von ihr beanspruchte Elterngeld stellen oder der Behörde anzeigen, für wie viele Monate sie Elterngeld beansprucht, wenn mit ihrem Anspruch die Höchstgrenze nach § 4 Abs. 2 Satz 2 und 3 überschritten würde. [3] Liegt der Behörde weder ein Antrag noch eine Anzeige der anderen berechtigten Person nach Satz 2 vor, erhält der Antragsteller oder die Antragstellerin die Monatsbeträge ausgezahlt; die andere berechtigte Person kann bei einem späteren Antrag abweichend von § 5 Abs. 2 nur für die unter Berücksichtigung von § 4 Abs. 2 Satz 2 und 3 verbleibenden Monate Elterngeld erhalten.

§ 8 Auskunftspflicht, Nebenbestimmungen. (1) Soweit im Antrag Angaben zum voraussichtlichen Einkommen aus Erwerbstätigkeit gemacht wurden, ist nach Ablauf des Bezugszeitraums das in dieser Zeit tatsächlich erzielte Einkommen aus Erwerbstätigkeit nachzuweisen.

(2) Elterngeld wird in den Fällen, in denen nach den Angaben im Antrag im Bezugszeitraum voraussichtlich kein Einkommen aus Erwerbstätigkeit erzielt wird, unter dem Vorbehalt des Widerrufs für den Fall gezahlt, dass entgegen den Angaben im Antrag Einkommen aus Erwerbstätigkeit erzielt wird.

(3) Kann das vor der Geburt des Kindes erzielte Einkommen aus Erwerbstätigkeit nicht ermittelt werden oder wird nach den Angaben im Antrag im Bezugszeitraum voraussichtlich Einkommen aus Erwerbstätigkeit erzielt, wird Elterngeld bis zum Nachweis des tatsächlich erzielten Einkommens aus Erwerbstätigkeit vorläufig unter Berücksichtigung des glaubhaft gemachten Einkommens aus Erwerbstätigkeit gezahlt.

§ 9[2)] Einkommens- und Arbeitszeitnachweis, Auskunftspflicht des Arbeitgebers. [1] Soweit es zum Nachweis des Einkommens aus Erwerbstätigkeit oder der wöchentlichen Arbeitszeit erforderlich ist, hat der Arbeitgeber der nach § 12 zuständigen Behörde für bei ihm Beschäftigte das Arbeitsentgelt, die abgezogene Lohnsteuer und den Arbeitnehmeranteil der Sozialversicherungsbeiträge sowie die Arbeitszeit auf Verlangen zu bescheinigen. [2] Für die in Heimarbeit

---

1) § 7 Abs. 2 neu gef., Abs. 3 angef. mWv 24. 1. 2009 durch G v. 17. 1. 2009 (BGBl. I S. 61).

2) § 9 Satz 1 geänd. mWv 24. 1. 2009 durch G v. 17. 1. 2009 (BGBl. I S. 61); Satz 1 zweiter Halbs. aufgeh. mWv 2. 4. 2009 durch G v. 28. 3. 2009 (BGBl. I S. 634).

Beschäftigten und die ihnen Gleichgestellten (§ 1 Abs. 1 und 2 des Heimarbeitsgesetzes) tritt an die Stelle des Arbeitgebers der Auftraggeber oder Zwischenmeister.

§ 10 Verhältnis zu anderen Sozialleistungen. (1) Das Elterngeld und vergleichbare Leistungen der Länder sowie die nach § 3 auf das Elterngeld angerechneten Leistungen bleiben bei Sozialleistungen, deren Zahlung von anderen Einkommen abhängig ist, bis zu einer Höhe von insgesamt 300 Euro im Monat als Einkommen unberücksichtigt.

(2) Das Elterngeld und vergleichbare Leistungen der Länder sowie die nach § 3 auf das Elterngeld angerechneten Leistungen dürfen bis zu einer Höhe von 300 Euro nicht dafür herangezogen werden, um auf Rechtsvorschriften beruhende Leistungen anderer, auf die kein Anspruch besteht, zu versagen.

(3) In den Fällen des § 6 Satz 2 bleibt das Elterngeld nur bis zu einer Höhe von 150 Euro als Einkommen unberücksichtigt und darf nur bis zu einer Höhe von 150 Euro nicht dafür herangezogen werden, um auf Rechtsvorschriften beruhende Leistungen anderer, auf die kein Anspruch besteht, zu versagen.

(4) Die nach den Absätzen 1 bis 3 nicht zu berücksichtigenden oder nicht heranzuziehenden Beträge vervielfachen sich bei Mehrlingsgeburten mit der Zahl der geborenen Kinder.

§ 11 Unterhaltspflichten. [1] Unterhaltsverpflichtungen werden durch die Zahlung des Elterngeldes und vergleichbarer Leistungen der Länder nur insoweit berührt, als die Zahlung 300 Euro monatlich übersteigt. [2] In den Fällen des § 6 Satz 2 werden die Unterhaltspflichten insoweit berührt, als die Zahlung 150 Euro übersteigt. [3] Die in den Sätzen 1 und 2 genannten Beträge vervielfachen sich bei Mehrlingsgeburten mit der Zahl der geborenen Kinder. [4] Die Sätze 1 bis 3 gelten nicht in den Fällen des § 1361 Abs. 3, der §§ 1579, 1603 Abs. 2 und des § 1611 Abs. 1 des Bürgerlichen Gesetzbuchs.

§ 12 Zuständigkeit; Aufbringung der Mittel. (1) [1] Die Landesregierungen oder die von ihnen beauftragten Stellen bestimmen die für die Ausführung dieses Gesetzes zuständigen Behörden. [2] Diesen Behörden obliegt auch die Beratung zur Elternzeit. [3] In den Fällen des § 1 Abs. 2 ist die von den Ländern für die Durchführung dieses Gesetzes bestimmte Behörde des Bezirks zuständig, in dem die berechtigte Person ihren letzten inländischen Wohnsitz hatte; hilfsweise ist die Behörde des Bezirks zuständig, in dem der entsendende Dienstherr oder Arbeitgeber der berechtigten Person oder der Arbeitgeber des Ehegatten, der Ehegattin, des Lebenspartners oder der Lebenspartnerin der berechtigten Person den inländischen Sitz hat.

(2) Der Bund trägt die Ausgaben für das Elterngeld.

§ 13 Rechtsweg. (1) [1] Über öffentlich-rechtliche Streitigkeiten in Angelegenheiten der §§ 1 bis 12 entscheiden die Gerichte der Sozialgerichtsbarkeit. [2] § 85 Abs. 2 Nr. 2 des Sozialgerichtsgesetzes gilt mit der Maßgabe, dass die zuständige Stelle nach § 12 bestimmt wird.

(2) Widerspruch und Anfechtungsklage haben keine aufschiebende Wirkung.

§ 14 Bußgeldvorschriften. (1) Ordnungswidrig handelt, wer vorsätzlich oder fahrlässig

1. entgegen § 9 eine dort genannte Angabe nicht, nicht richtig, nicht vollständig oder nicht rechtzeitig bescheinigt,
2. entgegen § 60 Abs. 1 Satz 1 Nr. 1 des Ersten Buches Sozialgesetzbuch, auch in Verbindung mit § 8 Abs. 1 Satz 1, eine Angabe nicht, nicht richtig, nicht vollständig oder nicht rechtzeitig macht,
3. entgegen § 60 Abs. 1 Satz 1 Nr. 2 des Ersten Buches Sozialgesetzbuch eine Mitteilung nicht, nicht richtig, nicht vollständig oder nicht rechtzeitig macht oder
4. entgegen § 60 Abs. 1 Satz 1 Nr. 3 des Ersten Buches Sozialgesetzbuch eine Beweisurkunde nicht, nicht richtig, nicht vollständig oder nicht rechtzeitig vorlegt.

(2) Die Ordnungswidrigkeit kann mit einer Geldbuße von bis zu zweitausend Euro geahndet werden.

(3) Verwaltungsbehörden im Sinne des § 36 Abs. 1 Nr. 1 des Gesetzes über Ordnungswidrigkeiten sind die in § 12 Abs. 1 Satz 1 und 3 genannten Behörden.

Abschnitt 2. Elternzeit für Arbeitnehmerinnen und Arbeitnehmer

§ 15[1] Anspruch auf Elternzeit. (1) [1] Arbeitnehmerinnen und Arbeitnehmer haben Anspruch auf Elternzeit, wenn sie

1. a) mit ihrem Kind,
   b) mit einem Kind, für das sie die Anspruchsvoraussetzungen nach § 1 Abs. 3 oder 4 erfüllen, oder
   c) mit einem Kind, das sie in Vollzeitpflege nach § 33 des Achten Buches Sozialgesetzbuch aufgenommen haben,

   in einem Haushalt leben und
2. dieses Kind selbst betreuen und erziehen.

[2] Nicht sorgeberechtigte Elternteile und Personen, die nach Satz 1 Nr. 1 Buchstabe b und c Elternzeit nehmen können, bedürfen der Zustimmung des sorgeberechtigten Elternteils.

(1 a) [1] Anspruch auf Elternzeit haben Arbeitnehmer und Arbeitnehmerinnen auch, wenn sie mit ihrem Enkelkind in einem Haushalt leben und dieses Kind selbst betreuen und erziehen und

1. ein Elternteil des Kindes minderjährig ist oder
2. ein Elternteil des Kindes sich im letzten oder vorletzten Jahr einer Ausbildung befindet, die vor Vollendung des 18. Lebensjahres begonnen wurde und die Arbeitskraft des Elternteils im Allgemeinen voll in Anspruch nimmt.

[2] Der Anspruch besteht nur für Zeiten, in denen keiner der Elternteile des Kindes selbst Elternzeit beansprucht.

(2) [1] Der Anspruch auf Elternzeit besteht bis zur Vollendung des dritten Lebensjahres eines Kindes. [2] Die Zeit der Mutterschutzfrist nach § 6 Abs. 1 des Mutterschutzgesetzes[2] wird auf die Begrenzung nach Satz 1 angerechnet. [3] Bei mehreren Kindern besteht der Anspruch auf Elternzeit für jedes Kind, auch wenn sich die Zeiträume im Sinne von Satz 1 überschneiden. [4] Ein Anteil der Elternzeit von bis zu zwölf Monaten ist mit Zustimmung des Arbeitgebers auf die Zeit bis zur Vollendung des achten Lebensjahres übertragbar; dies gilt auch, wenn sich die Zeiträume im Sinne von Satz 1 bei mehreren Kindern überschneiden. [5] Bei einem angenommenen Kind und bei einem Kind in Vollzeit- oder Adoptionspflege kann Elternzeit von insgesamt bis zu drei Jahren ab der Aufnahme bei der berechtigten Person, längstens bis zur Vollendung des achten Lebensjahres des Kindes genommen werden; die Sätze 3 und 4 sind entsprechend anwendbar, soweit sie die zeitliche Aufteilung regeln. [6] Der Anspruch kann nicht durch Vertrag ausgeschlossen oder beschränkt werden.

(3) [1] Die Elternzeit kann, auch anteilig, von jedem Elternteil allein oder von beiden Elternteilen gemeinsam genommen werden. [2] Satz 1 gilt in den Fällen des Absatzes 1 Satz 1 Nr. 1 Buchstabe b und c entsprechend.

(4) [1] Der Arbeitnehmer oder die Arbeitnehmerin darf während der Elternzeit nicht mehr als 30 Wochenstunden erwerbstätig sein. [2] Eine im Sinne des § 23 des Achten Buches Sozialgesetzbuch geeignete Tagespflegeperson kann bis zu fünf Kinder in Tagespflege betreuen, auch wenn die wöchentliche Betreuungszeit 30 Stunden übersteigt. [3] Teilzeitarbeit bei einem anderen Arbeitgeber oder selbstständige Tätigkeit nach Satz 1 bedürfen der Zustimmung des Arbeitgebers. [4] Dieser kann sie nur innerhalb von vier Wochen aus dringenden betrieblichen Gründen schriftlich ablehnen.

(5) [1] Der Arbeitnehmer oder die Arbeitnehmerin kann eine Verringerung der Arbeitszeit und ihre Ausgestaltung beantragen. [2] Über den Antrag sollen sich der Arbeitgeber und der Arbeitnehmer oder die Arbeitnehmerin innerhalb von vier Wochen einigen. [3] Der Antrag kann mit der schriftlichen Mitteilung nach Absatz 7 Satz 1 Nr. 5 verbunden werden. [4] Unberührt bleibt das Recht, sowohl die vor der Elternzeit bestehende Teilzeitarbeit unverändert während der Elternzeit fortzusetzen, soweit Absatz 4 beachtet ist, als auch nach der Elternzeit zu der Arbeitszeit zurückzukehren, die vor Beginn der Elternzeit vereinbart war.

(6) Der Arbeitnehmer oder die Arbeitnehmerin kann gegenüber dem Arbeitgeber, soweit eine Einigung nach Absatz 5 nicht möglich ist, unter den Voraussetzungen des Absatzes 7 während der Gesamtdauer der Elternzeit zweimal eine Verringerung seiner oder ihrer Arbeitszeit beanspruchen.

---

[1] § 15 Abs. 1 a eingef. mWv 24. 1. 2009 durch G v. 17. 1. 2009 (BGBl. I S. 61).
[2] Nr. **870**.

(7) [1] Für den Anspruch auf Verringerung der Arbeitszeit gelten folgende Voraussetzungen:

1. Der Arbeitgeber beschäftigt, unabhängig von der Anzahl der Personen in Berufsbildung, in der Regel mehr als 15 Arbeitnehmer und Arbeitnehmerinnen,
2. das Arbeitsverhältnis in demselben Betrieb oder Unternehmen besteht ohne Unterbrechung länger als sechs Monate,
3. die vertraglich vereinbarte regelmäßige Arbeitszeit soll für mindestens zwei Monate auf einen Umfang zwischen 15 und 30 Wochenstunden verringert werden,
4. dem Anspruch stehen keine dringenden betrieblichen Gründe entgegen und
5. der Anspruch wurde dem Arbeitgeber sieben Wochen vor Beginn der Tätigkeit schriftlich mitgeteilt.

[2] Der Antrag muss den Beginn und den Umfang der verringerten Arbeitszeit enthalten. [3] Die gewünschte Verteilung der verringerten Arbeitszeit soll im Antrag angegeben werden. [4] Falls der Arbeitgeber die beanspruchte Verringerung der Arbeitszeit ablehnen will, muss er dies innerhalb von vier Wochen mit schriftlicher Begründung tun. [5] Soweit der Arbeitgeber der Verringerung der Arbeitszeit nicht oder nicht rechtzeitig zustimmt, kann der Arbeitnehmer oder die Arbeitnehmerin Klage vor den Gerichten für Arbeitssachen erheben.

§ 16[1)] Inanspruchnahme der Elternzeit. (1) [1] Wer Elternzeit beanspruchen will, muss sie spätestens sieben Wochen vor Beginn schriftlich vom Arbeitgeber verlangen und gleichzeitig erklären, für welche Zeiten innerhalb von zwei Jahren Elternzeit genommen werden soll. [2] Bei dringenden Gründen ist ausnahmsweise eine angemessene kürzere Frist möglich. [3] Nimmt die Mutter die Elternzeit im Anschluss an die Mutterschutzfrist, wird die Zeit der Mutterschutzfrist nach § 6 Abs. 1 des Mutterschutzgesetzes[2)] auf den Zeitraum nach Satz 1 angerechnet. [4] Nimmt die Mutter die Elternzeit im Anschluss an einen auf die Mutterschutzfrist folgenden Erholungsurlaub, werden die Zeit der Mutterschutzfrist nach § 6 Abs. 1 des Mutterschutzgesetzes und die Zeit des Erholungsurlaubs auf den Zweijahreszeitraum nach Satz 1 angerechnet. [5] Die Elternzeit kann auf zwei Zeitabschnitte verteilt werden; eine Verteilung auf weitere Zeitabschnitte ist nur mit der Zustimmung des Arbeitgebers möglich. [6] Der Arbeitgeber hat dem Arbeitnehmer oder der Arbeitnehmerin die Elternzeit zu bescheinigen.

(2) Können Arbeitnehmerinnen und Arbeitnehmer aus einem von ihnen nicht zu vertretenden Grund eine sich unmittelbar an die Mutterschutzfrist des § 6 Abs. 1 des Mutterschutzgesetzes anschließende Elternzeit nicht rechtzeitig verlangen, können sie dies innerhalb einer Woche nach Wegfall des Grundes nachholen.

(3) [1] Die Elternzeit kann vorzeitig beendet oder im Rahmen des § 15 Abs. 2 verlängert werden, wenn der Arbeitgeber zustimmt. [2] Die vorzeitige Beendigung wegen der Geburt eines weiteren Kindes oder wegen eines besonderen Härtefalles im Sinne des § 7 Abs. 2 Satz 3 kann der Arbeitgeber nur innerhalb von vier Wochen aus dringenden betrieblichen Gründen schriftlich ablehnen. [3] Die Arbeitnehmerin kann ihre Elternzeit nicht wegen der Mutterschutzfristen des § 3 Abs. 2 und § 6 Abs. 1 des Mutterschutzgesetzes vorzeitig beenden; dies gilt nicht während ihrer zulässigen Teilzeitarbeit. [4] Eine Verlängerung kann verlangt werden, wenn ein vorgesehener Wechsel in der Anspruchsberechtigung aus einem wichtigen Grund nicht erfolgen kann.

(4) Stirbt das Kind während der Elternzeit, endet diese spätestens drei Wochen nach dem Tod des Kindes.

(5) Eine Änderung in der Anspruchsberechtigung hat der Arbeitnehmer oder die Arbeitnehmerin dem Arbeitgeber unverzüglich mitzuteilen.

§ 17 Urlaub. (1) [1] Der Arbeitgeber kann den Erholungsurlaub, der dem Arbeitnehmer oder der Arbeitnehmerin für das Urlaubsjahr zusteht, für jeden vollen Kalendermonat der Elternzeit um ein Zwölftel kürzen. [2] Dies gilt nicht, wenn der Arbeitnehmer oder die Arbeitnehmerin während der Elternzeit bei seinem oder ihrem Arbeitgeber Teilzeitarbeit leistet.

(2) Hat der Arbeitnehmer oder die Arbeitnehmerin den ihm oder ihr zustehenden Urlaub vor dem Beginn der Elternzeit nicht oder nicht vollständig erhalten, hat der Arbeitgeber den Resturlaub nach der Elternzeit im laufenden oder im nächsten Urlaubsjahr zu gewähren.

(3) Endet das Arbeitsverhältnis während der Elternzeit oder wird es im Anschluss an die Elternzeit nicht fortgesetzt, so hat der Arbeitgeber den noch nicht gewährten Urlaub abzugelten.

---

1) § 16 Abs. 3 Satz 2 geänd. mWv 24. 1. 2009 durch G v. 17. 1. 2009 (BGBl. I S. 61).
2) Nr. **870**.

(4) Hat der Arbeitnehmer oder die Arbeitnehmerin vor Beginn der Elternzeit mehr Urlaub erhalten, als ihm oder ihr nach Absatz 1 zusteht, kann der Arbeitgeber den Urlaub, der dem Arbeitnehmer oder der Arbeitnehmerin nach dem Ende der Elternzeit zusteht, um die zu viel gewährten Urlaubstage kürzen.

§ 18 Kündigungsschutz. (1) [1] Der Arbeitgeber darf das Arbeitsverhältnis ab dem Zeitpunkt, von dem an Elternzeit verlangt worden ist, höchstens jedoch acht Wochen vor Beginn der Elternzeit, und während der Elternzeit nicht kündigen. [2] In besonderen Fällen kann ausnahmsweise eine Kündigung für zulässig erklärt werden. [3] Die Zulässigkeitserklärung erfolgt durch die für den Arbeitsschutz zuständige oberste Landesbehörde oder die von ihr bestimmte Stelle. [4] Die Bundesregierung kann mit Zustimmung des Bundesrates allgemeine Verwaltungsvorschriften zur Durchführung des Satzes 2 erlassen.

(2) Absatz 1 gilt entsprechend, wenn Arbeitnehmer oder Arbeitnehmerinnen

1. während der Elternzeit bei demselben Arbeitgeber Teilzeitarbeit leisten oder
2. ohne Elternzeit in Anspruch zu nehmen, Teilzeitarbeit leisten und Anspruch auf Elterngeld nach § 1 während des Bezugszeitraums nach § 4 Abs. 1 haben.

§ 19 Kündigung zum Ende der Elternzeit. Der Arbeitnehmer oder die Arbeitnehmerin kann das Arbeitsverhältnis zum Ende der Elternzeit nur unter Einhaltung einer Kündigungsfrist von drei Monaten kündigen.

§ 20 Zur Berufsbildung Beschäftigte, in Heimarbeit Beschäftigte. (1) [1] Die zu ihrer Berufsbildung Beschäftigten gelten als Arbeitnehmer oder Arbeitnehmerinnen im Sinne dieses Gesetzes. [2] Die Elternzeit wird auf Berufsbildungszeiten nicht angerechnet.

(2) [1] Anspruch auf Elternzeit haben auch die in Heimarbeit Beschäftigten und die ihnen Gleichgestellten (§ 1 Abs. 1 und 2 des Heimarbeitsgesetzes), soweit sie am Stück mitarbeiten. [2] Für sie tritt an die Stelle des Arbeitgebers der Auftraggeber oder Zwischenmeister und an die Stelle des Arbeitsverhältnisses das Beschäftigungsverhältnis.

§ 21 Befristete Arbeitsvertrage. (1) Ein sachlicher Grund, der die Befristung eines Arbeitsverhältnisses rechtfertigt, liegt vor, wenn ein Arbeitnehmer oder eine Arbeitnehmerin zur Vertretung eines anderen Arbeitnehmers oder einer anderen Arbeitnehmerin für die Dauer eines Beschäftigungsverbotes nach dem Mutterschutzgesetz[1)], einer Elternzeit, einer auf Tarifvertrag, Betriebsvereinbarung oder einzelvertraglicher Vereinbarung beruhenden Arbeitsfreistellung zur Betreuung eines Kindes oder für diese Zeiten zusammen oder für Teile davon eingestellt wird.

(2) Über die Dauer der Vertretung nach Absatz 1 hinaus ist die Befristung für notwendige Zeiten einer Einarbeitung zulässig.

(3) Die Dauer der Befristung des Arbeitsvertrags muss kalendermäßig bestimmt oder bestimmbar oder den in den Absätzen 1 und 2 genannten Zwecken zu entnehmen sein.

(4) [1] Der Arbeitgeber kann den befristeten Arbeitsvertrag unter Einhaltung einer Frist von mindestens drei Wochen, jedoch frühestens zum Ende der Elternzeit, kündigen, wenn die Elternzeit ohne Zustimmung des Arbeitgebers vorzeitig endet und der Arbeitnehmer oder die Arbeitnehmerin die vorzeitige Beendigung der Elternzeit mitgeteilt hat. [2] Satz 1 gilt entsprechend, wenn der Arbeitgeber die vorzeitige Beendigung der Elternzeit in den Fällen des § 16 Abs. 3 Satz 2 nicht ablehnen darf.

(5) Das Kündigungsschutzgesetz ist im Falle des Absatzes 4 nicht anzuwenden.

(6) Absatz 4 gilt nicht, soweit seine Anwendung vertraglich ausgeschlossen ist.

(7) [1] Wird im Rahmen arbeitsrechtlicher Gesetze oder Verordnungen auf die Zahl der beschäftigten Arbeitnehmer und Arbeitnehmerinnen abgestellt, so sind bei der Ermittlung dieser Zahl Arbeitnehmer und Arbeitnehmerinnen, die sich in der Elternzeit befinden oder zur Betreuung eines Kindes freigestellt sind, nicht mitzuzählen, solange für sie aufgrund von Absatz 1 ein Vertreter oder eine Vertreterin eingestellt ist. [2] Dies gilt nicht, wenn der Vertreter oder die Vertreterin nicht mitzuzählen ist. [3] Die Sätze 1 und 2 gelten entsprechend, wenn im Rahmen arbeitsrechtlicher Gesetze oder Verordnungen auf die Zahl der Arbeitsplätze abgestellt wird.

[1)] Nr. **870**.

Abschnitt 3. Statistik und Schlussvorschriften

§ 22[1] **Bundesstatistik.** (1) [1] Zur Beurteilung der Auswirkungen dieses Gesetzes sowie zu seiner Fortentwicklung ist eine laufende Erhebung zum Bezug von Elterngeld als Bundesstatistik durchzuführen. [2] Die Erhebung erfolgt zentral beim Statistischen Bundesamt.

(2) Die Statistik erfasst nach Maßgabe des Absatzes 3 vierteljährlich für die vorangegangenen drei Kalendermonate erstmalig zum 31. März 2007 folgende Erhebungsmerkmale:

1. Bewilligung oder Ablehnung des Antrags,
2. Monat und Jahr des ersten Leistungsbezugs,
3. Monat und Jahr des letzten Leistungsbezugs,
4. Art der Berechtigung nach § 1,
5. Grundlagen der Berechnung des zustehenden Monatsbetrags (§ 2 Abs. 1, 2, 3, 4, 5 oder 6),
6. Höhe des ersten vollen zustehenden Monatsbetrags,
7. Höhe des letzten zustehenden Monatsbetrags,
8. tatsächliche Bezugsdauer des Elterngeldes,
9. Art und Höhe anderer angerechneter Leistungen nach § 3,
10. Ausübung der Verlängerungsmöglichkeit (§ 6),
11. Inanspruchnahme und Anzahl der Partnermonate (§ 4 Abs. 2 und 3),
12. Geburtstag des Kindes,
13. für die Antragstellerin oder den Antragsteller:
    a) Geschlecht, Geburtsjahr und -monat,
    b) Staatsangehörigkeit,
    c) Wohnsitz oder gewöhnlicher Aufenthalt,
    d) Familienstand und unverheiratetes Zusammenleben mit dem anderen Elternteil und
    e) Anzahl der im Haushalt lebenden Kinder.

(3) Die Angaben nach Absatz 2 Nr. 1, 2, 4 bis 6 und 8 bis 13 sind für das Jahr 2007 für jeden Antrag, nach Absatz 2 Nr. 2 bis 13 ab 2008 für jeden beendeten Leistungsbezug zu melden.

(4) Hilfsmerkmale sind:

1. Name und Anschrift der zuständigen Behörde,
2. Name und Telefonnummer sowie Adresse für elektronische Post der für eventuelle Rückfragen zur Verfügung stehenden Person und
3. Kennnummer des Antragstellers oder der Antragstellerin.

§ 23[2] **Auskunftspflicht; Datenübermittlung.** (1) [1] Für die Erhebung nach § 22 besteht Auskunftspflicht. [2] Die Angaben nach § 22 Abs. 4 Nr. 2 sind freiwillig. [3] Auskunftspflichtig sind die nach § 12 Abs. 1 zuständigen Stellen.

(2) [1] Der Antragsteller oder die Antragstellerin ist gegenüber den nach § 12 Abs. 1 zuständigen Stellen zu den Erhebungsmerkmalen nach § 22 Abs. 2 auskunftspflichtig. [2] Die zuständigen Stellen nach § 12 Abs. 1 dürfen die Angaben nach § 22 Abs. 2 Nr. 13, soweit sie für den Vollzug dieses Gesetzes nicht erforderlich sind, nur durch technische und organisatorische Maßnahmen getrennt von den übrigen Daten nach § 22 Abs. 2 und nur für die Übermittlung an das Statistische Bundesamt verwenden und haben diese unverzüglich nach Übermittlung an das Statistische Bundesamt zu löschen.

(3) Die in sich schlüssigen Angaben sind als Einzeldatensätze elektronisch bis zum Ablauf von 30 Arbeitstagen nach Ablauf des Berichtszeitraums an das Statistische Bundesamt zu übermitteln.

§ 24 Übermittlung. [1] An die fachlich zuständigen obersten Bundes- oder Landesbehörden dürfen für die Verwendung gegenüber den gesetzgebenden Körperschaften und für Zwecke der Planung, jedoch nicht für die Regelung von Einzelfällen, vom Statistischen Bundesamt Tabellen mit statistischen Ergebnissen übermittelt werden, auch soweit Tabellenfelder nur einen einzigen Fall ausweisen. [2] Tabellen, deren Tabellenfelder nur einen einzigen Fall ausweisen, dürfen nur

[1] § 22 Abs. 2 Nr. 8, Nr. 13 Buchst. d und e, Abs. 3, Abs. 4 Nr. 1 und 2 geänd., Nr. 3 angef. mWv 24. 1. 2009 durch G v. 17. 1. 2009 (BGBl. I S. 61).

[2] § 23 Abs. 2 eingef., bish. Abs. 2 wird Abs. 3 mWv 24. 1. 2009 durch G v. 17. 1. 2009 (BGBl. I S. 61).

dann übermittelt werden, wenn sie nicht differenzierter als auf Regierungsbezirksebene, im Falle der Stadtstaaten auf Bezirksebene, aufbereitet sind.

§ 25 Bericht. [1] Die Bundesregierung legt dem Deutschen Bundestag bis zum 1. Oktober 2008 einen Bericht über die Auswirkungen dieses Gesetzes sowie über die gegebenenfalls notwendige Weiterentwicklung dieser Vorschriften vor. [2] Er darf keine personenbezogenen Daten enthalten.

§ 26 Anwendung der Bücher des Sozialgesetzbuches. (1) Soweit dieses Gesetz zum Elterngeld keine ausdrückliche Regelung trifft, ist bei der Ausführung des Ersten Abschnitts das Erste Kapitel des Zehnten Buches Sozialgesetzbuch anzuwenden.

(2) § 331 des Dritten Buches Sozialgesetzbuch gilt entsprechend.

§ 27 Übergangsvorschrift. (1) Für die vor dem 1. Januar 2007 geborenen oder mit dem Ziel der Adoption aufgenommenen Kinder sind die Vorschriften des Ersten und Dritten Abschnitts des Bundeserziehungsgeldgesetzes in der bis zum 31. Dezember 2006 geltenden Fassung weiter anzuwenden; ein Anspruch auf Elterngeld besteht in diesen Fällen nicht.

(2) [1] Der Zweite Abschnitt ist in den in Absatz 1 genannten Fällen mit der Maßgabe anzuwenden, dass es bei der Prüfung des § 15 Abs. 1 Satz 1 Nr. 1 Buchstabe b auf den Zeitpunkt der Geburt oder der Aufnahme des Kindes nicht ankommt. [2] Ein vor dem 1. Januar 2007 zustehender Anspruch auf Elternzeit kann bis zum 31. Dezember 2008 geltend gemacht werden.

(3) In den Fällen des Absatzes 1 ist § 18 Abs. 2 Satz 1 Nr. 2 des Bundeserziehungsgeldgesetzes in der bis zum 31. Dezember 2006 geltenden Fassung weiter anzuwenden.

(4) Für die dem Erziehungsgeld vergleichbaren Leistungen der Länder sind § 8 Abs. 1 und § 9 des Bundeserziehungsgeldgesetzes in der bis zum 31. Dezember 2006 geltenden Fassung weiter anzuwenden.

873. Gesetz zur Neuordnung des Bayerischen Landeserziehungsgeldes (Bayerisches Landeserziehungsgeldgesetz – BayLErzGG)

Vom 9. Juli 2007

(GVBl S. 442)

BayRS 2170-3-A

geänd. durch Art. 14 HaushaltsG 2009/2010 v. 14. 4. 2009 (GVBl S. 86)

Der Landtag des Freistaates Bayern hat das folgende Gesetz beschlossen, das hiermit bekannt gemacht wird:

Inhaltsübersicht

Art. 1 Berechtigte. (1) [1] Anspruch auf Landeserziehungsgeld hat, wer

1. seine Hauptwohnung oder seinen gewöhnlichen Aufenthalt seit mindestens zwölf Monaten vor Leistungsbeginn im Freistaat Bayern hat,
2. mit einem Kind, für das ihm die Personensorge zusteht, in einem Haushalt lebt,
3. dieses Kind selbst betreut und erzieht,
4. für dieses Kind
   a) bei Leistungsbeginn zwischen dem 13. und dem 24. Lebensmonat den Nachweis über die Durchführung der Früherkennungsuntersuchung für Kinder U 6 gemäß den Richtlinien des Bundesausschusses der Ärzte und Krankenkassen über die Früherkennung von Krankheiten bei Kindern bis zur Vollendung des sechsten Lebensjahres (Kinder-Richtlinien),
   b) bei Leistungsbeginn zwischen dem 25. und dem 29. Lebensmonat den Nachweis über die Durchführung der Früherkennungsuntersuchung für Kinder U 7 gemäß den Kinder-Richtlinien oder
   c) bei späterem Leistungsbeginn (Art. 4 Nr. 2) den Nachweis über eine zeitnahe Früherkennungsuntersuchung für Kinder gemäß den Kinder-Richtlinien

   führt,
5. keine oder keine volle Erwerbstätigkeit ausübt und
6. die Staatsangehörigkeit eines Mitgliedstaates der Europäischen Union oder eines anderen Vertragsstaates des Abkommens über den Europäischen Wirtschaftsraum besitzt (EU/EWR-Bürger) oder wer auf Grund völkerrechtlicher oder gemeinschaftsrechtlicher Abkommen mit Drittstaaten den EU/EWR-Bürgern insoweit gleichgestellt ist.

[2] Auf die Vorwohndauer im Sinn von Satz 1 Nr. 1 wird verzichtet, wenn der Berechtigte aus einem Land zuzieht, das eine vergleichbare Leistung vorsieht, und die Gegenseitigkeit sichergestellt ist.

(2) [1] Die Voraussetzungen des Abs. 1 Satz 1 Nr. 1 kann ein Antragsteller, der

1. im Rahmen seines in Deutschland bestehenden Beschäftigungsverhältnisses vom Freistaat Bayern aus vorübergehend in ein anderes Land oder ins Ausland entsandt ist und im Fall der Entsendung ins Ausland auf Grund über- oder zwischenstaatlichen Rechts oder nach § 4 des Vierten Buches Sozialgesetzbuch dem deutschen Sozialversicherungsrecht unterliegt,

2. im Rahmen seines in Deutschland bestehenden öffentlich-rechtlichen Dienst- oder Amtsverhältnisses vorübergehend in ein Gebiet außerhalb des Freistaates Bayern abgeordnet, versetzt oder kommandiert ist, oder
3. Entwicklungshelfer im Sinn des § 1 des Entwicklungshelfer-Gesetzes ist,

auch durch Zeiten vor Beginn dieser Tätigkeiten erfüllen. [2] Satz 1 gilt auch für den mit dem Antragsteller in einem Haushalt lebenden Ehegatten, wenn dieser im Ausland keine Erwerbstätigkeit ausübt, welche den dortigen Vorschriften der sozialen Sicherheit unterliegt.

(3) Einem in Abs. 1 Satz 1 Nr. 2 genannten Kind stehen gleich

1. ein Kind, das mit dem Ziel der Annahme als Kind bei der berechtigten Person aufgenommen ist,
2. ein Kind des Ehegatten oder Lebenspartners, das der Antragsteller in seinen Haushalt aufgenommen hat,
3. ein leibliches Kind des nicht sorgeberechtigten Antragstellers, mit dem dieser in einem Haushalt lebt.

(4) Lebt das Kind im. Ausland, genügt der Nachweis über die Durchführung einer der Früherkennungsuntersuchung gemäß Abs. 1 Satz 1 Nr. 4 vergleichbaren ärztlichen Untersuchung.

(5) [1] Der Anspruch auf Landeserziehungsgeld besteht auch, wenn der Antragsteller nicht die Voraussetzungen gemäß Abs. 1 Satz 1 Nr. 6 erfüllt, jedoch das Kind, für das Landeserziehungsgeld beantragt wird, die deutsche Staatsangehörigkeit besitzt. [2] Bei Ehepaaren, Lebenspartnern, und Eltern in eheähnlicher Gemeinschaft gilt Abs. 1 Satz 1 Nr. 6 auch dann als erfüllt, wenn der Partner EU/EWR-Bürger ist oder auf Grund völkerrechtlicher oder gemeinschaftlicher Abkommen mit Drittstaaten den EU/EWR-Bürgern insoweit gleichgestellt ist und der Antragsteller

1. eine Niederlassungserlaubnis besitzt,
2. eine Aufenthaltserlaubnis besitzt, die zur Ausübung einer Erwerbstätigkeit berechtigt oder berechtigt hat, es sei denn, die Aufenthaltserlaubnis wurde
   a) nach § 18 oder § 17 des Aufenthaltsgesetzes (AufenthG) erteilt,
   b) nach § 18 Abs. 2 AufenthG erteilt und die Zustimmung der Bundesagentur für Arbeit darf nach der Beschäftigungsverordnung nur für einen bestimmten Höchstzeitraum erteilt werden,
   c) nach § 23 Abs. 1 AufenthG wegen eines Kriegs in seinem Heimatland oder nach den §§ 23 a, 24, 25 Abs. 3 bis 5 AufenthG erteilt

   oder
3. eine in Nr. 2 Buchst. c genannte Aufenthaltserlaubnis besitzt und
   a) sich seit mindestens drei Jahren rechtmäßig gestattet oder geduldet im Bundesgebiet aufhält und
   b) im Bundesgebiet berechtigt erwerbstätig ist laufende Geldleistungen nach dem Dritten Buch Sozialgesetzbuch (SGB III) bezieht oder Elternzeit in Anspruch nimmt.

[3] Maßgebend ist der Monat, in dem die Voraussetzungen des Satzes 2 eintreten.

(6) Der Anspruch auf Landeserziehungsgeld bleibt unberührt, wenn der Antragsteller aus einem wichtigen Grund die Betreuung und Erziehung des Kindes nicht sofort aufnehmen kann oder sie unterbrechen muss.

(7) Eine Person ist nicht voll erwerbstätig, wenn ihre wöchentliche Arbeitszeit 30 Wochenstunden im Durchschnitt des Monats nicht übersteigt, sie eine Beschäftigung zur Berufsbildung ausübt oder sie eine geeignete Tagespflegeperson im Sinn des § 23 des Achten Buches Sozialgesetzbuch ist und nicht mehr als fünf Kinder in Tagespflege betreut.

(8) Der Bezug von vergleichbaren Leistungen anderer Länder schließt den Bezug von Landeserziehungsgeld aus.

Art. 2 Härtefallregelung. (1) [1] In Fällen besonderer Härte, insbesondere bei schwerer Krankheit, Behinderung oder Tod eines Elternteils oder bei erheblich gefährdeter wirtschaftlicher Existenz kann von dem Erfordernis der Personensorge oder den Voraussetzungen des Art. 1 Abs. 1 Satz 1 Nrn. 3 und 5 abgesehen werden. [2] Das Erfordernis der Personensorge kann jedoch nur entfallen, wenn die sonstigen Voraussetzungen des Art. 1 Abs. 1 erfüllt sind, das Kind mit einem Verwandten bis dritten Grades oder dessen Ehegatten oder Lebenspartner in einem Haushalt lebt und für dieses Kind kein Landeserziehungsgeld von einem Personensorgeberechtigten in Anspruch genommen wird.

(2) In Fällen besonderer Härte, insbesondere bei längerem Krankenhausaufenthalt des Kindes, kann von dem Nachweis nach Art. 1 Abs. 1 Satz 1 Nr. 4, Abs. 4 abgesehen werden.

Art. 3 Zusammentreffen von Ansprüchen. (1) [1] Für die Betreuung und Erziehung eines Kindes wird nur einer Person Landeserziehungsgeld gezahlt. [2] Werden in einem Haushalt mehrere Kinder betreut und erzogen, wird für jedes Kind Landeserziehungsgeld gezahlt.

(2) [1] Erfüllen beide Elternteile oder Lebenspartner die Anspruchsvoraussetzungen, so wird das Landeserziehungsgeld demjenigen gezahlt, den sie zum Berechtigten bestimmen. [2] Die Bestimmung kann nur geändert werden, wenn die Betreuung des Kindes nicht mehr sichergestellt werden kann.

(3) Einem nicht sorgeberechtigten Elternteil kann das Landeserziehungsgeld nur mit Zustimmung des sorgeberechtigten Elternteils gezahlt werden.

(4) Ein Wechsel in der Anspruchsberechtigung wird mit Beginn des folgenden Lebensmonats des Kindes wirksam.

Art. 4 Beginn, Dauer und Ende des Anspruchs. (1) [1] Landeserziehungsgeld wird ab dem 13. Lebensmonat des Kindes gewährt, jedoch nicht vor dem Ablauf des letzten Auszahlungsmonats des Elterngeldes nach dem Bundeselterngeld- und Elternzeitgesetz (BEEG). [2] Landeserziehungsgeld wird für das erste Kind für sechs Monate und für jedes weitere Kind für zwölf Monate gewährt, längstens jedoch bis zur Vollendung des 36. Lebensmonats des Kindes. [3] Der Antrag kann frühestens ab dem neunten Lebensmonat des Kindes gestellt werden.

(2) [1] Für angenommene Kinder und Kinder im Sinn des Art. 1 Abs. 3 Nr. 1 wird Landeserziehungsgeld entsprechend Abs. 1 gewährt. [2] An die Stelle des Geburtstags tritt der Tag der Aufnahme mit dem Ziel der Annahme als Kind bei der berechtigten Person. [3] Der Anspruch endet spätestens mit der Vollendung des neunten Lebensjahres des Kindes. [4] Landeserziehungsgeld wird auch dann gezahlt, wenn bereits zuvor eine andere Person für dieses Kind Landeserziehungsgeld bezogen hat.

(3) Das Landeserziehungsgeld wird auf schriftlichen Antrag gewährt, rückwirkend höchstens für die letzten drei Lebensmonate vor Beginn des Monats, in dem der Antrag auf Landeserziehungsgeld eingegangen ist.

(4) Vor Ende der in Abs. 1 und 2 genannten Zeiträume endet der Anspruch mit dem Ablauf des Lebensmonats, in dem eine der Anspruchsvoraussetzungen entfallen ist.

Art. 5 Höhe des Landeserziehungsgeldes, Einkommensgrenzen. (1) [1] Landeserziehungsgeld wird für das erste Kind bis zu einer Höhe von 150 € monatlich, für das zweite Kind bis zu einer Höhe von 200 € monatlich, für das dritte Kind und jedes weitere Kind bis zu einer Höhe von 300 € monatlich gezahlt. [2] Es zählen nur Kinder des Berechtigten oder seines nicht dauernd von ihm getrennt lebenden Ehegatten, für das ihm oder seinem Ehegatten Kindergeld gezahlt wird oder ohne die Anwendung des § 65 Abs. 1 des Einkommensteuergesetzes (EStG) oder des § 4 Abs. 1 des Bundeskindergeldgesetzes (BKGG) gezahlt würde.

(2) [1] Das Landeserziehungsgeld ist einkommensabhängig. [2] Es verringert sich, wenn das Einkommen im Sinn von Art. 6 bei Ehegatten, die nicht dauernd getrennt leben, 25 000 € und bei anderen Berechtigten 22 000 € übersteigt. [3] Die Beträge der Einkommensgrenzen nach Satz 1 erhöhen sich um 3 140 € für jedes weitere Kind im Sinn von Abs. 1 Satz 2. [4] Für Eltern in einer eheähnlichen Gemeinschaft gelten die Vorschriften zur Einkommensgrenze für Verheiratete, die nicht dauernd getrennt leben. [5] Für Lebenspartner gilt die Einkommensgrenze für Verheiratete entsprechend.

(3) Das Landeserziehungsgeld wird bei Überschreiten der in Abs. 2 geregelten Einkommensgrenzen beim ersten Kind um fünf v.H., beim zweiten Kind um sechs v.H., beim dritten und jedem weiteren Kind um sieben v.H. des die Einkommensgrenzen übersteigenden Betrags gemindert.

(4) [1] Das Landeserziehungsgeld wird im Laufe des Lebensmonats gezahlt, für den es bestimmt ist. [2] Soweit das Landeserziehungsgeld für Teile von Monaten zu leisten ist, beträgt es für einen Kalendertag ein Dreißigstel des jeweiligen Monatsbetrags. [3] Ein Betrag von monatlich weniger als zehn Euro wird nicht gezahlt. [4] Auszuzahlende Beträge, die nicht volle Euro ergeben, sind bis zu 0,49 € abzurunden und von 0,50 € an aufzurunden.

(5) Maßgeblich sind die Familienverhältnisse zum Zeitpunkt der Antragstellung.

Art. 6 Einkommen. (1) [1] Als Einkommen gilt die nicht um Verluste in einzelnen Einkommensarten zu vermindernde Summe der positiven Einkünfte im Sinn des § 2 Abs. 1 und 2 EStG abzüglich 24 v.H., bei Personen im Sinn des § 10 c Abs. 3 EStG abzüglich 19 v.H. und der Entgeltersatzleistungen, gemindert um folgende Beträge:

1. Unterhaltsleistungen an andere Kinder, für die die Einkommensgrenze nicht nach Art. 5 Abs. 2 Satz 3 erhöht worden ist, bis zu dem durch Unterhaltstitel oder durch Vereinbarung festgelegten Betrag,
2. Unterhaltsleistungen an sonstige Personen, soweit sie nach § 10 Abs. 1 Nr. 1 oder § 33 a Abs. 1 EStG berücksichtigt werden,
3. Pauschbetrag nach § 33 b Abs. 1 bis 3 EStG wegen der Behinderung eines Kindes, für das die Eltern Kindergeld erhalten oder ohne die Anwendung des § 65 Abs. 1 EStG oder des § 4 Abs. 1 BKGG erhalten würden, oder wegen der Behinderung der berechtigten Person, ihres Ehegatten, ihres Lebenspartners oder des anderen Elternteils im Sinn von Abs. 3 Satz 2 Halbsatz 1.

[2] Als Einkommen gelten nicht Einkünfte, die gemäß §§ 40 bis 40 b EStG pauschal versteuert werden können. [3] Entgeltersatzleistungen im Sinn von Satz 1 sind das Elterngeld, soweit es nicht nach § 10 BEEG[1)] unberücksichtigt bleibt, Arbeitslosengeld, Krankengeld, Verletztengeld oder eine vergleichbare Entgeltersatzleistung des Dritten, Fünften, Sechsten oder Siebten Buches Sozialgesetzbuch, des Bundesversorgungsgesetzes, des Soldatenversorgungsgesetzes oder einer aus dem Europäischen Sozialfonds finanzierten vergleichbaren Entgeltersatzleistung.

(2) Für die Berechnung des Landeserziehungsgeldes ist das Einkommen im Kalenderjahr der Geburt des Kindes, beim angenommenen Kind das Einkommen im Kalenderjahr seiner Aufnahme mit dem Ziel der Annahme als Kind bei der berechtigten Person maßgebend.

(3) [1] Zu berücksichtigen ist das Einkommen der berechtigten Person und ihres Ehegatten oder Lebenspartners, soweit sie nicht dauernd getrennt leben. [2] Leben die Eltern in einer eheähnlichen Gemeinschaft, ist auch das Einkommen des Partners zu berücksichtigen; dabei reicht die formlose Erklärung über die gemeinsame Elternschaft und das Zusammenleben aus.

(4) Soweit ein ausreichender Nachweis der Einkünfte in dem maßgebenden Kalenderjahr nicht möglich ist, werden der Ermittlung die Einkünfte in dem Kalenderjahr davor zugrunde gelegt.

(5) [1] Bei Einkünften aus nicht selbstständiger Arbeit, die allein nach ausländischem Steuerrecht zu versteuern sind oder keiner staatlichen Besteuerung unterliegen, ist von dem um den Arbeitnehmer-Pauschbetrag gemäß § 9 a Satz 1 Nr. 1 EStG verminderten Bruttobetrag auszugehen. [2] Andere Einkünfte, die allein nach ausländischem Steuerrecht zu versteuern sind oder keiner staatlichen Besteuerung unterliegen, sind entsprechend § 2 Abs. 1 und 2 EStG zu ermitteln. [3] Beträge in ausländischer Währung werden in Euro umgerechnet.

(6) [1] Ist die berechtigte Person während des Bezugs von Landeserziehungsgeld nicht erwerbstätig, bleiben ihre Einkünfte aus einer vorherigen Erwerbstätigkeit unberücksichtigt. [2] Ist sie während des Bezugs von Landeserziehungsgeld erwerbstätig, sind ihre voraussichtlichen Erwerbseinkünfte in dieser Zeit maßgebend. [3] Sonderzuwendungen bleiben unberücksichtigt. [4] Entgeltersatzleistungen der berechtigten Person werden nur während des Bezugs des Landeserziehungsgeldes berücksichtigt. [5] Für die anderen Einkünfte gelten die übrigen Vorschriften des Art. 6.

(7) [1] Ist das durchschnittliche monatliche Einkommen während des Bezugszeitraums des Landeserziehungsgeldes um mindestens 20 v.H. geringer als das im nach Abs. 2 maßgeblichen Zeitraum erzielte durchschnittliche monatliche Einkommen wird das Einkommen auf Antrag neu ermittelt. [2] Dabei sind die insoweit verringerten voraussichtlichen Einkünfte während des Bezugszeitraums zusammen mit den übrigen Einkünften nach Art. 6 maßgebend.

Art. 7 Berücksichtigung bei anderen Sozialleistungen, Pfändung. (1) Das Landeserziehungsgeld ist eine vergleichbare Leistung des Landes im Sinn von § 27 Abs. 4 BEEG[1)] und § 54 Abs. 3 Nr. 1 des Ersten Buches Sozialgesetzbuch (SGB I).

(2) Die dem Landeserziehungsgeld, dem Elterngeld und dem, Mutterschaftsgeld vergleichbaren Leistungen, die im Ausland in Anspruch genommen werden können, sind, soweit sich aus dem vorrangigen Recht der Europäischen Union über Familienleistungen nichts Abweichendes ergibt, anzurechnen und schließen insoweit Landeserziehungsgeld aus.

Art. 8 Mitwirkungspflichten, Einkommens- und Arbeitszeitnachweis, Auskunftspflicht des Arbeitgebers. (1) § 60 Abs. 1 SGB I gilt auch für den Ehegatten oder Lebenspartner des Antragstellers und für den Partner der eheähnlichen Gemeinschaft.

(2) Soweit es zum Nachweis des Einkommens oder der wöchentlichen Arbeitszeit erforderlich ist, hat der Arbeitgeber dem Arbeitnehmer dessen Brutto-Arbeitsentgelt und Sonderzuwendungen sowie die Arbeitszeit zu bescheinigen.

[1)] Nr. **871**.

(3) Die zuständigen Behörden können eine schriftliche Erklärung des Arbeitgebers oder des Selbstständigen darüber verlangen, ob und wie lange die Elternzeit beziehungsweise die Unterbrechung der Erwerbstätigkeit andauert oder eine Teilzeittätigkeit nach Art. 1 Abs. 7 ausgeübt wird.

Art. 9 Rechtsweg. [1] Über öffentlich-rechtliche Streitigkeiten in Angelegenheiten der Art. 1 bis 8 entscheiden die Gerichte der Sozialgerichtsbarkeit. [2] Widerspruch und Anfechtungsklage haben keine aufschiebende Wirkung.

Art. 10 Ordnungswidrigkeiten. (1) Ordnungswidrig handelt, wer vorsätzlich oder fahrlässig

1. entgegen § 60 Abs. 1 Nrn. 1 oder 3 SGB I in Verbindung mit Art. 8 Abs. 1 auf Verlangen die leistungserheblichen Tatsachen nicht angibt oder Beweisurkunden nicht vorlegt,
2. entgegen § 60 Abs. 1 Nr. 2 SGB I eine Änderung in den Verhältnissen, die für den Anspruch auf Landeserziehungsgeld erheblich ist, der zuständigen Behörde nicht, nicht richtig, nicht vollständig oder nicht rechtzeitig mitteilt,
3. entgegen Art. 8 Abs. 2 auf Verlangen eine Bescheinigung nicht, nicht richtig oder nicht vollständig ausfüllt oder
4. einer vollziehbaren Anordnung nach Art. 8 Abs. 3 zuwiderhandelt.

(2) Die Ordnungswidrigkeit kann mit einer Geldbuße geahndet werden.

(3) Verwaltungsbehörden im Sinn des § 36 Abs. 1 Nr. 1 des Gesetzes über Ordnungswidrigkeiten sind die gemäß Art. 12 Abs. 1 zuständigen Behörden.

Art. 11 Ergänzendes Verfahren. (1) [1] Soweit dieses Gesetz keine ausdrückliche Regelung trifft, ist bei der Ausführung das Erste Kapitel des Zehnten Buches Sozialgesetzbuch anzuwenden. [2] Das Erste Buch Sozialgesetzbuch findet entsprechende Anwendung.

(2) [1] Erhöht sich die Anzahl der Kinder oder treten die Voraussetzungen nach Art. 2, 6 Abs. 1 Satz 1 Nr. 3, Abs. 6 und 7 nach der Entscheidung über das Landeserziehungsgeld ein, werden sie mit Ausnahme des Art. 6 Abs. 6 nur auf Antrag berücksichtigt. [2] Soweit diese Voraussetzungen danach wieder entfallen, ist das unerheblich. [3] Die Regelungen nach Art. 4 Abs. 4, Art. 8 Abs. 1 und 3 bleiben unberührt.

(3) Mit Ausnahme von Abs. 2 sind nachträgliche Veränderungen im Familienstand einschließlich der Familiengröße und im Einkommen nicht zu berücksichtigen.

(4) [1] In den Fällen des Abs. 2 und, mit Ausnahme von Abs. 3, bei sonstigen wesentlichen Veränderungen in den tatsächlichen oder rechtlichen Verhältnissen, die für den Anspruch auf Landeserziehungsgeld erheblich sind, ist über das Landeserziehungsgeld mit Beginn des nächsten Lebensmonats nach der wesentlichen Änderung der Verhältnisse durch Aufhebung oder Änderung des Bescheids neu zu entscheiden. [2] Art 4 Abs. 3 und 4 bleiben unberührt.

(5) § 331 SGB III gilt entsprechend.

Art. 12 Verordnungsermächtigungen. (1) Die Staatsregierung wird ermächtigt, durch Rechtsverordnung die für den Vollzug dieses Gesetzes zuständigen Behörden zu bestimmen.

(2) Das Staatsministerium für Arbeit und Sozialordnung, Familie und Frauen wird ermächtigt, durch Rechtsverordnung die für den Vollzug des § 18 BEEG[1)] zuständige Stelle zu bestimmen.

(3) [1] Das Staatsministerium für Arbeit und Sozialordnung, Familie und Frauen wird ermächtigt, im Einvernehmen mit dem Staatsministerium der Finanzen durch Rechtsverordnung die Einkommensgrenzen gemäß Art. 5 Abs. 2 anzupassen. [2] Dabei ist der Entwicklung der Einkommensverhältnisse, den Veränderungen der Lebenshaltungskosten sowie der finanzwirtschaftlichen Entwicklung Rechnung zu tragen.

Art. 13 Statistik. (1) Zum Landeserziehungsgeld werden nach diesem Gesetz statistische Angaben (Statistik) erfasst.

(2) Die Statistik erfasst jährlich für das vorangegangene Kalenderjahr für jede Bewilligung von Landeserziehungsgeld folgende Erhebungsmerkmale der Empfängerin oder des Empfängers:

1. Geschlecht, Geburtsmonat und Geburtsjahr,
2. Staatsangehörigkeit,
3. Wohnsitz/gewöhnlicher Aufenthalt,
4. Familienstand,
5. Anzahl der Kinder,

[1)] Nr. **871**.

6. Dauer des Landeserziehungsgeldbezugs,
7. Höhe des monatlichen Landeserziehungsgeldes,
8. Umfang der Erwerbstätigkeit während des Bezugs von Landeserziehungsgeld.

(3) Hilfsmerkmale sind Geburtsjahr und -monat des Kindes sowie Bezeichnung und Anschrift der zuständigen Behörden.

(4) [1] Die statistischen Daten werden von den für die Ausführung dieses Gesetzes zuständigen Behörden bei der Bearbeitung der Anträge auf Landeserziehungsgeld erfasst. [2] Die Antragsteller sind auskunftspflichtig.

Art. 14[1)] Übergangsregelungen. (1) Für Kinder, die vor dem 1. Januar 2001 oder vor dem 1. Juli 2002 geboren oder bei der berechtigten Person mit dem Ziel der Annahme als Kind aufgenommen worden sind, gilt Art. 9 des Bayerischen Landeserziehungsgeldgesetzes in der Fassung der Bekanntmachung vom 13. April 2004 (GVBl S. 132, BayRS 2170-3-A).

(2) Für Kinder, die vor dem 1. Januar 2007 geboren oder bei der berechtigten Person mit dem Ziel der Annahme als Kind aufgenommen worden sind, gilt das Bayerische Landeserziehungsgeldgesetz in der Fassung der Bekanntmachung vom 13. April 2004 (GVBl S. 132, BayRS 2170-3-A), geändert durch Art. 34 des Gesetzes vom 26. Juli 2005 (GVBl S. 287), in der bis zum 31. Dezember 2006 geltenden Fassung.

(3) Für Kinder, die ab dem 1. Januar 2007 und vor dem 1. April 2008 geboren oder bei der berechtigten Person mit dem Ziel der Annahme als Kind aufgenommen worden sind, gilt das Bayerische Landeserziehungsgeldgesetz- in der vorliegenden Fassung mit der Maßgabe, dass in Art. 5 Abs. 2 Satz 2 die Worte „25 000 € und bei anderen Berechtigten 22 000 €“ durch die Worte „16 500 € und bei anderen Berechtigten 13 500 €“ ersetzt werden.

Art. 15 Änderung anderer Rechtsvorschriften. *(hier nicht wiedergegeben)*

Art. 16 Inkrafttreten, Außerkrafttreten. [1] Dieses Gesetz tritt mit Wirkung vom 1. Januar 2007 in Kraft. [2] Mit Ablauf des 31. Dezember 2006 tritt das Bayerische Gesetz zur Zahlung eines Landeserziehungsgeldes und zur Ausführung des Bundeserziehungsgeldgesetzes (Bayerisches Landeserziehungsgeldgesetz – BayLErzGG) in der Fassung der Bekanntmachung vom 13. April 2004 (GVBl S. 132, BayRS 2170-3-A), geändert durch Art. 34 des Gesetzes vom 26. Juli 2005 (GVBl S. 287), außer Kraft.

[1)] Art. 14 Abs. 3 geänd. mWv 1. 1. 2009 durch G v. 14. 4. 2009 (GVBl S. 86).

875. Gesetz über den Schutz der Sonn- und Feiertage (Feiertagsgesetz – FTG)

Vom 21. Mai 1980
(GVBl S. 215)
BayRS 1131-3-I

geänd. durch ÄndG v. 27. 12. 1991 (GVBl S. 491), ÄndG v. 23. 12. 1994 (GVBl S. 1049), § 5 Zweites Bayerisches G zur Anpassung des Landesrechts an den Euro v. 24. 4. 2001 (GVBl S. 140), § 1 G zur Änd. des FeiertagsG und der GaststättenVO v. 27. 12. 2004 (GVBl S. 539) und § 1 G zur Änd. des FeiertagsG und der BedürfnisgewerbeVO v. 9. 5. 2006 (GVBl S. 190)

Inhaltsübersicht

Der Landtag des Freistaates Bayern hat das folgende Gesetz beschlossen, das nach Anhörung des Senats hiermit bekannt gemacht wird:

Art. 1 Gesetzliche Feiertage. (1) Gesetzliche Feiertage sind

1. im ganzen Staatsgebiet
   Neujahr,
   Heilige Drei Könige (Epiphanias),
   Karfreitag,
   Ostermontag,
   der 1. Mai,
   Christi Himmelfahrt,
   Pfingstmontag,
   Fronleichnam,
   der 3. Oktober als Tag der Deutschen Einheit,
   Allerheiligen,
   Erster Weihnachtstag,
   Zweiter Weihnachtstag,
2. in Gemeinden mit überwiegend katholischer Bevölkerung
   Mariä Himmelfahrt.

(2) In der Stadt Augsburg ist außerdem der 8. August (Friedensfest) gesetzlicher Feiertag.

(3) [1] Das Statistische Landesamt stellt nach dem Ergebnis der letzten Volkszählung fest, in welchen Gemeinden entweder mehr katholische oder mehr evangelische Einwohner ihren Wohnsitz hatten. [2] Ist danach Mariä Himmelfahrt in einer Gemeinde gesetzlicher Feiertag, so macht die Gemeinde dies ortsüblich bekannt.

Art. 2[1)] Schutz der Sonn- und Feiertage. (1) An den Sonntagen und den gesetzlichen Feiertagen sind öffentlich bemerkbare Arbeiten, die geeignet sind, die Feiertagsruhe zu beeinträchtigen, verboten, soweit aufgrund Gesetzes nichts anderes bestimmt ist.

(2) Während der ortsüblichen Zeit des Hauptgottesdienstes sind außerdem verboten

1. Alle vermeidbaren lärmerzeugenden Handlungen in der Nähe von Kirchen und sonstigen zu gottesdienstlichen Zwecken dienenden Räumen und Gebäuden, soweit diese Handlungen geeignet sind, den Gottesdienst zu stören,
2. öffentliche Unterhaltungsveranstaltungen; erlaubt sind jedoch Sportveranstaltungen und die herkömmlicherweise in dieser Zeit stattfindenden Veranstaltungen der Kunst, Wissenschaft oder Volksbildung, soweit sie nicht unter Nummer 1 fallen,
3. Treibjagden.

[1)] Art. 2 Abs. 3 Nr. 4 geänd., Nr. 5 angef. mWv 1. 6. 2006 durch G v. 9. 5. 2006 (GVBl S. 190).

(3) Diese Verbote (Absätze 1 und 2) gelten nicht
1. Für den Betrieb der Deutschen Bundespost, der Deutschen Bundesbahn und sonstiger Unternehmen, die der Personenbeförderung dienen,
2. für Instandsetzungsarbeiten an Verkehrsmitteln, soweit sie zur Weiterfahrt erforderlich sind,
3. für unaufschiebbare Arbeiten, die zur Befriedigung häuslicher oder landwirtschaftlicher Bedürfnisse, zur Abwendung eines Schadens an Gesundheit oder Eigentum, im Interesse öffentlicher Einrichtungen oder zur Verhütung oder Beseitigung eines Notstandes erforderlich sind,
4. für leichtere Arbeiten in Gärten, die von den Besitzern oder ihren Angehörigen vorgenommen werden,
5. für den Betrieb von Autowaschanlagen an Sonn- und Feiertagen – ausgenommen Neujahr, Karfreitag, Ostersonntag, Ostermontag, 1. Mai, Pfingstsonntag, Pfingstmontag sowie Erster und Zweiter Weihnachtstag – ab 12.00 Uhr, wenn die Gemeinde dies in ihrem Gemeindegebiet durch Verordnung zugelassen hat.

(4) [1] Als ortsübliche Zeit des Hauptgottesdienstes gilt die Zeit zwischen 7.00 Uhr und 11.00 Uhr. [2] Die Gemeinden werden ermächtigt, durch Verordnung diese Zeit zur Anpassung an die örtlichen religiösen Gewohnheiten abweichend von Satz 1 festzulegen. [3] Die Gesamtdauer der Schutzzeit darf hierbei nicht weniger als drei und nicht mehr als sechs Stunden betragen.

Art. 3[1)] Stille Tage. (1) Stille Tage sind
Aschermittwoch,
Gründonnerstag,
Karfreitag,
Karsamstag,
Allerheiligen,
der zweite Sonntag vor dem ersten Advent als Volkstrauertag,
Totensonntag,
Buß- und Bettag,
Heiliger Abend (ab 14.00 Uhr).

(2) [1] An den stillen Tagen sind öffentliche Unterhaltungsveranstaltungen nur dann erlaubt, wenn der diesen Tagen entsprechende ernste Charakter gewahrt ist. [2] Sportveranstaltungen sind jedoch erlaubt, ausgenommen am Karfreitag und am Buß- und Bettag. [3] Am Karfreitag sind außerdem in Räumen mit Schankbetrieb musikalische Darbietungen jeder Art verboten.

(3) [1] Das Staatsministerium des Innern kann aus besonderem Anlaß, der eine Staatstrauer gebietet, weitere Tage durch Verordnung einmalig zu stillen Tagen erklären. [2] In die Verordnung können auch die in Absatz 2 Sätze 2 und 3 vorgesehenen Beschränkungen für Karfreitag aufgenommen werden.

(4) Die Vorschriften des Art. 2 bleiben unberührt.

Art. 4 Schutz des Festes Mariä Himmelfahrt, soweit es nicht gesetzlicher Feiertag ist, und des Buß- und Bettages. Es werden das Fest Mariä Himmelfahrt in den Gemeinden, in denen es nicht gesetzlicher Feiertag ist, und der Buß- und Bettag wie folgt geschützt:
1. Während der ortsüblichen Zeit des Hauptgottesdienstes von 7.00 Uhr bis 11.00 Uhr sind alle vermeidbaren lärmerzeugenden Handlungen in der Nähe von Kirchen und sonstigen zu gottesdienstlichen Zwecken dienenden Räumen und Gebäuden verboten, soweit diese Handlungen geeignet sind, den Gottesdienst zu stören. Die Vorschriften des Art. 2 Abs. 3 gelten entsprechend.
2. Den bekenntniszugehörigen Arbeitnehmern sämtlicher öffentlichen und privaten Betriebe und Verwaltungen steht das Recht zu, von der Arbeit fernzubleiben. Dies gilt nicht für Arbeiten, welche nach den Bestimmungen der Gewerbeordnung[2)] auch an gesetzlichen Feiertagen vorgenommen werden dürfen, und für solche Arbeiten, die zur Aufrechterhaltung des Betriebs oder zur Erledigung unaufschiebbarer Geschäfte bei den Behörden notwendig sind. Weitere Nachteile als ein etwaiger Lohnausfall für versäumte Arbeitszeit dürfen den betreffenden Arbeitnehmern aus ihrem Fernbleiben nicht erwachsen.
3. An den Schulen aller Gattungen entfällt der Unterricht.

Art. 5 Befreiungen. Die Gemeinden können aus wichtigen Gründen im Einzelfall von den Verboten der Art. 2, 3 und 4 Befreiung erteilen, nicht jedoch für den Karfreitag.

[1)] Art. 3 Abs. 3 aufgeh., bish. Abs. 4 und 5 werden Abs. 3 und 4 mWv 1. 1. 2005 durch G v. 27. 12. 2004 (GVBl S. 539).
[2)] **Amtl. Anm.:** BGBl. FNA 7100-1

Art. 6 Israelitische Feiertage. (1) Als israelitische Feiertage werden nach Maßgabe der Absätze 2 bis 5 geschützt
das Osterfest (die ersten zwei und die letzten zwei Tage),
das Wochenfest (zwei Tage),
das Laubhüttenfest (die ersten zwei und die letzten zwei Tage),
das Neujahrsfest (zwei Tage),
der Versöhnungstag (ein Tag).

(2) An den israelitischen Feiertagen sind während der ortsüblichen Zeit des Hauptgottesdienstes in der Nähe von Synagogen und sonstigen, der israelitischen Kultusgemeinde zu gottesdienstlichen Zwecken dienenden Räumen verboten

1. alle vermeidbaren lärmerzeugenden Handlungen, soweit sie geeignet sind, den Gottesdienst zu stören,
2. öffentliche Versammlungen unter freiem Himmel, Auf- und Umzüge.

(3) [1] Als ortsübliche Zeit des Hauptgottesdienstes gilt die Zeit zwischen 7.00 Uhr und 11.00 Uhr. [2] Die Gemeinden werden ermächtigt, durch Verordnung diese Zeit zur Anpassung an die örtlichen religiösen Gewohnheiten abweichend von Satz 1 festzulegen. [3] Die Gesamtdauer der Schutzzeit darf hierbei nicht weniger als drei und nicht mehr als sechs Stunden betragen.

(4) An den israelitischen Feiertagen haben die bekenntniszugehörigen Schüler an den Schulen aller Gattungen unterrichtsfrei.

(5) [1] An den israelitischen Feiertagen steht den bekenntniszugehörigen Arbeitnehmern sämtlicher öffentlichen und privaten Betriebe und Verwaltungen das Recht zu, von der Arbeit fernzubleiben. [2] Dies gilt nicht für Arbeiten, welche nach den Bestimmungen der Gewerbeordnung[1)] auch an gesetzlichen Feiertagen vorgenommen werden dürfen, und für solche Arbeiten, die zur Aufrechterhaltung des Betriebs oder zur Erledigung unaufschiebbarer Geschäfte bei den Behörden notwendig sind. [3] Weitere Nachteile als ein etwaiger Lohnausfall für versäumte Arbeitszeit dürfen den betreffenden Arbeitnehmern aus ihrem Fernbleiben nicht erwachsen.

Art. 7[2)] Ordnungswidrigkeiten. Mit Geldbuße bis zu zehntausend Euro[3)] kann belegt werden, wer vorsätzlich oder fahrlässig

1. entgegen Art. 2 Abs. 1 an Sonntagen oder gesetzlichen Feiertagen öffentlich bemerkbare Arbeiten ausführt, die geeignet sind, die Feiertagsruhe zu beeinträchtigen,
2. entgegen Art. 2 Abs. 2 während der ortsüblichen Zeit des Hauptgottesdienstes vermeidbare lärmerzeugende Handlungen in der Nähe von Kirchen und sonstigen zu gottesdienstlichen Zwecken dienenden Räumen und Gebäuden vornimmt, soweit diese Handlungen geeignet sind, den Gottesdienst zu stören, oder öffentliche Unterhaltungsveranstaltungen oder Treibjagden durchführt,
3. entgegen Art. 3 Abs. 2
   a) an den stillen Tagen öffentliche Unterhaltungsveranstaltungen, bei denen der diesen Tagen entsprechende ernste Charakter nicht gewahrt ist, durchführt,
   b) am Buß- und Bettag Sportveranstaltungen durchführt,
   c) am Karfreitag Sportveranstaltungen durchführt oder in Räumen mit Schankbetrieb musikalische Darbietungen erbringt,
4. einer aufgrund Art. 3 Abs. 3 erlassenen Verordnung zuwiderhandelt, sofern sie für einen bestimmten Tatbestand auf diese Bußgeldvorschrift verweist,
5. entgegen Art. 4 Nr. 1 während der ortsüblichen Zeit des Hauptgottesdienstes von 7.00 Uhr bis 11.00 Uhr vermeidbare lärmerzeugende Handlungen in der Nähe von Kirchen und sonstigen zu gottesdienstlichen Zwecken dienenden Räumen und Gebäuden vornimmt, soweit diese Handlungen geeignet sind, den Gottesdienst zu stören,
6. entgegen Art. 6 Abs. 2 an israelitischen Feiertagen während der ortsüblichen Zeit des Hauptgottesdienstes in der Nähe von Synagogen oder sonstigen, der israelitischen Kultusgemeinde zu gottesdienstlichen Zwecken dienenden Räumen vermeidbare lärmerzeugende Handlungen vornimmt, soweit sie geeignet sind, den Gottesdienst zu stören, oder öffentliche Versammlungen unter freiem Himmel, Auf- oder Umzüge durchführt.

[1)] **Amtl. Anm.:** BGBl. FNA 7100-1
[2)] Art. 7 geänd. mWv 1. 1. 2002 durch G v. 24. 4. 2001 (GVBl S. 140); Nr. 4 geänd. mWv 1. 6. 2006 durch G v. 9. 5. 2006 (GVBl S. 190).
[3)] Red. Anm.: Muss wohl heißen: "fünftausend Euro".

Art. 8 Grundrechtseinschränkung. Das Grundrecht der Versammlungsfreiheit (Art. 8 Abs. 2 des Grundgesetzes[1]), Art. 113 der Verfassung[2]) wird nach Maßgabe der Art. 2 Abs. 2, Art. 3 Abs. 2 und 4, Art. 4 und 6 Abs. 2 eingeschränkt.

Art. 9 Übergangs- und Schlußvorschriften. (1) Dieses Gesetz tritt am 1. Januar 1981 in Kraft[3].

(2) [1] Die Regelung des Art. 1 Abs. 1 Nr. 1 tritt hinsichtlich Allerheiligen abweichend von Absatz 1 am 1. Januar 1984 in Kraft. [2] Bis dahin ist Allerheiligen gesetzlicher Feiertag

1. in Gemeinden mit überwiegend katholischer Bevölkerung,
2. in Gemeinden mit überwiegend evangelischer Bevölkerung, wenn die Gemeinde nach Anhörung des zuständigen evangelischen Dekanats durch Verordnung feststellt, daß dieser Tag in der Gemeinde auch von der evangelischen Bevölkerung gefeiert wird und damit gesetzlicher Feiertag ist.

[3] Soweit Allerheiligen nicht gesetzlicher Feiertag ist, gelten Art. 1 Abs. 3, Art. 4 Nrn. 1 bis 3, Art. 5, Art. 7 Nr. 5 und Art. 8.

(3) *(gegenstandslos)*

[1] **Amtl. Anm.:** BGBl. FN 100-1
[2] **Amtl. Anm.:** BayRS 100-1-S
[3] **Amtl. Anm.:** Betrifft die ursprüngliche Fassung vom 21. Mai 1980 (GVBl. S. 215)

880. Mindesturlaubsgesetz für Arbeitnehmer (Bundesurlaubsgesetz)[1]

Vom 8. Januar 1963
(BGBl. I S. 2)
FNA 800-4

geänd. durch Art. 3 G über die Fortzahlung des Arbeitsentgelts im Krankheitsfalle und über Änderungen des Rechts der gesetzlichen Krankenversicherung v. 27. 7. 1969 (BGBl. I S. 946), Art. II G zur Änd. d. HeimarbeiterG und anderer arbeitsrechtlicher Vorschriften v. 29. 10. 1974 (BGBl. I S. 2879), Art. 6 EisenbahnneuordnungsG v. 12. 12. 1993 (BGBl. I S. 2378), Art. 57 PflegeVG v. 26. 5. 1994 (BGBl. I S. 1014), Art. 2 ArbeitszeitrechtsG v. 6. 6. 1994 (BGBl. I S. 1170), Art. 2 Arbeitsrechtliches BeschäftigungsförderungsG v. 25. 9. 1996 (BGBl. I S. 1476), Art. 8 G zu Korrekturen in der Sozialversicherung und zur Sicherung der Arbeitnehmerrechte v. 19. 12. 1998 (BGBl. I S. 3843), Art. 34 SGB IX v. 19. 6. 2001 (BGBl. I S. 1046) und Art. 7 PostbereinigungsG v. 7. 5. 2002 (BGBl. I S. 1529)

– Auszug –

§ 1 Urlaubsanspruch. Jeder Arbeitnehmer hat in jedem Kalenderjahr Anspruch auf bezahlten Erholungsurlaub.

§ 2 Geltungsbereich. [1] Arbeitnehmer im Sinne des Gesetzes sind Arbeiter und Angestellte sowie die zu ihrer Berufsausbildung Beschäftigten. [2] Als Arbeitnehmer gelten auch Personen, die wegen ihrer wirtschaftlichen Unselbständigkeit als arbeitnehmerähnliche Personen anzusehen sind; für den Bereich der Heimarbeit gilt § 12.

§ 3[2] Dauer des Urlaubs. (1) Der Urlaub beträgt jährlich mindestens 24 Werktage.

(2) Als Werktage gelten alle Kalendertage, die nicht Sonn- oder gesetzliche Feiertage sind.

§ 4 Wartezeit. Der volle Urlaubsanspruch wird erstmalig nach sechsmonatigem Bestehen des Arbeitsverhältnisses erworben.

§ 5 Teilurlaub. (1) Anspruch auf ein Zwölftel des Jahresurlaubs für jeden vollen Monat des Bestehens des Arbeitsverhältnisses hat der Arbeitnehmer

a) für Zeiten eines Kalenderjahres, für die er wegen Nichterfüllung der Wartezeit in diesem Kalenderjahr keinen vollen Urlaubsanspruch erwirbt;

b) wenn er vor erfüllter Wartezeit aus dem Arbeitsverhältnis ausscheidet;

c) wenn er nach erfüllter Wartezeit in der ersten Hälfte eines Kalenderjahres aus dem Arbeitsverhältnis ausscheidet.

(2) Bruchteile von Urlaubstagen, die mindestens einen halben Tag ergeben, sind auf volle Urlaubstage aufzurunden.

(3) Hat der Arbeitnehmer im Falle des Absatzes 1 Buchstabe c bereits Urlaub über den ihm zustehenden Umfang hinaus erhalten, so kann das dafür gezahlte Urlaubsentgelt nicht zurückgefordert werden.

§ 6 Ausschluß von Doppelansprüchen. (1) Der Anspruch auf Urlaub besteht nicht, soweit dem Arbeitnehmer für das laufende Kalenderjahr bereits von einem früheren Arbeitgeber Urlaub gewährt worden ist.

(2) Der Arbeitgeber ist verpflichtet, bei Beendigung des Arbeitsverhältnisses dem Arbeitnehmer eine Bescheinigung über den im laufenden Kalenderjahr gewährten oder abgegoltenen Urlaub auszuhändigen.

§ 7[3] Zeitpunkt, Übertragbarkeit und Abgeltung des Urlaubs. (1) [1] Bei der zeitlichen Festlegung des Urlaubs sind die Urlaubswünsche des Arbeitnehmers zu berücksichtigen, es sei denn, daß ihrer Berücksichtigung dringende betriebliche Belange oder Urlaubswünsche anderer Arbeitnehmer, die unter sozialen Gesichtspunkten den Vorrang verdienen, entgegenstehen. [2] Der Urlaub ist zu gewähren, wenn der Arbeitnehmer dies im Anschluß an eine Maßnahme der medizinischen Vorsorge oder Rehabilitation verlangt.

---

[1] **Amtl. Anm.:** Ändert Bundesgesetzbl. III 9513-1.

[2] § 3 Abs. 1 neu gef. durch G v. 29. 10. 1974 (BGBl. I S. 2879), Abs. 1 geänd. durch G v. 6. 6. 1994 (BGBl. I S. 1170).

[3] § 7 Abs. 2 Satz 2 angef., Abs. 4 Satz 2 aufgeh. durch G v. 29. 10. 1974 (BGBl. I S. 2879); Abs. 1 Satz 2 angef. durch G v. 26. 5. 1994 (BGBl. I S. 1014).

(2) [1] Der Urlaub ist zusammenhängend zu gewähren, es sei denn, daß dringende betriebliche oder in der Person des Arbeitnehmers liegende Gründe eine Teilung des Urlaubs erforderlich machen. [2] Kann der Urlaub aus diesen Gründen nicht zusammenhängend gewährt werden, und hat der Arbeitnehmer Anspruch auf Urlaub von mehr als zwölf Werktagen, so muß einer der Urlaubsteile mindestens zwölf aufeinanderfolgende Werktage umfassen.

(3) [1] Der Urlaub muß im laufenden Kalenderjahr gewährt und genommen werden. [2] Eine Übertragung des Urlaubs auf das nächste Kalenderjahr ist nur statthaft, wenn dringende betriebliche oder in der Person des Arbeitnehmers liegende Gründe dies rechtfertigen. [3] Im Fall der Übertragung muß der Urlaub in den ersten drei Monaten des folgenden Kalenderjahres gewährt und genommen werden. [4] Auf Verlangen des Arbeitnehmers ist ein nach § 5 Abs. 1 Buchstabe a entstehender Teilurlaub jedoch auf das nächste Kalenderjahr zu übertragen.

(4) Kann der Urlaub wegen Beendigung des Arbeitsverhältnisses ganz oder teilweise nicht mehr gewährt werden, so ist er abzugelten.

§ 8 Erwerbstätigkeit während des Urlaubs. Während des Urlaubs darf der Arbeitnehmer keine dem Urlaubszweck widersprechende Erwerbstätigkeit leisten.

§ 9 Erkrankung während des Urlaubs. Erkrankt ein Arbeitnehmer während des Urlaubs, so werden die durch ärztliches Zeugnis nachgewiesenen Tage der Arbeitsunfähigkeit auf den Jahresurlaub nicht angerechnet.

§ 10[1)] Maßnahmen der medizinischen Vorsorge oder Rehabilitation. Maßnahmen der medizinischen Vorsorge oder Rehabilitation dürfen nicht auf den Urlaub angerechnet werden, soweit ein Anspruch auf Fortzahlung des Arbeitsentgelts nach den gesetzlichen Vorschriften über die Entgeltfortzahlung im Krankheitsfall besteht.

§ 11[2)] Urlaubsentgelt. (1) [1] Das Urlaubsentgelt bemißt sich nach dem durchschnittlichen Arbeitsverdienst, das der Arbeitnehmer in den letzten dreizehn Wochen vor dem Beginn des Urlaubs erhalten hat, mit Ausnahme des zusätzlich für Überstunden gezahlten Arbeitsverdienstes. [2] Bei Verdiensterhöhungen nicht nur vorübergehender Natur, die während des Berechnungszeitraums oder des Urlaubs eintreten, ist von dem erhöhten Verdienst auszugehen. [3] Verdienstkürzungen, die im Berechnungszeitraum infolge von Kurzarbeit, Arbeitsausfällen oder unverschuldeter Arbeitsversäumnis eintreten, bleiben für die Berechnung des Urlaubsentgelts außer Betracht. [4] Zum Arbeitsentgelt gehörende Sachbezüge, die während des Urlaubs nicht weitergewährt werden, sind für die Dauer des Urlaubs angemessen in bar abzugelten.

(2) Das Urlaubsentgelt ist vor Antritt des Urlaubs auszuzahlen.

§ 12 *(nicht abgedruckt)*

§ 13[3)] Unabdingbarkeit. (1) [1] Von den vorstehenden Vorschriften mit Ausnahme der §§ 1, 2 und 3 Abs. 1 kann in Tarifverträgen abgewichen werden. [2] Die abweichenden Bestimmungen haben zwischen nichttarifgebundenen Arbeitgebern und Arbeitnehmern Geltung, wenn zwischen diesen die Anwendung der einschlägigen tariflichen Urlaubsregelung vereinbart ist. [3] Im übrigen kann, abgesehen von § 7 Abs. 2 Satz 2, von den Bestimmungen dieses Gesetzes nicht zuungunsten des Arbeitnehmers abgewichen werden.

(2) [1] Für das Baugewerbe oder sonstige Wirtschaftszweige, in denen als Folge häufigen Ortswechsels der von den Betrieben zu leistenden Arbeit Arbeitsverhältnisse von kürzerer Dauer als einem Jahr in erheblichem Umfange üblich sind, kann durch Tarifvertrag von den vorstehenden Vorschriften über die in Absatz 1 Satz 1 vorgesehene Grenze hinaus abgewichen werden, soweit dies zur Sicherung eines zusammenhängenden Jahresurlaubs für alle Arbeitnehmer erforderlich ist. [2] Absatz 1 Satz 2 findet entsprechende Anwendung.

(3) Für den Bereich der Deutsche Bahn Aktiengesellschaft sowie einer gemäß § 2 Abs. 1 und § 3 Abs. 3 des Deutsche Bahn Gründungsgesetzes vom 27. Dezember 1993 (BGBl. I S. 2378, 2386) ausgegliederten Gesellschaft und für den Bereich der Nachfolgeunternehmen der Deutschen Bundespost kann von der Vorschrift über das Kalenderjahr als Urlaubsjahr (§ 1) in Tarifverträgen abgewichen werden.

§§ 14–16 *(nicht abgedruckt)*

---

1) § 10 neu gef. durch G v. 19. 12. 1998 (BGBl. I S. 3843).

2) § 11 Abs. 1 Satz 4 angef. durch G v. 29. 10. 1974 (BGBl. I S. 2879); Abs. 1 Satz 1 geänd. durch G v. 25. 9. 1996 (BGBl. I S. 1476).

3) § 13 Abs. 1 Satz 3 geänd. durch G v. 29. 10. 1974 (BGBl. I S. 2879); Abs. 3 neu gef. durch G v. 27. 12. 1993 (BGBl. I S. 2378); Abs. 3 geänd. mWv 11. 5. 2002 durch G v. 7. 5. 2002 (BGBl. I S. 1529).

Stichwortverzeichnis

Fettgedruckte Zahlen bezeichnen die Ordnungsnummern des Buches, normal gedruckte Zahlen die entsprechenden Artikel oder Paragraphen. Römische Zahlen bezeichnen Abschnitte (bzw. Anlagen).

Stichwortverzeichnis

Fette Zahlen = Ordnungsnummer

J

K

L

M

N

P

R